U0895875

《中国政党制度年鉴》编委会

中国政党制度年鉴

2015

中央社会主义学院中国政党制度研究中心编

中国文史出版社

图书在版编目（CIP）数据

中国政党制度年鉴·2015 / 中央社会主义学院中国政党制度研究中心编.
—北京：中国文史出版社，2016.9
ISBN 978-7-5034-8140-6

Ⅰ.①中…　Ⅱ.①中…　Ⅲ.①政党-政治制度-中国-2015-年鉴
Ⅳ.①D665-54

中国版本图书馆CIP数据核字（2016）第219502号

中国政党制度年鉴·2015

编　　者：中央社会主义学院中国政党制度研究中心
责任编辑：徐玉霞
文字编辑：朱　虹
封面设计：敬德永业

出版发行：中国文史出版社
网　　址：www. chinawenshi. net
地　　址：北京市西城区太平桥大街23号　邮编：100811
电　　话：010-66173572　66168268　66192736（发行部）
传　　真：010-66192703
印　　装：北京新华印刷有限公司
经　　销：全国新华书店
开　　本：787×1092　16开
印　　张：70. 75
字　　数：1620千字
版　　次：2016年9月北京第1版
印　　次：2016年9月第1次印刷
定　　价：290. 00元

编辑说明

一、《中国政党制度年鉴》是中央社会主义学院中国政党制度研究中心主编的一部专业性年鉴。它全面、系统地记录和反映了一年内执政党建设理论和实践研究、政党制度理论创新和实践发展、参政党建设理论和参政能力建设的基本情况。鉴于目前国内关于执政党研究的理论和实践成果十分丰富，它突出介绍了我国政党制度和参政党的研究和实践状况。

二、《中国政党制度年鉴》以中国特色社会主义理论体系为指导，力争全面、客观地反映中国共产党领导的多党合作和政治协商制度的理论研究动态、实践成果、政党和政党制度建设情况。

三、本年鉴框架相对稳定。《中国政党制度年鉴·2015》共设中国政党制度研究，执政党研究，参政党研究，重要文献，政党活动纪要，学术会议，参政议政案例选，附录共八个栏目。

四、重要文献主要选编各民主党派本年度内关于参政议政、自身建设等重要文件、条例、规章制度，大会报告；学术会议是指与政党和政党制度研究相关的学术会议；附录一、二分别介绍了台湾政党制度、国外政党制度年度研究状况，附录三力求全面收录国内本年度关于政党制度相关研究的文献资料。欢迎社会各界积极推介有关政党制度的研究成果和学术会议，我们将按标准收入年鉴。

五、鉴于中国政党制度的学科体系尚未规范，有关这方面的研究成果散见于各个学科之中，给资料收集工作带来很大困难，加上我们的学术水平和编辑能力所限，疏漏和不足之处在所难免，恳请广大读者不吝赐教，以便我们在今后的编辑工作中努力改进，使之不断完善。

目　录

中国政党制度研究

执政党研究

参政党研究

重要文献

政党活动纪要

学术会议

参政议政案例选

附　录

中国政党制度研究

中国政党制度研究述评

2015年，中共中央召开了中央统战工作会议，颁布了《中国共产党统一战线工作条例（试行）》，印发了《关于加强社会主义协商民主建设的意见》，中共中央办公厅先后印发了《关于加强人民政协协商民主建设的实施意见》和《关于加强政党协商的实施办法》，这些重要会议、党内法规和相关文件，提出了一系列关于中国政党制度的新观点、新思想、新举措，为发展和完善中国政党制度提供了理论指导和实践依据。在这一年中，专家学者们以习近平总书记重要讲话为指导，深入学习贯彻中共中央有关文件精神，在以往研究的基础上，对中国政党制度展开了更为系统、深入的理论探索。相比而言，本年度中国政党制度研究重点集中在政党协商和人民政协协商的理论和实践、政党制度效能和制度自信等新的现实问题。研究方法从传统规范研究、制度分析向多元交叉方法转变。

一、中国政党制度的形成和发展

围绕中国政党制度的形成和发展，本年度学者们聚焦于抗日战争时期我国多党合作的历史经验，揭示我国政党和政党政治历史与逻辑的一致性、历史与现实的一贯性，论证中国政党制度在文化层面民族性与时代性的统一。在引领人们深入理解中国政党制度合理性、现实性方面，本年度本领域相关问题的研究做出了创造性的努力，同时也为进一步深入研究提供了一些具有启发性的新思路。

（一）关于中国政党制度形成的历史回顾与思考

2015年是中国人民抗日战争胜利70周年。抗日战争中，中国共产党领导创建并不断推进、巩固和发展的抗日民族统一战线，对内寻求民主、对外一致抗日的政治实践，在思想上、政治上和组织上为近代以来中国民族民主革命的最终胜利，也为新型政党关系、新型政党制度的形成和发展，以及新型人民民主的国家政权的确立奠定了无比坚实的基础。由此，学者们紧密围绕这一主题，抚今追昔，深入研究。

解永强等在《陕甘宁边区“三三制”政策与我国多党合作制度》（《陕西社会主义学院学报》2015年第4期）一文中认为，抗日战争进入相持阶段后，面对国民党顽固派发起反共高潮，为在根据地政权实行广泛的人民民主，巩固和发展抗日民主统一战线，中国共产党在陕甘宁边区政权建设上采取“三三制”政策。这一政策的历史意义在于：确立了党外人士在政权中的“参政”地位，为共产党和民主党派在政权中合作提供了实践经验；以协商保证党外人士参加政权的基本做法，奠定了我国多党合作、协商民主的形式；从理论上系统阐述了党与党外人士合作的重要性和必要性，为日后多党合作制度的确立扫清了思想障碍；明确提出共产党在多党合作中的政治领导地位，为我国多党合作制度建设确立了基本原则；提出共产党接受监督的思想，为建设新型执政党与参政党的关系确立了基本内容。"三三制"政策实践对于今天的启示在于：要不断提升参政党在国家政治生活中的地位，保证其有职有权；要不断创新多党合作的形式，保证党外人士意见建议被采纳；全党要重视与党外人士合作，并尊重、维护、照顾其利益。

戴安林在《抗日战争时期中国共产党的多党合作》(《湖南省社会主义学院学报》2015 年第 1 期）一文中认为，在抗日战争时期，中国共产党积极开展与其他政党各种合作，并在总结实践经验的基础上，提出了一系列有关多党合作的重要思想、基本理念：(1）中国共产党和其他政党合作的重要性和必要性。(2）中国共产党在和其他政党合作时必须掌握领导权，争取民族资产阶级、开明绅士和地方实力派是共产党能否牢牢把握统一战线领导权的关键。(3）中国共产党在和其他政党合作时一定要坚持独立自主原则。(4）中国共产党在和其他政党合作时必须遵行共同协商、相互包容，克服共产党内的错误倾向，坚持长期合作等方针。对于这些思想、理念，在进入社会主义建设时期后仍然要予以高度重视、长期坚持。

朱虹在《抗日战争的胜利也是多党合作的胜利》(《团结报》2015 年 5 月 5 日第 8 版）一文中指出，中国共产党与各民主党派风雨同舟共赴国难，在爱国与民主的旗帜下团结合作、并肩战斗，为抗日战争的胜利奠定了坚实的基础、发挥了中流砥柱的作用。抗战时期中国共产党领导的"三三制"政权建设与协商民主实践，巩固了根据地，发展壮大了抗日民族统一战线，为赢得战争胜利凝聚了力量。党的正确的民族宗教及海外华侨统战政策有力巩固和发展了抗日民族统一战线，统一战线的壮大也实质性推动党的民族宗教及海外华侨政策日臻成熟。统一战线实践也促使有共同目标的民主人士走到一起、建立组织，以鲜明的政治立场投身爱国民主运动。经过抗日战争洗礼、统一战线的凝聚，民主党派逐渐从"信共"发展到"亲共"，终于响应号召、投身民族解放洪流，与中国共产党亲密合作、共同建立了新中国。

陈国富在《抗日战争时期的多党合作及其历史经验探析》(《辽宁省社会主义学院学报》2015 年第 3 期）一文中认为，中国共产党以团结为主、斗争为辅，以斗争求团结，正确处理了民族斗争与阶级斗争的关系，使阶级斗争服从民族斗争。伴随对民主人士、民主党派认识的深化，中共不仅热心支持和推动民主人士成立党派组织、并注意加强与其在国民参政会及联合政府创建中的合作，且通过"三三制"政权建设给民主党派、民主人士参政机会。这一时期中国共产党领导的多党合作留下的宝贵经验及启示在于：要顺应历史发展要求建立广泛的统一战线，坚持无产阶级在统一战线中的领导权，支持并推动民主党派的进步发展。这些对于当前我们坚持多党合作、推动中国特色社会主义现代化建设仍有重要的指导意义。

（二）关于中国政党制度的文化基础及意义

本年度相关研究的体量仍是偏小，但为数不多的几篇文章还是准确地把握和突出了中国政党政治和政党制度文化基础的本质内涵及其基本特征。物之不齐、物之性也。世界上不存在完全相同的政治制度和适用一切国家的政治制度模式。相关研究的共识在于：一方面，文化不同，政治制度、政党制度也自然相异。另一方面，我国政党制度的文化基础不仅包括传承传统的东西，也包括人类文明现代发展的种种成就，特别是作为当今时代精神精华的马克思主义，是高度融会了民族性与时代性的产物，先进性是其最基本的表征。相关研究论文或注重我国政党制度实践中传统文化与现代文明的对接与融通，或强调我国政党文化的先进性和体现民族特色要求的民主性，或着眼于发展的比较和借鉴。总的来看，这些研究成果走出了单一历史向度、简单思想梳理的固有模式，在深入挖潜、聚焦现代发展方面迈出了可喜的一步。

陈钰业在《“中国模式”政党制度形成与发展的历史轨迹》(《广西社会主义学院学报》2015年第5期）一文中认为，中国模式的政党制度是在中国传统与现代相结合的文化土壤里诞生的，是适合中国国情和历史文化特点的政党制度，它的产生、发展和不断完善，皆因有其深厚的文化基础。中国传统的“和合”文化是中国共产党与各民主党派合作共事、共同发展的基础。“贵和尚同”“执两用中”“和而不同”的价值取向既强调和谐共存，又主张保持个体的独立，凡事适度、不走极端，使中国共产党、各民主党派既能保持各政党自身的独立性和政治主张，又能求同存异共同推进中国协商民主的进程，为民族共同的目标精诚合作，长期共存。随着中国逐步融入世界，由边缘走向核心，中国的政党制度越来越显示出它的开放与包容、自适与创新，中国各政党以更加开放和包容的胸怀，接受世界不同意识形态、不同政党模式的挑战，同时也站在人类文明进程的高度，关注人类命运，承担大国责任，体现出大国政治的应有风范；中国政党制度固有“天下大同”“协和万邦”“和谐共存”“和而不同”的传统文化基因，在传承与创新中吸纳了民主、法治、自由、平等、人权等现代政治文明内涵，在世界政党政治的新格局中展示出独到的效能与价值，正逐渐为世界所关注或接纳。有鉴于此，我们应始终坚持和发展建立于中国传统文化与现代文化融合基础上的“中国模式”政党制度，始终坚持中国共产党领导、在多党合作实践中不断增强“中国模式”政党制度的生命力和包容性，努力为人类文明进步做出应有贡献。

姜丽华在《发挥政党文化功能　完善与发展多党合作制度》(《湖北省社会主义学院学报》2015年第4期）一文中认为，中国特色社会主义政党文化的根源是马克思主义和中国优秀传统文化，是规范政治成员政治行为的重要指针，是构建和谐党际关系的重要桥梁，是推进政治社会化的重要渠道。中国共产党领导的多党合作和政治协商制度承载着中国独有的文化气质。完善和发展我国多党合作制度，就要发挥中国政党文化的底蕴和特色：(1）以政党文化的先进性提升多党合作制度的生命力。(2）以政党文化的民主性提升多党合作制度的亲和力。(3)以政党文化的合法性提升多党合作制度的执行力。(4）以政党文化的塑造性提升多党合作制度的影响力。(5）以政党文化的科学性提升多党合作制度的公信力。

魏晓文、董仲磊在《我国多党合作思想形成与发展基础的四维透视》(《理论学刊》2015年第9期）一文中认为，我国多党合作思想是在中国历史和社会土壤中生根、发芽、成长起来的，是对马克思主义统一战线理论和政党理论的继承和发展，是中国特色社会主义理论体系的重要组成部分。其形成与发展有深刻的理论渊源和现实基础。马克思主义政党理论是多党合作思想的理论来源，马克思、恩格斯奠定了多党合作思想的理论根基，列宁丰富了多党合作思想的理论内涵。传统文化是多党合作思想的文化渊源，“和实生物”为多党合作思想提供了真诚合作的基础，“和而不同”为多党合作思想提供了尊重差异的基础，“和者生存”为多党合作思想提供了长期共存的基础。多党合作实践是多党合作思想的现实根基。西方政党制度价值为多党合作思想提供批判借鉴。在全面深化改革背景下，多维透视我国多党合作思想形成与发展的基础，有利于在新的历史起点上不断丰富多党合作思想内涵，有利于坚定中国特色社会主义道路自信、理论自信、制度自信，有利于合力推进国家治理体系和治理能力现代化进程。

（三）对政党制度发展历史问题的思考

对中国政党制度 1949 年确立之后的历史演进问题，以及由此而来、紧密结合当前多党合作现实问题的理论思考，向来是多党合作史研究的一个重要内容。与上一年度相关研究相比，2015 年，学者们着眼于当前我国政党制度积极适应时代发展和现实需要的视角，着重运用过程分析、历史比较的研究方法，展开了相关研究。特别是，2015 年是《中共中央关于进一步加强中国共产党领导的多党合作和政治协商制度建设的意见》（2005 年 5 号文件）下发实施 10 周年，相关纪念文章也是紧密联系历史与现实，共同揭示、呼应了这样一个历史与现实的基本主题：政党制度总得适应经济社会发展、国际社会交往所形成的种种外部挑战，并以自身的目标、功能定位或取向来引领和促进新的社会历史进步。这些文章都说明，对相关政党、政党制度在不同时期和不同历史条件下怎样发现和解决矛盾和问题的回顾与思考，可以更为清晰、准确地解析政党和政党制度存续的现实性与合理性问题。

陈建坡在《建国初期我国多党合作制度存废问题探析》（《山东青年政治学院学报》2015 年第 5 期）一文中指出，新中国成立后，多党合作曾多次面临存废问题，其中最引人关注的是新中国成立初期党内外存在的有关民主党派、多党合作制度存废的争论。从 1949 年底到 1950 年初，国民党民主促进会、三民主义同志联合会并入了国民党革命委员会，中国人民救国会宣布解散，民进、农工党、九三学社也曾着手草拟过解散宣言。中国共产党做了大量的党内外工作，才最终留住了民主党派，坚持多党合作的政治设计也方才在中共及民主党派内部达到一致。争论从根本上反映了对民主党派和多党合作制度性质和使命、历史和现实的不同认识。由于多党合作适应了新中国成立初期社会形态和国家建设的需要，由于中国共产党尊重中国的文化传统和革命的历史、视多党合作为重要的民主实现形式并不断坚持和完善，也由于民主党派重视自我教育和自身改造，民主党派、多党合作方能永续存在、健康发展。

姜丽华在《彰显中国政党文化底蕴完善与发展多党合作制度》（《中共济南市委党校学报》2015 年第 1 期）一文中指出，有别于政治学视角，从文化的角度对政党制度展开研究，可以使我们更深入地理解和把握我国政党制度完善和发展。社会生态环境变迁对中国政党文化产生深刻影响，继而影响到执政的中国共产党、参政的各民主党派的深刻变化。经过 60 多年的发展，我国政党制度所处的社会政治生态环境都发生了巨大变化，譬如社会利益诉求的多元化、治国理念的法治化和国家治理的民主化，充分反映了中国共产党、中国政党制度相关实践自改革开放以来特别是十八大召开以来更高层次目标的设定，这就要求我国政党制度必须随之不断地进行发展和创新。

朱艳莉在《多党合作制度的发展与完善研究》(《传承》2015 年第 9 期）一文中认为，从历史渊源来看，我国的多党合作制度经历了一段艰苦而漫长的发展历程。它是 20 世纪中国政治发展的必然产物，是中共长期民主革命历史的产物，是中国民主革命统一战线产生、发展、演变历史的延续，初步形成于中华人民共和国成立之时。多党合作制度经历了新中国成立初期的挫折后，又得到了不断的发展，尤其在改革开放以后，各民主党派充分发挥了各自的优势，对我国的社会发展起到了很好的作用。

程云庆、刘诚在《构建和谐党际关系与中国政党制度的发展》(《广西社会科学》2015 年第 3 期）一文中认为，中国共产党与各民主党派是否形成了和谐的党际关系，决定了不同时期中国政党制度发展的进退与得失、成就和挫折。概言之，和谐党际关系是中国政党制度形成的坚实基础，它也深刻影响了中国政党制度的发展方向。构建和谐党际关系是新时期中国政党制度进一步发展的时代要求，中国政党制度的理论发展为党际关系和谐提供理论支撑，中国政党制度的制度化发展为党际关系和谐奠定制度基础，中国政党制度的法律化发展为党际关系和谐提供法律保障，以经济建设为中心的实践要求推进了和谐党际关系的构建。

张宝文在《共创多党合作事业光明未来》(《人民政协报》2015 年 5 月 15 日第 2 版）一文中指出，作为指导新世纪新阶段多党合作事业的纲领性文件，5 号文件提出了一系列适应时代发展的理论观点和政策措施，颁发 10 年以来有力地推动了我国多党合作和政治协商制度建设。5 号文件进一步完善了政治协商的内容、程序和原则；提出要拓宽民主党派发挥作用的渠道，支持开展各种形式的社会服务活动和对港澳台同胞等的联谊工作；支持民主党派加强自身建设，为民主党派履行职能、发挥作用创造条件。中共中央对多党合作事业高度重视，与民主党派情深谊厚，既让我们深受鼓舞，也深感责任重大。这些年来，我们越来越深刻体会到，中国共产党领导的多党合作和政治协商制度符合全国各族人民的根本利益，有利于凝聚各方面的智慧和力量共同致力于推进“四个全面”战略布局，具有巨大的优越性和强大的生命力。

龚建明在《多党合作道路越走越宽广》(《前进论坛》2015 年第 4 期）一文中指出，2005 年 2 月 18 日，中共中央下发了《关于进一步加强中国共产党领导的多党合作和政治协商制度建设的意见》,《意见》贯穿加强和改善共产党的领导与发扬社会主义民主两条主线，突出发挥民主党派、无党派人士的作用和加强参政党建设两个方面，反映了中国共产党在多党合作事业上的与时俱进和开拓创新。10 年来，多党合作事业取得了举世瞩目的成就，当前，要引导广大民主党派党员主动适应新常态，在新的历史起点上不断加强自身建设，进一步提高履行参政党职能的能力和水平，为协调推进“四个全面”的战略布局做出应有的贡献。

二、中国政党制度的基本格局和主体关系

新中国成立以来，无论经济社会条件如何变化，无论我国发展处于何种阶段，我国政党制度的基本格局都保持稳定，只是具体内容随着时代发展而不断发展变化。如何有效地协调各种社会政治主体的关系，适应经济社会新常态，不断巩固多党合作的政治格局，仍然是中国政党制度理论和实践研究的基本领域。在2015年，围绕多党合作与国家政权、政党关系及其社会关系几个大的方面，学者们继续展开深入探讨，产生了蔚为可观的研究成果。与往年相关研究相比，本年度学者们更加侧重从国家治理的角度，特别是注意结合政党制度基本格局与中国政治基本格局的关系问题展开研究。

（一）中国政党制度与政权、治理的关系

作为接近或进入国家政权，寻求掌握或影响公共权力运行的政治组织，政党与国家、政权究竟应当是一个什么样的关系，此种关系在当代中国到底又是个什么样子？围绕这一基本的问题，本年度学者们继续深入探索，分别结合纵向历史比较、横向国际比较的思路和研究方法展开和推进。研究结果表明，由于社会主义国家本质的规定性，中国共产党的领导是社会主义的最本质特征；与各民主党派紧密合作、协商治国则是这一本质特征所必不可少的政治内容和承载形式。学者们从不同角度说明，从革命救国到民主建国再到合作治国，中国政党制度内在地、长期地贯穿了这一基本的逻辑主线，扩大了有序的政治参与、体现了社会主义国家的制度优势，创造性地体现了马克思主义政党政治理论的中国化。就对相关问题的解析和论证的深度而言，任世红、吉秀华等的文章在2015年此部分研究中相对较为突出。

任世红在《多党合作在国家治理现代化中的作用机制》（《贵州社会主义学院学报》2015年第3期）一文中认为，就其与现代国家治理关系而言，政党实为代表社会依托国家行使治理权力的主体。政党最根本政治功能就在于有效治理国家、实现良政、善治的价值。政党制度的选择和变迁服务于政党治理国家的根本目的，因而构成国家治理体系的中枢。“革命救国—民主建国—合作治国”，这是我国多党合作制度形成和发展的基本逻辑。我国多党合作的结构功能与国家治理现代化相契合，“合作治理”是多党合作在国家治理现代转型中发挥作用的内在机理。创新和完善多党合作在国家治理现代化中的作用机制，是新形势下多党合作制度发展的关键。为此，一要创新政党代表机制，搭建国家治理多党国情咨询平台，既有利于中国共产党更好地发挥国家治理领导核心作用，又有利于增强民主党派的政治代表功能；二要创新政党协商机制，搭建国家治理多党战略对话平台，既有利于中国共产党更好地从战略层面保持国家治理的中国特色社会主义方向和定力，又有利于推进民主党派的主体性建设；三要创新政党监督机制，搭建国家治理多党绩效评估平台，既有利于中国共产党更好地改进执政方式，提高领导国家治理的能力和水平，又有利于拓宽民主党派民主监督的渠道。

吉秀华在《马克思主义多党合作思想在社会主义国家的实践及其经验启示》（《中央社会主义学院学报》2015年第3期）一文中结合马克思、列宁主义关于社会主义国家多

党合作的思想与实践，具体探讨了我国多党合作与国家政权关系所宜贯穿的几点原则性经验启示：（1）多党合作是社会主义国家的战略选择而非“权宜之计”。在这一方面，中国共产党在实践中有创造性的发展，不仅把“多党合作、政治协商”确定为国家的一项基本政治制度，而且将其上升为国家意志，为其焕发持久的生命力提供了宪法保障。（2）多党合作必须建立在稳固的政治基础之上。多党合作事业所以能长期存在并取得显著成就，关键就在于中国共产党与各民主党派在多党合作中始终具有牢固的思想政治基础，不断形成新的政治共识，这是这一制度保持强大生命力的根本所在，也是社会主义国家多党合作实践的深刻启示。（3）多党合作应当纳入法治轨道。在社会主义法治国家的背景下，厘清政党权力的边界、依法规范政党行为，明确将各政党的政治地位及其参加政权和参与政治的内容、程序和机制以法律法规的形式予以固定、保障，这是政党制度与法治国家彼此促进、相得益彰的必然选择。（4）多党合作的关键在于加强执政党的自身建设。执政党努力巩固和扩大自己的社会基础，不断增强执政的合法性，才能得到其他政党的真心拥护和支持，政党制度也才能永续健康发展。

崔珏在《协商民主与国家治理体系中的公民有序政治参与》（《湖北省社会主义学院学报》2015 年第 3 期）一文中指出，我国基本政治制度——中国共产党领导的多党合作制度的重要内容，就是在国家政治层面上的开展政党协商和政协协商。作为协商民主的最高层次，政治协商是各政党、各团体之间进行民主合作的一种制度安排。在新中国 60 多年发展历程中，多党合作、政治协商对政权建设和制度建设意义非凡。新中国创建采用了协商建国的形式，获得了全国最大多数人民的认同、支持和拥护，从程序上奠定了新政权的政治合法性。协商建国的过程确立了一党领导、多党合作的新型政党关系，中国特色的政党制度也由此建立起来。此后，多党合作伴随协商民主和选举民主共同发挥作用，构成中国独特的政权运作模式。与其他国家普遍推行的以竞争方式处理政党关系的不同，我国政党关系关键在于突出合作、协商的特点。概言之，政治协商、多党合作以及民主党派参政议政的常态化机制，构成当代中国国家治理体系的重要组成部分。

（二）关于政党关系问题

政党关系最能直接体现一个国家、一种政体中政党制度的实质。因此，政党关系问题及相关研究一直就是政党制度研究的关键环节。我国政党制度对于政党关系问题的基本要求集中体现在“十六字方针”以及建构和谐政党关系方面。围绕怎样建构和巩固、发展和谐政党关系，本年度从事相关研究的学者们各陈己见，取得了不少富于理论和实践价值的新成果。在相关成果中，孙信、杨爱珍等的文章，以及石嫒两篇主题相同的论文，都有独到之处、值得深度关注。

郑宪在《政党协商：我国政党关系发展的新境界》（《广东省社会主义学院学报》2015 年第 4 期）一文中认为，我国政党协商是在中国革命、建设和改革的实践中不断发展成熟起来的，是中国独特、独有、独到的民主形式，促进形成、巩固和发展了各民主党派、无党派人士同中国共产党之间的协商友好合作关系。相关理念和规范反映出当代中国政党间关系朝着日益紧密、平等、互动、和谐的方向发展，充分体现出中国共产党思想重心的转换，是走向百年的大党对现代党际关系的自觉规范，是中共对建立平等党际关系的探索。为此，（1）各政党都要转变观念，承担政治责任、提高政党意识；（2）制订相关文件、条例或法规，增强政党协商的法律支撑；（3）利用新技术、新手段来促进协商实践，发挥优势、吸纳智慧、增强包容性和凝聚力。

孙信在《我国政治格局稳定的重要制度保证》（《中央社会主义学院学报》2015 年第 5 期）一文中认为，从政党制度结构上看，我国的政党制度成功地将核心一元与结构多元有机结合起来。这一结构特点既保证了各政党、各阶层及其他社会群体充分表达利益诉求和进行有序政治参与，又保证了中国共产党的领导核心地位和对国家的有效治理，从而使政党制度产生了强大的向心力和聚合力，具有超强的稳定性。从政党关系上看，中国共产党同各民主党派的关系不是执政党同在野党或反对党的关系，而是执政党同参政党的关系。这种和谐的政党关系，决定了政党之间不会为争夺政权而钩心斗角，争权夺利，互相拆台，最大限度地减少了内耗；决定了不会出现各个政党轮流执政的局面，因而避免了政治危机中经常出现的政局不稳、政权频繁更迭、社会秩序混乱等现象；决定了不会出现一个政党政策以否定另一个政党政策为目的的情况，使国家政策保持连续性和稳定性，维护安定团结的政治局面。从社会整合上看，我国的政党制度，可以通过意识形态整合，凝聚共识，使各政党和无党派人士团结在中国特色社会主义理论的伟大旗帜之下；可以通过政治资源整合，把民主党派、无党派人士的智慧和力量凝聚到建设中国特色社会主义的总目标上来；可以通过利益关系整合，正确处理和协调利益矛盾，特别是新老社会阶层之间的矛盾，凝聚人心，为全面建设小康社会创造一个安定和谐的政治环境和社会环境。

杨爱珍在《对中国多党制度中几对关系的分析》（《上海市社会主义学院学报》2015 年第 2 期）一文中对多党合作制度的几对关系进行细致分析。第一，关于“领导—合作”的理论内涵与实践指向。“党的领导”内涵有两个：一是中国共产党靠自身活动的有效性和合法性实现领导活动；二是作为组织实体的中国共产党的领导，而非党员（或者称之为党的代表）个体行为。各民主党派的“合作”有两个层面：一是各民主党派要围绕中心，服务大局，认同并要积极宣传和贯彻中国共产党的价值理念、基本路线、基本纲领和基本经验，在自觉维护共产党领导地位的过程中，协助共产党做好群众工作；二是“多党派合作”也是组织实体的作为，各党派成员的整体表现反映了“多党派合作”的质量。第二，关于“执政—参政”的理论内涵与实践指向。中国共产党的“执政”含义有几层意义：一是执政的是党的代表而非党的所有成员。党的执政是党的代表们通过法律授权，进入国家公共领域，执掌国家权力机构，处理国家的政治、经济、社会事务；二是党的执政与党的领导的不同。党的领导体现的是党的组织实体，涉及每个党员的表现。实现党的领导要靠柔性的引导、感召的方法。党的执政涉及法律意义上的权力地位。各民主党派的“参政”，就是各民主党派的精英分子代表本党参加国家政权，协助共产党进行国家政务的管理活动。包括两个层面：一是民主党派的“参政”也体现刚性化；二是民主党派的利益表达当然有一定的指向性。第三，政治协商中制约和监督问题。政党协商所蕴含的是对公权力自由裁量权的制约，而不是宽泛意义上“民主党派的民主监督”。政党协商更多体现的是制约控权的原则。

邓雅泓在《中国特色政党关系的关键及其政治优越性》（《学理论》2015 年第 2 期）

一文中认为，中国特色政党关系是“中国模式”之一部分，中国共产党是执政党，各民主党派是参政党，中国共产党与各民主党派是亲密友党。中国特色政党关系主要是领导和接受领导、合作共事、互相监督三方面关系。其关键在于坚持中国共产党的领导，这是满足人民利益和国家利益的需要，使各民主党派在社会主义建设中展现出强大的生命力。中国特色政党关系营造的稳定政治环境是中国飞速发展的政治前提；是实现最广泛民主的有力保证，是消除一党专政模式弊端的政治基础，是调动全民民主积极性的政治保证，是描绘“中国梦”政治篇章的重要一笔；中国特色政党关系体现了当代中国政治制度的优越性。

颜世磊在《浅论和谐党际关系的构建》(《新西部》2015 年第 9 期）一文中认为，构建中国共产党与民主党派和谐关系有利于实现中国共产党执政过程中的科学决策，是公民参与政治进而推动社会主义民主法治进程的客观要求，是推动社会和谐继而实现中国梦的必要条件。新的历史时期制约和谐党际关系构建的主要因素有：执政党一些党员干部、部分民主党派人士对中国共产党领导的多党合作政党制度都存在认识上的盲区、误区；执政党与参政党沟通机制有待完善，民主监督的知情权保障、反馈机制等缺乏细则实施，民主党派参政议政的地位和作用也没有体现出来；参政党自身建设相对滞后，自身建设理论还处在探讨和摸索阶段，有些民主党派成员的政党意识不强。要构建和谐党际关系，就需要：(1）进一步厘清对党际关系的错误认识；(2）进一步完善制度设计和机制建设，加强人民政协建设，完善党际间沟通机制建设；(3）自觉加强参政党思想建设，加强自身组织建设，增强“吐故纳新”能力，拓宽民主监督渠道。

石媛在《“全面从严治党”与多党合作政治生态的历史考察》(《河北省社会主义学院学报》2015 年第 4 期）一文中认为，“全面从严治党”的提出标志着中国共产党作为中国特色社会主义事业坚强领导核心的自我净化和自我发展。在全面从严治党新形势下多党合作也必将迎来新的实现契机和发展活力。回顾历史就可以清晰地看到：在历史上，中国共产党越是从严要求自己，注重党的建设，多党合作事业的政治生态就越好，反之亦然。同一作者在《“全面从严治党”对多党合作政治生态的现实影响》(《内蒙古统战理论研究》2015 年第 5 期）一文中还指出，全面从严治党必将渗透到参政党建设实践中，并对多党合作制度的内涵、形式及本质产生重要影响。(1）从领导与被领导关系看，各民主党派必将因此而产生极大的政治凝聚力和高度的政治认同，为多党合作献计出力。(2）从参政党以党为师加强自身建设看，民主党派要从中加强学习，把自己建设成为适应新时代要求的高素质参政党。(3）从构成和谐政党关系看，执政党因此而做到民主、科学、依法执政，有利于更自觉、真诚地接受民主党派监督。(4）从执政党建设与参政党建设相互促进看，执政党的好榜样示范作用必将带动民主党派加强相关建设。

（三）中国政党制度的社会基础

特定的社会关系、社会基础总是会生发出与之相应的特定的政治制度、政党制度。社会关系、社会基础发生明显的变化，也必然会在作为政治上层建筑的政党制度中有所反映和体现。毕竟，各政党所代表或联系的社会群体及其具体的利益、意见表达以及政治整合要求都必须要给出及时、整体和妥帖的制度化反应。本年度在这一研究领域中，学者们相关论述还是不约而同将关注的重点放置在了时代变迁、不同发展阶段中国政党制度与经济社会整体变迁相适应的问题上。相关研究都注意到，我国政党制度的社会基础主要还是体现为阶级阶层关系及结构，这些关系始终伴随我国经济社会性质的变化而变化；不少文章都强调中国政党制度对于社会基础的内生适应性。概言之，针对政党制度的社会基础及其历史变迁问题，学者们本年度的相关研究还是给出了不少新解读、新回答。

周余云在《多维视野下的中国政党制度》(《求是》2015 年第 5 期）一文中认为，要抛开西方政党政治学所固有的有色眼镜和思维定式，把中国的政党制度放到多维视野中去考察，才能得出符合实际的结论，增强中国特色社会主义的制度自信。从历史维度看，政党制度的形成是一个长期的自然历史过程，反映了不同国家社会政治经济文化发展水平。中国共产党领导的多党合作和政治协商制度也是在历史发展进程中逐步形成的。近代中国曾有过模仿西方议会制、内阁制、多党制的试验，但正如毛泽东所说：“中国人向西方学得很不少，但是行不通，理想总是不能实现。”中国共产党在与民主党派协商建国、民主建政的过程中，最终形成了中国共产党领导的多党合作和政治协商制度。这是百年来中国政治发展的自然历史结果。从内生性维度看，一方面，中国共产党领导的多党合作和政治协商制度扎根于中国的政治经济发展基础上，1949 年新中国成立时，新生人民政权的基础是工农联盟，改革开放以来，中国共产党领导的多党合作包括八个民主党派，政治协商的界别数量达 34 个，基本涵盖了中国社会各阶层，显示了中国政党制度的张力和弹性；另一方面，它也离不开中华优秀传统文化的滋养，中国数千年来所形成的选贤任能政治传统、治国安邦的历史使命，民为邦本的治国理念、兼收并蓄的包容文化等政治理念和历史传承，要比多党竞争、议会政治更适合中国国情。

陈惠丰在《我国协商民主的由来——兼论社会主义协商民主的制度基础、理论基础和文化基础》(《中央社会主义学院学报》2015 年第 4 期）一文中指出，就政治制度讲，虽然新政协的成立标志着多党合作和政治协商制度的确立，但新中国成立初期各民主党派还是代表民族资产阶级和城市上层小资产阶级的政党，我国各政党之间还是新民主主义的政党关系,还不能说有社会主义政党制度。后来在阶级斗争扩大化“左”的错误影响下，多党合作和政治协商也因此遭受挫折。新时期这方面最大的新发展就是，在明确我国社会阶级状况发生重大变化的基础上，1979 年邓小平在政协五届二次会议上提出各民主党派“已经成为各自所联系的一部分社会主义劳动者和一部分拥护社会主义的爱国者的政治联盟，都是在中国共产党领导下为社会主义服务的政治力量。在这一新判断的基础上，逐步确立了中国共产党是执政党，各民主党派是中国特色社会主义参政党，中国共产党领导的多党合作和政治协商制度是我国的一项基本政治制度，并在国家政治生活中广泛开展了多党合作和政治协商。

龙兵在《中国特色社会主义政党制度自信的三重维度》(《思想理论教育导刊》2015 年第 3 期）一文中指出，一个国家采取何种政党制度，取决于该国社会的性质、根本的制度以及特定的社会历史条件。中国共产党领导的多党合作和政治协商制度，是马克思主义政党理论同中国历史与现实相结合的产物，是中国社会、中国历史发展的必然选择。近代以来的中国社会性质，决定了中国没有实行西方多党制的土壤。而近代以来民主政治的发展，决定了一党专制也行不通。在深刻分析、准确把握我国社会性质基础的上，中国共产党的历届中央领导集体，始终注意且持续不断地把马克思主义政党理论、统一战线理论、社会主义民主政治理论同中国实践相结合，建立、巩固和发展广泛的统一战线，方才成功创立、最终确立起了中国共产党领导的多党合作和政治协商制度，并不断推动这一新型政党制度的不断完善和发展。

任世红在《多党合作在国家治理现代化中的作用机制》(《贵州社会主义学院学报》2015 年第 3 期）一文中认为，中国政党在革命、建设的不同时期塑造了不同的经济社会和政治生态，同时这种塑造又是在自身发展变化以适应特定社会基础、特定社会要求的条件下才得以完成的。新民主主义时代既有各阶级的存在，就会有各党派的存在。民主党派参加中国共产党领导的政治协商和国家事务的管理，对于共产党和国家机关的工作进行民主监督，既代表和反映它们所联系的民族资产阶级、上层小资产阶级和它们的知识分子的利益诉求，同时在政治参与和自我教育中实现了自身的政党转型。社会主义改造完成后，民主党派的阶级基础发生了根本性的变化，成为一部分社会主义劳动者的政党，这就为社会主义条件下共产党和民主党派“长期共存、互相监督”奠定了基础。改革开放开启了中国的现代化转型，社会利益的多元化以及更广泛更深层次社会整合的要求，使得中国共产党、各民主党派都分别拓展了自己的社会基础。在中国共产党领导的多党合作和政治协商制度被明确为一项基本政治制度、中国特色社会主义政党制度的同时，多党合作也走上制度化、规范化和程序化建设轨道。

三、中国政党制度的特色和优势

围绕中国政党制度特色和优势这一基本问题，本年度学者们在调整了探索角度、改进了研究方法的基础上，继续依托中国政党制度的基本内涵、中国社会全面发展特别是民主政治发展以及中外政党制度比较等理论支点，结合协商民主与国家治理问题，特别是融会政党关系和政党—政权关系等问题，从不同角度切入展开经验探讨和比较研究，取得了不少有价值的研究成果。总括这些成果可以看到：首先，中国政党制度的特色和优势关键在于其适合中国的国情，适合中国社会发展的要求，在于其在解决中国问题、促进中国发展中的高效率和无可替代的性质。其次，作为一种从理念设计到经验实践都有效满足了当代中国政治发展和经济社会要求的政党制度，中国共产党领导的多党合作和政治协商制度为人类政治文明贡献了一种新的制度模式。再者，鉴于中国政党制度的特色和优势，我们必须要有足够的制度自信。中国政党制度的独特性、先进性并不排斥其对国外相关政治文明成果的吸收和借鉴，但此种吸收和借鉴是基于满足中国现实国情与发展需要前提基础之上的，绝对不能是无原则的照抄照搬。

（一）关于中国政党制度的特色与模式

中国的国情、中国的实践自然会生发中国风格和气派的民主政治和政党政治，自然会形成中国特色和模式的政党制度。本年度围绕中国政党制度特色与模式这一主题的相关研究结果表明：中国的合作型政党制度实现了多元与一致、领导和参与、选举与协商的内在统一和有机融合，完全不同于西方竞争型政党制度模式。此种制度模式建立在深厚的中国传统历史、文化基础之上，适合中国国情；此种制度模式有利于实现参与、民主和团结，是人类政治文明多样性的体现。

周余云在《多维视野下的中国政党制度》(《求是》2015 年第 5 期）一文中认为，中国共产党领导的多党合作和政治协商制度有别于一党专制模式，而是立足于共同政治经济基础上的共产党领导、多党合作；也不同于多党竞争模式，而是共产党执政、多党参政。体现在政治关系上，各民主党派接受中国共产党领导，彼此是合作关系；体现在政权关系上，共产党执政、各民主党派参政，彼此是执政党与参政党的关系，而不是轮流执政的竞争关系。这种政党制度模式融合了不同政党制度稳定性、监督性等优点，又体现了自身主导性、包容性等特点，已内化为中国的体制性力量，在推动政治发展、经济增长和社会安定方面有着积极作用。从实践维度看，中国共产党成功领导 13 亿人口的大国，通过改革开放把中国引入欣欣向荣、充满生机的上升通道，不断改善人民生活，使中国在发展中国家奔向现代化的长征中脱颖而出。这就充分证明了中国特色政党制度的有效性。与国外的一党制、两党制、多党制一样，中国共产党领导的多党合作和政治协商制度也是人类政治文明的体现,对此我们有理由自信而不应妄自菲薄。但要清醒认识到，我国政党制度确实仍需要借鉴国际经验，在制度化、法治化方面进一步自我完善。在这方面，东施效颦、故步自封都是不足取的。

陈钰业在《“中国模式”政党制度形成与发展的历史轨迹》(《广西社会主义学院学报》2015 年第 5 期）一文中认为，中国共产党领导的多党合作和政治协商制度是中国模式的政党制度，是“一党领导、多党合作”“一党执政、多党参政”的模式，是在中国各政党追求民族独立、自由、解放的斗争和中国特色社会主义事业建设过程中形成的，建立在深厚的中国传统历史、文化基础之上，是适合中国国情的政党制度。随着中国民主政治改革进程的加快，中国式的政党制度进一步得到完善，这一制度日益程序化、法制化和科学化，体现出更强的时代性和进步性，表现出更加鲜明的中国特色，解决了政党关系和谐稳定发展的问题，也解决了 13 亿人口大国稳定发展与繁荣的问题，是对马克思主义政党理论的发展和创新，是中国对人类政治文明做出的新贡献。这一制度是继西方现代政党制度之后的创新发展，越来越受到世界各国的关注，为多民族、多党派、多元文化国家解决政治权力分配问题和处理政党关系做出了成功的探索，提供了可借鉴的理论和实践范式。

蔡达峰在《协商是多党合作的应有之义》(《团结报》2015 年 4 月 4 日第 1 版）一文中指出，“协商”体现了人们避免对抗、民主合作的善良愿望。要在中国政治和社会生活中推进民主，就得发扬“协商”优点、借助规则弥补不足。规则越有公信力，协商的功效越充分。政治协商政治性组织之间按照政治制度的要求对公共决策进行的协商，如在我国根本政治制度、基本政治制度、行政管理制度以及司法调解制度中的协商等。中国共产党的领导、中国共产党领导的多党合作都离不开协商，和谐政党关系更是离不开理性协商。协商是多党合作的应有之义，是决策的主要形式、我国民主的专门制度。作为政治协商的核心所在，政党协商是协商民主的关键环节、执政行为的必要部分，对政治建设具有直接作用。

宋连胜、李建在《民主与参与：协商民主推进国家治理现代化的政治逻辑》(《社会主义研究》2015 年第 5 期）一文中归纳了协商民主、多党合作推进国家治理现代化政治逻辑的几方面特征。究其实质而言，这些特征也就是对当代中国政党制度模式及其特色的较好映射和体现 :（1）实现一元领导与多元协商相统一。中国共产党作为执政党处于国家权力结构的核心位置，是协调国家各级权力机关发展社会主义民主政治和推进国家治理改革的执行者，也是民主和国家治理现代化的提倡者、推动者与领导者。（2）实现人民民主与有序参与相统一。通过政党参加和主导的政治协商，把有序参与和有效治理很好地结合起来。（3）实现协商民主与选举民主相统一。人民代表大会制度和多党合作和政治协商制度在中国民主政治中占有重要的地位，选举民主与协商民主分别以这两种制度为平台广泛深入到我国政治发展的各个领域。

刘金锋在《评判中国特色政党制度的三个维度》(《中共石家庄市委党校学报》2015 年第 12 期）一文中认为，从历史演进的维度看，中国特色政党制度是中国社会历史发展的必然选择。从中外比较的维度看，中国特色政党制度的特色极其鲜明。在政党关系上，我国模式是合作性的，与西方国家以竞争和相互倾轧为主的政党关系不同。在我国政党制度中，中国共产党与民主党派之间是团结合作的关系，根据各政党在实践中达成的政治共识和协商制订的共同政治准则，共产党在与民主党派合作的基础上对民主党派进行政治领导，处于领导地位；各民主党派在接受共产党政治领导的前提下与共产党进行政治合作，处于合作地位。在政党与政权关系上，我国政党制度采取的是一种执政地位法定的模式。人民民主专政本质上是工人阶级领导全体人民实现阶级统治的国家政权，具有民主性质和联盟特点，这就决定了共产党作为工人阶级先锋队、中国人民和中华民族先锋队必须执政，民主党派作为人民之中一部分社会主义劳动者、社会主义建设者和拥护社会主义爱国者的政治联盟应该参政，形成共产党执掌国家政权、民主党派参与国家政权的党政关系。

王学荣在《"总体镜"下的中国特色政治协商制度研究》(《理论建设》2015 年第 6 期）一文中指出，中国共产党领导的多党合作与政治协商制度呈现一系列鲜明的特色，作为我国的一项基本政治制度，它具有深远的历史源流、具有独特的组织形式。（1）政治协商必须始终坚持以中国共产党为领导，这是政治协商制度的前提或基础。（2）政治协商的主体具有广泛的代表性，囊括各政党、各人民团体、各个民族以及社会各界的代表人物，在内容上具有战略性、全局性和广泛性的特点，涵盖党的路线、决策、国家大政方针等方方面面，涉及政治、经济、文化、社会、生态等各个领域。（3）协商的结果尽管不会形成国家意志，也不具备法律效力，但对党和国家的工作却具有重要的建议、咨询和参考价值。（4）人民政协不仅仅是政治协商的组织形式，也是爱国统一战线组织，具有双重属性。

龙兵在《中国特色社会主义政党制度自信的三重维度》(《思想理论教育导刊》2015 年第 3 期）一文中认为，相比于西方多党制和苏联的一党制，中国共产党领导的多党合作和政治协商形成了独具民族特色的制度模式。作为我国的一项基本政治制度，中国共产党领导的多党合作和政治协商制度具有中国特色，适合中国国情，符合发展逻辑，是历史和人民的选择。这一政党制度模式为当代中国发展进步创造了稳定的政治局面，维护了安定团结的社会环境，增强了党和国家的活力，体现了党的领导、人民当家作主和依法治国的有机统一。在政党与政权关系上，它适应了人民民主专政国体的要求，中国共产党执政，民主党派参政议政；在政党与政党关系上，中国共产党与各民主党派长期共存、互相监督、肝胆相照、荣辱与共，中国共产党与民主党派之间长期合作协商而非竞争冲突；在政党与群众的关系上，这一政党制度模式也有利于实现和维护最广大中国人民的根本利益。为此，我们必须坚持中国特色社会主义政党制度自信，决不照抄照搬西方多党制。

（二）关于中国政党制度的优势

中国的政党制度既有其基于自身特色的结构和功能，而可以成功解决中国问题、促进中国发展的固有优势；又因此而获得相对于其他政党制度、其他政党政治模式疲弱和低效的比较优势。本年度围绕我国政党制度优势及其发挥这一主题的相关研究指出，从中国自身的改革和发展阶段来说，中国政党制度有利于积极推动全面建成小康社会、全面深化各项改革、全面依法治国以及全面从严治党四大战略目标的顺利实现，而具有功能方面的优势；就相似境况下处理相关问题的国家比较而言，我国政党制度运作的结果也更具有效率、其优越性也得以充分展现。此外，本年度相关研究的进步也体现在比较方法的熟练使用、交叉研究的成功适用上，其中以孙迎辉、周西蓓、王琳琳等的论文为代表。

杨绪盟在《我国政党协商的先进性及其思考》（《中央社会主义学院学报》）一文中认为，我国与西方的政党协商有着许多共通之处，但其差异性更为显著。政党协商是我国社会主义民主政治的独有特色，也是我国政治体制改革的最新成果，具有制度化程度高、顺应当今政党政治发展趋势、引领了世界民主发展潮流的先进性，具有西方政党协商所不可比拟的优势。但是，我国的政党协商也还面临进一步制度化、法治化的问题，面临提高实效性、增强制度自信等问题。这些相关问题都关乎我国政党制度优势的更好发挥、关乎我国政治制度先进性的充分体现，因而都是值得深入思考的重大理论与实践问题。

孙迎辉、周西蓓在《论公共管理视角下中国政党制度的特征和优势》（《天津大学学报·社会科学版》2015 年第 2 期）综合运用战略管理模型、创新动力模型，解析说明了中国政党制度的政治优势及相关限制因素。文章认为，中国的政党制度是以多党合作为外在表现，以共同参与政治管理为核心的协商民主体制。中国共产党作为执政党、各民主党派作为参政党，都体现了公共管理学理论所谓的“主体性”特征，即具体参与主体的非排他性、管理主体的服务性，以及监督主体的共治性。中国共产党和各民主党派的合作共事，体现了公共管理主体相互的信任、规避了某些社会风险、推动着合理公共政策的产生，因而在我国发展中具有深刻的政治和社会历史影响。在中国政党制度的基本框架范围内，各政党具备利益有效整合、充分信任和规避政治内耗的优势，存在公众参与政治热情高涨、政治目标一致、政党相对独立的机会，但也有协商渠道局限、执行部门重视程度不一的不足。概言之，我国政党制度能够源源不断催生公共管理的合力，有利于维护上下一致、协调各方的社会团结合作，整体竞争力明显、在制度运行效果上明显超越西方多党制。

王琳琳在《从中外政党制度对比看中国政党制度的优势》(《商》2015年第48期)一文中认为，把中国政党制度置于世界背景之中，以比较方法来分析中西方政党制度，对于我们增强理论自信、道路自信、制度自信起到重要作用。一方面，中西方政党制度趋于成熟和稳定的基本条件是趋同的：(1)各政党在政治理念上达成共识。(2)少数几个政党作为国家发展的支柱并获得社会认同。另一方面，中国政党制度在比较中凸显优势：(1)西方各政党都以使对手失去竞争优势作为本党的行动目标，在中国执政党与和参政党则以合作、互利共赢、稳定发展为基本价值取向，是相辅相成的执政与参政关系，有利于协调社会利益关系，促进政治团结和社会稳定，还有利于凝聚社会力量，同心协力谋发展。(2)在西方政党制度中，监督功能植根于权力制衡的政治体制中，监督的力度及效度得以保证，却增加了执政党执政的难度，一定程度上影响了执政效率，也容易引起彼此相互攻击、相互掣肘，恶劣地甚至带来金钱交易，导致社会失序；而中国共产党作为唯一的执政党总揽全局的地位决定了监督问题的重要性，在多党合作制度中，这种监督功能主要体现在决策前的协商并贯穿于决策执行过程中，是一种非对抗的关系，更能获得一种双赢的效果。

陆聂海在《发挥多党合作优势，服务“四个全面”战略布局》(《陕西社会主义学院学报》2015年第3期)一文中认为，多党合作制度在“四个全面”战略布局中具有独特优势。(1)坚持党的领导、多党合作，特别是充分发挥民主党派参政议政、民主监督等基本职能，有利于规范社会行为、化解社会矛盾、最终实现社会公平，有利于帮助强化宏观调控的扶持之手、弱化资本的“掠夺之手”，规范资本力量的有序运行，促进社会财富在全体社会成员中得到合理的分配，有利于促进党和政府为人民群众提供优质和高效的社会公共服务。(2)通过多党合作、政治协商，民主党派和无党派人士可以发挥优势，着眼实现市场在资源配置中发挥决定性作用、促进经济转型升级和提质增效，助力完成经济体制改革这一全面深化改革的重点任务；此外，发挥参政党职能，也有助于推动政治体制、社会治理体制改革以及促进文化和生态文明建设。(3)中国共产党的领导是多党合作的基本前提和政治基础，也是中国特色社会主义法治之魂。在多党合作制度框架内，参政党依法政治协商、依法参政议政、依法民主监督、依法社会服务，积极促进科学立法以及执法和司法，成为全面实施依法治国战略的重要生力军。(4)从严治党涉及政党治理，参政党在政党治理中积极发挥作用、通过与执政党的合作和履行参政议政职能，非常有助于中国共产党加强自身建设和改善政治领导。

吴垠、吴愿学在《发挥多党合作与政治协商制度优越性，加快社会治理现代化步伐》(《贵州社会主义学院学报》2015年第2期)一文中认为，作为我国基本政治制度之一，中国共产党领导的多党合作和政治协商制度是推进“依法治国”、实现社会治理现代化的强大武器，为法治中国推进社会治理建设奠定了坚实政治基础、为推进社会治理日益现代化提供广泛社会基础、为维护和推进社会有序运行提供了鲜活的机制保障。要发挥中国基本制度的优越性、加快实现国家治理的现代化，就必须不断加强党的领导、多党合作和政治协商，并长期以促进重大利益关系协调和合理调整作为推进社会治理现代化的核心，以实现利益诉求渠道畅通和有效是加快社会治理现代化作为关键，以推动广泛社会共识形成作为加快社会治理现代化的基础需要。

董树彬、刘秀玲在《国际金融危机背景下中国多党合作制度的优越性》(《科学·经济·社会》2015 年第 2 期)一文中认为，面对国际金融危机的冲击，西方竞争型政党制度所固有的权力分散与运行低效的弊端暴露无遗，进而导致西方经济遭到重创，实力明显削弱。相对应,中国多党合作制度所特有的优越性在应对国际金融危机中得到充分展现：(1)中国共产党的领导地位确保了应对国际金融危机的集中与高效。(2)和谐政党关系形成了应对国际金融危机的共同合力。(3)有效政治协商产生了应对国际金融危机的科学决策。(4)民主党派的参政地位提供了应对国际金融危机的良策与监督。正是这种中国多党合作制度优越性，确保了中国率先摆脱国际金融危机的困扰，并继续保持了经济的平稳较快发展。

四、中国政党制度的功能和价值

对于相关功能和价值的探讨,构成中国政党制度研究的一个重要的传统领域,本年度,学者们主要是围绕我国政党制度的结构与功能关系问题、制度功能与制度自信问题、制度价值与“四个全面”及协商治理的关系问题来切入和展开的，在理论上、方法上、视角上和论证方面都有所创新。

(一)关于中国政党制度的功能

围绕与中国政党制度功能相关的问题，本年度相关探讨普遍紧扣结构与功能的对应关系,学者们一致认同理性整合、保持稳定与促进民主是我国政党制度最基本的政治功能,是当代中国政治固本强基的关键所在,也有利于经济、文化、社会和生态建设的全面发展。有论者思考协商民主广泛发展与多党合作制度之间的制度耦合和功能互补问题，表明在相关问题研究、相关理论把握上，确有一些亟待更新理念和深化认识的问题。

钱文华在《政党制度自信的社会凝聚力探析》(《学习与实践》2015 年第 11 期)一文中认为，党的十八大提出了制度自信新命题。政党制度自信是一个新的特定概念，专指中国共产党对现行中国政党制度既往历史及未来效能的确信。政党制度自信与其本身的结构、功能有紧密联系，它来源于改革又将推动改革。政党制度的结构、功能表现出重要的社会价值是政党制度自信的题中之义，就是以政党制度自信的实践来为整个社会提供物质和精神需求。从结构意义上讲，政党制度自信体现出政党制度理念的科学性、对象的不变性、规则的可行性、载体的文明性。从功能角度看，政党制度自信彰显了政治力量的吸纳力、社会诉求的包容力、社会力量的整合力、制约腐败的监督力、政党共处的和谐力。在全面建成小康社会进程中,政党制度自信对于加强社会凝聚力具有重要意义：(1)能给人民群众传递强大的思想影响力，带动人民群众形成对政党制度认同。(2)能发挥密切共产党与民主党派关系粘合剂作用，提升制度向心力，促进社会团结。(3)能弘扬社会主义核心价值观理念，促进人民群众追求共同价值。(4)能推动政党制度的完善和可持续发展，促进政党之间的团结。

朱艳莉在《多党合作制度的发展与完善研究》(《传承》2015 年第 9 期)一文中认为，我国多党合作制度具备并长期发挥了如下几方面功能：(1)维护社会和谐稳定。我国多党合作制度以合作、协商代替对立、争斗，避免了政党之间互相倾轧造成的政局不稳和政权频繁更迭，最大限度地减少社会内耗，维护安定团结的社会政治局面。这一制度既有共产党的坚强领导，又有各民主党派的广泛参与，能够有效化解各种社会矛盾和冲突，保持政治稳定和社会和谐。（2）促进经济平稳发展。当政治制度和经济制度相适应时，就能很好地促进经济的平稳发展。无论从政党代表群体来看，还是从所有制结构、决策机制以及应对世界经济政治的变化来看，我国政党制度都显现出良好的适应性。（3）体现全体人民共同利益。我国多党合作制度的主体涵盖了社会各界各方面人士，能够为社会各群体中的个别分散的意见愿望和要求提供畅通的表达渠道，有效反映社会各方面有共性也有差别的利益、愿望和诉求，畅通和拓宽社会利益表达的渠道，协调利益关系，同时实现有序的政治参与，推进社会主义民主的稳步发展。（4）有效社会整合。坚持中国共产党的领导核心地位，保障各民主党派的广泛参政议政的权力，是确保中国特色政党制度形成强大的社会整合力度的关键。

苏晓伟等在《结构功能视域下的中国政党制度分析》（《湖北文理学院学报》2015 年第 4 期）一文中认为，在观察、研究政党制度时，可以将其解析为硬件部分、软件部分，“硬件”部分政党的组成人员和机构，“软件”部分则是指政党的组织原则和规范。也可将其析分为“内部结构”和“外部结构”。“内部结构”是指政党间的关系模式，“外部结构”则是指政党与国家机关的关系模式。对应其基本的构成要素（党员和骨干分子、政府与代议机构、政党组织原则纲领、国家制度法规）及其相互间的组合作用关系，我国政党制度具有整合、稳定与政治民主的功能。整合功能：全面建设小康社会时期中国社会的利益分化不可避免，政党制度应能整合分化的利益、满足现实社会的需要。中国共产党掌握国家权力，承担社会发展和政治稳定责任，作为超越的“第三方”能够公正有效协调与整合不同阶层的利益和矛盾。稳定功能：当代中国政党制度既契合了社会结构多元、利益多元和层次多元的特性，从外部维护了社会多元格局的稳定；也消除了政党间相互攻评、尔虞我诈所带来的政局动荡，减少了社会内耗，形成、发挥了政党及体制内部的稳定作用。政治民主功能：多党合作、政治协商能够充分尊重和方便人民参与，在尊重大多数的同时合理兼顾少数人的利益，平衡各方利益，增强了社会的凝聚力，这是现代民主理念的追求。

欧明华在《再议多党合作制功能发挥》（《学理论》2015 年第 34 期）一文中认为，中国共产党领导的多党合作制有独特的内涵：中国共产党是中国特色社会主义事业的领导核心，各民主党派是致力于中国特色社会主义事业的参政党，民主党派和中国共产党在共同政治准则下共存、是通力合作的友党关系。我国的基本政治制度，中国共产党领导的多党合作制有着固本强基的功能、作用。虽然当前协商民主已成为我国政治生活中重要的组成部分，但多党合作制度仍有其必须不断加强的功能价值。概言之，中国共产党领导的多党合作只能加强不能削弱，其内容和形式只能继续丰富不能简化，政治协商、民主监督、参政议政三大职能只能全面一体强化不能有所偏废。

（二）关于中国政党制度的价值

围绕这一研究主题，本年度学者们探讨了中国政党制度对于促进中国社会全面发展所能发挥的作用和价值，特别是其推动民主和法治进程的政治价值。学者们还努力结合中央最新精神，着重从整体上讨论了政党制度在实现“四个全面”战略布局中的价值与意义，形成了一些颇具问题导向和现实针对性的研究成果。中国政党制度的政治价值体现为相关政治体制、机制的有用性，特别是体现为其忠于且实现人类社会生活各领域的规律性要求，特别是切实反映和有效实现当代中国社会发展的目的、规律和现实要求。

山西社会主义学院课题组在《多党合作在全面推进依法治国中的重要意义及现实路径》(《山西社会主义学院学报》2015 年第 4 期）一文中认为，作为“四个全面”战略思想的重要组成部分，全面依法治国是建设中国特色社会主义现代化国家的重要内容、发展人民民主的根本保障和反腐治权的治本之道。依法治国是国家治理领域一场广泛而深刻的革命，也是当代中国政党制度相关实践和发展一项现实且关键的使命。作为我国一项基本政治制度，中国共产党领导的多党合作和政治协商制度具有中国特色社会主义制度的鲜明特色和独特优势，为全面推进依法治国提供力量支持和制度保障，多党合作及其自身的法治化对于中国特色社会主义法治建设具有无可替代的价值与意义。在全面推进依法治国的进程中，中国共产党和各民主党派要切实承担起作为中国特色社会主义执政党、参政党的政治责任，站在国家和民族根本利益的高度，以法治推动和引领国家治理现代化，不断提高民主与监督的实效性，切实站在讲政治的高度，真正做到依法办事，力推全面依法治国步伐。

朱虹在《充分发挥多党合作制度在推进“四个全面”战略布局中的重要作用》(《中央社会主义学院学报》2015 年第 5 期）一文中认为，在中国革命、建设和改革长期实践中确立和发展起来的多党合作制度是全面建成小康社会的重要制度保障。多党合作制度服务于全面深化改革的总目标，能够明确参政党作为政党的治理主体性，增强其参与和推进国家治理现代化的自主性和主动性，对于推进国家治理现代化具有独特的优势。依法治国是多党合作制度的本质要求，多党合作制度是依法治国的基础、动力和制度保障，能够把民主法治精神贯彻于制度建设之中，改进和完善政党制度，实现政党制度法制化，切实实现和保障依法执政、依法参政，积极推动民主党派参与立法协商、发挥法治人才智力优势。发挥多党合作优势服务全面从严治党，建立和完善民主监督运行机制、增强民主实效，完善政党协商扩大有序政治参与、促进决策科学民主，提高民主党派参政议政能力，有助于更好地解决执政党的先进性问题、党的权威问题、从严管理党员干部问题，必然对各民主党派产生强大的政治凝聚力和高度的政治认同感。

杜楠楠在《当代中国政党制度的民主政治价值研究》(《广西社会主义学院学报》2015 年第 2 期）一文中认为，中国政党制度是人民行使民主权力、实现民主目标的重要制度保证，与人民民主具有内在契合性，民主政治价值是我国政党制度的核心价值。中国政党制度的民主政治价值主要体现在政治性和整合性上，从政治层面看，中国政党制度内部结构具有稳定性，是社会政治稳定的重要前提；从民主层面上看，中国政党制度保证了政党代表的广泛性和整合的有效性。要进一步促进民主政治价值的实现，一是要改善执政党的领导，提高民主执政意识和民主执政水平，这是完善中国政党制度、实现民主政治价值的根本前提；二要提高民主党派的参政水平，强化参政党的政党意识、提升参政议政自觉性，完善民主监督机制、提高民主党派民主监督的水平，这是完善中国政党制度、实现民主政治价值的重要条件。

于潇在《纵向比较下浅论中国特色社会主义政党制度的优越性》(《改革与开放》2015 年第 4 期）一文中，对中国政党制度所曾经的多党制、两党制、一党制做了历史比较，认为相对于中国历史上的这几种政治制度，当代中国特色社会主义政党制度具有明显的制度优势和价值。这一制度优势与价值同其自身突出和且显的现实性、合理性是内在统一的，也是中国社会和中国人民最终选择、长期信任和坚持这一基本政治制度的原因所在。具体而言，当代中国政党制度的基本价值体现在坚持、完善和发展中国特色社会主义政党制度，有利于：(1）迅速提高我国生产力水平；(2）充分发挥中国特色社会主义各项制度的优势；(3）充分巩固和发扬人民民主；(4）从根本上维护国家的稳定和团结；(5）有利于维护中国最广大人民群众的根本利益。

五、中国政党制度的思想和理论

本年度与中国政党制度的思想和理论这一基本领域相关的学术研究表明：现实的需要能够极大地促进思想理论的创新发展，而每一次的创新发展都立足于历史与逻辑的统一基础之上。当前，我们正处于实现“四个全面”战略目标的关键期，我国政治发展需要不断加强和改善党的领导、有效开展社会主义协商民主以巩固、丰富和发展人民民主。学者们紧密联系实际，取得了一批创新性强、有价值的研究成果。

（一）中国政党制度的理论渊源、思想基础

围绕这一主题，2015 年度专门研究的成果相对较少，但质量则相对较高，产生了有突破性的基础理论研究成果。学者们或敢于直面中国政党制度研究中的根本性问题，既这一制度确立的理论依据是什么，进行的理论建构和探索有着重要的理论意义。或从政治哲学的视角出发，探讨了中国特色政党制度的合理性、合法性及有效性表述的问题，挖掘了潜藏于这些表述背后的逻辑起点、道义结构和功能方法论的问题。或是回归经典并辅之以国际比较，探讨了马克思主义政党学说创立时多党合作思想的本旨及其历史的、世界的影响。这些研究成果有一个共同的特点，即对经典的把握更加深入透彻，学理性强、具备了相当的逻辑思辨深度，因而读来感觉印象深刻。

李金河在《论中国特色政党制度的理论基础》(《中央社会主义学院学报》2015 年第 2 期）一文中认为，中国特色政党制度的理论基础是我国多党合作制度确立的理论依据和理论支撑，它由作为多党合作制度价值基础的人民民主理论、实践基础的统一战线理论以及运行基础的社会主义政党关系理论相互联系、有机组成。人民民主理论是人民民主专政理论的时代表达，人民民主专政理论来源于无产阶级专政理论，其实质是无产阶级专政。人民民主强调的是人民当家作主，内含在人民民主专政之中，由于中国特色社会主义现代化建设所面临的国内外环境发生深刻变化，人民民主专政的核心任务和实现途径都发生变化。人民民主理论反映了政党、国家、社会三者之间的关系，规定了共产党领导与多党派合作的政党制度格局，是中国特色政党制度的价值基础。中国特色政党制度是统一战线在国家政治制度上的实现形式，对民族资产阶级及其政党的认识是中国

特色政党制度得以实现的前提条件，统一战线中的政治协商机制塑造了合作与协商的政党政治，统一战线理论是中国特色政党制度的实践基础。合作型政党关系是中国各政党长期合作的历史凝练，中国共产党的领导是多党合作关系的政治前提，对民主党派性质的正确认识是多党合作关系的现实条件，政党关系方针是多党合作关系的政治保障，和谐政党关系需要多党合作制度化发展，社会主义政党关系理论是中国特色政党制度运行基础。概言之，中国特色政党制度理论基础的研究，不仅关系到我国多党合作立制之本，而且关系到中国特色社会主义民主政治的发展之基，对完善中国特色社会主义制度体系、推进国家治理体系和治理能力现代化，有着重大的理论价值和现实意义。

孙津、封哲学在《中国多党合作的政治哲学基础》(《重庆社会主义学院学报》2015年第6期）一文讨论了中国多党合作的政治哲学基础，认为作为一种真实有效的政治现象和活动，多党合作职能有相应的法定根据和权威表述。中国多党合作既需要在理论上通过“自我宣称”（从中国共产党的先进性和代表性的角度来说明中国特色政党制度的合理性、合法性及有效性）确立起来，也要通过“实践证明”来获得支持。中国多党合作实现理论与实践的一致性需要内在的关联。这种关联体现为中国多党合作的政治哲学基础。目前，中国的多党合作制度缺少相对独立或专门的理论支持。这使讨、探究中国多党合作的政治哲学基础成为必要。一是能够论证我国政党制度的政治特性、政治导向、体系结构，为我国政党制度体系各部分的内在联系提供根据。二是能够摆脱西方政党理论的话语霸权，构建中国特色政党制度的基础理论。从基础理论的角度来讲，如果中国多党合作是合理的和合道义的，那么其政治哲学的应然性至少需要包括、说明三方面相互关联的内容。一是逻辑起点，即政党政治的创制。这是正确认识和理解中国多党合作制度的前提。二是道义结构，即政党政治的结构性本体论。中国共产党代表的先进性具有与政权相融和一体化的特征。多党合作旨在充分利用政治资源、减少政治浪费，内在地排除了竞争权力。三是全面领导与分工，即政党政治的功能性方法论。多党合作以领导和参加的分工方式构成一个政党体系。中国共产党在政党体系中担负领导职责，参政党参加分工、分享了执政的功能。

吉秀华在《马克思主义多党合作思想在社会主义国家的实践及其经验启示》(《中央社会主义学院学报》2015年第3期）一文中认为，多党合作是马克思主义政党学说的重要内容，也是多个社会主义国家政党制度的现实实践。多党合作的理论和设想起源于马克思和恩格斯。1848年《共产党宣言》的发表标志着马克思主义政党学说的建立，其中即包含了丰富的多党合作思想：(1）阐明了无产阶级政党与其他工人阶级政党合作的政治基础；(2)分析了无产阶级政党与资产阶级政党和小资产阶级政党合作的条件和可能性；(3）确立了无产阶级政党在与其他政党合作时的策略和原则。马恩多党合作设想后经列宁的发展在俄国早期的苏维埃政权中变为现实，在社会主义历史上第一次实现了无产阶级政党与其他政党的联合执政。列宁认为要实现有利于工人阶级、有利于社会主义国家的多党合作，就必须：(1）以共同的政治目标和政治利益为基础；(2）保持无产阶级政党的独立性和领导地位；(3）求同存异，照顾同盟者利益。马克思、恩格斯和列宁的上述关于多党合作的基本理念、基本设想和相关策略与原则，在第二次世界大战后成为多个社会主义国家制度选择的思想指南。

汲惠忠、吁帅彪在《新时期坚持和完善多党合作制的思考》(《求知》2015 年第 4 期)一文中认为，我国的多党合作制度将马克思主义政党学说与我国实际情况相结合，不仅符合一般政党政治的发展规律，还与我国实际密切结合，对共产党和其他民主党派的共同发展起到了决定性作用。这种独特的政党制度形成的思想理论条件是马克思主义经典作家的政党学说，中华民族传统“和合文化”理念是我国政党制度的文化价值取向，中国共产党对多党合作制度不断的探索和创新为我国政党制度奠定了思想基础和政治基础。新时期我国多党合作制度面临世界政党政治局势新变化、政治体制改革的新要求、经济改革的新考验、社会结构变迁的新挑战。为此，需要进一步优化多党合作制度中的政党关系、拓展多党合作的制度化发展空间、扩大社会自主空间和营造现代民主氛围。

（二）多党合作思想的继承、丰富和创新

抗日战争时期是中国共产党人统一战线理论和实践逐渐趋于成熟的时期。由此，学者们从历史与现实相呼应的视角切入，分别作整体的阐发和个案的分析，既回顾、解析历史演进的片段、又还原真相或匡正曲解谬见，是本年度多党合作思想研究的特色和意义所在。

王彩玲在《论多党合作的思想基础》(《广西社会主义学院学报》2015 年第 5 期)一文中认为，抗战时期中华民族主要面对两大历史性任务，一是救亡图存，二是建设现代国家。这使得“抗日”与“民主”成为当时的两大时代主题，中国共产党和各民主党派正是在对“抗日”与“民主”这两大历史性课题的探索与回答中，共同举起爱国与民主的旗帜，找到了推动合作的价值纽带，并最终走向相互合作的道路。这是中国共产党和各民主党派走向合作的历史源头。追本探源，对推动多党合作制度的完善具有重要的启发意义：(1) 把政党联合在一起最深沉的力量是共同的价值观。(2) 政党的意识形态建构要与时俱进，任何一个政党要准确回答时代主题，都必须构建与时代主题相一致的意识形态。(3) 参政党要继承和发展爱国、民主、求实的优良传统，更好认识时代和任务的根本变化，更好尽职履责，担当起历史责任，实现自身可持续发展，从而推动多党合作的可持续发展。

张彩云在《论爱国主义精神在实现和促进多党合作中的基础性作用》(《湖南省社会主义学院学报》2015 年第 5 期)一文中认为，纵观我国统一战线史，爱国主义精神在实现多党合作、促进形成多党合作制度中起到了基础性作用。爱国主义是民主党派的产生的基础，是与共产党亲密合作的前提，是共同抗战的基石。新中国成立后，爱国主义精神奠定了多党合作制度的思想政治基础，推动形成了致力于社会主义建设的命运共同体，推动形成风雨同舟的多党合作历史和现实形态，推动形成凝聚合力的和谐政党关系。新时期新常态下，爱国主义是共圆中国梦的动力源泉，是增进新共识的思想基础，是联系各党派的精神纽带。新时期，多党合作事业的发展仍需要进一步巩固和发扬爱国主义精神。

陈兴国在《抗战时期毛泽东多党合作主张论析》(《江南论坛》2015 年第 8 期)一文中认为，在抗战时期，毛泽东驳斥了蒋介石“党外无党”的政治哲学、反思了斯大林“无政党自由”的政治逻辑，指导构建了既斗争又合作的党际关系，开辟了中国特色多党合

作理论与实践之路。理论上看，毛泽东以历史唯物主义为视角，深刻阐述小资产阶级革命的必然性，辩证分析民族资产阶级、大资产阶级的性质和立场，明确了共产党在多党合作中的地位、策略、原则和方针。历史上看，毛泽东出于长远的战略眼光，打破关门主义禁锢，为中国共产党同中间党派和其他中间势力在抗战中开拓越来越高的合作层次提供了保证。政治上看，抗战胜利前毛泽东主张成立民主联合政府、结束国民党一党专政，使在抗战中形成的多党合作理论与实践得以发扬光大。策略上看，毛泽东发展进步阶级、争取中间党派和孤立顽固势力的政治策略，在实践中形成一种荣辱与共的政治范式，改变了当时中国政治力量的结构和走势，以高超智慧为抗战胜利凝聚了无穷的力量。价值上看，毛泽东创造性地将马列主义同中国革命的具体实践相结合，处理国共两党关系并与其他政党和非党派民主人士团结合作、并肩战斗，扛起了抗日民族统一战线的大旗，形成了马列主义统一战线思想中国化的伟大成果、新型党际关系的光辉典范，谱写了民族大团结的壮丽诗篇。

曾子成在《从“制度化”到“法治化”：毛泽东对党际协商治理模式的总结、实践及优化》（《理论观察》2015 年第 7 期）一文中认为，毛泽东对中国党际协商治理进行了开创性探索。党际协商是一种民主机制——其精神实质是维护人民民主专政，同时是一种监督机制——促进中国共产党与民主党派间权责一致。毛泽东确定了中国式党际协商治理的根本准则：必须坚持中国共产党的领导，坚持党派之间的平等独立，坚持民主集中制原则。毛泽东及时注意到、深刻阐明了社会主义过渡时期协商民主性质的新变化：其根本任务已是巩固民主政权、服务于社会主义改造，其直接目标在于提高社会主义决策的理性化，其效能在于加强党派民主监督、扩大政权根基。毛泽东党际协商思想实现了党内民主和选举民主、基层民主与协商民主的契合革新，体现了中国党际治理从“制度化”到“法治化”的纵深演进。这一思想是毛泽东武装斗争、统一战线和政党建设思想的内核补充，是中国式政治协商民主体系的基本框架，为中国共产党建设特色民主政治制度、实现国家治理现代化目标提供了坚实的理论指导。这一思想所指导的实践为赢得抗战胜利和民族独立、为中国政治现代化筑牢了制度基石，同时也确立了社会主义方向、塑造了中国政治的核心威权，并为国家治理现代化提供了深谋良策。

梁晓宇在《论抗日战争时期毛泽东多党合作思想》（《广东省社会主义学院学报》2015 年第 3 期）一文中认为，抗日战争时期是中国共产党发展壮大的关键时期，在这一历史时期中国共产党统一战线的历史任务经历了不断的发展变化。抗战时期毛泽东多党合作思想产生的理论基础是马克思恩格斯统战思想、列宁多党合作理论，实践基础是社会主要矛盾的变化。抗战时期毛泽东多党合作思想的主要内容包括：（1）明确了多党合作的任务主要是推翻帝国主义压迫、建立无产阶级领导的各革命阶级联合专政的民主共和国。（2）奠定了多党合作的思想基础。（3）确立了与国民党实行党外合作的方针。（4）成功进行了伟大的制度创造和政治实践。概言之，抗战时期毛泽东多党合作思想的探索，为中国特色政党制度的形成提供了现实参照和道德支撑。

钟德涛在《建国前毛泽东多党合作思想述论》（《毛泽东思想研究》2015 年第 1 期）一文中认为，中共领导的多党合作制是毛泽东多党合作思想发展的合乎逻辑的必然结果，以毛泽东为代表的中共中央对资产阶级政党的政策在 1948 年斯大林复电前后并没有明显的变化。由此，那种认为由于斯大林复电建议的关系，中共中央才改变了对资产阶级政党的政策的说法，并不符合中国共产党相关理论与实践的史实，因而是完全错误的。

张德义在《抗战时期周恩来多党合作思想探析》(《重庆社会主义学院学报》2015 年第 5 期）一文中认为，抗战时期在抗日民族统一战线政策的指引下，周恩来在武汉、重庆等地深入开展统战工作实践，逐渐形成独具特色的多党合作思想。其内涵在于：（1）多党合作的必要性和长期性。（2）团结民主党派的力量，支持民主党派的发展。（3）坚持独立自主原则、抗日民主原则、支持帮助原则和共同协商原则等多党合作的原则。周恩来多党合作思想是基于对当时国情的深刻认识、对中间势力的正确认识、对统战工作的经验总结、对毛泽东多党合作思想精华的吸收，以及对“三三制”政权建设实践经验的总结。抗战时期的周恩来多党合作思想构成毛泽东思想的重要组成部分，为中国共产党与民主党派开展政治合作、建立中国共产党领导的多党合作和政治协商制度奠定了理论基础。

邝子文在《抗日战争时期周恩来多党合作思想及其当代价值》(《湖南省社会主义学院学报》2015 年第 3 期）一文中认为，抗日战争时期周恩来多党合作思想，是马列主义政党理论和统一战线学说在中国的运用和发展，是对中国社会各阶级状况分析的结果，是中国遭受日本侵略形势下全国人民意愿的反映，是中国共产党反对国民党一党专政斗争的产物,为中国共产党领导的多党合作制度的形成奠定了坚实的基础。其主要内容包括：（1）指出多党合作民主抗战是取得抗战胜利的重要保证。（2）提出承认民主党派独立合法性是实行多党合作的基本条件。（3）指出多党合作中正确处理中共与民主党派关系应采取扶持进步力量、争取中间分子的原则。研究这一思想对于当前我们更好地提高中国共产党的执政能力，推进国家治理现代化和协调推进“四个全面”战略布局，具有十分重要的意义。

贾亭在《抗日战争时期周恩来多党合作思想与实践研究》(《湖南社会主义学院学报》2015 年第 5 期)一文中认为,抗日战争时期周恩来多党合作思想与实践大致经历两个阶段：西安事变及五次谈判是思想形成阶段，以及建立抗日民族统一战线到抗日战争取得胜利的丰富和发展阶段。周恩来多党合作理论遵循了坚持中国共产党的领导、坚持“求同存异”的辩证思维、坚持维护和照顾同盟者的政治利益和物质利益、坚持遇事协商等基本原则。面对当前波澜壮阔的改革和创新，继承抗日战争时期周恩来多党合作思想就是要坚持推进中国共产党领导的多党合作制度不动摇、不放松、不偏离，发扬光大与民主党派团结合作的优良传统，不断健全社会主义协商民主制度。

唐华生在《学习践行邓小平同志多党合作思想开创新时期多党合作事业的新局面》(《四川统一战线》2015 年第 3 期）一文中认为，邓小平关于中国政党制度的论述，创造性地继承和发展了毛泽东关于多党合作的思想，是新的历史时期我国政党制度的理论基础。在邓小平理论指引下，执政党走上以改革创新精神全面推进党的建设、进一步提高领导水平和执政能力的发展方向，各民主党派更加注重提高参政党意识、不断加强自身建设和进一步增强与中国共产党的合作共事能力。1989 年《中共中央关于进一步加强中国共产党领导的多党合作和政治协商制度的意见》集中体现了邓小平多党合作思想的精髓，助推了1993年将中国共产党领导的多党合作和政治协商制度作为我国一项基本政治制度写入宪法，使得从此走上了规范化、制度化的轨道。

（三）中国政党制度理论、思想的最新发展

2015年，习近平总书记在中央统战工作会议上发表了重要讲话，会上颁布了《中国共产党统一战线工作条例（试行）》，中共中央办公厅印发了《关于加强人民政协协商民主建设的实施意见》和《关于加强政党协商的实施意见》。学者们认真学习、深入领会，消化吸收这些新思想、新论述、新举措，在相关领域中取得了一系列理论研究的新成果。

林智敏在《落实“四个全面”战略布局　推进政党协商深入发展》（《中央社会主义学院学报》2015年第2期）一文中指出，2015年是全面贯彻中共十八大和十八届三中、四中全会精神，推动全面建成小康社会、全面深化改革、全面依法治国、全面从严治党迈上新台阶的关键时期。在这一时期，必须深入学习贯彻习近平同志系列重要讲话精神，顺应形势发展，开拓创新、积极作为，推进政党协商的深入开展。为此就要认真落实《中共中央关于加强社会主义协商民主建设的意见》着力提升协商能力和水平，提高政党协商能力和水平。一方面，是执政党要善于通过政党协商加强和改善党的领导，把握好政治方向；要积极搭建知情明政的平台，为政党协商做好服务保障；要注重营造宽松和谐的民主氛围，鼓励说真话建诤言，在协商中出共识、出办法、出感情、出团结。另一方面，参政党也要强化政党协商责任意识和参政议政能力建设，优化调查研究的选题、提高议政建言的水平、培育参政议政的人才。只有大家共同努力，政党协商才能体现独特的优势和价值。

许立坤在《论习近平关于多党合作的重要理论创新》（《广西社会主义学院学报》2015年第4期）一文中认为，党的十八大以来，习近平结合我国多党合作的实践，提出了一系列新的理论观点。关于政党制度，强调要更好发挥多党合作的制度效能；关于多党合作基础，明确提出中国特色社会主义是中国共产党同各民主党派和无党派人士团结合作的共同思想政治基础；关于民主党派的性质，明确提出各民主党派是同中国共产党通力合作的中国特色社会主义参政党；关于民主党派职能，强调在协调推进“四个全面”战略布局中要发挥民主党派作用，强调中国共产党要容得下批评，强调在提高政党协商水平中中国共产党担负着首要责任；关于参政党建设，提出民主党派特别是领导班子要提高政治把握能力、参政议政能力、组织领导能力、合作共事能力、解决自身问题能力。习近平关于多党合作的系列论断，丰富和发展了党的统一战线和多党合作理论。

宋雄伟《试论习近平协商民主思想》（《领导科学论坛》2015年第6期）梳理了习近平关于社会主义协商民主建设的多篇重要讲话，认为这些重要讲话中形成、贯穿了许多关于协商民主建设的新思想、新观点和新认识，即习近平协商民主思想。笔者认为，习近平协商民主思想包括：（1）关于社会主义协商民主建设道路的思想，社会主义协商民主建设要基于中国深厚的文化基础、理论基础、实践基础、制度基础；（2）关于社会主义协商民主建设体系的思想，可概括为“三个重点，三个积极，一个探索”，即积极重点加强政党协商、政府协商、政协协商，积极开展人大协商、人民团体协商、基层协商，

逐步探索社会组织协商；（3）关于社会主义协商民主建设领导主体的思想，社会主义协商民主建设的关键在中国共产党，领导主体也必定是中国共产党；（4）关于社会主义协商民主建设与选举民主关系的思想，二者是中国社会主义民主的两种重要形式，彼此不是相互替代、相互否定的，而是相互补充、相得益彰的，共同构成了中国社会主义民主政治的制度特点和优势；（5）关于社会主义协商民主建设与法治建设关系的思想，提出解决了协商范围和边界、规范协商程序问题，以及确保协商主体真正协商的约束问题。

魏晓文、董仲磊在《我国多党合作思想形成与发展基础的四维透视》（《理论学刊》2015 年第 9 期）一文中认为，十八大以来，以习近平为总书记的新一届中央领导集体，围绕十八大和十八届三中、四中全会确定的奋斗目标和工作任务，努力团结一切可以团结的力量，调动一切可以调动的积极因素，坚定不移坚持完善多党合作制度，坚定不移贯彻“十六字方针”，坚定不移持续丰富政党协商内容和形式，为推进“四个全面”战略布局，为实现“两个一百年”奋斗目标、实现中华民族伟大复兴的中国梦贡献力量。习近平指出，坚持和完善中国共产党领导的多党合作和政治协商制度，更好体现这项制度的效能，着力点在发挥好民主党派和无党派人士的积极作用。民主党派不仅是共产党久经考验的亲密友党，也被进一步明确为中国特色社会主义参政党。我们之所以选择并坚持多党合作制度，一方面，是由于近代中国君主立宪制、复辟帝制、议会制、多党制和总统制都想过了、试过了，结果都行不通。另一方面，是由于中国独特的文化传统、独特的历史命运和独特的国情，注定了必须实行符合自己特点的政党制度。抛弃传统、丢掉根本，就等于隔断了自己的精神命脉。面对思想冲击，必须始终保持理论自信，不能丢掉自己的思想本源。中国特色多党合作思想是在中国土壤中成长起来的理论，它必定要继承中国传统文化、顺应中国历史命运、符合中国基本国情。因此，我国多党合作思想是历史的选择、是人民的选择，更是实现中华民族伟大复兴中国梦的思想指南。

张瑞琨在《全面依法治国与多党合作的发展》（《湖南省社会主义学院学报》2015 年第 6 期）一文中解析了十八届四中全会《决定》关于全面依法治国中如何实现党的领导、加强多党合作的基本精神。《决定》提出要实现“三统一”“四善于”，更进一步明确了有关党的政治领导的如下方面：（1）政治领导的主体是中共党的委员会而不是具体部门，统战部是受中共党委委托联系民主党派和开展民主党派工作的职能部门。（2）政治领导主要体现在政治原则、政治方向和重大方针政策上的领导，首先是要依靠党的路线、方针、政策，其次是严格按党章管党治党和共产党员的示范带动作用的发挥，再次是要善于通过政治引导、民主协商的方式来实现共产党的领导，使共产党的政治主张和路线方针政策变成各民主党派的共识，变为共同奋斗的目标。（3）善用制度化的方式解决多党合作中的重要问题。相应地，民主党派也要依法参政和履行自身职能，积极参与各种协商，推进社会主义协商民主广泛多层制度化发展，在民主监督方面要有实效，在参政议政方面发挥更大作用。

王晓丽在《“中国梦”视野下中国政党制度的功能探析》（《重庆与世界》2015 年第 1 期）一文中认为，党的十八大以来，中共中央总书记习近平提出并深刻阐述了实现中华民族伟大复兴的中国梦。中国梦是中国共产党人、各民主党派以及全国各族人民共同的梦想。因此，实现中国梦不仅是中国共产党人的责任，也是各民主党派、无党派人士及全国各族人民的责任。凝聚中国力量，首先就要坚持和完善中国共产党领导的多党合作和政治协商政党制度，这是实现中国梦的根本保障。坚持中国共产党的领导是实现中国梦的根本前提，各民主党派是推动中国梦实现的重要力量，中国共产党同各民主党派合作协商是实现中国梦的重要机制。因而，必须坚持和完善中国共产党的领导提高社会凝聚力，加强和完善民主党派自身建设提高参政议政能力，加强人民政协建设完善合作协商的制度平台。

六、坚持和完善中国的政党制度

坚持和完善中国的政党制度，是中国特色社会主义政治发展的重大理论和实践问题，是保持我国政治格局长期稳定的关键所在。专家学者们紧密结合这一主题，展开了比较系统和深入的研究。这些研究分别涉及理念更新、问题反思、经验总结和对策建议等不同的方向，又自觉集中到如何提高制度效能、增强制度自信的问题上，取得了不少研究成果和一定的理论进展。

（一）增强制度自信、提高制度效能

本年度学者们主要是从如何增强“三个自信”、如何保持我国基本政治格局稳定、如何改革和完善相关体制机制，以及如何充分发挥制度的整体功能并切实提高其效能的角度，紧密结合中央统战工作会议的相关精神，对中国政党制度的坚持和完善问题各抒己见、做了系统的思考，取得了一定的理论进展并产生了一定的社会影响。但总体上讲，相关研究的体量规模偏小，后续相关研究中还是应予足够的重视和进一步的强化。

中共中央党校第56期省部班党建科学化专题第三课题组在《完善多党合作　促进民主执政》（《中国党政干部论坛》2015年第4期）一文中认为，作为中国共产党民主执政的制度载体和实践机制之一，多党合作和政治协商制度关系到民主执政的发展水平和实际成效。多党合作是中国共产党民主执政的内在要求和重要表现，政治协商是民主执政的重要形式，政治监督是民主执政的重要保障。进一步以升华多党合作为首要任务、为民主执政提供科学的价值取向，以强健多党合作主体为核心内容、为民主执政提供强大的保障力量，以完善多党合作规则为重要环节、为民主执政提供可靠的制度依据，是拓展中国共产党民主执政理论认识的应有之义，是全面提高中国共产党领导和多党合作制度化科学化水平的当然要求，是开展多党合作、实现中国共产党民主执政的基本路径。文章认为，在全面深化改革的新时期，全面提升协商民主制度建设的科学化水平，是中国共产党开展多党合作、实现民主执政的时代要求，具体来说：可以调整人民代表大会和政治协商会议的召开时间，形成先开政协会、再开中共党代会、然后开人代会的会议新格局，可使选举民主、协商民主与党的领导有机地结合起来，更好地提高协商民主的科学性和实效性；要认真开展立法协商，民主党派要为国家立法协商做出贡献，做好执法民主监督，为依法行政做好监督；要培育社会主义协商民主文化，确立协商中的平等性、公正性和包容性。

孙信在《我国政治格局稳定的重要制度保证》（《中央社会主义学院学报》2015年

第 5 期）一文中认为，坚持和完善我国的政党制度，关键在于更好地体现这项制度的效能，着力点在于更好地发挥民主党派和无党派人士的积极作用。首先，要从提高党的领导干部对政治协商的认识、完善政党协商的内容和形式、建立健全知情和反馈机制、增加讨论交流的平台和机会、健全协商程序以及强调协商绩效等方面搞好政治协商。其次，加强民主监督。执政党、参政党彼此在坚持四项基本原则的基础上通过提出意见、批评、建议，实现相互监督；处于领导地位和执政地位的中国共产党更要自觉接受民主党派的监督。第三，加强民主党派思想、组织、制度特别是领导班子建设，思想建设是参政党建设的灵魂和核心，组织建设是民主党派自身建设的基础，提高政治把握能力、参政议政能力、组织领导能力、合作共事能力、解决自身问题能力。

牛君在《多党合作的制度效能及其提升路径研究》(《当代世界与社会主义》2015 年第 2 期）一文中认为，中国共产党领导的多党合作和政治协商制度是中国的一项基本政治制度。多党合作制度的制度效能，集中体现在该制度在实践运转过程中发挥作用的程度及其产生的效率、效益、效果，特别是反映在多党合作制度能不能或者是多大程度上发挥“政治参与、利益表达、社会整合、民主监督、构建和谐”五个方面的独特价值和功能。从功能和成效的角度看，多党合作制度效能主要反映了政党制度的主体是否或多大程度上能够有效履行政党功能，特别体现在各民主党派参与国家政治生活的总体状况和最终成效。处于领导和执政地位的中国共产党既要“创造价值”还要“提供支持”。各民主党派有效地履行参政党功能既要保持广泛性和进步性，也要加强“五种能力”建设。文章认为，影响多党合作制度效能发挥的主要因素有：中国共产党领导多党合作的能力和水平，各民主党派的自身建设及其参政议政能力，党际关系发展不平稳且政党趋同日渐突出，多党合作制度的运行机制缺乏规范和程序四个方面。因而，提升多党合作制度交通的路径是：秉承多党合作制度的内在特质，提高共产党领导多党合作的能力；激发多党合作制度的竞争活力，提升各民主党派参政议政的合作能力；发挥多党合作制度的应变功能，完善具体运行机制。

刘金锋在《评判中国特色政党制度的三个维度》(《中共石家庄市委党校学报》2015 年第 12 期）一文中认为，坚持对中国特色政党制度的自信，必须建立在科学理性的基础之上。从改革创新的维度看，中国特色政党制度需要在实践中进一步健全完善，着力推进中国政党制度的法治化、规范化进程，完善民主党派干部培养选拔机制，加强政党协商保障机制建设，完善监督机制；特别是要提高中国共产党自身建设水平，统筹推进政党制度同选举制度、人大制度的改革，使三者之间更好地衔接，改进和完善对民主党派政治领导的方式、同民主党派合作共事的机制，支持民主党派自身建设，为深化多党合作制度创设更优良的外部环境。

（二）多党合作的制度化、规范化和程序化建设

围绕坚持和完善中国政党制度，本年度学者们继续展开相关研究并取得了新的理论收获。学者们普遍认识到，中国政党制度功能和价值的整体实现以及它的健康永续发展，离不开制度化、规范化和程序化的努力。“三化”建设既是执政党和参政党自身建设的需要，又是建构和谐政党关系和保障制度效能发挥的需要，当前特别是推进政党协商及治理现

代化的现实需要。在依法治国的时代背景中，从理论上思考、实践上探索如何将法治思维与“三化”建设有机融会起来，无疑是一项必要、合理且紧迫的任务。

王江燕在《从观念到程序——浅议我国政党协商与依法治国的关系》(《湖南省社会主义学院学报》2015年第5期）一文中认为，我国的政党协商从一种统战观念到不断发展完善的制度体系，本身就是依法治国方略不断推进和具体化的一个充分表现。政党协商的发展与规范化、法治化程序高度相关。我国政党政治的规范化、法治化的实质，是如何以政党关系的民主化促进规范化、法治化。从权力运行上讲，党委决策居于中国决策制度链条的顶端，政党法治化要求对党委决策进行规范，政党协商的“协商在决策之前和决策执行过程中”这一程序性规定正好在这一环节发挥作用。政党协商是从决策、管理环节切入政治过程的民主程序设置，围绕民主与民生、分歧与共识、利益冲突与社会团结的发展性问题，促进公共权力运行的公开透明和公共决策的合作理性。从这一过程来说，政党协商与法治政府、权力透明建设一样，是需要法治保障的一个重要议题。

杨君武在《当前中国政党协商机制创新初探》(《湖南省社会主义学院学报》2015年第6期）一文中指出，自《中共中央关于加强社会主义协商民主建设的意见》颁布以来，政党协商的制度化、规范化、程序化程度显著提升。当前，政党协商的体制和机制中还存在着一些问题，有待进一步健全。就机制方面的问题而言，要减少或消除政党协商中的“沉默误解”现象，维护政党协商的真实性，应尽快建立或完善一系列防止“不敢说”“不愿说”“不及说”“不会说”的机制。为防止“不敢说”，应建立或完善言论免责、对等尊严、公民依规旁听等机制。为防止“不愿说”，应建立或完善共识采纳和执行反馈、效果督查、尊重智能成果等机制。为防止“不及说”，应建立或完善保障程序公平、专题协商、自由辩论等机制。为防止“不会说”，应建立或完善议题共商、信息共享、适时提前预约等机制。

张剑在《依法推进政党协商制度化的若干思考》(《前线》2015年第9期）一文中认为，依法推进政党协商制度化是贯彻落实依法治国方略的必然要求。全面推进依法治国战略对政党协商制度化提出了更高要求，提供了广阔的空间和新平台法治和制度强调的是一致性、强制性，没有法治和制度，政党协商质量难以保证；政党协商在法律、法规和制度的轨道上运行，也是依法治国方略在政治协商工作中的具体体现。依法推进政党协商制度化是我国政治体制改革和政治文明的内在要求，是解决当前我国社会现实矛盾问题的迫切需要。依法推进政党协商制度化要突出政治性、科学性、规范性和实践性原则，处理好当前与长远的关系、执行已有法律政策与制订新的制度的关系、整体推进与局部发展的关系、制度完善与实际工作的关系。依法推进政党协商制度化要积极构建组织体系，建立健全实施体系，丰富政党协商制度的内容。

张瑞琨在《全面依法治国与多党合作发展》(《湖南省社会主义学院学报》2015年第6期）一文中认为，以习近平同志为总书记的党中央关于依法治国的一系列新思想、新论断，丰富和发展了中国特色社会主义法治理论，拓展了中国特色社会主义法治体系及我国法治化的内涵，为多党合作的法治化建设奠定了重要理论基础，开辟了更加广阔的空间。多党合作法治化建设的重点是推进多党合作的制度化、规范化、程序化，为民主党派及无党派人士发挥作用更好地创造条件。《中国共产党统一战线工作条例（试行）》《关于加强政党协商的实施意见》对多党合作特别是政党协商做了系统、科学的规范，为民主党派参与政党协商提供了制度化保障。当前，民主党派要在推动《条例》和《关于加强政党协商的实施意见》的贯彻落实上发挥特有优势，主动围绕协商议题开展调查研究，以增强协商的有效性。同时，也要和中国共产党一切在制度化、程序化和规范化的轨道上推进民主监督有效运行、落到实处。

解永强在《多党合作与中国特色社会主义法治道路》(《云南社会主义学院学报》2015年第3期）一文中认为，从中国特色社会主义法治道路的高度审视我国的多党合作制度，用依法治国的要求推进多党合作制度建设意义重大。中国特色社会主义法治道路、中国共产党领导的多党合作和政治协商制度存在必然的内在关系，实现多党合作的制度化、规范化、程序化是中国特色社会主义法治道路中带有根本性、全局性、稳定性和长期性的内容。中国特色社会主义法治道路中的“大法治体系”概念，使我国的政党制度所依据的“文件”“章程”“党内法规”都有了“法”的效力。多党合作制度建设必须符合中国特色社会主义法治道路的要求。

朱艳莉在《多党合作制度的发展与完善研究》(《传承》2015年第9期）一文中认为，在全面建成小康社会和实现社会主义现代化的伟大征程中，我们要更好地坚持和完善多党合作制度，就是要继续着眼于这些功能的进一步强化和优化，一是要加强理论指导和实践建设，进一步增强政党意识，进一步加强制度建设，进一步加强组织能力建设；二是要明确和强化衡量我国政党制度的各项标准；三是要着力优化制度体系建设，注重统筹协调提升制度价值，提高参政水平增强制度活力，加强研究宣传扩大制度影响。

（三）中国政党制度所面临的实际问题及对策

中国政党制度的生命力在于其创造性的运用、适应性的发展和系统性的调适。本年度学者们继续出于坚持和完善我国政党制度的目的，结合当前我国政治生活的现实要求、政党制度运行的实际情况，自觉敏锐地发现问题、主动理性地求解问题，产生了一批较好的研究成果。这些成果分别或整体剖析了当前我国政党协商的实效问题、相关政党主体的能力问题、相关政治生态建设的问题等等，立场客观、见识深刻，无论是对于在观念认知和实际工作上主动调适以提高制度效能，还是对于坚持和完善我国政治制度和政党制度以切实增强“三个自信”，都做出了新的贡献。

周淑真在《政党协商机制建设之参政党协商能力研究》(《理论研究》2015年第4期）一文中认为，政党协商机制建设对推进国家治理体系和治理能力现代化具有重要意义。中国共产党和民主党派是政党协商的双方主体，协商机制建设要求双方应有相对匹配、均衡的能力与水平。这无疑对各民主党派的参政议政水平和协商能力，提出了新的更高要求。关于参政党协商能力的界定及衡量指标。参政党的协商能力主要指参政党参政政党协商和政协协商所体现出的能力之总和，集中体现了参政策党自身建设和履行职能的能力和水平，可以用协商议题的重要性、频率和中共的重视程度三个主要指标衡量。关于参政党协商能力建设的基本现状，参政党参加政党协商、政协协商的政治性、规范性、专业性、实效性明显增强。关于参政党协商能力存在的问题，主要有:（1）高层协商规范、基层协商不足。（2）制度规定全面、制度刚性不足。（3）协商意愿强烈、协商能力不足。

（4）知情渠道保障较好、反馈机制不够。从民主党派自身看，协商能力不足主要体现在：主动提出议题的能力不足，提炼概括理论观点的能力不足，调查研究的能力不足，整合资源的能力不足，与执政党有效互动不足。针对以上问题，还是要从提高政治把握能力、完善调查研究机制、建立资源整合机制、建立协商人才培养机制和与执政党沟通机制这么五个方面入手，提升参政党协商能力、提高多党合作制度效能。

陈萍等在《增强政党协商实效的现实困境及路径选择》（《沈阳干部学刊》2015 年第 6 期）一文中认为，当前，由于对内外部政治生态的深刻变化认识不足、政党协商理论研究相对迟滞、政党协商制度化水平不高等原因，我国政党协商的开展面临主体的平等性困境、议题的科学性困境、方式的协商性困境、意见的代表性困境以及不同协商形式的互动性困境。要破解上述困境，就要在中国共产党领导下，不断增强广大民主党派成员对中国特色社会主义的道路自信、理论自信、制度自信，进一步培育政党协商的价值认同，提高政党协商制度化水平，加强政党协商主体自身建设。

龚晨在《制度自信视域下政党协商实效性提升的对策探讨》（《黑龙江省社会主义学院学报》2015 年第 3 期）一文中认为，不断提升政党协商的实效性，努力通过制度化以提高制度绩效，并以此来奠定制度自信的基础，这不仅是新的历史条件下从更高层次上提升政党协商内涵质量的内在需要，也是更加自觉地发挥政党协商在推进国家治理体系和治理能力现代化中独特优势和作用的必然要求。提升政党协商实效性的价值意蕴体现在：在历史性维度上，全面洞察政党协商发展的历史脉络、全面洞悉政党协商积淀的历史文化，科学把握中国特色社会主义协商民主的发展方向；在内生性维度上，政党协商具有深厚的文化基础、理论基础、实践基础、制度基础；在多样性维度上，呈现多样性功能；在实践性维度上，政党协商积聚社会各界的智慧和力量，在“四个全面”战略布局引领下，实现“两个百年”的奋斗目标。提升政党协商的实效性，要着力建构切实可行的协商主体角色认知机制、结构严密的协商制度体系创新机制、务求实效的协商主体能力提升机制、全面有力的协商民主质量提升机制、高效运行的协商活动实施保障机制和科学管用的协商文化环境培育机制。

林国华在《完善多党合作制度　服务全面从严治党》（《人民论坛》2015 年第 35 期）一文中认为，坚持和发展中国共产党领导的多党合作和政治协商制度体现了制度治党的要求，可以发挥人民监督作用促进执政党决策科学化、民主化，与全面从严治党紧密联系、相互促进。虽然多党合作制度服务党的建设取得了很大的成就，但仍然存在制度化建设程度偏低、民主监督运行机制不完善、民主党派参政议政程度不高等问题。因此必须进一步完善民主党派监督的工作机制，增强民主党派监督实效；完善党际协商，扩大有效政治参与；提高民主党派的参政议政能力。

李娜在《加强民主党派组织建设问题研究》（《天津市社会主义学院学报》2015 年第 4 期）一文中认为，随着世界政治格局和社会结构的巨大变化，中国共产党领导的多党合作和政治协商制度也面临一些新的问题和挑战，特别是各民主党派与中国共产党之间在政治基础、指导思想、奋斗目标上趋同，各民主党派相互之间在成员结构、参政内容、活动形式上存在趋同发展倾向。历史和现实因素导致我国政党之间的趋同。如何在趋同发展中保持自身特色，通过加强组织建设，进一步完善自身建设，进而成为适应时代发展和社会结构变迁的新时期参政党，则是民主党派也是我国政党制度建设应予着重探讨和亟待解决的重大问题。

（四）实践经验和成就总结

中国政党制度源源不断的生命活力及其不断发展前行的动力，都来自于创造性地运用、创造性地适应。关于这些运用、适应和创新，地方工作部门和基层组织是主体，是新思路新方法的探索者、新实践新经验的贡献者。本年度学者们紧紧围绕这些问题，做了比较细致的梳理和分析。

马鹏程在《政党协商在省级组织中实施的思考》(《前进论坛》2015 年第 6 期）一文中认为，政党协商，是中共中央《关于加强社会主义协商民主建设的意见》中所提七种协商民主形式之一，是党际之间的协商，是政治性组织按照政治制度的要求对公共决策进行的协商，其突出特征是政治协商。政党协商以凝聚共识为核心要义。在省级行政区域内，中共省级党委应就包括落实中共中央的路线、方针、政策、部署的落实，区域内经济社会发展、重大决策、重要举措、重要人事安排，重大决策实施过程中的重要问题，涉及群众切身利益的重大问题和社会普遍关注的热点、难点问题及有关重要会议情况，以及影响社会和谐稳定的突发事件及中共省级党委认为重要的情况等，由党委的主要负责同志或负责同志以民主协商会、座谈会、情况通报会、谈心会、恳谈会、阅看省级民主党派及主要负责人、负责人的调研报告、建议或情况反映等形式进行政治协商。协商要坚持制度原则、程序原则、平等原则、包容原则、和谐原则、实效原则、平台原则。作为政党协商的重要参与者，省级民主党派组织应义不容辞扛起自己的历史责任，树立政党意识、担当意识、集体意识、专业意识，与中共省级党委肝胆相照、风雨同舟。

崔保华在《切实加强高校党外代表人士队伍建设　不断夯实多党合作事业的人才基础》(《四川统一战线》2015 年第 1 期）一文中指出，中国共产党始终把团结培养党外代表人士作为党和国家工作全局的重要方面，作为党治国理政的政治优势。高校党外知识分子相对集中，汇集着各方面优秀人才，是统一战线培养、选拔代表人士的源头和重要基地，在党外代表人士队伍建设工作中承担着极其重要的任务。加强高校党外代表人士队伍建设是巩固壮大和不断爱国统一战线的必要保障；是坚持和完善基本政治制度，夯实多党合作事业基础的重要举措；是协助参攻党加强自身建设，推进协商民主制度建设的有力措施。要总结经验、发挥优势，把进一步加强人才储备作为高校党外代表人士队伍建设的首要任务；把进一步强化培养锻炼作为高校党外代表人士队伍建设的重要手段；把进一步加强选拔任用作为高校党外代表人士队伍建设的重点任务。要强化责任意识，进一步增强抓紧抓好高校党外代表人士队伍建设工作的自觉性和主动性；优化政策措施，进一步加强对高校党外代表人士队伍建设工作的指导。同时，也要建好“组织阵地”“培训阵地”，进一步解决高校党外代表人士来源受限和培养不足的问题。

彭雪莲在《多党合作服务毕节试验区改革发展的实践与启示》(《贵州社会主义学院学报》2015 年第 1 期）一文中认为，毕节试验区不仅被称为科学发展的试验区，还被誉为多党合作的示范区。 27 年来，在中国共产党正确领导下，各民主党派积极服务于试验区改革发展，参与时间之长、投入力度之大、耗费心血之多，历史上是绝无仅有的。各民主党派、工商联等发挥参政议政优势推动高层关注，发挥智力密集优势帮助科学谋划，发挥联系广泛优势抓好项目支持，发挥组织的优势亲自参与建设。27 年来，多党合作服务试验区改革发展，不但为试验区改变贫穷落后面貌注入了强大动力，而且为多党合作服务改革发展提供了有益的借鉴和启示。民主党派只有在服务改革发展中才能增强政治共识、拓展发展空间、锻炼参政骨干。

栾絮洁在《做好政党协商基础性工作》(《团结报》2015 年 3 月 3 日第 6 版）一文中回顾了 2014 年各民主党派中央参政议政工作并指出，在经济社会发展新常态下，要求和帮助民主党派做好参政议政这篇大文章，展现了中国共产党领导的多党合作和政治协商制度的独特魅力。通过不断提升政党协商的水平和能力，社会主义协商民主的政治基础也得以不断巩固和强化。在全国政协十二届二次会议以来的 49 个重点督办提案中，各民主党派中央和全国工商联提案就有 20 个，占 40.8%。这些重点提案，中央领导多次做出重要批示，还有大量提案建议得到落实，提案办理成效显著。中共十八届四中全会做出了全面推进依法治国的重大部署，各民主党派也将参政议政的重点向“依法治国”这一主题倾斜，形成了一批有影响有分量的议案提案和建议。一年来，各民主党派中央领导同志参加中共中央、国务院和有关部门召开的党外人士协商会、座谈会、情况通报会达 20 余次。再者，各民主党派中央近年来也汇集人才、发挥优势，打造了一批“智囊团”，为全面深化改革和参政党履职提供了良好的智力支撑。

郑久平在《政党协商的经验与发展刍议》(《贵州政协报》2015 年 4 月 23 日第 A03 版）一文中指出，当前政党协商存在的主要问题有 :（1）政党协商的形式、内容、程序等规定多是原则性的东西，操作性不强、缺乏保障。协商缺乏计划性、针对性、实效性，作用发挥不好。协商内容层次不高、政治性不强，涉及文件文本具体修改的多，真正涉及政策框架设计、政策重点确定与调整、利益表达与利益调整的少。(2）协商民主的体制机制尚未健全，协商成果运用缺乏相应反馈，协商会议易流于形式。(3）信息严重不对称、党派获取第一手资料难度较大，导致党派履行参政议政和民主监督职能相对乏力。协商主体意识不明确，协商什么、与谁协商、怎样协商缺乏相应的制度，党派与党委、政府协同互动机制远未形成。(4）民主党派自身素质有待提高。民主党派在自身建设和参政能力距离建成高素质参政党的要求还有很大差距。诸如部分党派成员参政意识和行为存在误区，相当一部分新加入的年轻成员政治观念淡漠，政治素养欠缺，不具备参政议政能力和水平，民主党派的基层组织缺少参政议政的必要保障等。

龙云在《浅议统战部门在政党协商中的地位和作用》(《团结报》2015 年 6 月 2 日第 8 版）一文中认为，政党协商是社会主义协商民主的重要内容，这当中作为协助中共党委做好同民主党派的民主协商、保持联系、协调关系的统战部门起着不可或缺的重要作用。在政党协商的经验实践中，统战部首先是中共党委主管统战工作的职能部门，对协商的组织和程序过程发挥引领、把控的作用；其次是做好实现有效政党协商的“桥梁”，是政党协商中沟通执政党、参政党和无党派代表人士的协调者、参与部门；第三，统战部门还是做好提高政党协商实效的“推手”，在提高各民主党派参政协商的积极性，支持民主党派、无党派人士协商能力建设方面产生不可替代作的影响。

七、中国政党制度与协商民主

中国特色社会主义协商民主是在中国共产党领导下，人民内部各方面围绕改革发展稳定重大问题和涉及群众切身利益的实际问题，在决策之前和决策实施之中开展广泛协商，努力形成共识的重要民主形式。十八大以来，社会主义协商民主在我国政治生活特别是国家治理当中的地位和作用日益凸显，引起了专家学者们的高度关注，成为中国政党制度研究中一个极为热络的焦点领域。2015 年度，一批知名专家学者都在这一领域中留下了自己的足迹。在他们的带领下形成了一大批优秀的研究成果，取得了不少令人瞩目的理论进展。一是体现在中国特色社会主义协商民主基础理论研究方面。林尚立关于协商民主之于我国政治建设、国家建设关系与价值的研究，李君如、陈惠丰和李金河关于协商民主理论基础的探讨，都将人们对于中国特色协商民主的学理探讨引向全新的高度。二是体现在包括国家治理、政党协商在内关于协商民主的经验实践的探讨方面。包心鉴、林尚立和周淑真对于协商民主实践中相关问题的把握和阐述，特别是桑玉成等关于协商民主和政治妥协的论述，都给人留下深刻印象。三是出于厘清概念、匡正理念之目的的相关比较研究。杨雪冬、莫岳云和张峰的相关研究有益于人们准确把握协商民主、中国特色社会主义协商民主的内涵和外延，其中要以杨雪冬《协商民主的认识误区和当代性》一文最具代表性。以上基于不同视角的相关研究继续表明：在当代中国,政党治理、良政善治离不开中国特色社会主义的协商民主，而后者的健康持续发展也离不开各方面政治主体推动理念更新、行为进步和制度优化的积极努力。唯有在这两个方向上实现准确对接且做到相辅相成，我国协商民主才可能真正助益于实现合理决策、有效治理和有序参与的有机统一。

（一）协商民主的理论基础和历史溯源

要正确理解和把握协商民主是中国社会主义民主政治中独特的、独有的、独到的民主形式。首先就要正确理解和把握它的历史起点和逻辑基础。这也正是 2015 年度关于社会主义协商民主的理论基础和历史溯源的理论研究的重心。学者们纵横古今，分别从文化的、历史的视角切入主题，比较、融会相关价值与理论基础，取得了令人瞩目的研究成果。相关研究普遍认为，当代中国的国家建设、人民民主以及社会主义的社会性质和发展方向，决定了我国协商民主的内容和性质、方式和途径。在当代中国，协商民主只有切合中华政治文明的传统、服务于中国社会和中国政治的价值要求，且实际有益于中国的国家利益和人民的自由与发展，才能够获得健康、持续发展的坚实基础。

林尚立在《协商民主对中国国家建设的价值》（《红旗文稿》2015 年第 9 期）一文中认为，孙中山先生的革命民主思想、共和政府理论的核心精神，是“团结共存，合作共治，共享自由”,既体现了西方的共和主义的政治思想,同时也体现了中国的“天下为公”的政治文化传统。这一民主共和的思想和精神贯穿现代中国民主政治的基本实践，成为中国孕育协商民主的理论与政治渊源。民主革命以来协商民主在中国的发展，得益于中国民主化过程中的自觉选择和不断探索实践。中国的民主实践之所以要创造和推动协商民主，与中国国家转型、中国的民族民主革命以及以人民民主为形态的中国民主建设实践密切相关。协商民主内生于中国的新民主主义革命，成长于中国特色社会主义民主政治的探索，不仅为中国革命胜利以及中华人民共和国的诞生立下了汗马功劳，也为超大规模国家的平稳转型、有序发展以及有效治理发挥了越来越重要的作用。中国的协商民主要得到真正的发展，必须扎根于中国的历史与现实、制度与组织、文化与价值，只有这样，它才能在中国得到健康的发展。

李金河在《中国协商民主的基础理论》(《四川省社会主义学院学报》2015年第2期)一文中指出，当代中国的协商民主(Consultative Democracy)的形成基于唯物史观的认识论和方法论，基于人民民主的现代国家理论，基于中国国情特色的社会主义理论。由此，它应被视作中国政治文明的创造。中国特色社会主义协商民主是中国共产党领导中国人民治国理政的重要方式，是当代国家治理体系的重要组成部分、人民当家作主的有效途径，也是推进国家治理现代化、完善和发展中国特色社会主义制度的重要载体，是一种与我国基本制度特别是基本政治制度相适应的民主形式、民主机制，并不完全等同于西方的慎议民主(Deliberative Democracy)。从经验和历史的角度来看，协商民主渊源于我国民主革命时期中国共产党团结、领导各革命阶级的政治实践，形成和确立于新政协的召开和新中国的建立，在巩固政权、社会主义改造、社会主义建设的不同时期逐渐发展起来。当前，协商民主理论和实践在中国的新发展始终与中国特色社会主义理论与实践中所面临的新矛盾、新问题紧密关联，始终不能离开当代中国有关中国道路、中国模式、中国力量和中国梦等相关重大现实问题、理论问题的探索和解决。从理论和逻辑的层面看，协商民主在民主政治的谱系上也与西方自由民主较少直接的联系，它是建立在马克思和恩格斯批判资本主义、资产阶级伪自由民主而来的无产阶级新型民主理论、新型国家理论基础之上的，揭示了中国国家国体与政体的基本关系、基本原则，揭示了中国国家建构和发展的一般规律，揭示了各种政治力量、政治主体在中国国家政权体系中的地位及其发挥作用和自身发展的基本趋势，为中国的协商民主理论提供了重要的理论基础。

陈惠丰在《我国协商民主的由来——兼论社会主义协商民主的制度基础、理论基础和文化基础》(《中央社会主义学院学报》2015年第4期)一文中认为，社会主义协商民主有其独特的制度基础、理论基础、文化基础。其制度基础在于：中国共产党领导的多党合作和政治协商制度，人民代表大会制度，社会协商对话制度，以及公有制为主体、多种所有制经济共同发展的基本经济制度。其理论基础就在于：中国共产党的统一战线理论，中国特色的政党理论，中国特色社会主义民主政治理论，以及中国共产党的群众路线理论。就文化讲，社会主义协商民主以中国特色社会主义文化为基础。但按习近平的讲话，这里的文化主要是指中华民族长期形成的优秀传统政治文化，主要包括以民为本、中道和谐以及注重整体等相关基本价值理念，具体又分别包括“民惟邦本、本固邦宁”，“和而不同”“和为贵”，以及“天下为公”、重义轻利等等。

黄国华在《抗日战争与协商民主：一种研究新视角》(《重庆社会主义学院学报》2015年第5期)一文中认为，抗日战争与协商民主之关系是抗日战争研究的一个新视点。抗日战争与协商民主的连接点，在于抗日战争、政治协商和协商民主间的内在联系。抗日战争的历史衍生出具有抗战特色的政治协商概念与初步实践，而政治协商演绎至今又成为当今社会主义协商民主体系的重要构成部分。政治协商概念是在抗战胜利前后形成的，曾是包括主要政党在内各党派协商合作共同抗日的产物。抗战期间中国无论社会共识还是政治共识的形成，都与日军侵华步伐的加剧以及中国社会各界各种形式的抵抗活动有关。社会和政治的共识助推了以党派合作协商为核心内容的政治协商氛围与思想的逐步形成。抗日战争时期的社会氛围、思想及由此决定的社会构成的分化组合，导致了政治协商相关思想、实践与概念的产生。究其根本，以党派协商合作为核心内容的政治协商，是抗日战争期间以国共两党为核心、各党派参与开展的一定程度的多党合作和政治协商实践的产物。由此观之，中国协商民主的思想与实践不是开始于“三三制”政权，“三三制”政权只是抗日战争大时代背景下的一个阶段性、局部性成果。

于铭松在《中国传统政治文化视阈下的协商民主》(《中央社会主义学院学报》2015年第1期）一文中指出，参与性、共识性、平等性、公共性、有序性等是中国特色社会主义协商民主理论的价值原则。中国传统政治文化强调民为邦本，推崇中和中庸、“和而不同”、见利思义，有着重人本、重和谐、重伦常、重稳定的特质。这就决定了中国传统政治文化与协商民主的价值诉求有相契合的一面，可以为中国特色社会主义协商民主提供重要价值支撑。与中国特色社会主义协商民主的参与性相关，传统政治文化所深刻体认的政治体系中“人”的价值，是人民能否真正实现参与目的的关键。与共识性原则相关，中国传统政治文化重和谐，推崇中和中庸，强调利益主体的多元共存和发展，可以减少协商主体之间的摩擦和紧张情势，可以把具体协商运作过程中产生的矛盾和冲突控制在秩序的范围内，最终达成共识。关于平等性，传统文化以“和而不同”的理念看协商民主，理性对待民族、阶层、政党、集团等协商主体在目标、利益共同性基础上的多样性、差异性，使协商有其存在的必要。关于公共性，传统政治文化中重义轻利、见利思义的理念为解决协商主体个体利益与公共利益的矛盾，提供了伦理支撑。关于有序性，中国传统政治文化重伦常、重稳定、讲秩序，主张“得刑以治”，为构建一套公共协商的制度、程序、规范提供了经验支撑。

（二）协商民主相关理论与实践

在中国，社会主义协商民主是一种在理论建构中不断付诸实践并不断丰富和发展的现当代民主形态和政治现象，因而，学者们也就非常关注、分析和解读相关的理论问题和实践问题。2015年度，相关研究取得了值得瞩目的理论成果。其中，当以桑玉成、熊觉的《论政治妥协与协商民主》、杨雪冬的《协商民主的认识误区和当代性》以及张峰的《中国特色社会主义协商民主解读》为代表。桑玉成、熊觉探讨了协商民主中妥协的重要意义及政治价值，直指长期以来我国阶级斗争、对抗性政治传统的片面影响，特别是其对政治理念和政治价值的弥散性渗透，揭示了其在提倡协商民主、现代民主的当前政治生态中面临朝向合作、共识和共享深刻转变的必要性、必然性。杨雪冬则指出，对协商民主相关问题的理解不能因对民族特色的强调而导致矫枉过正、走向认识误区。张峰清楚地辨析了中国共产党领导的多党合作和政治协商制度和社会主义协商民主两者之间的异同关系、交叉关系。总体来看，要真正切实推进中国政党制度和协商民主的发展，完成基本观念和思维方式的深刻反思和现代转型，实现基于民族性和现代性的全新熔铸，无疑是学理上需要深切关照的关键。

桑玉成、熊觉在《论政治妥协与协商民主》(《学术月刊》2015 年第 8 期）一文中认为，从根本上来说，民主本身既是竞争的，又是妥协的，是竞争与妥协的统一体。而当代协商民主的提出和发展，则更加凸显了妥协在政治中的意义。就其结果而言，协商民主最终就是一种政治妥协的达成。对主体参与、公共理性和充分表达的共同关注和要求，使协商民主与政治妥协具有不可分割的联系，如果“公共协商是民主政治中的唯一价值”，那么政治妥协则应是协商民主的基本理念。当代协商民主的提出，凸显了妥协理念在政治运行中的重要意义。作为理念性存在，政治妥协是一种避免两败俱伤、谋求共识和发展的自觉性和相对持续的行为意识与价值信仰。它以相互尊重和公共理性为基础，具有愿意改变的开放性和灵活的协调性特征，是协商民主顺利运行并最终实现其价值与功能的基本理念和思想资源，有助于塑造协商民主的主体意识，保障协商主体的充分表达，提高协商民主的有效性。然而，协商民主并非完美的民主制度，尽管西方协商民主虽有补充或修正代议民主的功能、中国的协商民主也是推进人民民主的可选择路径，但无论是西方还是中国，协商民主在理论和实践上都有待于不断发展和完善。协商民主论者虽然从成本替代、组织可操作性和实用性的议题展开协商、设计不同的参与协商方式等理论方面来回应对协商民主的批判与质疑，但其在实际社会政治生活中遭遇的困境仍然存在。这就需要在政治妥协的理念倡导下，通过设置多种议题和建立多样化协商制度形式，注重引导有差异性的公民和执政者参与协商，尽量维持协商过程中持续的合作与妥协，以促进协商民主的发展和完善。

杨雪冬在《协商民主的认识误区和当代性》(《中国党政干部论坛》2015 年第 5 期）一文中指出，尽管协商民主有着丰富的理论和实践来源，但归根到底是当代中国的民主制度选择。因此，就有必要避免认识和实践误区，突出协商民主的当代特征和当下实践，将当代中国的民主探索和世界各国的有益经验有机地结合起来，形成符合中国国情、富有时代特色的制度形态。在认识层面，因为要强调民族特色的关系而可能矫枉过正、走向认识误区的几方面是：(1）认为协商民主在中国“古已有之”。(2）以为协商民主就是政治协商。(3）视协商民主为中国的独有形式。(4）把协商民主当成对选举民主的超越。协商民主是当代中国正在进行的重要民主实践形式，但不是唯一民主形式。认识协商民主的基本前提，是立足于当代中国现实、把握协商民主的当代性：(1）协商民主是针对当代中国现实做出的战略选择。(2）协商民主具有扩大有序参与、实现科学决策、维护社会稳定、实现人民当家作主和国家治理现代化的明确的制度功能定位。(3）协商民主是对当代中国协商民主实践的系统总结和提升。(4）协商民主彰显了中国当代民主政治的再创造能力。协商民主的这些当代性征及其要求，关键是要通过科学、严格和规范的制度实践来实现，既避免一些领导干部将协商等同于“垂询”，根据自己的意愿和需要启动协商程序，挑选协商内容，使用协商结果；也要避免部分公众将协商等同于不要原则、规则，在一些问题的解决上随意破坏规则，触犯底线，以实现个人或小群体利益的最大化。

莫岳云、唐王跃在《十八大以来中国共产党对社会主义协商民主的理论创新》(《南京社会科学》2015 年第 7 期）一文中梳理了十八大以来中国共产党对社会主义协商民主理论上的许多创新和突破，主要包括：正式提出“社会主义协商民主”的理论概念并明确其基本内涵；做出“社会主义协商民主是我国社会主义民主政治的特有形式和独特优势”的重大判断；明确“社会主义协商民主是党的群众路线在政治领域的重要体现”的基本定性；提出协商民主建设的“六个坚持”基本原则、“七大渠道”和“五大步骤”程序；确定社会主义协商民主“广泛多层制度化发展”的方向；以及强调人民政协是社会主义协商民主的重要渠道、专门机构，是国家治理体系的重要组成部分。

张峰在《中国特色社会主义协商民主解读》(《湖南省社会主义学院学报》2015 年第 2 期）一文中，对贯彻《中共中央关于加强社会主义协商民主建设的意见》过程中存在的一些认识问题做出解读。关于中央高度重视社会主义协商民主建设的根本目，是要发展中国特色社会主义民主政治。有了中国共产党领导的多党合作和政治协商制度，何以还要再提“社会主义协商民主制度”？因为两者有交叉关系，但又不属同一类别。协商民主只是当代中国政党制度诸多功能中的一个，而当代中国政党制度中所含括的协商也只是特指包括政党协商和政协协商在内的政治协商，并不囊括协商民主的全部。所以，要广泛多层地开展协商，就要以中国共产党领导的多党合作和政治协商制度为基础进行新的拓展、创造。关于什么是协商民主、西方“协商民主”理论的区别，关键在于协商民主的领导者是中国共产党，协商的主体是人民内部各方面，协商的内容是改革发展稳定重大问题和涉及群众切身利益的实际问题，协商的基本要求是在决策之前和决策实施之中开展广泛协商，协商的目的是努力形成共识。此外，文章也就如何理解协商民主是中国社会主义民主政治的特有形式和独特优势，如何理解民主的实质以及协商民主与选举民主（票决民主）的关系，如何发挥各协商渠道的作用、构建社会主义协商民主体系，继续加强政党协商的创新性意义是什么，如何理解立法协商以及民主党派和人民政协参与立法协商，如何发挥人民政协在协商民主建设中的地位和作用，以及如何加强和完善党对协商民主建设的领导等问题，进行了解读。

吴先宁在《关于协商民主理论和实践的几个问题》(《团结》2015 年第 2 期）一文中梳理了十八大以来我国协商民主理论探索与建设实践中的几方面问题：(1）关于加强协商民主建设的重大意义和基本原则的问题。在当代中国发展协商民主的重要意义，可以用《中共中央关于加强社会主义协商民主建设的意见》中所阐述的“四个面对”和“五个有利”来概括。至于加强协商民主建设的基本原则,《意见》中关于我国建设协商民主的方向、目的、途径、直接目标、协商的范围和实效的“六个坚持”即是最好的表述。(2）关于制度创新与增强协商实效的问题。按照《意见》精神，制度和机制创新，必然以坚持完善中国共产党领导、发挥各个协商主体的积极性主动性、增强协商实效三者有机结合为旨归，特别是要在基本精神和基本定位方面、在制度的整体和细节方面有所反映。(3）关于提高协商参与者协商能力的问题。要注意区分协商的集体参与者与个体参与者，作为集体参与者的参政党提高协商能力就要加强自身相关建设特别是五种能力建设，作为个体的协商参与者则要坚持社会主义核心价值观这一公约数，学习和了解参与协商的机制、程序和规则，坚持理性建言、杜绝浮躁极端，同时注意提高表达能力。(4）关于协商民主与选举民主的关系。两者各有侧重但都是中国社会主义民主的重要形式，共同构成了中国社会主义民主政治的制度特点和优势。不是相互替代、相互否定，而是相互补充、相得益彰的。选举民主的不足与缺陷并不表明民主价值有问题，而是提示需要有更多的民主来弥补选举形式的不足与缺陷。

肖立新在《中国协商民主发展趋势研究》(《云南行政学院学报》2015 年第 1 期）一文中认为，在我国经历了多年的发展后，协商民主已日趋科学和理性化：参与主体由政治精英趋向于社会各阶层的多元化；参与方式由政治机构的商讨趋向于网络与现实相结合的多样化；参与领域由政治决策的磋商趋向于覆盖社会民生各个方面；参与制度由政治制度趋向于社会生活和管理方面的各项制度。虽然如此，但是人民政协的制度化、程序化、规范化不够；参与民主协商的各主体地位不够平等；协商民主的方式有待进一步完善；协商民主的组织管理模式尚待进一步创新。这些问题较严重地制约着我国协商民主的全面发展。要促进我国协商民主的健康发展，必须建立体系化的协商民主的各项制度，确保各协商民主参与主体的地位平等，扩大和务实协商民主的参与方式和途径，引导协商民主深入社会生活，促进社会发展的协调。只有这样，才能真正发挥社会主义协商民主的作用，提高人民群众参政议政的自觉性和主动性，确保社会和谐稳定地发展。

（三）协商民主的特色和优势

围绕这一主题，学者们分别从国家治理现代化、政治生态与政治建设、政治理性与政治意志以及选举民主与协商民主关系等角度切入，有纵向的历史梳理、有横向的制度比较，有批评、有借鉴，在方法上、学理上都有自己独到的见解。学者们都非常关注、强调中国协商民主的比较优势和本土特性，一致认为中国特色社会主义协商民主具备现代性、开放性和人民性，是当代中国国家政权建设和改革发展事业所必不可少的政治路径。

包心鉴在《国家治理现代化视阈中的协商民主》(《中国延安干部学院学报》2015 年第 2 期）一文中指出，就其本质和功能来说，社会主义协商民主是推进国家治理现代化的重要内容、基本路径。国家治理现代化的根本含义赋予社会主义协商民主更加深刻的政治价值，其本质要求赋予社会主义协商民主更加科学的建构原则，其发展规律则赋予社会主义协商民主更加丰富的制度内涵。从国家治理现代化的视角来看，除了作为现代化制度所当然具有的合法性、有效性、调适性等基本特征、共同性征之外，协商民主在当代中国还应满足社会主义制度的现代化进程所特有的本质属性和基本特征，主要体现在：(1）人民性，以人民为主人和主体。(2）适应性，作为生产关系、社会关系和政治上层建筑的主要载体和集中体现。(3）包容性，在坚持根本制度性质不变的基础上，大胆吸纳和借鉴国内外一切有效的制度因素，为社会生产力发展创造有利的制度环境，为广大社会成员自由全面发展创造广阔的制度空间。(4）开放性，制度和体制的对外开放，促进在相互借鉴中实现相互交融、优势互补，使制度和体制更加具有与时俱进的品质。(5）改革性，基于社会主义制度的本质特征和内在要求的社会主义制度的自我完善和发展。因应这些本质属性和基本特征，在我国现阶段发展社会主义协商民主，推进协商民主制度化构建，必须坚持人民民主原则、平等包容原则、多层推进原则、和而不同原则以及和谐共进原则。

李君如在《中国共产党的协商民主及其与统一战线、选举民主的关系》(《中共天津市委党校学报》2015 年第 3 期）一文中认为，我国民主政治的实践证明，根据书本争论社会主义民主的时代已经过去，今天只能根据经验来讨论社会主义民主。空谈民主不如深入研究民主实践的经验。党的十八大提出健全社会主义协商民主制度，是因为中国共产党在自己长期的革命、建设和改革实践中已经积累了丰富的协商民主经验。协商民主是具有鲜明中国特色的民主政治形式。协商民主是我们党在民主政治的实践和理论中的伟大创造，来源于我们自己的实践，是我国社会主义民主政治的“特有形式”、我国社会主义民主政治的“独特优势”、党的群众路线在政治领域的“重要体现”。协商民主是在统一战线的实践创新与理论创新互动中逐渐形成和提出的。协商民主是统一战线的工作方式和方法，在统一战线从非制度化到制度化的转型中走向制度化。这种协商民主是在我国统一战线和人民政协的实践中形成的，现已拓展到执政党决策、人大立法、政府施政、政协协商、社会治理等各个方面。

林尚立在《协商民主与中国政治建设：基于生态观念的分析》(《中国政协理论研究》2015年第3期）一文中认为，从中国的政治形态与发展逻辑来看，要全面保障和提升协商民主质量与成效，就必须使协商民主运行时刻处于民主法治、开放透明、制约监督、双向参与与公平正义的状态之中。这种状态既有赖于协商民主主体的努力，也有赖于中国政治的有效建设与发展。(1）民主法治既是协商民主运行应该遵循的原则和努力达成的状态，也是其有效运行的前提条件和外部环境。在当代中国政治生态中突出法治的地位和作用，是要在协商民主中创造程序政治。(2）协商中独断是最大的敌人，封闭是最大的障碍。实践表明，开放不是一种态度或政策问题，而是法律与制度问题、政治问题。开放是协商民主的动力。在当代中国政治生态中突出开放透明，强调思想的、权力的和组织的开放，是要在协商民主中创造参与政治。(3）协商与协商民主的差异在于，前者可以在非制度性的、非程序性、非平等性的环境下展开，后者则一定是平等参与的主体在规范的制度平台上按照程序展开的。创造制度制约权力、权力制约权力的良好生态，为协商民主良性运转所必需。在当代中国政治生态中突出制约监督，是要在协商民主中创造制衡政治。(4）基于中国共产党的领导方式与执政方式，当代中国有序的政治参与实际上是双向的，一方面是公民对国家政治体系的正向参与，另一方面是党和政府基于群众路线深入群众、民主治理的反向参与，这是一种“双轮驱动”的模式。在当代中国政治生态中突出双向参与，是要在协商民主中创造亲和政治。(5）协商民主的功能与使命始终都是从预防冲突、协调关系、创造共识和实现共赢出发的，故其运行的内在特性必然是主动性、预防性、制度性、参与性与和平性的有机统一，只能存在于和平的环境,存在于有共识基础的社会。这决定了协商民主的内在使命在于预防冲突与促进协调，而不在于压制冲突与终结对抗。冲突、对抗产生和存在的关键，在于缺乏因平等、民主、依法、公开和公正协商而来的政治和谐、共享发展。由此，在当代中国政治生态中突出和谐共享，也就是要在协商民主中创造公平政治。

徐锋在《政治理性与人民意志的熔铸与试炼》(《上海市社会主义学院学报》2015年第5期）一文中认为，当代中国经验意义上的民主只能是初级阶段社会主义性质的，我们以选举、协商的形式熔铸和试炼政治理性与国民意志的任务还非常艰巨。选举民主和协商民主都体现契约精神，都是治理的手段，都致力于实现公众理性和人民意志的统一、有效参与和有效治理的统一。相比较而言，选举民主更多、更直接地塑造和体现公共意志，协商民主则更多、更直接地汇集和形成集体理性。当代中国的选举民主、协商民主奉行人民民主的政治原则和民主集中的组织原则，在广泛和深入体现民意方面具有优势。现在的问题在于，如何建构和运行具体体制和操作规范，努力实现和稳步推进选举民主和协商民主的广泛、多层和制度化发展，改变以往在制度规范上重视实质而轻忽程序或是“敏于理论建构而讷于经验实践”的弊习。归根结底，就是在全面推进中国社会现代化的基础上丰富民主的现代经验、培育公民个体和人民整体的政治理性，并以此凝聚人民的政治意志、逐渐祛除传统社会所固有的政治上的消极和任性，以此催生一个成熟且始终富于效率、生机和活力的中国特色的人民民主。

郭伦德、胡松林在《浅析中西方协商民主的异同》(《湖北师范学院学报·哲学社会科学版》2015 年第 6 期）一文中认为，当代中西方民主制度都是选举民主与协商民主的统一，但由于协商民主在各自民主制度框架中的结构不同，在功能上也各有侧重。相对于西方协商民主只是选举民主的“补充和完善”，中国协商民主是社会主义民主政治的重要组成部分；相对于西方协商民主、选举民主的“双轨”运行，中国的协商民主则是“一轨”运行；相对于西方协商民主重在提高决策质量，中方协商民主则重在民主监督，当然二者都有扩大公民有序政治参与的作用。对于中西方协商民主来说，未来的任务是实现与选举民主的更好融合，西方的主要任务是变两轨运行为一轨运行，从制度外走入制度内；中方的重点是解决两个连续性问题，多在微观机制上下功夫，并要注意在党内民主中引入更多的协商。

肖存良在《社会主义协商民主与中国的反向政治参与》(《湖南师范大学社会科学学报》2015 年第 6 期）一文中看到，国内外有相当多的学者认为政治参与特别是中国的政治参与只存在自下而上的单一向度。但这并不符合实际。当代中国政治参与还有一个自上而下的“反向参与”的向度。所谓反向政治参与，就是政府官员自上而下（特别是在政策制订过程中）深入到公民中间去的政治行动。在中国的社会政治环境中，政治参与和反向政治参与并不对立，而是可以相得益彰、互相补充，二者的有机结合充分体现在中国的社会主义协商民主之中。中国的社会主义协商民主内在包含了两种政治参与模式。政治参与和反向政治参与的有机结合是中国政治参与的特色所在，也是社会主义协商民主的独有、独特和独到之处。

（四）政党协商与国家治理

全面深化改革的总目标是完善和发展中国特色社会主义制度，推进国家治理体系和治理能力现代化。国家治理与作为中国特色社会主义基本政治制度的中国共产党领导的多党合作和政治协商制度的关系问题，也当然成为当代中国政治实践和理论研究关注的一个理论热点。围绕这一热点，学者们分别从政党协商及其本质、任务与现实途径的角度，从政党领导与依法治国、法治国家的角度，从政党协商实效以及政党制度、政治制度自信的角度展开理论思考，形成了一批新的研究成果。整体上看，较之上一年度相关研究的刚刚破题，2015 年度相关研究更为深入，关注的问题集中于政党协商与国家治理的关系，在系统性方面也有所强化，这就为后续研究打下了良好的基础。

孙春兰在《着力推动政党协商深入开展》(《求是》2015 年第 11 期）一文中指出，政党协商是国家治理体系的重要方面，它关联我国政党制度和协商民主制度，深深嵌入了我国的国家治理体系，并在长期实践中形成了多种渠道和机制，搭建了制度化的表达意见、沟通协商的平台，广泛凝聚了社会各方面的智慧和力量，促进了国家治理决策的科学化、民主化。政党协商是巩固党的领导和执政地位的重要方式。社会主义协商民主是党的群众路线在政治领域的重要体现，政党协商为我们党团结各民主党派及其所联系的群众提供了有效途径。政党协商的过程，寓党的领导于政党协商之中，既是我们党广泛听取民主党派意见建议的过程，也是民主党派了解和接受我们党政治主张，不断增强道路自信、理论自信和制度自信的过程。

黄利鸣、杨选锋在《公共理性视阈下的协商民主与依法治国》(《中央社会主义学院学报》2015 年第 1 期）一文中认为，公共理性是政治文明现代化的标志、是民主国家的基本特征。公共理性是协商民主的核心理念，也是依法治国的合法性基础。发展社会主义协商民主、全面推进依法治国，就必须以公共理性为依托。协商民主与依法治国依托于人民对法治的信仰。作为一种理想的公共秩序，法治的实现需要人民的个体与集体的政治理性。协商民主与依法治国皆以社会的核心价值观为文化基础，社会主义核心价值观是当代中国国家、人民与公民个体所选择和认同的政治价值，因而是公共理性的集中体现。协商民主与依法治国相辅相成，都非常注重公民个体法治精神的培养。当前，要推动协商民主在依法治国中的功能实现和作用发挥，要在依法治国实践中充分发扬协商民主，就必须以社会核心价值为基础，构建和弘扬社会的法治精神，探索社会主义民主与法治的本土化规律，实现坚持党的领导、人民当家作主、依法治国的有机统一，从而推动国家治理现代化的良性发展。

朱虹在《共同努力推动政党协商“真协商”》(《人民政协报》2015 年 7 月 22 日第 4 版）一文中，梳理了第七届中国政党研究论坛与会专家学者对“政党协商与依法治理”的观点并指出，依法治理为政党协商提供了法治保障，政党协商为依法治理、现代治理提供了强大动力。依法治理意味着中国共产党与民主党派的政治协商要遵循宪法和法规进行。政党协商效果如何则直接受到政党内外部要素影响。基于政党外部要素治理，大数据网络、时空变迁将协商民主由三维空间拓展为四维空间，为政党协商创新发展提供了技术支撑；改革开放以来各级党委在集体领导制度下形成了协商决策模式；执政党要发扬民主、确立民主党派平等的协商主体地位、构建科学的权力结构和运行机制、认真落实多党合作和政治协商的规范性文件和法规，参政党要充分利用好协商民主权利和民主机会。基于政党内部要素治理，要加强政党法治能力和政党民主能力；重视民主党派能力建设，培育“五种能力”、推进民主党派智库建设，提高政党协商质量。

方敏、王宇辰、谭小龙在《政党协商与国家治理体系和治理能力现代化》(《江苏省社会主义学院学报》2015 年第 4 期）一文中认为，政党协商作为社会主义协商民主中比较成熟的重要协商渠道，在我国国家治理中发挥着不可替代的重要作用，从历史维度看，政党协商开启了中国共产党国家治理的实践历程；从制度维度看，政党协商是社会主义协商民主比较成熟的协商渠道，处在社会主义国家治理的前沿。当前，治理主体的多元化要求更加扩大政党协商的包容范围，治理方式社会化要求更好地发挥政党协商的沟通协调功能，治理内容系统化要求进一步增强政党协商的全面性和协商性，治理行为规范化要求不断完善政党协商运行的体制机制。因此，要立足政党协商的性质定位和功能优势，以改革创新的精神推动政党协商深入开展，进一步增强政党协商的代表性、开放性、规范性和实效性，为推进国家治理体系和治理能力现代化发挥更大的作用。

林修凤在《把建设社会主义法治国家作为政党协商重点》（《民主与科学》2015 年第 4 期）一文中认为，围绕贯彻四中全会精神、建设社会主义法治国家，民主党派可以提出或参与协商的问题领域主要包括：（1）宪法方面，宪法实施和监督制度如何健全，全国人大及其常委会宪法监督制度如何完善，宪法解释程序机制如何健全等。（2）立法方面，关于法制的统一、一致性问题，以及填补诸如民法典、吏治和公民权利保障等多方面的立法空白问题。（3）执法方面，在诸如行政决策合法性审查、政务公开以及行政问责和监督方面，民主党派有监督和提出对策的政治责任。（4）司法方面，在如何推动公正司法、提高司法公信力等问题上，民主党派都有很大的思考空间。（5）关于法官制度，在推进法治专门队伍正规化、专业化、职业化方面，也有很多问题，如怎样适应两审终审制、保证上级法院的法官水平高于下一级法院，以及法官能否只忠于法律等，都值得民主党派思考。

肖建平在《国家治理视野下政党协商发展路径探讨》（《重庆社会主义学院学报》2015 年第 5 期）一文中提出，应把社会主义协商民主纳入宪法，为政党协商纳入国家治理体系奠定法治依据。要发挥政党协商在国家治理中的作用，充分发挥民主党派成员和无党派人士在国家政权中的参政作用，加强政府同民主党派的联系机制建设，充分发挥民主党派的民主监督职能。

（五）协商民主与政党协商

政党协商是最具有代表性、示范性的政治协商，又引领和沟通了中国的政党制度和协商民主两种体制机制和政治过程。政党协商是中国政党制度生成、运行和发展的关键环节，政党协商的原则和价值、内容和形式、程序和机制也为我国社会主义协商民主奠定了坚实基础和基本构件。围绕这一主题，本年度相关研究分别从基本要素和结构、政治体系、相关主体及其政治能力、基本矛盾与问题以及政治实效等诸方面入手，进行了细致的描述与分析，形成了一批有价值的研究成果。其中比较全面、系统的理论成果，当推张献生的《政党协商在社会主义协商民主中的地位和作用》，以及袁廷华的《论社会主义协商民主体系中的政党协商》这两篇文章。

张献生在《政党协商在社会主义协商民主中的地位和作用》（《中央社会主义学院学报》2015 年第 3 期）一文中指出，中国共产党建立和发展统一战线并实行多党合作，构成政党协商的基本前提，多党合作的过程形成政党协商的具体实践。政党协商政党不是一般工作性、具体事务的协商，其内容由政党合作的目标任务所决定。作为多党合作的重要体现，政党协商是贯穿我国社会主义协商民主实践的一条主线，是推进社会主义协商民主广泛多层制度化发展的首要形式。政党协商在长期实践中形成的重要原则、价值理念、基本方式和制度机制，为社会主义协商民主奠定了坚实基础，提供了重要原则。就政党协商与协商民主的关系而言，政党协商坚持中国共产党领导，为推进协商民主提供了根本保证；实行民主集中制，为推进协商民主提供了组织原则；着眼优化决策，为推进协商民主提供了价值取向；坚持求同存异，为推进协商民主提供了基本方式；形成体制机制，为推进协商民主提供了制度保障。此外，政党协商具有高层性、重要性、组织性、立体性、有序性的特点，因而对社会主义协商民主有广泛的引领和辐射作用。

周淑真在《提升协商能力 加强政党协商》（《人民政协报》2015 年 10 月 21 日第 8 版）一文中指出，政党协商是社会主义协商民主的重要组成部分，提高参政党协商能力，是执政党和参政党共同的政治责任。承担这一责任，关键是要：（1）提高政治把握能力，要参与政党协商必须的政治意识、政治眼界和政治能力。（2）建立完善的调查研究机制。针对政党协商与反映社情民意所具有的政治性、高层次性和综合性特点，要相应提升建言的广度深度，就要有深入的调查研究。否则很难提出高质量的协商意见。（3）建立高效的资源整合机制。包括党派内部、党际资源整合机制，以及社会资源整合机制。（4）建立协商人才培养机制。提高政党的协商能力，关键靠机制、核心靠人才。要将协商人才的培养与民主党派代表人士队伍建设、后备干部队伍建设和领导班子建设结合起来，夯实参与政党协商的人才基础。（5）建立与执政党良好的沟通机制。要在协商议题的提出上应增强主动性，要加强与中共党委和统战部门之间的联系，要在协商选题和材料的准备上要加强与中共有关部门的沟通、增强协商的针对性和专业性。

袁廷华在《论社会主义协商民主体系中的政党协商》（《广州社会主义学院学报》2015 年第 2 期）一文中认为，政党协商就是政党与政党之间的党际协商。在革命、建设和改革的发展历程中，政党协商大致经历了四个发展阶段：（1）新民主主义革命时期政党协商产生。（2）新中国成立后政党协商与人民政协协商并行发展。（3）新时期政党协商走向制度化。（4）新世纪新阶段政党协商地位作用的提升和增强。《中共中央关于加强社会主义协商民主建设的意见》提出的政党协商是狭义上的，专指中国共产党同各民主党派之间直接进行的政治协商。政党协商的性质是政治协商。由于中国共产党处于执政地位，政党协商在协商民主体系中处于最重要地位。政党协商的主体是政党，即中国共产党和八个民主党派，无党派代表人士、工商联领导人参加协商属政治惯例。政党协商作为一种制度化的民主形态，具有政党性、制度性、高层性、全局性、灵活性的特征，发挥拓宽利益表达、推进决策理性、整合社会力量、实现价值引导、促进政党和谐的功能。

宋俭在《关于政党协商若干理论问题的思考》（《理论研究》2015 年第 1 期）一文中认为，政党协商是中国社会主义民主政治制度的重要内容，是社会主义协商民主的重要形式，体现着中国特色社会主义政治发展道路的突出特色。在当代中国政治生态中，政党协商具有多重属性和功能，不仅是社会主义民主的重要形式，还是社会主义统一战线的重要实现形式、中国特色新型智库的重要平台，具有精英吸纳、决策咨询、政治参与、利益表达、社会整合等多重功能。政党协商有两种实现形式，“中国共产党同各民主党派的政治协商”是政党协商的主要形式，表现为执政党与各参政党间的直接协商。政党协商的内容较之其他形式的协商民主更加重要。政党协商必须遵循中国共产党领导原则、社会主义原则、依法协商原则、平等协商原则、包容多元原则、协商效能和程序原则。进一步规范和完善政党协商的程序建设，构建程序合理、环节完整的协商机制是新形势下推进政党协商的“重中之重”。

梁丽萍在《关于提高政党协商实效性的思考》（《山西社会主义学院学报》2015 年第

4期）一文中认为，从历史发展来看，政党协商是我国社会主义协商民主最初的实践探索和最为成熟的制度形态；从现实运行来盾，政党协商彰显了社会主义协商民主的内在价值，并具有引领和示范作用。但与社会主义民主政治发展的要求相比，政党协商还存在制度化不足的问题。进一步提高政党协商的实效性，要准确把握政党协商的性质，不断提高政党协商的自觉性；要严格遵循政党协商的程序，不断提高政党协商的约束性；要切实落实政党协商的保障机制，为政党协商提供外在动力；要持续加强参政党协商能力建设，为政党协商提供内在动力。

八、人民政协的理论与实践

中国人民政治协商会议是中国人民爱国统一战线的组织，是中国共产党领导的多党合作和政治协商的重要机构，是社会主义协商民主的重要渠道和专门协商机构，是我国政治生活中发扬社会主义民主的重要形式，是国家治理体系的重要组成部分。人民政协在价值理念、体制机制和过程效能上都充分体现了人民性、统战性和多党合作性，为中国特色社会主义的政治发展和中国国家治理的现代化做出了突出的贡献。一直以来，人民政协的界别、组织和制度，性质、地位和作用，都是专家学者们着力研究的传统领域。2015年，中共中央办公厅印发了《关于加强人民政协协商民主建设的实施意见》，清晰表达出人民政协在协商民主指引下的发展方向和建设途径，成为推进新时期人民政协协商民主制度化、规范化、程序化发展的纲领性文件。受此引领，专家学者们在深耕传统研究领域的基础上，继续开拓人民政协和协商民主的关系问题、人民政协与国家治理关系问题，并从理论创新、功能开发和体制机制创新角度对人民政协理论与制度创新展开深化研究，形成了以李君如《人民政协协商民主制度化的里程碑》、卞晋平《协商民主：广泛多层制度化发展与人民政协》、李金河《以创新理念与务实举措推进人民政协协商民主制度建设》，以及浦兴祖《国家治理现代化视角下的人民政协及其制度》等为代表的系列研究成果。本年度本领域相关研究成果明显体现出两种取向、两种方法齐头并进、整体升级的特点：一方面是弘扬传统的规范与价值研究继续加强，另一方面是回应现实的创新和发展研究不断壮大，这两方面没有全然分割，而是形成了一种整体兼顾、各有偏重的态势。

（一）人民政协的组织与界别

人民政协中的组织体系、界别设置是否合理和全面，是否反映了我国政治社会结构的基本状况，关系到政协体制的兼容性、政协意见表达的广泛性，也关系到中国特色社会主义协商民主和国家治理的现实性、合理性。由此观之，目前我国政协的组织行为、界别设置不乏改进和完善之处。围绕相关问题，本年度学者们从不同角度，提出了不少有见地、有价值的意见建议。

史健榕在《人民政协界别设置的历史调整与思考》（《山西社会主义学院学报》2015年第2期）一文中认为，界别是近几年来很受关注的一个重要问题，其设置是否科学合理直接关系到人民政协功能的发挥，关系到社会各界群众利益的表达。文章追溯、分析了政协建立以来关于界别设置中界别名称、界别数量、界别比例和界别成分四方面的调整，指出：（1）几十年来，政协界别名称几经修改、力图求精，是为了能增大涵盖面，更科学准确地涵盖和代表各界各阶层人士，使政协更好地发挥作用。（2）政协界别总数逐渐增加并最后稳定在 34 个，显示出政协代表阶层和利益群体的范围逐步扩大。（3）各界别中党团部分占比相对稳定，特邀部分明显下降、职业部分明显上升，显示职业界别更能直观反映社会阶层结构变化的灵动性，也凸显了我国对各职业领域知识和人才的重视。（4）来自职业界别的委员数量上升也意味着政协界别分布上的“官味渐淡、民味渐浓”，但政协整体上还是具有浓重的精英性特点。整体来看，界别设置适时调整虽然有着无可辩驳的必要性，但调整要想真正做到科学合理也极不容易，短期内在已有界别基础上使其作用得到充分发挥似乎更为切实可行。

周世光在《对新形势下人民政协加强界别建设的认识和思考》（《文史博览》2015 年第 8 期）一文中指出，我国政协界别具有时间上与时俱进的时代性、空间上囊括各界的广泛性、功能上团结各方的链接性，以及组织上不同于其他政治组织的独特性。但在具体政协实践中，界别作用发挥的还很是不够。为此，应当实现政协界别活动的常态化，政协各类会议中应突出界别声音，政协提案要扩大界别集体提案的比重，调研视察要善于发挥界别的智库优势，社情民意信息也要更多地反映界别情况。具体的做法应包括：因应社会阶层结构的新变化，进一步调整优化界别构成，同时努力加强对界别工作的领导与指导，加强对开展界别工作的绩效考核，高度重视界别提出的提案和社情民意信息等，及时向党委政府报送相关履职成果，做好协调、跟踪和督办工作，促进界别履职成果的转化落实。

刘伶俐、吴江龙在《国家治理视角下人民政协的优化路径》（《大连干部学刊》2015 年第 2 期）一文中认为，人民政协在国家治理体系和过程中具有界别的组织优势，通过合作协商的方式，以政治协商、民主监督、参政议政为职能，达到团结的目的。界别是政治系统与基层民众政治沟通的重要载体，其覆盖面越广、代表性越强，人民政协的利益表达及政治整合功能就越能得到充分发挥。实现社会利益的充分表达是国家治理现代化的重要内容，这就要求人民政协在界别设置上能够尽可能做到合理而充分。然而界别工作在实际运行中还存在一些与国家治理现代化要求不相适应的地方，还是有待进一步规范。随着时代的发展，社会阶层并不再以简单的标准进行划分。界别的设置也理应根据时代的变化不断地调整。目前界别构成中，倾向于掌握社会资源的群体成为政协代表，党政干部、明星委员占据政协委员的大多数，理应得到重视的新兴阶层却在实际运行中限制了其利益表达，这就使得人民政协的界别功能没有得到充分发挥。此外，人民政协的界别设置中，多数界别在开展活动时缺乏有效的形式，也使得政协委员和人民群众联系的渠道受到限制。因此，如何更好地实现人民政协的利益表达功能，就成为实现国家治理现代化的重要议题。

罗雷在《人民政协组织结构及其优化探析》（《云南社会主义学院学报》2015 年第 2 期）一文中运用结构功能分析的手法，综合运用现代系统学、社会学和管理学中有关组织结构的理论成果，审视了人民政协既有组织结构，研究了如何合理优化人民政协组织结构的问题，提出如下优化政协组织结构的基本构想：（1）在保留专委会基本机构前提下，将提案委扩建为“提案及履职规划评审委员会”，对政协提案及其他重要履职工作进行专门统筹规划，相关重要决策必要时提请常委会或主席会议讨论通过；（2）精简专委会委员人数，建立“专委会专家库”；（3）将原划拨专委会的大部分经费划拨到规划评审委，作为履职专项经费，并建立相应制度机制严格规范该经费的使用和监管；（4）鼓励委员在专委会或规划评审委帮助协调下，自愿组织人员构成合理的“委员工作小组”，并逐步形成规范化的制度和机制。此外也有必要：一方面深化人民政协委员及政协各专委会委员产生机制的改革，逐步由“中共党委与各界别协商推荐”过渡到“中共党委与各界别协商推荐以及各界别自主推选相结合”的模式，加强人民政协运行的民主化和人民性。另一方面，进一步精简和规范专委会职能，减少其受直线职能式或行政命令式的工作干预的潜在可能，使其能够集中精力履行对口协商沟通功能、组织调查研究功能以及作为“专委会专家库”信息管理机构等方面的职能。

李祥营在《乡镇人民政协研究》（《重庆社会主义学院学报》2015 年第 6 期）一文中认为，改革开放以来，乡镇人民政协经历了存废反复、曲折发展的进程，体现出复杂多变的性质和功能。发展社会主义协商民主的重点在基层。人民政协协商民主必须始终深入基层，始终坚持群众路线。在全国范围内普遍建立乡镇人民政协，是发展基层协商民主的重要途径，是健全人民政协制度的重要环节，对完善统一战线格局、推进国家治理现代化具有重要意义。当前，建立乡镇人民政协面临诸多认识上、理论上、制度上和实践上的障碍，所以有必要：（1）创新基础理论，充分认识人民政协在基层协商民主建设中的地位和作用。（2）完善规章制度，构建党委、人大、政府和政协之间的协调联动机制，构建乡镇人民政协联系和服务人民群众的体制机制。（3）确立发展目标，在基层发挥统一战线、协商民主功能，坚持问题导向，及时解决人民群众的实际困难和问题，及时化解矛盾纠纷，促进经济发展和社会稳定。（4）要整合基层民主、探索实践举措，继续探索恳谈会、议事会、理事会、听证会等多种协商形式，承接、承担基层协商民主的功能，完善基层政治协商和社会协商格局，实现基层协商民主的制度整合与功能整合。

（二）人民政协的性质和地位

政协具有人民性和统战性、多党合作属性和社会主义民主属性，这是确定其在当代中国政治体系和政治生活中地位和作用的基本依据。围绕政协的性质与地位问题，本年度相关学者潜心钻研、深入剖析，形成了一批主题相对突出而又颇具个性色彩的研究成果。

李晓燕在《刍议关于人民政协法制化和议院化的三种争议》（《贵州社会主义学院学报》2015 年第 2 期）一文中指出，关于人民政协如何改革的问题长期存在着三种内在关联但又彼此争议的观点：（1）人民政协应当法制化（法治化），法治化不会使其必然成为国家机关；（2）人民政协应当国家机关化即议院化，用法律明确规范其院制的地位和职能；（3）人民政协不应当法制化（法治化），否则要么取消，要么就会成为第二院。人民政协法制化（法治化）是有效行使议政权利保障民主监督的有效手段，这是毋庸置疑的。人民政协的法制化（法治化）会导致它的机关化，但不必然导致议院化；议院化与我国政治传统与现实国情不适应，与我国民主集中、议行合一政治原则不符，不现实、也行不通。人民政协法制化（法治化）的前景，应是国家机关化，像毛泽东、刘少奇、李维汉等老一辈革命家所设想的那样，不只作为统一战线平台、也作为国家的协商机关而存在。这一改革的方向有历史基础，也是当前人民政协、协商民主自身发展所迫切需要的。

石晶在《试谈新时期人民政协的性质定位与履职能力建设》(《中国政协理论研究》2015 年第 3 期）一文中认为，鉴于在我国政治体系中的重要地位，也由于中国共产党领导的多党合作与政治协商制度是我国一项基本政治制度，以及党历来重视统一战线的功能发挥等，人民政协很多建议和意见都得到有效回应，人民政协具有话语权、影响力，不可替代。伴随世情、国情、党情的变化，当前人民政协的责任和使命就是高举团结、民主两大旗帜，增强制度自信和政治自觉，着力推进人民政协协商民主，健全社会主义协商民主体系，促进国家治理体系和治理能力的现代化建设。人民政协要紧紧把握“非权力性质”，在尽职尽责上准确定位、不断创新方式方法。专门协商机构视角下的人民政协履职能力建设应当包括：(1）确定协商议题，完善议题提出机制。(2）创新协商形式，搭建委员履职平台。(3）深入调查研究，提升履职建言质量。(4）加强队伍建设，发挥委员主体作用。(5）夯实工作基础，发挥专委会基础作用。(6）加强制度建设，保障协商规范运行。

郭小聪、林小芳和代凯在《人民政协在国家治理体系中的地位：一项初步的研究》(《广东省社会主义学院学报》2015 年第 1 期）一文中认为，根据不同社会组织与政府部门联系的紧密程度和公共服务的提供能力，可将社会组织划分为不同的层次，其中距中心越远、越外层的社会组织对权力的依附性越弱，其社会属性也就越强。如何将不同圈层的社会组织、社会力量凝聚起来，是国家治理所面对的重要问题。在我国国家治理体系中，基于其特殊的“准权力机关”属性，政协发挥着微妙且重要的作用。理论上看，政协作为权力中心的外围机构，紧密围绕着以中国共产党为多元治理主体的权力中心，但又凭借其双重属性，承担着沟通不同次级治理子系统的功能；实践上看，政协通过政协提案、协商会议等运作载体，发挥着联结不同次级治理系统、维护整个国家治理体系稳定的功能。进一步发挥政协在国家治理体系中的功能，需要完善政协在法律地位、界别设置和委员代表性等方面的制度设计。

周家吉、周青山在《试析人民政协在贯彻党的群众路线中的地位和作用》(《湖北师范学院学报·哲学社会科学版》2015 年第 1 期）一文中认为，人民政协是中国共产党坚持群众路线的历史产物，是中国共产党践行群众路线的重要载体和平台。从政协与人大并存的初衷来看，贯彻群众路线是党发展人民政协的重要目的。从人民政协的性质来看，贯彻群众路线是其内在要求。从人民政协的主题来看，其意义就在于保障群众路线的贯彻落实。从人民政协的职能来看，三大职能的履行蕴含着贯彻群众路线的精神。人民政协在贯彻党的群众路线中具有独特优势：(1）联系面广，有利于更好地夯实党的群众基础；(2）包容性强，有利于党政决策充分体现民意；(3）客观公正，有利于真实反映群众意愿；(4）协渠道畅通，有利于各界群众有序政治参与。

邵南征在《人民政协：党的领导和依法治国的纽带》(《法制博览》2015 年第 32 期）一文中认为，从本质上讲，当代中国的党的领导和依法治国是根本一致的，它体现在维护人民当家作主、实现人民群众的根本利益上，统一于中国特色社会主义的伟大实践中。但由于历史的原因，在建设中国特色社会主义的实践过程当中党的领导和依法治国也还存在事实上的不同步性，存在二者发展不均衡、不一致的状况。作为中国人民爱国统一战线的组织，人民政协能够架起党的领导和依法治国之间的桥梁、发挥纽带作用，促使二者朝着共同的目标方向前进。

（三）人民政协的职能与相关工作

人民政协是统一战线的平台、人民民主的重要渠道。政协要充分发扬民主、加强监督、增进共识与团结，就要积极开展各项工作，卓越履行各项政治职能。围绕这一主题及相关问题，2015 年度学者们进行了内容相对广泛的考察、研究，在人民政协职能的完善和发展方面，在民主监督与调研资政方面，以及政协提案工作改进方面取得了新的成果，问题意识强、针对性强，也有一定的资政价值。

汪守军在《论人民政协三大主要职能的完善与发展》（《江苏省社会主义学院学报》2015 年第 3 期）一文中指出，作为中国特色社会主义协商民主制度的重要制度形式和制度平台，人民政协在推进中国民主政治发展和建设社会主义政治文明中的作用和地位越发重要。随着社会改革的深化，人民政协三大职能和协商功能有待进一步适应和满足中国政治体制改革的深入推进和人民群众对民主政治大发展的政治参与愿望和诉求，其中比较重要的原因是对人民政协三大职能的重要性及其相互关系认识不清或存在错误认识。因此，必须确立“政治协商是核心、民主监督是关键和参政议政是体现”的理念，高度重视人民政协在促进和完善社会主义协商民主制度过程中的地位和作用。

郭世松在《人民政协民主监督“硬约束”问题研究》（《中央社会主义学院学报》2015 年第 1 期）一文中认为，民主监督是人民政协的三大职能之一，有其他性质的监督无法取代的地位和作用。民主监督是一种以批评和建议为主要形式的柔性监督、弹性监督，属于“软监督”范畴。在实践中，由于认识问题，由于制度保障不够，“软监督”遇到很大阻力，亟须“硬约束”的支撑。这些硬约束应当包括：建立运行机制，进行程序约束；建立反馈机制，进行责任约束；建立用人机制，进行组织约束；建立奖惩机制，进行纪律约束；建立查处机制，进行法律约束；建立宣传机制，进行舆论约束；建立联动机制，进行合力约束。

毕霞、邢熙超《人民政协智库功能及其实现路径研究》（《徐州工程学院学报·社会科学版》2015 年第 4 期）认为，人民政协在中国共产党领导下发挥着政治协商、民主监督和参政议政的重要作用。这也是人民政协发挥智库功能、进行咨询决策的依据。人民政协的独特地位、组织形式，使之具有从事高水平政策研究的人才优势、形成较强参与决策能力的地位优势、掌握政情民情的信息获取优势，以及广泛联系基层、有效引导舆论的能力和优势。但由于缺乏制度保障，人民政协智库功能发挥还是相对不足。完善人民政协智库功能发挥的法律依据、制度建设，加强自身建设、提高资政水平，是人民政协智库功能更好发挥的现实路径选择。

刘慧频、刘海阁在《浅议人民政协的调查研究》（《湖北师范学院学报·哲学社会科学版》2015 年第 6 期）一文中指出，调查研究是人民政协工作的基础，是其履职的重要方式，但目前面临课题选择不实、过程质效不高和调查研究成果转化运用不力等问题。解决的路径、方法是：（1）求真务实、科学设置调研课题，既关注热点、焦点问题，也关注冷点、盲点问题。（2）精心组织，着力提高调查研究过程质效。做好调研准备，发挥委员主体作用、形成合力强的调研队伍，做好调研计划；扎实推进调研工作，深入事物本质，形成高质量调研报告。（3）注重实效，及时推动调查研究成果转化。主要包括以下几方面的努力：积极主动汇报，做好调研—决策对接；建立健全有关成果评价和转化的体制、机制；强化跟踪督办机制。

汪发元、尹业香在《健全人民政协提案办理协商机制》（《学习论坛》2015年第2期）一文中指出，充分发挥人民政协提案民主协商的作用，是加强民主监督、实行民主管理的重要措施。与政协提案内涵的吸收民意、协商民主和利益表达这么三方面的本质相对应，做好政协提案办理协商必须建立有效的机制，确保提案内容要准确、提案协商过程要贯穿提案工作的始终、提案的具体承办必须落实。为此，政府必须广泛多层次吸取民众意见，做到协商民主和政治合作的有效结合，满足当前社会各界利益表达的需求。要实现这一要求，就必须完善并落实政协提案协商办理制度、政协协商民主实现方式以及政协民主监督的手段。

（四）人民政协与协商民主

人民政协紧密依托中国共产党领导的多党合作和政治协商制度，政协协商集协商、监督、参与和合作于一体，构成中国特色社会主义协商民主的重要渠道。我国人民政协与协商民主的关系问题，是近年来专家学者们在中国政党制度和协商民主政治研究领域中留心最多、着墨最多的主题之一。2015年度相关研究性著述相对集中地探讨了人民政协、协商民主在制度化发展方面的内在联系，以及这一内在一致性在协商治理特别是立法协商等具体实践领域中的系统性作用和影响。学者们循着制度化即政治行为、体制机制获得价值观和稳定性的理路，分别从政协自身的制度化、协商民主整体的制度化，以及创新理念与人民政协、协商民主制度化的关系等角度，充分揭示了人民政协在中国特色社会主义协商民主规范系统和经验实践中的地位和作用。在相关成果中，李君如、卞晋平和李金河的论文具有代表性。

李君如在《人民政协协商民主制度化的里程碑》（《人民政协报》2015年7月15日第4版）一文中，结合中共中央《关于加强人民政协协商民主建设的实施意见》，论述了人民政协协商民主制度化建设的五大关系。（1）协商民主与人民政协协商民主的关系，是协商主题、范围上可区别的一般与个别的关系，也是整体与重要组成部分、多种协商渠道与专门协商机构的关系。正确认识和处理这一关系，可让各类协商民主相互配合、相互支持、相得益彰。（2）政协协商的内容与形式的关系。在推进人民政协协商民主的过程中，不仅要重视协商的内容，也要格外重视协商的形式、高度重视协商形式与协商内容的匹配。（3）政协协商与党政工作的关系。协商民主主要是为权力机关决策服务的，非权力机关的协商民主和权力机关的协商民主有一个相互配合的问题，也就有一个加强政协协商与党委和政府工作有效衔接的问题。在政协协商与党政工作衔接过程中，不仅要重视议题的提出和知情明政，更要重视协商成果的采纳、落实和反馈。（4）协商制度建设和协商能力建设的关系。制度要有相应的执行力，要加强政协政治把握、调查研究、联系群众、合作共事“四种能力”建设。制度建设固然重要，但若能力建设跟不上，也不能发挥应有作用。必须把制度建设和能力建设的文章做好，双管齐下、同时推进。（5）政协独立负责开展工作与加强党的领导的关系。中国共产党的领导是人民政协事业发展进步的根本保证；人民政协事业要沿着正确方向发展，就必须毫不动摇地坚持中国共产党的领导。

卞晋平在《协商民主：广泛多层制度化发展与人民政协》（《四川统一战线》2015 年第 4 期）一文中认为，随着我国所面临根本任务、时代主题及协商主体的变化，十八大后我国协商民主发展进入了新阶段：一是将成为覆盖全社会的普遍民主制度；二是内容将囊括政治、经济、社会、文化、生态各个领域；三是协商将进一步向下延伸，涵盖从中央到村落各个层次。作为我国基本政治制度层面上的专门协商机构，人民政协向来是我国协商民主的重要政治形式和组织载体。作为中国实行协商民主的第一块基石，政协在团结各界、协商国是、发扬民主、协调关系方面具有不可替代的独特功能。就坚持中国特色政治发展道路看，人民政协中体现了我国社会主义政党制度中共产党领导、多党派合作、实行政治协商三大基本要素的有机统一，是最具鲜明中国特色的民主形式之一。扩大协商民主离不开充分发挥人民政协的组织载体和重要渠道作用。深入贯彻十八届三中全会精神、推进人民政协协商民主，必须：（1）处理好在全社会广泛开展协商与政协协商的关系问题。发挥好人民政协制度的综合优势，在关注焦点和工作重心方面进一步向基层下沉，把涉及群众切身利益的实际问题纳协商范围。（2）处理好协商民主制度化与政协工作的关系。（3）处理好专题协商、对口协商、界别协商、提案办理协商间的关系。（4）处理好开展基层协商与县级政协的关系。县级政协应更贴近普通民众、更直接面对群众生活实际，但要认识到基层协商并不等同于县级政协的协商。（5）处理好协商民主与加强法制、依法治国的关系。协商是很好的民主形式，但法律是根本的准则，也是协商的底线。一切事情的协商，最终都要在遵守宪法和法律根本准则的前提下凝聚共识、协调关系。

李金河在《以创新理念与务实举措推进人民政协协商民主制度建设》（《人民政协报》2015 年 7 月 8 日第 4 版）一文中认为，中共中央《关于加强人民政协协商民主建设的实施意见》是人民政协贯彻十八大以来中央文件精神，进一步加强政协协商制度建设的战略举措和重大成果。《实施意见》清晰表达出人民政协在协商民主指引下的发展方向和建设途径，是推进新时期人民政协协商民主制度化、规范化、程序化发展的行动纲领。（1）科学把握了人民政协协商民主建设的指导思想和重要原则：坚持党的领导，坚持走中国特色社会主义政治发展道路；坚持宪法、政协章程确定的人民政协性质定位，围绕中心、服务大局；政协党组发挥领导核心作用，坚持民主集中原则，确保协商依法开展、有序进行。（2）将重点放在加强政协协商的具体化、程序化上。拓展了内容、丰富了形式，规范了程序、增加了密度，提高了政协协商成效。（3）体现出政协协商的民主特色和改革理念。体现了首创意识，总结了先进经验，鲜明突出了政协以实践为导向调动中央和地方积极性、尊重各地首创精神的制度特色。（4）特别强调提高政协联系群众的能力。基于国家治理现代化总要求，高度重视四项协商能力建设，尤其是首次强调联系群众能力，突出了新时期人民政协的发展创新理念。（5）高度重视民主监督将推进人民政协职能完善。提出适时制订民主监督的专项规定，对于完善民主监督的组织领导、权益保障、知情反馈、沟通协调机制而言意义重大，无疑可从务实举措上切实促进民主监督职能的与时俱进。（6）直面现实问题和发展矛盾提出务实举措。就人民政协在创新发展过程中面临的问题和矛盾，特别如界别设置问题、政协委员产生机制、参政履职的素质和水平等问题，《实施意见》这次所表述的应对方案和改革机制，无疑是要从根本上解决政协协商民主制度化发展面临的瓶颈制约。

周淑真在《人民政协制度为世界政治制度添彩》（《光明日报》2014 年 11 月 25 日第 12 版）一文中指出，人民政协承担了建立新的国家政权的历史使命，形成了政党、政协、政权三个系统互为支撑的国家政治制度架构，也基本建构了独特的中国政治制度。（1）人民政协是在中国历史发展中“长成的”，具有广泛代表性和政治包容性。这使得它能凝聚共识、成城众志，能够提供当代中国国家权力的合法性来源，并能有力推动中国特色社会主义民主政治的历史与现实、理论与实践、形式与内容达到有机统一。（2）人民政协党派合作特性突出，是多党合作、体现党派关系的制度载体。民主党派在政协会议中的组织和政治行为，既是与中国共产党协商合作的重要体现，也是与中国共产党进行互相监督的重要形式，承担着我国多党合作制度载体的功能作用。人民政协赋予中国政党制度极强的生命力、绩效以及应对挑战的能力，使得执政党和参政党互为支持、构成多党合作的制度架构，使得共产党领导、多党派合作的政党制度中互为条件的两大要素相辅相成。（3）人民政协与人民代表大会相辅相成，能有效促进决策的科学化民主化。人民政协以界别为构成单位，代表社会各界的利益要求。政协协商体现出的制度合法性、主体广泛性、过程规范性、意见包容性、效果显著性等巨大优势，能把社会各方面愿望的表达和诉求，纳入民主和法治的轨道；能把群众中分散的、个别的呼声汇聚成系统的、集中的意见，便于执政党和政府了解民情、把握民意；能就一些综合性、前瞻性、战略性问题深入开展调查研究，有效促进党和国家决策的科学化民主化。

肖存良在《立法协商的概念与模式研究——基于人民政协的视角》（《中国政协理论研究》2015 年第 4 期）一文中认为，自“立法协商”概念提出以来，国内学者分别从人民政协、政党、政府、人大和人民团体等不同视角出发，形成“立法协商”概念的五个维度。从人民政协角度来看，“立法协商”已形成五种基本模式：政党主动模式、人大主动模式、政府主动模式、政协主动模式和人民团体主动模式，以及“两次协商”的复合模式。从政治体系优化与发展的角度来看，要进一步推动人民政协立法协商，就应当：（1）进一步加强党对立法协商的领导。党委要对协商计划和协商项目制订、协商活动落实和协商争议裁决等问题进行总揽协调，但不具体介入协商过程。（2）政府也要在立法协商过程中激活并推动人民团体积极参与到人民政协立法协商中来。（3）充分发挥人大积极性。作为立法主体，人大立法的过程是平衡利益的过程，为最终制订出良法善法，根据《立法法》关于开门立法的要求，人大自身也有到人民政协进行立法协商的内在积极性。

刘学军在《人民政协介入基层协商问题研究》（《中国政协理论研究》2015 年第 2 期）一文中认为，人民政协介入基层协商符合民主的价值追求，符合马克思主义民主理论逻辑，也符合中央要求的改革创新精神。在实践层面，人民政协介入基层协商符合现实需要并有利于降低制度成本：能够及时充分地反映社会结构、社情民意快速灵动的发展变化，有利于完善基层组织体系、提升基层国家治理体系和治理能力现代化，有利于推进基层决策民主化、更好地化解社会矛盾。政协协商介入基层协商更合乎基层群众的口味，通过它，基层民主的成本能得以明显降低，基层选举的共识能得以明显增进，基层选举的风气得以好转、选后隐患得以减少。为此，就要以改革精神积极探索人民政协介入基层协商的有关问题，不断创新和丰富协商形式，使基层协商民不断创新和丰富协商形式，使基层协商民主更进一步制度化、规范化，真正收到实效。

（五）人民政协与国家治理

2015 年，随着相关研究的全面展开，人民政协与国家治理关系问题越发被凸显为一个独立的、重要的主题。围绕这一主题，专家学者们分别结合人民政协的使命和任务、特点和优势，从规范原则（价值导向）与结构功能的角度、从历史发展与制度变迁的角度展开深入研究，形成一批具有理论和实践价值意义的创新成果。专家学者们指出，人民政协在国家治理中发挥积极作用，就要始终坚持党的领导原则、人民主体原则以及法律和政治平等原则，自觉致力于将政党政治的逻辑融入国家治理的逻辑、充分发挥自身桥梁和纽带作用，为协商治理的其他民主渠道、民主途径提供基于价值和制度层面的力量支持。

张峰在《人民政协在全面推进依法治国中应大展作为》（《人民政协报》2015 年 2 月 4 日第 4 版）一文中认为，《中共中央关于全面推进依法治国若干重大问题的决定》与人民政协及其工作密切相关。人民政协工作要围绕中心、服务大局，就要：（1）坚持中国共产党领导的原则，加强宪法实施，积极建言献策。要坚持依宪治国、依宪执政，中国共产党要依法执政，人民政协也要依法参政议政。（2）坚持人民主体地位原则，保障人民根本权益，发展协商民主。充分发挥政协委员在立法协商中的作用，重点以保障人民根本权益为出发点和落脚点，保护人民享有的民（私）权。（3）坚持法律平等原则，规范和约束公权力，强化民主监督。坚持法律面前人人平等体现了社会主义法律的基本属性。人民政协应着眼于规范和约束公权力、加快建设法治政府，解决民主监督相对软、弱的问题，努力强化对行政权力的制约和监督。这就要重点强化制度建设，完善民主监督的组织领导、权益保障、知情反馈、沟通协调机制，不断推进民主监督法治化的发展。（4）坚持德法合治原则，弘扬法治精神，发挥表率作用。德法合治的核心问题是“良法”“善治”，是获得人民的内心拥护和真诚信仰。必须弘扬社会主义法治精神，建设社会主义法治文化。政协委员要善于运用法治思维和法治方式想问题、作判断、出建议，带头成为法治的忠实崇尚者、自觉遵守者、坚定捍卫者。人民政协也要尊重和保障委员民主权利，为建设中国特色社会主义法治体系、建设社会主义法治国家做出应有贡献。

李炜永在《人民政协视角下的国家治理现代化建设》（《中共福建省委党校学报》2015 年第 4 期）一文中认为，人民政协是国家治理体系的重要组成部分，其组织与实践特质与现代治理的多元、协调、民主、法治等理念都是相通的。就国家治理的主体而言，人民政协的界别组成特点与治理主体强调社会、公民与政府共同参与治理的要求十分贴近；从国家治理体系的层次来看，人民政协具有链接政权“内外”的桥梁作用，契合了由“管理”到“治理”变迁主体层面向社会延伸的要求；就治理的原则与目标而言，人民政协的协商性无疑与治理所倡导的平和、有序、理性、合作等价值紧密吻合。人民政协推进国家治理的核心目标是促进党的领导、人民当家作主与依法治国的有机统一。人民政协工作的改进与完善有利于推进国家治理体系与治理能力的现代化。同时，国家治理的现代化也为人民政协工作的开拓提供了更广阔的空间。

马利在《人民政协在国家治理体系现代化中的地位和作用》(《浙江师范大学学报·社会科学版》2015 年第 2 期）一文中认为，在其成长前期，在一元化管理的环境下，人民政协工作重心和作用的发挥主要是沿循了政党政治的逻辑。而在中国社会转型之后，尤其是在国家治理体系的现代化中，人民政协制度则愈益成为国家治理的刚性需要，它的存在与发展也具有了空前坚实的法理基础。人民政协显现出由政党政治逻辑融入国家治理逻辑的发展趋势，从而由不充分的制度化向全面制度化趋进，构成模式上也以党派特征为主向界别特征凸显偏移，核心工作上则是由共产党领导的多党合作向代表更广泛的社会力量和民意叠加。由此，人民政协在国家治理体系现代化中的定位也就自然体现为：成为社会主义协商民主的重要载体和渠道；团结、促进各民主党派在国家治理现代化中贡献力量；对人民代表大会形成支撑，为执政党和国家政权提供广阔坚实的社会基础。

郝连儒在《在国家治理体系中充分发挥人民政协的优势作用研究》(《求实》2015 年第 11 期）一文中认为，在当代中国国家治理体系中，人民政协的性质与功能定位是：独创的民主实现形式、多党合作的政治协商机构、实现国家治理体系和治理能力现代化的重要力量来源。人民政协在国家治理体系中的独特优势体现在：(1）丰富的实践经历与治国理政的经验优势；(2）完备的组织系统及在国家治理体系中的组织优势；(3）健全的制度体系与参与治国理政的制度优势；(4)充足的人才资源及提升治理能力的智力优势。这些优势结合工作、理论和制度的进一步创新，必定能充分实现人民政协在国家治理中的优势作用。

张明哲在《地方人民政协参与社会治理的理由和优势》(《求知》2015 年第 5 期）一文中指出，作为开展政治协商、民主监督和参政议政的政治组织，人民政协在社会治理中有自己独特的作用、优势。人民政协具有凝心聚力的性质优势、界别组织的结构优势、民主协商的功能优势、联系广泛的渠道优势，能够全面准确地传递民众呼声、有助于化解各种社会矛盾，有利于推进政府主导的社会治理决策的民主化和科学化，能够助推政府主导的社会治理格局更加完善，进而助推整个社会的和谐发展。

（六）人民政协理论与制度创新

围绕这一研究主题，2015 年度专家学者们分别从理论创新、功能开发、体制机制创新的角度，以及整体的制度变迁、内在的创新价值等诸多角度展开研究，取得了一些值得关注的研究成果。其中，张庆黎关于政协理论创新任务与原则的阐述，以及浦兴祖关于人民政协与人民代表大会实现更好的功能对接的看法，值得细细品读、深入探讨。综合本年度专家学者的相关研究可以看出，面对新形势、新任务，担当协商民主发展重要使命的人民政协必定要在自身创新发展中履行其政治职能，也必定要在创造性地履职工作中实现自身的长足发展。协商民主、政治协商的理论与实践紧密衔接、相互促进，是我国这一重要政治制度和参政议政平台赖以产生、存在和发展的生命力源泉。

张庆黎在《认清形势、明确任务，扎实推进人民政协理论研究工作》(《中国政协理论研究》2015 年第 1 期）一文中指出，人民政协理论研究工作面临新形势：要协调推进“四个全面”发展，要深刻领会党的十八大以来中央一系列重大战略思想、重大理论观点、重大工作部署的新要求，必须深刻把握人民政协坚持在继承中发展、在发展中创新的新实践。为此，相关理论研究的重点任务是：(1）把党中央关于人民政协的新思想新观点新要求阐释好；(2）从理论渊源、发展脉络和理论体系三个方面入手把人民政协基础理论研究透；(3）要把人民政协协商民主的特色和优势讲明白；(4）要把人民政协工作中的实际问题（特别是民主监督、提案工作、政协制度体系建设和政协履职能力建设等问题）研究解决好。为此，必须在理论研究中把握基本的工作原则：(1）把握好坚持党的领导、坚持中国特色社会主义政治发展道路的正确政治方向；(2）坚持与当前政协工作实践密切相关的问题导向，相关研究必须围绕政中心工作和大局来开展，防止理论研究和实际工作搞成两张皮；(3）勇于改革创新，与时俱进、解放思想，大胆创新、勇于探索，努力打破思维定式、打破西方话语霸权，努力创造人民政协理论、协商民主理论的新概念新范畴新表述，在坚持基本原则的前提下，充分体现时代性、把握规律性、富有创造性，以创新的理论指导人民政协事业新发展。

浦兴祖在《国家治理现代化视角下的人民政协及其制度》(《中国政协》2015 年第 11 期）一文中认为，国家治理的现代化为深化研究人民政协及其制度创新提供了新视角。因应现代国家治理的特点和要求，人民政协改革和发展必须着力于自身制度化、增强制度执行力，同时也应努力创新实践并积极探索和推进自身与人大功能对接的问题。制度是有层次性的，政协制度创新应当在宏观层面稳定进步的前提下，在中观、微观层面做出更为民主的改革创新努力，具体包括：(1）改革政协委员的产生机制，改变其因缺乏群众参与而致使委员议政意愿和能力不强的现状；(2）把握协商民主精髓，努力促进协商民主的制度化，保障提高协商中协商主体履行职能的实效，以及政协在意见表达、民主监督和社会整合等过程中的实效；(3）以法治增强制度的执行力，将中观和微观领域的人民政协规范上升为法内制度，而不是仅仅由执政党的政策来规定。历史和实践表明，政协与权力机关“混淆论”并不成立。政协与人大的功能对接，是多元主体合作的现代治理的制度体系的必然要求，是增强制度执行力的必然要求。除政协委员列席人大会议之外，进一步强化政协、人大功能对接的可行领域应包括：(1）政协基于协商共识向国家政权机关包括最高权力机关提出各种建议，特别是参与立法协商，这些都是有过较好的历史经验的。(2）政协也可以受全国人大委托，作为政府之外的独立的第三方起草相关法案，这样做或可避免政府部门立法带来的许多弊端。(3）解放思想，克服政协方面以为自己的协商民主成果还要递交人大“审议”等于承政协的地位低于人大、人大方面认为政协参与起草法律草案或就法案等进行协商民主就等于走向“两院制”等似是而非的错误认知。须知，政协所以不能成为“第二院”，关键在于其权力的来源而不在于它参与立法协商的所谓牵扯和效率问题。

姚俭建在《人民政协民主监督的有效性与机制创新探讨》(《中国政协理论研究》2015

年第4期）一文中认为，应当以体制机制的创新发展来推动提升政协监督的有效性。作为一种融异体监督与相互监督、决策前监督与决策执行中监督的新型监督形式，我国的民主监督独具特色、独具优势。但由于现实中在动力机制上缺乏促进民主监督的内在动力，在运行机制上缺乏程序化的规制，在整合上也存在不少体制缺陷，在保障层面上相关制约机制和保障手段不健全、没有配套的措施和必要的程序，在具体操作上存在较大随意性以及政协委员监督职责不明等原因，协商容易监督难、议政顺利监督难的问题仍对人民政协完整履行职能形成困扰。必须着眼于创新发展，努力构建结构合理、层次清晰、科学规范的制度体系，来系统规制和促进政协民主监督职能的发挥：（1）优化民主监督的动力机制。在观念上厘清并完整把握人民政协民主监督的内涵（特别是理性把握到其中所内涵的批判性认同、对抗性合作、差异性包容、制约性互惠等现代民主机理），同时推进民主监督的制度建设、强化制度支撑。（2）规范民主监督的运行机制。推进人民政协民主监督程序化的重点，要加强约束性程序建设和内部程序的规范。（3）强化民主监督的整合机制。这需要从系统的角度解决好政协内与外、政协内部各种监督力量资源、形式的整合问题。（4）完善民主监督的保障机制。除在人财物等方面提供必要的物质和精神条件、提供充分的基本保障之外，更要重政协文化和政协委员的能力这两种软实力的提升和整合。

盛林在《人民政协政治角色的制度变迁》（《党史研究与教学》2015年第5期）一文中认为，新时期科学认识人民政协政治角色的制度变迁，不仅有利于促进各界更坚定走中国特色社会主义道路的信念，也利于加强人民政协自身建设、推进人民政协创新发展。文章结合建国后历史条件、政治生态以及党和国家的基本任务等诸方面情况的历史推演，回顾、梳理了不同时期人民政协不断创新以适应不同主题要求的自身角色变化：从代行人大职权到回归统一战线，从扩大政治协商到列席人大会议，“文革”后又从一种法外制度转变为1982年宪法所明确的制度，从多党合作载体到参政议政职能，新时期又从决策程序外协商的制度转为作为决策协商必经环节的制度，自身也从履行政治协商职能的主体发展成为协商民主制度的重要渠道。伴随着不同时期的性质变更和职能扩充，人民政协经历了一个渐进的制度发展变迁的过程，实现了对人大制度、政党制度、社会主义民主制度的全面嵌入。这一过程充分反映了政协在中国政治生活中的特有角色特征：一是中国政治中的重要弹性因素；二是对人大制度的有益补充；三是由人民政协加入组成的“两会机制”已是中国执政党管理国家的依赖机制。因为具备这些独有的特质，人民政协本身即成为中国特色社会主义政治的重要要素和制度优势。

王东勤在《论人民政协制度的价值构成》（《中央社会主义学院学报》2015年第1期）一文中认为，人民政协制度价值整体以民主价值为基本价值，以规范价值、创新价值为扩展价值的结构样式，昭示着当代中国特有的人民政协制度创新和变迁的基本路径。人民政协制度在统战、团结、党派合作、民主方面的实践作用，以及它的广泛、多层的逻辑演进，都凸显了这一政治制度自身的基本价值。作为我国一项重要的政治制度，人民政协制度通过确认当代中国各政党的政治地位、党际关系模式、运行机制和制度来实现其规范的价值。作为中国协商民主理论与实践创新的产物，作为我国民主独有、独特的制度优势的组织形式，人民政协有效拓展了各阶层、各方面人民参政的空间，因而实现了它所独具的创新价值。概言之，人民政协在民主思想、民主组织和民主参与空间三个方面上所体现出的创新价值，离不开其基本价值的主导、离不开其规范价值的保障。这三方面价值相辅相成、协调共进，同时也构成人民政协制度不断创新发展的内在理据、内在动因，从而整体上决定着人民政协自身制度变迁的基本路径。

徐　锋　中央社会主义学院中国政党制度研究中心副教授
高国升　中央社会主义学院中国政党制度研究中心讲师

学术著作评介和论文观点摘要

一、学术著作评介

《当代中国特色政党制度新发展研究》（李燕奇著，中国社会科学出版社 2015 年版）

《当代中国特色政党制度新发展研究》著者为中共北京市委党校教授、副校长，北京师范大学兼职教授、博士生导师李燕奇。

该书提出，中国共产党领导的多党合作和政治协商制度，作为一种政党制度，可以概括为中国特色政党制度，其理由有三：一是中国共产党领导的多党合作和政治协商制度是中国特色社会主义政治制度的重要组成部分；二是这一政党制度是在中国这块土地上诞生和发展起来的，已经有 60 多年的历史了；三是这一政党制度在当代世界政党政治舞台上占有重要一席，并带有鲜明的中国特色。因此，无论从任何维度上分析，把中国其产党领导的多党合作和政治协商制度称之为中国特色政党制度，都是有着充分的理论依据和实践基础的。

全书共分为六章，以十三届四中全会作为一个历史节点，对十三届四中全会以后的中国特色政党制度的新发展进行系统全面的总结和梳理，清晰地描绘出其发展的历史轨迹；在此基础上展开较为深入细致的、理论联系实际的、与十三届四中全会以来的中国社会整体发展紧密联系的分析和研究，进而做出理论上的概括和提炼，进而从整个人类政治文明历史发展进程的高度做一个总结。本书总结并第一次提出了中国共产党的四大建设与多党合作和政治协商制度的关系，即中国共产党的四大建设，极大地推动了多党合作制度的发展。同时提出了中国特色政党制度的理论体系问题，最后从学理上、宏观上对社会主义政党制度与人类政治文明的关系做了梳理。

《多党合作与协商民主》（李金河著，九州出版社 2015 年版）

《多党合作与协商民主》是“十二五”国家重点图书出版规划项目著作，是中央社会主义学院统一战线理论教研部主任、博士生导师李金河教授在多年研究我国政党制度的基础上，结合党的十八大以来新一届中央领导集体关于协商民主的重要论述，将两者统一结合起来研究的最新力作。

党的十八大明确提出，“健全社会主义协商民主制度”；党的十八届三中全会进一步提出，“构建程序合理、环节完整的协商民主体系”。体系的构建总是以内涵的明晰为前提要件，故而要构建协商民主体系，就必须全面把握社会主义协商民主的基本内涵。这是中国共产党领导中国人民在社会主义民主政治问题上的全新表述，是实现人民当家作主的有效途径，是在社会主义初级阶段发展民主政治的长期战略任务。本著作立足于对中国多党合作制度的全面深入把握，从多党合作制度的理论体系、基本构成和功能、社会基础、文化内涵、创新发展等角度深刻论述了中国多党合作制度是在中国这块土壤中生长起来的具有独创性的社会主义政党制度，无论是制度设计，还是政治实践，反映了人民当家作主的社会主义民主政治的本质，是我国政治格局稳定的重要制度保障。在这个基础上，我们才可以正确认识社会主义协商民主、全面把握社会主义协商民主的基本内涵。

该书提出，我国协商民主的发展进程经历了三个主要阶段，即“三三制”、协商建国到协商治国，其发展形成了试验、发展、制度环环相扣而又渐次递进的逻辑链条。社会主义协商民主制度的内涵包括：政治协商制度、社会协商制度和基层协商制度，这三大制度有效构成了社会精英群体、社会大众和基层民众三位一体的社会主义协商民主制度化体系。

《中国政党制度发展史论》（钟德涛，高等教育出版社 2015 年版）

《中国政党制度发展史论》是华中师范大学中共党史研究室教授、博士生导师钟德涛从历史角度论述中国政党制度的一部新作。该书认为，近现代中国先后产生了三种不同类型的政党制度，即民国初年尝试的竞争型的“多党制”、国民党统治时期实行的“一党制”和中国共产党领导的合作型的“多党合作制”。全书以研究中国早期政党的产生为起点，以分析近代中国政党格局为基础，对此三种类型的政党制度的产生、演变历程及其规律进行了探讨，并在此基础上，从中外政党制度比较研究的角度，揭示了中共领导的多党合作制的特色，并对其完善路向和发展趋势进行了前瞻性思考。

《中国政党制度发展史论》研究视角新颖，建立起了纵横交织研究中国政党制度的模型和框架，呈现出历史学研究方法与政治学研究方法交相为用的特点；注重征引中国大陆和中国台湾出版的历史文献资料；具有强烈的问题意识，论述富有新意。

二、论文观点摘要

《着力推动政党协商深入开展》（孙春兰，《求是》2015 年第 11 期）

政党协商是在中国共产党领导下，中国共产党同各民主党派就党和国家重大方针政策、重要事务进行的政治协商，在党和国家工作大局中具有不可或缺的重要地位和作用。年初下发的《中共中央关于加强社会主义协商民主建设的意见》，把政党协商明确为社会主义协商民主的重要渠道。在这次中央统战工作会议上，习近平总书记对政党协商专门做出论述，强调中国共产党同民主党派有事要商量、多商量。党中央颁发的《中国共产党统一战线工作条例（试行）》，把“参加中国共产党领导的政治协商”确定为民主党派的基本职能，并对政党协商的内容、形式和保障机制做出了规定。

政党协商是中国特色社会主义民主政治的独特优势。政党协商是在中国革命、建设和改革的实践中不断发展、成熟的，具有深厚的文化基础、理论基础、实践基础和制度基础。

政党协商是国家治理体系的重要方面。习近平总书记指出，涉及人民利益的事情，要在人民内部商量好怎么办，不商量或者商量不够，要想把事情办成办好是很难的。政党协商关联我国政党制度和协商民主制度，深深嵌入了我国的国家治理体系，并在长期实践中形成了多种渠道和机制。通过政党协商，搭建了制度化的表达意见、沟通协商的平台，广泛凝聚了社会各方面的智慧和力量，促进了国家治理决策的科学化、民主化。

党的十八大以来，以习近平同志为总书记的党中央从坚持和发展中国特色社会主义全局出发,提出并形成了“四个全面”的战略布局。每一个“全面”都具有重大战略意义，也面临着艰巨繁重的任务，更加需要通过政党协商广泛凝聚民主党派和无党派人士的智慧和力量。我们要认真按照党中央的总体部署，准确把握政党协商的性质定位，进一步提高政党协商的成效和水平。

坚持党对政党协商的领导。党的领导是中国特色社会主义最本质的特征。协商民主是党领导下的民主,政党协商是党领导下的协商,党的领导始终是搞好政党协商的首要前提。一方面，要牢牢把住政党协商的大方向，充分发挥党总揽全局、协调各方的领导核心作用，把政党协商纳入党委总体工作部署和重要议事日程，统一领导、统一规划、统一部署，确保政党协商始终沿着正确方向有序高效开展。另一方面，要努力营造宽松和谐的民主协商氛围，以开阔的胸襟、平等的心态、民主的作风，鼓励不同意见交流和讨论，容得下不同意见，听得进逆耳之言，形成知无不言、言无不尽的氛围，真正通过协商出办法、出共识、出感情、出团结，通过政党协商改善党的领导、加强党的领导、巩固党的执政地位。

坚持协商于决策之前和决策实施之中。协商民主是合作民主、共识民主，也是程序民主，就是说协商必须在决策之前和决策实施之中，否则协商就失去了应有的意义。政党协商作为协商民主的重要形式，同样必须坚持协商于决策之前和决策实施之中，这是一条基本原则。目前，有的地方对政党协商存在随意性、表面化和形式化的问题，有的敷衍了事，“想到了”“有空了”才协商；有的流于形式，以通报情况、部署工作代替协商。这都是不恰当的。习近平总书记强调，协商就要真协商，真协商就要协商于决策之前和决策之中。

建立健全协商保障机制。习近平总书记强调，要完善政党协商的内容和形式，建立健全知情和反馈机制，增加讨论交流的平台和机会。我们要着力加强政党协商的保障机制建设，进一步健全知情明政机制、考察调研机制、工作联系机制，特别是协商反馈机制。反馈是协商程序的重要环节，也是落实协商结果的重要保证，是政党协商成效的重要体现。要按照科学合理、规范有序、简便易行、民主集中的要求，着力在填补“制度空白”和增强“规定刚性”上下功夫，规范协商反馈程序、明确相关部门责任，对民主党派在协商中提出的意见建议，要认真研究办理意见，尽快交付有关部门落实，并通过书面、会议等形式，及时向民主党派反馈办理采纳情况，不能落实的要说明情况。要对贯彻落实情况进行督查，做到协商反馈形式规范化、内容具体化、工作制度化。

不断加强协商能力建设。习近平总书记强调，搞好政党协商，需要中国共产党和各民主党派共同努力。中共各级党政领导干部首先要提高协商能力，带头学习掌握政党协商理论，把握政党协商工作规律，熟悉政党协商工作方法，努力成为政党协商的积极组织者、有力促进者、自觉实践者。要支持民主党派加强协商能力建设，帮助民主党派扩大知情渠道，协助民主党派组织培养高素质的人才，加强调查研究，力求对策建议更有分量。

《多维视野下的中国政党制度》（周余云，《求是》2015 年第 5 期）

如何看待当代中国的政党制度？这是当前国际社会的热议话题。由于现代政党政治发源于英美等西方国家，因而一些人惯于以西方政治话语体系和政党政治模板来解析中国共产党领导的多党合作和政治协商制度，认为中国的政党制度与西方主流政党制度不兼容、不接轨，断言中国的政党制度将会成为中国现代化的“阿喀琉斯之踵”，是影响中国未来发展的“短板”。对这种观点，法国政治学者帕斯夸里·帕斯奎诺的评论颇为中肯。他认为，如果从西方政体类型学理论的角度来分析 21 世纪的中国，无疑会得出简单化的结论。因此，克服认识上的偏差，需要抛开西方政党政治学所固有的有色眼镜和思维定式，把中国的政党制度放到多维视野中去考察，才能得出符合实际的结论，增强中国特色社会主义的制度自信。

历史性维度

在当今世界政党政治谱系中，无论是以英美为代表的两党制，还是以法国为代表的多党制，都经历了长期的孕育发展。从英、美、法政党制度的形成来看，政党产生和政党制度确立都是在本国政治经济文化土壤中，通过不同政治力量的此消彼长逐渐演进而成。欧美国家的政党制度体现了各自国情特点，适应了内部权力和利益再分配的需要。因此，从历史维度看，政党制度的形成是一个长期的自然历史过程，反映了不同国家社会政治经济文化发展水平。

中国共产党领导的多党合作和政治协商制度也是在历史发展进程中逐步形成的。近代中国曾有过模仿西方议会制、内阁制、多党制的试验，但正如毛泽东所说：“中国人向西方学得很不少，但是行不通，理想总是不能实现。”晚清一些维新思想家主张实行“君民共主”的君主立宪政治。民国初年，政党林立，结果是“党见分歧，心意各别，欲图和衷共济，更所难得”。袁世凯称帝后，多数政党烟消云散，议会制、多党制的尝试宣告失败。南京国民政府成立后，实行一党训政制度。抗战胜利后，中国共产党和各民主党派一致呼吁结束一党训政、成立民主联合政府，但国民党为继续一党专政不惜发动内战，并宣布民主党派为非法组织。在这样的历史背景下，中国共产党在与民主党派协商建国、民主建政的过程中，最终形成了中国共产党领导的多党合作和政治协商制度。这是百年来中国政治发展的自然历史结果。

内生性维度

二战后，一些相继获得独立的发展中国家效仿过去宗主国，实行了两党制或多党制。苏东剧变后，原苏东国家在放弃共产党领导后也采用了多党制，非洲还出现了多党制风潮。环顾当今世界，实行两（多）党制的国家占多数，但真正因为实行了两（多）党制而取得成功的发展中国家并不多。为什么？这是由于西方国家政党制度普遍经历了一二百年的本土发育才完成，而一些发展中国家力图依靠政党制度的“进口替代”，或在自身政治肌体上进行“肢体移植”，短期速成必然会带来先天性排异反应等缺陷，甚至有的国家只搬来了多党民主的外壳，却未能学到民主政治的精髓——妥协与尊重选举结果，而代之以街头政治或兵刃相见。因此，稳定而成熟的政党制度具有内生性，需要一定的阳光、土壤和水分的养护。简单移植别国的政党制度，如果缺少相应的环境支撑，短期内很难成功，多数情况下还会妨碍经济发展和社会稳定。因此，发展中国家在通往现代化的道路上，一定要警惕“多党制幻觉”，避开“多党民主陷阱”。

从内生性维度看，一方面，中国共产党领导的多党合作和政治协商制度扎根于当代中国的政治经济发展基础上。1949 年新中国成立时，新生人民政权的基础是工农联盟；改革开放以来，中国共产党作为一个“善于学习、调整和吸纳的执政党，力求包容中国不同社会阶层和社会群体的利益”，中国共产党领导的多党合作包括八个民主党派，政治协商的界别数量达 34 个，基本涵盖了中国社会各阶层，显示了中国政党制度的张力和弹性。另一方面，它也离不开中华优秀传统文化的滋养。不少西方学者认为，中国数千年来所形成的选贤任能政治传统、治国安邦的历史使命、民为邦本的治国理念、兼收并蓄的包容文化等政治理念和历史传承，要比多党竞争、议会政治更适合中国国情。

多样性维度

目前，世界上有 160 多个国家存在着 6200 多个政党。这些历史背景不同、意识形态各异、价值理念多元的政党通过不同形式执掌政权和参与政治，形成了不同的政党制度，既有非竞争性的一党制，也有竞争性的两（多）党制，这正是人类政治文明多样性的体现。中国共产党领导的多党合作和政治协商制度融合了不同政党制度的稳定性、监督性等优点，又体现了自身的主导性、包容性特点，已经内化为中国体制的力量，在推动中国政治发展、经济增长和社会安定方面发挥着积极作用。当然，也要清醒认识到，我国的政党制度需要借鉴国际经验，在制度化、法治化方面进一步自我完善。在这方面，东施效颦是可笑的，固步自封也是愚昧的。

实践性维度

一种政党制度是否有效，归根到底要看它能否促进国家的稳定发展。中国共产党领导着一个 13 亿人口的大国，经过 30 多年改革开放，把中国引入欣欣向荣、充满生机的上升通道，人民生活不断改善，在发展中国家奔向现代化的长征中脱颖而出。这一事实充分证明了中国共产党的执政能力和中国政党制度的有效性。

民主政治是全人类的共同追求，也是我国政治体制建设和改革的方向。但它不是在实验室封闭环境中完成的科学实验，而是涉及中华民族前途和亿万人命运的社会实践，是一项复杂的系统工程，不存在可以简单复制的模板。我们并不是笼统地、一般地去反对多党制本身，而是尊重各国人民选择自己的道路；我们所反对的，只是那种不问青红皂白，不顾时空条件，把国外政党制度照搬到当代中国的主张。在激烈的国际竞争中，能够把国内各种力量有序“组织起来”，而不是无序“竞争起来”，正是中国政党制度的比较优势。因此，在中国的政治发展进程中，我们有理由自信，有必要从容。

《民主和协商是实现党的领导的重要方式》（叶小文、张峰，《光明日报》2015 年 6 月 11 日）

习近平总书记在中央统战工作会议上指出：我们发展社会主义民主政治、加强社会主义协商民主建设，就是为了发扬民主、集思广益，避免发生大的失误。民主和协商是实现党的领导的重要方式。通过发扬民主、广泛协商，可以使统一战线广大成员更加普遍地认同党的主张，更加自觉地团结在党的周围、跟党走。他还就中国共产党同民主党派的政治协商提出：协商就要诚心诚意、认认真真、满腔热情听取意见和建议，有事要商量、多商量，不能想起了、有空了、拖不过去了才协商。要完善政党协商的内容和形式，建立健全知情和反馈机制，增加讨论交流的平台和机会。

这些重要论断进一步回答了社会主义协商民主何以必要、何以重要、何以有效的重大理论和实践问题，把我们对社会主义协商民主的认识提高到了新的科学水平，为加强社会主义协商民主建设指明了前进方向，提供了基本遵循。

一、协商民主是我国社会主义民主政治的特有形式和独特优势

协商民主之所以能在社会主义中国产生，是中国社会主义民主政治中独特的、独有的、独到的民主形式，在于它具有深厚的文化基础、理论基础、实践基础、制度基础，既有中华民族长期形成的天下为公、兼容并蓄、求同存异等优秀政治文化，也有中国共产党把马克思主义与中国实际相结合，在领导人民进行革命、建设、改革的长期实践积累的丰富经验，也有新中国成立后在政治制度上实现的伟大创造和改革开放以来在政治体制上的不断创新。这样产生的协商民主必然具有独特的优势。

二、协商民主是中国共产党的群众路线在政治领域的重要体现

社会主义协商民主是中国共产党的群众路线在政治领域的重要体现这一基本定性，决定了中国共产党必然把协商民主作为执政和决策的重要方式。所有这一切落实到政治领域，就是广泛实行协商民主。改变主要靠行政手段通过管、控、压、罚实施社会管理的方式，从重管制控制、轻协商协调向更加重视协商协调转变，从而使党的群众路线真正得到贯彻落实，进一步密切党同人民群众的血肉联系。

三、推进协商民主广泛多层制度化发展

如何使社会主义协商民主成为实实在在的，习近平总书记强调了三点：一是坚持协商于决策之前和决策实施之中的重要原则。二是坚持使协商成果真正有用的制度保障。三是坚持在全社会开展广泛协商的发展方向。如何使社会主义协商民主成为全方位的，习近平总书记强调了三点：一是拓宽协商渠道；二是丰富协商类型；三是建立健全协商方式。

四、充分发挥人民政协作为协商民主重要渠道和专门协商机构的作用

首先，人民政协要在发展协商民主中起示范引领作用。人民政协是开展社会主义协商民主的主阵地，具有强大的传统政治优势。这种优势主要体现在四个方面：一是人民政协是当代中国协商民主体系的缩影，以界别组成为特色，有比较完善的组织系统，有巨大覆盖面的层级架构，可以为构建中国协商民主体系提供基础性的组织准备。二是人民政协有丰富的协商民主经验，政治协商的议题非常广泛，可以为在党的领导下在全社

会开展广泛协商提供有力的实践支持。三是人民政协有比较成熟的协商议事规则，有比较完备的制度体系，可以为协商民主制度化建设提供坚实的制度基础。四是人民政协承继和秉持协商文化优良传统，适应时代发展新要求，形成了平等、宽容、友善的协商民主精神，可以为大力发展社会主义协商民主提供重要的精神引领。

其次，人民政协要发挥好作为党联系群众的桥梁纽带作用。习近平总书记在讲话中就人民政协的履职能力建设，提出了提高“四种能力”，即政治把握能力、调查研究能力、联系群众能力、合作共事能力。

再次，人民政协要发挥作为专门协商机构的作用。虽然协商的渠道是多样的，但专门的协商机构只有一个，就是人民政协。这意味着人民政协要在发展协商民主中承担着更重要的责任。

人民政协的协商民主可分为内外两个方面。首先是搞好内部的协商民主，包括加强制度建设，不断提高人民政协协商民主制度化、规范化、程序化水平；拓展协商内容、丰富协商形式，建立健全协商议题提出、活动组织、成果采纳落实和反馈机制，更加灵活、更为经常开展专题协商、对口协商、界别协商、提案办理协商；探索网络议政、远程协商等新形式，提高协商实效；努力营造既畅所欲言、各抒己见，又理性有度、合法依章的良好协商氛围等等。其次是参与外部的协商民主，配合支持其他协商渠道，共同构建程序合理、环节完整的当代中国协商民主体系。

《论社会主义协商民主体系中的政党协商》（袁廷华，《广州社会主义学院学报》2015年第2期）

一、政党协商的发展历程

政党协商即政党与政党之间的党际协商。在我国，政党协商伴随中国共产党领导的多党合作和政治协商制度的探索、建立、完善而逐步发展，具有扎实的理论基础、丰富的实践经验和优良的协商传统，是最成熟、最重要的协商民主形式之一。在中国革命、建设和改革的发展历程中，政党协商大致经历了四个发展阶段。

第一阶段，新民主主义革命时期政党协商的产生。在新民主主义革命时期，政党协商循着两条脉络展开：一条脉络是两次国共合作中的政党协商，展现了国、共两党的妥协与斗争，如1946年在重庆召开的政治协商会议。第二条脉络是中国共产党同各民主党派、无党派民主人士在长期合作中不断发展的民主协商。

第二阶段，新中国成立后政党协商与人民政协协商的并行发展。新中国成立至1954年，人民政协代行人民代表大会职权，政治协商主要在人民政协、通过人民政协全体会议和常委会议等会议形式举行。与此同时，在人民政协组织框架之外，中国共产党也同各民主党派直接进行协商。中国共产党根据需要，不定期就重大决策、国家大事、阶级及党派关系等问题同各民主党派领导人和无党派民主人士举行协商会、座谈会以及小范围谈心等。

第三阶段，新时期政党协商走向制度化。政党间的协商作为一种常态的民主实践，其内涵和规定性进一步明确，中共中央就党和国家的大政方针和重大问题同民主党派实行政治协商，成为制度化的程序民主。

第四阶段，新世纪新阶段政党协商地位作用的提升和增强。在新世纪新阶段，中共中央颁发《中共中央关于进一步加强中国共产党领导的多党合作和政治协商制度建设的意见》，站在建设社会主义政治文明的战略高度，进一步推进多党合作和政治协商的制度化、规范化和程序化：明确政治协商是执政党提高执政能力的重要途径；提出“把政治协商纳入决策程序”的重要原则；明确了政党协商是政治协商的两种基本方式之一；进一步规范和细化了政党协商的内容和程序，政党协商的内容基本涵盖了共产党和国家重大决策的各个方面。中共中央率先垂范，与民主党派中央的协商形成制度规范，政党协商在国家政治生活中的地位和作用进一步增强。

二、政党协商的内涵、特征、原则和功能

政党协商的内涵包括政党协商的定义、性质、地位、主体、内容和形式等。政党协商是中国共产党与各民主党派，以共同的政治目标为基础，就党和国家大政方针和重大事务,在决策前和决策执行过程中直接进行协商的民主形式。政党协商的性质是政治协商。政治协商通过两种基本方式进行：第一种是“中国共产党同各民主党派的政治协商”；第二种是“中国共产党在人民政协同各民主党派和各界代表人士的协商”。《意见》提出的政党协商，指的是第一种方式。协商民主的七种协商渠道，就其实质而言分为国家政治层面的协商、社会治理层面的协商和基层自治层面的协商，政党协商是由国家基本政治制度所规定的国家政治层面的协商。政党协商的主体是政党，即中国共产党和八个民主党派。在长期实践中，无党派人士作为政治协商的重要组成部分，工商联作为具有统战性的人民团体和民间商会，也作为主体参加协商。

政党协商作为一种制度化的民主形态，其特征主要是：政党性、制度性、高层性、全局性、灵活性。

政党协商的原则有：坚持中国共产党的领导，坚定不移走中国特色社会主义政治发展道路；坚持把协商纳入决策程序，协商于决策之前和决策执行中；坚持平等协商、求同存异，形成既有民主、又有集中、生动活跃、畅所欲言的协商氛围。

政党协商的政治功能：一是拓宽利益表达。二是推进决策理性。三是整合社会力量。四是实现价值引导。五是促进政党和谐。

三、《意见》对政党协商理论政策的新发展

《意见》对政党协商理论的发展,体现在提出了“政党协商”这一概念。从“协商”到“中国共产党和民主党派之间的合作与协商”,到“中国共产党同民主党派的政治协商”,到“政党协商”，内涵逐步清晰，体现了中国共产党对我国政党协商在认识上的深化。政党协商的提出，有利于体现中国特色社会主义政治制度所内蕴的民主价值，体现政党合作在我国政治生活和决策中的重要地位和作用，体现中国共产党团结民主党派、发扬党际民主的优良传统和一贯方针。

《意见》对政党协商的政策举措的创新，主要体现在进一步规范了政党协商的形式、强调了加强政党协商中的良性互动、提出了加强政党协商保障机制建设的要求。对这些新的精神，需要与中共中央长期以来有关政党协商的政策联系起来理解。

《论中国特色政党制度的理论基础》（李金河，《中央社会主义学院学报》2015 年第 2 期）

中国特色政党制度理论基础的研究，不仅关系到我国多党合作立制之本，而且关系到中国特色社会主义民主政治的发展之基，对完善中国特色社会主义制度体系，推进国家治理体系和治理能力现代化，有着重大的理论价值和现实意义。中国特色政党制度的理论基础是我国多党合作制度确立的理论依据和理论支撑，由相互联系的人民民主理论、统一战线理论、政党关系理论有机组成。其中，人民民主理论是我国多党合作制度确立和发展的元理论和价值基础；统一战线理论构成我国多党合作制度的实践基础；社会主义政党关系理论，是保障中国特色政党制度有效运转、发挥作用的基本原则，构成中国特色政党制度运行最直接的理论来源。

中国政党制度是在中国共产党领导全国人民争取国家独立、人民民主的斗争中形成和发展起来的。在这个过程中，毛泽东遵循马克思主义解放全人类的价值理念，依据无产阶级专政理论，结合中国社会阶级结构现实，创立了人民民主专政理论，也孕育了中国的政党制度。可以说，中国政党制度是在实现人民民主理念的过程中，中国共产党领导各党各派争取民主政治的结果。人民民主专政理论是马克思主义中国化的产物，其理论来源是无产阶级专政理论。毛泽东创造性运用马克思主义无产阶级专政的基本原理，根据半封建半殖民地的特殊国情和社会发展阶段，为实现民族独立、人民民主，创立了人民民主专政理论。人民民主本质上就是人民民主专政，人民民主理论是人民民主专政理论的时代表达。人民民主强调的是人民当家作主，中国的政党制度与中国的人民民主具有内在的契合性，是人民民主实践和发展的重要制度舞台。人民民主理论规定了共产党领导与多党派合作的政党制度格局。

统一战线的实质是实现阶级阶层的联合，统一战线的具体表现形式就是党派合作与协商，表现在制度上，就是中国共产党领导的多党合作和政治协商制度。统一战线理论中对民族资产阶级的认识是中国多党合作制度得以实现的前提条件。中国各个社会历史时期的社会结构，决定了中国共产党必须通过统一战线来实现人民力量的整合与团结，而且要以制度化和法律化的形式使统一战线能在党领导的国家政治生活层面展开，从而将党的领导、人民民主与国家建设有机统一起来。中国多党合作制度是统一战线的组织形式与制度形式，是统一战线理论在国家制度层面的实践和重要制度载体。

中国人民革命、建设和改革的实践，凝练出了合作型的政党关系，并上升为中国的多党合作制度；多党合作制度的完善和发展又进一步塑造了具有鲜明中国特色和中国气派的合作型政党关系，体现了人民民主内在价值和本质要求。中国的政党关系理论就是中国共产党在中国革命、建设和改革进程中与其他政党关系的真实反映与规律总结。

《建国前毛泽东多党合作思想述论——以“毛泽东同斯大林往来的两份电报”为研究视角》（钟德涛，《毛泽东思想研究》2015 年第 1 期）

以毛泽东为代表的中共第一代领导人在建立新民主主义国家政权问题上，明确表示中国不搞一党制，一直致力于中共与民主党派的多党合作。然而，近些年来，随着 1947

年 11 月 30 日毛泽东致斯大林电报和斯大林 1948 年 4 月 20 日复电的披露，一些人对此产生了怀疑，甚至有人借此贬损和否定毛泽东多党合作的思想。厘清新中国成立前毛泽东的多党合作思想，是我们正确认识和把握毛泽东和斯大林“两份电报”问题内涵的关键，也是反击历史虚无主义之必须。

判断米高扬的“断言”是否正确，关键是要看以毛泽东为代表的中共中央对资产阶级政党的政策在斯大林复电前后是否有变化。如果说以毛泽东为代表的中共中央对资产阶级政党的政策在斯大林复电前后不是一以贯之的，那么，米高扬的“断言”就是正确的，反之，则是站不住脚的。同时，对毛泽东的电报用语的理解，也不能脱离当时的社会历史背景。

历史清楚地表明，1947 年 11 月 30 日至 1948 年 4 月 20 日间，以毛泽东为代表的中共中央关于与民主党派实现多党合作的思想和政策，同 1947 年 11 月 30 日以前的思想和政策没有任何原则上的区别，同 1948 年 4 月 20 日以后的思想和政策也完全高度一致，因而得到了广大民主党派和无党派民主人士的真诚拥护，他们热切响应 1948 年 4 月 30 日中共中央发布《纪念五一劳动节口号》，积极致力于成立民主联合政府，就是明证。所有这些都足以证明，根本不存在米高扬断言的由于斯大林的建议，1948 年 4 月 20 日以后中共改变了自己对待各资产阶级政党的政策的问题。中国共产党领导的多党合作制，是毛泽东多党合作思想发展的合乎逻辑的必然结果。

马克思主义认为，在分析任何历史问题时，都必须将之放在一定的历史范围内，具体问题具体分析。对于毛泽东和斯大林“两份电报”内涵的理解，也应如此。不能因为毛泽东致斯大林的电报中有除中共外，“所有政党都应离开政治舞台”这句话在当时是有特定的内涵的，不是讲的多党合作问题，而强调的是共产党对新民主主义革命和革命胜利后即将建立的新中国的领导地位问题，强调的是资产阶级及其政党（主要指第三种势力）不能充当新民主主义革命的领导者，强调的是当人民推翻帝国主义、封建主义和官僚资本主义的统治之后，中国不是走向资本主义，而是要走向社会主义。所以，英美式的资产阶级专政的道路在中国是行不通的。从这个角度讲，所有资产阶级政党“都要离开政治舞台”，不能和共产党争夺领导地位，尤其对新中国的领导地位，也是无可厚非的。再次，远离中国的斯大林，对中国一日千里的飞速发展形势不了解，未能准确理解毛泽东电报的真实意图，误解了毛泽东的本意，所以才有斯大林 1948 年 4 月 20 日的复电。应该肯定，斯大林复电的内容是正确的，也是与中共中央及毛泽东的一贯思想相吻合的、一致的。

《要认真研究当今中国的政党民主》（储建国，《人民论坛》2015 年第 30 期）

由于各种因素，中国政治学界关于政党与民主关系的研究进展缓慢，不仅影响到这方面的理论突破，而且影响到如何在一党领导下发展民主的实践自信。

在西方强势经验和话语体系笼罩下，中国有些研究者和实际工作者接受了多党制优越于一党制的结论。其最重要的理由是，民主如市场一样，是需要竞争的，竞争性多党制总比非竞争性一党制要好。然而，竞争是否是民主的核心含义？民主为什么一定要通过政党实现？竞争又为什么必须发生在政党之间？一党制可以在哪些方面体现民主？这种民主又如何与多党民主进行比较？这些问题并没有得到很好的回答。

自信心越来越强的中国人早已过了事事到马恩等经典作家那里找答案的时代。即使去找，在一党制和多党制问题上，他们也没有明确的答案。马恩没有确定未来社会必然是一党制还是多党制，恩格斯说“共和国是无产阶级将来进行统治的现成的政治形式”，而这里的共和国形式中是允许多党制存在的。

在列宁时期，尽管苏维埃政党体制发生了从多党制向一党制转变的事实，但列宁并没有从理论上论证一党制比多党制优越。苏联理论界在斯大林之后否定了一党制是社会主义必然规律的思想，但也没有反过来说社会主义多党制是必然规律，而是开始认真探讨在一党制条件下如何发展民主的问题。这种研究在20世纪80年代末开始有了比较清晰的思路：首先，一党制是苏联历史形成的制度，坚持这项制度是必要的，必须明确排除多党制的选择；其次，必须将民主与一党制结合起来，“在党内和社会上存在一种经常起作用的自由对话，批评与自我批评，自我监督和自我评价的机制”，也就是说，必须在党内和党外两个领域并行发展民主。

实际上，如果认真研究一下民主的逻辑，就会发现，马克思主义经典作家对于一党制和多党制的优劣不持明确的看法是有道理的。如果民主包含民有、民治和民享三个层面，那么理想的社会主义民主意味着在这三个层面表现得更加完美，完美到一定程度，是不需要政党的。政党是民主不完美的产物，而且主要是解决民治层面的困难问题。

理想的民治意味着人民直接而平等地治理社会；次理想的民治意味着需要从人民中产生代表来治理社会；当人民达到一定规模时，从人民中产生代表会存在困难，就需要政党这个中介。于是政党民主的逻辑就变成：无论是一党领导下的民主还是多党民主，都是从一定数量的公民中产生一定数量的党员，再从党员中产生一定数量的代表来治理国家。

在理想的一党领导下的民主和多党民主下，每个公民成为代表的概率是相等的，马克思主义经典作家本能地意识到这个逻辑，所以不在它们之间做出普遍性的优劣判断。不过，现实情况很复杂，在某个历史阶段选择了一党制，就不能轻易变成多党制，反之亦然。故而，选择了一党制的国家就不应该囿于当今关于一党制和多党制的所谓国际社会主流观点，从而在民主方面不思进取，应该积极研究和发展一党领导下的民主。

如何发展一党领导下的民主呢？有如下两个方向：一是要让政党对社会充分地开放，保证每个社会成员有平等的机会成为党员；二是充分地发展党内民主，让每个党员有平等的机会成为治理国家的代表。在这个过程中，竞争性选举和竞争性选拔过程同样重要。

当今中国的政党民主是“一党领导下的民主”，因为中国的政党制度是一党领导下的多党合作制度。除了上述两项内容之外，当代中国“一党领导下的民主”还有两个重要特征：一是中国共产党需要承担发展政党之外的民主责任，主要是国家民主和社会民主；二是中国共产党需要承担培养人民当家作主的责任，主要是帮助人民熟练地过民主生活。

《抗战时期共产党与民主党派合作的思想基础及其启示》（王彩玲，《光明日报》2015年5月27日）

从全球范围来看，政党竞争是普遍的政治现象，中国最初对政党政治的探索也不例外。那么，中国现有的九大政党是如何在历史的大浪淘沙中走向合作的？让彼此独立、政见各异的政党走在一起最深刻的思想动因是什么？科学回答这些问题，对巩固中国共产党长期执政的合法性基础，自主选择中国特色政治发展道路是非常必要的。因此，回到多党合作的历史源头，探索凝聚政党合作的思想基础，具有非常重要的意义。

政党合作不是凭空出现的，它一定来自现实的政治需要。任何一个政党，都有它深刻的现实关怀，并在这种现实关怀中提出自己的政治主张和价值立场。探究政党合作的思想基础，就要在对时代主题的梳理中找到各政党的共同关注和共同主张。回顾历史，不难发现，抗战时期我们主要面对两大历史性任务，一是救亡图存，二是建设现代国家。由于中日民族矛盾上升为中国社会的主要矛盾，抗日，当之无愧成为当时重要的时代主题之一。此外，中国还面临建设一个现代国家的任务。现代国家的建构，避不开政治制度的思考，因此，在“抗日”这一时代主题的解决过程中，“民主”的重要性也逐渐凸显出来，成为抗战时期的又一时代主题，它与“抗日”这一历史性课题相互交织、相互影响，成为抗战时期各派政治力量都必须回答和解决的根本问题。

正是在对“抗日”与“民主”这两大时代主题的解答中，中国共产党与各民主党派共同举起“爱国”与“民主”的旗帜，找到了推动合作的价值纽带，因此，爱国与民主，正是中国共产党与各民主党派合作的思想基础。而爱国与民主又是密不可分的，这是共产党和民主党派政治主张的最大公约数之一。爱国主义是中华民族源远流长的光荣传统，它作为一个具体的、历史的范畴，在彻底的反帝反封建斗争中达到高潮后，抗战时期不同政党对它的理解依然是有分歧的。这一时期，国民党的抗战建国方案，共产党的抗日救国方案，民主党派的第三条道路救国方案，乡村建设派、平民教育派、职业教育派的教育救国方案等等，都围绕着救亡与启蒙的主题进行试验，都是爱国主义勃发的具体表现。那么，如此多元的爱国主义如何成为中国共产党和各民主党派的思想基础？答案正是在于爱国与民主的交织，推动了爱国主义的现代化演进，这个过程，是中国共产党与各民主党派共同完成的。抗战之初，中国共产党就把争取民主作为保证抗战胜利的中心环节，认为民主是抗日的保证。这种观点，得到了民主党派领导人的呼应。可见，正是在爱国与民主这个结合点上，共产党与民主党派彼此吸引相互靠近。中国共产党提出建立“民族的和民主的统一战线”，制订“抗日救国十大纲领”，都得到了民主党派的积极响应，政党合作终成现实。

研究抗战时期中国共产党与各民主党派合作的思想基础，可以得出如下启示：第一，共同的价值观是把政党联合在一起最深沉的力量。很难想象，如果没有对爱国与民主的共同信仰与共同追求，代表不同阶级、不同利益的共产党与民主党派，能够携手前进、共创伟业。各民主党派与中国共产党之所以能走向联合，就在于它们反帝爱国和争取民主的政治纲领同中共在民主革命时期的最低纲领是基本一致的。正是立足于爱国与民主，它们同中共建立了不同程度的合作关系，并把这种关系不断发展、拓宽和深化，为多党合作制度的最终形成奠定了基础。因此，新世纪新阶段，多党合作要得到巩固和发展，也需要巩固彼此的价值认同。第二，政党的意识形态建构要与时俱进。从抗战时期爱国主义嬗变来看，共产党适应形势的变化，不断修正了对爱国主义的理解，并适应这种变化适时调整政策，放弃“反蒋抗日”的口号，采取了“逼蒋抗日”的立场，并最终形成“联蒋抗日”的局面，第二次国共合作以及全民族的抗日统一战线最终得以形成，这对打倒日本帝国主义起了决定性的作用。由此可见，任何一个政党都必须准确回答时代主题，都必须构建与时代主题相一致的意识形态。那么，当前我们面对的时代主题是什么？多党合作应该如何在意识形态上积极应对？我们如何顺应民主的潮流，推动社会发展和人类进步？这些都是我们要积极思考和解决的问题。唯有如此，和谐政党关系才能得到巩固，多党合作才能健康发展。第三，参政党要继承和发展爱国、民主、求实的传统，才能实现自身的可持续发展，从而推动多党合作的可持续发展。抗战时期及以后，民主党派秉持着爱国、民主、求实的科学精神，放弃了最初的“走第三条道路”、建立资产阶级共和国的幻想，选择了新民主主义道路，并最终和共产党一起走向社会主义道路，做出了符合历史规律的正确选择，在历史上写下了光辉的篇章。如今70年已经过去，参政党仍然需要继承和发扬爱国、民主、求实的优良传统，才能更好认识时代和任务的根本变化，更好地尽职履责，从而实现自身可持续发展，把多党合作推向新的高度。

《完善多党合作促进民主执政的思考和建议》（中共中央党校省部级干部进修班第56期课题组，《中国领导科学》2015年第5期）

作为中国共产党民主执政的制度载体和实践机制之一，多党合作制建设的质量直接关系到中国共产党民主执政的发展水平和实际成效。根据中国共产党民主执政的新实践和新要求，进一步加强以升华多党合作理论为首要任务、以强健多党合作主体为核心内容、以完善多党合作规则为重要环节，对中国共产党民主执政的理论与实践进行系统思考和改进完善，很有意义和价值。

可从以下三方面深化多党合作理论：

一是进一步深化对多党合作由来的认识。明确多党合作是中国近现代历史发展的必然，是中国共产党与各民主党派共同选择的结果，不断增强中国共产党民主执政制度依托的理论自觉；二是进一步深化对多党合作特征的认识。明确多党合作是马克思主义政党观与中国实际相结合的产物，不断增强中国社会主义民主政治发展不能照搬西方模式的理论自觉；三是进一步深化对多党合作发展的认识。明确多党合作的建立与完善是中国共产党民主执政的主要体现和重要保障，不断增强中国共产党民主执政与多党合作建设互为前提、相互促进的理论自觉。

需从三方面强健多党合作体制：一是进一步增强政党系统性能。遵循“长期共存、互相监督、肝胆相照、荣辱与共”的基本方针，以宪法为根本的活动准则，以民主、团结、和谐为主题，整体上实现政党功能的最优化；二是进一步强化政党民主能力。以党内民主带动、促进党际民主发展，在增强民主意识上下功夫、在完善民主制度上下功夫、在提升民主实效上下功夫；三是进一步构建和谐政党关系。积极推进多党合作制度化、规范化、程序化建设，明确各政党在国家和社会两个层面的角色、功能及其相互关系。

完善多党合作规则应在三方面进一步推进：一是进一步强化多党合作规则意识。深刻认识规则形态的历史必然性、规则发展的客观必然性及其具体内容的可塑性，这是多党合作体制的发展轨迹；准确把握规则的普遍约束性、结构合理性、系统完整性及实践操作性，这是多党合作体制的基本属性；明确看到实现政党行为的合理化、制度化和有序化，这是多党合作制的价值指向；努力养成遵守政党制度规则的习惯，使之成为政党素质的重要内容、政党活动的自觉行为；二是进一步提升多党合作系统性能。根据中国共产党民主执政的现实需求与规则供给的实际情况，多党合作体制建设的重点不在于单项规则的增多，而在于多项规则之间的耦合；不在于某个领域规则的具体建设，而在于不同规则功能的挖掘及其之间的有效连接和价值互补，其主要目的在于以规则体系的整体性能，保障中国共产党民主执政有效运行和科学发展；三是进一步完善多党合作评价标准。从根本上来讲，对多党合作体制运行的评价，关键要看以下几个指标：其多大程度上提升了中国共产党民主执政意识；多大程度上激活了中国共产党民主执政动力；多大程度上培育了中国共产党民主执政要素；多大程度上优化了中国共产党民主执政生态；多大程度上推进了中国共产党民主执政发展。

建议调整我国“两会”的召开时间，形成先开政协会，再开中共党代会、然后开人代会的会议新格局。政协会内容主要是三点：一是通过各民主党派和各界别反映人民群众最关心的问题；二是按照中共中央要研究的重大内容进行研究和提出建设性的意见；三是就治国理政一系列战略性问题向中国共产党提出建设性意见。政协会后，把收集整理的意见和建议向中共中央反映。中共中央在召开党代表大会或中央委员会时，认真分析研究政协会上提出的问题和建议，结合中共的战略考虑决定采纳情况，形成自己的决定和意志。然后把中共中央全会的精神提交全国人民代表大会或常委会，并在立法修法的过程中融合到法律之中，由国务院执行落实。实施后通过政协广泛征求人民群众意见，再向中共中央反馈，从而形成一个民主监督的大循环制度。这样就可使选举民主、协商民主与党的领导有机地结合起来，更好地提高协商民主的科学性和实效性。

关于民主党派参与立法协商和执法的民主监督，我们提出以下建议：第一，在全国人大确定一段时期立法工作计划后，民主党派可以在各自熟悉的领域进行立法的前期调研，提出相应的意见建议；第二，在立法过程中，要征求各民主党派的意见，不只是让民主党派成员作为人大代表直接参与和影响立法，还可以在政协大会上以党派名义做大会发言、提交大会提案，或者召开党外人士座谈会，征求民主党派的意见建议。同时在将草案印发人大常委会以及中央有关部门和研究机构征求意见时，也可以印发各民主党派中央征求意见。可以党派的名义出席有关部门就法律草案举办的座谈会、听证会或论证会，促进国家法律、法律体系的具体落实和逐步完善；第三，在法律执行过程中，针对重要法律以及与党派界别相关的专门法律，专门组织党派单独或者联合执法检查，监督法律的执行情况等，然后将存在的问题反映给中共中央或人大，由中共中央对此做出判断后交由人大或国务院调整。

《中外政党制度比较研究的若干启示》（余科杰，《新视野》2015 年 6 期）

就中外政党问题进行比较研究，从中总结历史经验、探索政党政治发展规律，进而为当代中国政党制度的改革完善提供借鉴和启示，具有重要的理论和现实意义。

一、多样性和统一性，既是政党政治发展演进的两大趋势，也是政党政治这一事物相互联系、对立统一的两个方面，二者之间的相互关系是政党发展应当遵循的基本原理。一方面，作为人类政治文明的显著标志和民主政治的重要载体，政党在世界各国落地生根的过程中，与各国特定的政治社会和历史文化相结合，产生了具有各国特色、反映各国国情的政党建设发展模式和政党政治道路，充分体现了政治文明多样性的要求。另一方面，世界政党和政党政治在其发展中又反映了统一性、共同性、普遍性的特征。这主要体现在：其一，各国政党和政党制度，纵有千差万别，但政党总有政党的内在规定性，各国政党政治、政党制度总有其沟通遵循的基本价值理念和运行准则，如政党要代表反映民众利益呼声，权力需要制约（执政党需要监督），政党制度要最大限度满足民众的政治参与愿望等等。这些都是政党政治的基本理念和价值准则。其二，从主流政党的发展历史看，总体上呈现了一种逐渐趋同、各类政党之间的相同相通之处越来越多、交集越来越大的趋势：一是价值理念逐渐向中间靠拢；二是在政党的代表性方面都极力扩大自己的群众基础；三是都十分重视党内民主。

如同任何事物一样，共产党也是普遍性与特殊性、共性与个性的矛盾统一体。准确认识把握这两方面内容及其相互关联，是共产党自身建设中的重大理论问题，也是一个很重要的政党哲学问题。对于共产党而言，正确认识和处理共性和个性、普遍性和特殊性的关系，既要反对那种片面强调和夸大党的个性、特殊性，进而把共产党“神话”为法力无边、可以不遵守一般政党规律、不受任何政党政治基本原则约束的政党，也要反对那种片面强调和夸大共产党与其他政党的共性、普遍性，抹杀它们之间的本质区别，否认共产党的阶级性和先进性，把共产党完全等同于一般选举党的错误主张。

二、对于政党尤其是执政党来说，要在激烈的政治竞争中占有一席之地，关键在于树立正确的政权观和群众观。其一，做好群众工作，争取更多群众的支持，是政党生存发展最基础最根本的环节。其二，对于执政党尤其是长期执政党来说，保持政权要以争取群众支持、厚实民意基础为根本，以真正反映民意、体现时代潮流的方式争取和保持政权，以良好的执政业绩和清廉形象接受人民的检验。其三，尽可能长时间保持执政地位是政党的必然要求，政党的生存发展和执政，要遵循政党自身的内在规律，要以符合执政规律的方式追求长期执政，否则会适得其反。其四，对于长期执政党来说，要保持政权，除了处理好内部关系之外，还必须准确把握世界潮流，更加重视国际环境和外部关系。

与西方相比，中国的政党制度是在中国革命和创建新中国的民族解放斗争中确立起来的。从中国近现代政党发展史来看，一个显著的现象是，主要政党（如中国同盟会、中国共产党）都产生于体制外，都是以彻底改变或颠覆旧体制以建立新体制新国家为目标的，是先有政党，再有由政党创设的一套政治体制（包括政府、议会等）。当代中国政党制度以人民民主、政党合作为设计理念，体现了广泛的人民性，具有党政适应性强、党际关系和谐、政治运作效率高、政策连续性强等特点和优点，有利于维护国家和社会稳定。中国共产党领导的多党合作和政治协商制度总体上是适应当代中国发展需要的，是实现中国现代化和中华民族伟大复兴的必然选择，但同时又面临着重大挑战，需要认真改革和完善。

当代中国政党制度的发展，一方面要坚持核心价值理念，坚持中国共产党的领导，决不盲目照搬西方的政党制度，否则中国将陷入动乱局面，中国的现代化和民族复兴也就失去了保证。另一方面，要善于借鉴西方政党制度某些合理的因素和某些好的民主形式。世界政治发展史表明，对权力的监督有多种方式，但最行之有效的是政党监督。在当代中国政党制度中，民主党派不是反对党，是参政党，共产党的友党。但可以探索借鉴西方政党“建设性反对”机制某些做法，加强政党之间、主要是民主党派对共产党的监督制约，使这种监督真正起到对共产党的鞭策激励作用。

《对中国多党合作制度中几对关系的分析》（杨爱珍，《上海市社会主义学院学报》2015年第2期）

多党合作制度研究中存在着“原则性的研究多，定量性的研究少；政治性的研究多，学理性的研究少；歌颂性的研究多，思辨性的研究少”的现象。理论是解释性的，而且是规范性的，它以概念的逻辑体系的形式为人们提供实践的路径，所以理论研究不突破粗放式的研究模式，将会羁绊实践的发展。因此，笔者试着对多党合作制度中一些基本关系进行量化分析，以期能引起学界关注。

一、对多党合作制度显著特征的分析

围绕共产党领导、多党派合作，共产党执政、多党派参政这一显著特征进行分析的文章很多，但大多是把它作为一个整体概念加以阐述，鲜有从“领导—合作，执政—参政”角度进行细化分析，从而也影响到对政党整体功能的研究。笔者认为，在中国政治语境中，既要把握“领导—执政”与“合作—参政”同一性的内涵，更要认识中共与各民主党派关于“领导—执政”与“合作—参政”方面的区别，这是厘清政党为实现不同职能和作用而采取不同方式的关键所在。

关于“领导—合作”的理论内涵与实践指向。中国共产党的领导是指一种政治领导活动。按照《中国大百科全书·政治学》的解释，政治领导主要体现在党通过提出和制订体现中国人民的共同价值观念、路线、政策，确立政治原则和政治方向，通过一定的组织途径和活动方式来获得各民主党派的支持，以达到带领人民群众共同为实现党所提出的价值观念、路线和政策而共同奋斗的活动。从这个定义出发，我们可以从两方面把握“党的领导”的内涵。第一，中国共产党靠自身活动的有效性和合法性实现领导活动。第二，党的领导是指中国共产党这一组织实体的领导，而不是党员（或者称之为党的代表）的个体行为。

各民主党派是围绕共产党的领导活动而进行“多党派合作”活动的。各民主党派的“合作”要在两个层面上展开。第一层面，各民主党派要围绕中心，服务大局，认同并要积极宣传和贯彻中国共产党的价值理念、社会主义初级阶段的基本路线、基本纲领和基本经验，在自觉维护共产党领导地位的过程中，协助共产党做好群众工作。第二层面，“多党派合作”也是组织实体的作为，各民主党派成员的整体表现反映了“多党派合作”的质量。

对中国多党合作制度显著特征的量化分析，目的就是能够更好地了解多党合作制度不同的向度，从而深刻地把握多党合作制度的内涵和政党活动的实践指向。

二、政党协商中的制约和监督

讨论了中国多党合作制度的显著特征之后，自然要进入对具有中国特点的多党合作运转机制的讨论，其中最具代表性的是政党协商。政党协商所蕴含的是对公权力自由裁量权的制约，而不是宽泛意义上的“民主党派民主监督”。但在我们研究中，已经习惯把政党协商与民主监督联系起来进行思考。随着实践的发展，我们的理论研究也必须打开新的视角，政党协商是权力制约的制度安排。

首先，制约与监督的差异性。制约和监督都是对权力控制的制度安排。建立健全权力运行制约和监督体制机制，才能保证权力持有者按照法定权限和程序行使权力。其次，政党协商更多体现的是制约控权的原则。第一，在多党合作制度的框架中，中国共产党与民主党派都是政治主体。在政党体制的权力配置上，共产党享有执政权，各民主党派享有参政权。虽然两种权力的分量不同，但是缺少民主党派的参政，政治运行会发生倾斜，这符合制约控权的过程性分权的原则。第二，在决策前和决策执行中进行协商，就是前置了对权力自由裁量权的控制，这是制约控权的最显著的特点。第三，中国共产党与民主党派是长期共存、荣辱与共的关系。民主党派的参政权来自于多党合作这一基本政治制度赋予的政党权利。

三、民主党派组织发展与“三个为主”的关系

民主党派组织发展的状况不但关系到党派的自身发展，也关系到多党合作制度发展的组织资源的丰饶度。民主党派的组织发展与党派组织发展的界别特色紧密联系在一起。社会经济政治的发展，不断把新问题推到我们面前。比如，上世纪50年代的“大中城市”所具有的规模与现在已经有了很大差异，可以说那些“百强县”的经济总量和人才总量早就超过上世纪50年代的“中等城市”规模。因此浙江等比较发达的省对此规定有了新主张。另外，社会历史的变迁，使得有的党派所联系对象逐步萎缩，如民革所联系的对象是原国民党党员和与国民党有一定历史联系的人士，台盟是祖国大陆上的台湾省籍同胞，都出现了资源不足的问题。有的党派则成员交叉，界别特色趋向模糊，笔者认为是否要突破“大中城市为主”的框架，最根本还是要从各县的社会经济政治发展状态和该县人才总量尤其是党外人才资源状况去思考，否则党派成员数量不够，基层组织无法开展活动，再好的想法也是空想，无利于实践的推进，但本文并不想就该问题展开讨论，笔者想就“群体”与“功能”谈点管见。首先,我们从政党的定义分析。民主党派以“群体”为界别组成政党，并表达所联系群体的利益，是符合政党属性的制度安排。我们无论如何不能把民主党派的“政党属性”边缘化。其次，理论的探索要尊重事物内在的规定性，要从其规律性出发进行思考。民主党派是政党，必须把握这一本质特点，要从政党这个基本属性出发来调节与原来划定的界别范围之间的某种不协调的问题。笔者认为，对具有特定的历史范畴的界别，我们在尊重历史确定的基础上，要有突破。简言之，扩大界别的范围，归拢某特定的新的阶层群体；对于有些党派，可适当的弹性操作30%的比例，以充实党派发展的组织资源。

《中国特色社会主义政党制度自信的三重维度》（龙兵，《思想理论教育导刊》2015年第3期）

中国特色社会主义政党制度适合中国国情，符合历史发展逻辑，在政党制度的国际比较中体现着内在优势。近年来，一些人却无视中国的历史和国情，否定中国特色社会主义政党制度，极力推销西方多党制。面对西方多党制思潮的冲击，本文试从历史、现实和比较三重维度，探析中国特色社会主义政党制度自信。

一、中国特色社会主义政党制度符合历史发展的逻辑

中国共产党领导的多党合作和政治协商制度，是马克思主义政党理论同中国具体实际相结合的产物，是中国社会历史发展的必然选择，是中国共产党和中国人民政治智慧的结晶。这一制度的确立、创新和发展，经历了不断探索和完善的过程，符合历史发展的逻辑。

近代以来的中国社会性质，决定了中国没有实行西方多党制的土壤。近代以来民主政治的发展，决定了一党专制也行不通。以毛泽东为核心的党的中央领导集体，在深刻分析我国社会性质基础上，把马克思主义政党理论、统一战线理论、社会主义民主政治理论同中国实践相结合，建立广泛的统一战线，创立了中国共产党领导的多党合作和政治协商制度。

二、中国特色社会主义政党制度是当代中国发展进步的重要保障

新中国成立 60 多年，尤其是改革开放 30 多年来，我国取得了举世瞩目的成就，综合国力大幅提升。当代中国取得如此大的发展进步，原因是多方面的，其中重要的一条，就是我们坚持中国特色社会主义制度，提供了根本制度保障。胡锦涛在庆祝中国共产党成立 90 周年大会上的讲话中指出，中国特色社会主义制度“符合我国国情，顺应时代潮流，有利于保持党和国家活力、调动广大人民群众和社会各方面的积极性、主动性、创造性，有利于解放和发展社会生产力、推动经济社会全面发展，有利于维护和促进社会公平正义、实现全体人民共同富裕，有利于集中力量办大事、有效应对前进道路上的各种风险挑战，有利于维护民族团结、社会稳定、国家统一”。国外一些专家学者也认为，中国特色社会主义制度符合中国国情，有利于国家的发展、繁荣与进步。一是中国特色社会主义政党制度为当代中国发展进步创造了稳定的政治局面。二是中国特色社会主义政党制度为当代中国发展进步维护了安定团结的社会环境。国家的发展进步需要良好的社会环境。三是中国特色社会主义政党制度能够实现和发展人民民主，加强监督，增强党和国家的活力。

中国共产党领导的多党合作和政治协商制度既坚持中国共产党的领导，又实行多党合作，体现了党的领导、人民当家作主和依法治国的有机统一。

三、中国特色社会主义政党制度在国际比较中体现内在优势

中国特色社会主义政党制度有着“共产党领导、多党派合作，共产党执政、多党派参政”的最显著特征，体现了社会主义民主政治的本质要求。这种制度适合中国国情，既克服了西方多党制的局限性，又避免了像苏联一党制缺少监督导致的种种弊端，在处理政党与政权、政党与政党、政党与群众的关系上，体现着内在优势。

一是在政党与政权的关系上，我国实行的是工人阶级通过中国共产党领导的，以工农联盟为基础的人民民主专政的国家政权。二是在政党与政党的关系上，中国共产党与各民主党派长期共存、互相监督、肝胆相照、荣辱与共。三是在政党与群众的关系上，我国政党制度有利于实现和维护最广大人民的根本利益。既坚持中国共产党的领导核心地位以维护国家和人民的根本利益，又充分考虑民主党派的参政党地位以照各个利益阶层的具体利益，最终实现共同利益与特殊利益的有效整合，有别于西方政党仅代表着少数利益集团。中国特色社会主义政党制度有着诸多优势，我们必须坚定政党制度自信，不搞西方的多党制。苏联、南斯拉夫和非洲国家照搬西方多党制，深刻的反面教训值得

警惕和深思。20 世纪 80 年代末 90 年代初，绝大多数非洲国家在西方的压力和影响下实行多党制，带来的不是经济的繁荣、政治的民主、国家的和平，而是经济停滞、政局动荡、战火绵绵。

《多党合作的制度效能及其提升路径研究》（牛君，《当代世界与社会主义》2015 年第 2 期）

由于体制内资源优势还没有充分利用，多党合作的制度供给还不够成熟、程序化内容还不够完善、规范化运行机制尚未形成等因素，使得多党合作制度功能释放和作用发挥还有很大的提升空间。因此，规范执政党与参政党之间关系，改善当代中国政党制度运行机制，探寻多党合作有效的方式和载体，释放多党合作制度本身应有的作用，以提高中国多党合作制度的制度效能，是展现中国特色政党制度的生命力、影响力、凝聚力的关键环节。

一、多党合作的制度效能及其价值取向

中国共产党领导的多党合作和政治协商制度是以合作和协商为基点而不是以竞争为基点的政党政治。因此，多党合作制度的制度效能，集中体现在该制度在实践运转过程中发挥作用的程度及其产生的效率、效益、效果，特别是反映在多党合作制度能不能或者是多大程度上发挥“政治参与、利益表达、社会整合、民主监督、构建和谐”五个方面的独特价值和功能。上述目标实现的程度和效果，既取决于政党结构的各个组成要素自身的能力素质状况，也受制于政党结构的各个组成要素之间能不能按照“长期共存、互相监督、肝胆相照、荣辱与共”的方针在国家政治生活中发挥作用，特别是政党制度内部各政治主体之间以什么样的方式、程序和机制发挥这项制度的独特魅力，以增强和提升多党合作制本身具有的优势和功能以及发挥其独特的凝聚力和影响力。在价值取向上，多党合作制度的制度效能至少应该包含以下几个层次内容。

一是多党合作制度是否能够或者是多大程度上能够节制和规范执政党与参政党之间的党际关系，特别是能否积极稳妥地扩大多党合作的空间和边界。二是多党合作的政治主体是否能够或者在多大程度上能够有效地履行政党功能，特别体现在各民主党派参与国家政治生活的总体状况和最终成效上。三是多党合作的具体制度在运行过程中发挥作用的程度及其成效，也包括由于各种条件限制尚未发挥出的作用和功能。多党合作制度既包括基本政治制度稳定有序运行的形式、程序、机制；也包括一系列具体制度（如政治协商制度、参政议政制度、民主监督制度等）的政治功能的最大限度发挥；同时还包括一系列具体制度之间有效衔接的方式和路径。

二、影响多党合作制度效能发挥的主要因素

一是中国共产党领导多党合作的能力和水平。在多党合作和政治协商的制度框架下，中国共产党是执政党，拥有调动和整合各种社会资源的能力，通过行使领导权与执政权，对国家事务和社会公共事务发挥主导作用，一定意义上讲，多党合作制度效能发挥在很大程度上取决于中国共产党领导多党合作的能力和水平。二是各民主党派的自身建设及其参政议政能力。从民主党派的自身建设上看，部分民主党派基层组织较为松散仍然是一个突出的现象。三是党际关系发展不平衡且政党趋同日渐突出。目前，民主党派与共产党在政治基础、政治原则、政治方向和奋斗目标上越来越趋于一致，各民主党派之间在社会基础、成员构成、政治取向、参政内容、活动方式上的差别也越来越小。各民主党派之间差异性淡化——界别特色模糊、政党形象的相似、组织发展的同质、建言献策的重复、参政议政的趋同，一定程度上影响多党合作制度效能的提升。四是多党合作制度的运行机制缺乏规范和程序。长期以来，多党合作制度中存在着重形式轻实效、重实体轻程序、重制度轻规范的思维惯性，致使一些好的制度仅仅停留在中国共产党的文件和政策层面，在实际运行过程中还没有形成配套、具体、细化的规范和程序，或者虽有规范和程序，但规范和程序过于笼统、较为原则、缺乏操作性，这反而压制了制度本身所具有的活力，钳制了制度功能的有效发挥，一定程度上影响了多党合作制度效能的发挥。

三、提升多党合作制度效能的路径选择

一是秉承制度的内在特质，提高共产党领导多党合作的政治能力。二是激发制度的竞争活力，提升各民主党派参政议政的合作能力。激发多党合作制度的竞争活力，关键在于尊重和维护参政党的政党主体地位，提升各民主党派在党际关系互动中的分量，强化民主党派履行参政议政职能的效力，使参政党建设与中国共产党的建设相辅相成、相得益彰。三是发挥制度的应变功能，完善多党合作制度的具体运行机制。从多党合作制度的设计初衷来看，尊重多元、宽容差异、平等相待、求同存异、务实协作、合作共赢是中国政党制度本身应有的鲜明特征。因此，在政权合作层面上，要大力拓展中国政党制度的体制张力。在政治协商层面上，要充分释放中国政党制度的潜在功能。

王江燕　中央社会主义学院中国政党制度研究中心副教授

执政党研究

执政党研究述评

2015 年关于执政党的研究，重点围绕习近平总书记“四个全面”战略尤其是全面从严治党布局展开。2015 年 2 月，习近平总书记在省部级主要领导干部专题研讨班上阐述了“四个全面”的逻辑关系。他指出，这个战略布局，既有战略目标，也有战略举措，每一个“全面”都具有重大战略意义，全面建成小康社会是我们的战略目标，全面深化改革、全面依法治国、全面从严治党是三大战略举措。习近平对“四个全面”的阐述首次宣示了党中央治国理政的全新布局。在全面从严治党布局下，2015 年，无论是思想建党、制度治党，还是纪律管党、惩治腐败，都进一步取得了显著成效，尤其是反腐败斗争正在形成压倒性态势。2015 年 10 月，中国共产党《纪律处分条例》和《廉洁自律准则》的颁行，完善了党规党法，推动了从严治党的制度化、规范化。在这样的背景下，2015 年执政党研究形成了以全面从严治党思想研究为引领，以反腐倡廉研究、干部队伍建设研究、基层党组织建设为主体的研究态势，研究成果还涵盖了党内思想教育研究、党内政治生活研究、执政党与依法治国研究、党的制度建设研究、执政党与文化意识形态的研究、执政理论和党建理论研究等方面。总体而言，2015 年的执政党研究，既体现了党建学科贴近实际、紧密围绕重大现实政治问题的学科特色，也呈现出了一些新的特点。一是由于有了新的思想理论的总括和指引，研究的思想深度有了进一步提升，主要体现为全面从严治党思想对党的各项建设的指引；二是呈现出更多的建设性、体系化的研究成果，表明随着全面深化改革、全面从严治党的推进，理论研究越来越与顶层设计和制度建设等治本举措的需求相呼应。现将 2015 年执政党建设的主要研究成果概述如下：

一、“四个全面”战略和全面从严治党研究

自习近平总书记提出“四个全面”战略布局以来，其内涵不断丰富发展，总括性、指导性不断增强，逐步成为党中央治国理政的“总纲”，明确了战略方向、重点领域、主攻目标，成为坚持和发展中国特色社会主义道路、理论、制度的战略抓手。张德江指出，“四个全面”的战略布局，集中体现了以习近平同志为总书记的党中央治国理政、开创事业发展新局面的战略思想和战略部署，具有重大统领和指导意义。在“四个全面”中，“全面从严治党”是关键举措，是协调推进“四个全面”的政治保障。党建理论界对“四个全面”战略及其与党的建设的关系、对习近平全面从严治党思想、对全面从严治党的内涵意义和建设要求，进行了广泛、深入、系统的理论发掘，涌现了大量的研究成果。

（一）“四个全面”与党的建设

2015年党建学界对“四个全面”的研究既有从党的理论发展史的角度进行梳理，也有从其对党的建设的理论贡献的视角总结阐发。主要研究成果有曲青山的《党的十八大与“四个全面”提出和形成的历史过程》（《中共党史研究》2015年第3期）、石云霞的《论“四个全面”的重大理论贡献》、徐艳玲的《“四个全面”：开拓对共产党执政规律认识新境界》（《理论探讨》2015年第4期）、任新民的《“四个全面”：党治国理政的行动纲领》（《学术探索》2015年第3期）等。

曲青山在《党的十八大与“四个全面”提出和形成的历史过程》一文中结合十八大前后相关话语的表述，详细地考察了“四个全面”的提出和形成的历史过程。关于全面建成小康社会，该文回溯了1979年邓小平提出“小康”概念、“三步走”战略中的小康阶段，十五大提出的“新三步走”战略和本世纪初的全面建设小康社会的提法，认为，全面建成小康社会作为新形势下党治国理政战略布局中的战略目标、第一个“全面”，直接来源于、来自于党的十八大。关于全面深化改革，该文回溯了十一届三中全会至十八届三中全会研究探讨深化改革的问题，认为，全面深化改革的内容是与覆盖中国特色社会主义事业总布局“五位一体”的建设相对应的。关于全面依法治国，党的十八大提出这个命题，并作为工作要求，到十八届四中全会确定为中央全会的主题，整体部署、大力推进，形成了完整的工作思路、方针和措施。关于全面从严治党，该文认为，十八大报告中“以改革创新精神全面推进党的建设新的伟大工程”和“全面提高党的建设科学化水平”已经包含了全面从严治党的灵魂、精神和意蕴。该文认为，对于“四个全面”的理解，一是认识到全面从严治党是神来之笔，在四个全面中起到了画龙点睛的作用；二是要把握住和掌握好它们之间的内在联系；三是从宏观上看到四个全面把中国特色社会主义事业的“五位一体”总布局和党的建设新的伟大工程的“五位一体”建设统一于带有新的历史特点的伟大实践之中。

石云霞在《论“四个全面”的重大理论贡献》一文中从三大规律的视角分析了“四个全面”的理论意义。该文认为，党的十八大以来，习近平围绕全面建成小康社会，准确把握当代中国实际，科学回答了全面建成小康社会面临的诸多重大问题；站在全局和历史的高度，发表了一系列关于全面深化改革的重要讲话，实现了全面深化改革的重大理论创新，形成了全面深化改革的重要战略思想；科学分析和深刻阐述了中国特色社会主义法治建设的基本理论、基本实践和基本经验，直面我国法治建设领域的突出问题，立足我国社会主义法治建设的实际，有针对性地回应人民群众呼声和社会关切，提出了一系列关于依法治国的新思想、新观点、新论断；在准确把握党情和发展大势的基础上，适应加强党的纯洁性和先进性建设，破解新的时代条件下党的建设面临的困难和问题，化解来自各方面的风险挑战，推动经济社会持续健康发展的需要而提出来的重大战略布局、战略思想。该文认为，“四个全面”坚持科学社会主义基本原则，根据时代条件赋予其鲜明的中国特色，以全新的视野深化了对共产党执政规律、社会主义建设规律、人类社会发展规律的认识，体现了科学社会主义理论逻辑和中国社会发展历史逻辑的辩证统一，是马克思主义同当代中国实际和时代特征相结合的产物，开辟了新形势下如何治国理政的新境界，是对中国特色社会主义规律和马克思主义执政党建设规律认识的新的飞跃，是 21 世纪中国化的马克思主义的最新成果，进一步丰富和发展了中国特色社会主义的实践特色、理论特色、民族特色、时代特色，对丰富和发展中国特色社会主义理论体系做出了重大理论贡献。

徐艳玲在《“四个全面”：开拓对共产党执政规律认识新境界》一文从执政理论新突破的视角分析了“四个全面”对拓展对党的执政规律新认识的重要意义。该文认为，党的十八大以来，以习近平为总书记的新一届中央领导集体站在历史和时代的高度，依据新的实践要求和新的时代特点，擘画出“四个全面”战略布局，为中国共产党人执政方略增添了新内涵、新诠释。其中，全面建成小康社会是中国共产党在新阶段执政目标的延续与发展，成为中国共产党人新阶段执政目标的新概括，既开拓了对共产党执政为民规律认识的新境界，也开拓了对利益整合规律认识的新境界。全面深化改革既是中国共产党人实现执政目标的动力源泉，也是实现执政目标的基本路径，丰富了共产党人的改革方法论，开拓了对中国改革规律认识的新境界。全面依法治国实现了党的执政方式的新改进，主要表现在党的执政方式深刻转型、更加注重贯彻落实和更加强调夯实法治信仰基础等三个方面，体现了中国共产党人对执政方式改进规律的深化拓展、深刻认知和能动把握。全面从严治党适应了新阶段提升党的执政能力的新要求，集中体现在坚定理想信念不动摇、坚守群众路线不含糊、坚持高压反腐不放松等三个方面，目标是增强自我净化、自我完善、自我革新、自我提高能力，开拓了中国共产党对党的思想建设、作风建设、制度建设规律认知的新境界。

任新民在《“四个全面”：党治国理政的行动纲领》一文结合国家治理体系以及由此而来的治国理政这个党取得执政地位后的重大课题，分析了“四个全面”对治国理政的指导意义。该文认为，习近平总书记“四个全面”等系列重要讲话，深刻回答了新形势下党和国家事业发展的一系列重大理论和现实问题，是新的历史条件下我们党治国理政的行动纲领，是坚持和发展中国特色社会主义的理论成果，实现中华民族伟大复兴中国梦的强大思想武器。其中，全面建成小康社会的奋斗目标把党的政治理想和价值目标具体化、实践化和阶段化，深化了中国特色社会主义科学发展观，上升到国家和中华民族共同理想的和信念高度，为我们党在新形势下治国理政提供了思想和理论的指导。全面深化改革是实现全面建成小康社会的动力，全面推进依法治国则是完善和发展中国特色社会主义制度体系，提高国家治理体系和治理能力现代化途径和方式，全面从严治党是中国特色社会主义的必然要求和政治保障。该文认为，“四个全面”是中国特色社会主义国家治理现代化的行动纲领，标志着中国特色社会主义由道路的探索，理论提炼，进入到制度完善的定型时期。

（二）全面从严治党的必要性

全面从严治党作为推进“四个全面”战略的关键举措，同时也是当前加强和改进党的建设的总方针，引起党建学界的高度关注。对于全面从严治党的必要性和重大意义，学界进行了较为深入的探讨。有的从中国共产党执政的历史进程分析了全面从严治党对破除历史周期率的重要工具意义，有的着眼于全面从严治党对共产党建设规律的重大突破，有的着重分析全面从严治党自身包含的重要规律。这些研究成果有助于我们从更为宏观的历史视野和规律深度来理解全面从严治党的必要性和重大意义。主要研究成果有齐卫平的《全面从严治党：续写“进京赶考”的新答案》（《江西社会科学》2015年第6期）、雷云的《全面从严治党是马克思主义执政党建设的核心要义》（《中共杭州市委党校学报》2015年第3期）和刘汉峰的《全面从严治党的思考》（《中国特色社会主义研究》2015年第1期）。

齐卫平在《全面从严治党：续写“进京赶考”的新答案》一文从破解历史周期率的角度阐述了全面从严治党的重要历史意义。该文从新中国成立前夕毛泽东提出的“进京赶考”谈起，认为周期律话题的讨论，在当代中国共产党人的语境里，已经成为常怀忧党之心、恪尽兴党之责的动力。中国共产党不认为执政兴亡有固定的周期规律，但坚信打破历史周期律必须有政治定力。这个政治定力就是全面从严管党治党，全面提高党的建设科学化水平。“进京赶考”始终面临着执政风险，这个考试带有过程性、整体性、延伸性、挑战性、历练性等特点。习近平总书记的全面从严治党就是继续做好“进京赶考”考试的新答案。这个答案包括，坚定理想信念，扎牢思想篱笆；严字当头，管党治党要动真格；加强权力监督，经受各种诱惑考验；贯彻党的宗旨，书写群众路线是党的生命线的新篇章；提高执政能力和执政本领，顺应时代要求；推进党的建设制度改革，着力构建长效机制。

雷云在《全面从严治党是马克思主义执政党建设的核心要义》一文中从马克思主义政党理论发展的角度论述了全面从严治党的重要意义。该文认为，从马克思、恩格斯和列宁、毛泽东、邓小平的论述中可以领悟到：第一，全面从严治党像一条红线贯穿于马克思主义建党学说之中，而且是它的精华所在。第二，全面从严治党是执政党建设的核心要义，是由共产党的性质、宗旨、纲领和历史使命决定的。第三，全面从严治党的内涵应覆盖党的思想、政治、组织、作风、制度等一切方面的建设，是全方位的而不是单向独进的。从党的十二大到十七大，党中央关于党建的论述和六个专题《决定》，其精神实质说到底就是从各个方面从严治党。十八届党中央的新贡献是首次鲜明地概括了“全面从严治党”重大命题，在理论上提出一系列新思想新观点新论断，在实践上采取狠刹“四风”和掀起反腐风暴两大动作并取得显著战果。但党内仍存在许多突出矛盾和问题，特别是反腐败斗争形势依然严峻，全面从严治党还任重道远，丝毫不可懈怠。

刘汉峰在《全面从严治党的思考》一文中对全面从严治党自身所包含的党的建设的规律进行了分析。该文认为全面从严治党思想的提出是对党的治理理论的新的认识和升华，是当前党的建设中一项重大而迫切的政治任务。推进全面从严治党的关键在于客观认识和把握从严治党规律。从严治党规律主要包括以下几个方面：从严治党是包括无产阶级政党在内的现代政党治理的内在要求；保持先进性和纯洁性是马克思主义政党严于律党，并在竞争中立于不败之地的根本保障；严肃的组织纪律性是党形成凝聚力、战斗力的关键；从严治党的成功与否取决于政党治理体系理论与实践的严整性、统一性；人民群众监督是从严治党重要的外在保障；新形势新任务新挑战对从严治党的要求越来越高。对推进全面从严治党几个问题的思考，从严治党规律与提高党的建设科学化水平的互动与深化问题，从严治党规律的探索是对党的建设科学化认识的深化，是提高党的建设科学化水平的重要环节和内容。党员权利与责任相统一的问题，严格要求党员履行职责与严肃对待党员权利同等重要。从严治党与依法治国相统一，培育党的法治文化的问题。全面从严治党整体性合力规律的发挥需要相应的法治文化氛围。

（三）全面从严治党与新形势下党的建设

全面从严治党作为当前党的建设的总方针，对党建的总体目标、总体布局、各方面建设都具有重要的指导作用和新的要求。学界对于全面从严治党与新形势下党的建设的关系，从多个方面进行了分析，主要研究成果有郭玥的《全面从严治党与新形势下党的建设》(《理论与改革》2015 年第 3 期)，蒋仁勇的《全面从严治党与党的建设目标关系探析》(《理论探讨》2015 年第 6 期)，刘先春、王小鹏的《思想教育与制度建设相结合：全面从严治党的根本保障》(《中共浙江省委党校学报》2015 年第 6 期）和陈志刚的《全面从严治党维度下的领导体制和执政方式的变革》(《观察与思考》2015 年第 12 期)。

郭玥在《全面从严治党与新形势下党的建设》一文中从历史经验、现实意义分析了全面从严治党如何回答了新形势下党的建设的基本问题。该文认为，从严治党是党的建设的基本历史经验，它是党的性质、政治路线和自身状况决定的。全面从严治党是新的形势和任务的迫切要求，十八大以来，以转变作风为突破口，逐步推进到强力反腐、严明纪律、注重理想信念和制度建设等各个方面。全面从严治党对于新形势下党的建设具有极为重要的意义，表现为对党的建设的长度、力度、尺度、广度、深度和效度等方面。具体而言，其长度表现为党的建设新常态，全面从严治党将永远在路上，没有休止符，只有进行时；其力度集中在作风建设和反腐败斗争；其尺度归结到党的纪律和规矩，全面从严治党也是依规治党，纪律和规矩既是从严治党的内容，也是从严治党的根据和尺度；其广度覆盖了党的建设各个方面，是五位一体的全面，也是五位一体的从严，党的建设方方面面都严起来，都健康和健全起来；其深度体现在思想建党和制度治党紧密结合，这是从严治党的治本之策；其效度落脚到取信于民、赢得民心，全面从严治党，归根到底要落脚到人民群众对党的信任和支持上，这不仅是党的力量的源泉，而且是党执政的合法性基础。

蒋仁勇在《全面从严治党与党的建设目标关系探析》一文中，从“三型”党组织建设的需求来分析了落实全面从严治党的意义和要求。该文指出，建设“三型“政党是党的十八大提出的党的建设的战略目标，全面从严治党是为实现党的建设目标而做出的战略部署。搞清两者关系，无论是对于实现党的建设战略目标，还是对于落实全面从严治党的战略部署都具有重要意义。建设“三型“政党的建设目标，回答了在新的历史条件下建设一个什么样的党以及如何建设党的问题：提出了建设当代卓越政党的目标与标准；选择了建设“三型”政党的模式与机制；找到了党的建设的战略支点与杠杆。全面从严治党有利于实现党的建设目标。因此，首先，要以党的建设目标导向，即必须把党铸造为坚强的领导核心，必须把党推进到“三型”政党的境界；其次，要以先进理念与模式为引领，即以追求卓越的理念引领推进全面从严治党，以先进的学习、服务、创新理念引领推进全面从严治党，以系统协调的理念引领推进全面从严治党。同时，还要以机制的创新引领推进全面从严治党。这就要求建立完善学习机制，不断提升党员素质与能力，建设完善服务机制，不断提升党的服务素质与绩效，建立完善创新机制，不断提升党的创新素质与能力。

刘先春、王小鹏在《思想教育与制度建设相结合：全面从严治党的根本保障》一文中对从严治党八项举措中的思想建党与制度治党相结合的措施及其关键性作用进行了细致分析。该文认为，习近平总书记在党的群众路线教育实践活动总结大会上提出的从严治党要坚持思想教育与制度建设相结合，为加强党的建设提供了新的理论指导，全面从严治党更需要思想建党和制度建党相结合才能使其成为治党常态，保持先进性。思想建党和制度建党是内在的统一的辩证关系。思想理念是制度建设的内核与灵魂，具体而言，理想信念决定着制度建设的性质和方向，思想教育影响和制约着制度执行的实效，思想教育影响着制度的发展和完善。制度建设是思想教育的支撑和载体，具体而言，制度建设是价值理念的载体和制度表达，制度建设影响思想教育的实际效果，制度建设有利于塑造执政文化。思想教育和制度建设相辅相成、互动互补，任何一方都不可偏废。两者紧密结合、同一互动是实现从严治党的根本保障。在党建实践中，思想教育与制度建设相结合就是要实现习近平总书记所述的“加强制度治党的过程成为加强思想建党的过程，加强思想建党的过程成为加强制度治党的过程”的建设目标。

陈志刚在《全面从严治党维度下的领导体制和执政方式的变革》一文中，对党的十八大以来，我们党因应改革攻坚期、社会矛盾凸显期的新形势新挑战，根据全面从严治党的内在要求，如何系统地改革和完善党的执政方式和领导方式进行了分析。该文认为，十八大以来，首先是实现了政治局常委权力结构的重建，由“九龙治水”的分权转变为领导小组的“体制集权”，有效地落实了中国共产党民主集中制的领导制度和组织制度。这种改进既适应了全面深化改革和全面从严治党的内在要求，又切实体现了中国共产党集体领导的特点，它比西方的总统个人负责制更加优越。其次，自上而下地推进党的自身建设，确保党的领导权威。变自下而上为自上而下，讲党性重品行作表率，从中央领导自身抓起，树正气、压邪气，这是党的十八大后全面从严治党、维护党的领导权威的一个重要的创新举措。第三，全面推进依法治国，坚持以宪执政、依法行政，推进国家治理体系和治理能力的现代化。对此，习近平总书记强调要从各个方面树立法治思维的问题，要求各级领导干部提高运用法治思维和法治方式深化改革、推动发展、化解矛盾、维护稳定能力，努力推动形成办事依法、遇事找法、解决问题用法、化解矛盾靠法的良好法治环境，在法治的轨道上推动各项工作。

（四）习近平全面从严治党思想

全面从严治党的主要推动者是习近平总书记，围绕这一战略举措，习近平在十八大以来发表了一系列重要讲话，逐步形成了带有习总书记烙印的全面从严治党思想。学界以习总书记系列重要讲话为研究对象，对这一重要思想进行了初步的梳理和总结。主要的研究成果有刘宁宁、汪海燕的《论“全面从严治党”思想的理论与实践》（《马克思主义研究》2015 年第 7 期），赵付科的《习近平全面从严治党思想论析》（《当代世界与社会主义》2015 年第 6 期），曾长秋、杨竞雄的《习近平总书记严明党纪思想探析》（《湖湘论坛》2015 年第 3 期）和刘彦昌的《习近平从严治党思想及其对党建理论的创新》（《中共宁波市委党校学报》2015 年第 1 期）等。

刘宁宁、汪海燕在《论“全面从严治党”思想的理论与实践》一文中分析了习近平全面从严治党思想的背景以及包含的我们党管党治党的独特经验。该文认为，习近平关于“全面从严治党”的思想是基于对世情国情党情的深刻分析、对保持党的先进性和纯洁性的忧患意识、对党的事业的责任担当、对党作为中国特色社会主义事业坚强领导核心的深刻把握而提出的。“全面从严治党”思想是党的历史使命和面临严峻考验时的必然选择，我们党在实践中形成了管党治党的丰富经验，构建了党建新常态。这些经验包括：严格理想信念教育，拧紧建党治党“总开关”；狠抓作风建设，根治“亚健康”；规范管党治党制度，构建长效机制；严格权力运行监督，织密权力的“ 铁笼子”等。全面从严治党思想也丰富和发展了马克思主义从严治党理论，创新了马克思主义建党治党学说。它不仅坚持了马克思主义从严治党的根本原则，而且把从严治党上升到巩固党的执政地位的高度。例如，强调落实管党治党责任，把“从严治党”上升为“全面从严治党”，使党建的内容从“虚”转到“实”。又如，提出“把抓好党建作为最大的政绩”的新的政绩观，实现了政绩观的新飞跃。再如，思想建党和制度治党相结合是对马克思主义建党治党学说的创新发展。“全面从严治党”需要靠思想保证和制度约束。构建思想建党与制度治党的良性互动。

赵付科在《习近平全面从严治党思想论析》一文中提炼了习近平总书记全面从严治党思想的主题，梳理了这一思想的体系。该文认为，党的十八大以来，习近平总书记从“什么是全面从严治党”“为什么要全面从严治党”“怎样做到全面从严治党”等方面，提出了许多新观点和新要求，初步形成了较为完整的全面从严治党思想体系。这一思想在内容上全覆盖，实现了思想建设、组织建设、作风建设、制度建设和反腐倡廉建设“五位一体”。这一思想在执行上要全党齐动手，增强意识，强化责任，形成齐抓共管的新格局。这一思想在落实上要保持一种不断发展、与时俱进的新常态。这三个方面揭示了全面从严治党的基本内涵。从我党的历史经验、面临的严峻挑战以及使命担当三个方面来看，从严管党治党是中国共产党的一贯要求和优良传统；全面从严治党是巩固党的执政地位的必然要求；全面从严治党是协调推进“四个全面”的根本保证。这些都体现了全面从严治党是新形势下的必然选择。全面从严治党涵盖党的建设的各个方面，要找准着力点，必须坚持五个方面的工作，从思想建党和制度治党同发力、抓住从严治吏的关键、严明纪律与严肃党内政治生活、用好巡视这一反腐“利剑”及发挥人民群众的监督作用。最后，该文对习近平全面从严治党思想的历史地位进行总结，认为这一思想首次将“从严治党”提升为“全面从严治党”，首次提出“抓好党建是最大的政绩”，其中蕴含着丰富的辩证法思想，是对马克思主义建党治党理论的进一步丰富与发展。

曾长秋、杨竞雄在《习近平总书记严明党纪思想探析》一文中分析了习近平总书记全面从严治党思想中的严明党纪思想。该文认为，十八大以来，以习近平为总书记的党中央从整顿吏治和加强党的建设破题，形成了严明党纪的思想。这个思想的内涵，一是以政治纪律为基础，着力强化全党的纪律意识。党的政治纪律是维护党的政治路线方向，规范各级党组织和每位党员的政治立场言行的最为根本的行为准则，是党的全部纪律的前提基础和最重要的纪律。该文提出，要从严格遵守和贯彻党章入手来严明党的政治纪律。二是以组织人事纪律为关键，营造风清气正的政治生态。组织纪律的核心是民主集中制，坚持“四个服从”就是坚持民主集中制首要要求。三是以作风建设和廉政纪律为抓手，立破并举和扶正祛邪。四是以制度建设和深化改革为根本和动力，健全维护党纪的长效机制。该文认为，以习近平总书记严明党纪思想指导的这些纪律建设举措有力地推动了党和国家的“新常态”变革。

刘彦昌在《习近平从严治党思想及其对党建理论的创新》一文中着重论述了习近平从严治党思想对党建理论的创新和贡献。该文认为，党的十八大以来习近平关于从严治党的一系列新论断，已经初步构成了具有习总风格的从严治党思想。这一思想的形成，不仅丰富了从严治党的思想内涵，也标志着党建理论又迈进了新的境界。就其对党建学科发展的价值分析，一是思路新，体现出“顺势而为”，根据十八大以来党中央在从严治党方面的部署和实践以科学理性支撑党性。“顺势而为”作为指导党建的新思路，展现为三重境界：“善于观大势”；不被动，用巧力；善于借“势”之力。二是布局新：转变风格，习近平从严治党思想，紧扣主题要求，围绕“严治”打组合拳，更加注重合理布局，讲究系统性和联动性。这种新布局的具体结构是：以正风亲民为起点；以反腐健身为重点；以信仰塑魂为难点；以操守固本为基础；把制度治党作走向。三是指向新：以“实”为魂，全力营造务实新风，具体而言，以人情味展现平实，以兼容性体现求实，以态度坚决突出踏实，以区别对待隐含扎实，以文风清新引导朴实。

二、党性教育和党内政治生活研究

党性是一个带有根本性的重大问题，但是，当前很多党员的党性观念仍然淡漠，对于党性这个重要概念的理解也十分模糊。增强党性修养是当前党的思想建设所要解决的重要问题,党性教育也是党员干部日常教育的首要内容。坚定的理想信念是坚持党性原则、保持党性修养的思想前提。为了提高党员干部尤其是领导干部的党性修养，十八大以来，我们党先后开展了群众路线教育实践活动和“三严三实”专题教育活动，延续了以党内集中教育活动推进党的思想建设的传统。全面从严治党背景下，党性锻炼还要体现为党内政治生活的规范化、严格化。理论界对于党性和党性教育、党内政治生活等进行了进一步的研究。

（一）关于党性和理想信念教育

十八大以来，由于全面从严治党对党性和理念信念的重视，相关的研究学界已有较好的研究积累。2015 年理论界对于党性和理想信念教育的研究，有的从概念自身进行了梳理，更多地是从如何推进党性教育、构建思想信仰体系的角度提出对策建议。主要研究成果有牛安生的《党性概念的传统内涵及现实思考》（《中国延安干部学院学报》2015 年第 4 期）和《加强党的理想信念教育的三个着力点》（《中共宁波市委党校学报》2015 年第 3 期），祁程的《党性教育中红色资源的功能转化》（《理论建设》2015 年第 4 期），关海庭、黄敬理的《中国共产党的信仰体系及实现途径》（《中共党史研究》2015 年第 10 期 8）等。

牛安生在《党性概念的传统内涵及现实思考》一文中对党性概念进行了历史与现实

相结合的梳理。该文认为当前学术界对党性概念的理解并不相同。多数是对党性的综合解读，“党性是一个政党所固有的本性，也是阶级性的最高、最集中的表现”。有的认为党性就是党的性质，包括阶级性、科学性、群众性等方面的内容。还有的认为党性是党员的灵魂，是党的本质属性，以及把党性视为和“党性思想”密切相关的概念。该文对党性概念进行了历史考察，认为马克思、恩格斯在党的建设上没有经常使用党性的概念，列宁著作对党的建设中党性理论贡献比较突出，列宁的用法主要有，把党性作为一个哲学概念使用，认为党性是和阶级斗争有关的概念，强调党性是党的组织纪律性。中国共产党党的建设历史上有大量增强党性的文献。中共对党性概念的论述，一是党性是立场问题，是阶级性最高而集中的体现；二是实事求是是最大的党性，主观主义是党性不纯的表现；三是党性是党的组织纪律问题，最重要的坚持民主集中制；四是认为党性和个性是辩证统一的概念。总体而言，党性概念传统的基本内涵与马克思主义哲学、阶级性和党的纪律密切相关，新形势下应该对党性以及与之相关的概念作理论上的梳理，这是深化党性教育、加强党性修养的理论基础。基于对概念的梳理，该文认为新形势下党性修养的内容应当包括：坚持马克思主义的指导思想；坚持党的理想信念，坚持党的奋斗目标；坚持党的全心全意为人民服务的根本宗旨；坚持从群众中来到群众中去的群众路线；坚持民主集中制和铁的纪律；坚持批评和自我批评。

祁程在《党性教育中红色资源的功能转化》一文中对如何发掘我们党的红色资源来充实党性教育内容进行了探讨。该文认为，在新的历史时期，研究红色资源的深刻内涵和时代价值，充分挖掘和有效发挥其蕴含的精神特质、教育价值和育人功能，充分彰显红色资源的独特功效，已成为今天中国共产党人进行党性党风党纪教育的一大亮点。红色资源凝聚了党的奋斗历程，具有宝贵的“存史”功能；红色资源凝结了党的建设经验，具有重要的“资政”功能；红色资源蕴含了党的信念作风，具有独特的“育人”功能。红色资源的时代价值及其转化对于进一步加强和改进新形势下的党员干部党性教育，对于加强党员干部的先进性和纯洁性教育有着特殊的时代意义。该文对在党性教育中如何转化红色资源提出思路，一是以传承党的崇高理想，实现党性教育中红色资源的转化；二是以传承先进共产党人的道德典范，实现党性教育中红色资源的转化；三是以弘扬共产党人的精神风貌，实现党性教育中红色资源的转化；四是以领导干部党性教育内容更新，实现党性教育中红色资源的转化。

牛安生在《加强党的理想信念教育的三个着力点》一文中就如何推进理想信念教育这个党的建设的重点和难点提出了建议。该文认为，要破解理想信念缺失的难题，必须重视三个问题：一是加大哲学层面的理论创新。这是理想信念教育有效性的基础。哲学是理论创新的高境界，这是以彻底的理论提高理想信念教育说服力的基本要求。要在哲学理论创新中探索世界观的根蒂，要研究唯物主义的对立面，拓展探索世界终极真理的思路，要从中国优秀传统文化汲取世界观人生观营养。二是科学认识党的理想信念的丰富内涵。要摒弃以唯制度论的思维方式去解读共产主义。共产党理想信念的内容不仅仅包括共产主义的社会理想，还包括道德理想和人的自由发展的个人理想。三是发挥领导干部在坚定理想信念方面的示范作用。把领导干部作为理想信念教育的重点对象。

关海庭、黄敬理在《中国共产党的信仰体系及实现途径》一文中。中国是一个缺少深厚宗教基础的社会，没有宗教信仰的支撑，就必须用世俗的信仰，尤其是党的政治信仰来发挥相应的作用。政治信仰是政治发展的长远目标、永恒动力和基本途径。改革开放以来，由于多重原因的作用，中国共产党的信仰问题面临着较大的冲击。该文梳理了中国共产党信仰体系的历史脉络，分析了中国共产党信仰体系的宏观、中观、微观相辅相成的结构，认为宏观的信仰体系没有发生本质的变化，最终目标还是实现共产主义。当前社会经济模式和结构尤其是市场经济对中共的信仰体系造成重大影响，而民间的宗教信仰也发展很快，体现出人民群众对信仰的需求。巩固和发展中共当代的信仰体系，一是要从宏观角度，坚持在社会主义思想体系基础上的理论创新；二是从中观角度，构建和巩固社会主义核心价值观；三是从微观角度，积极建设中共信仰体系的引导机制。

（二）关于党内集中教育活动

在党内围绕特定学习主题定期开展集中性教育活动，是加强党的思想建设、作风建设的重要方式和优良传统。2015 年，既是历时一年多的群众路线教育实践活动所形成的党风、政风全面好转的时期，也是新一轮以“三严三实”为主题的党内集中教育活动全面开展的一年。理论界对于党内集中教育活动，从教育活动与执政规律、群众路线的深入开展、“三严三实”的理论和现实意义等方面进行了系统地梳理和深化研究。主要研究成果有黄海的《党内马克思主义集中教育活动与党的执政规律探析》（《求索》2015 年第 8 期）、左康华的《主体变迁与路径优化：群众路线在新形势下的理性展开》（《江汉论坛》2015 年第 9 期），孙来斌、王会民的《群众路线面临的实践困境及破解路径》（《理论探讨》2015 年第 5 期），冯俊的《“三严三实”的理论内涵和重大现实意义》（《中国浦东干部学院学报》2015 年第 5 期）和李捷的《践行“三严三实”，加强党性修养》（《中国井冈山干部学院学报》2015 年第 4 期）等。

黄海在《党内马克思主义集中教育活动与党的执政规律探析》一文中梳理了改革开放以来，我们党先后进行的七次马克思主义集中教育活动，对这些教育活动所体现的执政规律进行了剖析。该文认为，党的历次集中教育活动分别针对了不同的重大理论和现实问题。从纵向上来看，集中教育活动从未间断，从横向上来看，根据不同时期任务要求，活动的内容和形式不尽相同。从总体上而言，这一系列马克思主义集中教育活动的深入开展，在执政思维上体现了我们党坚持用马克思主义中国化最新理论成果武装头脑的清醒思维，在执政理念上突出了我们党注重执政能力和先进性建设的坚定理念，在执政要求上符合了我们党对中心任务和时代诉求的责任担当，在执政方式上反映了我们党作为马克思主义政党在道路、理论和制度上的自觉自信，在执政规律上彰显了我们党跳出历史周期律、对治党治国规律的不断探索和日趋成熟。

左康华在《主体变迁与路径优化：群众路线在新形势下的理性展开》一文从“群众”这个群众路线的实践主体所发生的新变化，探讨了新形势下如何坚持群众路线。该文认为，群众主体的变化为群众路线的实践带来了新的课题，也为群众工作的展开提出了新的要求。当前群众主体的变化突出表现为群众主体的分层，群众之间利益的分化，以及群众自我认同的混乱等。新形势下，群众工作的重心已经延伸到了解群众利益诉求、协调资源分配等更为复杂的社会治理层面，这也为群众路线实践提出了新的要求。这些要求包括：

要贴近群众，坚持群众主体地位；要尊重群众，正视群体利益诉求；要依靠群众，促进社会治理体制创新。应对这些要求，需要我们完善密切联系群众的长效机制、搭建制度化的协商对话平台、建构社会群体的包容与认同机制，以进一步和谐党群、干群以及群众之间的关系。

孙来斌、王会民在《群众路线面临的实践困境及破解路径》一文中对群众路线在当前形势下的实践困难进行了分析。该文认为，群众路线教育实践活动已经结束，但是作风建设永远在路上。从历史和现实的情况来看，群众路线"说起来容易做起来难"，在实践过程中遇到许多困难和问题，包括由社会分工导致的领导干部的英雄主义幻想；由小农文化影响导致的皇权等级崇拜；由市场经济发育不完善导致的资源配置特权；由用人体制短板导致的考核机制的漏洞；由长期执政的惰性导致的精神懈怠的危险。这些因素对新形势下群众路线的实践造成了各种阻碍。要清除这些阻碍，必须从多方面发力。一是要坚持群众本体，疏通民主渠道；二是改造小农意识，培养核心价值观；三是完善市场体制，消除资源配置特权；四是加强制度建设，优化用人体制和考核体制；五是增强忧患意识，保持自身活力。只有清除了这些障碍，才能增强群众路线实践的有效性和针对性，才能真正凝聚实现中华民族伟大复兴的中国力量。

冯俊在《"三严三实"的理论内涵和重大现实意义》一文中对习近平总书记提出的新时期干部"三严三实"要求的丰富内涵和具体要求进行了分析。该文认为，"三严三实"是新时期党员领导干部的为人之本、成事之要、为政之道、施政之德。"三严"是价值追求，也是道德律令，"三实"是工作作风，也是责任担当。"三严三实"要求，既是领导干部正心修身的思想守则，也是全体党员干事创业的行动准则；体现了领导干部做人、干事、从政、为官的高度一致和内在自觉与外在约束的辩证统一。"三严三实"也是中国传统文化和党的优良传统的继承和发扬。在"三严"中"严以修身"是根本，"用权"和"律己"是"修身"的两大突出表现。在"三实"中，"做人要实"是关键，"谋事""创业"都是做人的具体活动。该文据此认为，对县处级以上干部开展的"三严三实"专题教育活动，是巩固党的执政地位与政治优势的客观要求，是党的群众路线实践活动的延展深化，是持续深入推进党的思想政治建设和作风建设的重要举措，是新时期推进四个全面战略布局的保障，是营造良好政治生态的重要举措与过程。

李捷在《践行"三严三实"，加强党性修养》一文中从领导干部的世界观、人生观以及党性修养等角度分析了"三严三实"的基本要求。该文认为，"三严三实"包含着党员领导干部每天都会遇到的做人、做事、待人、待己、用权、戒权等基本问题，涉及世界观、人生观、价值观、权力观、事业观、群众观等核心问题。"三严"为共产党员特别是领导干部树立了世界观、人生观、权力观、价值观的标尺。严以修身，要求打牢理想信念，树立正确的世界观和人生观；严以用权，要求打牢群众观念和法治观念，树立正确的权力观和公私观；严以律己，要求打牢道德观念和党纪观念，树立正确的价值观和义利观。"三实"为共产党员特别是领导干部树立了谋事、创业、做人的标尺。谋事要实，要求把战略思维同调查研究、实事求是结合起来。创业要实，要求把问题意识同勇于创新、真抓实干结合起来。做人要实，要求把党性修养同对党忠诚、个人干净、敢于担当结合起来。该文认为，"三严"解决的是党性问题、思想问题，"三实"解决的则是作风问题、精神状态问题。把“三严”与“三实”紧密结合起来，就做到了思想统领行动、知行统一、言行一致、表里如一。“三严三实”专题教育，就是要教育引导全体党员领导干部加强党性修养，坚持实事求是，改进工作作风，让每一个领导干部做到对党忠诚、个人干净、敢于担当。

（三）关于党内政治生活

党内政治生活是党员遵照各项规定，参与组织活动，行使民主权利，开展批评和自我批评的重要平台，也是民主集中制有效贯彻和党的健康发展的重要保障。当前，党内政治生活还存在一系列矛盾和问题，必须按照全面从严治党的要求，严肃党内政治生活。对于这个问题，主要的研究成果有甄小英的《提高党内政治生活质量的四个着力点》（《中国党政干部论坛》2015 年第 3 期）、吴辉的《论增强党内生活的政治性原则性战斗性》（《中国井冈山干部学院学报》2015 年第 2 期）、崔建周的《构建党内政治生活正常化支持保障体系的思考》（《马克思主义研究》2015 年第 4 期）、邹庆国的《探析党内关系异化的圈子文化之源》（《北京行政学院学报》2015 年第 5 期）、刘益飞的《高度重视党内生活中存在的严重问题》（《理论视野》2015 年第 9 期）。

甄小英在《提高党内政治生活质量的四个着力点》一文中提出，党内政治生活是党的建设水平和党的整体状况的综合反映。提高党内政治生活质量，是全面提升党建科学化水平的系统工程。民主生活会是党内政治生活的重要形式和从严治党的重要抓手，第一个着力点就是要健全民主集中制，提高党内政治生活的民主性。进一步肃清党内封建残余思想影响，特别是官本位、奴性文化影响。建立健全尊重党员主体地位，切实保障党员民主权利的各项制度，使党员敢于说真话、讲实话，敢于监督和批评党内任何违法乱纪者，能够畅所欲言地参与讨论党内重大问题。第二个着力点就是认真研究党内政治生活的经验教训，探索提高党内政治生活质量的规律，提高党内政治生活的科学性。第三个着力点就是加强党内外民主监督，着力提高监督的有效性。不仅要加强领导班子内部的监督、纪检部门的监督，而且要加强党员和人民群众对领导干部和领导班子的监督。要走群众路线，开门听取党内外群众意见，畅通建言献策和批评监督渠道。第四个着力点是加强党内政治生活制度建设，着力提高党内政治生活的制度化水平。提高民主生活会质量要坚持思想建党和制度治党紧密结合。

吴辉在《论增强党内生活的政治性原则性战斗性》一文中也认为，当前，党内生活中仍然存在一些亟待解决的突出矛盾和问题，其危害不容忽视。党内生活不经常、不认真、不严肃，党内生活制度成为摆设；民主集中制执行不到位，民主不够和集中不够的问题同时存在；批评和自我批评流于形式；党员干部缺乏党性砺炼，党员管理失之于宽、失之于松、失之于软。党内政治生活不正常，会使腐败横行，政党变质；会威胁党的执政地位，阻碍党的事业发展。党的十八大以来，习近平总书记从全面从严治党的高度对严格党内生活做出了一系列重要论述，强调要增强党内生活的政治性、原则性、战斗性，为严格党内生活指明了方向。结合总书记的讲话，作者认为，严肃的党内生活是是党员锤炼党性的重要途径，是提高党的凝聚力和战斗力的重要途径，是领导班子少犯错误、保持公信力的重要途径，是维护党的团结统一的重要手段。要严格执行党内政治生活各项规定，认真贯彻党的民主集中制，以整风精神开展批评和自我批评，严格执行党的纪律，落实党内组织生活制度，坚决反对党内生活庸俗化。

崔建周在《构建党内政治生活正常化支持保障体系的思考》一文中指出，党内政治生活，指中国共产党党员参与党内各种活动（包括组织对党员的要求、约束以及党员对党内事务讨论、建议等）、处理各种党内关系（党员与党员之间、党员与组织之间）的行为的总和。党内政治生活正常化的功能与作用，正常的党内政治生活是党员实现政治化、政党化的重要途径；是马克思主义政党形成、发挥组织优势的重要保证；是党员履行义务、行使权利从而实现主体地位的实践平台；有助于规范党内权力运行、维护党的民主集中制。该文认为，应构建党内政治生活正常化的支持保障体系。构建心理保障，以科学的政治心理支持党内政治生活的正常化；构建载体保障，以与时俱进的载体支持党内政治生活的正常化；构建责任保障，以主体明确、常抓长管的责任体系支持党内政治生活的正常化；构建制度保障，以科学完善、执行有力的规章制度支持党内政治生活的正常化；构建权力配置保障，以科学的权力架构支持党内政治生活的正常化；构建防范错误倾向的保障，以主动防止、及时纠偏的能力支持党内政治生活正常化。

邹庆国在《探析党内关系异化的圈子文化之源》一文中指出，圈子文化作为一种亚文化形态，为人类社会结构的变迁演化提供了一种解释框架。在中国，圈子文化具有独特的历史传统与社会心理基础，其价值理念与运行规则从社会领域向政治生活场域的渗透，具有明显的负面效应。圈子文化的价值观念与运行规则，同中国共产党党内生活和党内关系的基本准则是格格不入的。销蚀党内关系价值诉求的崇高性，使党内关系庸俗化；冲击党内关系内容的政治性与主体地位的平等性，使党内关系“江湖化”；消解党内关系架构与运行的规范性，使党内生活失序化；弱化党内制度的认同感与执行力，使党内制度运行潜规则化。圈子文化所衍生的隐性的社会结构力量对党内关系的解构与异化、权力腐败的诱致与扩散，产生站队和逆淘汰现象，使政治生态面临劣质化风险，并蔓延至社会，加剧腐败的平民化倾向。该文指出，应以观念改造为先导，以清除特权为切入点，以消解主要领导干部“被围猎”困局为着力点，以完善防止利益冲突制度为依托，以落实主体责任为根本动力，以提升政治纪律和政治规矩执行力为保障，着力遏制防治党内关系中圈子文化蔓延。

刘益飞在《高度重视党内生活中存在的严重问题》一文中指出，党内生活存在的问题是党的建设中一个要害性、基础性问题。党的历史经验教训证明，对党内生活问题的忽视和淡化，会埋下影响党健康发展的重大隐患并严重危害党的前途。一个较长时期以来，党内生活不经常、不认真、不严肃的问题比较普遍，党内生活中一些本来很好的制度成了摆设。党内生活中还存在着不少封建主义残余影响，党内在用人上存在明显偏差、损害了党员群众对党内生活的美好向往，在党内生活中一直存在着批评难、保障党内不同意见难的突出问题，党内民主发展滞后。

三、反腐倡廉建设研究

2015 年全面从严治党和高压反腐继续进行，有 50 多名省部级以上干部涉腐被查处，落马高官已覆盖全国所有省市区。党中央通过强力反腐向全社会传递出了一个清晰明确的信号：反腐无禁区、全覆盖，有腐必惩，有腐必反。基于反腐败斗争取得的巨大成效，习近平总书记在中纪委第六次全会上的讲话中指出，“我们着力解决管党治党失之于宽、失之于松、失之于软的问题，使不敢腐的震慑作用充分发挥，不能腐、不想腐的效应初步显现，反腐败斗争压倒性态势正在形成。”关于反腐倡廉建设，理论界围绕腐败预防治理的形势与路径，网络、大数据与反腐，廉政理论建设，党内政治生态的改善，纪委与纪律建设等方面进行了深化研究，取得了较为丰硕的成果，对于梳理总结反腐败斗争的经验成效、探讨下一阶段反腐败由治标到治本的转化、构筑完善的廉洁政治生态发挥了较好的理论总结与指导作用。

（一）反腐败的形势与腐败治理

十八大以来，经过三年多的强力反腐斗争，中国腐败蔓延的形势得到有效遏制，反腐败工作正处于从查办案件的治标向制度建设的治本转变的关键时期。理论界围绕当前腐败的总体形势、腐败治标论、腐败的预防和治理、制度反腐论等进行了系统的研究。

1. 关于反腐败总体形势和治理路径的研究，主要成果有房宁的《我国反腐倡廉的形势、特点与制度建设》（《科学社会主义》2015 年第 1 期）、詹复亮的《完善治理腐败体系的路径》（《河南社会科学》2015 年第 4 期）和何家弘的《中国反腐治标论》（《法学杂志》2015 年第 10 期）。

房宁在《我国反腐倡廉的形势、特点与制度建设》一文中对我国反腐败总体形势进行了梳理和分析。该文认为，进入新世纪，反腐倡廉地位不断提升，制度化水平日益提高，十八大以来，反腐倡廉更取得明显成效。工业化、城市化快速发展阶段是腐败的高发期，导致腐败高发的原因涉及公务员腐败的动力、机会和成本。动力，即公务员腐败的需求。腐败需求是由公务员实际物质生活需要和价值比照带来的心理落差两方面共同构成的。机会，即腐败行为发生的机会。成本，是腐败行为可能付出的代价。现阶段腐败高发的中国特色是“官商共同体现象”和“行政性腐败问题”。官商共同体现象干扰和破坏社会主义市场经济正常秩序，损害党和政府的形象，构成了对政权和干部队伍的腐蚀。行政性腐败，是指公务人员利用公共权力和其他公共资源为个人或小集团谋取私利的行为。推进我国反腐倡廉制度建设要切实提高公务员待遇，实行“政经分离”，整顿官商关系，积极推进廉洁文化建设。

詹复亮在《完善治理腐败体系的路径》一文对如何推进腐败治理体系建设进行了分析。该文认为，治理腐败体系，是指从国家战略、顶层设计和整体谋划等层面统筹谋划，为有效惩治、遏制和防范腐败，针对腐败滋生蔓延的特点和规律，充分动员社会各方面力量，科学整合惩治、教育、预防各种手段，综合运用行政、经济、法律、文化等各种治理资源，完善治理体系，提升治理能力，增强治理效果，实现治理腐败目标和任务的方针、政策、措施等总和。治理腐败体系通常由目标体系、总体规划体系、措施体系等基本要素构成。治理腐败体系作为高度复杂的系统结构，呈现出政治性，全局性，应时性等特点。治理腐败体系有序运行应遵循系统治理原则，多元治理原则，法治治理原则，谦抑治理原则。构建和完善治理腐败体系的过程中，应当围绕“把权力关进制度笼子里”的总要求，重点抓住以下环节和方面：建立权力清单，防止权力滥用；实行责任清单，防止权力不作为和乱作为；强化负面清单，防止权力逾越红线。保持治理腐败体系运行的平衡、稳定和实效，要坚持体系张力的相对平衡，坚持依法反腐与保障人权的平衡，坚持治理公正与治理效率的平衡。担当高压反腐的历史使命，要突出查处重点，境内境外一起抓，深入查办区域性腐败、系统性腐败、家族式腐败和塌方式腐败；要打好治理腐败“组合拳”，积极推动财产申报制度，探索工程立项报告和廉政风险防控报告的双报告制度，制订统一的国家反腐败法，以此完成减少腐败存量、遏制腐败增量、重构政治生态的工作任务，从根本上遏制和防范腐败问题。

何家弘在《中国反腐治标论》一文中对当前反腐败的“治标”和由治标向治本转变进行了分析。该文认为，面对多年积累的相当严重的腐败现状，中国只能采取先治标后治本的对策。所谓“治标”,主要是通过查办案件来阻止腐败的蔓延势头,减少腐败的存量，遏制腐败的增量，转变社会风气，为反腐败的治本创造条件。为了保证治标的效果，治标之术要从杀一儆百转向有贪必肃,因为严惩不如严查。反腐败第一要严查,第二要严惩。就严厉打击的威慑力或犯罪预防效果而言，严查的效果要大于严惩。治标之器要从多元分散转向一元集中。我国当前种包含司法人员、执法人员、行政人员、党务人员在内的“混合主体”模式的腐败犯罪侦查模式，存在明显的缺陷：主体多元，力量分散，职能重叠，工作重复，地方领导，独立不足。因此既要加强垂直领导，也要合并侦查职能。治标之路要从“运动反腐”转向常规查办，坚持依法办案、文明办案和规范办案。当前反腐败斗争中极为倚重的巡视，并非法律框架内的腐败犯罪侦查，也不宜作为查办腐败案件的常规手段。反腐治标不可能毕其功于一役，因为人类社会的反腐败永远在路上。

2. 关于预防腐败的研究，主要成果有廖雄军的《法治视角下裸官防治研究》(《中国浦东干部学院学报》2015 年第 4 期）和吴海红的《防范“带病提拔”的保障性制度构建》(《中共浙江省委党校学报》2015 年第 5 期）。

廖雄军在《法治视角下裸官防治研究》一文中系统地分析了裸官的类型、特点、危害，提出防治对策。该文认为，裸官分为半裸官员和全裸官员两大类。裸官的类型随腐败的蔓延或反腐的严厉可相互转换。我国的部分裸官有不爱国、不爱党、没有“三个自信”、言而无信、台上讲廉政台下搞腐败、“人在曹营心在汉”、心理与生理不健康等特点。裸官是贪官的预备队，我国的部分裸官出逃国（境）外的轨迹如下：产生裸的念头、制订裸的计划、实施裸的计划、自己择机出逃、家人海外团聚。裸官的形成既有主观原因，如理想信念的滑坡、对其他裸官的认同和仿效心理等，也有客观原因，如相关研究起步晚、防治制度不健全等，裸官是主客观原因共同作用的产物。裸官的负能量主要表现在政治危害（严重损害党和国家形象，伤害“三个自信”)、经济危害（假公济私、资金外流，难以追回)、危害国家安全等方面。防治裸官的总体思路应是标本兼治,治本重在制度建设，通过加强思想教育、规定裸者不得当官、禁止拥有海外资产、公开官员家产、规定脱裸可以当官，来预防产生新的裸官。治标重在处置现实的裸官，通过罢免职务、公开家庭情况、查验家产、劝其退党、追回人财，来减少现存裸官，取信于民。

吴海红在《防范“带病提拔”的保障性制度构建》一文分析了危害极大的“带病提拔”问题，并提出对策。该文指出，“带病提拔”是困扰当前干部选拔任用的一个突出问题，它不仅扭曲了党的干部选拔任用原则，而且还极大打击了那些廉洁从政干部的积极性。遏制“带病提拔”要构建相关的保障性制度。一是实行新提拔干部财产申报，让干部无“病”上岗。要把财产公示纳入干部选拔的必经程序，作为干部考察的重要内容；逐步提升新提拔领导干部财产申报公开试点的层次、扩大财产申报公开的范围；还需加强专门机构的内部核查。二是增强腐败的惩处机制，让干部不敢带“病”。在加强组织、纪检部门等机构监督的同时，还应通过多种渠道，广泛吸取社会和群众的意见，形成体制内和体制外力量相互配合、互相支持的多层次、系统的监督网络。三是建立有效的激励机制，让干部主动祛“病”。必须建立科学有效的考核评价体系；根据经济社会发展水平，适度提高公职人员的经济收入，减少腐败的诱惑。四是营建清廉的政治文化，让干部远离“病菌”。要把廉洁政治文化作为主流意识形态的重要内容进行宣传和教育；领导者要以身示范；需要法律制度的严格执行作为保障。

3. 关于腐败的制度机理和制度反腐研究，主要成果有周庆智的《论“小官贪腐”问题的体制与机制根源——以乡村治理制度为中心》（《南京大学学报》2015 年第 5 期）、杜雄柏的《“制度反腐”沉思》（《南华大学学报·社会科学版》2015 年第 4 期）和王明高的《构建中国特色的科学反腐制度》（《湘潭大学学报·哲学社会科学版》2015 年第 1 期）。

周庆智在《论“小官贪腐”问题的体制与机制根源——以乡村治理制度为中心》一文中分析了基层腐败的制度发生机理。该文所指的“小官”是指从事基层行政运作的乡镇基层干部以及基层群众自治组织中的村干部，他们是基层治理的参与者和执行者，或多或少掌握着资源的分配权和使用权。该文认为，“小官贪腐”发生在政府与社会之间的资源配置和使用领域，乡镇基层干部包括村干部的职权行为处在国家权力与社会权利的交汇场所。“小官贪腐”反映的是乡村治理制度的异化，即乡镇政府部门在功能、结构乃至运行机制上与正式制度之间产生偏离，也表现为乡镇政府与基层社会之间关系上的异化。传统的治理痼疾，加上国家与社会之间权利关系规范的失序，“小官”就有了贪腐的制度诱因和条件。小官贪腐的主要根源在体制机制本身，是由于体制机制问题导致官员失德、贪腐和监管失效。同时，基层治理制度的异化使一些不良的基层干部“胥吏化”，而村官不官不民的双重代理身份则加剧了这种“胥吏化”趋向。防止小官贪腐和基层治理制度异化的关键是，重塑基层权威的社会授权来源，让基层政府权力的行使以及社会权利的规范确立在法治化和制度化的基础上。铲除小官贪腐制度土壤的核心是，在基层治理中要推进政治与行政的职能区分以及政府与社会的权利关系制度化并确立在法治原则之上，为此一是府际关系要法治化；二是要推进基层社会自治；三是推进政治参与制度化。

杜雄柏在《“制度反腐”沉思》一文中分析了制度对于反腐的两方面作用，提出了以制度为基础的综合治理思路。运用制度规范、制约公权力，在一定程度上的确能起到防止腐败滋生和蔓延的作用。这种作用是因为，制度能为交易的协调提供机制保障，从而阻止公权力对交易行为的非法干预；制度能为交易中主体间利益的分配和交易费用的分摊提供指导，从而使权力的介入成为多余；制度所具有的强制力，使得意欲越轨逾矩者不免心生恐惧而对自己的行为有所收敛。因此应当予以足够的重视，把权力关进制度的笼子里。不过，由于制度具有完善程度的相对性以及对其作用力的依赖性等局限，使之无法做到完美无缺，解决所有的问题。故而，根治腐败不能完全依赖于制度，而必须多管齐下，进行“综合治理”。发挥制度防治腐败的作用，在我国当下最为突出的问题就是如何提高其执行力。为此，应当在进一步增强制度本身的完整性、科学性和可操作性的同时，着力在提升广大党员干部对党的忠诚度和对制度的敬畏感、重视制度的宣传教育、责令领导干部做执行表率、加强对执行情况的检查与监督、强化责任的追究、加大处罚力度和搞好专业队伍的建设等方面出硬招，使大力。

王明高在《构建中国特色的科学反腐制度》一文中分析了如何构建中国的科学反腐制度。该文认为，腐败是侵蚀人类社会肌体的“政治之癌”。世界各国的反腐败斗争有清官反腐、重典反腐、运动反腐和制度反腐四种主要方式。世界各国的反腐经验表明，制度反腐是从源头上遏制腐败产生的最佳方法，具有普适性、根本性、稳定性、权威性和科学性。我国制度反腐存在的主要问题有：制度设计不科学，制度执行没有刚性，反腐败工作没有一部统一的纲领性法律。要提高反腐倡廉制度的执行力，必须提高制度的质量和执行的刚性。一是制度设计必须持定“无赖原则”。在制度设计时,应有这样一个假设，就是每个人都是“无赖”，只有以硬性的制度制约，才能让其规规矩矩服从公共利益。二是制度操作必须具有可行性。三是好的制度应该上升为法律。只有把制度变为法律，上升为国家意志，才能强化制度的权威性和惩治性，让遵纪守法者在全社会畅通无阻，使破坏法律者在全社会无路可逃。处在社会转型关键时期的中国必须寻求科学的反腐战略和反腐制度，制订和出台《中华人民共和国反腐败法》作为纲领性法律，同时积极完善和推行家庭财产申报制、金融实名制、遗产税和赠与税制度、公民信用号码保障制度。

（二）网络、大数据与反腐倡廉

信息化时代反腐倡廉的渠道和技术也在发生多元化变化。网络舆论对反腐败既能发挥推动议程、形成压力的正面作用，也充斥着不实信息和谣言。伴随网络技术而形成的大数据技术和理念对于反腐倡廉提供了新的技术手段。理论界对于网络舆论与反腐倡廉的关系、大数据技术对反腐倡廉的影响进行了有益的探索，形成了一些研究成果。

1. 网络舆论和反腐倡廉的关系，主要研究成果有刘雪明、禹黄姣的《网络舆论对廉政政策议程设置的影响》(《廉政文化研究》2015 年第 4 期)，刘宗洪、韩洋的《公民参与网络反腐的价值、问题及其对策》(《南京政治学院学报》2015 年第 3 期）和徐祖澜的《网络反腐的谣言困局与法治出路》(《法制与社会发展》2015 年第 6 期)。

刘雪明、禹黄姣在《网络舆论对廉政政策议程设置的影响》一文中分析了网络舆论如何推动廉政议程的。该文认为，议程设置是廉政政策制订过程的重要环节，网络环境下廉政政策议程设置的过程模型大致可以归纳为外创型、内创型和混合型三种模型。网络舆论对廉政政策议程设置有着积极的影响，可以促使公民意志直接上升为政府意志，丰富廉政政策议程设置的逻辑起点。网络舆论拓宽了公民参与廉政政策议程设置的途径，为公民提供了自由表达的平台，实现了多方话语权的对等，甚至在某种程度上能够直接与公共权力机关抗衡实现廉政政策议程设置的多元主体互动。网络舆论将广大网民的个人意见汇集成公众意见，形成舆论强势，象征性的议程已不再能满足广大网民、社会公众的要求，政府面对无法忽视的舆论强势而不得不促使廉政政策象征性议程向实质性议程转化。网络舆论能挖掘大量信息，其虚拟的辩论空间还能自动对信息进行筛选和过滤，实现了虚拟讨论和虚拟调查，其讨论和调查结果能直接被廉政政策制订者、决策者所感知，省去了原有议程设置中的许多中间环节，加快廉政政策议程设置的进程等。但是网络舆论也可能打造“伪民意”，形成“伪议程”，给廉政政策议程带来设置难度加大、甚至设置错误议程等消极影响。

刘宗洪、韩洋在《公民参与网络反腐的价值、问题及其对策》一文中探讨了公民通过网络参与反腐过程的途径与制约因素。该文认为，随着信息化技术的不断推进和发展，公民参与网络反腐已成为国家廉政建设的一个重要途径。官方网络举报平台是公民参与反腐的主渠道，民间网络反腐亦是公众参与反腐的有效形式。我国公民参与网络反腐正方兴未艾，但却存在着制约公民参与的诸多消极因素。包括：网民素质和认知能力影响反腐的有效性；网络的技术瓶颈影响公民网络反腐的积极参与；网络反腐的法律和制度缺失导致公民良序参与困难重重；网络反腐制度不规范可能损害党和政府的形象。在信息化条件下完善网络反腐的制度和机制，需要通过思想、制度、法律和信息技术的系统工程激发公民参与的积极性。要注重舆论导向，为公民参与网络反腐营造良好的社会氛围。要注重制度规范，为公民参与网络反腐提供系统的行为准则。要注重技术创新，为公民参与网络反腐提供有力的物资支持。从实践来看，公民的网络参与也是推进国家治理体系与治理能力现代化的重要组成部分，其深度和广度关系到党的廉政建设的实际成效。

徐祖澜在《网络反腐的谣言困局与法治出路》一文中分析了网络谣言对反腐败造成的困局。该文认为，网络反腐谣言既面临涉罪之困，又有侵权之虞。作为一种未经证实的言论，网络反腐谣言极易涉嫌对官员的诽谤，但科以诽谤罪理应遵循刑法的严格解释，而新近网络诽谤司法解释的部分条款却突破了刑法原则而有违刑法的谦抑性，这是网络反腐谣言困局的第一种表现。网络反腐谣言侵犯官员的人格权而需依法承担民事侵权责任之时，宪法层面上的网络言论自由及其限度却更值得思考。官员的名誉权因更易与公共事务相关联而与其隐私权的保护力度大不相同。但我国司法实践过度地保护了官员名誉权，而立法却对于官员隐私权语焉不详，这是网络反腐谣言困局的另一种表现。法治思维下的反腐要求权力机构将网络反腐谣言视为一种信息来源而加以正视，立法上建立全面的政府信息公开制度，并在涉及官员名誉权、隐私权的诉讼中做出适当的利益平衡，以公权力的控制和所有正当权利的保护作为最基本的原则。

2. 关于大数据与反腐倡廉，主要研究成果有杜治洲、常金萍的《大数据时代中国反腐败面临的机遇和挑战》(《北京航空航天大学学报·社会科学版》2015 年第 4 期）和刘筱勤的《大数据与廉政制度创新》(《中国行政管理》2015 年第 12 期)。

杜治洲、常金萍在《大数据时代中国反腐败面临的机遇和挑战》一文中分析了当前反腐理论界和实践部门都高度关注的大数据问题。该文梳理了大数据的特点：数据类型多样，数据量增长快速，相关而非因果，价值密度低。该文认为，随着中国反腐败的有力推进和反腐信息化的发展要求，大数据在反腐领域的应用也日渐进入人们的视野。利用数据技术挖掘各种反腐大数据背后的潜在信息，无疑能给中国反腐带来新的发展机遇。大数据可以用来揭示腐败发生发展的规律，可以为反腐舆情监测提供支持；可以为发现腐败和调查腐败提供帮助；可以为个性化廉洁教育提供便利。但值得注意的是，中国目前的大数据应用环境尚不完善，反腐大数据在发挥作用的同时也面临着许多风险。如反腐败信息难以共享；反腐败机构大数据管理技术尚不成熟；反腐大数据可能泄露个人信息；反腐败大数据管理不善可能威胁国家安全。为发挥大数据在中国反腐败中的应用价值，有必要采取一些措施来为反腐大数据的推广保驾护航。包括，打破信息孤岛，让反腐数据联通起来；提高大数据管理技术，充分发掘大数据反腐价值；加强数据安全防范，充分保障数据安全。此外，纪检机关也应建立专门的反腐大数据处理机构。

刘筱勤在《大数据与廉政制度创新》一文中分析了如何利用大数据推进反腐倡廉工作。该文认为，官员贪腐的根本目标在财产，为此要建立包括财产申报、公示、核查在内有效的公职人员财产监控制度，国外防腐反腐实践也证实，凡财产监控严密则政府清廉，反之则腐败猖獗。随着信息技术的发展，掌握公权的个人和部门的财产、公共收支都会形成各种形式的数据。该文分析了大数据运用于反腐的可能性：在技术基础上，大数据技术在我国商业领域已有成熟的应用；在合法性基础上，大数据廉政应用也有国家法律和民意的支持；在制度配套上，我国各种层面的政策为大数据财产监控提供良好的制度环境。该文提出，应当利用大数据技术监控、评估、预测廉情发展变化，进一步建立廉政大数据平台，统合各种廉政信息资源，建立廉情评价预警分析系统，为防腐反腐提供依据，为推进治理能力的现代化奠定制度基础。

（三）廉政理论与建设

廉政建设是反腐倡廉工作的目标性环节，其包含的制度建设、廉政管理、文化建设等更具有治本的特点。理论界围绕廉政理论、中国特色廉政体系建设、国家治理现代化与廉政、地方廉政管理创新等进行了深入的研究。主要研究成果有陈潭、伍小乐的《论马克思廉政观及对国家治理体系现代化的启示》（《理论学刊》2015 年第 11 期），倪星、宿伟伟的《中国特色廉政体系的理论框架与研究方向》（《学术研究》2015 年第 8 期），臧乃康的《国家治理现代化的廉政维度》（《廉政文化研究》2015 年第 3 期）和公婷、杨丽天晴的《以地方为基础的廉政管理：创新与意义》（《广州大学学报·社会科学版》2015 年第 2 期）等。

陈潭、伍小乐在《论马克思廉政观及对国家治理体系现代化的启示》一文中系统梳理了马克思的廉政观点：社会主义制度是实现廉政的政治根基，也即依据社会主义的宪法法律治国理政、杜绝腐败，这体现了社会主义制度下建设廉政的合规律性；发展以普选制度、民主监督制度、罢免惩处机制为主要内容的民主政治是廉政的核心保障，这能保证公务员队伍的纯洁性；打造厉行节俭、廉洁为民的廉价“小政府”是廉政建设的关键举措；践行社会主义的“公正”价值，并保证权力运行的公开透明则是建设廉政的基本方法。该文认为，马克思对廉政的设想是建立在对人类社会发展规律的客观认识和对资产主义政治社会的深刻批判之上的，他对私有制、资产阶级民主、资产阶级廉价政府的口号和资产阶级政府的权力运行方式都进行了尖锐的批判。这些科学的理论设想对我们当前推进廉政建设和实现国家治理体系现代化都富有参考价值。具体而言，一是要不断完善社会主义制度，发挥制度优越性对廉政建设的作用；二是要努力使社会主义民主政治道路越走越宽广；三是打造全心全意为人民服务的廉价政府；四是以公开透明的权力运行保障和促进社会公平正义。

倪星、宿伟伟在《中国特色廉政体系的理论框架与研究方向》系统地分析了中国特色廉政体系的框架结构。该文认为，当前中国反腐败斗争进入新的阶段，在实践中出现一系列新探索和新经验，迫切需要从理论上加以系统总结和提升，建构中国特色的廉政体系。中国特色廉政体系包括：价值理念维度，旨在研究国家廉政体系建设的理论基础与价值观念；主体结构维度，旨在研究国家廉政体系建设的多元主体及其之间的关系模式；体制机制维度，旨在研究国家廉政体系建设的制度构建与机制设计；方法策略维度，旨在研究国家廉政体系建设的战略对策与政策工具；评估调适维度，旨在研究国家廉政体系建设的效果评估和动态调适。该文认为，推进这一体系，应着重九个方面的研究：建立中国廉政建设数据库，为国家廉政体系建设的实践探索与理论研究提供系统、翔实的数据支撑；系统梳理我国廉政体系建设的历史发展、阶段特征和未来趋势，分析其成效、问题与内在规律；全面总结境外不同类型国家和地区在廉政体系建设方面的成功经验，分析这些成功经验背后的共同特质与个性差异；深入反思境外不同类型国家和地区在廉政体系建设方面的失败教训，分析这些失败背后的深层原因；融合本土实践与境外经验，构建适应经济社会转型条件的中国特色廉政理论框架；基于现实需求与理论指导，探索对于国家廉政体系建设具有切实指导意义的战略设计；基于“动机—机会—行为”的腐败发生机理，优化国家廉政体系建设的实施路径；基于“人—关键环节—重点领域”的分析框架，提出国家廉政体系建设的对策举措；引入动态监控和反馈调适的思路，探索国家廉政体系建设的评估反馈与调适机制。

臧乃康在《国家治理现代化的廉政维度》一文中结合了国家治理现代化的改革目标，分析了廉政建设的方向。该文认为，治理腐败过程中，无论是对财富占有或利益分配方式的调整，还是对权力监督和制约制度安排的完善，都属于国家治理的重要内容。考量国家治理现代化的廉政维度，一是廉政价值维度：即公共精神、协商民主、人民至上的价值维度。具有现代公共精神的公民在社会政治生活中能够合理有序的表达，促进公共利益的实现。多元的协商对加强公共权力制约和监督，促进决策民主化，改善干群关系，完善基层民主和群众自治制度，保障政治清明和政府廉洁，具有不可替代的功能。人民至上要求切实保障人民群众的知情权、参与权和监督权，让人民监督权力，让权力在阳光下运行。二是廉政结构维度：多元主体、权力制约、社会自主的结构维度。政府与政府外的非政府组织和各种各样的社会自治力量，在多元化的社会治理主体之间建立起一个共治的、网状互动治理结构。消解悖论、走出困境根本出路在于约束权力，而约束权力又以分权为基础。何释放社会的自主性，实现国家与社会的基本均衡。三是廉洁政治维度：廉政文化、放权限权、宪法约束的政治维度。廉政文化是人们在政治生活中，围绕怎样保证公共权力用来为公共利益服务，而不被掌权者用来谋取私利，形成了由相关思想、价值观、制度等构成的文化价值和体系。必须实现科学合理的权力配置，建构完善的权力监督制约体系，预防重大失误的发生。现代文明国家将国家的治理置于宪法之下，这个层面的约束、制约、监督具有至高性、最终性。

公婷、杨丽天晴在《以地方为基础的廉政管理：创新与意义》一文中梳理了广东省各地县的地方反腐创新案例，以此探讨以地方为基础的廉政管理的策略意义及其对反腐制度转型的推动作用。该文认为，按照经济合作与发展组织（OECD）的定义，“廉政管理”指的是加强廉洁建设、防止腐败和其他有违廉政的行为所实施的管理措施和活动。廉政管理的主要目的是预防腐败，即防患于未然，而不仅仅是抑制已发生的腐败情况。它可以是自上而下地按中央指令进行，也可以通过以地方为主自下而上的创新探索方式推进。前者需要在执行中央法规和命令时兼顾和协调不同地区的差异性，而后者则允许地方在廉政建设的机构、过程和方式上进行变通和调整。该文指出，最近几年，地方廉政创新开始陆续出现，并且逐渐获得中央的认可和鼓励。这是行之有效的廉政建设途径。在大力治标的同时，必须综合施策，强化治本，才能有效确保治标之成果，提升国家法治建设之水平，奠定社会长治久安之基础。该文梳理了广东省地方廉政管理创新的几种模式，第一种类型是通过建立新的法律法规和采用新的做法来提升政府内部自我检查的水平，旨在尽早发现并预防腐败；第二种类型是加强廉政管理措施来监督官员的行为，严格追究他们违法行为的责任；第三种类型是提升政府行政流程和过程透明度的廉政举措；第四种类型的措施是为廉洁奉公的政府官员提供激励和奖励机制；第五种类型是致力于政府部门机构重组，以此来推进地方政府反腐监督机构在预防腐败和廉政管理中的作用。

（四）廉洁政治生态建设

习近平总书记指出，加强党的建设，必须营造一个良好从政环境，也就是要有一个好的政治生态。三年多以来的强力反腐，使腐败活动大为减少，但并没有绝迹，反腐败体制机制建立了但还不够完善，思想教育加强了但思想防线还没有筑牢，减少腐败存量、遏制腐败增量、重构政治生态的工作艰巨繁重。因此，全面从严治党要通过廉洁自律，巩固和拓展党的群众路线教育实践活动成果，自觉依法用权、秉公用权、廉洁用权，营造风清气正的政治生态。理论界对于当前廉洁政治生态的构建，主要从价值的角度进行了深入的探究。主要研究成果有庄德水的《权力、利益与生态：反腐新常态的价值取向》(《廉政文化研究》2015 年第 2 期)，唐贤秋在《论廉洁政治生态的价值维度与构建理路》(《中国特色社会主义研究》2015 年第 5 期)，李斌雄、姜向红的《当代中国构建廉洁政治生态的价值、问题和对策》(《广州大学学报·社会科学版》2015 年第 1 期)和周敬青的《破除党内潜规则，重构政治生态——基于执政党建设的思考》(《探索》2015 年第 8 期)。

庄德水在《权力、利益与生态：反腐新常态的价值取向》一文中分析了权力结构、利益格局和政治生态的互动关系。该文认为，反腐新常态的形成和发展，取决于能否实质性地改变原有的权力结构、利益格局和政治生态。革新权力结构、调整利益格局和重构政治生态是一个统一整体。权力结构是反腐新常态形成的一个制度性条件，关系到反腐主体能否积极参与、反腐机制能否协调运转、反腐手段能否有效运用。革新权力结构可以突破权力限制，形成科学的权力体系。利益格局是否合理直接关系到反腐的公信力，关系到利益主体的参与程度。调整利益格局可以摆脱利益固化，形成合理的利益关系。政治生态是相对自然生态、社会生态、经济环境等而言的一种社会政治状态，是党风、政风、社风的综合体现。重构政治生态可以改变官场风气，形成清正的从政环境。该文提出，革新权力结构旨在形成不同权力之间互相制约又相互协调的关系，当务之急是科学配置决策权、执行权、监督权的权限，严格划分不同权力的使用边界，明确执行权对决策权负责，决策权、执行权都必须无条件地接受监督权的制约，并通过法律和制度确定下来。调整利益格局旨在消除特殊利益集团的垄断。要围绕利益格局调整，运用反腐力量冲破重点领域、垄断部门的权力关系和利益关系，斩断官商勾结和权钱交易的利益网络，让反腐利益惠及社会公众。重构政治生态旨在追求政治伦理，坚持法治反腐，改变腐败文化的负面影响。要求用法治思维和法治方式反对腐败，当前要完善法治设计，用法治的权威来优化政治生态环境和权力运行环境，用法治的规范来调节社会关系和平衡社会利益。

唐贤秋在《论廉洁政治生态的价值维度与构建理路》一文中分析了廉洁政治生态的基本价值。该文认为，在政治生态中，执政党的党风与政风以及与社会风气构成不同层级的生态圈，各生态圈之间又存在着密切的内在逻辑关联。其中，执政党的党风带有根本性，它往往影响并决定政风乃至社会风气的形成与走向。廉洁政治生态是指为了实现政治清明的价值目标而试图构建的一种风清气正的政治生态环境，是以干部清正、政府清廉和政治清明等价值维度呈现，并以“清”作为首要价值而贯穿于为政、行政和执政之中的政治生态系统图景。干部清正：廉洁政治生态之于人的价值维度，是对干部为政所形成的吏治生态的道德观照。政府清廉：廉洁政治生态之于公共权力机构的价值维度，是对政府行政生态的道德期待。政治清明：廉洁政治生态之于党执政的价值维度，是对中国共产党执政的政治生态的道德诉求。廉洁政治生态的构建，需要在价值观上涵养人民利益至上的价值源头，在举措上全面推进依法治国与全面从严治党，在方法上坚持“破”“立”结合。

李斌雄、姜向红在《当代中国构建廉洁政治生态的价值、问题和对策》一文中围绕习近平总书记的重要论述对于净化政治生态进行了概念界定和深入分析。该文认为，所谓政治生态是指人与人之间的政治关系以及环境特别是社会环境与人的政治行为之间的相互影响。所谓廉洁政治生态，就是政治生态的廉洁性。在当代中国，净化和重构政治生态是凝聚全党力量、努力实现中国梦的政治措施；是建设廉洁政治的必然选择；是巩固党的长期执政基础的重要保证。该文分析了当前一些地方或部门政治生态不健康甚至恶化的原因和后果：管党治党不严格，“一把手”带头搞腐败，导致本地区本部门窝案易发多发；用人导向不正确，选人用人乱象丛生，产生“逆淘汰”现象；政商关系不分明，官商勾结，形成利益集团；党内政治生活不正常，组织涣散，纪律松弛，党组织作用得不到正常发挥；价值追求不健康，庸俗作风滋长蔓延，潜规则大行其道。该文指出，在当代中国净化和重构政治生态、营造良好的从政环境，必须从各级领导干部首先是高级干部做起，这是牛鼻子；必须坚持正确用人导向，以“好干部”标准公平公正公道地选人用人，这是价值导向；必须坚持民主集中制，严肃党内政治生活，这是目标要求；必须净化政商关系，做到官商两道、公私分明，不为亲友谋取任何私利，这是基本规范；必须坚决惩治腐败，持之以恒抓作风建设，这是有力抓手。

周敬青的《破除党内潜规则，重构政治生态——基于执政党建设的思考》从制度建设的角度探讨了如何优化政治生态。该文认为，新时期推进全面从严治党，必然要求重构政治生态，彻底清除党内潜规则的影响，形成“山清水秀”的政治生态环境。一是要通过斩断党内潜规则产生的利益链条，建立以公平正义为价值取向的执政党政治生态。

通过健全完善党内制度法规，尤其是通过党务公开、新闻媒体舆论的监督，加大选择党内潜规则行为人的成本。通过建立科学的补偿和惩处机制，使抵制党内潜规则的人受到保护,使遵循党内潜规则的人受到惩处。二是要铲除党内潜规则产生的社会政治文化土壤，建立体现现代民主法治理念的执政党政治生态。要大力培养党内“敬畏制度”特别是“敬畏党章”的意识，特别要加强党的制度文化建设。三是要清除党内政治生活中的潜规则，建立起具有良好的组织行为文化的执政党政治生态。创建先进的党内组织文化，营造一个良好的组织环境，建立起团结合作、民主开放、清廉高效的和谐组织加强对党内潜规则的全方位、全过程监督，重构风清气正的执政党政治生态。严明吏治，抓住主要领导干部这个“关键少数”作为监督的重点。

（五）纪委与纪律建设

纪严于法，纪律建设在廉政建设中起着防火墙的作用，纪委反腐与司法反腐形成了有效的联结，纪律建设形成的纪律文化也有力地消解了腐败滋生的土壤。正确处理纪委和党委的关系、充分发挥纪委的监督责任和党委的主体责任，是有效推进纪律建设的关键。学者们对纪律在廉政建设中的作用、纪委和党委的关系进行了分析，主要成果有吴建雄的《论党纪反腐与司法反腐》(《中共中央党校学报》2015 年第 2 期)、李喆的《党的纪律建设的文化认同和文化路径》(《宁夏党校学报》2015 年第 3 期)、纪亚光的《党委与纪委在党风廉政建设中的关系和作用评析》(《人民论坛》2015 年第 11 期）和黄晓辉的《加强纪委对同级党委的监督》(《理论探索》2015 年第 6 期）等。

吴建雄在《论党纪反腐与司法反腐》一文中论述了党纪与司法在反腐过程中的衔接关系。该文认为党纪反腐是执政党运用党内法规治理腐败的职能活动，是党的纪律检查机关对党员腐败行为的纪律评价和纪律处置，是从严治党的基本形式，是权力监督的重要手段，是腐败治理的政治保障。司法反腐是司法机关依据国家法律对腐败行为进行法律评价和处置的职能活动，是治理腐败的国家行为、重要方式和法律保障。在法治反腐的语境下，党纪反腐严于司法反腐、司法反腐强化党纪反腐、党的执纪与国家司法在腐败治理中各司其职、相辅相成，共同实现“把权力关进制度的笼子里”的预防价值。该文认为，协调好党纪与司法在反腐中的关系，一是要坚持和依靠党的领导，统筹协调反腐执纪与反腐司法工作。二是要进一步完善党纪国法，适应反腐败斗争的客观需要。三是要深化反腐机制改革，提高党纪国法的适用效能。四是要严格依纪依法办案，提高惩治腐败的法治化水平。

李喆在《党的纪律建设的文化认同和文化路径》一文中分析了如何通过文化建设推进纪律建设。该文认为，党的建设在一定程度上就是政党的政治性和文化的先进性的有机结合，现阶段党的建设迫切需要增强文化含量；一些党员干部纪律涣散的一个重要原因就是先进文化理念的缺失；以文化认同加强纪律建设能够形成党员干部在纪律方面共同的价值认可和一致性的价值取向。该文对如何从文化视角加强党的纪律建设提出建议。就党员干部个体而言，树立并践行正确的纪律文化理念，包括党的意识，党性意识，责任意识，规矩意识，服从意识，底线意识。就党组织群体而言，形成教育、制度、执行、监督“四位一体”的文化注入和培育机制。主要的文化养成做法有：通过教育灌输，促成党员干部良好纪律行为的自觉养成；通过制度文化，促使党员干部良好纪律行为的自动自发；通过执行文化，促使党员干部良好纪律行为的有效践行；通过监督文化，促使党员干部良好纪律行为的真正落实。此外，还要构建组织领导、工作流程、支持配合、绩效评估等确保纪律文化建设取得实效的保障体系。

纪亚光在《党委与纪委在党风廉政建设中的关系和作用评析》一文中分析了党风廉政建设中如何处理党委与纪委的关系。该文认为，十八大以来，在党风廉政责任制中，明确党委负主体责任是最为关键的环节，党风廉政建设的工作机制发生根本变化的显著标志。首先，第一次明确规定了党委在党风廉政建设工作中的具体职责；其次，使党委负主体责任，实质上是强化其责任意识，并给予其内在的监督和制约，而非扩大其权力；再次，对于党委负主体责任的目标，有了清晰的指向。对于纪委而言，明确其担负相对单一的监督责任，实质上不是削弱而是强化其监督权：首先，有助于纪委集中精力做好自己的主业；其次，有助于保证各级纪委监督权的相对独立性和权威性；再次，有助于改变长久存在的消极痼疾，激发纪委履行监督职责的积极性。该文认为，在现有基础上进一步理顺党委与纪委在党风廉政建设工作中的关系，应按照监督主体高于或至少平行于监督客体的有效监督原则，进一步改革现行党的纪律检查工作双重领导体制，使纪委拥有事前监督、制约决策、监督决策的执行和对决策执行不力进行惩戒的监督和制约权限。

黄晓辉在《加强纪委对同级党委的监督》从监督的角度分析了纪委和党委的关系。该文认为，加强纪委对同级党委的监督，首先要厘清纪委与党委的关系，明确纪委对同级党委监督的权力来源，保证纪委的监督职责落到实处，这是前提。党委与纪委的关系，不是一般意义上的领导与被领导关系，在党风廉政建设和反腐败工作中的领导与协助关系，纪委也负有对党委的监督职责，即监督党委开展好这项工作。其次要改革现有的组织人事制度，改变现有的组织人事关系，保证纪委的相对独立性和权威性，使纪委能够硬起腰板、板起脸来开展监督，这是关键。建议成立由同级党的代表大会选举产生，在党的代表大会闭会期间以上级纪委领导为主的地方各级纪检工作机构。再次要健全相关的监督制度，保证监督的规范性和严肃性，保证纪委监督同级党委有章可循、具有刚性，这是重点。就监督权力而言，纪委监督同级党委实质上是一种受限制的监督；就监督内容而言，纪委监督同级党委的重点是对决策的监督；就监督方式而言，纪委监督同级党委必然包括参与式监督；就监督对象而言，纪委监督同级党委有必要包括非中共党员的行政一把手。

四、党的制度建设研究

制度建设在党的各项建设中带有根本性、全局性、稳定性和长期性，加强制度建设是坚持从严治党的重要保障。习近平总书记明确指出，从严治党，一靠思想，二靠制度，思想建党与制度治党要紧密结合。制度建设的关键在于约束权力，能构建出把权力牢牢关住的有效运转的制度。制度建设与制度改革是相互统一的，制度改革是党的制度的自我完善与发展，也是全面深化改革的重要内容。理论界对于新形势下如何理顺党的制度建设各项关系，对于党的制度建设与制度改革，对于如何通过制度约束权力，推进党的各项制度有效运转进行了深入的分析，形成了较多的研究成果，有利于我们进一步深化对制度建设重要性的理解，也有利于明确党的制度建设的方向。

（一）党的制度建设与改革

长期以来，我们党围绕党的建设制订了许多规章制度，但对于制度之间联系、制度的实际执行、新形势下制度本身的深化改革，认识程度不够。对此，理论界结合习近平关于党的制度建设的思想、国家治理现代化的总体改革目标等实践与理论的要求，对党的制度建设及其改革、执行进行了较系统的梳理。主要研究成果有丁俊萍的《党的制度建设和党的建设制度改革之关联》(《探索》2015 年第 1 期)，王学俭、王锐的《论国家治理现代化视野下党的建设制度改革》(《中国特色社会主义研究》2015 年第 2 期）和祝灵君的《让党内各项管用的制度切实运转起来》(《探索》2015 年第 2 期）等。

丁俊萍在《党的制度建设和党的建设制度改革之关联》一文中对党的制度建设和改革相关概念、历程进行了细致的梳理。该文指出，在党的建设研究领域，“党的制度”“党的制度建设”“党的建设制度”“党的建设制度改革”多个词汇相继使用，有时甚至并用。这些不同表述中都包含有“制度”二字，显然有其共通性，但其内涵有其各自侧重点。党的制度是党内各种行为规范的准则，是以党章为依据，以民主集中制为基础和核心、以完善党的领导体制和执政方式，保持党的先进性和纯洁性、增强党的凝聚力和战斗力为指向的党内一整套法规制度的总称，包括党内法规、条例、体制、规则、程序等。对于马克思主义执政党来说，党的制度具有根本性、全局性、稳定性和长期性等鲜明特点。就是随着党的自身发展而逐步建立、修正、丰富和完善党内各种行为规范准则并且严格执行党内各种行为规范准则，进而为党的建设科学化提供根本保障的过程。改革开放以来，中国共产党不断加强党的制度建设：从在实践中重视党的制度建设，到思想上深刻认识领导制度、组织制度问题更带有根本性、全局性、稳定性和长期性；从强调解决制度问题、加强党的制度建设，到明确提出“深化党的建设制度改革”的重大课题和重大任务，推进国家治理体系和治理能力现代化，再到制订和实施《深化党的建设制度改革实施方案》，最后到强调依据党内法规管党治党，大力加强党内法规制度建设；从思想理论上认识和强调党的制度建设，到具体构建以党章为核心的党内法规制度体系，进而把党依据党内法规管党治党纳入依法治国、依法执政之中，使党的建设呈现出制度化、科学化、规范化趋势和全新面貌。该文认为，深化党的建设制度改革，就是提炼、升华那些在党的建设实践中创造出来的并且经过实践检验证明是有效管用的新成果，使之上升为理论原则和经验总结，并使之规范化、条文化，用以解决党的建设中面临和出现的新问题，以制度改革带动党的建设工作全局，开辟党的建设工作新局面，保持党的先进性和纯洁性，不断增强党的创造力凝聚力战斗力，确保党始终成为中国特色社会主义事业坚强领导核心。

王学俭、王锐在《论国家治理现代化视野下党的建设制度改革》一文中围绕治理现代化这个全面深化改革的总体目标，分析了党的制度建设的逻辑。该文认为，十八届三中全会在提出“国家治理现代化”这一全面深化改革战略目标的同时，又提出了党的建设制度改革的新任务。国家治理现代化视野下党的建设制度改革的理论逻辑是：党的法规制度体系存在的问题是改革的逻辑起点；党的建设制度改革的开放性和自主性是党的建设实现现代化的两个逻辑条件。党的建设制度改革有着清晰的逻辑层次，就横向结构来分析，包括了党的组织制度改革、干部选拔任用制度改革、干部管理制度改革、健全改进作风常态化制度、健全党的基层组织体系、强化权力运行制约和监督体系等六个不同领域。这六个领域既自成体系，独立运行，又相互联系，紧密衔接，有机统一。就纵向结构来分析，党的建设制度改革既依赖于中央层面的整体规划、顶层设计、统筹协调，又要依靠地方层面的承上启下，创造性贯彻落实并具体化，还要依靠基层的试点探索，积累经验，最终实现中央、地方、基层的上下联动，全面发力。党的建设制度改革的核心价值取向、价值选择应是民主、平等、公正、法治。该文还对国家治理现代化的视野下党的建设制度改革的实践路径进行分析。从微观视角看，要提高每一项党的法规制度的质量；从中观视角看，要构建系统完备、科学有效、运行规范的党的法规制度体系；从宏观视角看，要实现党的法规制度体系与中国特色社会主义法律体系的有机衔接。

祝灵君在《让党内各项管用的制度切实运转起来》一文中分析了党的制度贯彻落实的途径和保障条件。该文认为，党的建设已进入管党治党的关键时期，让各项管用的制度切实运转起来决定了党的未来，决定了中国特色社会主义伟大事业的未来。制度的有效运转往往取决于制度本身各种要素的耦合以及制度之间的有机衔接。让党内各项制度运转起来，既要发挥“法律”的作用，也要发挥“心律”的作用。所谓“法律”，是指约束人的行为的各种外在的规则、规定、规范等；所谓“心律”，是指人内心的自我约束。要把理想信念教育、党性修养和科学的制度设计结合起来，把思想建党的优良传统和制度治党的理性规则结合起来。既要立足于继承行之有效的“软法”，也要立足于建立“硬法”，经过实践检验，约定俗成，为广大党员干部所接受，是全党必须长期坚持并自觉遵循的“规矩”。“硬法”，是指党的纪律和国家法律，既“明文”，又必须“明示”。既要强调“高线管理”，也要强调“底线管理”。意味着党要管党、从严治党还要解决“两公里”问题。在中央，首先要解决政令通畅的“第一公里”问题，防止政令被有关部门肢解，蜕变为部门出政策；在基层，则要解决政令畅通的最后“一公里”问题，防止基层组织“软弱涣散”，防止小官巨腐，以致党的公信力在基层被侵蚀。既要进行“顶层设计”，也要关注“细节设计”。该文还认为，党内关于管党治党的新思路、新方向最好选择在具体跟进的制度设计基本成型后提出来，或在具体制度颁布的同时提出来，这样使下级党组织既有方向，又有行动指南，更容易形成统一意志。既要注重发挥制度的作用，也要注重发挥人的作用。任何制度的运行都是制度与人的函数，最终必然具备一定的“弹性”。必须把书记的作用充分发挥出来，使管党治党的各项制度真正运转起来。

（二）权力运行体制

权力运行体制建设是党的制度建设的中心内容，也是全面从严治党的必然要求。权力约束和权力监督的核心环节是对“一把手”权力的监督，具体路径是制订权力清单，严密权力分工。对此，理论界进行了探讨，主要研究成果有邹庆国的《“一把手”体制：历史体认、制度检讨与改革进路》（《理论导刊》2015 年第 3 期），唐亚林的《权力分工制度与权力清单制度：当代中国特色权力运行机制的建构》（《理论探讨》2015 年第 3 期）和姚巧华的《县委书记权力运行科学化路径论析》（《中州学刊》2015 年第 7 期）。

邹庆国在《“一把手”体制：历史体认、制度检讨与改革进路》一文中从多个角度分析了“一把手”权力运行体制。该文认为，“一把手”作为长期流行于我国政治生活的特定术语，承载着特定的权力规则，反映着特定的体制形态。“一把手”过分集权的领导体制是引发诸多政治弊病的发源点，亦是深化改革进程中亟待突破的关节点。“一把手”体制生成与演进的脉络，历经建党早期制度设计初衷与实践的背离、抗日战争时期一元化领导体制的确立、书记处主席“最后决定权”的规定、党委书记是“班长”的比方、建国前后“第一书记”职位的设置、改革开放以来“一票否决”式政绩考核制度的设立、党委书记兼任人大主任模式的推行等发展阶段。执政后针对“一把手”权力过于集中，进行了多元化的改革：党代会常任制试点，从源头上厘清权力授受关系，限制过分集权；以主要负责人为重点的党内监督，以扩大监督权限制过分集权；坚持“集体领导、民主集中、个别酝酿、会议决定”的“十六字”原则，以改进党委会决策机制与程序限制过分集权；以党内权力分割与制衡限制过分集权的三权分设；以强化纵向监督限制过分集权的巡视制度等；以党务公开的外生压力限制过分集权的县委权力公开透明运行试点等。客观来看，上述改革成果在实现党内权力的理性回归、党内监督的重点聚焦、党内权力结构的优化、权力运行程序的完善、人治思维的清除等方面，对消解过分集权的体制弊病起到了重要作用，但是，由于发力点相对分散，并未对过分集权现象产生根本性遏制。该文认为，加强和改进对主要领导干部行使权力的制约和监督，应当以分解和限制“一把手”权力为切入点，科学划分党政主要领导的职能权限、形成不同属性权力之间的制衡关系、保持持续递增的刚性执行力，形成由个体及组织再到体制，由节点攻坚再及体系构建的改革进路。

唐亚林在《权力分工制度与权力清单制度：当代中国特色权力运行机制的建构》一文中对如何通过权力清单制度进行权力制约进行了探讨。该文认为，权力制约模式可分为结构性权力制约模式与功能性权力制约模式两种，前者建构框架性制度结构，体现政治制度的性质，并日益退隐到幕后，而后者建构操作层次，成为运行机制，体现政治制度的质量。两种模式各有利弊，前者的弊端一是民主控制能力下降，另一个是制度自主性丧失；功能性制约模式的弊端是日益走向一种集中，产生了一种建立在政府职能的扩张化与福利化基础上的“大政府”或者“行政国家”现象。当代中国建构了坚持党的领导、人民当家作主、依法治国有机统一的结构性权力制约模式，并在努力探索建构决策科学、执行坚决、监督有力的权力运行体系这一功能性权力制约模式，从而实现对权力运行机制的中国特色式建构。中国特色权力运行机制的内核包括两大内容：一个是“说‘不’的权力分工制度”，即在集体领导与分工负责制基础上的“副职分管、正职监管、集体领导、民主决策”的新型权力运行机制；另一个是“说‘是’的权力清单制度”，即“法无授权不可为”以及“法定职责必须为”的新型权力运行机制。该文提出，建构中国特色权力运行机制本质就在于通过功能性权力制约模式的再造，带动结构性权力制约模式的再造，最终实现权力制约模式的中国式创新。

姚巧华在《县委书记权力运行科学化路径论析》一文中聚焦了县委书记权力运行科

学化这个政治实践和学术研究中的深层次命题。该文认为，解决这个命题，首先，要科学配权，形成合理的权力结构。赋予必要的权力，确保县委书记完成特定的使命与职责，建立合理的权力结构，进一步规范县委书记权力配置。实行决策权、执行权、监督权三权的合理分离，为县委书记科学用权提供制度前提。其次，阳光晒权，规范权力运行程序。通过相应的体制机制建设来提升权力运行的科学化水平。以限权为起点，恰当设置县委书记权力清单；以公开为手段，让权力在阳光下运行；以事项透明、流程透明为分解动作，实现权力运行程序的科学化。三是要有效监权，改革权力监督体制。以创新党内监督、激发异体监督为着眼点来改革权力监督体制。四是要科学评权，完善绩效考评机制。通过设立有针对性的全面评价指标体系，发挥考评激励功能。五是构建权力腐败惩处机制，彰显惩治腐败的警示意义。强化腐败案件查处机制，提高案件查处效率，消除腐败"漏网"侥幸心态；严格依照法律惩处违法行为，保证违犯法律的责任与既往职位不发生关系。

五、干部队伍建设研究

政以才治，事以才兴。政治路线确定之后，干部就是决定因素。全面从严治党以来，一直把从严治吏作为重点，对干部提出了"三严三实"和"忠诚、干净、担当"等要求。"为政之要，莫先于用人。"必须按照好干部标准，严格按照程序，做好干部选拔任用工作。在经济新常态的形势下，克服干部不作为的现象，激发奋发有为、昂扬向上的精神状态，对于应对严峻复杂局面、破解改革发展难题，具有重大意义。2015 年，理论界围绕干部选用科学化和改革干部激励约束机制、克服不作为进行了一定的研究。

（一）干部选用

关于干部的选拔任用，理论界对干部选用存在的问题和十八大以来从严治官背景下选用制度的科学化等问题展开了讨论，主要研究成果有杨根乔的《干部选拔任用部门化问题的成因及对策》(《中州学刊》2015 年第 2 期)、山西省委组织部课题组的《竞争性选拔干部中的"高分低能"问题研究》(《中国延安干部学院学报》2015 年第 5 期）和刘红凛的《从严治吏与选人用人科学化——党的十八大以来从严治吏的基本特点与基本启示》(《理论探讨》2015 年第 6 期）等。

杨根乔在《干部选拔任用部门化问题的成因及对策》一文中认为各地党政部门都在积极探索干部选拔任用制度改革并取得了明显成效，但在干部选拔任用的部门主导权、"一把手"用人权、选任机会和选任渠道等方面还存在不同程度的部门化现象。所谓部门化，主要是指党委及其组织部门制订的选人用人程序、选人用人行为及其结果更多偏向上级党委各职能部门。究其原因，主要有，一些部门的主要领导干部受传统用人观的影响；干部人事制度还不完善；干部选拔任用民主监督机制还不健全。该文指出，要从根本上消除这种部门化现象，必须树立正确的选任标准和和以德为先的导向，解决一些党委主要职能部门主要领导选人用人观念问题；规范干部选拔任用初始提名制度，解决一些党委主要职能部门及主要领导在干部选拔任用过程中主导权力过大问题；完善选拔任用程序和运行机制，解决党委主要职能部门与其所属系统各单位干部选任机会不均衡问题；进一步拓宽选人用人渠道，解决一些党委主要职能部门与其所属系统各单位干部选任渠道不够通畅问题；建立健全选人用人监督机制,解决少数党委主要职能部门“一把手”用人权力过于集中问题；把明确选人用人责任与完善干部考核评价方法结合起来，解决有些党委主要职能部门在干部选任程序等重要环节操作不够规范问题。

山西省委组织部课题组在《竞争性选拔干部中的“高分低能”问题研究》一文中指出，“高分低能”是竞争性选拔干部中的一个重要问题。“高分低能”干部能力欠缺的主要表现是组织协调能力偏弱、改革创新能力不足、解决实际问题能力欠缺、科学决策能力不强。该文认为，产生“高分低能”的原因主要是资格条件设置不合理，测试测评环节本身在程序设计、内容设定、技术选配上存在的不规范、不科学，测试内容设置不够科学，考评队伍和题库建设重视不够，测试手段不够先进，对测试测评结果分析研判不科学，跟踪管理培养不够完善。解决这一问题一是要科学设定报告资格条件，分析岗位需求，强化实绩导向的制度设计，从严掌握破格审批；二是要优化程序组合和设计，科学再造流程，应用逐轮淘汰、分阶段淘汰和综合淘汰多种模式，合理分配权重；三是要加强考评队伍建设，提高命题的科学性；四是要构建科学的以人岗匹配为基础的胜任力测评方法；五是要通过任前培训、严格试用期制度等，强化跟踪管理、加大培养力度。

刘红凛在《从严治吏与选人用人科学化——党的十八大以来从严治吏的基本特点与基本启示》一文中总结了从严治党新形势下干部选用的科学化进展。该文认为，在“四风”与腐败问题现象背后，明显存在理想信念动摇、人格分裂、宗旨观淡化、群众观异化、权力观异化、责任担当意识不强等突出问题。究其成因，关键在于治吏不严或治吏不力。十八大以来，以习近平为总书记的党中央从严治吏，明确好干部标准，即信念坚定、为民服务、勤政务实、敢于担当、清正廉洁；明确好干部成长路径；致力于建立科学有效的选人用人机制；加强对权力的监督与制约。十八大以来从严治吏呈现出自上而下以身作则、抓“关键少数”、从严从实真抓实干、严明规矩强化底线、强化制度建设、廉洁自律与依法治权相结合等显著特点。该文认为，从根本上看，从严治吏关键在于选人用人科学化；坚持党的领导与人民民主的统一，对干部进行科学的分类管理，对于选任干部实行“组织提名、差额选举、民主选举”三结合，实现领导公认与群众公认的统一，是实现选人用人制度科学化的关键所在。

（二）干部问责和考核机制

克服干部不作为、乱作为的关键在于构建运作有效的问责机制和考核机制，督促干部不当庸懒官、不当太平官，做到守土有责、守土负责、守土尽责。相关研究成果主要有徐继敏、熊丽珠的《领导干部重大决策终身责任追究制探析》(《中国井冈山干部学院学报》2015 年第 4 期）和中共西安市委组织部课题组的《改革完善领导干部实绩考核评价体系的路径设想》(《中国井冈山干部学院学报》2015 年第 5 期)。

徐继敏、熊丽珠在《领导干部重大决策终身责任追究制探析》一文中指出，重大决策终身责任追究制的提出是党在创新决策理论、健全决策机制上取得的一项突破，但由于重大决策事项具有区域性、复杂性、动态性的特点，使得决策失误形式多样。重大决策终身责任形式并不单一，可以划分为法律责任，包括行政责任、刑事责任、民事责任；

纪律责任；政治责任三类。法律责任可由司法机关和上级行政机关进行追责，纪律责任由党委追责，政治责任则可以由党委、立法机关、上级行政机关、社会进行追责。该文根据这三类责任形式对重大决策终身责任追究的责任承担方式进行了梳理，认为：在法定追诉时效的限制下，需要从构建系统的行政处分与行政处理制度，协同党纪国法规范、完善政治责任承担方式等方面着手，才能实现其惩戒和教育的功能。

中共西安市委组织部课题组在《改革完善领导干部实绩考核评价体系的路径设想》一文中指出，当前领导干部实绩考核评价工作存在的问题有：在指标设置上，还未建立起"人岗相适"的体系；在方式方法上，还未处理好"整体与个体"的关系；在衡量标准上，还未把握好"显绩与潜绩"的平衡；在评价体系上，还未改变"重官评轻民评"的倾向；在结果运用上，还未解决好考用"两张皮"的问题。该文认为，改革完善领导干部实绩考核评价体系，要做到：（1）分级分类设立领导干部实绩考核评价指标体系，围绕目标任务设置基础性指标，依据工作成效设置实绩性指标，按照职责分工设置差异性指标，立足民情民意设置评估性指标，注重激励导向设置奖惩性指标。（2）科学设置领导干部实绩考核评价的分值权重。（3）不断深化干部实绩考核结果运用，注重考核结果在干部选拔任用中的直接运用，不断提高考核结果在跟踪问效中的综合运用，加强考核结果在干部管理监督中的延伸运用。（4）统筹建立领导干部实绩考核评价的保障机制，包括规范化的考核制度体系，专业化的考核干部队伍，信息化的考核技术平台。

六、新形势下基层党组织建设研究

基层党组织是党的全部工作和战斗力的基础，也是实现党的领导和执政目标的支撑。党的基层组织是否坚强有力，直接关系党的生机活力，关系党的事业兴衰成败，关系党的执政地位的巩固。当前，基层党组织建设一方面着力围绕服务型党组织建设的目标拓展功能、增强吸引力和凝聚力，另一方面结合全面从严治党的要求，不断加强党员教育管理，增强党组织的纯洁性。理论界对基层党组织的研究，主要围绕社区党建、服务型党组织和加强基层党员队伍管理展开。

（一）社区党建

随着城市化的加速进行，社区党建逐步成长为基层党组织建设的主要领域，在社会治理创新的背景下，社区党组织的治理枢纽作用也日益凸显。理论界围绕社区党组织的功能建设、社区与党社关系、社区与区域化党建整合等问题进行了讨论。主要研究成果有严宏的《城市社区服务型党组织建设面临的问题与解决思路》（《理论探索》2015 年第 1 期）、刘安的《吸纳与嵌入：社区党建背景下中国党社关系的调适策略》（《黑龙江社会科学》2015 年第 5 期）和卢爱国、陈洪江的《论城市基层区域化党建的整合功能》（《湖南师范大学社会科学学报》2015 年第 1 期）。

严宏在《城市社区服务型党组织建设面临的问题与解决思路》一文中对社区党组织的功能转进行了分析。该文认为，改革开放以来，在城市基层管理体制逐步由单位制向社区制转变的过程中，城市基层党组织的功能也发生了明显变化。当前城市社区服务型党组织建设面临的问题主要包括：服务力量分散，难以形成合力；服务对象有限，服务内容不够丰富；服务方式简单，服务模式趋于行政化。造成这些问题的一个最根本原因就是传统的单位制党建模式不能适应新时期服务型党组织建设的需要。以单位组织为依托设置党组织不能适应社区党建工作发展的需要；单位党组织行政化服务满足不了社区党组织活动的基本要求；传统控制式服务模式已经不能适应社区服务型党组织建设的要求；服务对象的复杂多样使社区服务型党组织建设的任务更加繁重。该文提出，要变革传统的单位制党建模式，创新组织设置，整合服务资源；构建以服务对象需求为导向的服务机制，实现社会化服务；转变服务方式，实现协调式服务；培养社区社会资本，建立长效服务机制。

刘安在《吸纳与嵌入：社区党建背景下中国党社关系的调适策略》一文中分析了社区党建对党社关系调适的积极作用。该文认为，在改革前党政社同构的体系下，作为执政党的中国共产党通过组织建设和资源控制实现了对社会的全面渗透和有效动员。但改革后社会结构的变迁动摇了传统党社关系的组织和制度基础。不仅党社间的距离扩大，而且党对社会的凝聚、动员和整合能力也有所下降。社区党建是执政党对此做出的主动回应。通过采取吸纳和嵌入的策略机制，基层党组织拓宽了服务社会的渠道、扩大了组织覆盖、加强了对新兴社会领域的领导，并成为民众表达利益诉求的重要渠道。基层党组织对社会的吸纳机制主要有：吸收新鲜血液；吸纳社会和经济组织成员；吸纳社会资源；吸纳社会利益诉求。社区党建中所采取的嵌入策略主要有：扩大组织覆盖与组织边界弹性化；增强社区党组织的服务能力；党员进入社会组织任职；激活老年党员在社区发挥作用。吸纳和嵌入的策略使得基层党组织成为沟通国家与社会的桥梁，且有助于凝聚动员社会和保持政治秩序稳定。

卢爱国、陈洪江在《论城市基层区域化党建的整合功能》一文中分析了社区党建与区域化党建的关系。该文认为，城市基层区域化党建是基层党建生态环境转换背景下的重要制度创新，扮演着重要的“整合中心”角色，承担着内外整合功能。在社会深刻转型和单位党建式微进程中，区域化党建一是要充分发挥政党内部整合功能，及时破解基层党组织结构碎片化、资源离散化以及基层党组织成员自我认同困境；二是要充分发挥社区社会整合功能，及时破解社区社会碎片化和基层党组织悬浮化困境；三是要充分发挥基层行政整合功能，及时破解部门合作行动困境；四是要充分发挥异度空间整合功能，缩短赛博空间的社会政治距离和优化虚拟空间的党建信息资源。执政党要在加强基层组织内部整合基础上，一端嵌入“社会”实现社区社会整合，一端嵌入“国家”实现基层行政整合，一端嵌入“网络”实现异度空间整合，从而稳固党的基层政权和构建和谐社会。

（二）服务型党组织

服务群众、做群众工作是基层党组织的核心职能，十八大提出建设“基层服务型党组织”以来，围绕服务功能，基层党建开展了大量的工作，积累了丰富的经验，也遇到了一些新的问题，亟须拓宽思路，进一步推进。对此，理论界一方面对相关工作经验进行总结梳理，另一方面，对服务型党组织建设的路径进行了有益的探索和思考。

主要研究成果有冯治、邓宏涛的《上海市基层服务型党组织建设研究》(《中共宁波市委党校学报》2015 年第 6 期),刘红凛的《基层服务型党组织建设的困境与进路》(《探索》2015 年第 3 期)和张亚勇的《以党建工作信息化推进基层服务型党组织建设》(《学习论坛》2015 年第 3 期)。

冯治、邓宏涛在《上海市基层服务型党组织建设研究》一文中总结了上海的服务型党组织建设经验。该文认为，上海市充分发挥地处沿海经济发达的区位优势，抓住开展党的群众路线教育实践活动的契机，自觉践行党的为人民服务的宗旨，不断改革创新、多举措地推进基层服务型党组织的建设，成效显著。主要举措有：完善基层党组织服务体系，创新服务载体和形式；充实基层党组织人才力量，优化人才服务队伍；整合城乡基层党建资源，协同推进基层服务型党组织建设；建立党建经费保障制度，落实基层党建工作的责任制。该文指出，上海成功的实践取得阶段性成果，为东部沿海经济较发达地区乃至全国大力推进基层服务型党组织的建设提供可复制的成熟经验和有效的示范路径。该文提出了进一步加强服务型党组织建设的原则：坚持顶层设计和基层探索的统一；坚持服务群众和基层管理的统一；坚持发展民主和党务公开的统一；坚持求真务实和改革创新的统一。

刘红凛在《基层服务型党组织建设的困境与进路》一文中认为，从基层治理角度看，要建设基层服务型党组织，必须深刻认识基层党建面临的困境及其根源，有效破除传统的“保甲理念”“管控思维”与错误的党建政绩观。该文指出，错误的政绩观，抓住了“经济建设”这个中心，却忽视了党的建设，抓住了“管理”，却忘记了“服务”。必须牢固树立服务理念与民主理念，转变基层党组织功能，把群众受益、群众满意、群众认同作为最大的“政治”与最根本的政绩；必须以科学理念引领基层党建理论创新、制度创新、模式与方式创新等，这是基层服务型党组织建设的内在之道。同时，结合基层治理的时代要求，正确认识政党、社会、民众之关系，正确认识党内民主、人民民主与社会民主之关系，以基层服务型党组织建设引领基层善治，在基层党建与基层治理的良性互动中促进基层服务型党组织建设良性发展。

张亚勇在《以党建工作信息化推进基层服务型党组织建设》一文中分析了新媒体在服务型党组织中的运用。该文认为，新媒体的迅猛发展和广泛应用，使基层党组织的服务环境、服务内容和服务对象都发生了重大变化，客观上要求基层党组织以党建工作信息化推动基层服务型党组织建设。例如，党员参与意识和能力不断增强，要求基层党组织借助信息化手段开展服务工作；党员跨地区跨行业流动日益频繁，要求基层党组织通过信息化手段实现服务有效覆盖；基层党员队伍的老龄化趋势，要求基层党组织运用信息化手段强化服务功能。该文指出，当前新媒体的运用面临着诸多薄弱环节和不足。在思想认识方面，对信息化手段“不敢使用、消极使用和过度使用”的问题仍然突出；在建设管理方面，基层党组织信息化“发展不均衡、标准不统一、维护不到位”的问题亟待解决；在能力素质方面，部分基层党员“不会用网、不深用网、不善用网”的能力不足问题比较普遍；在工作保障方面，信息化建设中“缺资金、缺人才、缺机制”的问题有待改善。必须转变思想观念，加强统筹管理，搭建基层党组织服务平台，完善体制机制，努力实现以党建工作信息化推动基层服务型党组织建设。

（三）基层党员队伍管理

随着全面从严治党不断向基层延伸，党员队伍的管理教育日趋严格，成为学界关注的热点和难点。学者们对习近平总书记关于基层党组织从严建设的指导思想、基层党务工作者队伍建设、基层党群干群关系、党员进出口机制等进行了深入研究。主要研究成果有王芝华的《从严治党必须筑牢党的细胞工程——学习习近平关于从严治党的重要论述》（《湖湘论坛》2015 年第 3 期）、潘立魁的《全面从严治党：基层党务工作者队伍建设存在的突出问题与对策思考》（《学习论坛》2015 年第 12 期）和刘诗富、肖平的《健全党员能进能出机制问题研究》（《中共云南省委党校学报》2015 年第 4 期）等。

王芝华在《从严治党必须筑牢党的细胞工程——学习习近平关于从严治党的重要论述》一文中围绕总书记的论述对基层从严治党进行了分析。该文认为，党员是党的肌体的细胞，从严治党务必筑牢党的这一细胞工程。这是因为党的先进性和纯洁性要靠千千万万党员的先进性和纯洁性来体现，党的执政使命要靠千千万万党员卓有成效的工作来完成。筑牢党的细胞工程，一要以严格的党员标准为尺度，坚持以稳定性与时代性相结合确定严格的党员标准；坚持以把好“入口”与疏通“出口”相结合落实严格的党员标准。二要以严肃的教育帮助奠根基，要以科学的正面教育提高思想觉悟，要拿起批评与自我批评的武器纠正错误思想。三要以严实的组织体系来整合，把贯彻民主集中制作为根本原则，要把强化党员组织观念作为坚实基础，要把从严治吏作为关键环节。四要以严密的法规制度来规范，建立制度要在“严密”二字上下功夫，执行制度要在“坚定”二字上花力气。五要以严厉的监督执纪作保证，要建立全方位的监督体系，要推进强有力的正风行动，要坚持过硬的纪律约束，要形成高压的惩腐态势。

潘立魁在《全面从严治党：基层党务工作者队伍建设存在的突出问题与对策思考》一文中指出，建设一支高素质的党务工作队伍，是全面从严治党新形势下基层党建工作取得成效的根本保证。目前，基层党务工作队伍建设中存在的结构不尽合理、素质有待提高和制度体制机制不完善等问题比较突出。造成这些问题的原因，部分党务工作干部自身素质不高，部分基层党建工作不到位，党务工作队伍建设竞争激励机制不健全，干部人事制度改革存在一定盲区或盲点。该文认为，亟须从提高基层党务工作队伍整体素质、加强组织体系建设、完善工作制度及领导体制机制等方面加以解决。要进一步提高对加强基层党务工作队伍建设重要性的认识，形成常态化的领导机制；进一步完善民主化的选人用人机制，构建配置合理、结构优化的基层党务工作的组织体系；进一步完善科学化的考评制度、激励关爱帮扶机制，形成有效的管理监督机制、增强党务工作的内在动力；进一步完善制度化的教育培训帮带机制，提升基层党务工作队伍的整体素质。

刘诗富、肖平在《健全党员能进能出机制问题研究》一文中提出，健全党员能进能出机制，是落实党要管党、从严治党方针的重要举措，是控制党员总量、提高党员质量、保持适度规模的必然要求，是新形势下保持党的先进性和纯洁性的现实需要。该文认为，针对党员能进能出工作中存在的突出问题，要按照中央提出的“控制总量、优化结构、提高质量、发挥作用”的总要求，严把入口，建立健全动机审核、推荐测评、信息公开、责任追究机制，提高新发展党员质量；要严格管理，健全和落实党性定期分析、民主评议、公开承诺践诺、目标管理考核制度，切实提高党员队伍的整体素质；应通过探索建立适时启动、部门联动、警示告诫、跟踪帮扶机制，疏通出口，严肃处置不合格党员。

七、执政党与依法治国研究

全面推进依法治国是实现“四个全面”战略的重要保障，也是党建学界和法学界共同关注的热点话题。依法治国体现在党内，就是依规治党，依法治国的核心问题是如何处理党的领导与依法治国的关系，依法治国的落实需要法治国家、法治政府、法治社会、法治型党组织一体建设。2015 年理论界围绕党内法规的内涵、属性与执行，围绕依法治国与依法行政，围绕执政党增强法治思维和协调党法关系，围绕基层法治建设等，进行了系统的研究，深化了对依法治国方略的认识。

（一）党内法规研究

党内法规是指以党章为核心的，规范党组织和党员行为的规章制度体系。理论界对于党内法规的内涵与功能、党内法规的性质、党内法规的执行等进行了分析。主要成果有施新州的《中国共产党党内法规体系的内涵、特征与功能论析》(《中共中央党校学报》2015 年第 3 期)，屠凯的《党内法规的二重属性：法律与政策》(《中共浙江省委党校学报》2015 年第 5 期）和刘先春、叶茂泉的《构建和培育党内法规制度执行文化的对策研究》(《中南民族大学学报·人文社会科学版》2015 年第 4 期)。

施新州在《中国共产党党内法规体系的内涵、特征与功能论析》一文中认为，形成完善的党内法规体系是中国共产党自身建设的长期探索和经验积累的结果，也是依法执政和全面推进依法治国的要求。党内法规体系是指构成党内法规的各个组成部分及其所呈现出的结构和样式的总称，是规定中国共产党各级党组织及其成员行为的制度系统。党内法规体系的形成具有渐进性，内容具有系统性，属性具有法的一般特征；功能上具有扩展性，党内法规体系中的相关内容会在客观上起到国家法律的作用；制订、修改和清理的程序上与法律存在同质性。完善的党内法规体系将进一步优化党组织自身的结构与功能，如果没有完备、科学和有效的党内法规体系，中国共产党自身的有效运行将难以维系。党内法规体系的完善程度在很大程度上取决于政党的政治生态，反过来也能促进政党的成熟程度进而改进政治生态。完善的党内法规体系有助于提升依法执政、科学执政和民主执政的能力。国家法律有一个从不完善到逐步完善的过程，而党内法规体系中的相关部分及其内容在法律缺位的情况下就起到了国家法律的作用，规范着党的执政行为和行为边界，客观上弥补了国家法律存在的不完善和不足之处，为之后的立法奠定实践经验和基础。完善的党内法规体系还有助于全面推进依法治国及其总目标的实现，依法执政的前提则是自身要具备依法执政能力和依法办事的观念。然而，要形成这样的观念和能力，首要的条件是要具备体系完整、内容科学且能反映依法治国规律、依法执政规律和依规治党规律的党内法规体系。

屠凯在《党内法规的二重属性：法律与政策》一文中认为，党内法规既有法律的一些特征，又有政策的一些特征，是具有法律与政策二重属性的规范性文件。基于它的法律特征，在广义的“法”与其他社会现象的对立中，党内法规可以纳入“法”的范畴，是事实上的行为规范，在某些重要领域发挥着骨干作用；基于它的政策特征，在国家法与党的政策的对立中，党内法规应当属于政策的范畴，反映新鲜经验且须具有较高的前瞻性。表现出法政二重属性的党内法规，不是法律文件和政策文件的交集；不是由政策向法律过渡的中间产品；不是片面追求形式逻辑的封闭自洽系统。党内法规法政二重属性的主要表现：党内法规不能为政治权力的行使提供合法性背书；党内法规“于法周延，于事简便”；党内法规不必全部使用规则结构也不必完全适用形式逻辑；法政二重属性要求党内法规的管辖范围、制订程序、结构形式和适用方法都区别于国家法，一些应该由党内法规处理的问题不一定非要转换为国家法，不要盲目追求构筑一个封闭“自洽”的党内法规“系统”。

刘先春、叶茂泉在《构建和培育党内法规制度执行文化的对策研究》一文中提出，党内法规制度执行文化是以提高执行力为基础，把党内法规制度刚性约束变成执行者自觉行动、实践结果的一种认同文化。党内法规制度执行文化以落实责任为目标导向，是依规治党理念的结晶，也是一种平等的文化，其属性是由马克思主义政党的本质特征以及中国的实际情况所决定，有着鲜明的马克思主义政党特色，体现了先进性与纯洁性的高度统一，继承性与创新性的紧密统一，科学性与时代性的有机统一。当前，党内法规制度执行文化仍然相对匮乏，一定程度上影响了党内法规制度的统一性、严明性和权威性。包括文化认同上存有偏差，价值导向弱化，精神境界平庸化，激励机制不完善等。针对执行文化建设中存在的问题，党内法规制度执行文化建设要遵循执行文化发展规律，掌握执行文化发展特点，要注意克服建设中的急功近利、用思想政治工作替代执行文化建设、把执行文化建设当作“万能药”使用等不良倾向。构建和培育党内法规制度执行文化，从宏观上讲，应从价值取向、文化创新、文化管理等方面进行构建和培育。从微观上看，应从以下四个方面着力加强党内法规制度执行文化建设。第一，坚持以人为本理念，营造党群沟通的制度执行文化；第二，强化基层党组织执行力，培育浓厚高效的执行文化氛围；第三，发挥党员主体作用，创建执行文化的基础平台建设；第四，合理运用执行工具，配套和推进执行文化落实到位。

（二）党领导依法治国

依法治国的关键是什么，学者们一致认为是执政党，是党要依法执政，要领导好、推进好依法治国方略。相关研究成果有徐学庆的《论依法治国关键在党》（《中州学刊》2015 年第 2 期）、李景治的《依法执政是依法治国的关键》（《社会科学研究》2015 年第 2 期）和蔡志强的《党领导依法治国的价值逻辑与发展实践——基于国家治理现代化的分析》（《思想理论教育》2015 年第 2 期）。

徐学庆在《论依法治国关键在党》一文中指出，法治是人类社会共同的治国理政方式，但中国的依法治国有其鲜明的中国特色，那就是依法治国是在中国共产党领导下进行的。党的领导是社会主义法治最根本的保证，依法治国关键在党。从中国共产党在中国权力结构中的地位来看，从法律的阶级属性来看，依法治国关键在党，这是由党的执政地位决定的。党的领导贯穿依法治国的各方面和全过程，无论是立法、执法、守法还是司法都离不开党的领导。依法治国必须坚持党的领导，充分发挥党在依法治国中的领导核心作用。依法治国必先依法治党，这是由党的先锋队性质决定的，也是领导核心地位决定的。党必须依法全面从严治党，把党建设好，为依法治国提供坚强有力的保障。

李景治在《依法执政是依法治国的关键》一文中认为，中国共产党依法执政，是全面领导国家政权机关，领导国家的立法、行政、司法等项工作，如果说依法治国是对所有党和国家机关的要求，那么依法执政则是专门针对执政党的，也是执政党对自身的要求；依法执政是依法治国的关键，也是依法治国的前提和根本保障。该文指出，党要依法治国，必须坚持依法执政。坚持依法执政，就要善于使党的主张通过法定程序成为国家意志，即使党的路线方针政策转化为国家发展的指导方针，并完善这种转化的具体制度、工作机制和法定程序，积极促进党的政策和国家法律互联互动，保证国家机关中的党组织和党员干部坚决贯彻党委决议。要善于使党组织推荐的人选通过法定程序，即依法选举产生和任命，成为国家政权机关的领导人员，要正确处理干部正常选举、任命与调动使用的相互关系。要善于通过国家政权机关，包括政府和执法司法部门，实施党对国家和社会的领导。

蔡志强在《党领导依法治国的价值逻辑与发展实践——基于国家治理现代化的分析》一文中认为，加强党对依法治国的领导，既是健全和完善中国特色社会主义制度的本质要求，也是推进国家治理体系和治理能力现代化的核心内容。从党领导依法治国的价值逻辑来看，作为中国特色社会主义事业的领导核心，加强和改进对依法治国的领导，实现依法执政、依宪执政，推进法治国家、法治政府和法治社会建设，是完善中国特色社会主义制度，推进国家治理体系和治理能力现代化的根本要求。从党领导依法治国的发展实践来看，中国共产党从地方执政到全国执政，法治的基因始终深嵌于党的组织体系中，党的法规体系建设不仅是中国共产党保证其先进性纯洁性的要求，还是确保其执政合法性的基础。这种应然逻辑和实然的实践凸显了党依法执政的必然性。党的领导与依法治国，就是依循中国现代化发展实践和民族伟大复兴的价值逻辑，将党的主张和人民的意志变为国家意志并以法的形式固化下来。

（三）党法关系

党大还是法大，习近平总书记明确指出，这是一个伪命题，是政治陷阱。在中国特色社会主义政治实践中，党的执政地位是宪法规定的，同时党必须严格依照宪法和法律行使权力，而且党的领导决不能异化为领导干部的意志，领导干部不能以党自居，破坏法律。在党法关系的统一性论证方面，研究成果主要有李林的《论党与法的高度统一》（《法制与社会发展》2015 年第 3 期），陈云良、蒋清华的《中国共产党领导权法理分析论纲》（《法制与社会发展》2015 年第 3 期）和汪习根、汪火良的《执政党运用法治思维与法治方式的重大意义与基本路径》（《学习与实践》2015 年第 1 期）。

李林在《论党与法的高度统一》一文中认为，新中国成立以来，尤其是改革开放以来，在我国社会主义民主法治的发展进程中，关于党与法关系的争论，从来就没有终结过。在我国语境下，“党”与“法”的关系主要有如下一些解读：一是指中国共产党与国家法律的关系；二是指党的领导与国家法治、依法治国的关系；三是指党的路线方针政策与国家宪法法律法规的关系；四是指党的领导方式、执政方式与法治、依法治国的关系。党与法的关系问题，不仅是一个法治问题，更是一个政治问题；不仅是一个理论问题，更是一个实践问题。在实践中这个问题往往被演变成为“党的文件与国家法律适用哪一个”“领导的指示与国家法治听哪一个的”“法院依法办案还是按领导说的办案”“领导说了算还是法律说了算”“书记大还是法律大”等问题。从理论上说，“党大还是法大”是个“伪命题”，“党与法”的关系问题也已从法理与制度、党章与宪法的结合上得到有力回答。党与人民、党与国家、党与法不是矛盾对立的关系，而是和谐一致、高度统一的关系。从党的领导与社会主义法治的本质来看，归根结底是高度统一在全心全意为人民服务的本质属性和内在要求上；宪法以国家根本法的形式为党与法的高度统一提供了宪法依据和宪制基础，开创了迥异于西方三权分立和多党制的中国特色社会主义的新型党与法关系。随着社会主义法治建设的不断加强，依法治国的不断推进，全社会法治观念的不断提高，党与法、党的领导与法治的关系不断呈现出动态协调、高度统一的态势。

陈云良、蒋清华在《中国共产党领导权法理分析论纲》一文中对中国共产党领导权进行了法学理论阐释，认为这种阐释是丰富中国特色社会主义法治话语、发展中国特色社会主义法治理论、建设法治政党落实依宪治国依宪执政的要求。该文认为，党的领导相对于党的执政，领导权相对于国家权力。从当今我国“宪法 + 党章”的复合宪制来看，党的领导权在一定范围内应被视为一种宪法权力，这可用党是主权之政治代表、人大是主权之法律代表的“人民主权双重代表制”思想来解释。从根本上讲，中国共产党的领导权具有实际的控制力和支配力，是来自于广大人民群众对党的路线方针政策和工作绩效的认可。党的领导主要是政治、思想和组织的领导，党的政治领导权包括修宪建议权、立法与国策建议权、宪法解释与审查建议权；组织领导权包括政要提名权、执政监督权。要保持党的领导和执政地位，应扩大民主，为领导权的正当性提供资源；依宪治国，处理好领导权与国家权力的关系，完善党规，以党章和党内基本法规规范领导权。

汪习根、汪火良在《执政党运用法治思维与法治方式的重大意义与基本路径》一文中认为，法治作为执政党治国理政和管党治党的基本方式，要求执政党强化运用法治思维与法治方式的能力，其内在依据在于：首先，法治思维与法治方式是党巩固执政地位的最可靠保障，党的执政地位不是与生俱来的，也不是一劳永逸的。党在巩固执政地位过程中通过宪法和法律来确认执政的合法性基础，依宪法执政，依靠宪法保障执政。其次，法治思维与法治方式是推进国家治理能力现代化的基本手段，中国特色社会主义法治体系是治国之道和强国之路，是民生之本，也是社会公平之基。要奉行宪法至上、党章为本的基本原则来厘清依法治国理政与依规管党治党的关系，即正确处理好国家法律和党法党规之间的关系，尤其是科学把握它们之间相互作用的程序、方式与手段及其结果的法律效力与地位。其三，法治思维与法治方式是党转变执政方式的内在要求。依法执政是中国特色社会主义法治体系的核心与灵魂。执政党运用法治思维和法治方式的根本方式是党总揽全局、协调各方、领导立法、保证执法、支持司法和带头守法。

（四）基层法治建设

依法治国的必要条件是法治国家、法治社会一同建设，而这离不开法治下基层，离不开基层法治型党组织建设。基层法治建设的相关研究成果有方世南的《以法治型党组织建设推动基层治理法治化》（《学习论坛》2015 年第 4 期）和文丰安的《法治背景下基层干群矛盾的预防化解之道》（《长白学刊》2015 年第 6 期）。

方世南在《以法治型党组织建设推动基层治理法治化》一文中认为，党的领导是全面推进依法治国和推动基层治理法治化的根本保证。党的领导作用的充分发挥需要大力加强法治型党组织建设。加强法治型党组织建设是党卓有成效地领导和推进法治政府、法治社会、法治公民一体化建设的重要前提。加强法治型党组织建设与推进基层治理法治化具有紧密联系和不可分割的关系。加强法治型党组织建设是推进基层治理法治化的重要前提和根本保障，而推进基层治理法治化的过程，就是加强法治型党组织建设的过程，是加强法治型党组织建设的重要环节和重要推动力量。在基层治理法治化视域下大力加强法治型党组织建设，就要忠实地履行宪法和法律赋予的职责，依法执政；就要成为敢于担当、为民造福的责任型党组织；就要将维护好人民群众的根本利益作为建设法治型党组织的出发点和根本目的。以法治型党组织建设引领基层治理法治化，需要强化基层党组织的法治思维，提高基层党组织的依法办事能力，建设重心下移、力量下沉的法治工作机制。

文丰安在《法治背景下基层干群矛盾的预防化解之道》一文中探讨了基层干群关系。该文认为，在社会转型期，各种基层矛盾较多，且调处困难。在解决基层矛盾的过程中易出现化解过度依靠行政机关、基层组织和干部的公信力受到挑战、矛盾和纠纷解决方式供给不足、人民调解功能被过度扩大等方面的问题。其产生的原因主要有公民参与度不够、基层干部对公权力运行不够规范、法律制度以及社会政策的滞后、公民权利意识和官本位文化至上相互间的碰撞、公权力主导与民主参与期待的冲突等。法治文化背景下基层干群矛盾的预防与化解的途径，主要有：加强价值观和基层普法教育，坚持用法治思维去化解干群矛盾纠纷；规范公权力，从源头上预防减少社会矛盾纠纷；使决策和执法过程规范，程序和规则健全；慎用行政手段，畅通法定救济渠道。

八、执政党与意识形态、媒体、文化的研究

党管媒体、党管意识形态是中国共产党在宣传工作中重要的方针。习近平总书记指出，党的新闻舆论工作坚持党性原则，最根本的是坚持党对新闻舆论工作的领导。党和政府主办的媒体是党和政府的宣传阵地，必须姓党。随着形势的发展，舆论环境、媒体格局、传播方式深刻变化，意识形态多元化的态势也在形成，对主流意识形态的挤压不断增强。这些都影响了执政党的文化软实力，亟须深入研究，提出对策。2015 年，理论界围绕党管媒体、党与意识形态的关系、政党文化与软实力等问题进行了探究。

（一）媒体舆论工作

新形势下做好党的新闻舆论工作，党管媒体的原则绝不能动摇，但网络媒体、自媒体迅猛发展的新形势对党管媒体提出了新的更高的要求，必须在坚持正确舆论引导的同时，不断创新方式方法，切实提高政治传播能力。相关研究成果有任谦的《加强舆论工作的执政党思维》(《理论视野》2015 年第 3 期），刘明的《互联网时代坚持党管媒体原则的若干思考》(《中共福建省委党校学报》2015 年第 8 期）和李先伦、杨弘的《政治传播能力：党在信息时代推进国家治理现代化的必然要求》(《青海社会科学》2015 年第 3 期）。

任谦在《加强舆论工作的执政党思维》一文从总体上探讨了舆论工作从革命党思维向执政党思维的转变。舆论工作是意识形态工作的重要组成和载体，是我们党长期执政的重要手段。当前在主流媒体领域，舆论工作应注意以下几个问题：正面宣传的负面效应需要重视；浓郁的“革命”“夺权”意识需要警觉；多媒体表达能力亟待提高；国际话语体系亟待构建。除了主流媒体存在的问题，在网络和手机等新媒体领域的舆论场上，也有三个突出的问题不时出现：抹黑中国共产党，进而达到否定党的领导目的；搞历史虚无主义，鼓吹全盘西化；负面的社会新闻充斥，影响社会良好风气的建立。该文认为，造成这些问题很大的原因在于舆论工作中的革命党思维多于执政党思维。执政时期党的舆论工作的独特性，与革命时期存在诸多不同：目的不同，舆论主基调需要转变；对象不同，传播方式需要调整；方法不同，舆论重点需要转换。加强舆论工作的执政党思维，需要从以下五个方面入手：首先，坚强党对舆论工作的坚强领导毫不动摇；其次，坚持以传播和弘扬社会主义核心价值观为己任；再次，坚持理论自信、道德自信、制度自信以及文化自信；第四，坚持改革创新，增强文化软实力；第五，坚持依法治理，完善管理体系。

刘明在《互联网时代坚持党管媒体原则的若干思考》一文中认为，执政党与传媒之间是离散、冲突抑或是依存、借力等状态都将决定着在一种社会制度下政治社会化进程的快与慢，也将直接影响着社会民众对舆论信息符号的理解、吸纳和释放。互联网时代执政党与媒体的关系定位较之以往的最大变数在于，信息流转本身的不确定性以及由此引致的对政治稳定和社会公平产生的压力和破坏性。坚持党管媒体原则是宣传思想工作的历史经验，更是中国共产党在长期执政条件下加强对意识形态领域领导权的重要价值遵循。互联网时代中国共产党媒体宣传面临的现实挑战：多样化社会思潮造成意识形态领域的纷争；新兴媒体的发展挤占政党的利益表达功能；传统媒体网络境遇下政治说服力渐次流失；多媒体共存叠加引致信息流转和演化的失序。在信息开放性、流变性、易逝性骤增的互联网时空条件下，要努力追寻执政党与大众传媒在整个政治生态环境中的座标定位，建构起常态的良性互动关系。中国共产党基于多元多样传播态势的现实背景引领和组织新闻媒体。在舆论导向上，坚持党性与人民性的统一；在传播方式上，推动新旧媒体的融合发展；在传播认同上，增强现代主流媒体公信力；在沟通层级上，建立扁平化政党组织结构。党管媒体最根本是应当在舆论导向中体现出执政党的意志和社会民众的利益表达的有机融合，在完成对社会有效动员的同时，凝聚和提升中国共产党的执政威信和政治向心力。

李先伦、杨弘在《政治传播能力：党在信息时代推进国家治理现代化的必然要求》一文中认为，信息时代的特点对国家治理提出许多新的挑战，这就要求政党和政府必须具有相应的政治传播能力。政治传播能力是指特定的个人或组织，根据既定需要对政治信息进行有目的、有计划的扩散或吸纳，对其流转的范围和方向进行干预，并对最终结果进行分析评估的能力。简而言之，就是特定的人或组织有目的地对政治信息及其流转过程进行掌控和处理的能力。这种掌控能力具备多项特征：目的性、强烈支配性、动员整合性以及高度灵活性。对于中国共产党来说，政治传播能力对于推进国家治理现代化具有重要意义，有利于保持党的先进性纯洁性和提高党治国理政的能力；有利于维护社会舆情稳定和激发广大人民群众的社会主义建设热情；有利于应对各类国际挑战和塑造中国良好形象。提高政治传播能力的路径主要包括思想理念、组织结构以及制度机制三方面。思想理念方面，以信息社会的全新特点和政治传播的内在规律为基础，形成一套系统化的政治传播理念；组织结构方面，以共产党为领导、政府为主导，各大传媒为基础，民主党派和社会组织为补充，打造一个多层次、多元化的政治传播主体；制度机制方面，以政治传播的主要环节为基础，构建起一个从信息处理到结果评估相互联系、密切互动的政治传播制度体系。

（二）意识形态

习近平总书记指出，意识形态工作是党的一项极端重要的工作，历史和现实反复证明，能否做好意识形态工作，事关党的前途命运，事关国家长治久安，事关民族凝聚力和向心力。新形势下主流意识形态面临着前有未有的复杂环境和挑战，执政党对意识形态的认识、意识形态的功能发挥也面临着与时俱进的要求。相关研究成果有朱新光的《中国共产党的意识形态安全环境》（《上海师范大学学报·哲学社会科学版》2015 年第 6 期），何怀远的《中国共产党对意识形态工作的新认识》（《扬州大学学报·人文社会科学版》2015 年第 1 期），杨秀香、陈永亮的《用道德的高度增强执政党意识形态的凝聚力——一种提高社会治理有效性的思路》（《辽宁师范大学学报·社会科学版》2015 年第 1 期）和赵海月、殷明明的《执政党意识形态建构的功用价值与路径选择》（《湖北社会科学》2015 年第 2 期）。

朱新光在《中国共产党的意识形态安全环境》一文中认为，中国共产党意识形态安全环境是中国国家安全体系的有机构成，是中国政治安全环境的重要内容。该意识形态安全环境是在马克思恩格斯的社会存在决定观和阶级观、列宁的阶级斗争观和革命信仰教育等科学理论基础上形成和发展起来的。作为国家安全战略的一个增量变革的过程，中共用马克思主义信仰引领中共意识形态安全环境的政治导向，依靠社会主义核心价值观的道德秩序巩固中共意识形态安全环境的主阵地，通过中国道路自信的民族精神传播中共意识形态安全的正能量，来考量中共意识形态安全环境的现实适应性，适应中国政治安全环境的基本诉求。当然，中共意识形态安全环境在为中共放手施展政治抱负、用刚性权力打造政治安全结构框架提供制度保障的同时，也面临着诸如非西方文明社会的政治觉醒对中共意识形态安全环境的冲击、西方和平演变弱化中共意识形态安全环境、中共意识形态与西方民主价值理念分歧拉大、境内外敌对势力千方百计对中共意识形态安全进行诋毁等各种因素的潜在威胁，应予以高度警惕。

何怀远在《中国共产党对意识形态工作的新认识》一文中认为，党的十八大以来，中国共产党围绕坚持党的领导、坚持和发展中国特色社会主义，实现中华民族伟大复兴的中国梦，对党的意识形态工作的历史地位、重要作用、根本任务、重要策略、条件保证等都做出了新的阐发。从地位来看，习近平将意识形态的极端重要性集中概括为“三个事关”，“历史和现实反复证明，能否做好意识形态工作，事关党的前途命运，事关国家长治久安，事关民族凝聚力和向心力。”从根本任务的新确认来看，“宣传思想工作的环境、对象、范围、方式发生了很大变化，但宣传思想工作的根本任务没有变，也不能变。宣传思想工作就是要巩固马克思主义在意识形态领域的指导地位，巩固全党全国人民团结奋斗的共同思想基础”。两个巩固的任务要求，要用马克思主义引领各种思潮，占领意识形态阵地；要求领导干部把系统掌握马克思主义基本理论作为“看家本领”，真学、真信、真用、真干，把马克思主义落到社会主义事业的土壤里；要求积极主动地开展舆论斗争。从对党管意识形态的新认识来看，提出要牢牢掌握“意识形态工作的领导权、管理权、话语权”，从总体上强调“宣传思想工作”到具体强调“意识形态工作”，突出了意识形态工作在全部宣传思想工作中的灵魂与核心的地位作用；在强调“领导权”的同时提出掌握“管理权”，这是一个重大变化；提出将“主动权”改为“话语权”。这些重要认识是党的创新理论的最新成果，是历史唯物主义社会意识形态理论的重要深化和拓展，是做好党的意识形态工作的科学依据、方法指南和基本遵循。

杨秀香、陈永亮在《用道德的高度增强执政党意识形态的凝聚力——一种提高社会治理有效性的思路》一文中认为，意识形态的实质是一种价值观，执政党的意识形态必然成为国家意识形态、国家意志，其功能应由社会动员能力和凝聚力体现并进一步延伸为社会的治理能力。执政党意识形态的凝聚力或政府的合法性、公信力被认同为现代社会政府治理的基础。一旦民众失去了对执政党的意识形态的信仰、失去了对政府的信任，就会产生不服从意识，使政府不能有效行政。道德是意识形态的核心，意识形态作为价值观体现的是道德原则。中国共产党和中国政府的意识形态、执政理念一开始就建立在道德的制高点上，解决中国社会出现的政府信任问题，最重要的是让政府的行政重新站上道德高地。具体而言，一是要通过改革和完善分配制度使社会公平落地为广大民众的实际利益；二是要深化政治体制改革，保证公民有效参与，使人民群众的国家权力主体地位具体化；三是要强化党员干部全心全意为人民服务的宗旨意识；四是要掌握舆论传播的主导权，完善舆论回应机制，扬善抑恶，用主流思想引领社会思潮。

赵海月、殷明明在《执政党意识形态建构的功用价值与路径选择》一文中认为，执政党意识形态就是居于执政地位的政党所信奉并推行的反映特定经济形态和政治主体所要求的理论化的思想、价值和信仰等观念体系。对于执政的中国共产党来说，意识形态建构能够为执政党执政提供合法性资源，使执政党意识形态建构作为一个具有创新和自我超越能力的开放体系，为新时期中国共产党的执政开发和挖掘了合法性资源、赋予了合法性资格。意识形态建构为凝聚民众意志提供整合性工具，中国特色社会主义理论体系为全国各族人民的共同意志提供了强大的精神支柱，为实现社会和谐稳定、民族团结进步、国家长治久安提供了有力的自信支撑。意识形态建构为执政党获得理性权威提供说理性支持，运用日益发展的大众传媒以大众化的形式进行执政党意识形态的政治社会化，无疑是新时期意识形态教育的重要途径和有效手段。在新的历史时期和新的形势下，执政党意识形态建构的路径选择，要提高执政党意识形态的契合度，增升执政党意识形态的团结性、强化执政党意识形态的灵活性以及增进执政党意识形态的包容度。

（三）政党形象、文化和软实力

政党除党员、干部和组织等硬件要素外，也有意识形态、政党文化等软件要素。政党各项功能的发挥除了硬件体现出来的硬实力外，也需要政党文化等体现出来的软实力来塑造形象、凝聚群众。相关研究成果有孙景峰、刘佳宝的《自媒体视域下中国共产党形象建设新论》（《探索》2015 年第 4 期），赵秀芳的《政党文化概念：考辨、识别与重构》（《学术界》2015 年第 9 期）和胡键的《中国共产党的软实力研究》（《社会科学》2015 年第 3 期）。

孙景峰、刘佳宝在《自媒体视域下中国共产党形象建设新论》一文中认为，良好的政党形象对于政党的发展具有十分重要的意义。有助于维护政党权威，坚定公众的政党认同，增强政党的执政合法性，降低执政风险，促进政治秩序的稳定，实现政党的有效政治整合和政治动员，从而为执政党提供有序的执政环境。中国共产党历来注重对自身政党形象的塑造和维护。自媒体的发展为中国共产党形象建设提供了新的载体和平台，各级党组织、各级党媒和党员队伍是自媒体视域下中国共产党形象建设的三大主体。自媒体为中国共产党形象建设带来了机遇，有利于提升党的权威形象、高效形象、亲民形象、民主形象、廉洁形象和法治形象，同时也为中国共产党形象建设提出了意识形态、党员队伍和政治参与能力三个方面的挑战。该文认为，各级党组织必须建立健全自媒体管理机制和运营机制，各级党媒应努力实现与自媒体的深度融合，党员队伍须努力提升自身的自媒体素养，以建设自媒体环境下良好的政党形象。

赵秀芳在《政党文化概念：考辨、识别与重构》一文中认为，界定政党文化概念是展开政党文化研究的理论起点。对政党文化概念的认识，存在以下三个方面的共识趋势：政党文化的学理依据，由政治文化到组织文化；政党文化构成的考察路径，从静态维度到强调静态与动态相结合；政党文化的结构要素，由精神因素到多元因素。政党文化的主体是政党，是人化世界在政党组织这个特定时空条件下的特殊体现；其核心观念是政党的价值。由此来界定，政党文化是指政党追求和实现价值的存在方式和状态。其构成要素，包括精神文化、制度文化、行为文化与物质文化。政党文化的精神因素，指政党在精神层面所确立的价值目标体系以及组织成员的价值取向，包括政党的意识形态、政党的自我“保养”目标和政党成员的情感态度、思维特征、观念信仰、政治动机等组织心理三个层次。制度文化它以规则的形式体现政党的特定价值目标，规定其实现所必需的程序和手段，构建政党成员集体行动的共同认知与理解的框架，为政党活动提供稳定性。行为文化，就是政党围绕其价值体系展开活动过程中形成的独特运行样态，是对价值体系和制度文化的主体实践。政党文化的物质要素，指的是政党活动所依赖的物质条件和政党的标志性符号。精神文化是价值的内容规定，制度文化是价值的共同承诺，行为文化是价值的实践运行，物质文化是价值的符号象征，共同编织而成了政党组织的“意义之网”。

胡键在《中国共产党的软实力研究》一文中认为，政党要夺取革命胜利、要使自己的政权稳固、要赢得国际社会的支持，也需要有软实力，特别是革命党，由于自身并不拥有国家的合法暴力，它要发动民众来支持其革命，主要甚至只能依赖其软实力。政党的软实力主要来源于文化、政治价值观和对外政策三个方面。前二者主要是政党对内的软实力来源，对外政策则是政党对外的软实力来源。这三个方面包括了六个因素，从中国共产党来说：文化力，始终代表中国先进文化的发展方向；政治力，意识形态和价值观成为中国社会的普遍认同；制度力，党开辟的革命和建设道路是中国社会认可的行为模式；政党形象，党员的言行和党所取得的成就塑造了良好的形象；话语能力，党善于通过话语创新来化导民众；塑造党际关系的能力，中国共产党领导下的多党合作是和谐党际关系的重要表现。该文认为，中国共产党自成立开始就拥有强大的软实力，因而获得人民的支持并取得了革命的胜利，又通过自己正确的路线、方针、政策在现代化的伟大实践中取得了举世瞩目的成就。但是，着眼于长期执政，中国共产党的软实力还有进一步提升的空间。提升的方向，一是提升中国共产党将文化资源转化为文化力的能力，具体来说就是要提升中国共产党对传统文化进行现代化的能力；二是提升中国共产党的制度力，就是要在坚持中国模式的前提下加强自主创新，使中国模式充分体现“中国创造”的巨大优势并通过创新而获得新的动力；三是从严惩治腐败以维护中国共产党的良好形象。

九、执政理论和党建理论研究

对于执政党自身建设和执政行为的总体理论研究，是执政党研究的基础部分。由于相关研究已经较为充分，2015 年理论界对执政理论和党建理论的研究主要体现对局部问题的深化探讨。这些探讨除了因应新的执政环境和党建环境外，更侧重于对习近平总书记相关论述精神的总结。

（一）执政理论

关于执政理论的研究，既有对执政党和人大关系的深入分析，也有对党的执政成本的具体探讨。相关研究成果有魏姝的《从组织渗透到多元化策略：执政党对人大的领导与控制方法研究》（《江苏行政学院学报》2015 年第 4 期）和姜雅静、刘彤的《中国共产党执政成本的控制策略研究》（《湖湘论坛》2015 年第 4 期）。

魏姝在《从组织渗透到多元化策略：执政党对人大的领导与控制方法研究》一文中认为，影响和控制代议机构是现代政党政治运作的共同特点。在实行宪政分权的竞争性政党政治背景下，最常见的制度化控制方法是议会党团制度。中国实行的是议行合一的党国体制，其权力结构的特征是以中国共产党为核心的同心圆结构。在这样一种同心圆式的权力结构中，执政党对人大的领导控制在早期主要采用了“组织渗透 + 人事控制”的方法。改革开放后，伴随人大自主性、独立性的增强，执政党逐渐形成了多元化的控制策略。这些控制方法大体上可以分为制度化的方法和非制度化的方法两大类。前者除延续“组织渗透”和“人事控制”之外，还包括党委书记兼任人大常委会主任制度、人大会议的科层化、信息交流控制和信息过滤机制、代表议案的过滤筛选机制；后者包括模拟投票、“组织安排陪选”等竞选策略、威权体制下基于恐惧的服从等。对近期可以尝试的改革提出一些方向性的建议。首先，应逐步取消上述非制度化的控制方法，特别是“模拟投票”和“组织安排陪选”等做法。其次，应逐步健全人大代表豁免权制度。再次，逐步减少各级人大代表的人数规模、实现代表专职化。第四，寻找能够对全体会议审议进行有效领导和控制的方法，通过强化执政党纪律进一步发挥党员代表的作用。

姜雅静、刘彤在《中国共产党执政成本的控制策略研究》一文中认为，执政成本是指政党在执政过程中所消耗掉的各种资源的总和，包括政党为维持执政地位和政权运行的成本、政党推行自己的社会理想和政治主张的成本。中国共产党执政成本是中国共产党在执政过程中所使用的全部物质性成本和精神性成本的总和。物质性执政成本指中国共产党在治理国政过程中所发生的一切可以用经济学数字加以准确衡量的全部投入的总和。现阶段公务活动成本、干部培训成本、政府福利性支出成本构成了中国共产党物质性执政成本的主要组成部分。精神性执政成本是指中国共产党在治理国政过程中所投入的全部精力和智力因素的总和。控制意识形态的成本、主导社会舆论的成本、引领社会价值体系的成本构成了中国共产党精神性执政成本的主要组成部分。在新的历史条件下，研究中国共产党执政成本的控制策略问题是一个具有重大历史价值和现实意义的问题。

（二）党建理论

关于党建理论的研究，理论界更多地聚焦于对习近平总书记系列重要讲话中党建思想的梳理，也有将国家治理现代化的理念融入到党建理论研究之中。相关研究成果有商志晓的《党建“十论”及其内在逻辑与鲜明风格——学习习近平总书记关于党的建设的新论述》（《学习论坛》2015 年第 1 期）、韩久根的《中国特色社会主义党建理论的重大发展——学习领会习近平总书记关于全面从严治党的重要论述》（《新视野》2015 年第 3 期）和王海峰的《机遇、挑战与责任：中国共产党与国家治理体系现代化》（《中国延安干部学院学报》2015 年第 1 期）。

商志晓在《党建“十论”及其内在逻辑与鲜明风格——学习习近平总书记关于党的建设的新论述》一文中把习近平总书记关于党的建设的新论述和新认识，归纳概括为十个方面，即党建“十论”。一论：党处于“关键”地位并负有重大历史责任。二论：党面临严峻考验和许多新情况新问题。三论：落实党要管党、从严治党任务一刻不能松懈。四论：补足理想信念“精神之钙”。五论：以好干部标准选好用好干部。六论：以踏石留印、抓铁有痕的劲头抓作风建设。七论：把权力关进制度的笼子里。八论：以高压态势、零容忍态度惩治腐败。九论：严明党的纪律，维护党的团结统一。十论：党员领导干部要严于律己、率先垂范。该文认为，党建“十论”包含着一系列管党治党的新思维、新观念，展现出一系列管党治党的新思路、新智慧，是一个系统完整的思想体系，具有缜密严谨的内在逻辑。其一，“十论”的分解与归纳，契合习近平总书记的党建思想，既非大而化之，亦不细微琐碎。其二，党建“十论”既呈现观点，又注重揭示其相互关系，遵循着党的建设的内在规律与逻辑。其三，党建“十论”是一个整体，同时具有开放性，需要把立足当前与着眼发展有机结合起来。党建“十论”联结历史与现实、贯通认识与实践、统筹管党治党与治国理政，坚持党要管党、从严治党，重在实际成效、实践突破，紧扣执政使命、战略全局，体现出十分鲜明的特点与风格。

韩久根在《中国特色社会主义党建理论的重大发展——学习领会习近平总书记关于全面从严治党的重要论述》一文中认为，十八大以来，习近平总书记就全面从严治党发表了一系列重要论述，针对新的发展时期如何管党治党提出了许多新观点、新论断、新要求，涵盖了党的思想建设、组织建设、作风建设、反腐倡廉建设和制度建设等党的建设的方方面面。在思想建设上，强调共产党人要坚守正确的理想信念，把理想信念形象地比喻为共产党人精神上的“钙”。在组织建设上，把“敢于担当”作为好干部的一个重要检验标准，要求严格党内政治生活，把守纪律、讲规矩摆在更加重要的位置。在作风建设上，提出作风建设永远在路上，要以踏石留印、抓铁有痕的劲头抓，要在抓常、抓细、抓长上下功夫。在反腐倡廉建设上，坚持“老虎”“苍蝇”一起打，坚持以零容忍态度惩治腐败，提出打铁还需自身硬。在制度建设上，提出制度治党的新理念，要把权力关进制度的笼子里，执行制度没有例外。习近平总书记关于党的建设的各项重要论述成为一个系统的、开放的、发展的思想理论体系，已经成为我们党的建设新的价值尺度，引领着执政党建设的新常态新规范，不仅推动了党的建设的伟大实践，而且极大地丰富和发展了中国特色社会主义党建理论。

王海峰在《机遇、挑战与责任：中国共产党与国家治理体系现代化》一文中指出，国家治理体系现代化，是中国在现代化和民主化征程中国家建设理论的重大创新，是中国共产党在新时期治国理政的重大实践。国家治理体系现代化将使中国政治更加主动地融入人类政治文明的发展轨道，开辟全面深化改革实现转型发展的中国新道路，但也对中国共产党带来重大挑战，一是要求党的建设的科学化。国家治理体系现代化的实现依赖于执政党的有效组织和领导；全球化中的国家建设要求党的建设科学化；国家治理体系现代化与党的建设科学化二者相互契合，并行不悖。二是党执政的科学化，包括执政理念的现代化、执政方式的现代化和执政能力的现代化。三是党的治理能力的现代化。包括进行科学决策的能力、包容社会发展的能力、引领时代进步的能力、构筑治理网络的能力等。为实现民族复兴，构建现代国家，中国共产党肩负着无可推卸的使命责任，最为主要和紧迫的是：经济领域现代市场体系的真正确立、发展型政府向治理型政府的逐步转型、现代意义上社会治理格局的全面形塑、执政党党的建设制度改革的系统推进。

学术著作评介和论文观点摘要

一、学术著作评介

《政党科学与政党政治科学化》（朱昔群著，中央编译出版社 2015 年版）

《政党科学与政党政治科学化》一书讨论了政党科学和执政科学的基本原理，并在政党科学的指导下分析了中国共产党的政党体系、执政体系，探讨了党的执政能力建设、党的自身建设和党的发展的一系列问题，提出了改进党的执政能力建设、先进性建设，提高党的建设的科学化水平以及党的发展和转型一些新思路、新对策。

该书分为政党理论与政党科学、执政理论与科学执政、执政体系与执政能力建设、党建科学化与执政党发展四个部分十九章。第一部分政党理论与政党科学，包括第一至第四章，第一章界定了政党与政党制度的概念，第二章对两党制、多党制、一党优势制、一党霸权制、单一党制等政党制度的类型与机制进行了分析，第三章对西方、近代中国以及中共的政党发展理论进行了梳理，第四章对政党政治市场与政党制度的发展关系从政治体系的效率和变迁等方面进行了分析。第二部分执政理论与科学执政，包括第五至第八章。第五章界定了执政理论的主要内容，提出了分析执政理论的几个视角：公民社会的视角，执政合法性与科学性的视角，整合功能的视角，体制和机制的视角。第六章界定了执政党的主要功能以及执政系统优化对执政能力的提升。第七章对国外学者关于中共执政能力、民主政治建设、反腐败的论述进行了梳理。第八章分析了执政能力建设中的问题，提出对策。第三部分执政体系与执政能力建设，包括第九章至第十三章。第九章论述了执政环境的内涵、与执政能力的关系和如何优化。第十章论述了执政基础与民众认同的关系及社会转型条件下如何加强。第十一章论述了执政合法性与执政理念的关系，提出了要创新共产党人的执政理念，为人民长期执好政掌好权。第十二章论述了民主执政的程序化规范化问题及其对执政方式改进的推动作用。第十三章论述了中共执政资源体系的构成和通过民主法治积累和优化中共执政的合法性资源。第四部分党建科学化与政党发展，包括第十四至十九章。第十四章提出党建科学化要确立科学的政党观。第十五章论述了如何用科学的政党观指导党的先进性与纯洁性建设。第十六章论述了党管干部的理论与实践及其改革的方向。第十七章分析了官员腐败蔓延的原因，从完善干部体制的视角提出遏制对策。第十八章论述了如何推进党内民主选举、民主决策、民主监督的制度化程序化规范化。第十九章论述了党的基层组织设置嵌入式和辐射式两种模式，提出基层党组织设置模式科学化的发展趋势。

《利益多元化格局中的党群关系问题研究》（张哲著，天津人民出版社 2015 年版）

《利益多元化格局中的党群关系问题研究》一书认为中国共产党在维护人民群众利益的基础上，赢得了广大人民群众的衷心拥护和鼎力支持，当前随着以市场经济为导向的各项改革的深入发展，社会利益格局呈现出了多元化的趋势。在这一新型的利益格局背景下，党群关系不可避免地发生了嬗变。由此，该书从马克思主义利益理论及党群关系理论出发，立足于利益多元化格局的背景，运用历史与逻辑相统一的方法剖析党群关系背后的利益关系，直面利益多元格局中党群关系出现的新问题，求证利益多元格局中党群关系嬗变的原因和时空边界，提出并构建了适合我国国情的党群关系新模式，形成了具有中国特色的党群关系理论支撑范式。

该书共分五章。第一章概述了马克思主义利益理论及党群关系理论。认为，利益范畴体现了历史与现实的辩证统一，对利益问题的关注促进了唯物史观的形成，利益是政党存在和发展的动力源泉。界定了利益、利益多元化、党群关系的概念，对马恩、列宁、中共的党群关系理论进行了梳理。第二章对利益格局对党群关系影响进行历史考察。分别对新民主主义革命时期、社会主义建设初期、社会转型时期的利益格局状况、党群关系的特点及密切党群关系的实践进行分析。第三章论述了利益多元化格局中党群关系的分化重组情况。认为利益多元化格局反映历史发展的必然趋势、体现了社会发展的进步，社会主义的利益多元化格局不同于资本主义的利益多元化格局。对利益多元化格局中社会阶层的全新变化尤其是新阶层的崛起及其对党群关系的影响进行了梳理。第四章评析了利益多元化格局中党群关系面临的热点问题。在利益观念变化方面，社会心理复杂化冲击了党的凝聚力，价值取向多元化削弱了群众的政治辨别力，道德规范弱化侵蚀了社会的道德根基，利益分化过大也严重影响了党群关系。在利益协调机制失衡方面，利益表达机制不畅通阻碍了党群之间的交流互动，利益决策机制不完善制约了群众民主权利的发挥，利益分配机制失衡危及党群共同利益的基础，利益制约机制不健全损害了党群关系的和谐稳定。此外，腐败对新时期党群关系构成了严重不利的影响。第五章对利益多元化格局中促进党群关系协调发展的路径进行分析。认为，一是要定信念，牢固树立执政为民的价值理念。要牢固树立马克思主义群众观，始终以广大人民群众的根本利益为最高价值追求,坚持把以人为本的执政理念作为出发点和落脚点。二是要准确功能定位，着力推进基层服务型党组织建设。要深化基层服务型党组织建设的意识理念，提升基层服务型党组织建设的能力水平。三是要创新工作，以社会公正为准绳整合利益关系。要大力发展社会生产力，提高利益对象供给水平，要依靠服务来巩固利益，拓展密切联系群众的新天地，要注重利益分配的均衡，统筹兼顾各方利益诉求。四是要规范行为，以反腐败的实际成效取信于民。要明确反腐思路,确保反腐败工作深入开展,创新工作方法,提高反腐败工作效率，健全制度机制，扎实推进反腐败工作。五是要搞好制度保障，建立健全利益协调的制度体系。要建立健全联系群众机制，积极拓宽党群沟通的渠道，建立健全利益分配机制，努力提高服务群众的水平，建立健全利益决策机制，提升决策科学化水平，建立健全利益保障机制，以群众满意作为根本标准。

《中外廉政制度比较》（项继权、李敏杰、罗峰著，商务印书馆 2015 年版）

《中外廉政制度比较》一书紧扣反腐倡廉的制度基础，全面介绍和比较分析中外廉政制度的组织、运行及其理论基础，对不同国家和地区反腐倡廉及廉政制度建设的经验进行了分析和总结，对人类历史上不同的反腐倡廉理论和观点进行了概括和分析。该书认为，腐败是"政治之癌"，反腐倡廉是文明社会共同的追求，也是国际社会普遍存在的难题。在漫长的探索和实践中，人们已经摸索出一系列预防、惩处和消除腐败的制度、措施和方法，积累了不少经验。不同的时代及不同的国家，人们对腐败根源有不尽相同的认识，根治腐败也有不同的主张和实践。建设廉洁政治，是中国共产党一贯的坚定立场。该书着力探讨中国反腐倡廉的经验得失，为进一步加强廉政制度建设提供建议。

全书共分八章。第一章界定了廉政、弊政、腐败等概念，对廉政制度的内涵、制度形式及廉政相关制度的区别和联系进行分析。第二章介绍了中西方的廉政制度建设理论基础。西方廉政制度的理论基础包括政治原罪论、政体变异论、政治无道德论、国家"利维坦"论、主权在民论和权力制约论。当代中国廉政制度建设的理论基础包括了马恩、列宁和中共五代领导人的廉政思想。第三章介绍了廉政制度的历史演进。第四章介绍了美、英、法、日本、澳大利亚等发达国家，俄罗斯、印度、新加坡和巴西等发展中国家以及中国内地、港澳台的廉政机构的设置和职权。第五章论述了廉政制度各项运行机制的结构和功能，包括教育机制、预防机制、监督机制、惩处机制。第六章论述了廉政与法治的关系。对法治如何促进廉政建设，西方国家通过廉政法律规范、制约公务员活动、廉政监督进行分析，对中国廉政建设的法治困境和建设走向进行探讨。第七章论述了廉政与德治的关系，分析了传统的德治思想和现代的的值观念，西方国家德治思想的历史发展、政治实践和局限性，以及新中国的精神文明与道德建设。第八章对廉政制度的借鉴与创新进行了分析，认为中西方廉政制度建设的基本共识与经验主要有：反腐倡廉的长期性与艰巨性、构建国家廉政体系、建立独立的反腐败部门、反腐败的法制化、加强权力制约与监督、推进政务的公开化、加强反腐倡廉的教育、加强反腐败的协同治理。对于中国反腐倡廉的制度创新，提出了相关对策：健全权力制约与监督机制、完善中共党内民主监督机制、构建规范公开的政府运行机制、改革与完善干部人事制度、改进反腐败的方式方法、加强与改进思想道德教育。

《权力的辩护：执政党公共形象传播研究》（段功伟著，广东人民出版社 2015 年版）

《权力的辩护：执政党公共形象传播研究》一书紧扣执政党的公共形象传播这个兼具实践与理论价值的课题，从合法性的维度，尝试运用系统危机理论来搭建研究框架。执政党公共形象传播处在党建、政治学、传播学等多学科的交叉点，其研究的思路框架、理论观照、研究方法等均有待确立与完善。该书从执政党形象传播的系统困境切入，然后从受众、政党、党媒体三个方面分析如何改善执政党形象，进而上升到权力的解释与权力的辩护高度，提出执政党形象最深层的说服是构建形象认同的文化。

该书共分为六章。第一章论述了政党形象与公共形象的概念以及国内外相关的研究情况。第二章论述了当前执政党公共形象传播面临的系统困境。包括政党合法性带来的困境和执政党形象传播生态分析中的困境，如工具困境、调适困境、认同困境和价值困境等。应对这些困境，要求执政党确立形象传播新起点、对自身形象进行开放与动态管理和因时因势针对性传播。第三章从与受众进行协商的角度论述了如何从起点构建执政党形象。受众对执政党的形象有权拒收、接收、接受，可以从干预底线民生、激活中间阶层、扩大有序参与等方面对受众进行社会学干预，还可从受众协商与传播优化、传播筛选与正面宣传的角度来进行传播干预。第四章从政党的辩护，即在多议程多话语中博弈来论述构建政党形象。关于形象的议程设置，认识到：风险社会要求增强问题意识，实现针对性设置；读秒时代要求增强共振意识，实现高效能设置；众声喧哗要求增强融通意识，实现竞争性设置。具体而言，要融合多议程，实现主流主导的建构；要超越旧边界，实现议程设置权平衡；打通全流程，实现议程的闭环控制。第五章论述了如何重塑党媒体以推进政党影响力权威的嬗变。这种嬗变包括，理念之变，告别形象匮乏的旧话语，从政治宣传回归政治传播，依靠品质传播重塑形象；策略之变，增强政治报道的差异化竞争；发展之变，通过数据蓝海的内容产品化、平台与航线式媒介融合，以用户至上的理念经略数据蓝海。第六章对政党形象的对外话语输出进行了分析，认为中共目前国际形象的窘境在于西方话语霸权和声音垄断，我方解释权和话语权的缺失。由此，提出形象对外传播的突围：通过媒体优化，改善“中国观”与“中共观”；通过形象营销，推进公共形象的创新输出；以提升核心问题的解释力作为重点突破。第七章论述了政党形象认同的最深层次即文化建构。对西方政党文化与中共红色政党文化进行对比和梳理，对政党文化有效供给公共形象提出建议。

《认知与升华——中国共产党马克思主义观的历史考察》（刘长军著，中国社会科学出版社 2015 年版）

《认知与升华——中国共产党马克思主义观的历史考察》一书从中国共产党历史的角度论述了中国共产党如何不断探知“什么是马克思主义，怎样对待马克思主义”。认为党的历史就是全党马克思主义观酝酿形成、艰辛发展、不断成熟的历史，其发展进程由四个前后衔接的阶段体现出来，每一阶段都蕴含了当时历史的特点和内容，其间既有掌握真理的欢愉收获，也有违背规律的曲折迂回。这个“痛并快乐”的理论创造过程，构成了中国共产党不断创新的思想发展史和实践探索史。这个探索过程积累了宝贵经验。这些宝贵经验，必将随着中国共产党马克思主义观的健康发展而不断获得新的营养和质料。

该书共分六章。第一章对中国共产党马克思主义观的形成和发展进行历史分期。第二章论述了中国共产党马克思主义观的出场和初步运用（1919—1927）阶段。提出，马克思主义观的出场背景是困局中的抉择，标志是李大钊的《我的马克思主义观》。对于中国共产党马克思主义观的初步运用，体现为“主义譬如一面旗子”这个初步认识，以及马克思主义理论与中国实际的初步结合，这一阶段党内在马克思主义观有初步分歧，包括在工人阶级历史地位问题上的分歧和在中国革命的历史进程、领导权等问题上的分歧。第三章论述了两种马克思主义观的纠结与竞争（1927—1945）阶段。对教条主义马克思主义观产生的根源、表现和危害进行分析，认为是一种貌合神离的马克思主义观。中国化马克思主义观才是形神合一的马克思主义观。具体体现为新民主主义的理论体系，并发展为走向科学的马克思主义观即毛泽东思想。第四章论述中国共产党马克思主义观的发展与重挫（1945—1978）的阶段。认为，在1945—1956年，是正确马克思主义观主导的发展时期，主要成果有马克思主义国家学说的创新、关于“过渡”的思想、以苏为鉴的中国式建设理论。1957—1966年，是两种倾向马克思主义观的并行消长时期，在马克思主义矛盾理论上、马克思主义“两大关系”理论上、在国情判断上、在党的指导思想实践中都出现了并行消长的两种倾向。1966—1978年，是中国共产党马克思主义观的重挫时期，在马克思主义矛盾理论、方法论、群众观等问题上，出现了重大错误，在这一时期的结尾，“凡是论”与“实践论”进行了剧烈的思想交锋。第五章论述了中国共产党马克思主义观的新进展（1978年至今）阶段。这一阶段，首先在“问题域”上，拓展了马克思主义的新视野，从什么是马克思主义，怎样对待马克思主义，到什么是社会主义，怎样建设社会主义，再到建设什么样的党，怎样建设党和实现什么样的发展，怎样发展。在“结合”问题上，拓展了马克思主义的新认识，从一元结合到多元结合，从“结合”中国到“结合”时代。在“规律”问题上，丰富了马克思主义的规律学，深化了对共产党执政规律、社会主义建设规律、人类社会发展规律的认识。在理论成果上，形成了中国特色社会主义理论体系。第六章总结了中国共产党马克思主义观形成发展的基本经验。一是根基性经验：实事求是地认识和对待不同的“合”，包括契合、结合和切合；二是思想战线经验：坚持中国化的马克思主义观，反对教条主义的马克思主义观，要正确认识中国化马克思主义观的阻力、在两条战线开展斗争、切实把握中共马克思主义观“双重趋向”的特点；三是群众路线经验：在实践中加强党的建设。掌握群众和武装群众，认识到党的建设是中共马克思主义观健康发展的主体条件、用马克思主义武装群众是中共马克思主义观的活水之源。四是时代经验：立足中国本色，坚持马克思主义宽广视野，吸收人类文明成果。要牢牢立足中国实际，这是中共形成正确马克思主义观的实践经验。要吸收人类文明的优秀成果，这是中共形成正确马克思主义观的外在条件。

《中国共产党意识形态观研究》（李美玲著，湖南人民出版社2015年版）

《中国共产党意识形态观研究》一书以历史发展为线索，选取“意识形态观”这个世界各类政党现代化过程中都会面临的问题展开研究，对各个时期中国共产党意识形态观的特征、形成原因和影响进行了系统梳理和分析。进而，该书认为，科学的政党意识形态观应当是这样的意识形态观：认为意识形态是价值目标，但价值必须与实际相结合，符合实际；认为意识形态是工具，但必须以能不能凝聚广大民众、党员为标准；认为意识形态是行为准则，但不能僵化；认为意识形态是旗帜，但应当尽量包容。

该书共分九章，第一章分析了政党意识形态观研究的基本理论，对意识形态、政党意识形态、政党意识形态观等概念进行界定。认为政党意识形态观包括了政党对意识形态的地位、作用、与时间关系、与民众利益关系等的态度和看法。影响政党意识形态的因素主要有：政党所处地位、政党意识形态、政党自身状况、历史文化渊源。第二章对中国共产党意识形态观进行总体分析，认为，中共高度重视意识形态的地位和作用，始终坚持马克思主义的指导地位，正确对待意识形态与实践的关系、与民众利益的关系时主流。第三章论述了幼年时期中国共产党的意识形态观，认为，由于理论修养欠缺、与共产国际关系密切、拥有浓厚的苏共情结、崇尚权威的文化传统，使幼年时期中共意识形态观虽然以马克思主义作指导思想，但表现出僵化、教条化对待马列主义、盲目服从共产国际的指导，机会主义频繁发生，使党的建设遭遇危机，革命遭受重大损失。第四章论述了成熟时期中国共产党的意识形态观，认为，由于科学把握马克思列宁主义、对中国共产党的正确定位和重民与重教化的文化传统，使中共意识形态观呈现为依据实践继承和发展马列主义、促使毛泽东思想形成、适时调整党的方针政策，这有力地推动了新民主主义革命的胜利和中国共产党自身的成熟，也实现了中共政党政治合法性的转移和意识形态主导地位的确立。第五章论述了执政初期中国共产党的意识形态观，认为，受革命经验的启示、国际环境的影响和领导集体的反思，执政初期中共意识形态观表现为坚持和发展毛泽东思想、吸收和借鉴斯大林模式、科学制订党的政治路线，推动了国民经济的恢复和发展、社会主义制度初步确立，使党的建设得以有效加强、党的执政地位得以巩固。第六章论述了“左”倾时期中国共产党的意识形态观，认为由于革命意识形态的延续、执政意识的缺失、对社会结构判断失误、社会主义阵营的干扰和集权政治文化的渗透，“左”倾时期中共意识形态观表现为曲解马列主义、僵化毛泽东思想、固化了纲领路线，形成了一元化意识形态格局，使社会主义建设事业遭受重创、党的执政地位经受严峻考验。第七章论述了改革开放时期的中共意识形态观，认为受执政意识的觉醒、市场经济的发展、社会结构的分化和国外政党的启迪等因素的影响，党的意识形态观体现为恢复党的思想路线、继承发展马列主义、科学制订基本路线，因而提升了中国共产党的执政绩效、维护了马克思主义的主导地位、发挥了意识形态的积极作用、促进了中国共产党的理论建设。第八章考察了国外政党的意识形态观，对政党意识形态观的一般性和特殊性进行了分析。第九章得出结论。

二、论文观点摘要

《提升五大能力与推进法治型党组织建设》（方世南，《中共云南省委党校学报》2015年第1期）

“四个全面”构成了一个紧密联系和相互作用、相互促进的有机整体。党组织作为落实“四个全面”重大任务的领导者和组织者，在依法治国进程中必须将自身建设成法治型党组织，要将法治型党组织建设与学习型、服务型、创新型党组织建设紧密地结合起来，形成一个有机整体。所谓法治型党组织，就是以法治为导向，严格遵循依法执政、自觉维护宪法法律权威和捍卫宪法法律尊严、在宪法和法律范围内活动，具有强烈的法治意识和法治思维，具有完备规范的党内法规体系，严格依法全面从严治党和管理党员干部以及依法保障党员和公民的各项合法权益，在法治国家、法治政府、法治社会一体化建设中不断提高依法办事能力的党组织。法治型党组织建设的重点是加强能力建设，要全面提升五大能力。一是全面提升依法执政能力，依法治国是我国宪法确定的治理国家的基本方略，能不能做到依法治国，关键在于党组织能不能坚持依法执政，能不能成为法治型党组织；全面提升党组织的依法执政能力是建设法治型党组织的重要内容；要推进依法治国和加强法治社会、法治政府建设，必须依法治党。二是要全面提升执政为民的公信能力，公信能力是党组织在党员和人民群众心目中的号召力和权威性；取信于民是建设法治型党组织的重要任务；党组织必须树立强烈的诚信意识，营造诚信文化，将诚信作为自己安身立命的根基；党组织必须将守规则、讲信用作为重要的社会资本，发挥好先锋模范带头作用。三是要全面提升对法律制度的执行能力，党组织对法律制度的执行能力，是衡量法治型党组织建设成效的重要标准；党组织只有带头增强执行力，法律制度才有旺盛的生命力和约束力；党组织对法律制度的执行能力，突出体现在领导干部对法律制度和党内法规的高度重视、带头执行和认真落实；要提升党组织对法律制度的执行力，必须建立健全制度执行监督、考核和追究责任机制。四是要全面提升权力规范运行的能力，全面提升规范权力运行的能力是建设法治型党组织的重要任务；党组织必须对权力有正确的认识，牢固树立马克思主义权力观；党组织必须坚持“职权法定”的原则；党组织必须依法对权力实施严密的监督制约。五是要全面提升勤政廉政的责任能力，勤政廉政是法治型党组织必须始终坚持的重大执政理念和重大政治责任；党的全心全意为人民服务的根本宗旨，决定党组织必须全面提升勤政廉政的责任能力；党组织带头勤政廉政，就能促进干部清正、政府清廉、政治清明。

《中国共产党依法执政的观念基础》（张恒山，《中共中央党校学报》2015 年第 3 期）

依法执政是我们党历经艰难探索以后确定的、在新的历史条件下执政的基本方式。依法执政是依法治国的核心内容，其本质是要解决社会主义国家的人民当家作主和党的领导相结合的问题。为实施党的依法执政，必须正确认识党领导人民、党的领导和党的执政、执政权力的来源、执政权力的受约束性以及法的本质等一系列问题，从而为践行依法执政奠定观念基础。关于党领导人民中的“领导”，注意两个领导概念，一个是相对宏观、抽象的政治活动意义上的“政党—人民”关系中的领导，一个是相对微观、具体的行政管理意义上的“首长—下属”关系中的领导。必须澄清上述两种“领导”概念，从根本上清除以行政管理意义上的“命令—服从”关系模式来理解的“党的领导”概念背后隐含的党民关系模式，要确立正确的党民关系观念，只能是“引导”“首倡”“导向”意义上的“领导”，表现为从群众中来、到群众中去的群众路线。关于党的执政与党的领导的区别，党的领导和党的执政虽然同样是中国共产党的政治活动，并且其最终目的指向都是相同的——实现中国人民的共同福祉。但作为体现着两种不同的政治功能的活动，其内涵有许多不同。第一，党的领导和党的执政的主体不同，党的领导的主体就是党组织自身，党的执政的直接主体不是党组织自身，而是党的代表们。第二，党的领导和党的执政的对象不同。党的领导的对象是人民群众，而不是其他；党的执政的直接对象是国家机构。第三，党的领导地位和党的执政地位的获得途径不同。党的领导是党在社会生活中通过自己的无私的工作同人民群众形成的一种事实性关系。党的执政却是一种法律意义上的权力地位。第四，党的领导行为和党的执政行为各自依赖的手段不同。执政则必然是在国家政权机构内部的活动，党的领导表现为在国家政权之外、通过非执政手段和非政权途径率领人民为了某项目标而奋斗。第五，党的领导行为和党的执政行为的法律效力不同。党的执政行为是具有强制性的行为，党的领导不具有对人民群众的必然的约束力。第六，党的领导和党的执政处理的事务不同，党的执政，必须谨慎地遵守这些法定的权力范围，不能任意地扩大自己管辖、处理的事务范围，而只要人民自愿地追随和服从，党可以在任何领域从事领导性的事务和工作。

《时代呼唤理论创新》（王长江，《当代世界与社会主义》2015 年第 1 期）

理论创新关乎政党信仰是否可以持续。我们当下所面对的——不是马克思主义本身不可信的问题，而是用我们所理解的马克思主义难以解释今天实际的问题；不是马克思主义过时的问题，而是马克思主义理论的创新跟不上时代要求，致使理论本身受到质疑的问题。之所以思想在不断解放，却总是跟不上时代的要求，原因在于很多情况下，我们的思想解放往往只停留在“观点解放”的层面，而没有上升到“观念解放”的高度。这个观点要表达的是，两个层面的“解放”是不一样的——观点的解放不过是一个个具体看法的拨乱反正，而观念的解放是方法论的解放，是思维方式的解放。这两个层面的解放，我们都尚未完全达成。具体表现在，一遇现实问题，就会出现以下情况：我们时而会自觉不自觉地回到“苏俄式马克思主义”的逻辑；时而又习惯于用理论来判断实践的对错，而不是把实践作为检验真理的标准。理论发展和理论创新不足是当前党内信仰出现问题的深层原因。中国共产党对马克思主义的理解长期受苏共的影响，而“苏俄式马克思主义”的最大问题是把马克思主义和苏联模式教条化、神圣化、僵化，成为束缚人们思想的桎梏。因此，必须继续解放思想，推进理论创新。解放思想是推动改革创新的根本动力。思想解放既包括“观点的解放”，也包括“观念的解放”。这两个层面的解放，我们都尚未完全完成。推进理论创新最重要的是超越民主革命时期形成的“非此即彼思维”和计划经济时期形成的“计划经济思维”这两种思维方式。动辄就问姓社姓资，便是一种典型的非此即彼思维。动辄把他们归入“资”或“社”，把社会整合简单地理解为一些阶层对另外一些阶层的统治，必然给社会建设带来灾难性的影响。在计划经济条件下形成的思维方式，具有显著的特点：由一个全能的执政党及其主导的政府去事无巨细地包揽社会的一切事务，从吃喝拉撒睡到生老病死，无所不管。在理论发展和理论创新上难以摆脱计划经济思维，归根结底是由于对理论发展的规律性缺乏把握。把握理论发展的规律性，营造思想市场，促进理论繁荣。

《虚拟社会对党的建设的挑战及应对策略》（许峰，《中共云南省委党校学报》2014 年第 6 期）

虚拟社会力量的核裂变式增长，正在逐渐改变着中国共产党看待及处理自身及其与虚拟社会关系的视角与方式。虚拟社会使得民众参与自由化、舆论声讨民粹化、传统反腐污名化，对党的反腐倡廉的规范度、法制化以及体系性也提出了挑战。在思想建设领域：虚拟社会使话语权结构发生变化，党的思想建设的话语主导权受到挑战；使信息传播机制发生变化，党的思想建设的教育创新性受到挑战；使共识促进机制发生变化，党的思想建设的系统平衡性受到挑战。在组织建设领域：虚拟社会使党员的活动方式发生变化，对基层党组织的创新活力提出了新挑战；使组织工作的氛围发生变化，对干部队伍建设的公开性提出了新挑战；使组织工作的空间发生变化，对组织工作制度的网络化提出了新挑战。在作风建设领域：虚拟社会使作风的评价显性化，对塑造党的形象提出了新挑战；使作风建设智能化，对密切党群关系提出了新挑战；使作风传承个性化，对弘扬优良作风提出了新挑战。反腐倡廉领域：虚拟社会使民众参与自由化，对党的反腐倡廉的规范度提出挑战；使舆论声讨民粹化，对党的反腐倡廉的法治化提出挑战；使传统反腐污名化，对党的反腐倡廉的体系性提出挑战。党不仅要在传统党建视域下看清影响和挑战所在，更应该在党的领导方式和执政方式层面反思党对虚拟社会的治理对策。必须增强虚拟阵地意识，掌握虚拟社会的话语权；加强自身建设，提升虚拟社会的执政能力；丰富工作方式，扬弃借鉴各种网络组织的活动经验，创新活动形式，以提升党在虚拟社会条件下的执政绩效。

《县级党政关系的耦合模式——基于D县“四套班子”运行过程的实证研究》（黄红华，《浙江省委党校学报》2015年第1期）

地方党政关系不能走“以党代政”的老路，也不可能做到完全的“党政分开”，而“党政关系规范化”的提法也太过笼统，准确界定地方党政关系需要回归到对“四套班子”运行过程的实证研究中去。对浙江省D县的实证研究表明，党政“四套班子”在施政过程中，并不存在严格的职能界分，而是在工作时间、工作内容和工作流程方面具有显著的耦合特征：“四套班子”间通过战略部署时间的特定安排实现党委的统领作用，在工作内容方面表现为党委、政府间的高度重合以及人大、政协对党政事务的重点关注相结合，在工作流程方面表现为“四套班子”在决策和监督环节的协作和在执行环节的分工。从时间衔接角度看，我们可以暂时认为无论是上下级之间还是同级“四套班子”之间，党委全体会议都在统领全局和协调各方上面发挥着显著的作用。这一统领和协调作用保证了不同层级“四套班子”中坚持党委的一元领导，保证了“人大”“政府”“政协”在议政、施政、参政总体安排上的一致性。”在工作内容方面，党委和政府具有高度重合的特征，而人大则通常会在党委领导下有重点地选择一些政府事项进行审议和监督，政协也是有重点地选取一些事项进行监督和建言。“四套班子”在决策、执行、监督、考核等流程中，出现“两头协作为主、中间分工为主”的规律：决策和监督过程中“四套班子”密切协作，贯彻执行主要由党委和政府的相关部门分工实现，考核环节由党政“两办”具体分工实施，由党委主导、“四套班子”的领导协商决定。这种耦合模式具有一定的优势和劣势，需要根据其特征进行调整和改善。

胡小君　苏州大学政治与公共管理学院副教授

参政党研究

参政党研究述评

2015年是中国人民暨世界反法西斯胜利及抗日战争胜利70周年，也是中共中央《关于加强社会主义协商民主建设的意见》这一重要文件的颁布之年，因此，围绕民主党派在抗日战争中的伟大贡献，加强对民主党派的历史研究；围绕社会主义协商民主制度建设，探讨参政党应有的角色定位、功能作用以及参与形式，成为2015年参政党研究的热点。除此之外，理论界继续围绕“中国特色社会主义参政党”这个概念，对参政党的性质、地位和作用进行了深入的研究，对参政党如何适应新形势、新任务的要求，更好的加强自身建设、履行参政党职能进行了扎实的讨论。本年度参政党研究还有一个突出特点，就是无论是参政党职能研究还是参政党自身建设研究，都紧紧围绕“全面建成小康社会、全面深化改革、全面依法治国、全面从严治党”的战略布局，去研究“中国特色社会主义参政党”应有的能力与素质，关注“法治思维”对参政党的重要意义，探索“参政党党内民主”问题，突出能力建设在参政党建设整体框架中的重要位置，体现出较强的时代性和创新性。

一、抗日战争及民主党派的历史研究

对民主党派历史和优良传统的研究，历来是参政党研究的一个重点。理论界主要立足于民主党派在重要历史关头的政治表现，结合重大历史事件，对民主党派的政治立场、政治纲领进行研究，从而探索中国政治发展道路的形成与发展过程，研究多党合作制度的历史必然性与现实合法性，总结民主党派存在和发展的宝贵经验，为多党合作制度更好的发挥制度效能、为民主党派更好的发挥参政党作用提供思想支援。2015年是抗战胜利70周年，同时，也是中国民主建国会和中国民主促进会等政党成立70周年，中国致公党成立90周年，中国农工民主党成立85周年，对抗日战争与民主党派的历史加强研究，自然就成为理论界的一大盛事。

1. 抗日战争与民主党派

抗日民族统一战线的实践，一方面促使许多有着共同目标的民主人士逐渐走到一起建立组织，共同抗战、一致对外，成为抗战胜利的关键因素；另一方面，民主党派在抗日民族统一战线中积极发挥作用，也促进了自身的成长与壮大。因此，对抗日战争与民主党派这一课题的研究，就有两个视角，有的研究者主要从民主党派的伟大贡献出发，研究了民主党派在推动抗日民族统一战线形成和发展过程中的政治实践，认为民主党派的主要贡献有宣传抗日理念，努力巩固抗日民族统一战线，促进国共合作一致对外；积极投身抗日救亡运动，为抗日救国出力献策，奔走呼号；直接组织武装力量驰骋抗日疆场，与日军奋勇拼杀等方面。另一个视角则是从多党合作的角度，分析了民主党派在抗日民族统一战线中的成长史，认为抗日战争的胜利也是多党合作的胜利，民主党派经过抗日战争的洗礼，逐渐从信共发展到亲共，响应共产党的号召，汇入抗日民族统一战线的洪流，直至最后与共产党亲密合作，共同建立新中国，做出了积极的贡献，同时也有力地推动了自身的发展壮大，使自己的政治纲领更加清晰，走上了正确的政治发展道路。

关于民主党派与抗日战争的关系，学者们一致认为，民主党派成立的历史，是与抗日救亡紧紧联系在一起的，即使是抗战之后成立的民主党派，其领导人和骨干成员，也是抗日救亡中的积极力量。因此，抗日战争作为一个熔炉，对民主党派的产生与发展、对民主党派最终接受中国共产党的领导，走上多党合作道路具有非常重要的意义。这就构成了研究抗日战争与民主党派关系的一个重要视角，在这一视角下，多党合作制度的历史必然性清晰可见，民主党派只有接受共产党的领导才是正道而行，这是历史给我们的启示，也是我们加强对抗日战争与民主党派关系研究的意义所在。对这一问题进行研究的代表作是陈延武《不可磨灭的功绩》(《人民日报》2015 年 9 月 10 日第 20 版）一文，作者不仅从政治上分析了民主党派在抗日战争中的贡献，还从民主党派的角度探讨了抗日战争作为一个大熔炉对多党合作和民主党派的影响。作者指出，中国主要的民主党派，多在抗日战争中诞生和发展，也有的在抗战期间酝酿筹组到解放战争时期成立，还有的从中间党派组合、建立、分化，在患难中与共产党一道坚持抗战、维持团结、推动民主，在战火纷飞中正确选择了自己的历史道路，为抗日民族统一战线建立、扩大和巩固做出了重要贡献。正是抗日民族统一战线，使民主党派经历了痛苦的自我斗争甚至付出血的代价，然后心甘情愿地从同情、支持、靠拢共产党，逐渐与共产党形成政治共识、共同情感取向，并达至共同价值追求，自觉接受共产党的领导，郑重选择多党合作，在政治上实现了历史性跨越。石光树在《农工党在抗日战争中的作用、贡献及启示——纪念抗日战争胜利 70 周年暨农工党成立 85 周年》(《前进论坛》2015 年第 8 期）一文中也以农工党为例表达了类似的观点。作者认为，农工党成立初期的历史，是与抗日救亡紧紧联系在一起的，也是一部反蒋抗日的历史。正是在中国共产党领导的抗日民族统一战线感召下，农工党走上了同中国共产党合作、逐渐接受共产党领导的正确道路，为国家独立和民族解放事业做出了重要贡献。作者指出，农工党是国内最早成立的党派。当时除了国共之外，只有临委会，因此被叫作第三党。农工党成立于 1930 年 8 月 9 日，当时叫“中国国民党临时行动委员会”，简称“临委会”。临委会在组织成立初期，在主要领导人邓演达被捕、并被杀害，组织处于困顿状态时，仍能及时、坚决举起抗日旗帜，积极地同国民党的不抵抗政策作斗争，发表的宣言和行动纲领，在国内外引起强烈震动。在此后十多年的抗日斗争中从未动摇过。农工党成立之初衷就是为了倒蒋、坚持孙中山革命，主张建立农工平民政权、实行社会主义。这些主张与中共的最低纲领已经十分接近；中共的主要领导人毛泽东、周恩来、朱德等与农工党主要领导人邓演达、黄琪翔、章伯钧等个人关系十分密切，在北伐、在黄埔军校都有很好的合作。解委会响应中共建立抗日民族统一战线后，利用自己的特殊关系，在国民党上层、军队中做工作，中共周恩来同黄琪翔、章伯钧常有交往，也希望解委会在这方面发挥作用。“二干”会议是农工党历史的重要转折，标志着在抗日民族统一战线旗帜下，开始了同中国共产党正式合作的历程。

除此之外，还有学者在抗日战争这一时代主题之下，探索民主党派的历史选择，分析民主党派最终选择接受中国共产党领导的原因，研究民主党派的这种政治选择对自身发展和国家发展的影响。这些学者认为，正是抗日战争激发了现代爱国主义的形成，推动了政治民主的潮流，促使民主党派实现了自身的价值选择，走上了与共产党共同抗日的政治道路。正是在抗日战争的烽火硝烟中，中国共产党同民主党派建立起风雨同舟、团结合作的关系，并不断发展了这种关系，同时也推动了自身的发展壮大。袁廷华、成琳在《走向进步、走向合作、走向发展——抗日战争与中国的民主党派》(《群言》2015年第9期）一文中认为，抗日战争走向伟大胜利的历程，也是我国民主党派走向进步、走向与中国共产党合作、走向发展的历程。“九一八”事变后，日本帝国主义的野蛮侵略和民族危机的日益加深，极大地激发了民主党派的爱国精神和理性觉醒，他们毫不犹豫地投身到抗日救亡和争取民族解放的斗争中。在艰难困苦的斗争中，民主党派的进步性得到彰显、得到增强、得到发展，体现在坚持抗战、坚持团结和争取民主等方面。在抗日战争时期，抗日救国成为共产党同民主党派合作的共同目标和政治基础，在争取和平建国、建立民主联合政府的斗争中，中国共产党同民主党派的政治共识不断增强，团结合作发展到一个新的阶段。作者指出，抗日战争时期是民主党派发展的重要时期，民主党派参加抗日斗争，又在斗争中得到发展。在抗日战争以前，民主党派组织弱小，力量分散，政治分歧大，大多处于非法地位。抗日战争中，民主党派在国共两大政治势力之间确定了“中间党派”的政治定位，其合法地位得到承认，逐步实现了组织上的大联合，力量不断发展，成为多党合作制度中的一支重要的政治力量。陈国富在《抗日战争时期的多党合作及其历史经验探析》(《辽宁省社会主义学院学报》2015年第3期）一文中认为，为了壮大抗日民主力量，中国共产党一直支持并推动民主党派的进步发展，这是抗战时期多党合作的一条宝贵经验，也是民主党派能够不断发展壮大的重要原因之一。作者指出，在与民族资产阶级等非劳动阶级的中间势力建立抗日民族统一战线中，中国共产党一直努力扩大自己同顽固派斗争的力量，同时，支持和帮助民主党派的发展，推动他们前进。从1938年开始，中国共产党利用国民参政会，与民主党派一道，同国民党反动派作了许多有利于抗战和民主的斗争，逐渐获得了民主党派的信任与支持。1941年，在极端困难的条件下，中国共产党还积极帮助民主党派成立自己的政团，帮助他们组织化，并为实现民主政治携手并进，使得双方都在抗战中得到巨大发展。在坚持自己独立自主时，也尊重各民主党派的独立存在。民盟被迫解散时，中国共产党大力协助其恢复总部，帮助他们进行组织和思想建设，提高他们的政治和思想水平，认清国民党独裁统治的实质，共同追求民主的政治，使民主党派走向同中国共产党全面合作的道路。李虎在《抗战时期南方局对民主党派的统战策略探究》(《云南社会主义学院学报》2015年第2期）一文中也分析了抗战时期，置身于重庆的中共中央南方局，在周恩来同志领导下，在危难中向民主党派及民主人士伸出援手，联合民主党派同国民党顽固派展开斗争的历史。作者指出，周恩来领导下的南方局，一方面向国民党争取民主党派的合法地位和抗战权利，另一方面，把各抗日党派都放在一个平等独立的位置去对待，尊重民主党派的民主权利和利益，并作为中共南方局对待民主党派的基本准则。这种做法，同国民党的封建独裁专制统治形成了鲜明对比，极大地调动了各民主党派抗战的积极性，也成为民主党派从政治感情上逐步向中共靠拢并接受中国共产党的一个重要因素。王彩玲在《抗战时期共产党与民主党派合作的思想基础及其启示》（《光明日报》2015 年 5 月 27 日第 13 版）一文中认为，抗战时期中华民族主要面对两大历史性任务，一是救亡图存，二是建设现代国家。这使得“抗日”与“民主”成为当时的两大时代主题，中国共产党和各民主党派正是在对“抗日”与“民主”这两大历史性课题的探索与回答中，共同举起爱国与民主的旗帜，找到了推动合作的价值纽带，并最终走向相互合作的道路。这是中国共产党和各民主党派走向合作的现实依据，也是中国共产党和各民主党派共同思想基础得以形成的现实土壤。

关于民主党派在抗战中的伟大贡献，学者们有的立足于民主党派整体、从抗日民族统一战线的建立、发展与巩固的角度探讨了民主党派的历史性贡献；有的立足于单个政党，单个人物，探讨了那个特殊年代民主党派及其老一辈代表人物的具体的政治实践，正是这些积极抗日、追求民主的政治实践，汇成了革命的洪流，共同促成了抗日战争的胜利和中国社会的进步。代表性文章如下：

李娜在《民主党派在抗日民族统一战线中的历史贡献》（《山西社会主义学院学报》2015 年第 3 期）一文中认为，抗日战争时期，民主党派是一支国共两党之外的重要中间力量。作为民族资产阶级、上层小资产阶级及知识分子的政治代表，民主党派以其独特的地位与身份，对抗日民族统一战线的建立和巩固做出了重要贡献。这些贡献主要包括三方面：第一，积极与中共合作，开展抗日反蒋活动；响应中共《八一宣言》，倡导国共合作抗日，推动抗日民族统一战线的建立。第二，规劝动员国民党政要，为转变国民党政府的政策打下基础；支持“西安事变”和平解决，促成抗日民族统一战线建立。第三，抨击汪精卫的卖国行径，阻止国民党内部对日妥协；揭露蒋介石的分裂行径，调解国共双方的矛盾与冲突，努力维护抗日民族统一战线。

郭福基在《民主党派在抗日战争中的历史性贡献》（《贵州政协报》2015 年 7 月 9 日第 3 版）一文中认为，中国各民主党派和无党派爱国民主人士，同中国共产党风雨同舟，荣辱与共，一道前进，一道经受考验，为夺取抗日战争的胜利做出了历史性贡献。作者用很多生动的案例再现了各民主党派以及作为抗战之后成立的民主党派领导人的爱国民主人士同中国共产党心连心，情相连，患难与共的历史，比如“七君子”对中共抗日主张的支持，许德珩、劳君展夫妇（和一些进步学者）在国民党反动派对延安实行封锁，物资非常紧缺的情况下，节衣缩食为延安输送物品的故事。作者指出，以国共两党合作为基础的抗日民族统一战线正式建立后，各民主党派都衷心拥护和积极支持中国共产党团结抗日的主张和全面抗战的路线，同中国共产党亲密合作、并肩战斗，他们发挥自己的优势，积极创办各种报纸刊物，进行抗日救亡宣传；民主党派中许多爱国青年知识分子，投笔从戎，走上了驰骋疆场、报效祖国的革命道路，同日本侵略者进行了殊死战斗；积极开展募捐活动，为全国抗战筹集钱财等。

张峰在《民盟在抗日民族统一战线中的作用与贡献》（《群言》2015 年第 9 期）一文

中认为，抗日战争之所以能取得最后的胜利，中国共产党领导的抗日民族统一战线在其中发挥了中流砥柱的作用，民盟作为抗日民族统一战线的重要成员，作为国共之外最大的一支政治力量，与中共密切合作，坚持抗日主张，反对妥协投降；坚持民主宪政，反对独裁专制；坚持团结统一，反对内战分裂；支持中共建立联合政府的主张，反对国民党一党专政，为巩固中国共产党领导的抗日民族统一战线，稳定团结抗战的大局，争取抗战最后胜利，发挥了积极作用。

王起鹍在《中国致公党与抗战》(《政协天地》2015 年第 9 期）一文中，通过最近被发现的致公党中央“一大”“二大”“三大”的部分文件、通告、训令等史料，展现了一些几乎不为人们所知的抗战史实。作者指出,“九一八”事变后,香港当局查禁邮件十分严密,总部设在香港的致公党中央常以“快邮代电”方式向各地致公党党部通报国内形势，号召抗日；淞沪抗战之后，中国致公党上海第一支部、上海洪顺互助会积极投入抗战，发动全党积极捐款，踊跃投入抗日救亡运动，使得抗日救国的浪潮席卷到全美洲，并给东北义勇军筹集了 10 万银元作为经费，成为全国第一个支持抗日民族武装的政党。除了致公党的统一行动之外，很多党员也力所能及地为抗战做贡献，如致公党秘书长陈演生冒着危险，多次帮助和保护逃亡在香港的受敌人追捕的革命志士和爱国同乡；马来亚致公党负责人官文森除组织“惠侨救乡会”，以人力、物力支援广东东江人民抗日游击队；有的甚至直接与日寇进行武装斗争等等。

顾建军在《试论农工党推动形成和参与维护抗日民族统一战线的历程与贡献》(《前进论坛》2015 年第 9 期）一文中认为，中国农工民主党成立于抗战之前，并在抗战的自始至终都为斡旋国共合作、促进并参加抗日民族统一战线发挥了独特的作用。首先，农工党从“倒蒋抗日”到“抗日、联共、反蒋”，再到“逼将抗日”，对国共合作和抗日民族统一战线的建立起了巨大的舆论推动作用；其次，通令全党停止对国民党的斗争，积极参加和维护抗日民族统一战线，开展一切抗日活动。同时，一方面积极同国民党顽固派斗争，配合中国共产党打退了国民党的第二次反共高潮，另一方面，针对国共两党濒于分裂的危险局面，为“团结各中间党派，一则抗拒蒋介石的打击，一则同共产党合作”，在共产党的支持下，1941 年 3 月 19 日在统一建国会的基础上，与青年党、国社党、职教社、乡建会、救国会 6 个党派联合，正式成立中国民主政团同盟，并作为一个集体盟员进入民盟，与盟内同人一道，坚持争取民主宪政和抗日救亡等斗争，“发挥了支柱的作用”。

薛硕华、王儒年在《抗战时期民主党派知识分子的贡献》(《才智》2015 年第 9 期）一文中认为，民主党派知识分子是抗战时期的重要的力量，促进了抗日统一战线的形成，推动了抗日民主运动的发展，维护了国共团结，为抗战的最后的胜利做出巨大贡献。这些贡献包括：积极参与各种抗日活动，如兴办刊物，扩大抗日宣传、组织抗日团体，支持抗战、开展募捐，收容灾民和慰问抗日队伍等；要求国民党实行民主，反对一党独裁统治；反对国民党分裂、妥协、投降和破坏抗日统一战线，维护了国共合作的基础。

陈明本在《黄炎培来宜宾宣传动员抗日》(《文史杂志》2005 年第 4 期）一文中回忆了民盟创始人之一、民主革命家、职业教育家黄炎培先生多次来到宜宾，为抗日救亡奔走呼号的史事。作者指出，黄炎培先生多次奔走在宜宾城乡，进行慷慨激昂的抗日演讲，唤起民众同仇敌忾，抗日救国，在他的影响下，宜宾市所辖各县应征踊跃，为国捐躯者众。

王健在《亲历各党各派争取宪政的斗争》(《炎黄春秋》2015 年第 6 期）一文中用自己亲身经历的、具体的历史事实，说明了当时多数所谓“中间”的民主党派，对中国共产党的支持。作者回忆了民盟主张宪政，反对“一党专政”的史实，描述了民主力量在反专制大旗之下集结，争取民主与和平的政治游行活动，以及在这一民主宪政运动中的“李闻血案”。作者指出，斗争实践的结果表明，所谓“第三方面”“中间立场”，这个“中”是不存在的，不是偏左就是偏右，比如所谓中间立场的民社党，张君劢投靠了国民党，罗隆基左转了，但大多数“中间力量”是和共产党采取一致行动的。

最后，对抗日战争与民主党派这一课题的研究，还有一项值得一提的研究成果，就是《团结》杂志连续刊发了民革中央开展的“抗战老兵口述历史和民革前辈史料采集工作”中的优秀文章。这些文章在抢救、保存和系统运用抗战老兵口述历史等史料基础上，宣传了民主党派在抗日战争及世界反法西斯战争中的伟大贡献，具有重要的史料价值和研究意义。这些成果主要包括《国难当头，浴血疆场少壮志——民革抗战老兵口述历史之一》(《团结》2015 年第 1 期)、《热血男儿，入学黄埔求报国——民革抗战老兵口述历史之二》(《团结》2015 年第 2 期)、《从来中华多豪杰，誓拼热血卫神州——民革抗战老兵口述历史之三》(《团结》2015 年第 3 期)、《敌寇诡谍，诸公努力救神州——民革抗战老兵口述历史之四》(《团结》2015 年第 4 期)、《血战滇缅，千里奔驰御国辱——民革抗战老兵口述历史之五》(《团结》2015 年第 5 期)、《受降台筑，八载血战奏凯还——民革抗战老兵口述历史之六》(《团结》2015 年第 6 期）等。这些文章挖掘了周绍英、赵一明、杨俊明、钱炳坤、陆建航、魏愉同、夏定夷、苏赓泉、李勤功、刘一曙、陈怀礼、欧阳造极、张祖光、刘俊明、胡恒、黄天、李铁锥等民革老党员当年在中国抗日战场乃至于世界反法西斯战场英勇抗日的故事，从这些民革抗战老兵的视角再现了民主党派在那段风雨如晦的岁月可歌可泣的事迹，不仅具有爱国主义教育意义，同时也是我们研究多党合作和民主党派历史的重要史料。

2. 民主党派在新中国成立前后的政治实践研究

民主党派在走上多党合作的发展道路之后，如何在中国的政治舞台上展示自己，在国家的政治发展和社会发展中做出了哪些贡献？对这些问题进行研究，对于我们准确把握民主党派的政党功能和社会地位具有重要意义，也是我们研究民主党派历史的一个重要维度。2015 年理论界分析了解放战争时期、协商建国时期、抗美援朝时期等重要历史事件中民主党派的政治实践，总结了民主党派在这些重要历史关头的重要作用，分析了新中国成立初期民主党派的履职情况，代表文章如下：

刘珍、庞虎在《抗战前后的中国致公党与马克思主义中国化》(《济宁学院学报》2015 年第 4 期）一文中，通过回顾中国致公党在抗战时期追求民主、积极抗日的政治实践，认为抗战前后中国致公党对传统文化的继承发扬以及关于“中国社会主义”的理论阐释，较早地为中国的思想意识建构指明了中国化方向；关于“历史创造者”以及国际主义的充实和创新，客观上促进了马克思主义在中国的丰富发展；通过对自由民主的不断诉求与提升，最终融入新民主主义发展体系。在这个过程中，中国致公党虽然算不上马克思主义中国化直接的倡导者和建构者，但至少是积极的推动者和忠实的力行者，壮大了马克思主义中国化进程的主体力量。

农工党绵阳市委在《解放战争时期农工党在川北的革命活动》(《四川统一战线》2015年第5期)一文中指出，1948年秋至1949年初，中国人民解放军取得了辽沈、淮海、平津三大战役的胜利，国民党在长江以北的力量全线崩溃，在长江以南已再难组织起系统的防御，中国革命取得全国胜利已成定局。但在四川，国民党仍然负隅顽抗，做垂死挣扎。根据周恩来指示，中国农工民主党中央委员罗任一留在南方白区做在川国民党将领的策反工作，并指导农工党西南地下组织积极开展工作。罗任一在成都吸收彭大元加入中国农工民主党，并指示其返乡工作。彭大元联合一大批进步同志，先后在三台、中江、射洪、蓬溪、安岳、遂宁、南充等地发展农工党党员数百人。1949年6月，成立了“川北农民自卫军”策应解放，保卫家园。此后，又组织农工党员给解放军提供给养，协助解放军收缴散失在民间的武器弹药，大力宣传共产党的方针政策，受到了广大群众的拥护和赞扬。解放前夕，川北农工党组织及其武装力量与中共解放军并肩作战、生死与共、情同弟兄，为解放川北同洒热血，这段经受了血与火考验的历史，川北人民没有忘记，农工党员也没有忘记。

刘中威在《台盟与中共“五一口号”》(《中央社会主义学院学报》2015年第3期)一文中，根据1948年《人民日报》和香港《华商报》的有关报道材料，兼以同一时期台湾民主自治同盟领导人的自传和其他相关历史资料，重点论述了从1948年4月30日中共中央发布“五一口号”，包括台盟在内的各民主党派、各人民团体和海外侨胞组织纷纷响应的情况，特别论述了台盟响应“五一口号”，发表《告台湾同胞书》，积极参加新政协的筹备和新中国的建立，为新 中国的成立做出自己贡献的情况。作者认为，“五一口号”的发布给处在徘徊和彷徨中的民主党派以信心和力量，指明了前进的方向。从此，包括台盟在内的各民主党派自觉地、主动地接受中国共产党的领导，与中国共产党风雨同舟、患难与共，共同筹备召开新政治协商会议，协商建国、共商国是，为新中国的建立做出了贡献。

李震雷、丁科在《浅析建国初期民主党派的主要工作及贡献》(《湖北省社会主义学院学报》2015年第4期)一文中认为，新中国成立初期，是中共与各民主党派通力合作，民主党派大有作为的一段历史时期。各民主党派在中国共产党的领导和帮助下，积极参加各项社会改革运动，积极参加各项国家建设工作，为巩固新中国国家政权、恢复国民经济、完成社会主义改造、推动国家建设事业、争取祖国和平统一做了大量工作，发挥了自身优势，贡献了自己的力量，切实履行了参政党职能，成为中国共产党的亲密友党和得力助手。在这一过程中，民主党派自身也得到锻炼、提高和发展。

黄大熹、莫桑梓、李晓静在《建国初期民主党派监督价值探析》(《马克思主义与现实》2015年第4期)一文中认为，新中国成立之初，特殊的国际环境和社会生态决定了民主党派的监督既是历史的必然，也是现实的要求。民主党派的民主监督不仅为中华人民共和国这一新生政权提供了合法性来源，而且是完成从民主价值诉求向民主社会实现转变的重要元素，更是维系政治参与和政治稳定双赢局面的关节点。无论从历史的维度考察，还是从现实角度分析，新中国成立初期的民主党派监督，一方面既是中国共产党夯实合法性基础的重要手段，也是吸纳各方社会力量参与社会主义现代化建设的通道；另一方面，作为政党的一项基本职能，既是民主党派自身存续的价值所在，也是在利益主体多元化条件下实现其利益表达与整合功能的有效途径。

3. 民主党派自身建设的历史研究

2015年是多个民主党派组织的诞辰整数周年，这样一个重要契机推动了理论界对民主党派产生、发展的历史的研究，学者们通过民主党派政治路线的选择与思考、民主党派得以产生发展的原因分析、民主党派重要人物的心路历程等问题的回顾与反思，总结了民主党派更好地融入国家政治发展进程的历史经验，对当前民主党派搞好自身建设具有一定的借鉴意义，代表性观点如下：

张雪梅在《20世纪40年代西北民盟民主政治思想探析》(《延安大学学报·社会科学版》2015年第6期）一文中认为，“造成一个十足道地的民主国家”是中国民主同盟的政治宗旨和任务，民主是其政治思想的核心，也是它不断转变和进取的源动力。民盟西北总支部（即西北民盟）作为中国民主同盟在北方较早成立的地方支部，其民主政治主张和组织思想发展深受其影响，也经历了从中立到激进的历史转变。然而考察其具体发展进程，西北民盟较总盟的民主政治主张更为前卫，与中共新民主主义政治主张具有更多的趋同，其政治纲领是“亲苏、友共、努力实现新民主主义”，发展组织原则是坚持“三反”（反帝、反封建、反官僚资本）、“三不反”（不反苏、不反共、不反人民）的原则，这成为她在中共中央统战拉力与国民党独裁高压推力下，最终转向中共，并在陕甘宁边区率先实践政治参与尝试，最早在陕甘宁边区转变为中共所领导下的参政党的重要原因。从西北民盟的组织发展历程来看，中国共产党的统一战线理论和新民主主义思想渗透的相当深刻，这也是催发西北民盟自身不断进步与转变的主动力之一，其与陕甘宁边区政府的合作，为新中国的政党合作模式提供了一定的历史经验与参考蓝本。

范海龙、李玉敏在《1945—1949年民盟政治路线转变及原因分析》(《佳木斯大学社会科学学报》2015年第1期）一文中认为，中国民主同盟自1941年成立以来，一直以调停国共双方矛盾，“促进团结抗战为己任”。抗战胜利后，特别是政协会议前后，民盟依然强调要保持一种“超然独立的第三者调停人身份”。但是，解放战争后期，特别是1948年1月以后，民盟彻底放弃“中间道路”，实现了由旧民主主义向新民主主义的根本转变，与中共携手共建新中国。民盟政治路线的巨大变革，有着深刻的原因：首先，民盟所代表的阶级局限性及成分的复杂性是根本性原因。民主同盟主要是作为民族资产阶级、小资产阶级及其知识分子的政治代表而出现的，具有对于帝国主义和封建主义的革命性及某种程度上的软弱性与妥协性并存的特性，不过，民盟所体现的革命性相对民族资产阶级而言，明显要多很多，他们反帝反封建的追求使民盟有了进步的内在动力，为民盟愿意接受中共的帮助，同中国共产党建立不同程度的合作关系，并得以不断发展提供了有利条件。其次，中共统一战线政策的正确性是主要原因。中国共产党在对民盟反对内战独裁的政治活动予以肯定的基础上，支持他们争取和平民主的斗争，尊重和保护民盟的实际地位，帮助他们解决实际困难，关心和保护他们及家人的人身安全，因而赢得民盟的广泛好评和支持，扩大了中共领导的人民民主统一战线，使得民主同盟愿与中国共产党密切合作，实现民盟的根本转变。最后，国民党的内战独裁政策是直接原因。为了分化瓦解民盟，国民党反动派制订了一整套对付民盟的策略。他们先后将青年党和民社党从民盟中拉过去，接着以高官厚禄为诱饵，企图拉拢民盟右翼领导人罗隆基等人，参加他们一手包办的“制宪国大”。他们还通过暗杀手段，制造“李闻血案”，以此来威胁恫吓民盟，最后甚至将民盟非法解散，这也促使民盟最终决定转变政治路线，并与中共携手合作，走上新民主主义道路。

白明良在《邓演达创建农工党的历史背景及建党过程》(《前进论坛》2015 年第 9 期）一文中回顾了中国农工民主党的建党过程，缅怀了创始人邓演达的丰功伟绩与革命精神。作者指出，农工党是 20 世纪 30 年代由邓演达亲自创建的政党。农工党有着光荣的革命传统，是我国国内最早建立的民主党派，建党的历史背景是 20 世纪初，孙中山为了推翻袁世凯政权，巩固辛亥革命的成果，在苏联共产党的帮助下改造国民党，确定了“联俄、联共、扶助工农”的三大政策，实现了国民党与中国共产党的合作，但这种合作又被蒋介石、汪精卫集团所破坏。蒋介石、汪精卫叛变革命后，以邓演达为代表的国民党左派核心人物，坚决遵照孙中山的“三大政策”奉行民主革命，拒绝蒋介石的拉拢，同蒋介石进行了一场尖锐斗争。1923 年 5 月，邓演达分别与宋庆龄、谭平山等商谈，为继承孙中山的遗教，计划以国民党左派和共产党人为基础，改组国民党，容纳共产党的主张，组织革命行动委员会，维护国共合作，继续领导国民革命。邓演达为农工党创建形成了一套完整革命的理论，有力地指导了农工党的创建。邓演达关于“农民革命、土地革命的思想”，早在国共合作北伐战争时期就与毛泽东在土地、农民问题上的想法很接近，可谓志同道合，为农工党与中共在中国新民主主义革命时期通力合作奠定了坚实的思想基础。

陈昌福在《中国致公党建党史上的里程碑——中国致公党第二次代表大会》(《上海市社会主义学院学报》2015 年第 2 期）一文中，从新近获得的文献资料中梳理出前所未知或少知的史实，介绍了致公党“二大”举行的过程及其历史功绩，对制订“二大”纲领的依据，以及“九一八”以来致公党对时局的感应进行了论述，改变了过去对于致公党“二大”或少有论述，或语焉不详的局面。作者指出，致公党“二大”的主题是：继承“致公”历史传统，团结五洲洪门致公团体，实行组党救国。重点是从组织机制上“去会党化”，划清政党与洪门会党之间的区别。这一过程既显示了“去会党化”的艰难和复杂，也显示了致公党在政党建设中的自觉意识和行为，它最终通过“组党存堂”，成功地处理党堂关系，实现了从会党向政党成功转型，维护和继承了“致公”名义的优良革命传统，具有重要意义。

仲子午在《民主法治社会建设需要狂狷精神——深切缅怀梁漱溟先生》(《群言》2015 年第 2 期）一文中以民盟早期领导人梁漱溟先生与毛泽东辩论的一段公案为案例，就一个国家、一个民族、一个政党要发展，需要什么样的脊梁？民主党派作为参政党是否需要培养脊梁？政治交接该如何进行，该交接怎样的人格、理想和信念等问题进行了深入思考。作者认为，如今大家都在呼吁发展社会主义民主政治、强化民主监督。民主党派要在“民主监督”方面发挥作用，需要好的制度安排，更需要无私、坦诚和理性，个别人偶尔“狂狷”一点未必不是好事，如果任由没有脊梁的人使用“民主人士”的称谓，将“肝胆相照、荣辱与共，同舟共济、互相监督”庸俗化，则是国家之祸、民族之悲。

李桂华的《1962 年各民主党派的“神仙会”述论》(《当代中国史研究》2015 年第 2 期）、王永魁的《1960 年的两次神仙会》(《百年潮》2015 年第 2 期）两文研究了民主党派引用“神仙会”这种工作方式的情况，都认为这种通过自学和讨论等方式和风细雨地解决矛盾或问题的方式非常有效。其中李桂华认为，1959—1962年的“神仙会”在全国范围内的推广，在一定程度上缓和了中共与各民主党派自反右斗争以来的紧张关系，调动了包括民主党派在内的各种社会力量的积极性，对新中国顺利度过三年困难时期和进行社会主义建设产生了较为积极的影响。同时，作为一种行之有效的工作方式，“神仙会”通过讨论和协商的方式顺利解决了各民主党派内部及其与中共在一些具体问题上的认识分歧，成为坚持中国共产党领导的多党合作与政治协商制度，顺利贯彻社会主义协商民主的有效方式。总而言之，“神仙会”是中国共产党处理与各民主党派关系的一次探索性尝试，是中国共产党领导的多党合作与政治协商制度建设中的一项重要实践，对中国特色社会主义协商民主建设具有很强的启示意义。

二、参政党与社会主义协商民主研究

中共十八大和十八届三中全会分别提出要“健全社会主义协商民主制度”，“推进协商民主广泛多层制度化发展”。2015年，中共中央《关于加强社会主义协商民主建设的意见》进一步明确了社会主义协商民主的本质属性和基本内涵，就加强社会主义协商民主建设做出总体部署和顶层设计。这引发了理论界的广泛关注，许多报刊杂志甚至开设专栏讨论这个问题，比如《团结报》的《团结论坛》栏目邀请民主党派领导和专家，围绕参政党如何积极推进协商民主实践、提升履职实效发表观点和看法。从文献检索来看，探讨社会主义协商民主与参政党关系的论文，无论是数量上还是质量上，都比以往有了很大提高，使得这一课题成为2015年参政党研究的一个重要热点。学者们围绕“参政党在社会主义协商民主中的角色定位”“参政党参与社会主义协商民主的主要形式”“参政党在社会主义协商民主建设中更好发挥作用的途径”等问题加强研究，不仅在过去研究基础上肯定了参政党作为社会主义协商民主参与者这样一个角色定位，更强调参政党作为社会主义协商民主建设“推动者”的角色。在此基础上，研究者们探讨了参政党参与社会主义协商民主的几种形式。比较具有新意的是，有的研究者在肯定政党协商作为参政党参与社会主义协商民主的根本形式的前提下，探讨了民主党派通过参与基层民主协商发挥基层组织作用的可能性与必然性，看到了民主党派在社会主义协商民主建设中发挥更大作用的制约因素，主张加强协商民主能力建设。

1. 参政党在社会主义协商民主中的角色定位

民主党派是社会主义协商民主的共同创造者和始终如一的实践者，在国家民主政治建设的进程中担负着重要使命，因此全力推动社会主义协商民主建设，积极参与社会主义协商民主实践，是参政党义不容辞的责任。在这一共识的基础上，研究者们对参政党作为社会主义协商民主“参与者”“推动者”“发展者”的角色、对参政党要在社会主义协商民主中发挥“主体”作用，进行了深入的讨论，主要观点如下：

关于社会主义协商民主的“推动者”这一角色定位，万鄂湘在《参政党要做社会主义协商民主的全力推动者》（《求是》2015年第5期）一文中指出，参政党要深刻认识加强社会主义协商民主建设的重要意义，总结长期参与政党协商的历史经验，加强协商能力建设，不断提高政党协商的水平，做社会主义协商民主的全力推动者。孙基志、吴凤友、鲁昌宏、陈大明在《民主党派要做政党协商的有力推动者》（《团结报》2015 年 10 月 20 日第 8 版）一文中也表达了类似观点，作者从政党协商的角度，强调了参政党社会主义协商民主“推动者”的角色。作者认为，政党协商是是社会主义协商民主的重要渠道，民主党派作为参政党，是政党协商的主体，对于搞好政党协商，推进政党协商科学化发展具有重大的职责。因此，民主党派在政党协商中，必须充分履行职责，做政党协商的有力推动者。为此，参政党要不断提高宏观把握的能力、调查研究的水平能力、整合全党智慧的能力、政党整合功能的组织协调能力、加强协商议政专业性能力。刘斌在《做协商民主建设的推动者》（《团结报》2015 年 5 月 9 日第 1 版）一文中认为，参政党作为社会主义协商民主的推动者，要提高对协商民主重要性的认识，知情明政，不断提高宏观把握能力，选准参政领域，做有为的推动者；要坚持实事求是、理性建言，做有力的监督者；要加强机制建设，利用民主党派的独特优势，增强协商民主的效果。郭一宁在《参政党在协商民主中的优势初探》（《胜利油田党校学报》2015 年第 2 期）一文中，从参政党参与社会主义协商民主所具备的优势的角度，论证了参政党既是中国协商民主的历史开创者，也是中国特色协商民主的传承者和推动者。作者认为，参政党是中国政党制度独创性和优越性的体现，在中国民主政治进程中肩负独特的历史使命与时代责任。参政党在协商民主中的特殊定位与参与层面决定了其在协商民主中具有不可替代的历史渊源、组织优势、政治优势和智力优势，使其成为社会主义协商民主实现民主价值的重要政治力量。参政党协商的程序性、精英性对协商民主过程的规范起引导作用，丰富社会主义协商民主的理论内容；同时，参政党为公共利益诉求提供了新的渠道，有利于丰富的协商民主制度的多元利益主体，有利于提升协商主体的社会责任意识和理性参与意识，提升协商主体的协商能力和合作执行力，有利于推动协商民主的进一步发展。

也有学者从“主体”这个角度论述参政党在社会主义协商民主中的主体作用，郑又贤在《民主党派在推进协商民主发展中的角色升级研究》（《东南学术》2015 年第 6 期）一文中认为，发展社会主义协商民主，参政党应有更强的主体意识。作者指出，中央反复要求，必须推进社会主义协商民主广泛多层制度化发展，民主党派也因此面临着角色升级的新挑战，为此，民主党派一是必须增强主体意识，从被动参与转化为主动推进；二是必须拓展职责边界，从民主参政伸延为社会协商；三是必须提升参与质量，从参政优势发展为协商示范；四是必须促进角色维护，从日常要求升华为制度规范。袁树平在《参政党在社会主义协商民主中的整合功能及路径选择》（《江苏省社会主义学院学报》2015 年第 1 期）一文中认为，在社会主义协商民主中，作为执政党的中国共产党处于协商的核心地位，是主导者、组织者，各参政党虽然不直接掌控权力，但承担着民主协商、权力监督、献计献策等重要任务，因而是实践协商民主的重要主体，发挥着不可替代的整合功能。要积极引导、鼓励、支持参政党参与社会主义协商民主，发挥参政党在协商民主中的主体作用，就需要加强参政党参与协商民主的制度建设，加强参政党人才队伍建设。姜丽华在《发挥民主党派作用　推动协商民主发展》（《江苏省社会主义学院学报》2015 年第 1 期）一文中认为，民主党派是我国协商民主的重要主体，在全面深化改革的新时期，进一步充分发挥民主党派在我国民主政治生活中独特作用，这是发展和促进民生、维护法制权威、提升公民参政能力、推进国家治理能力现代化的需要。民主党派应以提高政治把握能力、提升参政议政能力、增强组织领导能力、加强民主监督能力及强化制度保障能力等为途径，推动协商民主发展，使协商民主在中国特色社会主义的各项事业中发挥总体效应并形成合力，进而实现国家治理体系和治理能力的现代化。康永恒在《发挥民主党派协商主体作用》(《团结报》2015 年 10 月 20 日第 1 版）一文中也认为，各民主党派与中国共产党肝胆相照、荣辱与共，在国家政治生活中的关系体现为团结、协商、合作共事，历史和现实见证了各民主党派作为协商民主主体在我国政治生活中的重要作用。从实践层面来看，民主党派在人民政协中的地位与作用，也体现了民主党派在协商民主中的重要主体地位。民主党派要更好地发挥在协商民主中的作用，就必须坚持中国共产党领导的核心地位，坚持中国共产党的领导，在协商中贯穿党的方针政策，维护人民群众的根本利益；必须加强自身建设，要不断加强学习，提高抓问题点的能力。任世红在《参政党与社会主义协商民主：政党协商的视角》(《上海市社会主义学院学报》2015 年第 3 期）一文中，以政党协商的视角，探讨了参政党在社会主义协商民主中的主体地位。作者认为，民主党派作为参政党，只有在与中国共产党的政党协商中才能突显其协商主体地位；探讨参政党在社会主义协商民主中的地位和作用，也要以政党协商为研究视角较为适宜。作者认为，中国共产党与民主党派的政党协商发端于抗战时期的民主宪政运动，自中国共产党领导的多党合作和政治协商制度正式确立始，就其形态和性质而言，已从革命时期在野党派之间的协商，发展成为执政党与参政党之间的政党协商。政党协商的性质及特点根植于不同政党之间关系的历史发展，取决于一个国家政党关系的制度安排。总结执政党与参政党协商的建制特征及其实践经验，对于深化政党协商、推进社会主义协商民主发展具有重要的示范价值。

除此之外，还有部分研究者看到了社会主义协商民主给参政党带来的重要机遇，认为参政党作为社会主义协商民主的重要参与者，可以利用协商民主平台发挥更大的作用。同时，社会主义协商民主的推进，也促使参政党在更高层面全面提升自己，特别是提高民主党派成员的素质，加强民主党派机关建设，积极打造参政党智库，从根源上克服本领危机，从而更好的实现政党价值。如张玲、刘慧琴在《参政党在协商民主制度中的作用》(《民主》2015 年第 1 期）一文中就认为，参政党是协商民主的重要参与者和实践者，也是协商民主的受益者，在协商民主制度中具有不可替代的作用。协商民主的制度化为参政党在国家政治生活中发挥作用提供了保障，使得参政党能够收获更多协商成果，并推动整体素质和能力的提高。袁树平在《参政党在社会主义协商民主中的整合功能及路径选择》(《江苏省社会主义学院学报》2015 年第 1 期）一文中也表达了类似观点，作者认为，只有参政党的积极参与、有力推动、高效监督，才能够更好更快地实现“协商民主”；“协商民主”的实施中，反过来又有助于参政党发挥巨大作用而树立起良好的自身政党形象，实现自己的政党价值。

2. 参政党参与社会主义协商民主的主要形式

十八大以来，社会主义协商民主的领域不断扩大，协商民主的主体和实践形式也更加广泛多样，协商民主从政治领域向社会领域延伸。面对这种变化，理论界对参政党参与社会主义协商民主的主要形式进行了深入思考，学者们注意到参政党通过党际协商、人民政协协商、政府决策协商、人大立法协商、社会对话协商等多种形式参与到协商民主中的实践，认为民主党派作为协商主体参与协商的范围，涵盖了政党协商、人大协商、政府协商和政协协商；民主党派成员身份的多样性，也决定了其在人民团体协商和基层协商中，同样可以发挥应有的作用。学者们尤其对政党协商和人民政协协商这两种形式给予高度关注，同时，也有更多的研究者注意到参政党在基层协商中能够发挥重要作用，这是本年度参政党研究的一个重要亮点。

首先，大多数研究者认为，民主党派在社会主义协商民主的几种形式中，都能够找到发挥作用的着力点，但是最主要的参与渠道还是政党协商和政协协商。学者们注意到中共中央《关于加强社会主义协商民主建设的意见》所规定的几种协商类型，其中政党协商被放在重要位置,认为政党协商作为协商民主最初和最主要的形式,是协商民主的“开路者”和“领头雁”，是众多协商形式中最为核心和最为成熟的，理所当然是参政党参与社会主义协商民主最根本、最重要的形式。同时，人民政协是多党合作的重要政治平台，因而人民政协协商也是参政党参与社会主义协商民主的重要形式。农工党中央副主席何维在《加强协商成果采纳反馈机制建设》(《团结报》2015 年 5 月 12 日第 1 版)一文中认为，政党协商作为常态化的民主实践形式，以其广泛、多样、深入、融洽等特征无可替代地引领着我国协商民主建设进程，处于七种协商渠道的首位，因此，要继续探索规范政党协商形式，完善政党协商制度，保障民主党派在社会主义协商民主建设中发挥更大作用。朱书刚在《试论民主党派在政党协商和政协协商中的角色定位》(《世纪行》2015 年第 6 期）一文中就认为“政党协商”和“政协协商”关联着中国共产党领导的多党合作和政治协商制度与社会主义协商民主制度这两大制度安排，因而“以参政党角色参加政党协商”和“以界别角色参与政协协商”是参政党在社会主义协商民主制度中发挥作用的主要形式。邓文淼在《浅谈民主党派在协商民主中的参与形式》(《团结报》2015 年 1 月 13 日第 8 版）一文中认为，参与和中国共产党的“政治协商”，是民主党派参与协商民主的最高层面的形式；参与人民政协的“民主协商”，是民主党派参与协商民主的另一重要形式；参与立法协商、行政协商、社会协商、基层协商，是民主党派在协商民主广泛多层推进中的重要体现。宋俭、柯友平在《关于当代中国政党协商的几个基础性问题》(《湖北社会科学》2015 年第 3 期）一文中认为，政党协商具有多重属性，它不仅是社会主义民主的重要形式，还是统一战线的重要实现形式，是中国特色新型智库的重要平台。“中国共产党同各民主党派的政治协商”是政党协商的主要形式，表现为执政党与各参政党间的直接协商。政党协商的内容较之其他形式的协商民主更加重要，具有精英吸纳、决策咨询、政治参与、利益表达、社会整合等多重功能。政党协商必须遵循的主要原则是社会主义原则、中国共产党领导原则、依法协商原则、平等协商原则、包容多元原则、协商的效能和程序原则。蔡达峰在《协商是多党合作的应有之义》(《团结报》2015 年 4 月 4 日第 1 版）一文中认为，中共同各民主党派的政党协商是政治协商的核心所在，自然也是协商民主的关键环节。协商是多党合作的应有之义，没有协商，合作就不能体现民主，所以，政党协商是执政行为的必要部分，对政治建设具有直接的作用，它可以使执政党充分了解民情民意，客观判断社会需求和关系，科学制订治国理政的方略，从而在维护人民利益、促进社会进步中巩固领导地位，提高国家治理体系和治理能力现代化的水平。刘晴晴在《民主党派在提案办理协商中的作用探究》(《河北省社会主义学院学报》2015 年第 2 期）一文中认为，民主党派作为中国民主政治中的一支重要政治力量，在我国的协商民主中有四种基本实现途径，分别体现在政治协商、参政议政、民主监督和合作共事中。其中“提案办理协商”是民主党派参与民主协商的多种形式之一。如何充分发挥民主党派在提案办理协商中的作用,对于坚持和完善共产党领导的多党合作和政治协商制度具有重要意义。王东勤在《发挥民主党派在协商民主中的作用》(《人民政协报》2015 年 6 月 10 日第 4 版）一文中认为，民主党派是人民政协的重要组成单位，人民政协是民主党派发挥作用的重要平台，充分发挥民主党派在人民政协协商民主中的作用，既是巩固和完善我国基本政治制度，进一步推动社会主义民主政治建设的需要，也是增强民主党派自身活力和深化政协工作的需要。王继岷在《协商民主要注重发挥民主党派在政协中的作用》(《广州社会主义学院学报》2015 年第 1 期）一文中认为，政协是协商民主的重要场所，为协商民主的实现提供了界别基础和制度平台，民主党派作为重要组织构成，在政协的协商民主中具有广阔的舞台，并且在实践活动产生其影响力，发挥参政党在政治经济社会中的作用。因此开展协商民主要注重发挥民主党派在政协中的作用，为民主党派参与协商民主提供帮助和支持。

其次，越来越多的研究者开始关注参政党的基础组织对基层协商民主的参与，把理论视野投放在高层政党协商之外，探索参政党在协商民主广泛多层制度化发展中发挥作用的新领域。研究者们在“协商民主”“中国特色社会主义参政党”及“深化政治体制改革”的新语境下，就我国参政党在基层协商民主体系构建过程中担当何种角色、发挥何种作用这些问题进行了深入思考。如王新国在《参政党主动参与基层协商民主探析》(《广西社会主义学院学报》2015 年第 3 期）一文中认为，参政党主动参与基层协商民主是当前中国特色社会主义基层协商民主发展的题中之义，不仅有利于推进高素质参政党建设，而且也有利于基层协商民主建设的发展。参政党主动参与基层协商民主的机制建构，主要包括工作机制、宣传机制、监督与评价机制，推动基层协商民主制度化、规范化、程序化。民盟河北省委课题组在《民主党派在基层民主协商中的作用》(《河北省社会主义学院学报》2015 年第 2 期）一文中认为，各民主党派作为协商民主的参与者和实践者，研究和探索其在基层民主协商中更好地发挥积极作用问题具有很强的现实意义和价值。作者指出，基层组织是民主党派生活、工作和从事民主协商活动的主要场所，也是发挥民主协商作用的重要力量。随着党对政治文明建设的重视，民主党派在民主协商中发挥着越来越重要的作用。但在基层民主协商中，仍存在着协商渠道不够通畅、协商内容不够专业、协商制度不够规范、协商范围有局限、协商效果不够显著等问题。民主党派只有通过不断加强自身建设、进一步完善民主协商的程序、细化民主协商的内容、拓宽民主协商的广度和深度等途径，才能在基层民主协商中发挥出更大的作用。

3. 关于提高参政党参与协商民主实效性的思考

如何避免协商民主走向形式化，提高协商民主的实效，使得参政党能够通过社会主义协商民主真正发挥作用，实现政治民主化功能，这一直是理论界非常关注的问题。对这一问题的思考，研究者主要从政党协商的视角，探讨参政党参与协商的制约因素并提出对应措施。代表性观点如下：

黄国耀、高少传在《完善社会主义协商民主制度和工作机制的路径探析——以民主党派实践协商民主为视角》(《山东工会论坛》2015 年第 6 期）一文中认为，推进协商民主需要民主党派发挥重要作用，当前，民主党派实践协商民主方面有了一定发展，取得了实际成效，但仍存在各种问题，如自身建设较薄弱、决策环节协商与决策执行环节协商相脱节以及办理环节缺乏面对面协商的平台等。从政治过程角度看，完善民主党派在协商民主中发挥作用的工作机制，可以从四个环节入手：提高民主党派协商质量，拓宽利益表达渠道；加强民主党派在利益综合中的共商国是功能；确保民主党派意见和建议有效进入决策环节；强化决策实施环节民主党派的协商机制建设。

卢晓光在《发挥民主党派作用推进协商民主进程》(《河北日报》2015 年 4 月 10 日第 12 版)一文中认为,要更好地发挥民主党派作用,推进协商民主进程,做好以下三点很重要：第一是坚持中国共产党的领导，正确认识与处理多元主体平等协商与坚持党的领导的关系；第二是建立健全体制机制，为协商民主发展提供制度保障；第三是密切与群众的联系，切实反映民意。

孙晓青在《为民主党派参与协商搭建平台》(《团结报》2015 年 4 月 15 日第 1 版）一文中认为，民主党派是人民政协的重要组成部分，这就要求人民政协要为民主党派参与协商开辟畅通渠道，创造良好的条件，提供优质的服务，搭建更大的舞台，包括搭建履职尽责的平台、学习提高的平台、协调服务的平台等等。

赖明在《适应政党协商新要求　保障民主党派知情权》(《团结报》2015 年 4 月 18 日第 1 版）一文中认为，面对加强社会主义协商民主建设新形势，适应政党协商新要求，应更好地保障民主党派知情权，从而促进政党协商水平的提高。为此，要探索与新形势相适应的民主党派知情权保障机制，一是统战部门应发挥好保障民主党派知情权的组织、协调作用。二是人民政协应发挥好保障民主党派知情权的平台作用。三是政府组成部门及司法机关应采取适合的方式主动向民主党派通报情况。四是畅通民主党派向政府部门及司法机关询问情况、获取资料的渠道。五是建立政府部门对口支持民主党派获取信息的机制。六是进一步做好民主党派代表人士的实职安排工作，以便他们能更加直接地了解“一府两院”工作。

何维在《加强协商成果采纳反馈机制建设》(《团结报》2015 年 5 月 12 日第 1 版）一文中认为，相对于协商路径与协商形式的日趋清晰而言，协商成果的采纳和反馈机制的有关规定仍过于模糊，使得政党协商流于形式，并不断消磨民主党派成员参与协商的热情，降低对协商主题的专注度，影响政党协商的效能的发挥。因此，为了最大限度地激发政党协商的效能，完善国家治理体系，提高治理能力和水平，在下一阶段的政党协商制度建设中，应重点加强协商成果采纳和反馈机制建设，特别是要制订完整的政党协商效果评价指标体系，建立会议协商意见采纳情况反馈机制，完善书面协商成果转化运用的督办机制。

魏晓文、郭一宁在《参政党在协商民主中的作用和制度建设探析》(《探索》2015 年第 6 期）一文中认为，参政党作为我国多党合作和政治协商制度的重要组成部分，既是多党合作的直接参与者和实践者，又是社会主义协商主体的重要组成部分，在协商民主实践中发挥着巨大作用：在利益表达与社会整合中反映社情民意；在政策制订中建言献策；在政策执行中发挥民主监督职能。而这些作用的发挥需要得到制度上的进一步保障，探讨参政党协商效能发挥的制度保障，提升协商民主制度化水平，增强参政党协商能力，拓宽协商平台和渠道，有助于充分发挥参政党在协商民主中的独特功能，彰显多党合作和政治协商制度的特色优势，推进我国协商民主向广泛、多层、制度化方向发展。

梁丽萍在《关于提高政党协商实效性的思考》(《山西社会主义学院学报》2015 年第 4 期）一文中认为，政党协商是作为执政党的中国共产党与作为参政党的各民主党派的政治协商，在中国特色社会主义协商民主中具有重要地位。与我国社会主义民主政治发展的要求相比，政党协商还存在制度化不足的问题。进一步提高政党协商的实效性，要准确把握政党协商的性质，不断提高政党协商的自觉性；要严格遵循政党协商的程序，不断提高政党协商的约束性；要切实落实政党协商的保障机制，为政党协商提供外在动力；要持续加强参政党协商能力建设，为政党协商提供内在动力。

陈萍、盛涛在《增强政党协商实效的现实困境及路径选择》(《辽宁省社会主义学院学报》2015 年第 4 期）一文中认为，政党协商在当代中国社会主义协商民主体系中居于重要的地位，但是长期以来存在着理论滞后于实践的状况，停留在经验探索阶段，缺乏制度设计的上升，致使政党协商的开展面临五大困境，即政党协商主体的平等性困境、政党协商议题的科学性困境、政党协商方式的协商性困境、政党协商意见的代表性困境、不同协商形式的互动性困境，这些都制约了政党协商实践的发展与政党协商制度化的程度，影响了政党协商功能的实现。为了增强政党协商的实效，需要培育政党协商价值认同，提高政党协商制度化水平，加强中国共产党和民主党派的自身建设。

4. 参政党提高服务协商民主的能力研究

社会主义协商民主赋予了民主党派更大的责任，那么，参政党如何提高自身素质，使参政党的责任与能力对等，适应社会主义协商民主对参政党提出的新要求？这是时代对参政党理论提出的新课题，对这一课题的科学回答，是参政党真正在社会主义协商民主建设中发挥主体作用的关键。研究者们一致认为，推进社会主义协商民主，制度机制是基础，实效是标准，而协商参与者的协商能力是关键。没有较强的相应的协商能力，再好的制度也得不到良性的运行，协商实效也会大打折扣。因此，参政党必须通过加强自身建设来提高协商能力，从而在社会主义协商民主建设中发挥更大的作用。比较有代表性的论文如下：

刘新文在《练好内功提高协商实效》(《团结报》2015 年 5 月 14 日第 1 版）一文中认为，“打铁还需自身硬”，参政党只有练好内功，提高协商的实效，才能够“参政参到要点上，议政议到关键处”。为此，一方面，要抓好队伍建设，重点抓好民主党派成员中人大代表、政协委员以及优秀人才的队伍建设，通过履职培训，提高他们的理论水平，开拓他们的视野，提高他们的工作执行力；另一方面，也要积极开展群众路线教育活动，做到接地气、知民情、体民忧，从而发现问题、思考问题、反映问题，提出富有前瞻性、操作性、实用性的意见和建议。

段青英在《不断提高协商民主质量和水平》(《团结报》2015年6月23日第1版）一文中认为，作为协商民主的主体之一，民主党派在协商中扮演着重要角色。协商民主的作用能不能发挥好，关键是民主党派自身是否具有参与协商的能力和水平。为此，一要强化协商意识，增强协商的主动性和自觉性，不断提升认知水平和协商能力；二要落实“人才强党”战略，不断提高老成员的素质，有计划地发展政治素质高、社会影响大、有代表性的人士作为新鲜血液，保证民主党派的整体素质；三要进行重点教育培训，分层次、有重点地培训那些参政议政能力强、有社会责任感的人才，逐步建立一支能够胜任协商民主重任的人才队伍；四是各级参政党组织要推荐综合素质高的成员，担任人大代表、政协委员、特约监督员及与协商民主有关的职务，强化协商责任意识，真正拿得出具有实用性、战略性、前瞻性的参政良策，从而不断提高协商民主的有效性。

秦博勇在《民主党派提高协商能力要做到“四个坚持”》(《团结报》2015年7月4日第1版）一文中认为在中国共产党领导的多党合作和政治协商制度的框架下，在社会主义协商民主的平台上，政党协商要切实发挥作用、取得实际效果，主要取决于两个方面：一方面，协商主体的地位应当平等；另一方面，协商主体的能力应当对等。因此，作为政党协商的重要方面，民主党派应当把协商能力建设作为事关政党协商能否取得实际效果的一件大事来抓，切实在“四个坚持”上下功夫。一是坚持“商有所向”，在加强理论武装上下功夫；二是坚持“商有所言”,在深入调查研究上下功夫；三是坚持“商有所藉”，在拓展交流平台上下功夫；四是坚持“商有所循”，在完善制度机制上下功夫。

王元丰在《制度化是民主党派参与协商民主的重点》(《光明日报》2015年5月4日第11版）一文中认为，要通过制度建设提高协商能力和水平，包括建立合理可行的体制和机制，把民主党派内的优秀人才吸引过来，通过培养和锻炼，使其在协商民主中发挥出更大的作用；把民主党派中央和地方的力量整合，形成上下联动的工作局面；借助社会力量，尤其是一些智库和高等学校的研究力量，为民主党派参加协商民主工作提供更为有力的支撑。

三、参政党性质、地位与作用研究

2013年提出“中国特色社会主义参政党”这一概念之后，对民主党派性质、地位与作用的讨论又开始成为一个理论热点持续升温。研究者们一致认为，这一概念开辟了民主党派更好发挥作用的舞台，它并非民主党派新的政党称谓，而是关于民主党派性质和政治地位的科学论断。在这一共识的基础上，2015年的参政党研究紧紧围绕“四个全面”的战略布局，探讨了中国特色社会主义参政党应有的地位、应发挥的作用。

1. 关于参政党性质与地位的讨论

2015年度对参政党性质与地位的讨论，有的立足历史，探讨民主党派性质的演变，分析中国共产党对民主党派性质的认识过程，以及准确把握民主党派性质的重要性；有的立足现实，探讨“中国特色社会主义参政党”这一概念对民主党派定性与定位的影响，旗帜鲜明地肯定参政党的社会主义性质，认为参政党就是社会主义性质的政党。代表性观点如下：

郭福基在《民主党派在抗日战争中的历史性贡献》(《贵州政协报》2015 年 7 月 9 日第 3 版）一文中认为，从历史上来看，中国共产党对民主党派的称谓前后曾有一些变化。从 1928 年至 1935 年称为“中间党派”，而到了 1935 年至 1945 年称为“抗日党派”“反蒋党派”等。1945 年在中国共产党第七次全国代表大会上正式使用“民主党派”这一称呼。称呼的变化一方面反映出我党对民主党派认识的变化，另一方面也是对民主党派政治功能的肯定。在遵义会议、瓦窑堡会议之后，中国共产党逐渐认识到民主党派是以民族资产阶级、小资产阶级及其代表的知识分子组成的，他们有革命的可能，不能无视民主党派的作用，而采取“左”的关门主义错误，那样只能削弱自己及民主力量，所以要采取与民主党派相联合的措施，建立统一战线。我党正是在厘清了对中间阶级阶层及阶级属性的偏差认识和对党内关门主义政策的批判之后，才为制订正确的抗日民族统一战线政策奠定了基础。

齐鹏飞、李桂华在《中共对民主党派性质认识的历史演进》(《前线》2015 年第 1 期）一文中认为，对于各民主党派的性质问题，中国共产党在一个比较长的历史阶段里并没有做出具体阐述。新中国成立后，由于形势发展的需要，中共开始对各民主党派的性质进行集中阐述，对民主党派的性质做出过多次判断和认定，对其性质的思想认识经历了一个曲折演进的复杂过程。在新中国成立前后，中共对各民主党派性质的认识是：各民主党派不是单一阶级的政党，而是以民族资产阶级、城市小资产阶级以及他们的知识分子为主体的阶级联盟。后来又出现了“为社会主义服务的政治团体”“部分劳动者的政党”“资产阶级政党”等表述。“文革”结束后，特别是中共十一届三中全会以来，中共在各民主党派性质的思想认识问题上拨乱反正，对各民主党派定位的认识不断深化，直至 1989 年中共中央正式将各民主党派定性为“参政党”。之后,中共中央对各民主党派“参政党”地位的表述一直在不断地完善与发展，2013 年正式提出“中国特色社会主义与参政党”这一概念，是对各民主党派同中国共产党团结合作历程的科学总结，是对各民主党派性质和政治地位的科学论断，同时也是中共对各民主党派性质判断的一次重要理论飞跃。

丛斌在《准确理解民主党派性质是参政党建设的政治基础》(《团结报》2015 年 11 月 3 日第 8 版）一文中认为，民主党派的性质是民主党派存在、履职、发展的重要政治依据，深刻领会和系统把握参政党的性质、地位和作用是参政党加强自身建设和履行职能需要把握的政治基础和实践方向。中共中央对民主党派性质的思想认识可谓一波三折，是一个随着时代变迁，随着社会主义实践不断发展的思想认识过程，也是对民主党派自身建设和履行职能的总体要求，因此，民主党派在参政议政、民主监督、参加中国共产党领导的政治协商和社会建设等的中国特色社会主义实践中应体现其政治性、政党性、科学性、实践性和人民性。

张峰在《关于国家治理现代化与中国参政党建设的思考》(《湖北省社会主义学院学报》2015 年第 2 期)一文中认为,“推进国家治理体系和治理能力现代化”是制度层面的现代化，实现这一现代化的核心问题是完善和发展中国特色社会主义制度，包括中国共产党领导的多党合作和政治协商制度。因此，应深刻把握中国政党制度中“中国特色社会主义参政党”的内涵和新意。其内涵和新意即：民主党派作为参政党是与执政党相对应的新型政党，具有中国特色社会主义性质，在国家治理现代化中应真正发挥好参政党作用，应支持民主党派加强协商能力建设。

朱晓进在《中国特色社会主义参政党的理论逻辑与实践路径》(《民主》2015 年第 6 期）一文中认为，民主党派的政党性质及其在国家政权中的地位如何，直接关系到多党合作的发展。中国共产党领导的多党合作制度确立以来，民主党派的定性和定位问题一直交织在一起。定性是定位的基础，定位对定性也会产生一定的影响。无论是定性和定位都经历了曲折的历史过程，由于多党合作理论建设的滞后，对改革开放新时期民主党派的参政党地位和社会主义性质的认定都曾经落后于多党合作实践的发展。对民主党派的参政党定位，执政党的战略认识主要基于两点：一是民主党派和共产党的社会基础能否共存；二是民主党派和共产党的政治属性是否共通。前者是多党合作的物质条件，后者是多党合作的价值基础。改革开放以来，适应中国特色社会主义的新发展，中国特色社会主义理论体系成为民主党派的指导思想，加之“致力于中国特色社会主义事业”的政治纲领和实践，对民主党派“中国特色社会主义参政党”的定性、定位可谓是实至名归。

闪希在《“中国特色社会主义参政党”的理论与实践价值》(《前进论坛》2015 年第 1 期)一文中认为,“中国特色社会主义参政党”的科学定位明确了民主党派是一种政党组织，而不是其他一般的社会团体，具有中国特色社会主义的本质属性，是由一部分社会主义劳动者、社会主义事业建设者和拥护社会主义爱国者组成的政治联盟，为社会主义现代化建设服务。参政党这种性质最突出的表现是其职能的建设性、服务性和协调性。

周海峰在《关于建设中国特色社会主义参政党的思考》(《天津市社会主义学院学报》2015 年第 2 期）一文中认为，参政党的社会主义性质是由以下六个方面决定的，首先，其内部构成的社会基础是一部分社会主义劳动者，社会主义事业建设者和拥护社会主义的爱国者；其次，中国特色社会主义是中国共产党同各民主党派合作的共同的思想政治基础；第三，民主党派与中国共产党有着共同的政治目标，即都以国家现阶段的总任务即建设中国特色社会主义事业作为自己的政治纲领；第四，各民主党派共同致力于中国特色社会主义事业，这种政治实践也决定其中国特色社会主义性质；第五，所履行的参政议政、民主监督职能具有中国特色社会主义性质；第六，中国共产党与各民主党派在长期的共同奋斗中结成了团结合作、民主协商、共存共荣的中国特色社会主义新型政党关系，决定其中国特色社会主义性质。

孙远良在《把握好民主党派性质提高多党合作水平》(《人民政协报》2015 年 2 月 11 日第 3 期）一文中明确肯定各民主党派是中国特色社会主义参政党，认为这会进一步释放民主党派参政议政和民主监督的空间，不仅意味着各民主党派要不断加强自身建设，提高履行参政议政和民主监督的能力，还意味着中国共产党要真诚支持民主党派加强自身建设，为参政党履职尽责创造条件。

杨绪强在《论中国特色社会主义参政党与多党合作制度建设》(《上海市社会主义学院学报》2015 年第 1 期）一文中认为，中国特色社会主义参政党科学定位了民主党派的性质，体现了多党合作制度的人民民主价值理念、统一战线政治联盟性质和多党合作重要政治准则等内在规定性。中国特色社会主义参政党深度聚焦民主党派自身建设，强化了民主党派的政党功能，塑造了新时期参政党形象，战略性地提升了和谐政党关系的品质。中国特色社会主义参政党在促进参政党理论建设、多党合作实践和多党合作“三化”建设方面都有新突破，为进一步推动多党合作制度发展开拓了新境界。

杨安娣在《中国特色社会主义参政党“特”在哪里》（《协商新报》2015 年 12 月 11 日第 2 版）一文中认为，在新的历史条件下，中国革命留下的宝贵的政治资源，在中国特色社会主义格局中、在中国特色民主政治发展中能否展现出它理想中的生命力，首先取决于在新的历史起点上我们能否准确地认识民主党派的定性与定位问题。解读中国的民主党派，离不开三个基本要素：一是“中国特色社会主义是社会主义而不是其他什么主义”，二是中国的传统政治文化，三是中国的基本国情。民主党派是特色道路上的特色政党，特色政治文化中的特殊角色，特色国情下具有特定责任。从政党的政治属性看，民主党派是中国特色社会主义参政党，参政党的首要责任是政治责任，坚定不移地做中国特色社会主义事业的亲历者、实践者、维护者、捍卫者就是参政党最大的政治。

王淑华、张鹏、陈洪超在《民主党派政治地位演进的历史考察与现实启示》（《中央社会主义学院学报》2015 年第 4 期）一文中认为，民主党派的政治地位呈现出“有限合法—非法—取缔—合法”的历史轨迹，并最终获得了中国特色社会主义参政党的政治地位。这种演变图景，展示了近现代以来我国民主政治发展的剪影，揭示了我国合作型政党制度确立的历史必然性以及现实优越性。梳理各民主党派政治地位的演变历史，我们可以得出一个基本结论：民主党派政治地位的确立与提升不是某一政治力量单纯作用的结果，而是近代以来中国各种政治力量长期比较、较量、选择的结果。

2. 参政党在“四个全面”战略布局中的作用研究

习近平总书记 2014 年 12 月在江苏调研时第一次提出“全面建成小康社会、全面深化改革、全面依法治国、全面从严治党”，之后，“四个全面”迅速成为我国进入“新常态”下备受广泛关注的理论课题和“行动纲领”。面对这样一个宏大的理论课题与行动纲领，参政党应该如何认真学习、深刻领会“四个全面”的深刻内涵，做“四个全面”的积极宣传者、主动参与者、奋力推动者、勇于实践者？这个问题不仅考验参政党的政治智慧与政党素质，更需要理论界在理论上给予回应和指导。对这个问题的研究，理论界普遍认为，“四个全面”与执政党的一系列重大政治理论是一脉相承的，是执政党在新时期的执政纲领，民主党派作为中国特色政党制度中的参政党，应该把帮助执政党落实“四个全面”作为一项头等的、严肃的政治责任。同时，“四个全面”赋予了参政党在“新常态”时期做好参政议政、民主监督、政治协商的新思想、新观念、新思维，对此参政党要制订新目标、采取新形式、完成新任务，予以积极应对。

（1）参政党在“四个全面”战略布局中的地位研究

从宏观上把握参政党在“四个全面”战略布局中的地位与作用，探讨参政党在这一重大战略布局中更好发挥作用的途径，是本年度的一个研究重点，研究者一致认为，参政党是贯彻落实“四个全面”战略布局的重要政治力量。代表性观点如下：马国跃在《民主党派成员要在推进“四个全面”中发挥重要作用》（《山西政协报》2015 年 6 月 3 日 B 版）

一文中认为，全面贯彻、积极落实、认真实践“四个全面”，不仅是广大中共党员干部与群众的重要职责，也是全体民主党派成员责无旁贷的义务。民主党派成员要在全面建成小康社会中发挥实干作用、在全面深化改革中发挥智囊作用、在全面依法治国中发挥推动作用、在全面从严治党中发挥监督作用。谢双成在《以“四个全面”引领民主党派各项工作》(《民主》2015 年第 7 期）一文中认为,参政党要把深入学习领会“四个全面”战略布局作为当前的首要政治任务，准确把握“四个全面”战略布局的精神实质、辩证关系、丰富内涵、基本要求，把学习“四个全面”与学习中共十八大，十八届三中、四中全会精神紧密结合起来，与学习中央统战工作会议精神结合起来，做到融会贯通、全面把握、准确理解。参政党还要通过联系实际，以“四个全面”引领民主党派各项工作。一方面，要倾情履职，在服务“四个全面”上有新作为；另一方面，要以党为师，切实加强高素质参政党建设。塑造好自身形象，自觉担负起历史使命。隗斌贤在《参政党助力“四个全面”战略布局的几点思考》(《重庆社会主义学院学报》2015 年第 6 期）一文中认为，民主党派作为中国特色社会主义参政党，能够在“四个全面”战略布局中发挥不可替代的独特作用。参政党要围绕“四个全面”战略布局中的重点难点热点问题开展参政议政,针对“四个全面”战略布局实施中存在的突出问题开展民主监督,紧扣“四个全面”战略布局中的重大问题开展政党协商，针对“四个全面”战略布局中的相关问题做好社会服务工作。参政党助力“四个全面”战略布局，要切实提高履职能力，切实加强自身建设,切实构建保障机制。王云在《民建如何在推进“四个全面”中发挥作用》(《贵州社会主义学院学报》2015 年第 4 期)一文中,以民建为例对参政党如何服务“四个全面”进行了思考。作者认为,习近平总书记提出“四个全面”理论并反复地阐述其精神实质，透出“四个全面”背后一切“为人民服务”的宗旨意识及匡扶社会正义的坚定决心。各民主党派都有自己的特色和优势,民主党派应发挥界别与专业优势,破解难题,摸准规律,特别是要超越部门利益，从国家和人民利益出发，紧紧围绕“四个全面”不断地深入基层、深入实际、深入群众、深入调查研究，不断地“发忧国忧民之声、行民主监督之实”，积极建言献策，发挥民主监督职能，彰显中国共产党领导的多党合作和政治协商制度的优越性,为推动“四个全面”做出积极贡献。左定超在《奋力开创民主党派工作新局面》(《民主》2015 年第 5 期）一文中认为,“四个全面”赋予了“新常态”时期做好参政议政、政治协商、民主监督的新思想、新观念、新思维，参政党要坚定地做“四个全面”的积极宣传者、主动参与者、奋力推进者、勇于实践者，在合力推进“四个全面”贯彻落实的过程中有新作为。

（2）参政党在“四个全面”战略布局中的作用研究

从微观上探讨参政党在“四个全面”战略布局中的具体作用,也就是说从“四个全面”战略布局的四大领域分别论述参政党能够做什么，应该做什么，怎样才能做得更好，探讨参政党服务“四个全面”战略布局的具体方式，也是本年度探讨参政党在“四个全面”战略布局中发挥作用的一个重要维度。具体情况如下：

关于参政党在全面建成小康社会中的地位与作用，学者们从促进社会和谐发展、实现中国梦、建设全面小康等角度对这个问题进行了深入的讨论，代表性观点如下：陈竺在《发挥参政党特点和优势　助力全面建成小康社会》(《求是》2015 年第 12 期）一文中认为，当前，我国已进入全面建成小康社会的决定性阶段，作为中国特色社会主义参政党，发挥自身的特点和优势，助力全面建成小康社会，是农工党义不容辞的责任。为此，要坚持围绕中心，积极为全面建成小康社会建言献策；坚持发挥优势，努力为全面建成小康社会添砖加瓦；坚持立足岗位，自觉为全面建成小康社会建功立业；坚持开拓创新，继续为全面建成小康社会努力奋斗，形成助力全面建成小康社会的新合力、新动力。山西社会主义学院课题组在《充分发挥参政党在全面建成小康社会战略布局中的地位和作用》（《山西社会主义学院学报》2015 年第 3 期）一文中认为，全面建成小康社会是“四个全面”战略布局的总目标，也是党和国家当前和今后一个时期各项工作的总任务。作为中国特色社会主义参政党的各民主党派，肩负着与中国共产党共同致力于中华民族伟大复兴的历史重任，必然要把全面建成小康社会作为当前和今后一个时期工作的总遵循。参政党要把握着眼点，深刻认识全面建成小康社会的重大意义；找准着重点，明确自身在破解全面建成小康社会难题中的地位和作用；抓住着力点，发挥自身在全面建成小康社会中的职能和优势，即发挥组织优势，最大限度凝聚共识、挥人才和智力优势，最大限度凝聚智慧、发挥联系广泛优势，最大限度凝聚力量，在全面建成小康社会战略布局中发挥实实在在的作用。闫社喜、郭清梅、段君在《民主党派在美丽乡村建设中的功能优势和现实路径》（《云南社会主义学院学报》2015 年第 3 期）一文中，以民主党派帮扶的河北省多个偏远村庄、山区村庄的美丽乡村建设为例，就民主党派在美丽乡村建设中的功能优势和现实路径等问题展开探讨，对参政党如何在全面建成小康社会中发挥作用无疑具有启示意义。作者通过调研了解到，经过几年来的持续努力，民主党派在充分尊重群众意愿的基础上，充分立足村情定规划，改造提升抓建设，发挥各自的界别特色和优势、发挥广泛的社会资源和智力，想方设法在科技、资金、项目服务社会领域通过科技扶贫、科普、援建等形式取得了瞩目的成就，参与美丽乡村建设的农村面貌发生了很大的变化，充分说明民主党派在美丽乡村建设中能够发挥积极作用。作者认为，民主党派为美丽乡村建设服务，要坚持发挥优势、突出重点、量力而行、持之以恒、力求实效的原则，带领广大成员发挥各自优势，按照科学规划布局美、村容整洁环境美、创业增收生活美、乡风文明素质美的要求，注重保持田园风光、增加现代设施、绿化村落庭院、传承优秀文化，积极探索新路子、创设新载体、推出新抓手，建设“村庄秀美、环境优美、生活甜美、社会和美”的美好乡村家园。

关于参政党在全面推进改革开放战略布局中能够发挥的重要作用，学者们从治理能力现代化、行政体制改革等角度进行了探讨。代表性观点如下：

陆聂海在《全面深化改革中的参政党作用》（《湖北省社会主义学院学报》2015 年第 3 期）一文中认为，总体上看，全面深化改革是按照“五位一体”进行总布局的，“五位一体”反映了总体布局与配套安排、协调措施的有机整合与协同推进。作为推进改革的一支生力军，参政党参与全面深化改革的实践路径是多样的，所起作用是全方位和多领域的。按照“五位一体”的战略布局,参政党在全面深化改革中的作用主要体现在政治、经济、社会、文化和生态这五个方面。因此，参政党要在全面深化改革战略提出的“五位一体”的整体布局中发挥作用，必须从全局着眼，做好顶层设计，在政治发展、经济改革、社会治理、文化建设、生态文明这五个方面协同推进。为此，参政党应该按照全面深化改革的战略要求加强自身建设。一方面要通过思想建设，在把握好改革方向的同时培养改革创新精神，使自身对全面深化改革的认识提高到一个新的高度。另一方面要加强能力建设和组织建设，不仅提高参政党推动深化改革的能力，而且为参政党推进全面深化改革提供坚实的组织保障。刘菊香在《民主党派参与我国行政体制改革的思考》（《领导科学》2015 年 10 月中）一文中认为，民主党派是我国行政体制改革的一支重要力量。目前，民主党派参与行政体制改革主要通过政党协商、人大协商、政协协商、在政府和司法部门担任职务、以特约人员等身份进行民主监督等路径发挥作用。在“四个全面”战略布局背景下，民主党派参与行政体制改革，推进依法行政应着重处理好几个关系：中国共产党的支持与民主党派自身努力的关系，增强参与行政体制改革意识与理性参与行政体制改革的关系，关注行政体制改革全局与在参与改革中发挥特色的关系，自身行政体制改革与全局行政体制改革的关系，通过民主监督参与改革与参与改革接受监督的关系。胡芬芳在《如准确理解“参政党是国家治理能力现代化的重要主体”》（《湖北省社会主义学院学报》2015 年第 3 期）一文中认为，中共十八届三中全会首次提出全面深化改革的总目标是“完善和发展中国特色社会主义制度，推进国家治理体系和治理能力现代化”。这要求我们准确理解治理的内涵及特征，准确理解“参政党是国家治理能力现代化的重要主体”，在促进国家治理主体的丰富、治理理念的更新、治理方式的改进、治理目标的实现等方面发挥着重要作用。梁晓宇在《民主党派参与社会治理创新研究》（《江汉大学学报·社会科学版》2015 年第 5 期）一文中认为，作为参政党，民主党派在参与社会治理创新方面有着自己的特点和优势，包括适应的广泛性、体系的包容性、机制的灵活性、影响的社会性等方面。目前民主党派参与社会治理创新存在的主要问题包括认知问题、制度局限和资源困境。为此，要从加强主体建设和完善渠道建设两个方面来提升民主党派参与社会治理创新的水平。民主党派要利用好人民政协这个平台，加强智库建设，并与重要媒体建立良好的关系，充分发挥媒体对民主党派参与社会治理创新的推动作用，以获取更多的参与支持，助推社会治理现代化。杨松禄在《民主党派参与社会治理的现状、问题及对策》（《湖北省社会主义学院学报》2015 年第 5 期）一文中认为，当前，协调推进全面建成小康社会、全面深化改革、全面推进依法治国、全面从严治党，是新形势下党和国家各项工作的战略方向、重点领域、主攻目标。民主党派作为中国特色社会主义参政党，历来以发展中国特色社会主义事业为奋斗目标。社会治理虽然是全面深化改革中的重要一环，但并不是孤立存在的，而是贯穿于“四个全面”之中的。基于这样的认识，民主党派参与社会治理要牢牢把握协调推进“四个全面”战略目标，把握服务、创新、务实的参与社会治理原则，创新参与社会治理的方式，提高参与社会治理的能力。孙瑞华、王锡玲在《对参政党推进国家治理现代化的几点认识——以典型案例为分析视角》（《河北省社会主义学院学报》2015 年第 3 期）一文中，通过对参政党参政议政的现实案例进行分析，从价值诉求、制度体系、能力内涵等方面，展现了参政党推进国家治理体系和治理能力现代化的内在必然性，亦从思维观念、人文情怀、政治眼光、科学素养等方面，对参政党如何推进国家治理体系和治理能力现代化引发深入思考。作者认为，实施“四个全面”战略部署，意味着我们实现国家治理体系和能力的现代化，将面临诸多新的严峻挑战。对执政的中国共产党来说，如果不采取突破性的改革举措以解决国家治理中存在的紧迫问题，目前局部存在的治理危机就有可能转化为全局性的执政危机。而对于参政的各民主党派来说，协助执政党推进国家治理体系和治理能力现代化的提升是必然的，但自身也必将面临一次深层次、全方位的政党能力提升和再造过程。

关于参政党与全面依法治国的关系、参政党在全面依法治国中的地位与作用，这是本年度参政党研究最能展现创新性的一个议题，涉及论文无论是数量还是质量都明显高于对其他问题的研究，代表性观点如下：胡楠在《民主党派要树立法治思维参与依法治国》(《贵州政协报》2015 年 10 月 22 日 A 版）一文中认为，全面推进依法治国对执政党提出了新任务，也对各民主党派提出了新要求。民主党派必须深刻把握依法治国的重要意义与精神实质，充分发挥民主党派的特点和优势，积极投身全面推进依法治国伟大实践，在思想上牢固树立法治理念；在知晓依法治国的重要意义与精神实质上发挥带头作用，在守法上发挥示范作用，在立法上发挥“智库”，在执法上发挥监督作用。吴鸿飞、刘轶在《以法治思维引领和推动民主党派工作——学习中共十八届四中全会精神心得体会》(《前进论坛》2015 年第 5 期）一文中认为，民主党派要在掌握依法治国的重要意义和精神实质的基础上，着力“树立一种理念，强化两个认识”。“树立一种理念”，是指牢固树立法治理念；“强化两个认识”。一方面，要强化“全面推进依法治国，必须始终坚持中国共产党的领导”的认识；另一方面，要强化“全面推进依法治国，需要各民主党派共同参与”的认识，从而在深化认识中增进法治思维。同时，民主党派还要在履行职能中贯穿法治思维，一是积极参政议政，推动科学立法；二是加强协商民主，促进科学决策；三是强化民主监督，维护公平正义，在此基础上，以法治思维和法治方式为引领，全面加强自身建设。吴棉国在《发挥民主党派独特优势　在服务全面依法治国中彰显作为》(《广西社会主义学院学报》2015 年第 2 期）一文中认为法治是人类文明的一大创举，是迄今人类管理自身事务的最有效方式，也是全面深化改革的有力保障。中共十八届四中全会通过的《中共中央关于全面推进依法治国若干重大问题的决定》对依法治国做出全面部署，这是中国特色社会主义实践发展的需要，是适应中国发展新常态的内在要求，是实现经济社会发展的有力保障。民主党派具有渠道畅通、联系较为广泛，人才荟萃、智力相对密集，地位超脱、有一定影响力等优势，应围绕全面推进依法治国战略部署积极建言献策；积极参与立法协商，发挥党派“智库”的作用；认真履行民主监督职能，切实发挥党派的监督作用；加强对全面依法治国的学习宣传，不断提高思想建设、组织建设、自身建设的水平和质量，为全面推进依法治国做出应有贡献。安徽省社会主义学院课题组在《对参政党在全面推进依法治国进程中履行职能的几点思考》(《中央社会主义学院学报》2015 年第 5 期）一文中认为，在全面推进依法治国的进程中，参政党负有义不容辞的政治责任和独特优势，其履行职能也面临着新的要求。在新的形势下，参政党履行职能服务全面依法治国，要从执政党战略布局的高度，充分认识全面依法治国的地位和作用，通过参与科学立法、促进法律实施、完善法治监督、培育法治精神四个主要途径，增强为其服务的自觉性和主动性。商玉泉在《参政党服务法治建设的路径》(《重庆社会主义学院学报》2015 年第 3 期）一文中认为，服务法治建设是参政党的政治责任。参政党服务法治建设具有多重路径。一是参政党运用协商民主，强化法治的政治基础。二是参政党弘扬政党文化，增进法治的价值认同。三是参政党开展社会服务，推进法治的全面实践。杨雪燕在《参政党在依法治国方略中大有可为》(《福建省社会主义学院学报》2015年第5期）一文中认为，依法治国是党领导人民治理国家的基本方略。各民主党派作为中国特色社会主义参政党，在全面推进依法治国方略、服务法治中国建设中具有独特优势和作用。参政党应增强使命感和责任感，充分发挥自身优势，切实履行参政党职能，在知法守法上发挥示范带头作用，在参与科学立法、民主立法，提高立法质量的立法协商中发挥“智库”作用，在推动严格执法、促进依法行政、司法公正中发挥民主监督作用，在协商民主的实践中推动中国特色社会主义法治监督体系建设，助推社会主义协商民主法治化。同时进一步加强自身建设，不断提升依法参政的能力水平，在依法参政中为法治中国献计出力。牛广明在《充分发挥民主党派在全面推进依法治国进程中的作用》(《前进论坛》2015年第2期）一文中认为，法治体系的构成要件与诉求目标，折射出全面推进依法治国仅仅依靠单一的国家公共权力是不能完成的，需要执政党、参政党、政府机构、社会组织、居民自治组织和公民共治才能够逐步实现，因此，充分发挥民主党派在全面推进依法治国进程中的作用，既是人民政协协商民主的重要内容，也是民主党派直接参与社会主义法治建设的重要形式，更是建设中国特色社会主义法治体系和社会主义法治国家的基本要求。

关于参政党在“全面依法治党”中的作用，研究者们主要通过“监督”作用和“友党”关系的视角，对参政党在帮助执政党提高拒腐防变的能力和执政能力方面能发挥的作用。如马国跃在《民主党派成员要在推进“四个全面”中发挥重要作用》(《山西政协报》2015年6月3日B版）一文中认为，各民主党作为中国共产党的亲密友党，有责任、有义务在全面从严治党中这一艰巨而复杂的任务中，担负起践行者和监督者的职责。当好践行者，就是要依照中国共产党从严治党的指导思想、要点重点、方式方法、目标要求等，积极加强自身建设，在廉洁自律、参政水平、奉献意识等方面实现量与质的飞跃。当好监督者，就是要联系实际，围绕思想建党、从严治吏、改进作风、反腐肃贪等重点，向中共党委提出好的做法和建议。特别要针对党的领导干部执行八项规定、纠正四风、敢于担当、积极作为等工作深入开展调研活动，从实现中华民族伟大复兴梦这个共同目标出发，认真监督，大胆监督，积极监督，使全面从严治党落到实处，取得实效，为全面建成小康社会提供坚强保证。宋俭在《民主党派成员和无党派人士要做中国共产党的诤友》(《湖北省社会主义学院学报》2015年第5期）一文中认为，联谊交友是中国共产党统战工作的重要内容和重要方式。统一战线工作要大力提倡和鼓励民主党派和无党派人士做执政党的诤友、畏友，要营造有利民主党派和无党派人士做诤友、畏友的良好政治生态。民主党派成员、无党派人士要树立诤友和畏友意识，敢说真话，勇于提出不同意见，才能更好履行参政党职能，发挥民主监督作用。毛蔚兰在《充分发挥民主党派在反腐倡廉中的作用》(《学习论坛》2015年第2期）一文中认为，自新中国建立以来，各民主党派在反腐倡廉中始终发挥着重要的积极作用，但也面临着一些问题。进入新时期、新阶段，要进一步发挥各民主党派在反腐倡廉中的积极作用，就必须从“对内”和“对外”两个方面着手。在“对内”上，加强各民主党派自身的建设是发挥其反腐倡廉作用的内在动力；在“对外”上，完善执政党与各民主党派合作的制度是发挥各民主党派反腐倡廉作用的根本保障。

四、参政党职能研究

民主党派的基本职能既是一个重大的实践问题，又是一个重大的理论问题。随着《中国共产党统一战线工作条例（试行）》的颁布，“政治协商”作为参政党的一项基本职能得到肯定,本年度的参政党职能研究也呈现出新的特点。也就是说,和往年主要聚焦于“参政议政”和“民主监督”不同，研究者们的理论视野开始扩展到对“政治协商”的研究。同时，随着民主党派“社会服务”职能在全面建成小康社会的宏伟事业中发挥着越来越重要的作用,研究者们对“社会服务”的研究也呈现出逐渐升温的态势。研究者们认为,“参政议政、民主监督，参加中国共产党领导的政治协商”是民主党派的基本职能，这一表述的要义在于“基本”二字。所谓基本,就是从民主党派的政党属性出发思考问题。同时，社会服务是民主党派工作的重要内容，是民主党派发挥自身优势的重要方式，但是，社会服务更多强调的是社会性，而不是政党属性，它并非民主党派参与国家政治生活最主要、最基本的方面，故社会服务是民主党派的一项重要职能，但不是基本职能。

1. 政治协商职能

参政议政、民主监督、政治协商这三个词在多党合作的范畴内一直高频使用，民主党派在长期实践中也始终履行参加政治协商的职责，但是，政治协商并未作为一项基本职能而出现。随着协商民主的建设和发展，包括政党协商在内的政治协商不断发展，民主党派在协商民主中的作用进一步显现，过去对民主党派基本职能的规定现实已经不适应实践的发展要求，两项基本职能的概况不足以凸显民主党派在我国政治协商以及社会主义协商民主建设中的地位和作用。为了跟随、反映实践的这种发展变化，2015 年中共中央颁布的《中国共产党统一战线工作条例（试行）》，第一次在正式的中央文件中明确了“参与中共共产党领导的政治协商”是民主党派的基本职能。对这种变化的意义，理论界给予了充分的肯定，认为“参加中国共产党领导的政治协商”这一民主党派基本职能的新表述是一个重要的理论创新，对于进一步发挥民主党派的积极作用，推进多党合作事业发展有着重要的意义。此外，研究者们还对“政治协商”与其他两种基本职能的关系、民主党派如何更好的履行“政治协商”这一基本职能等问题进行了探讨，代表性观点如下：

付强在《民主党派基本职能的新表述》(《中国统一战线》2015 年第 7 期）一文中认为，民主党派具有三项基本职能，其中，参政议政主要反映了民主党派与国家政权的关系，民主监督主要反映了民主党派与执政党的关系，而参加中国共产党领导的政治协商作为民主党派的基本职能，能够对国家政权施加影响，能够实现社会各阶层有序的政治参与和利益表达，能够增进和谐的政党关系，帮助执政党更好地科学执政、民主执政。《中国共产党统一战线工作条例（试行）》以三项基本职能为框架,规范多党合作和民主党派工作,可以说是一次重要的促进。三项基本职能齐头并进，三位一体，科学、全面、准确地反映民主党派在我国政党制度中所具有的功能，进一步体现了民主党派的重要价值。

袁廷华在《民主党派基本职能的新拓展》(《人民日报》2015 年 8 月 14 日第 16 版）

一文中认为，将民主党派“参政议政、民主监督”两项职能，拓展为三项基本职能，是中国共产党在总结多党合作经验基础上对民主党派基本职能做出的新的科学概括，是多党合作理论的重要创新。准确理解中共中央对民主党派基本职能的新概括，需要把握三点，首先，三项基本职能是有机统一的关系；其次，民主党派参加的是中国共产党领导的政治协商，政治协商是中国共产党领导和民主党派参与的有机统一；再次，三项职能是民主党派的“基本职能”，不是全部职能，除基本职能外，民主党派还有社会服务、自我教育等职能。

赖明在《民主党派做好政党协商的四个要领》（《人民政协报》2015年11月4日第8版）一文中从政党协商的角度对民主党派更好的履行政治协商职能进行了思考。作者认为，“政党协商是中国共产党与民主党派的政治协商”，为进一步做好政党协商，民主党派在协商过程中应该把握四个要领。首先，要把握协商性质，它是中国共产党领导的协商，是与中国共产党通力合作的协商，是目标一致的协商。其次，要明确协商内容，包括中国共产党全国和地方各级代表大会、中央和地方各级党委的有关重要文件；宪法的修改建议，有关重要法律的制订、修改建议，有关重要地方性法规的制订、修改建议；人大常委会、政府、政协领导班子成员和人民法院院长、人民检察院检察长建议人选；关系统一战线和多党合作的重大问题。第三，要丰富实践形式，一方面，民主党派应充分利用多种形式的协商，提高协商的针对性和实效性；另一方面，应按照政党协商制度要求和中国共产党一道进行探索，不断丰富协商实践。最后，要提高协商能力，民主党派必须适应新形势，全面加强自身建设，着力研究政党协商特点、探索政党协商规律，并积极运用于履职实践。

2. 参政议政职能

参政议政是民主党派的基本职能，是中国共产党领导的多党合作和政治协商制度的重要内容，是我国社会主义民主政治的重要体现。对于参政议政的重要性，不仅各民主党派达成共识，认为参政议政是民主党派的生命线，理论界对此也深表认同。在这一共识的基础上，2015年对参政议政职能的研究，主要侧重于当前民主党派参政议政面临的困境与出路这个问题上。研究者们从不同的角度发表自己的观点，探讨了当前民主党派参政议政所面临的环境、任务、途径与水平，分析了参政党适应“新常态”，提高参政议政实效性的途径。具体情况如下：

（1）参政党履行参政议政职能的机遇与挑战研究

对于参政党参政议政所面临的整体环境，大多数研究者看到的是参政党所面临的挑战和压力，但是也有少部分学者对民主党派参政议政环境持乐观态度。对参政党参政议政所面临的挑战和压力，学者们从外部和内部两个方面进行了分析，有的从制度运行状况、政党关系等大的社会环境分析参政党履行参政议政职能面临的制约因素，有的则从参政党自身的局限比如人才队伍匮乏、参政能力不足等方面寻找原因。如盛日多在《民主党派参政议政工作面临的问题》（《团结》2015年第6期）一文中认为，从目前一些民主党派组织的实际情况来看，民主党派“人才荟萃，智力密集”的优势也有所减弱。现有一些民主党派成员虽然具有较高的学历层次和专业知识素养，社会实践和政治历练少，缺乏全面系统看问题的能力，因而对一些重大的宏观的问题难以站在经济社会发展大局的高度，提出全局性、建设性和科学性的意见和建议，帮助党委、政府谋大事、想要事、解难事。再加上民主党派成员在政府部门任职的数量较少，缺乏对政府行为的了解，对政府的计划、决策等过程鲜有深入接触了解的机会，致使他们在履行参政议政职能时，往往达不到参政“参”在点子上，议政“议”到关键处的效果。作者认为，参政党履行参政议政职能面临的制约因素有自身的原因也有外部原因，从自身原因来看，民主党派存在参政议政热情不够、能力不足、机制不健全、实效不显著等问题；从外部原因看，参政议政社会支持度不高，知情明政渠道不畅，调查研究比较困难等问题。马艳在《当前民主党派参政议政面临的困境及对策思考》(《内蒙古统战理论研究》2015 年第 3 期）一文也表达了类似观点，作者认为，民主党派在参政议政过程中仍面临着一些矛盾和问题，客观分析参政议政中存在的问题，探索有效履行职能的体制机制，是新常态下加强民主党派建设的重要任务。民主党派参政议政出现问题的原因主要在于以下几个方面，一是履职缺位，主动参政议政的意识不强；二是优势日渐退化，参政议政的能力不强；三是是考核机制不健全，使参政议政职能落实不力；四是民主党派组织化程度低，发挥参政议政职能的合力不够；五是是缺乏高效的沟通机制，信息不对称致使参政议政职能的发挥不能与党委政府的决策实现步调一致；六是受不良社会风气的影响，参政议政更喜欢锦上添花，而少些雪中送炭。

与以上观点不同的是，有部分学者更多的关注了新时期参政党履行参政议政面临的机遇，如张芳在《论民族地区党派地方组织参政议政特点》(《团结报》2015 年 7 月 20 日第 3 版）一文中表达了对民主党派参政议政更为乐观的态度。作者以自己所在的民主党派组织为例，认为当前民主党派参政议政的环境更加优化，所在中共党组织对民主党派参政议政更加重视，参政议政渠道更加畅通；参政议政的任务更加明确，参政议政的成效更加显著。何延政在《发挥互联网优势履行参政议政职责的思考》(《前进论坛》2015 年第 1 期）一文中从互联网技术迅速发展的角度，看到了民主党派参政议政所面临的机会。作者认为，当前，我国网民数量已达 6.32 亿，微信用户超过 4 亿，网络日益成为政治信息的传输中心，极大地提升了公民的参政热情，为各方面人士参政议政提供了便捷快速的平台，也为民主党派参政议政提供了广阔舞台，主要表现在：互联网为及时有效地参政议政提供了技术支撑；互联网极大地调动和提升了统战成员参政议政的热情；互联网极大地提升了参政议政工作效率。李仲先在《新媒体视域下高校民主党派参政议政路径研究》(《攀枝花学院学报》2015 年第 6 期）一文中也表达了类似的观点，作者认为，新媒体为民主党派参政议政提供了一种参与公共事务、实行民主管理的新范式。新媒体的广泛普及，给民主党派参政议政提供了新途径，新媒体的实时交互性给参政议政提供了新的环境，新媒体的信息集散性为参政议政提供了新手段，因此，高校民主党派人士如何充分挖掘和借力新媒体资源进行参政议政工作，努力掌握新媒体环境下民主党派参政议政的主动权，是摆在民主党派面前的重要课题。

（2）参政党提高履行参政议政职能的水平研究

提高参政党履行参政议政职能的水平，是参政党实现政党功能的前提条件，对这个问题的研究历来有很多角度，有的研究者从加强机制建设的角度进行立论，有的研究者从整体改进参政议政思路、提高参政议政实效性等角度着眼，还有研究者探索了参政议政的能力培养等问题。

关于如何提高参政议政能力，冯俭在《加强人才培养　提高参政议政工作水平》(《前进论坛》2015 年第 10 期）一文中认为，民主党派作为参政党，参政议政是民主党派的基本职能之一，它体现了参政党的自身价值和社会作用，也反映出一个党派的政治形象和工作水平，人才队伍建设则是提高参政能力的关键。人才队伍建设要重视提高政治把握能力、参政议政能力，突出各民主党派的特色，这样才能充分发挥民主党派的参政议政作用。孙常麟在《群体创造力量提升民主党派参政议政的能力》(《上海市社会主义学院学报》2015 年第 1 期）一文中认为，群体创造是通过组织和激励不同角色的人群运用新方式互动，以充分挖掘并发挥他们潜在的创造力，达到共同创造的目的。以全体成员的聪明才智和群策群力为基础的民主党派参政议政工作也是群体创造的一种重要表现形式。在互联网信息技术成为各行各业提升核心竞争能力的今天，民主党派可以利用群体创造原则的体验式思维模式、交流互动的情境、参与平台以及网络关系等四大要素，构建起上下互动、横向协调、高效并民主集中的参政议政网络化生态系统，达到民主党派参政议政能力、组织能力和人才培养能力的创新式飞跃。利用群体创造力量提升民主党派参政议政能力，无论在理论上还是在实践的可操作方面，都具有与时俱进的重要意义。童凤华在《民主党派参政议政能力建设探析》(《云南社会主义学院学报》(2015 年第 1 期 ）一文中认为，当前，民主党派参政议政的条件和社会环境发生了深刻变化，这对建设高素质的中国特色社会主义参政党，提高民主党派的履职能力提出了新的更高的要求。但是，受主客观条件的影响，民主党派参政议政能力不强，参政议政的效果不明显等问题仍然存在。当前加强民主党派参政议政能力建设的着力点在于以下几个方面：增强参政党的政治责任感和历史使命感；加大民主党派干部队伍建设力度，培养高层次参政议政人才；完善创新参政议政工作机制；发挥优势体现特色；加强参政议政保障机制建设。崔北军在《关于加强民主党派参政议政能力建设的调查与思考》(《山西社会主义学院学报》2015 年第 3 期）一文中认为，参政议政能力建设一直是民主党派面临的重大课题，参政议政水平的提高，对多党合作事业的发展具有重要现实意义。提高民主党派参政议政能力的路径，可以从两个方面探索：一方面，各级党委政府既要高度重视、大力支持，又要优化环境、为民主党派参政议政提供宽松和谐的良好平台；另一方面，民主党派也要加强自身建设，深入调查研究，提高参政议政水平，增强建言献策的针对性和时效性，建立健全参政议政工作机制。

关于提高参政议政的实效性，刘先华在《发挥党派三大优势　提高参政议政实效》(《团结》2015 年第 1 期）一文中认为，参政议政是民主党派工作的生命线，是民主党派在中国共产党领导的多党合作政治格局中存在的价值所在。当前，各民主党派参政议政主体除了驻会成员外，其他成员都是兼职的，也就是说都有双岗，这对做好参政议政工作是柄双刃剑，好处是本职岗位为第一线，方便了解或熟悉某行业，易于发现问题，掌握第一手材料；矛盾是本职工作与参政议政的时间会有冲突，无暇顾及本行业以外或全局性的事情，也就衍生出各民主党派最大的劣势——“理论重于实践”，在参政议政时容易造成放空炮、马后炮。要解决这些问题，应从党派组织优势、成员专业优势、组织调研优势等方面入手，提高参政议政的实效，充分发挥民主党派职责，这是当前做好参政议政工作的关键。付小飞在《浅谈如何提高民主党派参政议政水平》（《光华时报》2015年11月17日第3版）一文中认为，参政议政是民主党派的第一要务。新形势下，民主党派参政议政工作面临人才、平台、制度、激励等多方面因素的挑战，民主党派要进一步提高参政议政水平，必须做到“五个加强”：加强领导班子建设是提高民主党派参政议政水平的前提；加强队伍培训工作是提高民主党派参政议政水平的基础；加强调查研究是提高民主党派参政议政水平的关键；加强制度建设是提高民主党派参政议政水平的保障；加强激励机制建设是提高民主党派参政议政水平的加速器。

关于参政议政的机制建设，严隽琪在《参政议政要适应新常态》（《四川统一战线》2015年第1期）一文中认为，参政党要认真思考“新常态”深刻含义，在履职过程中不断增强“为执政党助力，为国家尽责，为人民服务”的使命感，才能使参政党工作适应“新常态”的需要。为此，首先要明确定位，其次要保持清醒的头脑，第三要坚持发展和完善集智聚力的体制机制。李联友在《参政议政工作机制创新和发展的研究与实践》（《河北省社会主义学院学报》2015年第2期）一文中认为，建立健全参政议政工作机制是一项涉及多方面的系统工程，涵盖的内容很多，包括组织管理工作机制、机关事务工作机制、培养骨干后备人才工作机制、反映社情民意工作机制等，这些工作机制之间既相互联系又相互独立，同时又是和工作实际紧密联系在一起的，研究将这些工作机制有机的结合在一起并通过实践活动加以创新，将有助于做好自身的建设工作，更好地履行参政党的职能。张颖、林沛勋 、刘素燕、杨松才在《中国现代化治理体系构建中民主党派的参政机制研究》（《广州社会主义学院学报》2015年第3期）一文中认为，在当代中国的宪制框架内，各民主党派作为民主政治机构，作为不同社会界别、行业领域成熟的自我整合组织形态，能够在政治国家和社会之间，提供引导社会整合和有序参政的稳定枢纽功能。因此，充分重视和更新民主党派的参政机制，将能够事半功倍地推动中国现代化治理体系的建设进程，而法治化是民主党派在治理语境下推进参政机制的创新和发展时所应当促进的价值，是民主党派推进机制创新和发展时所应当依赖的基本路径。基于以程序法治的完善作为推进民主党派参政机制创新的着力点这种思路，首先应当就民主党派参与并发挥作用的方式、程序以及效力等制订相应的规范依据。

（3）参政党依法参政研究

民主党派依法参政问题是在“四个全面”战略布局背景下出现的一个崭新话题，虽然目前对这个问题所述不多，但是，由于“依法参政”理念的创新性，还是值得我们予以关注，主要观点如下：

黄梅在《法治视域下的参政党参政议政——基于中央统战工作会议精神的解读》（《江苏省社会主义学院学报》2015年第5期）一文中认为，参政议政是参政党的生命和核心任务，在依法治国成为我国一项基本治国方略并进行全面部署的大背景下，参政议政也要依法展开，并运用法治思维和法治方式逐步推进，这是因为，从党际关系角度看，参政党依法参政议政有利于多党合作事业的巩固和发展；从社会管理角度看，参政党依法参政议政符合我国依法治国方略的基本要求；从政党属性角度看，参政党依法参政议政是发挥政党功能的基本保证。参政党依法参政议政的核心内容主要包括参政议政权的依法确立、依法行使和依法制约。

安徽省社会主义学院课题组在《对参政党在全面推进依法治国进程中履行职能的几点思考》(《中央社会主义学院学报》2015 年第 5 期）一文中也论述了参政党的法治思维和法治精神问题。文章指出，参政党要通过深入学习党的十八届四中全会精神，使全体成员充分认识法治建设的重要性，努力做到尊法、学法、守法和用法，主动以法治思维、法治方式来思考、处理问题，自觉将法治观念贯穿于参政、监督、协商的全过程。同时要按照法治精神的要求，在宪法法律的基础上，抓紧构建、完善党内的制度体系，把制度建设放到更加突出的位置，将历史上形成的好经验、好传统制度化、规范化，实现依法依规管党建党。

张颖、林沛勋 、刘素燕、杨松才在《中国现代化治理体系构建中民主党派的参政机制研究》(《广州社会主义学院学报》2015 年第 3 期）一文中也探讨了参政党参政议政的法治化问题。作者指出，从民主党派作为一类组织的法律主体本质来看，无论在宪制层面上它将被阐释为怎样的具体规范形态，推动参政议政机制的法治化是当前参政党创新参政机制的有效途径，具体到目前民主党派的参政活动来看，首先，应当就它们各自以及联合组成的政治协商会议制订统一的行动规范，如由全国人大常委会通过一部具有组织法意义的“政党参政法”，对各民主党派和政协在政治活动中的地位，特定公共治理决策的权力运行领域中民主党派的参与和作用方式等问题，尤其是民主党派参政意见所获得的法定效力及其保障问题，进行专门系统的规定。民主党派依法提出意见和建议都应当受到法律保障，这一点最适宜借鉴的是关于人大代表权利的保护，即民主党派代表不能因为履行参政权而受到责任追究；要求依法获取相关信息，到有关单位调研或提出质询等行为应当予以法律保障。

姚致光在《搞好参政议政，需懂得法律法规》(《团结》2015 年第 3 期）一文中认为，建言献策参政议政的工作既要做到本身规范、符合有关法律法规要求，又要做到体现水平、助推协商民主建设。

3. 参政党的民主监督职能研究

民主党派作为与中国共产党同呼吸、共命运的政治力量，如何利用其特殊身份、独特优势，进一步发挥民主监督作用，既是一个具有重要现实意义的问题，也是社会主义民主政治建设的一大课题。深入分析发挥民主党派民主监督作用的现实意义及影响民主党派民主监督作用发挥的因素，提出在新形势下民主党派民主监督的范围重点、运行机制、方法手段、载体渠道等，进一步提升民主党派成员民主监督的质量和水平，对密切中共与群众的关系，巩固其执政地位，及时化解社会矛盾，促进社会公平公正，推进小康社会全面建成实现中国梦将具有非常深远的意义。对此,学术界已经形成了基本的共识。在这一共识基础上，2015 年对民主监督的研究主要侧重以下几个方面：参政党民主监督职能的价值研究；参政党民主监督职能发挥作用的制约因素研究；新形势下提高参政党民主监督实效性研究等等。研究者们一致认为，民主监督是民主党派广泛参与、影响国家政治生活的主要方式，是最能彰显参政党政党属性的重要方面，也是我国权力制约和监督体制不可或缺的重要组成部分，在国家政治生活民主化进程中发挥的重要作用。当然，在如何进一步发挥民主党派的民主监督作用这个问题上，学术界出现了一定的分歧，大多数学者认为，要通过加强民主监督制度化建设，不断提高其实效性，作为民主党派更好履行民主监督职能的途径。但是，也有部分研究者在制度化基础上提出民主监督法律化问题，值得引起警惕。

（1）参政党民主监督职能的价值研究

参政党履行民主监督职能的重要性，学术界早无分歧，对它的价值研究，一般从两个方面来理解，一是对民主党派自身的价值，比如说体现民主党派的政党性质、实现民主党派的政党功能等等。另一方面是对社会发展的价值，比如说促进执政党的先进性建设、促进政治民主化等方面。2015 年对参政党民主监督价值的研究，两方面都有所涉及，但更多的是从国家治理能力现代化和协商民主的发展着眼进行研究，分析了参政党民主监督职能的重要作用。代表性观点如下：

魏晓文、苏杭在《国家治理视域下民主党派民主监督问题探析》（《中国特色社会主义研究》2015 年第 6 期）一文中认为，民主党派民主监督既是对执政党治国理政过程的政治监督，也是民主党派作为主体参与国家治理的重要内容。强化民主党派的民主监督职能，关系中国特色政党制度和监督体系建设，是实现国家治理体系现代化的客观要求。民主党派民主监督在彰显中国特色社会主义民主价值、培育必要的政治文化土壤、完善国家治理体系、提升国家治理能力方面，具有重要意义。提升民主党派民主监督的实效性，前提在于准确定位民主党派民主监督的独特优势，关键在于明确中国共产党和民主党派在此过程中的功能定位，构建起完善的制度体系和工作机制。

张宏伟在《论我国协商民主视角下的参政党民主监督》（《学术论坛》2015 年第 6 期）一文中认为，参政党民主监督是我国政治协商制度的主要内容，民主党派民主监督职能的充分发挥对推进社会主义协商民主的发展具有重要作用。首先，参政党民主监督能推动党际协商民主有序进行，这是因为参政党民主监督以政党关系和谐为前提，参政党民主监督是党际协商民主的应有之义。其次，参政党民主监督能促进社会协商实现规范化，这是因为我国参政党对执政党的民主监督合理规避了民众政治参与的自发性和随意性，推进民众政治参与的制度化和程序化发展，满足了社会主义协商民主制度化发展的要求，进而确保社会协商平稳有序推进。

李景治在《党内监督要进一步与党外监督有机结合》（《学习论坛》2015 年第 7 期）一文中，从拓展人民群众参与党风廉政建设与反腐败斗争的渠道这个角度高度肯定了参政党民主监督职能的价值。作者认为，党内监督要与民主党派监督和政协的监督有机结合，进一步提高对民主党派监督和政协监督重要性和必要性的认识，实现这一民主监督的制度化、规范化、程序化。为此，应当充分认识到以下两点：首先，是否坚持政协和民主党派对执政党的监督，是关系到共产党领导的多党合作和政治协商制度能否长期坚持和不断完善的重大问题；其次，是否坚持政协和民主党派对执政党的监督，是关系到共产党领导的多党合作和政治协商制度能否与时俱进的重大问题。

陈楠楠、张奇在《民主党派民主监督与高校治理现代化》（《中国乡镇企业会计》2015

第 12 期）一文中认为，民主党派民主监督是中国特色社会主义政党制度的重要内容，其具有权利性和政治性等特点。民主党派对高校治理的民主监督符合宪法法律等规定，同时也是“参与式”行政的需要、是权利制衡的需要，充分发挥民主监督有利于高校治理决策的科学性、合理性，可以调动其他主体力量参与高校治理，提高高校服务社会的水平，有利于巩固和扩大统一战线。高校应当充分尊重民主党派在高校治理过程中提出的意见和建议，吸取其合理成分并将其转化为决策的一部分，在决策执行过程中自觉接受民主监督，并采取有利措施切实保障民主党派在高校治理过程中的主体地位。

张宏伟在《加强参政党监督建设与推进国家治理体系现代化》（《湖北民族学院学报·哲学社会科学版》2015 年第 4 期）一文中认为，影响国家治理体系现代化的因素有很多，其中该国政治精英的行为与选择通常被视为重要的影响因素。我国的政治精英主要包括执政的共产党和参政的八个民主党派，它们之间的相互监督与互动，也必然成为影响我国国家治理体系现代化的关键。参政党作为我国主要的政治主体之一，它的监督职能的有效发挥，民主监督体系的不断完善对推进国家治理体系现代化具有重要作用。首先，参政党监督有利于综合协调政府和社会多元治理主体之间的关系；其次，参政党监督有助于维护国家政治公共秩序，推进政治体制改革；第三，政党监督有利于实现社会更加公平正义，全面推进依法治国。

郑长埠在《发挥民主党派地方组织监督作用》（《联合时报》2015 年 3 月 31 日第 6 期）一文中认为，民主党派的监督，是我国监督体系的重要组成部分。实行民主党派的民主监督，有利于维护中共领导，巩固执政地位；有利于增强议政责任，拓宽参政渠道；有利于互相促进，共同提高，加强党派的自身建设。加强民主党派的监督，是新形势下开展反腐败斗争、加强党风廉政建设、推进经济社会发展的重要力量。民主党派的成员，来自各界人士，分布在各行各业，有利于从各个方面实施监督，其监督的广泛性，不言而喻。民主党派的成员中，知识分子和有一定影响的人员居多，在行使监督职能时，能够有机融入或运用有关科学文化知识，对党和政府的工作做出深刻的评判，其监督的科学性，十分难得。民主党派作为参政党所处的位置比较特殊，能够超越他人的局限，真实地发现党和政府工作中的缺点和错误，提出切合实际的建议，这种监督的客观性，极其宝贵。

李洁在《加强民主监督，加快政务公开制度化建设》（《经济界》2015 年第 4 期）一文中认为，党的十八届四中全会强调建立严密的法治监督体系和建设法治政府，严密的法治监督体系是全面推进依法治国的保障，建设法治政府一个重要的内容就是要加强政务公开。民主监督应在政务公开工作中发挥积极的作用，这是建设法治国家的重要举措。对政务公开实施民主监督有利于人民当家作主的权利得以实现；有利于制约政府权力、打造阳光政府，有利于推进我国的法治建设，建设社会主义法治国家。

（2）参政党履行民主监督职能的影响因素研究

与参政党其他职能的履行情况相比，民主监督职能相对薄弱。分析造成这种状况的原因，找出民主监督职能履行的影响因素，探索相应对策措施，促进民主监督发展，是参政党研究的重要内容。2015 年对民主监督影响因素的研究主要侧重两个方面，一方面是监督主体主观方面的态度和观念，另一方面是民主监督所处的客观环境，也包括民主监督面临的体制机制等问题。代表性观点如下：

张金胜、刘德娥、岳建玲在《新时期民主党派民主监督地位与作用研究》(《河北省社会主义学院学报》2015 年第 4 期）一文中认为，当前影响民主党派民主监督的现实问题有事务性监督多，政治性监督不足；监督程序形式化多，监督落实成效不足；层次越高监督力度越大，基层监督力度不足；参政议政意识浓厚，民主监督意识不足等方面，加强民主监督应从“法”“诚”“量”“实”“保障机制”上下功夫。

张宏伟在《加强参政党监督建设与推进国家治理体系现代化》(《湖北民族学院学报·哲学社会科学版》2015 年第 4 期）一文中认为，参政党职能发挥的过程中，相比较政治协商和参政议政职能，民主监督职能是最弱的。长期以来，参政党民主监督缺乏力度和实效，主要表现在：从参政党自身建设来说，参政党的党派性和组织性不强，导致监督缺乏政党性；从监督的外部环境来说，虽然在执政党的政策和相关文件中对参政党的监督非常重视，但在具体的操作过程中却没有一套完整的程序，缺乏规范性。参政党民主监督存在这些问题的主要原因在于：第一，中国传统政治文化影响参政党监督意愿；第二，健全的监督运行机制影响了参政党监督效果。

李建霞在《民主党派履行民主监督职能的思考》(《协商论坛》2015 年第 1 期）一文中认为，当前影响民主党派履行民主监督职能的主要因素有以下几个方面，第一，主体上存在弱化现象。目前我国各个民主党派都没有建立起来一套以民主监督为专职工作的专门机构，更没有专职人员来履行民主监督职能，民主党派的民主监督缺乏组织机构的有效保障，政协组织内也没有单独为民主监督而设立的部门。第二，客体上缺乏公开透明。信息公开透明，是实现民主监督的一个必要前提。第三，民主监督反馈机制不够完善。不少反馈意见仅仅停留在给予答复，而究竟何时实施、如何实施却并没有相应的规范加以约束。第四，党派成员有顾虑。历史上，民主党派在多次政治运动中曾遭受打击，部分党派成员信奉事不关己高高挂起、明哲保身少说为佳哲学，在处理民主监督问题时，思想上有顾忌，做法上有保留。第五，个人素质待加强。有些民主党派成员对政策法规把握不准，对社会状况了解不够，对民间疾苦体会不深，理论脱离实际，无法发挥民主监督作用。第六，基层组织不健全。部分民主党派基层组织较为涣散，无法开展正常活动。基层组织不健全，势必影响民主党派民主监督职能作用的正常发挥。

曹伟、陈云亮在《民主党派民主监督的薄弱环节及其完善进路的实证研究》(《重庆社会主义学院学报》2015 年第 6 期）一文中，通过大量的调研数据，对民主党派民主监督薄弱环节进行了实证分析。作者认为，民主监督是民主党派存续和发展价值的重要体现。长期以来，民主党派民主监督作用的发挥受到多种因素的制约，其实效性得不到充分体现。民主党派民主监督的薄弱环节涉及知情、沟通、反馈、特约监督、组织保障等方面。在知情环节，了解情况不全面、不具体、不及时，是民主党派开展民主监督遇到的最现实困难。在沟通环节党际之间沟通的主动性不强，特别是对民主监督的有效沟通比较缺乏，使民主监督效果大打折扣。在反馈环节，缺乏反馈和落实的明确规范要求，影响了民主党派成员参与民主监督的积极性，在一定程度上制约了民主监督效能。在特约监督环节，特约监督员的民主监督作用发挥不充分，形式化现象比较普遍，特约人员聘任存在多头无序的状况，降低了监督的组织化程度，影响了民主监督的严肃性和整体效能。

在组织保障环节，一是缺乏专门力量，二是缺乏可操作的政策保障，三是缺乏权利救济渠道。有的地方和部门领导排斥监督，正常的民主监督受到不应有的干扰，给监督者“冷眼”甚至“穿小鞋”。在这种情况下，民主党派成员如果缺乏有效的权利救济渠道，就很难充分运用民主监督这项权利了。

李飞在《浅析参政党民主监督建设的成就与问题》(《沈阳干部学刊》2015 年第 1 期）一文中认为，十一届三中全会以来，参政党民主监督建设取得了显著成就，但也面临一些问题。具体表现为：民主监督的政治环境有待改善，制度建设滞后；参政党自身建设有待加强，监督意识与能力有待提升；民主监督运行机制有待健全，监督程序存在薄弱环节；民主监督的形式缺乏创新，影响了民主党派民主监督智能的有效履行。

（3）参政党履行民主监督职能的路径研究

对参政党履行民主监督的路径研究，2015 年主要侧重于民主监督的渠道和形式等方面。尤其是新的统战工作《条例》颁布之后，《条例》所提到的关于民主监督的十种形式更是引起学术界的普遍关注。此外，部分学者还研究了民主监督与其他监督形式结合的问题。代表观点如下：

关于参政党民主监督的形式，研究者们对统战工作条例所列十种形式的创新意义给予充分肯定，对参政党以往民主监督的好形式进行了总结，认为民主监督在形式采用上，要勇于创新才能开拓民主监督的新局面。徐军在《由民主监督形式的新变化看加强民主监督的新路径》(《河北省社会主义学院学报》2015 年第 4 期）一文中认为，民主监督的主要形式经历了一个历史变化过程，《中国共产党统一战线工作条例（试行）》将其归纳为十种，如果要对上述十种形式进行分类的话，第 1—6 种基本上都属于政党路径，第 7 种属于人大路径，第 8 种属于政协路径，第 9 种属于司法机关途径，第 10 种则属于特约人员途径。可以说，这是自有多党合作制度以来，对民主党派和无党派人士民主监督主要形式规定得最为全面的一次，是民主监督工作中重大突破。除了文字表述更完善外，更重要的是它实际展示了加强民主监督的新路径问题，那就是以政党为主体，以人大、政协、两院、特约为补充，构成了一个完整的民主监督的路径体系。新路径突出表现在非常鲜明强调了以政党路径为主体，突出表现在着力加强那些主要甚至专属民主监督特有的形式，突出表现在着力加强各级中共党委接受民主监督，民主党派、无党派人士开展民主监督的两个“主动性”上。邱永文在《谈民主党派的民主监督》(《云南社会主义学院学报》2015 年第 3 期）一文中认为，最新出台的《中国共产党统一战线工作条例（试行）》中，对民主监督的形式进一步提出了规范和具体的要求，一共列出了 10 种民主监督的形式，这 10 种民主监督的形式概括起来就是民主党派成员在人大、政府、政协的有关工作中提出意见和建议，在中共党委召开的相关会议上提意见和建议，而且把一些会议更具体化了。杨君武在《提升民主党派民主监督实效探讨》(《湖南省社会主义学院学报》2015 年第 2 期）一文中探讨了民主党派民主监督的形式，作者认为当前民主监督可以采用的形式有会议、考察、文案等形式。其中会议又有全委会议、专委会议、常委会议、主席（或主委）会议等不同层次；考察又有访谈、调研、视察、检查等不同类别；文案又有提案、调研报告、建议书、来信等不同体裁。在这种种形式中，可以有专项监督，也可以有全口径监督；可以有对口监督，也可以有广角监督；可以有小组监督，也可以有专委会监督；可以有提案办理监督，也可以有来信办理监督等等。其中，专项监督相对于全口径监督等，对口监督相对于广角监督等，小组监督相对于专委会监督等，提案办理监督相对于来信办理监督等是更可行或更有效的方式，应当成为常用的主要形式。各民主党派可依据自身特点探索和采用各种形式的民主监督。如民盟可探索开展教育、科技、文化、医疗、司法、“三农”等领域的对口监督。各级政协在安排民主监督工作（包括委派民主监督小组）时应考虑各民主党派的特点，发挥各民主党派的对口监督专长。

关于参政党民主监督的渠道，研究者们都看到了信息技术的发展对民主监督带来的机遇和挑战，主张拓展民主监督渠道，充分利用网络、媒体和人大政协等制度平台，加强民主监督与网络监督、媒体监督等其他监督渠道的有机结合。鲍跃华在《增强参政党民主监督有效性的集体行动逻辑》（《江苏省社会主义学院学报》2015 年第 6 期）一文中分析了拓展监督渠道，防止“堵塞性监督”的问题。作者指出，如何发挥参政党的民主监督作用，需要常态化、系统化和制度化的监督渠道。从我国现有制度渠道来看，强化人民政协的民主监督职能和发挥参政党民主监督与媒体舆论监督的结合是一个值得尝试的途径。人民政治协商会议作为我国常设的机构，具有很好的监督平台。但当前政协在民主监督中的作用远没有发挥，除了每年一次的政协会议之外，其他时间的功能发挥是一个需要破解的课题。媒体监督作为社会民主监督的重要形式，在各国的政治实践中具有独特的地位。参政党可以借鉴媒体监督的便利，将民主监督和媒体监督结合起来，增强民主监督的公开性和民意性，并通过媒体的跟踪反馈、坚持不懈地用好民主监督的权利，可以拓展现有民主监督渠道单一、流向固定的弱点，增强参政党民主监督的有效性。罗晓霞在《浅谈新形势下民主党派如何进一步发挥民主监督作用》（《贵州政协报》2015 年 3 月 26 日 A 版）一文中认为，要充分发挥民主党派民主监督作用，需要发挥人大和政协两个民主平台的共同作用，健全协商民主制度，提高民主监督运作效率和效果；利用现代科技手段，创新民主监督形式，强化民主党派民主监督与舆论监督的结合，利用网站、智能手机，通过微信、微博、QQ 群等方式，或在电视台、报纸上开辟专栏，加强民主监督与舆论监督的结合，让民主监督实时化、效率化，使提案、建议和群众的呼声的反馈、督办、落实的过程变得完善有效，监督的效果得到提升。陈晶璞、邢克余在《网络时代民主党派民主监督的思考》（《河北省社会主义学院学报》2015 年第 1 期）一文中认为，互联网技术迅猛发展，深刻的影响着人们的生产和生活，目前我国的网民数量已经接近 6 亿，越来越多的人通过网络获取信息、发表见解。在这样一个论坛、博客方兴未艾，微博、微信迅速普及的网络时代，网络监督的重要意义和巨大能量日益凸显。民主党派应当与时俱进，勇于创新、大胆实践，充分利用网络等新兴媒体，不断改进工作方式和方法，尽力将原生态的网络监督纳入民主监督渠道，探索民主监督的新形式。徐玉芳、曹开英在《新媒体环境下如何提高民主党派民主监督的实效性》（《淮海工学院学报·人文社会科学版》2015 年第 1 期）一文中认为，在新媒体环境下，民主党派应充分利用新媒体拓展民主监督的渠道，并建立不同渠道之间的联系，如微博中加上自己其他信息平台的链接方式，如个人网站、博客、微信公众号的链接等，可以充分地、全方位地传播自己所要表达的内容，从而让新媒体民主监督渠道成为传统民主监督方式的必要补充，提升民主监督的实效性，为我国的民主政治建设做出更大的贡献。民主党派要将新媒体建设成为民主监督的重要平台可以做如下努力：首先，各民主党派及其成员应开设更多的微博或微信公众号，让民主党派成为新媒体中活跃的一分子，也让社会各界通过新媒体来了解民主党派。其次，让新媒体成为党派成员之间沟通的桥梁。再次，要让自己的微博、微信成为舆论集散地与舆论监督平台。安立峰、宁锦歌在《依托网络构建参政党民主监督机制》(《人民论坛》2015年第2期中）一文中认为，随着民众网络政治参与热情的高涨，网络成为广大民众行使知情权、参与权、表达权和监督权的重要渠道。在网络信息时代，"网络问政"是中国共产党进行民主政治建设的重要途径，"网络参政"则是提升中国参政党监督效力的重要方式。通过全面构建参与型网络政治平台，建立健全高效网络参政保障制度，畅通参政党的网络民主监督渠道，来不断提升参政党网络监督效力的即时与高效，这既是参政党自身发展的迫切需要，也是加强和完善中国特色政党制度的重要内容和实现分享式治理的重要保障。殷贤华在《新时期民主党派履行民主监督职能问题研究》(《团结报》(2015年4月7日第8版）一文中认为，着力拓宽民主党派民主监督渠道，可以从以下几个方面着手：一是提高常规性民主监督质量。继续通过会议、建议案、提案、视察和专题调查等，多提高质量的意见、建议和举报、批评。做好反映社情民意工作，通过反映社情民意强化民主监督作用，提高参政议政质量。要把开展常规性民主监督形成的成果，把建议案、提案、社情民意反映等被采纳或者成果转化的情况，纳入对民主党派组织及成员的考核奖励。二是大胆开展民主评议。组织民主党派成员、政协委员对政府有关部门涉及改革、发展、稳定大局的重要工作，在调查研究的基础上开展民主评议，并正式递交中共党委、政府参考。三是创新开展情况通报。积极主动组织开展检查、督查活动，在活动中实施民主监督，提出高质量的意见和建议，形成情况通报，以保证民主监督规范有序，切实有效，力度不断加强。四是强化民主监督跟踪。要建立民主监督跟踪机制和反馈机制，跟踪突出问题的整改落实情况，对民主监督的成效进行梳理分析，不断提高民主监督的实际效果和影响力。夏兵、刘铭、刘海涛、刘妍在《高校民主党派民主监督体系的构建路径研究》(《决策与信息》2015年第24期）一文中认为，民主党派的民主监督是高校监督体系的重要组成部分。从高校民主党派民主监督的路径上看，其路径的选择方式呈现多样化，对高校的改革发展也起到至关的重要作用。作者认为，为了进一步拓宽民主党派民主监督渠道，学校各级党组织应定期或不定期向民主党派通报近期工作情况，诚心听取民主党派的批评和建议，要在学校的人、财、物管理、招标采购，工程建设，招生招聘等重要工作上，更多地引入民主监督，提高工作的透明度，最大限度地规避因监督不力而可能带来的违规违纪风险。

（4）提升参政党民主监督实效研究

民主监督如何发挥成效？学者们主要从完善多党合作制度建设以健全参政党监督机制、广泛发展协商民主以拓宽参政党民主监督渠道、推进政党制度法治化建设以加强参政党监督保障等角度来回答这个问题。通过制度化来提升民主监督的实效，已经成为理论界的共识，但是，由于对"制度化"的理解存在分歧，在提高民主监督实效性问题上，出现了较大争议。大部分学者认为，制度化可以不是权力监督，可以不是法律监督，但是，确实是软权力，软约束的政治监督，因此提高民主监督实效，主要从完善民主监督机制建设方面着手。代表性观点如下：

邱永文在《谈民主党派的民主监督》(《云南社会主义学院学报》2015年第3期)一文中旗帜鲜明地提出，制度化不是法律化。作者认为，民主监督是民主党派的基本政治职能，也是中国政党制度功能和价值的最重要体现。制度化是发挥民主监督实效的根本。作者指出，从民主监督的文本含义可以看出，民主监督是有特定含义内容和形式的政治监督，所以民主监督既不能权力化，又不能法制化。从民主监督涉及的主体、客体、环境、制度及其相互关系等诸因素来看，影响民主监督的实效因素涉及执政党的因素，民主党派的因素，制度环境的因素还有技术手段的因素等。因此，提高民主监督实效，主要从这四方面着手，就执政党因素而言，要增强主动接受监督的自觉意识。就民主党派自身因素而言，要从政治高度提高对民主监督重要性的认识。就制度因素而言，要完善民主监督的制度环节。一些已有的制度安排，要充分评估其有效性，克服妨碍制度发挥作用的制约因素比如特约监督员、特约监察员、教育督导员等制度安排，加强专项专门监督。这方面各级党委要加大对民主监督制度完善的重视程度，可以根据《条例》的规定，在实际工作中有所创新，有所作为。就技术手段因素而言，充分利用网络技术现代传媒技术，通过现代信息技术和传媒技术扩大监督的影响，密切与社会大众的联系，形成监督氛围，扩大监督的实效。

耿兆麟在《再议民主党派与民主监督》(《前进论坛》2015年第3期)一文中认为，搞好民主监督，首先要破除影响民主监督的思想束缚，比如参政议政与民主监督合二而一论；添乱、越位论；无所作为论等等。其次，民主监督的对象、范围要扩大，民主监督的机制、制度要有创新，要强化党际监督，要强化组织监督，要强化主动监督，要强化制度监督，其中规范并严格执行民主监督的责任制度和监督制度、创新拓宽民主监督渠道是提升民主监督运行质量的重要举措。

黄天柱在《努力开发参政党民主监督的政治资源——基于问卷调查的统计分析与思考》(《中央社会主义学院学报》2015年第2期)一文中认为，参政党民主监督是我国社会主义监督体系的重要组成部分，是我国的一项重要政治优势和一种宝贵政治资源，但也是现实中参政党履行职能的最薄弱环节。有效破解参政党民主监督薄弱环节，切实增强监督实效性，是新形势下加强多党合作制度建设和发展社会主义民主的一个重点和难点问题。这需要明确政党权利，尊重参政党的相对独立性；激活政党特征，在政党层次上开展监督；加强制度建设，完善监督机制；完善监督形式，丰富监督载体；形成监督合力，增强监督约束力；提升政党素质，增强监督能力；拓展信息来源，提高信息质量；提高中共党员尤其是党的领导干部接受监督的自觉性。

罗晓霞在《浅谈新形势下民主党派如何进一步发挥民主监督作用》(《贵州政协报》2015年3月26日A版)一文中认为，要充分发挥民主党派民主监督作用，就要从根本上解决操作性和制度配套措施问题，主要包括以下几个方面：第一，充分利用民主党派民主监督现有政治资源，强化民主监督氛围，营造良好政治环境；第二，建立和完善民主党派民主监督机制，畅通下情上达的渠道，提高现有民主监督制度的科学化水平；第三，积极推进中共与民主党派的合作共事，完善合作共事的机制，以丰富多党合作和政治协商内容；第四，出台民主党派民主监督条例，制订民主监督细则，为民主党派民主监督提供坚强政策保障。

4. 参政党社会服务职能研究

社会服务虽然不是参政党的基本职能，但是作为一项重要职能，它是民主党派参政议政职能的拓展和延伸，也是服务国家经济建设和社会发展的实际行动，在全面建成小康社会方面发挥了重要作用，因而也是一个值得研究的问题。特别是随着中国共产党领导的多党合作事业进入了新的发展阶段，社会环境和经济环境都发生了巨大的变化，民主党派如何围绕党和国家的中心任务不断探索社会服务工作的新内涵、新变化、新要求、新方法，为推进社会主义经济、政治、文化和社会建设贡献力量，成为参政党研究不可回避的问题，代表性观点如下：

于速、刘丽利在《民主党派社会服务工作浅析》(《吉林省社会主义学院学报》2015年第2期）一文中认为，社会服务作为民主党派的社会职能有着特定的含义，它是一个宽泛的概念，除了与民主党派的政治职能有着明显的区别外，还与民主党派成员自身工作和以盈利为目的的企业经营活动不同。它的实施主体是民主党派，体现的是公益性、服务性和奉献性，以关注民生、关注公平、关注稳定为主要内容，以促进社会和谐为主要任务。与社会慈善事业、公益事业的区别是其主体政治性、政党性。探索民主党派社会服务工作的新方法可以从以下几个方面着手：拓宽渠道，树立品牌；建设队伍，整合力量；建立基地，建设网络；健全机制，加强管理；协调关系，争取支持。

黄德斌在《浅谈民主党派社会服务活动的属性定位与多因素困惑》(《湖北民族学院学报·哲学社会科学版》2015年第2期）一文中，通过对民主党派社会服务活动的内涵、属性、定位及理论前提的解读，分析了当前民主党派社会服务活动存在的多因素困惑，并提出了解决这些困惑的方法与措施。作者认为，做好社会服务工作，首先要明确属性，准确定位，牢固把控社会服务活动的基本方向，充分认识社会服务活动的最高目标是全面构建和谐社会、建设美丽中国、实现中国梦；其次要内外结合，广集资金，努力搭建社会服务活动的保障平台，不断拓展社会服务活动的理想模式；第三要提高素质，更新思路，彻底发挥民主党派的智力优势，大胆跃过社会服务活动的认识误区；第四要突出重点，完善激励，精心打造民主党派的服务品牌，纵深挖掘社会服务活动的极限实效。

杨莉在《浅析民主党派社会服务品牌化与社工机构公益创投项目建设》(《前进论坛》2015年第7期）一文中指出，在东莞市民主党派社会服务品牌探索的同时，东莞市社工机构社会服务建设也取得了探索性的成绩，虽然民主党派与社工机构在性质上不同，前者是政党，后者是社会组织，但是在通过开展公益社会服务，促进社会建设，增进公民社会构建与促进社会和谐的作用上却有诸多共同之处，总结和对比二者已有经验、成绩，可为民主党派社会服务工作的创新和可持续发展提供方向和决策参考。作者认为，民主党派做好社会服务工作，要与时俱进地认识社会服务品牌建设的重要性；实施社会服务项目制，探索品牌专业化发展道路；提升资源整合能力，谋求品牌建设可持续发展路径；学习社工理念和方法，加强品牌内涵建设。

王鲁彬在《新常态下的参政党社会服务工作要落地生根——对新形势下参政党社会服务工作实践的反思》(《江苏省社会主义学院学报》2015年第3期）一文中认为，依据“四个全面”战略布局的总体要求，参政党社会服务工作面临着以下发展困境：内容相对狭窄，形式相对简单，组织发动参与面和受众面不够宽，随意性相对较大，可持续发展后劲缺乏，与国家治理体系治理能力现代化和地方社会建设与社会治理能力现代化发展态势会日益不适应，影响力和成效会呈递减态势。要让社会服务工作真正发挥作用，就要纠正“社会服务工作就是帮扶工作、精英主导的工作、形象工程和造势工程”的认识误区，顺应时代发展的新期待，使参政党社会服务工作植根于参政党各级组织，融入广大成员之中；植根于社会，融入人民群众之中，推动参政党更好地发挥政治社会化功能。

刘素英在《新常态下民主党派社会服务转型思考》(《四川统一战线》2015 年第 12 期）一文中认为，社会服务作为民主党派履行参政党基本职能的延伸，是参政党直接参与国家建设和服务社会的有效途径，是参政党的“次主要职能”。新常态下，发挥民主党派优势和作用，推动社会服务职能转型升级，是参政党义不容辞的责任和义务。为此，要从以下几个方面努力：在服务内容上，实行“随意化”向“精准化”转型；在服务手段上，实行由“分散化”向“集聚化”转型；在服务方式上,实行由“短期化”向“长期化”转型；在服务方向上，实行由“单方化”向“互动化”转型。

山西社会主义学院课题组在《中国特色社会主义参政党社会服务功能研究》(《山西社会主义学院学报》2015 年第 2 期）一文中认为，紧密围绕全面建成小康社会开展各种形式的社会服务活动是各民主党派履行参政党职能的重要内容，也是我国多党合作制度的一大特色。在新的历史条件下，民主党派要认真研究党派社会服务工作的内在规律，建立科学有效的社会服务工作机制，根据民主党派的自身特点，扎实开展以决策咨询、智力咨询、扶贫开发和服务两个大局为重点的多层次、有特色、见实效的社会服务。

五、参政党建设研究

加强参政党建设是参政党更好履行职能的内在需要，是中国特色政党制度发挥优越性的前提条件，是建设中国特色社会主义的内在要求，这一点理论界已经形成共识。对于建设一个什么样的参政党，理论界也给予了明确回答，即参政党建设应该是体现社会主义性质、服务社会主义建设、与执政党亲密合作的社会主义政党。那么，怎样建设社会主义参政党？对这个问题的回答构成了 2015 年参政党建设理论研究的主要内容。研究者们立足于参政党建设的既有框架，围绕思想建设、组织建设和制度建设发表各抒己见。与往年相比，由于社会主义协商民主的不断发展和“四个全面”战略布局的不断推进，对民主党派的基本素质形成考验，因此能力建设成为 2015 年的热点。除此之外，学者们还提出了自身建设中的法治思维问题，探讨了参政党建设的转型问题，体现出较强的时代性和一定的创新性。

1. 参政党的思想建设研究

思想建设是参政党建设的核心，通过有效的思想建设，不断凝聚政治共识，增强对中国特色社会主义的理论认知，增进中国特色社会主义的道路认同、目标认同、价值认同，巩固多党合作的思想政治基础，是参政党思想建设的重要任务。围绕这一任务，2015 年对参政党思想建设的研究主要从加强科学理论武装、搞好政治交接、践行社会主义核心价值体系、做好政治引导工作等方面探讨了提高参政党政治认同，保持参政党政治定力的问题。

关于加强参政党的理论武装，研究者们认为参政党要加强理论建设，用中国特色社会主义理论武装全党，从而提高参政党的政治把握能力。王洪树在《试论中国参政党理论建设的主要特征和思想资源》(《党政研究》2015 年第 1 期)、《中国特色社会主义参政党理论建设的具体开展》(《领导科学》2015 年 6 月中）等文中系统论述了参政党理论建设的目标、特点与路径。作者认为，当代中国，民主党派的政治定位已经转换为中国特色社会主义参政党，这种转换对参政党理论建设提出了更高的要求。参政党理论建设既不同于西方在野党的理论建设，也在一些具体方面异于中国执政党的理论建设，其目标是建设一个具有中国特色的社会主义参政党，主要内容包括提升思想政治理论素养、提升理论创新能力、建立理论绩效评估和提升机制等，具体方法是在反对教条主义和经验主义中解放思想、在直面政治现实和探寻建设规律的过程中坚持实事求是的政治哲学思维方式、以真理和正义引领政党政治求真求善、以执政党为师为友善于学习。作者指出，参政党理论建设是当代中国政党政治生活中的重大理论问题。在与西方在野党理论建设比较研究基础上，中国特色社会主义参政党理论建设厘清了政治行为边界，不是要建设一个体制内以上台执政为目标的反对党，而是要建设一个体制内以政权分享和政治合作为目标的参政党。在与中国执政党理论建设比较研究的基础上，中国特色社会主义参政党理论建设明确了政治定位和政治使命，就是在总结理论建设历史经验教训的基础上，以改革开放后形成的界别群体为基础进行具有相对独立性的政党理论探索。相关政党理论探索，将在借鉴国外理论资源和整合国内理论资源的基础上展开，以最终建设一个既具民族特色又有世界文明意涵的参政党理论。司马红在《以马克思主义为指导加强民主党派建设的思考》(《前线》2015 年第 11 期）一文中认为，运用马克思主义基本原理，推动民主党派建设理论创新和实践发展，建设适应时代要求的参政党，是坚持完善中国共产党领导的多党合作和政治协商制度的需要，也是社会主义民主政治的需要。从马克思主义本身的科学性来看，从我国的基本政治制度层面看，从民主党派政治联盟的性质看，从中国建设发展的实践看，马克思主义不仅是中国共产党的指导思想，也是民主党派生存和发展的理论根基。

关于参政党的政治交接，研究者们认为，政治交接首先是优良传统的交接，为此，必须回顾参政党的历史和传统，并在此基础上深化对参政党责任和使命的认识。还有部分研究者提出了优良传统的时代性问题，提出了把弘扬优良传统和服务“四个全面”紧密结合起来的问题。代表性观点如下：民进中央主席严隽琪在《民进的光荣传统及其现代意义》(《民主》2015 年第 8 期）一文中，以民进为例探讨了民主党派的优良传统的继承与发展问题。作者指出，民进的优良传统就是中国近现代知识分子的优良传统，即思考国家民族的命运，由此选择自己的政治立场。老一辈民进人用他们的奋斗造就了民进“坚持接受中国共产党的领导，坚持爱国、民主、团结、求实，坚持立会为公”的优良传统。这些优良传统，在新时代依然具有重大意义，因此，我们要引导广大会员进一步深化对民进优良传统的认识，并不断赋予优良传统以时代价值。闫翃、钟潜、廖宏斌、田镜在《民进优良传统时代价值的目标指向初探》(《民主》2015 年第 11 期）一文中认为，坚持接受中国共产党的领导，坚持爱国、民主、团结、求实，坚持立会为公，是民进八大正式提炼的有关民进优良传统的表述，既包含了民进对过往岁月的理性总结，也体现了民进在未来征程中寻求明确指引的渴望。站在历史、文化、使命三个维度解读其内涵，是增强体认并正确践行的基本前提。政党的优良传统能规范、引领内部组织及个人的行为，并对社会发展、进步起到积极促进作用。因此，探究民进优良传统时代价值目标指向，是实现“知行合一”的前提，能够使其成员政治更加成熟，理论更加清醒，品格更加高尚，作风更加务实，能力更加全面。加强对民进优良传统时代价值研究，是一项长期、艰巨的系统工程，是民进在未来征程中继续前行的底气。民建天津市委员会课题组在《弘扬民主党派优良传统　强化政治交接长效机制》（《天津市社会主义学院学报》2015 年第 3 期）一文中认为，继承民主党派的优良传统，是增强党派凝聚力，不断推动党派事业健康持续发展的重要工作；同时深入开展以坚持中国特色社会主义道路为主题的政治交接学习教育活动，是保持党派生机和活力的重要途径。因此，要切实提高对政治交接长期性的认识，强化长效机制，打好“持久战”，即把政治交接作为民主党派贯穿一切工作的主线和提高参政党素质的首要任务，切实抓紧抓好，确保党派政治交接学习教育活动长期有效地不断推进。政治交接的实质定义是弘扬和继承民主党派的优良传统，在继承发扬优良传统、持续开展政治交接学习教育活动过程中，应注重以下几个方面的工作：第一，坚持开展民主党派历史的研究和教育活动；第二，坚持以政治交接为主线，深入开展自我教育活动；第三，坚持创造性地继承和发扬老一辈的优良传统；第四，坚持以党派的各级领导班子建设为重点；第五，做好青年会员和后备干部的培养工作；第六，围绕履行参政党职能和建设高素质参政党开展工作。

关于参政党与社会主义核心价值体系，研究者们有的探讨了参政党在发展、确立、践行社会主义核心价值体系中的责任与作用，有的把参政党自身的核心价值观视为社会主义核心价值体系的重要组织部分加以研究，代表性观点如下：蒋连华在《民主党派培育和践行社会主义核心价值观的路径方式研究》（《上海市社会主义学院学报》2015 年第 6 期）一文中认为，社会主义核心价值观不仅体现的是中国共产党的执政理念和价值取向，也承载着社会发展的价值导向。落到实践层面，执掌国家政权的中国共产党与作为中国特色社会主义参政党的民主党派和社会大众构成一种价值关系，要让民主党派和社会大众对社会主义核心价值观自愿接受和自觉履行，关键在于对中国共产党领导活动和执政活动的内在认同。当下，民主党派培育和践行社会主义核心价值观应在正确把握“四个全面”战略布局中保证政治认同，在不断推进社会主义协商民主建设中提升政治认同，在促进民主党派信仰建设中建构政治认同。中共深圳市龙岗区委统战部课题组在《以“三个自信”引领民主党派核心价值观建设》（《改革与开放》2015 年第 16 期）一文中认为，“道路自信”是民主党派核心价值观的灵魂，“理论自信”是民主党派核心价值观的精髓，“制度自信”是民主党派核心价值观的基础，这“三个自信”是中国特色社会主义在精神和价值领域的集中体现。树立“三个自信”为指导思想的核心价值观是民主党派的政治责任，是促进民主党派健康发展的重要思想保证和强大精神动力，有利于各民主党派的自身成长和发展。翟伟达在《关于民主党派的“民主自觉”》（《福建省社会主义学院学报》2015 年第 4 期）一文中认为，“民主自觉”是政治主体对民主的真诚而理性地承认并主动体现出贯彻它的智慧和行动。民主党派未能完全具备与政党相对称的民主自觉。主要表现有：新中国成立后，民主党派对民主的承认，基本上以“听跟走”为前提；在相当长一段时期，民主党派对民主的认识与法没有联系或联系不够；目前，民主党派一些任政府、司法等部门各级领导职务的成员对法的权利期待与义务期待有时不对称。民主党派的“民主自觉”关乎民主党派成员个人的政治素质的提升，关乎民主党派与中共的“长期共存，互相监督，肝胆相照，荣辱与共”的方针的真正深入贯彻，也关乎社会主义和谐社会的政治文明建设的健康发展。因此，要从教育、组织、社会导向、体制、机制等等多方面的力量共同起作用，有效提升民主党派的“民主自觉”，从而顺利推进我国社会主义和谐社会政治文明进程。

关于参政党的政治引导工作，研究者们从分析政治引导存在的问题、探讨做好思想宣传工作的途径、用好主题教育活动等载体的角度进行了探讨，对更好的提高参政党思想建设的实效具有一定的指导意义。代表观点如下：闫柏良在《关于加强民主党派思想建设的思考》（《山西社会主义学院学报》2015 年第 1 期）一文中认为，以文件传达文件精神、以会议传达会议精神的主题教育形式，是民主党派主题教育活动流于形式的主因；主题教育活动的规定动作内容不够充实、自选创新动作又难入脑入心，使主题教育活动单调且空洞；对新成员在中国特色政党制度和民主党派优良传统等方面的教育培训力度不够，这些都是当前思想政治工作面临的主要问题，因此改变主题教育活动的方式，加大对民主党派新成员多党合作理论、民主党派章程、民主党派优良传统等相关知识的教育培训力度，是提高民主党派思想建设水平的重要途径。王彩玲在《加强党派成员政治引导值得关注的几个问题》（《广州社会主义学院学报》2015 年第 4 期）当前民主党派的思想状况是健康稳定、积极向上的。但是，我们也要看到，在极个别的党派成员身上，还存在着一些需要我们注意的思想倾向，这些倾向既是这个时代在他们身上留下的烙印，也是统一战线工作不力的某种表现。我们要从努力释放多党合作制度的优越性、促进党派成员学习能力的成长、完善民主党派内部治理等方面着手，培养党派成员对现有政治体系的归属感，对现有政治规则的认同感，帮助党派成员“政治自我”的成熟，从而为多党合作制度乃至于民主政治建设提供更加合格的政治主体。朱小宝、潘慧春、刘蓉宝在《新媒体环境下加强民主党派思想建设研究》（《湖北省社会主义学院学报》2015 年第 6 期）一文中研究了利用新媒体加强思想建设，做好政治引导的问题。作者指出，新媒体具有的交互性与即时性、海量性与开放性、多媒体与超文本、多元性与社群性等特征，给民主党派的思想建设带来了机遇和挑战。新媒体环境下民主党派思想建设工作应转变观念，高度重视新媒体的重要作用；与时俱进，大力加强新媒体硬件、软件建设；因势利导，积极利用新媒体进行宣传教育；建章立制，利用新媒体制订科学评价体系；搭建平台，拓展思想教育新途径、新方法；注重引导，培养参政党新媒体意见领袖；自我约束，提高媒介道德素养和适应力。刘晖在《以改革创新精神克服参政党风险积极参与国家治理现代化进程》（《湖北省社会主义学院学报》2015 年第 2 期）一文中分析了参政党面临的四大风险，即组织悬浮风险、政党封闭风险、政治弱化风险和能力退化风险，主张通过有效的政治引导让参政党成员以改革创新精神克服参政党风险，担当国家治理现代化的政治责任；抛弃得过且过的慵懒思想、怨天尤人的推诿思想、孤芳自赏的封闭思想、求稳怕事的畏缩思想，以更强大的政治勇气拥护全面深化改革，义无反顾地投身到国家治理体系现代化建设的洪流中去。

2. 参政党的组织建设问题研究

参政党建设要以组织建设为基础，不断提升参政党组织的领导力、执行力、凝聚力，从而激发参政党组织的活力与创造力，这是2015年参政党组织建设研究的共识。围绕着这一共识，学者们研究了参政党的组织发展工作和人才队伍建设问题，探讨了如何以法治思维推动机关建设和领导班子建设，适应“新常态”的问题，分析了参政党党内监督如何开展从而提升参政党党内民主水平的问题。

关于组织发展工作和人才队伍建设，研究者们阐述了当前参政党组织发展工作的现状、存在的问题即应对措施，探讨了参政党的社会基础，分析了后备干部队伍和人才队伍建设等问题，代表性观点如下：农工党中央组织部在《新形势下农工党组织发展状况分析及建议（上）》《新形势下农工党组织发展状况分析及建议（下）》（《前进论坛》2015年第2、3期）两文中，在对全国党员基本情况进行全面调查统计的基础上，对党员的发展速度、文化程度、年龄状况、界别分布等十多个方面的特征信息进行了汇总分析，揭示出当前农工党组织发展所呈现的一些规律、特点及存在的问题，在此基础上提出相关建议，对民主党派的组织发展工作具有借鉴意义。根据对农工党党员数据库信息的统计量化分析，作者认为，目前农工党组织发展主要存在如下问题：党员年龄结构有待优化、党员界别结构有待改善、党员整体素质有待提升、地方领导班子建设有待加强、地方组织建设水平有待提升等方面。要搞好组织发展工作，需要正确处理发展党员质量和党员数量的关系，正确处理发展与巩固的关系，正确处理重点与非重点领域之间的关系。为此，需要进一步实施“人才强党”战略，全面推进组织建设，进一步做好“人才存量”工作，提高人才队伍素质，进一步做好“人才增量”工作，加强高层次人才发展，进一步创新方式形式，增强地方组织活力。李娜在《加强民主党派组织建设问题研究——如何保持民主党派特色》（《天津市社会主义学院学报》2015年第4期）一文中认为，随着世界政治格局和社会结构的巨大变化，这一制度也面临着新的问题和挑战，特别是各民主党派与中国共产党之间、各民主党派相互之间存在的趋同发展倾向，正在日益阻碍各民主党派特色和优势的发挥，不利于多党合作事业健康稳步可持续发展。因此，各民主党派如何在保持传统特色的前提下，通过加强组织建设，避免政党趋同，使自己成为适应时代发展和社会结构变迁的新时期参政党，是当前各民主党派着重探讨和亟待解决的首要问题。解决政党趋同问题，首要的是坚持“三个为主”方针，做好组织发展工作，因为发展什么人加入组织，直接关系到参政党的政治面貌、社会形象和职能作用的发挥。组织发展是民主党派开展各项工作的基础，是加强组织建设、保持自身特色和发挥参政党作用的基础保证。黄天柱在《民主党派社会基础的现状调查：主客观维度的偏差分析与思考——基于政党代表性的考察视角》（《上海市社会主义学院学报》2015年第2期）一文中认为，政党社会基础问题的实质是政党代表性问题，这是一个具有普遍性的理论问题。对民主党派成员的问卷调查及对民主党派团体提案的统计分析发现：我国民主党派在代表所联系群体利益诉求方面比想象的做得要更多一些，但这种客观情况并未反映到党派成员对党派利益取向的主观认知上来，即对很多党派成员而言，他们对于“民主党派应该代表特定群体的利益”这样一种观念并不是很认同。但是，民主党派为了能更好地发挥利益代表功能，必须加强代表机制的建设。其中，非常关键的是要建立一个高效的利益综合机制。明确这一点，对于我们从利益代表功能的角度思考如何进一步调整和优化民主党派与其社会基础之间的关系，具有重要意义。熊列林在《民主党派新成员组织融入的有效路径研究——以上海市普陀区为例》(《上海市社会主义学院学报》2015 年第 3 期）一文中认为，民主党派新成员的组织融入度，不仅直接反映民主党派组织发展工作的质量，也是检验民主党派组织发展成效的重要标尺。组织融入泛指组织成员与组织的适配程度，既是过程也是状态，是组织成员对组织性质、愿景、使命、目标、功能、文化、理念等方面的认知及其在思想、行为、言论等方面产生的综合反应和具体表现。民主党派新成员组织融入的判据具有政治性、组织性和社会性等属性。作者认为，民主党派新成员的组织融入需要各级组织和统战工作者群策群力，遵循新成员的特点、党派组织的特性、工作内容、社会现实背景和参政党建设的目标任务，围绕“专业、成长，责任、履职，活力、团结”理念，积极从交互人群、重要时机、综合需求、有效载体及科学机制等方面发现并把握新成员的组织融入规律。魏芝红在《全面推进民主党派队伍建设的三个关键环节》(《黑龙江省社会主义学院学报》2015 年第 2 期）一文中认为，民主党派队伍建设是民主党派自身建设中的一项基础性工作。加强民主党派队伍建设，要突出抓好三支队伍，即抓源头，吸收高质量、高层次的成员；抓重点，打造高素质的骨干成员队伍；抓关键，建设团结向上的领导班子，为民主党派队伍建设打牢坚实基础。要着力搭建三个平台，即学习提升平台、履行职能平台、成员活动平台，为民主党派队伍建设创造有利条件。要建立健全三项制度，即动态管理机制、沟通协调机制、考评激励机制，为民主党派队伍建设提供有力保障。陈志娟在《新时期民主党派代表人士队伍建设问题与对策》(《人民论坛》2015 年第 3 期中）一文中从影响民主党派代表人士成长的因素出发，分析了当前民主党派代表人士队伍建设存在的问题，并根据引起问题的原因，提出解决民主党派代表人士队伍建设问题的意见和建议。作者认为，做好民主党派代表人士队伍建设，对于促进政党关系和谐、促进我国社会的发展与稳定具有重要意义。当前我国的发展正处于战略机遇期，民主党派队伍建设也要适应“新常态”，着眼我国的国情，把握民主党派代表人士的成长规律，探寻一条科学的建设路径，从而培养出一大批政治上成熟、代表性强、影响力大的民主党派代表人士，提升我国民主党派代表人士队伍建设水平。为此，要以党的群众路线教育活动为着力点，重视民主党派队伍建设；优化民主党派代表人士队伍结构；建立和完善民主党派代表人士队伍建设工作体系，提升民主党派代表人士的综合素质。

关于领导班子建设和参政党的内部监督，研究者们对参政党的领导干部应有的角色意识、对领导班子的团结与协作以及搞好内部监督进行了深入研究，代表性观点如下：喻晓钢、姜显琪、陈国林在《浅谈团结合作领导班子建设的意义和途径》(《前进论坛》2015 年第 5 期）一文中认为，民主党派领导班子是指在民主党派各级组织中发挥领导作用的集体，是组织发展和实现功能的核心因素。正确处理好民主党派领导之间的关系，建设团结合作的民主党派领导班子，是推进我国多党合作事业发展的基础和保障，也是加强民主党派领导班子建设的一项重要课题。民主党派建设团结合作领导班子的途径，一是坚持四项原则，增强领导班子团结；二是坚持以身作则，发挥正职主导作用；三是摆正副职位置，积极配合正职工作；四是建立规章制度，改进领导班子作风；五是视感情交流，增进领导班子友谊。巩富文在《民主党派干部：不缺位　不错位》（《光明日报》2015 年 5 月 25 日第 11 版）一文中认为，民主党派干部具有国家干部和党外代表人士双重身份，拥有行政管理和专业特长双重优势，承担着依法施政、公正司法和参政议政多重责任，既要把为民、利民、忠民作为根本的出发点，又要从国家政治制度安排的高度来认识自己的角色，通过自己的履职实践，把中国特色社会主义政治制度的优势发挥出来。民主党派干部要注重高度自律，一是要加强自身修养，完善人格魅力，做勤政廉政的模范、社会公德的楷模。二是要遵守组织纪律，始终将自己置于组织生活之中，严明组织纪律，明确自己的“律令条例”。三是要在开展民主监督的过程中更加自觉地接受人民群众的监督。闫湛效在《民主党派领导干部必须讲政治纪律和政治规矩》（《协商论坛》2015 年第 10 期）一文中认为，政治纪律和政治规矩是民主党派领导干部在政治方向、政治立场、政治言论、政治行动方面必须遵守的刚性约束，是新形势下提高民主党派领导干部与共产党员领导干部合作共事能力的根本保障，是新的伟大时代加强民主党派领导干部自身建设的首要着力点。高体健在《民主党派领导干部也要自觉践行“三严三实”》（《前进论坛》2015 年第 10 期）一文中认为，“三严三实”蕴含着严肃的政治原则和严明的纪律要求，蕴含着一切从实际出发、实事求是的思想路线，体现了马克思主义世界观和方法论的有机统一、内在自律和外在他律的有机统一，明确了领导干部的修身之本、为政之道、成事之要。因此，参政党组织开展“三严三实”专题教育是向执政党学习全面从严治党经验、加强思想政治建设和作风建设的重要举措，是依规从严治党、建设高素质参政党领导班子和参政骨干队伍的重要抓手，一定要把“三严三实”要求自觉贯彻到自身建设、履行职能、发挥作用和学习实践活动的全过程，清醒认识“不严不实”的具体表现及其危害，切实增强思想自觉和行动自觉，使“三严三实”真正成为修身做人、用权律己、干事创业、履职尽责的基本遵循和行为准则。张勇刚、李二军在《加强和完善民主党派内部监督机制的思考》（《前进论坛》2015 年第 12 期）一文中认为，加强和完善民主党派内部监督机制，是民主党派自身建设的重要组成部分，贯穿于民主党派自身建设的各个方面，带有全局性、稳定性、长期性和强制性，对于发扬民主，严明纪律，维护团结，确保提高履职水平和效果，促使民主党派在坚持正确的政治方向前提下健康发展，有着重要的现实意义和理论意义。民主党派加强内部监督的途径，一要学习借鉴中共的党建经验；二要认真贯彻民主集中制，建立党派内部监督机制的原则；三要立足于参政党实际，建立健全各项规章制度；四要建立党派内部监督激励机制和领导责任制；五是设立专门的党派内部监督机构。闫凤琴在《民进会内监督问题研究》（《内蒙古统战理论研究》2015 年第 2 期）一文中讨论了民进开展会内监督的意义，分析了民进会内监督的价值、内容与形式，对民主党派搞好内部监督，发扬参政党党内民主具有一定的借鉴意义。作者认为，搞好内部监督是当前民进组织建设和作用发挥的重要一环，应该高度重视，积极探讨，切实加强。具体来说，以下方面应予以充分重视：监督的主体和客体，内容和机制，包括工作载体。从监督的一般规律来看，民进会内监督结构应包括以下方面：正向监督，即按照组织架构，自上而下的监督；反向监督，即下级组织对上级组织及其领导人员、工作人员的监督；平行监督；专门机构监督。根据参政党的性质、作用，会内监督应包括以下内容：政治方向监督；履职尽责情况监督；自身建设监督；会员管理监督。民进会内监督的形式包括：调研汇报、专项考察，一般适用于上述正向监督；征求意见、征集建议，一般适用于上述反向监督；谈心谈话、民主评议，一般适用于上述平行监督；教育整顿、奖励惩处，包括专项整顿、戒免谈话、通报批评、组织处理等，一般适用于上述专门机构监督。加强民进会内监督，需要处理好一些相关的关系。比如，民进上级组织与基层组织的关系。组织监督与会员监督的关系。会内监督与会外监督的关系。组织监督与不断提高个人素质的关系。蔡之国在《民主党派党内监督的概念、内涵及实现途径》(《前进论坛》2015年第8期)一文中认为，民主党派党内监督，是民主党派成员依据国家法律以及民主党派章程、制度、条例，以检查、督促、评价、揭露、举报、管理等方式，对党派所有成员的政治思想与行为开展的监视与督查。民主党派党内监督的根本目的是通过监视与督查实现民主党派成员政治思想的坚定与行为的合规，切实保障民主党派政治纲领、奋斗目标、基本任务等的贯彻落实，促进中国特色政党制度的建设与发展。民主党派党内监督的有效实现路径包括健全、做细民主党派党内监督的有效条例与制度；建立纵横交错的民主党派党内监督体系；构建党外监督的民主党派党内监督新机制；提升民主党派党内监督主体的监督能力等方面。

关于机关建设，研究者们对提高参政党机关建设科学化水平进行了研究，提出了要以法治思维引领参政党机关建设等比较具有新意的观点，代表作如下：荆小庆在《参政党机关建设科学化的实现途径》(《四川统一战线》2015年第2期)一文中认为，参政党的各级机关是参政党履行职能的纽带和桥梁，是参政党组织、协调、联络、沟通各项党务工作的专职机构，是联系参政党广大成员、宣传参政党各项工作、展示参政党形象的窗口。实现参政党机关建设的科学化是新时期参政党自身建设的重要内容，是增强参政党“自我净化、自我完善、自我革新、自我提高”能力的必然要求。参政党机关必须以思想建设为根本，以制度建设为基础，以规范化建设为目标，以程序化建设为主线，以信息化建设为保证，全面实现机关建设现代化、科学化。刘勇在《以法治思维引领民主党派机关工作》(《团结报》2015年9月15日第8版)一文中认为，以法治思维引领民主党派机关工作是新时期自身建设的重要内容，是提升解决自身问题能力的必然要求。法治思维包括树立法治信仰、克服特权思想、增强程序意识等方面，民主党派机关工作人员要树立全局意识、法治意识，把依法治国的理念融汇于具体的办文、办会、办事过程中，善于运用创造性思维来开展工作，善于通过理性的分析和思考为领导决策提供参考。以法治思维引领机关工作的实现路径要把握“五个要素”，差异性要素、民主性要素、创新性要素、示范性要素、公平公正性要素；要搞好“三个制度”，即机关决策制度，机关人才管理制度，机关岗位责任制度；要加强程序化建设，严格办文，严格发文办理和来文处理的程序；严密办事，按政策要求办，遵规守矩，不变通、不走样；加强规范化建设，合理设置机构，实行岗位责任制和目标管理，建立有效的干部管理和培养机制。杨秀爱在《增强“五种意识” 提高党派机关工作科学化水平》(《贵州政协报》2015年11月19日A3版)一文中认为，做好党派机关工作，要增强“学习、参政、服务、创新、执行”

这五种意识，不断提高党派机关工作的科学化水平。首先，要增强学习意识，增强知识恐慌感和本领危机感，增强学习自觉性和紧迫性，在强基固本上下功夫；其次，要增强参政意识，在议政建言上有建树，通过多种渠道议政建言，切实推进参政议政成果转化，积极为各级党委政府科学决策提供参考；第三，要增强服务意识，以精心细致的服务让领导、党派成员和群众满意，切实保障机关工作高效运转，在提质增效上论英雄；第四要增强创新意识，不断推进工作思路、体制机制、办法手段创新，在破旧立新上显身手；第五要增强执行意识，不断强化抓落实的责任感，在真抓实干上见成效。

关于参政党的基层组织建设，研究者们主要从新形势尤其是协商民主建设背景下基层组织在思想、能力、机制等方面面临的问题和加强基层组织建设的途径两方面进行论述，主要观点如下：盛佩琰在《协商民主视野下民主党派基层组织思想建设新路径的探索——以九三学社黄浦区委会为例》（《上海市社会主义学院学报》2015 年第 4 期）一文中认为，近年来，民主党派基层组织思想建设工作虽然取得了一定成效，但在社会转型、舆情多元的大背景下，现有的思想建设工作模式单一、民主党派成员缺乏政治角色认同及思想建设工作制度尚不完善等因素，都不同程度地制约了基层组织思想建设工作效果的有效发挥。而协商民主所蕴含的主体参与理念和协商理念，为基层组织重新审视思想建设工作原则，健全思想建设协商民主体系，拓展思想建设互动运作形式，促使党派成员塑造积极主动的政治参与角色提供了富有活力的新路径选择。贺旻在《以学习实践活动为引领推进中国特色社会主义参政党建设》（《民主》2015 年第 2 期）一文中认为，从坚持和发展中国特色社会主义的时代要求出发，按照执政党建设和参政党建设相互促进的要求，全面加强中国特色社会主义参政党地方组织建设，为巩固与中国共产党的团结合作奠定坚实的组织基础，首先要抓班子，提高领导力；其次要抓基层，提高凝聚力；最后要抓机关，提高执行力。民盟重庆市委课题组在《论提升民主党派基层组织建设科学化水平》（《重庆社会主义学院学报》2015 年第 2 期）一文中，在访谈、问卷调查等实证研究的基础上，指出当前民主党派基层组织建设存在的政党属性弱化、组织结构不优、作用发挥不充分和保障力度不够等问题；分析了影响和制约民主党派基层组织建设的主要因素；强调提升民主党派基层组织建设科学化水平要在科学理论指导下确保基层组织建设和发展方向，在科学制度保障下增强基层组织有序性和约束力，在科学方法指引下拓展基层组织建设领域和空间，在各方有力支持下优化基层组织建设和发展环境。全双印在《影响民主党派基层组织建设的若干突出问题及建议——以厦门市翔安区为例》（《陕西社会主义学院学报》2015 年第 3 期）一文中认为，协商民主对民主党派的整体素质提出了更高的要求，从民主党派自身来看，在我国目前的制度环境中，作为参政党建设的重点在基层，其难点也在基层。作者以厦门市翔安区民主党派基层组织为调查对象，总结了民主党派基层组织建设的经验与问题，提出了提高基层组织建设实效性的途径。作者认为，为使民主党派基层组织建设与所肩负的社会责任相适应，必须支持民主党派基层组织建设，这是协商民主制度得以顺利实施的现实条件。可以从以下几个方面着手：有效落实民主党派的知情权；进一步扩大民主党派的政治安排和实职安排；健全和完善民主党派干部培养机制；建立健全民主党派成员绩效的评价与激励制度；从协商民主的高度来认真考虑民主党派基层组织活动的无经费、无场所、无时间状况，采取有效措施加以改变。

张守志在《做实政治整合的根基　激发民主党派应有的组织功能》(《宁夏日报》2015年11月26日第4版）一文中认为，基层组织是政党肌体细胞，对保持和增强政党生命力起到轴心载体作用，因此，应将基层组织建设作为民主党派自身建设的基础性工程。但是，民主党派基层组织建设的现实困境不容回避，相对于核心使命，基层组织运行的体制保障仍显乏力，甚至缺乏组织活动场所和活动经费问题仍长期未得到根本改变，成为民主党派基层组织普遍存在的共性问题。加强民主党派基层组织建设，既需要民主党派组织营造多元有序的党派内政治氛围，构建基层诉求表达和认同交流的平台，探索大多数成员参与方式和价值实现形式，提升基层组织活动的政治思想性和组织性；更需要执政党善治善用统一战线重要法宝作用，正确引导民主党派在体制内基于政治认同进行程序化政治参与，给予支持民主党派组织特别是基层组织发挥功能作用必要的人、财、物等配套政策和体制保障，为建设高度凝聚和充满活力的中国特色社会主义参政党奠定坚实的组织基础。杨明在《群众路线对提高民主党派基层组织进步性的分析》(《河北省社会主义学院学报》2015年第3期）一文中认为，党的群众路线是中国共产党对历史的深刻认识，是反映人民群众愿望和意志的一种正确的认识论和方法论，是实现民主政治的工作方法和工作手段。开展群众路线教育实践活动就要逐步健全群众参与民主管理和监督的工作机制，发挥民主党派基层组织建言献策和批评监督作用。然而，民主党派基层组织的进步性需要进一步提升，这样才能真正承担起参政党的责任和义务。中国共产党群众路线一方面对于进一步加强和改进执政党的领导，提高党的公信力，开展民主管理和以法治国具有深远的意义；另一方面，为民主党派树立了榜样，提高了民主党派的自我感知，对民主党派基层组织是一种示范性教育。张大成在《论对民主党派基层组织的活动创新的基本要求》(《辽宁工业大学学报·社会科学版》2015年第1期）一文中认为，民主党派基层组织的活动创新是民主党派基层组织自身建设的重要环节，仅靠活动方式的创新是无法完全解决民主党派基层组织活动的能力不足的问题。就活动创新的效果来看，活动形式创新固然重要，但在丰富形式创新的同时，更应注重政党性质和目标对民主党派基层组织活动的要求，要注重基层组织活动的党派特色和参政党政党性质，使民主党派基层组织的活动更能发挥基层组织作用，满足时代发展对参政党更高的政治要求。

3. 参政党的制度建设研究

制度建设是参政党建设的重要组成部分，把制度建设贯穿思想、组织、作风和廉政建设各方面，贯穿自身建设全过程，是参政党提高自身建设实效性的保障性条件。2015年对这一课题的研究，主要围绕制度建设科学化问题，探讨了参政党制度建设的内容与途径，提出了“以章治党”“依法治党”“建构参政党党内民主机制”等具有创新性的思想。

超越具体制度规范的设计，从更高层面上探讨制度建设应有的思维方式和基本理念是2015年对这一课题进行研究最突出的特点，代表性观点如下：王洪树、虞崇胜在《新时期中国参政党党内民主建设的内涵探索》(《社会科学研究》2015年第4期）一文中认为，参政党党内民主建设日益成为新时期参政党科学化建设和中国政党政治发展的重要内容。它是以保障参政党成员当家作主为政治诉求的民主建设过程，具有丰富的时代内涵。以现代民主的基本要素为依据，参政党党内民主建设就是围绕参与、竞争和权利保障而进行的一系列党内制度建设和活动开展过程；以政党内部所涉主要事由为依据，参政党党内民主建设就是内部立法民主、治理民主、监督民主和人事民主的制度健全和实践推进过程；以民主参与形式为依据，参政党党内民主建设就是一个完善协商民主和选举民主、追求和扩大党内共识民主的过程；以政党功能为依据，参政党党内民主建设既是一个民主机制建构过程，又是一个民主功能在相关机制规范下的开展过程。参政党党内民主建设的目的是因应时代变化而主动进行的政党体制调适，以塑造21世纪具有崭新面貌与政治活力的社会主义参政党，完善中国特色社会主义政党制度，促进中国特色社会主义政党政治的发展。王彩玲在《关于法治视野下参政党建设的几点思考》(《湖南省社会主义学院学报》2015年第4期）一文中认为，在当前中国改革的关键时期，我们的现代化建设面临着巨大的挑战和压力，这是依法治国方略提出的现实背景。在这样的背景下，参政党要实现自身的现代化转型，要有所作为，有所成就，就必须提高自身的法治素养，以法治思维充实政党理念，以公平正义约束政党行为，以民主程序完善内部治理，依法参政、依法管理，从而切实提高运用法治思维参与国家事务管理的能力，提高解决自身问题的能力，才能适应法治中国建设的根本要求，实现自身的现代化；才能更好地为广大人民群众的根本利益服务，为打造一个全民参与并共享成果的法治社会而贡献力量。李斐、胡建兰在《加强民主党派的法治建设》(《湖北省社会主义学院学报》2015年第2期）一文中认为，民主党派作为参政党，其法治建设是中国特色社会主义法治建设的重要力量和应有之义。因此，必须从建立健全有关民主党派的法律制度并切实推动制度执行，提升民主党派自身的法治理念和法治能力等方面着手，加强民主党派的法治建设。加强民主党派的法治建设，必须遵循坚持和完善党的领导原则，加强制度化和程序化建设，以制度化为基础，以程序化为保障，完善多党合作制。一方面，应严格执行已有的相关制度和程序；另一方面，民主党派也应普及法治理念，提升法治能力。王相红在《以章治党：法治视野下的民主党派建设之路探析》(《湖北省社会主义学院学报》2015年第6期）一文中认为，党章是政党的根本大法，我国各政党以章治党是社会主义法治建设的应有之义。民主党派作为中国特色社会主义参政党，也应当以章治党。作者认为，政党做到以章治党，应当包含四个环节：其一，制订好反映共同意志的完善的章程；其二，制订好的章程得到全体成员的由衷认同；其三，制订好的章程得到严格的遵守、施行；其四，为防止施行的偏差，施行章程能得到很好地监督或维护。作者审视了民主党派以章治党的现状，指出了民主党派在自身建设方面存在的问题并分析了原因，认为在民主政治建设的大背景下，民主党派的自身建设也必须秉持法治理念，外尊国家法律，内循党内大法，其基本思路，就应当以法治理念为统率、为指导，完善章程，以章治党，不断推进自身建设。高友东在《以法治思维深入开展学习实践活动、以会章统领全会各项工作》(《民主》2015年第3、4、5期连载）一文中认为，国有国法，家有家规，党有章程，单位内部有制度，都可以理解为“法”。《中国民主促进会章程》，简称会章，就是民进会内的“大法”，是民进各级组织和广大会员的行动指南，也是民进开展各项工作的基本遵循。建设中国特色社会主义参政党，就要按照中国特色社会主义参政党建设的要求，用法治思维、法治意识来推进民进的自身建设。增强法治意识，对于民进会内而言，就要增强会章意识；增强法治思维，就要心中有会章、做事符合会章，内化于心，外化于行。当前，必须以有序推进会内民主为主线，建立健全会内监督机制，树立并维护会章的权威，将会章融进各项具体工作中去，体现会章的实效性和价值。

在讨论参政党制度建设应有的思维方式和价值理念的基础上，也有学者总结了参政党在具体制度构建中所取得的基本经验，讨论了当前参政党制度建设需要重点关注的内容，如内部监督机制、政党建设相促进的机制等等，代表性观点如下：姚树在《勇于实践探索民主党派党内监督新机制》（《前进论坛》2015 年第 7 期）一文中，总结了农工党重庆市监督委员会自 2010 年 12 月经农工党中央批准成立以来，按照党章和党内监督条例要求，结合新形势下民主党派的政治责任和工作特点，完善制度机制，注重监督过程，努力探索民主党派党内监督工作新路径的基本经验。作者认为，全面推进依法治国，既要求党依据宪法和法律治国理政，也要求党依据党内法规管党治党。作为民主党派也应在宪法法律的基础上，把自身制度建设放在突出的位置，完善党内监督制度、党内依法履职等制度，着力建立健全监督机制，促进监督工作有序开展；积极探索党内监督工作新途径、新方法，逐步制度化；坚持民主集中制原则，扩大党内民主，逐步实现党务公开透明，要坚持党性教育和履行党内职务的责任意识培养，营造党内监督文化，将党员的道德规范逐渐引向纪律规范。么新鹤在《浅议协商民主与参政党内部监督制度建设》（《中央社会主义学院学报》2015 年第 5 期）一文中认为，政党建设是关乎我国社会主义现代化建设的重要问题，也是关乎我国民主政治建设的重要内容。党的十八届四中全会提出了加强党内法规建设和依法治国的重要任务，作为参政党，亦应加强自内部的法规制度建设，将内部监督制度建设作为参政党建设的重要一环。尤其是协商民主的发展，对参政党的制度建设、组织建设、作风建设、思想文化建设和理论建设提出了诸多要求，需要参政党应当树立民主政治理念，健全内部监督制度，细化监督的职责和功能，整合监督的传统平台与现代网络平台，设计监督体系，以此形成自我完善、自我监督的长效机制。刘刚、王芳在《高校党的建设与民主党派建设的相互促进机制研究——以石家庄学院为例》（《河北省社会主义学院学报》2015 年第 2 期）一文中认为，制度建设是一项综合性的工作，它贯穿于政党建设的全过程和各个环节，不管是思想建设、组织建设，还是作风建设、廉政建设都应该被涵盖在制度建设的范畴之中。在制度化的过程中，一方面要发扬民主，将主要做法和实践让广大人民群众了解、掌握，让他们来检验这些做法和实践是否可行，是否符合他们的利益，在哪些方面需要改进。另一方面要实行法治，对那些好的做法和实践要用法律条文、规章制度的形式确定下来，不因领导人或政策的变化而改变。作者指出，要做好高校统战工作，需要在高校构建党的建设和民主党派建设的互相促进机制，包括建立健全教育学习机制，建立健全领导协调机制，建立健全协商参与机制，建立健全监督制约机制，建立健全民主法治机制。刘进贤在《试析民主党派基层组织与街道党工委挂钩联系制度》（《广州社会主义学院学报》2015 年第 4 期）一文中分析了广州市越秀区民主党派基层组织与街道党工委桂钩联系制度的运作情况，探索了完善这一制度的具体设想。作者认为，民主党派基层组织要完成自身的任务，深入街道、社区了解社情民意，需要有一个反映社情民意的参政议政的平台，因此建立与街道党工委挂钩制度很有必要，这有利于民主党派树立良好的社会形象，有利于推进街道和社区的民主与法制建设；有利于党派开展社会公益活动，建设和谐社会。 作者认为，广州市越秀区首创的《民主党派基层组织与街道党工委挂钩联系制度》具有制度的创新性、实践的可行性和现实的需要性。但在实施过程中，仍然存在不少问题和困难：其一是制度实施的具体内容无明确界定，其二是协作机制不完善，其三是管理制度尚未建立。要解决这些问题，首先要求街道党工委与各民主党派协商制订一系列完善的配套设施和具体工作要求；其次要充分发挥基层民主党派的优势；第三要定期组织街道党工委和各民主党派总结经验；第四要建立常态化的联络机制；第五要加大对这一制度的宣传力度。

4. 参政党能力建设研究

加强参政党能力建设是当前参政党建设的一个重点，也是参政党建设理论框架中一个比较前沿的课题。尽管对这一问题的研究数量不是很多，但是，对它的关注度逐年上升，也出现了一些比较有价值的成果，取得了一定的理论共识。研究者们在国家治理能力的大视野中探讨了参政党能力建设的意义，参政党能力建设的目标与路径，对参政党的应有的能力结构也有一定的思考。

关于参政党加强能力建设的重要性以及参政党加强能力建设的途径，研究者们主要从国家治理能力现代化对参政党提出了新要求、新挑战这个角度进行探讨，认为参政党只有不断加强能力建设，积极发挥参政党作用，才能成为国家治理能力现代化的推动力量。张峰在《关于国家治理现代化与中国参政党建设的思考》(《湖北省社会主义学院学报》2015 年第 2 期）一文中认为，党的十八届三中全会《决定》提出的“推进国家治理体系和治理能力现代化”是制度层面的现代化，实现这一现代化的核心问题是完善和发展中国特色社会主义制度，包括中国共产党领导的多党合作和政治协商制度。因此，应深刻把握中国政党制度中“中国特色社会主义参政党”的内涵和新意，即民主党派作为参政党是与执政党相对应的新型政党，具有中国特色社会主义性质，在国家治理现代化中应真正发挥好参政党作用，应支持民主党派加强协商能力建设。刘良军在《国家治理能力现代化进程中的参政党》(《中共太原市委党校学报》2015 年第 2 期）一文中认为，中国特色社会主义参政党的地位和性质，决定其不仅在现代国家治理中占有一席之地，还将通过政治协商、民主监督、参政议政等多种途径发挥积极作用。面对新形势、新任务、新要求，参政党要适应全面深化改革的要求，以改革思维、创新理念、务实举措，大力推进履职能力与自身建设，努力在推进国家治理体系和治理能力现代化进程中发挥更大作用；要适应国家治理体系和治理能力现代化的要求，坚持改革创新精神，推进参政党理论创新、制度创新、工作创新，丰富民主形式，畅通民主渠道，实现广泛有效的人民民主；要发挥参政党的特色与优势，把协商民主贯穿履职尽责全过程，推进政治协商、民主监督、参政议政制度建设，不断提高协商民主制度化、规范化、科学化水平。贺俊春、邓方国在《国家治理现代化对参政党的要求》(《湖北省社会主义学院学报》2015 年第 5 期）一文中认为，国家治理现代化是一个动态的历史过程，它要实现的是现代化的国家治理，即一种适应现代社会、符合中国国情、内涵丰富的治理。参政党作为受法律保护、具有参政地位的政治组织，在已有的国家治理过程中发挥了重要作用。但是，面对新形势，进一步推进国家治理现代化，它必须进一步增强治理主体意识、加强代表功能、提升信息化建设水平、提高履职能力、做好民主监督工作、推动多党合作制度的完善。罗星在

《参政党参政能力建设：国家治理能力现代化的新视角》(《广西社会主义学院学报》2015年第1期)一文中认为，国家治理能力现代化，不仅包括执政党的执政能力，也包括参政党的参政能力。参政党参政能力，不仅仅是中国政党能力的重要组成部分，作为国家基本政治制度架构内的政党，参政党的参政能力也是国家治理能力的重要组成部分。因此，政党能力的提升，不仅仅需要执政党执政能力的提升，也需要参政党参政能力的提升。当前，参政党在自身的政党意识、民主监督以及政治协商方面还有着许多不足，制约着参政党的能力提升。加强参政党参政能力可以从三个维度即政治参与的维度、协商民主的维度及党际监督的维度审视，以推进国家治理能力的现代化。民盟湖北省委员会课题组在《社会主义协商民主中民主党派能力建设的五个维度》(《世纪行》2015年第10期)一文中认为，民主党派能力建设要以清醒的政治理智作为根基，要以清晰的责任担当作为要义，要以对协商民主的认同作为基础，要以准确的大势把握作为信念，要以立足现实需求为依归，推进民主党派履职能力现代化建设。

关于参政党应有的能力结构，有的研究者从参政党应有的政治把握能力、参政议政能力、组织领导能力、合作共事能力以及解决自身问题的能力这五个方面进行探讨，有的则此基础上重点探讨参政党应具备的某种能力，如政治协商能力、解决自身问题的能力等等。还有研究者抛开现有的这种理论框架，探讨了参政党应具备的其他素质如媒介素养、调研水平等等。王维礼在《夯实五个基础 提升五种能力》(《团结》2015年第5期)一文中认为，中央统战工作会议上提出的民主党派“五种能力”建设的命题，是实现“四个全面”战略布局的必然要求，也是推动政党协商民主建设的内在动力。从“四种能力”到“五种能力”，党派自身建设的内涵得到了进一步拓宽，对民主党派既是鞭策也是挑战。以加强思想认同为基础，提升政治把握能力；以服务科学发展为基础，提升参政议政能力；以发挥整体合力为基础，提升组织领导能力；以继承发扬优良传统为基础，提升合作共事能力；以强化内部监督为基础，提升解决自身问题的能力，是当前乃至今后各民主党派所面临的主要任务和重大课题，需要不断地进行理论思考和实践探索。陈定湘在《民主党派应加强七方面能力素质建设》(《团结》2015年第5期)一文中认为，建设政治上坚定、参政上有为、协商上理性、监督上睿智的民主党派队伍，必须要重视加强七方面的能力素质建设：政治理论素质与政治把握能力建设、调查研究素质与参政议政能力建设、高尚道德素质与组织领导能力建设、责任担当素质与合作共事能力建设、自律自育素质与解决自身问题能力建设、协商讨论素质与党派协商能力建设、睿智胆识素质与民主监督能力建设。白雪在《如何发挥民主党派在中心工作中的作用》(《团结报》2015年11月17日第8版)一文中认为，民主党派为中心工作服务是工作的大局和方向，是历史的必然，为此，民主党派需要提高为中心工作服务的能力，包括发现问题的能力，深入调研的能力，整合资源的能力，民主监督的能力。郑惠强在《提高协商能力：参政党建设的时代命题》(《群言》2015年第10期)一文中认为，打铁还需自身硬，协商的能力直接决定协商的成效。在推进“四个全面”战略布局的时代背景下，参政党如何练好内功、提高政党协商能力，需要我们在实践中不断解答和深化。为此，参政党首先要做到“走正道”，提高政治把握能力；其次是“强队伍”，提高协商议政能力；第三要“摸实情”，提高调查研究能力；第四要“尽好责”，提高参政履职能力。孙信在《关于民主党派解决自身问题能力的思考》(《湖南省社会主义学院学报》2015 年第 4 期）一文中认为，民主党派解决自身问题能力的提出，是民主党派能力建设经验的科学总结，是对中国共产党能力建设经验的借鉴，是对民主党派能力建设理论的创新与发展。解决自身问题能力是民主党派能力建设的根本，同其他“四种能力”相互贯通、相互包容、相辅相成、相互促进。提高解决自身问题能力，关键在于加强民主党派思想、组织、制度特别是领导班子建设。严炳洲、池雄、宋乐乐在《民主党派提高解决自身问题能力之管见》(《湖北省社会主义学院学报》2015 年第 6 期）一文中认为民主党派提高解决自身问题的能力是新时期中共中央提出的新期望，它是推动国家发展和进步的迫切需要，是坚持和完善中国特色社会主义政党制度的必然需要，是充分履职尽责的内在需要。目前，民主党派在解决自身问题的能力方面还存在着缺乏相关理论创新、党派成员角色意识淡薄、基层组织活力不强、激励机制和监督机制不健全等问题。因此民主党派要以问题为导向，从加大理论创新和研究、加强党派成员自身建设、强化制度建设、优化政治生态环境等四个方面着手，提高民主党派解决自身问题能力。吴棉国、冯浩在《论“微传播”形势下民主党派成员媒介素养的提升》(《福建省社会主义学院学报》2015 年第 5 期）一文中研究分析了新媒体所造就的“微传播”对民主党派工作的影响，研究了民主党派运用新媒体手段的优势、存在的困难和问题，认为民主党派应该提高运用新媒体重要性的认识，打造好新媒体自主宣传新平台；学好用好微博、微信公众平台，提高运用新媒体宣传的时效性；加强在党派青年成员中的宣传推广普及，以推动民主党派参政议政、民主监督和社会服务模式的创新，实现“微传播”形势下民主党派成员媒介素养的提升。

学术著作评介和论文观点摘要

一、学术著作评介

《九三学社史话》（王世铎著，社会科学文献出版社 2015 年版）

《九三学社史话》是九三学社中央启动“社史工程”以来的重要研究成果之一，是中国社科院“十二五”国家重点出版规划项目——大型历史知识普及读物《中国史话》丛书中“中国民主党派史话”系列的第一本。本书以历史发展脉络为经，以历史事件、历史人物为纬，对九三学社进行了全面介绍，记述客观，史料翔实，可读性强。本书还具有如下几个特点：

首先，自始至终贯穿着接受中国共产党领导、与中国共产党亲密合作的主线。九三学社从孕育到诞生，从发展到今天，所走过的每一步，所经历的每一个重要节点，无一不体现中国共产党的引路人作用，无不贯穿着坚持中国共产党领导、与党亲密合作的主线。该书通过很多细节对这条主线进行了生动的展现，比如九三学社先贤通过《新华日报》了解认识了中国共产党；中共老一辈领导人的鼓励和帮助，为九三学社酝酿、诞生和发展引领方向、铺平道路等等。

其次，该书秉持实事求是精神，在史料搜集上下了较大功夫，记述客观，基础坚实。该书紧紧围绕社史中重大事件和重要人物，借助大量翔实史料，让历史说话、用史实发言，深入浅出、系统生动地展现了九三学社历史发展脉络。是一本很好的九三学社历史入门读本，是参政党加强自身建设尤其是思想建设的好教材。

第三，行文流畅、深入浅出。作者站在 20 世纪 40 年代抗战胜利前后，中国面临两种前途之命运大决战的历史背景下，从《新华日报》1946 年 1 月 9 日刊登的一条消息——《政治协商只许成功——学术界举行九三座谈会，决定筹组九三学社，声援政治协商会议各代表，完成历史任务》切入，采取以故事说人物、以人物说社史的方式，细致、生动、真实地展示出九三学社一个个重大历史事件，描绘了一个个鲜活亲切的历史人物，图文并茂，可读性强。对于参政党成员温故知新、增强定力，深入思考参政党在中国政治发展道路中的地位与作用具有重要意义。

《民主党派与依法治国》（杨绪盟，人民出版社 2015 年版）

这是一本研究民主党派与依法治国关系的学术专著，全书共有六部分，共计 18.7 万字，包括序言；第一章 全面推进依法治国：新时期的战略选择；第二章 依法治国与坚持中国特色社会主义道路；第三章 依法治国与民主党派自身建设；第四章 依法治国与参政议政；第五章 依法治国与民主监督。该书首先对《中共中央关于全面推进依法治国若干重大问题的决定》进行了全面解读和针对性分析，把《决定》提出的关于依法治国一系列新思想、新论断、新要求与民主党派的自身建设和民主党派的功能结合起来分析研究，目的是为民主党派在新形势下全面参与推进依法治国提供指导。该书的主要观点是：民主党派是党和国家人才队伍的重要组成部分，是我国政治生活中的一支重要力量，也是习近平总书记所强调的全面依法治国必须抓住的“关键少数”。民主党派成员必须结合自身特点，认真学习、深刻领会党的十八届四中全会的精神实质，深刻理解全面推进依法治国的重大意义，深刻理解坚定不移走中国特色社会主义法治道路，准确把握全面推进依法治国的指导思想、总目标、基本原则和重大任务，切实把思想和行动统一到党的十八届四中全会精神上来，把智慧和力量凝聚到贯彻落实党的十八届四中全会提出的各项任务上来。

《新时期民主党派基层组织建设研究》（贾孔会、张永红主编，湖北人民出版社 2015 年版）

《新时期民主党派基层组织建设研究》一书是民进宜昌市委会联合民进会内专家研究力量和湖北省社会主义学院研究力量集体公关的研究成果，该书以马克思主义政党理论和统一战线理论为指导，从新时期民主党派基层组织建设的实际出发，阐述了民主党派基层组织建设的一般理论，剖析了当前民主党派基层组织建设的现状与问题，并从加强民主党派基层组织的思想建设、组织建设、制度建设、能力建设以及加强对基层组织的领导与管理等方面，提出了有针对性的解决办法和可行途径。

全书共分为八章，19 万 2 千字，主要内容包括：当代中国的政党制度和参政党，民主党派基层组织建设的一般理论，新时期民主党派基层组织建设现状分析，民主党派基层组织的思想建设、组织建设、制度建设、能力建设，民主党派基层组织的领导和管理等。

二、论文观点摘要

《不可磨灭的功绩》（陈延武，《人民日报》2015 年 9 月 10 日第 20 版）

抗日战争是中华民族百年屈辱史上的英雄史诗，全国各民族、各阶层、各党派结成广泛的抗日民族统一战线，是战争胜利的重要保证。中国主要的民主党派，多在抗日战争中诞生和发展，也有的在抗战期间酝酿筹组到解放战争时期成立，还有的从中间党派组合、建立、分化，在患难中与共产党一道坚持抗战、维持团结、推动民主，在战火纷飞中正确选择了自己的历史道路，为抗日民族统一战线建立、扩大和巩固做出了重要贡献。当民族的存亡成为压倒一切的首要问题，民主党派响应共产党的武装抗日倡议，以各种形式提出了抗日救国的主张，积极配合共产党推动抗日民族统一战线的最后建立。“西安事变”前后，马叙伦两次入川，劝阻四川最大的军阀刘湘对红军的围剿。第三党的黄琪翔邀请周恩来、朱德、叶剑英和时任国民政府行政院副院长的张群一起到他家座谈，促进国共合作；黄琪翔等从“反蒋抗日”正式转变为“逼蒋抗日”，派党员罗任一去西安，利用与杨虎城的老关系，多次与张学良商谈推动联合抗日。救国会通过张学良的东北同乡、爱国人士杜重远做张学良的工作，使张学良表示“不会辜负众友人的期望的”。民主党派的积极活动，对张学良、杨虎城的政治态度有着重大影响。和平解决“西安事变”，成为中国从内战转向抗战的转折点，成为中华民族转危为安、从积弱走向自强的转折。经共产党的号召、组织、推动，民主党派的响应、支持、努力，伴随全国抗日救亡的浪潮，1937年9月终于正式形成了以第二次国共合作为主体的抗日民族统一战线。“皖南事变”后，民主党派对国民党“亲者痛、仇者快”的举动大为失望，对共产党深表同情，为团结之事尤为迫切。民主党派从全面抗战之初对国民党寄予厚望，到与共产党结成事实上的同盟，彼此在道义上和政治上相互支持，并形成了遇事相互协商的传统，推动国共两党在抗日战争进程中此消彼长，引人关注。这一过程展示了民主党派为维护抗日民族统一战线站到时代前沿的勇气。从此，民主党派在组织上渐渐联合、发展、壮大，在政治上一步步走向成熟。

抗战时期，国统区聚集了大批知识分子，他们是国统区坚持团结抗战、民主进步的生力军，是抗战的重要宣传者、民主的重要追求者、民族文化的重要保护者。以知识分子为主体的民主党派，创办了许多报刊，引导着社会的舆论，并在很大程度上影响了中国的政治走向。1939 年国统区的报纸已有 400 多种，1944 年增至 1100 多种，民主党派利用代表民族资产阶级的舆论阵地，发表了大量报道文章，反对蒋介石的不抵抗政策、“攘外必先安内”的顽固立场，反对汪精卫的汉奸行径，介绍共产党联合抗日的主张和行动，反映共产党及解放区的真实情况，旗帜鲜明，启迪民智，鼓舞人心，形成了强大的社会影响力和感召力。全国各团体积极开展抗日救亡运动，游行请愿，抵制日货，募捐劳军，支前救护，有力地配合了前方战场的作战，赢得了民众的普遍好感和尊重。这些举措使知识分子在感情上更加倾向于共产党，其中不少人怀着满腔热情走向延安。抗日民族统一战线最终取得胜利，共产党最终夺得政权，与此不无关系。1943 年 9 月，世界反法西斯战争取得根本性好转，国统区的政治、经济、军事却全面溃烂。国民党政府为蒙蔽国际视听、缓和国内危机，再次打出“宪政”旗号，摆出“即行宪政”的骗局。民主党派顺水推舟，与共产党联合发起了第二次民主宪政运动。1944 年 9 月，共产党成立民主联合政府的主张激起了民主党派深深的共鸣，这是抗战时期民主政治的重大进步，对推动战后谈判和政治协商起到了积极作用。“联合政府的主张是抗日民族统一战线在政权上的最高形式”，民主党派以集会、演讲、著书等各种形式表示支持、扩大影响，使其变成了举国共识，在一定程度上遏制了国民党顽固派的反共独裁政策，维护了国共合作抗日的大局和统一战线内部的团结。

在中国近现代史上，抗日战争的胜利是辉煌的篇章。它所提出的要不要抗战到底，如何抗战到底，抗战胜利后建设一个什么样的中国等一系列重大问题，抗日民族统一战线作了回答、作了实践。中国共产党先后建立了国民革命统一战线、工农革命统一战线、抗日民族统一战线、人民民主统一战线、新时期社会主义爱国统一战线，跨越民主主义革命、社会主义革命与建设两大历史阶段，历经建立和形成、发展和壮大、过渡和结束的历史成长过程。值得注意的是，抗日民族统一战线具有与其他统一战线不同的特点，它形成了完整的统一战线理论，成为中国共产党统一战线理论体系的重要组成部分。

《民进的光荣传统及其现代意义》（严隽琪，《民主》2015 年第 8 期）

民进的光荣传统及其时代意义主要体现在以下三个方面：第一，坚持接受中国共产党领导的传统。民进的创立者是以马叙伦、王绍鏊为代表的一批有着强烈民族尊严感、爱国热情和民主思想的学者，马老的传奇经历极富代表性地说明了民进的老前辈开创民进传统的历史必然性。中国共产党领导全国人民经过 28 年浴血奋斗建立了新中国，这是历史性的成就。在新中国成立前的严酷斗争中，马老对共产党的态度从朋友式的同情发展为全身心地拥护，他找到了实现自己的理想之路，参加到中国共产党领导的争取民族独立、人民解放和国家富强的伟大事业中来，书写了人生最耀眼的篇章——与中国共产党亲密合作、肝胆相照、荣辱与共。我们为民进创始人选择了认同共产党的主张，接受共产党的指导，成为共产党建立新中国的亲密战友而庆幸和自豪。我们应该认识到中共不仅缔造了新中国，而且至今一直是全球最大、行动力最强的政治组织，其源于“全心全意为人民服务”的宗旨，联系群众的能力、自我修正和领导改革的能力都明显在所有党派中胜出一筹，无可替代。中国从 1949 年的积贫积弱，到今天的世界第二大经济体；从国际规则的排除对象或者国际组织的“跟随者”，正在变成制订国际规则的参与者、国际秩序的维护者，甚至国际组织的引领者；中国人的物质、精神生活发生了天翻地覆的变化，这些都化成了中共永恒的历史丰碑。今天，民进中央提出“三个认同”，一是道路认同，二是目标认同，三是价值观认同，正是民进优良传统在现代的演绎。后来的民进人不忘历史，不忘民进人出发的起点和追求的目标。以马老为代表的老一辈民进人用他们的奋斗造就了民进“坚持接受中国共产党的领导，坚持爱国、民主、团结、求实，坚持立会为公”的优良传统。当前，民进正在开展坚持和发展中国特色社会主义学习实践活动，其中重要的内容就是引导广大会员进一步深化对民进优良传统的认识，并不断赋予优良传统以时代价值。

第二，促进民主的传统。爱国、民主是民进光荣传统的核心本质，是 70 年来一脉相承的。好的政治模式是有其共性的，之所以好是因为实现实质性民主和正义，而非刻板的某个形式，更不能简单武断地以“民主——专制威权”二元法来界定其正当性。今天的中国在发展民主政治，在建立或改善制度化的手段，政治改革与道德进步、文化提高是不可偏废的，其中，教育对安定社会、缓和社会矛盾有基础性的作用。任何时期，矛盾与分歧总是存在的，民主政治的发展就是要使争论和冲突进入良性的轨道，通过对话协商来求同存异。所有历史演变本就是现实存在的一个理性说明，任何制度、学说都是在演进变化改良中形成的，它必然对前面的进行了吸收和剔除，而且共性与个性是辨证存在的，必须实事求是地认识到社会制度与国情、民族性格不可分。没有绝对好的一种政府形式，却有识别好坏的公认标志。我们坚持促进这样的民主：一是人民性，由人民当家作主，集中反映最广大人民的根本利益；二是目的性，不能不顾内容和目的，盲目学西方的形式和程序，那会出现政党无原则争斗、全民公决甚至街头政治不断；三是差异性，按国体、实际条件，各自特点的不同必然导致多样性；四是有效性，应该有利于国家发展、造福本国人民，有利于人民当家作主、社会和谐稳定，有利于国家统一。中国国家治理的主要方式只能源于自己的文化和历史。我们还存在很多问题，制度还需要完善，改革要坚持推进，这不能成为我们"改弦易张"的理由。

第三，爱国主义的传统。中国读书人优良的传统就是忧国忧民，民进爱国的传统是从这里一脉相承的。它关系到人生观和价值观，由此选择人生的方向和立会的宗旨。立会为公是对这一传统的表达。70 年前，为了国家前途、民族希望、百姓生存，老一辈民进人决心行动起来，反对蒋介石的反动政策。因此，民进是在一个反对内战、反对独裁、反对美帝国主义干涉的群众性爱国民主运动的历史浪潮中诞生的，是适应了共产党"开辟第二战场"的需要，响应了时代进步的呼唤。"为什么成立民进？为什么加入民进？"依然是一代一代民进人要问自己，要回答的根本性问题。民进十大以来，会中央提出"三为"，即为执政党助力，为国家尽责，为人民服务，就是对"立会为公"传统进行现代的诠释。爱国，不等于狭隘的民族主义，也不简单地等于富国强兵，而是对国家、文化的认同和历史责任。今天的爱国，就要表现在推进中国"四个全面"的现代化，中华民族要自立于世界民族之林；就要表现在为人类文明增添光彩，为世界和平做出贡献。中国今天的改革面临三大关：一是发展与转型；二是政府与市场；三是公平与正义。经济改革要从以数量为主转为以质量和效益为中心，最大阻碍从思想观念转为利益分配，如何进一步发挥市场机制在配置资源和产业结构调整中的作用是一个挑战。作为中国特色社会主义参政党，今天的民进人一定要在这一过程中为中国的改革发展做出贡献，使民进的光荣传统体现出新时代的意义。

《参政党要做社会主义协商民主的全力推动者》（万鄂湘，《求是》2015 年第 5 期）

习近平总书记指出："社会主义协商民主，是中国社会主义民主政治的特有形式和独特优势，是中国共产党的群众路线在政治领域的重要体现。"这一重大论断，为我们深刻认识社会主义协商民主的根本性质和重要意义，指明了方向。在全面建成小康社会、全面深化改革、全面依法治国、全面从严治党新的历史阶段，协商民主对于推进国家治理体系和治理能力现代化，有序扩大公民政治参与，促进科学民主决策，对于加强中国共产党领导、巩固执政地位，具有十分重大的作用。

民革作为中国共产党领导的多党合作制度中的参政党，作为政党协商的重要参与者，与中国共产党肝胆相照、风雨同舟，在长期协商实践中积累了许多有益经验。总结这些历史经验，有利于我们落实习近平总书记的要求，深入贯彻落实中共中央《意见》，不断提高我们的协商水平和能力。首先，坚定不移地坚持中国共产党领导，是民革优良传统的核心，也是我们最重要的历史经验。民革要为推进社会主义协商民主做出自己的贡献，担负起不断提高政党协商水平的重要责任，其首要前提，就是坚持中国共产党领导。其次，始终围绕中共中央的大政方针与涉及人民群众利益相关问题进行协商，这是对协商民主实践经验的高度概括，也是对民革长期以来参与政党协商的实践经验的高度概括，是中国特色社会主义政党制度性质和特点所决定的，也是参政党在这一制度中的地位和作用所决定的。实践证明，围绕大政方针与涉及人民群众利益相关问题，在决策之前和决策实施之中开展广泛协商，努力形成共识，避免在大的问题上出现颠覆性错误，是政党协商的重要经验。再次，始终坚持深入实际，大兴调查研究之风。调查研究是谋事之基、成事之道，是研究问题和解决问题的重要前提。在长期协商实践中，我们深深体会到，只有深入了解社会实际，充分掌握第一手材料，切实研究实践中的问题，善于倾听和归纳人民群众的具体利益诉求，才能提出符合实际的可行性意见和建议，不断提高协商的水平。最后，始终坚持理性建言，拒绝浮躁和脱离国情的极端主张。协商的过程是对话的过程。为了商量好、好商量，使商量的过程真正成为发扬民主、集思广益的过程，统一思想、凝聚共识的过程，科学决策、民主决策的过程。作为政党协商的参与者，我们必须坚持理性建言，善于学习、勤于思考，深入实际、实事求是，做到言之有据、言之有理、言之有度、言之有物，力求客观公正，拒绝浮躁和脱离国情的极端主张。

为落实习近平总书记关于“不断提高政党协商水平”的要求，参政党必须把加强协商能力建设放在工作的重要位置。根据《意见》关于政党协商的规范对参政党提出的任务，总结长期参与协商的历史经验，我们应从以下几个方面着手，齐抓并进，确保落到实处。第一，不断提高宏观把握能力。首先，要深刻理解和领会以习近平同志为总书记的中共中央宏观战略。同时，要从整体上深刻了解和把握中国的国情，运用唯物辩证的方法，不被各种纷繁、复杂、多变的表象所困惑，做到删繁就简、抓住主要矛盾，使我们的协商意见既符合中共中央要求，又切中现实问题和主题。第二，善于整合全党智慧，发挥整体优势。民主党派作为由各领域高层次人才组成的参政党，在协商过程中整合全党智慧、发挥整体优势，既是提高自身协商能力的要求，也是参政党内在发展的逻辑必然。改革开放以来，民革参政议政工作已从改革开放前以个人为主向以组织为主转变，由此促进了参政议政的质量和水平大幅提升。为发挥组织的整体优势，我们已经逐步形成了一系列制度和机制，比如建立了全国参政议政成果汇报会制度，使之成为与中央全会一样每年都召开一次的较大规模专门会议，有效地整合、共享了全党的智力资源和信息资源。我们要进一步发挥自身优势，着力形成协商议政重点领域。第三，加强专业性，提升协商参与的科学化水平。推进国家治理体系和治理能力现代化，要求我们必须加强协商议政的专业性，以严谨的科学态度、科学研究和科学认知，作为协商议政的基础。只有具备一定的专业素养，才能提升判断力、鉴别力，有效整合各方利益诉求，协助执政党求得“全社会意愿和要求的最大公约数”。为此，要注重选拔、吸引民革党员中的专家学者和政府部门、研究部门的专家参与到协商议政工作中来，将协商的内容建立在扎实的专业基础上。同时要求民革机关工作人员不断加强专业培训，为协商议政工作顺利开展提供专业、可靠的组织保障。

《民主党派基本职能的新拓展》（袁廷华，《人民日报》2015 年 8 月 14 日第 16 版）

中国共产党领导的多党合作和政治协商制度是我国的一项基本政治制度。《中国共产党统一战线工作条例（试行）》（以下简称《条例》）提出：“民主党派的基本职能是参政议政、民主监督，参加中国共产党领导的政治协商。”这一概括将民主党派“参政议政、民主监督”两项职能，拓展为三项基本职能。这是中国共产党在总结多党合作经验基础上对民主党派基本职能做出的新的科学概括，是多党合作理论的重要创新。

政党职能是政党学理论的一个科学范畴。凡是政党都有其职能，政党职能指的是在一定政党制度中的政党，从其性质、地位、权利和责任出发所应发挥的作用。新中国成立之初，中国共产党将民主党派的作用概括为“参、代、监、改”，即参加国家政权和国家事务的管理，代表他们所联系的阶级阶层的合法利益和合理要求，通过提意见、作批评的方式对共产党和国家机关的工作进行监督，进行自我教育和思想改造，为民主党派职能定位打下了基础。进入新时期，中国共产党领导的多党合作事业进入蓬勃发展阶段，民主党派在国家政治生活中的作用得到增强。1989 年颁发的《中共中央关于坚持和完善中国共产党领导的多党合作和政治协商制度的意见》提出，“充分发挥和加强民主党派参政和监督的作用”。以后，民主党派的职能被概括为“参政议政、民主监督”并长期沿用。在“参政议政”的内涵中，包含了“参与国家大政方针和国家领导人选的协商”。

近年来，随着社会主义协商民主研究的兴起，根据民主党派在我国政治协商中发挥作用的实际情况，一些人提出，应将“政治协商”作为民主党派的职能之一。政治协商在中国共产党领导的多党合作和政治协商制度中具有重要地位，是多党合作的重要内容。参加政治协商是民主党派的重要政治实践。新中国成立 60 多年来，无论是政党之间的政治协商还是人民政协的政治协商，民主党派都是重要参与者和实践者。中共十八大以来，加强社会主义协商民主建设成为发展社会主义民主的重要内容。今年颁发的《中共中央关于加强社会主义协商民主建设的意见》提出了“政党协商”这一概念，并将政党协商放在协商民主七种渠道的首位，凸显了我国政党间政治协商在党和国家重大方针政策协商制订过程中的重要地位，民主党派在社会主义协商民主建设中的责任更加重大。虽然在民主党派职能的原有概括中，“参政议政”也可以包含一部分政治协商的内容，但不足以凸显民主党派在我国政治协商以及社会主义协商民主建设中的地位和作用。在认真总结和深入研究基础上，《条例》做了新的概括，提出了“基本职能”这一概念，并将民主党派的基本职能由两项扩展为三项。

准确理解中共中央对民主党派基本职能的新概括，需要把握三点。

三项基本职能是有机统一的关系。“参政议政”主要反映了民主党派与国家政权的关系，“民主监督”反映了民主党派与执政党关系的一个重要方面，“参加中国共产党领导的政治协商”反映了民主党派参与国家重大决策的途径和方式。三项基本职能有机统一，更加全面地体现了我国参政党的地位和作用。

民主党派参加的是中国共产党领导的政治协商。在我国，政治协商是社会主义民主的重要形式，也是中国共产党在统一战线和多党合作中实现党的领导的基本方式。政治协商是中国共产党领导和民主党派参与的有机统一。因此，“参加中国共产党领导的政治协商”是准确的表述。坚持中国共产党的领导，政治协商才能沿着正确的方向发展。

三项职能是民主党派的“基本职能”，不是全部职能。政党职能包括政治职能、社会职能及内部职能等。三项职能之所以是基本职能，是因为它们都是民主党派的政治职能，是民主党派在国家政治层面发挥作用的主要途径。除基本职能外，民主党派还有社会服务、自我教育等职能。

民主党派基本职能的新拓展，更加科学、全面、准确地反映了民主党派在我国政治体系和政治生活中的重要作用和价值，开拓了民主党派发挥作用的领域，同时也彰显了中国共产党坚持和发展多党合作的优良传统和坚定信念，对于充分调动民主党派的积极性和创造性，更好地体现和增强我国多党合作制度效能，推动中国共产党领导的多党合作事业发展具有重要而深远的意义。

《对参政党在全面推进依法治国进程中履行职能的几点思考》（安徽省社会主义学院课题组，《中央社会主义学院学报》2015 年第 5 期）

围绕建设中国特色社会主义中心任务，服务国家社会主义现代化建设大局，一直是参政党履行职能的总要求。最近颁布实施的《中国共产党统一战线工作条例（试行）》将参政党的基本职能明确为“参政议政、民主监督，参加中国共产党领导的政治协商”。参政党履行职能的总要求和基本职能放到全面推进依法治国的大背景中加以审视可以看出，新形势下参政党履行职能至少面临着以下两点新要求。首先，服务大局增加了新内容。全面依法治国进人中国共产党的战略布局，必然对参政党履行职能产生重大影响。按照参政党履行职能必须围绕中心、服务大局的总要求，参政党在今后履行职责的过程中，要从执政党战略布局的高度充分认识全面依法治国的地位和作用，把全面依法治国纳人参政党履行职能所要服务的大局之中，不断增强为其服务的自觉性和主动性。同时还要深刻认识全面依法治国同其他“三个全面”的关系，在履行职责中努力做到统筹兼顾、相互促进、相得益彰。其次，依法履职的要求更加严格。我国现行有效的参政党履行职能的规范体系，是以现行宪法的政党规范为依据，以中共中央文件、政协章程和各民主党派的章程为表现形式构成的软法性质的规范体系。其中，最主要的是宪法和有关中共中央文件的规范。新形势下，参政党自然要带头遵守宪法和法律，努力以法治思维和法治方式推进各项工作，依法参政议政，依法民主监督，依法参加中国共产党领导的政治协商，让一切履职行为都能够在法律规范的轨道中进行。

参政党服务全面依法治国的主要途径，首先在于参与科学立法。目前，中国特色社会主义法律体系在我国已经形成，但法律规范体系尚不完备。事实上，我国法律规范体系中还存在许多缺项，一些该有的法律规范还没有制订出来，在国家政治生活、经济生活、文化生活、社会生活、生态生活中仍然存在不少无法可依的空间，特别是在改革的重点领域，法律缺项更多。参与国家方针政策、法律法规的制订和执行，是参政党为民参政的职责之一。为此，参政党要按照党的十八届四中全会的要求，聚焦全面推进依法治国中的重大问题和群众最为关切的问题，把促进重点改革领域的法律体系建设作为下一步参政议政的重要目标和任务，深入进行调查研究，力争提出一些具有前瞻性、战略性、可操作性的意见建议。需要注意的是，参政党参与科学立法，同时应发挥好本党派利益表达的政治功能。参政党参与科学立法，还要与协商民主相结合。其次，促进法律实施。参政党促进法律实施可以有很多方法，包括积极参与民主协商，通过协商会、座谈会、政协提案等各种途径促进政府实行政务公开、严格依法办事，促进司法机关严格司法、维护司法公正。但最主要的，还是从自身及其成员严格依法参政做起。在人大、政府和司法机关任职的参政党党员和无党派人士现在正处于全面推进依法治国的第一线，如果他们都能依法履行职责、模范守法，严格执法、公正司法，决不拘私枉法，那么，一定会对国家法律的实施起到很好的促进作用。第三，完善法治监督。根据民主监督性质和内容的要求，参政党要勇于履行职能，敢于讲真话、进诤言，反映真实情况，提出批评和建议，帮助执政党、各级政府和司法机关查找不足、解决问题。要充分利用应邀参加中共中央召开的党外人士座谈会、应邀参加最高人民法院和最高人民检察院主持召开的座谈会等各种机会，就国家大政方针进行高层协商，对司法工作提出意见建议。目前，参政党都有一批成员担任各级政府和司法机关的特约人员，如监察部门的特邀监察员、人民法院的特约监督员、人民检察院的特约检察员、公安部门的特约监察员以及其他政府部门的检查员、审计员、督导员等，他们也是参政党开展民主监督的一个重要途径。通过他们对相关部门执行法律法规的情况进行民主监督和民主评议，可以起到推进政风行风建设、推动司法公正和维护公民合法权益的积极作用。第四，培育法治精神。参政党首先要在自身建设中培育法治精神。通过深入学习党的十八届四中全会精神，参政党要使全体成员充分认识法治建设的重要性，努力做到尊法、学法、守法和用法，主动以法治思维、法治方式来思考、处理问题，自觉将法治观念贯穿于参政、监督、协商的全过程。同时要按照法治精神的要求，在宪法法律的基础上，抓紧构建、完善党内的制度体系，把制度建设放到更加突出的位置，将历史上形成的好经验、好传统制度化、规范化，实现依法依规管党建党。 参政党对全社会法治精神的培育也负有义不容辞的责任，可以利用各种场合和机会，施展参政党的影响力，弘扬法治精神。有条件的民主党派，还可以组织社会法律援助，以实际行动维护公民合法权益，树立法律权威，让老百姓相信，只要是合理合法的诉求，通过法律程序就能得到合理合法的结果，最终在全社会形成办事依法、遇事找法、解决问题用法、化解矛盾靠法的良好氛围。

《关于民主党派解决自身问题能力的思考》（孙信，《湖南省社会主义学院》2015年第4期）

民主党派解决自身问题能力的提出，是民主党派能力建设经验的科学总结。1989年明确将民主党派定位为参政党后，民主党派的能力建设主要围绕履行参政党职能展开。2002年3月，王兆国同志在中央社会主义学院春季开学典礼的讲话中第一次完整地提出了民主党派能力建设的主要内容，2005年2月，《中共中央关于进一步加强中国共产党领导的多党合作和政治协商制度建设的意见》首次以中央文件的形式肯定了“四种能力”。此后，关于民主党派能力建设的研究和实践基本上围绕以上“四种能力”进行。期间，虽有人提出“民主党派领导班子应着力提高解决自身问题的能力”的观点，但并未引起足够的重视。中央统战工作会议明确提出这一科学论断，可以说是对民主党派能力建设理论成果和实践经验的概括和总结。

民主党派解决自身问题能力的提出，是对中国共产党能力建设经验的借鉴。早在2004年9月，中共中央十六届四中全会做出了《中共中央关于加强党的执政能力建设的决定》，此后，关于中国共产党执政能力建设取得了一系列理论和实践成果。2012年11月15日，习近平总书记在同中外记者见面的讲话中强调，坚持党要管党、从严治党，切实解决自身存在的突出问题，切实改进工作作风，密切联系群众，使我们党始终成为中国特色社会主义事业的坚强领导核心。2013年9月25日，习近平在指导河北省委常委班子专题民主生活会时强调，坚持用好批评和自我批评的武器，提高领导班子解决自身问题能力。明确提出解决自身能力的问题。在中央统战工作会议上，习近平总书记从党要管党，从严治党的原则出发，明确提出民主党派要提高解决自身问题能力，创新了民主党派能力建设理论。

民主党派解决自身问题能力是指民主党派自我净化、自我革新、自我完善、自我提高的本领，是民主党派自身存在和发展的必要条件，是民主党派能力建设的根本。解决自身问题能力同其他“四种能力”相互贯通、相互包容、相辅相成、相互促进，是永恒使命与时代主题的关系。民主党派解决自身问题能力贯彻民主党派存在和发展的始终，是民主党派永恒的使命；“四种能力”是民主党派的时代主题，是民主党派能力建设的目标和动力。民主党派解决自身问题的能力，包括“四种能力”，“四种能力”是解决民主党派解决自身问题能力的具体体现。是内部和外部的关系，民主党派解决自身问题能力强调提升自身的内部素质，“四种能力”强调外在表现。是整体和个体的关系。解决自身问题能力主要是针对民主党派整体特别是领导班子整体而言的。“四种能力”主要是对民主党派成员特别是领导班子个人来讲的。

民主党派提高解决自身问题能力，首先必须加强思想建设。思想建设重点在于正确认识和处理政治认同和政党意识的关系，坚持正确处理一致性和多样性关系的方针，充分发挥社会主义学院的主阵地作用。在中国九个政党的章程类同、八大民主党派章程雷同的情形下，民主党派必须树立求异思维，在政治认同的基础上，强化政党意识，突出自身特色。其次，必须加强干部队伍建设、特别是领导班子建设，这是民主党派提高解决自身问题能力的依托和关键。要坚持问题导向和底线思维，遇到什么问题解决什么问题，特别是要着力解决干部队伍建设中的老大难问题，这既能体现民主党派解决自身问题的能力，同时又能为解决自身问题能力的提升，奠定良好的基础。在干部队伍建设中，要正确认识和处理党管干部与民主党派独立自主处理内部事务的关系，建议采取民主党派党内领导职务与担任国家和社会领导职务分开管理的办法，实现两者之间的平衡和统一。要尽量减少甚至避免“空降”现象，解决“民主党派不民主”的问题。在领导班子选拔和任用上，要正确认识和处理政治型干部与专业型干部之间的关系，逐步实现由重视专业型干部向重视政治型干部的转变。要正确认识和处理专职与兼职的关系，改变兼职的多，专职的少的状况。建议设立主委（主席）常驻机关制度。在民主党派成员发展上，要正确认识和处理数量和质量的关系，把质量摆在首位。同时，要加强对民主党派成员数量的研究，就是说，要研究中国到底需要多少民主党派成员才能既承担起时代赋予参政党的历史使命，同时又不至于浪费社会资源。要均衡各民主党派之间的发展，要尽快研究制订科学的发展规划，要正确认识和处理组织吸引和个人魅力的关系，要增强组织的吸引力和凝聚力，发挥政党的整体力量。再次，要加强制度建设。一个政党能否将已经取得的经验上升为制度，并确保制度的执行力，是政党解决自身问题能力的重要体现，也是政党解决自身问题能力的重要保障。就目前而言，民主党派加强制度建设的重点在于加强监督制度建设。提高民主党派解决自身问题能力，离不开中国共产党的积极鼓励和大力支持。民主党派解决自身问题能力的提升，需要共产党和民主党派共同努力，通过执政党建设与参政党建设互相促进，就可以把具有先进性的执政党——中国共产党和高素质的参政党——民主党派凝聚在中国共产党领导的多党合作和政治协商制度的屋檐之下，万众一心，为早日实现四个全面的战略布局，实现中华民族伟大复兴的中国梦而共同努力奋斗。

《民主党派在推进协商民主发展中的角色升级研究》（郑又贤，《东南学术》2015 年第 6 期）

推进社会协商民主广泛、多层、制度化发展，人们往往会简单地认为，主体就是中国共产党，或者是党和国家政府的公务人员，更直接地就是指那些从事统战工作的人们；至于各民主党派，不是主体，而只是前者要协商的对象或客体。所以在有的人看来，推进社会协商民主的发展，前者才是主动的，而各民主党派都是被动的。这是一个需要纠正的认识误区。其实，在推进社会民主协商发展中，前者与后者不是机械的主体与客体的关系，而是双向互动的关系，是主体间性的关系：他们既是互为主体与客体的关系，又是主体与主体之间的关系。也就是说，各民主党派不但可以作为社会协商的客体或对象而存在，而且更应该作为社会协商的主体而存在。这往往被疏忽，应该引以为戒。目前，党和国家的中心任务，不但要实现经济建设优质和快速的发展，而且要推进全面深化改革沿着既定的目标顺利展开，情况空前复杂，选择或决策十分困难，尤其需要民主党派在原来参与协商特别是参政的基础上进一步增强主体意识，充分发挥主观能动性，实现协商角色的新的“升级”。其中，最重要的是从三个方面增强主体意识：一是要有参与社会协商的主体意识，不但要参与协商、想参与协商、会参与协商，而且要有争取参与社会协商的勇气。二是要有推进协商民主发展的主体意识，充分发挥自己推进社会协商民主发展的主观能动性、主动创造性。三是要有推进社会协商民主发展的督促意识，监督协商民主的贯彻执行，监测协商民主的实现状况，促进协商民主成效的不断提升。

社会主义协商民主“应该是全方位的、而不是局限在某个方面的，应该是全国上上下下都要做的、而不是局限在某一级的”。所以，民主党派参与社会协商的职责边界也要相应拓展,即从“民主参政”逐步伸延到“社会协商”的方方面面和各个层次。在这点上，现实中有许多人、特别是民主党派人士，认识还不够到位，即以为：党的十八大提出推进协商民主发展的要求同民主党派的职责没有直接关系，民主党派还是作为“参政党”同执政的共产党之间进行“政治协商”，不存在什么职责的改变或“升级”问题。这是需要说清楚的，也是需要端正认识的。其实，党的十八大提出推进社会主义协商民主的发展，正是以民主党派参政为基础的，是对民主党派参与政治协商的经验总结和升华概括。作为党派团体，民主党派是最基本也是最重要的“协商渠道”之一。在新一轮的协商民主发展中，民主党派协商职责面临着升级的要求：其一，要拓展协商的对象。其二，要拓展协商的内容。其三，要拓展协商的层次。

民主党派在推进民主协商发展中的示范作用，主要可概括为如下四个方面：一是为正确处理同执政党、各级党政机关、立法司法部门乃至各类决策机构的关系上起示范作用。这是一种很复杂然而又是非常重要的关系，它直接影响着社会协商的正常进行和质量、水平。其中特别是对执政的中国共产党的关系，最重要的是坚持民主党派的一贯立场，维护共产党执政并在其领导下，积极参与各种社会协商，特别是坦诚地和共产党开展各式各类的协商；同时还要正确处理与各级党组织、政府机关及立法司法机构的关系，既要善于接受协商又要敢于主动提出协商，既要顾全大局又要充分反映群众的愿望和要求。二是为深入群众、和群众打成一片、倾听群众的呼声、了解群众的愿望和要求起示范作用。所以在决策之前和决策实施过程中，都要倾听群众的意见或反馈。在这方面，民主党派具有很大的优势，往往是群众没有戒心的倾诉对象，从而也比较容易听到群众的真话和心里话，可以为体现民意的协商创造有利条件。三是为集中群众的意见、智慧，提出合理化的批评或建议起示范作用。在现实中，群众的意见或建议往往是千差万别的，而且纷繁复杂，甚至是相互矛盾或截然相反的。机械照搬群众的意见，既是费时费力的，又是难以准确把握什么是代表最广大人民利益的。民主党派曾经积累了大量成功的经验，擅长于从许多不同的意见中加以科学的选择和集中，编制出最能代表群众观点的各种提案或建议，可以为提升民主协商的质量发挥榜样或示范作用。四是为监督各级党政机关、立法司法部门乃至各类决策机构的决策及其实施起示范作用。尽管民主党派在这种监督的主体意识上还要进一步加强，但毕竟长期参政、议政，以不同的方式参与中国共产党及其各级组织、国家政府及其各级机关、全国人大和各级立法司法机构的科学决策，并监督其具体实施；而且，虽然社会民主协商的内容和形式都大大拓展，但民主党派对各级党政决策和立法司法决策及其监督程序都比较熟悉，特别是如何提高开展协商的实际效果也比较有经验，所以在当今社会民主协商的新发展中必然大有作为，也可能发挥某种榜样或示范作用。

《努力开发参政党民主监督的政治资源——基于问卷调查的统计分析与思考》（黄天柱，《中央社会主义学院学报》2015 年第 4 期）

在党派成员看来，现有各种监督类型中，参政党民主监督的实效性是最差的，参政党民主监督的评价分均值甚至比公民监督还要低。这种“高起点、低落点”的强烈反差是需要我们深刻反思和警醒的。在民主监督的形式上，调研显示，那些能体现党派组织整体功能的监督形式的实效性要好于那些主要依靠党派成员个人发挥作用的监督形式的实效性；那些以咨政建言为主要功能的参与形式的实效性要好于那些以监政督政为主要功能的参与形式的实效性。尤其是对口联系和特约人员这两项从制度设计的本意上最能体现民主监督要求和特色的参与形式，其实际效果在所有监督形式中却排在末两位，表明这两项制度基本上被虚置和形式化了。

参政党民主监督作为一项完整的制度设计和一个完整的政治过程，主要由事前知情、事中沟通、事后反馈、考核激励及权利保障等具体环节构成。调查显示，在党派成员看来，当前民主监督的主要薄弱环节是事前知情、事后反馈和权利保障三个方面，而事中沟通和考核激励这两个环节相对较好一些。访谈过程中，很多党派成员也反映，民主监督的难处主要在于：“纪律监督是‘利剑’，法律监督是‘钢鞭’，民主监督是‘软团’”，本身缺乏约束力；监督者的权利难以得到真正保障，怕打击报复；目前的体制强调的是对上负责，而非对下负责，党派的监督没有体制支撑；反馈机制不健全，目前除以政协提案形式反映的意见建议有明确的反馈制度外，以其他形式反映的意见建议还没有建立相应的反馈机制，一定程度上影响了参政党及其成员民主监督的积极性；监督者与被监督者之间存在着明显的知识和信息不对称。

深入剖析参政党民主监督中这些薄弱环节产生和存在的原因，大体可以从几个方面切入分析：一是从参政党的角度，主要表现为监督意识不强，监督能力不强，监督动力不足，监督组织化程度不高，参政党组织的“行政化”倾向使其在对执政党和国家产生很强依附性的同时越来越脱离社会、缺乏代表性和群众基础等；二是从执政党的角度，主要表现为部分中共党政领导缺乏自觉接受监督的意识；三是从制度建设层面看，主要表现为民主监督制度化规范化程序化水平不高，缺乏约束力等；四是从大的政治和社会生态的角度，主要表现为民主政治发展的滞后、传统政治文化的影响、“反右”和“文革”等历史事件遗留的阴影等。进一步对上述原因进行分类，从大的方面可以划分为两大类：一是与参政党自身的意识、素质、能力和能动性有关；二是与参政党履行民主监督职能所依托的整个社会生态环境（包括执政者的理念、姿态和行为，现有各种监督机制的完善程度，宏观政治制度环境和历史文化传统等）有关。

从调研情况看，尽管党派成员普遍认为民主监督是当前参政党履职的最薄弱环节，但大家还是认同参政党民主监督是我国一项重要和特殊的政治资源；尽管现实中面临种种障碍和困难，但如能悉心培育、循序开发，其对中国未来的民主政治发展是可以具有重要价值和意义的。那么，未来可能的路径和突破口在哪里？结合实证调研与学理思考，我们认为，与参政议政、社会服务相比，参政党民主监督作用的有效发挥确实需要更多的前置条件，而当前参政党民主监督薄弱环节的存在及功能发挥面临的种种困境，从大的方面看，是与整个社会和政治生态紧密相关的，这些障碍和问题的最终解决，恐怕也必须取决于整个社会和政治生态的优化，包括经济的发展、社会的成长、民主的进步等。但这并不能成为我们被动等待甚至回避、忽视它的理由。在目前的政党制度框架内，我们不能期望通过参政党的民主监督解决执政党权力运行中的所有问题，这似乎有些苛求于民主党派；但同时，也不能以民主监督是非权力监督、不具有强制性为理由，降低对参政党履行民主监督职能的要求，使之流于形式或放任自流。面对当前国际国内环境带来的种种压力，我们应高度重视、充分开发这一资源。这需要真心诚意、切切实实去努力创设各种相关性条件：第一，明确政党权利，尊重参政党的相对独立性。第二，激活政党特征，在政党层次上开展监督。第三，加强制度建设，完善监督机制。第四，完善监督形式，丰富监督载体。第五，形成监督合力，增强监督约束力。第六，提高政党素质，增强监督能力。第七，拓展信息来源，提高信息质量。第八，提高中共党员尤其是党的领导干部接受监督的自觉性。

《制度化是民主党派参与协商民主的重点》（王元丰，《光明日报》2015年5月4日第11版）

中共中央印发的《关于加强社会主义协商民主建设的意见》（以下简称《意见》），对新形势下开展协商民主等做出了全面部署，是指导我国协商民主建设的纲领性文件。《意见》指出，加强社会主义协商民主的主要目标是，推进协商民主广泛多层制度化发展，建设社会主义政治文明，推进国家治理体系和治理能力现代化。《意见》在加强协商民主建设的基本原则方面强调，加强协商民主要“确保协商民主有制可依、有规可守、有章可循、有序可遵”。因此，作为我国协商民主的重要参与方，民主党派要把推动协商民主制度化作为其开展协商民主工作的重点。其中有四个方面的工作，需要深入开展。

第一，为直接参与的协商民主提出意见和建议，使其制度更加完善。《意见》所提出的关于协商民主的渠道中提到“继续重点加强政党协商、政府协商、政协协商”，各民主党派是直接参与方。民主党派应该与中国共产党、政府和政协一起，加强工作，提高制度化水平，这样做本身也是协商民主的一部分。此外，由于近些年政党协商、政府协商、政协协商都有一些新的协商工作和形式出现，因此特别需要民主党派就这些新工作不断加强研究，提出提高制度化水平的意见和建议。比如，关于政党协商，《意见》提出，就民主党派的重要调研课题召开调研协商座谈会，由中共中央负责同志主持，邀请相关部门参加；关于政府协商，《意见》提出探索制订并公布协商事项目录；在政协协商中，全国政协开展了双周协商座谈会等工作。由于这些工作是新事物，民主党派可以从自身出发，深入研究，为相关制度的建立和完善贡献力量。

第二，对于不直接参与的协商民主，要对相关制度问题开展调查研究，提出意见和建议。《意见》提出的协商民主的渠道中，除了前面提到的“继续重点加强政党协商、政府协商、政协协商”外，还有“积极开展人大协商、人民团体协商、基层协商，逐步探索社会组织协商”这四个方面。虽然民主党派不是以组织形式参加，但一些民主党派的成员无论在人大、团体、基层，还是社会组织都有一定程度的参与。因此民主党派对这些协商，有很多的了解，而且这些协商，尤其是人大协商，是政治协商的内容，也是民主监督的内容。以“政治协商、民主监督”为主要职责的民主党派，可以对此开展调查研究，为这四类要“积极开展”的协商民主，提出有真知灼见的建议。

第三，民主党派要加强自身制度化建设。民主党派是我国协商民主中的重要方面，其自身的制度化建设，对国家协商民主制度化的提高有着重要的作用。这些年来，各民主党派的制度建设，无论是组织建设、参政议政，还是机关队伍建设，制度化水平都在不断提高。但面对国家的新形势和新要求，民主党派非常有必要对照《意见》的要求，对自身的制度进行全面的总结和检视，从而确定未来加强制度建设的重点，制订相应的工作方案。其中非常重要的是民主党派对于怎样更高质量地参加政党协商、政府协商、政协协商，要有制度化的安排。应该说对于参加政协大会的协商，无论是全国政协还是地方政协，各级民主党派组织都已经形成了相对成熟的工作机制，但对于参加政党协商、政府协商，以及政协协商中的新的协商形式，比如界别协商，还需要加强制度化建设。这应该成为未来民主党派制度建设的一项重要工作。

第四，民主党派要通过制度建设提高协商能力和水平。提高参与协商的能力和水平是摆在民主党派面前的一项迫切任务，这些年民主党派为此也做了大量的工作。这方面的制度化建设的目标是：建立合理可行的体制和机制，把民主党派内的优秀人才吸引过来，通过培养和锻炼，使其在协商民主中发挥出更大的作用；把民主党派中央和地方的力量整合，形成上下联动的工作局面；借助社会力量，尤其是一些智库和高等学校的研究力量，为民主党派参加协商民主工作提供更为有力的支撑。

总之，《意见》为新时期民主党派参与协商民主提供了更大的空间。民主党派做好协商民主制度化工作，对于我国建设社会主义政治文明，推进国家治理体系和治理能力现代化，都意义重大。

《新时期中国参政党党内民主建设的内涵探索》（王洪树、虞崇胜，《社会科学研究》2015年第4期）

从权力归属的角度看，参政党党内民主是指参政党内部一切权力属于所有政党成员；从权利保障的角度看，参政党党内民主可以借鉴执政党党内民主的界定，指参政党成员在党的日常政治生活中，平等、真实地享有党章所规定的各项参与、决定和管理党内各项事务的权利；从政治层次来看，参政党党内民主是中国民主政治中的次级民主或微观民主；从理想状态来看，参政党党内民主不仅指它是个什么样子的经验描述问题，也是一个理想应然问题。换言之，参政党党内民主不仅要真实地呈现参政党内部的民主现状，而且更要引导参政党内部民主的未来发展。综上所述，参政党党内民主建设，就是以保障参政党成员当家作主为政治目标，多维多层地开展制度创制和活动创新，使政党成员平等参与政党事务管理活动，发展充满政治活力且健康有序的政党民主的政治过程。

以现代民主的基本要素为依据，参政党党内民主建设就是围绕参与、竞争和权利保障而进行的一系列党内制度建设和活动开展过程。这些基本要素在政党内部权力运作中的精神渗透和程序规范，是任何政党进行内部民主建设时都必须思考和解决的问题。因此，参政党党内民主建设，就是要开展平等参与、公平竞争、权利保障、权利救济制度的建设与民主实践活动。以政党内部所涉主要事由为依据，参政党党内民主建设就是内部立法民主、治理民主、监督民主和人事民主的制度健全和实践推进过程。立法民主，是参政党内部最高层次的民主内容，它涉及党内政治架构的确立和基本规则的制订。治理民主，是参政党内部行政民主化的集中表现，是民主在党内日常事务管理中的过程性展现；治理民主建设就是要保障政党成员过程性的平等参与党内日常事务管理活动。监督民主，是参政党内部权力监督民主化的集中表现，民主精神要贯穿监督的所有环节；监督民主建设就是在充分保障党内成员作为权力主人的监督权的基础上，建立健全多层次全方位的立体民主监督体系和开展多维多元的民主监督活动。人事民主，是党内民主的主体性保障；能否选出群众基础好、思想政治素质过硬、民主管理能力强的各级党务干部，是参政党可持续发展的关键；人事民主建设就是要在成员充分参与的基础上完善党内选举竞争制度，开展选举竞争活动。

以民主参与形式为依据，参政党党内民主建设就是一个完善协商民主和选举民主、追求和扩大党内共识民主的过程。协商和选举是参政党内部民主的两种最为主要的活动方式。前者追求理性共识，后者追求票决共识。它们的有效开展和协调互动，将使参政党各项决策不仅具有高度的政治合法性，也将具有较高的执行效率。完善协商民主和选举民主、建立健全它们的互动协调民主机制、促进共识民主在党内的多维开展，就成为参政党党内民主建设的重要内容。

以政党功能为依据，参政党党内民主建设既是一个民主机制建构过程，又是一个民主功能在相关机制规范下的展开过程。一方面，它要建立健全吸纳整合、表达沟通、选贤任能、民主监督和参政议政的党内机制；另一方面，它在这些机制的规范下积极开展履行上述职能的相关政治活动。其中，吸纳鉴别群众意见并对之进行整合提炼的民主机制的建立健全与相关活动的开展，是参政党党内民主建设的基础性内容。选贤任能民主机制的建立健全和相关活动开展，事关参政党内部权力结构开放、权力竞争民主有序、权力更替平稳进行等重大问题，是参政党内部民主建设的关键所在。参政议政的政党内部承接机制建立健全和有效运行，是各参政党有效分享国家权力和参与公共事务管理的体制机制保障；它是参政党党内民主建设的目标诉求。

参政党党内民主建设的直接目的是建设民主型参政党。一方面，它要充分尊重成员的主体地位，保障成员权利的充分实现和成员义务的公平分担，最终营造一个每个成员尊严受到保护、诉求得到回应、价值得以充分发挥的政党家园。另一方面，民主型参政党要形成渠道多元、程序健全、参与充分的内部吸纳整合、表达传递、沟通协调、监督制衡、参政议政的民主机制。相关机制的健全和有效运行，将促使民主型参政党广泛聚合不同社会功能界别群体日趋分散的公共诉求。参政党党内民主建设之间接目的是完善中国特色政党制度。首先，民主型参政党的铸就，能够使中国特色政党制度更具开放性。其次，民主型参政党的形成，有助于中国特色社会主义政党制度政治功能的充分发挥。最后，民主型参政党的形成，有助于建构能力更加匹配、政党关系更加和谐的中国特色政党制度。吸取历史教训和回应时代挑战，民主型参政党的形成将使中国特色政党制度内部主体的能力更加匹配。相对弱势一方的参政党，将会因为内部民主体制的健全和有效运行而充分发挥它们的政党功能，更好地履行参政议政和民主监督职能。这将使执政党在广开言路和兼收并蓄的基础上科学执政、民主执政，引领中国社会主义平稳健康发展。此外，民主型参政党的产生将促成更加和谐的中国政党生态环境。如果执政党党内民主机制相对成熟，而参政党党内民主机制发育不全，这对构建和谐的政党生态必将产生消极影响。参政党党内民主建设的终极目的是推动中国民主政治发展。民主型参政党的形成将在四个方面推动中国民主政治的发展。第一，民主型参政党能够汇集人才建言献策，夯实中国民主政治发展的经济和社会基础。第二，民主型参政党能够促进人民民主和树立良好的中国民主政治形象。第三，民主型参政党能够在一定程度上消除中国政治发展的政绩合法性困境，保障社会团结和政治稳定。第四，民主型参政党能够丰富中国政治的民意表达渠道，促进多元社会阶层利益的公共维护。

《关于国家治理现代化与中国参政党建设的思考》（张峰，《湖北省社会主义学院学报》2015 年第 2 期）

推进国家治理体系和治理能力现代化，必须解决好制度模式选择问题。我国今天的国家治理体系，是在我国历史传承、文化传统、经济社会发展的基础上长期发展、渐进改进、内生性演化的结果。我国国家治理体系需要改进和完善，但怎么改、怎么完善，我们要有主张、有定力。推进国家治理体系和治理能力现代化的核心问题是完善和发展中国特色社会主义制度，其中就包括中国共产党领导的多党合作和政治协商制度。中国共产党领导的多党合作和政治协商制度是中国特色社会主义政党制度。完善和发展这一基本政治制度很重要，因为我国是实行政党政治的国家，我国的政党政治的特色就体现为一党领导、多党合作，并且以政治协商作为共产党执政、多政党参政的基本方式。因此，我们要深刻把握“中国特色社会主义参政党”的内涵、新意，以完善和发展中国政党制度，推进国家治理现代化。

首先，民主党派作为参政党是与执政党相对应的新型政党。之所以说它是新的类型的政党，主要在于它无法按现有的政党类别进行归类。它不以执掌政权为目的，不同于执政党，同时又参加国家政权，不同于其他国家的在野党。也就是说，在政不在野，参政不执政。这种类型的政党的出现，既是我国民主党派合乎历史逻辑发展的必然结果，也是中国共产党高度信任自己的亲密友党促进其转型实现的伟大创造。

其次，我国参政党具有中国特色社会主义性质。新民主主义革命时期，我国民主党派是“新民主主义性质的政党”。1957 年反右斗争之后，由于把两个阶级、两条道路的斗争视为我国社会主要矛盾，民主党派曾被定性为“资产阶级性的政党”。十一届三中全会之后，中国共产党对民主党派的认识进行拨乱反正，民主党派开始叫作“为社会主义服务的政治力量”。1989 中共中央年 14 号文件在提出民主党派是“参政党”的同时，又明确了民主党派“同中共通力合作、共同致力于社会主义事业”。2005 年《中共中央关于进一步加强中国共产党领导的多党合作和政治协商制度建设的意见》(2005 年 5 号文件)把中国特色社会主义事业与“参政党”概念相结合，承认民主党派是“致力于中国特色社会主义事业的参政党”。所有这些表述都是在做扫清外围的工作，直到习近平总书记指出“各民主党派是同中国共产党通力合作的中国特色社会主义参政党”，才真正是突破核心。提出“中国特色社会主义参政党”概念的深刻含义在于揭示了民主党派具有中国特色社会主义性质，意义重大。大家知道，共产党的全称是“共产主义政党”(Communist Party)，共产党与其他政党的根本区别在于“党的最高理想和最终奋斗目标是实现共产主义”。因此，中国共产党是中国工人阶级的先锋队，同时是中国人民和中华民族的先锋队。而民主党派是什么主义的政党呢？过去的民主党派曾经是新民主主义的政党，而新民主主义革命是我们已经完成的事情，再把民主党派叫作新民主主义的政党不合适。如果把民主党派叫做共产主义的政党，又同共产党相混淆，也不合适。如何界定民主党派的性质，关键在于把握我国今天要干的事业，这就是社会主义。既区别于共产党的先进性，又能体现民主党派的进步性，民主党派只能定位于社会主义的政党。但是，国际上特别是西方国家有一类政党我们把它们叫作“社会党”，其实际名称是“Socialist Party”翻译过来就是“社会主义政党”。我们把民主党派叫作“社会主义政党”，就有一个如何同社会党相区别的问题。好在我们搞的社会主义，不是民主社会主义或者别的什么社会主义，而是中国特色社会主义。这既是中国共产党在现阶段的基本纲领，也是包括民主党派在内的全体中国人民的共同理想。坚持和发展中国特色社会主义是相当长的时期内中国共产党和民主党派共同的历史任务。把民主党派定位于“中国特色社会主义参政党”，有利于在共同思想政治基础之上加强中国共产党同各民主党派和无党派人士团结合作，共同致力实现中华民族伟大复兴的中国梦。

再次，明确参政党在实现国家治理现代化中的角色定位。实现国家治理现代化，离不开中国共产党的领导。中国共产党目前面临的头等重大的问题是如何在日益复杂的国际国内环境下坚持党的领导、坚持和发展中国特色社会主义。解决这个问题，除了依靠“更加注重改进党的领导方式和执政方式”这些总体的战略部署之外，还有一个重要方面，就是要真正发挥参政党的作用。首先是民主监督作用。再者是参政议政作用。为此可以考虑，让民主党派承担起广泛吸纳人才的作用，放宽民主党派吸收新成员的政策。

最后，支持民主党派加强协商能力建设。民主党派参加政党协商，存在着能力不足的突出问题。过去我们讲民主党派的四种能力建设，即政治把握能力、参政议政能力、组织协调能力、合作共事能力。协商能力与这四种能力都有关系，但又有其特殊要求。具体来说，主要是四个方面：一是把握大局。要十分清楚中共中央的战略布局，民主党派只有围绕中心、服务大局，才能“参政参到点子上，议政议到关键处”。二是调查研究。没有调查研究就没有表达权、参政权。只有深入调查研究，才能摸清实情、体贴民意，资政建言才能有根据、有水平。三是理性表达。协商民主是一种理性民主，是以理服人而不是以势压人。有了好的意见建议，如何表达出来也很重要。我们要营造既畅所欲言、各抒己见，又理性有度、合法依章的良好协商氛围。四是善于学习。学习的途径很多，自学是根本，但集中学习教育培训也很重要。这就涉及我们社会主义学院的责任。

王彩玲　中央社会主义学院中国政党制度中心教授

重要文献

中国国民党革命委员会

中国国民党革命委员会第十二届中央常务委员会工作报告

（2015 年 12 月 17 日在民革十二届四中全会上）

万鄂湘

各位委员、同志们：

现在，我代表第十二届中央常务委员会向全会报告工作，请予审议，并请列席的同志提出意见。

2015 年的主要工作

今年以来，以习近平同志为总书记的中共中央按照“五位一体”总体布局和“四个全面”战略布局的要求，着力推进改革开放，有效化解风险挑战，胜利召开中共十八届五中全会，隆重纪念中国人民抗日战争暨世界反法西斯战争胜利 70 周年，各项事业取得了新的重大成就。《中共中央关于制订国民经济和社会发展第十三个五年规划的建议》对“十三五”时期我国经济社会发展做出全面部署，是全面建成小康社会决胜阶段的纲领性文件。今年也是统一战线和多党合作成果丰硕的一年，中共中央召开中央统战工作会议，颁布实施《中国共产党统一战线工作条例（试行）》《中共中央关于加强社会主义协商民主建设的意见》和《中共中央关于加强政党协商的实施意见》，为统一战线和多党合作事业发展提供了重要遵循。

一年来，民革全党认真学习贯彻中共十八大、十八届三中、四中、五中全会精神和习近平总书记系列重要讲话精神，学习中央统战工作会议精神、学习《条例》和有关文件精神，开展坚持和发展中国特色社会主义学习实践活动，各项工作取得了新成绩。

一、助推平潭综合实验区发展

发挥民革对台联系广泛的优势、深入研究平潭综合实验区发展与两岸关系问题，是习近平总书记交给民革的光荣政治任务。民革中央将此项任务定为 2015 年重点工作，一年来工作取得积极进展。

围绕平潭发展建言献策。今年 1 月 6 日至 8 日，民革中央赴平潭开展了专题调研。

全国两会期间，习近平总书记在参加民革、台盟和台联联组讨论时，对民革中央有关加快推进平潭建设的发言给予高度肯定。民革中央提交的《关于加快推进平潭综合实验区建设的提案》被列为重点提案。两会后，习近平总书记、李克强总理和张高丽副总理对民革中央提交的调研报告做出重要批示。6 月 8 日，俞正声主席主持召开调研协商座谈会，民革中央汇报了调研情况和工作进展。7 月初，民革十二届十一次中常会在福建省召开，常委们重点考察了平潭综合实验区，并就平潭发展和民革参与平潭建设提出大量建议。对民革中央提出的政策建议，国家发改委、商务部、国台办、银监会等部委都给予了高度肯定，国家和福建省有关方面正在积极有序推进，具体建议如投资、贸易、航运、金融等方面的政策建议绝大部分已经被吸纳进相关文件。

参与平潭建设的四项工作取得积极进展。通过调研考察，民革中央提出参与平潭建设的四项工作，即筹办平潭两岸青年创业谷、组建海峡两岸仲裁中心、筹办中山银行和举办平潭发展论坛。11 月 3 日，第六届两岸青年创新创业论坛和第二届两岸新锐设计竞赛“华灿奖”颁奖仪式在平潭举办，宣告平潭两岸青年创业谷成立。两岸各界人士及青年创业者 500 余人出席论坛，国台办高度重视并将活动列为重点支持项目。国务院近日已正式批准组建海峡两岸仲裁中心，中国国际经济贸易仲裁委员会等有关部门正在积极推进，计划 12 月 29 日举行挂牌仪式。仲裁中心将专门受理海峡两岸的各种纠纷，矛盾各方可以自行约定解决纠纷的准据法，有助于进一步提升平潭的法治环境、促进两岸司法合作与交流。与银监会就筹办中山银行保持密切沟通。平潭发展论坛拟定于 2016 年举办，届时将广泛邀请两岸经济、法律等方面的高层次人才和企业界人士，促进企业家在平潭投资兴业，共商平潭发展大计，扩大平潭影响力。

成立民革中央企业家联谊会。民革中央企业家联谊会于 10 月 29 日正式成立，全国政协委员、港澳台侨委员会副主任、富华国际集团董事长陈丽华担任名誉会长，全国政协委员、北京兆泰置业（集团）股份有限公司董事长穆麒茹担任会长。联谊会将整合民革全党非公经济人才资源，搭建民革企业家团结、交流、协作、发展平台，引导民革党员中的企业家参与平潭综合实验区建设，组织有一定实力的企业家发起投资主体，并联合平潭部分国资和台资，加强两岸金融合作，共同谋划筹办中山银行有关事宜。

二、努力做好履职各项工作

民革参政议政、民主监督、参加中国共产党领导的政治协商等工作不断取得新的成绩。

政治协商成效显著。民革中央领导同志参加中共中央、国务院和有关部门召开的党外人士协商会、座谈会、情况通报会 29 次，围绕“三农”、促进祖国和平统一和社会法制三大重点领域，提早精心谋划，充分运用重点调研成果，组织专家咨询论证，努力提升建言献策水平。民革中央在发言中分别提出了：为经济发展营造良好的法治环境；运用法治思维，进一步提高简政放权的实效；保障被征地农民权益，重视粮食安全，发展农村金融；促进国内统一市场法治建设；坚持一个中国原则，更加重视对台湾岛内青年的工作；建设更高效的政府，加速释放改革红利等多项建议。在十二届全国人大三次会议期间，孙继业等代表领衔提交了 11 件议案，莫小莎等 40 位代表提交了 159 份建议，其中《关于建立健全跨流域调水水源地保护生态补偿机制的建议》等 2 篇被列为重点办理建议。在全国政协十二届三次会议上，傅惠民同志代表民革中央作大会发言《大力推进志愿服务事业，不断促进社会文明进步》，刘奇葆同志对发言做出重要批示，部分省市如吉林、湖北、武汉等已在地方立法中吸纳了民革的建议。民革中央提交集体提案35件，其中《关于大力发展康养产业的提案》等5件被列为重点提案。田惠光、吴晶同志分别在全国政协常委会上作大会发言，就“十三五”规划编制、积极培育和践行社会主义核心价值观提出建议。史小红等同志参加全国政协专题协商会，分别就推进人民法院司法体制改革等重大问题发言。民革中央与全国政协提案委共同承办以“农村土地确权登记和相关法律问题”为主题的双周协商座谈会，何丕洁、张伯军等同志积极建言献策。刘凡、李晓东等同志受邀参加双周协商座谈会并发言，就一系列重大问题提出建议。

调查研究精准深入。民革中央已分别与最高人民法院、最高人民检察院、国家农业部、司法部、全国政协社法委、中国社科院、上海社科院等建立合作机制，围绕参政议政工作三大重点领域，联合开展调研、研讨，着力提升调研成果质量。围绕国家经济社会发展全局性、战略性和前瞻性问题，全年选定31个课题，开展调研考察36次，形成调研成果近30项。部分重点调研成果被作为民革中央在高层协商会上的建议内容，得到习近平、李克强等领导同志的充分肯定；以调研为基础，向中共中央、国务院报送书面建议10篇，得到领导同志批示13人次，含中共中央政治局常委重要批示8人次；部分调研成果拟作为明年全国政协会议的集体提案，力争推动有关工作落实。本次全会期间，民革中央将表彰民革十二大以来的省级组织参政议政优秀成果。评选采取专家评审和“民革e家”、团结网投票相结合的办法，吉林、上海、浙江、广东、北京、黑龙江、湖北、青海、重庆、四川等10个省级组织的参政议政成果荣获一等奖。

专委会工作丰富多样。各专委会认真组织本领域专家，依托研究中心，为参政议政工作做出了基础性贡献，如经济委员会、“三农”委员会定期组织专家、企业家座谈经济形势与政策建议，社会法制委员会专题研讨平潭综合实验区法治问题等。各专委会创新调研方式，如祖国和平统一促进委员会邀请台湾在大陆交流学生、在大陆创业青年加入调研。根据履职情况和工作需要，增减了一批专委会委员，实现“能进能出”。《专委会通讯》实现电子版改版。

信息工作成绩突出。一年来，民革中央向全国政协报送162篇社情民意信息，被采用34篇，信息整体采用率在各民主党派中央和全国工商联中排名第一。《关于自贸区进出口货物商标保护问题的若干建议》得到汪洋同志两次重要批示。《尽快对外国（地区）企业承包经营管理税务登记录入选项进行调整》等信息被中共中央统战部《零讯》采用。在反映社情民意信息工作中，上海、浙江等省级组织做出了突出贡献。

民主监督不断完善。民革中央在坚持四项基本原则基础上，通过提出意见建议的方式，与参政议政工作相结合，进行政治监督。在高层协商中针对简政放权中出现的问题专门提出意见建议。对中共中央政治局践行“三严三实”要求、加强自身建设，对中共政协全国委员会党组工作及开展“三严三实”专题学习教育活动，对最高人民法院、最高人民检察院的工作提出意见建议。王红同志参加全国政协“深化行政审批制度改革”专题协商会，发言得到广泛报道。《我国生活垃圾填埋场地下水污染监管亟待重视》等一批社情民意信息聚焦突出问题，提出具有可操作性的方案。

三、思想理论宣传工作突出特色

民革以开展坚持和发展中国特色社会主义学习实践活动为主线，不断推进民革党史和理论研究，大力宣传民革各项工作成果。

继续推进坚持和发展中国特色社会主义学习实践活动。不久前，俞正声主席在坚持和发展中国特色社会主义学习实践活动经验交流暨中期推动会上，对下一阶段活动提出了要求。民革中央阶段性总结了学习实践活动的成果，强调民革各级组织要一以贯之地抓好思想建设和意识形态工作，不断巩固团结奋斗的共同思想政治基础，广大党员要更加自觉地承担起中国特色社会主义事业亲历者、实践者、维护者、捍卫者的使命。编辑出版了《亲历者赞》丛书，集中展示民革学习实践活动的成效。号召广大党员和基层组织认真学习中央统战工作会议精神，并要求各级领导带头学、带头宣传。截至 11 月底，各级领导赴基层宣讲 834 次，受众 40861 人次。首次举办非公经济界代表人士坚持和发展中国特色社会主义学习实践活动培训班，引导民革非公经济人士坚定理想信念，自觉践行社会主义核心价值观，促进非公经济健康发展和非公经济人士健康成长。号召广大民革党员向蔡立忠同志学习，《团结报》《团结》杂志、民革中央网站推出长篇人物通讯《蔡立忠：一个纯粹的人》，得到俞正声主席高度评价，并在民革党员中引起很大反响。

纪念中国人民抗日战争暨世界反法西斯战争胜利 70 周年。民革 30 个省级组织和团结出版社积极参加抗战老兵口述历史和民革前辈史料采集工作，共采访了 227 名抗战老兵和民革前辈，采集高清视频 16000 多分钟、容量 7700 多 GB。云南、北京、湖北、辽宁、甘肃、上海、山西、内蒙古、广东等省市民革组织和团结出版社在这项工作中做出了突出贡献。民革中央系统整理了 147 名抗战老兵的视频素材，与中央电视台联合制作专题片《我们的远征——一百位远征军老兵口述实录》，预计明年上半年在央视播出。将抗战老兵的口述资料形成 50 万字书稿《抗战老兵忆抗战》，即将由团结出版社出版。为有关方面提供了民革前辈中抗日战争亲历者资料，收集并整理各地抗日战争遗迹遗址资料 186 条。与中国文联、中央文史馆、中国美协联合主办了“民族魂——纪念中国人民抗日战争暨世界反法西斯战争胜利 70 周年美术作品展览”。团结报社主办了具有民革特色和统战特点的“镜头中的抗战老兵·团结行”系列活动，在北京、山西、广东等地巡展，出版《山河记忆》图书，得到中共中央统战部的高度评价。团结出版社完成了国家出版基金项目《抗日战争与中华民族复兴》系列图书的出版工作，《虎贲万岁》被中共中央宣传部、国家新闻出版广电总局评为“抗战百种经典”图书。

加强党史和思想教育工作。纪念李济深同志诞辰 130 周年。出版《何鲁丽文集》。“观故居——走多党合作之路”活动是今年思想教育的重要途径，截至 11 月底，各级组织共 21400 人次参加，使广大党员更加坚定走中国特色社会主义道路的决心。新增兰州邓家花园、天水邓宝珊将军纪念馆、河南张钫故居为民革党史教育基地。“民革前辈纪念场馆系列丛书”新增《王昆仑与太湖别墅》《朱学范与枫泾故居》两种。召开蒋光鼐生平事迹研讨会。组织研讨“孙中山振兴中华的理想与中国梦”。

深入开展参政党理论研究。围绕《中国共产党统一战线工作条例（试行）》《中共中央关于加强社会主义协商民主建设的意见》和《中共中央关于加强政党协商的实施意见》

开展学习、宣传和研究。《求是》杂志于 2015 年第 5 期刊发了万鄂湘同志署名文章《参政党要做社会主义协商民主的全力推动者》。《团结》杂志新设“协商民主与公共政策的理论研究”专栏。围绕“政协协商与公共政策”举行学术研讨与调研。

多渠道立体宣传民革工作。加强与主流媒体合作，提升自有媒体影响力，加大对抗战胜利纪念活动和民革各项工作的宣传力度。团结报社加速推进全媒体建设，向各民主党派中央及省级统战部、民主党派大楼、社会主义学院赠送 40 台多媒体阅报屏，基本实现省级民主党派大楼全覆盖。团结网、法人微信点击量双破百万，首次受邀参加现场阅兵式开展全媒体采访活动，报道得到中共中央宣传部充分肯定。团结出版社连续两年跻身“中国图书世界馆藏百强出版社”行列。

四、组织和机关建设工作稳步发展

民革广泛开展组织工作的调查研究，强化作风建设，组织结构进一步优化。

科学推动组织发展。民革中央就加强中央与省级组织联动协作机制、民革组织发展规划、高层次人才发展工作、民革实职干部培养与推荐、示范性支部建设及支部志愿活动进社区工作、民革党员干部教育培训等课题进行调研，对全国党员发展数据进行了系统分析，为编制今后一个时期的组织建设规划打牢基础。启动组织信息管理软件升级工作，着手将党籍信息管理软件升级为民革组织信息管理系统，推进民革组织信息管理的规范化和科学化。民革各级组织和党员发展工作平稳有序推进，目前共有省级委员会 30 个，地市级委员会 273 个，县级委员会 51 个，基层委员会 94 个，总支委员会 416 个，支部委员会 4827 个。截至今年 6 月，民革党员总数 117664 人。各级领导班子成员参加支部活动成为“新常态”。

积极推荐干部任职。民革中央多渠道多层次向各级中共党委和统战部门推荐民革党员担任领导职务。目前，民革党员担任副省长 2 人、地市级副市长 34 人；担任政府工作部门领导职务的正厅级 5 人、副厅级 23 人；担任司法机关领导职务的厅局级 12 人；担任副厅级及以上高等院校、科研院所、社会团体、国有企业正职 15 人、副职 64 人。田红旗同志新当选中国工程院院士。一批民革党员荣获“全国先进工作者”“全国三八红旗手”“巾帼建功标兵”等国家级表彰。

重视干部培养锻炼。制订了《2015—2020 年民革全国党员、干部教育培训规划》。通过教育培训、挂职锻炼、轮岗交流等途径，加强干部培养锻炼，提升干部业务水平，今年共推荐 38 名厅局级和处级干部参加中央社院民主党派干部进修班、培训班和出国研修班。民革中央机关有 2 名干部完成挂职锻炼，6 名干部分赴福建、浙江、贵州、河北等地挂职锻炼。

狠抓党内监督和机关作风工作。民革中央在调研基础上制订了《民革内部监督工作条例实施细则（试行）》，为细化内部监督工作、完善具体操作制度提供了遵循。截至今年 11 月，已有 29 个省级组织成立监督委员会。民革中央机关严格贯彻“八项规定”精神，严控“三公经费”开支，根据有关文件精神，陆续制订、修订、完善了一批规章制度。今年 5 月，民革中央正式聘任了法律顾问。

“民革 e 家”信息平台初见成效。建设“民革 e 家”信息平台是新常态下提高民革全党履职能力的重要举措，也是民革落实“互联网+”战略、推进电子政务建设的具体体现。“民革e家”面向民革各级组织、全体党员和机关工作人员，通过“民革指数”等板块拓宽参政议政渠道、创新组织管理方式、增强党员参与组织活动的积极性。在民革浙江省委会试点基础上，“民革e家”已于11月底投入使用，并顺利完成民革省级组织参政议政成果评选表彰活动的网络投票、民革党员关于当前宏观经济形势和明年经济工作的网络调研。网络投票共有86136位党员参加，激活了大量基层组织和党员，取得了良好效果。

五、社会服务工作不断创新

民革社会服务各项工作扎实推进，不断取得新进展。

法律服务工作不断深入。法律服务工作得到各级组织和广大党员积极响应。截至目前，全国24个民革省级组织和150个地市级组织成立了法律服务机构，其中5个省级组织和32个地市级组织所属的法律服务机构被纳入国家法律援助工作体系。各级组织积极探索法律服务新方法，送法律进乡村、进校园、进企业、进社区，如民革吉林市委会协调解决丰满大坝拆迁难题等，得到中共党委政府的高度肯定。据统计，民革各级组织共开展法律咨询和普法活动2580次，实施法律援助案例4115个，累计受益群众2万人次。

中山博爱基金会正式获批。日前，国务院正式批准成立中山博爱基金会。依据章程，中山博爱基金会将传承中华民族优良传统，弘扬博爱精神，汇聚民革非公经济人士和社会爱心人士力量，致力于社会公益慈善事业，如资助黄埔老人、抗战老兵、生活上有困难的民革党员，资助已开展的支边支教、法律援助等帮扶对象，资助民革历史资料保护项目等，打造民革工作新品牌，提高参政党影响力，为全面建成小康社会做出更大的贡献。

积极探索精准扶贫工作。民革中央积极探索精准扶贫工作的思路、重点和措施。继续在贵州纳雍县大力开展教育帮扶、慈善捐赠、医疗援助、扶贫项目实施等活动，重点联系扶持纳雍县13所中小学校。动员民革地方组织在黔西南州、武陵山片区、原中央苏区等地创新扶贫内容。将河北省曲阳县和兴隆县定为新的扶贫联系点，开展精准教育扶贫和农村电商全覆盖。截至目前，全国各省级组织共确定了76个定点扶贫地区，一年来共组织赴定点扶贫地区考察3000余人次，选派挂职干部68人，实施各类扶贫项目347个。民革各级组织共投入扶贫资金和物资折合价款约6200万元，帮助贫困地区引进各类资金近2亿元。“博爱·牵手”活动注重与坚持和发展中国特色社会主义学习实践活动相结合，民革基层组织共开展活动2921余场，活动捐款捐物总价值9500万元，25.5万人直接受益。

六、促进祖国和平统一工作成绩显著

民革全党紧密联系两岸关系和台湾岛内形势的发展变化，推动祖统工作深入开展。

对台对外交流成果丰硕。民革中央配合有关部门邀请台湾及海外人士参加纪念中国人民抗日战争暨世界反法西斯战争胜利70周年、纪念台湾光复70周年系列活动。首次作为主办方之一，与黄埔军校同学会等单位共同举办第六届“中山·黄埔·两岸情”论坛，两岸黄埔师生、亲友和各界嘉宾200余人出席论坛，参加人数、规模和层级为历届之最。举办“民革中央欢迎台港澳及海外同胞庆祝国庆66周年招待会”。中华中山文化交流协会代表团赴德国、美国、加拿大、非洲等地与侨胞共同举办了多场海外纪念抗战胜利70周年座谈会和反独促统活动。继续深入做好台湾中南部民众工作，与水利部合作举办了“第七届海峡论坛·两岸乡村农田水利建设交流会”，组织“第四届台湾中华工商业联合协会大陆参访团”和“北京大学两岸工商总裁高阶管理研修班”。积极推动两岸文化艺术交流。

加强台湾青年工作。民革中央依托邀访、论坛、实习、大赛四大品牌项目，逐渐形成团结争取台湾青年的系统工程。组织接待了“第十四届台湾杰出青年赴大陆参访团”，特别增加了爱国主义教育和创业园区走访等内容。邀请“第四届台湾擎天协会暑期青年华夏文化参访团”，特别安排赴延安参访，为台湾青年学生了解大陆、认识两岸近代史提供了机会。联系安排了42位台湾青年学生到北京歌华文化发展集团等13家企业实习。举办“台青之友沙龙”活动。通过四大品牌项目，让更多的台湾优秀青年参与到两岸交流的实践中来，把个人理想价值和实现中华民族伟大复兴的中国梦联系在一起。

同志们！过去一年，民革各项工作取得了积极进步，特别是去年布置的几项重点任务如助推平潭综合实验区发展、“民革e家”建设、抗战老兵口述历史和民革前辈史料采集成果转化使用等，件件有落实，事事见实效。各级组织和机关真抓实干，注重配合，执行力显著增强。在这里，我代表民革中央常委会，向民革各级组织、机关和全体党员的热忱支持和辛勤付出表示衷心的感谢！

同时，我们清醒地看到，民革工作还有不少问题：如参政议政“直通车”建议质量有待提高，民主监督工作有待加强，宣传思想政治工作的方法需要不断创新，组织发展中缺少更多旗帜性领军人物等。面对这些挑战，民革中央决不回避，要认真总结经验，紧紧依靠广大党员，努力创新工作方式方法，全面做好民革各项工作。

2016年的主要任务

2016年是“十三五”开局之年。民革全党工作的总体要求是：全面贯彻中共十八大、十八届三中、四中、五中全会精神和习近平总书记系列重要讲话精神，贯彻中央统战工作会议精神、《中国共产党统一战线工作条例（试行）》《中共中央关于加强社会主义协商民主建设的意见》和《中共中央关于加强政党协商的实施意见》，紧紧围绕“四个全面”战略布局，以持续开展坚持和发展中国特色社会主义学习实践活动为主线，以纪念孙中山诞辰150周年为契机，重点加强民革履职能力建设、搞好政治交接，全面加强自身建设，努力使各方面工作取得新成效。

一、深入学习贯彻中共十八届五中全会精神

民革各级组织、广大党员特别是各级领导干部，要把学习贯彻中共十八届五中全会精神作为当前和今后一个时期民革全党的重大政治任务，切实把思想和行动统一到全会精神上来。要把学习贯彻中共十八届五中全会精神作为提高参政党履职能力和全面加强

自身建设的强大源动力，做到将学习全会精神和持续开展中国特色社会主义学习实践教育活动相结合，和学习《中国共产党统一战线工作条例（试行）》《中共中央关于加强社会主义协商民主建设的意见》《中共中央关于加强政党协商的实施意见》相结合，和民革十二大提出的目标任务相结合，和民革各项履职工作相结合。

二、持续提高参政党履职能力

参政党履职能力建设要久久为功，不断提升科学化水平。

继续助推平潭综合实验区发展。要继续做好习近平总书记交给民革的光荣政治任务，深入研究平潭发展问题，办好几件实事。指导民革中央企业家联谊会积极稳妥地发起投资主体，为筹办中山银行做准备。整合各方资源，办好平潭发展论坛，谋划好法治、经济、青年创业、两岸高等教育等分论坛。推进平潭青年创业谷建设，积极做好海上主题公园等项目的前期论证。

努力提高政党协商能力。切实担负起政党协商参与者、实践者、推动者的政治责任，围绕“四个全面”战略布局，围绕“十三五”规划的编制和实施，努力做好全年高层协商、“两高”座谈会民革中央发言工作，认真准备全国政协各类发言和党派提案等有关协商工作，提高建言献策能力。就法治中国建设、农村精准扶贫问题、京津冀能源结构调整、促进祖国和平统一等方面开展调研。

夯实参政议政工作基础。民革各级组织要立足本地、放眼全国，努力打造南北互动、东中西互相交流，优势互补、各级组织间互相促进的参政议政平台。组建民革中央参政议政工作讲师团，加强协商能力培训。创造条件，让专门委员会更好地发挥作用，推动民革中央与省级组织在专门委员会工作中的上下联动。完善国家部委对口司局和知名专家信息库。召开民革参政议政工作会议。

探索民主监督工作机制。以《中国共产党统一战线工作条例（试行）》为遵循，更好发挥民主监督作用，讲实话、出实招，敢于直面现实问题和敏感问题，反映所联系民革党员和群众的诉求和心声，努力做共产党的诤友。认真开展民主监督的理论研究，系统总结各地好的经验和做法。

三、不断加强自身建设

以坚持和发展中国特色社会主义学习实践活动为主线，以加强参政能力建设为核心，为各项工作固本强基。

不断强化思想理论建设。持续深入开展坚持和发展中国特色社会主义学习实践活动，推动民革各级组织和广大党员认真学习贯彻宣传中央统战工作会议精神、《中国共产党统一战线工作条例（试行）》《中共中央关于加强社会主义协商民主建设的意见》和《中共中央关于加强政党协商的实施意见》。重视意识形态工作，做到宣传工作不能弱化、思想建设不能松懈、理论工作常抓不懈。积极参与纪念孙中山诞辰150周年筹备工作。发挥好《团结报》《团结》杂志和团结出版社在宣传思想理论工作方面的阵地作用，纪念《团结报》创刊60周年。

切实搞好政治交接。筑牢思想基础，搞好政治交接，传承、延续民革与中共长期团结合作的优良传统。认真做好中央领导机构和省级组织换届前期准备工作，针对地市级组织换届工作制订指导意见，确保民革事业薪火相传，持续为中国共产党领导的多党合作事业做出新贡献。

不断加强组织建设。研究制订《关于进一步加强民革党员发展工作的意见》，争取在高层次人才发展、民革特色保持等方面有新的突破，发展一批高素质、有代表性、有影响力的人士。加大干部培养和推荐力度，以《中国共产党统一战线工作条例（试行）》为指导，积极推荐优秀民革党员到各级政府及其工作部门、司法机关担任领导职务。全面开展党籍档案整理和清查工作。继续办好民革中青年干部培训班和民革全国机关干部培训班。

扎实推进民革“两个家园”建设。“两个家园”即线上的“民革 e 家”和线下的民革支部活动之家。要推动民革全党信息化建设，逐步实现“民革 e 家”对民革各级组织和全体党员的全覆盖，不断丰富“民革 e 家”的内容和功能，开展线上调研、民革指数采集。推动有条件的民革基层组织建设民革支部活动之家，并与参政议政、法律援助、志愿服务等工作相结合。在“两个家园”建设基础上，开展民革示范性支部建设活动试点，出台示范性支部建设标准。

抓好内部监督和机关作风建设。切实提高解决自身问题的能力，探索发挥监督委员会在换届工作中的重要作用，确保换届工作风清气正。切实改进民革的工作作风，持续改进文风、会风、学风，不断提高工作质量和水平，继续深化对机关建设规律的探索，进一步加强机关制度化、规范化、程序化建设，不断推动学习型机关建设。

四、巩固扩大社会服务成果

通过社会服务，弘扬社会主义核心价值观，凝聚党员向心力。

积极投身脱贫攻坚工程。围绕全面建成小康社会的目标，按照中央扶贫开发工作会议的部署，积极做好民革对口支援贵州纳雍县工作，不断创新民革组织帮扶黔西南州、武陵山片区、原中央苏区、曲阳县、兴隆县的方式，帮助培养乡土人才和促进民生改善。开展调查研究，探讨精准扶贫工作中的新情况新问题，不断推动精准扶贫新发展，探索符合参政党实际的扶贫道路。

推动社会服务工作制度化科学化。就民革各地社会服务开展情况进行系统摸底，强化法律援助、志愿服务工作的品牌效应，推动制度化建设，逐步健全完善民革法律援助、农技、医疗、教育文化等领域专家资源库。中山画院要围绕纪念孙中山诞辰 150 周年开展系列活动。做好中山博爱基金会成立工作，建章立制、规范运营，为基金会长期稳健发展树立较高的起点。

五、为促进祖国和平统一做出新贡献

学习贯彻习近平总书记对台工作的系列重要讲话精神，扎实推进民革祖统工作。

积极深化涉台参政议政。继续密切关注两岸和平发展进程中的新情况新问题，特别是台湾地区领导人选举之后岛内政局的变化，依托台湾问题研究中心等智库，围绕热点问题及对台工作基础性问题开展深入调研，努力拿出更多高水平的成果。

促进两岸青年的深层次交流。巩固深化与岛内泛蓝阵营的传统交往，扩大与岛内其他相关社团的合作。重点办好第七届“中山·黄埔·两岸情”论坛、第七届两岸青年创新创业论坛、第三届两岸新锐设计竞赛“华灿奖”、第八届海峡论坛农田水利分论坛以及两岸青少年联合首演儿童剧《团仔圆妞》。做好参访交流等一系列交流活动，注重增加研讨、培训内容。

各位委员、同志们，2016年即将到来。让我们更加紧密地团结在以习近平同志为总书记的中共中央周围，高举中国特色社会主义伟大旗帜，继承和发扬孙中山爱国、革命、不断进步精神，为夺取全面建成小康社会决胜阶段的伟大胜利、开创中华民族伟大复兴更加光明的前景而努力奋斗！

中国国民党革命委员会中央监督委员会工作报告

（2015年12月17日在民革十二届四中全会上）

何丕洁

各位委员、同志们：

现在，我受民革中央监督委员会委托，向十二届四中全会报告2015年监督委员会工作，请予审议。

2015年的主要工作

今年，在中央委员会的领导下，民革中央监督委员会积极开展内部监督工作。一方面，中央监督委员会努力推动各省级监督委员会工作，切实提高广大民革党员学习和遵守《中国国民党革命委员会章程》（以下简称《民革章程》）和《中国国民党革命委员会内部监督工作条例》（以下简称《监督条例》）的自觉性；另一方面继续探索，不断健全和完善内部监督机制，起草了《〈中国国民党革命委员会内部监督工作条例〉实施细则（试行）》（以下简称《实施细则（试行）》），推动党内监督工作的制度化、规范化和程序化。

一、推动民革地方组织内部监督工作

在中央监督委员会的推动下，截至目前，全国30个省级组织中，29个成立了监委会，1个已经基本具备成立条件，正在积极筹备中。

各省级监督委员会严格按照《监督条例》工作，积极探索符合本地区实际的工作方法。如云南省监督委员会开展了监督理论研究工作，取得了初步成效。近几年来，云南省监督委员会十分重视与执政党的交流，是第一家到中共纪检监察部门学习交流的民主党派省委。云南省监督委员会对待重点信访事件，及时认真处理，取得了很好的效果。民革北京市委会组织了包括监督委员会委员在内的部分党员与北京市人民检察院交流经验，增进了解，加强了党派内部的自省、自警、遵纪守法意识。民革江苏省委会积极探索，

构建了省、市两级监督工作体系，省级监督委员会负责指导，统领全局，市级监督委员会立足于地方和基层实际，充分发挥基础性作用。实践证明，这种两级监督工作具有更好的系统性和完整性。除此之外，有的省级监督委员会还制订并践行了监督委员会委员列席省级组织常委会、地市级组织领导班子述职会和民主测评会制度，对会议召开的程序、方式、内容等履行监督职责，促进了组织工作规范化、组织生活制度化。还有的省级监督委员会派员参加地市级组织届中调整，监督工作程序和工作方案执行情况。

二、起草制订《〈中国国民党革命委员会内部监督工作条例〉实施细则（试行）》

2014 年民革中央监督委员会第三次会议提出，“要在《监督条例》的基础上，完善具体操作制度，探索制订监督细则，为推动内部监督工作，特别是做好预防性监督提供抓手”，并将起草制订《实施细则（试行）》作为 2015 年重点工作。

2015 年 4 月，中央监督委员会成立《实施细则（试行）》起草小组，委托天津市监督委员会承担初稿的起草工作。2015 年 5 月，起草小组前后赴天津、江苏、上海、云南等多地进行调研，与各省级监督委员会委员面对面了解监督工作具体情况和已经取得的成功经验，听取各地对制订《实施细则（试行）》的意见。在调研的基础上，形成了《实施细则（试行）》（讨论稿）。2015 年 10 月，中央监督委员会在无锡召开民革内部监督工作研讨会，对《实施细则（试行）》（讨论稿）进一步修改完善。民革中央监督委员会委员和省级监督委员会负责人参加了这次会议。在中央监督委员会第四次全体会议上，同意将《实施细则（试行）》（草案）提交中常会审议，并于 2015 年 12 月 16 日召开的第十二届第十三次中常会通过。

刚刚通过的《实施细则（试行）》从内部监督的对象、监督的重点内容到监督机构、监督职责、监督制度和监督保障等多个方面明确了内部监督工作的重点和依据。制订《实施细则（试行）》，是不断健全和完善民革党内监督制度的必然要求，也是民革党内监督制度不断成熟的体现。有利于切实加强党内监督体制和机制建设，强化各级组织遵守《民革章程》的自觉性和坚定性，有助于民革不断加强自身建设，提高解决自身问题的能力。

三、做好中央监督委员会办公室日常工作

2015 年民革中央监督委员会办公室共收到信访信件 7 封，针对重点信访事件，监督委员会办公室在与民革省级组织和中共省委统战部沟通后，派出工作人员进行实地走访，与信访相关人员座谈，了解情况。在掌握事实的基础上，对一例违反《民革章程》规定的行为提出严厉批评，要求当事人深刻反省并写出检查材料报中央监督委员会办公室，并根据其认识情况做出适当处理。

根据《民革章程》和相关文件规定，2015 年对触犯国家刑律的 4 名党员做出了开除党籍的纪律处分。

2016 年的重点工作

一、加强学习，提高对内部监督工作的认识

今年召开的中共中央统战工作会议，习近平总书记在会上特别强调了参政党要加强“五种能力”的建设。其中，“提高解决自身问题的能力”对民主党派搞好内部监督工作提出了更高的要求。只有继续健全内部监督机制，开展内部监督工作，才能使民革组织具备及时发现问题、深入分析问题和妥善解决问题的能力。因此，中央监督委员会及各级监督委员会要在加强学习中央统战会议精神的前提下，继续做好各项工作，提高广大党员干部对于加强内部监督工作的认识。

二、加强宣传，认真贯彻落实《实施细则（试行）》

《实施细则（试行）》是中央和各省级监督委员会开展日常工作的重要抓手。在《实施细则（试行）》出台之后，各级组织和监督委员会要重点加强宣传贯彻落实工作。一方面通过组织学习和培训切实提高广大党员特别是各级领导干部对《监督条例》和《实施细则（试行）》的理解能力，提高广大党员遵守党章、条例、实施细则的自觉性；另一方面要进一步提高广大党员对于内部监督工作重要性的认识，积极主动开展内部监督工作。

各级监督委员会作为内部监督工作的具体执行者，要按照《监督条例》和《实施细则（试行）》的规定，继续坚持和推进领导班子谈心会制度、领导干部述职和民主评议制度、谈话和诫勉制度等的落实工作，在各省范围内营造内部监督工作的良好氛围。

在认真贯彻《监督条例》的同时，民革各级监督委员会还要认真学习借鉴中共和其他民主党派的做法和经验，积极思考，努力探索，不断丰富民革内部监督工作的内容和经验，完善《实施细则（试行）》。2016 年，中央监督委员会将配合《实施细则（试行）》的落实，举办省级监督委员会主任培训班。

三、发挥内部监督作用，营造风清气正的换届环境

民革各地市级组织正在陆续进行换届，并将于 2016 年完成这项工作。随后，各省级组织和中央领导机构也将进入换届准备工作。各级组织要按照《民革章程》和换届文件要求做好地市级组织相关工作，为 2017 年省级组织和中央领导机构换届打好基础。各级监督委员会要发挥内部监督作用，协助同级委员会领导班子做好换届各项工作，保证换届工作能够按照既定程序开展，杜绝任何人以任何形式做违反原则和纪律的行为，保障换届工作风清气正，换届方案圆满顺利执行。

中央监督委员会 2016 年将围绕“如何在换届工作中发挥内部监督作用”课题进行调研，并召开一次研讨会，重点进行研究。

四、继续做好信访等日常工作

根据《监督条例》和《实施细则（试行）》规定，涉及内部监督的信访工作由监督委

员会办公室负责。2016年，中央监督委员会办公室要继续参照《民革中央机关信访工作原则》和《实施细则（试行）》的规定办理涉及党内监督内容的来信来访，积极而稳妥地开展工作。

对待来信来访，要及时和各级相关组织、中共党委各级统战部进行沟通，并在职权范围内及时提出处理意见。对重要信访事项的办理进行监督检查，直至妥善处理。

要定期做好信访归档整理和总结工作。针对全年的信访工作，总结经验和教训，在研究和处理问题的过程中切实提高解决自身问题的能力；同时也要关注苗头性和倾向性问题，以便有针对性地加强相关工作。

民革内部监督工作是在不断探索和发展着的。从2008年成立中央监委会以来，通过制订《监督条例》和《实施细则（试行）》，召开工作研讨会和交流会等，我们的工作有了一定的进步并对开展内部监督工作有了初步的经验，也对今后的工作充满信心。2016年，民革中央监督委员会将在《监督条例》和《实施细则（试行）》的指导下，继续努力，不断推进党内监督工作，促进民革组织健康发展。

中国国民党革命委员会第十二届中央常务委员会关于中央参政议政工作情况的报告

（在民革十二届四中全会上）

根据会议议程，现将第十二届中央委员会第三次全体会议以来的中央参政议政工作情况报告如下。

一

一年来，民革中央以中共十八大、十八届三中、四中、五中全会和习近平同志系列重要讲话精神为指导，深刻把握建设中国特色社会主义参政党的科学内涵，认真贯彻万鄂湘主席“举全党之力抓参政议政”“不断提高履职实效”的要求，始终坚持“发挥优势，‘联结’特色，找准切入点，打造新亮点”的工作思路，实施顶层设计、整合资源、专家参与、政府支持的工作方法，全党参政能力建设得到加强，建言献策水平不断提升，参政议政工作取得突出成绩。

（一）参与高层协商

一年来，民革中央充分运用前期调研考察和座谈研讨的成果，围绕国家经济工作全局，结合民革在祖统、“三农”、社法这三大领域的特色优势，在中共中央、国务院和有关部门召开的党外人士协商会、座谈会、情况通报会上，先后就2014年经济形势和2015年经济工作、《政府工作报告》、2015年上半年经济形势和下半年经济工作、《中共中央关于制订国民经济和社会发展第十三个五年规划的建议》、2015年经济形势和2016年经济工作等重大议题，提出了：重视自贸区的顶层设计；以民生为导向，寻找新的内需增长点；建立股票市场健康稳定发展的长效机制；改革统计制度，鼓励环境友好和创新型增长；更加重视对台湾岛内青年的工作；切实保障被征地农民权益，重视粮食安全，发展农村金融；为经济发展营造良好的法治环境；运用法治思维，进一步提高简政放权的实效；促进国内统一市场法治建设；以人为本，促进中医药事业发展等一系列意见和建议，得到中共中央、国务院领导同志的高度重视，一些建议在国家大政方针制订和政府决策时被采纳。此外，民革中央还就《最高人民法院工作报告》《最高人民检察院工作报告》、党外人士重点调研安排等发表意见和建议。

一年来，民革中央领导分别参加重要国事、外事活动 21 次，包括参加习近平同志为埃及总统、阿根廷总统、赤道几内亚总统、比利时国王、土耳其总统、利比里亚总统等外国元首举行的欢迎仪式，陪同张德江同志会见奥地利总统、越南共产党中央总书记等。此外，民革中央领导率团出访，分别前往斐济、萨摩亚、墨西哥等国，向国际社会展示了多党合作成果和民革的良好形象。

（二）开展专题调研

一年来，围绕国家经济社会发展全局性、战略性和前瞻性问题，结合民革参政议政优势和特色，民革中央共选定 31 个课题开展调研考察 36 次，形成调研成果近 30 项。部分重点调研成果被作为民革中央在高层协商会上的建议内容，得到习近平、李克强等领导同志的充分肯定；以调研为基础，已向中共中央、国务院报送书面建议 10 篇，《关于加快我国志愿服务法制化建设的建议》等 5 篇建议得到中共中央、国务院领导同志批示共 13 人次，含中共中央政治局常委重要批示 8 人次；以民革中央领导同志署名信函的形式提出的关于促进高等职业教育发展的建议，得到了刘延东同志的重要批示；还有一些调研成果拟作为民革中央提交明年全国政协大会的集体提案，力争推动有关工作的落实。

为完成好去年 11 月习近平同志交办的“发挥民革优势，为平潭综合实验区建设建言献策”的重要任务，民革中央将“推进平潭综合实验区建设”确定为年度重点调研课题。新年伊始，民革中央 6 位主席、副主席带领专家学者齐赴平潭岛，开展实地考察，并围绕促进“闽台合作”中的法治保障、金融发展等问题，进行了深入研讨。在 3 月 4 日的全国政协十二届三次会议民革、台盟和台联联组会上，民革中央作了题为《关于加快推进平潭综合实验区建设的建议》发言，习近平同志给予了高度评价。其后，习近平、李克强、张高丽等领导同志又在民革中央提交的书面建议上做出了重要批示。目前，国家发改委、商务部、国台办、银监会等部委和福建省委、省政府对此高度重视，有关工作正在积极有序推进，部分具体建议已经被吸纳进国家及福建省的相关重要文件。与此同时，平潭两岸青年创业谷于 11 月初正式落地，海峡两岸仲裁中心已获得国务院批准，年底前将正式挂牌成立，中山银行即将启动申请程序，平潭发展论坛的筹备工作正有条不紊进行，民革中央积极参与平潭建设的四项工作取得积极进展。

围绕国家重大战略、经济社会发展重点问题以及区域统筹发展的难点问题等，民革中央深入开展了“军民产业深度融合发展”“京津冀协同发展”“长江经济带建设”等调研，在此基础上形成的高层协商会发言“进一步推动军民融合深度发展，打造经济增长强大引擎”得到习近平同志的高度肯定，调研报告《关于进一步推进中蒙务实合作，建立中蒙特区的建议》得到李克强、俞正声、张高丽等领导同志批示，有力推动了相关工作的开展。在祖统、“三农”、社会与法制建设领域，民革中央高度关注并组织开展了“促进两岸产业对接和金融创新”“大陆两岸青年文创产业园发展现状”“农村土地确权登记中的法律问题及对策”“促进现代畜牧业发展”“推动青海藏区经济社会发展”“南岭地区生态文明建设与扶贫开发”“完善相关法制建设，保障和推动两岸关系和平发展”“《监狱法》修改与进一步加强监狱管理工作”“完善儿童医疗保障体系”“促进新疆妇女青年就业”等课题的调研工作，取得了一批成果。

民革中央提出的多项重要调研建议在今年得到采纳落实。去年底提出的关于成立国际法高端智库的建议得到中共中央高度重视，王沪宁、刘延东同志做出重要批示，不久前武汉大学国际法研究所被确定为首批 25 家国家高端智库之一。去年提出的关于创建海峡两岸民营经济创新发展示范区的建议，得到张高丽同志重要批示，日前《海峡两岸（温州）民营经济创新发展示范区实施方案》获正式批复。去年 1 月提出的关于加快黄河三角洲土地资源合理开发利用的建议，得到张高丽、汪洋同志的重要批示，今年国务院将黄河三角洲列入首批国家现代农业科技示范区。与民革青海省委会共同提出了关于建设三江源国家公园的建议，日前中共中央深化改革领导小组正式通过了《三江源国家公园体制试点方案》。

（三）搞好“两会”建言

民革中央高度重视发挥界别作用，做好政协大会发言和提案工作。

在全国政协十二届三次会议上，民革中央作了《大力推进志愿服务事业，不断促进社会文明进步》的大会口头发言，提交了《切实推进医养结合，让老年人养老无忧》《关于大力推进社会主义协商民主建设的几点建议》等 6 篇大会书面发言，口头发言得到了刘奇葆同志的重要批示。在习近平同志参加的民革、台盟、台联界别联组会上，6 位委员分别就加快推进平潭综合实验区建设、推动改革措施落实到位、做好台湾青年工作、建设两岸文化产业带等发言，得到充分肯定。同时，民革中央还提交了《关于扩大直接融资，防范金融风险的提案》等 35 件集体提案。其中，《关于完善我国农村土地承包经营权中相关法律的提案》《关于大力发展康养产业的提案》等 5 件被列为重点督办提案，受到中共中央、国务院有关部委的高度重视。截至目前，已收到 21 个部委关于 34 篇提案的 37 件答复，提案办复率 97.1%。其中，已经解决或采纳的占 15.6%，列入计划拟解决或拟采纳的占 71.9%，用作参考的占 12.5%。

全国政协十二届三次会议后，民革中央在全国政协召开的各类议政性常委会议、有关专题协商会、双周协商座谈会上，分别就“十三五”规划编制、积极培育和践行社会主义核心价值观、人民法院司法体制改革、农村土地确权登记中的法律问题、深化行政审批制度改革等重大问题和难点问题，作了《提升“一带一路”建设的金融保障能力》《理顺司法机关关系，优化司法职权配置》《明确农村集体经济组织成员身份认定条件，推动确权登记工作顺利开展》《增强系统性、整体性、协同性，进一步提高行政审批改革质量》等 11 篇口头发言，以及《领导干部是培育和践行社会主义核心价值观的关键》《关于人民政协各界别、全体政协委员积极弘扬、忠诚践行社会主义核心价值观的建议》《关于促进中医药事业发展的建议》等 4 篇书面发言，得到全国政协和有关部门的积极评价。

民革党员中的全国人大代表和全国政协委员也认真履行职能，努力展现自身良好的参政议政能力和水平。在十二届全国人大三次会议上，有 7 位代表领衔提出议案 11 件，40 名代表领衔共提交 159 件建议，其中《关于建立健全跨流域调水水源地保护生态补偿机制的建议》《关于加快发展现代职业教育的建议》被列入重点督办建议。在全国政协十二届三次会议上，有 62 位委员提交 167 件个人提案，民革党员作为第一提案人的联名提案有 133 件，《关于进一步加强黄河流域湿地保护工作的提案》《关于推进西部地区棚户区改造的提案》等多篇被列入全国政协重点提案督办方案。一年来，刘凡、李晓东、夏涛、何小平等 12 位委员分别受邀参加全国政协双周协商座谈会并发言，就一系列重点、难点问题提出意见和建议。

（四）推进信息工作

反映社情民意信息工作是履行参政议政职能的重要形式和制度渠道。今年，民革中央继续贯彻落实万鄂湘主席“既要有数量，更要有质量”的批示要求，着力加强对信息工作的领导，进一步完善机制，研究考核办法，成效显著。截至 10 月，民革中央报送全国政协的社情民意信息年度采用率达到 20.5%，在各民主党派中央和全国工商联中位列第一，在去年信息工作取得巨大突破的基础上再进一步。

一年中，民革中央共收到中央领导同志、中央专委会和各省级组织报送的信息素材 1404 篇，经过归纳和提炼，向全国政协报送 162 篇，被采用 34 篇，包括《“九合一”选后岛内统派对大陆对台工作的看法》等 2 篇被单篇采用，《把好混合所有制的进入规则关是改革成功的基础和关键》《注册资本登记制度改革工作面临的挑战及应对建议》等 9 篇被综合采用，《建议将西部地矿局所属地勘单位划入公益一类》《建议医疗机构全面建立单剂量配药系统》等 23 篇被转送有关部门。其中，《关于自贸区进出口货物商标保护问题的若干建议》获汪洋同志两次重要批示，责成商务部认真办理。同时，信息上报渠道进一步拓展，通过全国政协委员履职平台报送的《关于进一步健全台生助学金制度，并做好台生辅导服务工作的建议》，得到俞正声同志重要批示，《尽快对外国（地区）企业承包经营管理税务登记录入选项进行调整》等被中共中央统战部《零讯》采用。

二

一年来，民革中央参政议政工作呈现出几个突出特点：

一是早部署、重落实，加强工作领导。召开专门会议进行研究部署，提出建立重要参政议政活动先期筹备工作制度，目前这项工作已经实现常态化。今年，组织召开多次经济工作与“三农”工作专家座谈会、企业家座谈会，为在高层协商会上的发言提供重要参考。围绕全国政协重要议政性会议主题，提前统筹部署，认真做好前期的专题调研和联络协调工作，民革全党参与政协参政议政的广泛性、深入性、针对性、有效性得到进一步提升。

二是聚焦点、重整合，深入调查研究。紧紧围绕“四个全面”战略布局，抓住了执政党和政府关注的焦点、难点工作，把助推平潭综合实验区发展作为今年全党工作的头等大事，把促进军民产业深度融合等作为今年参政议政的重要课题，其成果得到了中共中央、国务院的高度关注和积极回应。同时，继续加强上下联动，注重“合并同类项”，扩大了同一课题的调研广度和深度，也使建议更加全面、更有参考价值。

三是搭平台、重合作，强化智力支撑。围绕民革参政议政工作三大重点领域，分别与农业部、司法部、全国政协社法委等建立了日常联络沟通机制和联合调研长效机制，着力提高参政议政工作质量。同时，高度重视发挥专委会作用，充分利用各下设研究中心平台，加强与民革党外专家、社会力量合作。如教科文卫体委员会与华北电力大学共同构建“能源软科学研究中心”，人口资源环境委员会密切与科技部中国农村技术开发中心的合作，共同构建高水平的专业智库。

四是抓学习、重激励，推动队伍建设。隆重举办“民革省级组织参政议政成果评选表彰活动”，有效调动了地方组织和民革党员履职的积极性、主动性。积极回应地方民革呼声，组织召开“民革全国参政议政工作培训班”，大力加强参政议政专职工作人员队伍建设，取得很好效果。强化量化考核、动态管理和激励保障制度，探索建立专委会委员退出机制，有些专委会已经做出了停止个别委员参加活动的决定。

五是迎热潮、重创新，丰富工作机制。在互联网浪潮席卷各个领域的新形势下，中央提出要把“互联网＋”战略落实到参政议政工作中来。今年，借助团结网实现《专委会通讯》电子版改版，使专委会工作的宣传报道更加及时，与委员的沟通更加高效便捷。在日前启动运行的“民革 e 家”上开设“民革指数”板块，借助大数据形成独具民革特色的决策参考数据，为民革参政议政工作提供定量研究支撑。

在取得成绩的同时，我们也清醒地认识到，与新形势新任务的要求和广大民革党员的期望相比，我们的参政议政工作还有很大的进步空间。如何提高高层协商建言献策质量，如何提高政协大会发言质量，如何提高参政议政成果采纳率，如何提高信息工作采用率，还需要我们继续狠下功夫，力争新的突破。

三

2016 年是贯彻落实中共十八大和十八届三中、四中、五中全会精神的重要之年，是贯彻落实“十三五”规划的起始之年。民革中央将以坚持和发展中国特色社会主义为方向，以加强参政能力建设为核心，继续认真贯彻落实万鄂湘主席“举全党之力抓参政议政”的工作要求，坚持“发挥优势，‘联结’特色，找准切入点，打造新亮点”的工作思路，实施顶层设计、整合资源、专家参与、政府支持的工作方法，着力打造“立足本地、放眼全国，南北互动、东中西交流，优势互补、各级组织相互促进”的工作平台，围绕“四个全面”战略布局和“十三五”时期的各项工作部署，努力提高参政议政工作的质量和水平。

（一）学习贯彻中共十八届五中全会精神。中共十八届五中全会是在全面建成小康社会进入决胜阶段召开的一次重要会议，会议通过的《中共中央关于制订国民经济和社会发展第十三个五年规划的建议》，描绘了未来五年国家发展蓝图，是动员全国各族人民夺取全面建成小康社会伟大胜利的纲领性文件。当前和今后一个时期，民革把要深入贯彻中共十八届五中全会精神作为全党的重大政治任务，全面把握“十三五”规划的指导思想、基本原则、目标要求、基本理念、重大举措，切实把思想和行动统一到中共中央关于“十三五”规划的重大决策部署上来，牢固树立并切实贯彻创新、协调、绿色、开放、共享的发展理念。在此基础上，民革各级组织要结合自身参政议政工作实际，聚焦国家及所在地区“十三五”规划的制订与落实中的现象和问题，努力做到“建言建在需要时，议政议到点子上，监督监在关键处”，为争取“十三五”良好开局做出新贡献。

（二）统筹做好各项参政议政工作。当前，我国经济社会发展已经进入新常态，新趋势新机遇和新矛盾新挑战并存，要求我们准确把握战略机遇期内涵的深刻变化，更加有效地应对各种风险和挑战，努力实现全面建成小康社会这第一个百年奋斗目标。这不仅是对执政党和政府的要求，也是参政党义不容辞的责任。明年，民革要继续把助推平潭综合实验区发展放在参政议政工作的突出位置，深入研究平潭发展问题，持续办好几件实事。同时，围绕“四个全面”战略布局，发挥民革优势和特色，借助与有关部委建立的合作机制做好精准选题，就确保经济中高速增长、加快提高户籍人口城镇化率、解决区域性整体贫困、落实国家创新驱动发展战略、推进金融领域改革等中心工作，特别是司法体制改革、农业现代化、城乡协调发展、农村贫困人口脱贫、生态文明建设、做好台湾人民工作等重大课题，深入扎实地开展调查研究。此外，要认真梳理总结民革全党五年来的参政议政工作，开好每届一次的民革参政议政工作暨表彰会。

（三）夯实完善参政议政工作基础。要根据参政议政工作的新要求，不断加强制度建设。民革各级组织要立足本地，放眼全国，努力打造南北互动、东中西互相交流，优势互补，各级组织间互相促进的参政议政平台，为全面建成小康社会，推进“一带一路”建设建言献策。此外，要进一步完善高层协商先期筹备工作制度，在建言准、精、深上下功夫；健全内外合作长效机制，进一步明确合作的内容和有效形式；认真研究全国政协新修订的《提案办理协商办法》和《反映社情民意信息工作条例》，尽快对相应工作方法、机制做出调整；针对当前信息工作中日益凸显的质量把关更严、上报渠道更窄的现象，建立分级报送机制，创新成果转化形式和激励方法，增强民革全党的积极性、主动性。要强化队伍建设，筑牢人才支撑。民革中央和地方各级组织要继续举办参政议政工作培训，加强民革全党专职人员队伍和优秀参政议政骨干队伍建设。同时，应根据形势发展和参政议政工作需要，切实加强专委会委员任职考核，研究施行委员进出机制，让专委会真正发挥中央参政议政重要参谋、抓手的作用。

回顾一年来参政议政工作取得的成绩，我们感到欣慰；展望参政议政工作的广阔前景，我们充满信心。让我们紧密团结在以习近平同志为总书记的中共中央周围，同心同德，再接再厉，切实履行参政党职能，努力提高议政建言质量，以更加奋发有为的工作，为全面建成小康社会做出新贡献！

附件：

1. 三中全会以来民革中央领导同志参加中共中央、国务院协商会、座谈会情况

2. 三中全会以来民革中央领导同志参加有关协商会、座谈会、情况通报会情况
3. 三中全会以来民革中央领导同志参加国事、外事活动情况
4. 三中全会以来民革中央报送全国政协会议发言及提案目录
5. 三中全会以来民革中央参政议政专题调研情况
6. 2015 年度民革中央被全国政协采用信息目录
7. 2015 年度民革中央反映社情民意信息工作来稿采用情况

在民革十二届十次中常会上的讲话

万鄂湘

（2015 年 3 月 7 日）

同志们：

这次中常会的主要议题是学习贯彻两会精神，进一步明确今年的各项工作任务。下面，我谈几点意见，供同志们参考。

一、深入学习贯彻两会精神

今年两会，是在贯彻落实中共十八大和十八届三中、四中全会精神，以习近平同志为总书记的党中央提出的“四个全面”战略布局引领各项工作的关键时刻召开的，全民期盼、举世瞩目。民革参会的人大代表和政协委员，要牢固树立政治意识、责任意识，建真言、献实策，既要切实履职，也要讲政治、守规矩，严格遵守“八项规定”精神，不负广大人民群众和全体民革党员的托付与期望，展现出民革的良好风采！

在今年的两会上，习近平总书记亲切看望了出席政协会议的民革、台盟、台联组委员，听取了委员发言，并就两岸关系发表重要讲话，提出了“四个坚定不移”，为两岸关系发展指明了方向。李克强总理所作的政府工作报告、张德江委员长将作的全国人大常委会工作报告和俞正声主席所作的全国政协常委会工作报告，全面科学总结了去年的工作，确定了今年工作的目标、任务和要求。习近平总书记在联组会上的重要讲话和这三个报告，极大增强了全国各族人民在中国共产党领导下共创复兴大业的信心和力量。认真学习贯彻习近平总书记重要讲话精神和三个报告，对进一步做好民革今后的工作具有重要指导意义。

在这次政协大会上，民革中央共提交大会发言 7 篇、提案 37 件，成果丰硕、令人振奋。两会结束后，民革各级组织和广大党员要积极组织行动起来，认真学习贯彻两会精神，结合民革中央 2015 年工作要点，切实履行好参政党职能，调研工作要实，意见建议要准，进一步提高建言献策的针对性和有效性，全面做好民革今年的各项工作。

二、深刻领会中共中央对加强协商民主建设的精神

近日，中共中央印发了《关于加强社会主义协商民主建设的意见》。习近平总书记深刻提出，推进协商民主广泛多层制度化发展是“政治体制改革的重要内容”。我们要深入学习领会习近平总书记这一重要思想，从政治体制改革的大思路，从完善和发展中国特色社会主义政治制度的宽视野，去认识和体悟协商民主在中国的重要意义。这份《意见》是新形势下指导和推进我国协商民主广泛多层制度化发展的重要文件，意义重大、内涵丰富。我们要以改革创新的精神状态，学习好、贯彻好这一文件。

《意见》清晰勾勒了社会主义协商民主体系，详细绘就了社会主义协商民主建设的“工程施工图”。政党协商，作为“七大协商制度”之一，是这份“施工图”的重要组成部分。习近平总书记指出，搞好政党协商，需要中国共产党和各民主党派共同努力。《意见》对民主党派来说，既是重大发展机遇，也是新的更高要求。作为参政党，我们要有担当，主动担负起在提高政党协商水平中的重要责任。“打铁还需自身硬”。我们要切实加强自身建设，要勇于担当责任，着力提高能力素质，保持良好形象，真正做到“接地气、道实情、建净言”，做到“建言建在需要时、议政议到点子上、监督监在关键处”，为推动政党协商深入开展奠定坚实的基础。

三、认真做好今年的几项重点工作

民革全党要把中共十八届三中、四中全会精神和有关决策部署，认真贯彻落实到民革工作的各个领域和方面。

一是要深入研究平潭综合实验区创新发展问题。这是习近平总书记交给民革的光荣任务，是我们今年的头等大事。要深入研究平潭创新发展有关问题，逐步推行“四个一”方案，即一个论坛，一个台胞创业基地，一个两岸仲裁中心，一家银行（中山银行），为闽台合作和两岸关系和平发展注入新动力。

二是要切实搞好专题调研。要围绕推进人民法院改革、推进人民检察院改革，农村土地确权法律问题，依法护农、依法兴农，两岸婚姻家庭权益维护，台湾文创青年赴大陆创业，两岸四地电商消费维权等课题，深入开展专题调研，争取拿出有分量、可操作的调研成果。

三是要办好纪念抗战胜利70周年系列活动。要按照中共中央关于纪念抗战胜利70周年的总体部署，整合力量开展系列纪念活动，努力推进两岸合作开展有关抗战史迹考察及史料汇集工作。

两会闭幕后，民革各级组织要围绕两会精神、结合民革实际，号召广大干部和党员积极投身“四个全面”的伟大实践，与时俱进，再接再厉，推动民革今年的各项工作跃上新水平、迈上新阶段、做出新贡献！

在民革十二届十一次中常会上的讲话

万鄂湘

（2015 年 7 月 3 日）

同志们：

这次常委会的主要议题是学习贯彻中央统战工作会议和《中国共产党统一战线工作条例（试行）》精神，研究发挥民革参政党作用、助推平潭综合实验区发展。下面我讲几点意见：

一、习近平总书记重要讲话和《条例》是统一战线理论的重大发展和创新

前不久召开的中央统战工作会议精辟地总结了中国共产党近百年来、特别是改革开放以来统战工作的成功经验，进一步明确了统一战线服务“四个全面”战略布局的方向，规定了统一战线工作的方针政策。习近平总书记的重要讲话继承了毛主席等老一辈革命家对统一战线“重要法宝”的科学论断，科学回答了新形势下需要不需要统一战线、需要什么样的统一战线以及怎样巩固和发展统一战线等重大问题，是指导统一战线事业发展的纲领性文献。《条例》集中体现了新时期中国共产党关于统一战线的重要理论方针政策，解决了统一战线工作中长期存在的重点难点问题，是中国共产党关于统一战线工作的第一部党内法规，为统一战线事业发展提供了坚强的政治保障、组织保障和法治保障。总书记的重要讲话和《条例》是统一战线理论的重大发展和创新，标志着统一战线事业正迎来新的春天。

二、民革要认真学习贯彻中央统战工作会议和《条例》精神

民主党派长期呼吁的一些问题在《条例》中已得到明确。《条例》（草案）征求意见时，民革提出了十余条修改建议，超过一半得到了重视和采纳。在倍感振奋的同时，同志们也要更加清醒地认识到肩负的责任。当前和今后一个时期，民革要把学习贯彻会议精神作为首要政治任务，切实抓好。

第一，民革中央办公厅近日已经下发了《关于学习贯彻中央统战工作会议精神的通知》，各级组织要按照通知要求，把学习贯彻会议精神与学习贯彻习近平总书记系列重要讲话精神结合起来，与深入开展坚持和发展中国特色社会主义学习实践活动结合起来，做到有部署、有辅导、有抓手。

第二，民革中央要有针对性地举办“学习贯彻中央统战工作会议精神”专题培训班，增强民革自身建设和履行参政党职能的思想保障。

第三，针对《条例》在试行过程中可能遇到的实际情况，民革中央理论与学习委员会要组织党内专家进行专题研讨、系统梳理，并将有关情况向中共中央报告。

第四，《条例》对党外代表人士政治安排等方面做出了明确规定。民革要结合自身工

作实际，着眼于2017年换届，切实加强实职干部、特别是《条例》明确规定的各级司法机关领导职务安排的工作。要更加重视高层次专家学者发展，抓牢后备干部队伍建设，进一步提高全党组织工作水平。组织部门要拿出台账，对照《条例》要求，一条一条来落实工作。

三、民革要进一步做好思想建设和意识形态工作

结合会议和《条例》精神的学习，民革各级组织要一以贯之地抓好思想建设和意识形态工作，不断巩固团结奋斗的共同思想政治基础。习近平总书记反复强调，"人心向背、力量对比是决定事业成败的关键，统一战线解决的就是人心和力量问题。"民革是与中国共产党通力合作、共同致力于中国特色社会主义事业的参政党。坚持中国共产党的领导、坚持爱国主义和中国特色社会主义是统一战线共同的思想政治基础。民革必须毫不动摇地坚持这一思想政治基础，对于任何违背和削弱这一思想政治基础的言行，必须旗帜鲜明地加以反对。民革各级组织在开展意识形态工作时，要不断创新方法，加强正面引导，把多党合作的道理说清，把政治协商的文章做好。充分利用纪念中国人民抗日战争暨世界反法西斯战争胜利70周年的契机，弘扬民革优良传统，教育引导广大民革党员从内心深处真正认同中国特色社会主义道路、理论体系和制度，在实践当中始终不渝地坚持中国共产党的领导。要加强与主流媒体的沟通，推进《团结报》全媒体建设，积极有为，参与互联网上正能量舆论建设。

四、发挥民革参政党作用，助推平潭综合实验区发展

发挥民革对台联系广泛的优势，深入研究平潭综合实验区发展与两岸关系问题，是习近平总书记交给民革的光荣任务。这次会议上，我们要请平潭实验区负责同志介绍有关情况，还要请上海自贸区、天津东疆保税港区、深圳前海的同志介绍经验。明天，各位常委将到平潭实地考察。现将有关平潭的各项工作进展情况给各位常委通报如下：

1月6日至8日，民革中央在平潭完成了重点调研。随后还组织了几次深入研讨，与福建、平潭方面保持密切沟通。3月4日全国"两会"期间，习近平总书记在参加民革、台盟和台联联组讨论时，对民革关于平潭综合实验区发展的发言给予高度肯定。"两会"后，习近平总书记、李克强总理和张高丽副总理对我们的调研报告做出重要批示。6月8日，俞正声主席主持召开调研协商座谈会，民革汇报了调研情况和工作进展。会上，国家发改委、商务部、国台办、银监会等部委对民革的建议都给予了高度肯定，表示正在抓紧落实习近平总书记和李克强总理重要批示。同时，有关部委对民革拟参与平潭建设的四项工作均表态将大力支持。这四项工作的具体进展如下：

（一）举办平潭发展论坛。民革拟于2016年正式发起举办高规格的平潭发展论坛，邀请海峡两岸著名经济学家、法学家、有影响力的媒体，和台湾企业家商会、闽商商会、民革中央企业家联谊会参与论坛，促进投资兴业，共商发展大计，扩大平潭影响力。民革各省级组织要积极参与论坛的准备工作。

（二）筹办平潭青年创业园。民革中央将在平潭筹办青年创业园，将"两岸青年创新创业论坛"移师平潭，并举办两岸新锐设计竞赛"华灿奖"。在福建省和平潭综合实验区

的支持下，目前创业园进展顺利。

（三）组建海峡两岸仲裁中心。民革中央拟邀请两岸法学家、律师在平潭共同组建海峡两岸仲裁中心，专门受理海峡两岸的各种纠纷，当事人各方可以自行约定解决纠纷的准据法。这项工作经商全国人大内司委、最高人民法院、贸促会等单位，进展顺利，两岸仲裁中心预计年内挂牌成立。

（四）筹办中山银行。酝酿由民革党员中的企业家出资参股筹办中山银行，并请平潭的国有企业、闽商、台湾的金融机构参与持有一部分股份，实践孙中山先生实业兴国、金融兴国的伟大构想，聚焦高精尖的对外投资信用担保等业务，专门为平潭开发开放、“一带一路”战略下两岸企业走出去提供金融服务，助推平潭乃至两岸经济发展。这项工作我们正在争取有关方面的积极支持，下一步将扎实推进。

同志们，中央统战工作会议的召开，为民革更好履行参政党职能指明了方向，提出了新的任务和要求。民革要继续深入学习贯彻习近平总书记系列重要讲话精神，紧紧围绕中央统战工作会议制订的重要决策部署，始终坚持正确的政治方向，强化自身建设，履行参政党职能，为推进“四个全面”战略布局，实现中华民族伟大复兴的中国梦而努力奋斗。

在民革十二届十二次中常会上的讲话

万鄂湘

（2015 年 11 月 6 日）

同志们：

这次中常会的主要议题是学习贯彻中共十八届五中全会精神。五中全会是在“十二五”即将圆满收官、“十三五”就要扬帆起航的历史节点召开的，意义十分重大。到 2020 年全面建成小康社会，是“两个一百年”奋斗目标的第一个百年奋斗目标。“十三五”时期是全面建成小康社会决胜阶段。全会提出了“十三五”时期我国发展的指导思想，全面建成小康社会的目标要求，以及实现这一奋斗目标必须遵循的基本原则和必须树立的发展理念，令全国上下人心振奋、欢欣鼓舞。我们坚信，在中共中央的坚强领导和全国各族人民的共同努力下，全面建成小康社会的目标一定能如期实现。

今年以来，民革全党按照年度工作计划，稳扎稳打，各项工作取得了积极的成效和进展。例如，围绕“十三五”规划做好参政议政，是今年民革工作的重点之一。民革就“十三五”规划提出的“让军民融合深度发展成为经济的强大引擎”“促进国内统一市场法治建设”“建立股票市场健康稳定发展的长效机制”等建议，得到中共中央、国务院有关部门的高度重视和评价，并在这次五中全会通过的“十三五”规划建议中获得积极回应和体现。又如，民革参与平潭发展建设的工作也取得可喜进展：民革中央企业家联谊会已于上月成立，为民革企业家参政议政、服务社会特别是参与平潭发展，搭建起更有效的平台；本月初，民革中央与有关方面成功主办了“第六届两岸青年创新创业论坛”，宣布民革中央平潭两岸青年创业谷落地，并颁发了第二届两岸新锐设计竞赛“华灿奖”，两岸各界人士及青年创业者500余人出席论坛，国台办高度重视并将活动列为重点支持项目。最近，海峡两岸仲裁中心也得到中央领导同意。

下面，我就民革下一阶段的工作谈几点意见，供同志们参考。

一、认真学习和深入贯彻中共十八届五中全会精神

在当前和今后一个时期，我们要把学习贯彻五中全会精神，作为民革的重点工作。各位常委要带头认真学习、领会和传达五中全会精神。各省级组织要结合实际，组织安排好关于五中全会精神的学习活动，引导和带动各级组织和广大党员积极投身到实现“十三五”规划的伟大实践中。民革各级组织要深入学习贯彻五中全会精神，深刻领会“十三五”规划的主题、主线、主要任务和重大举措，进一步提高参政议政能力建设，把“十三五”规划的关键领域和重大任务，与各地区实际相结合，扎实调研，建真言、献实策，为谋划好“十三五”时期各地区的经济社会发展，做出民革应有的贡献。

二、把中共十八届五中全会精神落实到民革各项工作中

一是要加强学习，统一思想，凝聚共识。要在认真学习中共十八大和十八届三中、四中、五中全会精神和习近平总书记系列重要讲话精神的基础上，深入总结一年来民革的各项工作，开好民革十二届四中全会，统一全党思想，凝聚多方力量，将全党思想和行动统一到中共十八届五中全会的决策和部署上来。

二是要深化政治交接，强化组织建设。要做好民革换届准备工作，筑牢思想基础，深化政治交接，传承、延续民革与中国共产党长期团结合作的优良传统。要不断提高组织建设水平，进一步充实壮大民革人才储备，加强培训、完善监督，努力推动干部梯队建设，确保民革事业薪火相传，持续为中国共产党领导的多党合作事业做出新贡献。

三是要深入落实“举全党之力抓参政议政”的工作方针，不断提高履职能力。要以民革省级组织参政议政成果表彰活动为契机，不断完善参政议政工作机制，汇聚全党力量，倾听一线声音，焦点要准、调研要实、联动协调、善用外脑、形成合力，提出有洞察力、有生命力的意见和建议，推动民革全党参政议政工作不断进步。

四是整合资源，助推平潭加快发展。要圆满完成习近平总书记交给民革的光荣任务，深入研究平潭发展问题。拟由民革中央企业家联谊会中有实力的民革党员企业家、平潭的部分国有资产和台资，共同发起设立中山银行，稳步开展前期筹建工作。整合民革全党资源，充分发挥民革企业家能量，积极筹备明年的“平潭发展论坛”。

五是要扎实推进民革“两个家园”建设。“两个家园”即线上的“民革 e 家”和线下的“民革支部活动之家”。近期，要以“民革 e 家”建设为重点，着力推动民革全党信息化建设，逐步实现“民革 e 家”对民革各级组织和全体党员的全覆盖，让“民革 e 家”真正成为民革跨越时空的“聚宝盆”、党员干部的“心灵驿站”和参政议政的“百宝箱”。鼓励民革组织开展“民革支部活动之家”建设。

各位委员，同志们！中共十八届五中全会已为“十三五”时期我国经济社会发展指明了方向。让我们更加紧密地团结在以习近平同志为总书记的中共中央周围，深入贯彻

习近平总书记系列重要讲话精神，齐心协力、奋发有为，推动民革今年的各项工作跃上新水平、迈上新阶段，为全面建成小康社会、实现中华民族伟大复兴而努力奋斗！

中国国民党革命委员会
第十二届中央委员会第四次全体会议决议

（2015 年 12 月 18 日民革十二届四中全会通过）

中国国民党革命委员会第十二届中央委员会第四次全体会议于 2015 年 12 月 17 日至 18 日在北京召开。会议学习了中共十八届五中全会精神，审议通过了万鄂湘同志代表中央常务委员会作的工作报告、何丕洁同志代表中央监督委员会作的工作报告。会议认为，万鄂湘同志的报告立意高远，重点突出，内容翔实，既实事求是地总结了今年的工作，又对明年的主要工作做出了针对性和指导性的部署。

会议认为，中共十八届五中全会是在全面建成小康社会进入决胜阶段召开的一次重要会议。全会通过的《中共中央关于制订国民经济和社会发展第十三个五年规划的建议》，明确提出了“十三五”规划的指导思想、基本原则、目标要求、基本理念、重大举措，描绘了未来五年国家发展蓝图，是动员全国各族人民夺取全面建成小康社会伟大胜利的纲领性文件。认真学习贯彻中共十八届五中全会精神，是民革当前和今后一个时期的重要政治任务。民革各级组织和全体党员要通过认真学习，深刻理解、准确把握中共十八届五中全会精神，切实把思想和行动统一到中共中央的重大决策部署上来，紧紧围绕“四个全面”战略布局和“创新、协调、绿色、开放、共享”五大发展理念，围绕“十三五”规划的制订和实施，重点就司法体制改革、福建平潭综合实验区发展、京津冀协同发展、农业现代化、城乡协调发展、脱贫攻坚、生态文明建设、两岸合作发展等课题，结合民革实际和自身的优势、特点，深入调查研究，积极建言献策，认真履行好参政党职能。要继续贯彻习近平总书记一系列涉台重要讲话精神，密切关注两岸和平发展进程中的新情况、新问题，以纪念孙中山诞辰 150 周年为契机，进一步做好促进祖国和平统一工作。

会议强调，民革各级组织一定要深入学习中央统战工作会议精神和《中国共产党统一战线工作条例（试行）》《中共中央关于加强社会主义协商民主建设的意见》《中共中央关于加强政党协商的实施意见》，深化对其重要意义、科学内涵、精神实质的认识理解和实践运用，认清形势，把握机遇，进一步增强责任感、使命感和紧迫感。要继续坚定不移地接受中国共产党领导，发扬与中国共产党密切合作、风雨同舟的优良传统，坚持和维护中国共产党领导的多党合作和政治协商制度。要继续深入开展坚持和发展中国特色社会主义学习实践活动，着力加强自身建设，努力提高履职能力，做好地方组织换届工作，切实搞好政治交接。

会议号召，民革全党要更加紧密地团结在以习近平同志为总书记的中共中央周围，高举中国特色社会主义伟大旗帜，以邓小平理论、“三个代表”重要思想、科学发展观为指导，深入学习贯彻习近平总书记系列重要讲话精神，继承和发扬孙中山爱国、革命和不断进步精神，沿着中共十八大和十八届三中、四中、五中全会指引的方向，坚定信心，振奋精神，扎实工作，开拓进取，为协调推进“四个全面”战略布局、实现“两个一百年”奋斗目标和中华民族伟大复兴的中国梦做出新贡献！

中国国民党革命委员会第十二届中央常务委员会关于学习贯彻十二届全国人大三次会议和全国政协十二届三次会议精神的决议

（2015 年 3 月 7 日民革十二届十次中常会通过）

中国国民党革命委员会第十二届中央常务委员会第十次会议学习了十二届全国人大三次会议和全国政协十二届三次会议精神，一致赞同李克强总理所作的政府工作报告、张德江委员长所作的第十二届全国人大常委会工作报告、俞正声主席所作的全国政协第十二届常委会工作报告及其他报告。

会议认为，十二届全国人大三次会议和全国政协十二届三次会议，是在深入贯彻落实中共十八大和十八届三中、四中全会精神，全面完成“十二五”规划的收官之年召开的重要会议。两会的召开，对于进一步贯彻落实中共中央“四个全面”战略布局，凝聚全国各族人民的智慧和力量，适应经济发展新常态，破解经济社会发展难题，着力保障和改善民生，有效应对各种风险挑战，具有十分重要的意义。李克强总理所作的政府工作报告，全面总结了去年的工作，明确了今年我国经济社会发展的总体部署，确定了今年国民经济和社会发展的主要预期目标，大大增强了全国各族人民在中国共产党领导下步调一致、开拓前进的信心和力量。张德江委员长所作的全国人大常委会工作报告和俞正声主席所作的全国政协常委会工作报告，全面总结了去年全国人大和全国政协的工作，提出了今年全国人大和全国政协工作的主要任务，为做好人大、政协工作指明了方向。认真学习好这三个报告，对于民革做好 2015 年的工作具有十分重要的指导意义。

会议要求，民革各级组织和广大党员要认真学习贯彻两会精神，把思想统一到中共中央的决策部署上来，把认识统一到中共中央对形势的分析判断上来，把力量凝聚到实现经济社会发展的各项目标任务上来。要结合民革工作实际，深入把握中共中央治国理政新思想新要求，勇于担当、着力提高能力素质，识民情、接地气，讲真话、建净言，不负重托、不辱使命，凝心聚力为协调推进“四个全面”战略布局谋策建言、贡献智慧，为促进经济社会持续健康发展贡献力量。要结合推进社会主义协商民主建设，进一步开展好坚持和发展中国特色社会主义学习实践活动，不断增强民革广大党员和所联系群众的道路自信、理论自信、制度自信。要努力调动一切积极因素，着力加强参政能力建设，紧紧围绕国家中心任务全面做好参政议政工作。

会议强调，习近平总书记在参加民革、台盟、台联委员联组会时所作的重要讲话，对推动实现两岸关系和平发展具有重要意义。民革全党要深刻领会中共中央对台大政方针和决策部署，充分发挥同台湾地区和海外联系广泛的优势，贯彻落实“四个坚定不移”的重要要求，推动两岸同胞携手共圆中国梦。积极参与和配合中共中央举办纪念中国人民抗日战争暨世界反法西斯战争胜利 70 周年相关活动，铭记历史、警示未来，推动国际社会共同维护二战胜利成果和国际公平正义。

会议号召，民革全党要紧密团结在以习近平同志为总书记的中共中央周围，高举中国特色社会主义伟大旗帜，以邓小平理论、“三个代表”重要思想和科学发展观为指导，深入贯彻落实习近平总书记一系列重要讲话精神，继承和发扬孙中山爱国、革命、不断进步的精神，团结一心，开拓进取，扎实工作，为实现中华民族伟大复兴的中国梦而努力奋斗！

中国国民党革命委员会中央委员会
关于学习贯彻中共十八届五中全会精神的决定

（2015 年 11 月 6 日民革十二届十二次中常会通过）

中国国民党革命委员会第十二届中央常务委员会第十二次会议于 2015 年 11 月 6 日在北京举行。会议认真学习了中共十八届五中全会精神，一致认为中共十八届五中全会是在全面建成小康社会进入决胜阶段召开的一次重要会议。全会通过的《中共中央关于制订国民经济和社会发展第十三个五年规划的建议》，明确提出“十三五”规划的指导思想、基本原则、目标要求、基本理念、重大举措，描绘了未来五年国家发展蓝图，是动员全国各族人民夺取全面建成小康社会伟大胜利的纲领性文件。会议对中共十八届五中全会精神和《中共中央关于制订国民经济和社会发展第十三个五年规划的建议》表示完全拥护。

会议指出，“十二五”时期是我国发展很不平凡的五年。面对错综复杂的国际环境和艰巨繁重的国内改革发展稳定任务，中国共产党团结带领全国各族人民顽强拼搏、开拓创新，奋力开创了党和国家事业发展新局面，我国经济实力、科技实力、国防实力、国际影响力又上了一个大台阶。尤为重要的是，中共十八大以来，以习近平同志为总书记的中共中央毫不动摇坚持和发展中国特色社会主义，勇于实践、善于创新，深化对共产党执政规律、社会主义建设规律、人类社会发展规律的认识，形成一系列治国理政新理念新思想新战略，为在新的历史条件下深化改革开放、加快推进社会主义现代化提供了科学理论指导和行动指南。

会议强调，认真学习贯彻中共十八届五中全会精神，是民革当前和今后一个时期的重要政治任务。各级组织和全体党员要深入学习《中共中央关于制订国民经济和社会发展第十三个五年规划的建议》，深刻理解、准确把握中共十八届五中全会精神，切实把思想和行动统一到中共中央关于“十三五”规划的重大决策部署上来，进一步增强责任感和使命感。要继续坚定不移地接受中国共产党领导，发扬与中国共产党密切合作、风雨同舟的优良传统，切实加强自身建设，认真搞好政治交接。要结合民革实际和特点，紧紧围绕中共十八届五中全会确定的目标和任务，牢固树立并切实贯彻创新、协调、绿色、开放、共享的发展理念，重点就司法体制改革、福建平潭综合实验区发展、农业现代化、城乡协调发展、脱贫攻坚、生态文明建设等课题，深入调查研究，积极建言献策，不断开拓民革工作新局面。要深入贯彻习近平总书记一系列涉台重要讲话精神，按照两岸领导人会面指引的方向，围绕两岸关系和平发展中出现的新情况、新问题献计出力，扎实推进两岸经济文化等领域的互利融合，开展多种形式两岸基层和青少年的交流合作，为早日实现祖国完全统一不懈努力。

会议号召，全党同志要更加紧密地团结在以习近平同志为总书记的中共中央周围，高举中国特色社会主义伟大旗帜，继承和发扬孙中山爱国、革命和不断进步精神，坚定信心、同心聚力、锐意进取、真抓实干，为夺取全面建成小康社会决胜阶段的伟大胜利而奋斗！

中国国民党革命委员会中央委员会
关于将甘肃省邓家花园命名为中国国民党革命委员会
党史教育基地的决定

民革各省、自治区、直辖市委员会，中央各工作部门，团结报社、团结出版社：

邓宝珊同志是中国近代一位彪炳史册的爱国将领，是中国共产党忠实的朋友，是著名的爱国民主人士、民革的卓越领导人之一。邓宝珊同志和许多民革前辈一样，为民革组织和广大党员留下了宝贵精神财富，学习继承他们坚持中国共产党领导、为多党合作无私奉献的优良传统，是民革开展坚持和发展中国特色社会主义学习实践活动的重要内容。

甘肃省邓家花园见证了邓宝珊同志为国家、为民族不懈奋斗的光荣历史。为充分发挥邓家花园在民革自身建设中的作用，以邓宝珊同志生平事迹和优良传统教育广大民革党员干部为实现中华民族伟大复兴中国梦贡献力量，在中共甘肃省委、省政府的大力支持下，民革中央决定，命名邓家花园为中国国民党革命委员会党史教育基地。

中国国民党革命委员会中央委员会
关于将甘肃省邓宝珊将军纪念亭命名为
中国国民党革命委员会党史教育基地的决定

民革各省、自治区、直辖市委员会，中央各工作部门，团结报社、团结出版社：

邓宝珊同志是中国近代一位彪炳史册的爱国将领，是中国共产党忠实的朋友，是著名的爱国民主人士、民革的卓越领导人之一。邓宝珊同志和许多民革前辈一样，为民革组织和广大党员留下了宝贵精神财富，学习继承他们坚持中国共产党领导、为多党合作无私奉献的优良传统，是民革开展坚持和发展中国特色社会主义学习实践活动的重要内容。

甘肃省天水市邓宝珊将军纪念亭体现了邓宝珊同志为国家、为民族不懈奋斗的光荣历史。为充分发挥邓宝珊将军纪念亭在民革自身建设中的作用，以邓宝珊同志生平事迹和优良传统教育广大民革党员干部为实现中华民族伟大复兴中国梦贡献力量，在中共甘肃省委统战部，中共天水市委、市政府的大力支持下，民革中央决定，命名邓宝珊将军纪念亭为中国国民党革命委员会党史教育基地。

中国国民党革命委员会中央委员会
关于将河南省张钫故居命名为
中国国民党革命委员会党史教育基地的决定

民革各省、自治区、直辖市委员会，中央各工作部门，团结报社、团结出版社：

张钫同志是著名的爱国起义将领，是中国共产党忠实的朋友，是著名的爱国民主人士、辛亥革命元老、民革前辈之一，还是一位知名的书法家、收藏家。张钫同志和许多民革前辈一样，为民革组织和广大党员留下了宝贵精神财富，学习继承他们坚持中国共产党领导、为多党合作无私奉献的优良传统，是民革开展坚持和发展中国特色社会主义学习实践活动的重要内容。

河南省新安县张钫故居见证了张钫同志为国家、为民族不懈奋斗的光荣历史。为充分发挥张钫故居在民革自身建设中的作用，以张钫同志的生平事迹和爱国传统教育广大民革党员干部为实现中华民族伟大复兴中国梦贡献力量，在中共河南省委、省政府、中共新安县委、县政府的大力支持下，民革中央决定，命名张钫故居为中国国民党革命委员会党史教育基地。

关于开展向蔡立忠同志学习活动的通知

民革各省、自治区、直辖市委员会，中央各工作部门，团结报社、团结出版社：

为推动民革深入开展坚持和发展中国特色社会主义学习实践活动，民革中央决定在民革全党各级组织和广大党员中开展向蔡立忠同志学习的活动，作为2015年学习实践活动的一项重要内容。

蔡立忠同志生前是福建省泉州市中医院副主任医师、民革泉州市会委鲤城区工委中医院支部组织委员。他医术精湛、医德高尚，先后被评为“福建省智力援疆先进个人”“吴登云式的好医生”、民革泉州市委会“争创双优”活动先进个人。2014年2月18日，蔡立忠同志积劳成疾，不幸去世，年仅48岁。蔡立忠同志逝世以后，中共泉州市委常委会专门召开会议，决定在全市开展向蔡立忠学习的活动，并追授蔡立忠同志“市劳动模范”“人民的好医生”荣誉称号。随后，中共泉州市委、市政府，民革福建省委会和泉州市委会都分别做出了向蔡立忠同志学习的决定。他的先进事迹在当地引起了强烈反响。《团结报》等报刊也发表了长篇通讯，全面报道了他的先进事迹。

蔡立忠同志以自己短暂而光辉的一生，生动诠释了医者大爱的传统美德。他是中国特色社会主义的优秀实践者，是社会主义核心价值观的崇高践行者，是多党合作事业的积极参与者，是在改革开放时代成长起来的优秀民革党员。民革中央决定，追授蔡立忠同志“优秀民革党员”称号，号召各级民革组织和广大党员向蔡立忠同志学习。

（一）学习蔡立忠同志自觉践行社会主义核心价值观的高尚风范。学习蔡立忠同志的先进事迹，要和培育、践行社会主义核心价值观紧密结合起来。各级组织要动员和引导广大党员，通过开展向蔡立忠同志学习的活动，更加积极、努力践行社会主义核心价值观，自觉投身到中国特色社会主义的伟大实践中去。为便于学习，有关部门要及时编写蔡立忠同志先进事迹专题学习材料下发各地。

（二）要把开展向蔡立忠同志学习的活动重点放在基层支部。要安排每个基层支部今年有一到两次集中学习蔡立忠先进事迹的支部活动。要创新学习活动形式，使每个党员都能参与到活动中来。要结合开展“伸出博爱之手——民革基层组织牵手困难群众”活动，精心策划，采取多种切实有效的形式开展社会志愿服务活动。

（三）各地组织要结合学习蔡立忠同志先进事迹，大力发现本组织优秀民革党员，树立、宣传身边的榜样，发挥身边优秀民革党员的榜样示范作用。可以结合 2014 年开展坚持和发展中国特色社会主义学习实践活动中评选“十佳”党员的做法，丰富活动内容。

（四）各地宣传部门要加强对开展向蔡立忠同志学习活动的宣传报道。以文字、图片、视频等多种形式充分展示向蔡立忠同志学习活动情况和活动中涌现的先进人物和事迹。《团结报》《团结》杂志和民革中央网站要以专栏、专题等形式做好这一工作。

（五）各地要将开展向蔡立忠同志学习活动的情况及时向民革中央报告。各省级组织要在 2015 年底前将开展向蔡立忠同志学习活动的阶段性成果形成书面材料，报送民革中央宣传部。

中国国民党革命委员会中央委员会 2015 年工作要点

2015 年是贯彻落实中共十八大和十八届四中全会精神的重要之年，是“十二五”收官之年，也是为“十三五”开局打下基础的关键一年。全面做好今年民革的各项工作，具有十分重要的意义。

根据民革十二届三中全会精神，民革中央 2015 年工作的总体要求是：高举中国特色社会主义伟大旗帜，贯彻落实中共十八大和十八届三中、四中全会精神，紧紧围绕协调推进全面建成小康社会、全面深化改革、全面依法治国、全面从严治党履行职能，聚焦重点领域和关键环节，在凝聚改革共识上多尽责，在推动科学发展上做贡献，在全面加强自身建设上下功夫，确保各项工作取得新成效。

一、深入学习贯彻中共十八届四中全会精神

（一）把学习贯彻中共十八届四中全会精神作为当前的重大政治任务，深刻领会全面推进依法治国的指导思想、总体目标、基本原则和重大任务，围绕学习贯彻四中全会精神扎实开展各项工作，不断加强自身建设，积极履行职能，充分发挥好参政党的作用。

（二）将学习中共十八届四中全会精神与持续开展中国特色社会主义学习实践教育活动相结合，与民革十二大提出的目标任务相结合，与参政议政工作相结合，与基层组织建设相结合，与社会服务工作相结合，为推进依法治国工做贡献力量。

二、加强参政议政工作

（一）按照民革十二大提出的“举全党之力抓参政议政”的要求，围绕法治建设涉及的重大问题，如“人民法院改革、人民检察院改革”等课题，与最高人民法院、最高人民检察院、司法部开展联合调研。围绕“十三五”规划前期准备和编制，如：丝绸之路特色产业带、金融监管体制改革、农村土地确权、金融扶持“三农”和现代服务业发展、煤炭能源发展前景、非常规天然气能源发展等课题，深入基层扎扎实实开展调研。围绕福建平潭综合实验区建设开展重点调研。完善上下联动、横向交流机制，进一步提升参政议政的科学化水平。

（二）完善参政议政工作机制，以制度创新推动工作创新。加强参政议政人才队伍建设，已经建立的工作制度不能松懈，建立国家部委对口司局和党外专家信息库，发挥实职干部的骨干作用。推动志愿服务法制化进程，年底前完成志愿服务示范法向地方立法机关推荐情况的跟踪统计。探索参政议政工作的保障机制，出台专委会委员考评办法和退出机制。出台“十佳参政议政成果”评选办法，下半年进行评选。

（三）帮助省级组织搭建信息工作交流平台和培训机制，继续提升反映社情民意信息工作的质量和水平。

三、全面加强自身建设

（一）根据民革中央《关于开展坚持和发展中国特色社会主义学习实践活动的决定》及其实施方案，继续深入开展坚持和发展中国特色社会主义学习实践活动，大力培育和践行社会主义核心价值观，将活动抓好抓实。

（二）学习贯彻《中共中央关于加强社会主义协商民主建设的意见》，加强协商能力建设，推进协商民主理论研究。进一步拓展民主监督的渠道和途径，认真开展民主监督的理论研究。发挥好团结报、《团结》杂志在思想理论宣传和舆论引导方面的阵地作用，进一步做好全党参政议政成果的宣传报道工作。

（三）鼓励各级组织发展一批高素质、有代表性、有影响力的人士，支持有工作基础和组织条件的地市成立民革组织。全力推荐优秀干部到各级政府及其工作部门、司法机关等担任领导实职、特别是厅局级和处级正职。认真做好换届准备工作，确保届中调整和2017年换届工作顺利进行。制订《内部监督工作细则》，加大指导、督促省级组织开展内部监督工作的力度。

（四）进一步加强机关作风建设，严格执行中共中央八项规定精神。切实改进工作作风，继续改进文风、会风、学风。继续深化对机关建设规律的探索，进一步加强机关制度化、规范化、程序化建设，大力推动学习型机关建设。

（五）利用“民革e家”平台，探索在省级组织层面形成“民革指数”，通过大数据筛选、分析、挖掘，形成独具特色的决策参考数据，为参政议政和社会服务提供定量研究支撑。

（六）全面推进新媒体建设。发挥团结报六大平台的优势，强化互联网思维、挖掘大数据潜力。如期完成向各民主党派中央、民革省委会赠送户外阅报屏工作，实现省级以上民主党派全覆盖。

四、巩固扩大社会服务成果

（一）有针对性地指导各级民革组织对已开展的法律援助咨询服务工作进行区分、定位，解决困扰民革各级组织开展法律援助咨询服务工作面临的理论和政策难题。与国家司法部建立日常工作联系机制，为做好法律援助咨询服务工作搭建交流平台。

（二）引导推动基层支部、民革党员和所联系人士参与社区志愿服务活动。宣传典型帮扶事例，倡导志愿服务精神，探索志愿服务活动的有效形式。督促各省制订工作制度，建立活动信息专人负责及定期报送、反馈和评价制度，及时沟通工作动态。启动运行中山博爱基金会，支持“博爱·牵手”等活动。

（三）做好民革智力支边扶贫工作。借鉴参与毕节、黔西南实验区建设的成功经验，围绕“美丽乡村”建设目标，推动普及生态保护理念，帮助和促进民革各级组织所联系的扶贫地区发展绿色农业和生态旅游业，探索可持续健康发展之路。

五、为促进祖国和平统一做出新贡献

（一）结合台湾岛内新形势、新变化，围绕两岸青年文创产业、婚姻家庭权益维护、知识产权保护、协调两岸合作援外事物等热点问题开展深入调研。

（二）按照中共中央关于纪念中国人民抗日战争胜利70周年的总体部署，整合力量开展系列纪念活动，宣传抗日战争及世界反法西斯战争成果，宣传抗战精神，促进两岸合作开展有关抗战史迹考察及史料汇集。进一步做好抗战老兵口述历史收集工作，开展以纪念抗战胜利70周年为主题的史料采风、艺术创作等系列文化纪念活动，举办以“民族魂”为主题的美术作品展览。

（三）不断巩固和深化与台湾泛蓝阵营的传统交往，扩大与岛内其他相关社团的合作。面向台湾中南部地区、中下层民众、中小微企业，按计划举办好有关活动，拓展实习岗位，吸纳更多台湾青年来大陆实习创业。办好第六届“中山·黄埔·两岸情”论坛，做好海内外黄埔后代亲友、台湾泛蓝阵营、统派力量及台湾退役将领工作。继续办好海峡论坛农田水利分论坛、两岸青年创新创业论坛。推动《团仔圆妞》儿童剧上演工作，并策划入岛巡演。做好台湾新党青年组织“新中华儿女学会”骨干赴大陆参访交流等系列交流活动。

中国民主同盟

中国民主同盟第十一届中央常务委员会工作报告

——2015年12月9日在中国民主同盟第十一届中央委员会第四次全体会议上

张宝文

各位委员、各位同志：

我受第十一届中央常务委员会委托，向大会报告工作，请予审议。

2015年工作回顾

即将过去的一年，是全面深化改革的关键之年，也是全面完成“十二五”规划、统筹谋划“十三五”规划的重要一年。面对国内外形势的深刻复杂变化特别是经济下行压力的挑战，以习近平同志为总书记的中共中央团结带领全国各族人民，坚持稳中求进工作总基调，积极引领经济发展新常态，坚持“五位一体”发展理念，贯彻“四个全面”战略布局，坚定不移推进党风廉政建设和反腐败斗争，保持了经济平稳较快发展和社会和谐稳定，各项事业取得了新的重大成就。一年来，全盟坚持中国特色社会主义政治发展道路，继承和发扬盟的优良传统，在新形势下不断开拓创新，努力加强自身建设，积极履行参政议政、民主监督，参加中国共产党领导的政治协商职能，扎实开展社会服务，各项工作均取得了新的成绩。

一、加强思想建设，继续深入开展坚持和发展中国特色社会主义学习实践活动，多党合作的共同政治思想基础更加巩固

一年来，全盟各级组织以深入开展坚持和发展中国特色社会主义学习实践活动为主线，结合民盟履职工作实际，举办形式多样的宣传教育活动，广大盟员热情参与，思想建设成效明显。

认真学习贯彻中共十八届五中全会等重要会议精神。全国“两会”期间，民盟十一届九次中常会对落实“两会”精神、更好地履行参政党职能做出了安排部署，并要求全盟认真学习贯彻《中共中央关于加强社会主义协商民主建设的意见》精神，进一步提升参与协商的能力和水平。民盟十一届十次中常会专题学习中央统战工作会议和《中国共产党统一战线工作条例（试行）》精神，要求全盟同志始终坚持和拥护中国共产党的领导，认真研究履行参政党职能的思路、途径和方法。民盟十一届十一次中常会要求全盟把学习贯彻中共十八届五中全会精神与履行好参政党职能结合起来，与学习《关于加强政党协商的实施意见》结合起来，为制订实施好“十三五”规划、如期实现全面建成小康社会奋斗目标做出新贡献。

深入推进坚持和发展中国特色社会主义学习实践活动。今年是学习实践活动的中期总结年。盟中央主要领导带队深入基层调研，了解盟员思想动态，宣传学习实践活动的先进经验，推动了学习实践活动的深入开展。在中央统战部召开的“坚持和发展中国特色社会主义学习实践活动经验交流暨中期推动会”上，盟中央介绍了全盟开展学习实践活动的主要做法和经验体会，并提出了下一阶段活动的思路和任务。各级盟组织结合实际，精心组织，通过宣讲团、报告会、论坛和讲座等形式，向盟员宣讲中共十八届四中、五中全会精神和中央统战工作会议精神。截至目前，全盟共举办论坛、讲座、报告会等近4000场，参加盟员近10万人次。全盟各级组织还把盟的优良传统作为开展学习实践活动的重要内容，通过书籍、影视、教育基地、陈列室等载体，让更多盟员了解民盟与中国共产党风雨同舟、荣辱与共的光辉历史。盟中央微信公众号先后推出了“中国民主同盟在抗日战争中的历史作用”“共和国的旗帜上也有我们的风采”等盟史专题，受到广大盟员和社会各界的关注。安徽、山东、湖北、湖南等省级盟组织采取征文、盟史宣讲等多种形式，使学习实践活动更加鲜活生动。重庆、广西等省级盟组织着力打造学习实践活动平台基地，提高了盟员的学习热情。目前全盟已建成全国和省级传统教育基地80余处、“盟员之家”300多个，通过开展丰富多彩的活动，深化了盟员对多党合作历史的认识，增强了组织凝聚力和盟员归属感。

宣传工作再上新台阶。今年，盟中央进一步加大了与主流媒体的联系合作，深入宣传盟的重点工作。全国“两会”期间，民盟组委员接受采访380余次，《人民日报》《人民政协报》等中央媒体共刊发介绍民盟工作的稿件732篇，中央电视台《新闻联播》等栏目播出了民盟组政协委员的讨论情况。各地盟组织普遍加强与媒体的沟通联系，积极宣传盟务工作新进展和盟员的先进事迹，扩大了民盟的社会影响力。

为了更好地适应网络时代发展和盟员需求，各级盟组织不断丰富宣传载体，加强了网站、微信公众号等新媒体建设。盟中央网站紧密跟踪工作进展，不断增强报道的时效性。盟中央微信公众号结合时政热点和盟的重点工作，先后开设了“学习贯彻中央统战工作会议精神”“民盟服务‘一带一路’战略”“学习贯彻中共十八届五中全会精神”“民盟为‘十三五’规划献计出力”等专题，用文字、图片和视频主动发声，深度聚焦，在盟员中引起了积极反响。《群言》杂志创新办刊思路，办刊质量继续提高，发行量稳中有升。筹备召开创刊30周年纪念座谈会，出版了《群言文丛》，首次推出地方专刊。

进一步加强民盟文化院团建设，成立了民盟中央文化艺术研究院。民盟中央美术院组织盟员美术家先后赴古田、毕节、西藏开展义卖和捐赠活动，并在中国美术馆举办了“继往开来——中国民主同盟盟员美术作品展”，集中展示了几代盟员艺术家创作的艺术精品，受到了社会广泛好评。民盟中央艺术团与民盟北京市委在门头沟区马栏村联合举办了新春联欢会，与京郊农民共迎新春佳节。河北、河南、海南、陕西、云南等省级盟组织开展了“中国梦·民盟情”送戏下乡等形式多样的文化活动，产生了广泛的社会影响。

参政党理论研究工作扎实推进。今年全盟各级组织对理论研究工作更加重视，研究队伍不断壮大，课题研究逐步深入。完成了2015年度的理论研究课题招标工作，全盟共有30个课题中标。从2014年度以“社会主义协商民主研究”为主题的全盟招标课题成果中，选取了16篇优秀论文编辑加工为《社会主义协商民主研究》一书，即将由群言出版社出版。这是盟中央汇集盟内理论专家协作进行理论研究的初次尝试，推动了全盟对社会主义协商民主研究的深入开展。山西、湖南、广东等省级盟组织召开了加强社会主义协商民主建设理论研讨会。各级地方盟组织还积极参与当地政协、统战部等有关单位组织的理论研究工作，形成了一批较高质量的研究成果。

二、着力服务“四个全面”战略布局，较好地履行了参政党职能

全盟各级组织以高度的政治责任感，把促进科学发展作为履行职能第一要务，充分发挥盟内人才优势，紧紧围绕新常态下经济社会发展的一系列重大问题深入调查研究，努力建诤言、献良策。

积极参加中国共产党领导的政治协商，不断提高议政建言水平。盟中央领导多次参加中共中央、国务院及有关部门召开的协商会、座谈会，围绕政府工作报告、经济形势、“十三五”规划等主题，就服务“一带一路”战略、加快发展养老服务业、建设新型现代化农业、促进农村金融创新等重大问题提出了具有较强可行性的对策建议，对《中共中央关于加强社会主义协商民主建设的意见》等重要文件的制订提出了意见建议，受到中共中央、国务院和有关部门的重视。盟的各级地方组织负责人积极参加当地中共党委、政府举办的协商活动，提出了很多有价值的意见和建议，推动了地方经济社会健康发展。

今年盟中央围绕经济、教育、民生等重要问题向中共中央、国务院报送了10封政策建议信，均得到主要领导批示。其中旨在维护生物多样性、促进人与自然和谐共生的《关于实施“中国野生东北虎和东北豹恢复与保护重大生态工程”的建议》，获习近平总书记重要批示。

以政协会议为平台，持续关注经济社会发展重点难点问题。在全国政协十二届三次会议上，盟中央提交大会发言1篇、书面发言5篇、提案32件，其中《关于深化行政审批制度改革的提案》被列为全国政协十二届三次会议0001号提案，《关于推进非公有制企业走出去》等6件提案被列为2015年全国政协重点提案。盟中央还向全国政协十二届常委会议提交大会发言2篇、书面发言1篇，向全国政协提交平时提案4件。在持续关注教育问题的同时，民盟积极适应形势发展变化，不断拓展参政议政范围，在三农、科技、经济与金融、区域发展、社会建设、文化建设、生态文明建设等方面都提出了一些重要的建议或提案。

今年，盟中央参加了全国政协十二届三次会议提案办理协商会、全国政协“深化行政审批制度改革”专题协商会。与全国政协教科文卫体委员会合办了“促进高校办出特色和水平”双周协商座谈会，10位盟员委员就深化教育体制改革提出的意见建议，得到

有关部门的高度重视。在全国政协今年召开的其他双周协商座谈会上，还有 10 多位盟员委员分别围绕“残疾人权益保障”“加强黑土地保护”等主题进行发言。

截至目前，盟中央共报送全国政协社情民意信息 468 件，在各民主党派中名列前茅。民盟浙江省委报送的社情民意信息《防范“一带一路”建设过程中的金融风险的建议》获张高丽同志重要批示。

以深入调研为抓手，汇聚全盟履职合力。盟中央调研组分赴浙江、湖北、重庆等省市，就中共中央委托的重点课题“养老服务产业化发展”进行了深入调研。同时委托天津、黑龙江、福建、江西、广西、四川等省级盟组织在当地开展调研。在掌握大量一手材料的基础上，盟中央进行了深入分析和研究，向中共中央提出了促进养老服务业发展的政策建议信。在《中共中央关于制订国民经济和社会发展第十三个五年规划的建议》中，盟中央提出的关于转变养老服务发展观念，构建多层次、综合型的养老服务体系等建议得到了体现。

盟中央充分发挥专委会和地方组织的作用，联合国家有关部委进行合作调研、延伸调研达 41 次，广聚盟内外人才与资源的开放型工作机制逐步形成。先后与教育部、商务部、水利部、国家林业局、国家旅游局等有关部门合作，就“民办职业教育改革发展”“消费品工业产能国际合作”“汉江流域水资源可持续利用”“加快张家口京津冀水源涵养功能区建设”等课题开展调研，取得了一系列重要成果，为政策建议、提案的形成提供了素材。受国务院领导同志委托，盟中央开展了“我国高等教育改革与发展”专题调研，主要领导带队先后赴江苏、陕西、河南、重庆等省市 39 所高校进行实地考察，与高校负责同志和教育专家座谈交流，形成的调研报告就一流大学和一流学科建设、保持高等教育适度规模、合理调整高等院校布局等十个方面提出了意见建议，受到国务院领导的充分肯定。地方盟组织或者参与联合调研，或者结合当地实际开展自主调研，为盟中央层面的建言献策提供了大量的智力资源。盟中央采用民盟内蒙古区委的调研成果，形成了《关于内蒙古生物多样性保护的建议》等两篇政策建议信。

开展丰富的主题论坛活动，进一步整合参政议政资源。民盟中央经济委员会与上海社会科学院、民盟上海市委主办了以“中国经济发展与‘一带一路’战略实施”为主题的首届民盟经济论坛，民盟中央教育委员会和民盟江苏省委主办了第三届民盟教育论坛，民盟北京大学委员会、清华大学委员会、北京大学医学部委员会主办了以“大学之策”为主题的高教论坛，华北、西北十省区市盟组织联合举办了第四届北方生态论坛，北京、福建、甘肃、四川等省级盟组织举办了“第五届首都学研产高层论坛”、第二届“一带一路”文化与产业发展研讨会、“2015 四川民盟法治论坛”等。通过这些平台，盟内外专家学者紧紧围绕经济社会运行和全面深化改革等重大问题，广泛交流，研讨对策，产生了一批高质量的成果，为盟中央的参政议政整合了资源，拓展了渠道。

今年，由盟中央参与主办的第十一届“海峡两岸暨港澳地区大学校长联谊活动”在澳门、珠海两地举行，两岸四地的 31 位大学校长参加。活动期间，还举办了以“大学治理与综合改革”为主题的论坛，就推动我国高等教育改革发展和增进两岸四地教育交流合作进行了深入研讨。

利用多种途径和方式，积极履行民主监督职能。民主监督是民主党派的一项基本职能。

今年，针对生态文明建设中出现的问题，我们提出了《推进京津冀协同发展中的大气污染防治》《关于加强内河船舶污染防治工作的建议》等提案和政策建议信；针对非物质文化遗产保护工作中一些亟待解决的问题，我们在全国政协大会上提交了《加大力度，切实保护好我国非物质文化遗产》的书面发言；针对教育资源的不均衡，我们在全国政协常委会上作了《谋划高等教育合理布局，推动教育资源均衡发展》的大会发言。此外，《关于规范农村集体经营性建设用地流转的提案》《关于完善社会治理，保障基层民生的提案》《关于尽快出台儿童用药国家标准的提案》等，都从不同角度及时反映了民盟对一些重大事项的意见建议，促进了执政党和政府决策的科学化、民主化。担任各级特约（邀）检察员、监察员、审计员、教育督导员的盟员，以认真负责的态度履行视察调研、咨询建议、监督反映、联系沟通等职责，在执法检查监督、行风政风评议等工作中，充分发挥监督作用，为改进党风政风，推动全面依法治国做出了贡献。

三、创新形式，丰富内涵，社会服务工作成果显著

社会服务是民盟履行参政党职能的延伸和拓展，也是知民情、惠民生的重要途径。各级盟组织坚持发挥优势、突出重点、量力而行、讲求实效、持之以恒的方针，社会服务工作在巩固传统特色优势的基础上取得了新的进展。

凝心聚力，扎实推进智力扶贫工作。盟中央积极动员全盟力量参与智力扶贫工作，帮助扶贫联系地区增强发展的内生动力。盟中央筹集资金 100 万元用于支持毕节新农村建设项目实施。由盟中央主办的“守底线、走新路、奔小康——同心同行　民盟在行动”会议在贵州安顺举行。盟中央协调天行健医疗科技有限公司向贵州 88 个县捐赠总价值 6688 万元的医疗设备。盟中央致函国家水利部，支持遂宁市安居区萝卜园水库项目成功立项，工程总投资 2 亿元，现完成招标已开工建设，谱写了“盟遂合作”新篇章。盟中央协调温州慈善总会和有关爱心企业捐款捐物价值 1000 余万元，“明眸工程”走进内蒙古、福建龙岩和浙江丽水，开展医务人员培训活动，为贫困眼病患者提供免费医疗救助。“健康呼吸万里行”活动走进吉林省白山市，为贫困肺科疾病患者提供免费医疗救助。

发挥优势，深化拓展“农村教育烛光行动”。盟中央在巩固“烛光行动”工作成果的基础上，继续开展农村师资队伍培训，稳步扩大活动的受益范围，推动了城乡义务教育均衡发展和城乡教育公平。针对毕节基础教育薄弱的现状，盟中央先后与毕节七星关区、双山新区签订了“同心助学”行动战略协议书，并牵头组织东部十省市民盟组织与当地 15 所学校结成对口帮扶关系，深入开展全方位、多层次的助学活动。“烛光行动——新东方教师社会责任行”活动先后在河北、辽宁、贵州等 7 个省市展开，共培训当地中小学英语教师 1800 名。盟中央继续协调北京四中网校向天津、长沙、广州、成都等地区捐赠教学资源，价值 3000 余万元，受赠学校 49 所，培训中小学教师 7000 余人。地方盟组织也不断丰富活动内涵，创新活动形式。民盟江苏省委继续加强对贵州毕节的教育帮扶工作，举办贵州毕节小学教务主任昆山培训班，为七星关区优秀教师颁发“教师奖励基金”。

整合资源，全面实施“黄丝带帮教行动”。作为民盟社会服务工作的重要品牌，“黄丝带帮教行动”是民盟参与建设社会主义法治国家、构建社会主义和谐社会的具体举措。各级盟组织积极探索帮教新模式，深化与司法部门的合作，“黄丝带帮教行动”的社会影

响和品牌效应不断提升。北京等地民盟组织开展了“国际禁毒日”主题帮教活动。民盟江西省委积极协助盟员企业申报省民政厅公益创投项目“江西省女子监狱黄丝带帮教行动试点项目”，获得立项并得到政策、资金支持。

聚焦民生，着力打造社会服务工作新品牌。盟中央联合有关机构创建的“微天使工程”正式启动，项目资金总计 6 亿元，将建设 2 个肿瘤微创治疗示范中心、20 个肿瘤微创治疗示范医院。首家示范医院项目在重庆市垫江县人民医院启动，该项目共获得 3800 万资助资金以及 8000 万贴息贷款。盟中央携手增爱公益基金会等社会爱心组织，动员盟员专家赴“一带一路”地区奉献爱心，先后在四川遂宁、贵州黔西南、云南腾冲、甘肃古浪、西藏山南等地开展“民盟名医大讲堂”“民盟增爱义诊”活动，累计组织盟员医疗专家 90 余人次，培训医护人员 2460 人次，义诊病患 5600 人次，捐赠药品、医疗设备总价值 203.5 万元，减轻了贫困家庭病患就医负担，提高了当地医院的诊疗水平，树立了民盟的良好形象。

四、切实加强组织建设，为全面履行参政党职能提供有力保障

一年来，全盟大力推进“人才强盟”战略，认真落实组织发展五年规划和年度计划，不断夯实基层组织根基，努力推进干部队伍建设，盟的组织建设稳步发展。

组织发展健康有序。各级盟组织按照“保证数量、提升质量”的组织发展目标，进一步增强组织发展的计划性和目的性，在确保民盟特色优势的同时，加大了对履行参政党职能亟须的经济、金融、法律等方面的高层次人才的发展力度，实现了组织发展的健康有序。盟员队伍结构进一步优化，代表性进一步增强。目前全国盟员总数已达 26.5 万人，其中高级职称盟员占 42%。为准确把握民盟界别比例变化情况，盟中央就保持界别特色、任期制和新阶层情况开展了专题调研。

干部队伍建设成效明显。今年，除了协助中央统战部和中央社会主义学院继续办好民主党派干部进修班、培训班、出国研修班和中青年骨干培训班之外，盟中央加大培训力度，先后举办盟务工作骨干培训班和中青年干部培训班，200 多位盟务工作骨干和中青年干部参加了培训。部分省级盟组织还主动到中央社院举办了盟务骨干培训班。各地盟组织也有计划、分步骤地开展各类培训工作，为打造适应新形势、新任务要求的人才队伍做出了努力，并为明年的市级盟组织换届做好准备。各级盟组织积极为盟员创造机会，搭建平台，开展优秀骨干盟员推荐工作，一批层次高、年富力强的盟员进入各级政府、司法机关、科研院所、高等院校担任重要职务，部分盟员担任了中央及各级地方有关部门特约和特邀职务。目前全盟有 1400 多名处级以上从政干部，182 名盟员担任高校校院长。

基层组织创新发展。全盟各级组织贯彻落实《民盟中央关于进一步加强基层组织建设的意见》，积极推广基层组织建设先进经验，建立健全各项规章制度，增强组织活动实效，基层组织的活力、凝聚力和影响力得到加强。民盟江苏省委积极开展基层组织信息上网和基层组织测评，提升了全省基层组织建设的规范化水平。民盟广东省委等把基层组织建设与参政议政相结合，及时发现并推荐优秀参政议政人才进入各专门委员会，充实了参政议政人才库。

盟内监督进一步加强。目前全盟已有 16 个省级组织建立了监督委员会。今年，盟中

央监督委员会加强了对各省级组织的指导，安排监督委员参加省级组织领导班子及其成员的届中述职和民主评议活动，截至 11 月底，已有 24 个省级组织顺利完成了此项工作。盟中央监督委员会还就盟内监督工作进行了广泛调研，全面了解了盟内监督工作的现状，提出了推进工作的思路和举措。

广大盟员在本职岗位上建功立业。今年，广大盟员立足本职，再创佳绩。杨志峰等 5 位盟员被增选为中国科学院、中国工程院院士；张来斌等 32 位盟员分别荣获国家自然科学奖、国家技术发明奖和国家科学技术进步奖等奖励；刘中民荣获何梁何利基金“科学与技术创新奖”；张招崇等 20 位盟员荣获“全国优秀科技工作者”荣誉称号；章金媛等 8 位盟员分别荣获“全国三八红旗手标兵”“全国三八红旗手”“全国巾帼建功标兵”等荣誉称号；蔺涛等 10 位盟员分别荣获“全国劳动模范”“全国先进工作者”荣誉称号；吴为山等 3 位盟员荣获“中青年德艺双馨文艺工作者”荣誉称号；丁莲荣获中国消除贫困奖感动奖；许晨阳荣获教育部青年科学奖等。

机关建设再上新台阶。全盟各级机关进一步加强制度建设，规范完善内部管理，工作作风不断改进，工作效率不断提高。按照《公务员法》的要求，盟中央机关先后安排十多名同志到基层单位挂职，为年轻干部了解社会、丰富工作经验提供了机会，为他们的锻炼成长搭建了平台。部分省级盟组织增加了机关编制和办公经费，改善了工作条件。召开了以机关建设为主题的第十四次西部盟务工作会议，四川、青海、宁夏、新疆等 10 个省级组织与会，交流经验、分析问题，研究探索新形势下加强机关建设的方法途径。浙江、陕西、广东等省级组织还通过举办报告会、培训班、运动会及其他活动，丰富机关文化生活，提高干部综合素质，有效地提升了机关工作水平。

各位委员，各位同志：

2015 年是全盟各项工作取得丰硕成果的一年。这些成绩的取得，离不开中共中央的正确领导，离不开中央统战部的大力支持，离不开各位委员和全盟同志的共同努力。在此，我谨代表中央常务委员会，向全体委员和全盟同志表示衷心的感谢和崇高的敬意！

在肯定成绩的同时，我们也要清醒地看到，还有许多工作需要进一步加强：思想建设还需要更好地适应形势发展变化，进一步贴近盟员思想工作和生活实际；组织建设还需要进一步扩大代表性人士队伍，特别是要在发展结构性短缺人才方面下功夫；履行职能还要进一步强化参政党意识，提高协商能力，针对国计民生的重大问题提出切实可行的意见建议。希望大家提出宝贵意见和建议，努力推动全盟工作再上新台阶。

2016 年工作安排

2016 年是实施“十三五”规划的开局之年。全盟工作总的要求是：认真学习贯彻中共十八大、十八届三中、四中、五中全会和习近平总书记系列重要讲话精神，紧紧围绕国家工作大局，深化学习坚持正确方向，着眼大局积极建言献策，持之以恒加强自身建设，进一步开创民盟工作新局面，为“十三五”规划的制订实施做出新的贡献。

一、结合新的形势任务要求，切实加强民盟思想建设，不断巩固多党合作的共同思想政治基础

当前，我国经济社会发展已站在了一个新的历史起点上，正面临着许多新情况、新问题。全盟各级组织要立足新的形势，明确新的任务，切实加强思想建设，引导全盟同志进一步凝聚思想共识，增强履职合力。

认真学习贯彻中共十八届五中全会精神。中共十八届五中全会是在全面建成小康社会进入决胜阶段召开的一次重要会议。全会审议通过的《中共中央关于制订国民经济和社会发展第十三个五年规划的建议》，确定了“十三五”时期我国经济社会发展的指导思想、目标任务和重大举措，描绘了未来五年我国发展的宏伟蓝图。全盟各级组织要把学习贯彻中共十八届五中全会精神作为明年的首要政治任务，认真学习、深刻领会全会的精神实质和核心要义，不断增强围绕中心服务大局的责任感和使命感，把思想和行动统一到中共中央的重大决策部署上来，按照《建议》提出的创新、协调、绿色、开放、共享五大发展理念，准确把握民盟在促进“十三五”规划制订实施中的角色定位，始终做到心往一处想、智往一处谋、劲往一处使，为“十三五”规划的制订实施献计出力。

继续深入开展坚持和发展中国特色社会主义学习实践活动。各级盟组织要把学习贯彻中共十八大等重要会议精神和学习贯彻习近平总书记系列重要讲话精神作为学习实践活动的核心内容，抓住重要节点，精心组织实施，形成层层推进、人人参与的局面，在弘扬优良传统中传承政治共识，在加强思想交流中深化政治共识，在参与社会实践中巩固政治共识。要认真做好经验总结，注重将成熟的经验规范化、短期的举措长效化、分散的制度系统化，努力巩固活动成果。

认真做好思想宣传工作。要采取多种形式，加大对中共中央大政方针和多党合作政策的宣传力度，扩大宣传的覆盖面，引导广大盟员提高认识，增进共识。要加强对重要盟务工作的宣传力度，特别是针对重点调研、重大活动、重要建言、代表人士等，要做到及时深入报道。要积极应对互联网发展带来的新机遇、新挑战，不断调整工作思路，创新工作方法，进一步增强思想宣传的吸引力和感染力。继续搞好《中央盟讯》、民盟中央网站、微信公众号等宣传平台的建设，优化版块内容，增强报道的及时性。努力提高《群言》办刊质量，不断扩大影响力。继续开展好民盟中央美术院、文化艺术研究院、艺术团的各种活动。

深入开展参政党理论和盟史研究工作。各级盟组织要高度重视理论研究工作，充分发挥理论对实践的指导作用，以理论创新推动民盟工作创新。要充分发挥参政党理论研究中心和各级理论研究会的作用，加强人才队伍建设，完善理论研究重大课题招标制度，搞好重大理论课题的协作研究。要进一步加强盟史研究，做好盟史资料的收集整理工作。支持有条件的地方建立“盟员之家”、盟史陈列室及其他形式的民盟传统教育基地，开展纪念活动、文史出版等工作。

二、围绕制订和实施“十三五”规划，认真履行参政党职能

全盟要紧紧围绕“十三五”规划制订实施，把助推经济发展、服务社会民生作为履

行职能的努力方向和工作重点，进一步增强政党意识、参政意识，不断提高履职能力。

积极参与，切实提高参政议政水平。要把制订实施“十三五”规划作为明年全盟参政议政、建言献策的重点，坚持围绕中心、服务大局，紧密结合“一带一路”战略、京津冀协同发展、互联网 +、中国制造 2025、生态文明建设等关系改革开放和国计民生的重大问题，做好调查研究。要高度重视中共中央委托的重点调研和盟中央开展的重要调研，认真做好与国家部委的联合调研，指导协调省级组织和盟中央专委会的合作调研，并着力做好调研成果的转化和应用，不断提升履职能力和参政议政水平。要加快“民盟参政议政成果共享平台”升级改造，继续推动“民盟参政议政文献数据库”建设，实现全盟参政议政信息全方位交流和资源共享。要切实加强专委会建设，认真办好经济、教育、民生等系列论坛活动。

履职尽责，不断增强民主监督实效。民主监督既是中国特色社会主义监督体系的重要组织部分，也是统一战线的独特优势。全盟上下要从多党合作的高度充分认识履行民主监督职能的重大意义，做诤友，建诤言，真正与执政党肝胆相照、荣辱与共。要认真学习领会《中国共产党统一战线工作条例（试行）》对民主党派履行民主监督职能的有关要求，提高做好监督的能力，增强敢于监督的勇气，完善履行监督的方法，找准监督的切入点，通过会议、建议、提案和社情民意信息等多种形式，多提建设性的意见建议，真正为执政党改善领导和改进工做出实招、出高招。

提升能力，积极参加中国共产党领导的政治协商。全盟要继续学习贯彻《中共中央关于加强社会主义协商民主建设的意见》《关于加强政党协商的实施意见》精神，学深学透政治协商特别是政党协商的有关原则要求，切实加强协商能力建设，进一步增强主体意识，珍惜协商机会，担负起政治协商参与者、实践者、推动者的政治责任。要在精心选题、深入调研的基础上，认真做好高层政治协商会及全国政协大会、常委会、双周座谈会的发言、提案和社情民意信息等工作，努力建有据之言，献务实之策，力争有更多的参政议政成果进入决策。

发挥优势，扎实开展社会服务工作。要在巩固以往社会服务工作成果的基础上，进一步整合盟内外资源，以教育、医疗等领域为切入点，将社会服务工作重心向“一带一路”沿线地区适度倾斜。要按照中共十八届五中全会和中央扶贫开发工作会议精神，帮助贵州毕节、黔西南、安顺，河北广宗、重庆彭水、甘肃定西、广西百色、四川遂宁等重点帮扶地区实现精准扶贫、精准脱贫。深入推动“天行健公益行”活动，优先在“一带一路”涉及省市开展医疗设备捐助，让先进的诊疗技术惠及地方群众。做深“黄丝带帮教行动”，继续加强帮教基地建设，拓宽帮教覆盖面，不断丰富帮教形式、深化帮教内容，努力提高被帮教人员的社会适应能力。发挥参与帮教工作盟员的专业优势，分析不同类型犯罪的原因，为提高社会治理能力和法制建设水平积极建言献策。巩固扩大烛光行动成果，积极开展“服务‘一带一路’·民盟名师大讲堂”活动，建立京津沪三市名师资料库，通过现场教学、远程授课等形式，把“民盟名师大讲堂”推向“一带一路”沿线 18 个省市区，为缓解城乡教育资源不均衡状况贡献力量。

三、全面加强组织建设，为民盟事业可持续发展提供保障

组织建设是民盟自身建设的基础。要以做好换届准备工作为契机，继续推进实施“人才强盟”战略，重点抓好干部队伍建设，切实搞好政治交接，确保民盟事业薪火相传，后继有人。

提高认识，积极做好换届的准备工作。为盟中央和各省级组织换届做好准备是全盟2016年组织建设的重点工作。盟中央将制订出台换届工作文件，适时召开民盟组织工作座谈会，具体部署2017年换届工作。各省级组织要按照换届文件的要求，增强工作主动性，对领导班子进行科学测算，按照素质优良、结构合理、数量充足的要求储备干部人选。要进一步加大后备干部的选拔、培养力度，搭好台阶、架好梯子、给出舞台，确保急需人才优先培养、重要人选重点培养。要加强与有关部门的协商沟通，广泛听取意见，增进工作共识。要做好部分省级组织的届中调整工作，指导完成市级组织的换届工作。

突出重点，扎实推进各项组织工作。事业兴衰，关键在人。要把组织发展、基层组织建设、后备干部队伍建设有机结合起来，多层次储备培养人才。要按照组织发展五年规划和年度计划的要求，在保证质量的前提下，保持适当的发展速度，重点做好主界别盟员的发展工作，注重吸收参政议政需要的复合型人才和新社会阶层优秀人士。要继续贯彻落实《民盟中央关于进一步加强基层组织建设的意见》，不断创新基层工作方式，进一步增强基层组织的影响力、凝聚力和工作活力，充分发挥好基层吸引人才、考察人才、锻炼人才的作用。要提高盟员管理的信息化水平，启动盟员信息管理系统升级工作，做好后备干部人才库建设。

规范程序，稳步开展盟内监督工作。要根据《盟章》规定，进一步推动盟内监督工作的制度化、规范化，重点加强对省级组织领导班子及其成员的述职和民主评议活动的指导，适时开展盟内监督和领导班子建设的联合调研。要加强对换届工作的纪律监督和程序监督，制订对换届工作加强纪律监督的意见，严格换届的纪律程序。稳步推进省级组织监督委员会的建立。

落实制度，大力加强机关建设。机关是盟务工作的枢纽、桥梁和窗口，担负着承上启下、统筹运作的重要职责。盟的各级机关要按照建设学习型、绩效型、服务型、和谐型机关的要求，以加强队伍建设、制度建设和作风建设为重点，进一步规范管理，提高工作效率，增强服务意识，努力把机关建设提高到一个新水平，为各项盟务工作开展提供更有力的保障，为基层和盟员做好更优质的服务。

各位委员，各位同志：

明年是全面实施“十三五”规划的第一年，开好局、起好步意义重大，任务艰巨。让我们高举中国特色社会主义伟大旗帜，更加紧密地团结在以习近平同志为总书记的中共中央周围，同心同德，群策群力，努力开创民盟工作新局面，为全面建成小康社会、实现中华民族伟大复兴的中国梦做出新的贡献！

适应新形势　明确新任务
努力开创民盟参政议政工作新局面

——在中国民主同盟第十一届中央常务委员会第十次会议上的讲话

（2015 年 6 月 9 日）

张宝文

各位常委、各位同志：

本次会议的主题是：学习贯彻中央统战工作会议精神，全面总结近年来民盟参政议政工作，研究部署新形势下加强参政议政工作的任务措施，团结带领全盟同志进一步坚定信念，凝聚共识，努力开创民盟参政议政工作新局面。

下面，我就学习贯彻中央统战工作会议精神，加强新形势下民盟参政议政工作，讲几点意见：

一、认真学习贯彻中央统战工作会议精神，准确把握新形势下统战工作的新思想新观点新要求

刚刚闭幕的中央统战工作会议，是中共中央着眼新形势下巩固和发展最广泛的爱国统一战线召开的一次重要会议，在统一战线历史上具有里程碑意义。习近平总书记所作的重要讲话，站在历史和全局的高度，深刻阐述了新形势下统战工作的新思想新观点新要求，科学回答了新时期统战工作的一系列重大理论和实践问题，是指导统一战线事业发展的纲领性文献。中共中央颁布的《中国共产党统一战线工作条例（试行）》（以下简称《条例》），是中国共产党关于统一战线工作的第一部党内法规，规范了统一战线履行职能的程序和机制，为统一战线事业发展提供了坚强的政治保障、组织保障和法制保障，是推进统战工作制度化、规范化、程序化建设的重要标志。全盟同志要把深入学习贯彻中央统战工作会议精神作为当前和今后一个时期的重要政治任务，努力做到学深悟透、把握精髓、融会贯通，切实把思想和行动统一到中共中央的部署和要求上来。

1. 学习贯彻中央统战工作会议精神，必须始终坚持和拥护中国共产党的领导，不断增强对中国特色社会主义的道路自信、理论自信、制度自信。习近平总书记在讲话中指出：“做好新形势下统战工作，必须掌握规律、坚持原则、讲究方法，最根本的是要坚持中国共产党的领导。”全盟要深入学习领会习近平总书记重要讲话精神，教育引导全盟同志始终坚持中国共产党的领导，努力增强广大盟员的思想坚定性和政治自觉性。要全面加强民盟思想建设和宣传工作，深入开展“坚持和发展中国特色社会主义学习实践活动”，强化社会主义核心价值观教育，坚持正面发声，注重教育引导，不断夯实团结奋斗的共同思想政治基础。全盟各级组织要通过多种形式，认真学习传达会议精神和《条例》内容，务求取得实实在在的效果。

2. 学习贯彻中央统战工作会议精神，必须切实履行好新时期民主党派的基本职能，在服务“四个全面”战略布局上有所作为。习近平总书记在讲话中就发挥统一战线作用，

服务“四个全面”战略布局提出了具体要求。我们要充分发挥自身优势，更好地服务于“四个全面”战略布局，为国家发展、社会进步做出应有的贡献。《条例》将民主党派职能完善为“参政议政、民主监督，参加中国共产党领导的政治协商”，并对支持民主党派履行职能的内容、程序、形式等作了进一步规范。我们要紧紧围绕服务“四个全面”，认真研究履行“三项职能”的思路、途径和方法。要提高参政议政水平，深入调研、严谨论证，为决策提供针对性、可操作性强的意见建议；要提高民主监督实效，建诤言，做诤友，务实理性地提出问题的解决办法；要积极参加中国共产党领导的政治协商，充分利用好政党协商、政协协商和政府协商等协商渠道，推进社会主义民主政治建设，在服务“四个全面”战略布局中发挥更大的作用。

3. 学习贯彻中央统战工作会议精神，必须培养造就一支适应形势任务要求的干部人才队伍，为提高民盟的履职能力提供坚强有力的组织保障。习近平总书记指出：“要支持民主党派加强思想、组织、制度特别是领导班子建设，提高政治把握能力、参政议政能力、组织领导能力、合作共事能力、解决自身问题能力。”《条例》根据新形势下党外代表人士的特点和成长规律，积极回应和解决制约党外代表人士队伍建设中的重点难点问题，对党外干部的培养、使用、管理等问题在政策上做出了刚性要求。我们一定要抓住《条例》实施的有利契机，大力加强民盟干部和人才队伍建设，重点发展有较大社会影响的代表性人士、高层次人才以及有发展潜力的中青年人才，强化后备干部队伍建设，优化人才结构，完善人才管理的动态机制。要以增强基层组织活力为目标，完善相关制度、促进组织活动、强化盟员组织意识，全面加强民盟组织建设，为提高民盟履职能力提供有力保证。

二、认真总结换届以来全盟参政议政工作经验，努力推动参政议政工作创新发展

十一大以来，全盟工作进入了一个新的发展阶段。民盟各级组织紧紧围绕经济社会发展的重大问题和人民群众普遍关心的热点难点问题，深入调查研究，积极建言献策，取得了丰硕的参政议政成果。

1. 履职尽责，议政建言，积极参与高层协商。民盟中央多次在中共中央、国务院召开的协商会、座谈会上，围绕提升经济增长质量、深化社会事业改革、完善收入分配制度、推进政府职能转变、巩固教育经费投入保障体系、京津冀产业协同发展等重大问题发表意见建议。两年多来，民盟中央先后22次致函中共中央、国务院，就加强西北旱区农牧业可持续综合开发、服务贸易发展、大学生就业创业环境优化、塔里木河流域综合治理与保护等问题提出政策建议，全部获得中共中央、国务院主要领导的批示。其中，《关于加强西北旱区农牧业可持续综合开发，提高我国粮食安全保障能力的建议》，习近平总书记、李克强总理分别做出重要批示，汪洋副总理主持召开专门会议，研究制订了相关政策。

2. 注重质量，突出特色，充分利用政协平台议政建言。全盟各级组织充分利用政协平台参政议政，取得良好效果。全国政协十二届一次会议以来，民盟中央共提交大会发言14篇、提案88件，民盟界别政协委员共提交大会发言141篇、提案885件，内容涉及国家经济社会建设的方方面面。其中，关于深化行政审批制度改革的提案被列为全国政协十二届三次会议“0001号提案”。民盟中央与全国政协教科文卫体委员会合作召开了

以“大学毕业生创业就业环境优化”为主题的全国政协双周协商座谈会，民盟中央和8位盟员政协委员提出了加强人才需求预测、推动高校人才培养模式改革、调整高等教育资源布局、发展高校创新创业教育等建议，得到全国政协领导同志充分肯定。浙江、吉林、黑龙江、重庆、宁夏等地方民盟组织也充分利用省市区政协平台，积极议政建言，履行参政议政职能。民盟贵州省委提出“设立中国扶贫济困日”的建议被国务院采纳，国家将每年10月17日设立为“全国扶贫日”；民盟青海省委提出“构建被执行人信息共享平台，破解法院执行难”的提案，受到最高人民法院重视。

3. 围绕中心，服务大局，调查研究成果丰硕。民盟中央和各省级组织就中共中央委托课题和一些关系国计民生的重大课题，奔走城乡，深入基层，广泛开展调查研究，形成了一批有价值的政策建议。换届以来，民盟中央先后对“改革完善社会保障制度”“大学生就业创业政策优化”“加快养老服务业发展”等问题进行调研，同时委托天津、安徽、四川、上海、江苏等省市民盟组织和民盟中央社会委员会、教育委员会、妇女委员会就这些课题进行辅助配合调研，向中共中央、国务院提出了政策建议。民盟中央还就“长江中下游水资源保护”“洞庭湖生态经济区水资源综合利用”“生物多样性保护”等问题进行调研，为推进生态环境保护做出了努力。两年来，民盟中央及各专门委员会与陕西、云南、广东、山东、辽宁、湖北等地方民盟组织合作开展的38项调研课题已全部完成，这些调研成果已成为民盟中央高层协商、政策建议、政协提案和大会发言的重要素材。

4. 发挥优势，增强实效，论坛研讨形成品牌。换届以来，民盟中央及各省级组织充分调动盟内外资源，先后举办各类论坛、研讨活动9次，活动质量明显提高，影响力不断扩大。去年，民盟中央和全国政协人口资源环境委员会主办“南水北调南阳论坛”，针对水源地保护及库区的可持续发展问题建言献策；民盟中央教育委员会先后与民盟河南省委、民盟湖南省委和株洲市政府成功举办两届民盟教育论坛，对新形势下的中国教育发展问题深入研讨，受到与会的教育部领导、专家高度赞誉；民盟中央社会委员会、民盟北京市委主办了民盟第四届、第五届民生论坛，对改革社保体制、完善就业政策等提出了真知灼见；民盟甘肃省委、民盟福建省委发起“2014陆海丝绸之路·文化与产业发展”研讨会，民盟中央经济委员会、民盟上海市委、上海社会科学院主办首届民盟经济论坛，就“一带一路”战略实施问题进行深入探讨，产生了良好的社会反响。民盟地方组织也积极创新形式，开展了一系列独具特点的研讨、论坛等活动。山西、内蒙古、河北等地民盟组织共同举办“民盟华北五省市区促进京津冀协同发展座谈会”，围绕区域发展难点问题共同献计出力，收到很好的效果。

5. 凝聚智慧，整合资源，参政议政工作机制进一步完善。民盟中央积极完善参政议政工作机制，整合盟内外参政议政资源，更好地形成参政议政的合力。搭建了“民盟参政议政成果共享平台”，实现了全盟参政议政资源共享。成立了民盟国情研究中心，目前已与国家发改委、国土资源部、环保部、人社部、商务部、国家林业局等部委建立了合作关系，与上海社科院、中国旅游研究院、中国教育科学研究院、国家宏观教育政策研究院等研究机构签订了合作协议。研究出台了更为规范严谨的信息报送工作机制和评比表彰办法，两年来，民盟中央共报送全国政协社情民意信息1182件，其中有163件被采用。近年来，民盟中央在全国政协反映社情民意信息工作评比中一直位居前茅。江西、广西、海南、新疆等地方民盟组织根据各自特点，加强信息工作人员培训，强化队伍建设，完善工作机制，产生了良好的工作成效。

各位常委、各位同志，换届以来全盟的参政议政工作取得了突出成绩。在此，我代表民盟中央，向为全盟参政议政工作做出贡献的各级组织、各位盟员、各位同志表示衷心的感谢！

回顾过去的工作，我们有以下几点体会：**（一）坚持正确的政治方向，自觉接受中国共产党的领导，在多党合作的政治格局中积极建言献策，是民盟履行参政议政职能的基本原则。（二）准确把握中心工作，聚焦热点难点问题，扎实开展调查研究，是保证民盟参政议政工作取得成效的主要方法。（三）充分依托盟内外资源，坚持上下联动、左右互动，不断探索建立和完善工作机制，是提升参政议政工作整体水平的重要手段。（四）突出民盟界别特色和传统优势，适应形势发展和任务要求，坚持传承与创新相结合，是促进参政议政工作持续发展的有效途径。（五）注重人才队伍的培养、锻炼和使用，不断提升民盟履行参政议政职能的能力，是推动参政议政工作规范有序、永葆活力的有力保障。**

我们清醒地看到，全盟参政议政工作还有诸多问题与不足。特别是与当前形势、任务和要求相比，与全体盟员的期望相比，还有不小的差距。主要是，参政议政工作的整体水平有待进一步提高，参政议政工作机制有待进一步完善，参政议政工作的人才队伍需要进一步加强，等等。这些都需要我们在今后工作中加以改进。

三、正确认识当前形势，进一步明确参政议政工作任务

胸怀全局，洞悉大势，知情明政，是我们参政议政的基本前提。当前，我国经济社会发展正进入新的历史阶段，我们必须有新的认识、新的判断、新的举措。工作中，要着重把握好以下四个方面。

1. 做好参政议政工作，首要是认清形势、明确职责。“欲穷千里目，更上一层楼。”民盟参政议政工作要再上新水平，必须坚持高点站位，于大处着手，从实处用力。一是面对新形势须有新认识。从国际上看，世界经济发展分化显著、市场竞争激烈、产业变革加快，全球经济仍处在后危机的调整与构造期。从国内来看，经济发展的阶段性特征凸显，我们正处于经济增长速度换挡、经济调整结构阵痛和前期刺激政策消化“三期”叠加特殊阶段，中国经济发展的内在条件和外部环境正在深刻变化。但是全球经济复苏的不稳定性和国内经济要素的结构性变化，依然处在可应对的范围内，尤其是我国通过全面深化改革、深入推进大众创业、万众创新，积极实施“一带一路”等重大战略举措，以创新的主动赢得了发展的主动，以开放的主动赢得了国际竞争的主动，初步实现了“调速不减势、量增质更优”，国内经济运行始终处在合理区间。伴随着经济领域进入新常态，以习近平同志为总书记的中共中央站在新的时代高度，审时度势，统筹兼顾，提出了“四个全面”的重大战略布局，展现出新一届中央领导集体治国理政的政治智慧，使中国共产党和国家各项工作关键环节、重点领域、主攻方向更加清晰，目标任务更加明确，对推动改革开放和社会主义现代化建设迈上新台阶提供了强力保障，中国特色社会主义道路正越走越宽广。这是当前我国经济社会面临的基本格局。正确认识和判断这一新形势，是我们当前更好地履行参政议政职能的基本前提。面对这一新形势，我们在观念上要适

应，认识上要到位，方法上要对路，工作上要得力。要按照这次中央统战工作会议要求，始终坚持正确政治方向，坚定不移走中国特色社会主义发展道路；要把思想和行动统一到中共中央的认识和判断上来，认清中国经济社会所处的发展阶段，增强服务“四个全面”战略布局的自觉性和主动性。二是面对新形势须有新定位。方向决定道路，思路决定出路。新形势为我们参政议政的总体布局、工作创新和机制调整等提供了新的契机。面对经济社会发展的新常态，面对中共中央提出服务“四个全面”战略布局的新要求，我们需要进一步解放思想、开阔视野，勇于创新、敢于直言。《条例》提出民主党派的职能为“参政议政、民主监督，参加中国共产党领导的政治协商”，我们要把这三项职能作为履行职能的新定位，主动融入国家、民族和社会发展，主动服务“四个全面”战略布局，为实现“两个一百年”奋斗目标做出贡献。三是面对新形势须有新作为。参政议政是民主党派的生命线。我们要清醒地认识参政议政面临的时代特点、具有的重大意义和肩负的艰巨任务，以时不我待的紧迫感、学不足用的危机感，自加压力、主动作为。要以服务“四个全面”战略布局为己任，深入调查研究，积极建言献策。工作中，要注重强化“三个聚焦”：聚焦重大问题，始终关注事关全局性、长期性和战略性问题，加强基础性、应用性和对策性研究；聚焦中心工作，紧密结合国家的阶段性工作部署，认真完成中共中央委托调研课题，为决策提供有价值的参考意见；聚焦重要节点，在国家重大决策出台前后，有针对性地提出意见建议。在重大突发事件发生以后，及时跟进相关对策建议，增强参政议政的针对性、时效性和影响力。

2. 做好参政议政工作，关键是明确方向、突出重点。全盟各级组织要积极探索新形势下参政议政的规律，进一步明确着力方向，务求取得更大突破。**一是围绕中心、服务大局，积极参加高层协商。**全盟要认真学习贯彻中共中央《关于加强社会主义协商民主建设的意见》，积极参与政党协商、政协协商等各种协商活动，在协商中推进合作共事，在合作中推进事业发展。要始终紧扣国家的中心任务，在深入调研的基础上，为国家的大政方针和百姓关注的切身利益问题“出主意，想办法”，为发展建言，为民生鼓呼。要充分利用人民政协这个协商民主的广阔平台，做好全国政协常委会、专题协商会和提案办理协商会的发言准备工作。对民盟中央与全国政协有关专门委员会合作的双周协商座谈会选题和民盟界别政协委员的发言，要高度重视，做细做实相关工作。**二是深入基层、深入实际，加强调查研究。**调查研究是谋事之基、成事之道。毛泽东同志讲“没有调查，就没有发言权”。就我们民盟来讲，没有调查研究，就没有参政议政的发言权。因为只有知政，才能参政议政，才能使我们参政参到关键处，议政议到点子上。要深入基层、深入实际，认认真真搞调研，力争不说过时话、不说外行话、不说平庸话、不放“马后炮”，力求调研成果落地有声、政策建议务实可行。要在服务“四个全面”战略布局的大背景下，重点围绕新常态下的经济转型升级、教育综合改革、生态文明建设、保障改善民生等问题，深入调查研究，及时提出一些有价值的意见建议。当前，要围绕实施“一带一路”重大战略，抓紧组织力量，深入调查研究，出台研究成果，努力推进深化改革和对外开放。**三是关注热点、反映民意，强化信息报送工作。**社情民意信息报送是一项可以广泛发动全盟参与的参政议政工作。不论区域、行业、岗位，全盟同志都可以反映对国家大政方针或热点问题的意见建议，体现参政议政意识。要继续完善社情民意信息工作机制，加强对信息工作人员的培训，强化对各专委会报送信息的引导和服务，进一步提升信息质量，保持民盟在这项工作中的领先地位。

3. 做好参政议政工作，核心是继承传统、创新有为。我们在参政议政工作中形成了“奔走国是、关注民生”的优良传统，积累了许多好的经验做法，这是我们做好参政议政工作的宝贵财富，必须认真汲取、发扬光大。同时我们也要看到，在新的历史时期，民盟参政议政工作所面临的环境、条件发生了很大变化。“不日新者必日退”。政党的生命力在于创新，参政议政的灵魂也在于创新。做好新形势下的参政议政工作，必须在继承传统的基础上更加注重创新。要坚持“一条扁担两头挑”，既要寻求和秉持传统精神，又要准确把握时代特征，坚持与时俱进，跟随时代创新发展，为民盟的优良传统赋予新的时代内涵，在参政议政工作的各个方面体现创新的元素、展示创新的精神，使民盟的各项事业始终焕发出持久的生命力。在参政议政选题上，要增强选题的科学性，注重发挥专家的作用、实行专家广泛参与和领导集体决策相结合，加强与政府部门和科研院所的沟通，使选题更加符合经济社会发展需要，对形成科学决策具有更大的参考价值；在成果形成机制上，充分发挥盟员专家学术专长、推进学术成果转化，完善盟内调研成果共享机制，推进中央与地方、地方与地方协作配合；在品牌建设上，紧密结合国家改革发展的进程，大力提高民盟各类论坛、研讨活动的质量水平，提升民盟参政议政的影响力；在理论研究上，进一步突破惯有思维定式，逐步深化对参政议政规律的认识，把具体的经验体会提炼升华，形成带有普遍性和系统性的理论观点，以理论创新推进工作创新，等等。

4. 做好参政议政工作，重点是完善机制、形成合力。《条例》解决了长期制约统战工作的一系列重点难点问题，为我们更好地履行职能提供了强有力的保障。我们要吃透《条例》精神，进一步健全完善各项工作机制，不断凝聚参政议政的强大合力。**一是充分调动盟内资源，广泛聚合全盟力量，打造一支开放型、综合型盟员专家团队。**民盟人才荟萃、智力密集，这是我们做好参政议政工作的基础。要注重培养有较高知名度和影响力的参政议政带头人，努力打造一支在应用研究、对策研究方面有专长和影响力、集体攻关能力强的参政议政团队，为参政议政出精品积聚智力优势，提供有力保证。需要指出的是，民盟地方组织是参政议政的重要力量，要进一步激发地方组织活力，调动广大盟员参政议政的积极性，为地方经济社会发展做出我们民盟应有的贡献。**二是拓展合作平台，依托社会资源，不断探索形成新的工作优势。**要坚持上下联动、左右互动、内外合作，坚持引智、聚智、用智相结合，整合盟内外参政议政资源，提升民盟参政议政的总体水平。应当看到，随着经济社会的发展和国家治理体系的日趋完善，未来智库机构及智库人物“建言参与”高层决策将成为常态。下一步我们要以建设有特色、有影响的高水平智库为目标，支持民盟国情研究中心等机构不断发展壮大，加大与国家有关部委、地方组织、政府部门和科研院所的合作交流，探索参政议政新途径，增强民盟参政议政软实力。**三是充分挖掘自身潜力，培养优化自有人才，加强机关专职干部队伍建设。**事业成败，关键在人。参政议政工作的发展，离不开一大批优秀人才的支撑。参政议政专职工作人员在参政议政工作中担负着重要责任。要把打造一支具有较好素质、较高水平的专职工作队伍，作为提升全盟参政议政总体水平的基础性工作，下大气力抓紧抓好。要配齐配强参政议政专职工作队伍，加强人员锻炼培训，提升岗位标准要求，为推进参政议政工作开展提供坚强保障。

各位常委、各位同志，“大厦之成，非一木之材也；大海之阔，非一流之归也”。民盟事业的不断发展，需要全体盟员的共同努力。让我们紧密团结在以习近平同志为总书记的中共中央周围，高举中国特色社会主义伟大旗帜，进一步解放思想、求真务实，共同努力、奋发进取，书写民盟参政议政工作新篇章，开创民盟事业发展新局面，为实现中华民族伟大复兴的中国梦而奋斗！

深入开展坚持和发展中国特色社会主义学习实践活动，为推进“四个全面”战略布局凝聚人心、汇集力量

——在坚持和发展中国特色社会主义学习实践活动经验交流暨中期推动会上的发言

（2015年10月14日）

民盟中央主席　张宝文

坚持和发展中国特色社会主义学习实践活动既是学习贯彻中共十八大、十八届三中、四中全会精神的重要内容，也是加强民盟自身建设、履行参政党职能的重要举措。两年来，民盟各级组织以学习实践活动为主线，不断拓宽活动领域、丰富内容形式，切实提高了参政议政水平，增强了“五种能力”，坚定了“三个自信”。

一是以盟史教育为抓手，同心共筑价值观。

我们以民盟历史教育为切入点，让更多盟员了解民盟与中国共产党70年风雨相携、荣辱与共的光辉历史，更加坚定走中国特色政治发展道路的理想信念。

民盟中央举办民盟前辈及重要事件纪念活动，印发《中国民主同盟简史讲稿》作为培训教材；运用书籍、影视、陈列室、教育基地等载体，使盟史教育内容更加丰富、形式更加多样，如微信公众号推出国庆系列专题《共和国旗帜上也有我们的风采》，关注度和转发率颇高，纪录片《瑶山情》、微电影《最后一次演讲》反响良好；通过征文、演讲、竞赛等活动，调动广大盟员学盟史、讲盟史的热情，倡导盟员知盟、爱盟、兴盟；全盟举办论坛讲座、宣讲团报告会等近4000场，盟员参加近12万人次；建设全国和省级传统教育基地80余处，盟员踊跃参观，使学习实践活动更加鲜活、更加真切；一些地方组织开展“加入民盟为什么、历史责任是什么、我为民盟做什么”大讨论。通过丰富多样、双向互动的教育活动，传承优良传统，增进政治共识。

二是以立体宣传为平台，同心汇聚正能量。

学习实践活动中，宣传承担着动员、激励、服务的重大任务。我们牢固树立政治意识、大局意识、责任意识，弘扬主旋律、汇聚正能量，讲好民盟故事、传递民盟声音，鼓舞士气、提振信心，统一认识、凝聚力量。

充分利用传统媒体《中央盟讯》和《群言》杂志的传播作用，加强网站、微信公众号等新媒体建设，架构立体宣传平台，围绕重点工作设立专栏、制作专题。今年开设的“学

习贯彻中央统战工作会议精神”“民盟服务‘一带一路’战略”“纪念中国人民抗日战争暨世界反法西斯战争胜利 70 周年”等专题，用文字、图片和视频主动发声，深度聚焦。

着力加强民盟优秀代表人物宣传，通过组建宣讲团、举办报告会，出版《永远的榜样》《时代的楷模》《身边的典型》等系列丛书，展示盟员风采，使全盟学有榜样、行有示范。“继往开来——中国民主同盟盟员美术作品展”荟萃了几代盟员优秀作品近 200 件，各省级盟组织还举办书画展和公益演出约 500 场，积极发挥先进文化的示范引领作用。

三是以盟员之家为载体，同心增强凝聚力。

学习实践活动关键在基层，只有调动基层盟员的政治热情，才能更好地发挥参政党的整体优势。为此，“盟员之家”将盟员积极性和盟组织教育引导有机结合，以“家”的氛围，将盟史、盟务、履职成果、核心价值观等潜移默化到基层组织生活，提升了盟员的归属感和基层的凝聚力，增强了学习实践活动的生命力和吸引力。目前共有“盟员之家”300 多个，形成了让盟员倍感亲切的“温馨之家”、施展才华的“有为之家”、相互学习的“成长之家”。

通过深入开展学习实践活动，广大盟员以传承优良传统、坚定政治信念、勇担参政责任相砥砺，积极投身参政党履职实践，调查研究更加深入，政策建言的数量越来越多、范围越来越广、质量越来越高，民盟中央这两年共向中共中央、国务院提交了 30 封政策建议信；社会服务领域不断拓展，两年来民盟中央新建对口扶贫点 3 个，帮助贫困地区建设“烛光学校”15 所、培训教师 3 万多人次，彰显了民盟的界别特点和优势，彰显了中国特色政党制度的优越性。我们深刻认识到：学习实践活动对于民盟自身发展意义重大，它为我们各项工作提供了坚实的思想保证、强劲的精神动力和不竭的组织活力，有利于开创民盟工作的新局面，推动多党合作事业可持续发展。

明年是“十三五”规划开局之年，我们将通过学习实践活动团结全盟同志，为推进“四个全面”战略布局凝聚共识、凝聚人心、凝聚力量。

一要加强思想建设、制度建设和骨干队伍建设，在强基固本、久久为功上下功夫。思想建设不能一蹴而就，要有春风化雨、润物无声的细心耐心，将践行社会主义核心价值观做实做细做活；通过加强制度建设，建立健全长效机制，确保学习实践活动规范有序；按照“五种能力”的要求打造适应新形势新任务的骨干队伍，使民盟保持政治方向不变、优良传统不变。

二要加强履职能力建设，在知行合一、求实求效上下功夫。履职成效是学习实践活动落到实处的重要体现。要继承“奔走国是、关注民生”的优良传统，围绕“四个全面”战略布局议政建言；引导盟员积极参与政治协商、参政议政、民主监督，开拓工作新领域，实现学习实践活动与民盟各项工作互相促进。

三要加强“互联网 +”思维意识，在创新创造、善做善成上下功夫。深刻认识网络宣传在学习实践活动中的重要作用，在运用网络传播与新媒体上加大力度，在把握“时度效”上加大力度，在提高干部宣传业务能力上加大力度，积极应对互联网发展带来的新机遇、新挑战，增加思想宣传的针对性和新颖性、吸引力和感召力。

古语云，“不忘初心，方得始终”，初心是我们的承诺与信念，是我们履职的责任与担当，让我们恪守初心、牢记使命，紧密团结在以习近平同志为总书记的中共中央周围，深入开展坚持和发展中国特色社会主义学习实践活动，为完善和发展中国特色社会主义制度，为实现中华民族伟大复兴的中国梦做出更大贡献。

民盟中央关于服务“一带一路”战略的意见

（2015 年 7 月 13 日）

建设丝绸之路经济带和 21 世纪海上丝绸之路（以下简称“一带一路”），是以习近平同志为总书记的中共中央统筹国内国际两个大局，着眼实现“两个一百年”奋斗目标和中华民族伟大复兴中国梦，提出的具有划时代意义的重大战略。民盟作为致力于中国特色社会主义事业的参政党，必须把服务“一带一路”战略作为围绕中心、服务大局的重要任务。根据当前形势和任务要求，现就民盟服务“一带一路”战略提出如下意见。

一、提高思想认识，切实增强服务“一带一路”战略的自觉性、主动性

“一带一路”战略是中共十八届三中全会确定的国家长期战略，对于推动我国经济社会持续健康发展、构建开放型经济新体制、形成全方位对外开放新格局具有重要意义，对于加强沿线国家互利合作、实现共同发展、促进共同繁荣具有深远影响。“一带一路”战略纵贯历史与未来、连接中国与世界，是具有划时代意义的伟大战略构想，有着强大的号召力和生命力。“一带一路”战略秉持和平合作、开放包容、互学互鉴、互利共赢的精神，贯穿共商、共建、共享原则，致力打造利益共同体、命运共同体、责任共同体，是一项需要在中共中央坚强领导下，各系统、各部门、各地区密切配合，各方面力量共同参与的宏伟工程。

推动“一带一路”战略实施是民盟围绕中心、服务大局的重要职责所在。民盟各级组织要深刻认识“一带一路”战略的全局意义，准确把握中共中央关于“一带一路”战略的重大部署，认真贯彻中央统战工作会议和中共中央统战部《关于统一战线服务“一带一路”战略的意见》精神，把服务“一带一路”战略摆在突出位置，纳入重要议事日程。要突出工作重点，充分发挥民盟人才智力密集、联系广泛的优势，引导广大盟员结合各自专长，积极投身“一带一路”战略实施，推进我国与“一带一路”沿线国家和地区的经济文化交流、人员往来、智库合作等，推动人才、技术、资金等方面的互联互通，助推我国开放型经济发展。要加强资源整合，根据各地实际情况和不同特点，统筹考虑各方面条件和基础，充分调动各方面的积极因素，有所侧重地开展服务，形成民盟服务“一带一路”战略的整体合力。

二、充分履行职能，积极服务“一带一路”战略实施

1. 加强调查研究，积极建言献策。积极组织广大盟员围绕“一带一路”战略实施，深入实际考察调研，就重点问题集中力量攻关，形成有分量的调研成果。在参加政党协商和人大协商、政府协商、政协协商时，把服务“一带一路”战略作为重要内容，加强

与有关部门的互动交流，有针对性地提出意见建议。积极通过政策建议信、信息专报等形式，向中共中央、国务院和地方党委、政府，报送推进“一带一路”战略建言成果。积极参与中共中央统战部组织开展的“丝路建设·统战同行”等专题调研活动，为中共中央决策提供针对性、可操作性强的意见建议。

2. 办好主题论坛，深入研讨交流。认真总结首届民盟经济论坛的成功经验，积极筹备组织好第二届经济论坛，继续围绕“一带一路”战略实施问题进行广泛深入研讨，确保活动更有新意、更富成效。积极配合和参与中共中央统战部牵头召开的统一战线服务“一带一路”战略高端论坛，就服务“一带一路”战略进行广泛交流。民盟中央各专门委员会、国情研究中心等机构要充分发挥职能作用，有针对性地搞好相关课题研究，形成研究成果，提供决策咨询。民盟各级地方组织要创新思路、开阔视野，针对沿线区域发展中存在的关键问题深入研讨，推动人才、文化、产业和项目的交流融合，为地方经济社会发展提供支持。

3. 突出重点领域，搞好社会服务。民盟各级组织要充分发挥在文化教育、科技界别的传统优势，充分调动广大盟员的积极性、主动性，围绕服务“一带一路”战略，广泛开展各类社会服务活动，确保社会服务工作的实际效果。要将社会服务的工作范围适当向沿线贫困区域倾斜，支持当地改善民生，加快新农村建设，促进“一带一路”沿线地区经济社会发展。要鼓励更多地方民盟组织参与民盟中央在重点帮扶地区的智力扶贫工作，了解贫困群众需求，帮助解决人才、技术、资金等瓶颈问题。要继续开展好“烛光行动”“明眸工程”“民盟名医大讲堂”“微天使工程”“天行健公益行”“健康呼吸万里行”等社会服务活动，扩大活动频率和活动半径，打造一批叫得响、影响大、口碑好的品牌，使包括“一带一路”沿线区域在内的更多群众受益。

4. 强化宣传引导，形成良好氛围。民盟各级组织要积极配合国家关于“一带一路”战略的总体宣传，坚持正面发声，搞好主动宣讲，把“一带一路”战略的重大意义、主要内容和重要举措解读好、传播好。要充分运用新闻媒体、网络平台等多种载体和途径，加强民盟服务“一带一路”战略的宣传报道，树立民盟良好的社会形象，营造良好的舆论氛围。《中央盟讯》《群言》杂志及民盟中央门户网站、微信平台要通过编发专刊、开辟专栏等形式，刊载民盟中央领导同志、盟内外专家学者的相关文章，刊登一批民盟服务“一带一路”战略的活动消息和深度报道。民盟地方组织也要创新宣传工作思路，加大对民盟服务“一带一路”战略的宣传力度。要强化对外宣传工作，注重与盟外各类媒体的沟通合作，在更广领域、更深层次上对民盟服务“一带一路”战略进行宣传报道，不断扩大民盟的社会影响力。

三、完善工作机制，确保服务“一带一路”战略工作顺利推进

1. 认真谋划部署。民盟各级组织要结合中共地方各级党委、政府的总体部署，研究制订服务“一带一路”战略的具体措施办法，明确工作任务，丰富工作内容，确保有力有序地推进。要认真筹划、组织好各种形式的调研、座谈、交流活动，为广大盟员开展服务“一带一路”战略工作创造条件。要鼓励探索创新，发扬首创精神，最大限度地彰显民盟服务“一带一路”战略的特色优势。

2. 精心组织推动。要结合正在开展的“坚持和发展中国特色社会主义学习实践活动”，引导广大盟员增强参与“一带一路”建设的责任感和使命感，充分调动积极性和创造性。要通过举办专题报告会、政策宣讲会等多种形式，加强“一带一路”战略相关知识和业务的培训，提高盟员参与“一带一路”建设的能力。加强与中共地方各级党委、政府相关部门的协作配合，争取各方面支持，提高服务实效。

3. 加强督促指导。建立民盟服务“一带一路”战略工作报告制度，及时汇总各地民盟组织开展服务的情况，编发情况简报，交流有关信息和工作成果。适时召开工作情况交流会，总结典型经验，推广有效做法，研究解决存在的问题，推动民盟服务“一带一路”战略工作向广度和深度拓展。总结今年工作、部署明年任务，要将服务“一带一路”战略作为重要内容，做到持续化、长效化。

民盟中央关于学习贯彻十二届全国人大三次会议和全国政协十二届三次会议精神的决定

（2015 年 3 月 10 日民盟十一届九次中常会通过）

十二届全国人大三次会议和全国政协十二届三次会议，是在中共中央提出“四个全面”战略布局的新形势下召开的十分重要的会议。认真学习贯彻全国“两会”精神，对于民盟各级组织和广大盟员认清形势，凝聚共识，全面贯彻中共十八大和十八届三中、四中全会精神，为顺利完成“十二五”规划目标任务献计出力，具有十分重要的意义。

民盟中央赞同李克强总理所作的政府工作报告，赞同张德江委员长所作的全国人大常委会工作报告和俞正声主席所作的全国政协常委会工作报告，拥护全国“两会”通过的各项决定、决议。

民盟中央认为，2014 年是全面深化改革的开局之年。面对复杂多变的国际环境和艰巨繁重的国内改革发展稳定任务，以习近平同志为总书记的中共中央团结带领全国各族人民，把握发展大势，谋划战略全局，坚持稳中求进，勇于攻坚克难，顺利完成全年经济社会发展主要目标任务，开创了中国特色社会主义事业新局面。

一年来，全盟深入开展“坚持和发展中国特色社会主义学习实践活动”，进一步增强了道路自信、理论自信、制度自信，巩固了共同团结奋斗的思想政治基础；秉承“奔走国是、关注民生”的优良传统，围绕国家改革发展大局，聚焦经济社会发展重大问题，积极参与政治协商，认真履行参政议政和民主监督职能，为经济平稳健康发展和社会和谐稳定贡献了力量；主动适应新形势新任务的要求，进一步提升自身建设科学化水平，不断加大人才队伍建设力度，为民盟履行参政党职能提供了坚实的组织保障。

2015 年是全面深化改革的关键之年，是全面推进依法治国的开局之年，也是全面完成“十二五”规划的收官之年。作为致力于中国特色社会主义事业的参政党，全盟各级组织要把贯彻全国“两会”精神与学习贯彻中共十八大和十八届三中、四中全会精神结合起来，与学习贯彻习近平同志系列重要讲话精神结合起来，与深入开展“坚持和发展中国特色社会主义学习实践活动”结合起来，深化共识，凝心聚力，不断夯实多党合作的共同思想政治基础；要深刻理解习近平同志关于协商民主的重要思想，认真贯彻《中共中央关于加强社会主义协商民主建设的意见》精神，凝聚盟员智慧，发挥整体优势，提升协商议政的能力和水平，推进国家治理体系和治理能力现代化。

民盟中央要求，全盟各级组织要深刻领会中共中央治国理政的新思想、新部署、新要求，积极适应经济发展新常态，围绕“四个全面”战略布局和人民群众重点关切的问题，就科学编制“十三五”规划、加快经济结构转型升级、深化教育综合改革、促进区域经济发展、推进全面依法治国等重要课题深入调研，努力提出具有前瞻性、全局性和可操作性的意见建议；要突出社会服务工作重点，注重社会服务工作实效，为全面建成小康社会多做好事、多办实事；要继续实施“人才强盟”战略，不断加强盟的人才队伍建设，优化盟员队伍结构，切实为盟的事业持续健康发展奠定牢固基础。

民盟中央号召，全盟各级组织和广大盟员要认真学习贯彻全国“两会”精神，紧密团结在以习近平同志为总书记的中共中央周围，高举中国特色社会主义伟大旗帜，切实增强履职尽责的责任感和使命感，为实现“两个一百年”奋斗目标和中华民族伟大复兴的中国梦做出更大贡献！

民盟中央关于学习贯彻中共十八届五中全会精神的通知

民盟各省、自治区、直辖市委员会：

中共十八届五中全会是在我国即将完成“十二五”规划、全面建成小康社会进入决胜阶段召开的一次十分重要的会议。会议审议通过的《中共中央关于制订国民经济和社会发展第十三个五年规划的建议》(以下简称《建议》)，明确提出“十三五”时期我国发展的指导思想、基本原则、目标要求、基本理念、重大举措，描绘了未来五年国家发展蓝图，体现了“四个全面”战略布局，顺应了我国经济发展新常态的要求，具有很强的思想性、战略性、前瞻性、指导性，是动员全国各族人民全面建成小康社会的纲领性文件。本次会议的召开，对于坚持和发展中国特色社会主义，实现“两个一百年”奋斗目标、实现中华民族伟大复兴的中国梦，具有十分重大的现实意义和深远的历史意义。

民盟中央认为，中共十八大以来，以习近平同志为总书记的中共中央毫不动摇地坚持和发展中国特色社会主义，勇于实践，善于创新，形成一系列治国理政新理念新思想新战略，为在新的历史条件下深化改革开放、加快推进社会主义现代化提供了科学理论指导和行动指南。

民盟中央要求，全盟各级组织和广大盟员要认真学习贯彻中共十八届五中全会精神，为实现会议提出的目标任务，统一认识，积极进取，履职尽责，把中共中央各项重大决策部署落实到我们的各项工作之中，充分发挥参政党作用。现通知如下：

一、全盟要把学习贯彻中共十八届五中全会精神作为当前和今后一个时期的首要政治任务，迅速兴起学习、宣传和贯彻中共十八届五中全会精神的热潮。全盟各级组织和广大盟员要深入学习贯彻中共十八届五中全会精神，切实把思想和行动统一到中共中央对形势的科学研判和各项重大决策部署上来，准确把握战略机遇期内涵发生的深刻变化，结合当前正在开展的“坚持和发展中国特色社会主义学习实践活动”，不断增强全盟对中国特色社会主义的道路自信、理论自信、制度自信，进一步凝聚团结奋斗的思想共识，进一步谋划、开展好“十三五”期间民盟各项工作，为夺取全面建成小康社会决胜阶段的伟大胜利做出新的贡献！

二、全盟要把学习贯彻中共十八届五中全会精神与认真履行参政党职能紧密结合起来，积极为“十三五”规划制订实施献计出力。全盟各级组织和广大盟员要准确把握“十三五”时期改革发展的思路、目标和要求，深入贯彻落实中央统战工作会议精神，坚持用创新、协调、绿色、开放、共享的发展理念指导民盟的履职实践，立足民盟实际，突出民盟优势，创新工作思路，增强履职实效，在提升参政议政水平和建言献策质量上下功夫，在强化民主监督上下功夫，在参加中国共产党领导的政治协商上下功夫，全面提高履职能力和工作水平，在实施“十三五”规划过程中建净言、献良策、出实力。

三、全盟要把学习贯彻中共十八届五中全会精神与切实加强人才队伍建设紧密结合起来,为民盟更好履职尽责提供坚实保障。全盟各级组织和广大盟员要充分认识“十三五”规划的制订实施对民盟提出的更高履职要求，以五种能力建设为着力方向，把握人才队伍建设的关键环节，优化盟员队伍结构，严把盟员素质关，结合履职锻炼人才，加大人才培养力度，不断壮大人才队伍，把人才队伍建设作为一项紧迫任务切实抓紧抓好。当前要将学习贯彻中共十八届五中全会精神与搞好换届工作紧密结合，把一批代表性强、议政水平高、群众认可、德才兼备的优秀人才吸收到盟员队伍中。

中国民主同盟中央委员会
二〇一五年十一月九日

民盟中央 2015 年工作要点

（2015 年 2 月 13 日民盟中央主席办公会议通过）

2015 年是我国全面深化改革的关键一年，也是全面贯彻落实依法治国战略的重要一年。全盟工作的总体要求是：认真学习贯彻中共十八大、十八届三中、四中全会精神，深入开展坚持和发展中国特色社会主义学习实践活动，大力加强盟的自身建设，紧紧围绕国家改革发展大局和全面实施依法治国战略，积极参政议政、建言献策，认真履行参政党职能，为全面推进依法治国、推动中国特色社会主义事业发展做出新的贡献。

一、以学习贯彻中共十八届四中全会精神为重点，切实加强思想建设

1. 全盟要将认真学习中共十八届四中全会精神，作为当前和今后一段时期的重要政治任务。教育引导广大盟员准确把握全面深化改革、全面推进法治建设的新要求，为推动法治中国建设、推进中国特色社会主义事业发展积极咨政建言。

2. 认真学习习近平总书记系列重要讲话精神，深刻理解坚持和发展中国特色社会主义的丰富内涵。深入学习贯彻习近平总书记在庆祝全国人民代表大会成立 60 周年大会和

人民政协成立65周年大会上所作的重要讲话精神，明确新的历史起点上发展社会主义协商民主的基本要求和基本遵循，凝聚政治共识，坚定不移地走中国特色社会主义政治发展道路。

3. 继续深入开展坚持和发展中国特色社会主义学习实践活动。进一步加强活动的组织领导，把学习贯彻习近平总书记系列重要讲话作为重要内容，突出特色，抓住重点，形成层层推进、人人参与的局面，在弘扬优良传统中继承政治共识，在加强思想交流中深化政治共识，在参与社会实践中巩固政治共识。

二、充分发挥主席会议和常委会的领导核心作用，加强对影响全局重大问题的研究和规划

4. 充分发挥主席会议和常委会在盟务工作中的决策和领导作用。贯彻民主集中制原则，认清新形势，适应新常态，就执政党和国家政治经济生活中的重大问题和关系全盟工作的战略问题做好研究和部署，推动各项工作持续有效开展，提高全盟工作的针对性和实效性。

5. 今年常委会将重点研究全盟的参政议政工作。继续发挥自身优势，规划重大调研课题，积极建言献策。适时召开会议，认真总结参政议政工作经验，积极探索参政议政的新途径，不断提高参政议政水平。

三、围绕全面推进依法治国战略部署，精心选题，扎实调研，切实做好参政议政工作

6. 紧紧围绕经济结构转型升级、国家“十三五”规划制订、法治建设、生态文明建设、教育综合改革、文化、科技、“三农”、区域发展等重大问题，大兴调研之风，努力提出具有前瞻性、全局性和可操作性的意见建议。受中共中央委托就养老服务产业化发展问题进行的重点调研，以及和各部委办的重要合作调研、与各专委会、民盟省级组织的合作调研，要高度重视，认真制订方案，扎实组织实施，保证调研成果质量。认真办好全盟参政议政工作会议、民盟首届经济论坛、第三届教育论坛、第六届民生论坛等活动，注重论坛成果转化。

7. 认真做好高层协商会及国家相关部委办组织的各类座谈会的发言准备工作。做好向中共中央、国务院报送政策建议信工作。做好全国政协大会、常委会、双周座谈协商会、专题协商会等的发言和提案等工作，充分发挥盟内各级人大代表和政协委员的作用，做好议案、提案工作。

8. 充分发挥各级盟组织和担任特约人员的盟员在促进依法行政、司法公正中的监督作用，积极参与立法协商。

9. 切实加强专委会建设，调动专委会成员积极性，充分发挥专委会作为全盟参政议政智囊团的作用。

10. 继续保持反映社情民意信息工作的良好发展势头。加快“民盟参政议政成果共享平台”升级改造，适时启动“民盟参政议政文献数据库”建设，实现全盟参政议政信息全方位交流与资源共享。

四、突出重点，增强实效，扎实开展社会服务工作

11. 鼓励更多盟的地方组织参与盟中央在贵州毕节、河北广宗等重点帮扶地区的智力扶贫工作。充分利用东部十省市民盟组织联手帮扶工作机制，做好贵州毕节七星关区定点帮扶工作。大力开展“同心·明眸工程”“同心·健康呼吸万里行”和“民盟名医讲堂”等特色活动。

12. 进一步整合资源，稳步扩大“农村教育烛光行动”的受益范围。继续与新东方教育科技集团、北京四中网校、北京教育学院、外研社等深化合作关系，巩固工作成果。继续搞好农村师资队伍培训，促进城乡义务教育均衡发展。

13. 鼓励引导更多盟的地方组织参与“黄丝带帮教计划”。探索完善与司法机关的合作机制，将帮教工作与参政议政工作相结合，积极为法治建设建言献策。

14. 鼓励和支持更多有条件的盟的地方组织关注、参与社区服务及社区矫正工作，积极开展工作实践和理论探索，使社区服务成为民盟服务社会的新亮点。

五、深入实施“人才强盟”战略，不断强化盟的组织建设

15. 组织发展要从多党合作事业的大局出发，严格标准，注重质量，重点发展高层次代表性人士、具有宏观战略思维的参政议政复合型人才以及热爱多党合作事业、有参政议政潜能的优秀中青年知识分子。

16. 大力加强干部队伍建设，重点抓好领导班子建设。适时举办“民盟盟务工作骨干培训班”，加强对民盟省、市级领导班子后备干部的培训。

17. 进一步发挥盟中央监督委员会的作用，探索建立中央与省级监督委员会联系机制，指导省级组织继续稳步开展盟内监督，搞好届中领导班子述职和民主评议等项工作。

六、深化参政党理论和盟史研究，不断加强思想宣传工作

18. 进一步加强参政党理论研究，努力形成一批对领导决策和盟务工作创新有较高参考价值的研究成果。民盟中央参政党理论研究中心要充分发挥组织协调作用，增强招标课题设计的科学性，不断提高课题成果质量。要整合理论研究资源，更好地发挥特邀研究员的作用。适时召开理论专题研讨会。

19. 进一步加强对盟的主要工作的宣传报道。积极探索与媒体合作的新形式，充分利用网站、移动客户端、微博、微信等新载体全面做好对外宣传工作。要建立健全宣传干部培训和奖励机制，适时举办民盟宣传干部培训班。

20. 继续办好《中央盟讯》，加强采编人员的培训，提高办刊质量，全面反映工作动态，突出民盟特色，做好对重大盟务工作的深度报道，更好地发挥《中央盟讯》在沟通信息、指导工作中的作用。

21. 加强盟史研究和宣传。集中力量做好盟史资料的收集和抢救工作，支持盟的地方组织开展盟史研究、口述历史采编和建立民盟传统教育基地等工作，发挥以史为鉴、以史育人的作用。

22.《群言》杂志要继续发扬“知识分子群言堂”的办刊宗旨，不断增强政治性、学术性，

可读性和针对性。继续加强对民盟参政议政、社会服务等工作亮点的宣传力度。不断丰富栏目设置和文章内容，办好地方专刊。继续坚持开门办刊原则，深化与盟内外专家学者及盟的地方组织的交流合作，加强与编委会、理事会和通讯员的沟通联系。办好《群言》创刊30周年系列纪念活动，出版《群言》系列丛书。稳步提升发行量，做好盟员企业家向经济欠发达地区盟组织的赠阅工作。

23. 充分发挥文化界别优势，大力加强文化院团建设。发挥民盟中央文化艺术研究院、美术院、艺术团的作用，调动文化界盟员专家积极参与文化体制改革、文化事业发展等问题的调查研究。适时举办中国民主同盟盟史美术作品展和艺术家下基层采风、演出等活动，为社会主义文化大发展、大繁荣贡献力量。

七、提供平台，促进对话，进一步做好对外联谊工作

24. 认真办好第十一届海峡两岸暨港澳地区大学校长联谊活动，推动两岸四地高等教育交流合作，弘扬中华民族优秀传统文化，增进了解，扩大共识。

25. 继续发挥民盟联系广泛的优势，做好台港澳同胞和海外侨胞的联谊和联络工作，为祖国和平统一大业做出应有的贡献。

八、完善机制，规范管理，努力建设和谐、务实、高效的机关

26. 进一步加强学习型机关建设，通过举办专题讲座、在职培训、轮岗交流和挂职锻炼等途径，全面提高机关干部的综合素质。

27. 机关各部门要大力培养求真务实、严谨细致、讲究效率的优良作风，不断增强服务意识，提升工作水平。严格落实《公务员法》，进一步加强制度建设，加大制度执行和落实力度。继续做好办公楼设施的改造、维护和环境保护及美化工作，努力营造规范有序、充满活力的工作环境。

中国民主建国会

继承传统　开拓创新　为协调推进“四个全面”战略布局做出新贡献

——在中国民主建国会第十届中央委员会第四次全体会议上的工作报告

（2015 年 12 月 17 日）

陈昌智

各位委员、同志们：

我受第十届中央常务委员会委托，向本次中央全会报告工作，请予审议，并请列席会议的同志提出意见。

一、2015 年工作回顾

2015 年是中国人民抗日战争暨世界反法西斯战争胜利 70 周年，也是本会成立 70 周年。中国共产党高举中国特色社会主义伟大旗帜，领导全国人民按照“四个全面”战略布局，万众一心，攻坚克难，沉着应对复杂严峻的国际国内环境，扎实推动改革开放向纵深发展，积极破解经济社会发展难题，完成全年经济社会发展主要目标任务，实现了经济社会发展总体平稳，稳中有进。一年来，全会深入学习贯彻中共十八大、十八届三中、四中、五中全会和中央统战工作会议精神，纪念抗日战争胜利 70 周年和建会 70 周年，深入开展坚持和发展中国特色社会主义学习实践活动，扩大参政议政成效，巩固组织建设成果，推动社会服务和对外联络工作取得新进展，为经济社会健康发展做出了积极贡献。

（一）以重大活动为载体，加强思想建设

开展纪念中国人民抗日战争胜利 70 周年活动。会中央和各级组织以铭记历史、缅怀先烈、珍爱和平、开创未来为主旨，分别召开纪念中国人民抗日战争暨世界反法西斯战争胜利 70 周年座谈会，畅谈感想体会，撰写纪念文章，传承先贤的爱国主义精神；会中央领导和部分会员的纪念文章在《光明日报》《中国统一战线》等报刊上登载。会中央领导和在京中央委员参加了 9 月 3 日天安门广场的阅兵观礼，深受鼓舞。

隆重庆祝建会 70 周年。会中央印发《纪念民建成立 70 周年活动方案》，全会各级组织积极举办纪念会、座谈会、文艺演出等多种形式的活动。会中央开展“读会史颂伟业，

学会章树新风”征文活动，发动广大会员积极参与，收到稿件1700多篇。精选1945年到2015年间图片资料，编印《光辉历程——中国民主建国会七十年》纪念画册。在全国政协礼堂举办“光荣与梦想——庆祝民建成立70周年文艺演出”，在民族文化宫举办“共圆中国梦——纪念民建成立70周年艺术作品展”。会中央网站和《民讯》分别设立专栏选登纪念文章。在《人民政协报》和《团结报》刊发纪念建会70周年专版。隆重举行民建成立70周年纪念大会，回顾70年光辉历程，对全国优秀会员、先进集体进行表彰，孙春兰同志代表中共中央到会致贺辞，对民建70年的发展历史和贡献给予了高度评价。

深化坚持和发展中国特色社会主义学习实践活动。认真组织广大会员学习中共十八大和十八届三中、四中、五中全会和中央统战工作会议精神，进一步坚定走中国特色社会主义政治道路的决心和信心。在全会开展会员基本情况问卷调查，了解会员思想动态，增强学习实践活动的针对性和有效性。会中央和地方组织通过召开报告会、座谈会、专题培训等方式，认真学习中央统战工作会议精神，提高全会对新时期多党合作的认识，推动学习实践活动深入开展。会中央领导集体参加统一战线深入学习贯彻中央统战工作会议精神和《中国共产党统一战线工作条例（试行）》研讨班，主要领导在会上作发言。在统战系统坚持和发展中国特色社会主义学习实践活动经验交流暨中期推动会上，会中央介绍了两年来全会开展学习实践活动的主要做法和体会，提出了下一步学习实践活动的思路和任务。

继承民建优良传统。中国民主建国会成立旧址（西南实业大厦）年底在重庆落成，为本会70华诞献上一份厚礼，将会成为本会告慰先贤、激励后人的会史教育基地。编写出版《民建史话》《民建先贤轶事》，将施复亮故居、胡厥文生平事迹展览馆命名为民建中央爱国主义教育基地，为弘扬民建优良传统、开展坚持和发展中国特色社会主义学习实践活动提供教材和载体。7月，民建杰出领导人成思危同志因病逝世。会中央网站设立专栏，《民讯》发行专刊，全会各级组织和广大会员以各种方式表达哀思。会中央召开追思会，缅怀成思危同志为国为民、不懈奋斗的一生，号召全会学习他热爱祖国、矢志报国的崇高精神，学习他坚持中国共产党的领导、与中共风雨同舟的坚定信念，学习他对民建事业忠诚热爱和不懈奋斗的奉献精神，学习他生命不息、学习不止的优良作风，牢固树立中国特色社会主义共同理想，始终坚持走中国特色社会主义道路。

推动全会理论研究。围绕纪念建会70周年，开展理论研究，形成了对民建发展规律的初步认识，丰富了全会共同价值理念的内涵，进一步明确了今后会的建设和发展方向。在全会开展以“民建如何在全面深化改革和全面推进依法治国中发挥作用”为主题的重点理论研究，共收到研究成果360多篇，评选出优秀成果49篇。

扩大新闻宣传。组织召开“民建中央‘两会’提案新闻通气会”，人民日报、新华社、中央电视台、中央人民广播电台等52家新闻媒体的记者参加。全国“两会”期间，中央及地方主流新闻媒体、重点新闻网站以及部分专业媒体直接登载有关民建的报道700多条。会中央网站开设专栏对民建参加全国“两会”情况进行全程报道和宣传。以中央级媒体为重点，推介民建参政议政成果，展现民建风采，在《人民日报》《光明日报》《经济日报》刊登各类文章37篇。在《团结报》刊发《民建中央提案选登》《民建中央近年来参政议政工作回顾》专版。

（二）围绕国家经济社会发展大局，履行参政党职能

召开参政议政工作会议。9月，召开民建中央参政议政工作会议。会中央领导作重要讲话和参政议政工作报告，省级组织、省会城市、计划单列市及专门委员会的相关负责人，参政议政先进个人代表共196人参加。会议全面总结九大以来参政议政工作成果和经验，分析存在问题和不足，明确今后工作总体思路和方向。会议期间，安排部分省级组织、市级组织和参政议政先进个人代表作大会交流发言，印发会议交流材料汇编，表彰200位参政议政工作先进个人、100个先进集体。会后，各级地方组织积极贯彻会议精神，学习先进经验和做法，推动参政议政工作深入开展。

参加高层协商。会中央领导先后参加中共中央和国务院召开的政府工作报告征求意见座谈会、上半年和全年经济形势分析座谈会、“十三五”规划征求意见座谈会、《中共中央关于制订国民经济和社会发展第十三个五年规划的建议（稿）》征求意见座谈会，代表民建就健全多层次资本市场、加强社会征信体系建设、推进大众创业万众创新、促进民营银行健康发展、推进现代职业教育发展、落实精准扶贫等方面，提出改进措施建议，受到中共中央的重视。

做好人大议案、政协提案和大会发言工作。在十二届全国人大三次会议上，担任全国人大代表的会员牵头提交议案23件，建议388件。在全国政协十二届三次会议上，担任全国政协委员的会员提交书面发言2件、提案419件。民建中央提交口头发言1件、书面发言4件、提案41件，有4件被列入全国政协专题调研提案，8件选入《重点提案摘报》，已有36件收到发改委、财政部和农业部等20个承办单位的提案办理答复。会中央领导和部分民建界政协委员在全国政协常委会、双周协商座谈会上围绕国民经济和社会发展，就城乡社会一体化、长江经济带发展、创新驱动发展战略、京津冀大气污染协同治理、养老产业等作12次发言。完善社情民意采稿机制，拓宽信息使用渠道，截至11月底，共收到社情民意信息2522篇，向全国政协报送231期，被采用35期，另有13篇被《人民日报》《中国政协》等刊登。

开展专题调研。会中央领导就年初确定的五个重点调研专题，分别制订调研计划和方案，共与国家4个部委、15家科研院所座谈，组建专家队伍，深入21个省（自治区、直辖市）开展调研，形成《加强经济合作，推动长江经济带健康发展》《加快科技成果转化和技术转移，促进创新驱动发展战略实施》《加强社会征信体系建设，构筑诚实守信的经济社会环境》《培育多元创业生态，营造良好创新环境》《深化金融体制改革，促进民营银行健康发展》等调研报告。会中央还就扶贫开发问题开展调研，提交了《落实精准扶贫，确保全面建成小康社会》《关于“十三五”时期切断贫困代际传递，实现全国同步小康的调研建议》。以上调研报告得到习近平、李克强、俞正声、张高丽、刘延东、汪洋等中共中央领导10人次批示，部分建议得到国务院有关部门采纳，有的还被编成简报下发。

发挥专门委员会作用。会中央各专委会召开主任会议或全体会议，明确工作任务，积极组织调研，形成并提交调研报告60篇；发挥专业优势，积极就有关重大问题、热点问题提出意见，提供社情民意信息，参与会中央在高层协商、全国政协会议的发言起草工作。经济委员会、财政金融委员会、企业委员会、能源与资源环境委员会、农业与农

村委员会在深入调研基础上，分别向十届十二次中常委会提交关于经济形势的分析报告，为会中央高层协商提供材料支撑。部分专委会通过举办论坛、研讨会等方式，为地方经济社会发展提供智力支持。

履行民主监督职能。会中央领导通过高层协商会、报送专项建议等方式，就资本市场、三江源保护、地方债务置换等方面指出问题，坦陈己见。参加最高法、最高检和国家发改委、公安部等国务院有关部门举行的民主监督座谈会，提出改进工作建议，部分意见建议在“两高”报告中体现。担任各级人大代表、政协委员和政府部门特约（邀）职务的会员，利用参加调研、检查、视察、交流等机会，了解党委政府工作，关注国家经济社会发展中的热点、难点问题，提出改进意见、建议。

（三）规范组织发展，提高组织建设水平

加强组织建设指导和会员发展管理。会中央主席、副主席按照分工，深入25个省（自治区、直辖市）的63个地市进行调研，了解地方组织的自身建设情况，指导开展工作。坚持注重质量、注意数量、优化结构、保持特色的原则，加强对会员发展工作的指导，督促各省级组织根据自身实际，制订和执行年度发展规划。进一步完善会员信息系统，制订组织管理信息系统普查和评比表彰细则，提高录入准确率、领导班子成员信息管理等目标要求，推动会员发展工作制度化、规范化。截至6月底，本会会员共有161717人，平均年龄50.8岁，经济界会员127584人，占会员总数的78.9%；担任各种经济实体的正副董事长、总经理、厂长等高级管理人员33604人，占会员总数的20.8%；担任政府及司法机关县处级以上职务的1861人，占会员总数的1.2%。

树立先进典型。会中央印发《关于建会70周年全国优秀会员、先进集体评选表彰工作方案》，在全会部署表彰工作。在纪念民建成立70周年大会上，对500名全国优秀会员和200个先进集体进行表彰，为会龄60年以上的会员、在民建机关工作20年以上的在职职工颁发纪念证书。将部分全国优秀会员和先进集体的事迹材料汇编成册，印发各地并组织会员学习。

抓好骨干队伍建设和会员培训。6月，召开民建全国厅局级政府实职干部工作研讨会，对相关工作进行总结、交流和研讨，9位实职干部和5个省级组织作大会交流，印发了个人和省级组织的交流材料汇编。举办基层组织主委培训班，参会人数达到500人；与各省级组织联合举办培训班，共培训基层组织主委3850人。建华课堂围绕人民币国际化、上海自贸区、信用建设、民营经济等专题，开展培训活动100多场，会中央领导与知名专家学者登台授课，培训会员、会友约1万人次。新设立建华云南、宁夏分课堂。

推进会内监督工作。中央监督委员会对会中央机关有关专项经费使用情况进行了审查，支出符合相关财务规定。会中央驻会领导同志召开民主生活会，开展批评与自我批评，交流思想，增进共识。各省级组织领导班子分别召开述职评议会、谈心会，交换意见，增强团结，推动会内监督工作务实开展。制订《关于建立健全省级组织领导班子述职评议会制度的意见》《关于对会内领导干部进行诫勉谈话和函询的暂行办法》，推动领导班子谈心会和述职评议会制度贯彻落实。印发《关于严肃换届纪律保证换届风清气正的通知》，加强纪律约束，营造换届工作良好环境。对犯错误的同志，根据情节轻重，有的进

行谈话教育，有的做出处分决定。稳步探索市级组织监督工作，已有 15 个市成立了市级组织监督委员会或监督小组。

重视会员权益和困难。认真做好维护会员的合法权益工作，妥善处理来信来访 762 件次。继续做好原工商业者补助工作，向生活困难的原工商业者寄发慰问金 16.9 万元，人均数额比去年又有大幅提高。

提高机关建设水平。会中央机关认真按照公务员从严管理的要求，做好公车制度改革、公务员平时考核试点，落实机关和事业单位养老保险制度改革的有关工作。预算管理水平进一步提高，荣获财政部 2015 年财务预算管理工作评比三等奖。加强制度建设，规范机关采购和资产管理。组织会务工作者赴台湾参加管理与沟通能力培训，选派 2 名局级干部到云南、湖南挂职锻炼。机关 6 个部门坚持与北京市 13 个基层支部的联系，全年开展活动 24 次。热情接待 48 批次 1200 多名会员到会中央机关参观座谈，加强与基层的沟通交流。

（四）发挥特色优势，拓宽社会服务领域

深入开展扶贫工作。召开民建东部十省市组织对口帮扶黔西县第三次联席会议，部署新阶段帮扶工作。协调完成黔西电厂二期扩建工程审批工作，工程静态投资 23.6 亿元，建成投产后每年可为当地增加税收近 2 亿元。与中共毕节市委、市政府共同主办“毕节试验区生态产业发展峰会”，促成招商引资签约项目 12 个，总金额 18.34 亿元。继续推动黔西县樱桃、生姜、石榴、高粱等特色产业发展，种植农户普遍增收。协调民建东部十省市组织选择黔西县、丰宁县的 30 户贫困家庭结成帮扶对子，签订帮扶合同，针对每户的实际情况开展精准扶贫。培训 100 名乡村致富带头人、200 名乡村医生、500 名新型职业农民、340 名乡村骨干教师，为脱贫工作提供人才保障。捐资 110 万元为黔西县和丰宁县新建、改造村级卫生室 23 所，在丰宁县建设清洁沼气罐 380 套。出资 200 万元援建江西广昌县水南圩乡敬老院。

服务会员企业发展。与国务院发展研究中心联合开展 2015 民建非公经济会员问卷调查，先后两次举办民建会员企业家培训班，召开企业发展圆桌会议，为会员企业转型升级、提高管理水平服务。举办经贸合作推介交流会、“丝绸之路哈密行”等活动，组织 400 多位企业家赴伊春、哈密、朝阳等地投资考察，帮助民营企业寻求发展机会，促进地方经济发展。

继续打造“思源工程”品牌。今年，中华思源工程扶贫基金会顺利完成换届，新增专项基金 1 个，共设立专项基金 32 个；连续 4 年在“中国基金会透明指数”中并列第一。截至 11 月底，募集善款 1.64 亿元，连续 6 年创历史新高，其中 2015’芭莎明星慈善夜募集善款 4170 多万元；联合爱心网友为贫困、孤残等弱势群体募款 3700 多万元，参与者达到 1100 万人次，超过历年总和。全年公益支出 1.35 亿元，帮扶约 100 万人次。重点实施思源救护、思源助学等 10 个公益项目，先后向贵州、云南等 16 个省（自治区、直辖市）的贫困县医院捐赠救护车 193 辆，开设教育移民班 24 个，新建、改建贫困地区幼儿园 50 所，培训贫困地区教师 200 名，帮助贫困学生 623 名，修建“零钱电影院”14 所、“思源沼气”100 口、水利设施工程 3 项，资助贫困空巢老人、听力障碍儿童、贫困白血病大

学生等 1100 多人。“8·12”天津特别重大火灾爆炸事故发生后，通过网络公益平台在不到一周的时间内募款 1400 万元，为牺牲和失联的 116 名武警官兵、公安干警、消防员家属提供资助。首次开展国际救援活动，组成“思源绿舟国际赈灾救援队”参与尼泊尔地震救援，得到灾区政府和群众的好评。

成功举办“两大论坛”。2015（第十七届）中国风险投资论坛以“新常态下风险投资的改革与创新”为主题，吸引海内外的风险投资家及专业人士 1800 余人参加，提出了“创业板发行上市制度改革”“创业投资引导基金提高运作效率”等若干意见建议；9 个省级组织主委带队，370 位会员参会；有 8 家民建会员企业参加项目路演，4 家被评为“2015 最具投资潜质创新企业”。2015’中国（湖南）非公有制经济发展论坛以“适应新常态，促进新转变，谋划非公经济新发展”为主题，民建各省（自治区、直辖市）代表团和海外侨领侨商等 1200 余人参加，共征集论文 63 篇，招商引资签约项目 106 个，总金额 617.6 亿元。“两大论坛”还邀请国家部委领导和专家学者为参会企业授课，讲解国家政策，启迪发展思维，提振发展信心，推动企业走创新发展的道路。

会中央在对外联络工作中，推动大陆和港澳台交流合作，全年共接待港澳台团组 6 个，121 人次；组织出访团组 5 个，39 人次。全国“两会”期间，拜访部分港澳人大代表和政协委员，就共同关心的港澳问题深入交换意见。邀请香港中华出入口商会访问黑龙江、接待香港教育工作者联合会参访吉林，推动经贸合作，加强民族认同。接待台北市教育会、台湾“一国两制”研究协会以及台湾新北市工商女企业家管理协会组团参访内地，多角度展现大陆建设成果。紧扣年度调研课题，组织养老保障和垃圾处理考察团赴丹麦、芬兰和瑞典考察，组织中小企业创新发展政策考察团赴印度、缅甸和斯里兰卡考察。

各位委员、同志们，在即将过去的一年里，全会各级组织和广大会员团结奋斗，努力工作，为本会履行好参政党职能做出了新的贡献，赢得了新的荣誉。在这里，我代表中央常务委员会向各位委员和全会同志一年来的辛勤努力和无私奉献，表示衷心的感谢，并致以崇高的敬意！

纵观一年来的工作，我们感到有两个显著特点。

第一，初步总结了我会建设和发展的规律。利用建会 70 周年的契机，全会深入学习中国特色社会主义的政党理论，会章会史和会的优良传统，总结经验，探索规律，理论研究取得新成果。一是初步探索出本会建设发展的规律是：政治纲领的与时俱进，引领民建的前进方向；思想建设的与时俱进，保证民建的健康发展；履职能力的与时俱进，巩固民建的参政党地位。“三个与时俱进”的总结，既体现了民建的历史实践，又赋予了时代内涵与会员的期盼，弥足珍贵。二是凝练出“爱国、民主、建设、团结、创新、奉献”的共同价值理念。这些价值理念契合了社会主义核心价值观的基本要求，传承着民建的优良传统，体现着民建的自身特色，是民建事业不断发展进步的精神财富和力量源泉。三是“三个与时俱进”和“六个价值理念”，是全会智慧的结晶。去年以来，会中央就有关参政党建设理论问题进行深入探讨，并请 30 个省级组织主委就此问题认真思考并撰写理论文章。在构思、起草、完成初稿的过程中，中央理论研究委员会进行了三次讨论，并广泛征求老同志、省级组织的意见，主席务虚会也进行了专题讨论。经过反复推敲、多次修改，在集思广益的基础上，形成了在纪念中国民主建国会成立 70 周年大会上的讲话稿。

第二，着力推动参政议政工作向前发展。参政议政是参政党的主要职能，也是民主党派存在的价值体现，会中央高度重视，加大了工作力度。一是召开民建全国参政议政工作会议，总结九大以来的工作和经验，研究了问题，部署了工作，尤其是探索了新常态下参政议政工作的新思路。二是扩大了会议规模。省会城市、计划单列市民建组织第一次和省级组织一道参加全国参政议政工作会议，探讨在新形势下如何提高市级组织的履职能力。会中央加强了对市级组织参政议政工作的指导。三是出台了《民建中央关于加强参政议政工作的意见》。《意见》提出了参政议政工作的指导思想、主要任务、基本原则，从整合资源、完善机制、拓宽平台、加强领导等方面提出了要求，制订了措施，对今后的参政议政工作具有指导意义。

在看到进步和成绩的同时，我们也清楚地认识到，与新形势、新任务的要求相比，与民建承担的历史使命相比，工作中还存在一些不足，需要改进：思想教育要注重问题导向，后备干部要加强培养，调查研究选题要更加科学务实，扶贫工作要更加注重精准度。为此，我们需要进一步增强责任感和使命感，紧紧依靠全体会员，力争把工作做得更好。

二、2016 年主要工作任务

2016 年是实施“十三五”规划的开局之年，前景光明，任务繁重。新的一年，全会要坚持以中国特色社会主义理论体系为指导，深入贯彻落实中共十八大、十八届三中、四中、五中全会和中央经济工作会议精神，紧紧围绕落实中共中央关于统战工作和社会主义协商民主的重要决策部署，着眼“四个全面”大局谋划重点工作，持之以恒强化自身建设，进一步开创民建各项事业新局面。

（一）学习践行发展理念，夯实思想政治基础

深入学习贯彻中共十八届五中全会精神。中共十八届五中全会是在全面建成小康社会进入决胜阶段召开的一次重要会议，会议审议通过的《中共中央关于制订国民经济和社会发展第十三个五年规划的建议》，明确提出“十三五”规划的指导思想、基本原则、目标要求、基本理念、重大举措，描绘了未来五年国家发展蓝图，有很强的思想性、战略性、前瞻性、指导性，是动员全党全国各族人民夺取全面建成小康社会伟大胜利的纲领性文件，对破解发展难题、增强发展动力、厚植发展优势具有重大指导意义。各级组织要把学习贯彻中共十八届五中全会精神作为当前和今后一个时期的首要政治任务，领会精神实质，引导广大会员牢固树立创新、协调、绿色、开放、共享的发展理念，把握“十三五”时期发展机遇，进一步振奋精神，凝聚决战决胜的信心和勇气，积极投入全面建成小康社会的伟大实践，为实现“两个一百年”奋斗目标的第一个百年奋斗目标贡献智慧和力量。

深化政治思想教育。以坚持和发展中国特色社会主义学习实践活动为主线，深入贯彻中央统战工作会议、民建成立 70 周年大会上中共中央贺词及领导讲话精神，按照统战系统学习实践活动经验交流暨中期推动会的要求，不断夯实政治思想基础，引导广大会

员争做中国特色社会主义事业亲历者、实践者、维护者和捍卫者。立足民建实际，创新活动形式，将学习实践活动与学习民建会章、会史、会的优良传统结合起来，使会员深刻认识民建作为参政党的性质、地位、职能和任务，不断增强广大会员对中国特色社会主义的道路自信、理论自信、制度自信。以纪念中国共产党成立95周年相关活动为契机，加强思想引导，通过报告宣讲、座谈研讨、征文演讲等形式，大力弘扬民建与中国共产党团结合作的优良传统，广泛调动会员投身中国特色社会主义事业的积极性、主动性和创造性。继续推进会的理论研究，推动在符合条件的地方建立民建中央爱国主义教育基地。

加大新闻宣传力度。利用社会多种舆论宣传渠道，积极借助新媒体，创新宣传形式，改进宣传方式，加大对民建履职成效、先进基层组织和优秀会员事迹的宣传力度，充分发挥典型的激励和感召作用，引导会员增强党派荣誉感和使命感。进一步加强宣传的策划性和时效性，对会的特色工作、重大活动进行重点宣传报道，树立民建良好的社会形象，扩大会的影响力。继续完善会中央网站建设，进一步提高《民讯》办刊质量。省级组织要进一步提高刊物、网站的质量和时效性，124个未办刊物的市级组织力争在2017年底完成创刊任务，有条件的市级组织要创办网站。

（二）加大工作力度，推进组织建设

推动地方组织换届工作。要加强对换届工作的领导，坚持民主集中制原则。做好省级组织换届文件准备和各项具体落实工作，组织领导班子成员认真学习会章、组织制度和有关规定。加强对市级组织换届工作的指导，深入细致地做好换届期间思想政治工作，认真落实换届的纪律要求，督促严格执行换届程序，保证换届工作顺利开展。

加强省级组织建设。适时召开省级组织建设研讨会，交流好的做法和经验，研究布置省级组织自身建设工作，进一步提高省级组织领导班子成员的政治把握能力、参政议政能力、组织领导能力、合作共事能力和解决自身问题能力。按照《关于加强省级组织领导班子后备干部队伍建设的意见》要求，适时举办省级组织后备干部培训班，提高后备干部综合素质，努力建设一支政治可靠、素质优良、结构合理的后备干部队伍，为省级组织换届工作创造有利条件。

加大培训工作力度。会中央继续举办500人规模的基层组织主委培训班，继续与省级组织联合举办以基层组织主委为重点的培训班，扩大培训覆盖面，力争本届内将基层组织主委培训一遍，夯实组织基础。完善建华课堂组织形式，建立网络在线培训平台，继续推动条件成熟的省份设立分课堂，进一步做强建华课堂品牌。

规范会内监督工作。围绕《中国民主建国会会内监督条例（试行）》的修订，研究各省级组织行之有效的制度规范，为出台正式的会内监督条例做好准备。督促各地认真学习贯彻落实民建全国会内监督工作研讨会和中央监督委员会第四次全体会议精神，学习先进经验，完善监督制度。推动地方组织以领导班子建设为重点，落实好述职评议和谈心会制度，将监督工作的成效体现到提升自身建设水平上。监督委员会要深入开展工作，督促落实《关于严肃换届纪律保证换届风清气正的通知》精神，为换届工作提供纪律保障。

推进各级机关建设。加强对机关干部的管理，进一步转变工作作风，完善机关管理制度。坚持机关学习制度，进一步提高机关干部政治思想素质。继续实施机关公务员平

时考核试点，做好选派机关干部到基层挂职锻炼工作。坚持机关各部门联系基层支部制度，提高机关干部对基层会情的认识。结合实际，开展丰富多彩的文体活动，活跃机关文化氛围。

（三）强化履职能力建设，提升参政议政质量

参加政治协商。政治协商包括政党协商、人大协商、政府协商、政协协商及其他方面的协商，对于党派来讲最重要的是与中国共产党之间的政党协商。我们要学习贯彻中共中央《关于加强政党协商的实施意见》精神，领会政党协商的指导思想和重要意义，把握好政党协商的内容，运用好政党协商的形式，积极参与政党协商。协商前深入考察调研，广泛听取意见，提高建言质量；协商中把握方向，真诚务实，讲真话，道实情，敢直言；协商后注意总结，研究问题，不断提高协商的能力和水平。

做好参政议政工作。落实民建中央参政议政工作会议和《民建中央关于加强参政议政工作的意见》的部署，学习参政议政工作先进经验和做法，完善参政议政体系建设，强化能力建设，提升参政议政整体效能和水平。紧密围绕协调推进“四个全面”战略布局、制订和实施“十三五”发展规划等党和国家的工作重点，主动适应经济发展新常态，就经济社会发展重大问题，开展调查研究，向中共党委和政府积极建言献策。充分发挥自身优势，就绿色发展、创新驱动、民营经济发展、金融支持实体经济发展、精准扶贫和职业教育等方面确定重点专题，深入调研，严谨论证，形成高质量的调研报告及相关成果，报送中共中央、国务院，为民主、科学决策提供针对性、可操作性强的意见建议。依托会内外资源，坚持上下联动，结合实际，开展应急研究，积极参与高层协商，向全国“两会”和全国政协常委会、专题协商会、双周协商座谈会等提交有水平、有影响的提案和发言。举办社情民意信息员培训班，进一步提高社情民意信息质量和水平。适时召开会中央专门委员会工作研讨会，交流学习先进经验，推动专委会进一步发挥作用。

提高民主监督实效。寓民主监督于参政议政之中，谈问题，建诤言，务实理性地提出解决办法。积极参与国家法律法规的制订和修改工作。担任各级人大代表、政协委员和特约（邀）人员的会员要认真履行职责，对有关政策法规在执行过程中出现的偏差和问题，及时提出改进的措施建议，为推进全面依法治国做出积极贡献。

（四）增强社会服务实效，做好对外联络工作

提升社会服务水平。筹备召开民建中央社会服务工作会议，总结五年来全会社会服务工作，交流经验和做法，研究部署新形势下社会服务工作任务。在定点扶贫工作中，要贯彻中央扶贫开发工作会议精神，按照国务院关于扶贫工作新的部署，广泛动员会内外力量，突出精准扶贫、精准脱贫，提高帮扶实效。在区域扶贫工作中，继续在集中连片特困地区和原中央苏区实施“思源教育移民”计划，做好广昌县的援建工作。加强对基金会工作的指导和支持，继续推动全会开展好“思源工程”活动，不断培育“思源工程”新品牌。加大服务会员企业工作力度，坚持服务会员企业与服务地方经济发展相结合，搭建会员企业投资发展平台、学习交流平台，增强企业发展信心和动力。继续举办好中国风险投资论坛、中国非公有制经济发展论坛，保持品牌特色。

做好对外联络工作。加强与港澳台各界友好人士的交流与合作，邀请台湾乡镇市民代表联合总会访问团、港澳爱国工商社团来访，继续做好与台湾世新大学合办的“两岸经济系列研讨会”，办好会员企业家赴港经贸研习班。做好会中央领导赴国外专题调研工作，组织会员企业家赴“一带一路”沿线国家考察，寻求“走出去”商机，扩大对外联络的广度和深度。

同志们，2016 年全会的工作已经部署。让我们更加紧密地团结在以习近平同志为总书记的中共中央周围，带领广大会员坚定信念，求真务实，开拓创新，为协调推进“四个全面”战略布局，奋力夺取全面建成小康社会的伟大胜利，实现中华民族伟大复兴的中国梦而努力奋斗！

努力实践　积极探索　深入推进会内监督工作

——中国民主建国会中央监督委员会 2015 年工作报告

（2015 年 12 月 17 日）

马培华

各位委员，各位同志：

我受中央监督委员会委托，向中央委员会全体会议作工作报告，请予审议。

一、2015 年工作回顾

一年来，中央监督委员会在中央委员会的领导下，围绕本会十大和十届三中全会工作部署，认真贯彻落实《中国民主建国会会内监督条例（试行）》，坚持在继承中发展、在发展中创新，发挥优势、突出重点、增强实效，注重健全机制，注重积极创新，不断进行理论和实践的探索，稳步推进会内监督工作向纵深发展。

（一）以增进共识为目标，加强宣传引导，巩固会内监督思想基础。中央监督委员会始终把统一会内监督思想放在重要位置，与时俱进，常抓不懈。采取召开会议凝聚共识、统一部署明确任务、组织调研分析形势、深入地方指导工作、强化宣传引导等多种形式，进一步提高全会同志特别是各级领导班子成员对会内监督工作的重视程度，增加全会对会内监督工作的了解。各省级监督委员会在中央监督委员会的领导下，结合各地实际情况，灵活采用多种方式宣传会内监督的重要意义，为会内监督营造良好的氛围。民建上海市委监督委员会通过区级组织和直属基层组织负责人座谈会、市委网站、监督委员会《工作简报》等多渠道学习传达中央会议的精神，要求各级组织认真学习，提高认识，使广大会员更好地了解监督工作。民建江苏省委监督委员会把领导班子成员和其分管的工作纳入到监督的平台上，根据会章、会内监督条例等文件设计、发放调查问卷 360 份，收集反馈的信息，了解市级组织及领导班子成员履职情况、会内监督的重点内容落实情况、制度执行情况等，督促监督对象发现问题、解决问题、推进工作。民建广东省委监督委员会为省委领导班子、机关各处室订阅了《党员干部违纪违法典型案例警示录》《反腐倡廉教育读本》等书籍和专题片，警示和教育干部增强纪律观念和规矩意识。

（二）以制度建设为保障，强化顶层设计，完善会内监督体系。会内监督制度是各级组织开展监督工作的有力遵循，制度建设是会内监督工作重要的基础性内容。自本会开展会内监督至今，随着形势的发展，我们对会内监督的认识和推进会内监督的经验有了新的积累。中央监督委员会顺应新的发展要求，注重将成熟的经验规范化、短期的举措长期化、分散的制度系统化，着力完善监督制度体系，形成全方位、多渠道的有效监督机制。

今年，在借鉴中共党内成熟经验，认真分析民建会情，广泛开展调研，反复征求意见的基础上，我们完成了三项具体制度的研究、制订和出台。一是民建中央十届第十五次主席会议通过了中央监督委员会起草的《民建中央关于建立健全省级组织领导班子述职评议会制度的意见》，对省级领导班子开展述职评议的范围、内容和要求进行规范；二是民建第十届中央监督委员会第四次全体会议审议通过《中国民主建国会中央监督委员会关于对会内领导干部进行诫勉谈话和函询的暂行办法》，对诫勉谈话和函询的对象、内容、程序、实施等进行了明确规定，为诫勉谈话和函询的开展提供了依据，丰富了会内监督手段；三是结合即将到来的各级组织集中换届的实际情况，中央监督委员会及时制订印发了《关于严肃换届纪律保证换届风清气正的通知》，为保证各级组织稳定团结、顺利有效地完成换届工作营造良好的换届环境。这几项工作的完成不仅完善了会内监督制度体系，为采取多种形式的监督提供了制度保障，也为地方制订制度提供了参考，从上而下带动制度的更新和完善，推动会内监督实现新的发展。

随着中共中央反腐败工作的深入开展，本会也出现了部分会员违法违纪的新情况新问题，中央监督委员会本着稳妥谨慎、循序渐进、科学严谨、务实有效的原则，在深入调研、反复核实有关情况的基础上，启动对违法违纪会员的纪律处分，研究和规范纪律处分程序。按照会章有关规定，今年全会给予纪律处分共计 6 人，维护了会章和《监督条例（试行）》的严肃性和权威性。

（三）以完善组织体系为基础，提高队伍素质，提升监督委员会自身建设水平。组织体系建设是落实会内监督工作的基础，中央监督委员会高度重视，认真指导、稳妥推进，组织体系日趋完整，组织基础不断完善。

从组织机构上看，在全国 30 个省级组织全部成立监督委员会的基础上，总结经验，研究问题，稳妥开展市级组织监督工作，目前全会共有 6 个省的 15 个市级组织成立了监督委员会，监督机构逐步健全，监督网络逐渐延伸。

从办公机构上看，中央监督委员会认真指导各省级组织成立监督委员会办公室，各省级组织克服经费、编制、人员等方面的困难，努力为会内监督工作提供基础条件，今年新成立省级组织监督委员会办公室 9 个，截至目前，全国 30 个省级组织通过采取与内部相关部门合署办公等方式已经全部设立监督委员会办公室，保证监督工作有具体的落脚点和执行者，使监督工作能够持续有效地开展。

从人才队伍上看，会内监督干部是会的优秀人才、骨干分子，是开展会内监督工作的重要力量，其素质和能力直接影响监督工作的质量和水平。一年来，中央监督委员会高度重视会内监督干部队伍建设，着力提升监督干部的五种能力，全面提升监督队伍的整体素质。一是思想上加以引导,增强监督干部的责任感和使命感;二是理论上加以指导,提高监督干部的理论素养;三是工作上搭建平台,促进交流,提高监督干部的工作水平。中央监督委员会还高度重视对承担会内监督日常工作的各省级监督委员会办公室主任的培养,不仅邀请他们参加全国会内监督工作研讨会,今年9月,会中央还专门召开省级监督委员会办公室主任会议,一方面对监督委员会办公室的工作进行具体指导,促进会内监督干部深入把握新思想新要求,认清形势,坚定信心,切实提高为会的自身建设保驾护航、贡献力量的使命感和责任感。另一方面也广泛听取大家对中央监督委员会工作的意见建议,为中央监督委员会改进工作方法、提高工作实效搜集来自一线的声音。

(四)以全国会内监督工作研讨会精神为指导,狠抓贯彻落实,积极推动监督工作向纵深发展。去年11月,会中央召开民建全国会内监督工作研讨会,对如何开展好监督工作进行了中央层面的方向指导和实践层面的经验交流,还对会内监督的一些理论和实践中的老问题、新问题、模糊不清的问题进行了充分讨论并达成共识,对本会会内监督工作的深入开展具有非常重要的推动作用。会后,中央监督委员会印发了贯彻落实会议精神的通知,要求各省级组织至少学习一条其他省级组织会内监督工作的先进经验。今年9月,中央监督委员会办公室对各省的落实情况进行了统计检查,根据统计结果和中央监督委员会委员到各地调研的情况看,各省级组织对全国会内监督工作研讨会精神普遍高度重视,积极传达,认真贯彻落实会中央的部署。

一是传达会议精神。研讨会后,各省级组织按照会中央领导的指示精神,采取召开专门会议、印发文件、召开专题讲座等形式,迅速传达研讨会精神,研究会内监督工作。各省级组织以此为契机,认真梳理监督工作,研究务实举措,部分省级领导班子带头学会章、会史,学习监督条例和监督文件,学习会内监督工作研讨会精神,带头自觉接受监督,切实推动监督工作深入开展。

二是学习先进经验。采他山之石以攻玉,纳别水之址以厚己。各省级组织结合本地实际情况,因地制宜选择适合本省实际的先进经验进行学习,并加以改进,使之成为推动本地监督工作的有效措施。到今年9月,全会30个省级组织共学习经验65条,每个省级组织都至少学习了1条先进经验,其中有10省级组织学习了3条经验,有1个省级组织学习了5条经验,各省级组织监督工作得到了有效推进。

三是落实"三个列席"制度。按照全国会内监督工作研讨会的部署,推动"三个列席"制度的落实:(1)不是中央委员的中央监督委员会委员列席中央全会制度。这一制度从去年三中全会开始实行,今年的四中全会继续执行。(2)省级监督委员会主任列席中央监督委员会全会制度。今年中央监督委员会第四次全体会议将参会范围扩大到了各省级监督委员会主任,将中央的部署和各省的实际工作紧密结合起来。(3)不是省级委员会委员的监督委员会委员列席省级组织全会制度。通过列席全会,监督委员会委员们进一步了解会内工作的进展情况,掌握省委会履职情况,为监督工作有效开展提供了有力条件。"三个列席"制度的实施,完善了内部监督体系,形成了连贯、有效的信息网络,畅通了上令下达、下情上达的沟通渠道,初步形成上下联动、全国"一盘棋"格局。

(五)以领导班子建设为抓手,突出工作重点,务求监督实效。领导班子建设是自身建设的关键环节,以领导班子建设带动队伍建设,是当前会的自身建设的重要着力点。

中央监督委员会将会内监督与加强领导班子建设结合起来,带头推动会内监督工作。今年,中央监督委员会对会中央机关有关专项经费使用情况进行了审查，支出符合相关财务规定。会中央驻会领导同志召开民主生活会，开展批评与自我批评，交流思想，增进共识。各省级监督委员会积极推动，狠抓落实，促进领导班子团结奋进，提高班子成员的履职能力和领导班子建设的水平。

一是坚持省级组织领导班子谈心会、述职评议会两个有效手段，着重提高会议实效。会内监督开展以来的经验证明，谈心会和述职评议会两种方式的有效运用，对于加强领导班子思想和作风建设，促进会内团结，保证会的决议、决定和工作部署的贯彻执行，发挥了不可替代的作用。今年，会中央从规范会议的程序、内容和要求等方面下功夫，会中央领导和中央监督委员会委员分赴各地督查指导，加大指导力度，着力提高会议实效。中央监督委员会办公室对中央监督委员会委员的参会情况进行统计，并在一定范围内公布。本会十届三中全会以来，山东、甘肃、四川、贵州、湖北、青海、北京、安徽、江西、河南、山西、河北、云南、辽宁 14 个省级组织先后召开领导班子谈心会共 16 次；山东、上海、河北、宁夏、陕西、内蒙古、海南、北京、吉林、甘肃、安徽、广西、江西、湖北、山西、广东、湖南 17 个省级组织相继召开述职评议会 17 次。其中，会中央领导和中央监督委员会委员参加的谈心会、述职评议会共计 15 人次。本届至今，30 个省级组织全部开展了领导班子谈心会，27 个省级组织进行了领导班子述职评议会，多个省级组织召开了多次谈心会和述职评议会。总体来看，会议质量比以往有明显提升，领导干部走过场的现象明显减少，谈心会和述职评议制度正在逐步向务实的方向发展，不少地方还对会议进行了优化创新。民建北京市委创新性地将领导班子述职评议会和谈心会结合起来开展，领导班子谈心会上，班子成员根据述职评议的结果，围绕反馈的意见建议认真查摆班子和个人存在的问题，深刻剖析原因，明确改进措施和努力方向，取得良好效果。

各省级监督委员会认真落实主体责任，加强对市级组织领导班子谈心会和述职评议会的指导。民建河北省委监督委员会成立了两个工作组，分别由监督委员会主任、副主任带队，督导全省 11 个市级组织开展届中领导班子述职评议，同时与每一位市委委员单独谈话，掌握了真实情况，为领导的科学决策打下坚实基础。民建四川省委监督委员会委员分别赴成都、乐山、绵阳等地参加领导班子谈心会及述职和民主评议，会后填写《民建市州委领导班子谈心会监督工作情况表》，对谈心会和述职评议情况进行评价，签署监督委员会的意见。

二是将对领导集体履职情况的监督制度化、常态化。领导集体成员是否履职尽责，直接关系会的事业长远发展，也是会内监督的重点内容。在部分省级组织率先开展对领导集体履职情况进行监督的基础上，各省级组织积极学习借鉴，相继对领导集体开展形式多样的履职监督，并对各种方式进行梳理，将行之有效的监督方法进行固化，形成制度，促进各级领导班子成员履职能力和水平不断提高。

（六）以会的实际为立足点，探索方式方法，拓宽监督途径。中央监督委员会加强对各级组织的分类指导，鼓励各级组织结合实际，勇于开拓，探索适合本会实际的会内监督新方法、新途径。各级组织围绕会中央的决策和部署，积极探索和丰富会内监督的形式和手段，涌现出许多行之有效的经验做法。

今年是本会建会70周年，多个省级监督委员会围绕这一重点工作，切实履行监督职能，积极发挥监督实效。民建陕西省委监督委员会受省委会委托，将各地先进集体和优秀会员的推荐名单放在省委会网站上公示一周，在没有异议的情况下报主委会议研究。省监督委员会主任、副主任列席会议并针对会员关心的问题听取意见建议，全程监督推荐过程。这些措施确保了评选程序规范，公正透明，受到广大会员的好评。

民建山西省委监督委员会对全省10个市级组织和省直支部进行监督调研，听取他们的工作汇报，召开11个座谈会，与各市的市委委员进行个别谈话，查阅相关资料，对监督调研时发现的问题进行提醒，甚至提出批评意见，并提交专题监督调研报告。

民建山东省委监督委员会建立监督检查机制，落实督查任务。组成督察调研组先后到14个市委会和一个地区支部与市委会班子成员和支部负责人进行座谈，考察支部活动室和会员企业，对各市级组织及所属支部贯彻执行民建全国基层组织建设研讨会和市级组织建设研讨会情况进行了督查，听取了各地开展“坚持和发展中国特色社会主义”学习实践活动的情况汇报。

民建浙江省委通报典型案例，开展警示教育。在主委会议、常委会议及机关干部暑期读书班上，专门就会员涉嫌受贿案例做了情况通报，对广大干部进行廉政教育和警示教育，强调要加强对会内各级领导干部，特别是担任政府领导职务会员的教育、管理和监督，要积极探索会内监督制度建设，逐步建立会内监督的有效机制。

民建重庆市委监督委员会切实履行会内重大事项的监督职责，全程参与中国民主建国会成立旧址复建工程的招标、资金筹集、使用、建设工程质量监督等工作。在机关公招、遴选工作人员的过程中，监督委员会参与了考试、考察和公示等关键环节，代行了机关“纪检”部门职责，充分发挥了监督作用，推动了市委会的机关建设。

民建咸阳市委监督委员会与市委委员及基层负责人签订了2015年勤政廉政责任承诺书，把勤政廉政责任落实到领导集体成员和基层第一责任人身上，同时将勤政廉政建设情况列为领导班子和支部主委在民主生活会上述职述廉的一项重要内容。

（七）加强经常性工作，改进工作方式，进一步提高规范化水平。中央监督委员会准确把握定位及职能要求，按照会中央部署，围绕重点任务认真开展各项工作，充分发挥职能作用，着力提高规范化水平。一是认真做好文件起草等相关工作。中央监督委员会多次召开会议听取意见，并深入地方考察调研，了解会内监督的实际情况，搜集第一手资料，为文件的制订奠定了良好的基础。二是积极与有关方面加强联系，主动交换意见，取得支持和帮助。加强对地方监督委员会业务工作的指导、督促和检查，印发情况通报，加强宣传引导，及时对召开领导班子谈心会和述职评议情况进行摸底和统计，督促召开会议并切实提高会议质量。三是认真做好信访工作，畅通会内监督渠道。中央监督委员会办公室充分发挥监督委员会工作的“窗口”“桥梁”“纽带”的作用，严格按照原则和程序处理来信来访共计762件次，对会员反映的有关问题，认真调查核实，积极协调解决，严肃会的纪律，维护会员民主权利。

一年来，在中央委员会的领导下，中央监督委员会立足实际，求真务实，大胆创新，会内监督迈出了新步伐，取得了新成绩。但我们还应清醒地认识到，会内监督仍然存在不少没有解决的老问题，随着形势发展又出现的一些需要面对的新问题：部分同志对会内监督重要性认识不足、信心不够，打牢会内监督思想基础仍是一项长期而艰巨的任务；部分制度的可操作性不强；各地发展不平衡问题仍然存在；监督形式和监督手段相对缺乏，纪律处分程序尚未完善等等。会内监督工作任务仍然艰巨，责任愈加重大，需要全体监督干部尽忠职守，携手奋进，共同努力。

二、2016 年工作重点

今年 5 月,中共中央召开中央统战工作会议并颁布《中国共产党统一战线工作条例(试行)》，为统一战线和多党合作事业的进一步发展创造了非常有利的条件。11 月，中共中央召开十八届五中全会，审议通过《中共中央关于制订国民经济和社会发展第十三个五年规划的建议》，为今后一个时期内经济和社会发展提供了理论指导和行动指南。学习贯彻中央这两次会议精神是本会当前和今后一个时期的重大政治任务。会内监督工作要适应形势任务变化，围绕本会大局，着眼增进政治共识，更加注重开拓创新，更加注重健全机制，更加注重提高实效，把会内监督不断引向深入。

（一）重视教育，加强宣传，进一步提高对会内监督的思想认识。开展会内监督工作要坚持教育与监督并举、重在预防的方针。教育是会内监督的一个重要方面，既要坚持日常的思想教育引导工作，又要及时结合国家大局、结合本会大事进行主题教育、专题教育，与时俱进，不断强化会内监督意识，夯实会内监督思想基础。各级委员会作为监督工作的领导机构，在推进会内监督中肩负着重要的责任，要切实发挥领导作用，把加强会内监督的思想教育和宣传放在重要位置，进一步统一思想、指导实践、推动工作。

加强宣传教育在对象上要坚持两个方面。一方面要增强监督干部的使命感和责任感，使监督干部真正从思想上认识到开展会内监督工作的重要性、迫切性，真正关心会内监督工作。另一方面是要增强广大会员的民主观念，引导广大会员正确行使监督权利，引导他们把各种意见和建议通过正常的渠道依法理性地表达出来，为内部监督创造良好的环境条件。

加强宣传教育在内容上要引导广大会员特别是各级领导干部正确认识和把握会内监督的性质和重点。我们的会内监督是民主党派的内部监督，重点是对会内各级领导班子及其主要负责人的监督；重点在对遵守会章、政治准则和各项制度的监督，促进履职尽责。要引导会员正确看待参政党会内监督和执政党党内监督的特点，准确把握会内监督的内涵和外延，更好地推动监督工作的开展。

加强宣传教育在方式上要注意多种形式相结合，尤其注重利用微信群、QQ 群、互联网等现代化信息技术，逐步建立多种方式并用的信息公开体系，进一步畅通监督渠道。

（二）严肃纪律，维护团结，为各级组织顺利完成换届工作保驾护航。从今年下半年开始，民建市级组织、省级组织和会中央将先后进行换届。这是本会政治生活中的一件大事。搞好新一轮换届，对于加强领导班子和干部队伍建设，促进会的健康发展具有十分重要的意义。同时，应当清醒地看到，换届期间往往是不正之风的易发多发期。营造风清气正的换届环境，保证换届工作顺利进行，是各级监督委员会的重要职责。中央监督委员会及时印发了《关于严肃换届纪律保证换届风清气正的通知》，提出了加强思想教育、严明纪律、严格执行换届程序要求，要求各级监督委员会认真履行会内监督机构的重要职责，在各级组织换届中发挥积极作用。

各级监督委员会必须把做好组织换届的监督作为工作的重中之重，高度重视，提前部署，全程参与，严格遵守会章、《会内监督条例（试行）》，按照《通知》等文件精神，切实发挥监督实效。要密切关注思想动态，对换届过程中出现的带有苗头性、倾向性问题予以高度重视，采取措施，及时跟进；派监督委员会成员参加组织换届大会，采取多种方式，化解矛盾，统一思想；对出现的影响换届工作的问题，及时与地方组织和有关方面沟通研究，并做深入细致的思想工作，妥善予以解决；要努力发挥会内监督的保障作用，为各级组织选出好班子、形成好风气、顺利有效完成换届工作保驾护航。

（三）深入学习，准确把握，推动各项规章制度的贯彻落实。会中央开展会内监督工作以来，以《会内监督条例（试行）》为核心，先后制订了《中国民主建国会中央监督委员会工作规则》《中国民主建国会中央监督委员会办公室工作制度》《中国民主建国会信访工作规定》《关于中国民主建国会中央监督委员会委员联系省级组织工作的方案》等十余项有较强针对性和可操作性的规章，初步建立起一个基本切实可行的制度体系。今年，为进一步推动监督工作的规范化、制度化、程序化，在深入研究讨论、广泛听取意见的基础上，又出台了《中国民主建国会中央监督委员会关于对会内领导干部进行诫勉谈话和函询的暂行办法》《民建中央关于建立健全省级组织领导班子述职评议会制度的意见》《关于严肃换届纪律保证换届风清气正的通知》三项对实际工作具有较强指导性的规范文件。

明年，中央监督委员会将把推动学习宣传、贯彻落实文件精神作为重点工作来抓。各省级监督委员会要将文件学习摆在重要位置，灵活采取多种措施，学习好、传达好、落实好文件精神。要增强责任意识和主动意识，加强对工作的研究。要更加准确把握各项政策规定，深化认识理解和实践运用。在各方面统筹安排的基础上，可以适时考虑举行对省级监督委员会委员的培训，促进委员们更好地知晓监督工作，提升工作能力和水平。

（四）加大力度，不断创新，坚持理论和实践的探索。随着形势的不断发展和监督工作的不断深入，会内监督如何朝着机制更加完善、协调更加顺畅、重点更加突出、工作更加务实的方向发展，仍然需要各地方组织坚持以改革创新精神为指导，勇于实践，探索会内监督的方法，丰富会内监督的手段，不断将会内监督引向深入。会内监督工作理论和实践的探索是一项复杂的系统工程，需要统筹兼顾、量力而行、逐步推进。

中央监督委员会要认真学习执政党内部监督的丰富经验，结合民主党派特点，将其运用到实际工作中。要多在具体措施的创新实践上想办法，多在将思想共识转化为具体成果的方式方法上出实招。要加大调研力度，及时总结推广地方组织创造的有益做法，注重实践创新、制度创新，进一步开展理论研究，形成符合本会自身特点的有效监督途径和方法，探索会内监督工作的新思路。

各级地方组织在为会中央的顶层设计积极建言献策的同时，应“不等不靠”，积极在现有框架下结合本地实际开展试点工作，创新工作方式方法，努力提升监督实效和水平。要按照全国会内监督工作研讨会的要求，在探索思路、创新方法时牢牢把握以会的章程为准绳，把握教育与监督并举、重在预防的方针，把握以严肃会纪会风、增进团结为目的三个重点。

各位委员、同志们，会内监督关乎会的自身建设和发展大局，对把本会建设为新时期中国特色社会主义参政党具有重大的现实意义和深远的历史意义。2016 年，中央监督委员会将在会中央的领导下，贯彻落实中共十八届五中全会及本会十大、十届四中全会精神，扎实工作、锐意进取，不断开创会内监督工作新局面，取得会内监督新成效，为促进会的事业发展提供有力保证。

坚持与时俱进　凝聚价值共识
为建设中国特色社会主义参政党而努力奋斗

——在纪念中国民主建国会成立 70 周年大会上的讲话

（2015 年 12 月 16 日）

陈昌智

同志们，朋友们：

今天，我们在这里隆重集会，纪念中国民主建国会成立 70 周年，回顾民建成长进步的光辉历程，憧憬国家和民族繁荣发展的美好未来，展望民建事业兴旺发达的光明前景。

70 年，中华大地沧桑巨变，中国人民在中国共产党的领导下，自民族危亡的困境出发，把理想化作信念，用鲜血染红旗帜，一路披荆斩棘勇往直前，创造了民族独立、人民解放、国家富强的宏伟大业。70 年来，民建作为中国历史舞台上的一支重要政治力量，同中国共产党通力合作，充分发挥与经济界紧密联系的特色和优势，积极投身建立新中国、建设新中国、探索改革路、实现中国梦的伟大实践，走过了波澜壮阔的奋斗历程，做出了不可磨灭的历史贡献。

抗战胜利后，为争取国家和民族的光明前途，一批爱国民族工商业者和知识分子，在中国共产党的影响下，发起创建了民主建国会。民建一经成立，就旗帜鲜明地提出世界要和平、国家要民主、经济要发展、社会要公平、教育要普及、文化要繁荣的政治主张，积极投入爱国民主斗争。严酷的斗争实践使民建逐步认识到，只有中国共产党领导的新民主主义革命才是拯救中国之路。1948 年响应中共“五一口号”，明确接受中国共产党的领导，成为民建发展历史上一个重要里程碑。随后，民建积极参与筹备新政协会议和筹备中央人民政府的工作，迎来了新中国的诞生。

新中国成立后，民建以《中国人民政治协商会议共同纲领》作为政治纲领，积极投身新中国建设，参加人民政权建设和人民政协工作，特别是在国民经济恢复过程中，发挥自身优势，带动所联系的工商界人士，爱国守法、依法纳税、发展生产、繁荣市场，积极参加土改、镇反、抗美援朝等运动，为争取经济状况根本好转、捍卫新生的人民政权发挥了特殊作用。1953 年，中国共产党提出过渡时期总路线。民建积极响应，配合中共和政府，组织引导广大工商业者在思想和行动上接受国家对资本主义工商业的社会主义改造，为建立社会主义社会的经济基础发挥了不可替代的作用。

中共十一届三中全会后，中国共产党坚持解放思想、实事求是，把工作重心转移到社会主义现代化建设上。民建把中共的路线、方针、政策同自身实际紧密结合，围绕经济建设这个中心，积极参与国家大政方针的协商，为促进改革、发展、稳定献计出力。特别是动员组织广大会员发挥专长，积极开展经济咨询服务、工商专业培训、对外经贸联络，兴办企业协助安置就业，为民营经济的发展、经济体制改革、对外开放做了大量工作，促进了经济发展和社会稳定。随着改革的深化和社会的发展，民建成员主体由工商界拓展到经济界。适应形势要求，民建大力推进自身建设，提出建设理论上清醒、政治上坚定、组织上巩固、制度上健全、充满活力的致力于建设中国特色社会主义事业的参政党的建设目标，初步回答了新的历史条件下“建设怎样的参政党、怎样建设参政党”的重大课题，全会整体面貌发生了历史性变化。同时，积极探索参政党履职规律，把界别特色转化为履行职能的优势，拓展、丰富服务现代化建设的领域和形式，为促进改革开放和现代化建设、维护国家安定团结的政治局面、促进和平统一大业发挥了积极作用。

进入新世纪以来，中国共产党领导的多党合作向着制度化、规范化、程序化的方向迈进。民建紧紧围绕中心、服务大局，以政治交接为主线，努力提高自身建设能力和履行职能水平。坚持以理想信念引导会员，以参政议政吸引会员，以人为本凝聚会员，以骨干带动会员，全面加强自身建设。汇集群体智慧，归纳提炼出坚持爱国主义、坚持中共领导、坚持遵从人民群众根本利益、坚持与经济界紧密联系，坚持自我教育的优良传统，倡导“民主、团结、创新、奉献”的精神。改进工作作风，推进会内监督，注重工作重心下沉，加强基层组织建设。立足自身特色，整合全会资源，完善参政议政工作机制，打造参政议政优势领域。持续举办风险投资论坛和非公有制经济发展论坛，注重虚实结合、以虚促实，在发表政策性建议的同时，为虚拟经济、实体经济和地方经济发展提供良好的对接平台。以中华思源工程扶贫基金会为载体，以地方组织和会员企业为依托，动员全会力量开展社会服务，坚持实力帮扶与智力支持相结合，定点扶贫与广泛扶贫相结合，捐赠与抗灾救灾相结合。会的参政议政、社会服务的品牌影响力不断扩大，为我国经济社会发展做出了积极贡献。

中国民主建国会的70年，是顺应历史发展和时代要求，不断创新探索、不断有所作为、不断成长进步的70年。民建的历史，是一部与中国共产党和衷共济、通力合作的历史。70年历史充分证明，民建无愧为与中国共产党风雨同舟、荣辱与共的亲密友党，无愧为实现国家富强、民族振兴、人民幸福伟大事业的一支重要力量。

值此纪念民建成立70周年之际，我们向伟大、光荣、正确的中国共产党致以崇高的敬意！向为推动民建事业的发展与进步付出心血、无私奉献的老领导、老同志表示由衷的敬意！此时此刻，我们更加深切地缅怀为民建的创立和发展做出卓越贡献的已故民建领导人黄炎培、胡厥文、孙起孟、成思危，更加深切地缅怀为创立和捍卫新中国而英勇牺牲的民建先烈。先贤先烈的光辉业绩和英雄事迹永垂史册！先贤先烈的精神风范将激励我们奋发向上，不断把民建事业发扬光大！

在此，我代表中国民主建国会中央委员会，向给予本会热情关心和大力支持的兄弟党派、工商联及各人民团体、无党派人士、各族各界人士和海外朋友表示衷心的感谢！向团结奋斗在各行各业的广大会员和辛勤工作的会务工作者致以亲切的问候！

同志们，朋友们！

70 年来，民建从创立时期的百余人发展到今天的 16 万会员，既是中国政治、经济和社会发生巨大变化的缩影，也是我国多党合作事业不断发展的写照。民建的进步与成长，根本原因是中国共产党的正确领导和适合我国国情的多党合作制度，也是全会各级组织和广大成员团结拼搏的结果。70 年的奋斗、创造和积累，我们初步探索出具有民建特色的建设发展规律，这就是：政治纲领的与时俱进，引领民建的前进方向；思想建设的与时俱进，保证民建的健康发展；履职能力的与时俱进，巩固民建的参政党地位。这些经验规律贯穿于 70 年的历史进程，确保民建事业欣欣向荣、永不停顿。

政治纲领的与时俱进，引领民建的前进方向。政治纲领，是政党根据一定时期的形势而确定的总任务、总目标及路线方针政策。政治纲领是方向，为政党发展指明前进道路；政治纲领是旗帜，反映政党主张，表明政党性质，体现政党宗旨；政治纲领是力量源泉，有助于统一思想，激励斗志，凝聚人心。

建会之际，国家正处在光明与黑暗的十字路口，民建提出推进民主、反对独裁，争取和平、反对内战，要求建设、反对破坏的政治纲领，团结带领一批民族工商业者和与其有联系的知识分子，积极投入反对内战、争取和平的民主斗争。

新中国成立后，面对重振国家经济、建立社会主义制度的深刻历史变化，民建以《共同纲领》为政治纲领，确立为社会主义服务的政治路线，并在实践中概括为“听毛主席的话、跟共产党走、走社会主义道路”的行动纲领，标志着民建从起初对社会主义朴素的信任和向往，发展到自觉的信仰和追求，最终坚定地走上社会主义道路。

中共十一届三中全会后，民建提出“坚定不移跟党走、尽心竭力为四化”的行动纲领，坚持将中共的路线方针政策同自身实际相结合，充分发挥主动性，积极投身社会主义现代化建设。

20 世纪 90 年代至今，面对国际国内形势的深刻变化，民建确立了高举中国特色社会主义伟大旗帜，坚持中国特色社会主义道路、理论体系和制度，遵循社会主义初级阶段的基本路线，积极履行参政议政、民主监督职能，参加中共领导的政治协商，致力于发展社会生产力，促进社会主义经济、政治、文化、社会、生态文明建设，为把我国建设成为富强民主文明和谐的社会主义现代化国家努力奋斗的政治纲领，有力地团结带动了全会成员认真履行职能、积极发挥作用。

历史表明，只有根据我国发展过程中不同时期的形势和任务，不断发展和完善政治纲领，才能将民建的事业融入国家和人民的事业，才能保证民建发展的正确方向，实现自身的奋斗目标，赢得光明前途。

思想建设的与时俱进，保证民建的健康发展。思想建设是参政党自身建设的核心内容和首要任务，关乎全局，涉及根本，具有引领性。重视思想建设是民建长期以来形成的优良传统，贯穿于民建建设发展的全过程，是提高会的素质、加强会的团结、实现会的政治任务的重要保障。

成立初期，民建团结引领民族工商业者和知识分子高举爱国民主的旗帜，后又明确接受中国共产党领导，当时民建的思想建设，“着力于开展学习运动，改造自己，扩大团结产业界和改造产业界人士的发展方向，建立为人民服务的人生观和产业观。”

新中国成立后，民建“依据共同纲领、国家政策、法令”，“结合实际问题，教育会员认识自己的历史任务，以建立并加强会员的爱国主义思想与共同纲领思想”，适应了新民主主义经济、政治、文化的要求。中共提出过渡时期总路线后，民建坚决拥护，并配合中共团结、批评、教育政策，实行以自愿为基础、以批评和自我批评为基本方法、以充分调动积极性为目标的自我教育，协助中国共产党顺利解决了中国民族资产阶级融入社会主义事业的问题。

中共十一届三中全会后，民建把握思想教育这个完成政治任务的中心环节，开展爱国主义、集体主义、社会主义教育，引导广大成员深刻理解中共中央关于发展中国特色社会主义的一系列新思想、新论断和新举措，把思想统一到中共和国家的方针政策上，更好地发挥了参政党作用。在实践中，民建的思想建设逐渐形成以主题教育为抓手、以学习培训为重点、以制度建设为保障的新模式，实现了集中教育系统化、日常教育制度化、形式内容多样化。

进入新世纪以来，民建强调思想建设是事关凝聚力和向心力的工作，是参政党工作的灵魂，引导广大会员始终坚持正确的政治方向，自觉抵御西方意识形态的渗透和颠覆，坚决反对两党制、多党制，坚持中国特色社会主义道路、理论和制度。同时，努力探索思想建设的新途径新方法，将优良传统教育作为思想建设的一项重要内容常抓不懈，把弘扬优良传统与推进自身建设、发挥参政党作用相结合，学习研究与工作实践相结合，以开展主题教育活动为抓手推动自我教育，结合重大活动和重要事件，努力加强思想引导，不断增进政治共识。

实践表明，只有顺应时代发展要求，适应民建成员结构、社会基础、工作对象、目标任务的发展变化，不断加强和改进思想建设，在自我教育中与时俱进，才能保证民建始终坚持正确的政治方向，实现持续健康发展。

履职能力的与时俱进，巩固民建的参政党地位。民建自成立之日起，就在国家政治生活中发挥重要作用，并在不同历史时期顺势而为，体现出独特价值。

建会之初，民建多次举行报告演讲会，动员社会舆论，有力地支持、配合了中共在旧政协会议上的斗争。解放战争中，民建积极配合大城市的解放，帮助中共夺取政权，为新民主主义革命胜利、建立新中国做出了积极贡献。

新中国成立后，在中国共产党领导下，民建积极参加国家政权建设和国家事务管理，动员成员和所联系的工商业者参加各项民主改革和建设实践，组织动员成员认购、推销公债，踊跃捐献飞机大炮、支援抗美援朝，团结带动广大工商业者，积极推动全行业公私合营，协助党和国家顺利完成对资本主义工商业的社会主义改造。

改革开放后，民建充分发掘成员擅长经济工作的优势，积极探索新的工作途径，为成员搭建献身改革开放和现代化事业的平台，取得显著成就。其中，围绕国企改革提出的一系列建议受到中共中央和国务院的重视，将多党合作制度写入宪法的建议以及发展我国风险投资事业的意见得到采纳。

进入新世纪以来，民建努力探索以经济界人士为主体的参政党履职规律，积极投身中国特色社会主义事业的伟大实践。紧紧围绕国家经济社会发展中的重大问题，深入调查研究、积极建言献策，为党和政府科学民主决策提供了重要参考。推动设立国家公祭日、为缓解中小微企业困境呼吁减税降息成为民建议政建言的亮点；坚持“饮水思源、回报社会”，以中华思源工程扶贫基金会为载体，以地方组织和会员企业为依托，立足特色，发挥优势，汇集全会力量做好社会服务工作，赢得社会广泛赞誉。

实践证明，无论在哪一个历史时期，只有坚持围绕中心、服务大局，突出特色、发挥优势，整合资源、凝聚智慧，不断提高履职能力，才能始终成为时代所需要的参政党，为国家经济发展做出新的贡献。

对“三个与时俱进”规律的认识和把握，源于我们主动在坚持中共领导和独立负责地开展工作结合上的创新发展，源于我们主动在解决自身问题和增强参政能力结合上的创新发展；源于我们主动在承担参政党责任和发挥特色优势结合上的创新发展。坚持“三个与时俱进”，是民建发展历史的实践启示和经验总结，是建设中国特色社会主义参政党必须遵循的重要规律，我们要始终坚持“三个与时俱进”，并在实践中努力深化认识，深刻把握，自觉运用，不断创造民建事业的新辉煌！

同志们、朋友们！

回顾历史是为了开拓未来。当前，国际形势风云变幻，全球经济复苏艰难曲折，国内经济社会发生深刻变化，改革进入攻坚期和深水区，各种风险挑战相互交织。在以习近平同志为总书记的中共中央坚强领导下，全国各族人民万众一心，攻坚克难，不断推进中国特色社会主义事业，全面建成小康社会迈出坚实步伐，全面深化改革实现良好开局，全面依法治国开启新征程，全面从严治党取得新进展。今天，我们比历史上任何时期都更接近中华民族伟大复兴的辉煌目标。同胞共气，家国所凭，实现中国梦需要全体中华儿女戮力同心，团结奋斗。在2013年党外人士迎春座谈会上，习近平总书记提出，各民主党派是与中国共产党通力合作的中国特色社会主义参政党。这一重大论断，进一步明确了包括民建在内的各民主党派的基本属性、历史方位、职能任务和目标追求。民建各级组织和广大会员必须认清时代赋予的新的历史使命，深入学习中国特色社会主义理论体系，学习中共十八大和十八届三中、四中、五中全会精神，学习习近平同志系列重要讲话精神，学习中央统战工作会议精神，切实把思想和行动统一到中共中央的决策和部署上来，更加自觉地把握并实践会的建设发展规律，为推进“四个全面”战略布局、落实五大发展理念献计出力，努力建设中国特色社会主义参政党，在实现中华民族伟大复兴中国梦的征程中奋发有为，书写民建历史新的篇章。

第一，必须始终不渝地坚持中国共产党的领导，不断增强发展中国特色社会主义的信念和信心。中国共产党作为中国特色社会主义事业的领导核心，是经过长期艰苦卓绝努力并付出巨大牺牲确立的，坚持中国共产党的领导，是中国特色社会主义最本质的特征，也是中国特色社会主义政治发展道路最本质的特征。民建70年的历程也表明，本会作为一个具有政治联盟特点的政党，活跃在中国政治舞台，离不开中国共产党的影响和帮助；作为中国革命、建设和改革事业中的一支重要力量，能够发挥作用，离不开中国共产党的鼓励和支持；作为我国多党合作格局中的参政党，不断成长进步，离不开中国共产党的领导和关怀。坚持接受中国共产党的领导，是民建在长期实践中做出的必然选择，也是民建发展历程中形成的最基本的经验和最重要的优良传统，是本会事业持续健康发展的精神支柱和动力源泉。自觉坚持中国共产党的领导，毫不动摇地坚持中国特色社会主义政治发展道路，是本会建设、发展、发挥作用的核心所在。

我们要引导广大会员充分认识中国共产党的先进性，深刻理解接受中国共产党领导、坚持走中国特色政治发展道路的历史必然性、现实需要性，在各种风浪考验面前，在大是大非问题面前，能够保持政治定力，坚决维护中共的执政地位。自觉贯彻中共的路线、方针和政策，并与自身实际相结合，努力发挥历史主动性，始终坚持和发展我国多党合作和政治协商制度，促进和谐政党关系。通过各种有效形式，使广大会员深刻理解只有发展中国特色社会主义才是实现中华民族伟大复兴中国梦的必由之路，继承和弘扬民建与中共风雨同舟、团结合作的优良传统，不断增强中国特色社会主义道路自信、理论自信、制度自信。

第二，必须适应时代发展和多党合作新要求，全面提高民建自身建设水平。今年，中共中央召开了统战工作会议，习近平总书记对加强和改进新形势下统战工作做出全面部署，对深入学习贯彻《中国共产党统一战线工作条例（试行）》提出明确要求。《条例》集中体现了新时期中共关于统一战线的重要理论方针政策，为统一战线和多党合作事业发展提供了政治保障、组织保障、法制保障。中央统战工作会议的战略部署开创了我国多党合作事业新局面，也为民建未来的发展开辟了更为广阔的前景。面对新形势新任务，我们要从思想、人才、特色、制度等方面着力，切实提高政治把握能力、参政议政能力、组织领导能力、合作共事能力、解决自身问题能力，全面提高本会自身建设的水平。

一是坚持思想建会，进一步夯实多党合作的思想基础。从思想上建设本会，是加强自身建设的首要任务和中心环节，特别是在利益多元、思想多样的今天，不断推动自我教育，加强思想建设，巩固多党合作思想基础，具有重要的现实意义和紧迫性。我们要深入开展坚持和发展中国特色社会主义学习实践活动，深化社会主义核心价值观教育，借助爱国主义教育基地等载体，通过丰富多彩的形式，引导广大会员始终不渝地坚持中国共产党的领导，坚持中国特色社会主义政治发展道路。加强理论研究，强化舆论宣传，树立“大宣传”理念，引导广大会员坚定理想信念，自觉增强政治意识、政党意识和使命意识，切实承担起作为中国特色社会主义事业亲历者、实践者、维护者、捍卫者的政治责任，广泛凝聚改革共识、发展共识、法治共识和价值理念共识。

二是坚持人才强会，为实现政治交接提供组织保障。国以人兴，政以才治，人才是强国兴邦之本，也是关乎民建事业薪火相传、不断发展的重要保证。要切实加强领导集体建设，提高领导班子成员政治和业务素质；加大后备干部队伍培养力度，注重培养选拔德才兼备的优秀人才；继续建立和完善联系基层制度，大力加强基层组织建设。要立足于提高全会的整体素质，广纳群贤、知人善任，建立健全有利于人才成长的培训机制、有利于人尽其才的推荐使用机制、有利于调动人才积极性的激励机制。

三是坚持特色立会，巩固和发展民建界别优势。与经济界密切联系，是民建在长期实践中形成的历史特点和界别特色，也是本会发挥参政党作用的优势。随着改革和建设事业的不断发展，新的社会阶层的出现，丰富和拓展了民建原有的联系基础。新时期，我国以经济建设为中心，把发展作为第一要务，特别是当前，全面建成小康社会进入决胜阶段，保持和弘扬密切联系经济界的特色和优势，巩固拓展参政议政优势领域，是本会发挥独特作用的基本保证。要着力建设好企业经营管理者和专家学者两支队伍；做好新的社会阶层代表性人士的工作；注意发现、培养企业经营管理的优秀人才和高层次的专家学者入会；进一步改善领导集体结构，使其与会员总体结构相适应；充分发挥各级组织的凝聚作用，使本会的特色和优势在实践中不断得到巩固和发展。

四是坚持制度治会，使各项工作进一步制度化、规范化和程序化。制度建设是自身建设中带根本性的建设，是工作经验的升华和规范。作为中国特色社会主义参政党，坚持制度治会，也是协助中共推进国家治理体系和治理能力现代化的一个不可或缺的方面。要坚持以民主集中制为核心的基本制度，健全和完善领导集体议事程序、决策规则和会议制度，成员发展和思想反映制度，以及机关各项规章制度。积极稳妥地推进会内监督，完善监督制度体系，提高监督水平。

第三，必须切实履行好参政党职能，为实现中华民族伟大复兴的中国梦尽心竭力。中国梦凝聚了全体中华儿女的共同心愿，体现了中华民族和中国人民的整体利益。民建自创立至今所向往追求、不懈奋斗的事业，就是实现国家富强、民族振兴、人民幸福的中国梦。作为中国特色社会主义参政党，民建履行职能的平台和空间从来没有像今天这样宽广，面临的任务和使命尤其紧迫和重大。我们一定要胸怀理想，坚定信念，不负重托，不辱使命，为实现中国梦汇聚更多正能量。

一是切实履行参政议政职能。充分发挥密切联系经济界的特色和优势，围绕中心、突出重点，履职尽责。要认识到，当前“四个全面”战略布局是党和国家各项工作的战略方向、重点领域、主攻目标，是民建一切工作所应当围绕的中心。要坚持把促进科学发展作为参政议政第一要务，牢固树立和贯彻落实创新、协调、绿色、开放、共享的发展理念，适应经济发展新常态。要整合全会参政议政力量，针对改革开放、经济建设和社会发展中的重点热点难点问题，围绕“一带一路”、京津冀协同发展和长江经济带建设的战略部署，深入调查研究，积极为稳增长、促改革、调结构、惠民生、防风险建有用之言，献务实之策。继续办好中国风险投资论坛、中国非公有制经济发展论坛，做好非公有制经济人士的引导工作，激发创新创业活力和热情，推动创新驱动和转型升级。要围绕“十三五”规划的重点领域、主要目标，打造社会服务的精品和亮点，调动更多力量参与定点扶贫、社会扶贫，实施精准扶贫、精准脱贫，为解决区域性整体贫困做出贡献。积极拓展对外联络工作，促进祖国和平统一大业。

二是认真履行民主监督职能。适应社会主义民主政治建设发展的需要，积极参加中共有关方针政策、重大决策部署执行和实施情况的检查，参加廉政建设情况检查，以及其他专项检查和执法监督工作；积极参与党政机关就有关重大问题开展的专项监督；在政协召开的各种会议、组织的视察调研中提出意见，或者以提案等形式提出批评和建议；对法院、检察院工作提出意见、建议等。要树立高度的政治责任感，加强学习，加强调查研究，提出的意见、批评和建议要持之有据、言之成理，提高监督的水平和效能。要进一步推动反映社情民意工作，不断完善工作机制，拓宽信息来源，提高信息质量，多出信息精品，更好地为中共和政府决策服务。

三是积极参加中国共产党领导的政治协商。社会主义协商民主，是中国社会主义民主政治的特有形式和独特优势，民主党派在提高政党协商水平中担负着重要责任。作为参政党，要充分利用好政党协商、政协协商和政府协商等渠道，努力做社会主义协商民主的全力推动者，切实履行好参加政治协商的基本职能。进一步深化协商民主理念，提高协商水平，本着积极建言、坦陈己见、推心置腹、当好诤友的原则，从全局出发，以大局为重，所提对策建议要符合实情、反映民意、有助决策。

我们要举全会之力、集全会之智，对内加强各级组织之间的合作与协同，畅通信息渠道，实现资源共享、优势互补；对外扩大联系，争取中共和政府有关部门支持和帮助，联络其他社会组织机构进行合作；整合优化人才队伍，加强人才库建设，充分发挥各级专门委员会作用，汇集智慧，提升合力；加快建设互联网和移动新媒体参政议政平台，充分发挥会的整体功能，形成上下联动、内外联合的工作新格局。

同志们、朋友们!

建设中国特色社会主义参政党，投身实现中华民族伟大复兴中国梦的壮丽事业，需要全会同志团结一致，共同努力，以强大的凝聚力、向心力汇集起奋发有为的巨大动力。历史和现实充分表明，一个政党形成和发展的基石，来自于成员共同的价值理念；一个政党发挥社会功能、实现自身价值最持久、最深沉的动力，也来自于成员共同的价值理念。唯有凝聚共同价值理念，才会有统一的意志和行动，形成强大的生命力；唯有凝聚共同的价值理念，才能够不断夯实团结奋斗的共同思想政治基础，凝聚起建设发展的精神力量。

对于民建来说，本会的建立和发展离不开成员共同价值理念的构建；肩负中国特色社会主义参政党的职责使命，完成时代赋予的重任，更是离不开共同价值理念的凝聚。爱国、民主、建设、团结、创新、奉献，正是民建70年建设发展历程中培育起来的共同价值理念。这些理念，传承着民建优良传统，体现了自身特色，同时也契合当前树立践行社会主义核心价值观的目标和要求，是民建事业不断发展进步的精神财富和力量源泉。

爱国，是一个民族赖以生存和发展的精神支柱。民建先贤正是因为胸怀爱国之情、报国之志才聚集到一起，成立了民主建国会。70年来，一代代民建人以“天下兴亡，匹夫有责”的情怀，积极投身中国革命、建设和改革事业。今天，面对中华民族复兴的伟大事业，全会应当继续高举爱国主义旗帜，为国家富强、民族振兴、祖国统一而矢志不渝。

民主，是民建的一贯政治追求。早在毛泽东与黄炎培著名的“窑洞对”谈话中，就体现了民建老一辈的民主思想。民建成立的宗旨，就是团结各界思想进步行动踏实之分子，合力推进民主政治。长期以来，民建毫不动摇坚持维护和发展我国多党合作政治格局，为促进我国民主政治进步不懈努力。今天，中国共产党大力加强社会主义协商民主建设，中国特色民主政治蓬勃发展，全会应当继续秉持民主的价值理念，推进会内民主，协助中国共产党不断发展社会主义政治文明。

建设，是民建成立之初就确立的国是主张，积极呼吁和平中完成建设，大力争取民族经济的复兴。长期以来，民建勇担社会责任，积极参与实践，报效祖国，服务社会，为我国的建设和改革事业做出了应有贡献。今天，全面建成小康社会的宏伟目标催人奋进，社会主义经济建设、政治建设、文化建设、社会建设、生态文明建设全面推进，全会应当弘扬建设的价值理念，充分发挥密切联系经济界的特色，一方面积极投身社会主义建设事业，另一方面围绕国家中心工作和经济社会发展热点难点问题出谋划策、贡献力量。

团结，是一切事业顺利推进的前提，是一个政党赖以生存发展的基础。1949年，民建曾发表《加强内部团结和警惕，答告美帝好梦做不成》的声明，表明本会在成立初期就认识到团结的重要性。70年来，民建因团结而生，依团结而存，靠团结而发展。当前，奋力夺取全面建成小康社会的伟大胜利，实现第一个百年奋斗目标，需要我们继续树立和弘扬团结的价值理念，坚定不移地走中国特色社会主义政治发展道路，巩固和发展和谐政党关系，维护安定团结的政治局面，促进社会各界人民和谐相处，最大限度地凝聚全会共识，激发同心同德的精神和力量。

创新，是一个民族进步的灵魂，是一个国家兴旺发达的不竭源泉，也是中华民族最鲜明的民族禀赋。长期以来，民建坚持把接受中国共产党的领导与独立自主地开展工作统一起来，注重发挥创造性，创新的理念成为本会加强自身建设、履行好参政党职能的重要动力。中共十八届五中全会提出，坚持创新发展，必须把创新摆在国家发展全局的核心位置，让创新贯穿党和国家一切工作，让创新在全社会蔚然成风。全会应当树立和弘扬创新的价值理念，不断发现新问题、研究新情况、总结新经验、提出新举措，注重理论创新、制度创新、工作创新，激发广大会员创新的活力和热情，为促进建立健全国家创新体系，建设创新型国家贡献力量。

奉献，是为了国家和人民利益舍弃个人利益的高贵品质。70年前，民建向社会宣告，本会非少数人垄断之团体，牺牲小我，完成大我，以国家民族为前提。新中国成立初期，许多民建成员将产业完全献给国家或者进行公私合营。进入新时期后，广大会员竭诚服务社会，开展扶贫和公益事业。我们要继续弘扬和践行奉献的价值理念，始终将人民利益放在心里，热心公益、扶危济困，服务社会、回报社会，建设国家需要、人民满意的参政党。

爱国、民主、建设、团结、创新、奉献，这些共同价值理念，是建设中国特色社会主义参政党、实现民建事业接力推进的内在动力和根本保证。我们一定要在广大会员中大力倡导、培育和践行共同价值理念，并在新的履职实践中不断充实和丰富共同价值理念的时代内涵，将其不断发扬光大。

同志们，朋友们！

一切伟大的成就都是接续奋斗、接力探索的结果，一切伟大的事业都需要在承前启后、继往开来中推进。站在历史与未来的交汇点上，时代赋予中国发展兴盛的历史机遇，伟大的征程在我们面前展开。责任重于泰山，事业任重道远。我们要紧密团结在以习近平同志为总书记的中共中央周围，高举中国特色社会主义伟大旗帜，凝心聚力，开拓创新，努力建设中国特色社会主义参政党，为实现“两个一百年”奋斗目标、实现中华民族伟大复兴的中国梦做出新的更大的贡献。

在民建十届十次中常委会议上的讲话

（2015年3月9日）

陈昌智

同志们：

本次会议审议通过了《关于认真学习贯彻十二届全国人大三次会议和全国政协十二届三次会议精神的决议》，听取了民建湖北省委和宁夏区委的工作汇报，审议通过了《纪念民建成立70周年活动方案》，通报了会中央2015年重点调研专题。希望大家结合实际，认真贯彻落实。

下面，我想谈几点意见：

一、提高思想认识，始终坚持党中央的集中统一领导

1月16日，中共中央政治局常委会专门听取全国人大常委会、国务院、全国政协、最高人民检察院、最高人民法院党组工作汇报，习近平总书记主持并就坚持和保证党中央的集中统一领导作了重要讲话，特别提出“全面推进依法治国，方向要正确，政治保证要坚强”，并从中国共产党的领导核心地位、党的领导与社会主义法治的关系以及所谓“党大还是法大”的问题等角度进行了明确回答。这里我主要结合会的建设就这一问题谈几点看法。

一要坚决拥护党中央的领导。我国社会主义政治制度的优越性有一个突出特点，那就是党总揽全局、协调各方的领导核心作用，形象地说是“众星捧月”，这个“月”就是中国共产党。在国家治理体系的大棋局中，党中央是坐镇中军帐的“帅”，车马炮各展其长，一盘棋大局分明。这有利于避免出现各自为政、一盘散沙的局面，有利于确定目标的实现，这已经是中国近代以后到新中国成立之前一百多年历史证明的。中国共产党领导的多党合作和政治协商制度是我们的政党制度，是我国政治制度的重要组成部分，已载入宪法，成为国家意志。这个政党制度的显著特征是“共产党领导、多党派合作，共产党执政、多党派参政”，各民主党派在这个制度的框架内发挥作用，没有反对党，不是三权鼎立、不是多党轮流坐庄。所以，坚持党的领导，不但是历史的必然选择，同时也符合国家发展和民族复兴的需要，有坚实的政治基础和法律基础。要教育我们的会员，在日常工作和生活中，要严守政治纪律和政治规矩，自觉拥护党的领导，对团结合作有利的事要多说多做，对团结合作不利的事要坚决不说不做。要加强民建各级组织的建设，着眼于发挥党派作用，在参政议政、民主监督、协调关系、自我教育上下功夫，在民主协商的平台中下气力，通过正确渠道、正当方式，反映社会各方面的合理利益诉求，维护安定团结的社会政治局面，促进经济健康发展和社会稳定和谐。

二要坚决维护宪法和法律的权威。现在有人议论党与法的关系，实质是法治要不要坚持党的领导的问题。对这一点，我们要从法治体系与政治制度的关系来理解，简单地说，就是法治体系要跟政治制度相配套。首先，在我国，法是党的主张和人民意愿的统一体现，党领导人民制订、实施宪法法律，党自身必须在宪法和法律范围内活动。全党在宪法和法律范围内活动，是党领导力量的体现，是党的高度自觉，也是坚持党的领导的具体体现，党与法、党的领导与依法治国是高度统一的。各民主党派、人民团体和社会组织同样要以宪法和法律为根本活动准则，我们维护宪法和法律权威就是在维护共产党的领导。其次，党的领导是中国特色社会主义法治之魂，是我们的法治与西方资本主义国家的法治最大的区别。炒作“党与法的关系”这个命题的人，是醉翁之意不在酒，是想把党的领导和法治割裂甚至对立起来，最终达到否定、取消党领导的目的。党与法的关系是政治和法治关系的集中反映，从历史和现实的角度来看，任何一个国家的法律都是来源于政治体

系，任何一个国家的法律都是在政治体制下完成的，任何一个国家推行法治都不允许以法治的名义推翻自己。全面推进依法治国，绝不是要虚化、弱化甚至动摇、否定党的领导，而是为了进一步巩固党的执政地位、改善党的执政方式、提高党的执政能力，保证国家长治久安。第三，要认清依法治国与西方所谓“宪政”的本质区别。中共十八届四中全会明确提出，坚持依法治国首先要坚持依宪治国，坚持依法执政首先要坚持依宪执政。对依宪治国，社会上有议论，认为就是要实行“宪政”，对这个问题，大家应该都有清醒认识，一方面有些同志讨论宪政是想加强宪法实施和监督，另一方面一些居心叵测的人想通过对“宪政”这一政治概念进行学术包装，妄图用西方那一套框住我们。我们讲的依宪治国，是依照中华人民共和国宪法，不是美国等西方国家的宪法，西方的“宪政”这个概念在当代中国是不适用的，任何人以此为借口否定中国共产党领导和社会主义制度，都是错误的，是违反宪法的，对此，我们要提高思想警惕。

二、认真负责，继续集中精力开好全国“两会”

目前会期已经过半，总的来看，由于党中央高度重视，人大、国务院和政协精心组织，会议非常成功。担任全国人大代表、政协委员的民建会员都积极履行职责，积极参政议政，发表建议意见，取得了很好的成效。大家还注重宣传我们的成果，注重扩大民建的影响。总的来看，媒体报道很多，我注意 20 多种报纸，有相当多的同志有过报道，有的同志在报纸和电视上的出镜率很高，反响很好。

提案和大会发言取得较好成绩。从目前统计来看，截至今天 18 时，全国政协十二届三次会议共收到提案 5941 件，立案 4581 件。民建中央立案 41 件，与民进、九三暂时并列第一；担任政协委员的民建会员有 94 人提交提案，已立案共计 360 件。目前大会发言还没有统计结果，民建中央提交 1 件口头发言、4 件书面发言材料，李说副主席代表民建中央作口头发言，张鸿铭也就房地产问题作了口头发言。“两会”期间，全国政协举办了 1 场提案办理协商会，共有 106 件提案列入，民建中央《加强我国土壤污染防治》《加快治理农田薄膜污染》2 件提案被列入，还有 7 件委员个人提案也被纳入。这些都是大家积极努力的结果。在此要强调一下，为更好反映参政议政成果，也是应人大代表提出的建议，会中央在春节前向担任全国人大代表和全国政协委员的民建会员发出一封公开信，请大家将自己的提案和议案在提交给人大、政协的同时报省委会和民建中央，省委会做好统计报送给会中央，以便在全会工作报告中充分体现本会的参政议政成果。希望大家继续保持良好的精神状态，积极建言献策，在下段会议中继续努力，在政治上表现出良好的政治把握能力，把握分寸，坚持严肃性、科学性和可行性的要求，站在全局的角度，认真思考，在可行性上多下一点功夫，更好发挥正面效应。

要认真学习贯彻全国“两会”精神。希望大家会后要认真学习贯彻十二届全国人大三次会议和全国政协十二届三次会议精神，特别是要认真学习全国人大、国务院和全国政协的报告，这三个报告非常精辟，对于我们更好地领会中央部署，对于全面推进依法治国、对于更好地推进协商民主具有很强的指导意义。从政府工作报告来说，要着重寻找参政议政的点位，与当地的实际结合起来，谋划自身工作；从政协报告来说，与我们的工作联系紧密，非常科学和生动，是我们参政议政、协商民主的指南，对于我们做好参政议政，对于更好地做好一个领导干部，有很强的启发和指导作用。大家不仅要抓好自身学习，而且要做好传达贯彻工作，把各级组织和广大会员的思想统一到“两会”精神上来，带动大家更好地完成今年的各项任务。

三、通报孙春兰部长到会中央机关走访和高层协商会的有关情况

（一）孙春兰部长到会中央机关走访情况

1月8日孙春兰部长到会中央机关走访，参观会史展，与会中央主席、副主席和各部门负责人座谈，并作重要讲话。她说：一到民建机关，首先参观民建会史展，感到深受教育，也感到很亲切。民建到今年12月成立整整70年了。70年来，民建始终坚持爱国、革命的优良传统，团结带领广大会员，与中国共产党肝胆相照、亲密合作，很多故事都传为多党合作的佳话。像1945年黄炎培老先生访问延安时，与毛主席促膝长谈，关于跳出“历史周期率”的“窑洞对”，至今对我们仍是一种警示；新中国成立初期，胡厥文老先生作为“听毛主席的话，跟共产党走，走社会主义道路”的倡导者和执行者之一，有力地引导鼓励了工商界积极参与社会主义改造；改革开放后，把多党合作制度写入宪法，还是孙起孟老先生深入调研建议提出的。进入新世纪新阶段，民建继承老一辈领导人胸怀人民、心系国事的优良传统，积极参政议政，提出深化金融财税体制改革、促进中小企业发展、建设廉租房制度等富有价值的意见建议，为经济发展、民生改善做出了非常重要的贡献。2012年换届以来，民建立足自身特点和优势，充分履行参政党职能，深入调查研究，积极建言献策，努力服务社会，各项工作都取得了重要成果，我听了很受启发，感到民建工作有几个突出成绩。

一是思想建设有成效。深入学习贯彻中共中央精神，特别是把学习贯彻习近平总书记系列重要讲话精神作为重要政治任务，扎实开展坚持和发展中国特色社会主义学习实践活动，开辟了“民建中央爱国主义教育基地”，对广大成员的思想引导抓得很紧、抓得很实，进一步巩固了团结奋斗的共同思想政治基础。

二是参政议政有特色。充分发挥密切联系经济界的优势，紧紧围绕我国经济社会发展中的重大问题、宏观问题，开展专题调研，向中共中央报送了很多有价值的成果，特别是缓解小微企业融资困难的十条建议受到中共中央领导同志的高度重视，并吸收到有关文件中，有力地支持了我国的经济结构调整和转型升级。

三是社会服务有亮点。创建中华思源工程扶贫基金会，近两年募集善款3亿元，在定点扶贫、捐资助学等方面发挥了重要作用。特别是去年云南鲁甸地震发生后，当即成立“思源绿舟联合救援队”，第一时间赶赴灾区，受到社会各界的广泛好评。

四是自身建设有水平。注重抓班子建设、抓基层建设，形成了“以理想信念引导会员，以参政议政吸引会员，以人为本凝聚会员，以骨干带动会员”的共识。在全国30个省级组织都成立了监督委员会，内部监督工作走在了最前列。

总之，在革命、建设、改革各个历史时期，民建都发挥了独特优势，充分证明了多

党合作的重要性和正确性。在此，我对民建做出的贡献表示敬意。

中共中央对统战工作非常重视，对全面加强统一战线和多党合作工作也做出了一系列重要部署。特别是习近平总书记提出，在中国社会主义制度下，要坚持有事多商量，遇事多商量，做事多商量，找到全社会意愿和要求的最大公约数。12 月 29 日中共中央政治局会议审议通过的《中共中央关于加强社会主义协商民主建设的意见》，把政党协商放在第一位，对民主党派寄予了很大期望，民主党派发挥作用的舞台将更加宽广。

孙春兰部长最后提出三点希望：一是希望民建着力巩固共同的思想政治基础，人心是最大的政治。希望民建利用纪念成立 70 周年的契机，引导广大会员继承优良传统，增进政治共识，推动多党合作事业薪火相传；二是希望着力提高参政议政的能力水平，充分发挥经济界会员的作用，围绕适应经济发展新常态，多开展一些全局性、前瞻性重大问题的调研，更好地为党和国家科学决策提供参考，这是民建的优势所在；三是希望着力加强人才队伍建设，着眼下一次换届，做好发现、培养、推荐、使用和管理工作，特别是要抓好后备队伍建设，为今后发展奠定坚实的组织基础。

（二）1 月 27 日民建中央提出了意见建议

1. 健全多层次资本市场体系，服务实体经济发展。我们赞成报告提出的“加强建设我国多层次资本市场。”目前主要问题有：一是我国的多层次资本市场实质上主板一板独大，其他板从市值规模、交易活跃度等方面都很小、很弱。二是各层次市场之间没有建立转板机制。企业转板只能采用一般企业上市的规定，走首次公开发行的道路，转板不畅通削弱了发展和融资的动力。三是场外市场有待完善。多层次资本市场的基础板块是区域股权交易市场等场外市场。大多数区域股权交易市场都集中于吸引企业挂牌，后续的融资服务、交易转让、登记托管等制度很不完善，直接导致了多数区域股权交易市场零成交、零融资的现状。我们建议：一是明确各板市场的定位。各板必须明确定位：主板服务于大中型企业；中小板和创业板服务于中小企业和创新企业成长；新三板服务于有一定的实力、并将来有意在交易所上市的企业；区域股权交易市场服务于小微企业，它们的目标不一定是上市、它们的诉求是融资。对应的企业要进入对应的资本市场。二是大力发展中小板和创业板市场。目前这两个板块的市场准入门槛过高，尤其是中小板与主板的上市条件基本一样，违背了支持中小企业和创新企业发展的初衷，降低两板门槛才能满足广大中小企业和创新企业的融资需求。最好的办法是尽快推出股票发行注册制。三是逐步清除转板障碍，打通协调各层次市场有序发展。建议今年重点推进创业板、新三板、区域股权交易市场之间的升板和降板制度，以后进一步推动主板与中小板和创业板、中小板与创业板和新三板、甚至跨市场的良性流动。四是积极完善区域股权交易市场的基础制度架构。搭建全国统一的信息网络服务平台，建立全国统一的信息披露标准、交易统计标准和对外推介项目格式标准。加大区域间、交易机构间、交易品种间的互动和合作力度，使投资企业与挂牌企业可以在更大范围内、以更市场化的手段相互寻找项目方和投资方，从而实现资产的高效流动和配置。

2. 大力推进京津冀大气污染防治。自从《大气污染防治行动计划》出台以来，京津冀等地细化措施、综合施策，初步建立大气污染防治协作机制，空气质量有所改善，但仍面临着困难和挑战。按照城市环境空气质量综合指数评价，2014 年第三季度，空气质量相对较差的前 10 位城市（济南、唐山、保定、邢台、邯郸、衡水、石家庄、北京、廊坊和天津），9 个位于京津冀地区。我们认为主要制约因素：一是产业结构过重。河北钢铁产量连续 13 年全国第一，京津冀单位面积排污量是全国平均水平的 5 倍。二是能源结构仍以煤为主。京津冀及周边地区煤炭消费高达 13 亿吨，散煤污染严重。三是机动车保有量快速增长。京津冀机动车已超过 2500 万辆，油品标准不统一，河北 2012 年机动车排污量全国第一。我们建议：一是进一步摸清污染源。在北京、天津、河北石家庄 PM2.5 源解析结果基础上，全面、持续开展大气污染源解析及传输转化研究，摸清地区差异，编制更合理、更有针对性的防治规划。二是推进新能源汽车发展和公共交通发展。大力发展新能源汽车，统筹公路沿线、停车场的充电桩建设。抓住京津冀拟组建三地轨道交通投资公司的契机，加快城市圈轨道交通建设。三是产业转移要注重环保。严格产业转移项目的环境准入标准。统筹环首都城市群建设，优先布局战略性新兴产业特别是节能环保产业，在已有低碳试点城市基础上组建低碳城市联盟。四是建立大气污染联防联控长效机制。完善利益协调机制，加强考核责任追究，激发地方政府联防联控大气污染的内在动力。加快编制区域空气质量达标规划，率先实施国家大气污染物特别排放限值，加强联合执法与监管。提高油品和燃煤质量。五是加大国家对河北节能减排淘汰落后产能等方面的支持力度。

3. 加强产教融合，推进我国现代职业教育发展。我们同意报告提出“加强农村农业职业教育”。职业教育改革发展，取得了明显成效。但还存在一些不容忽视的问题：职业教育管理政出多门，协调不足，没有稳定的投入保障机制；政府监管力度不够，部分中职学校存在买卖生源现象，职校生成为代工厂“学生工”的现象也时有发生；全国现有 700 多个职业教育集团，绝大部分是松散性的校企合作关系，校企合作存在严重的“一头热”现象。目前，全国国企举办的高职院校仅剩不足 100 所。我们建议：一是规范适应现代职业教育发展要求的经费投入机制和生均拨款标准。目前，全国尚有 11 个省市区没有按照国家要求制订职业教育生均经费标准，大部分地区没能落实城市教育费附加用于职业教育的比例不低于 30% 的规定。建议职业院校生均经费标准或公用经费标准不低于同级同类普通教育院校标准。二是明确企业办职业教育依法享受相关优惠政策。允许企业办院校按照一般事业单位独立核算，对企业办学资产给予界定；对企业承担社会公共实训基地建设所需用地给予价格优惠乃至划拨，但不得改变用途。三是完善教师选聘和培养制度。赋予职业院校主导招聘教师的权利，支持直接从行业企业引进特色高技能教师，增加职业院校高层次技术技能人员任教比重。四是调整优化高等院校结构，引导部分地方高校向职业教育转变。

四、今年几项重要工作安排

今年的工作任务非常繁重，工作要点已经印送各位和各省级组织，下面我再强调一下几项工作：

1. 继续深入开展坚持和发展中国特色社会主义学习实践活动，巩固和扩大活动成果。

要深入学习贯彻中共十八大、十八届三中和四中全会精神，与学习会章会史相结合，统一思想和行动，积极投入全面深化改革和全面推进依法治国的伟大实践。

2. 搞好纪念建会 70 周年系列活动。启动民建成立旧址复建工程。召开纪念民建成立 70 周年大会，认真总结民建成立以来形成的宝贵经验，表彰全国先进集体和优秀会员。举办会员艺术作品展，编辑出版纪念画册，组织文艺汇演，在会中央网站、《民讯》设立专栏刊发系列纪念文章和报道各级组织举行纪念活动情况。各级组织要本着节俭、隆重的原则，开展多种形式的纪念活动。

3.9 月份召开民建全国参政议政工作会议，交流经验和做法，表彰先进集体和个人，认真总结九大以来全会参政议政工作成效，对新形势下加强参政议政工作做出部署。会议范围会扩大。希望各省级组织搞好总结，把自己的特色体现出来。

4. 继续做好 201 5 年非公有制经济发展论坛和 2015（第十七届）中国风险投资论坛的筹办工作。去年非公论坛专家学者的发言反响很好，签约 400 多亿元。今年湖南省政府积极性很高，湖南省委会要抓好落实。风投论坛也取得很好成果，广西的项目路演评奖后很快得到投资，希望还没有参加的省要做好工作，组织相关企业参加。

同志们，今年是我国完成“十二五”规划、编制“十三五”规划的关键一年，是民建成立 70 周年，全会自身建设和参政议政的任务十分繁重，让我们团结一心，共同努力，扎实工作，争取更加优异的工作成绩。

在民建十届十一次中常委会议上的讲话

（2015 年 6 月 5 日）

陈昌智

同志们：

本次会议传达学习了中央统战工作会议精神，听取了民建云南省委、民建中央理论研究委员会工作情况的汇报。在大家的共同努力下，会议圆满完成了各项议程。下面，我就本会如何贯彻落实中央统战会议精神讲几点意见。

一、要充分认识中央统战工作会议及《中国共产党统一战线工作条例（试行）》在统战历史上的重大意义

在协调推进“四个全面”战略布局、奋力实现“两个一百年”奋斗目标的关键阶段，中共中央召开了统战工作会议。这是继 2006 年之后时隔 9 年再度举行中央层面的统战工作会议。这次会议，是中共中央着眼新形势下巩固和发展最广泛的爱国统一战线召开的一次重要会议。习近平总书记在会上对新形势下加强党对统一战线工作的领导做出了深刻论述，既有对全党特别是党委主要负责同志亲自做统战工作的明确要求，也有对建立健全统一战线工作体制机制的战略部署，还有对新形势下统战部门职责的科学定位。这些重要思想和要求，为构建大统战工作格局、形成全党全社会重视统一战线的新局面提供了有力保障。讲话还对加强和改进新形势下统战工作做出全面部署，对深入学习贯彻

《中国共产党统一战线工作条例（试行）》（以下简称《条例》）提出明确要求，为扎实推进各领域统战工作提供了根本遵循，是指导统一战线事业发展的纲领性文献。

中共中央正式颁布的《条例》，体现了高度的历史继承性，同时又具有很强的现实针对性，把对统一战线地位作用的认识提升到了新的高度。《条例》作为统一战线的根本大法，立足党的事业全局，全面贯彻以习近平同志为总书记的党中央关于统一战线的新思想新要求，强调坚持党的领导，高举爱国主义、社会主义旗帜，坚持大团结大联合的主题，坚持正确处理一致性和多样性关系的方针，积极促进政党关系、民族关系、宗教关系、阶层关系、海内外同胞关系和谐，保持了统一战线方针政策的连续性稳定性，为统一战线各领域工作提供了总依据、总规范、总遵循。这是统战工作制度化规范化程序化的重要标志。可以预见，随着《条例》的深入实施，必将进一步推动形成全党重视、全社会支持统战工作的良好局面，使统一战线这个重要法宝在实现“两个百年”奋斗目标、实现中华民族伟大复兴中国梦中发挥更大作用。

二、会议和《条例》为多党合作事业带来了难得的发展机遇

这次会议和《条例》，对于多党合作事业提出了许多新的理论观点和政策举措。一是澄清了关于多党合作的模糊和错误认识。这次会议上，习近平总书记从国家长治久安的战略高度，深刻剖析了中外政治制度、实践中正反两方面的经验教训，强调多党合作是我国政治格局稳定的重要制度保证。对此，我们一定要坚定的贯彻执行。这些重要论述，明确了多党合作坚持什么、发展什么、完善什么、防止什么，对于增强坚持多党合作的政治定力和制度自信具有深远的指导意义。二是发展了关于多党合作的理论政策。这次会议和《条例》进一步丰富和完善了民主党派、无党派人士工作的重要理论和政策。比如，将民主党派基本职能从两项扩展为三项，即“参政议政、民主监督，参加中国共产党领导的政治协商”，并对支持民主党派履行职能作了进一步的规范，等等。三是解决了制约多党合作发展的重点难点问题。这次会议和《条例》问题导向非常鲜明，对党内外普遍关注的突出问题、长期制约工作开展的“瓶颈”问题，都作了明确具体的规定。针对多党合作发挥作用机制不够健全的问题，规范了政党协商、参政议政、民主监督的内容、程序、形式等。针对民主党派基层组织建设的困难，明确了人员、办公场所、干部交流锻炼等政策。特别是针对党外代表人士培养使用方面的问题，做出了一系列重要政策规定。《条例》作为党内法规，约束性强，必将有效解决长期存在的突出问题，为多党合作事业创新发展提供重要保障。

三、民建各级组织要把学习贯彻会议精神作为当前和今后一个时期的一项中心任务切实抓好

1. 要合理安排，采取多种形式，深入学习，深刻把握会议精神实质。学习中央统战工作会议精神，重点是学习习近平总书记的重要讲话和《条例》。民建各级组织要制订学习计划，认真阅读，深入思考，领会精神。要下功夫抓好领导班子集体和会员骨干的学习，通过举办不同层次的学习班、培训班，进行比较系统的传达、学习与培训。要着力于教育引导广大会员充分认识中国共产党的先进性，坚决维护中国共产党的执政地位，自觉

贯彻中国共产党的路线、方针和政策；要着力于教育引导广大会员始终坚持和发展中国共产党领导的多党合作和政治协商制度，充分发挥中国特色社会主义参政党作用，巩固和发展社会主义和谐政党关系；要着力于教育引导广大会员自觉做中国特色社会主义亲历者、实践者、维护者、捍卫者，不断增强中国特色社会主义的道路自信、理论自信、制度自信。

2. 继续开展好坚持和发展中国特色社会主义学习实践活动，全面加强自身建设。习近平总书记在讲话中指出，要支持民主党派加强思想、组织、制度特别是领导班子建设，提高政治把握能力、参政议政能力、组织领导能力、合作共事能力、解决自身问题能力。各级组织要以学习贯彻会议精神为契机，开展好坚持和发展中国特色社会主义学习实践活动，把学习习近平总书记的重要讲话和《条例》精神与学习中共十八大、十八届历次全会精神结合起来，与学习习近平总书记系列重要讲话精神结合起来，与民建实际结合起来，全面推动自身建设，不断提高五种能力，努力建设高素质的中国特色社会主义参政党。要以思想建设为核心，推动自我教育，适应新媒体时代，强化舆论宣传，教育引导广大会员自觉践行社会主义核心价值观，增强政治意识、政党意识和使命意识；以组织建设为基础，切实加强领导集体建设，认真贯彻民主集中制，加大后备干部队伍培养力度，提高会的整体素质；以制度建设为保障，着力推动各项工作的制度化、规范化；以作风建设为动力，继承和发扬民建前辈的优良品质和高尚风范，树立正确的世界观、人生观和价值观，加强会内监督，完善监督制度体系，提高监督水平，不断开创民建事业新局面。

3. 充分发挥参政党作用，为"四个全面"战略布局献计出力。习近平总书记重要讲话强调，巩固和发展最广泛的爱国统一战线，为实现中华民族伟大复兴的中国梦提供广泛力量支持。各级组织要紧紧围绕"四个全面"战略布局，最大限度地凝聚共识、凝聚人心、凝聚智慧、凝聚力量，积极参加民主协商，切实履行参政党职能。要充分利用密切联系经济界的特色和优势，巩固和拓展优势领域，努力打造参政议政和社会服务的精品和亮点。正确理解新常态的科学内涵，把握战略方向、重点领域、主攻目标，关注转方式、调结构、稳增长，"一带一路"、京津冀协同发展和长江经济带建设，国企改革，金融体制改革，非公有制经济健康发展等重大问题，结合当地实际，组织力量深入开展调查研究，积极建言献策。

各级组织要精心组织、周密安排，网站和刊物要及时开设专题专栏，加强舆论宣传和引导，营造学习贯彻的浓厚氛围。请各省级组织把学习贯彻会议精神的情况及时报告会中央。

在民建十届十二次中常委会议上的讲话

（2015 年 9 月 17 日）

陈昌智

同志们：

本次常委会议上，中央经济委员会、财政金融委员会、企业委员会、农业和农村委员会对当前经济形势作了分析发言，能源和资源环境委员会作了书面发言，通过了关于召开民建十届四中全会的决定。在大家的共同努力下，会议圆满完成了各项议程。会后，会中央将责成有关部门，以各专委会的经济形势分析报告为素材，整理形成专门的意见建议，可以在高层协商会上使用。下面我谈四点意见。

一、关于当前的经济形势

今年以来世界经济复苏一波三折，不稳定、不确定因素增多，给我国经济运行带来很大影响。对下半年以及明年的经济运行情况，有看好看衰的不同观点，对这一点，我比较赞同前段时间李克强总理的观点，就是要用全面、客观、辩证、发展的眼光来分析和判断，在内部要把问题看得重一些，增强忧患意识，对外要发出积极而又实事求是的信号，以稳定预期、提振信心。

（一）上半年经济社会发展总的来看是稳中有进

从宏观来看：上半年国内生产总值增长7%，与一季度持平；新增就业718万人，6月末31个大城市城镇调查失业率为5.06%（无1—8月相关数据）；1—6月份全国商品房销售面积同比增长3.9%（1—8月增长7.2%）；PMI连续4个月保持在荣枯线以上（7月50.0%，8月49.7%）。

从创新驱动来看：上半年国内发明专利授权量增长52.7%（1—8月53.6%）；全国新登记注册企业同比增长19.4%，注册资本增长43%（按季度公布，无1—8月数据）；中小企业板、创业板上市企业新增109家，新三板挂牌公司新增1065家。

从经济结构来看：上半年网上零售额同比增长39%（1—8月36.5%）；民间投资比重达65%（1—8月65%）；高技术制造业投资大大快于6大高耗能行业，前者增长15.2%，后者增长7.5%（1—8月前者增长16%，后者增长2.1%）；高技术产业增加值增长10.5%，比整体工业快4.2个百分点（1—8月增长10.5%，比整体工业快4.4个百分点）；上半年服务业增加值增长8.4%（无1—8月数据）。

（二）经济运行中的矛盾和问题

综合各方面情况看，下半年国际国内经济形势依然严峻。从国际看，全球经济将延续低速增长态势，还面临诸多不确定因素，国际货币基金组织两度调低今年全球经济增长预期，7月份调低到3.3%。从国内看，当前经济稳中向好的基础还不稳固，经济下行压力仍然较大，潜在风险也不容忽视。一是上半年固定资产投资仅增长11.4%（1—8月增长10.9%），为16年来最低，特别是当前开工项目和储备项目明显不足，反映了需求乏力。二是财政增收难、支出压力大，上半年全国财政收入同口径增长4.7%，同比回落4.1个百分点（1—8月增长5.2%，同比回落3.1个百分点）。三是工业生产和价格持续低迷，工业品出厂价格指数连续40个月负增长(截至8月为42个月)，由于价格长期下跌，上半年规模以上工业企业利润同比下降0.7 %（1—8月下降1%），亏损面达16.8%，为2011年以来同期最高。部分地区、部分行业、部分企业面临较大困难，一些领域风险不容忽视。四是资金传导不畅，新增流动性难以有效进入实体经济，上半年投资到位资金中贷款同比下降 4.8%（1—8 月下降 5.3%）。这些问题是国内国外、长期短期多种因素相互交织、共同作用的结果。

对这些问题，会中央将继续关注，并在 10 月份高层协商会上提出建议，包括继续降息降准以及如何解决资金传导不畅的问题、简政放权和不作为的问题、顺应市场经济形势而为的问题等，这一点，在股市问题表现得很明显，想人为地把疯牛“打”成慢牛的做法在市场经济上证明是不可能做到的，我们要提高的是适应市场经济的能力，而不是驾驭市场经济的能力，要学会顺应市场经济而为。

二、关于对经济工作的建议

下面，我向大家通报一下今年 7 月会中央就当前经济形势和下半年工作的安排部署提出的建议内容。

（一）加强经济合作，推动长江经济带健康发展。我们赞成文件提出“颁布实施长江经济带发展规划纲要”。长江经济带横跨我国东中西三大区域，充分发挥其黄金水道作用，具有重大战略意义。建议：

创新金融模式。一是加强生态环境联防联治，保证一江清水永续利用，应研究建立长江流域生态保护基金。我国生态补偿主体单一，以纵向补偿为主，缺乏横向补偿机制。有的地方反映生态服务提供者和受益者在地理范围上不对应，导致长江流域生态保护呈“上游地区负担，下游地区受益”“贫穷地区负担，富裕地区受益”的不合理局面，上游地区环境保护积极性不高。建立长江流域生态保护基金，基金来源主要构成：中央财政投入环境保护建设资金、中下游地区的补偿资金、惩罚式资金、民间资金。建立奖惩分明的激励机制，严格控制和治理污染，既使长江黄金水道发挥良好的经济效益，又使长江经济带成为水清地绿天蓝的生态廊道。二是设立“长江发展投资银行”。由国家和地方共同出资设立“长江发展投资银行”，按照政策性银行改革的目标模式运作，定向为长江经济带重大项目提供资金支持和信用支持，提供投资银行业务服务等，逐步建成现代专业投资银行。如果 11 省市募集资本金 1100 亿元，根据国开行贷款投放规模与资本金的比例粗略推算，长江发展投资银行可为经济带建设投放约 10000 亿的长期建设资金。综合使用金融工具和银行信用，可发挥更为有力的推动作用。

共建共享综合立体交通走廊。黄金水道的作用还没有充分发挥。比如南京长江大桥 24 米净高，低于南京以下其他跨江大桥，万吨轮无法上行，运输优势不能充分发挥。三峡工程在设计时预测 2030 年才能到达 1 亿吨的货运量，而在 2011 年货物通过量就已经突破了 1 亿吨。船舶拥堵成为常态，正常情况船舶平均等待 2—4 天，最长达 15 天以上，亟须解决。一是尽快论证南京长江大桥改造问题，进一步适应大型海船进江需要。二是有效扩大三峡枢纽的通过能力。长远看，建设三峡水运新通道势在必行，充分论证，科学决策，加快推进三峡水运新通道建设的项目前期工作。三是加强支流航道建设，发展以港口为枢纽的多式联运、江海联运，打造综合立体交通走廊。消除“最后一公里”不衔接问题，大力发展铁水联运、公水联运。加快海船航道和江海联运节点建设，研发推广适合长江航道条件的江海直达船型，优化长江煤炭、铁矿石、集装箱等主要货类的江海运输体系。清理、破除地区之间、交通运输方式之间的政策壁垒，逐步建立竞争有序、物畅其流的统一开放的长江流域综合运输市场。

完善协调机制。由于东中西部经济发展水平不同，下游地区基本已过了工业化高速发展期，开始转向工业化后期和后工业化时期，而中部地区正处于工业化中期，上游有些地区还处于工业化初期，巨大差异带来利益诉求上的不同。要做好顶层设计，确定长江经济带的中央领导小组运行机制，保证重大问题在联席会议上研究讨论，具体问题及时沟通联系。依照区位分别建立长江上、中、下游联系机制，完善沿岸中心城市协调机制。推广长沙、合肥、南昌、武汉等长江中游城市群合作经验，加强沿岸中心城市合作，补充云南、贵州中心城市加入协调会，将每两年一次会议改为年度会议。

（二）切实推进大众创业万众创新的战略举措落地生根。国家提出大众创业万众创新战略，并制订多项措施予以推动，其中一项就是设立创业投资引导基金。但是从已设立创投基金看,主要存在两方面问题：一是大量资金闲置。去年和今年的审计工作报告反映，至2013年底，中央财政筹集的创业投资基金有127.75亿元结存未用；至2014年底，14个省2009年以来筹集的创业投资基金中有397.56亿元（占84%）结存未用，其中4个省从未支用。二是基金运行效果不明显。有一个省创投基金2014年投资的50多户企业中，有一半净利润比上年减少,近四分之一上缴税收和就业人数均减少,创投基金效果不明显。为确保创业引导资金发挥应有的效用，真正按市场规则运作，切实推进大众创业万众创新的战略举措落地生根，建议：

加强引导基金与产业园区合作，发挥整体效应。从国际经验来看，创业投资呈现集群发展特征，美国的硅谷、英国剑桥科学园、中国台湾的新竹、印度班加罗尔等都是创业投资高度集群地区。我国各地已建立不少高新技术产业园区,有的地方发展到相当规模，成为当地经济发展的最活跃因素。建议引导基金加强与高新技术产业园区合作，促进创业投资集群发展。

鼓励市场化的母基金发展。解决管理效益差的问题，可将创业投资基金作为母基金，投入到其他基金中参股、分红，并要求其投资符合高新科技发展方向。

研究放宽基金支持范围。目前，创投基金大都规定了很多门槛，对支持范围、方式和投资比例等都有很多限定。建议进一步研究完善创投基金管理运行办法，将支持范围覆盖到大众创新创业的更多领域，特别是加大对小微企业支持力度；适应小微企业实际，提高基金投资比例，由设上限改为设下限，切实起到引导和支持作用。

（三）完善体制机制，促进资本市场稳定健康发展。我们赞成文件提出“股票市场稳定事关经济社会发展全局”。“加快培育公开透明、长期稳定健康发展的资本市场。”近期股市异常波动，中央出台救市措施是必要的、正确的。而更重要的是要变投机市场为常态化的投资市场，通过建立健全制度，完善体制机制，促进资本市场健康稳定发展。建议：

加快《证券法》修改，推进股票发行注册制改革。尽快从立法层面确定新的证券市场运行管理机制，推进股票发行注册制，建立健全多层次资本市场体系，将简政放权、加强事中事后监管等内容体现在法律制度中。在坚持注册制改革的同时，要加大对上市公司信息披露真实性的监管力度。特别是要强化法律责任，提高对违法行为的惩罚力度，有效遏制信息违法行为的上升态势，增强投资者对股市的信心。

尽快弥补我国金融创新改革所形成的监管漏洞和制度漏洞。一是延长公司内部人股票锁定期至 8—10 年，以此引导价值投资理念；二是股票现货市场 T+1 和期货市场 T+0 交易规则不一致，助长投机行为，应当统一交易制度。三是建立带有强制性的分红制度。上市公司提高业绩、增加分红，将减少投机，增强股民长期投资意识。四是建立正常的退市制度。五是依法治市。坚决抑制涉嫌违反账户实名制规定的场外配资活动，打击内幕交易、市场操纵等侵害投资者权益的违法行为，对大股东和董事会监事会高管人员违反规定的减持行为，予以严肃查处。

研究适时成立国家金融管理委员会。近期股票市场出现问题，其中一个原因就是相关金融部门由于职能原因对场外配资未能进行有效监管。建议研究适时成立国家金融管理委员会，建立大金融监管体系，统筹监管资源，形成监管合力。

三、关于对风险投资论坛和非公有制经济发展论坛的通报

7 月 3 日，在深圳召开了 2015 中国风险投资论坛。此次论坛以“新常态下风险投资的改革与创新”为主题，与经济发展新常态密切联系，聚焦中国风险投资事业发展面临的新形势、新要求，进一步发挥中国风险投资论坛的参政议政与服务会员的作用。此次论坛共有 62 位专家在论坛主旨演讲、在高层论坛和专题论坛中作演讲。有的专家的发言颇具真知灼见，会中央将做好筛选工作，借助“两会”提案、社情民意、采访报道等渠道，积极建言献策。同时还要看到，论坛服务会员的作用逐步加强，还有进一步提升的空间。今年的论坛有一个突出表现，那就是在民建各级组织的重视和推动下，会员参与的积极性进一步提高，参与的程度进一步加深。多个省级组织主委出席论坛，欧成中、王宁、龚立群、李心、钱学明、施耀忠、武洪麟、宁崇瑞、董新光等同志亲自率队出席。参加此次论坛的民建会员达到 370 人，其中，参加培训班的人员近 47 人；参加中国风险资本——项目对接会项目路演的民建会员企业有 8 家；参加“2015 最具投资潜质创新企业”评选并获奖的民建会员企业有 4 家：河南万庄农资电商有限公司、广西万维信息技术有限公司、乌鲁木齐市联创天成信息科技服务有限公司、新疆陆路港投资有限公司。相比以前的论坛，这是一个可喜变化。希望今后各省级组织要提前做好功课，在日常工作中多了解哪些会员企业有融资需求，把真正有融资需求的企业组织到论坛上来，提高项目对接成功率。

9 月上旬，非公论坛在湖南召开，此次论坛以适应新常态为主题，既坚持非公有制经济的特色，又结合湖南海外侨领侨商三湘行活动，富有当地特色。中共湖南省委、湖南省政府高度重视，专门出台了《关于促进非公有制经济发展的若干意见》，今年 5 月还召开了全省促进非公有制经济发展大会。开幕式后，举行了项目签约仪式和主题论坛。签约仪式共签约项目 106 个，涉及现代服务业、先进制造业、农业产业化和基础设施建设等领域，签约总金额 617.6 亿元。主题论坛上，来自民建中央、中国侨联、清华大学、国务院发展研究中心等部门的领导、专家学者和企业家围绕非公经济的创新发展、非公经济与生态经济、非公经济的国际化发展等主题作了专题演讲。工信部、民建各省（区、市）代表团代表及民建会员企业家、中国中小商业企业协会会员代表、海外侨领侨商代表等 1200 余人参加论坛开幕式。论坛期间，与会专家、企业界人士和侨领侨商还分赴长沙、

株洲、湘潭、益阳、常德、郴州、永州等市州参加项目考察、投资推介等活动。明年的非公论坛，基本确定在河南举办，河南的工作热情很高，今年上半年就形成了举办方案，并与会中央协商，希望有关部门继续跟进，各省级组织也要结合自身情况做好参会专家和企业家的组织工作。

四、做好省级和市级组织的换届工作

换届工作是民建政治生活中的一件大事，对于深入搞好政治交接，继续加强会的自身建设至关重要。从现在开始至2017年上半年,民建全国市级组织将进入集中换届的时期。全国现有的295个地市级组织,有22个计划在今年年末换届,有229个计划于2016年换届,19个计划于2017年换届,另外25个市级组织计划在2018年至2020年换届。明后两年省级组织和中央也将完成换届。

会中央高度重视民建基层组织工作和民建市级组织工作，本届召开了两次专题工作会议对基层组织和市级组织工作进行总结交流，并对全国市级组织专职副主委进行了专题培训，对500个基层组织负责人进行了培训。这一系列工作为换届打下了积极、坚实的基础。

（一）要加强领导。各省级组织主要领导要充分认识这次换届任务的艰巨性,提高对换届的重视程度。首先要切实加强后备干部队伍建设，贯彻执行《关于做好2014—2017年省级组织领导班子后备干部队伍建设工作的意见》的各项要求，为换届打好组织基础。其次，要坚持民主集中制原则，坚持民主推荐、组织考察、酝酿协商、集体决定、会议选举的组织程序。第三，要坚持党的领导，贯彻党管干部的原则，充分尊重和执行党委的意见和决定，同时也要加强沟通、协商。主委要与统战部保持经常性的联系，对重大问题一定要亲自与统战部沟通，包括与中共省委分管书记汇报、协商，主动听取意见、建议。要经常分析会员在换届过程中的思想动态，特别是在选举前酝酿过程中的动态，与统战部共同研究预案，发现异常动向和苗头要及时沟通情况、研究对策办法，把工作做在前边。在人选出现分歧时更要多沟通，加强协商，最后达成共识，以保证换届任务的顺利完成。

（二）要严肃纪律。严格执行换届纪律是做好换届工作的重要保证。从以前换届工作总体情况来看，个别地方存在换届选举不严格履行《会章》规定，选举中不严格执行《选举办法》等问题，不与组织上保持一致，请客拉票、拉帮结派干扰选举，进行非组织活动等现象也有所表现。会中央将印发《关于在各级组织换届中严肃换届纪律的通知》，各地要认真贯彻执行。首先，要严格执行换届工作和干部选拔任用工作的政策法规，针对换届中容易出现的问题，严明纪律，坚决维护换届工作的严肃性。其次，要严禁拉票贿选。不准在民主推荐、民主测评、组织考察和选举中搞拉票等非组织活动，对通过宴请、安排消费活动、打电话、发短信、当面拜访、委托或者授意中间人出面说情、举办联谊活动等形式，请求他人给予自己关照的要坚决批评抵制；对贿赂、拉票贿选等行为要严格按规定查处。再次，要严禁干扰换届。对威胁、欺骗、编造和传播谣言，诬告陷害、侮辱诽谤等行为，要坚决打击，会同有关部门严肃查处。

（三）要严格程序。要按照会章和有关换届文件规定，一步不差地完成“规定动作”。各省级组织要深刻领会和准确把握换届精神，严格按照会中央印发的换届范本，部署工作，分解任务，科学制订方案，不打折扣、不走过场，维护换届工作程序的严肃性。要坚持程序公开透明，坚决防止把程序当“形式”，避免变通程序、简化程序问题的发生。要加强会内监督，发挥好会中央监督委员会和省级监督委员会的职责，畅通广大会员监督渠道，强化会内监督检查，确保换届工作公开、公平、公正、透明。

（四）要加强教育。要坚持教育在先、预防为主，开展专题学习、中心组学习等形式，组织各级领导班子成员认真学习会的《章程》、组织制度和有关换届文件，把握会中央和地方党委有关换届纪律要求。要采取谈心、座谈会等多种方式，深入细致地做好换届期间的思想政治工作，教育引导会员特别是领导干部正确对待个人进退，自觉服从组织安排。紧密联系会员的思想实际，引导会员正确对待选举结果，引导换届期间会员队伍的思想始终保持在正确方向，为换届工作提供良好的舆论氛围。

最后，通报一下地方组织举办宣传刊物的情况，北京、四川、山东 3 个省为月刊，内蒙古、新疆 2 个省为季刊，其他省都是双月刊；截至 8 月份，全国 295 个市级组织中，有 171 个办了刊物或报纸，占市级组织总数的 58%；北京、吉林、浙江、青海、新疆 5 个省所有的市级组织都办了刊物。希望各省级组织以先进为榜样，加大举办宣传刊物的工作推动力度，有条件先办，没条件的逐步赶上，尽快搭建会的宣传工作平台。

同志们，10 月份中共中央将召开十八届五中全会，12 月我们将迎来民建十届四中全会，我们还将庆祝建会 70 周年，希望大家振奋精神、再接再厉、共同努力，带领广大会员共同把今年的各项工作做好，以昂扬向上的精神风貌，争取优良的工作业绩。

最后，祝同志们工作顺利、身体健康！并提前预祝各位中秋节和国庆节快乐！

在民建十届四中全会闭幕会上的讲话

（2015 年 12 月 18 日）

陈昌智

同志们：

这次会议在大家的共同努力下，圆满完成各项议程。全会期间，同志们认真审议了常委会工作报告和监督委员会工作报告，并对五个调研报告进行了认真的讨论，提出了许多很好的意见和建议，这次会议是一次团结、民主、凝聚人心的会议，在此次会议结束之前，我向大家通报会中央参与高层协商的情况，再强调几项工作。

一、会中央参与高层协商情况通报

今年 7 月 29 日我们提出如下建议：

1. 切实推进大众创业万众创新的战略举措落地生根。国家提出大众创业万众创新战略，并制订多项措施予以推动，其中一项就是设立创业投资引导基金。但是从已设立创投基金看，主要存在两方面问题：一是大量资金闲置。去年和今年的审计工作报告反映，至 2013 年底，中央财政筹集的创业投资基金有 127.75 亿元结存未用；至 2014 年底，14 个省 2009 年以来筹集的创业投资基金中有 397.56 亿元（占 84%）结存未用，其中 4 个省从未支用。二是基金运行效果不明显。有一个省创投基金 2014 年投资的 50 多户企业中，有一半净利润比上年减少，近四分之一上缴税收和就业人数均减少，创投基金效果不明显。为确保创业引导资金发挥应有的效用，真正按市场规则运作，切实推进大众创业万众创新的战略举措落地生根，建议：

（1）加强引导基金与产业园区合作，发挥整体效应。从国际经验来看，创业投资呈现集群发展特征，美国的硅谷、英国剑桥科学园、中国台湾的新竹、印度班加罗尔等都是创业投资高度集群地区。我国各地已建立不少高新技术产业园区，有的地方发展到相当规模，成为当地经济发展的最活跃因素。建议引导基金加强与高新技术产业园区合作，促进创业投资集群发展。

（2）鼓励市场化的母基金发展。解决管理效益差的问题，可将创业投资基金作为母基金，投入到其他基金中参股、分红，并要求其投资符合高新科技发展方向。

（3）研究放宽基金支持范围。目前，创投基金大都规定了很多门槛，对支持范围、方式和投资比例等都有很多限定。建议进一步研究完善创投基金管理运行办法，将支持范围覆盖到大众创新创业的更多领域，特别是加大对小微企业支持力度；适应小微企业实际，提高基金投资比例，由设上限改为设下限，切实起到引导和支持作用。

2. 完善体制机制，促进资本市场稳定健康发展。近期股市异常波动，中央出台救市措施是必要的、正确的。而更重要的是要变投机市场为常态化的投资市场，通过建立健全制度，完善体制机制，促进资本市场健康稳定发展。建议：

（1）加快《证券法》修改，推进股票发行注册制改革。尽快从立法层面确定新的证券市场运行管理机制，推进股票发行注册制，建立健全多层次资本市场体系，将简政放权、加强事中事后监管等内容体现在法律制度中。在坚持注册制改革的同时，要加大对上市公司信息披露真实性的监管力度。特别是要强化法律责任，提高对违法行为的惩罚力度，有效遏制信息违法行为的上升态势，增强投资者对股市的信心。

（2）尽快弥补我国金融创新改革所形成的监管漏洞和制度漏洞。一是延长公司内部人股票锁定期至 8—10 年，以此引导价值投资理念。二是股票现货市场 T+1 和期货市场 T+0 交易规则不一致，助长投机行为，应当统一交易制度。三是建立带有强制性的分红制度。上市公司提高业绩、增加分红，将减少投机，增强股民长期投资意识。四是建立正常的退市制度。五是依法治市。坚决抑制涉嫌违反账户实名制规定的场外配资活动，打击内幕交易、市场操纵等侵害投资者权益的违法行为，对大股东和董事会监事会高管人员违反规定的减持行为，予以严肃查处。

（3）研究适时成立国家金融管理委员会。近期股票市场出现问题，其中一个原因就是相关金融部门由于职能原因对场外配资未能进行有效监管。建议研究适时成立国家金融管理委员会，建立大金融监管体系，统筹监管资源，形成监管合力。

今年 8 月 21 日在征求“十三五”规划意见建议的会议上，我们提出如下建议：

1. 关于创新发展。建议“十三五”规划增加以下具体内容：一是尽快出台国有科技成果无形资产管理办法。目前科研成果作价入股在产权界定、评估作价、收益分配、审批程序、股权退出、企业上市等环节存在不少政策性障碍，直接影响科技人员进行科技成果转化和技术转移的积极性，高等学校科研成果转化率仅为 10% 左右。建议出台技术类无形资产处置的政策措施，明确授权、实施细则及流程指导，赋予单位、研发团队、科技人员对科技成果使用、处置和收益管理的自主权，简化行政审批、备案程序。改革无形资产定价机制，允许通过协议定价、挂牌交易、拍卖等市场机制方式确定科技成果价格。二是深化科技管理体制改革。制订细则，依法赋予创新领军人才更大的人财物支配权，扩大高校和科研院所的自主权，不能用管理公务员的办法来管理科研人员，让科研人员从烦琐的审批管理束缚中解放出来。让创新人才先富起来，是一个风向标，有利于深入持久实施创新驱动战略。三是改革高等学校和科研院所评价体系。对高等学校、科研院所的科研成果进行分类评价。对基础性科研成果，注重学术和技术上的前瞻性和领先性；对应用型科研成果，注重评估其市场应用价值。将科技成果市场贴近度、转化率、产学研合作的项目数量、项目带动产业发展的产值等纳入科研水平评价体系，作为立项和验收的重要内容和依据。

2. 关于绿色发展。“十三五”期间是我国绿色发展的关键阶段，规划编制应增加绿色指标。建议：一是进一步提高绿色指标在“十三五”规划指标中的比例。在“十二五”规划 8 个基础上进一步增加绿色指标数量，将绿色指标的比例由 33.3% 提高到 40%—45% 左右，确保绿色理念贯穿于“十三五”规划。（这一条建议比较明确地得到了中央的采纳。习近平总书记在五中全会上的说明中有这么一段，“在征求意见的过程中，各方面提出了很多好的意见和建议，主要有以下几个方面”，其中，“四是建议进一步提高绿色指标在‘十三五’规划指标中的权重，把保障人民健康和改善环境质量，作为更具约束性的硬指标”。）二是增加促进经济绿色转型和环境质量改善的具体指标。增加经济结构调整和能源资源总量控制的指标，如“重化工产业占第二产业比重”的预期下降指标、“能源消费总量”和“煤炭消费总量”约束性指标等。增加生态环境质量改善和主要污染物减排的相关指标，建议将“2020 年全国地级及以上城市颗粒物浓度（包括 PM10 和 PM2.5）比 2015 年下降 10%，重点区域 PM2.5 浓度下降 15%”和“2020 年前全国地级及以上城市建成区黑臭水体均控制在 10% 以内”等，作为“十三五”规划的重要环境质量约束性指标；同时，建议“十三五”期间要继续加大节能减排的力度，在“十二五”已有的 4 项国家主要污染物总量减少约束性指标（即化学需氧量、氨氮、二氧化硫、氮氧化物）的基础上，再将“挥发性有机污染物排放总量减少比例”这 1 项指标增加作为约束性指标。三是加强绿色指标实施的能力建设。建议增加绿色投资的有关指标，比如“环境污染治理投资占国内生产总值比例”“节能环保支出占公共财政支出比例”等。同时，继续鼓励大力发展环保产业，推动经济转型和绿色发展。

3. 关于共享发展。建议“十三五”规划增加以下具体内容：一是精准识别。对贫困人口建档立卡，台账到人，评议公示，动态调整，实名制管理、探索建设和推广大数据管理平台，改变“撒胡椒面”和“大水漫灌”的粗放扶贫方式，确保扶贫对象精准、数据精准，为精准扶贫奠定基础。二是重点突破。采取差异化政策，把革命老区、民族地区、边疆地区、集中连片贫困地区作为脱贫攻坚重点。要加大中央财政资金支持力度，比如危房改造，中央省市县四级给每户补助1.15万元，建档立卡贫困户由于拿不出自筹资金，“穷难改”现象比较普遍，建议中央财政扶贫资金要向以上地区给予更大的倾斜扶持。要对特困少数民族地区给予政策倾斜，如甘肃东乡族自治县，自然条件恶劣，贫困程度深，去年农民人均纯收入分别为全国、全省平均水平的1/3和1/2，全县67.9%的贫困农户居住在危旧房中。建议将全国55个少数民族中贫困程度极深的东乡族，人口超过10万，也要纳入“十三五”人口较少民族发展规划,给予特殊政策扶持。三是着力解决返贫难题。因地制宜，制订措施，落实《关于全面实施城乡居民大病保险的意见》，解决贫困人口因病致贫因病返贫。加强宣传教育，移风易俗，避免贫困人口因婚返贫。因生态环境恶劣的易地搬迁贫困人口，要通过加快发展职业教育，提升职业技能，做到搬得出、稳得住、能发展，同时切断贫困“代际传递”。

二、明年工作强调几点

1. 要加强学习，提高思想建设水平

当前，首先要加强中共十八届五中全会精神的学习，把握内在精神实质，深刻领会五个发展理念。要认识到五个发展理念的整体性，是互相联系，相互统一，彼此依存，不可分割的，从整体上保障国家经济社会持续健康的发展方向；认识到五个发展理念是改革开放以来不断积累的实践经验，逐步总结提炼，凝练而成的理念；认识到五个发展理念有很强的针对性，就是要解决当前经济社会发展存在的主要问题。

其次，要认真学习中央统战工作会议精神和中央统战工作条例的内容。一是深刻理解中央统战工作条例的出台所具有的里程碑意义。条例明确了今后统一战线工作的基本要求、方针政策，为统战工作提供了政治保障；条例明确规定了统战部门职责、机构设置、人员配备和党外代表人士队伍建设的具体举措，为统战工作提供了组织保障；条例作为党内第一部关于统战工作的法规，为统战工作提供了法治保障。二是学习领会新时期统一战线的法宝地位和作用，我们一定要认识到统一战线是改革事业胜利的重要法宝，是增强党的阶级基础、扩大党的群众基础、巩固党的执政地位法宝，是全面建成小康社会、加快推进社会主义现代化、实现中华民族伟大复兴中国梦的重要法宝。对此我们要很好的学习和领会。此外，我们还要学习领会民主党派的三个基本职能，还要很好地掌握运用民主监督的十种形式，还要很好地研究如何提高五种能力，特别是解决自身问题的能力。

第三，学习中共的廉洁自律准则及纪律处分条例，遵守政治纪律和政治规矩。我们作为参政党的中央委员、领导干部，应该用更高的标准来要求自己。中共党员廉洁自律规范：第1条，坚持公私分明，先公后私，克己奉公；第2条，坚决崇廉拒腐，清白做人，干净做事；第3条，坚持倡俭戒奢，艰苦朴素，勤俭节约；第4条，坚持吃苦在前，享受在后，甘于奉献。这些虽然是对共产党员的要求，但我觉得我们也要遵守这样的规范，从严要求自己。中共党员领导干部廉洁自律规范：第1条，廉洁从政，自觉保持人民公仆本色；第2条，廉洁用权，自觉维护人民根本利益；第3条，廉洁修身，自觉提升思

想道德境界；第 4 条，廉洁齐家，自觉带头树立良好家风。这几点，我们作为民主党派的领导干部也应该参照这些规范，对自己要高标准，严要求。

10 月 21 日，中共中央印发了修订后的《中国共产党纪律处分条例》（以下简称《条例》），并发出通知，要求各地区各部门认真遵照执行。《条例》第六章对违反政治纪律行为做出了处分规定："第 45 条，通过信息网络、广播、电视、报刊、书籍、讲座、论坛、报告会、座谈会等方式，公开发表坚持资产阶级自由化立场、反对四项基本原则，反对改革开放决策的文章、演讲、宣言、声明等的，给予开除党籍的处分。""第 46 条，通过信息网络、广播、电视、报刊、书籍、论坛、报告会、座谈会等方式有下列行为之一，情节较轻的，给予警告或者严重警告处分；情节较重的，给予撤销党内职务或者留党察看处分；情节严重的，给予开除党籍处分：（一）公开发表违背四项基本原则，违背、扭曲党的改革开放政策或者其他有严重政治问题的文章、演说、宣言、声明等的；（二）妄议中央大政方针，破坏党的集中统一的；（三）丑化党和国家形象，或者诋毁、诬蔑党和国家领导人，或者歪曲党史、军史的。"另外，对"组织、参加反对党的基本理论、基本路线、基本纲领、基本经验、基本要求或者重大方针政策的集会、游行、示威等活动的"，"组织、参加旨在反对党的领导、反对社会主义制度或者敌视政府等组织的"，"在党内组织秘密集团或者组织其他分裂党的活动的"，"在党内搞团团伙伙、结党营私、拉帮结派、培植私人势力或者通过搞利益交换、为自己营造声势等活动捞取政治资本的"等等都做出了处分规定。

今天我们学习《条例》的这些内容，有两层意义。一是领会《中国共产党纪律处分条例》的重大意义。这是一部党内法规，制订的目的在于维护党的章程和其他党内法规，严肃党的纪律，纯洁党的组织，保障党员民主权利，教育党员遵纪守法，维护党的团结统一，保证党的路线、方针、政策、决议和国家法律法规的贯彻执行。《条例》贯彻党的十八大和十八届三中、四中全会精神，坚持依规治党与以德治党相结合，围绕党纪戒尺要求，开列负面清单，重在立规，是对党章规定的具体化，划出了党组织和党员不可触碰的底线，对于贯彻全面从严治党要求，把纪律和规矩挺在前面，切实维护党章和其他党内法规的权威性、严肃性，保证党的路线、方针、政策、决议和国家法律法规的贯彻执行，深入推进党风廉政建设和反腐败斗争具有十分重要的意义。

有人认为这些规定是"闭塞言路""压制言论自由"，甚至认为这是"否定党开展批评和自我批评的优良作风，有损党内民主"。这些观点是完全错误的。首先，党的路线、方针、政策要在全国贯彻执行，必须先在党内统一思想，坚决执行，执政党内部在言论和行动上不能统一，要领导一个国家是很困难的。第二，党章明确规定，"必须充分发扬党内民主，尊重党员主体地位，保障党内民主权利"，"党在自己的政治生活中正确开展批评和自我批评，在原则问题上进行思想斗争，坚持真理、修正错误"。党章还规定，"必须实行正确的集中，保证全党的团结统一和行动一致，保证党的决定得到迅速有效的贯彻执行。"可见，《条例》的规定与党章的精神是一致的，不矛盾。第三，有的人不通过正当的表达渠道和表达方式，任意对党的大政方针发泄个人情绪，往往是当面不说、背后乱说，会上不说，会后乱说。

二是民主党派成员，特别是领导干部要引以为戒，主动维护党的路线、方针、政策，自觉维护执行党的路线、方针、政策。我们的会章明确规定，"接受中国共产党的领导"，"坚持中国特色社会主义道路、理论体系和制度，遵循社会主义初级阶段的基本路线”。因此，坚持四项基本原则，坚持党的基本理论、基本路线、基本纲领等，也是我们会章的基本要求。如果我们的成员妄议中央大政方针，造成恶劣影响，起码是要进行严肃的批评教育。

当然，也不能无限延伸“妄议”的内容，比如不能规定不能妄议省委、市委、县委、乡党委，不能妄议民建中央、民建省委会。这些延伸显而易见是错误的，因为它把这些组织等同中共中央来看待。我们要“坚持和健全民主集中制，发扬会内民主，加强会内监督”，维护会员“在会内批评会的任何一级组织和会员”的权利。我们欢迎会员对民建中央和中央领导同志提出批评和意见。同时，会章也要求“会员应自觉遵守会的纪律”，“增进会的团结”。因此，我们要维护会中央的权威，维护地方组织的威信，不利于团结的话不能说，不利于团结的事不能做。我们反对“不负责任的背后批评，不是积极的向组织建议。当面不说，背后乱说；开会不说，会后乱说。心目中没有集体生活的原则，只有自由放任。”我们反对“不是为了团结，为了进步，为了把事情弄懂，向不正确的意见斗争和争论，而是个人攻击，闹意气，泄私愤，图报复”。团结是一切事业顺利推进的前提，是一个政党赖以生存发展的基础，我们要继续树立和弘扬团结的理念，凝心聚力、齐心合力，塑造一个团结有为的参政党。

2. 组织工作方面

换届工作是民建政治生活中的一件大事，对于深入搞好政治交接，继续加强会的自身建设至关重要。明年是民建市级组织的换届大年，全国现有的 295 个地市级组织中有 229 个计划于 2016 年完成换届。会中央高度重视民建基层组织工作和民建市级组织工作，本届召开了两次专题工作会议对基层组织和市级组织工作进行总结交流，并对全国市级组织专职副主委进行了专题培训，对 500 个基层组织负责人进行了培训。这一系列工作为换届打下了一定的基础。民建各省级组织主要领导要充分认识这次换届任务的艰巨性，提高对换届的重视程度；要严明换届纪律、匡正换届风气，确保换届工作顺利进行；要严格按照会章和有关换届文件规定部署工作，不打折扣、不走过场，维护换届工作程序的严肃性；要加强教育，深入细致地做好换届期间的思想政治工作，为换届工作提供良好的舆论氛围。

3. 社会服务工作方面

11 月底，中共中央在北京召开了扶贫开发工作会议。这次中央扶贫开发工作会议是党的十八届五中全会后召开的第一个中央工作会议，体现了党中央对扶贫开发工作的高度重视。当前我国脱贫攻坚形势依然严峻。截至去年底，全国仍有 7000 多万农村贫困人口。因此，要实现到 2020 年所有贫困地区和贫困人口一道迈入全面小康社会，任务还是非常艰巨的。总书记在工作会议上提出“要坚持精准扶贫、精准脱贫，重在提高脱贫攻坚成效。关键是要找准路子、构建好的体制机制，在精准施策上出实招、在精准推进上下实功、在精准落地上见实效。”“绝不能落下一个贫困地区、一个贫困群众”。并且提出实施“五个一批”工程。一是发展产业脱贫一批，二是异地搬迁脱贫一批，三是生态补偿脱贫一批，四是发展教育脱贫一批，五是社会保障兜底一批。在明年的社会服务工作中，会中央及各地方组织也要在精准扶贫方面下功夫。我们要充分发挥民建自身优势，调动广大会员以及思源扶贫工程基金会等力量，积极开展产业扶贫、智力扶贫、科技扶贫、就业扶贫、公益扶贫，通过提供政策法律咨询、农技指导培训、修建基础设施、公益捐赠、送医送药、捐资助学等措施，精准发力、精准扶贫、精准脱贫。明年会中央将召开社会服务工作会议，希望到时各个地方都能在精准扶贫方面创造出好的经验和做法进行总结，并在会上进行相互交流和学习，从而使民建的社会服务工作更进一步，为到2020年实现全面小康尽我们的一份力量。

4. 参政议政工作方面

中共十八届五中全会是在我国全面建成小康社会进入决胜阶段召开的一次重要会议，会议审议通过了《中共中央关于制订国民经济和社会发展第十三个五年规划的建议》。“十三五”规划既凝聚着执政党的心血，也集中了各方面人士的智慧，既是全面建成小康社会进入冲刺期的“收官”性规划，也是实现第二个百年目标的“奠基”性规划，既承载着全中国人民的梦想，又需要全体中华儿女戮力同心、共同奋斗。面对时代赋予的职责和重任，民建作为建设中国特色社会主义事业的一支重要力量，责无旁贷，更应乘势而进、迎难而上，努力适应新常态、把握新常态，立足与经济界密切联系的特色，发挥界别和整体优势，抓好“十三五”时期发展机遇，将“十三五”规划作为当前和今后一个时期重要任务，不断提高参政议政、民主监督、政治协商的能力与水平，积极履行参政党职能。主要提几点要求：一是在全国两会召开之前，继续围绕制订实施国家“十三五”规划议政建言。充分利用好政党协商、政协协商和政府协商、提案议案等各种渠道和方法，建睿智之言、献务实之策。地方组织也要对本省本市的“十三五”规划的制订和实施提出好的意见建议。二是希望大家在参政议政方面围绕“五个发展”下功夫，选好切入点，积极开展调研。三是做好明年两会大会发言、提案、议案的准备工作。这些工作的基础材料主要还是依靠各级专委会和省市级组织来提供，希望你们有好的意见建议和相关素材尽快的提供给会中央的调研部，希望各地方组织都能很好的配合，从而充分发挥会的整体功能。

5. 宣传工作方面

这里专门说一下刊物的情况。今年的工作报告中提到，“120多个未办刊的市级组织，力争在2017年底完成创刊的任务”。现在，我对完成这个任务还是很有信心的。截至2015年12月，民建省级组织均有刊物，其中月刊4个，是北京、四川、山东和广东。双月刊24个，季刊2个。全国共有市级组织295个，其中171个办有刊物或报纸，比例为58%，北京、吉林、浙江、青海、新疆所有市（区）委会均办有刊物或报纸。市级组织大部分是季刊，也有双月刊等。希望各省级组织和市级组织以先进为榜样，追求刊物的时效性，在明年的工作中加大宣传刊物的工作推动力度，有条件先办，其他的逐步赶上，尽快搭建会的宣传工作平台。我想只要我们各级组织都积极推动这件事情，两年内全部市级组织完成创刊的任务还是一定能够完成的。

2016年即将到来，同时我们民建也即将迈入第71个年头。古人说七十古来稀，而我感觉民建在度过70岁生日后还继续保持着旺盛的生机与活力！雄关漫道真如铁，而今迈步从头越。让我们在新的一年中更加紧密地团结在以习近平同志为总书记的中共中央周围，以中共十八届三中、四中、五中全会精神为指导，认真履职、务实有为，为经济社会发展做出新的贡献。在这里我也祝大家新年快乐，预祝大家在新的一年里，工作愉快，身体健康，阖家幸福!

民建中央关于认真学习贯彻十二届全国人大三次会议和全国政协十二届三次会议精神的决议

（2015 年 3 月 9 日中国民主建国会第十届中央常务委员会第十次全体会议通过）

中国民主建国会第十届中央常务委员会第十次全体会议认真学习了十二届全国人大三次会议和全国政协十二届三次会议的精神，一致赞同李克强总理所作的政府工作报告及其他报告。

会议认为，2014 年是我国发展进程中很不寻常的一年。面对复杂多变的国际环境和艰巨繁重的国内改革发展稳定任务，以习近平同志为总书记的中共中央团结带领全国各族人民，坚持稳中求进工作总基调，主动适应经济发展新常态，全面推进社会主义经济建设、政治建设、文化建设、社会建设、生态文明建设和党的建设，扎实推进各项改革，加快推进依法治国，加强国防和军队建设，积极开展全方位外交，坚决反对“四风”，坚定不移惩治腐败，各项工作取得新的重大进展。十二届全国人大三次会议和全国政协十二届三次会议全面贯彻中共十八大、十八届三中、四中全会精神，高举中国特色社会主义伟大旗帜，以邓小平理论、“三个代表”重要思想和科学发展观为指导，深入贯彻落实习近平总书记系列讲话精神，围绕全面建成小康社会、全面深化改革、全面推进依法治国和全面从严治党做出战略部署，就改革发展稳定重大问题、关系群众切身利益实际问题深入协商讨论，对进一步推进中国特色社会主义事业具有重大现实意义和历史意义。

会议强调，2015 年是全面深化改革的关键之年，是全面推进依法治国的开局之年，也是全面完成“十二五”规划各项目标任务的收官之年。全会要认真学习贯彻十二届全国人大三次会议、全国政协十二届三次会议和《中共中央关于加强社会主义协商民主建设的意见》的精神，切实把思想和行动统一到中共中央的决策部署上来，围绕中心、服务大局，聚焦“四个全面”战略布局和群众关切，以纪念建会 70 周年为契机，深化宣传思想教育，进一步加强组织建设，主动适应经济发展新常态，发挥民建的特色和优势，就全面深化改革、依法治国、调整经济结构、保护生态环境、改善民生等方面重大问题，确定重点调研专题，深入调查研究，形成一批高质量的参政议政成果。

会议号召，全会要紧密地团结在以习近平同志为总书记的中共中央周围，毫不动摇地坚持中国共产党的领导，坚持和完善中国共产党领导的多党合作和政治协商制度，进一步解放思想，振奋精神，积极投入全面深化改革和全面推进依法治国的伟大实践，以优异的工作业绩向本会 70 周年华诞献礼，为实现全面建成小康社会奋斗目标贡献智慧和力量。

民建中央关于加强参政议政工作的意见

（2015 年 12 月 15 日 中国民主建国会第十届中央常务委员会第十三次全体会议通过）

参政议政是民主党派的基本职能、工作重心和第一要务，参政议政能力是民主党派的核心能力。面对新形势、新任务，为进一步增强参政议政能力，提升参政议政水平，推动民建参政议政工作更上新台阶，现提出如下意见。

一、充分认识新形势下加强参政议政工作的重要性

1. 加强参政议政工作是切实履行参政党职能的需要。《中国共产党统一战线工作条例（试行）》提出，民主党派的基本职能是参政议政、民主监督，参加中国共产党领导的政治协商。这是中国共产党对民主党派基本职能做出的新的科学概括，是多党合作理论的重要创新。民主党派三项基本职能之间有机联系，相互包含，构成完整的统一体。参政议政是参政党的首要职能，是参政党政党功能和作用的集中体现，它既区别于执政党的职能，也区别于一般社会团体的职能。通过参政议政，民主党派直接介入国家政治生活，在政治层面发挥作用。参政议政是衡量参政党政治价值、工作绩效的重要标准，离开了参政议政，民主党派就失去了政治上存在的价值和意义。

2. 加强参政议政工作是适应统一战线新形势的需要。当前，我国发展的内外环境发生了深刻变化，所有制形式更加多样，社会阶层更加多样，社会思想观念更加多样，统一战线工作面临许多新情况新问题。新时期统一战线的地位不是削弱了，而是增强了，统一战线的任务不是减轻了，而是更重了。面对新形势、新任务，民建作为中国共产党领导的多党合作和统一战线总格局中的参政党，要深刻认识和把握新时期统一战线的地位和作用，主动适应新形势新特点，认真履行参政党职能，全面提升参政议政水平，紧紧围绕党和国家中心工作，建有用之言，献务实之策。

3. 加强参政议政工作是民建自身建设和发展的需要。会的自身建设是做好参政议政工作的重要前提和保障，参政议政是推进自身建设的有效途径和载体，二者相辅相成，相互促进。通过参政议政，不仅可以展现民主党派的政治见解、政治力量、政治水平，还可以展现各党派在所联系领域里的专业能力、专业水平。服务社会的深度和广度、参政议政的能力和水平，直接决定着一个参政党是否具有影响力和凝聚力。只有做好参政议政，才能切实提高会的政治影响力；只有做好参政议政，才能不断增强会的向心力；只有做好参政议政，才能及时发现和培养人才，持续为会的组织发展注入活力、提供动力。参政议政对会的建设和发展具有举足轻重的作用，只能加强，不能削弱。

二、参政议政工作的指导思想、主要任务和基本原则

4. 指导思想。高举中国特色社会主义伟大旗帜，坚持以马克思列宁主义、毛泽东思想、邓小平理论、“三个代表”重要思想、科学发展观为指导，深入贯彻习近平总书记系列重

要讲话精神，深刻领会新时期参政党的地位、作用和历史使命，正确把握统一战线关于一致性和多样性关系的方针，不断巩固多党合作共同的思想政治基础，广泛动员全会力量，为建设中国特色社会主义献计出力。

5. 主要任务。紧密围绕全面建成小康社会、全面深化改革、全面依法治国、全面从严治党的战略布局，坚持把促进科学发展作为参政议政第一要务，牢固树立创新、协调、绿色、开放、共享的发展理念，充分发挥民建联系经济界的特色和优势，针对改革开放、经济建设和社会发展中的重点热点难点问题，深入调查研究，积极建言献策，反映社情民意，认真履行好参政党职能，为实现“两个一百年”奋斗目标、实现中华民族伟大复兴的中国梦作做出应有的贡献。

6. 基本原则。民建在长期的参政议政工作实践中形成了一些重要的工作原则，应当继续坚持和遵循。主要是：围绕中心，服务大局；发挥优势，体现特色；求真务实，实事求是。围绕中心，服务大局，即围绕经济建设这一党和国家中心任务，服从服务于“四个全面”战略布局和实现中华民族伟大复兴中国梦的大局；发挥优势，体现特色，即要注重发挥党派的界别优势、成员的专业优势等，形成民建参政议政的自身特色；求真务实，实事求是，即参政议政要在扎实深入开展调查研究的基础上，敢于讲真话、道实情、建良言。

三、进一步整合全会参政议政资源

7. 充分发挥领导集体的表率作用。要切实发挥好全委会、常委会、主席（主委）会议等各层面对参政议政工作的决策和领导作用，对参政议政工作认真研究、精心部署、整体谋划。领导班子成员要身体力行，深入实际开展调研，积极发挥表率作用，坚持做到“一把手”亲自抓，分管领导具体抓，其他领导配合抓，形成各级领导对参政议政工作高度重视、齐抓共管的良好局面。

8. 充分发挥专门委员会的主力军作用。专门委员会要利用自身专业和人才优势，通过参与课题调研、参加专题研讨会、反映社情民意信息、撰写参政议政材料等形式，为会的参政议政工作献计出力。各级组织要加强对本级专门委员会的指导，协助专门委员会做好工作规划，把握参政议政工作重点，熟悉参政议政工作特点，使专门委员会工作与会的参政议政工作有效对接。会中央专门委员会要加强与地方专门委员会的联系与合作，逐步建立联动工作机制。完善专门委员会委员的动态调整机制。

9. 充分发挥会员骨干的示范作用。建立与各级人大代表、政协委员和各类特约人员的沟通联系机制，充分发挥人大代表、政协委员和特约人员在参政议政中的骨干作用，调动他们的履职积极性。利用各种活动形式积极发掘和培养会员中的参政议政骨干，建立骨干会员人才信息库，加强对骨干会员的培训，为骨干会员在政治上、业务上的成长铺路搭桥。加强骨干会员梯队建设，老中青会员骨干相结合，保证会的参政议政力量源源不断，活力永续。

10. 充分发挥基层组织的基础作用。基层组织参政议政的主要任务是：组织会员对国家的大政方针和地方重要事务以及群众生活中的重要问题开展调查研究，提出意见和建议，反映社情民意。省、市级组织要着力抓好基层组织的参政议政工作，建立健全领导班子成员和机关联系基层组织制度，了解基层参政议政情况，倾听基层会员需求；针对基层组织类型多、差异大的特点，分类指导基层组织参政议政工作；注重发挥会员的主体作用，通过创新基层组织活动形式，丰富活动内容，激发更多会员参与到会的参政议政工作中来。

11. 充分发挥各级机关的枢纽作用。各级机关特别是调研部门承担着参政议政的组织、联系、协调服务以及成果转化等任务，具有桥梁和枢纽地位。要重视加强机关自身建设，不断增强机关工作人员的大局意识、责任意识、服务意识、学习意识和创新意识，注意把对基本理论、方针政策、专业知识的学习与参政议政工作实践结合起来，不断提高参政议政工作能力。鼓励各级组织跨层级、跨地域开展参政议政方面的合作，通过共同调研、举办论坛、区域协作、创建信息共享平台等形式，实现上下联动，横向联合，协同共进。

12. 充分发挥社会力量的外脑作用。社会力量，主要指人大、政协、政府部门、大专院校、社会组织等民建以外的参政议政力量。有效利用社会资源，充分借助外脑，对于弥补参政党知情不足、人才不足，拓宽工作视野，延长工作手臂，提高参政议政能力和水平具有积极作用。要不断探索，积极创新，多形式、多渠道、多角度地发掘和用好会外参政议政资源，为民建参政议政工作提供支持。对各地在参政议政实践中形成的一些好经验好做法，如对口联系、联合调研、智库建设等，要及时总结，不断完善，形成制度加以推广。

四、创新和完善参政议政工作机制

13. 规范课题调研机制。进一步明确课题调研的目的、意义和方法，规范课题调研的流程，对课题调研的选题、队伍组建、调查研究、报告起草、成果使用及转化等一系列环节提出具体要求，促进课题调研的科学化、规范化、制度化，有效保障课题调研的质量和效果。要区别不同层次、不同类别、不同期限的课题，实行分类管理。对重大课题视情况进行持续跟踪调研，在此基础上，形成一支稳定的课题专家队伍，提出一批有影响力、有代表性的建议，逐步建立起民建参政议政的优势领域。

14. 完善成果征选及反馈机制。认真总结成果征选的经验和不足，进一步完善机制，提高质量。要从源头抓起，加大对成果征选的指导和培训力度；各级组织要认真做好筛选和初步转化工作，把好报送关；加大对内容相同或相近的成果材料的综合编辑力度，做好加工转化工作，必要时可进行补充调研。进一步完善成果征选的反馈机制，对成果采纳情况要及时向报送单位反馈。

15. 完善反映社情民意信息工作机制。反映社情民意信息工作包括信息采稿、选稿、编辑、报送、反馈、表彰奖励、业务培训等程序和环节。要把提高信息质量作为反映社情民意信息工作的最根本要求。进一步完善信息采稿机制，加大主动采稿力度，增加对重大问题、重要事件、重要情况的有针对性的采稿；逐步将采稿率纳入积分考核指标。加强对信息工作人员及骨干会员的培训，把提高社情民意信息质量作为培训重点，常抓不懈，抓出实效。

16. 探索建立应急研究机制。对突发性问题的研究和应对，是新时期参政议政工作的重要内容。要积极探索建立应急研究机制，保证对重要的、突发性参政议政任务能够快速高效应对。建立一支精简、高效、稳定的应急研究队伍，注意在年龄和专业结构方面合理配置。建立应急研究信息资料库，为应急性课题提供信息、档案等资料储备。充分发挥专门委员会的参谋和智囊作用，为应急研究提供坚实的智力支撑。

17. 健全人才队伍培训机制。人才队伍建设是民主党派履行参政议政职能的重要基础和保障，要建立健全人才队伍培训的长效机制，着力加强对会员中参政议政人才队伍和民建机关专职干部队伍的培训。对会员中参政议政人才队伍的培训，要进一步整合现有培训资源，精心谋划，做好顶层设计，根据不同培训对象，设置不同的培训课程，提高培训实效，形成多层次、系统性培训格局。对机关专职干部的培训，要逐步纳入各级组织培训计划，完善培训机制，丰富培训内容，提高机关专职人员的水平和能力。

18. 创新奖励激励机制。不断完善参政议政的各项奖励措施，制订办法，规范流程，设立科学的考核指标体系，保障各项评比表彰活动公开公平公正。会中央每届开展一次全会范围的表彰活动，总结成绩，表彰先进，激励落后，进一步规范和完善年度参政议政工作表彰和社情民意工作表彰两项常规制度。把参政议政能力作为选人、用人的重要标准，在推荐人大代表、政协委员和特约人员时，对政治素养高、参政议政能力强、业绩突出的会员予以重点考虑。加大对参政议政先进集体和先进个人的宣传力度，树立正面导向。

五、拓宽参政议政的平台和渠道

19. 充分利用并主动拓宽民建参政议政的各种平台和渠道。要充分发挥好民建在社会主义协商民主中的作用，积极参加政党协商、人大协商、政府协商、政协协商及其他方面的协商，不断提高协商的水平和能力。保持与人民法院、人民检察院的沟通和联系，积极对人民法院、人民检察院工作提出意见建议。通过创办主题论坛、主题沙龙、议政性媒体刊物以及网络议政平台等形式，打造民建参政议政品牌，提升民建的社会影响力。积极探索建言践行新模式，拓展参政议政工作空间。充分利用社会主流媒体、知名论坛、重要会议等平台，展示民建的参政议政成果，发出民建议政建言的声音。

六、加强对参政议政工作的领导

20. 高度重视参政议政工作。各级组织要充分认识新形势下加强参政议政工作的重要性，把加强参政议政工作纳入总体工作部署和重要议事日程，总结经验，查找不足，完善制度，切实推动参政议政工作。要积极争取当地党委和政府部门支持，建立健全参政议政工作机构，配备优秀干部到参政议政职能部门，安排调研经费，改善工作条件，保证参政议政工作顺利开展。

21. 统筹谋划参政议政工作。加强参政议政工作与其他工作的协调配合，把会的各项工作纳入参政议政一盘棋，统筹考虑，长远谋划。组织工作要坚持注重质量、注意数量、优化结构、保持特色的原则，积极发展符合参政议政需要的优秀人才，建立和完善参政议政人才库，为做好参政议政工作提供人才支撑；宣传部门要积极宣传会的参政议政工作优秀成果，报导参政议政先进事迹，充分利用各种媒体宣传途径，扩大民建参政议政工作的社会影响；社会服务工作要与参政议政工作相结合，善于发现参政议政的线索和素材，为参政议政工作提供帮助。

22. 加强学习和研究工作。民建各级组织特别是领导干部，要从参政议政工作实际出发，加强对重大理论和方针政策的学习，不断提高政治水平、政策水平和对建设中国特色社会主义基本理论的认识水平；要坚持问题导向，在服务经济社会发展的实践中积极发现问题，带着问题去学习和调研，不断增强自身分析问题、研究问题、解决问题的能力；要加强对参政议政工作的理论研究，深刻认识参政党参政议政的内涵和实质，及时总结参政议政工作经验，把握参政议政的特点和方式方法，探索参政议政工作的基本规律，以科学的理论指导参政议政工作。

民建中央 2015 年工作要点

2015 年我们将迎来建会 70 周年，对于本会具有特殊的意义。面对新形势新任务，全会要坚持以中国特色社会主义理论体系为指导，着眼于服务科学发展、促进社会和谐大局，加强参政能力建设，提高建言献策水平，以自身建设的新成效、参政议政的新成果、服务社会的新贡献向本会 70 华诞献礼。

1. 深入学习贯彻中共十八届三中、四中全会精神。当前，各级组织要把学习贯彻中共十八届四中全会精神作为首要的政治任务，认真组织广大会员学习研读《决定》和习近平总书记对《决定》的说明，充分认识中共十八届四中全会的重大意义，准确把握《决定》精神实质，同时要把学习十八届四中全会精神与学习中共十八大、十八届三中全会精神相结合，切实把思想和行动统一到中共中央的决策部署上来，引导广大会员既要理解改革、支持改革、参与改革，也要树立法治思维、运用法治方式、依法参政议政，进一步解放思想，振奋精神，积极投入全面深化改革和全面推进依法治国的伟大实践，为实现全面建成小康社会奋斗目标贡献智慧和力量。

2. 思想宣传。全会要以纪念建会 70 周年为契机，深化宣传思想教育。各级组织要认真贯彻落实民建全国宣传思想工作座谈会精神，继续深入开展坚持和发展中国特色社会主义学习实践活动，巩固和扩大活动成果，组织广大会员学习中国特色社会主义理论体系、多党合作的理论和政策，学习会章、会史、会的优良传统。继续组织全会开展理论研究，做好民建自身建设与发展的经验总结和理论概括，为会的健康发展提供正确理论指导。启动民建成立旧址复建工程。充分利用黄炎培故居、冷遹纪念馆、南京民间抗日战争博物馆等基地开展爱国主义教育。着手编写《民建先贤轶事》，为会员学习民建优良传统提供生动教材。各级组织要本着节俭、隆重的原则开展纪念活动。12 月中旬，会中央将召开纪念民建成立 70 周年大会，认真总结民建成立以来形成的宝贵经验，表彰全国先进集体和优秀会员。届时，民建中央画院将举办会员书画作品展，印制画册和书画作品集，会中央网站、《民讯》将设立专栏刊发系列纪念文章和报道各级组织举行纪念活动情况。

3. 组织建设。各级领导集体成员要勤奋学习，善于思考，研究问题，在工作实践中着力提高政治把握能力、参政议政能力、组织领导能力、合作共事能力。要健全、完善和严格执行民主集中制，畅通会内民主渠道，丰富会内民主形式，切实保障会员对会内事务的广泛参与和有效监督。贯彻落实全国会内监督工作研讨会精神，检查督促会内监督各项制度的落实情况。按照会中央《关于做好 2014—2017 年省级组织领导班子后备干部队伍建设工作的意见》要求，建立省级组织后备干部队伍人才库，实行动态管理，为届中调整和换届做好准备。适时举办在政府及司法机关任实职领导干部（厅局级）座谈会，提高履职能力和廉洁自律的自觉性。继续采取会中央与省级组织联合开展培训的方式，今年统一培训基层组织负责人。开展经常性的各类讲座和交流活动，将建华课堂学习平台建成具有民建特色的培训品牌。继续做好会员发展、会员信息管理工作和妇委会工作。

4. 参政议政。紧密围绕推进全面深化改革、依法治国、制订“十三五”规划等党和国家的工作重点，主动适应经济发展新常态，充分发挥界别优势，就保持经济稳定增长、发现培育新增长点、加快转变农业发展方式、优化经济发展空间格局、加强保障和改善民生等方面，深入调研，形成针对性和可操作性较强的调研报告及相关成果。会中央拟对长江经济带发展、京津冀一体化、加强诚信体系建设、中小企业发展和金融体制改革等方面开展重点专题调研。积极参与国家法制建设，向全国“两会”和全国政协常委会、专题协商会、双周协商座谈会等提交有水平、有影响的提案和发言。更加重视反映社情民意工作，加强社情民意工作骨干的培训，拓宽信息来源，不断提高社情民意信息质量。重视发挥好各级地方组织和专门委员会的作用，注意培养参政议政骨干。各级组织要鼓励和支持基层组织、会员及时反映发现的问题，积极开展民主监督，促进社会和谐稳定。9 月间，召开民建全国参政议政工作会议，交流经验和做法，表彰先进集体和个人，认真总结九大以来全会参政议政工作成效，对新形势下加强参政议政工作做出部署。

5. 社会服务。深入贯彻落实习近平总书记关于毕节试验区的批示精神，调动更多会内力量参与定点扶贫和社会扶贫。在黔西县和丰宁县的定点扶贫工作中，开展“一对一”帮扶，做到重心下移、精准扶贫。联系基金会，为两县分别建设 10 所卫生室，继续开展送医下乡活动和送温暖活动；继续向丰宁捐赠思源救护车，力争覆盖到所有乡镇。继续参与集中连片特困地区扶贫开发，实施“思源·教育移民计划”。举办好 2015（第十七届）中国风险投资论坛和 2015’中国非公有制经济发展论坛。

6. 对外联络。认真贯彻会中央联络工作方针和工作思路，继续办好两岸财经论坛，加强与台湾中南部基层组织和人士的交流；继续加强与港澳工商界人士和专业界人士的交流，积极拓展与香港青年的联系，为促进港澳繁荣稳定做贡献；坚持对外联络工作与参政议政相结合，围绕会中央年度重点调研课题组织出境考察活动。

7. 机关建设。根据国家出台的各项改革措施，建立和完善机关各项管理制度。严格执行财务报销、公务车改革等有关规定。建立健全软件正版化管理的相关制度，进一步提高机关的信息化建设水平。坚持机关学习制度，进一步提高机关干部理论政策水平和文化素养。继续做好选派机关干部到基层挂职锻炼工作。坚持机关各部门联系基层支部制度，促进机关作风转变。

中国民主促进会

凝聚共识　汇聚力量
为“四个全面”做出新贡献
——中国民主促进会第十三届中央常务委员会工作报告

（2015 年 12 月 4 日）

严隽琪

各位委员、各位同志：

我代表中国民主促进会第十三届中央常务委员会，向大会报告工作，请予审议，并请列席的同志提出意见。

2015 年工作回顾

2015 年是我国全面深化改革的关键之年和全面推进依法治国的开局之年，也是“十二五”规划收官、谋划“十三五”规划的重要一年。中共中央从坚持和发展中国特色社会主义全局出发，提出协调推进“四个全面”战略布局，为在新的历史起点上推进党和国家事业的发展提供了理论指导和行动指南；中央统战工作会议的召开和《中国共产党统一战线工作条例（试行）》《关于加强社会主义协商民主建设的意见》的颁发，对多党合作事业的持续发展和参政党在国家政治生活中更好地发挥作用提供了重要保障，也对参政党自身建设和履行职能提出了新的更高要求。

民进全会认真学习贯彻中共十八大、十八届三中、四中、五中全会精神，习近平总书记系列重要讲话和中央统战工作会议精神，落实民进十一大和十三届三中全会提出的各项任务，坚持“有思有行、集智聚力、顺势而为、开拓创新”的工作方针，以坚持和发展中国特色社会主义学习实践活动为主线，引领各项工作；以庆祝民进成立 70 周年系列活动为契机，学习、继承和弘扬我会优良传统；以“为执政党助力、为国家尽责、为人民服务”的高度责任感和使命感，紧紧围绕“四个全面”战略布局，深入调查研究，积极建言献策；把社会服务作为年度工作主题，研究规律、形成合力、提升实效。一年来，全会各项工作取得了显著进展，为中国特色社会主义事业做出了新的贡献。

一、以庆祝民进成立70周年为契机，扎实推进思想建设，进一步巩固全会思想政治基础

凝聚政治共识，巩固全会的道路认同、目标认同和价值观认同，是民进的重大历史使命。开展坚持和发展中国特色社会主义学习实践活动，是我会加强思想建设的重要举措，是各项工作的主线。一年来，会中央结合70周年会庆系列活动，切实加强理论学习和研究，不断深化优良传统教育与传承，提高学习实践活动实效，为进一步推进中国特色社会主义参政党建设奠定了坚实的思想基础。

一是紧密结合形势和工作大局推进政治学习。会中央始终把深入学习贯彻中共十八大、十八届三中、四中、五中全会精神，习近平总书记系列重要讲话和中央统战工作会议精神，作为一项重要政治任务，通过常委会、主席会、班子谈心会等，将集体学习落到实处。领导班子成员严格执行中心组学习制度，积极发挥领学带动作用，坚持有针对性地阐述和正面发声，先后发表《坚持多党合作 服务“四个全面”》《为实现“中国梦”建诤言出实力》《共创多党合作的新局面》等多篇署名文章，并通过讲话、授课、调研座谈等形式，深入地方和基层，指导推动全会政治理论学习。会中央还及时印发学习通知、组织召开全国视频会议、制作专题网页等，系统学习和传达中央统战工作会议精神。全会各级组织以高度的政治自觉开展理论学习，引导广大会员辩证、理性地看待社会转型发展中出现的问题，围绕“四个全面”战略布局，凝聚共识和力量，进一步坚定了对中国特色社会主义的道路自信、理论自信和制度自信。

二是认真组织举办会庆系列活动，大力弘扬我会优良传统并彰显其时代价值。对我会历史的认识，是对民进优良传统的理解，也是今天全会形成政治共识的重要精神资源。一年来，全会各级组织通过庆祝大会、座谈会、文艺演出、成果展、书画作品展、主题征文等形式，有组织、有计划地开展丰富多彩的庆祝活动，进一步增强了坚持接受中国共产党的领导、坚持走中国特色社会主义政治发展道路的信念。会中央通过修订中国民主促进会简史，编辑出版大事记、历史图册、“民进70年情缘”和口述会史资料选辑等，系统梳理和回顾我会成立以来取得的重要成就和宝贵经验，进一步明确了肩负的时代责任。召开马叙伦诞辰130周年和雷洁琼诞辰110周年座谈会，举办雷洁琼纪念展，编印徐伯昕传略，大力宣传民进前辈的家国情怀、高尚的道德风范和人格魅力。广泛开展“民进优良传统的时代价值与继承”理论征文活动，举办专题研讨会，深化对民进优良传统的理解，并激励和引导广大会员把个人与祖国和民族的前途命运紧密联系在一起，以今天的作为弘扬我会的优良传统，使之不断焕发出新的时代意义。

三是强化主线意识，不断总结经验和开拓创新，精心组织实施，统筹推动学习实践活动“接地气、增底气、树正气”。会中央学习实践活动领导小组办公室印发了《民进2015年学习实践活动有关工作安排》，向全会七千多个基层组织发放第二批学习资料，组织召开民进全国学习实践活动经验交流会，积极参加各民主党派学习实践活动中期推动会介绍经验，全会认识进一步提高，思想高度统一。会中央在11个地市级组织建立了学习实践活动第二批联系点，主席班子成员全部参与联系点工作，通过举办一次主题讲座、开展一次座谈交流、参加一次支部生活会等“规定动作”和因地制宜的“自选动作”，丰

富了活动内容和形式，取得了良好效果；学习实践活动办公室还积极统筹机关各部门组成 20 个小组深入地方和基层开展调研。大力推进“我身边的先进”宣讲活动，宣传“伟大出于平凡，先进就在身边”，重点支持和鼓励省级组织自主开展宣讲，目前已有 18 个省级组织以及 60 个地市级组织开展了 110 场各具特色的宣讲活动，参与宣讲的先进会员 300 多人次，形成了“讲先进、学先进”的浓厚氛围。

四是不断深化参政党理论研究，提高理论自觉，促进实际工作。会中央坚持应用理论研究，围绕学习实践活动和工作实践中的问题，通过课题招标，引导地方组织就参政党如何适应“四个全面”提出的新要求、如何发挥政党协商的独特作用、如何加强协商能力建设，以及民主党派内部监督和专委会工作机构建设等重要问题，进行经验分析和规律研究，取得了一批具有较高价值的理论研究成果。通过“民进中央—中央社会主义学院参政党建设理论研究中心”和参与第七届中国政党研究论坛，扩大与会外专家学者的合作和交流。部分省级组织与当地社院、社科机构联合举办理论研讨会，承接当地统战系统或政协系统的研究课题，促进了理论研究水平与工作能力的同步提高。

五是加强会内外新闻宣传，弘扬主旋律、传播正能量，提升我会社会形象。扩大与《求是》《人民日报》《光明日报》《人民政协报》《团结报》和人民网等新闻媒体的合作，加大对我会重大活动、履职亮点、优秀会员、基层组织的宣传力度。据统计，今年在中央级媒体共刊发有关民进的报道和署名文章 930 篇。其中，宣传我会助力公共文化建设、推动乡村教师队伍建设、持续献计长江的保护与发展等履职成果的系列深度报道，产生了良好的社会影响。《民主》杂志围绕我会工作重点，开设“宣讲台”栏目，编印“基层民进”专辑,加强了对先进会员和基层组织的宣传。民进网站积极改进宣传方式,通过“微专题”、会史会章网上学习问答等形式，增强与读者的互动交流。全会各级组织认真办好会刊（报）和网站，不断丰富宣传载体，加强宣传阵地和队伍建设，宣传思想工作水平不断提高。

二、贯彻落实民进全国组织工作会议精神，切实加强人才队伍建设，进一步夯实我会组织基础

加强组织建设，特别是做好高层次人才的发展与储备，为提高履职能力提供有力的组织保障，是我会当前重要而紧迫的任务。一年来，全会贯彻落实民进全国组织工作会议精神，通过加强代表人士队伍建设、不断增强基层组织活力、有效推进机关建设、积极稳妥开展会内监督等工作，我会组织建设科学化水平进一步提升。

加强代表人士队伍建设是今年会中央组织工作的重中之重。一是坚持教育培训力度不减，通过举办两期民进骨干会员培训班，对 29 个省级组织的 116 名骨干会员进行了政治理论、形势政策、会务工作等方面的专题培训；举办两期市县级组织专职副主委、秘书长培训班，实现了对市县级组织专职副主委和秘书长培训的全覆盖，重点提升行政管理和会务工作能力；推荐了 35 名骨干会员参加中央统战部和中央社会主义学院等单位举办的进修班、培训班，部分省级组织负责人和机关部门负责人参加中组部、中央党校的培训、学习等。二是多次举办文化界、出版界、教育界代表人士座谈会和民进十一大部分代表座谈会，加强了与代表人士的联系和互动。三是加强组织管理的信息化水平，全

面升级民进组织管理系统，并首次对省级、省会城市、副省级城市的专职组工干部进行信息化工作培训。四是继续做好各类特约人员的推荐工作，又有3名会员担任了新一届国土资源特邀监察专员。五是指导部分省、市级组织进行届中调整和换届，一批年富力强、政治素质好、德才兼备的中青年骨干会员进入各级领导班子，为2017年的换届工作奠定了良好的基础。

基层组织是联系广大会员的基础。根据我会基层组织实际，会中央制订了2015—2017年增强基层组织活力工作计划，决定在以往工作的基础上，再用三年时间进一步强化基层组织工作，通过推动领导干部下基层、加大学习培训力度、开展支部系列主题活动等，切实推动基层组织建设，增强基层组织活力。会中央领导以身作则，分赴各地调研走访，参加以“讲会史、话传统、学先进、迎会庆”为主题的基层组织生活会，与会员一起追忆民进历史、共话优良传统、畅谈双岗建功、听取意见建议，有效带动了基层组织主题活动的开展。全会基层组织广泛开展了以会章、会史学习，为依法治国和构建现代公共文化服务体系建一言献一策，宣讲我身边的先进等专题活动，增强了会员的参政党意识和履职尽责的使命感。453个先进集体、350名先进个人受到会中央的表彰，进一步增强了全会的凝聚力和活力。

会内监督是参政党在新的历史时期加强自身建设、提高解决自身问题能力的重要探索。会中央就会内监督工作进行调研和专题研讨，进一步明确了中央监督委员会的工作定位，建立了中央监督委员会委员列席中央全会和常委会的工作制度，支持监委会就会中央民主集中制的实行、主题年工作和机关重大事项进行考察并提出意见和建议。根据我会章程，制订了违法会员会内职务中止的办法，规范了工作程序，并继续支持省级组织成立监督委员会。

机关建设是参政党自身建设的重要组成部分，在履行职能和自身建设中发挥着重要的保障和协调作用。一年来，全会各级机关按照“阳光、高效、规范、和谐”的目标，积极适应国家治理体系和治理能力现代化的要求，认真抓制度建设、作风建设和能力建设，不断强化服务理念，提高服务水平。结合开展“三严三实”专题教育，进一步加强和规范机关管理，创新工作机制，形成了一套适合我会机关实际、规范有序的工作规章和管理制度。围绕提高专职干部的履职能力和水平，坚持德才兼备、以德为先、做出实绩的用人导向，健全竞争择优的用人机制，建设素质优良、结构合理的专职干部队伍，注重机关干部平时考核，形成了重学习、重研究的机关氛围。不断推进网络基础设施建设和以组织管理系统、参政议政网上平台、社情民意报送系统、民进新闻客户端为主的应用系统建设，提高了机关工作的信息化水平。

三、切实提升履行参政党职能的能力和水平，为协调推进“四个全面”贡献智慧

“四个全面”战略布局是我会履行参政党基本职能的方向引领。一年来，会中央着眼改革发展大局，围绕国家重大规划的制订、重要战略的实施、重点领域的改革，认真履行参政议政、民主监督、参加中国共产党领导的政治协商的基本职能，为国家发展和社会进步做出了新的贡献。会中央领导参加中共中央、国务院主要领导主持的党外人士座谈会5次，积极建诤言、献实策，并书面向中共中央、国务院领导报送建议书19份。全

国政协十二届三次会议期间，会中央提交党派提案41件，民进组提案11件，其中11件被列为重点提案；提交大会发言5篇，并作《做好“节水优先”这篇大文章》口头发言。向全国政协常委会提交发言4篇，报送社情民意信息402期。

“十三五”时期是全面建成小康社会的决胜阶段。今年，中共中央先后两次围绕“十三五”规划的制订召开党外人士座谈会，会中央提出了重视安全发展、破除跨区域合作的体制机制障碍、推进扶贫攻坚进程、加强生态综合治理、深化教育综合改革、调动中央和地方各级政府积极性、重视农村基层组织建设等一系列建议。围绕经济新常态，提出了改变经济增速表述方法、推进传统产业转型升级、挖掘潜力扩大消费等建议。报送了关于推进国民收入倍增计划、加快科技金融融合、强化规划的法治约束性等多篇社情民意信息。

围绕“一带一路”战略的实施，会中央发动各省级组织就国际贸易合作、生态环境安全、发挥地方优势等问题进行调研，向中共中央提出了强化风险防控能力、加强“沿路”智库建设等建议。联合京津冀民进组织，就三地协同发展中的综合交通、生态建设、能源转型等问题进行研讨，报送了《关于缩小政策落差推动京津冀协同发展的建议》。在我会长期关注长江流域生态建设基础上，今年重点放在长江经济带的生态承载量上，提出了对长江流域水资源的承载能力要有清晰的认识，实施统一调度管理等建议。

文化建设是全面建成小康社会之魂。会中央以“构建现代公共文化服务体系”为今年专题调研课题，在河北、陕西两省实地考察了31个文化项目，涉及六级服务网络，在深入调研和汇集多地民进组织意见建议的基础上，向中共中央报送了《关于在“十三五”期间完善现代公共文化服务体系建设的建议》，并积极与文化部、发改委、财政部等部门座谈、沟通，推动了相关政策的制订和实际问题的解决。在全国政协常委会上，呼吁“以公共文化为助力，让核心价值观在基层扎根落地”；与全国政协文史委员会共同举办双周协商座谈会，为非物质文化遗产的传承与保护建言献策；向中共中央报送了《将故宫博物院建成中华文化高地》的建议书，就故宫发展中的现实问题提出纾困之道。

全面建成小康社会的主要困难在农村，中国教育的短板也在农村。会中央高度关注农村教育，特别是农村教师队伍建设，与中国教育政策研究院合作，向中共中央提出了改善农村教师待遇、进一步完善免费师范生政策的建议；在全国政协十二届三次会议上，作了《让老少边穷岛地区乡村教师“下得去、留得住、教得好”》的口头发言，提交了《代课教师为何禁而不绝》的书面发言，并就调整农村教师编制、加强培训机构建设、推进教师交流轮岗等提交了党派提案，推动了国务院《乡村教师支持计划（2015—2020）》的出台。会中央举办的“2015·中国教师发展论坛”，以助推乡村好教师建设为主题进行深入研讨，推动了计划的实施。同时，在调查研究的基础上，还提出了发展民办教育、加强职业教育、优化义务教育资源配置、化解高中学校债务等建议。

坚持做诤友、讲真话，认真履行民主监督职能。在全面推进依法治国的开局之年，会中央主动为《教育法》《教师法》等教育领域法律的修订建言；在最高人民法院、最高人民检察院召开的座谈会上，指出在推进司法机关省级统管和审判委员会改革中，配套制度设计不明确、地方改革空间不足的问题，提出了破解过渡期难题的相关建议；指出公安执法规范化的必要性，提出加快公安工作法治化进程等。对全面深化改革过程中国家方针政策的贯彻执行情况提出意见，如针对中小学教职工编制标准导致农村教师“标准上超编，现实中不足”的现象，指出现行编制核算方式存在问题，并就改革编制测算方法提出建议。围绕把从严治党落到实处，就树立正确的权力观、完善监督体系、将反腐败引向深入、加强基层党建等提出意见。

集智聚力是提高我会参政议政能力和水平行之有效的途径。会中央在履职中进一步加强了与各地方组织、各专门委员会和各种合作平台之间的互动联动，通过参政议政年会、专题座谈会和战略务虚会等多种形式，以及发挥网上参政议政平台时效强、资源广、易共享的特点，汲取丰富的活水源泉，形成高质量的成果。在今年专题调研过程中，坚持以问题为导向，召开了25次座谈会，组织16个省级组织参与调研或自主调研，与北京大学、首都师范大学联合进行社会调查，发放调查问卷5000余份，收到调研报告和统计分析32份，有效提高了调研的深度和水平。

四、以社会服务为年度工作主题，为促进和谐社会建设做出新贡献

社会服务是中国特色社会主义参政党社会责任的体现方式，是会员了解国情民意的具体渠道，也是参政党加强自身建设的有效途径。为推动社会服务主题年工作，会中央组成调研组，实地考察对口帮扶点、企业家联谊会和地方开明画院，广泛听取一线会员和专职干部的意见，了解全会社会服务工作现状。召开民进社会服务工作研讨会和民进全国副省级城市社会服务工作专题会，邀请相关专家学者、骨干会员和专职干部等，就新形势下参政党社会服务工作进行专题研讨。召开民进全国社会服务工作会议，提高思想认识，总结交流经验，表彰全会社会服务工作先进集体、先进个人和优秀成果，制订并下发《民进中央关于加强和完善社会服务工作的意见》。通过主题年工作，深化对参政党社会服务工作意义的认识，增进社会服务政治性、公益性、组织性和实效性共识，改进社会服务工作的体制机制，在增加会员参与度、提高服务实效、扩大民进社会影响方面取得了明显成效。

坚持推进以教育帮扶为主的“同心·彩虹行动”。会中央组织专家赴贵州省毕节市和黔西南州考察调研，进一步了解当地需求，并整合会内资源、推动优势互补，提升支边扶贫工作实效。举办了2015年美术教师暑期培训班、新疆少数民族校长培训班，并依托专业机构对金沙县教师进行远程培训，组织医卫界会员赴金沙和安龙开展医疗帮扶；各地方组织也纷纷通过举办西部教师培训班、组织讲师团赴金沙讲学、建设“开明书屋”、资助贫困女生接受职业教育等多种形式，服务当地发展，全年培训教师2349人次，培训医务人员1050人次。紧密结合我会的文化特色与地方需求，积极拓展“同心·彩虹行动”，组织部分书画、摄影界会员深入黔西南州，用笔墨和镜头宣传贵州的秀美河山、风土人情；在安龙县中小学开展“传统书画进校园”和“摄影文化进校园”活动；组织文化界会员赴金沙举办文艺演出，还就毕节留守儿童问题进行调研并提出意见建议。

倡导“服务就在身边，人人可以参与”的理念，会中央与各地组织上下联动，积极探索民进各级组织、特别是广大基层会员参与社会服务的多样方式。如春节期间的“春联万家”活动，组织书画界会员走进社区、乡村，共举办活动250场，书写春联7万余副，参与群众近8万人次；在全会发动“书香彩虹”公益活动，广大会员积极参与，慷慨解囊，

共为金沙县捐赠图书 103 万册。各级组织和广大会员积极参与抗灾救灾、扶危济困、助学助教、文艺慰问、送医送教等微公益活动，取得良好效果。据不完全统计，今年全会各级组织开展社会公益活动 1100 多场。

加强对企业界会员的服务和引导，召开民进企业家参与“一带一路”建设研讨会暨 2015 年民进企业家联谊会联席会议，举办 2015 年民进企业家培训班，帮助他们学习形势和中国特色社会主义理论，增强社会责任感。加强开明画院自身建设，组织书画界会员开展采风和文化交流公益活动，支持各地画院开展文化进社区、进校园活动，搭建地方画院进京展示的平台。开明慈善基金会通过全国性社会组织评估委员会审议，专项基金增至 8 个，公信力和社会影响力得到进一步提升。

五、积极开展海外联谊工作，服务祖国和平统一大业

发挥特色优势，开展港澳台同胞和海外侨胞的联谊工作。会中央进一步加强了与台湾基础教育界和文化界人士的交往，海外联谊工作有新拓展。“2015・海峡两岸中华传统文化与现代化研讨会”，邀请来自海峡两岸以及香港基础教育界的 70 多位校长和专家学者，以中华传统文化与现代学校教育为题开展研讨和交流。同时组织赴台教育考察交流团，对中华传统文化教育进行考察，与台湾北部、南部和东部基础教育界校长和教师进行广泛的交流和座谈，拓展了人脉联系，增进了相互了解。在京举办“两岸学者共话・社会学”论坛，邀请两岸社会学界知名学者围绕“社会学与社会变迁”，进行高层次学术对话，共同探寻中国在变革中的社会发展进步之路，增进同胞情谊，开启了两岸社会学界持续合作的新机制。接待台湾大学生中华文化研习营、台湾青年创业赴京参访团等台湾团组和人士来访，积极搭建平台，向台湾青年介绍大陆情况，沟通信息，增进“两岸一家亲”的骨肉情谊，宣传“和平统一、一国两制”的理论和方针政策。把海外联谊与参政议政相结合，就推动两岸关系和平发展向中共中央报送了 3 份建议书，向全国政协报送 6 件信息。会中央机关还组团赴捷克、匈牙利、印度尼西亚、新加坡等国家，就“公共文化服务体系建设”和“教育科研创新问题”进行考察，丰富了我会调研的方式和内容。

各位委员、各位同志：

一年来，我会各项工作取得了新的成绩，积累了宝贵的经验。这是在中共中央的领导下，全会各级组织和广大会员团结奋斗、共同努力的结果。在此，我谨代表中央常委会，向大家表示衷心的感谢！

我们也清醒地认识到，与新形势、新任务的要求和广大会员的期待相比，我们的工作中还存在着需要改进和加强的地方：要进一步提高对凝聚人心重要性的认识，进一步完善有关工作方法；履职的能力和水平与会内外的要求相比还有差距；各级领导班子和机关的工作制度需要继续完善，纪律作风建设需要继续加强；社会转型给组织建设带来的挑战和机遇需要深入研究；人才队伍建设还需强化，专职干部的服务意识和服务能力需要进一步提高，等等。我们要高度重视存在的问题，认真学习、思考和分析，切实改进工作，希望各位委员提出意见和建议。

2016 年工作部署

我国全面建成小康社会已经进入决胜阶段，发展仍处于可以大有作为的重要战略机遇期，但也面临着多重矛盾叠加、风险隐患增多的严峻挑战，机遇与风险并存。全会必须进一步认清形势、坚定信心，增强参政党责任意识。2016 年我会工作的总体要求是：以中国特色社会主义理论体系为指导，学习贯彻中共十八大、十八届三中、四中、五中全会精神，习近平总书记系列重要讲话和中央统战工作会议精神，认真落实民进十一大提出的各项任务，以坚持和发展中国特色社会主义学习实践活动为主线，以参政议政为年度工作主题，积极务实地持续提高履职能力和水平，加强中国特色社会主义参政党建设，为协调推进“四个全面”凝心聚力，做出新的贡献。

一、学习贯彻中共十八届五中全会精神，深入推进坚持和发展中国特色社会主义学习实践活动

中共十八届五中全会是在我国即将完成“十二五”规划、进入全面建成小康社会决胜阶段召开的重要会议。会议审议通过的《中共中央关于制订国民经济和社会发展第十三个五年规划的建议》，为未来 5 年国家的发展确定目标和基调，具有很强的思想性、战略性、前瞻性、指导性，是动员全国各族人民夺取全面建成小康社会伟大胜利的纲领性文件。我会要把学习贯彻中共十八届五中全会精神作为当前和今后一个时期重要的政治任务，准确把握战略机遇期内涵的深刻变化，进一步凝聚全会的共识，巩固道路、目标和价值观认同，在创新、协调、绿色、开放、共享的发展理念指导下，选好建言献策的着力点，更好履行参政党职能，为“十三五”规划的制订和实施贡献智慧和力量。

深入开展坚持和发展中国特色社会主义学习实践活动，仍然是贯穿我会各项工作的主线。全会要把学习贯彻中共十八届五中全会、中央统战工作会议精神、《加强人民政协协商民主建设的实施意见》，和中共中央致民进成立 70 周年的贺词，作为学习实践活动的重要内容，紧紧围绕坚持和发展中国特色社会主义的主题，牢牢把握坚定政治立场、凝聚政治共识的出发点，适应“十三五”时期形势任务的变化，使学习实践活动接地气、入人心、有实效。学习实践活动主线在参政议政年度工作主题中的体现，就是在履行参政党职能中必须明确中国特色社会主义事业亲历者、实践者、维护者和捍卫者的角色定位，坚持正确的政治立场，把履职的实践过程作为促进理论学习、了解国情世情、提高“三个认同”的过程，从而进一步增强全会“为执政党助力、为国家尽责、为人民服务”的责任感和使命感。要扩大学习实践活动联系点的覆盖面，继续推进“我身边的先进”宣讲活动，持续开展优良传统教育，坚持理论研究的问题导向，贴近时代、贴近会员，把学习实践活动不断引向深入。

二、做好换届筹备工作，提高组织建设科学化水平

明年是会中央和省级组织换届筹备的关键年，也是市县级组织换届的关键年。会

中央将深入调研，制订相关文件，全面启动换届筹备工作。全会各级组织要高度重视，讲政治规矩、讲立德为先、讲立会为公，营造风清气正的换届氛围。各级主要领导要切实担负起培养后备干部的政治责任，提前谋划，完善制度，狠抓落实，建立后备干部和骨干队伍名单，加强动态管理，积极推荐优秀会员担任政府实职和有关社会职务。领导班子是学习实践活动的带头人，要以贯彻民主集中制和坚持下基层为重点推进班子制度建设，切实加强作风建设。要认真研究新时期代表人士成长规律和工作状态，努力拓宽代表人士的成长平台，进一步健全培训体系，会中央将举办骨干会员、中青年会员、基层组织负责人培训班，分界别召开民办教育、科技、新阶层、文化艺术等代表人士座谈会，各省级组织也要结合本地实际制订工作方案，积极推进代表人士队伍建设。加强对基层组织建设的指导与支持,鼓励基层组织紧密结合“十三五”规划的实施,开展“我为全面建成小康社会建一言献一策”或“我为扶贫建一言献一策”主题活动，推出一批工作扎实、成绩突出、会员公认的先进基层组织典型，为基层树标杆、作样板，用基层经验推动基层工作。稳步推进会内监督，探索建立会中央和省级组织监督委员会联系机制，召开省级组织会内监督工作交流会，并把对换届工作的监督作为下一阶段会内监督工作的重点，确保换届工作阳光规范有序。要以提高能力和改进作风为重点推进机关建设，完善规章制度，加强文化建设，提高专职干部的服务意识和工作水平，努力建设“阳光、高效、规范、和谐”的高素质参政党机关。

三、以参政议政为年度工作主题，切实提升履职能力和水平

参政议政是明年我会的年度工作主题，要准确把握经济新常态的阶段性特征，围绕“四个全面”战略布局和“十三五”规划的实施,就全面建成小康社会中的扶贫问题、“一带一路”建设、长江经济带建设、教育领域综合改革、文化强国、生态文明建设、社会治理能力等方面，扎实深入地开展调查研究，提出真知灼见。完善和发挥好参政议政平台作用,与相关方面协作办好“长江保护与发展论坛”和“中国教师发展论坛”，重视成果的挖掘与提高利用率。不断提高协商能力和水平，在参与政党协商、政协协商等各种协商活动中，积极议政，高质量地建言，提升民主监督实效。关注社情民意，进一步拓展信息渠道，收集和反映广大会员和所联系群众的意见建议，提高信息质量。

要以加强参政议政能力建设为重点，进一步增强履职的责任感，深化对新时期参政议政工作规律的认识，争取在人才队伍建设、完善集智聚力机制等方面有新突破。加快建立全会参政议政人才库，着力发展有参政议政能力和参政议政愿望的人才，鼓励会员“双岗建功”，在专职岗位工作和民进参政议政工作中发现结合点，探索可共享资源和相得益彰的工作方法，发挥好专委会的作用，搭建多种可参与履职的平台，形成全会合力参政议政的良好氛围，进一步增强民进组织的凝聚力。加强会内各级组织纵向的上下联动和片区、各专委会之间的横向合作。把加强学习型参政议政专职干部队伍建设作为提高我会参政议政能力的基础性工作，加强培训和实践锻炼，提升专职干部自身的素质和服务团结代表人士的能力。要进一步完善包容开放的合作机制，善于吸引利用会外资源，互利共赢，扩大力量。

四、贯彻落实民进全国社会服务工作会议精神，推动社会服务工作取得新成效

贯彻落实《民进中央关于加强和完善社会服务工作的意见》精神，体现政治性、公益性、组织性和实效性，从坚持和完善中国共产党领导的多党合作和政治协商制度的大局出发，在社会服务中兼顾重点品牌项目与扩大会员参与面、兼顾中央加强指导与发挥地方和基层组织主动性、兼顾具体的直接服务与全局的建言献策、兼顾继承传统与创新方式、兼顾智力体力与资金的参与，鼓励和引导广大会员根据自身实际，用力所能及的方式积极参与社会服务活动，聚集促进社会和谐、服务“四个全面”的正能量。以“同心助学”项目为重点推进“同心·彩虹行动”，鼓励和支持地方组织开展对贵州金沙县的教育帮扶，做好安龙县定点扶贫，力所能及地开展对新疆等少数民族地区的帮扶工作。以温暖民心、增进和谐为微公益工作主题，鼓励会员发挥专长，服务和谐社会建设。加强民进企业家联谊会、开明画院、开明慈善基金会自身建设，逐步形成各平台互相支持的工作网络；积极服务民进新阶层会员，举办民办教育工作座谈会和民进企业家培训班，召开 2016 年民进企业家联谊会联席会议。

五、开展海外联谊，为促进祖国和平统一做贡献

紧紧围绕两岸关系和平发展主题，充分发挥我会特色优势，加强同港澳台同胞和海外侨胞的联谊，服务祖国和平统一大业。举办“2016·海峡两岸中华传统文化与现代化研讨会”、海峡两岸诗酒文化活动和“海峡两岸暨港澳地区基础教育交流活动”，进一步加强与台港澳地区文化界和基础教育界的交往；分别与北京大学和台湾政治大学主办第二届“两岸学者共话”世界史论坛和社会学论坛，通过深度学术交流，加深两岸学界的互信与友谊。加强同台湾有关团体的交流往来，努力打造两岸同胞和海外侨胞交流的信息平台，增强交流实效。将对台工作与参政议政相结合，积极为推动两岸关系和平发展建言献策。

各位委员，各位同志：

到 2020 年全面建成小康社会，是中华民族伟大复兴征程上的里程碑。多党合作任重道远，参政党使命艰巨而光荣。让我们紧密团结在以习近平同志为总书记的中共中央周围，求真务实，开拓创新，为实现“两个一百年”奋斗目标和中华民族伟大复兴的中国梦做出新的更大贡献！

学习贯彻五中全会精神　为十三五规划献计出力

——在民进十三届四中全会闭幕式上的讲话

（2015 年 12 月 6 日）

严隽琪

各位委员、各位同志：

在大家的共同努力下，民进十三届四中全会完成了各项议程，就要闭幕了。这次会

议学习贯彻中共十八大和十八届三中、四中、五中全会精神，中央统战工作会议精神和习近平总书记系列重要讲话精神；听取、审议并批准了中国民主促进会第十三届中央常务委员会工作报告；决定王佐书同志不再担任中央委员会副主席、常务委员、委员职务，增补了冯志刚、贡森、汪涵、沈开举、赵士林、赵秀玲、徐丽桥等7位中央委员；听取了民进中央监督委员会工作情况报告。会议期间，我们还成功举办了庆祝民进成立70周年大会及有关活动，中共中央政治局委员、中央统战部部长孙春兰同志莅临庆祝大会并代表中共中央致贺词，高度评价我会在中国革命、建设和改革事业中所做出的贡献，并对我会今后的工作提出了希望，让我们深受鼓舞。各位委员还交流了学习中共十八届五中全会和中央统战工作会议精神的心得体会，对民进中央的工作提出了很好的意见和建议。会议开得务实高效，起到了统一思想、提高认识、凝聚共识、鼓舞干劲的作用。

下面，我就落实本次会议的精神谈三点意见。

一、学习贯彻中共十八届五中全会精神

中共十八届五中全会通过的《中共中央关于制订国民经济和社会发展第十三个五年规划的建议》(下文简称《建议》)，明确提出“十三五”规划的指导思想、基本原则、目标要求、基本理念、重大举措，描绘了未来5年国家发展蓝图，是动员全国各族人民夺取全面建成小康社会伟大胜利的纲领性文件，对于坚持和发展中国特色社会主义，实现中华民族伟大复兴的中国梦，具有重大的现实意义和深远的历史意义。深入学习贯彻中共十八届五中全会精神，是我会当前和今后一个时期的重要政治任务。

加强学习，领会精神实质。特别是领导班子成员要从自己做起，带动各级组织和广大会员学好五中全会精神，认识经济发展新常态这个阶段性特征，提高对“创新、协调、绿色、开放、共享”的发展理念的认识，这是中共中央关于发展理论的升华与创新，对我国发展的全局、对深化改革具有重大意义，全会要以这个理念来指导我们的实践。要将学习贯彻五中全会精神与学习习近平总书记系列重要讲话精神相结合，与我会正在开展的坚持和发展中国特色社会主义学习实践活动相结合，与民进的各项工作相结合，进一步凝聚共识，夯实中国特色社会主义参政党的思想政治基础，坚定在中国共产党领导下，实现全面建成小康社会目标的必胜信念。同时要用学习成果指导履职实践，与中国共产党通力合作，为实施十三五规划、实现中华民族伟大复兴的中国梦的宏伟目标积极贡献力量，这是民进的历史使命和政治责任。《建议》出台过程中，中共中央非常重视听取各民主党派中央、全国工商联和无党派代表人士的意见建议，现在规划纲要的编制工作正在进行中，我们要把学习贯彻中共十八届五中全会精神成果转化到我们为“十三五”规划的实施献计出力的实际行动中去。

二、推动学习实践活动取得新实效

坚持和发展中国特色社会主义学习实践活动是贯穿本届民进中央委员会工作的一条主线。两年来，全会在实践中不断加深认识、形成共识、积极推进，抓住领导干部这个关键少数、结合民进特点和各地实际、坚持问题导向，取得了阶段性成果。10月中旬，在中央统战部举行的学习实践活动经验交流和推动会上，俞正声主席提出三个“更加注

重”，即更加注重增加政治共识，更加注重开拓创新，更加注重扩大影响、提高实效。我们要以这“三个更加注重”来推动下阶段学习实践活动深入开展。

一是与时俱进。将学习贯彻中共十八届五中全会和中央统战工作会议精神、学习中共中央对民进成立70周年所致贺词以及本次民进中央全会的决定，作为新阶段开展学习实践活动的重要内容。党派成员是党的统战工作对象，而党派干部同时又肩负着党的统战任务。要认真学习贯彻中央统战工作会议和《中国共产党统一战线工作条例（试行）》，特别是习近平总书记在会上的重要讲话精神。对统战工作的地位作用、基本方针、关键难点、工作方法和大格局等进一步深化认识。按照正确处理一致性和多样性关系这一统一战线的工作方针，在承认多样性、宽容多样性的基础上去发展和巩固一致性，这是知不易、行更不易的要求。需要有坚持政治原则的定力、有包容差异的自信和责任担当，还要有交真心朋友的真诚态度与本领方法。我们要以凝聚人心、汇聚力量为根本任务，以坚持接受中国共产党的领导、坚持和发展中国特色社会主义为要求，多做加深了解、增进感情、以理服人的工作，不断巩固民进全会的“三个认同”。

二是推动年度工作主题与主线的紧密结合，不断拓展学习实践活动的平台与形式。会中央每年都会确定一个年度工作主题，把学习实践活动主线与年度工作主题紧密结合，这是学习实践活动的内在要求，也可以有效解决学习实践活动平台少、形式单一等问题。2015年我会在社会服务主题年工作中、在迎接70年会庆过程中，与学习实践活动主线紧密结合，取得很好效果。明年也要让参政议政成为体现民进学习实践活动的实践特色的一个重要载体。民主党派参政议政的意义有两方面，一方面固然是促进党和国家决策的科学化、民主化，另一方面也是促进我们的自身建设。参政议政的过程就是学习中国特色社会主义理论、深入了解国情世情、体现中国特色社会主义事业维护者的政治立场的过程，由此进一步激发“为执政党助力、为国家尽责、为人民服务”的责任心和使命感。

三是将主线与加强自身建设、营造风清气正的换届氛围紧密结合。民进各级领导班子的换届工作即将拉开帷幕，换届工作是对民进现任各级领导集体思想政治水平、组织领导能力和立会为公价值观的考验，是对学习实践活动的一种检验。换届不单纯是人事的交替，更是思想立场的政治交接，关系到多党合作事业的巩固发展，也是传承弘扬民进优良传统、全面加强自身建设的过程。全会各级组织要高度重视换届的各项工作，讲政治规矩、讲立德为先，营造风清气正的换届氛围。特别是各级领导班子成员一定要从自身做起，摆正个人利益和全局利益、个人需要与事业需要的关系，带头杜绝一切“非组织行为”和不负责任的言论。领导班子尤其是一把手和组织部门，要及时掌握思想动态，加强与有关方面的沟通，力争把思想工作做细、做透、做实、做及时。希望通过这次换届，把民进的组织建设推上一个新台阶。

三、认真筹划明年的主题年工作，积极履行参政党职能

要继续坚持“有思有行、集智聚力、顺势而为、开拓创新”的工作方针，围绕协同推进“四个全面”的大局，以“创新、协调、绿色、开放、共享”的发展理念为指导，发挥好民进的自身优势和特色，瞄准经济社会发展中的重要问题和涉及群众切身利益的关键问题，提高深入调查研究的本领，力争建睿智之言、献务实之策，使学习实践活动的效果切实

体现到履职能力的提升上。

明年是参政议政主题年，希望通过主题年的工作，进一步加强参政议政能力建设。体现在思想上进一步增强履行参政党职能的责任感，体现在深化对新时期参政议政工作的规律性认识，体现在加强人才队伍建设和完善体制机制等方面有所突破。

《中共中央关于加强社会主义协商民主建设的意见》以及《加强人民政协协商民主建设的实施意见》，让民主党派受到鼓舞的同时，也确确实实感到“本领恐慌”。我们的“集智聚力”意识要进一步加强，机制要进一步改善，调研要进一步深入，发现问题和找到其症结所在的能力要进一步提高。总之，我们要有政治的定力，要有做诤友讲真话的责任担当，要有建关键之言献务实之策的本领。参政议政主题要发挥带动全会各项工作的作用，不是单兵独进。比如，组织发展要将参政议政工作所需要的人才作为发展的首要重点，把参政议政能力作为发现人才、发展人才的衡量标准，把干部和后备干部放在参政议政工作中进行锻炼和培养，把参政议政的成绩作为民进向中共党委、人大、政府、政协及社会其他方面推荐人才的重要依据。又比如，在社会服务的实践中，要注重对当地社情民意的收集和整理，注重对服务项目实施意见建议的吸纳，注重对项目效果的反馈与评估，通过由表及里、由局部想全局，在行动中有思考，使社会服务成为参政议政的源头活水。全会要把提高履行能力，作为建设中国特色社会主义参政党的一个永远在路上的任务，在工作中把握规律性、富于创造性。

各位委员、各位同志：

希望大家回去后，及时向各级组织和全体会员传达本次会议精神，努力在全会形成思想上的共识，行动上的合力，提高我会的各项能力，为完成明年各项工作任务，为实现全面建成小康社会宏伟目标做出新的贡献。

谢谢大家！

中国民主促进会第十三届中央委员会
第四次全体会议决议

（2015 年 12 月 6 日民进十三届四中全会通过）

中国民主促进会第十三届中央委员会第四次全体会议，于 2015 年 12 月 4 日至 6 日在北京举行。会议认真学习贯彻中共十八届五中全会和中央统战工作会议精神，学习贯彻中共中央致民进成立 70 周年庆祝大会的贺辞，听取和审议了严隽琪主席代表中央常务委员会所作的《凝聚共识　汇聚力量　为“四个全面”做出新贡献》的工作报告。会议认为，工作报告对 2015 年的工作总结实事求是，对 2016 年的工作部署切实可行，会议同意这个报告。会议听取了中央监督委员会工作情况报告，通过了人事事项。

会议认为，中共十八届五中全会是在我国全面建成小康社会进入决胜阶段召开的一次重要会议，《中共中央关于制订国民经济和社会发展第十三个五年规划的建议》，是动员全国各族人民夺取全面建成小康社会伟大胜利的纲领性文件；中央统战工作会议和《中国共产党统一战线工作条例（试行）》为统一战线工作提供了根本遵循和行动指南，具有里程碑意义。我会要把学习贯彻中共十八届五中全会和中央统战工作会议精神作为当前和今后一个时期重要的政治任务，把思想和行动统一到中共中央的重大决策部署上来，进一步坚定信心，凝聚共识，切实担负起中国特色社会主义参政党的政治责任。

会议充分肯定中央常务委员会的工作。一致认为，在过去一年中，我会坚持“有思有行、集智聚力、顺势而为、开拓创新”的工作方针，认真落实民进十一大和十三届三中全会部署的工作任务，以坚持和发展中国特色社会主义学习实践活动为主线，以庆祝民进成立70周年为契机，继承和弘扬我会优良传统，不断巩固对中国特色社会主义道路的认同、对全面建成小康社会目标的认同和对社会主义核心价值观的认同，切实加强自身建设；紧紧围绕“四个全面”战略布局，积极履行参政议政、民主监督、参加中国共产党领导的政治协商的基本职能；以社会服务为年度工作主题，参与和谐社会建设，各项工作都取得了新的成绩。

会议强调，在新的一年里，我会必须深刻认识并准确把握国内外形势新变化新特点，坚持以中国特色社会主义理论体系为指导，认真学习贯彻中共十八大和十八届三中、四中、五中全会精神，习近平总书记系列重要讲话精神和中央统战工作会议精神，深入推进坚持和发展中国特色社会主义学习实践活动，加强中国特色社会主义参政党建设，以参政议政为年度工作主题，围绕“四个全面”战略布局和“十三五”规划的制订与实施，在创新、协调、绿色、开放、共享的发展理念指导下，认真开展调查研究，积极建言献策，提高履职能力和水平，努力为全面建成小康社会贡献智慧和力量。

会议号召，我会各级组织和广大会员紧密团结在以习近平同志为总书记的中共中央周围，求真务实，开拓创新，为实现“两个一百年”奋斗目标和中华民族伟大复兴的中国梦做出更大贡献！

弘扬传统　坚定信念　为中华民族伟大复兴谱写新篇章

——严隽琪在庆祝中国民主促进会成立七十周年大会上的讲话

各位来宾、同志们、朋友们：

今天，我们在这里隆重集会，庆祝中国民主促进会成立70周年。首先，我谨代表民进中央向莅临大会的中共中央政治局委员、中央统战部部长孙春兰同志，全国人大常委会副委员长、民建中央主席陈昌智同志和各位来宾、朋友们表示热烈欢迎和衷心感谢！向全体民进会员致以诚挚的问候！

70年前，抗日战争胜利以后的中华民族面临两种前途、两种命运的抉择。以马叙伦、王绍鏊为代表的一批文化界和工商界知识分子，忧国忧民，以发扬民主精神，推进中国民主政治之实践为宗旨，于1945年12月30日在上海发起成立了中国民主促进会。民进成立后，相继提出了立即结束一党专政，还政于民，立即停止内战，保障人民自由权利等政治主张，积极投身反独裁、争民主，反内战、争和平的爱国民主运动，经受了严酷斗争的锤炼和考验。

1946 年 6 月 23 日，民进参与发起并组织在上海北火车站的十万群众反内战大会，欢送以马叙伦为团长的上海人民和平代表团赴南京请愿，请愿团在下关车站被国民党特务暴徒围攻殴打，马叙伦、雷洁琼身受重伤，全国震惊。事件发生后，周恩来立即赶到医院看望，毛泽东、朱德从延安致电慰问并对国民党当局严重抗议。“下关事件”教育了广大人民，推动了国民党统治区爱国民主运动的新高潮，它是“血写的路标”，昭示只有共产党才能救中国。1948 年 4 月 30 日中共发布“五一口号”，民进发表宣言，坚决拥护和响应，公开自觉地接受中国共产党领导。新中国成立前后，民进积极参加了新政协的筹备和《共同纲领》的制订，参与中央人民政府的组建，为新中国的诞生做出了历史性贡献。

在建设新中国的征程上，在中国共产党“长期共存、互相监督、肝胆相照、荣辱与共”的方针下，中国民主促进会也进入了新的发展阶段。特别是进入改革开放新时期，民进围绕经济建设中心和改革发展稳定的大局，认真履行参政党职能，高度关注文化教育出版领域的改革和发展，如倡议设立教师节、推进民办教育学会的成立等；同时就建设资源节约型和环境友好型社会、星火科技西进与生态富民工程、民族地区发展等重大问题调查研究，建言献策。民进各级组织和广大会员，发挥专业优势，开展智力扶贫、“六个西进”等社会服务工作。为科教兴国、西部大开发、振兴东北等老工业基地、促进中部崛起等国家战略的实施，发挥了积极的作用。

民进十大以来，我们继承和弘扬民进优良传统，坚持开展系列中国特色社会主义主题教育活动，不断丰富政治交接内涵，进一步巩固全会的“道路认同、目标认同和价值观认同”，制订了“有思有行、集智聚力、顺势而为、开拓创新”的工作方针，努力建设高素质的中国特色社会主义参政党。以“为执政党助力、为国家尽责、为人民服务”的使命感，既坚持“以新作为巩固老阵地”，大力呼吁教育均衡发展、支持民办教育和加强职业教育，建言教育立法，呼吁实施文化强国战略等；同时坚持“在顺势中开拓新领域”，围绕经济转型、反腐倡廉、社会建设、国别研究、科技创新、区域发展和生态文明建设等问题深入调查研究，积极提出意见建议。在社会服务中努力打造“同心・彩虹行动”品牌，多方式开展智力支边扶贫等公益活动，促进社会和谐。在遇到非典袭击、汶川地震等特大自然灾害时，民进各级组织和广大会员和全国人民同舟共济，守望相助。在国家统一、民族复兴的伟大事业中，民进发挥自身优势，积极开展海峡两岸和海外文化交流活动，凝结友谊、增进共识。

今天的民进已从成立之初的 40 多人发展成 14 万 8 千余人的参政党，会员遍布在全国 29 个省、自治区、直辖市的教育、文化艺术、新闻出版、科技、经济、医药卫生等领域。民进队伍中有德高望重的老一辈代表人士，又不断增加着优秀的新生力量。一代代民进人脚踏实地，薪火相传，共同写就了民进的光荣历史。

值此庆祝民进成立 70 周年之际，我们怀着深厚的感情，向领导多党合作事业的中国共产党致以崇高的敬意！向长期以来关心、支持民进工作的各级党政部门、各兄弟党派、有关团体及社会各界的朋友们表示诚挚的谢意！向所有为民进事业付出心血的老一辈领导人和老同志表示由衷的敬意！此时此刻，我们深切缅怀为民进的创立和发展做出卓越贡献的已故民进领导人及老前辈，他们的贡献将永载史册！

以史为鉴，民进在长期实践中逐渐形成、丰富和发展的“坚持接受中国共产党的领导，坚持爱国、民主、团结、求实，坚持立会为公”的优良传统弥足珍贵，民进全会要倍加珍惜，自觉弘扬，努力实践，不断赋予其新的时代内涵。

——坚持接受中国共产党的领导

民进的成立是中国共产党帮助和支持的结果。在与国民党独裁统治的斗争中、在追求光明和进步的探索中，民进前辈选择了认同共产党的主张，接受共产党的指导，成为共产党的亲密战友，这种态度和立场伴随他们一生，无论顺境逆境从未改变。70 年民进薪火相传，老一辈正确的历史选择变为新一代自觉的当代选择，形成了民进人“只有跟着共产党走，才是在正道上行”的坚定信念。

历史和现实一再证明，中国共产党是伟大、光荣的马克思主义政党，不断与时俱进、不断理论创新，是中国特色社会主义事业的坚强领导核心。坚持接受中国共产党的领导，是民进沿着正确道路前进的根本保证。我们要坚定不移地在中国共产党领导下走中国特色社会主义政治发展道路。

——坚持爱国、民主、团结、求实

民进 70 年前的成立大会上，马叙伦先生在报告发起该组织的原因和经过时说，纵览目前国是，非促进民主不足以建永固之国基，有组织团体以谋群策群力之必要，取名为民主促进会是要发扬民主精神以促进中国民主政治之实践。并提出“联合各民主党派和旨趣相同的人民团体共同战斗”，促成上海爱国民主力量大联合。民进老前辈坚持始终追求真理、进步和光明，立足中国的国情和形势，经过斗争的考验和理性的思索，找到了推动中国民主政治发展的正确方向，身体力行地树立起民进“知行统一、爱民亲民、淡泊名利、不尚空谈”的“老实党”形象。

在新的历史时期，我们要继承弘扬“爱国、民主、团结、求实”的优良传统，进一步巩固民进“三个认同”，坚持党的领导、人民当家作主、依法治国有机统一，为健全社会主义协商民主制度、推进协商民主广泛多层制度化发展做出应有的贡献；要努力提高合作共事能力，做执政党的挚友和诤友，并加强与兄弟党派的交流与合作，巩固和发展和谐的政党关系，进一步增进民进会内团结，改进集智聚力的体制机制，多做利国惠民之实事。

——坚持立会为公

民进立会为公，既与中华优秀传统文化一脉相承，又具有鲜明的时代特征。1945 年成立之初的民进会章曾规定“本会至国民最高权力机构成立后，由大会宣告结束”。新中国成立后，民进的创始人中有的主动提出不再参加民进领导机构，有的重新去做学术研究。后来在共产党的感召和鼓舞下，1950 年 4 月召开的民进一代大会上，决定“为了巩固和扩大人民民主统一战线，为了提高自己对于人民革命事业的贡献，本会不但不应该结束，而且还要更加努力加强自己的工作。”这是民进前辈超越个人和党派层面，从国家、民族命运出发所做出的庄严政治选择，是进退无私利，去留两“公心”的生动写照。

当前，我国正处在协调推进“四个全面”的重要时期，“十三五”将实现中华民族伟大复兴的第一个百年目标。新时代的民进人要努力为此凝聚改革最大公约数、汇聚发展最大正能量。不忘民进前辈初心，把对民进组织上的归属，化作以国家民族利益为大、以人民大众愿望为重的共识，转化为“参政为民”的实践。始终坚持走正道、扬正气，实实在在谋事创业做人，使我们的所作所为经得起人民和历史的检验。

面向未来，我们必须认清形势和任务，抓住机遇，承担使命。中共十八大以来，以习近平同志为总书记的中共中央总揽全局、科学决策，协调推进“四个全面”，开创了党和国家事业发展的新局面。今年 5 月，中共中央召开了中央统战工作会议，颁布实施《中国共产党统一战线工作条例（试行）》，为统战工作提供了根本遵循和行动指南。不久前中共十八届五中全会明确地提出了“十三五”规划的指导思想、基本原则、目标要求、基本理念、重大举措，描绘了未来 5 年经济、社会和民生等方面的发展蓝图，为党和国家不断开拓发展新境界勾勒了美好新图景。作为统一战线的重要成员，民进必须用深入的思考和实在的行动做出响应，认清新的形势和任务，自觉承担起中国特色社会主义参政党的历史使命。

必须与时俱进地加强自身建设。面对复杂多变的国内外形势和会员结构的变化，我们应学习中国共产党加强党建的决心和创新精神，认真研究参政党建设规律，着力加强全会的思想建设和组织建设，进一步保持民主党派的进步性和广泛性。坚持推动学习实践活动不断取得新实效，在弘扬优良传统中认同政治共识，在加强思想交流中深化政治共识，在参与社会实践中巩固政治共识，广泛团结广大会员和所联系的知识分子，不断增强多党合作的政治定力和制度信心。努力提高政治把握能力、参政议政能力、组织领导能力、合作共事能力和解决自身问题能力。

必须围绕中心，服务大局，切实履行参政党职能。把党派工作放在执政党和国家工作的大局中来思考和谋划，紧紧围绕“四个全面”战略布局，在创新、协调、绿色、开放、共享的发展理念指导下，为破解发展难题，厚植发展优势献计出力。做诤友讲真话要有责任担当、建关键之言献务实之策要有本领素质，要常思不足，继续坚持“有思有行、集智聚力、顺势而为、开拓创新”工作方针，进一步发挥我会优势和特色，在参政议政、民主监督和中国共产党领导的政治协商中做出实实在在的贡献，切实承担起作为中国特色社会主义事业亲历者、实践者、维护者和捍卫者的历史责任。

同志们，朋友们！

民进 70 年的风雨历程与取得的成就已经载入史册，让我们继承和弘扬本会的优良传统，更加紧密地团结在以习近平同志为总书记的中共中央周围，同心同德，不断进取，为实现“两个一百年”奋斗目标和中华民族伟大复兴的中国梦再做新贡献，书写民进光辉历史的新篇章！

凝聚共识，开好两会，做好今年工作

——在民进十三届十次中常会上的讲话

昨天是元宵节，在此给大家拜个晚年，祝愿各位常委、各位同志身体健康、工作顺利、新春快乐！

每年召开四次常委会是沿袭近十年来会中央会议制度的规定，其中一次放在两会期间，更是老传统了，本次会议时间非常有限，需要我们不断改进，提高会议实效。两会期间召开的中常会，主题离不开对民进全会学习贯彻两会精神提要求、做部署。中国特色社会主义的国体和政体决定了两会是我国政治生活中的大事，吸引着全国人民和全世界的目光，所以无论是作为人大代表的民进会员，还是作为政协中界别之一的参政党，我们的组织和会员一定要认真参加会议，在会上发挥好作用，在会后还要宣传好、落实好会议的精神，使得在新的一年里，不断巩固和促进全会的“三个认同”，更好地围绕大局做贡献。

今年年初会中央主席班子开了一个谈心会，取的题目是“势与路”。“势”是指看大局、看形势变化、看发展趋势、看科学规律；“路”是指民进如何定好位、认识自己的责任、走好脚下的路，实实在在地做力所能及的事。“势”与“路”是我们时时要思考的。过去几天中，我们已经听了政协和政府工作的两个重要报告，使我们对今天的中国如何在全球化和多极化的复杂国际背景下争取和平发展的历史机遇、对中国在重大转型关头如何推进国家治理体系和治理能力现代化，有了进一步的体悟，民进的思路和工作必须符合中国特色社会主义参政党的定位，符合客观形势的要求，我们的思想和行动要与中共中央保持高度一致。我结合学习贯彻习近平总书记系列重要讲话精神，就深入推进坚持和发展中国特色社会主义学习实践活动，做好今年工作，谈五点意见。

一、围绕“四个全面”凝聚共识

在前不久闭幕的全国统战部长会议上，孙春兰部长提出“学习实践活动，要在弘扬优良传统中传承政治共识，在加强思想交流中深化政治共识，在参与社会实践中巩固政治共识”。我认为，统一思想、凝聚共识、坚定信念是党派工作不变的主题。中共十八大以来，以习近平同志为总书记的中共中央，从坚持和发展中国特色社会主义全局出发，提出并形成了协调推进全面建成小康社会、全面深化改革、全面推进依法治国、全面从严治党的战略布局。这“四个全面”有机统一，高度凝练了中国特色社会主义发展新阶段的重点任务，集中体现了中国共产党在新的历史条件下治国理政的战略部署，这就是民进全会要紧紧围绕并为之服务的大局。学习贯彻两会精神，是民进开展学习实践活动的新契机，必须引导广大会员辩证理性地看待社会转型发展中的问题，抵御干扰，通过对政治道路和政治制度、文化和情感上的认同，多多激发投身“四个全面”的正能量，增强“三个自信”，保持政治定力。

二、提高政治协商的能力

健全社会主义协商民主制度、发展社会主义协商民主，是中共十八大、十八届三中全会做出的重要部署。习近平总书记在庆祝人民政协成立65周年大会上，对协商民主的本质、属性和基本内涵进行了深刻的阐释，政治协商在中国是有历史根源，又有现实生命力的。《中共中央关于加强社会主义协商民主建设的意见》的发布，在我国社会主义民主政治建设中具有里程碑意义。特别是文件把政党协商列在七类协商形式之首，做出系统、明确的规定，为推动多党合作事业发展提供了重要遵循。

今年2月11日，习近平总书记在同党外人士共迎新春时强调，“要着力推动政党协商深入开展。搞好政党协商，需要中国共产党和各民主党派共同努力。民主党派在提高政党协商水平中担负着重要责任”。作为中国特色社会主义参政党、作为政党协商的主体之一，民进必须努力加强自身建设，提高参加协商的能力、水平和效果。民进必须拥有一大批各方面的参政议政人才，必须不懈地学习和不断地完善集智聚力的体制和机制。今天的时代向参政党提出了繁重的而且涉及多领域的协商任务，一个人的学识水平再高，一时间的突击工作再拼命，终究是有局限性的，作为一个政党，要有做好日常不间断积累的措施和制度的保证，要有“全天候”的汇集各方智慧的协商准备，要使精英的作用和组织集体的作用相得益彰。

今年是全面深化改革、全面推进依法治国关键之年，是“十二五”收官、“十三五”谋划之年，也是贯彻落实加强协商民主《意见》的第一年，全会要围绕全面深化改革、全面推进依法治国和国家“十三五”规划的编制，围绕大调研的主题“构建现代公共文化服务体系”积极调查研究、议政建言，为党和政府决策的科学化、民主化发挥应有作用。

三、社会服务有新作为

社会服务是民进中央提出的2015年度工作主题。民主党派社会服务是一项传统工作，也是一项与时俱进的政治任务和重要职能，又是促进自身建设的有效途径。社会服务怎么开展，始终是与社会转型的大背景息息相通的，与党派的特色和传统密切相关的。

希望今年在社会服务方面有新的探索和进步：一是加强思考，研究新形势下参政党社会服务工作的意义、定位和内在规律，有思才能行得更稳。二是提升实效，包括工作的力度、社会的影响度、会员的参与度，这需要一方面对社会基层的需求更加了解，另一方面自身的工作体制机制更加优化。三是形成合力，任何一项职能都不是“孤岛”，社会服务工作也必然和党派其他的工作相互促进。如社会服务能够为宣传思想工作提供生动的社会实践和丰富的宣传材料，因为帮助他人的过程同时也是净化自己内心的过程；又如社会服务是社会调查和获取社情民意的好机会，通过由表及里、由局部想全局，在行动中有思考，就可以成为参政议政的源头活水；再如社会服务工作中可以团结各界公益力量，锻炼组织能力、发现优秀人才，加强基层组织活力，等等。工作主题不是一个职能部门的事情，所有部门都要参加，要在其中找到自己的定位，要为社会服务主题做贡献，同时也为自己部门的工作找到新的力量和资源。

因为各地组织所处的环境、拥有的资源、基础的积累都不同，开展社会服务的组织方法、活动内容形式、规模程度等方面一定是不尽相同的，但民进社会服务工作的政治性、公益性和以智力为主的特点是共同的。民进社会服务主题年在开春已有两台成功的大戏，都是民进中央和各地民进组织协同联动的，一项是“书香彩虹”公益活动，不到2个月的时间里，全会动员，共捐赠图书近100万册；另一项是开明画院和书画界会员出了大力的“迎新春、送春联——书画家进社区活动”。第一项活动覆盖了所有省级组织，第二项活动有27个省级组织参加，这两项活动较好地体现了会中央提倡的“服务就在身边，人人可以参与”的微公益理念。我们不搞数字攀比，提倡爱心重在有无，但中央与地方的联动确实是参政党提高素质和能力的必由之路，是需要常委们、干部们多花力气的。今天借此机会，要对各级组织和各位同志的积极参与表示衷心的感谢。

四、加强基层工作

去年底的中央全会上，有列席的代表提意见，说民进的工作不仅要有精英参政，还要有广大会员的参与，这呼声值得重视。因为一项事业，只有当你参与其中了，才会获得深切的感受，才会产生主人翁的责任感，自然地成为这项事业的维护者，而不是停留在一个旁观者或一个清谈者的角色，所以我们的事业是需要大家共同参与的。对全会14万多会员来讲，基层组织活动应该是大家可以就近参与的平台，在这里为基层支部活动建议三个题目，希望各位常委和各地民进组织高度重视、做好发动与组织工作，并直接参与其中。一个题目是庆祝民进成立70周年，提倡开展学习会章、学习会史的支部活动，引导推动基层组织和广大会员广泛参与会庆活动。另一个题目是继续开展好“我身边的先进”宣讲活动。讲好民进故事，既可讲大故事、也可讲小故事，既可讲事情、也可讲人物，既可讲历史老故事、也可讲今天新故事。再一个题目是“我为公共文化服务体系建设进一言”，这是今年会中央的大调研题目，公共文化服务与每个人的感受有关。会中央机关为支持基层组织活动，已开展了送会史资料等工作，主席班子成员也要参加基层支部生活，会中央学习实践活动办公室有新部署，希望形成氛围，产生实效。

在今春机关部门工作研讨会上，有个意见转达一下，就是希望大家关心民进中央的网站，使其真正发挥传递正能量、交流经验和信息的作用。还有《民主》杂志去年开展了“树新风，走基层”活动，他们克服人手少、经费短缺的实际困难，专门开辟“基层”专栏重点反映基层组织的做法和经验。网站和《民主》杂志也是中央为基层服务的重要载体，希望大家支持，多投好的稿件，大家的关心是对网站和杂志工作人员最大的肯定和激励。

五、中常委要严于律己

全面推进依法治国、全面从严治党，其实也是对参政党的纪律制度和干部的道德作风提出了严要求。习近平总书记在省部级主要领导干部专题研讨班上发表重要讲话，指出：“领导干部要把对法治的尊崇、对法律的敬畏转化成思维方式和行为方式，做到在法治之下、而不是法治之外、更不是法治之上想问题、作决策、办事情”。各位常委必须深刻领会其深意，民主党派绝不是“法外之地”，我们要“敬畏”“尊崇”“学习”“遵守”“运用”的有国法、有会章，以及通过民主集中制决定的各项会内制度和纪律。常委要带头加强对会章的学习，依法依章办事，不能图一己的方便、一时的成效而把章程、规矩、纪律、制度抛在一边；程序、制度和纪律是权力的“笼子”，也是组织成立的必要约束。习总书记说“一个干部能力有高低，但在遵纪守法上必须过硬，这个不能有差别”，我认为这应该是现阶段民主党派会内监督的重点，是民主党派讲民主的体现。2015年，各民主党派要进行届中调整，尤其需要讲政治、讲规矩、讲团结，确保调整工作平稳有序进行，常委们有责任在遵纪守法、树立良好会风上以身作则，在加强自身修养上以身作则。

各位常委，希望大家集中精力继续开好两会，保持好会风，展现民进的风采。会后带头认真学习贯彻两会精神。最后祝大家羊年吉祥！昨天是元宵节,在此给大家拜个晚年,祝愿各位常委、各位同志身体健康、工作顺利、新春快乐！

民进中央关于学习贯彻十二届全国人大三次会议和全国政协十二届三次会议精神的通知

进中发〔2015〕13号

民进各省、自治区、直辖市委员会：

十二届全国人大三次会议和全国政协十二届三次会议，是在我国协调推进全面建成小康社会、全面深化改革、全面依法治国、全面从严治党背景下召开的重要会议。会议深入学习贯彻中共十八大和十八届三中、四中全会精神，深入贯彻落实习近平总书记系列重要讲话精神，围绕“四个全面”战略布局，聚焦改革发展稳定重大问题，集智聚力建言献策，是一次民主团结、求实奋进、鼓舞人心的盛会。民进赞成和拥护两会通过的各项决议和决定。

2015年是全面深化改革关键之年、全面推进依法治国开局之年、全面完成“十二五”规划收官之年。学习贯彻两会精神,对于我会深刻理解和积极服务“四个全面”战略布局，落实民进十三届三中全会工作部署，切实履行中国特色社会主义参政党职能，扎实做好全年工作具有重要意义。各级组织要高度重视、精心组织，做好学习贯彻两会精神的各项工作。

一、深刻领会“四个全面”战略布局的重大意义，切实提高思想认识

中共十八大以来，以习近平同志为总书记的中共中央从坚持和发展中国特色社会主义全局出发，提出了协调推进“四个全面”的战略布局，确立了新形势下党和国家各项工作的战略方向、重点领域、主攻目标。“四个全面”相辅相成、相互促进、相得益彰，是中国共产党治国理政方略与时俱进的新创造，是马克思主义与中国实践相结合的新飞跃。民进全会要深入学习贯彻两会精神，深刻领会“四个全面”的精神实质、辩证关系和丰富内涵，更加自觉地把思想和行动统一到中共中央重大决策部署和两会精神上来，增强走中国特色社会主义政治发展道路的信心与决心。

二、紧密围绕两会提出的目标和任务，积极履行参政党职能

两会围绕协调推进“四个全面”战略布局，提出了2015年工作的总体要求，明确了经济社会发展的目标任务。民进全会要紧密围绕落实两会提出的目标任务和“十三五”规划纲要的制订,深入学习领会《中共中央关于加强社会主义协商民主建设的意见》精神，全面履行参政党职能。要主动适应经济发展新常态，深入调查研究，进一步完善集智聚力机制，提高认识和分析问题的能力，反映社情民意，建诤言、献良策，积极服务社会。不断增强为执政党助力、为国家尽责、为人民服务的责任心和使命感，在政党协商中和为推进协商民主广泛多层制度化发展做贡献。

三、深入开展坚持和发展中国特色社会主义学习实践活动，不断加强自身建设

深入开展坚持和发展中国特色社会主义学习实践活动，是当前和今后一个时期贯穿民进全会各项工作的主线，要坚持围绕坚持和发展中国特色社会主义这一主题，进一步深化对中国特色社会主义参政党性质、定位、作用的认识，不断巩固全会的“三个认同”。要把学习贯彻两会精神作为学习实践活动的重要内容，以庆祝我会成立70周年为契机，讲好民进故事，发好民进声音，继承和弘扬民进优良传统，不断加强参政党自身建设，增强接受中国共产党领导的自觉性和坚定性，为巩固和发展和谐政党关系，发挥中国特色社会主义政党制度优势提供坚实保障。

民进中央号召全会各级组织和广大会员，更加紧密地团结在以习近平同志为总书记的中共中央周围，团结奋进，扎实工作，开拓创新，以履行职能和自身建设的优异成绩，迎接民进成立70周年，为实现“两个一百年”奋斗目标、实现中华民族伟大复兴中国梦而努力奋斗！

中国民主促进会中央委员会
2015年3月15日

学习贯彻中央统战工作会议精神　扎实做好下半年民进各项工作

——在民进十三届十一次中常会闭幕式上的讲话

2015年6月12日·杭州

各位常委，各位同志：

在大家的共同努力下，民进十三届十一次中常会完成了各项预定议程。会议认真学习了中央统战工作会议精神；审议通过了《民进中央关于学习贯彻中央统战工作会议精神的通知（草案）》和《民进中央关于加强和完善社会服务工作的意见（征求意见稿）》；听取了朱永新副主席关于民进中央2015年上半年工作情况的报告；常委们交流了学习心得、工作情况和对有关问题的思考。会议闭幕后，我们还将听取财政部原副部长、亚投行多边临时秘书处秘书长金立群的专题报告。希望会议能够对各位常委提高对形势任务的认识、进一步巩固政治共识和对于推进下阶段工作，发挥切实作用。

下面，谈三点意见。

一、认真学习贯彻中央统战工作会议精神

在推进“四个全面”战略布局、实现“两个一百年”奋斗目标的关键阶段，中共中央立足新的历史方位，时隔9年后召开中央统战工作会议，颁布了《中国共产党统一战线工作条例（试行）》，具有重要而深远的意义。

习近平总书记在会议上的重要讲话从党和国家事业发展的全局出发，分析了我国发展的内外环境所发生的深刻变化（三个多样——“所有制形式更加多样，社会阶层更加

多样，社会思想观念更加多样”），深刻阐述了为什么中国共产党在力量弱小时需要统一战线，到了力量强大、长期执政还需要统一战线，为什么搞革命需要统一战线，到了建设时期、改革时期还需要统一战线。习近平总书记从国家长治久安的战略高度，通过深刻剖析中外政治制度实践中正反两方面的经验教训，强调治国理政必须“立治有体，施治有序”，多党合作和政治协商制度是中国特色社会主义制度的一个鲜明特色，是我国政治格局稳定的重要制度保障，澄清了关于多党合作制度的模糊和错误认识。这些重要论述对于增强多党合作的政治定力和制度信心具有深远的指导意义。

《中国共产党统一战线工作条例（试行）》明确了统一战线服务“四个全面”战略布局的方向原则，丰富了统一战线的基础理论，体现了党关于统一战线的重要方针政策。《条例》依据中共中央颁发的1989年14号文件、2005年5号文件和2015年3号文件，以及多年统战工作实践，将民主党派的基本职能完善为“参政议政、民主监督、参加中国共产党领导的政治协商”，并针对多党合作发挥作用机制不够健全的问题，就支持民主党派履行职能的内容、程序、形式等作了进一步规范。这些理论政策，必将进一步推动多党合作事业健康发展，为新形势下统一战线事业的发展提供坚强的政治保障、组织保障和法治保障，具有里程碑意义。

这次会议解决了制约多党合作事业发展的一些重点难点问题。《条例》吸收了民主党派反映的不少建议，例如，针对民主党派基层组织建设的困难，提出要协调解决机构、编制、经费、办公场所、干部交流和挂职锻炼等问题；又如，对党外代表人士队伍培养、使用、管理作了明确规定。这些具体规定为多党合作事业创新发展和参政党在国家政治生活中更好地发挥作用提供了重要保障。

此次会议和《条例》为多党合作事业带来了难得的发展机遇，对多党合作事业长远发展具有至关重要的意义。

中央统战工作会议和《条例》对我们今后的工作既创造了有利的条件，也提出了更高要求，希望我会各级组织和全体会员把思想和行动统一到会议精神上来，认真学习、深刻领会，并贯彻落实到我们的各项工作中去。

二、不断巩固共同思想政治基础

当前，国际国内形势日益复杂多变，意识形态领域存在特殊的复杂性多变性，凝心聚力责任重大。意识形态领域的斗争是长期的、复杂的，对此我们要有清醒的认识，绝不能掉以轻心、麻痹大意。各级领导干部要敢于负责、敢于担当、敢于发声，不给错误思想观点提供传播渠道。要高度重视网络安全问题。

我国处于推进“四个全面”的关键时期，全球秩序处在多极化的复杂变化时期，外部不确定因素增加。国内改革开放进入了攻坚克难的新阶段，经济结构转型升级面临极大挑战，经济下行压力仍然较大，长期积累的深层次矛盾凸现。加快改革开放步伐所遇到的阻碍既有来自利益分配的原因，还有来自思想观念的原因。特别是意识形态领域的问题复杂且尖锐，一些别有用心的人故意攻击我国的政治制度和政党制度。习近平总书记讲话中提到的“三个多样”是中共中央谋划统战工作的基本依据，同时也对多党合作事业提出了新的任务和要求。民进作为中国特色社会主义参政党，必须时刻保持清醒头脑和制度自信，继续突出学习实践活动“主线”，在坚持什么、提倡什么、防止什么、反对什么上牢守政治底线，不为外力所摇摆。

改革开放后成长的新一代已经成为民主党派成员的主体，他们的独立性、差异性明显增强，有知识、有专业，也有个性，喜欢独立思考，具有批判精神。这次中央统战工作会议提出必须正确把握一致性和多样性、原则性和灵活性的关系，要提高新形势下领导意识形态工作的能力和水平。既坚定不移又讲究方法，既理直气壮又循循善诱，多做主动接触、加深了解、增进感情、以理服人的工作，特别是要重点掌握代表人士在重大原则问题上的政治立场和态度。越是内外形势变化大，越要做好广大会员的思想政治工作，防止思想上的对立演变为行动上的对立。最大限度地坚定信心，争取人心，凝聚共识，汇聚力量，更好地服务党和国家的中心工作，这应当是民主党派的历史使命。

我们要继续深化学习实践活动。今年会中央学习实践活动办公室确定了 11 个市级组织作为第二批联系点，主席班子成员全都参与联系点工作，结合到地方和基层的调研，围绕学习实践活动举行讲座、与会员座谈交流学习体会，不仅基层反响很好，下基层的同志也深受教育和触动。8 月份，会中央将召开民进学习实践活动经验交流会，希望大家早做准备。民进各级组织和广大会员要将学习贯彻中央统战工作会议精神与学习实践活动相结合，进一步丰富活动内容、创新活动形式、提升活动效果，各位常委要带头学习。要密切关注意识形态领域斗争、关注舆论动态，积极发出正面的声音，增强政治敏感性、鉴别力，不断巩固思想基础。最近中央统战部将要开展党派成员思想状态问卷调查，范围比较大，希望民进各级组织配合落实好。

今年是民进成立 70 周年，中央号召全会各级组织广泛开展“讲会史、话传统、学先进、迎会庆”活动，回顾民主党派与中国共产党风雨同舟的光辉历程，更从内心深处认同我们和中国共产党的亲密友党关系和中国特色社会主义制度。固然会中央在策划一系列有声势的庆祝活动，但是，在搞活动的时候一定要牢记出发点是继承和弘扬民进的光荣传统，学习先辈的优良品格，坚持接受中国共产党的领导并与党真诚合作；把个人的事业与祖国和民族的前途命运紧密联系起来，为党、为国家、为人民做出实实在在的贡献，不断推进“三个认同”，增强“三个自信”，使多党合作的政治共识、民进的优良传统薪火相传。这其实是“体”和“魂”的关系。另外，会庆不能仅仅成为中央少数人的活动，应该是每个会员参与的庆祝活动，所以我们大力提倡每个基层支部开展与迎会庆有关的支部生活。我今年已参加了几个基层支部的活动，这些活动结合当地组织的成立、当地民进的历史、当地会员的奉献，其教育效果远远超过形式上的念文件、讲套话。希望主席班子成员继续争取多参加几次基层活动，也希望各位常委、各省级的领导班子成员都能下去参加基层生活。

三、扎实做好民进各项工作

一方面是加强自身建设。习近平总书记提出，“要支持民主党派加强思想、组织、制度特别是领导班子建设，提高政治把握能力、参政议政能力、组织领导能力、合作共事能力、解决自身问题能力”。这既是对中共各级党委的要求，也是民主党派自身建设的方向。

当前，加强后备干部队伍建设，特别是高层次人才储备，是民进重要而紧迫的任务。这次《条例》对党外人士培养使用做出了许多具体规定，关键是要发展培养一批堪当其任的人才。我们有责任克服各种困难，探索有效办法，加强对优秀干部、年轻干部的理论培训和实践锻炼，培养一支数量充足、能力突出、政治素质过硬、年龄梯次合理的人才队伍。今年年底，民进中央将进行届中调整，2017 年将迎来新一轮中央和省级换届，各级组织领导班子特别是一把手，要早作谋划，争取主动。如果没有政治坚定、业绩突出、群众认可的接班人，一把手要负第一责任。

另一方面要下大力气加强基层组织建设。我从老主席手里接过接力棒的时候，代表大会对会中央提出两个要求，一是加强理论研究，一是加强基层组织建设，这两个要求我时刻不敢忘记。对于加强基层组织建设，这一届主席班子是有共识的，采取了很多措施。今年，会中央在去年组织工作主题年的基础上，制订了“2015—2017 年增强基层组织活力系列活动计划”，通过领导干部下基层参加支部生活、加大学习培训力度、开展主题支部生活，增强基层工作经验交流，加大对基层活动的指导与帮助，增强组织的凝聚力和学习效果。上半年，会中央领导班子分赴各地参加支部组织生活，我们感到广大会员对组织很热爱，有深厚感情，也有殷切期待，这是对领导干部极大的激励。各地基层组织在实践中也创造了许多宝贵经验。例如，结合会庆活动和基层组织的创立，讲会史、学传统；通过开展社会服务工作，弘扬社会主义核心价值观，增强组织凝聚力；通过宣讲身边的先进，激发正能量；通过建言献策，体现在国家政治生活中的参与感。所以，希望各位常委安排好时间，每年至少参加一次基层支部活动，共同推动基层组织建设更扎实、更有效。

这次中央统战工作会议新提出了“民主党派要提高解决自身问题的能力”，我感到首先要有认识问题的能力，才能解决问题。“三严三实”是共产党内开展的专题教育活动，同样也是对党派干部的要求。作风建设是攻坚战，也是持久战，要自上而下严格要求。我们不能做手电筒，只对别人提要求，应该要从自身做起。中常委是会中央领导集体重要成员，要加强自身修养，严格要求自己。因为一般来说，由下对上的批评是不容易的，所以更需要我们自律，能清醒地“求诸己”，认识自己的问题。任何人都需要有他律，他律就是各项规章制度、就是民主集中、就是监督批评。全会各级组织要积极探索会内监督的有效方法，促进我们提高发现认识自身问题、解决自身问题能力。

另一方面是积极履行职能。“四个全面”是当前党和国家工作的大局，也是民进工作围绕的中心。我们要为“政治、经济、社会、文化、生态五位一体”发展，为经济发展方式转变，为“十三五”规划编制，为推进一带一路、京津冀协同发展、长江经济带建设“三大战略”等工作，集智聚力，深入调研，提出建议，在参政议政、民主监督和中国共产党领导的政治协商中做出实实在在的贡献。

社会服务是今年的年度工作主题，通过刚刚闭幕的民进全国社会服务工作会议，以及昨天中常会开幕式上，与会同志围绕《民进中央关于加强和完善社会服务工作意见》的讨论，大家对参政党开展社会服务的必要性和基本原则，在思想认识上进一步达成了一致。下半年全会要按照社会服务工作会议精神，按照会中央即将下达的《意见》，进一步推动工作。在社会服务工作中要更加努力做好统筹兼顾的文章，即兼顾重点品牌项目与扩大会员参与面，兼顾中央加强指导与发挥地方组织基层组织主动性，兼顾局部的直接服务与全局的建言献策；兼顾继承与创新，兼顾献智、出力与出钱。

本次会议首次特邀各省专职副主委列席，下午将专门召开省专职副主委座谈会，以促进下半年有关工作的落实。

各位常委，各位同志：

希望大家将本次中常会精神带回去，结合形势和当地情况，学习贯彻好中央统战工作会议精神，把学习实践活动继续推向深入，扎实做好民进各项工作，以更加优异的成绩庆祝民进成立 70 周年。

谢谢！

深入推进学习实践活动　迎接党的十八届五中全会召开
——在民进十三届十二次中常会闭幕式上的讲话

各位常委，各位同志：

本次常委会的主题是学习习近平总书记系列重要讲话精神和提前部署学习贯彻中共十八届五中全会精神；推动学习实践活动的进一步深入和为“四个全面”“十三五”规划建言的工作。会议研究了 2016 年专题调研选题，审议通过了《民进中央关于“2016 年民进参政议政工作主题年”方案》，并书面听取了民进中央 2015 年部分议政建言工作情况和庆祝民进成立 70 周年各专项活动筹备情况的汇报。会议邀请国家发改委规划司负责人作了关于“十三五”规划的专题报告。会议开得很好，对于我会进一步认清形势和任务、凝聚共识和力量、确保完成今年目标任务和谋划明年工作具有重要意义。我的闭幕讲话一是结合中央统战工作会议精神，谈谈对形势和要求的认识；二是对下阶段工作的部署；三是对大家的交流发言作简单总结。

今年 8 月，会中央召开了民进全会学习实践活动经验交流会，会上各地方组织开展学习实践活动的情况进行了较全面的交流。开展学习实践活动两年多来，阶段总结十分必要，以五句话来归纳前阶段的学习实践活动。第一句是“不忘初心”。这句话可以解释为从历史的角度，坚持政治立场的传承；也可以解释为开展学习实践活动中，不要重了形式而忘了根本的目的。为什么要搞学习实践活动？以什么来衡量学习实践活动的成效？实际上就是坚持政治交接，凝聚政治共识，作为一个参政党，作为每个参政党成员，都有一个立场的选择，都有一个价值观的体现。第二句话是着力抓住领导干部这个“关键少数”。各级领导班子要带头学习，带头下基层，接触会员群众，带头谈自己的体会。“关键少数”要接地气，大家都高度认可这种做法。第三句话是结合“民进特点”。尤其是今年以迎接民进 70 周年会庆为契机，全会开展了“讲会史、话传统、学先进、迎会庆”主题活动，使得人人都有话说，都说民进的话，各地方组织的活动有声有色。民进特点还表现在“我身边的先进”学习践行社会主义核心价值观宣讲活动中，伟大出于平凡，先进就在身边，以身边的榜样为示范，激发“讲先进、学先进”的正能量，有效地使学习实践活动和民进的工作、民进会员的思想和表现紧密结合起来。第四句话是鼓励各地按照当地实际情况“自主开展”活动。中央做好引导和带头，同时鼓励各地自主自为，因为各地实际情况不尽相同，会中央不可能把规定动作限制的那么刻板，确定原则后，鼓励各地按照本地实际情况开展工作，更能行之有效。第五句话是“问题导向”。会中央学习实践活动办公室展开了问卷调查，了解会员思想状况，力图在活动中有的放矢。如我听到一些反映，会内有一批年纪比较轻的新阶层会员，他们感到缺乏组织的关注，基本游离在组织活动之外。如何对待这群会员？需要认真研究。这说明展学习实践活动需要进一步与实际工作相结合和加强参政党理论研究。

学习实践活动需要进一步增强主线意识。与时俱进，顺势而为，紧扣形势和任务，不断丰富学习实践活动内涵，正是两年多来在学习实践活动中得到的重要经验。下面就如何迎接中共十八届五中全会的召开，以“三个更加”的要求推动下阶段学习实践活动深入开展，谈三方面意见。

一是将学习实践活动与学习贯彻中央统战工作会议和学习贯彻中共十八届五中全会精神紧密结合，进一步凝聚共识。

10 月中旬，中央统战部举行了中央统战工作会议精神研讨班暨学习实践活动经验交流和推动会，中共中央高度重视，俞正声主席两次到会并作重要讲话，孙春兰部长作开班讲话，各民主党派主席班子成员全部参加了研讨。几天的研讨使我们从时势国情、从统战的历史沿革、理论定位等高度着眼、大局着眼，使我们对统战工作的地位作用、基本方针、关键难点、工作方法和大格局部署深化了认识。我们再次感受到中国共产党是一个生生不息的充满活力的党，不断与时俱进、不断理论创新，所以在建党和执政多年以后，依然在领导如此庞大的国家、众多的人数，处理如此复杂的国情，实现如此艰巨的转型任务中，表现出理论的清醒和执政力的坚强，领导核心舍她其谁！正确处理一致性和多样性的关系是统一战线的工作方针。我们作为党派成员，是党的统战工作的对象；作为党派干部，又同时肩负着党的统战任务。在社会阶层更加多样化的今天，多样性是客观的、绝对的存在，统战工作就是在承认多样性和宽容多样性的基础上去发展和巩固一致性。如何处理好一致性和多样性的关系，这是一个知不易、行更不易的题目，需要有坚持政治原则的定力、有能够包容多样性的自信、有责任担当的勇气、还要有交真心朋友的真诚态度和本领方法。在中国共产党的领导下，不断争取人心是民主党派的一大历史使命。学习贯彻中央统战工作会议和《中国共产党统一战线工作条例（试行）》精神，就要按照俞正声主席提出的三个“更加注重”，即更加注重增加政治共识，更加注重开拓创新，更加注重扩大影响、提高实效。把学习实践活动继续引向深入，就是增强在政治原则上的一致性，即在民进全会加强“三个认同”，既讲原则又讲方法，既讲形式又讲实效、既讲继承又讲创新。

二是将学习实践活动与履行参政党职能紧密结合。

中共十八届五中全会即将召开，会议召开后，会中央将及时组织中心学习组进行集体学习，也将下发有关学习的通知。全会各级组织要组织好学习，把思想和行动统一到中共十八届五中全会精神上来，不断增强全面建成小康社会的使命感和责任感，为“十三五”规划的制订和实施献智出力。民主党派参政议政的意义有两方面，一方面是促进党和国家决策的科学化民主化，避免一党专制、独断专行，也防止无序的多党竞争。另一方面，在参政议政履职过程中，参政党同时在学习中国特色社会主义理论，在深入了解国家的情况和世界的形势，这也是加强全会“三个认同”的过程。这两方面的意义同样重要，我们履职既要讲结果也要讲过程，要让会员们有广泛参与的机会。

中央统战工作会议将政党协商放在七种协商形式之首，让民主党派受到鼓舞，同时确确实实感到了“本领的恐慌”。参政党人数有限、又以兼职为主，这使我们在“集智聚力”的思想认识和体制机制上受到很大挑战。执政党的理论创新体现了他的活力和执政力，参政党也有理论问题，要找到规律性，才能实事求是、扬长避短，这是参政党的活力和灵魂所在。“双岗建功”是民主党派必须要抓住研究的规律性问题，双岗建功不能简单理解为兼职的会员在专业岗位上或在会务中建功，而是需要进一步研究如何找到双岗建功的结合点，在专业岗位上建功与会务工作相得益彰、共享资源。

我们需要更多既有参政议政能力，又有参政议政愿望的人才，这是参政党组织建设的重大任务。现在政党协商质量不高的情况多有发生，我们在集智聚力的思想认识上、在扩大团结性的态度和机制上，还有很多改进的余地。在一定的客观条件约束下，要努力做好调研工作，使调研不走过场、不浮在表面、不片面，听得进不同意见，尽可能多一些翔实分析，这对我们的科学研究精神、发现问题和找到其症结所在的能力素质是很大的挑战。中国知识分子有着“天下兴亡、匹夫有责”的爱国传统，我们要加以继承，并转化为在新时代建言献策的责任感，献良策讲真话。开展学习实践活动是一个提升参政议政愿望的过程，又是加强参政议政能力的过程。

最大的政治就是人心向背。民进应当如何做？谈谈对“三个力”的思考。一是会内要加强“凝聚力”。会内有领导班子成员、代表人士、广大会员和机关干部，如何使大家都凝聚在一起？我们要万分珍惜广大会员对民进组织的热爱之情，这是历史的积淀，领导干部今天的作为到了明天就成为历史。历史的评价更重于当下的评价，背后的口碑更真于当面的评价，这两句话与大家共勉。二是对社会资源要有“吸引力”。今年会中央在文化调研中邀请了两位国家级的公共文化服务领域的会外专家参加，这两位专家给我们极大帮助，同时他们也因为看到民进的踏实作风，了解到民主党派政治地位，从而主动要求继续与民进合作。民进的参政议政渠道、立会为公的精神境界、深入调研的决心和能力都是形成“吸引力”的要素。民进中央近年来探索与会外合作建立的中国教育政策研究院、上海社科院合作中心、清华政治经济研究中心等平台，吸引了各方非民进会员，使他们的研究成果为民进所用，这个方向值得坚持。民进各级领导班子成员和机关专职人员，一定要对民进之友以诚相待、敞开胸怀、宽容尊重，让社会资源乐意为民进所用。三是“开发力”，让已有资源发挥更大作用，让各种人才都能人尽其用，需要在体制机制上继续探索改进。

如何找准调研的切入点，是明年参政议政工作开局的紧迫问题。本次会议对于以扶贫作为大调研领域取得一致的同意，会后需要再聚焦。如何选择切入点？可能是对现实问题的拾遗补缺、拉长短板的；可能是方向纠偏、避免南辕北辙和把握失度；可能是揭露表里不一、上下不一的；可能是超前的预测；等等。这种选择考验着参政党的能力和工作积累。

很感谢大家在发言中提出一些关于调研题目的意见，涉及文化自信和文明素质、金融改革、民生改善、医改顶层设计、创新转型、信息化、城镇化，等等。大家提出的这些问题都很重要，会中央在以后的工作中将认真考虑，希望依靠集体力量，把工作做的更扎实。

三是将学习实践活动与讲“三严三实”、讲政治规矩、讲立德为先、讲立会为公，营造风清气正的换届氛围紧密结合。

民进各级领导班子的换届工作即将拉开帷幕。换届是对民进现任领导集体思想政治水平、组织领导能力的考验，也是对学习实践活动成果的考验，更是对“立会为公”宗旨的考验。希望大家高度重视，从自身做起。

换届不单纯是人事的交替，更是思想立场的政治交接，关系到多党合作事业的巩固发展，同时也是传承弘扬民进优良传统、全面加强自身建设的过程。这中间总会出现三种人事情况，或退或进或留，不论面对哪一种情况，都要摆正个人利益和全局利益、个人需要与工作需要的关系。对于要退的老同志而言，只要还在位，工作就不能懈怠，要尽力给接任者提供好的工作基础。对于所有在位的干部，要清醒地认识到自己今天的位置、享受的待遇和权力是“公器”，使用“公器”要戒私心，要“慎独”，严格要求自己的言行。同时要从自身做起，带头杜绝一切“非组织行为”，“非组织行为”对所有同志都是个“一票否决”的严重问题。一定要通过组织途径发布消息，决策前在正常的征求意见场合要负责任地发表意见，决策后不要因为与己见不合就随便发牢骚讲怪话透消息卖人情。各位常委中的省级组织主委，还要带头做好班子成员的工作，及时准确掌握思想动态，加强沟通，力争把思想工作做细、做透、做实。希望通过这次换届，改善我们的队伍管理，把我们的组织建设推上一个新台阶，特别是代表人士队伍和后备干部队伍的建设迈上新台阶。

要贯彻好民主集中制，不搞“一言堂”，稳步推进会内监督，确保换届工作更加阳光规范有效。通过数年探索，对于会内监督的内容，比较一致的主张是把重点放在会内事务上，如会内钱物的来源与使用、人事的安排、以及会内制度的执行、会风会纪的好坏等。希望换届工作可以作为监督委员会下阶段工作的重点。

请大家将本次中常会的精神和决定带回去，结合当地实际，及时安排部署各级组织和广大会员学习贯彻。让我们以昂扬的精神风貌和优良的工作成绩，迎接中共十八届五中全会和民进十三届四中全会的召开，迎接民进成立 70 周年庆祝大会的召开。

民进中央关于学习贯彻中共十八届五中全会精神的通知

进中发〔2015〕45 号

民进各省、自治区、直辖市委员会：

中共十八届五中全会是在我国即将完成“十二五”规划，进入全面建成小康社会决胜阶段召开的一次重要会议。全会高举中国特色社会主义伟大旗帜，以马克思列宁主义、毛泽东思想、邓小平理论、“三个代表”重要思想、科学发展观为指导，深入贯彻习近平总书记系列重要讲话精神，审议通过了《中共中央关于制订国民经济和社会发展第十三个五年规划的建议》(以下简称《建议》)。民进中央对会议通过的《建议》和决定表示完全赞同和拥护。民进各级组织要把深入学习贯彻中共十八届五中全会精神作为当前和今后一个时期的重要政治任务，高度重视、精心组织，做好学习贯彻会议精神的各项工作。

一、充分认识中共十八届五中全会的重大意义，把思想和行动统一到会议精神上来

科学制订“十三五”规划，对于如期实现全面建成小康社会奋斗目标、推动经济社会持续健康发展具有重大指导意义。中共十八届五中全会深入分析“十三五”时期我国发展环境的基本特征，明确提出今后五年发展的指导思想、遵循原则和目标要求，审议通过的《建议》是实现全面建成小康社会的纲领性文件。民进全会要引导广大会员深刻领会中共十八届五中全会的精神实质，准确把握战略机遇期内涵的深刻变化，清醒认识各种风险和挑战，进一步认清形势，坚定信心，切实把思想和行动统一到中共十八届五中全会精神上来，为协调推进“四个全面”战略布局，完成全面建成小康社会的战略任务凝心聚力。

二、紧密围绕“十三五”时期的目标任务，切实履行参政党职能

中共十八届五中全会提出，实现“十三五”时期发展目标，破解发展难题，厚植发展优势，必须牢固树立并切实贯彻创新、协调、绿色、开放、共享的发展理念。这是关系我国发展全局的一场深刻变革，为当前和今后一个时期民进履行参政党职能指明了方向。民进全会要增强为执政党助力、为国家尽责、为人民服务的责任心和使命感，深刻认识发展的重大现实意义和深远历史意义，自觉将服务发展贯穿于履行参政党职能的全过程。要发挥自身特色和优势，完善集智聚力工作机制，围绕“十三五”时期的目标任务，针对经济社会发展重大问题和涉及群众切身利益问题，深入开展专题调研，建睿智之言、献务实之策，为推进改革发展、维护社会和谐稳定做出积极贡献。

三、深入开展坚持和发展中国特色社会主义学习实践活动，不断加强自身建设

深入开展坚持和发展中国特色社会主义学习实践活动，是贯穿民进全会各项工作的主线，民进全会要把学习贯彻中共十八届五中全会精神作为学习实践活动的重要内容，紧紧围绕坚持和发展中国特色社会主义的主题，牢牢把握坚定政治立场、凝聚政治共识的出发点，适应“十三五”时期形势任务的变化，更加注重开拓创新，更加注重扩大影响，更加注重提高实效。要把学习实践活动和庆祝民进成立70周年紧密结合起来，继承和弘扬民进优良传统，引导广大会员在为全面建成小康社会做贡献的过程中，增强接受中国共产党领导的自觉性和坚定性，不断巩固全会的道路认同、目标认同、价值认同。

民进中央号召全会各级组织和广大会员，更加紧密地团结在以习近平同志为总书记的中共中央周围，在中共十八届五中全会精神指引下，坚定信心、凝聚共识，艰苦奋斗、扎实工作，为夺取全面建成小康社会决胜阶段的伟大胜利、实现中华民族伟大复兴的中

国梦而奋斗！

中国民主促进会中央委员会
2015 年 11 月 4 日

民进中央关于进一步加强组织建设的意见

（民进十三届八次中常会审议通过）

当前，我国正处在推进“四个全面”战略布局、实现“两个一百年”奋斗目标的关键时期。新的形势、新的任务，对参政党自身建设和履行职能提出了更高的要求。组织建设是民进自身建设的重要内容，是提高履职能力和水平的基础和保障。建设中国特色社会主义参政党，迫切需要全面加强组织建设，提高组织建设的科学化水平。为此，提出如下意见：

一、指导思想和总体目标

（一）指导思想。以中国特色社会主义理论体系为指导，学习贯彻中共十八大精神、中央统战工作会议精神，切实落实民进十一大做出的工作部署，以坚持和发展中国特色社会主义学习实践活动为主线，巩固组织建设主题年的成果，推动组织建设各项工作再上新水平。

（二）总体目标。为建设符合时代要求的高素质参政党奠定更加坚实的组织基础。增强参政党意识，紧密结合思想建设，增强道路认同、目标认同和价值认同，提高对中国特色社会主义参政党性质和使命的认识；实施“人才强会”战略，全面推进领导班子、代表人士和后备干部、机关干部队伍建设；提高组织发展质量，优化人才结构，提升整体素质；加强基层组织建设，增强基层组织活力和凝聚力。

二、着力加强各级领导班子建设

（三）重视加强学习和提高能力。坚持和完善中心组学习制度，建立健全各级组织领导班子的学习制度，推进学习型参政党建设，打牢履职尽责的理论基础，提高政治把握能力、参政议政能力、组织领导能力、合作共事能力、解决自身问题能力，坚定正确的政治立场，不断巩固共同的思想政治基础。

（四）加强以民主集中制为核心的制度建设。坚持以《中国民主促进会章程》为准则、以贯彻民主集中制为重点，推进领导制度建设，健全各级领导班子集体领导和个人分工相结合的领导体制，完善各级领导班子议事决策的制度、机制和规则，严格按照民主程序和决策程序办事，不断提高民主决策、科学决策水平。

（五）加强作风建设。认真贯彻关于深入基层、联系会员、开展谈心等相关制度和规定，完善民主生活会制度，营造民主务实团结和谐的班子氛围；认真遵守中共中央《关于改进工作作风、密切联系群众的有关规定》和对领导干部“三严三实”的要求，带头执行组织纪律，进一步改进文风、会风和学风。

（六）进一步探索和完善会内监督。建立健全会内监督制度和机制，支持监督委员会以各级组织领导班子成员遵守《章程》和履行会内职责的情况为重点开展监督工作；认真听取基层组织和会员的意见，自觉接受广大会员的监督，找准突出问题，采取有效措施，切实改进工作。

三、切实推进代表人士和后备干部队伍建设

（七）坚持正确的选人用人导向。按照德才兼备、以德为先的原则，以信念坚定、品质优秀、作风民主、公道正派、清正廉洁为标准，做好代表人士和后备干部的发现、储备、培养、选拔、推荐和使用工作。

（八）加大代表人士工作力度。认真贯彻《中共中央关于加强新形势下党外代表人士队伍建设的意见》，深入研究代表人士基本情况和思想状况，准确把握代表人士成长规律和工作规律。以政治培训为主，加强对代表人士的培训与联系，注重发挥他们的作用。各级领导班子成员要按照政治坚定、业绩突出、群众认可的标准，带头做代表人士的组织发展工作。努力拓宽代表人士的成长平台，积极做好代表人士的推荐工作，努力建立一支数量充足、结构合理、素质优良、作用突出的代表人士队伍。

（九）加强后备干部队伍建设。对后备干部队伍建设要做到提前谋划，制订规划，完善制度，抓好落实。积极搭建人才培养的平台，积极推荐后备干部挂职锻炼。加强学习培训和组织管理，充分利用会内外资源，创新形式，提高实效，加大对基层领导和会务骨干的培训力度。

四、有效提升组织发展工作水平

（十）坚持组织发展的原则。按照“三个为主”和“在工作中发展、发展是为了工作”的原则，有计划、有重点地做好发展工作，实现保质增量的发展态势；坚持发展与巩固相结合的工作方针，始终把政治标准放在首位，加强入会前的考察和入会后的培养培训，努力提高发展会员的质量。

（十一）优化组织结构和人才结构。关注传统特色领域的新情况、新变化、新发展，坚持以教育、文化和出版为重点发展领域，突出民进特色；有针对性地发展相关领域的中青年人才，进一步优化人才结构。

五、切实加强基层组织建设

（十二）加强对基层组织建设的指导与支持。定期分析研究基层组织建设情况，关注存在的问题和困难；对班子团结民主、各项制度健全、组织生活活跃的基层组织进行宣传表彰，树立典型示范；对长期涣散的基层组织，提出整改措施。

（十三）有效激发基层组织活力。以班子团结、作风民主、制度规范、工作扎实为原则，加强基层组织领导班子建设。鼓励和支持基层组织创新活动形式，丰富活动内容，提高活动质量；保障会员权利，围绕本地区本单位工作大局，认真履行职责，积极开展参政议政、社会服务工作，增强组织的凝聚力。

六、全面加强各级机关建设

（十四）高度重视机关建设。各级组织要坚持以人为本，按照《公务员法》和“三严三实”的要求加强机关建设，增强机关干部的大局意识、责任意识，以“抓制度、抓队伍、抓作风、抓文化”为重点，完善机关规章制度，优化工作机制和流程，不断提高机关工作的水平。

（十五）提高效能、转变作风。各级机关干部要努力提高办文、办会、办事的效率和能力，提高调查研究、沟通协调的能力；积极倡导求真务实的工作作风，面向基层，心系会员，发挥桥梁和纽带作用，了解会员心声，反映会员诉求，使民进组织成为温暖的会员之家；要树立服务理念，提高服务水平，努力建设“阳光、高效、规范、和谐”的服务型机关。

（十六）提高组织管理工作信息化水平。加强对会员信息的动态分析评价，提高选人识才的客观性、全面性和准确性。要加强民进组织管理系统的应用、会员信息数据库的建设，做到分级管理、动态管理、科学管理。

七、加强对组织建设工作的领导

（十七）全会各级组织特别是领导班子成员，要高度重视组织建设工作，定期研究、务求实效，促进组织建设工作不断取得新成绩。

（十八）全会各级组织要积极与中共党委统战部建立良好的合作共事关系，保持沟通协商的渠道畅通有效，为组织建设和发展创造条件。

（十九）各省级组织可根据以上意见，结合本地实际情况，研究制订相关意见或办法，指导和推动组织建设工作。

民进中央 2016 年参政议政（主题年）工作方案

（民进十三届十二次常委会审议通过）

进中发〔2015〕46 号

2016 年是民进参政议政工作主题年（以下简称“主题年”），我会的主要任务是“以开展坚持和发展中国特色社会主义学习实践活动为主线，加强参政议政能力建设”。主要目的是围绕“四个全面”战略布局和“十三五”时期经济社会发展，最大限度地凝聚人心、凝聚共识、凝聚智慧、凝聚力量，充分体现政党协商在社会主义协商民主建设中的价值和地位，切实承担起作为中国特色社会主义事业参与者、建设者和维护者的政治责任，为实现“两个一百年”奋斗目标做出新贡献。

一、指导思想

以中国特色社会主义理论体系为指导，学习贯彻中共十八大、十八届三中、四中、五中全会，《关于加强社会主义协商民主建设的意见》、中央统战工作会议和《中国共产党统一战线工作条例（试行）》以及习近平总书记系列重要讲话精神，坚持把学习实践活动贯穿在履行“参政议政、民主监督，参加中国共产党领导的政治协商”职能中，坚持“有思有行、集智聚力、顺势而为、开拓创新”的工作方针、“以新作为巩固老阵地，在顺势中开拓新领域”的参政议政工作方针，坚定政治立场，不断增强“为执政党助力、为国家尽责、为人民服务”的使命感，把我会建设成高素质的中国特色社会主义参政党。

二、工作目标

（一）为协调推进“四个全面”凝心聚力。“十三五”时期是全面建成小康社会的决定性阶段，我国既面临大有作为的重大战略机遇期，也面临诸多矛盾相互叠加的严峻挑战。民进全会要准确把握历史定位和时代责任，全面、客观、辩证、发展地分析和判断形势，凝聚政治共识，发挥参政党服务改革发展的积极作用，在履行职能的实践中巩固全会的“道路认同、目标认同、价值认同”，体现民进的存在价值。

（二）为加强参政议政能力建设不断努力。参政议政能力是民主党派履职能力的集中体现。民进全会要在政党协商中，对国家经济、政治、文化、社会和生态文明建设中的重要问题以及人民群众普遍关心的主要问题，开展调查研究，反映社情民意，积极建言献策，有效表达所联系会员的利益，继续扩大民进社会影响力，推进国家治理体系和治理能力现代化，不断提高政党协商的实效性。

（三）充分发挥集智聚力工作机制的作用。集智聚力是民进提高参政议政能力的必然选择。深入总结参政议政的工作规律，引导广大会员、调动更多有参政议政能力和参政议政愿望的人才，在本职岗位和履行参政党职能的工作中“双岗立功”；加强民进中央与省级组织间的协作，深化与会外研究机构的合作，既要广开言路、广开才路，又要尊重知识、尊重人才，不断增强民进组织的凝聚力、吸引力和开发力。

（四）形成全会开展参政议政的良好氛围。强化参政党意识，重点提高基层组织和基层会员进行参政议政的积极性和实效性。开展学习实践活动主线与参政议政主题年相结合的培训，探讨参政议政能力建设的内涵，了解基层开展参政议政的实际情况，加大从基层议政建言中发现有价值线索并转化为成果的力度，加强对地方组织开展参政议政工作的宣传力度，提升基层组织和会员的参与感和自豪感。

三、工作内容

（一）健全参政议政工作机制。完善专题调研、课题立项、提案形成、成果奖励、参政议政年会等常规工作机制；建设民进中央参政议政“专家库”，建立参政议政人才共享机制，推进专门委员会工作机构建设，深化参政议政特邀研究员工作机制；健全会内会外联动协作机制，继续完善合作平台工作机制；深入探讨建立考核评价工作机制的可行性，认真总结参政议政与宣传思想、组织建设、社会服务、理论研究有机结合的经验。

（二）拓宽参政议政工作渠道。将参政议政主题年工作融入学习实践活动联系点工作的“四个一”中。在讲座中就参政议政专题内容授课交流；在走基层中了解会员开展参政议政工作的真实想法；开展“我为扶贫建一言献一策”活动，在座谈中倾听基层会员反映社情民意的信息；着力宣传报道基层会员参政议政的先进事迹。

（三）培训参政议政工作骨干队伍。2016 年 8 月举办民进全国反映社情民意信息工作培训班，并以培训班为抓手，将参政议政主题年内容融入到各类民进全国学习培训研讨班中，加强骨干人才队伍建设，特别是地方组织要结合工作实际，定期开展各种形式的参政议政专职干部和专门委员会专家学习培训，提升综合素质，带动和促进民进全会参政议政工作整体水平的逐步提高。

（四）提高参政议政工作信息化水平。加大网上参政议政平台和反映社情民意信息报送系统的建设、维护和使用力度，扩大参与范围，拓展课题、成果和信息来源渠道并交流共享，充分利用互联网的作用，探索移动终端等新媒体在参政议政工作中的逐步应用，调动兼职专家广泛参与议政建言工作的积极性，提高参政议政工作效率和水平。

四、工作落实

（一）各级组织部署安排。民进全会要充分认识“加强参政议政能力建设”的重要性和长期性。各级领导班子要把主题年工作作为学习实践活动的重要平台，摆上议事日程，积极推进并务求实效。民进中央加强对省级组织的指导协调，鼓励各地结合工作实际自主推进。

（二）召开民进全国参政议政工作会议。2016 年 5 月召开民进全国参政议政工作会议。会议将总结民进十一大以来加强参政议政能力建设的经验，表彰先进集体，进行成果奖励，探讨参政议政能力建设的主要内容和实现路径，推动参政议政工作的深入开展。

（三）民进十三届十五次中常会研究。坚持以问题为导向，将“加强参政议政人才队伍建设，深化集智聚力的体制机制”列入 2016 年 6 月召开的民进十三届十五次中常会议题，提请常委会讨论研究，进一步深化民进全国参政议政工作会议精神，做好主题年下一阶段的工作。

（四）开展主题年调研。围绕主题年工作，民进全会上下联动，有计划、分步骤，利用各种形式、通过不同渠道全面开展“加强参政议政能力建设”的调研工作，广泛了解真实情况和掌握最新动态，总结经验、发现问题，为改进和完善参政议政工作夯实基础。

中国民主促进会中央委员会
2015 年 11 月 11 日

民进中央 2015 年社会服务（主题年）工作方案

（民进十三届九次主席会议审议通过）

进中发〔2015〕1 号

2015 年是民进社会服务工作主题年，主要工作重点是围绕开展坚持和发展中国特色社会主义学习实践活动这条主线，鼓励引导各级组织和广大会员积极投身和谐社会建设，增强全会的政治道路认同、奋斗目标认同和文化价值认同，提高履职能力和水平，完善自身建设，为中国特色社会主义参政党建设服务，为全面建成小康社会、全面深化改革、全面推进依法治国做出新贡献。

一、指导思想

以中国特色社会主义理论体系为指导，学习贯彻中共十八大、十八届三中、四中全会和习近平总书记系列重要讲话精神，全面落实民进十一大和民进十三届三中全会提出的工作任务，按照民进中央开展坚持和发展中国特色社会主义学习实践活动部署，围绕政治大局，突出特色优势，坚持群众观念，倡导爱心奉献，努力开拓创新，进一步提升全会社会服务工作水平，为实现中华民族伟大复兴的中国梦贡献力量。

二、工作目标

（一）深化全会对社会服务工作在建设中国特色社会主义参政党中地位、作用和意义的认识。在履行职能过程中，了解国情、了解社情、了解基层，努力践行社会主义核心价值观。继续推动“同心·彩虹行动”和贵州黔西南州安龙县的对口帮扶工作，坚持因地制宜，结合实际制订帮扶项目，实现精准帮扶。

（二）充分发挥会员的界别和专业优势，鼓励引导全会各级组织和广大会员参与社会服务工作。发挥特色优势，在会内营造“服务就在身边，人人可以参与”的工作氛围，为化解社会矛盾，构建和谐社会添砖加瓦。

（三）创新工作机制，提高全会社会服务工作实效。完善社会服务与参政议政、宣传思想、组织建设和理论研究相结合的工作机制，促进社会服务成果的多样性转化。

三、工作内容

（一）召开全国工作会议

5月底召开民进全国社会服务工作会议，认真总结工作经验，宣传表彰先进集体、先进个人和优秀成果，研究部署新形势下如何开展社会服务工作，进一步提升社会服务工作水平。

（二）制订工作指导文件

在认真梳理、充分调研并广泛征求意见的基础上，形成《民进中央关于加强社会服务工作的意见》，就我会开展社会服务工作的总体要求、基本原则、方式方法、组织领导等提出具体意见。

（三）认真开展调查研究

开展社会服务工作调研，通过调查研究，总结规律与经验，摸清家底，了解情况，在服务社会过程中，发现参政议政素材，提出有真知灼见的社情民意。3月举办民主党派社会服务理论研讨会。

（四）倡导全会开展“微公益”活动

全会各级组织要以“立会为公”的价值追求为导向，发掘会内社会服务工作典型，大力宣传优秀基层组织和会员社会服务工作先进事迹，以扶贫济困、传播文明为宗旨，鼓励和支持有条件的民进组织和广大会员开展法律咨询，文化进社区、进学校、进军营等社会服务活动。

（五）培训社会服务队伍

全会各级组织社会服务专职干部要加强学习，提高业务能力。3 月举办民进省级组织分管领导学习班和民进社会服务业务工作培训班，引领各省社会服务骨干力量的交流与合作，倡导各级组织成立志愿者服务队伍，鼓励民进会员为社会多做贡献。

（六）支持贫困地区建设

全会各级组织积极参与包括贵州毕节试验区、黔西南州安龙县在内的西部贫困地区和新疆等少数民族地区的帮扶工作，助推西部贫困地区经济社会发展。7 月在新疆师范大学举办新疆校长暑期培训班，8 月举办“同心·彩虹行动”骨干教师暑期培训班。

（七）加强服务平台建设

提升开明慈善基金会的专业化水平，继续扩大基金会规模和影响，集中力量推动助学兴教和扶贫济困工作；积极服务新阶层会员，增强企业家联谊会凝聚力，鼓励他们积极投身全面深化改革伟大实践；通过开明画院整合会内书画界会员力量，开展文化服务活动，弘扬优秀传统文化，促进文化事业发展。2 月举办开明画院进社区写春联活动，3 月召开基金会理事会，举办第一届基金会工作研讨会，9 月举办民进企业家培训班，10 月召开企业家联谊会联席会议，11 月召开开明画院理事会议，12 月举办民进全国书画作品展。

四、保障措施

（一）加强组织领导，确保工作落实

加强对全会社会服务工作的指导和协调是当前做好我会社会服务工作的重要保证。民进各级领导班子要把社会服务工作列入领导决策的重要议事日程，主要领导要高度重视，亲自过问、带头抓落实；分管领导要督促检查指导，切实帮助从事社会服务工作的同志解决工作中遇到的困难和问题。会中央加强对省级组织的协调力度，形成上下互动、左右联动、内外结合的良好工作局面。

（二）完善工作平台，健全工作机制

各级组织要进一步健全工作机制，有效拓展工作网络，推进工作的制度化、规范化、程序化建设。企业界（经济界）会员联谊会、（书）画院、基金（会）是开展社会服务工作的重要平台，积极发挥它们在凝聚企业（经济）界、民办教育界、书画界及其他界别会员服务社会的重要作用，同时积极服务会员，为会员参与社会公益活动搭建平台。

（三）宣传工作成果，鼓励会员参与

加强与会内外媒体的合作，大力宣传在社会服务活动中涌现出来的先进人物、典型事迹，宣传中国共产党领导的多党合作和政治协商制度的优越性；会中央和各级地方组织，要建立起一套科学、规范的宣传制度和评比表彰制度，及时推出先进典型，评选表彰成绩突出的组织和会员；联系和带动会外有社会责任感的社会组织和爱心人士，争取他们的支持参与，促进我会社会服务工作可持续发展。

中国民主促进会中央委员会

2015 年 1 月 4 日

民进中央 2015 年工作要点

（民进十三届九次主席会议通过）

为了贯彻落实民进十一大和十三届三中全会部署的各项任务，提出民进中央 2015 工作要点如下：

一、深入推进坚持和发展中国特色社会主义学习实践活动，夯实多党合作的思想政治基础

1. 学习贯彻中共十八大和十八届三中、四中全会精神，学习贯彻习近平总书记系列重要讲话精神。领导班子成员和中心学习组带头学习，通过举办报告会、座谈会，刊发署名文章、心得体会等形式，为全会学习发挥引导和带动作用。

2. 深入推进坚持和发展中国特色社会主义学习实践活动。把学习实践活动贯穿于各项工作中，掀起新高潮。8 月召开交流会，总结情况和经验，部署推动下阶段工作；继续做好第二批学习实践活动联系点工作；支持和鼓励省级组织开展“我身边的先进”宣讲活动，宣传基层组织和会员的先进事迹。

3. 做好新闻宣传工作。加强与主流媒体和重点新闻网站的联系与协调，围绕年度重点工作做好宣传报道；加强对基层组织和基层会员的宣传报道，编印民进全国先进集体、先进个人专辑；提高民进网站宣传的时效和质量，提高《民主》杂志办刊水平。

二、贯彻落实民进全国组织工作会议精神，巩固组织建设成果

4. 加强领导班子建设。进一步加强制度建设和作风建设，加强后备干部队伍建设，指导和协助省级组织按照规定的程序，完成领导班子后备干部的推荐产生和协商确定，及时帮助和指导部分地方组织完成届中调整和换届工作。

5. 加强代表人士队伍建设。完善代表人士的培养、推荐使用机制，实行动态管理和分类管理；分界别召开小范围座谈会；有重点、有针对性地做好组织发展工作；推动民进组织管理系统的使用，提高组织工作信息化水平。4 月、10 月举办两期“民进全国骨干会员培训班”，5 月、7 月举办两期“民进市县级组织专职副主委、秘书长培训班”，10 月举办“民进全国组工干部培训班”。

6. 加强基层组织建设。坚持深入基层，听取广大会员对会中央工作的意见建议；加强对基层组织建设的帮助和指导，推动基层组织和广大会员学习会章会史，学习先进典型，弘扬我会的优良传统；鼓励和支持广大会员结合本职工作，就公共文化服务、依法治国等问题建言出力。

7. 有序开展会内监督工作。进一步探索会内监督的新机制、新形式，制订《民进中央关于处理违纪违法会员的试行办法》，加强会内监督的理论研究，召开研讨会；支持监督委员会在监督会内民主集中制原则真正实现、保障组织机体健康活力方面发挥作用。加强与省级组织监委会的联系。

三、围绕中心、服务大局，提高履行参政议政、民主监督职能的能力和水平

8. 统筹做好各项协商工作。围绕全面建成小康社会、全面深化改革、全面推进依法治国大局，努力做好全年党外人士座谈会、“两高”座谈会民进中央发言，国家“十三五”规划意见征询、全国政协各类发言和党派提案等有关协商工作，提高建言献策的能力。

9. 深入开展重点调研工作。围绕构建现代公共文化服务体系问题在 4 月份开展年度大调研；就法治中国建设、教育领域综合改革、节水型社会建设、“三农”问题、科技创新推动传统产业升级、培育创新文化、生态安全问题等方面集智聚力开展重点调研。

10. 积极推进完善议政工作。办好 9 月份的中国教师发展论坛、11 月份的民进中央参政议政年会、12 月份的基础教育改革座谈会以及贯穿全年的议政专题会，推动民进中央与地方组织在专门委员会工作中的上下联动，加强对地方组织之间横向合作的指导，促进议政工作信息化发展。

四、以社会服务为年度工作主题，进一步发挥社会服务工作在和谐社会建设中的助推作用

11. 召开全国工作会议。5 月召开民进全国社会服务工作会议，深入研究新形势下参政党社会服务工作规律，总结经验、表彰先进、部署工作，制订下发《民进中央关于加强社会服务工作的意见》，进一步提高全会社会服务工作实效。3 月举办民进社会服务业务工作培训班，加强对地方组织社会服务工作的指导。

12. 支持贫困地区建设。继续推进包括贵州毕节试验区、黔西南州安龙县在内的西部地区和新疆等少数民族地区的帮扶工作，7 月在新疆师范大学举办新疆校长暑期培训班，8 月举办“同心·彩虹行动”骨干教师暑期培训班。

13. 倡导全会公益行动。提倡“服务就在身边，人人可以参与”的工作理念，逐步构建会中央支持引导、地方组织推动、基层组织和会员广泛参与的社会服务工作格局。鼓励和支持有条件的民进组织和广大会员，积极开展法律咨询，文化进社区、进学校、进军营等社会服务活动。

14. 完善社会服务平台建设。提升开明慈善基金会的专业化水平，继续扩大基金会规模和影响，3 月召开基金会理事会，举办第一届基金会工作研讨会；积极服务新阶层会员，鼓励他们投身全面深化改革伟大实践，9 月举办民进企业家培训班，10 月召开 2015 年企业家联谊会联席会议；通过开明画院整合会内书画界会员力量，开展文化服务活动。

五、做好海外联谊工作，服务祖国和平统一大业

15. 通过交流研讨增进共识。7 月举办“2015·海峡两岸中华传统文化与现代化研讨会”，加强与台湾、香港、澳门基础教育领域的交流，以中华传统文化为纽带增进对一个中国的认同。8 月举办“两岸学者共话·社会学”论坛，为两岸社会学界深度研讨搭建平台，增进相互的了解和理解。

16. 加强同台湾有关社会组织和团体的交流交往。组织民进教育文化参访团赴台交流；做好台湾民意代表团等来访团体的接待工作，进一步联络感情、增进互信、推进合作。

17. 将海外联谊与参政议政相结合。通过多种渠道为推动两岸关系和平发展、香港澳门长期繁荣稳定建言献策，为中共中央决策和相关部门完善措施提供参考。

六、隆重庆祝民进成立 70 周年，继承弘扬我会优良传统

18. 开展庆祝民进成立 70 周年系列活动。12 月举办中国民主促进会成立 70 周年庆祝大会、成果展、书画展、文艺晚会及民进全国先进集体、先进个人表彰活动；开展“民进 70 年情缘：岁月钩沉”主题征稿活动；召开马叙伦诞辰 130 周年纪念会、雷洁琼诞辰 110 周年纪念会，建立雷洁琼纪念馆，切实加强多党合作和优良传统教育。

19. 加大对会史资料的搜集、整理和研究力度。出版《中国民主促进会简史（1945—2015）》《中国民主促进会 70 年大事记》《民进 70 年历史画册》《口述会史资料集》等书籍，进一步丰富和深化对民进历史和优良传统的认识。

20. 积极推动理论研究工作。通过举办理论研讨会、开展课题招标等形式，深入挖掘我会优良传统的时代内涵，结合会员关心的重大理论问题、参政党建设及履行职能中亟待解决的现实问题开展研究，为深入推进学习实践活动提供理论支持。

七、建设“阳光、高效、规范、和谐”机关，全面提升服务水平和质量

21. 加强制度和作风建设。着眼以制度建设促规范，以作风建设促严谨，优化工作机制和流程，进一步提升机关工作的科学化、规范化、程序化水平；认真贯彻中共中央八项规定要求，进一步增强干部责任意识，强化服务大局、服务会员、服务基层的工作宗旨，提升服务水平。

22. 加强能力建设。着眼以能力建设促高效，利用开明论坛、周学习日、在线学习等平台，引导督促机关干部加强学习；召开机关部门工作研讨会、处长工作研讨会，举办机关干部“学会史、知会情”读书征文暨演讲比赛活动；继续开展会内轮岗交流、会外挂职锻炼工作，提高干部素质和能力。

23. 加强文化建设。着眼以文化建设促和谐，增进人文关怀，加强与干部沟通交流，统筹协调、充分发挥机关行政及各个团体组织的作用，丰富文化活动载体和平台，建立平等融洽、互相信任、互相关心、互相爱护的良好关系，形成心齐、气顺、风正、劲足的机关氛围。

中国农工民主党

中国农工民主党第十五届中央常务委员会 2015 年工作报告

（2015 年 12 月 15 日）

陈 竺

各位委员、各位同志：

我受中央常务委员会委托，向第十五届中央委员会第四次全体会议报告工作，请予审议。

2015 年工作回顾

一年来，我党全面学习贯彻中共十八大和十八届三中、四中、五中全会精神，深入学习贯彻习近平总书记系列重要讲话精神，深刻领会中共中央统战工作会议和《中国共产党统一战线工作条例（试行）》（以下简称《条例》）精神，紧密围绕协调推进“四个全面”战略布局，以健康中国和美丽中国建设为主线，不断加强自身建设，切实履行参政党职能，较好完成我党十五届三中全会确定的重点任务，各项工作取得新进展。

一、坚持和发展中国特色社会主义学习实践活动有新成效

加强理论武装，统一思想认识。全党把深入学习贯彻习近平总书记系列重要讲话精神作为坚持和发展中国特色社会主义学习实践活动（以下简称学习实践活动）的重要内容，坚持学而信、学而用、学而行，进一步增强道路自信、理论自信、制度自信。全国“两会”、中共中央统战工作会议、中共十八届五中全会召开后，我党中央及时召开理论学习中心组会议、主席会、常委会进行专题学习研讨，并在《人民日报》《求是》《光明日报》等中央主要媒体上发表署名文章；及时向全党下发《中国农工民主党中央关于认真学习贯彻中共中央统战工作会议和〈中国共产党统一战线工作条例（试行）〉精神的通知》以及《中国农工民主党中央关于学习贯彻中共十八届五中全会精神的通知》，号召各级组织和广大党员结合工作和思想实际深入系统学习，用科学理论武装头脑、凝聚共识、指导实践、推动工作。

开展主题活动，坚定理想信念。按照中央部署，30 个省级组织和 220 多个地市级组织开展了以“学精神、学党章、学党史”为主题的知识竞赛系列活动，2000 多名党员参加知识竞赛，8 万多名党员参与知识答题，分南宁、长春、郑州三个赛区进行决赛，在

上海中常会期间举行了总决赛，取得了“学精神增素质、学党章增党性、学党史增责任”的良好效果。编写《中国农工民主党党员知识读本》等学习材料，制作系列视频资料，召开多次专题交流研讨会，利用网站、党刊及微信公众号设立学习实践活动专题专栏，加大宣传力度，弘扬主旋律，凝聚正能量。

开展党史教育，弘扬优良传统。举办纪念我党成立85周年系列活动。将“一干会址”等革命活动史迹建成党史教育基地，全党缴纳特殊党费600余万元专项用于“一干会址”的修缮布展。我党党员、中国美术学院常青教授将花费大量心血创作的《邓演达主持农工党一干会议》大型油画捐赠给了我党中央；海南省的党员洪江游一人缴纳特殊党费100万元，广大党员用实际行动诠释了责任与奉献精神。这是对农工党优良传统的传承，也是非常深刻和生动的党性教育。在“一干会址”召开了主题为“缅怀先烈、继承和发扬农工党优良传统，面向未来、认真履行参政党职能”的中央主席会议，刘晓峰常务副主席在中常会上作了《农工党的历史道路和优良传统》专题报告，将我党党史研究成果与现实理想信念教育有机结合，与会人员深受教育和启发。举办了农工党建党85周年暨邓演达诞辰120周年纪念座谈会、“继往开来——农工党历史墨迹展”，“学习党史·缅怀先烈·再创辉煌”主题文艺演出，配合全国政协和中共中央统战部举办了纪念卢嘉锡同志诞辰100周年座谈会。通过丰富多彩的纪念活动，深切缅怀老一辈农工党人与中国共产党风雨同舟、肝胆相照、团结合作、同心同行的历程，进一步学习传承弘扬农工党优良传统，不断夯实多党合作的思想政治基础。

加大宣传力度，传播正能量。截至11月底，中央主要新闻媒体刊登有关我党工作的报道文章700余篇。网站、微信公众号、手机版新闻网站等新兴媒体作用日益凸显，继中央微信公众号推出后，已有17个省级组织、30多个地市级组织开通了官方微信。党刊《前进论坛》发行数量达8.6万册。协调北京卫视、深圳卫视摄制了关于邓演达的专题片，播放后反响良好。

组织专题调研，深化理论研究。中央研究室与组织部联合开展了市级机关建设专题调研。加强理论工作交流，探讨新形势下理论工作服务履行职能和自身建设的特点、规律和方法。坚持编发《理论研究参考》《理论研究优秀论文选》等，有力推动了参政党理论研究。

二、履行参政党职能有新亮点

参与政治协商。我党中央主要领导积极参加中共中央、国务院及有关部门举办的高层协商会、座谈会，先后就中共中央经济工作会议、政府工作报告、《条例》制订、“十三五”规划等重大问题提出意见和建议，得到中共中央、国务院的高度重视。如，我们向中共中央提出：“十三五”期间GDP年增速只要达到6.5%，即可实现2020年经济总量比2010年翻一番目标，以及关于加强健康中国、美丽中国建设的一些设想、思路、举措等，在《中共中央关于制订国民经济和社会发展第十三个五年规划的建议》（以下简称《建议》）中得到体现。我党地方组织领导也积极参加中共地方党委和政府的协商会与座谈会，提出了很多有价值的意见建议，为促进地方经济社会发展做出了贡献。

积极参政议政。全年向中共中央、国务院报送调研专报7件，均得到中共中央、国务院领导同志重要批示。以“水资源利用与水污染防治”大考察、“黑土地保护”“土壤污染防治”等调研为抓手，为建设美丽中国建言献策。报送的《关于加强涉水体制机制改革，确保我国水安全的建议》得到中共中央政治局常委、国务院总理李克强的重要批示，《关于加强我国水资源利用和水污染防治的几点建议》《依法科学防治土壤污染，切实保障公众环境健康》《关于加强黑土资源保护，确保国家粮食安全的建议》等调研专报，也得到中共中央领导同志的重要批示和充分肯定。

继续围绕医药卫生体制改革中的重点领域和关键环节深入调研，为建设健康中国建言献策。报送的《关于建立医疗卫生机构核心用药制度及做好药品集中采购工作的建议》，得到国务院领导同志重要批示。受国家卫计委委托，我党中央牵头开展健康中国“十三五”建设规划的第三方平行研究并形成专题报告。与全国政协教科文卫体委员会合作开展了“仿制药的质量问题与对策”相关调研，共同承办了以此为主题的全国政协第四十三次双周协商座谈会，我党委员提出的意见建议得到国务院相关部门的积极回应和有关领导的充分肯定。

围绕“一带一路”、京津冀协同发展、革命老区发展建设等国家重大发展战略和重点任务深入调研，向中共中央、国务院报送的《发挥唐山在京津冀协同发展中的重要作用，积极推进曹妃甸协同发展示范区建设》《关于加快延安革命老区脱贫致富步伐，实现全面建成小康社会目标的建议》等多篇专报，得到中共中央、国务院领导同志的肯定，并批转有关部门研究办理。我党中央与中共河北省委、省政府签订了战略合作框架协议，西北五个省（区）委员会联合开展了有关丝绸之路经济带的调研活动，取得丰硕成果。

农工党中央和担任全国政协委员的农工党党员，在全国政协大会、常委会和专题协商会上积极发声，踊跃建言，作口头发言十多人次。全国政协十二届三次会议期间，农工党有四位委员作大会口头发言，是发言人数最多的党派界别。在全国政协十二届十一次常委会上，围绕制订“十三五”规划，我党中央作了《加强基本医疗保障体系建设，推动医改全面深化》的大会口头发言，是唯一一个代表民主党派中央的发言，取得很好反响。

提案和反映社情民意信息工作水平稳步提升。据不完全统计，53 名全国人大代表向十二届全国人大三次会议提交议案和建议 205 件。86 名全国政协委员向全国政协十二届三次会议提交提案和建议 301 件。全国政协十二届三次会议期间，我党中央提交提案 39 件，立案 38 件，其中《以永久基本农田保护区划定为抓手，切实加强土壤环境质量监管》和《关于以慢病防治为突破口，建立科学有序的分级诊疗制度》两件提案，被选为全国政协重点提案。截至 12 月上旬，我党中央向全国政协编报社情民意信息 357 期，其中，56 件信息由全国政协专报中共中央领导同志或转送国务院相关部委。《重视东北亚地缘政治发生的新变化，采取有力措施争取主动权》《关于支持福建宁德创办全国军民融合深度发展试验区的建议》等信息得到了全国政协、国务院相关部委和当地政府的高度关注。

开展民主监督。积极探索将参政议政、社会服务等工作与民主监督紧密结合，通过政协提案、信息报送等多种方式履行民主监督职能，促进决策科学化和民主化。担任各级特约（邀）检察员、监察员、审计员、督导员等职务的党员，通过参加执法检查监督、行风政风评议等活动，为加强作风和廉政建设，推进依法行政发挥了积极作用。

社会服务工作有新进展

在参与“一带一路”建设中抓好项目落实。创新模式，深入实施助闽医疗服务能力提升工程、中医能力提升工程、互联网＋医疗试点工程，落实1.7亿元在福建宁德市开展医疗设备捐赠项目，并在福建省12个试点县捐赠价值2亿元的设备，探索出一条以公益慈善促医改、提能力的新路子，形成了我党社会服务新品牌。实施巴基斯坦医疗援助项目，在天津举办了首批巴基斯坦医疗护理人员培训班。

继续参与毕节试验区、黔西南建设和四川芦山地震灾后重建。实施智力帮扶项目，大力推动毕节职业教育发展，协调1500余万元推进毕节相关医疗机构专科建设。实施助推发展项目，毕节试验区同心食品药品产业园、黔西南药用兰科植物优良种苗繁育基地有新进展。芦山灾后重建今年已投入资金9000多万元，完成了芦山县人民医院、村社区服务中心和眉山三苏祠博物馆项目建设。我党中央在国务院扶贫办主办的中央单位定点扶贫工作会议上作了大会发言，是唯一一个民主党派中央的发言，得到了与会领导的充分肯定。

延伸品牌活动纵深度，扩大群众受益面。举办“中国生态健康论坛”“中国环境与健康宣传周”“国际科学与和平周”等品牌活动。同心全科医生特岗人才基金正式启动，到位资金2530余万元；“同心圆工程”在广东取得良好效果的基础上，拓展到湖南、湖北、重庆等地，项目规模500万元，共扩建村卫生室42个，培训村医1800余人，与新华网建立“互联网＋公益”合作新模式，进一步扩展延伸了活动效果。继续实施“杏林春雨”行动计划、举办了以“国粹中医　健康中国”为主题的第二届中医科学大会，编印《中医药适宜技术手册》丛书，并向全国基层发放，推动中医县乡一体化建设和中医药适宜技术的推广。启动了大型文献纪录片《大国制药》的拍摄，不断扩大中医同行计划活动面，惠及更多群众。指导中国初保基金会开展多项公益项目，对中国初保基金会和中国中医药研究促进会进行了全面检查，促进规范性管理运行。

实施人才强党战略有新突破

领导班子建设继续加强。认真落实民主集中制原则，进一步完善议事规则和决策程序。主席战略研讨会专题研究依规从严治党问题。年中两次中常会增加务虚学习研讨内容，分别专题研讨“推动京津冀协同发展”和“服务‘一带一路’战略”。推动落实省级领导班子谈心会制度，开展述职与民主评议工作。加强领导班子队伍建设，8个省级组织完成了届中调整，增补副主委6人、常委7人、委员10人，进一步充实了队伍，优化了结构。

地方和基层组织建设不断推进。按照规划，新成立3个地市级委员会。深入吉林等五省开展地市级组织建设专题调研，针对领导班子建设和组织发展等问题加强与中共地方党委、统战部沟通，帮助排忧解难。通过开展跨省联合考察调研、培训等增强基层组织活力和凝聚力。副省级城市工作联席会议逐渐成为一个规范化、常态化的区域性组织交流平台。创建星级支部活动正在普及推广。中央表彰了一批优秀地市、县级组织和先进基层组织。

人才队伍建设不断强化。以发展高层次人才为重点，吸收了一批包括实职干部、专家学者等在内的高层次代表人士。苏州在工业园区积极发展党员、建立组织，成效显著，起到了引领示范作用。认真贯彻《2010—2020年党外代表人士教育培训改革和发展纲要》，积极推荐党员参加中共党委举办的党外人士培训班，同时做好自主培训，中央和省级组织培训党员 5500 多人。落实《条例》对党外代表人士队伍建设的要求，推荐符合条件的党员到政府部门挂职，推荐党员担任实职、社团职务和政府部门特约人员，鼓励符合条件的党员参加竞争上岗，为党员成长搭建了宽阔平台。目前，党员总数 14.4 万人，其中医药卫生界占 55.9%，人口资源、生态环境领域占 2%，界别结构不断优化。10 名党员获 2014 年度国家科学技术奖，13 名党员被评为全国劳动模范、先进工作者。

我党与中国社会科学院研究生院联合培养博士研究生项目正式启动，开创了党派中央与国内高水平研究教育机构联合培养人才新模式。与中国人民大学在智库建设、人才培养等方面探索加强合作。与北京林业大学等机构共同组建了“生态与健康研究院”，搭建了跨学科研究与人才培养新平台。

党内监督工作稳步推进。我党中央高度重视依规治党、从严治党，不断推进党内监督机构建设。今年内蒙古、新疆等 6 省（区）成立监督委员会，目前建立监督委员会的省级组织达到 25 个。部分地市级组织也探索开展了内部监督试点工作。中央监督委员会围绕党内监督工作的性质、范围、内容、程序等开展调查研究。帮助推进省级领导班子谈心会、述职和民主评议制度建设。不断加强党风廉政建设，通过调查澄清了一些不实举报，保障了党员的合法权益，有效发挥了监督委员会在各项工作中的作用。

专委会工作和机关建设有新作为

各专委会注重加强同政府部门、地方组织以及研究机构的联系与合作，积极开展专题调研与联合研究。先后就“十三五”环境保护规划、人口政策调整、京津冀生态环境保护、“一带一路”沿线文物保护、区域经济协调发展、中医药健康产业发展、分级诊疗制度、姓氏文化、法院改革、仿制药质量、留守儿童保护等问题深入调研，及时为我党中央领导参政议政提供智力支撑。各专委会为“两会”提交提案、调研报告共 73 件，有 14 件提案被选为我党中央提案提交全国政协十二届三次会议，有 3 件调研报告被我党中央吸收转化为参政议政成果上报中共中央。同时各专委会还注重发挥资源优势，积极开展义诊捐赠、教育扶贫、科技惠民等社会服务活动。

中央组团赴台湾访问，走访了台湾医疗品质促进联盟、台湾药师公会全联会等十家单位，促进了两岸医药科技专业人士交流与合作。在北京、福建举办了“健康产业发展研讨会”，邀请两岸专家学者研讨医师药师资格互认、药品注册流通等问题，为两岸民众共谋福祉做出贡献。开展了“两岸学生走访名医名家交流活动”。广大党员也积极通过相互走亲访友、亲情联谊等，促进同根同祖文化认同。

机关建设不断完善。中央和各级组织机关认真贯彻落实中共中央“八项规定”要求，不断改进工作作风，加强制度建设和干部队伍建设，不断提高工作水平。坚持重大决策集体研究制度，中央机关召开主席办公会议 10 次、秘书长办公会议和专题办公会议 27 次，围绕重大议事事项和重点工作进行研讨部署。认真开展干部教育培训，积极选派骨干力量参加挂职锻炼，选拔了一批优秀干部担任局处级职务，不断增强机关队伍活力。加强节能减排，打造绿色节约型机关。中央机关的党团组织、工会积极围绕我党中心工作，开展各类活动。机关整体服务保障能力和水平不断提高。

各位委员，过去一年，我们取得了一些新成绩，这是各级组织、广大党员和机关干部共同努力的结果，是中共各级党委、政府和社会各界大力支持的结果。在此，我代表常委会对大家表示衷心的感谢！

同时，我们也要清醒看到，与多党合作事业发展的新形势、新要求相比，我们的工作还存在一些不足。比如，宣传工作方式方法创新不足，战略性、前瞻性重大课题研究欠深入，政策研究能力和水平有待提高，社会服务工作聚焦不够，高层次人才储备不足，有较大社会影响力和较强参政议政能力的代表性人士偏少，解决自身问题的能力还需加强等。因此，我们要不断总结经验，努力推动各项工作向前发展。

各位委员、同志们：

中共十八大以来，以习近平同志为总书记的中共中央高度重视统战工作，更加注重民主党派作用的发挥。尤其今年是统一战线和多党合作成果丰硕的一年，召开了中共中央统战工作会议，颁布实施了《关于加强社会主义协商民主建设的意见》《条例》和《关于加强政党协商的实施意见》，为统一战线和多党合作事业发展提供了重要遵循和有力保障。

《条例》集中体现了执政党关于统一战线的重要理论方针政策，为统一战线事业发展提供了政治保障；解决了统战工作中长期存在的重点难点问题，为统一战线事业发展提供了组织保障；是执政党关于统战工作的第一部党内法规，为统一战线事业发展提供了法治保障，标志着统一战线和多党合作事业进入新的发展阶段。《条例》界定了民主党派的性质是中国特色社会主义参政党；扩展了民主党派的职能，增加了参加中国共产党领导的政治协商；拓宽了政治协商的渠道，民主党派负责人可以直接和中共领导人约谈协商；明确了民主监督十种形式；对民主党派负责人和代表人士的政治安排、实职安排力度进一步加大。这些都充分体现了中共中央对民主党派的信任和支持，为我们履职尽责搭建了更宽阔的平台，创造了更好的条件，也为破解长期制约统一战线和多党合作事业的重点难点问题提供了重大机遇。

面对时代的呼唤、重大的机遇，我们深感责任重大、使命光荣、大有可为。面对新形势新要求，我们深感本领恐慌、能力不足、人才缺乏。广大党员特别是领导干部要以强烈的责任感和紧迫感，增强忧患意识、大局意识、担当意识。我们要学深学透中共中央统战工作会议和《条例》精神，主要是深刻理解把握贯穿会议和《条例》的主线、关键和重点。这个主线就是凝聚人心、汇聚力量，关键是坚持正确处理一致性和多样性关系的方针，重点是解决统一战线各领域突出问题。

各级组织和广大党员要深刻理解把握习近平总书记重要讲话和《条例》关于完善多党合作制度、加强党外代表人士培养使用、支持民主党派加强自身建设、履行职能和发挥作用的重要论述和要求，着力打造高素质参政骨干队伍，着力加强各级领导班子建设，着力建设高素质参政党，推动多党合作事业健康发展。要把学习贯彻中共中央统战工作会议、《条例》以及《关于加强政党协商的实施意见》精神，与正在开展的学习实践活动、自身建设和履行参政党职能相结合，要在吃透科学内涵上下功夫，在领会精髓要义上下功夫，在掌握理论政策上下功夫，在抓好贯彻落实上下功夫，确保取得实实在在的成效。

2016年工作部署

2016年是“十三五”开局之年、关键之年，全党工作指导思想和总体要求是：高举中国特色社会主义伟大旗帜，认真学习贯彻中共十八大和十八届三中、四中、五中全会精神，以邓小平理论、“三个代表”重要思想、科学发展观为指导，深入学习贯彻习近平总书记系列重要讲话精神，坚持以协调推进“四个全面”战略布局为统领，以全面建成小康社会为目标，以推进健康中国和美丽中国建设为主线，以制订实施“十三五”规划纲要为重点，团结带领各级组织和广大党员，积极履行参政党职能，努力加强自身建设，为夺取全面建成小康社会决胜阶段的伟大胜利献计出力。

一、深入学习贯彻中共十八届五中全会精神，把思想和行动统一到中共中央决策部署上来

中共十八届五中全会，是在全面建成小康社会进入决胜阶段召开的一次重要会议，首次提出“创新、协调、绿色、开放、共享”五大发展理念，这是以习近平同志为总书记的中共中央坚持和发展中国特色社会主义，深化对共产党执政规律、社会主义建设规律、人类社会发展规律的新认识，在新常态下治国理政的新理念。习近平总书记的系列重要讲话，是指导我们实现全面建成小康社会目标的科学理论指导和行动指南。《建议》提出的我国“十三五”时期发展的指导思想、基本原则、目标要求、基本理念和重大举措，具有很强的思想性、战略性、前瞻性、指导性，是动员全国各族人民夺取全面建成小康社会伟大胜利的纲领性文献。

当前及今后一个时期，各级组织要按照《中国农工民主党中央关于学习贯彻中共十八届五中全会精神的通知》要求，把学习贯彻全会精神作为重要政治任务，积极引导广大党员和所联系群众，深刻理解和准确把握全会精神，通过专题辅导、政策解读、形势报告、学习培训等形式，把思想统一到中共中央决策部署上来，把全会精神贯穿到自身建设、履行职能、社会服务等各项工作中去。

二、持续深入开展学习实践活动，不断巩固共同思想政治基础

全党各级组织要认真贯彻落实俞正声同志在学习实践活动经验交流暨中期推动会上的重要讲话精神，不断创新方式方法，更加注重提质增效，把学习实践活动不断引向深入。

自觉践行社会主义核心价值观。研究制订2016年学习实践活动计划，开展征集评选培育和践行社会主义核心价值观的先进组织和榜样人物双百活动，组织先进典型进行巡回宣讲，让社会主义核心价值观真正内化为广大党员的精神追求，外化为广大党员的自觉行动。

推动宣传思想工作再上新台阶。一要主动抓意识形态工作。意识形态是一项极端重要的工作，关乎旗帜、关乎道路、关乎国家政治安全，各级组织领导班子要对重大事件、重要情况、重要社情民意中带有倾向性、苗头性的问题认真研究，提出意见建议。二要创新宣传形式。加快传统媒体和门户网站、微信公众号等新兴媒体深度融合，最大限度

地团结和引导所联系群众。积极推进《前进论坛》人事制度、经营方式改革，不断提高办刊质量，深度挖掘和报道先进党员的优秀事迹。加强省级组织刊物交流。三要探索形成长效机制。对各级组织宣传干部、网站编辑系统培训，注重将成熟的经验规范化、短期的举措长期化、分散的制度系统化，处理好阶段性和长期性、局部和整体的关系，提高宣传效果。

继续加强优良传统教育。全面落实《中国农工民主党中央关于进一步加强党史工作的意见》，强化党史工作保障，形成党史工作合力。编写农工党85年大事记、农工党简史、地方组织发展史，继续收集整理"口述党史""党史人物"资料。继续加强党史教育基地建设。充分利用党史史料、党史教育基地开展优良传统教育，把老一辈农工党人优秀的政治品质、崇高的理想信念和无私的奉献精神坚持传承下去。

三、围绕中心、服务大局，认真履行参政党职能

积极参加中国共产党领导的政治协商。认真学习贯彻中共中央《关于加强政党协商的实施意见》精神，深刻领会政党协商的基本内涵、指导思想和重要意义，熟悉掌握政党协商的内容、形式、程序和保障机制，加快建设具有自身特色、服务参政议政的智库，努力提高政党协商能力和协商建言质量水平，充分发挥"直通车"作用，进一步增强政党协商的实效性，切实担负起政党协商参与者、实践者、推动者的政治责任。

切实履行参政议政职能。参政议政工作，不仅要瞄准事关全局的重大问题，而且要关注解决人民群众最关心最直接最现实的利益问题，培养战略性思维，而且要深入基层、熟悉情况，善于抓住"小切口"，通过"微创手术"推动解决重大问题。

一是做好大考察和重点调研工作。我党中央已向中共中央统战部建议，将"三医联动，推动公立医院改革""土壤污染防治与土壤资源保护利用"作为明年我党中央大考察的备选主题。今年，我们在上述两方面已有一定调研工作基础。明年，上述工作将成为我党中央参政议政工作的重点。同时，我们还将关注国家新能源发展、人口均衡发展、京津冀协同发展、"一带一路"建设、界河国土流失治理等问题，积极开展相关调研，建言献策。省级组织要配合中央开展分调研，上下联动、形成合力，形成高质量的调研成果。

二是依托政协平台，继续提高履职建言水平。在充分调研和深入研究基础上，打造精品提案，争取重点提案数量和质量稳步提升。要继续提高我党中央和农工党界别委员在政协大会、议政性常委会、专题协商会、双周协商座谈会上发言的质量和水平，尤其是在明年全国政协"医药卫生体制改革的困难和对策"专题协商会上，组织我党界别委员，提出高质量建议。做好"推进安宁疗护发展"等双周协商座谈会的组织协调工作。继续提高在中共各级党委政府召开的协商会、座谈会上议政建言的能力和水平。

三是围绕国家"十三五"规划纲要编制和实施建言献策。在明年两会期间，重点做好关于"十三五"规划纲要的建议工作，我党中央与地方各级组织要精心准备提案与发言。在明年全国两会后，要关注"十三五"规划纲要实施的重点难点问题，深入调研、提出建议。

四是着力提升反映社情民意信息工作的能力和水平。利用现代信息技术手段，加大与省级、市级组织沟通联络，拓宽信息来源，充分发挥信息网络平台作用，加强重大信息、特色信息的挖掘、整理、报送，不仅要重视报送信息的数量，更要提高信息的质量，争

取信息工作再上新台阶。

五是建立健全参政议政工作机制，提升议政建言工作质量和水平。建立政策理论研究与参政议政建言献策协同工作机制，完善大考察、重点调研时中央与全国人大、全国政协相关机构，中央与地方组织，中央与国内高端智库协同合作机制，开拓视野与思路，提升履职能力与水平。抓好农工党党内智库建设，进一步做好与中国社会科学院、中国人民大学的智库建设合作。继续推进我党中央与黑龙江、重庆、河北等地的合作，不断拓展合作领域、创新合作方式、提高合作成效。

认真履行民主监督职能。认真学习研究《条例》中关于民主监督的十种形式，进一步探索民主监督的有效方式，建立健全行之有效的参政党民主监督机制。担任各级特邀检察员、监察员、审计员、督导员的同志，要认真履职，真正发挥民主监督职能作用。

四、围绕增进人民群众福祉，着力提高社会服务效能

社会服务工作千头万绪，要善于聚力发力，选准工作角度和切入点，聚焦重点项目，实现重点突破，真正让群众得实惠。

服务“一带一路”战略。积极参与“一带一路”建设，围绕重点整合资源、调配力量，帮扶宁德、助力渭南。创新帮扶机制，在福建全省实施“医疗服务能力提升工程”，搭建“健康命运共同体”平台，推动“两岸新金融与健康产业融合实验区”建设。继续开展对巴基斯坦等国家医护人员的培训项目。

大力推进以毕节试验区为主的脱贫攻坚工作。深入总结毕节等地帮扶经验，按照精准扶贫、精准脱贫要求，整合党内外资源，综合运用产业扶贫、医疗扶贫、就业扶贫、智力扶贫、捐赠扶贫等多种方式脱贫攻坚，形成脱贫攻坚长效机制。做好武陵山片区“同心圆工程·健康新农村”项目、“百县清洁饮水改造工程”等工作。

加大社会服务品牌和项目建设力度。要适应新形势，突出时代性，着力丰富品牌内涵，提升品牌影响力。继续实施中医同行计划。办好“中国环境与健康宣传周”“国际科学与和平周”“中国生态健康论坛”“中医科学大会”等品牌活动，进一步扩大影响力。继续抓好全科医生特岗人才计划项目，推动落实和完善优惠政策，巩固和推广示范成果。发挥中国初保基金会和中国中医药研究促进会作用，创新工作机制，更好地开展社会公益活动。

五、深入实施人才强党战略，全面加强自身建设

加强领导班子建设、组织建设和作风建设是提高履职能力的基石，也是各级组织自身建设的重点。

抓好领导班子这个关键。要贯彻民主集中制原则，坚持重要事项会议讨论、集体酝酿，着力提高解决自身问题能力。要充分认识各级主要领导是党建第一责任人，负主要责任，其他分管领导是直接责任人。省级组织要全面贯彻落实领导班子谈心会制度，积极指导地市级组织开展领导班子谈心会工作。

做好地市级组织换届工作，搞好政治交接。明年地市级组织换届工作将全面展开，省级组织要切实加强领导，超前谋划，通盘考虑，保障换届顺利进行。要认真研究中共

中央统战工作会议等对党外代表人士安排的新精神新要求，掌握政策，摸清情况，积极主动与地方党委沟通，推动代表人士政治安排和实职安排。要未雨绸缪，提早谋划 2017 年中央和省级组织换届，从思想上、组织上和干部队伍上做好充分准备。

继续办好副省级城市工作联席会议，赋予其新的内涵，探索建立地市级组织横向交流合作机制。

大力加强代表人士队伍建设。按照人才强党战略的要求，既要用好存量，又要培育增量。一方面，要做好现有代表人士的教育培训、实践锻炼和推荐使用。按照分级分类原则，明确中央、省、地市三级组织的责任，做好培训工作。深化与中国社会科学院、中国人民大学的合作，培养高水平人才。另一方面，要加大人才发现和发展力度。大力加强人口资源、生态环境领域的人才发展力度。系统总结并推广苏州工业园区发展党员、建立组织的经验，加大发展各地高新技术产业园区创新创业人才的力度。要重视发展主体界别领域的留学人员、新媒体中的代表性人士。在保持主体界别优势基础上，着力发展一批社会科学、经济金融和法律界人士，逐步打造一支专业素质高、社会影响大、参政议政能力强的高层次人才队伍。

坚持依规治党，完善党内监督工作。作风建设要常抓不懈，强化党章党规意识，做到心有所畏、言有所戒、行有所止。要高度重视廉洁自律，特别是领导干部以及在关键岗位的关键人员更要注重防范廉政风险。

党内监督工作要以落实省级组织领导班子谈心会制度为重点，开展主题为“践行‘三严三实’，加强作风建设”的教育活动，推进党内监督工作制度化、规范化、程序化。进一步健全完善监督机构，推动省级组织内部监督机构全覆盖，加强监督队伍建设。

六、加强专委会和机关工作，充分发挥支撑服务作用

发挥专委会作用，打造具有民主党派特色的参政党智库。各专委会要立足特色优势，找准着力点和对接点，积极配合中央和各部门工作，加强专委会之间以及省级组织间的交流与合作，形成建言献策整体合力。特别是要在医药卫生、人口资源和生态文明建设等方面，深入调研，提出具有前瞻性、针对性和可操作性的政策建议，推动建设彰显我党界别特色的专家库和智囊团。

拓展联络交流广度和深度。利用医药卫生领域专家优势，主动与民族宗教、各阶层及海外人士加强联系、广交朋友、增进友谊，促进民族团结、宗教和睦、社会和谐。要认真学习贯彻中共中央关于做好港澳台工作的方针政策，在促进青年交流、亲情联谊方面有作为。继续举办健康产业发展研讨会，通过专委会加强与台湾医药科技界代表人士的联系和沟通。

进一步加强机关建设。各级组织要高度重视机关建设，切实为常委、委员和广大党员发挥作用提供支撑和服务。坚持不懈狠抓机关作风。要深入践行“三严三实”，强化责任担当，增强机关服务保障能力；加强工作统筹，强化中央与地方的联动以及各部门间的协作；继续推动机关制度建设，建立工作督办和反馈机制，做到有部署、有落实、有反馈、有成效。

各位委员、同志们：

中共十八届五中全会描绘了全面建成小康社会的宏伟蓝图，展现了中华民族伟大复兴的光明前景，我们深受鼓舞、对未来充满信心。让我们紧密团结在以习近平同志为总书记的中共中央周围，高举中国特色社会主义伟大旗帜，同心同德、团结奋进、开拓创新，积极投身协调推进“四个全面”战略布局伟大实践，共同谱写多党合作事业发展新篇章，为实现“十三五”良好开局和中华民族伟大复兴的中国梦做出新的更大贡献！

中国农工民主党第十五届中央监督委员会 2015 年工作报告

（2015 年 12 月 17 日中国农工民主党第十五届中央委员会第四次全体会议审议通过）

2015 年，中央监督委员会在中央委员会的领导下，在中央监督委员和各省级组织的共同努力下，紧密结合学习实践活动，紧扣人才强党战略，围绕服务于“健康中国”“美丽中国”为主线的参政履职工作，根据《党内监督条例（试行）》的要求，按照年度计划，积极推进全党内部监督工作的开展，圆满完成了各项任务。2016 年将在 2015 年工作的基础上，进一步明确工作思路，提升党内监督的效能和水平。

一、2015 年开展的主要工作

（一）筑牢内部监督工作的思想基础。中央监督委员会按照中央要求，认真学习中共十八大和十八届三中、四中、五中全会精神，认真学习习近平总书记系列重要讲话，认真学习中共中央《关于加强社会主义协商民主建设的意见》和中共中央统战工作会议精神，认真学习中共中央印发的《中国共产党廉洁自律准则》和《中国共产党纪律处分条例》（以下简称《廉洁自律准则》和《纪律处分条例》）。结合学习实践活动，强化对监督工作的认识。通过学习，不断夯实共同思想政治基础，更加坚定坚持正确政治方向的决心，更加坚定中国特色社会主义的道路自信、理论自信、制度自信。中共中央统战工作会议召开后，在中央举办的学习中央统战工作精神专题研讨班中，中央监督委员会委员同中央委员一道对会议精神进行了认真学习。随后，中央监督委员会专门召开了农工党全国党内监督工作交流研讨会，进一步深入学习了中央统战工作会议精神，研讨了新形势下的内部监督工作。

（二）开展警示为先的宣传教育。利用出席和参加各类会议、培训、调研等机会，中央领导班子成员在讲话中始终强调农工党与中国共产党经历了血与火考验的光荣传统，强调接受中国共产党的领导是老一辈农工党人自革命时期以来的正确选择，强调要继承和弘扬老一辈农工党人的优良传统，强调要坚定政治信念，坚守法律底线，要求农工党党员坚持崇廉拒腐，清白做人，干净做事，用党内违法案例，不断提醒党员干部保持廉洁自律的自觉性。在今年举办的农工党医药卫生界院、所长骨干培训班暨政策研讨班上，中央领导就廉洁自律有关问题作了专题报告。

（三）推进谈心会等制度的落实。以党章、党内监督条例为准则，以推进省级监督委员会工作为落脚点，推进省级组织领导班子谈心会制度的落实。大部分省级组织按照《关于建立健全中国农工民主党省级组织领导班子谈心会制度的意见（试行）》要求，积极落实了谈心会制度，进一步丰富了组织生活内容，发展了党内民主，增进了班子团结，提高了履职水平。中央监督委员会赴山西、福建等地参加了领导班子谈心会和民主评议会议，及时了解和把握了领导班子履职等情况。

（四）创新方法提高内部监督实效。部分省级监督委员会紧紧围绕省委会的中心工作，不断探索，勇于实践，创造性地开展党内监督工作，取得了良好的效果。湖南、广西、重庆、四川等制订了关于加强省委会委员履职尽责的有关文件和相应的考核办法。对省委会委员每年在思想建设、组织建设、参政议政、社会服务等方面提出了基本的工作任务要求，并对省委会委员每年以省委会委员身份参加的会议和活动情况进行统计。通过年终考核，提高了省委会委员的党性意识和履职意识，有力地促进了省委会各项工作质量和水平的进一步提高。吉林、上海、安徽、福建、河南等结合省委会的中心工作，深入到各地市级组织，了解开展各项工作的情况，听取意见和建议。天津、广西等参加了地市级组织的领导班子述职评议会。重庆积极参与地市级组织的换届工作，保证换届工作的平稳过渡。还有的省级组织围绕“三严三实”主题，开展了省级领导班子或县处级以上党员干部的学习教育。

（五）加强党内监督理论研究。中共中央统战工作会议召开后，围绕“指导思想、基本原则、监督的性质、监督的客体、监督的主体、怎么监督”等六个方面的问题，以及在内部监督工作实践中存在的问题，开展了专题调研。调研组深入内蒙古、宁夏、青海等地，听取地方和基层农工党员对内部监督工作的意见建议。中央监督委员会在京召开党内监督工作专题研讨会，进一步总结分析、深入探讨了党内监督工作，来自北京、天津、山西、湖北、陕西的中央监督委员会委员和在京的部分专家学者参加了会议。此外，在中央常委会议、学习中共中央统战工作精神专题研讨班和全国党内监督工作交流研讨会上，部分中央常委、中央委员和中央监督委员会委员就我党内部监督有关问题发表了自己的意见。通过调研，中央监督委员会形成了“农工党中央关于内部监督工作有关情况的调研报告”，对我党内部监督工作进行了回顾和总结，对以上六个方面的问题提出了建设性意见，对今后内部监督工作的着力点提出了意见建议。

（六）建立健全了监督工作机构。积极推动条件成熟的省级组织成立监督委员会，加强了对新成立的省级监督委员会的指导并参加成立大会。今年，内蒙古等 6 个省级组织相继成立了监督委员会。目前，全国已成立 25 个省级监督委员会，共有省级监督委员会委员 285 人，其中有 18 个监督委员会其委员规模在 10 人以上。湖南和江苏的一些地市级组织成立了监督委员会，根据实际条件开展了内部监督试点工作，结合当地重点工作拓展监督内容，规范工作行为。

（七）党员违纪处理和受理举报信件。据不完全统计，今年全党涉及违法违纪的党员有 14 名，其中撤销党内职务 8 人，开除党籍 4 人，其余还在调查处理中。在违法违纪党员中，有 9 人在本单位担任了行政职务。在中央机关选拔任用干部的过程中，中央监督委员会收到了一些反映情况的信件，本着对同志负责任的态度，按照职能范围对举报内容做了认真核查，澄清了事实，为干部的成长铺平了道路。

2015 年，内部监督工作结合学习实践活动，围绕人才强党战略，服务于“健康中国”“美丽中国”为主线的中心工作，主动出击，积极作为，取得了显著成绩，为保证中央各项工作的顺利开展做出了贡献。同时，内部监督还是一项开创性工作，没有现成经验，只能在实践中探索前进，目前还存在很多不足。如：内部监督的理论指导跟不上，对监督性质、监督主体客体等问题没有形成一致的共识，导致对内部监督工作认识不清；制度配套不完善，内部监督缺乏内容和程序等制度的支撑，使得工作浮于表面，较难深入；工作抓手不牢固，目前内部监督工作的具体内容约束性不强，难以评估监督工作的成效；监督力量较薄弱，监督办公机构缺少编制和岗位职责细化，还没有一支能专职从事监督工作的队伍。这些问题需要在今后工作中积极稳妥地予以解决。

各位委员、同志们：

中共十八大以来，中国共产党制订出台了一系列规章制度，开创了“全面从严治党”的新局面。作为在中国共产党领导下致力于中国特色社会主义事业的参政党，要学习执政党的经验和做法，推进从严依规治党。依规治党，就是要把党章作为党内根本法规，严格执行。要学习借鉴《廉洁自律准则》和《纪律处分条例》，加强党内规章体系建设，不断完善党内制度，提高法规制度的执行力，推动各项工作的制度化、规范化、程序化；加强党内纪律建设，把遵守政治纪律和政治规矩放在首要位置，通过严肃政治纪律，带动严肃其他纪律。参政党从严治党，必须参照执政党的有关要求。习近平总书记提出，新时期好干部的标准是“信念坚定、为民服务、勤政务实、敢于担当、清正廉洁”，对各级领导干部提出了“三严三实”的要求，对领导干部这个“关键少数”提出了“做尊法学法守法用法模范”的要求。这些要求，对农工党的同志同样是适用的。我们也要认真执行“八项规定”，严守道德和法律的底线，推动作风建设不断取得新成就。

今年中共中央召开了具有里程碑意义的中央统战工作会议，颁布了《中国共产党统一战线工作条例（试行）》。会议精神是新形势下统一战线事业的科学指导和行动指南，为扎实推进各项工作提供了根本遵循。我党内部监督工作要以中央统战工作会议精神为引领，深刻理解统一战线的重要法宝作用，正确处理一致性和多样性的关系。内部监督工作要善于在复杂多元中加以正确引导；要致力于不断增进一致性，巩固共同思想政治基础；要善于区别多样性，对有利于改进工作、减少错误的，要鼓励和支持，但对于涉及在大是大非问题上违反党章规定的，要旗帜鲜明亮明观点。我们要把政治底线牢牢守住，最充分地凝聚共识、凝聚人心、凝聚智慧、凝聚力量。

二、2016 年的工作思路

新形势、新举措给内部监督工作提出了新的要求。内部监督工作要在中央委员会领导下，按照从严依规治党的要求，紧密结合学习实践活动和人才强党战略，围绕服务于“健康中国”“美丽中国”为主线的参政履职工作，为全党主要工作的顺利完成提供有力保障。2016 年中央监督委员会要高举中国特色社会主义伟大旗帜，全面贯彻中共十八大和十八届三中、四中、五中全会精神，以邓小平理论、“三个代表”重要思想、科学发展观为指导，深入贯彻习近平总书记系列重要讲话精神，认真学习贯彻中央统战工作会议精神，坚持以协调推进“四个全面”战略布局为统领，以实施“十三五”规划纲要为重点，学习借鉴执政党抓党的建设的有关精神和工作部署，主要开展以下几方面工作。

（一）创新方法，围绕思想建设开展党内监督宣传教育

加强学习，夯实共同思想政治基础。继续学习贯彻中共十八大以来系列方针政策，特别是学习贯彻十八届五中全会精神；深入学习中共中央《关于加强政党协商的实施意见》；贯彻落实中央统战工作会议精神和《中国共产党统一战线工作条例（试行）》。学习执政党抓党的建设有关精神，借鉴《廉洁自律准则》和《纪律处分条例》等制度建设的有益经验，加强遵守党章的宣传，加强党内规章制度的建立，为从严依规治党打下坚实的思想基础。

践行“三严三实”，加强作风建设。紧密结合人才强党战略，结合“五种能力”建设，开展主题为“践行‘三严三实’，加强作风建设”的教育活动。通过学习先进典型事迹和分析反面典型案例，加强党员干部廉洁自律的自觉性，教育引导广大党员树立正确的世界观、人生观和价值观，认真落实“三严三实”要求。通过学习引导和预防教育，不断强化党员党性原则，增强党纪意识，遵守政治规矩，自觉维护中共中央权威，自觉抵制与党和国家的方针政策以及决策部署相违背的言行。

运用新媒体，创新思想教育的方式和载体。充分利用中央和各地的信息工作网站和官方微信新媒体平台，以贴近生活、喜闻乐见的方式，做好党员的思想引导工作。加大对信念坚定、爱岗敬业、爱党奉献、廉洁自律的先进典型人物的事迹宣传；加强对党员干部的廉洁自律教育，筑牢拒腐防变的思想道德防线。同时，推进中央和地方、地方和地方在党风廉政宣传教育上的相互交流和学习。

（二）深入调研，加强理论探讨，建立完善内部监督的规章制度

修订和制订基本的规章制度。加强党内监督制度建设，对监督手段、形式、内容、范围和工作机制等方面从规章制度上进一步明确，有利于打破监督工作的瓶颈，推动监督工作规范开展。中央将启动《党内监督条例（试行）》和《中央监督委员会工作规则（试行）》的修订工作。认真总结两个制度的实践经验，结合新精神和新要求，参照《廉洁自律准则》和《纪律处分条例》，提出修订的建议意见，为正式修订做好充分准备。同时为便于具体工作，制订党内监督的工作规范指导文件。

积极开展监督工作专项调研。继续开展由中央监督委员会主要领导带队深入基层的调研。开展中央监督委员会与地方监督委员会就一个方面问题的共同调研。利用中央举办的各种会议和到地方参加会议的机会，就某一专门的问题主动征求与会者的意见。与组织工作相结合，就党风党纪、干部队伍建设等有关问题开展联合调研。

继续推进党内监督理论探讨。加强交流研讨，及时总结经验，进一步摸清党内监督工作的规律特点，提高党内监督理论的指导性和实践性。中央将提出内部监督的理论研究课题，充分利用与中国社会科学院、中国人民大学已有的合作平台，联合清华大学廉实力研究中心等研究机构，组织省级组织和专家学者，开展民主党派党内监督工作新常态的研讨，力求解决一些理论和实际问题，使党内监督工作符合参政党特点，有的放矢。

（三）发挥作用，为换届工作的顺利完成保驾护航

落实领导班子谈心会制度。按照要求，省级组织领导班子谈心会由主委召集，领导班子全体成员参加。谈心会须以正式会议形式，每年至少召开一次。领导班子谈心会是我党各级领导班子成员的重要组织生活方式，是进一步发扬党内民主，总结经验，增进团结，不断提高领导班子履行职能的重要措施。省级领导班子还要主动抓好意识形态工作，把它作为谈心会的一项内容，对重大事件、重要情况、重要社情民意中倾向性、苗头性问题要认真研究，提出意见建议，积极发出正面声音。中央监督委员会将继续参加省级领导班子谈心会。各省级监督委员会要积极帮助地市级组织建立领导班子谈心会制度，加强地市级领导班子建设。各级监督委员会联合组织部门，积极参加领导班子及其成员的述职和民主评议会，及时了解情况，加强对地方组织领导班子及其成员在遵守党章和履行职责方面的监督。

确保换届工作的顺利进行。明年地市级组织将进行集中换届，也是中央和省级组织换届的准备年，一些省级组织还将进行届中调整。换届组织人事工作任务繁重，需要认真谋划，早作安排，按章办事，实现在新老交替中搞好政治交接。在干部队伍建设中，要坚持政治标准，把加强思想政治教育贯穿干部成长的各个阶段；要从事业发展需要选拔干部，根据班子的长期需要和换届周期内干部更替情况，把长计划和短安排结合起来；要把从严管理落实到干部队伍建设的全过程。在组织人事工作中，要坚持党管干部和民主集中制原则，把思想政治工作做深做细做实，按照党章和有关规定，做到风清气正、严谨规范，真正把政治坚定、业绩突出、群众公认的代表人士选拔出来，确保人事更替过程中政治方向不偏，优良传统不变。各级组织要以高度的责任感，在新一轮换届中落实各项要求。各级监督委员会发现有违反组织纪律的问题时，要及时提出处理意见建议，确保换届工作顺利进行。

（四）夯实基础，推进监督组织的自身建设

推进省级监督机构的全覆盖。中央监督委员会要继续推进省级监督委员会的建立工作，对已有建立计划的省级组织，要做好工作衔接和指导，对尚无计划的省级组织，要加强沟通，及时掌握情况。省级监督委员会成立后，要积极履行职责，发挥主观能动性，认真开展各项工作。同时，各地要努力争取监督委员会办公室有编制、有专人、有经费。按照积极稳妥、循序渐进的方针，支持条件成熟的副省级城市和具备条件的地市级城市积极探索成立监督委员会，开展试点工作。

加强监督工作的队伍培训。随着监督机构的成立和监督工作的开展，迫切需要对各级监督委员会委员和监督委员会办公室工作人员进行集中培训。中央将结合组织培训工作，专门举办一次针对监督委员会委员和工作人员的培训班，并在今后把监督委员会委员的培训纳入党员干部教育培训体系，全面提升全党开展监督工作的能力和水平。

建立监督信息交流的渠道。建立中央和地方监督委员会工作信息的交流沟通渠道，及时了解党内监督工作的最新精神和工作信息，交流各地开展工作的情况，反映在工作中遇到的困难问题和意见建议。中央监督委员会办公室将加强与各地监督委员会办公室

的联系，推动地方监督工作的有效开展。

各位委员、同志们：

党内监督工作还在“实践—探索—实践”的过程中，新的形势对内部监督工作提出新的要求。我们要充分认识到内部监督工作的重要性，以积极务实的态度，不断深入探索，不断提高政治把握能力、参政议政能力、组织领导能力、合作共事能力、解决自身问题能力，为“十三五”规划的顺利实施，为协调推进“四个全面”战略布局，为实现“两个一百年”奋斗目标，为努力实现中华民族伟大复兴的中国梦贡献力量。

在中国农工民主党第十五届中央常务委员会第九次会议上的讲话

（2015 年 3 月 10 日）

陈　竺

各位常委，各位同志：

按照工作安排，我们在每年全国两会期间都要召开一次中央常委会议。本次会议的主题是，认真学习贯彻全国两会精神，围绕国家改革发展大局和 2015 年国务院工作部署，履行参政议政职责，凝心聚力，建言献策。刚才，会议审议通过了《中国农工民主党中央关于认真学习贯彻十二届全国人大三次会议和全国政协十二届三次会议精神的通知》。

借此机会，我再讲三点意见。

一、认真学习习近平总书记系列讲话精神，围绕“四个全面”战略布局献计出力

近期，习近平总书记发表了一系列重要讲话。2 月 11 日，在同各民主党派中央、全国工商联负责人和无党派人士代表共迎新春时发表重要讲话，对“四个全面”战略布局作了精辟阐述，充分肯定了包括民主党派在内的社会各界为维护改革发展稳定大局做出的积极贡献，对统一战线广大成员寄予了殷切期望。2 月 12 日，在中央政治局常委会议上对全国政协常委会工作报告发表重要讲话，对发挥政协优势作用，更好履职提出了新的要求。3 月 3 日，在全国政协十二届三次会议各小组召集人会上再次发表重要讲话，对政协委员履职尽责提出了勇于担当责任、着力提高能力素质、自觉保持良好形象等三点希望。我们要认真学习贯彻习近平总书记的这一系列重要讲话精神，深刻领会讲话蕴含的丰富思想、重大意义，进一步增强致力于中国特色社会主义的使命感和责任感。

中共十八大以来，以习近平同志为总书记的中共中央领导集体，坚持问题导向和科学思维，坚定中国自信、立足中国实际、总结中国经验，逐步提出并形成了全面建成小康社会、全面深化改革、全面依法治国、全面从严治党的总体战略布局。这是中共中央立足治国理政全局、统筹改革发展稳定、指导中国阔步迈向未来的总纲领，是中国共产党治国理政方略与时俱进的新创造，是马克思主义与中国实践相结合的新飞跃，是中国特色社会主义理论创新的重要成果。我们要围绕中心、服务大局，聚焦“四个全面”和人民群众普遍关心的重大问题，发挥好农工党联系界别优势，就制订“十三五”规划、

促进经济平稳发展、深化国家医药卫生体制改革、贯彻节约资源和保护环境的基本国策，加强生态文明建设等重大问题深入开展调研，提出有价值的意见和建议。针对重大改革举措和发展目标落实情况，积极有序开展民主监督，坦率征求意见建议，切实支持和帮助执政党和政府解决问题，改进工作。

二、认真落实《关于加强社会主义协商民主建设的意见》，积极推进社会主义协商民主

不久前，中共中央下发了《关于加强社会主义协商民主建设的意见》(以下简称《意见》)，这是首次以协商民主为主题颁发的中共中央文件，对于在中国共产党的领导下，不断推进协商民主广泛、多层、制度化发展，做出了全面部署。《意见》明确了协商民主的七种渠道，即政党协商、人大协商、政府协商、政协协商、人民团体协商、基层协商、社会组织协商，对协商的内容、方式、程序等都做了规定，对指导和推进我国协商民主长远发展具有重要意义。

今天在座的不少同志，是从全国人大、全国政协大会会议驻地赶过来的。在本次全国两会上，农工党的各位全国人大代表和政协委员们始终以对人民高度负责的精神，认真履职，不负重托，向社会各界展示了我党良好的政治素养、议政能力和精神面貌。如在人大会议上，吕忠梅代表通过议案提出了“治理环境污染必须以人体健康为本”的观点，备受关注；蒋秋桃代表在刘云山同志参加湖南团审议时，就多党合作推动地方经济社会发展问题，包括设立母亲节，进行了精彩发言，得到充分肯定。在政协会议上，我们以农工党中央名义向全国政协大会提交了39篇提案，5篇口头发言和3篇书面发言。其中《严格防治水污染　科学合理水利用》等4篇口头发言被政协大会发言组采纳，这个也是创纪录的。《以永久基本农田保护区划定为抓手　切实加强土壤环境质量监管》的提案入选了全国政协提案办理协商会。据不完全统计，农工组44位参会的全国政协委员通过秘书小组分别以个人名义向政协大会提交了提案102件、大会书面发言8篇，内容涵盖了医药卫生、生态环境、人口资源、法治建设等领域的热点难点问题。大家正在出色地完成履职任务，发挥着人大协商、政协协商的重要作用，我们为此感到骄傲和自豪。

作为中国特色社会主义的参政党，我们也很高兴地看到，《意见》将政党协商摆在了协商民主的突出位置，或者叫第一位置，提出了一系列创新性的规定。比如在中央层面，明确了协商的会议形式、约谈形式、书面形式等，规定了协商的主要内容、具体方式；完善了民主党派中央直接向中共中央提出建议的直通车制度，健全了政党协商的保障机制，对各地推进政党协商也提出了总体要求。我们可以满怀信心地说，社会主义协商民主的春天已经到来，社会主义协商民主道路一定会越走越宽广。

当然，社会主义协商民主制度建设是一个植根于中国文化传统和当代中国国情的独特制度，各种协商渠道、机制、程序、内容等还要不断完善，还有许多新情况、新问题需要我们与中国共产党齐心协力，不断探索和实践。我们要坚持中国共产党对政党协商的领导，牢牢把住政党协商的大方向，通过与中国共产党充分沟通交流，进一步统一思想、努力增进政治共识，确保协商民主始终沿着正确的方向推进。要有坚强的政治定力和敏

锐的政治判断力，在涉及方向、道路、制度等方面的大是大非问题上，始终做到头脑清醒、旗帜鲜明。要进一步增强中国特色社会主义的道路自信、理论自信、制度自信，切实承担起中国特色社会主义事业亲历者、实践者、维护者、捍卫者的政治责任。要不断提高自身协商能力和水平。希望同志们切记：协商的特点不在于说了算，而在于说得准和说得对，只有提出来真知灼见，别人才愿意与我们商量；只有仗义执言，讲真话、吐实情，别人才会真正重视。

三、认真谋划 2015 年中央各项工作任务，努力加强自身建设，不断提高履职能力和水平

本次全国人大和全国政协会议上，农工党 50 余位全国人大代表审议了李克强总理作的 2014 年政府工作报告，80 余位全国政协委员参与讨论了报告。大家一致认为，政府工作报告充分体现了中共中央、国务院在新常态下的新思维与新举措，内容充实，文风朴实，道出了全国人民的期盼、希望和心声，体现了国家对发展时机的把握，对突出困难的认识，对全面深化改革的担当和攻坚克难的决心；特别是报告首次提出“打造健康中国”，不断提高医疗卫生水平，提出“环境污染是民生之患、民心之痛”，打好节能减排和环境治理攻坚战，对我党立足医药卫生、人口资源和生态环境的界别特色和优势，做好参政议政、社会服务等工作提出了更高要求，指明了努力方向。

代表、委员们还分别审议了张德江委员长所作的人大常委会工作报告和俞正声主席所作的政协常委会工作报告。大家一致认为，全国人大常委会 2014 年依宪、依法履职，坚持中国共产党的领导，充分发挥最高国家权力机关作用，各方面工作都取得新进展、新成效；政协全国委员会及其常委会高举爱国主义、社会主义旗帜，聚焦改革发展履行职能，推进政协协商民主发挥优势，强化履职能力建设提高实效，各项工作取得新进展，特别是报告专列一章，提出要“更好发挥人民政协在发展社会主义协商民主中的重要作用”，推进协商民主广泛多层制度化发展，为民主党派在政协平台上履行职能、发挥作用提供了广阔舞台。

关于我党 2015 年工作的主要目标和任务，十五届三中全会已经作了全面系统的部署和安排，我这里就不再重复了。今年全党要紧紧围绕中共中央“四个全面”的战略布局和国务院关于全年工作的总体安排，加强自身建设，发挥联系界别优势，不断提高履职能力和水平，做好参政议政、社会服务等各项工作，努力为实现中共中央、国务院提出的各项任务，为经济社会平稳持续健康发展献计出力。

一是聚焦参政议政重点，集中力量做好中央考察调研工作。经中央主席办公会议研究，我们考虑今后一段时间在参政议政方面要重点关注以下五方面的问题：1. 关注国家重大发展战略，特别是“一带一路”、长江经济带、京津冀协同发展；2. 关注经济和社会事业协调发展问题，在保持经济中高速增长的同时，重点推动环保、卫生与健康等民生事业发展；3. 关注解决经济发展中的结构性矛盾，构建有利于经济、社会、资源、环境与生态可持续发展的经济结构；4. 关注全面深化改革中有关体制机制的问题，重点研究管理体制改革和治理体系建设；5. 关注国家立法和执法等方面的问题，如《基本医疗卫生法》的制订、《水污染防治法》的修订、《环保法（修订案）》的执行等。

今年，受中共中央委托，我党中央将以“水污染防治与水资源利用”为主题开展大考察。前期，我带队赴上海、吉林进行了调研。去年，晓峰常务副主席已到湖南进行了调研。初步考虑，今年上半年，将由我和晓峰常务副主席分别带队赴京津冀地区，特别是河北省和江苏省进行大考察。在此基础上，我们还考虑赴北京、浙江、天津、福建、青海、甘肃、四川、重庆等地进行补充调研。中央有关专委会和部分省级组织还计划赴河南、广西、黑龙江、辽宁等地开展联合调研。

除大考察外，今年中央还将就“十三五”规划、人口老龄化、行政审批制度改革、推进人民法院改革等课题开展调研。尤其是下半年，将与全国政协联合召开主题为“仿制药的质量问题与对策”的双周协商座谈会。请各位常委和各地方组织紧紧围绕中共中央统战部和全国政协有关工作部署，提前准备，配合中央把今年调研工作开展好，集全党之力，形成更多有分量、有建设性和可操作性的调研成果。中央有关部门要继续加强与省级组织的上下联动，更好地发挥中央各专委会的智力支持作用，进一步凝聚和调动全党力量，为中央参政议政做好调研支撑。同时，各地方组织也要围绕地方经济社会发展的重大问题，确定优先重点课题，拓展调研思路，加强组织领导，深入调查研究，提出切实可行的意见建议。

二是大力加强自身队伍建设，不断提高履职能力和水平。履行好参政党各项职能，关键是要有一支数量充足、结构合理、素质优良的干部队伍。要根据面临的新形势新挑战，按照中共中央的新要求，全面落实人才强党战略，着力加强班子建设，加大干部培训力度，全面提升综合素质和能力水平。要全面加强经济、哲学、法律各方面知识的学习，开阔视野、提高素质。要创新方式方法，善于运用法治思维和法治方式开展工作。要进一步振奋精神、加强学习、改进作风、提高水平，努力开创工作新局面。

三是探索参政党发挥民主监督的范围和有效实现方式。民主监督一直是困扰民主党派发挥作用的瓶颈。监督什么和如何监督等问题，尚无明确的政策规定和有效实践。俞正声同志在全国统战部长会议上明确指出：“违法干预司法活动的现象，重要法律法规制订实施中的不足和缺陷，司法不公和司法腐败的情况，政府部门执法不作为和乱作为等群众反映强烈的问题等等，都应该作为民主监督的内容。”这对于民主党派开展民主监督提出了具体要求。我们要认真领会讲话精神，深入开展调研，找准民主监督的切入点，回应人民群众对民主党派的新期待，为法治中国建设贡献应有的力量。

各位常委，各位同志：

2015 年，是全面完成“十二五”规划的收官之年，是全面深化改革的关键之年，是全面推进依法治国的开局之年，也是我党发挥优势与作用的重要一年。让我们紧密团结在以习近平同志为总书记的中共中央周围，凝聚共识，建言献策，扎实工作，奋发有为，共同谱写实现中华民族伟大复兴中国梦的新篇章！

在中国农工民主党第十五届中央常务委员会第十次会议闭幕会上的讲话

（2015 年 6 月 13 日）

陈　竺

各位常委，各位同志：

经过大家的共同努力，农工党十五届十次中常会已经圆满完成各项议程，即将结束。会议期间，我们集体学习了中共中央统战工作会议精神，特别是习近平总书记讲话和《中国共产党统一战线工作条例（试行）》精神，听取了中央统战部陈喜庆副部长所作的专题报告，刚刚审议通过了《中国农工民主党中央关于认真学习贯彻中共中央统战工作会议和〈中国共产党统一战线工作条例（试行）〉精神的决定》。会议邀请国务院发展研究中心隆国强副主任作了《对外开放的新形势与新战略》报告，专题研讨了推动京津冀协同发展问题。会议还通报了农工党“一干”会址修缮和布展“特别党费”缴纳情况及工作进展情况。期间，召开了主席战略研讨会，各位主席对依规从严治党的紧迫性、必要性、面临的问题挑战以及如何通过依规从严治党推进自身建设达成了共识。农工党中央还与中共河北省委、省政府签署了战略合作框架协议。可以说，本次会议内容丰富、重点突出，达到了预期效果。

借此机会，再讲三点意见，供同志们参考。

一、认真学习领会中央统战工作会议精神，将其作为农工党履职尽责的根本遵循

在协调推进“四个全面”战略布局，努力实现“两个一百年”奋斗目标的关键阶段，中共中央召开中央统战工作会议，这是我国统一战线发展史上的重要里程碑，也是我国民主政治建设的重要里程碑。习总书记重要讲话科学回答了新形势下需要不需要统一战线、需要什么样的统一战线、怎样巩固和发展统一战线等重大问题，再次明确了统一战线的重要法宝作用，是指导统一战线事业发展的纲领性文献。《中国共产党统一战线工作条例（试行）》的颁布，是统战工作制度化规范化科学化的重要标志，是新时期做好统战工作的行动指南，必将对中国特色社会主义参政党建设产生深远影响。

学习贯彻中央统战工作会议精神，最重要的是，要把统一战线的重要法宝地位在思想上确立起来、在实践中运用起来，特别要准确把握习总书记重要讲话精神的丰富内涵。

一要准确理解“正确处理一致性和多样性关系”重要论述的精神实质，凝聚人心汇聚力量。习总书记用“同心圆”的概念，形象地论证了一致性和多样性的辩证关系，指出“只要我们把政治底线这个圆心固守住，包容的多样性半径越长，画出的同心圆就越大”。这是对统一战线长期实践经验的科学总结，是对统一战线发展规律的准确把握。一致性和多样性的具体含义随着时代的发展不断产生变化。举例讲，在抗日战争年代，抗日救亡是最根本的一致性，多样性则涵盖了全国各阶级各民族各行各业以及海内外爱国的中华儿女。在当前我国推进“四个全面”战略布局的新形势下，实现中华民族伟大复兴的中国梦是海内外全体爱国同胞最大共识、最大公约数，也就是最大的一致性，是“圆心”

所在。作为统一战线的重要成员，民主党派在坚持一致性、引导多样性方面，不仅责任重大，而且有着独特优势，可以发挥更大作用。我们要准确把握中国共产党领导的多党合作的基本特征和政治准则，深刻领会坚持中国共产党的领导与发挥自身优势的辩证关系，始终与中国共产党同心同德、同向同行，共同画好“同心圆”。作为接受中国共产党领导的与中国共产党通力合作的亲密友党，作为进步性与广泛性相统一的中国特色社会主义参政党，我们当然要离圆心越近越好。

二要深刻认识新形势赋予民主党派的新使命，充分发挥参政党作用。《条例》不仅将民主党派职能完善为“参政议政、民主监督，参加中国共产党领导的政治协商”，而且明确了民主党派履行民主监督职能的形式，为民主党派更好地发挥作用提供了制度保障，充分体现了中共中央对民主党派的信任与肯定。对此，我们深受鼓舞，倍感振奋，也深感责任重大。我们要进一步解放思想，凝聚共识，始终从思想上政治上行动上与中共中央保持高度一致，建设高素质中国特色社会主义参政党，彰显作用和价值。

三要全面把握历史机遇，持续加强农工党代表人士队伍建设。习总书记强调，“更好体现中国共产党领导的多党合作和政治协商制度的效能，着力点在发挥好民主党派和无党派人士的积极作用。要加大党外代表人士培养、选拔、使用工作力度，选拔和推荐更多优秀党外人士担任各级国家机关领导职务。”《条例》对党外代表人士队伍建设作了明确规定，尤其在政治安排方面，明确了“符合条件的省级民主党派主委一般应当进入同级人大常委会、政府、政协领导班子。”这些都充分体现了中共中央对各民主党派的关怀、爱护和支持。我们要把握好历史机遇，加大代表人士发现储备、教育培训、实践锻炼和推荐使用力度，打造一支政治坚定、本领过硬、数量充足的代表人士队伍，在多党合作与政治协商平台上，进诤言、献良策，做出新的更大贡献。

本次会议上，各位常委就学习中央统战工作会议精神畅谈了认识和体会。大家一致认为，习总书记重要讲话具有很强的理论性和指导性，是做好参政党工作的根本遵循。《条例》解决了长期制约统战工作的重点难点问题，为全面加强统一战线建设提供了政治保障、组织保障和法治保障。大家纷纷赞扬中共中央对坚持和完善多党合作和政治协商制度的高度重视，一致表示要再接再厉、不断进取，充分发挥中国特色社会主义参政党作用。

二、深入贯彻落实中央统战工作会议精神，切实加强自身建设

我们要将认真学习习总书记重要讲话精神和《条例》作为当前及今后一个时期的首要政治任务，切实抓紧抓好。各级组织要按照《中国农工民主党中央关于认真学习贯彻中共中央统战工作会议和〈中国共产党统一战线工作条例（试行）〉精神的决定》要求，细化方案，创新形式，使学习活动有部署、有辅导、有抓手。

宣传部门要将学习宣传中央统战工作会议精神纳入学习实践活动和全年宣传工作计划，并与“学精神、学党章、学党史”等活动有机结合，通过演讲、征文、知识竞赛、今年年底组织一次文艺汇演等多重形式，加大对中央统战工作会议精神的宣传力度。下半年召开的学习实践活动经验交流暨中期推动会要把宣传贯彻落实中央统战工作会议精神作为重要内容。组织部门要把学习贯彻会议精神作为各类培训班重要学习内容。参政议政和社会服务部门，要以中央统战工作会议精神为指导，调整参政议政和社会服务工

作的思路及工作重点，进一步在参政议政的专业性上做文章，在社会服务的针对性上求突破，近期要按照中央统战部“统战工作服务‘一带一路’战略”的要求，做好相关工作安排。

在推进“四个全面”战略布局关键时期，我们要继承和发扬与中国共产党和衷共济、通力合作的光荣传统，将深入贯彻落实中央统战工作会议精神贯穿于思想、组织、制度建设特别是领导班子建设全过程，不断提高“五种能力”。

一是增强政治意识，不断提高政治把握能力。在意识形态领域看不见的硝烟无处不在，政治领域没有枪炮的较量始终未停的今天，民主党派增强政治把握能力尤为重要。坚持中国共产党的领导是多党合作的重要政治准则，无论在任何时候、任何情况下都要始终不渝、毫不动摇。今年是农工党成立 85 周年，也是邓演达烈士诞辰 120 周年，我们要以纪念活动为契机，认真总结与中国共产党团结合作、风雨同舟的历史经验，增强三个自信，不断巩固团结奋斗的共同思想政治基础。

6 月 11 日，审判机关依法对周永康受贿、滥用职权、故意泄露国家秘密案进行了一审宣判，充分体现了以习总书记为核心的中共中央全面依法治国的执政理念以及坚定不移依法惩治腐败的鲜明态度和坚定决心，充分体现了中国共产党敢于直面问题、纠正错误，勇于从严治党、依法治国，善于自我净化、自我革新的历史担当和政治勇气。农工党坚决拥护和支持中共中央依法处理周永康案的决策部署，我们要结合正在深入开展的坚持和发展中国特色社会主义学习实践活动，教育引导广大党员深刻认识依法处理周永康案的重大现实意义和深远历史意义，旗帜鲜明地支持中共中央保持反腐高压态势不放松，进一步加大源头治理力度，筑牢思想上拒腐防变的堤坝，着力构建不敢腐不能腐不想腐的长效机制。周案是一个很好的反面教材，正因为这样我们提出参政党也要以执政党为师，依规从严治党。

二是增强发展意识，不断提高参政议政能力。参政议政是“长期共存”的价值所在，是“互相监督”的有效方式，是“肝胆相照”的显著特点，是“荣辱与共”的生动体现，也是衡量民主党派在多党合作和政治协商制度中地位和作用怎样、自身素质和社会影响如何的最终标准。这次中央统战工作会议为民主党派发挥作用提供了更加广阔的平台，我们要紧紧围绕“四个全面”战略布局，以“健康中国”和“美丽中国”为主线，紧扣“十三五”规划的研究制订，紧扣“一带一路”、京津冀协同发展和长江经济带等重大国家战略，谋长远之道、建有用之言、献务实之策。

三是增强民主意识，不断提高组织领导能力。在领导班子建设方面，要按照民主集中制原则，发挥集体智慧，形成各司其职、互相支持、团结协作、共同努力的工作局面。在干部培养使用方面，要继续以“人才强党”为抓手，以明后年市级和省级组织换届为契机，做好政治交接，着力解决我党高层次人才储备不足的问题。此外，中共组织部门将重点解决“由副到副”越级提拔多、突破年限破格提拔多等问题，对此我们要摸清底数、提前谋划，对素质过硬、符合要求的干部要加强与有关部门沟通协商，积极推荐到正职岗位和重要岗位历练成长。在党员发展方面，要严把质量关。习总书记强调，“民主党派不是俱乐部，不要不加甄别，来者不拒。”我记得晓峰常务副主席也讲过：党派不是俱乐部。我们要坚持政治标准，进一步规范发展程序，继续加大在医药卫生、人口资源、生态环境等界别领域物色优秀人才的力度，同时把留学人员、新媒体中的代表性人士和非公有制经济人士作为组织发展新的关注点和着力点，注意我们联系的界别和这三类人的结合。就留学人员而言，改革开放以来，我国各类出国留学人员人数已超 350 万，回国人数也已超 180 万。如果说二三十年前人们担心出国潮会不会带来人才流失，今天我们看到人才出国和回国情况已经基本实现平衡，到了可以收获留学人才红利的阶段。值得注意的是：很多优秀留学人员是生物医药领域的，此与发达国家产业结构中健康服务业比重高、科研教育体系内医药卫生领域分量大是有关系的，而这些人才已成为我国医药卫生界别的重要组成部分。在非公有制经济人士方面，随着社会办医不断发展，农工党员中已经有一批优秀的民营医院院长；同时，还有一些在民营企业特别是药企工作的企业家加入到我们的队伍。新媒体领域，与人口、环境、社会问题相关的一批“意见领袖”，也需要重点关注。有些事情不能等待其自然发生，而要主动出击做工作，主动加强与这三类人的联系，工作中要讲章法、讲策略，讲求工作的艺术性，引导他们积极参与祖国统一、民族复兴大业，为壮大统一战线贡献力量。

四是增强大局意识，不断提高合作共事能力。政治协商不在于说了算，而在于说得准、说得对。各级组织都要努力为实现协商民主广泛多层制度化发展贡献自己的力量。同时，我们还要引导所联系成员和群众理解改革、支持改革、参与改革。通过 14 万农工党员的辐射带动，最充分地凝聚共识、凝聚人心、凝聚智慧、凝聚力量，做扩大团结面、凝聚正能量的催化剂，而且还不是一般的催化剂，是具有特殊能量的生物酶。

五是增强忧患意识，不断提高解决自身问题能力。要正视自身存在的各种问题，坚持依规从严治党，加强内部监督工作，引导广大党员将“三严三实”作为修身之本、为政之道、成事之要，做到严以修身、严以用权、严以律己，谋事要实、创业要实、做人要实。各级组织要高度重视廉政风险防范工作，特别是做好关键岗位和关键人员的廉政风险防范。教育全党必须始终保持谦虚谨慎的作风，不断提高履职尽责的能力和水平。讲到从严治党，最近我们也重温了党史，实际上农工党从建党之初就非常重视党内监督。所以我们在“三学”方面不仅要有生动活泼的形式，还要把党史中的优良传统，特别是经过血与火考验的参政党特质中一些灵魂层面的东西，一些崇高的价值观念发掘出来，加以传承。

三、充分发挥联系界别优势，为京津冀协同发展献计出力

习总书记在中央统战工作会议上明确要求：“民主党派要围绕‘四个全面’战略布局，在实施重大国家战略上献计出力”。农工党历来有这样的传统：中国共产党和国家工作重点部署到哪里，我们就自觉跟进到哪里，工作到哪里，而且在工作当中充分注意前瞻性、全局性谋划。今天我们研究国家重大战略的实施，特别是推动京津冀协同发展，也是在农工党原有工作基础上进一步为国家做贡献。

京津冀协同发展，是国家稳增长、促改革、调结构、惠民生的三大支撑战略之一。今年 4 月底中共中央政治局会议审议通过的《京津冀协同发展规划纲要》，勾画出清晰的路线图、时间表，明确了主攻方向、任务要求和重点抓手，为推动京津冀协同发展提供了根本遵循。

十五大以来，农工党中央注意发挥联系界别优势，围绕京津冀协同发展问题一直都

在积极建言献策。2013 年我们报送的《关于积极应对区域灰霾污染的有关工作建议》受到中共中央领导高度重视，主要建议为国务院下发的《大气污染防治行动计划》所采纳，推动了京津冀大气污染的区域联防联控。2014 年，在党外人士座谈会上，我党中央就京津冀协同发展问题向习近平总书记提出建议，并向张高丽副总理报送了《关于促进京津冀协同发展的有关工作建议》的专报，提出了推动交通、产业和环保协同发展的政策建议，其中也将社会事业发展和产业结构调整紧密联系在一起。我们当时的切入点不单是从经济层面考虑的，也是从社会发展、促进社会公平正义方面考虑的。一个重要论据是，离开首都一两百公里处就存在一个所谓的贫困带，这显然是全面建成小康社会必须解决的重大问题。另外，雾霾频频光顾首都，这个挑战就不仅是北京市的事情，而是国家层面的事情了。所以，我们看京津冀还是要从全局和战略层面着眼。今年 4 月，我党中央邀请相关部委和有关专家专题研讨了京津冀区域环境保护问题，晓峰常务副主席出席并作了重要讲话。5 月，农工党中央以“水污染防治与水资源利用”为主题的大考察，又对京津冀地区的水环境做了深入调研，探索推动区域性水资源保护和水污染防治的新思路、新举措。

本次会议上，京津冀三地发改委的同志介绍了有关情况。总体上讲，今年一到四月份三地的空气质量有明显改善，数据显示 PM2.5 比去年同期下降 20%，这是很不容易的，表明治理已初见成效。而交通问题有所突破，则为促进经济社会发展并疏解北京非首都功能提供了先决条件。所以，还是要充分肯定成绩，积小胜为大胜。于文明、沈中阳、段惠军三位主委作了主题发言，在深入调研基础上提出了重要意见建议。各位常委围绕如何推动京津冀协同发展进行了热烈讨论，发言踊跃，许多是真知灼见，充分展示了同志们服务“四个全面”战略布局、为实施三大国家战略做贡献的责任感和使命感，也是大家在参政议政方面的学术素养、战略思维、法治思维的充分体现，请会务组认真梳理送有关部门参考。应该说，疏解北京非首都功能，有着非常积极的意义。在“四个中心”特别是政治中心以外的功能，不是被动疏解，而是要主动辐射带动，以促进协同发展。这件大事情单靠三地政府是不够的，需要全国“一盘棋”谋划，需要国家有关部委更多支持，也需要我们在参政议政方面深化实化。这就需要进一步深入基层，细致调研，了解实情，通过专报、提案、社情民意信息等方式反映群众意愿，通过各种协商渠道有效建言献策。

1. 要在促进疏散北京非首都功能、实施产业转移方面积极发挥作用。《纲要》明确提出，有效控制北京人口是协同发展的核心与主要目标。北京在疏散非首都功能的同时，必然严格控制人口规模，两者是相辅相成、相得益彰的。据测算，2020 年，北京的常住人口以不超过 2300 万为宜，北京市也制订了详细周密的人口调控计划，落实区县责任。北京能否成功瘦身关乎着协同发展的成败，而瘦身的关键正是对北京的合理定位。从我们调研情况看，京津冀三地的差异性既是协同发展的巨大挑战，也提供了一个互补发展的机会。北京在“转”上有很大潜力，通过构筑高精尖产业体系，主打服务经济、知识经济、总部经济、绿色经济，真正实现腾笼换鸟。天津在“立”上有文章可做，借助自贸区有利发展契机，努力做好“三区一基地”的大文章。河北应该在“补”和“调”上寻求突破，通过京津科技成果无缝对接转移，实现绿色崛起。我们要充分发挥所联系的人口资源领域界别优势，对京津冀三地经济人口资源发展变化趋势做出科学研判，并结合实地调研成果向中共中央、国务院提出可操作性的建议方案。

2. 要在实现京津冀公共服务均等化方面积极发挥作用。制约三地协同发展除了体制机制因素外，教育、医疗、科技等公共服务能力的巨大差异也必须引起高度重视。因此，有必要加快推进基本公共服务均等化，完善横向财政转移支付制度，构建三地跨省市公共服务分担与统筹体系，这些方面还有许多改进的空间。如医药卫生方面，我们曾向中共中央、国务院建议，打造以“秦皇岛—承德—张家口—石家庄—廊坊”为轴的“健康走廊”，积极推进京津地区高端优质医疗资源向“健康走廊”转移和集聚。近期，可考虑发挥我党在医药卫生领域的传统优势，帮助做好运用互联网 + 等新技术发展三地医养结合产业的规划，有效调动三地的积极性，为经济发展增添新动力。

3. 要在促进京津冀生态环保一体化方面积极发挥作用。京津冀土地面积 21.6 万平方公里，占全国的 2%；总人口达 10860.5 万，占全国的 7.98%，生态承载压力巨大，是全国大气污染、水污染最严重地区，是全国水资源最为短缺、地下水漏斗最大的地区，也是全国资源环境与发展矛盾最为尖锐的地区。这些问题是当前及未来京津冀协同发展面临的最大挑战，关乎着三地老百姓的切身利益，关乎三地人口资源环境的协调与经济社会的和谐稳定。我们要直面主要矛盾，坚持问题导向，充分发挥我党在生态环境领域的独特优势，将改善生态环境质量、实现污染治理能力和水平的共同提升，作为服务京津冀协同发展的重要切入点和突破口。在落实《大气污染防治行动计划》和《水污染防治行动计划》过程中，要推动三地在立法司法协调、规划标准统一、联合环境执法、信息互联互通互享等方面加大协同力度，打造生态环境命运共同体，使京津冀人民共享青山绿水碧海蓝天，共享生态美好的家园。

本次中常会将推动京津冀协同发展确定为讨论主题，既是贯彻落实中央统战工作会议精神的具体行动，也是提高中常会议题建设性、针对性的尝试和探索。今后我们也可考虑开展有关服务“一带一路”、长江经济带和其他方面的专题研讨。这次是个尝试，同志们讲的非常对，讲京津冀又要跳出京津冀来思考问题。各省级组织也要紧密结合“四个全面”战略布局、三大国家战略，充分发挥自身特点优势，深入开展相关调研，积极参政议政、建言献策。农工党中央各部门要继续做好同各地同志们的沟通联系，竭诚为各省级组织的战略性议政提供服务。

各位常委，各位同志：

中央统战工作会议的召开及《条例》的颁布为多党合作和民主党派事业发展提供了重大历史机遇。责任和压力前所未有，信心和动力同样前所未有。我们要珍惜把握机遇，紧密团结在以习近平同志为总书记的中共中央周围，凝聚共识、扎实工作，为协调推进“四个全面”战略布局、实现“两个一百年”奋斗目标和中华民族伟大复兴的中国梦做出新的更大贡献！

在中国农工民主党第十五届中央常务委员会第十一次会议闭幕会上的讲话

（2015 年 9 月 16 日）

陈　竺

各位常委、各位同志：

经过大家的共同努力，农工党十五届十一次中常会已经圆满完成了各项议程。会议期间，我们集体学习了中共中央关于“一带一路”战略部署的有关讲话和文件精神，听取了国家发改委欧晓理同志所作的《对“一带一路”战略若干重大问题的思考》的专题报告，围绕农工党如何服务“一带一路”战略进行了专题研讨，上海、福建、海南、陕西四个省委会的主委作了重点发言，各位常委同志也作了很好的发言。今年是农工党成立 85 周年，前天刘晓峰常务副主席作了一个很好的报告，全面回顾了我党 85 年来的光辉历程和优良传统，这对新时期加强我党自身建设、更好地履职尽责具有重要指导意义；会议期间，我们还举行了一干会址修缮和布展暨党史教育基地的揭幕仪式，集体参观了修缮布展后的“一干”会址，围绕“如何继承和弘扬农工党优良传统、面向未来，切实提高‘五种能力’”问题进行了专题研讨，今天下午前一段又举行了“学精神、学党章、学党史”知识竞赛的总决赛。这个赛事组织得非常好，各位参赛选手表现出色，竞赛精彩纷呈。可以说，本次会议主题鲜明、内容丰富、重点突出，会后各级组织要及时传达和广泛宣传会议精神，把建党 85 周年纪念活动激发出来的爱国热情和政治热忱，转化为服务中国特色社会主义事业的强大动力。

借此机会，我再讲三点意见。

一、继承和弘扬农工党优良传统，坚定不移为中国特色社会主义事业团结奋斗

在我国进入全面建成小康社会的决定性阶段，在中国共产党领导的多党合作事业蓬勃发展的今天，特别是在农工党建党 85 周年之际，重温我党的光荣历史，对于继承和发扬优良传统，把我党建设成适应时代要求的参政党，沿着中国特色社会主义政治发展道路不断前进，具有重大现实意义。

85 年前，在中国共产党的亲密战友邓演达将军的主持下，我党第一次全国干部会议在上海召开，明确提出武力推翻蒋介石政权，“解放中国民族，建立平民政权，实现社会主义”的政治主张。我党从诞生之日起，其发展就与国家和民族的命运兴衰紧紧联系在一起。老一辈农工党人与中国共产党一道，积极投身反对蒋介石独裁统治、抗日救亡和争取民族解放的伟大斗争。在艰苦斗争中，邓演达不幸被捕，在威逼利诱之下英勇不屈，被国民党反动当局秘密杀害。邓演达殉难后，我党同志继承邓演达烈士遗志，继续坚持反蒋斗争。1931 年“九一八”事变后，针对国民党政府推行的“攘外必先安内”的“不抵抗”政策，提出了“倒蒋抗日”的政治口号和行动纲领，积极策动和参加 1932 年的“一·二八”淞沪抗战、1933 年的察绥“民众抗日同盟军”抗战和 1933 年 11 月的“福建事变”，但这些斗争先后都失败了。多次的失败与挫折，促使我党同志在探索民主解放的

道路上不断总结经验。与此同时，中国共产党领导的工农红军奇迹般地取得了二万五千里长征的伟大胜利，使我党同志深刻认识到，唯有中国共产党是革命的主力，要革命必须与红军取得联系。

1935年8月,中国共产党发表《八一宣言》,呼吁停止内战,一致抗日。我党同志从“八一宣言”中看到了重新组织起来的希望，并于1935年11月率先响应“八一宣言”，在第二次全国干部会议上确立了与中国共产党团结合作的政治路线，以“抗日、联共、反蒋”为工作总方针，从此走向了同中国共产党合作抗日的道路。

我党同中国共产党的合作道路并不平坦，党内有的同志一度出现过质疑和动摇。刘晓峰常务副主席前天也讲到，为统一思想，坚定立场，纯洁队伍，我党历史上先后开展了两次整党。第一次是在1940年,第二次是在1947年。经过整党,我党政治方向更加明确，政治立场更加坚定。1948年4月30日，中共中央发布“五一”口号，我党和其他民主党派、无党派人士一起响应“五一”口号，积极参加筹备新政协、建立新中国的伟大事业。我党从选择与中国共产党合作到自觉接受中国共产党的领导，走过了一条不平凡的道路，这是历史的必然，是正确的抉择，也是我党的宝贵财富。

新中国成立后，在中共中央的关心支持下，我党的组织和党员队伍不断发展壮大，联系的界别领域进一步拓展，如今已发展成为一个拥有14万党员的中国特色社会主义参政党。随着多党合作事业的不断发展，广大党员在社会主义现代化建设中发挥了积极的作用。农工党十五大以来，我们把促进“健康中国”“美丽中国”建设作为工作主线，以实施人才强党战略为抓手，全面提高自身建设水平，在中国共产党领导的多党合作和政治协商中，认真履行参政党职能，为中国特色社会主义建设做出了积极贡献。

中国农工民主党85年走过的道路，是顺应历史和时代要求不断发展、不断前进的光辉道路。我党85年的发展历史，是一部逐步走向与中国共产党团结合作、接受中国共产党领导的历史，也是一部始终为中华民族解放事业和新中国建设事业贡献力量的历史。我党之所以能在各个历史时期不断前进和发展，一方面是因为我们自觉接受中国共产党的领导，走上了一条符合我国国情的政治发展道路；另一方面源于我党各级组织和广大党员对真理的不懈追求，为国家和民族的解放事业不懈奋斗。在长期的革命、建设和改革实践中，我党形成了追求真理、不断进步的传统，与中国共产党亲密合作、团结奋斗的传统，热爱祖国、无私奉献的传统，热爱组织、培育新人的传统，自我教育、严于律己的传统。这些传统是我党宝贵的精神财富，是我党基因中最为宝贵的东西，也是我们参与多党合作的重要价值追求。

今天，重温我党85年的光辉历程，就是要让每一位农工党员了解农工党发展的历史，了解农工党与中国共产党团结合作的历史轨迹、光荣传统和基本经验，进一步深刻认识中国共产党领导的多党合作制度形成的历史必然性，不断增强走中国特色社会主义政治发展道路的自觉性和坚定性，自觉坚持和维护中国共产党领导的多党合作制度，继承优良传统，发挥特色优势，始终把服务发展作为履职尽责的第一要务，在自我教育中不断提高整体素质和“五种能力”，为实现中华民族伟大复兴的中国梦贡献智慧和力量。

这里我想强调一点，就是我们纪念农工党成立85周年，除了举行一系列隆重热烈的纪念活动外，更重要的是，要在纪念过程中认真思考如何更好地铭记历史、继往开来，进一步开创各项工作的新局面。农工党能有现在的政治地位，是前辈们过去85年的付出和贡献，我们应该想一想下一个85年能为后人留下什么。令人惋惜的是，近些年我们党内也有个别同志在廉洁自律方面出现了问题，既断送个人前途，同时也对我党的形象和事业发展产生了不好的影响。同志们一定要引以为鉴，不管是谁，即使是大牌专家，知名企业家，即使是在党内担任重要职务，或者是在政府担任要职，如果放松了对自己的要求，在廉洁自律方面出现问题，都会对个人和组织带来不利影响。所以各级组织要通过反面案例，警示和引导广大党员树立正确的世界观、人生观和价值观，认真践行“三严三实”（严以修身、严以用权、严以律己，谋事要实、创业要实、做人要实），这绝不是说说而已，要筑牢拒腐防变的思想道德防线；要按照习近平总书记在中共中央政治局第二十六次集体学习时强调的那样，“随时准备坚持真理、随时准备修正错误，凡是有利于党和人民事业的，就坚决干、加油干、一刻不停歇地干；凡是不利于党和人民事业的，就坚决改、彻底改、一刻不耽误地改”。作为中国特色社会主义参政党，我们要以执政党为师，希望我们每位党员特别是领导干部，都要严格要求自己，严守政治纪律和政治规矩，常怀律己之心，常修律己之德，以务实的态度，廉洁的作风，模范的榜样，树立农工党的良好形象。

二、深刻领会“一带一路”战略的重大意义和丰富内涵，进一步增强服务“一带一路”战略的自觉性和主动性

正如同志们在讨论发言中一致认为的那样，“一带一路”战略的提出，是以习近平同志为总书记的中共中央主动应对全球形势变化、统筹国内国际两个大局做出的重大战略决策，反映了中共中央对我国未来发展趋势的正确把握和国际格局的深刻洞察。建设“一带一路”，既是我国拓展全方位开放新格局的重大战略举措，又是沿线区域优势互补和互利共赢一体化发展的现实需要。积极推进“一带一路”建设，与沿线各国共同打造政治互信、经济融合、文化包容的利益共同体、责任共同体和命运共同体，不仅对开创我国全方位对外开放新格局、促进地区及世界和平发展具有重大意义，也必将成为造福沿线国家与人民，促进人类文明进步事业的伟大历史壮举。

我党各级组织和广大党员要认真学习贯彻习近平总书记系列重要讲话，深刻认识“一带一路”战略的全局意义，把握“一带一路”战略的重大部署，进一步增强服务“一带一路”战略的自觉性和主动性。要紧密围绕《推动共建丝绸之路经济带和21世纪海上丝绸之路的愿景与行动》，贯彻落实《关于统一战线服务“一带一路”战略的意见》，把服务“一带一路”战略摆在围绕中心、服务大局的突出位置，纳入重要议事日程抓实抓好。要结合各地实际情况研究制订服务“一带一路”战略的具体工作方案，注重发挥优势，突出重点，整合资源，以实实在在的工作服务“一带一路”战略，助推当地的经济社会发展。通过各类讲座、培训班、论坛等形式，加大“一带一路”战略的宣讲，进一步凝聚广大党员的共识，引导广大党员发挥专业特长和社会影响力，在参与同“一带一路”沿线国家和地区的交流中，讲好“中国故事”、传递“中国声音”，努力营造共同实施“一带一路”

战略的良好国际氛围。

在昨天的集体研讨中，各位常委围绕“一带一路”的重大战略意义以及农工党如何服务“一带一路”战略畅谈了认识，提出了许多很好的意见和建议。常委们一致认为，“一带一路”战略的提出，是具有划时代意义的综合性战略，需要从更高的层次，以更开放的思维和包容合作的理念来理解和认识“一带一路”。大家也结合各地的实际情况，提出了许多富有建设性的意见建议。会后，中央将进一步梳理同志们的意见，在具体工作中加以研究吸收。

三、聚焦“一带一路”战略积极履行参政党职能，为推进国家战略发展献计出力

（一）紧扣“一带一路”战略涉及的重要问题深入调研，积极建言献策。

“一带一路”战略是一项需要团结各方面力量共同参与的宏伟工程。主动服务“一带一路”战略，是民主党派围绕中心、服务大局的重要职责所在。自中共中央提出“一带一路”战略构想之后，我党中央高度重视，先后多次组织考察调研组，深入到福建、重庆、广西、云南、吉林等地开展调查研究；在此基础上，先后向中共中央、国务院报送了《关于支持福建宁德创办全国军民融合深度发展试验区的建议》《关于打造西南地区综合交通枢纽推进长江经济带建设的建议》《关于加强云南广西两省区与东盟陆地近邻地区疾病预防控制体系建设的建议》《推进珲春对外开放，确保国家战略安全的建议》等专报。下一步，我们要继续围绕“一带一路”战略开展专题调研，包括如何将创新驱动发展、经济转型升级、区域协调发展、“走出去”等国家重大发展战略与“一带一路”总体布局有机结合，如何统筹做好“一带一路”沿线各地经济社会发展规划，如何深化“走出去”管理体制改革，如何加强与“一带一路”沿线国家的人文合作以及人文交流长效机制建设等问题。我们要发挥联系界别的优势，围绕“一带一路”沿线国家和地区医疗卫生事业发展、人民健康水平的提高以及跨区域的生态环境保护与综合治理等问题，深入开展调研工作，重点关注在“一带一路”战略中如何加强与沿线国家共建公共卫生服务体系，如何加强医疗卫生人才培养与交流，如何扶持中医药和民族医药走出国门发展等问题。在调研过程中，我们要更加注重对问题的全局性、战略性、前瞻性、系统性的思考和研究，坚持需求导向，强化问题意识，更加注重结合国内国际两个方面的情况，倾听各方面的意见和建议，梳理、归纳“一带一路”战略推进中的具体情况和问题，在深入分析的基础上，更加注重从体制、机制、制度、方针战略、政策措施等方面提出具有可操作性的意见建议，为执政党和政府决策提供智力支持。

（二）集智聚力积极开展社会服务工作，打造服务“一带一路”战略新品牌。

在“四个全面”战略布局下协调推进“一带一路”战略，对民主党派社会服务工作也提出了更高的要求，我们要结合“一带一路”的战略特点，努力打造服务“一带一路”战略新品牌。

一是积极探讨如何充分发挥联系界别的优势，“打造‘一带一路’健康命运共同体”，促进“一带一路”沿线国家医疗卫生事业发展。医疗卫生、生态环境与人类健康息息相关，一定意义上讲，是最普惠的社会民生事业和公共产品。我们主动向“一带一路”沿线国家开展以健康为主要要素的合作项目，是符合“一带一路”战略宗旨的。前段时间，我

们举办了首批巴基斯坦医疗护理人员培训班，为巴基斯坦免费培训医疗护理人员，收到了良好成效,这表明在“一带一路”沿线国家打造健康命运共同体这样一个设想是可行的。下一步，我们要继续发挥联系界别的优势，探索如何加强与“一带一路”沿线国家在医疗人才培训、医疗服务交流等方面的合作,特别是将我国多年来医改的成功经验推广至“一带一路”沿线国家，为这些国家提供当地常见病、重大疾病和传染病的诊疗技术、相关药品器械，帮助沿线国家完善国民健康政策、培养医学人才，提升医疗服务能力。交流与合作的重点要放在建设互联互通的公共卫生平台、建立疾病预防的联防联控工作机制、完善传统医药文化交流和传统中药材贸易环境，以及参与有关国家事关环境与健康的基础设施建设等方面，努力推动包括优质卫生服务、养老、护理、商业健康保险业在内的健康服务业在沿线国家持续健康发展。

二是继续办好品牌活动，加强与“一带一路”沿线国家的生态健康文化交流，共建生态文明健康和谐之路。在绿色发展理念日渐深入人心的当下，“一带一路”战略从启动之初就肩负着促进沿线国家在生态经济领域实现可持续发展的重任。这方面我们可以发挥专业技术优势，把已经产生良好效果的“中国环境与健康宣传周”“中国生态健康论坛”和“中医科学大会”等活动进一步做好，融入“一带一路”战略内容，积极宣传生态环境保护理念、健康养生理念，通过文化交流对话，促进“一带一路”沿线国家和地区生态健康发展。同时，加强与“一带一路”沿线国家民间组织的交流合作，积极推动沿线各国间广泛开展文化交流、学术交流、人才交流、旅游合作、媒体合作、志愿者合作等多种形式的人文交流合作，为在“一带一路”沿线国家和地区共建一条生态文明之路、健康和谐之路做出积极贡献。

三是进一步做好福建宁德和陕西渭南社会服务基地建设，为拓宽“一带一路”战略合作做出贡献。福建是“海上丝绸之路”的重要发祥地，而且现在也定位为核心区，而宁德是“海上丝绸之路”由东南沿海向内陆延伸拓展的重要链接点，也是国务院批准的全国农村开放促开发扶贫综合改革试验区。长期以来，我党一直十分关注宁德的经济社会发展，几届中央领导都曾带队到宁德开展调研，为制订宁德经济社会发展计划和推进环三都澳区域开发做了一些力所能及的工作。大家知道，三都澳是一个条件非常优良的港口，原来是军港，现在也在推进军民深度融合。下一步，我们要继续发挥人才智力优势，整合资源和力量，进一步加强宁德社会服务基地建设，加快项目落地，促进“同心助医工程”、同心全科医生特岗人才计划取得新成效，积极开展健康养生、养老、医疗救助、技能培训等符合“一带一路”核心理念且示范性强的民生项目，打造服务“一带一路”战略的新品牌。

陕西作为古丝绸之路的起点，而渭南作为大西北的咽喉要道，又是新欧亚大陆桥的重要地段。我们要通过进一步加强渭南社会服务基地的建设，结合渭南的发展优势，助力渭南、实际也就是助力陕西加强与西北及中亚各国在生态建设领域的合作，积极推动绿色丝绸之路建设。同时，我们在加强宁德和渭南地区社会服务项目建设的同时，也要加强这两地的服务项目的横向交流与合作，不断创新合作方式，拓宽合作领域，实现资源互补，谋求合作共赢。

各位常委，各位同志：

农工党已经走过了 85 年不平凡的光辉历程。回顾历史,我们感到无比骄傲和自豪。展望未来，我们充满信心和希望。让我们紧密团结在以习近平同志为总书记的中共中央周围，凝聚共识、汇聚力量，积极传递“一带一路”理念，努力成为“一带一路”战略的“助推器”和“放大器”，为中华民族伟大复兴和人类文明进步事业做出新的更大贡献！

谢谢大家！

在中国农工民主党第十五届中央监督委员会第四次全体会议上的讲话

（2015 年 12 月 14 日）

刘晓峰

2015 年，中央监督委员会在中央委员会的领导下，在各位委员的参与和支持下，在我党各级组织的配合下，富有成效地开展了党内监督工作。中央监督委员会按照年度工作计划，组织开展了多次工作调研，召开了党内监督工作交流研讨会，参加了部分省委会的领导班子谈心会和述职及民主评议会。通过这些工作的开展，为健全党内监督机制，探寻适合党派特点的工作思路、工作方法和工作实效积累了有益的经验，为今后开展工作奠定了较好的基础。我想就今后的党内监督工作的开展谈点看法，供大家开展工作时参考。

一、认真学习贯彻中共中央统战工作会议和《条例》精神，加强自身建设，不断提高履职尽责的“五种能力”

今年 5 月，中共中央召开了中央统战工作会议，习近平总书记发表了重要讲话，同时颁布了《中国共产党统一战线工作条例（试行）》(以下简称《条例》)。这是中共中央着眼新形势下巩固和发展最广泛的爱国统一战线召开的一次重要会议，具有里程碑意义，标志着中国共产党领导的统一战线事业进入到一个新的发展时期。我们要深入学习中共中央统战工作会议精神，深刻理解统一战线的三大法宝作用，深刻理解一致性和多样性的关系。特别是在工作中，必须正确处理一致性和多样性的关系，固守住政治底线这个圆心，围绕这个圆心画同心圆，求同存异，延伸包容多样性的半径，集聚更多的智慧和能量。

中共十八大以来，执政党从作风建设入手，加大反腐倡廉的力度，开创了全面从严治党的新局面。今年 10 月，中共中央印发了《中国共产党廉洁自律准则》和《中国共产党纪律处分条例》，对于贯彻执行全面从严治党要求，把纪律和规矩挺在前面，深入推进党风廉政建设和反腐败斗争具有十分重要的意义。我们要认真学习,不断搞好我们的党风、党纪建设。《中国共产党统一战线工作条例（试行）》是中共中央有关统一战线工作的第一部党内法规，是推进统战工作制度化、规范化、程序化建设的重要标志，也为民主党派履职尽责提供了总规范、总遵循。《条例》增加了许多新的内容，对民主党派的自身建设提出了更高的要求，要求民主党派要加强自身建设，完善内部管理和监督制度，健全各项工作机制等。作为与中国共产党通力合作的参政党，一定要主动适应新形势，比照中共全面从严治党的新要求，借鉴中共廉洁自律准则和纪律处分条例，立制度，定规矩，从严依规治党，不断提高政治把握能力、参政议政能力、组织领导能力、合作共事能力、解决自身问题能力。只有这样，才能在中国共产党领导的多党合作和政治协商制度中更好地发挥作用，才能在协调推进的“四个全面”战略布局和“一带一路”战略中建真言献良策，才能为奋力实现中华民族伟大复兴的中国梦贡献力量。

在能力建设上，中共中央统战工作会议在以前提的“四种能力”的基础上，又提出了要“提高解决自身问题的能力”。这是建设与中国共产党通力合作的中国特色社会主义参政党的新要求。“五种能力”必须协调统一，不断提高，这是时代和历史的要求，也是当前民主党派领导干部必须承担的神圣使命。提高“五种能力”要以执政党为师，依法依规从严治党，从领导干部作风等方面的建设入手，做好以上率下工作。党内监督在这方面有广阔的工作空间，如监督落实党章要求，开展廉政教育，督促领导干部认真履行党务职责等等都大有文章可做。

二、加强领导班子建设，搞好政治交接，为各级组织顺利健康换届提供保证

我党十五大以来，实施了人才强党战略，目的就是为了解决我党高层次人才储备不足、有较大社会影响力人士少，以及参政议政能力较弱等主要问题。其中一个重要的抓手就是加强领导班子的建设。各级组织在加强领导班子建设中，建立健全了一些行之有效的制度，包括领导班子理论学习制度、集体领导和分工制度、会议制度、谈心会制度、述职和民主评议制度等，对于各级组织坚持民主集中制，促进领导班子的团结和谐，有力促进各项工作的开展发挥了积极的作用。明年地市级组织将进行集中换届，一些省级组织将进行届中调整，后年就是省级组织和中央换届。经中央按照 2012 年的政策测算，全国省级组织的调整规模为 25.2%。在组织更替之时，我们更要强调领导班子在搞好政治交接中的不可替代的责任和作用。搞好政治交接的核心就是在组织人事自然更替过程中，确保政治信念薪火相传，优良传统发扬光大。在长期的革命建设和改革实践中，农工党同中国共产党团结合作，共同奋斗，凝结了生死相依、荣辱与共的深厚友谊，熔铸了特色鲜明、底蕴深厚的优良传统。继承和弘扬优良传统，是各级领导班子的政治责任。领导班子主要领导和成员一定要有责任感和使命感，从农工党的建设和多党合作事业的大局出发，正确看待进退，少计较个人得失。我们必须借今年刚颁布的《中国共产党统一战线工作条例（试行）》的东风，认真掌握其中的新政策、新要求，特别是新的用人取向，提前谋划，切实负起责任来，积极为组织更替选好人用好人，把有担当有作为的同志充实进领导班子，这是决定我们能否继承好传承好农工党事业的关键所在。我们的党内监督工作要把保证换届工作正常顺利进行、保证领导班子新老交替平稳健康、营造风清气正的换届环境作为重要的工作任务。

三、积极创新内部监督工作的机制，探索符合规律和参政党特点的有成效的工作方法

党内监督工作尚处在探索发展之中，需要不断地加强工作实践，并不断总结提高。

当前要以加强工作调研为基础，以从严依规治党为要点，落实党章各项规定，落实省级组织谈心会等制度，将党内监督工作与开展坚持和发展中国特色社会主义学习实践活动紧密结合起来，与人才强党战略紧密结合起来，夯实工作基础，提高工作实效，不断推进党内监督工作制度化、规范化、程序化建设。

一是要不断加强党内监督理论研究。要切实把党内监督理论作为中国特色社会主义参政党理论的重要组成部分，不断总结实践经验，认真探索逐步掌握参政党党内监督的普遍规律和特殊要求,不断提高党内监督理论的指导性和实践性。我们既要做前瞻性探索，更要做基础性研究。中央监督委员会要提出明确的目标导向，广泛动员各方面力量，研究结合参政党特点的党内监督架构、党内监督途径、党内监督效果评估等理论和实际问题，使监督工作有的放矢，并不断取得新成效。

二是要不断推进党内监督机构建设。党内监督机构的建立是完善党内监督机制的重要环节。目前，已成立 25 个省级监督委员会，尚未建立的要积极稳妥推进。要积极探索省辖组织在条件成熟时成立监督委员会，尤其是副省级城市组织可以加快点步伐。省市监督委员会成立后，还应认真考虑在当前有限的编制条件下，如何做好专人负责，有人专司其职的问题，并保证必要的工作条件，使党内监督工作有良好的工作基础。

三是要不断完善党内监督规章制度建设。以党章为准绳，不断完善党内监督规章制度建设，是做好党内监督工作的重要保证。目前，我们已初步建立了包括《党内监督条例（试行）》《中央监督委员会工作规则（试行）》《关于建立健全中国农工民主党省级组织领导班子谈心会制度的意见（试行）》等在内的党内监督制度。随着工作的推进，涉及党内监督的手段、形式、内容、范围、体制等方方面面的问题与思考都应从规章制度层面加以明确。

四是要不断开展党内监督宣传教育。党内监督工作重在预防，开展党性教育和作风建设是内部监督的工作内容，尤其是党风廉政教育，是我们工作的重要方面。我们要深入开展以“严以修身、严以用权、严以律已，谋事要实、创业要实、做人要实”为主要内容的党性党风党纪教育，切实把遵章守纪、廉洁自律的理念和要求融入到党务工作和领导干部本职工作中去，逐步使党风廉政教育工作与其他工作对接，提高教育成效，也不断提高党内监督的影响力。

五是不断提高党内监督工作的效能。党内监督工作要牢牢把握工作重点，特别是抓好“关键少数”的监督，促使领导干部认真履职，率先垂范；抓好广大党员关注的重要问题的监督，增强全党的凝聚力向心力；抓好日常工作的监督，全面提升全党参政党建设的能力与水平。

总之，我们要充分考虑党内监督工作的特殊性，坚持积极的心态，继续贯彻落实已有的党内监督制度，不断从理论和实践两个方面进行探索和研究，共同推动我党党内监督工作更加科学规范有效。

关于认真学习贯彻十二届全国人大三次会议和全国政协十二届三次会议精神的通知

（2015 年 3 月 10 日中国农工民主党第十五届中央常务委员会第九次会议通过）

农工党各省、自治区、直辖市委员会：

十二届全国人大三次会议和全国政协十二届三次会议，是在全面贯彻中共十八大和十八届三中、四中全会精神，以全面建成小康社会、全面深化改革、全面依法治国、全面从严治党引领各项工作的关键时刻召开的重要会议。认真学习贯彻好今年全国“两会”精神，对于农工党进一步统一思想、服务大局、履职尽责，为协调推进“四个全面”建言献策出力，具有重大的意义。现就有关要求通知如下：

一、认真学习贯彻全国“两会”精神，切实把思想和行动统一到中央的决策部署上来

2014 年，面对复杂多变的国际环境和艰巨繁重的国内改革发展稳定任务，中共中央团结带领全国各族人民，坚持稳中求进工作总基调，主动适应经济发展新常态，全面推进经济建设、政治建设、文化建设、社会建设、生态文明建设以及国防和军队建设，蹄疾步稳深化改革，持续有力推动发展，扎实有效改善民生，全面部署依法治国，各项工作取得新的重大进展。农工党各级组织认真学习中共十八大，十八届三中、四中全会和习近平总书记系列重要讲话精神，切实贯彻农工党十五大、十五届二中全会精神，以实现“健康中国”和“美丽中国”为主线，锐意进取、开拓创新，各项工作取得了显著成效。

2015 年是全面深化改革关键之年、全面推进依法治国开局之年、全面完成“十二五”规划收官之年，任务复杂而繁重，使命艰巨而光荣。我们要认真学习领会全国“两会”期间习近平总书记的重要讲话精神和“两会”通过的各项报告、决议精神，加深对“四个全面”的认识和理解；认真贯彻落实李克强总理所作的《政府工作报告》、张德江委员长所作的全国人大常委会工作报告和俞正声主席所作的全国政协常委会工作报告的工作部署，进一步把思想和行动统一到中共中央对形势的分析判断和对工作的决策部署上来。

二、积极履行参政党职能，为协调推进“四个全面”战略布局做出新贡献

“四个全面”战略思想和战略布局，是以习近平为总书记的中共中央治国理政方略与时俱进的新创造、马克思主义与中国实践相结合的新飞跃，也是参政党在新的历史起点上的理论指导和行动指南。我们要着力服务“四个全面”战略布局，紧紧围绕“健康中国”和“美丽中国”两条主线，切实履行好参政议政和民主监督职能，按照《中共中央关于加强社会主义协商民主建设的意见》，推进协商民主广泛多层制度化发展，将我党建设成为与中国共产党通力合作的、高素质的、有作为的中国特色社会主义参政党。各级组织和广大党员要进一步提高责任感和使命感，以坚定的政治自觉、强烈的使命担当、务实的工作举措，研究解决面临的一系列突出矛盾和问题。各级领导班子，尤其是担任各级

人大代表、政协委员的党员同志，要积极关注全面深化改革和全面推进依法治国，关注维护人民群众切身利益，及时准确地反映社情民意。

我们要按照全国“两会”的安排部署，发挥参政党优势，聚焦用力，以履行职能的新状态，适应经济发展的新常态，为协调推进“四个全面”战略布局进诤言、献良策。要积极参与“十三五”规划的研究制订，紧扣“一带一路”、京津冀协同发展、长江经济带战略，围绕重大课题，积极参政议政。要引导我党所联系群众，形成助推改革的合力，共同创造有利于全面改革和创新驱动的社会环境，为促进经济平稳健康发展和社会和谐稳定做出新贡献。要继续加大社会帮扶力度，提升品牌影响力，扩面提质、突出重点，进一步做好社会服务工作。要以人才强党战略为抓手，坚持依规从严治党，全面加强自身建设。

三、深入开展学习实践活动，巩固多党合作的共同思想基础

坚持和发展中国特色社会主义是实现中华民族伟大复兴的必由之路。要进一步加强思想政治建设，始终把坚持和发展中国特色社会主义作为巩固共同思想政治基础的主轴，坚持正确政治方向。我党开展坚持和发展中国特色社会主义学习实践活动，是深化新一轮政治交接的必然要求，是增进政治共识的核心内容，是加强参政党建设的根本所在。

我们要按照学习实践活动工作规划的要求，以坚持和发展中国特色社会主义为主题，以深化政治交接、增进政治共识为引领，不断增强广大党员对中国特色社会主义的道路自信、理论自信、制度自信，充分发挥各级组织和广大党员的首创精神、改革勇气和奋斗理念，切实承担起中国特色社会主义亲历者、实践者、维护者、捍卫者的政治责任。要以农工党建党 85 周年、邓演达诞辰 120 周年、卢嘉锡诞辰 100 周年等重大纪念活动为契机，以开展“学精神 · 学党章 · 学党史”知识竞赛活动为抓手，进一步提升学习实践活动的覆盖面、活跃度和创新性，充分发挥宣传思想工作、理论和党史研究的思想引领、舆论推动和精神激励作用，把学习实践活动不断引向深入，取得实效。

当前，我国经济社会发展机遇和挑战并存，任重道远、时不我待。让我们紧密团结在以习近平同志为总书记的中共中央周围，高举中国特色社会主义伟大旗帜，凝心聚力、求真务实、团结合作、开拓创新，为落实“四个全面”战略布局做出新贡献，共同谱写多党合作事业发展新篇章！

中国农工民主党中央关于认真学习贯彻中共十八届五中全会精神的决议

（2015 年 12 月 17 日中国农工民主党第十五届中央委员会第四次全体会议审议通过）

中国农工民主党第十五届中央委员会第四次全体会议于 2015 年 12 月 15 日至 17 日在北京召开。会议认真学习了《中国共产党第十八届中央委员会第五次全体会议公报》和《中共中央关于制订国民经济和社会发展第十三个五年规划的建议》（以下简称《建议》），坚决拥护习近平总书记的重要讲话及全会做出的一系列重大科学决策。

会议高度评价“十二五”时期我国发展取得的重大成就。尤其是中共十八届四中全会以来，中共中央团结带领全党全军全国各族人民，坚持“四个全面”战略布局，积极

引领经济发展新常态，保持经济平稳较快发展和社会和谐稳定，开展“三严三实”专题教育，隆重纪念中国人民抗日战争暨世界反法西斯战争胜利70周年，中国共产党和国家各项事业取得了新的重大成就。

会议指出，中共十八届五中全会是在全面建成小康社会进入决胜阶段召开的一次重要会议。全会通过的《建议》明确提出了“十三五”规划的指导思想、基本原则、目标要求、基本理念、重大举措，具有很强的思想性、战略性、前瞻性、指导性，是动员全国各族人民夺取全面建成小康社会伟大胜利的纲领性文件。创新、协调、绿色、开放、共享的五大发展理念，是《建议》的精髓和主线，是“十三五”乃至更长时期我国发展思路、发展方向、发展着力点的集中体现，是我国发展理论的又一次重大创新，是关系我国发展全局的一场深刻变革。

会议强调，中共十八届五中全会确立的奋斗目标和工作任务，也是农工党的努力方向和行动指南。当前和今后一个时期，我党要把深入学习贯彻中共十八届五中全会精神作为一项重要政治任务，贯穿到履职尽责、社会服务、自身建设等各项工作中去。

会议要求，各级组织和广大党员要深刻领会中共十八届五中全会的精神实质，切实把思想和行动统一到中共中央决策部署上来，在明年各级组织的工作安排中着重体现五中全会的理念引导与重点任务部署；要把认真学习全会精神与深入贯彻落实中央统战工作会议精神和《中国共产党统一战线工作条例（试行）》以及《关于加强政党协商的实施意见》相结合，进一步提高认识，统一思想，引导全体党员深刻理解和把握中共中央的决策部署和精神实质；要把学习贯彻全会精神与正在开展的坚持和发展中国特色社会主义学习实践活动相结合，不断巩固团结奋斗的共同思想政治基础，引导全体党员和所联系界别群众坚定实现全面建成小康社会的必胜信念；要把制订完善和贯彻实施“十三五”规划纲要作为议政建言的着力点，以“健康中国”“美丽中国”为主线，以医药卫生体制改革、生态环境保护等重大民生领域为切入口，进一步聚焦创新和完善宏观调控方式、推动区域协调发展、建设主体功能区等重点难点问题，深入调研、积极建言献策；要着眼推进“一带一路”建设，继续加大对革命老区、民族地区、边疆地区、贫困地区帮扶力度，创新扶贫方式，建立长效机制；要积极实施人才强党战略，进一步做好高层次人才发展工作，激发其创新创业热情，推动大众创业、万众创新和转型升级，推动各项工作深入开展。

会议号召，全党要以中共十八届五中全会精神为指导，扎实履行参政议政、民主监督、参加中国共产党领导的政治协商三大职能，积极投身协调推进“四个全面”战略布局伟大实践，为“十三五”规划的制订和实施献计出力，为实现“两个一百年”奋斗目标和中华民族伟大复兴的中国梦做出新的更大贡献，共同谱写多党合作事业发展新篇章。

中国农工民主党中央委员会
2015年12月30日

中国农工民主党中央关于进一步加强党史工作的意见

农工党各省、自治区、直辖市委员会：

党史工作是我党事业的重要组成部分，在我党的建设和发展中具有十分重要的作用。为进一步加强党史工作，充分发挥党史在存史资政育人方面的作用，推进中国特色社会主义参政党建设，现提出如下意见。

一、充分认识党史工作的重要意义

我党自 1930 年成立至今，走过了一条从爱国主义到社会主义的历史道路，同中国共产党建立了深厚情谊和亲密合作关系。以邓演达为代表的一大批我党的革命先驱，前仆后继、浴血奋战，为民族独立和人民解放事业做出了不可磨灭的贡献。新中国成立后，我党为巩固人民政权、推进社会主义革命和建设事业，做了大量卓有成效的工作。改革开放以来，我党遵循中国共产党领导的多党合作方针和重要政治准则，贯彻中国共产党的基本路线、基本纲领，围绕中心、服务大局，履行参政党职能，发挥参政党作用，为推动科学发展、促进社会和谐、推进医药卫生体制改革、生态环境保护和建设、促进祖国统一大业积极贡献智慧和力量。正如中共中央在致我党成立 80 周年纪念大会的贺词中所说，“80 年的光辉历程充分证明，农工民主党是同中国共产党风雨同舟、荣辱与共的亲密友党，是建设中国特色社会主义、实现中华民族伟大复兴的一支重要政治力量。”

研究我党走过的从爱国主义到社会主义的历史道路，记录我党为民族独立和人民解放事业及新中国的繁荣发展做出的贡献，展现我党同志的爱国理想、政治信念和优良传统，对于在新的历史时期继承和发扬爱国革命的优良传统，坚定中国特色社会主义道路自信、理论自信、制度自信，坚持走中国特色社会主义政治发展道路等，都具有重要意义。近些年来，我党的党史工作取得了一些成果，但总体上说还不够全面、不够系统、不够深入，公开出版的党史研究资料也还比较少，特别是由我党中央和地方组织及成员编写出版的党史研究资料还不多。各级组织要从多党合作事业的全局出发，充分认识做好党史工作的重要性，进一步增强做好党史工作的责任感和紧迫感，切实把党史工作进一步抓紧抓好。

二、党史工作的指导思想和基本原则

（一）党史工作的指导思想

高举中国特色社会主义伟大旗帜，以邓小平理论、“三个代表”重要思想、科学发展观为指导，深入学习贯彻习近平总书记系列重要讲话精神，紧紧围绕中国共产党和国家工作大局，坚持把以史为鉴、资政育人作为根本任务，进一步提高党史工作水平，使党史工作更好地为坚持和发展中国特色社会主义服务，为全面加强我党自身建设和履行职能服务。

（二）党史工作的基本原则

——坚持正确的政治立场和政治方向。中国共产党领导的多党合作和政治协商制度是我国的基本政治制度，是符合国情的中国特色社会主义政党制度。党史工作必须坚持和维护中国共产党领导的多党合作和政治协商制度，坚持正确的政治立场和政治方向。

——坚持实事求是的科学精神。真实性是党史研究的生命，失掉了真实性，党史研究就失去了全部价值和意义。坚持实事求是的科学精神，保证党史研究的真实性。

——坚持联系实际的工作作风。要把党史研究与总结历史经验相结合，要把总结历史经验与坚持和发展中国共产党领导的多党合作事业相结合，要把研究党史、学习党史、宣传党史与加强我党自身建设相结合，以史教育人、以史团结人、以史影响人。

——坚持开门研究的工作方法。加强与中共各级党史、统一战线史的研究机构、各级政协文史委、各级地方史志办、中共各级党校、社会主义学院以及高等院校、研究机构的联系、交流与合作，充分发挥党内老同志和专业工作者的作用，动员和组织各方面力量共同参与党史工作。

三、近期党史工作的主要任务

（一）继续全面开展中央和地方组织发展史的抢救和整理工作。中央党史工作部门要组织力量，进一步加强党史资料的征集、研究和编写工作，开展整理和编写“中国农工民主党历史”的相关工作。各省级组织要组织力量开展“地方组织发展史”的抢救、整理和编写工作，全面记录包括民主革命时期的革命活动、社会主义过渡时期、社会主义建设时期和改革开放新时期的党的地方组织的各项工作。此外，要积极参与配合当地史志部门，开展地方组织史志资料征编出版工作。

（二）继续建设一批党史教育基地和党史陈列场馆。中央和地方组织要共同努力，争取各方面的支持，将在我党发展史上具有重要意义的革命活动史迹点建设成为党史教育基地。中央党史工作部门要加强对已经建立的党史教育基地的维护，各省级组织要利用机关办公场所等适宜地点，普遍建立党史陈列场馆。

（三）继续开展“口述党史”工作。中央和地方组织要加强合作，配备工作人员和工作条件，对各个时期的党员和了解我党有关历史发展情况的同志，开展“口述党史”工作，通过采访录音、摄像等方式，收集、整理和保存有关史料。

（四）重视加强“文史资料”的收集整理工作。我党中央和地方各级组织领导人及广大党员，在各个历史时期的不同领域、不同岗位，积极为民族独立和人民解放以及新中国的繁荣发展贡献智慧和力量，同中国共产党人建立了深厚的革命情谊，涌现出许多可歌可泣的动人事迹。这些人和事，是我党革命性和进步性的重要体现，是中国共产党领导的多党合作事业、中国政治制度优越性的重要体现，要重视加强对这些情况和资料的收集整理，成为我党珍贵的“文史资料”，长期保存。

（五）进一步加强档案工作。今天的档案就是明天的党史。中央和地方组织的机关要按照《档案法》的规定加强档案工作，全面系统完整地保存我党开展的各方面工作的文字、图片、音像等资料，加强归档和整理工作，尽快实现档案数字化。

（六）继续开展党史人物资料的收集整理工作。党史人物资料是我党的宝贵史料，对于全面反映我党的发展历程，记录我党开展的革命活动和服务国家发展的情况，展示中国共产党领导的多党合作制度的发展成果和伟大成就，都有重要的历史意义和现实意义，中央和地方组织要有计划地收集、整理和编写出版党史人物资料。

（七）进一步建立和巩固党史工作队伍。中央党史工作部门要进一步加强工作力量。中央和地方组织要采取专职与兼职相结合的方式，通过建立专门工作委员会、党史研究工作机构等方式，普遍建立党史工作队伍，持之以恒地组织开展党史工作。

（八）进一步加强党史的宣传宣讲工作。发挥党史资政育人作用，加大党史资源开发利用力度。党刊、党网要加强党史宣传，要准确展示党史史料。要有计划、有步骤、有重点地向广大党员宣讲党史，向社会各界宣传党史。要发挥党史在宣传思想政治工作中的作用，把学习党史列入新党员培训的重要内容，要充分利用党史教育基地开展党史教育，要编写制作党史视听、阅读材料，要建立和培训党史宣讲员队伍，促进党史知识的普及。

四、加强党史工作的组织领导

（一）为党史工作提供必要保障。中央和地方各级组织要加强对党史工作的领导，为党史工作的开展提供充分保障，做到有分管的领导、有负责的工作部门和人员、有工作制度和工作网络、有专项工作经费、有鼓励表彰措施等。

（二）做好党史工作规划和组织落实。中央和地方各级组织要结合实际制订党史工作规划，确定年度工作重点任务，充分调动开展党史工作的资源和力量，不断取得党史工作新成果。

（三）加强党史工作的学习交流。中央党史工作部门要加强工作指导，为党史工作的经验交流、学习提高创造条件，促进各级党史工作共同发展，推动党史工作不断前进。

中国农工民主党中央委员会

2015 年 12 月 7 日

中国致公党

中国致公党第十四届中央常务委员会工作报告

——在中国致公党第十四届中央委员会第四次全体会议上

（2015 年 12 月 28 日）

万　钢

各位委员、同志们：

我受第十四届中央常务委员会委托，向全会作工作报告，请予审议，并请列席会议的同志提出意见。

一、2015 年工作回顾

2015 年是全面完成“十二五”规划的收官之年，是多党合作事业创新发展的重要一年。以习近平同志为总书记的中共中央领导集体，面对复杂多变的国内外形势，总揽全局、运筹帷幄，励精图治、奋发有为，开创了中国特色社会主义事业发展的崭新局面。中共中央高度重视多党合作事业，召开中央统战工作会议，相继出台《中国共产党统一战线工作条例（试行）》《关于加强政党协商的实施意见》等文件，为进一步推进多党合作事业指明了方向、提供了保障。

2015 年也是致公党深入贯彻落实中共十八大，十八届三中、四中、五中全会和习近平总书记系列重要讲话精神，全面推进致公党事业继往开来、奋力前进的一年。一年来，全党聚焦服务“四个全面”战略布局，坚持“致力为公、侨海报国”，着力提高参政议政、对外联络、社会服务的能力和实效，切实加强思想建设、制度建设、组织建设的质量和水平，锐意进取、开拓创新，各项工作取得了新进展。

中共中央高度肯定致公党工作。在纪念中国致公党成立 90 周年的贺词中指出，中国致公党是我国最早成立的民主党派，在走过的 90 年不平凡历程中，始终与祖国共命运、同发展，始终与中国共产党同心同德、肝胆相照，见证了中华民族的苦难和忧患，见证了不同政治制度、政治发展道路的比较和实践，见证了中国人民追求民族复兴的奋斗和成就。“两个始终”“三个见证”是对我们致公党的高度评价和殷切鞭策。

回顾本党一年来的工作，主要有四个特点：一是以理想信念为先导，巩固夯实共同思想政治基础；二是以重点任务为牵引，扩大建言献策作用与影响；三是以特色活动为抓手，加强海外联络与社会服务；四是以创新驱动为突破，提升自身建设能力与水平。具体包括以下五个方面的工作。

（一）深入开展坚持和发展中国特色社会主义学习实践活动，进一步巩固共同思想政治基础

全党把思想建设摆在突出位置，拓宽平台，创新机制，不断增进坚持走中国特色社会主义道路的政治共识，在思想上、政治上与中共中央保持高度一致。

持续深入推进学习实践活动。我们按照把握原则、聚焦重点，突出年度特色，注重发挥各级组织主观能动性，来部署和推动全年工作。本党中央坚持以“三个统一”来全面推进学习实践活动。一是把领导带头与深入基层统一起来。今年，本党中央负责同志先后到上海、安徽、福建、山东、贵州、江苏、浙江、重庆、云南、广东、陕西、辽宁、海南等省市调研和指导活动开展情况。二是把党派特点与特色活动统一起来。围绕纪念抗战胜利70周年和致公党成立90周年，本党中央发动各级组织开展了多种形式的爱国主义教育和党史、党章教育。三是把总结经验与解决问题统一起来。结合坚持和发展中国特色社会主义学习实践活动经验交流暨中期推动会，及时总结学习实践活动的好经验、好做法，提出存在问题的解决对策，推动活动顺利开展。各级地方组织按照本党中央统一部署，结合实际，主动作为，将活动向基层有序推进，形成了上下联动、横向推动的良好局面。

紧密围绕形势和大局推进政治学习。本党中央始终把深入学习中共十八大，十八届三中、四中、五中全会和习近平总书记系列重要讲话精神，作为致公党加强理论学习、凝聚共识的根本。通过召开专题性常委会、研讨培训等形式，原原本本认真学习，特别是深刻领会习近平总书记关于统一战线和多党合作的重要论述。各级地方组织充分发挥主动性和创造性，着力提高认识，统一思想，增强党员对中国特色社会主义的道路自信、理论自信和制度自信。

努力构建“大宣传、大教育”思想政治工作格局。突出思想引领，宣传教育工作紧紧结合本党重要活动、重要调研、重点人物，在刊物、网站等平台上开辟专栏专版集中报道，尤其是结合纪念抗战胜利70周年及本党成立90周年，开展集文史画册、书画展、视频等三位一体的宣传教育活动。加强与《人民日报》《人民政协报》《中华儿女》等主流媒体联系，宣传本党先进典型，讲好致公党故事，扩大社会影响力。注重研究新媒体条件下思想引导的理念和方式方法，建立致公党网上党史3D展览馆，实现“一微”“一端”的新媒体组合宣传架构，同时重视引导党员利用网络、微博、微信等新媒体弘扬主旋律、传播正能量。

着力提升理论研究和党史研究工作的基础作用。本着客观评价历史的态度，集中力量对本党三大、四大及五大有关问题进行专题研究。编辑《中国致公党历史文献和文史资料汇编》和《中国致公党重要历史事件、历史人物、战略方针的评述》，客观、全面地展示致公党90年的发展历程。推进口述党史和致公党创始人历史文物征集工作，动工修葺致公党中央党部在穗办公旧址，召开纪念董寅初同志诞辰100周年座谈会。组织编写《中国致公党理论研究选集（2015）》，集中展示本党理论工作者的最新研究成果。

（二）紧扣“四个全面”大局，积极履行参政党职能

深刻把握新常态下我国发展的阶段性特征，选准参政议政着力点，创新工作机制，整合全党资源，提高建言献策的实效是我们今年参政议政工作的主要思路。

协商议政的能力与水平得到提高。本党中央和地方组织的主要负责同志，认真参加各级中共党委和政府举行的政党协商会、情况通报会，就经济建设和社会发展等重大问题提出意见建议。本党中央主要负责同志多次参加中共中央、国务院召开的党外人士座谈会，分别就政府工作报告、经济工作、关于编制“十三五”规划建议等重大问题，提出了意见和建议，得到中共中央领导同志的高度评价。在年中经济形势分析座谈会上，本党建议在“大众创业、万众创新”中协同发展“众创”“众包”“众扶”“众筹”、在实施“一带一路”战略中推进国际产能和创新合作、在创新驱动战略中发挥多层次资本市场的支撑作用；在全年经济工作征求意见会上，本党建议关注产业转型升级的拐点、重视转变粮储结构、注重发挥企业家创新创业精神、研究放开“二孩”后的各类保障问题等，对中共中央、国务院有关决策产生了积极影响。

目前，本党有916名党员当选各级人大代表，其中34名全国人大代表；4747名党员担任各级政协委员，其中56名全国政协委员。本党各级组织和人大代表、政协委员在各级“两会”上积极建言献策，有不少提案、议案成为重点提案或优秀议案，得到重视和采纳。在全国“两会”上，本党中央提交提案31件，书面发言3件，本党有10件提案被列为重点督办提案；其中本党中央《关于大力发展众创空间，积极营造大众创业、万众创新新生态》的口头发言引起社会广泛关注。在全国政协常委会、专题协商会、双周协商座谈会上，本党中央就加快促进淮河流域经济与生态环境协同发展、仿制药质量问题和对策、促进边境经济合作区建设等选题，积极建言献策，取得良好反响。

重点调研的成果得到重视与采纳。本党中央开展专题调研17次，形成了一批高质量的报告。目前，已向中共中央、国务院报送调研报告和专题建议10件，涉及区域发展、互联网医疗、内河航运、文化发展、现代农业、“一带一路”等方面，得到了中共中央和国务院领导同志的高度重视。这些议政成果对解决制约经济社会发展的关键问题起了一定推动作用。同时，各省级组织向当地中共党委、政府报送重要建议近60件，为促进当地经济社会发展做出了自己的贡献。

民主监督工作的能力得到提高。本党中央负责同志在调研中注意发现问题，分析问题，并在相关协商会上坦诚指出，将民主监督寓于参政议政当中。在最高法、最高检举行的民主监督座谈会上，本党中央提出了要进一步完善人民法院依法独立审判保障机制、试点设立劳动法院、在公诉活动中试点建立公诉律师制度、建设亲民型服务型检察机关等建议，受到最高法、最高检的重视。担任各级人大代表、政协委员的本党党员踊跃参加人大执法检查活动和政协委员视察活动。担任各级司法机关和政府部门特邀（约）职务的本党党员，忠于职守，认真履行监督职责。

参政议政工作的理念和机制得到创新。在完善已有信息培训、报送、表彰等工作机制的基础上，建立专家约稿机制，就社会热点难点问题，定期向相关领域专家约稿。截

至11月底，各省级组织向中央编报社情民意信息1564件，本党中央向全国政协、中央统战部编报182期，其中30件被中央统战部采用，8件被全国政协采用。创新中国发展论坛的组织工作，在四川围绕“创新驱动建设西部开放高地”举办“中国发展论坛·2015”主论坛，在北京分别围绕“智慧农业创新发展”和“京津冀环境与发展”举办中国发展论坛分论坛，实现中国发展论坛品牌的集群效应。重视发挥专门委员会的积极作用，首次建立致公党中央专门委员会骨干成员轮训机制，鼓励和支持专委会独立开展参政议政工作和重点活动。努力发挥《中国发展》杂志对本党参政议政工作的学术支撑和展示作用，全年刊登学术论文120余篇，学术影响力继续扩大。

（三）注重发挥优势，深入做好海外联络工作

今年，本党中央继续在原有工作基础上，深挖工作内涵、拓展工作领域，共派出6个团组，赴12个国家和地区进行访问；邀请8个团组，来华访问，总接待海外侨胞、港澳台同胞及外籍友好人士达200余人次。

助推“一带一路”国家战略实施。本党中央将“一带一路”沿线国家作为对外联络的工作重点。年初，赴陕西开展“关于推进丝绸之路经济带战略实施和区域合作共赢”专题调研。3月，邀请中亚三国（哈萨克斯坦、乌兹别克斯坦、塔吉克斯坦）经贸文化代表团来访，推进中国与这些国家在多领域的合作。11月，邀请欧洲议会代表团来访，探讨“一带一路”倡议下欧洲与中国合作的机遇。同时，在昆明召开致公党中央外事工作与“一带一路”战略座谈会，邀请“一带一路”沿线十多个国家的10余位侨胞代表与本党各地方组织参会研讨交流。

继续扩大侨务公共外交实践。注重发挥好本党对外组团交流的优势，广泛宣传中国特色政治制度。在访问加拿大、哥斯达黎加、菲律宾、澳大利亚、新西兰等国时，积极向当地政要宣传和介绍中国政治制度和当前的发展情况。同时，主动寻求突破，着重推进未建交国家工作。首次组团访问洪都拉斯并及时邀请洪都拉斯政界人士代表团来华访问，通过“一来一往”，深入开展洪政要工作，涵养对华友好力量，外交部对此项工作给予高度评价。此外，注重拓展文化交流领域，本党中央代表团在加拿大访问时，向卡尔加里公共图书馆捐赠700册中文图书，在当地产生了良好的社会影响。

着力推进平台建设与创新。巩固原有工作平台，持续发挥品牌效应，海峡两岸武术论坛、第七届海峡论坛·致公恳谈会成功举办，取得良好效果。同时，注意加强与港澳台青少年的联谊工作，与中华海外联谊会在天津联合举办台湾青少年中华武术夏令营，与致福慈善基金会联合主办“粤港青年公益行”活动，进一步增进港澳台年轻一代对祖国大陆的认同感。此外，重视做好与洪门新生代的交流工作，在台湾开展洪门社团中青年代表性人士文化研习班，引导台湾洪门社团共同推进两岸关系和平发展。

不断巩固与侨界的传统友谊。以纪念中国致公党成立90周年庆典活动为契机，广泛邀请34个国家和地区的100多名海外侨胞及港澳台人士来访，壮大对我友好力量；组团赴南非、纳米比亚，参加2015年全球华侨华人促进中国和平统一大会，加强与参会各国的华侨华人广泛交流；加强与香港华侨华人总会的联系，扩大本党与香港侨界的深度交往。此外，加强对海外侨团的分析研究，为本党各地开展海外联络工作提供参考。

（四）注重工作实效，努力推进社会服务工作

按照加强资源整合、注重制度设计、着眼解民忧惠民生、创新工作方式方法的总体思路，本党的社会服务工作迈出新步伐。

形成社会服务品牌集群。在毕节试验区探索建立“致福送诊”新品牌，完善由本党中央统筹、多个地方组织参与的工作模式。截至目前，共开展送诊7次，诊治患者上千人次，培训当地医护人员近百人。同时，各地按照本党中央总体要求，也积极打造自己的品牌项目。如北京市委会“致公学生培养计划”；上海市委会“致科工程”；重庆市委会“致西合作”；广东省委“致汕合作”；福建省委会“社区致公学校”；云南省委会“京滇科技创新驱动区域合作活动”；四川省委会“十百千工程”；江苏省委会“引凤工程”；浙江省委会“致公博爱基金”；安徽省委会“同心示范工程”；山东省委会“致公微爱——为藏区村民捐赠”；湖南省委会“一家一助学班”等，已初步呈现出“一地一品牌”的良好局面，有力地扩大了本党社会影响。

彰显社会服务“侨”“海”特色。一方面，通过扶贫开发工作，吸引和发动了许多海外人士参与，引导他们参与到落后地区的扶贫开发建设中。今年，海外侨团通过本党共捐资300余万元，建设了铜鼓乡卫生院、希望小学等民生工程。另一方面，利用社会服务平台，积极反映归侨侨眷心声、帮扶归难侨生活和推动华侨农场改革。先后赴广东、福建、广西、云南、海南等地开展华侨农场方面的专题调研10次。设立“助侨奖学金”，资助华侨农场贫困学生220人，共发放奖学金100余万元。

创新社会服务机制建设。完善本党中央定点扶贫地区的扶贫工作机制，分别制订《致公党参与毕节试验区建设近期工作计划》《中国致公党帮扶重庆市酉阳县近期工作计划》和《“致泸合作”近期（2015—2017）工作计划》，统筹本党中央和东部地区组织资源，系统开展贫困地区帮扶工作。召开东西部帮扶协作会议，鼓励东西部省级组织“结对子、搭台子”。组织成立“致公党中央参与毕节试验区建设工作领导小组”，加大东部六省三市联合参与毕节试验区建设工作力度。建立秦巴山区连片扶贫五省市联席会制度，着力推进秦巴山区连片扶贫工作。强化致福慈善基金会的制度化运营，努力在项目开展、资金筹集等机制上有所创新，目前实际运行的10余个项目，已初见成效。

（五）夯实发展基础，稳步推进组织和机关建设

人才队伍和组织建设是“人才兴党”战略的核心，机关建设是自身建设的基础工作。今年，在顶层设计和具体举措方面，都取得了突破性进展。

积极稳妥开展组织发展工作。加大对各地组织发展工作的指导，强调按照组织发展原则正确处理发展质量与发展速度的关系，严把发展质量关。截至11月底，党员人数为4.8万人。同时，在中央统战部的指导与帮助下，稳步推进组织建立工作。河南省委会筹备委员会得以正式成立，对促进本党在河南省的长足发展奠定了良好基础。上海市委会成立崇明支部，广西区委会成立来宾市委会，使上海市委会、广西区委会成为本党基层组织全覆盖的省级组织。

大力开展“创先争优”活动。“创建先进基层组织、争当优秀致公党员”活动是今年

本党加强基层组织建设的一项重要内容。为了更好推动这项工作，本党中央对基层组织的基本情况进行摸底、汇总，并赴浙江、辽宁、安徽等地进行实地调研；各省根据本党中央要求，对本省基层组织建设状况进行调研并开展相关活动。在安徽召开全党基层组织建设工作会议暨“创先争优”活动总结会，总结了创先争优活动经验，研讨基层组织建设问题。

着力加强干部队伍建设。进一步加强高素质后备干部队伍建设，根据中共中央统战工作会议精神和《中国共产党统一战线工作条例（试行）》，本党中央主动向中共各省委、中央国家机关推荐了一批正厅级实职干部后备人选。同时，加强对干部管理工作的研究，集中就民主党派领导干部任期制管理和本党派成员保持界别特色问题进行了调研。切实强化教育培训工作，努力做好中央社院举办的“民主党派干部培训班和进修班”“中青年干部多党合作专题研讨班”的组织配合工作，着力提高“骨干党员培训班”“地市级组织专职副主委培训班”的培训质量。

有序推进党内监督工作。健全省级组织监督机构，各省级组织到今年年底都已建立了监督机构，部分省级组织还在推动辖区内地市级组织建立监督机构。切实加强对各级领导班子的监督，中央监督委员会听取了部分省级组织领导班子述职，并指导省级监督委员会听取、了解所属地市级组织领导班子述职。加强巡视督察工作，有针对性地指导省级监督委员会分期分批对所属地市级组织进行巡视督察，确保监督工作取得实效。

构建地方委员会经验交流的新平台。在安徽首次召开全党地方委员会经验交流会，来自本党中央机关和各省级组织、省会城市、计划单列市组织及直辖市区级组织、地（市）级组织的400余人参加了会议。会议认真总结交流工作经验，为新形势下致公党事业更好发展建言献策，开启了运用成功经验推动本党工作的新模式。

加强和改进机关工作。本党各级组织继续加强“学习型、服务型、创新型”机关建设，切实转变工作作风，提高服务能力。中央机关加强机关制度化建设，重视机关干部的培养工作，通过学习培训、轮岗交流、挂职锻炼等方式，提高干部队伍素质。同时，继续加强与地方组织机关干部的交流学习力度，使其成为一项常态性工作。

各位委员、各位同志，一年来，本党各项工作所取得的新成绩，是以习近平同志为总书记的中共中央正确领导的结果，也是本党各级组织和广大党员团结奋斗、努力工作的结果。在这里，我谨代表本党中央常务委员会，向本党全体党员付出的辛勤努力和做出的无私奉献，表示衷心的感谢！

各位委员、各位同志，今年以来，中国共产党开展了“严以修身、严以用权、严以律己，谋事要实、创业要实、做人要实”专题教育活动，强化问题导向，注重讲究实效，为我们参政党树立了榜样。在去年的全会上，我们指出还存在深化思想宣传教育、凝聚全党力量进行参政议政、加强高端人才引进、夯实基层组织和加强民主监督工作等五个方面的不足。经过一年的努力，我们以本党成立90周年为契机，以深入推进学习实践活动为主抓手，形成了“大宣传、大教育”的良好格局；就一些重点课题和重要参政议政活动进行上下互动和横向联动，进一步盘活了本党的参政议政资源；努力推进全党组织信息化建设，加强了对一些代表性人物的物色和联系工作，也加大了与统战部门的人才信息沟通力度；全面开展了“创先争优”活动，加大基层组织建设力度；也更加注重通过政党协商等方式来强化民主党派的民主监督职能。总的来讲，五个方面都有所改善，但也仍需努力。

在肯定成绩的同时，我们也要清醒地看到，与新形势新任务对民主党派建设的要求相比，我们还存在一定差距，主要表现为：如何结合信息技术的发展和党员的代际更替，使我们的思想建设工作更具针对性、吸引力和说服力；如何切实提高新形势下本党在政党协商方面的能力和水平；如何进一步完善党内人才的选拔机制、拓宽党内人才的成长渠道，使党内优秀人才能够脱颖而出；如何进一步加强对国内归侨侨眷的联系和服务工作，提高致公党对他们的向心力和凝聚力，这四个问题都需要在今后的工作中认真探讨，逐步解决。

二、2016 年工作部署

明年致公党工作的总体要求是：深入贯彻落实中共十八大，十八届三中、四中、五中全会和习近平总书记系列重要讲话精神，始终紧扣创新、协调、绿色、开放、共享五大发展理念凝心聚力，围绕“致力为公、侨海报国”奋发有为，努力做到政党协商有提高、参政议政多亮点、民主监督勤作为、海外联络再拓展、社会服务更扎实，为制订实施“十三五”规划、协调推进“四个全面”战略布局贡献力量。

（一）深入学习贯彻中共十八届五中全会等重要会议和习近平总书记系列重要讲话精神，深化坚持和发展中国特色社会主义学习实践活动

深刻领会精神实质。把学习贯彻中共十八届五中全会、中央统战工作会议、中央经济工作会议、中央扶贫开发工作会议和习近平总书记系列重要讲话精神作为全年重大政治任务。各级组织和广大党员要深刻领会中共中央关于“四个全面”“五大发展理念”等重要思想和重要观点，特别是要着重把握有关统一战线、多党合作的重要论述。把学习贯彻中共中央精神与加强自身建设有机结合起来，不断深化理解认识，坚定理想信念；与履行参政党职能有机结合起来，研究提出贯彻落实的具体举措，把中共中央精神充分体现和贯彻落实到本党工作的各个环节和全部过程。

深入开展坚持和发展中国特色社会主义学习实践活动。各级组织要把推进自身建设作为学习实践活动的重点，把学习实践活动与建设社会主义参政党结合起来，推动活动顺利开展、取得实效。要在继续做好“三个一”“走基层”等工作的基础上，认真探索开展学习实践活动的主题宣讲活动，创造新的形式，让更多的致公党员来讲，更多的致公党员来听，使其成为致公党员喜闻乐见的自我教育平台。

加强宣传思想工作。要充分发挥宣传思想工作对意识形态的引领作用，弘扬主旋律，传播正能量，巩固共同思想基础。要加强对本党党员的党史教育，结合纪念孙中山先生诞辰 150 周年，加强对本党早期党史的研究。加强对宣传思想工作的领导，注重“互联网 + 思想宣传教育”的方式，充分利用党刊、社会主流媒体和网络等宣传手段，加强对本党代表性人士的宣传，不断增强本党的凝聚力，扩大影响力。

（二）服务经济社会发展大局，提高参政议政水平

紧扣“十三五”开局建言献策。全党要贯彻落实创新、协调、绿色、开放、共享的发展理念，围绕中国共产党和国家的工作重点，继续关注实体经济发展，结合推进供给侧结构性改革，就去产能、去库存、去杠杆、降成本、补短板等重点和难点问题，扎实开展调研，努力提出高质量的建议和报告。本党中央拟就创新驱动、“侨”“海”问题、应对老龄化、推动“双创”与“四众”、国际科技合作与大科学计划、东北三省产业升级、医药卫生体制改革、“一带一路”建设、精准扶贫开发、社会主义文艺繁荣等重点领域和课题，广泛动员专家力量，深入开展调查研究，努力提出具有前瞻性、战略性、针对性的意见建议。

全面提高政党协商的能力和水平。各级组织要认真落实《中共中央关于加强社会主义协商民主建设的意见》及《关于加强政党协商的实施意见》，把提高政党协商能力作为明年参政议政工作的重点。注重提高高层协商的质量，努力向全国“两会”和全国政协常委会、专题协商会、双周协商座谈会等提交有水平、有影响的提案和发言。继续探索有效履行民主监督职能的方式，提高履行民主监督职能的实效。

进一步完善工作机制。完善与本党地方组织、国家部委、地方政府、科研高校的多方合作平台，探索建立本党中央的东、中、西部地方参政议政联系点协同机制。重视发挥好各专门委员会的作用，强化党员参政议政的责任感，调动担任人大代表、政协委员的本党党员工作积极性，努力形成参政议政资源的释放效应。继续办好中国发展论坛。进一步完善体制机制，做好反映社情民意信息工作。

（三）服务国家外交大局，深化海外联络工作

精心涵养侨务资源，壮大海外友我力量。在立足做好传统对我友好侨团的基础上，明年要着重扩大与海外专业协会、公益福利团体、校友会等侨团交流，提高本党在海外侨社中的影响力。适时召开海外华商致公峰会，凝聚华商助力发展新动能。加强与中央统战部、全国政协、国务院侨办等部门的联系，争取各类支持，给予长期服务侨团人士礼遇与鼓励。同时，要进一步密切与留学人员的联系与交流。

突出“一带一路”沿线地区和重点国家，稳妥开展侨务公共外交。明年本党中央的出访和邀访将以日、韩及“一带一路”沿线的欧洲国家为主，加大与这些国家侨社和侨胞的交流，挖掘侨智侨资在“一带一路”战略中的独特作用。同时，要配合国家整体外交，进一步做好与未建交国家的交流与合作，争取在开拓中南美洲、南太平洋未建交国家的工作上有新突破。

着眼争取人心，切实推进与港澳台同胞关系的工作。要密切关注岛内局势变化及对海外侨社影响，加强侨务对台工作力度。办好海峡两岸科技论坛、致公恳谈会，继续推进两岸科技文化交流。在做好港澳地区重点侨团和人士工作的同时，加强与专业协会团体的联系与合作，深耕基层、厚植基础、着力年轻一代，凝聚壮大爱国爱港爱澳力量。

（四）服务全面建成小康社会，着力提高社会服务能力

全党社会服务工作的重心从明年起要转到扶贫开发上。要深入学习贯彻中央扶贫开发工作会议和习近平总书记、李克强总理重要讲话精神，切实把思想和行动统一到中央精神上来。继续做好贵州毕节试验区、重庆酉阳、四川泸州、贵州黔西南等地的帮扶工作。加大推动“央省互动，打造品牌”的理念，结合西部地区的扶贫工作，提高资源利用效率，打造精准扶贫的新品牌。

要把切实保障和改善侨界民生作为本党扶贫开发工作的一个重要立足点。要采取措施，以贫困归侨侨眷、老归侨、特殊困难归侨为重点，切实服务侨界重点群体和弱势群体。要加强积极引入海外侨界资源，构建帮扶平台，选取重点区域，努力帮助那些无房或危房农村贫困归侨改善居住条件。继续加大对华侨农场的关注力度，积极助力华侨农场改革和发展工作。

加大调动和整合各方力量的力度。更加广泛、更加有效地动员和凝聚各方面力量，尤其是“侨”“海”方面的资源和力量，切实做到集中力量办好事。充分发挥致福慈善基金会的平台作用，完善基金会的制度化、规范化建设。开展好各类慈善和扶贫开发工作的培训。鼓励构建本党各省级组织横向联动帮扶贫困地区的工作机制，实现资源的最优配置。

（五）加强中国特色社会主义参政党建设，积极推进组织建设

加强人才队伍建设。坚持用好存量，培育增量，细化人才兴党战略的具体落实举措。创新培训模式，分级分类培训，突出政治共识教育和本党特色教育，重点培训专职型领导干部和中青年党员。积极推荐优秀人才到外部任职、挂职锻炼、轮岗交流、担任特邀人员。重点发展一批经济、科学、医疗和教育界人士，进一步完善本党的人才结构。

切实推进各级组织建设。积极稳妥推进本党中央和省级组织届中调整，同时加大对市级组织换届工作的指导力度。研究制订 2017 年省级组织换届意见并加强与省级统战部门的协商与沟通。适时印发《致公党中央关于加强基层组织建设的意见》，指导各地加强基层组织建设。加强与有关部门的沟通，成立致公党河南省委会，积极推动在江西建立本党组织。继续推进全党组织工作信息化水平。加强各级组织的机关建设，改进工作作风，优化工作机制和流程，进一步推动各级机关工作再上新水平。

进一步做好党内监督工作。继续加强对省级组织的巡视督导，重点监督检查省级组织对郑州会议制订的监督工作“规定动作”的落实情况。指导省级监督委员会加强对地市级组织换届工作的监督，确保地市级组织换届顺利进行。继续探索新时期民主党派党内监督工作的新思路、新方法，进一步提高本党党内监督工作水平。

各位委员、同志们，“十三五”的征程即将开启，我们的使命艰巨而光荣。让我们紧密团结在以习近平同志为总书记的中共中央周围，高举中国特色社会主义伟大旗帜，坚持解放思想、实事求是、与时俱进，以更大的魄力、更大的决心、更大的作为，为助力实现“两个一百年”奋斗目标和中华民族伟大复兴的中国梦而奋斗！

在致公党第十四届中常会第十次会议上的讲话

（2015 年 3 月 9 日）

万　钢

同志们：

我们这次会议的主题是学习贯彻“两会”精神。今年的“两会”是在全面贯彻习近平总书记提出的“四个全面”新形势下，召开的一次重要会议。可以说，这次“两会”任务重、会风好、影响大。会期也较往年有所延长，几个工作报告都实事求是地总结了我国去年在以习近平同志为总书记的中共中央的正确领导下，在社会主义经济建设、政治建设、文化建设、社会建设和生态文明建设等方面所取得巨大成绩，令人鼓舞，也催人奋进。对于会议的一些主要情况，今天由于时间关系，我就不再细述了。下面，我想就学习贯彻这次“两会”精神谈三点意见。

一、学习贯彻“两会”精神，首要的是要深刻认识“四个全面”战略布局

今年 2 月 11 日举行的党外人士迎春座谈会上，习近平总书记强调，要着力服务全面建成小康社会、全面深化改革、全面依法治国、全面从严治党的战略布局。他指出，“四个全面”的战略布局是从我国发展现实需要中得出来的，从人民群众的热切期待中得出来的，也是为推动解决我们面临的突出矛盾和问题提出来的。他也希望我们能通过深入开展专题调研，提出更多建设性、可操作的意见和建议，为落实“四个全面”的战略布局做出贡献。我想我们要认真贯彻落实习总书记的这一重要指示精神，站在推进“四个全面”的高度来学习贯彻落实这次“两会”精神。这是今年贯穿这次“两会”的主线，也是致公党当前和今后的一项重要政治任务。

“四个全面”立足治国理政全局，抓住改革发展稳定关键，统领中国发展总纲，是坚持和发展中国特色社会主义道路、理论、制度的战略抓手。正如习总书记说的，“四个全面”是现实的需要、人民的需要，也是破解问题的需要。所以，希望大家回去之后，认真学习领会“四个全面”战略布局，深刻认识“四个全面”所确立的新形势下党和国家各项工作的战略方向、重点领域、主攻目标。各级组织要把学习领会“四个全面”作为传达今年全国“两会”精神的重要内容，作为今年坚持和发展中国特色社会主义学习实践活动的重要内容，本党中央也要对这项工作做出具体部署，中央监督委员会也要抽查各地的学习情况。

大家知道，当前我国面临的国内外形势是极其复杂的。总理在《政府工作报告》中指出，“过去一年，困难和挑战比预想的大”，充分说明新常态下要想取得改革发展的巨大成就是非常不容易的。面对全球经济复苏曲折乏力和国内经济下行的压力，如何实现经济换挡不减势，从而保持中高速增长和迈向中高端水平的双目标？面对“三期”叠加和资源环境约束加剧，如何稳住发展、突出重点，强化创新驱动、着力发展和培育新的增长点？这些问题都非常值得我们去研究。去年，我们先后组织了关于大学生创业、科技型中小

企业发展、支持创客空间等系列调研并向中共中央、国务院提交了关于大众创业、万众创新方面的建议，得到好评。

总理在《政府工作报告》中也高度关注环境治理，指出环境污染是民生之患、民心之痛，要铁腕治理。说明了全社会高度关注环境问题，中央政府也下定决心要治理好环境。那么，我们如何在保持经济稳步发展的前提下，留住青山绿水，让人民呼吸上新鲜的空气，让大众感受蓝天白云的美好？同时，代表、委员的小组发言中对医疗健康事业、科技创新等问题给予了高度关注，进行了讨论，提出要积极发展健康产业。这些都需要我们进一步解放思想，实事求是；需要我们对面临的形势和问题有更加透彻的认识与理解；也需要我们能有更加符合中国实际的战略举措。

二、学习贯彻“两会”精神，内在的是要着力提高三种素质

今年初，中共中央已经正式印发了《中共中央关于加强社会主义协商民主建设的意见》。《中国共产党统一战线工作条例（试行）》目前也正在制订当中，今年预计会出台。前几天，俞主席代表全国政协常委会所作的报告中，对发展社会主义协商民主、提升履职能力也作了深刻论述。在这种形势下，我们如何进一步提高自身内在素质，不断加强自身建设，从而提高参政议政能力和水平，使参政参到要点上，议政议到关键处，就显得尤为重要。结合本党实际，我想当前我们要着力提高以下三种内在素质。

一是要“心有信念，心系人民，心怀责任，心存敬畏”。这是我们加强自身建设的基本要求，是前提，是根本，是遵循，也是底线。坚定的政治信念立场，是我们各项工作的基石，也是我们这些年一直常抓不懈的各类思想教育活动的出发点。真挚的为民情怀，是我们“致力为公、侨海报国”的动力，也是我们始终秉持“睿智之言、务实之策根植于人民”这一工作路线的体现。强烈的使命责任，是我们服务于“四个全面”的激情所在，也是我们时刻不忘我们致公党先辈优良传统的见证。严明的党纪党规，是我们保持良好作风，严守政治纪律和政治规矩的保障。

二是要有担当。人永远是关键的自变量。有多大的担当，就能干多大的事业；尽多大的责任，就会有多大的成就。“四个全面”战略部署推进之际，“两会”精神贯彻之时，作为我们党派成员，更需要我们识民情、接地气，讲真话、建诤言。特别是要有“咬定青山不放松”的劲头，“甘洒热血写春秋”的勇毅，多研究一些关系国计民生的问题，多提出一些睿智有用的建议，多练一些提高履职能力的功夫。

三是要有定力。习总书记说，“要想登上高峰，看到无限风光，必须坚定信心、下定决心，不断往上攀登。”这就是说，我们开展工作，对方向要确定，对纷扰要淡定，对行动要笃定。改革走到今天，各种问题矛盾叠加而来，各种思想观念相互激荡，各种利益诉求纷扰复杂。保持政治定力和战略定力是我们各项工作的航向标和压舱石。这一点，希望同志们时刻不要忘记。

三、今年要重点做好的几项工作

关于今年本党中央工作的总体安排，在今年的工作要点中已经作了部署。这里，我就做好当前和今后一段时期的重点工作，再谈几点意见。

第一，要继续扎实开展好坚持和发展中国特色社会主义学习实践活动。在党外人士迎春座谈会上，习总书记希望我们把坚持和发展中国特色社会主义学习实践活动、理想信念教育实践活动持续深入开展下去，不断增强广大成员和所联系群众的中国特色社会主义道路、理论、制度自信。因此，这项工作，希望各位常委继续高度重视，常抓不懈。特别是去年，我们也有一些好的经验和做法，例如“下基层，接地气”，希望大家继续坚持做好。

第二，要精心组织好今年的调研工作。这次“两会”上聚焦了今年党和国家关心的重点问题，例如：推动“一路一带”建设、统筹管理科技计划和资源、深化教育和医疗卫生体制改革、加强黑土地保护、做好“十三五”规划编制等问题，这些课题希望各级组织认真加以研究，同时注重“统筹安排、精心策划、加强交流、提高质量”。在这次政协小组会上，有委员对本党中央的参政议政工作也提出了不少建议，特别是希望能加强本党中央与地方的协作，这一点我们将进一步提出一些具体的措施，着力在统筹和协调上下功夫，尤其是要加强本党中央与地方组织的合作调研。刚才，我们在主席会上，也通过了今年本党中央的工作要点，确定了把“淮河流域区域发展”作为今年的大调研课题，希望涉及省份的本党组织能积极参与到这项调研上来，共同把这个重大课题做好。

第三，要认真做好本党建党 90 周年的纪念活动。今年 10 月，我们将在北京举行本党成立 90 周年纪念大会，届时党和国家的领导同志将参加会议。在这之前，各地也将举办相应的纪念活动。在这里，我强调两点：一是希望大家把纪念致公党成立 90 周年作为缅怀先辈、传承优良传统、团结党员、鼓舞士气的一个重要契机，同时也注重通过这项活动，加大对本党的社会宣传，讲好致公党的故事，让更多的人认识致公党、了解致公党。二是希望各地严格遵守中央对改进会风的有关规定，开展活动不铺张、不浪费，重实效、接地气，多在活动内容上下功夫，多在活动成效上动脑筋。我们也鼓励和提倡中央和地方、以及省市间合作开展有关活动。

第四，要积极参与推动政党协商深入开展。推进社会主义协商民主已经是今后的大趋势和新任务。各级组织要着手研究如何发挥本级组织在协商议政中的作用问题，特别是在互联网、自媒体时代，如何更好地加强与人民群众的联系，构建符合形势发展的工作机制，表达和反映他们的愿望诉求，这需要我们各级组织的负责同志沉下心来认真加以研究。例如，我们能不能定期邀请一些归侨侨眷、留学生、创新创业人员，开展不同主题的座谈会，倾听他们的声音，把他们的建议和要求，反映到各级中共党委和政府当中去。总之，大家要充分认识协商民主下，对党派工作所提出的新要求，早研究、早部署，使致公党在协商民主的格局中发挥更大的作用。

同志们，随着社会主义现代化建设的不断深入，今年我们的责任和任务更重。希望在座的“两会”委员和代表，在会议期间，多建睿智之言、多献务实之策；在会议之后，认真传达和落实此次“两会”精神。让我们更加紧密地团结在以习近平同志为总书记的中共中央周围，把握新形势，解决新问题，创造新业绩，推动致公党事业实现新的发展，为推进“四个全面”战略布局贡献力量！谢谢大家！

在致公党第十四届中常会第十一次会议上的讲话

（2015 年 7 月 18 日）

万　钢

同志们：

我们这次会议的主题是学习贯彻中共中央统战工作会议精神和为“十三五”规划建言献策。这次会议既是一次主题学习性的常委会，也是一次议政性的常委会。希望大家在会议期间，边学习边议政，共同把这次会议开好。下面，我想结合这两方面的内容，谈一些自己的想法，与大家共同探讨。

一、认真学习贯彻中共中央统战工作会议精神

这次中共中央统战工作会议是在 5 月下旬召开的，习近平总书记出席会议并发表重要讲话。会议的一些主要情况,各位常委所在的统战部门我想应该都已经传达过了。因此，今天我就不再过多地做一些情况介绍了，而是谈谈对这次会议精神的理解。我想学习贯彻这次中共中央统战工作会议精神,作为一名致公党员,主要要学习和领会以下四个方面。

一是要深刻学习和领会这次会议的“一条主线”。“新形势下需要不需要统一战线、需要什么样的统一战线、怎样巩固发展统一战线等重大问题”是贯穿这次会议的一条主线。习近平总书记在会上所做的重要讲话，从根子上回答了这个问题。讲话坚持把统一战线作为中国共产党的总路线总政策总任务的重要组成部分，从中国共产党和国家工作全局的战略高度，深刻阐明统一战线与推进党的伟大事业和党的建设伟大工程的内在关系，进一步明确统一战线在协调推进“四个全面”战略布局下的新定位、新作用、新任务，为做好统一战线工作指明了方向。从这个意义上来讲，这次会议在我国统一战线历史上承前启后、继往开来、影响深远。

二是要深刻学习和领会这次会议的“两个重大创新”。这次会议，立足统一战线 90 多年的丰富实践，提出许多重要理论观点和政策思想，这其中有两项特别重要。一是《中国共产党统一战线工作条例（试行）》,《条例》是中国共产党关于统一战线工作的第一部党内法规，标志着统一战线事业进入新的发展阶段；二是把民主党派基本职能在参政议政、民主监督两个职能基础上，增加参加中国共产党领导的政治协商职能，这事实上在完善社会主义协商民主的大格局下，进一步明确了政党协商的作用和地位。

三是要深刻学习和领会这次会议提出的“三个必须”要求。做好新形势下的统战工作，习近平总书记在讲话中提出了“三个必须”要求，即必须掌握规律、坚持原则、讲究方法，最根本的是要坚持党的领导，坚持和巩固党的领导和执政地位；必须正确处理一致性和多样性关系，不断巩固共同思想政治基础，同时要充分发扬民主、尊重包容差异，尽可能通过耐心细致的工作找到最大公约数；必须善于联谊交友，做好人的工作，壮大共同奋斗的力量。这“三个必须”要求也就是我们在新时期推动多党合作事业发展必须坚持的根本遵循，大家务必理解透、把握准。

四是要结合本党实际找准学习贯彻这次会议精神的“四个着力点”。孙春兰部长在中央统战部传达这次会议精神时，强调：开会发文是上篇，贯彻落实是下篇，只有上下篇都做好，才能成为一篇好文章。当前统一战线的首要任务，是抓好中共中央统战工作会议精神的贯彻落实，扎实做好各项工作，更好地为实现“两个一百年”奋斗目标、实现中华民族伟大复兴的中国梦凝聚人心、汇聚力量。对于致公党来讲，我想主要可以从以下四个方面下功夫。

第一，毫不动摇地坚持和完善中国共产党领导的多党合作和政治协商制度。习近平总书记在讲话中强调，几十年的实践证明，这个制度是适合我国国情的，已根植于我国土壤，构成了中国特色社会主义制度的一个鲜明特色。这一点，我们深有体会。这些年，致公党在派团出访和接待外国政界代表团时，当我们向他们介绍中国的政党制度和实践时，总是能引起他们很高的兴趣和极大的关注，并对我们的制度表示赞赏。在新时期，我们更要有这种道路自信、理论自信和制度自信，向世界展示我们多党合作和政治协商制度的独特优势和巨大生命力。我们要坚持把介绍和宣传我国多党合作和政治协商制度作为我们对外交流的一项重要内容。

第二，矢志不渝地为做好港澳台海外统一战线工做贡献力量。《条例》明确支持民主党派和无党派人士在港澳台海外统一战线工作中发挥作用。作为代表侨界的参政党，这既是对我们以前工作的肯定，更是对我们今后工作的期望。致公党十四大以来，我们认真贯彻党和国家有关的方针政策，服务于国家外交工作大局，积极开展对外联谊工作，加强了包括海外爱国洪门在内的海外华侨华人社团的联系，巩固了与未建交国家不同层面的交往，形成了海峡科技论坛、海峡武术论坛等针对港澳台地区的交流平台，并注重与华裔新生代的联系，形成了对外交流良好的局面。接下来，我们要按这次会议精神，把海外侨界的联谊重点落到争取人心上，着力发挥出港澳台海外侨界的独特优势。

第三，尽职尽责地做好留学人员工作。这次会上，习总书记在讲话中特别指出，留学人员是人才队伍的重要组成部分，也是统战工作新的着力点。这些年，我们也一直在加强与留学人员的联系。去年，我们就关于进一步推动海外高层次人才引进工作向中央提出过专门的建议。今后，我们要把做好留学人员工作的重心同时放在引进留学人才和促进海外留学人员以各种方式服务国家这两个方面。在国外，通过出访，更加重视加强与海外留学生团体和新侨的联系，主动掌握有关情况，把他们的诉求及时反映到国内。在国内，加强与“五侨”单位的联系与协作，进一步增进留学人员对国情的认知，努力使他们把留学报国的优良传统发挥出来，为国家的建设发展贡献力量。

第四，持续不断地加强社会主义参政党建设。这次会上，习总书记指出，民主党派不是俱乐部，要加强思想、组织、制度特别是领导班子建设，不断提高政治把握能力、参政议政能力、组织领导能力、合作共事能力、解决自身问题能力。这对我们加强社会主义参政党建设提出了更加明确的要求，尤其是首次提出了解决自身问题能力。对于加强参政党建设，我在这里也着重强调三点：一是要坚定理想信念，把巩固共同思想政治基础作为首要工作。特别是当前全面深化改革进入深水区和攻坚期，利益格局的深刻调整必然带来思想观念的深刻变化。这一点我们党派的同志要看清楚、辨明白，重视对党员的思想政治教育工作。二是要继续推进坚持和发展中国特色社会主义学习实践活动，尤其是把活动与我们今年建党 90 周年的一些活动紧密结合起来，同时也要重视对学习实践活动的经验总结工作。三是要密切关注意识形态领域的严峻挑战，自觉保持政治上的清醒坚定，引导本党党员正确看待、正面发声。我们党派在凝聚改革最大公约数、汇聚发展正能量上责任重大，需要发挥更大作用，特别是面对海外的议论和国内社会的不同观点，要深思熟虑，谨言慎行。

这次中共中央统战工作会议的内容十分丰富，会后大家还是要多注意仔细学习领会。思想到位，行动才能到位；认识准确，实践才能正确。希望大家在吃透科学内涵上下功夫，在领会精髓要义上下功夫，在掌握理论政策上下功夫，真正学懂、学透、学通。针对工作实际，运用贯穿于习近平同志重要讲话和《条例》精神之中的立场观点方法，认真加以分析，科学谋划工作，确保学以致用。

二、倾心倾力为“十三五”规划献计献策

上个月，全国政协召开了以“十三五”规划为主题的议政性常委会，会上俞正声主席在总结讲话中提到：“十三五”时期是实现全面建成小康社会目标的决战决胜阶段，制订好“十三五”规划，对全面建成小康社会、如期实现第一个百年奋斗目标意义非常重大。我们要认真学习贯彻习近平总书记系列重要讲话精神，坚持问题导向，紧密联系实际，深入研究“十三五”时期我国经济社会发展重大问题，努力为“十三五”规划制订提出更多适应时代要求、符合发展规律、反映人民意愿的意见建议。我想，俞主席讲话的这一要求，对我们参政党来讲也是完全适用的。因此，在这次会后，希望大家能持续关注“十三五”规划的制订，特别是要把我们参政议政的主要课题尽量与为“十三五”规划献计出力相衔接。对于“十三五”期间经济社会的发展，我也谈三点想法。

第一，“十三五”时期需要我国适应并引领经济发展新常态。从去年以来经济社会的发展情况来看，我国经济在新常态中走出了不同寻常的发展之路，取得了非同凡响的成就。这既是适应新常态的努力，也是引领新常态的结果。展望“十三五”，可以认为新常态将是我国经济社会发展的基本面。因此，我们要适应这个基本面，特别在技术面上，要积极作为，并以此引领新常态。前不久，国务院发展研究中心的专家对新常态下的经济社会发展形势，作了如下预判断，即“十三五”期间，我国可能会面临：消费层次的升级与结构性供应的不足，投资潜力依然巨大与有效投资的供应不足，新老产业的青黄不接，外贸从大进大出到优进优出，劳动生产率的边际递减与劳动力的成本上升，企业经营成本的上升与企业效益的下降，流动性的充裕与实体经济的资金不足，区域发展的再次分化，以及旧规则的打破与新规则的缺位。也就是同时处于经济增长的换挡期、结构调整的阵痛期和全面深化改革的攻坚期。这期期叠加将使我国面临更加复杂的新常态，但我们总体上对于“十三五”时期还是要充满信心，发展处于黄金期的基本面还是没有发生太大变化，中国经济相较欧美还是有优势的。因此，希望大家在为“十三五”规划建言献策时既看到形势的严峻，不要盲目乐观；也要看到发展的前景，不可妄自悲观。这也是“十三五”规划与以往规划最大的不同，即这将是一个应对并引领新常态下的第一个五年规划。

第二，以改革创新推动“十三五”时期经济社会的发展。现在距离 2020 年全面建成

小康社会只有6年时间，因此“十三五”规划如何既能满足“眼前”要在6年内建成小康社会的需要、又能满足“长远”为现代化建设谋好战略规划空间的需要，值得好好思考。现在看来，“十三五”时期引领经济发展新常态、促进经济社会持续发展的核心还是要落在推进改革创新上。坚持改革创新，就是为了坚持科学技术是第一生产力，就是为了实现发展是第一要务的目标。要促进我国经济保持中高速发展、迈向中高端水平，需要我们更加依赖创新驱动。前不久，我在阅读美国学者杰里米·里夫金的《零成本社会》时，很受启发。书中提到，数十亿人和数百万组织连接到物联网，从而使人类能以一种从前无法想象的方式，在全球协同共享中分享其经济生活。这种“零成本”现象孕育着一种新的混合式经济模式，这将对社会产生深远的影响。事实上，像淘宝、滴滴打车等的兴起，也表明了这种趋势。创新驱动既需要技术创新支撑，也越来越需要制度创新加以保障。所以，我想在“十三五”期间衡量改革创新成效的标准，一方面是经济增长方式能否转变、科学发展的要求能否落实、创新释放了多少动力，另一方面是经济社会中的深层次矛盾能否得到破解、各方面的改革能否顺利推进、改革释放了多少红利。

第三，高度重视“十三五”期间的“双创”发展。“大众创业、万众创新”从本质上讲与改革开放的逻辑是一致的，两者强调的都是人的解放与全面发展。30多年前，我们通过改革开放极大地释放了人的积极性，大大提高了劳动生产率，铸就了我们国家经济社会的高速发展。今天，中共中央、国务院提出“双创”，事实上是在新的历史时期，来激发人的创造性，通过创新创业来激发经济发展的新动能，进而让更多的人富起来，让更多的人实现人生价值。同时，“双创”实际上也是一种改革，它必将与“简政放权”紧密结合起来，正如李克强总理在今年“两会”答记者问时所强调的，“要下更大力气推进简政放权，激发市场活力，通过清障搭台推动大众创业、万众创新。”因此，“双创”的意义是十分重要的，它也将贯穿在整个“十三五”乃至更长的时间。我们在关注创新创业和政府简政放权方面，去年也做了不少调研，特别是开展的关于“创客群体与创客文化”调研，克强总理批示要求“注意在支持创客群体成长中培育创客文化，以利创业创新。”延东副总理批示强调“采取多种举措，加强青少年创新能力培养和全社会创新文化培育，鼓励支持创新创造，共同营造大众创新、万众创业的良好环境。”而且，在今年年初的党外人士座谈会上，我们也就“着力完善支持大众创业、万众创新的政策举措”，向习近平总书记等中央领导提出了意见和建议。可以说，我们在推动“双创”过程中，是贡献了自己的力量的。在“十三五”期间，希望大家继续关注这个问题，持续不断地推进我国“双创”事业的发展。

此外，也要高度重视“十三五”期间社会事业的发展。特别是在生态文明建设方面，要持续关注环境保护与可持续发展；在民生改善方面，要注意教育和文化问题；在区域经济协调发展方面，要更加关注欠发达地区经济社会的发展问题。

同志们，当前复杂的国际国内形势给我国的发展带来了新的机遇和挑战，作为参政党我们有责任、有义务按照中共中央统战工作会议的精神，为促进我国经济社会的持续发展多做贡献。希望大家在这次会上能够畅所欲言，共同提高本党服务发展、服务改革、服务创新以及推动统一战线事业发展的能力与水平。谢谢大家！

在致公党第十四届中常会第十二次会议上的讲话

（2015 年 11 月 14 日）

万　钢

同志们：

我们这次常委会的主题是学习贯彻中共十八届五中全会精神。中共中央非常重视发挥党外人士的专业和智力优势，在五中全会召开前，广泛征求和吸收了各民主党派中央、全国工商联和无党派代表人士关于“十三五”规划建议稿的意见建议。本党提出的关于进一步突出创新驱动发展战略引领、加强边境经济合作区建设、加大专业化人才的培养力度、高度重视人口老龄化加快的问题、把耕地休耕与农业“走出去”有机结合起来、重视建立环境治理的跨省统筹机制等建议也被吸收和重视。由于各地不同层面已经做了相关传达，今天简要谈三个方面的内容。

一、深刻理解中共十八届五中全会的重要意义

中共十八届五中全会是在我国即将完成“十二五”规划，全面建成小康社会进入决胜阶段之际，召开的一次重要会议。会议重大而深远的意义集中体现在三个方面：

第一，这是在全面建成小康社会决胜阶段集中动员的一次重要会议。今后五年是我国民族复兴进程中至关重要的五年。到2020年全面建成小康社会，是中国共产党确定的“两个一百年”奋斗目标的第一个百年奋斗目标。“十三五”是全面建成小康社会的决定性阶段，最后冲刺在这五年，关键也在这五年。确保如期全面建成小康社会，就能为实现第二个百年奋斗目标、实现中华民族伟大复兴打下坚实基础。五中全会在这个关键时刻召开，立足五年、着眼百年，谋划当前和今后一个时期的发展思路，必将为促进发展凝聚广泛共识、注入强大动力，为全面建成小康社会打下坚实的基础。

第二，这是对“十三五”时期经济社会发展科学谋划的一次重要会议。“十三五”时期是转方式调结构的重要窗口期，我国将跨越“中等收入陷阱”向更高发展阶段迈进，既有百尺竿头更进一步的展望，也有逆水行舟不进则退的压力。五中全会明确了发展的基本思路、主要目标，提出许多具有标志性的重大战略、重大工程、重大举措。这充分体现了“四个全面”战略布局和“五位一体”总体布局，体现了习近平总书记系列重要讲话精神，体现了十八大以来党中央的决策部署，顺应了我国经济发展新常态的内在要求，必将开启我国经济社会发展的崭新时代。

第三，这是一次充分展示中国共产党执政能力和治理能力的一次重要会议。当前我国经济总量稳居世界第二，对全球经济增长贡献率达到 30%，成为名副其实的经济领跑者和“稳定之锚”。中国共产党治国理政的决策、经验和魄力，日益吸引世界各国的关注目光。五中全会从容应对世界经济“亚健康”和国内“三期叠加”压力，审议通过了“十三五”规划建议，充分展示了以习近平为总书记的中共中央应对挑战的高超智慧、改革创新的坚定意志、执政为民的责任担当，向世界发出了中国经济长期向好的自信强音。这必将

成为全国步调一致的行动，激励和指引全国各族人民更加奋发有为，共同开创中国特色社会主义事业新局面。

二、深刻领会中共十八届五中全会的精神实质

学习贯彻五中全会精神，关键是要深刻领会全会通过的《建议》和习近平总书记在全会上的重要讲话精神，在领会精神中统一思想，在把握实质中明确方向，在深化认识中推动实践。概括起来，主要要把握好以下六个方面。

一是要深刻认识“十二五”时期取得的显著成就。“十二五”时期是我国发展史上极不平凡的五年。面对错综复杂的国际环境、艰巨繁重的国内改革发展稳定任务，中国共产党团结带领全国各族人民顽强拼搏、开拓创新，奋力开创了党和国家事业发展新局面。五年来特别是十八大以来，我国经济社会发展取得新成就，改革开放实现新突破，党风政风呈现新气象，法治建设开启新阶段，人民生活迈上新台阶，实现了我国现代化进程中的历史新跨越，人民满意、社会认同、世界瞩目。我们要充分认识这五年取得的成绩来之不易，积累的经验弥足珍贵，创造的精神财富影响深远，满怀信心地迈向“十三五”，奋力夺取全面建成小康社会新胜利。

二是要深刻认识新常态下经济社会发展面临的形势新任务。当今世界，尽管经济复苏进程曲折、全球性挑战严峻，但和平、发展、合作、共赢是主旋律；今日中国，尽管面临经济下行压力、社会转型阵痛，但经济发展已进入新常态，“四个全面”战略布局正协调推进。全会以宽广的世界眼光、开放的战略思维，综合判断国际国内形势，强调我国发展仍处于可以大有作为的重要战略机遇期，也面临诸多矛盾叠加、风险隐患增多的严峻挑战。我们要准确把握战略机遇期内涵的深刻变化，更加有效地应对各种风险和挑战，继续集中力量把自己的事情办好，不断开拓发展新境界。

三是深刻认识“十三五”时期全面建成小康社会新的目标要求。赢得“十三五”、全面建成小康，要求我们突出问题导向，在改革创新中实现发展新突破。在一个拥有13亿人口的国家全面建成小康社会，是空前复杂艰巨的历史使命。从新常态下经济增长动力的转换，到啃下深化改革的硬骨头，从实现7000多万贫困人口脱贫，到建设天蓝地绿水净的家园，我们要实现全面小康的历史性跨越，没有捷径可走，只能在解难题、过难关中砥砺前行。全会这次明确提出了全面建成小康社会新的目标要求，特别强调到2020年国内生产总值和城乡居民人均收入比2010年翻一番，产业迈向中高端水平。人民生活水平和质量普遍提高，我国现行标准下农村贫困人口实现脱贫，贫困县全部摘帽，解决区域性整体贫困。这些新任务和新要求，需要我们更加努力奋斗，在稳增长、转方式、调结构、促改革、惠民生、护生态、抓扶贫等方面取得新的突破。

四是要深刻理解“五大发展理念”对我国经济社会发展的长远指导意义。全面建成小康社会，从根本上说是发展问题。发展理念是否对头，从根本上决定着发展的成败。全会提出的创新、协调、绿色、开放、共享的五大发展理念，集中反映了执政党对经济社会发展规律认识的深化。创新是引领发展的第一动力，协调是持续健康发展的内在要求，绿色是永续发展的必要条件，开放是国家繁荣发展的必由之路，共享是中国特色社会主义的本质要求，这五大理念相互贯通、相互促进，是具有内在联系的集合体，我们

学习贯彻时要统一贯彻，不能顾此失彼，也不能相互替代。特别是创新成为五大理念之首，顺应了新科技革命带动产业变革的判断。世纪之初，平板代替CRT电视、数码相机取代胶卷；金融危机成功促使PC产业向智能终端和服务器转变，带动了互联网产业发展，LED灯取代白炽灯。当前，新的技术又正在推动新的产业革命，大家在做调研选题的时候，一定要看到这一点。

五是要深刻理解中国共产党的领导和自身建设是确保“十三五”规划落实的政治保障。全会通过的《建议》，体现了执政党执政兴国的第一要务。发展是硬道理，党的领导是根本保证。全会也指出，适应、把握、引领新常态，带领13亿多人民全面建成小康社会，必须创新党领导经济社会发展的观念、体制、方式方法，提高党把握方向、谋划全局、提出战略、制订政策、推进改革的能力，为发展航船定好向、掌好舵，更好地发挥党在经济社会发展中的领导核心作用。作为参政党，我们在“十三五”时期也要提高参政能力，积极为推进国家治理体系和治理能力现代化，更好推动经济社会发展做出贡献。

六是要深刻理解统一战线在落实“十三五”规划中的优势和作用。全会审议通过的《建议》，专门对巩固和发展最广泛的爱国统一战线提出新要求，强调要全面落实党的知识分子、民族、宗教、侨务等政策，充分发挥民主党派、工商联和无党派人士作用，深入开展民族团结宣传教育，引导宗教与社会主义社会相适应，促进政党关系、民族关系、宗教关系、阶层关系、海内外同胞关系和谐。同时，还有很多政策举措都涉及统一战线工作的内容。这些都为统一战线更好地服务执政党和国家工作大局指明了方向和着力重点。我们要牢牢坚持正确的政治方向，始终把中国特色社会主义作为我们共同理想信念、共同前进方向，不断巩固团结合作的共同思想政治基础，进一步把我国政治制度和政党制度的特点坚持好、优势体现好、作用发挥好。

三、结合实际，全面贯彻落实中共十八届五中全会精神

深入学习贯彻中共十八届五中全会精神，是当前和今后一个时期，致公党的一项重大政治任务。我们要把贯彻全会精神，推动“十三五”规划制订实施，作为服务执政党和国家工作大局的首要任务，作为发挥“侨”“海”优势、参政履职的重要途径，深入调查研究，积极建言献策，努力为实现“十三五”规划提出的宏伟目标发挥积极作用。

第一，抓好会议精神的学习贯彻，切实把思想和行动统一到中共中央的决策部署上来。孙春兰部长在传达十八届五中全会精神时，对此作了特别强调。她希望各民主党派、工商联和无党派人士积极引导各自成员深刻理解和把握全会精神，与深入贯彻落实中央统战工作会议精神和《条例》结合起来，通过专题辅导、政策解读、形势报告、学习培训等形式，进一步统一思想、深化认识。尤其是在坚持和发展中国特色社会主义学习实践活动中，要注重充分体现五中全会精神，进一步夯实统一战线共同思想政治基础，坚定实现全面建成小康社会的必胜信念。

本党各级组织要结合这次中常会精神，对学习、宣传、贯彻中共十八届五中全会精神做出具体部署，切实把思想和行动统一到中共中央的决策部署上来，不断增强贯彻“十三五”规划的责任感和使命感。

第二，切实履行参政议政职能，继续为“十三五”规划的编制和落实尽心出力。“十三五”

规划建议通过后，规划《纲要》编制工作要持续到明年“两会”之前，同样也是一个集思广益的过程，需要广泛吸收社会各方面的真知灼见。本党各级组织要继续把制订“十三五”规划作为议政建言着力点，紧紧围绕创新、协调、绿色、开放、共享五大发展理念，调动专门委员会、党内外专家等各方力量深入调研，用好政党协商等各种平台提出建议，特别是在今年全国的“两会”上要形成一批围绕“十三五”主要议题的提案和发言，充分体现致公党的智力优势和人才优势。

另一方面，明年规划出台后，各级组织要进一步聚焦创新和完善宏观调控方式、推动区域协调发展、推动可持续发展、扩大对外开放、推进健康中国建设等重点难点问题积极建言献策。这里也希望大家要善于用宽广的视野、创新的思维，审视新形势下的建言献策工作，把握基本面、打造新亮点，以科学的工作思路，最大限度地释放本党参政议政的潜能和效能，使本党的参政议政工作始终与时俱进、不断巩固发展，切切实实地为促进如期全面建成小康社会做出贡献。

第三，充分发挥自身优势，为实施创新驱动和转型升级贡献力量。“必须把创新摆在国家发展全局的核心位置”“让创新贯穿党和国家一切工作，让创新在全社会蔚然成风”。在十八届五中全会提出的五大发展理念中，创新发展居于首位，意义重大。抓创新就是抓发展，谋创新就是谋未来，已经成为共识。本党这些年来，一直致力于推动创新驱动发展，提出了一系列的建议和报告，取得了很好的成绩。在下一阶段，我们除了在围绕创新驱动来建言献策外，还要着力从三个方面继续推进这项工作：

一是要针对性地加强对归侨侨眷、归国留学人员等的引导，增强他们在大众创业、万众创新中的主体意识，充分激发创新热情，努力帮助他们解决创新创业过程中遇到的问题。二是要吸引海外人才为国服务，努力通过“引凤工程”等活动载体广泛凝聚海外高层次人才，支持海外高层次人才来中国创新创业，继续呼吁解决他们在出入境、子女就学、医疗卫生等方面存在的问题和困难。三是要着眼结构深度调整、振兴实体经济，更好地把广大海外侨胞的智慧和力量凝聚起来，引导他们积极为“中国制造 2025”“互联网 +”“推进国际产能和装备制造合作”等重大战略中献计出力。

第四，注重发挥“侨”“海”特色，为“十三五”规划顺利实施营造良好的发展环境。成就伟业，最关键的是同心合力。全面小康是全体中国人民的小康。“同德则同心，同心则同志。”我们一方面，要切实做好国内所联系群众的凝聚人心、增进团结工作。通过深化社情民意，及时了解和反映所联系群众的思想动态、意见建议和利益诉求；通过开展社会服务，勇担社会责任，努力开展就业培训、医疗服务、法律咨询等帮扶活动，促进社会和谐。另一方面，要努力做好港澳台同胞、海外侨胞等的凝心聚力工作。这里特别要强调的是，要着眼“十三五”时期海外侨情的新形势新发展，注意创新工作方法，继续扩大联谊交友范围，坚持真诚交往与竭诚服务、人文交流与务实合作相结合的思路，努力把他们的爱国之心、报国之志、效国之力凝聚到建设中国特色社会主义的伟大事业当中，为实现中华民族的伟大复兴的中国梦贡献力量。

同志们，“十三五”时期我们参政党的责任更大、使命更光荣。希望大家在会议结束以后，抓紧落实和部署有关工作，共同提高本党服务“十三五”发展的能力与水平。

中国致公党第十四届中央委员会第四次全体会议关于中央常务委员会工作报告的决议

中国致公党第十四届中央委员会第四次全体会议（以下简称“全会”）于2015年12月28日至29日在北京举行。全会认真审议了万钢同志代表第十四届中央常务委员会所作的工作报告。全会充分肯定第十四届中央常务委员会2015年所做的工作，同意工作报告提出的2016年工作部署。全会决定批准这个报告。

全会认为，一年来，面对复杂多变的国内外形势，全国各族人民在以习近平同志为总书记的中共中央坚强领导下，开拓创新，奋发有为，开创了中国特色社会主义事业发展的新局面。2015年，致公党聚焦服务“四个全面”战略布局，坚持“致力为公、侨海报国”,推动本党各项工作取得了新的可喜成绩。一年来,全党始终把思想建设放在突出位置,认真学习中共中央统战工作会议和《中国共产党统一战线工作条例（试行）》精神，结合本党成立90周年纪念活动，开展形式多样的党史、党章教育和爱国主义教育，不断将坚持和发展中国特色社会主义学习实践活动推向深入，努力构建“大宣传、大教育”思想政治工作格局；围绕新常态下我国经济建设和社会发展等重大问题，深入开展调查研究，创新工作理念和机制，不断提升参政议政和民主监督工作的能力；充分发挥“侨”“海”优势，助推“一带一路”国家战略实施，扩大侨务公共外交实践，不断巩固发展与侨界的友谊；加强资源整合，形成品牌集群，不断创新社会服务工作机制，扩大社会服务实效；贯彻“人才兴党”战略，大力开展“创先争优”活动，稳步推进组织发展和干部队伍建设，加强和改进机关工作。

全会要求，全党要深入贯彻落实中共十八大，十八届三中、四中、五中全会精神和习近平总书记系列重要讲话精神，按照“五位一体”总体布局和“四个全面”战略布局，紧扣“创新、协调、绿色、开放、共享”五大发展理念，提高履职能力和自身建设水平，为实施“十三五”规划贡献力量。要把学习贯彻中共中央统战工作会议和《中国共产党统一战线工作条例（试行）》精神与加强自身建设有机结合起来，不断深化理解认识，坚定理想信念，持续深入开展坚持和发展中国特色社会主义学习实践活动；要积极围绕“十三五”开局建言献策，进一步完善参政议政工作机制，全面提高政党协商的能力和水平，高度关注实体经济发展；突出“一带一路”沿线地区和重点国家，加强与海外侨胞、港澳台同胞的友好往来，做好凝聚人心和团结联谊工作；要深入贯彻中央扶贫开发工作会议精神，推动精准扶贫、精准脱贫，着力提高社会服务能力；要致力于中国特色社会主义参政党建设，切实加强各级组织和人才队伍建设，做好党内监督工作。

全会强调，中共十八届五中全会指出“十三五”时期是全面建成小康社会的决胜阶段，明确提出了“十三五”规划的指导思想、基本原则、目标要求、基本理念、重大举措。2016年是“十三五”开局之年，也是推进结构性改革的攻坚之年。全党要深刻领会五中全会精神和要求，紧紧围绕“十三五”规划实施献计出力，努力为全面建成小康社会发挥更大作用。

全会号召，全党要更加紧密团结在以习近平同志为总书记的中共中央周围，高举中国特色社会主义伟大旗帜，锐意进取、扎实工作，为夺取全面建成小康社会的伟大胜利、实现“两个一百年”奋斗目标和中华民族伟大复兴的中国梦贡献力量！

致力为公　侨海报国

——在中国致公党成立 90 周年纪念大会上的讲话

（2015 年 9 月 28 日）

万　钢

各位来宾、同志们、朋友们：

今天，我们在这里隆重集会，庆祝中国致公党成立 90 周年。中国致公党自成立 90 年来，主动投身民主革命，并在中国共产党领导下，积极参加新中国的建立和建设、努力探索改革和发展之路、倾力参与实现中国梦的伟大实践，走过了不平凡的历程，做出了积极的贡献！

首先，我谨代表中国致公党中央向莅临会议的中共中央领导同志表示衷心的感谢！向前来祝贺的各位嘉宾表示诚挚的谢意！向远道而来的海外朋友和港澳台朋友表示热烈的欢迎！向全体致公党员致以亲切的问候！

同志们、朋友们！

1925 年 10 月，中国致公党由华侨社团美洲洪门致公总堂发起在美国旧金山成立。伟大的民主革命先驱孙中山先生曾在此前加入洪门致公堂，并对其进行改组。中国致公党成立之后，为争取和维护海外侨胞正当权益、为民族解放和国家独立进行了不懈的努力。

抗日战争爆发后，致公党发扬华侨爱国光荣传统，积极响应中国共产党提出的“集中一切国力，为抗日救国的神圣事业而奋斗”的号召，坚持为抗战进行募捐活动。司徒美堂、官文森、许志猛、黄鼎臣等致公党前辈更是与各地侨胞一道同仇敌忾，浴血抗敌，为争取抗日战争和世界反法西斯战争的最后胜利建立了功勋。

抗战胜利后，中国面临两种前途、两种命运的抉择。1947 年 4 月，致公党在香港举行第三次代表大会，决议加入中国共产党领导的人民民主统一战线。1948 年 5 月，致公党发表宣言，响应中国共产党“五一”号召，自觉接受中国共产党的领导，并拥护召开新的政治协商会议，号召广大侨胞回到祖国的怀抱，为即将成立的新中国贡献力量。1949 年 9 月，致公党的代表参加中国人民政治协商会议第一次全体会议，参与筹备中华人民共和国的成立。

新中国成立后，根据形势的变化，致公党的总部从香港迁到内地，团结和动员广大党员和海外侨胞，同全国人民一道，积极投身于社会主义革命和建设。致公党关心海外侨胞的生存发展，努力维护海外侨胞和归侨侨眷的正当合法权益。在此后各个不同的历史时期，致公党始终坚持中国共产党的领导，同甘共苦，共同经历了严峻的历史考验。

中共十一届三中全会后，致公党坚定不移地贯彻社会主义初级阶段的基本路线，坚持与中国共产党“长期共存、互相监督、肝胆相照、荣辱与共”的方针，为新时期统一战线的巩固和发展，为实现祖国和平统一贡献智慧和力量。1979 年 10 月，致公党举行第七次全国代表大会，会议决定把致公党的工作重点转移到为社会主义现代化建设服务的轨道上来。在新的历史时期，致公党作为中国共产党领导的多党合作总格局中的参政党，积极参加国家政治生活，参与大政方针和“侨”“海”等方面重大问题的协商讨论；参与国家相关政策、法律、法规的制订和执行，认真履行参政议政、民主监督的职能。在这一时期，致公党中央提出了为经济社会建设“党的规模小声音不能小，党员人数少作为不能少”的口号。通过实践走出了一条发挥致公党自身的特色和优势，服务国家经济建设、政治建设、文化建设、社会建设和生态文明建设的新路子。

中共十八大以来，中共中央高度重视统一战线工作，更加重视发挥民主党派的作用。2012 年 12 月，习近平总书记走访致公党中央机关，殷切希望致公党在新时期注重发挥自身优势，切实做好“侨”“海”这篇大文章。致公党在继承中发展、在发展中创新、在创新中前进，提出了“致力为公、侨海报国”的新时期发展主题，更加注重凝聚共识、汇集力量、献计出力。目前，致公党在全国 20 个省、自治区、直辖市和大中城市建立了组织，党员 4.7 万人，党员素质进一步提高，履职能力进一步增强。

特别是近年来，致公党以服务改革创新为参政议政的第一要务，围绕创新驱动发展、海外人才引进、农业现代化、医疗卫生、区域协调发展等重大问题深入调查研究，为执政党和政府科学决策提供了智力支持。以兴国利侨为海外联络的着眼点，重视畅通凝聚侨心的渠道，创新汇集侨智的载体，拓展发挥侨力的平台，丰富维护侨益的手段。以增进共识为公共外交的出发点，注重开展与未建交国家的文化交流，重视加强与有关政党、团体的友好往来与合作。以促进民生为社会服务的落脚点，积极开展智力扶贫、助侨帮侨等活动并成立了致福慈善基金会，采取引资引智等多种方式，切实参与全面建成小康社会建设。

回顾中国致公党 90 年的发展历程，我们更加深刻地认识到，中国致公党萌芽于华人华侨的爱国情怀，产生于近代广大海外华人华侨的报国革命，发展于在中国共产党领导下自觉投入革命建设发展的兴国实践，具有爱国、革命的光荣传统，是自觉投身于国家富强、民族振兴、祖国统一的一支重要力量。我们有充分的理由相信，在中国共产党的领导下，中国致公党必将走向更加光明的未来！

此时此刻，我们更加深切缅怀司徒美堂、陈其尤、黄鼎臣、董寅初等已故领导人。我们还要向罗豪才、杨纪珂、杜宜瑾、郑守仪、王宋大、吴明熹、俞云波等老同志致以崇高的敬意。我们将永远铭记所有为中国致公党的成立、巩固和发展做出贡献的人们，在中国共产党的领导下，把中国特色社会主义事业继续推向前进。

同志们、朋友们！

中国致公党 90 年的风雨历程积累了宝贵的经验，形成了优良的传统。这些经验和传统，既是长期形成的宝贵财富，也是致公党今后努力做好工作必须坚持的重要原则，值得倍加珍惜。

——必须坚持中国共产党的领导。中国共产党的领导是包括各民主党派、各团体、各民族、各阶层、各界人士在内的全体中国人民的共同选择，是中国特色社会主义最本质的特征，也是多党合作事业发展进步的根本保证。纵观中国致公党 90 年的发展历程，我们可以得出这样的结论：只有在中国共产党的领导下，中国致公党才有光明的前途和蓬勃的生机；也只有在中国共产党的领导下，中国致公党的发展才有可靠的政治保障，才能沿着正确的政治方向不断前进。

——必须坚持高举爱国主义和社会主义两面旗帜。在中国共产党领导下，高举爱国主义和社会主义两面旗帜，是致公党性质的集中体现，是致公党产生和发展的历史和现实依据。爱国主义和社会主义成为致公党不断追求进步的重要思想基础，成为致公党在不同历史时期经受住各种严峻考验并不断取得发展的精神动力。我们必须时时以真挚的爱国主义夯实社会主义的根基，以鲜明的社会主义彰显爱国主义的时代特征。

——必须坚持和发挥“侨”“海”特色。几千万的海外侨胞是我国现代化建设和祖国统一的一支重要力量。致公党有责任、有义务最大限度地把广大归侨、侨眷、留学人员和海外侨胞团结起来，最大限度地把他们的积极性调动起来，最大限度地把他们促进改革开放和现代化建设的独特优势发挥出来。致公党只有坚持“致力为公、侨海报国”，保持“侨”“海”特色，才能生生不息、有所作为、不断壮大。

——必须坚持不断提高参政党意识和履职能力。增强民主党派的参政党意识，是坚持好、完善好、落实好中国共产党领导的多党合作和政治协商制度的必然要求。致公党作为参政党，要在多党合作的政治格局中发挥作用，就必须不断增强参政党意识，不断提高对参政党性质、地位、作用和历史使命的认识，并为之努力奋斗。致公党的人数少，作为不能少。要始终坚持从围绕中心的实践中来看待成绩，从服务大局的实效中来评判工作成效。

——必须坚持全面加强自身建设。加强自身建设，提高整体素质，永葆生机和活力，是致公党完成历史使命的重要保障。面对形势发展，致公党只有始终坚持把自身建设摆在重要位置，才能做到政治上增进共识、思想上积极向上、组织上坚强有力、行动上规范有序、履职上奋发有为。实践告诉我们，既要坚持政治交接，注重优良传统的延续和发展，又要坚持与时俱进，紧跟时代发展要求；既要坚持“人才兴党”，激励党员的主体意识，又要坚持高素质参政党建设，全面提升致公党的凝聚力和向心力。

同志们、朋友们！

90 年的成就来之不易，90 年的经验弥足珍贵。这些成绩的取得离不开中国共产党的正确领导，离不开社会各界的大力支持，也离不开全党同志的团结一致、共同奋斗。同时，我们也要清醒地认识到自身还存在一些不足和差距，我们要继续努力，不断创造新的业绩。

雄关漫道真如铁，而今迈步从头越。当前，我国已进入了全面建成小康社会、加快推进社会主义现代化新的发展阶段。目标更伟大，使命更崇高，任务更艰巨。致公党要继承“致力为公”的光荣传统，勇担“侨海报国”的时代使命，不断提高履职能力，为实现“两个一百年”奋斗目标、实现中华民族伟大复兴的中国梦做出新的更大贡献。

第一，坚定不移地做发挥中国政党制度优势和特点的捍卫者。中国共产党领导的多党合作和政治协商制度作为我国的一项基本政治制度，是中国共产党和各民主党派、无党派人士共同致力于中国特色社会主义事业的重要保证。这一制度生长于中国的社会土壤，符合中国国情、具有鲜明的中国特色和独特的优越性。

致公党要深入贯彻落实中共中央统战工作会议精神，始终坚持好、维护好、落实好中国共产党领导的多党合作和政治协商制度。始终坚持正确的政治方向，准确把握参政党面临的新形势新任务，自觉把中国共产党的决策部署贯彻到多党合作中去，坚定不移地走中国特色社会主义政治发展道路，风雨如磐不动摇。

第二，坚定不移地做改革开放、创新发展的促进者。中共十八大以来，以习近平同志为总书记的中共中央总结经验、揭示规律、筹划全局，做出了“四个全面”的战略布局，明确了今后党和国家各项工作的总纲领总方针。“四个全面”的战略布局既回应了我国发展的现实需要，又顺应了人民群众的热切期待。

致公党要紧紧围绕“四个全面”战略布局，聚焦推动科学发展、全面深化改革中的重大问题和群众最为关切的问题，深入进行调查研究，努力为改革开放、创新发展出实招、谋良策。紧紧抓住落实“四个全面”中的热点、难点、重点和焦点问题，广泛团结联系周边群众，多做协调关系、化解矛盾、增进团结、集聚人心的工作，为协同推进“四个全面”战略布局营造团结民主、和谐稳定的社会环境。

第三，坚定不移地做“侨”“海”资源可持续发展的推动者。在前进道路上，既需要全国上下心往一处想、劲往一处使，也需要最大限度地把广大归侨、侨眷、留学人员和海外侨胞团结起来，汇聚海内外中华儿女共圆中国梦的磅礴力量。这就需要巩固和发展最广泛的爱国统一战线，把各方面智慧和力量凝聚起来、调动起来。

致公党要继续致力于团结广大归侨、侨眷、留学人员、海外侨胞和港澳台同胞，坚持凝聚“侨”“海”之心、汇集“侨”“海”之智、发挥“侨”“海”之力、维护“侨”“海”权益，进一步发挥他们在推动我国现代化建设、推进祖国和平统一大业、传播中华文化、增进中国人民同世界各国人民相互了解和友谊方面的独特作用。致公党各级组织要以服务侨胞更好生存发展为目标，更加注重涵养“侨”“海”资源，敞开侨胞之家，当好侨胞之友。

第四，坚定不移地做建设社会主义参政党的实践者。加强社会主义参政党建设，是致公党强基固本的重要工作。面对推进社会主义协商民主广泛多层制度化发展的新形势新任务，我们只有把加强参政能力建设摆在更加重要的位置，才能不断提高履行职能的实效，努力在推进国家治理体系和治理能力现代化中发挥更大作用，为中国特色社会主义建设做出更大贡献。

我们要不断提高政治把握能力，坚定理想信念，增进政治认同，提高运用科学理论分析判断形势、研究解决问题的能力和水平。不断提高参政议政能力，坚持问题导向，深入实际调查研究，努力使对策建议有的放矢、切中要害、切实可行。不断提高民主监督能力，真实反映群众心声，真正成为中国共产党的挚友和净友。不断提高组织领导能力，充分调动党员及所联系的群众，为改革开放和现代化建设做出更大的贡献。不断提高合作共事能力，增进思想共识、善于合作共事，在与中国共产党亲密合作中不断进步。

同志们、朋友们!

90 年前，中国致公党的先辈们追随孙中山先生孜孜以求“天下为公”的大同世界，希望国家富强、民族振兴。抚今追昔，我们可以告慰先辈，在中国共产党的领导下，令他们忧虑重重的旧中国积贫积弱的状况已经一去不复返了，令他们念兹在兹的祖国的面貌和人民的生活已经发生了翻天覆地的变化，令他们魂牵梦萦的中国现代化的理想正在逐步实现，中华民族正在以自己的勤劳、勇敢、智慧，书写着更加辉煌的时代篇章。

鲲鹏展翅同风起，扶摇直上九万里。这是全世界中华儿女对中华民族的愿望。让我们更加紧密地团结在以习近平同志为总书记的中共中央周围，高举中国特色社会主义伟大旗帜，紧紧抓住时代赋予的机遇，勇敢担当历史赋予的使命，为实现“两个一百年”奋斗目标和中华民族伟大复兴的中国梦而继续努力奋斗!

致公党中央关于学习贯彻“两会”精神的决议

十二届全国人大三次会议和全国政协十二届三次会议是在中共中央提出“四个全面”战略布局的新形势下召开的十分重要的会议。“两会”的召开，对于进一步推动各项重大决策部署的贯彻落实，推进改革开放和现代化建设事业的发展，促进民生改善与社会和谐稳定，具有重大意义。认真学习、深刻领会、切实贯彻“两会”精神，是致公党当前乃至今后一个时期的重要任务。

学习贯彻“两会”精神，要认真学习政府工作报告、政协常委会工作报告及有关文件精神。过去一年，面对风云变幻的国际环境和艰巨繁重的国内发展稳定任务，以习近平为总书记的中共中央带领全国各族人民团结一心、众志成城，坚持稳中求进工作总基调，主动适应和积极引领经济发展新常态，注重谋划全局性、战略性、长远性的重大问题，改革开放和现代化建设各领域取得了新的重大进展。这些成绩的取得，是中共中央科学决策、正确领导的结果，是全国各族人民齐心协力、顽强拼搏的结果。致公党各级组织和广大党员要认真学习“两会”精神，切实把思想和行动统一到中共中央对当前形势的决策部署上来，把智慧和力量凝聚到“两会”提出的目标和任务上来。

学习贯彻“两会”精神，要自觉服务于改革发展稳定大局，积极履行参政党职能。要根据全面建成小康社会、全面深化改革、全面依法治国、全面从严治党的战略布局要求，围绕经济社会发展中具有综合性、全局性、前瞻性的课题，深入考察调研，探寻务实之策，为经济社会平稳持续发展建言献策；要进一步重视民意、体察民情、关注民生，协助执政党和政府做好理顺情绪、化解矛盾、维护稳定的工作；要多渠道多层次多形式地开展海外联谊工作，进一步凝聚侨心、集中侨智、发挥侨力、维护侨益，为完成祖国统一大业、实现中华民族的伟大复兴献计出力。

学习贯彻“两会”精神，要认真领会《中共中央关于加强社会主义协商民主建设的意见》文件精神，不断加强自身建设。要继续扎实开展好坚持和发展中国特色社会主义学习实践活动，为进一步推进多党合作发展凝聚思想共识；要积极参与推进社会主义政党协商，构建符合形势发展的工作机制，积极反映党员及所联系群众的意见建议和利益诉求；要发挥致公党的“侨”“海”特色和优势，有效整合全党的智力资源和信息资源，不断提升协商议政的能力和水平。

新的形势、新的任务对致公党提出了更高的要求。今年是中国致公党成立90周年，各级组织和广大党员要把学习贯彻“两会”精神同致公党2015年的工作紧密结合起来，高举中国特色社会主义伟大旗帜，紧密团结在以习近平同志为总书记的中共中央周围，把握新形势，解决新问题，创造新业绩，为夺取中国特色社会主义新胜利、实现中华民族伟大复兴的中国梦贡献力量。

致公党中央关于学习贯彻中共十八届五中全会精神的决议

中共十八届五中全会是在我国即将完成“十二五”规划、全面建成小康社会进入决胜阶段召开的一次重要会议，是为实现中国共产党确定的“两个一百年”奋斗目标的第一个百年目标的一次集中动员。五中全会提出的创新、协调、绿色、开放、共享的五大发展理念，深刻体现了中国共产党对经济社会发展规律的准确把握。五中全会的召开，对于夺取全面建成小康社会伟大胜利，实现中华民族伟大复兴，具有重大的现实意义和深远的历史意义。

常委会认为，学习贯彻中共十八届五中全会精神，是本党当前和今后一个时期的重大政治任务。为此，会议要求全党：

一、学习贯彻中共十八届五中全会精神，深刻领会《中共中央关于制订国民经济和社会发展第十三个五年规划的建议》的精神实质。《建议》着眼于未来5年乃至更长远的发展谋篇布局，充分体现了中国共产党对所肩负历史使命的深刻把握和治国理政的高超能力，充分反映了亿万人民的共同意愿，是实现全面建成小康社会的纲领性文件，标志着中国共产党对中国特色社会主义发展道路的认识达到了一个新的高度。我们要认真学习习近平同志的重要讲话精神，深刻认识和领会《建议》提出的“十三五”时期我国发展的指导思想，全面建成小康社会的目标要求，以及实现这一奋斗目标必须遵循的基本原则和发展理念，切实把思想和行动统一到中共中央的决策和部署上来，把智慧和力量凝聚到中共十八届五中全会提出的目标和任务上来。

二、学习贯彻中共十八届五中全会精神，要深刻领会中共中央治国理政的新理念新思想新战略，进一步巩固团结合作的思想政治基础。中共十八大以来，以习近平同志为总书记的中共中央毫不动摇坚持和发展中国特色社会主义，勇于实践、善于创新，形成了一系列治国理政新理念新思想新战略，为在新的历史条件下深化改革开放、加快推进社会主义现代化提供了科学理论指导和行动指南。我们要将学习贯彻中共十八届五中全会精神与学习贯彻中共十八大和十八届三中、四中全会精神结合起来，与学习贯彻习近平同志系列重要讲话精神结合起来，与学习贯彻中共中央统战工作会议和《中国共产党统一战线工作条例（试行）》精神结合起来，与当前正在开展的坚持和发展中国特色社会主义学习实践活动结合起来，与本党的“侨”“海”特色和优势结合起来，进一步推进中国特色社会主义参政党建设，夯实团结奋斗的共同思想政治基础。

三、学习贯彻中共十八届五中全会精神，要自觉服务于改革发展稳定大局，秉持创新、协调、绿色、开放、共享的五大发展理念，积极履行参政党职能。我们要根据“十三五”规划建议和“四个全面”战略布局的要求，围绕经济社会发展中具有综合性、全局性、前瞻性的课题，创新方式方法，深入考察调研，探寻务实之策，为在新常态下经济社会平稳持续发展建言献策；要进一步重视民意、体察民情、关注民生，协助中共各级党委和政府做好理顺情绪、化解矛盾、维护稳定的工作；要多渠道多层次多形式地开展对外联络工作，进一步凝聚侨心、集中侨智、发挥侨力、维护侨益，为完成祖国统一大业、实现中华民族的伟大复兴献计出力。

各级组织要周密部署，精心安排，组织党员认真学习贯彻中共十八届五中全会精神，增强党员全面把握和深刻领会“十三五”规划建议和“四个全面”战略布局的使命感和责任感。我们要高举中国特色社会主义伟大旗帜，更加紧密地团结在以习近平同志为总书记的中共中央周围，协调推进“四个全面”战略布局，为实现“两个一百年”奋斗目标、实现中华民族伟大复兴的中国梦贡献力量。

九三学社

九三学社第十三届中央常务委员会 2015 年工作报告

——在九三学社第十三届中央委员会第四次全体（扩大）会议上

各位委员、同志们：

我受九三学社第十三届中央常务委员会委托，向全会作工作报告，请予审议。

2015 年工作回顾

2015 年是全面深化改革的关键之年，是全面推进依法治国的开局之年，也是九三学社事业创新发展的重要一年。年初，社中央在京召开第三次领导班子战略研讨会，就如何正确认识和把握当前形势，如何立足实际、开拓思路，推动九三学社各项工作创新发展，进行了深入探讨和交流，形成了不少新的工作思路和具体意见。

一年来，在以习近平同志为总书记的中共中央坚强领导下，九三学社深入贯彻落实中共十八大、十八届三中、四中、五中全会和习近平总书记系列重要讲话精神，认真履行参政议政、民主监督和政治协商职能，积极探索社会服务工作新思路和新模式，着力加强思想理论建设，大力提升组织化水平，不断推进机关能力建设，各方面工作都取得了显著成绩。

一、紧扣“四个全面”战略布局建言议政，更好履行了参政党职能

一是在高层协商中提出真知灼见。社中央就切实落实科技体制改革的重大举措、切不可再盲目造城、推进东部沿海地区盐碱地治理与利用、调整和完善农业扶持政策、大力发展乡村旅游与休闲农业、激发基层财政资金整合活力、调整粮食安全策略、促进建筑业健康发展、完善规划体系、突破中国制造创新瓶颈、构建京南发展新轴线、鼓励海外上市公司回国上市、大力发展体育产业等提出意见和建议，受到中共中央的高度重视，不少意见在《中共中央关于制订国民经济和社会发展第十三个五年规划的建议》中得到了体现。

二是政协提案和发言成果丰硕。向全国政协十二届三次会议提交社中央提案 41 件、

界别提案34件。其中，全面深化改革主题11件，全面依法治国主题6件，经济发展主题14件，农业现代化主题15件，科教文卫、生态、民生等主题29件。社中央提案《关于构建农业规模经营条件下耕地保护机制的建议》在政协提案办理协商会上现场交办。《关于进一步完善中央财政科技计划管理的建议》《关于构建“规划一张图”体制机制的建议》列入重点办理提案。九三学社界别委员个人或联名提交提案165件，其他界别的九三学社委员个人或联名提交提案61件。此外，及时报送5件平时提案。所提提案得到办理单位的高度重视。

社中央向全国政协十二届三次会议报送发言17篇。其中，由社中央常委杨佳代表九三学社中央作的大会口头发言《点赞正能量　厚爱正能量　弘扬正能量》反响强烈，得到全国政协主席俞正声、全国政协副主席兼秘书长张庆黎的高度评价。在今年三次政协常委会上，社中央均作了质量较高的口头或书面发言。

三是调研更加深入、质量进一步提高。社中央先后组织进行了长江中上游水利水电工程对全流域生态环境影响、转基因工程研究与相关产业发展、发展现代农业与农村土地规模经营等20余个主题的调研，形成建议性、监督性报告22份，均得到中共中央和有关方面的重视。

“长江中上游水利水电工程对全流域生态环境影响”是今年党派大调研的主题。社中央动员长江沿线14个省市组织开展联合调研，举办了以此为主题的第十届“九三论坛”，并反复征求地方、部委和专家的意见，形成调研报告报送中共中央、国务院。俞正声主席对九三学社深入调研，提出全面、科学又独到的意见建议给予充分肯定，并将调研报告批转李克强总理。克强总理做出重要批示，肯定九三学社的调研报告力求全面分析有关问题，对改进工作十分有益，建议有关部门重视这一报告，力求在“十三五”期间有所改变。张高丽副总理也做出了批示。

我们深入秦巴山、六盘山、祁连山地区开展调研，有针对性地提出了发展山地型农业、增加交通水利等基础设施建设投入、统筹区域发展等意见和建议。其中，向中共中央、国务院报送的《关于黄土高原“固沟保塬”综合治理的建议》得到中央领导批示后，水利部进行了专题研究，拟建议将“固沟保塬”列入国家“十三五”规划，从江河治理资金中拿出160亿元开展“固沟保塬”综合治理。按照全国政协工作部署，我们与全国政协经济委联合承办了主题为“转基因农产品的风险和机遇”的第39次双周协商座谈会。推荐武维华副主席和万建民、肖新月两名委员在会上发言；张桃林副主席代表农业部在会上介绍情况。

除向中共中央报送建议性报告外，我们还根据调研了解的一些问题提出监督性意见。如《晋陕豫黄河金三角区域合作规划》实施一年多的情况表明，区域内不同地方在产业准入、税收政策等方面存在较大差异，一些部委仍未出台具体支持意见，省级政府之间缺乏沟通机制。为此，我们向国务院领导同志建议，将该规划纳入国家“十三五”规划，并建立高层协调机制。再如，《祁连山生态保护与建设综合治理规划（2012—2020）》于2012年底批复至今，未付诸实施。我们向中共中央报告了这一情况，建议尽快实施这一规划。

四是社情民意信息及时报送、多途利用。各地方组织普遍对信息工作高度重视，广大社员积极性高，一些信息很好地体现了“快”和“专”的特点，及时就事关全局的重大问题和社会热点反映情况，提出建议，质量进一步提升。本信息年度共收到信息4102篇，采编形成九三学社信息305篇，被全国政协采用20篇，其中张高丽副总理对《警惕地方一窝蜂贴牌“一带一路”》做出批示，汪洋副总理对《建议淡化外贸增长目标值》做出批示。信息利用渠道进一步拓宽。部分质量较高的信息转化为全国政协提案，如《关于解决农村集中建房存在问题的建议》《关于控制剖宫产率迅速上升的建议》等。部分社会关注度高的信息被吸纳到社中央高层协商的发言中。

五是科学座谈会取得新经验。社中央今年举办了三次科学座谈会，主题分别为“量子信息科学与技术”“建设中国特色的国家战略科技体系”“中医药发展方向和途径”。通过座谈，社中央决定对量子信息科学与技术研究和应用情况进行跟踪调研，适时向中共中央提出发展量子信息科学与技术的意见和建议；将“建设中国特色的国家战略科技体系”主题确定为“科技发展与自主创新”长期课题在当前的一个重点内容，组织力量深入研究，并进行了初步调研、座谈。在实践中，社中央不断总结经验和教训，科学座谈会的定位和组织方式方法不断调整，渐趋成熟。

六是力量整合进一步加强，专门委员会和工作委员会作用进一步发挥。社中央很多重点调研选题，都是与省级组织及专委会反复沟通确定和联合进行的。一些省级组织结合社中央组织的重点调研，在本省进行了专门调研，形成了质量较高的调研报告，既为社中央提供重要参考又作为自身议政成果，一举两得。社中央经济、科技、农林、教育文化、法律、医卫、人资环专委会和妇女工作委员会围绕社中央工作部署，结合各自优势，积极参与社中央调研或采取多种形式自行组织调研，举办研讨会、论坛或沙龙，为社中央议政建言提供专业支持。

二、积极打造平台，社会服务工作取得新成绩

一是聚焦社会热点和短板问题开展调研和示范推动。开展“农村养老”“农业面源污染”“新疆和田肉苁蓉生态农业发展”“毕节留守儿童”等主题调研，形成的相关调研报告为参政议政提供了素材和信息。针对调研发现的问题，开展了一系列项目示范：在江西广昌进行赣南革命老区贫困农民养老服务帮扶点建设；在河南鹤壁启动新农村建设农业面源污染控制与示范项目；在新疆和田参与支持肉苁蓉生态农业发展，促进新疆丝绸之路核心区建设；在贵州安顺、重庆万州、山西晋中进行农村卫生室援建；关注职业教育，促成贵州工贸职业学院建校，协调上海公共卫生学校与威宁中等职业学校结对签约。

二是“九地合作”稳步推进，省际合作全面展开。“九潜（湖北潜江）合作”帮助地方政府争取项目资金过亿元。“九滁（安徽滁州）合作”积极推动专家、风险资本与企业对接。“九互（青海互助）合作”推广高产油菜和春小麦新品种示范推广基地共6.5万亩。社宁夏区委牵线联络有关企业与自治区政府签订战略合作协议，计划投资20亿元建设丝路国际合作产业园。今年是“九广合作”30周年，社中央及多个省市级组织在农业、教育、医疗等方面与广元进一步开展了合作。社上海市委发挥智力和人才优势，先后与河南、宁夏、安徽、云南、湖北签订或达成合作共建协议和意向。社河南、四川省委积极引进兄弟省市的优势资源，相继搭建了“沪豫科技合作”“晋豫合作”“京豫合作”“川渝

合作”“京川合作”平台。社青海省委与福建、北京、甘肃、河北社组织开展多项合作。社山西省委的绿色农业生态技术借省际合作推广到全国多个省市。“多党合作社会主义新农村建设”“同心·树人”工程等项目在全国选取了15个项目点，从发展农村产业、卫生、教育、养老事业，改善农村环境，加强对农民的科普工作等多方面进行示范。

三是科普活动和文化服务工作不断拓展。社中央科普工作委员会和院士工作委员会共同组织、倾力打造品牌活动“九三学社院士专家健康科普巡讲”，先后组织院士专家赴贵州、新疆、青海等地科普巡讲52场，听众累计1.5万余人次，受到各地好评。社中央科普工作委员会增选18名委员，建立科普讲座菜单，逐步打造科普人才、题目资源库。注重发挥科普工作微信群的作用，加强委员间、委员会与地方组织间的联系和互动。截至目前，全社各级组织共开展科普活动共计1579场，参与专家4770人次，其中科普讲座1027场，累计受众32万人次，科技咨询、医疗义诊活动692场，发放科普资料28万余份。

四是全方位推进立体扶贫、精准扶贫，积极推进同心帮扶。据不完全统计，今年以来，社省级组织投入826.55万元扶贫帮困资金，用于省内帮扶。“亮康行动”共在10省16个地市59个区县完成免费白内障手术8719例，开展各类筛查活动1443场，进村入户筛查249562人，术前临床筛查69998人。救助黄河滩区股骨头病农民患者的“同心康福行动”二期项目募集手术资金230万元，已免费医治64人。捐资成立100万元“就学资助基金”和100万元“创业奖励基金”。社河北省委开展“脑瘫患儿救治行动”，完成免费手术20余例，并与社宁夏区委合作救治13名脑瘫患儿。社海南省委与有关基金会合作开展“海南省贫困少儿大病救治项目”。

社各级组织广泛参与毕节试验区建设。经过多年努力和建议，社中央推动草海保护和综合治理工作取得突破性进展，国家发展改革委批复同意《贵州草海高原喀斯特湖泊生态保护与综合治理规划》，总投资约100亿元。社中央牵线搭桥促成上海雪榕生物科技股份有限公司赴威宁建设食用菌项目，五年总投资25亿，截至10月底，已完成投资3.09亿元，年产值可达1.3亿元，解决当地450个劳动力就业，对威宁生态农业发展具有重要意义。截至目前，已有上海、北京、山西、浙江、江苏、广东、河北、天津、安徽、四川、青海、重庆、贵州等13个省级组织到威宁开展帮扶和捐赠活动累计22次，捐款92.7万元，捐赠大量物资，开展讲座16场，帮助实施疑难手术32台，组织16名教师、7名医生外出进修，有效助推威宁经济社会发展。

全社秉承“亲历亲为、开拓创新；尽力而为、量力而行；借势借力、整合资源；品牌做精、新牌做响；不图虚名、力求实效”的总体思路，根据地方实际情况打造各具特色的社会服务工作平台，如“院士工作站”“九三学社专家工作站”“同心·科技（健康）服务基地”“同心协力创业就业（职业教育）基地”“同心工程基地”“同心服务实验基地”“九三学社科技助农示范小院”等，改变了过去分散、短期的工作模式，取得良好实效。

三、以学习实践活动为引领，自身建设得到全面加强

一是将坚持和发展中国特色社会主义学习实践活动引向深入。今年是学习实践活动半程加力的重要一年，我们紧紧抓住重大节点和有利契机，把活动向纵深推进。8月27日，

社中央隆重召开“庆祝九三学社创建70周年大会”，全面回顾和总结了我社70年的光荣历程和宝贵历史经验。中共中央政治局委员、中央统战部部长孙春兰代表中共中央致贺词，高度评价了我社70年来取得的成就。在此前后，社中央组织编纂《九三学社人物传略》，修订《九三学社简史》，出版《九三学社七十年》画册，举办“庆祝九三学社创建70周年书画作品展”和“庆祝九三学社创建70周年征文活动”。召开全社学习实践活动经验交流会，交流做法体会，对下一阶段活动进行再动员再部署。围绕“弘扬科学精神从我做起”的主题举办第二届专题论坛。聚焦“崇尚法治精神，树立规则意识”的主题举办研讨会。通过这些活动，进行社史和社的优良传统教育，带动思想碰撞，相互启发提高，进一步巩固团结奋斗的共同思想基础。

今年，中共中央召开中央统战工作会议，习近平总书记发表重要讲话，先后颁布《关于加强社会主义协商民主建设的意见》《中国共产党统一战线工作条例（试行）》《关于加强政党协商的实施意见》等重要文件，为新形势下的多党合作事业提供了根本遵循和行动指南。社中央通过召开主席会、理论中心学习组会议、座谈交流会等形式集中学习了习近平总书记重要讲话及有关文件精神。宣讲活动向市级和基层组织延伸，社中央组织宣讲团成员宣讲31场，其中在市级及基层组织宣讲27场，受众3400多人，受到广泛欢迎。启动第二批九三楷模评比活动，全社各级组织和广大社员积极参与，卢光琇、朱修林、孟浩、陈化兰、张德二、徐深、龚震、屠鹏飞、褚君浩、翟峰等10名同志获得第二批“九三楷模”荣誉称号。社中央利用网络平台，在7300多名社员中开展了大规模思想状况问卷调查。针对近年来新阶层社员人数增多现状，社中央思想建设研究中心与8个地方组织思想建设研究机构，共同开展新阶层社员思想状况调研并形成高质量调研报告，为增强思想建设针对性和实效性奠定了基础。

新闻宣传实效性进一步增强。社刊社讯和网站及时宣传荣获各类国家级表彰的社员，深入报道我社履职及自身建设各项工作成绩。密切与主流及统战媒体的联系，充分利用各种舆论资源扩大宣传影响。召开全社网站建设研讨会，推动地方组织网站建设，研究发挥九三学社网站群集群优势的举措。改进社中央网站功能和主页设计，开通网站移动客户端和“九三学社之声”微信公众号，利用新媒体传播九三声音，目前已推送消息60余期。《民主与科学》杂志办刊质量不断提高。学苑出版社沿着“专精特新”方向持续开拓，成立“学苑文化创意中心”，一批选题入选国家重点图书出版规划项目。

加强参政党理论和社史研究。召开参政党理论研究招标课题成果总结会，就人大与政协制度改革、提高九三学社组织化水平等问题进行深入探讨，推进相关课题研究。继续举办“九三讲堂”、理论沙龙等学习活动，在多地举办社史报告或讲座，培养和带动了全社的学习风气。面向各省级组织和社章修改工作小组成员征集章程修改意见和建议，在仔细推敲、反复讨论基础上，形成社章修改初稿。首批共20个“九三学社全国传统教育基地”命名，这些基地吸引了大批社员参观，如湖州梁希纪念馆，无锡王选纪念馆、周培源故居，重庆九三学社成立旧址纪念碑等，很好地发挥了宣传教育的功能。与华东师范大学、社上海市委联合开展“九三学社上海市早期历史研究”，取得阶段性成果，开辟了社史研究工作的新方式。继续推进“九三人物系列丛书”项目，出版了《潘菽传》《侯宗濂传》《褚辅成年谱》《杨振声年谱》《唐亚伟传》5部书稿。启动了2016—2018年度“九三人物系列”丛书和“九三学社口述史”项目招标工作。

二是坚持实施“人才强社”战略，组织化水平进一步提升。全社组织发展健康有序，社员数量稳步增加，社员结构进一步优化。截至2015年6月30日，全社共有30个省级组织，295个市级组织（含筹建机构），31个县级组织，6032个基层组织，社员总数为152214人，较去年同期净增6692人，增长率为4.6%；社员平均年龄为54.3岁；社员高级职称比例为57.79%；科学技术、高等教育、医药卫生等主体界别比例为79.1%。在2015年院士增选中，社员陈义汉、徐国良当选中国科学院院士，万建民、钱锋当选中国工程院院士。

成立青年工作委员会，加强后备干部队伍建设。社中央把成立青工委作为今年组织建设的重要任务。年初成立筹备工作小组，多次召开座谈会征求意见；在长春举办首届全国青年论坛；先后到苏州、成都、天津等地进行调研，制订《青年工作委员会工作办法（草案）》。12月8日，召开社中央青工委成立大会。社中央青工委的成立，标志着全社青年工作进入了一个新的阶段。着眼于2017年省级组织换届工作，逐步落实省级组织后备干部人选标准、数量结构等方面的要求，三分之一的省级组织领导班子进行了届中调整。在社中央推荐下，新增国务院参事1名、第四届国家特邀国土资源专员3名。发展2名全国政协委员为新社员，1名社员被增选为全国人大代表。

加大培训力度，增强基层组织活力。制订2015—2017年社员骨干培训三年计划。举办第一期社员骨干培训班，培训学员100名。配合中央统战部在中央社会主义学院举办2期民主党派干部进修班、2期民主党派干部培训班，协助福建等8省市在京举办骨干社员培训班，资助西部5省区分别举办甘黔骨干社员培训班、宁新滇骨干社员培训班。积极走访、调研基层组织建设情况，开展关于省直基层组织的专题研究。搜集整理基层组织社务活动案例100余件集结成册，即将出版。修改《九三学社中央基层组织和社员、社务工作者先进评选表彰办法》，规范表彰工作要求和流程。结合庆祝九三学社创建70周年活动，表彰135个组织和1200名社员、社务工作者，激励各级组织和社员、社务工作者的工作积极性和主动性。

推进巡视督导工作的制度化、规范化，进一步加强内部监督工作。社中央领导分别带队，对上海、河南、天津、贵州、江西等13个省级组织进行了巡视督导，在实践基础上逐步丰富巡视督导内容，完善巡视督导程序，推动了省级组织工作，密切了地方组织和所在地方中共统战部门合作共事关系，提升了组织化水平。年初在河南开展内部监督工作创新试点，探索创新监督形式和机制；11月在河南召开内部监督工作现场会，对社内监督试点工作进行经验总结和推广。发挥社中央监督委员作用，组织社中央监督委员参加北京、辽宁和陕西领导班子届中述职。开展专项调研，形成《关于内部监督工作的意见和建议》并报送中央统战部。

三是加强机关建设，服务质量和水平显著提升。社中央积极听取并采纳各省级组织的意见建议，采取切实措施，推进全社机关建设工作。分5个片区召开全国机关建设经验交流座谈会，推动不同区域省市机关之间的交流，同时将参会范围扩大到了省会城市、副省级城市和部分地级市机关层面。启动机关能力建设试点工作，在27个省市选择74个有工作基础、条件适当的地市级组织开展试点，重点在机关文化建设、制度建设和能力建设等方面探索路子、总结经验、示范推广。开展对地市级组织机关干部的培训工作，今年进行了首期300人的培训，效果和反响很好。举办全国机关公文处理培训班和社中央机关干部（扩大）培训班，利用网络对机关干部进行在线业务培训，受到各级组织的欢迎和肯定。开展《社机关工作实务指南》编撰和社内用语规范制订等前期研讨工作，推进全社机关制度化建设。加强机关网络和信息化建设，推进组织与社员信息管理系统二期开发，完成3500多卷档案数字化工作。成立机关财务预算工作小组，推进财务管理的科学化水平。社十三届三中全会立案的7件委员建议案，目前已得到妥善办理。

社中央书画院多次组织书画家送文化下基层活动，开展3次书画培训，受训人数达800余人，深受欢迎。文化工作委员会举办"一带一路"——南方丝绸之路云南、四川行文学笔会活动，取得较好效果。九三王选关怀基金会今年共资助25名社员、资助款75万元，定点帮扶贵州威宁县259万元，向新疆克州、青海玉树等贫困地区捐赠价值198万元的电脑，组织社员免费健康体检200人次。

社中央领导率团就智库建设赴美国进行调研交流，推进人民外交和对外交往。周培源基金会再次邀请台北市立第一女子高级中学师生代表团约100人赴京、沪访问，邀请台南一中师生代表团约70人赴京访问，促进了海峡两岸青少年的交流，巩固了对台交往既有成果并有新的开拓。

各位委员、同志们：一年来所取得的工作成绩，是以习近平同志为总书记的中共中央坚强领导的结果，是各级统战部门和社会各界大力支持的结果，是全社各级组织和全体社员团结奋斗的结果。在这里，我谨代表社中央常委会表示衷心的感谢！

在充分肯定成绩的同时也要清醒地看到，相比于新形势和新任务的要求和广大社员与人民群众的期望，我们的工作还有许多不足，需要进一步改善和提高。比如，怎样做好科技界知识分子工作，凝聚科技界知识分子的社会共识；新形势下如何号召和动员广大社员身体力行，弘扬科学精神，提高为实现中国梦做贡献的能力；怎样将社内外力量最大程度地整合起来，形成特别有创见、有意义的参政议政成果；如何进一步推进民主监督和社内监督。这些问题都需要在今后的工作中进一步认真探讨，逐步解决。

2016年工作安排

2016年九三学社工作的总体思路是：高举中国特色社会主义伟大旗帜，深入学习贯彻中共十八届三中、四中、五中全会和中央统战工作会议精神，聚焦"十三五"规划制订实施，坚持弘扬民主科学精神，坚持从群众中来，到群众中去，坚持体现科技特色，以创新精神为引领，着力推进观念、载体、方法和制度创新，脚踏实地、扎实工作，力争参政议政有新作为，民主监督有新实效，协商能力有新提高，社会服务有新举措，思想建设有新手段，组织建设有新机制，机关建设有新加强，努力开创各项工作新局面。明年社中央将召开全社社务工作会议，对各项工作进行研究和部署。

一、深入学习贯彻中共十八届五中全会和中央统战工作会议精神

要把深入学习贯彻中共十八届五中全会精神作为全社当前和今后一个时期的重大政治任务，作为学习实践活动的一项重要内容。抓好全会文件的学习，深刻领会《建议》

的精神实质，重点把握“十三五”时期我国发展环境的基本特征，把握“十三五”时期我国发展的指导思想和工作原则，把握全面建成小康社会新的目标要求，把握创新、协调、绿色、开放、共享的发展理念，把思想和行动高度统一到全会的决策部署和工作要求上来。要把学习贯彻全会精神与学习中央统战工作会议、《关于加强社会主义协商民主建设的意见》《中国共产党统一战线工作条例（试行）》《关于加强政党协商的实施意见》精神结合起来，与履行参政党职能结合起来，与加强自身建设结合起来，为制订和实施“十三五”规划献计出力。

二、围绕“四个全面”战略布局深入推进和“十三五”规划制订实施，切实履行参政党职能

选择具有战略性、前瞻性和原创性的主题开展调查研究。重点调研主题有：科学应对经济下行压力，发展社会主义协商民主，建设中国特色的国家战略科技体系，应对气候变化与生态文明建设，“一带一路”门户建设、通道建设和海岸线治理，京津冀及环首都经济圈产业发展与环境承载，长江经济带港口建设、航道建设和城市群建设，扶贫攻坚与农业现代化，发展节水农业，加快乡村旅游发展，增加公共服务供给促进社会公平等。2016年党派大调研课题为促进社区服务业发展。希望社各级组织和专委会尽快行动起来，选准“切口”，发挥优势，深入调研，提高水平。进一步强化地方组织和专委会议政调研职责，社中央抓好对调研工作的统筹，指导地方组织和专委会的调研工作。

贯彻落实中共中央《关于加强政党协商的实施意见》精神，提高履职能力和协商水平。各级领导班子特别是领导干部要强化协商意识，熟悉协商方法，总结协商经验，推进协商实践。进一步加强参政议政工作机制和人才队伍建设。利用社中央参政议政和信息线上线下工作平台，实现社中央、省级和副省级组织调研信息、议政成果、社情民意共享。重视建议、提案办理协商的参与。拓展参与渠道，调动广大社员建言献策积极性。采取多种形式对专委会成员和议政骨干进行培训，提高他们的政治把握能力和建言献策水平。探索智库合作、特聘咨询专家团队等利用社外智力资源的好形式。进一步探索完善参政议政激励机制，特别是完善年度表彰奖励机制、强化议政成效的信息反馈机制等。

围绕中共中央、国务院重大决策部署的落实情况开展民主监督，重点是简政放权、减少行政审批和中央财政科技计划（专项、基金等）管理改革。继续做好信息工作，大力支持专委会和各省级组织开展相关交流和培训活动。办好主题为“促进社区服务业发展”的第十一届“九三论坛”。精心选题、创新形式，举办好科学座谈会。

三、坚持“三个面向”，注重资源整合，进一步做好社会服务工作

坚持面向社会、面向基层、面向群众，加强社会服务与参政议政、自身建设的工作整合，以参与“一带一路”和毕节试验区建设为重点积极开展工作，扩大九三学社的社会影响。召开参与“一带一路”建设社会服务工作研讨会，整合力量重点参与新疆、宁夏“一带一路”建设工作。继续推进“九地合作”。以“多党合作社会主义新农村建设”等项目和科普工作委员会等专家资源为支持，在发展农村产业、农村养老院和幸福院建设、农村教师和村医培训等多方面进行示范推动。充分发挥省级组织作用，建立完善横向合作机制，鼓励经济条件好、智力资源丰富的省市开展资源输出。加强宣传和资源整合，做精做强“亮康行动”，继续探索和推广“同心·康福行动”。加强对已有医疗队伍、推广基地的建设和管理，扩大其区域辐射能力。在做好免费手术的同时，加强对老、少、边、穷地区眼科医师的培训，将健康扶贫工作引向深入。推进科普工作创新和平台建设，加强科普工作委员会人才队伍与制度建设，努力打造科普工作品牌。支持地方组织开展多种形式的科技服务和科普活动，探索并支持地方组织建立科普教育（实践）基地。完善科普讲座菜单，根据各省需求开展点菜式科普活动。继续以“健康”为主题开展院士专家科普巡讲活动，做好社会科学的科普工作。

继续做好参与毕节试验区建设工作。帮助毕节制订《毕节市中小学心理健康教育五年行动计划 2016—2020》，建立“学校心理健康教育体系”，并在威宁县开展农村留守儿童关爱试点工作，为解决农村留守儿童问题探索实践经验。帮助威宁县做好发展生态农业、草海综合治理等方面的工作；继续开展好六省市社组织对口帮扶和“同心·智力行”学校结对子工作。积极参加统一战线黔西南联合推动组工作。做好对四川旺苍县的定点扶贫工作，重点扶持旺苍县国华镇花街村中药材基地建设。

四、加强思想理论建设，继续巩固扩大学习实践活动成果

对思想调研数据进行整理分析，把握社员整体思想状况，梳理目前存在的各种思想动向，有针对性地加强思想建设。继续组织好巡回宣讲，举办以“统一战线：一致性和多样性”为主题的第三届学习实践活动专题论坛。在进一步完善评选程序基础上，开展第三批“九三楷模”评选表彰工作。扎实创新开展新闻宣传，做好典型人物、重点工作深入报道。开展省市级组织宣传干部业务培训，努力培养一支适应新媒体时代的宣传干部队伍。加强新媒体建设，充分利用网站、移动客户端、微信公众号等新媒体，组织专项稿件丰富我社新媒体平台内容。制订《九三学社中央关于加强网站建设的意见》和《九三学社中央关于加强微信公众号及微信群管理的规定》两个规范性文件，加强对新媒体平台的组织和管理。做好杂志社和出版社的管理工作。继续开展好社章修改工作。明年第三季度在广东召开“社员之家”现场会，推动该项工作全面推开。

进一步推进参政党理论和社史研究工作。制订 2016—2018 年参政党理论研究和社史研究规划。召开全社参政党理论和社史研究工作会议，做好 2016—2017 年度参政党理论研究课题招标工作，推动课题成果质量不断提高。发挥社中央参政党理论研究中心和社史研究中心的作用，加大与社内外相关研究部门的合作力度。继续做好“九三人物系列”丛书编纂、评审和修改工作，力争明年推出一批新成果。加快推进口述史项目，办好《社史研究通讯》。办好“九三讲堂”和理论沙龙，努力在机关营造学习研究的良好风气。

五、着眼于 2017 年换届，全面加强组织建设

2016 年是换届工做准备年，社中央将成立换届工作领导小组，研究制订 2017 年省级组织换届文件和 2017 年中央委员会换届文件。全社市级组织将进行换届，各地要做好相关工作，确保换届平稳有序。继续贯彻“人才强社”战略，加强对组织发展的宏观调控和分类指导，注重发展科技服务业中的专业人士，适当发展高素质的科技型企业家。继

续推动在条件成熟的市级行政区域建立地方组织，推动《九三学社中央关于加强基层组织建设的意见》的落实。开展对基层组织活动的观摩交流和研讨，收集好的经验和做法进行推广，印发《九三学社基层组织活动优秀案例》，为创新组织活动形式，推动基层组织工作提供指导。举办第二期社员骨干培训班，开展省级组工干部换届政策及业务培训。举办社中央第二届青年论坛，为社员骨干创造活动和成长的平台。遵照《九三学社中央巡视督导工作规则（试行）》，完成剩余省级组织巡视督导工作。继续做好社内监督工作的试点和经验推广。

六、扎实推进机关能力建设，提高工作效率和服务水平

进一步推进机关制度化、规范化、科学化建设，加强机关建设的理论研究和顶层设计，整体考虑机关职能定位、机构设置、人员配备。社中央和省级组织要更加重视并推动地市级组织的机关建设，深入实际开展调研，为地市级组织机关建设做几件实事。继续开展地市级组织机关能力建设试点工作，加大对地市级组织机关干部的培训。召开全国机关建设工作会议，继续开展机关工作调研，开展《社机关工作实务指南》的编撰和社内用语规范的制订。修订制度文件汇编。严格按照有关规定和政策，做好人事和财务工作。面向全社进一步做好机关相关业务的专题培训和研讨。完善社中央机关信息化建设规划，加强信息化基础设施建设，加快推进全社各项工作平台的开发建设和应用，继续做好组织与社员信息系统的升级改造和档案数字化建设工作。

各位委员、同志们：光荣与梦想激励着我们，责任与事业鞭策着我们。让我们更加紧密团结在以习近平同志为总书记的中共中央周围，以邓小平理论、“三个代表”重要思想、科学发展观为指导，深入贯彻习近平总书记系列重要讲话精神，大力弘扬爱国、民主、科学的优良传统，带领全社各级组织和广大社员，同心同德、真抓实干、开拓创新，为把我社建设成为一个“思想上坚定、履职上坚实、组织上坚强”的参政党，为坚持和发展中国特色社会主义、实现中华民族伟大复兴的中国梦而不懈努力！

九三学社第十三届中央委员会监督委员会 2015 年工作报告

一、2015 年工作情况

2015 年，社中央监督委员会在九三学社中央的领导下，认真学习贯彻中央统战工作会议精神和《中国共产党统一战线工作条例（试行）》，创新工作思路，完善工作制度，丰富监督手段，总结试点工作经验，积极稳步推进社内监督工作开展。

（一）继续推动建立省级监督机构

在社中央监督委员会大力推动下，四川、山西、内蒙古、甘肃、山东等 5 个省级组织在年内相继成立省级监督委员会。截至 2015 年 11 月底，已有 22 个省级组织成立了监

督机构，占全社省级组织总数的73.3%。

（二）开展专项调查研究

2015年4月底，中央统战部召开民主党派常务副主席座谈会，要求各民主党派加强对内部监督工作调研，重点关注监督的性质、监督谁、谁监督、如何监督等问题。韩启德主席高度重视并指示社中央监督委员会结合上述问题深入调研。

社中央监督委员会办公室就相关问题向全社20个省级监督委员会下发调查问卷和研讨提纲，综合整理分析所获数据和意见建议；召集北京、辽宁、江苏、河南、重庆等5个省级监督委员会有关同志在京召开监督工作专题研讨会，进行深入研讨。监督委员会办公室在此基础上形成了《九三学社中央关于内部监督工作的意见建议》报送中央统战部。

（三）继续助力社中央巡视督导工作

2015年是社中央巡视督导工作任务繁重的一年。截至11月底，社中央监督委员会办公室协调社中央领导、社中央监督委员及各省级组织，共完成了对河南、天津、贵州、江苏、江西、甘肃、上海、青海、吉林、新疆、山东、重庆、浙江等13个省级组织的巡视督导，并分别形成专题报告报送社中央主席、副主席及监督委员会主任、副主任。

经过两年多的实践，巡视督导工作的内容不断丰富，形成了较为规范的程序和流程，取得了较明显的成效。通过巡视督导，社中央进一步了解了省级组织的真实工作情况，听到了更多地方和基层组织及社员的呼声，加强了与地方党委和统战部的联系，强化了对地方组织工作的指导，提升了我社组织化水平并推动了地方工作的开展，也得到了大多数社省、市、基层组织的好评和广大社员的欢迎。

（四）启动创新试点并取得显著成绩

我社的监督工作边实践、边探索，积累了一定的工作经验，但仍面临诸多有待进一步研究的问题。为了找到破解问题的方法，2014年12月社中央正式确定社河南省委为监督工作创新试点，赋予其先行先试的权力，探索开拓，创造经验。近一年来，社河南省委认真落实社中央关于开展社内监督创新试点的工作要求，着重探索如何创新监督形式和监督机制。先后在5个社市级组织成立了监督机构，研究制订了涵盖遵章监督、守纪监督、履职监督、作风监督等4个方面的11项监督制度，初步建立了较为完善的社内监督制度体系。在此基础上扎实有效地开展巡察督导工作，纪律监督和遵章履职监督取得初步成效。这些工作进一步提升了各级社组织的凝聚力、向心力、执行力，激发了广大社员履职尽责的主动性、积极性、创造性；也带动了自身建设的加强，参政议政、社会服务、机关建设取得了一系列丰硕的成果，走出了一条社内监督的新路子，为全社开展社内监督工作，提供了可学习、可借鉴的工作模式。

（五）召开监督工作现场会，总结监督试点经验

为总结监督试点工作经验，社中央监督委员会于11月中旬在河南召开社内监督工作现场会，这是社中央首次以社内监督为主题的现场会。社河南省委以纪实片、会议专题

汇报和展板等形式向与会同志全方位立体地展示了近一年来河南监督工作开展情况。参会的各地同志认真讨论了河南试点的经验和意义，也交流了相关工作体会和经验。社中央常务副主席、监督委员会主任邵鸿，社中央副主席、监督委员会副主任丛斌，社中央常委、监督委员会副主任、辽宁省委主委刘政奎出席会议并分别发表讲话，对河南所取得的监督经验，给予了科学的总结和高度的评价，指出：河南省委的监督工作试点取得了可贵的经验，很有借鉴和推广价值。河南的实践证明，监督工作是大有可为的，监督工作对于自身建设和遵章履职都具有重要的推动作用，创新试点的成功，标志着九三学社监督工作进入了一个新的发展阶段，预示着社内监督工作将更加理性、更加规范、更有成效。

（六）探索监督委员工作履职方式

按照 2015 年监督工作要点的要求，社中央监督委员会尝试开展中央监督委员参加省级组织届中述职评议和民主推荐会议。这两项工作是保证领导班子及其成员接受广大社员监督，扩大社内民主的重要举措，也是社内监督工作的重要内容。

2015 年，社中央监督委员朱定真、郑晓东参加了社北京市第十二届四次全委扩大会议，钱海鑫委员参加了社辽宁省七届四次全委会，郑晓东委员参加了社陕西省十二届十一次专题常委会。监督委员们分别听取了 3 个省的领导班子述职，观摩了民主推荐工作。通过这些工作，更好地发挥了社中央监督委员的作用，调动了社中央监督委员的积极性，强化了社内监督约束机制。

（七）用好有关载体和平台，推介交流工作经验

推介监督工作经验，是探索如何更好地开展监督工作的有效方法。社中央监督委员会办公室以监督工作情况通报的形式下发各省委，向全社推介北京市委监督委员会“扩大监督范围，处理不履职市委委员”、社辽宁省委监督委员会“对同级省委领导班子民主评议”等经验。

为使各省级监督委员会及时了解其他省级监督委员会的工作情况，达到互相学习，相互借鉴的目的，2015 年 7 月，社中央监督委员会办公室总结上半年社中央和省级监督委员会工作情况，编印《监督简讯》印发各省级组织，《监督简讯》使大家了解了情况，加强了省级组织间的资源共享，为促进全社监督工作的开展起到了一定的作用。

（八）认真受理来信来访

2015 年社中央监督委员会办公室共办理信访 4 件，接待来访人员 1 名。在工作中及时向中央监督委员会领导汇报社员的来信来访，落实领导批示督促地方组织妥善处理，并将受理和处理情况及时通报给来信社员或当事人。

回顾 2015 年，我社社内监督工作扎实推进，开拓创新，成绩显著，实现了新的跨越。但我们也必须看到，我社的社内监督工作仍面临着一些困难和问题，还有进一步提升的空间。全社各级组织和领导干部需要进一步提高对监督工作的认识，凝聚共识，不断提高我社解决自身问题的能力；各省级监督委员会应借鉴先进工作经验，开拓思路，积极

探索创新监督工作，形成各省级监督委员会工作创新发展、共同进步的新局面，使九三学社的监督工作整体再上新台阶；各级组织应加强监督工作专职干部队伍建设，提高监督工作专职干部的能力，保证监督委员会工作的正常开展。

二、2016 年工作要点

2016 年，中央监督委员会将在中央委员会的领导下，进一步突出监督重点，推广监督经验，创新监督手段，提升监督能力，继续扎实推进内部监督工作。

（一）继续推动尚未建立省级监督机构的省级组织建立监督委员会。力争于 2016 年实现社内省级组织监督机构的全覆盖。

（二）继续为巡视督导工作助力。协助社中央于 2016 年年底前完成对全社余下 8 个省级组织的巡视督导。在此基础上，认真总结本轮巡视督导经验，为下一轮巡视督导工作打下坚实基础。

（三）认真总结推广社河南省委监督工作经验。借鉴河南试点和其他省级组织的宝贵经验和有益启示，进一步加强理论研究，加强社内监督、纪律约束的顶层设计，完善制度体系和工作方式，并将其基本要求纳入社章修订稿中。加大监督工作经验推介力度。通过召开不同层级的经验介绍会，经验巡讲和工作培训等多种形式，推广社中央监督试点和省级组织的先进经验。

（四）加大社内监督工作培训力度。举办专题培训班。扩大培训范围，提升培训质量，积极搭建总结交流和学习提升的平台，进一步凝聚监督工作共识，增强开展监督工作的信心。重点对新成立的监督委员会和开展工作薄弱的监督委员会进行指导和帮助，将学习与研究相结合，提高监督能力。

（五）切实做好换届保障工作。明年我社大多数地市级组织将进入换届周期，社中央监督委员会将从履行监督职能出发，及时下达监督纪律文件，指导督促各地做好换届期间的社内监督工作，为换届工作提供保障。

（六）加大宣传工作力度。提高广大社员对社内监督工作和各级监督委员会的认知度，助推社内监督工作的开展。

韩启德主席在九三学社第十三届中央常务委员会第十一次会议上的闭幕讲话

（2015 年 5 月 14 日）

各位副主席、各位常委、同志们：

这次常委会开得很热烈，各省事先都做了充分准备，除正式交流发言外，许多省份在自由发言阶段也发言介绍了各自在工作创新方面的成绩和经验，同时，对工作创新所面临的一些问题也进行了深入的探究和讨论。应该说，本次会议成效显著。会后，社中央要把大家的建议收集整理起来，以纪要形式发给大家。对大家的真知灼见和可行的建议要进一步归纳总结，在实践中推广，并通过实践再取得经验，推动工作取得更多的创新。下面，我谈四个方面的意见。

一、创新是时代和形势对我们提出的要求

新的形势对我社工作提出了新的要求。世界格局正在发生重大变动，中国经过 30 多年的改革开放也发生了巨变。十八大以后，“四个全面”的新的发展格局正在形成。一方面，中国的经济社会发展取得了巨大成就，值得骄傲；另一方面，也面临着严峻挑战。就像登山一样，已经到了很高的地方，但前面是一个陡坡，面临着巨大的风险、挑战和困难，许多深层次矛盾需要解决。当前，经济下行压力加大，财政收入增速下降。以前讲，投资、消费、出口三驾马车拉动经济增长，现在三驾马车都遇到困难，还存在房地产市场不景气、企业经营困难、就业压力增大等等问题。解决这些问题，首先需要信心，同时需要采取正确的措施。克强总理在两会上和两会以后反复强调“万众创业、大众创新”，现在看来，起到了很大作用。但是，要解决经济面临的诸多挑战，避免“中等收入陷阱”，从根本上讲有赖于创新。

长期看，生态环境问题、可持续发展问题、经济结构调整和转型问题、政府职能转变问题等，都不是容易解决的问题。我们看到，虽然中央近年来下大力气减少行政审批，但实际效果并不理想。实际上，上述每个问题的解决，都会遇到重重困难。要解决这些问题，需要政府的努力，更需要我们大家的共同参与和促进。社会管理、政府治理方面也面临一系列新情况和新问题。互联网的发展不仅引起经济模式和生活方式的改变，给我们带来很大的机遇，但同时也带来社会、思想等更深层次的变化，对传统的社会管理和政府治理模式带来挑战。只有克服这些挑战，“四个全面”的战略部署才能有效推进。

可以说，中国正处于一个大的历史转折的关头。中国的现代化进程已历一百多年，变化巨大。辛亥革命推翻了持续两千多年的专制统治，从此加快了现代化的进程，但道路并不平坦。改革开放 30 多年来，中国发生了翻天覆地的变化，但离全面实现现代化还有很长的路要走。十八届三中全会提出“推进国家治理体系和治理能力的现代化”，习近平总书记提出新时期“四个全面”的治国施政方略，为我国现代化道路指明了方向。从更宏观、更深层次讲，作为一个曾经有过悠久历史和灿烂文化、但在近代沦为殖民地半殖民地的国家，我们在推进现代化过程中，还面临如何处理好传统与现代、中国与西方关系的问题，这是自鸦片战争以来摆在中华民族面前而至今仍然没有解决的一个重大问题，是萦回在一代又一代中国社会精英、志士仁人心中的一大纠结。守护传统与拒绝现代往往纠缠在一起，爱国常常导致盲目排外；主张现代常常表现为全盘西化和否定自己的传统。这似乎成为近代以来中国反复上演的历史剧。因此，能否正确处理这一问题，往往直接决定着我们能否选择正确的现代化道路。前不久王蒙同志在新疆的一次报告中讲：“一个古老的文化面对现代化的时候，有一种焦虑，有一种紧张，有一种不安，有一种尴尬，有一种两难。”确实，我们今天时时刻刻能感受到这种两难。无论是解决当前面临的经济社会方面的矛盾和挑战，还是解决我们现代化过程中面临的传统与现代、中国与西方这样深层次的问题，都要靠创新。古今中外，任何一个文明的产生、发展或者衰落，都跟它有没有创新联系在一起。顺应时代，直面挑战，勇于创新者兴；墨守成规、抱残守缺、固

步自封者亡。这是一条不变的历史定律。当今时代,我们又一次处于重大的历史转折关头,每个中国人都能够深深感受到创新的重要性和紧迫性。

对九三学社而言，我们也面临着所有参政党都面对的艰巨任务。近年来，我们的工作取得很大成绩，特别是在参政议政、高层协商中，我们就国家发展的一些深层次问题建言献策，提出了一些具有创新性的、对国家发展能够起到实实在在作用的建议。但这些还远远不够。十八大以后，社中央更加强调履职的创新。我们知道，政府部门及其研究机构的水平越来越高，他们研究的重点大多是针对实际工作中遇到的问题和对策。参政党要提出自己独到的和有实效的建议，要能够真正具有战略性、前瞻性和可操作性，就必须创新。

要在履职上有所创新，就要求我们的自身建设有所创新。例如，思想政治工作的方法必须创新，如果不利用社交网络手段，不跟成员的思想实际结合起来，非但不能取得效果，甚至会起反作用。

我认为，九三学社的历史可以分为三个阶段。从创始到新民主主义革命胜利是第一阶段；社会主义改造和社会主义建设时期是第二阶段；改革开放以后到今天是第三阶段。今天，回顾我社走过的道路，也是一个不断创新的过程。但是，我们从来没有像今天这样正面临着一个伟大的时代，一个离现代化如此近的时代，一个参政党责任如此重大的时代。要做到思想上坚定、履职上坚实、组织上坚强，非创新不可。没有创新，就没有活力，没有创新，就不能承担起历史赋予我们的责任。

二、近年来我社工作创新的情况和经验

近年来，我们在创新工作方面推出一系列举措，各地也在实践中有不少开拓和创新。总结我们近年来工作创新实践和经验，是进一步推动创新的需要。

我们在社内力量和资源整合方面的创新比较显著。昨天和今天上午，常委和各省的主委们介绍了许多好的经验。四五年前，社中央和省级组织之间、各省级组织之间的工作基本没有交集，但现在无论是社中央和省级组织之间，还是省级组织之间，资源和力量整合已成为常态。对于社外的力量，包括国务院的一些部门，我们也进行了非常好的工作整合。比如说，川甘青结合部藏区的调研，有三个省级组织共同参与；去年进行的长江上游生态保护调研，有五个省级组织参与；对贵州威宁县的帮扶，各省都在努力。社中央今年大调研的题目是“长江上游水利建设对中下游生态的影响”，全社 13 个省级组织联动，共同开展这项工作。这样的事例还有很多，比如去年河南、安徽、江苏三省省委进行的淮河治理问题联合调研，河南与山西、上海与河南九三社会服务工作的晋豫合作和沪豫合作，等等。事实证明，资源整合起来，力量联合起来，就能做更大的事情，就能把事情做得更好。

加强自身建设方面，在中国特色社会主义实践教育活动中，我们进行的点单式巡讲、十大楷模的评选活动都非常成功。社中央对地方组织的巡视督导工作做得很有特点，我们的巡视督导与中国共产党的巡视工作不同，主要是帮助和推动省级组织工作。2014 年我们形成了制度性的文件，迄今已经巡视了 11 个省级组织，取得了良好效果。中央全委会实行了委员对社务工作提出建议案的做法，也对我们的工作起到了促进作用。从前年

开始，每年一月召开一次“主席战略研讨会”，对全社战略性、方向性问题进行研究讨论，对全社工作方向的确定和重大举措的实施起到了重要作用。加强学习培训工作，除了社会主义学院、行政学院、党校常规的学习培训之外，社中央组织了许多专门培训，特别是最近这次进行的社员骨干培训，规模大、层次高、效果非常好。为了加强青年工作，社中央正在筹备成立青年委员会。

在参政议政方面有很多亮点，都是原创性的工作。我们坚持多年的有关科技管理体制改革问题的建言终于取得显著成效。去年，国务院出台了《关于深化中央财政科技计划（专项、基金等）管理改革的方案》，我们对其中许多政策的出台确实发挥了很大作用。一些开始认为不可能实现的建议，经过八年坚持不懈的努力，终于落地变为国家政策。比如，我们一开始就认为，政府部门不应该参与分钱，政府可以确定项目、计划和经费额度，但不要管项目经费的具体分配，这在去年的文件中终于得到落实。今年在高层协商座谈会中，我们又明确建议今年暂不增加国家财政的科技经费拨款，国家对科技创新的支持可主要体现在后端补贴上。这样的建议引起轰动，也是得罪人的，但实际证明是对的。我们还提出了建筑产业化的建议，政协围绕这一主题召开了双周座谈会，俞正声主席赞扬这是最成功的双周座谈会。还有促进川甘青藏区结合部发展问题，在中央民族宗教工作会议前及时调研，首先提出建议，俞主席和杜青林副主席都做出批示，产生了积极的效果。从去年开始，我们创办了集中研讨重大科学问题的系列“科学座谈会”，希望像九三前辈曾经举办的“民主科学座谈会”一样留下历史痕迹。在课题创新方面，我们也有很多举措，做出了品牌，因此党中央、国务院对九三学社提出的参政议政意见和建议比较重视。今年的政协大会发言，从写作到决定采用，再到决定请杨佳同志代表九三中央发言的过程，也充分体现了我社工作中的创新思维。刚才杨佳同志也谈了她的感受，这是我们工作创新的一个具体表现。

社会服务方面，社会服务与参政议政和其他工作相结合是我们的一个重要创新。这方面的一个很好的案例，就是河南九三在黄河下游滩区的扶贫开发，不仅是一般的扶贫，而且把科技扶贫、政策扶贫等都结合起来，起源于帮扶滩区股骨头坏死病人治疗的社会服务，终结于对整个地区经济社会发展的政策扶持。此外，社中央新成立了科普委员会，院士专家巡讲也做得越来越好。

社省级组织、市级组织和基层组织在工作中的创新更多。从这两天的交流中可以看到，九三的各级组织是坚强的，履职是坚实的，创新的做法层出不穷，只要我们坚持下去，一定可以取得更大成绩。

但是，也应该看到，我们目前的常规工作方式和做法，以及一些制度规定已经落后于现实了，离创新的要求还有很远的距离。与其他党派的工作相比较，我们既有值得骄傲的地方，也有不足的地方，要有危机感。有一句话说得很好：“今天成功的经验可能成为明天进步的羁绊。”如果我们沉浸在已经取得的成绩中，或者满足于已有的创新，我们就不可能取得更大的成就。我们还是要更多地看到在工作创新方面的不足和空间，明确努力的方向。这正是我们决定以工作创新为主题召开此次常委会的一个重要原因。

三、推动工作创新必须弘扬科学精神

这次会议的主题是“弘扬科学精神，推动工作创新”。我发现大家都在谈“推动工作创新”，但几乎没有人谈到“弘扬科学精神”，可能大家以为这是不言而喻的，抑或是一种疏忽？我们的主题是创新，推动创新可以采取很多方面的举措，但根本在于弘扬科学精神。脱离科学精神，在很多具体的事情上就很难取得突破，就难有作为。所以，我还是想讲一讲关于弘扬科学精神的问题。

要讨论什么是科学精神，首先必须对于什么是科学有一个清楚的认识。这不是一个简单的问题。一般理解的科学是指近代科学，从拉丁文到英文 science，为什么从日文翻译再传到中国，就成了“科学”两个字了呢？这是因为当时西方的近代科学已经发展到相当程度了，数理化天地生等已经分科，日本人接受西方科学的时候，就给它取名为“分科的学问”——“科学”，后来中国就把它直接拿了过来。所以我们今天讲的“科学”，自然就是指近代科学。简单地讲，近代科学是在西方文艺复兴后，随着人性从神权中解放出来，在古希腊追求自由的人文基础上发展起来的。我认为，可以从培根到笛卡尔到牛顿三位科学家身上，看出西方近代科学基本的发展轨迹和特征。从文艺复兴前后开始，科学不断发展，到了牛顿，以可量化、可被实验验证、可确定性为特征的数理实验科学体系基本成型。所以，诗人亚历山大·波普在牛顿的墓志铭上写道：“Nature and Nature’s law lay hid in night；God said，Let Newton be. And all was light.”（自然与自然规律都隐藏在黑暗之中；上帝说“要有牛顿！”于是，一切变为光明。）而培根说的“知识就是力量”和笛卡尔说的“我思故我在”，则反映出近代科学力量型的特征，人在自然面前处于强势地位，是要利用自然、控制自然、征服自然、改造自然的。随着科学的飞速发展，科学与技术的结合越来越紧密，随之也越来越具有功利性。近代科学发展到今天，它的功利性以及强调对自然的控制和征服，带来了非常多的问题。

面对近代科学的功利性，西方与我们中国不太一样。在西方，近代科学是从古希腊理性科学发展起来的，它有古希腊理性科学的基础，而古希腊的理性科学是以追求自由为目的的。苏格拉底说过，未经审查的生活是没有价值的生活，这反映了希腊人以自由和批判为核心的人文追求。在希腊人看来，生活的理想是通过理性的考察、批判和论证来获得的，内在性、纯粹性、逻辑性、批判性是希腊理性科学的基本特征。西方近代的数理实验科学是从古希腊理性科学的基础上发展起来，古希腊的理性精神和人文精神通过笛卡尔、康德、休谟、约翰·密尔等思想家得到进一步发扬光大，从而使西方自然科学的功利性在一定程度上得到制约与平衡。在中国是什么情况呢？中国的人文基础是儒家文化，以仁为核心，这种人文精神集中体现在道德礼仪上，对自然保持虔诚、谦恭的态度，主张天人合一。但是，现代化的浪潮滚滚而至，逆我者亡，顺我者昌。过去一百多年来，尤其是新文化运动以来，在接受西方科学的同时，我们自己的人文传统被丢弃得差不多了；而与西方近代数理实验科学相制衡的理性人文精神并没有得到充分的引进和吸收。我们只是把学习西方简单地看作是学习西方的自然科学，看成是征服自然、富国强兵的手段，过多强调近代科学的实用和功用的一面，而忽视了理性人文精神的引进和吸收。这个问题实际上至今仍然存在。

我们应该看到，不管近代数理实验科学也好，还是古希腊的理性科学也好，还是古今中外所有的博物科学，虽然各不相同，但都具备共有的科学精神。对于近代数理实验科学，不论你同意它也好，反对它也好；讨厌它也好，热爱它也好，它都是当今人类文明发展的一个主导力量。只是我们现代中国与西方，由于人文基础的不同，由于处于不同的发展阶段，所以面临不同的形势。但是对于人类文明所创造的科学精神，当代中国不能不接受并且加以弘扬。我们九三学社如果要实现工作创新的话，也必须弘扬科学精神。怎样弘扬科学精神？我想有下面几点。

第一，要有追求真理的勇气和境界。科学精神最核心的就是求真，就是对真理的追求，也包括在追求真理过程当中的批判精神，实事求是、一切从实际出发的精神，这是科学精神的核心。竺可桢先生主张："只认是非，不计利害"，科学是要追求真理，是要判断是非的。但是，这句话容易引起误会。有人可能会问：科学问题难道能完全不计利害吗？能不计人的利害、社会的利害吗？我认为，当时竺可桢这样讲的意思是追求真理，就不能顾及自己的利害。竺可桢先生另外一句同样意思的话可能更加确切："无心同异，唯求其是"。这句话就不容易造成误解，不管别人怎样说，我唯一追求的就是事物的本来面目，也就是说要有对真理的执着追求。我们今天讲民主监督也好，参政议政也好，都必须要有一种追求真理的精神，要站在一切尊重事实的这样一个基础上。在参政议政和其他工作之中，我们要寻根问底地调查研究。比如，江西省委去年走40个乡镇，沉下去调查招商引资和税收的情况，结果发现基层在招商引资和税收中大量的弄虚作假现象，并将调查结果如实报告中共江西省委领导，受到中共江西省委的极大重视，发挥了很好的作用，也体现了参政党民主监督的责任。我们不能凭印象和主观想象行事，要避免带着框框去调查研究，不能先有结论，再去寻找证据，而要在掌握充分的事实和足够数据的前提下来分析和得出结论。我们要说真话，建诤言，敢于发声，善于发声。所有这些都只有弘扬科学精神才能做到的。

第二，要保持理性。现在社会上特别是网络上，理性是相当缺乏的，以情感代替理性、以网络暴力代替讲道理、以假乱真、以个人或团体的利益代替公共利益的现象比比皆是。保持理性，就是要尊重客观事实，反对以偏概全和极端偏激，就是要遵循科学思想和科学方法。科学有它自己的一套方法、一套规矩的。比如说，要讲逻辑、讲实证，力求量化，要通过假设和严密的求证或证伪，等等。这些都是在长期科学发展中所形成的，虽然也有局限性，但现在还没有找到更好的方法来代替。前些时候九三中央召开转基因座谈会，把力挺和力反的代表人士都请来参加。我们强调讨论时必须坚持理性态度，但讨论中还是有人不够理性。有人拿出一篇已发表的论文来做依据，但是我们搞科学的人一看就发现，论文有统计学错误。科学是有规矩的，统计学是要看显著性的。那么统计学上没有显著性就一定没有意义吗？不是。但对正态分布的数据，如果在95%区间是那种可能，就作为肯定，哪怕还有5%可能不是那样，这就是规矩，大家必须遵守。又比如在进行科学评价时常常采用"同行评议"办法，其实是有很多弊病的，但是目前还没有找到比它更好的办法，它只是最不坏的办法而已。总之，我们九三的工作要创新，就要保持理性，要借鉴科学的方法，要尊重规则。

我觉得，尊重理性最重要的一点就是要勤于思考。古希腊的理性科学，还有个名字，叫“沉思科学”，它还不像现近代科学那样要求实证，它就是讲究用脑子思考，讲究一种超乎现实的自由追求。比如说几何学中的圆，世界上有一个绝对圆的东西吗？没有。但是希腊的哲人可以通过想象和逻辑推理，断定存在这么个圆。他们认为一个人只有思辩，才能获得自由。近代科学继承了这种品质，罗丹的雕塑《思想者》成为其形象的标志。但现在连我们许多搞科学的人，心都没有沉下来，没有功夫来思考，还谈什么科学呢？其实我们中国人历来也是强调沉思和思考的，《中庸》讲：“博学之、审问之、慎思之、明辨之、笃行之”。你先要博学，最后要实践，中间审问、慎思、明辨，都是理性思考的过程。我们九三在工作中弘扬科学精神，一定要动脑子，要保持自由之思想，独立之人格。

第三，必须发扬民主。这也是科学精神要求的。为什么要发扬民主，大家都知道，我就不讲了。我这里只想强调一点，就是发扬民主必须宽容。宽容也是一种科学精神，因为科学就是在证伪与纠错中不断发展的。就像伏尔泰讲的：“我反对你的意见，但我愿意以生命捍卫你提出意见的权利”。我们要允许少数意见的存在，允许不同意见的存在，要保护少数，保护个性，宽容错误和失败，要宽容别人讲错话。在民主协商过程中，我们要求中共这样对待我们，在我们自己工作中，在对待社员的时候，更要遵守这样的精神，要有宽容。

第四，要全面系统地认识问题。科学总是力求尽可能全面系统地认识客观世界。事物本身是复杂的，我们追求真理，必须努力去看到事物的方方面面。要全面认识问题，就要客观，就要学会用辩证法，不能以偏代全、顾此失彼，在反对一种倾向时要注意防止相反的倾向。在参政议政时，我们要时时提醒自己，我们看到的局部是不是能代表全部，我们看到的现象是不是能反映本质，我们了解到的情况相互间是什么关系，我们建议采取的措施是不是会引起关联的负面效应。在自身建设创新中也要掂量我们采取的新举措会不会产生其他方面的影响。

这是我今天讲的一个重点，概括起来，就是只有弘扬科学精神，才能推动九三工作更高层次的创新。

四、脚踏实地推动工作创新

第一，要重在观念创新、原始创新、根本性创新乃至颠覆性创新。

观念创新，不是起一般作用的创新。这方面钱学森先生给我们树立了很好的榜样。他总能提出观念全新的命题，比如他提出“大成教育”，他提出沙漠利用可以成为第六产业，等等。我觉得，他真是一个伟大的科学家，他的脑子里经常会形成颠覆性的创新观念。再比如我们九三成员中的周鸿祎，对他的言行社会上常有争议，但他提出互联网思维，他总结的互联网产品免费观念，“羊毛出在猪身上”，算不算一个颠覆性创新呢？我觉得是，而且已被事实证明。再比如，老龄化问题，现在普遍认为是一种社会危机，应该放开生孩子，解决人口结构问题。但是，现在有人提出“积极老龄化”，我觉得这也是一个观念的创新。老年人比例增高是不是一定是消极的呢？不一定。如果医学和卫生事业发展了，老年人到七八十岁还都很健康，形成健康老龄化的格局和生产性老龄化的格局，我们现在应对老龄化的一系列方针、政策都要随之改变。这些都是观念创新很好的例子。

第二，全面铺开工作创新。在讨论中，我觉得有些根本性的问题需要考虑，包括我们九三学社工作的新思想、新构架、新机制、新手段，这些都是根本性的问题。比如说，我们大家讨论的组织建设问题，九三学社的整体组织框架能不能有所变动，怎样利用社交网络媒体改变我们的组织方式和宣传方式，建立什么样的监督机制，要不要提出社内纪律，怎么来监督考核、谁监督谁；又比如，如何实现民主监督的突破，如何为推动协商民主做出我们的贡献，等等。

我们既要追求根本性的创新，又不能好高骛远，事情都有一个量变到质变的过程。我们要从实际工做出发，从点滴做起，我们要做的事情，就在此刻，就在此地，就在此时。

在参政议政方面，我们原来的提法是要具有战略性、前瞻性，我认为现在还要加上一个原创性，人云亦云的事情我们不要去做。国务院已经研究过的事情我们不要去做，除非我们有非常不同的思路。我们现在只有这点力量，要把有限的力量用在刀刃上，不是原创的题目，我们少做。原创的题目有没有呢？其实是很多的。

在民主监督方面，除了我们一直强调的和参政议政结合以外，我觉得以下的事是马上可以做的。一个是党中央国务院已经做出的决策，三中、四中全会提出的决策，包括实施方案都有了，我们可以去监督落实情况。例如湖南省开展的“母亲河专项监督行动”，如果对湘江的污染情况，我们九三就是盯住不放，每年监督，辅以科学的手段，我觉得就一定会做出成绩来。湖南九三还有一个新的做法，就是与政协联合组成民主监督小组，对政府部门进行监督。目前，总体来讲，我们能不能着重在两个方面进行民主监督。一个是简政放权、减少行政审批方面。这件事情是克强总理紧抓不放的事情，他无数次提，效果仍然不理想，政府宣称已经减少了行政审批，但企业感受不到，说明一些地方政府并没有实质性的放权。比如说审批改为备案，它不给你备案，那还不如原来审批。这些都是很具体的，我们可以去监督。第二个方面，我们是科技界为主的政党，对科技部出台的政府财政科技项目管理改革，我们要着力进行监督。比如说，由于改革方案中强调第三方机构的作用，现在各级政府部门都纷纷组建自己能指挥得动的第三方机构，如若不予制止，很有可能形成一批“二政府”，达不到改革的目的。对于这样一些问题我们要去监督，要不断反映。民主监督要广泛发动社员，各级组织、每一名社员都可以来参与。虽然我们的民主监督是政党监督，最后提出来的正式意见要以组织的形式提出，但是一定要广泛发动社员参与，这也是动员群众的一个重要方面。

社会服务工作方面，确实需要准确定位。刚才邵鸿常务副主席说的“扬长避短、示范效应、整合工作”这三点原则，非常对。总的来讲，社会服务工作不能包打天下。社会服务要与参政议政紧密结合，也要通过社会服务扩大九三的影响。我认为，还有很重要的一点，就是一定要强调我们每位社员都必须尽自己最大的力量把本职工作做好，这是最重要的社会服务。

在自身建设方面，可以创新的事情更多。例如骨干队伍以什么样的形式、采取哪些更有效的方法组织起来？社内的组织和交流形式能不能有所创新？组织发展工作怎么创新？人才强社战略如何更好地落实？我始终认为，旗帜性人物、有影响的人物是非常关键的，这也是中国共产党统一战线工作一直坚持的。在新时期，所谓旗帜性、有影响人物的概念也在不断变化，我们的组织构成也在发生变化，所以我们同时要强调发展有履职能力和有潜力的人才。只要愿意遵守社章，同时特别有能力、有潜力的人才，我们都可以发展，包括体制外人士。我非常同意取消以中高级职称作为入社条件，因为这是特定历史时期的一个规定，社章里关于职称的规定应该废除。总的来讲，我们的组织结构必须自觉顺应形势的变化,建立在政治合格前提下的多元化成员结构。对于企业家的发展，根据各个党派的经验，还是要谨慎。我们九三可以着重发展在技术创新链条上的企业家。技术创新，没有企业家，是做不到的，这一点我非常同意。发挥九三的科技特色，我们要发展高素质的科技型企业家，当前尤其要注意在科技服务业的专业人士中发展成员。

建立后备干部队伍十分重要。我们面临 2017 年的换届，与以前的组织工作比较，我们怎样让更多的人才进入我们换届的视野当中，怎样更好地发扬民主，给真正的骨干创造活动和成长的平台，这些都需要有所创新。

还有，社内纪律和监督问题，考核、退出机制问题应如何建立，基层组织怎么建设，怎么创新组织活动形式，怎样搞好合作共事，与统战部建立起和谐的工作关系，这些，也都是我们要研究的问题。

宣传工作一定要有一个根本性的创新。在社中央网站上,我们下了很大的功夫写报道，特别是人物报道，都非常感动人，但是感动了多少人？社会影响有多大？值得推敲。怎样让宣传更有效，在社内、外发挥更大作用？其实，有时一个视频、一篇范文，如果做好了,胜过几十篇甚至几百篇宣传文章。昨天穆建民同志的发言质量很高,提出很多问题，我们就是要研究一下为什么柴静的一个视频会有这么大的影响力，我们可以结合九三工作认真探讨一下。总之我们要用什么样的形式进行行之有效的宣传，这是需要我们认真思考和努力改进的。

第三，必须从群众中来，到群众中去。无论九三学社怎样发展，有一条不能变，就是必须从群众中来，到群众中去。我们要创新，也必须坚持这一条，要及时发现地方、基层和部门的创新案例和经验，及时总结和推广。实际上，我们已有的工作创新大部分来自于地方和基层，是社中央吸收后在面上加以推广的。中央和地方要加强互动，重点是调动广大社员的积极性。

第四，要发挥科技优势，保持九三的科技特色。参政议政方面，要咬住科技体制机制改革问题不放松；民主监督,也要重点选择有科技特色的问题。今年九三学社的大调研，题目是长江上游水利建设对中下游生态的影响，这是一个非常具有科技特色的参政议政课题,里面的科技问题太多太复杂了,必须把各方面的科技专家集中起来进行研究。最近，奥巴马在国情咨文中讲道，美国要搞“精准医学”。我们国家的卫生部、科技部也都提出要搞精准医学，产业界更是一哄而起。我看到有的政府部门的方案，虽然已经通过几轮专家咨询，但在把握上仍有不少问题。不是因为奥巴马讲的精准医学不对，而是因为我们要做的和奥巴马讲的太一样了。你说美国人不对吗？从美国人的立场看,是对的。但是，我们如果跟着美国人一样去做，那一定是错的，因为国情不一样，文化背景不一样，实力也不一样。我觉得在这样一些科技问题上，九三学社都可以充分发挥我们的优势。

总之，九三学社要创新，就一定要弘扬科学精神。当然，根本的前提是一定要坚持中国特色社会主义，坚持中国共产党领导的多党合作和政治协商制度，因为它符合中国实际。弘扬科学精神，要按规律办事。同时，我们还要看到中国的现代化是一个长期的过程，是几代人甚至几十代人的事情。所以，我们提出的建议一定要符合中国特色社会主义的国情，符合十八届二中、三中、四中全会提出的目标。同时，必须处理好客观条件的限制与自身能动性的关系。要创新，要突破，必然和原来的做法不一样，要处理好遵守制度规定与创新突破的关系。改革开放 30 多年就是这样走过来的，要依法治国，遵守已有的制度，但是不能墨守成规。我们要充分发挥主观能动性，重点突破，通过量变达到质变。这次常委会后，大家还要继续研究有关创新的一些规律性问题并付诸实践。在这个过程中，常委会发挥着决定性的作用。常委们要加强学习，才能扩展视野、提高境界，使常委会成为一个更加坚强和创新性的集体。

再次感谢各位常委的认真参与！本次会议成果丰富，希望大家认真贯彻落实会议精神，努力做好工作创新，让九三学社在新的时期再次焕发青春！

继往开来　砥砺奋进
谱写九三学社历史新篇章

——在庆祝九三学社创建 70 周年大会上的讲话

韩启德

同志们，朋友们：

在全国人民隆重纪念抗日战争和世界反法西斯战争胜利 70 周年之际，今天我们在这里隆重集会，纪念九三学社创建 70 周年。首先，我谨代表九三学社中央向光临大会的中共中央政治局委员、中央统战部部长孙春兰同志，全国人大常委会副委员长、民盟中央主席张宝文同志，全国政协副主席李海峰同志和各位来宾、朋友们表示热烈欢迎和衷心感谢！

9 月 3 日，是全体中华儿女刻骨铭心的日子。发生在 20 世纪三四十年代的中国人民抗日战争和世界反法西斯战争，是现代人类历史上一场自由与奴役、光明与黑暗、正义与邪恶的殊死搏斗。在这场搏斗中，全体中华儿女不分党派、族群、阶层，众志成城、同仇敌忾、共赴国难，奏响了一曲惊天地、泣鬼神，气吞山河的抗日救亡壮歌。70 年前的这一天，日本法西斯投降正式生效，历经百年屈辱和磨难的中国迎来了近代以来反抗外敌入侵的首次完全胜利,因而成为中华民族由衰落走向复兴的历史转折点。70 年过去了，抚今追昔，我们将永远铭记为中华民族独立自由而英勇献身的千百万英烈，他们的慷慨牺牲和伟大精神，是激励一代又一代中华儿女为国奉献、自强不息强大而不竭的精神动力！我们将牢记落后就要挨打、贫弱就会受欺的历史教训，倍加珍惜今天来之不易的成就，万众一心，为实现中华民族伟大复兴的中国梦而奋斗！我们将坚定不移捍卫二战的胜利成果，捍卫人类的正义、良知和尊严，珍惜和维护世界和平！

9 月 3 日，对九三学社而言更是一个特殊的日子。1944 年下半年，许德珩、褚辅成、张西曼等一批文化、教育和科技界人士，出于对时局的忧虑和对国家民族的责任，在重庆发起组织“民主科学座谈会”，以期促进民主和团结抗战。1945 年 9 月 3 日，为了庆祝抗日战争的胜利，“民主科学座谈会”召开扩大会议，与会同志一致同意以这个特殊的日子命名，正式成立九三座谈会。1946 年 5 月 4 日，九三座谈会改建为九三学社。“九三”

之命名，既是对伟大的中国人民抗日战争和世界反法西斯战争胜利的庆祝和纪念，同时也寄托了九三学社的先贤们对民族独立、国家富强的期冀和企盼，对民主与科学的追求和渴望，具有非常深刻的含义。

抗战胜利后，中国面临两种前途、两种命运的大决战。在这一重要历史转折关头，九三学社坚定地站在中国共产党一边，积极投身反内战、反独裁、反迫害、争取和平民主的爱国民主运动。九三学社的先贤们怀着爱国为民的赤子之心，不顾个人安危，与国民党反动派进行了英勇斗争。他们在奋斗中越来越深切地认识到，中国共产党的道路是引领中国走向光明的正确道路，中国共产党的旗帜是代表正义和真理的旗帜。1949年1月，九三学社发表宣言响应中共中央“五一”号召，公开宣告接受中国共产党的领导。1949年9月，九三学社作为民主党派之一参加了新政协，参与了《共同纲领》的制订和中央人民政府的组建。在争取新民主主义革命胜利和新中国建立的过程中，九三学社写下了自己光荣的篇章。

新中国成立后，九三学社团结和推动社员及所联系群众积极投入中国共产党领导的社会主义革命和建设事业，为巩固新生人民政权、恢复和发展国民经济、推进社会主义建设贡献力量，特别是在创建和发展新中国的科学、教育事业，培养和造就科技人才方面，做了大量卓有成效的工作，例如九三学社社员林学家梁希、农学家金善宝、气象学家涂长望、地理学家黄国璋、语言文字学家黎锦熙、土木工程学家茅以升、物理学家严济慈等人，都在各自领域做出了巨大贡献。

1957年“反右”到10年“文革”期间，九三学社走过了曲折的道路。虽然历经磨难，但九三学社没有动摇过对中国共产党和社会主义道路的信心。广大社员在逆境中仍然努力工作，为国奉献。黄汲清、谢家荣为摘掉我国“贫油”的帽子实现石油自给，提供了重要理论支撑；王淦昌、邓稼先、赵九章、陈芳允、程开甲对我国“两弹一星”事业做出了卓越贡献；周培源顶着压力上书周恩来并发表文章，就加强基础科学研究赤诚进谏；谭其骧倾注多年心血主持编绘《中国历史地图集》，取得了人文社会科学的重大成就。

进入改革开放新时期，九三学社重新登上中国政治舞台并把工作重点转移到为社会主义现代化建设服务上来。特别是随着中共中央关于多党合作的一系列文件的颁发，多党合作逐步走向制度化、规范化，进一步激发了九三学社作为参政党的历史责任感、使命感和政治热情。

我们围绕“参政党应该发挥什么作用和怎样发挥作用”这一重大课题，积极探索推进工作的新思路、新机制、新办法，认真履行参政议政、民主监督、政治协商的职能，坚持把社的各项工作纳入制度化、规范化轨道，开创了各项工作的新局面。

我们加强机制建设，整合全社和各方面力量，通过高层政治协商、“直通车”建议、政协发言和提案以及反映社情民意的信息，先后提出《关于三峡工程的意见和建议》《关于中年知识分子问题的意见和建议》《关于建立长江上游生态保护和资源开发区的建议》《大西南连片贫困岩溶地区脱贫与振兴经济建设报告》《关于保护和建设好延安革命纪念地的建议》《关于加大“三江源”地区生态保护和建设力度的建议》《关于解决国企退休科技人员待遇问题的建议》《关于引导高校毕业生面向基层就业问题的建议》《关于把握机遇，走中国特色低碳发展道路的提案》《关于发挥市场配置科技资源的决定性作用，让创新活力竞相迸发的建议》以及关于推进行政体制改革和以法治理念和方式不断增强政治、政府、市场和社会理性的建言等，得到中共中央、国务院和有关部门的高度重视，对制订和实施相关政策产生了积极影响，有的直接上升为国家政策和决定。地方各级组织和广大社员也围绕地方经济社会发展认真履行职责，成绩斐然。

我们在服务地方经济建设方面,逐步形成了“九地合作”“百名专家进乡村入学堂”“亮康工程”“多党合作社会主义新农村建设”“同心智力行”及精准扶贫等多个具有“九三”特色的工作品牌，积极参与抗击“非典”、汶川特大地震等抗灾救灾工作，为奥运会、世博会的举办贡献力量，取得了良好的社会效应。

我们按照“建设适应新形势发展的高素质的参政党”的时代要求，从理论和实践的结合上不断进行探索和谋划，提出了“思想上坚定、履职上坚实、组织上坚强”的参政党建设目标，并为之付出极大努力，形成了一套具有“九三”特点的参政党建设思路、原则和方法，造就了全社蓬勃向上的活跃局面。

我们制订并实施了“人才强社”战略，拥有一支较高素质的成员队伍。我社聚集了一大批有重要影响的科学家和专家学者，包括178位中国科学院院士与中国工程院院士。众多社员在岗位上兢兢业业、无私奉献，为中国科技事业和社会主义现代化做出卓越贡献。王淦昌、邓稼先、赵九章、陈芳允、程开甲荣获1999年中共中央、国务院、中央军委颁发的“两弹一星功勋奖章”；王选、黄昆、师昌绪、谢家麟、程开甲先后荣获国家最高科学技术奖；王淦昌、王德宝、邹承鲁、侯先光、陈均远、闵乃本等主持研究的项目分别荣获国家自然科学奖一等奖；王弭力、万建民、丛斌、黄润秋等主持研究的项目分别荣获国家科技进步奖一等奖。10年来，471名九三学社社员主持或参与完成的398项科研成果分别获得国家自然科学奖、国家技术发明奖和国家科技进步奖。许勤虎等20人荣获全国五一劳动奖章。此外，还有众多社员荣获各级劳动模范、先进工作者和三八红旗手等光荣称号。

70载跋涉前行，九三学社从一个建社初期数十人的学术性政团，发展成为目前拥有30个省级组织、325个市级组织、6007个基层组织和15万社员，政治上成熟、组织上健全、在国家政治生活中作用日益彰显的社会主义参政党。

70载栉风沐雨，充分见证了九三学社与中国共产党肝胆相照、风雨同舟，为坚持和完善中国共产党领导的多党合作和政治协商制度，为推动中国革命、建设和改革开放事业所做出的重要贡献。

值此庆祝九三学社创建70周年之际，我们向领导全国人民和指引九三学社前进方向的中国共产党致以崇高的敬意！向开创和塑造九三学社光荣历史与优良传统的前辈们表示由衷的敬意！此时此刻，我们深切缅怀为九三学社的创建和发展做出卓越贡献的许德珩、周培源、吴阶平等领导人及其他老前辈。他们的学识风范、高尚情操和光辉业绩，永远是我社宝贵的精神财富和激励我们前进的力量。我代表九三学社中央，向我社全体社员和社务工作者们致以衷心的感谢和亲切的问候！同时，向给予我社热情关心和大力支持的兄弟党派、工商联、各人民团体、无党派人士及社会各界朋友，表示诚挚的谢意和良好的祝愿！

同志们、朋友们!

回顾历史，一代代“九三人”在前进的道路上，不断探索和积累了宝贵的经验。这些经验来之不易，应该认真记取，倍加珍惜。

70年来九三学社的发展历程告诉我们，坚持中国共产党的领导，坚持和发展中国特色社会主义，是九三学社的生命线。

中国共产党的领导和中国特色社会主义，是近代以来中国人民做出的历史性选择。许德珩曾经深情地说过这样一段话：“我这个老知识分子，在漫长的岁月中，经历了新旧两个社会、三个时代的沧桑巨变，深深地感到没有共产党就没有新中国，只有社会主义能够救中国。”这是九三学社老一辈的真切感受和肺腑之言，也道出了千千万万那一代知识分子的心声。改革开放以来的历史实践进一步证明，在当代中国，唯有中国共产党的领导和中国特色社会主义道路，才能够保证中国经济社会的稳定和发展，从而实现现代化和中华民族的伟大复兴。这是中华民族的根本利益和未来命运所系，是最大、最硬的道理。坚持中国共产党的领导，坚持和发展中国特色社会主义，是我们的立社之本、发展之基，是九三学社的生命线。无论遇到什么风浪和困难，我们都不能动摇这一信念。这是我们最重要、最根本的历史经验和政治选择。

我们要以深化政治交接、增进政治共识为引领，不断增强广大社员对中国特色社会主义的道路自信、理论自信、制度自信，努力夯实多党合作的共同思想政治基础。坚定“三个自信”，对民主党派来说，最根本的就是增强对中国共产党领导的多党合作和政治协商制度的自信。实践表明，多党合作制度具有独特优势和强大生命力。“千磨万击还坚劲，任尔东西南北风”，我们就是要有这个自信和定力，切实维护好、发展好、完善好这一政党制度。

70年来九三学社的发展历程告诉我们，坚持爱国主义，竭尽全力地为实现民族复兴而奋斗，是九三学社不断前进的根本动力。

爱国主义是贯穿九三学社历史的一条主线。建社伊始，九三学社就以国家和人民的利益为出发点，提出反帝爱国、反独裁争民主、反内战争和平的主张，这与中国共产党在民主革命阶段的基本纲领有着广泛的一致性，由此走上了新民主主义革命的道路。建国以后，九三学社坚定地拥护中国共产党的领导，拥护社会主义制度并为之不懈奋斗，根本原因也是出于强烈的爱国之心。纵观九三学社几代人的奋斗足迹和杰出贡献，无不体现着强大的爱国主义力量的激励驱动。

我们要深化对我国历史和国情的认识，尤其是加深对改革开放伟大历史进程的认识，不断增强民族自尊心、自信心和自豪感，努力激发广大社员及所联系群众团结奋进的力量。正如习近平总书记所指出的，“中国梦是国家的、民族的，也是每一个中国人的。国家好、民族好，大家才会好。”中国梦是中国人民的梦，也是九三学社的梦。我们要把九三学社事业的发展与中国梦的实现紧密结合起来，把个人事业的发展与祖国和民族的命运紧密结合起来，坚持从我做起，积极弘扬主旋律、传播正能量，脚踏实地、真抓实干，自觉维护国家根本利益和社会稳定。

70年来九三学社的发展历程告诉我们，坚持弘扬民主与科学精神，是九三学社始终不渝的价值追求。

民主与科学，是九三学社特色鲜明的思想理念和历史传承。九三学社的创始人，都深受“五四运动”的影响,对“五四运动”所倡导的民主与科学有着强烈渴望和执着追求。这种渴望和追求，在本质上与爱国主义是一脉相通的。1946 年 5 月 4 日，九三学社在《成立宣言》中明确提出，“本社同人，即本‘五四’的精神，为民主与科学之实现而努力，始终不懈”。铮铮誓言，言犹在耳。70 年来，民主与科学精神薪火相传，深深地融入我们的血液和灵魂之中，激励着广大社员为之努力和奋斗。

习近平总书记强调 :“人民民主是社会主义的生命”;“社会主义协商民主，应该是实实在在的、而不是做样子的，应该是全方位的、而不是局限在某个方面的，应该是全国上上下下都要做的、而不是局限在某一级的。”我们要坚持党的领导、人民当家作主、依法治国有机统一的原则，积极参与推进社会主义民主政治建设，积极参与推进依法治国，要以实实在在的行动，积极参与政党协商、政协协商和其他形式的协商，为党和政府科学决策、民主决策建言献策，落实协商民主广泛多层制度化发展的部署。要切实加强民主监督，敢于讲真话、讲逆耳之言，真实反映群众诉求，真正做到知无不言、言无不尽。在社内要坚持好民主集中制，努力营造民主和谐的氛围。要围绕全面依法治国中的重大问题深入调查研究，积极建言献策，努力推动将依法治国各项举措落到实处 ; 引导广大社员树立法治意识，带动广大社员成为法治的忠实崇尚者、自觉遵守者、坚定捍卫者。要努力求真务实、开拓创新，倡导科学方法、传播科学思想、普及科学知识，为实施创新驱动发展战略，推进科技体制改革和科技事业的发展，提高全民族的科学文化水平，不断做出贡献。

70 年来九三学社的发展历程告诉我们,坚持围绕中心、服务大局,努力推动科学发展,是九三学社实现自身价值的必然要求。

要为共同目标和共同事业而奋斗，就必须始终坚持围绕党和国家工作的中心、服务党和国家事业发展的大局。这是多党合作和九三学社履行职责的一条基本原则。中共十八大以来，以习近平同志为总书记的中共中央提出并形成了协调推进全面建成小康社会、全面深化改革、全面依法治国、全面从严治党的战略布局。九三学社要自觉服务这个大局，找准服务大局的着力点。在当代中国，发展是中国共产党执政兴国的第一要务，也是各民主党派参政议政的第一要务。只有为科学发展做出了重大贡献，民主党派才算真正担负起时代赋予的光荣使命，才算真正为维护我国的政党制度与基本政治制度做出贡献，才能真正体现出与中国共产党肝胆相照、荣辱与共的关系。

我们要紧紧围绕“四个全面”战略布局，充分发挥我社的人才优势和组织优势，进一步加强规划，整合力量，完善机制，推进工作创新，实现履行参政党职责的新跨越。要更加注重组织协调、上下联动和社会合作,更加注重对事关全局性问题的广泛深入研讨,更加注重聚焦问题和找准“切口”，更加注重深入扎实有效地开展调查研究，在此基础上积极建言献策，为推动科学发展做出实实在在贡献。

70 年来九三学社的发展历程告诉我们，坚持与时俱进，不断加强自身建设，是九三学社事业持续发展的重要保证。

加强民主党派自身建设，是多党合作事业巩固和发展的重要基础，也是决定参政党素质和作用发挥的重要因素。总结我们在自身建设方面的实践经验，社“十大”明确提出了“思想上坚定、履职上坚实、组织上坚强”的参政党建设目标。全社各级组织和广大社员都要振奋精神、扎实工作，为实现这一目标而努力奋斗。

我们要始终保持与时俱进的精神状态，以创新的精神不断加强思想建设、组织建设，努力提高政治把握能力、参政议政能力、组织领导能力、合作共事能力和解决自身问题能力。要以学习教育活动为牵引，努力增进广大社员对中国特色社会主义的认同，夯实共同思想政治基础。要以“人才强社”战略为抓手，全面提升社的组织化水平。加强培训和人才信息共享机制建设，建设一支高素质的专兼职干部队伍。不仅努力吸引优秀人才入社，更要打造各种平台，为社员成长创造良好环境，让优秀人才拥有更为广阔的发展空间。进一步加强社内监督，健全社内监督机制，继续探索开展好巡视督导工作。

70 年来九三学社的发展历程告诉我们，坚持维护广大社员及所联系群众的利益，保持与科技界的密切联系，是保持九三学社特色和增强组织凝聚力的重要原则。

作为以科学技术界高、中级知识分子为主的具有政治联盟特点的参政党，九三学社与科技界联系密切。这是我们在长期实践中形成的历史特点和界别特色，也是我们的优势。作为参政党，我们要积极履行职责，着力为国家科学技术事业发展发挥作用。要充分相信、依靠和服务社员，高度重视并维护他们的合法权益，呼应他们的诉求，反映他们的心声，更好地履行职能和加强自身建设，增加他们的信任感和获得感。同时要尽力发挥他们的智慧和才能，最大限度地调动他们的积极性、主动性和创造性，使他们的人生因九三学社而更加丰满和出彩，并把他们更加紧密地团结在中国共产党周围，为中国特色社会主义的伟大事业共同奋斗。

同志们，朋友们！

中共十八大以来，以习近平同志为总书记的中共中央总揽全局、运筹帷幄、革故鼎新，团结带领全国人民，协调推进“四个全面”，顶层设计和改革新政纷纷面世，反腐倡廉、经济建设、民生改善、法治建设等领域精彩纷呈，极大地鼓舞了包括各民主党派在内的全国各族人民同心协力实现中国梦的信心和决心。

前不久，中共中央先后颁发了《关于加强社会主义协商民主建设的意见》《中国共产党统一战线工作条例（试行）》，召开了中央统战工作会议。习近平总书记就统一战线和多党合作事业发展提出了一系列新思想、新观点、新要求。这些都使我国社会主义民主政治建设呈现出崭新气象，为九三学社做好工作指明了方向、增添了动力，同时也对九三学社各项工作提出了更高要求。我们要认真学习、深刻领会，并很好地落实到具体工作上。

同志们，朋友们！

70 年前，九三学社诞生的时候，面对的是一个饱经战乱、灾难深重、百废待兴的旧中国。今天的中国，是一个日益繁荣昌盛、民主文明、走向复兴的中国。而产生这个变化的根本原因就在于，包括九三学社广大社员在内的全体中华儿女，在中国共产党的领导下，找到了一条富国强民的成功之路——中国特色社会主义道路。我们能够生活在这样一个伟大的时代，可谓幸运；我们能够目睹并投身于这样一个翻天覆地的大变革，无比自豪。

从现在起到今后的二三十年，是我们实现“两个一百年”奋斗目标和中华民族伟大复兴的中国梦的关键时期。我们要清醒地看到，前进道路不可能一帆风顺，中国仍然面临着各种困难、风险和挑战。我们要切实增强忧患意识和责任意识，更加奋发有为、兢兢业业地工作，做出无愧于人民、无愧于时代、无愧于历史的业绩。我们坚信，走在中国特色社会主义道路上的九三学社，必然前景广阔，大有可为。

“为者常成，行者常至。”九三学社70年的光辉历程已经载入史册，中华民族的美好未来需要包括九三学社广大社员在内的全体中华儿女共同开创。让我们更加紧密地团结在以习近平同志为总书记的中共中央周围，坚定不移地沿着中国特色社会主义道路前进，同心同德、真抓实干、开拓创新，谱写九三学社历史的新篇章！

九三学社中央2015年工作要点

2015年社中央工作的总体要求是：深入贯彻落实中共十八大和十八届三中、四中全会精神，以开拓创新为引领，进一步深化坚持和发展中国特色社会主义学习实践活动，大力加强思想理论建设，着力提高参政议政和民主监督质量，积极探索社会服务工作新思路和新模式，大力提升组织化水平，不断加强机关能力建设，努力使各方面工作取得新成效。

一、深入学习贯彻中共十八届四中全会精神，积极推动落实全面推进依法治国方略

全社各级组织和广大社员要把学习贯彻中共十八届四中全会精神作为当前和今后一个时期首要的政治任务，切实把思想和行动统一到全会精神上来。要把深入学习贯彻中共十八届四中全会精神，与学习习近平总书记系列重要讲话和中共十八大、十八届三中全会精神以及社十三届三中全会精神有机结合起来，突出重点，把握实质，融会贯通；与履行参政党职能有机结合起来，通过参政议政和民主监督，积极建言献策，用实际行动推动依法治国战略的落实；与加强参政党自身建设、开展坚持和发展中国特色社会主义学习实践活动有机结合起来，引导广大成员充分认识全面推进依法治国的重大意义，带动广大成员成为法治精神的忠实崇尚者、自觉遵守者、坚定捍卫者。

二、加强思想理论建设，推进坚持和发展中国特色社会主义学习实践活动向纵深发展

把学习实践活动作为一项重要的政治任务，认真总结经验，找准问题，增强活动的针对性和实效性。扩大巡回宣讲范围，创新形式，面向基层、面向社员开展互动式宣讲。举办第二届“九三学社中央坚持和发展中国特色社会主义专题论坛”。开展第二批“九三楷模”评选。

加强社中央参政党理论研究中心和社史研究中心建设，进一步发挥思想建设研究中心作用。围绕完善多党合作和政治协商、社会主义民主政治建设问题进一步开展参政党理论研究。加强与社外智库、研究机构和专家学者的交流合作，对当前履行职能和自身建设中的深层次理论问题进行深入研究。继续加强参政党理论立项课题指导，开展2014—

2015年度招标课题成果交流。做好《九三学社简史》的修订出版工作。继续加强“九三人物系列”丛书编纂、评审和修改工作。加快推进口述史项目，继续办好《社史研究通讯》。办好“九三讲堂”和理论沙龙，努力在社内营造学习研究的良好风气。多种形式开展新阶层社员思想动态调研，准确了解社员真实思想动态和愿望诉求，加强动态分析和科学研判，逐步丰富我社思想建设理论成果。

着力提高宣传工作质量和效率。改进文风，创新工作，拓展宣传阵地，进一步密切与中央主流媒体和统战系统媒体的联系。结合“九三楷模”评选和纪念建社70周年等重大活动，集中宣传一批基层先进典型、科技领军人物以及在本职岗位上建功立业的基层优秀社员和优秀社务工作者。围绕社中央重大参政议政课题和调研成果等，做好履职工作宣传。

加强宣传平台建设。进一步明确社中央网站定位，突出九三学社特色。加强对全社网站建设工作指导，健全各项管理制度和工作机制，研究制订《九三学社中央关于加强网站建设的意见》《九三学社中央网站特约通讯员表彰奖励办法》；召开全社网站建设研讨会。推动“社员之家”平台建设的广东、上海、北京试点。继续办好《民主与科学》杂志和《九三中央社讯》，深度融合社中央的中心工作；进一步增强学苑出版社的市场竞争力。

做好社章修订工作。按照社章修改工作计划，广泛征求意见，上半年完成修改第一稿；在进一步调研和听取意见的基础上，年底形成第二稿。

三、以弘扬优良传统为主题，隆重纪念建社70周年

以回顾光荣历史、缅怀先辈业绩、继承优良传统、创新开拓工作为主题，开展好纪念建社70周年相关主题活动。召开社中央主题常委会、建社70周年纪念大会。适时举办九三论坛、青年论坛、科学座谈会。开展纪念征文活动，《社讯》出版纪念专刊、《民主与科学》开设纪念专栏、社中央网站开办纪念专题。编纂出版《九三学社史话》、建社70周年（1945—2015）大事记、《九三人物传略》、建社70周年纪念画册。举办纪念建社70周年书画展。表彰近五年来做出突出贡献的先进基层组织、优秀社员和优秀社务工作者。

四、着力提升参政议政和民主监督质量，不断扩大我社影响力

进一步聚焦调研和建言的重点，围绕全面深化改革和推进依法治国中的重大关键问题和政策执行中的难点问题，以及我社长期关注和体现优势的科技体制改革、科技政策完善与落实及应对气候变化等问题深入调查研究，提出切实可行的解决思路和办法。2015年重点关注领域（调研选题）主要是：司法体制改革中的重点难点问题；完善冤假错案防范和救济制度；科技体制改革推进情况；粮食安全与农业协调发展；依法完善重点工程后评价机制；现代农业服务体系创新；公用事业改革的特许经营制度完善；城市轨道交通和城际铁路发展；贫困地区生态旅游业发展；深入推进天然林保护工程；生物质能源的合理开发利用；三峡及长江中上游水利水电工程对长江流域生态环境影响等。

寻找民主监督工作新突破口。将民主监督更加有效地与参政议政有机结合起来，充分利用中共中央、全国政协、中央统战部等多个层面的不同建言平台、监督渠道提出批

评性、监督性意见。尝试结合学习贯彻中共十八届四中全会精神，从人民群众关心的具体问题着手，组织社内人大代表、政协委员开展依法治国的专题监督调研。

进一步调动社员积极性做好信息工作。精心做好信息筛编，及时反映重大政策在基层的落实情况和带有普遍性的群众诉求等社情民意；继续做好信息员培训工作，培养骨干人才；抓好信息采用情况反馈和奖励工作。

进一步创新参政议政工作机制。完善与社地方组织以及中央部委、地方政府、科教机构、社会智库和组织的多方合作关系；采取课题制、抓骨干、推进与地方组织对接等方式，更好地发挥专委会作用；利用好提案、信息工作平台系统，提升信息化水平；完善面向全社的参政议政奖励表彰激励机制，探索面向专委会的约束退出机制；加强参政议政人才队伍建设，做好专委会委员的培训工作。

五、进一步突出工作重点，扎实做好社会服务工作

充分整合资源共享优势，持续推进“九地合作”，推动省际间合作。扎实做好多党合作社会主义新农村建设项目，转变产业扶贫为发展农村卫生、教育事业，改善农民生活习惯示范。继续探索与参政议政结合的方式与路径，以“农村养老服务”“农民掌握科技知识程度”为主题开展调研，为参政议政提供支持。

推动科普工作创新发展。探索创新科普工作形式，着力增强活动实效，重点服务需求大的地区、人群和项目，把科学普及与智力支持、技术咨询、项目指导等广泛结合，拓展科普服务工作的深度与广度。引导社中央科普工作委员会、社各级组织与政府有关部门的联系与合作，探索建立九三学社科普教育（实践）基地。以“百名专家进乡村入学堂”为平台，继续推进院士专家科普巡讲活动。继续开展“亮康行动”，在更多条件允许的地区设立“亮康行动”推广基地，加强对实施亮康手术医院的技术指导和业务培训。

做好支边扶贫工作。继续做好参与毕节试验区建设工作，帮助威宁做好发展生态农业、草海综合治理、机场建设等方面的规划项目工作，发展职业教育；继续开展好对九三中学的帮扶和六省市社组织对口帮扶威宁六个乡镇工作。积极参加统一战线黔西南联合推动组工作。做好对四川旺苍县的定点扶贫工作。推进对江西广昌的对口支援工作。

召开九三学社全国社会服务工作会议，对2011—2015年社会服务工作进行总结，表彰先进，推动工作。

六、积极推进组织建设，大力提升组织化水平

继续实施“人才强社”战略，加强对组织发展的宏观调控和分类指导。开展专题调研，总结地方组织吸引优秀人才的创新举措。指导省级组织关注吸收发展法律、金融、高新企业、社会组织等方面的代表性人士。继续推动在条件成熟的市级行政区域建立地方组织。

加强后备干部队伍和人才平台建设。为2017年换届做准备，做好社中央领导班子后备干部民主推荐工作。继续做好有关特约监督人员等推荐工作。筹备成立青年工作委员会，为助推优秀社员成长搭建平台。制订《2015—2017年培训规划》和年度实施方案，对培训工作进行统筹规划和合理安排，重点培训后备干部及基层青年社员骨干、地方组织干部。

指导做好基层组织建设工作。继续推动《九三学社中央关于加强基层组织建设的意见》

的落实。召开基层组织工作现场会，观摩先进基层组织活动并进行研讨。制作《九三学社基层组织活动优秀案例》，为基层组织规范工作提供指南。

加强社内监督。组织对15个省级组织的巡视督导。推动尚未建立监督机构的省级组织建立监督委员会，制订时间表。尝试扩展监督对象范围和监督内容，监督对象由目前主要是领导班子及成员逐步扩大到重点培养的后备干部，监督内容由遵守章程、执行制度、履行职责逐步扩大到遵守社内纪律、社会公德。加强监督委员的培训工作，提高监督工作能力。

进一步加强组织工作研究。召开社中央组织工作会议和组织工作研讨会。建立与其他民主党派中央、社省级组织的交流沟通机制。筹建社中央组织建设研究中心，完成省级组织专职副主委履职和省级直属基层组织建设的专题研究。

进一步推进社员和组织信息管理系统数据库建设和应用。

七、加强机关能力建设，提高服务和保障水平

梳理、修订、废止、完善有关规章制度。制订新阶段社中央机关信息化建设规划，加快推进各平台应用。完成档案数字化建设工作，建立电子档案信息库，提升档案管理和服务的信息化水平。强化机关服务保障，提高服务质量和水平。

开展机关建设工作调研，分片区召开机关建设经验交流座谈会，推动不同区域省市机关工作经验交流。推进地市级组织机关建设，开展对地市级组织机关干部的培训工作。在部分省市选择若干个地市级组织实施机关治理能力提升示范工作，重点在机关文化建设、制度建设和能力建设等方面探索路子、总结经验、示范推广。

加强合作，开展交流。完成好2015年社中央外事工作和出访任务。继续加强与港澳台的科技、教育、农业、文化和民间交流与合作。发挥好各工作委员会作用。加强北京九三王选关怀基金会的运营管理，拓展渠道、扩大领域、增强影响。

台湾民主自治同盟

台湾民主自治同盟第九届中央常务委员会 2015 年工作报告

——在台盟第九届中央委员会第四次全体会议上

（2015 年 12 月 2 日）

林文漪

各位委员：

现在，我代表台湾民主自治同盟第九届中央常务委员会，向全会报告工作，请予审议，并请列席的同志提出意见。

一、2015 年工作回顾

即将过去的一年，"十二五" 规划圆满收官，中国共产党领导的多党合作事业更显生机。以习近平同志为总书记的中共中央深化对执政规律、社会主义建设规律、人类社会发展规律的认识，形成一系列治国理政新理念、新思想、新战略，"四个全面" 战略布局协调推进，国家各项事业取得了新的重大成就。影响深远的中央统战工作会议召开，社会主义协商民主广泛多层制度化发展，为民主党派参政议政、民主监督，参加中国共产党领导的政治协商打下了坚实的制度基础。

即将过去的一年，两岸关系翻开历史性一页，两岸和平发展的共同政治基础更为巩固深化。以习近平同志为总书记的中共中央，以高超的政治智慧与对民族大义的担当，推动实现了两岸领导人跨越 66 年的首次会面，利在两岸当下，功在民族千秋。抗日战争胜利暨台湾光复 70 周年系列纪念活动隆重举行，极大凝聚了两岸共促和平、共谋福祉、共襄复兴的民族同心。

即将过去的一年，台盟积极助推改革、法治进程，党派的特色和作用更加彰显。在中共十八大和十八届三中、四中、五中全会，中央统战工作会议以及习近平总书记系列重要讲话精神的指引下，全盟围绕国家发展大局、两岸关系发展大势咨政建言、献计国是，恪守应尽之责、力行当为之事，参政履职的定位更准、特色更明、切入点更实。

总结一年工作，我们感到有三个突出特点：

一是以巩固政治共识为根本，助力画出最大同心圆。一方面，把思想建设摆在各项工作的首要位置，以坚持和发展中国特色社会主义为引领，不断巩固与中国共产党团结奋斗的共同政治基础，引导广大盟员理论上清醒自信、政治上坚定自觉、行动上同心自为。另一方面，以中华民族伟大复兴中国梦为引领，广泛团结所联系的台湾同胞，深耕民族认同、文化认同、情感认同的心灵土壤，为推动国家发展、促进祖国统一增添力量。

二是以凝聚力量为关键，全盟同频共振、合力共为。今年党派大调研深入全国10个省市、24家台湾农民创业园实地开展，由主席、4位副主席亲自带队，上海、福建、广东、浙江等地方组织分别牵头，14个地方组织负责同志参加，参事室和5个专委会共同参与，共形成调研报告30份，其中超过一半由基层盟员执笔，形成全盟“一盘棋”、协力完成重大调研课题的良好局面。今年台盟中央引领、全盟联合联动，将相关地方组织的分散活动系统化、特色活动精品化，举办了大江论坛和中华文化研习营系列活动，共邀请400余名台湾青年参与，集中力量、集聚资源打造两岸青年交流与文化交流的品牌活动。全盟工作整体协同性进一步增强，使得“台盟人少声不小”，各项工作特色突出、富有成效。

三是以科学履职为目标，全盟工作进一步制度化、规范化、程序化。从年底全会工作部署到年初确定工作要点，再到年度具体工作计划与任务分解表，形成逐层细化、规范有序的任务链条；参事室、专委会和各地方组织围绕台盟中央工作部署找准结合、主动作为的机制日益顺畅；在各级中共党委的大力支持下，台盟中央领导班子进一步加强，各级盟组织在机构编制、干部安排、任职培养等方面都取得了积极进展，自身建设的科学化水平持续提升。

具体来看，一年来我们主要开展了四个方面工作：

（一）坚持积极参与协商民主，以推动国家发展、促进两岸和平为主方向，参政议政务实有成

一是以国家大战略为重点，参与政党协商特色鲜明。今年的政党协商层次高、密度大，实效性更强。一方面，台盟中央集成全盟参政议政成果，在协商会议上围绕国家重大战略，提出“强化‘一带一路’建设的三个战略支点”“以新技术革命引领经济发展新常态”等政策建议。另一方面，着重围绕两岸议题，提出“进一步了解台湾普通民众对两岸经贸合作的态度和看法”“发挥市场机制、民间机制的力量推动两岸关系和平发展”等特色鲜明的对策建议。此外，台盟中央还与台盟重庆市委等地方组织持续开展专题调研，以党派中央专报的形式向中共中央直接提出建议11份，内容涉及“设立海峡两岸经济合作内陆试验区”“成立‘一带一路国际科技园区联盟’”等，获得中央领导同志13次重要批示。

二是以政协委员为主体，参与人民政协协商成效显著。今年全国政协大会期间，习近平总书记、俞正声主席参加了我们的联组会。台盟界别3位政协委员围绕“把握台湾民意，完善台胞国民待遇，便利台湾同胞在祖国大陆投资求学就业”等问题，提出了富有针对性的政策建议，得到与会中央领导同志的当场回应与肯定。政协大会期间，台盟中央提交大会发言3件、党派提案34件；台盟界别20位委员提交大会发言25件、提案278件。其中，10件提案入选全国政协提案办理现场协商会、重要提案摘报和专题调研。今年以来，围绕“十三五”规划、社会主义核心价值观、基层法院改革、行政审批制度改革、黑土地保护、京津冀大气污染防治、长江湿地保护、完善消防法规体系、沿边开发开放等主题，

共有来自上海、重庆、吉林、辽宁、陕西、湖北、福建、广东、云南等台盟地方组织的9位台盟界别委员在全国政协议政性常委会、专题协商会、双周协商座谈会上发言。其中，台盟中央与全国政协港澳台侨委共同主办了“台资企业融入大陆转型升级”双周协商座谈会，5位台盟界别的政协委员作了角度各异、建议务实的大会发言，收到很好效果。

三是以党派大调研为龙头，全盟重点课题调研成果丰硕。今年共完成大调研课题1项、全盟重点调研课题7项、各专门委员会重点课题10项，共形成150余份重点课题调研报告。其中，党派大调研围绕落实习近平总书记“四个坚定不移”的讲话精神，聚焦两岸基层民众交流与农业合作的主题，首次动员各地盟组织广泛参与，形成的调研专报得到中央领导同志的高度重视，认为所提建议言之有理、论之有据，并要求有关部门研究办理。

（二）坚持贯彻落实中央对台方针政策，以心灵契合、情感融合为主基调，对台工作扎实有为

一是以青年交流和文化交流为着力点，品牌活动影响力不断扩大。以两岸青年“成长、成才、成功”为主题举办第二届大江论坛，邀请200余名来自岛内的青年实业家和创业者、在京台生，以及大陆青年创客、台盟青年盟员，共商携手打拼的规划与前景。在北京、福建、浙江、陕西等地相继举办台湾青年中华文化研习营系列活动，有效加深了台湾青年对祖国大陆的认知与认同。此外，继续与国家有关部门、地方政府合作，办好一系列已形成品牌特色的主题交流活动，包括海峡论坛、海峡两岸书画艺术交流展、海峡两岸船政文化研讨会、海峡两岸休闲农业（海南）研讨会、海峡两岸茶业博览会、海内外台胞国庆参访等活动。

二是以台胞代表性人士为重点，联络交流持续深化。继续加强与台湾南部医师界、中小企业界、统派团体、少数民族及海外台胞团体等重点台胞团组的联络交流，并探索将交流工作向二、三代延伸。今年，再次邀请台南医师公会与大陆医师赴红色老区、贫困地区联合开展义诊，加深了岛内医师对国情的体悟，对国家建设成就的体认，表示“希望年年能来开展医疗服务活动”。此外，台盟中央还组织了社会经济、文化出版、书画交流等4个参访团赴台考察，与岛内相关领域专业人士开展深入交流。

三是以重大纪念日为契机，涉台宣传深入开展。结合抗日战争胜利暨台湾光复70周年等主题，举办了一系列宣传纪念活动，包括与中央统战部、中宣部和国台办等单位，主办纪念台湾光复70周年大会，台盟中央代表大陆台胞的发言入情入理，在海内外产生热烈反响；邀请台胞代表性人士来京参加“9·3”阅兵观礼，岛内嘉宾表示“为阅兵盛况而激动，为祖国发展成就而振奋”；邀请盟内老台胞举办口述历史座谈会、纪念台湾光复学术研讨会，通过还原历史，佐证祖国的抗日战争，台湾同胞没有缺席；出版《台湾同胞抗日丛书》，台盟盟员、抗日志士林正亨的画传，再现了两岸同胞携手并肩、浴血抗战的光荣历史。此外，台海出版社推动图书入岛取得新突破，成为第一家在台湾书店设置销售专柜并独立挂牌、第一家走进台湾大学校园书店的祖国大陆出版社。

四是以“研判机制”为平台，台情研究稳步推进。建立台情“会商研判机制”，整合盟内外研究力量，在两岸重大活动、大陆出台对台政策等重大时间节点，利用统计科学等新手段进行动态分析，进一步增强台情研究的时效性和针对性。

（三）坚持打造“两岸同心”品牌，以帮扶赫章十周年系列活动为主抓手，社会服务切实有效

一是以对口帮扶赫章十周年为节点，全面展示全盟参与毕节试验区建设的工作成绩。今年继续打造智力帮扶品牌项目，以助学助教为切入点，组织实施“教师走出去”和“专家请进来”双向培训活动。在京举办了赫章骨干教师培训班，邀请辽宁省教育专家赴赫章培训一线教育工作者600余名。各地方组织也发挥各自优势，采取邀请赫章学生参加夏令营、联系学校“一对一”结对帮扶、捐资助学、组织台商投资考察等多种形式，开展帮扶活动。组织开展新华社、人民日报、中新社等中央媒体赫章采风活动，大力宣传总结台盟十年帮扶工作成果，展示了台盟良好的社会形象。

二是以“两岸同心”为特色，延伸社会服务触角。在浙江、吉林、重庆、海南等10个地方组织的大力支持下，“两岸同心”助学金自设立以来累计筹资达71万元，更好地支持了赫章县贫困学生就学以及当地师资培训。今年，继续在盛华职业学院安排20名赫章学生免费就读。在江西广昌开展两岸医师医疗咨询义诊活动，接诊患者1000多人次，受到当地群众的热烈欢迎，也加深了台湾同胞对祖国的关注与认同。连续三年的义诊活动使“同心义诊”成为台盟社会服务工作的知名品牌。

（四）坚持建设中国特色社会主义参政党，以深化政治交接、发扬优良传统为主旋律，自身建设严实有力

一是以坚持和发展中国特色社会主义学习实践活动为引领，将思想建设再加强。召开台盟中央宣传思想工作会议，部署今后一个时期宣传思想工作。将学习实践活动与学习贯彻中共十八届四中、五中全会精神，习近平总书记系列重要讲话精神，中央统战工作会议精神紧密结合，同时注重突出盟史教育特色，用老一辈台盟盟员参加抗日斗争及亲历台湾光复的革命史实，教育引导青年盟员传承政治薪火，发扬光荣传统。

二是以夯实基层为主线，将组织建设再提升。台盟中央组织工作会议召开，为今后一个时期组织工作规划了路线图。不断加大盟员教育培养力度，举办两期中青年盟员培训班，提升盟员参政履职能力；盟员数据系统初步建成，盟员管理工作更加规范。地方组织建设稳步推进，协助完成部分省级组织届中调整，积极推动江西、广西、贵州等地的组织发展。盟的内部监督工作扎实有序推进。

三是以完善落实为关键，将制度建设再深化。进一步落实常委会每次围绕一个重点主题集中讨论的制度，更好发挥了常委会议事决策的功能。赴北京、天津、南京、安徽、成都等地方组织调研思想建设、组织建设、机关建设等，各项工作深入基层调研形成常态化。各级盟组织机关的综合管理、服务协调能力持续提升。此外，经多方努力，台盟中央新办公楼已具备办公条件。

各位委员！

这些成绩的取得，是全盟各级组织、广大盟员和全体机关同志共同努力的结果。在此，我谨代表九届中央常务委员会，向全体中央委员、各级盟组织、广大盟员以及机关同志表示衷心的感谢！

在看到成绩的同时，我们也清醒地认识到，工作中还存在不少需要改进和加强的地方。比如，理论学习和研究还需进一步加强；参政议政、对台交流、社会服务、宣传思想、组织建设等各项工作还需进一步拓展思路，统筹联动，形成合力；制度化建设还需进一步推进；青年盟员和机关干部的培养还需进一步创新形式和丰富内容等等。这些问题我们要认真研究，采取切实有效的措施，逐步加以解决。

二、2016 年工作部署

当前，站在两个五年规划的交汇点上，全面建成小康社会的目标胜利在望，两岸关系和平发展大势所趋，民族复兴的前景从容铺展。面对新的形势和任务，2016 年全盟工作要以贯彻落实中共十八届五中全会精神为主线，以贯彻落实习近平总书记系列重要讲话精神以及中央统战工作会议要求为着力点，团结广大盟员和所联系台胞，服务“四个全面”战略布局，践行“创新、协调、绿色、开放、共享”五大发展理念，助力全面建成小康社会，在实现祖国和平统一和中华民族伟大复兴中国梦的宏伟进程中同心前行、砥砺奋斗。

（一）要围绕学习贯彻中共十八届五中全会精神，切实把思想和行动统一到中央的决策部署上来，将中央统战工作会议巩固共同思想政治基础的要求落到实处

中共十八届五中全会是一次谋划未来五年中国发展之路的关键会议。会议通过的“十三五”规划建议，是以习近平同志为总书记的中共中央编制的第一个五年规划建议；是中国跨越“中等收入陷阱”，并向更高发展阶段迈进的艰难跃升；是迎来全面建成小康社会“第一个百年目标”的最后冲刺，也是跋涉在民族复兴之路上的社会主义中国的关键一战。会议首次提出“创新、协调、绿色、开放、共享”的五大发展理念，是关系我国发展全局的一场深刻变革。全盟各级组织要把学习贯彻中共十八届五中全会精神作为当前和今后一个时期的重大政治任务，按照习近平总书记在中央统战工作会议上提出的要求，以坚持和发展中国特色社会主义学习实践活动为引领，注重突出盟史教育特色，通过重温历史与学习会议精神相结合等方式，不断巩固广大盟员的共同思想政治基础，使台盟的优良传统在同心追梦的道路上薪火相传。

（二）要围绕“十三五”规划确定的经济社会发展目标，积极参与协商民主的生动实践，将中央统战工作会议发挥多党合作制度效能的要求落到实处

要按照习近平总书记提出的要求，切实履行“参政议政、民主监督，参加中国共产党领导的政治协商”职能，明确参政党定位，选好履职角度，找准工作切入点。明年要以助力落实五大发展理念为导向，重点围绕“一带一路”建设、产业创新升级、两岸共同实现绿色发展和两岸经济合作互利双赢等重大战略实施过程中出现的新情况、新问题，扎实开展专题调研和跟踪调研，坚持大视野、小切口，深调研、重分析，努力为中央决策提出务实政策建议。明年还要进一步完善科学的参政议政工作机制，充分发挥参政议政工作量化、数字化统计评价体系，以及“上下联动、横向联合”工作机制的激励作用，不断调动全盟积极参与社会主义协商民主的工作热情。

（三）要围绕“十三五”规划确定的对台工作部署，助力“两岸一家亲，共圆中国梦”，将中央统战工作会议巩固和发展最广泛爱国统一战线的要求落到实处

要按照习近平总书记提出的要求，为坚持两岸“九二共识”的政治基础不动摇，坚持深化两岸关系和平发展，多做绵绵用力、潜移默化的工作，以乡情亲情之“爱”厚植两岸一家之“亲”，以民族共圆之“梦”凝聚骨肉同胞之“心”。明年要着力深化与重点台胞团组的持续交流交往，邀请联系岛内工商界、医师界、学术界和中南部代表人士，深入了解国情，参与祖国建设。要集中力量办好海峡论坛、大江论坛、两岸书画艺术交流展、两岸茶业博览会、两岸船政文化研讨会、两岸休闲农业研讨会等台盟特色品牌活动，打造两岸专业交流精品。明年要着力以文化为纽带推动两岸青年交流，重点加强与台湾青年中小企业家、统派青年代表和青年学生的联络交往，办好中华文化研习营系列活动，以台海出版社图书入岛为媒介探索开展中华文化进台湾校园活动。明年还要结合岛内政治生态新变化、新情况和新动向，进一步加强盟内外台情研究力量的互动合作，不断提升台情研究和成果转化工作水平。

（四）要围绕“十三五”规划确定的扶贫攻坚任务，继续打造“两岸同心”社会服务工作品牌，将中央统战工作会议发挥民主党派积极作用的要求落到实处

要按照习近平总书记提出的要求，在精准扶贫、精准脱贫上下更大功夫，为打赢脱贫攻坚战，促进全体人民共享改革发展成果发挥积极作用。明年要再接再厉，继续推进毕节试验区、江西广昌、贵州黔西南和重庆万州帮扶工作，继续以智力服务和改善民生为着力点，实施教师培训、捐资助学、医疗服务、农业合作等精准帮扶项目，增强帮扶地区发展后劲。明年还要继续突出特色，组织好两岸医师在贫困地区联合义诊活动，充分发挥“两岸同心”助学金的平台作用，结合台湾职业教育资源开展助学助教，联系台资企业考察投资，凝聚两岸力量促进共同富裕。

（五）要以学习贯彻中共十八届五中全会精神为契机，全面加强自身建设，将中央统战工作会议提高“五种能力”的要求落到实处

要按照习近平总书记提出的要求，切实提高“政治把握能力、参政议政能力、组织领导能力、合作共事能力、解决自身问题能力”。明年要着力加强组织建设，认真做好台盟地市级组织的换届工作；做好教育培训工作，逐步完善后备干部培养、选拔、使用机制；做好数据库建设，完善盟员发展、管理、服务工作；做好盟内监督工作，畅通意见建议反映渠道。明年还要着力加强制度建设，进一步完善全盟各级组织、参事室、各专委会间密切协作的工作机制，不断提高参政党履职的制度化规范化程序化水平。

各位委员！

协调推进“四个全面”战略布局蓝图绘就，全面建成小康社会冲刺号角鸣响耳畔。曙光在前，我们深知任重道远；梦想可期，我们更应矢志奋斗。让我们高举中国特色社会主义伟大旗帜，紧密团结在以习近平同志为总书记的中共中央周围，继承台盟优良传统，昂扬精神、创新进取，为实现祖国和平统一和中华民族伟大复兴的中国梦做出新的更大贡献！

台盟九届十一次中常会闭幕讲话

（2015 年 7 月 3 日）

台盟中央副主席　杨　健

各位常委、同志们：

台湾民主自治同盟第九届中央常务委员会第十一次会议，圆满完成各项议程，即将闭幕。在此，我受主席会议委托，对本次会议成果作简要归纳总结。

这次常委会会期虽然不长，但是开得很充实，取得了一系列积极成果。概括起来说，主要体现在以下三个方面：

一是凝心聚力。会议以政策理论学习为重要抓手。全体委员紧紧围绕半年来深入学习贯彻中共中央“四个全面”战略布局开展的各项工作实践，结合参政履职的心得体会，集中学习了中央统战工作会议精神，集中学习了习近平总书记关于两岸关系和平发展的重要讲话，以及关于“三严三实”等重要论述精神，进一步增强了对于坚持和完善中国共产党领导的多党合作和政治协商制度、建设中国特色社会主义参政党、落实“两岸一家亲，共圆中国梦”重要理念的信心与决心。会议期间，我们还听取了国台办龚清概副主任关于岛内形势和两岸关系的专题讲座，开拓了视野，掌握了很多新的情况。

二是求真务实。会议期间，各位常委听取了台盟中央上半年工作报告，并以组织工作为中心，畅所欲言，对半年来的工作进行了回顾总结，广泛深入地分析了问题和不足，提出了许多建设性的意见和建议，明确了下半年工作的目标要求和着力点。听了大家的发言，可以强烈地感受到，全盟各项工作，从工作总结到下半年计划安排，从参政履职到自身建设，从理论到实践，都充分体现了全盟各级组织立足实际，发挥优势，在继承中创新，在创新中发展所取得的显著成效。同时，通过会上会下的交流研讨，同志们拓展了思路，看到了差距，受到了很多启发，收获非常大。

三是勤俭高效。“作风建设永远在路上”。这次会议筹备过程中，我们继续严格落实“八项规定”精神，精心组织协调，注重会议效果，力戒形式主义。以上率下，再次为全盟带了好头。

总之，这次会议主题鲜明，内容丰富，安排紧凑，讲求效率，实现了总结经验、部署工作、学习提高的目标。在此，我代表台盟中央林文漪主席和各位副主席，向为这次会议成功举行付出辛勤劳动、做出突出贡献的全体同志表示衷心感谢！对于与会同志提出的宝贵意见和建议，台盟中央将认真研究，加以采纳。

下面，我受主席会议委托，结合贯彻本次会议精神，就做好全盟今年下半年各项工作，谈几点意见：

一、加强学习，学以致用，推动全盟思想政治建设取得新成果，不断巩固走中国特色社会主义政治发展道路的共同思想政治基础

在当前社会结构深刻变动、利益格局深刻调整、思想观念深刻变化的背景下，全盟

的思想建设面临很多新情况、新问题。因此，高度关注全盟同志的思想状况，有针对性地、锲而不舍地地加强学习，用科学理论武装、团结、凝聚广大盟员，牢牢把握意识形态工作的主导权，是新形势下保持中国特色社会主义参政党正确前进方向的必然要求。《史记》有云：言能听，道乃进。根据当前形势发展的特点和台盟面临的任务，建议把以下几个内容作为深入学习、巩固思想政治基础的重点。

一是学习中共中央“四个全面”战略部署。中共十八大以来，以习近平同志为总书记的中共中央站在时代发展和战略全局高度，坚持把马克思主义与中国实践相结合，鲜明地提出“四个全面”战略布局，实现了中国共产党治国理政方略的与时俱进，具有重大的创新意义、理论价值和实践指导作用。当前，全盟要进一步强化政治敏感和政治自觉，站在实现中华民族伟大复兴历史任务的高度，深刻理解与把握中共中央的各项方针政策，在思想认识、思维理念、见诸行动等各方面紧紧跟上。要把学习贯彻与参政履职的实践紧密结合起来，动员盟员和群众，通过真抓实干，不断汇聚贯彻落实“四个全面”战略布局的强大正能量，努力开创全盟工作的新局面。

二是学习中央统战工作会议精神。中央统战工作会议，是着眼新形势下巩固和发展最广泛的爱国统一战线而召开的一次重要会议。习近平总书记的重要讲话，从历史和全局的高度，明确了做好新形势下统战工作的重要原则和目标任务，是指导新形势下统一战线事业发展的纲领性文献。《中国共产党统一战线工作条例（试行）》正式颁布，是统战工作制度化、规范化、程序化的重要标志，在统一战线事业发展史上具有里程碑的意义。特别是在这次会议上，中共中央全面总结十八大以来的丰富实践，进一步将多党合作事业纳入中国特色社会主义事业全局，正式把“政治协商”写入民主党派的职能，明确指出“协商的着力点是发挥好民主党派和无党派人士的积极作用”、并明确了一系列支持、保障措施，充分体现了中共中央对中国特色社会主义参政党一如既往的关心与重视。这将激励全盟同志，在国家政治生活中更加有效地发挥作用。

中央统战工作会议精神，是台盟今后开展工作的重要指引。台盟中央对学习会议精神高度重视，及时对全盟的学习贯彻工作做出了安排部署。各级组织要全力抓好落实，各位常委同志要率先垂范，努力把会议精神学深悟透，贯彻落实到各项工作中。要把学习贯彻与深入开展坚持和发展中国特色社会主义学习实践活动紧密结合起来。下半年，一方面要在总结经验的基础上，继续从专题教育入手，组织全体盟员和干部，及时、全面地学习领会会议和《条例》精神，坚持以学益智，以学修身，坚持立德树人，引导广大盟员增强政治敏锐性和政治鉴别力，不断提高对新形势下建设好中国特色社会主义参政党重要性的认识，不断巩固与中国共产党同心奋斗的思想基础。另一方面，牢记“问题是时代的声音”，把解决问题作为突破口，通过认真学习实践，与时俱进，开拓视野，不断创新工作思路和方法，进一步提高新常态下参政履职所需要的各项能力，实现学以致用，用以促学，学用相长。

三是学习习总书记系列重要讲话精神，特别是对台工作的重要论述和指示。习近平总书记的系列重要讲话，是高度的政治性、理论性、系统性与针对性、指导性、贴近性的有机统一，为台盟的发展建设指明了方向。特别是今年全国“两会”期间，总书记参加了全国政协民革、台盟、台联委员的联组讨论，提出两岸关系和平发展“四个坚定不移”。

在不久前，总书记又提出五点重要主张，进一步阐释了“两岸一家亲”“建设命运共同体”与携手实现中华民族伟大复兴中国梦的必然联系。这些重要论述，充分体现了中共中央对两岸关系未来发展的战略思考，指明了两岸关系发展的方向和路径，极大地增强了我们的信心。学习贯彻习近平总书记系列重要讲话精神，是全盟的重要政治任务。要把学习贯彻与应用“系统性、整体性、协同性”的方法论紧密结合起来，坚持不懈地引导和教育全体盟员，深刻领会、准确把握总书记系列重要讲话精神的思想内涵，毫不动摇坚持两岸关系和平发展，进一步以专、精、深、久的方法，推进两岸民间交流，更多关注两岸青年成长，为增强两岸同胞的民族认同和国家认同献计出力。

四是学习台盟老一辈与中国共产党风雨同舟、同心奋斗的光荣传统。实践证明，无论过去、现在还是将来，优良传统都是台盟保持本色、持续发展的不竭动力。要把对光荣传统的学习继承，与开展好纪念台湾光复七十周年等重大活动紧密结合起来。以此为契机，大力弘扬台湾同胞在争取民族解放的伟大斗争中所表现出来的民族气节、牺牲精神和爱国情怀。在活动中要注重突出盟史研究和盟史教育特色，教育和引导广大盟员，特别是青年盟员，更好地理解和继承这些宝贵的精神财富，切实增强民族自尊心、自信心和自豪感，坚定正确的政治方向和政治立场，永远走中国特色社会主义政治发展道路，为实现中国梦而努力奋斗。

二、总结经验，与时俱进，不断提高履行职能服务发展的能力，积极推动全盟组织建设再上新台阶

组织工作直接关系到全盟能否以新面貌、新作为取得建设中国特色社会主义参政党的实际成效，直接关系到广大盟员能否很好地肩负起时代赋予的历史任务，直接关系到台盟事业的薪火相传，因而政策性强，牵涉面广，影响大，是一项十分重要的工作。

近年来，盟中央和全盟各级组织高度重视组织工作。坚持以提高盟员干部能力为目标，不断加强组织建设的制度化、规范化、程序化。坚持以政治交接为主线，认真贯彻民主集中制原则，切实营造风清气正的用人氛围。坚持以人才队伍建设、盟内监督等工作为重要抓手，为台盟适应多党合作事业发展新形势、新要求，提高参政党能力素质，打下了重要基础。在这次会议上，大家对此做了全面总结，并给予了充分肯定。

最近，习近平总书记在中央统战工作会议上再次强调指出，“要支持民主党派加强思想、组织、制度特别是领导班子建设，提高政治把握能力、参政议政能力、组织领导能力、合作共事能力、解决自身问题能力”。总书记提出的“四个建设、五种能力”，是坚持和发展中国特色社会主义民主政治制度的必然要求，是对建设高素质参政党的殷切期望。我们全体盟员和各级干部都必须增强紧迫感和责任感，虚心借鉴和汲取中国共产党在加强自身建设中的成功经验和做法，不断提升自身建设的科学化水平，努力把台盟建设成为理论上清醒、政治上坚定、组织上巩固、制度上健全和充满活力的参政党。只有这样才能更好地在国家政治生活中发挥作用。

三、统筹安排，锲而不舍，更加注重工作效率和质量，完成好全年各项任务

今年以来，全盟积极履行参政党职能，努力建净言、献良策、办实事，在参政议政、组织宣传、对台联络、社会服务、机关建设等方面都取得了丰硕成果，根据这次会议上初步总结的情况，实现了时间过半，任务完成过半。下半年，我们的任务还十分繁重，还有很多重要工作要开展。希望各位常委和列席的各位同志回去以后，及时传达此次常委会精神，精心部署下阶段工作，振奋精神，发挥优势，找准工作的着力点，切实提高参政履职各项工作的效率和质量。

最后，我代表台盟中央，再次向为我们这次会议提供精心安排与周到服务的中共吉林省委统战部、台盟吉林省委领导和同志们表示衷心的感谢！

时值盛夏，也希望大家多注意身体，祝大家生活愉快、工作顺利！

谢谢大家！

台盟九届十二次中常会闭幕讲话

（2015 年 10 月 10 日）

台盟中央副主席　苏　辉

各位常委、同志们：

在全体与会同志的共同努力下，台湾民主自治同盟第九届中央常务委员会第十二次会议，顺利完成了各项议程，即将闭幕。

这次会议虽然时间不长，但是开得很有成效。初步总结，取得了三项成果：

第一项成果是认真学习习近平总书记系列重要讲话精神和中央统战工作会议精神，研究部署学习十八届五中全会精神的相关工作，进一步加深了对“四个全面”战略布局的理解和把握。

大家充分认识到，实现中华民族伟大复兴，必须有伟大战略的正确引领。“四个全面”战略布局，就是习近平总书记在领导我们进行具有许多新的历史特点的伟大斗争中形成的，是凝聚全国人民意志和力量、攻坚克难、推动各项工作不断前进的强大思想武器。

习近平总书记在中央统战工作会议上的重要讲话，以及《中国共产党统一战线工作条例（试行）》等重要文件，明确了统一战线工作作为“四个全面”战略布局重要组成部分的定位和任务，把握了统一战线工作的核心，包含了一系列重大理论创新，是凝聚人心、汇聚力量，促进统一战线团结奋斗的重要思想政治基础。

中国共产党对发挥民主党派在中国特色社会主义民主政治建设中的作用一直高度重视，通过这次统战工作会议，进一步坚持和完善了多党合作和政治协商制度，加强了社会主义协商民主建设，为民主党派在推进社会主义政治文明建设中更加积极有为地履职尽责，搭建了更加宽广的平台。下一步，全盟将继续深入领会习近平总书记对社会主义协商民主重大战略思想的深刻阐述，积极参与协商活动，努力提高参政履职能力。

中共十八届五中全会即将召开。常委会对于学习贯彻五中全会精神的相关工作，进行了认真地研究部署，下一步，将在全盟广泛开展学习活动，采取座谈会、专题报告会、在网站和盟刊开辟专栏等多种形式，认真学习贯彻五中全会精神，并用全会精神指导台盟各项工作，进一步动员全体盟员和所联系的群众，坚持发挥优势，紧扣改革发展主题献计出力，特别是要深入贯彻落实总书记关于“四个坚定不移”的重要主张，多听所联系台胞的想法、基层盟员的反映、来自岛内的动态，努力提炼出务实的政策建议，为落实“十三五”规划各项任务做出我们的贡献。

第二项成果是深入研究讨论思想建设工作，明确了加强全盟思想政治建设的思路和努力方向。与会同志一致认为，思想政治建设是中国特色社会主义参政党建设的核心。各级组织必须增强责任感、使命感，把提高全盟思想政治素质作为我们的首要职责，不断创新宣传思想工作的方式方法，丰富学习内容，注重工作实效，进一步引导广大盟员和所联系的群众，深刻领会中国特色社会主义理论体系的精神实质，不断传承台盟老一辈与中国共产党风雨同舟、肝胆相照的坚定信念，切实增强坚持中国共产党的领导、坚持走中国特色社会主义道路的自觉性和坚定性，进一步提高政治把握能力、参政议政能力、组织协调能力、合作共事能力和解决自身问题的能力，推动全盟各项事业不断前进。

第三项成果是回顾总结了全盟今年以来的工作，交流分享了工作经验与体会。可以说，这次常委会既是一次总结会，又是一次动员会。今年以来，特别是第三季度以来，各级盟组织在参政履职实践中，创造性地开展工作，又取得了一批喜人的成果。会上，大家充分总结了发挥自身的优势和特点，以优势弥补不足，扎实做好各项工作的成功经验，使全体与会同志深受启发，从而为全面完成 2015 年各项任务，并科学制订明年全盟的工作计划和目标，打下了良好的基础。

总之，这次会议达到了预期目标，开得很成功。下一步，盟中央将把各级组织在工作中行之有效的经验和做法，以及大家在会上提出的相关建议，进行分析归纳，逐步完善我们的各项工作机制。

同志们，从现在起到年底，只有不到三个月的时间了。希望各级组织传达、贯彻好这次会议精神，动员全盟同志，再接再厉，善做善成，努力完成好全年各项任务。

下面，我受主席会议的委托，结合做好下一阶段工作，主要就进一步加强宣传思想工作，坚定理想信念，提高全盟政治素质，简要讲几点意见：

加强思想政治建设，是台盟坚定正确政治方向、努力建设中国特色社会主义参政党的根本保证。台盟“九大”以来，盟中央坚持把思想建设摆在各项工作的首要位置，在全盟深入开展“坚持和发展中国特色社会主义”学习实践活动，大力传承弘扬台盟老一辈的光荣传统，并根据形势和任务的发展，不断充实和丰富学习宣传的内容，努力实现思想政治工作与参政履职互相促进，有效地增强了全体盟员自觉接受中国共产党领导和走中国特色社会主义道路的坚定性，激发了全盟同志为促进经济社会发展献计出力的积极性，从而有力地推动了全盟各项工作的开展。在这次会议上，全体同志对宣传思想工作取得的成绩给予了充分肯定。根据工作安排，将于今年 11 月召开全盟宣传思想工作会议，就相关工作进行全面系统地总结和研究部署。

在当前中国共产党团结带领全国人民，为实现“两个一百年”奋斗目标，实现中华民族伟大复兴的中国梦而不懈努力的关键时期，台盟的宣传思想建设担负着向盟员群众传授科学理论、巩固共同思想基础、有效提高全盟政治素质的任务，作用至关重要。我们必须坚持不懈地以政治交接为主线，通过一以贯之的工作，引导广大盟员，准确把握新形势下中国共产党关于全面推进国家各项事业的战略部署，明确参政党履职尽责的方向和重点，从而切实承担起作为中国特色社会主义事业亲历者、实践者、维护者、捍卫者的历史责任。

为此，综合会议研究讨论的情况，建议全盟宣传思想工作在三个方面进一步加强：

一是突出重点，把握方向。古人说：事有所成，必是学有所成。没有理论上的清醒，就没有政治上的坚定。只有自觉认真地学习、掌握科学理论，自觉认真地学习、理解、贯彻方针政策，才能牢牢把握正确的政治方向，才能应对任何复杂形势、任何困难的考验。下一步，要在全盟继续深入开展学习习近平总书记系列重要讲话精神和中共中央对台工作方针政策的活动，继续深入开展“坚持和发展中国特色社会主义”学习实践活动，并结合纪念台湾光复七十周年，继续加强对盟史的研究和应用，发挥好参事室的作用，引导和教育全体盟员和所联系的群众，大力弘扬台盟老一辈在中国共产党领导下，为了祖国统一和民族振兴而不懈奋斗的精神，不断增强政治敏感性和鉴别力，把坚定正确的政治立场，转化为投身建设中国特色社会主义的决心意志和生动实践。

二是紧密结合实际，实现学以致用。把宣传思想工作贯穿于参政议政、对台联络、社会服务、组织发展、机关建设以及专委会工作等参政履职的各个环节，在全盟营造浓厚的学习氛围，使思想政治建设常态化，有效提高全盟的凝聚力。当前特别是要紧密结合学习贯彻中共十八届五中全会精神，动员广大盟员围绕制订和落实“十三五”规划，把握政策，调查研究，发挥优势，建言献策。同时，要引导广大盟员和群众，把做好本职工作与全面提高政治素质紧密结合，在建设中国特色社会主义事业中，坚定理想信念，实现自身价值。

三是改进方式方法，提高工作质量。习近平总书记强调指出，要着力增强思想政治教育的时代感和感召力，并特别指出，思想政治工作过不了网络关就过不了时代关。这一系列重要论述，深刻揭示了思想政治教育的本质要求，为我们推进思想政治教育创新发展指明了方向、提供了遵循。下一步，宣传工作部门要在把握主阵地、主渠道的同时，不断创新宣传工作的内容、方法和手段，增强工作实效。比如，要紧贴盟员群众的思想实际，把以理服人和以情动人结合起来，有的放矢地开展思想交锋；要研究把握信息网络时代政治工作的特点和规律，实现宣传工作与网络平台高度融合，提高宣传工作信息化、科学化水平；要更好地发挥盟员群众的主体作用，努力引发盟员群众思想上的共鸣，取得良好的教育效果。“众人拾柴火焰高”，这方面，需要全盟各级组织共同出主意想办法。

各位委员，同志们：

习近平总书记明确指出，推动两岸交流、共图民族伟大复兴，是台盟一以贯之的历史责任。在实现中华民族伟大复兴的新征程上，我们承担的使命更加光荣，任务越来越繁重。为此，全盟同志要切实增强责任感、紧迫感，坚持与时俱进、开拓创新，不断加强自身建设、提高参政能力，努力开创台盟工作的新局面，为全面建成小康社会伟大事业，为落实好“两岸一家亲，共圆中国梦”重要理念，做出新的贡献！

在此，我代表台盟中央，向为这次大会提供支持、帮助以及辛勤服务的同志们表示衷心感谢！

最后，预祝大家返程顺利！

在纪念台湾光复70周年大会上的发言

（2015年10月23日）

全国政协副主席、台盟中央主席　林文漪

同志们，朋友们，海内外的台胞乡亲们：

70年前的10月25日，台湾光复，重回祖国版图，结束了日本帝国主义长达50年的殖民统治，洗雪了中华民族半个世纪的耻辱。这是包括台湾同胞在内的全体中华儿女同仇敌忾、浴血奋斗的重要成果，也是中国人民抗日战争取得伟大胜利的重要成果。作为生活在祖国大陆的台湾省籍同胞，我们为台湾光复而骄傲，为同胞携手、保家卫国而自豪！

在各界人士隆重纪念台湾光复70周年的庄严时刻，台湾民主自治同盟全体盟员怀着无比崇敬的心情，谨向顽强不屈、抵御外侮、收复失地、光复台湾的先辈们致以崇高的敬意，向在战火中不幸罹难的同胞们表示深切的悼念！

台盟，是由生活在祖国大陆的台湾省人士组成的参政党，我们的每一位盟员对宝岛台湾都有着特殊而深厚的感情。那里有我们浓浓的乡土情怀、骨肉至亲，有祖辈奋斗的足迹、挥洒的汗水和难以忘怀的岁月记忆。对于台湾，我们总是格外亲切、格外深情，格外地关注与向往。

——台湾自古以来就留下中华儿女繁衍生息、开垦建设的足迹。

从三国时期东吴将军卫温带着大陆的先进技术远航台湾，到郑成功从荷兰殖民者手中收复台湾。岁月沧桑更迭，而台湾的每一寸土地，依然抹不去中华民族先辈们血汗的积淀凝结，抹不去中华文明的世代传承，处处闪耀着中华民族自强不息、勤劳奋进的精神光辉。

——台湾人民自古以来就有爱国爱乡的光荣传统。

1895年，日本殖民者通过侵略战争强行割占台湾并实行残酷的殖民统治，但英勇无畏的台湾同胞始终没有屈服。以丘逢甲、莫那鲁道为代表的广大台胞，同日本侵略者展开了坚强不屈的武装斗争；林献堂、蒋渭水等一大批文人志士，著文呐喊，提振民族意识，对日本殖民文化侵略进行有力反击。在日本侵略者侵占台湾的半个世纪里，65万台湾同胞牺牲罹难，那种在孤绝环境中所进行的殊死抗争，慑敌寇而泣鬼神！1937年抗日战争全面爆发，中国共产党发出全民族抗战号召，台湾民众抗击外辱的英勇斗争旋即融入到全民族抗战的连天烽火之中。台籍将军李友邦率领台湾义勇队，奋战在江浙闽；台籍革命烈士翁泽生、林正亨等，以血肉之躯谱写了中华儿女共御外侮、宁死不屈的壮烈篇章。

那种不远千里，为民族大义而抛洒热血的赤子情怀，感苍生而震寰宇！在中国人民抗日战争暨世界反法西斯战争取得伟大胜利、台湾重归中国版图之际，台湾各地舞狮舞龙，家家户户张灯结彩，庆祝回到祖国怀抱。

——台湾自古以来就是中国领土神圣不可分割的一部分。

两岸同属一个中国，法理铁证，不容更改。《开罗宣言》明确宣布：日本应将所窃取于中国的领土，包括满洲、台湾、澎湖群岛等在内的土地，归还中国。《波茨坦公告》再次重申“《开罗宣言》之条件必将实施”。1945 年 10 月 25 日，中国政府正式宣告“自即日起，台湾及澎湖列岛已正式重入中国版图。所有一切土地、人民、政事皆已置于中国主权之下”，这标志着日本在台湾 50 年殖民统治的终结。当前，两岸虽然尚未统一，但大陆和台湾同属一个中国的事实从未改变，也不可能改变。

五十年漫漫回家路，台湾光复的历史昭告世人，“祖国之命运，亦台湾之命运，祖国存，则台湾存”。目前，依然有一些别有用心的人罔顾两岸同胞的利益与福祉，宣扬“台独”谬论。这与历史相悖，与法理相悖，与两岸同胞的心愿相悖！

习近平总书记指出，**两岸同胞同根同源、同文同种，历来是命运与共的。在经济全球化深入发展、两岸联系日益密切的今天，两岸是割舍不断的命运共同体**。我们欣喜地看到，当前，在两岸共同努力下，两岸关系正站在新的历史发展起点上，特别是中共十八大以来，中央一系列对台方针政策的出台、实施，两岸同胞的前途和命运更加紧密地联系在一起。据有关数据统计，仅去年一年，大陆与台湾进出口贸易额达 1983 亿美元，两岸人员往来达到 941 万人次。两岸关系发展的实践证明，促进两岸共同发展、共同繁荣，实现中华民族的伟大复兴，符合两岸同胞的共同利益；两岸关系和平发展之路，是造福两岸同胞的正确道路。

亲莫过于骨肉，痛莫过于分离。浅浅的一湾海峡，隔不断两岸同胞的亲情乡情，隔不断中华儿女的家国情怀。作为台湾同胞，我们的血脉里流动的始终都是中华民族的血，我们的精神上坚守的始终都是中华民族的魂。我们盼望故乡富足、安定祥和，我们期盼两岸同胞秉持“两岸一家亲”理念，携手同心，铭记历史，守护和平，共同为实现中华民族伟大复兴的中国梦而努力奋斗！

台盟中央关于学习贯彻中共十八届五中全会精神的通知

台盟各省（直辖市）委、南京市委、安徽总支、江西支部、成都支部、南宁支部：

10 月 26 日至 29 日，中国共产党第十八届中央委员会第五次全体会议在北京胜利召开。全会听取和讨论了习近平总书记受中央政治局委托作的工作报告，审议通过了《中共中央关于制订国民经济和社会发展第十三个五年规划的建议》。学习贯彻十八届五中全会精神，是当前和今后一个时期台盟的重要政治任务。全盟各级组织要高度重视，精心组织，将学习贯彻十八届五中全会精神的工作落到实处。

一、充分认识学习贯彻中共十八届五中全会精神的重要意义

十八届五中全会是在我国全面建成小康社会进入决胜阶段召开的一次重要会议。全会充分肯定党的十八届四中全会以来中央政治局的工作，高度评价“十二五”时期我国发展取得的重大成就，认为面对错综复杂的国际环境和艰巨繁重的国内改革发展稳定任务，我们党团结带领全国各族人民顽强拼搏、开拓创新，奋力开创了党和国家事业发展新局面，我国经济实力、科技实力、国防实力、国际影响力又上了一个大台阶。全会认为，到 2020 年全面建成小康社会，是我们党确定的“两个一百年”奋斗目标的第一个百年奋斗目标。“十三五”时期是全面建成小康社会决胜阶段，“十三五”规划必须紧紧围绕实现这个奋斗目标来制订。贯彻落实十八届五中全会精神，对全盟紧密团结在以习近平同志为总书记的中共中央周围，坚持和发展中国特色社会主义，为实现“两个一百年”奋斗目标，促进祖国和平统一和实现中华民族伟大复兴的中国梦贡献力量具有十分重大的现实意义和深远的历史意义。

二、深刻领会中共十八届五中全会精神的丰富内涵

学习贯彻中共十八届五中全会精神，要原原本本研读全会文件，全面准确领会全会精神，始终与中共中央保持高度一致。

要深刻理解和准确把握全面建成小康社会决胜阶段的形势。“十三五”时期是全面建成小康社会、实现“两个一百年”奋斗目标的第一个百年奋斗目标的决胜阶段，我国发展的环境、条件、任务、要求等都发生了新的变化。综合判断，“十三五”时期我国发展仍处于可以大有作为的重要战略机遇期，也面临着诸多矛盾叠加、风险隐患增多的严峻挑战。

要深刻理解和准确把握“十三五”时期我国发展的指导思想和全面建成小康社会新的目标要求。全会提出的指导思想和目标要求，是在深刻总结国内外发展经验教训、分析国内外发展大势的基础上形成的，也是针对我国发展中的突出矛盾和问题提出来的，是对中国特色社会主义道路的拓展，也是这次全会的重大贡献和突出亮点。

要深刻理解和准确把握“六个坚持”的基本要求。要通过全面系统学习，深刻理解如期实现全面建成小康社会奋斗目标，推动经济社会持续健康发展，必须做到“六个坚持”。

要深刻理解和准确把握五大发展理念的丰富内涵。要通过全面系统学习，深刻理解创新、协调、绿色、开放、共享的发展理念。把这五大发展理念落到实处，就能破解发展难题、增强发展动力、厚植发展优势，实现“十三五”时期发展目标，推动发展迈上新台阶。

全盟要深入学习贯彻中共十八届五中全会精神，把智慧和力量凝聚到《建议》确定的各项决策部署和工作要求上来，贯彻到台盟的各项工作之中，为如期实现全面建成小康社会的第一个百年目标做出贡献。

三、认真学习贯彻中共十八届五中全会精神的有关要求

全盟要高度重视学习贯彻中共十八届五中全会精神的工作，要把学习贯彻全会精神

贯穿于台盟的全部工作之中。

第一，坚定信念，不断巩固共同的思想政治基础。全盟各级组织和广大盟员要按照五中全会精神的要求，高举中国特色社会主义伟大旗帜，以邓小平理论、“三个代表”重要思想、科学发展观为指导，将学习贯彻全会精神与学习习近平总书记系列重要讲话精神、学习中央统战工作会议及《中国共产党统一战线工作条例（试行）》精神紧密结合，继续深入开展坚持和发展中国特色社会主义学习实践活动，不断巩固与中国共产党团结合作的思想政治基础。

第二，认真履职，为“十三五”规划实施贡献力量。五中全会为民主党派在国家政治生活中更好地发挥作用指明了方向，也提出了新的更高的要求。台盟各级组织和广大盟员要以高度的责任感和使命感，认真履行参政议政、民主监督、政治协商的职能。要坚持台盟的独特视角，汇聚台盟各级组织的力量，深入开展调查研究，注重结合台盟自身特点看问题、谋发展，倾听群众的呼声，反映台胞的意见，关注规划实施过程中出现的新情况、新问题，努力为实现规划的宏大发展蓝图提出务实的意见和建议。

第三，精心组织，确保学习贯彻活动取得实效。全盟各级组织要加强领导，把学习宣传贯彻中共十八届五中全会精神的工作切实落到实处，做到统一思想、全面部署、周密计划，进一步提高领导班子的政治把握能力、参政议政能力、组织领导能力、合作共事能力和解决自身问题能力。通过组织学习辅导、座谈交流、专题报告等形式多样、内容丰富的学习活动，在全盟迅速掀起学习贯彻十八届五中全会精神的热潮。

第四，加强宣传，营造浓厚的学习贯彻氛围。全盟各级组织要加大宣传力度，做到全面准确、扎实深入，充分发挥盟刊、盟讯、网站等自有舆论平台的宣传教育作用，开辟专题栏目，刊发学习体会等。同时积极与社会主流媒体加强联系，及时反映台盟学习活动的动态，充分展示台盟各级组织和广大盟员的良好精神风貌。

请各地方组织将本地学习贯彻十八届五中全会精神的情况及时反馈台盟中央宣传部。

台湾民主自治同盟中央委员会

2015 年 11 月 4 日

台盟中央 2015 年工作要点

2015 年是全面深化改革的关键之年，是全面推进依法治国的开局之年，是全面完成“十二五”规划的收官之年，也是中共中央进一步加强社会主义协商民主建设，台盟大有可为的一年。

台盟中央 2015 年工作的总体思路是：深入学习贯彻中共十八大、十八届三中、四中全会精神，高举中国特色社会主义伟大旗帜，以邓小平理论、“三个代表”重要思想、科学发展观为指导，深入贯彻习近平总书记系列重要讲话精神，进一步增进政治共识，认真履职尽责，加强自身建设，牢牢把握两岸关系和平发展的主题，在实现“两个一百年”

奋斗目标和祖国和平统一的宏伟进程中同心奋斗、创新有为，为建设法治国家、实现中华民族伟大复兴的中国梦凝心聚力。

一、不断增进政治共识，筑牢与中国共产党同心奋斗的共同思想基础

1. 学习贯彻中共十八大、十八届三中、四中全会和习近平总书记系列重要讲话精神。加强组织领导，精心筹划实施，以座谈会、辅导报告会等形式多样的学习活动，引导广大盟员着力服务全面建成小康社会、全面深化改革、全面依法治国、全面从严治党的战略布局。认真学习习近平总书记系列重要讲话精神，特别是同党外人士共迎新春时的重要讲话和参加全国政协十二届三次会议民革、台盟、台联联组会议上的重要讲话精神，切实把思想和行动统一到中央决策部署上来，把智慧和力量凝聚到中央提出的目标任务上来，扎实推进各项工作。

2. 深入开展坚持和发展中国特色社会主义学习实践活动。召开台盟宣传思想工作会议，全面总结上一阶段学习实践活动经验，编辑出版《台盟开展坚持和发展中国特色社会主义学习实践活动资料汇编》，全面展示台盟各级组织开展学习实践活动情况及取得的成效。进一步把学习实践活动与履行参政党职能、发挥参政党作用紧密结合，与全面深化改革、全面推进依法治国紧密结合，与加强自身建设、增进政治共识紧密结合。围绕纪念台湾人民“二·二八”起义68周年等系列活动，使广大盟员充分认识学习实践活动的重大意义，进一步增强责任感和使命感，更加自觉地在中国共产党的领导下，坚定不移地走中国特色社会主义道路。

3. 办好纪念抗日战争胜利70周年及纪念台湾光复70周年系列活动。加强和深化爱国爱乡传统教育，与全国台联、中国社科院共同举办纪念台湾光复70周年学术研讨会，举办纪念台湾光复70周年特展，在两岸同时出版《台湾同胞抗日丛书》等系列图书，展现台湾同胞光荣历史，传承优良传统，坚定理想信念。同时，以此为契机，唤起两岸共同历史记忆，拉近两岸心理距离，实现两岸同胞的心灵契合。

二、坚持突出台盟特色，努力提升参与协商民主的能力和水平

4. 在参与高层政治协商中着重突出党派特色。紧扣高层协商会议主题，在转化利用调研成果基础上，提炼政策建议，进一步增强协商准备工作的预见性以及所提建议的战略性、科学性。充分发挥所联系专家、盟内研究机构的合力，通过台盟中央专报等形式直接向中共中央提出意见建议，着力突出议政建言的独特视角。

5. 提前谋划，积极主动参与人民政协各类协商。主动把握工作规律，科学组织全盟参政议政工作力量，集全盟之智，打好主动仗。按照全国政协十二届三次会议有关要求，做好大会发言、党派提案的征集、汇总和整理以及会议服务工作。认真做好“两会”宣传及“两会”精神学习传达工作。精心组织台盟界政协委员积极参与全国政协议政性常委会、专题协商会、双周协商座谈会等各种协商活动，着力提升发言建议的质量与界别特色。与全国政协相关专委会密切配合，着重做好双方共同牵头的双周协商座谈会有关工作。

6. 以组织好党派大考察为抓手进一步加强调查研究工作。重点组织开展好台盟中央

2015年党派大考察，创新调研方式，探索围绕一个主题在多地同时开展调研，多方面了解情况，广泛调动地方盟组织力量共同参与。聚焦全面深化改革、全面推进依法治国以及“十三五”规划编制、两岸关系和平发展等重大问题，突出自身特色，注重问题导向，精心选择调研内容，开展好专题调研活动。继续实施调研课题地方组织牵头负责制，办好调研课题协调会、重点课题研讨会，确保调研工作取得实效。

7. 努力实现社情民意信息数量、质量“双突破”。重在突出对台特色、信息时效、务实举措，围绕国家经济社会发展和两岸关系发展过程中的重点、热点、焦点及时反映情况、提出建议。建立社情民意信息工作联络员制度，拓宽信息素材征集渠道。进一步加强社情民意信息编报工作。

8. 进一步加强以参委会为中枢的参政议政工作机制建设。充分调动包括专委会在内的盟内外参政议政力量，发挥参委会统筹协调作用，不断健全“上下联动、横向联合”的工作机制，形成整合集聚效应。创新参政议政培训方式，完善参政议政工作量化评价体系，以更加科学的机制，更好激发全盟参政议政的积极性、主动性、创造性。搭建参政议政信息化平台，探索利用安全、快捷的即时通信工具，加强参政议政协作，畅通盟员骨干沟通渠道。

三、努力发挥自身优势，推进两岸各领域合作

9. 争取民心、凝聚力量，做好岛内代表人士工作。牢牢把握两岸关系和平发展的主题，坚定不移走两岸和平发展道路，坚定不移坚持两岸共同政治基础，坚定不移为两岸同胞谋福祉，坚定不移实现民族复兴。坚持“向南移、向下沉”的指导方针，贯彻“专、精、深、久”的工作思路，重点加强与台湾南部医师界、中小企业界、统派团体，以及青年团体等团组的持续交流。做好以雁博会为骨干的台湾（中南部）青年企业家参访团、台湾台中市原住民社会发展协会访问团、台湾高雄国民党青年干部参访团、台湾文化创意产业交流参访团、国庆参访团及日常团组的组织接待工作。完善深化赴台参访与参政议政重点课题调研相结合、专业领域交流与专委会工作相结合的工作机制，筹划设计好文化教育、社会经济、生态农业和青年交流等参访团赴台考察的形式和内容，突出亲情乡情优势，将“两岸一家亲、共圆中国梦”重要理念有机地融入交流联络工作。

10. 以青年为重点，以文化为载体，集中力量办好特色品牌活动。在总结第一届大江论坛成功经验的基础上，进一步整合全盟资源，推动两岸精英人士深入交流，加深两岸关系和平发展的共识，办好第二届大江论坛。继续与国家有关部委、各地方政府加强联系合作，重点办好以福建为基地，展示特色祖地文化、闽南文化的海西乡土文化研习营，参与办好海峡论坛、休闲农业论坛、闽南文化论坛等台盟特色品牌活动。以重要交流活动为平台，着重加强岛内青少年参与程度，支持有条件的地方盟组织独立开展特色鲜明的对台交流活动。注重对交流成果的转化应用，以及对联络资源的统筹利用。

11. 支持台海出版社图书入岛，促进两岸文化交流。支持台海出版社扩大图书、音像、口述历史成果入岛，逐步形成一套完整、长效的入岛宣传形式。

12. 提高台情研究的科学性与针对性。以盟内研究力量为基础，召开涉台信息专题座谈会，交流工作经验，创新工作方法，完善工作机制。组织中青年骨干台情研究培训班，

启动长期性、主体性、递进式培训模式，全面提高全盟台情研究骨干队伍的理论修养和工作水平，建设一支专业的盟内研究队伍。进一步加强与涉台科研院所、智库单位的协同合作，运用两岸关系和平发展协同创新中心资源优势，围绕2016年岛内台湾地区领导人选举的政情及两岸关系发展走向等热点、焦点问题进行分析研判。委托资深涉台学术机构，联合台盟地方组织就重点台情调研课题开展跟踪调研，以开放的思路、合作的精神打造台情研究平台。继续支持台盟重庆市委所属重庆两岸经济研究所做好研究工作。

13. 稳步推动港澳及海外交流。继续巩固深化与各国爱国侨团的友好关系，开辟与周边国家的联络渠道。组织好出访团组，加强与当地台胞社团的友好往来。继续巩固与港澳两地统促会组织的友好关系，团结更多的港澳同胞共同推进两岸和平统一事业。

四、积极整合各方资源，力求社会服务取得实效

14. 以对口帮扶赫章县10周年为契机，进一步深化定点帮扶工作。认真贯彻中共中央领导对毕节试验区建设的重要讲话精神，根据中央统战部以及国务院扶贫办的统一部署，突出自身优势和特色，积极为毕节试验区教育、医疗和人民生活条件的进一步改善贡献力量。依托各级台盟组织，凝聚社会各界力量，重点实施人员培训、捐资助学、义诊交流、农业合作和投资考察等多个帮扶项目，形成品牌效应，扩大社会影响。

15. 积极参与统一战线重点帮扶。按照统一战线黔西南试验区联合推动组2015年工作计划，以科技交流和台商考察为主要内容，邀请相关科技部门、科技企业和台商赴黔西南州进行交流考察。在率先实施对广昌县帮扶调研的基础上，根据中央统战部对广昌县的统一帮扶部署，突出民生保障与改善，依托当地台盟组织继续加大工作力度，开展两岸医师走进广昌义诊交流等多项帮扶活动。

16. 加强与各部门各领域的合作联系。继续加强与中央统战部、国务院扶贫办、各党派中央、全国工商联等相关单位的联系，加强与岛内外台商及其他社会组织、科研院所的合作，加强与台盟各级组织的联动，充分发挥台盟中央各专委会的作用，继续深化与重庆万州、河南焦作等地中共党委、人民政府的合作关系，协助地方做好招商引资、困难群体增收和民生条件改善等工作。积极为台湾同胞与当地开展多层次交流交往提供平台。

17. 推动社会服务工作制度化和科学化进程。分步骤地就全盟各地社会服务开展情况进行调研走访，理清思路、聚合资源。精心选择项目，打造特色品牌，逐步健全完善盟内外农业技术、医疗科技、教育文化等各领域专家资源库，积极支持各级台盟组织开展各具特色的社会公益实践活动。总结经验、开拓创新，进一步丰富全盟社会服务工作的内涵。努力探索适应台盟实际情况的社会服务工作方法，健全与参政议政、对台联络相结合的工作机制，使全盟社会服务工作更加科学规范、高效有序。

五、着眼台盟发展，全面加强自身建设

18. 改进新闻宣传工作。在继续做好盟刊、网站、《海峡快讯》等自有宣传媒介工作的基础上，开拓工作思路，创新工作方式方法，通过影视、出版、新媒体等多种渠道，着力宣传台盟各级组织在参政议政、对台联络、社会服务和自身建设等方面的成绩和特色，

宣传台盟盟员在参政履职和本职岗位上的贡献和风采。

19. 进一步加强盟史搜集、整理、研究和盟内历史文物保护工作。继续开展“记忆历史、爱国爱乡”活动，以台盟早期成立的地方组织为主要工作对象进行调研，开展对台盟珍贵历史文献、文物的采集、复制和保护等工作。加强与台盟中央专委会的工作配合，加大对台盟地方组织盟史整理和研究的支持力度，召开口述历史工作会议，适时整理出版盟史研究丛书等。将盟史研究和盟员教育培养工作有机结合。

20. 深入加强台盟组织建设。有针对性开展组织工作调研，深入了解台盟基层组织建设与发展的工作进展，听取地方组织和基层盟员对台盟组织建设的意见建议，形成良好的上下沟通协调工作机制。召开台盟组织工作会议，提高台盟组织工作整体水平，夯实台盟组织建设基础，规范组织发展、届中调整、基层组织建设等各项工作程序。健全台盟盟员数据库信息系统，启动盟员信息采集和录入等工作，全面提升台盟组织建设科学化水平。

21. 全面加强人才队伍培养和后备干部队伍建设。做好各级后备干部的培训、培养和锻炼工作，支持后备干部在专题调研、建言献策、特约监督、社会服务等履职实践中提升素质，打造一支政治素质过硬、参政议政水平突出的后备干部队伍。举办台盟青年盟员培训班，提高青年盟员干部队伍政治理论素养、提升青年盟员履职能力和水平，增强青年盟员的凝聚力和向心力。围绕 2015 年部分台盟地方组织届中调整做好相关工作，切实深化政治交接，增进政治共识，为 2017 年全盟换届工作平稳开展奠定基础。

22. 加强台盟中央参事室和各专委会工作。发挥参事室参谋咨询功能，加强各专委会与职能部门的联系合作，突出各自特色，为其发挥作用提供保障。

23. 开展盟内监督工作。学习领会《中共中央关于全面推进依法治国若干重大问题的决定》精神，开展盟内监督工作调研，强化制度建设。召开台盟中央监督委员会九届三次全体会议，对盟内部监督工作进行总结和部署，推动盟内领导干部做讲规矩、守纪律的表率，在盟内营造风清气正的工作氛围。

24. 着力加强机关队伍建设。以创新意识加强机关干部队伍建设，培养能够抓住中心工作、积极出谋划策、发挥参谋助手作用的高素质机关干部队伍。加大对公务员的培训力度，进一步完善干部管理制度，加强规范化管理。加大教育培训、轮岗交流、挂职锻炼工作力度。加强对离退休老同志和老盟员的服务工作。

25. 建设和谐文明机关。加强学习型机关建设，丰富学习内容，开展学习交流，营造良好的学习氛围。开展办公室工作调研，交流经验，发现问题，开拓思路，完善、健全工作机制。提高会议组织服务水平，认真贯彻中央八项规定精神，坚持务实、节俭、高效办会，进一步完善会议程序和机制。增强机关保密意识，定期组织保密工作宣传教育警示活动，规范涉密文件处理流程。加强对公务出国（境）人员的管理和教育。进一步完善相关财务制度，加强预算执行监管力度，提高预算资金使用效率。按照国务院统一部署，认真落实机关事业单位养老金制度改革相关工作。贯彻中共中央、国务院关于公务用车制度改革文件精神，加强对机关公务用车的管理。加强机关后勤保障服务。做好新办公楼食堂改扩建和办公楼搬迁工作，完成新旧办公楼固定资产统计等工作。

政党活动纪要

中国共产党

一、重要会议及活动

1. 全国政协十二届三次会议闭幕。3 月 13 日下午，中国人民政治协商会议第十二届全国委员会第三次会议圆满完成各项议程，在人民大会堂闭幕。会议号召，人民政协的各级组织、各参加单位和广大政协委员，更加紧密地团结在以习近平同志为总书记的中共中央周围，高举中国特色社会主义伟大旗帜，以邓小平理论、“三个代表”重要思想、科学发展观为指导，全面贯彻中共十八大和十八届三中、四中全会精神，深入贯彻落实习近平总书记系列重要讲话精神，万众一心，开拓奋进，为实现“两个一百年”奋斗目标、实现中华民族伟大复兴的中国梦而奋斗。全国政协主席俞正声主持闭幕会。全国政协副主席杜青林、韩启德、帕巴拉·格列朗杰、董建华、万钢、林文漪、罗富和、何厚铧、张庆黎、李海峰、陈元、卢展工、周小川、王家瑞、王正伟、马飚、齐续春、陈晓光、马培华、刘晓峰、王钦敏在主席台前排就座。习近平、李克强、张德江、刘云山、王岐山、张高丽等在主席台就座。会议通过了政协第十二届全国委员会第三次会议关于常务委员会工作报告的决议、政协第十二届全国委员会提案委员会关于政协十二届三次会议提案审查情况的报告、政协第十二届全国委员会第三次会议政治决议。俞正声在讲话时说，会议期间，中共中央总书记、国家主席、中央军委主席习近平等党和国家领导同志，出席大会开幕会和闭幕会，深入小组与政协委员共商国是，认真听取意见和建议。广大政协委员紧紧围绕改革发展稳定重大问题和群众关心的实际问题，深入协商议政，积极建言献策，充分体现了政协委员为国为民、尽职尽责的不懈追求，有效发挥了人民政协作为协商民主重要渠道和专门协商机构的重要作用，生动展现了中国特色社会主义政治制度的特色和优势。俞正声指出，中国共产党带领我们的国家和人民正行进在实现中华民族伟大复兴中国梦的历史征程中，我们正在亲身参与具有许多新的历史特点的伟大斗争，我们必须认清使命，勇于担当。我们要毫不动摇地坚持中国共产党的领导，增强中国特色社会主义道路自信、理论自信、制度自信，用共同奋斗目标、共同历史命运和共同文化传承，广泛凝聚改革共识、发展共识、法治共识、反腐败共识和价值观共识，不断夯实共同团结奋斗的思想政治基础，为坚持和发展中国特色社会主义，为全面建成小康社会、全面深化改革、全面依法治国、全面从严治党汇聚起强大正能量。要始终秉持群众观念和为民情怀，远离官僚作风、浮华心态，更加深入地联系和服务群众、虚心接受群众监督；始终守持道德准则和廉洁自律，杜绝奢靡享乐和谋取私利，更加模范地遵守宪法法律、政协章程和制度规范；始终保持务实进取和勤勉敬业，反对耽于安逸、随波逐流和懈怠无为，更加有效地提升履职能力、增强工作实效；始终坚持民主协商和理性包容，力戒虚言妄语、极端偏激，更加切实地运用好政协的话语权和影响力，真正做到言必真、策必实、行必正，做到于国有利、于民有济、于己有为，无愧政协委员的光荣称号。

2. 十二届全国人大会三次会议闭幕。3 月 15 日上午，第十二届全国人民代表大会第三次会议圆满完成各项议程，在人民大会堂闭幕。大会批准政府工作报告、全国人大常委会工作报告等；表决通过关于修改立法法的决定，国家主席习近平签署第 20 号主席令予以公布。闭幕会由大会主席团常务主席、执行主席、全国人大常委会委员长张德江主持。习近平、李克强、俞正声、刘云山、王岐山、张高丽和大会主席团成员在主席台就座。大会完成各项议程后，张德江发表讲话。张德江说，这次会议的一个重要成果是审议通过了关于修改立法法的决定，对于新形势下加强和改进立法工作，完善以宪法为核心的中国特色社会主义法律体系，更好地发挥立法的引领和推动作用，建设社会主义法治国家，具有重要意义。我们要深入学习、广泛宣传修改后的立法法，抓紧完善相关配套办法，加强立法工作队伍建设，确保法律正确有效实施，不断提高立法工作水平。张德江强调，党的十八大以来，以习近平同志为总书记的党中央从坚持和发展中国特色社会主义全局出发，提出并形成了全面建成小康社会、全面深化改革、全面依法治国、全面从严治党的战略布局。“四个全面”的战略布局集中体现了以习近平同志为总书记的党中央治国理政、开创事业发展新局面的战略思想和战略部署，具有重大统领和指引意义。我们要紧紧围绕“四个全面”的战略布局谋划和推进各领域各方面工作，在贯彻落实上凝神聚焦发力，谱写国家富强、民族振兴、人民幸福的时代新篇章。张德江指出，发展社会主义民主政治，必须把人民代表大会这一主要民主渠道建设好、运用好、发挥好，努力做到民有所呼、我有所应。要切实增强代表人民行使管理国家权力的政治责任感，加强同人民群众的联系，倾听人民呼声、回应人民期待，为人民履职、为人民服务，自觉接受人民监督，广泛汇聚推动党和国家事业发展的强大正能量。张德江最后说，实现伟大目标需要坚忍不拔的意志和坚持不懈的努力。让我们紧密地团结在以习近平同志为总书记的党中央周围，高举中国特色社会主义伟大旗帜，动员全国各族人民积极投身改革开放和社会主义现代化建设，同心同德，开拓进取，扎实工作，为实现“两个一百年”奋斗目标、实现中华民族伟大复兴的中国梦而努力奋斗。

3. 中共中央政治局召开会议审议通过《中国共产党统一战线工作条例（试行）》《京津冀协同发展规划纲要》。4 月 30 日，中共中央政治局召开会议，分析研究当前经济形势和经济工作，审议通过《中国共产党统一战线工作条例（试行）》《京津冀协同发展规划纲要》。中共中央总书记习近平主持会议。会议指出，做好当前经济工作，要全面贯彻党的十八大和十八届三中、四中全会精神，按照中央经济工作会议部署，坚持稳中求进工作总基调，主动适应经济发展新常态，保持经济运行在合理区间。坚持以提高经济发展质量和效益为中心，坚持宏观政策要稳、微观政策要活、社会政策要托底的总体思路，保持宏观政策连续性和稳定性，加大定向调控力度，及时进行预调微调，高度重视应对经济下行压力，加快改革开放步伐，保持稳增长、促改革、调结构、惠民生、防风险综合平衡，调动各方积极性，狠抓工作落实，促进经济持续健康发展和社会大局稳定。会议提出，统一战线作为党的总路线总政策的重要组成部分，是党凝心聚力、攻坚克难、夺取胜利的重要法宝。制订《中国共产党统一战线工作条例（试行）》，明确统一战线服务“四个全面”战略布局的方向原则，规定各领域统战工作的方针政策，既是贯彻落实党的十八届四中全会精神的重要举措，也是提高党的统战工作科学化水平的必然要求。条例立足党的工作全局，全面贯彻党的十八大以来以习近平同志为总书记的党中央关于统一战线的新思想新要求，吸收统战工作新经验新成果，注重研究解决新形势下统战工作面临的新情况新问题，坚持大团结大联合的主题，对巩固壮大爱国统一战线具有重要意义。会议强调，条例是中国共产党关于统一战线工作的第一部党内法规，各级党委要切实担负起学习、宣传、贯彻条例精神第一责任人的职责，精心组织，周密部署，把条例各项规定落到实处，巩固发展全党重视统战工作良好局面。会议指出，推动京津冀协同发展是一个重大国家战略。战略的核心是有序疏解北京非首都功能，调整经济结构和空间结构，走出一条内涵集约发展的新路子，探索出一种人口经济密集地区优化开发的模式，促进区域协调发展，形成新增长极。会议强调，要坚持协同发展、重点突破、深化改革、有序推进。要严控增量、疏解存量、疏堵结合调控北京市人口规模。要在京津冀交通一体化、生态环境保护、产业升级转移等重点领域率先取得突破。要大力促进创新驱动发展，增强资源能源保障能力，统筹社会事业发展，扩大对内对外开放。要加快破除体制机制障碍，推动要素市场一体化，构建京津冀协同发展的体制机制，加快公共服务一体化改革。要抓紧开展试点示范，打造若干先行先试平台。

4. 中共中央举行纪念陈云同志诞辰 110 周年座谈会。6 月 12 日上午，中共中央在人民大会堂举行座谈会，纪念陈云同志诞辰 110 周年。中共中央总书记、国家主席、中央军委主席习近平发表重要讲话强调，伟大的事业呼唤着我们，庄严的使命激励着我们。我们一定要坚定不移把老一辈革命家开创的伟大事业继续推向前进。这是我们的历史责任，也是对老一辈革命家的最好纪念。中共中央政治局常委李克强、俞正声、王岐山、张高丽出席座谈会，中共中央政治局常委刘云山主持座谈会。刘云山在主持会议时说，习近平总书记重要讲话回顾了陈云同志伟大、光荣的一生，高度评价了陈云同志的丰功伟绩和崇高品格，号召全党学习和发扬陈云同志身上表现出来的坚定理想信念、坚强党性原则、求真务实作风、朴素公仆情怀、勤奋学习精神。讲话对于激励全党全国各族人民继承老一辈革命家的崇高风范，坚定不移把中国特色社会主义事业推向前进，具有重要指导意义。我们要紧密结合协调推进“四个全面”战略布局的实际，结合正在开展的“三严三实”专题教育，认真学习领会，切实贯彻落实。

5. 中央党的群团工作会议召开。7 月 6 日至 7 日，中央党的群团工作会议召开。中共中央总书记、国家主席、中央军委主席习近平出席会议并发表重要讲话。他强调，中国特色社会主义事业是亿万人民的事业，党的群团工作肩负着庄严使命。工会、共青团、妇联等群团组织一定要坚持解放思想、改革创新、锐意进取、扎实苦干，切实保持和增强党的群团工作和群团组织的政治性、先进性、群众性，组织动员广大人民群众更加紧密地团结在党的周围，把广大人民群众对美好生活的追求汇聚成强大动力，共同谱写实现“两个一百年”奋斗目标、实现中华民族伟大复兴中国梦的新篇章。中共中央政治局常委李克强、张德江、俞正声、王岐山、张高丽出席会议，中共中央政治局常委、中央书记处书记刘云山作总结讲话。刘云山在讲话中指出，习近平总书记的重要讲话从巩固党执政的阶级基础、群众基础的战略高度，从党和国家事业长远发展的全局高度，深刻阐明了党的群团工作的一系列重大理论和实践问题，具有很强的战略性、思想性、针对性，是指导新形势下党的群团工作的纲领性文献。要深入学习领会、全面贯彻落实，切实把思想和行动统一到讲话精神上来。

6. 中央第六次西藏工作座谈会召开。8 月 24 日至 25 日，中央第六次西藏工作座谈会在北京召开。中共中央总书记、国家主席、中央军委主席习近平出席会议并发表重要讲话。习近平强调，要以邓小平理论、“三个代表”重要思想、科学发展观为指导，坚持“四个全面”战略布局，坚持党的治藏方略，把维护祖国统一、加强民族团结作为工作的着眼点和着力点，坚定不移开展反分裂斗争，坚定不移促进经济社会发展，坚定不移保障和改善民生，坚定不移促进各民族交往交流交融，确保国家安全和长治久安，确保经济社会持续健康发展，确保各族人民物质文化生活水平不断提高，确保生态环境良好。中共中央政治局常委、国务院总理李克强就推进西藏和四省藏区经济社会发展作了讲话。中共中央政治局常委、全国政协主席俞正声在会议结束时作了讲话。中共中央政治局常委张德江、刘云山、王岐山、张高丽出席会议。俞正声在总结讲话中指出，习近平总书记的重要讲话科学分析了西藏工作面临的形势，深刻阐述了一系列重大理论和实践问题，具有很强的政治性、全局性、战略性，是当前和今后一个时期做好西藏工作的根本遵循。要坚持问题导向，原则问题要旗帜鲜明，发展问题要方向清晰，难点问题要明确回答，实际问题要重点解决。

7. 纪念中国人民抗日战争暨世界反法西斯战争胜利 70 周年大会在京隆重举行。9 月 3 日上午，纪念中国人民抗日战争暨世界反法西斯战争胜利 70 周年大会在北京天安门广场隆重举行，以盛大阅兵仪式，同世界人民一道纪念这个伟大的日子。中共中央总书记、国家主席、中央军委主席习近平发表重要讲话并检阅受阅部队。我们纪念中国人民抗日战争暨世界反法西斯战争胜利 70 周年，就是要铭记历史、缅怀先烈、珍爱和平、开创未来。为了和平，中国将始终坚持走和平发展道路，坚决捍卫中国人民抗日战争和世界反法西斯战争胜利成果，努力为人类做出新的更大的贡献。让我们共同铭记历史所启示的伟大真理：正义必胜！和平必胜！人民必胜！习近平宣布，中国将裁减军队员额 30 万。中共中央政治局常委、国务院总理李克强主持纪念大会。中共中央政治局常委、全国人大常委会委员长张德江，中共中央政治局常委、全国政协主席俞正声，中共中央政治局常委、中央书记处书记刘云山，中共中央政治局常委、中央纪委书记王岐山，中共中央政治局常委、国务院副总理张高丽出席。65 位外国国家元首、政府首脑、政府高级别代表、联合国等国际组织负责人、前政要，30 个国家的外军观摩团团长等出席大会。

8. 李克强致信国家中医药管理局祝贺屠呦呦获得诺贝尔生理学或医学奖。10 月 5 日，中共中央政治局常委、国务院总理李克强致信国家中医药管理局，对中国著名药学家屠呦呦获得 2015 年诺贝尔生理学或医学奖表示祝贺。李克强在贺信中说，长期以来，我国广大科技工作者包括医学研究人员默默耕耘、无私奉献、团结协作、勇攀高峰，取得许多高水平成果。屠呦呦获得诺贝尔生理学或医学奖，是中国科技繁荣进步的体现，是中医药对人类健康事业做出巨大贡献的体现，充分展现了我国综合国力和国际影响力的不断提升。希望广大科研人员认真实施创新驱动发展战略，积极推进大众创业、万众创新，瞄准科技前沿，奋力攻克难题，为推动我国经济社会发展和加快创新型国家建设做出新的更大贡献。中共中央政治局委员、国务院副总理刘延东委托中国科协、国家中医药管理局负责同志 5 日晚看望屠呦呦并表示祝贺。

9. 中共十八届五中全会举行。10 月 26 日至 29 日，中国共产党第十八届中央委员会第五次全体会议在北京举行。全会由中央政治局主持。中央委员会总书记习近平作了重要讲话。全会听取和讨论了习近平受中央政治局委托作的工作报告，审议通过了《中共中央关于制订国民经济和社会发展第十三个五年规划的建议》。习近平就《建议（讨论稿）》向全会作了说明。全会提出了“十三五”时期我国发展的指导思想：高举中国特色社会主义伟大旗帜，全面贯彻党的十八大和十八届三中、四中全会精神，以马克思列宁主义、毛泽东思想、邓小平理论、“三个代表”重要思想、科学发展观为指导，深入贯彻习近平总书记系列重要讲话精神，坚持全面建成小康社会、全面深化改革、全面依法治国、全面从严治党的战略布局，坚持发展是第一要务，以提高发展质量和效益为中心，加快形成引领经济发展新常态的体制机制和发展方式，保持战略定力，坚持稳中求进，统筹推进经济建设、政治建设、文化建设、社会建设、生态文明建设和党的建设，确保如期全面建成小康社会，为实现第二个百年奋斗目标、实现中华民族伟大复兴的中国梦奠定更加坚实的基础。全会强调，如期实现全面建成小康社会奋斗目标，推动经济社会持续健康发展，必须遵循以下原则：坚持人民主体地位，坚持科学发展，坚持深化改革，坚持依法治国，坚持统筹国内国际两个大局，坚持党的领导。全会提出了全面建成小康社会新的目标要求：经济保持中高速增长，在提高发展平衡性、包容性、可持续性的基础上，到二〇二〇年国内生产总值和城乡居民人均收入比二〇一〇年翻一番，产业迈向中高端水平，消费对经济增长贡献明显加大，户籍人口城镇化率加快提高。农业现代化取得明显进展，人民生活水平和质量普遍提高，我国现行标准下农村贫困人口实现脱贫，贫困县全部摘帽，解决区域性整体贫困。国民素质和社会文明程度显著提高。生态环境质量总体改善。各方面制度更加成熟更加定型，国家治理体系和治理能力现代化取得重大进展。全会强调，实现“十三五”时期发展目标，破解发展难题，厚植发展优势，必须牢固树立并切实贯彻创新、协调、绿色、开放、共享的发展理念。这是关系我国发展全局的一场深刻变革。全党同志要充分认识这场变革的重大现实意义和深远历史意义。全会按照党章规定，决定递补中央委员会候补委员刘晓凯、陈志荣、金振吉为中央委员会委员。全会审议并通过了中共中央纪律检查委员会关于令计划、周本顺、杨栋梁、朱明国、王敏、陈川平、仇和、杨卫泽、潘逸阳、余远辉严重违纪问题的审查报告，确认中央政治局之前做出的给予令计划、周本顺、杨栋梁、朱明国、王敏、陈川平、仇和、杨卫泽、潘逸阳、余远辉开除党籍的处分。全会号召，全党全国各族人民要更加紧密地团结在以习近平同志为总书记的党中央周围，万众一心，艰苦奋斗，共同夺取全面建成小康社会决胜阶段的伟大胜利！

10. 习近平同马英九会面。11 月 7 日下午，中共中央总书记、国家主席习近平同台湾方面领导人马英九在新加坡会面，就进一步推进两岸关系和平发展交换意见。这是 1949

年以来两岸领导人的首次会面。面对新形势，站在两岸关系发展的新起点上，两岸双方应该胸怀民族整体利益、紧跟时代前进步伐，携手巩固两岸关系和平发展大格局，共同实现中华民族伟大复兴。习近平就此提出四点意见。第一，坚持两岸共同政治基础不动摇。7 年来两岸关系能够实现和平发展，关键在于双方确立了坚持“九二共识”、反对“台独”的共同政治基础。没有这个定海神针，和平发展之舟就会遭遇惊涛骇浪，甚至彻底倾覆。第二，坚持巩固深化两岸关系和平发展。近 30 多年来，两岸关系总体面貌发生了历史性变化。2008 年后，两岸关系走上和平发展道路，处于 1949 年以来最好的时期。要和平不要冲突、要交流不要隔绝、要协商合作不要零和对抗，成为两岸同胞的共同心声。两岸关系已经不再处于以前那种激烈冲突、尖锐对抗的敌对状态。第三，坚持为两岸同胞多谋福祉。两岸一家亲，家和万事兴。我们推动两岸关系和平发展，着眼点和落脚点是要增进同胞的亲情和福祉，让两岸同胞过上更加美好的生活。只要是有利于增进两岸同胞的亲情和福祉的事，只要是有利于推动两岸关系和平发展的事，只要是有利于维护中华民族整体利益的事，两岸双方都应该尽最大努力去做，并把好事办好。第四，坚持同心实现中华民族伟大复兴。中华民族有延绵 5000 多年的灿烂文明，但近代以来却屡遭列强欺凌。120 年前，台湾惨遭外族侵占，成为全民族的剜心之痛。1945 年抗战胜利，台湾光复，才洗刷了半个世纪的民族耻辱。透过历史风云变幻，可以深切体会到，两岸是不可分割的命运共同体。民族强盛，是两岸同胞之福；民族弱乱，是两岸同胞之祸。实现中华民族伟大复兴，与两岸同胞前途命运息息相关。马英九表示，2008 年以来，两岸共同创造和平稳定的台海局势，获得两岸及国际社会普遍赞扬，要善加珍惜。“九二共识”是实现两岸关系和平发展的共同政治基础，两岸要巩固“九二共识”，扩大深化交流合作，增进互利双赢，拉近两岸心理距离，对外展现两岸关系可以由海峡两岸和平处理，同心协力，为两岸下一代创造更美好的未来。双方肯定 2008 年以来两岸关系和平发展取得的重要成果。双方认为应该继续坚持“九二共识”，巩固共同政治基础，推动两岸关系和平发展，维护台海和平稳定，加强沟通对话，扩大两岸交流，深化彼此合作，实现互利共赢，造福两岸民众，两岸同胞同属中华民族，都是炎黄子孙，应该携手合作，致力于振兴中华，致力于民族复兴。王沪宁、栗战书、杨洁篪等参加相关活动。

11. 中共中央举行纪念胡耀邦同志诞辰 100 周年座谈会。11 月 20 日上午，中共中央在人民大会堂举行座谈会，纪念胡耀邦同志诞辰 100 周年。中共中央总书记、国家主席、中央军委主席习近平发表重要讲话强调，一切伟大的成就都是接续奋斗、接力探索的结果，一切伟大的事业都需要在承前启后、继往开来中推进。我们要团结一心、锐意进取，努力创造无愧于时代、无愧于人民、无愧于先辈的新业绩。这是我们对老一辈革命家的最好纪念。中共中央政治局常委李克强、张德江、俞正声、王岐山、张高丽出席座谈会，中共中央政治局常委刘云山主持座谈会。刘云山在主持会议时说，习近平总书记重要讲话全面回顾了胡耀邦同志光辉、战斗的一生，高度评价了胡耀邦同志在中国革命、建设、改革事业中建立的不朽功勋，对学习胡耀邦同志的革命精神和崇高风范提出要求。讲话对于激励全党全国各族人民团结一心、锐意进取，深入推进中国特色社会主义伟大事业，具有重要指导意义，要认真学习领会、很好贯彻落实。我们要紧密团结在以习近平同志为总书记的党中央周围，认真落实党中央决策部署，为实现“十三五”发展宏伟蓝图、夺取全面建成小康社会决胜阶段的伟大胜利做出新贡献。座谈会上，中央组织部常务副部长陈希、中央党校常务副校长何毅亭、中央党史研究室主任曲青山、共青团中央书记处第一书记秦宜智、湖南省委书记徐守盛先后发言。部分中共中央政治局委员、中央书记处书记，中央党政军群有关部门、湖南省负责同志，各民主党派中央、全国工商联负责同志和无党派人士代表，胡耀邦同志亲属、生前友好、原身边工作人员和家乡代表等出席了座谈会。

12. 中央经济工作会议在北京举行。12 月 18 日至 21 日，中央经济工作会议在北京举行。中共中央总书记、国家主席、中央军委主席习近平，中共中央政治局常委、国务院总理李克强，中共中央政治局常委、全国人大常委会委员长张德江，中共中央政治局常委、全国政协主席俞正声，中共中央政治局常委、中央书记处书记刘云山，中共中央政治局常委、中央纪委书记王岐山，中共中央政治局常委、国务院副总理张高丽出席会议。习近平在会上发表重要讲话，总结 2015 年经济工作，分析当前国内国际经济形势，部署 2016 年经济工作，重点是落实“十三五”规划建议要求，推进结构性改革，推动经济持续健康发展。李克强在讲话中阐述了明年宏观经济政策取向，具体部署了明年经济社会发展重点工作，并作总结讲话。会议指出，明年是全面建成小康社会决胜阶段的开局之年,也是推进结构性改革的攻坚之年。做好经济工作要全面贯彻党的十八大和十八届三中、四中、五中全会精神，以邓小平理论、“三个代表”重要思想、科学发展观为指导，加强和改善党对经济工作的领导，统筹国内国际两个大局，按照“五位一体”总体布局和“四个全面”战略布局，牢固树立和贯彻落实创新、协调、绿色、开放、共享的发展理念，适应经济发展新常态，坚持改革开放，坚持稳中求进工作总基调，坚持稳增长、调结构、惠民生、防风险，实行宏观政策要稳、产业政策要准、微观政策要活、改革政策要实、社会政策要托底的总体思路，保持经济运行在合理区间，战略上坚持持久战，战术上打好歼灭战，着力加强结构性改革，在适度扩大总需求的同时，去产能、去库存、去杠杆、降成本、补短板，提高供给体系质量和效率，提高投资有效性，加快培育新的发展动能，改造提升传统比较优势，增强持续增长动力，推动我国社会生产力水平整体改善，努力实现“十三五”时期经济社会发展的良好开局。会议号召，这次中央经济工作会议，既是对明年经济工作的全面部署，也是对推进结构性改革的重点部署。各级领导干部务必把思想统一到党中央决策部署上来，把握正确方向，脚踏实地推进，推动改革发展稳定各项工作不断取得实实在在的成效，推动实现更高质量、更有效率、更加公平、更可持续发展。

13. 中央城市工作会议在北京举行。12 月 20 日至 21 日，中央城市工作会议在北京举行。中共中央总书记、国家主席、中央军委主席习近平，中共中央政治局常委、国务院总理李克强，中共中央政治局常委、全国人大常委会委员长张德江，中共中央政治局常委、全国政协主席俞正声，中共中央政治局常委、中央书记处书记刘云山，中共中央政治局常委、中央纪委书记王岐山，中共中央政治局常委、国务院副总理张高丽出席会议。习近平在会上发表重要讲话，分析城市发展面临的形势，明确做好城市工作的指导思想、总体思路、重点任务。李克强在讲话中论述了当前城市工作的重点，提出了做好城市工作的具体部署，并作总结讲话。会议号召，城市工作任务艰巨、前景光明，我们要开拓创新、扎实工作，不断开创城市发展新局面，为实现全面建成小康社会奋斗目标、实现中华民族伟大复兴的中国梦做出新的更大贡献。

14. 中央农村工作会议在北京召开。12 月 24 日至 25 日，中央农村工作会议在北京召开。会议全面贯彻落实党的十八大和十八届三中、四中、五中全会以及中央经济工作会议精神，总结“十二五”时期“三农”工作，分析当前农业农村形势，部署 2016 年和“十三五”时期农业农村工作。党中央、国务院高度重视这次会议。会前，中共中央政治局会议、中共中央政治局常委会会议和国务院常务会议就开好这次会议，做好农业农村工作提出了明确要求。中共中央总书记、国家主席、中央军委主席习近平对做好“三农”工作做出重要指示。中共中央政治局常委、国务院总理李克强做出批示。

二、全面建成小康社会

1. 中共中央国务院印发《关于加大改革创新力度　加快农业现代化建设的若干意见》。2 月 2 日，《人民日报》全文刊发 中共中央、国务院《关于加大改革创新力度　加快农业现代化建设的若干意见》，《意见》共分五个部分：　一、围绕建设现代农业，加快转变农业发展方式；二、围绕促进农民增收，加大惠农政策力度；三、围绕城乡发展一体化，深入推进新农村建设；四、围绕增添农村发展活力，全面深化农村改革；五、围绕做好“三农”工作，加强农村法治建设。

2. 习近平主持召开中央财经领导小组第九次会议。2 月 10 日上午，中共中央总书记、国家主席、中央军委主席、中央财经领导小组组长习近平主持召开中央财经领导小组第九次会议，听取中央财经领导小组确定的新型城镇化规划、粮食安全、水安全、能源安全、创新驱动发展战略、发起建立亚洲基础设施投资银行、设立丝路基金等重大事项贯彻落实情况的汇报，审议研究京津冀协同发展规划纲要。中共中央政治局常委、国务院总理、中央财经领导小组副组长李克强，中共中央政治局常委、中央书记处书记、中央财经领导小组成员刘云山，中共中央政治局常委、国务院副总理、中央财经领导小组成员张高丽出席会议。习近平在会上发表重要讲。

3. 中共中央政治局召开会议审议通过《关于加快推进生态文明建设的意见》，研究广东天津福建上海自由贸易试验区有关方案。3 月 24 日，中共中央政治局召开会议，审议通过《关于加快推进生态文明建设的意见》，审议通过广东、天津、福建自由贸易试验区总体方案、进一步深化上海自由贸易试验区改革开放方案。中共中央总书记习近平主持会议。

4. 中共中央政治局就健全城乡发展一体化体制机制进行集体学习。4 月 30 日下午，中共中央政治局就健全城乡发展一体化体制机制进行第二十二次集体学习。中共中央总书记习近平在主持学习时强调，加快推进城乡发展一体化，是党的十八大提出的战略任务，也是落实“四个全面”战略布局的必然要求。全面建成小康社会，最艰巨最繁重的任务在农村特别是农村贫困地区。我们一定要抓紧工作、加大投入，努力在统筹城乡关系上取得重大突破，特别是要在破解城乡二元结构、推进城乡要素平等交换和公共资源均衡配置上取得重大突破，给农村发展注入新的动力，让广大农民平等参与改革发展进程、共同享受改革发展成果。学习会上，郭金龙、黄兴国分别谈了近年来北京、天津、河北在健全城乡发展一体化体制机制方面所做工作，并谈了意见和建议。中共中央政治局各位同志认真听取了他们的发言，并就有关问题进行了讨论。

5. 中央扶贫开发工作会议在北京召开。11 月 27 日至 28 日，中央扶贫开发工作会议在北京召开。中共中央总书记、国家主席、中央军委主席习近平出席会议并发表重要讲话。他强调，消除贫困、改善民生、逐步实现共同富裕，是社会主义的本质要求，是我们党的重要使命。全面建成小康社会，是我们对全国人民的庄严承诺。脱贫攻坚战的冲锋号已经吹响。我们要立下愚公移山志，咬定目标、苦干实干，坚决打赢脱贫攻坚战，确保到 2020 年所有贫困地区和贫困人口一道迈入全面小康社会。中共中央政治局常委、国务院总理李克强在会上讲话。中共中央政治局常委张德江、俞正声、刘云山、王岐山、张高丽出席会议。中共中央政治局委员、国务院扶贫开发领导小组组长汪洋在总结讲话中表示，全党要认真学习贯彻习近平总书记重要讲话精神，切实把思想和行动统一到党中央决策部署上来，确保扶贫工作沿着正确方向推进。各级党政领导干部要以上率下、真抓实干、形成工作合力。贫困地区要从实际出发，着力解决关键问题，与时俱进创新扶贫方式，真正围绕群众脱贫出实招，不搞形式主义的扶贫，不建形象工程的样板。要完善机制，调动各方特别是贫困群众积极性和创造性，坚决打赢脱贫攻坚战。会议期间，中西部 22 个省区市党政主要负责同志向中央签署脱贫攻坚责任书。江西、广西、贵州、西藏、甘肃、新疆等 6 个省区的负责同志作大会发言。中共中央政治局委员、中央书记处书记，国务委员等出席会议。各省、自治区、直辖市和计划单列市、新疆生产建设兵团党政主要负责同志，中央农村工作领导小组、国务院扶贫开发领导小组成员，中央和国家机关有关单位、全国人大和全国政协有关专门委员会、部分中管企业、军队和武警部队负责同志等参加会议。

6.《人民日报》全文刊发《中共中央　国务院关于打赢脱贫攻坚战的决定》。12 月 8 日，《人民日报》全文刊发《中共中央　国务院关于打赢脱贫攻坚战的决定》。《决定》分八部分：一是增强打赢脱贫攻坚战的使命感紧迫感；二是打赢脱贫攻坚战的总体要求；三是实施精准扶贫方略，加快贫困人口精准脱贫；四是加强贫困地区基础设施建设，加快破除发展瓶颈制约；五是强化政策保障，健全脱贫攻坚支撑体系；六是广泛动员全社会力量，合力推进脱贫攻坚；七是大力营造良好氛围，为脱贫攻坚提供强大精神动力；八是切实加强党的领导，为脱贫攻坚提供坚强政治保障。《决定》最后号召：让我们更加紧密地团结在以习近平同志为总书记的党中央周围，凝心聚力，精准发力，苦干实干，坚决打赢脱贫攻坚战，为全面建成小康社会、实现中华民族伟大复兴的中国梦而努力奋斗。

三、全面深化改革

1. 习近平主持召开中央全面深化改革领导小组第九次会议并发表重要讲话。1 月 30 日上午，中共中央总书记、中央全面深化改革领导小组组长习近平主持召开中央全面深化改革领导小组第九次会议并发表重要讲话。他强调，落实今年改革任务的责任重、要求高，各地区各部门要明确任务，落实责任，及早部署，精心组织，提高改革方案质量，加大改革落实力度，深入开展改革督察，努力使各项改革举措落地生根，确保各项改革取得预期成效、真正解决问题。中共中央政治局常委、中央全面深化改革领导小组副组长李克强、刘云山、张高丽出席会议。会议审议通过了《关于贯彻落实党的十八届四中全会决定进一步深化司法体制和社会体制改革的实施方案》《省（自治区、直辖市）纪委书记、副书记提名考察办法（试行）》《中央纪委派驻纪检组组长、副组长提名考察办法（试行）》《中管企业纪委书记、副书记提名考察办法（试行）》。会议还就深化体制机制改革加快实施创新驱动发展战略、推行地方各级政府工作部门权力清单制度等问题进行了研究。中央全面深化改革领导小组成员出席，中央和国家有关部门负责同志列席会议。

2. 习近平主持召开中央全面深化改革领导小组第十次会议并发表重要讲话。2 月 27 日上午，中共中央总书记、中央全面深化改革领导小组组长习近平主持召开中央全面深化改革领导小组第十次会议并发表重要讲话。他强调，要科学统筹各项改革任务，协调抓好党的十八届三中、四中全会改革举措，在法治下推进改革、在改革中完善法治，突出重点，对准焦距，找准穴位，击中要害，推出一批能叫得响、立得住、群众认可的硬招实招，处理好改革"最先一公里"和"最后一公里"的关系，突破"中梗阻"，防止不作为，把改革方案的含金量充分展示出来，让人民群众有更多获得感。中共中央政治局常委、中央全面深化改革领导小组副组长李克强、刘云山、张高丽出席会议。会议审议通过了《中国足球改革总体方案》《关于领导干部干预司法活动、插手具体案件处理的记录、通报和责任追究规定》《深化人民监督员制度改革方案》《上海市开展进一步规范领导干部配偶、子女及其配偶经商办企业管理工作的意见》。

3.《中共中央　国务院关于深化体制机制改革　加快实施创新驱动发展战略的若干意见》发布。3 月 24 日，《人民日报》全文刊发《中共中央　国务院关于深化体制机制改革加快实施创新驱动发展战略的若干意见》。《意见》包括九个部分：一是总体思路和主要目标；二是营造激励创新的公平竞争环境；三是建立技术创新市场导向机制；四是强化金融创新的功能；五是完善成果转化激励政策；六是构建更加高效的科研体系；七是创新培养是用好和吸引人才机制；八是推动形成深度融合的开放创新局面；九是加强创新政策统筹协调。

4. 习近平主持召开中央全面深化改革领导小组第十一次会议并发表重要讲话。4 月 1 日下午，中共中央总书记、国家主席、中央军委主席、中央全面深化改革领导小组组长习近平主持召开中央全面深化改革领导小组第十一次会议并发表重要讲话。他强调，必须从贯彻落实"四个全面"战略布局的高度，深刻把握全面深化改革的关键地位和重要作用，拿出勇气和魄力，自觉运用改革思维谋划和推动工作，不断提高领导、谋划、推动、落实改革的能力和水平，切实做到人民有所呼、改革有所应。中共中央政治局常委、中央全面深化改革领导小组副组长李克强、刘云山、张高丽出席会议。会议审议通过了《乡村教师支持计划（2015—2020 年）》《关于城市公立医院综合改革试点的指导意见》《人民陪审员制度改革试点方案》《关于人民法院推行立案登记制改革的意见》《党的十八届四中全会重要举措实施规划（2015—2020 年）》。

5. 习近平主持召开中央全面深化改革领导小组第十二次会议并发表重要讲话。5 月 5 日下午，中共中央总书记、国家主席、中央军委主席、中央全面深化改革领导小组组长习近平主持召开中央全面深化改革领导小组第十二次会议并发表重要讲话。他强调，要教育引导各级领导干部自觉用“四个全面”战略布局统一思想，正确把握改革大局，从改革大局出发看待利益关系调整，只要对全局改革有利、对党和国家事业发展有利、对本系统本领域形成完善的体制机制有利，都要自觉服从改革大局、服务改革大局，勇于自我革命，敢于直面问题，共同把全面深化改革这篇大文章做好。中共中央政治局常委、中央全面深化改革领导小组副组长李克强、刘云山、张高丽出席会议。会议审议通过了《关于在部分区域系统推进全面创新改革试验的总体方案》《检察机关提起公益诉讼改革试点方案》《关于完善法律援助制度的意见》《深化科技体制改革实施方案》《中国科协所属学会有序承接政府转移职能扩大试点工作实施方案》。会议同意山西、内蒙古、黑龙江、江苏、浙江、安徽、福建、山东、重庆、云南、宁夏开展推进司法责任制、司法人员分类管理、司法人员职业保障、省以下地方法院检察院人财物统一管理等 4 项改革试点。这是继去年上海、广东、吉林、湖北、青海、海南、贵州 7 个试点省市后的第二批试点。会议要求试点地方要加强组织领导，细化试点实施方案，推动制度创新。会议强调，思想是行动的先导，要高度重视做好思想政治工作，改革推进到哪一步，思想政治工作就要跟进到哪一步，有的放矢开展思想政治工作，引导大家争当改革促进派。要高度重视全面深化改革引起的利益关系调整，通盘评估改革实施前、实施中、实施后的利益变化，统筹各方面各层次利益，分类指导，分类处理。要着力强化敢于担当、攻坚克难的用人导向，把那些想改革、谋改革、善改革的干部用起来，激励干部勇挑重担。

6. 习近平主持召开中央全面深化改革领导小组第十三次会议并发表重要讲话。6 月 5 日上午，中共中央总书记、国家主席、中央军委主席、中央全面深化改革领导小组组长习近平主持召开中央全面深化改革领导小组第十三次会议并发表重要讲话。他强调，试点是改革的重要任务，更是改革的重要方法。试点能否迈开步子、趟出路子，直接关系改革成效。要牢固树立改革全局观，顶层设计要立足全局，基层探索要观照全局，大胆探索，积极作为，发挥好试点对全局性改革的示范、突破、带动作用。中共中央政治局常委、中央全面深化改革领导小组副组长李克强、刘云山、张高丽出席会议。会议审议通过了《关于在深化国有企业改革中坚持党的领导加强党的建设的若干意见》《关于加强和改进企业国有资产监督　防止国有资产流失的意见》《关于完善国家统一法律职业资格制度的意见》《关于招录人民法院法官助理、人民检察院检察官助理的意见》《关于进一步规范司法人员与当事人、律师、特殊关系人、中介组织接触交往行为的若干规定》。

7. 习近平主持召开中央全面深化改革领导小组第十四次会议并发表重要讲话。7 月 1 日下午，中共中央总书记、国家主席、中央军委主席、中央全面深化改革领导小组组长习近平主持召开中央全面深化改革领导小组第十四次会议并发表重要讲话。他强调，领导干部是否做到严以修身、严以用权、严以律己，谋事要实、创业要实、做人要实，全面深化改革是一个重要检验。要把“三严三实”要求贯穿改革全过程，引导广大党员、干部特别是领导干部大力弘扬实事求是、求真务实精神，理解改革要实，谋划改革要实，落实改革也要实，既当改革的促进派，又当改革的实干家。中共中央政治局常委、中央全面深化改革领导小组副组长刘云山、张高丽出席会议。会议审议通过了《环境保护督察方案（试行）》《生态环境监测网络建设方案》《关于开展领导干部自然资源资产离任审计的试点方案》《党政领导干部生态环境损害责任追究办法（试行）》《关于推动国有文化企业把社会效益放在首位、实现社会效益和经济效益相统一的指导意见》。中央全面深化改革领导小组成员出席，中央和国家有关部门负责同志列席会议。

8. 习近平主持召开中央全面深化改革领导小组第十五次会议并发表重要讲话。8月18日下午，中共中央总书记、国家主席、中央军委主席、中央全面深化改革领导小组组长习近平8月18日下午主持召开中央全面深化改革领导小组第十五次会议并发表重要讲话。他强调，今年以来，在去年全面深化改革开局良好的基础上，各方面改革继续呈现蹄疾步稳、纵深推进的良好态势，在一些重要领域和关键环节取得新突破。各级党委和政府要增强改革定力、保持改革韧劲，加强思想引导，注重研究改革遇到的新情况新问题，锲而不舍、坚韧不拔，提高改革精确发力和精准落地能力，扎扎实实把改革举措落到实处。中共中央政治局常委、中央全面深化改革领导小组副组长李克强、刘云山、张高丽出席会议。会议审议通过了《关于改进审计查出突出问题整改情况向全国人大常委会报告机制的意见》《关于完善人民法院司法责任制的若干意见》《关于完善人民检察院司法责任制的若干意见》《统筹推进世界一流大学和一流学科建设总体方案》《全面改善贫困地区义务教育薄弱学校基本办学条件工作专项督导办法》《关于建立居民身份证异地受理挂失申报和丢失招领制度的意见》。中央全面深化改革领导小组成员出席，中央和国家有关部门负责同志列席会议。

9. 中共中央、国务院印发《关于深化国有企业改革的指导意见》。9月14日，《人民日报》报道，中共中央、国务院近日印发了《关于深化国有企业改革的指导意见》。这是新时期指导和推进国有企业改革的纲领性文件，必将开启国有企业发展的新篇章。《指导意见》共分8章30条，从改革的总体要求到分类推进国有企业改革、完善现代企业制度和国有资产管理体制、发展混合所有制经济、强化监督防止国有资产流失、加强和改进党对国有企业的领导、为国有企业改革创造良好环境条件等方面，全面提出了新时期国有企业改革的目标任务和重大举措。

10. 习近平主持召开中央全面深化改革领导小组第十六次会议并发表重要讲话。9月15日上午，中共中央总书记、国家主席、中央军委主席、中央全面深化改革领导小组组长习近平主持召开中央全面深化改革领导小组第十六次会议并发表重要讲话。他强调，以开放促改革、促发展，是我国改革发展的成功实践。改革和开放相辅相成、相互促进，改革必然要求开放，开放也必然要求改革。要坚定不移实施对外开放的基本国策、实行更加积极主动的开放战略，坚定不移提高开放型经济水平，坚定不移引进外资和外来技术，坚定不移完善对外开放体制机制，以扩大开放促进深化改革，以深化改革促进扩大开放，为经济发展注入新动力、增添新活力、拓展新空间。中共中央政治局常委、中央全面深化改革领导小组副组长李克强、刘云山、张高丽出席会议。会议审议通过了《关于实行市场准入负面清单制度的意见》《关于支持沿边重点地区开发开放若干政策措施的意见》《关于推进价格机制改革的若干意见》《关于鼓励和规范国有企业投资项目引入非国有资本的指导意见》《关于深化律师制度改革的意见》《法官、检察官单独职务序列改革试点方案》《法官、检察官工资制度改革试点方案》《关于加强外国人永久居留服务管理的意见》。中央全面深化改革领导小组成员出席，中央和国家有关部门负责同志列席会议。

11.《中共中央　国务院关于构建开放型经济新体制的若干意见》发布。9月18日，《人民日报》全文刊发《中共中央国务院关于构建开放型经济新体制的若干意见》。《意见》共分十一个部分：(1)构建开放型经济新体制的总体要求；(2)创新外商投资管理体制；(3)建立促进走出去战略的新体制；(4)构建外贸可持续发展新机制；(5)优化对外开放区域布局；(6)加快实施"一带一路"战略；(7)拓展国际经济合作新空间；(8)构建开放安全的金融体系；(9)建设稳定、公平、透明、可预期的营商环境；(10)加强支持保障机制建设；(11)建立健全开放型经济安全保障体系。

12. 习近平主持召开中央全面深化改革领导小组第十七次会议并发表重要讲话。10月13日上午，中共中央总书记、国家主席、中央军委主席、中央全面深化改革领导小组组长习近平主持召开中央全面深化改革领导小组第十七次会议并发表重要讲话。他强调，中央通过的改革方案落地生根，必须鼓励和允许不同地方进行差别化探索。全面深化改革任务越重，越要重视基层探索实践。要把鼓励基层改革创新、大胆探索作为抓改革落地的重要方法，坚持问题导向，着力解决好改革方案同实际相结合的问题、利益调整中的阻力问题、推动改革落实的责任担当问题，把改革落准落细落实，使改革更加精准地对接发展所需、基层所盼、民心所向，更好造福群众。中共中央政治局常委、中央全面深化改革领导小组副组长李克强、刘云山出席会议。会议审议通过了《关于加强和改进行政应诉工作的意见》《深化国税、地税征管体制改革方案》《关于进一步推进农垦改革发展的意见》《关于国有企业功能界定与分类的指导意见》《关于完善矛盾纠纷多元化解机制的意见》。中央全面深化改革领导小组成员出席，中央和国家有关部门负责同志列席会议。

13. 习近平主持召开中央全面深化改革领导小组第十八次会议并发表重要讲话。11月9日上午，中共中央总书记、国家主席、中央军委主席、中央全面深化改革领导小组组长习近平主持召开中央全面深化改革领导小组第十八次会议并发表重要讲话。他强调，党的十八届五中全会通过的《中共中央关于制订国民经济和社会发展第十三个五年规划的建议》，是指导我国改革发展的纲领性文件。我国发展走到今天，发展和改革高度融合，发展前进一步就需要改革前进一步，改革不断前进也能为发展提供强劲动力。在全面贯彻党的十八届五中全会精神过程中，要发挥改革的突破性和先导性作用，增强改革创新精神，提高改革行动能力，着力推进国家治理体系和治理能力现代化，着力推进各方面制度更加成熟更加定型，依靠改革为科学发展提供持续动力。中共中央政治局常委、中央全面深化改革领导小组副组长李克强、刘云山、张高丽出席会议。会议审议通过了《全国总工会改革试点方案》《上海市群团改革试点方案》《重庆市群团改革试点方案》《关于加快实施自由贸易区战略的若干意见》《关于促进加工贸易创新发展的若干意见》《推进普惠金融发展规划（2016—2020年）》《关于深入推进城市执法体制改革改进城市管理工作的指导意见》《国家高端智库建设试点工作方案》。中央全面深化改革领导小组成员出席，中央和国家有关部门、上海市、重庆市负责同志列席会议。

14. 习近平主持召开中央财经领导小组第十一次会议。11月10日上午，中共中央总书记、国家主席、中央军委主席、中央财经领导小组组长习近平主持召开中央财经领导小组第十一次会议，研究经济结构性改革和城市工作。习近平发表重要讲话强调，推进经济结构性改革，是贯彻落实党的十八届五中全会精神的一个重要举措。要牢固树立和贯彻落实创新、协调、绿色、开放、共享的发展理念，适应经济发展新常态，坚持稳中求进，坚持改革开放，实行宏观政策要稳、产业政策要准、微观政策要活、改革政策要实、社会政策要托底的政策，战略上坚持持久战，战术上打好歼灭战，在适度扩大总需求的同时，着力加强供给侧结构性改革，着力提高供给体系质量和效率，增强经济持续增长动力，推动我国社会生产力水平实现整体跃升。中共中央政治局常委、国务院总理、中央财经领导小组副组长李克强，中共中央政治局常委、中央书记处书记、中央财经领导小组成员刘云山，中共中央政治局常委、国务院副总理、中央财经领导小组成员张高丽出席会议。会议听取了国家发展改革委、财政部、人民银行等关于经济结构性改革问题的汇报,听取了住房城乡建设部关于加强城市规划建设管理的汇报。领导小组进行了讨论。中央财经领导小组成员出席，中央和国家有关部门负责同志列席会议。此前，习近平主持召开中央财经领导小组第十次会议，对做好扶贫开发工作、打赢脱贫攻坚战做出全面部署。

15. 中央军委改革工作会议在京举行。11 月 24 日至 26 日，中央军委改革工作会议在京举行。中共中央总书记、国家主席、中央军委主席、中央军委深化国防和军队改革领导小组组长习近平出席会议并发表重要讲话。习近平强调，深化国防和军队改革是实现中国梦、强军梦的时代要求，是强军兴军的必由之路，也是决定军队未来的关键一招。要深入贯彻党在新形势下的强军目标，动员全军和各方面力量，坚定信心、凝聚意志，统一思想、统一行动，全面实施改革强军战略，坚定不移走中国特色强军之路。2020 年前在领导管理体制、联合作战指挥体制改革上取得突破性进展，在优化规模结构、完善政策制度、推动军民融合发展等方面改革上取得重要成果，努力构建能够打赢信息化战争、有效履行使命任务的中国特色现代军事力量体系，完善中国特色社会主义军事制度。着眼于贯彻新形势下政治建军的要求，推进领导掌握部队和高效指挥部队有机统一，形成军委管总、战区主战、军种主建的格局。着眼于深入推进依法治军、从严治军，抓住治权这个关键，构建严密的权力运行制约和监督体系。着眼于打造精锐作战力量，优化规模结构和部队编成，推动我军由数量规模型向质量效能型转变。着眼于抢占未来军事竞争战略制高点，充分发挥创新驱动发展作用，培育战斗力新的增长点。着眼于开发管理用好军事人力资源，推动人才发展体制改革和政策创新，形成人才辈出、人尽其才的生动局面。着眼于贯彻军民融合发展战略，推进跨军地重大改革任务，推动经济建设和国防建设融合发展。深化国防和军队改革的指导思想是，深入贯彻党的十八大和十八届三中、四中、五中全会精神，以马克思列宁主义、毛泽东思想、邓小平理论、“三个代表”重要思想、科学发展观为指导，按照“四个全面”战略布局要求，以党在新形势下的强军目标为引领，贯彻新形势下军事战略方针，全面实施改革强军战略，着力解决制约国防和军队建设的体制性障碍、结构性矛盾、政策性问题，推进军队组织形态现代化，进一步解放和发展战斗力，进一步解放和增强军队活力，建设同我国国际地位相称、同国家安全和发展利益相适应的巩固国防和强大军队，为实现“两个一百年”奋斗目标、实现中华民族伟大复兴的中国梦提供坚强力量保证。中共中央政治局委员、中央军委副主席、中央军委深化国防和军队改革领导小组副组长范长龙，就贯彻习主席重要讲话精神，落实阶段性改革任务提出要求。中共中央政治局委员、中央军委副主席、中央军委深化国防和军队改革领导小组常务副组长许其亮，就深化国防和军队改革总体方案作说明，并部署领导指挥体制改革任务。中央军委委员常万全、房峰辉、张阳、赵克石、张又侠、吴胜利、马晓天、魏凤和出席会议。解放军四总部、各大单位、武警部队和军委办公厅领导等参加会议，中央国家机关有关部门负责人列席会议。

16. 习近平主持召开中央全面深化改革领导小组第十九次会议并发表重要讲话。12 月 9 日下午，中共中央总书记、国家主席、中央军委主席、中央全面深化改革领导小组组长习近平主持召开中央全面深化改革领导小组第十九次会议并发表重要讲话。他强调，今年以来，在党中央领导下，各地区各部门全面贯彻落实党的十八届三中、四中、五中全会精神，推动出台了一大批有力度、有分量的改革成果，改革呈现全面发力、多点突破、蹄疾步稳、纵深推进的良好态势。明年是“十三五”开局之年，各项改革任务、制度建设要向全面建成小康社会这个目标聚焦、向构建发展新体制聚焦，扭住关键，精准发力，严明责任，狠抓落实，确保各项改革取得预期成效。中共中央政治局常委、中央全面深化改革领导小组副组长李克强、刘云山、张高丽出席会议。会议审议通过了《国务院部门权力和责任清单编制试点方案》《关于做好新时期教育对外开放工作的若干意见》《关于整合城乡居民基本医疗保险制度的意见》《关于解决无户口人员登记户口问题的意见》《中国三江源国家公园体制试点方案》《关于在全国各地推开司法体制改革试点的请示》《公安机关执法勤务警员职务序列改革试点方案》《公安机关警务技术职务序列改革试点方案》《中央全面深化改革领导小组 2015 年工作总结报告》《中央全面深化改革领导小组 2016 年工作要点》。中央全面深化改革领导小组成员出席，中央和国家有关部门负责同志列席会议。

四、全面依法治国

1. 习近平在省部级主要领导干部学习贯彻十八届四中全会精神全面推进依法治国专题研讨班开班式上发表重要讲话。2 月 2 日，省部级主要领导干部学习贯彻十八届四中全会精神全面推进依法治国专题研讨班在中央党校开班。中共中央总书记、国家主席、中央军委主席习近平在开班式上发表重要讲话。他强调，各级领导干部在推进依法治国方面肩负着重要责任，全面依法治国必须抓住领导干部这个“关键少数”。领导干部要做尊法学法守法用法的模范，带动全党全国一起努力，在建设中国特色社会主义法治体系、建设社会主义法治国家上不断见到新成效。开班式由中共中央政治局常委李克强主持，中共中央政治局常委张德江、俞正声、刘云山、王岐山、张高丽出席。李克强在主持开班式时指出，习近平总书记的重要讲话统筹全面建成小康社会、全面深化改革、全面依法治国、全面从严治党，强调领导干部是全面依法治国的关键，要做尊法学法守法用法的模范。讲话对推进社会主义法治体系和法治国家建设，具有重要指导意义。希望同志们认真学习领会，切实贯彻落实，做到思想上有新提升、工作上有新举措。李克强强调，全面推进依法治国涉及思想观念、体制机制、领导方式和作风建设等各方面。学会用法治思维和法治方式做好治国理政各项工作，是对各级领导干部的一场“大考”。要严守法治原则，一切依法办事，努力用法治建设的新成效交出一份让人民群众认可的答卷。

2. 中共中央政治局进行第二十一次集体学习。3 月 24 日下午，中共中央政治局就深化司法体制改革、保证司法公正进行第二十一次集体学习。中共中央总书记习近平在主持学习时强调，深化司法体制改革，建设公正高效权威的社会主义司法制度，是推进国家治理体系和治理能力现代化的重要举措。公正司法事关人民切身利益，事关社会公平正义，事关全面推进依法治国。要坚持司法体制改革的正确政治方向，坚持以提高司法公信力为根本尺度，坚持符合国情和遵循司法规律相结合，坚持问题导向、勇于攻坚克难，坚定信心，凝聚共识，锐意进取，破解难题，坚定不移深化司法体制改革，不断促进社会公平正义。

3. 中办、国办印发《领导干部干预司法活动、插手具体案件处理的记录、通报和责任追究规定》。3 月 31 日，《人民日报》报道，近日，中共中央办公厅、国务院办公厅印发了《领导干部干预司法活动、插手具体案件处理的记录、通报和责任追究规定》，并发出通知，要求各地区各部门认真贯彻执行。《人民日报》刊发《规定》全文。

4. 中办、国办印发《关于贯彻落实党的十八届四中全会决定进一步深化司法体制和社会体制改革的实施方案》。4 月 10 日，《人民日报》报道，中共中央办公厅、国务院办公厅近日印发了《关于贯彻落实党的十八届四中全会决定进一步深化司法体制和社会体制改革的实施方案》。该《实施方案》是贯彻落实四中全会决定的部署，在协调衔接三中全会相关改革任务和四中全会改革举措的基础上，为进一步深化司法体制和社会体制改革绘就的路线图和时间表。

5.《习近平关于全面依法治国论述摘编》一书出版发行。4 月 28 日，《人民日报》报道，由中共中央文献研究室编辑的《习近平关于全面依法治国论述摘编》一书，近日由中央文献出版社出版，在全国发行。党的十八大以来，中共中央总书记、国家主席、中央军委主席习近平围绕全面依法治国发表了一系列重要论述，对贯彻落实党的十八大和十八届三中、四中全会精神具有重要指导意义。习近平强调，依法治国是坚持和发展中国特色社会主义的本质要求和重要保障；坚持中国特色社会主义法治道路，最根本的是坚持中国共产党的领导，建设中国特色社会主义法治体系、建设社会主义法治国家，坚持依法治国、依法执政、依法行政共同推进，坚持法治国家、法治政府、法治社会一体建设；要推进科学立法，完善以宪法为统帅的中国特色社会主义法律体系；要严格依法行政，加快建设法治政府；要坚持公正司法，努力让人民群众在每一个司法案件中都能感受到公平正义；要增强全民法治观念，使尊法守法成为全体人民共同追求和自觉行动；要建设一支德才兼备的高素质法治队伍；全面依法治国，必须抓住领导干部这个“关键少数”。认真学习这些重要论述，对于深刻理解全面依法治国的重大意义，系统把握全面依法治国的指导思想、总目标、基本原则和总体要求，深入贯彻落实党的十八届四中全会精神，按照协调推进“四个全面”战略布局的要求不断开创依法治国新局面，具有十分重要的意义。《习近平关于全面依法治国论述摘编》共分 8 个专题，收入 193 段论述，摘自习近平同志 2012 年 12 月 4 日至 2015 年 2 月 2 日期间的讲话、报告、批示、指示等 30 多篇重要文献。其中部分论述是第一次公开发表。

6. 中办、国办印发《关于完善法律援助制度的意见》。6 月 30 日，《人民日报》全文刊发中共中央办公厅、国务院办公厅印发的《关于完善法律援助制度的意见》。《意见》包括五部分：一是总体要求；二是扩大法律援助范围；三是提高法律援助质量；四是提高法律援助保障能力；五是切实加强组织领导。

7. 中共中央、国务院印发《法治政府建设实施纲要（2015—2020 年）》。12 月 28 日，《人民日报》报道，近日，中共中央、国务院印发了《法治政府建设实施纲要（2015—2020 年）》，并发出通知，要求各地区各部门结合实际认真贯彻执行。

五、全面从严治党

1. 十八届中央纪律检查委员会第五次全体会议举行。1 月 12 日至 14 日，中国共产党第十八届中央纪律检查委员会第五次全体会议在北京举行。出席会议的中央纪委委员 125 人，列席 365 人。中共中央总书记、国家主席、中央军委主席习近平出席全会并发表重要讲话。李克强、张德江、俞正声、刘云山、王岐山、张高丽等党和国家领导人出席会议。这次全会的主要任务是：高举中国特色社会主义伟大旗帜，以邓小平理论、“三个代表”重要思想、科学发展观为指导，深入学习贯彻习近平总书记系列重要讲话精神，回顾总结 2014 年党风廉政建设和反腐败工作，研究部署 2015 年任务。全会由中央纪律检查委员会常务委员会主持，审议通过了王岐山同志代表中央纪委常委会所作的《依法治国依规治党，坚定不移推进党风廉政建设和反腐败斗争》的工作报告。全会认真学习了习近平总书记的重要讲话。一致认为，讲话站在党和国家全局高度，全面总结一年来党风廉政建设和反腐败斗争取得的新成效。2014 年，党中央以强烈的历史责任感、深沉的使命忧患感、顽强的意志品质推进党风廉政建设和反腐败斗争，坚持无禁区、全覆盖、零容忍，严肃查处腐败分子，着力营造不敢腐、不能腐、不想腐的政治氛围。讲话深刻分析反腐败斗争依然严峻复杂的形势，明确提出当前和今后一个时期的总体要求和主要任务，强调党风廉政建设和反腐败斗争永远在路上，要坚守阵地、巩固成果、深化拓展，打赢这场攻坚战、持久战。严肃责任追究，强化党风廉政建设主体责任；横下一条心纠正“四风”，常抓抓出习惯、抓出长效；保持高压态势不放松，坚决遏制腐败蔓延势头；深化党的纪律检查体制改革，强化党内监督。讲话着重强调，要加强纪律建设，严明政治纪律和政治规矩，特别是对遵守政治规矩进行了全面阐释。指出要全面深化改革，推进反腐倡廉制度建设。讲话充分肯定了一年来纪律检查工作取得的成绩，对纪检监察干部队伍建设提出明确要求、寄予殷切期望。习近平总书记的重要讲话，体现了崇高的党性品格、担当精神，对加强新形势下党的建设具有十分重要的指导意义。学习宣传、贯彻落实好习近平总书记重要讲话精神，是全党的重要政治任务。各级党组织和广大党员、干部要密切联系思想实际，深刻学习领会，融会贯通；紧密结合工作实践，认真贯彻落实。全会强调，2015 年工作的总体要求是：深入贯彻党的十八大和十八届三中、四中全会精神，认真贯彻习近平总书记系列重要讲话精神，保持政治定力，坚持全面从严治党、依规治党，严明政治纪律和政治规矩、加强纪律建设，深化纪律检查体制改革、完善党风廉政建设法规制度，落实“两个责任”、强化监督执纪问责，持之以恒落实中央八项规定精神，坚决遏制腐败蔓延势头，以更严的纪律管好纪检监察干部，坚定不移推进党风廉政建设和反腐败斗争。第一，从严治党、依规治党，加强党的纪律建设。强化对四中全会精神落实情况的监督检查，确保中央政令畅通。纪律是党的生命，纪律建设就是治本之策。我们党是肩负着历史使命的政治组织，必须有严明的政治纪律和政治规矩。党员领导干部特别是高级领导干部，必须遵守政治规矩，以更强的党性意识、政治觉悟和组织观念要求自己。守纪律是底线，守规矩靠自觉。我们党决不容忍结党营私、拉帮结派；决不允许自行其是、阳奉阴违。要强化对纪律执行情况的检查，抓紧修改党风廉政建设党规党纪和相关法律，保证党内监督权威、有效。第二，深化纪律检查体制改革，推动组织和制度创新。实行下级纪委向上级纪委报告线索处置和案件查办情况制度，制订实施省区市、中管企业纪委书记、副书记提名考察办法。围绕“四个着力”，聚焦突出问题，创新方式方法，深入开展专项巡视，提高频次、机动灵活，扩大巡视覆盖面。对已巡视过的地方或部门开展回头看。今年要加大对国有企业的巡视力度，实现对中管国有重点骨干企业巡视全覆盖。加强派驻监督，新设8家中央纪委派驻机构，完成对保留派驻机构的改革和调整，实现派驻全覆盖。第三，深入落实主体责任，强化责任追究。要巩固成果，推动地市一级和国有企业党组织落实主体责任。没有问责，责任就落实不下去。今年开始，尤其要突出问责。坚持“一案双查”，对违反政治纪律和政治规矩、组织纪律；“四风”问题突出，发生顶风违纪问题；出现区域性、系统性腐败案件的地方、部门和单位，既追究主体责任、监督责任，又严肃追究领导责任。第四，深入落实中央八项规定精神，驰而不息纠正“四风”。要在坚持中深化，在深化中坚持，锲而不舍、狠抓节点、扩大成果。紧盯“四风”问题新形式新动向，坚决查处公款吃喝、旅游和送礼等问题。加强对中央关于厉行节约、公务接待、公车配备等规定执行情况的监督检查，把违反中央八项规定精神列入纪律审查重点，对顶风违纪者所在地区、部门和单位党委、纪委进行问责。以优良党风带动民风社风，倡导时代新风。第五，持续保持高压态势，坚决遏制腐败蔓延势头。突出纪律审查重点，严肃查办发生在领导机关和重要岗位领导干部中插手工程建设、土地出让，侵吞国有资产，买官卖官、以权谋私、腐化堕落、失职渎职案件。把违反政治纪律、组织纪律等行为作为审查重点，对转移赃款赃物、销毁证据，搞攻守同盟、对抗组织审查的行为，必须纳入依规惩处的重点内容。加大对群众身边不正之风和腐败问题查处力度。第六，加强国际合作，狠抓追逃追赃，把腐败分子追回来绳之以法。健全追逃追赃协调机制，强化与有关国家、地区司法协助和执法合作，突破重大个案，形成威慑。加强法规制度建设，推动落实《北京反腐败宣言》，做好防逃工作，布下天罗地网。第七，落实监督责任，建设忠诚、干净、担当的纪检监察干部队伍。坚决克服不想监督、不敢监督、不作为、乱作为问题，对尸位素餐、碌碌无为的干部，该撤换的撤换、该调整的调整。对不敢抓、不敢管，监督责任缺位的坚决问责。打铁还需自身硬，信任不能代替监督。要充分发挥纪检监察干部监督机构的作用，完善自我监督机制，健全内控措施，严肃查处跑风漏气、以案谋私行为，坚决防止“灯下黑”。全会审议并通过了中央纪律检查委员会常务委员会关于申维辰、梁滨严重违纪问题的审查报告，确认中央纪律检查委员会常务委员会之前做出的给予申维辰、梁滨开除党籍处分的决定。全会号召，全党要紧密团结在以习近平同志为总书记的党中央周围，扎实工作、锐意进取，不断取得党风廉政建设和反腐败斗争新成效，为实现两个百年奋斗目标、实现中华民族伟大复兴的中国梦提供有力保证。

2. 中共中央政治局常务委员会召开会议，听取全国人大常委会、国务院、全国政协、最高人民法院、最高人民检察院党组汇报工作。1 月 16 日，中共中央政治局常务委员会全天召开会议，专门听取全国人大常委会、国务院、全国政协、最高人民法院、最高人民检察院党组汇报工作。中共中央总书记习近平主持会议并发表重要讲话。会议指出，中国共产党是执政党，党的领导是中国特色社会主义最本质的特征，是做好党和国家各项工作的根本保证。坚持党的领导，首先是要坚持党中央的集中统一领导，这是一条根本的政治规矩。实现“两个一百年”奋斗目标、实现中华民族伟大复兴的中国梦，统筹全面建成小康社会、全面深化改革、全面依法治国、全面从严治党，是前无古人的伟大事业，是艰巨繁重的系统工程，必须加强党中央的集中统一领导，以保证正确方向、形成强大合力。会议强调，加强党中央的集中统一领导，支持全国人大常委会、国务院、全国政协、最高人民法院、最高人民检察院依法依章程履行职责、大胆工作、发挥作用，这两个方面是统一的，两个方面哪一方面都不能偏。党中央对全国人大常委会、国务院、全国政协、最高人民法院、最高人民检察院的统一领导，很重要的一个制度就是在这些机构成立党组。党组是党中央和地方各级党委在非党组织的领导机关中设立的组织机构，是实现党对非党组织领导的重要组织形式和制度保证。中央政治局常委会听取全国人大常委会、国务院、全国政协、最高人民法院、最高人民检察院党组汇报工作，是保证党中央集中统一领导的制度性安排，意义十分重大，对全党也具有十分重要的示范意义。会议认为，过去的一年，全国人大常委会、国务院、全国政协、最高人民法院、最高人民检察院党组自觉坚持党中央的集中统一领导，坚决维护党中央权威，围绕中心、服务大局，贯彻党章要求、认真履职尽责，充分发挥领导核心作用，注重加强思想政治建设，严格贯彻民主集中制，自觉承担管党治党的责任，保证了党中央重大决策部署和重要指示精神的贯彻落实，推动各自工作取得新进展，为党和国家各项事业发展大局做出了积极贡献。党组自身建设也取得明显成效。会议强调，2015 年是全面深化改革的关键之年，是全面推进依法治国的开局之年，也是全面完成“十二五”规划的收官之年。全国人大常委会、国务院、全国政协、最高人民法院、最高人民检察院党组，要带头遵守党的政治纪律和政治规矩，自觉在思想上政治上行动上同以习近平同志为总书记的党中央保持高度一致，在贯彻落实党中央重大决策部署上凝神聚焦发力，确保政令畅通，确保在各自工作中坚持正确方向。要观大势、掌全局、议大事、抓大事，围绕中心、突出重点，履职尽责、奋发有为，充分发挥职能作用。要着力加强党组自身建设，健全相关制度机制，严格党内政治生活，加强党风廉政建设，切实担负起全面从严治党的责任。

3. 中共中央办公厅印发《关于在县处级以上领导干部中开展“三严三实”专题教育方案》。4 月 20 日，《人民日报》报道，近日，中共中央办公厅印发《关于在县处级以上领导干部中开展“三严三实”专题教育方案》，对 2015 年在县处级以上领导干部中开展“三严三实”专题教育做出安排。

4. 中共中央政治局召开会议审议通过《中国共产党党组工作条例（试行）》。5 月 29 日，中共中央政治局召开会议，审议通过《中国共产党党组工作条例（试行）》。中共中央总书记习近平主持会议。会议强调，各级党委要从全面从严治党、制度治党、依规治党的战略高度，充分认识加强和改进党组工作的极端重要性和现实紧迫性，加强对《条例》实施的组织领导。要抓好《条例》的宣传解读和学习培训，使各级党组织和广大党员干部特别是领导干部深刻理解《条例》精神，准确掌握《条例》主要内容，增强做好党组工作的能力。要加强督促落实，确保《条例》各项规定要求落到实处。

5. 中共中央政治局就加强反腐倡廉法规制度建设进行第二十四次集体学习。6 月 26 日下午，中共中央政治局就加强反腐倡廉法规制度建设进行第二十四次集体学习。中共中央总书记习近平在主持学习时强调，我们党长期执政，既具有巨大政治优势，也面临严峻挑战，必须依靠党的各级组织和人民的力量，不断加强和改进党的建设、管理、监督。铲除不良作风和腐败现象滋生蔓延的土壤，根本上要靠法规制度。要加强反腐倡廉法规制度建设，把法规制度建设贯穿到反腐倡廉各个领域、落实到制约和监督权力各个方面，发挥法规制度的激励约束作用，推动形成不敢腐不能腐不想腐的有效机制。中央纪委宣传部部长肖培就这个问题进行讲解，并谈了意见和建议。中共中央政治局各位同志认真听取了他的讲解，并就有关问题进行了讨论。

6. 习近平会见全国优秀县委书记并发表重要讲话。6 月 30 日上午，中共中央总书记、国家主席、中央军委主席习近平在北京亲切会见全国优秀县委书记，代表党中央向受到表彰的全国优秀县委书记表示热烈的祝贺，向全国广大共产党员和党务工作者致以节日的问候。中共中央政治局常委、中央书记处书记刘云山参加会见并出席表彰会议。习近平给广大县委书记提出 4 点要求。一是要做政治的明白人，对党绝对忠诚，始终同党中央在思想上政治上行动上保持高度一致，坚定理想信念，坚守共产党人的精神家园，自觉践行社会主义核心价值观，自觉执行党的纪律和规矩，真正做到头脑始终清醒、立场始终坚定。二是要做发展的开路人，勇于担当、奋发有为，适应和引领经济发展新常态，把握和顺应深化改革新进程，回应人民群众新期待，坚持从实际出发，带领群众一起做好经济社会发展工作，特别是要打好扶贫开发攻坚战，让老百姓生活越来越好，真正做到为官一任，造福一方。三是要做群众的贴心人，坚持全心全意为人民服务的根本宗旨，自觉贯彻党的群众路线，心系群众、为民造福，心中始终装着老百姓，先天下之忧而忧，后天下之乐而乐，真正做到心系群众、热爱群众、服务群众。四是要做班子的带头人，带头讲党性、重品行、做表率，带头搞好“三严三实”专题教育，带头抓班子带队伍，带头依法办事，带头廉洁自律，带头接受党和人民监督，带头清清白白做人、干干净净做事、堂堂正正做官，真正做到率先垂范、以上率下。

7. 中共中央印发《中国共产党巡视工作条例》。8 月 14 日，《人民日报》全文刊发《中国共产党巡视工作条例》。

8. 中共中央印发《中国共产党廉洁自律准则》和《中国共产党纪律处分条例》。10 月 18 日，中共中央印发了《中国共产党廉洁自律准则》和《中国共产党纪律处分条例》。《准则》和《条例》的颁布实施，是在党长期执政和全面依法治国条件下，实现依规管党治党、加强党内监督的重大举措，体现了党的十八大和十八届三中、四中全会精神以及全面从严治党实践成果。

9. 全国党校工作会议在北京召开。12 月 11 日至 12 日，全国党校工作会议在北京召开。中共中央总书记、国家主席、中央军委主席习近平出席会议并发表重要讲话。他强调，实现全面建成小康社会奋斗目标、实现中华民族伟大复兴的中国梦，关键在于培养造就一支具有铁一般信仰、铁一般信念、铁一般纪律、铁一般担当的干部队伍。党校承担着为领导干部补钙壮骨、立根固本的重要任务，必须坚持党校姓党这个党校工作根本原则，更加重视干部教育培训工作，切实做好新形势下党校工作。中共中央政治局常委李克强、张德江、俞正声、王岐山、张高丽出席会议，中共中央政治局常委、中央党校校长刘云山作总结讲话。刘云山在讲话中指出，习近平总书记的重要讲话从加强党的建设、更好实现党的执政使命的战略高度，紧紧围绕坚持党校姓党，深刻回答了事关党校事业长远发展的一系列重大问题，是指导做好新形势下党校工作的纲领性文献。要深入学习领会、全面贯彻落实，切实把思想和行动统一到讲话精神上来。刘云山说，贯彻习近平总书记重要讲话精神、加强和改进新形势下党校工作，关键是统一思想认识、抓好任务落实、强化工作责任。要深刻认识党校工作的重大意义，深刻认识党校工作的根本原则，深刻认识办好党校的主要任务，深刻认识办好党校的队伍支撑和领导保障。要把党校姓党作为立校办学之本，高扬党的旗帜，增强看齐意识，自觉在思想上政治上行动上同以习近平同志为总书记的党中央保持高度一致，用党校姓党统领教学科研管理一切工作。要突出主业主课，着力加强党的理论教育和党性教育，着力加强 21 世纪马克思主义、当代中国马克思主义研究阐释，着力提升思想引领力和话语主导权。要强化问题导向，积极推进办学理念、教学方式、体制机制改革创新，增强党校工作活力。各级党委要强化办党校管党校建党校的主体责任，党委书记要落实好办党校管党校建党校第一责任人的责任，在把握方向、统筹协调、抓好党校领导班子和队伍建设上履职尽责；强化各有关部门齐抓共管的责任，为党校事业发展提供有力支持；强化各级党校的直接责任，坚持质量立校、从严治校，把“三严三实”要求贯穿办学治校全过程。党校工作人员要积极做党校姓党的践行者，为党校事业和党的事业发展做出新的贡献。中央党的建设工作领导小组成员，中央党校和各省、自治区、直辖市及新疆生产建设兵团、副省级城市党校负责同志，中央和国家机关及军队有关单位负责同志等参加会议。

10. 中共中央政治局召开“三严三实”专题民主生活会。12 月 28 日至 29 日，按照党中央关于在县处级以上领导干部中开展“三严三实”专题教育的部署，中共中央政治局召开专题民主生活会，围绕中央政治局带头践行严以修身、严以用权、严以律己、谋事要实、创业要实、做人要实的要求，联系中央政治局工作，联系党的十八大以来中央抓作风建设的实际，联系自身执行中央八项规定的实际，联系严格教育管理家属子女和身边工作人员的实际，联系周永康、薄熙来、徐才厚、郭伯雄、令计划等人案件的深刻教训，进行党性分析，开展批评和自我批评，总结党的十八大以来作风建设的实践，研究加强党风廉政建设、加强中央政治局自身建设的措施。中共中央总书记习近平主持会议并发表重要讲话。这次会议是中央政治局参加“三严三实”专题教育的一项重要活动。会前，有关方面做了认真准备。一是对“三严三实”专题教育面上的工作和 2013 年 6 月中央政治局专门会议以来贯彻执行中央八项规定、落实加强作风建设措施的情况进行了梳理。二是就中央政治局践行“三严三实”、加强自身建设，征求了全国人大常委会党组、国务院党组、全国政协党组、最高人民法院党组、最高人民检察院党组、省区市党委、中央各部委、国家机关各部委党组（党委）、各人民团体、各民主党派中央、全国工商联和无党派人士代表以及曾经担任中央政治局常委等职务的老同志的意见。三是中央政治局的同志都在一定范围讲了党课，同有关负责同志谈心谈话，重点围绕维护党中央权威和党的团结、服从和维护大局、遵守政治纪律和组织纪律、秉公用权和廉洁自律等方面进行查摆,撰写了发言材料。会议首先审议了《关于三年来中央政治局贯彻执行中央八项规定、落实加强作风建设措施情况的报告》《关于对中央政治局践行“三严三实”要求、加强自身建设征求意见情况的报告》。随后，中央政治局同志逐个发言，按照党中央要求进行对照检查。会议自始至终严肃活泼，有交流讨论，有思想碰撞，有批评和自我批评，体现了“严”和“实”的要求，体现了对党和人民高度负责的态度，体现了开诚布公、团结和谐的精神。习近平就中央政治局当好“三严三实”表率提出四点要求。第一,自觉把“三严三实”要求体现到坚持坚定正确的政治方向上。第二，自觉把“三严三实”要求体现到落实党中央重大决策部署上。第三,自觉把“三严三实”要求体现到对分管方面的管理上。第四，自觉把“三严三实”要求体现到严格要求自己上。

六、多党合作及协商民主建设

1.俞正声主持召开全国政协党组会议。1月15日,中共中央政治局常委、全国政协主席、党组书记俞正声主持召开中共政协第十二届全国委员会党组会议，学习贯彻习近平总书记在十八届中央纪委五次全会上的重要讲话精神，部署进一步推进政协党风廉政建设和反腐败工作。全国政协党组坚决拥护习近平总书记在十八届中央纪委五次全会上的重要讲话，一致认为习近平总书记站在党和国家全局的高度，充分肯定2014年党风廉政建设和反腐败斗争取得的新成效，深刻分析党风廉政建设和反腐败斗争的新形势，明确提出当前和今后一个时期工作的总体要求和主要任务，讲话旗帜鲜明、振聋发聩，对我们坚守阵地、巩固成果、深化拓展，不断把党风廉政建设和反腐败斗争引向深入、夺取反腐败斗争新胜利，具有重要指导意义。会议强调，学习贯彻习近平总书记在十八届中央纪委五次全会上的重要讲话是全国政协党组重要的政治任务。一是要严守政治纪律，遵守政治规矩，遵循组织程序，服从组织决定，政协党组要把严守纪律、严明规矩放到重要位置来抓；二是要维护党中央权威，坚决维护党的团结统一，紧密团结在以习近平同志为总书记的党中央周围；三是要持之以恒落实中央八项规定精神，加强自我约束；四是要在党风廉政建设上严格自律，团结一致地把工作做好，使政协党组成员成为维护党的团结统一的模范、遵守政治纪律的模范、廉洁自律的模范。会议要求，要深入学习贯彻习近平总书记在全国政协2015年新年茶话会上的重要讲话精神,不断凝聚人心,增添力量,加强人民政协协商民主建设，讲真话，进净言，出实招，做好今年政协工作，为继续推进全面建成小康社会、全面深化改革、全面依法治国、全面从严治党积极建言献策。全国政协副主席杜青林、张庆黎、李海峰、陈元、卢展工、周小川、王家瑞、王正伟、马飚出席会议。

2. 李克强主持召开座谈会听取各民主党派中央、全国工商联负责人和无党派人士代表对《政府工作报告（征求意见稿）》的意见和建议。2月5日,《人民日报》报道，日前，国务院总理李克强在中南海主持召开座谈会，在全国两会召开前听取各民主党派中央、全国工商联负责人和无党派人士代表对《政府工作报告（征求意见稿）》的意见和建议。这是中国共产党领导的多党合作和政治协商制度的重要体现，是国务院的一条重要工作规则，有利于达成广泛共识、凝聚社会力量。李克强希望大家畅所欲言。会上，李克强仔细倾听，不时与大家深入交流。听完发言后，李克强感谢各民主党派、全国工商联、无党派人士一直以来对政府工作的支持。他说，大家的发言对做好政府工作很有启发、很有帮助，国务院将认真研究采纳。政府要依法有效施政，妥善应对好面临的各种困难和挑战，必须加强政府与各民主党派、全国工商联、群众团体等的沟通协作，广泛听取社会各界意见，同舟共济、形成合力，紧紧扭住经济建设这个中心，加快转变发展方式，推进科学发展，促进经济提质增效升级和社会文明进步。

3. 中共中央印发《关于加强社会主义协商民主建设的意见》。2 月 10 日，《人民日报》全文刊登中共中央印发《关于加强社会主义协商民主建设的意见》。《意见》明确了社会主义协商民主的本质属性和基本内涵，阐述了加强社会主义协商民主建设的重要意义、指导思想、基本原则和渠道程序，对新形势下开展政党协商、人大协商、政府协商、政协协商、人民团体协商、基层协商、社会组织协商等做出全面部署，是指导社会主义协商民主建设的纲领性文件。《意见》包括九个部分：一是加强协商民主建设的重要意义；二是加强协商民主建设的指导思想、基本原则和渠道程序；三是继续加强政党协商；四是积极开展人大协商；五是扎实推进政府协商；六是进一步完善政协协商；七是认真做好人民团体协商；八是稳步推进基层协商；九是加强和完善党对协商民主建设的领导。

4. 习近平同党外人士共迎新春。2 月 11 日下午，中共中央总书记、国家主席、中央军委主席习近平在人民大会堂同各民主党派中央、全国工商联负责人和无党派人士代表欢聚一堂，共迎新春。中共中央政治局常委、全国政协主席俞正声，中共中央政治局常委、国务院副总理张高丽出席。民革中央主席万鄂湘、民盟中央主席张宝文、民建中央主席陈昌智、民进中央主席严隽琪、农工党中央主席陈竺、致公党中央主席万钢、九三学社中央主席韩启德、台盟中央主席林文漪、全国工商联主席王钦敏和无党派人士代表林毅夫等应邀出席。应邀出席的还有全国政协副主席董建华、何厚铧。万钢代表各民主党派中央、全国工商联和无党派人士致辞。在听取了万钢致辞后，习近平发表了重要讲话。习近平强调，要着力服务全面建成小康社会、全面深化改革、全面依法治国、全面从严治党的战略布局。“四个全面”的战略布局是从我国发展现实需要中得出来的，从人民群众的热切期待中得出来的，也是为推动解决我们面临的突出矛盾和问题提出来的。统一战线有自己的优势,应该也完全能够为落实“四个全面”的战略布局做出贡献。睿智之言、务实之策根植于人民。希望同志们深入开展专题调研，提出更多建设性、可操作的意见和建议。习近平指出，要着力推动政党协商深入开展。中共中央制订了《关于加强社会主义协商民主建设的意见》，对指导和推进我国协商民主广泛多层制度化发展具有重要意义。搞好政党协商，需要中国共产党和各民主党派共同努力。民主党派在提高政党协商水平中担负着重要责任，但中国共产党担负着首要责任，因为我们是执政党，应该更加自觉地做到虚怀若谷、集思广益。我们将一如既往营造宽松民主的协商环境，鼓励不同意见交流和讨论，真正形成知无不言、言无不尽的氛围。我们将继续为党外人士搭建更多平台、创造更好条件，帮助大家了解有关情况，支持大家搞好调查研究。希望大家加强自身建设，不断提高参政议政能力和水平，参政参到要点上，议政议到关键处，为政党协商深入开展打下坚实基础。习近平强调，要着力推动统一战线巩固和发展。巩固和发展最广泛的爱国统一战线，是我们战胜困难、夺取胜利的重要法宝。统一战线追求的团结，是广泛的团结，也是坚强的团结，是沿着正确政治方向、向着共同目标前进的团结。希望大家把坚持和发展中国特色社会主义学习实践活动、理想信念教育实践活动持续深入开展下去，不断增强广大成员和所联系群众的中国特色社会主义道路、理论、制度自信。孙春兰、栗战书，各民主党派中央、全国工商联有关负责人，中央有关部门负责人参加活动。

5. 习近平看望参加政协会议的民革台盟台联委员并发表重要讲话。3 月 4 日下午，中共中央总书记、国家主席、中央军委主席习近平看望了参加全国政协十二届三次会议的民革、台盟、台联委员，并参加联组会，听取委员们意见和建议。他强调，两岸关系和平发展是一条维护两岸和平、促进共同发展、造福两岸同胞的正确道路，也是通向和平统一的光明大道，我们应该坚定不移走和平发展道路，坚定不移坚持共同政治基础，坚定不移为两岸同胞谋福祉，坚定不移携手实现民族复兴。中共中央政治局常委、全国政协主席俞正声参加看望和讨论。习近平强调，“九二共识”对两岸建立政治互信、开展对话协商、改善和发展两岸关系，发挥了不可替代的重要作用。如果两岸双方的共同政治基础遭到破坏，两岸互信将不复存在，两岸关系就会重新回到动荡不安的老路上去。我们始终把坚持“九二共识”作为同台湾当局和各政党开展交往的基础和条件，核心是认同大陆和台湾同属一个中国。只要做到这一点，台湾任何政党和团体同大陆交往都不会存在障碍。“台独”分裂势力及其活动损害国家主权和领土完整，企图挑起两岸民众和社会对立、割断两岸同胞精神纽带，是两岸关系和平发展的最大障碍，是台海和平稳定的最大威胁，必须坚决反对。两岸同胞要对“台独”势力保持高度警惕。习近平指出，为两岸同胞谋福祉是我们发展两岸关系的着眼点和落脚点。两岸关系和平发展，要两岸同胞共同推动，靠两岸同胞共同维护，由两岸同胞共同分享。我们坚持为两岸同胞谋福祉的理念不会变，为台湾同胞办实事、办好事的政策措施不会变。我们注重听取台湾各界特别是基层民众意见和建议，愿意了解台湾同胞想法和需求。我们欢迎更多台湾同胞参与到两岸大交流进程中来，成为两岸关系和平发展的支持者、参与者。要继续加强两岸同胞交流往来，实施惠及两岸同胞的政策法律措施，扩大台湾基层民众受益面和获得感。我们愿意让台湾同胞分享大陆发展机遇，愿意为台湾青年提供施展才华、实现抱负的舞台，让两岸关系和平发展为他们的成长、成才、成功注入新动力、拓展新空间。习近平希望民革、台盟、台联各位委员深刻领会中共中央对台大政方针和决策部署，充分发挥同台湾地区和海外联系广泛的优势，密切同台湾同胞的联系，促进两岸人员往来和经济文化交流，推动两岸同胞携手共圆中国梦。

6. 中央统战工作会议召开。5 月 18 日至 20 日，中央统战工作会议在北京召开。中共中央总书记、国家主席、中央军委主席习近平出席会议并发表重要讲话。他强调，全面贯彻落实党的十八大和十八届三中、四中全会精神，坚持以邓小平理论、“三个代表”重要思想、科学发展观为指导，深入研究统战工作面临的形势，扎扎实实做好统一战线各方面工作，巩固和发展最广泛的爱国统一战线，为推进“四个全面”战略布局，为实现“两个一百年”奋斗目标、实现中华民族伟大复兴的中国梦，提供广泛力量支持。中共中央政治局常委、全国政协主席俞正声出席会议并作总结讲话。俞正声在讲话中指出，习近平总书记的重要讲话，科学回答了新形势下需要不需要统一战线，需要什么样的统一战线，以及怎样巩固和发展统一战线等重大问题，是指导统一战线事业发展的纲领性文献。要认真学习贯彻习近平总书记重要讲话精神，扎实推进各领域统战工作，不断开创党的统一战线事业新局面。俞正声说，学习贯彻会议和《中国共产党统一战线工作条例（试行）》精神，首先要把统一战线的重要法宝地位在思想上确立起来、在实践中运用起来，围绕“四个全面”战略布局，最大限度地凝聚共识、凝聚人心、凝聚智慧、凝聚力量。要坚持正确处理一致性和多样性关系的方针，既要不断巩固共同思想政治基础，也要包容、鼓励在此基础上的不同认识和意见。坚持完善中国共产党领导的多党合作和政治协商制度，充分发挥中国特色社会主义参政党作用，巩固和发展社会主义和谐政党关系。开展党外知识分子工作，要坚持尊重劳动、尊重知识、尊重人才、尊重创造的方针，政治上充分信任、工作上大力支持，认真把握特点规律、做好教育引导工作，把他们紧密团结在党的周围，发挥他们的智慧和才能。加强基层、特别是县级统战工作，重点做好民族、宗教和非公有制经济人士工作。各级党委和领导同志要高度重视、率先垂范做统战工作，有关部门和单位要结合各自职能、采取有力措施，切实担负起开展统战工作的重要职责。各级统战部门要积极履行贯彻落实会议和《条例》精神的主体责任，各级统战干部要按照政治坚定、业务精通、作风过硬的要求，全面提升能力素质，努力使统战干部成为党外人士之友、统战部门成为党外人士之家。中共中央政治局委员、中央统战部部长孙春兰对《中国共产党统一战线工作条例（试行）》作了说明，要求抓好《条例》的学习宣传和贯彻落实，不断提高新形势下统战工作的规范化制度化科学化水平。

7.《中国共产党统一战线工作条例（试行）》颁布。5 月 26 日，《人民日报》报道，经中共中央批准，《中国共产党统一战线工作条例（试行）》正式颁布，自 2015 年 5 月 18 日起施行。统一战线是中国共产党凝聚人心、汇聚力量的政治优势和战略方针，是夺取革命、建设、改革事业胜利的重要法宝，是增强党的阶级基础、扩大党的群众基础、巩固党的执政地位的重要法宝，是全面建成小康社会、加快推进社会主义现代化、实现中华民族伟大复兴中国梦的重要法宝。这次制订颁布《条例》，是以习近平同志为总书记的党中央高度重视统战工作的重要体现，是贯彻落实党的十八大和十八届三中、四中全会精神的重要举措。《条例》作为中国共产党关于统一战线工作的第一部法规，明确了统一战线服务全面建成小康社会、全面深化改革、全面依法治国、全面从严治党战略布局的方向原则，全面规范了各领域各方面统战工作，是推进统战工作制度化、规范化、程序化建设的重要标志，在党的统一战线历史上具有里程碑意义。《条例》全面贯彻党的十八大以来以习近平同志为总书记的党中央关于统一战线的新思想新要求，吸收了统战工作的新经验新成果，注重研究解决新形势下统战工作面临的新情况新问题。《条例》强调要加强党对统战工作的领导，以马克思列宁主义、毛泽东思想、邓小平理论、“三个代表”重要思想、科学发展观为指导，深入学习贯彻习近平总书记系列重要讲话精神，坚定不移走中国特色社会主义道路，紧紧围绕“四个全面”战略布局，高举爱国主义、社会主义旗帜，坚持大团结大联合的主题，坚持正确处理一致性和多样性关系的方针，积极促进政党关系、民族关系、宗教关系、阶层关系、海内外同胞关系和谐，巩固和发展最广泛的爱国统一战线，为实现“两个一百年”奋斗目标、实现中华民族伟大复兴的中国梦服务，为维护社会和谐稳定、维护国家主权安全发展利益服务，为保持香港澳门长期繁荣稳定、实现祖国完全统一服务。《条例》分总则、组织领导与职责、民主党派和无党派人士工作、党外知识分子工作、民族工作、宗教工作、非公有制经济领域统一战线工作、港澳台海外统一战线工作、党外代表人士队伍建设、附则等 10 章 46 条。《条例》要求，各级党委（党组）要履行统一战线工作职责，党委（党组）主要负责人是统一战线工作第一责任人；各级统战部要切实履行党委主管统战工作职能部门的职责，发挥牵头协调作用，认真遵守和贯彻落实好本条例。要进一步推动形成全党重视、全社会支持统战工作的良好局面，为实现党的奋斗目标凝聚共识、凝聚人心、凝聚智慧、凝聚力量。

8. 俞正声主持召开调研协商座谈会。6 月 8 日，中共中央政治局常委、全国政协主席俞正声在京主持召开调研协商座谈会，邀请民革中央、民盟中央、民进中央、台盟中央、全国工商联负责人和无党派人士代表，就推进“一带一路”建设和制订“十三五”规划建言献策。中共中央政治局委员、中央统战部部长孙春兰出席。在座谈会上，民革中央主席万鄂湘建议，明确平潭综合实验区特殊定位，支持平潭成为“一带一路”的重要起航点。民盟中央主席张宝文提出，将养老服务业确定为民生经济的支柱性产业，构建政策支持体系，推进居家养老、医养结合，鼓励民间资本进入。民进中央主席严隽琪建议，完善公共文化服务体系建设，实施“文、体、教、科普”公共文化服务联合行动、全民阅读提升计划。台盟中央副主席黄志贤提出，明确台湾农民创业园的功能定位，推动两岸农业交流、促进两岸基层民众往来。全国工商联主席王钦敏建议，引导支持民营企业参与“一带一路”建设，加快建立政策支撑体系，加大财税、金融、保险、外汇的支持力度。无党派人士林毅夫建议，建立有区别的产业政策体系，优化政府服务体系，完善促进“一带一路”发展的“软环境”。俞正声就一些问题与大家进行了探讨。他指出，组织召开调研协商座谈会，是贯彻中央统战工作会议和《中国共产党统一战线工作条例（试行）》精神、扎实推进政党协商的重要举措。要进一步加强制度化、规范化建设，使调研协商座谈会更好地发挥作用。“一带一路”是以习近平同志为总书记的党中央提出的重大战略，希望各民主党派、工商联和无党派人士围绕一些重点难点问题，深入开展调研，积极献计出力。“十三五”规划是全面建成小康社会进入攻坚阶段的“收官”性规划，也是为第二个一百年目标全面布局的“奠基”性规划，希望大家围绕“十三五”时期经济社会发展的重大任务和改革举措，深入调查、深化研究，提出真知灼见，为制订科学完善的“十三五”规划做贡献。希望各民主党派切实加强参政党建设，不断提高履职尽责的能力和水平。相关部门要为搞好政党协商、充分发挥民主党派和无党派人士作用，创造好的条件，提供必要支持。国家发改委、民政部、农业部、商务部、文化部、国家新闻出版广电总局、国台办、中国银监会和福建省有关负责同志与党外人士进行了互动交流。参加座谈会的党外人士还有齐续春、陈晓光等。

9. 中办印发《关于加强人民政协协商民主建设的实施意见》。6 月 26 日，《人民日报》报道，近日，中共中央办公厅印发了《关于加强人民政协协商民主建设的实施意见》，并发出通知，要求各地区各部门结合实际认真贯彻执行。《意见》分七个部分：一是加强人民政协协商民主建设的重要意义、指导思想和重要原则；二是明确政协协商的内容；三是规范政协协商的形式；四是加强政协协商与党委和政府工作的有效衔接；五是加强人民政协制度建设；六是提高政协协商能力；七是加强和完善党对人民政协协商民主建设的领导。

10. 中共中央召开党外人士座谈会。7 月 24 日，中共中央在中南海召开党外人士座谈会，就当前经济形势和下半年经济工作听取各民主党派中央、全国工商联负责人和无党派人士代表的意见和建议。中共中央总书记习近平主持座谈会并发表重要讲话。中共中央政治局常委李克强、刘云山、张高丽出席座谈会。李克强通报了上半年经济工作有关情况，介绍了中共中央关于做好下半年经济工作的考虑。座谈会上，民革中央主席万鄂湘、民盟中央主席张宝文、民建中央主席陈昌智、民进中央主席严隽琪、农工党中央主席陈竺、致公党中央主席万钢、九三学社中央主席韩启德、台盟中央主席林文漪、全国工商联副主席黄荣、无党派人士代表林毅夫先后发言。他们赞同中共中央、国务院对当前我国经济形势的分析和下半年经济工作的考虑，并就加强宏观调控、稳步推进“一带一路”和“长江经济带”建设、促进国内统一市场法治建设、促进农村金融创新、挖掘潜力扩大内需、推动医改深化和健康服务业升级、完善环保产业政策、发展养老服务业、激发民间投资潜力、激发基层财政资金整合活力、以互联网 + 助推扶贫攻坚、加大小微企业扶持力度、推进国际产能和创新合作等内容提出意见和建议。在认真听取大家发言后，习近平作了重要讲话。他表示，大家在发言中就全面认识当前经济形势、做好经济工作提出了很好的意见和建议，我们将认真研究、积极吸纳。习近平指出，上半年，各民主党派中央、全国工商联和无党派人士围绕中共中央决策部署，聚焦“十二五”目标任务、国家经济社会发展重大问题、人民群众关注的难点问题，主要领导同志带队，分赴 10 余个省份，深入 200 多家基层单位，就重点课题开展调研，形成了一批调研成果。各民主党派中央、全国工商联和无党派人士向中共中央、国务院报送各类调研报告、意见和建议，为我们科学决策和有效施策提供了重要依据。习近平代表中共中央，向大家表示衷心的感谢。习近平希望各民主党派、工商联和无党派人士正确认识当前经济形势，把思想和行动统一到中共中央决策部署上来，广泛团结各自成员和所联系群众，形成支持改革发展的高度共识；发挥人才荟萃的智力优势、联系广泛的资源优势，紧紧围绕经济社会运行和全面深化改革、全面依法治国的重大问题，深入调查研究，为中共中央决策提供前瞻性、可操作性的意见和建议，推动我国经济社会发展行稳致远。

11. 中共中央召开党外人士座谈会。8 月 21 日，中共中央在中南海召开党外人士座谈会，就中共中央关于制订国民经济和社会发展第十三个五年规划的建议听取各民主党派中央、全国工商联领导人和无党派人士的意见和建议。中共中央总书记习近平主持座谈会并发表重要讲话。中共中央政治局常委李克强、俞正声、张高丽出席座谈会。座谈会上，民革中央主席万鄂湘、民盟中央主席张宝文、民建中央主席陈昌智、民进中央主席严隽琪、农工党中央主席陈竺、致公党中央主席万钢、九三学社中央主席韩启德、台盟中央主席林文漪、全国工商联主席王钦敏、无党派人士代表林毅夫先后发言。他们赞同中共中央关于制订国民经济和社会发展第十三个五年规划的建议的考虑，并就引领经济发展新常态、合理确定发展目标、稳定增长预期、突出创新驱动发展战略、注重发展实体经济、做好“三农”工作和扶贫工作、健全粮食安全策略、促进中西部地区扩大开放、加快新型城镇化建设、推动政府治理改革、加强教育综合改革、加大专业化人才培养力度、重视人口老龄化问题、推动健康中国建设、加强生态领域综合治理、实现绿色发展等方面提出意见和建议。在认真听取了大家的发言后，习近平作了重要讲话。他表示，大家提出了许多很好的意见和建议，对起草好文件很有帮助，我们将认真研究吸收。习近平希望各民主党派、工商联和无党派人士积极引导各自成员和所联系群众把思想和行动统一到中共中央关于“十三五”规划的形势判断和决策部署上来，心往一处想，力往一处使，注重听取各自成员和所联系群众的意见，注重反映社会各有关方面的诉求，帮助中共中央更全面地了解社会各界意见和建议。马凯、王沪宁、刘延东、许其亮、孙春兰、李建国、汪洋、孟建柱、栗战书、杜青林、杨晶、杨洁篪、王勇、周小川，中央有关部门负责人出席座谈会。出席座谈会的党外人士还有罗富和、陈晓光、马培华、刘晓峰和蒋作君、邵鸿、修福金、黄志贤、黄荣、黄艳等。

12. 坚持和发展中国特色社会主义学习实践活动经验交流暨中期推动会在北京召开。10 月 14 日，坚持和发展中国特色社会主义学习实践活动经验交流暨中期推动会在北京召开。中共中央政治局常委、全国政协主席俞正声出席会议并讲话。会上，民革中央常务副主席齐续春、民盟中央主席张宝文、民建中央主席陈昌智、民进中央主席严隽琪、农工党中央主席陈竺、致公党中央主席万钢、九三学社中央主席韩启德、台盟中央主席林文漪、无党派人士代表郭雷先后发言，介绍了各自开展坚持和发展中国特色社会主义学习实践活动的情况，交流了经验和体会，提出了下一阶段活动的思路和任务。在听取大家的发言后，俞正声指出，坚持和发展中国特色社会主义学习实践活动开展两年来，取得了重要的阶段性成果，激发了广大成员的参与热情，创新了思想教育的形式载体，巩固了多党合作的政治基础，促进了参政党作用的发挥。俞正声强调，协调推进“四个全面”战略布局，召开中央统战工作会议和颁发《中国共产党统一战线工作条例（试行）》，为发展统一战线和多党合作事业提供了难得的发展机遇。要适应形势任务变化，着眼增进政治共识，更加注重开拓创新，更加注重扩大影响，更加注重提高实效，把学习实践活动不断引向深入。俞正声指出，在下一阶段的活动中，要正确认识和处理一致性和多样性的关系、学习和实践的关系、阶段性和长期性的关系，不断深化对活动的理解把握。要着眼搞好政治交接，积极做优良传统的传承者、弘扬者，营造学传统、讲传统、用传统的浓厚氛围。要坚持问题导向，解决好贴近成员和贴近时代两个基本问题，不断创新方式方法，提高活动实效。要积极培育和践行社会主义核心价值观，围绕热点问题正面发声，充分释放活动集聚的正能量。要注重将成熟的经验规范化、短期的举措长期化、分散的制度系统化，探索形成思想建设长效机制。俞正声要求各级党委关心支持民主党派加强自身建设，推动活动深入开展，取得预期效果。统战部门要履行好服务和协调职责，帮助解决实际问题和困难。中共中央政治局委员、中央统战部部长孙春兰主持会议。在北京主会场出席会议的还有陈晓光、马培华、刘晓峰等。这次会议以电视电话会议形式召开。各民主党派中央负责同志、无党派人士代表，中央国家机关有关部门负责同志、部分在京高校负责同志、中央社会主义学院部分学员等参加。各省、自治区、直辖市设分会场。

13. 中办印发《关于加强政党协商的实施意见》。12 月 11 日，《人民日报》报道，近日，中共中央办公厅印发了《关于加强政党协商的实施意见》，并发出通知，要求各地区各部门结合实际认真贯彻执行。《意见》包括六部分：一是政党协商的指导思想和重要意义；二是政党协商的内容；三是政党协商的形式；四是政党协商的程序；五是政党协商的保障机制；六是加强和完善党对政党协商的领导。

14. 中共中央召开党外人士座谈会。12 月 10 日，中共中央在中南海召开党外人士座谈会，就今年经济形势和明年经济工作听取各民主党派中央、全国工商联负责人和无党派人士代表的意见和建议。中共中央总书记习近平主持座谈会并发表重要讲话。中共中央政治局常委李克强、俞正声、刘云山、张高丽出席座谈会。李克强通报了今年经济工作有关情况，介绍了中共中央关于做好明年经济工作的考虑。座谈会上，民革中央主席万鄂湘、民盟中央主席张宝文、民建中央主席陈昌智、民进中央主席严隽琪、农工党中央常务副主席刘晓峰、致公党中央主席万钢、九三学社中央主席韩启德、台盟中央主席林文漪、全国工商联主席王钦敏、无党派人士代表李稻葵先后发言。他们赞同中共中央对当前我国经济形势的分析和明年经济工作的考虑，并就深化改革、加强消费品工业产能国际合作、深化金融体制改革、降低企业成本、推进健康中国美丽中国建设、推动产业优化升级、推动京津冀协同发展、推进税收体制改革、降低实体经济成本、深化两岸经济合作等提出意见和建议。在听取大家的发言后，习近平作了重要讲话。习近平强调，今年是统一战线和多党合作成果丰硕的一年。我们召开了中央统战工作会议，颁布实施了《中国共产党统一战线工作条例（试行）》《关于加强社会主义协商民主建设的意见》《关于加强政党协商的实施意见》，为统一战线和多党合作事业发展提供了重要遵循。希望各民主党派、工商联和无党派人士，把思想和行动统一到中共中央决策部署上来，把智慧和力量凝聚到改革发展稳定上来，充分发挥人才荟萃、智力密集的优势，深入考察调研，深化对发展规律的认识，积极建言献策。习近平指出，开展政党协商，需要中国共产党和各民主党派共同努力。对中国共产党来讲，要加强对政党协商的领导，增强协商意识，更加善于协商。对民主党派而言，要努力提高政党协商能力，担负起政党协商参与者、实践者、推动者的政治责任。我们要共同努力，把政党协商这一社会主义民主的重要形式坚持好、发展好、运用好。马凯、王沪宁、刘延东、孙春兰、汪洋、栗战书、杨晶、王勇、周小川、王正伟，中共中央、国务院有关部门负责人出席座谈会。出席座谈会的党外人士还有罗富和、齐续春、陈晓光、马培华和蒋作君、邵鸿、黄志贤、修福金、徐辉、辜胜阻、朱永新、何维、杨邦杰、赖明、黄荣、刘桓等。

贾小明　中央社会主义学院中国政党制度研究中心副秘书长

中国国民党革命委员会

2015 年，民革全党认真学习贯彻中共十八大、十八届三中、四中、五中全会精神和习近平总书记系列重要讲话精神，紧紧围绕中共中央“五位一体”总体布局和“四个全面”战略布局，积极履行参政党职责、大力加强自身建设，各项工作取得了新成绩。

一、重要会议及活动

2015 年，民革中央领导机构根据党章规定，通过召开全国代表大会、中全会、中常会、中央监督委员会会议、专题工作会议来领导全党工作，同时中央还在本年的有关重大事件和纪念日召开了多种形式的座谈会和纪念会。

（一）中央委员会会议

12 月 16 日至 17 日，中国国民党革命委员会第十二届中央委员会第四次全体会议在北京召开。会议主要内容是学习贯彻中共十八届五中全会精神，听取和审议第十二届中央常务委员会工作报告和中央监督委员会工作报告。民革中央主席万鄂湘、常务副主席齐续春，副主席修福金、刘凡、程崇庆、傅惠民、何丕洁、田惠光、郑建邦、邓力平、刘家强及中央委员出席会议。

万鄂湘同志代表民革第十二届中央常务委员会作工作报告。报告指出，一年来，民革全党认真学习贯彻中共十八大、十八届三中、四中、五中全会精神以及习近平总书记系列重要讲话精神，学习中央统战工作会议精神、学习《中国共产党统一战线工作条例（试行）》《中共中央关于加强社会主义协商民主建设的意见》和《中共中央关于加强政党协商的实施意见》，开展坚持和发展中国特色社会主义学习实践活动，各项工作取得了新的成绩。

报告指出，发挥民革对台联系广泛的优势，深入研究平潭综合实验区发展与两岸关系问题，是习近平总书记交给民革的光荣政治任务。民革中央积极围绕平潭综合实验区发展建言献策，参与平潭建设的四项工作取得积极进展。成立民革中央企业家联谊会，引导民革党员中企业家参与平潭综合实验区建设，谋划筹办中山银行有关事宜。

报告指出，一年来，民革努力做好履职各项工作，参政议政、民主监督、参加中国共产党领导的政治协商等工作成效显著。民革中央分别与多个部委建立合作机制，围绕国家经济社会发展全局性、战略性和前瞻性问题，全年选定 31 个课题，开展调研考察 36

次，形成调研成果近 30 项，报送书面建议 10 篇，得到中共中央、国务院的充分肯定。

报告指出，民革思想理论宣传工作突出特色，以开展坚持和发展中国特色社会主义学习实践活动为主线，积极开展纪念中国人民抗日战争暨世界反法西斯战争胜利 70 周年活动，加强党史和思想教育，深入开展参政党理论研究。民革各级领导同志就坚持和发展中国特色社会主义学习实践活动赴基层。民革 30 个省级组织和团结出版社积极参加抗战老兵口述历史和民革前辈史料采集工作，共采访、收集了 227 名抗战老兵和民革前辈的资料。

报告指出，一年来，民革组织和机关建设工作稳步发展，广泛开展组织工作的调查研究，科学推动组织发展，积极推荐干部任职，重视干部培养锻炼，狠抓党内监督和机关作风工作，“民革 e 家”信息交流平台建设初见成效。

报告指出，2015 年，民革社会服务各项工作扎实推进。法律服务工作不断深入，全国 24 个省级组织和 150 个地市级组织成立了法律服务机构，积极开展法律咨询和普法活动，累计受益群众 2 万人次。中山博爱基金会正式获批，将弘扬博爱精神，致力于社会公益慈善事业。积极探索精准扶贫工作，民革各级组织共投入扶贫资金和物资折合价款约 6200 万元，帮助贫困地区引进各类资金近 2 亿元。

报告指出，民革全党紧密联系两岸关系和台湾岛内形势的发展变化，积极开展各项对台对外交流活动，依托邀访、论坛、实习、大赛等四大品牌项目，持续做好台湾青年工作，促进祖国和平统一工作成绩显著。

报告要求，2016 年民革全党要全面贯彻中共十八大和十八届三中、四中、五中全会精神和习近平总书记系列重要讲话精神，贯彻中央统战工作会议精神、《中国共产党统一战线工作条例（试行）》《中共中央关于加强社会主义协商民主建设的意见》和《中共中央关于加强政党协商的实施意见》，紧紧围绕“四个全面”战略布局，以持续开展坚持和发展中国特色社会主义学习实践活动为主线，以纪念孙中山诞辰 150 周年为契机，重点加强民革履职能力建设、搞好政治交接，全面加强自身建设，努力使各方面工作取得新成效。

齐续春同志主持开幕会。何丕洁同志在开幕会上代表中央监督委员会作工作报告。会议书面报告了民革中央 2015 年参政议政工作情况。与会同志就中央常务委员会工作报告、中央监督委员会工作报告、中央参政议政工作情况报告及中全会决议进行了讨论。与会同志还听取了中共十八届五中全会精神中央宣讲团成员、中国社会科学院副院长蔡昉关于学习贯彻中共十八届五中全会精神的辅导报告。

12 月 18 日下午，民革十二届四中全会在北京闭幕。程崇庆同志主持闭幕会。会议通过了民革十二届四中全会决议。齐续春同志在闭幕会上讲话，对下一阶段工作提出三点要求：一是认真学习贯彻中共十八届五中全会精神，进一步把思想和行动统一到全会精神上来，履行好参政党的各项职能。二是围绕“四个全面”战略布局和“十三五”规划，进一步做好参政议政、社会服务工作。三是积极参与孙中山诞辰 150 周年纪念活动，为促进祖国和平统一工做贡献力量。

民革中央原主席何鲁丽、周铁农，原第一副主席厉无畏，原副主席李赣骝、朱培康及民革中央顾问出席开幕会。民革中央机关局级干部，机关服务中心、团结报社、团结出版社负责人列席会议。

（二）中央常务委员会会议

2015 年，民革第十二届中央常务委员会根据党章规定和履行职能需要，共召开了 4 次会议。

1. 中国国民党革命委员会第十二届中央常务委员会第十次会议

3 月 7 日，中国国民党革命委员会第十二届中央常务委员会第十次会议在北京会议中心召开。民革中央主席万鄂湘、常务副主席齐续春，副主席修福金、刘凡、程崇庆、傅惠民、何丕洁、田惠光、郑建邦、邓力平、刘家强和中央常委出席会议。省级组织主要负责人，中央各工作部门、机关服务中心、团结报社、团结出版社负责人列席会议。齐续春同志主持会议。

会议学习座谈了十二届全国人大三次会议和全国政协十二届三次会议精神，原则通过了关于学习贯彻十二届全国人大三次会议和全国政协十二届三次会议精神的决议。会议书面报告了民革中央自十二届三中全会以来主要工作情况和 2015 年第二季度初步工作安排，通过了关于民革党员党纪处分的备案事项。

万鄂湘同志在会上讲话，他说，今年两会期间，习近平总书记亲切看望了出席全国政协会议的民革、台盟、台联界别委员，听取了委员发言，并发表了重要讲话，强调“坚持两岸关系和平发展道路、促进共同发展造福两岸同胞”。习总书记在联组会上的重要讲话以及政府工作报告、全国人大常委会工作报告、全国政协常委会工作报告，对进一步做好民革今后的工作具有重要指导意义。会后，民革各级组织和广大党员要积极组织行动起来，认真学习贯彻两会精神，结合民革 2015 年工作要点，切实履行好参政党职能，调研工作要实，意见建议要准，进一步提高建言献策的针对性和有效性，全面做好民革今年各项工作。

万鄂湘同志指出，要深刻领会中共中央对加强协商民主建设的精神。近期，中共中央正式颁发了《关于加强社会主义协商民主建设的意见》。《意见》是新形势下指导和推进我国协商民主广泛多层制度化发展的重要文件，意义重大、内涵丰富。民革全党要以改革创新的精神，学习好、贯彻好这一文件，主动担负起在提高政党协商水平中的重要责任。要切实加强自身建设，勇于担当责任，着力提高能力素质，保持良好形象，真正做到“接地气、道实情、建诤言”，做到“建言建在需要时、议政议到点子上、监督监在关键处”，为推动政党协商深入开展奠定坚实基础。

万鄂湘同志还对做好民革重点工作提出了具体要求。他强调，要深入研究平潭综合实验区创新发展问题，为闽台合作和两岸关系和平发展注入新动力；要围绕推进人民法院、人民检察院改革，农村土地确权的法律问题，依法护农、依法兴农，两岸婚姻家庭权益维护等课题，深入开展专题调研，拿出有分量、可操作的调研成果；要整合力量办好纪念抗战胜利 70 周年系列活动。

2. 中国国民党革命委员会第十二届中央常务委员会第十一次会议

7 月 3 日至 5 日，中国国民党革命委员会第十二届中央常务委员会第十一次会议在福建福州召开。会议主题是学习贯彻中央统战工作会议和《中国共产党统一战线工作条例（试行）》精神，研究发挥民革参政党作用、助推平潭综合实验区发展。民革中央主席万鄂湘、常务副主席齐续春，副主席修福金、刘凡、何丕洁、田惠光、郑建邦、邓力平、刘家强及中央常委出席会议。部分省级组织主要负责人、有关同志，民革中央各工作部门负责人和团结报社、团结出版社负责人列席会议。

中共福建省委副书记于伟国，省委常委、统战部部长雷春美等领导同志出席开幕会。于伟国同志介绍了福建省近年来经济、社会发展建设情况。邓力平同志代表民革福建省委会在会上致辞。

万鄂湘同志在开幕会上讲话，就民革全党学习贯彻中央统战工作会议和《中国共产党统一战线工作条例（试行）》精神提出要求。他指出，习近平总书记在中央统战工作会议上的重要讲话科学回答了新形势下需要不需要统一战线、需要什么样的统一战线、以及怎样巩固和发展统一战线等重大问题，是指导统一战线事业发展的纲领性文献。《条例》是中国共产党关于统一战线工作的第一部党内法规，为统一战线事业发展提供了坚强的政治保障、组织保障和法治保障。民革要把学习贯彻中央统战工作会议和《条例》精神作为当前和今后一个时期首要政治任务。要把学习贯彻中央统战工作会议精神与学习贯彻习近平总书记系列重要讲话精神结合起来，与深入开展坚持和发展中国特色社会主义学习实践活动结合起来。

万鄂湘同志强调，坚持中国共产党的领导、坚持爱国主义和中国特色社会主义是统一战线共同的思想政治基础。民革必须毫不动摇地坚持这一思想政治基础，对于任何违背和削弱这一思想政治基础的言行，必须旗帜鲜明地加以反对。要充分利用纪念中国人民抗日战争暨世界反法西斯战争胜利 70 周年的契机，弘扬民革优良传统，教育引导广大民革党员从内心深处真正认同中国特色社会主义道路、理论体系和制度，在实践中始终不渝地坚持中国共产党的领导。

万鄂湘同志在讲话中还对民革中央参与助推平潭综合实验区发展的各项工作进展情况作了介绍。

福建省人民政府党组成员、中共福建省平潭综合实验区工委书记李德金在会上介绍了实验区建设发展情况；民建中央副主席、民建上海市委会主委周汉民，深圳前海深港现代服务业合作区管理局副局长何子军，天津东疆保税港区管委会经济发展局局长蔡庆锋分别就上海自贸区、深圳前海深港现代服务业合作区、天津东疆保税港区建设情况作了专题报告。

会议书面报告了民革中央自十二届十次中常会以来主要工作情况和 2015 年第三季度初步工作安排；审议通过了《民革中央关于深入学习贯彻中央统战工作会议和〈中国共产党统一战线工作条例（试行）〉精神的决定》；通过了关于民革党员党纪处分的备案事项。与会同志围绕会议议题进行了研讨与交流，对下一步继续做好民革各项工作提出了意见和建议。与会同志还赴平潭综合实验区进行了考察。

齐续春同志在闭幕会上讲话，他指出，全国上下正掀起学习贯彻中央统战工作会议和《条例》精神的热潮，民革此次中常会可谓开得适逢其时。万鄂湘同志对民革全党如何学习贯彻会议精神、如何加强自身建设进行了全面部署，对民革全党找准方向、选准重点，推动民革事业不断向前进步具有很强的指导意义。他强调，深入学习贯彻中央统战工作会议和《条例》精神，要与加强民革自身建设紧密结合起来，常委要起好带头示范作用，要夯实共同思想政治基础，并加强组织和人才队伍建设。要举全党之力助推平潭发展，切实发挥好民革优势和作用，为平潭综合实验区发展凝聚智慧、汇聚力量。要做好履职尽责的各项工作，为协调推进“四个全面”战略布局贡献力量，特别是围绕“一带一路”、京津冀协同发展、长江经济带等重大国家战略，以及“十三五”规划的制订提出高质量的意见建议。

3. 中国国民党革命委员会第十二届中央常务委员会第十二次会议

11 月 6 日，中国国民党革命委员会第十二届中央常务委员会第十二次会议在民革中央机关召开。会议主要议题是学习贯彻中共十八届五中全会精神。民革中央主席万鄂湘、常务副主席齐续春，副主席修福金、刘凡、程崇庆、傅惠民、田惠光、郑建邦、刘家强和民革中央常委出席会议。省级组织主要负责人，民革中央各工作部门、机关服务中心、团结报社、团结出版社负责人列席会议。齐续春同志主持会议。

万鄂湘同志指出，今年以来，民革全党按照年度工作计划，稳扎稳打，各项工作取得了积极的成效和进展。民革就“十三五”规划提出的“让军民融合深度发展成为经济的强大引擎”“促进国内统一市场法治建设”“建立股票市场健康稳定发展的长效机制”等建议，得到中共中央、国务院有关部门的高度重视和评价，并在中共十八届五中全会通过的“十三五”规划建议中获得积极回应和体现。民革参与平潭发展建设的各项工作也取得可喜进展。

万鄂湘同志强调，在当前和今后一个时期，我们要把学习贯彻中共十八届五中全会精神作为民革的重点工作，组织安排好五中全会精神的学习活动，把学习贯彻五中全会精神和继续深入开展坚持和发展中国特色社会主义学习实践活动结合起来。要深刻领会“十三五”规划的主题、主线、主要任务和重大举措，把“十三五”规划的关键领域和重大任务，与各地区实际相结合，扎实调研，建真言、献实策，为谋划好“十三五”时期各地区的经济社会发展，做出民革应有的贡献。

万鄂湘同志要求，要把中共十八届五中全会精神落实到民革各项工作中。一是要加强学习，统一思想，凝聚共识；二是要深化政治交接，强化组织建设；三是要深入落实“举全党之力抓参政议政”的工作方针，不断提高履职能力；四是要整合资源，助推平潭加快发展；五是要扎实推进民革“两个家园”，即线上的“民革 e 家”和线下的“民革支部活动之家”建设。

与会常委结合民革工作就学习贯彻中共十八届五中全会精神谈了感想和体会。会议听取了关于民革中央自十二届十一次中常会以来主要工作情况和 2015 年第四季度初步工作安排的报告（书面），审议通过了《中国国民党革命委员会中央委员会关于学习贯彻中共十八届五中全会精神的决定》《关于召开民革第十二届中央委员会第四次全体会议的决定》和有关人事任免事项。

4. 中国国民党革命委员会第十二届中央常务委员会第十三次会议

12 月 16 日，中国国民党革命委员会第十二届中央常务委员会第十三次会议在北京召开。民革中央主席万鄂湘、常务副主席齐续春，副主席修福金、刘凡、傅惠民、何丕洁、田惠光、郑建邦、邓力平、刘家强及中央常委参加会议，中央机关局级干部，机关服务中心、团结报社、团结出版社负责人列席会议。万鄂湘同志主持会议。

会议审议并通过了民革十二届四中全会议程（草案）、十二届四中全会日程，十二届四中全会小组召集人名单；审定了提交十二届四中全会的第十二届中央常务委员会工作报告、民革中央参政议政工作情况报告；书面报告了民革中央自十二届十二次中常会以来主要工作情况和2016年第一季度初步工作安排；审议并通过了《〈中国国民党革命委员会内部监督工作条例〉实施细则（试行）》、关于调整民革第十二届中央监督委员会委员的决定；通过了关于民革党员党纪处分的备案事项。

（三）中央监督委员会全体会议

2015年，民革第十二届中央监督委员会根据党章规定和履行职能需要，共召开了2次会议。

1. 民革十二届中央监督委员会第四次全体会议暨民革内部监督工作研讨会

10月24日至26日，民革内部监督工作研讨会在江苏无锡召开。民革中央副主席、民革中央监督委员会主任何丕洁，民革中央副主席、民革中央监督委员会副主任田惠光出席会议。民革中央监督委员会委员、民革各省级组织监委会主任和办公室主任参加会议。

会议主要议题是讨论《〈民革内部监督工作条例〉实施细则（讨论稿）》。田惠光同志在会上作了《〈民革内部监督工作条例〉实施细则（讨论稿）》起草说明。与会同志对《实施细则（讨论稿）》提出了修改建议。在随后召开的民革十二届中央监督委员会第四次全体会议上，原则通过了《〈民革内部监督工作条例〉实施细则（试行）（草案）》，并将提交民革中央常务委员会审议。

2. 民革第十二届中央监督委员会第五次全体会议

12月16日，中国国民党革命委员会第十二届中央委员会监督委员会第五次全体会议在北京召开。民革中央副主席、中央监委会主任何丕洁主持会议，民革中央副主席、中央监委会副主任田惠光，中央监委会副主任陈清华及监委会委员出席会议。

会议研究通过了中央监委会2015年工作报告，并提请民革十二届四中全会审议。会议还研究了中央监委会2016年工作计划。

（四）中央学习组学习活动

1. 习近平总书记重要讲话精神专题学习座谈会

2月9日，民革中央中心学习组召开学习座谈会，传达学习习近平总书记在省部级主要领导干部学习贯彻中共十八届四中全会精神全面推进依法治国专题研讨班开班式上的重要讲话精神。民革中央主席万鄂湘、常务副主席齐续春，副主席修福金、何丕洁、郑建邦及民革中央各工作部门负责人参加座谈会。

万鄂湘同志指出，习近平总书记站在党和国家事业全局高度，深刻指出领导干部在全面依法治国中的关键作用，强调领导干部要做尊法学法守法用法的模范，带动全党全国共同努力，全面推进依法治国。习近平总书记重要讲话对于深入贯彻落实党的十八届四中全会精神，全面推进依法治国具有重大指导意义。民革党员干部，特别是各级领导要认真学习讲话精神，深入领会、掌握精髓、学以致用，争做尊法学法守法用法模范，推动民革工作不断取得新发展。

万鄂湘同志强调，民革作为与中国共产党通力合作的中国特色社会主义参政党，要把学习贯彻习近平总书记这次重要讲话精神作为坚持和发展中国特色社会主义学习实践活动的一项重要内容。全体党员干部要履行好参政议政职能，针对当前法治国家建设进程中面临的问题，为国家的法治决策建言，为法治实施中重大任务和难点问题献策；要履行好民主监督职能，关注法治实施和中共党内法规执行中的问题，及时反映社情民意信息，为法治监督体系建设发挥作用；要做好法律援助工作，发挥好民革法律援助中心的作用，为广大民革党员及困难群众提供免费咨询服务，为维护公平正义和促进社会和谐贡献力量；要大力开展法制宣传教育活动，通过开展各种形式的法制宣传教育活动，宣传中国特色社会主义法律体系，培育社会主义法治文化，弘扬社会主义法治精神，倡导信法守法的风气，为全面推进依法治国贡献力量。

2. 中共十八届五中全会精神专题学习座谈会

11 月 26 日，民革中央中心学习组召开扩大的学习座谈会，专题学习中共十八届五中全会精神。民革中央主席万鄂湘、常务副主席齐续春，副主席刘凡、傅惠民、何丕洁、郑建邦、刘家强出席会议。在京民革中央常委、中央机关处级以上干部，团结报社、团结出版社负责人列席会议。

万鄂湘同志在讲话中指出，民革全党要把学习贯彻中共十八届五中全会精神作为当前和今后一个时期的重要政治任务来抓，一要认真学习和深入贯彻中共十八届五中全会精神，全面深入把握“十三五”时期我国经济社会发展的指导思想、基本原则、目标要求、基本理念和重大举措；二要围绕“十三五”规划积极建言献策，参政议政。民革要在“举全党之力抓参政议政”的工作方针指导下，调动各级组织、各专门委员会、广大党员的积极性，汇聚全党力量，在平时深入调查研究的基础上提出高质量的意见和建议；三要加强自身建设、凝聚思想共识，为履行参政党职能，助力“十三五”宏伟蓝图提供组织保障、智力支持和精神动力。

齐续春同志主持会议，他强调，民革作为中国特色社会主义参政党，一定要认真学习贯彻中共十八届五中全会精神，把握未来五年的行动方向，在未来的工作中，围绕“十三五”规划的关键领域和重大任务，积极建言献策，履行参政党职能，凝聚思想共识，做好自身建设工作。

（五）中央专题工作会议

1. 国家经济工作与深化改革专家座谈会、企业家座谈会

1 月 20 日至 21 日，民革中央在机关分别召开 2015 年国家经济工作与深化改革专家座谈会、企业家座谈会。民革中央主席万鄂湘、常务副主席齐续春，副主席刘凡、何丕洁、郑建邦以及有关国家部委、地方政府部门、高校院所、研究机构及企业界代表分别参加会议。

与会专家学者围绕处理好拉动经济三驾马车的关系、收入消费储蓄的关系、一二三产业的关系，通过简政放权释放改革红利、加大对自贸区的政策统筹以及 2015 年经济走向、国企改革、金融改革、政府债务等热点议题提出意见和建议。与会企业界代表针对提高

政府及司法机关的法治化水平、政府加大对小微企业扶持力度、企业家资源流失、实体经济困境、行政审批制度改革、科技创新等问题提出了各自的见解。

2.“三农”工作与深化改革专家座谈会

1月21日，民革中央在机关召开2015年“三农”工作与深化改革专家座谈会。民革中央常务副主席齐续春及有关国家部委、地方政府部门、高校院所、研究机构的专家学者参加会议。

与会同志围绕当前困扰“三农”的主要问题、处理好粮食安全与农业可持续发展关系、依法兴农护农、土地制度改革、农村金融、农村生态保护、转基因食品安全等焦点议题提出了自己的看法，并就民革中央下一步“三农”调研重点提出了建议。

3. 环境领域专利技术推介交流座谈会

3月16日，民革中央在机关召开环境领域专利技术推介交流座谈会。民革中央副主席何丕洁，中国环境科学研究院有关专家、民革中央人口资源环境委员会部分委员、民革企业家代表参加会议。

何丕洁同志在讲话中指出，这次座谈会搭建了一个三方平台，企业家和科学家借助这个平台交流信息、对接技术合作，而民革中央可以通过此平台更好地发现其中的政策性、系统性问题，在向国家有关部门建言献策，为环保事业创造良好发展环境方面履行参政党职能。

与会人员结合环保领域科技成果转化的现状和问题进行了交流，对破解之道提出了自己的独特见解，针对环保技术的开发与应用，提出了重视与景观设计要求相结合、关注现代家庭环保技术需求、规范资源再利用标准等建议。

4. 民革全国参政议政工作培训班

4月13日至17日，民革中央在广东深圳举办民革全国参政议政工作培训班。民革中央常务副主席齐续春，副主席修福金、何丕洁、郑建邦出席开班式。民革中央各专委会、民革各省级组织及副省级市组织有关负责同志、参政议政骨干等100余人参加培训班。

齐续春同志在开班式上讲话，他指出，多年来，民革各级组织和广大党员紧紧围绕党和国家的中心任务，积极履行参政党职能，做了大量扎实有效的工作。民革十二大提出了“举全党之力抓参政议政”的方针，全党同志深刻认识到参政议政是民革全党最重要的职责，是衡量民革思想建设、组织建设、机关建设，以及制度建设、作风建设等各项工作水平的最终标准。在民革中央领导班子的大力倡导和率先垂范下，民革参政议政工作的支持系统得到加强，领域得到拓展，组织化水平进一步强化，取得的一系列丰硕成果得到了党和政府的充分肯定。

齐续春同志指出，民革各级领导同志和专职干部只有认清形势，深入学习，提高素质，认真研究新情况、新问题，联系实际，深入调研，才能提出具有前瞻性、全局性、战略性、可操作性的意见和建议。希望通过培训，对参政议政分管领导和专职干部进行理论培训和工作方法培训，同时整合全党参政议政力量，发挥群体优势，实现全党参政议政信息互通，资源共享，进一步健全民革参政议政工作机制。

开班式后，齐续春同志围绕如何加强参政议政能力建设作了辅导报告。全国政协、民革中央、深圳市政府有关领导同志及专家学者在培训班上就社情民意信息工作和祖统、三农、社会法制等民革参政议政重点领域及当前经济形势等方面作了专题报告。

5. 农村水安全和水资源高效利用座谈会

4月8日，民革中央人口资源环境委员会与中国农村技术开发中心在民革中央机关联合召开农村水安全和水资源高效利用座谈会。民革中央副主席、人资环委主任何丕洁参加会议。

与会专家结合各自专业及研究成果，围绕农村饮用水安全、农业用水和节水农业科技创新情况、农业源水体污染治理等方面进行了交流，同时提出了制订适合农村发展现状的水源水质标准，加大科技投入、设立村镇饮水安全重点研发专项，推广大宗粮食作物现代高效节水灌溉技术等政策和措施的建议。

何丕洁同志在会上指出，中共中央和国务院高度重视水安全保障问题，明确提出了新时期治水的新思路。当前我国水资源供需矛盾突出，农村饮水安全现状令人担忧，全民节水意识有待提高。今后，民革中央人资环委将继续与中国农村技术开发中心保持紧密合作，围绕农村水安全和水资源高效利用等问题开展深入调查研究，从科研技术推广、基础设施规划、管理机制顶层设计等方面积极建言献策，共同为建设资源节约型、环境友好型社会贡献力量。

6. 第七届海峡论坛·两岸乡村农田水利建设交流会

6月15日，民革中央和水利部联合主办的“第七届海峡论坛·两岸乡村农田水利建设交流会”在福建省莆田市举行。交流会以生态福建为主题，深入探讨建设宜居、宜业、山清水秀的美丽乡村。民革中央副主席郑建邦，民革中央副主席、民革福建省委会主委邓力平出席交流会。

郑建邦同志在讲话中指出，近年来，越来越多的基层民众成为两岸交流的支持者、合作者与受益者。本届交流会就是在这样的时代背景中,开辟两岸民众面对面交流的渠道,架设起心与心沟通的桥梁，搭建两岸同胞手拉手合作共赢的平台。希望两岸民众彼此了解更为深入，感情更加融洽。这就有待于两岸广大有识之士和衷共济、携手前行，尤其要依靠两岸的农民乡亲凝聚集体的智慧与力量，使两岸基层民众的切身利益和福祉在两岸乡村农田水利事业的大交流与大合作中实现更大提升。

邓力平同志在致辞时表示，在新一轮发展中，福建将努力为台湾同胞创造更好的发展环境，提供更好的服务，使福建成为两岸同胞投资创业的共同乐土，成为两岸同胞宜居生活的共同家园。

交流会上，莆田市水利学会与台湾中华农业暨水利事业发展协会签订了交流合作意向书。国台办、水利部及台湾有关方面负责人，大陆农业水利专家，台湾中南部基层农民代表160余人参加交流会。

7. 经济形势座谈会

7月21日，民革中央在机关召开经济形势座谈会。民革中央副主席修福金、刘凡、郑建邦出席座谈会。

会上，来自国家有关部委、研究机构、高校、企业的8位经济政策、金融、法治、军民融合等领域专家学者结合本人研究方向，就当前经济形势及对策进行研判和分析，并重点围绕民革中央拟向中共中央提交的建议展开研讨，提出进一步完善的意见和建议。

修福金同志代表民革中央对各位专家给予民革中央工作的支持表示感谢。他说，围绕经济领域建言献策，是民革作为参政党的重要任务和使命，也是民革中央参政议政工作的重要内容。民革中央始终坚持没有调查就没有发言权，上半年以来多次围绕军民深度融合、统一市场法治建设等经济领域展开调研。民革中央将认真吸纳专家们的真知灼见，力争在经济领域提出具有全局性、战略性、前瞻性可操作性的建议，供中共中央、国务院决策参考。

8. 生态发展与水资源保护专题研讨会

7月14日，民革中央人口资源环境委员会和民革四川省委会人资环委在四川省凉山州西昌市联合召开生态发展与水资源保护专题研讨会。民革中央副主席、人资环委主任何丕洁，民革贵州省委会主委、人资环委副主任王世杰等出席会议。

何丕洁同志在会上讲话指出，大力推进生态文明建设是实现“四个全面”的必然选择，更是民革中央人资环委的重要工作内容。2015年上半年专委会工作井然有序，主题突出，成效显著。希望各位委员能够深刻领会中央统战工作会议精神和中共中央提出的一系列关于全面深化改革、推进生态文明建设的新思想、新论断、新要求，强化履职意识，提升履职能力，重点围绕编制“十三五”规划工作开展调查研究，打造人资环委工作的新亮点。要以此次会议为契机，逐步建立中央与地方的联动机制，充分调动和发挥地方人资环委的积极性，汇聚全党人口、资源、环境方面的人才智力优势，共同为民革参政议政工做贡献力量。

9. 全国法律服务工作经验交流会

9月10日至11日，民革全国法律服务工作经验交流会在吉林省吉林市召开。民革中央副主席何丕洁出席会议。

何丕洁同志在讲话中指出，根据中共十八大提出的全面推进依法治国方略，民革不断丰富法律服务工作内容，通过设立法律服务机构，积极探索法律服务方式方法，开展法律咨询、援助、调解、宣传等活动，送法律进乡村、进校园、进企业、进社区，积极参与法治中国建设，涌现出民革吉林市委会协调解决丰满大坝拆迁难题、民革乐山市委会成立“同心·法律服务团”为地方政府依法行政提供法律护航等典型案例和经验，把民革社会服务工作推进到一个新的阶段。何丕洁同志要求，民革各级组织要从政治高度认识法律服务工作在全党工作中的特殊地位和作用，使其作为民革建设21世纪高素质参政党的重要抓手；要加强组织领导，健全工作机制，将法律服务和“博爱·牵手”、志愿服务、组织建设等工作相结合，积极履行参政党职能。

与会同志听取了《民主党派法律服务的长效机制探讨》专题辅导报告、吉林省民革党员创立发起的“宝贝回家”志愿服务活动介绍和民革吉林市委会协调解决丰满大坝拆迁有关情况介绍。部分民革组织代表作了经验交流发言。

10. 民革中央企业家联谊会成立大会暨第一次会员大会

10月29日，民革中央企业家联谊会成立大会暨第一次会员大会在北京召开。民革中央主席万鄂湘、常务副主席齐续春，副主席修福金、何丕洁、郑建邦出席会议。

万鄂湘同志代表民革中央对企业家联谊会的成立表示祝贺。他指出，倡议成立民革中央企业家联谊会，是为了更好发挥民革党员中企业家的作用，为企业家参政议政、服务社会搭建更有效的平台，也是民革提高履职能力、加强自身建设的重要抓手，是民革的一项重要工作。他对联谊会的工作方针提出三点要求：一要加强学习，做思想政治上的明白人。联谊会要团结带领企业家会员坚决拥护共产党领导，自觉践行社会主义核心价值观，努力提高自身素质，努力打造成学习型组织，突出体现中国特色社会主义参政党的特色和优势。二要整合资源，做社会服务的大品牌。联谊会要紧密依托“博爱·牵手”等品牌，积极开展志愿服务、支边扶贫、抢险救灾、法律援助、牵手困难群众等活动，积极参与民革全党助推平潭综合实验区建设的几件大事，争取让“初试啼声”的联谊会“一鸣惊人”。三要凝心聚力，做参政议政的生力军。要把座谈和考察活动作为企业家参政议政的重要形式，把企业家在企业发展过程中的困难和问题，汇集成系统的、集中的、有民革界别特色的提案或信息，提出高质量的意见和建议，为促进科学发展、加快转变经济发展方式献计出力。

齐续春同志在讲话中对联谊会工作提出四点意见。一是加强学习，始终把握正确的政治方向。二是坚持开展参政议政和社会服务工作。三是坚持服务会员的宗旨。四是坚持建立和完善各项管理制度。他强调，民革中央企业家联谊会不同于一般的行业性协会，而是参政党开展非公经济工作、服务“四个全面”战略布局的平台和抓手。民革中央将始终关心、关注和支持联谊会的各项工作，为联谊会的发展创造良好的环境。

修福金同志就民革中央企业家联谊会章程草案作了说明，何丕洁同志就推举联谊会领导机构事宜作了说明。会议通过了民革中央企业家联谊会章程和会长、常务副会长、副会长、常务理事、理事名单。穆麒茹同志被推举为民革中央企业家联谊会第一届理事会会长，陈定旺同志被推举为常务副会长，邓兴贵、田在玮、石聿新、庄小夸、陈伟志、瞿金叶同志被推举为副会长。陈丽华同志被推举为民革中央企业家联谊会名誉会长。

成立大会后，召开了民革中央企业家联谊会一届一次会长会议和一届一次常务理事会议。

11.“民革 e 家”信息交流平台建设工作会议

10 月 18 日至 19 日，民革中央在浙江杭州召开“民革 e 家”信息交流平台建设工作会议。民革中央常务副主席齐续春出席开幕会并讲话。来自民革中央各工作部门和全国 30 个省级组织的有关同志近 200 人参加会议。

齐续春同志指出，“民革 e 家”信息交流平台是民革全党信息化建设的大手笔之作。建设这个平台，就是要为切实提升民革履职时效和水平提供技术支撑，为加强组织管理提供动态手段，为全体民革党员提供精神家园。他要求，民革各级组织要统一思想，提高认识，加强组织领导，建立健全管理办法，扎实有效推进平台建设工作全面展开。各级组织和各个部门之间要齐心协力，建立协调、协作、协同的工作机制，共建共享、互利互补，形成平台建设工作的整体优势和互助格局。当前，要突出重点，“民革指数”先行，发动全体党员在该板块进行民革省级组织参政议政成果评选投票，以产生“最具影响力的参政议政成果”，为后续进行的表彰活动提供量化参考依据。

会议就“民革 e 家”后台管理、民革指数、运行环境等进行了详细讲解。

12. 当前经济形势座谈会

11 月 18 日，民革中央在机关召开当前经济形势座谈会。邀请国家有关部委、研究机构、高校的经济、金融领域专家学者，就当前经济形势以及明年经济工作进行研判和分析，并提出对策建议。民革中央主席万鄂湘、副主席修福金出席座谈会。

与会同志围绕保持宏观经济目标稳定、金融体制改革、加大调结构力度等问题进行了研讨。万鄂湘同志在听取发言后指出，民革中央将认真吸纳专家们的真知灼见，力争在经济领域提出具有全局性、战略性、前瞻性、可操作性的建议，为中共中央、国务院决策提供参考。

11 月 20 日，民革中央召开当前经济形势座谈会，听取民革企业家代表的意见和建议。万鄂湘同志出席座谈会。

与会企业家结合所在经济领域和企业实际，围绕当前经济形势，特别是中小微企业融资、互联网金融发展、非公企业“走出去”等话题，积极发表看法，进行判断分析，提出了一系列有针对性的意见和建议。企业家们表示，在当前经济下行压力下，尽管有些行业受到影响，但总体发展态势良好，大家对经济发展充满信心。

万鄂湘同志对民革党员中的经济界人士、企业家给予民革中央工作的支持表示感谢。他表示，民革中央将认真听取大家反映的情况和提出的建议，进一步做好研究，力争在经济领域建诤言、献良策。

13. 民革全国宣传思想理论工作会议

11 月 25 日，民革全国宣传思想理论工作会议在北京召开。民革中央主席万鄂湘、常务副主席齐续春，副主席修福金、傅惠民、郑建邦、刘家强出席会议。民革中央有关工作部门负责同志，民革各级组织宣传思想理论工作负责人，团结报社、团结出版社负责人参加会议。

万鄂湘同志在讲话中指出，民革十二大以来，民革中央始终坚持把思想政治工作放在首要地位，强调思想政治工作是一切工作的核心和灵魂，重视宣传和理论研究对于实际工作的推动，取得了良好的进展。他指出，民革思想政治工作的目标和中心任务，是建设学习型、高素质、有作为的中国特色社会主义参政党，不断夯实自觉坚持中国共产党领导的共同思想政治基础；民革宣传工作的主要任务，是通过全方位报道民革参政议政的成果和广大党员在中国特色社会主义事业中的贡献，树立民革作为参政党的良好社会形象，宣传我国多党合作制度的优越性、独特性；民革理论工作主要任务，是在理论与实践的结合上，对民革履行职能和自身建设的有关重要而迫切的问题开展研究，为民革各项工作提供智力支持和理论支撑。

万鄂湘同志强调，要以创新、务实的精神加强和改进思想教育、社会宣传、理论研究各项工作，不断提高党员、干部的政治思想水平，进一步树立民革作为参政党的良好社会形象，以丰富的理论成果，为民革的参政议政和自身建设提供更多的智力支持和理论支撑。

万鄂湘同志强调，思想政治工作绝不能松懈，宣传工作绝不能弱化，理论工作要常抓不懈；各级领导同志要进一步加强对宣传思想和理论工作重要性的认识，明确民革宣传思想理论研究工作的形势和任务，着眼创新，抓住重点，常抓常新、切实抓好；要着重抓工作机制的建立和完善，抓人才的使用和培养，抓人、财、物的保障。

修福金同志在工作报告中总结了 2012 年以来民革宣传思想理论工作开展情况，并对下一阶段工作做出部署。他指出，当前和今后一段时期内，民革宣传思想理论工作的主要任务是以学习贯彻中共十八届五中全会精神为重点，继续深入开展坚持和发展中国特色社会主义学习实践活动，进一步加强民革宣传思想理论工作，努力把民革建设成为一个学习型、高素质、有作为的中国特色社会主义参政党。

郑建邦同志宣读了《民革中央关于表彰民革全国宣传思想理论工作先进集体、先进个人的决定》。与会同志围绕民革宣传思想理论工作成果和经验进行了交流讨论。

14.“三农”问题专家座谈会

11月24日，民革中央在机关召开“三农”问题专家座谈会。民革中央常务副主席齐续春，副主席何丕洁、刘家强出席会议。

齐续春同志在讲话中指出，“三农”问题是关乎中国特色社会主义现代化事业全局的一个重大问题，也是民革中央参政议政工作的重要领域之一。今年以来，民革中央与农业部等部门建立合作机制，围绕“三农”重点领域，联合开展调研、研讨，着力提升“三农”调研质量，努力提高建言献策水平。他希望各位专家畅所欲言，献诤言、出实招，就“三农”重大问题提出建议。

与会专家就当前“三农”工作形势进行了研讨，并就农业基础设施建设、农产品供需衔接、现代牧业发展等问题提出了对策与建议。

15. 平潭综合实验区法治保障建设专题研讨会

11月14日，民革中央在机关召开研讨会，邀请来自司法部门的负责同志及法律领域的专家学者就平潭综合实验区法治保障建设问题进行研讨。民革中央副主席修福金出席会议。

修福金同志指出，当前，平潭的“硬件”建设已经取得了积极进展，法治保障等“软件”建设还相对滞后。提升平潭“软件”建设，应当法治先行。平潭法治保障工作要坚决贯彻中共十八届五中全会精神，牢固树立并切实贯彻创新、协调、绿色、开放、共享的发展理念，特别注重体制机制创新。

与会同志围绕平潭综合实验区先行先试的法治支持与保障、两岸在平潭的司法合作等议题畅所欲言，提出了一系列意见建议。

16. 民革全国参政议政工作暨成果交流会

12月2日至3日，民革全国参政议政工作暨成果交流会在浙江省绍兴市召开举行。民革中央常务副主席齐续春，副主席修福金、何丕洁出席会议。民革各省级组织、部分副省级市组织参政议政工作负责人参加会议。

齐续春同志在讲话中充分肯定了民革各级组织和中央各工作部门在参政议政工作中取得的成绩，并就新时期新阶段参政议政工作提出要求。他指出，要深刻理解和准确把握中共十八届五中全会精神，增强贯彻落实“十三五”规划建议的自觉性和坚定性；真正做到“上接天线，下接地气”，努力做到“三个合拍”，即多站在国家和全局的立场，多做团结人心、推动发展的工作，力争与党政工作合拍，与改善民生合拍，与民革特色合拍；加强领导班子建设，要严格把好组织发展关，增强基层组织活力，切实抓好参政议政人才队伍建设。齐续春同志强调，民革各级组织要立足当地，放眼全国，努力打造南北互动、东中西相互交流、优势互补、相互促进的参政议政平台，为全面建成小康社会、实施“一带一路”战略等重大课题积极建言献策。

修福金同志在民革参政议政工作报告中指出，一年来，民革中央按照“举全党之力抓参政议政”方针，牢牢把握“利用优势，‘联结’特色，找准切入点，打造新亮点”的工作思路，不断创新工作方法，有效提升了参政议政的质量和水平。下一步要再接再厉，切实履行参政党职能，努力提高议政建言质量，以更加奋发有为的工作，为全面建成小康社会做出新贡献。

会议对2015年度为民革参政议政工作和社情民意信息工作做出突出贡献的先进集体和个人进行了表彰，何丕洁同志宣读了表彰决定。与会同志围绕民革参政议政成果暨反映社情民意信息工作成果和经验进行了交流讨论。

17.“孙中山振兴中华的理想与中国梦”学术研讨会

12月14日至15日，民革中央孙中山研究学会、中山市政协在广东省中山市联合召开“孙中山振兴中华的理想与中国梦”学术研讨会。民革中央常务副主席、民革中央孙中山研究学会会长齐续春，民革中央副主席修福金等出席会议。民革中央孙中山研究学会、中国辛亥革命研究会理事，孙中山研究领域专家学者等近百人参加会议。

齐续春同志在讲话中指出，孙中山“振兴中华”口号，概括了近代以来相当长历史阶段中华民族的历史使命，回顾这一口号提出的历史背景，有助于我们更加深刻地理解“中国梦”的丰富内涵和历史底蕴。民革作为参政党，认真学习习近平总书记关于中华民族伟大复兴中国梦的论述，研究和弘扬孙中山振兴中华理想，具有十分重要的现实意义。

齐续春同志强调，在中国特色社会主义理论的指导下开展孙中山思想的学术理论研究、在习近平总书记“中国梦”思想的指导下研究孙中山“振兴中华”理想，要进一步认真学习、深刻领会中国特色社会主义理论和“四个全面”战略思想，推动民革全党更加自觉地坚持中国特色社会主义道路。回顾和研究“振兴中华”的口号及其历史作用，要与坚持和发展中国特色社会主义学习实践活动紧密结合起来，与民革党员学习践行社会主义核心价值观结合起来，不断巩固共同思想政治基础，引导民革党员在中国特色社会主义事业中做好本职工作，在多党合作事业中履行好参政党职能，为推进“四个全面”战略布局、实现“十三五”规划的宏伟目标贡献力量。

齐续春同志表示，2016年是孙中山先生诞辰150周年，民革中央将举办系列纪念活动。各地民革组织要根据当地中共党委的统一部署，结合本地实际和工作实际，积极稳妥地组织开展相关纪念活动。

18. 网站特约编辑培训班

12月6日，民革中央网站特约编辑培训班在四川省攀枝花市召开。民革中央副主席修福金出席开班会。

修福金同志在讲话中指出，一年来民革中央网站围绕坚持和发展中国特色社会主义学习实践活动，持续、深入开展网络宣传思想工作，取得了良好的思想政治教育和宣传报道效果，表现出“常规宣传有重心、日常报道有创新、重点宣传有分量、特色宣传有亮点、人物宣传有活力”的特点，网站各项工作更加规范，工作机制更加完善。

针对如何进一步加强和改进民革网络宣传思想工作和民革中央网站工作，修福金同志指出，网站特约编辑和网站管理人员要深入学习贯彻民革全国宣传思想理论工作会议和万鄂湘主席重要讲话精神。根据思想政治工作绝不能松懈、宣传工作绝不能弱化、理论工作必须常抓不懈的要求，更加注重夯实共同思想政治基础、强化精神动力，推动民革全党为推进“四个全面”战略布局、三大区域发展战略和“十三五”规划的制订实施贡献力量；要更加突出宣传效率和质量，进一步塑造民革良好社会形象，为民革工作创造良好的舆论氛围；要进一步加强民革理论研究成果的宣传工作，扩大民革理论研究成果的社会效益。修福金同志特别强调了网络安全问题的重要性，要求民革中央网站管理人员、特约编辑及各级组织的网站管理人员提高网络安全意识，确保中央网站和民革各类新媒体安全运行。

本次培训班总结了民革中央网站 2015 年的工作，对 2016 年工作进行了安排。部分特约编辑进行了大会发言，交流工作经验。与会同志还围绕特约编辑工作、网络安全等进行了讨论。

19. 民革省级组织参政议政成果表彰会

12 月 18 日，民革中央在京召开民革省级组织参政议政成果表彰会。民革中央主席万鄂湘、常务副主席齐续春，副主席修福金、刘凡、程崇庆、傅惠民、何丕洁、田惠光、郑建邦、邓力平、刘家强，民革十二届四中全会全体与会同志，受表彰省级组织代表参加会议。

修福金同志主持会议，他指出，这次评选表彰工作领导重视、组织得力、形式新颖、风清气正。评选表彰的目的，不仅在于总结成绩和经验，更重要的是推动今后参政议政工作发展。他要求民革各级组织和广大党员要认真落实民革中央提出的“举全党之力抓参政议政”的总体要求，坚持发挥优势、联结特色、抓准切入点、打造亮点的工作思路，坚持顶层设计、整合资源、专家参与、政府支持的工作方法，坚持打造立足当地、放眼全国、南北互动、东中西相互交流、优势互补、各级组织相互促进的工作平台，扎实做好参政议政工作。

郑建邦同志宣读了《民革中央关于表彰民革省级组织参政议政成果的决定》。吉林、上海、浙江、广东、北京、黑龙江、湖北、青海、重庆、四川等 10 个省级组织报送的 10 项成果被评为“民革省级组织参政议政成果一等奖”，江苏等省级组织报送的 20 项成果被评为二等奖，北京等省级组织报送的 25 项成果被评为三等奖。万鄂湘、齐续春等中央领导同志向受表彰省级组织代表颁发了奖牌。与会同志观看了部分省级组织参政议政工作成果视频资料。

（六）专门委员会工作会议

1. 民革十二届中央社会和法制委员会第三次全体会议

1 月 13 日，民革十二届中央社会和法制委员会第三次全体会议在京召开。民革中央主席万鄂湘，民革中央副主席、社法委主任修福金及社法委委员出席会议。

万鄂湘同志指出，2015 年民革社会法制参政议政工作要紧紧围绕中共十八届三中、四中全会提出的系列改革措施做文章，特别是聚焦改革实践中顶层设计方案、部门制订方案、基层实施方案相互脱节的“三不沾”现象，提出有前瞻性、全局性的建议，促使改革措施落地生根；要围绕“科学立法、严格执法、公正司法、全民守法”做文章，特别是针对“部门立法”“消极立法”“多头执法”“信访不信法”等问题提出真知灼见；要对委员队伍实行动态管理。

修福金同志作社法委工作报告。他要求与会同志按照万鄂湘主席的讲话精神，进一步加强理论学习，找准民革社会法制领域的结合点和切入点，为促进民革参政议政工作实现新跨越做出新贡献。

与会委员围绕司法体制改革制度设计及实践中应注意的问题进行了交流讨论，并就2015年社法委工作重点提出了意见和建议。

2. 民革十二届中央理论研究与学习委员会第二次全体会议

2月27日，民革十二届中央理论研究与学习委员会第二次全体会议在北京召开。民革中央副主席、理论委主任修福金参加会议。

修福金同志肯定了理论委在近两年的时间里，围绕民革中央中心工作，结合民革参政议政、自身建设的实际所取得的丰硕成果，并对理论委2015年工作提出四点要求：一是要贯彻落实习近平总书记系列重要讲话尤其是关于宣传思想工作的讲话精神要求，为民革全党深入开展坚持和发展中国特色社会主义学习实践活动、积极培育和弘扬社会主义核心价值观发挥积极作用；二是要认真学习贯彻中共中央《关于加强社会主义协商民主建设的意见》精神，积极开展协商民主理论研究，为推进协商民主广泛多层制度化发展做贡献；三是要把研究的重点放在民革履行职能和自身建设的实践上来，提高研究的科学化、专业化水平；四是不断开拓思路，大胆创新，进一步拓展理论委工作方法和机制，充分发挥理论委在民革理论建设工作中的作用。

3. 民革十二届中央妇女和青年工作委员会第四次全体会议

10月9日至10日，民革十二届中央妇女和青年工作委员会第四次全体会议在辽宁省本溪市召开。民革中央副主席、妇青委主任田惠光，民革辽宁省委会主委施中岩出席会议。民革中央妇青委委员、妇女儿童研究中心、青年问题研究中心成员及部分特邀人员参加会议。

妇青委2015年调研课题执笔人汇报了课题调研和提案撰写情况。与会人员对2015年妇青委调研工作给予高度评价，并对2016年调研工作进行了讨论，提供了具有前瞻性和可操作性的课题素材。田惠光同志在讲话中总结了妇青委一年来的工作成绩和取得的新进展，充分肯定了大家对2016年调研课题的意见建议，要求各位委员加强学习，始终坚持正确的政治方向，认真履职，积极反映社情民意。

4. 民革十二届中央人口资源环境委员会第四次全体会议

12月26日至27日，民革十二届中央人口资源环境委员会第四次全体会议在广西防城港市举行。民革中央副主席、人资环委主任何丕洁出席会议并作工作报告。民革广西区委会主委刘新文，民革贵州省委会主委、人资环委副主任王世杰等出席会议开幕式。

何丕洁同志在报告中指出，2015年人资环委围绕国家“十三五”规划编制、创新经济社会发展理念、环境资源保护利用等相关领域热点难点问题，深入调查研究，积极建言献策，工作成绩显著。他要求人资环委要认真学习贯彻中共十八届五中全会精神，深刻理解绿色发展理念，着力构建中央与地方人资环委联动、产学研对接推广和宣传交流三大平台，精选参政议政课题，积极建言献策，不断开创民革参政议政工作新局面。在听取委员们的交流发言后，何丕洁同志指出，人资环委下一步的工作重点是环境问题，积极推动防治沙漠化工作，对精准扶贫等重大课题也要给与长期关注和深入研究。

会前，人资环委赴北仑河口国家级自然保护区实地考察了海洋及海岸生态系统及生物多样性保护情况。

5. 民革十二届中央祖国和平统一促进委员会第四次全体会议

12 月 25 日，民革十二届中央祖国和平统一促进委员会第四次全体会议在北京召开。民革中央副主席、祖统委主任郑建邦及祖统委员会委员参加会议。

郑建邦同志在会上作祖统委 2015 年工作报告，回顾了一年来民革祖统工作，他指出，2015 年，民革各级组织始终将祖统工作摆在重要位置，深入学习中共中央一系列对台大政方针，努力把各项工作做深、做细、做新，为巩固和深化两岸关系和平发展良好形势做出了积极努力和贡献，扎实稳步推进民革祖统工作不断取得新进展。郑建邦同志还就今后祖统委员会开展工作，特别是更好发挥祖统委员的作用提出三点要求：一是要牢牢把握“大局”和“大势”，加强参政议政工作；二是统筹协调“大义”和“大利”，推进交流联谊工作；三是密切联系“大咖”和“大众”，做好台湾人民工作。

与会同志围绕学习贯彻中共十八届五中全会精神，结合民革祖统工作的新形势新任务进行了讨论。

（七）中央举办的有关纪念会、座谈会

1.《何鲁丽文集》出版座谈会

1 月 28 日，民革中央在机关召开《何鲁丽文集》出版座谈会。民革中央主席万鄂湘、常务副主席齐续春，民革中央原主席何鲁丽、周铁农，中央社会主义学院党组书记、第一副院长叶小文，全国人大常委会法制工作委员会副主任阚珂，全国政协文史和学习委员会副主任卞晋平，全国妇联副主席、书记处书记赵东花，民进中央副主席王佐书，农工民主党中央副主席龚建明，致公党中央副主席严以新，九三学社中央副主席丛斌，国务院台湾事务办公室主任助理龙明彪，北京市副市长程红，中华慈善总会常务副会长王树峰，民革中央副主席修福金、刘凡、傅惠民、何丕洁、郑建邦，原副主席李赣骝、朱培康、刘民复、谢克昌，以及中国和平统一促进会、中国人民对外友好协会、中国人民争取和平与裁军协会、黄埔军校同学会、民建中央、民盟中央、台盟中央、人民出版社、北京市人民对外友好协会、西城区人民政府等单位领导同志、民革中央各工作部门负责人出席座谈会。

万鄂湘同志指出，《何鲁丽文集》集中体现了中国共产党领导的多党合作和政治协商制度的优越性，体现了何鲁丽同志坚持中国共产党领导的坚定信念和她作为政治活动家崇高的精神风范。《何鲁丽文集》是民革优良传统的教科书，是学习研究民革党史的宝贵资料。他要求民革各级组织和广大党员把学习《何鲁丽文集》作为开展坚持和发展中国特色社会主义学习实践活动的一项重要内容，进一步增强中国特色社会主义道路自信、理论自信、制度自信，为多党合作事业的发展做出应有的贡献。

何鲁丽同志指出，出版民主党派领导同志的文集，是中共中央对民主党派的亲切关怀，是对多党合作事业发展的高度重视。文集体现了民革参政议政工作成果，见证了民革自

身建设工作的积极探索和成效，见证了我国人民代表大会制度和政治协商制度的发展进程。希望文集的出版能够给关心和研究中国特色社会主义政治制度、政党制度和民革党史的读者提供有益的研究资料，也希望民革同志能够从文集中总结历史经验，促进各项工作的开展，为多党合作事业做出应有的贡献。

人民出版社社长黄书元介绍了《何鲁丽文集》编辑出版情况，全国人大常委会法制工作委员会副主任阚珂，中央社会主义学院党组成员、副院长张峰分别从不同的角度评价了文集的主要理论特色，回顾了何鲁丽同志作为中国特色社会主义亲历者、实践者、维护者、捍卫者的人生道路，以及对巩固和发展统一战线工作所作的重要贡献。

2. 民革中央 2015 年迎春茶话会

2 月 4 日，民革中央在机关举行 2015 年迎春茶话会。民革中央主席万鄂湘、原主席周铁农，副主席修福金、刘凡、傅惠民、何丕洁、郑建邦、刘家强，全国政协副秘书长邓宗良，全国政协港澳台侨委员会副主任、海峡两岸关系协会常务副会长郑立中，最高人民法院副院长贺荣，最高人民检察院副检察长张常韧，司法部副部长兼政治部主任张彦珍，农业部副部长陈晓华，中国社会科学院副院长李培林，国务院台湾事务办公室主任助理龙明彪等出席茶话会。常务副主席齐续春主持茶话会。

万鄂湘同志在讲话中指出，一年来，民革全党认真学习中共十八大和十八届三中、四中全会精神，学习习近平总书记系列重要讲话精神，以全面开展坚持和发展中国特色社会主义学习实践活动为主线，围绕中共中央提出的各项目标、任务和国家中心工作，整合全党资源，凝聚多方力量，各项工作取得了新成绩。

万鄂湘同志表示，2015 年，我们将继续坚持“九二共识”、反对“台独”的共同政治基础，维护一个中国框架，遏制“台独”分裂图谋，贯彻两岸一家亲理念，推动两岸关系和平发展。我们真诚呼吁两岸同胞、海外侨胞携手并肩，齐心协力，持续推进两岸关系和平发展，共同完成祖国统一大业，谱写中华民族伟大复兴的崭新篇章。

万鄂湘同志强调，2015 年是全面深化改革的关键之年。民革全党将继续高举中国特色社会主义伟大旗帜，紧紧围绕经济社会发展重大问题深入调研，积极建言献策。我们将继承和发扬孙中山爱国、革命、不断进步的精神，进一步加强参政议政能力建设，全面履行好参政党的各项职能。

国务院台湾事务办公室主任助理龙明彪、欧洲中国和平统一促进会主席张曼新先后致辞。文艺工作者表演了精彩的文艺节目。

民革中央原副主席李赣骝、朱培康、刘民复、谢克昌，中共中央统战部、外交部、科技部、国家民委、中国科学院、中央社会主义学院、人民政协报社、中华职教社、北京大学、清华大学、北京航空航天大学等单位有关部门负责人，部分海外中国和平统一促进会负责人及民革中央顾问、部分在京中央委员、民革中央机关部门负责人、部分老同志、有关联系人士等出席茶话会。

3. 孙中山先生逝世 90 周年纪念仪式

3 月 12 日上午，民革中央在北京中山公园中山堂举行孙中山先生逝世 90 周年纪念仪式。

民革中央常务副主席齐续春主持纪念仪式。全国政协副主席王家瑞、民革中央主席万鄂湘、中共中央统战部副部长林智敏、北京市副市长程红和民革中央副主席、民革北京市委会主委傅惠民分别代表全国政协、民革中央、中共中央统战部、北京市人民政府和民革北京市委会向孙中山先生像敬献花篮。与会同志向孙中山先生像三鞠躬，缅怀这位伟大的民主革命先行者。

全国政协副主席万钢、罗富和、陈晓光、马培华，全国人大常委会原副委员长何鲁丽、周铁农，全国政协原副主席罗豪才、厉无畏，民革中央副主席修福金、刘凡、程崇庆、何丕洁、田惠光、郑建邦、邓力平、刘家强，原副主席李赣骝、朱培康、刘民复、谢克昌以及全国人大、全国政协、中共中央统战部、北京市有关领导同志，部分全国人大代表、全国政协委员，民革部分在京中央委员、顾问、老同志，民革中央各工作部门负责人和首都各界人士近 200 人参加纪念仪式。

4. 纪念李济深同志诞辰 130 周年座谈会

11 月 9 日，民革中央在北京人民大会堂召开纪念李济深同志诞辰 130 周年座谈会。民革中央主席万鄂湘、常务副主席齐续春，民革中央原主席何鲁丽、周铁农，全国人大常委会副秘书长古小玉，全国政协副秘书长张秋俭，民革中央副主席刘凡、傅惠民，民建中央副主席张少琴，民进中央副主席刘新成，农工党中央副主席龚建明，致公党中央副主席、中国侨联副主席李卓彬，九三学社中央副主席丛斌，台盟中央副主席苏辉，全国工商联党组成员、副主席安七一，民革中央原副主席李赣骝等出席座谈会。

万鄂湘同志在会上讲话，他代表民革中央和广大民革党员对李济深同志表示深切的怀念和崇高的敬意，并向李济深同志的家属致以亲切的问候。他说，李济深同志一生经历了从晚清到新中国的历史变迁，毕生致力于中国革命和建设事业，为国家、为民族做出了重要贡献。他是我国杰出的爱国民主人士、著名的抗日将领和卓越的民革领导人，为我们留下了宝贵精神财富，永远值得我们学习和怀念。纪念李济深同志，就是要学习继承他崇高的爱国主义精神，学习继承他坚持中国共产党领导、拥护多党合作制度的优良传统，学习继承他热爱民革、奉献民革的优良传统。

万鄂湘同志指出，当前在中国共产党领导下，中国人民不懈奋斗，我们比历史上任何时候都更接近中华民族伟大复兴的目标，李济深同志和民革前辈一生追求的梦想正在实现。我们要以纪念李济深同志为契机，努力把民革建设成为一个学习型、高素质、有作为的中国特色社会主义参政党，为全面建成小康社会和实现中华民族伟大复兴中国梦做出更大的贡献。

民革广西区委会主委刘新文，中共梧州市委常委、统战部部长钟碧珍，蒋光鼐将军之子蒋建国，民革中央宣传部原副部长王秉默分别在会上发言，从不同角度回顾了李济深同志在不同历史时期对国家和人民事业、对多党合作事业、对统一战线事业、对民革事业做出的卓越贡献。李济深同志女儿李筱薇在座谈会上代表家属发言，深切缅怀李济深同志。

中共中央统战部有关部门负责同志、在京民革中央委员、顾问，民革中央各工作部门负责人、民革梧州市委会负责人，团结报社、团结出版社负责人，民革在京部分老同志，李济深同志亲属参加座谈会。

5. 纪念孙中山先生诞辰 149 周年仪式

11 月 12 日，全国政协在北京中山公园中山堂举行仪式，纪念中国民主革命的伟大先行者孙中山先生诞辰 149 周年。

民革中央主席万鄂湘代表民革中央向孙中山先生塑像敬献花篮。民革中央常务副主席齐续春、副主席傅惠民，原副主席李赣骝、朱培康及民革在京中央委员、顾问、中央各工作部门负责人和部分老同志出席仪式。

二、参政议政

2015 年，民革中央贯彻“举全党之力抓参政议政”“不断提高履职实效”的要求，始终坚持“发挥优势，‘联结’特色，找准切入点，打造新亮点”的工作思路，实施顶层设计、整合资源、专家参与、政府支持的工作方法，强化参政能力建设，不断提高履职水平。

（一）在高层政治协商和征求意见座谈会上提出意见和建议

1 月 27 日，中共中央政治局常委、国务院总理李克强在中南海主持召开座谈会，听取各民主党派中央、全国工商联负责人和无党派人士代表对《政府工作报告（征求意见稿）》的意见和建议。

民革中央主席万鄂湘、常务副主席齐续春、副主席修福金出席座谈会。万鄂湘同志代表民革中央在会上发言，他说，《报告》文风朴实、内容精练，对问题的归纳和剖析实实在在，提出的解决措施精准得力，是一份接地气、得民心的好报告，我们十分赞同。他结合民革中央调研和座谈中了解到的情况提出三点建议：一是运用法治思维，进一步提高简政放权的实效。二是保障被征地农民权益，重视粮食安全，发展农村金融。三是重视自贸区的顶层设计。他还对《报告》的内容提出了具体修改意见。

1 月 26 日，最高人民检察院召开各民主党派中央、全国工商联负责人和无党派人士代表座谈会，民革中央副主席何丕洁出席并代表民革中央发言。

何丕洁同志对 2014 年最高人民检察院的工作表示充分肯定，并对最高检工作提出三点建议：一是积极探索省以下检察院人财物统一管理体制改革。二是切实推进检察官办案责任制改革。三是完善检察人员分类管理，强化检察官工作激励机制，切实加强司法保障制度体系建设。1 月 30 日，最高人民法院召开各民主党派中央、全国工商联负责人和无党派人士代表座谈会，民革中央副主席郑建邦出席并代表民革中央发言。郑建邦同志对 2014 年最高人民法院工作给予充分肯定，并就 2015 年的工作提出三点建议：一是以建设法治国家为契机，探索人民法院工作机制创新。二是推进审务公开工作，不断提高司法透明度。三是加强沟通联系，做好联合调研。

7 月 24 日，中共中央在中南海召开党外人士座谈会，就当前经济形势和下半年经济工作听取各民主党派中央、全国工商联负责人和无党派人士代表的意见和建议。中共中央总书记习近平主持座谈会并发表重要讲话。中共中央政治局常委李克强、刘云山、张高丽出席座谈会。李克强通报了上半年经济工作有关情况，介绍了中共中央关于做好下半年经济工作的考虑。

民革中央主席万鄂湘、常务副主席齐续春，副主席修福金出席座谈会。万鄂湘同志代表民革中央发言。他说，今年以来，面对困难和挑战明显增多、外部环境复杂性增加的局面，中共中央、国务院准确把握发展大势，主动引领新常态，着力培育新动力，团结带领全国各族人民，扎实有效做好各方面工作，稳增长、促改革、调结构、惠民生、防风险成效明显。他结合民革中央调研和日常了解的情况提出三点建议：一是让军民融合深度发展成为经济的强大引擎。二是促进国内统一市场法治建设。三是建立股票市场健康稳定发展的长效机制。

12 月 10 日，中共中央在中南海召开党外人士座谈会，就今年经济形势和明年经济工作听取各民主党派中央、全国工商联负责人和无党派人士代表的意见和建议。中共中央总书记习近平主持座谈会并发表重要讲话。中共中央政治局常委李克强、俞正声、刘云山、张高丽出席座谈会。李克强同志通报了今年经济工作有关情况，介绍了中共中央关于做好明年经济工作的考虑。

民革中央主席万鄂湘、常务副主席齐续春、副主席修福金出席会议。万鄂湘同志代表民革中央在会上发言。他表示，今年以来，面对日益复杂的国际政治经济形势和经济下行压力增大的国内环境，中共中央、国务院不断深化改革，坚持法治思维，经济社会发展取得了令人钦佩的巨大成就。我们十分赞同中共中央对当前经济形势的判断和对明年经济工作的部署。万鄂湘同志结合民革中央调研和日常了解到的情况提出四点建议：一是建设更高效的政府，加速释放改革红利；二是发展康养产业，拉动投资和就业；三是加快房地产市场去库存，助力宏观经济；四是不断巩固加深两岸经济融合度。

（二）以民革中央名义向中共中央和国务院提交专项建议

2 月 9 日，民革中央通过中共中央统战部向中共中央领导同志报送了《关于修订完善婚姻法律制度的建议》。该《建议》是在民革中央调研组近期赴天津、辽宁、广东等地进行调研的基础上形成的。《建议》分析了现行婚姻法律制度存在的一些不足，并提出相关调整建议。

2 月 9 日，民革中央通过中共中央统战部向中共中央、国务院领导同志报送了《关于进一步推动实施我国农村义务教育学生营养改善计划的建议》。该《建议》是在民革中央调研组近期赴天津、安徽等地进行调研的基础上形成的。《建议》分析了农村义务教育学生营养改善计划存在的一些深层次问题，并提出相关改善建议。

3 月 12 日，中共中央总书记习近平就民革中央报送的《关于加快推进平潭综合实验区建设的建议》做出重要批示。3 月 13 日，中共中央政治局常委、国务院总理李克强就该《建议》做出重要批示。3 月 15 日，中共中央政治局常委、国务院副总理张高丽就该《建议》做出重要批示。

3 月 2 日，中共中央政治局委员、国务院副总理刘延东就民革中央报送的《关于进一步推动实施“我国农村义务教育学生营养改善计划”的建议》做出重要批示。

3 月 2 日，民革中央通过中共中央统战部向中共中央、国务院领导同志报送了《关于加快推进平潭综合实验区建设的建议》。该《建议》是在今年 1 月民革中央主席万鄂湘、常务副主席齐续春率调研组赴福建平潭就平潭综合实验区发展问题进行调研的基础上形成的。《建议》分析了当前平潭发展面临的问题，并就平潭发展政策和民革中央拟参与平潭发展的四项工作提出相关建议。

5 月 4 日，民革中央通过中共中央统战部向中共中央、国务院领导同志报送了《关于将黄河上游黑山峡控制性水利枢纽工程列入“十三五”规划并尽快开工建设的建议》。《建议》分析了黄河上游黑山峡控制性水利枢纽工程对黄河全流域减灾防淤、开发利用和长治久安所具有的重要作用，并提出相关建议。

5 月 26 日，民革中央通过中共中央统战部向中共中央、国务院领导同志报送了《关于扩大藏区扶持政策范围，推进藏区整体协调发展的建议》，该《建议》是在今年 5 月民革中央常务副主席齐续春率调研组赴青海省就四省藏区经济社会发展基本情况进行调研的基础上形成的。《建议》分析了近年来藏区经济社会发展取得的巨大成就以及当前藏区工作中面临的主要难点问题，并提出相关建议。

11 月 19 日，民革中央通过中共中央统战部向中共中央、国务院领导同志报送了《关于进一步加快〈监狱法〉修改进程的建议》。该《建议》是民革中央副主席修福金率民革中央、司法部联合调研组赴江苏、安徽等地就《监狱法》修改和改革完善监狱工作进行调研的基础上形成的。《建议》分析了当前监狱事业发展中的新问题新矛盾和《监狱法》在实施过程中的一些不足之处，并提出相关建议。

11 月 24 日，民革中央通过中共中央统战部向中共中央、国务院领导同志报送了《关于提升“一带一路”建设金融保障能力的建议》。该《建议》是在今年 9 月民革中央副主席刘凡率调研组赴广西、云南，就资本市场服务“一带一路”战略问题进行调研的基础上形成的。《建议》分析了“一带一路”建设过程中遇到的资金融通困难与挑战，并提出相关建议。

12 月 5 日，中共中央政治局常委、国务院副总理张高丽就民革中央报送的《关于提升“一带一路”建设金融保障能力的建议》做出重要批示。

12 月 17 日，民革中央通过中共中央统战部向中共中央、国务院领导同志报送了《关于“以改革开放的思维推动我国职业教育发展”的报告》。该《报告》是在 2015 年 9 月民革中央常务副主席齐续春率调研组赴吉林就进一步推动我国职业教育发展问题进行调研的基础上形成的。《报告》分析了当前我国职业教育发展面临的主要问题和困难，并提出相关建议。

12 月 24 日，民革中央通过中共中央统战部向中共中央、国务院领导同志报送了《关于设立“三峡枢纽经济区”的建议》。该《建议》是在 2015 年 9 月齐续春同志率调研组赴湖北宜昌进行考察和调研的基础上形成的。《建议》分析了三峡、宜昌在两大国家战略布局中的枢纽作用，在区域协调发展中的支撑作用和在同步推进城镇化和生态文明建设中的示范作用，并提出相关建议。

（三）在全国政协上的提案和发言（办复）

1. 全国政协十二届三次会议上提交的大会发言和提案

3 月 3 日至 13 日，全国政协十二届三次会议在北京召开，民革中央提交大会发言 7 件，分别是：《大力推进志愿服务事业　不断促进社会文明进步》（傅惠民副主席在会上作口头发言）、《切实推进医养结合，让老年人养老无忧》《打通“中梗阻”，解决“三不沾”，推动改革措施落实到位》《让两岸文化产业带成为 21 世纪海上丝绸之路的靓丽风景线》《关于大力推进社会主义协商民主建设的几点建议》《以公共外交推进丝绸之路经济带建设》《让体育回归教育，让学生全面发展》。提交提案37件，分别是：《关于扩大直接融资，防范金融风险的提案》《关于加强财政协调与协同，大力推动京津冀一体化进程的提案》《关于将包头至海口快速客运铁路纳入国家“十三五”规划的提案》《关于加快推进平潭综合实验区建设的提案》《关于推进新型城镇化过程中的环境治理的提案》《关于修改完善〈中华人民共和国农村土地承包法〉的提案》《关于规范征地程序，维护被征地农民权益的提案》《关于改革我国现行种业管理制度，做大做强民族种业的提案》《关于推动各类金融机构为“三农”服务的提案》《关于完善我国农村土地承包经营权确权中相关法律的提案》《关于大力推进志愿服务工作的提案》《关于大力发展康养产业的提案》《关于强化司法保障，确保司法公正的提案》《关于强化法律对全民守法强制引领作用的提案》《关于进一步有效引导社会资本参与混合所有制改革的提案》《关于坚持耕地数量质量保护并重，同步推进粮食安全和食品安全的提案》《关于加快普及居民健康卡惠民应用的提案》《关于建立健全制度体系，落实企业环境责任的提案》《关于完善政府购买社区医疗卫生服务，推动社区养老的提案》《关于应对失能风险，促进长期护理保险发展的提案》《关于科学规划临空经济区，优化产业布局的提案》《关于发挥法治引领和保障作用，推进农村集体经营性建设用地入市制度改革的提案》《关于完善扶持和补贴政策，促进生物燃气产业稳步发展的提案》《关于加快政策环评制度建设，降低政府决策环境风险的提案》《关于提升环境外交实力，助推大国外交战略的提案》《关于大力发展环境服务业的提案》《关于在两岸婚姻家庭相关权益保护工作中深化“两岸一家亲”理念的提案》《关于加强两岸知识产权审判交流与协作的提案》《关于建立和完善海峡两岸食品监管合作模式和机制的提案》《关于孔子学院与台湾书院合作共促中华文化海外传播的提案》《关于积极顺应海外侨情新变化新趋势，扎实做好爱国统一战线工作的提案》《关于有限度开放台湾经贸类社会组织在大陆开展合法性运作的提案》《关于充分激发社会活力，努力形成社会养老多元化格局的提案》《关于重视体育教育功能，促进青少年全面发展的提案》《关于进一步推动实施“我国农村义务教育学生营养改善计划”的提案》《关于加强青少年性教育，减少性传播疾病的提案》《关于修订完善婚姻法律制度的提案》。

2. 国家有关部委就民革中央提案做出的答复

7月15日，全国人大常委会法制工作委员会就民革中央在全国政协十二届三次会议上提交的《关于修订完善婚姻法律制度的提案》做出答复，表示对完善婚姻家庭财产制度、完善离婚后扶养制度、确立未成年子女权益最大化原则等建议，将在今后的民法典编纂工作中进一步研究。

8月12日，农业部就民革中央在全国政协十二届三次会议上提交的《关于改革我国现行种业管理制度，做大做强民族种业的提案》做出答复。

8月17日，国土资源部就民革中央在全国政协十二届三次会议上提交的《关于规范征地程序，维护被征地农民权益的提案》做出答复，就加大征地信息公开力度、加强征地补偿费监管、妥善解决被征地农民长远生计、大力促进被征地农民就业等方面介绍了国家有关部委采取的政策措施。

8月17日，国土资源部就民革中央在全国政协十二届三次会议上提交的《关于发挥法治引领和保障作用，推进农村集体经营性建设用地入市制度改革的提案》做出答复，表示对民革中央提出的具体政策建议，将在试点政策框架内指导试点地区予以研究吸收。

8 月 18 日，环境保护部就民革中央在全国政协十二届三次会议上提交的《关于加快政策环评制度建设，降低政府决策环境风险的提案》做出答复，表示将通过组织开展试点研究、提升政府和公众认识、建立健全公众参与机制、积极推进《环境影响评价法》修订等途径进一步推进政策环评工作。

8月19日，最高人民法院办公厅就民革中央在全国政协十二届三次会议上提交的《关于强化司法保障，确保司法公正的提案》做出答复，就法官选任机制改革、国家统一法律职业资格制度改革、制订法官单独工资制度等方面介绍了国家有关部委采取的政策措施。

8 月 21 日，交通运输部就民革中央在全国政协十二届三次会议上提交的《关于将包头至海口快速客运铁路纳入国家“十三五”规划的提案》做出答复。

8月21日，国务院台湾事务办公室就民革中央在全国政协十二届三次会议上提交的《关于在两岸婚姻家庭相关权益保护工作中深化“两岸一家亲”理念的提案》做出答复。

8 月 25 日，农业部就民革中央在全国政协十二届三次会议上提交的《关于坚持耕地数量质量保护并重，同步推进粮食安全和食品安全的提案》做出答复。

8 月 26 日，国家质量监督检验检疫总局就民革中央在全国政协十二届三次会议上提交的《关于建立和完善海峡两岸食品监管合作模式和机制的提案》做出答复。

8 月 27 日，环境保护部就民革中央在全国政协十二届三次会议上提交的《关于建立健全制度体系，落实企业环境责任的提案》做出答复，就健全相关法规、明确企业责任；完善管理体制、督促环境责任落实；营造良好合作氛围、积极承担社会责任；公开社会环境责任报告；支持鼓励社会责任投资等方面介绍了国家有关部委采取的政策措施。

9 月 8 日，教育部就民革中央在全国政协十二届三次会议上提交的《关于孔子学院与台湾书院合作共促中华文化海外传播的提案》做出答复。

9 月 22 日，国家发改委就民革中央在全国政协十二届三次会议上提交的《关于科学规划临空经济区，优化产业布局的提案》做出答复。

10 月 7 日，国家发改委就民革中央在全国政协十二届三次会议上提交的《关于大力发展环境服务业的提案》做出答复。

（四）促进祖国和平统一工作

2015 年两岸关系和平发展继续深入推进，两岸领导人在新加坡会面，翻开了两岸关系历史性的一页，为两岸关系未来发展开辟了新的空间。民革中央深入学习贯彻中共十八届四中、五中全会精神，牢牢把握两岸关系和平发展主题，以做好台湾人民工作为核心，紧紧围绕中共中央对台工作大局，密切结合自身工作实际，充分发挥自身优势，扎实稳步推进民革对台工作不断取得新进展。

1. 第六届“中山・黄埔・两岸情”论坛

“中山・黄埔・两岸情”论坛由台湾新同盟会许历农会长、聂荣臻元帅之女聂力将军、胡靖安将军之女胡葆琳女士等倡导举办，论坛活动自2010年至今已成功举办五届，在两岸及海外都产生了较大影响，是目前两岸军方交流的唯一公开平台。5月20日，由民革中央首次作为主办方之一，与黄埔军校同学会、天津市海外联谊会共同举办的第六届“中山·黄埔·两岸情”论坛在天津隆重开幕。论坛以纪念中国人民抗日战争暨世界反法西斯战争胜利70周年为核心内容，两岸多位政要、退役将领出席论坛。来自两岸的黄埔师生及亲友和各界嘉宾200余人出席论坛，并通过了《共同宣言》。此次论坛取得了极大的成功，参加人数、规模和层级均为历届之最，引起海内外的广泛关注，并受到中央领导同志的高度重视，起到了团结两岸黄埔人，唤起民族认同和国家认同的作用。

2. 加强与海外侨界的联系，促进海外反独促统力量大团结

借纪念中国人民抗日战争暨世界反法西斯战争胜利70周年之机，民革中央以中华中山文化交流协会名义分别组织代表团奔赴海外同当地华侨华人共同举行纪念活动，并通过召开座谈会、走访侨团、拜访我驻外使领馆等形式，对当地侨团、侨情进行了深入了解，广泛听取了海外华侨华人及使领馆对反独促统和侨务工作的意见和建议，取得了很好的效果。

8月9日至17日，应欧洲中国和平统一促进会、德国华侨华人中国和平统一促进会邀请，李霭君部长一行5人赴德国柏林参加“纪念中国人民抗日战争暨世界反法西斯战争胜利70周年及全球华侨华人推动中国和平统一（柏林）15周年大会”，并对德国柏林、捷克布拉格、荷兰阿姆斯特丹三地进行了访问。

8月13日至20日，应北美加州华人文化体育协会和北美经贸文化总会邀请，郑建邦副主席一行6人赴美国、加拿大访问。参访团先后与海外两岸侨胞共同举办了四场海外纪念中国人民抗日战争胜利暨世界反法西斯战争胜利70周年座谈会，出席了旧金山海外首座抗日战争纪念馆开幕式和北加州两岸侨胞纪念抗战胜利70周年晚会，并参加了北加州华人第十三届体育运动会开幕式。共会见侨领近百人次，与两岸侨胞万余人互动。

11月3日至11日，应东部非洲中国总商会暨东部非洲中国和平统一促进会、全非洲中国和平统一促进会邀请，何丕洁副主席一行5人，赴南非参加“全球反独促统、两岸一家亲、共圆中国梦——2015约翰内斯堡大会”，并顺访肯尼亚。此次参访是民革历史上首次组团出访非洲。

9月29日，在民革中央机关举办“民革中央欢迎台港澳及海外同胞庆祝国庆66周年招待会”，齐续春常务副主席、郑建邦副主席等民革中央领导出席，来自台港澳及海外近70位知名人士参加了招待会。

3. 通过多种形式做好对台宣传工作

2015年，民革中央联系两岸知名学者和单位，合作编纂《长城与抗战图文集》《你在台湾还好么》等图书。联系安排民革中央领导同志赴云南、四川、广东、湖南、甘肃、安徽、河南、广西、吉林等地为地方民革组织作了十余次台湾形势与两岸关系主题报告。继续办好《台湾研究》《台湾政情》《祖统工作通讯》三份内刊，利用“民革e家”等网络平台，指导地方组织开展对台工作。

4. 与台湾青年交流工作

11月3日，民革中央与中国高等教育学会、两岸文化创意人才服务基地、平潭综合

实验区管委会共同主办了第二届华灿奖颁奖仪式暨第六届两岸青年创新创业论坛，来自两岸四地的青年设计师和各界嘉宾500余人出席，共征集到两岸四地千余家参赛高校近2万件作品参赛。活动取得了很大成功，被国台办列为重点支持项目。同时在2015年，"民革中央平潭两岸青年创业谷"正式落户平潭台湾创业园；民革中央与"华灿工场""北京大学创业训练营"、民革中央企业家联谊会等多家进驻创业谷的单位进行了合作签约；福建省创新创业投资管理有限公司与中民国投投资控股有限公司签约成立"华灿创业基金"；民革中央与北控集团启动合作项目——儿童剧《团仔圆妞》等等。切实巩固深化了"两岸一家亲"理念，为落实民革"四个一"工作奠定了基础。

此外，"第十四届台湾杰出青年赴大陆参访团""第四届台湾擎天协会暑期青年华夏文化参访团"等青年参访活动继续推今。在坚持以政治、文化和校际交流为主题的传统特色基础上，又增加了爱国主义教育和创业园区走访等内容，结合纪念抗战胜利安排年参观南京大屠杀纪念馆、拜谒中山陵，创新性地安排赴延安参访，参观枣园纪念馆、杨家岭纪念馆和延安新区，为台湾青年学生了解大陆、认识大陆，特别是两岸的近代史提供了一次非常难得的机会。

同时，台湾青年暑期到大陆实习项目继续开展。8月5日至10月3日，民革中央联系安排了42位台湾青年学生到北京歌华文化发展集团、国美在线、拉卡拉拉卡拉支付有限公司等16家企业实习。让更多的台湾优秀青年参与到两岸交流的实践中来，把自己的个人理想、价值和中华民族的复兴、中国梦的实现联系在一起，从根本上解决他们的民族国家认同问题。

另外，我们还广泛联系台湾在京交流学生、创业青年，举办了两次"台青之友沙龙"联谊活动，共50余人次台湾青年参加。

5. 与台湾中南部民众交流工作

6月，我们继续与水利部合作，在福建莆田举办了"第七届海峡论坛·两岸乡村农田水利建设交流会"。活动得到了国台办与海峡论坛组委会的高度重视和大力支持，被列为第七届海峡论坛两岸名乡名村交流板块中的重要活动。大陆方面的农业水利专家、基层农民代表，与来自宝岛中南部的农民、农会、农田水利会成员、农业水利专家以及在大陆发展的台湾农民等200多人共襄盛举。

民革中央和台湾新同盟会、台湾中华工商业联合协会等有关单位合作，接待了"第四届台湾中华工商业联合协会大陆参访团""第八届台湾新同盟会中南部会员（会友）大陆参访团"。民革中央领导同志还在机关会见了第五、六、七期"北京大学两岸工商总裁高阶管理研修班"学员共150余人。参与这些活动的台湾朋友几乎涵盖了台湾南部基层社会的各个层面，取得了非常好的效果。

此外，我们还积极推动两岸文化艺术交流，4月10日，与民革河南省委会、台湾中华花艺文教基金会联合主办了"2015年海峡两岸（洛阳）中华插花艺术交流展"。

三、社会服务

（一）社会服务专项工作和支边扶贫工作

2015年，民革社会服务工作通过强化服务意识，提高服务能力，勇于探索创新，各项工作扎实推进。

1. 法律服务工作

截至2015年末，全国24个民革省级组织和150个地市级组织成立了法律服务机构，其中5个省级组织和32个地市级组织所属的法律服务机构被纳入国家法律援助工作体系。各级组织积极探索法律服务新方法，送法律进乡村、进校园、进企业、进社区，如民革吉林市委会协调解决丰满大坝拆迁难题等，得到中共党委政府的高度肯定。据统计，民革各级组织共开展法律咨询和普法活动2580次，实施法律援助案例4115个，累计受益群众2万人次。

2. 中山博爱基金会

2015年末，国务院正式批准成立中山博爱基金会。依据章程，中山博爱基金会将传承中华民族优良传统，弘扬博爱精神，汇聚民革非公经济人士和社会爱心人士力量，致力于社会公益慈善事业，如资助黄埔老人、抗战老兵、生活上有困难的民革党员，资助已开展的支边支教、法律援助等帮扶对象，资助民革历史资料保护项目等，打造民革工作新品牌，提高参政党影响力，为全面建成小康社会做出更大的贡献。

3. 精准扶贫工作

民革中央积极探索精准扶贫工作的思路、重点和措施。继续在贵州纳雍县大力开展教育帮扶、慈善捐赠、医疗援助、扶贫项目实施等活动，重点联系扶持纳雍县13所中小学校。动员民革地方组织在黔西南州、武陵山片区、原中央苏区等地创新扶贫内容。将河北省曲阳县和兴隆县定为新的扶贫联系点，开展精准教育扶贫和农村电商全覆盖。截至目前，全国各省级组织共确定了76个定点扶贫地区，一年来共组织赴定点扶贫地区考察3000余人次，选派挂职干部68人，实施各类扶贫项目347个。民革各级组织共投入扶贫资金和物资折合价款约6200万元，帮助贫困地区引进各类资金近2亿元。“博爱·牵手”活动注重与坚持和发展中国特色社会主义学习实践活动相结合，民革基层组织共开展活动2921余场，活动捐款捐物总价值9500万元，25.5万人直接受益。

4. “美丽家乡·科普环保公益电影万里行”活动

2015年6月24日，民革中央社会服务部和科学技术部农村科技司、环境保护部科技标准司、国家新闻出版广电总局电影局、农业部农村社会事业发展中心、湖北省襄阳市人民政府联合主办的第三届“美丽家乡·科普环保公益电影万里行”活动在湖北省襄阳市保康县尧治河村正式启动。民革中央副主席何丕洁、民革湖北省委会主委郑心穗等出席启动仪式。活动以“科技支农、环保惠农、文化乐农”为宗旨，开展了一系列产业培训、技术指导、公益电影放映等活动，并向有关部门捐赠中频治疗仪、环保农科宣教资料、复合生物肥、流动电影放映设备和放映场次等生产物资和文化服务。

（二）书画工作

2015 年是中国人民抗日战争暨世界反法西斯战争胜利 70 周年。8 月 20 日至 24 日，民革中央联合中国文联、中央文史馆、中国美协主办的“民族魂”大型美术展览于在北京举办，并在河北、内蒙古、宁夏、江西、甘肃、青岛等地进行了巡展。在展览作品评选中，民革中央画院严把政治关，使入选作品既突出表现中国共产党的中流砥柱作用，也充分表现民革前辈在抗战中发挥的重要作用，借助展览较为客观地还原抗战历史，启示后人，得到中央统战部和有关领导的赞誉。

在民革中央举办“民族魂”纪念抗战胜利 70 周年书画展览的同时，多地民革组织通过文史研讨、美术展览、艺术品捐赠义拍等多种形式纪念这一重要历史时刻，在各地群众中引起了强烈反响，得到的广泛社会认同，体现了民革参与文化建设的优势，凸显了民革中央书画工作配合重大政治活动举办展览的传统和特色，逐渐形成了民革在继承中山先生思想以及辛亥革命、抗战胜利等重大活动活动中独特的历史地位和影响力。

四、自身建设

（一）思想政治宣传和理论研究工作

2015 年，民革中央结合抗战胜利 70 周年，继续深入开展“坚持和发展中国特色社会主义学习实践活动”，积极开展宣传、思想和理论研究等方面工作。

1. 纪念抗战胜利 70 周年活动相关工作

为纪念抗日战争胜利 70 周年，民革中央组织力量，整理民革前辈史料采集工作中 147 名抗战老兵视频素材，并将视频资料提供央视重点宣传项目《东方主战场》专题片编导组。与中央电视台科教频道合作制作《我们的远征》专题片。同时，将 147 名抗战老兵的口述资料进行编辑，完成 50 万字的《抗战老兵忆抗战》书稿，由团结出版社出版，刻制《民革抗战老兵忆往昔》DVD 光盘，将赠送各地抗战有关纪念场馆。

2. “观故居，走多党合作之路”活动和民革前辈纪念场馆保护开发利用工作

2015 年，民革中央确定兰州邓家花园、天水邓宝珊将军纪念馆、河南张钫故居为民革党史教育基地，并在所在地举行挂牌仪式。截至 2015 年 9 月底，全国共有 9 个挂牌的民革党史教育基地。出版“民革前辈纪念场馆系列丛书”之《王昆仑与太湖别墅》《朱学范与枫泾故居》两种。2015 年，民革中央召开蒋光鼐生平事迹研讨会暨民革前辈纪念场馆联谊会第四次年会，研讨蒋光鼐生平事迹，就进一步推动民革前辈纪念场馆的保护利用进行交流。民革党史的学习教育，极大地促进了广大民革党员学习继承民革坚持中国共产党领导优良传统的自觉性。

3. 继续开展中国特色社会主义学习实践活动

2015 年，民革中央在及时梳理和总结中国特色社会主义学习实践活动经验基础上，推动活动不断深入。编印《中国特色社会主义学习实践活动民革党员应知应会知识手册》，下发民革各级组织和广大党员。手册内容包括中共十八大、十八届三中、四中全会精神

及习近平总书记系列重要讲话精神，统战知识，民革知识三部分，帮助广大党员认真学习、深刻领会中国特色社会主义理论、中央统战工作会议精神、《中共中央关于加强社会主义协商民主建设的意见》等重要文件精神以及民革有关知识。

4. 向蔡立忠同志学习活动

蔡立忠是学习实践活动中涌现出的优秀民革党员。2 月 3 日，民革中央发出《关于开展向蔡立忠同志学习活动的通知》。通知指出，蔡立忠同志以自己短暂而光辉的一生，生动诠释了医者大爱的传统美德。他是中国特色社会主义的优秀实践者，是社会主义核心价值观的崇高践行者，是多党合作事业的积极参与者，是在改革开放时代成长起来的优秀民革党员。民革中央决定，追授蔡立忠同志“优秀民革党员”称号，号召各级民革组织和广大党员向蔡立忠同志学习。

通知发出后，《团结报》《团结》杂志推出长篇人物通讯《蔡立忠：一个纯粹的人》，在民革党员中引起很大反响。民革天津市河东区委会、民革山西大同市委会、民革安徽六安市委会、民革安徽淮北市濉溪县支部、民革山东省直综合支部、民革河南漯河市委会、民革河南周口市委会、民革云南曲靖市委会、民革云南楚雄州委会三支部、民革宁夏区委会等组织开展了形式多样的学习蔡立忠活动，效果明显。

5. 民革前辈史料采集工作

民革前辈史料采集工作是民革全党进行的第一次大规模史料采集工作，涉及面广，采访人物多，工作难度大，民革 30 个省级组织和团结出版社积极参与，共计采集了 227 人、时长 16000 多分钟、存储容量 7700 多 GB 的全高清视频，每个被采集人采访时长平均约为一小时，记录下了大量珍贵史料。

10 月 27 日，民革中央在北京召开民革前辈史料采集工作表彰会，对史料采集工作中的先进单位和个人进行表彰，对史料采集工作进行总结。为今后开展类似工作提供了宝贵的借鉴。

6. 编辑出版《亲历者赞》丛书

2015 年，《亲历者赞》丛书已经完成第一、二辑的编辑出版工作，以后还将持续编辑出版。丛书集中报道民革各方面工作特别是参政议政工作的一部分领军人物，反映了民革开展坚持和发展中国特色社会主义学习实践活动的成效和中国共产党领导的多党合作和政治协商制度的优越性，对学习实践活动的深入开展和民革各项工作将起到一定促进作用，也具有一定的史料价值。9 月 21 日，民革中央在机关召开《亲历者赞——民革人物报道集》（第一、二辑）出版座谈会。民革中央主席万鄂湘为丛书作序，民革中央常务副主席齐续春、副主席修福金出席座谈会。

7. 万鄂湘在《求是》杂志发表署名文稿

2015 年初，中共中央印发《关于加强社会主义协商民主建设的意见》，作为响应，民革中央主席万鄂湘在《求是》杂志 2015 年五期发表《参政党要做社会主义协商民主的全力推动者》，在全面深刻认识加强社会主义协商民主建设的重要意义和系统总结民革作为参政党长期参与政党协商的历史经验基础上，对民革全党提出加强协商能力建设，提高政党协商水平的任务和要求。

文章提出：要不断提高宏观把握能力，深刻理解、领会以习近平同志为总书记的中共中央宏观战略，从整体上深刻了解和把握中国的国情，使民革的协商意见既符合中共中央要求，又切中现实问题和主题；要善于整合全党智慧，发挥整体优势，通过一系列制度和机制，有效地整合、共享了全党的智力资源和信息资源；要加强专业性，提升协商参与的科学化水平，要注重选拔、吸引民革党员中的专家学者和政府部门、研究部门的专家参与到协商议政工作中来，同时不断加强民革机关工作人员的专业培训，为协商议政工作顺利开展提供专业、可靠的组织保障。

8. 政协协商与公共政策实地调研暨学术研讨会

按照民革中央2015年工作计划，2016年1月9日，民革中央理论研究与学习委员会——上海师范大学“协商民主与公共政策研究中心”在浙江杭州召开政协协商与公共政策实地调研暨学术研讨会，研究中心主任、民革中央副主席修福金出席研讨会并作重要讲话。研究中心主任副主任、民革中央宣传部部长吴先宁主持会议，研究中心专家委员会副主任、中共中央统战部四局原局长张献生、民革杭州市委会副主委方方分别致辞。民革浙江省委会副主委计时华、民革中央组织部副部长叶赞平、民革中央宣传部副部长蔡永飞出席本次研讨会。张献生、云立新、黄福寿、肖存良、丁长艳等五位研究中心专家成员围绕政协协商与公共政策分别作了主题发言。

修福金在讲话中对协商民主与公共政策研究中心的工作予以肯定，并强调了协商民主建设的重要意义。他指出，协商民主与公共政策研究中心有三方面的工作任务，首先是要着眼于协商民主制度化建设，不断加强理论建设和实践探索的研究力度，为完善社会主义协商民主体制机制服务；其次是要立足于加强研究中心自身建设，探索参政党智库的建设方式和发展模式，为参政党协商能力建设提供方法和思路；第三是要着力于应用型研究，提出具有针对性和现实性的公共政策建议，直接服务于公共政策的民主化、科学化。

会议还举行了实地调研座谈会，杭州市政协副主席赵光育带领王翔、周红、辛薇、谢惠芬、张和平等杭州市政协领导到会参加座谈，详细介绍了杭州市政协在协商民主实践中的理论研究、实践经验以及仍存在的问题，并与参会专家学者进行了深入的交流和讨论。民革中央理论研究与学习委员会委员、专家学者、民革浙江省委会、杭州市委会工作人员等30余人参加了本次研讨会。

（二）组织建设

1. 民革组织工作座谈会

6月4日至5日，民革组织工作座谈会在山东淄博召开。会议主要任务是交流各省级组织对民革全国组织工作会议精神的贯彻落实情况，听取各省级组织对中央组织工作的意见和建议，研究部署今年下半年民革组织工作重点。民革中央副主席何丕洁出席会议并讲话。各省级组织主委、分管组织工作的副主委、组织部门负责人参加会议。

何丕洁同志结合民革全党今后一段时期组织建设重点工作提出要求。他强调，要优化结构，突出重点，加强民革人才队伍建设。抓好高层次人才发展工作，抓好实职干部的培养及推荐工作，把好新阶层人士发展质量关，抓好党员干部培训工作。当前，加强基层组织建设，要发挥示范作用，创新活动形式，不断增强基层组织的生机与活力。在开展好“博爱·牵手”活动的同时，要着重抓好示范性支部建设和“支部志愿活动进社区”工作。同时，探索建立中央与省级组织联动协作机制，健全民革全党组织工作体系。要加强省级组织组织工作队伍建设，升级信息管理水平，加强组织建设调研工作。

会议设置民革组织发展规划、高层次人才发展工作、民革实职干部培养与推荐工作等7个研讨议题，并下发《2015—2020年民革全国党员、干部教育培训工作规划(讨论稿)》。与会人员结合各地具体情况，对民革全党组织建设工作提出了建设性的意见和建议。

2. 开展组织建设系列课题调研

2015年，民革中央由主要领导同志带队各地展开系列组织工作调研。上半年，调研组分别赴浙江、江苏、陕西、天津、辽宁等地，就高层次人才发展工作、民革党员干部教育培训等课题进行调研，为编制今后一个时期的组织建设规划、健康有序做好组织建设工作打下基础。8月中下旬，组织部联合北京市委会、河南省委会就党员发展问题开展调研。调研组对全国党员发展数据的重要指标进行分析，重点聚焦高层次人才发展、保持民革特色、新阶层人士发展与管理三个方面，分赴甘肃、黑龙江、广东三省开展实地调研考察，调研小组多次集体研讨，写出了调研报告，摸清了民革当前党员发展工作的基本情况，提出了解决问题和困难的对策建议，为下一步科学制订关于进一步加强民革党员发展工作的意见和争取更多政策支持提供有效参考。与此同时，民革中央针对省以下地方组织发展情况进行进行问卷调查和统计分析，筹备开展进一步的调查研究，为下一步开展地方组织发展规划的编制做好准备。

（三）机关建设

1. 民革中央机关2014年度总结述职表彰会

2月2日，民革中央机关召开2014年度总结述职表彰会。民革中央主席万鄂湘、常务副主席齐续春，副主席何丕洁、郑建邦及机关全体干部职工参加大会。

万鄂湘同志在会上讲话，他充分肯定了2014年民革中央机关工作，指出，在任务越来越重的情况下，民革中央机关各方面工作亮点纷呈，形成了丰硕的成果，工作质量和水平有了进一步提高。他对机关2015年的工作提出三点希望：一是机关管理要更加严格，贯彻相关制度规定决不能松懈。二是机关干部队伍建设要进一步推进，不断提高各方面能力。三是要围绕全面依法治国主题，做好2015年各项工作。

中央各工作部门主要负责人在会上述职。会议对2014年机关优秀公务员和先进职工进行了表彰。

2. 民革中央机关传达学习全国两会精神报告会

3月9日，民革中央机关举行报告会，传达学习十二届全国人大三次会议、全国政协十二届三次会议精神。民革中央副主席郑建邦主持会议。

李惠东、李霭君同志分别介绍了十二届全国人大三次会议和全国政协十二届三次会议有关情况，并介绍了民革党员中的人大代表、政协委员履职情况。

郑建邦同志在会上讲话指出，民革党员中的全国人大代表、政协委员在两会期间尽心履职，建睿智之言、献务实之策，展现了民革的风采，为成就中华民族伟大复兴贡献了力量。他希望民革中央各工作部门、各单位按照万鄂湘主席的要求，认真学习贯彻好两会精神，顺应当前发展新形势，结合民革中央2015年工作要点，做好本职工作，进一步提高建言献策的针对性和有效性，切实履行好参政党职能。特别是要做好深入研究平潭综合实验区创新发展、切实搞好重点领域专题调研和办好纪念抗战胜利70周年系列活动等重点工作，推动民革今年的各项工作再上新台阶。

3. 全国机关建设工作研讨会

7月26日至27日，民革全国机关建设工作研讨会在四川攀枝花召开。会议主题是学习贯彻中共十八届四中全会、中央统战工作会议和《中国共产党统一战线工作条例（试行）》精神，围绕依法治国理念，研究进一步加强民革机关建设。民革中央常务副主席齐续春出席会议并讲话，民革中央副主席郑建邦出席会议并作工作报告，民革中央副主席、民革四川省委会主委刘家强，中共攀枝花市委书记、市长张剡，中共四川省委统战部有关负责同志出席开幕式并致辞。民革山西省委会主委张友君、青海省委会主委马志伟，民革中央各工作部门负责同志，各省级组织负责同志、秘书长、办公室负责人，各副省级市组织负责同志，中央办公厅各处（室）负责人参加会议。

齐续春同志在讲话中对近年来民革机关建设工作取得的成果表示肯定。他表示，民革各方面工作取得的成绩，与机关的扎实工作密不可分，更是民革各级机关全体同志辛勤付出的结果。他希望民革各级机关再接再厉，不断提高民革履职能力，为推进“四个全面”战略布局，实现中华民族伟大复兴中国梦做出贡献。

齐续春同志结合会议主题提出三点要求：一是全面贯彻中共十八届四中全会精神，认真落实民革十二届三中全会要求，扎实推进机关制度建设。二是深入学习贯彻中央统战工作会议和《条例》精神，不断推动机关建设适应新形势、新要求。三是切实把机关建设成果体现在参政议政工作中，为民革更好履行参政党职能多做贡献。

郑建邦同志在工作报告中回顾了一年来民革机关建设的主要情况，并就下一步机关工作的开展提出三点意见：一是以中央统战工作会议和《条例》精神为指导，深入推进机关建设；二是以能力建设为着力点，打造一支高素质干部队伍；三是以制度化、规范化、程序化建设为抓手，提高服务参政议政工作的能力。

民革吉林、福建、四川、甘肃省委会，南京市委会，中央办公厅秘书二处负责同志围绕会议主题、结合自身建设情况作了大会交流发言。会议听取了宁夏大学中国阿拉伯研究院院长李绍先关于“一带一路”战略思考的专题报告、中央社会主义学院副院长陈延武关于中央统战工作会议精神和《条例》内容的专题报告。与会同志围绕会议主题，结合中央领导同志讲话、专题报告和交流发言进行了分组讨论。

4. 学习贯彻中共十八届五中全会精神辅导报告会

11月20日，民革中央机关召开学习贯彻中共十八届五中全会精神辅导报告会，邀请中共中央党校经济学教研部教授王天义作“全面建成小康社会的行动纲领——中共十八届五中全会《建议》解读及当前经济形势分析”辅导报告。民革中央副主席修福金主持报告会。民革中央机关、团结报社、团结出版社干部职工参加报告会。

修福金同志在会上表示，作为参政党，民革要把学习贯彻中共十八届五中全会精神作为当前和今后一个阶段的重要政治任务。他对学习贯彻中共十八届五中全会精神提出三点要求：一是进一步认真学习、深刻领会中共十八届五中全会精神。结合各部门工作实际，认真研讨，力求深刻把握中共十八届五中全会精神实质，把思想和行动统一到中央决策和部署上来；二是围绕中共十八届五中全会精神开展参政议政工作。结合民革参政议政工作重点和特色，深入调查研究，为制订和实施“十三五”规划建真言、献良策；三是结合开展坚持和发展中国特色社会主义学习实践活动，引导和推动民革各级组织和广大党员参与到贯彻实施“十三五”规划各项工作中去，努力在本职工作中建功立业，为“十三五”规划的顺利实施和胜利完成贡献力量。

（四）成员和组织发展概况

截至 2015 年 12 月底，民革共有地方组织 354 个。其中包括省级组织 30 个，省辖市级组织 273 个，县级组织 51 个。基层组织 5579 个，其中基层委员会 126 个，总支 419 个，支部 5029 个。全年新加入成员 6367 人。全党党员总数 120959 人，其中女成员 45883 人，平均年龄 52.6 岁，离退休 34017 人。

界别分布上看，民革全党党员的构成主要如下：公有制经济界 22343 人，占比 18.5%；普通教育界 19791 人，占比 16.4%；非公经济 17365 人，占比 14.4%；医药卫生 14329 人，占比 11.8%；高等教育界 12408 人，占比 10.3%；私营企业主 6982 人，占比 5.8%；科技界 5011 人，占比 4.1%；文化艺术 4133 人，占比 3.4%；机关团体及其他 25579 人，占比 21.1%

民革党员中担任各级人大代表的共有 2259 人，其中全国人大常委会副委员长、委员、专职副秘书长及专委会主任副主任、人大代表 41 人，省级人大常委会副主任、委员、专职副秘书长及专委会主任副主任、人大代表 261 人，市地级人大常委会副主任、委员、人大代表 983 人；县市区级人大常委会副主任、委员、人大代表 974 人。

民革党员中担任各级政协委员共有 12557 人，其中全国政协副主席、常委、专职副秘书长及专委会主任副主任、政协委员 94 人，省级政协副主席、常委、专职副秘书长及专委会主任副主任、政协委员 922 人，市地级政协副主席、常委、政协委员 4951 人，县市区级政协副主席、常委、政协委员 6590 人。

民革党员中担任省、市、自治区领导 2 人，厅局级 64 人，县处级 659 人。担任司法机关厅局级领导职务 13 人，县处级领导职务 66 人。

民革党员中学历中有大专以上学历的占 87.2%，其中本科以上占 59.6%，研究生以上学历占 10.2%。担任中国工程院院士的共有 3 人，担任长江学者 9 人。

张栋　民革中央宣传部主任科员

中国民主同盟

2015 年是全面深化改革的关键之年,也是全面完成“十二五”规划、统筹谋划“十三五”规划的重要一年。一年来，中国民主同盟坚持中国特色社会主义政治发展道路，继承和发扬民盟的优良传统，在新形势下不断开拓创新，努力加强自身建设，积极履行参政议政、民主监督，参加中国共产党领导的政治协商职能，扎实开展社会服务，各项工作均取得了新的成绩。

一、重要会议及活动

（一）中央委员会会议

12 月 9 日至 10 日，民盟第十一届中央委员会第四次全体会议在北京举行。会议的主要议程是：学习中共十八届五中全会精神，听取和审议第十一届中央常务委员会工作报告，补选第十一届中央常务委员会委员，审议通过民盟十一届四中全会决议。主席张宝文，常务副主席陈晓光出席会议。

开幕会上，主席张宝文代表民盟第十一届中央常务委员会作工作报告，常务副主席陈晓光主持开幕会。

张宝文在报告中说，一年来，全盟各级组织认真学习贯彻中共十八届四中、五中全会精神，习近平总书记系列重要讲话和中央统战工作会议精神，以坚持和发展中国特色社会主义学习实践活动为主线，多党合作的共同政治思想基础更加巩固；适应网络时代发展和盟员需求，积极加强网站、微信公众号等新媒体建设，民盟影响力进一步增强；大力推进“人才强盟”战略，基层组织创新发展，组织活力凝聚力加强，盟员队伍结构进一步优化；紧紧围绕经济发展、科技发展、区域发展、教育改革、民生改善、生态文明、文化建设等重大问题深入调查研究，提出了很多有价值的意见建议；深化拓展“农村教育烛光行动”，全面实施“黄丝带帮教计划”，着力打造“微天使工程”“民盟名医大讲堂”等新品牌，社会服务工作不断取得新进展。

张宝文强调，2016 年是全面实施“十三五”规划的开局之年，也是奋力夺取全面建成小康社会新胜利的重要一年。全盟各级组织要以学习贯彻中共十八届五中全会精神为重点，准确把握民盟在促进“十三五”规划制订实施中的角色定位，继续深入开展学习实践活动，努力巩固活动成果，在弘扬优良传统中传承政治共识，在参与社会实践中巩固政治共识；加大对大政方针和多党合作政策的宣传力度，加强对重要盟务工作的宣传力度，积极应对互联网发展做好宣传平台建设，进一步增强思想宣传的吸引力和感染力；全面加强组织建设，加强对换届工作的纪律监督和程序监督，顺利完成民盟市级组织换届工作，为民盟中央和各省级组织换届做好准备，确保民盟事业薪火相传，后继有人；以助推经济发展、服务社会民生为履行职能的努力方向和工作重点，在“一带一路”战略、京津冀协同发展、互联网+、中国制造2025、生态文明建设等关系改革开放和国计民生的重大问题上做好调查研究，提高参政议政水平，增强民主监督实效，加强协商能力建设；以教育、医疗等领域为切入点，以服务“一带一路”地区为侧重点开展社会服务。全盟心往一处想、智往一处谋、劲往一处使，为促进“十三五”规划制订实施献计出力。

全会邀请了中共十八届五中全会精神中央宣讲团成员、中国社会科学院副院长蔡昉教授作中共十八届五中全会精神辅导报告，副主席徐辉主持报告会。

全会补选民盟第十一届中央委员会委员、浙江省委主委成岳冲为民盟第十一届中央常务委员会委员。副主席龙庄伟主持选举会。

闭幕会议于10日下午举行。常务副主席陈晓光在闭幕会作了总结讲话，副主席张平主持闭幕会。陈晓光对全盟各级组织和广大盟员学习贯彻民盟十一届四中全会精神提出三点意见：一是深入学习贯彻中共十八届五中全会等重要会议精神，坚定不移地走中国特色社会主义政治发展道路。全盟各级组织要有计划、有步骤、多形式地开展学习活动，切实把思想和行动统一到中共中央的重大决策部署上来。二是紧紧围绕“十三五”规划纲要的制订实施，进一步发挥参政党职能作用。要正确理解和把握习近平总书记重点强调的“九个方面重大问题”，精心选题、深入调研、严谨论证，提出有价值、有针对性、可操作性强的意见建议；要强化责任意识，聚焦经济社会发展的重大问题和人民群众反映最强烈、最亟待解决的突出问题，讲真话、讲实情，敢于监督，善于监督，不断提高民主监督实效；要全面理解、正确把握“参加中国共产党领导的政治协商”职能的深刻内涵，加强自身建设、提高协商能力，增强协商意识、提升协商水平。三是以做好换届准备工作为契机，进一步加强自身建设。要按照张宝文主席的要求，牢牢把握政治交接这条主线，充分认识做好换届准备工作的重要意义，准确把握换届工作的特点、政策，严格工作程序，严肃换届纪律；要以做好换届准备工作为契机，为新形势下更好地履行参政党职能夯实人才基础；加大对换届准备工作的宣传力度，达到统一思想、提高认识的目的。

会议审议通过了《中国民主同盟第十一届中央委员会第四次全体会议决议》。

副主席郑兰荪、张平、丁仲礼、徐辉、温思美、欧阳明高、郑惠强、龙庄伟、葛剑平、倪慧芳、王光谦，秘书长高拴平出席会议，民盟中央各专委会主任、部分省级组织专职副主委和民盟中央机关各部门负责同志列席会议。

（二）中央常务委员会会议

1. 中国民主同盟第十一届中央常务委员会第九次会议

3月10日，民盟第十一届中央常务委员会第九次会议在北京举行。全国人大常委会副委员长、民盟中央主席张宝文主持会议并讲话，全国政协副主席、民盟中央常务副主席陈晓光出席会议。

会议审议通过了《民盟中央关于学习贯彻十二届全国人大三次会议和全国政协十二届三次会议精神的决定》。会议认为，十二届全国人大三次会议和全国政协十二届三次会议，是在中共中央提出“四个全面”战略布局的新形势下召开的十分重要的会议。认真学习贯彻全国“两会”精神，对于民盟各级组织和广大盟员认清形势，凝聚共识，全面贯彻中共十八大和十八届三中、四中全会精神，为协调推进“四个全面”战略布局、顺利完成“十二五”规划目标任务献计出力，具有重要意义。

会议要求，全盟各级组织和广大盟员要认真学习贯彻全国“两会”精神，紧密团结在以习近平同志为总书记的中共中央周围，高举中国特色社会主义伟大旗帜，切实增强履职尽责的责任感和使命感，着力服务“四个全面”战略布局，为实现“两个一百年”奋斗目标和中华民族伟大复兴的中国梦做出更大贡献。

张宝文在讲话中就民盟学习贯彻“两会”精神与做好今年的工作提出三点意见：一是认真学习贯彻全国“两会”精神,明确履行参政党职能面临的形势任务,把学习贯彻“两会”精神与履行职能紧密结合起来；二是抓住重点、发挥优势，深入调研，努力提高全盟参政议政工作水平；三是坚持正确政治方向，不断加强自身建设，为更好地履行参政党职能提供坚强保障。他强调，民盟各级组织要认真学习贯彻全国“两会”精神，认真梳理工作思路，科学安排全年自身建设和履行职能各项工作，更好地发挥民盟在国家政治生活中的作用，推动全盟工作再上新台阶。

民盟中央副主席郑兰荪、张平、丁仲礼、徐辉、温思美、欧阳明高、郑惠强、田刚、龙庄伟、葛剑平、倪慧芳、王光谦，秘书长高拴平出席会议，民盟中央部分专委会主任和民盟中央机关各部门负责同志列席会议。

2. 中国民主同盟第十一届中央常务委员会第十次会议

6月9日至10日，民盟第十一届中央常务委员会第十次会议在北京举行。会议的主题是：认真学习贯彻中央统战工作会议精神，全面总结近年来民盟参政议政工作，研究部署新形势下加强民盟参政议政工作的任务措施，团结带领全盟同志进一步坚定信念，凝聚共识，努力开创民盟参政议政工作新局面。

主席张宝文在开幕会上讲话，常务副主席陈晓光主持开幕会议。

张宝文指出，中央统战工作会议是中共中央着眼新形势下巩固和发展最广泛的爱国统一战线召开的一次重要会议，在统一战线历史上具有里程碑意义。全盟同志要把深入学习贯彻中央统战工作会议精神作为当前和今后一个时期的重要政治任务，深刻把握，融会贯通，促进各项工作顺利开展。张宝文要求，学习统战工作会议精神，必须始终坚持和拥护中国共产党的领导，不断增强对中国特色社会主义的道路自信、理论自信、制度自信；必须切实履行好新时期民主党派的基本职能，在服务“四个全面”战略布局上有所作为；必须培养造就一支适应形势任务要求的干部人才队伍，为提高民盟履职能力提供坚强有力的组织保障。

在谈及民盟参政议政工作时，张宝文说，民盟十一大以来，全盟各级组织紧紧围绕经济社会发展的重大问题和人民群众普遍关心的热点难点问题，深入调查研究，积极建言献策，取得了丰硕的参政议政成果。张宝文指出，坚持正确的政治方向，自觉接受中国共产党的领导，在多党合作的政治格局中积极建言献策，是民盟履行参政议政职能的基本原则；准确把握中心工作，聚焦热点难点问题，扎实开展调查研究，是保证民盟参政议政工作取得成效的主要方法；充分依托盟内外资源，坚持上下联动、左右互动，不断探索建立和完善工作机制，是提升参政议政工作整体水平的重要手段；突出民盟界别特色和传统优势，适应形势发展和任务要求，坚持传承与创新相结合，是促进参政议政工作持续发展的有效途径；注重人才队伍的培养、锻炼和使用，不断提升民盟履行参政议政职能的能力，是推动参政议政工作规范有序、永葆活力的有力保障。

张宝文强调，我国经济社会发展正进入新的历史阶段，民盟各级领导干部必须有新的认识、新的判断、新的举措。做好民盟的参政议政工作，首先要认清形势，明确职责，于大处着手，从实处用力；关键要明确方向、突出重点，积极参加高层协商，加强调查研究，要强化社情民意信息报送工作；核心是继承传统、创新有为，为民盟的优良传统赋予新的时代内涵，在参政议政工作的各个方面体现创新的元素、展示创新的精神；重点是完善机制、形成合力，要打造一支开放型、综合型盟员专家团队，要充分挖掘自身潜力，培养优化自有人才，加强机关专职干部队伍建设。

常务副主席陈晓光在闭幕会上讲话，闭幕会由副主席张平主持。陈晓光说，学习贯彻中央统战工作会议精神，关键在于用会议精神凝聚全盟共识，坚持中国共产党的领导，进一步坚持和完善中国共产党领导的多党合作和政治协商制度。全盟各级组织要按照张宝文主席的要求，把学习贯彻中央统战工作会议精神作为当前和今后一个时期的重要政治任务，通过文件传达、主题宣讲等形式多样的活动，引导广大盟员吃透精神、把握实质，把思想和行动统一到中共中央的重大决策部署上来，最大限度地凝聚共识，凝聚智慧，紧紧围绕服务“四个全面”战略布局，不断提升民盟参政履职的水平。陈晓光强调，民盟各级组织一定要从切实履行参政党职能的高度出发，把参政议政人才队伍建设作为重要任务来抓，下大力气培养和造就一支具有较好政治素质、较大社会影响、较高参政议政能力的高素质参政议政人才队伍，使之成为民盟参政议政的重要力量。

会议还讨论通过了民盟中央第十一届专门委员会主任增补名单。

副主席郑兰荪、徐辉、温思美、欧阳明高、郑惠强、田刚、龙庄伟、倪慧芳、王光谦，秘书长高拴平出席会议，民盟中央部分专委会主任和民盟中央机关各部门负责同志列席会议。

3. 中国民主同盟第十一届中央常务委员会第十一次会议

11 月 9 日，民盟第十一届中央常务委员会第十一次会议在北京举行。会议的主要任务是：认真学习贯彻中共十八届五中全会精神，深入研究新形势下民盟履行参政党职能的新思路、新举措，积极动员全盟各级组织和广大盟员为制订实施好“十三五”规划、如期实现全面建成小康社会奋斗目标做出新贡献。

主席张宝文在开幕会上讲话，常务副主席陈晓光主持开幕会。

张宝文指出，中共十八届五中全会，是在我国即将完成“十二五”规划、全面建成小康社会进入决胜阶段召开的一次十分重要的会议。会议审议通过的《中共中央关于制订国民经济和社会发展第十三个五年规划的建议》，具有很强的思想性、战略性、前瞻性、指导性，是动员全国各族人民夺取全面建成小康社会伟大胜利的纲领性文件。全盟上下要把学习贯彻中共十八届五中全会精神作为当前和今后一个时期的首要政治任务。学习贯彻中共十八届五中全会精神，关键是把思想认识统一到中共中央对当前形势的科学判断上来，进一步凝聚团结奋斗的思想共识；核心是准确把握“十三五”时期改革发展的思路、目标和要求，坚持用新的发展理念指导民盟的履职实践；重点是紧密结合民盟工作实际，切实抓好学习宣传和教育引导等各项工作，促进中共中央各项决策部署落到实处。

张宝文要求，全盟要以中共十八届五中全会精神为指引，认真履行民盟的参政党职能，进一步谋划、开展好“十三五”期间民盟各项工作。必须将学习贯彻中共十八届五中全会精神与贯彻落实中央统战工作会议精神、《中国共产党统一战线工作条例（试行）》紧密结合起来，与民盟的履职实践紧密结合起来，准确把握社会主义参政党的基本职能，努力改进履职方式，在提高参政议政质量上下功夫；切实提高履职能力，在强化民主监督上下功夫；大力增强履职实效，在参加中国共产党领导的政治协商上下功夫。

张宝文强调，“十三五”规划的制订实施，对民盟提出了更高的履职要求，全盟要切实加强人才队伍建设，明确人才队伍素质提升的着力方向，以全会精神为引导，以五种能力建设为着力方向，高度重视盟员的素质提升问题，进一步适应形势任务的新要求。要把握人才队伍建设的关键环节，优化盟员队伍结构，严把盟员素质关，开阔选人视野，真正把代表性强、议政水平高、群众认可、德才兼备的优秀人才吸收到盟员队伍中来。要注重发挥人才队伍的整体合力，发挥自身优势、整合多重资源、用好现有平台，在履行职能中锻炼和培养人才，不断壮大人才队伍，把民盟的参政能力提升到一个新的水平。

常务副主席陈晓光在闭幕会上讲话，闭幕会由副主席张平主持。陈晓光指出，张宝文主席的讲话对全盟贯彻落实中共十八届五中全会精神作了全面部署，全盟各级组织要紧密结合实际，有计划、有步骤、多形式地开展学习宣传活动，一方面通过辅导讲座等方式，积极营造氛围，把对中共十八届五中全会精神的学习不断推向深入，另一方面把贯彻落实中共十八届五中全会精神作为坚持和发展中国特色社会主义学习实践活动的重点内容，周密安排，精心部署，广泛宣传。他强调，全盟各级组织要以中共十八届五中全会精神为指导，进一步做好参政议政和政党协商工作，大力实施“人才强盟”战略，努力开创民盟各项工作的新局面，为全面建成小康社会做出更大贡献。

会议还讨论通过了《关于召开中国民主同盟第十一届中央委员会第四次全体会议的决定（草案）》。

副主席徐辉、温思美、欧阳明高、郑惠强、田刚、龙庄伟、倪慧芳、王光谦，秘书长高拴平出席会议，民盟中央部分专委会主任和民盟中央机关各部门负责同志列席会议。

4. 中国民主同盟第十一届中央常务委员会第十二次会议

12 月 8 日，民盟第十一届中央常务委员会第十二次会议在北京举行。主席张宝文主持会议，常务副主席陈晓光出席会议。

会议审议通过了民盟十一届四中全会的议程、日程，审议通过了民盟第十一届中央常务委员会工作报告征求意见稿，并推定张宝文主席代表民盟第十一届中央常务委员会向民盟十一届四中全会作工作报告。

副主席郑兰荪、张平、丁仲礼、徐辉、温思美、欧阳明高、郑惠强、龙庄伟、葛剑平、倪慧芳、王光谦，秘书长高拴平出席会议，民盟中央各专委会主任和民盟中央机关各部门负责同志列席会议。

（三）中央监督委员会会议

12月9日，民盟第十一届中央监督委员会第四次会议在京召开。常务副主席、监督委员会主任陈晓光，副主席、监督委员会副主任龙庄伟出席会议。

陈晓光回顾了监督委员会一年来的工作。他说，今年监督委员会按照《民盟中央监督委员会2015年工作要点》的要求，突出重点，强化落实，积极推进各项工作，努力提升监督水平。一是督促指导省级盟组织开展领导班子及其成员述职和民主评议活动。各省级盟组织对这项工作高度重视，在活动过程中努力做到准备充分、规范程序、措施有力。各位监督委员也积极发挥作用，参与其中，促进了相关工作扎实有效地开展。二是在各省级组织和监督委员中开展内部监督工作调研，深入了解盟内监督工作的现状和困难，明确了监督工作的必要性，强化了监督工作对民盟自身建设的重要意义，为今后盟内监督的制度建设和理论创新奠定了坚实基础。三是帮助省级组织建立监督委员会，加强省级监督委员会之间的沟通联系。省级监督委员会数量不断增加，有力地充实了盟内监督工作的力量，为进一步提高省级组织监督工作水平，促进民盟中央和省级组织监督委员会的沟通联系，提供了组织保障。四是监督开除盟籍工作，认真及时地处理盟员违反盟章的行为和有关监督问题的来信来访。对明年的工作，陈晓光指出，监督委员会应继续抓好省级组织开展领导班子及其成员述职和民主评议活动的收尾工作，做好归纳总结，确保工作圆满完成；持续加大对省级监督委员会的支持力度，加强对其筹建过程中的帮助指导和日常的沟通联系，探索建立民盟中央和省级组织监督委员会联系机制；从政治高度理解和把握换届督查工作，积极履行监督职责，出台严肃换届纪律的相关文件，认真做好对省、市级组织换届工作的纪律监督。

（四）其他重要会议

3月16日至18日，民盟参政议政工作会议在天津召开。会议的主要内容是全面总结2014年全盟参政议政工作经验，部署2015年参政议政重点工作，研究如何进一步开创民盟参政议政工作新局面。主席张宝文，副主席徐辉出席开幕式。主席张宝文作主旨讲话，副主席徐辉作总结讲话。张宝文指出，参政议政要准确把握形势。当前中国的总体形势，民主党派所处的环境，跟我们如何更好履行参政党职能是密切相关的。要准确把握“四个全面”的新理念，加快适应经济发展的新常态，转变参政议政理念，选择题目、提出建议时，要少关注一些速度，多关注一些转型，更加侧重于调整经济结构、提高发展质量、保护生态环境、保障改善民生等方面。他强调，参政议政要坚持问题导向。好的建议可以用“问题”两个字贯穿起来，即聚焦问题精准，调研问题扎实，解决问题可行。一是找准问题，二是悟透问题，三是解决问题。他提出，参政议政要注重整合人才资源。参政议政工作要做实做强，关键在人。一是用好广大盟员，二是广聚盟外人才，三是发展新领域的人才。开幕式上，中共天津市委常委、统战部部长、市政协副主席刘长喜介绍了天津多党合作事业和经济社会发展情况。天津市政协副主席、民盟天津市委主委高玉葆介绍了民盟天津市委参政议政工作的成绩与经验。民盟中央参政议政部部长范芳作了工作报告，对 2014 年全盟参政议政工作作了全面总结，对 2015 年全盟参政议政工作作了整体部署。会议对 2014 年度民盟参政议政工作先进单位、民盟参政议政工作优秀成果奖以及民盟反映社情民意信息工作先进单位和个人进行了表彰。民盟中央生态环境委员会、民盟上海市委等单位代表作了大会发言，介绍了各自开展参政议政工作的情况和经验。会议宣布了 2015 年民盟中央合作调研课题的承担单位。出席会议的有民盟中央各专门委员会、机关各部门和《群言》杂志社的负责同志，民盟各省、自治区、直辖市委员会负责参政议政工作的领导和部门负责同志。期间，主席张宝文还考察了天津滨海国际花卉科技园区、空客 A320 系列飞机天津总装线，对天津经济发展及京津冀协同发展发表了意见建议。

4 月 24 日，为缅怀费孝通对中国社会学、人类学和对民盟事业发展做出的重大贡献，纪念费孝通逝世十周年座谈会在民盟中央机关召开。副主席徐辉出席座谈会并发言。他首先代表民盟中央表达了对费老的深切怀念，并结合盟务工作谈了自己的感受。他说，费老在两个领域都是巨人，一是学术研究，无论是社会学、人类学、民族学还是文化学，他的研究都是世界级的；二是作为社会活动家、民盟领导人，他对中国多党合作事业和民盟事业发展，做出的贡献和产生的影响都是巨大的。费老“出主意、想办法，做好事、做实事”的思想方法已经渗透到民盟最基层的组织。我们今天参政议政的大量调查研究工作，都建立在费老的工作基础之上，如区域发展研究、文化研究等等。在今后工作中，我们要继续学习费老“立德、立言、立行”，学习费老深入调研的科学方法、脚踏实地的工作作风，用好费老留给我们的宝贵精神财富。北京大学教授潘乃谷、中国社科院民族所所长王延中、中央党校教授徐平等先后发言，从学术研究、政治活动、品格情操等各方面回顾了费孝通先生独特而充满魅力的人生。费孝通亲属也在会上表达了对父亲的思念。费孝通同志学生、亲友，部分盟员代表、盟中央机关干部约 50 人出席座谈会。

6 月 29 日，主席张宝文主持召开民盟第十一届二十八次主席办公会，就民盟服务“一带一路”战略进行专题研究。常务副主席陈晓光，副主席张平、徐辉、龙庄伟，秘书长高拴平参加会议。张宝文深刻阐述了“一带一路”战略的重要意义，要求全盟凝心聚力，把服务“一带一路”战略作为民盟围绕中心、服务大局的重要任务，抓紧抓实抓好。张宝文要求，全盟各级组织要深刻认识“一带一路”战略的全局意义，准确把握中共中央关于“一带一路”的重大部署，贯彻落实中央统战部《关于统一战线服务“一带一路”战略的意见》，深入研究民盟服务“一带一路”战略的举措，在保持传统领域和优势的同时，进一步整合资源、彰显特色，把履职重点更多地聚焦到推动“一带一路”建设方面。紧紧围绕“一带一路”战略实施涉及的重要问题深入调研、严谨论证，形成有分量的调研成果，为决策提供针对性、可操作性强的意见建议。积极开展科技兴农、医疗救助、技能培训等社会服务活动，打造服务“一带一路”战略新品牌。近期，要向全盟发文安排部署服务“一带一路”战略的工作，各级盟组织特别是“一带一路”沿线省份要研究制订服务“一带一路”战略的具体实施措施，明确阶段任务和目标，确保有力有序地推进。运用新闻媒体、网络平台、交流论坛等多种载体和途径，加强民盟服务“一带一路”战略的宣传报道，树立民盟良好的社会形象，营造良好的舆论氛围。建立民盟服务“一带一路”战略工作报告制度，及时汇总各级盟组织开展服务的情况，编发情况简报，交流有关信息和工作成果。充分依托盟内外资源，坚持上下联动、左右互动，不断探索建立和完善工作机制，推动民盟服务“一带一路”战略工作向广度和深度拓展。各位副主席结合各自分管的工作进行了发言，并提出了建设性建议。7月13日，民盟中央向全盟下发《民盟中央关于服务“一带一路”战略的意见》，就民盟服务“一带一路”战略提出三点意见：（1）提高思想认识，切实增强服务“一带一路”战略的自觉性、主动性；（2）充分履行职能，积极服务“一带一路”战略实施；（3）完善工作机制，确保服务“一带一路”战略工作顺利推进。

7月3日，民盟中央经济委员会在民盟中央机关召开全体会议，总结上半年工作，部署下半年工作。副主席徐辉出席会议并讲话。民盟中央经济委员会主任何茂春主持会议，副主任谢卫、王军生、方晋和13位委员出席会议。副主席徐辉指出，经济委员会成立以来为民盟中央参政议政工作做出了很大贡献，发挥了重要作用。尤其是今年与民盟上海市委、上海社科院共同主办的首届民盟经济论坛——“中国经济发展与‘一带一路’战略实施”，取得了良好的社会反响，得到了中央统战部和民盟中央的充分肯定。徐辉勉励大家今后继续结合本职工作和自身研究领域提出符合国情、关注民生的提案、社情民意信息、政策建议，为民盟参政议政工作提供更好的智力支持。主任何茂春全面总结了经济委员会2015年上半年的工作，总结了经济委员会参与盟中央的重大调研活动、主办首届民盟经济论坛、盟中央有关重要协商会议和委员们提交的参政议政素材和研究成果等情况。民盟中央参政议政部部长范芳就专委会创新工作机制，完善工作流程，制订工作制度，加强和民盟中央及地方各级组织上下互动、联络合作等方面提出了建议和要求。与会委员围绕调研、提案、政策建议及社情民意信息等工作、做好第二届民盟经济论坛筹备工作、加强“一带一路”战略调研工作等方面，开展了热烈而深入的交流和讨论，并对今后开展经济委员会的各项工作提出了许多好的建议和意见。

11月10日，由民盟中央国情研究中心主办的《张梅颖文集》出版座谈会在全国政协礼堂华宝斋书院举行。副主席徐辉主持座谈会，副主席倪慧芳、原副主席吴正德在座谈会上发言。张梅颖是全国政协原副主席、民盟中央原第一副主席，座谈会上，她亲手将一套文集赠送给全国政协文史馆。副主席徐辉在座谈会上说，梅颖副主席是在座各位的老领导、老朋友、老同事，与大家熟悉多年、相知多年，文集的出版，是一件非常令人高兴的事。文集内容务实，文风朴实，体现了梅颖副主席“谏真言、做净友、寻良策”的一贯思想追求与工作作风。梅颖副主席对多党合作制度怀有坚定信念，对盟务工作非常用心，对民盟事业和民盟成员有着深厚感情，这些非常值得盟员后辈学习和继承，是我们进一步推动多党合作事业和民盟参政党建设的思想财富和精神动力。倪慧芳、吴正德分别谈了自己阅读文集的感受，讲述了梅颖副主席亲力亲为、砥砺前行的工作实践。民盟中央参政议政部部长范芳、组织部部长陈幼平、研究室主任刘圣宇，民盟湖南省委主委杨维刚，民盟中央常委吴为山、李竟先、梁晓声，部分民盟中央机关干部等分别在座谈会上发言。《张梅颖文集》分为上、中、下三册，共102万字，文集内容涉及面广，既涉及盟史传统教育和民盟自身建设，又有向中共中央、国务院高层提交的政策建议信，还有足迹遍布全国各地的基层调研报告。

12月11日，民盟中央主办的《群言》杂志创刊30周年纪念座谈会在京举行。主席张宝文出席并讲话，常务副主席陈晓光出席座谈会，农工党中央副主席何维、中共中央统战部宣传办主任高飞出席并致辞，副主席、《群言》编委会主任张平主持会议并致答谢词，副主席徐辉宣读了《关于表彰〈群言〉创刊三十周年先进集体和先进个人的决定》。民盟中央原顾问、《群言》编委会顾问邬沧萍，《群言》杂志原主编于友，《群言》编委会委员、著名作家梁晓声，《北京日报》高级记者彭俐等先后在座谈会上发言。主席张宝文在讲话中说到，30 年来，在中央统战部的关怀下，在费孝通、丁石孙、蒋树声等历任民盟中央领导的重视下，在社会各界知识分子和盟员同志们厚爱下，在陶大镛、袁行霈、张平同志等历任编委会主任和杂志社全体工作人员努力下，《群言》不忘初心，始终恪守“要说真话、实话，不说假话、空话、大话，对新情况、新问题发表新见解”的承诺，始终秉持“知识分子群言堂”的宗旨，积极投身于中国改革发展的每一次重要进程，持续致力于中华优秀文化的传承弘扬，热切服务于多党合作事业和民盟事业的不断发展，兼收并蓄，博采众长，追求高品质，力避功利化，坚持正面发声，积极建言献策，刊载了一系列具有政治性、学术性、可读性、实效性和时代性的文章，为国家的发展、社会的进步做出了积极贡献。张宝文强调，作为正面宣传阵地中的一分子，作为文化建设主体中的一分子，《群言》为坚持和发展中国特色社会主义事业，为中华文化大发展大繁荣贡献心力，责无旁贷；作为知识分子立言献策的平台，作为民盟展现参政党风采的窗口，《群言》保持高水准，加强吸引力，扩大影响力，任重道远。他希望《群言》要鲜明生动地弘扬主旋律，自信自强地为改革出力，有声有色地参与和宣传民盟履职工作，积极奋进地保持和提高办刊活力水准。座谈会上，大家一起回顾了《群言》杂志 30 年来走过的风雨路程，表达了对《群言》杂志的深厚感情，总结了 30 年来的成绩和经验，共商进一步办好《群言》的良策。座谈会上，对多年来为《群言》发展做出贡献的先进集体和先进个人进行了表彰。出席会议的还有副主席葛剑平、倪慧芳，原副主席李重庵、索丽生，秘书长高拴平和其他民主党派中央相关负责同志等。民盟部分省级组织主委、各省级组织专职副主委，《群言》部分编委、理事、作者读者代表，以及学术界、教育界和文化界专家学者共 200 余人参加了座谈会。

12 月 28 日，民盟理论研究工作会议暨《社会主义协商民主研究》新书首发式在北京举行。主席张宝文，常务副主席陈晓光，副主席徐辉、龙庄伟等出席开幕会。张宝文在开幕式讲话中说，民盟作为多党合作制度中的参政党，高度重视社会主义协商民主理论研究，通过在全盟开展课题招标的形式，组织力量编写了《社会主义协商民主研究》一书，对如何发展和完善社会主义协商民主进行了理论探索。该书的出版是盟中央汇集盟内理论专家协作进行理论研究的初次尝试，对于推动全盟深入开展社会主义协商民主研究起到了积极作用。他强调，参政党理论研究工作要牢牢把握正确的政治方向，始终坚持同中国共产党长期合作形成的重要政治准则。作为参政党，我们要找准自身在社会主义协商民主建设中的位置，充分发挥特点优势，自觉担负起协商民主重要参与者、实践者的神圣使命。要认真学习中共十八大以来的重要会议和文件精神，学习习近平总书记系列重要讲话精神，将理论研究工作与学习实践活动结合起来，与盟的优良传统教育结合起来，用科学的理论教育引导广大盟员把思想和行动统一到中共中央决策部署上来。他指出，参政党理论研究工作要紧密结合盟务工作实际，不断提高研究水平和成效。近年来，全盟坚持围绕中心、创新方法、服务大局，在组织建设、思想宣传、参政议政、社会服务等工作中都有所拓展，一些新思路、新方式逐步形成。这些在实践中形成的好经验好做法，为理论研究提供了大量生动的素材，我们要始终贴近盟务工作的实践，找准理论和实践的结合点，充分发挥理论对实践的指导作用，逐步深化对民盟工作规律的认识，切实提高盟务工作的科学化水平。开幕会上，陈晓光宣读了《关于表彰2014年度民盟中央理论研究获奖课题的决定》。与会领导为获奖者颁发了奖励证书。副主席张平做工作报告。他说，当前，多党合作事业面临着难得的发展机遇，适应形势发展要求，持续推进和深化我国政党制度和参政党理论研究，是盟的理论工作者肩负的神圣使命和历史责任。应从坚定方向、服务大局，转化成果、推动实践，完善机制、整合资源，创新方法、提高质量等几方面下功夫，努力促进民盟履职水平的提高，为民盟事业取得新发展做出更大的贡献。民盟中央研究室主任刘圣宇在总结会上作了讲话。全国政协、中央社院和兄弟党派理论研究部门的负责同志，民盟中央部分部门负责同志，来自民盟各省级组织的特邀研究员、专职干部等出席了会议。

（五）其他重要活动

1月6日上午，我国著名植物病理学家、农业教育家、中国工程院院士、中共党员、民盟盟员曾士迈先生的遗体告别仪式在北京八宝山举行。受主席张宝文委托，副主席龙庄伟参加了曾士迈先生遗体告别仪式，并对其家属表示慰问。曾士迈先生于2014年12月31日21时因病逝世，享年88岁。曾士迈先生逝世后，习近平、李克强、张德江、张高丽等中共中央领导同志以及张宝文、陈晓光等民盟中央领导分别致电表示哀悼。曾士迈先生长期从事农业教育和农业病虫害防治理论和技术的研究工作，是中国植物病害流行学和植保系统工程学创始人之一。他在植物免疫学、植物病害流行学、植保系统科学和宏观植物病理学等学科领域均取得了突出成就，曾任国务院学位委员会学科评议组成员、农业部科学技术委员会常务委员、中国植物保护学会副理事长、中国植物病理学会理事长、北京农业大学植物保护系主任、有害生物综合防治研究所所长等职务，并于2012年获中国植物保护学会终身成就奖。

1月8日，中共中央政治局委员、中央统战部部长孙春兰，常务副部长张裔炯、副部长林智敏等一行到民盟中央机关走访，参观了民盟历史图片展，与民盟中央副局级以上干部合影，并与民盟中央领导座谈。主席张宝文，副主席陈晓光常务，副主席张平、丁仲礼、徐辉、欧阳明高、田刚、龙庄伟出席座谈会。主席张宝文向孙春兰部长一行介绍了民盟的历史、基本情况和换届以来民盟各级组织在思想建设、组织建设、参政议政和社会服务等方面的主要工作，同时就民主党派参政议政工作、基层组织建设、民主党派界别特色等方面提出了建议。各位副主席进行了补充发言并提出了建设性建议。孙春兰部长充分肯定了民盟中央换届以来取得的成绩，并对民盟下一步的工作提出了进一步深化政治共识，进一步提高履职成效和进一步加强队伍建设三点希望。

1月11日至14日，全国人大常委会副委员长、民盟中央主席张宝文率团出席在厄瓜多尔首都基多举行的亚太议会论坛第23届年会。来自17个亚太议会论坛成员国的180多位代表围绕地区安全、经济贸易、生态环境、区域合作等议题展开讨论。张宝文在论坛上发言时表示，亚太各国应珍惜来之不易的总体和平环境，通过倡导新型安全理念、促进区域经济一体化、遵守国际法和国际关系基本准则、构建持久和平制度安排，维护地区和平稳定。论坛期间，张宝文还与厄瓜多尔国民代表大会主席、出席会议的俄罗斯联邦委员会主席等举行了双边会见。1月15日至16日，张宝文应邀率团访问牙买加，分别会见了牙买加总督艾伦、总理辛普森—米勒、参议长莫里斯、众议长皮尔特、反对党工党领袖霍尔尼斯等。张宝文分别转达了中方领导人的问候。他表示，1972年中牙建交以来，两国关系发展顺利，牙买加已成为中国在加勒比地区最重要的合作伙伴之一。中方愿同牙方不断丰富双边关系内涵，推动两国关系向前发展，造福两国和两国人民。

2月2日，民盟国情研究中心与华东师范大学国家教育宏观政策研究院战略合作协议签署仪式在民盟中央机关举行。主席张宝文，副主席徐辉出席并见证签署仪式。签署仪式由徐辉主持。张宝文在签署仪式上讲话时说，近些年民盟在参政议政的合作机制上做了不少创新，特别重视与国家部委、科研院所的对接互动，充分借用盟外智力资源提高建言献策水平。他强调，民盟是主要由从事文化教育以及科学技术工作的高、中级知识分子组成的参政党，教育是我们的界别特色，长期以来我们都非常关注我国教育改革和发展，为我国教育事业发展起到了积极的推动作用。华东师大是我国著名的综合性研究型大学，在人才培养，特别是教育人才培养上，有着十分重要的地位。他指出，在促进教育发展上，我们有着共同的目标。双方的合作，既有利于民盟丰富参政议政信息来源，强化参政议政智力支持，提升在教育领域的参政议政能力，也有利于华东师大研究院进一步加强新型智库建设，发挥决策咨询的功能，使其研究成果能够起到更大的作用、产生更大的价值。民盟中央参政议政部部长范芳与华东师范大学校长陈群共同签署了合作协议。

2月28日，全国人大常委会副委员长、民盟中央主席张宝文在京出席中国社会保障学会成立大会暨首届学术论坛并致辞。张宝文在讲话中指出，中国社会保障学会的成立，不仅是全国社会保障理论学术界的一件大事，也是我国社会保障事业发展进程中的一件盛事。他希望，中国社会保障学会作为全国社会保障及相关领域理论工作者和专业人士组成的全国性、学术性团体，要牢固树立大局意识和全局观念，高度关注社会保障改革与发展进程中的系统性、整体性和协同性，充分把握新时期社会保障在加强社会治理、保障改善民生、推进社会转型中的神圣使命，充分认识社会保障在推动社会和谐、维护社会稳定、促进社会公平正义中的重要职责，进一步发挥人才荟萃、专家云集、联系广泛的优势，聚焦社会保险、社会救助、社会福利等方面的理论研究，为我国社会保障事业的健康发展不断做出新的贡献。原全国人大常委会副委员长华建敏，民政部部长李立国和来自人社部、中国社科院、中央党校等机构以及近百所高校约200名嘉宾和会员代表出席会议。民盟中央常委、中国人民大学教授郑功成当选中国社会保障学会首任会长。

4月16日，常务副主席陈晓光在民盟中央机关会见来访的中共四川省眉山市委统战部部长黄玉蓉一行。陈晓光对中共眉山市委、市政府和中共眉山市委统战部长期以来对民盟眉山市委工作的大力支持表示感谢。他指出，中共眉山市委、市政府立足当地实际，采取了许多积极有效措施，为眉山市经济社会发展做了大量卓有成效的工作。他希望中共眉山市委和眉山市委统战部继续关心、支持民盟眉山市委的工作，特别是要加强对眉山市高校盟员的发展和培养。民盟中央也会继续支持四川省和眉山市的经济社会发展，适时选派干部赴眉山挂职。同时，在选择好调研方向和主题的情况下，组织有关盟员专家赴眉山调研，并在此基础上向有关部门提出建议。秘书长高拴平，副秘书长、组织部部长陈幼平等参加会见。

4 月 23 日，副主席徐辉在机关会见来访的中共常州市委常委、统战部部长张跃一行。徐辉副主席首先欢迎张跃一行走访民盟中央，并对多年来中共常州市委、市政府对民盟常州市委工作的大力支持表示感谢。希望中共常州市委统战部在发展盟员、代表人士和后备干部的推荐、培养、使用以及领导班子建设等方面继续加大对民盟的支持力度。他表示，常州大学发掘民盟名人资源，弘扬优秀文化，以史良、李公仆等民盟先贤名字冠名相关学院，并聘请知名盟员专家学者参与教学管理，是一项重要的教育创新举措，不仅继承了优良传统，将先贤思想精神发扬光大，而且也是学习和践行社会主义核心价值观的生动体现。民盟中央愿意在参政议政等方面加大与中共常州市委统战部和常州大学的合作力度。希望民盟常州市委继续主动作为，开拓创新，为促进常州经济社会发展做出更突出贡献。副秘书长、组织部部长陈幼平等参加会见。

6 月 1 日，民盟中央主席办公会议讨论通过《民盟中央学习贯彻落实中央统战工作会议精神实施方案》。要求全盟各级组织将学习习近平总书记系列重要讲话精神和贯彻中央统战工作会议精神作为当前和今后一个时期的重要政治任务，全面加强自身建设，切实提高新形势下全盟履职能力。

7 月 20 日，全国人大常委会副委员长、民盟中央主席张宝文在出席第十一届海峡两岸暨港澳地区大学校长联谊活动期间，在澳门特区礼宾府会见了澳门特区行政长官崔世安，双方就教育和社会进步发展交换了意见。张宝文表示，这次来参加第十一届海峡两岸暨港澳地区大学校长联谊活动及“大学治理与综合改革”论坛，也是第一次到访澳门，感到环境很祥和。澳门自回归以来实行“一国两制”“澳人治澳”，在中央的大力支持下，对澳门的发展采取了一系列支持政策和措施，并在行政长官带领社会各界和人民共同努力下，澳门近年快速发展，取得好成绩。他祝愿，澳门社会更繁荣昌盛，经济更快速发展，人民生活更大幅提升，澳门继续富强。他指出，留意到澳门高等教育及澳门大学的发展，尤其澳大近年发展很快，而通过海峡两岸暨港澳地区大学校长联谊活动及论坛，可以让高等教育界促进交流。崔世安欢迎张宝文来澳参加学术活动。他表示,作为国家的一部分，澳门特别行政区会努力发挥应有作用，把“十二五”规划中建设世界旅游休闲中心及葡语国家经贸合作服务平台的定位更进一步做好，向前迈进；通过深化区域合作，有效促进经济适度多元。未来将继续根据中央政府的政策，希望在“十三五”规划，跟随国家的战略部署，能够有机会参加国家“一带一路”及亚投行的建设。同时，澳门将完善和增强青年工作，培养爱国家爱澳门的人才，以建设长期繁荣稳定、长治久安的澳门。全国政协副秘书长、民盟中央副主席徐辉，澳门行政长官办公室主任柯岚参加会面。

7 月 26 日，中共中央政治局委员、中共中央统战部部长孙春兰参观了由民盟中央和中国美术馆共同主办的“继往开来——中国民主同盟盟员美术作品展”。主席张宝文，常务副主席陈晓光，民盟中央文化委员会主任、中国美术馆馆长吴为山陪同参观，并向孙春兰部长介绍展览具体情况。孙春兰部长在众多作品前驻足静观，对此次中国民主同盟盟员美术作品展给予了很高评价。她称赞民盟人才济济，人才辈出，具有很强的凝聚力；几代盟员美术家不负时代使命，锐意创新，创作了许多无愧于时代的力作，产生了广泛深远的影响。她希望民盟继续团结广大盟员继往开来，薪火相传，为社会主义文化大发展大繁荣贡献更大力量。此次展览共展出民盟盟员美术家作品近 200 件，其中美术馆馆藏作品 40 余件。民盟中央希望通过几代盟员美术家的优秀作品，展示他们在艺术道路上的不断求索、辛勤耕耘以及为推动我国文化事业的进步发展所做出的不懈努力和积极贡献，激励广大盟员继续为促进社会主义文化大发展大繁荣献计出力。

8 月 31 日，统一战线纪念中国人民抗日战争暨世界反法西斯战争胜利 70 周年座谈会在京召开。中共中央政治局委员、中央统战部部长孙春兰在座谈会上强调，要继承和弘扬抗日民族统一战线优良传统，团结凝聚海内外中华儿女，共同开创中华民族伟大复兴的美好未来。孙春兰指出，抗日战争的胜利，是中国人民的胜利，也是抗日民族统一战线的胜利。在中国共产党倡导下建立的抗日民族统一战线，最广泛地团结了一切可以团结的抗日力量，铸成了全民族抗战的坚固长城。主席张宝文，常务副主席陈晓光出席座谈会。

9 月 21 日，中国和平统一促进会第九届理事大会在京召开。中共中央政治局常委、全国政协主席俞正声当选中国和平统一促进会会长。俞正声出席大会并代表中共中央对大会的召开表示祝贺。中共中央政治局委员、中央统战部部长孙春兰主持会议。大会审议通过了中国和平统一促进会第八届理事会工作报告，选举产生了第九届理事会领导班子、秘书长和常务理事共 97 人。民盟中央主席张宝文当选为副会长，大会聘请原民盟中央主席蒋树声为名誉副会长。

9 月 25 日上午，常务副主席陈晓光在山西省太原市出席第二十五届全国图书交易博览会开幕式并宣布博览会开幕，副主席张平参加开幕式。本届书博会由国家新闻出版广电总局、山西省人民政府主办，以“文华三晋 · 书香九州”为主题，倡导全民阅读，促进书香社会建设，书博会主会场在中国（太原）煤炭交易中心，共展出各类图书 25.63 万种，其中新书 15.6 万种。在晋期间，中共山西省委书记王儒林、省长李小鹏会见了陈晓光一行。山西省政协主席薛延忠，山西省委常委、秘书长王伟中等参加会见。

10 月 13 日至 16 日，主席张宝文，常务副主席陈晓光，副主席郑兰荪、张平、徐辉、欧阳明高、田刚、葛剑平、倪慧芳、王光谦在北京出席统一战线深入学习贯彻中央统战工作会议精神和《条例》研讨班。主席张宝文在结业座谈会上发言，表示民盟各级组织及广大盟员将继续把学习贯彻中央统战工作会议精神和《条例》作为一项重要政治任务，切实把思想和行动统一到中共中央的部署和要求上来，深入学习领会内涵，巩固共同思想政治基础，大力实施“人才强盟”战略，全面加强自身建设，充分发挥自身优势，切实履行参政党职能。研讨班期间，还召开了坚持和发展中国特色社会主义学习实践活动经验交流暨中期推动会。主席张宝文在会上代表民盟中央发言。他说，两年来，民盟各级组织以学习实践活动为主线，以盟史教育为抓手，同心共筑价值观；以立体宣传为平台，同心汇聚正能量；以盟员之家为载体，同心增强凝聚力。明年是“十三五”规划开局之年，民盟将通过学习实践活动团结全盟同志，加强思想建设、制度建设和骨干队伍建设，在强基固本、久久为功上下功夫；加强履职能力建设，在知行合一、求实求效上下功夫；

加强“互联网+”思维意识，在创新创造、善做善成上下功夫。部分民盟中央委员及机关工作人员出席会议。

11月7日，主席张宝文在福建省福州市出席第十三届中国国际农产品交易会，并宣布农交会开幕。本届农交会展览规模12万多平方米，是历届面积最大的一次。在闽期间，主席张宝文会见了福建省委书记尤权。张宝文对福建省委、省政府重视支持民盟工作表示感谢。他说，福建当前发展态势良好，全国人大和民盟中央将继续支持福建加快发展，充分发挥独特优势，更好地为地方经济社会发展建言献策、为人民幸福安康献计出力。尤权代表省委、省政府对张宝文副委员长出席第十三届中国国际农产品交易会表示欢迎，向全国人大、民盟中央长期以来对福建发展的关心支持表示感谢。

11月10日，副主席徐辉在民盟中央机关会见来访的中共贵阳市委常委、统战部部长帅文一行。帅文介绍了贵阳市近年来经济社会的发展情况和贵阳市统战工作的具体做法和成绩。副主席徐辉对贵阳市委统战部长期以来给予民盟工作的支持表示了感谢。他表示，贵阳市近年来发展势头非常好，中共贵阳市委在统战工作方面的一些新做法也让人深受启发，希望中共贵阳市委继续关注和支持民盟事业进一步的发展，双方通力合作，为贵阳市的经济社会发展做出新的贡献。秘书长高拴平，副秘书长、组织部部长陈幼平，社会服务部部长郭勇，参政议政部部长范芳等参加会见。

10月17日至26日，全国人大常委会副委员长、民盟中央主席、中国国际交流协会副会长张宝文主席应邀率团对斯里兰卡、文莱、韩国进行友好访问。中国国际交流协会副会长艾平陪同访问。在三国访问期间，斯总统西里塞纳、国会议长卡鲁·贾亚苏里亚，文莱立法会议长拉赫曼，韩国国会副议长郑甲润分别会见了代表团一行，张宝文副会长强调愿与三国进一步深化传统友谊,加强各领域合作。三国政要均高度评价双边关系发展。在斯期间，交流协会与斯中友协共同举办了2015年“理解与合作”对话活动，张宝文副会长出席了决赛颁奖典礼,并为获奖选手颁发奖状和奖品。在中斯民间组织友好座谈会上，张宝文副会长与斯方十余个民间组织负责人和代表就进一步加强中斯民间交流广泛深入地交换了意见，并鼓励他们继续发挥民间的独特作用。访文期间，与文中友协、《婆罗洲公报》总部负责人座谈，走访了水村居民住宅，就促进两国民间友好做工作。访韩期间，分别与韩战研、韩中亲善协会、《中央日报》和全罗北道等民间组织、媒体和地方政府负责人深入交流，就进一步发展中韩两国民间交往与地方合作交换看法。

11月24日至27日、28日至29日，全国政协副主席、民盟中央常务副主席陈晓光应邀率团分别对斯里兰卡、马尔代夫进行友好访问。在斯里兰卡期间，陈晓光分别同斯里兰卡议会议长卡鲁·贾亚苏里亚、副议长提兰加举行会谈。他表示，中斯传统友谊是两国共同拥有的宝贵财富，双方应积极落实两国元首就进一步深化战略合作伙伴关系达成的广泛共识。愿中斯携手共建21世纪海上丝绸之路，稳步推进各领域务实合作，更好惠及两国人民。中国全国政协愿同斯议会加强交流与合作，推动两国战略伙伴关系深入发展。陈晓光还介绍了我国“十三五”规划建议的主要目标任务和中国全国政协有关情况。在马尔代夫期间，陈晓光分别同马尔代夫总统亚明和议长玛斯赫会谈。陈晓光转达了习近平主席的亲切问候。他说，中马相互尊重、信任、支持，两国关系处于历史最好时期。应积极落实两国元首就构建面向未来的全面友好合作伙伴关系达成的广泛共识，利用“一带一路”建设的契机，推动共同发展，为双边关系注入新的活力。中国全国政协愿同马议会开展友好交流与合作。他还介绍了中共十八届五中全会和中国全国政协有关情况。

3月25日，副主席张平代表民盟中央出席国家主席习近平为亚美尼亚总统谢尔日·萨尔基相举行的欢迎仪式和晚宴。4月29日，副主席龙庄伟代表民盟中央出席李克强总理为阿尔及利亚总统塞拉勒举行的欢迎仪式和晚宴。7月15日，副主席徐辉出席李克强总理为斐济总理姆拜尼马拉马举行的欢迎仪式和晚宴。10月11日至17日，副主席龙庄伟随全国人大代表团出访法国、摩尔多瓦。11月10日，副主席徐辉代表民盟中央出席习近平主席为蒙古国总统额勒贝格道尔吉举行的欢迎仪式和晚宴。12月17日，副主席张平在人民大会堂出席李克强总理为俄罗斯总理梅德韦杰夫举行的欢迎仪式和晚宴。

二、参政议政

中国民主同盟以高度的政治责任感，把促进科学发展作为履行职能第一要务，充分发挥人才优势，紧紧围绕新常态下经济社会发展的一系列重大问题深入调查研究，努力建净言、献良策。

（一）积极参加中国共产党领导的政治协商，不断提高议政建言水平

1月26日，副主席徐辉出席最高人民检察院党外人士座谈会并代表民盟中央发言。对于检察机关工作，徐辉提出四点建议：第一，对于司法改革中涉及到的人财物调整和配制等问题，组织、人事、财政、编制等相关部门给予检察机关更多支持，协同推进改革。第二，进一步完善制度推进严格司法。建立健全指导性案例的收集、审查发布、修订废除等相关工作制度，推进检察工作规范化。第三，进一步创新机制，加强对司法活动的监督。第四，加强检察官队伍的职业化、专业化建设，进一步提高科学司法水平。最高人民检察院院长曹建明出席会议并讲话。

1月26日，民盟中央向李克强总理提交《关于大力提升我国特殊教育水平的建议》，建议提出：(1)加快推动特殊教育专项法律法规的立法程序。(2)在特殊教育资源“空白”县设立特殊教育资源中心。(3)设立国家级“全纳教育改革实验”基地。(4)推进残疾学生免费教育制度。(5)加强特殊教育教师队伍建设。

1月27日，主席张宝文，常务副主席陈晓光，副主席徐辉出席国务院党外人士座谈会。张宝文代表民盟中央发言，对《政府工作报告(征求意见稿)》提出两条建议：一是加强化肥、农药生产经营和使用管理，促进农业可持续发展。二是大力推进社会资本参与养老服务，完善养老服务体系。

1月30日，副主席徐辉出席最高人民法院党外人士座谈会并代表民盟中央发言。对于人民法院工作，提出四点建议：第一，优化职权配置。审执分离应先做到有法可依，再在试点的基础上总结经验；司法体制改革中涉及到的人财物调整和配制等问题，应加强与组织、人事、财政、编制等部门的沟通；强化省以下地方法院人财物统一管理、跨行政区划设立法院等改革试点工作。第二，实现严格司法。建立健全指导性案例的收集、审查发布、修订废除等相关工作制度；大力推进以庭审为中心的刑事诉讼制度改革；健

全主审法官办案责任制及其相关配套措施。第三，推进司法公开。在严格依法的前提下，对各种司法信息，应当以公开为原则，不公开为例外；公开内容应当完整、及时；增强服务意识，使当事人和普通民众更加方便地获取信息。第四，加强队伍建设。对于员额制的比例应认真研究，要与司法人员的职业保障等统一加以设计与安排；探索建立有别于一般公务员的法官薪酬制度；规范和约束法官的调离、辞退包括“轮岗”和“交流”等行为，促进法官依法执业。最高人民法院院长周强出席会议并讲话。

2月6日，主席张宝文，常务副主席陈晓光出席中央统战部党外人士座谈会。主席张宝文代表民盟中央发言，对中共十八届五中全会议题提出三条建议：(1)加快转变发展方式，建设新型现代化农业。(2)加快创新体系建设，推动我国制造业由大变强。(3)大力推进养老服务产业化发展，在经济与民生的结合上做足文章、做好文章。

2月12日，民盟中央向张高丽副总理提交《关于推进内蒙古生物多样性保护工作的建议》，建议提出：(1)完善生态保护法律法规，加强执法力度。(2)坚持保护优先原则，强化自然保护区管理。(3)建立生物多样性数据库，完善科研监测体系。(4)加大生态投入力度，推动特色生态资源产业发展。(5)加快生态补偿力度，健全生态保护长效机制。(6)加强顶层设计，建立统一的中国环境交易所。建议信得到了张高丽副总理的批示。

3月20日，民盟中央向刘延东副总理提交《关于加强与完善我国非物质文化遗产保护工作的建议》，建议提出：(1)大力推动理论研究，形成由政府引导、科研机构与产业单位合作、高校学术力量参与的研究体系。(2)处理好保护、传承与利用、发展的关系。(3)健全工作机构，提供经费和工作队伍保障。(4)建立健全法律体系和保障机制。建议信得到了刘延东副总理的批示。

4月17日，民盟中央向张高丽副总理提交《关于加强内河船舶污染防治工作的建议》，建议提出：(1)摸清内河船舶污染基本情况。(2)健全法律法规。(3)完善监管机制。(4)加大政策支持力度。建议信得到了张高丽副总理的批示。

4月27日，主席张宝文、常务副主席陈晓光在中央统战部出席《中国共产党统一战线工作条例（试行）》征求意见座谈会。张宝文代表民盟中央在会上提出三点建议：(1)进一步规范、界定民主党派履行民主监督职能的内容和形式。(2)进一步推进民主党派加强自身建设。(3)进一步做好民主党派成员实职安排工作。

5月22日，主席张宝文代表民盟中央在中央统战部党外人士座谈会上，就学习贯彻中央统战工作会议精神发言，表示民盟中央将着力做好以下几个方面工作：(1)坚持正确方向，在学习贯彻会议精神和《条例》上下功夫。(2)切实履行职能，在服务“四个全面”战略布局上有新作为。(3)加强自身建设，在提高全盟履职能力上有新进展。常务副主席陈晓光，副主席张平、徐辉出席会议。5月21日，主席张宝文，常务副主席陈晓光，副主席张平、徐辉、龙庄伟、王光谦在中央统战部阅读中央统战工作会议文件。

5月26日，民盟中央向习近平总书记、李克强总理提交《关于实施“中国野生东北虎和东北豹恢复与保护重大生态工程”的建议》。建议提出尽快将野生东北虎和东北豹保护上升为国家战略，由国家发改委会同吉林省及有关部门，实施“中国野生东北虎和东北豹恢复与保护重大生态工程”，并提出了具体的实施步骤。建议信获得习近平总书记重要批示。

6月15日，民盟中央向汪洋副总理提交《关于促进草原生态文明建设 推动内蒙古草业发展的建议》,建议提出 :(1)尽快确立草业在经济发展和生态建设中的战略地位。(2)继续加强草原资源保护和建设。(3)大力推进草业经济转型升级。(4)科学合理地发展草产业。(5)制订和完善优惠政策。建议信得到了汪洋副总理的批示。

7月24日，主席张宝文，常务副主席陈晓光，副主席张平出席中共中央党外人士座谈会。主席张宝文代表民盟中央发言，就当前经济形势和下半年经济工作提出两点建议 :(1)加快发展养老服务业，培育民生经济的新增长点。(2)促进农村金融创新，增强服务农村经济的能力。

8月20日，民盟中央向中共中央、国务院提交《关于“十三五”期间加快发展养老服务业的建议》，建议提出 :(1)将养老服务业列入国家“十三五”规划重点发展领域，制订专项规划。(2)完善养老服务业顶层设计。(3)构建综合稳定的政策支持体系。(4)大力推进居家养老、医养结合。(5)鼓励民间资本进入养老服务业。(6)加快养老服务专业人才培养。建议信得到了张高丽副总理的批示。

受国务院领导同志委托，民盟中央就“我国高等教育改革与发展”问题进行专项研究。民盟中央领导先后赴北京、江苏、陕西、河南、重庆等地调研，并主持召开座谈会。在充分吸收各方面意见的基础上，民盟中央于9月底向刘延东副总理提交了《深化改革 创新机制 加快推进高等教育强国建设——关于我国高等教育改革与发展的十条建议》，提出高等教育规模、高等教育布局、分层分类办学、现代大学制度建设、一流本科人才培养、博士研究生教育、大学创业教育、产学研协同创新、科教资源优化整合、“一带一路”与国际大学合作等十个方面的建议。建议信得到刘延东副总理的长篇批示。

9月24日，民盟中央向张高丽副总理提交《关于支持张家口市加大生态建设力度的建议》，建议提出 :(1)加强京津冀北部生态保护与建设的顶层设计。(2)在张家口市建立旨在实现经济、社会、生态协调发展的国家级综合性生态与经济政策示范区。(3)加大张家口市生态保护和建设投入力度。(4)建立受益地区对京津冀北部的生态补偿制度。(5)加大对张家口市产业结构转型升级支持力度。(6)严格落实国家扶贫攻坚规划，考虑在张家口市参照执行西部大开发的扶持政策。建议信得到了张高丽副总理的批示。

12月10日，主席张宝文、常务副主席陈晓光、副主席徐辉出席中共中央党外人士座谈会。主席张宝文代表民盟中央发言，对当前经济形势和2016年经济工作提出两条建议 :(1)服务“一带一路”战略，助推消费品工业产能国际合作 ;(2)加强旅游投资引导，促进经济持续增长。

（二）充分利用政协平台，持续关注经济社会发展重点难点问题

2月27日，民盟中央召开2015年“两会”新闻通气会。副主席张平出席会议，民盟中央参政议政部部长范芳向参会记者介绍了今年民盟中央向全国政协十二届三次会议提交的发言和提案的基本情况，宣传部部长吴志实主持会议。范芳介绍说，民盟中央今年的发言和提案以调研成果为主，主要来源于受中共中央委托的重点调研、民盟中央单独组织或与有关部委联合开展的重要调研、民盟中央举办的各项论坛和活动中产生的优秀成果等七个方面。今年民盟中央在全盟各级组织和各专委会调查研究的基础上，从近百

篇提案中，经过严格筛选，最终形成了向大会提交的32篇提案。来自人民日报、光明日报、人民政协报、新华社、中央人民广播电台、团结报等20家媒体的记者参加新闻通气会。

在全国政协十二届三次会议上，民盟中央提交大会口头发言1篇、书面发言5篇、提案32篇，内容涉及教育、三农、经济、区域发展与金融、社会建设、生态文明建设、文化建设与科技等五个大类。副主席温思美代表民盟中央作《深化高等教育改革，大力推进大学生自主创业》的口头发言。民盟中央《关于深化行政审批制度改革的提案》被列为大会"1号提案"，在全社会引起了广泛关注和热议。《关于推进非公有制企业走出去的提案》《关于深化行政审批制度改革的提案》《关于发挥社会力量，促进养老事业的提案》《关于尽快出台儿童用药国家标准的提案》《关于推进京津冀协同发展中大气污染防治的提案》《关于推进长江经济带开发中湿地保护的提案》等6件提案被列为2015年全国政协重点提案。

3月9日，副主席温思美代表民盟中央作口头发言《深化高等教育改革，大力推进大学生自主创业》。建议：（1）改革高校人才培养模式。高等院校应适应我国创新型国家建设的需要，设计更加灵活先进的学习制度和学习模式，开设更多的创业指导课程，吸纳聘用更多的创业指导教师，安排更多的创业实训基地，努力提升高校的创业教育水平。（2）加大创业政策扶持力度。政府应加大政策扶持力度，增加创业资金额度和受益面，财税、工商、社保等部门应更好地负起主管部门的责任，增加政策信息透明度，简化审批手续，放宽经营条件，吸引社会风险资金支持，为更多的大学生创业创造条件，提供便利。（3）优化大学生创业社会环境。鼓励更多的创业成功人士走进高校，走进课堂，与大学生分享创业者的酸甜苦辣，激励更多的大学生走创业之路。鼓励在高校设立更多的社会创业基金，成立专业的创业指导机构，根据大学生创业者的需要，提供创业、技术、融资、经营等各方面的专业服务。

民盟中央提交的《关于深化行政审批制度改革的提案》被列为大会"1号提案"。提案指出，两年多来，国务院和各级政府将简政放权作为深化改革的重要抓手，大幅度削减和下放行政审批事项，激发了市场和企业活力，推动了政府职能的转变，促进了服务型政府的建设。但是在改革过程中还存在一些问题，行政审批项目仍然过多，相应监管和服务不到位，行政审批体制仍不完善，审批相关的中介服务不规范、不完善。建议：（1）进一步取消和下放行政审批事项。（2）完善审批权取消和下放后的监管和服务。（3）进一步完善行政审批服务体制。（4）规范完善社会中介机构运行行为。（5）建立健全"放、接、管"协同推进的配套政策。"两会"期间，提案主要来源者全国政协委员、陕西省委主委张道宏，全国政协委员、曹卫星等被媒体多次采访，人民日报海外版、人民政协报、新京报等媒体予以持续关注。

11月5日，全国政协召开第41次双周协商座谈会，围绕"促进高校办出特色与水平"建言献策。中共中央政治局常委、全国政协主席俞正声主持会议并讲话，全国政协副主席杜青林、张庆黎、卢展工，全国政协副主席、民盟中央常务副主席陈晓光出席会议。全国政协副秘书长、民盟中央副主席徐辉在会上介绍说，民盟中央一直高度关注教育工作，为与全国政协教科文卫体委员会共同组织好本次双周协商座谈会，民盟中央在北京、上海、浙江、江苏、河南、重庆等地进行了专题调研。他还就"本科后"人才培养提出了自己的见解。盟员政协委员温思美、陈群、贾庆国、赵雨森、曹卫星、成岳冲、娄源功、杜惠平、张道宏等就教育体制改革，促进农业、林业、师范等类型学校办出特色和水平，加强对地方院校的扶持和引导、高等院校如何服务地方经济创新发展、推进中外合作办学健康发展等提出了中肯的建议。俞正声主席认真听取了各位委员的建议，并和委员们进行了热烈的交流互动，全场互动高达 31 次。会后，全国政协给予了“准备充分、调研扎实、重点突出、聚焦问题、精准建议、互动热烈”的高度评价，对民盟中央为双周协商座谈会所做的深入调研和筹备，给予了充分的肯定和赞赏。

在全国政协十二届十一次常委会，民盟中央提交了《关于“十三五”期间深化教育财政制度改革的建议》的书面发言。在全国政协十二届十二次常委会上，全国政协常委、民盟上海市委副主委陈群代表民盟中央作《高校践行社会主义核心价值观任重道远》的发言，建议推动与高校自身建设发展的融合互动，实现与高校师生思想情感的同频共振，加强对社会公共价值观的示范引领。在全国政协十二届十三次常委会上，副主席欧阳明高代表民盟中央作了《谋划高等教育合理布局 推动教育资源均衡发展》的发言，提出支持西部和人口大省加快高等教育发展，逐步提高西部地区和人口大省高考招生比例，设立“国家高等教育西部人才岗”。

2015 年，民盟中央以完善机制、提升质量为抓手，进一步提高反映社情民意信息工作水平和能力。全年，民盟中央共收到省级盟组织和民盟中央专委会报送信息 5800 余篇，向全国政协报送了大量高质量的社情民意信息，在 2014—2015 年度全国政协评比中继续名列前茅。其中社情民意信息《防范“一带一路”建设过程中的金融风险的建议》获张高丽副总理重要批示。

（三）以深入调研为抓手，汇聚全盟履职合力

2 月 12 日，常务副主席陈晓光，副主席、民盟北京市委主委、北京师范大学副校长葛剑平走访国家林业局，就“东北林区虎豹恢复及生态保护”问题与国家林业局局长赵树丛等进行座谈。陈晓光在座谈会上说，林业建设是生态文明建设的重要组成部分，是关系人民福祉、关乎民族未来的长远大计。近年来，民盟中央围绕生态文明建设开展了一系列重要调研，“东北虎豹恢复及生态保护”是今年将要开展的相关调研之一。调研将对我国东北森林区域虎豹等野生动物恢复进行深入研究，并在此基础上提出具有前瞻性和可操作性的意见建议，进一步完善东北森林区域的生态系统，为我国生态文明建设贡献力量。陈晓光强调，要充分认识东北林区虎豹恢复的重大意义和作用，积极论证东北林区虎豹恢复的现实基础及可行性，牢固树立生态环保的整体理念，加大相关政策的扶持力度，切实推动东北林区虎豹恢复生态保护工程取得实效，为建设美丽中国做出新的更大贡献。副主席葛剑平就东北林区虎豹恢复及生态保护的前期研究情况和后续调研计划作了重点介绍。国家林业局副局长陈凤学介绍了国家林业发展及野生动物保护情况。

4 月 2 日至 3 日，副主席徐辉到江苏省苏州工业园区职业技术学院、无锡太湖学院考察，调研民办职业教育改革发展情况，到江阴市调研第三届民盟教育论坛筹备情况。徐辉在调研中指出，搞好民办教育改革发展是深化教育领域综合改革的重要内容，意义重大；并积极评价了江苏民办教育的改革发展情况。他强调，对第三届民盟教育论坛要认真组织、

精心准备，力争形成更多优秀成果，同时加大形式创新，提升研讨效果，扩大论坛影响。他还充分肯定了民盟江苏省委、无锡市委、江阴市委以及相关单位为民办教育发展和教育论坛筹备所作的努力和贡献。第三届民盟教育论坛将于9月在江苏省江阴市举办，由民盟中央教育委员会、民盟江苏省委员会和江阴市人民政府主办。江苏省副省长、民盟江苏省委主委曹卫星，民盟中央参政议政部部长范芳等参加调研。

4月7日至11日，副主席徐辉率队赴重庆、湖北调研“养老服务产业化发展”问题。调研组先后到重庆市青杠老年护养中心、第二社会福利院，湖北省武昌区社会福利院、阳光福利院、杨园街电力新村社区老年服务中心、凤凰山社区日间照料中心、金山老年公寓、大冶市还地桥镇福利院、鄂城区丁祖村互助照料活动中心、泽林镇福利院、鄂州市城市福利中心和凤凰街道办社区居家养老服务站进行调研，分别在重庆、武汉召开座谈会，围绕养老服务产业化发展的现状、经验、困难、问题和相关政策建议，与党政有关部门、社会福利、养老机构的同志作了深入交流。徐辉在调研中指出，养老服务业是目前亟须加快发展的民生工程。将养老服务业定位为民生经济的支柱性产业、国家战略性新兴产业，在“十三五”期间加快培育、发展，具有重大意义。为此，民盟中央将在充分、扎实调研的基础上，就养老服务产业化发展问题建言献策。调研期间，中共重庆市委常委、统战部部长张鸣会见了调研组一行。重庆市副市长、民盟重庆市委主委吴刚，湖北省副省长、民盟湖北省委主委郭生练，民盟中央参政议政部部长范芳，湖北省卫计委主任、民盟湖北省委副主委杨云彦等参加调研。

4月13日至17日，受中共中央委托，主席张宝文率民盟中央调研组就“养老服务产业化发展”问题进行实地调研。副主席徐辉，中央统战部副部长林智敏参加调研。民盟中央社会委员会主任郑功成，中国社会保障学会副会长何文炯参与调研。在浙期间，调研组先后赴义乌市、嘉兴市和杭州市，考察了义乌国际商贸城、高桥新区养老项目、乌镇国际健康生态休闲产业园暨雅达国际医疗公园项目、乌镇养老服务中心、杭州和睦老人公寓、华丰社区居家养老服务照料中心和杭州绿康医院。16日下午，调研组在杭州召开座谈会，听取了浙江省政府关于养老服务产业化发展情况的介绍。张宝文对浙江在养老服务产业化发展方面采取的得力措施和创新做法给予了积极评价。张宝文表示，近些年来，为了应对老龄化，我国大力加强对养老服务业的顶层制度设计，促进养老服务业发展的政策体系已基本成形。但是，我国养老服务业发展相对滞后，这不仅造成了老年人生活质量的下降，也影响了国民经济的持续增长和健康发展。从全国层面来看，养老产业发展中存在资金投入不足，发展不平衡，市场发育不充分，专业人才缺乏、总量不足和质量不高现象并存等突出问题。他指出，推动养老产业发展，就要在全国层面上综合研究、统筹考虑，具体做到：一是在养老理念上，转变认识观念，分层次满足老年人的服务需求。二是在政策支持方面，构建综合型的政策体系，协同推进养老服务业大发展。三是在社会资本方面，要多措并举促进其参与养老服务产业。四是在养老模式上，要推动医养资源深度融合。五是在人才培养方面，加大对养老服务人才学历教育的政策支持力度，在专业建设、师资培训、招生就业等方面制订并落实相应的优惠政策。在座谈会上，副主席徐辉等就调研过程中的一些问题与省政府及有关部门负责同志进行了深入交流。在浙期间，浙江省委书记、省人大常委会主任夏宝龙，浙江省人大常委会党组书记、副主任茅临生，浙江省政协副主席、省委统战部部长孙文友等领导分别会见张宝文一行；浙江省人大常委会副主任厉志海，浙江省人民政府副省长熊建平参加了座谈会。在浙期间，调研组一行还走访了民盟浙江省委机关，与民盟浙江省委的负责同志们进行了座谈。民盟浙江省委主委、省科技厅副厅长成岳冲等参加调研。《人民日报》等媒体记者全程跟踪采访。

4 月 26 日至 5 月 5 日，徐辉副主席率队赴德国、瑞士、法国就“欧洲新媒体与传统媒体融合发展情况”进行考察。考察组先后考察了德国洪堡大学和威斯巴登出版社，瑞士库尔科技应用大学和巴塞尔大学出版社，法国巴黎第九大学和高科技园区等，并与有关专家学者座谈。

5 月 13 日至 17 日，常务副主席陈晓光，副主席、民盟北京市委主委葛剑平率队赴吉林就“中国东北虎和东北豹恢复与保护重大生态工程”进行调研。调研组抵达长春后，中共吉林省委书记、省人大常委会主任巴音朝鲁，省长蒋超良，省政协主席黄燕明等领导会见了陈晓光一行,就中国东北虎和东北豹恢复与保护的重大意义交换意见。13 日下午，调研组在长春召开座谈会，听取了吉林省政府关于中国东北虎和东北豹恢复与保护工作的情况介绍，吉林省副省长谷春立主持会议。陈晓光对吉林省在东北虎、东北豹恢复与保护方面做出的积极努力和取得的突出成绩给予了高度评价。陈晓光表示，近年来，民盟中央围绕生态文明建设开展了一系列调研并提出相关意见建议，对推进我国生态文明建设起到了积极的促进作用。此次“中国东北虎和东北豹恢复与保护重大生态工程”的调研成果将尽快转化为政策建议上报，并尽力推动其上升为国家战略。陈晓光指出，要充分认识东北虎和东北豹恢复与保护的重要意义；积极论证东北虎和东北豹恢复与保护的现实基础和可行性，科学决策、合理规划；切实增强责任感和紧迫感，尽早将“等不得”“拖不得”的问题提上议事日程，找到解决方案并付诸实施，推动有关工作取得实质性进展。他强调，要高度重视并妥善解决生态移民、生态就业等实际问题，努力实现人与自然的和谐发展，为建设美丽森林、美丽中国做出更大贡献。14 日，调研组又在延吉召开座谈会，听取延边州有关部门介绍情况。随后，调研组深入珲春、汪清实地考察。国家林业局、吉林省林业厅相关负责同志参加调研。

5 月 21 日，副主席徐辉到中国石油大学（北京）调研高校特色与水平建设问题，对学校的重质油国家重点实验室、学生活动中心和校园建设情况进行了考察。徐辉在调研时指出，我们这样一个发展中国家，在实现高等教育大众化的基础上，必须抓好高校的特色与水平建设，这是推动我国高等教育科学发展、创办世界一流大学的必然要求。他还就高校的综合性发展与学科相关性建设的关系、特色高校社会评价的利弊、高校规模与发展水平的关系、政产学研的合作方式等问题，与中国石油大学（北京）的有关负责同志、教师进行了交流。民盟中央教育委员会主任、中国石油大学（北京）校长张来斌从学校概况、加强校企协同合作、积极服务区域经济、未来展望等方面介绍了学校的办学情况。民盟中央参政议政部部长范芳，学校相关部门的负责同志参加调研与座谈。此次调研是民盟中央为准备全国政协以“促进大学办出特色和水平”为议题的双周协商座谈会而专门进行的系列调研之一。

5 月 24 日至 27 日，副主席徐辉率民盟中央调研组在四川省甘孜州就“破解资源与体制双重约束，促进旅游改革和创新发展”问题进行实地调研。调研组考察了藏区稻城县旅游建设整体规划、香格里拉镇旅游基础设施建设现场和亚丁自然保护区等地的旅游扶贫、旅游教育、旅游开发、景区运营、生态保护等情况，了解了民族地区旅游业发展的重点、难点问题，并听取了政府、相关部门和企事业单位对旅游改革发展的意见和建议。24 日，中共四川省委常委、统战部部长崔保华，四川省政协副主席、民盟四川省委主委赵振铣，中共四川省委统战部副部长刘建军会见调研组一行，并与调研组座谈了藏区旅游、文化和教育等方面的工作情况。副主席徐辉指出，当前，人民群众消费升级的动力强劲，旅游发展和旅游消费潜力巨大。促进旅游业改革发展，对进一步深化经济体制改革、促进经济发展、提高人民生活质量具有重要意义。应该坚持深化改革、融合发展，推动旅游业发展与新型工业化、信息化、城镇化和农业现代化相结合，统一经济效益、社会效益和生态效益，推动形成政府依法监管、企业守法经营、游客文明旅游的发展格局。民盟中央参政议政部部长范芳，中共四川省委统战部、四川省旅游局相关同志参加调研。

6 月 24 日至 26 日，常务副主席陈晓光，副主席徐辉率队赴河北省张家口市，就“加强京津冀北部生态涵养功能区建设”进行调研。陈晓光一行先后考察了清水河、上海张江张家口产业园区、崇礼县申奥临时指挥部、长城岭以及赤城县云州水库等地 24 日下午，调研组召开座谈会，张家口市委书记邢国辉、市长侯亮先后就张家口市经济社会发展情况、京津冀北部生态涵养功能区建设情况进行了汇报。陈晓光指出，近年来，张家口市委、市政府坚决贯彻落实中共中央关于生态文明建设的总体部署，对生态文明建设高度重视，对相关工作常抓不懈，收到了良好成效，为京津冀北部生态涵养区建设乃至京津冀协同发展重大国家战略做出了重要贡献。陈晓光强调，要坚决贯彻落实习近平总书记“绿水青山就是金山银山”的重要指示精神，统一思想，提高认识，深刻理解推进京津冀北部生态涵养区建设的重大意义；要站在京津冀协同发展重大国家战略的高度，进一步健全体制机制，以制度约束推进京津冀北部生态涵养区建设；要加大落实力度，各司其职、形成合力，在推动京津冀北部生态涵养区建设取得实效的同时，切实推动张家口经济社会健康持续发展。河北省政协副主席、民盟河北省委主委边发吉陪同调研。

7 月 8 日，副主席徐辉到中国科学院大学调研“高校特色与水平建设”问题，考察中国科学院大学雁栖湖校区。副主席、中国科学院副院长、中国科学院大学校长丁仲礼和校领导班子成员与调研组进行了座谈。座谈会上，丁仲礼介绍了中国科学院大学的基本情况及科教融合的办学特点，对本科生教育采取的导师制、小班化、个性化、国际化的办学模式进行了详细说明。徐辉认为国科大的办学特色鲜明、优势明显，充分肯定了国科大本科生精英式的培养模式，对国科大未来的发展充满期待。双方还就国内外高校不同的人才培养模式进行了探讨，表示今后双方将进一步加强交流与合作。民盟中央参政议政部部长范芳，中国科学院大学副校长高鸿钧、杨国强及学校有关部门负责同志参加调研。此次调研是民盟中央为准备全国政协以“促进大学办出特色和水平”为议题的双周协商座谈会而专门进行的系列调研。

9 月 14 日至 18 日，常务副主席陈晓光率调研组到浙江、广东调研“一带一路”消费品工业产能国际合作问题。调研组一行先后到浙江温州，广东潮州、汕头三地实地考察，走访了服装、制鞋、医药、珠宝制造、陶瓷等行业企业。在座谈中，陈晓光指出，“一带一路”

是我国新时期对外开放的重大战略，消费品工业产能国际合作契合沿线国家需求，具有广阔前景。推动与沿线国家开展消费品工业产能国际合作，有利于缓解我国消费品工业产能过剩局面、巩固提升我国消费品国际市场份额，并将推动我国消费品工业向价值链高端跃升。陈晓光强调，我国消费品工业“走出去”时间较短，目前还面临很多困难和挑战，如劳动密集型行业附加值较低，高附加值的新兴领域企业“走出去”还极为有限等。有关部门及企业应积极借力“一带一路”战略，深化与沿线各国和地区的产能国际合作，通过采取一系列有效措施，切实促进我国消费品工业生产增速回升、转型升级。陈晓光表示，民盟中央将会认真研究有关问题，科学分析、整理归纳，适时向国家有关部门提出政策建议，为深入推进我国消费品工业产能国际合做贡献力量。在广东期间，副主席、民盟广东省委主委温思美陪同调研。在浙江期间，民盟浙江省委主委成岳冲陪同调研。

9 月 22 日至 25 日，副主席徐辉率调研组前往鄂豫皖大别山核心区进行大别山生态环境保护和生态产业发展调研。大别山区是我国华中和长江三角洲地区生态安全屏障，是武汉经济圈、合肥经济圈、中原经济区的重要资源支撑。推进大别山区的生态环境保护和生态产业发展，对鄂豫皖三省经济社会的可持续发展，具有重要意义。调研组先后走访了安徽省六安市金寨县、河南省信阳市商河县、湖北省麻城市和团风县，深入考察当地新农村建设、水利基础设施、生态农业和特色产业、旅游经济和基础教育情况。调研中，徐辉副主席仔细了解当地在协调推进社会经济建设与生态保护工作方面所取得的成效、面临的问题与困难。他表示，调研组通过实地考察，进一步了解了大别山区的生态发展现状和发展需求。民盟中央将认真总结调研成果，积极建言献策，为大别山区生态保护和发展尽力量、做贡献。民盟安徽、河南、湖北省委相关人员参与调研。

10 月 18 日至 22 日，常务副主席陈晓光，副主席徐辉和全国政协常委、水利部科技委主任胡四一，带领民盟中央、水利部科技委和长江水利委员会联合组成的调研组，赴湖北、河南开展“汉江流域水资源可持续利用”专题调研。调研组先后考察了丹江口水利枢纽、丹江口水库库区、台子山水质自动监测站、陶岔水利枢纽、刁河灌区分水口、清泉沟进水口及分水塔、王甫洲水电站、引江济汉工程及兴隆水利枢纽等汉江流域水利设施和工程，对汉江流域水资源利用现状进行深入调研。在 10 月 19 日召开的调研预备会议上，陈晓光认真听取了长江水利委员会、汉江水利水电（集团）有限责任公司、湖北省水利厅等有关单位关于汉江流域水资源可持续利用的情况介绍。他指出，目前我国水资源可持续利用形势不容乐观，水资源短缺、水环境污染已成为制约经济社会持续发展的重要因素之一。他强调，相关部门要切实增强责任感、使命感，深刻认识水资源可持续利用的重要性和紧迫性，高度重视水资源的节约和保护；要加强顶层设计、统筹协调，全面了解汉江流域水资源开发、利用、保护与管理等方面的现状和面临的形势以及未来需求，针对存在问题找到切实可行之策，将汉江流域水资源管理和保护制度建设、体制创新以及保障汉江流域水资源可持续利用工作落到实处。10 月 22 日，调研组召开专家咨询会，副主席徐辉在会议上强调，在水资源综合利用问题上，要更重视“科学规划，统筹协调，多措并举，人水共治”，将水资源利用和人的发展、社会发展相结合。

10 月 23 日，副主席徐辉率队到民盟北京市委调研反映社情民意信息工作。副主席徐辉对民盟北京市委反映社情民意信息工作近年来取得的成绩予以了肯定。他指出，民主党派参政议政工作中，反映社情民意信息是涉及面最广，调动最多盟员参与，持续发挥作用的一项重要工作。多年来，民盟反映社情民意信息工作成绩突出，在各党派中一直名列前茅。这与民盟中央的高度重视、各级基层组织与广大盟员的辛勤付出是分不开的。徐辉表示，中共十八大以来，以习近平同志为总书记的中共中央对统战工作提出了新要求、新思想和新观点，我们要认真学习贯彻中央统战工作会议精神和《中国共产党统一战线工作条例（试行）》。在新形势下，我们要继续做好反映社情民意信息工作，整合各方资源，进一步完善体制机制、加强人才队伍建设、调动广大盟员积极性。来自民盟北京市委各区委、区工委、直属基层组织、专委会的代表及信息工作骨干盟员代表就反映社情民意信息工作的经验体会、问题建议进行了交流研讨。

10 月 30 日，常务副主席陈晓光率民盟中央调研组在北京市就创业创新工作进行实地调研。调研组一行先后考察了中关村创业大街、优客工场等地，详细听取了各有关企业的产品及经营模式介绍，并就企业发展等情况与各企业负责人进行深入交流。在调研座谈会上，北京市科委、市人力社保局和中关村管委会等部门负责同志先后就创业创新工作情况进行了简要介绍。陈晓光首先代表民盟中央对中共北京市委、市政府、市委统战部多年来给予民盟事业的支持以及对盟员企业的帮助表示感谢。他指出，当前我国经济已经进入新的发展阶段，经济发展由能源资源消耗型逐步向科技创新驱动型转变。中共十八届五中全会审议通过的“十三五”规划建议，也将创业创新作为驱动国家发展的关键点。陈晓光强调，北京要充分发挥科技资源丰富、科技人才聚集等优势，进一步提升科学研究水平，努力增强科技服务能力，在推动“大众创业、万众创新”方面起到引领示范作用；要继续营造有利于创业创新的良好环境和成长空间，加强对创业创新的有力引导，切实做好科学规划和相关服务。中共北京市委常委、统战部部长戴均良，副主席、民盟北京市委主委葛剑平，民盟中央科技委员会主任周元等参加调研。

11 月 18 日至 20 日，主席张宝文，副主席徐辉率队在四川成都就“一带一路”消费品工业产能国际合作问题进行调研。在川期间，调研组考察了四川非意欧国际皮革制品有限公司、通威集团有限公司等企业。19 日下午，调研组召开座谈会。副主席徐辉主持会议并介绍调研目的。四川省副省长叶壮介绍了四川消费品工业国际产能合作的基本情况。张宝文在座谈会上讲话时说，四川处于陆上丝绸之路和海上丝绸之路的交汇点，近些年来，积极融入国家“一带一路”建设，加快构建对外开放格局，大力推进消费品工业产业结构调整与创新驱动发展，促进全省经济转型升级，鼓励和引导消费品优势企业抢抓机遇，带动优势产品“走出去”，积累了丰富的经验。张宝文指出，要进一步推进消费品工业产能国际合作，从政府层面来讲，要完善有关立法，加快审批制度改革，简化民营企业境外投资审批流程；实施结构性减税，加快落实民营企业境外投资政策中的支持性措施；提升金融机构为“走出去”的企业提供境外服务的水平，加大政策性银行对跨境业务优惠信贷支持的力度，构筑权威信息发布平台和服务平台；以共建园区为载体大力推进全产业链、集群化发展，通过完善与东道国企业、民众的利益分配构建国际合作的长效机制；大力开展与沿线各国的双边投资协定谈判，保证海外企业的权益。从企业层面来讲，要根据自身特点，选择合适的投资区域，并针对投资区域的特点全面评估投资项目可行性；要权衡各种投资模式的优点缺点，根据行业和投资国的情况，选择最佳的投资模式或者模式组合；要用好多边、双边的自由贸易保护协定和投资保护协定，用好我国国内相关投资贸易的促进政策、优惠政策，用好投资国的优惠政策。在川期间，张宝文还会见了四川省委书记、省人大常委会主任王东明，四川省委常委、农工委主任李昌平，四川省委常委、统战部长崔保华。民盟四川省委主委赵振铣，民盟中央参政议政部部长范芳、商务部综合司副司长宋立洪等参加调研。

（四）开展主题丰富的论坛、座谈活动，进一步整合参政议政资源

3月11日，民盟中央《群言》杂志社举行“依法治国与社会治理”专题座谈会，出席全国政协十二届三次会议的民盟组部分委员出席会议，就如何推动法治政府和法治社会的建设、实现良好社会治理的路径、内容和需要重视的问题进行了讨论和交流。副主席温思美主持座谈会并讲话。他指出，中共十八届四中全会对全面推进依法治国做出了部署。全面推进依法治国的总目标是建设中国特色社会主义法治体系，建设社会主义法治国家。我们这个座谈会以“依法治国与社会治理”为题，是一个很有角度的切入点。依法治国最终就是要把我们社会建设成为一个更加良治的社会，在法律的框架内建立一种新的社会治理模式。政府必须依法行政，每一个公民要按照法律规定的规则行使自己的权利，约束自己的行为，这才是人民所期盼的安全社会、法治社会、和谐社会、幸福社会。社会的良性发展，需要全社会各个部门来关注，让更多的人对这个话题有觉醒意识，这正是我们这次座谈会的意义所在。民盟作为主要由文教和科技界中高级知识分子组成的参政党，希望今后继续对相关问题加强调查研究，提出我们的建议和对策。

5月14日，以“中国经济发展与‘一带一路’战略实施”为主题的首届民盟经济论坛在上海举行。论坛由民盟中央经济委员会与上海社会科学院、民盟上海市委主办。主席张宝文出席论坛开幕式并讲话，副主席徐辉出席开幕式，副主席、民盟上海市委主委郑惠强主持开幕式。张宝文在讲话中说，“一带一路”战略纵贯历史与未来、连接中国与世界，是具有划时代意义的伟大战略构想。民盟秉持“奔走国是，关注民生”的优良传统，持续关注区域经济、海洋经济发展，在长三角、珠三角、海峡西岸、环渤海、京津冀等方面向中共中央提出过很多有全局性、前瞻性和可操作性的意见建议。习近平主席提出“一带一路”倡议以来，民盟部分专家组织考察了“一带一路”相关国家和国内有关地区，形成了一些有价值的意见建议，为国家制订、实施“一带一路”战略提供了有益参考。民盟将继续围绕国家经济社会发展的重大问题深入开展调查研究，进一步做好参政议政工作。上海社会科学院院长王战、民盟中央经济委员会主任何茂春分别在论坛上作主题报告。19位专家学者在分论坛上围绕丝绸之路经济带与中西部经济开放、海上丝绸之路与沿海地区经济辐射带动、“一带一路”建设的无缝对接与腹地经济建设等三个主要方面作了精彩发言，与会代表围绕论坛主题进行了热烈讨论。上海市政府副秘书长陈寅，上海社会科学院党委书记于信汇，民盟中央参政议政部部长范芳，民盟中央经济委员会部分委员、各省级盟组织经济委员会主任（副主任）及上海市部分经济界盟员共150余人参加论坛。

5月28日，“加快养老服务业发展”座谈会在民盟中央机关召开。主席张宝文出席会议并讲话，副主席徐辉主持会议。民盟中央社会委员会主任、中国人民大学教授郑功成，

民盟中央社会委员会副主任、国家统计局副局长贾楠，民盟盟员、中国人民大学教授邬沧萍等盟内外专家参加座谈。与会专家紧紧围绕我国养老服务业的需求结构与特点、存在的主要问题和面临的主要障碍，对发展我国养老服务业的政策建议，以及国家“十三五”规划与养老服务业的发展等议题进行座谈与讨论。张宝文高度评价与会专家的发言，他说，今天各位专家的精彩发言信息量大、分析问题深入、建议针对性强，使民盟中央调研组的同志们有了新的认识。他指出，养老服务业的发展状况将给国家长远发展带来深刻影响，但从全国层面来看，养老服务业发展中还存在认识不到位、政策有偏差、供需上脱节、监管不到位、体制机制障碍、专业人才奇缺等突出问题。他表示，民盟中央会认真研究、分析各位专家的意见建议，修改、完善民盟中央“加快养老服务业发展”重点调研的报告和相关政策建议，积极向中共中央、国务院建言献策。

7 月 2 日，中国人民银行调研组赴民盟中央召开座谈会，就“金融促进养老服务业发展”听取相关意见建议。主席张宝文出席会议并讲话，副主席徐辉主持会议。民盟中央常委、中国人民银行副行长潘功胜，民盟中央社会委员会主任、中国人民大学教授郑功成，民盟中央参政议政部部长范芳等参加座谈。座谈会上，潘功胜首先介绍了中国人民银行正在制订的支持养老服务业发展的金融政策的相关情况，范芳详细介绍了民盟中央“加快养老服务业发展”重点调研和后续工作的相关情况。在互动交流环节，与会人员紧紧围绕金融政策支持养老服务业发展的现状与特点、存在的主要问题和面临的主要障碍，金融促进养老服务业的政策建议等议题进行座谈与讨论。张宝文高度评价与会专家的发言，他指出，我国老龄化问题已经非常严重，截至 2014 年底，60 岁以上老年人口达到 2.12 亿，占总人口的 15.5%。但是，我国养老服务业发展相对滞后。他建议，一是鼓励金融机构通过信贷、股权、债权等多元化的方式，支持养老服务业发展；二是加强对健全养老产业体系的金融扶持；三是通过调整医疗保险政策，大力推进医养结合；四是继续创新，开发有利于提高民众养老水平的金融保险产品；五是积极培育信用担保体系。

7 月 20 日至 26 日，由民盟中央、南京大学、北京大学、台湾大学主办，澳门大学和北京师范大学珠海分校共同承办的第十一届“海峡两岸暨港澳地区大学校长联谊活动”在澳门、珠海两地举行。主席张宝文，副主席徐辉和两岸四地 30 所高校的 31 位现任校长及原任校长参加活动。21 日，在澳门大学举办了主题为“大学治理与综合改革”的论坛。论坛开幕式和校长研讨分别由南京大学校长陈骏和香港科技大学校长陈繁昌主持，澳门大学校长赵伟致欢迎辞。论坛上，北京大学校长林建华、台湾中央大学校长周景扬、香港城市大学校长郭位、澳门大学校长赵伟分别介绍了近年当地高等教育的发展情况。香港中文大学校长沈祖尧、台湾大学校长杨泮池、北京清华大学校长邱勇等也分别发言。活动期间，嘉宾和校长们考察了澳门大学横琴校区、珠海横琴商务区，参观了位于澳门的林则徐纪念馆和位于广东中山市的孙中山故居。校长们通过论坛交流和考察，加深了感情，为两岸四地大学建设和人才培养的合作奠定了扎实的基础。张宝文在总结活动时说：此次“海峡两岸暨港澳地区大学校长联谊活动”非常成功，每位校长的发言都给了我启发，大家对教育的真知灼见和拳拳之心，令我感动不已。他认为，尽管四地的大学有着体制、机制上的不同，但是要建成“世界一流”的大学，应该具备五个条件：一流的学生、一流的教师、一流的设备、一流的管理、一流的声望。他希望大学校长们可以通过联谊活动共商两岸高教发展的未来，为中华民族文化、教育的繁荣而努力，并祝愿“海峡两岸暨港澳地区大学校长联谊活动”越办越好，影响越来越大！在澳门期间，主席张宝文分别会见了澳门特区行政长官崔世安和澳门中联办主任李刚。

7 月 27 日，副主席徐辉出席首届四川民盟法治论坛。民盟四川省委主委赵振铣出席论坛。本届论坛以“深化改革与依法行政”为主题，邀请四川省政府法制办有关负责人和高校法学专家进行主题演讲。副主席徐辉强调，各级民盟组织要积极开展各类学习活动，使广大盟员和机关干部充分认识法治建设的重要性，主动以法治思维来思考问题，自觉将法治观念贯穿于参政议政、民主监督的全过程，要充分发挥联系广泛的优势，积极向各界人士广泛宣传法治建设的相关政策，做好正面引导，营造氛围，凝聚共识；要发挥人力智力优势，围绕依法治国工作的重点、难点问题，开展调研研究，反映社情民意，积极参与立法协商工作，力争提出一些具有前瞻性、战略性、操作性的意见建议，做依法治国的遵循者、参与者和推动者。

8 月 25 日，常务副主席陈晓光主持召开“我国高等教育改革与发展”座谈会。副主席、青海大学校长王光谦，民盟海南省委主委康耀红，民盟黑龙江省委主委、东北林业大学副校长赵雨森，民盟中央教育委员会主任、中国石油大学（北京）校长张来斌，民盟中央联络委员会主任、北京大学国际关系学院院长贾庆国，华东师范大学校长陈群参加座谈会。他们结合自身工作实际，就我国高等教育改革与发展问题发表了看法。副主席徐辉出席座谈会，并介绍了民盟中央开展“我国高等教育改革与发展”课题调研的设想。与会同志围绕一流大学建设、高等教育布局、提高人才培养质量、扩大高校自主权、加快西部地区高等教育发展和改革高校评价体系改革等进行了讨论，提出了意见建议。在听取各方意见后，陈晓光表示，与会专家畅所欲言，对我国高等教育发展取得的成绩给予了充分肯定；对存在的问题，也敞开来谈，建议非常中肯，启发很大。我国高等教育发展面临的问题，是在改革进程中产生的，也必须通过全面深化改革加以解决。民盟是以文化教育以及科技为主要界别的参政党，将继续关注我国教育事业发展，就促进我国高等教育改革与发展提出意见建议。受国务院领导同志委托，民盟中央从 8 月起开始就“我国高等教育改革与发展”问题举行系列座谈会。

8 月 30 日，主席张宝文、副主席徐辉、龙庄伟出席民盟中央“我国高等教育改革与发展”专家座谈会。中国教育学会原会长、北京师范大学终身教授、教育管理学院院长顾明远，中国高等教育学会会长、中国农业大学原党委书记瞿振元，中国科学院副院长、中国科学院大学校长、全国人大常委、民盟中央副主席丁仲礼，清华大学副校长谢维和，北京大学教育学院院长陈晓宇，北京大学教育学院原常务副院长陈学飞，国家教育咨询委员会委员、21 世纪教育研究院院长杨东平等盟内外专家参加座谈会。与会专家紧紧围绕我国高等教育强国建设、一流大学和一流学科建设、优化高校学科与专业结构、培养优秀创新创业人才、高等教育分类分层发展、高校内部治理现代化、地方高校服务社会经济、激发高校内生动力与活力等内容进行发言，就上述问题提出了意见和建议。张宝文高度评价与会专家的发言。他说，今天各位专家谈得非常深刻，围绕如何办好我国高等教育提出了很多建议，为民盟中央形成最终的调研报告提供了宝贵的素材。

9 月 5 日，副主席龙庄伟、葛剑平在内蒙古自治区阿拉善出席华北地区盟务工作会议暨第四届北方生态论坛。会议围绕“生态文明、绿色发展”主题，交流北方生态建设、绿色发展的理论研究、参政议政、社会服务成果，探索新形势下生态文明建设的理论导向和实践途径。副主席龙庄伟在致辞中对民盟内蒙古区委工作给予了充分肯定。他说，民盟内蒙古区委积极开展调研，为实现自治区绿色可持续发展做出了积极贡献。希望通过此次论坛，进一步拓宽民盟组织的履职渠道，提升民盟组织的履职能力，引导社会各界更加关注生态文明建设问题，自觉成为生态文明建设的倡导者、宣传者和践行者。副主席葛剑平作《关于“生态文明”的若干思考》主题报告。民盟内蒙古自治区主委董恒宇致辞，并作《生态产品的科学与哲学审视》主题报告。本次论坛共收录论文 46 篇，集中论述了有关京津冀发展生态经济、国家公园体系建设、丝路经济带协调推进等问题。民盟河北省委主委边发吉、宁夏区委主委安纯人、新疆区委主委陈旗，民盟中央社会服务部部长郭勇及北京、天津等民盟组织代表参加会议。与会人员还实地考察了阿拉善盟生态保护与沙草产业发展情况。

9 月 8 日，民盟中央“我国高等教育改革与发展”座谈会在江苏南京召开。主席张宝文，副主席徐辉，秘书长高拴平出席座谈会。民盟江苏省委主委曹卫星主持会议。副主席徐辉介绍了民盟中央此次高等教育改革与发展调研的背景。江苏省教育厅厅长沈健介绍江苏高等教育改革与发展总体情况。座谈会上，来自南京大学、东南大学、河海大学、南京农业大学、苏州大学等 10 所高校负责人结合工作实际，紧紧围绕高水平大学建设、高校人事制度改革、行业特色高校发展路径、健全大学内部治理体系、高校应用型人才培养、民办高校发展建设等议题，建言献策。主席张宝文仔细听取与会人员的发言，并不时与发言代表互动问答。他表示，江苏是高等教育大省，也是我国高等教育改革与发展的缩影。当前我国高等教育发展进入一个极为重要的战略机遇期，推动我国由人力资源大国向人力资源强国跨越、由高等教育大国向高等教育强国迈进显得尤为紧要和迫切。高等教育作为科技第一生产力和人才第一资源的重要结合点，其发展水平和质量决定着人才创新创造能力，决定着国家站在什么样的制高点上。高等教育要发展，不改革就没有出路，不触及深层次矛盾就难见成效。必须坚持改革创新，敢于突破思想观念和体制机制障碍，顺应全球高等教育发展新浪潮，以高等教育强国建设为目标，深化综合改革，加快发展步伐，促进高等教育由外延式扩张向质量提升的内涵式发展方向转变，为中国特色社会主义伟大事业提供强有力的人才保障和智力支撑。

9 月 9 日至 10 日，以“深化教育改革，推动民办教育发展”为主题的第三届民盟教育论坛在江苏省江阴市开幕。论坛由民盟中央教育委员会、民盟江苏省委主办，民盟无锡市委、中国民办教育研究院江苏分院协办，民盟江阴市委承办。主席张宝文出席开幕式并讲话，副主席徐辉作主旨报告，高拴平秘书长主持开幕式。张宝文指出，改革开放 30 多年来，在中共中央、国务院的大力推动和不懈努力下，我国民办教育从无到有，从小到大，取得了长足发展，已经成为教育事业的重要组成部分、教育发展的重要增长点和促进教育改革的重要力量，为促进经济社会发展做出了重要贡献。当前，我国民办教育机遇与挑战并存，本届教育论坛聚焦民办教育发展问题，适逢其时，要着重从以下方几个面思考对策：一是明确民办教育的重要地位和战略意义，扩大社会共识；二是健全民办教育法律法规体系，确立法制保障；三是完善政策支持体系，促进民办、公办教育共同发展；四是加快政府职能转变，落实民办学校的办学自主权；五是加强民办学校自身建设，切实规范办学行为。他希望与会专家结合自己的工作实践和研究成果，在论坛上畅所欲言，集思广益，为推动我国民办教育事业的科学发展建真言、献良策。江苏省副省长、民盟江苏省委主委曹卫星，宁夏自治区政协副主席、民盟宁夏区委主委安纯人出席开幕式。在苏期间，张宝文一行还考察了海澜集团、南菁中学等，并接见了基层盟员。在苏期间，江苏省领导李学勇、李小敏、赵鹏、王雪非等会见张宝文一行。

9月13日，民盟中央"我国高等教育改革与发展"座谈会在河南郑州举行。主席张宝文，民盟河南省委主委储亚平等参加座谈。座谈会上，郑州大学、河南大学、河南师范大学等7所高校负责人围绕优化高等教育结构、完善高校内部管理体系、提高高校办学自主权、突出高校办学特色、提高高校科研创新能力，尤其是如何合理布局高等教育资源、缩小中西部地区与发达省区高等教育发展差距等问题，发表看法。张宝文在讲话中指出，目前我国高等教育正进入一个极为重要的战略发展期，要清醒地看到，高等教育改革和发展还存在不少问题，与办好人民满意的教育还有一定差距。我们要认真贯彻习近平总书记在中央全面深化改革领导小组第十五次会议上关于高等教育改革和发展的重要讲话精神，以高等教育强国建设为目标，促进高等教育由外延式扩张向质量提升的内涵式发展转变，通过体制机制改革激发高校内生动力和活力，提升我国高等教育综合实力和国际竞争力，为中国特色社会主义伟大事业提供强有力的人才智力支撑。张宝文表示，民盟是以教育为主要界别特色的参政党，始终将教育作为参政履职、建言献策的重要领域。民盟中央会把与会人员的意见进行综合整理，充分吸纳，最后形成一份给国务院的政策建议，希望能为我国高等教育改革与发展尽一份绵薄之力。

9月17日，民盟中央"我国高等教育改革与发展"座谈会在重庆召开。主席张宝文，重庆市人大常委会主任张轩出席座谈会。会议由重庆市副市长、民盟重庆市委主委吴刚主持。座谈会上，重庆市教委主任周旭汇报了重庆高等教育改革与发展的总体情况。来自重庆大学、西南大学、四川外国语大学等8所高校负责人就高等教育改革与发展进行了交流发言。张宝文仔细听取了与会人员的发言后，对重庆高等教育近年来取得的成绩予以肯定。他说，重庆高等教育坚持"稳规模、调结构、育特色、提质量、强服务"的原则，以内涵发展为核心，以创新创业教育改革为抓手，这是在新时期新阶段根据重庆实际提出的正确的教育发展方向，必将为重庆经济社会发展提供更强大的人才支撑和智力支持。他表示，改革开放30多年来，我国高等教育取得了举世瞩目的成就，但也存在着诸如优质高等教育资源布局不均衡、大学办学自主权不足、高校行政化倾向比较严重等问题。他指出，发展高等教育对西部来讲尤其重要，下一步国家应贯彻教育公平和均衡发展的原则，有力支持西部加快发展高等教育，力争在西部形成一批有特色、高水平的高等学校，全面提升西部高等教育质量。进一步深化高等教育宏观管理改革，从扩大一流大学和一流学科建设着手，研究系统地扩大高校办学自主权问题，摸索学术规律，完善权力机制。同时，高等院校在办学时，学校定位要准确，学科建设要有特色，专业设置要符合社会需求，注重人才师资力量建设，努力减少趋同化。

10月18日至19日，副主席、民盟福建省委会主委郑兰荪，副主席张平在甘肃兰州出席由民盟甘肃省委、民盟福建省委联合主办的第二届"一带一路"文化与产业发展研讨会。中共甘肃省委常委、统战部部长王玺玉等出席开幕式，民盟甘肃省委会主委张世珍主持开幕式。本次研讨会以“创新驱动·产业对接”为主题。张平代表民盟中央对研讨会召开表示热烈祝贺。他指出，民盟作为致力于中国特色社会主义事业的参政党，把服务“一带一路”作为重大战略任务，全盟各级组织在深入研究新举措，保持传统领域和优势的同时，进一步整合资源、彰显特色，把履职重点更多地聚焦到推动“一带一路”建设方面。他希望研讨会在文化交流的基础上进一步挖掘两地之间合作潜力，以“一带一路”战略规划为指导，探讨建立两省的政策沟通和协调机制，明确定位，实现和创新各生产要素的优化配置，推动区域协调发展、优化区域发展格局。开幕式后，著名经济学家马光远，香港城市大学原校长张信刚教授作主旨演讲。本次研讨会共收到47篇论文。来自甘肃、福建两省民盟组织、专家和学者、企业家代表及政府相关部门负责人等200多人参加研讨会。

12月3日，主席张宝文出席由民盟北京大学委员会、民盟清华大学委员会和民盟北京大学医学部委员会主办的“第十届民盟高教论坛”。张宝文在致辞中指出，“民盟高教论坛”自创办以来，至今已经连续举办了十届。历届论坛主题鲜明，从“大学精神”“大学创新”“大学之道”到本届的“大学之策”，紧紧围绕高等教育改革发展的话题，突出体现了民盟的教育界别优势，体现了民盟人“奔走国是，关注民生”的爱国情怀。张宝文表示，当前，我国高等教育正站在一个新的历史起点上，要加快从高等教育大国向高等教育强国迈进，这是我国经济社会发展进入新常态的必然要求，是应对愈发激烈的国际竞争、进一步增强国家软实力的迫切需要，是解决我国高等教育发展瓶颈问题、进一步提升整体水平的现实选择，是实现国家中长期发展目标的战略举措。与会盟员专家分别围绕“中国教育大战略的一点思考”“高校学科评估的思考与建议”“大学之策——学术研究之策”“高校基础研究与一流大学和一流学科建设”等问题进行了深入研讨。副主席、民盟北京市委主委葛剑平，以及民盟北京大学、清华大学、北京大学医学部等单位负责同志和百余名盟员教师参加论坛。

12月22日，民盟第六届民生论坛在北京举行。论坛主题为：“十三五”民生面临的挑战与应对。副主席徐辉出席开幕式并致辞。徐辉指出，改革开放30多年来，我国经济社会的发展取得了举世瞩目的巨大成就，社会事业也有了长足的发展。但我国贫富差距过大、住房难、看病难、养老难、教育公平、环境污染等问题依然存在。此次论坛的目的是在总结“十二五”期间民生事业发展的基础上，全面探讨“十三五”期间民生面临的挑战，寻求持续改善民生的应对之策。徐辉表示，“奔走国是、关注民生”是民盟的优良传统。在“十二五”期间，民盟中央每年都把民生问题作为参政议政的重点，取得了多项重要成果，为国家的改革提供了有价值的决策参考。徐辉说，中共十八届五中全会提出了“十三五”国家发展规划的建议稿，描绘了未来五年间民生事业发展的蓝图，相信在共享发展理念的指导下，伴随各项民生政策的不断完善，我国民生事业的发展将在“十三五”期间达到新的历史高度，并成为全面建成小康社会的主体性标志。希望各位盟员在此次论坛上畅所欲言、相互交流、深入研讨，为全面建成小康社会贡献聪明才智，为我国民生事业的建设和发展建睿智之言、献务实之策。论坛上，中国人民大学教授郑功成、国家行政学院教授丁元竹、国家统计局副局长贾楠、上海社会科学院研究员马驰分别作主旨报告。相关领域专家学者、民盟中央机关各部门负责人以及民盟各级组织代表近百人出席论坛。

三、社会服务

一年来，民盟中央坚持发挥优势、突出重点、量力而行、讲求实效、持之以恒的方针，社会服务工作在巩固传统特色优势的基础上取得了新的进展。

（一）新农村建设持续推进

1.“盟遂合作”谱写新篇章

民盟中央积极协调，致函水利部，继去年投资 38 亿元的遂宁市武引蓬船灌区二期工程立项，今年又支持遂宁市安居区萝卜园水库项目成功立项，工程总投资 2 亿元，现中央到位资金 7200 万。目前，工程完成招标工作，已开工建设。

2. 整合资源，进一步参与毕节试验区建设

1 月 12 日，副主席龙庄伟会见来访的毕节市人大常委会党组书记、市政府副市长吴安玉，市委常委、七星关区委书记宫晓农一行。龙庄伟对吴安玉书记一行的到来表示热情欢迎，他说，毕节试验区在刚刚过去的一年里，在经济社会发展等方面都取得了新的成就。民盟中央对毕节试验区的建设发展一直予以高度重视并积极参与。民盟中央将继续发挥所长，整合各方资源，形成合力，在协助推进毕节试验区新农村建设、改善民生、协调争取惠民项目和资金支持等方面献计出力，以进一步推动毕节试验区更好更快地实现跨越发展。

7 月 9 日，主席张宝文、副主席张平会见来访的毕节市委常委、七星关区区委书记宫晓农一行。主席张宝文对宫晓农书记一行到来表示热烈欢迎。他说，民盟中央对帮扶单位七星关区的建设和发展高度重视，近些年来，我们充分发挥在文化、教育、科技等领域的人才、智力优势，在科技兴农、教育扶贫、项目引进等方面为七星关区做了一些力所能及的工作，取得了良好的效果。今后，民盟中央将继续发挥优势特色，整合资源，集智汇力，在推进七星关区新农村建设、生态建设、民生改善等方面献计献策，为协助七星关区早日实现科学发展、同步小康贡献力量。

8 月 18 日，副主席龙庄伟会见来访的毕节市政府副市长、民盟贵州省委副主委冉霞，七星关区委副书记、区长胡敬斌一行。龙庄伟对冉霞副市长一行的到来表示热情欢迎，他说，历任民盟中央领导对毕节一直都很关注，多次亲赴毕节调研考察，为毕节经济社会发展出主意，想办法。今后，民盟中央也会一如既往地积极开展对毕节地区的教育帮扶工作，以东部十省市民盟组织参与毕节建设为主，以智力帮扶为主，进一步发挥民盟的智力和人才优势，为毕节多做实事、多做好事。同时，他还勉励大家说，帮扶工作不可能一蹴而就，需要长期努力才能做出成效。

9 月 12 日，“守底线、走新路、奔小康——同心同行·民盟在行动”活动仪式在贵州省安顺市举行。副主席龙庄伟出席并讲话。龙庄伟说，自上世纪 80 年代，民盟中央就动员全盟力量，以毕节、黔西南、安顺三个实验区为抓手，充分发挥自身智力优势，在扶

贫开发、生态建设、民生改善等方面做了大量卓有成效的工作，极大地推动了帮扶地区的经济社会发展。他要求，今后民盟参与贵州帮扶工作必须以习近平总书记重要指示精神为引领，进一步发挥优势，整合资源，推动民盟参与贵州扶贫工作不断取得新的进步。对今后的工作，他提出三点意见：一是紧守底线，推进经济发展与生态建设和谐共进。二是要深化改革，探索具有贵州特色的发展新路。三是要着眼民生，全面推进同步实现小康。民盟组织愿意继续发挥在教育、卫生等民生领域的人才优势，帮助帮扶地区进一步提升教育、卫生等民生事业的发展。会上，民盟青岛市委与民盟安顺市委、民盟上海杨浦区委与民盟遵义市委签署了友好合作协议。企业向贵州 81 个县捐赠款物折合人民币 6688 万元。

11 月，民盟中央筹集资金 100 万元用于支持毕节新农村建设项目实施。其中，50 万元用于毕节七星关区长春堡镇雄嘎苗寨羊肚菌基地建设，30 万元用于甘堰村基础设施建设，20 万元为盟员企业家捐款用于七星关区“青岛道安烛光图书室”建设。

12 月 13 日，“暖梦行动·温馨黔行”活动捐赠仪式在贵阳举行，副主席龙庄伟出席并讲话。龙庄伟在讲话中表示，民盟“暖梦行动”活动，旨在鼓励爱心企业和社会团体用善举弘扬中华民族扶贫济困的传统美德和社会互助精神，通过为贫困地区送去实实在在的温暖，向社会传递爱的正能量。并希望这样的爱心活动能形成带动效应，吸引更多有责任心的企业和爱心人士投入到扶贫救困这项公益事业中来。捐赠仪式上，章如庚慈善基金会向贵州毕节市、黔西南州等地捐赠 1000 万元，用于贫困山区中小学图书室建设。上海热丽科技集团有限公司向贵州民族大学图书馆、贵阳市乌当区山水玫瑰老年公寓、毕节市七星关区农村贫困家庭捐赠 320 套远红外取暖设备。此次活动是继 2014 年“暖梦行动·温馨黔行”活动后第二次走进贵州。

3. 参与黔西南州“星火计划、科技扶贫”工作

2 月 9 日，副主席龙庄伟同前来拜访的贵州黔西南州政协主席龙刚一行进行了会谈。副主席龙庄伟说，黔西南试验区是民盟中央社会服务工作非常关注的一个点。民盟是以中高级知识分子为主要成员的民主党派，我们非常愿意利用我们的智力优势积极参与试验区的帮扶工作，实打实地做一些促进试验区又好又快、更好更快发展的具体工作，同时我们会尽己所能积极帮助试验区争取国家有关部门的项目和资金支持。双方还就互派干部开展挂职锻炼达成了共识，并一致同意将尽快落实该项工作。

3 月 28 日至 4 月 1 日，副主席龙庄伟出席第三届“中国美丽乡村　万峰林峰会”，并深入贵州省黔西南州兴义、晴隆、贞丰、安龙等县市调研。先后实地考察了“晴隆模式”“顶坛模式”，以及兴义市则戎乡冷洞村金银花产业、安龙县安龙现代高效农业、新农村建设情况，并对兴义民族师范学院建设等进行了调研，对黔西南州经济社会发展取得的成绩和各项工作给予充分肯定。

3 月 29 日，民盟中央“微天使工程”“天行健”公益捐赠仪式在贵州兴义市举行。副主席龙庄伟表示，民盟作为黔西南“星火计划、科技扶贫”试验区联合推动组和扶持黔西南州经济社会发展的党派之一，将充分发挥在教育、卫生、人员培训等方面人才的优势帮助和支持黔西南加快发展。捐赠仪式上，由中国西部研究与发展促进会代表“微天使工程”捐助 2000 万元，帮助兴仁县医院创建肿瘤微创治疗示范医院；北京天行健医疗

科技有限公司向黔西南州各区县捐赠脑卒中康复治疗设备 18 套，总价值 684 万元。

5 月 19 日，“中国美丽乡村　万峰林峰会”万峰林大讲堂旅游商品讲座在兴义举行，民盟中央社会服务部协调，邀请了中国旅游协会旅游商品与装备分会理事马小申，民盟中央文化委员会委员、北京工业大学副教授刘洋作专题讲座。他们结合黔西南实际，提出黔西南要树立打造黔西南旅游商品品牌，树立黔西南旅游视觉系统，深入挖掘本土资源、突出地方特色，做好旅游商品开发、生产和销售，让旅游商品成为传播黔西南文化、推广黔西南、推广贵州的“名片”。

7 月 13 日，第三届“中国美丽乡村・万峰林峰会”系列活动之民盟中央赴黔西南州开展校长培训开班仪式在兴义举行。民盟中央“烛光行动”近年来连续在黔西南举办了“新东方教师社会责任行”“京津名师牵手黔西南”等多次教育帮扶活动。此次校长培训班，民盟中央社会服务部邀请了民盟中央常委、北京四中校长刘长铭，民盟中央委员、北京教育学院副院长钟祖荣教授，民盟中央委员、天津二十中学张永泉校长等多名国内外著名专家为来自全州的 460 余名中小学校长讲学传经。

11 月 14 日，由民盟中央联合增爱公益基金会主办的“民盟增爱义诊行黔西南站 2015 年名医大讲堂西部医生培训”在兴义开班，从北京远道而来的资深医疗专家一行，对黔西南州医疗卫生系统医护人员及黔西南职业技术学院医药系、护理系的在校学生进行了专题培训。

4. 参与甘肃定西、河北广宗新农村建设工作

2 月 2 日，副主席龙庄伟亲切会见了来访的中共定西市委书记张令平，市委副书记、市长唐晓明一行。龙庄伟对张令平书记一行表示热情欢迎。他说，定西是民盟中央的扶贫联系点，帮助定西人民早日实现整体脱贫是我们应担的责任。我们会充分发挥渠道畅通的组织优势，尽心尽力地做好与有关部门的协调沟通工作，积极反映你们的呼声，尽可能地争取获得项目支持，同时他建议定西结合自身的资源条件和优势，在进一步提高马铃薯的产量、大力发展马铃薯深加工产业方面先行一步，多做些工作，以实际行动来积极响应、落实农业部提出的“推进马铃薯主粮化、主食化，使马铃薯逐渐成为我国第四大主粮作物”的发展战略。

7 月 4 日至 5 日，民盟中央组织北京教育学院、北京第 101 中学、北京第 14 中学、北京广渠门中学等学校的 5 位专家、校长和名师来广宗进行教育培训。培训共分三个会场，举办了 5 场培训会。广宗县教育局、全县中小学校长、业务校长和教师代表共计 600 余人参加了培训。

8 月 7 日，中国农业大学校长柯炳生一行 14 人到广宗考察中国农大河北广宗教授工作站。中国农大河北广宗教授工作站是在民盟中央以及中国农业大学新农村发展研究院、党委统战部大力支持下，由民盟中国农业大学委员会盟员教授发起的工作组织，该工作站于 2014 年 7 月 1 日正式成立，是目前我国唯一一个由民主党派基层组织作为工作团队的教授工作站。

除积极推进定点帮扶地区的工作外，10 月 23 日，副主席龙庄伟出席民盟芦山地震灾后重建项目竣工仪式暨大川镇民盟卫生院落成典礼，并为大川镇民盟卫生院授牌。2013 年“4・20”芦山强烈地震后，民盟中央迅速发出倡议，号召全盟积极捐款捐物，奉献爱心，帮助灾区人民度过难关。经与当地有关部门协调，决定将善款用于芦山县大川镇民盟卫

生院、荥经县天凤乡民盟卫生院等九个项目。经过两年多的努力，目前8个项目已经竣工，其中7个项目已投入使用。民盟中央协调章如庚慈善基金会自明年起，5年内将向内蒙古中小学捐赠价值1000万元的图书、书柜，用于支持内蒙古贫困山区的中、小学图书室建设。

（二）发挥优势，深化拓展“农村教育烛光行动”

8月份，针对毕节基础教育薄弱的现状，民盟中央分别与毕节七星关区、双山新区签订了“同心助学”行动战略协议书。10月8日至11日，民盟中央社会服务部根据《统一战线精准帮扶毕节试验区同心助学行动计划（2015—2018年）》，赴七星关区和双山新区开展“同心助学”调研活动，深入了解受帮扶学校的情况和需求，促进民盟各级组织有针对性地开展帮扶活动。11月11日至13日，民盟中央及东部十省市民盟组织赴毕节试验区开展“同心助学”活动，东部十省市民盟组织与当地15所学校结成对口帮扶关系，深入开展全方位、多层次的助学活动。

2015年是“烛光行动—新东方教师社会责任行”的第八个年头。今年“烛光行动—新东方教师社会责任行”活动先后在云南、河北、贵州、辽宁、甘肃、四川、重庆等7个省市展开，共培训当地中小学英语教师1800名，助力农村、贫困地区的教育发展。8月19日，由民盟中央和新东方教育科技集团主办的2015“烛光行动—新东方教师社会责任行”启动仪式在辽宁省铁岭市西丰县教师进修学校举行。

盟中央继续协调北京四中网校向天津、长沙、广州、成都等地区捐赠教学资源，价值3000余万元，受赠学校49所，培训中小学教师7000余人。

（三）整合资源，全面实施“黄丝带帮教行动”

作为民盟社会服务工作的重要品牌，“黄丝带帮教行动”是民盟参与建设社会主义法治国家、构建社会主义和谐社会的具体举措。

2月5日，副主席龙庄伟带队，组织盟员医疗专家赴延庆监狱开展“黄丝带”帮教工作，为监狱干警及家属义诊。

5月27日，民盟天津市委会与天津市文化广播影视局联合举办的“讲文明、树新风、共圆梦”天津泥人张彩塑作品进大墙展览活动在天津滨海监狱开幕，副主席龙庄伟出席并讲话。龙庄伟指出，在当前形势下，民盟配合司法行政部门开展“黄丝带”帮教工作更加具有现实意义。这不仅是民盟继承传统、自觉履行参政党职能的具体实践，也是民盟作为参政党对中共十八大“在改善民生和创新管理中加强社会建设”号召的积极响应和努力探索，是民盟对构建社会主义和谐社会所做出的具体贡献。“黄丝带”帮教工作作为一项政策性、技巧性都很强的工作，在工作过程中我们必须把握好角色定位和政策边界，在司法部门的指导和帮助下开展工作，坚持有所为有所不为，充分发挥自身的优势特色，从文化帮教、健康关怀、技能培训等方面入手，为司法部门的教育转化工作搭把手、出点力。民盟天津市委此次活动，正是充分发挥了天津民盟组织在文化艺术方面的人才优势，将泥人张雕塑这一群众喜闻乐见的艺术形式引入到帮教工作中来，不仅是对“黄丝带”帮教工作的一次工作创新，也必定可以丰富在押人员文化生活，在陶冶情操、帮助教育转化方面起到积极的辅助推动作用。龙庄伟表示，民盟中央将进一步推进“黄丝带”帮教工作在全盟的深入开展，将“黄丝带”帮教工作打造成为民盟社会服务工作新品牌。

12 月 16 日，副主席龙庄伟出席民盟安徽省委、省司法厅在合肥监狱举办的黄丝带帮教行动“十百千万”项目推进仪式。为做好新形势下特殊人群服务管理和教育帮扶工作，提升黄丝带帮教效果，民盟安徽省委和安徽省司法厅决定 2015—2016 年两年内，组织实施黄丝带帮教行动“十百千万”项目，即在监所举办十场就业推介会、挂牌建立一百个黄丝带帮教基地和举办一百场专家巡回演讲、走访一千名特殊人员家庭、开展一万人次志愿者服务，通过细化项目实施，深入推进黄丝带帮教行动，提高黄丝带帮教实效。

（四）社区工作在探索中不断深入

一年来，一些有条件的民盟组织继续探索民盟参与社会管理创新、多方位服务社区的新模式，产生了良好的社会反响。

7 月 27 日，副主席龙庄伟到哈尔滨林园社区实地考察民盟黑龙江省委的社区服务工作。龙庄伟先后考察民盟黑龙江省委社区慈善超市和居民文化活动中心，详细了解了超市的资金筹集、日常运营情况以及有关保障制度，并看望了在居民文化活动中心进行书画、艺术指导的盟员专家。龙庄伟表示民盟参与城市社区建设工作，要充分发挥自身优势，找准工作切入点，多做一些可持续、帮助群众解决实际困难的事情，让民盟组织社区建设工作能够真正扎根基层，服务群众。民盟黑龙江省委的社区服务工作已经做出了很好的探索，希望民盟黑龙江省委再接再厉，不断加强工作创新，为民盟社区服务工作积累更多更好的经验。

12 月 4 日，民盟中央“社区服务示范点”授牌仪式和民盟山东省委“社区服务示范基地”揭牌仪式在青岛举行，副主席龙庄伟出席成立仪式并讲话。龙庄伟在讲话中指出，民盟作为以科教界高中级知识分子为主的参政党，一直以来秉承“奔走国是，关注民生”的历史传统，充分发挥自身优势，围绕改革、发展、稳定大局和人民群众关心的热点难点问题，积极建言献策，努力服务社会。在民盟中央的号召下，各地民盟组织结合所在城市的实际在参与城市社区建设方面，进行了大胆的尝试和积极探索，并且取得了良好的成效。龙庄伟表示，民盟青岛市委的同心社区服务站，作为社区服务的综合体，通过为社区提供常态化个性化的服务，打造了民主党派基层组织参与公共服务的平台，利用党派资源对公共服务资源提供了更多有益的补充。“同心社区服务站”这一崭新的工作形式，充分发挥了民主党派的智力资源优势和政治渠道优势，实现了参政议政和社会服务的紧密结合，为民主党派基层组织履行参政党职能，服务社会建设拓展了新的途径，为推进社会管理体制创新、社会主义和谐社会建设做出了新的贡献，为进一步巩固和完善中国共产党领导的多党合作和政治协商制度进行了新的尝试。

（五）聚焦民生，着力打造社会服务工作新品牌

在做好做强已有社会服务品牌的基础上，社会服务部以“服务社会，关注民生”为宗旨，不断整合盟内外资源，创新工作思路，全力打造新的社会服务品牌。

1. 启动微天使工程

3 月 17 日，由民盟中央社会服务部、中国西部研究与发展促进会社会扶贫工作委员

会、中国肿瘤微创治疗技术创新战略联盟联合主办的“微天使工程”启动仪式在北京举行，主席张宝文、副主席龙庄伟出席启动仪式。“微天使工程”2015年将创建2个肿瘤微创治疗示范中心、21个肿瘤微创治疗示范医院。启动仪式上，民盟中央社会服务部等四方现场签订了合作协议，每个示范医院（中心）将获得2000万元以上的资金支持。龙庄伟在启动仪式上讲话，指出要科学规划、严格管理，确保资金使用的安全高效；加强技术培训，不断强化“微天使工程”的技术基础；加强沟通协调，不断强化工作机制建设，从而确保“微天使工程”能够真正取得实效。来自全国12个省、市、自治区共23个肿瘤微创治疗技术示范中心和示范医院分管医疗工作的县、区领导、卫生局局长及医院院长，以及部分民盟地方组织的同志参加了启动仪式。

8月15日，副主席龙庄伟出席“微天使工程”重庆垫江县人民医院援助项目签约仪式。龙庄伟向垫江县人民政府授予“微天使工程”援助牌。垫江县人民医院是“微天使工程”首家启动的示范医院项目。“微天使工程”此次采取援助资金、贴息贷款的方法对垫江县人民医院予以支持，这将极大解决该医院在设备采购与基础建设资金紧缺的状况。后期，“微天使工程”将重点加强对医院医护人员的培训工作，推动医院学科建设与医护人员技术能力的全面提升。

2.“民盟名医大讲堂”“民盟增爱义诊”活动

民盟中央携手增爱公益基金会等社会爱心组织，动员盟员专家赴“一带一路”地区奉献爱心，先后在四川遂宁、贵州黔西南、云南腾冲、甘肃古浪、西藏山南等地开展“民盟名医大讲堂”“民盟增爱义诊”活动，累计组织盟员医疗专家90余人次，培训医护人员2460人次，义诊病患5600人次，捐赠药品、医疗设备总价值203.5万元，减轻了贫困家庭病患就医负担，提高了当地医院的诊疗水平，树立了民盟的良好形象。

4月18日，“民盟名医大讲堂”在贵阳举行开讲仪式，龙庄伟副主席出席开讲仪式。

10月22日，“民盟名医大讲堂”成都站启动仪式在成都市举行，副主席龙庄伟出席会议并讲话。龙庄伟首先代表民盟中央向中共四川省委、省政府、省卫计委对“民盟名医大讲堂”活动的大力支持表示感谢。他详细介绍了“民盟名医大讲堂”系列活动的目的、意义和开展情况。他指出，民盟中央将医疗帮扶作为关注民生的工作抓手，通过“明眸工程”“健康心动万里行”“民盟名医大讲堂”等形式，为盟内外广大医务工作者搭建了一个分享先进医疗技术平台，提升帮扶地区医院的综合服务能力和自我发展能力，使群众可以就近享受到我国卫生事业发展的成果。他希望社会各界朋友能够继续关注、关心“民盟名医大讲堂”活动，共同推动先进医疗技术的普及，为我国卫生事业发展和人民健康水平提高做出实实在在的贡献。

5月8至9日，由民盟中央、增爱公益基金会主办的“民盟增爱义诊”云南行活动分别在云南省腾冲县人民医院和保山市第二人民医院举行。来自北京大学人民医院、中日友好医院、北京协和医院、北京安贞医院等9个大医院的11位中西医知名专家，共接待患者1000余名。

9月19日，“民盟增爱义诊”湘西行活动在湖南省张家界市人民医院举行。参加此次义诊的是来自北京大学人民医院、上海中医药大学附属曙光医院、北京大学肿瘤医院、北大医院等7个医院的10位中西医知名专家。专家们仔细询问病情、耐心讲解，认真处方，在中心医院和东区医院两场义诊共接待患者238名。启动仪式上，天行健医疗器械有限公司向张家界市人民医院捐赠总价值114万元的医疗器械。

10月24日，“民盟增爱义诊”活动在四川省遂宁市中医院举行。来自北京协和医院、北京医院、中日友好医院等8个医院的11位中西医方面全国知名专家，为遂宁广大市民进行免费义诊，共为880余名患者进行了诊治。下午，专题讲座和查房活动同时进行。专家们深入医院临床科室进行查房，就学科建设进行交流，针对疑难病例进行分析讨论和指导。

12月11日，“民盟名医大讲堂”“民盟增爱义诊”活动在重庆市彭水县人民医院举行。来自北京大学肿瘤医院、北京医院、北京宣武医院等8家三甲医院的9位名医，为彭水县广大群众进行免费义诊。

3.“健康呼吸万里行”“明眸工程”活动

7月9日，“健康呼吸万里行”吉林站活动在吉林省白山市正式启动。常务副主席陈晓光，副主席龙庄伟出席启动仪式。在活动启动仪式上，陈晓光亲自为“健康呼吸万里行吉林站”活动揭牌，并和与会领导一起向患者代表赠送了药品和制氧机。龙庄伟在讲话中指出，“健康呼吸万里行”活动作为一项医疗帮扶活动，在带给患者健康的同时，也可以为患者家庭扫除发展道路上的包袱，减少因病致贫，因病返贫的现象，为患者及其家庭带去幸福安康。“健康呼吸万里行”活动作为民盟中央社会服务工作的一项重要内容，是民盟组织继承传统，发挥优势，积极践行社会主义核心价值观，为推动全面建成小康社会伟大事业所做出的具体实践。希望参与活动的专家以济世为怀，德医并举，全力帮助受助患者解除病痛，甩掉包袱，也希望社会各界爱心力量继续关心帮助困难群众，共同促进社会和谐公平。此次活动向吉林贫困肺病患者捐赠价值40万元的药品和家用制氧机。

11月19日，“爱心温州·善行天下·明眸工程走进闽西”暨“瑞之路万千眼镜·爱心助学在行动”在福建省龙岩市正式启动，副主席龙庄伟出席启动仪式并讲话。龙庄伟在讲话中指出，经过5年多的发展，此次“明眸工程”龙岩站活动的参与力量不仅有温州的老朋友，也有像厦门“瑞之路”这样的新力量，衍生出了“万千眼镜·爱心助学工程”这样的新活动，充分说明“善行天下”精神已经走出温州，为越来越多人所认同。“明眸工程”作为一个平台，将政府、民主党派、慈善组织、专业机构等各方面力量整合起来，共同参与公共服务和公共管理，有效推动帮扶地区的民生改善和社会和谐，这是创新社会管理体制的一种探索实践。希望大家继续关心支持、积极参与，为我国贫困地区的眼视光健康水平和民生事业改善做出更大贡献。启动仪式上，温州市慈善总会、蜘蛛王集团、北京海润创业科技有限公司、厦门瑞之路公司分别向龙岩市各有关方面捐赠了40万元善款、50枚进口折叠晶体以及价值1000万元PC眼镜。

四、自身建设

（一）思想理论建设

2月3日，民盟中央文化艺术研究院成立大会在北京隆重召开。来自全国各地80余位文化艺术领域的盟员专家、学者等齐聚一堂，共议民盟的文化工作。主席张宝文、常务副主席陈晓光、副主席张平等出席开幕会。开幕会由秘书长高拴平主持。主席张宝文在成立大会上讲话时说，民盟是主要由文化、教育、科技界中高级知识分子组成的参政党，为社会主义文化建设服务是民盟在新时期的一项重要任务。民盟历史上众多老一辈文化名家，如梁漱溟、任继愈、刘开渠、季羡林、朱光潜、冯友兰、张岱年、周有光、徐铸成、张伯驹、萧乾……他们在各自从事的领域努力耕耘，为中国的人文社会发展做出了贡献。他指出，民盟中央文化艺术研究院是一个开放性、跨学科的文化艺术研究机构，以民盟在文化艺术界的代表性人士为主体，是民盟服务于社会主义文化建设的思想库和智囊团。民盟中央文化艺术研究院要以研究、保护、传承、弘扬中华民族优秀文化为主要任务，以科学、文化、艺术的真、善、美为最高追求，以知识分子的"文化自觉"为内在动力，以国家民族的"文化自信"为信念支撑，团结民盟在文化界的力量，为培育和弘扬社会主义核心价值观，为发展繁荣社会主义文化事业、建设社会主义文化强国贡献智慧和力量。民盟中央文化艺术研究院聘请张宝文、陈晓光为名誉院长，范曾、梁晓声为顾问，张平为院长，边发吉、吴为山、吴志实为执行院长，万捷等 16 人为副院长，刁道胜等 110 人为理事。民盟中央副主席、文化艺术研究院院长张平作了闭幕总结。他希望广大文化艺术界盟员把激情和才华投入到民盟文化事业发展中去，为民盟更好地履行参政党职能，为弘扬中华优秀文化、实现中华民族伟大复兴中国梦献计出力。

2 月 7 日，主席张宝文带领民盟艺术家们到门头沟区斋堂镇马兰村开展送文化下乡活动，举办"中国民主同盟与门头沟区马栏村新春联欢会"。与京郊农民共迎新春佳节，丰富节前农民群众的文化生活。副主席张平，中共北京市委常委、市人大副主任、统战部部长牛有成，副主席、民盟北京市委主委葛剑平及中共门头沟区委副书记、区长张贵林等一同参加活动。张平在新春联欢会上致辞，向马栏村村民致以节日的问候和新春的祝福！他指出，民盟是以文化、教育以及科技为主要界别的参政党，"奔走国是，关注民生"是民盟的优良传统。2014 以来，民盟北京市委积极开展各民主党派重点支持门头沟区发展暨"8+1"行动，民盟的文化设计专家多次来到马栏村，在新农村建设、乡村旅游、环境规划、民居改造设计等方面做了大量工作，成功举办了"设计走进美丽乡村"现场会和成果展，马栏村已经成为"民盟新农村建设实践基地"。他希望民盟北京市委在今后的工作中，根据门头沟区发展需求，集中各方力量，积极开展医疗卫生、教育烛光行动、社区服务等活动，实实在在地为门头沟区发展做实事、做好事。民盟的艺术家们与斋堂镇马栏村村民同台歌舞，喜迎新春佳节，受到当地农民的欢迎。

2 月 10 日，副主席张平、葛剑平带领民盟书法家在怀柔区长哨营乡长哨营村文化活动中心开展"文化下基层"活动，为基层百姓书写对联，送去新春祝福。张平向长哨营村民致以节日的祝福和新春的问候。九位盟员书法家现场挥毫泼墨，一丝不苟，短短的两个小时，书法家们书写了三百多副对联，为即将到来的新春佳节增添了喜庆气氛。本次活动由民盟中央美术院和民盟北京市委联合举办，民盟中央宣传部长吴志实等参加活动。

3 月 18 日，民盟中央高校盟员座谈会在民盟中央机关举行。副主席张平出席并讲话。张平在讲话中说，当前高校文化呈现多元发展的态势，也催生出了思想和价值观的多元化，而反腐败斗争等社会热点问题，也引发了媒体和社会的大讨论，各种观点层出不穷。因此，当前形势下如何正确把握高校盟员的思想动态，是做好宣传思想工作的重点和难点。希望大家结合各自工作实际，畅所欲言，提出宝贵的意见和建议。来自北京大学、清华大学、中国人民大学等高校的盟员代表出席座谈会。大家围绕如何判断和分析当前高校盟员整体思想态势进行了深入热烈的研讨，就当前一些社会热点问题、信息技术在宣传工作中的作用，以及高校思想宣传工作面临的问题等做了精彩的阐述。

4月10日至14日，为繁荣贵州毕节文化事业，改善贫困山区学生学习条件，民盟中央美术院应邀组织部分知名画家赴毕节市七星关区，开展文化调研暨慈善采风捐助活动。副主席张平率队出席活动，张平一行考察了七星关区长春堡镇干堰村新农村建设、民盟毕节市委思想建设和宣传工作，在长春堡中学举行了民盟中央美术院赴七星关区采风暨捐赠仪式，参观了毕节试验区建设成果展，举行了民盟中央美术院与七星关区书画交流会，并召开民盟中央支持七星关区建设座谈会。在座谈会上，张平对七星关区经济社会发展取得的成绩给与充分肯定。他指出，民盟中央将加大与国家有关部委的沟通协调力度，争取更多的项目支持，加快推进文化、旅游等产业规划，加大公路、学校等民生项目建设，深入推进石漠化治理、退耕还林项目实施，避免水土流失，保住青山绿水，为七星关区经济社会发展贡献力量。毕节市委书记陈志刚、市委副书记、市长陈昌旭，市委常委、七星关区委书记宫晓农，市人民政府副市长、民盟贵州省委副主委冉霞等陪同调研。期间，张平还走访了民盟毕节市委机关并与机关干部亲切交流。民盟中央宣传部部长吴志实及民盟中央美术院部分艺术家参加活动。

4月17日至19日，副主席张平率队赴河南开展文化调研，听取了民盟河南省委近年来思想宣传工作汇报及河南民盟书画院工作情况的汇报，了解了盟员主创话剧《焦裕禄》筹备进展情况。座谈会上，张平对河南盟省委的思想宣传工作给予充分肯定，特别是对河南近年来坚持开展的“放歌中原”“墨韵中原”系列品牌文化活动给予了高度评价，勉励河南的盟员艺术家要深入群众、潜心创作，推出更多的精品力作。张平指出，党的好干部焦裕禄的事迹已经深入人心，此次创作话剧《焦裕禄》是以新的艺术形式再现人民好公仆的形象，希望主创人员能够深入挖掘素材，真实还原人物，克服各种困难，精心创作排练，力争作品能够感动观众、感染观众，得到观众认可。张平表示，“盟史题材美术作品展”是民盟中央今年的重点工作，民盟河南省委对这项工作高度重视，部署及时，组织充分，初选出不少高水准的作品参展，值得肯定和赞赏。他希望河南盟员美术家抖擞精神，创做出更多的艺术精品。调研期间，张平一行还考察了洛阳文化产业发展和文化遗产保护情况。民盟河南省委主委储亚平出席座谈会，民盟中央美术院部分书画家陪同调研。

7月2日，副主席、《群言》编委会主任张平出席群言理事暨通讯员会议。张平代表民盟中央及群言杂志社全体工作人员对理事及通讯员一年以来对群言杂志社工作的支持表示感谢。他指出，群言杂志社为提升刊物质量和发行水平做出了一系列卓有成效的努力，并取得了很好的成绩，这有赖各位理事和通讯员的积极参与。张平强调，加强民盟思想建设，是认真学习贯彻中央统战工作会议和《中国共产党统一战线工作条例（试行）》精神的必然要求和重要举措，是在盟内正确处理一致性和多样性、形成最大同心圆的客观需要和重要保障，是适应时代变化、应对互联网发展带来的新机遇新挑战的迫切要求和有力回应。当前，要以认真学习贯彻中央统战工作会议精神为重点，牢牢把握“坚持和发展中国特色社会主义学习实践活动”这一主线，再掀一轮学习实践活动的新高潮。要将互联网思维全面贯穿民盟思想教育和宣传工作，坚持深入做好盟员思想状况调研，扎实推进盟史宣传，积极加强“盟员之家”建设，努力开创民盟思想建设新局面。会议讨论并通过了《群言杂志社理事会章程（草案）》。张平为部分理事颁发了聘书。

7 月 18 日，由民盟中央和中国美术馆共同主办的“继往开来——中国民主同盟盟员美术作品展”在中国美术馆隆重开幕。主席张宝文出席开幕式并宣布美术作品展开幕，常务副主席陈晓光出席开幕式，副主席张平代表民盟中央致辞。中国美术馆馆长、民盟中央文化委员会主任吴为山主持开幕式，并向在场嘉宾介绍此次展览基本情况。张平在致辞中说，近年来，民盟中央通过组建美术院、艺术团和文化艺术研究院等文化机构，不断整合资源，集智聚力，更广泛地团结盟内艺术家，积极参与文化体制改革、文化事业发展等问题的调查研究，服务于民盟在文化方面的参政议政和社会服务工作。他强调，民主党派要积极为国家的经济建设、政治建设、文化建设、社会建设、生态文明建设服务。希望民盟的艺术家们认真学习习近平总书记在文艺座谈会上的讲话精神，以“美美与共”求“文化大同”，在继承老一辈民盟艺术家优良传统的基础上，不断开拓创新，将个人艺术探索与民族文化发展联系起来；发掘生活底蕴，汲取时代营养，用一切美的形式表现民盟与中国共产党风雨同舟、肝胆相照的传统，创做出一批具有鲜明中华文化特色和丰富时代内涵的优秀作品，让人文精神在伟大时代焕发出更加蓬勃的生命力。全国政协原副主席、中国文联主席孙家正，中国作家协会主席铁凝，中共中央统战部副部长林智敏，中央社会主义学院党组书记叶小文，原副主席李重庵、索丽生，中国书法家协会主席张海等出席开幕式。出席开幕式的还有全国政协教科文卫体委员会副主任、中国文学艺术基金会理事长胡振民，中国文联副主席冯远，清华大学美术学院院长鲁晓波等。中共中央统战部、各民主党派中央有关负责同志，来自全国文化界、美术界的艺术家、评论家，各地盟员美术家约 300 余人出席了开幕式。本次展览共展出民盟盟员美术家作品近 200 件，包括国画、油画、版画、雕塑、素描、书法等。本次展出的作品，有潘天寿、刘海粟、庞薰琹、蒋兆和、吴作人、刘开渠、滑田友、沙孟海、邓散木、刘继卣、吴冠中、李桦、何海霞、赵望云等已故大师的传世经典，其中有些作品为首次展出；有戴泽、范曾、罗尔纯、吴良镛、刘秉江等影响于当代画坛的著名老画家的扛鼎之作；还有以吴为山、陈振濂等为代表的，活跃在当今美术界的中青年美术家的艺术精品。此次展览还展出了黄炎培、张澜、沈钧儒、楚图南、费孝通等民盟领导人的若干手稿和书法作品。为配合此次展览，民盟中央编辑出版了大型画册《民盟美术家》和《继往开来——中国民主同盟盟员美术作品集》。

7 月 2 日，《群言·福建专刊》首发式在福建省福州市举行。常务副主席陈晓光，副主席、民盟福建省委主委郑兰荪，副主席、《群言》编委会主任张平，中共福建省委统战部常务副部长翁卡出席专刊首发式。陈晓光代表民盟中央致辞。他指出，去年《群言》成功扩版增容后，着力加强了与民盟各省级组织的交流与合作。福建专刊是《群言》适应新形势新任务，迈出的新步伐，创出的新品牌，开辟的新阵地，为宣传民盟地方组织和当地经济、文化、社会发展成果提供了新的舞台。这本专刊内容丰富，形式新颖，不仅体现了民盟特色、宣传了民盟工作、树立了民盟形象、鼓舞了广大盟员，而且彰显了党盟合作、宣传了福建发展。郑兰荪在专刊首发式上致欢迎翁卡介绍了福建省经济社会发展的基本情况。首发式上还举行了赠刊仪式，陈晓光分别向中共福建省委、福建省政协、福建省委统战部、民盟福建省委会赠刊。群言杂志社理事、通讯员，民盟中央宣传部和群言杂志社有关人员，民盟福建省委和各设区市委会有关领导，民盟福建省委机关干部和专刊作者代表等150余人参加了首发式。在闽期间，福建省委书记尤权会见了陈晓光一行，福建省政协主席张昌平，省委常委、省委秘书长叶双瑜等参加会见。在闽期间，陈晓光一行还考察了民盟中央美术院武夷山分院。

8月5日至9日，为促进民族融合与文化交流，改善边疆贫困学生学习条件，民盟中央美术院应邀组织部分知名书画家赴西藏，开展文化调研暨慈善捐赠活动。副主席张平、龙庄伟出席活动。西藏自治区文化厅厅长尼玛次仁，副厅长、民盟中央美术院常务院长容铁等陪同参加活动。8月6日，民盟中央美术院慈善捐赠仪式举行。民盟中央美术院向西藏自治区文化厅系统和林芝市部分驻村点的学生捐赠价值近40万元的1000余套校服。张平代表民盟中央美术院致辞，龙庄伟为学生代表分发校服。张平在致辞中说，长期以来，民盟中央一直致力于边疆地区扶贫，智力扶贫，重视贫困地区特别是少数民族地区的文化教育工作。张平表示，西藏文化是中华民族文化的重要组成部分，也是世界文化的瑰宝。西藏的古代建筑、语言文字、宗教典籍、藏医藏药、壁画、唐卡、民间歌舞等等，都有着独特魅力和丰富内涵。民盟中央美术院的美术家们来到这里，就是要好好学习考察西藏丰富的传统文化，将西藏美丽的风土人情，绘制成一幅幅精品力作。8月8日，张平、龙庄伟一行与林芝市巴宜区有关部门负责人座谈。张平、龙庄伟对巴宜区经济社会发展取得的成绩给予充分肯定。张平指出，巴宜区在经济发展、民族团结等方面取得了突出成就，但扶贫攻坚、基础设施建设、生态保护等任务仍然十分繁重。龙庄伟表示，民盟中央将继续发扬“奔走国是、关注民生”的传统，发挥民盟在文化、教育、科技、医卫等方面优势，“出主意、想办法、做好事、做实事”，为巴宜区及西藏经济发展做些力所能及的事情。

10月24日，副主席张平在京出席由民盟北京市委书画家联谊会、中华文学基金会中外交流委员会主办的“中国文采——禅印佛心·金石书画交流展”。全国政协原副主席阿不来提·阿不都热西提及艺术家、媒体记者共200余人参加活动。张平在致辞中说，民盟一直以来与美术界有着广泛的联系和深厚的历史渊源。盟员中有着如刘海粟、潘天寿、蒋兆和、刘开渠、吴作人、吴冠中等等知名美术家，他们在中国美术界有着深远的影响，为中国美术史写下了不朽的篇章，为我国文化事业的发展做出了积极贡献。新时期以来，盟员美术家们秉承老一辈美术家的优良传统，在美术界占有越来越重要的地位。他表示，民盟把服务“一带一路”战略作为围绕中心、服务大局的重要任务。这次展览亦是民盟服务“一带一路”战略在文化方面的展现，希望社会各界可以通过艺术认识民盟，让我们也可以通过艺术来发展民盟，共同谱写新时代丝绸之路的新篇章。此次展览作品由民盟北京市委书画家联谊会的艺术家及中华文学基金会中外交流委员会理事创作，共展出金石书画作品约200幅。中国书法家协会名誉主席、著名书法家沈鹏先生题写了展名。交流展以佛教文化为内涵，参展的艺术家莫不以笔写心，以线参禅，展现了佛教的大悲心愿与菩提境界，更向大众展示灿烂辉煌的佛教艺术。

11月10日，由民盟中央、民盟上海市委、上海社科院共同主办的“文化自主——民盟先贤与文化复兴”论坛在上海举行。副主席张平出席开幕式并讲话。副主席、民盟上海市委主委郑惠强，上海社科院党委书记于信汇等出席论坛。副主席张平首先代表民盟中央对论坛召开表示热烈祝贺，对举办多届的文化论坛所取得成果给予充分肯定。他指出，民盟是以文化教育界为主体的参政党，重视和关注文化建设是民盟的传统和特色。民盟“文化论坛”连续四届分别以“文化自觉”“文化自省”“文化自信”再到今天的“文化自主”为主题，就是为了继承和弘扬民盟前辈精神，为了促进社会主义文化的繁荣和发展。张平强调，当前我国处在经济社会深刻变革、各种社会思潮相互激荡的关键时期。建立中国的“文化自主”，并走上文化的复兴之路，显得尤为迫切和重要。“文化自主”的前提是深刻的历史自觉，关键是融合世界各民族文化，根本是进行文化创新。今天，我们要在“文化自主”的大视野中，把握文化根脉，坚持文化主体性和价值观自信，不断提升国家文化软实力。于信汇代表上海社科院致辞。他说，民盟成立来，涌现了许多具有影响力的世纪人物，张澜、黄炎培、闻一多、史良、费孝通等民盟先贤，对中国文化的巨大魅力作了很好的诠释。论坛为期一天，十余位专家、学者及盟员代表围绕论坛主题作了报告发言，来自上海、浙江等省市的近130名盟员参加论坛。

11月11日至13日，常务副主席陈晓光，副主席张平赴浙江调研“盟员之家”建设情况，并出席民盟中央文化艺术研究院西塘分院成立仪式。陈晓光一行先后走访了民盟嘉善县基层委员会、民盟桐乡市基层委员会，考察了两地“盟员之家”建设情况，并召开座谈会与基层盟员代表深入交流。陈晓光在座谈会上对浙江“盟员之家”建设取得的成绩给予充分肯定。他指出，“盟员之家”是民盟基层组织和广大盟员学习、交流的活动场所，是促进盟员思想建设、增强盟组织凝聚力、提升履职水平的重要平台，在学习实践活动中发挥着重要作用。陈晓光对“盟员之家”建设提出两点希望，一是要加强学习，凝聚共识。有效组织盟员认真学习中央统战工作会议精神，引导广大盟员继承和发扬民盟优良传统，不断增强对中国特色社会主义的道路自信、理论自信、制度自信，始终坚持正确政治方向。二是要结合实际，广泛开展活动。勇于创新形式、丰富内容，多开展盟员便于参加、乐于参加的活动，多开展体现盟员价值、发挥盟员作用的活动，提高活动的吸引力和盟员参与度，发挥“家”凝聚人心、汇集力量的作用；集中力量开展专题调研、议政建言、反映社情民意和社会服务活动，结合当地实际，提出切实可行的意见建议；通过活动真正增强组织的凝聚力、向心力，逐步将“盟员之家”建设成为学习交流、参政履职的“温暖之家”。期间，陈晓光、张平还出席了民盟中央文化艺术研究院西塘分院成立仪式，并为西塘分院及民盟中央文化艺术研究院创作基地揭牌。民盟浙江省委主委成岳冲等陪同调研。

12月1日，副主席张平在民盟中央机关会见来访的人民政协报党组书记、总编周北川一行。张平对人民政协报长期以来对民盟各项工作的大力支持表示由衷感谢。他指出，人民政协报及时宣传中共中央的政策方针，为读者解疑释惑，同时与民主党派紧密联系，办得很接地气，是民盟中央领导及机关各部门必读报纸。下一步，民盟中央将进一步发挥自身特色优势，围绕“十三五”规划制订实施献计出力，希望人民政协报多关注和宣传民盟的参政履职成果和优秀代表人物。人民政协报副总编张宝川、副社长王相伟以及民盟中央宣传部、参政议政部有关同志参加座谈。

12 月 2 日，“心无挂碍——刘灿铭书法艺术展”在中国美术馆开幕，常务副主席陈晓光出席开幕式并宣布书法艺术展开幕。刘灿铭是民盟中央委员、民盟中央美术院理事，现任东南大学中国书法研究院常务副院长、教授，中国书法家协会楷书委员会委员等职。他数十年来深研精修敦煌写经体，形成独特的笔墨风格。今年 6 月到 10 月，他从西安启程，沿丝绸之路，经平凉、天水、兰州、西宁、武威、张掖、酒泉，以敦煌为终点，完成了“丝路心迹——刘灿铭写经书法巡回展”的文化之旅，产生了积极的社会影响，成为民盟盟员服务“一带一路”建设，参与社会实践的典型。此次展览充分展现了其将诞生于丝绸之路上的敦煌写经与时代相融合，圆融自在、古拙自然、别具一格的书法特点。江苏省人民政府副省长、民盟江苏省委主委曹卫星等参加开幕式。

12 月 4 日，民盟中央美术院青海分院暨民盟青海书画院成立仪式在青海省西宁市举行，副主席、民盟中央美术院院长张平出席成立仪式并致辞。张平在致辞中代表民盟中央美术院对青海分院成立表示热烈祝贺。他指出，民盟中央美术院成立以来，团结广大盟内外艺术家积极开展文化调研、展览、写生、捐赠、美术教育等活动，在美术界产生了广泛影响。张平表示，多年来，青海的盟员美术家们积极进取、努力创作，开展了包括书画展览、扶贫助学等众多文化活动，为推动青海文化建设做出了积极贡献。青海书画院的成立，既是青海文化界的一件盛事，也是民盟美术界的一件大事。他希望青海分院能更好地整合本地美术界力量，团结联系盟员美术家开展文化活动；逐步健全工作制度和工作机构，注意发现、培养、推介盟内美术人才；同时希望盟员美术家提高自身艺术造诣，互相交流、借鉴，共同进步、提高，创做出更多能叫得响、传得开、留得住的经典作品。副主席王光谦，民盟青海省委主委鲍义志出席成立仪式。民盟青海书画院首届书画摄影展也同时开展，数百名书画、摄影爱好者参观展览。

12 月 18 日，主席张宝文，副主席张平、龙庄伟赴中央美术学院参观“为中国画——中央美术学院中国画学院教学与创作展”。中央美术学院党委书记高洪，中央美术学院中国画学院副院长、民盟中央美术院常务院长李洋等陪同参加活动。民盟与中央美术学院有着深厚的渊源，早在上世纪 50 年代，中央美院就成立了民盟组织，许多中央美院教授如蒋兆和、吴作人、刘开渠、李桦、滑田友、曾竹韶、戴泽、罗尔纯等，都是民盟盟员。吴作人先生还曾担任过中央美院院长。他们在本职岗位上辛勤耕耘，在艺术道路上不断求索，为中央美院的发展乃至中国美术事业的发展，做出了积极的贡献。此次展览也展出了不少盟员的精品力作，正是对中央美院盟员美术家所作成就的一次集中展示。此次展览全方位地呈现中国画学科的学院教学，特别是中央美术学院中国画学院正式建院以来的十年征程。

（二）组织建设

3 月 24 日，民盟中央邀请参加中央社会主义学院第 33 期民主党派干部进修班、培训班的 22 位民盟学员来盟中央机关座谈。常务副主席陈晓光亲切接见各位学员并与大家座谈交流。陈晓光代表民盟中央和张宝文主席对大家的到来表示欢迎。他指出，做好盟务工作首先要坚定不移地坚持中国共产党的领导，始终不渝地走中国特色社会主义政治发展道路；要努力提升参政议政能力和水平，只有参政参到点子上、议政议到关键处，才能真正发挥好参政党作用；要有热心、爱心和责任心，乐于付出、甘于奉献，才能真正将盟的各项工作做好，推动盟的事业不断向前发展。他希望：一是要进一步加强学习，切实提高素质，深入学习贯彻十八大和十八届三中、四中全会精神以及习近平总书记系列重要讲话精神，领会把握习近平总书记提出的“四个全面”战略布局，深入了解所在地方的经济社会发展实际情况；二是要积极参政议政、履职尽责，切实增强责任感和使命感，着力服务“四个全面”战略布局，不断开创盟务工作新局面。副秘书长、组织部部长陈幼平参加座谈。

4 月 19 日，副主席龙庄伟出席纪念民盟黔西南州委员会成立 20 周年座谈会。中共黔西南州委书记张政，州委副书记、州长杨永英等出席座谈会。张政代表中共黔西南州委、州人大、州政府、州政协，向民盟黔西南州委成立 20 周年表示祝贺。龙庄伟代表民盟中央向民盟黔西南州委成立 20 周年表示祝贺，对取得的成绩给予了充分肯定。龙庄伟说，希望民盟黔西南州委能够以此次纪念活动为契机，认真学习领会中央关于全面深化改革的各项文件精神，紧紧围绕中共黔西南州委的各项工作部署，认真总结历史经验，继承发扬民盟的优良传统，不断加强履职能力建设，积极建言献策，努力服务社会；希望黔西南州的广大盟员立足本职岗位，充分发挥所学，积极建功立业，为推动黔西南州经济社会跨越发展，建设天蓝、地绿、水清、人和、业兴的美丽黔西南、幸福黔西南做出新的贡献。会议还表彰了民盟黔西南州委 2014 年度先进支部和优秀盟员。

5 月 4 日至 5 日，常务副主席陈晓光，副主席张平率队赴山西调研。在晋期间，中共山西省委书记王儒林、省长李小鹏会见了调研组一行。山西省政协主席薛延忠，省委常委、统战部长孙绍骋，省委常委、秘书长王伟中等参加会见。陈晓光代表民盟中央和张宝文主席对山西省委、省政府、省政协、省委统战部一直以来给予民盟工作的关心支持表示感谢，对山西经济社会发展思路和工作成效给予充分肯定。他说，长期以来，山西为中国革命、建设和发展做出了重要贡献。当前，山西积极应对经济下行压力，转型亮点增多，社会保持和谐稳定，生态环境不断改善，为全省人民带来了实实在在的利益。山西高度重视民主党派建设，一些创新性工作走在了全国前列。民盟中央始终高度关注山西、大力支持山西，今后将进一步发挥自身优势，坚持围绕中心、服务大局，凝聚智慧力量，积极建言献策，为改革发展稳定、山西富民强省做出积极贡献。调研期间，调研组还约谈了部分盟员，详细了解山西民盟思想建设、基层组织建设等各方面情况，并就民盟山西省委组织建设有关事宜与相关部门进行了协商。

6 月 27 日，民盟成都市级组织成立 70 周年纪念大会在四川成都举行。副主席倪慧芳，民盟四川省委主委赵振铣，原副主席、民盟四川省委原主委吴正德，中共成都市委常委、统战部部长陈建辉等相关领导及来自成都市各条战线的盟员代表共 100 多人出席会议。民盟成都市委主委李铀代表民盟成都市委致辞。倪慧芳代表民盟中央对民盟成都市级组织成立七十周年表示祝贺。她首先回顾了民盟成都市级组织的光荣历史，对民盟成都市委在参政议政、社会服务、组织建设、思想宣传、自身建设等方面的工作给予高度评价。倪慧芳指出，随着《中共中央关于加强社会主义协商民主建设的意见》和《中国共产党统一战线工作条例（试行）》等系列重大决策部署的贯彻落实，在全面建成小康社会的伟大征程中，中国特色社会主义政党制度的优势将得到充分发挥，中国共产党与各民主党派、无党派人士的团结合作将不断巩固发展，我国多党合作事业将进一步呈现出蓬勃发展的大好局面，民盟也将在新的统一战线黄金时期发挥更加重要的作用。大会宣读了《民盟成都市委关于对建国前入盟的盟员颁发荣誉证书的决定》，授予文灿元等 37 名老盟员荣誉证书。

7 月 6 日至 10 日，民盟盟务工作骨干培训班在中央社会主义学院举办，来自 30 个省的 101 名盟务骨干参加了培训。副主席徐辉出席开班式并讲话，他提出三点希望：一是围绕服务“四个全面”，增进政治共识。大家一定要认真学习贯彻中央统战会议精神，把思想和行动统一到中共中央战略部署上来，特别是要领会“四个全面”的深刻内涵，调动各方面智慧和力量，心往一处想、智往一处谋、劲往一处使，把“四个全面”的战略部署落到实处。二是以问题为导向，提高履职能力，着力在解决实际问题上下功夫，争取通过学习培训，进一步提升政治把握能力、组织协调能力、参政议政能力、合作共事能力和解决自身问题能力。三是要潜心学习思考，加强自身修养，先学一步，学深一层，以身作则，率先垂范，进一步发挥骨干盟员的先锋模范作用，带动盟务工作再上一个新的台阶。副主席张平为培训班学员作了民盟历史和优良传统专题讲座。通过对大量历史资料的展现和解读，重现了民盟从成立到不断发展壮大成为一支重要的政治力量的过程。讲座中有珍贵的图片资料，有鲜活的细节描述，有鲜为人知的历史故事，生动地讲述了民盟先贤的奋斗历程，展现了民盟前辈如何坚持真理，与共产党亲密合作、风雨同舟；如何不畏艰险，为国家命运和“天下民主”努力奔走。秘书长高拴平就如何做好盟务工作做了专题讲解，重点介绍了如何做好参政议政和社会服务工作。副主席龙庄伟出席结业式并作总结讲话。他指出，本培训时间虽短，但内容丰富、实用性高。通过培训大家扩展了视野、强化了政治自觉、提升了工作能力。对学员们以后的工作和学习，他强调：一是要深入学习中央统战工作会议精神，准确把握多党合作的最大政治共识，不断丰富其理论和实践。二是吸收和转化学习成果，深入挖掘、不断进取，实现参政议政水平的全面提高。三是潜心笃学，陶冶品德。以知盟、爱盟、忧盟、兴盟的热情，踏实稳健、面向基层的工作作风,进一步做好盟的各项工作。希望大家珍惜当前多党合作的大好机遇，以扎实的工作成绩，助力民盟事业不断向前，助推改革发展大业再创辉煌。

7 月 29 日，民盟西北总支部成立 70 周年暨民盟陕西省委员会成立 60 周年纪念大会在陕西省西安市举行。主席张宝文，中共陕西省委常委、省委统战部部长陈强出席并讲话。陕西省副省长、民盟陕西省委会主委张道宏作主题报告。张宝文在讲话中充分肯定了 70 年来民盟西北总支部和民盟陕西省委在各个历史时期为陕西的革命和建设事业做出的积极贡献。他希望民盟陕西省委站在新的历史起点上，认真总结历史经验，继承发扬民盟的优良传统，不断夯实团结奋斗的共同思想政治基础，进一步增强履行参政党职能的使命感和责任感，努力保持求真务实、勇于担当的政治品格，坚定不移地做中国特色社会主义的拥护者、科学发展的推动者和改革的促进者，为开创民盟事业新局面，为顺利推进“四个全面”战略布局，早日实现中华民族伟大复兴的中国梦做出更大的贡献！大会对 126 位“光荣盟员”、208 位“模范盟员”以及“十佳盟员”“十佳专职盟务工作者”进行了表彰。

7月28日，副主席张平、龙庄伟一行走访民盟黑龙江省委机关并与机关干部亲切座谈。民盟黑龙江省委主委赵雨森等出席座谈会。座谈会上，赵雨森介绍了黑龙江民盟的基本情况以及2015年民盟黑龙江省委在开展坚持和发展中国特色社会主义学习实践活动、宣传与理论研究、参政议政、社会服务、组织建设等方面的工作情况。张平、龙庄伟对民盟黑龙江省委工作成绩给予充分肯定，并分别就思想建设、社会服务工作发表讲话。张平表示，当前加强盟的思想建设，坚定盟员理想信念，凝聚全盟广泛共识，显得尤为重要和紧迫。希望民盟黑龙江省委以开展学习实践活动为推手，凝心聚力，引导盟员做改革开放和中国特色社会主义道路的坚定维护者和捍卫者。龙庄伟指出，“出主意，想办法，做好事，做实事”是民盟的优良传统，是民盟各基层组织开展社会服务活动的基本方针，黑龙江民盟把这一主张很好地体现在民盟的各项工作中，取得了显著成效。期间，张平、龙庄伟还出席了民盟佳木斯美术院成立仪式暨首届作品展，考察了受民政部高度关注和赞扬的盟员企业“黑龙江乐活休闲旅游养老”项目。

9月9日，民盟中央邀请参加中央社会主义学院第34期民主党派干部进修班、培训班民盟学员来盟中央机关座谈。常务副主席陈晓光亲切接见各位学员并与大家座谈交流。座谈会由副秘书长、组织部部长陈幼平主持。陈晓光认真听取大家的发言，及时就大家的问题和疑惑进行回应和解答，座谈会气氛热烈而融洽。陈晓光首先代表民盟中央和张宝文主席对大家的到来表示欢迎。他指出，中央统战工作会议的召开和《中国共产党统一战线工作条例（试行）》的颁布实施，标志着多党合作事业迎来了新的发展契机，也为民盟更好地履行参政党职能提出了新的要求。我们一定要抓住这一历史机遇，进一步做好各项盟务工作，为中国共产党领导的多党合作事业再上新台阶贡献力量。他对大家提出三点希望：一是要继续加强学习，深入学习贯彻中共十八大和十八届三中、四中全会精神以及习近平总书记系列重要讲话精神，学习贯彻中央统战工作会议精神和《中国共产党统一战线工作条例（试行）》精神，切实提高自身素质和理论水平，坚定政治信念，凝聚政治共识；二是要进一步提高参政履职能力，继承和发扬民盟优良传统，发挥界别优势，深入了解本地区、本单位的实际情况，为当地社会和谐稳定、经济健康发展出好主意、想好办法；三是要注重加强自身修养，着力培养踏实勤勉的工作作风，大力弘扬奉献精神，强化大局意识，加深对民盟的认同感和归属感，进一步增强责任感和使命感，为推动盟的事业不断向前发展做出更大贡献。

9月17日，主席张宝文，副主席、云南省政协副主席倪慧芳出席纪念重庆民盟成立七十周年大会。中共重庆市委常委、统战部部长宋爱荣，重庆市副市长、民盟重庆市委主委吴刚，民革重庆市委主委杨天怡等出席纪念大会。张宝文代表民盟中央讲话。他饱含深情地追忆了民盟与中国共产党70年风雨同舟所走过的光辉历程，充分肯定了重庆民盟的历史地位及过去的各项工作。他希望，重庆民盟要进一步弘扬优良传统，与执政党肝胆相照、荣辱与共，深刻铭记参政党职责，真诚协商、务实协商、理性协商，敢于作为、善于作为、积极作为，切实担当起时代赋予的新使命。要充分发挥在教育、文化、科技等领域的人才智力优势，围绕当前实施“一带一路”等重大战略，直面改革发展中的重大问题，为服务“四个全面”战略布局多建睿智之言、多献务实之策，为实现重庆科学发展、人民幸福、社会和谐，为实现中华民族伟大复兴的“中国梦”做出新的更大的贡献。宋爱荣代表中共重庆市委向大会的召开表示祝贺，向民盟中央长期以来对重庆的关心支持表示感谢，充分肯定了重庆民盟 70 年来为革命建设和改革发展做出的积极贡献。会上，还表彰了先进集体和先进个人。纪念大会后，主席张宝文、副主席倪慧芳前往中国民主党派历史陈列馆共同为民盟传统教育基地揭牌。

10 月 12 日至 16 日，民盟中青年干部培训班在中央社会主义学院举办，来自 30 个省的 101 名盟员参加培训。常务副主席陈晓光出席开班式并讲话，秘书长高拴平主持开班式。陈晓光指出，中央统战工作会议的召开为民盟发挥参政党作用提供了更为广阔的舞台，也对民盟提高履职能力提出了新的更高要求。针对在社院的学习和今后工作，他提出三点希望：一是继承发扬民盟优良传统，巩固团结奋斗的共同思想政治基础。要把学习贯彻中央统战工作会议和《条例》精神，与学习贯彻中共十八大和十八届三中、四中全会精神结合起来，与学习贯彻习近平总书记系列重要讲话精神结合起来，与深入开展坚持和发展中国特色社会主义学习实践活动结合起来，进一步增强中国特色社会主义的道路自信、理论自信、制度自信。二是提高参政履职能力，服务“四个全面”战略布局。要充分发挥特色和优势，广泛凝聚智慧和力量，找准服务切入点，探索履职新举措，在服务“四个全面”战略布局中实现更大作为。三是加强自身修养，培养优良作风。要严于修身，做到自重、自省、自警、自励，切实维护民盟的形象和声誉；要敢于担当，自觉担当服务改革、服务发展、服务民生之责，多为促进经济社会发展出实招、办实事；要甘于奉献，继续发扬任劳任怨、无私奉献的精神，把盟的工作做好，把多党合作事业的薪火传承好。高拴平在结业式上做总结讲话，副秘书长兼组织部长陈幼平主持结业式。培训期间，高拴平就做好盟务工作做了专题讲座，陈幼平做了民盟历史和优良传统的专题讲座。培训班还邀请中央社会主义学院张峰副院长就学习贯彻中央统战工作会议精神做了主题报告。学习期间，学员们开展了两次小组讨论。大家一致认为，通过这次全面深入的学习，增强了对中央统战工作会议精神的理解，坚定了坚持和完善多党合作制度的信心和决心，深刻体会到民盟的历史厚度和责任，进一步加深了对当前盟务工作的认识。

10 月 27 日，由民盟西部省级组织主办、民盟四川省委承办的第十四次西部盟务工作会议在四川省成都市举行。常务副主席陈晓光出席会议并讲话。中共四川省委常委、统战部部长崔保华，民盟四川省委主委赵振铣，民盟青海省委主委鲍义志，民盟宁夏区委主委安纯人等出席会议。秘书长高拴平主持会议。陈晓光首先代表民盟中央对会议的召开表示热烈祝贺，向长期以来关心支持民盟事业发展的中共四川省委、省政府以及省委统战部表示衷心感谢。他指出，中央统战工作会议的召开为民盟发挥参政党作用提供了更为广阔的舞台，也对民盟加强自身建设、提高履职能力提出了新的更高要求。机关建设是民盟自身建设的重要组成部分，也是提高参政履职能力的基础和保障。在新形势下进一步加强机关建设，一是要加强学习，不断增强紧迫感和自觉性，学以立德，学以增智，学以致用，为建设高素质机关贡献更多智慧和力量；二是要加强队伍建设，通过采取选准配强专职副主委和处室负责人、加大干部培养力度、建立健全交流机制等有效措施，全面提升机关干部素质能力；三是要加强制度建设，抓好落实、严格执行，始终坚持规范管理，使规章制度真正成为机关工作的行为准则和自觉行动；四是要加强作风建设，牢固树立守土有责、守土负责、守土尽责的思想作风，增强责任意识，加强协调合作，努力形成用心谋事、用心干事的良好风气，不断提高工作效率和执行力。民盟西部 10 个省级组织代表，民盟四川省各市（州）级组织负责同志等共计 150 余人出席会议。

11 月 3 日，常务副主席陈晓光出席纪念民盟天津地方组织成立 65 周年座谈会。中共天津市委常委、市委统战部部长刘长喜，民盟天津市委主委高玉葆，致公党天津市委主委曹小红出席会议。陈晓光首先对民盟天津地方组织成立 65 周年表示热烈祝贺。他指出，在中共天津市委和民盟中央的正确领导下，民盟天津市委历届领导班子团结带领全市盟员，始终坚持中国共产党的领导，紧紧围绕天津市的经济社会发展建言献策，做了大量卓有成效的工作，树立了民盟良好的参政党形象。他强调，天津各级民盟组织和广大盟员要以庆祝民盟天津地方组织成立 65 周年为契机，深入学习贯彻中共十八大、十八届三中、四中、五中全会精神和中央统战工作会议精神，继承和发扬民盟优良传统，始终坚持和拥护中国共产党的领导，深入开展坚持和发展中国特色社会主义学习实践活动，切实提高参政议政能力和水平，大力开展社会服务工作，不断加强自身建设；要充分发挥民盟特色优势，紧紧围绕“十三五”规划的开局，结合中共天津市委、市政府的中心工作，为促进天津经济社会持续健康发展献计出力。刘长喜代表中共天津市委致辞，曹小红代表各民主党派天津市委致辞。座谈会上，民盟区级组织、高校组织、老同志和青年盟员代表先后发言。会后，还举办了“中国梦·民盟情”文艺演出。民盟中央组织部、中共天津市委统战部、民盟天津市委、民盟北京市委、民盟河北省委、各民主党派天津市委等有关单位负责同志等共 100 余人出席座谈会。

（三）机关建设

1 月 4 日，民盟中央机关工会举行第五届摄影展开幕式。主席张宝文、常务副主席陈晓光、副主席张平、徐辉、龙庄伟等出席开幕式并参观摄影展。张平在开幕式上讲话。他指出，民盟中央机关工会成立以来，为激发机关活力，丰富干部职工文化生活，想了许多办法，做了很多工作，组织了一系列文体活动，有效地增进了机关各部门的沟通交流，促进了同事之间的相互了解，营造了团结和谐、积极向上的机关氛围，有力推动了机关文化建设,增强了机关的凝聚力和向心力。他对机关工会今后的工作提出了三点希望，一是要进一步发挥好工会作为“职工之家”的重要作用，真正做到以人为本，关心职工，服务职工，切实维护职工的利益；二是要进一步开拓创新，凝聚大家的智慧和力量，丰富活动形式和内容，提高活动质量和水平；三是要进一步提升机关干部职工的主体意识，培养大家作为机关“主人翁”的责任感，激发每个人参与活动的热情和积极性。

1 月 21 日，民盟中央机关召开全体干部职工大会，对 2014 年工作进行总结，对 2015 年工作进行部署。常务副主席陈晓光出席会议并讲话，秘书长高拴平主持会议。陈晓光在讲话中对机关 2014 年的工作进行了全面总结，对机关各部门的工作表示充分肯定。他指出，一年来，民盟中央认真学习贯彻中共十八大、十八届三中、四中全会精神和习近平总书记系列重要讲话精神，积极落实民盟十一大、十一届二中全会和《民盟中央五年工作规划》的安排部署，全面加强自身建设，充分履行参政党职能，各项工作均取得较好成绩。他强调，2015 年是全面贯彻落实中共十八届四中全会精神和依法治国战略的重要一年。民盟中央机关干部要切实增强做好机关工作的责任感和使命感，把认真学习贯彻中共十八届四中全会精神和习近平总书记系列重要讲话精神，作为民盟思想建设的首要政治任务，抓紧抓实抓好；要把握重点，发挥优势，做好新形势下的参政履职工作，紧紧围绕“全面推进依法治国”的主题，把参政议政的主要力量放在改革发展中亟待完善的法律问题上，放在同全局紧密联系的关键性问题上；要突出优势，推动社会服务工作再创佳绩；要进一步加强思想宣传、理论研究和组织建设，不断推动民盟在多党合作事业中持续健康发展；要着力加强机关建设，确保机关高效运转，切实推动机关建设再上新台阶，为民盟事业发展做出新的贡献。会上，民盟中央各部门负责人先后对本部门 2014 年的工作进行了总结。民盟中央机关各部门和群言杂志社的干部职工参加会议。

在羊年新春佳节即将到来之际，民盟中央领导走访慰问了在京离退休老领导、老盟员及家属，为他们送去新春的祝福。1 月 29 日，主席张宝文、常务副主席陈晓光、秘书长高拴平前往北京医院，看望原主席丁石孙。张宝文详细询问了丁先生的身体健康情况，鼓励他增强信心、安心养病，祝愿他早日康复。同日，主席张宝文、常务副主席陈晓光、秘书长高拴平还来到原主席蒋树声家中慰问。张宝文首先问候了蒋先生及夫人的身体状况，并向蒋先生汇报了民盟一年来的参政议政、社会服务、自身建设等方面的工作。蒋先生对大家的到来表示欢迎和感谢，并与大家谈起民盟的工作与发展，尤其对现任领导班子团结和谐、积极有为的精神面貌感到十分欣慰，交谈亲切而温馨。1 月 30 日，主席张宝文，常务副主席陈晓光，秘书长高拴平来到原第一副主席张梅颖家中慰问。谈到中共十八届三中、四中全会以来中共中央出台的多项重要举措时，张梅颖强调，民盟始终要围绕全面深化改革进程中关系国计民生的重大问题，深入调查研究，积极建言献策，切实履行好参政党职能。1 月 28 日，副主席张平来到原副主席厉以宁家中，2 月 5 日分别来到原副主席袁行霈和卢强家中，代表民盟中央向他们致以新春的美好祝福。张平与老领导们分别就经济、文化、电力等问题沟通了看法，真诚地邀请他们为《群言》杂志投稿，提升杂志的影响力，并祝愿他们再接再厉，为建设法治中国、实现中华民族伟大复兴中国梦继续贡献力量。2 月 4 日，副主席徐辉分别来到原副主席冯之浚和原顾问邬沧萍家中，给他们带去新春的祝福。徐辉与冯先生、邬老亲切交谈，十分关切地询问他们的身体健康状况和生活起居等情况。冯先生畅谈了自己作为国务院参事室特约研究员的工作情况，并建议民盟中央的参政议政工作应围绕区域经济、深化改革和教育等方面建言献策。邬老向大家展示了自己获得由中央宣传部和全国老龄工作委员会办公室联合评选的“最美老有所为人物”证书，大家向他表示衷心的祝贺。同日，副主席徐辉来到北京医院看望了原副主席俞泽猷，并向其家属详细了解俞老的身体、生活情况，向他们全家送上新年祝福。2 月 2 日，副主席龙庄伟前往原副主席吴修平家中慰问，向其致以新春的问候。吴老对龙庄伟百忙之中前来慰问表示感谢，两人谈笑风生，兴致很高，共同回忆往昔，共叙曾经度过的岁月。2 月 2 日，秘书长高拴平看望了千家驹同志遗孀赵甲素女士、萧乾同志遗孀文洁若女士和陶大镛同志遗孀牛平青女士，2 月 6 日看望了张纪域同志遗孀张祖贻女士，带去了民盟中央领导的问候和新春祝福，祝愿她们在新的一年身体健康，万事如意。民盟中央领导还以不同方式向原副主席王维城、李重庵、索丽生，马大猷同志遗孀王荣和女士等老领导、老同志送去新春的祝福。

2月4日，民盟中央机关春节联欢会在机关一层报告厅举行。主席张宝文，常务副主席陈晓光，副主席张平、徐辉、龙庄伟，原副主席吴修平、李重庵、索丽生和中共中央统战部一局的同志们出席联欢会。联欢会由秘书长高拴平主持。张宝文在联欢会上致辞时说，一年来，民盟继续坚持立盟为公、参政为民的宗旨，认真履职，实现了政治协商的新作为；深入调研，取得了参政议政的新成果；注重实效，打造了社会服务的新品牌；积极拓展，开辟了思想建设的新领域；强基固本，迈出了组织建设的新步伐；规范管理，营造了机关建设的新风气，各项工作亮点纷呈、硕果累累。他强调，2015年，民盟要认真学习中共十八大和十八届三、四中全会精神，准确把握中共中央治国理政思路，继承“奔走国是、关注民生”的优良传统，不断推进社会主义协商民主制度建设，进一步坚定道路自信、理论自信和制度自信，把全面深化改革、推进依法治国作为履行职能的重要任务，围绕完善中国特色社会主义制度、推进国家治理体系和治理能力现代化这个目标，求真务实献良策，持之以恒惠民生，努力开创民盟工作的新局面！出席联欢会的民盟中央领导向机关2014年度先进集体和优秀个人颁发了奖状和证书。民盟中央机关、《群言》杂志社、机关服务中心和机关离退休干部近200人参加了联欢。

3月19日，民盟中央机关举行“两会”精神传达会议，全国人大常委、民盟中央副主席张平，全国政协常委、副秘书长、民盟中央副主席徐辉分别传达了十二届全国人大三次会议和全国政协十二届三次会议精神。会上，张平从听取和审议政府工作报告，审查和批准计划报告、预算报告，审议通过立法法修正案草案，听取和审议全国人大常委会、高法、高检工作报告等方面传达了十二届全国人大三次会议的基本情况。他指出本次人大会议有七个特点：一是参会代表专心致志，积极建言献策；二是审议各项议程时发言积极踊跃；三是议案和建议着眼全局，紧贴实际；四是团组会议对媒体开放程度高，宣传力度大；五是各级领导对会议的关心程度有所提高；六是会风会纪执行坚决，贯彻有力；七是会议服务保障组织严密、高效有序。徐辉从听取和审议政协常委会工作报告、大会口头发言、提案工作情况等方面综合传达了全国政协十二届三次会议的基本情况，并概括了会议的主要特点和委员关心的热点问题。他说，民盟中央向本次会议提交大会口头发言1篇，书面发言5篇，向会议提交提案32件，《关于深化行政审批制度改革的提案》被列为今年全国政协1号提案；本次会议上民盟组委员积极履职尽责，引起社会各界普遍关注。他强调，本次政协会议的亮点体现在各个细节上，特别是会议风清气正、委员参政议政热情高涨，是近年来政协会议注重会风建设的有力体现。民盟中央机关各部门、群言杂志社和服务中心的全体同志参加会议。

4月2日，副主席张平带领民盟中央机关干部在八宝山革命公墓为民盟先辈扫墓。祭扫活动由秘书长高拴平主持。张平一行首先来到民盟中央原主席张澜墓前，代表民盟中央和主席张宝文、常务副主席陈晓光向张澜先生墓碑敬献花篮。大家在鲜花丛中的张澜先生墓前伫立默哀，瞻仰墓碑并三鞠躬。随后，大家又来到革命公墓骨灰堂，分别向黄炎培、沈钧儒、杨明轩、史良、胡愈之等民盟老一辈领导人遗像敬献花篮并三鞠躬，寄托了大家对民盟先辈深深的缅怀和敬仰之情。民盟中央机关各部门同志参加了此次活动。近年来，民盟中央机关年轻同志的队伍不断壮大，作为传统教育的一项重要内容，每逢清明节到来之际，民盟中央机关都举行对民盟先辈的祭扫活动。通过祭扫活动，让更多的年轻同志进一步了解民盟的历史，了解民盟先辈与中国共产党肝胆相照、荣辱与共的优良传统，从而更加坚定了走中国特色社会主义政治发展道路的理想信念。

7月23日，为纪念中国人民抗日战争暨世界反法西斯战争胜利70周年，铭记历史、警示未来，副主席张平、龙庄伟带领民盟中央机关干部，前往中国人民抗日战争纪念馆，参观《伟大胜利 历史贡献——纪念中国人民抗日战争暨世界反法西斯战争胜利70周年主题展览》。在展览现场，同志们仔细观看每张照片、每件文物，认真聆听解说员讲述抗战历史和抗战故事，又一次回顾了中国共产党领导和团结全国各族人民争取民族独立、走向国家复兴的光荣历史。大家纷纷表示，抗战期间，各民主党派、特别是民盟也为抗日战争的伟大胜利做出了积极贡献，展览也展出了与民盟有关的多件文物及历史照片，看后深受教育和鼓舞。作为一名盟的机关干部，要积极传承和弘扬民盟的历史文化传统，争取做传承民盟精神的组织者、参与者和实践者。努力培育积极、健康、向上的学习氛围，扎实推进“坚持和发展中国特色社会主义学习实践活动”，认真做好盟的各项工作，为民盟更好地履行参政党职能做出新贡献。秘书长高拴平及机关干部30余人参观展览。

12月30日，民盟中央机关第六届摄影展暨“恒爱行动——百万家庭亲情一线牵”公益活动成果展开幕。主席张宝文，常务副主席陈晓光，副主席张平、徐辉、龙庄伟等出席开幕式并认真观看了机关干部职工的摄影作品和编织作品。副主席张平在开幕式上讲话。副主席张平说，本次摄影展以“家庭”为主旨，以亲情为主题。亲情是生命中的重要组成部分，也是我们工作和事业的基石和支撑。本次参展的216幅作品，全部来自大家的日常生活，记录了家庭生活中富有情趣的鲜活影像。他高度评价了本次摄影展参展作品，指出这些作品“平凡之中充满温馨，自然之中饱含深情”。“恒爱行动——百万家庭亲情一线牵”公益活动是民盟中央机关工会响应全国妇联和中直妇工委的号召，组织机关干部职工编织毛衣、围巾、帽子、手套等捐赠给新疆少数民族儿童，用实实在在的爱心向少数民族家庭传递温暖的活动。张平对机关干部职工积极参与“恒爱行动”公益活动的热情给予高度评价。大家对这次活动投入了真挚感情和大量心血，把对孩子们的关爱之心，密密实实地织进了这些五颜六色、温暖厚实的衣物中。他希望今后类似的社会公益活动能越办越好。

（四）盟员及组织概况

截至2015年底，全国共有盟员270330人。2015年发展盟员12859人，净增率4.35%。平均年龄54.4岁。在职182175人，占67.4%。大学以上文化程度184291人，占68.2%。中上层人士231821人，占85.8%。

各级地方组织总数441个，其中省级30个，市地级316个，县市区级95个。基层组织7333个，其中基层委员会602个，总支729个，支部5857个，小组145个。盟员万人以上的省级组织有13个：上海，18007人；广东，16938人；江苏，16727人；四川，16122人；辽宁，13856人；陕西，12025人；浙江，11884人；福建，11380人；北京，11279人；山东，10914人；吉林，10494人；湖南，10110人；湖北，10031人。

盟员中，教育、科技医卫、文化艺术、出版传媒共208876人，占77.3%，其中，高教63047人，占23.3%，普教82857人，占30.7%，科技医卫47190人，占17.5%，文化艺术、出版传媒15782人，占5.8%。新社会阶层19381人，占7.2%。

盟员中，高校校院长166人，其中985院校有6人、211院校有10人，高校院处长1954人。

盟员中，两院院士51人（其中两院院士2人）。其中，科学院院士33人，工程院院士20人（常青、谭蔚弘新当选中国科学院院士；刘中民、李根生、杨志峰新当选中国工程院院士）。教育部"长江学者奖励计划"特聘教授66人。

盟员中，各级人大代表3083人。其中全国人大代表64人（其中，副委员长1人、常委8人、代表55人），省级人大代表361人（其中，副主任4人、常委51人、代表306人），地市级人大代表1296人（其中，副主任54人、常委214人、代表1028人），县市区人大代表1362人（其中，副主任164人、常委312人、代表886人）。

盟员中，各级政协委员16342人。其中全国政协委员132人（其中，副主席1人、常委31人、委员100人），省级政协委员1232人（其中，副主席16人、常委272人、委员944人），地市级政协委员6554人（其中，副主席191人、常委1278人、委员5085人），县市区政协委员8424人（其中，副主席337人、常委1835人、委员6252人）。

盟员中，各级人大副秘书长、专委会成员495人。其中全国人大专委会副主任3人、委员3人。省级人大50人（其中副秘书长4人、专委会副主任3人、委员43人），地市级人大239人（其中副秘书长15人、专委会主任4人、副主任21人、委员199人），县级人大200人（其中副秘书长4人、专委会主任4人、副主任35人、委员157人）。

盟员中，各级政协副秘书长、专委会成员3818人。其中全国政协副秘书长1人、专委会副主任1人、委员27人。省级政协480人（其中副秘书长21人、专委会主任3人、副主任49人、委员407人），地市级政协1884人（其中副秘书长68人、专委会主任20人、副主任190人、委员1606人），县级政协1425人（其中副秘书长23人、专委会主任28人、副主任136人、委员1238人）。

盟员中，政府及司法机关中担任县处级以上职务1496人：国务院部委副部级2人；国务院直属、部委司局级14人；省级政府副省长6人，省级政府组成部门及司法机关厅局级62人，地市级副市长、副区长40人。

盟员中，有36人荣获2015年度国家科学技术奖励；刘中民荣获"何梁何利奖"；冷金花、秦君荣获"三八红旗手标兵"荣誉称号；吴为山、蔡金萍、毛国典荣获"中青年德艺双馨文艺工作者"荣誉称号；蔺涛等10人荣获"全国劳动模范""全国先进工作者"荣誉称号；张招崇等20位盟员荣获"全国优秀科技工作者"荣誉称号；郭旺珍、吴蓓丽荣获中国青年女科学家奖；丁莲荣获中国消除贫困奖感动奖。

周荣　民盟中央参政议政部调研处处长
邱芳　民盟中央社会服务部办公室副主任
杨帆　民盟中央组织部组织处干部

中国民主建国会

2015年是中国人民抗日战争暨世界反法西斯战争胜利70周年，也是中国民主建国会成立70周年。一年来，民建深入学习贯彻中共十八大、十八届三中、四中、五中全会和中央统战工作会议精神，纪念抗日战争胜利70周年和建会70周年，深入开展坚持和发展中国特色社会主义学习实践活动，扩大参政议政成效，巩固组织建设成果，推动社会服务和对外联络工作取得新进展，为经济社会健康发展做出了积极贡献。

一、重要会议及活动

（一）中央委员会会议

12月17日，中国民主建国会第十届中央委员会第四次全体会议在京开幕。会议的主要内容是学习中共十八届五中全会精神，听取和审议中央常务委员会工作报告。全国人大常委会副委员长、民建中央主席陈昌智代表中国民主建国会第十届中央常务委员会作题为《继承传统，开拓创新，为协调推进“四个全面”战略布局做出新贡献》的工作报告。全国政协副主席、民建中央常务副主席马培华主持开幕会。民建中央副主席陈政立、张少琴、辜胜阻、宋海、李谠、周汉民、吴晓青、王永庆、郝明金出席开幕会。

陈昌智在总结2015年工作时指出，一年来，民建全会深入学习贯彻中共十八大和十八届三中、四中、五中全会精神，习近平总书记系列重要讲话和中央统战工作会议精神，深入开展坚持和发展中国特色社会主义学习实践活动，扩大参政议政成效，巩固组织建设成果，推动社会服务和对外联络工作取得新进展，为经济社会健康发展做出了积极贡献。纵观一年的工作，呈现出两个突出特点。一是利用建会70周年的契机，深入学习中国特色社会主义的政党理论，会章会史和会的优良传统，总结经验，初步探索出民建建设发展规律，即政治纲领的与时俱进，引领民建的前进方向；思想建设的与时俱进，保证民建的健康发展；履职能力的与时俱进，巩固民建的参政党地位。凝练出“爱国、民主、建设、团结、创新、奉献”的共同价值理念。二是召开民建全国参政议政工作会议，扩大参会规模，省会城市、计划单列市民建组织第一次和省级组织一同参加全国参政议政工作会议，探索了新常态下参政议政工作的新思路。出台《民建中央关于加强参政议政工作的意见》，提出了参政议政工作的指导思想、主要任务、基本原则，从整合资源、完善机制、拓宽平台、加强领导等方面提出了要求，制订了措施，对今后的参政议政工作具有指导意义。

陈昌智强调，2016 年是实施“十三五”规划的开局之年，民建全会要紧紧围绕落实中共中央关于统战工作和社会主义协商民主的重要决策部署，着眼“四个全面”大局谋划重点工作，持之以恒强化自身建设，进一步开创民建各项事业新局面。要加强思想建设，夯实思想政治基础；加大工作力度，推进组织建设；强化履职能力建设，提升参政议政质量；增强社会服务实效，做好对外联络工作。

陈昌智要求，全会要更加紧密地团结在以习近平同志为总书记的中共中央周围，带领广大会员坚定信念，求真务实，开拓创新，为协调推进“四个全面”战略布局，奋力夺取全面建成小康社会的伟大胜利，实现中华民族伟大复兴的中国梦而努力奋斗。

会议还审议了民建中央监督委员会工作报告。民建中央主席陈昌智、民建中央常务副主席马培华、民建中央副主席张少琴、辜胜阻、宋海分别作了关于《加强经济合作，推动长江经济带健康发展》《加快科技成果转化和技术转移，促进创新驱动发展战略实施》《加强社会征信体系建设，构筑诚实守信的经济社会环境》《培育多元创业生态，营造良好创新环境》《深化金融体制改革，促进民营银行健康发展》等 5 个专题调研报告的说明。

民建中央委员 180 余人出席了开幕会。不担任民建中央委员的中央专门委员会主任、中央监督委员会委员、省级组织专职副主委和中央机关工作部门负责人，以及中央各专门委员会部分副主任列席会议。

中国民主建国会第十届中央委员会第四次全体会议于 18 日下午在京闭幕。全国人大常委会副委员长、民建中央主席陈昌智出席会议并讲话。全国政协副主席、民建中央常务副主席马培华出席会议。闭幕会由民建中央副主席周汉民主持。

会议通过了《中国民主建国会第十届中央委员会第四次全体会议决议》。《决议》提出，民建各级组织要按照中共中央在民建成立 70 周年纪念大会上的贺词要求，凝聚广泛共识，不断巩固与中国共产党团结合作的思想政治基础；发挥独特优势，积极为全面建成小康社会贡献力量；加强自身建设，着力提升履职尽责的能力和本领。

陈昌智在闭幕讲话中对贯彻落实本次会议精神，做好明年工作提出具体要求。

在思想建设方面，首先要加强中共十八届五中全会精神的学习，把握内在精神实质，深刻领会五大发展理念。其次要认真学习中央统战工作会议精神和《中国共产党统一战线工作条例（试行）》的内容，学习领会新时期统一战线的法宝地位和作用。其三要学习中共中央印发的修订后的《中国共产党纪律处分条例》，作为民主党派成员，特别是领导干部，要引以为戒，主动维护党的路线、方针、政策，自觉执行党的路线、方针、政策。

在组织建设方面，2016 年是民建市级组织的换届大年，各省级组织主要领导要充分认识这次换届任务的艰巨性，提高对换届工作的重视程度；要严明换届纪律、匡正换届风气，确保换届工作顺利进行；要严格按照会章和有关换届文件规定部署工作，不打折扣、不走过场，维护换届工作程序的严肃性；要加强教育，深入细致地做好换届期间的思想政治工作，为换届工作提供良好的舆论氛围。

在社会服务工作方面，民建中央及各地方组织要在精准扶贫方面下功夫。要充分发挥自身优势，调动广大会员以及中华思源工程扶贫基金会等力量，积极开展产业扶贫、智力扶贫、科技扶贫、就业扶贫、公益扶贫，通过提供政策法律咨询、农技指导培训、修建基础设施、公益捐赠、送医送药、捐资助学等措施，精准发力、集中攻坚、确保为民办实事，帮民摘贫帽。

在参政议政工作方面，要把制订实施“十三五”规划作为参政议政的着力点，牢固树立创新、协调、绿色、开放、共享的发展理念，紧紧围绕五大发展理念深入开展调研、积极议政建言。特别是要做好非公有制经济人士的引导工作，激发创新创业活力和热情，推动创新驱动和转型升级。要积极参加中国共产党领导的政治协商，认真履行民主监督职能，牢牢把握中共和国家的中心工作，特别是围绕“十三五”规划的制订实施，充分利用好政党协商、政协协商和政府协商等各种渠道和方法，建睿智之言、献务实之策。要积极做好社情民意工作，如实反映群众心声。各地方组织也应把本地区“十三五”规划的制订作为参政议政的重要方面，为本地区经济的发展献计出力。

此外，要进一步提高重视程度，办好会内刊物。截至2015年12月，民建省级组织均有刊物，会刊共30种，其中月刊4个，双月刊24个，季刊2个。全国共有市级组织295个，其中171个办有刊物，北京、吉林、浙江、青海、新疆所有市委会均办有杂志或报纸。市级组织大部分是季刊，也有双月刊、半年刊、年刊或不定期。各省级组织和市级组织要以先进为榜样，有条件先办，没条件的逐步赶上，努力搭建完善的会的宣传工作平台。

陈昌智还通报了2015年下半年召开的三次中共中央党外人士座谈会的情况。

会议宣布了12月15日举行的中国民主建国会第十届中央常务委员会第十三次全体会议决定：免去孟孝忠同志民建中央秘书长职务（因到退休年龄），任命吴晓青同志兼任民建中央秘书长职务。

民建中央副主席陈政立、张少琴、辜胜阻、宋海、李谠、吴晓青、王永庆、郝明金及民建中央委员出席会议。不担任民建中央委员的中央专门委员会主任、中央监督委员会委员、省级组织专职副主委和中央机关工作部门负责人，以及中央专门委员会部分副主任列席会议。

会议期间，还邀请中共中央十八届五中全会宣讲团成员、中央财经领导小组办公室副主任杨伟民同志作了专题报告。报告会由民建中央副主席李谠主持。

（二）中央常务委员会会议

1. 中国民主建国会第十届中央常务委员会第十次全体会议

3月9日，中国民主建国会第十届中央常务委员会第十次全体会议在京召开。会议的主要内容是审议通过了《民建中央关于认真学习贯彻十二届全国人大三次会议和全国政协十二届三次会议精神的决议》和《纪念民建成立70周年活动方案》，听取了民建湖北省委和宁夏区委工作情况的汇报，通报了2015年民建中央重点调研专题。全国人大常委会副委员长、民建中央主席陈昌智主持会议并讲话。全国政协副主席、民建中央常务副主席马培华出席会议。

陈昌智指出，2015年是全面深化改革的关键之年，是全面推进依法治国的开局之年，也是全面完成“十二五”规划各项任务目标的收官之年。民建全会要以学习贯彻十二届全国人大三次会议和全国政协十二届三次会议的精神为契机，加强自身建设，不断提高参政议政能力和水平，着力于服务“四个全面”战略布局。

陈昌智强调，要引导广大会员提高思想认识，辩证理性地看待当前社会转型发展中的问题。要坚决拥护中共中央的领导，坚决维护宪法和法律的权威，深刻领会坚持党的领导、人民当家作主、依法治国的有机统一。要通过思想教育引导，增强全体会员的“三个自信”共识。

陈昌智指出，每年的两会是一年参政议政成果的集中展示期。要发扬求真务实、当好诤友的精神，紧密围绕各项改革重点、难点，积极建言献策，提出更多建设性、可操作的意见和建议。要在严守政治纪律的前提下，积极开展宣传，介绍民建组织和个人的参政议政成果以及建设性的意见，充分展现民建会员中人大代表和政协委员的良好形象，为民建增光添彩。

陈昌智还通报了中共中央政治局委员、中央统战部部长孙春兰走访民建机关的情况，两会前民建中央在高层协商会上对《政府工作报告（征求意见稿）》所提意见建议的内容，和做好“十三五”规划编制工作的意见建议。

会议就做好2015年全会重点工作进行了部署。陈昌智强调，全会要继续深入开展坚持和发展中国特色社会主义学习实践活动，巩固和扩大活动成果；搞好纪念民建建会70周年系列活动；召开民建全国参政议政工作会议，交流经验和做法，对新形势下加强参政议政工作做出部署；继续做好2015年非公经济发展论坛和2015年（第十七届）中国风险投资论坛的筹办工作。

民建中央副主席陈政立、张少琴、辜胜阻、宋海、李谠、周汉民、吴晓青、王永庆、郝明金以及民建中央常委共46人出席会议。不担任民建中央常务委员的省级组织主委，民建中央秘书长、各工作部门主要负责人列席会议。

2. 中国民主建国会第十届中央常务委员会第十一次全体会议

6月5日，中国民主建国会第十届中央常务委员会第十一次全体会议在京召开。会议的主题是传达、学习、贯彻落实中共中央统战工作会议精神。全国人大常委会副委员长、民建中央主席陈昌智主持会议并讲话。全国政协副主席、民建中央常务副主席马培华出席会议并讲话。

陈昌智传达了中共中央统战工作会议精神，尤其详细解读了习近平总书记重要讲话精神。他指出，习近平总书记的重要讲话高屋建瓴，思想深邃，强调了进一步巩固和发展最广泛的爱国统一战线的重大意义，对加强和改进新形势下统战工作做出了全面部署，是指导统一战线事业发展的纲领性文献。

陈昌智就贯彻落实会议精神提出具体要求。首先，要充分认识中共中央统战工作会议及《中国共产党统一战线工作条例（试行）》在统战历史上的重大意义。这次会议，是中共中央着眼新形势下巩固和发展最广泛的爱国统一战线召开的一次重要会议。习近平总书记在会上对新形势下加强党对统一战线工作的领导做出了深刻论述，这些重要思想和要求，为构建大统战工作格局、形成重视统一战线的新局面提供了有力保障。其次，要充分认识这次会议和《条例》为多党合作事业带来了难得的发展机遇。这次会议和《条例》澄清了关于多党合作的模糊和错误认识，丰富和完善了民主党派、无党派人士工作的重要理论和政策，解决了制约多党合作发展的重点难点问题，为多党合作事业创新发展提供重要保障。其三，民建各级组织要把学习贯彻会议精神作为当前和今后一个时期的一项中心任务切实抓好。合理安排，采取多种形式，深入学习，深刻把握会议精神实质。

继续开展好坚持和发展中国特色社会主义学习实践活动，全面加强自身建设。充分发挥参政党作用，为“四个全面”战略布局献计出力。

马培华传达了中共中央政治局常委、全国政协主席俞正声在中共中央统战工作会议上所作总结讲话的精神和《中国共产党统一战线工作条例（试行）》精神。

会议还听取了民建云南省委、民建中央理论研究委员会工作情况汇报，并就 2015（第十七届）中国风险投资论坛、2015 中国非公经济发展论坛的筹备工作进行了部署。

民建中央副主席陈政立、张少琴、辜胜阻、宋海、李谠、周汉民、吴晓青、郝明金以及民建中央常委 40 余人出席会议。不担任民建中央常务委员的省级组织主委，民建中央秘书长、各工作部门主要负责人列席会议。陈昌智要求民建各级组织要精心组织、周密安排，网站和刊物要及时开设专题专栏，加强舆论宣传和引导，营造学习贯彻的浓厚氛围。各省级组织要把学习贯彻会议精神的情况及时报告民建中央。

3. 中国民主建国会第十届中央常务委员会第十二次全体会议

9 月 17 日，中国民主建国会第十届中央常务委员会第十二次全体会议在北京召开。全国人大常委会副委员长、民建中央主席陈昌智主持会议并讲话。全国政协副主席、民建中央常务副主席马培华出席会议。

陈昌智分析了当前国内经济形势，通报了参加 7 月份中共中央召开的党外人士座谈会的情况，介绍了 2015（第十七届）中国风险投资论坛和 2015’中国（湖南）非公有制经济发展论坛的情况，并对省级和市级组织的换届工作做出部署。他强调，换届工作是民建政治生活中的一件大事，对于深入搞好政治交接，继续加强民建自身建设至关重要。民建中央高度重视基层组织和市级组织工作，本届内已召开了两次专题工作会议对基层组织和市级组织工作进行总结交流，并对全国市级组织专职副主委进行了培训，对 500 个基层组织负责人进行了培训。这一系列工作为换届打下了良好的基础。民建各省级组织主要领导要充分认识这次换届任务的艰巨性，提高对换届的重视程度。要严明换届纪律、匡正换届风气，确保换届工作顺利进行。要严格按照会章和有关换届文件规定部署工作，不打折扣、不走过场，维护换届工作程序的严肃性。要加强教育，深入细致地做好换届期间的思想政治工作，为换届工作提供良好的舆论氛围。

会议听取了民建中央经济委员会、财政金融委员会、企业委员会、能源与资源环境委员会（书面）、农业与农村委员会对当前经济形势的分析，并就此进行热烈讨论。会议还审议通过了关于召开民建十届四中全会的决定。

民建中央副主席陈政立、张少琴、辜胜阻、宋海、李谠、周汉民、吴晓青、王永庆、郝明金和民建中央常委 40 余人出席会议，不是民建中央常委的民建部分省级组织负责人、民建中央秘书长孟孝忠和各工作部门负责人列席会议。

4. 中国民主建国会第十届中央常务委员会第十三次全体会议

12 月 15 日，中国民主建国会第十届中央常务委员会第十三次全体会议在京召开。全国人大常委会副委员长、民建中央主席陈昌智主持会议并讲话，全国政协副主席、民建中央常务副主席马培华出席会议。

会议的主要内容是审议中国民主建国会第十届中央委员会第四次全体会议议程（草案）、日程（草案）、分组名单（草案）；审议通过《中国民主建国会第十届中央常务委员会工作报告（草案）》，提交民建十届四中全会审议，并确定报告人；审议《中国民主建国会中央监督委员会 2015 年工作报告（稿）》；审议通过《民建中央关于加强参政议政工作的意见（草案）》《中国民主建国会第十届中央常务委员会关于批准改建地方组织的决定》。会议还决定了组织事项。

民建中央副主席陈政立、张少琴、辜胜阻、宋海、李说、周汉民、吴晓青、王永庆、郝明金及民建中央常委共 49 人出席会议。不担任民建中央常委的省级组织主委，民建中央秘书长和各工作部门负责人列席会议。

（三）中央监督委员会会议

12 月 15 日，中国民主建国会第十届中央监督委员会第四次全体会议在北京举行。民建中央主席陈昌智，民建中央常务副主席、监督委员会主任马培华出席会议并讲话。民建中央副主席、监督委员会副主任李说受马培华委托代读《努力实践，积极探索，深入推进会内监督工作》的工作报告。

陈昌智充分肯定了中央监督委员会的工作。他说，一年来，中央监督委员会做了大量的工作，取得了很好的成绩，对会内监督起到了很大的推动作用。今年中央监督委员会对民建中央专项资金进行了审计，民建中央领导班子也召开了民主生活会，这都是会内监督工作的有益探索。对于明年的工作，他希望：(1）加强教育，提高对会内监督的认识。一方面监督委员会的委员要认识到这项工作的重要性，而且是越来越重要，另一方面各级领导班子成员也要提高认识，自觉接受监督，支持监督委员会开展工作。(2）会内监督工作要向实质性方向发展。会内监督主要是监督会章执行情况，对违反会章的行为要做出处理。一旦出现会员违法违纪的苗头，首先要及时进行诫勉谈话，让他改正自己的错误。对个别案例可以进行通报，起到警示作用。(3）加强对会员的宣传教育。会内监督是大家共同的责任，要让大家都知道监督委员会的工作，对会内的领导同志进行监督。尤其要加强政治纪律的监督，使会内领导同志和广大会员提高政治把握能力，坚决接受中国共产党的领导。作为参政党，我们要从会章的规定出发，借鉴中共对党员在政治上的要求，进一步扎实推进会内监督工作。

马培华在讲话中指出，民主党派监督工作大有可为，只能加强，不能削弱。结合民建自身特点，中央监督委员会积极稳妥地开展工作，取得了一定成效。会内监督的目标是推进民建的发展，提升民建的活力，必须突出重点，追求实效，务实推进会内监督工作：（1）抓好少数、关键领导班子成员的监督；(2）加强对担任实职领导干部的民建会员的教育引导；(3）进一步加强贯彻会章关于民主集中制的教育；(4）加强对民建会员中企业界人士的教育引导；(5）研究制订会内纪律处分条例。他希望监督委员会委员挺直腰杆、敢于担当、勇于负责、认真工作，把监督委员会工作做得更加扎实有效，进一步推动会内监督工作向前发展。

工作报告从七个方面对中央监督委员会 2015 年的工作进行了总结：一是以增进共识为目标，加强宣传引导，巩固会内监督思想基础；二是以制度建设为保障，强化顶层设计，完善会内监督体系；三是以完善组织体系为基础，提高队伍素质，提升监督委员会自身建设水平；四是以全国会内监督工作研讨会精神为指导，狠抓贯彻落实，积极推动监督工作向纵深发展；五是以领导班子建设为抓手，突出工作重点，务求监督实效；六是以会的实际为立足点，探索方式方法，拓宽监督途径；七是加强经常性工作，改进工作方式，进一步提高规范化水平。同时提出了中央监督委员会2016年的重点工作：一要重视教育，加强宣传，进一步提高对会内监督的思想认识；二要严肃纪律，维护团结，为各级组织顺利完成换届工作保驾护航；三要深入学习，准确把握，认推动各项规章制度的贯彻落实；四要加大力度，不断创新，坚持理论和实践的探索。

中央监督委员会全体委员出席会议。与会委员认真听取了工作报告，积极踊跃发言，提出了对工作报告和《中国民主建国会中央监督委员会关于对会内领导干部进行诫勉谈话和函询的暂行办法（草案）》的修改意见，交流了工作中的经验和体会，探讨了今后进一步做好会内监督的途径和方法。会议还研究确定了中央监督委员会明年的工作任务。会议原则同意将工作报告根据大家的意见修改后，提请主席会议和常委会审议，向中国民主建国会第十届中央委员会第四次全体会议报告（书面）。

民建各省级组织监督委员会主任列席会议。

（四）中国民主建国会成立70周年纪念大会

12月16日，中国民主建国会成立70周年纪念大会在京举行。中共中央政治局委员、中央统战部部长孙春兰出席大会并代表中共中央致贺词。孙春兰强调，中国共产党领导的多党合作制度，能够最大限度地实现集中领导与广泛参与的统一、国家稳定与社会进步的统一、充满活力与富有效率的统一，充分彰显中国特色社会主义的制度优势。

孙春兰指出，中国民主建国会自成立以来，始终与中国共产党风雨同舟、肝胆相照，历经风雨考验愈加成熟，顺应时代要求不断进步，为夺取中国革命、建设、改革事业胜利，为推进统一战线和多党合作事业发展做出了重要贡献。

孙春兰强调，全面建成小康社会进入决胜阶段、脱贫攻坚进入冲刺阶段，需要凝聚各方面智慧和力量共同奋斗。希望民建深入学习习近平总书记系列重要讲话精神，发挥密切联系经济界的优势，着眼实施“创新、协调、绿色、开放、共享”五大发展理念，凝聚广泛共识，发挥智库作用，推动大众创业、万众创新，深入开展社会服务，协助党委政府共同打赢脱贫攻坚战；准确把握建设中国特色社会主义参政党的基本要求，抓住思想建设这个核心和领导班子建设这个重点，着力提升履职尽责的能力和本领，巩固团结奋斗的思想政治基础。

全国人大常委会副委员长、民建中央主席陈昌智在讲话中回顾了民建成立70年走过的光辉历程，指出中国民主建国会的70年，是顺应历史发展和时代要求，不断创新探索、不断有所作为、不断成长进步的70年。民建的历史，是一部与中国共产党和衷共济、通力合作的历史。70年历史充分证明，民建无愧为与中国共产党风雨同舟、荣辱与共的亲密友党，无愧为实现国家富强、民族振兴、人民幸福伟大事业的一支重要力量。

陈昌智说，民建的进步与成长，根本原因是中国共产党的正确领导和适合我国国情的多党合作制度，也是民建各级组织和广大会员团结拼搏的结果。70年的奋斗、创造和积累，民建初步探索出具有自身特色的建设发展规律：政治纲领的与时俱进，引领民建的前进方向；思想建设的与时俱进，保证民建的健康发展；履职能力的与时俱进，巩固民建的参政党地位。这些经验规律贯穿于70年的历史进程，确保民建事业欣欣向荣、永不停顿。

陈昌智指出，在以习近平同志为总书记的中共中央坚强领导下，全国各族人民万众一心，攻坚克难，不断推进中国特色社会主义事业，全面建成小康社会迈出坚实步伐，全面深化改革实现良好开局，全面依法治国开启新征程，全面从严治党取得新进展。他要求民建必须始终不渝地坚持中国共产党的领导，不断增强发展中国特色社会主义的信念和信心；必须适应时代发展和多党合作新要求，全面提高民建自身建设水平；必须切实履行好参政党职能，为实现中华民族伟大复兴的中国梦尽心竭力。

陈昌智认为，民建的建立和发展离不开成员共同价值理念的构建；肩负中国特色社会主义参政党的职责使命，完成时代赋予的重任，更是离不开共同价值理念的凝聚。爱国、民主、建设、团结、创新、奉献，正是民建70年建设发展历程中培育起来的共同价值理念。这些理念，传承着民建优良传统，体现了自身特色，同时也契合当前树立践行社会主义核心价值观的目标和要求，是民建事业不断发展进步的精神财富和力量源泉。

在讲话的最后，陈昌智号召民建全体会员更加紧密地团结在以习近平同志为总书记的中共中央周围，高举中国特色社会主义伟大旗帜，凝心聚力，开拓创新，努力建设中国特色社会主义参政党，为实现“两个一百年”奋斗目标、实现中华民族伟大复兴的中国梦做出新的更大的贡献。

全国人大常委会副委员长、农工党中央主席陈竺代表各民主党派中央、全国工商联致贺词。

民建中央副主席张少琴宣读了《中国民主建国会中央委员会关于表彰全国优秀会员、先进集体的决定》。

全国政协副主席、民建中央常务副主席马培华主持大会。全国政协副主席、民进中央副主席罗富和，全国政协副主席卢展工，全国政协原副主席、全国工商联原主席黄孟复，全国政协原副主席、民建中央原第一副主席张榕明，中共中央统战部副部长林智敏，民建中央副主席陈政立、辜胜阻、宋海、李谠、周汉民、吴晓青、王永庆、郝明金，民建中央原副主席朱元成、冯克煦、路明、黄关从、朱相远、王少阶、陈明德，各民主党派中央、全国工商联、中华职教社领导同志，国务院有关部门负责同志，民建中央委员，部分老同志，全国优秀会员、先进集体代表，港台友人以及民建北京市委部分会员近800人出席大会。

（五）中央工作会议

1. 民建基层组织主委培训班

5月25日上午，民建基层组织主委培训班在京开班。民建中央主席陈昌智出席开班式并作重要讲话，民建中央常务副主席马培华主持开班式。来自全国各省市的近500位基层组织主委参加开班式。

陈昌智作了《提高思想认识　明确目标要求　将基层组织建设工作向更深入推进》的讲话，深入分析了基层组织建设工作面临的新形势，提出了基层组织建设的目标和要求，并对基层组织主委提出了具体明确的要求。

陈昌智指出，中国共产党领导的多党合作事业发展的新形势为加强民建基层组织建设提出新的要求；民建事业的健康发展为加强基层组织建设提出新的任务；组织建设的新成效为我们进一步加强基层组织建设打下了良好的基础。他要求各级组织和广大会员要从这三个层面深刻认识基层组织建设工作面临的新形势，要继续狠抓基层组织建设，力度不减，标准不降，劲头不松，争取百尺竿头，更进一步。在介绍多党合作形势时，他还将刚刚闭幕的中央统战工作会议精神向与会同志作了简要介绍。

陈昌智强调，实现基层组织建设的目标，要以理想信念引导会员，以参政议政吸引会员，以人为本凝聚会员，以骨干带动会员。他要求基层组织要认真学习贯彻中共十八大和十八届三中、四中全会精神及习近平总书记系列重要讲话精神；认真学习会章会史、继承会的优良传统，不断增强政治意识、政党意识。要围绕“四个全面”战略布局，把握好参政议政的大方向；准确理解中国经济“新常态”，适应参政议政的新要求；做好深入研究，找准参政议政的切入点，以参政议政的实际成效吸引会员。要提高支部生活的质量，以活动凝聚会员；注重人文关怀，以情感凝聚会员；保障会员权利，以民主凝聚会员，让会员既有使命感，又有归属感。要善于发现骨干、热情关心骨干、努力培养骨干，以骨干带动会员。

陈昌智对广大基层组织主委寄予厚望，希望基层组织主委政治思想上要强，会务工作上要精，带领基层组织不断取得新的进步。

马培华介绍了此次基层组织主委培训班的目的和意义，并对此次培训提出了具体要求，希望与会主委发扬理论联系实际的学风，带着问题学习，把知识上的更新和收获转化为做好今后工作的能力和动力，为“四个全面”战略布局献计出力。

2. 民建全国厅局级政府实职干部工作研讨会

6 月 7 日上午，民建全国厅局级政府实职干部工作研讨会在京开幕，民建中央常务副主席马培华出席会议并作重要讲话，民建中央副主席张少琴主持会议。

马培华首先对民建实职干部在各自岗位上做出的成绩和贡献表示了肯定。他结合习近平总书记在中央统战工作会议上的讲话和《中国共产党统一战线工作条例（试行）》，深刻阐述了党派干部参加政府实职工作的重要意义。他指出，总书记的重要讲话是指导新形势下统战工作的纲领性文献，具有很强的理论性、时代性和前瞻性，对民主党派工作提出了新的要求和希望，这是对民主党派的巨大鼓舞和鞭策；《中国共产党统一战线工作条例（试行）》全面规范了统一战线各领域的工作，是推进统战工作制度化、规范化、程序化的重要标志，为未来新时期的统一战线提供了有力的支撑。我们一定要认真学习，深刻领会，切实贯彻。

马培华强调，在政府和司法机关担任实职的会员，既要把为民务实作为根本出发点，在本职岗位上敬业奉献，又要从国家政治制度安排的高度把握好角色定位，通过自己的履职实践把中国特色社会主义政治制度的优势更好地发挥出来。

马培华还对在政府及司法机关任职的干部提出三点要求：一要坚定理想信念，坚持走中国特色社会主义道路。要政治坚定，拥护中国共产党的领导，坚持走中国特色社会主义道路；要热爱民建、根植民建，增强党派的归属感和责任感，将理想信念同国家的利益、国家的大局结合起来，同参政党的地位、参政党干部的责任结合起来。二要加强学习，提高履职能力。要深入学习中共十八大、十八届三中、四中全会精神和习近平总书记系列重要讲话精神，学习新时期统一战线的方针、政策，不断增加学习的广度、高度和深度，切实提升自身综合素质和工作水平，以工作业绩去扩大民建在干部群众中的影响。三要学会合作共事。既要坚持原则，按照党和政府的决定来做事，又要敢于直言，谏箴言、做挚友，学会尊重人、包容人、理解人。还要向党内干部学习，不断丰富经验、提高能力、增长才干，为实现伟大复兴中国梦贡献力量。

9 位实职干部代表作了大会发言，总结了在各自实职岗位上的经验、做法和体会。下午进行了分组讨论，与会同志对马培华常务副主席的讲话和 9 个大会发言给予了积极评价，并结合工作实际畅谈心得体会，对实职干部工作提出了意见建议。

5 个省级组织代表作了大会发言，总结了省级组织在实职干部队伍建设中的经验做法，3 位小组发言人汇报了各小组讨论情况。

83 名在政府和司法部门担任厅局级领导职务的骨干会员参加会议。

3. 民建中央参政议政工作会议

9 月 16 日上午，民建中央参政议政工作会议在北京职工之家开幕。民建中央主席陈昌智，常务副主席马培华出席会议。民建中央副主席宋海主持开幕会。民建中央副主席陈政立、张少琴、李谠、周汉民、吴晓青、王永庆、郝明金出席开幕会。

会议的主要任务是：深入学习贯彻中共十八大、十八届三中、四中全会和民建十大精神，适应新形势下统一战线和多党合作的新要求，全面总结民建九大以来参政议政工作的成果和经验，对 2008 年以来在参政议政工作中做出突出贡献的集体和个人进行表彰，明确今后一个时期民建参政议政工作的总体思路和方向。

民建中央副主席辜胜阻作了《强化体系和能力建设　推动民建参政议政工作迈上新台阶》的报告。报告指出，民主党派参政议政的核心问题是强化体系和能力建设。民建的参政议政工作成就得益于充满活力的参政议政体系，即“发挥三大优势，完善四项制度、五种机制，处理好六大关系，形成八个优势领域，不断整合九方面力量，依托十大平台进行参政议政”。

报告总结参政议政实践，认为要做好参政议政工作，需处理好六个方面的关系，即处理好科学选题与精心论证的关系，处理好多方互动与统分结合的关系，处理好个体与群体、专家与“专职”的关系，处理好当前与长远、现实与可能的关系，处理好参政议政与民主监督的关系，处理好建言立论与践行出力的关系。

为进一步推动全会参政议政工作不断开拓新局面，报告提出，要进一步完善参政议政体系建设，发挥全会整体优势；强化能力建设，提高参政议政科学化水平；深化制度建设，提高参政议政的实效和质量；优化队伍建设，打造学习型参政党。

北京、山西、吉林、上海、江苏、安徽、福建、湖南、广西、四川、陕西等 11 个民建省级组织和宁波、青岛、武汉、深圳等四个市级组织，以及参政议政先进个人代表、民建天津市委副主委孙太利，分别作了参政议政工作经验介绍。

民建各省级组织主委、专职副主委、参政议政部门负责人，31 个省会城市和计划单列市的市级组织负责人，会中央 12 个专门委员会的主任、副主任，以及参政议政先进个人代表等 200 余人参加了开幕会。

9月17日，民建中央参政议政工作会议在北京闭幕。全国人大常委会副委员长、民建中央主席陈昌智出席会议并讲话。全国政协副主席、民建中央常务副主席马培华主持会议。

陈昌智在讲话中指出，此次会议是在统一战线各方面学习贯彻《中国共产党统一战线工作条例（试行）》、积极为推进“四个全面”战略布局做贡献的新形势下召开的，对进一步提高民建各级组织的参政议政水平具有积极作用。参政议政是参政党履行基本职能的需要，是参政党适应统一战线新形势的需要，是参政党自身建设和发展的需要。民建各级组织要进一步提高对参政议政重要性的认识，找准位置，保持定力，不断增强责任感、自觉性和主动性，做好参政议政工作。

陈昌智强调，要整合力量，落实责任，充分发挥民建全会参政议政的整体功能。要充分发挥领导集体的示范作用、专门委员会的主力军作用、基层组织的基础作用、各级机关的枢纽作用和社会力量的补充作用。

“调查研究是民主党派做好参政议政的重要方法。”陈昌智对此提出具体要求。在选题时，要选择和中共党委、政府重大决策相关的课题，要选择中共党委、政府暂时无法顾及而又重要的课题，要选择与人民群众关系密切的课题，要选择和民建党派特色联系紧密的课题，要选择自己有研究、有思考、熟悉的课题，要把战略问题和现实紧迫问题兼顾起来选择课题。在调查时，既要选择工作做得好的地方，也要选择工作做的差一点的地方，还要选择有代表性的地方，并综合运用好实地调查、召开座谈会、问卷调查、网络调查等多种方法获取真实的、有代表性的材料。在研究和撰写调查报告阶段，要保证研究方法的科学性。参政议政的调研报告，要对调查中发现的问题进行有分量的表述，提出的建议要有可行性、可操作性，要把调研报告使用好、转化好。

闭幕会上对2008年以来在参政议政工作中做出突出贡献的200名民建全国参政议政先进个人和100个先进集体进行了表彰。

民建中央副主席陈政立、张少琴、辜胜阻、宋海、李说、周汉民、王永庆、郝明金出席会议。民建各省级组织主委、分管参政议政工作的副主委和参政议政部门负责同志，各省会城市、计划单列市的市级组织主委或副主委，民建中央各专门委员会主任、副主任，以及民建全国参政议政先进个人代表共200余人参加会议。参加民建十届十二次中常委会议的常委，民建中央各工作部门负责人列席了闭幕会。

（六）主要论坛、座谈会、研讨会等

1. 风险投资论坛

7月3日，由民建中央、广东省人民政府和深圳市人民政府共同主办，科学技术部支持的2015（第十七届）中国风险投资论坛在深圳隆重召开。广东省委副书记、深圳市委书记马兴瑞出席开幕式并致辞。全国人大常委会副委员长、民建中央主席陈昌智，科学技术部副秘书长徐建培出席开幕式并发表主旨演讲。民建中央副主席陈政立出席开幕式、民建中央副主席辜胜阻作了高层论坛演讲、民建中央副主席宋海主持主旨演讲。

陈昌智发表了《把握和适应经济发展新常态，促进中国风险投资事业新发展》的主旨演讲。陈昌智在演讲中说，本届论坛以“新常态下风险投资的改革与创新”为主题，

与经济发展新常态密切联系，聚焦中国风险投资事业发展面临的新形势、新要求，对于推进中国风险投资事业的改革、创新与发展具有十分重要的意义。

陈昌智认为，去年以来，我国风险投资行业受益于简政放权、国内 IPO 重启等政策有利因素的影响，取得了迅猛发展，包含股权众筹、天使、VC、PE 在内的股权投资行业无论是管理规模，还是募资、投资、退出都有很大提升。总的看，我国风险投资行业发展出现了以下特点：一是行业规模不断扩大，行业管理进入规范化监管。二是多层次资本市场建立健全，场内外市场日益发展。三是在大众创业万众创新推动下，投融资模式不断创新。四是保险资金开辟投资新渠道，机构投资人更为活跃。

陈昌智指出，中国经济发展已进入新常态，认识、适应并引领新常态，是当前和今后一个时期中国经济发展的方向。中央政府持续发力，出台的各项改革政策和措施更加注重上下联动、横向协调、形成合力。我国经济的发展动力、发展保障和发展空间将发生深刻变化，这为我国风险投资行业发展带来新的机遇。（1）新常态下的深化改革，为资本市场发展提供了新的动力。（2）新常态下的法治建设，为资本市场发展提供了新的保障。（3）新常态下的稳增长调结构，为资本市场发展提供了新的空间。一是拓展区域发展，为资本市场带来新的区域发展空间。二是推动产业结构迈向中高端，为资本市场带来新的产业发展空间。三是以体制机制创新推进科技创新，为资本市场带来新的创新空间。

陈昌智强调，随着全面深化改革的不断推进，我国风险投资行业发展的宏观环境越来越好，但机遇永远与挑战并存，推进风险投资行业新发展，当前要注意两个方面的问题。（1）风险投资行业发展的趋势向好，但要切实推进有关政策的落实。新常态下，政府十分注重简政放权，构建公平竞争的市场环境，调动社会资本力量。去年 5 月，国务院出台了新“国九条”，11 月出台了《关于创新重点领域投融资机制　鼓励社会投资的指导意见》，今年 3 月发布了“加快实施创新驱动发展战略的若干意见”，6 月发布了《关于大力推进大众创业、万众创新若干政策措施的意见》。这些政策措施的出台，对风险投资行业发展来讲，无疑都是重大利好，但是，相关政策能否真正落实到位，以什么样的速度落实到位，仍然是当下最为关键的问题。（2）面对资本市场的跌宕起伏，VC/PE 更要保持冷静的头脑。从去年 7 月以来，在不到一年的时间内，股市如脱缰的野马，上证综指连续冲破 3 千点、4 千点、5 千点，沪深两市一天的成交额突破 2 万亿元，创全球股市史无前例纪录。证监会抓住时机，大力推出新股上市，2014 年初 A 股 IPO 重启，全年上市企业 125 家，今年提速，前 5 个月上市企业达 144 家。6 月份审核通过 IPO 的企业为 52 家，这样，今年上半年上市和批准上市的企业为 196 家，是去年全年上市企业家数的 157%。这就给潜伏背后的 VC/PE 们带来了退出的盛宴。在享受胜利果实的同时，也要保持一份清醒。股市总是有涨有跌，IPO 也是有快有慢，即使是推出注册制，也不应是鱼龙混杂，泥沙俱下。因此，VC/PE 们还是要做足功课，不可随性任性而为。

辜胜阻作了《以创业—创新—创投铁三角引领创业浪潮》的高层论坛演讲。他指出，新一轮创业六大特点：中央政府主动作为，自上而下；市场主体多元化，精英与草根；互联网技术催生创业潮，互联网成第五疆域；创新创业成一对孪生兄弟，创业与创新联动；创业载体区域化，北京和深圳成双创双城记；创业创新生态化，创业创新创投成“铁三角”，产—学—研—金—介—政 。推进创业浪潮要采取以下措施：(1) 营造低成本、低门槛的公平有序的互联网创业环境，强化法治保障和政策支持，让草根创业者热情竞相迸发，让精英创业者的初创企业快速成长；(2) 构建针对互联网创业者的教育培训体系，大力发展互联网创业的技能教育和创业教育，解决创业所需要的“人”的问题，化解人才瓶颈；(3) 营造良好的创客空间，打造绿色的创业生态，发挥互联网平台企业的龙头带动作用，形成依托互联网平台创新创业的新模式、新潮流；(4) 发展服务创业创新的天使投资、风险投资等股权投资，发展互联网金融，拓宽融资渠道，解决创业所需要的“钱”的问题；(5) 要构建支持互联网创业创新的多层次资本市场，让创业企业能活得更长，长得更大，走得更远 。

参加此次论坛的民建会员达到 370 人，多个省级组织主委出席论坛。其中，参加培训班的人员近 47 人；参加中国风险资本—项目对接会项目路演的民建会员企业有 8 家；参加“2015 最具投资潜质创新企业”评选并获奖的民建会员企业有 4 家：河南万庄农资电商有限公司、广西万维信息技术有限公司、乌鲁木齐市联创天成信息科技服务有限公司、新疆陆路港投资有限公司。

论坛期间，陈昌智会见了与会的各地民建会员代表并与大家座谈，陈政立、宋海陪同会见。

2. 非公有制经济发展论坛

9 月 6 日，由中国民主建国会中央委员会、工业和信息化部、中华全国归国华侨联合会、湖南省人民政府共同主办的 2015’中国（湖南）非公有制经济发展论坛暨海外侨领侨商三湘行活动在长沙开幕。本届论坛的主题是“适应新常态，促进新转变，谋划非公经济新发展”。全国人大常委会副委员长、民建中央主席陈昌智出席开幕式并致辞。受湖南省委书记、省人大常委会主任徐守盛委托，湖南省委副书记孙金龙代表中共湖南省委、湖南省人民政府致欢迎辞。湖南省委副书记、省长杜家毫出席开幕式。全国人大常委会委员、民建中央副主席张少琴主持开幕式。

陈昌智代表民建中央对此次论坛在湖南召开表示热烈祝贺。他指出，2015’中国（湖南）非公有制经济发展论坛暨海外侨领侨商三湘行活动的举办，是贯彻落实中共十八大和十八届三中、四中全会以及中央统战工作会议和习近平总书记重要讲话精神的重要举措；是坚持公有制为主体、多种所有制经济共同发展的基本经济制度，为毫不动摇地鼓励、支持、引导非公有制经济发展，激发非公有制经济活力和创造力出谋划策；是坚持团结、服务、引导、教育的方针，为促进非公有制经济健康发展和非公有制经济人士健康成长献计出力。改革开放以来，湖南省非公有制经济经过多年发展，总量规模逐步扩大，质量效益不断提升，发展活力明显增强，社会贡献显著提高。中共湖南省委、湖南省政府高度重视促进非公有制经济发展工作，专门出台了《关于促进非公有制经济发展的若干意见》，今年 5 月还召开了全省促进非公有制经济发展大会。此次论坛的成功举办将为湖南省的非公有制经济加快发展、推进非公有制经济为湖南省适应引领经济新常态做出积极贡献。

陈昌智强调，民营经济是有效破解经济发展动力不足、活力不强的关键所在，也是推动我国经济转型升级的重要依托。在全面深化改革的战略部署下，中央政府出台了一系列方针政策，从产业指向、融资方式、税收政策以及简政放权等多个方面促进中小微企业发展。但当前民营经济发展依然存在产能过剩、融资难、融资贵、成本上升、政策落实难等较为突出的困难和问题。为此，政府应进一步推进简政放权、减轻企业税负、鼓励非公有资本参与混合所有制经济的发展、引导和扶持中小企业公共服务体系建设；同时，民营企业要加大自身内部的改革力度，自强不息、创新发展。

陈昌智说，中国侨联是中国共产党领导的由归侨、侨眷组成的全国性人民团体，是党和政府联系广大归侨、侨眷和海外侨胞的桥梁和纽带。中国侨联作为本次活动的主办单位之一，必将为中国非公有制经济发展论坛注入新的生机和活力。他希望参加这次活动的海外侨领侨商充分发挥在资金、技术、智力等方面的独特优势，与来自全国各地的非公有制经济界人士广泛交流、共谋发展。

开幕式上，中国侨联副主席乔卫，工业与信息化部党组成员、办公厅主任莫玮，国家治理协同创新中心执行主任、中国社会经济调查研究中心主任王彤，国家统计局中国经济景气检测中心副主任潘建成分别作主旨演讲。湖南省副省长何报翔受杜家毫委托作主旨演讲。

中国非公有制经济发展论坛是由中国民主建国会中央委员会、国家工业和信息化部与有关省、市、自治区人民政府联合举办的论坛，是民建为发挥联系经济界的优势，切实履行参政党职能，为促进非公有制经济发展建言献策而倡导举办的一个品牌论坛，自2003年创办至今，经过十多年的发展，已经成为宣传中国共产党领导的多党合作和政治协商制度的平台，成为宣传中共中央和国务院关于非公有制经济发展政策的平台，成为发挥民建参政党职能、组织引导会内外人士广泛开展参政议政、促进非公有制经济健康发展的平台。

开幕式后，还举行了项目签约仪式和主题论坛。签约仪式共签约项目106个，涉及现代服务业、先进制造业、农业产业化和基础设施建设等领域，签约总金额617.6亿元。主题论坛上，来自民建中央、中国侨联、清华大学、国务院发展研究中心等部门的领导、专家学者和企业家围绕非公经济的创新发展、非公经济与生态经济、非公经济的国际化发展等主题作了专题演讲。工业和信息化部中小企业局副局长马向晖主持主题论坛。

湖南省委常委、省委秘书长、省直机关工委书记许又声，湖南省委常委、副省长、省委统战部部长黄兰香，湖南省政协副主席、民建湖南省委主委赖明勇，湖南省政协原副主席、民建湖南省委原主委龙国键出席开幕式。工业与信息化部嘉宾、民建各省（区、市）代表团代表及民建会员企业家、中国中小商业企业协会会员代表、海外侨领侨商代表等1200余人参加论坛开幕式。

此次论坛期间，与会专家、企业界人士和侨领侨商还将分赴长沙、株洲、湘潭、益阳、常德、郴州、永州等市州参加项目考察、投资推介等活动。

3. 2015年提案论证会

2月3日，民建中央2015年提案论证会在北京召开，民建中央副主席辜胜阻出席会议并讲话。与会专家围绕民建中央提交全国政协十二届三次会议的提案初稿进行了座谈和论证。

辜胜阻感谢与会专家对会中央提案工作的关心和支持，充分肯定了各位专家对提案修改提出的具体意见，表示将认真研究会议提出的意见建议，进一步修改、完善提案。同时，他还对提案修改提出了具体指导意见。

全国政协提案委员会办公室巡视员陶建平，会内外专家熊大方、郭彩云、黄琳、黄勇、左海聪、权忠光、童亮、邹传伟、宋建坤、刘勇等参加了论证会。

4. 两会提案新闻通气会

2 月 27 日下午，民建中央 2015 年两会提案新闻通气会在京召开。全国人大常委、民建中央副主席辜胜阻出席通气会并答记者问。

辜胜阻首先对今年两会经济热点进行了前瞻。他指出，2015 年是“十二五”规划收官之年和“十三五”规划制订之年，也是全面深化改革的关键之年。在经济新常态的背景下，他认为，如何应对新常态下新挑战和新机遇、如何缓解实体经济和小微企业融资困境、如何推进“一带一路”、长江经济带、京津冀协同发展三大战略、如何扩大对外投资和鼓励企业“走出去”、如何推动国有资产管理体制改革和发展混合所有制经济、如何深化农村土地制度改革，推进农村扶贫攻坚任务等都可能成为今年两会的热点。

辜胜阻提出，我国经济进入新常态后，需要把“大众创业、万众创新”作为新引擎。当前，新一轮创业创新浪潮正在出现，这将是稳定中国经济增长，推动产业升级的重大引擎。不断产生的创业活动和新企业给经济增长带来了持续的活力，成为经济“新常态”下经济增长的持久动力。为了让改革更好的引领创业创新浪潮，他认为，一要深化金融体制改革，重构多层次的市场体系、多样化的组织体系、立体化的服务体系，缓解初创型企业融资难题。二要加强对初创企业公共服务的供给，提升初创企业对优秀人才的吸引力，使初创型企业摆脱用工困境。三要进一步落实创业创新政策，营造有利于创业创新的政策环境，进一步定向降准，定向减税，把“少取多予”的“三农”政策移植到初创企业上来。

长期以来，我国实体经济特别是小微企业一直面临融资贵和融资难问题，已成为影响我国经济健康发展的一个突出问题。辜胜阻表示，巩固实体经济基础，缓解企业融资困境，要提高直接融资比重，构建和完善我国的资本市场体系，使其更好地服务于实体经济。为进一步繁荣多层次资本市场，一要完善信息披露制度，提高违法成本，重视投资者保护，重构资本市场良性生态。二要加快“核准制”向“注册制”转变，推进资本市场的市场化进程。三要尽快完善资本市场退市制度，利用市场机制实现优胜劣汰。四要完善多层次资本市场之间的转板机制，提高资本市场整体流动性和服务功能。五要大力发展场外市场，让“新三板”和区域股权交易市场等成为中小微企业的重要平台，完善股权众筹融资机制，培育发展天使投资和股权投资，引领新一轮创业创新浪潮。

辜胜阻认为，以对外直接投资为主的国际化是新常态下经济发展的重要特征。为加快推进我国企业国际化步伐，帮助企业抵御“走出去”面临的政治、经济和安全等多重风险，一要完善对外投资法律法规体系，增强海外投资企业的法律意识，保护企业在投资国的利益；二要完善对“走出去”企业的金融支持体系，加大金融机构支持企业“走出去”的力度，缓解企业海外拓展的融资难题；三要提升政府对企业海外投资的服务水平，整合教育机构、外事部门、中介机构等多方面力量对“走出去”企业予以培训与指导，加强企业对全球贸易投资规则的适应能力；四要加强综合性人才引进战略，鼓励企业及高校培养具备跨国经营素质的人才；五要充分利用跨国专业化中介机构的专业优势，培育知名的本土金融、法律、税务中介服务品牌，鼓励符合条件的金融法律中介机构国际化、集团化发展；六要加强对海外投资风险的调研和分析，建立企业海外拓展风险预警机制，完善双边和多边投资保护机制，妥善运用政策性出口信用保险分散风险；七要加快健全海外投资合作保障机制，便利我国企业海外拓展并协助企业解决海外拓展过程中遇到的难题。

辜胜阻认为，以兼并重组为主线来发展混合所有制经济是我国经济新常态下经济发展的重要特征。2015 年是按照十八届三中全会决定确立的国资管理原则，建立以“管资本”为主的国有资产管理体制的十分关键的一年。国资管理体制改革的关键，是要加快国有企业股权多元化改革，积极发展混合所有制经济，提升国有资本放大功能，让国企成为真正的市场主体。

“三农”工作也是辜胜阻关注的重点。他认为，农村土地制度改革将释放巨大的改革红利。要坚持土地公有制性质不改变、耕地红线不突破、农民利益不受损三条底线，在试点基础上有序推进农村土地征收、集体经营性建设用地入市、宅基地制度改革。他还指出，贫困地区是“全面小康”的最大短板。完善扶贫工作长效机制，加快推进农村扶贫，是关系到个人生存发展与社会长治久安的重要问题，也是全面建成小康社会的重点和难点。

辜胜阻还就如何评价当前经济形势、未来经济增长点、财税改革的热点和难点、经济增速放缓背景下如何更好地促进居民收入快速增长等问题回答了新华社、人民日报社等记者的提问。

会上，全国政协委员、民建中央调研部部长蔡玲通报了民建中央向全国政协十二届三次会议提交提案的相关情况，指出 2015 年提案内容相对集中在四个方面：一是国家重点关注的区域经济发展方面；二是贯彻中共十八届四中全会精神推动依法治国方面；三是民建的传统优势金融改革和小微企业发展方面；四是民建持续跟进的职业教育、扶贫问题、科技创新方面。提案的基础素材主要来源于民建中央重点调研专题、民建中央领导应急研究成果、民建省级组织成果征选、民建中央专门委员会研究成果、民建基层支部建议材料等。

民建中央有关部门同志参加了会议，52 家新闻媒体的 70 余位记者参加了通气会。

5. 民建中央参政议政座谈会

3 月 7 日晚，为做好 2015 年民建全国参政议政工作会议准备工作，民建中央在北京昆泰酒店召开第三次座谈会，召集出席全国政协十二届三次会议的部分省级组织主委就调查研究和参政议政工作进行座谈交流。民建中央副主席辜胜阻出席并讲话。

辜胜阻说，2016 年要召开民建全国参政议政工作会议，既要总结近年来工作中好的经验和做法，也要梳理工作中存在的问题和不足，还要对今后的工作做出安排部署。大家就做好参政议政工作谈了很多好的思路和独特做法，如民建福建省委会与福州大学联合成立民建经济研究院，发挥专委会作用，加强调研基地建设，大力促进提升了省委会的参政议政水平；民建山西省委会通过把《山西民建》办成画册型的形式，在刊登提案、社情民意信息的同时配发执笔人头像照片，拓宽了参政议政成果转化渠道，提高了会员参政议政工作热情；民建陕西省委会制订民建省委会委员履职管理办法，将参政议政工作纳入考核目标，极大调动了委员参政议政的工作积极性；民建浙江省委会建立舆情信息收集反馈机制，定期收集民建会员企业家意见建议，并及时反馈党委政府有关部门，更好地为推进民营企业发展服务等，10位同志都谈得很好，很有特色，值得推广和借鉴。我们将在今年参政议政工作会议予以吸收和借鉴，并通过典型发言、经验交流等发挥示范带动作用，提升全会参政议政水平。

辜胜阻指出，参政议政一定要靠专家。专家参政议政要发挥专长，把专长和参政议政结合起来，把必须要做的事情（参政议政）和感兴趣的事情（专长）结合起来，充分调动他们的积极性。辜胜阻强调，参政议政主体大同小异，专家、专委会、地市组织、基层组织等，但省级组织一定要注重发挥省会城市组织的力量和作用，这一点非常重要。辜胜阻表示，参政议政选题非常重要的是知情权，有知情权才能行使好话语权。没有调查就没发言权，客观充分的调查研究是参政议政的基础。辜胜阻特别指出，民主党派最大的权力是话语权，一定要扮演好自己的角色，全力做好参政议政工作。辜胜阻还就建立参政议政成果评价、反馈机制，加强提案质量监督，并就做好参政议政会议准备、开展参政议政工作表彰作了具体安排。

期间，辜胜阻还就民建中央《切断贫困代际传递，实现贫困地区同步小康》提案与大家进行了沟通和交流，对安徽、湖北、湖南、重庆、陕西、甘肃等省（市）民建组织为会中央提供的扶贫开发调研材料表示感谢。

6. 学习贯彻两会精神会议

3月16日上午，民建中央机关召开会议，传达学习贯彻全国两会精神。会上，全国政协副主席、民建中央常务副主席马培华传达了全国政协十二届三次会议精神，并对学习贯彻全国两会精神和近期工作提出要求。全国人大常委、民建中央副主席张少琴传达了十二届全国人大三次会议精神。

马培华在传达全国政协第十二届三次会议精神时，首先介绍了大会的盛况，民建及民建会员中的全国政协委员的提案和大会发言情况，并着重介绍了中共中央政治局常委王岐山看望出席全国政协十二届三次会议的民建和无党派界别委员并参加分组讨论的情况。他还重点传达了俞正声主席代表政协第十二届全国委员会常务委员会向大会所作的工作报告，特别是其中关于加强社会主义协商民主建设的重要论述，要求机关全体干部职工会后要重点学习相关理论精神。

马培华要求，民建中央机关要认真学习贯彻好全国两会精神，集中力量、凝神聚力做好今年工作。他指出，今年是民建成立70周年，机关各部门要认真做好系列纪念活动的准备工作；做好日常议政建言工作，对全国政协召开的专题议政会、双周座谈会、议政型常委会要根据主题早做准备；为今年将要召开的民建全国参政议政工作会和在政府任实职民建领导干部交流会做好准备。机关干部要讲团结、讲奉献、讲作为，要加强学习，认真学习国家的方针政策，不断提升个人的能力和水平，不断提高个人的工作业绩，在机关中树立风清气正的良好风气，推动机关各项工作取得新成果。

张少琴传达了十二届全国人大三次会议的概况和主要精神，就政府工作报告，计划、预算报告，全国人大常委会工作报告和最高人民法院工作报告、最高人民检察院工作报告精神作了介绍，并重点讲解了李克强总理所作《政府工作报告》的主要内容和亮点。

民建中央机关70余名干部职工参加了会议。

7.“推动长江经济带健康发展”重点专题座谈会

3月19日下午，全国人大常委会副委员长、民建中央主席陈昌智在京出席“加强经济合作，推动长江经济带健康发展”重点专题座谈会，就专题调研方向、切入口等方面，听取相关部门和专家学者的意见建议。

陈昌智认真听取与会人员发言，与他们深入讨论交流。他说，长江经济带是国务院做出的三大区域发展战略部署之一，覆盖上海、湖北、重庆等11个省市，横跨我国东中西区域，具有重要的战略地位和巨大发展潜力。他指出，目前我国成立了许多经济协作区，但由于跨区域合作还存在一些体制机制障碍，部分协作区内各地往往各自为政，产业不能得到协调发展。今天我们就推动长江经济带健康发展开展调研，要调研长江经济带发展中存在的问题，尤其是制约区域协调发展的瓶颈问题以及一些具体问题，提出有针对性、可行性的政策建议，促进长江经济带协调、协作发展。

会上，国家发展改革委、交通运输部相关同志介绍了长江经济带发展的基本情况、存在问题及相关政策，会内来自经济金融、财政税收、区域发展、物流商贸等领域的专家也提出了观点和看法。

8.“加强社会征信体系建设，构筑诚实守信的经济社会环境”重点专题座谈会

3月27日上午，民建中央“加强社会征信体系建设，构筑诚实守信的经济社会环境”重点专题座谈会在京召开。会议围绕专题的研究重点及调研方向进行深入讨论。全国人大常委会委员、民建中央副主席张少琴主持会议并讲话。

张少琴认真听取并充分肯定了专家们的意见建议。他指出，我们在重大课题调研中，要认真学习贯彻习近平总书记关于“四个全面”战略布局的重要论述，建立国家层面的征信体系有利于倡导文明新风和社会公德，有利于推进社会治理创新、提高国家治理能力，有助于构筑诚实、守信、公平、正义的经济社会环境。专题应围绕我国征信体系建设存在的主要问题、数据采集的规范、数据分析的标准与统一、法律法规的完善与配套等关键环节深入调研并完成报告。他认为，可借鉴发达国家的技术经验，结合我国实际国情建立由国家统一主导的自上而下、系统全面的征信体系，统一技术标准，完善配套法律法规，确保数据的完整性、可靠性和实效性，维护我国征信体系的权威性。

民建中央财政金融委员会副主任、国家税务总局税收科学研究所研究员付广军，银监会政策性银行监管部巡视员王艳娟，中央财经大学保险学院副教授、图书馆副馆长王玉玫，内蒙古信用建设服务中心主任、内蒙古信用商会会长、内蒙古新时期社会发展研究院院长张文清，中国社科院工业经济研究所研究员时杰等出席会议。

9.职业教育与企业发展座谈会

3月29日，正当全国人大常委会启动职业教育法执法检查之际，由民建中央和中华职业教育社联合主办、首都经济贸易大学承办、中国中小商业企业协会协办的“职业教育与企业发展座谈会”在京召开。全国人大常委会副委员长、民建中央主席、中华职业教育社理事长陈昌智，人力资源和社会保障部副部长、中华职业教育社副理事长汤涛出席会议并讲话。首都经济贸易大学校长王稼琼致欢迎辞。会议由全国政协副主席、民建中央常务副主席、中华职业教育社副理事长马培华和中华职业教育副总干事杨农分别主持。

教育部、人社部、国资委等有关部门负责同志，30 多家企业的董事长、总经理，部分职业院校校长、专家学者以及陕西、安徽、湖北、湖南等部分省市职教社负责人等 100 余人参加了会议。

会上，来自政界、学界和企业界的 20 多位专家围绕职业教育与企业发展的主题进行了深入研讨，就职业教育校企合作的发展理念、法制和制度建设、职业教育管理体制、经费投入、社会观念转变等方面提出了很好的意见和建议。

陈昌智在听取专家发言后指出，发展职业教育、推进校企合作，首先要解决认识、观念和理念的问题。长期以来我们对职业教育不重视或不够重视，“学而优则仕”“重道轻器”的传统观念和现有的一些政策体制，严重束缚和影响职业教育的发展。我国要从经济大国迈向经济强国、制造大国走向制造强国，离不开职业教育，全社会的观念都要转变，要尊重劳动、重视技能，不能把职业教育看成低人一等。在这方面政府要切实发挥作用，要以法律形式、经济保障等引导社会观念转变，切实提高职业教育的社会地位。第二，要认真研究和探讨校企合作的模式、体制和机制问题。职业教育与企业的发展荣辱与共、互相依存，学校和企业要同心同德共同推进合作、实现共赢。要在机制体制上深入研究、总结经验并不断创新，对国有企业办学遇到的困难、社会力量办学等要加强研究，以新思路推进职业教育创新发展。第三，校企合作办学中首要的是培养学生的职业技能，让学生真正有技能，有谋生的本领；在传授技能的同时，职业教育还要培养和塑造学生的职业精神，让学生崇尚职业、热爱职业、干一行、爱一行、专一行；要培养学生有创新的精神，启发学生的思考，培养解决问题的能力，让学生有开阔的思路，会举一反三，在社会上能够有更多的生存手段和发展空间。

陈昌智强调，现在党和国家对职业教育高度重视，我们要抓住良好的发展契机，研究和推动解决长期制约职业教育改革发展的问题。要进一步加大对职业教育和技术技能型人才的宣传力度，为职业教育发展营造良好的社会环境。

马培华在主持座谈会时指出，职业教育发展的问题是国家经济发展进入新常态下的一个关键问题。研究和推动职业教育要坚持三个导向：一是坚持国家需求的导向，职业教育必须主动适应、遵循国家发展的需要；二是坚持企业需求的导向，职业教育的办学和人才培养必须符合企业需求，国家也要进一步鼓励企业集团加大投入；三是坚持职教问题导向，认真研究当前职业教育面临的问题，提出前瞻性的思路举措，推动职业教育事业在新形势下不断向前发展。

10. 养老产业与金融服务专题研讨会

5 月 20 日下午，民建中央主席陈昌智、副主席辜胜阻在会中央机关出席民建中央调研部和民建中信支部联合主办的“养老产业与金融服务”专题研讨会。

陈昌智充分肯定了本次对口联系支部活动对如何发展我国养老产业与金融服务所做的研究与探讨，赞同大家对发展养老产业与金融服务所提的意见和建议。

陈昌智指出，从理论和现实情况来看，中国养老产业发展前景广阔，市场潜力巨大。但当前我国养老产业发展还很不理想，受传统观念影响，宁愿空巢也不愿进养老院，加上养老资源有限、费用高昂，养老产业发展还面临不少困难和问题。就养老产业发展，陈昌智提出三点看法：第一，养老者和老年人群体，不但要有接受养老机构服务的能力，还要有去社会养老机构的意愿。养老产业机构，要想办法满足养老者的需求，不仅要关注老年人的生存健康需求，还要关注老年人心理精神需求，不断提升老年消费者的消费意愿。第二，养老产业一定要有规模，有兼容性，不但有高端养老服务，还要有中、低端养老服务，以满足不同层次老年人的个性化需求，保证养老产业持续健康发展。第三，在服务养老产业发展方面，金融要充分发挥资源配置功能，通过金融创新，丰富金融工具和产品供给，比如养老地产、养老服务、养老娱乐、养老文化、养老理财等等，支持养老产业持续健康发展。最好，陈昌智指出，国家应对养老产业给予政策扶持，在用地、税收等方面出台相应的优惠政策。

辜胜阻从经济、社会、政治三个层面分享了他对老龄化问题的认识和看法。他说，当今“4—2—1”倒金字塔型家庭结构日益普遍，家庭养老功能不断弱化。强化政府养老责任、发展社会化养老服务是大势所趋。但必须摆正三者的关系：家庭养老是基础，社会化养老是补充，政府养老是保基本、兜底线，社会化养老和政府养老不可能取代家庭养老。家庭养老服务是最重要的养老服务，特别是家庭的生活照料、精神慰藉、亲情关爱等是其他养老方式难以替代的。辜胜阻指出，养老产业涉及面广，产业链长，发展前景广阔，一定要充分发挥市场主导作用，发挥金融支撑功能，促进养老产业持续健康发展。他还从放开生育政策、化解养老金缺口等方面谈了应对老龄化的建议。

研讨会上，中信支部副主委、信诚人寿保险有限公司总经理特别助理刘育梅博士，中信支部会员、中国国际经济咨询有限公司金融咨询二部总经理齐莹，特邀嘉宾、金石投资有限公司董事总经理张望，中信支部会员、高伟绅律师事务所合伙人张莹博士先后就“面对老龄化，金融已做好准备”“养老产业与保险创新的探索”“中信信托在养老产业的探索”“养老产业与私募股权投资”“养老金投资的国际经验”等专题作了发言。陈昌智、辜胜阻边听边记，不时插话询问，与大家互动交流、深入探讨。

民建中央调研部、北京市委会、朝阳区委会有关领导，以及特邀嘉宾和民建中信支部会员等共 50 余人参加了研讨会。

11. 纪念中国人民抗日战争暨世界反法西斯战争胜利 70 周年座谈会

9 月 1 日，民建中央在京召开座谈会，隆重纪念中国人民抗日战争暨世界反法西斯战争胜利 70 周年。全国人大常委会副委员长、民建中央主席陈昌智主持座谈会并强调，历史不容忘记，回顾中国人民用鲜血和生命铸就的抗日战争的伟大历史，缅怀为抗战胜利英勇献身的革命先烈，告慰在战争中不幸遇难的同胞，更加深刻认识中国共产党的领导地位，更加坚定走和平发展道路的信念，我们要自觉地继承发扬抗战精神，用实际行动为国家繁荣发展贡献力量。全国政协副主席、民建中央常务副主席马培华出席座谈会并讲话。

陈昌智说，70 年前，中国人民经过艰苦卓绝的浴血奋战，打败了穷凶极恶的日本军国主义侵略者，赢得了近代以来中国反抗外敌入侵的第一次完全胜利。这一伟大胜利，也是中国人民为世界反法西斯战争胜利、维护世界和平做出的重大贡献。

陈昌智指出，70 年前积贫积弱的中国之所以能够战胜不可一世的日本军国主义、夺取胜利，源于以爱国主义为核心的伟大民族精神的决定性作用；源于中国共产党发挥的中流砥柱的关键性作用；源于中国共产党领导的抗日民族统一战线这一重要法宝。在中国共产党领导的抗日民族统一战线旗帜下，民建的前辈先贤与全国一切爱国力量一道，同仇敌忾，共赴国难，为建立和巩固抗日民族统一战线，争取抗战胜利做出了积极贡献。

陈昌智要求，铭记历史，缅怀先烈，要学习传承中华民族在抗战斗争中表现出来的伟大抗战精神，要学习传承民建前辈先贤在抗战历程中凝结的“爱国、民主、建设”的价值理念，坚定不移地坚持中国共产党的领导，坚定不移地走和平发展道路，坚定不移地为实现国家富强、人民幸福、中华民族伟大复兴的中国梦不懈奋斗。

马培华在讲话中强调，抗日战争的伟大胜利是中华民族走向复兴的伟大历史转折点。中国人民能够以落后的武器装备打败经济实力和军事装备远比自己强大的侵略者，绝不是偶然的。以爱国主义为核心的伟大民族精神是抗日战争胜利的决定因素，爱国主义也是民建的立会之基。中国共产党的中流砥柱作用是抗日战争胜利的关键，坚持中国共产党的领导是民建的历史选择和重要的优良传统。全民族抗战是中国人民抗日战争胜利的重要法宝，中国共产党领导的统一战线在抗日战争中展现了前所未有的辉煌历史画卷，民建作为统一战线的重要组成部分将始终不渝地坚持中国特色社会主义政治发展道路。

民建中央机关各工作部门代表分别从不同角度畅谈了对中华民族浴血奋战历史的认识和体会，讴歌了中国人民英勇抗争的不屈精神，追忆了民建先贤为争取抗战胜利所做的贡献，更加坚定了为中华民族伟大复兴添砖加瓦的信念与决心。

民建中央副主席张少琴、辜胜阻出席座谈会。民建中央机关全体干部 90 余人参加座谈会。

12. 学习中共十八届五中全会精神座谈会

11 月 2 日上午，民建中央学习贯彻中共十八届五中全会精神座谈会在京召开。全国人大常委会副委员长、民建中央主席陈昌智主持会议并讲话，全国政协副主席、民建中央常务副主席马培华出席会议并讲话。

陈昌智在讲话中说，中共十八届五中全会是在我国全面建成小康社会进入决胜阶段召开的一次重要会议，是对“十三五”时期经济社会发展科学谋划的一次重要会议，是充分展示中国共产党执政能力和治理能力的一次重要会议。这次会议对于坚持和发展中国特色社会主义，实现“两个一百年”奋斗目标、实现中华民族伟大复兴的中国梦，具有重大的现实意义和深远的历史意义。全会通过的《中共中央关于制订国民经济和社会发展第十三个五年规划的建议》，从党和国家战略全局出发，明确提出“十三五”规划的指导思想、基本原则、目标要求、基本理念、重大举措，描绘了未来 5 年国家发展蓝图，有很强的思想性、战略性、前瞻性、指导性，是动员全党全国各族人民夺取全面建成小康社会伟大胜利的纲领性文件。

陈昌智指出，当前和今后一个时期，民建全会要把学习贯彻中共十八届五中全会精神作为首要政治任务，切实抓紧抓好。

陈昌智强调，民建全会要认真学习、深刻领会中共十八届五中全会重大意义和精神实质，坚持以学习为先导，通过各种有效形式，组织广大会员认真学习中共十八届五中全会精神，仔细研读会议公报、《决定》和其他相关材料，深刻理解、准确把握会议精神；要立足与经济界密切联系的特色，发挥界别和整体优势，积极履行参政党职能，为制订实施“十三五”规划献计出力；要坚持思想建会，继承和弘扬“五个坚持”的优良传统，凝聚爱国、民主、建设、奉献等共同价值理念，不断巩固全会共同的思想基础；同时，要不断加强组织建设、制度建设、领导班子建设，创新工作思路，探索有效形式，切实提高政治把握能力、参政议政能力、组织领导能力、合作共事能力和解决自身问题能力，全面提升会的整体素质，努力在实现全面建成小康社会的征程中奋发有为。

马培华指出，民建作为中国共产党领导的多党合作和政治协商制度中的参政党，要将学习贯彻中共十八届五中全会精神作为当前和今后一段时间的重要政治任务，把学习中共十八届五中全会精神与习近平总书记系列重要讲话精神结合起来，与贯彻落实中央统战工作会议精神和《中国共产党统一战线工作条例（试行）》结合起来，与会中央正在深入开展的中国特色社会主义学习实践活动结合起来，努力加强会的自身建设，进一步发挥民建密切联系经济界的特色和优势，进一步激发广大会员的历史荣誉感和政治责任感，进一步履行好参政党职能,努力为实现全面建成小康社会宏伟目标做出积极贡献。他要求，民建全体会员要深入学习会议文件，把思想和行动统一到中共十八届五中全会精神上来；民建各级组织、专门委员会、广大会员要围绕“十三五”规划的制订实施，积极建言献策；全体机关干部要以学习贯彻会议精神为动力，努力做好今年的各项工作。

民建中央机关各个部门的代表结合工作实际，分别从不同的角度畅谈了学习中共十八届五中全会精神的体会。民建中央机关全体工作人员参加了会议。

（七）中央领导出访活动

5月18日至27日，应丹麦哥本哈根招商局、瑞典JARFALLA大区EKEN养老及健康社保机构以及芬兰赫尔辛基市政府的邀请，全国政协常委、副秘书长、民建中央副主席宋海率民建中央环境保护与社会保障考察团赴丹麦、瑞典、芬兰三国进行了考察访问。此次访问旨在考察三国城市垃圾处理和养老产业发展的现状和政策，增进双方的交流与合作，为民建中央参政议政提供参考。考察团先后与丹麦、瑞典、芬兰相关机构、专家学者、工商界人士和企业家座谈，实地走访了垃圾发电厂、水处理中心和养老院等，结合当前我国经济社会发展中环境保护及社会保障方面的现实情况，认真调研三国在城市垃圾处理和养老产业发展方面的先进经验和技术，为提高我国环境保护和社会保障水平寻求启示和借鉴，圆满完成各项考察任务，达到了预期目标，取得了丰硕成果。在境外期间，访问团先后拜访了丹麦绿色国度组织、哥本哈根投资促进局、哥本哈根市政府健保集群、丹麦诺维信公司、Amager Ressource Center发电厂，瑞典JARFALLA大区养老机构，芬兰艾陆互助养老保险公司、赫尔辛基市政府环境中心等政府部门或机构；实地参观了ARC垃圾发电项目、Vårdo och Omsorg养老院、Sjöstadsverket水处理中心以及哈马碧生态社区。参访过程中，访问团成员认真听取了三国有关情况介绍，并就共同关注的环境保护、垃圾处理、利用新技术变废为宝发展新能源及社会保障体系、老龄化问题的现状与解决方案、养老院的政策及经营状况等方面进行交流探讨；深入了解了三国在环境保护（重点是垃圾处理）和社会保障体系（重点是养老产业发展）的政策法规、运作模式；宣传了中国共产党领导的多党合作制度和中共十八大以来我国政治、经济、生态环境保护、社会保障体系建设等方面的发展情况。同时，为促进民建企业家与国外工商企业的交流合作，为民营企业及社会团体“走出去、请进来”开拓平台，并在新型绿色环境保护技术方面，初步达成了院校、院企、企业间合作开发合作意向。

6月6日至9日，应格鲁吉亚议会邀请，全国人大常委会副委员长陈昌智率团访问格鲁吉亚。访问期间，陈昌智一行分别会见了格鲁吉亚总统马尔格韦拉什维利、总理加里巴什维利，与格议长乌苏帕什维利举行会谈。双方积极评价双边关系发展现状，并就进一步开展立法机关交流、深化各领域合作交换意见。在格期间，代表团考察了中国在格最大的投资项目——华凌国际经济特区。

6月10日至12日，应亚美尼亚国民会议邀请，全国人大常委会副委员长陈昌智率团访问亚美尼亚。访问期间，陈昌智一行分别会见了亚美尼亚总统萨尔基相、总理阿布拉米扬，与亚国民会议主席萨阿江举行会谈。双方积极评价两国传统友谊和各领域合作，一致同意加强两国立法机关交往，进一步推动双边关系发展。

6月15日至16日，全国人大财经委员会副主任、全国人大中印友好小组副组长、民建中央副主席辜胜阻赴印度新德里参加中印议员友好论坛。在新德里期间，辜胜阻还参访了印度软件和服务业企业行业协会（NASSCOM）、印度RBL银行及当地中小企业。全国人大常委会委员长张德江出席本次论坛。辜胜阻作为主讲嘉宾，就中印经贸关系及中国的经济形势发言，他说，中印两国在经济发展战略上存在互补，这将为继续深化双边经贸合作打下基础，希望中印两国在“一带一路”经济发展战略实施、亚洲基础设施投资银行设立等有利条件下，扩大合作与交流，推动实现贸易和投资并进，促进中印两大经济体共同繁荣发展。

11月25日至12月4日，应印度工业联合会主席Vijaya Bajpai女士、斯里兰卡工商业联合会主席Ajith Wattuhewa先生以及缅甸华商商会会长吴继垣先生的邀请，全国人大常委会委员、中华全国总工会副主席、民建中央副主席张少琴一行6人，赴印度、缅甸、斯里兰卡进行了访问。访问期间，访问团围绕海上丝绸之路的战略构想与三个国家的工商业联合会、投资促进会、华商商会进行了深入座谈，并实地走访了当地部分知名企业、商贸企业，了解当地的投资环境和政策环境，进行了全方位多层次的调查研究，圆满完成各项考察任务，达到了预期目标。在印度期间，访问团与印度工商业联合会进行了座谈。双方一致认为，中国和印度都有着古老的文明历史，是两个最大的发展中国家，合作前景非常广阔。21世纪海上丝绸之路是一个伟大的战略构想，将进一步深化中国与东盟和西亚各国的合作，构建更加紧密的命运共同体。双方就推进中印两国经济和经贸合作、来印投资的注意事项等问题深入探讨。在孟买期间，张少琴一行还会见了中国驻孟买副总领事严华龙先生和经济商务室副领事安丽娜女士，并进行了亲切会谈，深入了解中方企业在印投资和运营情况及当地的政策环境等。实地走访了IL & FS能源发展公司、SAN火车机车公司和特殊气体公司。在缅甸期间，访问团受到了缅甸中华总商会的高度重视，并与缅甸中华总商会会长吴继垣先生和商会全体理事进行座谈。张少琴介绍了我国“一带一路”战略构想，希望中缅工商界同仁共商大计、同谋发展、互惠互利、共享繁荣，并殷切希望在缅甸有着良好政商关系的缅甸中华总商会在中缅经贸合作中起到重要的桥梁和纽带作用。缅方与会人员对中国的“一带一路”战略表示强烈期盼和热烈欢迎。总商会的理事们纷纷表示将积极参与，企盼着与中国工商业的全方位密切合作。访问团还实地考察了缅甸欧亚公司，并就企业家关心的问题进行热烈交流和亲切座谈。在斯里兰卡期间，访问团与斯里兰卡政府投资促进会Upul Jayasuriya会长、工商业联合会Ajith Wattuhewa会长进行座谈，就现代丝绸之路的重要意义及打造双边合作机制和平台等方面深入交换意见，并就投资环境、优惠政策、外汇管制及中介服务等问题进行了深入交流，取得了宝贵信息和合作交流通道。在张少琴的带领下，访问团圆满完成了海上丝绸之路经贸调研的任务，宣传和阐释了中国的“一带一路”战略构想和对沿线国家带来的发展机遇，得到了受访部门和机构的高度好评和热情接待，并建立了新的友谊。总结会上，民建会员企业家们普遍认为，这次出访，任务明确、准备充分，围绕大局、深入交流，收获颇丰，既感受到中国社会主义制度的优越性和营造周边良好环境的重要性，又增强了参与“一带一路”建设的决心和信心，同时也建立了民建会员企业与三个国家相关机构和部门的有效联系，为促进会员企业“走出去、引进来”提供了良好机会。

（八）其他重要工作会议及活动

1月4日，全国人大常委会副委员长、民建中央主席、“思源工程”理事长陈昌智出席中华思源工程扶贫基金会东易慈善基金揭牌仪式，基金将围绕我国贫困地区儿童教育、医疗救助及赈灾救灾等开展帮扶工作。陈昌智对东易日盛集团的善举给与高度赞赏，并表示当前中国扶贫开发工作已进入新的攻坚期，2015年是我国扶贫工作承前启后的关键一年，民建会员企业家及社会各界爱心人士、媒体，凝聚爱心，参与“思源工程”，与社会各界一道，不断解决困扰贫困群众吃水难、上学难、就医难、增收难等问题，为实现《中国农村扶贫开发纲要（2011—2020年）》总目标做出了新的、更大的贡献。

1月5日，全国人大常委会副委员长、中华职业教育社理事长陈昌智到中华职业教育总社看望机关干部并听取工作汇报。总干事王金宝，副总干事韩晓光、李益生及各部门负责人陪同并座谈。陈昌智在讲话中提出两点工作要求：一是机关干部队伍自身要加强学习。二是职教社人员少，舞台大，要集中精力抓好重点工作。陈昌智还提出建议，要举办好“中华职业教育论坛”，争取把论坛办好、办实、办出影响力，从而助推我国职业教育的发展。

1月8日，中共中央政治局委员、中共中央统战部部长孙春兰，与统战部常务副部长张裔炯、副部长林智敏等到民建中央走访并与民建中央领导班子座谈。民建中央主席陈昌智简要介绍了民建的基本情况，对民建近年来在思想建设、组织建设、领导班子建设、履行参政党职能、开展社会服务等方面的主要情况进行了介绍。孙春兰向民建领导班子、机关干部和广大成员表示诚挚的问候，对民建的工作给予了充分肯定。她说，民建成立70年来，始终坚持爱国、革命的优良传统，团结带领广大会员，与中国共产党风雨同舟、亲密合作，在我国革命、建设和改革的各个时期都做出了独特而重要的贡献。全国政协副主席、民建中央常务副主席马培华，民建中央副主席张少琴、辜胜阻、宋海、李谠、吴晓青、王永庆，秘书长孟孝忠和机关各部门负责人参加了座谈。

1月12日下午，民建中央副主席张少琴在京会见毕节市人大常委会党组书记、市政府副市长吴安玉，中共毕节市委常委、黔西县委书记卢林一行。

1月16日，香港、澳门全国人大代表情况报告会在深圳举行，全国人大常委会副委员长陈昌智出席并讲话。陈昌智通报了全国人大常委会2014年主要工作情况和2015年工作的初步安排。他还结合当前实际，就港澳地区全国人大代表更好地履行职责提出三点希望：一是继续坚定立场，全力支持行政长官和特区政府依法施政；二是继续立足国家，认真谋划港澳的长远发展；三是继续着眼长远，全力做好港澳青少年工作。

1月20日，全国统战部长会议在北京召开。中共中央政治局常委、全国政协主席俞正声出席会议并讲话，强调统一战线要认真学习贯彻党的十八届三中、四中全会和中央经济工作会议精神，深入学习贯彻习近平总书记系列重要讲话精神，进一步开创统一战线工作新局面，为全面建成小康社会、实现中华民族伟大复兴的中国梦提供广泛强大持久的力量支持。民建中央副主席张少琴列席会议。

1月21日至28日，全国政协副主席马培华率调研组一行到河北省邢台、石家庄、保定，就京津冀大气污染综合防治问题进行调研。连日来，调研组一行实地考察了河北省部分企业、工业园区和有关部门，并召开座谈会，听取河北省及石家庄、保定、邢台市的情况汇报。调研组一行对河北省大气污染防治工作取得的成绩给予充分肯定，对进一步推进京津冀大气污染综合防治工作提出意见建议。全国政协提案委员会主任孙淦，全国政协副秘书长、提案委员会副主任徐辉，全国政协提案委员会驻会副主任田杰，民建中央副主席、环境保护部副部长吴晓青，河北省副省长张杰辉，民建河北省委主委、副省长秦博勇，省政协副主席崔江水等分别参加上述活动。

1月25日至26日，全国人大常委会委员、民建中央副主席辜胜阻带队在湖北调研信息化建设及推动信息化和工业化（简称“两化”）深度融合发展工作，并听取省经信委和华新水泥、武汉移动、武汉制信、武汉爱民、际华纺织、武重集团等企业“两化”融合工作情况汇报。湖北省人大财经委副主任委员张友松主持座谈会。在湖北期间，辜胜阻还会见了湖北省人大常委会党组副书记、副主任田承忠，湖北省政协副主席、民建湖北省委会主委郭跃进，湖北省人大财经委主任委员李德炳。此外，调研组还实地考察了烽火科技、人福医药、武重集团等企业“两化”融合开展情况。

1月26日下午，最高人民检察院召开各民主党派中央、全国工商联和无党派人士民主监督座谈会。座谈会由检察长曹建明主持。常务副检察长胡泽君介绍了2014年检察工作情况和2015年检察工作安排。监察部副部长、民建中央副主席郝明金出席座谈会，并就检察院工作提出建议。

1月27日，全国政协在京召开各民主党派中央和全国工商联提案工作座谈会。全国政协提案委员会主任孙淦出席会议并讲话，全国政协提案委员会副主任王国卿主持会议，全国政协提案委员会驻会副主任田杰通报全国政协十二届二次会议以来各民主党派中央和全国工商联提案工作情况。民建中央副主席张少琴代表民建中央出席座谈会并发言。

1月30日，全国人大常委、民建中央副主席辜胜阻出席由最高人民法院组织召开的民主党派中央、全国工商联、无党派人士征求意见座谈会，并就司法体制改革有关问题提出具体建议。最高人民法院院长周强出席会议。会议由最高人民法院党组成员、副院长李少平主持，最高人民法院党组成员、副院长景汉朝通报了2014年人民法院工作情况。

2月3日至4日，全国人大常委、民建中央副主席、中华全国总工会副主席张少琴率全总慰问团一行赴河南平顶山、许昌开展送温暖活动。中共河南省委副书记邓凯，河南省人大常委会副主任、省总工会主席张大卫会见慰问团一行并汇报了河南省总工会工作。

河南省总工会党组书记、常务副主席李建庄，全总组织部巡视员、副部长杨军日等陪同慰问。

2月7日，“2015中华职业教育社专家委员会会议”在京召开。全国人大常委会副委员长、中华职业教育社理事长陈昌智出席会议并讲话，中华职业教育社总干事王金宝、教育部职成司司长葛道凯、中华职业教育社副总干事杨农出席会议。会议由全国人大常委、中华职业教育社专家委员会主任王佐书主持。60多名京内外的专家委员与会。

2月9日上午，全国人大常委、民建中央副主席张少琴会见了贵州省黔西南州政协主席龙刚一行。张少琴在认真听取汇报后说，黔西南州风景优美、生态良好、民风淳朴，是宜业福地、宜游胜地、宜居宝地。在中共贵州省委、省政府领导下，全州各项工作成绩显著，令人鼓舞。民建中央将发挥优势，再接再厉，继续支持黔西南州的发展，积极推进帮扶项目，与全州干部群众共同努力，为黔西南州同步建成小康社会做出更大贡献。中共黔西南州委常委、副州长胡洋，黔西南州政协副主席、民盟黔西南州委主委廖星等参加会见。

2月13日上午，全国人大常委会副委员长、民建中央主席、中华职业教育社理事长陈昌智，全国政协副主席、民建中央常务副主席、中华职业教育社副理事长马培华在会中央机关会见了来访的教育部副部长鲁昕一行。陈昌智在听取了介绍后，对教育部近些年来开展的教育综合改革工作给予高度评价。他说，十年树木百年树人，教育对国家的发展至关重要。教育部在职业教育上花了大力气、下了大功夫，发展到现在很不容易。我国在理念上仍然对应用型和技能型人才重视不够，导致我国技术创新驱动力不足，教育部提出了很好的人才培养思路，民建中央一定会积极呼吁配合，将我国职业教育不断向前推进。教育部职业教育与成人教育司司长葛道凯，民建中央秘书长孟孝忠，中华职业教育社副总干事韩晓光等参加了会见。

2月13日上午，全国人大常委会副委员长、民建中央主席、中华职业教育社理事长陈昌智，全国政协副主席、民建中央常务副主席、中华职业教育社副理事长马培华在会中央机关会见了来访的人力资源和社会保障部副部长汤涛一行。民建中央副主席张少琴、秘书长孟孝忠，人力资源和社会保障部职业能力建设司司长张立新、副司长刘丹，中华职业教育社副总干事韩晓光等参加了会见。

3月1日上午，中央社会主义学院2015年春季开学典礼在京举行。民建中央副主席宋海及参加第33期民主党派干部进修班、培训班的17名民建学员出席开学典礼。全国人大常委会副委员长、民进中央主席、中央社会主义学院院长严隽琪出席并讲话。中央社会主义学院党组书记、第一副院长叶小文主持开学典礼。民建中央组织部副部长李维平参加了开学典礼。

3月17日下午，全国人大常委会副委员长、民建中央主席陈昌智出席民建西城区委专委会工作会议，听取了区委专委会工作汇报，要求民建各级组织认真学习贯彻全国两会精神，发挥优势促进经济社会发展。会上，民建中央办公厅副主任、民建西城区委主委李建国主持会议并代表民建西城区委汇报了区委组织建设工作，并着重介绍了区委创新组织工作机制，搭建平台，依托专委会开展参政议政、社会服务、服务会员等工作。民建西城区委副主委李海丽、金辉、马光远、周卫青，专委会主任宋健坤、齐建新、刘井坤、王兰、赵莉、朱继东、纪丽等以鲜活的事例介绍了专委会工作。民建中央组织部部长李世杰、民建北京市委副主委赵亚洲参加了会议。

3 月 18 日，纪念赛福鼎·艾则孜同志诞辰 100 周年座谈会在京举行。中共中央政治局常委、全国政协主席俞正声出席座谈会，并会见了赛福鼎·艾则孜同志亲属。民建中央副主席张少琴出席了座谈会。

3 月 18 日下午，民建中央办公厅与所联系的支部在会中央机关 501 会议室举行联合活动。民建中央主席陈昌智参加了活动。会议传达学习了刚刚闭幕的全国两会的精神。与会会员围绕两会期间社会上关注的热点焦点问题展开讨论，并就今年支部的参政议政工作提出意见建议。活动由民建北京海淀科二支部主委胡天石主持。民建中央秘书长孟孝忠，办公厅主任谷娅丽、副巡视员李玉忠，办公厅所联系的民建海淀科二支部、民建朝阳中直支部，及民建海淀科一支部、中关村支部、朝阳联合四支部的部分会员和办公厅各处的负责同志共 50 余人参加了座谈。

3 月 19 日下午，全国人大常委会副委员长、民建中央主席陈昌智在民建中央机关亲切接见正在中央社会主义学院第 33 期民主党派干部进修班、培训班学习的 16 位民建学员，并与大家合影留念。两个班的班长分别汇报了开班以来的学习情况和体会，陈昌智勉励大家珍惜学习机会，加强理论学习、提高自身修养、坚定政治立场，作为会的骨干要多思考和研究民建的发展和自身建设问题，在基层组织建设中发挥更大作用。学员们还参观了民建会史展览和孙起孟同志生前用品陈列室。民建中央组织部部长李世杰、副部长李维平参加了活动。

3 月 23 日晚，全国人大常委会副委员长、民建中央主席、中华职教社理事长陈昌智在成都与四川省中华职教社领导班子座谈。四川省副省长、民建四川省委主委、四川省中华职教社主任陈文华汇报了四川省中华职教社成立以来的各项工作，职教社的班子成员汇报了各自的工作情况。

3 月 23 日，全国人大财经委副主任委员、民建中央副主席辜胜阻随全国人大财经委调研组赴天津就信息化建设及推动信息化工业化深度融合发展情况、天津自贸区建设情况等问题进行了调研。调研期间，调研组召开了多场座谈会，听取了市发改委、市科委、市中小企业局、北辰区工经委、（天津）自贸区管委会、天津港保税区管委会、天津东疆保税区管委会、滨海新区中心商务区管委会等部门相关情况的汇报，并与市人大、市政府有关部门、企业界代表就有关问题进行了深入的交流和探讨。

3 月 24 日下午，各党派中央、统战系统单位网站运维和信息化建设工作研讨会在民建中央召开。会前，全国政协副主席、民建中央常务副主席马培华亲切接见了与会代表，对中央统战部、各兄弟党派中央和有关统战系统单位莅会表示欢迎和感谢，并就加强民建中央网站及信息化建设工作的重要意义、今后工作努力方向提出意见和要求。民建中央秘书长孟孝忠参加会见。

3 月 24 日至 25 日，全国人大常委会副委员长、民建中央主席陈昌智率队就民建中央重点调研专题“加强经济合作，推动长江经济带健康发展”赴四川调研。中共中央统战部副部长林智敏，环境保护部副部长、民建中央副主席吴晓青参加调研。四川省副省长、民建四川省委主委陈文华陪同调研。国家发改委综合运输研究所副所长汪鸣，交通运输部规划研究院党委书记、副院长王文龙，交通运输部规划研究院副总工程师李歌清，民建会员专家王济光、王一鸣、杨明洪、翁振杰及民建中央调研部部长蔡玲参加调研。

3 月 25 日下午，民建中央直属二支部 2015 年第一次活动在京举行。民建中央副主席李谠出席活动。李谠首先向大家介绍了参加全国政协十二届三次会议的情况，并传达了有关会议精神。会上还采用无记名方式推荐了中央直属二支部全国优秀会员候选人。

3 月 25 日至 26 日，全国人大常委会委员、财经委副主任委员、民建中央副主席辜胜阻就互联网创业创新发展情况在重庆调研。辜胜阻书面听取了重庆市经济和信息化委员、重庆市北部新区管委会及科技创新局关于互联网创业创新发展情况的工作汇报，并实地考察了重庆北部新区互联网产业园、重庆赛伯乐科技有限公司、重庆猪八戒网络有限公司等。重庆市人大常委会委员、财经委副主任委员刘有恒，重庆市经济和信息化委员会总工程师赵刚，重庆市工商局副局长、民建重庆市委会副主委杨光，重庆市北部新区管委会副主任高志明，重庆市北部新区科技创新局副局长杨春林等陪同调研。

3 月 26 日下午，民建中央副主席张少琴在京会见中共湖南省委常委、省委统战部部长李微微，湖南省人民政府副省长何报翔，湖南省政协副主席、民建湖南省委主委赖明勇一行。民建中央社会服务部部长包瑞玲、副部长夏赶秋等参加会见。

3 月 26 日，全国人大常委会副委员长、民建中央主席陈昌智率调研组就民建中央重点专题“加强经济合作，推动长江经济带健康发展”在重庆进行调研，与重庆市政府召开座谈会。全国人大常委会委员、民建中央副主席辜胜阻，中共重庆市委副书记、市长黄奇帆参加座谈。重庆市人大常委会副主任、民建重庆市委主委沈金强陪同调研。国家发展改革委综合运输研究所副所长汪鸣，交通运输部规划研究院党委书记、副院长王文龙，交通运输部规划研究院副总工程师李歌清，民建会员专家王济光、王一鸣、杨明洪、翁振杰及民建中央调研部部长蔡玲参加调研和调研组座谈会。

3 月 27 日，全国人大常委会副委员长、民建中央主席陈昌智亲临位于重庆白象街的“中国民主建国会成立旧址”（西南实业大厦）建设工地视察，就民建工作、中华职教社工作、长江经济带发展问题在民建市委机关深入座谈。重庆市人大常委会副主任、民建市委主委沈金强陪同调研。

3 月 26 日至 27 日，全国政协副主席、民建中央常务副主席马培华赴江西调研并出席民建江西省委领导班子谈心会。在赣期间，马培华会见了中共江西省委书记强卫、江西省省长鹿心社，并赴鹰潭看望了民建会员。江西省政协副主席、民建江西省委主委孙菊生陪同调研。

3 月 28 日，中国民主建国会上海市崇明县委员会召开成立大会。全国政协副主席、民建中央常务副主席马培华，民建中央副主席、上海市政协副主席、民建上海市委主委周汉民出席会议。马培华代表民建中央向大会致以热烈的祝贺。民建中央原副主席、民建上海市委原主委黄关从，民建市委副主委徐钧健、陈宏民、葛俊杰、钱雨晴、胡可一、程裕东、谢毓敏，秘书长汪胜洋，崇明县政协主席施建华，中共崇明县委常委、中共崇明县委统战部部长王为群，崇明县人大常委会副主任邢建良，崇明县副县长杨宝良和有关单位负责同志、崇明民建全体会员近 150 人参加会议。在沪期间，马培华还会见了中共上海市委常委、统战部部长沙海林，并前往江南造船（集团）有限责任公司考察。

3 月 29 日上午，第三届“中国美丽乡村 · 万峰林峰会”在贵州省兴义市开幕。全国人大常委会委员、民建中央副主席张少琴代表民建中央出席开幕式。中央统战部、农业部、科技部、国家民委、各民主党派中央、全国工商联及省直有关部门领导，相关专家学者、国际友人、全国美丽乡村联盟代表以及来自全国各地的企业家代表参加峰会开幕式。在兴义期间，张少琴副主席还考察了民建会员企业贵州兴义黄盛记食品有限公司和贵州浙兴商贸博览城。

3 月 30 日至 31 日，全国人大常委会委员、民建中央副主席张少琴赴贵州省就民建地方组织工作进行调研。民建贵州省委主委武鸿麟、副主委李瑶等先后参加调研。在贵州省安顺市，张少琴召开调研座谈会，听取了民建安顺市委会的工作汇报。在贵州调研期间，张少琴还会见了中共安顺市委常委、市委秘书长、市委统战部部长山林和中共安顺市委常委、市委组织部部长朱桂云以及民建贵州省委副主委徐大佑、余维祥、罗玉平等。民建中央组织部、社会服务部和民建贵州省委会有关同志参加调研。

3 月 30 日，全国人大常委会副委员长、民建中央主席、中华职业教育社理事长陈昌智在人民大会堂会见了美国著名华人企业家和社会活动家方李邦琴女士一行。外交学院党委书记袁南生夫妇等参加了会见和座谈。

4 月 1 日至 2 日，全国政协副主席、民建中央常务副主席马培华带领“推进京津冀协同发展中的大气污染防治”专题调研组一行在天津调研。民建中央副主席、环境保护部副部长吴晓青参加调研。在津调研期间，调研组考察了天津南口路国控点、河东区大气污染防治网格管理中心、天津力神电池有限公司、天津军粮城发电有限公司、天津钢铁集团有限公司等单位，了解了天津市大气污染防治情况，对天津市大气污染问题的成因分析、天津大气污染源解析及传输转化情况进行了研讨，针对天津市在与北京、河北等周边区域协同开展大气污染防治工作的主要做法、效果及对策建议等与天津市政府相关部门展开座谈。在天津期间，马培华会见了中共天津市委代书记、市长黄兴国。天津市政协主席臧献甫、副主席魏大鹏，民建天津市委主委欧成中等陪同调研。民建中央调研部部长蔡玲，国家发展改革委环资司处长杨尚宝，北京大学国家资源经济研究中心主任李虹，中科院生态环境研究中心评价部副主任李黛青等参加调研。

4 月 2 日，为庆祝中国与波黑建交 20 周年，中国人民对外友好协会在北京举办招待会。全国人大常委会副委员长陈昌智、全国友协副会长宋敬武与波黑驻华大使博里斯拉夫 · 马里奇出席招待会。陈昌智在招待会前短暂会见波黑驻华大使马里奇。他说，建交 20 年来，中波黑关系发展顺利。双方政治互信牢固，始终相互尊重、平等对待，在国际和地区事务中也一直保持良好沟通与协调。中方愿意同波黑方一起，以建交 20 周年为契机，充分利用中国—中东欧国家发展合作平台，不断扩大政治互信，促进各领域的交流合作，推动中波黑关系迈上新台阶。陈昌智与马里奇及出席招待会的中外嘉宾一起观看了中国艺术家们的精彩演出。

4 月 9 日，全国人大常委会副委员长、民建中央主席、中华职业教育社理事长陈昌智在全国人大会议中心会见了瑞士职业院校校长参访团一行。

4 月 13 日，全国人大常委会副委员长、民建中央主席陈昌智率调研组就民建中央重点专题“加强经济合作，推动长江经济带健康发展”在宜昌进行调研，召开座谈会听取三峡集团公司及长江航务管理局关于三峡工程建设、船闸运行情况的介绍。中共湖北省委常委、宜昌市委书记、市人大常委会主任黄楚平代表湖北省委省政府、宜昌市委市政府对调研组表示热烈欢迎。湖北省政协副主席、民建湖北省委主委郭跃进，湖北省人大常委会秘书长乔余堂陪同调研。

4月13日，全国人大常委会委员、财经委员会副主任委员、民建中央副主席辜胜阻赴湖北恩施调研农村扶贫开发工作。调研期间，辜胜阻还到民建恩施州委机关看望了民建恩施州委班子成员、机关干部、部分会员代表，了解了恩施组织运行情况，并召开了座谈会。恩施州委副书记、州长杨天然，恩施州委常委、统战部长谭文骄，恩施州副州长庞红艳，恩施州政协副主席、民建恩施州委会主委谭建军，恩施市委书记向前进，恩施市政协副主席赵萍等有关同志陪同调研。

4月13日中午，全国人大常委会副委员长、民建中央主席陈昌智与宜昌会员代表举行座谈。陈昌智对宜昌民建的工作给予了充分肯定，并勉励企业家会员不断加强自身建设，不断提高政治把握能力，保持良好的政治品格。

4月14日晚，全国人大常委会副委员长、民建中央主席、中华职教社理事长陈昌智在武汉同民建湖北省委领导班子部分成员和会员代表以及省中华职教社负责同志座谈。湖北省政协副主席、民建省委主委、省中华职教社主任郭跃进主持座谈会。民建中央调研部部长蔡玲，中共湖北省委统战部副部长冯艳飞，民建省委副主委李玲玲、张文彤、韩民春、李燕萍，秘书长宋君慧，省中华职教社秘书长陈南军，以及部分民建会员代表等参加座谈会。

4月13日至15日，全国政协副主席、民建中央常务副主席马培华就“加快科技成果转化、促进创新驱动战略实施”课题率调研组前往江苏进行调研。江苏省政协副主席、民建江苏省委主委洪慧民陪同调研。湖南省政协原副主席、民建湖南省委原主委龙国键，国务院参事、国家知识产权局原副局长李玉光等8位会内专家学者参加调研。

4月14日上午，全国人大常委会副委员长、民建中央主席陈昌智走访民建武汉市委机关，参观党派大楼。省政协副主席、民建湖北省委主委郭跃进，民建中央调研部部长蔡玲，武汉市人大副主任胡绪鹍、武汉市人大秘书长袁堃等陪同走访。陈昌智走访了市委机关每个办公室，观看了武汉市委的宣传展板。他高度赞扬武汉市委作为中国民主建国会最早成立的5个地方组织之一，在改革开放、经济建设、和谐社会建设中做出的突出贡献，在会务活动、会的建设、参政议政方面取得的突出成绩，希望大家在新常态下，再接再厉，做出新的更大的贡献。

4月15日至17日，民建中央副主席张少琴就民建中央重点专题“加强社会征信体系建设，构筑诚实守信的经济社会环境”赴天津、北京调研。在天津期间，张少琴还会见了中共天津市委常委、市政协副主席、市委统战部部长刘长喜，市委统战部常务副部长刘剑英等。民建天津市委会主委欧成中，副主委王爱俭、董维忠，秘书长毕春光等陪同调研。

4月16日至17日，全国人大常委会副委员长、民建中央主席陈昌智率调研组就民建中央重点专题“加强经济合作，推动长江经济带健康发展”在上海调研，他强调，推动长江经济带发展重在协同与合作。中央政治局委员、上海市委书记韩正，市人大常委会主任、党组书记殷一璀对调研组一行表示热烈欢迎。环境保护部副部长、民建中央副主席吴晓青参加调研。浙江省政协副主席、民建浙江省委主委陈小平，交通运输部规划研究院党委书记、副院长王文龙、副总工程师李歌清，民建会员专家汪胜洋、翁振杰、李燕萍、熊小元及民建中央调研部部长蔡玲参加调研。

4 月 18 日上午，民建中央对外联络委员会 2015 年全体会议在福州召开。福建省政协副主席、民建福建省委主委郭振家出席会议并致辞。外联委主任、北京林达投资集团董事长李晓林代表全体委员作外联委 2014 年工作总结。57 名委员和特邀委员出席会议。会议提出，2015 年，外联委将继续巩固同台港澳地区各界人士联系，加大台港澳工作力度；继续拓展与海外华人华侨及社团组织的联络，服务会员“走出去”；继续把境外交流与参政议政、社会服务相结合，推动委员多形式多层次参政议政、服务社会；不断加强自身建设，增强组织凝聚力。参会委员高度肯定 2014 年外联委的工作，纷纷表示，过去一年外联委的工作富有成效、有所创新，在参政议政、对外交流、社会服务等方面取得了丰硕成果。委员会的凝聚力不断得到加强。会议还邀请了 4 位委员与大家分享他们工作的宝贵经验。北京市旅游发展委员会副主任安金明、北京叶氏集团董事长叶青、中国书法出版传媒集团董事长李世俊、厦门大学台湾研究中心副主任李非分别发表了题为《关于写好调研报告和社情民意的几点体会》《新时期如何在基层做好支部创新与发展为国家培养优秀党外人士》《中国书法传媒的历史责任与文化使命》和《当前台海局势与两岸关系走向》的主题演讲。民建中央联络部巡视员金德安、副部长汪洋，民建福建省委副主委郭学军出席会议。

4 月 19 日下午，由民建中央对外联络委员会参与主办的自贸区建设与服务外包创新发展研讨会在福建平潭召开。民建中央副主席辜胜阻出席会议，并发表题为《自贸试验区战略及对福建和平潭的建议》的主旨演讲。福建省政协副主席、民建福建省委主委郭振家，安徽省政协原副主席、中国科技大学管理学院教授方兆本，民建中央外联委主任、北京林达投资集团董事长李晓林，民建中央联络部巡视员金德安，联络部副部长汪洋等民建会内外领导出席此次会议。

4 月 22 日下午，全国政协在京召开双周协商座谈会，就“推进京津冀协同发展中的大气污染防治”问题提出意见建议。全国政协主席俞正声主持会议并讲话。全国政协副主席、民建中央常务副主席马培华出席会议并发言。民建中央副主席、环境保护部副部长吴晓青介绍了推进京津冀协同发展中的大气污染防治的有关情况。

4 月 28 日，全国人大常委会水污染防治法执法检查组第一次全体会议在北京举行。全国人大常委会副委员长陈昌智、沈跃跃、艾力更·依明巴海出席会议。

4 月 28 日，“加强经济合作，推动长江经济带健康发展”研讨会在京召开，全国人大常委会副委员长、民建中央主席陈昌智出席会议并讲话。会议由全国人大常委会委员、民建中央副主席辜胜阻主持。全国政协常委、民建中央副主席周汉民出席会议并代表民建上海市委发言。中共中央统战部一局副局长刘海富，民建中央调研部部长蔡玲等有关同志参加了研讨会。

4 月 28 日，民建中央社会服务部、民建贵州省委与中共毕节市委、毕节市人民政府共同主办的 2015 年毕节试验区生态产业发展峰会在贵州黔西县举行，全国人大常委会委员、民建中央副主席张少琴出席会议并讲话。

4月28日下午，民建东部十省市组织对口帮扶黔西第三次联席会议在黔西县行政中心举行，民建中央副主席张少琴出席会议并讲话。民建中央社会服务部部长包瑞玲主持会议。民建贵州省委、民建东部十省市组织副主委及社会服务部门负责人，民建毕节市工委，中共黔西县委、县政府及相关部门负责人共50余人参加了会议。

4月29日下午，全国人大常委会副委员长、民建中央主席陈昌智在浙江金华召开会员企业家代表座谈会。民建中央副主席宋海参加座谈会。浙江省政协副主席、民建浙江省委主委陈小平主持座谈会。民建浙江省委副主委兼秘书长郭吉丰等参加座谈会。

4月29日至30日，全国人大常委会委员、财经委副主任委员、民建中央副主席辜胜阻在上海调研互联网创业创新和金融“十三五”规划。辜胜阻实地考察了1号店（纽海电子商务有限公司）、看看智能（上海）科技有限公司，并与互联网与电子商务企业负责人进行座谈，就互联网创业创新发展现状及存在问题与大家交流探讨，听取意见建议。民建上海市委会副主委陈宏民陪同参加调研。在上海期间，辜胜阻还随全国人大财经委“十三五”规划金融专题调研组到上海证券交易所调研，并参加金融机构专家学者座谈会，听取意见建议。

4月30日上午，民建中央爱国主义教育基地施复亮故居揭牌仪式在浙江金华隆重举行。全国人大常委会副委员长、民建中央主席陈昌智出席发表重要讲话，并与浙江省政协副主席、中共浙江省委统战部部长孙文友共同为“民建中央爱国主义教育基地”揭牌。全国政协副秘书长、民建中央副主席宋海宣读了《民建中央关于命名施复亮故居为爱国主义教育基地的决定》。浙江省政协副主席、民建浙江省委主委陈小平主持揭牌仪式。中共金华市委书记徐加爱致欢迎词。民建中央宣传部副部长程喜真，民建浙江省委副主委郭吉丰和施复亮亲属等近130人参加了揭牌仪式。

5月4日至6日，民建中央副主席张少琴赴山西省就民建地方组织工作进行调研。在山西省晋中市，张少琴副主席召开座谈会，认真听取了民建晋中市委主委白德恭的工作汇报和部分会员代表的发言。他对晋中市委会在思想建设、组织建设、参政议政、社会服务等各项工作中取得的成绩给予充分肯定。在山西调研期间，张少琴还会见了中共山西省委常委、统战部长孙绍骋，中共山西省委统战部常务副部长郭海刚，中共晋中市委书记张璞等。民建中央组织部、社会服务部和民建山西省委会有关同志参加调研。山西省政协副主席、民建山西省委主委王宁，民建山西省委副主委姚宪华、刘蓉华、薛维梁等先后参加调研。

5月6日至7日，全国政协副主席、民建中央常务副主席马培华率民建中央调研组就“加快科技成果转化和技术转移，促进创新驱动战略实施”课题赴湖北省调研。调研期间，马培华会见了中共湖北省委书记李鸿忠、省长王国生、政协主席杨松等湖北省党政主要领导。湖北省政协副主席、科技厅厅长、民建湖北省委主委郭跃进陪同调研。湖南省政协原副主席、民建湖南省委原主委龙国键，国务院参事、国家知识产权局原副局长李玉光等参加调研。民建浙江省委副主委郭吉丰、国务院法制办政法国防法制司副司长胡淑珠、中科院文献情报中心副主任张薇、常州市人大副主任邵明、浙商创业投资管理集团董事长陈越孟等会内专家学者，民建中央调研部部长蔡玲等参加调研。

5月10日，民建中央文化委员会全体会议在成都召开。安徽省政协副主席、民建安徽省委主委、民建中央文化委员会主任李修松出席会议并作工作报告，对民建中央文化委员会2014年以来的工作进行了总结，对下阶段工作进行了安排部署。会议由民建中央文化委员会副主任安庭主持，民建中央文化委员会副主任张士元、王元石、陈少峰、周鸣秋以及40多位委员参加会议。部分委员结合自己提交的论文进行了充分交流，并对文化委员会的工作提出了意见建议。会议还介绍了新加入文化委员会的委员。

5月12日，全国政协副主席、民建中央常务副主席马培华率民建中央调研组就“加快科技成果转化和技术转移,促进创新驱动战略实施”课题在北京市调研。全国人大常委、民建中央副主席辜胜阻，湖南省政协原副主席、民建湖南省委原主委龙国键，国务院参事、国家知识产权局原副局长李玉光等参加调研。中共北京市委常委、统战部部长、副市长戴均良，民建北京市委常务副主委任学良等陪同调研。在清华调研期间，马培华还看望了民建清华大学委员会的会员代表，勉励大家为创新驱动战略实施多做贡献。

5月18日，中华职业教育社省级组织领导干部能力建设培训班在上海市社会主义学院开班。全国人大常委会副委员长、中华职业教育社理事长陈昌智出席开班式并作动员讲话。上海市政协副主席、上海市社会主义学院院长、上海市中华职业教育社主任周汉民致辞。当日,中华职业教育社“爱国主义教育基地”在浦东新区川沙新镇黄炎培故居（内史第）举行揭牌仪式。全国人大常委会副委员长、中华职业教育社理事长陈昌智出席并讲话。上海市政协副主席、上海中华职业教育社主任周汉民、中华职业教育社副总干事韩晓光出席。

5月22日下午，民建中央主席陈昌智、副主席王永庆在民建中央机关出席民建北京朝阳区委科四支部活动暨“民建会员之家”成立五周年总结汇报会并颁发“基层组织建设突出贡献”荣誉奖杯。

5月24日下午，民建北京大学委员会在北京大学英杰交流中心阳光大厅举办第三届“城市发展论坛”，论坛的主题是“新常态下城市经济转型”。民建中央副主席辜胜阻出席论坛并作主旨演讲。民建中央副主席王永庆出席论坛并代表民建中央致辞。

5月25日，民建中央副主席张少琴应邀出席山西省委统战部主办的“山西省民主党派学习讲堂”，并做了题为《加强综合素质培养，全面提高参政议政能力和政党协商能力》的专题演讲。山西省政协副主席、民建山西省委主委王宁主持讲座，中共山西省委统战部常务副部长郭海刚出席讲座。山西省各民主党派、工商联和无党派代表人士近300人参加讲座。在太原期间，张少琴还会见了中共山西省委常委、统战部长孙绍骋等。

5月26日至30日，全国人大常委会副委员长陈昌智率队赴安徽，就《水污染防治法》贯彻实施情况开展执法检查。

5月28日晚，全国人大常委会副委员长、民建中央主席陈昌智在安徽淮南同民建淮南市委领导班子成员进行了座谈。陈昌智听取了民建淮南市委主委魏彩华对淮南民建基本情况及近年来在思想建设、组织建设、参政议政和社会服务等方面主要工作的汇报，对民建淮南市委的工作给予充分肯定。在会见被习近平主席点赞的淮南市红十字志愿者、民建会员张宝时，陈昌智对他这种大爱之举予以高度赞扬。尤其是当陈昌智得知张宝是在不顾自己车祸后身体刚刚恢复、依然捐献骨髓挽救韩国患者生命的义举后，更加关心张宝的健康状况，一再叮嘱他要注意养护好身体。民建淮南市委副主委陈光　、李广学、周方勤参加了座谈。

5月29日，由人民政协报社主办的第10期财经智库沙龙“完善社会征信体系推动创业创新建言献策恳谈会”在北京召开。全国人大常委会委员、民建中央副主席张少琴出席沙龙并讲话。

5月30日，全国人大常委、民建中央副主席辜胜阻就组织建设工作和小微企业发展问题赴山东威海、烟台调研。辜胜阻分别走访了民建威海、烟台市委机关，看望了民建市委班子成员、机关干部，考察了相关会员企业。中共威海市委副书记、市长张惠，市人大常委会副主任、民建威海市委主委毕礼伟，市委统战部常务副部长姜文秋，中共烟台市委常委、统战部部长程德智，民建山东省委秘书长李旭茂等陪同相关调研。

6月9日至12日，由民建中央社会服务部、中央社会主义学院和中国经济时报社共同主办的第二期民建中央企业家培训班在京举行。民建中央副主席张少琴出席开班仪式并讲话。中央社会主义学院副院长张峰出席开班仪式并致辞，民建中央社会服务部部长包瑞玲主持开班仪式。中国经济时报社副社长高峰、民建中央社会服务部副部长夏赶秋等出席开班仪式。

6月10日，全国人大财经委副主任、民建中央副主席辜胜阻一行到访神雾集团。辜胜阻对神雾多年来致力于工业领域节能减排技术的研发和创新表示赞赏。他表示，当前京津冀地区产业集聚、人口集中、区域环境压力巨大，神雾全球领先的核心节能与大气雾霾治理技术可以率先在京津冀地区进行推广，在破解京津冀地区生态难题的同时增强企业经济效益，实现双赢。

6月14日，由中华职业教育社参与主办的“海峡两岸职业教育论坛”在福建省厦门市举行，本届论坛主题是：文化创意产业人才培养与专业建设。全国政协副主席、民建中央常务副主席、中华职业教育社副理事长马培华出席论坛并作主旨演讲。论坛上，来自海峡两岸的11位文化创意及其人才培养领域专家作专题演讲。来自台湾的32位嘉宾和来自大陆各省区市的100余位文化创意人才培养领域的专家、学者及高等职业院校负责人参加论坛活动。

6月19日，民建中央法制委员会全体会议在北京召开。民建中央副主席郝明金出席会议并讲话。会议总结了民建中央法制委员会一年来的主要工作，并围绕2015年重点课题选题和人民法院、人民检察院工作展开讨论，提出意见建议。会议还采用民主表决的形式评定了民建全国优秀会员、民建全国参政议政先进个人推荐人选。钱弘道、黄石松副主任和李秀清主任先后主持会议，副主任王玉梅、肖太福、郑锦春、胡淑珠、贾英涛、黄勇、谢商华以及30余位委员出席会议并发言。调研部部长蔡玲、副巡视员王暖参加会议。6月18日晚，法制委员会召开了主任会议，研究讨论了全体会议日程安排、民建全国优秀会员和参政议政先进个人建议名单、2015年重点调研课题选题方向。

6月20日，2015未来之星——香港传媒专业大学生国情课程班在北京人民大会堂举行结业典礼。全国人大常委会副委员长、民建中央主席陈昌智等嘉宾出席典礼，并为70余名来自香港多所大学及专上学院传媒及相关专业的未来之星颁发结业证书。

6月23日，全国人大财经委员会副主任委员、民建中央副主席辜胜阻赴京东、小米就互联网+行动计划、工业化与信息化的深度融合等问题进行专题调研。

6月29日至30日，全国政协副主席、民建中央常务副主席马培华赴上海调研，先后赴闵行、松江、普陀调研，并与民建区委领导班子成员以及骨干会员亲切座谈。民建中央副主席、上海市政协副主席、民建上海市委主委周汉民陪同调研。在沪期间，马培华会见了上海市政协主席吴志明，中共上海市委常委、统战部部长沙海林等上海市党政领导，以及中共闵行区委书记赵奇、中共普陀区委书记施小琳等调研区域党政负责同志。民建上海市委副主委钱雨晴、谢毓敏，民建上海市委秘书长汪胜洋等陪同调研。

6月30日下午，由民建上海市委与杨浦区人民政府联合举办的“上海民建浦江论坛”在创智天地会议中心举行。全国政协副主席、民建中央常务副主席马培华出席论坛并作主旨演讲，民建中央副主席、上海市政协副主席、民建上海市委主委周汉民，中共杨浦区委副书记、区长谢坚钢参加论坛。

7月2日下午，民建中央副主席张少琴在京会见中共毕节市委统战部部长尹恒斌一行。民建中央社会服务部副部长夏赶秋以及社会服务部有关同志，中共毕节市委统战部常务副部长谌贻勇等参加了会见。

7月2日，民建中央妇女委员会第三次全体会议在云南召开。云南省委主委、云南省副省长高峰，云南省妇联主席和红梅出席开幕式并致辞。民建中央组织部部长李世杰，副部长卞小俊，妇委会主任李兰、各位副主任及委员30余人参加会议。云南省委副主委王宏、罗美娟参加开幕式。全体会议召开前，妇委会还召开了2015年第二次主任会议，主任会议通过了全体会议的议程，并对2015年下半年及2016年的妇委会工作进行了讨论和布置。主任李兰，副主任王连灵、司马红、刘蓉华、孙洁、杨小燕、杨弘智、钱雨晴参加会议。民建中央组织部副部长卞小俊出席会议。会议期间，郭蓉副主任为大家做了关于美的精彩讲座。此次会议还邀请了云南、青海、宁夏等省级组织妇委会主任及云南各市级组织女性主委、副主委列席会议。

7月3日，全国人大常委会副委员长、民建中央主席陈昌智来到广东省深圳市进行市级组织建设调研，与民建深圳市委常委会全体成员亲切座谈。在深圳调研期间，陈昌智会见了中共广东省委副书记、政法委书记、深圳市委书记马兴瑞，广东省人大常委会副主任黄业斌，深圳市人大常委会副主任乔家华等领导同志。民建广东省委主委李心、专职副主委陈海等陪同调研。

7月4日，全国人大常委会副委员长、民建中央主席陈昌智到广东省惠州市调研民建市级组织建设，与民建惠州市委领导班子成员、基层组织和会员代表进行座谈。在惠州调研期间，陈昌智会见了中共惠州市委副书记、市长麦教猛，市委副书记、市政协主席陈训廷，市人大常委会党组书记、常务副主任陈仕其，市委常委、统战部部长杨灿培等领导同志，考察了惠州潼湖生态智慧区，视察了TCL液晶产业园和亿纬锂能公司。民建广东省委主委李心、专职副主委陈海等陪同调研。

7月5日，全国人大常委会副委员长、民建中央主席陈昌智到广东省东莞市调研民建市级组织建设，与民建东莞市委领导班子成员、基层组织和会员代表进行座谈。在东莞调研期间，陈昌智会见了中共东莞市委书记、市人大常委会主任徐建华，中共东莞市委副书记、市长袁宝成，市人大常委会常务副主任甄瑞潮，市委常委、统战部部长李小梅等领导同志，考察了会员企业广东卓恒科技有限公司和广东民信电子商务有限公司。民建广东省委主委李心、专职副主委陈海等陪同调研。

7月6日，全国人大常委会副委员长、民建中央主席陈昌智到广东省中山市调研民建市级组织建设，与民建中山市委领导班子成员、基层组织和会员代表进行座谈。在中山市调研期间，陈昌智在孙中山故居纪念馆向孙中山像敬献花篮；会见了中共中山市委副书记、市长陈良贤，市委副书记邓小兵，市委市委常委、统战部部长梁丽娴等领导；考察了会员企业联合光电科技有限公司和中山职业技术学院。民建广东省委专职副主委陈海陪同调研。

7月6日至7日，中央党的群团工作会议在北京召开。中共中央总书记、国家主席、中央军委主席习近平出席会议并发表重要讲话。全国人大常委会委员、中华全国总工会副主席、民建中央副主席张少琴列席会议。

7月8日，我国乃至世界上唯一专门从事盐湖研究的科研机构——中国科学院青海盐湖研究所喜迎建所50周年。全国政协副主席、民建中央常务副主席马培华，青海省省长郝鹏，中国科学院院士朱清时、中国工程院院士郑绵平等出席庆祝大会。

7月9日，全国人大常委会委员、财经委副主任委员、民建中央副主席辜胜阻就边境经济合作区建设到云南省德宏傣族景颇族自治州边境城市瑞丽调研。当日晚上，辜胜阻还召集德宏、保山、楚雄三州市的会员企业家进行座谈，就当前经济形势、推进“一带一路”战略、促进边境经济合作区建设等听取意见建议。清华大学经管学院副院长、央行货币政策委员会委员、民建中央经济委员会主任白重恩，民建中央调研部部长蔡玲，民建云南省委秘书长马夏林等参加座谈。

7月10日，中国爱国拥军促进会在京举办“铭记历史·爱国拥军”纪念活动，纪念中国人民抗日战争暨世界反法西斯战争胜利70周年。全国人大常委会副委员长、民建中央主席陈昌智出席活动并讲话。

7月10日至11日，“推动‘一带一路’建设，加快我国沿边开放”论坛及民建中央经济委员会全体会议在云南省德宏傣族景颇族自治州芒市举行。10日上午，民建中央经济委员会与云南省德宏傣族景颇族自治州人民政府共同举办“推动‘一带一路’建设，加快我国沿边开放”论坛。全国人大常委会委员、全国人大财经委员会副主任委员、民建中央副主席辜胜阻出席论坛并作“当前经济形势与一路一带建设”主旨演讲。10日下午,民建中央经济委员会召开全体会议。会议首先讨论评定了民建全国参政议政先进个人、民建全国优秀会员的推荐人选。随后，与会委员围绕当前宏观经济形势，结合自己的专业特长和研究领域，针对宏观经济运行总态势及稳增长、资本市场健康发展等问题等问题发言和热烈讨论。会议由经济委员会主任白重恩主持。经济委员会副主任权忠光、张秋利、杨先明、战英杰，民建中央调研部部长蔡玲，民建中央调研部副巡视员王暖，以及近40名经济委员会委员参加会议。

7月13日，“建华课堂——云南分课堂”揭牌暨民建云南省委中青年骨干会员培训班开班仪式在昆明举行。民建中央副主席宋海出席仪式并与副省长、民建云南省委主委高峰一起为“建华课堂——云南分课堂”揭牌。仪式由民建云南省委王宏专职副主委主持。仪式上，宋海副主席以《人民币汇率及国际化研究》为题讲授了云南分课堂的第一堂课。民建云南省委王清民副主委，云南省社会主义学院赵明辉常务副校长出席揭牌开班仪式。

来自全省各级民建会员和会省委机关同志共240余人参加培训。

7月13日至15日，民建中央副主席宋海到保山市腾冲县调研，并与会员亲切座谈。保山市政协副主席、民建保山市委主委黄玉仙汇报了民建保山市委工作情况，介绍了保山市作为通向南亚第一市的重要区位优势及腾冲在“一带一路”建设中的桥头堡作用，并陪同宋海考察调研了腾冲县边境贸易及“一带一路”建设。在腾期间，宋海还拜谒了腾冲国殇墓园，向抗战英烈敬献鲜花，参观了腾冲抗战纪念馆和艾思奇故居。民建云南省委副主委王清民陪同调研。

7月15日至17日，全国人大常委会副委员长、民建中央主席陈昌智到陕西开展农业法执法检查期间，听取了民建渭南市委会的工作汇报，出席了民建（延安）工作座谈会。陕西省政协副主席、民建陕西省委主委李冬玉陪同在延安调研并主持了座谈会，民建陕西省委副主委张亚平陪同在渭南调研。

7月16日下午，民建中央副主席宋海到民建会员企业、玉溪小微企业金融交易服务中心考察调研，并与民建玉溪市委委员座谈交流。在玉溪期间，宋海会见了中共玉溪市委书记罗应光、市长饶南湖，听取了玉溪市经济社会发展情况的介绍，并就抚仙湖保护治理情况进行了调研。

7月21日，作为全球光伏龙头企业的天合光能集团捐资1000万元，在中华思源工程扶贫基金会设立阳光创业基金（以下简称“思源·阳光创业基金”），旨在以公益培训和创业帮扶，让贫困大中专学生掌握一技之能，得以在新兴产业中创业有成。全国人大常委会副委员长、民建中央主席、中华思源工程扶贫基金会理事长陈昌智出席活动并讲话。陈昌智希望“思源·阳光创业基金”以自身企业为引导，带动社会各界爱心人士，以“造血式”的扶贫模式，为贫困大学生“就业和创业”创造条件，既帮助他们实现个人的人生价值和家庭的脱贫梦想，逐步提高他们及其家庭的生活水平，又能共同创造和分享“中国梦”。民建中央副主席张少琴出席启动仪式。

7月21日，中华思源工程扶贫基金会（以下简称“思源工程”）启动“2015’思源救护中国行”，全国人大常委会副委员长、民建中央主席、中华思源工程扶贫基金会理事长陈昌智出席救护车发车仪式并讲话。全国人大常委、民建中央副主席张少琴，山西省政协副主席、民建山西省委会主委王宁，全国人大代表、民建中央社会服务部部长包瑞玲，及“思源工程”各专项基金代表、受助医院代表出席捐赠发车仪式。

7月23日，全国人大常委会委员、人大财经委副主任委员、民建中央副主席辜胜阻应邀赴台出席了由台湾《天下杂志》主办的“2015天下经济论坛”夏季场（简称2015CWEF），并发表题为《新常态下中国大陆“十三五”的机遇与挑战》的主题演讲。

7月24日至25日，民建中央财政金融委员会2015年全体会议在辽宁锦州召开。全国政协常委、副秘书长，民建中央副主席宋海出席会议，辽宁省政协副主席、民建辽宁省委员会主任委员武献华全程出席会议。24日上午，民建中央财政金融委员会召开2015年全体会议，围绕混合所有制改革、普惠金融、互联网+等议题展开研讨，25日上午，民建中央财政金融委员会与民建辽宁省委员会、辽宁省金融办举办“金融创新助推辽宁新一轮振兴发展论坛”。宋海作了《深化金融体制改革，促进民营银行发展》的主题演讲。李瑶、吕益民、杨成长、金燕等委员就“坚持金融创新，助推区域经济与金融双轮驱动发展”“资本市场繁荣加速辽宁产业结构转型”“国家经济转型和当前应对策略”“深圳走创新驱动发展之路的感悟与经验”等方面发表了演讲。中共锦州市委副书记、市长刘兴伟参加论坛。民建中央财政金融委员会副主任陶晓峰主持了论坛。

7月25日，主题为“十三五规划与科教前景”的民建中央科教委员会2015年全体会议在安徽合肥召开，民建中央副主席张少琴出席会议并讲话，安徽省政协副主席、民建安徽省委主委李修松在会上致辞。西安市副市长、民建中央科教委员会主任方光华报告了过去一年来科教委员会工作开展情况，副主任张薇汇报了科教委员会六月份在四川调研“大众创业、万众创新”情况，安徽涉外经济学院院长程思介绍了学院发展情况。全体会议前，24日科教委员会召开了主任会议。

7月28日上午，民建中央在京召开成思危同志追思会。全国人大常委会副委员长、民建中央主席陈昌智，全国政协副主席、民建中央常务副主席马培华出席会议。陈昌智主持会议并讲话。民建中央副主席张少琴、辜胜阻、宋海，原副主席朱元成、陈明德出席会议并发言。谷娅丽、金德安代表民建中央机关工作人员发言。民建中央机关全体工作人员、部分在京老同志参加了会议。

7月30日，全国人大常委会副委员长、民建中央主席陈昌智到吉林省白山市进行市级组织建设调研，与民建白山市委领导班子、基层组织和会员代表亲切座谈。民建吉林省委主委车秀兰、专职副主委赵　等陪同调研。在白山调研期间，陈昌智会见了中共白山市委书记李伟，市人大常委会党组书记、主任徐斌，市委副书记、市长吴德金等领导同志。

7月30日，全国人大常委会委员、民建中央副主席辜胜阻应邀参加湖北省十二届人大常委会第十六次专题讲座，并作了题为《实施创新驱动战略推进中国经济转型》的辅导报告。湖北省委书记、省人大常委会主任李鸿忠主持讲座。辜胜阻从创新转型的理论评述与政策展望、当前“大众创业、万众创新”浪潮、创新要技术创新与金融创新“双轮驱动”、湖北创新驱动战略与五大发展机遇、“十三五”创新驱动战略的展望与评判五个方面对创新驱动战略与湖北发展进行了全面阐述。

7月31日，全国人大常委会副委员长、民建中央主席陈昌智到吉林省四平市调研市级组织建设情况，与民建四平市委领导班子、基层组织和会员代表进行座谈。民建吉林省委主委车秀兰、专职副主委赵　等陪同调研。中共四平市委书记刘喜杰，市人大常委会主任郭文培，市长王振才，市委副书记赵守信，市委统战部部长刘俊玲等领导参加了座谈会。在四平调研期间，陈昌智还考察了会员企业四平市蓝烁包装有限公司。

7月31日至8月1日，民建中央副主席张少琴赴山西省大同市、朔州市就民建地方组织建设调研。山西省政协副主席、民建山西省委主委王宁参加调研。在大同市和朔州市，张少琴先后召开座谈会，认真听取了民建大同市委会和朔州市委会的工作汇报和部分会员代表的发言。在山西调研期间，张少琴还会见了中共山西省委常委、统战部部长孙绍骋，统战部常务副部长郭海刚，中共朔州市委书记王安庞，中共大同市委副书记、市长李俊明等。民建山西省委副主委姚宪华、薛维梁等陪同调研。

7月31日，民建中央副主席辜胜阻就组织建设工作赴河北省张家口市调研。辜胜阻走访了民建张家口市委机关，看望了民建市委班子成员、机关干部、会员代表，考察了会员企业张家口张垣大嫂家政服务有限公司，并召开了座谈会。河北省人民政府副省长、民建河北省委主委秦博勇，河北省人民政府副秘书长那书晨，中共张家口市委常委、副市长郑丽荣，民建河北省委秘书长郭建富陪同相关调研。

8月1日，全国人大常委会副委员长、民建中央主席陈昌智到吉林省吉林市进行市级组织建设调研，与民建吉林市委领导班子、基层组织和会员代表座谈。在吉林市调研期间，陈昌智还会见了中共吉林市委书记赵静波，市长张焕秋，市人大常委会主任曲国良等领导；考察了会员企业乾成消防工程设备有限责任公司和吉林达兴铝业有限公司。民建吉林省委主委车秀兰、专职副主委赵暘等陪同调研。

8月2日，全国人大常委会副委员长、民建中央主席、中华职业教育社理事长陈昌智在吉林省人大常委会副主任、民建吉林省委主委、吉林省中华职教社社务委员会主任车秀兰等陪同下，来到吉林工程技术师范学院视察中国首家职业教育史馆和数据库建设工作。

8月3日至4日，全国政协副主席、民建中央常务副主席马培华率调研组赴包头调研。内蒙古自治区人大常委会副主任、民建内蒙古区委主委李荣禧陪同调研。马培华出席了纪念民建成立70周年书画作品展开幕式，参观了书画展览，并与包头民建班子成员以及骨干会员亲切座谈。在包头期间，马培华还会见了中共内蒙古区委常委、包头市委书记王中和，包头市人民政府市长包钢等包头党政主要领导。包头市政协主席程刚、包头市统战部部长金满仓、民建内蒙古区委副主委康永恒、民建中央办公厅主任谷娅丽等陪同调研。

8月6日下午，全国人大常委会副委员长、民建中央主席陈昌智与凉山民建会员座谈交流。座谈会上，陈昌智认真听取了民建凉山州委主委王萌关于凉山民建近年来工作情况的汇报，以及与会人员的发言，不时与大家交流互动。民建四川省委副主委仰协，民建凉山州委委员、基层组织负责人40余人参加了座谈会。

8月7日上午，由四川省人民政府主办，凉山州人民政府、攀枝花市人民政府、雅安市人民政府、四川省投资促进局承办，以“投资攀西、共同发展”为主题的“第二届攀西战略资源创新开发试验区投资推介会暨项目签约仪式”在凉山州西昌市举行。全国人大常委会副委员长陈昌智出席并讲话。

8月8日至12日，民建中央副主席宋海就组织建设工作赴宁夏回族自治区进行调研。宋海走访了民建宁夏区委机关，看望了民建宁夏区委领导班子成员、机关干部，在石嘴山市和银川市两地先后召开座谈会。考察期间，宋海先后会见了中共石嘴山市党委书记、人大主任彭友东，政协副主席李树岩；中共银川市市委常委、统战部长、副市长马凯，人大副主任张秉忠等党政领导，多方了解宁夏各地的经济和社会发展情况。8月10日，宋海到中国科学院沙坡头沙漠研究试验站进行了实地考察，会见了中卫市人大、党委、政协、人民政府等党政领导同志；还会见了民建中卫市总支秘书长曹凤宁，了解民建中卫市总支组织建设的情况。民建宁夏区委主委、宁夏自治区人大副主任孙贵宝，民建宁夏区委副主委解方及民建宁夏区委机关相关同志陪同调研。

8月10日，全国人大常委会副委员长、民建中央主席陈昌智到甘肃省金昌市调研市级组织建设，并与民建金昌市委领导班子、基层组织和会员代表座谈。甘肃省人大常委会党组书记、副主任罗笑虎，民建甘肃省委主委宁崇瑞陪同调研。中共金昌市委书记吴明明，市委副书记荣志远，市委统战部副部长黄廷学参加座谈会。

8 月 10 日下午，全国人大常委会副委员长、民建中央主席陈昌智在甘肃金昌召开调研座谈会，听取金昌市、武威市精准扶贫工作情况介绍。甘肃省人大常委会党组书记、副主任罗笑虎，全国政协委员、民建甘肃省委主委宁崇瑞，甘肃省人大常委会副秘书长董永芳，金昌市、武威市主要领导和有关同志出席会议。

8 月 11 日，全国人大常委会副委员长、民建中央主席陈昌智到甘肃省张掖市调研市级组织建设情况，并与民建张掖市委领导班子、基层组织和会员代表进行座谈。民建甘肃省委主委宁崇瑞陪同调研。中共张掖市委书记毛生武，市政协主席陈义，市委常委、统战部部长关尧等领导参加了座谈会。在张掖调研期间，陈昌智还会见了张掖市人大常委会主任王开堂，市委副书记、市长黄泽元；听取了张掖市精准扶贫工作汇报。

8 月 12 日上午，全国人大常委会副委员长、民建中央主席陈昌智在兰州出席甘肃省精准扶贫工作座谈会。甘肃省人大常委会副主任马青林，副省长杨子兴，省人大常委会副秘书长董永芳，省人大常委会农业与农村办公室副主任汪振江，省政府有关工作部门的负责同志，部分市州主要负责人参加会议。全国政协委员、民建甘肃省委主委宁崇瑞，部分民建专家会员一同参会。11 日晚，陈昌智与中共甘肃省委书记王三运、甘肃省人民政府省长刘伟平见面，并就精准扶贫问题交换了意见。

8 月 12 日，全国人大常委会副委员长、民建中央主席陈昌智到甘肃省天水市进行市级组织建设调研，并与民建天水市委领导班子、基层组织和会员代表亲切座谈。民建甘肃省委主委宁崇瑞陪同调研。中共天水市委副书记、市政协主席宋尚有，市委常委、统战部部长蒲军等领导参加座谈会。座谈会上，陈昌智认真听取了统战部部长蒲军关于全市统战工作情况汇报，民建天水市委主委杨发元的工作汇报以及参会代表的发言，详细询问了全国基层组织建设研讨会议精神落实情况，并作了重要讲话。

8 月 13 日下午，全国人大常委会副委员长、民建中央主席陈昌智在平凉召开调研座谈会，听取平凉市、庆阳市精准扶贫工作情况介绍。甘肃省人大常委会副主任马青林，全国政协委员、民建甘肃省委主委宁崇瑞，甘肃省人大常委会副秘书长董永芳，平凉市、庆阳市主要领导和有关部门同志出席会议。

8 月 13 日，全国人大常委会副委员长、民建中央主席陈昌智到甘肃省平凉市调研市级组织建设，并与民建平凉市筹备委员会负责同志、基层组织和会员代表亲切座谈。民建甘肃省委主委宁崇瑞、副主委杨贵言陪同调研。中共平凉市委常委、统战部部长毛文平参加座谈会。座谈会前，陈昌智主席接见了民建甘肃省委基层组织负责人培训班的学员，并与大家合影留念。

8 月 14 日，全国人大常委会副委员长、民建中央主席陈昌智在庆阳市调研精准扶贫期间与庆阳市会员座谈。民建甘肃省委主委宁崇瑞，中共庆阳市委书记栾克军，庆阳市政协副主席、市委统战部长贺建宏参加座谈。陈昌智与会员亲切交谈，仔细询问会员的学习、工作情况。栾克军代表中共庆阳市委、市人大、市政府、市政协对陈昌智副委员长一行来庆阳考察指导工作表示欢迎和感谢，并简要汇报了庆阳市经济社会发展、民主党派工作等方面的情况。

8月14日至16日，全国人大常委会委员、财经委副主任委员、国家教育咨询委员会委员、民建中央副主席辜胜阻在青海就教育扶贫工作和民营企业发展进行调研。民建青海省委会主委王舰、副主委王建民，青海省人大财经委副主任委员韦志义，青海省国资委副主任王海涛，海东市副市长王发昌，玉树州人大主任东坝阿宝、副主任邱德，玉树州副州长才玉等参加汇报并陪同调研。在青海期间，辜胜阻还出席了国家教育咨询委员会专家调研座谈会，会见了青海省副省长王黎明，并就民营中小企业发展交换意见。

8月15日，民建中央企业委员会第三次全体会议在黑龙江伊春召开，民建中央副主席张少琴出席会议并讲话。民建中央常委、企业委员会主任刘汉元作企业委员会工作报告并就企业委员会提交民建十届十二次中常委会的《经济形势报告》作说明。民建中央社会服务部部长包瑞玲，民建黑龙江省委副主委、省地税局副局长王义平出席会议并讲话，伊春市政协副主席、民建伊春市委主委吕瑞晏出席会议。民建中央企业委员会常务副主任曾钫主持会议。来自全国各地的企业委员会委员和各专业组成员共80余人参加会议。会上，民建中央财政金融委员会副主任、申银万国证券研究所首席经济学家杨成长，民建中央企业委员会副秘书长、信息技术组组长、北京金和网络股份有限公司董事长栾润峰作专题讲座。与会人员就企业委员会工作报告、提交民建十届十二次中常委会的《经济形势报告》和企业委员会下半年重点工作分别进行讨论。

会议期间，民建中央企业委员会与中共伊春市委、市政府联合举办了“民建中央企业家走进林都伊春经贸合作推介交流会”。在伊春期间，张少琴还考察了民建会员企业北京佳龙投资集团在伊春投资建设的项目。

8月18日，第四届全国信用建设服务经验交流会在呼和浩特召开。全国人大财经委员会副主任委员、民建中央副主席辜胜阻出席研讨会并作《经济形势与新常态下经济转型升级》的主旨演讲。民建内蒙古区委副主委康永恒，民建内蒙古区委副主委、内蒙古检查院副检察长郑锦春出席研讨会。

8月21日，由华人榜国际精英联合会主办的“荣耀与梦想：华人榜五周年庆典暨2015北京颁奖礼”在北京举行。全国人大常委会委员、民建中央副主席张少琴出席颁奖礼并为“华人榜公益慈善奖”获得者——北京协众国际投资有限公司董事局主席、中华思源工程扶贫基金会仁德慈善基金主任、民建北京市顺义支部主委王庆国颁奖。

8月23日至24日，民建中央能源与资源环境委员会2015年度全体会议在江苏省常州市召开。民建中央副主席、环境保护部副部长吴晓青作书面讲话。能资环委顾问王曦出席会议，主任刘炳江主持会议。刘炳江主任总结了一年来能资环委的各项工作，详细部署了下一步工作安排。与会委员围绕能资环委工作报告、能资环委拟提交民建十届十二次中常委会议的经济形势分析报告、能资环委2015年度调研课题报告展开热烈讨论。会议还审议通过了能资环委关于建会70周年全国优秀会员和民建全国参政议政先进个人推荐名单。会议期间，还召开了能资环委2015年度第一次主任会议。能资环委30余名委员出席会议。

9月7日，全国人大常委会副委员长、民建中央主席陈昌智率队就重点专题“加强经济合作，推动长江经济带健康发展”在湖南益阳进行调研，召开专题座谈会。湖南省人大常委会副主任陈君文，湖南省政协副主席、民建湖南省委主委赖明勇，湖南省政协原副主席、民建湖南省委原主委龙国建陪同调研。调研期间，陈昌智实地考察了民建（湖南）科技园，强调要坚持发扬艰苦创业精神，做好规划和制度设计，协调好利益关系，统筹考虑环境保护问题，发挥良好的示范效应。湖南省政府有关部门及益阳市、岳阳市、常德市政府及有关部门等参加座谈。

9月7日上午，由中国人民对外友好协会与新西兰地方政府协会合作举办的首届中国—新西兰市长论坛在厦门开幕。全国政协副主席、民建中央常务副主席、中国—大洋洲友好协会副会长马培华，中国人民对外友好协会会长李小林等出席论坛开幕式并致辞。

9月7日晚，全国人大常委会副委员长、民建中央主席陈昌智在湖南益阳进行推动长江经济带健康发展专题调研期间，与益阳民建会员亲切座谈。湖南省政协副主席、民建湖南省委主委赖明勇主持座谈会。湖南省政协原副主席、民建湖南省委原主委龙国建参加座谈。

9月7日至10日，民建中央副主席宋海率调研组就“深化金融体制改革，促进民营银行发展”重点专题赴广东调研。宋海一行先后考察了深圳前海微众银行、广东华兴银行，并与广东省金融办、银监局和深圳市金融办、银监局等有关部门进行了座谈。调研期间，宋海会见了民建广东省委领导班子，中共广东省委统战部副部长唐晓萍，中共深圳市委常委、统战部长林洁和副部长马裕滨等。民建广东省委主委李心、专职副主委陈海等陪同调研。

9月8日，中央社会主义学院2015年秋季开学典礼在北京举行。全国人大常委会副委员长、民进中央主席、中央社会主义学院院长严隽琪出席并讲话。民建中央副主席张少琴出席。

9月8日下午，全国政协人口资源环境委员会在京召开“提高全民科学素质 促进创新驱动发展”座谈会。全国政协副主席、民建中央常务副主席马培华出席会议并讲话。座谈会上，中国科协、中组部、教育部、科技部、农业部就本系统开展的有关工作情况作了介绍，全国政协委员、民主党派代表和专家就提高全民科学素质、促进创新驱动发展做了深入交流探讨。全国政协人口资源环境委员会主任贾治邦主持座谈会。全国政协副秘书长刘家强，全国政协人口资源环境委员会副主任庄国荣、齐让、秦大河、李成玉，驻会副主任凌振国参加座谈会。

9月9日至10日，民建全国组织处长（扩大）会议在京召开。会前，全国政协副主席、民建中央常务副主席马培华亲切会见了与会同志，并与大家合影留念。此次会议的议题是传达中央统战工作会议精神，研究组织建设工作和市级组织换届工作，包括民建全国组织处长会议、省级组织监督委员会办公室主任会议、省级组织管理信息系统工作会议三个会议。这次会议是在工作层面上对换届的一次动员，来自全国各省级组织的组织处长、省级组织监督委员会办公室主任、省级组织管理信息系统操作员及会中央组织部处级干部近80人参加会议。

9月11日，全国政协副主席、民建中央常务副主席马培华，全国政协常委、副秘书长、民建中央副主席宋海在辽宁沈阳出席辽宁金融交易博览会。辽宁省委书记、省人大常委会主任李希对马培华、宋海一行表示欢迎，感谢对辽宁经济社会发展的关心与支持。辽宁省委常委、秘书长谭作钧，辽宁省政协副主席、省委统战部长孙远良，辽宁省政协副主席、辽宁民建省委主委武献华参加有关活动。马培华出席金交会“新金融助推中国经济转型升级”主论坛并发表主旨演讲。宋海在金交会开幕式致辞，对金融交易博览会的召开表示热烈祝贺。宋海还在主论坛上围绕金融业支持我国创新型经济发展问题作了主旨演讲。

9月14日，全国人大常委、民建中央副主席辜胜阻赴湖北省荆门市就民建市级组织建设工作和荆门扶贫开发工作进行调研。调研期间，辜胜阻走访了民建荆门市委机关，看望了市委班子成员、机关工作人员和部分会员代表，了解了民建组织运行情况，实地考察了民建会员企业，并召开座谈会。

9月14日，民建中央副主席宋海率调研组就“深化金融体制改革，促进民营银行发展”重点专题赴天津市调研。宋海充分肯定天津在金融改革创新方面有担当精神，在促进民营银行发展方面创造了好的做法，为民营银行发展创造有利条件和营造良好环境。调研期间，宋海会见了民建天津市委领导班子，中共天津市委统战部常务副部长刘剑英等。民建天津市委主委欧成中、副主委董维忠、秘书长毕春光等陪同调研。

9月14日，全国人大常委会委员、民建中央副主席张少琴赴山东济南就民建科教委员会工作调研并召开座谈会。山东省政协副主席、民建山东省委主委郭爱玲主持座谈会，民建山东省委副主委于永晖、王建森参加座谈会。张少琴在认真听取民建山东省委科教文卫委员会的工作汇报和参会委员的发言后发表讲话。在山东期间，张少琴还会见了中共山东省委常委、统战部部长吴翠云，省委统战部副部长曲涛等。

9月15日，“三峡城市群·长江经济带”国际研讨会在湖北省宜昌市举行， 全国人大财经委副主任委员、民建中央副主席辜胜阻出席并作主题演讲。为了结合当地情况进行演讲，会前，辜胜阻一行到夷陵区和当阳市就农民工回乡创业就业情况进行了调研和实地考察。

9月21日，纪念董寅初同志诞辰100周年座谈会在京举行。中共中央政治局常委、全国政协主席俞正声出席座谈会。中共中央书记处书记、全国政协副主席杜青林主持座谈会。民建中央副主席张少琴出席。

9月22日下午，全国人大常委会副委员长、民建中央主席陈昌智在民建中央机关亲切接见正在中央社会主义学院第34期民主党派干部进修班、培训班学习的民建学员，与大家座谈并合影留念。

9月23日上午，中华思源工程扶贫基金会（以下简称“思源工程”）第三届理事会第一次会议在北京召开。会议审议通过了《中华思源工程扶贫基金会第二届理事会工作报告》《中华思源工程扶贫基金会第二届理事会财务报告》等文件，并在“公正、公开、透明”的基础上选举产生新一届理事会理事长、副理事长、秘书长和理事。全国人大常委会副委员长、民建中央主席陈昌智连任“思源工程”理事会理事长。民建中央副主席张少琴，“思源工程”各分支机构及专项基金代表、媒体代表等出席本次会议。

9月23日晚，由《时尚芭莎》杂志社主办，中华思源工程扶贫基金会芭莎公益慈善基金参与的第十三届“BAZAAR明星慈善夜”在北京国贸大酒店举行，全国人大常委会副委员长、民建中央主席、中华思源工程扶贫基金会理事长陈昌智，全国人大常委会常委、中华全国总工会副主席、民建中央副主席张少琴出席。

9月25日，全国人大常委会副委员长、民建中央主席陈昌智，全国人大常委会委员、财经委员会副主任委员、民建中央副主席辜胜阻在河北正定出席“2015’京津冀协同发展正定论坛”。陈昌智为开幕式致辞，对论坛的举办表示热烈祝贺。期间，陈昌智会见了中共河北省委书记赵克志，省委副书记、省长张庆伟。

9月28日下午，由民建上海市委与奉贤区人民政府联合举办的“2015年上海中小企业发展奉贤论坛”在奉贤区会议中心举行。全国人大常委会副委员长、民建中央主席陈昌智出席论坛并作主旨演讲，民建中央副主席、上海市政协副主席、民建上海市委主委周汉民主持论坛。

9月29日上午，纪念胡厥文诞辰120周年暨民建中央爱国主义教育基地胡厥文同志生平事迹展览馆揭牌仪式在上海隆重举行。全国人大常委会副委员长、民建中央主席陈昌智出席仪式并发表重要讲话，并与中共上海市委统战部副部长虞丽娟共同为“爱国主义教育基地”揭牌。民建中央副主席宋海宣读了《民建中央关于命名胡厥文同志生平事迹展览馆为爱国主义教育基地的决定》。上海市政协副主席、民建中央副主席、民建上海市委主委周汉民主持揭牌仪式。揭牌仪式后，陈昌智等考察参观了胡厥文同志生平事迹展览馆，听取有关情况介绍。

10月8日，民建中央副主席张少琴赴山西省阳泉市就民建地方组织建设调研。山西省政协副主席、民建山西省委主委王宁参加调研。在调研座谈会上，张少琴认真听取了民建阳泉市委会的工作汇报和部分会员代表的发言。他对民建阳泉市委会在思想建设、组织建设、参政议政、社会服务等各项工作中取得的成绩给予充分肯定。在山西调研期间，张少琴还会见了中共山西省委常委、统战部部长孙绍骋，统战部常务副部长郭海刚，中共阳泉市委副书记、市长陈永奇，中共阳泉市委副书记王旭明，阳泉市人大常委会主任刘高官等。

10月8日至10日，全国人大常委会副委员长、民建中央主席陈昌智率全国人大常委会考察组，就全国人大1715号重点建议落实情况来宁进行考察。陈昌智率考察组一行先后深入同心县、固原市、彭阳县、盐池县等地，考察了中南部城乡饮水安全工程、整乡推进扶贫开发、移民迁出区生态环境恢复等情况，听取了基层干部群众的意见建议，研究了进一步推动办理好全国人大重点建议的思路举措。陈昌智对宁夏在扶贫开发工作中取得的成绩给予了充分肯定，他说，扶贫开发工作是国家长期关注的一项民生工程、政治工程，它关系到贫困群众的切身利益，各级干部要坚定不移按照中央要求，以更高标准实施精准扶贫，推动发展成果全面惠及于民。在宁期间，考察组一行还与自治区相关部门负责人进行了座谈。自治区党委常委、自治区副主席李锐汇报了宁夏扶贫开发工作情况，自治区人大常委会副主任刘慧芳、王儒贵参加座谈会。全国人大常委会委员、全国人大环资委副主任委员王庆喜，全国人大常委会委员马瑞文，国务院扶贫办主任刘永富，自治区领导李锐、纪峥、孙贵宝、袁进琳陪同考察。

10月10日，“建华课堂——宁夏分课堂”成立仪式暨经济形势报告会在银川举行，民建中央主席陈昌智出席仪式并致辞，民建宁夏区委主委孙贵宝讲话并与陈昌智一起为建华课堂—宁夏分课堂揭牌。民建宁夏区委副主委杨培君主持成立仪式。揭牌仪式前，建华课堂——宁夏分课堂还邀请远见国家创新战略研究院院长、中央电视台财经频道评论员、民建中央经济委员会副主任马光远作了以“一带一路与TPP交锋背景下的中国经济”为题的报告，为宁夏分课堂作首场报告。培训中心主任王慧仙主持报告会。宁夏自治区委统战部领导，民建宁夏区委全体副主委、来自全区的民建会员及兄弟党派的同志300余人参加了仪式并聆听了报告。

10月15日，全国政协第八届中国人口资源环境发展态势分析会在京召开，围绕推进生态文化、海洋文化建设建言献策。中共中央书记处书记、全国政协副主席杜青林出席，全国政协副主席、民建中央常务副主席马培华出席并讲话。马培华围绕会议主题提出三点意见：一是要大力推进生态文化建设。二是要重视海洋生态文化研究。三是人民政协要为推进生态文化和海洋生态文化建设做出贡献。

10月19日至20日，民建全国宣传处长会议在江西南昌召开。此次会议的主题是：深入学习贯彻中央统战工作会议精神、坚持和发展中国特色社会主义学习实践活动经验交流会暨中期推进会精神，交流民建全国宣传思想工作座谈会以来的工作情况特别是学习实践活动的开展情况，研究下一步宣传思想工作的重点。民建中央副主席宋海出席会议并作重要讲话。民建江西省委主委孙菊生出席会议并致辞。开幕会上，中共江西省委统战部副部长蔡清平作题为《统一战线的里程碑，继往开来的新起点》的辅导报告，详细解读了中央统战工作会议精神和对《中国共产党统一战线工作条例（试行）》的认识体会。来自民建30个省级组织宣传部门的负责同志和民建中央宣传部全体干部参加了此次会议。

10月20日，全国政协党组在京召开座谈会，征求对中共政协全国委员会党组工作和践行“三严三实”情况的意见建议。全国政协副主席兼秘书长、机关党组书记张庆黎主持座谈会。各民主党派中央、全国工商联负责同志，全国政协机关有关负责同志参加座谈会。民建中央副主席张少琴代表民建中央出席座谈会并发言。

10月22日，民建中央人口医药卫生委员会第四次全体会议暨医疗改革及促进民营医院发展课题研讨会在南宁召开。全国政协副主席、民建中央常务副主席马培华出席会议并讲话。民建广西区委主委钱学明出席会议。会议由国务院参事、会中央人口医药卫生委员会主任马力主持，民建中央专门委员会委员20多人参加会议。

10月22日上午，中华思源工程扶贫基金会向广西捐赠20辆救护车活动在南宁举行。全国政协副主席、民建中央常务副主席马培华，自治区政协常务副主席沈北海、自治区党委统战部常务副部长刘长林、自治区卫计委副主任陈文儒等出席了捐赠交付仪式。马培华、沈北海亲自向受赠医院颁发了救护车钥匙牌。活动仪式由民建广西区委会主委钱学明主持。自治区扶贫办、南宁市政协等相关单位负责人以及各受赠医院代表参加了本次活动。

10月25日，第三届世界浙商论坛在浙江杭州举办，民建中央副主席辜胜阻应邀在会上发表题为《新常态下产业升级与浙商转型》的主题演讲。

10月26日，民建中央农业与农村委员会第三次全体会议在河南郑州召开。民建中央副主席王永庆出席会议并作重要讲话，河南省副省长王铁作河南省三农工作情况报告，河南省政协副主席、民建河南省委主委龚立群代表河南省委会致辞并主持开幕会。民建中央农业与农村委员会主任孙宝启作了专委会工作报告。委员们结合工作报告，围绕粮食安全、农村环保、农业增收、城镇化建设等主题，展开了热烈讨论，并对下一阶段的工作提出了建议。民建河南省委副主委、民建中央农业与农村委员会副主任张冬平主持讨论。中共河南省委统战部副部长、省侨联党组书记赵太安，民建中央社会服务部部长包瑞玲，民建中央农业与农村委员会副主任王舰、蒋君，民建河南省委专职副主委张晓林以及近30名委员参加会议。民建河南省委农业委员会部分同志列席会议。

10月27日，民建中央理论研究委员会2015年全体会议在福州召开。此次会议的主题是：研讨民建成立70周年纪念大会讲话稿，听取理论研究委员会研究课题的进展情况，确定年度重点课题，总结2015年工作情况，部署2016年工作任务。民建中央主席陈昌智出席会议并作重要讲话。福建省人大常委会党组书记、副主任徐谦出席会议并致辞。民建陕西省委主委、理论研究委员会主任李冬玉主持会议并作总结发言。史江、王宏、惠曙光3名委员分别介绍了各自研究小组的重点研究课题。委员们围绕70周年纪念大会讲话稿和4个重点研究课题展开了热烈而深入的讨论。会议期间还召开了理论研究委员会主任扩大会议，确定了2015年理论研究重点课题，并对2016年的工作进行了安排。福建省政协副主席、民建福建省委主委郭振家出席会议。中共福建省委统战部常务副部长翁卡，福建省人大常委会办公厅主任林钟东、副主任苏永革到会指导。民建中央理论研究委员会顾问程炜，副主任李丽凤、闫立英、宋村珠、彭镇秋、陶克中、李旭茂、余维祥、蒙晓灵及委员共30余人参加会议。

10月27日，全国政协副主席、民建中央常务副主席马培华赴民建北京市西城区委进行组织工作调研。民建中央副主席、北京市委主委王永庆，民建中央常委、组织部部长李世杰，民建北京市委副主委赵亚洲陪同调研。座谈会前，马培华会见了西城区政协主席杜灵欣和中共西城区委常委、统战部部长程军。

10月28日，全国人大常委会副委员长、民建中央主席陈昌智到福建省莆田市调研民建组织建设，考察当地会员企业，并与当地基层组织和会员代表亲切座谈。座谈会上，陈昌智听取了民建莆田市委主委张宗贤所做的工作汇报，与参会的基层组织主委、骨干会员亲切交流。座谈会由福建省政协副主席、民建福建省委主委郭振家主持。莆田市政协主席林庆生，中共莆田市委副书记陈立华，市政协副主席李力利，中共仙游县委书记郑瑞锦以及民建莆田市委会部分会员参加座谈。调研期间，陈昌智还走访了莆田仙游国际油画城和福建省三福古典家具有限公司。

10月29日上午，中华同心温暖工程基金会举行捐赠仪式，接受北京佳龙集团和北京华育融信投资管理有限公司各一千万元的捐赠。全国人大常委会副委员长、中华职业教育社理事长、民建中央主席陈昌智，全国政协副主席、中华同心温暖工程基金会理事长、民建中央常务副主席马培华出席捐赠仪式。捐赠仪式由中华同心温暖工程基金会秘书长王金宝主持。捐赠仪式上，马培华向付书全、龙彧两位企业家颁授中华同心温暖工程基金会公益伙伴证书。

11月5日下午，中央社会主义学院在京召开中央社会主义学院第三届院务咨询委员会第二次会议。中央统战部副部长林智敏主持会议，民建中央副主席张少琴等出席会议。

11月5日，民建中央副主席辜胜阻以中国知名经济学家、武汉大学教授身份，应美方邀请出席了在美国奥本大学举办的城镇化国际研讨会。研讨会上，辜胜阻教授发表了题为《中国城镇化转型的新方向和新路径》的学术演讲，介绍了新时期中国城镇化面临的转移人口、土地、资本等要素低效使用等问题，指出宏观经济转型背景下，新型城镇化应该以人为本，高效，绿色，智能，以市场为导向，并与工业化、信息化、农业现代化同步协调发展。在提问环节，辜胜阻还回答了与会者的多个城镇化及人口政策的相关提问。

11 月 6 日，民建吉林省委在长春市南湖宾馆召开庆祝民建成立 70 周年暨民建省委成立 35 周年大会。全国人大常委会副委员长、民建中央主席陈昌智代表民建中央向大会致贺辞。他充分肯定了民建省委 35 年来取得的成绩，并衷心感谢中共省委、省人大、省政府、省政协、中共省委统战部、兄弟党派省级组织和工商联对民建全省各级组织和广大会员的热情帮助。陈昌智勉励民建省委和全省会员要紧密地团结在以习近平为总书记的中共中央周围，高举中国特色社会主义伟大旗帜，继承和发扬优良传统，进一步加强自身建设，认真履行发挥参政党职能，继往开来，拼搏进取，为落实“四个全面”战略布局，为实现吉林“科学发展、加快振兴，让城乡居民生活得更加美好”的宏伟目标做出新的更大的贡献。

11 月 8 日下午，应国际金融论坛 2015 年年会组委会邀请，民建中央副主席辜胜阻、周汉民出席了国际金融论坛 8 日下午场分论坛圆桌会议，并作主题发言。

11 月 9 日，民革中央在北京人民大会堂举行纪念李济深诞辰 130 周年座谈会。民建中央副主席张少琴出席座谈会。

11 月 10 日上午，由中央社会主义学院中国特色社会主义理论体系研究中心、民建浙江省委和浙江省社会主义学院联合举办的“学习贯彻党的十八届五中全会精神，统一战线助推‘四个全面’战略布局”学术研讨会在浙江省社会主义学院召开。全国政协副主席、民建中央常务副主席马培华出席开幕式并讲话。马培华就统一战线与多党合作助推“四个全面”战略布局提出四点意见：一是要始终坚持中国共产党的领导。二是要时刻不忘大团结大联合的主题。三是要精准定位履行职能的切入点。四是要切实提高履职能力和水平。开幕式由浙江省委统战部副部长、省社院党组书记、常务副院长蒋学基主持。

11 月 10 日，民建浙江省委在杭州市人民大会堂召开纪念中国民主建国会成立 70 周年暨浙江民建成立 60 周年大会。全国政协副主席、民建中央常务副主席马培华出席大会并致辞。

11 月 10 日下午，第二十七届中国“国际科学与和平周”开幕式在全国政协礼堂隆重举行。全国人大常委会副委员长、民建中央主席、中华职业教育社理事长、“国际科学与和平周”中国组委会主席陈昌智，全国政协副主席、中国农工民主党副主席刘晓峰，全国人大原副委员长、中国人民争取和平与裁军协会名誉会长何鲁丽出席了开幕式。开幕式由中社社会工作发展基金会常务副理事长、第二十七届中国“国际科学与和平周”中国组委会常务副主任赵蓬奇主持。陈昌智宣布第二十七届中国“国际科学与和平周”开幕。

11 月 11 日，全国政协副主席、民建中央常务副主席马培华赴宁波出席“求索——民建先贤包达三特展”开幕式，并就培育具有核心竞争力的创新型企业与会员企业家座谈。11 日上午，作为纪念民建成立 70 周年暨浙江民建成立 60 周年系列活动之一，“求索——民建先贤包达三特展”在宁波帮博物馆隆重开幕。马培华致辞并宣布特展开幕。民建中央副主席、上海市政协副主席、民建上海市委会主委周汉民，浙江省政协副主席、民建省委会主委陈小平，民建浙江省委会原主委吴国华、程炜，上海市侨办主任徐力，宁波市副市长、民建省委会副主委张明华，宁波市政协副主席范谊等出席开幕式。11 日下午，马培华在宁波就培育具有核心竞争力的创新型企业与会员企业家座谈。在浙江期间，马培华还会见了中共浙江省委书记夏宝龙、浙江省政协主席乔传秀、中共宁波市委书记刘奇等浙江省、宁波市党政主要领导，走访了杭州安恒信息技术有限公司、浙商创业投资管理有限公司等会员企业。

11 月 13 日上午，“共圆中国梦——纪念民建成立 70 周年艺术作品展”在民族文化宫开幕。全国人大常委会副委员长、民建中央主席陈昌智出席开幕式并致辞。全国政协副主席、民建中央常务副主席马培华主持开幕式。国家民族事务委员会副主任丹珠昂奔，台盟中央常务副主席黄志贤、民建中央副主席张少琴、民进中央副主席刘新成、农工党中央副主席龚建明等民主党派有关领导同志，中央统战部一局有关同志等出席开幕式并参观展览。

11 月 16 日，民建北京市委纪念民建成立 70 周年大会暨先进基层组织优秀会员表彰大会在北京国际会议中心召开。全国人大常委会副委员长、民建中央主席陈昌智，民建中央副主席、北京市政协副主席、民建北京市委主委王永庆出席会议。大会由民建北京市委常务副主委任学良主持。中共北京市委副秘书长赵玉金，中共北京市委统战部副部长周开让，民建北京市委副主委程京、孙宝启、赵亚洲，民建市委秘书长李申虹，北京市各兄弟党派和有关人民团体领导出席大会。北京市 700 多名会员参加了大会。

11 月 17 日，全国人大常委会副委员长、民建中央主席陈昌智到江苏省徐州市进行市级组织建设调研，与民建徐州市委领导班子、基层组织和会员代表进行座谈。在徐州调研期间，陈昌智还会见了徐州市委书记曹新平、市人大常委会主任刘忠达，考察了会员企业江苏永嘉控股集团公司。民建中央秘书长孟孝忠，民建江苏省委主委洪慧民、专职副主委郝星辰陪同调研。

11 月 17 日上午，全国政协提案委员会走访公安部，就全国政协十二届一次会议以来提案办理工作情况进行座谈。全国人大常委会委员、财经委副主任委员、民建中央副主席辜胜阻应邀参加走访座谈并发言。辜胜阻表示，民建作为联系经济界的参政党，主要围绕改革发展的问题调研考察、建言献策。公安部围绕打击经济犯罪、金融诈骗、侵犯个人信息安全、跨领域犯罪等问题开展了一系列专项活动，惩治犯罪，弘扬正义，为社会树立了良好风气。民建对公安部的提案办理工作表示感谢，对公安部为完善社会治安综合治理体制机制所做的工作表示敬意！希望今后能够建立更多联系，加强提办双方的信息共享，发挥提案实效，共同推动提案工作办理落实。

11 月 18 日，全国人大常委会副委员长、民建中央主席陈昌智到江苏省连云港市调研市级组织建设情况，与民建连云港市委领导班子、部分基层组织和骨干会员进行座谈。座谈会上，陈昌智认真听取了民建连云港市委主委朱振亚的工作汇报及参会代表的发言，并作了重要讲话。在连云港调研期间，陈昌智还会见了中共连云港市委书记、市人大常委会主任杨省世，市人大常委会党组书记、副主任董恕娟；考察了会员企业江苏雅仕保鲜产业有限公司。

11 月 19 日，民建辽宁省委中国民主建国会成立 70 周年暨民建辽宁省委成立 35 周年纪念大会在沈阳隆重召开。民建中央副主席郝明金出席大会并致辞。辽宁省政协副主席、中共辽宁省委统战部部长孙远良，辽宁省政协副主席、民盟辽宁省委主委李晓安，辽宁省政协副主席、民建辽宁省委主委武献华，辽宁省政协原副主席、民建省委原主委姜笑琴出席纪念大会。郝明金代表民建中央向大会的召开表示热烈祝贺。

11 月 20 日，中共中央在人民大会堂举行座谈会，纪念胡耀邦同志诞辰 100 周年。民建中央副主席张少琴出席座谈会。

11 月 24 日，全国人大常委会副委员长、民建中央主席陈昌智听取了民建德阳市委工作汇报，并与基层组织和会员代表进行座谈。座谈会上，陈昌智认真听取了民建德阳市委主委宋玉华的工作汇报以及与会代表的发言，详细了解了民建全国基层组织建设研讨会和全国市级组织建设研讨会会议精神的落实情况。民建四川省委主委、四川省政府副省长陈文华，民建省委副主委王元勇、苏华参加了座谈会。

11 月 25 日上午，由中华职业教育社主办，中共德阳市委、市人民政府和四川省中华职业教育社承办的“2015 职业教育与城市发展高层对话会”在德阳举行。全国人大常委会副委员长、民建中央主席、中华职业教育社理事长陈昌智出席并致辞。

11 月 25 日上午，民建贵州省委在省政协机关举办中国民主建国会成立 70 周年暨民建贵州省委成立 35 周年纪念大会。民建中央副主席吴晓青出席并代表民建中央作重要讲话，中共贵州省委常委、省委统战部部长刘晓凯代表中共贵州省委致辞，贵州省政协副主席、民进贵州省委主委左定超代表各民主党派省委、省工商联致辞，民建贵州省委主委武鸿麟代表民建贵州省委讲话。贵州省人大常委会党组副书记、副主任张群山，贵州省人民政府副省长刘远坤，贵州省政协党组副书记、副主席黄康生，贵州省政协副主席、贵州省工商联主席李汉宇，民建贵州省委原主委王录生等出席。会议由民建贵州省委副主委余维祥主持。

11 月 29 日，民建海南省委在海口市举行中国民主建国会成立 70 周年暨民建海南省委成立 25 周年纪念大会。民建中央副主席李说出席会议并致贺词。中共海南省委统战部部长王勇，民建海南省委主委、海南省社会主义学院院长施耀忠出席纪念大会。会议由民建海南省委专职副主委吴明哲主持。

11 月 29 日，民建湖南省委中国民主建国会成立 70 周年暨在湘建立组织 65 周年庆祝大会在长沙田汉大剧院举行。民建中央副主席陈政立出席并致辞。中共湖南省委常委、统战部部长黄兰香，湖南省人大常委会副主任、民进湖南省委主委谢勇，湖南省人民政府副省长黄关春，湖南省政协副主席王晓琴，湖南省政协副主席、民建湖南省委主委赖明勇出席会议。民建湖南省委专职副主委朱皖主持会议。

12 月 1 日，民建江西省委在南昌隆重召开中国民主建国会成立 70 周年暨江西民建组织建立 60 周年纪念大会，全国政协副主席、民建中央常务副主席马培华出席会议并讲话。中共江西省委副书记莫建成到会讲话，江西省政协主席黄跃金，省政协副主席汤建人，省政协副主席、民建省委会主委孙菊生，省人大原副主任、民建省委会原主委胡振鹏等出席大会。马培华代表民建中央对大会的召开表示热烈祝贺。在江西期间 ，马培华还会见了中共江西省委书记强卫、省长鹿心社、统战部部长蔡晓明等江西省党政主要领导。

12 月 3 日至 7 日，全国政协副主席马培华率全国政协人口资源环境委员会调研组赴琼，就“充分发挥海南在建设 21 世纪海上丝绸之路中的战略支点作用”开展专题调研。全国政协常委、人口资源环境委员会主任贾治邦等参加调研。

12月3日上午，民建广东省委纪念中国民主建国会成立70周年大会在广州举行。全国人大常委会副委员长、民建中央主席陈昌智，中共广东省委常委、统战部部长林雄，民建中央副主席宋海，民建广东省委会主委李心出席会议。

12月8日上午，纪念民建成立70周年暨民建陕西省委员会成立35周年大会在西安召开。民建中央副主席陈政立出席会议并代表民建中央致贺信，中共陕西省委常委、陕西省委统战部部长陈强出席会议并讲话，陕西省政协副主席、民建陕西省委主委李冬玉作主旨报告。

12月8日，民建北京市委与北京市投资促进局等12个委办局共同举办“第七届投资北京洽谈会”。全国人大常委会副委员长、民建中央主席陈昌智，民建中央副主席、民建北京市委主委王永庆出席会议并分别致辞。民建北京市委常务副主委任学良主持了“社会资本对接首都功能产业投资资源洽谈会”分会场活动。陈昌智认为北京作为首都和最具创新活力的城市具有得天独厚的优势，希望股权投资机构和民建企业家，抓住机遇来北京投资、发展，为首都创新发展、和谐发展出谋划策、献计出力。

12月8日至11日，民建中央副主席张少琴赴贵州省黔东南苗族侗族自治州和黔南布依族苗族自治州就民建地方组织建设调研。民建贵州省委主委武鸿麟参加调研。在黔东南州和黔南州，张少琴先后召开座谈会，认真听取了民建黔东南州委会和黔南州委会的工作汇报和部分会员代表的发言。他对民建黔东南州委会和黔南州委会在思想建设、组织建设、参政议政、社会服务等各项工作中各自取得的成绩给予充分肯定。在贵州调研期间，张少琴还会见了中共贵州省委常委、统战部部长刘晓凯，统战部常务副部长陈庆义，中共黔南州委书记龙长春，中共黔东南州委统战部常务副部长朱汉琴等。

12月9日，2015第五届十大渝商颁奖典礼暨“十三五”规划主题报告会在重庆长江当代美术馆举行。全国人大常委会委员、财经委副主任委员、民建中央副主席辜胜阻应邀出席报告会，并以学习贯彻中共十八届五中全会精神为切入点，现场作了《“十三五”企业转型机遇与渝商振兴》的报告。

12月11日下午，民建上海市委在上海展览中心友谊会堂隆重举行纪念民建成立70周年大会。全国政协副主席、民建中央常务副主席马培华，中共上海市委常委、市委统战部部长沙海林出席会议并讲话。民建中央副主席、上海市政协副主席、民建上海市委主委周汉民作大会主题报告。

12月12日，黔西南“星火计划、科技扶贫”试验区25周年工作座谈会在贵州省兴义市举行。中华全国总工会副主席、民建中央副主席张少琴出席座谈会并讲话。座谈会上还举行了试验区山地旅游扶贫框架协议签字仪式。中共中央统战部，各民主党派中央、全国工商联，科技部、国家民委、农业部、国务院扶贫办等有关部委，黔西南“星火计划、科技扶贫”试验区联合推动组成员单位有关负责人参加会议。在黔西南期间，张少琴副主席还亲切会见了新成立的民建黔西南州支部委员会成员和全体会员。民建贵州省委主委武鸿麟出席民建黔西南州支部成立大会。

12月13日上午，2015年南京大屠杀死难者国家公祭仪式在南京市侵华日军南京大屠杀遇难同胞纪念馆举行。民建中央副主席宋海出席公祭仪式。

12 月 14 日，全国人大常委会委员、财经委副主任委员、民建中央副主席辜胜阻应邀参加武汉市政协委员报告会，并作了《“十三五”发展理念与经济转型》的辅导报告。武汉市政协主席吴超主持报告会。在武汉期间，辜胜阻还现场调研了武汉临空港经济开发区、王家墩中央商务区和武汉园博会“变废为宝、生态办园”展示等。武汉市政协副主席吴一民等陪同调研。

12 月 16 日下午，民建中央副主席张少琴在京会见中共毕节市委书记陈志刚一行。民建中央社会服务部部长包瑞玲、副部长夏赶秋，中共毕节市委常委、统战部部长尹恒斌以及民建中央社会服务部和中共毕节市委有关同志参加了会见。

12 月 19 日，中华思源工程扶贫基金会（以下简称“思源工程”）、芭莎公益慈善基金在北京举行“2015’思源救护中国行”暨芭莎公益慈善基金捐赠 100 辆救护车发车仪式，再次向新疆、贵州、甘肃、内蒙古等 12 个省（市、自治区）的贫困县医院捐赠 100 辆救护车。全国人大常委会副委员长、民建中央主席、“思源工程”理事长陈昌智出席救护车发车仪式并讲话。

12 月 20 日，全国人大常委会委员、财经委副主任委员、民建中央副主席辜胜阻应邀参加民建安徽省委举办专题讲座，为出席安徽省企联会四届三次（扩大）会议暨民建安徽省企业委员会八届四次全体会议的近 300 名会员企业家作了题为《“十三五”发展理念与企业转型升级》的辅导报告。他还出席了安徽双创经济论坛并作主旨演讲。

12 月 22 日下午，国务院总理李克强在人民大会堂北大厅举行仪式，欢迎伊拉克总理阿巴迪对我国进行正式访问。民建中央副主席张少琴出席欢迎仪式。

12 月 22 日，民建成立 70 周年暨民建河南省委成立 65 周年纪念大会在郑州举行。民建中央副主席周汉民代表民建中央出席大会并致贺词。中共河南省委统战部副部长赵太安代表中共河南省委统战部出席大会。民建河南省委主委龚立群作《弘扬优良传统，牢记使命责任，努力建设高素质参政党》的报告。

12 月 25 日下午，民建福建省委在福建会堂举行中国民主建国会成立 70 周年暨福建省建立民建组织 65 周年纪念大会。民建中央副主席吴晓青，中共福建省委常委、统战部部长雷春美，省政协党组副书记、副主席刘可清，省政协副主席、民建福建省委主委郭振家，省人大常委会原副主任、民建福建省委原主委林强出席大会。

12 月 29 日，在纪念中国民主建国会成立 70 周年之际，全国人大常委会副委员长、民建中央主席陈昌智前往重庆市渝中区白象街，为西南实业大厦——中国民主建国会成立旧址复建工程落成剪彩。他强调，中国民主建国会成立旧址将成为民建与中共亲密合作的永久性历史见证，成为民建会员缅怀民建先辈、守望民建历史、弘扬民建精神的重要载体，对彰显多党合作光荣传统，构筑统一战线教育基地，有着重要的历史和现实意义。中共重庆市委常委、统战部部长宋爱荣代表中共重庆市委致辞，民建中央副主席张少琴出席。

12 月 29 日，民建重庆市委纪念中国民主建国会成立 70 周年大会在市政协议政厅隆重举行。全国人大常委会副委员长、民建中央主席陈昌智出席并发表重要讲话。民建中央副主席张少琴出席大会。中共重庆市委常委、市委统战部长宋爱荣到会祝贺。市人大常委会副主任、民建市委主委沈金强作工作讲话。大会前，陈昌智、张少琴在沈金强主委等陪同下，欣然参观了民建市委纪念中国民主建国会成立 70 周年书画展。

12 月 30 日，民建四川省委在成都隆重召开中国民主建国会成立 70 周年纪念大会。全国人大常委会副委员长、民建中央主席陈昌智出席会议并发表重要讲话。中共四川省委常委、省委统战部部长崔保华，省政府副省长、民建四川省委主委陈文华，省政协副主席、民盟四川省委主委赵振铣，省政协副主席、民进四川省委主委张雨东，省政协副主席、致公党四川省委主委杨兴平，省政协原副主席、民建四川省委原主委王恒丰等领导出席大会。

二、参政议政

2015 年，民建各级组织认真学习贯彻中共十八大和十八届三中、四中、五中全会精神，充分发挥密切联系经济界的特色和优势，不断探索工作思路，研究完善工作机制，突出重点、注重实效，取得了参政议政工作的新成果。

（一）积极参与政治协商

民建中央领导同志先后参加中共中央和国务院召开的政府工作报告征求意见座谈会、上半年和全年经济形势分析座谈会、“十三五”规划征求意见座谈会、《中共中央关于制订国民经济和社会发展第十三个五年规划的建议（稿）》征求意见座谈会，代表民建就健全多层次资本市场、加强社会征信体系建设、推进大众创业万众创新、促进民营银行健康发展、推进现代职业教育发展、落实精准扶贫等方面，提出改进措施建议，受到中共中央的重视。

2 月 4 日，国务院总理李克强在北京中南海主持召开座谈会，听取各民主党派中央、全国工商联负责人和无党派人士代表对《政府工作报告（征求意见稿）》的意见和建议。民建中央主席陈昌智出席座谈会并发言。发言围绕健全多层次资本市场体系，服务实体经济发展等问题谈了看法。

7 月 24 日，中共中央总书记习近平在中南海主持召开党外人士座谈会，就当前经济形势和下半年经济工作听取各民主党派中央、全国工商联负责人和无党派人士代表的意见和建议。民建中央主席陈昌智出席座谈会并发言。发言围绕稳步推进“一带一路”和“长江经济带”建设等问题谈了看法。

8 月 21 日，中共中央总书记习近平在中南海主持召开党外人士座谈会，就《中共中央关于制订国民经济和社会发展第十三个五年规划的建议》听取各民主党派中央、全国工商联领导人和无党派人士的意见和建议。民建中央主席陈昌智出席座谈会并发言。发言围绕引领经济发展新常态、合理确定发展目标、稳定增长预期、突出创新驱动发展战略、注重发展实体经济、做好“三农”工作和扶贫工作等问题提出了意见和建议。

8 月 21 日，中共中央政治局常委、全国政协主席俞正声主持召开调研协商座谈会，就流域经济发展和水资源开发利用保护问题听取党外人士意见建议。民建中央主席陈昌智出席座谈会并发言。陈昌智代表民建中央就长江经济带发展重点专题调研作了发言，并提出意见建议。

12月10日，中共中央总书记习近平在主持中南海召开党外人士座谈会，就今年经济形势和明年经济工作听取各民主党派中央、全国工商联负责人和无党派人士代表的意见和建议。民建中央主席陈昌智出席座谈会并发言。发言围绕深化金融体制改革、降低企业成本等问题谈了看法。

（二）在全国政协会议上的提案和发言

1. 全国政协十二届三次会议

在2014年会中央重点专题报告、专委会课题报告以及省级组织春秋季成果征选材料的基础上，经过认真分析、加工转化，以及专家论证，最后经民建中央主席、各位副主席认真审阅、亲自修改，主席办公会研究讨论，完成了民建中央向全国政协十二届三次会议提交的5件大会发言和41件政协提案。其中，副主席李谠代表民建中央作了题为《深化改革，努力化解产能过剩矛盾》的口头发言，《关于标本兼治，切实缓解实体经济和小微企业融资困境的提案》《关于全面推进长江经济带建设的提案》《关于全面深入推进行政审批制度改革，改善经济社会发展环境的提案》《关于京津冀联防联治破解大气污染难题的提案》等4件被列入全国政协专题调研提案，《关于贯彻依法治国方略，改革人民法院审判委员会制度的提案》《关于大力推动干旱半干旱地区农业水资源高效利用的提案》《关于大力推动我国农村电子商务发展的提案》《关于推进中国对外投资和企业走出去的提案》《关于制订国家大数据发展战略的提案》《关于发展民办养老机构的提案》《关于加快治理农田残膜污染的提案》《关于深度推进中国（上海）自由贸易试验区法治化的提案》等8件提案被选入《重点提案摘报》。另外担任全国政协委员的会员提交书面发言2件、提案419件。

会议期间，民建组委员共进行了9场小组讨论，围绕政府工作报告、政协常委会工作报告、提案工作情况报告、计划和预算报告、“两高”工作报告，以及人民政协工作等畅谈了体会和感受，并提出了许多建设性意见和建议。3月4日下午，中共中央政治局常委、中纪委书记王岐山参加了民建、无党派委员联组会。王永庆等委员就加强民主监督等问题作了发言。

在全国政协十二届三次会议期间，大会举行了以“加大耕地保护工作力度，为人民群众提供优质安全的农产品”为议题的提案办理协商会，民建中央副主席宋海和民建界别委员孙贵宝、钱学明、蔡玲参会并提出意见建议。此外，民建中央还组织召开了新闻媒体见面会，就民建中央提交提案情况进行了通报。“两会”结束后，做好提案答复的来电、来信和来访联系沟通工作。截至2015年底，已经有19件提案接到承办单位电话答复沟通，36件提案收到发改委、财政部、农业部等20个单位的书面答复意见。

2. 全国政协常委会和专题协商会

在6月15日至17日召开的全国政协十二届第十一次常委会上，围绕“制订国民经济和社会发展‘十三五’规划”建言献策，民建中央提交了《加强金融创新，促进我国养老产业发展》《关于“十三五”推进我国城乡社会一体化发展的建议》《加强经济合作推动长江经济带健康发展》三份书面发言材料。

在11月6日至8日召开的全国政协十二届第十三次常委会上，就学习贯彻中共十八届五中全会精神，围绕制订国民经济和社会发展第十三个五年规划建言献策，民建中央提交了《落实精准扶贫，确保全面建成小康社会》一份口头发言材料，和《加快科技成果转化和技术转移，促进创新驱动发展战略实施》《关于“十三五”推进金融创新，助力经济转型的建议》两份书面发言材料。

3. 双周协商座谈会

民建中央非常重视政协双周协商座谈会，根据协商议题安排情况，认真开展调研，积极参加座谈，建真言、献实策。2015 年 4 月 22 日，全国政协召开第二十九次双周协商座谈会，就“推进京津冀协同发展中的大气污染防治”问题提出意见建议，该座谈会由民建中央、全国政协提案委员会联合组织。为做好会议筹备和发言准备工作，民建中央专门成立了“京津冀大气污染联防联治”课题调研组，常务副主席马培华带队，调研部协助，先后赴北京、河北、天津调研，考察相关企业、工业园区，并与有关部门进行座谈，听取当地大气污染防治工作有关情况汇报。5 月，经过反复论证修改，撰写完成了《立足长远　突出重点　推进京津冀大气污染协同治理》专题调研报告，并报张高丽副总理。张高丽副总理作了重要批示。在双周协商座谈会上，马培华汇报了调研相关情况并就有关问题提出意见建议。同时，民建界别的全国政协委员刘江龙、李玉光、马力、秦博勇、谢商华、徐钧健等也分别参加了不同主题的双周协商座谈会并发言。

（三）与政府部门、国家部委和司法机关开展联系合作情况

1. 与广东省人民政府、科技部合作举办中国风险投资论坛

7 月 3 日，由民建中央、广东省人民政府和深圳市人民政府共同主办，科学技术部支持的 2015（第十七届）中国风险投资论坛在深圳隆重召开。广东省委副书记、深圳市委书记马兴瑞出席开幕式并致辞。全国人大常委会副委员长、民建中央主席陈昌智，民建中央副主席陈政立、科学技术部副秘书长徐建培出席开幕式。民建中央副主席辜胜阻作了高层论坛演讲、民建中央副主席宋海主持主旨演讲。陈昌智发表了《把握和适应经济发展新常态，促进中国风险投资事业新发展》的主旨演讲。2015（第十七届）“中国风险投资论坛”在民建各级组织的重视和推动下，会员参与的积极性进一步提高，参与的程度进一步加深。参加此次论坛的民建会员达到 370 人，多个省级组织主委出席论坛。其中，参加培训班的人员近 47 人；参加中国风险资本—项目对接会项目路演的民建会员企业有 8 家；参加“2015 最具投资潜质创新企业”评选并获奖的民建会员企业有 4 家。

2. 与工业和信息化部联合主办中国（湖南）非公有制经济发展论坛

9 月 6 日，由中国民主建国会中央委员会、工业和信息化部、中华全国归国华侨联合会、湖南省人民政府共同主办的 2015’中国（湖南）非公有制经济发展论坛暨海外侨领侨商三湘行活动在长沙开幕。本届论坛的主题是“适应新常态，促进新转变，谋划非公经济新发展”。全国人大常委会副委员长、民建中央主席陈昌智出席开幕式并致辞。受湖南省委书记、省人大常委会主任徐守盛委托，湖南省委副书记孙金龙代表中共湖南省委、湖南省人民政府致欢迎辞。湖南省委副书记、省长杜家毫出席开幕式。全国人大常委会委员、民建中央副主席张少琴主持开幕式。开幕式上，中国侨联副主席乔卫，工业与信息化部党组成员、办公厅主任莫玮，国家治理协同创新中心执行主任、中国社会经济调查研究

中心主任王彤，国家统计局中国经济景气检测中心副主任潘建成分别作主旨演讲。湖南省副省长何报翔受杜家毫委托作主旨演讲。中国非公有制经济发展论坛是由中国民主建国会中央委员会、国家工业和信息化部与有关省、市、自治区人民政府联合举办的论坛，是民建为发挥联系经济界的优势，切实履行参政党职能，为促进非公有制经济发展建言献策而倡导举办的一个品牌论坛，自2003年创办至今，经过十多年的发展，已经成为宣传中国共产党领导的多党合作和政治协商制度的平台，成为宣传中共中央和国务院关于非公有制经济发展政策的平台，成为发挥民建参政党职能、组织引导会内外人士广泛开展参政议政、促进非公有制经济健康发展的平台。开幕式后，还举行了项目签约仪式和主题论坛。签约仪式共签约项目106个，涉及现代服务业、先进制造业、农业产业化和基础设施建设等领域，签约总金额617.6亿元。主题论坛上，来自民建中央、中国侨联、清华大学、国务院发展研究中心等部门的领导、专家学者和企业家围绕非公经济的创新发展、非公经济与生态经济、非公经济的国际化发展等主题作了专题演讲。工业和信息化部中小企业局副局长马向晖主持主题论坛。湖南省委常委、省委秘书长、省直机关工委书记许又声，湖南省委常委、副省长、省委统战部部长黄兰香，湖南省政协副主席、民建湖南省委主委赖明勇，湖南省政协原副主席、民建湖南省委原主委龙国键出席开幕式。工业与信息化部嘉宾、民建各省（区、市）代表团代表及民建会员企业家、中国中小商业企业协会会员代表、海外侨领侨商代表等1200余人参加论坛开幕式。

3. 加强与司法部门的联系沟通

1月26日下午，最高人民检察院召开各民主党派中央、全国工商联和无党派人士民主监督座谈会。监察部副部长、民建中央副主席郝明金出席座谈会，并就检察院工作提出建议。座谈会由检察长曹建明主持。常务副检察长胡泽君介绍了2014年检察工作情况和2015年检察工作安排。副检察长孙谦、姜建初、张常韧、李如林，政治部主任王少峰，检委会专职委员张德利、陈连福，机关各部门负责人等出席座谈会。郝明金在听取最高人民检察院工作情况通报后表示：2014年在最高人民检察院的领导和指导下，全国检察机关依法独立公证行使检察权，认真履行法律监督职责，严厉惩治贪污贿赂和渎职侵权犯罪，维护人民群众合法权益，实现社会公平正义，推进依法治国进程，在查办贪污贿赂案件、反渎职侵权、司法体制改革、预防职务犯罪及自身队伍建设等方面，都取得了十分突出成绩，值得肯定。座谈会上，郝明金结合自己的工作和民建系统对检察工作的调研情况，提出了三点建议：一是加大办案力度，坚决惩治“小官大贪”腐败案件。二是严格执法，杜绝刑事冤假错案。三是加大检察机关法律宣传工作力度。

1月30日，最高人民法院组织召开的民主党派中央、全国工商联、无党派人士征求意见座谈会，并就司法体制改革有关问题提出具体建议。最高人民法院院长周强出席会议。全国人大常委、民建中央副主席辜胜阻出席座谈会。辜胜阻在发言中指出，在探索推进司法体制改革中，不可避免地面临一些不适应、不协调、不平衡的问题，需要以统筹兼顾的理念加以研究解决。结合此前开展的一系列调研工作，他提出了七项建议：一是推进司法队伍的正规化、专业化、职业化建设，进一步明确审判权力运行机制各主体的审判职责和管理职责。在落实“让审理者裁判、由裁判者负责”时，要进一步加强审判监督管理工作。二要充分考虑法官的职业特点，提高工作待遇，进一步加强法官职业保障，保障权、责、利同步推进、一体落实，完善相关配套制度。三是对各级法院案件状况深入研究的基础上，合理设置员额比例，减少法官的非审判事务，增加辅助人员配备，提高审判效率。四是进一步统筹协调中央顶层设计与地方试点探索，从中央层面明确路径要求及统一论证设计的事项范围，避免改革走弯路、甚至走回头路。五是要进一步做好对司法改革政策的解释宣讲工作，切实统一对司法改革的思想认识，消除广大干警的疑虑和担忧。六是科学设立法官遴选委员会，为能干事想干事干成事不出事的法官提供舞台。七是聘请经济学家、法学家和行业专家为不正当竞争和反垄断等有关诉讼案件提供专业论证。

（四）围绕重点专题，开展调研活动

围绕会中央年初确定的五个重点调研专题，在各位牵头主席的领导下，分别确定工作计划、调研方案，组建专家队伍、开展不同形式的调研和座谈活动。重点专题确定后，调研部还向民建各省级组织、各位中央委员发出了《关于做好会中央五个重点专题调研工作的通知》，各省级组织与部分中央委员选择了相关课题参与，提供了一些调研参考素材。

1. 党派大调研，“加强经济合作，推动长江经济带健康发展”重点专题。3 月中下旬，民建中央主席陈昌智在北京主持召开了专题开题会，国家发改委、交通运输部有关司局负责同志，部分民建会员专家参加座谈，研究长江经济带发展的有关问题，确定调研方案。3 月底至 4 月中旬，陈昌智带队赴长江上游的四川、重庆，长江中游的湖北，长江下游的上海进行调研，实地考察了长江三峡水利枢纽工程、武汉新港阳逻集装箱港区、重庆寸滩保税港区、重庆航运交易所和果园港码头、民生物流四川有限公司等，并与 4 省市政府和三峡集团、长江航务管理局、长江水利委员会以及有关企业等召开了数十场座谈会，听取情况介绍，分析存在问题，研讨政策建议。沿江 11 省市民建组织积极配合，结合各地实际情况，认真开展调研，形成研究成果。4 月 28 日，民建中央举办“加强经济合作，推动长江经济带健康发展”研讨会，11 省市民建组织负责人根据调研情况积极建言献策。5 月至 6 月，调研组部分成员继续深入江苏、浙江、安徽、湖南、云南等地进行基层一线调研。在此基础上，形成了《加强经济合作，推动长江经济带健康发展》的专项建议，经中共中央统战部转呈中共中央、国务院后，得到了李克强总理、俞正声主席、张高丽副总理的批示。此外，该专题还为二季度政协常委会提供书面发言材料一篇。

2. “加快科技成果转化和技术转移，促进创新驱动发展战略实施”重点专题。该专题由常务副主席马培华负责，4 月中旬至 5 月上旬，课题组先后赴江苏、河南、湖北、北京等 4 省市进行调研，实地考察了 8 家企业、6 所高等学校及科研院所、3 个产业园区等，并召开多场座谈会，深入了解政府有关部门、高等学校、科研院所和企业破除科技成果转化体制机制障碍，加快构建企业为主体、产学研合作的技术创新体系，积极培养和集聚科技人才，大力提高科技服务水平等情况，以及当前加快科技成果转化和技术转移面临的主要问题情况。民建天津、河北、内蒙古、黑龙江、广东、青海等地方组织也对当地加快科技成果转化和技术转移，促进创新驱动战略实施情况进行了调研，为课题报告的形成提供了有力的支撑材料。6 月，专题调研组在认真学习和吸收消化前期调研材料

基础上，反复讨论修改，撰写完成了《加快科技成果转化和技术转移，促进创新驱动发展战略实施》专题调研报告，经中共中央统战部转呈中共中央、国务院领导同志后，得到了李克强总理、刘延东副总理的批示。此外，相关调研成果也为全国政协第十二届第十三次常委会提供书面发言材料一篇。

3. “加强社会征信体系建设，构筑诚实守信的经济社会环境”重点专题。建立国家层面的社会征信体系，对深入贯彻习近平总书记“四个全面”战略布局，构筑诚实、守信、公平、正义的经济社会环境具有十分重要的意义。2015 年，民建中央成立“加强社会征信体系建设，构筑诚实守信的经济社会环境”重点专题调研组，由副主席张少琴带队负责，先后赴广东深圳、天津、北京、内蒙古等地深入调研，召开了一系列座谈会，与中国人民银行、发改委、市场监督局等部门交流座谈，并实地考察了深圳信用协会、内蒙古信用建设服务中心等征信机构，深入了解当前我国征信体系建设等相关情况及存在问题。本次调研取得了较好的成效，在中共中央 12 月上旬召开的党外人士高层协商会议上，该报告的相关建议被吸纳进民建中央的发言。报告以民建中央名义呈送国务院，得到李克强总理的批示。同时，报告经浓缩整编后于 12 月 14 日发表在《光明日报》上。

4. “培育多元创业生态，营造良好创新环境”重点专题。中共中央“十三五”规划建议提出，要培育发展新动力，激发创业创新活力，推动大众创业、万众创新。推动大众创业、万众创新是释放民智民力、保持经济稳定增长、避免经济出现“硬着陆”的重要举措，是经济发展新的引擎。当前，随着简政放权和商事制度改革推动新的市场主体井喷式增长，新一代互联网技术与互联网金融发展引领新一轮互联网创业浪潮，中关村和深圳等高新区与科技园区引领新一轮聚合创业创新浪潮，企业并购热刺激了“职业创业人”崛起，我国新一轮创业创新浪潮正在兴起。为了对新一轮创业创新浪潮进行深入研究，今年以来，由副主席辜胜阻带领的专题调研组先后到北京、深圳、上海、天津、重庆、武汉、杭州、福州、青岛、西宁等 20 多个城市进行了调查研究，召开了 40 多场座谈会，听取了 300 多名企业家、专家和职能部门业内人士的意见，实地考察了小米、猪八戒网、36 氪、百融金服、京东、金融客咖啡、一号店、红领、中金在线、新三板市场、中关村创业大街、武汉和天津股权交易市场等百余家创业创新企业、众创空间和市场交易平台。为了进行比较研究，调研组成员还在美国硅谷进行了实地考察。在以上广泛调研基础上，形成了调研报告。本次调研取得了较好效果，相关调研成果通过专项建议、协商会议、讲座论坛等多种方式向有关部门进行了反映，得到有关方面的重视和肯定。12 月初调研报告报送国务院领导后，得到了李克强等领导同志的批示。在中共中央 12 月上旬召开的党外人士高层协商会议上，该报告中的相关建议被吸纳进民建中央的发言。同时，辜胜阻还代表调研组就推动“大众创业、万众创新”，引领经济发展新常态等问题在《人民日报》《经济日报》《求是》《新华文摘》等报刊发表文章，接受中央电视台、新华网、人民网等主流媒体采访共 50 多篇次。

5. “深化金融体制改革，促进民营银行健康发展”重点专题。《中共中央关于制订国民经济和社会发展第十三个五年规划的建议》提出“构建多层次、广覆盖、有差异的银行机构体系，扩大民间资本进入银行业，发展普惠金融，着力加强对中小微企业、农村特别是贫困地区金融服务”。发展民营银行是新常态下党中央和国务院制订的进一步深化我国金融体制改革的方向，也是新时期我国金融体制改革的重点和深入发展的重要举措。目前，中国银监会首批批准了5家民营银行在天津、上海、浙江和广东开展试点，国家工商总局也已经预先核名100多家“民营银行”，各地出现了“民营银行热”的局面。但是，什么是民营银行？我国到底需要什么样的民营银行？如何促进我国民营银行健康发展？今年初，民建中央成立了由副主席宋海为组长的专题调研组。经过充分准备，4月份对新疆和田地区、6月份对深圳前海微众银行、广州华兴银行、天津金城银行等进行实地调研，与新疆、广东、深圳、天津金融部门进行座谈，与部分主要领导交流和沟通看法，听取了有关金融界专业人士的意见和建议，经过长达半年时间的调研和探索，形成了《深化金融体制改革，促进民营银行健康发展》调研报告。调研报告得到了国务院副总理马凯同志批示，转送到中国银监会阅研，并在12月份的高层协商会上提出建议。

（五）开展应急研究情况

8月份，民建中央主席陈昌智带队就扶贫开发问题在甘肃省调研。调研组与中共甘肃省委省政府，金昌、武威、张掖、兰州、白银、定西、甘南、临夏、平凉、庆阳等市州党委政府进行座谈交流，听取了当地扶贫开发工作的情况介绍。在“十三五”规划高层协商会上，陈昌智主席结合扶贫问题，提出共享发展建议。根据调研情况，民建中央经中共中央统战部向汪洋副总理报送了《落实精准扶贫，确保全面建成小康社会》专项建议。4月至8月，民建中央副主席辜胜阻带队先后到武陵山恩施、宜昌片区，燕山—太行山张家口片区，六盘山海东片区，滇西边境山区德宏片区和明确实施特殊扶持政策的四省藏区玉树藏族自治州等地开展实地调研，并与湖北省扶贫办、河北有关地区扶贫办及调研地政府部门召开多场次座谈会，在广泛征求国家民委、全国政协民宗委等单位负责同志的意见基础上最终形成了《关于“十三五”时期切断贫困代际传递，实现全国同步小康的调研建议》的调研报告。该调研报告报中共中央，得到了习近平总书记，俞正声主席和汪洋副总理等国家领导人的重要批示。同时，上述调研成果也为民建中央参加各类协商活动发言提供了素材支撑。

全年起草、及时报送多篇专项建议。民建中央在广泛调研基础上，形成了《加强经济合作，推动长江经济带健康发展》《关于完善体制机制，促进资本市场稳定健康发展的建议》《关于加强三江源保护，拯救“中华水塔”的建议》《地方债务置换应关注和解决的几个问题》《关于成立国家扶贫银行进行精准扶贫的建议》等专项建议，并通过中央统战部转送中共中央、国务院领导同志及有关部门。

（六）反映社情民意

当前，参政议政渠道日益丰富，对社情民意工作提出更高的要求，主要表现在社情民意选题、内容质量、文字水平等标准进一步提高。为适应当前社情民意工作的新形势需要，民建中央调研部不断改进社情民意工作方式，主要表现在：严把报送质量关。进一步提高社情民意信息报送标准，加强对稿件的筛选和深加工，做好精编、细编，实行选稿2次把关，成稿再2次把关，从而保证了报送信息质量，提高了在全国政协的采用率。截至2015年12月底，共收到民建中央及地方社情民意来稿2800多篇，编辑并向全国政协报送 251 期，被全国政协采用 43 期，采用率一直高于全国政协平均采稿率。完善采稿机制。由“被动采稿”向“主动约稿”转变，由“收集”稿件向“搜集”稿件转变。根据全国政协每季度参考选题重点，或者社会热点难点，专门向课题有关方面的专家学者或有关省级组织约稿，有效保证了来稿质量。如，今年通过约稿报送的《在“十三五”规划编制工作中要高度重视长江经济带建设中的区域协同问题》，以及《建议将加快藏彝走廊地区发展纳入“十三五”规划》均被全国政协采用。改进考核表彰办法。参照全国政协表彰办法，拟定民建中央《反映社情民意信息工作评选表彰办法（草）》，从制度上督促省级组织提高来高质量。加强联系与互动。一方面加强与全国政协信息局的联系，及时沟通；另一方面对省级组织社情民意工作加强指导与帮扶，先后派专人赴湖南、陕西、广东、安徽、甘肃等地开展社情民意信息辅导。为贯彻落实民建中央参政议政工作会议精神，进一步加大社情民意培训力度，11 月 12 日至 13 日，在四川成都组织召开民建省级组织社情民意信息工作培训班。本次培训班首次分片区开展，来自天津、内蒙古、吉林、黑龙江、海南、重庆、四川、青海、宁夏、新疆等 10 个省级组织及相应省会城市从事社情民意信息的工作人员及骨干会员，以及民建中央部分专门委员会工作人员，近 70 人参加培训。培训班邀请全国政协办公厅研究室副巡视员贾燕庚应邀作题为“做好新形势下的反映社情民意信息工作”的报告。民建中央调研部部长蔡玲作了题为“新常态下如何开展参政议政工作”的报告。培训班上，与会人员充分交流社情民意工作经验和体会，认真讨论《反映社情民意信息工作评选表彰办法（草）》，并深入研究如何进一步提高反映社情民意信息工作质量和水平。大家一致认为，本次培训学习有助于进一步提高对社情民意重要性的认识水平，推动全面了解社情民意工作机制，必将对今后撰写和编写社情民意信息带来很大帮助。拓宽信息使用渠道。为了保护会员积极性，为没有采用的社情民意寻找其他出路。与宣传部加强合作，将一些不适合社情民意渠道报送的、适宜公开的信息，通过宣传部推荐给人民日报等媒体，截至 12 月底，共有 13 篇被《人民日报》《中国政协》等媒体刊登。

（七）开展民主监督

履行民主监督职能。会中央领导通过高层协商会、报送专项建议等方式，就资本市场、三江源保护、地方债务置换等方面指出问题，坦陈己见。参加最高法、最高检和国家发改委、公安部等国务院有关部门举行的民主监督座谈会，提出改进工作建议，部分意见建议在“两高”报告中体现。担任各级人大代表、政协委员和政府部门特约（邀）职务的会员，利用参加调研、检查、视察、交流等机会，了解党委政府工作，关注国家经济社会发展中的热点、难点问题，提出改进意见、建议。积极参加政协民主监督调研活动。2015 年参加全国政协经济委员会关于地方政府债务的调研，并参与调研报告部分起草座谈。

（八）发挥专委会的独特作用

民建中央各专委会召开主任会议或全体会议，明确工作任务，积极组织调研，形成并提交调研报告 60 篇；发挥专业优势，积极就有关重大问题、热点问题提出意见，提供社情民意信息，参与民建中央领导同志在高层协商、全国政协会议的发言起草工作。经济委员会、财政金融委员会、企业委员会、能源与资源环境委员会、农业与农村委员会在深入调研基础上，分别向十届十二次中常委会提交关于经济形势的分析报告，为民建中央领导同志参加高层协商提供材料支撑。部分专委会通过举办论坛、研讨会等方式，为地方经济社会发展提供智力支持。

三、社会服务

2015 年，社会服务部深入贯彻落实中共十八届三中、四中、五中全会和民建十届三次会议精神，紧紧围绕党和国家的改革发展总基调，发挥优势突出特色，开拓创新，埋头苦干，扎实有效地开展社会服务工作，并取得了令人欣喜的成效，现总结如下：

（一）深入贯彻落实中央扶贫开发工作会议精神，全力做好定点扶贫工作

深入贯彻落实习近平总书记在部分省区市党委主要负责同志座谈会上的讲话和对毕节试验区重要批示精神，在两个定点帮扶县以特色产业助推区域经济发展与农民增收，以开展乡村致富带头人培训和新型职业农民为贫困县提供扶贫人才支撑，以民生项目帮助群众提高生产生活水平，以教育扶贫斩断贫困的代际传递。

1. 组织举办毕节试验区生态产业发展峰会，推进试验区生态文明建设。

为深入贯彻落实习近平总书记重要指示精神，推动毕节试验区实现跨越式发展、向生态文明迈进，今年 4 月，民建中央社会服务部与中共毕节市委、毕节市政府共同主办“毕节试验区生态产业发展峰会”。全国人大常委、民建中央副主席张少琴出席会议并讲话，与会专家围绕“发展生态产业　推进同步小康”的主题分别以《德清源循环经济模式介绍》《智慧城市与软件产业协同发展》《新常态经济条件下的后发赶超》《在发展与生态融合中实现黔西小康蓝图》《借鉴瑞士山地经济可持续发展经验　推动毕节生态文化旅游创新区绿色发展》《毕节试验区经济发展方式转型研究》和《以多党合作推动改革先导、促进发展和生态双赢》等为主题作了演讲。此次峰会为试验区进一步更新观点、明确思路，围绕生态文明建设开展更多深入、务实、有效的交流合作起到了重要推动作用。峰会上，民建企业家和与会各县区签订招商引资项目 12 个，签约资金 18.34 亿元。借此次峰会之机，民建中央还组织民建东部十省市组织召开对口帮扶黔西县第三次联席会议，总结自 2013 年 11 月以来帮扶工作开展情况，布置新阶段帮扶工作。

2. 实施精准扶贫，提高扶贫工作成效。根据国务院关于印发《建立精准扶贫工作机制实施方案》的通知和关于进一步动员社会各方面力量参与扶贫开发的意见，进一步贯彻落实民建十届三中全会精神，社会服务部通过多次入户调查和材料甄选，在黔西县和丰宁县选择了 30 个贫困户，与东部十省市组织结成帮扶对子，签订帮扶协议，针对每户的具体情况和实际需求开展精准扶贫工作。

3. 推进产业扶贫。在黔西县新仁乡和协和乡以樱桃、生姜、石榴、高粱种植助推乡村旅游产业发展，种植农户普遍增收。进一步推动丰宁发展蔬菜产业，扩大种植规模，截至 12 月底，协调在北京市建立 31 个丰宁蔬菜直销网点。

4. 实施人才培训，为帮扶县可持续发展提供人才支撑。一是继续开展常规培训。民

建中央在黔西县和丰宁县共投入20万元，开展360名乡村致富带头人和500名新型职业农民技能培训。二是继续实施骨干教师培训计划，协调民建浙江省委、民建福建省委培训300名黔西县、丰宁县、黔西南试验区乡村骨干教师。协调民建北京市委组织黔西县第九小学的40名教师到首都师范大学初等教育学院接受一周的脱产培训。三是纵向合作与横向合作相结合，协调民建北京市委和民进北京市委在丰宁开展第三期“丰宁助教培训计划”，北京101中学老师与丰宁二中老师分学科开展同课互评活动。今年9月，为期三年的丰宁助教计划正式结业，民建会员企业为丰宁捐赠了价值一万多元的3D多媒体放映设备，并对2013年至2015年“丰宁助教”活动的13位优秀个人进行了表彰。

5. 坚持以解决实际问题为导向，努力促进民生改善。

改善民生一直是民建中央帮扶工作的出发点和落脚点。2015年，民建中央在定点帮扶县实施了一系列惠民项目。捐资100万元在两个定点扶贫县新建、改建村级卫生室20个，培训乡村医生200名，捐赠救护车1辆，在丰宁县配套建设新型清洁沼气罐380套，连续12年赴丰宁县送温暖。

6. 响应国家振兴革命老区的号召，支援赣南原中央苏区建设。2012年国务院下发了《关于支持赣南等原中央苏区振兴发展的若干意见》，2014年4月，中央统战部组织各民主党派中央、全国工商联赴江西广昌调研考察，建立了统一战线帮扶原中央苏区江西广昌县的工作机制。民建中央积极响应中央统战部号召，出资400万元、致公党中央和台盟中央各出资50万元共同援建广昌县水南圩乡敬老院。该项目工程经过前期土地平整、招投标等工作环节，目前已进入施工阶段。民建中央第一期200万元援建资金已拨付到位，该项目设计床位80个，建成后能有效缓解该乡养老床位严重不足的问题。

（二）发挥优势，搭建平台，促进服务会员企业与服务地方经济发展相结合

1. 成功举办2015’中国（湖南）非公有制经济发展论坛

9月6日，由民建中央、工业和信息化部、中华全国归国华侨联合会、湖南省人民政府共同主办的2015’中国（湖南）非公有制经济发展论坛暨海外侨领侨商三湘行活动在长沙开幕。本届论坛的主题是“适应新常态，促进新转变，谋划非公经济新发展”。全国人大常委会副委员长、民建中央主席陈昌智出席开幕式并致辞。开幕式上，中国侨联副主席乔卫，工业与信息化部党组成员、办公厅主任莫玮，国家治理协同创新中心执行主任、中国社会经济调查研究中心主任王彤，国家统计局中国经济景气检测中心副主任潘建成、湖南省副省长何报翔分别作主旨演讲；来自民建中央、中国侨联、清华大学、国务院发展研究中心等部门的领导、专家学者和企业家围绕非公经济的创新发展、非公经济与生态经济、非公经济的国际化发展等主题在主题论坛上作了专题演讲，为参会企业授课，讲解国家政策，启迪发展思维，提振发展信心，推动企业走创新发展的道路。论坛期间，与会专家、企业界人士和侨领侨商还将分赴长沙、株洲、湘潭、益阳、常德、郴州、永州等市州参加项目考察、投资推介等活动。本次论坛共征集论文63篇，签约招商引资项目106个，涉及现代服务业、先进制造业、农业产业化和基础设施建设等领域，签约总金额617.6亿元。工业与信息化部嘉宾、民建各省（区、市）代表团代表及民建会员企业家、中国中小商业企业协会会员代表、海外侨领侨商代表、媒体记者等1200余人参加论坛。

2. 搭建学习平台，提高会员企业家素质

为进一步增强会员企业家管理才能，深入了解国家政策走向，增强企业抱团过冬的本领，6月9日—12日，民建中央社会服务部、中央社会主义学院和中国经济时报社共同主办了第二期民建中央企业家培训班。本次培训班为期四天，邀请了来自国家部委、经济界学者、成功企业家为学员授课，讲授了宏观经济、经济新常态非公经济机遇与挑战、民营企业守法经营、一带一路的商机、互联网 +、传统产业转型等课程，来自全国各地的100余位会员企业家参加了培训。通过培训，会员企业家进一步熟悉了国家的产业政策，强化了依法经营的理念，拓宽了企业经营视野。

3. 搭建投资平台，促进会员企业和地方经济同发展

8月15日，民建中央企业委员会第三次全体会议在黑龙江伊春召开，80余会员企业家参加会议。会议期间，民建中央企业委员会与中共伊春市委、市政府联合举办了“民建中央企业家走进林都伊春经贸合作推介交流会”。中共伊春市委书记高环在交流会上向民建会员企业家介绍伊春市投资环境和招商引资情况。

受新疆哈密地区邀请，7月24日和11月19日，民建中央企业委员会与哈密地区行署分别举办了“丝绸之路哈密行”和“2015丝绸之路（哈密）高峰论坛暨ACSC中国供应链管理企业家论坛”活动。“丝绸之路哈密行”活动中，52名会员企业家在三天的时间里考察调研了哈密金风风电设备有限公司、新疆兰石重装能源工程有限公司、哈密石城子光伏产业园等地，并举行民建中央企业委员会丝绸之路哈密行专场推介会，哈密地区行署向民建企业家全面推介了哈密招商引资项目。在哈密论坛活动中，来自全国各地近200名嘉宾、企业家、新闻媒体记者参加活动。来自民建中央、中国国际经济交流中心等单位领导、行业专家分别作了精彩的主题演讲。期间举行了哈密地区与其他省市五家企业的项目合作签约仪式，还就哈密经贸发展、投资环境等进行了专题推介，组织企业家参观考察哈密社会经济发展与投资环境。

12月8日，民建中央社会服务部、民建浙江省委会、中国经济时报社联合举办民建浙江非公经济前沿圆桌会议，会议围绕“一带一路”战略和《中国制造2025》两大主题进行了座谈研讨，寻求非公经济发展的新机遇、新动力。来自浙江、江苏的会员企业家代表50余人参加会议，与会专家和企业家结合自身企业经营情况，对当前企业发展面临的困境，《中国制造2025》为民营经济转型升级带来的新挑战、新机遇进行了深入交流。

（三）继续实施思源教育移民计划

在武陵山区、大别山区、六盘山区、原中央苏区等集中连片特困地区实施“思源教育移民计划”，得到了省级组织、地方政府、教育部门和学生家长的普遍欢迎。今年在12个省（市、自治区）新开教育移民班27个，1350名优秀小学毕业生进入民建思源教育移民班开始初中的学习生活。打造“教育扶贫”新品牌，为集中连片特困地区和革命老区扶贫攻坚做出了积极贡献。

（四）思源工程成效显著，影响力不断扩大

2015年，中华思源工程扶贫基金会克服了国内经济下行所带来的压力和人员短缺、

工作量大等困难，在“医疗救助、教育扶贫、农村建设、环境保护、就业帮扶、敬老助残和救急难”等领域开展了大量卓有成效的工作。今年，中华思源工程扶贫基金会顺利完成换届，新增专项基金 1 个，共设立专项基金 32 个；连续 4 年在“中国基金会透明指数”中并列第一。截至 11 月底，募集善款 1.64 亿元，连续 6 年创历史新高，其中 2015’芭莎明星慈善夜募集善款 4170 多万元；联合爱心网友为贫困、孤残等弱势群体募款 3700 多万元，参与者达到 1100 万人次，超过历年总和。全年公益支出 1.35 亿元，帮扶约 100 万人次。重点实施思源救护、思源助学等 10 个公益项目，先后向贵州、云南等 16 个省（自治区、直辖市）的贫困县医院捐赠救护车 193 辆，开设教育移民班 24 个，新建、改建贫困地区幼儿园 50 所，培训贫困地区教师 200 名，帮助贫困学生 623 名，修建“零钱电影院”14 所、“思源沼气”100 口、水利设施工程 3 项，资助贫困空巢老人、听力障碍儿童、贫困白血病大学生等 1100 多人。“8·12”天津特别重大火灾爆炸事故发生后，通过网络公益平台在不到一周的时间内募款 1400 万元，为牺牲和失联的 116 名武警官兵、公安干警、消防员家属提供资助。首次开展国际救援活动，组成“思源绿舟国际赈灾救援队”参与尼泊尔地震救援，得到灾区政府和群众的好评。

四、联络工作

2015 年，按照中共中央对外联络工作方针，在中央统战部和民建中央领导同志的具体指导和各部门的大力支持下，围绕中心，拓宽思路，创新形式，推动合作，较好地完成了年度对外交流任务目标。全年累计接待台北市教育会访问团、台湾一国两制协会访问团、台湾新北市中和工商妇女企业管理协会考察团、台湾乡镇市民代表联合总会访问团，香港中华出入口商会访问团、香港教联会访问团等 6 个团组共 120 多人次来祖国大陆参访交流。

派出出访以及调研团组共计 3 个 30 多人次，其中组织了以管理与沟通能力为主题的培训班 14 人赴台湾岛内参访研习。围绕民建中央年度重点调研课题，组织了副主席宋海带队的养老保障和环境保护考察团一行 12 人赴丹麦、芬兰和瑞典三国考察调研，组织了副主席张少琴带队的海上丝绸之路经贸考察团一行 6 人赴印度、斯里兰卡以及缅甸三国考察调研。

另外，应台湾方面的邀请，民建中央副主席辜胜阻赴台参与了台湾《天下》杂志社举办的两岸财经圆桌论坛。按照中央统战部和中央社会主义学院的安排，下半年民建中央派出了联络部负责港澳工作的同志参加了中华文化学院第三期海外高级英语培训班赴香港理工大学学习。

（一）加大对港台工作力度，为维护两岸和平和港澳繁荣稳定献计出力

加强同台湾及香港社团及代表性人士的联系和交往，推动两岸三地交流合作向更广领域拓展，一直是民建中央对外联络工作的重中之重。一年来民建中央对港台的具体工作举措有：

1. 把握工作重点，深耕台湾中南部基层。11 月 3 日至 7 日邀请了由台湾乡镇市民代

表联合总会会长蔡咏锝率领的访问团一行20人赴陕西参访。台湾乡镇市民代表联合总会，以反映人民诉求，为台湾基层发声为宗旨，成员以基层乡镇市民代表为主，在台基层具有广泛代表性和影响力。通过赴西安参观交流座谈，加深了台湾客人对中华传统历史文化以及新时期大陆发展与建设成就的了解，交流了感情，加深了友谊，密切了联系。台湾客人对大陆高速发展给予了高度评价，纷纷表示要带更多的台湾朋友到内地，学习中华文化，寻找发展商机。此次参访，大大增进了台湾中南部基层对大陆良好印象，拉近了两岸基层民众的乡情亲情。

2. 发挥民建特色，促进两岸经贸合作。充分发挥民建联系经济界的特色与优势，通过为两岸工商经济界合作牵线搭桥，把对台工作落到实处。台湾新北市中和工商妇女企业管理协会创会6年，吸引了100多位台湾女性商界精英。7月14日至21日，民建中央邀请了由该协会创会会长、极胜国际企业有限公司董事长许淑华率领的考察团一行19人考察宁夏江南好实业集团和宁夏巴格斯酒庄等民建会员企业。来自农产品加工领域的两岸企业家现场对接交流，共同研讨两岸健康食品产业发展机遇与挑战，双方提出要深化合作，把有机枸杞“江南好”品牌推介到台湾。

3. 巩固传统友谊，壮大台湾和平发展力量。台湾一国两制研究协会是岛内促进两岸和平发展的一支重要力量。协会从成立到壮大，民建都一直给予其大力支持，双方结下了深厚友谊。继去年成功举办两次台湾消费品推介会后，今年再次邀请台湾一国两制研究协会访问团23人于5月4日至11日赴山西考察。访问团考察参访了山西的制酒以及交通运输等产业。以汾酒为代表的传统工业和代表高端制造业的山西智波交通运输设备有限公司给台湾朋友留下深刻印象。积极为协会需找商机，在忻州定襄县举办招商引资座谈会，以期提升协会的自身造血功能，以促进其永续发展。通过民建持续推进，目前台湾一国两制研究协会会员企业在厦门、北京、山东、上海很多地方开展合作，除了与大陆中粮集团、中纺集团、北京新发地集团、渤海商品交易所等央企有良好的合作关系外，与民建的会员企业叶氏集团、金和软件集团等企业也保持着密切的合作关系。合作范围涵盖了农业产业、生物科技、教育培训、商品物流、化妆品等领域。

4. 紧扣教育主题，牵线两岸职教合作。台北市教育会理事长、开平餐饮学校创办人夏惠汶先生与民建中央有着深厚的友谊和合作关系。早年为民建对台工作在岛内的开拓做出了突出贡献。早在1998年两岸还未完全开放，夏会长就邀请民建中央首次组团赴台访问，双方在职教领域持续多年开展了富有成效的交流。此后，每年均与台北市教育会以及开平餐饮学校开展两岸职业教育餐饮旅游专业的交流，为两岸职业学院与职业教育研究机构的合作搭建平台。今年3月7日至15日，民建中央邀请了由夏惠汶率领的台北市教育会访问团16人赴陕西、甘肃访问。访问团成员包括台湾教育部前任次长、正修科技大学讲座教授周灿德以及台北市多所职校校长。访问团先后参访了陕西工业职业技术学院、兰州石化职业技术学院、兰州万维资讯技术有限公司等。双方商议未来在“双师”制、课程设置等方面加强合作，打造常态化、制度化和便利化的交流平台。通过民建的牵线搭桥，这些年累计促成近20所两岸职业学校建立校际合作关系。

5. 打造培训精品，组织机关干部赴台研习。连续3年组织管理和沟通能力培训班赴台研习，受到机关干部热烈欢迎，取得了良好的效果。也为民建中央顺利开展对台工作提供了强有力的人才保障。11月16日至22日，再次组织民建中央和地方组织机关局处级干部赴台学习。培训班发挥台湾世新大学优质教学资源优势，由世新大学游梓翔等知名教授集中密集授课，同时结合参访有关教育科研机构和园区，回访在台友人和组织，使得为期7天的培训内容丰富，富有成效。通过打造精品培训项目，开阔了机关干部的视野，增强了对台统战意识。集中赴台研习，让机关干部加深了对台湾经济社会发展现状的认识与了解，加深了对中央对台政策的学习与领悟，也提升了干部们的沟通管理能力。

6. 联络会员会友，开展对港交流。8月3日至10日，民建中央接待了由十二届港区全国人大代表、香港教育工作者联会名誉会长杨耀忠先生率领的香港教联会访问团一行16人参访吉林。访问团主要由香港教联会骨干成员组成，绝大多数为香港中小学教育管理者和教师，具有广泛的代表性和密切联系香港青少年的优势。在民建吉林省委的协助下，围绕“抗日救国”和“新中国建设”两条爱国教育主线，安排访问团参观了伪皇宫博物馆和张鼓岭事件纪念馆，实地走访了长影博物馆和一汽集团红旗轿车生产线，取得了良好的效果。

应民建中央邀请，8月26日至9月2日，香港中华出入口商会代表团一行11人，参访了黑龙江省哈尔滨、大庆、黑河等地，并与黑龙江省有关机构及企业家就推动中俄边境贸易、推动香港与内地的经贸合作、一带一路国家战略下的香港作用等课题开展了深入的交流探讨。双方就今后进一步努力推进香港与内地的融合发展达成了新的共识。

（二）结合参政议政重点课题，组织专业考察团组赴国外交流考察

多年来民建中央的出访团组都紧扣当年的热点，结合年度重点调研课题，组织相关领域的专家学者有的放矢地展开考察交流活动，完成高质量调研报告。同时，根据民建以经济界人士为主的特色，进一步拓展国际合作的深度和广度，增强实效，多方构建平台，为会员企业“走出去”牵线搭桥。

5月中旬民建中央组织了养老保障和环境保护考察团对丹麦、芬兰和瑞典进行访问。访问期间，考察团与政府环境管理部门、环境保护非营利组织、社会保障机构等进行了深入座谈、实地走访了多种类型的垃圾、污水处理企业和养老机构以及世界知名生物企业等，并与当地华人华侨进行广泛接触，进行了全方位多层次的调查研究，就如何有效解决我国经济发展与环境保护之间的矛盾，如何进一步完善与经济发展相适应的环境保护法律法规，如何进一步完善我国社会保障体系的顶层设计，推动养老产业发展等问题提供了很好的借鉴。此行形成的调研报告得到了中央有关领导的高度肯定，并作了相关批示。

11月底，民建中央组派了海上丝绸之路经贸调研团赴印度、缅甸、斯里兰卡访问。调研团与三个国家的工商业联合会、投资促进会和华商商会进行了深入座谈，并实地走访了当地部分知名企业、商贸企业，了解当地的市场情况和民生需求。此访圆满完成了海上丝绸之路经贸调研的任务，宣传和阐释了中国的“一带一路”战略构想和带给沿线国家的发展机遇，得到了受访部门和机构的高度好评和热情接待，取得了宝贵信息，同时也为为民建会内企业家开辟了合作交流新渠道。

五、自身建设

2015年民建各级组织继续深入开展坚持和发展中国特色社会主义学习实践活动，着力推进思想建设，巩固基层组织建设成果，认真履行参政党职能，各项工作取得新成效，为促进全面深化改革和经济社会健康发展做出了积极贡献。

（一）以重大活动为载体，加强思想建设

开展纪念中国人民抗日战争胜利70周年活动。民建中央和各级组织以铭记历史、缅怀先烈、珍爱和平、开创未来为主旨，分别召开纪念中国人民抗日战争暨世界反法西斯战争胜利70周年座谈会，畅谈感想体会，撰写纪念文章，传承先贤的爱国主义精神；民建中央领导和部分会员的纪念文章在《光明日报》《中国统一战线》等报刊上登载。民建中央领导和在京中央委员参加了9月3日天安门广场的阅兵观礼，深受鼓舞。

隆重庆祝建会70周年。民建中央印发《纪念民建成立70周年活动方案》，全会各级组织积极举办纪念会、座谈会、文艺演出等多种形式的活动。民建中央开展“读会史颂伟业，学会章树新风”征文活动，发动广大会员积极参与，收到稿件1700多篇。精选1945年到2015年间图片资料，编印《光辉历程——中国民主建国会七十年》纪念画册。在全国政协礼堂举办“光荣与梦想——庆祝民建成立70周年文艺演出”，在民族文化宫举办“共圆中国梦——纪念民建成立70周年艺术作品展”。民建中央网站和《民讯》分别设立专栏选登纪念文章。在《人民政协报》和《团结报》刊发纪念建会70周年专版。隆重举行民建成立70周年纪念大会，回顾70年光辉历程，对全国优秀会员、先进集体进行表彰，孙春兰同志代表中共中央到会致贺辞，对民建70年的发展历史和贡献给予了高度评价。

深化坚持和发展中国特色社会主义学习实践活动。认真组织广大会员学习中共十八大和十八届三中、四中、五中全会和中央统战工作会议精神，进一步坚定走中国特色社会主义政治道路的决心和信心。在全会开展会员基本情况问卷调查，了解会员思想动态，增强学习实践活动的针对性和有效性。民建中央和地方组织通过召开报告会、座谈会、专题培训等方式，认真学习中央统战工作会议精神，提高全会对新时期多党合作的认识，推动学习实践活动深入开展。民建中央领导集体参加统一战线深入学习贯彻中央统战工作会议精神和《中国共产党统一战线工作条例（试行）》研讨班，主要领导在会上作发言。在统战系统坚持和发展中国特色社会主义学习实践活动经验交流暨中期推动会上，民建中央介绍了两年来全会开展学习实践活动的主要做法和体会，提出了下一步学习实践活动的思路和任务。

继承民建优良传统。中国民主建国会成立旧址（西南实业大厦）年底在重庆落成，为民建70华诞献上一份厚礼，将会成为民建告慰先贤、激励后人的会史教育基地。编写出版《民建史话》《民建先贤轶事》，将施复亮故居、胡厥文生平事迹展览馆命名为民建中央爱国主义教育基地，为弘扬民建优良传统、开展坚持和发展中国特色社会主义学习实践活动提供教材和载体。7月，民建杰出领导人成思危同志因病逝世。民建中央网站设立专栏，《民讯》发行专刊，民建各级组织和广大会员以各种方式表达哀思。民建中央召

开追思会，缅怀成思危同志为国为民、不懈奋斗的一生，号召全会学习他热爱祖国、矢志报国的崇高精神，学习他坚持中国共产党的领导、与中共风雨同舟的坚定信念，学习他对民建事业忠诚热爱和不懈奋斗的奉献精神，学习他生命不息、学习不止的优良作风，牢固树立中国特色社会主义共同理想，始终坚持走中国特色社会主义道路。

推动民建理论研究。围绕纪念建会 70 周年，开展理论研究，形成了对民建发展规律的初步认识，丰富了民建共同价值理念的内涵，进一步明确了今后民建的建设和发展方向。在全会开展以“民建如何在全面深化改革和全面推进依法治国中发挥作用”为主题的重点理论研究，共收到研究成果 360 多篇，评选出优秀成果 49 篇。

扩大新闻宣传。组织召开“民建中央‘两会’提案新闻通气会”，人民日报、新华社、中央电视台、中央人民广播电台等 52 家新闻媒体的记者参加。全国“两会”期间，中央及地方主流新闻媒体、重点新闻网站以及部分专业媒体直接登载有关民建的报道 700 多条。民建中央网站开设专栏对民建参加全国“两会”情况进行全程报道和宣传。以中央级媒体为重点，推介民建参政议政成果，展现民建风采，在《人民日报》《光明日报》《经济日报》刊登各类文章 37 篇。在《团结报》刊发《民建中央提案选登》《民建中央近年来参政议政工作回顾》专版。

（二）规范组织发展，提高组织建设水平

加强组织建设指导和会员发展管理。民建中央主席、副主席按照分工，深入 25 个省（自治区、直辖市）的 63 个地市进行调研，了解地方组织的自身建设情况，指导开展工作。坚持注重质量、注意数量、优化结构、保持特色的原则，加强对会员发展工作的指导，督促各省级组织根据自身实际，制订和执行年度发展规划。进一步完善会员信息系统，制订组织管理信息系统普查和评比表彰细则，提高录入准确率、领导班子成员信息管理等目标要求，推动会员发展工作制度化、规范化。截至 12 月底，本会会员共有 166964 人，平均年龄 50.6 岁，经济界会员 131539 人，占会员总数的 78.8%；担任各种经济实体的正副董事长、总经理、厂长等高级管理人员 35891 人，占会员总数的 21.5%；担任政府及司法机关县处级以上职务的 1994 人，占会员总数的 1.2%。

树立先进典型。民建中央印发《关于建会 70 周年全国优秀会员、先进集体评选表彰工作方案》，在全会部署表彰工作。在纪念民建成立 70 周年大会上，对 500 名全国优秀会员和 200 个先进集体进行表彰，为会龄 60 年以上的会员、在民建机关工作 20 年以上的在职职工颁发纪念证书。将部分全国优秀会员和先进集体的事迹材料汇编成册，印发各地并组织会员学习。

抓好骨干队伍建设和会员培训。6 月，召开民建全国厅局级政府实职干部工作研讨会，对相关工作进行总结、交流和研讨，9 位实职干部和 5 个省级组织作大会交流，印发了个人和省级组织的交流材料汇编。举办基层组织主委培训班，参会人数达到 500 人；与各省级组织联合举办培训班，共培训基层组织主委 3850 人。建华课堂围绕人民币国际化、上海自贸区、信用建设、民营经济等专题，开展培训活动 100 多场，民建中央领导与知名专家学者登台授课，培训会员、会友约 1 万人次。新设立建华云南、宁夏分课堂。

推进会内监督工作。中央监督委员会对民建中央机关有关专项经费使用情况进行了

审查，支出符合相关财务规定。民建中央驻会领导同志召开民主生活会，开展批评与自我批评，交流思想，增进共识。各省级组织领导班子分别召开述职评议会、谈心会，交换意见，增强团结，推动会内监督工作务实开展。制订《关于建立健全省级组织领导班子述职评议会制度的意见》《关于对会内领导干部进行诫勉谈话和函询的暂行办法》，推动领导班子谈心会和述职评议会制度贯彻落实。印发《关于严肃换届纪律保证换届风清气正的通知》，加强纪律约束，营造换届工作良好环境。对犯错误的同志，根据情节轻重，有的进行谈话教育，有的做出处分决定。稳步探索市级组织监督工作，已有 15 个市成立了市级组织监督委员会或监督小组。

重视会员权益和困难。认真做好维护会员的合法权益工作，妥善处理来信来访 762 件次。继续做好原工商业者补助工作，向生活困难的原工商业者寄发慰问金 16.9 万元，人均数额比去年又有大幅提高。

提高机关建设水平。民建中央机关认真按照公务员从严管理的要求，做好公车制度改革、公务员平时考核试点，落实机关和事业单位养老保险制度改革的有关工作。预算管理水平进一步提高，荣获财政部 2015 年财务预算管理工作评比三等奖。加强制度建设，规范机关采购和资产管理。组织会务工作者赴台湾参加管理与沟通能力培训，选派 2 名局级干部到云南、湖南挂职锻炼。机关 6 个部门坚持与北京市 13 个基层支部的联系，全年开展活动 24 次。热情接待 48 批次 1200 多名会员到民建中央机关参观座谈，加强与基层的沟通交流。

（三）民建组织发展概况

截至 2015 年 12 月底，民建共有地方组织 381 个。其中包括省级组织 30 个，省辖市级组织 295 个，县级组织 56 个。基层组织 7377 个，其中基层委员会 284 个，总支 558 个，支部 6235 个。全年新入会 9110 人。会员总数 166964 人，其中女会员 57589 人。会员平均年龄 50.6 岁。

经济界会员 131539 人，占会员总数的 78.8%。其中企业界会员 104308 人，占会员总数的 62.5%。企业界会员中担任各种经济实体的正、副董事长、总经理、厂长等高级管理人员 35891 人，占企业界会员的 34.4%，占会员总数的 21.5%；其中私营企业主 26025 人，占企业界会员的 25.0%，占会员总数的 15.6%。新社会阶层人士 52601 人，占会员总数的比例 31.5%。政府机关 20939 人，占会员总 12.5%。 司法机关 1000 人，占会员总数 0.6%。党派机关 2518 人，占会员总数 1.5%。 高等教育 10206 人，占会员总数 6.1%。基础教育 6684 人，占会员总数 4.0%。 科技界 3722 人，占会员总数 2.2%。医药卫生 6945 人，占会员总数 4.2%。文化艺术 1682 人，占会员总数 1.0%。出版传媒 1206 人，占会员总数 0.7%。社会团体 2233 人，占会员总数 1.3%。其他 3425 人，占会员总数 2.1%。

会员中人大代表 3084 人，其中全国人大副委员长 1 人，常委 2 人，人大代表 67 人；省级人大副主任 5 人，常委 45 人，人大代表 302 人；市地级人大副主任 61 人，常委 255 人，人大代表 1339 人；县市区级人大副主任 147 人，常委 338 人，人大代表 1376 人。会员中政协委员 14215 人，其中全国政协副主席 1 人，常委 15 人，政协委员 89 人；省级政协副主席 17 人，常委 254 人，政协委员 874 人；市地级政协副主席 169 人，常委 1444 人，政协委员 5658 人；县市区级政协副主席 332 人，常委 2202 人，政协委员 7594 人。

担任政府及司法领导职务的中央部级干部 3 人；地方省级干部 4 人，厅局级 153 人，县处级 1836 人。担任市级以上级特邀（约）职务的 1524 人。

会员学历其中有大专以上学历的占 84.8%；有大本以上学历的占 55.1%；有研究生以上学历的占 10.6%；有中、高级职称的占 51.3%。担任两院院士的共有 6 人。担任长江学者 13 人。

张皎　民建中央宣传部部长

许谨　民建中央宣传部新闻处副处长

中国民主促进会

2015年是我国全面深化改革的关键之年和全面推进依法治国的开局之年，也是“十二五”规划收官、谋划“十三五”规划的重要一年。一年来，民进全会坚持“有思有行、集智聚力、顺势而为、开拓创新”的工作方针，以坚持和发展中国特色社会主义学习实践活动为主线，引领各项工作；以庆祝民进成立70周年系列活动为契机，学习、继承和弘扬我会优良传统；以“为执政党助力、为国家尽责、为人民服务”的高度责任感和使命感，紧紧围绕“四个全面”战略布局，深入调查研究，积极建言献策；把社会服务作为年度工作主题，研究规律、形成合力、提升实效。全会各项工作取得了显著进展，为中国特色社会主义事业做出了新的贡献。

一、重要会议及活动

2015年，根据民进会章的规定，共举行中央全会1次，中常会议4次，中央监督委员会全体会议3次。根据工作需要举行了一系列专项工作会议和座谈会、研讨会等，研究部署并推动各项工作的开展。

（一）中央委员会全体会议

12月4日至6日，中国民主促进会第十三届中央委员会第四次全体会议在京召开。民进中央主席严隽琪，常务副主席罗富和，副主席王佐书、贺旻、刘新成、蔡达峰、朱永新、张帆、姚爱兴、卫小春、张雨东，秘书长高友东和中央委员出席会议。民进“十一大”部分代表，民进中央各专门委员会负责人，民进中央监督委员会委员，民进中央各部门以及民进省级组织有关负责人列席会议。

本次会议的主要内容是学习贯彻中共十八届五中全会精神，听取并审议中国民主促进会第十三届中央常务委员会工作报告，审议通过中国民主促进会第十三届中央委员会第四次全体会议决议等。

12月4日，民进十三届四中全会在北京开幕。严隽琪代表民进第十三届中央常务委员会作工作报告，罗富和主持。

严隽琪在回顾总结2015年工作时指出，一年来，民进全会认真学习贯彻中共十八大、十八届三中、四中、五中全会精神，习近平总书记系列重要讲话和中央统战工作会议精神，落实民进十一大和十三届三中全会提出的各项任务，坚持“有思有行、集智聚力、顺势而为、开拓创新”的工作方针，以坚持和发展中国特色社会主义学习实践活动为主线，引领各项工作；以庆祝民进成立70周年为契机，扎实推进思想建设，进一步巩固全会思想政治基础；贯彻落实民进全国组织工作会议精神，切实加强人才队伍建设，进一步夯实民进组织基础；切实提升履行参政党职能的能力和水平，为协调推进“四个全面”贡献智慧；以社会服务为年度工作主题，为促进和谐社会建设做出新贡献；积极开展海外联谊工作，服务祖国和平统一大业。

关于2016年工作，严隽琪指出，我国全面建成小康社会已经进入决胜阶段，发展仍处于可以大有作为的重要战略机遇期，但也面临着多重矛盾叠加、风险隐患增多的严峻挑战，机遇与风险并存。民进全会必须进一步认清形势、坚定信心，增强参政党责任意识。要以学习实践活动为主线，以参政议政为年度工作主题，积极务实地持续提高履职能力和水平，加强中国特色社会主义参政党建设，为协调推进“四个全面”凝心聚力，做出新的贡献。

民进中央监督委员会副主任卫小春代表中国民主促进会第十三届中央监督委员会作2015年度工作情况报告。

开幕式上，还为获得“民进全国先进集体”和“民进全国先进个人”的组织和个人代表颁发了奖牌和证书。

12月4日下午，民进十三届四中全会举行学习中共十八届五中全会精神和《中共中央关于制订国民经济和社会发展第十三个五年规划的建议》专题报告会，王佐书主持。国家发改委发展规划司司长徐林应邀作《贯彻中央〈建议〉发展新理念　实现全面建成小康社会奋斗目标》的专题报告。

12月5日，民进十三届四中全会举行分组讨论。

12月6日上午，中国民主促进会第十三届中央委员会第四次全体会议在京闭幕。严隽琪作闭幕讲话。

严隽琪强调，要继续坚持“有思有行、集智聚力、顺势而为、开拓创新”的工作方针，发挥民进自身特色和优势，瞄准经济社会发展重大问题和涉及群众切身利益的热点问题，提高深入调查研究的本领，力争建睿智之言、献务实之策，使学习实践活动的效果能够体现到履职能力的提升上。2016年是参政议政主题年，要进一步增强履行参政党职能的责任感，深化对新时期参政议政工作的规律性认识，在加强人才队伍建设、完善体制机制等方面争取有所突破。提高参政议政能力是民主党派的历史使命，民进全会要把提高履职能力作为建设中国特色社会主义参政党一个永远在路上的任务，在工作中把握规律性、富于创造性。

会议通过了《中国民主促进会第十三届中央委员会第四次全体会议决议》。

会议决定，王佐书同志不再担任中央委员会副主席、常务委员、委员职务，增补冯志刚、贡森、汪涵、沈开举、赵士林、赵秀玲、徐丽桥等7人为中央委员。

会议期间还召开了十一大代表座谈会，18位来自不同地方组织的民进十一大代表参加了座谈。严隽琪出席会议并讲话，罗富和、王佐书、高友东出席座谈会。会议由王佐书主持。

（二）中央常务委员会会议

1. 中国民主促进会第十三届中央常务委员会第十次会议

3 月 6 日，中国民主促进会第十三届中央常务委员会第十次会议在京召开，严隽琪主持会议并讲话。罗富和、王佐书、贺旻、刘新成、蔡达峰、朱永新、张帆、姚爱兴、卫小春、张雨东、高友东和民进第十三届中央常委出席会议。

严隽琪在讲话中强调，2015 年民进全会要围绕全面深化改革、全面推进依法治国和国家“十三五”规划的编制，围绕构建现代公共文化服务体系积极调查研究、议政建言；要在社会服务中坚持政治性、公益性和以智力为主的原则，坚持中央与地方的联动，提倡“服务就在身边，人人可以参与”的微公益理念，加强思考，提升实效，形成合力；要加强基层组织工作，通过开展学习会章会史的支部生活、“我身边的先进”宣讲活动和“我为公共文化服务体系建设进一言”等活动，为广大会员搭建可以就近参与的平台。各位常委和各地民进组织要高度重视，做好发动和组织工作。

严隽琪还就加强参政党纪律、制度和干部道德作风建设提出具体要求。民进中央常委要讲政治、讲规矩、讲团结，带头加强对会章的学习，依法依章办事，在遵纪守法、树立良好会风、加强自身修养上以身作则。

会议审议通过了《民进中央关于学习贯彻十二届全国人大三次会议和全国政协十二届三次会议精神的通知（草案）》。

民进中央副秘书长，民进有关省级组织负责人，民进中央机关部门负责人列席会议。

2. 中国民主促进会第十三届中央常务委员会第十一次会议

6 月 11 日至 12 日，中国民主促进会第十三届中央常务委员会第十一次会议在浙江省杭州市举行。严隽琪、罗富和、王佐书、贺旻、刘新成、蔡达峰、朱永新、张帆、姚爱兴、卫小春、张雨东、高友东和民进第十三届中央常委出席会议。

6 月 11 日上午，会议举行开幕式，严隽琪主持开幕式并讲话。

严隽琪代表民进中央向中共浙江省委、省人大、省政府、省政协及杭州市有关方面，向为此次会议付出辛勤劳动的民进浙江省委会、杭州市委会的同志们表示衷心的感谢。

严隽琪说，浙江对多党合作高度重视，民进和浙江很有渊源，有着很好的合作传统和基础。民进的主要界别是教育文化出版，随着我国多党合作和政治协商制度的巩固发展，民进也在不断开拓参政议政新领域，积极履行职能，加强自身建设，努力建设中国特色社会主义参政党。希望民进和浙江省今后进一步通过有效沟通合作，实现相互促进、和谐共赢，共同为国家的经济社会发展，为协调推进“四个全面”战略布局做出更大的贡献。

6 月 12 日上午，会议闭幕。严隽琪作闭幕讲话。

严隽琪在讲话中指出，在自身建设方面，民进全会要加强后备干部队伍建设，特别是高层次人才储备；要加强基层组织建设，提升基层组织的活力和动力，增强组织凝聚力和学习效果；要加强作风建设，积极探索会内监督的有效方法，作为提高解决自身问题能力的抓手之一。在履行职能方面，要围绕中心、服务大局，为“五位一体”发展、经济发展方式转变、“十三五”规划编制以及推进国家重大战略，集智聚力，深入调研，提出建议，在参政议政、民主监督和中国共产党领导的政治协商中做出实实在在的贡献；

要按照民进全国社会服务工作会议精神，把握好开展社会服务的原则，努力做好统筹兼顾的文章，进一步推动工作。

严隽琪强调，中央常委是民进中央领导集体重要成员，要提高新形势下意识形态工作的能力和水平，做好广大会员的思想政治工作；要带头深入基层，加强对基层组织的指导和帮助，共同推动基层组织建设更加扎实有效；要按照“三严三实”的要求，加强自身修养，严格要求自己，认真执行各项规章制度。

会议审议通过了《民进中央关于学习贯彻中央统战工作会议精神的通知》和《民进中央关于加强和完善社会服务工作的意见》。会议期间，朱永新报告了民进中央2015年上半年工作情况。与会常委围绕学习中央统战工作会议精神，结合学习实践活动和下半年工作重点等交流了工作体会。

中共中央统战部一局有关同志，民进中央副秘书长，民进省级组织专职副主委，民进第十三届中央监督委员会委员，民进中央机关部门负责人列席会议。

3. 中国民主促进会第十三届中央常务委员会第十二次会议

10月20日至21日，中国民主促进会第十三届中央常务委员会第十二次会议在北京召开，严隽琪主持开幕式并作闭幕讲话。罗富和、王佐书、贺旻、刘新成、蔡达峰、朱永新、张帆、姚爱兴、卫小春、张雨东、高友东和民进第十三届中央常委出席会议。

严隽琪在讲话中指出，两年来，民进坚持把学习实践活动作为各项工作的主线，不忘初心，不断凝聚政治共识；通过抓领导干部这个“关键少数”，推动学习实践活动“接地气”；结合民进自身特点，深入开展“讲会史、话传统、学先进、迎会庆”主题活动；鼓励和引导各地结合实际情况，自主推进学习实践活动；以问题为导向，关注会员的思想动态，使学习实践活动贴近会员的思想实际，取得了阶段性成果。要把学习实践活动与学习贯彻中央统战工作会议精神和即将召开的中共十八届五中全会精神紧密结合起来。民主党派领导干部既是党的统战对象，又肩负着一部分党的统战工作任务。处理好一致性和多样性的关系，是一个“知不易、行更不易”的问题，多样性是客观的、绝对的存在，统战工作就是在包容多样性的基础上去发展和巩固一致性，要有坚持政治原则的定力、有包容差异的自信和责任担当、有交真心朋友的真诚态度与本领方法。要将学习实践活动与履行参政党职能实践紧密结合起来，一方面促进执政党决策的科学化、民主化，另一方面也使履职的实践过程成为会员理论学习、了解国情和世界形势的过程，成为增强全会“三个认同”的过程。

关于民进各级组织即将陆续开展的换届工作，严隽琪强调，要将学习实践活动与践行“三严三实”、讲政治规矩、讲立德为先、讲立会为公，营造风清气正的换届氛围紧密结合。民进各级领导干部要重视做好思想工作；在换届的同时推进代表人士队伍和后备干部队伍建设；贯彻好民主集中制，把换届工作作为会内监督委员会工作的重点，确保换届工作更加阳光规范有效。

会议审议并原则通过了《民进中央关于“2016年民进参政议政工作主题年”方案（草案）》；听取了民进中央2015年专题调研情况和2016年专题调研参考领域的报告；书面通报了列席民进十三届四中全会的部分民进十一大代表名单、民进中央2015年部分议政建言工作情况以及庆祝民进成立70周年专项活动筹备进展情况。

会议邀请国家发改委发展规划司副司长岳修虎作有关“十三五”规划的专题报告。

中共中央统战部一局有关同志，民进中央副秘书长，民进部分省级组织负责人，民进十三届中央监督委员会委员，民进中央机关部门负责人列席会议。

4. 中国民主促进会第十三届中央常务委员会第十三次会议

12 月 3 日下午，中国民主促进会第十三届中央常务委员会第十三次会议在京召开。严隽琪主持会议。罗富和、王佐书、贺旻、刘新成、蔡达峰、朱永新、张帆、姚爱兴、卫小春、张雨东、高友东和民进第十三届中央常委出席会议。

会议的议程是，学习贯彻中共十八届五中全会精神；审议通过中国民主促进会第十三届中央委员会第四次全体会议议程、日程（草案）；审议通过《中国民主促进会第十三届中央常务委员会工作报告》（草案）；审议通过中国民主促进会第十三届中央委员会第四次全体会议小组召集人名单（草案）等。

严隽琪指出，学习实践活动是贯穿本届中央委员会各项工作的主线。在前两批联系点工作基础上，民进中央决定继续扩大联系点在省级组织的覆盖面，同时将联系点工作扩大至全体中央常委。民进十三届四中全会将于 12 月 4 日开幕，希望与会同志能在有限的时间内，保持良好的精神状态，以高度的政治责任感，集中精力开好会议，确保会议顺利完成各项议程。

刘新成就民进十三届中央常务委员会工作报告作说明。本次工作报告的起草以中国特色社会主义理论体系为指导，按照民进十一大和十三届三中全会的工作部署，全面总结一年来民进加强自身建设和履行参政党职能的情况和取得的成就，并对明年的各项工作做出部署。起草工作报告时注意体现本届中央委员会工作思路的连续性和一致性，突出年度工作的特点和亮点，体现理性思考，努力改进文风。

中共中央统战部一局有关同志，部分民进省级组织负责人，民进第十三届中央监督委员会委员，民进中央副秘书长以及机关部门负责人列席了会议。

（三）中央监督委员会会议

1. 中国民主促进会第十三届中央监督委员会第八次全体会议

6 月 10 日，中国民主促进会第十三届中央监督委员会第八次全体会议在浙江杭州召开。会议学习了中央统战工作会议精神，研讨了会内监督工作，总结了 2015 年上半年的工作情况。民进中央常务副主席、中央监督委员会主任罗富和出席会议，民进中央副主席、中央监督委员会副主任卫小春主持会议并讲话。

卫小春指出，中监委委员要结合会内监督工作实际，深入学习领会中央统战工作会议精神，特别是习近平总书记在讲话中明确要求，民主党派要加强自身建设，提高政治把握能力、参政议政能力、组织领导能力、合作共事能力、解决自身问题能力。开展会内监督是民进加强自身建设的一项重要举措，民进中央监督委员会自成立以来，在加强自身建设、提高解决自身问题能力方面进行了一定的探索，积累了一定的经验，取得了一定的成效。但如何结合会议精神，进一步改进会内监督工作，促进解决自身问题能力的提升，还需要按照积极稳妥的原则认真思考，积极探索。中监委要进一步加强学习，提高认识。要继续加强对民进中央领导班子执行制度和履行职责情况的监督检查，继续深入省级组织就会内监督工作开展调研与交流，准确把握会内监督的定位，认真履行监督职责，推动民进会内监督工作取得新成效。

6月11日至12日，中央监督委员会委员列席了民进十三届十一次中常会，听取了9位民进中央常委对社会服务主题年工作的意见建议，并形成了《民进中央监督委员会听取部分常委意见的情况反馈》。

民进中央监督委员会委员出席会议。民进中央组织部部长、监督委员会办公室主任列席会议。

2. 中国民主促进会第十三届中央监督委员会第九次全体会议

10月20日至21日，中国民主促进会第十三届中央监督委员会第九次全体会议在北京召开。罗富和出席会议并讲话，卫小春主持。

会议学习了中央统战工作会议精神，就会内监督如何在提高解决自身问题能力方面发挥作用进行了充分深入的研讨交流。

罗富和指出，提高解决自身问题能力既是执政党在新形势下对民主党派提出的要求，也是民主党派加强自身建设的需要。会内监督工作要抓住这一契机，深入学习贯彻中央统战工作会议精神，按照发现问题、分析问题、解决问题的思路，认真归纳分析中央监督委员会和省级组织监督委员会开展会内监督工作以来所取得的成效、行之有效的监督手段与方式，继续加强调查研究，促进会内监督工作在提高解决自身问题能力方面切实发挥作用。

10月20日至21日，中央监督委员会委员列席了民进十三届十一次中常会。

民进中央监督委员会委员出席会议。民进中央副秘书长，组织部部长、监督委员会办公室主任列席会议。

3. 中国民主促进会第十三届中央监督委员会第十次全体会议

12月3日，中国民主促进会第十三届中央监督委员会第十次全体会议在北京召开。罗富和出席会议并讲话，卫小春主持。

会议审议通过了《民进第十三届中央监督委员会2015年工作报告》，原则通过了《民进第十三届中央监督委员会2016年工作计划》，确定卫小春为报告人。

罗富和指出，会内监督是有序推进会内民主的重要组成部分。近年来，中监委和省级组织监督委员会就会内监督的对象、内容、监督手段与方式不断实践探索，广泛听取意见建议，认真履行监督职责，稳步推进会内监督工作的开展。2016年，中监委将以中共十八大、十八届三中、四中、五中全会、中央统战工作会议精神为指导，落实民进十三届四中全会工作部署，围绕民进学习实践活动主线、2016年工作主题，着力在提高解决自身问题能力方面发挥积极作用，继续探索以领导班子贯彻民主集中制原则、遵守会章和履行职责情况为重点、保障组织机体健康活力的会内监督制度建设，加强对换届工作的监督和调研，增强监督实效。

民进中央监督委员会委员出席会议。民进中央副秘书长，组织部部长、监督委员会办公室主任列席会议。

（四）庆祝中国民主促进会成立70周年系列活动

1. 中国民主促进会成立70周年纪念大会

12月4日上午，中国民主促进会成立70周年纪念大会在京举行。中共中央政治局委员、中央统战部部长孙春兰出席大会并代表中共中央致贺词。孙春兰强调，我国多党合作制度重要优势在于，既有中国共产党的统一领导，又有各民主党派的广泛参与，体现了团结民主的制度理念、合作协商的制度设计、和衷共济的制度实践，是经济发展和社会稳定的重要保障。

孙春兰指出，中国民主促进会70年的历史，是一部与中国共产党肝胆相照、荣辱与共，致力于国家富强、民族复兴、人民幸福的光辉历史。70年来，民进始终与中国共产党一路同行，在反内战、反独裁的爱国民主运动中并肩战斗，在巩固新生人民政权、推动社会主义建设中通力合作，在坚持和发展中国特色社会主义征程中同心奋斗，为中国革命、建设和改革事业做出重要贡献。

孙春兰指出，以习近平同志为总书记的中共中央绘就了“十三五”时期国家发展蓝图，赋予民主党派新的时代使命。希望民进以凝聚共识为根本，把思想和行动统一到中共中央决策部署上来，巩固团结奋斗的共同思想政治基础。以集智聚力为重点，立足教育文化出版界知识分子集中的优势，为实施“十三五”规划积极作为。以思想政治建设为核心，努力打造更加符合时代要求的中国特色社会主义参政党，承担起中国特色社会主义事业亲历者、实践者、维护者、捍卫者的政治责任。

全国人大常委会副委员长、民进中央主席严隽琪在讲话中回顾了中国民主促进会70年的光辉历程，强调民进在长期实践中逐渐形成、丰富和发展的“坚持接受中国共产党的领导，坚持爱国、民主、团结、求实，坚持立会为公”的优良传统弥足珍贵，民进全会要倍加珍惜，自觉弘扬，努力实践，不断赋予其新的时代内涵。严隽琪号召民进全会和广大成员继承和弘扬优良传统，更加紧密地团结在以习近平同志为总书记的中共中央周围，同心同德，不断进取，为实现“两个一百年”奋斗目标和中华民族伟大复兴的中国梦再做新贡献，书写民进光辉历史的新篇章中共中央周围，同心同德，为实现中华民族伟大复兴的中国梦再做新贡献。

全国人大常委会副委员长、民建中央主席陈昌智代表各民主党派中央和全国工商联致贺词。

全国政协副秘书长、民进中央副主席朱永新宣读了《民进中央关于表彰民进全国先进集体、先进个人的决定》。

全国政协副主席、民进中央常务副主席罗富和主持大会。民进中央原主席许嘉璐、原第一副主席张怀西，各民主党派中央、全国工商联负责人和有关部门负责同志出席大会。

2. 翰墨情深——庆祝中国民主促进会成立70周年书画展

12月1日上午，由民进中央主办的“翰墨情深——庆祝中国民主促进会成立70周年书画展”在中国美术馆隆重开幕。严隽琪出席开幕式并讲话，罗富和主持。

严隽琪指出，70年前，以马叙伦、王绍鏊为代表的一批文化界和工商界爱国知识分子，在上海发起成立了中国民主促进会。70年来，一代又一代民进人始终坚持与国家共命运，与时代同进步。作为一个中国特色社会主义参政党，民进在认真履行职能，加强自身建设，努力实现自身科学发展的同时，用各种艺术形式表达对祖国、对人民、对中国共产党、对人类一切美好事物的热爱。民进会员中既有一批德高望重的老艺术家，也有很多当代中青年文化人士，他们都成果斐然，有很多脍炙人口的作品。在庆祝民进成立70周年之际举办这次书画展，谨以部分会员的书画作品表达对祖国大好河山的赞美，讴歌民族精神，抒发对生活的感悟，向民进历史致敬。“开未来继续奋斗，明大道正路上行。”中国民主促进会将在新起点上，切实承担起中国特色社会主义参政党的历史责任，为实现中国梦再做新贡献。

朱永新宣读了中国文联副主席、民进中央原副主席、开明书画院院长冯骥才发来的贺词。

全国政协副秘书长张秋俭，中共中央统战部副部长林智敏，国家新闻出版广电总局党组成员、副局长吴尚之，民革中央副主席何丕洁，民建中央原副主席路明，民进中央副主席刘新成，农工党中央副主席何维，台盟中央常务副主席黄志贤，中国书法家协会主席张海，民进中央秘书长高友东，民进北京市委会主委庞丽娟，中共中央宣传部、统战部、国务院台办、新华社、中央社会主义学院、民盟中央、致公党中央、全国工商联和国家博物馆、《中国书画》杂志社、民进中央开明画院、九三学社书画院、中国硬笔书法家协会的有关领导和同志，以及民进中央机关部门负责人等400多人参加了开幕式。

本次书画展展出时间为12月1日至10日，共展出部分民进领导人作品，中国美术馆馆藏民进会员作品，以及著名书画家冯骥才等民进会员的精品力作150多幅。

开幕式后，与会领导和嘉宾参观了书画展。

3. 在正道上行——庆祝中国民主促进会成立70周年

12月3日，由民进中央主办的“在正道上行——庆祝中国民主促进会成立70周年”展览在北京五洲大酒店开幕。严隽琪出席开展仪式并致辞，罗富和、王佐书、贺旻、刘新成、蔡达峰、朱永新、张帆、姚爱兴、卫小春、张雨东和全体民进中央常委出席，严隽琪与罗富和一起为展览揭幕，高友东主持开展仪式。

严隽琪在致辞中说，“在正道上行——庆祝中国民主促进会成立70周年”展览是民进系列庆祝活动中的一项重要内容。希望通过回顾70年来民进与中国共产党风雨同舟、肝胆相照的奋斗历程，加深对民进历史和优良传统的理解，进一步增强政治共识，并希望通过展示70年来民进的历史贡献和主要成绩，不断巩固全会的“三个认同”，增强为执政党助力、为国家尽责、为人民服务的责任心和使命感。当前，我国即将进入“十三五”时期，这是全面建成小康社会的决胜阶段。我们要以庆祝民进成立70周年为新的起点，进一步深入开展坚持和发展中国特色社会主义学习实践活动，深入学习贯彻中共十八届五中全会和中央统战工作会议精神，围绕“四个全面”战略布局，进一步凝聚共识和人心，为完成全面建成小康社会的目标任务，实现中华民族伟大复兴的中国梦做出新贡献。

展览分为风雨同舟、肝胆相照、共谱新篇三个部分。第一部分以史实回顾为重点，展示民进成立70年走过的光辉历程；第二部分展示新世纪以来特别是近十年民进的主要工作和成绩；第三部分展示29个省级组织的主要工作和成果。

民进中央副秘书长，列席民进十三届十三次中常会的部分省级组织负责人、民进第十三届中央监督委员会委员、民进中央机关各部门负责人等出席开展仪式并参观展览。

4. 庆祝中国民主促进会成立 70 周年文艺晚会

12 月 4 日晚，在正道上行——庆祝中国民主促进会成立 70 周年文艺晚会在京举行。民进中央主席严隽琪、常务副主席罗富和，中共中央统战部原副部长楼志豪，民进中央副主席王佐书、贺旻、刘新成、蔡达峰、朱永新、张帆、姚爱兴、卫小春、张雨东，秘书长高友东出席并观看了晚会。严隽琪在文艺晚会开始前致辞。

晚会通过丰富多彩的文艺形式讴歌中国共产党领导的多党合作和政治协商制度，展现民进 70 年风雨历程。

中共中央统战部一局有关负责同志，出席民进十三届四中全会的中央委员和来自全国的民进会员代表一同观看了晚会。

（五）专项工作会议

1. 民进网站 2015 年度工作会议

1 月 16 日下午，民进网站 2015 年度工作会议在民进中央机关举行。会议的主要内容是总结 2014 年工作，表彰年度网站“好编辑”，讨论和研究 2015 年工作计划。民进中央副主席、民进网站管理委员会主任王佐书出席会议并讲话。

王佐书在讲话中强调，民进网站是宣传平台、交流平台，也是工作平台，办好网站对于推动部门工作，更好地服务民进全会具有重要意义，希望大家切实重视网站工作，把网站建设与部门工作结合起来。要认真执行网站管理制度，尤其是上传稿件的二审制度，把好审稿的每一道关口。要特别重视网站安全问题，加强网站的安全保障；同时努力提高栏目质量，增强网站的可读性和吸引力。2015 年是民进成立 70 周年，网站总编室要和会中央各部门以及地方组织一起，共同做好网站庆祝民进成立 70 周年等重点工作的宣传，不断提高民进网站建设和网络宣传的质量和水平。

民进网站总编对 2014 年网站工作进行了总结。一年来，民进网站总编室以新版网站上线为契机，着重加强网站的新闻性、服务性和互动性，努力推动制度建设和队伍建设，在完善网站管理制度、加强宣传策划、巩固提高网站栏目维护合格率、丰富和拓展网站服务功能等方面取得了积极进展。全年共发布信息 14422 条，图片新闻 98 条，视频新闻 34 条，举办专题访谈 2 次，制作专题网页 5 个，得到了广大会员、网友的广泛关注。

会议表彰了 2014 年度民进网站“好编辑”。“好编辑”代表发言交流了工作经验和体会。

与会同志围绕民进网站 2015 年度工作计划进行了讨论，并提出了不少建设性的意见和建议。

民进中央机关部门负责人、民进网站管理委员会成员，以及民进网站编辑 20 余人参加了会议。

2. 2015 年民进中央机关部门工作研讨会

2 月 9 日，2015 年民进中央机关部门工作研讨会在会中央机关举行。严隽琪、罗富和、王佐书、刘新成、朱永新出席，并对各部门的工作逐一进行了点评，严隽琪作总结讲话。会议由高友东主持。

严隽琪在讲话中指出，2015 年是民进成立 70 周年，是民进社会服务工作主题年，是国家“十三五”规划谋划年，是巩固去年组织建设主题年成果、做好届中调整的关键年。

部门负责人在民进中央机关处于宏观与微观、决策与执行、领导与被领导的中间点，上策下行、下情上报、协调左右是岗位责任。大家一定要秉持“久久为功”的历史使命感，以自己以身作则和积极有为的工作来激发机关的正能量，做部门同志工作的主动性积极性的调动者和保护者，做机关遵守制度的带头人和共识的促进者。

罗富和在点评中说，组织工作要跟上国家形势，更多借鉴执政党的经验。各领域特别是基础教育领域代表人士的缺乏仍是我会的薄弱环节，要加大代表人士的发现、培养、选拔和推荐力度。加强参政党的体系与能力建设不是一句空话，要沉下心来身体力行，坚持民进中央的工作与地方组织的工作互相促进。增强执行力决不仅仅是向地方发通知，与地方组织直接沟通也非常重要。参政议政工作中有体系、机制和平台的关系，梳理清楚才能化繁为简、激发动力。机关各项工作在决策前需要加强研究，在决策执行中同样需要加强研究，才能推进决策的正确实施。

会上，16 位机关部门负责人围绕学习贯彻中共十八届四中全会和民进十三届三中全会精神，就如何在部门工作中优化研究、决策与执行的过程，以及如何在全机关形成统筹协调机制的议题，开展了交流和研讨。

3. 民进社会服务工作研讨会

3 月 24 日至 25 日，民进社会服务工作研讨会在京举行。罗富和、刘新成、朱永新出席会议并讲话，高友东主持闭幕式。

罗富和在讲话中指出，做好民主党派社会服务工作，第一要提高认识，把社会服务工作的重要性提高到服务于“四个全面”战略布局需要的高度，坚持“三个认同”，坚持为执政党助力、为国家尽责、为人民服务。要转变社会服务工作观念，将“帮扶”转变为“参与”、将“施予”转变为“收获”。第二要广泛参与，树立“服务就在身边，人人可以参与”的微公益理念，动员民进各级组织和广大会员积极参与，力所能及地开展社会服务工作。第三要发挥优势，继续发挥参政党的人才、智力、政党优势，在社会服务工作中注意发现参政议政线索，并转化为提案建议，树立品牌、建立基地，同时要注重社会服务工作体系和能力的建设。

罗富和还就社会服务工作主题年的各项工作、此次会议精神的传达落实提出了具体要求。

本次研讨会由民进中央社会服务部、参政议政部、研究室联合举办，主题是探讨中国特色社会主义参政党社会服务工作的职能定位、现实作用和实践经验，推动社会服务工作理论研究，为召开民进全国社会服务工作会议做准备。16 位同志做了大会发言。与会同志就社会服务工作面临的新变化、新任务、新要求，社会服务工作如何为中国特色社会主义参政党建设服务，如何加强平台和机制建设，如何与参政议政工作相结合等问题进行了深入的探讨交流。

来自民进 29 个省级组织的有关同志，民进中央联络委员会、科技医卫委员会、经济委员会部分同志，中央社会主义学院参政党建设教研室的同志以及民进中央机关部分部门负责人共 50 余人参加了会议。

4. 民进中央机关 2015 年处长工作研讨会

5 月 7 日至 8 日，民进中央机关在京召开 2015 年处长工作研讨会。严隽琪、罗富和、王佐书、刘新成、朱永新出席会议并讲话，高友东、王建国分别主持研讨会。民进中央机关局处级干部40余人参加研讨会。

会议传达学习了中共中央《关于在县处级以上领导干部中开展“三严三实”专题教育方案》，听取了高友东做的《以“三严三实”为抓手，切实提高党派机关处长的领导力》的专题讲座，与会同志围绕贯彻落实“三严三实”精神，以问题为导向，结合工作，研讨了如何加强处室建设，提高服务能力等问题。

严隽琪在讲话中指出，“三严三实”赋予了“德才兼备”干部标准以新的时代内涵，涵盖领导干部的做人做事。只有“三严三实”的主席班子,才有“三严三实”的部门负责人；只有“三严三实”的部门负责人，才有“三严三实”的处长。

严隽琪要求，民进中央机关领导干部，一要充分认识自己从事工作的意义。二要强调集体的意识。三要强调修身的意境。同时，机关要建立能够民主地发表意见、反映情况的通道，建立令行禁止、职责明确的纪律。

罗富和以“查找问题、把自己摆进去，严实新风、把队伍带出来”为题作了研讨会总结讲话。他说，按照“三严三实”要求，领导干部查找问题首先要把自己摆进去，做到敢于担当。担当大小，体现着干部的胸怀、勇气、格调。要强化程序观念，该报告的必须报告，严格执行机关制度规定，更严格地执行专题会议制度，反映问题不搞层级规定，同时职责分明，令行禁止，把机关工作做得更好。

5. 民进全国社会服务工作会议

6月2日至3日，民进全国社会服务工作会议在京举行。

6月2日上午，会议在京开幕。严隽琪出席开幕式，并以《围绕中心，服务大局，创造民进社会服务工作新成绩》为题发表重要讲话。罗富和、刘新成、朱永新、高友东出席开幕式。开幕式由朱永新主持。

严隽琪在讲话中要求，开展社会服务工作要把握政治性、公益性、组织性、实践性四项原则，以“有思有行、集智聚力、顺势而为、开拓创新”为社会服务的工作方针，不断加强工作力度。要在坚持实践中加强参政党社会服务的理论研究，回答好“为什么要做好社会服务？靠什么做好社会服务？做什么样的社会服务？”三个问题，形成理论与实践的良性循环；要以70年会庆为契机，在全会多讲社会服务的会史与传统，以史为鉴，学习和继承民进“立会为公”、服务社会的优良传统，激励会员更好地迈向未来；要开拓创新，统筹兼顾，把社会服务工作与思想宣传、组织建设、参政议政、机关建设工作紧密结合起来，全面推进参政党各项工作。

严隽琪强调，做好社会服务工作和参加政治协商、履行参政议政和民主监督职能，都是参政党为实现全面建成小康社会的目标做出实实在在的贡献。民进要在今后的社会服务工作中更加努力做好统筹兼顾的文章：兼顾重点品牌项目与扩大会员参与面；兼顾中央加强指导与发挥地方组织基层组织主动性；兼顾局部的直接服务与全局的建言献策；兼顾传统方式的持续与创新；兼顾献智、出力与出钱。

罗富和作民进社会服务工作报告，总结五年来民进开展社会服务工作的总体情况和经验体会，以及对下一步社会服务工作的思考。五年来，民进打造“同心·彩虹行动”品牌，大力开展智力支边扶贫工作；倡导人人参与，积极投入抗灾救灾和社会公益事业；

加强平台建设，完善工作机制；发挥社团优势，开展海外联谊工作；注重理论研究，提高工作主动性和创造性。通过民进各级组织和广大会员的积极努力、无私奉献，通过与社会其他组织的广泛合作，民进的社会服务工作取得了一定的成绩，展示了民进良好的社会形象，赢得了社会的广泛赞誉。

刘新成宣读了《关于表彰民进全国社会服务工作先进集体、先进个人和优秀成果的决定》。民进中央授予开明慈善基金会等221个单位“民进社会服务工作先进集体”称号，授予王宇宁等278人“民进社会服务工作先进个人”称号，授予民进北京市委会“发挥优势，对门头沟区开展教育精准帮扶”等29个项目“民进社会服务工作优秀成果”称号。

中共中央统战部办公厅、一局有关负责同志，民进中央副秘书长、机关部门负责人，民进中央联络委员会主任、副主任，民进各省级组织、副省级市组织分管社会服务工作领导和社会服务工作专职干部，各省级组织企业家联谊会代表、各省级组织开明画院代表以及民进社会服务工作先进集体和先进个人代表等240余人参加了开幕式。

6月2日，会议进行大会交流，30位同志作为获得民进社会服务工作优秀成果、先进集体和先进个人称号的代表，作大会交流发言，介绍各自的工作成绩、经验和体会。罗富和、朱永新听取了大会交流发言。

6月3日下午，会议闭幕。罗富和出席闭幕式，朱永新作总结讲话，高友东主持。

朱永新强调，各级组织要认真传达会议精神，学习领会严隽琪主席开幕讲话和罗富和常务副主席工作报告的精神实质，把思想和行动进一步统一到服务国家战略布局和中心工作上来；要结合工作实际，明确工作思路和重心，一方面要围绕会议提出的主要任务，坚持正确的工作方向，集中全会的智慧力量落实好、完成好，另一方面必须因地制宜、实事求是地研究提出适合本地区、本组织实际情况的工作思路和措施，配合会中央统一部署，切实有效地做好各个项目和活动；要突出重点，做好今年的社会服务工作，要将庆祝民进成立70周年和社会服务工作主题年相结合，自选动作、广泛宣传、营造氛围，结合实际情况开展纪念世界反法西斯战争暨抗日战争胜利70周年活动，研究制订服务“一带一路”战略的工作方案，进一步落实好“服务就在身边、人人可以参与”的微公益理念，力所能及地开展社会公益活动。

闭幕式上，10位同志代表各讨论小组作交流发言。

会议期间，与会人员还参观了马叙伦纪念馆和江苏省委会庆祝民进成立70周年书画展。

6. 民进省级组织专职副主委工作会议

6月12日下午，民进省级组织专职副主委工作会议在杭州召开。罗富和出席会议并讲话，高友东主持。

罗富和说，民进十三届十一次中常会刚刚闭幕，对民进贯彻落实中央统战工作会议和《中国共产党统一战线工作条例（试行）》精神、扎实推进各项工作进行了全面部署。民进中央决定召开民进省级组织专职副主委工作会议，就是要进一步强调抓好各项工作的落实，带动全会认真学习贯彻中央统战工作会议精神，把握形势任务，巩固政治共识，切实做好下阶段工作。

罗富和说，省级组织作为联系承接民进中央和地市级组织的桥梁，在全会组织体系中处于承上启下的中间环节，发挥着上传下达的特殊作用。专职副主委是协助主委全面处理机关会务工作的重要领导者、推动者和承担者，责任重大。全会工作取得的新成绩，体现了专职副主委队伍的辛勤工作、无私奉献和职业操守。新形势对民主党派履行职能和自身建设提出了新任务新要求，民进中央正逐步建立专职副主委联动机制，在工作中共同探讨解决自身问题的能力。希望大家按照“三严三实”的要求，当好“关键的少数”，带头加强作风建设，继续保持勤勉务实的工作作风和昂扬向上的精神状态，积极克服实际困难，结合自身实际加强体系建设和能力建设，确保各项工作无懈无滞。

罗富和结合下半年重点工作，对坚持和发展中国特色社会主义学习实践活动、民进成立 70 周年庆祝活动、履行职能和组织建设等有关工作进行了说明和强调，希望各省级组织加强沟通，解决问题，更好地推动和落实民进十一大和十三届三中全会制订的各项工作安排。

民进中央副秘书长、民进省级组织专职副主委出席会议，民进中央机关部门负责人列席会议。

7. 民进网站管理委员会全体会议

7 月 27 日下午，民进网站管理委员会在民进中央机关召开全体会议，总结网站 2015 年上半年工作,结合部门工作交流如何加强网站栏目建设,并就网站 2016 年工作提出建议。王佐书、高友东出席会议并讲话。

王佐书强调，网站建设永远在路上。要加强培训学习，提高网站编辑的政治素质，把握好网络宣传的政治方向；不断“深耕细作”网站的内容，把民进优良传统和社会主义核心价值观的宣传不断扩展、延伸；及时报道民进重要工作，提高新闻的时效性；发挥网络的特点，注意增强网站的互动性。他还特别指出，要高度重视网站安全问题。

高友东指出，民进中央网站是全会网站系统建设的中心。作为民进的宣传喉舌，网站要全面反映民进重要工作，做到“宣传不缺位”，同时要充分利用民进资源，突出民进特色。要进一步加强网络编辑、通讯员的培训，建立奖励机制，鼓励网站编辑做好栏目维护，创造性地宣传好民进工作。要加强对地方组织网站的巡查、指导，提升民进网站建设整体水平。

会上，网管会副主任代表网站总编室对 2015 年上半年网站工作进行了总结。

网管会成员和部分民进中央机关部门负责人出席会议，并结合部门工作对网站工作进行了讨论交流。民进网站编辑列席了会议。

8. 民进坚持和发展中国特色社会主义学习实践活动经验交流会

8 月 18 日至 19 日,民进坚持和发展中国特色社会主义学习实践活动经验交流会在京举行。

18 日上午,会议在京开幕。严隽琪出席开幕式并讲话,王佐书主持开幕式,高友东出席。

严隽琪在讲话中指出，两年来民进全会在学习实践活动中不断积极探索，积累了宝贵的经验，形成了几个行之有效的着力点。一是各级领导班子成员是“关键少数”，要发挥领学带动作用，带头树立“主线意识”，带头践行“三严三实”、改进工作作风，深入基层，重点围绕学习实践活动有关重要问题进行有针对性的阐述和正面发声；二是坚持继承和弘扬民进优良传统并彰显其时代价值；三是以身边的榜样为示范，营造讲先进、学先进的浓厚氛围，以鲜活、生动、富有吸引力的形式推动和深化学习实践活动；四是密切联系地方和基层，推动学习实践活动“接地气”。

严隽琪强调，要与学习贯彻中央统战工作会议精神紧密结合起来，在贯彻落实会议精神中不断深化学习实践活动；要紧密结合当前的形势和主题年工作，切实推动年度工作主题与学习实践活动主线的有机融合；深化学习实践活动必须坚持实事求是、因地制宜、力求实效，使会员真切感受到自己和民进的情感联系，体会到参加参政党的意义和责任，提高学习的自觉性。

民进中央学习实践活动领导小组办公室成员及机关部门负责人，各省级、副省级和省会城市组织、民进中央学习实践活动联系点的有关领导和同志参加了开幕式。

会议期间，刘新成、朱永新、高友东参加了分组讨论。

8 月 19 日，会议闭幕。王佐书出席闭幕式并作总结讲话。四位同志在闭幕式上代表各小组发言，汇报分组讨论情况。民进中央学习实践活动领导小组办公室成员及部分部门负责人参加了闭幕式。

王佐书指出，严隽琪主席在开幕式上的重要讲话，是对推动民进全会下一阶段工作的重要指导，民进各级组织要进一步明确开展学习实践活动的重大意义，把握学习实践活动“广、深、全、长”的特点，在工作中进一步地树立“主线意识”，提高实效。要把深入学习贯彻中央统战工作会议精神和即将召开的中共十八届五中全会精神，作为下一阶段开展学习实践活动的首要内容，使活动能与时俱进、适应新形势，进一步提高各级组织和广大会员的政治素质。领导小组作用的发挥直接关系到活动开展的进度、力度、深度和实效，各级领导小组成员要率先垂范，带头树立“主线意识”，以问题为导向，认真研究解决活动中存在的不足和问题，指导各级组织开展好活动。

9. 民进中央围绕“一带一路”战略实施专题研讨会

8 月 24 日至 25 日，民进中央围绕“一带一路”战略实施专题研讨会在京召开。严隽琪、罗富和出席会议，刘新成参加研讨，朱永新、卫小春分别主持会议。

25 日上午，严隽琪在认真听取与会代表的发言后强调，“一带一路”是中共中央、国务院借古论今的一着妙棋，不仅要理念先行，具有一定的前瞻性和引导性，还要落实具体项目，两个要并进。一是要讲政治和讲经济结合，围绕中心，服务大局；二是要统筹全局和局部关系。三是处理好长远发展和当下利益的关系。

研讨会上，国家发改委西部开发司巡视员欧晓理介绍了“一带一路”战略实施情况。与会专家围绕“一带一路”战略与中国企业“走出去”、文化“走出去”、投资风险、核心区建设与海洋产业发展、生态安全、民族宗教、高端专业人才培养、发挥地方比较优势、提升非政府组织以及高校和智库的作用等问题进行了深入的探讨和研究。

来自中科院和社科院、国务院发展研究中心、国家行政学院、清华大学、北京大学、上海社科院、北京师范大学、中国交通运输协会、连云港市等各有关方面的专家学者，民进省级组织和有关专家等 30 余人进行了交流研讨。中共中央统战部一局有关同志、民进中央机关部门负责人参加了研讨会。

8 月 25 日下午，研讨会在京闭幕。罗富和出席并讲话，刘新成参加研讨，朱永新主持。

罗富和在讲话中指出，在“一带一路”战略实施过程中，一是要立足打造与相关国家的命运共同体，让全世界更多地理解中国的发展模式和道路选择，理解中国的发展是来之不易的；二是一定要注意风险的防范，不管是“一带一路”，还是对外经济合作，都要高度重视各种风险的防范。近年来，民进中央也就风险防范提出了一些相应的建议，得到了党和国家领导人的批示。希望在各方集智聚力的支持下，在深入调研的基础上，汇聚更多的能量，助力“一带一路”战略的实施。

中央统战部于 2015 年 4 月 30 日印发《关于统一战线服务“一带一路”战略的意见》。民进中央高度重视，号召全会各级组织积极响应并深入开展调研。此次研讨会共有 33 位会内外专家学者参与研讨交流，民进 29 个省级组织均提交论文，旨在通过专题调研和研讨，形成有分量的推进“一带一路”战略的建言献策成果。

10. 民进中央专门委员会主任会议

10 月 25 日上午，民进中央专门委员会主任会议在京召开。严隽琪出席会议并讲话。王佐书、刘新成、高友东，以及民进中央各专门委员会主任出席会议。会议由朱永新主持。

严隽琪指出，民进的参政议政工作要服务于“四个全面”战略布局、“十三五”规划等党和国家工作大局，为此，民进中央 2016 年将围绕农村扶贫问题开展专题调研。扶贫与教育、科技、文化等领域工作都有内在联系，希望各专门委员会可以找到合适的角度，主动参与，有所作为。

2016 年是民进参政议政工作主题年。关于主题年工作的目标，严隽琪强调，一是要进一步增强履行职能的责任感，提高对参政议政工作的认识水平；二是希望完成几个“规定动作”，让会员在活动中有参与感，专门委员会要结合主题年安排，通过座谈会、务虚会等形式积极开展工作，民进中央在调研方法、资源、案例等方面也要加强培训和协调；三是在参政议政能力建设上有几个突破；四是要围绕参政议政能力建设加强理论研究。

王佐书结合明年的专题调研工作指出，扶贫的关键是提高人民的幸福感，这是一个系统工程。希望各专门委员会能从地区发展的角度出发，研究扶贫体系的各个因素、各个渠道，做好相关工作。

刘新成建议，参政议政工作要围绕国家的工作大局，但也可以找到我们认为有意义的题目，或者是现实生活中的热点问题进行建言献策，一个很小的题目也许就可以做成参政议政的大文章。

朱永新指出，对于民进参政议政工作主题年的工作，各专门委员会要提高认识，加强能力建设，研究工作机制，提高工作成效；要结合各自工作特点，为明年的专题调研贡献力量。

会上，民进中央各专门委员会主任分别汇报了 2015 年各专门委员会开展工作的情况、体会以及对 2016 年工作的建议。

民进中央机关部门负责人，以及各专门委员会秘书长、秘书参加了会议。

10 月 25 日晚，民进中央各专门委员会分别召开会议，进行年度工作总结，并讨论近期工作安排和下一年度工作计划。

11. 民进中央 2015 年参政议政年会

10 月 25 日至 26 日，民进中央 2015 年参政议政年会在京举行。

10 月 25 日下午，会议举行开幕式。严隽琪出席开幕式并以“顺势而为，责任于心，不断提高参政议政能力”为题发表讲话。朱永新主持开幕式，高友东出席。

严隽琪指出，参政党的履职能力取决于是否能调动足够数量的既有参政议政能力，又有参政议政愿望的人才，给这些人才提供履职的渠道和平台。参政党人数有限、又以兼职为主，这对全会“集智聚力”的思想建设和机制建设是很大的考验，因此要不断提高“三个力”。一是“凝聚力”，应该进一步重视团结性，形成共同的奋斗目标，不断增强组织的凝聚力。二是“吸引力”，民进要形成对会外资源的吸引力。三是“开发力”，是指一定的资源条件约束下，得到最佳效果的能力，主要在“深”字上下功夫，使得交了朋友能出力、花的时间能高效、有了成果不浪费。2016 年是民进中央参政议政主题年，主题年的目的是提高全会对履行参政议政职能的责任感，以加强参政议政能力建设为重要抓手，促进全会各方面工作，同时要在参政议政能力建设中抓几个问题进行重点突破。

开幕式上，民进中央对 2015 年度参政议政成果进行了表彰，其中一等奖成果 37 件，二等奖成果 47 件，三等奖成果 10 件。

会议期间，国务院扶贫办党组成员、副主任洪天云，清华大学中国农村研究院首席专家刘奇应邀分别就农村扶贫问题作了专题报告。

民进中央 3 个专门委员会及 11 个省级组织的相关负责人做了大会交流发言；与会人员举行了分组讨论，交流参政议政工作经验和体会。

10 月 26 日下午，会议闭幕。罗富和、朱永新出席闭幕式，高友东主持。

罗富和在讲话中强调，当前参政议政工作要注意把握节奏，重点抓好 2016 年两会提案发言准备、参政议政工作主题年、为明年农村扶贫大调研选题献计出力这三项工作。要注重提升参政议政能力，特别要注重提升研究能力，在创建“学习型机关”的基础上创建“研究型机关”，站在更高、更广、更深的层面建言献策，提出真知灼见。

朱永新在讲话中指出，开展好参政议政主题年工作，要加强研究，从理论上对参政议政能力建设做界定，在实践中探索解决人才、平台、机制等问题，通过一年的建设，实实在在地提升全会的参政议政能力。

部分民进中央参政议政特邀研究员，民进中央各专门委员会主任、副主任，民进各省级组织有关负责人，参政议政合作平台的有关专家，部分会内特邀人员，以及民进中央机关部门负责人等 200 余人参加了会议。

12. 民进省级组织负责人会议

12 月 6 日上午，民进省级组织负责人会议在京召开。罗富和出席会议并讲话，刘新成、朱永新、张雨东出席，高友东主持。

刘新成宣读了《民进中央关于表彰省级组织专项工作先进单位的决定》。会议对专项工作先进单位进行了表彰。

罗富和指出，要将服务“四个全面”战略布局、学习贯彻中共十八届五中全会精神与学习实践活动和参政议政主题年相结合，找到结合的抓手。参政议政主题年工作，各级组织要注重加强能力建设，特别是在总结经验的基础上，提高参政议政能力，其中包括调查研究的能力、联系基层的能力和联系群众的能力。各省级组织要尽早启动，加强对参政议政工作的领导，主要负责人要亲自抓，做到出题目、出思路、出观点，带头调查研究、带头搜集意见，起到表率作用。

罗富和指出，2016 年有一项工作很重要，就是市县级组织的换届。希望各级组织在换届工作中，要坚持原则，坚持程序、严格程序，讲纪律，同时注意做细致的思想工作。

高友东对《民进中央2016年工作要点》（草案）作了说明。

民进各省级组织负责人、民进中央各部门负责人出席会议。

（六）各类纪念会、座谈会

1. 中共中央统战部部长孙春兰走访民进中央并座谈

1月14日上午，中共中央政治局委员、中央统战部部长孙春兰一行专程走访民进中央，副部长林智敏等陪同，并与民进中央领导座谈。民进中央主席严隽琪，常务副主席罗富和，副主席王佐书、刘新成、朱永新，秘书长高友东出席座谈会。

座谈会上，严隽琪对孙春兰一行的到访表示热烈欢迎。她简要介绍了民进的特色和优良传统，以及民进在践行参政党两大历史使命——凝聚政治共识和履行参政党职能方面的做法。民进中央通过主题教育活动、形势教育、学习谈心活动、理论研究、讲好民进历史故事和宣传今天“我身边的先进”等方式，充分凝聚全体会员的政治共识。在履行职能上，以“为执政党助力、为祖国尽责、为人民服务”为使命，在老阵地有新作为，反映新情况，分析新矛盾，提出新对策；在新领域中顺势而为，在安全发展战略、社会建设、党的建设和法治建设等各方面建言献策。

孙春兰对民进各方面工作取得的成绩给予高度评价，对民进中央机关建设高度赞赏。她说，民进有着光荣历史和优良传统，成立70年来在革命、建设、改革各个历史时期，始终与中国共产党风雨同舟、亲密合作，为夺取革命胜利、国家富强和人民幸福做出了重要贡献。

孙春兰指出，民进十一大以来，民进中央以“有思有行、集智聚力、顺势而为、开拓创新”十六字方针为指导，认真履行参政党职能，科学规范又生动活泼，继承传统又开拓创新，服务大局又体现特色，思想建设不断深化，参政议政亮点突出，社会服务成绩显著，自身建设成效明显，用自身实践证明了中国共产党领导的多党合作和政治协商制度的巨大优越性和强大生命力。

孙春兰对民进今后工作提出了三点希望：希望民进不断巩固共同的思想政治基础，以纪念民进成立70周年为契机，进一步总结历史优良传统，引导广大成员增强“三个自信”和“三个认同”；进一步提高参政议政能力，充分发挥界别优势，围绕当前共同关注的全局性问题多做调研，积极议政建言；进一步加强人才队伍建设，做好人才的发现、培养、推荐、使用和管理工作，充分体现民进的特色，抓好后备队伍建设，为民进长远发展奠定坚实的组织基础。

中央统战部办公厅、一局负责同志等随同走访。民进中央秘书长高友东、副秘书长王建国以及机关部门负责人参加了活动。

2. 民进文化界人士座谈会

3月26日下午，民进文化界人士座谈会在京举行。严隽琪、罗富和、朱永新、高友东出席会议。座谈会由刘新成主持。

8位文化界会员出席了座谈会。大家围绕民进中央2015年度构建现代公共文化服务体系专题调研进行了交流。

在听取了大家的发言后，严隽琪指出，构建现代公共文化服务体系，首先要对“体系”进行深入研究。要弄清楚现代公共文化服务体系中主体是谁，架构如何搭建等问题。二是要重视文化建设的内涵。现代公共文化服务体系构建中，社会主义核心价值观的培育至关重要。三是要顺应时代发展趋势。要正视“五化一体”时代背景下公共文化服务面对的新挑战，坚持改革创新，焕发基层活力。民进作为以文化为主界别之一的参政党，应当把文化建设问题当作一个长期的研究课题，经过持续不断地调研、研讨，形成一系列有价值的提案建议。

民进中央副秘书长、部分机关部门负责人参加了座谈会。

3. 纪念马叙伦同志诞辰 130 周年座谈会

4 月 17 日，纪念马叙伦同志诞辰 130 周年座谈会在京召开。民进中央主席严隽琪出席会议并讲话。民进中央原主席许嘉璐，常务副主席罗富和，原第一副主席张怀西出席会议。座谈会由罗富和主持。马叙伦先生女儿马珮，民进中央副主席刘新成、朱永新，秘书长高友东出席座谈会。

马叙伦 1885 年 4 月 27 日生于浙江杭州，是中国民主促进会的主要创始人和首位中央主席，中国共产党的亲密战友，著名的教育家、社会活动家、忠诚的爱国主义者。

严隽琪在讲话中回顾了马叙伦光辉传奇的一生。她说，马老是杰出的政治家、教育家，他的一生极具代表性地体现了中国近现代爱国知识分子从旧民主主义到新民主主义，最终走到社会主义的历史路程。特别是马老书写的最后一幅字迹：“我们只有跟着共产党走，才是在正道上行，才有良好的结果，否则根本上就错了。”这无疑是他毕生追求真理、追求进步、向往光明的写照，也是他留给我们的政治遗嘱。

严隽琪强调，我们要继承和弘扬以马老为代表的老一辈民进人用他们的奋斗造就的民进“坚持接受中国共产党的领导，坚持爱国、民主、团结、求实，坚持立会为公”的优良传统，并不断赋予历史传统以时代价值，加深对中国特色社会主义政治发展道路的历史必然性和现实优越性的认识，不断增强接受中国共产党领导的自觉性和坚定性，巩固全会对中国特色社会主义道路的认同、对全面建成小康社会目标的认同和对社会主义核心价值的认同，努力建设中国特色社会主义参政党，以中共十八大和十八届三中、四中全会精神为指导，学习贯彻习近平总书记系列重要讲话精神，为协调推进“四个全面”，实现中华民族伟大复兴的中国梦做出新贡献。

中共中央统战部一局、中国高等教育学会、北京民进各区委、工委的代表，民进中央机关各部门的有关同志参加了座谈会。

4. 纪念雷洁琼同志诞辰 110 周年座谈会

9 月 11 日，纪念雷洁琼同志诞辰 110 周年座谈会在京召开。民进中央主席严隽琪出席并讲话，原第一副主席张怀西出席会议，常务副主席罗富和主持座谈会。

全国人大常委会副秘书长郭雷，全国政协副秘书长张秋俭，全国妇联副主席、书记处书记焦扬，全国人大常委会委员、民进中央副主席王佐书、刘新成，全国政协副秘书长、民进中央副主席朱永新，中共中央统战部一局局长桑福华，北京市政府副秘书长王晓明，民进中央秘书长高友东，全国人大常委会委员、民进北京市委会主委庞丽娟，北京大学党委统战部部长张晓黎出席座谈会。

座谈会上，雷洁琼侄女雷浣妍，北京大学社会学系教授、雷洁琼学生佟新，中国政法大学党委书记石亚军先后发言。他们怀着崇敬的心情，重温了雷洁琼的生平事迹和道德风范。

雷洁琼是中国民主促进会的创始人之一和卓越领导人，中国共产党的亲密朋友，著名的社会学家、法学家、教育家，杰出的社会活动家。

严隽琪在讲话中强调，民进正在开展坚持和发展中国特色社会主义学习实践活动，就是要引导会员进一步深化雷老等老一辈民进人用他们的奋斗造就的民进“坚持接受中国共产党的领导，坚持爱国、民主、团结、求实，坚持立会为公”的优良传统，并不断赋予优良传统以时代意义，加深对中国特色社会主义政治发展道路的历史必然性和现实优越性的认识，不断增强接受中国共产党领导的自觉性和坚定性，巩固全会对中国特色社会主义道路的认同、对全面建成小康社会目标的认同和对社会主义核心价值的认同。

座谈会后，与会人员一同参观了雷洁琼纪念展。

中共中央统战部一局、北京市教委、民进中央机关各部门的同志参加了座谈会。

5. 民进中央庆祝民进成立 70 周年新老领导座谈会

11 月 11 日下午，民进中央庆祝民进成立 70 周年新老领导座谈会在京召开。民进中央主席严隽琪，原主席许嘉璐，常务副主席罗富和，原第一副主席张怀西，副主席王佐书、刘新成、蔡达峰、朱永新、卫小春，原副主席梅向明、陈难先、邓伟志、潘贵玉、王立平，秘书长高友东，原秘书长赵光华出席座谈会。民进中央原副主席楚庄通过视频与会议现场通话。严隽琪主持座谈会。

会上，老领导们围绕着民进成立 70 周年，分享自己与民进的往事、情怀，同时结合毕生的经验和智慧，情真意切地为民进发展把脉、献策，提出真知灼见。

严隽琪感谢大家情真意切的发言，她说，大家都有不凡的经历，对民进的感情溢于言表，无论是回忆还是希望和建议，一方面表现了对民进组织的衷心热爱，另一方面也表达了对民进优良传统的弘扬以及对参政党责任的担当。民进将继承和弘扬老一辈的优良传统，努力创新、尽责履职。最后，她祝福老领导们的生活充实、愉快、健康。

二、参政议政

2015 年，民进中央紧紧把握国家改革发展稳定大局，自觉适应“新常态”对参政议政工作的新要求，把坚持和发展中国特色的社会主义作为履职的目标和方向，围绕“三大战略”和“四个全面”战略布局，以为国家“十三五”规划编制建言献策为主线，深入研讨、扎实调研，认真履行参政党职能，为我国经济社会发展、国家繁荣稳定做出了积极贡献。

（一）积极参与高层协商

在中共中央、国务院召开的 5 次党外人士座谈会上，民进中央分别围绕深化教育综合改革、妥善处理高中债务、解决城镇义务教育资源不足、破除跨区域合作的体制机制障碍、缩小京津冀区域内的政策落差、加强经济指标体系的研究和完善、规范教育名称、政府职能转变机制创新、提高中国企业“走出去”的能力和水平、重视生产性服务业在产业转型升级中的作用、培育和推进中国的域外研究服务机构走出去、扶贫工作中应注意的问题、生态领域综合治理等提出一系列建议，受到高度重视。

2015 年，民进中央围绕“三大战略”“四个全面”以及国家“十三五”规划编制，深入开展了多次调研、研讨工作，共形成建议书 19 份报送中共中央、国务院，分别是《关于规范国家通用语言文字表述和加强推广的再建议》《关于台情的报告和建议》（3 份）、《突破关键零部件国产化的瓶颈》《关于缩小政策落差 推动京津冀协同发展的建议》《关于“十三五”期间进一步完善计划生育国策的建议》《进一步完善免费师范生教育政策的建议》《优化义务教育财政转移支付制度的建议》《关于向世界发好中国声音的建议》《关于新疆问题的民情反映和对策建议》《关于“一带一路”与高校智库建设的建议》《关于修订〈中华人民共和国教育法〉规范国家通用语言文字表述的建议》《建设创新文化，推动创新发展》《关于加快推进传统产业转型升级的建议》《关于在“十三五”期间完善现代公共文化服务体系建设的建议》《将故宫博物院建设成中华文化高地》《关于狠抓安全发展理念在生产中的落实的建议》《关于将新疆葡萄酒产业纳入国家战略予以支持的建议》。同时，民进中央重点围绕“十三五”规划编制，就规划制订中应贯穿新型城镇化主题、围绕“一路一带”建设加强战略布局统筹协调力度、探索建立技术移民制度、深化统计改革、调整我国能源战略、深化知识产权战略、重视发挥教育在城镇化中的先导性作用、将加快经济转型升级作为“十三五”规划主线、对义务教育进行战略调整、加强村民基层自治、加快吸引台湾企业登陆大陆资本市场深化两岸产业与资本融合、统一数据标准促进信息互通和公开，“十三五”期间促进消费升级和扩大内需、“十三五”期间加快推进农业走出去等方面深入开展研究，积极建言献策。

（二）在全国政协十二届三次会议、常委会议和专题会议上的发言与提案工作

在全国政协十二届三次会议期间，民进中央以党派名义提交大会发言 5 件，党派提案 41 件，民进组提案 11 件，委员个人及委员联名提案 248 件，内容涵盖当前经济社会发展的众多领域。其中，《关于要像治理大气、水污染一样重视农产品、食品安全问题的提案》被选为两会期间提案办理协商会办理提案；《关于加快公安工作法治化进程的提案》和《关于给予民营书业合法出版资格的提案》被确定为全国政协十二届三次会议重点督办提案；《关于推动并规范电子垃圾处理的提案》《关于大力扶持我国民营养老院建设的提案》等 9 份党派提案和民进组提案被列为全国政协十二届三次会议重点提案。民进中央提交的《做好“节水优先”这篇大文章》被确定为大会口头发言；与全国政协科教文卫体委员会联合报送的《让老少边穷岛地区乡村教师“下得去、留得住、教得好”》也被确定为大会口头发言。此外，今年的政协大会发言首次设立界别发言，民进政协委员代表教育界作了题为《着力制度创新，大力发展民办教育》的个人口头发言，三篇发言的现场反应和社会反响都很好。在全国政协常委会上，民进中央提交了《在“十三五”期间重点解决公共文化服务体系建设中的突出问题》《“十三五”期间义务教育应向下延伸一年》《建设创新文化，推动创新发展》《让社会主义核心价值观在基层扎根落地》《培育和践行核心价值观从青少年养成教育做起》《强化安全发展理念，确保“十三五”时期又好又快发展》等多篇大会发言。与全国政协文史和学习委员会共同举办双周协商座谈会，就非物质文

化遗产传承与保护问题座谈交流，与会民进专家分别围绕如何更有效地抢救和保护“非遗”传承人，如何从法治的角度做实“非遗”保护工作，如何用“本地化＋互联网”的机制推动“非遗”的保护和传承,以及少数民族地区“非遗”保护存在的问题等进行发言，并有针对性地提出了意见建议。

（三）反映社情民意

2015 年民进中央共收到地方组织报送的社情民意信息稿件 2382 篇，向全国政协报送 452 期。《应立法禁止在国家公祭日举行大型娱乐庆典活动》《计生特困家庭帮扶政策不能全面落实需引起重视》《关于对消防员培养机制实行职业化的建议》《建议完善未成年人大病医保》《寻访邀请抗战老兵参加抗战胜利 70 周年大会》《明确自由律师执业权限 断绝市场化法律买卖》等被全国政协信息局采用。2015 年的信息工作，一如既往地受到了民进中央领导层的高度重视，多位会中央领导亲自撰写了《关于“一带一路”宣传口径的建议》《“编外”之痛，呼唤同工同编同酬》《落实领导干部任期制让干部“能上能下”成为常态》《释放国有科研单位科技成果转化能效助力中国制造 2025》等十多篇信息。同时，民进信息还加大了围绕政协信息局季度选题进行信息报送工作的力度，并进一步加大与地方组织的沟通，注重调动各方力量围绕季度选题进行信息的撰写、报送，截至目前报送参考选题的信息近 90 篇，约占总报送量的 4%，其中围绕“一带一路”报送信息 15 篇、围绕“十三五”规划报送信息 24 篇，充分发挥了信息作为国家大政方针建言献策的重要作用。

（四）调查研究

1. 年度大调研

2015 年，民进中央围绕“十三五”期间完善现代公共文化服务体系建设问题赴河北、陕西两省进行了重点调研，并在北京、江苏等地进行了预调研。严隽琪、罗富和分别带队到河北、陕西进行调研，刘新成、朱永新、高友东陪同调研。民进中央领导和中共中央统战部、文化部、新闻出版广电总局的有关负责人，国家行政学院、上海社科院、北京大学、首都师范大学，以及北京、江苏、河北、陕西的有关专家参与了考察调研。

与往年的大调研相比，2015 年的大调研启动早、发动快，参与面广、形式多样、调研深入，特点鲜明。民进中央 2014 年 7 月份就开始研究 2015 年的大调研问题，到大调研结束，共进行专题研讨 16 次、召开现场座谈会 9 次，专题学习培训 4 次，实地考察了包括文化站、文体活动中心、学校、农家书屋、图书馆、博物馆、展览馆、村史馆、非遗保护等在内的 31 个项目，涉及中央、省、市、县、乡、村六级公共文化服务体系建设。调研对象上到国家部委、省委省政府领导，下到基层干部、社区百姓和乡村农民。民进中央委托首都师范大学文化研究院、北京大学社会学系专家开展社会基层调查和问卷设计调查,同时与民进 8 个省级组织的相关专门委员会建立了文化领域调研的联动交流机制，使得主动参与大调研的省级组织达到了 16 个。大调研筹划及调研期间，民进中央收到各类社会调查和调研报告共计 32 份。民进中央还组织专家针对城市和农村设计了两份调查问卷并选择五个省（自治区和直辖市）发放了 5000 份，进行统计分析和论证。上述数据和做法均为民进中央历次年度大调研之最，为保证大调研建言献策的质量打下了坚实的基础，也是深化“集智聚力”机制的最好体现。6月8日下午，受中共中央委托，俞正声主席专门主持召开协商座谈会，听取党派中央围绕“十三五”规划编制开展年度大调研的情况介绍，严隽琪代表民进中央首次以PPT的形式发言。大调研建议书于8月报送中共中央、国务院主要领导，获得领导批示。

2. 其他调研活动

5月9日至10日，朱永新率队就西部地区基础教育发展情况赴内蒙古乌海市调研。

5月18日至20日，罗富和、朱永新率民进中央调研组一行，就“传统产业转型升级”在江苏省苏州市、无锡市和南京市开展调研。

6月9日上午，严隽琪就“三农”问题赴浙江省湖州市德清县开展调研。朱永新陪同调研。

7月3日下午，严隽琪围绕公共文化服务体系建设等内容赴故宫博物院进行调研。刘新成陪同调研。

7月20日下午，王佐书率出版和传媒委员会就古籍数字化、“互联网+”对出版业影响、社网合作和融合等问题赴中华书局调研。

8月30日至9月1日，罗富和率民进中央调研组就葡萄酒产业发展情况赴新疆调研。高友东陪同调研。

11月24日至26日，罗富和、朱永新率民进中央调研组就生态文明建设和沙产业发展问题赴甘肃省敦煌市开展调研。

12月2日，严隽琪、刘新成率民进中央调研组就公共文化服务体系建设工作在京调研，并与中共中央政治局委员、中共北京市委书记郭金龙座谈。

12月14日，朱永新率民进中央调研组就“海水淡化”问题赴河北省沧州市开展专题调研并召开研讨会。

（五）各类论坛、研讨会、座谈会

1. 民进中央—上海社科院合作中心参政议政务虚会

1月7日下午，民进中央—上海社科院合作中心参政议政务虚会在上海举行。严隽琪、朱永新出席会议。

严隽琪充分肯定民进中央—上海社科院的合作成效。她说，双方能一直保持良好的合作关系，一直保持深化合作的热情，首先是因为上海社科院作为对国家决策发挥核心智库作用的定位，与民进作为高素质参政党的职能与愿望有高度的契合点。其次是因为合作中心已成为双方合作共赢、促进发展的纽带。应不断探索合作形式，实现更多的信息共享、成果共享、渠道共享、品牌共享。她指出，参政议政、智库咨询都应以问题为导向，带着问题去调研和建议。她强调，合作一定要务实高效，决不搞形式主义。

10位专家学者在务虚会上发言。民进中央参政议政部、民进上海市委会、上海社科院有关负责同志参加座谈。

2. 教育智库建设高层咨询会

1月26日，由中国教育政策研究院举办的“教育智库建设高层咨询会”在北京师范大学举行。严隽琪出席开幕式并讲话，王佐书、朱永新出席会议。

严隽琪在讲话中高度评价了政策院成立五年来取得的重要成绩和宝贵经验，在体制机制、自身建设上做出的积极探索。她说，是志同道合使民进与北师大合作组建了中国教育政策研究院，这是民主党派与高校合作建智库的一个新尝试，是在探索一条高校人文社会学科的科研成果如何向社会现实需要做应用转换的路子；政策院将继续秉持“集智聚力，强教兴国”的院训，进一步搞好自身建设，孜孜以求体制机制创新，努力为国家战略需求、教育事业改革发展提出专业化、建设性、切实管用的政策建议，为建设国内一流、具有国际影响力的教育智库做出新的贡献。

自 2010 年 1 月 26 日成立以来，中国教育政策研究院共向中共中央、全国人大、国务院、全国政协和教育部、财政部等提交了 100 多份政策建议，其中 80 多份政策建议获得中央领导、有关部委的批示与采纳；每月向国务院和教育部等有关部门报送一期《教育政策决策参考》，每周向财政部门报送一期《教育舆情》，为国家重大教育决策提供了高水平的智力支持。

来自中国教育政策研究院、全国人大、全国政协、教育部、国务院研究室、有关高校和科研院所等部门的 100 多位专家代表出席会议。

3. 民进中央文化建设调研工作研讨会

2 月 3 日上午，民进中央文化建设调研工作研讨会在京举行。严隽琪、刘新成、高友东出席会议，研讨会由朱永新主持。

8 位会内外专家出席研讨会，围绕民进中央 2015 年度关于“构建现代公共文化服务体系”专题调研课题展开研讨。

在认真听取了大家发言后，严隽琪强调，民进中央把公共文化服务体系建设作为年度大调研的内容，其根本目的在于促进前不久出台的《关于加快构建现代公共文化服务体系的意见》更好地贯彻落实，同时挖掘基层在体制机制创新方面取得的宝贵经验。

结合此前对公共文化服务的实地调研，严隽琪提出调研要聚焦四个问题：一是整合政府资源，构建现代公共文化服务体系，注重基层决策的自主权和参与权，发挥公共文化服务对象的主体作用，以提高公共文化服务的效能和质量；二是进行机制创新，完善利益分配制度，鼓励社会力量参与公共文化服务；三是关注社会转型中出现的盲点问题，根据当前的新形势和新问题及时调整办法和措施；四是公共服务要面对互联网，特别是移动互联网，增强公共文化服务对年轻人的吸引力。

民进中央部分部门负责人参加会议。

4. 民进中央经济委员会主任会议

3 月 26 日上午，民进中央经济委员会主任会议在民进中央机关举行。严隽琪出席会议并讲话，朱永新出席会议。经济委员会主任主持会议并简要介绍经济委员会近期工作和 2015 年工作计划，经济委员会各位副主任出席会议，并重点围绕国家“十三五”规划经济领域的建言献策，以及 2015 年经济委员会的调研计划进行研讨。

严隽琪高度评价了大家的发言，认为很有启发性、建设性。她指出，做好经济领域的参政议政，首先要对我国现在的发展阶段有理性、清醒、全面的认识。同时，要紧紧围绕中心、服务大局，在中国经济面临下行压力的情况下，在寻找新的经济增长点、“中国制造 2025”等方面积极建言献策。专门委员会选择调研课题时要科学务实，注重从平时的工作和研究中发现问题,特别是一些再往上“跳一跳”就能够解决的问题。另一方面,要强调互利共赢,无论对会中央、委员个人和地方发展都要有利,以充分调动各方的积极性。另外,还要注重课题分类,注重兼容并蓄。

民进中央参政议政部负责人参加会议。

5. 民进中央参政议政务虚会

3 月 27 日下午,民进中央参政议政务虚会在京召开,严隽琪出席会议并作重要讲话,罗富和、高友东出席会议,朱永新主持会议。8 位专家应邀出席会议,围绕国家“十三五”规划制定进行了研讨。

4 月 28 日下午,民进中央参政议政务虚会在京召开,严隽琪出席会议并作重要讲话。罗富和、高友东出席会议,朱永新主持。9 位专家应邀出席会议,围绕当前教育领域存在的问题和国家“十三五”规划制定进行研讨。严隽琪在听取各位专家的发言后指出,教育领域“十三五”规划制定必须坚持解放思想、统一认识、深化改革。教育要为人的全面发展服务,要与人的劳动与生活相结合,以建设人力资源强国为目标;各个阶段和类型的教育应该有明确的目标;学校应该成为社会服务的主体,教育服务业、教育咨询机构可以成为新型服务业的增长点;“十三五”规划应努力打破部门壁垒,实现区域教育、科普、文化资源融合。

5 月 5 日,民进中央参政议政特邀研究员(南方片)会议暨参政议政务虚会在上海召开。严隽琪出席会议并作重要讲话。蔡达峰出席会议,朱永新主持。参政议政特邀研究员、民进中央经济委员会委员以及特邀专家应邀出席会议,围绕国家“十三五”规划制定相关问题深入开展交流,积极建言献策。严隽琪在讲话中指出,“十三五”规划在我国经济转型期的过程中具有承上启下的重要作用,我们要清醒认识我国目前所处的阶段以及国内外形势,充分利用我们的制度优势和市场优势,制订出科学、合理、可行的五年规划。她希望各位专家学者继续就“十三五”规划制定相关问题深入研究,贡献智慧。

6.2015 上半年经济形势分析与前瞻座谈会

5 月 4 日下午,民进中央—上海社科院合作中心“2015 上半年经济形势分析与前瞻座谈会”在上海举行。严隽琪出席会议并讲话,朱永新出席会议。座谈会上,7 位就上半年经济形势分析与前瞻、推进自贸区建设、推动股市健康发展、增强政策协调性、加快新型城镇化建设等内容提出意见和建议。

严隽琪在讲话中强调,经济新常态下,参政议政工作要注重方向判断问题,要在打基础、改机制方面出实招,围绕产业转换和动力接续、重大投资项目等方面加强研究。

7. 民进出版工作座谈会

5 月 14 日下午,民进出版工作座谈会在京召开,会议重点围绕出版业如何为制订“十三五”规划建言献策,如何为服务文化大发展大繁荣展开深入研讨,严隽琪出席座谈会并讲话,高友东出席会议,王佐书主持座谈会。11 位会内外出版领域专家出席座谈会并发言。

严隽琪指出,民进作为参政党在出版界有所作为,需要鼓励出版界会员在本职岗位上建功立业,也需要为中国出版业的繁荣发展建言献策,发出民进的声音。大家在发言中围绕出版产品、机构、市场、社会环境、政府的定位和职能以及在全球化中的定位和作用等问题发表意见，涉及传统媒体和新媒体、政府和市场、供给和需求、文化和经济等之间的关系，富有启发。当今时代出版业面临信息化、市场化、全球化的挑战，同时国内经济下行压力加大，出版业需要紧密结合新的经济增长点、经济结构调整和拉动内需，深入思考“十三五”出版业的改革发展和产业融合升级。2015 年民进中央把“构建现代公共文化服务体系”作为大调研课题，出版是文化服务中不可或缺的部分，希望大家继续围绕出版领域的文化服务出谋划策，形成有价值的提案和建议。

8. 信息化基础性标准问题座谈会

6 月 19 日上午，民进中央与国家标准化委员会共同举办专题座谈会，就信息化基础性标准问题开展研讨。朱永新出席会议并讲话。中办信息中心、中央网信办信息化发展局、公安部科技与信息化局、教育部科技司、太极计算机股份有限公司、中国软件与技术服务股份有限公司、北京华胜天成科技股份有限公司、全国信息技术标准化技术委员会、中国标准化研究院全国信息编码分类代码标准化技术委员会，以及民进中央科技医卫委员会、中国电子学会等有关方面负责人和专家参加座谈。朱永新强调，信息化数据标准涉及问题众多，当前要抓住几个关键问题如公共信息资源开放的问题、个人身份唯一问题、国家源数据标准系统问题和数据交换的体系等问题积极建言献策，发挥中国特色社会主义参政党的作用。

9. 深化教育领域综合改革研讨会

7 月 3 日至 4 日，民进中央教育委员会与北京圣陶教育发展与创新研究院联合举办的深化教育领域综合改革研讨会在苏州召开，朱永新出席会议并讲话。这次会议是民进中央深化教育领域综合改革的系列调研、研讨活动之一，与会专家和来自江浙沪鲁四地的 20 多位高中校长围绕高中学校多样化发展、义务教育延伸、考试招生制度改革对基础教育的影响等议题展开了深入研讨。

朱永新听取大家发言后指出，“十三五”是我国全面建成小康社会的关键时期，也是落实教育中长期发展规划纲要的关键时期。这一阶段，学生学习的方式和学校的形态都在发生深刻变化；办学体制改革怎样推进；教育如何更好地继承、传承中华传统文化和价值观；义务教育是否要进一步延伸；怎样科学规划中小学校办学规模；教师人事制度改革等，这些都是值得我们深入研究和探讨的问题。当前要抓住几个关键问题开展研究并积极建言献策，发挥中国特色社会主义参政党的作用。

10. 2015’中国教师发展论坛

9 月 6 日至 7 日，由民进中央主办的 2015’中国教师发展论坛在江苏徐州举行。论坛主题为“助推乡村‘好教师’建设”。严隽琪出席并讲话。罗富和、高友东等出席开幕式。开幕式由朱永新主持。

严隽琪强调，中共十八大报告明确指出“把立德树人作为教育的根本任务”，抓住了问题的实质与核心。“好教师”的关键在于“树人”，“立德树人”是我国历代教育共同遵循的理念。好的教育应把德育融于智、体、美、劳等各种教育教学环节之中，学校的德育不能禁锢在应试的“知识性”与人造的“德育情景”层面上，应在与日常劳动生活学习的结合中提升德育实效。要做一名好教师，首先要有道德情操，师德是教师最重要的素质，是教师职业的灵魂，立德先立师，树人先正己，培养和造就一支学高身正的教师队伍，是立德树人成败的关键，是实施德育工作的前提和保证。

优秀农村教师代表和江苏师范大学学生代表也在开幕式上作了发言。

论坛期间，严隽琪、罗富和分别带队，到江苏省先进激光技术与新兴产业协同创新中心和江苏师范大学语言能力协同创新中心进行了考察调研。与会专家学者通过主题发言、专题演讲和分议题研讨等多种形式，结合实际情况，深入研讨了当前农村教育和乡村教师队伍建设的现状、存在的问题以及对策建议。

7 日下午，论坛闭幕，罗富和出席闭幕式并讲话，朱永新出席闭幕式。围绕论坛主题和如何落实《乡村教师支持计划》，罗富和指出，一是坚持师德为先，以德化人，把德育摆在第一位。二是以深化教育改革为动力来落实教育方针，坚持“以人为本”“全面发展”，树立正确的人才观。要以全体受教育者为本，在教育过程中找到最适合受教育者发展的道路。三是落实《乡村教师支持计划》必须注意做好衔接，包括和新型城镇化的规划、“十三五”规划、公共服务均等化的规划等有效衔接，同时要有底线思维，做到因地制宜，这样教育发展才有坚实的基础。

闭幕式上，4 位与会专家，围绕提高乡村教师地位与待遇、提升乡村教师能力素质等议题作了主题发言。

闭幕式后，与会领导和专家学者到徐州市铜山区张集实验小学进行了实地考察。

11. 民进中央“非物质文化遗产传承与保护”专题研讨会

9 月 22 日，民进中央“非物质文化遗产传承与保护”专题研讨会在京召开。朱永新出席会议并讲话。本次研讨会由民进中央主办，中国民间文艺家协会和民进中央文化艺术委员会协办。研讨会主要是为全国政协“非物质文化遗产传承与保护”双周协商座谈会做好准备，发挥民进教育、文化、出版主界别特色，与全国政协、中国民协等有关方面共同助推我国非物质文化遗产传承与保护工作。来自全国政协、文化界的多位专家，和多个民进省级组织代表参加了研讨会。与会人员围绕非遗传承人生存现状和人才断层、非遗项目生存土壤、促进非遗健康发展、推进非遗立法进程等问题，进行了深入的探讨和交流。

朱永新在讲话中指出，传承人的保护和抢救是非遗保护的一个大课题。首先是传承人的发现和认定，要有一套严格的认定程序。其次是如何发挥教育的功能，做好培训和提升。再次，要做一个规划，确定哪些是濒危面临失传的非遗，需要先抢救，哪些是可以通过生产性保护、进一步去传承的非遗。

12. 2015 年基础教育改革座谈会

12 月 10 日至 11 日，2015 年基础教育改革座谈会在北京市第十二中学举行。会议的主题是“新常态下深化高中教育综合改革”。罗富和出席会议并讲话，朱永新主持。

罗富和在讲话中强调，新常态下的高中教育改革与发展，一是以促进民办教育发展为重点的办学体系改革；二是以加快职业教育和技能教育为重点的教育体系改革；三是以减轻学生负担为重点的教学改革。实现现代化的过程，就是从人力大国向人才强国的转变，关键问题是教育要培养什么样的人。这也是一个社会、学校、家长和学生需要形成共识的问题。在谈到普及高中阶段教育的问题时，他说，以人为本是指受教育者的全体，全面发展是指找到最适合自身发展的方向、道路、方法和能力，高中阶段的教育要做到普通与重点兼顾，普高与职中兼顾，要以满足人受教育的需求作为我们的目标。

来自北京、天津、上海、江苏等 14 个省、市的 22 位校长以及中国教育学会系统的专家学者参加了座谈会。与会者围绕低龄留学潮的思考、发挥综合素质评价的科学选才功能、构建高中治理体系与制度机制、促进学生全面而有个性地发展等议题畅所欲言，介绍了各地区、各学校的经验做法以及遇到的问题和困难，并提出了意见建议，开拓了民进在教育领域参政议政的思路。

13. 民进中央 2015 年提案推稿研讨会

12 月 16 日至 18 日，民进中央 2015 年提案推稿研讨会在京召开。罗富和、朱永新出席会议并讲话。

本次提案推稿研讨会旨在研究形成民进中央提交 2016 年全国政协十二届四次会议的党派提案建议稿（含民进组提案），并结合参政议政主题年工作对民进中央和省级组织参政议政专职干部进行提案工作培训，加强参政议政能力建设。

罗富和就如何增强参政议政能力、提升提案质量对参政议政专职干部提出三点要求：一是要不断学习，增强对大局的把握能力，确保提案能紧扣国家大局并反映实际情况；二是要加强研究，在广泛学习的基础上深入研究党和国家的各项方针政策、经济社会发展的难点问题以及人民群众关心的热点问题，努力成为研究型参政议政专职干部；三是要提升辨思能力，深刻辨析问题实质，深入思考对策建议，以确保提出的建议切实可行。

朱永新要求参政议政部结合专家意见及时对较成熟的提案进一步打磨和完善，对不成熟的提案作进一步修改，同时做好提案的二次征集评审工作，确保提案数量充足、质量过硬。

部分民进中央参政议政特邀研究员及各专门委员会主任、副主任，中国教育政策研究院专家，民进省级组织有关负责人和参政议政专职干部，民进中央参政议政部部门负责人、各专门委员会秘书参加推稿研讨。

14. 民进中央专门委员会（医卫领域）工作交流座谈会

12 月 20 日至 21 日，民进中央专门委员会（医卫领域）工作交流座谈会在北京召开。罗富和出席会议并讲话。

本次会议的主要目的是针对我国医疗体制改革过程中存在的问题进行交流研讨，为“健康中国”战略实施建言献策。与会者围绕公立医院人事薪酬制度改革、全科医生培养、医疗服务价格体系建设、我国医疗卫生对外援助政策以及民营医院发展等众多议题进行了深入的探讨交流。

在认真听取专家交流发言后，罗富和向与会专家对民进中央参政议政工作的支持表示感谢。他指出，医疗体制改革是一项系统工程，就民主党派的参政议政工作来说，必须要聚焦问题进而提出建议，要防止面面俱到、过于细致。他认为，在我国医疗体制改革中，还是要发挥市场在资源配置中的基础性作用，鼓励社会资本参与，大力发展民营医院。他希望，与会专家在平时工作过程中多思考、多发现问题，并及时反馈，以便于民进中央形成建议供国家有关部门决策参考。

来自北京、天津、重庆、河北、山西、江苏、浙江、河南、湖北、四川等 10 个民进省级组织专门委员会的 15 位专家出席会议。民进中央参政议政部、部分民进省级组织参政议政专职干部参加了座谈。

15. 民进中央议政调研（长江经济带领域）工作研讨会

12月22日至23日，民进中央议政调研（长江经济带领域）工作研讨会在北京召开。本次会议的主要目的是就2016年长江保护与发展论坛的主题和议题，集智聚力广泛征求意见；就长江经济带建设尤其是长三角地区经济社会发展问题，发动苏浙沪民进省级组织自主调研。朱永新出席会议并讲话。12位专家学者参加研讨并发言，长江水利委员会长江流域水资源保护局负责同志应邀出席研讨会并介绍了长江水资源与绿色生态走廊建设现状和未来发展形势。

朱永新在讲话中指出，长江保护与发展论坛已举办多次并形成品牌，要按照“顺势而为”的工作方针，把举办论坛与围绕长江经济带建设建言献策工作统筹协调好，达到有机融合。他希望沿江民进省级组织尤其是苏浙沪三地民进组织继续发挥好上下联动、横向协作的机制，密切联系各自工作实际，为明年即将开展的参政议政重点工作打下良好基础。

三、社会服务

2015年是民进社会服务工作主题年，一年来，民进中央加强参政党社会服务的理论研究，继承和弘扬民进优良传统，统一思想、深化认识，以坚持和发展中国特色社会主义学习实践活动为主线，引导和支持各级组织和广大会员参与当地经济社会发展，自觉服务于“四个全面”大局，进一步拓宽工作思路，提升工作实效，着力改善民生，促进社会和谐。

（一）有思有行，统筹兼顾，深入开展支边扶贫工作

民进中央认真贯彻各民主党派中央、全国工商联社会服务部负责同志座谈会精神，按照工作要点，继续参与包括贵州毕节试验区、黔西南州安龙县在内的西部贫困地区和新疆等少数民族地区的帮扶工作，助推西部贫困地区经济社会发展。至年底，已经协助各级民进组织落实了在助推发展、智力支持、改善民生等方面的多个帮扶项目，持续形成参与毕节试验区和黔西南州安龙县帮扶工作的整体效果。

1. 助力西部经济社会发展

（1）3月28日至31日，罗富和率民进中央调研组到贵州省黔西南州开展以科技创新助推少数民族地区农业产业发展调研。

29日，调研组在安龙县举行了以科技创新助推少数民族地区农业产业发展调研座谈会。调研组听取了黔西南州、安龙县农业发展情况汇报。

30日下午，在兴义市召开了黔西南州“星火计划、科技扶贫”试验区农业产业发展座谈会。调研组一行与黔西南州直及各县（市、试验区）有关部门就黔西南州如何发挥区位优势、整合产业链条、搭建产销平台、打造地方品牌、破解融资难题等问题进行深入交流。双方还就今后加强沟通合作，提供技术、人才支持等达成了初步意向。

调研期间，罗富和一行出席了第三届“中国美丽乡村·万峰林峰会”开幕式。

（2）9月13日至14日，朱永新率领民进中央调研组，在贵州省毕节市金沙县就村级经济发展问题和留守儿童问题开展考察调研并开展社会服务活动。

13日上午，调研组在金沙县举行民进中央赴金沙考察调研座谈会。会上，金沙县负责同志汇报了金沙县留守儿童工作和村级经济发展情况，县组织部、教育局、扶贫办负责人就相关问题作了发言；毕节市负责同志介绍了毕节市留守儿童的整体情况及毕节市所做的工作。14日上午，调研组一行到金沙县西洛街道中华村实地考察调研并进行工作座谈，调研组专家向毕节市、金沙县领导反馈了调研情况，并就村级集体经济和留守儿童问题提出了一些思考和建议。

调研期间，朱永新一行还开展了社会服务活动。13日上午，朱永新出席金沙中学开明图书馆的开馆揭牌仪式，并出席了民进中央精准帮扶金沙县“同心助学”行动启动仪式。金沙中学开明图书馆在筹建过程中得到了民进中央的大力帮助，是2014年12月民进中央发起为金沙县中小学捐赠图书的“书香彩虹”行动的主要受益者之一，共收到捐赠图书22万册。13日下午，朱永新一行来到金沙县人民医院，看望正在这里为金沙群众进行义诊的民进重庆市委会医疗专家组。调研组一行还考察了由民进企业家会员投资的朗月广场和开明同心城。13日晚，“同心·彩虹行动”民进艺术家慰问金沙文艺演出在金沙县开明广场举行，朱永新为演出致辞，有关领导、金沙县各界群众4000余人观看了慰问演出。

2. 继续开展教育、文化、卫生扶贫

8月8日上午，由民进中央主办，新疆自治区教育厅、民进新疆区委会、新疆师范大学继续教育学院承办，开明慈善基金会资助的“同心·彩虹行动”2015年新疆少数民族校长暑期培训（慧翔）班开班式在乌鲁木齐举行。朱永新出席开班式并讲话。

朱永新在讲话中指出，新疆作为我国最大的民族聚居区和丝绸之路经济带核心区，在党和国家工作全局中战略地位十分重要。教育作为民生之基、发展之基，是解决新疆问题的治本之策，在实现社会稳定和长治久安中发挥着重要作用。民进作为中国特色社会主义参政党，认真贯彻落实中共中央决策部署，整合会内资源，发挥界别特色，打造“同心”品牌，围绕新疆基础教育开展一系列社会服务活动，参与推进新疆社会稳定和长治久安，服务国家“一带一路”战略。他还着重阐述了在民族地区推行双语教育、学习国家通用语言文字对提高国民素质、促进社会发展、增强国家认同感和凝聚力的重要意义。

民进中央社会服务部、中共新疆自治区党委统战部、民进新疆区委会、新疆自治区教育厅、新疆师范大学等有关单位的负责同志以及来自新疆10个地州的60名中小学校长出席了培训班开班式。

本期培训班为期15天，以“中小学校长领导力提升”为主题，围绕依法治校、校园信息化建设、校园文化建设和学校发展与规划等四个方面的内容邀请有关专家授课。

8月21日，培训班结业。高友东出席结业式并讲话。结业式上，为获得优秀学员的20名校长颁发了奖励证书，为参加培训的60名校长学员颁发了结业证书。高友东在结业式上说，本次培训彰显了“同心·彩虹行动”的价值和精神内涵，大家一起用“心”感受教育的温度，用“思”体悟教育的深度，用“爱”分享教育的真谛，整个过程充实而温暖，成为连接民进与新疆的桥梁，成为传播教育文明的彩虹。希望大家今后保持联系与沟通，继续交流分享工作中的好经验，并将其运用到实际工作中，努力成为懂政策、懂理论、会管理的有影响力的好校长，为新疆社会稳定和长治久安做出自己的贡献。

3. 探索教育扶贫新思路

“同心助学”行动是由中共中央统战部组织统一战线实施、精准帮扶毕节试验区百所学校的行动计划，民进对此率先做出响应并启动实施，民进中央在各级组织对口帮扶工作的基础上，进一步整合资源，发挥优势，认真研究并切实做好教育精准帮扶工作。2015 年 9 月，民进“同心助学行动”启动仪式在金沙县举行，朱永新出席启动仪式。他在讲话中指出，中央统战部开展“同心助学”行动可谓具有远见卓识，教育是最廉价的国防、最重要的民生、最有效的扶贫，抓教育就是抓住了问题的根本。人的素质的提高是所有问题解决的根本，人的现代化是国家现代化、社会现代化的前提。希望民进中央与各省级组织、金沙县加强沟通，紧密联系工作实际，在参与金沙县教育事业发展中发挥更大作用。

（二）上下联动，广泛开展，打造微公益活动品牌

1. 民进中央倡导“服务就在身边，人人可以参与”的理念，与各级地方组织上下联动，积极探索微公益工作机制和开展形式，取得良好效果。

（1）2015 年初，民进中央向全国发出“书香彩虹”号召，倡议民进会员向贵州金沙县捐赠适合中小学阅读的优秀图书。民进各级组织迅速行动起来，短短 1 个多月时间，全会共捐赠图书 103 万册，参与捐赠的民进会员、民进之友和社会各界人士达 12 万人次，各种新闻报导 315 频次。

（2）春节前夕，民进中央在全国开展了“春联万家”活动。号召全国民进开明画院，在同一时间组织书画界会员为社区群众送春联。朱永新为活动开闭增福，高友东主持开幕仪式。据不完全统计，参与送春联活动的民进中央及各省、市级组织的书画院共有 113 家，参与会员 1834 人，举办活动 250 场，现场参与群众 78582 人，书写春联 72355 副。

2. 民进各级组织和广大会员发挥特色优势，积极参与抗灾救灾、扶危济困、助学助教、文艺慰问、送医送教等微公益活动，民进各地方组织也积极开展多种形式的微公益活动。如，民进河北省委会以服务书法教育、培育书法新人为目的的“烛光计划”，民进安徽省委会的“民进专家服务团”进农网工程，民进江西省委会连续开展多年的“1% 工程”，民进湖南省委会的“同心温暖工程”，海南民进会员发起的“爱之行，动于心”活动，民进陕西省委会的“母亲邮包　送给贫困母亲的新年礼物”公益活动，民进甘肃省委会的“我的微梦想”图书馆捐赠活动和“阳光育才计划”助学活动，据不完全统计，2015 年民进全会各级组织开展送医、送教、文艺演出等社会公益活动 1100 余次，受益人数超过 30 万人次。

（三）整合资源，加强服务，支持社会服务平台发挥作用

1. 以民进中央联络委员会（下文简称“联委会”）工作为抓手，积极为企业界会员服务

（1）民进中央联络委员会新春座谈会

2 月 14 日下午，民进中央联络委员会在京举行新春座谈会。罗富和到会看望与会人

员并与大家亲切交谈。朱永新出席会议并讲话。联委会主任、副主任出席会议，就联委会工作计划和制度建设进行了热烈的讨论，提出意见和建议。

朱永新在讲话中强调，要进一步建立健全联委会工作机制，量化考核指标，提高委员参与联委会工作的自觉性和主动性。要进一步加强与联委会委员的联系联络，及时了解掌握委员们在社会服务和参政议政方面所做的工作，在总结中更充分地体现每个人所做出的贡献，并从中发现有益的经验。

（2）民进中央联络委员会2015年全体会议

10月27日下午，民进中央联络委员会2015年全体会议在广西南宁举行。朱永新出席会议并讲话。联委会30余位委员出席会议，就联委会2015年工作进行了总结，就2016年的重点工作进行了研讨。

朱永新在讲话中说，希望联络委员会中的企业家会员们要认真思考如何让企业长久地生存下去、企业赚钱后做些什么、在物质世界之外有没有看过精神世界的风景、作为会员为民进做了哪些工作等四个问题。

2.2015年民进企业家培训班

8月28日至9月1日，2015年民进企业家培训班在京举行。来自29个省区市的民进企业家会员共150名学员参加培训。

8月29日，罗富和在民进中央机关为培训班学员作题为《贯彻落实“四个全面”战略布局　建设中国特色社会主义参政党思与行》的学习讲座。讲座由朱永新主持。

罗富和为学员们深刻阐释了民进的历史进程、性质内涵和创新发展，以多年来民进在思想建设、组织建设、体系与能力建设等方面的生动实例阐述了如何加强中国特色社会主义参政党建设，以近年来民进中央围绕中心工作履行参政党职能的具体事例阐述了如何在“四个全面”战略布局中发挥民主党派的作用。他强调，2015年是中国民主促进会成立70周年，也是民进社会服务工作主题年，各级组织和会员要以此为契机，进一步弘扬民进光荣传统，坚持中国特色社会主义政治发展道路，围绕“四个全面”战略布局履行职能，开展参政议政工作；要按照“提高认识、广泛参与、发挥优势、改进工作”的要求，加强社会服务工作，实现从帮扶向参与、从施予向收获两个转变，积小善成大善，形成品牌。

此次培训班为期5天，培训课程包括贯彻落实“四个全面”战略布局、建设中国特色社会主义参政党思与行，学习贯彻中央统战工作会议精神，民进的优良传统，互联网时代网络经济、电商发展趋势，管理中的有效沟通与协调，新常态下民营企业家如何转型创新，民营企业转型、科技创新发展机遇和挑战，“一带一路”战略给我国企业走出去带来的商机，企业家如何提高处理突发事件和应对媒体的能力等内容。此外，培训班还安排了参观考察、座谈交流、招商推介会（广西）等诸多活动。

9月1日下午，2015年民进企业家培训班举行结业式，高东东出席并讲话。高友东说，本次培训班是民进中央开展坚持和发展中国特色社会主义学习实践活动和服务国家“一带一路”战略布局的一项重要内容。课程设置紧密围绕宏观经济形势、经济社会发展、企业转型、企业管理与企业文化等内容，主题突出，特色鲜明，契合当前形势，符合企业发展需求，同时通过认真学习中央统战工作会议精神和民进会史等内容，有助于准确理解和把握国家经济发展、企业自身发展与坚持和发展中国特色社会主义的内在关联，突出了企业家肩负的政治责任和党派成员身份。

3. 民进企业家参与“一带一路”建设研讨会暨2015年民进企业家联谊会联席会议

10月28日上午，民进企业家参与“一带一路”建设研讨会暨2015年民进企业家联谊会联席会议在广西南宁召开。罗富和、朱永新出席开幕式。民进中央社会服务部、联络委员会和各省级组织相关负责人以及来自全国各地的100多位民进企业家会员参加了会议。

罗富和在讲话中说，广西是建设新丝绸之路经济带的重要省份，广西人民具有勤劳刻苦、朴实诚信的传统美德，这是广西除了在区位资源、国家政策优势外，吸引广大企业在广西投资合作的重要基础。诚信值万金，企业合作、经济发展的重要条件是诚信，希望广大民进企业家主动对接和参与到“一带一路”建设中，抓住机遇，借势发展，促进企业转型升级，创造新的业绩。

朱永新在讲话中说，民进企业家会员要继承并发扬民进的优良传统，围绕全会正在开展的学习实践活动这条主线，在履职中增强为全面深化改革尽力的责任心和使命感，在服务社会中促进政治思想共识。“一带一路”是一项系统工程，需要社会各阶层尤其是新阶层人士主动投入，共同参与。希望民进企业家会员做到“跟党走，履好职，强自身”，在服务“一带一路”战略的同时，实现企业自身的成长。

在随后举行的民营企业家论坛上，与会企业家代表分为三组，分别围绕“互联网+”时代企业的营销之道、“一带一路”助力中小企业走出去、破解中小微企业融资困难等主题进行讨论。

会议还组织了投资项目考察活动。与会企业家代表陆续参观走访南宁市规划展示馆、广西—东盟经济技术开发区、广西—东盟经开区及职教园区，并分赴钦州、北海、防城港、柳州、桂林等市进行实地考察。

当日下午，与会民进企业家参与了广西投资商机介绍暨合作项目对接洽谈会。朱永新出席会议。民进各省级组织、广西自治区非公经济领导小组和广西各地级市的相关工作负责人以及各地民进企业家会员约180人参加会议。朱永新在讲话中指出，构建“21世纪海上丝绸之路”，迫切需要广西更好发挥“一带一路”有机衔接重要门户的独特优势，开展更高水平、更宽领域、更有深度、更富成效的交流合作。希望民进企业家会员抓住“一带一路”和广西大开发、大发展的契机，认真考察合作项目，寻找商机，协商洽谈，谋求合作，在促进广西发展中取得自身的更大发展。

4. 民进中央开明画院机制进一步完善

（1）2月11日，民进中央开明画院2015年第一次院长办公会议在京召开。朱永新出席会议，会议由高友东主持。

会议审议了《民进中央开明画院2015年工作要点（草案）》《民进中央开明画院2015年工作计划表（草案）》《开明美术馆展览申办程序（草案）》，研究了民进中央开明画院理事会换届等有关事项。

（2）12月1日至2日，民进中央开明画院一届三次理事会议暨二届一次理事会议在京召开。

1日下午，民进中央开明画院一届三次理事会议召开。民进中央常务副主罗富和出席会议并讲话。民进中央副主席、开明画院常务副院长朱永新，民进中央秘书长高友东出席会议。

罗富和说，希望开明画院要明确定位，积极配合民进工作，扩大民进的社会影响力；要积累工作经验，创新工作形式，创造对中青年画家的培训和交流机制，使他们能够在名家的指导下提升艺术水平，带动推进画院整体水平的提升，也要结合民进教育界别特色，广泛开展对偏远地区美术老师的培训；要贯彻好画院章程要求，充分发挥书画工作的特点和优势，认真履行党派职能。

朱永新作《民进中央开明画院第一届理事会工作报告》。

民进中央社会服务部副部长、开明画院副秘书长刘文胜主持会议，并作了《开明画院章程修改说明》。会议还审议通过了《民进中央开明画院第二届理事会组织机构人员名单》。

2日上午，民进中央开明画院二届一次理事会议在京召开。民进中央主席严隽琪出席会议并讲话。会议由民进中央副主席、开明画院常务副院长朱永新主持。民进中央开明画院新任院长唐勇力，民进中央秘书长、开明画院新任副院长兼秘书长高友东出席会议。

严隽琪指出，开明画院要为提高中华民族文化程度做贡献，做美的传播者和创造者，引导人们懂得欣赏美，提高全民族的文明素质；要鼓励会员深入基层、深入生活，为和谐社会建设贡献力量；在两岸交流方面，开明画院可以更好地发挥自身优势，促进祖国统一大业早日实现；要不忘民进前辈初心，把对组织上的归属，转化为参政党履行职能的实践。

会议进行了分组讨论，5位小组代表做了大会发言。

新一届开明画院顾问、开明画院副秘书长、开明画院监事，以及开明画院新一届理事共80余人出席了会议。

（3）12月29日，民进中央开明画院二届一次院长办公会议在京召开。严隽琪、罗富和出席会议并讲话。会议由朱永新主持。唐勇力、高友东出席会议。

严隽琪强调，开明画院的成立，是民进工作在新时期的创新。对待创新探索要有容错机制，在充分信任的基础上边做、边总结、边改进、边拓展，要兼顾灵活性和规范性，兼顾学术性和普及性，兼顾尽力而为和量力而行。她希望开明画院新一届领导班子，进一步健全工作制度、加强队伍建设、提高宣传水平、丰富工作内容、提高专职人员的能力素质和工作的主动性。

罗富和在讲话中指出，开明画院的工作要坚持量力而行、尽力而为原则，根据实际情况开展工作，逐步实现目标；要加强与省级开明画院和美术界会员的联系指导，提高办展水平；会中央机关将全力支持、配合画院工作，提高服务水平，理顺工作机制，共同把画院的工作做好。

会议还研究讨论了《民进中央开明画院2016年工作计划》等事宜，对《民进中央开明画院章程》《民进中央开明画院日常管理规定》《民进中央开明画院院长办公会议制度》《开明美术馆展览申办程序》等规章制度进行了修改完善。

5. 开明慈善基金会加强制度化、规范化建设，努力提高专业化水平

（1）4 月 1 日，民政部社会组织评估专家组对开明慈善基金会进行实地评估。罗富和、高友东出席评估汇报会并讲话。

罗富和强调，基金会的工作要朝着认识进一步提高，发动面更加广泛，运行更加规范、专业，接受监督更加公开透明几个方面不断努力。要充分认识到，利用基金会的平台参与欠发达地区中国特色社会事业的建设，不是帮扶而是参与，不是施与而是收获。要转变观念，由过去企业界会员捐赠为主转变为广泛发动全体会员，倡导“服务就在身边，人人可以参与”的微公益理念。

开明慈善基金会汇报了基金会的基本情况、履行职责及面临的挑战和下一步工作。

评估专家组从内部治理、工作绩效、财务治理三个方面，分组审查了评估申报材料，与基金会工作人员进行了深入的交流与沟通，并进行了综合评议。

在下午进行的反馈会上，专家组对基金会工作给予了肯定，认为基金会定位准确、特色鲜明，制度健全，管理运作规范，公信力强，人员素质高较高，项目建设比较有特色。此外，专家组还从基金会独立化运作、拓展筹资渠道、项目专业性、加强对外宣传、扩大社会影响等方面，提出了具体意见建议。

罗富和认真听取了专家组的意见和建议，对专家组给予基金会工作的肯定表示感谢。他表示，基金会将认真研究专家组提出的意见和建议，进一步提高工作的专业化水平。相信在此次评估的推动下，开明慈善基金会将获得新的生机和活力，整体工作水平迈上一个新的台阶，为公益慈善事业做出更大贡献。

经过全国性社会组织评估委员会审议，开明慈善基金会获评 3A 等级，专项基金增至 8 个，公信力、社会影响力进一步提升。

（2）12 月 3 日晚，开明慈善基金会第一届理事会第八次会议在京召开。罗富和主持会议并讲话，朱永新、高友东出席会议。

罗富和受严隽琪的委托，向各位理事一年来对基金会工作的支持表示感谢。他说，一年来，在大家的共同努力下，在民进中央和各级组织以及广大会员的大力支持下，基金会紧紧围绕民进中央工作的大局，结合社会服务工作，做出了许多卓有成效的成绩，圆满完成了 2015 年工作任务，获得了全国社会组织等级评估 3A 等级。基金会运作情况良好，呈现出可持续发展的良好态势。新的一年，开明慈善基金会要抓好现有项目的实施工作，保持工作的连续性和稳定性，继续推动“微公益”在全会的开展；内部管理要不断规范和完善，逐步加大公开透明的力度；逐步推进基金会的专业化、社会化和规范化。

会议听取并通过了朱永新作的《开明慈善基金会 2015 年工作报告（草案）》，审议通过了《开明慈善基金会 2015 年财务报告（草案）》《开明慈善基金会 2016 年工作计划（草案）》和《开明慈善基金会 2015 年预算执行报告及 2016 年财务预算报告（草案）》。会议还讨论研究了其他事项。

（四）服务祖国和平统一，积极推进海外联谊工作

2015 年，民进中央充分发挥界别特色和优势，进一步加强与台港澳基础教育界和文化界的交流交往，开展做台湾高端知识分子工作，海峡两岸教育文化交流活动取得新成效。

1. 1月30日上午，刘新成在人民大会堂北京厅会见台湾“2015纵横北京”中华文化研习营参访团。高友东主持座谈会。

刘新成围绕“台湾学子如何搭上中国梦的列车”这一话题向同学们作了演讲。刘新成认为，中国梦可以从三方面理解。一是意味着中华民族的强大；二是文化的重估，特别是对近代文化的重估；三是引领世界未来的发展。

刘新成还与台湾学子们就资本主义与民主、教育均衡发展等问题进行了互动交流。

座谈会上，高友东向研习营成员介绍了民进的基本情况。

台湾“2015纵横北京”中华文化研习营由台湾贤德惜福文教基金会董事长周荃、台北大学公共行政暨政策学系副教授郑又平带队，共有来自台湾18所高校的77名大学生参加。

民进中央研究室以及台湾贤德惜福文教基金会、中华文化学院的有关人员参加了座谈。

2.7月13日至14日，由中国民主促进会中央委员会和叶圣陶研究会主办的2015’海峡两岸中华传统文化与现代化研讨会在北京召开，研讨会的主题是“中华传统文化与现代学校教育”。严隽琪出席开幕式并讲话，罗富和、朱永新、高友东出席开幕式，开幕式由刘新成主持。

严隽琪在讲话中指出，本次论坛邀请两岸的专家学者从教育的角度谈中华文化的传承与发展，是因为文化的传承发展与教育密不可分。教育的本质是传播价值，澄清基本信念，让世界和人生变得可以理解，可以参与，可以选择，给生命带来意义。要培养学生成为有文化、讲文明的人，他不仅是掌握一定知识技能的人，更是有精神追求和思想判断的人，不仅能审视自己的内心，追求自身的提高，而且能放眼看天下，促进社会的和谐进步。希望研讨能带来多方面的信息、多元化的思考，互相启发，碰撞出思想的火花，进而有助于两岸教育界的理性思考和教育实践。

严隽琪强调，教育的目的是立人，“立人”的真谛是培养健全的人格，需要体魄、意志、知识和品位的全面提升，“德”应该是魂。中国在教育现代化的路上不但要向外学，还应该从传承几千年的中华文明中汲取营养。中华民族是重视德育的民族，“立德树人”几乎是我国历代教育共同遵循的理念，仁知统一、知行合一，即道德和学问的统一、在求知的过程中提高道德修养，是中华传统文化教育的基本主张。实现中华民族的伟大复兴，需要两岸携起手来，使中华文明为世界文明做出更大的贡献。

来自海峡两岸以及香港的70余位文化教育界专家学者围绕会议主题进行了深入的研讨和交流。中国教育学会、人民教育出版社、中华文化学院的有关同志，以及民进中央有关部门负责人参加了研讨会。

开幕式后，2015’海峡两岸中华传统文化与现代化研讨会举行主旨演讲和分组讨论。2位专家分别结合大会主题做了主旨演讲，刘新成主持。罗富和、刘新成、朱永新出席主旨演讲并听取了分组讨论发言。

当日下午，与会专家学者分为三个小组，分别就中华传统文化教育的课程建设、中华传统文化教育的教师队伍建设、学校教育中开展传统文化教育的途径与方法等三个分议题展开深入研讨和交流。

7月14日，研讨会闭幕。罗富和出席闭幕式并作总结讲话，刘新成、高友东出席，朱永新主持闭幕式。

罗富和指出，教育首先要以人为本，德育为先。教育是社会正义的第一线，学校教育要对学生进行品格教育和生命教育，培养具有良好品德的未来公民；其次，现代教育必须继承和发扬中华优秀传统文化；第三，品德教育是养成教育，学校应该培养学生养成各种良好的习惯，实现“教是为了不教”的目标；第四，品德教育的推动需要靠家庭、学校和社会三位一体，共同构建协作机制，通过教导学习、典范观摩、言传身教、“上行下效”、身体力行，使品德养成成为公民素养的重要一环。他强调，要以养成教育为载体，让核心价值观内化于心、外化于形。要减轻学生课业负担，腾出时间来开展形式多样的课外活动，让学校有能力组织学生参加社会实践，使德育除了课程之外，还能够在课外活动和社会实践中养成。在弘扬中华传统文化的基础上，一定要注重创新文化的培育，要通过课外活动和实验课程来培养学生的探索精神，团队意识，协调、研究和动手的能力，以适应未来的人才需求。

闭幕式上，三位小组代表分别介绍了本组专家学者研讨的交流情况、研究成果和学术心得。

当日下午，与会专家学者还到北京市第三十五中学和人民教育出版社进行了实地参访。

本届研讨会由叶圣陶教育思想专业委员会、中国教育学会高中专业委员会、中国教育学会传统文化教育中心承办，国务院台湾事务办公室、中华海外联谊会、人民教育出版社提供支持。自2002年以来，民进中央已先后举办了13届海峡两岸中华传统文化与现代化研讨会，研讨会规模和影响不断扩大。

3. 8月15日上午，由叶圣陶研究会主办的“两岸学者共话·社会学”论坛在京开幕，论坛主题为“社会学和社会变迁”。严隽琪出席开幕式并发表致辞，高友东出席开幕式。开幕式由刘新成主持。

严隽琪认为，当前中国正处于从传统社会向现代社会急剧变迁的关键期，在全球化浪潮的冲击下，在经济高速增长三十年后，社会结构与社会生活发生了深刻的变化，在社会生活中出现了一些新问题。诸如如何实现国家和社会的全面现代化、如何在社会阶层之间构建畅通的流动渠道等，这些中国在发展过程中遇到的真问题、难问题，都需要从社会学的角度加以研究，特别需要中国的社会学家共同来探讨，做出“从中国土壤中生长出来的”答案。

本次论坛由清华大学社会科学学院承办，为期2天。民进中央有关部门负责人参加了论坛。来自两岸高校和研究院所的近20位知名社会学专家，围绕社会发展与国家能力、社会创新与社会治理、网络社会与社会研究等专题进行研讨交流。

论坛期间，罗富和到会场看望了与会的两岸专家学者。

8月16日下午，论坛闭幕，刘新成作总结讲话。刘新成说，叶研会举办“共话”论坛的初衷，主要是希望通过海峡两岸学者对不同领域人文社会科学的持续对话，进行深入的、有意义的探讨，推动相关学科学术发展。同时也希望通过对两岸相关学科进行比较研究，寻找走出人文社会科学向西方“学步”阶段的路径，从而突破西学框架的藩篱，实现人文社会科学的本土化。

“两岸学者共话”是2014年开始由民进中央借助叶圣陶研究会创办的一个平台，旨在通过小范围、高层次和宽松的学术对话，让两岸的专业同行能够“面对面”进行深度的研讨交流，以期达到两岸学术界相互了解和共同精进的目的。

4. 9月20日至26日，应台湾中华海峡两岸客家文经交流协会邀请，罗富和率叶圣陶研究会教育考察交流团一行14人，以“中华传统文化与现代学校教育”为主题，赴台湾考察交流，了解台湾中华传统文化教育和当前教育改革状况，介绍大陆基础教育相关情况，并会见了各界人士。刘新成、高友东参加考察。

考察期间，罗富和率团先后在台北、新北、高雄、台东、宜兰等地，访问了新北市昌平国小、新北市中平国中、台北市第一女子高级中学、高雄市四维国小、佛光大学等学校，以各种形式与来自北部、南部和东部基础教育界的近50位校长和教师，就中华传统文化的课程建设、教师队伍建设，学校教育中开展传统文化教育的途径与方法，以及进一步推进两岸基础教育交流等方面，进行了深入的探讨。罗富和还会见了中国国民党荣誉主席吴伯雄、海基会董事长林中森、台湾中华海峡两岸客家文经交流协会理事长饶颖奇、佛光大学校长杨朝祥等台湾各界朋友，大家都表示，近年来，两岸关系不断向前迈进，发生了很大的变化，中华文化两岸共有，今后要进一步加强联系，为两岸教育文化等方面的交流多做贡献。

罗富和在会见和座谈时，介绍了叶圣陶研究会的基本情况。他说，两岸同根同源，同一个文化，我们在走向现代化的进程中传承中华优秀传统文化非常重要。大陆与台湾教育发展各有特色，进一步加强交流合作很有意义。他表示，叶研会今后将继续在推进两岸教育文化交流，特别是基础教育交流合作方面发挥作用。

5. 11月28日上午，严隽琪、刘新成在民进中央机关会见台湾青年创业赴京参访团，并与参访团一行座谈。高友东参加会见。座谈会由刘新成主持。

严隽琪说，台湾青年如何搭上大陆经济社会发展的快车，实现自己创业的理想，需要大家的共同努力。今天是民进推动台湾青年在大陆创业信息交流的开始，今后还要进一步创新信息交流的平台。浅浅的海峡阻挡不了两岸的人员往来和骨肉亲情，民进支持两岸青年个人与个人、企业与企业的合作，希望大家能够青春飞扬、合作共赢，这既是大势所趋，也有利于两岸福祉。

刘新成向参访团一行简要介绍了中国共产党领导的多党合作和政治协商制度、民进的基本情况及民进在推动两岸交流方面所开展的工作。

台湾青年创业赴京参访团由台湾贤德惜福文教基金会董事长周荃，台湾贤德惜福文教基金会董事、台北大学政治经济研究中心主任郑又平带队，共有来自台湾的21位青年创业者参加。

5位民进企业家会员参加座谈，与参访团一行就如何精准获取大陆支持青年创业的政策信息、大陆目前在线教育创业的现状及发展趋势等问题进行了深入的交流。

四、自身建设

（一）思想建设

2015 年，民进中央贯彻落实民进十三届三中全会部署，深入学习贯彻中共十八大、十八届三中、四中、五中全会和中央统战工作会议精神，学习贯彻习近平总书记系列重要讲话精神，把进一步深入开展坚持和发展中国特色社会主义学习实践活动作为宣传思想工作的主线，指导和推动民进宣传思想工作取得积极进展。

1. 深入开展坚持和发展中国特色社会主义学习实践活动

为切实推动学习实践活动，2015 年初民进中央向各省级组织印发了《民进 2015 年学习实践活动有关工作安排》，从发挥各级学习实践活动领导小组的作用、开展“我身边的先进”宣讲活动、增强基层组织活力、继续做好学习实践活动联系点工作等六个方面对民进学习实践活动做出了具体部署，发挥了较好的指导和推动作用。

（1）发挥民进中央学习实践活动领导小组办公室作用，落实会议制度，健全简报、情况报送等日常工作制度

学习实践活动领导小组办公室领导和成员紧密围绕学习实践活动重点工作，深入地方进行授课和调研。办公室每季度召开一次会议，研究落实 2015 年学习实践活动重点工作，定期了解民进中央机关各部门、各省级组织开展学习实践活动进展情况，推动左右联合、上下互动。全年共编发简报 10 期，及时传达民进中央学习实践活动的工作部署，总结推广各地工作中的特色、亮点和经验。

1 月 30 日，民进中央学习实践活动领导小组办公室召开 2015 年第一次会议，王佐书出席会议并讲话，高友东主持。会议的主要内容是，学习贯彻民进十三届三中全会精神，书面总结 2014 年学习实践活动开展情况，研究 2015 年全会学习实践活动有关工作安排，交流各部门学习实践活动主要安排。

4 月 29 日下午，民进中央学习实践活动领导小组办公室召开 2015 年第二次会议，研究落实 2015 年学习实践活动重点工作。王佐书出席会议并讲话，高友东主持。会议围绕民进中央学习实践活动第二批联系点工作安排、支持和鼓励省级组织开展“我身边的先进”宣讲活动，以及民进中央机关 2015 年学习实践活动调研工作安排进行了研究，明确了有关工作的主要安排、责任部门，以及工作任务和具体要求。会议同时结合各省级组织有关工作开展情况进行了讨论。

7 月 22 日，民进中央学习实践活动领导小组办公室召开 2015 年度第三次会议。严隽琪、王佐书出席会议。会议对上半年学习实践活动主要工作、第二批联系点工作进行了总结，并对进一步做好学习实践活动联系点工作、2016 年开展学习实践活动的工作思路进行了研究。

10 月 29 日，民进中央学习实践活动领导小组办公室召开 2015 年第四次会议，研究 2016 年学习实践活动工作安排和第三批联系点工作方案。严隽琪、王佐书出席会议并讲话。高友东主持。

（2）继续开展学习实践活动联系点工作，推动学习实践活动“接地气”

4月15日至16日，罗富和赴民进中央学习实践活动联系点民进广西梧州市委会指导开展坚持和发展中国特色社会主义学习实践活动。

5月7日至8日，张帆赴民进中央学习实践活动联系点福建省南平市委会调研座谈。

5月11日至12日，朱永新率调研组赴内蒙古就开展坚持和发展中国特色社会主义学习实践活动调研。

5月25日至26日，刘新成赴民进中央学习实践活动联系点河北省承德市委会调研指导开展坚持和发展中国特色社会主义学习实践活动。

5月30日，姚爱兴赴民进中央学习实践活动联系点宁夏石嘴山市委会进行调研。

7月4日至5日，王佐书赴民进中央学习实践活动联系点江西省抚州市调研座谈，并作学习实践活动主题讲座。

7月8日，严隽琪赴民进中央学习实践活动联系点云南省楚雄州委会调研座谈。

7月14日至15日，张雨东赴民进中央学习实践活动联系点四川省巴中市调研座谈，并作学习实践活动专题讲座。

8月5日下午，卫小春赴民进中央学习实践活动联系点山西省太原市委会调研座谈。

9月6日，姚爱兴赴民进宁夏固原市委会调研学习实践活动开展情况并与会员座谈。

9月10日下午，贺旻赴民进中央学习实践活动联系点辽宁省抚顺市委会调研座谈，听取了市委会学习实践活动有关情况汇报，出席了在抚顺市二中举行的民进抚顺市委会“我身边的榜样”宣讲活动，并与民进会员中的优秀教师代表进行了座谈。

10月22日，姚爱兴赴民进中央学习实践活动联系点宁夏石嘴山市委会进行调研。

11月30日，张帆赴民进中央学习实践活动联系点福建省南平市委会调研座谈。

（3）支持和鼓励省级组织积极开展“我身边的先进”宣讲活动，宣传身边会员和基层组织的先进事迹

7月4日，“我身边的先进”宣讲报告会在江西南昌举行。王佐书出席大会并讲话。3位同志在大会上作了宣讲，200余人参加了宣讲大会。

9月21日，“我身边的先进”宣讲报告会在云南昆明举行。王佐书出席大会并讲话。3位同志在大会上作了宣讲，200余人参加了宣讲大会。在昆明期间，王佐书还为会员做了坚持和发展中国特色社会主义学习实践活动专题讲座。

（4）召开学习实践活动经验交流会

2015年8月，民进中央在京召开学习实践活动经验交流会，严隽琪出席会议并讲话，总结了四个方面的阶段性成果，强调了开展活动的四个着力点，并对进一步深入开展学习实践活动提出具体要求。各省级组织、副省级和省会城市组织、民进中央学习实践活动联系点的有关领导和同志与会，交流了活动开展以来的情况、做法和经验。

2. 指导和推动民进全会的理论学习，加强思想政治引导

（1）积极做好民进中央中心学习组各项工作

一年来，中心学习组认真落实学习制度，定期组织集体学习。2015年1月民进十三届十次主席会议期间，中心学习组结合2015年民进中央工作部署进行了谈心交流；6月民进十三届十一次中常会议期间，围绕学习贯彻中央统战工作会议精神、“三严三实”等

主题召开民主生活会，并就亚投行筹建有关问题进行专题学习；10月民进十三届十二次中常会议期间，交流开展学习实践活动体会，并围绕“十三五”规划进行专题学习；12月民进十三届四中全会期间，就学习贯彻五中全会精神进行专题学习。一年来，结合重要会议和文件精神的学习，结合中共中央颁发《关于加强社会主义协商民主建设的意见》、纪念《关于进一步加强中国共产党领导的多党合作和政治协商制度建设的意见》颁发10周年等，民进中央主要领导带头撰写理论文章，发表《学习贯彻四中全会精神　做好民进工作》《坚持多党合作　服务“四个全面”》《民进在政党协商中要切实发挥作用》《为实现“中国梦”建诤言出实力》《共创多党合作的新局面》等多篇署名文章，指导推动全会理论学习。

（2）深入学习贯彻全国两会精神

3月17日下午，民进学习贯彻两会精神座谈会在京举行。严隽琪出席会议并讲话。罗富和、朱永新、高友东出席会议。

严隽琪指出，两会按照“四个全面”战略布局，明确提出了今年经济社会发展的各项目标和任务，民进要围绕这个目标任务以及“十三五”规划的谋划履行职能，使我们的履职能力和水平符合新形势的要求。《中共中央关于加强社会主义协商民主建设的意见》把政党协商列在七类协商形式之首，做出明确的规定，为推动多党合作事业发展提供了重要遵循。民进要把提高政治协商能力放在整体工作的重要位置，重点围绕政党协商和政协协商，提高工作科学化水平和协商民主实效。

座谈会上，朱永新重点介绍了民进中央和民进组政协委员两会期间履职情况，四位代表委员先后介绍了个人参加两会的履职情况和体会。

（3）深入学习贯彻中央统战工作会议精神

11月16日下午，民进中央在京举行“民进全国视频会议——学习贯彻中央统战工作会议精神专题讲座”。严隽琪、罗富和、贺旻、刘新成、朱永新、姚爱兴、卫小春出席会议。王佐书作了题为《谈学习贯彻中央统战工作会议精神和〈中国共产党统一战线工作条例（试行）〉的体会》的专题讲座。会议由高友东主持。

这次学习会议作为民进中央开明论坛第43讲，是民进中央首次举办的全国性视频会议，也是民进各项工作在“互联网+”时代的一次新探索。会议设立了民进中央机关主会场，同时在省级组织和贵州毕节金沙工委设立了分会场。省级组织领导班子成员、省会组织和直属基层组织负责人、机关干部、会员代表近1200人参加了会议。

王佐书在讲座中重点介绍了学习习近平总书记在中央统战工作会议上的重要讲话和《条例》的体会，着重分析了统一战线的概念、统一战线工作的指导思想和主要任务、范围和对象、地位和作用，解析了如何理解正确处理一致性和多样性关系的方针。

王佐书在报告中提出，统战工作的本质要求是大团结大联合，解决的是人心和力量问题，以凝聚人心、汇聚力量为根本任务。作为民主党派成员和党派工作干部，要从认识、理论、政策、体制机制、原则方法和精神状态六个方面加深对会议精神的理解和把握，了解新形势、理解新形势、把握新形势、适应新形势，增强做好统战工作的光荣感、责任感和使命感，找到最大公约数，画好最大同心圆，争取最好的成绩，为统一战线多做工作。

民进中央机关部门负责人、全体机关干部参加了学习会。

3. 推动民进全会理论研究工作更上台阶

民进中央立足开展学习实践活动和会务工作的实际需要，就会员关心的重大理论问题、参政党建设和履行职能中亟待解决的现实问题开展研究，强化问题导向，改进工作方式，提高应用理论研究水平。

（1）在民进全会广泛开展“民进优良传统的时代价值与继承”理论征文活动，并与中央社会主义学院联合举办专题理论研讨会，邀请获奖论文作者和优秀组织单位进行交流，在征文和研讨的过程中不断深化全会对民进优良传统的理解。

8 月 26 日至 27 日，民进中央—中央社院参政党理论研究中心在京举办“民进优良传统的时代价值与继承”理论研讨会。刘新成出席会议并作开幕讲话。

刘新成指出，民进的一切工作都不能脱离时代这个大局。当前，民进各级组织和广大会员要辩证理性地看待社会转型发展中的问题，充分认识我国在重大转型关头推进国家治理体系和治理能力现代化的急迫性和繁重性，切实增强参与现代国家治理的自觉性和主动性；要进一步发挥自身独特优势，使履行职能更加有质量和有实效，真正成为社会主义民主政治的历史见证者、维护者、实践者和推动者，使民进的光荣传统焕发出新的时代意义。

刘新成还就如何进一步认真学习贯彻中央统战工作会议和《中国共产党统一战线工作条例（试行）》精神，扎实做好全会的理论研究工作提出了意见建议。

研讨会为在“民进优良传统的时代价值与继承”理论征文活动中获奖的论文作者和获优秀组织奖的省级组织代表颁发了证书，并请 6 位获奖论文作者和优秀组织奖代表作大会交流。

研讨会期间，中央社院原副院长袁廷华作了题为“民主党派历史道路与优良传统”的专题讲座。全体与会同志还赴马叙伦纪念展进行了参观学习。

为继承和弘扬民进优良传统，民进中央开展了“民进优良传统的时代价值与继承”理论征文活动，共收到 26 个省级组织提交的 132 篇论文。经民进中央参政党理论研究会评审，共评出一等奖 10 名，二等奖 16 名，三等奖 30 名，优秀组织奖 10 个。

（2）制订下发民进 2015 年参政党理论研究课题，并开展课题招标活动。民进中央根据 2015 年工作重点及各部门实际工作，围绕学习实践活动“主线”和社会服务工作“主题”，发动并指导民进全会围绕参政党如何适应“四个全面”提出的新要求、如何发挥政党协商的独特作用、如何加强协商能力建设，以及民主党派内部监督实践、专委会建设实践等重要问题进行理论探索和经验研究。招标课题下发后，各地积极参与，共有 76 个符合条件的课题组参与招标，经课题评审委员会评审，有 10 个课题组中标并顺利结题。同时，民进中央注重加强与省级组织理论研究机构和骨干队伍的联系，指导地方开展理论研究工作，并及时收集整理各地的理论研究成果，通过民进网站、推荐给相关媒体等渠道发表交流。

（3）积极利用会内外平台推动理论研究工作。依托民进中央—中央社会主义学院参政党建设理论研究中心，进一步密切与民进会内外专家学者的联系，坚持开门科研、联合攻关，共同就多党合作中的前沿性、前瞻性问题进行讨论。

4. 以隆重庆祝民进成立 70 周年为契机，加强会史学习、宣传和研究

为庆祝民进成立 70 周年，民进中央在全会大力推动会史学习、宣传和研究，引导广

大会员继承和弘扬民进优良传统，挖掘其时代价值，并以此为主要内容深入推进学习实践活动。

（1）编辑出版会史资料。为系统梳理和回顾民进会成立以来取得的重要成就和宝贵经验，进一步明确肩负的时代责任，民进中央编辑出版了《中国民主促进会大事记》（1945—2015年）、《在正道上行——庆祝中国民主促进会成立70周年画册》《民进口述会史资料选辑》、民进领导人传略之《徐伯昕》等会史资料，推动具有民进色彩的多党合作和优良传统教育，不断巩固全会的“三个认同”。

（2）召开纪念马叙伦同志诞辰130周年座谈会和纪念雷洁琼同志诞辰110周年座谈会。学习和宣传民进前辈的家国情怀、高尚的道德风范和人格魅力，增强全会的向心力和凝聚力。

（3）结合新形势，及时更新和充实了民进宣传片和会史展览的内容，全面生动地宣传了民进的发展历史和重大贡献，展示了民进良好的形象。

（二）组织建设

2015年，民进全会坚持以学习实践活动为主线，认真贯彻落实民进全国组织工作会议精神，以加强基层组织建设为重点，继续推进代表人士和专职干部队伍建设，积极稳妥开展会内监督，进一步巩固组织建设成果，不断提高组织建设科学化水平。

1. 加强基层组织建设，增强基层组织活力

为进一步基层组织建设，落实好学习实践活动在基层的开展，民进中央制订了2015—2017年增强基层组织活力系列活动计划，通过策划活动主题、推出典型范例、形成理论研究及经验总结成果，增强基层组织活力，夯实民进全会的组织基础。2015年的工作重点就是引导基层组织结合70周年会庆和“民进全国先进集体、先进个人”表彰评选，结合“四个全面”战略部署、结合民进中央年度工作重点开展活动。民进中央领导密切联系基层，深入开展调查研究，在北京、上海、河北、陕西、广西、杭州、云南、海南、江苏等地参加了以“讲会史、话传统、学先进、迎会庆”为主题的基层组织生活会，与基层会员一起追忆民进历史，畅谈工作感受，鼓励基层会员在本职岗位和民进工作中双岗建功。民进中央开展了送资料到基层活动，将会史等学习资料光盘送到全会七千多个基层组织。民进中央通过各种形式传达信息、提供服务，推动基层组织工作。民进全会基层组织积极落实民进中央的工作部署，广大基层会员热情参与，开展以会章会史学习、为依法治国和构建现代公共文化服务体系建一言献一策、我身边的先进宣讲为主题的支部活动，通过丰富多彩的活动弘扬民进优良传统、推进三个认同、增进会员的参政党意识和履职尽责使命感，452个工作机构、市县级组织和基层组织、349名先进个人受到了民进中央的表彰，民进全会基层组织的凝聚力和活力进一步增强。

2. 加强代表人士队伍建设，稳步推进届中调整

民进中央积极探索代表人士成长规律，完善发现培养、推荐使用、管理监督机制，结合民进实际，从履行职能、从基层组织活动中发现和培养人才。

（1）民进中央继续举办小范围、高层次代表人士座谈会，结合大调研主题，召开了文化界、出版界人士座谈会，加强了与代表人士的联系和互动。

（2）根据中央统战工作会议有关精神，对重点界别的代表人士库进行充实。推荐了3名会员担任新一届国土资源特邀监察专员，使民进会员有机会在更广阔的平台施展才能、发挥作用。

（3）届中调整是2015年的一项重要工作，各级领导班子坚持民主程序、充分酝酿协商，中央委员会、部分中央专门委员会以及7个省级组织进行了届中调整，平稳有序进行，一批年富力强、政治素质好、德才兼备的中青年骨干会员进入了各级领导班子，进一步改善了各级领导班子的年龄结构、知识结构，为2017年换届奠定了良好基础。

3. 坚持抓好学习培训，提高能力和水平

2015年，民进中央培训力度不减、覆盖面不减，将骨干会员和专职干部作为培训重点，进行了有针对性的分类培训。全年共举办了两期骨干会员培训班，来自29个省级组织的116名骨干会员参加了培训，通过政治理论、形势政策的学习，重点提高领导干部的"四种能力"。继2014年将培训对象向下延伸至市县级组织主委后，2015年民进中央又对市县级组织专职副主委和秘书长进行了全覆盖培训，举办了两期市、县级组织专职副主委、秘书长培训班，252名市县级组织的专职领导参加了培训，重点提升行政管理、会务工作方面的能力。举办了一期组工干部培训班，首次对省级、省会城市、副省级城市的专职组工干部进行统一培训，90余名各级组工干部就组织管理的信息化建设进行了研讨、就民进组织管理系统的使用接受了培训。民进中央还推荐了35名骨干会员参加中央统战部和中央社会主义学院等举办的进修班、培训班，通过政治理论、形势政策、会务等方面的专题培训，使各级领导干部的理论知识和素质能力都得到提高。

（1）4月21日至24日，民进中央2015年第一期民进骨干会员培训班在中央社会主义学院举行。

4月21日上午，培训班举行开班式。严隽琪、高友东出席，王佐书主持。

严隽琪在讲话中强调，民进必须继承优良传统，适应时代要求，不断提高政治把握能力、参政议政能力、组织领导能力、合作共事能力，努力把中国特色社会主义参政党建设提高到一个新的水平。当前民进正在开展坚持和发展中国特色社会主义学习实践活动，凝聚共识，坚定信心。民进要努力加强自身建设，坚持"有思有行，集智聚力，顺势而为，开拓创新"的工作方针，不断提高参加协商的能力、水平和效果，体现出组织的力量。一方面通过强化骨干队伍建设，发展具有较高参政议政能力和热情的同志，畅通他们参与组织活动的渠道，搭建开放合作的平台；一方面通过中央和地方互动、专职和兼职工作互动、会内和会外互动、各项职能之间的互动，完善全会集智聚力的体制和机制，做到精英的作用和组织集体的作用相得益彰，做到日常不间断的积累和应急的需要互相补充。

开班式结束后，王佐书以"为提高参政议政能力提供研究线索"为题，为学员们作了辅导报告。

本次培训班为期5天，听取了3位专家学者关于依法治国方略、廉政建设、协商民主制度建设等主题的辅导报告；参观了马叙伦纪念馆，接受会史教育；在学员论坛上，共有6名学员就双岗建功、提升履职能力等问题进行了交流。培训还进行了分组讨论。来自全国各省级组织的55名骨干会员参加了培训。

4 月 24 日上午，培训班结业。刘新成出席结业式并讲话，为学员颁发了结业证书。刘新成强调，参政议政能力是民主党派存在的生命线，要成为党派骨干成员，首先要具备参政议政的巨大潜力。这次培训班成员都是民进骨干会员，大家在本职工作中成绩突出，具有较高的素质，能够提出高水平的意见建议，说明已经具备了参政议政的巨大潜力。要把这种潜力转变为能力发挥出来，在做好本职工作基础上，在参政议政工作中还要多用心，多思考，善表达，完成感觉—思考—表达的转化过程，才能起到骨干的作用。骨干会员使命光荣，责任重大，希望大家珍惜这份光荣，负起这份责任。

（2）10 月 13 日至 16 日，2015 年第二期民进骨干会员培训班在中央社会主义学院举行。

10 月 13 日上午，培训班举行开班式。高友东出席并讲话。高友东结合中央统战工作会议精神及当前的形势要求，结合全会开展中国特色社会主义学习实践活动的情况，向学员们提出了三点要求：一是要认清形势，提高认识，正确认识经济发展新常态，真正把学习习近平总书记系列重要讲话和中央统战工作会议、《中国共产党统一战线工作条例（试行）》精神理解深，理解透，把自己融进去、摆进去学习，真正做到有所提高、有所感悟、对工作有所帮助；二是要传承薪火，强基固本，继承和弘扬民进的优良传统，深化学习实践活动，推进中国特色社会主义参政党建设；三是要加强组织建设和提高解决自身问题的能力，准确把握执政党对参政党的新要求，加强自身建设，提高履职能力和水平。

本次培训班为期 4 天，共安排了专题辅导报告、会史参观、学员论坛，分组讨论等内容，来自民进各省级组织的 58 名骨干会员参加了培训班。

10 月 16 日，培训班举行结业式，向学员颁发了结业证书。

（3）5 月 27 日至 30 日，2015 年第一期民进全国市、县级组织专职副主委、秘书长培训班在中央社会主义学院举行。

5 月 27 日上午，培训班举行开班式。刘新成出席并讲话，高友东主持。

刘新成结合此次培训主题，对学员们提出了三点要求：一是顺应形势，坚定信念，明确任务；二是要围绕坚持和发展中国特色社会主义学习实践活动这条主线，切实加强基层组织建设；三是要加强机关建设，带好队伍，甘于奉献。

刘新成强调，作为直接联系基层组织的地方组织，市、县级组织对于基层组织建设起着关键作用。在工作中，要将加强基层组织建设与开展学习实践活动有机结合起来，不断凝聚共识，推进工作；要坚持问题导向，广泛调研，查摆问题，并积极改进工作，激发基层组织活力。专职副主委、秘书长和主委班子成员之间要建立良好的合作共事关系，形成合力，还要有“服务型机关”的明确定位；要做好信仰和价值观、岗位和责任、制度与纪律、感情需要、利益分配等五个支撑，带好队伍。他希望，学员们要用好此次集中学习机会，达到丰富知识、相互交流、提高认识的目的，学以致用、学用结合，提高实际工作水平。

本次培训着眼于深入推进学习实践活动，弘扬民进优良传统，巩固组织建设成果，切实提高履职能力和水平，安排了四场专题辅导报告、一次民进会史展览参观、两场研讨交流和一次分组讨论。来自全国各市、县级组织的 135 位专职副主委和秘书长参加培训。

5 月 29 日上午，严隽琪看望培训学员并进行了座谈交流。高友东主持座谈会。

严隽琪在讲话中强调，政治交接和履行职能是民主党派的两大历史使命。参政党首先要讲政治，政治交接在不同历史时期形式不同，但本质不会变，要把开展学习实践活动与传承民进光荣传统、参与“四个全面”建设结合起来；中央统战工作会议刚刚结束，并首次颁布了《中国共产党统一战线工作条例（试行）》，进一步明确了中国特色社会主义参政党的性质、定位和职能，为党派履行职能提供了根本的遵循。她指出，民进各级机关是党派工作的枢纽，是对社会的宣传窗口，是广大会员倾诉困难、追求学习提高、寻找志同道合朋友的会员之家。在全球化、信息化的背景下，建设符合时代要求的高素质参政党，提高机关专职干部的素质至关重要。她希望广大专职干部及时学习中央统战工作会议和《条例》精神，进一步深化学习实践活动；学习国内外时事，深入调研了解国情，把握信息技术发展趋势；不断提高自身修养，提高履职能力和水平，更好地承担起两大历史使命。

5 月 30 日，培训班结业。高友东出席结业式并讲话，向培训班学员颁发了结业证书。高友东结合自己在民进中央工作的实际，阐述了学习中央统战会议精神的体会。

（4）7 月 21 日至 24 日，2015 年第二期民进全国市、县级组织专职副主委、秘书长培训班在中央社会主义学院举行。

7 月 21 日上午，培训班举行开班式。罗富和出席开班式并讲话。朱永新主持。

罗富和指出，要将加强基层组织建设与开展坚持和发展中国特色社会主义学习实践活动有机结合起来，不断凝聚共识，推进工作。庆祝民进成立 70 周年，最重要的就是扎扎实实搞好参政党建设，履行好职能，这是我们对前辈最好的回报。加强机关建设的制度化、规范化、程序化，是做好工作的关键。民进地市级组织机关条件差，大家的努力才使得全会的工作顺利开展,体现了作为党派专职干部的操守。对待工作一是要无懈无滞，面对困难无怨无悔，积极想办法推进工作；二是要按照“三严三实”的要求，带头执行民进的章程，少计较得失，多考虑整体工作；三是要有发现问题，解决问题的能力。希望大家利用难得的学习机会，认真学习，广泛交流，对民进中央的工作多提宝贵意见。

本次培训安排了座谈会、辅导报告、研讨交流、分组讨论、民进会史展览和马叙伦纪念馆参观等多种学习形式。来自民进全国各市、县级组织专职副主委和秘书长共 117 人参加培训。

7 月 23 日上午，严隽琪看望培训班全体学员，并与学员座谈交流。

严隽琪强调，今年是民进成立 70 周年，民进中央提出把学习实践活动作为贯穿各项工作的主线，就是要继承和弘扬民进的优良传统，不断巩固道路认同、目标认同和价值认同，不能忘记民进组织当初的出发点是什么。当前参政党面临的形势在变、会员的需求在变，要求我们要有立会为公、爱国爱民的情怀，有了解大势、把握大势的能力，共同努力建设学习型参政党。

7 月 24 日，培训班举行结业式，向培训班学员颁发了结业证书。

4. 有序推进会内监督，在提高解决自身问题能力方面发挥作用

中央监督委员会坚持积极稳妥、循序渐进地开展各项工作。深入地方组织开展调查研究，重点了解省级组织会内监督的机制和制度建设情况，开展民主生活会、谈心会、述职等方面所做的工作，听取各级组织和广大会员对会内监督工作的意见和建议；到兄

弟党派中央开展调研，了解开展内部监督的做法和经验；就民进中央社会服务主题年工作，听取部分常委意见建议；就民进中央机关建设等问题，分别与机关相关部门同志谈话，指出问题、提出建议，监督工作取得实效。推动和指导民进海南、黑龙江省委会成立了监督委员会，使民进省级监委会数达到24个。进一步加强理论研究，就会内监督与提高解决自身问题能力进行专题研讨，有效推动了工作实践。

（三）机关建设

2015年，民进中央按照民进十一大、十三届三中全会和2015年工作要点的部署，根据建设“阳光、高效、规范、和谐”参政党机关的要求，以开展坚持和发展中国特色社会主义学习实践活动为主线，以庆祝民进成立70周年为契机，认真贯彻《公务员法》，深入学习“三严三实”精神，切实加强机关建设。

1. 转作风，提高干部思想认识

（1）开展“学习实践活动”，提高思想理论水平。民进中央办公厅在机关积极推动开展“学习实践活动”，使机关集体学习与部门、处室“周学习日”有机结合，引导督促机关干部深入学习中共十八大和十八大以来历次中央全会和习近平总书记一系列重要讲话精神，学习中央统战工作会议等重要会议以及《中国共产党统一战线工作条例（试行）》《关于加强社会主义协商民主建设的意见》等重要文件精神，学习民进中全会、中常会等重要会议和领导讲话精神，使学习活动与实际工作相辅相成，切实提高干部思想理论水平，改进工作作风。根据学习实践活动领导小组办公室部署，机关干部还参加了由罗富和、高友东等民进中央领导带队的学习实践活动调研组，赴广西、河南、四川等联系点进行调研，进一步接地气、增底气，加深对基层的了解，增强做好本职工作的责任感和使命感。

（2）组织“三严三实”教育，加强干部作风建设。《关于在县处级以上领导干部中开展“三严三实”专题教育方案》发布后，民进中央召开了以“三严三实”教育为主要议题的处长工作研讨会，严隽琪等民进中央领导在会上对机关贯彻“三严三实”精神作了重要部署，要求机关领导干部以问题为导向，树严实新风，以上率下，狠抓工作落实。与会同志围绕“三严三实”要求，结合工作案例，研讨了如何加强处室建设等问题，会议取得了积极成效。

10月23日至24日，民进中央在河北香河举办2015年机关干部职工培训班。培训班主题是：深入学习贯彻习近平总书记系列重要讲话和中央统战工作会议精神，紧紧围绕协调推进“四个全面”战略布局，切实增强学习、践行“三严三实”要求的思想自觉和行动自觉，做守纪律、讲规矩、业务强、敢担当的机关干部。罗富和、高友东出席培训班。民进中央机关部门负责人和全体干部职工参加了培训。

培训班上，罗富和作了《贯彻落实“四个全面”战略部署 建设中国特色社会主义参政党行与思》的专题讲座。他结合自己多年履职的实践，从建设目标、思想建设、组织建设、履行职能、体系与能力建设现代化等五个方面，全面介绍了民进在各个历史时期的建设发展，系统阐释了如何加强中国特色社会主义参政党建设，解剖了多个近年民进围绕中心工作履行职能的鲜活案例，生动论述了如何在“四个全面”战略部署中发挥民主党派的作用。在谈到加强机关建设时罗富和强调，机关干部重点要提高执行能力、谋划能力、协调能力，机关要努力从学习型机关向研究型机关转变。

高友东在结业讲话中指出，按照严隽琪主席建设“阳光、高效、规范、和谐”高素质参政党机关的要求，近年来机关坚持抓制度、抓队伍、抓作风、抓文化，人文环境和工作质量不断提升。重视开展分层培训和培训工作重心下移，连续四年举办机关干部职工培训班，取得了良好的效果。关于进一步加强机关作风建设和做好工作，他要求把贯彻“三严三实”放在更为突出的位置，把“守纪律、讲规矩、业务强、敢担当”作为核心要求，把培养阳光心态、快乐工作作为不懈追求。

（3）严格执行八项规定和反对“四风”要求。民进中央认真学习领会中共中央八项规定和反对“四风”的要求，不断改进作风，进一步增强执行规定的自觉性和坚定性，深刻认识规定的执行不分党内外，没有特区，没有例外，在实际工作中，始终把八项规定作为带电高压线，将各项要求落到实处。例如，认真贯彻中央外事工作文件精神，出访、回国有公示，总结报告有成果，切实做好机关外事管理工作；减少文山会海，严格按照简约、俭朴原则安排会务，切实降低办公、会议成本；公务接待优先利用机关食堂，实行工作餐等。

2. 细管理，提升整体工作水平

（1）进一步加强干部队伍管理。

积极开展干部理论和业务学习培训，提高干部队伍综合素质。民进中央进一步打造开明论坛的品牌特色，根据机关干部的意见与需求，拓展外部资源、调整内容设计，全年共举办 8 次专题讲座。组织机关干部参加北京市干教网在线学习培训、局级干部参加中国干部网络学院学习；推荐 34 人次参加中组部、中央统战部、中央社院等举办的专项业务培训班、局级干部调训班、自主选学；组织开展机关档案知识竞赛活动。通过多种形式的学习培训，有效提高了干部队伍的业务能力和综合素质。

规范有序做好公务员管理工作，推动机关干部队伍建设。认真探索创新干部培养方式，努力完善干部选拔任用评价体系。民进中央坚持“重品行、重实绩、重公论”的用人导向，做好公务员录用和遴选工作，干部梯队格局进一步优化。先后选派 3 名局处级干部赴地方挂职锻炼任副市长、副县长、村第一书记；继续开展内部定期轮岗交流，帮助机关干部在不同岗位和环境中锻炼成长。

（2）以制度建设促规范管理。完善的规章制度，是机关工作科学化、规范化、程序化的重要前提。民进中央修订《民进中央机关文件管理规定》，严格执行公章管理制度，确保用印安全；制订《民进中央机关干部轮岗工作流程图》《干部因私出国审批工作流程图》等办法，规范业务流程；结合多年来办会经验总结，形成了《民进中央机关会议（活动）注意事项》及《民进中央重要会议筹备办法》；修订了《民进中央机关课题经费使用管理办法》，进一步了规范机关财务报销流程，明确权责，确保机关资金安全。

（四）民进组织发展概况

截至 2015 年 12 月底，共有地方组织 355 个。其中包括省级组织 29 个，省辖市级组织 272 个，县级组织 54 个。基层组织 7764 个，其中基层委员会 247 个，总支 467 个，支部 6932 个。全年新加入成员 6318 人。成员总数 150997 人，其中女成员 74277 人。平均年龄 50.9 岁。离退休 48185 人。

从界别分布上看，高等教育界 19818 人占 13.1%；基础教育 73457 人占 48.6%；文化艺术界 8820 人占 5.8%；出版传媒界 3204 人占 2.1%；科学技术界 3374 人占 2.2%；医药卫生界 9861 人占 6.5%；公有制经济界 5632 人占 3.7%；新的社会阶层 11157 人占 7.4%；机关、团体和其他界别 15674 人占 10.4%。

担任各级人大代表的共有 2233 人，其中全国人大常委会副委员长 1 人、专职副秘书长及专委会主任副主任 1 人、委员 6 人、人大代表 48 人；省级人大常委会副主任 6 人、专职副秘书长及专委会主任副主任 7 人、委员 41 人、人大代表 219 人；地市级人大常委会副主任 36 人、委员 183 人、人大代表 739 人；县市区级人大常委会副主任 89 人、委员 214 人、人大代表 651 人。

担任各级政协委员共有 12198 人，其中全国政协委员 65 人、常委 13 人、副主席 1 人、专职副秘书长及专委会主任副主任 2 人；省级政协委员 641 人、常委 219 人、副主席 16 人、专职副秘书长及专委会主任副主任人 59 人；地市级政协委员 4020 人、常委 1001 人、副主席 148 人；县市区级政协委员 4640 人、常委 1216 人、副主席 218 人。

担任中央机关部级干部 1 人，省、市、自治区领导 2 人，厅局级 138 人，县处级 837 人。

担任中央司法机关部级领导职务 1 人，地方司法机关厅局级领导职务 4 人，县处级领导职务 28 人。

成员学历中有大专以上学历的占 21.1%；有大本以上学历的占 56.8%；有研究生以上学历的占 10.9%；有中、高级职称的占 80.3%。担任中国科院院士的共有 6 人。担任中国工程院院士的共有 2 人。担任长江学者 30 人。

石树梅　民进中央办公厅副主任

沈轶筠　民进中央办公厅秘书处干部

中国农工民主党

2015 年，农工党各级组织和广大党员全面学习贯彻中共十八大和十八届三中、四中、五中全会精神，深入学习贯彻习近平总书记系列重要讲话精神，深刻领会中共中央统战工作会议和《中国共产党统一战线工作条例（试行）》精神，紧密围绕协调推进“四个全面”战略布局，以健康中国和美丽中国建设为主线，不断加强自身建设，切实履行参政党职能，较好完成农工党十五届三中全会确定的重点任务，各项工作取得新进展。

一、重要会议及活动

（一）中央委员会会议

12 月 15 日至 17 日，中国农工民主党第十五届中央委员会第四次全体会议在京召开。中央主席陈竺出席会议并作工作报告，常务副主席刘晓峰主持开幕会并作闭幕讲话，副主席陈述涛、何维、姚建年、杨震、朱静芝、蔡威出席会议，副主席龚建明作《中国农工民主党中央关于学习贯彻中共十八届五中全会精神的决议（草案）》的说明。陈竺指出，2015 年农工党各项工作取得新进展：坚持和发展中国特色社会主义学习实践活动有新成效，履行参政党职能有新亮点，社会服务活动有新进展，实施人才强党战略有新突破，专委会和机关建设有新作为。2016 年农工党工作指导思想和总体要求是：高举中国特色社会主义伟大旗帜，认真学习贯彻中共十八大和十八届三中、四中、五中全会精神，以邓小平理论、“三个代表”重要思想、科学发展观为指导，深入学习贯彻习近平总书记系列重要讲话精神，坚持以协调推进“四个全面”战略布局为统领，以全面建成小康社会为目标，以推进“健康中国”和“美丽中国”建设为主线，以实施“十三五”规划纲要为重点，团结带领各级组织和广大党员，积极履行参政党职能，努力加强自身建设，为全面建成小康社会献计出力。工作重点是：一是深入学习贯彻中共十八届五中全会精神，把思想和行动统一到中共中央决策部署上来；二是持续深入开展学习实践活动，不断巩固共同思想政治基础；三是围绕中心、服务大局，认真履行参政党职能；四是围绕增进人民群众福祉，着力提高社会服务效能；五是深入实施人才强党战略，全面加强自身建设；六是加强专委会和机关工作，充分发挥支撑服务作用。刘晓峰在闭幕讲话中指出：一要加强理论和政策学习，抓好意识形态和思想宣传工作；二要加强政党协商能力和机制建设，提高议政建言水平；三要聚焦“一带一路”和脱贫攻坚，加强社会服务工作；四要做好换届选举和人才队伍建设，加强党内监督工作。会议审议通过了《中国农工民主党中央关于认真学习贯彻中共十八届五中全会精神的决议》《中国农工民主党第十五届中央常务委员会2015年工作报告》《中国农工民主党第十五届中央监督委员会2015年工作报告》。与会委员聆听了国务院发展研究中心副主任张来明作的学习贯彻中共十八届五中全会精神的专题辅导报告，观看了“学习党史·缅怀先烈·再创辉煌——纪念中国农工民主党成立85周年文艺演出”。中央秘书长曲凤宏，以及中央委员200余人出席会议。非中央委员的中央监督委员会成员、中央各专门工作委员会主任、中央机关局级干部、中央各直属机构负责人、各省级组织专职副主委等近30人列席会议。

（二）中央常务委员会会议

1. 中国农工民主党第十五届中央常务委员会第九次会议

3月10日晚，中国农工民主党第十五届中央常务委员会第九次会议在京召开。中央主席陈竺出席会议并讲话，常务副主席刘晓峰主持会议，副主席陈述涛、何维、姚建年、杨震、朱静芝、蔡威、龚建明出席会议。陈竺指出，我们要认真学习贯彻习近平总书记的系列重要讲话精神，进一步增强致力于中国特色社会主义的使命感和责任感，发挥好农工党联系界别优势，就制订“十三五”规划、促进经济平稳发展、深化国家医药卫生体制改革、贯彻节约资源和保护环境的基本国策，加强生态文明建设等重大问题深入开展调研，提出有价值的意见和建议。陈竺强调，要认真落实《中共中央关于加强社会主义协商民主建设的意见》，积极推进社会主义协商民主。我们要牢牢把住政党协商的大方向，进一步统一思想、努力增进政治共识，确保协商民主始终沿着正确的方向推进，要不断提高自身协商能力和水平。陈竺还对做好2015年各项工作提出了具体要求。会议审议通过了《中国农工民主党中央关于学习贯彻十二届全国人大三次会议和全国政协十二届三次会议精神的通知》。中央秘书长曲凤宏，以及中央常委近50人出席会议。非中央常委的中央专门工作委员会主任、中央机关各部门负责人及中央直属机构负责人列席会议。

2. 中国农工民主党第十五届中央常务委员会第十次会议

6月12日至13日，中国农工民主党第十五届中央常务委员会第十次会议在河北唐山召开。本次会议主题是深入学习贯彻中共中央统战工作会议精神，研讨如何推动京津冀协同发展。中央主席陈竺出席会议并作总结讲话，常务副主席刘晓峰出席会议并讲话，副主席陈述涛、何维、杨震、蔡威、龚建明出席会议。中共河北省委常委、统战部部长范照兵应邀到会并致辞。陈竺在讲话中提出三点要求：一是认真学习领会中央统战工作会议精神，将其作为农工党履职尽责的根本遵循。二是深入贯彻落实中央统战工作会议精神，切实加强自身建设。农工党要不断提高“五种能力”：增强政治意识，不断提高政治把握能力；增强发展意识，不断提高参政议政能力；增强民主意识，不断提高组织领导能力；增强大局意识，不断提高合作共事能力；增强忧患意识，不断提高解决自身问题能力。三是充分发挥联系界别优势，为京津冀协同发展献计出力。刘晓峰指出，农工党各级组织要把深入学习贯彻中央统战工作会议和《条例》精神作为当前和今后一段时期首要的政治任务，切实抓紧抓好。会议审议通过了《中国农工民主党中央关于认真学习贯彻中共中央统战工作会议和〈中国共产党统一战线工作条例（试行）〉精神的决定》。会议期间，与会常委聆听了中共中央统战部副部长陈喜庆作的深入学习贯彻中央统战工作会议及《中国共产党统一战线工作条例（试行）》精神的专题辅导报告，聆听了国务院发展研究中心副主任隆国强作的《构建改革开放新体制》的学习报告，围绕深入学习贯彻中共中央统战工作会议精神和推动京津冀协同发展进行了集体讨论。中央秘书长曲凤宏，以及中央常委近 50 人出席会议。非中央常委的中央专门工作委员会主任、中央机关各部门负责人及中央直属机构负责人列席会议。

3. 中国农工民主党第十五届中央常务委员会第十一次会议

9 月 16 日至 18 日，中国农工民主党第十五届中央常务委员会第十一次会议在上海召开。本次会议主要任务是深入研讨服务“一带一路”战略，结合纪念农工党成立 85 周年开展优良传统教育。中央主席陈竺出席会议并作总结讲话，常务副主席刘晓峰出席会议并作专题报告，副主席何维、姚建年、杨震、朱静芝、蔡威、龚建明出席会议。中共上海市委副书记应勇应邀到会并致辞。陈竺提出三点要求：一要继承和弘扬农工党优良传统，坚定不移为中国特色社会主义事业团结奋斗；二要深刻领会“一带一路”战略的重大意义和丰富内涵，进一步增强服务“一带一路”战略的自觉性和主动性；三要聚焦“一带一路”战略积极履行参政党职能，为推进国家战略发展献计出力。刘晓峰作了关于《中国农工民主党的历史道路和优良传统》的专题报告，归纳了农工党五方面的优良传统，即：追求真理、不断进步的传统；与中共亲密合作、团结奋斗的传统；热爱祖国、无私奉献的传统；热爱组织、培育新人的传统；自我教育、严于律己的传统，是一次非常生动的农工党党课。会议期间，与会常委聆听了国家发改委西部开发司巡视员欧晓理作的《对“一带一路”战略若干重大问题的思考》的专题报告，并围绕农工党如何服务“一带一路”战略进行了专题研讨，上海、福建、海南、陕西四个省级组织主委作了重点发言；举行了一干会址修缮和布展暨党史教育基地揭幕仪式，全体常委集体参观了修缮布展后的“一干会议”会址，并围绕“如何继承和弘扬农工党优良传统、面向未来，切实提高‘五种能力’”问题进行了专题研讨；举行了“学精神、学党章、学党史”知识竞赛总决赛。上海市委副秘书长陈寅、统战部副部长虞丽娟应邀参加开幕式。中央秘书长曲凤宏，以及中央常委近 50 人出席会议。非中央常委的中央专门工作委员会主任、中央机关各部门负责人及中央直属机构负责人列席会议。

4. 中国农工民主党第十五届中央常务委员会第十二次会议

12 月 14 日晚，中国农工民主党第十五届中央常务委员会第十二次会议在京召开。中央主席陈竺主持会议并讲话，常务副主席刘晓峰，副主席陈述涛、何维、姚建年、杨震、朱静芝、蔡威、龚建明出席会议。会议审议通过了《中国农工民主党第十五届中央常务委员会第十二次会议议程》；会议审议通过了《中国农工民主党第十五届中央委员会第四次全体会议议程（草案）》《中国农工民主党中央关于学习贯彻中共十八届五中全会精神的决议（草案）》《中国农工民主党第十五届中央常务委员会 2015 年工作报告（草案）》《中国农工民主党第十五届中央监督委员会 2015 年工作报告（草案）》，并提请农工党十五届四中全会审议；审议通过了《中国农工民主党第十五届中央常务委员会 2016 年工作要点》。中央秘书长曲凤宏，以及中央常委近 50 人出席会议。非中央常委的中央专门工作委员会主任、中央机关各部门负责人及中央直属机构负责人列席会议。

（三）中央监督委员会会议

12 月 14 日，中国农工民主党第十五届中央监督委员会第四次全体会议在京召开。中央常务副主席、中央监督委员会主任刘晓峰出席会议并讲话。刘晓峰就今后党内监督工作谈了三点看法：一是认真学习贯彻中共中央统战工作会议和《条例》精神，加强自身建设，不断提高履职尽责的“五种能力”；二是加强领导班子建设，搞好政治交接，为各级组织顺利健康换届提供保证；三是积极创新内部监督工作的机制，探索符合规律和参政党特点的有成效的工作方法。受刘晓峰委托，中央副主席、中央监督委员会副主任龚建明向会议作中央监督委员会 2015 年工作报告。报告全面总结了 2015 年中央监督委员会开展的主要工作，明确了 2016 年工作思路。会议听取并审议通过了《中国农工民主党第十五届中央监督委员会 2015 年工作报告》，审议通过了《中国农工民主党第十五届中央监督委员会 2016 年工作要点（草案）》。全会由农工党中央秘书长、中央监督委员会办公室主任曲凤宏主持，中央监督委员会委员参加会议，各省级监督委员会和未成立监督委员会的省级组织负责人等 30 余人列席会议。

（四）中央主席会议

1. 农工党中央召开主席战略研讨会

6 月 11 日，农工党中央主席战略研讨会在河北唐山召开。本次研讨会主题是学习贯彻中央统战工作会议精神，坚持围绕依规从严治党，推进高素质参政党建设。中央主席陈竺、常务副主席刘晓峰出席会议并讲话。陈竺讲了三个问题：一是深刻认识习总书记“正确处理一致性与多样性关系”重要论述对参政党提出的新要求，新的社会环境、党员结构的变化和思想动态的多样性，要求我们树立从严治党意识，守住政治底线和基本底线。二是农工党具有从严治党的历史经验和实践基础，处在当前协调推进“四个全面”战略布局、实现“两个一百年”奋斗目标的关键时期，农工党作为中国特色社会主义参政党，从严治党不仅具有历史意义，更有深刻的现实内涵。三是以从严治党的标准推进参政党建设，要以从严治党的标准，加强思想、组织、制度特别是领导班子建设，切实提高“五种”能力，把 14 万农工党员团结凝聚好，作用发挥好。刘晓峰谈了四点认识：一是提高民主党派加强解决自身问题能力的认识，我们必须不断地加强学习，逐步的提高我们的素质，以党章为基本的宗旨来完善党内的各项制度，来提高制度的执行能力；二是关于换届需要注意的问题，把有作为、有担当的同志充实进领导班子是决定能否传承好农工党事业的关键，一定要提前谋划；三是关于党内监督，希望没有成立监督委员会的省级组织尽快建立，推动谈心会制度；四是机关建设有关问题。副主席陈述涛、何维、杨震、蔡威、龚建明围绕学习贯彻中央统战工作会议精神，加强农工党自身建设，特别是从严治党主题发表了真知灼见。中央秘书长曲凤宏和中央机关各部门负责人列席会议。

2. 农工党十五届十五次中央主席会议

9 月 15 日，农工党第十五届十五次中央主席会议在上海农工党“一干会址”召开。中央主席陈竺主持会议并讲话，常务副主席刘晓峰出席会议并发言。陈竺指出，“一干会址”

的修缮和布展工作是农工党开展坚持和发展中国特色社会主义学习实践活动一次非常生动的实践，教育面广，影响深远，具有重要的历史和现实意义。今天，在这里召开主席会议具有重要意义，既是为了表达对邓演达等革命前辈的深切缅怀，更是为了表达我们继承爱国革命优良传统，把老一辈领导人与中国共产党在长期革命建设实践中形成的优良传统和高尚风范传承下去的信念和决心。陈竺强调，在长期的革命、建设和改革实践中形成的优良传统，是农工党的宝贵财富，是我们基因中最为宝贵的东西，也是农工党的最为重要的价值追求。陈竺表示，中央主席会议成员要团结带领广大农工党员，继承和发扬优良传统，进一步提高对中国特色社会主义政治制度和政党制度的历史必然性、巨大优越性和伟大独创性的认识，弘扬社会主义核心价值观，进一步打牢同中国共产党亲密合作的思想政治基础，履行好参政党职能，发挥好参政党作用。刘晓峰指出，我们要更多地了解农工党发展的光辉历程，了解农工党与中国共产党团结合作的历史轨迹、光荣传统和基本经验，进一步加深对农工党爱国革命优良传统的认识，深刻认识中国共产党领导的多党合作制度形成的历史必然性，不断增强走中国特色社会主义政治发展道路的自觉性和坚定性，在国家发展的新阶段为中国共产党领导的多党合作事业、为中华民族的伟大复兴做出我们的新贡献。副主席何维、杨震、朱静芝、蔡威、龚建明，结合纪念农工党成立 85 周年，围绕“缅怀先烈，继承和发扬农工党优良传统，面向未来，认真履行参政党职能”作了发言。中央秘书长曲凤宏和中央机关各部门负责人列席会议。

（五）其他会议和活动

1. 孙春兰一行走访农工党中央机关

1 月 13 日，中共中央政治局委员、中央统战部部长孙春兰一行走访农工党中央机关，中央统战部副部长林智敏参加走访。农工党中央主席陈竺，常务副主席刘晓峰，副主席何维、龚建明参加会见。孙春兰一行首先参观了农工党党史陈列室，随后进行座谈。孙春兰对农工党工作提出三点希望：进一步增进政治共识，加强对党员的教育和引导，使他们更加深刻地认识到中国特色社会主义道路的正确性；进一步做好参政议政工作，围绕重点难点问题，为健康中国、美丽中国献计出力；进一步优化人才队伍，特别是物色培养高层次人才，为发挥参政党作用提供很好的依托。陈竺重点介绍了农工党深入开展中国特色社会主义学习实践活动、参政议政、社会服务、对台联络工作、组织建设的工作进展和今后的工作思路。刘晓峰对农工党在组织建设，参政议政等方面的工作情况进行了补充介绍，并对即将出台的统一战线工作条例提出了建议。何维、龚建明作了发言。中共中央统战部秘书长兼办公厅主任唐显凯、一局局长桑福华等陪同走访。农工党中央秘书长曲凤宏和机关各部门负责人参加座谈。

2. 农工党中央领导出席春节活动

2 月 11 日，中共中央总书记、国家主席、中央军委主席习近平在人民大会堂同各民主党派中央、全国工商联负责人和无党派人士代表欢聚一堂，共迎新春。农工党中央陈竺主席，常务副主席刘晓峰，原主席蒋正华、桑国卫，原常务副主席李蒙等出席活动。2 月 17 日，中共中央、国务院在人民大会堂举行 2015 年春节团拜会。农工党中央主席陈竺、副主席姚建年，中央秘书长曲凤宏出席团拜会。

3. 农工党中央机关春节团拜会

2月13日，农工党中央机关春节团拜会在中央机关举行，中央主席陈竺，常务副主席刘晓峰，副主席何维、龚建明出席活动。中央机关全体干部职工和离退休干部职工参加活动。

4. 刘晓峰当选中国肝炎防治基金会理事长

在中国肝炎防治基金会第三届理事会第十四次会议上，全国政协副主席、农工党中央常务副主席刘晓峰当选第四届理事会理事长。2月13日，刘晓峰在全国政协出席中国肝炎防治基金会第四届理事会第一次会议并讲话。

5. 农工党中央机关全国“两会”精神报告会

3月18日，农工党中央机关召开学习贯彻2015年全国“两会”精神报告会，副主席何维、龚建明出席报告会并分别传达了全国政协十二届三次会议和十二届全国人大三次会议精神。何维、龚建明从“两会”的基本情况、会议主要精神，农工党代表、委员在人大、政协中的活动情况以及参会人员切身感受等几个方面详细介绍了大会的盛况。中央秘书长曲凤宏主持会议。中央机关各部门负责人、全体机关干部、直属单位职工及部分离退休老同志参加会议。

6. 龚建明出席《天堂烙血图》画展开幕式

4月25日，纪念抗日战争胜利70周年——大型中国画展《天堂烙血图》在中国人民革命军事博物馆开幕。农工党中央副主席龚建明出席开幕式并致词。《天堂烙血图》作者是农工党党员、著名画家莫静坡。

7. 农工党苏州市委会成立60周年纪念大会

4月28日，农工党苏州市委会召开成立60周年纪念大会并举行“苏州前进慈善基金”启动仪式，中央副主席杨震出席大会并致辞，江苏省委会主委周健民出席大会并致辞。纪念大会上，农工党苏州市委会举行了“苏州前进慈善基金”启动仪式，杨震、周健民等共同为“苏州前进慈善基金”揭牌；农工党苏州市委会主委周俊作了《同心聚合力　共筑中国梦》的主题发言。大会表彰了66名“优秀党务工作者”，并向55年以上党龄的农工党老党员颁发了纪念奖杯。农工党中央组织部负责人邓蓉玲出席纪念大会。

8. 陈竺当选中国红十字会会长

5月5日至6日，全国人大常委会副委员长、农工党中央主席陈竺出席中国红十字会第十次全国会员代表大会，并当选中国红十字会会长。

9. 陈竺向2015年诺贝尔奖获得者医学峰会暨院士医学论坛致贺信

5月8日，2015年诺贝尔奖获得者医学峰会暨院士医学论坛在京举行，全国人大常委会副委员长、农工党中央主席、中华医学会会长陈竺向会议致贺信。陈竺希望诺奖医学峰会办出特色和成效，发挥中医药学联系世界的桥梁作用，把现代医学的理念引进来，让有特色优势的中医药学走出去，为推动建立融中西医学思想为一体的现代医学体系，促进人类健康福祉做出积极贡献。农工党中央原副主席、国医大师张大宁，中央社会服务部部长刘峻杰等出席峰会。

10. 刘晓峰出席第八届中华人口奖颁奖暨纪念国际家庭日大会

5月8日，第八届中华人口奖颁奖暨纪念国际家庭日大会在京召开。全国政协副主席、农工党中央常务副主席刘晓峰等出席颁奖大会。大会表彰奖励了为我国人口发展和卫生计生事业做出卓越贡献的13位获奖人士，全国人大常委会原副委员长、农工党中央原主席蒋正华被授予特别荣誉奖。

11. 农工党中央领导出席学习中央统战工作会议精神通报会

5月22日，受中共中央委托，中共中央政治局委员、中央统战部部长孙春兰向各民主党派中央、全国工商联负责人和无党派人士代表通报了中央统战工作会议和《中国共产党统一战线工作条例（试行）》精神。农工党中央主席陈竺出席并发言。陈竺表示，农工党把学习贯彻中央统战工作会议和《条例》精神作为当前和今后一个时期的首要政治任务，贯穿于学习实践活动全过程，夯实共同思想政治基础，全面加强"五种能力"建设，围绕"四个全面"战略布局,以"健康中国""美丽中国"为主线,积极履行好参政党职能，为实现"两个一百年"奋斗目标和中华民族伟大复兴的中国梦贡献智慧和力量。常务副主席刘晓峰，副主席何维、龚建明，中央秘书长曲凤宏及部分机关局级干部出席会议。

12. 农工党中央与河北省委、省政府签署战略合作框架协议

6月11日，农工党中央与河北省委、省政府在唐山签署战略合作框架协议。农工党中央主席陈竺、常务副主席刘晓峰出席签约仪式。陈竺指出，农工党中央与河北省委、省政府签署战略合作框架协议具有重大意义，以此次签署战略合作框架协议为契机，农工党中央将进一步加强与河北省委、省政府的合作，把河北作为重要的建言献策调研基地，利用民主党派"直通车"的优势，为河北发展助力。我们还将积极发挥联系界别的优势，为河北环境保护、水资源利用、医疗卫生事业发展等做出更大贡献。中央副主席陈述涛、何维、杨震、蔡威、龚建明，河北省领导范照兵、焦彦龙、姜德果，以及河北省政协副主席、农工党河北省委会主委段惠军、中央秘书长曲凤宏参加签约仪式。

13. 龚建明当选中国初级卫生保健基金会理事长

6月13日，在中国初级卫生保健基金会召开第三届理事会第八次全体会议上，农工党中央副主席龚建明当选中国初级卫生保健基金会理事、理事长。农工党中央原副主席汪纪戎因年龄原因辞去基金会理事长职务。9月6日，经民政部核准，龚建明理事长为基金会法定代表人。

14. 陈竺、蔡威出席纪念农工党浙江省委会成立60周年大会

7月31日，农工党浙江省委会在杭召开纪念大会，纪念中国农工民主党建党85周年暨浙江省委员会成立60周年。中央主席陈竺出席大会、副主席蔡威出席大会并致辞。中共浙江省委副书记王辉忠到会并代表中共浙江省委致辞。浙江省人大常委会副主任程渭山、副省长梁黎明，省政协副主席、省委统战部部长孙文友到会祝贺。台盟浙江省委会主委张泽熙到会并代表各民主党派浙江省委会致辞。浙江省政协副主席、农工党浙江省委会主委姚克出席大会并讲话。大会向60年及以上党龄的农工党党员和60名优秀农工党党员颁发了荣誉证书。农工党浙江省委会原主委徐鸿道以及省直相关部门、单位领导应邀出席纪念大会，与会同志共同观看了《继往开来　再写华章》宣传片。

15. 农工党员投身"8·12"特大火灾爆炸事故救援工作

8月12日，天津港瑞海公司危险品仓库发生特别重大火灾爆炸事故。农工党天津市委会主委、天津市天津市第一中心医院院长沈中阳，天津市委会副主委、天津环保局总工、

环境应急专家组组长包景岭，中央常委、中央生态环境工作委员会主任，环保部环境规划院副院长兼总工程师王金南，农工党党员、全国著名烧伤医学专家、无锡三院烧伤整形科主任吕国忠，以及天津市部分农工党党员积极投入事故救援工作。

16. 农工党中央领导出席抗战胜利70周年系列活动

8月31日下午，统一战线纪念中国人民抗日战争暨世界反法西斯战争胜利70周年座谈会在京召开，中央主席陈竺、常务副主席刘晓峰，副主席何维、姚建年、龚建明等出席。9月3日上午，纪念中国人民抗日战争暨世界反法西斯战争胜利70周年大会在天安门广场隆重举行，中央主席陈竺，常务副主席刘晓峰，副主席何维、姚建年、龚建明，中央秘书长曲凤宏等出席。9月3日中午，纪念中国人民抗日战争暨世界反法西斯战争胜利70周年招待会在人民大会堂隆重举行，中央主席陈竺、常务副主席刘晓峰、副主席龚建明等出席。9月3日晚，纪念中国人民抗日战争暨世界反法西斯战争胜利70周年《胜利与和平》文艺晚会在人民大会堂隆重举行，中央主席陈竺，常务副主席刘晓峰，副主席何维、姚建年等观看晚会。9月23日，纪念台湾光复70周年大会人民大会堂隆重召开，中央主席陈竺、常务副主席刘晓峰、副主席何维出席大会。

17. 农工党中央报送的15位老同志获得"中国人民抗日战争胜利70周年"纪念章

在中国人民抗日战争暨世界反法西斯战争胜利70周年前夕，农工党中央报送的15位老同志或其遗属获得中共中央、国务院、中央军委颁发的"中国人民抗日战争胜利70周年"纪念章。这15位老同志或其遗属是：章师明（章伯钧之子）、汪纪戎（汪家龙之女）、黄莺（黄琪翔之女）、孔若仪（方荣欣之妻）、邓腾帆（邓昊明之子）、李希拉（李温平之女）、胡至刚、石楚、龙坤仪（张平之妻）、陈明光（陈天奋之子）、宋华（宋仰云之子）、张光明、朱静芳、刘极敏（刘文学之孙）、陈惠众（管仲伟女婿）。

18. 刘晓峰出席纪念农工党内蒙古区委会成立30周年大会

9月14日，纪念农工党建党85周年暨农工党内蒙古区委会成立30周年大会在呼和浩特召开。中央常务副主席刘晓峰出席大会并致辞。中共内蒙古自治区党委常委、统战部部长布小林向大会发来贺词。内蒙古区政协副主席杨成旺到会祝贺。受布小林委托，内蒙古区统战部常务副部长王伟到会致辞。牛广明作了题为《继承爱国革命光荣传统　履行民主党派时代使命　服务"四个全面"战略布局》的讲话。会议宣读了《致加入中国农工民主党30年党龄党员的致敬信》，为30年及以上党龄的老党员颁发了荣誉证书，表彰了2013—2015年度农工党全区先进集体和先进工作者；观看了电影《铁血丹心邓演达》。农工党中央组织部负责人邓蓉玲等出席会议。

19. 农工党中央领导出席国庆招待会

为庆祝中华人民共和国成立66周年，9月29日晚，全国政协办公厅、中共中央统战部、国务院侨办、国务院港澳办、国务院台办在北京人民大会堂联合举行国庆招待会，农工党中央主席陈竺、中央秘书长曲凤宏出席招待会；9月30日晚，国务院在人民大会堂举行国庆招待会，农工党中央主席陈竺、副主席何维出席招待会。

20. 农工党中央领导出席向人民英雄敬献花篮仪式

9月30日，烈士纪念日向人民英雄敬献花篮仪式在北京天安门广场隆重举行。农工党中央副主席何维、中央秘书长曲凤宏出席仪式。

21. 陈竺出席祝贺屠呦呦荣获 2015 年诺贝尔奖座谈会

10 月 8 日，国家卫生计生委、国家中医药局、国家食品药品监管总局联合召开祝贺屠呦呦研究员荣获2015年诺贝尔生理学或医学奖座谈会。全国人大常委会副委员长、农工党中央主席陈竺出席会议并讲话。陈竺向屠呦呦表示祝贺。他指出，屠呦呦的工作，为青蒿素治疗人类疟疾奠定了最重要的基础，得到国家和世界卫生组织的大力推广，挽救了全球范围特别是广大发展中国家数以百万计疟疾患者的生命，为人类治疗和控制这一重大寄生虫类传染病做出了革命性的贡献，也成为用科学方法促进中医药传承创新并走向世界最辉煌的范例。国家卫生计生委、国家中医药管理局、国家食品药品监督管理有关领导出席会议。屠呦呦向陈竺和其他领导同志以及学界同仁表示由衷的感谢。

22. 农工党中央领导参加统一战线深入学习贯彻中央统战工作会议精神和《中国共产党统一战线工作条例（试行）》研讨班学习

10 月 13 日至 16 日，统一战线深入学习贯彻中央统战工作会议精神和《中国共产党统一战线工作条例（试行）》研讨班在京举办。中共中央政治局常委、全国政协主席俞正声出席结业座谈会并讲话。中共中央政治局委员、中央统战部部长孙春兰出席开班式并讲话。农工党中央主席陈竺，常务副主席刘晓峰，副主席陈述涛、何维、杨震、朱静芝、龚建明，以及中央国家机关和地方政府担任省部级领导职务的同志参加研讨班学习。结业座谈会上，农工党中央主席陈竺代表参加学习的农工党学员发言。

23. 左焕琛荣获国际行业组织协会颁发的“杰出行业领袖奖”

10 月下旬，国际科技中心协会（ASTC）年会一致认定农工党中央原副主席、上海市委会原主委，上海科技馆理事长、上海科普教育发展基金会理事长左焕琛荣获 ASTC 协会颁发的 2015 年度罗伊 · L. 谢弗行业前沿奖之杰出行业领袖奖（Roy L.Shafer Leading Edge Award for Leadership in the Field）。左焕琛是首位获得该奖项的中国人。

24. 农工党中央领导出席中共十八届五中全会精神通报会

10 月 30 日，受中共中央委托，中共中央政治局委员、中央统战部部长孙春兰向各民主党派中央、全国工商联负责人和无党派人士通报了中共十八届五中全会精神。农工党中央主席陈竺、常务副主席刘晓峰、副主席何维出席通报会。

25. 农工党中央领导出席南京大屠杀死难者国家公祭活动

12 月 13 日，中共中央、国务院在南京市侵华日军南京大屠杀遇难同胞纪念馆举行 2015 年南京大屠杀死难者国家公祭仪式。全国政协副主席、农工党中央常务副主席刘晓峰，中央副主席、南京邮电大学校长杨震出席公祭活动。

26. 农工党宁夏区委会成立 30 周年纪念大会

12 月 29 日，农工党宁夏区委会在银川隆重举行庆祝农工党成立 85 周年暨宁夏区委会成立30周年纪念大会。中央副主席何维出席大会并代表农工党中央致辞，宁夏区委常委、统战部部长马廷礼出席大会并代表中共宁夏区委致辞，宁夏区政府副主席马力到会祝贺。九三学社宁夏区委会主委马秀珍到会并代表各民主党派宁夏区委会和宁夏区工商联致辞。大会还给 145 名 20 年以上的老党员颁发了荣誉证书，并表彰了一批参政议政、社会服务工作先进个人和集体。

27. 农工党中央领导应邀出席全国政协新年招待会

12 月 31 日，中国人民政治协商会议全国委员会在全国政协礼堂举行新年茶话会。农工党中央主席陈竺，原常务副主席李蒙、陈宗兴，副主席何维应邀出席茶话会。

（六）专委会会议和联络工作

1. 农工党中央领导参加专委会的会议和活动

1 月 23 日，农工党中央生态环境工作委员会全体会议在京召开。中央副主席龚建明出席会议并讲话。龚建明希望生态环境工作委员会在保持优势研究领域的同时，进一步开阔思路，在参政议政和社会服务方面做出贡献。中央办公厅主任隋路、生态环境工作委员会主任王金南参加会议。

3 月 28 日，农工党中央人口与资源工作委员会全体会议在深圳召开。中央副主席龚建明出席会议并讲话。龚建明指出，人口与资源工作委员会要学习贯彻全国“两会”精神，认真学习陈竺主席在农工党十五届九次中常会上讲话精神，深刻领会依法治国和“四个全面”战略布局的重要意义；要继续发挥“专家库”“智囊团”作用，重点围绕制订国民经济和社会发展“十三五”规划中人口资源相关问题开展调研；要按照“人才强党”战略要求，努力发展优秀人才，为今后的工作提供源源不断的资源。中央人口与资源工作委员会主任云治厚主持会议。中央办公厅主任隋路、宣传部部长石光树，广东省委会副主委刘启德等参加会议。期间，与会人员赴惠州市考察调研并前往邓演达纪念园拜谒参观，向邓演达铜像敬献花篮。

9 月 20 日，由农工党中央文化体育工作委员会与农工党中央宣传部联合主办的“翰墨中国　梦丹青怀柔情——纪念中国人民抗日战争暨世界反法西斯战争胜利七十周年”书画展在北京怀柔开幕。中央常务副主席刘晓峰宣布书画展开幕，北京市委会主委于文明、中央办公厅主任隋路、中央文化体育工作委员会主任张新建等出席开幕式。开幕式由中央宣传部部长石光树主持。此次书画展集中了史国良、汪国新、何学斌、韩卫国、夏冰、蔡冰、倪继周等农工党著名画家、书法家近年创作的优秀作品近 180 幅。来自北京、天津、黑龙江、吉林、辽宁等地的艺术家和社会各界人士近 100 人出席开幕式。

11 月 18 日，农工党中央人口与资源工作委员会全体会议在河南省郑州市召开。中央副主席龚建明出席会议并讲话。河南省委会主委高体健到会致辞。农工党中央人口与资源工作委员会主任云治厚主持会议。龚建明希望人口与资源工作委员会继续围绕人口与资源两大主题设定重点，充分发挥优势，努力开展工作。会后，部分参会委员在郑州市第七中学和金水区四月天小学开展青少年身体素质专题调研。

10 月 21 日，农工党中央中青年环保专家参政议政交流会暨农工党中央生态环境工作委员会工作会议在昆明召开。中央副主席龚建明出席会议。云南省委主委杨鸿生到会致辞。在听取 20 多位专家的交流发言后，龚建明提出三点要求：一是不断加强理论学习，增强理想信念，坚持正确的政治导向，坚持走中国特色社会主义道路；二是围绕“四个全面”“十三五”规划等国家方针政策，积极服务国家战略和经济社会发展大局；三是各位专家应做好履职工作，发挥智囊团的作用，在参政议政的工作中提出高质量的意见建议。他还希望参会的各位专家发挥自己在生态环保领域的影响力，吸引一批本界别高素质的人才加入农工党组织，为农工党在生态文明建设中发挥作用奠定人才基础。中央生态环境工作委员会主任、王金南主持会议。中央参政议政部副部长王素芳参加会议。

11 月 10 日，中央专委会主任联席会议在京召开，中央副主席何维在出席会议。这次会议落实中央主席陈竺在专委会主任联席会上的讲话要求，及时向专委会主任传达中央有关工作指导精神，不断推动专委会之间的横向联系，专委会与地方组织的纵向联系。

2. 联络工作

龚建明率参访团赴台湾参访。8 月，应台北市中医师公会邀请，农工党中央副主席龚建明率参访团以中国初级卫生保健基金会名义赴台湾参访，开展了调研考察、与有关社团和人士交流联谊等活动，进一步巩固了对台联系渠道，增进了对台湾中医药发展情况的了解，取得积极成效。

开展“两岸学生走访名医名家交流活动”。根据农工党界别特色，协调台籍学生较集中的大陆高校，在北京、陕西、福建组织开展“两岸学生走访名医名家交流活动”。活动邀请两岸学生同时参与，采用讲座、座谈等方式，参访具有突出传统文化和民族文化特点的单位，帮助台籍学生进一步了解中华历史文化和大陆的经济社会发展，加强两岸学生的交流。

召开两次“健康产业发展研讨会”。10 月下旬、11 月下旬，分别在北京、福州召开了健康产业发展研讨会。中央陈竺主席、副主席何维出席了北京的会议，何维出席了福州的会议。中共中央统战部、国家有关相关部委、台湾方面的专家学者以及农工党中央专委会、福建省委会的有关专家参会。会议围绕健康产业发展、医师资格互认、药品注册与流通等多个方面进行了深入研讨。陈竺高度评价了两次研讨会，并希望今后海峡两岸能在健康产业发展方面继续加强研讨和合作，形成有关工作机制。

地方组织开展联络交流。如：9 月 21 日至 22 日，由农工党河北省会等单位共同主办的第三届冀港澳台中华传统医药文化发展大会在石家庄举行。农工党中央原副主席、国医大师张大宁，河北省政协副主席、农工党河北省委会主委段惠军，国家中医药管理局副局长、农工党北京市委会主委于文明，农工党中央社会服务部部长刘峻杰，全国政协委员、中国工程院院士吴以岭等出席会议。来自香港、澳门、台湾以及河北省有关高校、中医院、科研单位的中医药专家学者、企业界人士等 200 多名代表共聚一堂，交流、探讨祖国传统医学发展大计。

（七）外事活动

3 月 25 日，全国人大常委副委员长、农工党中央主席陈竺在人民大会堂出席国家主席习近平为亚美尼亚总统萨尔基相访华举行的欢迎仪式和宴会。

3 月 27 日至 30 日，全国人大常委副委员长陈竺率全国人大代表团出访越南并出席在河内召开的各国议会联盟第 132 届大会。期间，陈竺会见了各国议会联盟主席乔杜里及秘书长纯贡，会见了越南国会主席阮生雄及巴基斯坦、俄罗斯、委内瑞拉等国议会代表。陈竺表示，全国人大愿同各国立法机构一道，共创经济发展、社会公平、环境友好的和谐世界。

3 月 27 日，全国人大常委、农工党中央副主席龚建明在人民大会堂出席国家主席习近平为奥地利总统菲舍尔访华举行的欢迎仪式和宴会。

3月31日至4月3日，全国人大常委副委员长陈竺主席率全国人大代表团访问东帝汶。期间，陈竺会见了东帝汶总统鲁阿克、总理德阿劳若，并同古特雷斯议长举行会谈。陈竺表示，中方愿结合“21世纪海上丝绸之路”建设，拓展两国在经贸、基础设施建设、人文等方面的务实合作。

3月31日，全国政协副主席、农工党中央常务副主席刘晓峰在人民大会堂出席国家主席习近平为乌干达总统穆塞韦尼访华举行的欢迎仪式和宴会。

5月9日至15日，全国人大常委副委员长、农工党中央主席、欧美同学会会长陈竺率欧美同学会访问团出访西班牙、法国。

6月23日，全国人大常委副委员长、农工党中央主席陈竺，全国政协常委、农工党中央副主席何维在人民大会堂出席国家主席习近平为比利时国王菲利普访华举行的欢迎仪式和宴会。

7月6日至9日，全国人大常委副委员长、农工党中央主席、中华医学会会长陈竺在澳门出席世界医学高峰论坛。

7月21日，全国人大常委副委员长、农工党中央主席陈竺，全国政协副主席、农工党中央常务副主席刘晓峰在人民大会堂出席国家主席习近平为新西兰总督杰里·迈特帕里访华举行的欢迎仪式和宴会。

8月2日，全国政协副主席、农工党中央常务副主席刘晓峰在贵州贵阳会见柬埔寨副首相索安。

8月3日，全国政协副主席、农工党中央常务副主席刘晓峰在贵州贵阳出席第八届中国—东盟教育交流周开幕式。

9月4日，全国人大副委员长、农工党中央主席陈竺，国家卫生计生委主任李斌、副主任马晓伟在京会见来华参加中国人民抗日战争暨世界反法西斯战争胜利70周年纪念活动的世界卫生组织总干事陈冯富珍。陈竺表示，全国人大积极推动起草制订基本卫生法，中国政府正在研究制定新的卫生发展战略规划，希望加强与世卫组织的合作与交流。世界卫生组织驻华代表施贺德、国家卫生计生委国际司负责人等陪同会见。

10月14日，全国人大常委、农工党中央副主席龚建明在人民大会堂出席国家主席习近平为克罗地亚总统基塔洛维奇举行的欢迎仪式和晚宴。

10月21日，全国人大常委会副委员长、农工党中央主席陈竺在天津出席由中国城乡发展国际交流协会和法国谢阁兰基金会共同主办的2015中法圆桌研讨会。

10月26日，全国人大常委会副委员长、农工党中央主席陈竺在人民大会堂陪同国家主席习近平会见荷兰国王威廉·亚历山大。

11月23日至27日，全国政协副主席、农工党中央常务副主席刘晓峰率调研团在英国就农村环境保护开展调研。农工党中央秘书长曲凤宏等参加。

11月25日至29日，全国人大常委、农工党中央副主席龚建明陪同阿根廷副总统阿马多·布杜在北京、上海访问。

11月26日晚，全国政协常委、农工党中央副主席何维在人民大会堂出席国务院总理李克强为塞尔维亚总理武契奇访华举行的欢迎仪式及宴会。

12月1日至9日，全国人大常委、农工党中央副主席龚建明率队在秘鲁、巴西开展能源及生态环境保护调研。农工党中央社会服务部部长刘峻杰等参加。

12月4日至20日，农工党中央社会服务部副部长张庆伟赴德国参加民主党派专职领导干部政治制度出国研究班。

12月7日至13日，全国人大常委会副委员长、农工党中央主席、中国红十字会会长陈竺在瑞士日内瓦出席第32届红十字与红新月国际大会。陈竺强调，各国红会唯有团结一致才能应对当前面临的人道主义挑战。中国红十字会愿积极参与国际人道事务，并在国家“一带一路”倡议下，积极开展与沿线国家红会的合作，为通过推动发展改善当地最易受损民众的生活做出贡献。

12月10日，全国政协副主席、农工党中央常务副主席刘晓峰在人民大会堂出席国家主席习近平为阿塞拜疆总统阿利耶夫访华举行的欢迎仪式和宴会。

12月22日，全国政协副主席、农工党中央常务副主席刘晓峰在人民大会堂出席国务院总理李克强为伊拉克总理阿巴迪访华举行的欢迎仪式和宴会。

二、参政议政

（一）在高层政治协商中提出意见建议

1月26日，最高人民检察院召开座谈会，听取各民主党派中央、全国工商联负责人和无党派人士的意见建议。农工党中央副主席龚建明应邀出席并发言。龚建明提出：进一步推进落实中共十八届四中全会《中共中央关于全面推进依法治国若干重大问题的决定》部署的重大检察改革；高度重视预防职务犯罪,健全预防和遏制职务犯罪的制度体系；构筑防止冤假错案的底线，保障社会公平正义；在探索建立行政公益诉讼制度的过程中，高度重视医闹问题。

1月27日，国务院总理李克强在中南海主持召开座谈会，听取各民主党派中央、全国工商联负责人和无党派人士代表，对《政府工作报告（征求意见稿）》的意见和建议。农工党中央主席陈竺应邀出席并发言。陈竺指出，去年中共中央、国务院积极应对国际国内纷繁复杂的困难和挑战，坚持稳中求进、坚持改革创新，我国经济社会在新常态下实现平稳健康发展，主要指标处在合理区间，成绩有目共睹。今年工作部署，思路清晰、重点突出，我们完全赞同。陈竺还就加大公共产品和公共服务供给、促进创新驱动培育新的经济增长点、推进公立医院改革发展、打好节能减排和环境治理攻坚战提出意见和建议。常务副主席刘晓峰等应邀出席会议。

1月30日，最高人民法院召开座谈会，听取各民主党派中央、全国工商联以及无党派人士的意见建议。农工党中央副主席何维应邀出席并发言。何维在深入推进司法改革、积极推进以审判为中心的诉讼制度改革、法院系统自身建设、积极回应社会舆论四个方面提出了意见建议。

7月24日，中共中央在中南海召开党外人士座谈会，就当前经济形势和下半年经济工作听取各民主党派中央、全国工商联负责人和无党派人士代表的意见和建议，农工党中央主席陈竺应邀出席并发言。陈竺表示，赞同中共中央、国务院对当前我国经济形势的分析和下半年经济工作的考虑。陈竺还就坚持已取得积极成效的宏观政策、促进国民经济持续健康发展，完善环保产业政策、促进污水处理产业和土壤污染治理修复产业发展，以“大病医保全覆盖”和“建立核心用药制度”为抓手，推动医改深化和健康服务业升级发展等提出意见建议。常务副主席刘晓峰、副主席何维等应邀出席会议。

8 月 21 日，中共中央在中南海召开党外人士座谈会，就中共中央关于制订国民经济和社会发展第十三个五年规划的建议听取各民主党派中央、全国工商联领导人和无党派人士的意见和建议，农工党中央主席陈竺应邀出席并发言。陈竺表示，完全认同中共中央对全面建成小康社会决战决胜阶段发展环境的分析与判断，完全赞同“十三五”时期经济社会发展的指导思想、基本原则、主要目标和发展理念。陈竺还就推动健康中国建设，加强生态领域综合治理、实现绿色发展，推动政府治理改革等提出意见建议。常务副主席刘晓峰等应邀出席会议。

12 月 10 日，中共中央在中南海召开党外人士座谈会，就今年经济形势和明年经济工作听取各民主党派中央、全国工商联负责人和无党派人士代表的意见和建议，农工党中央常务副主席刘晓峰应邀出席并发言。刘晓峰表示，赞同中共中央对当前我国经济形势的分析和明年经济工作的考虑。刘晓峰还就严控失业风险显性化，开辟新税源、保障共享发展支出，发展商业健康保险制度，推动美丽中国建设提出意见和建议。副主席何维等应邀出席会议。

（二）在全国两会平台上积极建言献策

1 月 27 日，全国政协提案委员会在京召开各民主党派中央和全国工商联提案工作座谈会。全国政协常委、副秘书长，农工党中央副主席何维出席座谈会。

3 月 3 日至 13 日，全国政协十二届三次会议在京召开。全国政协副主席、农工党中央常务副主席刘晓峰，全国政协常委、副秘书长，农工党中央副主席何维，全国政协常委、农工党中央副主席蔡威和担任十二届全国政协委员的农工党员出席会议。全国人大常委会副委员长、农工党中央主席陈竺应邀参加了 3 日下午举行的开幕会和 13 日下午举行的闭幕会。农工党中央机关部分局级干部旁听了开幕会和政协大会发言。

据不完全统计，大会期间，以农工党中央名义提交的大会发言 8 件，通过秘书组以委员个人名义提交的书面大会发言 8 件；以农工党中央名义提交提案 39 件，立案 38 件；通过秘书小组以委员个人名义提交提案 102 件，还有许多委员通过网络平台自行提交了提案。2015 年的提案内容涵盖医药卫生、环境保护、生态环境和人口资源等领域的重点、难点和热点问题，除了巩固“老阵地”，还关注养老、反腐、“三农”问题等新领域，体现了农工党界别特色和优势。

3 月 5 日至 15 日，十二届全国人大三次会议在京召开。全国人大常委会副委员长、农工党中央主席陈竺，全国人大常委、农工党中央副主席陈述涛、姚建年、杨震、朱静芝、龚建明和担任十二届全国人大代表的农工党员出席会议。全国政协副主席、农工党中央常务副主席刘晓峰，全国政协常委、副秘书长，农工党中央副主席兼秘书长何维，全国政协常委、农工党中央副主席蔡威和担任十二届全国政协委员的农工党员等列席了 5 日上午举行的开幕会。

3 月 7 日，国家卫生计生委副主任刘谦、保监会副主席周延礼、国家中医药管理局副局长闫树江等相关部委负责人参与讨论并与委员互动交流。会上，姚克、郑小燕、戴秀英、赵吉光、马立群、王启仪、彭钊、高体健、杨鸿生、何维等分别就卫生立法、公立医院改革、慢性病防治与分级诊疗、建立医疗意外保险制度、发展对俄中医药养生保健旅游、建设南疆边境地区疾病防控体系、人口均衡型社会综合配套改革、医保管理体制改革等问题提出了建议。

3 月 8 日，全国政协十二届三次会议举行“加大耕地保护工作力度，为人民群众提供优质安全的农产品”提案协商会，农工党中央提交的《以永久基本农田保护区划定为抓手　切实加强土壤环境质量监管》的提案入选了全国政协提案办理协商会。全国政协常委、副秘书长，农工党中央副主席何维出席协商会并发言。何维指出，切实加强土壤污染防治与耕地质量监管，保证重要农产品产地，特别是粮食主产区和“菜篮子”工程基地源头质量安全已刻不容缓。何维建议：加快推进土地利用方式转变；严格落实土壤环境质量要求；强化共同监管体制机制创新。作为提案代表者发言的还有全国政协委员、农工党浙江省委会副主委张波。参加提案办理协商会的有：全国政协常委，农工党中央常委、河南省委会主委高体健；全国政协常委，农工党中央常委、福建省委会主委陈绍军；全国政协委员，农工党陕西省委会副主委、西北农林科技大学校长助理霍学喜。

3 月 9 日，在全国政协十二届三次会议第二次全体会议上，全国政协常委、副秘书长，农工党中央副主席何维作了《深化卫生科技体制改革　创新驱动健康服务业发展》的大会发言。指出，全球新一轮科技革命和产业变革与我国转变经济发展方式正形成历史性交汇，为我国实施创新驱动发展战略，提供难得机遇。建议：选择医疗卫生和健康服务业作为民生发展与经济转型的重要科技战略突破口；以卫生科技体制改革为试点，探索建立我国科技发展的战略重点、运行策略与实施路径；积极推进若干重点改革。

3 月 10 日，在全国政协十二届三次会议第三次全体会议上，全国政协常委、农工党山东省委会主委王新陆代表农工党中央作了《严格防治水污染　科学合理水利用》的大会发言。指出，水污染严重与水资源紧缺两大挑战并存，折射出我国水污染防治乏力、用水管水不当、执法司法不严等深层次问题。建议：水污染有效防治是水安全保障的生命线；水资源科学合理利用是构筑水安全的基础防线；政府作用和市场机制并举，深化改革和法治保障并重，以水为先，逐步建立起符合中国国情的绿色 GDP 体系框架。在同次会议上，全国政协常委、农工党江西省委会主委郑小燕作了《从慢性病分级诊疗入手　缓解城市大医院“战时状态”》的大会发言。指出，通过以慢性病防治为切入点，建立分级诊疗制度，引导群众科学有序就医，为逐步扩大到常见病、多发病进社区，最终为实现社区首诊的医疗改革打下坚实基础。建议：严格落实《全国医疗卫生服务体系规划纲要（2015—2020 年）》要求；充分发挥医保杠杆作用；着重提高基层医务人员慢性病防治能力和水平；进一步完善医疗机构人事分配制度。

3 月 11 日，在全国政协十二届三次会议第四次全体会议上，全国政协委员、农工党陕西省委会副主委、陕西省人民检察院副检察长巩富文作了《抓好“关键少数”　通过法治“大考”》的大会发言。指出，运用法治思维治国理政，已经成为当前党员干部特别是领导干部面临的一场“大考”。建议：要抓好领导干部这个“关键少数”，着力建立健全党员干部学法守法用法的各项机制，通过党员干部带头遵守法律、执行法律，引领人民群众尊法学法守法用法。

5 月 12 日，全国政协举行“推进人民法院司法体制改革”专题协商会。全国政协常委、副秘书长，农工党中央副主席何维出席协商会。全国政协委员、农工党陕西省委会副主委、陕西省人民检察院副检察长巩富文在发言中提出要严格入额标准、确保法官队伍精英化，并就法官入额问题提出建议：对入额法官的专业知识、司法经验设置可衡量的标准。全国政协委员、农工党天津市委会副主委、南开大学法学院副院长侯欣一在发言中提出要司法体制改革要遵循司法规律，建议：一是坚持司法权是国家事权的原则、二是坚持司法权是判断权的原则。农工党中央常委、湖北省委会主委吕忠梅在发言中提出人民法院改革应坚持于法有据，建议：通过有针对性地修订法律，解决改革的合法性问题；通过修法充分回应社会各界关切，最大限度地凝聚社会共识；通过修法明确组织人事、财政部门的职责，解决这些部门的责任担当问题；通过修法明确制度设计，解决司法人员改革预期问题；通过修改法律平衡不同类别司法人员的利益，解决他们参与改革的积极性问题。

6 月 16 日，全国政协十二届常委会第十一次会议召开全体会议，全国政协副主席、农工党中央常务刘晓峰出席会议。全国政协常委、副秘书长，农工党中央副主席何维代表农工党中央作了《加强基本医疗保障体系建设为重点，推动医改全面深化》的大会发言。指出，人民群众对医改成果的获得感仍不够明显，在卫生总支出中的个人支出比重仍显偏高。这与医保尚未发挥核心杠杆作用密切相关。建议：健全基本医疗保障制度，完善国家卫生管理体制；全面实施城乡居民大病保障制度，产生促改革、保民生综合效应；发挥医保调节杠杆作用，建立健全疾病诊疗的临床路径管理规范；完善药物政策，建立医疗卫生机构核心用药制度；组建医院购药合作组织，建立量价挂钩的价格谈判机制。在同次会议上，全国政协委员、农工党中央常委、国家测绘地理信息局副局长李朋德作了《加快创新驱动发展战略全面实施，优化科技重大专项体制机制》的大会发言。指出，当前，一系列科技体制改革政策支持大众创业和万众创新。建议：加强顶层设计和调整，聚焦创新目标任务；大力发展科技金融，调整和完善资金管理政策；改进和完善专项管理制度，提高服务水平；重视知识产权保护、运用，促进科技成果转化；扩大国际合作，开展科普宣传。在这次会议上，农工党中央常委、湖北省委会主委吕忠梅被增补为政协第十二届全国委员会委员，被任命为社会和法制委员会驻会副主任。

7 月 10 日，全国政协在京召开“深化行政审批制度改革”专题协商会，全国政协副主席、农工党中央常务刘晓峰，全国政协常委、副秘书长，农工党中央副主席何维出席协商会。

8 月 21 日，中共中央政治局常委、全国政协主席俞正声在京主持召开调研协商座谈会，邀请民建中央、农工党中央、致公党中央、九三学社中央负责同志，就流域经济发展和水资源开发利用保护建言献策。农工党中央主席陈竺出席会议并发言。陈竺简要介绍了农工党中央以“水污染防治与水资源利用”为主题开展的大范围、多层次考察调研情况，提出了要发挥规划与制度的刚性约束作用，构筑权责清晰、统一高效的水资源管理和水污染防治的行政法治一体化治理体制等若干具有系统性、战略性、建设性的意见建议。常务副主席刘晓峰、副主席何维等参加座谈会。

8 月 25 日，全国政协提案委员会召开主题为“以慢病防治为突破口，建立科学有序的分级诊疗制度”的提案办理协商会。农工党中央《关于以慢病防治为突破口，建立科学有序的分级诊疗制度的提案》作为主提案入选办理协商会。全国政协常委、农工党江西省委会主委郑小燕代表农工党中央参会并发言。

8 月 27 日，全国政协十二届常委会第十二次会议召开全体会议，全国政协副主席、农工党中央常务刘晓峰出席会议。全国政协常委、农工党江西省委会主委郑小燕作了“以政府诚信带动社会诚信 共同践行核心价值观”的大会发言。指出，在倡导诚信、践行社会主义核心价值观的过程中，政府发挥着至关重要的作用。但目前诚信政府建设仍存在决策不连贯、制度不完备、平台不完善、承诺不到位等问题。建议：依法行政，加强自律；完善机制，科学决策；整合资源，促进应用；完善制度，惩戒到位；恪守诚信，勇为标杆。

11 月 7 日，全国政协十二届常委会第十三次会议召开全体会议，全国政协副主席、农工党中央常务刘晓峰出席会议。全国政协常委、农工党中央常委、国家食品药品监督管理总局副局长焦红常委代表农工党中央作了《以健康为导向，强化统筹与重点突破，写好健康中国大文章》的大会发言。指出：健康中国“十三五”建设规划应坚持共享发展理念，营造促进人民健康事业改革与发展的法治与政策环境，创新健康促进的体制机制，实行“医院、医药、医保”三医联动改革，解决突出矛盾，使健康中国成为小康社会的重要保障与突出体现，让人民群众有更多获得感。建议：坚持协调发展，创新健康保障的体制机制，提升医疗保障服务的质量与效能；加大关键环节改革力度，力求实现重大突破；以一批重大行动计划为抓手，提升全民健康水平。

此外，关于《农村义务教育学生营养改善计划保障性对策建议》的提案，农工党中央作为唯一受邀党派，参加国务院专项督导，检查相关省份营养改善计划实施情况。

（三）在双周协商座谈会上积极建言

1.“仿制药的质量问题与对策”座谈会

12 月 3 日，全国政协在京召开双周协商座谈会，围绕“仿制药的质量问题与对策”建言献策。本次双周座谈会由农工党中央和全国政协科文卫体委员会联合筹办，何维、蔡威、周然、牛广明、刘文伟、曲凤宏、花亚伟、段惠军、温建民，以及肖红 10 位农工党员在座谈会上发言。

全国政协常委、副秘书长，农工党中央副主席何维提出，仿制药发展在“十三五”期间要有所突破，关键是实现政府相关部门由粗放型管理转向精细化治理和仿制药企业从依靠价格生存向凭借质量取胜这两个转变，建议：加强中央与地方、政府部门间的统筹协调，提高政策制订与实施的综合效能；及时调整药物政策，优化医保目录，完善药品招标采购相关制度，切实发挥好医保杠杆作用；调整相关政策，鼓励创新，不断提高仿制药质量；切实落实国家有关仿制药审评审批制度改革相关政策。

全国政协常委、教科文卫体委员会副主任，农工党中央副主席、上海市委会主委蔡威提出要完善药品招采机制、提高仿制药质量，建议：提高仿制药质量，与医改和“三医联动”一起考虑；从仿制药质量的一致性评价着手，提高医药产业的集中度；改变招标办法，不能唯低价中标，应综合考核价格和质量等因素，综合评价。

全国政协委员、农工党山西省委会主委、山西中医学院院长周然提出要切实做好仿制药质量一致性评价，建议：追求质量一致性，不能牺牲可及性；让企业动起来，才能真正开好局；不能只给企业压担子，政府才是“第一责任人”。

全国政协委员、农工党内蒙古区委会主委、内蒙古医科大学副校长牛广明提出要规范我国临床药物试验基地建设，建议：进一步完善药物临床试验相关法规体系；进一步加强我国受试者权益和安全保护；进一步加强国际交流与合作。

全国政协委员、天津达仁堂京万红药业有限公司总经理刘文伟提出要建立以仿为主、仿创结合的制药产业体系，建议：有关部门应出台多种配套政策，推动医药行业深度改革，发挥市场竞争机制，淘汰落后企业及产能；缩短《医保报销目录》调整周期，使通过一致性评价的优质仿制药能够及时纳入医保目录；督导各省药品集中采购部门优先采购通过一致性评价的优质仿制药。

全国政协委员、农工党中央秘书长曲凤宏提出要规范研发标准提升仿制药科技含量，建议：加快建立我国仿制药“橙皮书”制度，优化仿制药的注册程序，从国家层面整体提升仿制药质量标准；针对仿制药低水平重复问题，制订适合我国国情的“创新仿制药”制度，鼓励企业持续投入科技研发，提升仿制药质量；鼓励授权仿制，加快国际最新仿制药上市速度，保证患者尽快得到最好药品的救治，快速提升仿制药企业技术水平。

全国政协委员、农工党河南省委会副主委花亚伟提出要完善医保政策机制、提高仿制药质量，建议：完善医保用药目录，推动建立医疗卫生机构核心用药制度；制订疾病临床诊疗指南或路径管理，合理控制医疗费用；全面实施城乡居民大病保险制度，健全重特大疾病保障机制。

全国政协委员、农工党河北省委会主委、河北医科大学副校长段惠军提出要加强仿制药审评与监管工作，建议：整合药品审评资源，建立中央与地方两级联动的药品审评机构；加强药品审评人才队伍建设；提高仿制药质量标准；尽快出台新的强制性《药用辅料质量规范》和实施指南；加大“飞行检查”工作力度；实施企业风险量化分级管理。

全国政协委员、农工党员、中国中医科学院望京医院骨科主任温建民提出要完善我国药品招标政策，建议：推进仿制药的一致性评价工作并将其与药品招标标准挂钩，淘汰产品质量差的中小制药企业；破除药品招标中的地方保护主义，取消各种违反招标法和基本药物制度政策的做法，营造“公平、公开、公正”的药品招标环境；在药品招标中，严禁价低者中标为主旨的招标规定。

十一届全国政协委员、农工党员、武汉市食品药品监督管理局副局长肖红也就相关问题提出意见建议。

2. 其他双周协商座谈活动

1 月 8 日，全国政协在京召开双周协商座谈会，围绕“发挥国家实验室在原始创新中的引领作用”协商讨论、建言献策。全国政协委员、农工党中央常委、中科院院士赵进才出席座谈会，并就相关问题提出意见建议。

1 月 22 日，全国政协在京召开双周协商座谈会，围绕“残疾人权益保障”协商议政、建言献策。全国政协委员、农工党员、中国中医科学院望京医院骨科主任温建民出席座谈会，提出要全面提高智力残疾人的社保水平，建议：进一步完善智力残疾人的低保补贴、给予基本住房保障以及住房补贴、建立“双老一残”家庭的养老保障制度、制订智力残疾人弹性退休年龄制度、提高医疗保障水平、完善交通补贴。全国政协委员、农工党宁夏区委会主委戴秀英出席座谈会，提出要保障好老年残疾人权益，建议：尽快建立我国基本长期护理保险制度、尽快推进落实覆盖城乡的困难残疾老年人和重度残疾老年人相关保障制度、适当提高残疾老年人的护理津贴标准、积极推进老年残疾人专业化服务的发展、提高残疾人养老服务的专业化水平、加强致残疾病的防控。全国政协委员、农工党辽宁省委会副主委、辽宁抚顺市副市长刘诗出席座谈会，提出福利制度建立亟须解决“碎片化”问题，建议要建立困难残疾人生活补贴制度和重度残疾人护理补贴制度，并在覆盖人群上、补贴标准上、资金保障上提出具体意见建议。

4月9日，全国政协在京召开双周协商座谈会，围绕“加强黑土地保护”问题协商议政、建言献策。全国政协委员、农工党员、中国科学院地理科学与资源研究所研究员欧阳华出席座谈会，并就相关问题提出意见建议。

6月4日，全国政协在京召开双周协商座谈会，就如何做好西部农牧区包虫病防治工作建言献策。全国政协委员、农工党四川省委会主委王正荣出席座谈会，提出要建立包虫病流行区省际联防联控工作机制，建议：建立包虫病流行区省际联防联控工作机制、跨省区监测野生宿主动物、省际联合强化犬只管理、大力开展宣传教育活动。全国政协委员、农工党甘肃省委会主委栗震亚出席座谈会，并就加大农牧区包虫病防治经费投入，建议：加大包虫病防治项目投入、提高病患者手术费用报销标准、保证项目实施的工作经费、提高普查经费标准、大幅提高宣传经费。全国政协委员、农工党湖南省委会副主委、中南大学副校长张灼华出席座谈会，提出要研发快速、无创包虫病早期精准基因组诊断技术的意见建议；全国政协委员、农工党内蒙古区委会主委牛广明出席座谈会，提出要加大国家包虫病防治项目覆盖面的意见建议。

6月18日，全国政协在京召开双周协商座谈会，围绕“建设工程消防审核验收”建言献策。全国政协委员、农工党中央委员、北京锦绣投资有限公司董事长管飞出席座谈会，提出要发展志愿消防队伍、树立全民消防理念，建议：一是完善法律法规，二是倡导和推动社会参与。

7月2日，全国政协在北京召开双周协商座谈会，围绕“农村土地确权登记和相关法律问题与对策”协商议政、建言献策。全国政协委员、农工党湖南省委会副主委、湖南师范大学数学研究所所长郭晋云出席座谈会，提出土地确权工作应调动农民的积极性，建议：农民的积极参与是确保土地确权工作质量的重要环节；应认真总结土地确权试点工作中出现的问题，提出针对性指导意见。

9月15日，全国政协在京召开双周协商座谈会，围绕“推进非公有制企业走出去”协商议政、建言献策。全国政协委员、农工党云南省委会主委杨鸿生出席座谈会，并就政府应坚持市场导向加强服务能力，建议：加大鼓励支持企业利用产品优势和技术优势走出国门；为企业“走出去”提供有效精准的专业咨询、行业支持和务实服务；对境外投资开办企业实行以备案制为主和自我管理的方式；推动云南、广西等与周边国家建立交通、托运等互联互通。

9月24日，全国政协在京召开双周协商座谈会，围绕“集中连片特困地区精准扶贫”协商议政、建言献策。全国政协委员、农工党陕西省委会副主委霍学喜出席座谈会，提出秦巴山区要实施精准农业科技扶贫，建议：认真贯彻《关于创新机制扎实推进农村扶贫开发工作的意见》精神，夯实市县责任；实施精准农业科技扶贫，实现服务到户；发挥涉农院校优势，强化农业科技扶贫能力。全国政协委员、农工党青海省委会主委张周平出席座谈会，提出要提高三江源生态移民群众生活“含金量”，建议：建立长期稳定的生态补偿制度、稳步推进生态移民社会管理各项改革、加强生态移民住房和公共基础设施建设。

（四）通过调研等方式积极建言献策

2015年，农工党中央围绕国家改革发展重大问题向中共中央、国务院报送调研专报7件，其中，陈竺以个人专报方式报送了《关于建立医疗卫生机构核心用药制度及做好药品集中采购工作的建议》；刘晓峰以个人专报方式报送了《关于加强我国水资源利用和水污染防治的几点建议》；农工党中央报送了《依法科学防治土壤污染，切实保障公众环境健康》《关于加快延安革命老区脱贫致富步伐，实现全面建成小康社会目标的建议》《关于加强涉水体制机制改革，确保我国水安全的建议》《关于加强黑土资源保护，确保国家粮食安全的建议》《发挥唐山在京津冀协同发展中的重要作用，积极推进曹妃甸协同发展示范区建设》均得到中共中央、国务院领导同志批示。

1.“水污染防治与水资源利用”调研

1月21日至22日，农工党中央主席陈竺率调研组在上海开展“水资源污染防治与合理利用”调研，副主席何维，副主席、上海市委会主委蔡威参加调研。调研组实地考察了崇明县长兴镇的青草沙水库和位于苏州河沿岸的梦清园，并与上海市有关职能部门进行座谈。在听取了情况汇报后，陈竺表示，一要抓紧制订水安全保障的战略，做好用水、管水、治水制度的顶层设计；二要进一步完善水资源合理保藏、科学有效利用的相关政策措施；三要大力开展水污染防治，强化水资源保护工作。中共上海市委统战部副部长吴捷应邀参加调研。中央常委、国家环保部环境规划院副院长兼总工程师王金南，中央参政议政部副部长王素芳等参加调研。上海市委会副主委、上海市环保局局长张全，上海市委会副主委、上海市科委主任寿子琪，上海市委会副主委金如颖等陪同调研。

1月28日至30日，农工党中央主席陈竺率调研组在吉林开展“水污染防治与水资源利用”调研。期间，陈竺与中共吉林省委书记巴音朝鲁、省长蒋超良举行会谈。调研组实地考察了长春市东南污水处理厂和长春市北湖国家湿地公园，并与吉林省、长春市有关职能部门进行座谈。在听取了情况汇报后，陈竺指出，水安全问题正在成为我国新时期经济社会发展的全局性和战略性问题。在法制统领下，实现环境管理到环境治理，从分而治之到协同共治，从粗放开发到就节约利用，是解决水安全问题的基本路径。将健全法律、完善标准和加强执法水平、提高治理能力相结合，将严格用水总量控制和提高用水效率相结合，将防治水污染和环境质量目标管理相结合，是今后解决水安全问题的主要策略。吉林省委会主委赵吉光、长春市有关领导同志参加或陪同调研。中央秘书长曲凤宏、参政议政部副部长王素芳、研究室副主任石光，中国科学院生态环境研究中心研究员魏源送等参加调研。

3月26日，农工党中央副主席何维率调研组在河北开展“水污染防治与水资源利用”大考察前期调研。调研组实地考察了石家庄桥西污水处理厂、桥东污水处理厂、洨河水环境综合整治工程，并与河北省有关职能部门进行座谈。在听取情况汇报后，何维介绍了农工党中央“水污染防治与水资源利用”大考察的有关情况，并就水污染防治与水资源利用情况以及调研方案的拟定进行了交流。河北省委会主委段惠军、副主委徐英以及河北省委统战部领导参加或陪同调研，中央参政议政部副部长王素芳参加调研。

4月14日至15日，农工党中央副主席何维率调研组在江苏开展“水污染防治与水资源利用”大考察前期调研。调研组与江苏省有关职能部门进行座谈。在听取情况汇报后，何维介绍了农工党中央“水污染防治与水资源利用”大考察的有关情况，并就水污染防治与水资源利用情况以及调研方案的拟定进行了交流。江苏省委会主委周健民等陪同调研，中央参政议政部副部长王素芳参加调研。

5月13日，农工党中央“水污染防治与水资源利用”大考察专题座谈会在中央机关举行，常务副主席刘晓峰出席会议并讲话，副主席何维主持会议。刘晓峰指出，农工党中央以“水污染防治和水资源利用”为主题开展大调研，基本考虑是依托长江经济带、京津冀协同发展两大国家战略，从“水污染防治和水资源利用”的角度助推两大国家战略，同时进一步完善和补充“水十条”，并为即将修订的水污染防治法献计献策。北京市副市长林克庆、天津市政府副秘书长穆怀国、河北省政府副秘书长杨国占以及国家有关部委的领导专家30余人出席会议。中央参政议政部副部长王素芳、研究室副主任石光参加座谈。

5月19日至22日，农工党中央主席陈竺、常务副主席刘晓峰率考察团在江苏开展“水污染防治与水资源利用”大调研，副主席何维参加调研。19日晚，陈竺、刘晓峰等与江苏省委书记、省人大常委会主任罗志军举行会谈。江苏省委常委、秘书长樊金龙，农工党中央副主席杨震，江苏省政协副主席、农工党江苏省委会主委周健民参加会见。20日上午，“水污染防治与水资源利用”专题座谈会在南京召开，座谈会由何维主持。在听取了江苏省有关职能部门的情况汇报后，陈竺指出，联防联控是大气及水污染治理的有效手段，建立区域联防联控协调机制是污染治理的必要措施，要在河长制的基础上，逐步建立大江大湖分段的责任制，为水污染的联防联控机制打好基础。刘晓峰指出，我们要深入贯彻落实文件要求，认真落实好《水污染防治行动计划》，认真总结地方用水、管水、治水体制机制改革方面的经验，为《水污染防治法》的修订，为国家治理体系和治理能力现代化的提升积极建言献策。何维简要介绍了农工党近几年的参政议政工作情况和2015年大考察主题的有关考虑及前期筹备情况。江苏省副省长许津荣就江苏省开展水污染防治、水资源利用和水资源管理工作进行了汇报。江苏省人大常委会副主任、党组副书记张艳，江苏省政协副主席、农工党江苏省委会主委周健民等参加座谈。20日下午，考察团在扬州实地考察了扬州市污水处理厂、江都水利枢纽工程和淮河入江水道工程等。21日上午，考察团在无锡考察市域统筹供水情况，实地考察了杨湾藻水分离站。21日下午，考察团在宜兴考察了江苏新坤兴生态农业有限公司、周铁面源氮磷拦截工程现场、油车水库等。22日，考察团实地考察了太湖贡湖湾取水口、太湖水环境监测站、太湖大堤和沿湖湿地公园、梁溪河自动水质监测站等，并在无锡召开座谈会，听取有关职能部门情况汇报。农工党中央委员、中国环境科学研究院副院长郑丙辉，中央委员、水利部松辽水利委员会副总工程师李和跃，中央参政议政部副部长王素芳、研究室副主任石光，以及来自中共中央统战部、国家有关部委的考察团成员参加调研。农工党江苏省委会副主委吴建坤，江苏省委会副主委、无锡市委会主委曹锡荣，扬州市委会主委朱妍，以及扬州、无锡两市有关领导陪同调研。

5月23日至24日，农工党中央主席陈竺、常务副主席刘晓峰率考察团在河北开展“水污染防治与水资源利用”大调研，副主席何维参加调研。期间，陈竺、刘晓峰等与中共河北省委副书记、省长张庆伟举行会谈。中共河北省委常委、统战部部长范照兵，河北省人大常委会副主任马兰翠，河北省副省长张杰辉，河北省政协副主席、农工党河北省委会主委段惠军，河北省政府秘书长朱浩文等参加座谈或陪同调研。考察团先后到沧州市、石家庄市调研，实地考察了沧州市地下水超采综合治理项目、海兴县马庄扬水站改建工程、张会亭乡田间工程和用水者协会，石家庄市桥东污水处理厂、洨河环境综合整治工程，以及西北水厂南水北调水资源利用工程等，并与河北有关职能部门进行座谈。座谈会由何维主持。在听取了情况汇报后，陈竺指出，国家有关用水、治水、管水的主要策略是将严格用水总量控制和提高用水效率相结合，将防治水污染和环境质量目标管理相结合，将健全水资源保护和水污染防治法律、完善标准和加强执法水平、提高治理能力相结合。陈竺强调，京津冀等极度缺水地区应在节水优先、绿色发展上率先突破。要通过绿色转型，对原有经济系统进行生态化改造，以资源集约利用和环境友好为导向，获得经济效益与环境效益的双赢。要不断加大对水利、环保等民生事业的投入，发展规模化农业节水灌溉，加强农田水利基础设施建设，推广节水器具和工业高效节水技术，实施旧城区和严重老化供水管网改造等。要将正在编制的京津冀协同发展水利专项规划与已有的专项规划相整合，构建京津冀水生态命运共同体，构建京津冀区域或流域环境保护管理机构，建立有利于区域水生态环境保护的激励机制，不断加强环境执法能力建设，努力形成经济绿色化的调控发展模式。农工党中央委员、中国环境科学研究院副院长郑丙辉，中央委员、水利部松辽水利委员会副总工程师李和跃，中央参政议政部副部长王素芳、研究室副主任石光，以及来自中共中央统战部、国家有关部委的考察团成员参加调研。农工党河北省委会副主委徐英，河北省委会副主委、石家庄市委会主委王宝山，沧州市委会主委李丽华，以及沧州、石家庄两市有关领导陪同调研。

6月3日至10日，农工党中央常务副主席刘晓峰率调研组赴青海、重庆、四川等地开展“水资源利用和水污染防治”调研，副主席何维参加调研。4日，调研组在青海调研，与青海省有关职能部门座谈。刘晓峰指出，青海要立足省情，处理好水资源的保护与经济社会发展的关系，在水资源保护过程中要以防为重、以治为辅。调研组实地考察了南川河、西宁市第四污水处理厂、李家峡水电站。期间，刘晓峰参加了农工党青海省委会参与主办的“2015年六·五世界环境日暨环境与健康”广场主题宣传活动。5日至7日，调研组在重庆开展调研，实地考察了璧山区璧南河、唐家沱污水处理厂、观音塘湿地公园、铁山坪生态区，与重庆市有关职能部门座谈。在听取情况汇报后，刘晓峰指出，希望重庆要以贯彻落实国家《水污染防治行动计划》为契机，深化水污染防治和水资源利用各项工作，确保三峡库区一江清水绵延后世、永续利用。重庆市副市长谭家玲作了汇报。中共重庆市委常委、市委统战部部长宋爱荣，重庆市委人大常委会副主任、农工党重庆市委会主委杜黎明，重庆市政协副主席何事忠、童小平等参加座谈或陪同调研。8日至10日，调研组在四川开展调研。8日上午，调研组在成都召开座谈会，听取四川省有关职能部门的情况汇报。刘晓峰指出，要进一步完善水管理的机制体制，加大污染违法行为的打击力度；要加强地下水资源保护，制订有利于生态环境的地下水开发模式；要积极探索生态补偿试点工作，加大对水污染治理项目的支持；要着眼于水电开发可持续发展，充分发挥水能资源的综合效益；要以畜禽粪便为基料，大力生产和使用有机肥，减少农业面源污染。四川省副省长曲木史哈作了汇报。调研组实地考察了成都规划馆、锦江生态带、兴隆湖生态工程等，了解成都锦江生态带规划和水环境综合整治工程建设情况。四川省政协副主席杨兴平陪同调研。中央参政议政部副部长王素芳、中国科学院生态环境研究中心研究员魏源送参加调研。

2. 医药卫生领域有关调研

1月16日至18日，农工党中央主席陈竺率调研组在福建厦门、江苏扬州开展“公立医院改革”调研，副主席何维参加调研。16日，调研组在厦门实地考察了厦门大学附属中山医院、附属第一医院，并召开座谈会。在听取了情况汇报后，陈竺指出，改革走到今天，尤其要重视社区和农村，资源配置、财政投入、政策扶持、人才输送等等，都要向基层倾斜，把最美乡医、医疗骨干留在基层，而不是被“虹吸”进大医院。18日，调研组在扬州实地考察了苏北医院、医疗卫生改革等，并召开座谈会，了解医疗联合体建设情况。在听取情况汇报后，陈竺指出，改革能产生最大的红利，要继续深化医疗体制改革，加快推进分级诊疗，探索财政投入机制改革，下决心取消“以药养医”，把医疗卫生事业纳入可持续轨道，进一步提高患者满意度。福建省政协副主席、农工党福建省委会主委陈绍军，国家卫计委体制改革司司长梁万年，中央参政议政部副部长王素芳，以及福建省、厦门市，江苏省、扬州市有关领导参加或陪同调研。

2月3日至4日，农工党中央主席陈竺率调研组在内蒙古开展基层医疗卫生事业发展、村医队伍建设调研。陈竺深入到呼和浩特市新城区南店滨水新村迎新路社区卫生服务中心、保合少镇野马图村、脑包村卫生室等，并召开座谈会。在听取内蒙古有关职能部门的情况汇报后，陈竺强调，农村卫生室和村医队伍是公共卫生服务和基本医疗的“网底”，深化医改必须筑牢这个“网底”，要着眼基层医疗卫生事业的长远发展，通过体制机制改革，逐步改善村卫生室的医疗条件，提升村医的待遇，加强对村医的培训，吸引更多的高层次医疗人才充实到基层，使村医更好地为广大人民群众服务。内蒙古区人大常委会副主任吴团英，内蒙古区政协副主席、农工党内蒙古区委会主委牛广明等陪同调研。中央秘书长曲凤宏、参政议政部副部长王素芳、组织部负责人邓蓉玲等参加调研。

2月10日，农工党中央主席陈竺率调研组在北京开展“生物医药产业发展”调研，副主席何维参加调研。陈竺一行来到北京经济技术开发区，先后走访了义翘神州、贝达药业、旷博生物、百泰生物等知名生物医药企业，并与企业家们座谈。陈竺指出，生物医药产业对于经济发展、创新创业、惠及民生具有重要作用，希望生物医药企业坚定信念、注重创新、坚持实用、敢于担当，为首都发挥全国科技创新中心的作用，构建“高精尖”经济结构和京津冀协同发展做出应有贡献。北京市委常委、统战部部长牛有成，农工党北京市委会主委于文明，中央秘书长曲凤宏、参政议政部副部长王素芳、研究室副主任石光等参加调研。

3月27日，农工党中央副主席何维率调研组在河北保定开展“城乡居民大病及常见病医疗保险”调研。调研组深入到保定市第一中心医院作基础数据分析，并召开座谈会。调研组听取了保定市相关情况汇报，就城乡居民（包括新农合）大病及常见病医疗保险实施过程技术性问题与保定市相关部门和医疗机构负责人进行座谈讨论。何维指出，这次调研主要是侧重解决在现行医保体制中，以我国现有经济状况为基础，解决新农合和城镇居民大病医保报销比例偏低的问题，为顶层设计提供科学依据。河北省政协副主席、农工党河北省委会主委段惠军，农工党河北省委会副主委徐英，河北省委会副主委、保定市委会主委孙建恒等陪同调研。中央参政议政部副部长王素芳参加调研。

4月10日，农工党中央主席陈竺在中央机关主持召开“药品招标采购和价格谈判机制改革实施方案”研讨会，副主席何维出席，来自中国要学会、中国医药工业科研开发促进会、中国医疗器械行业协会、中华医学会检验分会的专家学者参加会议。4月28日，主席陈竺、副主席何维在中央机关出席“药品招标采购和价格谈判机制改革实施方案”定稿会并讲话。中央参政议政部副部长王素芳参加两次会议。

7月17日至19日，农工党中央副主席何维率调研组在河北张家口开展医疗养老、会展经济等高端服务产业发展情况调研。调研组深入到张家口市上海张江张家口高新技术产业园、旗帜婴儿乳品股份有限公司、文化艺术会展中心、春雷老年公寓、洋河科技园景观大道等地进行考察，详细了解张家口市健康养老产业发展定位、高新技术和高端服务等产业发展情况。何维指出，当前，借助京津冀协同发展和京张携手申冬奥的巨大机遇，京张两地同城化步伐不断加快，张家口应制订好相关产业发展规划，进一步明确定位和方向，积极与北京各大医院和养老机构对接合作，不断提升京津冀地区医疗卫生事业和健康养老产业发展水平。张家口市有关领导参加或陪同调研。

10月20日，农工党中央主席陈竺、副主席何维在中央机关出席海峡两岸健康产业发展研讨会。中央秘书长曲凤宏以及机关各部门负责人参加会议。11月24日，由中国初级卫生保健基金会、福建省中医药研究促进会联合主办的健康产业发展研讨会在福建省福州市召开。农工党中央副主席何维、福建省委会主委陈绍军出席会议并讲话。会议从产业发展的角度，以专业交流为基础，研讨海峡两岸医疗服务、生物医药产业合作新模式，促进两岸医药界专业人员资质互认和产品互认，推动相关制度改进与创新及出台有关的保障政策。11月25日，何维率健康产业发展调研组在福建平潭综合试验区开展调研，实地考察实验区和自贸区的开发建设情况。调研组一行走访了平潭综合实验区海关二线卡口、台湾创业园、区规划馆等，并召开座谈会。中央办公厅主任隋路、参政议政部副部长王素芳、研究室副主任石光、宣传部副巡视员刘保明，中央联络工作委员会主任黄泰康、福建省委会副主委杨琳，以及福建省有关单位人员参加活动。

12月18日至19日，农工党中央主席陈竺率调研组在福建三明、莆田开展“公立医院改革”调研，副主席龚建明参加调研。调研组实地考察了三明市医管中心、市第一人民医院、沙县医院等，并召开了三明市医改工作情况座谈会。陈竺指出，医改只有坚持政府的主导责任，才能引领改革稳步向前；要打破部门利益，整合各方资源，同心协力推进改革不断深入；要坚持制度先行，从政府、医院、医生层面逐步落实监管、惩戒机制，确保医改令行禁止；要有忧患意识，要努力破解人才引进、财政持续保障等医改难题；要积极探索医学人才保障机制，通过引导高校学科设置等举措不断充实医护人员的队伍；在医改保障机制上，政府要把资金多向医疗卫生倾斜，持续加大对医院软硬件设施的投入，特别是基层医疗场所建设的投入力度；要进一步规范药品流通秩序，减少流通环节，切实让百姓用上“疗效好、价格又低”的好药。陈竺强调，要注重把资源配置、财政投入、政策扶持、人才输送等向基层倾斜，把医疗骨干留在基层；要加快全科医生培养培训，鼓励更多年轻医务人员、医学院校的新生力量到基层服务、锻炼成长。福建省人大常委会副主任刘群英，福建省政协副主席、农工党福建省委会主委陈绍军，中央社会服务部部长刘峻杰、参政议政部副部长王素芳，福建省委会副主委杨琳等参加调研或相关活动。

受国家卫计委委托，农工党中央联合中华医学会、中华药学会及其他协会，组织党内外专家学者，开展健康中国“十三五”建设规划第三方平行研究，农工党中央副主席何维，中央参政议政部副部长王素芳、研究室副主任石光等多次出席座谈会，以期为国家科学制订健康中国“十三五”建设规划，推进医药卫生事业发展，提升人民健康水平，建设健康中国做出积极贡献。

3. 革命老区全面建成小康社会调研

为贯彻落实习总书记在陕甘宁革命老区脱贫致富座谈会上的重要讲话精神和中共中央统战工作会议精神，5 月 27 日至 29 日，农工党中央主席、中国红十字会会长陈竺率调研组在延安开展“加快延安革命老区脱贫致富步伐 全面建成小康社会”调研，副主席何维参加调研，副主席、陕西省委会主委朱静芝陪同调研。调研组实地调研了马家南沟村、文安驿镇梁家河村进行调研，并看望慰问了 2 户贫困户。随后，陈竺到延安红十字医院（市博爱医院）、延安新区、安塞工业园区、延长石油装备制造厂、延安市红十字会等，并参观了延安革命纪念馆。28 日，“加快延安革命老区脱贫致富步伐 全面建成小康社会”专题座谈会在延安召开。会议由陕西省委常委、延安市委书记姚引良主持。在听取延安有关单位负责同志的汇报和发言后，陈竺指出，农工党中央几代的领导都非常关心革命老区的战略规划。对延安今后的发展，陈竺表达三点意见：一是延安等革命老区应成为“十三五”期间贯彻“四个全面”战略布局，实现脱贫的主战场；二是要结合国家“一带一路”发展战略，对延安等革命老区实施特殊的产业政策，制订有利于培养市场要素的政策，增强其自我发展能力；三是要结合农工党和中国红十字会的力量，加大对延安医疗卫生事业的帮扶。延安市委副书记、市长梁宏贤汇报了延安经济社会发展情况。国务院扶贫办规划财务司副司长罗试坚、农工党中央参政议政部副部长王素芳等参加调研。

4. 陈竺、刘晓峰率农工党中央常委在河北唐山考察

6 月 14 日，农工党中央主席陈竺、常务副主席刘晓峰在农工党十五届十次中常会期间，率与会人员到曹妃甸参观考察。陈竺、刘晓峰一行先后参观考察了 25 万吨矿石码头、首钢京唐公司。在听取了曹妃甸主要负责同志介绍后，陈竺、刘晓峰希望唐山按照习近平总书记在唐山视察时的要求，努力把唐山、曹妃甸建成东北亚区域合作的窗口、环渤海地区的新型工业化基地、首都经济圈的重要支点。在详细了解首钢京唐公司搬迁改造、产业布局、生产流程等情况后，陈竺、刘晓峰对京唐公司成功实施整体搬迁，大力推动京唐合作的做法表示赞赏，希望公司继续发挥示范带动作用，推动京津冀协同发展。期

间，陈竺、刘晓峰等参观了开滦博物馆。河北省政协副主席、农工党河北省委主委段惠军，河北省委会副主委、唐山市委会主委、唐山市副市长高瑞华以及中共河北省委统战部、唐山市有关领导陪同考察。

5. 京津冀区域环境保护研讨会

4 月 2 日，农工党中央在京召开京津冀区域环境保护研讨会，常务副主席刘晓峰出席会议并讲话、副主席何维主持会议。环境保护部副部长李干杰应邀到会并讲话。刘晓峰指出，要尽快建立健全跨部门跨地域的环境保护协调工作机制，将水、大气、土壤污染防治三项行动计划统筹实施，将现有行动计划工程性治理模式逐步向体制管理与法治保障方向过渡，大力改革环保投融资体制，加快发展京津冀地区的环保产业，拉动民生领域的投资和消费需求，在调结构、保增长、促就业等方面发挥环保产业的巨大作用。北京市委会副主委兼秘书长刘迎、天津市委会副主委王瑛、河北省委会副主委王福强分别报告了围绕京津冀环境保护一体化开展的参政议政工作。中央生态环境委主任、环保部环境院副院长兼总工王金南，生态环境委副主任、北京市环保局总工周扬胜，生态环境委副主任、天津市环保局原总工包景岭，生态环境委副主任、中国科学院生态研究中心研究员贺泓，社会法制委副主任、国务院发展研究中心资源与环境政策研究所副所长常纪文等发言。来自农工党北京、天津、河北省级组织和环保部门相关同志，中央生态环境工作委员会、社会与法制工作委员会的专家，中央机关有关同志，首都多家媒体记者近 40 人参加会议。

6. “保护黑土资源确保国家粮食安全”专题调研

9 月 22 日至 26 日，农工党中央常务副主席刘晓峰率调研组在黑龙江开展“保护黑土资源确保国家粮食安全”调研。期间，刘晓峰与中共黑龙江省委副书记、省长陆昊，省政协主席杜宇新进行座谈。22 日，调研组就“保护黑土资源确保国家粮食安全”课题在哈尔滨召开座谈会，在听取了黑龙江省有关职能部门情况汇报后，刘晓峰指出，保护好我国的黑土资源就是保护国家的粮食安全，一定要加大对黑土资源的保护力度。农工党中央会积极做好调研工作，群策群力，集思广益，形成一份质量较高的调研报告，推动将保护黑土资源确保国家粮食安全提升为国家的发展战略。黑龙江省副省长孙尧作了关于黑土保护工作的介绍。中央副主席、黑龙江省委会主委陈述涛主持座谈会。江苏省委会主委周健民，中央参政议政部副部长王素芳，黑龙江省委会副主委刘长青、郭春景等参加调研。23 日至 26 日，调研组一行赴齐齐哈尔、五大连池、黑河等地实地考察了黑土和湿地保护、水土流失治理、农垦北安大农田种植与管理，视察了黑河四岛防护工程，参观了瑷珲历史陈列馆、瑷珲知青博物馆等。

7. “攀西地区土壤污染防治”专题调研

11 月 15 日至 18 日，农工党中央常务副主席刘晓峰率调研组在四川省攀枝花市、凉山州开展“攀西地区土壤污染防治”调研。调研组一行在攀枝花市西区西佛寺调研生态环境项目、米易县垭口镇安全村调研耕地保护与发展项目和米易县湾丘彝族乡调研工矿废弃地复垦利用试点项目；在凉山州西昌市考察了西乡乡株木树村农产品环境保护试点项目和邛海湿地保护工程；11 月 17 日，在西昌了召开攀西地区土壤污染防治座谈会。刘晓峰指出，要从国家战略高度重视土壤污染防治工作：一是优质土壤要优先保护，建立土壤资源保护示范区；二是坚持“谁污染、谁治理，谁受益、谁治理”的原则；三是统筹考虑大气、水、土壤污染的综合治理；四是加强土壤污染防治的理念创新和政策落实。农工党四川省委会主委王正荣主持座谈会。四川省政府资政张作哈汇报了四川省土壤污染防治情况，农工党江苏省委会主委、中科院南京分院院长周健民，中央宣传部部长石光树、参政议政部副部长王素芳、研究室副主任石光，中科院地理科学与资源研究所环境修复中心主任、研究员陈同斌，农工党中央教育委副主任、中国人民大学培训学院副院长卜健军等参加调研。农工党四川省委会副主委、四川省环境保护厅副厅长钟勤建，四川省委会副主委夏华祥以及四川省、攀枝花市和凉山州有关领导出席座谈会或陪同调研。

8. 召开系列经济形势座谈会

6 月 18 日，农工党中央召开经济形势座谈会，常务副主席刘晓峰、副主席何维出席座谈会并讲话。吴亚平、张立群、张杰、纪韶、王娴、汤东林等 9 位党内外专家结合自己的研究领域和农工党界别特色就 2015 年半年经济形势进行了全面深入的分析，对 2015 年下半年经济工作提出了意见建议。中央研究室主任游宏炳、副主任石光等参加座谈。

7 月 13 日，农工党中央召开经济形势座谈会，主席陈竺出席会议并讲话，常务副主席刘晓峰出席会议，副主席何维主持会议。陈竺指出，医药卫生、环保等领域的改革，在一定意义上可以说，是拉动经济增长的最大引擎和惠民生的最佳结合点。会上，来自国家有关部委、研究所、高校、企业的 8 位经济金融、环境保护等领域的专家学者参加座谈。

11 月 23 日，农工党中央召开经济形势座谈会，主席陈竺出席会议并讲话。来自有关部委、研究所、高校、企业的 6 位经济金融等领域的专家学者结合自己的研究领域和方向，结合农工党实际和界别特色，对 2015 年经济形势进行了认真分析和研判，并对做好 2016 年经济工作提出了意见建议。

9. “仿制药的质量问题与对策”有关调研

8 月 25 日，农工党中央与全国政协教科文卫体委员会联合举办的“仿制药的质量问题与对策”情况介绍座谈会在全国政协机关召开。按照《全国政协 2015 年双周协商座谈会安排》，农工党中央和全国政协教科文卫体委员会合作，围绕将于 12 月召开的全国政协第 43 次双周协商座谈会的选题“仿制药的质量问题与对策”开展准备工作。全国政协常委兼副秘书长、农工党中央副主席何维，全国政协常委、教科文卫体委员会副主任，农工党中央副主席蔡威出席座谈会，全国政协委员、农工党中央山西省委会主委周然，全国政协委员、农工党内蒙古区委会主委牛广明等参加会议。农工党中央、全国政协教科文卫体委员会、医药卫生界全国政协委员等参加座谈。

9 月 28 日至 29 日，农工党中央副主席何维率调研组在江苏开展“仿制药质量与对策”调研。28 日，“仿制药质量问题与对策”专题调研座谈会在南京召开，调研组听取了江苏省有关职能部门、有关行业协会和制药企业代表的情况汇报。会议就针对仿制药质量参差不齐、国内辅料产品质量亟待加强、仿制药重复申报与审评积压问题亟待改善、企业创新和国际化水平有待提高等四大问题，提出了意见建议。29 日，调研组深入到正大天晴制药企业开展调研。江苏省政协副主席、农工党江苏省委主委周健民陪同调研。

10月8日至9日，农工党中央副主席何维率调研组在山东开展“仿制药质量问题与对策”调研。中共山东省委统战部部长吴翠云会见了调研组成员。8日，调研组实地考察了济南齐鲁制药有限公司。9日，“仿制药质量问题与对策”专题调研座谈会在济南召开。调研组听取了山东省有关职能部门、部分医院和制药企业负责人的情况汇报。会议围绕当前仿制药评价方法、政策体系、激励机制等，就如何提升我国仿制药质量进行了交流，提出了意见建议。

10月10日，农工党中央副主席何维率调研组在河北开展“仿制药质量问题与对策”调研。中共河北省委常委、秘书长、统战部部长范照兵会见调研组一行。农工党山西省委会主委周然、内蒙古区委会主委牛广明、河南省委会副主委花亚伟、天津市委会副主委刘文伟，中央参政议政部副部长王素芳，以及卫计委、食品药品监督管理总局、中国食品药品检定研究院、中国医药创新促进会有关领导参加调研。调研组实地考察了华北制药集团有限责任公司、石家庄制药集团有限公司，并召开座谈会，听取河北省有关职能部门、部分医院和制药企业负责人的情况汇报，就仿制药质量标准、创新发展等问题进行了交流。

10.“加速珲春对外开放，保障国家战略安全”调研

5月7日至8日，农工党中央副主席何维率调研组在吉林省延边州珲春市开展“加速珲春对外开放，保障国家战略安全”调研。调研组在珲春实地走访了圈河口岸、长岭子口岸、防川及公路、铁路口岸，考察了浦项现代国际物流园区等多个在建项目施工建设情况，在珲春市召开了“加速珲春对外开放”调研座谈会，听取了珲春市国际合作示范区建设及开发、开放情况汇报。何维指出，农工党中央特别重视长吉图发展，农工党将把长吉图发展,特别是珲春在通道建设方面存在的问题以“直通专报”的形式报送国务院，希望珲春在国家“一带一路”战略中发挥更大作用。农工党将全力支持珲春国际合作示范区发展，努力推动图们江区域国际合作再上新水平。珲春市委书记高玉龙作了汇报。

11. 关于戒毒工作的调研

5月6日，农工党中央在京召开“推进稀释氧化亚氮吸入速效脱毒技术用于强制戒毒”专题座谈会，副主席何维主持会议。何维指出，通过此次座谈会，进一步明确了项目路径，下一步将以企业作为创新主体，推动项目进展。农工党宁夏区委会主委、课题组成员戴秀英教授介绍了项目研究进展情况。宁夏研发团队的主要成员参加会议。12月28日，何维在宁夏吴忠市强制隔离戒毒所考察戒毒工作和戒毒新技术的研究进展情况。何维参观了戒毒所的爱心医院，与戒毒学员亲切交谈，视察了戒毒学员接受稀释氧化亚氮吸入速效脱毒技术治疗的全过程，并与宁夏各相关部门座谈。农工党宁夏区委会主委戴秀英介绍了“稀释氧化亚氮吸入速效脱毒技术用于强制戒毒”新技术工作进展情况。

12.“食用槟榔对人体健康的影响”调研

9月7日，“食用槟榔对人体健康的影响”专题研讨会在农工党中央机关召开，副主席龚建明出席会议。9月8日至14日，龚建明率调研组在海南、湖南、广西开展“槟榔产业发展和食用槟榔对人体健康的影响”调研。9日上午，“槟榔产业发展和食用槟郎对人体健康影响”研讨座谈会在海口召开，海南省副省长、农工党海南省委会主委王路出席会议，强调以科技为支撑，以研究结果为依据，促进槟榔产业科学、健康发展。龚建

明作总结讲话，呼吁加强对槟榔食品安全性进行全面深入研究，科学、理性发展槟榔产业。与会专家学者分别就“槟榔产业发展”“食用槟榔对人体健康影响”两个专题进行交流研讨。9日下午至10日，调研组实地调研了万宁王进财槟榔园种植基地、海南雅利槟榔加工厂初加工基地、海南口味王公司、兴隆绿槟榔加工厂深加工基地。9月11日至12日，调研组赴湖南开展“槟榔产业发展和食用槟榔对人体健康影响”调研。调研组在长沙召开“食用槟榔对人体健康影响”座谈会，听取了湖南省有关职能部门、部分医院和湖南省槟榔协会等单位负责同志及有关专家的汇报发言，就槟榔对人体健康的影响进行了广泛的交流。调研组实地走访了湘潭市两家大型槟榔企业和一家手工作坊，并召开了“槟榔产业发展座谈会”，湘潭市有关领导陪同调研并参加座谈。龚建明表示，如何对槟榔定性、如何对这个产业进行规范和帮助，是我们调研的重点。希望通过这个调研，引起国家层面的高度重视，在保障人民群众健康食用槟榔的基础上，使槟榔产业走上健康发展的道路。9月13日至14日，调研组在广西壮族自治区开展调研。

13. 其他调研或活动

1月31日，由《人民政协报》、中华医学会心血管病学分会联合主办的健康智库沙龙在全国政协礼堂举行。农工党中央副主席何维出席沙龙，并就“国产医疗器械创新发展”提出意见建议。何维提出五点建议：一是制订强有力的促进国产医疗器械发展的产业政策；二是建议国家卫生计生委研究制订国家医疗器械使用政策；三是完善科技创新政策；四是加强对医疗器械市场的监管；五是加强立法和执法保障。

2月12日，国家中医药管理局中医药改革发展专家咨询委员会专题咨询会议在京召开。农工党中央主席、专家咨询委员会顾问陈竺出席会议并表示，中医药未来发展要在全面梳理、全面总结中医药事业发展成就、把握规律基础上，立足服务健康这个核心，抓住深化医改机遇，围绕提高服务能力、创新能力、保障能力，服务“一带一路”战略，定性和定量相结合，提出一些重点任务、重大工程，特别是要有一些刚性的指标和要求，保证规划落到实处，可评估、可检验。国家中医药管理局局长王国强对中医药工作有关情况进行了通报。国家中医药管理局副局长、农工党北京市委会主委于文明，农工党山东省委会主委、山东中医药大学名誉校长王新陆等参加会议。

4月17日至24日，全国政协教科文卫体委员会“西部农牧区包虫病防治”专题组在宁夏、新疆开展调研。全国政协常委兼副秘书长、农工党中央副主席何维，全国政协委员、农工党宁夏区委会主委戴秀英，全国政协委员、农工党新疆区委会主委孟庆才等参加调研。何维指出，应利用经济和技术上的优势，通过畜牧业生产方式的改变，带动和影响丝绸之路沿线国家的包虫病防治工作。

4月22日，农工党中央副主席、上海市委会主委蔡威前往上海浦东新区周浦镇棋杆村，调研浦东新区城乡一体化建设推进情况。调研组实地考察了棋杆村美丽乡村建设情况及村属农业产业基地和休闲体验项目。

4月27日，农工党中央主席陈竺在中国科学院天津工业生物技术研究所考察。陈竺先后考察了天津工生所工业酶国家工程实验室、依托天津工生所建设的天津产业技术创新与育成中心、中心培育的诺唯德（天津）制药有限公司等。陈竺指出，创新无处不在，而对于发展中国家来说，“需求牵动、问题导向”应该更重要。天津市有关领导陪同考察。

5月7日至10日，农工党中央主席、中国红十字会会长陈竺率调研组赴西藏自治区调研抗震救灾和基层红十字会工作。期间，陈竺与西藏自治区党委书记陈全国举行会谈。西藏自治区党委副书记、区人大常委会主任白玛赤林陪同调研。陈竺一行深入“4·25”地震重灾区看望慰问受灾群众，实地查看了灾民安置、物资发放和医疗服务开展等情况。陈竺还深入到基层红十字会和日喀则市人民医院、藏医院等相关医疗机构进行实地考察。

7月26日，农工党中央主席、中国红十字会会长陈竺率中国红十字会调研组在无锡调研。期间，陈竺临时向市红十字会提出申请，报名加入无锡的造血干细胞捐献队伍，他成为无锡市第11928名造血干细胞志愿捐献者。

9月4日，2015中国全科医学大会暨中华医学会全科医学分会第十三届学术年会在京举行。农工党中央主席、中华医学会会长、中华医学会全科医学分会名誉主任委员陈竺院士出席会议并致辞。陈竺呼吁，所有的医学院校设立全科医学系，或在临床医学系内设立全科医学专业，并在所有的医学院校附属教学医院和三级医院设立全科医学科。农工党中央副主席龚建明应邀出席会议。

11月13日，由《人民政协报》、四川省政协办公厅联合主办的包虫病手术家庭公益援助启动仪式暨动物源头防控座谈会在京举行。农工党中央副主席何维主持会议并讲话。何维提出五点建议：一是国务院有关部门要科学制订防治包虫病的专项规划，将其作为公共服务的重要内容；二是建立防治包虫病的相关体制机制；三是根据所探索出的成功防控经验，形成包虫病防控模式，可向“一带一路”相关国家进行输出；四是继续加强科技研发的力量；五是加强科普宣传和健康促进工作，改变病区居民的生产和生活方式。

12月19日，由人民政协报社、农工党中央参政议政部联合主办，石药集团有限责任公司支持的“医药产业创新发展”座谈会在全国政协礼堂召开。农工党中央副主席何维出席会议并表示，医药产业发展需要用统筹的方法来加以解决。从目标导向和发展理念上说，医药产业的创新发展至关重要；体制机制问题，要靠科学的顶层设计和系统的制度建设；优先考虑制订医药产业相关产品如药品的使用政策；加强医药产品供给端改革；构建合理的医药研发体系。

（五）搞好社情民意信息工作

2015年，农工党中央共收到社情民意信息来稿2733篇，编报《信息专报》386期，其中64期被全国政协采用，并上报国务院领导同志或转送相关部委。其中，两篇信息得到了有关部委高度重视，多篇信息转化为2016年农工党中央提交全国政协大会的提案。2015年信息工作取得了在全国政协的年度评分名列第一，2014—2015年总分名列第二的好成绩。浙江、江苏、北京、福建、广西等19个省级组织和中央专委会荣获农工党社情民意先进集体表彰，147人荣获农工党中央社情民意先进个人表彰。

一是围绕国家中心工作，紧抓大政方针、热点事件以及全国政协重点议题，组织力量形成高质量稿件。围绕“十三五”规划，中央领导同志亲历亲为，陈竺撰写了《关于“十三五”期间国家重要战略、卫生与环保事业发展及相关管理体制改革的有关建议》，刘晓峰撰写了《关于支持福建宁德创办全国军民融合深度发展试验区的建议》，农工党中报送了《应将陆地水下地形测绘和雪山冰川测绘列入“十三五”规划》《关于国家“十三五”

环境保护规划及其指标的建议》《建议将生态红线保护制度列入“十三五”规划》《建议将船舶减排作为“十三五”防治空气污染的一个重点》《以划定城市开发边界为契机 合理管控“十三五”期间我国城市扩张》等一批信息。围绕“一带一路”“京津冀协同发展”战略实施，农工党中央报送了《应促进丝绸之路经济带生态环境国际合作机制建设》《首钢在河北外迁干部职工就医，医保无法跨省实时结算》等信息。此外，对农工党优势领域的政策、改革举措，对国家经济社会中出现的热点事件等，及时关注事件进展，及时组织反映民意。

二是创新工作方式，选取涉及经济社会发展全局的重要议题，与省级组织开展信息共建，形成合力出精品。针对农工党吉林省委会提出的“推进珲春对外开放，确保国家战略安全”议题，副主席何维带队开展实地调研，形成了《重视东北亚地缘政治发生的新变化，采取有力措施争取主动权》的信息。联合农工党贵州省委会，就“留守儿童问题”在毕节、黔东南开展调研，形成了调研报告，并转化为农工党中央提案《解决当前留守儿童问题的对策建议》。与农工党广西区委会联合，就少数民族地区地质灾害防治情况进行调研，形成《西南民族地区地质灾害防治亟须国家更大支持》的社情民意信息。针对农工党云南省委会提出在我国全面实施“一带一路”战略背景下，如何发挥云南国际大通道作用，加快推进西南沿边开放议题，联合全国政协信息局及党内相关专家，就西南沿边开放情况在普洱市、西双版纳州开展调研，形成了《建议把加快推进沿边开放列入国家“十三五”规划的重大措施》《关于加快金融改革，积极推进西南沿边地区对外开放的建议》《大力发展替代经济，取消境外替代种植农产品进口配额限制的建议》和《进一步加快沿边少数民族基础教育发展的建议》的信息和提案。

三是依靠“农工党中央社情民意信息网络平台”，推动社情民意信息工作取得新成效。2015 年，“农工党中央社情民意信息网络平台”开发完成并投入使用，运行近一年，三方面的作用突显：一是工作效率大幅提高；二是便于相互学习交流；三是有利于数据的综合分析利用。

（六）办好第十届生态健康论坛

7 月 2 日至 3 日，由农工党中央主办，农工党中央生态环境工作委员会、环境保护部环境规划院、农工党天津市委会协办的第十届中国生态健康论坛在天津举办。本届论坛的主题是“水与土壤的环境保护”。常务副主席刘晓峰出席论坛开幕并作了《紧扣“四个全面”战略布局，健全水生态文明制度体系》的主旨讲话。副主席何维主持论坛开幕式并致辞。刘晓峰指出，要把水安全问题放在“四个全面”战略布局中去把握，主动适应经济发展和水资源、水环境保护的新常态。刘晓峰强调，要紧扣“四个全面”战略布局，深入贯彻落实中共中央、国务院《关于加快推进生态文明建设的意见》和《水污染防治行动计划》；要积极创新和完善生态文明理论和制度体系，把水生态文明建设推向新的高度；要认真总结各地用水、管水、治水经验，为贯彻落实“水十条”和修订《水污染防治法》积极建言献策；要抓住重大国家战略的发展契机，带动相关区域经济发展。本届论坛还召开了“土壤污染防治专题座谈会”，刘晓峰出席座谈会并讲话，针对土壤污染防治，刘晓峰提了三点建设性的建议：一是守住发展和生态两条底线，用环境保护促进绿色经济；

二是尽快出台《土壤污染防治法》，以科学立法推进深化改革；三是水土气三要素紧密相关，要污染共治。论坛期间，江苏省委会主委、中科院南京分院院长周健民出席论坛并作了《我国土壤安全面临的问题及应对措施》的主旨报告；中央生态环境工作委员会主任、环保部环境规划院副院长兼总工程师王金南出席论坛并作论坛学术总结；天津市委会副主委、天津市环保局原总工包景岭作了《我国水污染防治新战略》的主题发言。来自中国科学院、环保部环境规划院、中国环境科学研究院、清华大学等科研机构的 10 多位专家学者围绕“国家水安全的战略支撑”和“国家土壤污染防治与资源综合利用”进行了精彩的主题演讲。中央参政议政部副部长王素芳、研究室副主任石光，生态环境保护领域的专家学者及北京市委会、天津市委会、河北省委会有关同志 100 多人参加论坛。

三、社会服务

（一）服务“一带一路”建设

1. 开展“助闽添福工程”。通过农工党中央主办的中国初级卫生保健基金会，开展帮扶福建医疗卫生事业发展。12 月 19 日，农工党中央主席陈竺、副主席龚建明率调研组在福建莆田，听取农工党中央支持福建省全面提升医疗服务能力项目汇报以及试点地区莆田市的三个项目实施进展情况和信息化操作演示，并在会后举行了农工党中央、中国初级保健基金会福建省首批帮扶项目捐赠仪式。福建省人大常委会副主任刘群英，福建省政协副主席、农工党福建省委会主委陈绍军参加活动。陈竺肯定了项目取得的阶段性成果，他认为此次帮扶合作项目的意义不仅是努力满足当前的医疗服务需求，更可以为将来进一步的发展而开创一种新的模式，通过建成新技术平台来创造新的工作机制。汇报会后，举行了农工党中央支持福建全面提升医疗服务能力项目的捐赠仪式，龚建明代表农工党中央向福建省捐赠价值 1.7 亿元基础医疗设备与医务人员培训、信息化建设软硬件设备与系统、中医诊疗设备与专项培训资金。农工党中央社会服务部部长刘峻杰、福建省委会副主委杨琳等参加活动。其他工作还有：向福建全省基层医疗机构捐赠医疗设备；帮扶福建医疗信息化项目，召开医疗信息化研讨会，为福建协调具有最先进信息技术的互联网企业捐赠一体化医疗信息系统；开展中医帮扶项目，开展重点专科扶持建设工作，为部分县中医院开展院长培训；支持福建自由贸易试验区和平潭综合实验区建设。

2. 协调首批巴基斯坦医疗护理人员培训。5 月 22 日，农工党中央社会服务部联合中国华夏文化遗产基金会为巴基斯坦免费培训的第一批 19 名医疗护理人员到达北京，这是我国民主党派组织开展的第一次中外文化交流活动，农工党中央社会服务部刘峻杰部长、中国华夏文化遗产基金会耿莹会长参加欢迎仪式。欢迎仪式后，受训学员前往天津第一中心医院，接受护理管理、急救医学、重症护理、心脑血管疾病护理等四个方面为期一个月的免费进修学习。6 月 19 日，培训结业典礼在天津举行，中国华夏文化遗产基金会会长耿莹，原联合国副秘书长、中巴友好协会会长沙祖康，农工党中央社会服务部部长刘峻杰，巴基斯坦驻华使馆代表肖则夫・阿巴斯，农工党天津市委会副主委侯欣一，以及中共天津市委会统战部、天津市第一中心医院有关领导出席典礼并讲话。

（二）开展中医同行计划

1. 第二届中医科学大会媒体高端研讨会

8 月 16 日，第二届中医科学大会媒体高端研讨会在京召开。中央副主席龚建明出席会议并致辞。龚建明强调了农工党中央和国家中医药管理局共同开展中医同行计划的意义，并期待宣传部门的领导层能够关注、关心、参与到中医同行计划当中。农工党中央原副主席、国医大师张大宁出席会议并演讲。中华新闻工作者协会党组书记兼常务副主席翟惠生、原卫生部党组纪检组副组长张凤楼、国家卫计委宣传司毛群安、国家中医药管理局办公室主任查德忠等出席会议。30 多家国内主流媒体、40 多位媒体主要负责人，60 多位参会代表，展开了一场别开生面的“新闻人 + 中医药”对话，关注中医同行计划，支持中医科学大会。

2. 第二届中医科学大会

10 月 31 日，由农工党中央、国家中医药管理局主办的第二届中医科学大会在京隆重举行。农工党中央常务副主席刘晓峰，外交部原部长李肇星，卫生计生委副主任、国家中医药管理局局长王国强，农工党中央原副主席、第二届国医大师张大宁出席大会。会议由农工党中央副主席龚建明主持。刘晓峰在讲话中说，屠呦呦获得诺贝尔奖引发了全球对中医药的关注，中医药发展的社会环境和氛围百年一遇。因此，社会各界应该齐心协力，共同推动《中医药法》的制订，加快中医药的创新发展。农工党中央原副主席、第二届国医大师张大宁表示，中医的发展既要坚持本土化，更要加快国际化步伐。大会期间，农工党中央给福建全省村医捐赠了 2.7 万套中医基层手册。下一步，还将面向全国村医，送出上百万册中医基层手册。国家中医药管理局副局长、农工党北京市委会主委于文明，国医大师王琦，世界卫生组织驻华代表施贺德，英国皇家医学院院士马伯英以及相关政府部门的领导、两院院士、著名专家学者，农工党各级组织及党员代表，各级卫生计生委及中医药管理部门领导，中医药大专院校及研究机构代表，中医医院管理者代表等 500 余人参加大会。

3. 福建省乡村中医师资培训暨捐赠中医诊疗设备和中医培训基金大会

10 月 11 日，由农工党中央、农工党福建省委会、福建省卫计委和中国初级卫生保健基金会四方共同合作的福建省乡村中医师资培训暨捐赠中医诊疗设备和中医培训基金大会隆重召开。四家合作单位联合举行捐赠中医诊疗设备和中医培训基金仪式，共向福建省卫计委捐赠了价值 300 万元的《中医适宜技术手册》、中医诊疗设备和中医培训基金。该活动是农工党中央和国家中医药管理局共同发起的“中医同行计划”的项目之一。中国初级卫生保健基金会已筹措资金 26 万元，用于资助福建省四期“中医专科团队实训”培训班。

4. 继续开展“杏林春雨”系列活动

联系吴阶平基金会，一是在河南南阳，广西玉林，吉林延吉，内蒙古呼和浩特，湖北宜昌，四川德阳，河北沧州、邯郸等地开展了农工党“杏林春雨”小儿脑瘫义诊救助活动。针对以上地市范围内所有区县的 2 岁以上小儿脑瘫患者，共义诊脑瘫患者 3900 例，免费救助患者 125 例，合计金额 520 万元。同时，活动主办方还与当地签约五年，每年推荐选送一批小儿脑瘫患儿进京免费治疗。二是在四川德阳等地开展“杏林春雨”行动捐赠活动，捐赠物资惠及1000余名脑瘫患者；三是农工党中央、河北省委会联合农工党邯郸市委会于11月26日在邯郸武安举办了“杏林春雨”基层医疗技术培训班，来自全市基层乡镇卫生院、社区卫生服务中心的300余名医疗骨干得到培训。

此外，广泛推广中医药适宜技术，免费发放《中医药适宜技术手册》丛书；加强与中医药专项基金的联系，在四川、吉林、山东、广西开展对基层中医院专业医生开展中医肛肠、眼科等专科培训；还启动了文献纪录片《大国制药》拍摄。

（三）继续参与毕节试验区建设

1. 领导高度重视参与毕节试验区建设工作

1月12日，农工党中央、毕节市、大方县在农工党中央机关举行座谈会。农工党中央副主席龚建明出席会议。

5月19日至21日，农工党中央副主席龚建明一行在毕节市大方县进行实地调研。调研组一行重点考察了大方县人民医院、长石镇卫生院、马场镇卫生院县乡一体化项目，深入了解了同心全科医生特岗人才计划实施进展以及大方县经济开发区、农工党员企业家在大方县的投资项目建设等方面情况。调研期间，龚建明出席了农工党大方县工作委员会成立大会，看望了农工党中央选派大方县挂职干部。5月19日，龚建明在大方县第一小学出席了由农工党贵州省委会、贵州省律师协会主办的“法治教育进校园活动”启动仪式。仪式上，举行了最高人民法院向农工党贵州省委会捐赠6000册普法书籍、农工党贵州省委会向大方县第一小学捐赠1000册普法书籍的捐赠授牌仪式，农工党贵州省委会、贵州省律师协会“法治教育进校园活动”正式启动。中央组织部负责人邓蓉玲，以及最高人民法院、中共贵州省委统战部、贵州省高级人民法院、贵州省律师协会、毕节市委统战部、大方县有关领导，大方县第一小学的300余名师生参加活动。

此外，上海、辽宁、福建和四川等地农工党组织分别赴大方考察调研。中央还协调北京师范大学的专家教授赴大方县调研扶贫开发工作，协调国家相关部委帮助推动重大项目建设。农工党贵州省委会邀请专家赴大方县开展了“同心小康·春晖大方”“同心讲堂”培训活动。

2. 促进毕节职业教育发展

帮助协调贵州省教育厅动员省内19所国家级示范性中等职业学校开展对口支持帮扶。目前，毕节同心农工中等职业技术学校建设有序推进，已开设计算机应用、服装设计与制作等8个专业。

3. 帮助建设毕节试验区同心食品药品园区

3月6日，农工党贵州省委会与毕节市、大方县联合召开毕节试验区同心食品药品产业园建设发展项目推进会，成立毕节试验区同心食品药品产业园项目工作协调指导小组，助力毕节试验区发展。中央副主席、贵州省委会主委谢庆生指出，农工党贵州省委、中共毕节市委政府及大方县委政府一定要群策群力，抓好落实，全力推进园区项目落地与建设发展工作，努力实现大方县经济建设跨越式发展。毕节市、大方县有关领导参加会议。4月，农工党贵州省委会联系北大纵横管理咨询公司专家为产业园区做发展规划。

4. 继续打造“同心助医工程”升级版

一是协调南京解放军105医院、天津市第一中心医院、浙江温州医学院附一院、解放军44医院、遵义医学院等，建立良好的对口支援关系和长期合作帮扶机制。二是协调天津眼科医院、贵州省省疾控中心、天津市第一中心医院、北京市平谷区医院等支持大方县人民医院建设，支持马场镇卫计中心、长石镇卫计中心建设，并培训医务人员。三是开展义诊、送医送药活动。捐赠2万元多元的药品，接受群众咨询600多人次，为大方的100余名群众免费诊疗。

5. 扎实推进有关项目建设

协调贵州省发改委对大方电厂二期扩建项目进行核准等。

（四）举办2015中国环境与健康宣传周活动

本届宣传周活动主题是“农村环境与健康”，口号是“建设美丽新农村，共创健康新生活”;“天蓝，地绿，水清，人和”;“看得见山，望得见水，记得住乡愁”。“宣传周”期间，举办了“农村环境与健康”主题论坛；开展“环境与健康”慢性病防治知识咨询义诊活动；举办“地球唯一村庄”系列活动、“环境与健康”戏剧展演及文艺演出等。为了将“宣传周”工作扎实推进，农工党中央与有关单位共建“生态与健康研究院”。

1.2015中国环境与健康宣传周筹备会议

1月22日，2015中国环境与健康宣传周筹备会议在农工党中央机关召开。副主席龚建明。龚建明指出，希望大家共同搭建好“宣传周”这个重要平台，用好这个品牌，开展更多更好的活动，为建设“美丽中国”和“健康中国”多做贡献。会议听取了张庆伟作的2014年“宣传周”活动开展情况简要报告，并对2015年第八届“宣传周”活动的有关方案作了认真研究和热烈讨论。

2. “四方”共建生态与健康研究院工作座谈会

4月24日，农工党中央、北京林业大学、北京协和医学院、中国疾病预防控制中心商讨共建生态与健康研究院工作座谈会在北京林业大学举行。农工党中央副主席龚建明，北京林业大学校长宋维明、副校长王玉杰，北京协和医学院校长曾益新，中国疾病预防控制中心副主任梁晓丰等出席会议。农工党中央社会服务部部长刘峻杰介绍了农工党中央与北京林业大学在前期交往合作的历程和推进研究院共建的相关情况。宋维明、曾益新、王晓丰等就4个单位共建研究院有关问题发表了各自意见。龚建明指出，希望四家兄弟单位在未来一段时间里以生态与健康研究院为平台，进一步整合资源、畅通渠道、深化合作，充分发挥智库作用，履行好社会责任，共同推动生态环保和健康事业和谐发展。

3. 蔡威出席“中国环境与健康宣传周”上海站活动

6月2日，“中国环境与健康宣传周”上海站活动在青浦区金泽镇蔡浜村举行。本次活动由农工党上海市委会主办，农工党青浦区委会、青浦区卫计委、青浦区环保局、上海市医学会肠内肠外营养学专委会、金泽镇人民政府联合承办。农工党中央副主席、上海市委会主委蔡威出席并慰问参与活动的专家学者及工作人员，上海市委会副主委金如颖等出席活动。

4. 2015（第八届）中国环境与健康宣传周启动仪式

6月3日，“2015（第八届）中国环境与健康宣传周”启动仪式在北京人民大会堂隆重举行。全国政协副主席、农工党中央常务副主席刘晓峰出席启动仪式并讲话，中共中央统战部副部长林智敏，农工党中央副主席龚建明，水利部副部长矫勇、国土资源部总工程师彭齐鸣、环保部总工程师万本太、中央纪委驻国家林业局纪检组组长、国家林业局党组成员陈述贤，世界卫生组织西太区主任申英秀等出席启动仪式。刘晓峰指出，我们积极倡导“农村环境与健康”这一主题，目的是呼吁全社会更加重视和关注农村环境与健康的严峻现状。重点是推动社会各界齐心协力解决好当前农村环境与健康的突出问题。关键是引导社会各界共同研究和探索寻求治本之策，推动农村环境与健康的体制机制创新。围绕“农村环境与健康”主题开展宣传周活动，是建设美丽中国、健康中国的重要内容，使命神圣、意义重大、任务艰巨。刘晓峰呼吁，让我们携起手来，共建美丽新农村，共创健康新生活，阔步走向生态文明新时代！来自中央国家机关、北京市机关、企事业单位、新闻界、文化艺术界、公益组织、科研院所、高等院校及全国各地的代表共200余人出席启动仪式。

5. “四方”共建生态与健康研究院正式成立

6月3日，由农工党中央、北京林业大学、北京协和医学院、中国疾病预防控制中心共同筹建的生态与健康研究院在北京人民大会堂举行隆重的揭牌仪式，宣告“四方”共建研究院正式成立。研究院是在全国人大常委会副委员长、农工党中央主席陈竺倡导下，农工党中央协同北京林业大学、国家疾病预防控制中心、北京协和医学院等4家单位，商定成立的，为非实体研究机构，陈竺主席亲任名誉院长，龚建明副主席担任研究院院长，刘峻杰部长及其他相关单位负责人担任副院长。活动仪式上，农工党中央副主席龚建明、北京林业大学校长宋维明、国家疾病预防控制中心主任王宇、北京协和医学院公共卫生学院院长刘远立共同为生态与健康研究院揭牌。研究院的成立，是中国环境与健康宣传周不断深入的成果，将在学科融合、调查研究、参政议政、社会服务等方面发挥重要作用。

6. “慢性病防治知识宣传义诊”活动

6月13日，由农工党中央社会服务部、中国初级卫生保健基金会主办，中国中医科学院西苑医院、农工党北京市海淀区委员会、北京市海淀区温泉镇人大承办的2015中国环境与健康宣传周“慢性病防治知识宣传义诊”活动，在北京市海淀区温泉镇水岸家园举行。“慢性病防治知识宣传义诊”活动是2015“中国环境与健康宣传周”系列活动之一。来自西苑医院、海淀医院、海淀中医院的9位医学专家为海淀区温泉镇水岸家园的百姓进行义诊与咨询，倡导健康生活理念、普及慢性病防治知识。志愿者们向百姓免费发放慢性病防治、农村环境与健康宣传手册。中国初级卫生保健基金会副秘书长赵荣国。

7. 陈述涛出席“地球　唯一村庄”活动

6月23日，“地球　唯一村庄”全国大型环保公益活动：走进——白杨绿色、低碳、循环经济产业研讨论坛在哈尔滨举行。农工党中央副主席、黑龙江省委会主委陈述涛出席活动。活动以“绿色　环保　遗产　传承”为主题，通过文艺演出的表现形式，在全国范围内宣传环境文化，倡导生态文明理念。

8. 第六届环保戏剧展演新闻发布会

8 月 14 日，2015 中国环境与健康宣传周系列活动——第六届环保戏剧展演新闻发布会在北京市东城区第一文化馆举行。“环保戏剧展演”是中国环境与健康宣传周秘书处与东城区文委共同主办的戏剧精品项目。第六届环保戏剧展演推出《拯救鼻子》《宝盒里的秘密》两部儿童剧，于 2015 年 8 月 17 日至 28 日每天两场在东城区第一文化馆风尚剧场和东城区第二文化馆崇文剧场演出，共演出 14 场，面向百姓发放免费公益演出票近 5000 张。

（五）实施“同心全科医生特岗人才计划”

2015 年农工党中央重点在贵州、福建、广西开展了“同心全科医生特岗人才计划”项目。协调 136 万元在贵州大方县实施“同心全科医生特岗人才计划”，招录特岗医生。投入 10 万元在大方县举办同心全科医生培训班，对 80 多名医务人员进行培训。9 月，组织贵州、福建、广西三地共计 74 名同心特岗全科医生北京培训，参加了中华医学会全科医学分会学术年会。

1. 同心全科医生特岗人才基金理事会第一次会议暨同心全科医生特岗人才计划启动仪式

2 月 2 日，同心全科医生特岗人才基金理事会第一次会议暨同心全科医生特岗人才计划启动仪式在农工党中央机关举行。中央主席陈竺出席会议并讲话，副主席、同心全科医生特岗人才基金管委会主任龚建明主持会议。天津市委会主委、天津市第一中心医院院长沈中阳，中央秘书长曲凤宏，北京协和医学院校长、同心全科医生特岗人才基金理事长曾益新出席会议。陈竺指出，同心全科医生特岗人才计划，是破解基层人才短缺这一突出现实难题的有益尝试，也是我们参与健康中国建设的一项具体实践，意义重大、使命光荣。陈竺提出，要充分认识“强基层、强人才、强全科”对我国卫生事业改革发展的重要意义；要积极探索有利于引导全科医生到基层工作的政策和机制；要精心实施好同心全科医生特岗人才计划示范项目。陈竺宣布同心全科医生特岗人才计划正式启动。会议听取并审议了中央社会服务部部长、基金管委会副主任刘峻杰作的同心全科医生特岗人才基金成立及资金募集情况和同心全科医生特岗人才计划进展情况报告。毕节市副市长冉霞作了关于同心全科医生特岗人才计划筹备情况的介绍。遵义医学院院长喻田作了关于全科医学建设和协议帮扶大方县医院建设情况的介绍。中央宣传部部长石光树、社会服务部副部长张庆伟，国家卫生计生委科教司司长秦怀金、人事司副司长刘登峰，中国初级卫生保健基金会秘书长周庆年，贵州省卫生计生委副巡视员吴思鹍，农工党贵州省委会副主委黄惠玲、广西区委会副主委何玉庭，福建省委会副主委、宁德市委会主委陈兴生，以及基金理事会主要成员参加会议。

2. 龚建明率调研组在福建开展同心全科医生特岗人才计划工作调研

4 月 13 日至 15 日，农工党中央副主席龚建明带队在福建医科大学和宁德市开展同心全科医生特岗人才计划工作调研，召开了两场座谈会协商和推进相关工作，并现场调研宁德市基层医院建设情况。在福建医科大学召开的座谈会上，龚建明指出，同心全科医生特岗人才计划是农工党中央助力医改的一项重要工作，必须全力以赴、抓好落实。他强调，在宁德等地区实施同心全科医生特岗人才计划项目示范，对探索“强基层”“强人才”问题意义十分重大，必须坚持高标准、严要求，不断做实、做细方案，总结经验，完善政策，调整机制，确保顺利、成功实施。与会领导和同志对《宁德市同心全科医生特岗人才计划方案》进行研讨。在宁德市召开的座谈会上，大家就如何落实和细化方案内容进行了深入研究，并讨论了有关帮扶工作。龚建明一行还考察了宁德人民医院、霍童中心卫生院和飞鸾卫生院，调研宁德“海云工程”医疗项目，对基层医院建设情况和实施同心全科医生特岗人才计划的环境与条件进行了详细了解。

3. 龚建明率调研组在遵义医学院考察调研

5 月 18 日，农工党中央副主席龚建明率调研组在遵义医学院召开专题座谈会，就贵州毕节同心全科医生特岗人才计划实施进展和遵义医学院附属医院对口帮扶大方县人民医院情况深入调研并进行推动。在听取介绍和代表发言后，龚建明提出三点希望：一是希望遵义医学院及附属医院继续参与和支持毕节市同心全科医生特岗人才计划项目的实施；二是希望遵义医学院附属医院更加着力帮扶大方县医院，把确定的三年计划和建设成为三级医院的目标更加扎实的推进，重点还要打造出毕节一流的几个科室，实现大病基本不出县；三是希望医学院同学们更加踊跃地报名参加这个项目，到基层去做全科医生，为基层农民群众好好地服务几年。座谈会上，贵州省卫计委副主任、农工党贵州省委会副主委张光奇表示，省卫计委将对医疗卫生改革如何“强基层、强人才”进行调研，做好全科医学系订单定向毕业生服务基层的方案设计，同时在下一步的工作中继续支持农工党以及遵义医学院对大方县医疗服务能力建设的帮扶。遵义医学院、大方县人民医院有关领导分别介绍了遵义医学院与大方县人民医院签订对口帮扶协议以来的情况、“同心全科医生特岗人才计划”的实施情况以及下一步的工作安排。

4. 农工党中央同心全科特岗医生培训班在大方县开班

10 月 15 日，由农工党中央主办的同心全科特岗医生培训班在大方县开班。农工党中央宣传部，农工党中央社会服务部，四川美康医药软件开发公司等相关单位的负责人以及毕节市、大方县有关领导出席开班仪式。大方县、纳雍县、织金县的 37 名同心全科医生和大方县人民医院、大方县中医医院的新进岗位人员共计 80 多名医务人员参加了培训。这次同心全科特岗医生培训时间为期 3 天，北京协和医院、四川美康医药软件开发公司、大方县人民医院的相关专家为学员们授课。农工党中央组织的新闻采访团对培训班进行了报道。

（六）开展第二十七届科学与和平周活动

1. 刘晓峰出席第二十七届国际科学与和平周开幕式

11 月 9 日，由农工党中央领衔主办的第二十七届中国国际科学与和平周活动开幕式在全国政协礼堂隆重举行。本届主题是“铭记历史，捍卫和平，发展科学，开创未来”。开幕式上,刘晓峰作了《弘扬科学精神　促进经济繁荣　谋求和平发展》的开幕词。他说，和平与发展是当今世界的主题，当今世界仍不太平，人类的和平与发展仍然面临着各种传统和非传统安全威胁的严峻挑战。刘晓峰强调，要解决好全球挑战的根本出路在于弘扬科学精神，促进经济繁荣，谋求和平发展。中国人民在近代所遭受的民族苦难向人们昭示，只有国家强盛，才能捍卫国家的独立、主权和领土完整。“中国梦”是科学之梦、和平之梦、发展之梦，圆梦之路正是一条科学、和平、发展之路。开幕式上，农工党中央荣获国际科学与和平周中国组委会颁发的“杰出贡献奖”。11 月 9 日至 15 日活动期间，农工党各级组织围绕“铭记历史、开创未来、科学发展、捍卫和平”主题，开展了一系列中医药科普讲座、义诊咨询和捐赠等公益活动，受到社会各界的一至好评。

2. 蔡威出席农工党上海市委会主办的第 27 届“国际科学与和平周”活动

11 月 10 日，第 27 届“国际科学与和平周”上海站活动在浦东和徐汇两区同时拉开帷幕。农工党中央副主席、上海市委会主委蔡威出席并慰问了参与活动的农工党专家。在徐汇、浦东两处分会场，来自中山、瑞金、仁济、新华、市六医院、上海中医药大学等医疗机构及高校的农工党专家学者开展义诊活动；浦东分会场特设了法律咨询，中建中汇律师事务所的农工党法律专家为居民们解答有关热点问题；农工党上海市委会原副主委、上海中医药大学教授朱邦贤还开展了《如何冬令进补》的科普教育。活动当天，举行了农工党上海市委会、农工党浦东区委会、浦东新区政协教文卫体委员会、浦东新区卫计委、浦东新区潍坊新村街道办事处“文明共建”签约仪式。

（七）深入打造武陵山片区“同心圆”工程

目前，武陵山区项目共出资 565 万元，其中农工党中央出资 115 万元，“同心圆工程”基金会出资 150 万元，地方政府出资 300 万元；帮助新建、扩建了村卫生室 42 个，培训村医 1800 余人，为基层医疗卫生事业发展发挥了一定作用。

1. “同心圆”工程网站上线暨万名乡村医生培训计划启动

1 月 11 日，农工党“同心圆”工程网站上线暨万名乡村医生培训计划启动仪式在广州举行。中央副主席龚建明、广东省委会主委马光瑜，中共广东省委统战部副部长唐晓萍出席仪式并致辞。龚建明指出，“同心圆”工程项目是在全国人大副委员长、农工党中央主席陈竺倡导下，主要由广东省农工党员企业家捐资发起，各界社会人士积极参与的公益性项目。希望继续动员更多农工党员和社会各界人士参与到“同心圆”工程项目义举中来，共同把它做好。广东省委会副主委刘启德介绍了万名乡村医生培训计划的情况。“同心圆”工程主要发起人、广东省委会经济工作委员会主任赵刚介绍了工程的开展及进展情况。仪式现场，还举行了爱心企业捐赠和艺术品慈善拍卖活动。中央社会服务部部长刘峻杰等参加活动。

2. 农工党中央副主席龚建明为“同心圆”工程项目揭牌

9 月 20 日，农工党“同心圆工程”捐建重庆市丰都县乡村卫生室工程项目竣工揭牌仪式在丰都县名山街道大梨树村卫生室举行。农工党中央副主席龚建明等参加揭牌仪式。“同心圆工程”在丰都捐建的 8 所卫生室（其中农工党中央捐建 3 所，广东省“同心圆工程”基金会 5 所）已全部竣工并投入使用。9 月 22 日，农工党“同心圆工程”捐建湖北咸丰县乡村卫生室工程项目竣工揭牌仪式在高乐山镇梅坪村卫生室举行。农工党中央副主席龚建明参加揭牌仪式。“同心圆工程”在咸丰捐建的 14 所卫生室（其中农工党中央捐建 4 所，广东省“同心圆工程”基金会捐建 10 所）已全部竣工并投入使用。同日，农工党“同心圆工程”援建武陵山区标准化村卫生室示范项目工作座谈会在湖北省咸丰县召开，龚建明出席会议并讲话。龚建明强调，农工党各级组织，要继续动员更多的农工党员和社会各界人士参与到“同心圆”工程项目义举中来，把这个项目做大、做强、做成品牌，争取在 2017 年底以前能够完成武陵山片区 100 所村卫生室的标准化建设。不仅要建好，还要办好村卫生室，农工党当地基层组织也要积极支持示范村卫生室医的服务能力提升，要在服务群众医疗健康方面也成为示范。

3. “同心圆”工程与新华网战略合作签约仪式暨新闻发布会

9 月 25 日上午，同心圆工程与新华网战略合作签约仪式暨新闻发布会在北京新华网全媒体集成播控中心举行。农工党中央副主席龚建明，新华网董事长、总裁田舒斌等领导出席发布会并致辞。龚建明在致辞中指出，同心圆工程是在全国人大常委会副委员长、农工党中央主席陈竺倡导下，由农工党发起、指导和推进，各界社会人士积极参与的公益项目。龚建明指出，期盼通过双方合作，为网友提供真实的公益资讯，打造中国最大的公益门户，使新华网成为中国公益慈善领域最具影响力的公益媒体，通过创新捐赠模式与渠道，促进公益捐赠更简单、快捷、安全、透明，使网友真正成为公益的主角。签约仪式上，新华网广东分公司总经理兼总编辑汪金生代表新华网，与“同心圆工程”基金会会长余明永签订战略合作协议，“互联网 + 公益”的新征程由此正式启航。

4. 龚建明出席共建友好市委会签约暨“同心圆”工程启动仪式

11 月 23 日，农工党深圳市委会与农工党张家界市委会共建友好市委签约暨深圳市大慈旅游慈善基金会支持湖南“同心圆”工程启动仪式在农工党湖南省委会机关举行。中央副主席、湖南省委会主委龚建明出席仪式并讲话。龚建明代表农工党中央、湖南省委会对签约活动的圆满成功表示祝贺！龚建明提出三点希望：希望深圳市委会和张家界市委会加强横向联系，互通有无，共谋发展；希望合作双方认真落实捐赠项目，为解决武陵山片区老百姓缺医少药贡献力量，同时希望基金会今后更多地关注湖南的扶贫工作；希望农工党湖南省委会和张家界等市委会要全力配合深圳市大慈旅游慈善基金会开展好包括“同心圆工程　村卫生室建设项目”在内的各项“同心圆”工程项目，做好相关协调工作，确保企业家和基金会的善心发挥最大的社会效益。

（八）加强灾后重建项目推进工作

对已完工的黎明村社区服务中心、凤凰村社区服务中心项目进行验收；对正在施工建设的芦山县人民医院和即将开工援建的眉山三苏祠博物馆进行督促检查；完成对眉山三苏祠博物馆追加 500 万元援建资金；按照中央领导的批示精神，协调基金会落实 500 万元援建资金，修建 50 个标准化村卫生室，签署捐赠协议。

（九）其他会议和活动

1. 龚建明出席县乡中医药一体化管理暨中医专科建设座谈会

1 月 25 日，农工党中央副主席龚建明出席中国民族医药学会和中国初级卫生保健基金会主办的县乡中医药一体化管理暨中医专科建设座谈会。县乡中医药一体化管理探索是农工党中央贯彻落实中共中央医改精神，参与推动体制机制创新，旨在缓解基层群众看病难、看病贵问题，在四川省成都市新都区开展的一项社会服务示范探索工作。龚建明指出，我们要深入贯彻落实中共中央、国务院“保基本、强基层、建机制”的医改思想，不断探索中医药县乡一体化管理体制机制创新，在四川新都、山东临朐及其他地区实践探索的基础上总结出可复制、可推广的经验，为提升基层中医药服务能力，完善合理分级诊疗体系做出积极的贡献。会上，龚建明代表农工党中央向乡村医生代表捐赠了价值30万元的《中医药适宜技术手册》。

2. 龚建明出席医疗卫生信息化建设提升工程研讨会

7月15日，医疗卫生信息化建设提升工程研讨会在农工党中央机关举行。中央副主席龚建明出席会议并讲话。会议邀请了有关国家部委的领导和专家，就“全球影像云医疗系统”和“第三方医院药事服务平台建设”两个医疗卫生信息化建设提升项目进行研究讨论，从“医”和“药”两个要素层面针对医药卫生事业发展的重点、难点和关键问题献计出力。研讨会还邀请了农工党河北、四川、福建、贵州等省级组织的主要领导和部门负责同志参加。

3. 龚建明在农工党长沙市委会调研社会服务工作

9月14日下午，农工党中央副主席、湖南省委会主委龚建明在长沙调研农工党长沙市委会社会服务工作。龚建明一行先后到雨花区社会组织孵化中心、长沙市湘麓中等职业学校、湖南诺舟大药房连锁有限公司进行调研并召开座谈会。龚建明希望农工党长沙市委会今后充分发挥自身优势，紧紧围绕市委、市政府的中心工作，积极建言献策，进一步开展好医疗义诊咨询服务和扶贫济困等社会服务活动，积极参政议政，加强自身建设，彰显民主党派组织形象和作为。

4. 龚建明出席农工党中央社会服务部社会服务基地授牌仪式

9月19日，农工党中央社会服务部社会服务基地暨农工党重庆市委社会服务实践基地授牌仪式在大渡口区万家燕鸿源医院举行。农工党中央副主席龚建明，重庆医科大学附属第一医院院长、重庆市委会副主委任国胜，重庆市委会副主委姚树，中共大渡口区委有关领导参加授牌仪式。授牌仪式上，龚建明代表农工党中央向万家燕鸿源医院授牌“农工党中央社会服务部社会服务基地”；任国胜代表农工党重庆市委会向万家燕鸿源医院授牌“农工党重庆市委会社会服务实践基地”。龚建明对基地授牌表示祝贺，他希望农工党重庆市委会抓住基地成立的契机，继续多做实事、多办好事。龚建明对农工党大渡口区委会与万家燕集团联合开展“关爱社会、服务民生”公益活动给予充分肯定，表示农工党中央将一如既往支持基层医疗事业发展，希望万家燕鸿源医院继续发扬优良传统，不断提高医疗服务水平，将万家燕鸿源医院建成农工党服务社会的重要窗口，把农工党重庆市委会社会服务工作推进到新的高度。

5. 农工党中央捐赠遂宁500万元村卫生室建设资金

9月20日，农工党中央捐赠四川省遂宁市船山区、安居区基层卫生服务能力提升项目资金签约仪式在遂宁举行。在农工党中央协调下，中国初级卫生保健基金会向遂宁市捐赠500万元（安居区300万元、船山区200万元），用以建设50个标准化的村卫生室。本次捐建的村卫生室将全部采取统一规格，每个面积为100平方米，包含诊疗区域，药房和驻村医生的居住区域，相对于之前的村卫生室，规模有一定的扩大，群众就医环境将得到相应改善。

6. 农工党中央领导出席中国（浙江）铁皮石斛发展西湖论坛

9月24日，由中国中医药研究促进会等单位联合主办的中国（浙江）铁皮石斛发展西湖论坛日前在杭州开幕。全国政协原副主席、农工党中央原常务副主席李蒙，农工党中央原副主席、国医大师张大宁，国家中医药管理局副局长、农工党北京市委会主委于文明，浙江省政协副主席、农工党浙江省委会主委姚克等出席论坛。论坛得到了国家中医药管理局、农工党中央社会服务部、农工党浙江省委员会等单位的支持。

7. 农工党中央领导出席中国初级卫生保健基金会向德阳市和巴林右旗捐赠医疗设备仪式

10 月 12 日，中国初级卫生保健基金会向四川省德阳市和内蒙古自治区赤峰市巴林右旗捐赠医疗设备仪式在农工党中央机关举行。中央常务副主席刘晓峰出席仪式并讲话，副主席、中国初级卫生保健基金会理事长龚建明，四川省委会主委王正荣出席仪式。捐赠仪式上，龚建明代表基金会向德阳市捐赠价值 10457.22 万元医疗设备，德阳市委书记蒲波代表德阳市接受捐赠，并向基金会回赠锦旗；向巴林右旗人民政府捐赠价值 2137 万元医疗设备，巴林右旗人民政府旗长浩毕斯嘎拉图代表巴林右旗人民政府接受捐赠，并向基金会回赠锦旗；中国初级卫生保健基金会秘书长周庆年介绍基金会基本情况以及实施公益项目的注意事项；周庆年代表基金会分别与德阳市委常委、常务副市长易杰，巴林右旗人民政府旗长浩毕斯嘎拉图签订捐赠协议。内蒙古区委会副主委王学东，中国初级卫生保健基金会、四川省德阳市、内蒙古赤峰市、巴林右旗有关领导出席仪式。

8. 龚建明在黔西南考察调研

10 月 23 日至 25 日，农工党中央副主席龚建明一行赴黔西“星火计划、科技扶贫”试验区进行了实地调研，并与黔西南州委书记张政进行会谈。调研组一行重点考察了农工党联系引进的义龙试验区雨樟镇黔西南中国科学院华南植物园经济植物育成中心，农工党员合作投资的兴义市苗药公司，调研了兴仁县中医院、兴仁薏苡仁种植生产项目、安龙优质蔬菜基地、德卧镇大水井村金银花种植项目、贵州绿缘花卉公司等的情况及发展中的问题。23 日，调研组在黔西南召开座谈会，龚建明表示，农工党将积极参与黔西南试验区经济社会建设发展，围绕提高黔西南州医疗卫生事业水平为目标，实施人才培养，设备升级等项目；充分发挥智力优势、渠道优势，在黔西南中药材种植方面给予智力帮扶；继续开展医疗服务对口帮扶，特别是在重点疾病治疗、婴幼儿先心病普查救治方面开展相关工作。会上，还举行了农工党黔西南州支部授牌仪式。

9. 龚建明考察健康与医疗项目管理办公室

11 月 23 日，农工党中央副主席、湖南省委会主委、中国初级卫生保健基金会理事长龚建明在长沙考察健康与医疗项目管理办公室。健康与医疗项目管理办公室是中国初级卫生保健基金会下设的医疗机构定点帮扶公益项目。龚建明强调，基金会做公益要依法依规，充分尊重捐赠方的意愿及时公开公益信息，做到精、实，坚持因地制宜，从实际出发，充分依靠地方政府组织，面向基层，重点在提高基层医务人员专业水平和服务能力做工作，积极探索，不断完善。

10. 蔡威出席纪念农工党成立 85 周年李昊篆刻书法作品慈善展

11 月 25 日，为了纪念农工党成立 85 周年、邓演达先生诞辰 120 周年，上海市委会在中国农工民主党第一次全国干部会议旧址举办农工党员李昊篆刻书法作品慈善展及认购活动。农工党中央副主席、上海市委会主委蔡威出席开幕式并致辞。此次展览还安排了慈善认购活动，活动筹集的资金主要用于中西部地区的教育、卫生等帮困扶贫项目等。本次慈善展及认购活动是农工党上海市委开展学习实践活动的一项重要内容。

11. 刘峻杰出席统一战线参与黔西南试验区建设座谈会

12 月 12 日，黔西南“星火计划、科技扶贫”试验区 25 周年工作座谈会在贵州省兴义市召开。农工党中央社会服务部部长刘峻杰出席会议。刘峻杰发言指出，多年来，农工党中央本着求真务实的原则，将黔西南需求和农工党优势相结合，以智力帮扶、项目示范为主，以农工党北京市委会、贵州省委会为重点参与力量，精心组织，周密安排，开展了对黔西南州的帮扶工作。

12. 龚建明出席农工党中央单位定点扶贫工作会议

12 月 11 日，农工党中央单位定点扶贫工作会议在京召开。农工党中央副主席龚建明出席会议并代表农工党中央作专题发言，就农工党党中央在贵州毕节市和大方县历年来开展的扶贫工作和取得的经验和会代表作了交流。农工党发挥自身优势，在加强医疗卫生服务体系建设、提升医疗卫生服务能力等方面做出了成绩，在巩固已有成果的基础上，又实施了全科医生特岗人才计划，为此专门成立了“同心全科医生特岗人才基金”，现已筹集资金 2530 多万元。同时，在大方县探索农村全科医生家庭医生签约服务模式，变被动式“坐堂行医”为主动式“上门巡诊”，该项目的实施覆盖了全县 95.6% 的贫困人口。今后，农工党中央将采取更精准的帮扶措施继续努力参与毕节试验区建设，着力抓好大方县的帮扶工作。

四、理论研究和党史工作

（一）理论研究工作

1. 召开中央理论学习中心组会议

1 月 12 日，农工党中央理论学习中心组在中央机关召开法治专题学习（扩大）会。中央主席陈竺，常务副主席刘晓峰，副主席何维、龚建明出席会议。中国政法大学法学院副院长焦洪昌教授、南开大学法学院副院长侯欣一教授对以宪法为引领的中国特色社会主义法律体系和中外法制史进行了全面解读。机关各部门负责人、全体机关干部参加会议。

4 月 10 日，农工党中央理论学习中心组在中央机关召开学习习近平总书记为第四批全国干部学习培训教材所作《序言》精神座谈会。中央主席陈竺，常务副主席刘晓峰，副主席何维、龚建明出席座谈会并发言。陈竺指出，作为与中国共产党风雨同舟、肝胆相照的亲密友党，农工党更要以时不我待的精神，一刻不停地加强学习、增强本领，不断提高参政履职能力和水平，多进净言、献良策，讲真话、吐实情，为贯彻落实“四个全面”战略布局，为顺利实现“两个一百年”奋斗目标做出应有贡献。陈竺要求，农工党各级组织领导干部要重视学习、带头学习、加强学习，努力形成人人爱学习、全党重学习的良好氛围，把农工党建设成为适应新时期要求的中国特色社会主义参政党。刘晓峰指出，作为与中国共产党通力合作的中国特色社会主义参政党，要跟上执政党的步伐，加强学习、增强本领更是义不容辞的责任。大家认为,《序言》是推进学习型政党建设的“再动员”，是对广大干部的“劝学篇”。机关各部门负责负责人、局级干部参加会议。

6月2日，农工党中央理论学习中心组在中央机关召开召开学习中共中央统战工作会议精神专题座谈会。中央主席陈竺，常务副主席刘晓峰，副主席何维、龚建明出席座谈会并发言。陈竺指出，农工党要认真学习领会习总书记重要讲话的精神实质，使之成为全党同志的普遍共识；要深刻理解把握《条例》的丰富内涵，并以此作为农工党履职尽责的基本遵循；全面贯彻落实会议和《条例》精神，切实提高履职尽责的能力和水平。一是要把学习宣传、贯彻落实会议精神与正在深入开展的坚持和发展中国特色社会主义学习实践活动紧密结合起来，巩固共同思想政治基础；二是要把学习宣传、贯彻落实会议精神与加强自身建设紧密结合起来，建设高素质的中国特色社会主义参政党；三要把学习宣传、贯彻落实会议精神与履行参政党职能紧密结合起来，围绕协调推进“四个全面”战略布局献计出力。刘晓峰认为，中央统战工作会议具有里程碑式意义，很多观点、论断、概念和政策都是首次提出，充分展示了以习近平总书记为总书记的中共中央新一代领导集体的执政理念和对统战工作的新要求，也是党派今后工作的行动纲领。机关各部门负责人、局级干部参加会议。

11月5日，农工党中央理论学习中心组在中央机关召开学习贯彻中共十八届五中全会精神专题座谈会。中央主席陈竺，常务副主席刘晓峰，副主席何维、姚建年出席会议并发言，副主席龚建明作了书面发言。陈竺指出，全会首次提出的创新、协调、绿色、开放、共享“五大发展理念”，是以习近平同志为总书记的中共中央领导集体治国理政新思想在发展理念上的集中体现和概括，是中国共产党关于发展理念的再一次与时俱进，也将成为全面建成小康社会的行动指南、实现“两个一百年”奋斗目标的思想指引。陈竺强调，当前和今后一个时期，农工党要把深入学习贯彻中共十八届五中全会精神作为一项重要政治任务，抓紧、抓实、抓好，引导广大党员把思想和行动统一到中共中央关于“十三五”规划的形势判断和决策部署上来，认真履行参政议政、民主监督和参加中国共产党领导的政治协商职能，为完成“十三五”规划的目标任务贡献智慧和力量。刘晓峰结合会议精神，谈了三点体会：即加强学习和宣传，深刻理解和把握五中全会精神实质；以五大发展理念为引领，结合自身特点，积极建言献策；大力加强自身建设，提高参政履职能力。刘晓峰指出，农工党要以此为契机，加强学习，加强参政履职能力建设，紧密围绕“十三五”规划的制订与实施，积极发挥参政党作用。机关各部门负责人、局级干部参加会议。

2. 开展市级机关建设课题研究

农工党中央研究室、组织部共同开展“农工党市级机关建设”课题研究，发放问卷摸底调查，召开课题论证研讨会，赴部分山西、江西、湖北、宁夏等地实地调研，了解掌握市级机关组织建设的基础数据和有关情况。9月，在甘肃兰州、安徽蚌埠、江苏苏州分西、中、东三个片区召开了由30个省级组织和市级机关代表参加的课题研讨会。最后，形成了《关于中国农工民主党市级机关条件保障情况的调研报告》，部分省级组织提交了调研报告。

3. 召开2015年理论点工作会议

2月2日至5日，农工党中央2015年理论点工作会议在重庆召开。重庆市人大常委会副主任、农工党重庆市委会主委杜黎明出席会议并致辞。中央研究室主任游宏炳出席会议并讲话。游宏炳紧密围绕进一步加强农工党理论研究工作这个主题，从充分认识开展理论工作的实际、认真学习领会有关参政党理论制度和方针政策、理论工作的基本要求、基本思路等四个方面进行了详尽阐释。来自各理论点的负责同志，重庆点理论研究骨干等参加会议。

此外，农工党中央还开展理论征文活动，共收到各省报送的优秀论文 80 篇。出版《理论研究参考》两期。编印《中国农工民主党中央集体学习报告选（2014—2015）》《2014 年农工党理论研究优秀论文选》《2015 年农工党理论研究优秀论文选》等。

（二）党史工作

2015 年是中国人民抗日战争胜利 70 周年，也是农工党成立 85 周年、邓演达诞辰 120 周年、卢嘉锡诞辰 100 周年，农工党各级组织围绕这些重要历史节点开展了系列活动。

1.“一干会址”维修和布展工作

2015 年，农工党中央决定将农工党“一干会址”建设成为党史教育基地，并提议动员广大党员缴纳一次“特别党费”，集全体党员之力，共同努力把第一次全国干部会议会址的维修和布展工作做好。

2 月 13 日，农工党中央支持中国农工民主党第一次全国干部会议会址维修和布展工作缴纳特别党费（捐款）活动在中央机关举行。中央主席陈竺，常务副主席刘晓峰，副主席何维、龚建明带头缴纳特别党费（捐款），为农工党“一干会址”的维修和布展工作做贡献。原主席桑国卫、原常务副主席李蒙等也委托捐款。农工党中央机关全体职工和部分离退休同志，以及直属事业单位职工参加活动。

8 月 28 日至 29 日，农工党中央常务副主席刘晓峰，副主席、上海市委会主委蔡威在上海出席农工党“一干会址”修缮和布展工作办公会议。

9 月 16 日，农工党中央主席陈竺、常务副主席刘晓峰在上海接见了农工党“一干会议”参会人员家属代表并座谈。陈竺对农工党“一干会议”参会人员家属代表拨冗出席 17 日举行的“一干会址”修缮和布展暨党史教育基地揭幕仪式表示热烈欢迎。陈竺指出，农工党作为一个具有爱国主义传统的参政党，有着非常鲜明的特质。农工党全体党员要时刻缅怀先烈，传承历史传统，把中国特色社会主义事业不断推向前进，为共同实现中华民族伟大复兴而不懈努力。刘晓峰指出，为什么我们要接受中国共产党的领导？是因为我们前辈已经选择了这条道路，我们后来人就要沿着这条路坚定地走下去。农工党“一干会议”参会人员家属章诒学（章伯钧之女）、黄莺（黄琪翔之女）、江继杰（黄琪翔女婿）、徐笑梅（季方外孙女）、丘用章（丘哲之子）、谢一冈（谢树英之子）、詹昭庆（詹显哲之子）参加座谈并发言。

9 月 17 日，中国农工民主党第一次全国干部会议会址修缮和布展暨党史教育基地揭幕仪式在上海黄浦区淡水路 332 弄 1 号举行。农工党中央主席陈竺出席仪式并讲话，常务副主席刘晓峰，副主席何维、姚建年、杨震、朱静芝、蔡威、龚建明，原副主席陈灏珠、左焕琛出席仪式。中共上海市委副书记应勇应邀出席并致辞。陈竺指出，在农工党成立 85 周年、抗战胜利 70 周年之际，将农工党一干会址建设为农工党党史教育基地，深刻缅怀邓演达等革命先辈的伟大功绩，展示农工党走过的从爱国主义到新民主主义和社会主义的历史道路，展现农工党同志的爱国理想、政治信念和优良传统，对于教育引导广大农工党党员在新的历史时期继承和发扬爱国革命优良传统，坚定中国特色社会主义道路自信、理论自信和制度自信，坚持走中国特色社会主义政治发展道路，具有重要的现实意义。仪式上，陈竺和应勇为“中国农工民主党第一次全国干部会议会址”铜牌揭幕；刘晓峰和翁祖亮为“中国农工民主党党史教育基地”铜牌揭幕；蔡威介绍了会址的修缮和布展情况。农工党中央常委、“一干会议”参会人员家属代表、基层组织代表和优秀党员代表等出席仪式。上海市、黄浦区有关部门领导应邀出席仪式。仪式结束后，全体人员参观了农工党“一干会址”。

2. 开展农工党革命前辈纪念活动

2 月 23 日，农工党中央主席陈竺参观了位于广东省惠州市惠城区三栋镇鹿颈村的邓演达纪念园。敬献花篮仪式上，陈竺缓步走到邓演达铜像前，代表农工党中央委员会向铜像敬献花篮。现场全体人员向铜像三鞠躬，表达对邓演达的深切缅怀之情。敬献花篮仪式结束后，陈竺一行参观了邓演达陈列馆、邓演达故居，缅怀革命先烈坚贞不渝、一心为国为民的高尚情怀。

10 月 28 日，中国农工民主党成立 85 周年暨邓演达先生诞辰 120 周年纪念活动在广东惠州举行。常务副主席刘晓峰出席活动并讲话。刘晓峰指出，在邓演达的家乡隆重举行纪念座谈会，深切缅怀邓演达为民族独立、人民解放立下的不朽功绩，回顾农工党 85 年走过的从爱国主义到新民主主义和社会主义的光辉历程，对于教育引导广大农工党员在新的历史时期继承和发扬农工党前辈的政治信念、优秀品质和优良作风，继承和发扬农工党爱国革命的优良传统，坚定中国特色社会主义道路自信、理论自信和制度自信，坚持走中国特色社会主义政治发展道路，具有重要的意义。中共惠州市委书记、市人大常委会主任陈奕威，广东省委统战部副部长唐晓萍应邀到会并致辞，农工党广东省委会副主委、惠州市委会主委、惠州市副市长刘冠贤代表农工党广东省委会发言，广东省委会原副主委王智琼代表老同志发言，党史专家学者周淑真、黄济福、陶季邑、樊振、王宗宏等发言。邓演达的胞妹邓仪端女士、农工党创始人之一丘哲的长子丘用章先生代表邓演达先生的亲友发言。广东省黄埔军校同学会代表和邓演达先生亲友代表等近百人参加活动。座谈会结束后，与会全体人员拜谒邓演达纪念园，向邓演达铜像敬献花篮并参观邓演达陈列馆和故居。

10 月 30 日，纪念卢嘉锡同志诞辰 100 周年座谈会在京举行。中共中央政治局常委、全国政协主席俞正声出席座谈会，并会见卢嘉锡同志亲属。中共中央政治局委员、中央统战部部长孙春兰追思了卢嘉锡同志光辉的一生。孙春兰指出，我们要学习卢嘉锡同志一生致力国家振兴的使命担当、一生勇攀高峰的创新精神、一生克己奉公的崇高境界、一生拥护中国共产党领导的坚定信念。我们要学习卢嘉锡同志，把老一辈民主党派领导人同中国共产党肝胆相照、团结合作的优良传统继承下来、发扬光大，充分发挥我国政治制度和政党制度的优势，巩固发展新形势下统一战线，在中国共产党领导下同心同德、共同奋斗，把我们的事业不断推向前进。座谈会由中共中央书记处书记、全国政协副主席杜青林主持。农工党中央主席陈竺等出席座谈会并发言。陈竺指出，卢嘉锡同志是一位追求进步，与中国共产党真诚合作，坚定信仰马克思主义的爱国主义者；是一位为农工党建设和发展做出杰出贡献，在农工党内享有崇高威望的卓越领导人。我们决心继承和发扬卢嘉锡同志等农工党老一辈领导人的优良传统，紧密团结在以习近平同志为总书记的中共中央周围，高举爱国主义、社会主义旗帜，凝聚人心，汇聚力量，继续谱写中国共产党领导的多党合作事业新的辉煌篇章，为协调推进“四个全面”战略布局，为实现“两个一百年”奋斗目标和中华民族伟大复兴的中国梦做出新贡献。

12 月 5 日，纪念中国农工民主党成立 85 周年、中国中医科学院成立 60 周年暨彭泽民先生追思会在京举行。常务副主席刘晓峰出席会议并讲话。刘晓峰回顾了彭泽民先生伟大、光辉的一生。刘晓峰指出，彭老是著名的爱国主义战士和政治活动家，爱国华侨领袖，中国农工民主党创始人之一，中国共产党的挚友。彭老将一生都献给了民族解放事业和新中国的建设事业，是深受广大人民群众和爱国华侨尊敬和爱戴的革命前辈，还是医德高尚的中医大家。彭老崇高的爱国精神，同中国共产党合作的坚定立场，向黑暗势力坚决斗争的鲜明态度，为社会主义事业鞠躬尽瘁的高尚品德，对基层干部群众的深厚感情，永远是农工党员学习的楷模。中医药专家代表、农工党党员代表等 80 余人参加追思会。

3. 举办“继往开来——农工党历史墨迹展”

7 月 23 日，纪念中国农工民主党成立 85 周年“继往开来——农工党历史墨迹展”在京举行。农工党中央主席陈竺，常务副主席刘晓峰，原常务副主席李蒙、陈宗兴，副主席何维、龚建明，以及致公党中央副主席杨邦杰、九三中央常务副主席邵鸿、台盟中央副主席黄志贤等出席开幕式。陈竺为展览题字“继往开来”，刘晓峰为展览作序并宣布展览开幕，龚建明代表农工党中央致辞。此次展览是农工党开展坚持和发展中国特色社会主义学习实践活动的一项重要内容。展览分“解放前的农工党”“建国至‘文革’结束的农工党”“改革开放以来的农工党”三部分展出。各兄弟党派嘉宾和书画家，农工党中央机关在职和离退休干部，农工党各省、市级组织代表，中央直属机构代表，以及各界书画爱好者 200 人参观展览。

4. 举行党史教育基地揭牌仪式

12 月 18 日，中国农工民主党党史教育基地揭牌仪式在保定军校纪念馆举行。农工党中央研究室主任游宏炳，河北省委会副主委、秦皇岛市委会主委霍兴文，以及中共保定市委统战部、保定军校纪念馆领导出席活动。保定军校与农工党有着很深的渊源，农工党创始人邓演达、黄琪翔、季方先后在这里学习。2008 年黄琪翔家属与保定军校纪念馆合作筹建了“黄琪翔将军纪念室”，2014 年农工党中央、河北省委会、保定市委会共同建立了“保定军校毕业的农工党领导人陈列室”，纪念室和陈列室的建立对于深切缅怀农工党前辈的光荣的革命的不朽功绩，表达我们对农工党前辈的敬仰之情；对于继承和发扬农工党前辈的政治信念、优秀品质和优良作风，持续巩固我们同中国共产党团结合作的思想政治基础；对于自觉践行社会主义核心价值观，坚定我们为国家现代化建设贡献智慧和力量的决心，都具有重要的意义。

5. 党史工作有关会议

6 月 22 日至 23 日，中国农工民主党地方组织发展史料抢救和编辑工作会议在南宁召开，广西区委会主委彭钊出席并致辞，中央研究室主任游宏炳主持会议。会议对地方组织发展史料抢救和整理工作进行了布置，参会人员就地方组织发展史料抢救和整理工作的做法和经验等情况进行了汇报和交流，并讨论了《中国农工民主党中央关于进一步加强党史工作的意见》和《中国农工民主党第一次全国干部会议会址布展方案》。各省级组织分管党史工作的领导和负责党史研究的同志共 40 人参加会议。

8 月 29 日至 9 月 1 日，《中国农工民主党 85 年大事记》审稿征稿工作会议在江苏省连云港市东海县召开。会议讨论确定了《〈中国农工民主党大事记〉编写指南》，指南包括：农工党大事记的收录范围、编写要求、工作进度等。第一稿的资料，将以 22 个“小专题”的方式，由编写小组成员进一步收集充实资料。农工党中央研究室、办公厅，上海市委会、江苏省委会，连云港市委会等相关人员参加会议。

6. 其他会议和活动

4 月 28 日，全国政协副主席、农工党中央常务副主席刘晓峰率全国政协文史和学习委员会专题调研组就“抗战遗址保护和利用情况”在重庆进行专题调研期间，专程到位于重庆李子坝半山新村 3 号（现渝中区嘉陵新路 55 号）的农工党中央机关旧址陈列馆考察调研。刘晓峰向调研组成员介绍抗战时期农工党相关党史及一些历史事件、人物等情况。刘晓峰指出，八年抗战的艰苦岁月里，农工党的前身——中华民族解放行动委员会在半山新村克服一切困难，在抗日民族统一战线的旗帜下，与中国共产党肝胆相照、和衷共济，一道携手前进，风雨兼程，并肩作战，致力于抗日民族、民主斗争，为中华民族的解放和社会进步殚精竭虑，最终赢得胜利！这是先辈们用鲜血和智慧给我们留下了一笔巨大的精神财富。

6 月 5 日，农工党中央副主席何维参观农工党中央机关旧址陈列馆。何维对农工党中央机关旧址陈列馆布展内容，教育意义方面给予充分的肯定。

8 月 7 日，农工党四川省委会在四川省美术馆新馆举办画展，庆祝中国农工民主党成立 85 周年暨抗日战争胜利 70 周年。中央常务副主席刘晓峰出席活动并宣布画展开幕，四川省委会主委王正荣出席活动并致辞，致公党四川省委会主委杨兴平出席活动，中共四川省委统战部副部长刘建军出席并致辞。开幕式由农工党四川省委会副主委钟勤建主持。

8 月 6 日，农工党陕西省委会纪念中国农工民主党建党 85 周年座谈会在商洛召开。农工党中央副主席、陕西省委会主委朱静芝出席会议并讲话。中共陕西省委统战部副部长张雷应邀到会并讲话。商洛市有关领导应邀到会祝贺。

五、思想建设和宣传工作

（一）深入开展学习实践活动

2015 年，农工党中央制订了学习实践活动 2015 年工作计划，在加强理论武装、开展主题活动、深化党史学习、扩大宣传教育等多方面推动学习实践活动深入开展。

1. 大力推动学习实践活动

10 月 14 日，坚持和发展中国特色社会主义学习实践活动经验交流暨中期推动会在京召开。中共中央政治局常委、全国政协主席俞正声，中共中央政治局委员、中央统战部部长孙春兰出席会议并讲话。农工党中央主席陈竺出席会议并代表农工党中央发言。陈竺指出，农工党把开展学习实践活动作为一项重要政治任务，组织开展了一系列内容丰富、形式多样的主题教育活动，以此加强理论武装，增进政治共识，强化广大党员对中国特色社会主义的道路自信、理论自信和制度自信；围绕协调推进中共中央“四个全面”战略布局，以“健康中国”和“美丽中国”为工作主线，积极履职尽责，切实承担起中国特色社会主义事业亲历者、实践者、维护者、捍卫者的政治责任，取得明显成效。陈竺重点汇报了农工党开展的四项特色较为鲜明的活动：制订学习实践活动《工作规划》、举办“中国梦·农工情”主题活动、开展“学精神·学党章·学党史”知识竞赛系列活动、建设农工党“一干会址”党史教育基地。农工党中央常务副主席刘晓峰，副主席陈述涛、何维、杨震、朱静芝、龚建明，以及在京中央委员、中央机关部分干部等参加会议。

1月23日至24日，农工党开展坚持和发展中国特色社会主义学习实践活动专题研讨会在哈尔滨召开。中央副主席、黑龙江省委会主委陈述涛出席会议并讲话，中央宣传部部长石光树主持会议。陈述涛指出，要加强学习，特别是向执政党学习，通过学习习近平总书记系列重要讲话精神，学习中共开展党的群众路线学习教育活动的有益经验，学习《中共中央关于加强社会主义协商民主建设的意见》精神，学习全国统战部长会议精神，以及今年将要召开的全国统战工作会议有关精神，切实加强我们的自身建设。部分省级组织的专职副主委参加会议。

5月31日至6月1日，农工党开展坚持和发展中国特色社会主义学习实践活动交流研讨会在南宁召开。中央副主席龚建明出席会议并讲话，中央宣传部部长石光树主持会议。龚建明指出，开展学习实践活动，一方面要继续深入总结经验，另一方面要在深化和结合上下功夫，研究下一阶段的工作举措，并结合中央统战工作会议精神和党派成员思想状况的实际，适当增加意识形态方面的内容，加强思想引导，积极正面发声，充分运用已经取得的成果，创新方法，改进方式，注重实效，确保广大党员的思想态势总体积极、平稳、健康。中央宣传部副部长杨晓波、副巡视员刘保明和各省级组织宣传部负责人参加会议，并观摩了广西区委会的知识竞赛决赛。

7月28日至29日，农工党开展坚持和发展中国特色社会主义学习实践活动研讨会在西宁召开。中央副主席龚建明出席会议并讲话，青海省委会主委张周平到会致辞，中央宣传部部长石光树主持会议。龚建明指出，开展学习实践活动是农工党2013年至2017年的一项重要工作，是深入学习贯彻中共十八大精神和习近平总书记系列重要讲话精神的重要举措，是深化新一轮政治交接的必然要求，是增进政治共识的核心内容，也是加强参政党建设的根本所在。我们要以深入开展学习实践活动为抓手，加强正面宣传引导，增强吸引力和感染力，积极培育和践行社会主义核心价值观，教育引导广大党员坚定三个自信,不断巩固全国人民团结奋斗的共同思想基础。各省级组织的专职副主委参加会议。

11月5日至6日，农工党宣传部长会议在四川遂宁召开。会议期间，农工党中央宣传副部长杨晓波作工作报告，农工党中央宣传部部长石光树作总结讲话，8个省级组织作经验交流。会议从开展学习实践活动、社会宣传工作、网站工作、党刊工作等四个方面对 2015 年农工党宣传思想工作进行了总结，研究探讨了 2016 年学习实践活动重点，总结表彰了《前进论坛》发行工作先进单位和个人，并安排部署了 2016 年度《前进论坛》发行工作。各省级组织宣传部负责人和特邀代表 50 余人参加会议。

2. 加强思想政治理论学习

2015 年，农工党中央下发了《关于认真学习贯彻十二届全国人大三次会议和全国政协十二届三次会议精神的通知》《中国农工民主党中央关于认真学习贯彻中共中央统战工作会议和〈中国共产党统一战线工作条例（试行）〉精神的决定》《中国农工民主党中央关于学习贯彻中共十八届五中全会精神的通知》《农工党中央关于认真学习贯彻习近平为第四批全国干部学习培训教材所作〈序言〉精神和学好用好培训教材的通知》等。在农工党十五届十次中常会上，邀请国务院发展研究中心副主任隆国强就对外开放的新形势与新战略作专题辅导报告；在农工党十五届十一次中常会上，邀请国家发改委西部司巡视员欧晓理就"一带一路"战略的制订与实施作专题辅导报告；在农工党十五届四中全会上，邀请国务院发展研究中心副主任张来明就学习贯彻中共十八届五中全会精神作专题辅导报告，推动全党认真学习贯彻中共十八届五中全会精神、全国"两会"精神、中央统战会议和《条例》精神，扎实履行参政党职能，为协调推进"四个全面"战略布局不懈奋斗。

3. 举办"学精神·学党章·学党史"知识竞赛

开展"学精神·学党章·学党史"（以下简称"三学"）知识竞赛、知识答题系列活动，是 2015 年农工党学习实践活动的"重头戏"。这项活动得到各级组织高度重视、认真组织，30 个省级组织、220 多个市级组织开展知识竞赛选拔活动，2000 余名基层党员参加知识竞赛，8 万多名党员参与知识答题。

5 月 31 日，农工党广西区委会"三学"知识竞赛决赛在南宁举行。农工党中央副主席龚建明、广西区委会主委彭钊出席活动并致辞。龚建明指出，"三学"知识竞赛活动是又一次把学习实践活动推向深入的再动员和再部署，使广大党员不同程度的经历了一次思想教育，进一步增强了广大党员对中国特色社会主义的道路自信、理论自信和制度自信。

6 月 4 日，农工党上海市委会纪念中国农工民主党成立 85 周年"三学"知识竞赛在上海市民主党派大厦举办。农工党中央副主席、上海市委会主委蔡威出席活动并讲话。

6 月 9 日，农工党陕西省委会"三学"知识竞赛活动在西安举办。农工党中央副主席、陕西省委会主委朱静芝出席活动并亲切接见参赛选手。这次知识竞赛是农工党陕西省委会开展学习实践活动年度主题活动之一，也是庆祝农工党成立 85 周年系列活动的重要组成部分。

6 月 18 日，农工党湖南省委会"三学"问卷知识答题活动在长沙举行，农工党中央副主席、湖南省委会主委龚建明出席活动并讲话。

7 月 11 日，农工党中央"三学"知识竞赛决赛（南宁赛区）在南宁举行。农工党中央副主席杨震、广西区委会主委彭钊出席活动并致辞，广西区委统战部副部长李东兴应邀出席并致辞。杨震指出，要以开展知识竞赛为契机，不断推进学习实践活动深入开展，不断增强广大党员对中国特色社会主义的道路自信、理论自信和制度自信，切实承担起作为中国特色社会主义事业亲历者、实践者、维护者、捍卫者的政治责任！中央宣传部副部长杨晓波、云南省委会主委杨鸿生等参加活动。来自农工党 10 个省级组织的代表队参加决赛，经过必答题、抢答题、风险题等环节，农工党福建、广西、江苏省（区）委会代表队获得前三名，进入“三学”知识竞赛总决赛。贵州、安徽、浙江省委会代表队获得三等奖，云南、海南、河北、山东省委会代表队获得优胜奖。

7月13日，农工党中央“三学”知识竞赛决赛（长春赛区）在长春举行。农工党中央副主席陈述涛出席活动并致辞，副主席龚建明出席活动，吉林省委会主委赵吉光出席活动并致辞。陈述涛指出，要以纪念中国人民抗日战争暨世界反法西斯战争胜利70周年和纪念农工党成立85周年为契机，深入推进坚持和发展中国特色社会主义学习实践活动，深化对“三学”系列活动的认识，不断增强广大党员对中国特色社会主义的道路自信、理论自信和制度自信，为实现“中国梦”贡献力量。来自农工党10个省级组织的代表队参加决赛，经过必答题、抢答题、风险题等环节，农工党重庆、广东和湖北省（市）委会代表队获得前三名，进入“三学”知识竞赛总决赛。辽宁、吉林、湖南省委会代表队获得三等奖，北京、宁夏、天津、新疆省（区、市）委会代表队获得优胜奖。

7月16日，农工党中央“三学”知识竞赛决赛（郑州赛区）在郑州举行。农工党中央副主席龚建明、河南省委会主委高体健出席活动并致辞，中共河南省委统战部副部长、省侨联党组书记赵太安应邀出席并致辞。龚建明指出，按照工作规划安排，农工党每年都要开展一项全国性主题活动，今年的主题活动是举办“三学”知识竞赛。龚建明强调，农工党各级组织要以开展知识竞赛为契机，不断推进学习实践活动深入开展。来自农工党10个省级组织的代表队参加决赛，经过必答题、抢答题、风险题等环节，河南、上海和内蒙古省（区、市）委会代表队获得前三名，进入“三学”知识竞赛总决赛。山西、四川、黑龙江省委会代表队获得三等奖，江西、青海、甘肃、陕西省委会代表队获得优胜奖。

9月18日，纪念中国农工民主党成立85周年暨坚持和发展中国特色社会主义学习实践活动——“三学”知识竞赛总决赛在上海举行。农工党中央主席陈竺，常务副主席刘晓峰，副主席何维、姚建年、杨震、蔡威、龚建明观看总决赛并为获奖代表队颁奖。龚建明在致辞中指出，“学精神”，主要指学习中共十八大和十八届三中、四中全会精神，习近平总书记系列重要讲话精神，以及学习中央统战工作会议和《条例》精神，这是指导包括我们农工党在内全国各族人民的行动纲领和思想指南；“学党章”，是指学习农工党党章，这是我们农工党的根本大法和纲领性文件，集中体现了农工党的性质、政治准则、重要主张，规定了农工党的重要制度和体制机制，是全体农工党员必须遵守的根本行为规范，需要我们每一位农工党党员去敬畏、去维护、去遵守；“学党史”，既包括学习农工党党史，也包括学习中国共产党党史、中国共产党领导的多党合作历史等，在学习中深刻体味农工党老一辈领导人与中共老一辈革命家在血与火的考验中形成的优良传统、高尚风范，党史里既有光荣传统、又有创新理论，既有经验总结、又有深刻教训，是我们取之不尽的精神宝库，用之不竭的力量源泉。经过各省级组织的选拔赛、分赛区的决赛，来自福建、广西、江苏、广东、重庆、湖北、河南、上海、内蒙古省（区、市）委员会的9支代表队参加了总决赛。经过必答题、抢答题、风险题、加赛题等几个环节紧张而激烈的角逐，广西、重庆、广东省（区、市）委员会代表队荣获一等奖，其余6支代表队荣获二等奖。农工党中央常委、中央各专委会主任和中央机关各部门、中央各直属机构负责人，以及上海市委会基层党员250余人观看了总决赛。

10月12日，“三学”知识竞赛问卷答题抽奖仪式在农工党中央机关举行。农工党中央副主席龚建明出席仪式并抽取若干名优秀个人奖。

4. 举办“学习党史 · 缅怀先烈 · 再创辉煌”文艺演出

12月16日晚，为展现农工党继承传统、再创辉煌的精神风貌，“学习党史 · 缅怀先烈 · 再创辉煌”——纪念中国农工民主党成立85周年文艺演出在北京铁道大厦举行。农工党中央主席陈竺、常务副主席刘晓峰，副主席陈述涛、何维、杨震、朱静芝、蔡威、龚建明，以及中共中央统战部一局局长桑福华等观看演出，亲切接见全体演员并合影留念。演出分三个篇章：“学习党史”的红色篇章，包括山西选送的音诗画《中国农工民主党党史长歌》、河北选送的评书《农工党与保定军校》、陕西选送的陕北说书《歌唱农工党》、海南选送的歌舞《海南农工来颂党》；“缅怀先烈”的金色篇章，包括北京选送的舞蹈《铁血丹心邓演达》、重庆选送的报告剧《共和国的旗帜上有他们血染的风采》、安徽选送的小品《抢送江防图》、云南选送的滇剧《滇声礼赞黄琪翔》、贵州选送的独唱《同心同行奔小康》、福建选送的诗朗诵《敢问荆棘前路》；“再创辉煌”的蓝色篇章，包括上海选送的男声四重唱《祖国不会忘记》、江苏选送的苏州评弹《最后的家书》、内蒙古选送的演讲《用热血谱写爱的事业》、湖南选送的音诗画《思光行》、河南的选送小合唱《前进前进》。为办好这台文艺演出，农工党中央领导高度重视，要求以继承和发扬农工党爱国革命的优良传统为主旋律，总监制由副主席龚建明担任，总策划由宣传部部长石光树担任，文艺演出筹备小组办公室设在宣传部。农工党中央委员、中央监督委员会成员、中央专门工作委员会负责人、中央机关局级干部、中央直属机构负责人、省级组织专职副主委、北京市委会部分党员、特邀嘉宾等350多人观看演出。

5. 开展学习实践活动调研

2月3日至4日，农工党中央副主席龚建明率调研组在天津就学习实践活动开展情况进行调研。龚建明分别听取了农工党红桥区委会、河西区委会的工作汇报，并座谈交流。龚建明指出，今后要继续抓好以下几项工作：一是继续抓好学习实践活动，加强宣传思想工作，积极参与“三学”知识竞赛活动；二是继续抓好社会服务工作，通过举办有声有色的活动，凝聚党员力量、彰显农工党作用、服务社会大众；三是继续抓好参政议政工作，积极为天津经济社会发展出谋划策，贡献力量。期间，龚建明分别会见了中共天津市委常委、市政协副主席、市委统战部部长刘长喜，以及红桥区区、河西区领导。调研组还参观考察了天津市眼科医院。

3月23日至26日，农工党中央副主席龚建明率领调研组在云南就学习实践活动开展情况进行调研。3月23日，龚建明一行走访农工党云南省委会机关并座谈，农工党云南省委会主委杨鸿生等参加座谈。3月24日，龚建明一行在农工党昆明市委会开展调研并进行座谈。3月25日，龚建明一行在农工党楚雄市委会开展调研并进行座谈。龚建明指出，要继续深入开展学习实践活动，不断加强自身建设，巩固“长期共存、互相监督、肝胆相照、荣辱与共”的思想基础，更好地为中国特色社会主义服务；深刻理解“四个全面”战略布局的重要意义，围绕“四个全面”战略布局进一步开展各项工作；围绕“健康中国”“美丽中国”两条主线，积极履行职责，落实“人才强党”战略，团结广大党员履职奉献，继续履行好参政党职责。期间，龚建明会见了中共云南省委常委、统战部部长黄毅。调研组还参观考察了农工党党员开办的杏林大观园、云南省委会社会服务联系点——

楚雄高等医药专科学校、楚雄州农工诊所等，看望了基层农工党党员。

3 月 27 日至 31 日，农工党中央副主席龚建明率调研组在广东深圳、惠州、东莞、广州就学习实践活动开展情况进行调研，并在惠州市、东莞市召开座谈会。广东省委会主委马光瑜等陪同调研。龚建明指出，要深刻理解学习实践活动的本质特征，积极开展学习实践活动，全面加强自身建设，为中国特色社会主义建设服务；要积极推进协商民主进程，深刻领会依法治国和“四个全面”战略布局的重要意义；要团结广大党员，认真履行好参政党职责，为多党合作事业和中国特色社会主义建设做出贡献。期间，调研组前往邓演达纪念园参观学习，向邓演达铜像敬献了花篮。调研组还参观考察了罗浮山国药股份有限公司、东莞市圣茵环境科技有限公司、东莞华中科技大学制造工程研究院、广东长盈精密技术有限公司、东莞生源环保科技有限公司等农工党党员创办或投身工作的企业。

5 月 30 日，农工党中央副主席龚建明率调研组在广西百色就学习实践活动开展情况进行调研。调研组听取了农工党百色市委会的情况汇报，并与基层党员座谈交流。龚建明希望农工党百色市委会要把握好大方向，找好新课题，不断加强自身建设，落实“人才强党”战略，团结广大党员履职奉献，为百色市农工党的健康发展和民族团结、社会稳定，为多党合作事业和全面建成小康社会做出更大贡献。期间，调研组还参观考察了田东县英竹卫生分院、中国工农红军第七军军部旧址、百色起义纪念馆，并向百色起义革命烈士纪念碑敬献花篮。

6 月 10 至 18 日，农工党中央宣传部联合调研组一行，赴云南、四川、重庆就学习实践活动开展情况进行调研。调研组由中央宣传部副巡视员刘保明，海南省委会副巡视员林燕晨，中央宣传部有关处室负责人以及湖北、广东、河南等省级组织宣传部长组成。

6 月 26 日至 29 日，农工党中央副主席、上海市委会主委蔡威前往学习实践活动联系省份——农工党江西省委会指导工作。蔡威听取了关于学习实践活动开展情况的汇报，并就组织建设、参政议政、社会服务以及机关建设等进行了交流座谈。

6. 制作学习实践活动教材

组织编写《中国农工民主党党员知识读本》。《读本》内容涵盖多党合作、农工党史、农工党章、履行职能、自身建设、时事政治等，经中央统战部和国家新闻出版广电总局审核通过出版发行。此外，还将刘晓峰在十五届十一次中常会上作的《中国农工民主党的历史道路和优良传统》专题报告制作成光盘，以及“三学”知识竞赛辅导材料等发给广大党员。

协调北京卫视、深圳卫视制作邓演达专题片。2015 年是农工党成立 85 周年、邓演达诞辰 120 周年，农工党中央积极协调北京卫视《档案》栏目组、深圳卫视《探秘时刻》栏目组制作了反映邓演达光辉一生的专题片。11 月 19 日，《邓演达——忠勇之士革命先驱》在北京卫视《档案》播出；11 月 23 日，《铁血丹心邓演达》在深圳卫视《探秘时刻》播出。

（二）搞好社会宣传

农工党中央通过加大社会宣传力度，树立农工党良好形象，展示农工党员良好风采。据不完全统计，仅中央级主流媒体发表的宣传报道达 700 余篇。

一是重点做好全国“两会”的宣传报道。2月13日，农工党中央召开“两会”情况通报会。中央副主席龚建明出席通报会并讲话。龚建明希望各位新闻界的朋友给予我们一如既往的关注和厚爱，充分发挥媒体的优势和特长，全方位、多层次地对农工党履行职能的各项工作给与充分的报道。社会服务部部长刘峻杰、参政议政部副部长王素芳介绍有关工作。组织部负责人邓蓉玲以及20余位新闻媒体记者出席会议。“两会”前后，各大新闻媒体刊发关于农工党宣传报道达300余篇，《中国政协》杂志社与农工党中央共同出版《委员健康专刊》，央视7套采访中央副主席何维，《团结报》团结会客厅采访中央副主席龚建明，《人民日报（海外版）》5篇，人民网（人民论坛）60篇，《科技日报》（中国科技网）20篇，中国网40余篇，《人民政协报》出专版和图文新闻20余篇，《团结报》出专版和图文新闻40余篇。另外，《中国青年报》《法制日报》、香港《文汇报》《中国政协》杂志、《21世纪经济报》《中国社会报》《中国环境报》《健康报》等多家媒体对农工党工作宣传报道，比较客观全面及时地反映了农工党工作。

二是中央媒体发表农工党中央领导文章。6月16日出版的第12期《求是》杂志，刊登了陈竺署名文章《发挥参政党特点和优势助力全面建成小康社会》。陈竺署名文章《舞台广阔好圆梦》，刘晓峰署名文章《多党合作事业蓬勃发展大有可为》，何维署名文章《加强协商成果采纳反馈机制建设》，龚建明署名文章《多党合作道路越走越宽广》等，在《人民日报》《人民政协报》《团结报》《前进论坛》等报刊发表，引起良好社会反响。

三是围绕农工党重大活动进行宣传报道。围绕参政议政、社会服务等履职中心工作，大力宣传调查研究、建言献策等重要活动，特别是对中央年度大考察、中国环境与健康宣传周、国际科学与和平周、同心全科特岗医生、中医科学大会、中国生态健康论坛等重大项目和重要活动宣传报道。

四是组织媒体记者团赴贵州大方实地采访。10月12日至16日，农工党中央组织人民网、中国网、《科技日报》《人民政协报》《中国政协》杂志、《团结报》、贵州电视台、《贵州日报》《贵州政协报》等媒体记者，赴农工党定点帮扶县——毕节市大方县实地采访。采访团由中央宣传部副巡视员刘保明任团长、贵州省委会秘书长蒙爱军任副团长。期间，拍摄照片400多张，宣传报道30多篇，制作新闻视频4部，制作了反映农工党20多年来帮扶大方县的视频片。

（三）加强网络宣传

农工党中央通过建好、用好中央网站、手机版网站、微信公众平台，打造特色栏目，丰富版块内容，积极推进多层次、立体化的网络宣传。

一是召开网络宣传工作会议。3月20日，农工党2015年网络宣传工作会议在中央机关召开。中央副主席龚建明出席并讲话，中央秘书长曲凤宏主持会议。龚建明指出，网站这一宣传形式，可承载信息量大，兼具影响力大、时效性强特点，是农工党对外展示自我形象的窗口，是讴歌多党合作和政治协商制度的最佳渠道。龚建明强调，党网是展现农工党形象的平台，要集全党之力来共同办好。中央宣传部部长石光树就加强网络宣传工作提出了有关要求，宣传部副巡视员刘保明对《中国农工民主党网站信息发布管理规程（试行）》进行了解读。中央宣传部各处室负责人、中央网站编辑等20余人参加会议。

二是重点加强网站宣传报道。农工党中央网站经过2014年全面改版，关注的党员越来越多，发挥的作用越来越大。一年来，中央网站推出了“学习贯彻中共十八届五中全会精神”“学习中央统战工作会议精神”“聚焦2015全国两会”“第十届中国生态健康论坛”“学精神、学党章、学党史知识竞赛”“纪念农工党成立85周年：继往开来——农工党历史墨迹展”等6个专题，编发各类稿件3680多篇、图片7400余张，手机版网站发布近2680多篇。网站栏目、内容不断丰富，文稿质量、数量不断提高。

三是积极打造微信公众平台。一年来，中国农工民主党微信公众订阅号微信107期，新闻发布486条，图片发布1000余张，阅读量为34万多人次，关注人数达1.4万余人。各省市级组织积极创办微信公众号，2015年底已经有20个省级组织、30余个基层组织开通了官方微信，全方位、多角度拓展宣传工作的平台和载体，扩大网络宣传影响。农工党利用新媒体开展网络宣传的做法被中共中央统战部编入信息专报。

四是夯实信息化建设基础。一是加强中央网站安全建设；二是启动机房改造工程；三是实施机关软件正版化；四是为业务工作提供信息化支持。

（四）做好党刊工作

党刊《前进论坛》坚持“提高质量、降低成本、扩大发行”办刊方针，坚持思想性、知识性和可读性相结合的原则，不断提高编辑质量和发行数量。

一是始终坚持改革创新。为发挥党刊更大作用，2015年10月农工党中央主席办公会议研究通过了《〈前进论坛〉杂志社改革方案》。

二是始终坚持提高质量。配合中央大调研、大考察以及重要会议、重大活动宣传报道，刊发稿件30多篇，图片近百幅；出版了“两会”专刊，报道农工党参加“两会”盛况；发表参政履职的真知灼见、优秀党员的先进事迹等。

三是始终坚持扩大发行。订阅量86600册，订阅率62%，创历史新高。

四是积极开展相关调研。1月21日至28日，农工党中央宣传部副巡视员兼《前进论坛》杂志社副社长、副主编刘保明率“党刊党网现状与发展”专题调研组，赴福建、广东两省8市开展调研。农工党中央宣传部有关处室负责人，以及山东、四川、云南、福建省级组织的宣传部长参加调研。

六、组织建设和党内监督

2015年，农工党认真学习贯彻中共中央统战工作会议精神和《中国共产党统一战线工作条例（试行）》精神，深入实施人才强党战略，积极推进人才队伍建设、各级组织建设和党内监督工作，为农工党履行职能提供组织保障。

（一）推动“人才强党”战略

1. 召开农工党全国组织工作会议

1月7日至8日，农工党全国组织工作会议在湖南郴州召开。农工党中央常务副主席刘晓峰出席会议并讲话。中共湖南省委常委、统战部部长李微微，农工党中央副主席、湖南省委会主委龚建明到会致辞。刘晓峰介绍了人才强党战略实施以来的农工党全国组织建设情况，并就下一步深化人才强党战略提出了八点要求，要明确提高整体思想认识、加大人才培养力度、健全人才管理机制、拓宽人才发展领域、创新人才发展途径、构建纵向组织体系、搭建横向组织构架和建立健全监督工作机制。刘晓峰强调，广大组工干部要从政为公、情注事业，从业务实、心系党员，以促进实现“健康中国”和“美丽中国”宏伟目标为主线，大力推进“人才强党”战略。会议表彰了30名优秀组织工作干部、26名组织工作信息化管理先进个人；湖南、浙江、江苏、安徽、福建等省级组织代表作了经验交流发言。各省级组织的专职副主委、组织部负责人参加会议。各副省级城市组织的主委列席会议。

2. 深入基层组织，开展工作调研

1月30日，农工党中央主席陈竺走访农工党吉林省委会机关并座谈。农工党吉林省委会主委赵吉光汇报了近年来工作情况。在认真听取有关工作汇报和发言后，陈竺提出三点希望：农工党吉林省委会和全省农工党员要坚定理想信念，深入开展学精神、学党史、学党章活动，扎实开展学习实践活动；围绕全面深化改革议政建言，全面提高依法履职能力，强化参政议政、民主监督职能，在推进科学立法、民主立法方面有所作为；不断推进“人才强党战略”，开辟高层次人才发展的新途径；充分发挥农工党的人才智力优势，为积极推动“美丽中国”“健康中国”建设做出新的贡献。

2月3日，农工党中央主席陈竺走访农工党内蒙古区委会机关并座谈。内蒙古区政协主席任亚平介绍了内蒙古自治区经济社会及多党合作事业发展情况。内蒙古区人大常委会副主任吴团英参加走访活动，农工党内蒙古区委会主委牛广明汇报了近年来近年来工作情况。在认真听取有关工作汇报和发言后，陈竺对农工党内蒙古区委会提出了三点希望：一是以重大纪念活动为契机，进一步增进政治共识，夯实共同思想和认识基础；二是以“人才强党”战略为抓手，全面加强自身建设，进一步推进高素质参政党建设；三是以“健康中国、美丽中国”为主线，围绕中心，服务大局，切实履行好参政党职能。

2月10日，农工党中央主席陈竺在走访农工党北京市委会机关并座谈。农工党中央副主席何维参加走访活动。农工党北京市委会主委于文明汇报了近年来工作情况。在认真听取有关工作汇报和发言后，陈竺对农工党北京市委会工作提出了三点希望：一是以重大纪念活动为载体，深入推进学习实践活动，夯实共同思想政治基础；二是以健康中国、美丽中国为主线，发挥好界别特色和优势，积极履行参政党职能；三是以“人才强党”战略为抓手，坚持依规从严治党，全面加强自身建设。

4月7日至10日，农工党中央常务副主席刘晓峰率调研组在江苏扬州、镇江、常州开展组织建设和高新技术园区开展组织发展工作调研。农工党中央副主席、南京邮电大学校长杨震参加调研。刘晓峰指出，必须加大力度推动“人才强党”战略实施，加强农工党党员干部队伍建设；切实做好组织发展工作，严格把关，进一步加强党史党情教育和党性培养，其中高新技术园区人才聚集，要做好相关人才引进工作；各市级组织面临新一轮换届，要认真做好各项换届筹备工作。调研组一行考察了上海大众仪征分公司、仪征市真州镇大市社区、江苏艾信兰生物医药科技有限公司和农工党常州市委会党史教育基地——常州市武进区南宅实验学校。

4 月 13 日，农工党中央常务副主席刘晓峰亲切看望云南省西双版纳州农工党党员并座谈。刘晓峰希望全体党员要紧密团结在以习近平为总书记的中共中央周围，加强组织建设，做好本职工作，不断提升自身素质，献良策、出实招，提高参政议政能力，为“一带一路”建设及西双版纳经济社会发展贡献自己的聪明才智。

4 月 21 日，农工党中央秘书长兼组织部部长曲凤宏率调研组在农工党北京市委会开展组织调研。调研组一行与农工党北京市委会领导班子进行了座谈，听取了农工党北京市委会主委于文明、副主委刘迎的工作情况汇报。

5 月 4 日至 8 日，农工党中央副主席、中央监督委员会副主任龚建明率调研组在山东调研组织建设和党内监督工作。期间，龚建明一行来到“农工党济南市委会健康教育宣传基地”调研，并在农工党山东省委会、青岛市委会机关召开座谈会。龚建明指出，我们要“口号定向”，即以“健康中国、美丽中国”来确定我们的努力方向；要“思想强神”，即以坚持和发展中国特色社会主义学习实践活动为抓手，全面加强思想建设；要“人才强党”，即大力加强高层次人才发展，提升农工党的核心竞争力；要“制度强筋”，即不断完善党内制度法规，推动各项工作制度化、规范化；要“活动强体”，即通过开展不同界别、不同层次、不同类别的活动，提升全党活力；要“组织强基”，即不断健全完善地方和基层组织体系，夯实基层基础；要“宣传扬名”，即加大宣传力度、创新宣传方式，不断增强农工党的影响力。调研组一行参观了济南大陆机电股份有限公司、济南东之林智能软件有限公司等环保企业。

6 月 18 日，全国人大常委会副委员长、农工党中央主席陈竺在广西区南宁市第四人民医院考察艾滋病防治工作时，亲切接见了农工党第四人民医院支部全体党员。陈竺勉励大家向医院“白求恩奖章”获得者杜丽群学习，爱岗敬业，更好地服务患者、服务社会，同时认真做好党务工作，履行好参政议政等职能，为基层多党合作事业做出贡献。

10 月 20 日，农工党中央常务副主席刘晓峰到山东临沂调研农工党基层组织工作并座谈。山东省委主委王新陆、临沂市有关领导陪同调研。刘晓峰形象、生动、深刻地讲述了农工党的优良革命传统，要求广大家要认真学习农工党党史、党章，真正传承老一辈革命家的精神，要懂得中国共产党对民主党派的感情，要坚持中国特色的社会主义道路，勤奋学习，努力奉献，树立起良好的农工党员的形象，为经济社会的发展做出自己的贡献。

此外，农工党中央还开展评选表彰工作，制订了《优秀地市级组织、县级组织和先进基层组织评选表彰办法》，评选出优秀地市级组织 90 个、优秀县级组织 28 个、先进基层组织 658 个。

（二）做好党员教育培训

1. 举办系列党员培训班

积极探索符合农工党实际的培训机制，即细分培训对象、分层次分类别开展、强化政治共识教育、突出农工党特色、理论培训与地方组织交流活动相结合。2015 年共举办了 4 期培训班，培训人数超过 300 人。

1 月 16 日至 21 日，农工党医药卫生界院、所长骨干培训班暨医药卫生政策研讨会在浙江富阳举办。农工党中央常务副主席刘晓峰出席开班式并作开班报告，副主席龚建明出席培训班并作总结讲话，浙江省委会主委姚克出席培训班并致辞。刘晓峰指出，首先要学习农工党与中国共产党亲密合作、团结奋斗，经受了血与火的考验，走过的85年不断追求进步和国家富强的光辉历史，增加身为农工党党员的自豪感和责任感，也增加对多党合作和政治协商制度的认同感和使命感；其次要明党情，充分发挥主人翁精神，积极投身到农工党的各项工作中来，为多党合作事业的长远发展献计出力；第三要强化为民务实清廉的价值追求，严守清正廉洁的底线，带头贯彻落实农工党章程和相关规章制度的要求，同时也要自觉遵守中共各级党委和政府对干部廉洁自律的要求，做一个政治上清醒、生活上清白、作风上清廉的好干部。龚建明强调，要加强政治修养，保持政治坚定；增强责任意识，努力履职尽责；严格自我要求，加强作风建设。农工党北京市委会主委、国家中医药管理局副局长于文明，农工党中央常委、国家食品药品监督管理总局副局长焦红，北京市委会副主委、中国医学科学院药物研究院院长蒋建东，重庆市委会副主委、重庆医科大学附一院院长任国胜作了专题报告。期间，培训班成员还考察了农工党杭州市委会、海正辉瑞制药有限公司生产基地。130余名来自全国各地的农工党医药卫生界的骨干党员参加培训。

5月22日至25日，农工党中青年党员培训班在浙江富阳举办。本期培训班以新社会阶层人士为培训对象，包括医药卫生界的留学归国人员、新媒体中的代表性人士和非公有制经济人士。40余名农工党中青年骨干党员参加培。

7月6日至9日，农工党学习贯彻中央统战工作会议精神专题研讨班在浙江富阳举办。农工党中央常务副主席刘晓峰出席开班式并作开班报告。刘晓峰要求，一要把学习宣传、贯彻落实会议精神与正在深入开展的坚持和发展中国特色社会主义学习实践活动紧密结合起来，结合农工党成立85周年、邓演达诞辰120周年、卢嘉锡诞辰100周年等纪念活动，巩固团结合作的共同思想政治基础；二要正确处理一致性和多样性关系，画好最大同心圆，要毫不动摇地坚持中国共产党领导，不断增强三个自信，为协调推进“四个全面”汇聚起强大正能量；三要以改革创新精神推进新形势下民主党派工作，在参政议政、民主监督和参加中国共产党领导的政治协商等方面，以履职尽责的实际行动，彰显中国特色社会主义参政党的使命和价值；四要不断加强思想、组织、制度建设特别是领导班子建设，全面提高农工党领导班子成员的政治把握能力、参政议政能力、组织领导能力、合作共事能力和解决自身问题能力，深入实施“人才强党”战略，加强党内监督工作，全面推进组织建设。培训期间，中央社会主义学院副院长张峰作了专题报告，研讨班成员走访了农工党杭州市委会、参观了杭州市城市规划展览馆等。近70名农工党中央委员和中央监督委员会委员参加研讨班。

9月21日至24日，第4期农工党中西部骨干党员研讨班在农工党中央机关举办。农工党中央副主席何维出席开班式并讲话。何维强调了加强中西部地区党员干部培训的重要意义，并指出中西部地区具备一定的政策和环境优势，发展潜力较大，是农工党“人才强党”战略实施的重要组成部分。何维希望各位学员以这次培训为契机，加强互动交流，注重理论学习与实践相结合，通过不断学习提升党性修养，真正做到学有所成，并推动本职工作、党务工作和社会工作水平的共同提高。

此外，5月9日至15日，农工党中央组织部与重庆市委会在浙江富阳联合举办重庆干部培训班。中央副主席龚建明出席培训班并讲话。龚建明提出四点要求：一是要深入开展学习实践活动，夯实共同思想政治基础；二是实施“人才强党”战略，全面加强自身建设；三是以“健康中国”“美丽中国”为主线，发挥好界别特色和优势，积极履职尽责；四是坚持依规、从严治党，扎实抓好作风建设。本次培训是农工党中央组织部联合地方组织在富阳培训基地举办的第一个地方组织干部培训班。农工党重庆市 90 余名干部参加培训。

2. 启动与社科院联合培养人才项目

10 月 12 日，农工党中央与中国社会科学院研究生院联合培养人才项目启动会在农工党中央机关召开。农工党中央副主席何维、中国社科院研究生院院长黄晓勇出席启动会，并向农工党中央推荐的 9 位博士生导师颁发聘任证书。何维强调，农工党中央与中国社会科学院研究生院联合培养人才项目是适应新形势下统战工作的需要，是农工党中央“人才强党”战略的需要。这是在农工党中央陈竺主席和中国社会科学院王伟光院长的亲自关心支持下，我国民主党派首次与中国社会科学院联合办学、共同进行人才培养和学科建设的有益尝试，有利于培养服务于统一战线事业的高素质人才，有利于提升参政党参政议政、理论研究水平。该项目 2016 年将在社科院研究生院政府政策与公共管理系招录 10 名经济学和政治学理论专业全日制博士研究生。中国社会科学院研究生院有关院方代表详细阐述了项目要求和注意事项。中央社会主义学院副院长张峰、中央社会主义学院统战理论教研部主任李金河、环境规划院副院长兼总工王金南、中科院生态环境研究中心大气化学与大气污染控制技术研究室副主任贺泓、哈医大卫生管理学院副院长吴群红、上海市社会主义学院副院长姚俭建、哈医大卫生管理学院经济教研室主任刘国祥等首批聘任博士生导师作了发言。

此外，按照中共中央统战部及中央社会主义学院的培训计划，农工党中央推荐了一批党员参加了第 33 期、34 期民主党派干部进修班和培训班，党外领导干部出国研修班，在井冈山干部学院举办的民主党派中青年骨干培训班学习，共计 38 人。为提高培训质量，农工党中央编印了《农工党中央培训资料汇编》。

（三）推进地方组织建设

1. 指导省级组织届中调整

农工党中央以省级组织届中调整为契机，推动省级组织领导班子建设。2015 年，共有浙江、江苏、云南、广东、福建、山西、上海、天津等 8 个省级组织进行了届中调整，增补了副主委 6 人，常委 7 人，委员 10 人，进一步充实了队伍、优化了结构。

2. 支持新成立市级委员会

2015 年新成立了湖南省娄底市委员会、辽宁省本溪市委员会和内蒙古乌兰察布市委会，中央派员出席成立大会并致贺词。

4 月 27 日，中国农工民主党娄底市委员会成立暨第一次代表大会在湖南娄底召开。农工党中央副主席、湖南省委会主委龚建明等出席大会。大会选举产生了第一届农工党娄底市委员会，郭细军当选为主任委员。龚建明提出三点希望：一是要增强时代责任感，在政党协商中勇于担当，认真履行参政党职能；二是要以高素质参政党为目标，积极推进组织建设和人才队伍建设；三是要充分发挥自身优势，提升履职水平。

9 月 29 日，中国农工民主党本溪市委会成立大会暨第一次党员大会在辽宁本溪召开。农工党辽宁省委会主委唐建武等出席大会。大会选举产生了第一届农工党本溪市委员会，李荣文当选主任委员。

11 月 1 日，中国农工民主党乌兰察布市第一次代表大会在内蒙古集宁召开。农工党内蒙古区委会主委牛广明等出席大会。大会选举产生了第一届农工党乌兰察布市委员会，李一飞当选主任委员。

此外，5 月 20 日，在农工党中央定点帮扶县——毕节市大方县，中央副主席龚建明出席了中国农工民主党大方县工作委员会成立大会。农工党大方县工委的成立，将进一步完善农工党与大方结对帮扶的合作机制，为大方县多党合作事业注入新的活力。龚建明等为农工党大方县工委授牌。

3. 推动各级组织横向交流

支持副省级城市组织开好联席会议：

5 月 5 日至 7 日，农工党全国副省级城市第九次工作联席会议在济南召开。中央副主席龚建明出席会议并讲话、山东省委会主委王新陆出席会议并致辞、中央秘书长曲凤宏出席会议。龚建明指出，副省级城市要充分发挥自身人才和资源集中的优势，在“人才强党”战略指导下，切实加强自身建设；要按照中共中央“四个全面”战略布局要求，围绕“健康中国”和“美丽中国”两条主线，把坚持和发展中国特色社会主义学习实践活动贯穿于思想、理论、组织、制度、作风建设和参政议政、社会服务工作全过程；要继续加强联系，促进交流合作，分享经验、互相启发，推动副省级城市组织各项工作再上新台阶。中央组织部负责人邓蓉玲，山东省委会副主委、济南市委会主委段青英等出席会议。济南市有关领导应邀到会。15 个副省级城市、6 个特邀城市的农工党组织负责人参加会议。

9 月 9 至 11 日，农工党全国副省级城市第十次工作联席会议在长春召开。农工党中央副主席杨震出席会议，吉林省委会副主委、长春市委会主委侯治富主持会议。会议围绕“绿色生态城建设”调研情况进行座谈，并围绕新形势下尤其是学习实践活动开展以来人才队伍建设的工作经验和创新做法开展研讨交流。15 个副省级城市的农工党组织负责人参加会议。

12 月 21 日至 24 日，农工党副省级城市联席会议总结交流会在海口召开。会议重点总结了副省级城市联席会议召开以来所取得的成绩和经验，并就下一步如何推进联席会议更好开展进行了座谈。会议还就探索建立部分地市级组织联席会议进行了交流讨论。15 个副省级城市的农工党组织负责人参加会议，部分地市级组织的农工党负责人列席会议。

支持地方组织打破地域限制，“走出去”跨省开展考察调研、培训。

（四）扎实做好基础工作

做好代表人士推荐使用和联络服务。一是为党员搭建实践锻炼平台。积极推荐党员参加中共提供的各方面挂职锻炼、轮岗交流，推荐素质过硬、符合要求的干部到重要岗位历练成长，特别是政府和司法机关实职岗位，为党员成长铺路搭桥。二是做好推荐工作。积极推荐符合条件的党员担任特约人员和社团职务，比如：统一战线服务“一带一路”战略智库成员、国土资源特邀监察专员、中国妇女研究会理事会理事、中国家庭文化研究会第五届理事会理事等。三是做好党员联络服务工作。接待党员到中央机关参观学习。

以发展高层次人才为重点推动组织发展。一是加强中央直属支部建设。积极发展高层次党员，开展培训和丰富多彩的组织活动，引导直属支部党员积极参与农工党工作。二是努力拓宽高层次人才发展渠道。积极采取措施，在高新技术园区发展党员、建立组织。三是做好组织发展统计。

（五）加强党内监督工作

1. 召开党内监督工作会议

5 月 28 日至 29 日，农工党内部监督工作交流研讨会在安徽六安召开。农工党中央常务副主席、中央监督委员会主任刘晓峰出席会议并讲话。农工党中央副主席、中央监督委员会副主任龚建明出席会议并作闭幕讲话。刘晓峰提出三方面要求：一是要不断增强政治共识，强调并明确了在现阶段党内监督工作总的要求、监督什么和如何监督及监督委员会职责的基本共识和认识；二是充分认识农工党党内监督工作要进一步发挥惩防并举、重在预防的正面作用，以加强工作调研为基础，以落实省级组织领导班子谈心会为重点，以推动党内监督宣传教育和理论研究为导向，根据实际稳妥推进工作；三是把学习中央统战工作会议精神和中共十八届四中全会精神与我们做好党内监督工作联系起来，把完善党内监督制度、党内依法履职制度等，不断制度化、规范化，形成配套完备的党内法规制度体系，建设高素质有作为的中国特色社会主义参政党。期间，来自安徽、浙江、福建和重庆的监督委员会负责人结合实际工作介绍了工作经验和体会；与会同志还赴安徽省廉政教育示范县——寿县和爱国民主人士、农工党筹建者之一朱蕴山纪念馆开展学习教育活动。农工党中央监督委员会委员、省级监督委员会负责人以及特邀代表 60 余人参加会议。

6 月 19 日，农工党中央党内监督工作专题研讨会在农工党中央机关召开，农工党中央副主席、中央监督委员会副主任龚建明出席会议并作总结讲话。龚建明强调，要进一步重视党内监督工作实践总结，通过总结经验、发现和解决问题，积极稳妥推进和提高监督工作水平，在继续落实省级领导班子谈心会制度、探讨同级监督等有关工作和问题上重点加以研究和推进，务求更多工作实效。会上，中央秘书长、中央监督委员会办公室主任曲凤宏传达了近期中央有关会议精神和党内监督工作的具体要求。中央组织部负责人邓蓉玲总结介绍了农工党近年来党内监督工作的做法、效果及目前存在的问题，提出了农工党今后党内监督工作职责定位、制度建设、组织自身建设等方面的工作意见、思路和设想。与会人员结合本职理论研究和工作实践，围绕党内监督有关问题进行了热烈讨论，为进一步完善和推动党内监督工作提出了很好的意见建议。来自北京、湖北、山西、陕西、天津的中央监督委员会委员和受邀专家学者参加会议。

2. 开展党内监督工作调研

7 月 24 日至 25 日，农工党中央副主席龚建明率调研组在宁夏就党内监督工作开展调研。龚建明指出，农工党作为重要的参政党之一，要想进一步平衡成长，健康发展，就必须要建立自己的监督体系。目前，党内监督的对象主要是各级组织领导班子成员，监督的内容主要是政治监督。龚建明强调，农工党各级组织首先要积极主动需求各种机遇，大胆探索发展党内监督工作，关键是探索如何发挥党内监督警钟长鸣的机制；其次农工党各省级组织要组织举办好领导班子成员谈心会；三是加强自身建设，营造一个良好监督工作氛围。宁夏区委会副主委邢学宁汇报了有关工作。

7月26日至28日，农工党中央副主席龚建明率调研组在青海就党内监督工作开展调研。龚建明指出，在新形势下，中共中央高度重视民主党派自身建设，对民主党派党内监督工作提出了新的更高要求。龚建明希望各省级组织也关注这些问题，并以深入落实谈心会制度和民主评议制度为抓手，切实加强领导班子建设，进一步建立健全监督机制和监督体系，在党内营造良好监督氛围，促进党内监督工作不断完善和发展。青海省委会主委张周平汇报了有关工作。调研之余，龚建明到农工党青海省委会联点扶贫泥麻隆村，实地考察了中药材规模种植和科技扶贫相结合的情况。

（六）组织及成员概况

截至2015年12月底，农工党共有地方组织361个。其中，包括省级组织30个，地级组织285个，县级组织46个。基层组织6775个，其中基层委员会387个，总支550个，支部5721个。全年新加入成员6847人。成员总数147984人，其中女成员74349人。平均年龄51.07岁。离退休45319人。

农工党界别分布如下：医药卫生界83704人，百分比56.6%；人口资源、生态环境界3380人，占2.3%；基础教育界11322人，占7.7%；高等教育界11317人，占7.7%；科学技术界8055人，占5.4%；政府司法机关8070人，占5.5%；人大政协机关463人，占0.3%；新的社会阶层人士7665人，占5.2%；文化艺术界4353人，占2.9%；公有制经济界3784人，占2.6%；党派机关1931人，占1.3%；出版传媒界606人，占0.4%；团体373人，占0.3%；其他2961人，占2%。

担任各级人大代表的共有2026人。其中，全国人大常委会副委员长1人、委员7人、人大代表53人；省级人大常委会副主任5人、委员43人、人大代表274人；市地级人大常委会副主任39人、委员248人、人大代表893人；县级人大常委会副主任84人、委员275人、人大代表805人。

担任各级政协委员共有11558人，其中全国政协副主席1人、政协常委13人、政协委员85人；省级政协副主席17人、政协常委220人、政协委员878人；市地级政协副主席179人、政协常委1193人、政协委员5015人；县市区级政协副主席219人、政协常委1382人、政协委员5580人。

政府及司法机关中，担任省、市、自治区领导1人，部委领导1人，司局级干部112人，县处级干部882人。

农工党成员学历情况如下：有大本以上学历的占69.2%；有中、高级职称的占83.2%。担任中国科学院院士的共有8人。担任中国工程院院士的共有6人。

常云岐　农工党中央宣传部综合处副处长

中国致公党

2015年是致公党深入贯彻落实中共十八大，十八届三中、四中、五中全会和习近平总书记系列重要讲话精神，全面推进致公党事业继往开来、奋力前进的一年。一年来，致公党聚焦服务“四个全面”战略布局，坚持“致力为公、侨海报国”，着力提高参政议政、对外联络、社会服务的能力和实效，切实加强思想建设、制度建设、组织建设的质量和水平，锐意进取、开拓创新，各项工作取得了新进展。

一、重要会议及活动

（一）中央委员会会议

中国致公党第十四届中央委员会第四次全体会议12月28日至29日在京举行。会议主要内容是学习中共十八届五中全会精神，听取和审议致公党第十四届中央常务委员会工作报告，讨论审议并通过《中国致公党第十四届中央委员会第四次全体会议关于中央常务委员会工作报告的决议》，并对2016年工作进行全面部署。致公党中央主席万钢出席会议并讲话。

开幕会上，万钢代表十四届中央常务委员会作工作报告。他指出，2015年是全面完成“十二五”规划的收官之年，是多党合作事业创新发展的重要一年。一年来，全党始终把思想建设摆在突出位置，认真学习中共十八大和十八届三中、四中、五中全会精神，及中央统战工作会议和《中国共产党统一战线工作条例（试行）》精神，结合本党成立90周年纪念活动，开展形式多样的爱国主义教育和党史、党章教育，不断将坚持和发展中国特色社会主义学习实践活动推向深入，努力构建“大宣传、大教育”思想政治工作格局；全党围绕新常态下我国经济建设和社会发展等重大问题，深入开展调查研究，创新工作理念和机制，不断提升参政议政和民主监督工作的能力；充分发挥“侨”“海”优势，助推“一带一路”国家战略实施，扩大侨务公共外交实践，不断巩固与侨界的传统友谊；加强资源整合，形成品牌集群，不断创新社会服务工作机制，扩大社会服务实效；贯彻“人才兴党”战略，大力开展“创先争优”活动，稳步推进组织发展和干部队伍建设，加强和改进机关工作。

万钢对2016年工作进行了部署。他强调，明年是“十三五”开局之年，也是推进结构性改革的攻坚之年。全党要深入贯彻落实中共十八大和十八届三中、四中、五中全会精神和习近平总书记系列重要讲话精神，按照“五位一体”总体布局和“四个全面”战略布局，紧扣“创新、协调、绿色、开放、共享”五大发展理念，提高参政履职能力和自身建设水平。要把学习贯彻中共中央中央统战工作会议和《中国共产党统一战线工作条例（试行）》精神与加强自身建设有机结合起来，不断深化理解认识，坚定理想信念，持续深入开展坚持和发展中国特色社会主义学习实践活动；要积极围绕“十三五”开局建言献策，进一步完善参政议政工作机制，全面提高政党协商的能力和水平，高度关注实体经济发展；突出“一带一路”沿线地区和重点国家，精心涵养侨务资源，加强与港澳台同胞往来，做好凝聚人心和团结联谊工作；要深入贯彻中央扶贫开发工作会议精神，推动精准扶贫、精准脱贫，着力提高社会服务能力；要服务社会主义参政党建设，切实加强各级组织和人才队伍建设，做好党内监督工作。

与会人员在会议期间听取了国家海洋局政策法规与规划司原司长王殿昌同志所作的《增强海洋意识、建设海洋强国》的报告。

闭幕会审议通过了《中国致公党第十四届中央委员会第四次全体会议关于中央常务委员会工作报告的决议》。致公党中央副主席黄格胜主持会议。

致公党中央常务副主席蒋作君在闭幕式上作总结讲话。他在讲话中就贯彻落实万钢所作的工作报告和此次会议精神，做好明年工作提出四点意见：一要发挥三支队伍作用，夯实履职基础。发挥好党员的主体作用，发挥好各级骨干党员作用，科学合理设置专门委员会；发挥好“外脑”作用，创新工作机制和模式，积极联系、联络本党以外的专家学者助力本党履职工作；建立专家型机关干部队伍，机关干部要树立“做事就是干事业”的理念，加强理论学习，加强研究力度，成为本职工作的专家。二要树立四种意识，加强机关作风建设。树立责任意识，增强使命感；树立效能意识，提高工作质量和效率；树立服务意识，注重政务性服务能力提升；树立创新意识，积极开创工作新局面。三要加强资料信息库建设，围绕参政议政平台开展调查研究。加强资料信息库建设，实现资源成果共享；紧紧围绕主要参政议政平台开展调查研究工作。四要精心准备，积极稳妥地做好地方组织换届工作。要高度重视、精心部署；要掌握好政策，规范换届程序；要选好人做好引导，确保换届工作顺利平稳；要严肃换届纪律，保证换届风清气正。

蒋作君要求，会后各地要及时传达本次会议精神，认真总结 2015 年工作，按照工作报告要求，谋划好明年工作。

致公党中央副主席王珣章、严以新、曹小红、李卓彬、闫小培和中央委员及列席会议的代表 250 余人参加会议。

（二）中央常务委员会会议

1. 致公党第十四届中央常务委员会第十次全体会议

3 月 9 日，中国致公党第十四届中央常务委员会第十次会议在京召开。致公党中央主席万钢出席会议并讲话。会议由致公党中央常务副主席蒋作君主持。

万钢在讲话中指出，此次“两会”是在中共中央提出“四个全面”战略布局的新形势下召开的一次重要会议。“两会”的召开，对于进一步推动各项重大决策部署的贯彻落实，推进改革开放和现代化建设事业的发展，促进民生改善与社会和谐稳定，具有十分重要的意义。认真学习、深刻领会、切实贯彻“两会”精神，是致公党当前乃至今后一个时期的重要任务。

万钢强调，学习贯彻“两会”精神，首要的是深刻认识“四个全面”战略布局，各级组织要把学习领会“四个全面”作为传达今年全国“两会”精神的重要内容，作为今年坚持和发展中国特色社会主义学习实践活动的重要内容。学习贯彻“两会”精神，还要提高三种素质，一是要有坚定的政治立场，做到“心有信念，心系人民，心怀责任，心存敬畏”；二是要有担当，要有“咬定青山不放松”的劲头，“甘洒热血写春秋”的勇毅；三是要有政治定力和战略定力。

万钢要求，致公党各级组织和广大党员要把学习贯彻“两会”精神与做好 2015 年工作结合起来；要继续扎实开展好坚持和发展中国特色社会主义学习实践活动，增强道路自信、制度自信和理论自信；要统筹安排、精心组织好调研工作，努力就国家经济社会发展中的重大问题建言献策；要认真做好致公党建党 90 周年的纪念活动，传承优良传统，讲好致公党的故事；要积极参与推动政党协商深入开展，加强与人民群众的联系，构建符合形势发展的工作机制。

会议学习传达了“两会”精神，通报了《致公党中央 2015 年工作要点》，审议通过了《致公党中央关于学习贯彻“两会”精神的决议》。

致公党中央副主席王珣章、程津培、杨邦杰、严以新、黄格胜、曹小红、李卓彬、闫小培等中央常委出席会议，参加全国“两会”的致公党员中的人大代表、政协委员及中央机关局级干部列席了会议。

2. 致公党第十四届中央常务委员会第十一次全体会议

7 月 18 日，中国致公党第十四届中央常务委员会第十一次会议在遵义召开，会议主题是学习贯彻中共中央统战工作会议精神和为“十三五”规划建言献策。致公党中央主席万钢出席会议并讲话。

万钢指出，中央统战工作会议从党和国家工作全局的战略高度，进一步明确了统一战线在协调推进“四个全面”战略布局下的新定位、新作用和新任务，进一步明确了政党协商的作用和地位，为统一战线工作指明了方向。致公党要充分发挥“侨”“海”特色和优势，找准学习贯彻中央统战工作会议精神的着力点，毫不动摇地坚持和完善中国共产党领导的多党合作和政治协商制度，积极联系并反映广大留学人员的合理诉求，矢志不渝地为做好港澳台侨统战工做出谋划策。

万钢要求，全党上下要认真学习贯彻习近平总书记系列重要讲话精神，适应经济发展新常态，坚持问题导向，围绕“十三五”规划的制订，深入调查研究，提出更多适应时代要求、符合发展规律、反映人民意愿、突出致公党特色的意见建议，为实现“两个一百年”奋斗目标和实现中华民族伟大复兴的中国梦做出应有的贡献。

中共贵州省委常委、遵义市委书记王晓光出席会议开幕式并致辞。

致公党中央常务副主席蒋作君，副主席王珣章、程津培、杨邦杰、严以新、黄格胜、李卓彬、闫小培等中央常委出席会议，中央机关部门负责人列席了会议。

3. 致公党第十四届中央常务委员会第十二次全体会议

11 月 14 日，中国致公党第十四届中央常务委员会第十二次会议在长沙召开，会议主题为学习贯彻中共十八届五中全会精神。致公党中央主席万钢出席会议并讲话。

万钢指出，中共十八届五中全会是在我国即将完成“十二五”规划，全面建成小康社会进入决胜阶段之际召开的一次重要会议。五中全会提出创新、协调、绿色、开放、共享发展的新理念，为全面建成小康社会，实现第一个百年目标制订了宏伟的蓝图，提供了强大的动力；五中全会明确了发展的基本思路、主要目标，提出许多具有标志性的重大战略、重大工程、重大举措，将为全面建成小康社会打下坚实基础；五中全会审议通过的“十三五”规划建议，充分展示了以习近平为总书记的中共中央应对挑战的高超智慧、改革创新的坚定意志、执政为民的责任担当，向世界发出了中国经济长期向好的自信强音。

万钢强调，学习贯彻五中全会精神要把握好六个方面内容。一是要把握“十二五”时期取得的成就；二是要把握新常态下经济社会发展面临的新形势任务；三是要把握“十三五”时期全面建成小康社会新的目标要求；四是要把握“五大发展理念”对我国经济社会发展的深刻影响；五是要把握坚持中国共产党的领导是确保“十三五”规划落实的政治保障；六是要把握统一战线在落实“十三五”规划中的优势和作用。

万钢要求，深入学习贯彻中共十八届五中全会精神，是当前和今后一个时期中国致公党的重大政治任务。我们要切实把思想和行动统一到中共中央的决策部署上来，尤其是在坚持和发展中国特色社会主义学习实践活动中，要注重充分体现中共十八届五中全会精神，进一步夯实统一战线共同思想政治基础，坚定实现全面建成小康社会的必胜信念；要切实履行参政议政职能，继续为“十三五”规划的编制和落实尽心出力，紧紧围绕创新、协调、绿色、开放、共享五大发展理念深入调研，进一步聚焦创新和完善宏观调控方式、推动区域协调发展、推动可持续发展、扩大对外开放、推进健康中国建设等重点难点问题积极建言献策；要充分发挥自身优势，为实施创新驱动和转型升级贡献力量，把创新摆在国家发展全局的核心位置，在围绕驱动创新建言献策的同时，积极引导、支持和服务归侨侨眷、归国留学人员、海外高层次人才创新创业，增强他们在大众创业、万众创新中的主体意识，为国家重大战略献计出力；要注重发挥“侨”“海”特色，为“十三五”规划顺利实施营造良好的环境，及时反映所联系群众的诉求，努力做好港澳台同胞、海外侨胞等的凝心聚力工作，为实现中华民族伟大复兴的中国梦贡献力量。

致公党中央常务副主席蒋作君在总结讲话中要求，各地要认真贯彻万钢主席的讲话精神，把中共十八届五中全会精神落实到致公党履行参政党职能的各项工作中去。蒋作君还对致公党近期一些重点工作做了部署。

中共湖南省委副书记孙金龙出席开幕式并致辞，中共湖南省委常委、统战部部长黄兰香出席开幕式。

会议通过了《致公党中央关于学习贯彻中共十八届五中全会精神的决议》。

致公党中央副主席王珣章、程津培、李卓彬、闫小培等中常委出席会议，中央机关各部门负责人及相关人员列席会议。

4. 致公党第十四届中央常务委员会第十三次全体会议

12 月 28 日，中国致公党第十四届中央常务委员会第十三次会议在北京召开。会议主要议题是：学习贯彻中共十八届五中全会精神；审议通过了《致公党十四届四中全会议程（草案）》；审议通过了《致公党十四届四中全会日程（草案）》；审议通过了《致公党十四届四中全会主持人建议名单》；审议通过了《中国致公党第十四届中央常务委员会工作报告（草案）》；讨论通过了《中国致公党第十四届中央委员会第四次全体会议关于中央常务委员会工作报告的决议（草案）》。

致公党中央主席万钢，常务副主席蒋作君，副主席王珣章、严以新、黄格胜、曹小红、李卓彬、闫小培等中常委出席会议，中央机关各部门负责人及相关人员列席会议。

（三）监督委员会工作

1. 加强对各级领导班子的监督

2015 年，致公党继续坚持巡视督察工作，并有针对性地指导省级监督委员会分期分批对所属地市级组织完成巡视督察，重点督察地方组织规章制度健全及执行情况，以及对“四个重点”“四个拓展”的落实情况进行巡查。为全面地了解并监督领导班子工作情况，中央监督委员会听取了部分省级组织领导班子述职，并指导省级监督委员会听取或了解本省委会及所属地市级组织领导班子述职。

2. 召开中国致公党 2015 年监督工作会议

12 月 27 日，在北京召开了中国致公党 2015 年监督工作会议。会议听取了各省级组织监督工作汇报，审议通过《致公党 2015 年监督工作报告》，研究、部署了 2016 年中央监督委员会工作安排。

致公中央常务副主席、中央监督委员会主任蒋作君出席会议并讲话。中央监督委员会委员、各省级组织监督委员会主任、副主任及监委会办公室主任出席会议。

（四）纪念中国致公党成立 90 周年系列活动

1. 中国致公党成立 90 周年纪念大会

中国致公党成立 90 周年纪念大会于 9 月 28 日在京举行。中共中央政治局委员、中央统战部部长孙春兰出席大会并代表中共中央致贺词。

孙春兰强调，中国共产党领导的多党合作和政治协商制度，创建了新型的政党制度和政党关系，实现了集中领导与发扬民主的有机统一。只有坚持中国共产党领导，坚持中国特色社会主义道路，坚持社会主义制度，民主党派才能实现蓬勃发展，才能拥有光明前景。

孙春兰指出，中国致公党是我国最早成立的民主党派，在走过的 90 年不平凡历程中，始终与祖国共命运、同发展，始终与中国共产党同心同德、肝胆相照，见证了中华民族的苦难和忧患，见证了不同政治制度、政治发展道路的比较和实践，见证了中国人民追求民族复兴的奋斗和成就。

孙春兰指出，以习近平同志为总书记的中共中央高度重视发挥统一战线的作用，把政党协商放在非常突出的位置，多党合作事业前景更加广阔。希望致公党深入学习习近平总书记系列重要讲话精神，认真落实中共中央关于统一战线和多党合作的新思想新要求，不断巩固多党合作的共同思想基础；充分发挥“侨”“海”特色，服务全面建成小康社会宏伟目标；继承弘扬优良传统，不断提高政治把握能力、参政议政能力、组织领导能力、合作共事能力和解决自身问题能力，建设高素质的中国特色社会主义参政党。

全国政协副主席、致公党中央主席万钢回顾了中国致公党成立 90 年来的光辉历程，号召全体党员更加紧密地团结在以习近平同志为总书记的中共中央周围，继承“致力为公”的光荣传统，勇担“侨海报国”的时代使命，提高履职能力，为实现中华民族伟大复兴而奋斗。

全国人大常委会副委员长、民进中央主席严隽琪代表各民主党派中央、全国工商联致贺词。杨崇汇代表中央涉侨单位、陈德光代表海外侨胞和港澳台同胞致贺词。

致公党中央常务副主席蒋作君主持大会。全国政协副主席马飚、王钦敏，致公党中央原主席罗豪才以及各民主党派中央、全国工商联负责人和有关方面负责同志出席大会。

2. 笔墨丹青——庆祝中国致公党成立 90 周年美术书法作品展

9 月 28 日，“笔墨丹青——庆祝中国致公党成立 90 周年美术书法作品展”在京举办。党和国家领导人孙春兰、严隽琪、万钢、马飚、王钦敏、罗豪才及中共中央统战部、各民主党派中央、中央涉侨单位和国务院有关领导同志出席并参观展览。

广大致公党员、台湾、澳门以及受邀的国内知名书画家，以高涨的创作热情，创作了大量的美术书法作品来纪念中国致公党成立 90 周年，描绘中国致公党 90 年的光辉历程，抒发“致力为公、侨海报国”的炙热情怀，讴歌祖国的繁荣发展。此次参展的作品是致公党中央画院从大量的来稿作品中精选出来的 122 幅优秀之作，共展出两天。举办这次展览，对于讲述中国致公党的故事，传播中国致公党的声音，具有十分重要的意义。

参观展览的还有致公党中央领导、常委、在京中委和老领导，各省级组织主委、副主委、秘书长，中央党务研究会成员，致公画院代表，海外及港澳台嘉宾。

3. 纪念中国致公党成立 90 周年招待会

9 月 28 日晚，致公党成立 90 周年招待在京举行。致公党中央主席万钢出席招待会，致公党中央常务副主席蒋作君主持招待会。来自五大洲 30 多个国家的一百余位海外侨胞及及港澳台胞代表应邀参加了招待会。

万钢在招待会上说，中国致公党成立 90 年来，在民族求独立、求解放的过程中成熟、成长，在国家求富强、求统一的进程中发展、壮大，所取得的成绩离不开海外侨胞和港澳台同胞的热心支持和悉心帮助。今后，中国致公党将一如既往秉承致力为公的宗旨，关心海外侨胞和港澳台同胞的生存发展，继续加强与海外侨胞和港澳台同胞的联系、交流与合作。

致公党中央副主席程津培、杨邦杰、严以新、曹小红、李卓彬，致公党中央原主席罗豪才，原副主席郑守仪、王宋大、俞云波、吴明熹，致公党中央秘书长曹鸿鸣，中央常委及各省级、中央直属组织代表参加了招待会。

（五）坚持和发展中国特色社会主义学习实践活动

2015 年，致公党以开展优良传统教育为主题，把学习实践活动与纪念致公党成立 90 周年结合起来，推动广大党员学习历史、了解历史，把与中共精诚合作的优良传统接力传承下去，为发挥中国特色社会主义政党制度优势提供坚实保障。

1. 2015 年，致公党中央主席、常务副主席、副主席先后前往联系点，深入地方组织认真调研活动开展情况。他们分别前往上海、安徽、广东、北京、四川、江苏、广西、天津、湖南、山东、福建、贵州、江苏、浙江、重庆、云南、陕西、辽宁、海南等省市，与基层组织和党员座谈，充分了解情况，指导各地方组织开展学习实践活动。

2. 着力打造学习实践活动基地。2015 年，致公党广东省委会将致公党中央党部旧址陈列馆、贵州省委会将遵义等地打造成学习实践活动教育基地。各级组织带领党员到教育基地参观学习，忆党史学党章，起到了很好的效果。

3. 做好中期阶段总结。10 月，中共中央“坚持和发展中国特色社会主义学习实践活动经验交流暨中期推动会”在北京召开，致公党中央主席万钢在会上作《中国致公党开展坚持和发展中国特色社会主义学习实践活动阶段总结》的发言。致公党中央副主席严以新在《团结报》上发表题为《深入开展学习实践活动，建设合格的中国特色社会主义参政党》署名文章。

4. 全年共出学习实践活动简报六期，详细梳理总结各地方组织在活动开展过程中取得的成效和经验。

（六）中国发展论坛 · 2015

9 月 6 日，“中国发展论坛 · 2015——创新驱动建设西部开放高地”在四川成都举行。致公党中央主席万钢出席论坛开幕式并作主旨发言，中共四川省委书记王东明出席开幕式，中共四川省委副书记、省长魏宏致辞，致公党中央常务副主席蒋作君主持开幕式。四川省政协主席柯尊平，致公党中央副主席杨邦杰出席开幕式。

赵进东、高吉喜、徐晓兰、顾行发、杨金生、朱道林、郧文聚等 18 位专家、学者结合各自研究成果和体会，分别围绕基础设施互联互通、科技创新驱动产业发展、科技创新与新型城镇化、生态文明建设等主题，从前沿理论视野和丰富的实践层面，对建设西部开放高地相关重大课题进行了发言和研讨。

科学技术部、工业和信息化部、国土资源部、环境保护部、中国人民银行等国家部委有关领导及致公党部分地方组织代表、特邀专家学者等共 190 余人参加论坛。

10 月 17 日，由中国农业大学和致公党中央经济委员会联合主办的“中国发展论坛暨第二届智慧农业创新发展国际研讨会”在中国农大开幕。致公党中央副主席杨邦杰出席论坛开幕式并致词。致公党中央经济委副主任徐晓兰在论坛大会上作了《智能机器时代的农村现代化的选择》的报告并同与会专家进行了学术交流。此次论坛主题是智能农业技术与农业产业变革，邀请了世界知名专家和国内外著名研究人员就智慧农业科技前沿与发展趋势、机遇、战略与对策，云计算、物联网、大数据与现代农业等进行研讨。

10 月 23 日，由致公党中央环境与可持续发展委员会、致公党北京市委会、天津市委会和北京工业大学联合主办的“中国发展论坛 · 京津冀环境与发展”在北京工业大学工大建国饭店举行。致公党中央副主席杨邦杰，致公党北京市委会主委李昭玲，中共北京市委统战部副部长周开让，中共北京工业大学党委书记郑吉春出席论坛并致词。论坛由致公党中央环境与可持续发展委员会主任、国家海洋局北海分局巡视员兼副局长吕彩霞，致公党中央环境与可持续发展委员会副主任高吉喜分别主持。国家发改委、科技部、国土资源部、环境保护部、国家林业局等国家部委相关领导出席论坛。

（七）中国致公党地方委员会工作经验交流会

11月26日至27日，中国致公党地方委员会工作经验交流会在合肥召开。致公党中央常务副主席蒋作君出席会议并讲话。中共安徽省委常委、统战部部长沈素琍出席开幕式并致辞。安徽省副省长、致公党安徽省委会主委谢广祥在开幕式上致欢迎辞。致公党中央副主席王珣章主持会议开幕式。致公党中央副主席严以新主持闭幕式。

蒋作君受致公党中央主席万钢委托，代读万钢在开幕式上的讲话。讲话指出，致公党各地方组织在长期的工作和实践中，形成了一些好的经验和做法。即在工作中要把坚持和拥护中国共产党的领导作为履行职能的基本前提；坚持和围绕中国共产党和国家工作大局开展工作；把保持“侨”“海”特色与优势作为发挥作用的显著特征；注重上下联动，形成推进致公党事业发展的整体合力；把加强自身建设作为提高工作能力和水平的基本途径；注重以理论创新推动实践创新。

讲话强调，全党要认清发展形势，主动适应中国特色社会主义实践的新要求。下一阶段参政议政任务更艰巨，思想建设任务更突出，人才队伍建设任务更迫切，对外联络工作更务实，社会服务工作更可为。

讲话要求,各级组织在“十三五”时期要始终狠抓“五位一体”,紧扣服务“四个全面”,促进“五大发展”，凝心聚力，围绕“致力为公、侨海报国”这一主线奋发有为，不断加强自身建设，努力提高履职能力，在推动完成“第一个百年目标”和中华民族伟大复兴的中国梦中发挥更大作用。重点要强化同心意识，更加注重坚守底线；要强化聚焦思维，更加注重履职实效；要强化整体观念，更加注重集合效应；要强化示范作用，更加注重品牌带动；要强化服务理念，更加注重改进作风。

与会人员围绕万钢的讲话，就如何更好地开展地方委员会工作进行了分组讨论。

蒋作君在会议总结讲话中指出，各地结合实际，积极探索，工作有创新、有特色、有品牌，在参政议政、反映社情民意工作、对外联络、社会服务、组织建设、宣传思想工作、机关建设、积极开展联动合作等方面均取得了显著成绩，探索和积累了不少好的经验和做法。他指出，总结取得的成绩，可以得出以下几个方面的启示：领导班子特别是主要负责同志重视是做好各项工作的重要前提；坚持发挥“侨”“海”优势和特色，是发挥本党作用的内在要求；做好顶层设计，从运行机制、工作方式方法上大胆探索、积极创新是开展工作新局面的时代要求；围绕党和国家中心工作，结合当地党委政府中心工作履职，是发挥好参政党职能的根本要求；因地制宜，发挥本组织和党员优势资源是做好各项工作的现实选择；坚持品牌效应，是做深做强社会服务、对外联络和参政议政工作的有效途径；纵向联动、横向联合是取得履职显效的必然要求。他要求各地要认真总结本组织的工作，取长补短，学习借鉴兄弟省市的成功经验和做法，改进工作，使全党各项工作再上一个新台阶。

蒋作君还就需要进一步研究和加强的工作进行了部署。一是各地要进一步探索联动联合、借势合力的工作机制；二是要应用好现有的宣传交流平台，树立经验交流、学习借鉴的良好风气；三是要优化机关运行机制和工作流程，抓好机关队伍建设，提升政务性、事务性服务的能力和水平。

致公党中央处级以上干部，致公党各省级组织、致公党省会城市、计划单列市组织及致公党直辖市区级组织、地（市）级组织的领导与机关干部400余人参加了会议。

（八）中国致公党扶贫开发工作会议

4月2日至3日，中国致公党扶贫开发工作会议在重庆市酉阳县召开。致公党中央常务副主席蒋作君出席会议并讲话，致公党中央副主席闫小培作十年扶贫开发工作总结报告，国务院扶贫办副主任欧青平应邀出席会议并讲话，致公党中央秘书长曹鸿鸣主持开幕式。

蒋作君在会上指出，新时期致公党参与和开展扶贫工作的基本目标在于增强帮扶地区的内生发展动力，提高其“造血”功能，促进其可持续发展。要从增强帮扶地区内生动力的角度，进一步推进教育扶贫和科技扶贫这两项重点工作，要对扶贫开发工作要有感情、有担当、有定力。闫小培在会议总结讲话中要求全体与会人员深刻认识当前扶贫开发工作的重要性和紧迫性，明确方向和任务，进一步做好下一阶段的扶贫开发工作，并为“中国致公党社会服务实践基地”揭牌。

此次会议是继致公党中央1995年和2005年之后，酉阳县召开的全党第三次扶贫开发工作会议，会议确定了将酉阳确定为“中国致公党社会服务实践基地”，对“致酉合作”品牌建设具有重要的里程碑意义。会上，致公党各级组织和党员爱心企业共向酉阳捐赠了价值515万元人民币的现金、药品、医疗设备及书籍。会议授予致公党北京市委会等80个组织“致公党扶贫开发工作先进集体”荣誉称号；授予于圣臣等130名同志“致公党扶贫开发工作先进个人”荣誉称号。

来自中央统战部、科技部、国家民委、重庆市委、市政府及有关部门的领导，致公党各省级组织代表，酉阳县干部群众代表共360余人参加会议。

开幕式后，蒋作君率全体会议代表实地考察致公党25年前帮助规划种植的黄柏、杜仲、厚仆三木药材林，并为“致酉合作三木药材林”纪念碑揭幕。蒋作君、闫小培还率队考察了酉阳二中“清华大学教育扶贫现代远程酉阳兴级教学站”远程教学情况并赴小坝村慰问了贫困农户。

（九）第八届海峡两岸中华武术论坛

4月24日至30日，以致公党中央常务副主席蒋作君为团长，致公党中央秘书长曹鸿鸣为副团长的中华武术交流访问团一行17人应邀赴台湾参加由国际洪门中华总会主办的第八届海峡两岸中华武术论坛。

4月25日上午，论坛在台北市剑潭活动中心举行了隆重的开幕式。蒋作君出席开幕式并讲话。他说，中华武术博大精深、源远流长，是中华民族悠久灿烂的文化瑰宝。近年来，两岸武术交流日益活跃，往来日益频繁，中华武术再次肩负起了传承民族精神，繁荣和发展民族文化，增进海峡两岸民间交流，促进两岸关系和平发展的重要历史使命。他强调，今年是世界反法西斯战争胜利70周年、中国人民抗日战争胜利70周年，同时也是台湾光复祖国70周年，海峡两岸中华武术论坛移师台湾举办，有着特殊的意义。海内外中华儿女都应勿忘国耻，牢记历史教训，加强团结，合力振兴中华。希望通过海峡两岸中华武术论坛的举办，传承武艺文化，丰富两岸交流，提振精气神，共圆中国梦。

亲民党秘书长秦金生、国民党文化传播委员会主委林奕华、国际洪门中华总会创会理事长刘沛勋、理事长魏国梁等出席论坛开幕式并致辞。来自台湾健行科技大学的孔祥科教授和天津霍元甲文武学校校长郎荣标先生分别作了关于中华武术的境界层次以及霍氏迷踪艺等方面的论述。之后，咏春拳大师叶问的侄孙、今年已经83岁高龄的卢文锦老先生带来了精彩的咏春木人桩表演，得到了场内观众的热烈欢迎。来自大陆的各位武术家和青年学生也做了精彩展示。论坛得到了岛内名流、各界人士的重视和参与，马英九、吴敦义、朱立伦、王金平、宋楚瑜等分别为论坛题写贺词。

在台湾期间，访问团不仅参加了武术论坛系列活动，还拜会了国际洪门中华总会、中华全球洪门联盟、台湾传统伦理文化发展协会、亲民党、中国新洪门党等有关团体，与岛内洪门及各界人士进行了深入交流，向他们介绍了中国致公党以及中国共产党领导的多党合作和政治协商制度，宣传了大陆对台的一贯方针政策以及习近平总书记今年提出的四个“坚定不移”主张，得到了岛内同胞的普遍认可。

（十）海峡论坛·社区服务恳谈会

6月12日，由致公党中央主办，致公党福建省委会、致公党厦门市委会承办，中国社区卫生协会、致福慈善基金会协办的第七届海峡论坛·社区服务恳谈会在厦门举行，来自台湾和大陆各界嘉宾共150人参加了活动。致公党中央常务副主席蒋作君出席恳谈会开幕式并发表主旨演讲，开幕式由致公党中央副主席闫小培主持。

蒋作君在开幕式讲话中说，两岸社区服务恳谈会作为中国致公党开展两岸交流对话的重要平台，始终坚持增进两岸基层民众交流的宗旨，坚持契合民意、注重实效的精神，着眼民族长远利益、体察两岸社情民意，集中探讨两岸同胞关心、事关社会发展的民生议题，得到了两岸同胞的广泛认同和支持。他指出，中国致公党将社区服务定位为开展社会服务工作的重点领域之一。致公党重视调查研究，准确掌握基层群众对社区服务的新需求，积极探索社区基金模式，将提升社区治理能力与帮扶贫困地区相结合，充分发挥“侨”“海”特色，打造全方位的社区服务模式。他还希望，恳谈会继续坚持基层交流、平等沟通的一贯做法，以社区建设为切入点，聚焦增进两岸同胞共同福祉，助力两岸青年交流。

开幕式后，两岸嘉宾围绕“社区服务，共谋发展”主题，分“青年·社区文化”“妇女·和谐社区建设”“社区卫生·守望健康”三个工作坊展开讨论。会后，与会嘉宾还赴厦门、泉州、莆田三地参观考察。与往届相比，本次恳谈会有三个明显特点：一是更加突显年轻化，来宾70%为年轻人，总体年龄比往届年轻；二是构成更加多元化，更贴近基层、民众，来宾一半以上是新面孔，不仅有青年妇女代表、台湾洪门社团代表，还有十多位乡里长代表和社工、医生；三是活动形式更加多样化，既有社区文化卫生建设的互动讨论，又有深入社区的实地参观访问，还有赴泉州海外交通史博物馆、莆田妈祖文化发祥地的文化考察体验。

（十一）第七届海峡论坛·两岸公益论坛

6月13日，由致公党中央海外联谊委员会、中国宋庆龄基金会以及部分台湾公益组织联合主办，致公党福建省委会、致公党厦门市委会等单位承办，致福慈善基金会协办的第七届海峡论坛·第三届两岸公益论坛在厦门召开。致公党中央副主席、致福慈善基金会理事长闫小培出席并主持开幕式。国台办副主任龚清概、中国宋庆龄基金会常务副主席齐鸣秋、致公党中央社会服务部部长李万通等两岸300余名公益人士参加论坛。

本届论坛以“公益——让社会更和谐”为主题，围绕“公益·人物”“公益·传播”“公益·运营”三个分论坛探讨交流。通过本次论坛，展示了致公党中央近年来在扶贫开发、公益慈善、爱心助侨等领域取得的经验和成果。同时，扩大了致福慈善基金会在两岸慈善领域的知名度，为开展两岸公益合作奠定了基础。

（十二）首届“粤港青年公益行”活动

7月13日，由致福慈善基金会、广东工业大学主办，广东工业大学政法学院承办，香港社会工作人员协会协办的首届“粤港青年公益行”活动在广州举行。来自广东工业大学、香港中文大学、香港大学、香港理工大学、香港树仁大学、香港专业进修学校、香港专业教育学院、明爱专上学院社会工作专业共30名同学参加了此次活动。

致公党中央副主席、致福慈善基金会理事长闫小培，香港社会工作人员协会副会长梁佩瑶，广东工业大学党委书记苏一凡等出席了开幕式。

闫小培在讲话中介绍了中国致公党与致福慈善基金会，并通过“天时、地利、人和”三方面表达了举办此次活动的初衷，即推动我国公益行业的健康发展、培养公益行业人才。同时她还向参与此次活动的学员们提出三点希望：一是希望学员们珍惜本次学习机会并应用于今后实践中；二是身体力行弘扬社会工作专业精神；三是加强两地社会工作专业的交流与合作，带动两地青年沟通，从而为实现民族复兴、发展“一国两制”事业发挥积极作用。

此次活动为期7天，粤港两地学生通过专业课程展示、参观阳光社区、“做一日广州社工”、家综社工项目创新研讨、实地走访广州及周边的代表性文化景观等活动，围绕粤港社会工作专业、粤港文化和情感等方面深入学习交流，丰富社工实践经验，提升自身专业能力，深化两地社工领域的认知，促进两地社工行业的共同发展。

（十三）台湾中青年代表人士文化研习班

10月23日至25日，由致公党中央主办、中华文化学院承办的台湾中青年代表人士文化研习班在北京举办，来自台湾国际洪门中华总会、国际洪门青年总会、中国台湾致公党、忠义致公党、全民忠义党、中华文化党、台湾洪门致公政党联合总会、传统伦理文化发展协会、发展研究院等10个团体的16位代表参加了研习班。

期间，全体学员拜会了致公党中央，致公党中央秘书长曹鸿鸣代表致公党中央和万钢主席欢迎台湾客人到致公党“家里”做客，并向研习班学员介绍了大陆多党合作和政治协商制度、中国致公党发展历史、现状及与海外侨团交流等情况。班长赖明禄、顾问杨掌朝、黄艺雅等对致公党中央的热情接待表示感谢，并介绍了该研习班学习情况以及各自社团在台湾的发展情况，希望双方今后在更多领域增进沟通、加强交流与合作。

研习班学员还听取了关于中华文化传承与中华儿女使命、大陆政治架构与协商民主制度、国际形势与对台方针政策、团队建设与沟通技巧四场专题讲座，分组研讨了有关议题，参加了在人民大会堂举行的纪念台湾光复祖国 70 周年大会，参观了中国华侨历史博物馆，并于 26 日至 30 日赴湖北进行文化考察，亲身感受到大陆政府和人民对台湾同胞的关爱，增进了对中华优秀传统文化的理解，进一步了解了祖国大陆经济发展成就，巩固了同中国致公党的友谊。

（十四）致公党中央外事工作与“一带一路”战略座谈会

11 月 16 日至 17 日，由致公党中央主办、致公党云南省委会承办的致公党外事工作与“一带一路”战略座谈会在云南昆明召开。会议旨在交流致公党各地方组织助推“一带一路”国家战略的实践经验，促进“一带一路”沿线国家和地区的经贸文化界人士与致公党各地方组织对话合作，探讨工作思路，寻找工作新契机。来自“一带一路”沿线 10 个国家和地区的侨胞代表和致公党各地方组织代表参加了会议。致公党中央副主席严以新出席会议并讲话。

严以新指出，“一带一路”国家战略自提出和实施以来，致公党中央将“一带一路”沿线国家和地区作为对外联络工作的重点区域，全面布局，重点突破，通过出访、邀请来访、调研等多种方式，致力于推动沿线国家和地区侨胞、政要、友好人士进一步加深对中国的了解，深化在经贸、人文等领域的合作共识。致公党各地方组织也通过开展课题调研、对外交流、举办活动等多种形式，积极助推“一带一路”国家战略。严以新强调，“一带一路”国家战略为致公党各级组织发挥优势，参政议政提供了更加广阔的舞台。当前，“一带一路”建设正逐步进入务实合作阶段，在今后的对外联络工作中，我们要对“一带一路”沿线国家和地区的华侨华人资源系统梳理、持续涵养，引导、支持和帮助“一带一路”沿线国家和地区的华侨华人参与战略实施，推动中外人文深度融合，夯实“一带一路”民意基础，发挥组织和党员个人的优势，积极建言献策，助力“一带一路”建设深入推进。

会上，致公党地方组织代表介绍了近年来开展外事活动及推进“一带一路”建设情况。与会侨胞代表结合自身在住在国人脉、信息、文化、法律等方面的优势，就如何推进“一带一路”战略积极建言献策，并与云南省有关部门进行了座谈，就如何主动服务和融入国家发展战略交换意见。

外交部国际经济司参赞孙向阳应邀为会议作专题报告。孙向阳围绕国家“一带一路”愿景与行动战略重点、工作进展，以及给中国企业带来的机遇，华侨华人在“一带一路”战略中的作用等内容，用翔实的资料和鲜活的事例进行了生动的讲解。会后，与会人员前往昆明经济技术开发区调研，了解云南省的对外开放优势和“一带一路”战略推进情况。

（十五）参政议政工作研讨会

11 月 18 日至 21 日，一年一度的中国致公党参政议政工作研讨会在江西南昌召开。

致公党中央副主席杨邦杰出席会议致开幕词并作工作报告。致公党中央参政议政部部长程向前主持开幕式。

会议对致公党中央2014年度参政议政优秀成果进行了表彰。来自致公党10个省级组织的代表在会上作了发言，总结交流了在提案、信息、调研等工作中的经验和做法。会议还学习了《全国政协提案办理协商办法》和《全国政协反映社情民意信息工作条例》，讨论了《致公党中央关于加强提案发言工作的意见（初稿）》和《致公党中央关于加强社情民意信息工作的意见（初稿）》。

出席会议的还有致公党各省、自治区、直辖市、中央直属组织、部分副省级城市的分管参政议政工作的领导，参政议政工作部门的同志和江西省致公党党员代表。

（十六）其他重要会议及活动

1. 致福慈善基金会专家顾问组会议

1月15日，致福慈善基金会专家顾问组会议在京召开。致公党中央副主席、致福慈善基金会理事长闫小培出席会议并讲话。

讲话中，闫小培向致福慈善基金会的专家顾问组表示衷心的感谢，在肯定了致福慈善基金会2014年工作成果的同时，强调要继续紧抓基金会体制规范化建设，建立健全内部运行管理机制，本着公开、透明、有效的原则，提高基金会自身的透明度，加强与其他基金会和地方组织的互动合作，做好基金会资产的保值增值，要求在下一步工作中加强各阶层党员的参与度与积极性。

会议由致公党致福慈善基金会秘书长高春丽主持，致公党中央社会服务部和致福慈善基金会秘书处的工作人员参加了会议。

2. 中国致公画院2015年院务委员会会议

3月25日，中国致公画院2015年院务委员会会议在北京召开。致公党中央副主席、中国致公画院执行院长严以新出席会议，致公党中央秘书长、中国致公画院秘书长曹鸿鸣主持会议，来自北京、上海、天津、广东、广西、云南、四川、江苏、安徽、山东、湖南、海南、湖北13个省级画院组织负责人近30人参加了此次会议。

会议通报了中国致公画院近期工作开展情况；重点研究部署了纪念中国致公党成立90周年书画展工作；讨论了中国致公画院会员发展事宜；讨论通过了中国致公画院拟增补人员名单；介绍了中国致公画院办公室的工作职能及工作设想。

严以新指出，中国致公画院要把庆祝中国致公党成立90周年书画展作为今年工作的重中之重来抓，精心筹划、有序推进，展现好致公党党员的良好风貌、营造好庆祝本党成立90周年的良好氛围、传播好中华民族的传统文化，以优异的成绩为本党成立90周年献礼。

致公党中央副主席、中国致公画院顾问杨邦杰专程看望与会同志。中国国家画院常务副院长卢禹舜、中国国家画院创研部主任纪连彬到场与大家进行了艺术交流。

3. 致公党中央参与毕节试验区建设领导小组全体会议

7月19日至22日，致公党中央参与毕节试验区建设领导小组全体会议在毕节市七星关区召开。致公党中央副主席闫小培出席会议并作讲话，致公党中央社会服务部部长李万通及来自东部六省三市的领导小组成员参加会议，致公党中央社会服务部副部长李曼主持会议。

闫小培在座谈会上就新形势下进一步提高致公党参与毕节试验区建设的精准性和示范性提出三点意见：一是认清形势，统一思想，围绕毕节试验区发展的中心任务，做好帮扶工作；二是认真总结经验，创新思路，提高本党参与毕节试验区建设精准化帮扶水平；三是加强领导，通力合作，建立联动工作机制。

4. 致公党中央第十期参政议政干部培训班

7 月 21 日至 24 日，致公党中央第十期参政议政干部培训班在贵州省贵阳市举办。全国政协办公厅研究室信息局局长谷斌，全国政协提案委员会办公室主任陶建平，北京市社会科学院法学所研究员马一德，中国农业大学教授朱道林等领导和专家先后就政协信息工作、提案工作、中国知识产权立法变革、中国土地制度及其改革等内容为学员授课，并与学员进行了交流。根据培训安排，培训班举办了座谈会，学员们交流了学习体会和工作经验，并对参政议政工作提出了意见和建议。来自致公党各省、自治区、直辖市以及基层组织的 110 余位同志参加了此次培训班。

自 2006 年以来，致公党中央参政议政部每年举办参政议政干部培训班，对全党从事参政议政工作的同志进行轮训，成效显著。培训班为全党总结交流参政议政工作经验、提高参政议政工作能力提供了平台，有力地促进了致公党参政议政、建言献策整体水平的持续提高。

5. 致公党中央华侨农场助侨工作座谈会

7 月 30 日，致公党中央华侨农场助侨工作座谈会在海南省五指山市召开。致公党中央社会服务部副部长李曼、致公党广东、广西、福建、海南、云南省（区）委会社会服务工作的负责人参加会议。

座谈会上，各省（区）委会负责人就本省华侨农场的基本情况、近年来开展助侨工作的主要做法和经验进行了座谈交流，并向致公党中央提出下一步助侨工作的意见建议。

6.《中国致公》“特约人员”培训交流会议

8 月 25 日至 28 日，《中国致公》“特约人员”培训交流会议在陕西西安召开。致公党陕西省委会主委陈超，副主委罗兴琦等出席会议，来自致公党中央及 20 个省级组织的近 80 名宣传干部参加了培训交流。

会议邀请中共中央统战部一局四处处长张衍前，就如何贯彻中央统战工作会议及《中国共产党统一战线工作条例（试行）》精神作专题讲座，受到与会人员的一致好评。

培训期间，来自致公党内的有关专家还围绕如何做好活动的宣传和策划，提升新闻摄影水平作了精彩讲座，并与参会同志进行了互动交流。大家纷纷表示，讲座通过生动翔实的案例讲解，细致阐明了宣传工作实践中应当注意的要点和细节，对推进本党各级组织的期刊工作大有裨益。

7. 第六届海外留学人员江苏行考察联谊活动

9 月 14 日，第六届海外留学人员江苏行考察联谊活动开幕式在南京举行。致公党中央常务副主席蒋作君，江苏省副省长张雷，致公党江苏省委会主委麻建国，中共江苏省委统战部副部长瞿超出席开幕式，致公党江苏省委会副主委高瑛主持开幕式。

蒋作君代表致公党中央和万钢主席向参加“2015 海外留学人员江苏行考察联谊活动”的海外英才表示欢迎并勉励广大留学人员创新正当其时、圆梦适得其势。他指出，经济新常态为创新创业者提供了广阔的舞台。希望海外留学人员要把握当前难得的机遇，在祖国快速发展的历史进程中，成就一番事业，实现理想抱负。

本次活动有来自 18 个国家的 60 多位海外高端人才齐聚金陵，展开近一周的江苏创就业探索感受之旅，活动历时四天，通过 4 场省内外集中推介会与近 40 家引才单位展开深入且高效的对接交流活动。

致公党天津市委会、重庆市委会，福建、四川、安徽、山东、湖南、湖北省委会都派专人参与对接洽谈及推介会活动。

8 . 纪念中国致公党成立 90 周年社会服务工作座谈会暨基层组织社会服务工作培训班

10 月 11 日至 13 日，纪念中国致公党成立 90 周年社会服务工作座谈会暨基层组织社会服务工作培训班在大连举行，致公党中央副主席闫小培出席会议并讲话。

闫小培在讲话中提出了未来工作中的五个“必须”：必须深刻认识社会服务工作面临的新形势、新任务；必须坚持构建全党社会服务工作整体思路和格局；必须打造社会服务工作特色品牌；必须发挥“侨”“海”特色；必须加大社会服务工作的机制建设和统筹力度。她号召全党社会服务工作者继承“致力为公”的光荣传统，勇担“侨海报国”的时代使命，不断提高履职能力、增进人民福祉，凸显自身的“政党属性”，将致公党的社会服务事业不断推向前进。

来自 76 个省市级组织的社会服务工作负责人及部分爱心企业家党员代表共 120 余人参加本次活动，共同探讨品牌建设的成功路径，为提升致公党社会服务工作整体水平注入了新的活力。

9. 致公党网络宣传工作交流会

10 月 21 日，致公党网络宣传工作交流会在重庆市召开。致公党中央宣传部部长王翔出席会议并讲话，致公党重庆市委会专职副主委谭净主持会议。

会议邀请中国电信系统集成有限公司的网络安全专家邱杰给大家作了《网站安全与中国信息安全保障体系建设》讲座。 会议还通报了今年中央网站改版后稿件发布数量及各省得分排名情况。

在下午的讨论会上，福建、广东、云南、浙江、安徽等省级组织就网站发稿及利用新媒体开展网络宣传进行了经验分享。与会人员还就网络宣传稿件文风如何把握进行了热烈讨论。

致公党各省级组织及副省级组织负责网络宣传工作的领导和工作人员 50 余人参加会议。

10. 致公党中央社会服务工作品牌建设研讨会

12 月 6 日，致公党中央社会服务工作品牌建设研讨会在湖南召开。致公党中央社会服务部部长李万通出席会议并讲话。

来自北京、广东、福建、江苏、湖南、沈阳、杭州等地的致公党专家学者、企业家及社会服务工作负责同志近 30 人应邀参加了此次会议。

二、参政议政

2015年，致公党紧紧围绕中共十八大、十八届三中、四中、五中全会和习近平同志系列重要讲话精神，围绕“十三五”规划的制订，齐心协力，有条不紊地推进和开展各项调查研究和建言献策工作，圆满完成各项任务。

（一）高层协商

2015年，围绕新常态下我国经济社会发展形势，致公党中央组织高层协商会议发言材料6次。

致公党中央主要负责同志多次参加中共中央、国务院召开的党外人士座谈会，分别就政府工作报告、经济工作、关于编制“十三五”规划建议等重大问题，提出了意见和建议，得到中共中央领导同志的高度评价。在年中经济形势分析座谈会上，致公党中央建议在“大众创业、万众创新”中协同发展“众创”“众包”“众筹”、在实施“一带一路”战略中推进国际产能和创新合作、在创新驱动战略中发挥多层次资本市场的支撑作用；在全年经济工作征求意见会上，致公党中央建议关注产业转型升级的拐点、重视转变粮储结构、注重发挥企业家创新创业精神、研究放开“二孩”后的各类保障问题等，对中共中央、国务院有关决策产生了积极影响。

8月21日，由中共中央政治局常委、全国政协主席俞正声主持召开调研协商座谈会，就流域经济发展和水资源开发利用保护建言献策。中共中央政治局委员、中央统战部部长孙春兰出席。致公党中央参加了此次座谈会，根据年度重点课题，致公党中央主席万钢就淮河流域经济发展与环境保护作了发言。

2015年9月1日，致公党中央还与全国政协外事委员会共同承办全国政协“促进边境经济合作区建设”双周协商座谈会。为做好双周协商会发言与组织筹备工作，致公党中央就“促进边境合作区建设”课题先后赴云南、丹东等地组织调研，获得良好反响。

（二）提案发言工作

为做好全国政协十二届四次会议提案发言工作，致公党中央提前谋划，精心组织，明确分工，于2014年11月向致公党各级组织发出提案征集通知，动员各级组织和广大党员撰写提案并提交中央。从来自于致公党中央、各地方组织、各专门委员会的调研以及党员个人的研究成果等322件素材中，经四轮内部讨论、整理、复核和审核，并经过致公党中央提案发言专家座谈会的评审，分管副主席、常务副主席和主席的亲自审阅，最终形成致公党中央向全国政协大会提交的提案31件，发言3件。这些提案发言，既体现了致公党“侨”“海”特色，又涵盖致公党持续关注的农业与农村、生态文明、科技创新、医药卫生、区域发展等方面的内容，同时对一些社会热点以及民生问题给予关注。其中，大会口头发言为《大力发展众创空间 积极营造大众创业、万众创新新生态》。有6件提案被入选全国政协重点督办提案，并被收入《全国政协重点提案摘报》。《关于加强网络食品安全监管》和《关于加强抗生素类污染物环境管理与污染控制》等2件提案为本党中央独立提交；《关于大力发展康养产业》《关于以永久基本农田保护区划定为抓手，切实加强土壤环境质量监管》《关于进一步推进地方法院、检察院管理体制改革》《关于把“十三”期间的增长目标定在7.0%左右》等4项提案属于致公党中央与其他党派并案提交。

截至2015年底，所有提案均得到有关承办单位答复。

为做好全国政协常委会的发言工作，致公党中央积极向中央各专门委员会及各级组织征集材料。6月中下旬，十二届全国政协第十一次常委会的议题是为“制订国民经济和社会发展‘十三五’规划”建言献策。根据调研情况，致公党中央提交了《淮河流域经济与生态环境协同发展》书面发言材料，提出在“十三五”期间，加强淮河流域的环保、航运、现代农业、水利、淮河入海通道建设等多方面的建议。11月上旬，全国政协第十三次常委会以学习和贯彻中国十八届五中全会精神为议题，致公党中央副主席程津培代表致公党中央作《加快促进淮河流域经济与生态环境协同发展》口头发言。

（三）调研工作

2015年是全面完成“十二五”规划的收官之年,也是制订“十三五”规划的关键一年。针对国家和社会发展中的重大、热点问题，致公党中央参政议政部积极组织开展涉及区域发展、内河航运、文化发展、乡村发展、现代农业及农业“走出去”“一带一路”文化融合等方面12项共16次调研。形成建议14件，上报统战部14件，全部得到了中共中央、国务院相关领导的高度重视和亲笔批示。

3月16日至20日，致公党中央副主席杨邦杰、严以新率致公党中央调研组赴广西就西江流域内河航运问题进行调研。调研组现场考察了龙滩枢纽、百色水利枢纽、桂平航电枢纽、大藤峡枢纽、贵港港口等地的相关通航设施情况，并与广东、广西、贵州、云南四省交通部门及广西河池、百色、贵港等地方相关领导进行了座谈。国家交通部水运局、珠江航务管理局等部门相关领导参加调研。根据调研形成了调研报告和《关于发展西江航运，促进流域经济发展的建议》。调研成果得到国务院领导同志的高度重视和批示。

2015年，为研究淮河流域农业发展、推动航运和区域经济发展，经中共中央批准、在中央统战部组织协调下，致公党中央开展了“淮河流域经济发展与环境保护”调研。此次调研分为河南、安徽、江苏三个分调研。4月7日至9日，致公党中央“淮河流域经济发展与环境保护”调研组由致公党中央副主席杨邦杰带队，赴河南开展调研。4月12日至17日，致公党中央主席万钢、常务副主席蒋作君、副主席杨邦杰带队在安徽开展了专题调研。4月27日至30日，致公党中央副主席杨邦杰、严以新带队在江苏省南京市、扬州市、淮安市、盐城市等地开展调研。根据三次调研的情况，调研组经与相关专家反复研讨论证，最终形成了相关调研报告以及《关于促进淮河流域经济与生态环境协同发展的建议》和《关于淮河入海水道建设的建议》两个建议稿。调研成果上报相关部门后，得到国务院领导同志的高度重视和批示。

为做好与全国政协外事委员会共同承办的全国政协“促进边境经济合作区建设”双周协商座谈会。致公党中央组成调研组，先后赴云南、丹东等地组织调研。6月1日至5日，致公党中央常务副主席蒋作君率致公党中央调研组在云南开展调研。调研组一行实地考察了德宏傣族景颇族自治州畹町桥口岸、北汽项目瑞丽产业基地、芒满通道、瑞丽市口岸联检中心、姐告国门口岸、银翔摩托组装厂，临沧市临沧边合区孟定核心园区、清水河口岸、南伞口岸、南伞园区、中缅鞋业轻纺文化产业园、云澳达坚果开发有限公司，并在瑞丽市、临沧市分别召开座谈会，听取当地有关部门关于边境经济合作区发展情况、存在的问题和意见建议的汇报。根据调研形成的《关于促进边境经济合作区建设的建议》，得到了国务院领导同志的批示。

6月3日至5日，致公党中央副主席杨邦杰率致公党中央“促进边境经济合作区建设”调研组赴辽宁丹东调研。调研组先后调研了丹东新区、东港市等地，实地调研了华通测控有限公司、国门湾科技五金城、丹东港等企业，与企业负责人就企业发展现状和面临的问题交流了意见和看法，并与丹东市相关部门召开调研座谈会。根据调研形成的《关于促进丹东边境经济合作区建设的建议》，得到了国务院领导同志的批示。

7月5日至12日，致公党中央副主席杨邦杰率致公党中央调研组赴新疆开展现代农业与农业“走出去”调研。调研组一行赴新疆乌鲁木齐、石河子、霍尔果斯市、伊宁等地开展实地调研，分别考察了新疆生产建设兵团农八师150团的现代农业、城镇化建设和沙漠农业，农四师62团葡萄规模化种植、玉米制种、葡萄酒加工、65团薰衣草种植与加工、66团水稻育种、72团种植业、伊力特酒业、79团畜牧业，新疆农垦科学院、农四师农科所、新疆维吾尔族自治区农业科学院等科研院所，石河子天业集团、三益化工和军垦博物馆等，并分别与新疆生产建设兵团、新疆农垦科学院、农四师农科所、新疆维吾尔族自治区农业科学院等单位党委领导、相关部门负责人进行了现代农业和农业“走出去”座谈交流，听取了汇报和建议。根据此次调研形成的《关于大力发展新疆生产建设兵团现代农业的建议》，得到了国务院领导同志的高度重视与批示。

9月13日至17日，致公党中央副主席杨邦杰、严以新率致公党中央调研组赴黑龙江省就“界河流域经济发展和航道管理”进行调研。调研组现场考察了大顶子山航电枢纽、松花江航道、黑龙江中游同江至额图航道、龙俊10号挖泥船队、听取区域航道局养护中心及船间汇报，并与交通运输部水运局、黑龙江省航务管理局、黑龙江省海事局、航道局、松辽办等相关部门召开了两次座谈会。根据调研形成的《关于界河航运经济发展与航道管理体制改革的建议》得到了国务院领导同志的高度重视与批示。

（四）中央专门委员会工作

致公党中央有十三个专门委员会，汇聚了致公党内热心参政议政工作、在各专业领域有代表性的专家学者、骨干党员。一年来，致公党中央各专委会积极参政议政，组织各种社会活动，在调查研究、提案发言、反映社情民意信息、法律咨询、学术交流、海外及港澳台联谊、社会服务、妇女工作、党务研究、理论建设等方面取得了显著成绩。

1. 经济委员会

10月17日，致公党中央经济委员会与中国农业大学在京联合主办了“中国发展论坛暨第二届智慧农业创新发展国际研讨会”。为深入了解福州、厦门和泉州国家高新区建设的有关情况，致公党中央经济委员会组成调研组，由致公党中央副主席杨邦杰带队，于11月9日至13日赴福建省开展“福厦泉国家高新区进一步开放与创新”调研。根据调研形成的《关于支持福建省创建福厦泉国家自主创新示范区的建议》得到了国务院领导同志的高度重视与批示。

2. 科技委员会

5 月份，致公党中央主席万钢赴广东就致公党广东省委会帮扶的汕尾地区如何通过创新驱动实现振兴发展进行调研，认为深汕特别合作区地处珠三角经济圈和海峡西岸经济圈的接合部，是深港向东拓展辐射的重要战略支点和产业转移的最佳承接地，提出通过深圳国家自主创新示范区拓展到深汕特别合作区，引导汕尾地区以创新驱动促振兴发展的设想。根据万钢的有关指示，7 月 28 日至 31 日，致公党中央副主席程津培率致公党中央科技委调研组赴广东省深圳市、汕尾市等地就"深汕特别合作区建设高新区、自主创新示范区"开展专题调研。本次调研根据万钢主席的有关指示精神开展。调研形成了《深圳特别合作区创建深圳国家自主创新示范区调研报告》和相关建议，得到了国务院领导同志的高度重视与批示。

3. 环境与可持续发展委员会

10 月 23 日，致公党中央环境与可持续发展委员会与致公党北京市委会、天津市委会和北京工业大学在京联合主办了"中国发展论坛　京津冀环境与发展"。

11 月 19 日至 23 日，环发委主任吕彩霞组织环发委调研组赴广东省阳江市、湛江市开展以"海岛生态文明与小康社会建设"为主题的调研。本次调研形成了《关于促进海岛生态文明与小康社会建设的意见》，得到了国务院领导同志的高度重视与批示。

4. 教育委员会

10 月 8 日至 12 日，致公党中央副主席杨邦杰、严以新，率致公党中央教育委员会调研组一行赴宁夏、青海、甘肃，就"一带一路"战略实施过程中的文化融合问题进行了实地调研，并会同当地中共省委宣传部、统战部，民宗委、文化厅、旅游局等相关部门开展座谈研讨。调研结束后，根据调研中了解的有关情况进行综合分析，提出意见建议，形成题为《关于推进"一带一路"文化交融的建议》得到了国务院领导同志的高度重视与批示。

5. 医药卫生委员会

5 月 11 日至 15 日及 6 月 11 日至 13 日，致公党中央常务副主席蒋作君率致公党中央医药卫生委员会调研组在北京市，山东省济南市、潍坊市、安丘市和福建省厦门市开展"关于互联网医疗发展情况"专题调研。调研形成了《关于互联网医疗发展若干问题的建议》及调研报告，得到了国务院领导同志的高度重视与批示。

10 月 12 日，19 日至 23 日，致公党中央常务副主席蒋作君率致公党中央医药卫生委员会、中国社区卫生协会联合调研组在北京、重庆、江西开展"促进少年儿童综合素质发展"专题调研。调研形成了《关于促进少年儿童综合素质发展的若干建议》及调研报告，得到了国务院领导同志的高度重视与批示。

6. 文化委员会

5 月 5 日至 6 日，致公党中央副主席杨邦杰率致公党中央文化委员会调研组，就"博物馆馆藏的保护与展示"问题与致公党北京市委会开展联合调研。根据此次调研形成的《关于博物馆馆藏保护与展示的建议》，得到了相关领导同志的高度重视和批示。

9 月 28 日，中国致公党成立 90 周年纪念大会在京举行，文化委承担了大型文艺演出活动，邀请致公党党内艺术家及侨胞代表以乐器演奏、歌曲、戏曲、舞蹈、微音乐剧等形式为致公党九十华诞献上一场精彩纷呈的演出。

7. 法制建设委员会

（1）座谈会

1月26日和30日，最高人民检察院和最高人民法院先后召开各民主党派中央、全国工商联负责人和无党派人士代表座谈会。致公党中央副主席杨邦杰、闫小培代表致公党中央出席会议，并对检察院工作提出了在公诉活动中试点建立公诉律师制度、建设亲民型服务型检察机关等建议，对法院工作提出了进一步完善人民法院依法独立审判的保障机制、推进阳光司法、试点设立劳动法院等建议。为做好这两次与“两高”的协商工作，致公党中央法制委召集在京委员进行研讨，撰写了相关建议稿件。

5月12日，全国政协在北京召开“推进人民法院司法体制改革”双周专题协商会。致公党中央法制委副主任李仁真在会上作《关于加快推动审执分离体制改革的建议》的发言。此外，法制委还组织相关委员，积极参与中国侨联组织的两次“五侨”维权会议。

（2）修法建议

为配合十二届全国人大常委会第十二届全国人大常委会第十五次、十六次、十七次、十八次会议的法律审议工作，致公党中央法制委会今年6月、8月、10月、12月先后四次召集组织法制委委员及法律界相关专家，就《大气污染防治法（修订草案）》《亚洲基础设施投资银行协定》《慈善法（草案）》《环境保护法（修订草案）》等19个法律文件进行了研讨，形成审议报告三期共计31924字。

（3）调研

4月17日下午，致公党中央法制委员会主任、致公党北京市委会主委李昭玲带队，组织致公党中央法制委部分委员赴西城区法院，就当前新形势下法院工作存在的主要问题进行了调研。9月11日上午，致公党中央法制委在北京市高级人民法院召开座谈会，就人民法院多元化纠纷解决机制建设情况进行了研讨。致公党中央副主席杨邦杰，致公党北京市委会主委李昭玲出席会议并听取了北京市高院及北京市东城、朝阳、海淀、顺义等区基层法院的情况介绍。

8. 海外联谊委员会

一年来，海外联谊委员会委员们结合“一带一路”战略实施、香港问题、开展未建交国家工作等上报了“关于推进丝绸之路经济带战略实施和区域合作共赢的建议”“关于抓住赛马契机，实现与中亚国家的文化对接的建议”“关于创办丝绸之路大学，推动中国与中亚国家教育合作的建议”“关于在香港设立‘侨助中心’的建议”等9条信息和建议，其中，有4条被中央统战部采纳，有1条得到国务院领导批示。

9. 留学人员委员会

6月15日至17日，致公党中央副主席严以新赴重庆开展“一带一路”国际大通道建设调研。调研期间，严以新一行到西部现代物流园，听取了物流园建设发展、功能定位、渝新欧铁路口岸等相关情况介绍，了解物流园在“一带一路”战略中所处的重要地位，并实地察看了团结村铁路集装箱中心站、铁路口岸物流保税中心、重庆铁路口岸、重庆整车进口口岸。调研组召开了两场座谈会，分别听取了重庆沙坪坝区以及重庆市各委办局对“渝新欧”铁路口岸建设方面的情况反映。调研组还前往四川成都召开座谈会，了解“蓉新欧”口岸建设情况。根据调研形成的《关于加强“一带一路”国际贸易大通道建设的建议》，得到了国务院领导同志的批示。

2015 年，留委会继续与江苏省委会共同主办第六届“海外留学人员江苏行考察联谊活动”并积极参与中国留学人员创业园联盟的相关活动。

10. 社会发展与服务委员会

一年来，社会发展与服务委员会努力打造社会服务品牌，整合资源，开展精准帮扶，关注民生福祉，在助推地方经济社会发展，开展教育扶贫，医疗帮扶等方面做了大量工作。

11. 妇女委员会

2015 年度，致公党中央妇女委员会围绕女性与其他社会事业发展开展活动，不断推进与致公党各级组织妇委会的互动，扩大与全国妇联及其他社会组织的联系。6 月，致公党中央妇委会和致公党福建省委会妇委会共同举办了两岸妇女论坛。

2015 年，致公党中央妇委会经过调研并广泛征询意见，提出了《发展“60+ 创客”社区创业　实现养老事业、民生服务和饮食健康产业协调发展》的建议，并由致公党中央副主席、妇委会主任曹小红提交全国政协。

12. 党务研究委员会

2015 年，党务研究会编辑出版了《中国致公党历史文献和文史资料汇编》《中国致公党历史事件、历史人物、战略方针的评述》两书，向中国致公党成立 90 周年献礼。

党务研究委员会部分成员应中央组织部及部分地方组织邀请，先后赴北京、天津、广东、福建、广西、陕西、海南等地为各类培训班授课。

13. 理论研究会

2015 年，理论研究会在党内征集纪念致公党建党 90 周年理论文章，号召广大党员围绕中国致公党发展 90 年来的史实、文献和成绩开展理论研究。活动共收到 90 余篇纪念建党 90 周年理论文章，经专家评审后，集结 23 篇出版了《中国致公党理论研究选集（2015）》。

（五）反映社情民意信息情况

2015 年，致公党中央共收集各地报送的信息 1689 篇，在此基础上，向全国政协、中共中央统战部等报送信息 206 篇。其中，《关于帮助台湾孤苦老兵骨灰回大陆》等 36 篇信息被中共中央统战部采用，《关于分类分区科学休耕，重塑京津冀水土利用新平衡》等 19 篇信息被全国政协信息局采用，《创建土地银行，建议在京津冀协同发展中先行先试》《关于分区分类科学休耕　重塑京津冀水土利用新平衡的建议》等 2 篇信息得到中共中央领导同志的批示。

为做好反映社情民意信息工作，致公党在继续巩固和完善已有的信息培训、报送、表彰等工作机制的基础上，建立了专家约稿机制，定期就社会热难点问题，向相关领域的专家约稿。

（六）《中国发展》杂志工作

2015 年，致公党中央克服经费和人员紧缺困难，继续做好《中国发展》杂志的论文征集、编辑、审核、刊发工作，2015年出版杂志6期（双月刊），增刊一期，累计刊登论文119篇。

三、海外联谊和港澳台工作

2015年，致公党中央继续发挥对外联络优势，在原有工作平台的基础上，深挖工作内涵、拓展工作领域，共派出5个出访团组、1个参访团组，赴12个国家和地区进行访问；公费邀请团组8个，举办海峡论坛·致公恳谈会、“粤港公益行”活动、台湾中青年代表性人士文化研习班、海峡两岸中华武术论坛4项大型活动，日常接待团组10次，总接待海外侨胞、港澳台同胞及外籍友好人士达200余人次。

（一）通过出访活动，进一步扩大致公党的海外影响力

5月11日至20日，应菲律宾中国洪门联合总会、澳洲洪门致公总堂、新西兰潮州联谊会的邀请，致公党中央副主席闫小培率中国致公党中央代表团一行5人访问了菲律宾、澳大利亚和新西兰。在菲律宾访问期间，代表团分别出席了庆祝菲律宾中国洪门协和兢业社总社成立87周年暨88、89届理事监事就职典礼和菲律宾中国洪门联合总会第82届暨菲律宾洪门近南学校校董会第59、60届职员就职典礼。代表团还参观了菲律宾华裔文化传统中心，走访了菲华商联总会和菲华各界联合会，与旅菲新老侨胞进行了亲切座谈。在澳大利亚访问期间，代表团一行出席了由澳洲洪门致公总堂主办的纪念世界反法西斯战争胜利70周年暨庆祝洪门“先贤宝诞”晚会。代表团与在澳大利亚投资的中资企业代表进行了座谈，了解企业在澳大利亚的发展情况及遇到的困难，听取他们对国家相关政策的建议。代表团一行还拜访了澳大利亚中国和平统一促进会、墨尔本洪门民治党等当地侨社，与旅澳新老侨胞进行了深入交流。在新西兰访问期间，代表团与在奥克兰的中国留学生及留学创业青年代表进行座谈，了解留学生在当地的学习生活情况及遇到的问题和困难，听取他们对国家有关留学人员政策法规的意见和建议。代表团还拜访了新西兰潮州联谊会、新西兰潮属总会、新西兰海南同乡会、屋仑华侨会所等当地侨社，与当地新老侨胞进行座谈交流。

5月17日至25日，应墨西哥中国洪门民治党、洪都拉斯中国和平统一促进会的邀请，以致公党中央副主席杨邦杰为团长的致公党中央代表团一行5人访问了墨西哥、洪都拉斯。在墨西哥期间，代表团走访了我驻蒂华纳总领馆，拜访了墨西哥中国洪门民治党，与蒂华纳的侨界人士就融入当地主流社会、开展与国内的贸易往来等问题进行了热烈探讨。在墨西哥城，代表团与来自墨西哥华侨华人社团联合会、墨西哥中国人总商会、墨西哥中华企业协会、墨西哥浙江商会、墨西哥中华青年联合会等侨团的代表就华侨华人在墨的发展以及遇到的困难进行了交流；与来自国家开发银行、中石油、华为、三一重工等中资企业的代表就中资企业在墨发展遇到的困难和问题进行了座谈。代表团还赴国际小麦玉米中心（CIMMYT）考察，参观玉米育种实验田，并与各国农业专家座谈交流。在洪都拉斯期间，代表团参加了中南美洲中国和平统一促进会工作会议，与来自中南美洲各国的华侨华人代表围绕反“独”促统展开讨论、交换意见，表达了对中国早日实现和平

统一的共同愿望。杨邦杰在大会上作了主旨发言。代表团还赴ZAMORANO大学考察，了解了该大学独特的农业大学办学模式，并与管理方就人才培养与输送、农场管理等问题进行了交流。访问所到之处，杨邦杰向国外政要和侨胞详细介绍了致公党和我国的多党合作制度，并认真听取侨胞们对祖国发展和国家侨务政策等多方面的意见和建议。他表示，致公党将继续为海外华侨华人的工作、生活和发展提供服务与帮助。

8月3日至11日，应哥斯达黎加洪门致公党、加拿大洪门达权总社的邀请，致公党中央常务副主席蒋作君率致公党中央代表团一行6人访问了哥斯达黎加和加拿大。在哥斯达黎加访问期间，代表团看望了哥斯达黎加洪门致公党老党员，参加了哥斯达黎加洪门致公党成立122周年庆典，还与哥华协会、中哥工商总会、旅哥贸易促进会、旅哥华人华侨联合总会、旅哥中国和平统一促进会、旅哥广东同乡会、中山联谊会、恩平同乡会等当地主要侨社座谈交流，了解华侨华人的生存发展情况，认真听取他们对祖（籍）国发展和国家侨务政策等方面的意见建议。代表团还先后访问了哥斯达黎加卫生部和立法大会，拜会了哥斯达黎加原总统、民族解放党主席何塞·玛丽亚·菲格雷斯。在加拿大访问期间，代表团参加了全加洪门达权总社成立100周年庆典系列活动，蒋作君在庆典纪念会上做主旨发言，高度评价了加拿大洪门支持祖（籍）国革命、建设和改革开放事业的义举，并向其提出了凝心聚力，共建和谐侨社；革故鼎新，促进自身发展；弘扬中华文化，争做公共外交使者；抓住机遇，同圆共享中国梦的几点希望。代表团还代表致公党中央与美国安生文教交流基金会联合向卡尔加里公共图书馆赠送了700本中文书籍，还与卡尔加里地区的中医药机构进行了座谈，了解中医药在海外的发展情况和在“走出去”过程中遇到的机遇和挑战。

11月5日至12日，致公党中央派员参加中国和平统一促进会代表团访问了南非、纳米比亚。访问团出席了全非洲中国和平统一促进会在约翰内斯堡举办的“全球华侨华人促进中国和平统一大会”，参加了南非开普敦中国和平统一促进会、纳米比亚中国和平统一促进会及其西南分会分别举办的深化海外反“独”促统工作座谈会，并与我驻外使领馆深入交换意见，广泛接触当地统促会组织、侨团组织负责人和华侨华人代表，听取他们对反“独”促统工作的意见建议。

（二）通过邀请和接待活动，进一步增强致公党与海外各界的沟通和联谊

3月11日下午，全国政协副主席、致公党中央主席万钢会见来自27个国家的38位列席全国政协十二届三次会议的海外侨胞代表，并与其座谈交流。万钢代表致公党中央向列席全国政协十二届三次会议的海外侨胞代表表示热烈欢迎。他说，致公党作为“侨”“海”参政党，与广大海外侨胞联系密切，是侨胞在祖（籍）国的家，希望大家常回家看看。致公党将一如既往地秉承“为侨服务”的宗旨，倾听侨声，维护侨益，继续加强与海外侨胞的交流与合作，共同为实现中国的完全统一和中华民族的伟大复兴而不懈努力。座谈中，海外侨胞们踊跃发言，分别就国家食品药品安全、科技创新、海外人才引进、中国企业“走出去”等话题提出了很多有价值的想法和建议；他们也表示今后将深化与致公党的联系，并通过这一联系渠道为祖（籍）国的发展建言献策、贡献力量。致公党中央常务副主席蒋作君，副主席王珣章、程津培、杨邦杰、曹小红、李卓彬、闫小培，

秘书长曹鸿鸣，致公党中央海联会负责同志以及机关相关同志参加了交流活动。

3 月 23 日至 27 日，应致公党中央邀请，以马西莫夫·卡日姆汗为团长的中亚三国经贸文化代表团一行 10 人来华访问。3 月 23 日下午，致公党中央常务副主席蒋作君、副主席闫小培在北京会见了代表团一行，并与其座谈交流。蒋作君向代表团介绍了中国的政治协商制度和民主党派发挥的作用，致公党的宗旨、发展及通过各个渠道参政议政的情况。他还表示，在“一带一路”战略背景下，中国与中亚国家交流合作的前景会更加广阔。闫小培向代表团介绍了致公党进行海外联系、交往和开展有关调研的情况，也表达了今后与中亚国家进一步发展经贸、人文交流的愿望。代表团团长马西莫夫对致公党中央邀请来访表示感谢。他说，十分赞同中国的“一带一路”战略，也对致公党作为“侨党”在国家对外交往中发挥的作用表示钦佩。代表团成员在座谈中踊跃发言，分别就华人华侨在中亚国家的发展、海外华文教育、中国与中亚国家在经贸文化领域交流的前景等话题进行了热烈讨论。在京访问期间，代表团还拜会了商务部、国家民委、北京市商务委等部门。在国家民委座谈中，有关司局负责人向代表团介绍了中国的民族区域自治制度、国家对少数民族贫困地区的扶持政策等情况；在商务部，有关司局负责人向代表团介绍了“一带一路”战略实施背景下，中国经贸合作的考虑以及与中亚国家合作开展具体项目的情况；在北京市商务委，有关人员向代表团介绍了北京市各类贸易和投资近年来取得的成绩以及与中亚各国开展贸易往来的情况。在西安访问时，代表团与陕西省商务厅、贸促会、发改委、文化厅、教育厅、旅游局等部门的代表就经贸往来、旅游合作、投资等议题交换了看法；参观了由致公党员创办的西安培华学院，与校方就互派留学生交流等达成了初步意向。

9 月 23 日至 27 日，以庆祝中国致公党成立 90 周年庆典活动为契机，致公党中央广泛邀请了 34 个国家和地区的 100 多位海外侨胞及港澳台同胞来中国参观考察。考察团分四队分别赴宁夏、安徽、陕西、广西、贵州、四川等地参观考察，与当地有关部门进行互动交流。考察结束后，考察团在北京参加了中国致公党成立 90 周年系列庆祝活动。

10 月 22 日至 28 日，应致公党中央邀请，以洪都拉斯前财政部长陈惠良为团长的洪都拉斯政界人士代表团一行 12 人来华访问。代表团先后拜访了致公党中央、外交部、商务部，并赴深圳参观华为总部、与深圳市有关部门座谈交流。致公党中央主席万钢、常务副主席蒋作君、副主席杨邦杰会见了代表团一行。他们向代表团介绍了中国的政治协商制度、民主党派发挥作用的情况，表达了今后与洪都拉斯进一步发展多领域交流合作的愿望。代表团拜访外交部时，外交部拉美司祝青桥司长介绍了中洪两国近年来在人员往来、项目合作等方面取得的成果；拜访商务部时，商务部美大司徐迎真参赞介绍了中洪两国经贸往来的进展；参观华为总部时，有关人员详细介绍了华为在全世界开拓市场的情况并就在洪投资合作的机遇与代表团成员进行了交流。

10 月 31 日至 11 月 4 日，应致公党中央邀请，以兰伯特·范·尼斯特鲁伊议员为团长的欧洲议会议员代表团一行 11 人来华访问。此次应邀来访的欧洲议会议员分别来自荷兰、波兰、斯洛文尼亚、奥地利、意大利和德国 6 个欧盟成员国，并在欧洲议会区域发展、运输旅游和外交事务等多个委员会任职。访问期间，致公党中央主席万钢、常务副主席蒋作君、副主席闫小培等领导会见代表团，他们向代表团介绍了中国致公党的发展历史，中国经济发展及结构调整的情况，以及中欧在科技、能源、信息、旅游等多领域深化合作的实例，并就“一带一路”倡议与欧洲投资计划对接、互联网经济发展、青年创新创业等多项议题与代表团成员进行了深入交流，希望中欧双方共同努力，推动中欧关系和各领域务实合作再上新台阶，为全球经济复苏和增长、世界和平与发展做出更多贡献。在京访问期间，代表团还拜访了中科院地理科学与资源研究所和欧盟驻华代表团，与周成虎院士、刘卫东教授、迈克尔教授等专家面对面交流，从区域经济发展的角度详细了解中国经济社会发展和中欧合作的情况；在南京访问期间，致公党江苏省委会主委麻建国介绍了江苏省与欧盟经贸合作情况；安排代表团乘坐高铁，亲身感受中国高铁的高速、安全、稳定；实地考察南京高新区，参观致公党员企业南京药石药物研发有限公司和国家遗传工程小鼠资源库，感受当地投资环境。

11 月 17 日至 21 日，应致公党中央邀请，来自日本、泰国、缅甸、菲律宾、吉尔吉斯斯坦等 11 个国家和地区的周边国家经贸文化人士代表团一行 14 人来华访问。访问期间，代表团与昆明市委、市政府相关部门进行了座谈，听取了昆明市发展规划及相关招商政策，并考察了昆明经济技术开发区。随后，代表团一行赴云南省大理市、丽江市考察，与当地政府相关部门座谈，了解当地经济社会发展情况，并就物流、旅游、电商等具体项目与当地政府进行对接。

（三）发挥优势开展港澳工作

7 月 5 日至 8 日，应致公党中央邀请，香港科技协进会访问团一行 13 人访问了北京、天津。致公党中央主席万钢会见了访问团，并向访问团介绍了内地科技发展、香港与内地的科技交流等情况。他希望香港科技界与内地继续加强联系，鼓励两地科技人员特别是青年学生进一步加强交流，希望香港青年能够到内地参与创新创业，共享内地经济、科技高速发展的机遇。访问团副团长陈德祥先生介绍了香港科技协进会的有关情况，双方围绕中国科技发展新常态、工业制造业发展、环境保护、青少年科普教育和智慧城市等问题进行了深入交流。会后，访问团赴中关村丰台科技园区、中国科学院高能物理研究所进行了考察。在天津访问期间，致公党中央副主席、天津市副市长曹小红的会见了访问团。访问团还与天津市科委等有关单位进行了座谈并参观了致公党员创办的高新科技企业。香港科技协进会于 1985 年 4 月 28 日正式成立，1991 年成为国际科技协进会联盟创会会员之一。其宗旨是促进香港科技界人士之间的联系，增进香港与世界各地及内地科技机构之交流。此次是该会首次应致公党中央邀请组团来内地访问。

7 月 5 日至 11 日，应香港华侨华人总会、澳门致公协会邀请，致公党中央副主席严以新率代表团一行 5 人访问香港、澳门。在香港访问期间，代表团参加了香港华侨华人总会第七届理事会监事会暨青委会第二届理事会就职典礼，同时出席了该会举办的纪念中国人民抗日战争胜利 70 周年和庆祝香港回归祖国 18 周年活动，先后走访了香港侨界社团联会、香港侨友社、香港中华总商会、香港友好协进会、香港江苏社团联合总会、香港贵州联谊会、香港深圳社团总会，与全国政协常委唐英年、戴德丰等分别座谈，还与香港港口发展局、香港致公协会、香港中文大学、香港科技大学等方面人士就港口建设、专业人士发展及高等教育情况等进行了深入交流。在澳门访问期间，代表团与澳门致公协会就“九省市、地区书画联展”系列活动有关事宜进行研讨，还与澳门中华总商会、澳门归侨总会、澳门地区中国和平统一促进会、澳门发展策略研究中心等方面人士进行座谈。澳门立法会主席贺一诚、澳门中联办副主任陈斯喜等分别会见了代表团一行。访问期间，严以新对港澳各友好团体为贯彻“一国两制”方针和基本法、支持特区政府依法施政所做出的努力深为赞赏，并向他们介绍了致公党中央近年来发挥“侨”“海”特色和优势，履行参政议政、政治协商、民主监督职能所做的积极努力和贡献。代表团详细了解了近期港澳特区经济与社会发展状况，广泛征集侨界人士对自身生存发展、港澳繁荣稳定和祖国内地建设等方面的意见建议。大家共同表示，今后将继续加强往来合作与互动，共同为推进“一国两制”事业、推动中国和平统一进程、实现中华民族伟大复兴的中国梦做出努力。

9 月 29 日上午，致公党中央秘书长曹鸿鸣在北京会见了以香港湾仔区各界协会主席、广东省侨联副主席庄创业为团长的香港工商专业人士访问团一行 35 人。曹鸿鸣代表致公党中央和万钢主席，对香港客人在祖国华诞 66 周年前到访表示热烈欢迎，并向访问团介绍了中国多党合作和政治协商制度情况、中国致公党发展历史、现状及与海外侨团交流等情况等。他希望香港工商专业界与内地继续加强联系，鼓励香港更多工商专业人士到内地参与创新创业，共享内地经济高速发展的机遇。该团荣誉顾问、香港中联办巡视员陈伟峰、团长庄创业、副团长陈宇泽、施维雄等发言，对致公党中央予以的热情接待表示感谢，并介绍了该访问团的有关情况以及在港参与社会政治事务有关情况，希望双方今后在不同角度、不同方面多些沟通了解，加强相互间的交流与合作。

12 月 13 日至 17 日，应致公党中央邀请，以李碧葱会长为团长，全国政协常委、香港侨界社团联会主席余国春为荣誉团长的香港华侨华人总会访问团一行 19 人赴北京、湖南访问。香港华侨华人总会是首次应致公党中央邀请组团来访。期间，该团拜访了致公党中央、致公党北京市委会、致公党湖南省委会和湖南省涉侨单位，更好地了解了中国致公党和中国多党合作的政治制度，了解了内地的发展建设情况。12 月 14 日，致公党中央副主席闫小培在北京会见了该团。闫小培向访问团介绍了中国致公党的历史和发展现况，回顾了近年来与香港侨界社团交往情况，并就华侨华人合法权益维护、政改方案被否决后香港区议会选举、年轻一代华侨青年培养、香港如何融入国家“一带一路”战略等多项议题与访问团进行了深入交流，充分肯定了香港侨界社团在维护香港华侨华人合法权益、促进爱国爱港方面所做的大量细致工作，希望双方继续保持密切沟通与交流，为维护香港长期繁荣稳定做出更多贡献。访问团团长李碧葱介绍了香港华侨华人总会的基本情况以及在香港区议会选举中所做的工作。在湖南考察期间，代表团紧扣纪念抗日战争胜利 70 周年的主题，在芷江参观了侵华日军受降旧址和抗日飞虎队纪念馆等。

（四）发挥优势开展对台工作

3 月 17 日，致公党中央副主席、广东省委会主委王珣章在广州会见中国台湾致公党创党主席王瑞升一行，双方就关心的问题交换了意见。王珣章对王瑞升一行的到来表示欢迎，并简单介绍了省委会发展情况，希望大家为实现和平统一和两岸人民的福祉，共同推进海峡两岸和平发展而努力。王瑞升介绍了中国台湾致公党的宗旨和发展历程，并表示要坚持和平统一，反对台独，积极推动两岸能源、经贸方面的交流与合作。

6月12日，致公党中央主席万钢在云南会见台湾国际洪门中华总会主席刘沛勋一行。

8月19日，致公党中央秘书长曹鸿鸣在北京会见了以台湾中华武术总会会长黄鲲忠为团长，两岸和平发展论坛召集人吴荣元为顾问的台湾和平发展论坛中华武术文化参访团一行28人。曹鸿鸣对参访团到访致公党中央表示热烈欢迎。他向大家详细介绍了中国致公党的历史、发展、参政议政工作情况，并重点介绍了致公党中央在对外联络工作中，以“海峡两岸中华武术论坛”“海峡科技论坛”和“海峡论坛·致公恳谈会”为平台，推动两岸交流发展的实例。黄鲲忠团长等对致公党中央的热情接待表示衷心的感谢，并表达了希望与致公党中央进一步密切联系，通过中华武术文化的交流合作，进一步深化两岸人民的情感，推动两岸和平发展的愿望。

11月23日，致公党中央秘书长曹鸿鸣在北京会见了中国台湾致公党主席陈柏光一行9人。曹鸿鸣向来访人员介绍了中国致公党的历史和发展现况，回顾了与中国台湾致公党交往的情况，希望双方继续保持密切联系，在推动两岸民间交流、助推两岸关系和平发展等方面加强合作。陈柏光介绍了中国台湾致公党成立以来的发展情况，在吸收青年成员、开展基层民众方面开展的工作，表达了希望与中国致公党一道为促进两岸和平发展、增进两岸民众福祉贡献力量。

四、社会服务

2015年，致公党全面贯彻落实中共中央和国务院有关会议精神，加强社会服务顶层设计，建立健全工作机制，以解民忧、惠民生为目的，广泛深入基层开展社会服务活动，积极创新工作思路，推进社会服务各项工作科学化、制度化发展。

（一）社会调研

1月20日，致公党中央副主席、致福慈善基金会理事长闫小培率致公党中央社会服务部有关同志赴广东省广州市调研致福公益促进会发展情况。闫小培听取了致公党广东省委会有关负责同志关于促进会的工作情况汇报，并围绕整合资源、加强促进会建设等问题与大家共同交流研讨。

1月20日至21日，致公党中央副主席闫小培率致公党中央社会服务部有关同志赴广东工业大学及相关社会服务工作站点，就“广东社会组织发展情况”和“粤港青年公益交流活动开展情况”进行调研。调研组赴广州越秀区和海珠区，对广东工业大学政法学院社工专业教师创办的“阳光社会工作事务中心”和“大同社会工作服务中心”及下设的街道家庭综合服务中心进行了参观考察，详细了解机构发展和运行情况，听取中心负责同志对社会组织发展的经验介绍和意见建议。随后赴广东工业大学，与广东工业大学校领导、政法学院领导及教师、在读学生、毕业学生代表进行座谈，听取该校社工专业开展粤港青年公益交流活动的情况，并围绕公益事业政策背景、社会公益事业着眼点、专业建设和合作交流等问题与校方代表进行了探讨。

4月1日，致公党中央副主席闫小培赴重庆市酉阳县考察定点扶贫工作，中共酉阳县委书记路伟陪同考察。闫小培一行对酉阳县花田乡农业发展情况进行了重点考察，并与酉阳县领导围绕下一阶段工作进行了深入探讨。

4 月 14 日至 15 日，致公党中央副主席闫小培率队赴四川省泸州市开展“致泸合作”工作调研。调研组一行先后考察了泸州港国际集装箱码头、泸州国际会展中心、国家酒检中心、国家固态酿造工程技术研究中心等地，重点考察了由致公党四川省委会牵头的整村推进项目、社区能力建设工作及龙马潭区红星街道杜家街社区开展的社区教育工作。闫小培在座谈会上表示，对泸州经济“产业多元、支柱产业明显、经济质量高”的特点留下了很深刻的印象。新时期的“致泸合作”要创新思路，协调统筹资源，有针对性、有重点地开展帮扶工作，以社区发展基金为资源，推动良好社区治理，实现合作共赢；以机制建设为保障，推动项目建设落到实处。

4 月 16 日至 18 日，致公党中央社会服务部部长李万通率致公党北京市委会一行赴四川省雅安市、攀枝花市开展社会服务工作调研。调研组在雅安市天全县考察了致公党四川省委会协调爱德基金会资金开展的农户三防储粮仓项目、农村引水渠工程项目及村文化站活动广场项目。在攀枝花市考察了金家社区致公党发展资金项目，该项目是由致公党中央出资 10 万元在金家社区开展的社区能力建设项目，项目能够让居民充分参与到资金使用的决策和监督过程中，既有利于实现脱贫致富，又达到了开展基层社区治理，促进基层社区民主协商工作的目的。

4 月 27 日，致公党中央副主席闫小培赴深圳市爱阅公益基金会开展调研，闫小培一行到爱阅公益基金会办公驻地参观并进行了会议交流。会上，闫小培就致公党中央社会服务部近期在四川省泸州市的帮扶计划进行了介绍，希望爱阅公益基金会结合自身资源优势，协助致公党中央在教育领域更有效的开展社会帮扶工作。

7 月 9 日，致公党中央副主席闫小培率致公党中央社会服务部有关同志赴湖南开展留学归国人员信息平台建设工作调研。调研座谈会上，闫小培充分肯定了致公党湖南省委会在开展中国特色社会主义学习实践活动中所取得的成绩。她表示，致公党湖南省委会不仅给内陆省份开展“侨”“海”工作以启发，也为中央开展致“侨”“海”工作提供了借鉴。她希望，致公党湖南省委会进一步学习贯彻中央统战工作会议精神，探索有特色的侨海工作平台，继续办好青年海归发展论坛，把搭建信息平台作为“侨”“海”工作可持续发展的抓手，再创“侨”“海”工作新成绩。

11 月 16 日至 18 日，致公党中央社会服务部部长李万通一行赴湖北省就社会服务工作进行调研。调研组先后考察了致公党湖北省委会及地市级组织近年来创建的社会服务品牌项目。包括与武汉女子监狱合作开展以关怀在押服刑人员为目的的“致福 · 阳光关爱帮教基地”项目，与襄阳爱乐团合作开展的“高雅艺术进校园”项目，以及十堰市委会开展的“阳光妈妈心理健康关怀”项目。并与地方组织负责人、部分党员代表及合作单位进行了座谈，听取了相关负责人关于社会服务工作的情况汇报。

12 月 2 日至 7 日，致公党中央社会发展服务部部长李万通率领致公党中央社会服务与发展专委会有关同志赴湖南省就社会服务工作进行调研。调研组先后深入张家界旅游学校的两个“致公 · 致福班”、常德市本党党员黄明军创办的东方红博物馆、岳阳市湘菌农业生物科技有限公司、长沙市开福同心社区以及致公党精神助学基地李丽心灵中心走访调研。致公党湖南省委会社会服务工作，尤其是品牌建设工作获得了调研组一行的高度肯定。

（二）定点扶贫

本着“发挥优势、突出重点、持之以恒、注重实效”的原则，2015 年，致公党中央对定点扶贫工作进行更加全面深入的思考，适时调整工作思路，探索扶贫工作新模式，全面提升工作质量。

1. 致公党中央参与贵州省毕节试验区建设工作

1 月 29 日，受致公党中央委托，致公党中央社会服务部干部协同致公党贵州省委会、致公党广东省委会到七星关区大银镇、杨家湾镇、青场镇等地开展慰问活动，共向 100 户贫困户送去价值 50000 元的大米、食用油、面粉。

5 月 10 日，经致公党中央协调，贵州炬晟半导体有限公司与七星关区签约并入驻七星区经济开发区。公司总投资 3000 万元，厂房总面积为 3000 平方米。

6 月 3 日，经致公党中央协调，贵州联尚科技有限公司与七星关区签约并入驻七星区经济开发区。公司总投资 3200 万元，厂房总面积为 6000 平方米。

7 月 19 日至 22 日，致公党中央参与毕节试验区建设领导小组全体会议在七星关区召开。致公党中央副主席闫小培出席会议，致公党中央社会服务部及自东部六省三市的领导小组成员参加会议。在致公党中央的协调下，致福慈善基金会向杨家湾镇小学捐赠价值人民币 20 万元的图书及书架；北大青鸟集团继续在七星关区实施“致公学生培养计划”，资助学生 52 名；致公党福建省委会捐赠 10 万元人民币给 33 名七星关杨家湾镇贫困大学生；北京坤鼎投资管理集团有限公司向杨家湾镇小学捐赠图书 12000 册，价值人民币 284225 元；致公党常州市委免费帮扶 2 名七星关区学生到常州市正衡中学就读；贵州炬晟照明有限公司捐赠致福炬晟照明足球队全套运动装备；贵州联尚光电科技有限公司捐赠致福联尚光电足球队全套运动装备。

8 月 24 日至 28 日，致公党中央协调致公党山东省委会率领教育专家赴七星关区开展“授教培训”活动，为七星关区培训中小学教师 604 人次。

1 月到 9 月，致公党中央协调东部发达地区各级组织在七星关区开展“致福送诊”活动 7 次，参与专家 60 人，查房 1137 次，诊查患者 917 人，培训医务人员 1515 人次，技术指导 346 次，为七星关区疑难杂症患者提供了便捷服务，也帮助七星关区提升了医疗技术水平。10 月，致公党中央协调致公党深圳市委会为七星关区培训村医 71 人；协调温州医科大附属眼视医院为七星关区培训医师 2 名。

10 月 12 日，中国光彩毕节行七星关区项目签约仪式暨贵州致福光谷联尚科技有限公司开业庆典在七星关区举办，40 余名企业家参加座谈，并达成了初步投资意向。

2. “致西合作”工作

1 月，致公党中央、致公党重庆市委会慰问组赴重庆市酉阳县开展春节慰问活动，慰问了 160 户贫困农户，慰问金及物资共计 8 万元。

4 月 2 日至 3 日，中国致公党扶贫开发工作会议在重庆市酉阳县召开，此次会议是继致公党中央 1995 年和 2005 年之后，酉阳县召开的全党第三次扶贫开发工作会议，会议确定了将酉阳确定为“中国致公党社会服务实践基地”，对“致酉合作”品牌建设具有重要的里程碑意义。会上，致公党各级组织和党员爱心企业共向酉阳捐赠了价值515万元人民币的现金、药品、医疗设备及书籍。

9月，致公党重庆市委会与重庆机械电子高级技工学校联合继续开办“致公酉阳班”，为酉阳县劳动力转移提供职业教育培训基地，在酉阳招收了200名贫困学生，并为酉阳籍贫困学生设立30万元奖学金和助学金；致公党重庆市委会、致公党酉阳县支部为酉阳县龙潭镇“致公小学”捐资4万元建立留守儿童亲情聊天室；为酉阳县麻旺中学健华图书馆捐赠1000美元书籍。

10月，致公党中央组织北京和重庆的专家为酉阳县花田乡培训乡村旅游从业人员80名。

3. 其他扶贫工作

4月到8月，致福慈善基金会与致公党北京市委会携手爱心企业心医国际数字医疗系统有限公司赴重庆、四川、贵州、云南开展“致公心医远程医疗建设行”活动，共捐赠价值350万元的远程医疗设备。

（三）社会公益及培训

6月13日，致公党中央海外联谊委员会、中国宋庆龄基金会以及部分台湾公益组织联合主办第七届海峡论坛·第三届两岸公益论坛。本次论坛展示了致公党中央近年来在扶贫开发、公益慈善、爱心助侨等领域取得的经验和成果。同时，扩大了致福慈善基金会在两岸慈善领域的知名度，为更好地开展两岸公益合作创造了良好条件

7月13日至19日，由致福慈善基金会、广东工业大学主办，广东工业大学政法学院承办，香港社会工作人员协会协办的首届“粤港青年公益行”活动在广州举行。30名粤港两地学生通过专业课程展示、参观阳光社区、“做一日广州社工”、家综社工项目创新研讨、实地走访广州及周边的代表性文化景观等活动，围绕粤港社会工作专业、粤港文化和情感等方面进行了深入的学习交流，丰富了社工实践经验，提升了自身专业能力，促进了两地社工行业的共同发展。

2015年致公党中央还分别举办了基层组织社会服务工作培训班和社会服务工作品牌建设研讨会，邀请专家学者、企业家及致公党各级组织社会服务工作负责同志，就发挥“侨”“海”特色开展社会服务工作，打造社会服务工作特色品牌，提升致公党社会服务工作的整体水平进行研讨。

（四）助侨工作

7月30日，致公党中央华侨农场助侨工作座谈会在海南省五指山市召开。来自广东、广西、福建、海南、云南省（区）委会社会服务工作负责人参加会议。座谈会上，各省（区）委会负责人就本省华侨农场的基本情况、近年来开展助侨工作的主要做法和经验进行了交流座谈，并向致公党中央提出了下一步助侨工作的意见建议。

8月至12月，致公党中央先后在广西、云南、海南、广东、福建开展2015年度“致福助侨奖学金”发放工作，为111名贫困归侨职工子女发放奖学金49万元，帮助华侨农

场贫困大学生缓解经济压力，顺利完成学业。

（五）致福慈善基金会工作

1 月 15 日，致公党中央致福慈善基金会举办专家顾问受聘仪式。在专家顾问组全体会议上，致公党中央副主席、致福慈善基金会理事长闫小培为前来参会的专家顾问颁发了正式的聘书。一年来，致公党中央积极巩固致福慈善基金会平台建设，努力体现“侨”“海”特色，广泛开展社会公益项目，全年累计吸收捐款共计 755 余万元，实施公益项目 12 项，捐款总计 898.8 余万元。

五、自身建设

（一）宣传思想工作

2015 年，致公党把宣传思想工作摆在突出位置，拓宽平台，创新机制，深入贯彻落实中共十八大，十八届三中、四中、五中全会和习近平总书记系列重要讲话精神，深入开展坚持和发展中国特色社会主义学习实践活动，进一步巩固共同思想政治基础。

1. 多种形式开展纪念致公党成立 90 周年系列活动的宣传工作

2015 年适逢致公党成立 90 周年，为展现致公党 90 周年走过的光辉历程，传承“致力为公”优良传统，致公党中央在整合编辑大量历史图片、资料的基础上，编印《中国致公党九十年（1925—2015）》纪念册和《中国致公》90 周年纪念专刊，在政协报、团结报开辟中国致公党成立 90 周年纪念专版，策划组织“笔墨丹青——庆祝致公党成立 90 周年美术书法作品展”及全国巡展活动，还紧跟互联网发展的形势，制作致公党网上 3D 党史展览馆及 90 周年美术书法作品展览馆，并制作《热烈庆祝中国致公党成立 90 周年》微视频，积极通过新媒体开展宣传工作。

2. 组织政治形势学习

3 月 16 日，致公党中央机关召开全体会议，传达学习“两会”精神。致公党中央常务副主席蒋作君、副主席闫小培出席会议并分别传达了全国政协十二届三次会议和十二届全国人大三次会议的主要精神。会议要求机关全体同志认真学习贯彻全国“两会”精神，切实把思想和行动统一到“两会”精神上来，不断提高参政议政、民主监督的能力，优化工作布局，落实好 2015 年各项工作。

2015 年，致公党中央机关继续组织开展构建学习型机关系列讲座活动。先后安排社会服务部、办公厅、组织部相关同志举办讲座 3 场次。

3. 深入开展坚持和发展中国特色社会主义学习实践活动

2015 年，致公党坚持以“三个统一”来全面推进学习实践活动，即把领导带头与深入基层统一起来；把党派特点与特色活动统一起来；把总结经验与解决问题统一起来。突出“传统教育”的年度特色，注重发挥各级组织主观能动性，各级地方组织按照本党中央统一部署，结合实际，主动作为，将活动向基层有序推进，形成了上下联动、横向推动的良好局面。

4. 加强理论研究

2015 年，以致公党建党 90 周年为契机，向全党征集纪念建党 90 周年理论文章，共收到 90 余篇理论文章，编成《中国致公党理论研究成果选集（2015）》。此外，还组织党员积极撰写理论文章，积极推荐到社会媒体和杂志上。

5. 加强宣传阵地建设

2015 年，《中国致公》杂志不断强化栏目策划，加大对致公党重大活动、会议等的深度宣传报道力度，全年先后编辑完成 6 期《中国致公》（双月刊）。致公党中央网站也进行了升级改版，并开通了致公党手机新闻客户端，形成了网站、微信、新闻客户端的新媒体组合宣传架构。

一年来，《中国致公》杂志和致公党中央网站还开辟“2015 年全国两会”“学习实践活动”“创建先进基层组织 争当优秀致公党员”“纪念致公党成立 90 周年”“纪念中国人民抗日战争暨世界反法西斯战争胜利 70 周年”“学习贯彻中央统战工作会议精神”，“纪念董寅初同志诞辰 100 周年”等专题栏目，对本党领导的讲话、本党中央开展的重大调研、会议等进行了连续全面的深度报道，力求全方位展现本党各项工作的新动态、新举措。

6. 做好外宣工作

两会前夕组织召开“致公党中央两会媒体通气会”，邀请近 20 家媒体记者参会，向他们介绍了致公党 2014 年参政议政情况和 2015 年提交全国政协十二届三次会议的大会发言和提案情况并回答记者提问。

继续做好致公党重点工作和典型人物的社会宣传报道，协助新华社、人民日报、人民政协报、团结报、人民网、中国新闻周刊等媒体开展相关采访工作。

与《中华儿女》杂志合作，采编刊登了十期质量较高、影响较大的反映致公党党优秀人物的来稿。

7. 做好宣传工作人员培训交流工作

4 月，举办网站后台操作实务培训班；8 月，召开《中国致公》“特约人员”培训交流会议；10 月，召开网络宣传工作交流会议，对致公党内宣传骨干有针对性地进行培训并开展业务研讨。

8. 充分发挥致公书画院、摄影社的宣传平台功能

2015 年，中国致公画院完善画院架构建设，设立了中国致公画院办公室。召开 2015 年度院务委员会工作会议，院长会议，策划组织庆祝致公党成立 90 周年书画展等系列活动，并组织相关采风和笔会。

中国致公摄影社于 2015 年确定了摄影社的性质和活动形式，完善了活动章程，组织社员赴山东、北京开展采风活动，并与致公党云南省委会共同组织 了“爱我家乡美 共圆中国梦”手机摄影大赛。

（二）组织建设

1. 新建组织

2015 年 3 月，成立致公党河南省委会筹备委员会，2015 年 10 月，成立致公党上海市崇明支部，致公党广西区来宾市委员会，使上海市委会、广西区委会成为致公党基层

组织全覆盖的省级组织。

2. 继续做好教育培训工作

在福建省公务员培训中心举办了“骨干党员培训班”，在广东省社会主义学院举办第三期致公党“地市级组织专职副主委培训班”。进一步强化了干部和骨干党员的责任意识，坚定了政治信念，为不断提高履职能力创造了条件。另外，结合工作实际和组工干部特点，举办一期“致公党省市组工干部培训班”，围绕组织工作实务对广大组工干部进行培训。

3. 组织信息工作

全面启动组织信息管理系统建设工作，按照程序进行了软件硬件采购、数据需求分析、数据库结构设计、各级组织和党员的信息采集、系统调试和培训等工作，进一步推进了致公党组织和党员的信息采集、系统建设工作。

4. 大力开展“创先争优”活动

“创建先进基层组织、争当优秀致公党员”活动是2015年本党加强基层组织建设的一项重要内容。致公党中央对基层组织的基本情况进行摸底、汇总，并赴浙江、辽宁等地进行实地调研。2015年11月底在安徽召开致公党基层组织建设工作会议暨“创先争优”活动总结会，总结了创先争优活动经验，研讨基层组织建设问题。

5. 致公党组织发展概况

截至2015年12月31日，致公党现有164个地方组织，其中20个省级组织（包括致公党河南省筹委员会），129个市级组织，15个县级组织，2459个基层组织。2015年新建1个地方组织（致公党广西区来宾市委员会），180个基层组织。

致公党现有成员总数为48797人，平均年龄50.11岁，其中女性22294人，占45.69%；中上层人士42242人，占86.57%；大学文化程度以上35904人，占73.58%。

在界别分布方面，现有成员中教育界15205人，占31.16%；科技界3126人，占6.41%；医卫界7226人，占14.81%；文化艺术界1356人，占2.78%；出版传媒472人，占0.97%；公有制经济5726人，占11.73%；新社会阶层7346人，占15.05%；人大政协机关225人，占0.46%；政府机关5341人，占10.95%；司法机关247人，占0.51%；社会团体586人，占1.20%；党派机关850人，占1.74%；其他1091人，占2.24%。致公党党派界别特色（“侨”“海”关系）人数37224人，占76.28%。

致公党党员中有932人次担任各级人大代表，有4702人次担任各级政协委员；有195人次在各级人大专门委员会任职，有1323人次在各级政协专门委员会任职，其中有31人任专职。

2015年有572名党员在政府及组成部门任实职，其中省部级5人（副省长2人，副市长1人，国务院部委班子成员2人），厅局级64人，处级504人；有24人在法院任职，其中厅局级3人，处级21人；有3人在检察院任职，厅局级1人，处级2人。例外还有高校正职4人，副职22人；科研院所正职4人，副职8人；社会团体正职3人，副职8人；国有企业正职3人，副职3人。

致公党党员中担任中国科学院院士的共有6人，担任中国工程院院士的共有1人，千人计划18人，长江学者21人。

担任国家中央级特约（邀）工作的共有14人。

（三）机关建设

2015年，致公党继续加强“学习型、服务型、创新型”机关建设，切实转变工作作风，提高服务能力。中央机关加强机关制度化建设，重视机关干部的培养工作，通过学习培训、论文竞赛、轮岗交流、挂职锻炼等方式，提高干部队伍理论业务素质。同时，继续加强与地方组织机关干部的交流学习力度，使其成为一项常态性工作。

周　慧　致公党中央联络部处长
陈颂原　致公党中央组织部调研员
宋亚轲　致公党中央办公厅副调研员
刘　曦　致公党中央宣传部副调研员
汤玮晨　致公党中央参政议政部主任科员
聂依妮　致公党中央社会服务部干部

九三学社

2015年，九三学社高举中国特色社会主义伟大旗帜，深入学习贯彻中共十八大、十八届三中、四中、五中全会精神和习近平总书记系列重要讲话精神，认真履行参政议政、民主监督和参加中国共产党领导的政治协商职能，扎实推进社会服务，着力加强思想理论建设，大力提升组织化水平，不断推进机关能力建设，各项工作都取得了显著成绩。

一、重要会议及活动

（一）中央委员会会议

12月9日至11日，九三学社第十三届中央委员会第四次全体委员（扩大）会议在北京召开。会议学习贯彻了中共十八届五中全会精神，审议通过全国政协副主席、九三学社中央主席韩启德代表中央常务委员会所作工作报告及相关决议，增选周岚为九三学社中央委员、常委。

韩启德在总结回顾2015年九三学社工作以后指出，2016年全社要把深入学习贯彻中共十八届五中全会精神作为当前和今后一个时期重大政治任务，作为学习实践活动的一项重要内容，与学习贯彻中央统战工作会议精神《关于加强社会主义协商民主的意见》《中国共产党统一战线工作条例（试行）》《关于加强政党协商的实施意见》结合起来，围绕“四个全面”战略布局深入推进和“十三五”规划实施，选择战略性、前瞻性和原创性主题开展调查研究；坚持“三个面向”，注重资源整合，加强社会服务与参政议政、自身建设的工作整合，以参与“一带一路”和毕节试验区建设为重点积极开展工作，扩大九三学社的社会影响；加强思想理论建设，继续巩固扩大学习实践活动成果；着眼2017年换届，继续贯彻人才强社战略；扎实推进机关能力建设。

全会期间举办了科学报告会，国家气候中心古气候研究室主任、气候变化研究原首席专家、九三学社中央人口资源环境专门委员会副主任张德二作《历史气候研究的新认识》报告，河海大学教授、同位素水文研究所所长、九三学社河海大学委员会主委陈建生作《地下水深循环》报告；表彰了参政议政工作271个先进集体和574名先进个人，信息工作15个先进单位和7名先进个人；表彰了庆祝九三学社创建70周年的135个优秀组织和1200名优秀个人；卢光琇、朱修林、孟浩、陈化兰、张德二、徐深、龚震、屠鹏飞、褚君浩、翟峰等10名九三学社社员被授予第二批“九三楷模”荣誉称号。

全会由中央常务委员会主持。九三学社中央常务副主席邵鸿，副主席谢小军、张桃林、赖明、马大龙、丛斌、赵雯、卢柯、武维华、印红和中央委员出席会议。九三学社中央原副主席王志珍、陈抗甫、贺铿等出席开幕会。九三学社中央监督委员会组成人员、部分九三学社十大代表、未担任九三学社中央委员的省级组织专职副主委和秘书长、九三学社中央机关各部门负责人等列席会议。

（二）中央常务委员会会议

1. 九三学社第十三届中央常务委员会第十次会议

3 月 6 日，九三学社第十三届中央常务委员会第十次会议在北京召开。会议学习贯彻十二届全国人大三次会议和全国政协十二届三次会议精神；审议通过了《九三学社建社 70 周年纪念活动筹备方案》《九三学社中央文化工作委员会增补副主任名单》，研究了九三学社十三届十一次中常会筹备工作。

全国政协副主席、九三学社中央主席韩启德主持会议并讲话。韩启德指出，前不久，中共中央印发《关于加强社会主义协商民主建设的意见》，对在党的领导下推进协商民主广泛多层制度化发展做出全面部署，为多党合作制度注入了新活力。九三学社作为参政党，要认真学习、深入贯彻。韩启德强调，要加强工作创新。墨守成规无法满足时代要求，要大力弘扬九三学社民主科学精神，在工作机制和工作内容上有更大创新。九三学社中央要研究出台新举措，总结各省级组织好经验好做法，在以往基础上进一步推动创新工作；在参政议政工作中要注重原始创新，更好发挥参政党作用；要从自身做起，增强责任担当意识，为创新引领发展做出更大贡献。

会议决定，5 月中旬，以“弘扬科学精神，追求工作创新”为主题，在安徽召开九三学社十三届十一次中常会。

九三学社中央常务副主席邵鸿，副主席谢小军、张桃林、赖明、马大龙、丛斌、赵雯、卢柯、武维华、印红和社中央常委出席会议，社江苏省委负责人，社中央机关各部门负责人列席会议。

2. 九三学社第十三届中央常务委员会第十一次会议

5 月 14 日至 15 日，九三学社第十三届中央常务委员会第十一次会议在安徽合肥召开。会议围绕“弘扬科学精神，追求工作创新”的主题，交流做法经验、研讨存在问题、推动工作开展。

全国政协副主席、九三学社中央主席韩启德出席会议并讲话。韩启德说，这次会议的主题是基于面临形势的变化和九三学社工作实践的要求确定的。中共十八届三中全会提出推进国家治理体系和治理能力现代化的目标，对我们参政党自身建设和履行职能都提出了新的更高要求。今年是九三学社创建 70 周年，我们要书写好九三学社的历史，就必须创新；我们要提出具有战略性、前瞻性、可行性、原创性的建议，就必须创新。韩启德指出，推动工作创新首先需要弘扬科学精神。其次，推动工作创新要脚踏实地。第三，推动工作创新要坚持从群众中来，到群众中去，及时发现基层的创新成果并加以总结推广。第四，推动工作创新要体现九三学社科技特色。第五，推动工作创新要坚持中国特色社会主义道路和共产党领导的多党合作制度。

会上，安徽、上海、广东、辽宁、云南、河南、江西、湖北、湖南等9个九三学社省级组织，九三学社中央组织部、宣传部、参政议政部、社会服务部等4个部门做了交流发言。与会人员围绕如何进一步解放思想，推动理念创新、自身建设和履职工作创新进行了广泛深入研讨。会议还审议通过了九三学社中央科普工作委员会增补副主任名单。

九三学社中央常务副主席邵鸿、副主席谢小军、赖明、马大龙、丛斌、赵雯、卢柯、武维华、印红和社中央常委出席会议，社中央机关各部门负责人、九三学社部分省级组织专职副主委列席会议。

3. 九三学社第十三届中央常务委员会第十二次会议

11月5日，九三学社第十三届中央常务委员会第十二次会议在北京举行。会议认真学习中共十八届五中全会精神，审议通过《九三学社中央关于学习贯彻中共十八届五中全会精神的决议》；审议并原则通过《九三学社中央青年工作委员会工作办法（试行）》，通过了九三学社中央青年工作委员会第一届主任委员会成员人选建议名单。会议决定，12月8日至12日在北京召开九三学社第十三届中央委员会第四次全体（扩大）会议。

全国政协副主席、九三学社中央主席韩启德主持会议并讲话。韩启德说，中共十八届五中全会是在全面建成小康社会进入决胜阶段召开的一次重要会议，对于实现“两个一百年”奋斗目标和中华民族伟大复兴中国梦，具有十分重要战略意义。韩启德强调，全社各级组织和广大社员要把学习贯彻中共十八届五中全会精神与开展坚持和发展中国特色社会主义学习实践活动相结合，进一步增强“三个自信”；与更好履行参政党职能相结合，凝聚焦点、不断创新，提出更加具有战略意义、乃至具有颠覆性创新意义的建议；与加强自身建设相结合，创建平台、更加广泛地动员广大社员参与到社务工作中，在实践过程中不断发现问题，完善机制、整合力量、增强实力。

九三学社中央常务副主席邵鸿，副主席谢小军、张桃林、赖明、马大龙、丛斌、赵雯、武维华、印红和社中央常委出席会议，社江苏省委负责人、社中央机关各部门负责人列席会议。

4. 九三学社第十三届中央常务委员会第十三次会议

12月8日，九三学社第十三届中央常务委员会第十三次会议在北京召开。会议审议通过了中央常务委员会2015年工作报告并确定由韩启德代表常委会向全会作工作报告；审议通过了关于常委会2015年工作报告的决议（草案）；审议通过了关于增选中央委员、常委候选人建议名单和选举办法（草案）；审议通过了关于九三学社第十三届中央委员会第四次全体（扩大）会议扩大人员范围的决定（草案）；听取了关于授予卢光琇等10名同志“九三楷模”荣誉称号的情况说明；决定部分事项委托第十六次主席会议代为审议。

全国政协副主席、九三学社中央主席韩启德主持会议。九三学社中央常务副主席邵鸿，副主席谢小军、张桃林、赖明、马大龙、丛斌、赵雯、卢柯、武维华、印红和社中央常委出席会议，社江苏省委负责人、社中央机关各部门负责人列席会议。

（三）中央监督委员会会议

12月9日，九三学社中央监督委员会召开第四次全体会议。会议审议通过《九三学社第十三届中央委员会监督委员会2015年工作报告》。九三学社中央常务副主席、监督委员会主任邵鸿出席会议并讲话。九三学社中央监督委员会副主任刘政奎主持会议。

（四）其他重要会议及活动

1月9日，中共中央、国务院在北京人民大会堂隆重举行国家科学技术奖励大会。习近平等党和国家领导人向2014年度国家最高科学技术奖获得者，国家自然科学奖、国家技术发明奖、国家科学技术进步奖和中华人民共和国国际科学技术合作奖的获奖代表颁奖。九三学社50名社员主持或参与完成的41个项目获奖,其中包括国家自然科学奖5项，国家技术发明奖7项，国家科技进步奖29项。

1月16日，中共中央政治局委员、中央统战部部长孙春兰和中央统战部常务副部长张裔炯、副部长林智敏一行走访九三学社中央机关并进行座谈。全国政协副主席、九三学社中央主席韩启德，常务副主席邵鸿，副主席张桃林、赖明、马大龙、丛斌、武维华、印红出席座谈会。韩启德在简要介绍了九三学社的创立、发展和所做工作以后说，2012年九三学社“十大”召开，提出“思想上坚定、履职上坚实、组织上坚强”的参政党建设目标。新一届九三学社中央领导班子围绕这一目标深入开展坚持和发展中国特色社会主义学习实践活动；着力推动工作机制创新，参政议政工作再上新台阶，社会服务工作打造亮点和品牌；大力实施人才强社战略，提升九三学社组织化水平。座谈中，韩启德等九三学社中央领导就加强统战工作理论和政策研究，贯彻落实好即将颁布的《统一战线工作条例》、加强联系沟通、以及民主党派自身建设和参政议政工作等方面存在的问题提出建议。座谈会前，韩启德陪同孙春兰参观了九三学社社史图片展。

1月20日，九三学社中央科技专门委员会全体会议暨第四期科技沙龙在社中央机关召开。九三学社中央副主席赖明出席会议并参加沙龙活动。科技委主任孟安明和常务副主任柴文忠分别主持会议。赖明就专委会如何发挥重要作用、做好参政议政工作提出了四点意见。一要加强学习。二要围绕中心，服务大局。三要突出科技特色。四要建立上下互动、左右联动机制。

2月2日，九三学社中央科普工作委员会在社中央机关召开主任会议，总结2014年科普工作，研究今年科普工作。九三学社中央副主席丛斌出席会议并讲话。丛斌说，科普工作是社会服务工作的重要内容，要有一种奉献精神，为国家奉献，为百姓奉献，为筑牢执政党根基服务。关于2015年科普工作的重点,丛斌强调,一要继续围绕饮食与健康、心理与健康、生活习惯与健康、老年健康医学五大健康主题做文章；二要做好社会科学科普工作，发挥九三学社优势，善于里勾外连、上下串联、整合资源，创新机制；三要加强科普知识学习,不断充电,与时偕行；四是科普教育实践基地的建设；五要勇于创新，结合参政议政开阔科普工作思路。

2月3日，全国政协副主席、九三学社中央主席韩启德在九三学社中央机关会见国家食品药品监督管理总局副局长焦红。九三学社中央副主席赖明，副主席兼秘书长印红陪同会见。韩启德说，九三学社长期关注我国医疗卫生事业发展和食品安全问题，近年来在全国“两会”上先后提出关于“完善我国食品安全监管体系”“食品安全要常抓不懈”“采用多种手段公开透明从源头解决药品价格虚高问题”等建议，受到国家食品药品监管总局的高度重视。双方进行过多次沟通，合作密切。韩启德就食品药品监管工作中存在的问题提出4点建议。一是优化中央和地方监管部门机构设置，进一步科学分工、区别功能、配置人力；二是简化药品审批环节，提高行政效率、支持原始创新；三是启动重审药品批号工作，大力整治仿制药泛滥乱象；四是加大科学宣传力度，积极应对近年来出现的食药安全问题，提高全社会对这项工作的认知度和认可度。

2月9日，全国政协副主席、九三学社中央主席韩启德在社中央机关会见教育部党组成员、部长助理林蕙青一行。九三学社中央常务副主席邵鸿，九三学社中央副主席兼秘书长印红陪同会见。韩启德说，教育问题是关系国家发展和民族振兴的百年大计，也是关系到每个家庭的大事，全社会高度关注。教育部近年来出台了多项改革措施，在解决群众反映强烈的教育不公等问题上取得了突破性进展，建议在加大教育投入、优化教育结构、提高教育效益等方面继续加大改革力度。教育部近年来坚持每年到九三学社中央走访，虚心听取意见，善于察纳雅言，令人感动。希望未来双方继续加强合作，为2020年基本实现教育现代化的奋斗目标共同努力。双方还就民办学校同等待遇、青少年科学素质培养、优秀青少年人才选拔培养等问题进行了交流。

2月10日，“九三学社上海市委与九三学社云南省委合作交流框架协议签约仪式”在上海举行。九三学社中央副主席、上海市副市长、九三学社上海市委主委赵雯，云南省政协副主席、九三学社云南省委主委曾华出席签约仪式。签约仪式上，赵雯与曾华分别代表沪滇两地九三学社签署了合作交流框架协议并讲话。

3月26日，九三学社中央在北京召开“民办教育和职业教育问题”座谈会。全国政协副主席、九三学社中央主席韩启德出席会议并讲话。全国政协副秘书长、九三学社中央常务副主席邵鸿主持会议。韩启德指出，当前民办教育和职业教育面临从根本上看要明确战略定位的问题。从目前的实际情况来看，还是要着重营造公平的发展环境，多采用普惠制的支持方式，来促进民办教育和职业教育的发展。会上，教育部职业教育与成人教育司以及发展规划司的负责同志介绍了我国民办教育和职业发展的有关情况，来自北京城市学院、北京电子科技职业学院、北京北大方正软件职业技术学院等九所职业院校的负责人围绕明确民办职业教育的战略定位、扩大办学自主权、减少不当行政干预、提升民办学校教师的待遇、加大对民办院校的政策支持与财政补贴力度、营造公平竞争的环境等提出了意见和建议。

4月23日，应中共山西省委统战部的邀请，全国政协常委、副秘书长、九三学社中央常务副主席邵鸿赴山西太原，为山西省民主党派学习讲堂作了《如何做好参政议政工作》的专题讲座。山西省政协副主席、九三学社山西省委主委刘滇生主持会议。邵鸿指出，民主党派的主要职能中，参政议政是根本。参政议政直接决定了政治协商和民主监督的水平高低，也决定了民主党派的现实作用和历史地位，更影响着中国根本和基本政治制度的实际效能。邵鸿提出民主党派参政议政工作要做到“三个三”：即具备有情况、有见解、有胆量三个品质，侧重民主政治和法制建设、相对熟悉的领域、政府部门意见不一致的问题三个方面，用好党派专职参政议政队伍的力量、全党派的力量、全社会的力量这三支力量。

4月28日，2015年庆祝“五一”国际劳动节暨表彰全国劳动模范和先进工作者大会在北京人民大会堂举行。会上，严斌、王金福、郝凤荣、王浩波、靳素华、胡雷钧、郑户南、张峻巍等 8 名九三学社社员被授予“全国劳动模范”称号；印遇龙、马荣荣、高涛、孟长功、林国英、张曦、刘建生、吴政卿、余家国、娄涛、李海平、刘俊、黄艳君、丛洪良等 14 名九三学社社员被授予“全国先进工作者”称号。

4 月 30 日，九三学社中央教育文化专门委员会在社中央机关召开全体会议。九三学社中央常务副主席邵鸿出席会议。邵鸿指出，当前的工作格局和形势要求民主党派要为国家克服当前面临的困难做出贡献，这其中最重要的就是要做好参政议政工作。做好参政议政工作需要充分整合全体社员的力量、参政议政专门队伍的力量以及社外力量。社中央各专委会是其中最重要的力量之一。九三学社中央教育文化专委会主任侯义斌主持会议。会议通报了社中央教育文化专委会 2014 年课题报告被社中央采用的情况，并就各选题的立意、调研方法和预期成果等展开了讨论。

5 月 12 日，汤定元院士学术思想研讨会暨 95 华诞庆贺会在中国科学院上海技术物理研究所举行。九三学社上海市委副主委钱锋宣读了九三学社中央副主席、上海市副市长、九三学社上海市委主委赵雯的贺信。九三学社上海市委委员、中科院技物所副所长童卫旗宣读了九三学社中央、中共上海市科技党委贺信。汤定元先生学生、九三学社上海市委原副主委、中科院院士褚君浩做了题为《学习汤先生的科学精神》的主题发言。会前播放了汤定元先生纪录片——《荣誉使命科学梦》。

5 月 18 日，全国人大常委、法律委员会副主任委员、九三学社中央副主席、中国工程院院士丛斌在乌鲁木齐会见了中共中央政治局委员、新疆维吾尔自治区委书记张春贤。丛斌转达了全国政协副主席、九三学社中央主席韩启德对张春贤及自治区其他领导同志的问候。丛斌说，国家实施“一带一路”战略，新疆对应提出建设核心区和交通、商贸物流、金融、文化科教、医疗服务等 5 个中心，是立足国际国内大局，抢抓机遇做出的科学决策。九三学社中央将动员全社力量，围绕新疆“一区五中心”建设深入开展调查研究，为新疆长治久安和经济社会发展献计出力。

6 月 6 日，罕见病相关问题研讨会在北京召开。全国政协副主席、九三学社中央主席韩启德，全国人大常委会副委员长、农工党中央主席陈竺出席会议并讲话。全国政协原副主席、九三学社中央原副主席王志珍，九三学社中央副主席马大龙出席会议。韩启德指出，我国罕见病人群达千万之多，已经形成一个较为庞大的群体。在过去的几十年里，我国关注的重点几乎都是常见病、多发病，要实现 2015 年政府工作报告提出“打造健康中国”目标，需要对罕见病这一组特殊疾病加以重视和研究。韩启德强调，要注重制度、政策和机制在维护和促进健康方面的协同和配合，形成政府主动、社会协同的新的格局和局面；在推进罕见病事业过程中，要坚持以人为本、服务民众、提高罕见病诊治水平，建立适合我国国情的罕见病研究体系和社团组织。研讨会由九三学社中央主办，九三学社中央医药卫生专门委员会、北京医学会罕见病分会、上海医学会罕见病专科分会共同承办。

6 月 18 日，九三学社创建 70 周年暨九三学社河南省委员会成立 30 周年纪念活动在郑州举行。九三学社中央副主席谢小军代表出席纪念大会并讲话。谢小军强调，全省各级社组织和全体社员要进一步筑牢合作共事的政治思想基础，坚定不移地走中国特色社会主义道路；以“爱国、民主与科学”的优良传统，凝聚力量，推动河南九三学社的组织建设；求真务实、勇于担当，为河南的发展和改革多做贡献。九三学社河南省委主委张亚忠代表社河南省委在纪念大会上对九三学社河南省委成立 30 年来的发展历程进行了简要的回顾，就进一步加强自身建设、提升参政能力，进一步强化责任担当、高效履职尽责提出了要求。中共河南省委统战部常务副部长孟令峰代表省委统战部致贺词。

6 月 23 日，九三学社中央监督工作研讨会在社中央机关召开。九三学社中央常务副主席、社中央监督委员会主任邵鸿出席会议并讲话。邵鸿指出，目前九三学社的监督工作仍处于探索阶段，各地方的实际情况不同，在制度规定上不能一刀切，要留有地方探索创新的空间。与会省级组织要进一步做好监督工作和其他社务工作的融合，形成更多行之有效的经验供全社学习借鉴。九三学社中央组织部部长杨玲主持并介绍了此次研讨会召开的缘由和目的。九三学社北京市委等 5 个省（市）的监督委员会负责同志结合本省监督工作的开展情况，就监督工作的指导思想、基本原则、性质、定位等问题分别发言；与会人员对监督工作的方式途径和监督委员会的人员组成、产生程序进行了重点探讨。

6 月 23 日，全国政协常委、提案委副主任，九三学社中央副主席赖明率九三学社中央调研组赴青海，在西宁召开三江源生态保护法治机制建设调研座谈会。赖明指出，三江源生态保护和建设工程自 2005 年启动以来取得了显著的成效，草原湿地增加、荒漠化逆转、草场退化遏制、水源涵养功能增加，广大农牧民的生态保护意识不断加强，收入也在逐步增长，令人感到很欣慰。三江源生态保护的立法一定要在衔接其他法律法规、健全生态补偿制度、保障地区居民发展权利等方面下功夫，此外，可尝试扩大实施范围，实现超越省级行政区划的区域性立法。座谈会由青海省人民政府副省长高华主持。青海省发改委、三江源办公室和法制办的负责同志分别作了关于三江源生态保护和法制建设的情况汇报，九三学社青海省委主委杜德志作了题为《加快推进三江源生态保护法制化进程》的专题发言。与会人员围绕三江源生态保护立法的定位、出发点、补偿标准和相关配套制度等问题展开了讨论和交流。

6 月 25 日，九三学社上海市委和九三学社湖北省委合作与交流框架协议签约仪式在湖北省监利县举行。九三学社中央副主席、上海市副市长、社上海市委主委赵雯，湖北省政协副主席、九三学社湖北省委主委田玉科出席并讲话。赵雯表示，九三学社沪鄂两地组织的合作将凸显九三学社的社会责任，希望双方能够发挥智力和组织优势，搭建好交流沟通的平台，以需求为导向，为湖北和监利的经济社会发展提供更多的帮助，共同传播“爱”与“善”的力量。田玉科介绍了近年来九三学社湖北省委开展社会服务工作的情况，她希望两地组织通过沟通交流，整合资源，在教育、医疗、农牧业、旅游业、科技等方面加强合作，共同为“中国梦”的湖北篇贡献九三学社的力量。

6 月 26 日，九三学社中央和社科文献出版社在社中央机关联合举办《九三学社史话》首发式。全国政协副秘书长、九三学社中央常务副主席邵鸿出席并讲话。邵鸿说，九三学社第九次代表大会以来，在韩启德主席直接领导下，九三学社中央启动了“社史工程”。《九三学社史话》的出版就是社史研究的成果之一。该书在史料搜集上下了较大功夫，基础坚实；秉持实事求是精神，记述客观；文笔流畅，是一本很好的九三学社历史入门读本，是九三学社加强自身建设尤其是思想建设的好教材，也是对即将到来的九三学社 70 周年社庆的一份厚礼，值得各级社组织和广大社员认真品读。

7月11日，九三学社首个创新研究院——四川九三创新研究院在广元成立。研究院旨在充分发挥九三学社人才荟萃、智力密集的优势，围绕四川省创新驱动发展战略和推进“大众创业、万众创新”的政策措施，开展参政议政和社会服务工作，为助推四川产业全面转型升级提供智力支持。九三学社中央副主席、中国工程院院士丛斌，四川省人大常委会副主任、九三学社四川省委主委黄润秋为研究院揭牌。九三学社四川省委副主委、四川大学数学研究所副所长罗懋康教授受聘为四川九三创新研究院首任院长。丛斌对四川九三创新研究院的成立表示肯定和祝贺。他指出，四川九三创新研究院的成立恰逢其时，适应了当前参政党自身建设的需要。九三学社四川省委专职副主委沈光明介绍了研究院成立背景。九三学社四川省委副主委王瑜宣读了《四川九三创新研究院成立决定》和《聘任四川九三创新研究院院长、副院长决定》。

7月17日，九三学社中央副主席、中国科学院院士卢柯在出席重庆大学学术会议期间，走访了九三学社重庆市委机关，与机关干部进行座谈，并参观了中国民主党派历史陈列馆、九三学社成立旧址纪念碑。卢柯表示，重庆是九三学社的发祥地，作为九三学社社员，来到重庆就是回家。通过参观学习，深刻体会到民主党派前辈先贤与中国共产党风雨同舟、共同致力于中国和平民主、中国人民解放事业之不易。希望九三学社社员能够到重庆，体验这种感觉，从而进一步增强在中共领导下，共同致力于实现中华民族伟大复兴的政治责任感和历史使命感。九三学社中央副主席、重庆市政协副主席谢小军主持座谈会。

7月20日，全国政协副秘书长、九三学社中央常务副主席邵鸿在机关会见辽宁省政协有关人员。双方就充分发挥九三学社优势，更好助推辽宁沿海经济带开放工作稳步发展等问题进行了座谈。

7月27日，全国政协副主席、九三学社中央主席韩启德在长春会见了中共吉林省委书记巴音朝鲁。韩启德对吉林省近年来经济社会发展取得的巨大成就表示祝贺。韩启德说，吉林正处在加快振兴发展的关键阶段，全国政协和九三学社中央将继续发挥自身优势，深入调查研究，积极建言献策，为推动吉林新一轮振兴发展、全面建成小康社会做出应有贡献。中共吉林省委常委、省委秘书长房俐，吉林省政协副主席、九三学社吉林省委主委支建华，吉林省政协秘书长包伟，省直有关部门负责同志参加会见。

7月28日，纪念九三学社江西省委成立30周年座谈会在南昌召开。全国政协常委、副秘书长，九三学社中央常务副主席邵鸿出席会议并讲话。江西省政协副主席、九三学社江西省委主委李华栋作主旨报告。邵鸿强调，江西是有着深厚历史文化积淀和光荣革命传统省份，是九三学社主要创始人许德珩的家乡，江西理应做出与此相应的更大作为。邵鸿希望九三学社江西省各级组织和广大社员，要认真学习、深刻领会、准确把握习近平总书记重要讲话和中共中央有关重要文件的精神；要积极履行参政议政、民主监督和参加中国共产党领导的政治协商三项基本职能；要紧紧围绕“夯实四个建设、提高五种能力”的新要求，全方位推进各项工作；要深化坚持和发展中国特色社会主学习实践活动，大力弘扬九三学社优良传统；要更加兢兢业业、开拓创新、奋发有为。

8月16日，九三学社创建70周年暨九三学社在贵州省建立组织60周年庆祝大会在贵阳举行。全国政协副秘书长、九三学社中央常务副主席邵鸿，中共贵州省委常委、统战部部长刘晓凯，全国政协常委、九三学社贵州省委主委黄宗洪出席会议并讲话。民革贵州省委主委王世杰代表各民主党派省委、省工商联致贺词。邵鸿在讲话中充分肯定了九三学社贵州省委的工作，并对九三学社贵州省各级组织和广大社员提出了四点希望和要求：一是要认真学习、深刻领会、准确把握习近平总书记重要讲话和中共中央有关重要文件的精神；二是要积极履行参政议政、民主监督和参加中国共产党领导的政治协商三项基本职能；三是要紧紧围绕“夯实四个建设、提高五种能力”的新要求，全方位推进各项工作；四是要深化坚持和发展中国特色社会主义学习实践活动，大力弘扬九三学社优良传统。

8月21日，九三学社浙江省委在杭州召开九三学社建社70周年暨浙江建立组织60周年庆祝大会。全国人大常委、九三学社中央副主席丛斌，九三学社浙江省委主委姒健敏，九三学社中央原副主席、九三学社浙江省委原主委冯培恩等出席大会。丛斌指出，今年是九三学社建70周年，也是在浙江建立组织60周年。60年来，九三学社浙江省各级组织发扬优良传统，坚持中国共产党领导的多党合作和政治协商制度，团结带领全省社员，积极投身浙江的建设、改革与发展事业，为浙江经济社会发展做出了积极贡献，塑造了良好的参政党形象。丛斌对九三学社浙江省委下阶段的工作提出了五点希望：一是要深入学习贯彻中央统战工作会议精神；二是要继续深入开展中国特色社会主义学习实践活动；三是要紧扣改革发展献计出力；四是要大力推进各项社务工作创新；五是要不断提高自身建设水平。

8月27日，庆祝九三学社创建70周年大会在北京举行。中共中央政治局委员、中央统战部部长孙春兰出席大会并代表中共中央致贺词。孙春兰在贺词中强调，中国共产党领导的多党合作和政治协商制度，形成于中国共产党同各民主党派、无党派人士团结奋斗的风雨征程，发展于建设中国特色社会主义的伟大实践，是必须倍加珍惜的制度成果，是必须坚持发展的政治优势。全国政协副主席、九三学社中央主席韩启德在大会上回顾了九三学社70年光辉历程后指出，坚持中国共产党的领导，坚持和发展中国特色社会主义，是九三学社的生命线；坚持爱国主义为实现民族复兴而奋斗，是九三学社不断前进的根本动力；坚持弘扬民主科学精神，是九三学社始终不渝的价值追求；坚持围绕中心、服务大局，努力推动科学发展，是九三学社实现自身价值的必然要求；坚持与时俱进，不断加强自身建设，是九三学社事业持续发展的重要保证；坚持维护广大社员及所联系群众的利益，是保持九三学社特色和增强组织凝聚力的重要原则。韩启德号召九三学社全体社员更加紧密地团结在以习近平同志为总书记的中共中央周围，同心同德、真抓实干，谱写九三学社历史的新篇章。全国人大常委会副委员长、民盟中央主席张宝文代表各民主党派中央和全国工商联致贺词。大会由九三学社中央常务副主席邵鸿主持。九三学社原中央副主席冯培恩、九三学社中央常委潘建伟作为老社员和中青年社员代表发言。

9月2日，中共中央、国务院、中央军委在北京人民大会堂隆重举行仪式，中共中央总书记、国家主席、中央军委主席习近平为健在的抗战老战士老同志、抗战将领，为中国抗战胜利做出贡献的国际友人或其遗属代表颁发中国人民抗日战争胜利70周年纪念章。李文娜、胡振亚、黄耀曾、佟兵、张咸恭、王世强、贺俊修、郝燕、唐乘骐、张良皋、王赓唐、梁家佑、诸荣恩、冯丹龙、曹越华、许进、褚离贞、李香山、刘荣汉、王照南、张星槎等21名九三学社社员荣获纪念章。

9月14日，九三学社监督工作研讨会在社中央机关召开。九三学社中央常务副主席、社中央监督委员会主任邵鸿出席会议并讲话。邵鸿说，九三学社河南省委作为全国社内监督创新试点单位，相继出台了《社省委巡察督导办法》等规范性文件，起草了《社内纪律处分暂行办法》等6个规范性文件的征求意见稿。这不仅为社内监督工作的制度化创造了良好的条件，从长远性、全局性角度来看，还推动了统一战线工作的进展。邵鸿指出，社河南省委监督文件的修改工作需要注意以下几点：一是要避免叠床架屋，做到文字简练；二是处分要按照层级、性质分类，避免轻重有失；三是仔细考虑监督委员会的定位。

9月30日，九三学社中央在北京召开“推进公正司法提升审判机关公信力”座谈会。全国人大常委会委员、法律委员会副主任委员，九三学社中央副主席丛斌出席会议并讲话。丛斌指出，中共十八届四中全会提出“强化规则意识、倡导契约精神”，这是司法改革应树立的核心理念，也是防范错案发生的重要原则，更是国民教育体系的重要内容，应将这一核心理念切实转化为制度设计，使其能落地、生根、开花、结果。做顶层设计应充分考虑司法过程各参与方的利益，确保各自的责、权清晰适当。错案追究应防止落入“过极必反”的陷阱。要认识到错案不可避免，而只能尽量减少的客观现实，审慎施行错案终身追究制。应遵循司法实践规律，建立科学的纠错机制。要考虑到证据使用上的法律真实与客观真实的区别,考虑到人类认识世界的历史局限性。应大力培育法官的司法良知，确保法官自由裁量权下的司法公正。

10月9日，全国政协副主席、九三学社中央主席韩启德致信祝贺九三学社社员、中国农业科学院哈尔滨兽医研究所研究员陈化兰荣获联合国教科文组织2016年度“世界杰出女科学家奖”。韩启德代表九三学社中央并以个人名义向陈化兰表示热烈祝贺和崇高敬意。贺信指出，实施创新驱动发展战略，已经成为支撑我国未来发展的重要引擎。期待陈化兰在所从事专业领域不断取得新的成绩，为建设创新型国家做出新的更大贡献。

10月11日至12日，九三学社中央参政议政部工作会议在辽宁省大连市召开。全国政协常委、提案委员会副主任、九三学社中央副主席赖明出席会议并讲话。赖明梳理了2015年全社参政议政工作取得的成绩和存在的不足，介绍了社中央对2016年参政议政工作的初步考虑，对今后的参政议政工作提出了几点希望。赖明强调，调研工作要进一步做好前期准备和预调研；注重提案规范,避免“学术型”“以偏概全型”“空谈道理型”“过度引用型”提案；信息工作要注重时效性，注意事件节点，增强预见性。

10月15日至17日，九三学社中央文化工作委员会举办的“一带一路”南方丝绸之路云南行文学笔会在昆明召开，来自全国各地九三学社30余位作家及文学爱好者参加了笔会。笔会特邀著名作家、湖北省作协主席方方参加。她采用现场问答，同与会者就文学创作进行了深入交流，探讨了理想与现实、文学与生活等关系问题。与会者还围绕如何做好九三学社文化工作、如何结合自身优势发挥文化在“一带一路”建设中的作用提出了意见和建议。

10月21日，九三学社全国传统教育基地揭牌仪式在中国民主党派历史陈列馆举行。全国政协常委、副秘书长，九三学社中央常务副主席邵鸿出席仪式并讲话。邵鸿说，重庆具有统一战线的光荣历史和优良传统，是九三学社的发祥地、中国统一战线传统教育基地。九三学社传统教育基地挂牌重庆，不仅为统战传统教育基地、中国民主党派历史陈列馆建设提供了新的形式、增添了新的内容，同时，也必将激励和引导九三学社各级组织和广大社员，回顾历史，缅怀九三前辈先贤的丰功伟绩，弘扬民主与科学的优良传统，在中国共产党领导下，为推动多党合作事业的可持续发展、为实现中华民族伟大复兴的中国梦做出应有的贡献。受邀出席揭牌仪式的还有全国人大常委、九三学社中央副主席、社重庆市委主委谢小军，全国人大常委、九三学社辽宁省委主委刘政奎等。

11 月 4 日，九三学社参政党理论研究招标课题成果总结会在北京召开。全国政协常委、副秘书长，九三学社中央常务副主席邵鸿出席会议并讲话。邵鸿指出，近几年来，我社参政党理论研究工作不断取得进步，但与新形势的要求相比仍然存在不足。主要表现为：一是规划和组织有待进一步提高；二是调研不深，实证性研究比较少；三是观念滞后，创新性研究比较少；四是水平不高，调研成果转化率不高。邵鸿对推动参政党理论研究工作提出“三个三”的具体要求：一是要明确三个目标，即要能够推动凝聚共识，助力履行政党职责，指导参政党工作；二是要侧重三个方面，即要侧重于“讲清道理”，民主法制建设，推动自身建设和统一战线工作；三是要做出三个努力，即做好规划、加强组织，联系实际、深入调研，提高质量、研以致用。社中央研究室主任郭悦主持会议并就课题研究作了工作总结和部署。15 个立项课题组的相关同志等 50 余人参加了会议。与会人员围绕课题进展、经验总结等方面进行了交流发言和小组讨论，并提出进一步完善课题成果的若干意见和建议。

11 月 4 日，九三学社中央科技专委会在国家地震紧急救援训练基地举办第五次科技沙龙。九三学社中央副主席赖明参加沙龙活动。赖明对科技专委会开展本次活动表示了充分肯定，对下一步如何深入开展工做出了指示，明确了研究方向和重点任务，并和与会人员一道围绕增强城市防震减灾能力的若干问题展开了热烈研讨。科技专委会常务副主任柴文忠主持沙龙。社中央科技专委会副主任、中国地震局地球物理所研究员王培德作主题报告。参会人员一行还实地考察了国家地震紧急救援训练基地的救灾装备库、模拟地震废墟。

11 月 17 日至 19 日，九三学社中央法治精神与规则意识研讨会在西安召开。会议深入学习贯彻中共十八届四中、五中全会精神和中央统战工作会议精神，聚焦“崇尚法治精神，树立规则意识”的主题，围绕规则意识与依法治国的关系，法治精神与依宪治国的关系，我国传统文化与依法治国和依宪治国的关系等问题展开深入研讨。九三学社中央副主席丛斌出席会议并讲话。丛斌指出，规则意识和契约精神是现代法治社会的基石。规则意识与契约精神之间的关系体现了遵规与守信的契合。丛斌强调，九三学社社员要不断加强诚信建设，知行合一地践行社会主义核心价值观，积极传承爱国民主科学优良传统，通过加强自身建设和社内监督倡导契约精神，强化规则意识，助推“四个全面”战略，为实现中华民族伟大复兴中国梦贡献力量。

11 月 17 日和 18 日，九三学社中央先后在北京召开两场调研座谈会，就“建设中国特色的国家战略科技体系”课题与来自科技相关管理部门以及科研院校和大型企业的负责同志进行交流研讨。全国政协副主席、九三学社中央主席、中国科协主席、中科院院士韩启德出席会议并讲话。韩启德指出，近些年来，国家在科技管理体制机制上推出了一系列重大改革举措，但是在科技组织体系上与实施创新驱动发展战略的要求相比还存在不小的差距，科技体系的“散、弱、小”已成为制约我国科技战略实施的关键所在。本次调研座谈会汇集了多方意见，取得了很好的效果，九三学社中央将在此基础上进一步深入研究，以期形成并向中共中央和国务院提出有分量的意见建议。全国政协常委、全国政协提案委员会副主任、九三学社中央副主席赖明主持会议。全国政协常委、九三学社中央副主席、沈阳材料科学国家（联合）实验室主任、中科院院士卢柯就“建设中国特色的国家战略科技体系”课题背景作主题报告。

11 月 19 日，全国政协副主席、九三学社中央主席韩启德率全国政协提案委员会走访国土资源部，了解全国政协十二届一次会议以来提案办理情况，听取对提案工作的建议。国土资源部部长、党组书记、国家土地总督察姜大明主持座谈会。全国政协常委、提案委员会副主任、九三学社中央副主席赖明等出席座谈会。韩启德对国土资源部办理提案的成效给予充分肯定。他强调，做好提案办理工作，一是要高度重视、改进作风，二是要规范程序、完善制度，三是要充分发挥提案的民主监督作用，提高提案办理的透明度。与会委员和提案者代表还就国土信息资源整合利用、光伏发电土地使用性质等问题进行了互动交流。座谈会前，韩启德一行到国土资源部信息中心听取了国土资源监管平台建设使用情况的汇报，并观看了系统演示。

11 月 30 日，九三学社中央专门委员会工作会议在北京举行。全国政协副主席、九三学社中央主席韩启德出席会议并讲话。韩启德指出，九三学社中央各专门委员会近两年来取得很大进步，工作活跃、成果可喜。韩启德对专委会工作提出了五点要求：一是专委会委员要投入专委会工作。二是优化专委会的组成，把有水平、有热情、最合适的社员组织进来。三是各专委会应按照智库的模式，定若干个课题方向，长期调研，充分聚焦。四是进一步完善专委会的组织形式和工作机制，为每个调研课题成立课题专家组，加强各专委会之间的相互协作。五是专委会应开展形式多样的活动，在活动中发现人才，凝聚智慧。全国政协提案委副主任、九三学社中央副主席赖明主持会议。

12 月 7 日，中国科学院和中国工程院 2015 年院士增选结果揭晓。九三学社上海市委副主委、同济大学医学院副院长陈义汉，九三学社社员、中国科学院上海生命科学研究院研究员徐国良当选生命科学和医学学部院士。九三学社中央委员、中国农业科学院作物科学研究所所长万建民，九三学社中央委员、华东理工大学副校长钱锋分别当选农业学部和化工、冶金与材料工程学部院士。

12 月 8 日，九三学社中央青年工作委员会成立大会在北京召开。全国政协副主席、九三学社中央主席韩启德出席会议并讲话。九三学社中央常务副主席邵鸿，副主席赖明、丛斌、卢柯出席会议。九三学社中央副主席兼秘书长印红主持会议。韩启德指出，九三学社中央青年工作委员会的成立，在九三学社 70 年历史上尚属首次。这不仅是全体青年社员的喜事，更是可以载入社史的一件大事。韩启德表示，希望青年工作委员会团结一致、努力工作、勇于创新，探索出一条切合实际、具有特色的青年工作新路子，团结引领全社青年，为把九三学社建设成“思想上坚定，履职上坚实，组织上坚强”的参政党而努力奋斗。九三学社中央第一届青年工作委员会主任委员卢柯在会上发言。会上，邵鸿宣读了关于成立九三中央青年工作委员会的决定和第一届中央青年工作委员会主任、副主任、秘书长、副秘书长名单。九三学社吉林省委主委支建华、社中央第一届青年工作委员会委员陆朝阳分别代表社中央第一届青年工作委员会轮值省份和青年委员发言。九三学社各省级组织领导、组织部门负责人和青年工作联络员以及136名青工委委员，近200人参加会议。

12月9日，九三学社北京市委与九三学社四川省委在北京签署“京川合作”协议。九三学社中央常务副主席邵鸿，副主席马大龙、丛斌出席签约仪式。协议双方将按照九三学社中央要求，在履行职能和自身建设中加强合作，整合资源，以“思想上坚定，履职上坚实，组织上坚强”为目标，以项目合作为载体，搭建交流平台，创新合作途径。协议规定，“京川合作”既要开展创新创业工作的合作，也要加强社务交流。双方将本着循序渐进、量力而行的原则，以双创服务大平台建设为重点，逐步将合作的内容扩大到履行职能和自身建设等各项社务工作中。

12月11日至14日，九三学社参政党理论研究骨干培训班在中国人民大学培训中心举办。全国政协常委、副秘书长，九三学社中央常务副主席邵鸿出席开班式并作“参政党理论研究的意义、现状及主要任务”主题讲座。中国人民大学法学院教授冯玉军、中国人民大学继续教育学院院长、九三学社中央思想建设研究中心主任李海彬、九三学社中央研究室主任郭悦分别作讲座。

12月17日，国家海洋局就“海洋基本法”立法邀请民主党派中央领导和专家进行座谈。九三学社中央副主席丛斌出席座谈会并就“海洋基本法”立法问题建言。丛斌说，国家海洋局就“海洋基本法”立法征求民主党派的意见建议是科学立法、民主立法的具体体现，同时也表明国家海洋局对社会主义协商民主的高度重视。丛斌指出，从总体上看，《中华人民共和国海洋基本法（研拟稿）》立法目的比较明确、框架结构比较合理、调整的法律关系比较全面。丛斌就研拟稿中的立法目的、领海主权宣示、海洋权益争端处理、海洋观和海洋意识、海洋断续线权利宣示、海岸带区域开发利用后的区域划界原则、增强海洋领域的管理和科技创新能力等内容，提出修改建议。

12月25日，九三学社中央召开《王文元传》编辑出版座谈会。《王文元传》由王文元同志家乡武汉市黄陂区具体负责编撰。九三学社中央常务副主席邵鸿出席会议并讲话。邵鸿说，编辑出版《王文元传》是一项非常有意义的工作，是对王文元同志最好的纪念，同时有利于加强九三学社自身建设。编写《王文元传》，要在广泛收集相关档案和资料基础上进行，方法要创新，文风要朴实。要将《王文元传》纳入“九三学社人物丛书”，九三学社中央机关相关部门要搞好协调配合。

二、参政议政

2015年，九三学社紧扣“四个全面”战略布局和“三大战略”实施，紧扣老百姓关心的问题和切身诉求，积极参政议政、民主监督、参加中国共产党领导的政治协商，取得新的成效。

（一）高层政治协商

1月26日，全国人大常委、法律委员会副主任委员，九三学社中央副主席丛斌在北京出席最高人民检察院召开的各民主党派中央、全国工商联负责人和无党派人士代表座谈会。丛斌说，2014年各级检察院在最高人民检察院的领导和指导下紧紧围绕全面深化改革，突出执法办案，突出法律监督，司法改革进入攻坚区，一些重大举措都有了很大的突破，老百姓不断建立起对公正司法的信心；以公开促公正，不断完善检务公开、案件查询等建设；民、刑抗诉机制有所改善，一定程度上为我国司法体制改革奠定了基础。丛斌对进一步做好检察工作提出五点建议。一是下大力气解决立案难问题。二是加大力度解决冤假错案。三是完善检察委员会工作机制。四是取消批捕率、起诉率、有罪判决率、结案率等不合理司法考核指标。五是本着实事求是原则健全冤假错案追究责任制。

1月27日，全国政协副主席、九三学社中央主席韩启德在中南海出席国务院总理李克强主持召开的党外人士座谈会。韩启德代表九三学社中央就《政府工作报告（征求意见稿）》提出意见和建议。韩启德说，中共中央国务院2014年坚持稳中求进，全面深化改革开放，在极其复杂困难形势下取得难得的经济社会发展成就。报告提出的各项举措既具前瞻性又具操作性。韩启德对进一步完善政府工作报告提出七点建议。一是写入协商民主相关内容。二是对落实带薪休假制度、清除妨碍全国统一市场各种关卡、推动建立跨区域、跨流域生态补偿机制、制订非公有制企业进入特许经营领域具体办法等工作情况有所说明。三是充分研究“近零排放”技术可行性,寻求社会总成本最小化的减排率。四是写入“十三五”规划制订工作。五是今年暂不增加中央科技经费拨款，除继续加大基础研究投入外,用“少收”代替“多给”,将科技投入更多体现在创新型企业税收优惠上。六是调整科技经费分配结构，增加稳定性支持经费比例，减少竞争性项目经费比例。七是大力扶助市场化和社会化第三方项目管理专业机构,并建立相应评估和监督机制。此外,韩启德还就房地产发展中采取措施逼出存量、控制增量，以及推进东部沿海地区盐碱地治理与利用等提出建议。九三学社中央常务副主席邵鸿、副主席赖明也出席了座谈会。

1月30日，受九三学社中央副主席丛斌委托，九三学社中央副秘书长兼参政议政部部长赵勇在北京出席最高人民法院召开的各民主党派中央、全国工商联负责人和无党派人士代表座谈会。赵勇在发言中说,2014年司法改革进入攻坚区,一些举措取得重大突破,百姓司法信心不断增强；完善“三大平台”建设，以公开促公正；建立失信被执行人曝光平台，破解执行难，限制老赖高消费等。这些举措为公民诚信建设提供了助力。赵勇在发言中提出六点建议。一是大力气解决立案难问题。二是大力纠正冤假错案。三是完善审判委员会工作机制，解决“判而不审”问题。四是取消有罪判决率、结案率等不合理考核指标，维护当事人诉权和司法公平公正，保障司法机关依法独立行使职权。五是统一各级法院对查封房产的等额担保标准。六是健全冤假错案追究责任制。

7月24日，全国政协副主席、九三学社中央主席韩启德在中南海出席中共中央总书记习近平主持召开的党外人士座谈会。韩启德代表九三学社中央就当前经济形势和下半年经济工作建言。韩启德说，九三学社中央赞同中共中央对当前经济形势判断和下半年的工作部署。韩启德提出三点建议。一是调整和完善农业扶持政策。完善农业补贴政策，存量支农资金转换方式普惠农民，新增补贴向农业规模经营倾斜，同时适当加大农机具购置补贴，重视浅丘地区小型农机具推广，促进农业规模化经营；落实金融惠农机制，建立农业信贷担保基金和融资性担保机构，扩大农业保险覆盖面，加大补贴力度；对农田水利设施拨付管护经费，推进小农水产权改革，解决“重建轻管”问题；以交通、水利等设施为重点，加大贫困地区基础设施投入。二是大力发展乡村旅游与休闲农业。将其作为新型产业纳入“十三五”规划，统筹协调农业、旅游、发改、国土、环保、林业、统计等部门，形成合力，促进一二三产业融合发展；创新用地政策，鼓励利用闲置宅基地、农村集体建设用地、“四荒地”发展乡村旅游、休闲农业及面向城市养老产业；以农家乐聚集村和休闲养老社区的公共服务、环境保护、污水垃圾处理等基础设施为重点加大财政投入；加大政府融资担保和贴息贷款力度，降低融资成本。三是激发基层财政资金整合活力。允许基层对基础性、公益性项目财政资金整合使用，出台保障整合财政资金的具体办法；同时加强财政运行监督，清理规范涉及财政资金管理的部门规章；充分发挥财政资金撬动金融、社会资本作用，放大财政资金支出的乘数效应，提高财政资金使用绩效。

8 月 21 日，全国政协副主席、九三学社中央主席韩启德在中南海出席中共中央总书记习近平主持召开的党外人士座谈会。韩启德代表九三学社中央就中共中央关于制订国民经济和社会发展第十三个五年规划的建议建言。韩启德说，“十三五”规划是落实四个全面战略布局的重要抓手，九三学社赞同中共中央《关于制订国民经济和社会发展第十三个五年规划的建议》(以下简称《建议》)，认为“十三五”应更加关注基础性、全局性重大战略问题，优化顶层设计，确保经济安全。韩启德提出三点建议。一是调整粮食安全策略。二是促进建筑业健康发展。三是完善规划体系。

12 月 10 日，全国政协副主席、九三学社中央主席韩启德在中南海出席中共中央总书记习近平主持召开的党外人士座谈会。韩启德代表九三学社中央就今年经济形势和明年经济工作建言。韩启德说，今年以来，在以习近平同志为总书记的中共中央坚强领导下，我国经济在错综复杂的形势下砥砺前行，稳中有进、稳中向好，“十二五”规划圆满收官，“十三五”规划蓄势待发。九三学社赞同中央对当前经济形势的判断和明年经济工作的部署。韩启德提出四点建议。一是组建国家工业技术研究院，突破中国制造创新瓶颈。二是以统筹立体交通体系为抓手，构建京南发展新轴线。三是鼓励海外上市公司回国上市。四是大力发展体育产业。

（二）专题调研

3 月 19 日至 20 日，全国政协副主席、九三学社中央主席韩启德率九三学社中央调研组就民办教育发展情况在北京进行调研。全国政协副秘书长、九三学社中央常务副主席邵鸿，全国政协提案委员会副主任、九三学社中央副主席赖明，北京市政协副主席、九三学社中央副主席马大龙一同调研。围绕民办教育经费保障、切实提高办学质量问题，调研组先后来到北京汇佳职业学院、北京城市学院、海淀寄读学校等，与学校管理者、一线教师和在读学生深入交流，详细了解学校师资建设、教育教学、实习实训、学生就业、基础设施建设等方面的情况。韩启德在调研中表示，希望社会各界继续重视民办教育发展，不断优化发展环境，提高办学质量，努力推进民办教育健康持续发展。

3月26日至28日，九三学社中央副主席赖明率社中央调研组，联合社河南、江苏、安徽省委，赴河南信阳就“淮河流域生态经济带建设”课题进行调研。调研组一行考察了位于信阳境内淮河流域沿线的水利工程及县域经济发展情况。在调研座谈会上，赖明说，经济新常态下做好淮河流域综合治理与生态保护工作不仅关系国家粮食安全，是应对气候变化、促进生态文明建设的重要举措；更关系全面建成小康社会全局，是创新思维、树立全局观念的重要抓手。赖明指出，要重点做好五个方面的工作：一要做好规划，综合考虑防洪、农业、生态、旅游、养殖、航运与城镇生产生活，在经济新常态下协调好资源环境约束与经济社会发展这对主要矛盾。二要完善体制，变“多头治理”为“流域管理”，实现体制新突破。三要调整机制，处理好政府与市场的关系，调动各方积极性共同参与淮河流域综合治理和生态保护工作。四要依靠科技，对水的资源属性进行深层次研究，理清水资源、水安全、水生态、水环境之间的关系，利用科学技术和数据监测深入分析研判。五要加强立法，通过加快立法、科学立法、科学修法，做好淮河流域综合治理与生态保护工作。

3月30日，九三学社中央副主席、农业部副部长张桃林率队赴湖南益阳市调研现代农业发展、农业环境保护和污染治理、农业科技教育和培训等工作。张桃林在调研中表示，农业科技教育和培训要作为发展现代农业的一项重点工作来抓。一定不能让农家书屋成为摆设，要使它成为农民提升科技文化素养、掌握最新农技知识的好去处。

4月13日，全国政协常委、九三学社中央副主席赖明赴湖南省考察调研住宅产业化工作，并听取了相关单位的工作汇报。赖明对湖南省相关企业主动适应经济新常态，以改革创新精神推动企业发展表示高度肯定，要求认真落实党中央、国务院决策部署，围绕“一带一路”战略，狠抓质量，严格标准，在推进湖南住宅产业化进程中发挥更大作用。

4月17日至19日，全国政协常委、提案委副主任、九三学社中央副主席赖明带领调研组一行赴山西临汾就粮食安全与农业协调发展进行调研。调研中，赖明就如何转变农业发展方式、改善耕地土壤质量，如何调整农业产业结构、完善国家农业扶持政策等方面与农业企业、种粮大户进行了探讨交流。在座谈会上，赖明说，粮食安全是一个非常重要的国家安全，在目前的国情和世情下，如何保证粮食安全是一个重要的课题。如何用7%的世界耕地养活世界20%的人口是世界性的难题，还面临着很多的问题。这都需要我们用战略性思维、全局性思维、前瞻性思维进行更加深入的研究，全面深化农业体制和体系改革，加快农业现代化步伐，在新常态下确保我国的粮食安全和农业安全。

4月20日至29日，全国政协常委、提案委副主任、九三学社中央副主席赖明带队赴秦巴山区就扶贫开发、生态资源保护与利用、农村土地规模经营与现代农业、发展乡村旅游等多课题进行调研。在调研和座谈中，赖明指出，扶贫攻坚工作对全面建成小康社会至关重要，扶贫与发展相辅相成，要走以发展来促进扶贫的道路。要坚持扶贫规划先行，强化产业扶贫支撑，有效整合各方面资源，形成多元化投入机制，着力增强造血功能，不仅解决当前问题，还要解决长远问题，不仅授之以鱼还要授之以渔；要将扶贫开发作为民生工程去推进，坚持因地制宜发展策略，具体问题具体分析，有针对性地开展扶贫工作；要推进综合扶贫开发，实现产业扶贫、科技扶贫、教育扶贫、项目扶贫的有机结合，把整村推进、连片开发、科技扶贫、旅游扶贫等项目有机结合，不断提升扶贫开发水平，切实加快贫困地区老百姓脱贫致富步伐；实现建设一片、脱贫一片，发展一片、致富一片，加快秦巴山区脱贫致富全面小康的进程。

5月5日至9日，全国政协常委、提案委副主任，九三学社中央副主席赖明率队赴京津冀三省市就“疏解北京非首都功能，助推京津冀一体化”进行调研。调研组先后到北京市经济技术开发区、天津市滨海新区、河北省廊坊市固安县、霸州市、保定市高碑店市、涿州市等地调研，并多次召开座谈会。赖明在座谈会上指出：推动京津冀协同发展是国家重大战略之一，关键是有序疏解北京非首都功能。一是进一步研究细化首都功能。二是以规划融合落实顶层设计。三是充分发挥市场配置资源的作用。四是加强分工协作，错位发展、优势互补。五是大力加强公共服务均等化。六是以改革促进京津冀协同发展。调研期间，赖明还就疏解和承接北京非首都功能各方面参与主体的顾虑和困难、国家层面政策支持、地方财政收入分配机制、政府统筹规划协调等问题与有关企业和部门同志进行了探讨和交流。九三学社中央副主席、北京市委主委马大龙，河北省政协副主席、九三学社河北省委主委葛会波分别在京冀两地陪同调研。天津市政协副主席、九三学社天津市委主委陈永川等领导班子成员与调研组进行了座谈。

5月15日，全国政协副主席、九三学社中央主席韩启德率在合肥参会的九三学社中央常委到中国科学技术大学调研，听取中科大副校长、量子信息与量子科技前沿创新中心主任、九三学社中央常委潘建伟院士团队关于量子信息技术前沿进展的汇报。韩启德一行参观了合肥微尺度物质科学国家实验室展厅及量子安全保障演示系统，听取了潘建伟关于量子保密通信相关应用情况的介绍，还听取了九三学社中科大基层委委员、“青年千人”教授陆朝阳关于量子调控和量子计算最新研究成果的介绍。韩启德充分肯定了中科大的办学特色和成就，对潘建伟团队扎根祖国开展量子研究所取得的科研成果予以称赞。潘建伟做了《量子信息技术前沿进展》的汇报。

5月17日至18日，全国政协常委、提案委副主任、九三学社中央副主席赖明，全国政协常委、九三学社中央副主席、中科院院士武维华一行就“土地规模经营与现代农业发展”在安徽调研。调研组一行在庐江县深入了解了宿州市农村土地承包经营权流转、农业经营主体运作模式等情况。在座谈会上，赖明对宿州市依法有序促进农村土地流转，积极探索土地规模经营，大力发展现代农业的有关做法和经验给予了肯定，并就加强农业经营主体的金融保险支持，优化规模经营发展的政策环境及农业生态文明建设等方面提出了建设性意见和建议。武维华在座谈会上特别强调，推进土地规模经营和农业现代化应在加强生态文明建设的大背景下思考和谋划。

6月7日至10日，全国政协常委、提案委副主任、九三学社中央副主席赖明率九三学社中央调研组赴宁夏六盘山区国家集中连片贫困地区进行调研。调研组一行先后深入固原市原州区头营镇圆德村、西吉县闽宁产业园区、隆德县张程乡李和村等13个调研点，对产业园区、特色产业基地、整村推进扶贫开发村、生态移民村、小流域治理等扶贫开发工作进行调研。在座谈会上，赖明指出，要进一步深化扶贫开发工作对全面建成小康社会重要意义的认识。在国家、自治区及地方各级党委政府的正确领导和积极努力下，贫困地区农民通过发展种植业、畜牧业、特色产业，拓展增收致富渠道，生活水平稳步提高。但要充分认识到虽历经多年扶贫攻坚，由于六盘山区交通不便，环境脆弱，底子薄、基础差，离全面建成小康社会目标还有很大差距，扶贫任务仍很艰巨，需要进一步凝聚力量，攻坚克难，精准扶贫，更深入更扎实推进扶贫开发工作。

7 月 29 日至 8 月 3 日，全国政协副主席、九三学社中央主席韩启德率九三学社中央调研组，就“国有重点林区改革与发展”课题赴吉林调研。九三学社中央副主席赖明，九三学社中央副主席兼秘书长印红，吉林省政协副主席、九三学社吉林省委主委支建华，九三学社中央农林专门委员会副主任、国家林业局副局长刘东生参加调研。调研期间，韩启德一行听取了吉林省政府有关部门关于“林区城镇化与生态移民”“天保工程二期”及“天然林保护及停伐”等相关情况介绍；考察了松江河林业局林业新村、抚南林场、锦北林场等地，与相关林场职工、移民、林场负责人交谈，听取在国有林区改革进程中取得的成绩，以及面临的困难和问题。韩启德对做好林区改革工作提出几点建议，一是聚焦林区生态移民。二是规划好林区发展战略愿景。三是建设新型林区生态小城镇。四是吸引外部资源参与林区改革发展。

10 月 22 日，全国人大常委会委员、法律委员会副主任委员，九三学社中央副主席丛斌率九三学社中央调研组赴北京市西城区法院调研“推进公正司法、提升司法公信力”有关问题。丛斌一行察看了立案诉讼服务大厅、12368 人工语音诉讼服务平台、司法指导中心、多元化纠纷解决机制工作展板。在随后举行的座谈会上，西城区人民法院有关领导介绍了该院推进公正司法工作情况；10 多位法官结合实际工作就困扰司法公正的瓶颈，当下中国法官的履职环境、生存状况和应有的职业保障等司法实践和司法建设问题先后发言。在听取大家发言以后，丛斌指出，司法是维护社会公平正义的最后防线，在顶层设计时应充分考虑各参与方的利益，确保各自责、权清晰适当。丛斌表示，九三学社将梳理归纳大家提出的问题、意见和建议，进一步集思广益，深入研究，为我国司法体制改革向中央提出科学性、系统性、合理性、客观性的建议。

11 月 30 日至 12 月 1 日，全国人大常委、九三学社中央副主席丛斌在四川成都、德阳调研医学城规划建设和“双创”工作。在听完温江区有关领导的介绍后，丛斌表示，希望温江要做好全面调研工作，认真梳理温江区可承载成都医学城发展的人力、财力和环境等独特资源条件；认真做好成都医学城所发展的产业与周边类似产业的比较工作，了解其发展状况和规律；成都医学城的发展最终要服务于人的全面发展。此外，要做好成都医学城规划、建设的基础性工作，全盘谋划，在发展产业的同时探索循环经济机制，减轻环境承载。在德阳，丛斌就当地“创新、创业”情况进行重点调研。丛斌先后参观了东汽、二重等企业，实地了解德阳装备制造企业科技创新情况。在详细了解了企业生产情况和产品市场前景后，他鼓励企业加大技术创新投入力度，加强创新平台建设，促进新产品、新技术的引进消化吸收，进一步增强企业内生发展动力。

（三）在政协充分发挥作用

在全国政协十二届三次会议上，九三学社提交社中央提案 41 件、界别提案 34 件。其中，全面深化改革主题 11 件，全面依法治国主题 6 件，经济发展主题 14 件，农业现代化主题 15 件，科教文卫、生态、民生等主题 29 件。九三学社中央提案《关于构建农业规模经营条件下耕地保护机制的建议》在政协提案办理协商会上现场交办。《关于进一步完善中央财政科技计划管理的建议》《关于构建“规划一张图”体制机制的建议》列入重点办理提案。九三学社界别委员个人或联名提交提案165件，其他界别的九三学社委员个人或联名提交提案61件。此外，及时报送5件平时提案。所提提案得到办理单位的高度重视。九三学社中央向全国政协十二届三次会议报送发言17篇。其中，由九三学社中央常委杨佳代表九三学社中央作的大会口头发言《点赞正能量厚爱正能量弘扬正能量》反响强烈，得到全国政协主席俞正声、全国政协副主席兼秘书长张庆黎的高度评价。

2月12日，九三学社中央全国“两会”新闻媒体通气会在北京召开。九三学社中央有关部门负责人介绍了九三学社中央提交全国政协十二届三次会议的大会发言和提案准备情况。

6月4日，全国政协副主席、九三学社中央主席韩启德，全国政协常委、九三学社中央医药卫生专门委员会副主任、安贞医院小儿心脏中心主任刘迎龙在北京出席由全国政协主席俞正声主持召开双周协商座谈会，就如何做好西部农牧区包虫病防治工作建言建言。韩启德说，目前，包虫病高发区流行病学调查不够。他建议：一是通过开展精确到镇乡的流行病学调查，摸清发病率分布等情况，明确防治目标和工作重点，完善防治规划、制订科学防控对策。二是包虫病最主要传染源是狗，狗食牛、羊等病畜内脏后得病，通过粪便排出虫卵，人与狗密切接触，没有及时洗手导致误食虫卵得病，同时也会食入被虫卵污染的水和食物得病。要强化源头管理，定期为家畜查虫卵、免疫、驱虫。刘迎龙提出四点建议。一是加强疫区定点医院建设。二是提高定点医院医疗水平。三是推广新技术应用。四是对定点医院建设加强领导。

11月7日，全国政协十二届常委会第十三次会议在北京举行全体会议，14位常委围绕学习贯彻中共十八届五中全会精神作大会发言。九三学社中央副主席武维华代表九三学社中央发言，建议积极稳妥调整粮食安全策略，运用政府和市场“两只手”有效调控粮食生产。武维华说，当前，我国粮食高产出、高进口、高储备、高浪费、高调运、高消耗“六高”并存。粮食安全是国家安全重要组成部分，必须始终高度重视。在“十三五”时期，应主动适应新常态，积极稳妥调整粮食安全策略。武维华就此提出五点建议。一是抓住第三次全国农业普查契机，摸清粮食底数，充分厘清一些重大问题。二是运用政府和市场两只手有效调控粮食生产。三是有效利用国际市场和资源。四是调整粮食储备和流通政策。五是多措并举促节粮。

12月9日，九三学社中央与全国政协教科文卫体委员会联合在北京召开“大力加强科普教育”情况介绍会暨座谈会。全国政协常委、提案委员会副主任、九三学社中央副主席赖明出席会议并讲话。会上，中共中央组织部、教育部、科技部、财政部、人社部、农业部和中国科协有关同志分别介绍推进《全民科学素质行动计划纲要及实施方案》落实情况；部分政协委员围绕会议主题进行了讨论。此前，全国政协教科文卫体委员会副主任陈小娅、齐让，全国政协教科文卫体委员会办公室主任孔梅等一行6人走访九三学社中央，与全国政协常委、副秘书长、九三学社中央常务副主席邵鸿和赖明等就共同承办以“大力加强科普教育”为主题的双周协商座谈会进行洽商，双方就发言方向、人选等交换了意见。

（四）信息工作

本信息年度九三学社中央共收到信息 4102 篇，采编形成九三学社信息 305 篇，被全国政协采用 20 篇，其中张高丽副总理对《警惕地方一窝蜂贴牌“一带一路”》做出批示，汪洋副总理对《建议淡化外贸增长目标值》做出批示。信息利用渠道进一步拓宽。部分质量较高的信息转化为全国政协提案，如《关于解决农村集中建房存在问题的建议》《关于控制剖宫产率迅速上升的建议》等。部分社会关注度高的信息被吸纳到九三学社中央高层协商的发言中。

（五）科学座谈会

4 月 7 日至 10 日，九三学社中央以“量子信息科学与技术”为主题，在北京召开第四次科学座谈会。全国政协副主席、九三学社中央主席韩启德出席会议并讲话。九三学社中央常务副主席邵鸿，副主席赖明、丛斌、武维华分别主持四场专题会议。韩启德说，随着以微电子技术为基础的“经典”信息技术逐步趋于物理极限，“量子信息”技术的发展，特别是“量子通信”在安全问题上面的突破，极有可能引发国家信息安全环境、经济形态等领域的深刻变革。这次座谈会的目的是希望在新时期从前沿的科学技术问题出发，从国家的战略高度出发，通过参会专家的交流和探讨，能够在国家层面就推进量子信息科学和技术的发展，得出有见地的意见和建议，推动搞出中国特色的“量子通信”，进一步彰显九三学社民主与科学特色。

7 月 12 日至 15 日，九三学社中央以“建立适应中国特色社会主义的科技体系”为主题，在北京召开第五次科学座谈会。全国政协副主席、九三学社中央主席、中国科协主席、中科院院士韩启德出席会议并讲话。全国政协常委、九三学社中央常务副主席邵鸿，全国政协常委、九三学社中央副主席赖明，全国政协常委、九三学社中央副主席、沈阳材料科学国家（联合）实验室主任、中科院院士卢柯分别主持会议。全国政协常委、九三学社中央副主席、农业部副部长张桃林，全国政协常委、九三学社中央副主席、北京大学人类疾病基因研究中心主任马大龙，全国人大常委、九三学社中央副主席、工程院院士丛斌，全国政协常委、九三学社中央副主席、中科院院士、中国农业大学植物生理与生化国家重点实验室主任武维华出席会议并发言。韩启德指出，九三学社中央从 2008 年开始，组建由五位副主席挂帅的科技管理体制机制改革领导小组，不断向党中央国务院提出意见建议，收到显著成效。本次座谈会旨在从顶层设计上对国家科学技术体系进行分析和探讨，希望能够碰撞出想法，通过进一步做更仔细的研究，得出一些创新思路，提供中共中央决策参考。会上，卢柯就“建设适应中国特色社会主义的科技体系”作主旨报告。九三学社社员、青海省科技厅副厅长、中国科学技术信息研究所副局级调研员张旭，中国科协常委、中国运载火箭技术研究院院长李洪，中国科技发展战略研究院原常务副院长王元，九三学社中央委员、江西省科技厅厅长洪三国先后就“国外国立科研机构情况及给我国的启示”“关于航天一院科技创新力量体系建设的实践与思考”“建立战略科学家队伍”“加强地方科技创新”作主题发言。

12 月 2 日至 5 日，九三学社中央以“中医药发展方向和途径”为主题，在浙江桐庐召开第六次科学座谈会。全国政协副主席、九三学社中央主席、中国科学院院士韩启德出席会议并讲话。九三学社中央常务副主席邵鸿，副主席赖明、丛斌、武维华分别主持4场专题会议。韩启德认为，中西医是医学领域两个不同体系，有着不同历史文化背景和哲学基础。中医重视整体论、天人合一思想，贯彻人文精神，但有些理论和方法处于模糊状态，中医人要有自信，在坚守和继承基础上发挥优势并吸纳现代医学的科学之处；西医强调还原论，医疗针对性很强，但也有相当大的局限性，西医人要克服科学霸权主义，虚心学习中医整体观和艺术。中西医包容并蓄、取长补短、共同发展，寻找两者对接口，发展兼具中西医之长的"中国医学"，这应该是中国医学发展的方向和必由之路。中国中医科学院副院长范吉平，全国人大常委、九三学社浙江省委主委姒健敏，九三学社广东省委常委、暨南大学副校长叶文才，九三学社中国科学院昆明植物研究所支社主委、中国科学院昆明植物研究所研究员程永现，南京中医药大学教授王旭东，中国中医科学院中医临床基础医学研究所教授王忠，九三学社中央科技专委会委员、中国中医科学院国际合作处处长宋坪，四川德培源中药科技开发有限公司董事长杨兴旺，九三学社北京大学第二委员会副主委、北京大学药学院天然药物化学系主任屠鹏飞，九三学社宁夏区委医药卫生专委会委员、宁夏医科大学教授邱洪流等分别在会上作发言。

（六）论坛活动

5月16日，第十届九三论坛在安徽省合肥市召开。论坛主题是"长江中上游水利水电工程对全流域生态环境的影响"。全国政协副主席、九三学社中央主席韩启德出席并作开幕讲话。论坛由九三学社中央副主席谢小军主持，社中央常务副主席邵鸿，副主席武维华出席。社中央副主席赖明作闭幕讲话。韩启德说，长江流域生态环境正在发生重大变化，如何更加科学和全面地认识长江中上游水利水电工程对全流域生态环境的影响，有待深入研究和探讨。作为2015年统战部联合九三学社的大调研，"长江水利水电工程对全流域生态环境影响"这一课题有着十分重大的战略意义和现实意义，关系到"五位一体"总体布局的全面落实，关系到国家治理能力的现代化，更关系到长江经济带战略的实施。韩启德希望：第一，作为社中央今年专题调研当中最重要的一项调研，参与课题研究的同志们要高度重视，全力以赴。第二，要发挥创新性思维，深入研究，努力将提出的建议聚焦到可破题的切入口。第三，要发挥协同作用，在社中央的统一部署下，整合各方面力量，做好上下互动、左右联动，集思广益、各施所长，齐心协力把课题做好。第四，要突出科技特色。更加注重从科学技术角度进行研讨，遵循实事求是的原则，采用定性和定量分析相结合的方法论证问题。第五，要弘扬科学精神。社中央人资环专委会主任，清华大学水利系河流动力学教授周建军作了题为《长江上游水利水电工程对流域生态环境影响研究》的演讲；云南大学生命科学学院生态学教授，社云南大学委员会主委段昌群作了题为《滇池水环境问题及其治理—长江流域区域开发的环境经济效应典型案例的反思》的演讲；重庆市环境工程评估中心教授级高工喻元秀作了题为《三峡库区水环境状况及演化趋势》的演讲。社上海、江苏、浙江、安徽、江西、湖北、重庆、四川、贵州、云南、陕西、甘肃、青海等省（市）级组织参加论坛，并在前期深入调研的基础上，请有关专家代表就该课题发表演讲。

5月17日至19日，九三学社·宿州云计算产业发展论坛在安徽省宿州市召开。应九三学社安徽省委邀请，九三学社中央组织行业专家赴宿州调研并参加云计算产业发展论坛，为宿州云计算产业发展把脉指导。专家组成员包括长江学者特聘教授、博导、中山大学超级计算机学院院长、国家863计划“中国云二期”项目负责人张军，九三学社中央科技专门委员会委员、中科院计算所计算机体系结构国家重点实验室研究员张云泉，九三学社中央科普工作委员会副主任、中国科学技术大学信息科学技术学院副院长王永和中广国际传媒重庆广博科技有限公司总裁沈学华等。在宿州调研的全国政协常委、提案委副主任、九三学社中央副主席赖明，全国政协常委、九三学社中央副主席、中国科学院院士武维华，在论坛结束后，会见了参加论坛的全体专家并听取了论坛情况汇报。

7月30日至31日，九三学社首届全国青年论坛在吉林长春举办。全国政协副主席、九三学社中央主席韩启德出席开幕式并讲话。九三学社中央常务副主席邵鸿作专题报告。韩启德强调，青年工作需要创新。举办青年论坛，让青年社员研讨如何做好自己的事，就是一种工作方法创新。希望大家拓宽思路，畅所欲言，认真研讨谋划青年工作的载体、方法，探索出一条具有九三学社特色、适合青年社员特点的新路子。希望通过此次青年论坛的研讨与交流，九三学社各级组织能够充分认识青年工作重要性，积极探索做好青年工作新机制，主动为青年成长提供更多支持和帮助。韩启德向青年社员提出三点希望，一是要把握正确的政治方向，坚定不移地走中国特色社会主义道路。二是在本职岗位建功立业，锤炼道德品行。三是履行好参政党职责。邵鸿作《当前形势和九三学社的任务》专题报告，并作闭幕讲话。

9月20日，九三学社中央原副主席贺铿在兰州出席“一带一路”战略与国际清真科技产业发展论坛，并作“一带一路”下清真科技产业战略意义主旨演讲。贺铿深刻分析了中国和世界经济形势，提出我国必须实现经济转型，科技创新将是必由之路；阐述了“一带一路”的战略意义，要建立一个政治互信、经济融合、文化包容的利益共同体，加强合作、实现优势互补，夯实促进全球经济再平衡和长期稳定发展。贺铿强调，“一带一路”战略是一盘大棋，要发挥好我国的优势，重点做好本国工作。甘肃省和兰州市根据自己的优势，选择清真科技产业创新发展，为穆斯林人民生产衣、食、住、行优质产品，非常具有前瞻性，在合作中一定会实现“共赢”。

9月24日至25日，辽宁沿海经济带政协（大连）论坛举行。全国政协副主席、九三学社中央主席韩启德出席论坛并发表讲话。韩启德指出，辽宁沿海经济带上升为国家战略是辽宁持续推进沿海经济发展的结果，也充分体现了党中央、国务院对辽宁乃至东北经济社会发展的重视和支持。韩启德指出，深入实施辽宁沿海经济带开发开放战略，根本靠改革，关键靠创新。要着力解决体制机制弊端，通过改革解决制约市场发展的深层次问题，促进内外部生产要素融通，盘活区域存量资源。要大力发展科技服务业，推动自主创新。韩启德要求，九三学社辽宁省委及有关社组织继续围绕国家战略的实施凝聚共识，积极为辽宁沿海经济带发展建言献策。

（七）港澳台和海外联络工作

6月11日，全国政协副主席、九三学社中央主席韩启德会见了以港区全国人大代表姚祖辉先生为团长的沪港经济发展协会访京团一行。韩启德听取了姚祖辉及团员对香港当前社会政治形势、香港与内地交流合作、香港青年现状等方面的看法和意见建议，充分肯定了沪港经济发展协会所做的积极贡献，鼓励他们继续旗帜鲜明支持特区政府依法推动“政改”，继续积极谋划香港经济发展，继续大力开展青年工作，为香港培养更多青年人才。

6 月 25 日至 7 月 4 日，应柬埔寨参议院、马来西亚全球温和运动基金会、印度尼西亚国家科学院邀请，全国政协副主席、九三学社中央主席、中国人民争取和平与裁军协会会长韩启德率团访问柬埔寨、马来西亚和印度尼西亚。在柬期间，韩启德分别会见了柬参议院主席赛冲、国会主席韩桑林、副首相兼内阁办公厅大臣索安等领导人，并出席由和裁会、中国驻柬埔寨大使馆、柬埔寨发展资源研究院共同举办的“中国—柬埔寨合作的机遇与挑战”座谈会。在马期间，韩启德会见了马来西亚上议院议长阿布·扎哈尔。代表团一行还与马来西亚全球温和运动基金会、战略与国际问题研究所举行了座谈。在印期间，韩启德会见了印尼人民协商会议主席祖尔基弗利·哈桑、政治、法律和安全事务统筹部长特佐·普尔迪亚特诺等政要，出席了和裁会与印尼国家科学院及中国驻印尼大使馆共同举办的“中国—印尼合作的机遇与挑战”研讨会。

8 月 22 日至 24 日，全国政协副主席、九三学社中央主席、中国科协主席韩启德率团赴香港特别行政区访问并出席第三十届全国青少年科技创新大赛闭幕式相关活动。在香港期间，韩启德会见了全国政协副主席、前香港特区政府行政长官董建华，现任香港特区政府行政长官梁振英，就青少年科技教育及科技、教育体制改革等议题交换了意见。韩启德还会见了金利来集团有限公司创始人曾宪梓、香港恒基兆业地产有限公司主席李兆基等香港企业界知名人士，了解香港科技、教育现状，听取香港企业家的意见建议。在香港访问期间，韩启德出席了第三十届全国青少年科技创新大赛闭幕式，为获得“中国科协主席奖”的三位青少年选手颁奖。访问香港期间，韩启德与香港医学会代表、居港大陆海外学人联合会主要负责人进行了座谈，并赴香港大学与学校领导和教师进行专业交流。

9 月 29 日，全国政协副主席、九三学社中央主席韩启德在全国政协礼堂会见蒙古国大呼拉尔安全与对外政策常设委员会主席恩赫巴亚尔一行，双方就全面提升中蒙经贸务实合作水平，推动两国关系进一步发展进行了交流。韩启德说，中蒙是友好邻邦，多年来，双边关系发展顺利。中方高度重视发展中蒙关系，始终把对蒙关系作为中国周边外交重要方向。希望双方认真落实好两国领导人达成的重要共识，加快推进丝绸之路经济带倡议同草原之路倡议战略对接，全面提升中蒙经贸务实合作水平，推动中蒙全面战略伙伴关系取得更好发展。韩启德还介绍了中国全国政协的有关情况。

10 月 20 日，全国政协副主席、九三学社中央主席、中国海外交流协会会长韩启德在北京会见了以蔡其生为团长的新加坡中华总商会访华团。韩启德指出，“一带一路”建设为中国和周边国家的经济发展与合作带来新的机遇，希望新加坡华商能够发挥优势，参与其中，中国海外交流协会愿意为中新两国商界“牵线搭桥”，促进两国企业家的交流合作取得实质进展。韩启德表示，中新两国经贸往来频繁，继苏州工业园区和天津生态城后，第三个中新政府间项目即将落户中国西部，希望在座的华商继续支持，积极参与到这个战略性合作项目中来，为中新关系在新时期的发展做出贡献。

三、社会服务

2015年，九三学社坚持“亲历亲为、开拓创新；尽力而为、量力而行；借势借力、整合资源；品牌做精、新牌做响；不图虚名、力求实效”的总体思路，积极开展社会服务工作，在九地合作、支边扶贫、亮康行动、新农村建设、科普活动等方面做了大量工作，取得良好实效。

1月18日至20日，全国人大常委、九三学社中央副主席丛斌率调研组赴江西广昌调研。丛斌一行先后到广昌县的7个乡镇，考察了19个项目点，召开了四次座谈会，调研广昌县苏区振兴、农业产业发展、农村养老、教育、医疗卫生、社会保障等情况。丛斌指出，发展养老事业是社会保障体系的重要内容。养老业分养老事业和养老服务业。养老事业是解决养老的需要问题，需要政府保障，养老服务业是养老的需求问题，需要通过市场机制来解决。政府在社会保障体系中的基本原则是保基本、兜底线，在解决好养老事业的基础上，政府应该适当谋划通过市场机制发展养老服务业。丛斌强调，农村医疗卫生工作实际是农村社会治理的一项重要内容，农村社会治理的主体是农民，老百姓的满意度是农村医疗卫生的硬性指标。农村医疗是国家掌控农村人口健康网络的传感器，村卫生所是县、乡、村三级医疗网络的网底。要充分保障农村医生后备力量，进一步提高乡村医生的待遇。

4月12日至16日，全国人大常委、法律委员会副主任、中国工程院院士、九三学社中央副主席丛斌率九三学社中央院士专家科普巡讲团赴贵州开展科普巡讲和社会调研。活动旨在发挥九三学社智力优势，以“一线专家走进寻常百姓”的方式开展社会化科普教育，弘扬科学精神，传播科学思想，倡导科学方法，普及科学知识，关注民生民情，服务地方经济社会科学发展。在黔期间，巡讲团于贵阳、威宁、遵义三地连开12场讲座，4600余人次聆听了讲座。

5月25日至26日，九三学社科普工作委员会第二次全体（扩大）会议在北京召开。会议回顾科普工作委员会成立两年来的工作情况，讨论今后一个时期的工作思路，为新增选的科普工作委员会副主任颁发聘书，并实地考察九三学社北京市委多党合作新农村建设项目。九三学社中央科普工作委员会主任、中科院院士褚君浩作工作报告，科普工作委员会常务副主任朱定真主持开幕式，全国人大常委、法律委员会副主任委员、九三学社中央副主席、中国工程院院士丛斌出席会议并讲话。丛斌表示，科普对创新驱动发展提供了智力支持，是推动大众创业、万众创新的重要基础性工程，九三学社中央科普工作委员会要抓住机遇、开拓创新、奋发有为，将科普工作打造成九三学社的品牌，带动全社各项工作的全面展开。对于今后的科普工作，丛斌要求，一是要坚持“健康科普”为主题；二是要做好社会科学的科普工作，把法律知识普及纳入到科普范畴；三是要科学合理布局科普教育实践基地；四是要加强同“参政议政”的结合；五是要与时俱进的推进科普工作创新；六是要抓好科普工作与各级统战部门、科协、教育部门等的合作；七是要为科学家搭建平台，加快科技成果转化，促成科普成果的社会化；八是要扎实有效的加强科普队伍的建设。

6月10日至12日，全国政协常委、九三学社中央常务副主席邵鸿带队，九三学社中央院士专家科普巡讲团一行6人赴青海开展以“健康科普”为主题的“九三学社中央院士专家科普巡讲”青海行活动，为青海大学、青海卫生职业技术学院、西宁二中、互助县民族中学的1500余名师生作了4场8讲科普讲座。其中，中国科学院院士、清华大学生命科学学院孟安明教授作《生命的起步——胚胎发育》讲座，北京大学公共卫生学院营养与食品卫生系马冠生教授作《膳食营养与健康》讲座，全国政协常委、国家天文台台长、国家探月工程首席科学家严俊作《天体的活动对人类产生的重要影响》讲座，中国气象局气象影视中心总工程师、研究员朱定真作《地球的健康与人类健康》讲座。

6月17日，九三学社“同心康福行动”二期资助就医捐款暨髋关节置换启动仪式在河南省濮阳市人民医院举行。本次捐款仪式共筹得资金230万元，全部来自九三学社社员企业家。其中远光软件股份有限公司董事长陈利浩捐款100万元，360公司董事长周鸿祎先生捐款50万元，湖南华升置业有限公司董事长朱修林捐款50万元，四川黄浦投资控股有限公司董事长骆正明捐款30万元。在启动仪式上，全国政协委员、九三学社中央常委、九三学社中央社会服务部部长徐国权，河南省政协副主席、九三学社河南省委主委张亚忠，360集团副总裁傅彤女士作了发言。

6月25日至28日，九三学社“亮康行动”在内蒙古自治区锡林郭勒盟蒙医医院举行。这是九三学社“亮康行动”第六次来到锡林郭勒盟为白内障患者实施复明手术。在启动仪式上，九三学社内蒙古自治区委员向锡林郭勒盟捐赠了7套远程医疗会诊系统，价值175万元。

7月11日至12日，九三学社全国社会服务工作会议在四川广元召开。全国人大常委、法律委员会副主任委员，九三学社中央副主席、中国工和程院院士丛斌出席会议并讲话。全国人大常委、四川省人大常委会副主任、九三学社四川省委主委黄润秋出席会议并致辞。丛斌认为，做社会服务工作有以下几点体会，一是民主党派开展社会服务工作有制度依据。二是社会服务工作具有政治社会意义。三是科学把握社会服务和参政议政的关系。四是社会服务要加强调查研究。五是社会服务的调研结果要“一分为二”去处理。会上，北京、河南、安徽、重庆、陕西、江苏、山西、上海、贵州、湖北、宁夏、山东、四川等13个九三学社省级介绍了社会服务工作情况和取得的经验。与会人员围绕如何增强九三学社社会服务特色，如何提高九三学社社会服务水平，如何发挥好九三学社界别优势，以及如何解决社会服务中遇到的困难等问题进行了深入讨论。会议还表彰了2011—2015年度社会服务工作先进集体和先进个人。

7月9日至10日，全国人大常委、九三学社中央副主席、中国工程院院士丛斌在四川绵阳考察“九绵科技合作”和九绵科技合作创新试验基地建设情况。丛斌一行先后前往九绵科技合作创新试验基地、绵阳九三科技公司等，走访了解“九绵科技合作”企业（项目）以及成长型中小企业发展情况。在绵阳九三企业家座谈会上，丛斌指出，创新创业是一项长期发展战略，要继续加强“九绵科技合作”，以智力助绵、科技创新为主体，以绵阳九三孵化器为载体，加强交流合作，严格入驻企业标准，创新孵化器运营机制，为企业成长提供智力保障，全力推动科技创新；要继续出台激励机制，以优惠政策和良好环境吸引更多创业者来绵投资创业，要更多整合科技资源培育中小企业发展壮大，全力推动科技城创新发展。丛斌还赴中国工程物理研究院旧址——梓潼两弹城，缅怀九三学社先贤并向邓稼先铜像敬献鲜花。

8 月 11 日至 14 日，上海市副市长、九三学社中央副主席、九三学社上海市委主委赵雯率队赴贵州省开展合作共建活动。赵雯一行在贵阳与九三学社贵州省委主委黄宗洪、副主委程绍雨、黔南州委主委李强进行了座谈交流。赵雯表示，黔南州是社上海市委最早的社会服务联系点，希望能够继续发挥九三学社人才荟萃、智力密集和联系广泛的优势，在黔南州发展爬坡上坎的关键时期，为黔南州的经济社会发展贡献九三学社的力量。在威宁召开的座谈会上，赵雯表示，近年来，毕节和威宁的经济社会发展取得的巨大成就令人鼓舞，干部群众攻坚克难的精神面貌令人振奋。九三学社上海市委十分重视对威宁自治县的帮扶工作，希望双方要坚持及时沟通、主动沟通和充分沟通的原则，在精准扶贫工作中进一步加强沟通对接，强化交流合作，携手共促发展。

9 月 15 日至 18 日，全国政协副秘书长、九三学社中央常务副主席、北京九三王选关怀基金会副理事长邵鸿率队赴威宁县开展对口捐赠及帮扶调研活动。邵鸿指出，九三学社响应中共中央号召，参与威宁县经济社会建设，多年来积极围绕观念扶贫、科技扶贫、教育扶贫、医疗扶贫几个方面，做了一些力所能及的工作，取得了一定的成绩，在此过程中也了解了情况、发现了人才、锻炼了干部、促进了自身建设。邵鸿表示，今后将一如既往地发挥优势，积极响应威宁县发展需要。会上，北京九三王选关怀基金会携手诺华集团（中国）向威宁县教育系统捐赠了 50 台笔记本电脑和 700 台 IPAD，将惠及威宁九三中学等 14 所中小学。此外，基金会将九三学社北京市委义卖“威宁九三中学”校徽所得善款 4 万元全额捐赠给该校。在威宁期间，邵鸿一行还到贵州工贸职业学院、贵州省毕节彝文双语职业学校、威宁九三中学等校，与校领导交流，了解学校办学状况，深入课堂与师生交流，关心他们的工作（学习）、生活情况；此外，邵鸿一行还调研了两个乡镇敬老院、村公所、农业园区，了解情况、查摆问题；走访了两户留守儿童家庭并向他们表示了慰问。

9 月 23 日至 25 日，全国人大常委会委员、法律委员会副主任委员，九三学社中央副主席、中国工程院院士丛斌率队赴湖北，先后赴恩施慧益眼科医院、襄阳湖北文理学院参加九三学社“亮康行动”湖北推广基地和九三学社湖北省委同心·科普教育实践基地的揭牌活动。揭牌仪式上，丛斌表示，这项惠及全国贫困地区的公益活动在湖北恩施落地揭牌，充分体现了九三学社中央对少数民族地区的关心和厚爱，对革命老区各族群众的深深敬意与无尽牵挂，对恩施慧益眼科医院医疗技术和管理能力的充分肯定。他期待，这项行动能够起到“复明一个人，幸福一家人，感动一群人”的良好效果，并使之成为我国扶贫助残、防盲治盲事业的一个组成部分。

10 月 17 日，全国人大常委会委员、九三学社中央副主席丛斌调研宁夏红寺堡区医疗卫生及对口帮扶工作。丛斌指出，九三学社要发挥自身优势，深入开展“九地合作”，积极为红寺堡区加强医疗卫生合作交流、引进优质医疗卫生资源牵线搭桥，助推红寺堡区医疗卫生服务能力不断提升。丛斌一行深入红寺堡区人民医院和罗山社区卫生服务站，详细了解当地医疗卫生事业发展情况，听取九三学社宁夏区委与红寺堡区开展医疗卫生对口帮扶工作情况汇报。调研过程中，丛斌对九三学社宁夏区委扎实开展医疗卫生对口帮扶等社会服务工作给予充分肯定，希望九三学社宁夏区委继续发挥优势，创新思路，把社会服务工作做实做好。

11月4日至6日，九三学社中央院士专家科普巡讲团一行走进重庆，先后举办了3场以“健康科普”为主题的讲座。九三学社中央院士工作委员会委员、中国科学院院士、同济大学副校长葛均波作《冠心病——人类健康第一杀手的治疗进展》报告，九三学社中央科普工作委员会副主任、北京大学医学部社会医学与健康教育系教授钮文异作《健康生活，和谐人生》报告，九三学社中央科普工作委员会委员、北京大学公共卫生学院营养与食品卫生系教授马冠生作《现代人的健康危机》的报告。

四、自身建设

2015年，九三学社以坚持和发展中国特色社会主义学习实践活动为引领，不断加强思想建设、组织建设和机关建设，取得了新的成绩。

（一）思想建设

1月21日，全国政协副秘书长、九三学社中央常务副主席邵鸿做客人民网《委员讲堂》栏目，就“创新机制实现民主监督新突破”的话题与网友在线交流。访谈中，邵鸿回顾了过去一年九三学社中央利用高层政治协商、全国政协会议、建言“直通车”、反映社情民意信息等平台和渠道积极履职的情况，重点介绍了九三学社中央在推进科技体制改革、农村土地制度改革、司法体制改革、气候变化以及帮扶毕节试验区等领域做出的成绩。就2015年的工作，邵鸿提出，要进一步致力于推进社会主义民主政治建设和依法治国；要围绕“十三五”规划的制订，建言献策，献计出力。

3月16日，九三学社中央与九三学社北京市委在北京联合召开全国“两会”精神传达学习会。全国政协副主席、九三学社中央主席韩启德出席会议并讲话。九三学社中央常务副主席邵鸿出席会议。九三学社中央副主席赖明、丛斌分别传达全国政协十二届三次会议和十二届全国人大三次会议精神。九三学社中央副主席兼秘书长印红主持会议。韩启德说，全国“两会”是我国政治生活中的一件大事，百姓期待、举世瞩目。学习贯彻全国“两会”精神对于参政党非常重要。“两会”集中体现了我国政治道路、发展方向，也表达了全国人民的希望所在，九三学社各级组织和广大社员应认真学习、深入领会。韩启德指出，随着多党合作事业的发展，九三学社发挥着日益重要的作用，学习贯彻全国“两会”精神，需要全社上下增强历史使命感和社会责任感，充分发挥主观能动性，切实履行参政党职能。赖明在传达全国政协十二届三次会议精神时，介绍了会议基本情况、九三学社履职情况、贯彻落实“两会”精神做好今年参政议政工作等三个方面内容。赖明说，参政议政工作关键在实干，要认真谋划、学习、思考，深入调研，改进文风。丛斌从大会指导思想、会议议程和会风三个方面介绍了十二届全国人大三次会议概况；从政府工作报告、全国人大常委会过去一年的工作等方面传达了会议主要内容；从环保、反腐、结构转型及代表提出的一些典型性建议等方面，梳理了会议热点问题。丛斌还围绕深刻认识“四个全面”战略布局重大意义，处理好高压反腐与发展经济辩证关系，新形势下人大代表如何更好履职，以及重视百姓对司法公正的期待等方面，阐述了从政治上把握会议精神的几点想法。

3月18日，九三学社中央在北京召开高校成员座谈会。与会人员围绕当前高校民主党派成员思想态势、社会热点问题、中办发〔2014〕59号文件等方面，发表了看法和建议。九三学社中央副主席丛斌出席会议并讲话。丛斌说，大力加强高校宣传思想工作非常必要。高等教育的目的就是培养中国特色社会主义事业接班人。而中国特色社会主义最本质特征就是坚持中国共产党领导。引导学生深刻理解中国共产党执政的必要性和重要性，应完善评价体系，将课程设计、思想教育效果与教职员工职称级别等方面挂钩；强化宣传思想教育课的定位，既考核老师也考核学生，既理论授课又重视实践。通过实训环节，引导学生更好地理解社会、爱戴社会、理解他人、爱戴他人。丛斌说，科学研究无国界、思想宣传有纪律。无论是自然科学，还是社会科学，科学研究需要一定的自由度，但教师授课是一种宣传方式和宣传行为，必须有所规范。在科研和教学上，多运用比较学方法，既体现学术自由，又反映教学方法的严谨，还能提高学生的综合思辨能力，更好地适应新媒体时代。

5月4日，九三学社中央思想建设研究中心和九三学社北京市委理论研究会共同举办“民主科学”来到中国一百年学术研讨会，纪念五四运动96周年和《新青年》创办一百周年。九三学社中央常务副主席邵鸿在研讨会上作主旨演讲。邵鸿在演讲中回顾了五四新文化运动对中国新民主主义革命的启蒙作用。他说，五四时期提出的“民主科学”精神对于当今中国社会仍然具有现实意义。当前，愚昧和奴性还大量存在，科学、理性、批判、质疑精神还很缺乏，五四的运动启蒙还没有完成，民主科学思想理念还需要深入人心。民主与科学是九三学社的旗帜，也是九三学社的特色。九三学社致力于民主与科学，就要在坚持中国共产党领导的前提下，坚持不懈地推进中国民主政治进程，就要把民主法治建设作为履行参政党职能的中心工作，推进社内民主建设。九三学社更应弘扬民主与科学精神，致力于助推国家科学发展，致力于推进国家治理体系现代化。九三学社中央副主席、九三学社北京市委主委马大龙到会并讲话。会议邀请来自台湾地区的著名中国近代史专家、“中央研究院”近代史所研究员黄克武以及台湾东海大学通识教育中心主任陈以爱作主题发言。

5月27日，九三学社中央在北京召开学习贯彻中央统战工作会议精神座谈会。全国政协副主席、九三学社中央主席韩启德出席会议并讲话。会议由全国人大常委、九三学社中央副主席丛斌主持。韩启德指出，中央统战工作会议的召开和《中国共产党统一战线工作条例（试行）》的颁布是中国民主政治建设新的里程碑，是依法治国理念下统战工作制度化规范化程序化的重要标志，是中共中央对统战工作在“四个全面”战略布局中任务地位作用的重要定位，是新时期做好统战工作的行动指南，受到广大统一战线成员及海内外华人华侨的高度关注。《条例》作为首部统战工作法规，明确了诸多新观点、新要求、新政策，为民主党派自身建设和履行职能提供了制度保障，必将对统战工作的未来发展产生深远影响。韩启德要求，要把学习贯彻中央统战工作会议精神作为九三学社当前和今后一个时期工作的重中之重，联系实际，积极主动地学习，创造性地开展工作。九三学社中央思想建设研究中心主任、中国人民大学继续教育学院院长李海彬，九三学社中央思想建设研究中心副主任、国家发改委气候中心综合部副主任邹晶，九三学社中央思想建设研究中心副主任、清大筑境规划设计研究院副院长许进，北京化工研究院教授级高工朱良，北京石油化工学院副教授罗道全，北京林业大学经济管理学院教授吴成亮，九三学社北京市委西城区委常务副主委魏建新，中国大百科出版社学术著作分社社长郭银星，九三学社中央研究室主任郭悦等在座谈会上发言。

6月24日至25日，九三学社全国网站建设研讨会在北京召开。九三学社中央副主席丛斌出席会议并讲话。丛斌强调，特色是网站的生命。网站要有人看、有“人气”，就必须具有鲜明特色。与传统媒体相比，要有互联网特色。要办好网站就必须体现这些与传统媒体“错位经营”的特色，而不是简单地将传统媒体的内容复制到网上；一般网站相比，要有参政党特色。参政党的网站要在多如牛毛的网站中脱颖而出，就必须突出中国政党制度的特点，反映多党合作“合而不同”的政治优势，彰显民主党派代表人士的风采；与参政党网站相比，要有九三学社特色。九三学社中央宣传部部长穆建民传达全国统战系统网站建设培训班精神。会议邀请九三学社社员、网络媒体专家刘清利做了《九三学社网站建设与新媒体运营》讲座。北京、辽宁、上海、江苏、浙江、河南、湖北、湖南、广东、甘肃等10个九三学社省级组织网站负责人介绍了各自网站建设情况。与会人员围绕如何增强九三学社网站特色，如何提高九三学社网站活力，如何构建中央与地方以及地方组织之间网站上下联动、左右互动九三学社网站群，发挥好集群优势，以及如何解决网站建设中遇到的困难等问题进行了深入讨论。

7月8日，九三学社中央理论学习中心组专题学习中央统战工作会议精神。九三学社中央常务副主席邵鸿、副主席赖明、丛斌、印红出席会议并交流学习体会。邵鸿说，中央统战工作会议的召开和《中国共产党统一战线工作条例（试行）》的颁布，为多党合作事业创造良好工作环境，同时对九三学社各项工作提出更高要求。要认真思考如何更好地围绕“四个全面”战略布局履行好三大职能、加强自身建设。邵鸿指出，要深入学习贯彻中央统战工作会议精神，学好用好《条例》，并将其作为干部培训的一项重要内容。全社各级组织要通过中心组学习和各种形式座谈会、报告会、专题研讨等方式抓好学习，做到全面、深入、扎实，掌握会议精神的实质并以之指导各项工作。赖明认为，习近平总书记在中央统战工作会议上的重要讲话和《统一战线工作条例》把统战工作提升到前所未有的新高度。现在的关键就是要抓好落实。丛斌认为，当前有必要加强多党合作制度立法研究，通过法律明确中国共产党的领导地位，明确参政党的性质、地位和作用，明确各主体的功能划分，明确各主体的权利和义务，明确参政党的四个功能，明确党外人士的使用与安排，明确相关主体的法律责任。他并针对多党合作立法的法律名称、立法框架等提出了意见建议。印红认为，九三学社学习贯彻中央统战工作会议精神应着力做好以下几方面工作。一是建立长期参政议政课题持续研究、阶段成果产出机制；民主监督以问题为导向，安排专门力量谋划选题，集中到规划、政策、法律的制订与实施等抽象公共行为领域；二是组织发展要有所为有所不为，集中到知识分子和科技人员聚集的地区和单位，同时应将“高级蓝领”纳入发展视野；三是对社会服务项目重新评估其可行性，探索建立九三学社志愿者队伍，提升组织影响力；四是根据形势发展和工作需要适时调整机关组织机构设置。九三学社中央副秘书长兼参政议政部部长赵勇，组织部部长杨玲，宣传部部长穆建民，社会服务部部长徐国权，研究室主任郭悦，办公厅主任苟红旗等也在会上发了言。

10月14日，全国政协副主席、九三学社中央主席韩启德在北京出席坚持和发展中国特色社会主义学习实践活动经验交流暨中期推动会并代表九三学社中央发言。韩启德说，开展坚持和发展中国特色社会主义学习实践活动，是深入学习贯彻中共十八大和十八届三中、四中全会精神的一项重要举措；是进一步增强“三个自信”，深化新一轮政治交接，实现九三学社“思想上坚定、履职上坚实、组织上坚强”参政党建设目标的一项重大部署，是九三学社自身建设的基础工程和“筑魂”工程。韩启德在发言中介绍了九三学社开展学习实践活动的主要做法和经验。这就是坚持问题导向，摸清思想状况；找准抓手，创新手段；引领示范，激励带动；虚实结合，知行并重。韩启德指出，活动后半程，九三学社要坚持思想不疲、劲头不减、标准不降；加强分类指导，不赶时间、不比进度，保证活动质量和效果；发扬创新精神，重点抓好“三个结合”。一是与学习贯彻中央统战工作会议精神相结合。二是与创造性参政履职相结合。三是与组织换届工作相结合。

10月18日至19日，九三学社中央坚持和发展中国特色社会主义学习实践活动经验交流会暨第二届专题论坛在宁夏石嘴山召开。全国人大常委会委员、九三学社中央副主席丛斌出席会议并讲话。丛斌总结了此次会议暨论坛所取得的三点收获。一是对学习实践活动重要性的认识进一步提高。二是交流了好做法好经验。三是研讨了问题。丛斌回顾了九三学社开展学习实践活动两年来的基本情况和取得的阶段性成果，即广大社员普遍受到中国特色社会主义教育；思想政治基础进一步巩固；通过履职实践深化学习成果。凝炼了四点规律性认识，即以上率下，精心谋划；搭建平台，运用抓手；创新手段，增强活力；抓住时机，讲好故事。丛斌强调，在下一步活动中要重点抓好“三个结合”。即与学习贯彻中央统战工作会议精神相结合，与参政履职相结合，与加强自身建设相结合。会上，7个省级组织围绕学习实践活动做了经验交流发言，13位论文作者围绕“科学精神从我做起”做了主题发言。会议还表彰了庆祝九三学社创建70周年征文活动中的10个优秀组织奖和60篇优秀征文。

（二）组织建设

1月16日—19日，九三学社中央常务副主席、中央监督委员会主任邵鸿率队赴社河南省委巡视督导。督导组先后召开社省委常委座谈会、与社省委领导班子成员分别谈话、与部分基层社员代表交流座谈，并召开社省委领导班子（扩大）座谈会反馈督导意见。邵鸿对社河南省委的各项工作给予充分肯定，同时对社河南省委提出了四点期望和要求。一是要看到工作距离党和国家、距离广大社员的期望和要求还存在差距，要“明使命、干实事、上台阶”，进一步努力，树立更高工作标杆、努力实现新的发展和跨越；二是要适应形势发展的需要，加强在社会主义民主政治发展和依法治国方面的履职作为；三是希望社河南省委进一步加强参政党理论研究，推动各项制度的完善和社务工作的科学发展；四是希望河南省委在做好本职工作的同时能够配合参与社中央的工作选题，发挥更大作用。

1月18日，九三学社中央组织部在郑州召开了河南省青年骨干社员座谈会。与会人员就九三学社中央青年委员会成立、工作开展等相关问题进行了广泛深入的研讨。

2月2日至6日，九三学社中央常务副主席、中央监督委员会主任邵鸿率队赴社天津市委开展巡视督导工作。巡视督导组分别召开社市委常委、部分基层组织负责人和社员代表座谈会，与社市委领导班子成员、机关部门负责人分别谈话，深入市委区委和基层组织考察调研，了解工作情况，听取意见建议。在津期间，邵鸿与中共天津市委常委、政协副主席、统战部部长刘长喜等市委统战部领导同志就社市委工作等有关情况交换意见。在反馈巡视督导意见座谈会上，邵鸿对社天津市委的各项工作给予肯定，同时指出社市委存在的不足，希望社市委在已有工作成绩的基础上，围绕“思想坚定、组织坚强、履职坚实”目标，进一步“明使命、干实事、上台阶”，改进和加强参政议政、组织工作和机关建设，力争取得更大的成绩。

3月8日至15日，由九三学社福建省委、安徽省委联合举办，中国人民大学培训学院承办的“九三学社闽皖2015年骨干社员培训班”在中国人民大学举办，来自福建和安徽两省的100名社员参加了培训。九三学社中央常务副主席邵鸿出席开班式并作重要讲话。邵鸿希望全体学员认真学习十八届三中、四中全会及习近平总书记的系列讲话精神，通过培训，打牢思想基础，提高履职能力，完成时代赋予的使命。培训班结合统一战线发展形势及其对民主党派发展建设的新要求，准确把握新常态下重大发展问题，学习了中国当前外交和军事斗争热点、宏观经济形势、危机管理与媒体沟通、传统文化与人生信仰、现代金融与财富管理、依法治国与协商民主等课程，进行了社章社史和社的优良传统、参政议政及信息工作、如何当好民主党派基层组织负责人辅导。期间，还走访了九三学社中央机关，参观了国家博物院。

3月23日至27日，九三学社中央副主席、中央监督委员会副主任丛斌率队赴社贵州省委进行巡视督导。巡视督导组分别召开社省委常委、部分基层组织负责人和社员代表座谈会，与社省委领导班子成员和省委机关处级干部分别谈话，深入社安顺市委和基层组织考察调研，了解工作情况，听取意见建议。在贵州期间，丛斌与中共贵州省委统战部领导同志座谈，听取省委统战部对社省委领导班子及成员的工作评价，就社省委工作中遇到的困难和问题交换意见。在反馈巡视督导意见座谈会上，丛斌对九三学社贵州省委的工作给予肯定，同时指出社省委在组织建设、参政议政工作和机关建设方面存在的不足，针对不足提出工作要求。丛斌还对社省委提出的加强对基层社员的培训力度，引导基层社员参政议政等建议进行了回应。

4月13日至17日，九三学社中央常务副主席、监督委员会主任邵鸿率队赴社江苏省委进行巡视督导。九三学社中央副主席兼秘书长印红参加巡视督导。在江苏期间，巡视督导组分别召开社省委常委、部分基层组织负责人和社员代表座谈会，与社省委领导班子成员和省委机关处级干部分别谈话，深入社扬州市委和基层组织考察调研并召开市级专职副主委座谈会，了解工作情况，听取意见建议。巡视组与中共江苏省委统战部领导同志座谈，听取省委统战部对社省委领导班子及成员的工作评价，就社省委工作中遇到的困难和问题交换意见。在反馈巡视督导意见座谈会上，邵鸿对社江苏省委的工作给予充分肯定，并对社江苏省委提出进一步努力加强参政议政工作，有针对性地加强组织建设，促成工作再上新台阶，实现新跨越等五点希望和要求。邵鸿还对社江苏省委和社员提出的进一步采取措施保持我社特色，关注青年社员工作，提高对基层社员的培训力度等意见建议进行了回应。

4月21日至26日，九三学社中央在中国人民大学培训学院举办2015年第1期社员骨干培训班。九三学社中央主席韩启德出席学员论坛暨结业式并讲话。九三学社中央常务副主席邵鸿作开班动员讲话并为学员授课。九三学社中央副主席丛斌为学员授课。来自九三学社全国30个省级组织的95名社员骨干参加培训。在以“合作共事参政履职”为主题的学员论坛上，韩启德认真听取学员的发言。在随后举行的结业式上，韩启德为学员代表颁发结业证书并讲话。韩启德说，参加培训的学员大多是60后，正处在人生的黄金阶段，不能放松自我要求，要强调自己的品格，不但专业一流，更要在人品、风骨上有追求；作为九三学社社员，要讲政治、讲学习、讲大气，寻求学科专业与行政工作的共通之处，相互促进，不仅成就个人事业，也为九三学社的事业做出贡献。九三学社中央要努力搭建更多平台，激发组织活力，使其成为沸水而不是温水。邵鸿作开班动员讲话，并以《九三工作谈》为题，用史学家的宽广视角和厚重思想阐释了时代对于民主党派的要求，并针对九三学社的参政议政、民主监督、社会服务和自身建设等工作提出了自己的见解。丛斌用法学家的严谨和深邃，从“思想建设与宣传——参政党建设的重要基础”和“建设好社会服务的实践平台”两方面详细介绍了九三学社的思想建设、新闻宣传和社会服务工作。

4月26日至30日，九三学社中央副主席兼秘书长印红带队赴社江西省委进行巡视督导，在赣期间共召开四场座谈会，了解了省、市、基层三个层面共80余位社员的意见建议。巡视督导组召开社省委领导班子（扩大）座谈会，听取了李华栋主委代表社省委领导班子做的工作汇报和省委常委对社省委领导班子的意见建议，召开部分地市级专职副主委及基层组织负责人和社员代表座谈会，与社省委领导班子成员及社省委机关部门负责人分别单独谈话，了解情况，深入社鹰潭市委和基层组织考察调研，与社员面对面交流，听取意见建议。在赣期间，巡视督导组还与中共江西省委统战部领导同志座谈。在反馈巡视督导意见座谈会上，印红对社江西省委的工作给予充分肯定。印红希望社江西省委在今后的工作中不断强化参政党意识，提高参政议政水平；全面提高工作的主动性，不断开拓创新；进一步推进组织建设，为组织坚实夯实基础。印红还对社江西省委和社员提出的希望进一步加强对地方社务工作指导，组织跨省社务工作交流和增加对基层社员的培训等意见建议进行了回应。

5月24日至29日，九三学社中央常务副主席、中央监督委员会主任邵鸿率队赴社甘肃省委开展巡视督导。巡视督导组听取了九三学社甘肃省委主委刘晓梅的工作汇报，与社省委领导班子成员和机关部门负责人分别单独谈话，调研了社金昌、武威两个市委，与甘肃7个市委会的专职副主委及秘书长座谈，召开三场座谈会，向近百名社员了解工作情况，听取意见建议。在陇期间，邵鸿与中共甘肃省委常委、政法委书记泽巴足，省委统战部常务副部长卢鸿志、副部长张文学等省委统战部领导同志就社甘肃省委工作等有关情况交换意见。在反馈巡视督导意见座谈会上，邵鸿对社甘肃省委的各项工作给予肯定，同时指出社省委工作存在的不足，希望社省委在已有工作成绩的基础上，进一步认真抓好社员的思想政治学习和教育，进一步加强对下级组织的指导、带动、沟通、支持，进一步做好参政议政、民主监督和政治协商工作，进一步加强组织建设，加大宣传工作力度。邵鸿还对社甘肃省委和社员提出的进一步加大对甘肃的支持力度、加强顶层制度设计和社务指导等意见和建议进行回应。

6月6日至10日，全国政协副主席、九三学社中央主席韩启德率队赴社上海市委开展巡视督导。巡视督导组听取了九三学社上海市委副主委周锋代表社上海市委的工作汇报，与社市委领导班子成员和机关部门负责人进行了单独谈话，召开了17个区县委员会和市委直属基层组织负责人及社员代表的座谈会，向80余名社员了解社市委工作情况，听取对社中央、社市委工作的意见建议。韩启德对社上海市委的各项工作给予肯定。韩启德同时对社上海市委今后的工作提出进一步落实好“人才强社”战略，进一步注重体现我社科技特色，进一步增强合作共事能力，进一步创新工作机制，进一步做好离退休社员的工作，进一步加强机关工作的要求和建议。并对社上海市委和社员提出的进一步加大对社上海市委工作的指导力度、搭建更多社务交流平台等意见和建议进行回应。在沪期间，韩启德还与中共上海市委常委、统战部部长沙海林、副部长虞丽娟等市委统战部同志就社上海市委工作等有关情况交换意见，专门慰问了社中央原副主席杨櫆和谢丽娟。

6月8日至12日，全国政协常委、九三学社中央常务副主席邵鸿率工作组赴青海开展巡视督导工作。巡视期间，督导组听取了九三学社青海省委主委杜德志代表社青海省委的工作汇报，分别与社省委领导班子成员和省委机关处级干部单独谈话，先后召开社青海省委领导班子座谈会、基层组织负责人座谈会，与青海红十字医院支社和省农林支社的四十余位社员交流座谈，并召开巡视督导意见反馈座谈会反馈督导意见。邵鸿充分肯定了社青海省委换届以来的工作，同时针对社青海省委工作中有待进一步加强的环节提出了四点期望。一是要加强新形势下广大社员的思想政治学习和教育，增强广大成员走中国特色社会主义道路的信心；二是要加强领导班子建设和干部人才队伍建设，发现、培养、推荐、选拔优秀干部；三是要进一步加强对基层组织的指导、带动、沟通、交流和支持；四是要加强参政议政工作联动，完善整合各种力量和各种资源的机制，并在内容上注重增加民主、法制建设的内容，做出更好的参政议政工作业绩。邵鸿还就社青海省委和社员提出的一系列意见建议给予了回应。在青期间，邵鸿在驻地会见了中共青海省委副书记王建军，与中共青海省委统战部常务副部长廖文顺等同志就社青海省委有关情况进行了座谈；走访了社青海省委机关，并应邀在第三期青海九三讲堂为近两百名社员做了题为《学习社史　继往开来》的社史专题报告。

7月27日至29日，全国政协副主席、九三学社中央主席韩启德率队赴九三学社吉林省委开展巡视督导。巡视督导组先后在九三学社吉林省委机关、长春市委机关、南湖宾馆召开领导班子（扩大）座谈会、地市级专职主委、秘书长座谈会、省直工委基层负责人及部分社员代表座谈会，了解九三学社吉林省委工作情况，听取意见建议。在反馈意见座谈会上，韩启德充分肯定了九三学社吉林省委在各项工作中所取得的成绩，并就九三学社吉林省委下一步工作提出希望与建议：一是要加强基层组织建设，提高基层组织活力；二是要将社会服务更好地与参政议政相结合；三是要在保持主体界别特色的同时，注重人才多样化发展；四是要进一步加强机关建设；五是建议考虑成立监督委员会。在吉期间，韩启德还与中共吉林省委常委、统战部部长刚占标就九三学社吉林省地市级组织干部编制、经费、机关干部的流动、市级组织换届等问题交换了意见；分别听取了九三学社吉林省委领导班子成员、机关部门负责人的意见建议；走访了九三学社吉林省委、长春市委机关，看望了机关干部和工作人员。

9月18日至22日，全国人大常委、九三学社中央副主席、中国工程院院士丛斌率队赴九三学社山东省委开展巡视督导。丛斌率社中央巡视督导组先后召开了社山东省委领导班子（扩大）座谈会、省直属基层组织、市级组织主委、专职副主委、秘书长及基层组织负责人座谈会，听取了社省委领导班子、市级和基层组织负责人的工作介绍和意见建议，并反馈了督导组的意见建议。在反馈意见座谈会上，丛斌充分肯定了九三学社山东省委领导班子所取得的成绩，指出了九三学社山东省委工作中存在的几点不足，并提出了希望与建议。在鲁期间，丛斌还与中共山东省委统战部领导同志就九三学社山东省委工作中存在的困难与问题交换了意见。

10月18日至22日，全国政协常委、副秘书长，九三学社中央常务副主席邵鸿率队赴重庆开展巡视督导。在重庆期间，巡视督导组先后在九三学社重庆市委机关、社涪陵区委机关召开领导班子（扩大）座谈会，区级组织专职副主委、基层组织负责人和社员代表座谈会。与统战部领导同志进行了沟通交流。在反馈意见座谈会上，邵鸿充分肯定了社重庆市委在各项工作中所取得的成绩，同时对社重庆市委的工作提出了殷切的希望：一是要进一步加强组织建设工作；二是要进一步加强参政党理论研究和宣传工作；三是加强在社会主义民主政治发展和依法治国方面的履职作为。在渝巡视督导期间，巡视督导组观摩了基层组织活动，参加了第二届重庆九三青年论坛颁奖仪式，考察了优秀社员代表的实验室和技术研究中心，为“九三学社传统教育基地”揭牌。邵鸿还为区级组织专职副主委和基层组织负责人作“九三学社自身建设的形势与任务”主题报告。

11月12日至13日，九三学社中央社内监督工作现场会在河南省郑州市召开。九三学社中央常务副主席、监督委员会主任邵鸿。邵鸿在讲话中回顾了近些年九三学社监督工作取得的成绩及存在的问题，对九三学社社内监督河南创新试点工作取得的成效给予了高度肯定。他希望各省区市监督委员会认真学习借鉴河南经验，结合本地实际，在原有工作的基础上，推动社内监督工作深入开展。九三学社中央副主席、监督委员会副主任丛斌，社中央常委、监督委员会副主任、辽宁省委主委刘政奎出席会议。九三学社河南省委主委张亚忠致欢迎辞。九三学社河南省委常务副主委、省监督委员会主任、河南省监察厅副厅长孙运锋汇报了社河南省委内部监督创新工作试点的情况。8名社市委、省直委员会和基层支社代表汇报了开展社内监督工作情况。

11月21日至25日，全国人大常委会委员、九三学社中央副主席丛斌率队在社浙江省委开展巡视督导。在浙期间，社中央巡视督导组先后在杭州和湖州召开了社浙江省委领导班子（扩大）座谈会、省直属基层组织负责人、市级组织专职副主委及湖州市基层组织社员代表座谈会。通过几次座谈、交流和沟通，巡视督导组对社浙江省委的工作有了一个比较全面的了解和认识。在反馈意见座谈会上，丛斌对以姒建敏为班长的社浙江省委领导班子给予了充分肯定，同时也对社浙江省委今后的工作提出了希望与要求。在浙期间，巡视督导组与社省委领导班子成员、机关部门负责人进行了分别谈话，观摩了社杭州市委社科支社的基层组织组织活动，听取了中共浙江省委统战部领导同志代表中共浙江省委对九三学社浙江省委的工作评价，并进行了工作沟通。

12月14日至17日，全国政协常委、九三学社中央副主席赖明率队赴九三学社河北省委开展巡视督导。在冀期间，赖明先后在石家庄和衡水召开九三学社河北省委领导班子（扩大）座谈会、省直属基层组织负责人、市级组织专职副主委及衡水市基层组织社员代表座谈会，与60余位社员面对面交流、听取意见。在反馈意见座谈会上，赖明对社河北省委领导班子给予高度评价，对社河北省委今后的工作提出了希望和建议。在冀期间，赖明与九三学社河北省委领导班子成员、机关部门负责人分别进行谈话，观摩了九三学社河北经贸大学支社活动，与中共河北省委统战部部长范照兵就九三学社河北省委及其工作面临的困难和问题进行了沟通，专程看望了九三学社河北省委原主委王幼辉。

截至2015年12月底，九三学社共有地方组织336个。其中包括省级组织30个，省辖市级组织277个，县级组织29个。基层组织6284个，其中基层委员会681个，支社5433个，小组170个。全年新加入成员7660人。成员总数156726人，其中女成员63799人。平均年龄53.9岁。离退休51858人。

成员中高校35938人，占22.9%；普教4033人，占2.6%；科技界53547人，占34.2%；文化艺术2035人，占1.3%；公有制经济界7407人，占4.7%；新阶层人士7532人，占4.8%，其中私营企业主2351人，占1.5%；医药卫生30601人，占19.5%；机关团体及其他15633人，占10.0%。

担任各级人大代表的有1833人，其中全国人大常委会副委员长、专职副秘书长及专委会主任副主任、委员、人大代表55人，省级人大常委会副主任、专职副秘书长及专委会主任副主任、委员、人大代表281人，市地级人大常委会副主任、委员、人大代表850人，县市区级人大常委会副主任、委员、人大代表647人。

担任各级政协委员共有10188人，其中全国政协副主席、专职副秘书长及专委会主任副主任、常委、政协委员105人，省级政协副主席、专职副秘书长及专委会主任副主任、常委、政协委员990人，市地级政协副主席、常委、政协委员4789人，县市区级政协副主席、常委及政协委员4304人。

担任中央机关部级干部1人（不含专职副主席），省、市、自治区领导4人，厅局级158人（不含公检法），县处级1022人（不含公检法）。

成员中有大学以上学历的占93.6%；有中、高级职称的占93.3%。担任中国科学院院士的共有53人。担任中国工程院院士的共有16人。

（三）机关建设

6月2日至3日，九三学社中央机关支社与九三学社北京市委机关支社在昌平区联合举办了纪念九三学社创建70周年学习培训会。培训会邀请了九三学社中央常务副主席邵鸿，九三学社中央思想建设研究中心副主任许进、张源，分别作了《崇尚科学　反对迷信——古今方士现象谈》《我对九三学社的几点认识》《中西文化差异散论》等三场讲座。

6月4日，九三学社中央在机关开展“九三讲堂”活动，邀请故宫博物院院长单霁翔作题为《面向2020——把壮美的紫禁城完整地交给下一个600年》的讲座。全国政协副主席、九三学社中央主席韩启德，全国政协原副主席、九三学社中央原副主席王志珍，九三学社常务副主席邵鸿和副主席赖明、印红，社北京市委副主委方炎，九三学社部分在京社员，九三学社中央及北京市委机关工作人员共100多人聆听了讲座。

6月13日至17日，九三学社省级以下机关专职干部培训班（第一期）在北京举办。来自全国223个省级以下机关的287名专职干部参加培训。九三学社中央常务副主席邵鸿作开班动员讲话，并以《我社自身建设的形势与任务》为题，详细介绍如何做好九三学社的思想建设、组织建设和机关建设工作。培训班邀请九三学社中央委员、九三学社坚持和发展中国特色社会主义学习实践活动宣讲团成员许进作“我对九三学社的几点认识”讲座；邀请中央社会主义学院理论研究室教授李小宁，国务院新闻办网络舆情研究所副所长江涌，中共中央党校科学社会主义教研部教授孟鑫，北京航空航天大学战略问题研究中心教授张文木，北京大学国际关系学院教授潘维等专家学者，分别就“学习《中国共产党统一战线工作条例（试行）》和中央统战工作会议精神”“总体安全观下的国家安全透视”“四个全面战略布局的理论与实践”“变动中的世界格局与中国国家安全”“中国特色社会主义与中国未来”为题进行讲解；邀请九三学社中央副秘书长、参政议政部部长赵勇，宣传部部长穆建民，社会服务部部长徐国权详细介绍九三学社参政议政、思想宣传和社会服务工作。

7月9日，九三学社中央在机关举办学习讲座，邀请九三学社社员，北京大学光华管理学院副院长、博士生导师金李做《如何正视中国股市波动》报告。讲座由九三学社中央常务副主席邵鸿主持。

7月23日，九三学社中央机关组织机关工作人员前往中国人民抗日战争纪念馆，参观纪念中国人民抗日战争暨世界反法西斯战争胜利70周年主题展览《伟大胜利历史贡献》，深入学习抗战历史、缅怀革命先烈、强化爱国主义教育。

9月23日，由九三学社中央办公厅主办的九三学社全国机关公文写作培训班在甘肃天水开班。来自九三学社中央机关各部门及29个省级组织办公室有关工作人员70余人参加培训。学员们议定，将此次培训班交流的典型案例进行进一步修改补充，编辑成小册子下发各级组织机关以供工作参考。

10月9日至16日，九三学社中央机关干部（扩大）培训班在中共贵州省委党校举办。来自九三学社中央及26个省级组织机关的48名同志参加培训。培训既有中央统战工作会议和《中国共产党统一战线工作条例（试行）》精神解读、十八大后我国面临的国际环境及对策分析、贵州省情概括和发展思路研究、弘扬长征精神等生动翔实的课堂教学，又有瞻仰红军山革命烈士陵园和遵义会议会址等革命传统和爱国主义教育基地的现场教学。通过实地考察毕节试验区建设成果和九三学社帮扶威宁项目，参训学员直观感受到基层一线实际情况，切身体会到中国共产党领导的多党合作制的优越性，也为九三人积极参与建设、认真履职奉献感到由衷自豪。

10月26日至27日，九三学社华东六省一市机关建设工作交流研讨会在合肥召开。全国政协常委、九三学社中央副主席兼秘书长印红出席会议并讲话。安徽省政协副主席、九三学社安徽省委主委赵韩出席会议并致辞。印红充分肯定了华东六省一市九三学社机关建设工作近年来所取得的成绩。她说，九三学社华东六省一市工作会议是一个很好的交流平台；这次会议以“机关建设工作”为议题，非常契合当前九三学社自身建设的需要，同时也是落实中央统战工作条例精神的一个实际举措；机关建设工作必须常抓不懈，把握规律，坚持问题导向。来自上海、江苏、浙江、福建、江西、山东、安徽六省一市，以及应邀参加会议的贵州省委与会代表就新形势下如何开展机关建设工作交流情况，总结经验，探讨今后工作的思路、方法和途径。

11 月 11 日至 14 日，九三学社中央办公厅在厦门召开工作会议，研究讨论社机关工作实务指南、社内用语规范、市级组织机关工作经验交流案例、公文处理案例编撰工作。九三学社中央副主席兼秘书长印红出席开幕会并讲话。印红指出，机关建设是九三学社自身建设发展事业的重要组成部分，要常抓不懈。办公室系统是机关运行的中枢，要发挥好带头作用，发挥好参谋助手作用，要多学习、多思考、多研究、多谋划、多创新。印红强调，办公厅要编撰的四本实用手册《社机关工作实务指南》《社内用语规范》《市级组织机关工作经验交流案例》《公文处理案例》，对进一步推进社机关规范化运行将会发挥极为重要的作用，很有意义。要共同努力，依靠集体的智慧和力量，圆满完成四本书的编撰工作。

乔发进　九三学社中央研究室理论研究处调研员

台湾民主自治同盟

2015年，在中共十八大和十八届三中、四中、五中全会，中央统战工作会议以及习近平总书记系列重要讲话精神的指引下，台湾民主自治同盟围绕国家发展大局、两岸关系发展大势咨政建言、献计国是，恪守应尽之责、力行当为之事，参政履职的定位更准、特色更明、切入点更实。一年来，台盟积极助推改革、法治进程，党派的特色和作用更加彰显。

一、重要会议及活动

（一）中央委员会会议

12月2日至3日，台湾民主自治同盟第九届中央委员会第四次全体会议在北京召开。会议的主要内容是学习贯彻中共十八届五中全会精神，听取并审议台盟第九届中央常务委员会2015年工作报告。全国政协副主席、台盟中央主席林文漪出席会议并代表第九届中央常务委员会作工作报告。

林文漪在回顾总结2015年台盟工作时指出，即将过去的一年，“十二五”规划圆满收官，中国共产党领导的多党合作事业更显生机。两岸关系翻开历史性一页，两岸关系和平发展的共同政治基础更为巩固深化。台盟积极助推改革、法治进程，党派的特色和作用更加彰显。主要开展了四个方面的工作：坚持积极参与协商民主，以推动国家发展、促进两岸关系和平发展为主方向，参政议政务实有成；坚持贯彻落实中央对台方针政策，以心灵契合、情感融合为主基调，对台工作扎实有为；坚持打造“两岸同心”品牌，以帮扶赫章十周年系列活动为主抓手，社会服务切实有效；坚持建设中国特色社会主义参政党，以深化政治交接、发扬优良传统为主旋律，自身建设严实有力。

林文漪在报告中对2016年工作提出要求。新的一年里，全盟工作要以学习贯彻中共十八届五中全会精神为主线，以贯彻落实习近平总书记系列重要讲话精神以及中央统战工作会议要求为着力点，团结广大盟员和所联系台胞，服务“四个全面”战略布局，助力全面建成小康社会，在实现祖国和平统一和中华民族伟大复兴中国梦的宏伟进程中同心前行、砥砺奋斗。要围绕学习贯彻中共十八届五中全会精神，切实把思想和行动统一到中共中央的决策部署上来，将中央统战工作会议巩固共同思想政治基础的要求落到实处；要围绕“十三五”规划确定的经济社会发展目标，积极参与协商民主的生动实践，将中央统战工作会议发挥多党合作制度效能的要求落到实处；要围绕“十三五”规划确定的对台工作部署，助力“两岸一家亲，共圆中国梦”，将中央统战工作会议巩固和发展最广泛爱国统一战线的要求落到实处；要围绕“十三五”规划确定的扶贫攻坚任务，继续打造“两岸同心”社会服务工作品牌，将中央统战工作会议发挥民主党派积极作用的要求落到实处；要以学习贯彻中共十八届五中全会精神为契机，全面加强自身建设，将中央统战工作会议提高“五种能力”的要求落到实处。全盟要高举中国特色社会主义伟大旗帜，紧密团结在以习近平同志为总书记的中共中央周围，继承优良传统，昂扬精神、创新进取，为实现祖国和平统一和中华民族伟大复兴的中国梦做出新的更大贡献。

台盟中央常务副主席黄志贤，副主席吴国祯、陈蔚文、杨健、苏辉及台盟中央委员出席会议。台盟中央监督委员会、各专门工作委员会、参事室负责人和台盟中央机关各部门负责人列席会议。

（二）中央常务委员会会议

1. 台湾民主自治同盟第九届中央常务委员会第十次会议

3 月 10 日，台湾民主自治同盟第九届中央常务委员会第十次会议在北京召开，全国政协副主席、台盟中央主席林文漪出席。会议由台盟中央副主席吴国祯主持。

会议认真学习了十二届全国人大三次会议和全国政协十二届三次会议精神和近期中央有关会议、讲话精神；审议通过了《台盟中央 2015 年工作要点》。

会议指出，习近平总书记看望出席全国政协十二届三次会议的民革、台盟、台联界别委员，听取委员们的意见和建议，并发表了重要讲话。讲话思想深刻，内涵丰富，充分肯定了包括台盟在内的民主党派为维护和发展改革发展稳定大局做出的积极贡献，明确指出了台盟服务“四个全面”战略布局的着力重点，对台盟全体成员提出了殷切希望。同时，为台盟的发展建设，从理论上指明了方向、注入了强大动力。

会议强调，台盟要全面理解、准确把握习近平总书记重要讲话的科学内涵和精神实质，更加清醒地认识党和国家发展建设所处的历史方位，更加明确本职岗位肩负的历史使命。要围绕习近平总书记重要讲话中提出的四个“坚定不移”，以高度的政治责任感和强烈的使命感，努力做好对台工作，实实在在为两岸同胞谋福祉，推动两岸关系和平发展，把“两岸一家亲，共圆中国梦”重要理念落到实处。

会议要求，台盟各级组织和广大盟员要认真学习贯彻全国“两会”精神和习近平总书记重要讲话精神，加强自身建设，深入调查研究，发挥特色优势，切实履行参政党职能，为国家经济社会发展多献良策，为圆满完成台盟全年的各项工作而努力。

台盟中央副主席陈蔚文、杨健、黄志贤、苏辉及台盟中央常委出席会议。台盟中央各专门工作委员会、参事室负责人和机关局级干部列席会议。

2. 台湾民主自治同盟第九届中央常务委员会第十一次会议

7 月 2 日，台湾民主自治同盟第九届中央常务委员会第十一次会议在吉林长春召开。全国政协副主席、台盟中央主席林文漪，台盟中央副主席吴国祯、陈蔚文、杨健、黄志贤、苏辉出席。中共吉林省委常委、组织部部长齐玉，中共吉林省委统战部部长刚占标出席会议开幕式。陈蔚文主持会议。

会议传达、学习了中央统战工作会议及近期中央有关会议、讲话精神，通报了台盟中央 2015 年上半年工作，围绕组织建设工作开展了交流讨论；听取了关于岛内形势和两岸关系的专题讲座。

会议强调，中央统战工作会议在统一战线事业发展史上具有里程碑的意义。习近平总书记的重要讲话从历史和全局的高度明确了做好新形势下统战工作的重要原则和目标任务，提出了一系列新思想、新观点、新论断，是指导新形势下统一战线事业发展的纲领性文献。《中国共产党统一战线工作条例（试行）》正式颁布，是统战工作制度化、规范化、程序化的重要标志。中央统战工作会议精神是台盟开展工作的重要指引，各级组织要组织全体盟员和干部把会议精神学深悟透，引导盟员不断提高对新形势下建设好中国特色社会主义参政党重要性的认识，不断巩固与中国共产党同心奋斗的思想政治基础，进一步提高新常态下参政履职所需要的各项能力，在国家政治生活中更加有效地发挥作用。

会议要求，要总结经验、与时俱进，不断提高履行职能、服务发展的能力，积极推动全盟组织建设再上新台阶，努力把台盟建设成为理论上清醒、政治上坚定、组织上巩固、制度上健全和充满活力的参政党。下半年的任务还十分繁重，要统筹安排，锲而不舍，更加注重工作效率和质量，完成好全年各项任务。

台盟中央常委出席会议；台盟中央各专门工作委员会、参事室和机关各部门负责人列席会议。

3. 台湾民主自治同盟第九届中央常务委员会第十二次会议

10 月 9 日，台湾民主自治同盟第九届中央常务委员会第十二次会议在广州召开。全国政协副主席、台盟中央主席林文漪，台盟中央常务副主席黄志贤，副主席陈蔚文、杨健、苏辉，中共广东省委常委、政法委书记林少春，统战部副部长唐晓萍出席。台盟中央副主席陈蔚文主持会议。

会议传达、学习了近期中央有关会议、讲话精神，研究部署了学习中共十八届五中全会精神的相关工作，通报了台盟中央 2015 年第三季度工作，围绕思想建设工作开展了交流讨论；听取了关于当前国内国际形势的专题讲座。

会议指出，习近平总书记在中央统战工作会议上的重要讲话和《中国共产党统一战线工作条例（试行）》，明确了统一战线工作作为"四个全面"战略布局重要组成部分的定位和任务，把握了统一战线工作的核心，包含了一系列重大理论创新，是凝聚人心、汇聚力量，促进统一战线团结奋斗的重要思想政治基础。全盟将继续深入领会习近平总书记对社会主义协商民主的重要论述，积极参与协商活动，努力提高参政履职能力。

会议指出，中共十八届五中全会即将召开。常委会对于学习贯彻五中全会精神的相关工作，进行了认真的研究部署，要求全盟认真学习贯彻五中全会精神，并用全会精神指导台盟各项工作，坚持发挥优势，紧扣改革发展主题献计出力，为落实"十三五"规划各项任务做出我们的贡献。

会议认为，思想建设工作是民主党派自身建设工作的重要组成部分，加强思想政治建设，是台盟坚定正确政治方向、努力建设中国特色社会主义参政党的根本保证。全盟在宣传思想工作方面要突出重点，把握方向，紧密结合实际，实现学以致用，改进方式方法，提高工作质量，推动全盟思想建设工作更上新台阶。

会议要求，全盟同志要切实增强责任感、紧迫感，坚持与时俱进、开拓创新，不断加强自身建设、提高参政能力，努力开创台盟工作的新局面，为全面建成小康社会伟大事业，为落实好“两岸一家亲，共圆中国梦”重要理念，做出新的贡献。

台盟中央常委出席会议；台盟中央各专门工作委员会、参事室和机关各部门负责人列席会议。

4. 台湾民主自治同盟第九届中央常务委员会第十三次会议

12 月 2 日，台湾民主自治同盟第九届中央常务委员会第十三次会议在北京召开。全国政协副主席、台盟中央主席林文漪出席会议。

会议审议通过台湾民主自治同盟第九届中央委员会第四次全体会议关于学习中共十八届五中全会精神等议程（草案），审议并通过提请审议《台湾民主自治同盟第九届中央常务委员会 2015 年工作报告（审议稿）》等有关事项。

台盟中央常务副主席黄志贤，副主席吴国祯、陈蔚文、杨健、苏辉及台盟中央常委出席会议。台盟中央参事室和各专门工作委员会主任，各直属组织主委及机关各部门负责人列席会议。

（三）中央其他重要会议

5 月 26 日，台盟九届三十一次专职主席（扩大）会议在京召开，专题学习贯彻中央统战工作会议精神。全国政协副主席、台盟中央主席林文漪主持会议并讲话。台盟中央副主席黄志贤、苏辉出席会议。林文漪指出，中央统战工作会议着眼“四个全面”战略布局，再次明确了统一战线“三个法宝”的重要作用和新形势下统战工作的目标任务、范围对象，特别是对统战工作进行了许多重大的理论和政策创新，同时对加强和改进新形势下统战工作做出重要战略部署，对学习贯彻《中国共产党统一战线工作条例（试行）》提出明确要求，为扎实推进各领域统战工作提供了根本遵循，为全面加强统一战线建设提供了政治保障、组织保障、法治保障，对更好地发挥统一战线的作用具有重大的现实意义和深远的历史意义。林文漪表示，全盟要认真学习贯彻中央统战工作会议精神，把思想和行动统一到中共中央决策部署上来，将会议精神贯穿到台盟的各项实际工作当中。第一，认真学习贯彻会议精神，夯实共同思想政治基础。要原原本本、扎扎实实地学习《关于加强社会主义协商民主建设的意见》和《中国共产党统一战线工作条例（试行）》等重要文件和习近平总书记重要讲话精神，继续深入开展坚持和发展中国特色社会主义学习实践活动，开展好“记忆历史　爱国爱乡”口述历史活动，开展好纪念中国人民抗日战争胜利暨台湾光复 70 周年系列活动，弘扬台湾同胞爱国爱乡的光荣传统，传承台盟老一辈与中国共产党同心奋斗的坚定信念，统一思想认识，传承政治薪火，弘扬优良传统，加强自身建设。第二，积极参与政治协商，推动协商民主广泛多层制度化发展。要积极参与社会主义协商民主建设，按照中央“四个全面”战略布局，紧紧围绕中国共产党和国家中心工作，结合台盟自身特点看问题、谋发展，以加快新型城镇化建设、全面深化改革、全面依法治国、“十三五”规划编制、两岸关系和平发展等主题协商议政、建言议政。第三，充分发挥自身特色和优势，为共圆中华民族伟大复兴的中国梦贡献力量。要深入学习领会此次会议对台统战工作的新理念、新要求，注重发挥自身特点和优势，从“心”出发做好对台工作,继续为两岸经济健康有序发展、维护两岸同胞合法权益献计出力，为两岸同胞加深理解，实现心灵契合，深化民族和国家认同服务，把中国特色社会主义参政党的责任感和使命感落实在履行参政议政、民主监督职能等具体实践中，广泛团结所联系的台湾同胞，携手同心，共圆中华民族伟大复兴中国梦。林文漪强调，习近平总书记在中央统战工作会议上对民主党派工作提出了新的要求和希望，这是对我们巨大的鼓舞和鞭策，我们要认真学习贯彻会议精神，按照中央“四个全面”战略布局，集中全盟智慧，发挥整体优势，弘扬主旋律，汇聚正能量，不断提高政治把握能力、参政议政能力、组织领导能力、合作共事能力、解决自身问题能力，同心同德，扎实工作，与中国共产党一道，共同谱写多党合作事业新的精彩篇章。

10 月 30 日，台盟学习贯彻中共十八届五中全会精神专职主席（扩大）会议在京召开。全国政协副主席、台盟中央主席林文漪主持会议并讲话。台盟中央常务副主席黄志贤、副主席苏辉出席会议。林文漪说，中共十八届五中全会是在我国全面建成小康社会决胜阶段召开的一次非常重要的会议。全会审议通过了《中共中央关于制订国民经济和社会发展第十三个五年规划的建议》，划定了未来五年中国发展的新航标。全会提出要“统筹推进经济建设、政治建设、文化建设、社会建设、生态文明建设和党的建设”，实现“各方面制度更加成熟更加定型，国家治理体系和治理能力现代化取得重大进展”全面建成小康社会新的目标要求，为今后五年乃至更长一段时期国家经济社会的发展指明了方向，为实现第二个百年奋斗目标奠定了更加坚实的基础，让中华民族伟大复兴的中国梦更加精彩。林文漪指出，作为致力于中国特色社会主义事业、与中国共产党亲密合作的参政党，台盟要认真学习贯彻十八届五中全会精神，继续深入开展坚持和发展中国特色社会主义学习实践活动，不断巩固与中国共产党团结合作的思想政治基础；要认真参政履职，坚持台盟的独特视角，汇聚台盟各级组织的力量，深入调查研究，结合台盟自身特点看问题、谋发展，倾听群众的呼声，反映台胞的意见，关注规划实施过程中出现的新情况、新问题，努力为实现规划的宏大发展蓝图提出务实的意见和建议；要充分发挥自身“台”字优势，积极促进两岸经贸文化交流，从“心”出发做好对台工作，促进两岸同胞心灵契合，增进两岸同胞共同的民族认同和文化认同，为两岸关系和平发展，为祖国统一大业的早日实现贡献力量！与会同志认为,“十三五”规划描绘了国家未来五年的发展蓝图,令人振奋，催人奋进。大家一致表示，坚决拥护、完全赞同五中全会的各项决议，要把思想和行动统一到中共中央的决策部署上来，认真学习领会全会精神，明确目标，汇聚共识，紧密结合自身工作实际，为国家发展献计出力。台盟中央机关处级以上同志参加会议。

（四）中央专委会会议

6 月 5 日至 7 日，台盟中央青年工作委员会全体会议在大连市召开。会议围绕青委会相关工作开展讨论，并重点研讨了青委会本年度重点调研课题“发展地下综合管廊，统筹建设城市地下管网”。杨旭副主任介绍了此次的选题背景以及课题主要内容，来自湖北、南京、大连、上海、广东、福建等地的青委会委员，围绕着各自所在城市的地下空间开发体系情况开展了深入交流研讨。会议由刘艳主任主持，青委会各位副主任、委员参加了会议。

6月25日，台盟“记忆历史　爱国爱乡”2015年盟史与自身建设委员会会议在辽宁大连召开,全国政协常委、台盟中央副主席黄志贤出席会议并讲话。黄志贤表示,新形势下,加强盟史的记录、宣传和教育工作意义重大。黄志贤就做好今后盟史及口述历史工作提出三点希望：一是进一步提高思想认识。要将盟史的传承与发展作为学习贯彻中央统战工作会议精神和深入开展坚持和发展中国特色社会主义学习实践活动的重要内容，继承和发扬台盟老一辈坚定的政治信念、优良传统和高尚风范，薪火相传。二是进一步加强团结协作。盟史专委会及全盟各级组织要勇于担当，尽职尽责，认真细致地收集、挖掘有关史料，力争全面、翔实地还原记录史实。同时，还要特别注重发挥青年盟员的积极性与主动性。三是进一步提升工作质量。要注重对老一辈盟员、盟员后代进行跟踪访谈，全力以赴、及时高效地抢救那些鲜活的历史记忆和生动的革命故事，让那些曾经为台盟发展挥洒青春热血的老一辈盟员的足迹，伴随着台盟事业的前进，永久地留存在历史记忆当中。通过还原历史等绵绵用力、持之以恒的行动，增强两岸同胞的心灵契合与认同，从“心”出发，做好两岸交流合作的大文章。台盟北京市委常务副主委、盟史专委会副主任陈军，台盟广东省委原专职副主委、盟史专委会副主任孔令人，台盟上海市委副主委兼秘书长李碧影，台海出版社社长、《台盟历史系列丛书》总策划马铁先后在会上发言，畅谈了开展台盟盟史工作的做法和体会。台盟中央副秘书长、组织部部长、盟史专委会主任吴国华作盟史与自身建设工作总结。台盟盟史与自身建设委员会委员及直属组织代表，部分台盟先辈后代，台盟大连市委、大连市台联领导，台盟中央及台盟大连市委工作人员共40余人出席了会议。

7月16日，台盟中央妇女工作委员会在浙江召开主任扩大会议。台盟中央妇委会主任高美琴主持会议并通报了妇委会2015年妇委会上半年主要工作，并对下半年工作进行部署。会议学习传达了全国妇联十一届二次执委会的讲话精神，讨论了提交两岸学前教育论坛上的调研报告，并提出修改完善的意见，同时研究决定拟于九月下旬在四川召开两岸学前教育论坛。

9月8日至9日，台盟中央2015年参政议政工作委员会全体会议暨重点课题研讨会在沈阳召开。台盟中央参政议政工作委员会委员以及台盟地方组织相关同志50余人出席会议。此次会议主要是总结2015年以来全盟的参政议政工作，研讨参委会牵头承担的两个台盟中央重点调研课题。全体参会人员对《关于推进长江经济带发展国家战略实施的对策研究》和《关于在两岸关系处于新的重要节点上坚持走两岸关系和平发展的道路的对策建议》两项重点课题展开了热烈讨论。各参与单位的课题负责人也分别围绕前期地方组织调研成果发表了意见建议，并通过讨论明确了下一步调研的方向，为最终调研成果的取得奠定了坚实的基础。

9月17日至19日，台盟中央青年工作委员会围绕2015年度重点调研课题“发展地下综合管廊，统筹建设城市地下管网”，采用实地调研+会议研讨的形式，于广东省深圳市召开课题研讨会。台盟中央青委会成员以及各地参与课题的青年盟员参加了会议。与会人员先赴深圳市前海深港现代服务业合作区、光明新区开展了实地调研。前海合作区建设了容纳给水、电力、通信、再生水管线在内的市政共同沟系统，光明新区则在全国率先规模化建设了城市地下综合管廊。通过两个典型案例的实地考察与现场交流，与会人员深入了解了深圳地下管廊建设运营过程中积累的实际经验以及遇到的现实问题。在随后召开的课题研讨会上，来自北京、上海、辽宁、广东、福建、湖北、海南、南京、天津等地的青委会成员以及参与课题的青年盟员，分别介绍了本地的调研情况以及形成的报告初稿，并就各自了解到的情况与问题进行了深入交流研讨。

9 月 18 日至 20 日，台盟中央两岸文化交流委员会 2015 年终总结会暨课题研讨会在泉州召开。台盟中央两岸文化交流委员会委员以及台盟泉州市委相关同志 20 余人出席会议。全国人大常委、台盟中央副主席苏辉莅会指导。苏辉对台盟中央两岸文化交流委员会所开展的工作给予充分肯定。苏辉指出，一年来，委员会能充分发挥优势，创新平台，在两岸交流、服务发展、协商调研等方面亮点多、声音响、成效丰，社会影响力不断扩大。希望大家继续努力，围绕服务全盟参政议政、服务两岸文化交流与合作和服务大江论坛等，不断开创工作的新局面。会上，台盟中央两岸文化交流委员会主任骆沙鸣就一年来的工作进行回顾与总结，对台盟中央两岸文化交流委员会课题《关于将妈祖文化打造成为 21 世纪海上丝绸之路时代文化符号的建议》进行详细的说明与解读。与会人员结合各自工作优势，各抒己见，并就明年工作进行交流与探讨，出谋献策。

11 月 11 日至 13 日，台盟中央两岸经济合作交流委员会在福建省漳州市召开工作会议，全体委员和特邀专家共 15 人参会。会上，专委会主任江尔雄就全年工作做了简要的回顾总结，委员们重点就突出台字特色，进一步发挥对台经济领域的联络交流进行交流研讨，协助台盟中央重点做好在大陆投资兴业的台湾中南部企业界人士和在大陆学习、生活、创业的台湾青年群体的工作。委员们还就台湾岛内“大选”后可能出现的情势，初步议定明年的工作重点和计划安排。会议期间，全体委员和专家还参加了由专委会参与主办的第三届海峡两岸（南坑）咖啡节开幕式以及相关活动。

11 月 24 日，台盟中央专委会参政议政调研课题研讨会在沪召开。全国政协副主席、台盟中央主席林文漪出席会议并讲话。全国政协常委、副秘书长、台盟中央常务副主席黄志贤，全国政协常委、台盟中央副主席、台盟上海市委主委杨健出席会议。林文漪主席在讲话中指出，几年来，台盟中央专委会汇聚盟内各方面专家，以有效的工作机制和科学的组织框架，着眼“十三五”规划编制、全面深化改革、推进两岸关系和平发展等重大问题积极开展专项调研，取得了一系列成果，体现了“纵横交错、不断创新”的特点，为党和国家科学民主决策提供了重要参考。林文漪主席要求各专委会，进一步加强学习，强化制度建设，完善参政议政工作机制，发挥台盟特色与优势，推进参政履职工作再上新台阶。黄志贤常务副主席表示，专委会人才荟萃，是全盟参政议政的重要力量。近年来各专委会积极参与台盟中央重点课题调研，取得了一大批高质量的成果。此次会议凝聚了大家的共识，对课题的选题方式、调研组织形式、调研报告研讨方式以及调研成果的转化等提出了新的建议，为全盟的参政议政课题调研工作开拓了思路。台盟中央参事室和各专委会主任介绍了 2015 年开展课题调研工作的情况，围绕学习中共十八届五中全会精神和“十三五”规划确定的创新、协调、绿色、开放、共享五大发展理念，学习习近平总书记关于两岸关系和平发展的重要指示精神，对 2016 年台盟中央调研工作的选题方向、组织形式和成果转化等方面议题进行了深入研讨。

12 月 22 日，台盟中央青年工作委员会于台盟中央年度参政议政工作会议期间，在福建省福州市召开全体会议。全国政协常委、台盟中央常务副主席黄志贤出席了会议。2015 年，台盟中央青委会围绕“发展地下综合管廊，统筹建设城市地下管网”的主题，在北京、上海、湖北、大连、南京、广东、福建、海南、天津等地开展了广泛调研，并带动当地青年盟员积极参与，最终形成了《我国大型城市地下空间发展现状分析及对策建议——以城市地下综合管廊建设为例》的调研总报告。此次会议上，台盟中央青委会成员围绕着一年来各地组织青年盟员开展调研等工作的情况，以及青委会明年的调研选题、调研的方式方法等问题开展了热烈的交流讨论。黄志贤在会议总结讲话中提出，台盟中央青委会自成立以来，以参政议政为抓手，发挥了对广大青年盟员的联系带动作用。青委会每年开展的重点调研课题取得了重要成果，经台盟中央转化后，得到中共中央领导同志的高度重视，产生了非常好的效果。他希望，青委会成员能够继续带头提高参政议政能力、组织青年盟员开展活动的能力，继续求真务实、自信有为、稳步推进台盟中央青委会的各项工作。

12 月 22 日，台盟中央参政议政工作委员会第六次全体会议在福州召开。会议围绕组织开展 2016 年全盟参政议政工作，加强全盟参政议政人才队伍及协商议政能力建设进行研究部署。会议由台盟中央常委、台盟中央参政议政工作委员会主任王中主持。王中主任强调，黄志贤常务副主席在工作报告中对 2016 年参政议政工作提出了明确要求，参委会要认真贯彻执行。全体委员应充分发挥自身作用，勇挑重担，积极参与调研，同时鼓励和带动青年盟员和机关干部参与到参政议政工作中来。王中指出，为进一步创新课题研讨成果开发机制，有效培养参政议政人才，从 2016 年开始，将适时举办“台盟中央协商议政论坛（暂定）”，辅助开展重点课题调研工作。

（五）重要国事和外事活动

2015 年，台盟中央领导同志多次应邀参加重要外事、内事活动，其中包括参加纪念中国人民抗日战争暨世界反法西斯战争胜利 70 周年大会、庆祝中华人民共和国成立 66 周年国庆招待会、纪念台湾光复 70 周年大会等重要庆典、慰问、纪念活动，陪同中共中央和国家领导人会见法国总理努埃尔·瓦尔斯、新西兰总督迈特帕里、捷克总理胡斯拉夫·索博特卡等外宾。

（六）专题工作会议

3 月 24 日，台盟中央 2015 年重点调研课题协调会在江西省南昌市召开，全国政协常委、台盟中央副主席黄志贤出席会议并讲话。黄志贤通报了 2015 年开局以来全盟的参政议政工作情况。从春节前不到 2 个月的时间，中共中央就先后召开两次协商会议，围绕政府工作报告、“十三五”规划等重大问题，征求党外人士的意见建议。台盟在协商会上提出的建议，既围绕改革大局，积极为自贸区建设、生态文明建设等国家战略建言，又关注两岸问题，突出了台盟参加政治协商鲜明的党派特色。此外，台盟中央还在台盟重庆两岸经济研究所深入岛内外调研的基础上，向中共中央报送了 3 份专报，得到中央领导同志的重要批示。同时，在今年全国“两会”期间，习近平总书记参加了民革、台盟、台联的委员联组会，并发表重要讲话。台盟按照总书记的要求，在“两会”期间认真履职，充分展示了大力开展参政议政工作取得的优异成果。黄志贤提出，希望全盟继续保持积极进取的工作态势，以开好课题协调会为又一个新起点，再接再厉，密切配合，圆满完成好全年的各项参政议政工作任务。在本次重点课题协调会上，各课题牵头单位介绍了课题调研的预备实施方案，并向拟参与单位和其他单位征求意见，达成了共识。各专委会主任也将本专委会的重点课题调研方案向与会同志作了介绍。

6 月 1 日至 5 日，台盟中央 2015 年第一期中青年盟员培训班在湖北省社会主义学院举办。全国政协常委、台盟中央副主席黄志贤出席开班典礼。黄志贤在开班式上传达了刚刚结束的中央统战工作会议精神，代表台盟中央对参训盟员表达了问候。他说，台盟中央 2015 年第一期中青年盟员培训班是列入台盟年度工作计划的重要工作，是台盟加强自身建设、培养事业接班人、提高干部队伍素质的重要抓手。参训盟员要珍惜学习机会，通过学习夯实共同思想政治基础、增强理论素养、提升业务能力；要以更高的标准要求自己，在各项盟务工作中勇挑重担；在学习期间要加强交流，相互借鉴经验，为更好地开展各项工作打牢基础。培训班专门邀请了中央社会主义学院、湖北省社会主义学院的专家教授讲授了协商民主、多党合作史等课题，邀请盟内德高望重的老领导给大家作盟史讲座，邀请盟内在台情研究方面卓有建树的专家作相关报告，前往中山舰博物馆开展现场教学、观看台盟纪录片等。

6 月 26 日，台盟“记忆历史　爱国爱乡”2015 年口述历史座谈会在大连召开。会议邀请部分为台盟成立、早期组织建设、两岸交流合作做出突出贡献的台盟前辈的后代们回忆介绍其父辈的革命活动经历。全国政协常委、台盟中央副主席黄志贤出席会议并讲话。黄志贤高度肯定了过去一年中台盟口述历史工作取得的成绩，并指出这些成绩与广大盟员、台胞以及关心台盟事业发展的专家学者的积极参与、无私奉献密不可分。黄志贤强调，全盟要充分认识口述历史工作的重要意义。务必要从战略全局高度重视和加强口述历史工作，将其作为台盟学习贯彻中央统战工作会议以及开展坚持和发展中国特色社会主义学习实践活动的重要实践载体，作为推进台盟自身建设的基础性工作，切实抓紧抓好。要积极参与口述历史工作。台盟盟员家属、后代很多都是亲闻、亲见、亲历老一辈盟员的革命活动，其回忆和口述对于确保台盟历史记录的完整性、真实性具有重大意义。希望全盟增强责任感、荣誉感、使命感，更加自觉、积极地参与口述历史工作。要全力保障口述历史工作的开展。全盟各级组织要高度重视盟史及口述历史工作，充分认识抢救历史的重要性和紧迫性，精心组织策划，全力保障支持，认真抓好落实，针对老盟员、盟员后代进行有组织、有计划的口述历史记录整理工作。座谈会上，简仁南之子、台盟大连市委原主委简国树，林正亨、沈毅夫妇之子、《北京日报》资深记者林义旻，李乔松之女、台盟上海市委副主委兼秘书长李碧影，杨诚之子、台盟北京市委原副主委杨晓东，蔡子民之子、全国台联原机关党委副书记蔡宁，李伟光之孙女、台盟上海市委原副调研员李芳分别口述了父辈筹建台盟早期组织等历史经过，这些珍贵的光辉历程集中体现了台盟老一辈坚定不移的政治信念、爱国爱乡的优良传统和勤勉自强的高尚品德。中国民主党派历史陈列馆台盟部分主编、撰稿徐康以论文《1949 年以前李纯青参加中共的台湾工作初探》为例讲述了口述历史对其研究工作的支撑和帮助。台盟中央宣传部副巡视员吴艺煤，台海出版社社长、《台盟历史系列丛书》总策划马铁等20余人出席会议。

10月27日，台盟中央2015全盟社会服务工作会议在成都召开。全国人大常委、台盟中央副主席苏辉，中共成都市委常委、统战部部长、总工会主席陈建辉，辽宁省政协副主席、台盟中央常委、辽宁省委主委王松等出席会议。苏辉副主席对全盟社会服务工作取得的成绩给予了充分肯定，并就进一步开展好社会服务工作提出了三点要求。一是台盟的社会服务工作要突出“台”字特色。社会服务工作不仅要注重经济效益，更要注重社会效益。要通过充分发挥台胞的作用，实现社会服务工作的形式、成效多样化。二是全盟要重视对社会服务工作的宣传。各组织要充分利用电视、报刊、杂志、网络、公众微信等不同媒体平台，采取文字、图片、视频等多种形式，立体化、层次化、新颖化、全方位地对工作进行有力度、有深度、有广度的宣传，为社会服务项目立名塑品。三是2016年是“十三五”开局之年，也是社会服务工作的新起点。工作中，要注重处理好“能力有限”和“要求无限”的关系，处理好中央要求和地方要求的关系，从而让自身有限的能力发挥出最大的效应。台盟中央社会服务部、台盟各地方组织社会服务工作主管领导及工作人员40余人参会。

11月3日，台盟中央组织工作会议在京召开。全国政协副主席、台盟中央主席林文漪出席开幕式并讲话，全国政协常委、台盟中央常务副主席黄志贤作五年组织工作报告。会议听取了学习中共十八届五中全会、中央统战工作会议和中央组织工作会议精神的报告，研究部署了下一阶段的组织工作。林文漪指出，“十三五”规划的制订和实施为各级组织和广大盟员发挥自身优势、投身国家经济建设和社会发展提供了新的舞台。各级组织要立足目标任务的崭新变化，把组织工作放到重要位置，以组织工作推动各项工作更好开展。林文漪强调，要以深入学习中共十八届五中全会和中央统战工作会议精神为引领，扎实工作、共同努力，不断提升全盟组织工作的整体水平。当前台盟各项组织工作的重中之重是明年开始的各级组织换届工作，要确保换届工作圆满完成。希望各级组织以此次组织工作会议为契机，推动台盟组织工作更上一层楼，开拓台盟组织工作的新局面。黄志贤回顾了五年来台盟各级组织在思想建设、组织建设等自身建设各个方面的各项主要工作，对未来几年的工作进行了展望：一是持之以恒，推进坚持和发展中国特色社会主义学习实践活动取得实效。二是扎实工作，确保换届工作圆满完成。三是齐头并进，推动组织工作再上台阶。黄志贤表示，希望大家团结一心、共同奋斗，做好组织工作，夯实台盟各项工作的基础，为把台盟建设成适应多党合作事业新形势、新任务的参政党贡献智慧和力量。五年来，在中共各级党委的大力支持下，在台盟中央和台盟各级组织的共同推动下，台盟的地方组织建设工作取得一定成绩。截至目前，台盟在全国18个省（直辖市）设立了地方组织，其中，2011年、2013年分别在江西、广西新成立了组织，同时还成立或升格了6个省辖市级组织、1个中央直属组织。此外，台盟盟员数据库信息系统已经具备了投入使用的条件，标志着台盟组织工作信息化水平有了质的提升。台盟各省级组织、直属组织负责组织工作的同志等50余人参加会议。

11月9日至13日，台盟中央2015年第二期中青年盟员培训班在福建省漳州市举办。台盟中央副秘书长、组织部部长吴国华出席开班式并讲话。此次培训班有来自各地方组织和贵阳的50多名中青年盟员参加培训。学员们认真学习了中共十八届五中全会、中央统战工作会议精神，听取了参政议政和台情研究方面的辅导报告，前往谷文昌纪念馆等地进行了革命传统教育等。学员们普遍反映通过培训夯实了思想政治基础，提升了党派工作能力和个人素质水平，培训收到了良好的效果。

11月18日至19日，台盟中央宣传思想工作会议在京召开。全国政协常委、台盟中央常务副主席黄志贤出席会议并讲话。黄志贤首先提出，这次会议是学习贯彻中共十八届五中全会精神、中央统战工作会议精神的一次重要会议。他全面回顾了近年来台盟宣传思想工作取得的成绩，一是把思想建设贯彻始终，不断增强与中国共产党团结合作的共识；二是要认真开展坚持和发展中国特色社会主义学习实践活动；三是以重大历史活动为契机，以“记忆历史　爱国爱乡”为主题深入开展传统教育系列活动；四是有效整合宣传资源，着力抓好重点宣传工作；五是加强宣传平台建设，持续做好盟刊、网站和出版工作。黄志贤强调，加强宣传思想工作是做好台盟各项工作的基础，要进一步加强台盟的宣传思想工作，充分认识宣传思想工作的重要意义，切实加强对宣传思想工作的领导，认真学习中共十八届五中全会精神，贯彻落实习近平总书记系列重要讲话精神和中央统战工作会议要求，深入开展坚持和发展中国特色社会主义学习实践活动，不断改进做好宣传思想工作的方式方法，坚持完善宣传思想工作的制度、机制，高度重视宣传思想工作干部队伍建设，不断提高工作能力和水平。开拓进取，凝心聚力，开创台盟宣传思想工作新局面，共同谱写多党合作事业新篇章。会议期间，还邀请了有关专家作专题讲座。台盟中央机关有关部门负责同志，台盟各省级组织、直属组织宣传思想工作负责人及相关同志约50人参加会议。

12月10日至11日，台盟中央盟员数据库信息系统培训班在长春举办。全国政协常委、台盟吉林省委主委王天戈就台盟盟员数据库信息系统的开发、应用作专题讲座，台盟中央组织部副部长冉永进出席开班式并讲话。冉永进转达了台盟中央领导对台盟盟员数据库工作的重视和要求，介绍了台盟中央启用盟员信息系统相关工作进展情况，并对地方组织开展盟员数据库工作提出了具体要求。培训班还邀请软件开发单位专业技术人员就相关问题进行了解答。台盟吉林省委副主委郑吉虎，台盟地方组织组织工作专职干部40余人参加培训学习。

12月22日至23日，台盟中央2015年参政议政工作会议于在福建省福州市召开。全国政协常委、台盟中央常务副主席黄志贤在会上作了《集智聚力、团结奋进，努力开创台盟参政议政工作新局面》的工作报告。与会同志围绕台盟中央参政议政工作报告畅所欲言，对一年来的工作进行了回顾总结，对开展好明年的参政议政工作进行了认真谋划。会议期间，台盟中央参政议政工作委员会和青年工作委员会分别召开全体会议，对相关工作进行了研讨。全体与会代表听取了中共福建省委党校陈新教授作的“十三五”规划相关专题学习辅导报告。

（七）座谈会、纪念会

1月5日，中共中央政治局委员、中央统战部部长孙春兰一行来到台盟中央机关亲切慰问机关干部并与台盟中央领导班子座谈。台盟中央主席林文漪、副主席吴国祯、黄志贤、苏辉出席，中央统战部常务副部长张裔炯、副部长林智敏陪同走访。孙春兰充分肯定了台盟近年来的工作。她指出，台盟具有光荣的历史和优良的传统，近70年来始终与中国共产党风雨同舟，亲密合作，为中国革命、建设和改革做出了独特的、重要的贡献。2012年换届以来，林文漪主席和台盟中央领导班子共同努力，立足自身的特色优势，自觉服务改革发展大局，认真履行参政党职能，各项工作都取得了重要进展。她强调，12月29日中共中央政治局会议审议通过的《中共中央关于加强社会主义协商民主建设的意见》，把政党协商放在第一位，对民主党派寄予了很大期望。她希望台盟不断增进政治共识，组织广大成员认真学习贯彻落实中共十八大、十八届三中、四中全会精神和习近平总书记系列重要讲话精神，深入开展坚持和发展中国特色社会主义学习实践活动，坚定不移走中国特色社会主义道路。进一步搞好参政议政，围绕党和国家中心工作，深入考察调研，积极议政建言，切实履行好参政党职能。努力加强代表人士队伍建设，不断提高综合素质，切实增强履职能力，为台盟更好地发挥作用奠定人才基础。林文漪表示，孙春兰部长上任伊始就深入台盟中央机关调研并看望机关同志，充分体现了以习近平同志为总书记的中共中央对多党合作事业的高度重视和对民主党派的亲切关怀，台盟一定按照孙部长讲话中提出的要求，团结带领全体盟员，不断增进政治共识，进一步做好参政议政、对台工作，大力加强组织建设，继续为全面建成小康社会、完成祖国统一大业、实现中华民族伟大复兴的中国梦不懈奋斗。台盟中央秘书长张宁、机关各部门负责人等参加座谈会。

1月28日，台盟中央机关召开2014年工作总结会。全国政协常委、台盟中央副主席黄志贤，全国人大常委、台盟中央副主席苏辉出席会议并讲话。机关全体人员参加。各部门负责同志对本部门2014年度的工作进行了总结，并提出了2015年度工作计划。苏辉宣读了2014年度台盟中央机关考核优秀等次人员名单，对获得优秀等次的人员表示祝贺，希望大家多向他们学习。同时她谈到，机关其他同志也非常优秀，希望大家再接再厉，共同做好2015年各项工作。黄志贤在总结讲话中首先充分肯定了机关各部门2014年度的工作，代表林文漪主席、苏辉副主席对同志们的辛勤工作表示感谢。他希望同志们继续高标准，严要求做好2015年度各项工作，并就如何做好今年的工作提出三点要求：一是加强学习，深入领会有关会议精神；二是加强研究，打开工作思路；三是进一步加强协调配合。

1月30日上午，台盟中央、全国台联在台湾会馆共同主办2015年在京台胞新春同乐会。全国政协副主席、台盟中央主席林文漪，全国政协常委、全国台联党组书记梁国扬，全国人大常委、内务司法委员会副主任陈秀榕，全国政协港澳台侨委员会副主任楼志豪，海协会副会长孙亚夫等出席。全国人大常委、台盟中央副主席苏辉主持同乐会。全国台联副会长纪斌代表台盟中央和全国台联致辞，向与会的各位来宾和台湾乡亲致以新春的问候和良好的祝愿。纪斌表示，台盟、台联要高举中国特色社会主义伟大旗帜，以邓小平理论、“三个代表”重要思想、科学发展观为指导，认真学习贯彻中共十八大、十八届三中、四中全会和习近平总书记系列重要讲话精神，紧紧围绕“两岸一家亲　共圆中国梦”的时代主题，促进两岸经济合作和文教交流，扩大两岸基层民众交往，继续为广大台湾同胞谋福祉，巩固深化两岸关系和平发展的良好局面，为实现中华民族的伟大复兴做出新贡献。中央和北京市有关部门的领导，在京台商、台生代表等约300人欢聚一堂，共庆新春佳节。

1月31日下午，由台盟中央、全国台联、台盟市委和市台联共同举办的“2015年在京台胞春节联欢会”在北京举行。近千名在京台胞、台商、台生欢聚一堂，共话乡情亲情。台盟中央副主席黄志贤，台盟中央副主席、北京市台联会长苏辉等出席在京台胞春节联欢会，并向在京台胞拜年。苏辉代表主办单位向在京台胞祝贺新春，她在致辞中表示，2014年是国家全面深化改革之年，是深入学习贯彻中共十八大，十二届三中、四中全会和习近平总书记系列讲话精神的一年。在京台胞心系国家发展、社会进步，积极参政议政，建言献策，不仅为国家而且为首都经济发展和社会稳定发挥积极作用，也为沟通两岸关系，促进两岸交流交往做出了不懈努力。苏辉指出，2015年两岸关系和平发展面临机遇和挑战，我们要毫不动摇地继续坚持中央对台大政方针，发挥乡情亲情优势，广泛团结台湾同胞，反对“台独”，维护台海局势和平稳定。让我们高举中国特色社会主义伟大旗帜，紧密团结在以习近平同志为总书记的中共中央周围，为增进两岸政治互信、推进经济融合发展贡献力量。出席联欢会的领导特别向在京老台胞赠送了极具新年特色的羊年纪念品，向与会的各位来宾和台湾乡亲致以新春的问候和良好的祝愿，并和大家一起观赏电影、参加团拜，共贺新春佳节。为扩大民间沟通与联系，加强乡情亲情交流，联欢会现场还专门发放了新年贺卡、明信片，并设置邮筒、原子印章等，组织台胞们向台湾亲友寄发贺卡、致以新春的祝福。

2月16日，农历春节前夕，教育部副部长郝平一行走访台盟中央机关，代表教育部党组向台盟的同志们拜年，致以新春的祝福，并感谢台盟对教育部的工作支持和提出意见建议。全国政协常委、台盟中央副主席黄志贤代表台盟中央，代表林文漪主席对教育部领导走访台盟表示欢迎，对教育部高度重视并践行社会主义协商民主理念，真诚听取台盟对教育改革发展和两岸教育交流合作的意见建议表示感谢。黄志贤表示，台盟始终把为国家教育事业发展献计出力作为义不容辞的责任，要一如既往地与教育部加强联系，引导盟员和所联系的台胞，理解、支持教育事业改革发展，协助做好涉台教育有关工作，齐心攻坚“基本实现教育现代化”的目标任务。

2月26日，台盟中央在京举办纪念台湾人民“二·二八”起义68周年海峡两岸形势学术讲座。全国政协常委、台盟中央副主席黄志贤出席。举办此次讲座旨在缅怀在“二·二八”起义中英勇牺牲的革命前辈、继承发扬台湾人民爱国爱乡的光荣传统以及展望两岸关系和平发展的新形势。讲座邀请有关专家分析当前海峡两岸形势，尤其是备受两岸关注的台湾近期动态。讲座之后播放了历史文献纪录片《台盟》，回顾“二·二八”起义后台盟的成立经过和长期以来台盟与中国共产党风雨同舟、肝胆相照、亲密合作的光辉历程。台盟中央机关、台盟北京市委机关、台海出版社工作人员，部分在京盟员等约60人出席。

3月16日，全国政协常委、台盟中央副主席黄志贤在台盟中央机关会见河南省人大常委会副主任、省总工会主席张大卫，中共焦作市委书记孙立坤一行。自2010年台盟中央联络部与焦作市人民政府签订合作协议来，双方围绕“促进中原腹地对台区域联动发展和开放合作平台”这一定位，着力打造大陆与台湾合作交流基地，生态农业乡村旅游基地，取得了明显效果。此次张大卫一行向台盟中央介绍了修武台创园的发展状况，双方就进一步加强沟通与合作交流了意见。焦作市有关领导首先向黄志贤介绍了修武台创园发展情况，并观看了“修武神农同根园”的宣传影片。三年多来，修武台创园的园区影响力不断扩大，入住台企达 29 个，形成了生态休闲观光农业产业、花卉苗木种植产业、设施蔬菜种植产业、畜牧养殖产业四大主导产业体系。下一步将着力打造“修武神农同根园”，建立台创园重点招商引资项目库，精心打造特色种植养殖等 13 类重点建设项目，进一步凸显修武台创园作为海峡两岸农业及文化合作交流平台的功能定位。张大卫对于台盟中央多年来支持河南、尤其是焦作各领域的发展，积极引进台资企业入驻台创园表示衷心的感谢，希望进一步加强与台盟中央的合作，将生态产业链和文化旅游相结合，将台湾青年元素重点纳入台创园，助力台湾青年企业家入驻台创园，为两岸关系的和平发展贡献力量。孙立坤表示，希望台盟中央介绍更多的台湾青年到台创园创业，增加台创园发展的生机和活力。今后将继续发展生态林业，建立“绿色、环保、生态”的生态园，建设宜居、宜游、宜业的台创园，为更多台湾农民到园区发展提供机会，为台湾同胞寻根溯源，展示两岸农业等领域合作发展成果，搭建一个更为广阔的平台。黄志贤首先代表林文漪主席对张大卫、孙立坤一行的到来表示欢迎。他表示，焦作修武台创园成立至今稳步发展，开拓了一条有别于其他台创园的新路子，成果惠及豫台老百姓，成为豫台交流合作的重要平台。台盟中央将继续一如既往地关心和支持焦作市和台创园的发展，也希望台创园多融入台湾元素，更加明确功能和产业定位。多引进台湾青年企业家入驻台创园，增进两岸农民、青年企业家的交流合作，因地制宜，将台创园、神农同根园打造成焦作生态农业的亮点，为更多台湾青年、台湾农民到园区发展搭建平台。

3 月 19 日，台盟中央机关召开学习贯彻全国两会精神会议。全国人大常委、台盟中央副主席苏辉传达了十二届全国人大三次会议精神。全国政协委员、台盟中央副秘书长、组织部部长吴国华传达了全国政协十二届三次会议精神。全国政协常委、台盟中央副主席黄志贤主持会议并讲话。台盟中央宣传部副部长穆学锋介绍了两会期间台盟盟员人大代表、政协委员的宣传报道情况。黄志贤指出，今年的全国两会是在协调推进“四个全面”战略布局关键之年召开的一次重要的会议，会议确定了今年经济社会发展的目标任务。会议通过的各项决议决定充分反映了全国各族人民的共同意志和愿望，必将激励我们矢志不移推进全面深化改革、凝心聚力加快依法治国进程，满怀信心向着“两个一百年”的宏伟目标奋勇前进，为实现中华民族伟大复兴的中国梦而努力奋斗。习近平总书记看望出席全国政协十二届三次会议的民革、台盟、台联界别委员，听取委员们的意见和建议，并发表了重要讲话，强调“四个坚定不移”，意义重大，影响深远，为今后的对台工作指明了方向。黄志贤希望台盟中央机关干部认真学习贯彻全国两会和习近平总书记在民革、台盟、台联联组会上的重要讲话精神，为落实“四个全面”战略布局凝聚人心，增添力量；扎实推进台盟各项工作的开展，为完成今年各项工作任务打下坚实基础；切实加强机关建设，不断提高参政履职工作科学化水平。

3 月 19 日，全国政协常委、台盟中央副主席黄志贤在台盟中央机关亲切会见了参加中央社院第 33 期民主党派干部进修班、培训班的台盟学员。黄志贤对学员们的到来表示热烈欢迎，对学员们在学习中取得的成绩表示充分肯定。他勉励各位学员继承和发扬台盟前辈爱国爱乡的光荣传统，加强学习、勤于实践，不断提高各方面的业务能力，尽快历练成为台盟工作的行家里手，努力在参政议政、对台联络等各方面做出新成绩。学员们汇报了各自的学习情况，并结合自身实际，畅谈了学习体会，表示将珍惜难得的学习机会，夯实思想基础，增强履职能力，为台盟各项事业的发展贡献智慧和力量。

4月17日，台盟中央机关举办《中共中央关于加强社会主义协商民主建设的意见》（以下简称《意见》）学习报告会。全国政协常委、台盟中央副主席黄志贤出席。《意见》印发后，台盟中央领导高度重视对《意见》的学习贯彻，根据台盟中央坚持和发展中国特色社会主义学习实践活动的工作部署，组织召开《意见》学习报告会，旨在加强协商民主建设的理论学习，深入学习领会《意见》精神，同时也是纪念中国共产党发布“五一”口号67周年。此次报告会邀请中央社会主义学院原副院长袁廷华作《意见》专题报告。袁廷华从《意见》制订印发的时代背景、社会主义协商民主的本质属性、社会主义协商民主的内涵和渠道三个方面对《意见》进行了深刻解读，着重介绍了政党协商的相关内容。台盟将以学习贯彻《意见》精神为契机，按照台盟中央2015年工作要点的要求，扎扎实实做好今年的各项工作，不断提高参与政党协商的能力和水平，为加强政党协商献计出力。台盟中央机关各部门负责人、工作人员30余人参加学习报告会。

6月10日，台盟中央举办学习贯彻中央统战工作会议精神报告会。全国政协常委、台盟中央副主席黄志贤，全国人大常委、台盟中央副主席苏辉出席。中央统战工作会议召开后，台盟中央领导高度重视对会议精神的学习贯彻，全国政协副主席、台盟中央主席林文漪在专题学习中央统战工作会议精神的九届三十一次专职主席（扩大）会议上指出，要认真学习贯彻习近平总书记在中央统战工作会议上的重要讲话精神，夯实共同思想政治基础，积极参与政治协商，广泛团结所联系的台湾同胞，更好地担负起参政党职责，为实现中华民族伟大复兴的中国梦贡献力量。此次报告会邀请中共中央统战部研究室主任张健作专题报告。台盟中央机关各部门负责人、工作人员，台海出版社有关同志40余人参加报告会。

7月23日至25日，为纪念中国共产党成立94周年，纪念抗日战争胜利70周年，结合“三严三实”专题教育活动，中共台盟中央机关支部赴北京市密云县雾灵山庄组织开展主题活动日。支部党员包括部分离退休的老领导、机关入党积极分子等40余人参加活动。台盟中央副主席黄志贤、苏辉参加相关活动。活动期间召开了全体党员会议，支部书记宋淼传达了中央统战部开展“三严三实”专题教育的有关精神，包括专题教育实施方案、孙春兰同志专题党课上的重要讲话，以及近期支部开展的主要工作。支部学习委员张骏介绍了支部三年工作计划（2015—2017年）征求意见稿。全体人员还参观了古北口长城抗战纪念馆，通过文字、图片、实物介绍，重温了长城抗战的壮烈史实，弘扬抗战精神、激发爱国热情。

8月25日，台盟中央召开“纪念抗日志士林正亨诞辰100周年暨《林正亨画传》出版座谈会”。全国政协副主席、台盟中央主席林文漪，全国政协常委、台盟中央副主席黄志贤等出席会议。会前，林文漪等台盟中央领导亲切会见了林正亨烈士家属。黄志贤在讲话中指出，林正亨烈士短暂而光辉的一生是追求真理、献身革命的一生，是忠诚于党、热爱人民的一生，是不畏艰险、英勇战斗的一生。他对祖国无比热爱，对同胞无限忠诚，对敌斗争最坚决最勇敢，在他身上集中体现了包括台湾同胞在内的中华民族伟大的爱国主义精神和革命英雄主义精神。黄志贤强调，今年是中国人民抗日战争胜利70周年，也是台湾光复70周年，在这样一个有着特殊意义的年份里，我们纪念林正亨烈士百年诞辰具有重大而深远的意义。林正亨烈士和所有为捍卫国家主权和领土完整而献身的革命先烈一样，永远是我们学习的榜样；其坚贞不屈的革命气节、心系国运的赤子情怀，永远是激励我们奋勇前进的动力。对台胞抗战文化、台湾历史的研究、对台湾人民爱国爱乡精神的传承与弘扬，一直是台盟的重要工作之一。在林正亨烈士诞辰100周年这个值得纪念的日子里，台盟中央、台海出版社精心选取林正亨及其家人各个时期的代表图片，编撰成册，再现台籍革命烈士林正亨光辉、壮丽的一生，这也是包括台湾同胞在内的全体中国人民抗击外来侵略、反对国民党当局腐败专制的缩影。希望通过林正亨烈士的事迹，激励广大台盟盟员继承先辈优良传统，勇担时代重任；更希望通过学习林正亨烈士的事迹，激励千千万万中华儿女的爱国心、报国情、强国志，唤起两岸同胞共同的历史记忆，消弭隔阂，增进互信。座谈会上，林正亨烈士家属从不同侧面回顾了林正亨烈士对维护祖国统一、抵抗外来侵略做出的贡献。中共中央统战部、国务院台湾事务办公室有关同志，台盟中央机关有关部门负责人，台盟北京市委领导、机关干部，林正亨烈士在京家属，部分在京盟员、台胞，台海出版社有关同志约60人参加会议。

9月22日，台盟中央、全国台联在北京台湾会馆召开2015年在京台胞中秋茶话会。全国政协副主席、台盟中央主席林文漪，十届全国政协副主席、台盟中央原主席张克辉，全国政协常委、全国台联党组书记梁国扬，全国政协港澳台侨委员会副主任卢昌华，全国人大常委、台盟中央副主席苏辉等出席。茶话会由全国政协常委、台盟中央常务副主席黄志贤主持。全国台联副会长纪斌代表台盟中央、全国台联致辞。黄志贤表示，随着两岸关系进入巩固深化新阶段，两岸交流更加密切。在台湾光复回到祖国怀抱70周年之际，台盟、台联和所联系的广大台胞一定会珍惜难得的历史机遇，同心同行，为两岸的共同繁荣和发展、为实现中华民族伟大复兴的中国梦不懈努力。茶话会上，来自台盟中央、全国台联的机关干部和部分在京台胞表演了合唱《在太行山上》、诗朗诵《云水・中秋》、闽南语歌曲《探戈探戈》等精彩节目。来自中共中央统战部、中共北京市委统战部、北京市政协等有关部门的领导同志与在京台胞、台商、台生200余人齐聚一堂，畅叙乡情友情，共庆中秋佳节。

10月12日，为纪念台湾光复70周年，台盟中央在北京台湾会馆举办《台湾同胞抗日丛书》出版座谈会。全国政协常委、台盟中央常务副主席黄志贤出席并讲话，十届全国政协副主席、台盟中央原主席张克辉，全国人大常委、台盟中央副主席苏辉，国务院台湾事务办公室新闻局副局长范丽青等出席。黄志贤在讲话中指出，在台湾光复70周年之际，台盟积极响应习近平总书记“推动海峡两岸史学界共享史料、共写史书，共同捍卫民族尊严和荣誉”的号召，迈出了坚实的一步，《台湾同胞抗日丛书》即是代表之作。这套丛书由台盟中央宣传部和台海出版社历时三年精心编辑制作，书中凝聚了台盟近年来研究台胞抗战的重要成果，全国政协副主席、台盟中央主席林文漪为丛书题写了序言。丛书用大量史实，全景式地生动再现了台湾同胞与祖国大陆同胞一道，携手并肩为中华民族的独立和富强而浴血奋战的可歌可泣的光荣历史，其中许多鲜为人知的史料是首次公开。《台湾同胞抗日丛书》不仅是对两岸同属一个中国的忠实记录，也是对那些企图割断历史、实行“去中国化”谬论的有力反击。台盟将继续挖掘、整理和研究抗战文化，继续推动台湾同胞爱国爱乡的光荣传统薪火相传，促进两岸人民、尤其是年轻一代铭记抗日史实，增进台湾同胞的民族认同感和对祖国大家庭的归属感。来自新闻界、学术界的代表人士，部分台盟老前辈及后代，中共中央统战部、国务院台湾事务办公室有关同志，台盟中央有关部门负责人、台盟北京市委领导、机关干部，部分在京盟员、台胞，台海出版社有关同志等约 100 余人参加座谈会。

10 月 12 日，在纪念台湾光复 70 周年之际，为弘扬台湾同胞不屈的抗日斗争精神和爱国爱乡的革命传统，台盟中央举办纪念台湾光复 70 周年老盟员座谈会。十届全国政协副主席、台盟中央原主席张克辉，原台盟总部副主席田富达，林东海、曾重郎等 10 余位当年参加过抗日斗争，亲历台湾光复回到祖国怀抱等重要历史时刻的老盟员出席。全国政协常委、台盟中央常务副主席黄志贤出席座谈会。会上，老盟员对台盟中央领导关心老同志的政治生活，及时举办这样的座谈会，感到非常高兴。大家回忆了台胞抗日斗争及台湾光复的历史，并表示，历史充分证明，祖国的抗日战争，台湾同胞没有缺席。也正是祖国取得抗战胜利，台湾才得以光复。黄志贤说，台盟老同志是台盟的宝贵财富。他受林文漪主席委托，向老同志们问好。希望老同志的革命精神、宝贵经验薪火相传，并祝老同志们身体健康。台盟中央机关工作人员等约 30 人参加会议。

11 月 5 日，台盟中央在京召开学习贯彻中共十八届五中全会精神座谈会。全国政协副主席、台盟中央主席林文漪出席会议并讲话。全国人大常委、台盟中央副主席苏辉等领导出席。全国政协常委、台盟中央常务副主席黄志贤主持会议。林文漪指出，十八届五中全会审议通过了《中共中央关于制订国民经济和社会发展第十三个五年规划的建议》，为全面建成小康社会决胜阶段的伟大胜利擘画蓝图，对于坚持和发展中国特色社会主义，实现“两个一百年”奋斗目标、实现中华民族伟大复兴的中国梦，具有重大的现实意义和深远的历史意义。林文漪表示，台湾民主自治同盟全体盟员，对全会通过的各项决议表示完全赞同和坚决拥护，对实现中华民族伟大复兴的中国梦信心满怀并将不懈奋斗。作为与中国共产党亲密合作，共同致力于中国特色社会主义事业的参政党，台盟的奋斗目标与中国共产党完全一致，台盟的工作任务与国家发展息息相关。“同心则同志，同志则同行。”林文漪要求，全盟要秉持创新、协调、绿色、开放、共享的发展理念，把思想和行动统一到五中全会的精神中去，把智慧和力量凝聚到中共中央的部署上来，同心同德、群策群力，为胜利完成“十三五”规划做出应有贡献。林文漪号召说，在理论学习方面，台盟要把学习五中全会精神与学习中共十八大、十八届三中、四中全会精神结合起来，与学习习近平总书记系列重要讲话精神结合起来，与学习中央统战工作会议及《中国共产党统一战线工作条例（试行）》精神结合起来，不断巩固和发展与中国共产党团结合作的思想政治基础。在实际工作方面，我们要紧紧围绕五中全会做出的战略部署，围绕“十三五”规划制订的目标任务，切实履行好参政党职能。在制度保障方面，我们要贯彻五中全会创新的理念，健全、完善、创新各项工作机制，把经过实践检验的好的做法、经验，以制度的形式巩固起来，发展起来，推广起来，着力构建合作联动、优势互补、奋发有为、成效优先的工作机制，推动台盟工作更上一个新台阶。台盟中央机关同志、台海出版社负责同志在会上作了发言，他们结合本职工作，从各自角度畅谈了学习十八届五中全会精神的感受和体会。台盟中央秘书长张宁，副秘书长宋焱、吴国华出席，台盟中央全体机关干部及台海出版社工作人员参加了会议。

11 月 5 日，全国人大常委、台盟中央副主席苏辉在台盟中央机关会见了厦门大学党委副书记、副校长李建发等“两岸关系和平发展协同创新中心”一行 14 人，并进行座谈。座谈会上，苏辉副主席首先对“两岸协创中心”一行的到来表示了欢迎，对“两岸关系和平发展协同创新中心”获得国家立项表示了祝贺。同时，就台盟中央未来一个时期的工作方向作了说明，希望能继续借助“两岸协创中心”的平台，强化对台研究工作，把台盟对台联络资源与“两岸协创中心”的研究能力结合起来，以台盟现有的研究机制、研究项目为基础，密切合作，拿出高质量的研究成果，为支持两岸人民交流交往，为祖国和平统一充分释放智力能量。

11 月 12 日，全国政协常委、台盟中央常务副主席黄志贤在台盟中央机关会见了中共贵阳市委常委、统战部长帅文一行并进行座谈。帅文一行介绍了建立贵阳市台盟地方组织筹备工作和贵阳市开阳县经济社会发展及台湾产业园项目相关情况，并就台盟中央对贵阳市发展的关心和支持表示衷心感谢。黄志贤首先代表林文漪主席感谢贵阳市委、市委统战部对筹建台盟地方组织的关心和帮助。他讲道，几天前，两岸领导人在新加坡举行了历史性会面，翻开两岸关系和平发展划时代新篇章。在两岸同胞交流交往新的节点上，贵阳市充分发挥区位优势，推进开阳台湾产业园项目的开发和建设，台盟中央将同贵阳市有关方面共同努力，为贵州经济社会发展和推进两岸经贸文化交流贡献一份力量。

（八）论坛、研讨会

1 月 16 日，由台盟中央、国家农业部、重庆市人民政府共同主办的第十四届中国西部（重庆）国际农产品交易会（简称“西部农交会”）在重庆国际会展中心（南坪）开幕。西部农交会是我国西部地区最具影响力的大型农产品展会，目前已有 100 多家境外企业、1500 多家全国知名企业、200 多家大型采购商成为历届展会固定的参展商。本届农交会以“绿色、品牌、合作、发展”为主题，参展企业达 2100 余家，来自泰国、巴基斯坦、哈萨克斯坦、马来西亚、台湾等国家和地区的企业逾 60 家，展会产品达 6300 余种。全国人大常委、台盟中央副主席苏辉出席第十四届西部农交会开幕仪式、投资农业农村重大项目及农产品交易签约仪式等活动。苏辉对西部农交会立足特色、突出重点展示农业产业会发展亮点给予了充分肯定，希望重庆利用西部农交会这个平台，大力实施精品、品牌战略，充分展示重庆等地农业发展所取得的成就，并广泛推介台湾优质名牌农产品，继续做好渝台农业交流、合作、推广等，推动更多台资企业入渝，为两岸关系和平发展做更大贡献。展示会上，苏辉重点考察了参展台资企业的特色产品，与参展的台湾乡亲亲切交谈，详细了解了参展台湾农产品的生产加工、市场销售以及市场前景等情况。

5 月 29 日，由台盟中央、重庆市人民政府主办，台盟重庆市委等单位承办的渝台经济文化创意合作平台发布会在重庆举行。该发布会是第十八届中国（重庆）国际投资暨全球采购会（简称渝洽会）的重要分项活动，旨在利用重庆厚积薄发的文创产业和台湾先进的文创资源，共同推动两岸经济、文化产业交流合作。台盟中央副主席杨健出席并致辞。他指出，经过重庆、台湾两地文创业界人士的不断探索，必将为未来实现文化创意、科技创新、电子信息化、物联网等更多产业的融合发展提供广阔平台。

5月30日，台盟中央副主席杨健出席了由国务院台湾事务办公室和重庆市人民政府共同主办的第七届“重庆·台湾周”开幕式及由台盟重庆市委承办的第七届“重庆·台湾周”活动的分项活动——海峡两岸（重庆）文化创意产业发展论坛。论坛期间，来自两岸的嘉宾深入交流探讨了海峡两岸、渝台两地文化创意产业发展前景。中共重庆市委常委、统战部部长宋爱荣，市政协副主席、台盟重庆市委主委李钺锋，台湾新党主席郁慕明出席论坛。在渝期间，重庆市人民政府市长黄奇帆，中共重庆市委常委、统战部部长宋爱荣分别会见了杨健，并就进一步推动渝台交流合作交换了意见。

6月12日，由台盟中央指导，福州市人民政府、台盟福建省委、福建省文史馆、福州市政协主办，马尾区人民政府、福州晚报承办，中国社科院台湾研究中心、台湾中华日报、福建师大社会历史学院、台盟福建市委、福马海军联谊会等协办，第七届海峡论坛重要活动之一的海峡两岸船政文化研讨会在福州召开。本届研讨会以“船政文化与弘扬民族正气”为主题。全国政协常委、台盟中央副主席黄志贤出席会议并致辞。黄志贤在致辞中指出，福州是福建船政学堂和船政文化的发祥地，由此而形成的船政精神，是伟大民族精神的重要组成部分。今年是中国人民抗战胜利70周年、台湾光复70周年，同时，也是推进“一带一路”建设、服务“两个一百年”奋斗目标的开局之年。本届研讨会主题鲜明，意义重大。黄志贤表示，海峡两岸专家学者、船政先贤的宗亲苗裔共同开展研究探讨，一定能够就如何更好的继承发扬“励精图治、奋击外侮”的船政文化传统，维护我国海洋权益，建设海洋强国，共谋两岸同胞福祉，达成广泛共识；一定能够以船政精神为纽带，携手同心，共谋未来，开辟两岸关系和平发展更加广阔的前景，为实现中华民族伟大复兴的中国梦而共同努力。

7月4日，由台盟中央与台盟北京市委共同举办的2015年京台文化研习营开营仪式在北京中华文化学院举行。全国人大常委、台盟中央副主席苏辉，北京市政协副主席、台盟北京市委主委蔡国雄出席。来自台湾中国文化大学、台湾台东专科学校、贵州盛华职业学院的师生，在京就读的台湾学生及部分青年盟员、台胞，台盟北京市委机关工作人员70余人参加。蔡国雄致欢迎词，潘新洋代表台盟中央致辞，苏辉宣布开营。蔡国雄在欢迎词中谈道：京台文化研习营是台盟北京市委两岸青年文化交流项目，这项活动让来自北京、台湾、贵州三地青年共同感受原汁原味的京味文化，共同领略中华民族的灿烂文明，共同体味两岸同胞同根、同文、同种的血脉深情。活动期间，研习营安排了北京民俗文化、古今北京城和北京传统工艺美术三堂讲座，组织营员参观焦庄户地道战遗址纪念馆、故宫博物院、慕田峪长城和APEC雁栖湖会址等著名历史遗迹和现代人文景观，参观清华大学校史馆和清华大学图书馆保钓资料收藏研究中心，让营员从不同的侧面了解北京历史，感受北京的深厚文化底蕴，让更多的青年融入两岸交流交往的大潮，增进相互了解，深厚彼此友谊，共同传递“两岸一家亲”的正能量。

8月20日，由台盟中央、海南省人民政府指导，台盟海南省委会会同海南省台办、海南省政协港澳台侨外事委员会、海南省台联、台湾农会、台湾休闲农业学会联合主办的2015年海峡两岸休闲农业发展（海南）研讨会在海口举行。来自两岸近200位农业专家及企业代表，就借鉴台湾农业发展经验推动海南传统农业转型升级，进一步深化两岸休闲观光农业合作进行了研讨。全国政协常委、台盟中央副主席杨健在开幕式上表示，台盟中央一直把海峡两岸休闲农业发展（海南）研讨会作为推进两岸经贸文化交流合作的重要事项。琼台两岛同为祖国宝岛和著名旅游胜地，文化传统深厚，自然资源相近，农业形态相似，经济互补性强，深化合作的潜力巨大。琼台农业合作开创了两岸农业合作的先河。早在 1988 年，就有台商到海南从事农业投资。之后，台商到海南投资开发日益增多，农业领域逐步成为琼台经济牵手合作的先行者和“领头羊”。截至 2014 年底，海南共引进台资农业企业 670 多家，实际投资 4 亿多美元，相继引进台湾 80 多类 500 多种优质水果、蔬菜、花卉培育加工技术，大大改变了海南传统的农业结构和生产方式。

9 月 11 日，由台盟中央与两岸四地青年发起成立的“两岸青年观点论坛”在京举办了“台湾世代对话沙龙”，围绕“台湾抗战五十年与青年未来愿景”主题进行深入探讨和对话。活动邀请“台湾最后一位进士”汪春源的后代、《两岸关系》杂志社社长汪舟，抗日名门雾峰林家的后代林为民先生，以及台胞抗日历史专家、北京市台湾同胞联谊会名誉会长卢咸池，亲身讲述自己祖上和台湾先辈英勇抗战的光荣故事，令在场青年聆听之后无不动容，引发热烈讨论。

10 月 25 日，由台盟中央、全国台联、中国社会科学院、中山大学联合主办的纪念抗战胜利与台湾光复 70 周年学术研讨会在广州开幕。国务院台湾事务办公室主任助理周宁，全国人大常委、台盟中央副主席、广东省政协副主席陈蔚文，全国台联党组书记、副会长梁国扬，中山大学党委书记陈春声等出席开幕式。陈蔚文在致辞中指出，海峡两岸的专家学者齐聚一堂，纪念台湾光复，研讨光复历史，这是纪念包括台湾同胞在内的中国人民，经过长期反抗而使宝岛重新回到祖国怀抱这一共同的历史；是对 70 年前台湾回归祖国的重大历史事实的重申与肯定；是对台湾同胞在回归祖国怀抱时，强烈的民族认同与爱国爱乡情怀的重放和回念；也是对企图否认台湾自古属于中国的“台独”分子的郑重警告。陈蔚文表示，作为由生活在祖国大陆的台湾省人士组成的参政党，台盟的前辈们为抗战胜利、台湾光复，为祖国的革命、建设做出了重要贡献。如今，台盟秉承前辈的优良传统，始终牢记责任与使命，在中央对台方针政策的指引下，致力于推进两岸关系和平发展，致力于推动两岸同胞的心灵契合。对台胞抗战文化、台湾历史的研究，对台湾人民爱国爱乡精神的传承与弘扬，也一直是台盟的重要工作之一。希望在此次研讨会上，通过两岸专家学者们的共同交流讨论，能够从新的视角，阐释新观点，为两岸关系和平发展，为两岸共圆中华民族伟大复兴的中国梦贡献力量。共有来自海峡两岸、海外的 105 位专家学者围绕纪念抗战胜利与台湾光复进行交流。

9 月 16 日，由台盟中央妇委会、联络部主办，台盟成都市支部、台盟上海市委承办的“2015 两岸早期教育学术论坛”成功举行。来自两岸三地的专家学者、台盟各省市组织集聚一堂，共同就两岸早期教育共同关注的议题进行交流和探讨，一起分享理念，切磋经验，展示成果，展望未来。全国政协常委、台盟中央副主席吴国祯出席并代表台盟中央致辞。吴国祯副主席表示，新世纪以来，随着经济社会的不断发展，早期教育越来越受到重视，对此，两岸都进行了不少探索和实践，如大陆的“科学育儿进社区”“以‘全域性教育’理念构建课程”“保护宝宝的绘画天赋”，台湾的“注重在新课纲中强调幼儿教育课程采取统整不分科方式进行教学，注重身体动作与健康、认知、语文、社会、情绪与美感等六个领域的内涵”以及“腰要软、嘴要甜”等，不断转变早教理念，完善早教模式，提升早教水准，各自都为早期教育的发展做出了大量有益的尝试，都取得了较好的成效，这为两岸交流提供了新的着力点。台盟中央妇委会、联络部主办此次活动，旨在通过这个论坛，为两岸相关同仁搭建相互交流和学习的平台，互相借鉴、彼此启发、取长补短，共同为早期教育工作进一步向前迈进贡献智慧。本次论坛的研讨主题围绕早期教育展开，近 20 余位来自两岸三地的专家以及台盟盟员先后发言，交流十分热烈。两岸三地专家、学者以及台盟盟员近 50 人参加了论坛。

9 月 20 日，由台盟中央两岸文化交流委员会、泉州市政协文史和学习宣传委员会、泉州市郑成功学术研究会等共同主办的泉州市海峡两岸“海上丝路与郑成功”论坛暨石狮市郑成功研究会理事监事就职典礼，在泉州市辖石狮市举行。全国人大常委、台盟中央副主席苏辉出席并致辞。苏辉指出，泉州市是世界多元文化展示中心、历史文化名城，是海上丝绸之路的起点城市和 21 世纪海上丝绸之路先行区。台盟中央历来十分重视闽南文化、海丝文化、郑成功文化的研究传承和发扬光大。郑成功文化是海峡两岸人民共享的珍贵文化记忆和文化遗产，已成为连接两岸同胞的精神纽带和文化桥梁。新时期两岸同胞以郑成功文化为纽带，以海丝文化为平台，以心交心，尊重差异，增进理解，共同促进两岸关系和平发展和世界和平发展，共同为实现中华民族伟大复兴的中国梦而奋斗。相信郑成功文化和妈祖文化先行，可以成为拓展延伸海上丝绸之路的时代文化符号和建设 21 世纪海上丝绸之路坚实的文化基石。本次论坛吸引了国内外专家 100 多人参与，共收到论文 34 篇,遴选 11 篇在大会上交流。其中由台盟中央两岸文化交流委员会提交的《应将郑成功文化与妈祖文化整合成为 21 世纪海上丝绸之路文化名片》，得到了与会同志的广泛好评。

9 月 26 日，由台湾民主自治同盟中央委员会、北京税收法制建设研究会、北京市台湾同胞联谊会共同举办的第二届“大江论坛”——两岸关系和平发展精英论坛，在北京台湾会馆隆重举行。作为台盟中央于 2014 年发起打造的高端主题论坛，本届“大江论坛”以青年“成长、成才、成功”为主题，汇聚了岛内政、经、产、学等各领域的代表性人士和青年团体代表一百多人与会，畅谈青年发展，共叙合作交流。全国人大常委、台盟中央副主席苏辉介绍说，台盟作为台湾省人士组成的参政党，多年来秉持爱国爱乡的光荣传统，发挥与岛内乡情亲情深厚的特点，利用参政党职能优势为两岸同胞谋福祉、为两岸和平献心力，得到了所联系的岛内乡亲的信任和认可。苏辉表示，台盟中央发起举办“大江论坛”，旨在汇集两岸同胞对两岸关系和平发展理念的意见和看法，凝聚两岸关系和平发展的力量和共识，共享两岸关系和平发展的成果与辉煌。第二届“大江论坛”的主题，契合习近平总书记在政协十二届三次会议看望民革台盟台联委员时所提出的让两岸关系和平发展为台湾青年的成长、成才、成功注入新动力、拓展新空间的重要讲话精神。国台办副主任龙明彪等出席开幕式并致辞。国民党中常委黄志雄，台湾镭射医学会理事长、台湾医师公会联合会常务理事王正坤，厦门大学台湾研究院院长刘国深，高雄应用科技大学副教授、台盐（厦门）进出口有限公司董事长罗志明，两岸青年观点论坛发起人王正，清控科创公司董事长、青年创客秦君等发表主题演讲。第二届“大江论坛”期间，举办了台湾青年创业发展论坛、两岸税收法治建设论坛、两岸四地艺术家作品展示周等交流活动。其中，9 月 27 日，在第二届“大江论坛”· 台湾青年创业发展论坛现场，

“一带一路”“创投”“创业”“互联网 +”这些词汇频繁出现在台湾青年的对话和交流中。论坛上，来自台湾雁博青年创业家协会、台湾中华青年之友会、中华两岸交流促进会等岛内青年团体的青年代表、在京台生，与大陆青年创客一起，畅论“一带一路”、大陆投资，共谋创业发展，不时迸发出创业创意火花。一些在大陆投资经营的两岸企业家向与会台湾青年分享了自己的创业故事，以及对大陆经济转型升级过程中的产业机遇。台盟中央举办两岸青年创业发展论坛，旨在贯彻落实习近平总书记在看望参加政协十二届三次会议的民革台盟台联委员时关于“让两岸关系和平发展为他们（台湾青年）的成长、成才、成功注入新动力、拓展新空间”的讲话精神。今后台盟将持续关注台湾青年在大陆的投资创业和事业发展，在“大江论坛”平台上，助推两岸青年携手共创美好未来。

11 月 9 日上午，由台盟中央、全国政协港澳台侨委员会、全国政协书画室主办的第二届“两岸一家亲　共圆中国梦——海峡两岸书画艺术交流展”在全国政协礼堂开展。全国政协副主席、全国政协书画室主任马飚，全国政协常委、台盟中央常务副主席黄志贤出席并致辞。黄志贤在致辞中指出，回顾近年来两岸关系和平发展历程，2013 年至 2015 年三次“习连会”、今年的“习朱会”、11 月 7 日刚刚举行的两岸领导人会面，对两岸关系和平发展起到了极大的推动作用，两岸关系稳中求进，政治互信不断巩固，两岸交流不断扩大。台盟是由生活在祖国大陆的台湾省人士组成的参政党，始终致力于推动海峡两岸人民的交流与交往，推动中国优秀传统文化的创新与发展，促进台湾同胞的民族认同，本次与全国政协共同举办书画展就是以书画为媒介，贯彻习近平总书记提出的“两岸一家亲”理念，让两岸同胞越走越近，越走越亲，充分发挥优秀传统文化在实现中华民族伟大复兴的中国梦中的重要作用。本次交流展是台盟中央与全国政协港澳台侨委员会、全国政协书画室继 2014 年 9 月 8 日成功举办首届“两岸一家亲共圆中国梦——海峡两岸书画艺术交流展”后再度联合主办此项活动。共展出的 100 余幅优秀作品，是两岸四地百名艺术家围绕“两岸一家亲共圆中国梦”的主题精心创作而成，涉及人物、山水、花鸟、书法等多种题材，其中的一山一水一字一人都深切饱含着艺术家们对祖国山水的眷恋之情。中国美术家协会主席刘大为，中国美术馆原馆长、中国美术家协会原副主席杨力舟，中国书法家协会副主席苏士澍，台湾著名美术史学家、书画家傅申等两岸四地多位著名艺术家参加交流展。

11月16日至17日，由台盟中央、中国国际贸易促进委员会、台湾区制茶工业同业公会、台湾茶协会、南平市人民政府等十多家单位共同举办，以“缘聚武夷、茶和天下”为主题的第九届海峡两岸茶业博览会在福建武夷山开幕。全国政协副主席、台盟中央主席林文漪出席茶博会，并与参展的两岸茶业从业人员亲切交流。16 日上午，林文漪在福建省副省长黄琪玉、省政协副主席刘可清、南平市委书记庄稼汉、市长林宝金陪同下，参加第九届茶博会开馆巡馆，并与茶企负责人座谈交流。17 日上午，林文漪在福建省委常委、统战部长雷春美、省政协副主席刘可清陪同下，参加茶博会系列活动“2015 中国大红袍国际禅茶文化节”，并宣布文化节开幕。本届茶博会总展览面积 4.3 万平方米，总展位数 1265 个，展品涵盖六大茶类茶品、茶服、茶食品、茶具工艺品等茶业全产业链产品，到会参展商 565 家，其中台湾茶企 100 余家。

12 月 4 日，台盟中央帮扶毕节市赫章县十周年纪念会在北京召开，全国政协副主席、台盟中央主席林文漪出席会议。台盟中央副主席吴国祯、陈蔚文、杨健出席会议。台盟中央副主席苏辉作会议讲话。苏辉全面回顾了台盟十年来帮扶赫章取得的工作成果，并向支持台盟帮扶工作的社会各界表达了衷心的感谢。台盟对赫章的帮扶工作，是对习近平总书记批示毕节试验区“创造了中国共产党领导的多党合作助推贫困地区发展的成功经验”重要精神的贯彻落实。同时，希望全盟深入学习贯彻中共十八届五中全会精神，牢固树立“创新、协调、绿色、开放、共享”的发展理念，深入贯彻落实习近平总书记在中央扶贫开发工作会议上的重要讲话精神，坚持精准扶贫、精准脱贫，重在提高脱贫攻坚成效。集全盟之智，举全盟之力，锐意创新，开拓进取，将帮扶工作与全面建成小康社会奋斗目标新要求相衔接，为夺取脱贫攻坚战新胜利做出我们的贡献。会上，毕节市及赫章县相关领导，台胞及社会爱心团体代表，台盟地方组织代表进行了发言交流。台盟地方组织、台资企业及相关社会团体、爱心人士等向台盟中央“同心帮扶”项目进行了捐款。台盟中央表彰了对对口帮扶工作做出突出贡献的单位和个人，颁发了纪念光盘和荣誉证书，并发行了台盟中央帮扶赫章纪念画册——《我们共同走过的日子》。中共中央统战部办公厅、一局，国务院扶贫办社会扶贫司的相关领导，出席台盟九届四中全会的代表、台盟中央各专委会、参事室负责人和机关各部门负责人，北京市统计局、北京市技术市场协会、毕节市及赫章县等相关领导，台南市医师公会、香港恒丰集团、福建连捷地产集团、威盛集团、凤城食品有限公司、北京青年政治学院、贵州盛华职业学院等社会爱心团体代表等共约 110 人参会。

12 月 19 日，由台盟中央两岸文化交流委员会、中共泉州市委宣传部、泉州市台办、泉州广播电视台、台湾中华文化国际交流协会联合主办的第七届海峡两岸闽南语歌星选拔赛总决赛在泉州举行，来自大陆赛区和台湾赛区的前五强选手齐聚一堂，角逐前三甲。最终，庄培源（大陆）、陈栋梁（台湾）、谢妙宜（台湾）获得前三名。全国政协常委、台盟中央常务副主席黄志贤出席，并为获奖选手颁奖。“海峡两岸闽南语歌星选拔赛”是两岸文化交流的大型活动，至今已成功举办了六届，其以独有的闽南文化特色吸引了两岸上万名选手参与，成为两岸同胞传承、弘扬闽南文化的精神盛宴。台盟中央两岸文化交流委员会已连续参与主办多届两岸闽南语歌星选拔赛，取得很好的成效，为两岸一家亲、共圆中国梦，努力为两岸关系和平发展起积极的推动作用。

二、参政议政

作为中国特色社会主义参政党，台盟始终与中国共产党同心同行，紧紧把握国家改革发展稳定大局和两岸关系和平发展大局，自觉适应“新常态”对参政议政工作的新要求，扎实调研、深入研讨、全面实施成果转化，为推动我国经济社会发展、促进两岸同胞心灵契合积极建言献策，全盟参政履职取得了新的重要进展。

（一）积极参与政党协商

2015 年，台盟中央参加中共中央、国务院和有关部门召开的党外人士协商会、座谈会、情况通报会 21 次。台盟中央萃取全盟各级组织的调研成果，在高层协商会上发出了有分量、有影响的声音，受到中共中央和国务院的高度重视。

2 月 4 日，国务院总理李克强在中南海主持召开座谈会，在全国两会召开前听取各民主党派中央、全国工商联负责人和无党派人士代表对《政府工作报告（征求意见稿）》的意见和建议。台盟中央主席林文漪出席座谈会并发言。发言围绕积极适应公众重视“生态消费”和“健康消费”的心理变化、以全方位创新迎接新技术革命、进一步推动两岸经贸合作等问题提出了具体建议。

6 月 8 日，全国政协主席俞正声在京主持召开党外人士调研协商座谈会，就推进“一带一路”建设和制订“十三五”规划等问题座谈交流。台盟中央副主席黄志贤出席座谈会并发言。发言围绕进一步明晰台创园的功能定位、进一步拓展台创园的多元功能、进一步出台促进台创园发展的“一揽子”支持政策等问题提出了具体建议。

7 月 24 日，中共中央总书记习近平在中南海主持召开党外人士座谈会，就当前经济形势和下半年经济工作听取各民主党派中央、全国工商联领导人和无党派人士的意见和建议。台盟中央主席林文漪出席座谈会并发言。发言围绕稳步推进“一带一路”建设、推动台湾农民创业园先行先试等问题提出了具体建议。

8 月 21 日，中共中央总书记习近平在中南海主持召开党外人士座谈会，就中共中央关于制订国民经济和社会发展第十三个五年规划的建议听取各民主党派中央、全国工商联领导人和无党派人士的意见和建议。台盟中央主席林文漪出席座谈会并发言。发言围绕抓住新技术革命机遇、推动长江经济带生态文明建设、持续推动两岸关系和平发展等问题提出了具体建议。

12 月 10 日，中共中央总书记习近平在中南海主持召开党外人士座谈会，就当前经济形势和明年经济工作听取各民主党派中央、全国工商联领导人和无党派人士的意见和建议。台盟中央主席林文漪出席座谈会并发言。发言围绕推进“一带一路”建设、持续深化两岸经济合作等问题提出了具体建议。

此外，台盟中央还与台盟重庆市委等地方组织持续开展专题调研，以党派中央专报的形式向中共中央直接提出建议 11 份，内容涉及“设立海峡两岸经济合作内陆试验区”“成立‘一带一路国际科技园区联盟’”等，获得中央领导同志 13 次重要批示。

（二）在全国政协会议上的发言和提案

1. 全国政协十二届三次会议

全国政协十二届三次会议期间，3 月 4 日下午，中共中央总书记、国家主席、中央军委主席习近平看望了民革、台盟、台联委员，并参加联组会，听取委员们意见和建议。中共中央政治局常委、全国政协主席俞正声参加看望和讨论。联组会上，共有 11 位委员先后发言。其中，台盟盟员中的杨健、纪斌、骆沙鸣、胡有清、郑广台等委员分别围绕“把握台湾民意，争取台湾民心”“加强台湾青少年和台胞社团工作”“完善台胞国民待遇，落实‘两岸一家亲’理念”“以法治方式促进两岸关系和平发展”以及“便利台湾同胞在祖国大陆投资、求学、就业”等问题作了发言。习近平在认真听取大家发言后发表了重要讲话。孙春兰、杜青林、万鄂湘、林文漪、张庆黎、齐续春等参加联组会。

3 月 7 日上午，台盟、台联界别还举行了联组会议。国台办、商务部、国家能源局的有关负责同志出席会议，并介绍了涉台相关工作开展情况。李钺锋、高美琴、陈俊驄、张嘉极、胡有清、蔡国斌、蔡国雄、吴国华等 8 位委员，分别围绕深化两岸交流、争取台湾民心，以及推进国家能源建设、促进民生事业发展等主题做了精彩的发言。联组会上，全国政协副主席、台盟中央主席林文漪同志做了重要讲话，总结了台盟的参政履职工作，对深入学习贯彻习近平总书记重要讲话精神提出了明确要求。

大会期间，台盟中央提交大会发言 3 篇。其中，王天戈委员 11 日在大会第四次全体会议上，代表台盟中央、全国台联作了题为《进一步加强海峡两岸青少年交流交往，不断增进“两岸一家亲”感情认同》的口头发言。发言认为，台湾青少年不仅是促进两岸关系和平发展的重要群体，也是实现和平统一的重要力量。当然，不可否认，由于多种原因，有部分台湾岛内的青少年，对于中华民族的历史了解不深，特别是对于大陆的政治体制、经济建设和社会发展存在认识误区，导致国家认同感与民族归属感出现了一定的偏差。发言建议：一是创造条件，增强吸引力。根据台湾青少年的生活习惯，探索建立费用低廉的自助旅游模式；安排精品线路，让台湾青少年了解祖国美丽的自然风光、厚重的人文历史和喜人的发展成就；创新形式，努力把“参访”变成“亲身参与”，把“联谊”变“常态联系”。二是发挥优势，增强凝聚力。由青年组织牵头，文化、教育等相关部门提供指导和保障，以建立姊妹学校、兴趣协会、青少年夏令营和高校学生社团联谊等形式，开展语言文字、儒家文化、民间习俗、传统技艺等展示与学习活动。三是搭建平台，鼓励创业。努力创造条件，打造台湾青年来大陆创业就业新平台。如在有条件的省市设立“两岸青年创业园”，引导台湾青年参与到涉及网络、信息、商务中介、餐饮食品、农业开发、园艺花卉等第三产业的创业投资中来等。四是加强新媒体交流，传播正能量。

此外，台盟中央还向会议提交了《关于促进大陆台资企业转型升级加快发展的建议》的书面发言。发言提出，进一步加大帮扶力度，促进大陆台资企业转型发展，进一步巩固两岸关系和平发展的经济基础。发言建议：一是加强政策引导。实施帮扶措施，引导现有台资企业适应大陆经济发展新常态；建立产业退出援助机制，为绿色生态产业的发展腾出空间；提高对台招商引资水平，以绿色生态产业为重点，推动台资企业深度融入大陆经济与社会发展中。二是加大财税扶持。设立财政专项扶持资金，对台资企业的技术改造、科技创新、品牌发展等给予财政奖励；进一步深化行政收费制度改革，切实减轻台资企业负担；进一步优化审核审批流程，为台商投资创造公开、公正、廉洁、高效的行政环境；在税收上，积极向台资企业宣传相关税收政策，帮助台资企业用足用活国家支持台资企业发展的奖励政策，适时出台帮助其渡过难关的税收倾斜政策。三是推动自主创新。吸引台湾优势产业的龙头企业在大陆设立研发机构；支持台资企业加大创新平台建设；在台商投资密集区建立公共技术平台；加快培育一批台资企业技术创新团队；鼓励台资企业与地方高校、科研院所共建产品研发机构；支持台资企业申报国家和地方各类科技计划项目；加强知识产权保护，为台资企业自主创新注入持续动力。四是提升用工服务。帮助台资企业根据《中华人民共和国劳动合同法》规范用工、工资分配、劳动时间管理；积极推动公共就业服务信息系统向台资企业延伸覆盖；鼓励台资企业与职业技术培训院校合作办学。五是加强金融支持。积极支持台湾金融机构在大陆设立办事处、分支机构，成立合资银行；鼓励金融创新，支持银企合作，加大对台资企业的信贷投放力度；拓宽台资企业直接融资渠道；设立台资企业金融服务绿色通道。六是拓展内销市场。帮助台资企业拓展内销渠道；支持台资企业参与扩大内需项目建设；支持台资企业创立自主品牌。七是优化投资环境。放宽投资准入条件，进一步简化台资项目的审批程序；切实维护台资企业的合法权益；为台商的医疗、子女教育等提供便利，为台商解决后顾之忧；充分发挥各地台资企业协会服务台商的作用，帮助台资企业转型升级。

同时，台盟中央还提交了《进一步发挥祖地文化优势，深化两岸民间文化交流》的书面发言。发言提出，利用文化的整合功能增强台湾民众的族群认同、文化认同、民族认同，促进两岸同胞“心灵契合”，进而推动两岸关系和平发展不断巩固深化，有着重要的现实意义。发言建议：一是加强民间文化交流，充分发挥民间力量推动两岸发展。以两岸宗亲活动、族谱对接、同名村交流互动为切入点，推动基层台胞到大陆参访，推进民间信仰团体、文艺表演团体间的相互交流。也可有计划地组织大陆优秀的民间艺术表演团体创作精品赴台演出，以令人折服的、原汁原味的祖地传统文化促进两岸文化交流的大繁荣、大发展。两岸的信俗文化交流也可考虑更多地通过民间力量去开展，如赋予民间团体法人资格，以便与台湾相关民间团体进行交流对接，放宽民间社团入台进行文化交流的门坎，大胆先行先试。二是运用祖地文化优势，作好台湾青少年的工作。积极推动各有关涉台部门、党派团体共同建立数据库，让更多的台湾新世代正确认识大陆、认同祖地的文化和民众生产生活的方式及观念，让老一代与大陆有渊源的两岸同胞的关系能在新生代上得以延续，用文化和亲情的力量拉近两岸人民的距离。三是以地域文化为抓手，把祖地打造成台湾民众的旅游目的地。结合生态建设、美丽乡村建设、社会主义新农村建设和城镇化建设，合理布局，保护和营建具有浓厚祖地文化氛围的新型的文化旅游目的地，把祖地的风光名胜、传统建筑、祖籍地和宗亲会、先人迁播路线、名人足迹等文化内容植入旅游概念中。

会议期间，台盟中央共提交党派提案 34 件；台盟界别 20 位委员提交大会发言 25 件、提案 278 件。10 件提案入选全国政协提案办理现场协商会、重要提案摘报和专题调研。其中，《关于进一步推动内地沿边开发开放的提案》和《关于开展好确权登记工作，加快建立城乡统一的建设用地市场的提案》2 件党派提案被确定为全国政协专题调研提案；《关于进一步推动地方法院、检察院管理体制改革的提案》等 4 件党派提案和《关于加大我国湿地保护力度的提案》等 3 件骆沙鸣委员个人提案被选入全国政协《重要提案摘报》；李钺锋委员提交的《关于加大耕地土壤污染防治力度，切实保障农产品安全的提案》入选两会期间全国政协召开的以“加大耕地保护工作力度，为人民群众提供优质安全的农产品”为主题的重点提案办理协商会，黄志贤副主席代表台盟中央，与台盟界委员张宁、李钺锋一起出席会议，与中央农办、国土资源部、环境保护部、农业部、卫生计生委、食品药品监督总局、粮食局等多家承办单位进行了面对面的交流，共同协商提案办理工作。

2. 全国政协十二届常委会第十一次会议

全国政协十二届常委会第十一次会议上，台盟中央提交了题为《大力推广利用生物质能源，建立全国一盘棋的清洁能源产业发展格局》的书面发言。发言提出，生物质能源具有“绿色”“循环”“经济”的特点，是非常适合我国调整能源结构和保护环境的清洁能源。不仅如此，作为农业大国，生物质能源的转化利用因其原料的多样性和简单实用的工艺技术，在我国广大农村地区的推广极具优势：一是原料易得，最具经济性。二是工艺简单，最具操作性。三是需求量大、最具实用性。为此，发言建议：大力推广生物质能源的生产利用，建立全国一盘棋的清洁能源产业发展格局，推动能源绿色发展。一是将生物质能源产业集群纳入“十三五”规划的能源发展战略。合理规划全国清洁能源产业发展方向，将已有十多年商业化应用的生物质资源确定为我国清洁能源产业的主导方向之一并做大、做强。二是注重顶层设计，制订生物质能源开发利用总体战略规划和实施路线图。将全国农、林副产品的区域分布、季节生产与生物质能源产业发展结合起来，精心规划、合理布局，建设分散式生物质能源基地并加强引导。在能源植物的选择方面，以应用目标为导向、突出实用价值、降低耕作和采收成本，推动能源植物产业形成规模，突出综合利用、实现效益最大化。三是完善产业配套政策，保障产业健康发展。从原料收集、运输、产品生产、销售等各环节入手，以国家战略规划重大专项为依托，完善相关法规、政策和配套服务，加大对生物质能源行业、企业的基础研发和产业化的扶持力度，同时搭建行业发展所必需的法律框架、政策环境和创新平台，建立利益调节机制，调动企业创新积极性，促进企业有序竞争和产业健康发展。

3. 全国政协十二届常委会第十二次会议

全国政协十二届常委会第七次会议上，台盟中央提交了《培育和践行社会主义核心价值观必须从青少年抓起》的小组发言。发言提出，当前我们亟须改变目前家庭和学校中那种注重智力、知识教育而忽视价值观教育的现状，把“教知识”和“教做人”放在同等重要的位置。积极探索符合青少年的年龄和性格特点的方式方法，通过内容、形式、手段、方法上的不断创新，引起他们的兴趣，提高他们的参与度，从而收到好的宣传效果。同时，完善学校、家庭、社会“三结合”教育网络，引导全社会形成良好的道德风尚，为青少年形成正确的核心价值观提供良好的土壤。

4. 全国政协十二届常委会第十三次会议

11 月 7 日，全国政协十二届常委会第十三次会议上，全国政协常委，台盟福建省委主委郑健闽代表台盟中央做了《关于推进“一带一路”建设的两点建议》的大会发言。发言建议：一是强化交通基础设施支撑，推进国际大通道建设。以渝新欧国际铁路联运大通道为例，作为从重庆出发到欧洲的国际铁路货运专线，自 2011 年 1 月首班至 2015 年 6 月，共开行 327 班，占全国中欧班列的 50%，已成为丝绸之路经济带陆路大通道的先行者。依托渝新欧班列，以台资为主的电子信息产业在西部集聚，将大量笔电产品运输销往欧洲、中亚等市场，推动了内陆开放型经济快速发展，为我国中西部地区融入“一带一路”起到了重要的示范作用。建议“十三五”期间对“渝新欧”项目给予重点扶持，进一步强化国家层面的协调机制，研究解决涉及建设和运营体制方面的重大问题，进一步发挥交通基础设施在“一带一路”建设中的战略支撑作用。二是建议强化文化支撑，以文化相亲带动经济相融、政治相和。以中国海洋文化的旗帜——妈祖文化为例，目前，世界各地有 5000 余座妈祖宫庙等信俗场所，除祖国大陆和台湾外，还分布在日本、马来西亚、新加坡、菲律宾、泰国、越南、南非等国家，海上丝绸之路沿线已形成了妈祖文化圈。因此，在公共外交和文化交流中，可结合海上丝绸之路建设需要以及沿线国家的历史文化传统，诠释妈祖文化内涵，发挥妈祖文化的时代正能量。此外，妈祖文化是海峡两岸共同的文化记忆。两岸可发挥各自比较优势，共享妈祖文化研究资源和学术成果，并在协力做强妈祖文化中进一步强化两岸的民族认同。

此外，台盟中央还提交了两篇书面发言，分别是《进一步发挥台湾农民创业园平台作用，深化两岸农业合作与基层民众交流》《加强流域生态保护制度建设，推动长江经济带生态文明建设先行示范》。

其中，《进一步发挥台湾农民创业园平台作用，深化两岸农业合作与基层民众交流》的发言提出，台创园自 2006 年启动，在农业部、国台办等主管部门的指导和扶持下，经过近十年打基础、建园区、搞发展、美环境的努力，从无到有，不断发展壮大。但调研中发现，经过十年发展的台创园在取得显著成效的同时，还面临着不少困难和问题：一是台创园发展偏重经济效益，忽视政治功能。目前存在部分地方仍按照普通开发区的思路建设台创园，把经济效益与招商引资作为首要目标，偏离了台创园对台工作的定位。二是台创园发展缺少国家层面有力的扶持政策。29 个台创园虽为国家级农业园区，但缺乏中央层面的顶层规划设计与具体扶持政策，“分灶吃饭”的财政体制使得地方政府更加偏重台创园的经济发展与招商引资。三是台创园中台农台商持续健康发展的产业环境有待优化。如在建设用地指标、融资、产业配套、管理模式等方面，都遇到一些亟待解决的问题。为更好地落实“十三五”规划建议中推动两岸关系和平发展的有关部署，进一步发挥台湾农民创业园平台作用，深化两岸农业合作与基层民众交流，发言建议：一是进一步明晰台创园在推动两岸农业交流、促进两岸基层民众往来中的功能定位。从祖国大陆来看，需进一步强化台创园对台工作抓手的功能定位，将台创园作为吸引台湾同胞特别是基层民众来大陆发展、创业的独特品牌，作为展示祖国大陆广阔发展前景与对台惠民政策的缩影和窗口，作为“十三五”时期国家对台工作的重要平台之一。从台湾岛内来看，要增强台创园对岛内的吸引力，需更加突出祖国大陆规模化的土地、广阔的市场空间以及强农惠农富农政策扶持等利好与优势。同时，需向岛内宣传台创园的定位，即台湾农业企业的拓展和延伸、发展空间的拓展和延伸、市场的拓展和延伸。二是进一步推动台创园先行先试，助力大陆现代农业发展。台创园作为国家对台工作的重要平台，需从中央层面给予强有力的扶持政策。同时，台创园中台资农企遇到的问题，一定程度上也折射出大陆现代农业发展中遇到的共性问题。推动台湾农民创业园先行先试，也可助力大陆现代农业发展。三是进一步拓展台创园在传承中华文化、吸引两岸青年就业创业等方面的多元功能。可以挖掘台创园在农事与乡土生活文化体验、审美与传统道德教育等方面的多元功能，利用农耕文化这一纽带，进一步激活两岸同属中华民族的心理基因。此外，建议在台创园内专门设立青年创业项目，有条件的也可设“青年创业园”，建立专项的培训、推广资金以及科技项目等，让两岸青年在共同奋斗、扶持打拼中增进了解认同。

《加强流域生态保护制度建设，推动长江经济带生态文明建设先行示范》的发言提出，长江经济廊道一方面造就了三大城市群和一条沿江城镇带，人口和生产总值均超过全国的 40%，惠及了近 6 亿人民，但同时也给长江流域的生态环境带来了巨大的承载压力，流域生态治理矛盾突出。长江流域生态环境保护是涉及长江水利委员会与相关部委及地方涉水行政部门“条块协调”的一个重头戏，也是一个矛盾点，具体体现在以下几个方面：一是级别权限不对等，“小龙”难管“大龙”。长江水利委员会难以承担起协调各相关部委和流域内各省（直辖市），实施流域统一管理的重任。二是权责划分不明确，监管“有心无力”。新《水法》等相关法律虽然对长江水利委员会的职能做了相应规定，但对其与环保部等相关部委、地方政府及其下属的水行政部门和环保部门等的职责分工没有明确界定，各部门之间的沟通协调机制也没有明确。针对上述问题，发言建议：一是进一步理顺流域管理体制机制，明确长江流域管理机构的主导地位。借鉴国际流域管理的先进经验，将长江流域统一管理作为先行示范点，推动长江流域管理机构的整合与协调，通过整合各方资源，形成强力、高效的长江流域生态保护治理体系。进一步探索国家层面的长江流域生态保护机制，借鉴交通领域大部制改革的总体思路和成功经验，进一步推动长江流域管理体制的深化改革，整合长江流域环境保护执法力量，统一管理，独立执法。二是进一步明确流域区域管理职能边界，厘清长江流域管理机构与区域行政部门的权责分工。

5. 全国政协“推进人民法院司法体制改革”专题协商会

全国政协委员、重庆市政协副主席、台盟重庆市主委、重庆市人民检察院副检察长李钺锋作《加强顶层设计，明确改革路径》的口头发言。发言提出，目前，上海、广东、湖北等试点地区反映出来的许多问题，都与顶层制度设计不足、改革试点的路径指引不明确密切相关。试点的魅力就在于大胆创新尝试，各地有一些差异也是正常的。但司法权是中央事权，在一些基本制度的设计上必须全国统一，这就需要加强制度的顶层设计，强化对各地试点操作的引领。发言建议：一是完善自上而下的组织领导机制。建议由中央政法委牵头的中央司法体制改革领导小组进一步加强对司法体制改革试点工作的领导，按照“谁主管、谁牵头、谁负责”的原则加强督促、检查。二是明确最高法、最高检为司法权力运行机制改革的责任主体，具体负责司法人员分类管理、司法责任制改革的各项制度机制的顶层设计。三是明确中组部、人社部为司法人员职业保障改革的责任主体，对法检两院各类人员的职业保障提出顶层制度设计。四是明确各省、区、市党委为探索建立省以下司法机关人财物统一管理的责任主体，中组部、中编办、发改委、财政部加强对相关工作的领导和指导。

6. 全国政协双周协商座谈会

2015 年 7 月 17 日，台盟中央与全国政协港澳台侨委共同主办了“台资企业融入大陆转型升级”双周协商座谈会。全国政协主席俞正声主持会议并讲话。国台办、商务部等部委的负责同志出席会议并与委员们互动交流。台盟界别的王松、李钺锋、郑建闽、江利平、郑广台等 5 位委员分别作了题为《协调涉台工作部门资源，服务台胞融入大陆转型》《重庆台资电子信息制造企业转型升级中的问题及建议》《福建台资企业升级转型的主要问题及工作建议》《中小台资企业面临的问题及对策建议》《从“石头记”的三次转型看当前大陆台资企业的困惑及建议》的发言，角度各异、建议务实，受到与会中央领导同志和各方面的高度肯定。

此外，王天戈、郑广台、张宁、王二虎、陈俊骢等 5 位委员还先后参与了全国政协其他专题双周协商座谈会，分别就“保护黑土地”“实现天空常态蓝”“制订湿地保护法”“发展智慧消防产业”“完善沿边开发开放中法律保障机制”等问题积极建言。

（三）与政府部门、国家部委和司法机关开展联系合作情况

1. 进一步落实与农业部签署的合作备忘录

为落实台盟中央与农业部于 2010 年签署的合作备忘录，2015 年，台盟中央与农业部共同举办了多次以推动两岸农业交流为主题的论坛、研讨会等活动。如，1 月在重庆举办的第十四届中国西部（重庆）国际农产品交易会等。此外，2015 年，台盟中央还在农业部的大力支持配合下，围绕台湾农民创业园的发展情况开展了民主党派大调研。期间，农业部多次邀请台盟中央召开座谈会，共商推动台创园建设发展的意见建议。

2. 加强与司法部门的联系沟通

台盟中央重视加强与最高人民法院、最高人民检察院的联系和沟通，积极发挥参政议政、民主监督的作用。1 月 26 日，最高人民检察院检察长曹建明主持召开座谈会，向各民主党派中央、全国工商联负责人和无党派人士代表通报 2014 年检察工作开展情况和 2015 年工作计划，并征求意见建议。全国人大常委、台盟中央副主席苏辉出席会议并发言，围绕推进司法体制改革、推进两岸司法合作、加强社区矫正工作的执行监督等问题提出了建议。1 月 30 日，最高人民法院邀请各民主党派中央、全国工商联领导和无党派人士代表来院机关参观最高人民法院信息化建设成果，并召开座谈会通报 2014 年人民法院工作开展情况和 2015 年重点工作规划，并征求意见建议。最高人民法院院长周强出席并讲话。全国政协常委、台盟中央副主席黄志贤出席会议并发言，围绕进一步破解两岸民事裁判认可与执行方面存在的难题、进一步完善《台湾同胞投资保护法》等涉台法律法规提出了建议。

（四）专题调查研究

2015 年，台盟中央将年度重点课题分列三个层次：包括大调研课题 1 项，“台湾农民创业园在两岸农业合作与发展现代农业中独特作用的调研”；全盟重点调研课题 7 项，“台资企业融入大陆经济转型升级相关问题的调研”“进一步深化两岸文化交流相关问题的调研”“制订国民经济和社会发展‘十三五’规划相关问题的调研”“积极推进‘一带一路’建设相关问题的调研”“积极培育和践行社会主义核心价值观相关问题的调研”“深化行政审批制度改革相关问题的调研”“推进人民法院改革相关问题的调研”；各专门委员会重点课题 10 项，台盟中央参政议政工作委员会“关于推进两岸关系和平发展相关问题的调研”“积极推进长江经济带建设相关问题的调研”，台盟中央妇女工作委员会“0—6 岁幼儿教育相关问题的调研”，台盟中央青年工作委员会“发展地下综合管廊，统筹建设城市地下管网的调研”台盟中央盟史与自身建设工作委员会“关于盟员队伍现状的调研”，台盟中央两岸关系政策研究委员会“台湾 2016 年大选前政党格局演变及其影响的研究 ”，台盟中央台情研究委员会“2016 年岛内选举情势的研究”，台盟中央科教医药交流委员会“关于设立国家中医药博物馆的调研”，台盟中央两岸文化交流委员会“两岸同胞共同推动妈祖文化成为 21 世纪海上丝绸之路文化符号相关问题的调研”，台盟中央两岸经济合作交流委员会“以海外台胞社团为抓手，拓展海外对台工作相关问题的调研”。在牵头单位的组织协调下，在全盟地方组织的踊跃参与下，共形成了 150 余份调研报告，

1. 党派大调研

第一阶段：预调研。

2月4日至7日，全国政协常委、台盟中央副主席黄志贤率台盟中央调研组一行深入福建龙岩，开展2015年台盟大调研预调研，考察漳平台湾农民创业园建设发展和入园台企生产经营情况，与龙岩、漳平、园区有关负责同志、入园台企负责人座谈交流，共谋发展、共叙乡情，并走访当地台商，向他们送上新春祝福。考察中，调研组进一步贯彻落实中央有关精神，坚持问题导向，聚焦台创园发展、两岸农业交流主题，把实地考察与调研座谈相结合、听取汇报与问计台商相结合，着力提高调研实效。调研组与台商和台湾青年创业者座谈交流，问发展、聊生产、谈经营，听取台商对园区发展和相关政策的意见建议，了解企业生产经营中存在的困难和问题。调研组还先后深入台品樱花茶园、鸿鼎农场开发有限公司、西山花木合作社等企业，走进山场茶园、苗圃花房、生产车间，与企业负责人和一线工人深入交流，详细了解茶叶、花木等特色农产品种植培育、工艺流程、产品销售、用工融资和品牌宣传等情况。期间，调研组召开座谈会听取台创园管委会工作汇报，与龙岩、漳平和园区有关负责同志，围绕入园台企发展、现代农业发展、两岸农业合作情况和台创园平台作用发挥情况讨论交流。大家听得用心仔细、问得深入细致、谈得具体实际，进一步了解了台创园发展现状及下一步打算。黄志贤在座谈会总结讲话中指出，近年来，台盟通过举办研讨会，与国家有关部委签订备忘录，向中共中央提交专题报告等方式，持续关注、积极推动台创园发展。福建是两岸农业合作的重点地区，在台创园体制机制建设和促进两岸农业合作方面形成了一套行之有效的做法。特别是漳平台创园走出了一条以特色产业为龙头、与区域经济相适应的发展之路，较好发挥了“台湾同胞投资大陆农业优质平台”“两岸农业合作有效载体”和“大陆现代农业新型样板”的作用。在调研组成员内部座谈交流时，黄志贤指出，此次调研作为台盟中央2015年党派大调研预调研，创新组织方式，首次邀请地方组织参与，并将调研队伍培训融入调研全过程，为大调研打下了良好基础。调研组要着眼两岸关系和平发展大局，以台创园发展、两岸农业交流为切入点，深入调查研究，总结经验、把脉问题、提准建议，助力台企台商发展和两岸农业增效、农民富裕，为“两岸一家亲、共愿中国梦”献计献策。中共福建省委统战部副部长翁卡，中共龙岩市委常委、统战部部长阮开森，副市长张斯良；台盟中央副秘书长、研究室主任宋焱，台盟中央办公厅副主任谢申等陪同调研。台盟福建省委主委郑建闽、副主委柯连妹以及台盟福建省委、上海市委、广东省委、海南省委等地方组织有关负责同志和部分基层盟员参加调研。

3月4日至7日，台盟中央副秘书长、研究室主任宋焱一行赴浙江慈溪、仙居、苍南三地，开展2015年大调研预调研，台盟浙江省委会专职副主委陈清玲等陪同调研。在调研过程中，调研组一行与当地政府有关部门的负责人、涉农台企负责人开展座谈交流。同时，调研组一行还实地考察了三地的部分涉农台企。

第二阶段：分组集中调研。

第一组：林文漪主席带队赴广东、江苏调研。

4月8日至12日，全国政协副主席、台盟中央主席林文漪率台盟中央调研组一行，赴广东省围绕台湾农民创业园的发展情况开展调研。台盟中央副主席、广东省政协副主席、台盟广东省委主委陈蔚文参加调研。在粤期间，中共中央政治局委员、广东省委书记胡春华会见了调研组一行。台创园的发展情况是台盟中央2015年度民主党派大调研题目，调研共分四路，在全国7个省市开展，此次广东之行是林文漪主席带队开展考察调研的第一站。4月9日，台盟中央调研组在珠海召开座谈会，听取广东省、珠海市有关负责同志，介绍广东现代农业发展、粤台农业合作以及珠海金湾台创园的发展情况。林文漪在讲话中指出，台盟中央今年的大调研创新形式，围绕一个主题由四位副主席分别带队深入开展调研。调研选择以台湾农民创业园为切入点，是落实习近平总书记重要讲话精神的具体行动。总书记在今年台盟和民革、台联的全国政协联组会上强调指出，要坚定不移为两岸同胞谋福祉，加强两岸同胞交流往来，特别强调要扩大台湾基层民众的受益面和获得感。在这项工作中，台创园作为台湾基层民众来大陆创业的重要平台，两岸农业理念、技术交流融合的重要平台，两岸民众加深了解、拉近心理距离的重要平台，是一个非常重要的抓手，将发挥不可替代的作用。调研组一行还深入永呈园艺、嘉义绿色未来有限公司等台创园企业实地考察，与来大陆创业的台湾农民深入交流，详细了解有关政策措施的落实情况、台湾同胞在大陆投资兴业以及生活的情况。林文漪表示，台创园是一个可以发挥多元作用的平台，能够为台湾乡亲、两岸青年提供优质的创业发展空间。对于台创园发展建设过程中大家普遍关注、迫切希望解决的问题，我们会及时通过参政党的各种渠道，向有关方面积极反映，为进一步促进两岸农业合作、发展现代农业尽一份绵薄之力。调研组由农业部、国台办、统战部等相关国家部委，台盟中央专委会和相关地方组织负责同志，以及中央有关媒体记者共同组成。

4月20日至22日，全国政协副主席、台盟中央主席林文漪率台盟中央调研组一行，赴江苏省围绕台湾农民创业园的发展情况开展调研。全国政协常委、台盟中央副主席、台盟上海市委主委杨健参加调研。台创园的发展情况是台盟中央2015年度民主党派大调研题目，调研共分四路，在7个省市开展，先后走访了全国29个台创园中的24个。此次，台盟中央调研组一行深入南京江宁台创园，实地考察了台湾兰花培育中心、新源宝农业科技开发公司和宁台农贸产业合作园等台资企业，与来大陆创业的台湾同胞深入交流，详细了解有关政策措施的落实情况、台胞在大陆投资兴业以及生活的情况。4月21日，调研组在南京召开座谈会，听取江苏省、南京市和江宁区有关负责同志就江苏现代农业发展、宁台农业合作以及台创园建设情况的介绍，并与台商代表座谈。林文漪对江宁台创园的发展给予了充分肯定，对在祖国大陆辛勤耕耘的台湾乡亲表示敬意。她指出，台盟中央今年的大调研选择以台湾农民创业园为切入点，是落实习近平总书记关于对台工作“四个坚定不移”重要讲话精神的具体行动。台盟中央和参与调研的各相关部门将在深入考察研究的基础上，认真总结台创园建设的经验，分析存在的困难和问题，通过参政议政的渠道，向党和国家提出相关建议，切实履行好台盟在多党合作事业与两岸关系和平发展中的责任。调研组由农业部、国台办、统战部等相关国家部委，台盟中央专委会和相关地方组织负责同志，以及中央有关媒体记者共同组成。调研期间，林文漪会见了江苏省政协主席张连珍，中共江苏省委常委、南京市委书记黄莉新，江苏省政协副主席、省委统战部长王雪非。

第二组：陈蔚文副主席带队赴云南、海南调研。

4月26日至29日，台盟中央副主席、广东省政协副主席、台盟广东省委主委陈蔚文率台盟中央调研组一行赴云南调研台湾农民创业园建设发展情况。调研组一行分别与省级相关单位和石林县有关部门及台商召开座谈会，听取了石林台创园管委会对云南昆明石林台湾农民创业园的基本情况和发展中遇到的问题汇报；听取了云南省台办、农业厅、科技厅，昆明市台办、科技局、规划局、旅发委等单位的负责人围绕台创园基本情况、产业规划、配套措施、生态保护等一系列园区发展建设过程中遇到的困难和问题发表的意见和建议。陈蔚文表示，石林台湾农民创业园经过 6 年多的发展建设，已经搭建起国家级农业园区及对台交流合作的平台；针对大家提出的意见和建议以及石林台创园遇到的困难和问题，台盟中央将认真梳理总结，及时向有关领导和部门反馈，深入探索台创园发展建设的途径，为促进全国台湾农民创业园进一步发挥对台交流合作平台作用做出积极贡献。台盟云南省委主委杨晓红主持座谈会，中共云南省委统战部副部长、云南省社会主义学院党组书记蔡勇出席会议并讲话。调研组一行还实地考察了石林台创园里的台资企业昆明大汉企业科技有限公司、云烟印象烟庄，以及石林爱生行生物科技有限公司、万家欢生态园等，详细了解石林台湾农民创业园发展现状，与来滇投资创业的台湾农民、台商促膝交流，了解相关政策措施的落实情况，以及台湾同胞在滇的生产生活情况。随后参观了昆明国际花卉拍卖交易中心、台资昆明统一生物有限公司花卉养植。

6 月 1 日至 4 日，台盟中央 2015 年台湾农民创业园发展情况工作研讨会（海南）在海口召开。台盟中央副主席、广东省政协副主席、台盟广东省委主委陈蔚文，台盟海南省委主委连介德，秘书长蓝海雄出席会议。来自广东、云南和海南的课题参与单位负责人及调研组成员参加了研讨会。研讨会由连介德主持。研讨会上，大家就珠海、汕头、梅州、石林的台湾农民创业园的发展调研情况分别作了发言，并提出积极建议。

第三组：杨健副主席带队赴江苏、安徽调研。

4 月 19 日至 23 日，由台盟中央副主席、台盟上海市委主委杨健带队，台盟南京市委、台盟安徽省总支和台盟上海市委组成的联合调研组，先后走访了江苏淮阴、南京江宁、安徽和县的台湾农民创业园，就台创园经营情况及台商需求等问题进行了深入调研。调研中，台创园日渐壮大的规模、先进的农业理念、丰富多彩的农业项目、科学的管理模式等，给调研组成员留下了深刻印象。据了解，各地都对台创园设立予以高度重视，从园区的管理到运营，都采取了有针对性的策略。杨健评价道，“台创园是两岸农业合作的有效载体和大陆现代农业的新型样板”。在与台商和有关方面座谈交流时，调研组还发现了园区发展存在的一些瓶颈，其中以管理模式和金融保障最为集中。为此，调研组针对有效落实国家级优惠政策、设立农产品“绿色”通道、降低两岸农业合作交流“门槛”等诸多事项提出了建设性意见。为组织实施好此次台创园调研，台盟上海市委制订了翔实的方案，并在盟内进行了广泛动员，在此基础上成立了总课题组和七个调研小组。徐汇、浦东、杨浦、黄浦等区级组织以中青年盟员为骨干，分头开展实地调研。

第四组：黄志贤副主席带队赴浙江、四川调研。

3 月 31 日至 4 月 2 日，全国政协常委、台盟中央副主席黄志贤率台盟中央调研组一行赴四川省成都市新津县调研台湾农民创业园建设发展。四川新津台湾农民创业园是全国第一批、西部首家综合性台创园，是海峡两岸农业交流的重要平台。调研组就新津台湾农民创业园的建设发展和入园台企生产经营情况，与台创园有关负责同志、驻园台企负责人开展了座谈交流。大家就如何进一步发挥台创园“台湾同胞投资大陆农业的优质平台”作用、进一步发挥台创园“两岸农业合作的有效载体”作用、进一步发挥台创园“大陆现代农业的新型样板”作用等提出了许多好的意见和建议。会后，调研组还深入翔生有机农场、兴义有机生态小镇，了解有机农产品的生产、加工、经营情况，并与台企翔生集团负责人座谈该公司入驻台创园后的发展情况，听取他们对园区发展和相关政策的意见建议，了解企业生产经营中存在的实际困难和问题。黄志贤指出，台湾农民创业园是两岸基层民众交流的重要平台、台资企业和台湾农民投资创业的机会平台、开拓海峡两岸农业合作的有力平台，同时，更是两岸同胞共同奋斗的大舞台，拉近彼此心灵距离的创业热土。台盟中央将认真总结新津台创园发展以及推进川台经贸文化交流合作的好经验、好做法，并就台企普遍关注、迫切希望解决的问题积极呼吁，探索解决园区发展的困难和问题，为促进新津台创园进一步发挥两岸农业合作交流平台作用做出应有的贡献。

4 月 12 日至 14 日，全国政协常委、台盟中央副主席黄志贤率台盟中央调研组一行，赴浙江省慈溪市专题调研台湾农民创业园建设。调研组先后来到园内的台资企业大展农业种植有限公司、大越（慈溪）食品工业有限公司等企业，实地了解慈溪台湾农民创业园的建设，参观农创园内的农机仓库、种子仓库，并仔细询问管理人员有关种子培育、农业现代化生产以及农业生产安全等方面的问题，随后听取了慈溪市台湾农创园建设有关情况的汇报。调研组一行还参加了慈溪市台商座谈会。会上，投资创业的台商以及配套供应的本地供应商表达了两岸人民得以互相合作、互相学习的喜悦，并切实提出在农业生产当中遇到的困难，希望得到政府的关注和帮助。 黄志贤表示，此次调研是台盟中央今年开展民主党派大调研的阶段性活动，希望通过调研能进一步促进两岸农业技术沟通，增进两岸民众互动交流，同时希望政府给予涉台农业更多的政策支持。台盟中央将认真总结慈溪台创园发展以及两岸农业交流合作的好经验、好做法，并就台企普遍关注、发展中存在的问题积极呼吁，探索解决园区发展的困难和问题，进一步提高两岸农民收入，增加两岸农民的获得感和幸福感，为促进两岸农业合作交流做出贡献。

第五组：苏辉副主席带队赴福建调研。

4 月 12 日至 17 日，全国人大常委、台盟中央副主席苏辉率台盟中央调研组一行赴闽开展 2015 年党派大考察活动。此次赴闽调研是以台湾农民创业园为切入点，以两岸现代农业交流为主题，先后赴福清、泉州、漳州等地全面深入考察了福建省六个国家级台湾农民创业园的情况。4 月 13 日，台盟中央调研组与福建省委省政府在福州召开台创园调研座谈会，中共福建省委常委、省委统战部长雷春美，副省长陈荣凯出席座谈会。雷春美表示，感谢台盟中央一如既往的关心和支持福建台创园的发展，希望通过台盟参政管道，进一步推进两岸农业合作平台建设，增进“两岸一家亲”的感情认同。陈荣凯详细介绍了福建省台创园建设发展情况，并指出，台创园的建立推动了两岸农业的交流，希望通过更多务实高效的合作，使福建在推进海峡两岸合作发展中发挥更大的作用。苏辉指出，台创园是贯彻落实“两岸一家亲”理念的重要抓手，台盟此次针对台湾农民创业园发展状况开展调研，是希望能够更多的吸取福建省台创园发展建设的好经验、好做法，全面提高全国台湾农民创业园的发展水平，为助推两岸关系和平发展大局发挥建设性作用。会上,调研组与省国土厅等有关部门围绕台创园发展过程中面临的问题展开交流互动。4 月 13—16 日，调研组实地考察了福清、泉州、漳州台创园，详细了解了台创园的建设发展和生产经营情况，并与台商亲切交流座谈。4 月 16 日，台盟中央调研组与六个台创园管委会负责人及台商代表在漳州召开了调研座谈会。会上，调研组听取了台创园在发展中取得的成就及面临的困难,并就如何进一步发挥“台湾同胞投资大陆农业的优质平台”等问题展开了交流和座谈。苏辉表示,此次大调研活动层次高、针对性强、形式实、时机准,是对台盟多年关注农创园发展的进一步深化。对于在座各位台商和台创园负责人提出的意见和建议，我们会及时向有关领导和部门反馈，加以推动，以进一步发挥两岸农业合作交流平台作用。

第三阶段：研讨总结。

5 月 14 日,台盟中央 2015 年大调研工作研讨会在上海市召开。台盟中央副主席杨健、黄志贤出席会议并讲话，组织和参与本次大调研工作的台盟中央研究室、联络部及台盟上海市委、广东省委等 11 个地方组织的相关负责同志参与研讨，农业部、国台办有关负责同志也应邀参会并提出相关意见建议。台盟中央联络部部长潘新洋、研究室主任助理马宇鹏、台盟上海市委副主委吴珍美、台盟广东省委参政议政处处长侯书林等分别介绍了各组的调研开展情况。与会代表围绕台创园发展过程中出现的瓶颈和制约因素进行了研讨交流。与会代表认为,台湾农民创业园在发挥“台湾同胞投资大陆农业的优质平台”“两岸农业合作的有效载体”“大陆现代农业的新型样板”这三个平台作用方面，做出了不可替代的作用。黄志贤对上一阶段的大调研工作给予了充分的肯定，他认为，今年的大调研工作有三个特点，一是调研主题选的准，通过台创园这一小切口，为助推两岸农业交流合作、增进两岸同胞心灵契合做大文章；二是调研力量动员广泛，既有效整合了全盟的参政议政力量，又极大地锻炼了盟员和干部的参政议政能力；三是调研组织形式特别活跃，创新了调研模式，灵活组织力量，合理安排行程，充分兼顾了广泛性与代表性。黄志贤还对接下来的调研报告起草工作做出指示，要高度重视报告的质量，同时也要做好成果转化，为高层协商和地方党委、政府提供有价值的决策参考。杨健在总结讲话中指出，本次调研让我们对台创园的运营模式和发展规律有了比较深刻的认识，对台创园未来的发展方向和功能定位有了更深层次的思考。在台创园发展十周年的节点上，我们要认真总结这次大调研取得的数据和信息，积极向中央领导提供高质量、有针对性的意见建议，同时也希望台创园发展能够纳入国家“十三五”规划之中，使其在两岸农业交流和民间交往领域发挥更好的作用。

2. 地方组织牵头的重点课题

一年来，湖北、北京、吉林、福建、南京、安徽、重庆等台盟地方组织牵头，举办了多次课题研讨会，共形成 150 余份重点课题调研报告。其中，

4 月 9 日至 10 日，台盟中央“深化行政审批制度改革”课题协调会在安徽芜湖召开。台盟中央参政议政委员会主任王中和来自北京、上海、广州、辽宁、湖北、南京等省市台盟组织课题组成员参加会议。台盟安徽总支主委陈清海主持会议。安徽省编办专家向与会同志介绍了安徽省行政审批制度改革情况以及安徽省政府已公开的权力清单、责任清单的内容。各地盟组织课题负责人在会上介绍了各自的课题调研方向，大家还就课题

调研总方案进行了热烈的讨论，为下一步完成“深化行政审批制度改革”课题奠定了良好的基础。

5月6日，台盟中央“台资企业融入大陆经济转型升级相关问题研究”课题协调会在湖北武汉召开。全国政协副秘书长、台盟中央副主席黄志贤出席会议并讲话。会议听取了国台办经济局涂雄博士关于大陆台企发展的历程和两岸经贸交流、台资企业在大陆转型升级发展面临的新问题及对策建议的报告。武汉大学经济管理学院教授及与会人员围绕课题的选题、前期调研发现的问题、课题研究进度、以及课题需要的协助等进行了交流讨论，并达成了进一步深入调研，从典型案例入手、解剖“麻雀”提炼观点、不求全但求深的课题研究共识。黄志贤认真听取了大家的交流发言，并就有关问题与发言同志进行了探讨。在总结讲话中，他高度赞赏了与会人员积极参与、务实研讨的精神和态度，充分肯定了会议取得的成果，他希望大家进一步加强学习，深入调研，丰富资料的积累，选取更有代表性的角度，注重思考、注重归纳、注重总结，不断提高参政议政工作质量，共同完成好这一重点课题。此课题由台盟湖北省委牵头，来自上海、天津、重庆、福建、广东、云南、南京、吉林、浙江、辽宁、安徽、成都、江西、南宁等省市台盟组织领导和课题组成员近40人参加会议。

5月18日至19日，台盟中央“制订国民经济和社会发展‘十三五’规划相关问题”课题协调会在长春召开。来自上海、天津、福建、辽宁、海南、湖北等10个台盟地方组织的课题参与者出参加会议。会议特别邀请了中国改革基金会国民经济研究所副所长、研究员王小鲁博士作了《关于“十三五”期间结构调整和产业改革转型的思考》专题报告。各参与单位代表结合各自的前期调研及分报告的相关内容，围绕“十三五”规划，针对强化粮食加工环节管理、加快发展农产品冷链物流和加强能源植物选择与应用方向研究等三个选题展开了热烈研讨。台盟吉林省委部分省委委员、参政议政委员会委员等参加了协调会。

8月26日至28日，台盟中央“推进两岸文化交流机制建设问题研究”课题研讨会在北京召开。台盟中央副秘书长、研究室主任宋焱，台盟北京市委常务副主委陈军，副主委蔡勉、汪舟以及参与课题的15个省市台盟组织的具体负责同志出席此次研讨会。研讨会上，汪舟介绍了本课题的开展情况，北京联合大学台湾问题研究所刘红教授为与会人员作了关于两岸文化交流的主旨讲座，与会人员结合刘红教授的讲座以及各省市的实际，围绕《推进两岸文化交流机制建设问题研究》报告初稿进行深入研讨，提出了很多建设性的意见建议。

（五）反映社情民意

社情民意信息作为一种时效性很强的参政议政形式，得到了台盟各级组织一如既往的重视。在对经济社会发展以及两岸关系发展中的新情况新问题做出快速反应的同时，及时提出意见建议，为政府分析判断形势提供参考。截至2015年12月，各地方组织共提供信息素材409篇，在此基础上，台盟中央综合编发并向全国政协报送《台盟社情民意信息》56期，在保持数量相对稳定的同时，信息质量较上年得到了显著提高。其中，《关于修订〈台湾同胞保护法〉的六点建议》《关于将国家考试组织舞弊罪纳入刑法的建议》

等被全国政协采用。

（六）开展民主监督

担任各级人大代表、政府和司法机关领导职务以及特约人员的盟员，充分发挥参政议政、民主监督职能。其中，担任全国人大代表的盟员，认真履行人民代表的职责，反映人民意愿，参与执法检查和视察工作。担任国土资源部、公安部、审计署等部门特约人员的盟员，认真参加有关执法监督工作，发挥了参谋咨询作用和联系人民群众的桥梁纽带作用。

三、对台工作

2015 年，台盟各级组织坚持贯彻落实中央对台方针政策，以心灵契合、情感融合为主基调，对台工作扎实有为。

（一）以青年交流和文化交流为着力点，品牌活动影响力不断扩大

2015 年，台盟中央以两岸青年“成长、成才、成功”为主题举办第二届大江论坛，邀请 200 余名来自岛内的青年实业家和创业者、在京台生，以及大陆青年创客、台盟青年盟员，共商携手打拼的规划与前景。在北京、福建、浙江、陕西等地相继举办台湾青年中华文化研习营系列活动，有效加深了台湾青年对祖国大陆的认知与认同。此外，继续与国家有关部门、地方政府合作，办好一系列已形成品牌特色的主题交流活动，包括海峡论坛、海峡两岸书画艺术交流展、海峡两岸船政文化研讨会、海峡两岸休闲农业（海南）研讨会、海峡两岸茶业博览会、海内外台胞国庆参访等活动。

（二）以台胞代表性人士为重点，联络交流持续深化

2015 年，台盟各级组织继续加强与台湾南部医师界、中小企业界、统派团体、少数民族及海外台胞团体等重点台胞团组的联络交流，并探索将交流工作向二、三代延伸。

2 月 12 日，全国政协副主席、台盟中央主席林文漪一行走访在京台资企业天福集团，调研台资企业发展情况，与在京台商共叙乡情。中共北京市委常委、市人大常委会副主任、市委统战部部长牛有成陪同走访。林文漪首先代表台盟中央向在京台企致以节日的问候和新春的祝福。在王府井的天福集团天福茶文化馆，林文漪一行听取了在京台资企业经营及台商工作生活情况介绍，并与北京市台资企业协会会长章启正、天福集团副总裁曾明栋等人座谈交流。林文漪表示，台盟将一如既往地关心和支持台商在祖国大陆投资兴业，积极为台胞乡亲排忧解难，解决实际困难。希望大家共同努力，促进两岸经贸文化交流，使两岸同胞实现互利双赢。天福茗茶是台资企业天福集团总裁李瑞河先生在祖国大陆创办的新兴茶叶民族品牌。天福茶文化馆是天福集团 2007 年在北京开设的一个专门推广交流两岸茶文化，展示销售海峡两岸名优茶叶、茶具的茶艺文化馆。全国人大常委、台盟中央副主席苏辉等陪同走访。

3 月 25 日，由旅日台胞陈庆民先生率领的全日本中国和平统一促进会访问团一行 10

人到访台盟中央。全日本中国和平统一促进会成立于2005年,依托东京华侨总会开展工作。现任会长陈庆民先生，是出生于日本的第二代华侨，祖籍台湾。此次来访的团员半数为台胞，与台盟颇有渊源。座谈中观看讲述台盟历史的短片，引发了在座台湾乡亲的集体回忆。海峡两岸关系研究中心（日本）代表、80岁高龄的陈仁端教授，回忆起与台盟早期领导人的友谊，动情之处一度哽咽。陈炳基深情讲述了台盟与留日台湾省民会交往的情况。座谈中，潘新洋部长简要介绍了当前中央对台工作的方针政策，回答了旅日侨胞关心的台海焦点热点问题。陈庆民会长介绍了侨社在日开展活动的情况，并表示将延续旅日侨团与台盟建立的深厚情谊，共同为祖国和平统一继续贡献力量。

4月5日至11日，受台盟中央邀请，台湾原住民社会发展协会理事长、台中市议员林荣进一行28人，就少数民族政策与少数民族地区发展议题，赴云南省参访考察。此次参访活动进一步加强了台盟与台湾原住民社会发展协会的交流联系，深化了参访团一行对大陆经济社会发展成就的了解，推动了“两岸一家亲”理念更加深入人心。在滇期间，参访团一行考察了昆明、玉溪、普洱、西双版纳等地经济社会发展情况，参观了傣族、哈尼族、佤族等少数民族村寨和石林、野象谷等少数民族地区名胜古迹，深入体验了云南各世居少数民族的独特风情和发展成就。在云南民族大学,参访团一行与云南民族大学、云南省民委、台盟云南省委、云南省台联等单位进行了座谈交流，了解云南少数民族地区发展成就，少数民族所享受的招生就业、人才培养、文化保护等方面的扶持政策，以及台生政策等。来自云南民族大学民族文化学院的傣、哈尼、藏、傈僳、景颇等各少数民族学生，还为客人表演了本民族文化节目，使团员们有了更多收获和感动。

4月21日，全国政协常委、台盟中央副主席黄志贤在京会见台湾“中国人反独护国大同盟”主席吴琼恩一行，并举行座谈会。黄志贤首先向吴琼恩一行介绍了台盟作为台湾省人士组成的参政党，在不同历史时期所做的工作，特别是台盟秉持深深思乡情、拳拳爱国心，为推动两岸关系和平发展所取得的成绩。在与吴琼恩一行重温了习近平总书记在政协十二届三次会议民革、台盟、台联联组会议上的重要讲话精神后，黄志贤表示，中国人反独护国大同盟的宗旨是维护台海和平、维护共同发展、维护两岸同胞福祉，契合习近平总书记的重要讲话精神，希望大家就促进两岸同胞携手同心共圆中国梦，多提意见建议。吴琼恩一行高度拥护习近平治国理政重要思想和“四个全面”战略布局，认为两岸之间有割不断的历史、文化、民族和血脉联系，“台独”不可能行得通。团员们还分别从繁荣中华传统文化、延续法治精神、加强岛内青年精英工作、提升国家软实力战略、促使台湾融入“一带一路”战略等方面提出意见建议。

6月25日，全国人大常委、台盟中央副主席苏辉会见了来京访问的中国统一联盟主席戚嘉林一行19人。双方一致表示，要努力维护两岸关系和平发展的既有成果，旗帜鲜明地反对“台独”、遏制“台独”。

11月11日至17日，全国政协副主席、台盟中央主席林文漪到福建漳州、武夷山进行调研，并考察在漳台资企业。林文漪一行考察了台商黄文广在南靖县创办的南坑咖啡园，认真听取和了解咖啡园的经营发展情况和台商在当地的生活状况，并为该园设立的大陆首个免费台胞服务站揭牌。在李瑞河先生创办的漳州科技职业学院，林文漪为新成立的漳州天康检测技术有限公司揭牌，参观了天康检测实验室和校史展厅，看望了部分在校学生，并与李瑞河先生等人座谈交流。在考察时，林文漪表示，看到台资企业在漳州取得良好发展，感到非常高兴，台盟将一如既往地关心和支持台商在祖国大陆投资兴业，积极为台胞乡亲排忧解难。希望大家共同努力促进两岸经贸文化交流，实现两岸同胞互利共赢。在武夷山市，林文漪出席第九届海峡两岸茶业博览会，宣布茶博会开幕，参观了展馆并与部分茶商座谈。福建省政协副主席陈义兴等陪同参加相关活动。

12 月 19 日，全国政协常委，台盟中央常务副主席黄志贤一行赴泉州就海丝文化与“一带一路”建设主题开展调研调研组先后考察了海上丝绸之路艺术园·亚洲园、张坂木雕一条街等，充分肯定泉州在海丝文化传承与创新方面所取得的成果，并期待泉州在“一带一路”建设中多做贡献，进一步打响文都品牌，加快推进“海丝先行区”建设。期间，调研组一行还走访了台盟中央闽南文化交流研究基地和青年盟员企业品尚电商。

（三）以专业交流为主线，赴台交流和外事出访工作提升实效

2015 年，台盟各级组织发挥“台（湾）海（外）”特色优势，不断提升赴台交流和外事出访工作实效。其中，台盟中央组织了社会经济、文化出版、书画交流等参访团赴台考察，与岛内相关领域专业人士开展深入交流。

1. 林文漪主席率团出访

6 月 4 日至 13 日，林文漪主席率团出访波兰、奥地利、法国。6 月 8 日，林文漪在中国驻波兰使馆与波兰华侨华人代表举行座谈会。林文漪在发言中向为促进中波友好事业做出贡献的侨界人士表达了敬意和感谢。她说，习近平主席提出的“一带一路”构想的核心宗旨就是要在国际社会间打造互利共赢的利益共同体和共同发展繁荣的命运共同体。波兰作为亚投行的意向创始成员国之一，又地处“一带一路”沿线，中波合作面临新的历史机遇。希望波兰华侨华人为中国梦的早日实现贡献自己的一份力量。波兰中国和平统一促进会、波兰华人联合会等侨团代表发言，对如何促进中波关系发展提出建议，表示将积极参与到“一带一路”建设以及祖国繁荣发展的实践中去。中国驻波兰使馆临时代办林剑主持了座谈会。6 月 10 日，林文漪在中国驻奥地利使馆与奥地利华侨华人代表举行座谈会。林文漪在发言中向为促进中奥友好事业做出贡献的侨界人士表达了敬意和感谢。她说，习近平主席提出的“一带一路”构想的核心宗旨就是要在国际社会间打造互利共赢的利益共同体和共同发展繁荣的命运共同体。欧洲是丝绸之路经济带的终点，奥地利作为亚投行的意向创始成员国之一，又位于欧洲的中心地带，中奥合作面临新的历史机遇。希望旅奥同胞借助中奥经贸合作高速发展的势头，在事业上取得更大的进步，也为中国梦的早日实现贡献自己的一份力量。奥地利中国和平统一促进会、奥中友协华委会、奥华总会等侨团代表发言，对如何促进中奥民间友好往来提出建议，表示将积极参与到“一带一路”建设以及祖国繁荣发展的实践中去。中国驻奥地利大使赵彬出席了座谈会。

2. 黄志贤副主席率团赴台参访

5 月 17—23 日，全国政协常委、台盟中央副主席黄志贤率全国政协委员、台盟湖北省委主委江利平，台盟中央副秘书长、研究室主任宋焱，台盟中央宣传部副巡视员吴艺煤、台海出版社社长马铁、台盟中央联络部干部邓伟一行，以“文化出版和社会经济”为主题，

赴台湾地区考察调研。考察团一行深入到台北、高雄、嘉义、屏东、台南等地，与文化教育界人士、政治团体基层组织、基层农民和中小企业者等台湾社会各界进行深入交流。每到一处，黄志贤都会向当地民众详细介绍习近平总书记近期“四个坚定不移”“四个坚持”“两岸一家亲”等讲话精神内涵，介绍祖国大陆布局“一带一路”战略、倡导成立“亚投行”、制订“十三五规划”对台湾各界的发展机遇，了解各界民众在两岸交流中的所思所想、所感所得，听取他们的生产生活状况，以及对发展两岸关系、增强台湾人民“获得感”、实现两岸融合发展、互利双赢的意见建议。7天的赴台参访行程中，参访团共参观社会团体、企业、农会28家，举办座谈交流活动22场，与统派团体负责人、出版社社长、中小企业主、农会总干事及各部主任、学校校长及各处处长、国民党“立法委员”及党工、乡里长及民意代表、工人农民等各界人士160多人次，以及他们所在单位的职员工进行广泛交流，征集到关于深化两岸文化、出版、教育领域合作，发挥统派在两岸关系和平发展中的导向作用，加大“三中一青”特别是基层民众直接双向交流，进一步优化大陆台商投资创业环境等四个方面数十条建议。在台期间，考察团还拜会了与台盟有长期合作交流关系的台湾政治受难人互助会等统派团体、台南市医师公会等专业人士团体，并专程前往马场町纪念公园，悼念台湾地区白色恐怖时期政治受难烈士，代表台盟中央敬献鲜花。

3. 杨健副主席率团赴台参访

9月19日至26日，台盟中央副主席、台盟上海市委主委杨健率部分盟员和机关干部，赴台湾地区开展为期7天的考察调研。杨健一行先后拜会台湾中国统一联盟、新党、劳动党、政治受难人互助会、夏潮联合会、中华基金会等团体，以及台北浦东同乡会、两岸商贸协进会、两岸文经观光协会、新北市树林区原住民发展协进会、慈济基金会等民间组织，就反对“台独”、促进两岸关系融合发展、实现互利双赢等议题进行了交流。

台湾有关团体负责人在与杨健一行座谈中，都再三强调“两岸同属于一个中国，我们都是中国人，任何人、任何势力要搞‘台独’，妄图把台湾从中国分割出去，是所有中华儿女都不能答应的”。台湾中国统一联盟主席戚嘉林先生在发言时，历数了台湾中国统一联盟开展的一系列反“台独”运动。他说，无论是从中华文化血脉相连的民族感情、或传承我们台湾先人渴望与大陆统一的祖国情怀、或统一衍生的厚实共同利益，台湾都应该与大陆统一。台湾与大陆完成终极统一，是我们这一代台湾人的神圣历史使命。

台湾新党主席郁慕明先生和台湾中国统一联盟前主席、《观察》杂志创办人纪欣女士分别会见杨健时，两人都兴奋地谈起了9月3日登上天安门城楼观看纪念抗战胜利阅兵式的情形。

参访过程中，杨健一行会见了许多与台盟长期保持良好关系的老朋友，包括台湾经济界、法律界和体育文化界人士，双方共叙友情，骨肉同胞的真诚与热情深深地感染着每一个人。

台湾著名律师许文彬先生至今还记得多年前带团访问祖国大陆，受到杨健主委和台盟上海市委盛情接待的点滴细节。他说，所谓血浓于水，经常性的交流互访有助于消除偏见和一些不正确的认识，对于加强两岸民众的了解与融合有百利而无一害。

台湾中华基金会董事长董建华先生对7月份与台盟上海市委合作举办沪台青年夏令营仍然意犹未尽。他说，“神州新视野・文化上海滩”的主题非常吸引青年学子，加上两岸青年创业论坛，又有参观大飞机、汽车制造等高新科技企业，以及与台商面对面交流成功经验的内容，让来自岛内的大学生获得了难得的人生经历，受益满满。下一步，中华基金会将继续深化与上海台盟的交流与合作，共同传承中华文化。

在新北市树林区原住民发展协进会，杨健一行受到了阿美族同胞的热烈欢迎，与大陆少数民族有着异曲同工之妙的民族工艺品、服装、舞蹈和生活方式引起了大家的浓厚兴趣。经过观看展览和介绍，了解到关于台湾少数民族的基本情况。

杨健表示，台盟多年来坚持深入推进两岸民间和基层交流工作，为两岸民众走进彼此、增强互信搭建了平台，台湾方面的一些经验值得我们借鉴和参考。殷切期望两岸同胞能精心呵护这份纯真的友情，两岸的未来需要更多有识之士携手共创。

在台期间，杨健还特地看望了台盟早期盟员、现已 97 岁高龄的颜光先生，台湾政治事件受难者陈明忠、冯守娥夫妇及部分在台定居的盟员。

在群山环绕中的林口长庚养生村，杨健见到了在此安享晚年的颜光先生及夫人。杨健仔细询问了老人的身体和日常生活等情况，并向同行的青年盟员讲起台盟老一辈促进祖国统一的故事。他对颜老的子女表示，我们永远感恩为两岸关系和平发展做出贡献的人们，衷心祝愿老人健康长寿。

杨健还与部分在台北定居的台盟盟员会面。杨健说，不管两岸关系和平发展路途多艰，但祖国统一、民族复兴是人心所向，大势所趋。我们要按照习近平总书记提出的“两岸一家亲”理念多做探讨与研究，充分发挥“亲情乡情”的独特优势，密切联系身边的台胞，为进一步推进两岸关系和平发展多做有益之事。

（四）以隆重纪念抗日战争胜利暨纪念台湾光复 70 周年为契机，深入开展涉台宣传

1. 6 月举办口述历史工作座谈会。为整理台盟早期历史，留存宝贵历史资料，于 6 月在大连举办口述历史工作座谈会，邀请部分为台盟成立、早期组织建设、两岸交流合作做出突出贡献的台盟前辈的后代们回忆介绍其父辈的革命活动经历，用老一辈台盟盟员参加抗日斗争及亲历台湾光复的革命史实，教育和引导青年盟员更好地担负起传承、发扬老一辈台盟人爱国爱乡光荣传统的历史重任。

2. 8 月召开抗日志士林正亨诞辰 100 周年暨《林正亨画传》出版座谈会。在纪念抗日战争胜利 70 周年之际，以纪念台盟盟员林正亨烈士诞辰 100 周年为契机，精取其生前照片集结成书出版发行，回顾其在抗日战争中的英勇事迹，从而更好地弘扬台湾同胞与祖国人民一道，抵制外侮同仇敌忾的斗争精神，更好地教育广大盟员继承先辈优良传统，勇担时代重任。

3. 9 月参与纪念中国人民抗日战争暨世界反法西斯战争胜利 70 周年大会系列活动。9 月 2 日上午，全国政协常委、台盟中央副主席黄志贤参加抗战胜利 70 周年纪念活动新闻中心第五场记者会并答记者问。黄志贤谈道，今年是中国人民抗日战争暨世界反法西斯战争胜利 70 周年，也是台湾光复 70 周年。台湾同胞 50 年的抗日历史，充分反映了台湾同胞不屈不挠、爱国爱乡的光荣传统。9 月 3 日上午，纪念中国人民抗日战争暨世界反法西斯战争胜利 70 周年大会在北京天安门广场隆重举行。全国政协副主席、台盟中央主席

林文漪，台盟中央副主席汪毅夫、吴国祯、黄志贤、苏辉，在京台盟中央委员等参加大会，认真聆听习近平总书记在大会上所做的重要讲话，向抵抗日本侵略、争取民族独立而浴血奋战的老一辈革命家致以崇高的敬意。

4. 10 月举办纪念台湾光复 70 周年《台湾同胞抗日丛书》出版座谈会。该书由台盟中央宣传部和台海出版社历时三年精心打造，再现了两岸同胞携手并肩为中华民族的独立富强浴血奋战的可歌可泣的光荣历史，凝聚了台盟近年来研究台胞抗战的重要成果，具有较强的历史和现实意义，林文漪主席为该书题写了序言。此书繁体版已在台北发行，并引起了海峡两岸的热烈反响，两岸媒体共发消息 200 余条。

5. 10 月举办纪念台湾光复 70 周年老盟员座谈会。十届全国政协副主席、台盟中央原主席张克辉及参加过抗日斗争、亲历台湾光复的部分老盟员在会上回顾了抗战的峥嵘岁月，分享了当年亲历台湾光复的喜悦，充分说明了祖国的抗日战争，台湾同胞没有缺席。

6. 10 月林文漪主席出席首都各界纪念台湾光复 70 周年大会并发表讲话。林文漪主席在讲话中强调，台湾光复重回祖国版图，是包括台湾同胞在内的全体中华儿女同仇敌忾、浴血奋斗的重要成果，也是中国人民抗日战争取得伟大胜利的重要成果。此次活动台盟还特别邀请了台湾岛内抗日志士的后人及有关台湾抗日史专家出席。

7. 10 月主办纪念台湾光复 70 周年学术研讨会。该研讨会由台盟中央、全国台联、中国社科院主办，台盟中央副主席陈蔚文出席并讲话强调，两岸共享史料，共修史书，共同研究抗战历史，对于增强两岸民族文化认同具有重要的作用。

8. 台盟各地方组织也积极响应台盟中央《关于开展纪念中国人民抗日战争胜利暨台湾光复 70 周年有关活动的通知》，开展了多种形式的纪念活动。

6 月 9 日，台盟天津市委、市台联与天津台湾研究会、民革市委会、市黄埔同学会、市社科院联合举办两岸关系学术报告会。报告会以纪念抗日战争胜利 70 周年为主旨，邀请中国社科院近代史所台湾史副研究员褚静涛，就“两岸关系 · 日台关系 · 台湾光复”为主题进行演讲。

7 月 15 日，台盟陕西省委组织西安地区部分盟员台胞参观了由中共陕西省委宣传部、西安市委宣传部、西安市文物局联合举办的“纪念抗日战争胜利 70 周年展览”。台盟陕西省委副主委、省台联副会长王二虎带领盟员台胞观看了图片展。王二虎表示，希望全省盟员台胞铭记历史，珍爱和平，继承和发扬包括台湾人民在内的全中国人民反抗日本侵略的伟大精神，团结一心、自强不息、为促进祖国统一贡献力量。

8 月 14—15 日，台盟吉林省委组织全省盟员和盟省委机关干部一行近 40 人，赴辽宁省沈阳市开展“勿忘历史爱我中华”主题纪念活动，参观了九一八历史博物馆、沈阳审判日本战犯旧址陈列馆、沈阳二战盟军战俘营旧址博物馆和大帅府。活生生的史实教育了每一名盟员和盟省委机关干部，要牢记革命先烈用鲜血和生命铸就的中国人民抗日战争的伟大历史，牢记中国共产党领导中国人民为维护民族独立和自由、捍卫祖国主权和尊严建立的伟大功勋。

8 月 28 日，台盟沈阳市委举办纪念中国人民抗日战争胜利暨台湾光复 70 周年报告会，台盟沈阳市委主委柯英明、副主委吴利薇、吴滔，以及全体在沈盟员参会。会议邀请中共沈阳市委党校党史党建教研部主任、副教授吴辽生做《中国共产党是全民族抗战的中流砥柱》专题报告。

8月28日，台盟湖北省委、省台联举行纪念中国人民抗日战争暨世界反法西斯战争胜利70周年座谈会。台盟湖北省委主委江利平出席，在汉盟员、理事、台胞代表50余人参加。原台盟湖北省委主委张荣国、老盟员刘惠敏分别做《台湾人民的抗日斗争是中国人民抗日战争的重要组成部分》《抗日烽火中的台湾义勇队少年团》的主题报告。与会人员表示，台湾的命运与祖国休戚相关，台湾同胞与大陆同胞血脉相连，我们要大力弘扬台湾同胞爱国爱乡的光荣传统，铭记历史，珍爱和平，开创未来，为实现中华民族伟大复兴的中国梦做出积极贡献。

9月1日，台盟大连市委、大连市台联联合举办了“纪念中国人民抗日战争胜利暨台湾光复70周年”报告会，全市台盟盟员、台联成员、台胞台属40余人参加会议。会议邀请了辽宁师范大学刘俊勇教授作专题报告。与会人员还到大连市档案馆参观了纪念中国人民抗日战争暨世界反法西斯战争胜利70周年档案文献图片展览。

9月3日，北京市政协副主席、台盟北京市委主委蔡国雄、常务副主委陈军、专职副主委蔡勉等，以及部分在京盟员共30余人参加纪念中国人民抗日战争暨世界反法西斯战争胜利70周年大会。盟员们深感作为中华儿女的骄傲与自豪，深感既要铭记历史、缅怀先烈的英雄事迹和丰功伟绩，更要珍爱和平，进一步坚定自觉接受中国共产党的领导、走中国特色社会主义道路的信心与决心，致力于推动“四个全面”战略布局，为早日实现“中国梦”努力奋斗。

9月8日，台盟厦门市委组织开展纪念抗日战争胜利暨台湾光复70周年主题活动，台盟厦门市委班子领导杨谦、廖明宏、张秀兰，老领导及部分盟员近30人参加。大家参观了《南洋华侨机工回国抗战纪念展》，了解爱国华侨陈嘉庚号召招募南侨机工回国支援抗战的历史，曾雄同志为盟员讲述了李友邦将军及其组织领导的台湾义勇队参加祖国抗战的事迹。

9月14日，台盟福建省委、福建省文史馆在福州举行纪念抗战胜利暨台湾光复70周年座谈会。全国政协常委、台盟福建省委主委郑建闽，百岁抗战老战士、福建省文史馆馆员、国家一级美术师赵玉林，台盟盟员、福建省台办原主任、台籍抗日烈士翁泽生之子林江，台盟盟员刘振，福建省政协委员潘亮，抗日名将陈季良后裔陈志宏，闽籍抗战史研究学者林怡先后发言，追忆先贤英烈抗日事迹，表达继承遗志弘扬抗战精神，为中华民族振兴做贡献的决心。

9月20日，为了纪念抗战胜利暨台湾光复70周年，台盟成都市支部联合四川省台联、成都市台联举办专题讲座，邀请著名巴蜀文化学者袁庭栋为全市盟员和台胞作“八年抗战中的成都”专题讲座，并组织盟员参观了“台胞爱国历史的证言与证物——人民网甲午·乙未120周年图片展专题”。

9月26日，为纪念中国人民抗日战争胜利70周年、台湾光复70周年，台盟上海市委在机关会议室召开纪念座谈会，邀请老中青三代盟员共同追忆老一辈台胞抗日的光荣历史，缅怀英烈，传承精神。全国政协常委、台盟中央副主席、台盟上海市委主委杨健出席并讲话。上海市政协原副主席、台盟上海市委原主委石四箴，老盟员王宏，台盟上海组织第一任主委李伟光的孙女、盟员李芳，台盟上海组织第四任主委林田烈的儿子、盟员林其荣分别发言。

9月30日，为弘扬台湾同胞爱国精神与两岸同胞携手反抗侵略的抗战精神，全国台联、台盟浙江省委、浙江省台联、连横纪念馆共同主办《台胞爱国历史的证言与证物——甲午（1894）· 乙未（1895）120周年图片展》。浙江省政协副主席、省台联会长、台盟浙江省委会主委张泽熙出席开幕式并致辞。全国台联副会长杨毅周专程出席并宣布开幕。

一年来，台盟海南省委召开机关座谈会畅谈对在中国共产党领导的统一战线下取得抗日战争胜利的感想，台盟安徽总支组织盟员赴泾县缅怀为北上抗日惨遭杀害的“皖南事变”革命先烈，台盟上海市委直属一支部、直属二支部赴南京联合开展了“纪念抗战胜利70周年”相关学习考察活动，台盟南京市委组织部分青年盟员参观南京抗日航空烈士纪念馆，台盟云南省委、省台联组织部分盟员、理事和青年台胞骨干30余人开展“弘扬老山精神　坚定理想信念”专题教育，台盟武汉市委、市台联组织委员、理事赴浙江金华市台湾义勇队纪念馆参观学习，台盟重庆市委工会和重庆市台联工会在重庆市沙坪坝区人民武装部的支持下举办了国防教育活动，台盟广东省委在“华夏同梦九州同行”活动中组织在粤台湾学生参观抗日战争纪念馆、卢沟桥、台湾会馆等地。

9. 台海出版社推动图书入岛取得新突破。在台盟中央的关心支持下，台海出版社成为第一家在台湾书店设置销售专柜并独立挂牌、第一家走进台湾大学校园书店的祖国大陆出版社。加大台海出版社宣传品入岛工作力度。台海出版社2015年发往岛内书店的图书有314种，1189册，使台盟的声音得以传入岛内，在促进两岸文化认同、弘扬中华文化方面，发挥了不可替代的作用。

（五）以“研判机制”为平台，台情研究稳步推进

建立台情“会商研判机制”，整合盟内外研究力量，在两岸重大活动、大陆出台对台政策等重大时间节点，利用统计科学等新手段进行动态分析，进一步增强台情研究的时效性和针对性。

7月20日，台盟中央台情信息座谈会在厦门召开。全国政协常委、台盟中央副主席杨健出席会议并讲话。台盟中央此次台情信息座谈会，主要是针对国民党“全代会”正式提名洪秀柱为2016年参选台湾地区领导人的候选人之后，对台湾有关选情发展的判断和交流，以及如何进一步做好涉台信息工作的探讨。会上，杨健对台盟中央台情工作做出了充分肯定，对座谈会上取得的一些共识表示了认可。杨健表示，回顾历史，台盟在台情工作上取得过辉煌的成绩，为中央有关对台决策提供了重要参考，但随着时代的变化，台情研究工作确实面临着具体的困难，台盟的对台特色并不必然带来台情研究的出彩成果。台湾的民意如流水，要做好台情研究工作，一是要透过表面现象把握本质因素；二是要切实站在台湾同胞立场看待问题，避免主观愿望强加于人；三是要对台湾的历史有深入了解，不断累积经验，提高对台情判断的准确度。

四、社会服务

2015年，台盟各级组织围绕习近平总书记提出的“四个全面”战略布局，结合自身优势和特色，积极探索社会服务工作的新途径和新办法，努力搭建同心同行工作新平台，围绕社会普遍关心的民生问题开展了支医、助教、定点帮扶等一系列社会服务工作，为进一步推进社会的科学发展和多党合作事业建设做出了新的贡献。

（一）以对口帮扶赫章十周年为节点，全面展示全盟参与毕节试验区建设的工作成绩

截至2015年，台盟中央对口帮扶毕节试验区已达10年之久。台盟中央与地方组织对赫章帮扶工作不断延伸触角，提高实效，坚持走规范化、精准化、品牌化道路，保障帮扶工作向特色化、优质化方向发展。

1. 加大宣传，组织开展中央媒体赫章采风活动

6月3—5日，为认真贯彻中央统战工作会议精神，积极落实中共中央政治局委员、中央统战部部长孙春兰同志近期关于毕节试验区建设的工作部署，全国政协常委、台盟中央副主席黄志贤应赫章县邀请，携新华社、人民日报、中新社、人民政协报、团结报等中央媒体一行到贵州省就台盟帮扶赫章县工作进行宣传调研，受到了当地党政部门的热情欢迎。

6月3日下午，黄志贤一行来到位于黔南州惠水县的贵州盛华职业学院，看望在校就读的赫章籍学生并与校方进行座谈。这所由台湾著名企业家王雪红投资兴建的公益类高职院校自2011年开学以来，全国政协副主席、台盟中央主席林文漪曾两次到该校考察，台盟中央与其密切开展教育帮扶合作，为赫章籍优秀贫困生提供定向就学和就业扶持，也为赫章县职业教育发展提供动力支持。在实地参观学院实训基地、聆听学生代表热情真挚的致谢发言后，已经是第三次来校的黄志贤感叹于学校和学生面貌的巨大变化。他表示，读书改变命运、教育功不可没，台盟中央会一如既往地支持赫章优秀学生得到更多学习深造的机会，走向属于他们自己的光明未来。

6月4日，黄志贤一行来到赫章县海雀村调研走访。海雀村是毕节试验区的发源地，也是台盟中央帮扶赫章县的起点和工作联系点，曾经是一个极其贫困的彝族、苗族聚居村。10年来，台盟中央相继在海雀村实施了人畜饮水、茅草屋改造、学校改扩建、建立卫生所等民生工程，连续多年开展节日慰问、教育帮扶和物资捐助等活动，较大地改善了海雀村民的生产生活条件。通过海雀村民的介绍，以及村容村貌今昔变化的强烈对比，记者们也对台盟中央的帮扶工作有了更加直观的认识和体会。同时，在可乐乡农场小学和平山乡江南新村，记者们分别对台盟协调捐助的同心电脑室、同心幼儿园等帮扶项目进行现场采访。

经过两天的实地采访调研，黄志贤一行与赫章县党政部门进行了台盟帮扶情况座谈。黄志贤指出，10年来，台盟中央在中央统战部的大力支持下参与毕节试验区建设的宝贵

实践，使广大盟员干部受到了深刻的政治和国情教育，同时也深切感受到与中国共产党同心奋斗、推动科学发展的强大凝聚力和战斗力。下一步，台盟中央将继续在教育培训、医疗服务等领域加强帮扶力度，继续联络优秀企业家及台资企业和社会人士积极参与毕节市和赫章县的经济社会发展，让当地群众更深切地感受到经济社会发展和台盟智力帮扶对他们生活带来的实际变化。

调研期间，黄志贤还分别会见了中共贵州省委统战部、毕节市和赫章县的党政主要领导，双方就台盟定点帮扶工作交换意见。台盟中央社会服务部副部长蔡国斌、台盟中央宣传部副巡视员吴艺煤、贵州省台联会会长曾力群等陪同调研。

宣传调研活动结束后，媒体从不同角度对台盟在赫章的帮扶工作进行了大量宣传报道，宣传了社会服务工作的正能量，营造了良好的氛围。如，6月8日，新华网以“苦甲天下换新颜”为标题全文登载新华社记者对台盟帮扶赫章的采访文章；6月19日，《人民政协报》又以“台盟十年扶贫路，赫章旧貌换新颜”为标题图文并茂的整版报道台盟十年来的帮扶亮点，同时多家网络媒体刊发、转载了相关文章。

2. 同心助教，打造智力帮扶品牌

继续打造智力帮扶品牌项目，以助学助教为切入点，组织实施“教师走出去”和“专家请进来”双向培训活动。

一是继续组织赫章骨干教师进京培训。

7月13日上午，2015年赫章骨干教师培训班在北京青年政治学院举行开班仪式。全国人大常委、台盟中央副主席苏辉出席开班式。

苏辉副主席对组织和筹办此次培训活动的赫章县教育局、北京青年政治学院和台盟北京市委表示感谢。她说，赫章是台盟参与毕节试验区建设的对口支援县，多年以来，台盟集聚全盟力量，在赫章县开展了教育、医疗和民生改善等多方面帮扶，为赫章的发展做出了一些贡献，也和赫章县干部群众结下了亲戚般的深厚感情。教育帮扶是台盟立足自身特点重点实施的一项帮扶工作，今年正好是台盟对口帮扶赫章十周年，希望以这次培训的圆满成功为十周年结对友谊增添光彩。我们也将以十周年为契机，做好阶段性的总结和新起点的规划，继续做好对赫章的帮扶工作。

本次培训由台盟中央社会服务部、北京青年政治学院和台盟北京市委共同举办。学员们围绕着教育科学研究、促进学生成长和教师发展以及如何做个真正的老师等专题，以名师讲座、微课堂和学校参访等形式进行了为期一周的学习交流。2014年，台盟中央社会服务部、沈阳师范大学和台盟辽宁省委首度合作，共同举办第一期赫章骨干教师培训班，取得良好的效果。通过今年的再次举办，台盟中央希望进一步夯实教育帮扶基础，打造教育帮扶品牌，切实强化与各地台盟组织和有关教育单位的工作联系与合作，切实提高帮扶地区的整体教育发展水平。

二是继续开展沈师大教育专家送教赫章活动。

8月10日至14日，台盟中央社会服务部与台盟辽宁省委继续合作，邀请沈阳师范大学的教育专家以及辽宁省的部分中小学校长走进赫章县，以留守儿童心理疏导、教育管理艺术等课题，为赫章县中小学校长、教师进行了教育知识更新与业务强化培训。

本次送教活动共开展心理健康教师班、初中理化生及小学科学实验教师班、寄宿制学校校长班 6 个培训班次，培训一线教育工作者 630 余名。专家们全新的理念、前沿的视角、生动的案例、精彩的示范、透彻的分析受到参训校长、教师的热烈欢迎和一致肯定。

台盟中央常委、台盟辽宁省委主委王松，辽宁省政协常委、沈阳师范大学党委书记于文明，沈阳师范大学副校长关松林前往赫章调研指导。王松对组织和筹办此次培训活动的沈阳师范大学、赫章县教育局表示感谢，对参与此次培训的授课专家和受训教师表示慰问。他说，教育帮扶是台盟中央立足自身特点重点实施的一项帮扶工作，今后还将利用和发挥我们的优势，继续在赫章县开展教育方面的帮扶，为赫章的发展做出新的贡献。于文明表示，沈阳师范大学将按照台盟中央、台盟辽宁省委帮扶赫章县的整体规划和要求，继续为赫章教育事业的发展贡献我们的力量。

3. 多元互动，形成赫章帮扶合力

通过台盟中央与地方组织之间的联动、地方组织之间的联合、盟内与盟外力量之间的结合，做到多层次、多渠道、全方位地挖掘社会资源共同参与赫章帮扶工作，形成了社会帮扶的强劲合力。2015 年在参与毕节赫章县帮扶项目上，台盟各地方组织充分发挥各自优势和特色，采取组织台商投资考察、邀请赫章学生参加夏令营、联系学校一对一结对帮扶、捐资捐物助校助学、募集“两岸同心助学金”等多种形式，开展了一系列的帮扶活动。“两岸同心”助学金自 2013 年设立以来，台盟中央及各地方组织累计筹资 71 万元，更好地支持了赫章县贫困学生就学以及当地师资培训。

（二）以“两岸同心”为特色，延伸社会服务触角

1. 继续开展“两岸医师医疗咨询义诊公益活动”

4 月 24 日，台盟中央社会服务部、台盟中央联络部、台盟中央科教医药交流委员会和台盟江西支部共同在江西省广昌县实施“两岸医师医疗咨询义诊公益活动”。来自台湾台南、北京和上海的 21 名知名医生分别在广昌县医院、中医院和广昌县高虎脑红军医院接诊 1000 多人次，受到当地政府和老百姓的热烈欢迎。

广昌县位于江西省东南部，作为原中央苏区和老区，曾经为我国的革命和解放事业做出过重要贡献。去年以来，统一战线将广昌县作为帮扶的重点地区之一，实施一系列的民生改善项目。通过实地调研，台盟中央了解到，由于地处偏远山区，发展相对滞后，当地群众的一些疑难杂症和顽固病症难以得到及时诊断和根治。经过台盟江西支部的协调联系，台盟中央决定将今年的“两岸医师医疗咨询义诊公益系列活动”安排在江西，继续邀请台南医师公会理事长王正坤一行，以及主要由台盟盟员组成的京沪知名医疗专家，共同为广昌县基层群众提供一流的公益医疗服务。

促成两岸医师携手合作，共同参与中西部义诊公益活动，这是台盟中央依托专委会的资源力量，将对台联络交流与社会服务工作相结合，以期产生“一加一大于二”效应的一项探索和尝试。通过去年在贵州黔西南和毕节，以及今年在江西广昌的两次顺利实施，使得两岸医师对中西部民生情况有了更加感性和深入的认识，产生了共鸣，两岸医师之间的交流也在去年的基础上更加融洽、热烈，进一步增进了了解，加深了友谊，收到良好的效果。

2. 有序扩大社会服务工作范围

8 月 24 日至 29 日，台盟中央社会服务部副部长蔡国斌等一行四人赴陕、鄂两省，就

社会服务工作开展情况进行调研。24 日至 26 日，调研组在陕西先后走访了渭南市潼关县欧家城村和川城子村。台盟陕西省委两年来做了大量社会服务工作，如：欧家城村建造了长 15 米、高 6 米的护地渠坝，修建了文化休闲广场并装备了太阳能路灯；为川城子村捐赠了电脑、电视、打印机等办公用品；为两村捐赠了农业科技书籍及篮球、羽毛球等文体用品。27 日至 29 日，调研组在湖北先后走访了英山县葫芦盆小学和石龙头村，详询了学校的教学环境及村的经济发展、群众患病就医等情况；考察了台资企业——英山承庆鞋业有限公司，了解了公司的经营状况；并与台盟湖北省委工作人员及盟员座谈，就社会服务工作情况进行了深入的交流。

10 月 10 日至 14 日，台盟中央社会服务部副部长蔡国斌一行赴广东省，就社会服务工作开展情况进行调研。期间，调研组先后考察了在花都区工作了多年的台湾农业专家陈正昌博士的嘉宝果（树葡萄）等台湾优良树种、果树种植基地；走访了台盟广东省委的定点帮扶乡镇——云浮市安塘镇奶枣、凤梨种植基地；与台盟广东省委的定点帮扶医院——都杨镇卫生院负责人进行了座谈；参加了台盟广东省委与民革广东省委联合主办的“法治中国少年行”活动启动仪式。调研中了解到,台盟广东省委在云浮市深入开展“四个一”帮扶工程，即撰写一份调研报告、派遣一名挂职干部、联系帮扶一个医院、开展一项帮扶活动，取得了非常好的社会效果。特别是，通过邀请台湾农业专家进行实地技术指导，引进台湾地区经济价值高的嘉宝果、奶枣、凤梨等优良农作物品种，有效地助推了当地“三农”发展，深受当地政府和群众欢迎。

10 月 26 日至 31 日，为贯彻落实习近平总书记关于扶贫开发的重要讲话精神，充分调动全盟力量开展好社会服务工作，台盟中央社会服务部组织各地方组织有关同志赴成都、重庆开展社会服务调研帮扶活动，台盟中央秘书长张宁、社会服务部副部长蔡国斌，各地方组织主委或主管社会服务工作的领导及业务骨干 40 余人参加了此次调研帮扶活动。27 日至 28 日，调研组先后对四川省彭州市和新津县开展扶贫调研活动。27 日下午，对彭州市敖平镇星河村进行扶贫调研，为了推动当地基础设施建设，改善村容村貌，捐款 2 万元；并考察了彭州市白鹿镇 2008 年地震灾后重建的情况。28 日，调研组来到新津县，看望文井乡李柏村的 3 个贫困户，捐赠了慰问金，实地走访调研了新津台湾农民创业园。29 日至 31 日，调研组对重庆市云阳县、万州区和巴南区进行考察调研。29 日，调研组考察了云阳龙缸地质文化开发与发展情况。30 日，调研组到万州实地走访调研台盟中央社会服务基地——台盟助农增收铁峰猕猴桃产业发展示范园，为助推当地民生发展，在汇报会上，台盟中央向其捐款 10 万元。31 日，调研组到巴南安澜镇走访慰问了 2 户贫困户，现场捐赠了慰问金及米、面、油等生活物资，观摩了安澜社区文化室；召开社会服务交流座谈会，慰问了 10 名留守儿童代表，并向安澜镇政府捐款 3 万元，用于助推盟安社区文化建设。此次活动采取了调研帮扶、实地考察、现场交流相结合的方式，进一步强化了全盟“上下联动、横向联合”工作机制，提升了全盟社会服务工作水平，得到了各地方政府、各地盟组织和盟员的一致好评。

12 月 16 日至 19 日，台盟中央社会服务部副部长蔡国斌，全国政协常委、台盟吉林省委主委王天戈一行赴云南就社会服务工作进行联合调研。调研组走访了台盟云南省委定向帮扶点——玉溪市华宁县青龙镇，并代表台盟中央向镇政府捐赠 5 万元帮扶款，用于当地核桃产业技术推广及种植人员培训。期间，台盟中央社会服务部邀请中国林科院副教授张俊佩和云南省林业厅检验检疫总站站长、教授陆斌在青龙镇海迪村现场为全镇核桃种植户及村组干部开展核桃种植、嫁接及病虫害防治等技术培训。调研组对林文漪主席代表台盟中央于2014年向青龙镇革勒村捐赠10万元修建农贸市场项目进行了跟踪考察。该项目现已完工并投入使用，成为了当地集农产品交易、文体活动开展、村民婚宴举办、村民聚会等多项功能为一体的活动场所，群众受益良多。

五、自身建设

一年来，台盟各级组织坚持建设中国特色社会主义参政党，以深化政治交接、发扬优良传统为主旋律，自身建设严实有力。

截至2015年12月底，共有地方组织38个，其中包括省级组织13个，省辖市级组织25个。基层组织112个,其中总支5个,支部96个,基层工委5个。全年新加入成员98人。成员总数3044人，其中女成员1545人。平均年龄50.1岁。离退休969人。

界别特色，高校227人，百分比7.5%；普教281人，百分比9.2%；科技界180人，百分比5.9%；文化艺术54人，百分比1.8%；公有制经济639人，百分比21.0%；新社会阶层558人，百分比18.3%；医药卫生334人，百分比11.0%；新闻出版35人，百分比1.1%；机关团体488人，百分比16.0%；其他248人，百分比8.1%。

担任各级人大代表的共有104人，其中全国人大常委会副委员长、专职副秘书长及专委会主任副主任、委员、人大代表15人，省级人大常委会副主任、专职副秘书长及专委会主任副主任、委员、人大代表32人，市地级人大常委会副主任、委员、人大代表39人，县市区级人大常委会副主任、人大代表18人。

担任各级政协委员共有515人，其中全国副主席、专职副秘书长及专委会主任副主任、常委、政协委员30人，省级政协副主席、专职副秘书长及专委会主任副主任、常委、委员120人，市地级政协副主席、常委、委员218人，县市区级政协副主席、常委、委员147人。

担任地方政府及司法机关领导职务的，有省级1人，厅局级2人。

成员学历中有大本以上学历的占56.9%；有中、高级职称的占41.3%。

（一）思想建设

台盟各级组织以坚持和发展中国特色社会主义学习实践活动为引领，将思想建设再加强。召开台盟中央宣传思想工作会议，部署今后一个时期宣传思想工作。将学习实践活动与学习贯彻中共十八届四中、五中全会精神，习近平总书记系列重要讲话精神，中央统战工作会议精神紧密结合，同时注重突出盟史教育特色，用老一辈台盟盟员参加抗日斗争及亲历台湾光复的革命史实，教育引导青年盟员传承政治薪火，发扬光荣传统。

1月至7月，台盟中央宣传部先后赴北京、天津、海南、广西、陕西、湖北等地调研并座谈，深入了解地方盟组织开展宣传思想工作情况，认真听取他们在坚持和发展中国特色社会主义学习实践活动中的做法和成效、存在的困难与问题及对下一阶段开展宣传思想工作的意见建议，并将调研过程中了解到的台盟各级组织开展学习实践活动的内容和成效积极予以宣传；深入挖掘在学习实践活动中涌现出来的盟员典型和感人事迹，大力宣传报道各地盟组织参政履职的工作实绩和优秀盟员的典型事迹，不断增进对中国特色社会主义的道路自信、理论自信、制度自信，切实承担起作为中国特色社会主义事业亲历者、实践者、维护者、捍卫者的政治责任。同时，编辑出版《台盟开展坚持和发展中国特色社会主义学习实践活动资料汇编》下发全盟，全面展示台盟各级组织开展学习实践活动情况及取得的成效。

（二）组织建设

台盟中央组织工作会议召开，为今后一个时期组织工作规划了路线图。不断加大盟员教育培养力度，举办两期中青年盟员培训班，提升盟员参政履职能力；盟员数据系统初步建成，盟员管理工作更加规范。做好各级后备干部的培训、培养和锻炼工作，支持后备干部在专题调研、建言献策、特约监督、社会服务等履职实践中提升素质。地方组织建设稳步推进，协助完成部分省级组织届中调整，积极推动江西、广西、贵州等地的组织发展。盟的内部监督工作扎实有序推进。一年来，赴多地开展了 2015 年台盟组织工作调研。

4 月 7 日至 8 日，台盟中央副秘书长、组织部部长吴国华一行赴台盟安徽总支调研。8 日上午，调研组一行就安徽台盟近年来发展情况、自身建设以及所面临的形势与部分盟员进行座谈，大家畅所欲言，从各自的角度，对于更好地开展台盟组织工作提出意见建议。吴国华对安徽台盟坚持狠抓组织建设不放松所取得的成绩表示充分肯定，鼓励大家再接再厉，再创佳绩。在安徽调研期间，中共安徽省委统战部常务副部长操建华会见了吴国华一行。

4 月 8 日，台盟中央组织部副部长冉永进一行到台盟云南省委调研地方台盟组织工作。台盟云南省委秘书长何原文、组织宣传处李志强处长受杨晓红主委的委托，分别汇报了台盟云南省委和台盟昆明市总支组织工作情况。冉永进充分肯定了云南台盟组织工作所取得的成绩和经验，并就如何加强台盟后备干部及代表性人士队伍建设和数据库盟员信息收集提出意见和要求。他希望通过此次调研，为即将召开的全盟组织工作会议获得一手资料，掌握更多情况，并借此契机，推动各地台盟组织工作上一个新台阶。

4 月 8 日至 10 日，台盟中央组织部冉永进副部长一行赴南宁市进行台盟组织发展情况调研。中共南宁市委统战部李海光副部长等领导会见了台盟中央组织部调研组一行并介绍了南宁台胞情况，就台盟南宁市委会筹委会组织发展可行性进行深入的探讨。主委张小庆汇报台盟南宁支部组织发展和台盟南宁市委会筹委会筹备工作情况。在邕期间，调研组召开座谈会，与部分盟员进行交谈，深入了解盟员思想状况和南宁台盟支部组织建设发展情况。冉永进对台盟南宁支部成立一年多以来的参政议政工作和组织建设等方面工作给予充分肯定，希望台盟南宁支部在为地方建设和做好台湾人民工作，促进邕台关系发展等方面发挥更大的作用。

8 月 26 日下午，台盟中央副秘书长、组织部部长吴国华一行到台盟成都市支部与部分盟员进行座谈，就支部的组织建设等情况进行了调研。 座谈期间，支部主委潘裕萍首先感谢台盟中央多年来对支部的关怀和爱护，并汇报了支部上半年的工作情况以及下半年重点工作安排。吴国华首先转达了台盟中央领导对成都支部的全体盟员及其家属的亲切问候，她对成都支部多年来所取得的成绩给予了高度评价，并就盟组织建设的有关问题进行了讲解和说明。最后，吴国华表示盟中央组织部就是全体盟员的家，组织部一定为全体盟员做好服务工作。

9月16日至18日，台盟中央副秘书长、组织部部长吴国华等一行3人赴漳州，就11月拟在漳州举办2015年度台盟骨干盟员培训班等事宜进行考察调研。在漳期间，吴国华一行在市人大副主任、台盟漳州市委主委李珊珊的陪同下，赴东山参观了谷文昌纪念馆。谷文昌同志带领东山干部群众治理风沙、改善生态生产生活环境、保护“兵灾家属”等事迹，体现了谷文昌同志敢于负责、勇于担当和为民、务实、清廉的精神。学习班期间将组织学员学习谷文昌精神。17日晚上，台盟漳州市委组织部分中青年骨干盟员与吴国华一行进行了关于组织工作的座谈，就基层组织开展活动的情况等问题展开讨论。18日上午，吴国华一行在李珊珊等人陪同下考察了闽南师范大学，并与闽南文化研究院副院长施榆生等人进行了座谈交流。吴国华对闽师大近年来在闽南文化学术研究、社会服务、文化交流上取得的成绩表示赞赏，希望今后有机会与闽师大、闽南文化研究院在台盟干部培训、业务学习等方面，有效开展合作，实实在在做一些工作。

12月17日，台盟中央常务副主席黄志贤赴江苏南京，与中共南京市委常委、统战部长徐锦辉座谈。黄志贤表示，今年上半年，林文漪主席率台盟中央大考察调研组来到江苏南京江宁台创园开展调研，调研组一行得到了中共南京市委及统战部门领导的大力支持，调研工作取得了翔实的第一手资料。经过整理转化的调研成果在上报中共中央、国务院之后，得到了中央领导的高度肯定。对此，黄志贤向中共南京市委及统战部门领导表示衷心感谢。徐锦辉对台盟中央多年来给予南京市经济社会发展的关注与帮助表示诚挚的谢意，并表示将与台盟中央在参政议政调研、组织工作发展等方面建立更加紧密的联系。

12月18日至19日，全国政协常委、台盟中央常务副主席黄志贤一行4人赴漳州调研组织发展等相关工作。中共漳州市委书记陈家东，市委常委秘书长张琳光，漳州市人大常委会副主任、台盟主委李珊珊，市委统战部部务会成员、调研员曾黄河等陪同。黄志贤与陈家东等就台盟组织在漳州的发展、职能的履行、盟员的成长进行了交流，并表示非常感谢中共漳州市委和市委统战部对台盟漳州市委各项工作的支持和帮助。陈家东和市委统战部充分肯定了台盟漳州市委在参政议政、社会服务等方面积极为漳州做出的贡献。在漳期间，黄志贤亲切看望漳州市部分盟员和机关干部，与大家交流座谈。他说，台胞在大陆的成长经历了很多的艰辛坎坷，是祖国建设发展、改革开放的参与者、建设者，老一辈的台胞、老盟员为祖国的发展奉献了自己的力量，希望我们盟组织的领导班子团结、机关干部团结，能够在思想建设、组织建设、制度建设上不断加强。黄志贤还鼓励年轻的盟员能在本职工作和参政议政工作上建功立业，展现自我。座谈会气氛热烈，畅所欲言，大家表示，将在本职工作和党派的工作中，不辜负组织的期望。

12月20日，全国政协常委、台盟中央常务副主席黄志贤到福建厦门调研，并与中共厦门市委常委、副书记洪碧玲，市委常委、统战部部长黄菱座谈。洪碧玲向黄志贤介绍了厦门市近年来在促进两岸交流合作领域付出的努力与取得的成就。黄志贤表示，厦门市作为五大经济特区之一，地处两岸交往前沿，同时又是台盟盟员人数最多的地市之一，多年来一直与台盟中央在两岸交流研究领域合作广泛，联系密切，台盟厦门市委的发展也得到了中共厦门市委及统战部门的支持与帮助，希望中共厦门市委及统战部门领导一如既往的支持台盟各项工作的开展。厦门市人大副主任、台盟厦门市委主委陈紫萱陪同会见。12 月 21 日上午，黄志贤来到台盟厦门市委机关调研，并看望机关的同志们。黄志贤勉励大家牢记台盟使命，在参政履职工作中再立新功。中共厦门市委统战部副部长曾庆军陪同调研。

（三）制度建设

台盟各级组织以完善落实为关键，将制度建设再深化。进一步落实常委会每次围绕一个重点主题集中讨论的制度，更好发挥了常委会议事决策的功能。赴北京、天津、南京、安徽、成都等地方组织调研思想建设、组织建设、机关建设等，各项工作深入基层调研形成常态化。各级盟组织机关的综合管理、服务协调能力持续提升。此外，经多方努力，台盟中央新办公楼已具备办公条件。

郭婷　台盟中央研究室综合处副处长

学术会议

学术会议

“协商民主与社会治理”学术研讨会在成都召开

为认真贯彻落实中央意见精神，深入推进协商民主在理论和实践层面的深入发展，由四川省社会主义协商民主研究中心（省政协与省社科院联合成立）、中央编译局世界发展战略研究部共同举办的“协商民主与社会治理”学术研讨会于4月10日在成都召开。

来自中共中央编译局、四川省政协、武汉大学、上海交通大学、同济大学、东南大学、深圳大学、西安交通大学、天津社会科学院、天津师范大学、海南大学、福建师范大学、西安交通大学、华南农业大学、四川大学、西南交通大学、西南财经大学、电子科技大学、中共四川省委党校、中共成都市委党校、四川省社会科学院、四川省社会主义学院、西华师范大学等高校和科研单位的50多位专家学者及青白江区、彭州市有关同志参加了会议。四川省政协副主席罗布江村到会并发表重要讲话，四川省社会科学院党委书记李后强教授作了《发展协商民主应把握“五个更加注重”》的讲话，中央编译局世界发展战略研究部副主任陈家刚研究员做了“协商民主与中国政治发展”的主题演讲。四川省社会科学院党委副书记陈井安研究员主持会议并致欢迎辞。

罗布江村副主席在讲话中指出，社会主义协商民主是深化政治体制改革的重要内容。在中国，选举民主和协商民主这两种民主形式不是相互替代、相互否定的，而是相互补充、相得益彰的，共同构成了中国社会主义民主政治的制度特点和优势。当前，四川正处在落实“四个全面”战略部局的重要阶段，需要最大限度地凝聚各方智慧和力量，尤其需要贯彻落实中央意见精神，加强和推进四川的协商民主建设步伐。

中央编译局世界发展战略研究部副主任陈家刚研究员就“协商民主与中国政治发展”作了主题演讲。四川省社会科学院党委书记李后强教授作了《大力发展协商民主，把握“五个更加注重”》的讲话。李后强认为，发展协商民主，要把握“五个更加注重”：发展协商民主，更加注重选举民主；保证公民投票权，更加注重提名权；丰富协商形式，更加注重平等自由；充实协商内容，更加注重包容采纳；深化协商理论，更加注重基层探索。

这次研讨会首次采用案例介绍与专家点评相结合的模式，取得了良好的效果。四川省成都市青白江区、金牛区、彭州市的协商民主探索的亲身实践者、推动者、参与者代表分别介绍了各自地区和领域关于协商民主实践的探索情况。随后，与会专家学者围绕这些案例展开了热烈讨论。通过对这些案例的现场互动和深层讨论，与会专家在协商民主实践推动和理论研究两个方面都取得了不少共识，同时也提出了一些值得注意的问题。

一、普遍的共识

1. 这些案例都在一定程度上体现了群众当家作主的主人翁地位，都是在群众路线背景下对群众参与力量的最大化运用；2. 案例基本上都是有比较系统全面的操作规则和相关政策作支撑和指导，不是随意无序的；3. 案例中实际上都整合了很多基层民主的既有资源，是一种“混合式”民主合力的发挥，不仅仅是协商民主的效果；4. 案例中的协商民主都主要是围绕利益协调为中心，以打造协商平台为保障，把达成共识作为协商民主的目标；5. 案例中的协商民主都具有自身的某种特殊性，因而在普遍的经验推广性上面要审慎对待。

二、值得注意的问题

1 . 协商民主怎样与现有的、传统的、成功的治理模式融合，怎样做出最有效的、最适合的商民主流程设计；2. 协商民主怎样在与民主政治的相互交叉之中划定一个相对清晰的边界，以便把协商民主实质性的内容确定下来；3. 未来的协商民主实践如何才能制度化的问题；4. 基层协商民主的责任主体应该怎样来设置，才能将协商主体的代表性、广泛性、平等性体现出来；5. 协商民主怎样面临网络时代来临之后普通大众人人都可以行使舆论监督权的冲击；6. 协商民主的群众参与方式怎样避免形成“多数人的暴政”；7. 在制度供给和需求之间怎样平衡好原有的“存量民主”资源和协商民主的“增量民主”资源。

最后，中央编译局世界发展战略研究部副主任陈家刚研究员和四川省社会科学院党委书记李后强教授分别做了总结评论。陈家刚研究员认为本次研讨会中有很多原则和框架值得学习和借鉴，包括“群众利益的出发点”、“制度指导的规范化”“程序设计的低成本和可操作性”等，以后要更加注重引导，注重制度绩效的积累，注重总结和交流。李后强教授认为发展协商民主，要把握“五个更加注重”：发展协商民主，更加注重选举民主；保证公民投票权，更加注重提名权；丰富协商形式，更加注重平等自由；充实协商内容，更加注重包容采纳；深化协商理论，更加注重基层探索。

随后，与会专家学者围绕我省金牛区、青白江区、彭州市的协商民主探索的实践案例展开热烈讨论。专家学者们从协商民主发展的制度环境、社会基础、制度构建、程序设计等方面，具体分析和探讨了我国协商民主的实践经验、特点与路径，产生了大量富有价值的思想成果，为四川乃至全国的社会主义协商民主建设与社会治理提供了重要的理论支持和实践引导。

“抗日民族统一战线与中国政党政治发展”理论研讨会在京召开

为纪念中国人民抗日战争暨世界反法西斯战争胜利 70 周年，中央社会主义学院统战理论教研部于 4 月 27 日在京召开“抗日民族统一战线与中国政党政治发展”理论研讨会，来自民主党派中央、中央统战部、人民政协报社、中国统一战线杂志社、团结报杂志社等多家单位代表，中央社会主义学院统战理论教研部全体教师和学员代表共计30余位同志参加会议。

21位代表围绕“抗日民族统一战线与中国政党政治发展”发言，内容包括中国共产党在抗日战争中的中流砥柱作用，“三三制”政权与协商民主，抗日民族统一战线与党的民族宗教政策和海外华侨政策，民主党派在抗日民族统一战线中的作用和贡献，抗日民族统一战线和多党合作与政治协商制度的发展等。

一、中国共产党在抗日战争中的中流砥柱作用

近些年来，论述中共是中国抗日战争中流砥柱的论著不是很多，论述国民党在抗战中起主导作用的观点却广为流传。因此，客观地分析和评价国共两党在抗战中的作用，尤其是澄清一些模糊认识，论证中国共产党在抗战中的伟大成就，具有很强的政治意义、社会意义和现实意义。

李金河教授指出：从整个抗日战争的发展进程来分析，中国共产党从“九一八”事变中看到了中华民族亡国灭种的危险，率先举起抗日救国的大旗，进而积极倡导和组织起抗日民族统一战线；在抗日战争爆发后，中国共产党领导人民武装坚持独立自主的抗日游击战争，及时大胆地向敌占区进军，放手发动群众，创建抗日根据地，开辟了广大的敌后战场。敌后军民的持久抗战，有力地打击了侵略者，凝聚和发展了人民抗日力量，逐步改变着敌我力量对比。可以说，中国共产党在抗日战争中发挥了中流砥柱作用。

二、“三三制”政权与协商民主

孙信教授认为，“三三制”政权是统一战线战略策略和根据地建设经验相结合的产物：具有系统协商民主的思想、观念、原则、方法、行为，并获得了巨大的成功，将协商民主上升为国家（局部）形态，为协商民主的构建了制度平台。尽管只是掌握了局部政权，却成为推行协商民主的试验田，最终将抗日根据地建设为“统一战线模范政府”。

高国升提出，“三三制”政权建设既是服务抗战的阶段性成果，也是政权建构的长远性经验，有“带着推动全国建立统一战线政权的性质”。其一，“三三制”政权是团结抗日的政权。其二，“三三制”政权是人民民主的抗日政权。其三，“三三制”政权是夺取抗战胜利的立足点，是走向全国胜利的基础。

三、民主党派在抗日民族统一战线中的作用和贡献

与会学者们提出，抗日战争时期，民主党派作为一股独立的政治力量，坚决抵制卖国投降，反对分裂国家，反对独裁统治，表现出了一定的进步性，在争取和平、民主、团结的斗争中发挥了不可替代的独特作用，为促进抗日战争胜利、推进中国民主进程做出巨大贡献。爱国民主人士在抗日战争中以特有的方式，为巩固抗日民族统一战线、争取抗日战争的胜利、推动政治民主运动发挥了重要作用。

四、抗日民族统一战线为多党合作与政治协商制度的创立奠定了基础

抗日战争的胜利也是民主党派与中国共产党多党合作的胜利，是抗日民族统一战线

的胜利。抗战时期，中国共产党与各民主党派风雨同舟共赴国难，在爱国与民主的旗帜下团结合作，并肩战斗，既为抗日战争的胜利发挥了中流砥柱的作用，也为多党合作与政治协商制度的创立奠定了基础。

与会代表一致认为，回顾历史，进一步坚持并完善中国特色政党制度，至少给我们以下启示：其一，抗日战争的胜利，即是抗日民族统一战线的胜利，是中华民族精诚团结、一致对外的伟大胜利。铭记历史，是我们每个中华儿女不可推卸的政治责任。民族团结、民族进步是实现中华民族伟大复兴的基石。其二，抗日民族统一战线的建立发展，是中国抗日战争取得胜利的基本保证，同时也为中国共产党领导与各民主党派、无党派人士的合作奠定了坚实的基础。抗日战争的胜利，也是中国共产党与民主党派多党合作的胜利。新时期坚持并完善多党合作制度，必须始终坚持共产党的领导、进一步加强多党派合作；坚持共产党执政、民主党派参政的政治格局。其三，民主党派优良传统核心要义是“爱国”与“民主”，它是民主党派在抗日战争血雨腥风中一直坚持不懈的价值追求。民主党派仍然需要继承和发扬爱国、民主、求实的优良传统，加强自身建设，更好尽职履责，担当起历史的责任，从而把多党合作推向前进。

京沪浙三地专家齐聚　探讨政党协商与政协协商

为深入学习《中共中央关于加强社会主义协商民主建设的意见》，深刻理解习近平总书记关于“四个全面”的重要论述，及时传递中央统战工作会议和《中国共产党统一战线工作条例（试行）》精神，6 月 13 日下午，浙江省社会主义学院参政党建设研究中心与中国统一战线理论研究会统战基础理论上海（复旦）研究基地、中共中央党校党建部政党制度教研室联合，在浙江社院举办了“政党协商与政协协商：关系、问题与展望”研讨沙龙。

出席研讨沙龙的有中共中央党校、中央社院、复旦大学、浙江大学、浙江省政协、浙江省委统战部、民主党派浙江省委会等 30 余位专家学者。浙江社院党组书记、常务副院长、参政党建设研究中心主任蒋学基致欢迎辞，开场仪式由浙江社院副院长、参政党建设研究中心副主任隗斌贤主持，研讨环节由统战基础理论上海（复旦）研究基地主任、复旦大学副校长林尚立教授主持。

政党协商和政协协商密切关联着中国共产党领导的多党合作和政治协商制度，对社会主义协商民主体系的构建和完善发挥着引领和示范作用。京沪浙三地专家齐聚一堂，深入研讨政党协商与政协协商两者关系，客观分析当前两者关系的现状尤其是存在的问题，理性研判新形势下两者关系的走向并提出相应的对策建议，极具现实意义。研讨沙龙采用开放式发言形式，与会专家发言踊跃、互动频繁、高潮迭起、精彩不断，会场气氛热烈、不乏精辟的观点、独到的见解。尤其是复旦大学林尚立教授、浙江大学余逊达教授的总结发言，进一步深化了研讨主题。

本次研讨沙龙是浙江社院精心打造的“统战理论与实践”研讨沙龙的第五期，也是三家机构第二次联合举办的学术活动。浙江社院充分发挥统一战线智库作用，以研讨沙龙的模式，汇聚主流学术界高层次的专家学者，深入研讨交流研究成果，以期形成高价值的资政成果，为推动社会主义协商民主新发展提供理论支持和决策参考。

第七届中国政党研究论坛

6 月 26 日，由中央社会主义学院中国政党制度研究中心与北京大学政党研究中心联合举办的第七届中国政党研究论坛，在辽宁省社会主义学院举行，主题为“政党协商与依法治理”。来自各民主党派中央，北京大学、清华大学、人民大学等国内知名高校，以及辽宁省内部分高校、部分省市社会主义学院、辽宁统战系统等 42 家单位 60 多位专家学者出席本次论坛。

开展政党协商与依法治理研究，要深刻领会《中共中央关于全面推进依法治国若干重大问题的决定》和《关于加强社会主义协商民主建设的意见》精神，全面总结政党协商与依法治理的经验教训，以问题为导向，深入开展调查研究，为政党协商与依法治理的有效开展，提供理论支撑和政策依据。就政党协商而言，依法治理意味着，中国共产党与民主党派的政治协商要遵循宪法和法规进行。政党协商效果如何，直接受到政党内外部要素影响。

从政党外部要素治理看，多数学者从不同角度对政党协商发展做出了有益思考。

一是从大数据网络、时空变迁来探索中国协商民主发展。大数据网络不仅意味着政治经济生活与技术变革，而且意味着时空维度的变型：数字协商民主应与网络凝聚群相适应，通过意见领袖的网络吸呐在国家—意见领袖间建立信息对流通道。大数据时代民意是基于整体样本，涵盖了共时性与历时性的信息数据。特定公共议题的民意往往存在峰值、低谷与稳定值，公共政策议程不仅应考量当下民意，还应考量历时性总体民意，从而将协商民主由三维空间拓展为四维空间。协商民主的升维为政党协商创新发展提供了技术支撑。只有对网络环境保持敏感与快速反应机制，不断进行制度变革与创新，形成传统协商民主与数字协商民主两条腿走路的格局，才能保持与提升社会主义民主制度的生命力。

二是从协商决策模式探究政党协商发展。决策模式受制于一定的权力结构安排，后者不仅决定谁可以参与决策过程，而且影响政策决策的议程设置模式。改革开放以来，随着各级党委的权力结构发生变化，在集体领导制度下，形成了协商决策模式。协商性政策议程成为中国决策模式的核心特征。协商决策的主要形式是利用内生知识的协商、利用外部知识的协商。完善政党间协商的制度建设：建立政党论坛，为党际对话、政策倡议提供制度化平台。

三是从协商要素分析来探讨政党协商民主发展。有学者基于调研案例，提出省市政党协商实践存在“四缺”，即缺乏法治思维和习惯，缺乏民主的氛围，缺乏程序合理、环节完整的政党协商程序和运行机制，缺乏协商的能力。政党协商要成为“真协商”，执政党和参政党都需要努力。

从政党内部要素治理来看，部分学者从政党能力建设角度阐述了对于政党协商发展的看法。

一是加强政党法治能力和政党民主能力，推进政党民主实现。有学者认为，贯穿政党能力之中最重要的能力，应当是政党法治能力和政党民主能力。从我国政党制度而言，政党民主能力的发展需要用法治理念提高执政党能力和参政党能力。

二是应重视民主党派能力建设，提高政党协商质量。应重视培育民主党派解决自身问题能力，建设高素质参政党。有学者认为，从四种能力到五种能力的提出，参政党建设理论有了新的发展，民主党派新一代领导班子的政治责任更加重大，参政党建设的目标更加清晰，理论更加系统。民主党派解决自身问题能力是民主党派自我净化、自我革新、自我完善、自我提高的本领，是民主党派是自身存在和发展的必要条件，是民主党派能力建设的根本。

通过比较研究，正确认识我国政党协商的特点和存在问题，有利于我国政党协商制度的进一步完善和发展。另有学者就美国的政党协商与中国政党协商进行多维比较，指出了两者间存在的明显不同：首先是协商场域不同。美国的政党协商主要发生在立法机构。中国的政党协商主要发生在立法机构之外。其次是协商性质不同。美国的政党协商中，政党是从自身利益出发来思考问题。中国的政党协商中，政党不是从自身利益出发，而是从公共利益出发来思考问题。美国的政党在竞选压力下，必须强调“差异”、强调“竞争”。中国的政党更强调“共识”，强调“合作”。最后是协商结果的运用方式不同。美国的政党协商是决策型协商，协商本身就是决策的重要组成部分，协商的结果就是决策。中国的政党协商是咨询型协商，协商是为决策服务，但协商结果本身对决策并不构成约束力。

综上，在推进全面建成小康社会、全面深化改革、全面依法治国、全面从严治党战略布局的时代背景下，推进国家治理体系和治理能力现代化，完善政党协商需要与促进依法治理紧密结合。二者相互包容、相辅相成、互相促进。依法治理为政党协商提供了法治保障。政党协商为依法治理提供了强大动力。政党协商的顺利开展，有利于我国政党制度的发展和完善，有利于决策的科学化、民主化、法律化，有利于引导公民进行有序的政治参与，从而实现对社会的依法、有效治理。政党协商必须在宪法和法律范围内进行，不论是执政党还是参政党在政党协商中都必须遵守宪法和法律。

中央社会主义学院中国政党制度研究中心第13届年会召开

2015年8月11日至13日，由中央社会主义学院主办、云南省社会主义学院承办全国社会主义学院系统理论研讨会暨中央社会主义学院中国政党制度研究中心第13届年会在昆明召开，来自全国社会主义学院系统、山东大学以及民主党派的专家学者100余人参加了会议。本次会议以多党合作制度与“四个全面”战略布局为主题，以中共中央《关于加强社会主义协商民主建设的意见》和中央统战工作会议精神为指导，就如何充分发挥多党合作制度在“四个全面”战略布局中的重要作用进行了广泛深入的研讨。

一、多党合作制度与全面建成小康社会

全面建成小康社会为多党合作明确了前进方向，激发了多党合作制度的内在活力。学者们一致认为，社会主义民主政治建设是全面建成小康社会的重要保障。在中国革命、

建设和改革的长期实践中确立和发展起来的多党合作制度，是我国民主政治的制度载体和实践平台，它的完善与发展，对全面建成小康社会具有至关重要作用。

第一，应正确认识多党合作制度在全面建成小康社会中的定位。多党合作制度在全面建成小康社会中的定位可概括为：在中国共产党的领导下，坚持长期共存、互相监督、肝胆相照、荣辱与共的基本方针，各民主党派与中国共产党通力合作，积极参政议政，利用自身特点和优势发动各自所联系的社会主义劳动者、社会主义事业建设者和拥护社会主义爱国者参与到全面建成小康社会的实践。

第二，应准确把握多党合作制度在全面建成小康社会中发挥的作用。各民主党派在全面建成小康社会的过程中要认清自身的定位，最重要的是要清醒地把握自身与中国共产党之间领导与合作、执政与参政、亲密友党和互相监督这四重关系。

第三,应充分发挥好参政党在全面建成小康社会中的作用。民主党派应发挥人才荟萃、联系广泛的优势，多献务实之策，多做有用之功，促进决策的民主化和科学化；应进一步明确履职方向，激发履职动力，拓展履职思路，切实履行参政议政、民主监督和政治协商职能，确保多党合作制度的有效运行，不断扩大我国政党制度的国际社会的影响力、文化价值的感召力、国民形象的亲和力，自觉抵制西方政党制度的不良影响，坚定发展和完善多党合作制度的信心和决心。

二、多党合作制度与全面深化改革

第一，多党合作制度服务于全面深化改革的总目标：国家治理体系和治理能力的现代化。多党合作参与和推进国家治理及其现代化的路径选择在于：增强治理主体性，协调多元主体间关系。

第二，进一步完善多党合作制度，推动中国政治体制进一步发展。一是创新多党合作制度运行机制。二是充分发挥政党协商的优势。三是促进民主党派自身建设，推动民主党派更好地履行参政议政、民主监督、政治协商职能。

三、多党合作制度与全面依法治国

多党合作制度是我国基本政治制度，依法治国是我国新时期的基本要求和根本战略，二者相辅相成，相互促进。我国政党制度法治化建设应从以下内容着手：切实保障政党权利，要明确执政党的权利边界，规范执政党的执政行为，积极而有效地发挥执政党职能；科学配置政党权力，不断改善政党活动方式；积极完善政党监督制约机制等。在全面依法治国的视野下，参政党要实现自身的现代化转型，要有所作为，有所成就，就必须加强法治思维的培养，切实提高运用法治思维参与国家事务管理的能力，提高解决自身问题的能力。参政党依法参政的目标要求更具规范性、严格程序性、高度组织化、契合法治化。

四、多党合作制度与全面从严治党

第一，“全面从严治党”的内涵。全面从严治党，重点在“全面”，核心在“从严”。实质就是以高标准严要求全面保持和发展党的先进性、纯洁性，全面提高党的领导水平和执政能力，确保党始终成为中国特色社会主义事业的坚强领导核心。

第二，“全面从严治党”对多党合作制度的现实影响。中国共产党的全面从严治党，必将对各民主党派产生强大的政治凝聚力和高度的政治认同感，调动各民主党派参与多党合作事业的积极性和主动性。

参政议政案例选

中国国民党革命委员会

一、深入贯彻落实习总书记讲话精神，加快推进平潭综合实验区建设

2014 年 11 月 1 日至 2 日，中共中央总书记、国家主席习近平在福建及平潭综合实验区调研。期间，《习总视察福建，你注意到他身边那个人了吗？》一文经人民日报海外版官方微信“侠客岛”发布后，引发社会关注。在 2015 年 1 月，为贯彻习近平总书记考察福建平潭时做出的重要指示精神，习总书记“身边那个人”——全国人大常委会副委员长、民革中央主席万鄂湘，率领民革中央调研组再次来到平潭，就“平潭综合实验区发展问题”展开深入调研，听取有关方面意见建议，并将在此基础上从参政党角度研究提出对策性建议。全国政协副主席、民革中央常务副主席齐续春，民革中央副主席修福金、何丕洁、郑建邦、邓力平陪同调研。

1 月 7 日，调研组一行登岛，先后考察了口岸二线卡口、宸鸿科技平潭有限公司、海坛古城、平潭·台湾商品免税市场等地。“通关方便吗？”“防护林的防风效果怎么样？”“台企在平潭发展还有哪些困难？”“员工及子女教育医疗保障如何？”“台湾商品进来方便吗？”……每到一处，万鄂湘都详细询问有关情况，认真听取工作人员介绍。习近平总书记曾寄语平潭，优良的生态环境是平潭的“真宝贝”，不能毁了“真宝贝”，引来一些损害环境的“假宝贝”。万鄂湘也特别强调，生态环境是平潭的宝，要保护好，要把基础设施、人居环境和软环境搞好，吸引更多企业和人员来平潭干事创业。

围绕平潭实验区建设情况，调研组通过两场座谈会，分别听取了中共福建省委、省政府及 20 个有关部门，和平潭综合实验区负责人及有关部门的汇报。中共福建省委副书记于伟国主持座谈会。副省长郑晓松、平潭综合实验区管委会主任李德金等分别介绍了有关情况。

在调研和座谈中调研组了解到，中共福建省委、省政府认真贯彻习近平总书记在福建考察时的重要讲话精神，牢牢把握千载难逢的历史机遇，提出“举全省之力”推进平潭发展。调研组真切感受到福建广大干部群众热情高涨、真抓实干，综合实验区的面貌蒸蒸日上。同时，调研组也看到平潭发展还面临一系列挑战。一是体制和政策障碍。实验区缺乏地方立法权，区县合一的行政体制存在重叠，特别是对外开放的一系列政策与国际自由贸易区的标准尚有距离。二是人气不旺。在“大三通”背景下，2011 年底至今三年多以来，平潭仅有 9.2 万台胞出入境，区位优势有待显现。三是影响力尚待加强。自

习总书记视察以来，台湾岛内朋友最“热”的话题就是平潭，但平潭的综合影响力有待提升。四是基础较为薄弱。当前平潭的基础设施虽已粗具规模，但与实验区的要求尚有距离；产业尚需培育；初期投资的利息负担已开始显现，中长期面临较大融资偿债压力；和国内其他自贸区相比，人才更为匮乏。

调研结束后，调研组认为，在中华民族伟大复兴的宏伟征途上，平潭肩负为祖国和平统一提供实践经验的重大使命。建议中共中央从长远谋划，坚持“全国独创、继续探索”的总方针，进一步完善平潭发展的顶层设计。民革愿意发挥参政党的独特作用，发挥对台联系紧密的优势，为平潭发展献计出力。经广泛调研、反复研究，针对平潭当前发展中遇到的问题，民革中央提出以下两方面建议：

一、加快平潭发展的政策建议

建议中共中央赋予平潭几项特殊政策，帮助平潭尽快在国际化水平上形成区域制高点，更好建设“两岸融合发展的共同家园”。

（一）授予特别立法权。建议中共中央参照深圳的成功经验，适时由全国人大及其常委会授予福建省人大及其常委会对平潭综合实验区的特别立法权。

（二）赋予自由港政策。支持平潭率先接轨国际化的自贸区标准，赋予之真正的国际自由港政策。具体包括：1. 投资自由，实施负面清单管理模式，全面开放、备案管理，特别是对台资或台资控股的项目，可试点实行台湾的规划及工程管理体制。2. 贸易自由，允许在平潭设立期货交割仓库，开展跨境电子商务保税进口业务试点，对原产于台湾的小商品、农副产品等试点 B2C 免税电商模式。3. 航运自由，探索实行报备制，允许海外方便籍船舶在平潭实施二次登记，对台湾方面通关数据先期部分单边采信。4. 金融自由，允许平潭综合实验区内的金融机构试点人民币与新台币直接清算，试行人民币与新台币自由流通，同时允许台资金融机构在平潭直接设立分支机构，支持设立两岸合资股份制银行。

（三）赋予国际旅游岛政策。支持平潭实施离岛购物免税、离境购物退税政策，适当放宽限值和品种；允许赴台湾本岛旅游的大陆居民在平潭办理《大陆居民往来台湾通行证》，便利台湾同胞从平潭出入境，如允许台湾居民无签证停留 30 天等；参照海南国际旅游岛政策，逐步放开平潭入境免签国别。

（四）赋予青年就业创业特殊政策。建议中共中央重视两岸青年特别是台湾岛内青年的就业问题，以平潭为根据地，以就业为抓手，着力做好面向台湾中南部地区、中下层民众、中小微企业的青年工作，鼓励台湾青年到平潭综合实验区实习、创业，搭上祖国大陆全面深化改革开放的快车，在未来十多年里把平潭打造成两岸青年合作建设、先行先试、科学发展的共同家园，这对于培育台湾青年对国家和民族的认同是十分有利的。特殊政策包括：在平潭试点两岸社会保险互认、转移、清算机制，建立职业教育和专业课程互认机制，参照“海归”在科研成果转化、市场准入、土地使用、税收融资等方面待遇，制订台湾青年来大陆创业的扶持政策等。

二、恳请中共中央对民革中央拟参与平潭发展的四项工作给予指导和支持

民革中央经广泛征求意见，认为有四项工作可以马上着手筹办，以促进平潭发展：

（一）举办平潭发展论坛。针对当前平潭发展遇到的瓶颈，由民革发起，每年举办高规格的平潭发展论坛，广泛邀请海峡两岸著名经济学家、法学家、有影响力的媒体，和台湾企业家商会、闽商商会、民革企业家协会参与论坛，促进企业家在平潭投资兴业，共商平潭发展大计，扩大平潭影响力。

（二）筹办中山银行。民革在金融方面有一定人才优势，且与台湾岛内金融机构颇有历史渊源。初步酝酿，考虑由民革党员中的企业家出资参股筹建中山银行，并请平潭的国有企业参与持有一部分股份，在国家统一监管下，实践孙中山先生实业兴国、金融兴国的伟大构想，专门为平潭开发开放、“一路一带”战略下两岸企业走出去提供金融服务，助推平潭乃至两岸经济发展。

（三）筹办平潭青年创业园。民革中央长期关注两岸青年创业就业，并有一定工作基础。希望发挥在台湾岛内联系密切的优势，在平潭筹办青年创业园，并将民革中央参与主办的“两岸青年创新创业论坛”移师平潭,每年在平潭举办两岸新锐设计竞赛“华灿奖”。园区提供基础创业平台服务，以零门槛准入方式，吸引两岸更多的有创意潜力的青年在园内创业就业。

（四）组建海峡两岸仲裁中心。平潭作为对台的窗口，法治环境至关重要。拟由民革中央邀请两岸法学家、律师在平潭共同组建海峡两岸仲裁中心，专门受理海峡两岸的各种商事纠纷，当事人各方可以自行约定解决纠纷的准据法。该仲裁中心的设立将进一步提升平潭的法治环境，同时也可促进两岸间司法方面的合作与交流。

调研结束后，民革中央向中共中央、国务院报送了《关于加快推进平潭综合试验区建设的建议》，并向全国政协十二届三次会议提交同名提案，得到了中共中央和国务院领导同志的重要批示。

二、推动“三峡经济枢纽区”建设，为长江经济带发展做贡献

建立自由贸易试验区是中共中央做出的新形势下扩大对外开放的重大决策，是构建开放型经济新体制、形成全方位对外开放新格局的重要举措。2013 年 7 月，习近平总书记视察武汉新港时特别强调，“长江流域要加强合作，发挥内河航运作用，把全流域打造成黄金水道。”不久，在国家发改委呈报的长江经济带研究报告上，李克强总理做出重要批示：“沿海、沿江先行开发，再向内陆地区梯度推进”“依托长江这条横贯东西的黄金水道，带动中上游腹地发展，促进中西部地区有序承接沿海产业转移，打造中国经济新的支撑带。”至此，国家新一轮长江开放开发战略拉开序幕。

为了落实习近平总书记“把湖北建设成为中部地区崛起重要战略支点，在转变经济发展方式上走在全国前列”的要求，民革中央常务副主席齐续春于 2015 年 9 月，率调研组赴湖北，调研内陆地区对外开放和长江经济带发展问题。

调研中调研组了解到，湖北战略地位优势明显，区位交通体系完善，拥有长江干线 37% 以上的岸线长度，肩挑长江经济带两端，是名副其实的长江经济带“龙腰”。湖北还具备较好的对外开放基础和科教创新优势，是国家“一带一路”开放战略的重要交汇点与结合部。湖北还深入推进行政审批制度改革、投资管理体制改革、科技成果转化机制

改革、事中事后监管改革，积累了设立自贸区的基础和管理经验。

在听取宜昌经济社会发展情况、三峡综合运输体系、三峡枢纽港建设等情况汇报及各位专家学者的发言后，齐续春常务副主席对宜昌主动谋划推动三峡城市群战略给予了高度评价，赞成宜昌设立“四大平台”、加快现代化特大城市建设。在听取申报中国（湖北）内陆自由贸易试验区有关情况汇报后，齐续春指出，湖北的战略地位优势明显，中央对湖北的发展有很高的期望，湖北要在新一轮改革开放中全面解放思想，充满信心，推动体制创新。在这次申报建设中国（湖北）内陆自由贸易试验区工作中，要大胆设想，先行先试，把湖北自身的特色凸显出来，要大力发展品牌经济，大力建设三峡经济枢纽试验区。他强调，湖北申报建设中国（湖北）内陆自由贸易试验区要有国际视野、国情观念、全局意识。要用互联网思维发展湖北具有优势的产业，使湖北的品牌与世界接轨，并在先行先试中取得主动权、有大作为，不仅成功申报中国（湖北）内陆自由贸易试验区，而且使这个内陆自由贸易试验区具有活力。

通过细致的调研和座谈，民革中央调研组建议尽快设立中国（湖北）内陆自由贸易试验区，认为这将有利于长江经济带战略深入推进，有利于对外开放平台和通道的构筑，有利于长江中游城市群产业转型升级，有利于打造中部地区发展综合服务区。具体建议如下：

（一）打造内陆地区开放新高地

吸引国外先进技术和管理经验，在内陆地区施行国际投资贸易规则，引导更多外资投向内陆腹地。解决内陆地区开放不够、产业结构不优和设备技术落后等问题，加快内陆地区外向型经济的发展。在更大范围、更广领域、更高水平上推进我国对外开放，推动形成全方位的区域开放新格局。为内陆地区营造国际化、法治化、市场化营商环境探索经验做法，为内陆地区优化完善对外开放体制机制和制度探索新路径、积累新经验。

（二）推动开放式创新、促进科技创新国际化

湖北科教优势突出，科技实力雄厚，建议自贸区重点突出创新驱动，探索放开科技领域对外开放限制，集聚全球高端要素资源，推动生产方式变革和技术创新，实现创新驱动发展。探索金融创新，营造有利于创新人才发展的金融体制机制。建设高端产业聚集、创新创业活跃、监管高效便捷、辐射带动功能突出、投资贸易规则体系符合国际高标准的内陆自由贸易园区，在促进实施长江经济带和“中部崛起”战略中起到示范引领作用。

（三）明确战略定位和功能划分

建议自贸区由武汉、襄阳、宜昌三个片区组成，武汉片区重点发展国际商贸、金融服务、现代物流、研发设计等现代服务业和高新技术、智能制造、生物医药等产业；襄阳片区重点发展高端制造、新一代信息技术、新能源新材料、铁路物流等产业；宜昌片区重点发展现代物流、文化旅游、先进制造等产业。

调研结束后，民革中央向中共中央、国务院报送了《关于设立“三峡经济枢纽区”的建议》，得到了有关领导同志的批示。

三、建立联合调研机制，推动《监狱法》修改与完善

中共十八届四中全会《决定》提出，要“完善刑罚执行制度，统一刑罚执行体制”。为了积极响应中共中央这一重大部署，充分发挥民主党派参政议政职能，为完善我国监狱法律制度建言献策，由全国人大常委、民革中央副主席修福金率队，民革中央联合司法部组成调研组，于 2015 年 9 月赴江苏、安徽等地，就《监狱法》修改和改革完善监狱工作进行了调研。这是自 2014 年 12 月民革中央与司法部建立日常工作联系机制以来，双方进行的首次联合调研。

调研组一行前往江苏和安徽的监管集中区，参观了监狱迁建工程。随后，调研组一行深入女子监狱指挥中心、罪犯习艺车间、监舍、食堂等地，现场调研监狱应急指挥、警务运行、监管安全、教育改造及罪犯习艺劳动、学习、生活等情况，并观看女子监狱监区文化活动汇报演出。调研组在南京和合肥召开座谈会，听取省监狱管理局、监狱单位关于安徽、江苏两省监狱工作情况的汇报、《监狱法》修改建议以及当前监狱工作存在的困难、问题。江苏省司法厅、安徽省司法厅等有关部门领导陪同调研，并参加座谈会。

通过调研，调研组了解到 1994 年全国人大常委会通过的《监狱法》是新中国第一部监狱法。它的颁布实施，进一步完善了我国刑事法律体系和刑罚执行制度，标志着我国监狱工作走上了法治化轨道，为确保监狱正确执行刑罚、规范监狱管理工作提供了有力的法制保障。二十多年来，在中共中央、国务院的高度重视和正确领导下，全国司法行政机关和监狱系统认真贯彻实施《监狱法》，坚持“惩罚与改造相结合、以改造人为宗旨”的监狱工作方针，大力实施依法治监，监狱工作取得巨大成就，为维护国家安全和社会稳定做出了积极贡献。

但是，随着我国经济社会的发展和民主法治建设的进步，《监狱法》也逐渐显现出一些不足之处，特别是自 2003 年进行监狱体制改革以来，相关规定已落后于实践发展。在当前我国全面建成小康社会的关键时期，在加强和创新社会管理的新形势下，面对国内外的新情况新变化，广大人民群众对司法需求的新要求新期待，监狱工作在维护国家安全和社会稳定、促进社会公平正义、保障人民安居乐业等党和国家工作大局中具有独特职能优势和作用，如何破解监狱事业发展中的新问题新矛盾，迫切需要监狱法制建设予以回应和调整。因此，监狱工作的法制化进程应该进一步加快，《监狱法》的修改必要而紧迫。

首先，修改《监狱法》是改革完善刑罚执行制度的客观需要。习近平总书记 2014 年 4 月对包括监狱工作在内的司法行政工作做出重要指示，强调强化监狱内部管理，严格执行刑罚。中共十八届四中全会《决定》对完善监狱法律制度提出了新的更高的要求。我国近年来刑事法律政策调整，特别是宽严相济刑事政策对监狱刑罚执行制度产生了重要影响。这就需要修改《监狱法》，以适应刑罚执行制度的发展需要。

其次，修改《监狱法》是充分反映监狱体制改革成果的客观需要。经过十余年的监狱体制改革，长期制约监狱工作发展的体制性、机制性障碍被打破，基本建立了公正、廉洁、文明、高效的新型监狱管理体制，罪犯改造质量明显提高，监狱持续安全稳定。

各地在改革中总结的有益经验和形成的创新成果，需要上升为法律加以规范和巩固。

第三，修改《监狱法》是促进监狱工作科学发展的客观需要。经过多年的发展，我国监狱工作环境发生了重大变化。现行监狱法对监狱执行刑罚、监管改造以及有关部门相互协作制度的规定过于原则，可操作性不强，难以适应监狱工作顺利开展，需要进行完善，以进一步推动监狱工作的科学发展。

据了解，司法部 2010 年成立了监狱法修改领导小组，经过近几年的广泛调研论证、征求意见和修改完善，已形成了监狱法修改讨论稿，具备了修法的工作基础。为此，民革中央提出四点建议：

第一，进一步加快对《监狱法》的修改和完善。鉴于监狱工作对当前我国经济社会发展起到的重要作用，以及完善监狱法律建设对维护国家安全和社会稳定大局的紧迫性，建议全国人大常委会尽快把修改《监狱法》列入议事日程，不断构建完善以《监狱法》为主干的刑罚执行法律体系，更好地规范和保障监狱工作改革发展。此外，在条件成熟时，以《监狱法》《看守所法》《社区矫正法》等法律法规为基础，进行制订《刑事执行法》的可行性探索。

第二，通过修改《监狱法》解决现实法律冲突的问题。从 1994 年《监狱法》颁布实施以来，与之密切相关的《刑法》和《刑事诉讼法》已经进行了若干次修改。这两部刑事基本法律的修改对涉及监狱工作的一些内容进行了调整。如《刑法》中关于假释对象范围、《刑事诉讼法》中关于暂予监外执行的原判刑罚等都进行了修改，这就形成了现行《监狱法》的有关规定与之发生冲突。因此，《监狱法》应当根据《宪法》《刑法》以及其他法律内容的变化做出相应的修改，以解决法律衔接和冲突问题。

第三，通过修改《监狱法》解决监狱执法管理及保障难点问题。一是完善刑罚执行制度。完善罪犯交付执行法律文书衔接、减刑假释和暂予监外执行、罪犯申诉控告检举的处理程序、释放安置等制度规定，解决收监执行难、保外就医难、释放难等。二是完善监狱管理制度。完善罪犯考核奖惩及分级处遇、罪犯死亡处理等制度，解决分押分管分教难、追捕难、死亡处理难等。三是完善教育改造制度。确立完善罪犯心理矫正、未成年犯义务教育、教育培训等制度。四是完善监狱经费和设置。完善罪犯医疗、监狱设施装备、职业技能培训等经费规定。规范监狱设置和监狱分类，划定监狱戒备等级，有效配置监狱资源。五是完善监狱警察保障制度。明确监狱警察的配备数量应当根据监狱收押罪犯的规模、戒备等级以及改造罪犯的实际需要确定。明确监狱建立警务辅助人员制度。完善监狱警察职业保障制度。六是增加关于法律责任规定。明确监狱机关及人民警察、国家机关及其工作、其他人员的法律责任。

第四，通过修改《监狱法》巩固监狱工作改革发展成果。全国监狱系统 2003 年以来全面推进了监狱体制改革、布局调整和信息化建设，监狱工作实现了跨越式发展。各地在罪犯医疗保障、狱务公开、与相关部门配合机制等方面探索形成了一些行之有效的经验做法，需要上升为法律制度予以确认和巩固。

调研结束后，民革中央向张德江、孟建柱、全国人大内司委、国务院法制办提交了《关于进一步加快〈监狱法〉修改进程的建议》，得到了全国人大领导同志的重要批示。

四、关注资本市场服务“一带一路”建设，提升“一带一路”金融保障能力

“一带一路”建设既是国家“十三五”规划的重要内容，也是中国企业“走出去”的重要指引。2013年来，越来越多的国企民企响应国家“一带一路”发展战略号召，积极适应我国经济发展水平和方式转变的客观形势，走出国门寻求发展，取得了良好成效。但是受金融业“走出去”滞后的影响，目前金融市场特别是资本市场服务“一带一路”建设的能力较弱。为推动“十三五”期间资本市场更好服务支持“一带一路”建设，民革中央副主席、民革中央经济委员会主任刘凡率调研组于2015年9月6日至11日赴广西，与当地相关部门及“走出去”企业进行座谈和走访，深入了解“一带一路”建设过程中遇到的资金融通困难与挑战，探索如何发挥资本市场作用。

在广西南宁糖业股份有限公司的调研座谈会上，南宁糖业股份有限公司董事长肖凌汇报了南宁糖业的基本概况、几次融资情况、当前糖业面临的形势以及参与“走出去”的一些尝试。虽然糖业格局面临着新一轮的洗牌，为南宁糖业“走出去”提供了崭新的机遇，南宁糖业“走出去”的愿望十分强烈，但在“走出去”的过程中也遇到许多问题，效果不理想，与会的调研组的专家们对南宁糖业“走出去”亟待解决的问题纷纷提出自己的看法和建议。在广西钦州期间，调研组一行先后前往中马钦州产业园区、钦州保税港区、钦州坭兴陶文化创意产业园区等地进行实地调研，听取有关情况汇报，并与企业进行座谈，详细了解钦州市园区在推进“一带一路”战略中的角色和优势、建设规划和重点方向等情况。在广西的调研结束后，民革中央经济委员会调研组还就此课题赴云南继续进行了调研。

调研组了解到，广西、云南与东盟国家海陆相连、人文相通，东盟各国尤其周边邻国已成为其推进“一带一路”建设的重点对象。调研组认为,“一带一路”建设宜遵循周边、区域、全球的发展路径。“十三五”期间,农业、矿产、劳动力资源丰富、与滇桂接壤的缅甸、老挝、柬埔寨等国应是当前“一带一路”建设的重点区域之一。“一带一路”既是贸易之路，也是货币之路。金融支持是“走出去”企业发展的关键。资金融通是“一带一路”建设的重要支撑。

为此，调研组建议，在贯彻落实中共十八届五中全会精神、制订实施国家“十三五”规划中，要充分发挥金融市场的作用，提升“一带一路”建设的金融保障能力。

（一）优化“一带一路”建设的政府服务体系。整合目前分散化、碎片化的“走出去”政策支持措施，加快制订并实施《对外直接投资法》，作为规范和指导我国企业对外直接投资行为的基本法律。设立专门的协调管理机构，负责制订“一带一路”跨国直接投资的战略规划、方针政策，搭建政府、企业、市场中介之间的沟通交流平台，加强海外项目推进过程中各个主体的协同。扩大与重点投资目的国（地区）的高层合作，利用政府间对话机制，为企业应对反倾销、反补贴等贸易保护壁垒提供帮助。把重大的企业间合作纳入政府间合作框架。对于沿边地区建设予以适当政策倾斜，如建立融资绿色通道、出台由国家贴息支持的“一带一路”专项债券等，支持短期不盈利但对国家战略意义重大的项目建设。

（二）构建“一带一路”建设综合金融服务体系。推动金融基础设施和金融机构走出去，积极援助金融基础设施落后国家建设银行电子支付系统、货币清算体系、证券交易所等金融业基础设施，实现我国金融标准的输出。成立中国人民银行南方总部，统筹推进与“一带一路”各国（地区）、尤其是东南亚和南亚各国的金融合作，提升国别金融合作和沿边金融政策的针对性和有效性。建立“一行三会”支持企业“走出去”的金融服务协调机制，为企业“一带一路”建设打造全方位综合金融服务体系。加快推进资本市场国际化，放开政策限制，支持和推动交易所、券商、并购基金等实施国际化发展，为企业赴海外投资并购提供商业化、市场化的操作平台及专业化的投融资综合服务。加大资本市场对并购融资的支持力度，进一步拓宽中国企业海外并购融资途径。推进并购支付工具创新，鼓励企业以上市公司为主体进行海外并购，增强支付定价的灵活性。

（三）健全“一带一路”建设的综合性信息服务平台等配套服务体系。在国家层面建立企业“走出去”综合信息服务平台，及时收集、发布我国“走出去”有关政策，提供全面准确的国外投资环境、产业发展、税收政策、市场需求等信息。强化行业协会和中介机构作用，发挥涉外政策性金融机构的中介服务功能，为企业开展境外投资合作提供信息咨询及培训服务。发挥境内外商会、行业协会作用，避免“走出去”过程中无序竞争和恶意竞争。完善与企业国际化相适应的对外直接投资中介服务法律保障体系，构建行业自律与政府监管相结合的监管体系，督促行业协会根据国际规则制订标准化的对外直接投资中介服务程序，建立规范的执业、规则与管理制度。积极发挥资金引导作用，研究发展针对“一带一路”项目的绿色债券、社会影响力债券等资本市场创新工具，推动走出去企业在当地投资过程中建立良好的企业社群关系，建立中国企业在国际上的良好声誉。

（四）推动中国企业积极履行社会责任。加大宣传推广力度，使企业认识到，与国家一起将“一带一路”打造为“社会责任之路”，是企业在海外国家实现可持续发展的客观要求，也是国家和企业实现双赢的基本保障。推动企业加强与当地政府、非政府组织的沟通和协调，提高对社会环境的责任和冲突风险意识，完善企业社会责任和利益相关方管理。要积极发挥资金引导作用，研究发展针对“一带一路”项目的绿色债券、社会影响力债券等资本市场创新工具，推动走出去企业在当地投资过程中建立良好的企业社群关系，建立中国企业在国际上的良好声誉。

调研结束后，民革中央将调研成果形成《关于提升“一带一路”建设金融保障能力的建议》报送给国务院，得到了有关领导同志的批示。

卢森　民革中央宣传部主任科员

中国民主同盟

一、关于深化行政审批制度改革的提案

中共十八大指出，要建设职能科学、结构优化、廉洁高效、人民满意的服务型政府。中共十八届三中全会进一步提出要加快转变政府职能，加快简政放权和行政审批制度改革，把该放的放掉，把该管的事务管好。

为深入了解目前我国行政审批制度现状，明确深化行政审批制度改革方向，2014 年 11 月，民盟中央委托民盟陕西、广东、海南等省级组织开展深入调研。三地民盟组织的主要领导高度重视此项工作，充分发挥民盟在高校、省社科院等方面的专家资源优势，对省政府部门、部分城市进行了细致调研，深入挖掘存在的问题。

调研表明，两年多来，国务院和各级政府将简政放权作为深化改革的重要抓手，大幅度削减和下放行政审批事项，激发了市场和企业活力，推动了政府职能的转变，促进了服务型政府的建设。但同时，改革过程中也还存在一些问题：

一是行政审批项目仍然过多。目前，在中央层面，仍有近千项审批事项分布在 60 个部门。而在地方层面，各省（市、区）的省级行政审批事项从不足 300 项到近千项，其中非行政许可审批事项最多的达到 400 余项。同时，由于行政审批职能的设置散见于各部门法律、法规，而有些部门之间职责交叉，上下级职能趋同，审批环节和层级仍然过多。

二是相应监管和服务不到位。放权后监管力量不足，监管手段缺乏，简政放权与监管协调的推进机制未建立；一些部门习惯了用审批方式管理经济社会事物，审批事项取消后，有效的管理办法没有及时跟上。例如，工商注册登记制度改革后，取消了注册资金门槛，注册资本由实缴登记改为认缴登记，注册资本代表的企业资信如何衡量成为新问题，而《会计法》要求依据实际资金来设立账户、建立账簿等如何操作也未明确。

三是行政审批体制仍不完善。除由地方立法规定的审批外，同级地方政府之间保留办理的行政审批项目数量相差较大，但实际情况却相差巨大。东部某省 7000 多项取消下放近 80%，但仍保留近千项，而西部某省 1000 多项取消下放近 60%，还有 300 多项。省与省之间是这样，市与市之间、县与县之间，保留的审批项目数量少至 100 多项，多至 600 多项，同样事项的承诺时限从 1 天到 15 天，对于需要提供的材料也没有统一标准，上下级之间、部门之间无法有效连接。同时，有些涉及多个部门的审批事项，部门之间推诿扯皮，互为前置条件；有些部门虽然取消了一些审批项目，但内部审查环节繁多，一个审批事

项由多个科室审查，严重影响了审批效率。

四是审批相关的中介服务不规范、不完善。按照相关法律规定，中介组织做出的环评、安评、能评、雷评、震评、水评、图审等报告、文书，是很多行政审批的前置条件。有些地方和部门，将自身审批职能变为服务项目，转交其下属的中介组织办理，并未真正放权。还有些地方，在建设行政服务中心时，一些必要的中介服务项目进驻不到位，未能形成完整的服务链，影响了效率。

最终，民盟中央在综合各地调研成果的基础上，形成了民盟中央提案《关于深化行政审批制度改革的提案》，提交全国政协十二届三次会议，被列为第0001号提案。

提案建议：

一是进一步取消和下放行政审批事项。应全面取消各级政府面向公民、法人和其他组织的非行政许可审批事项，个别确需继续实施的，应经严格论证后通过立法调整为许可事项；定期清理行政审批项目，根据经济社会发展需要按法定程序及时取消、调整行政管理权限，并向社会发布。

二是完善审批权取消和下放后的监管和服务。健全事中事后监管机制，明确不同类别监管的责任主体、职责，分类制订监管工作标准和规范，防止监督缺位、管理真空；应运用电子监察、视频监控、服务对象评价、民意调查等多种手段建立多方共同参与的审批权利监督管理体系；应重视和加强基层审批能力建设，审批项目改革中事权的下放要与财权、要素配置权同步推进，并在推进中加强指导和协调。

三是进一步完善行政审批服务体制。根据《行政许可法》提出的“相对集中行政许可权制度”，推进部门行政审批向同一科室集中，行政审批科室向行政服务中心集中；应逐步将多部门行政审批权尽量归并至一个行政机关，形成一体化业务运作；应大力推进各级行政服务中心建设，实现省、市、县、乡纵向、同级部门间横向互联互通，实现网上办理各项行政审批服务功能。

四是规范完善社会中介机构运行行为。尽快制订《社会中介组织法》或《社会中介组织管理条例》，规范中介组织的职能、服务标准、收费、责任等，实现依法管理；严禁将行政审批事项转为中介服务事项，对现有审批前置的中介服务项目，能取消的取消，确需保留的，要规范时限和收费，并向社会公示；应在行政服务中心建设过程中引入必要的中介服务项目，提升项目审批的整体效率。

五是建立健全“放、接、管”协同推进的配套政策。加强对行政许可事项和非行政许可事项确定原则和标准的研究，准确认定行政审批事项的边界。全面公开行政审批事项清单，探索审批事项“负面清单”。健全取消行政审批后相关事项的管理办法，防止监督缺位、管理“真空”。细化审批机关的自由裁量权。探索开展第三方机构评价行政审批制度改革工作。

全国政协“0001号”提案向来是全国两会的重头戏，因为其与当年社会发展中的热点保持高度的契合，有较强针对性和预见性，所以备受关注，引起了较大的社会反响。

早在民盟中央新闻通气会上，《关于深化行政审批制度改革的提案》就是被提问次数最多的提案。全国政协公布“0001号提案”之后，该提案广受关注，其内容被纷纷转载。

3月5日，团结报刊出民盟提案专版，刊登了包含“0001号提案”在内的8篇民盟中央提案；人民网刊发民盟中央提案专题，对徐辉副主席进行视频采访；提案主要来源者全国政协委员、陕西省副省长、民盟中央常委、陕西省委主委张道宏，全国政协委员、江苏省副省长、民盟中央常委、江苏省委主委曹卫星等被媒体多次采访，人民日报海外版、人民政协报、新京报等媒体予以持续关注。

该提案也被确定为全国政协重点提案。全国政协办公厅组织常委视察团进行视察，提案委员会组织专题调研组进行督办调研，江苏、浙江、湖南、宁夏四省区政协进行协同调研。

2015 年 7 月，全国政协召开了“深化行政审批制度改革”专题协商会。向中央报送的专题协商会综合情况报告和视察报告，得到中央领导同志批示。国务院审改办推动相关工作深入开展，取消和下放行政审批事项，加强事中事后监管，并分别提请国务院和国务院办公厅印发《关于规范国务院部门行政审批行为改进行政审批有关工作的通知》和《关于清理规范国务院部门行政审批中介服务的通知》，民盟中央提案中的具体建议被吸纳到其中。

2015 年 9 月 8 日，中央编办向民盟中央作提案答复，递交《关于政协十二届全国委员会第三次会议第 0001 号（政治法律类 002 号）提案答复的函》。答复中提到，“下一步，我们将按照党中央、国务院的统一部署，结合你们提出的意见建议，继续抓好行政审批制度改革工作：一是进一步创新工作方法，改部门‘端菜’为群众‘点菜’，继续取消下放审批事项。二是全面清理中央设定地方实施的行政审批事项，除确需保留的外，取消中央对地方实施审批事项的指定，由地方依法决定管理方式。三是清理规范行政审批中介服务，把重点聚焦在社会反映强烈、与行政审批申请人直接相关的有偿中介服务活动上，重点解决企业和群众最为关心的问题。四是规范行政审批行为，指导和推动部门全面落实国务院部门规范行政审批行为，改进行政审批有关工作的通知要求，积极推进行政审批标准化建设，以标准化促进规范化。五是严肃纪律巩固取消下放审批事项改革成果，督促已取消下放的国务院部门审批事项落到实处，严防变相恢复、弄虚作假。”中央编办对民盟中央对行政审批制度改革工作的关心和支持表示了感谢，并欢迎民盟中央再次提出宝贵意见。

姚婧　民盟中央参政议政部办公室主任科员

二、建言“十三五”期间加快发展养老服务业

我国人口已进入老龄化急速发展时期，60 岁以上老年人口将从现在的 2.12 亿增加到 4.16 亿，且具有明显的高龄化、空巢化、失能化特征。老有所养不仅是人民群众高度关注的基本民生问题，而且与消费结构、经济发展、社会稳定等交织在一起，将给国家长远发展带来深刻影响。养老服务业既是目前保障和改善民生亟须加快发展的重要领域，也是转方式、调结构的重要方向和具有远大发展前景的新经济增长点，在“十三五”规划中，应将养老服务业确定为民生经济的支柱性产业，大力培育，加快发展。

为此，民盟中央于2015年4月，在有关盟员专家学者长期跟踪调查的基础上，赴浙江、湖南、重庆开展了实地调研。4月13日至17日，全国人大常委会副委员长、民盟中央主席张宝文率队到浙江义乌市、嘉兴市和杭州市实地调研，中共中央统战部副部长、全国政协副秘书长林智敏，全国政协常委、副秘书长、民盟中央副主席徐辉，全国人大常委、民盟中央社会委员会主任、中国社会保障学会会长、中国人民大学教授郑功成等参加了调研。民盟中央副主席徐辉还率队于4月7日至11日赴重庆、湖北进行了养老服务业发展问题调研。民盟中央还委托广西、福建、黑龙江、天津、江西、四川等省级民盟组织在当地开展了合作调研。

在调研基础之上，民盟中央于2015年5月28日、7月2日召开两场座谈会，分别就“加快养老服务业发展”“金融促进养老服务业发展”听取盟内外专家的意见建议。

通过调研和座谈，民盟中央围绕“‘十三五’期间加快发展养老服务业”展开了一系列的建言献策。6月8日，中共中央政治局常委、全国政协主席俞正声在北京主持召开调研协商座谈会。会上，张宝文主席提出，将养老服务业确定为民生经济的支柱性产业，构建政策支持体系，推进居家养老、医养结合，鼓励民间资本进入。7月24日，中共中央总书记习近平主持召开党外人士座谈会。张宝文主席在发言中提出，要“加快发展养老服务业，培育民生经济的新增长点”。而后，8月20日，民盟中央向中共中央、国务院提交了《关于“十三五”期间加快发展养老服务业的建议》。建议认真分析了养老服务业发展存在的六项突出问题和困难：

一是总量供给不足，供需脱节问题突出。养老服务总体供给不足，机构养老床位每千名老年人不足30张，远低于发达国家50‰—70‰的平均水平。据统计，全国养老已有床位空置率高达50%左右，城市中心地带及公办机构的养老床位供不应求，而郊区、偏远地段和民办养老机构的养老床位却大量闲置。

二是观念认识不到位，各地重视程度不一。仅将养老服务简单视为老年人福利事业，甚至视为国民经济的负担，这种认识的局限性直接影响着养老服务业未来发展。各地对养老服务业重视程度不一，政府托底作用有待加强。

三是政策支持存在偏差，很多优惠政策难以落实。现行政策支持体系不完备，存在着重物轻人、重投入轻服务等失衡现象。尚未形成规范有序的投入保障机制，政府购买养老服务水平不高，金融、保险等新型融资渠道还处于起步阶段。养老服务设施用地缺乏规划保障，一些优惠政策落实不佳。

四是居家养老服务严重滞后，医养结合缺乏保障机制。政府存在重机构养老、轻居家养老的现象，居家养老发展严重滞后。医养结合缺乏有力保障，公立医疗机构、基层医疗机构支持养老服务的激励机制尚未建立，养老机构因医保难以落地，经营受到一定制约。

五是专业人才奇缺，服务质量堪忧。现有养老护理人员总量不足、素质不高问题突出，普遍存在年龄高、文化水平低、服务质量低、收入待遇低的“一高三低”现象，缺乏有效的人才培养、使用和激励机制，构成了养老服务业发展的瓶颈。多数养老机构管理粗放，服务质量不高。

六是管理体制机制不健全，老年群体基础资料缺乏。养老服务业发展涉及部门多、审批事项多、办事环节多，无形中增加了运营成本。缺乏有力的监管机构和行业自律组织；对养老机构准入、经营管理、退出机制缺乏操作办法。户籍人口和常住人口老年人的底数不清、基础资料不全、健康状况不明的情况并存，实际工作基础薄弱。

针对这些问题和困难，民盟中央提出以下建议：

一是将养老服务业列入国家“十三五”规划重点发展领域，制订专项规划。

明确养老服务业考核指标，主要包括：养老床位数达到40‰左右，床位空置率降至20%甚至10%以下。城镇社区托老所覆盖率达到50%，积极推动乡镇托老所建设。明确居民小区配套养老服务设施建设标准。强制新建小区同步建设社区养老服务设施；对旧的居民小区实行养老服务设施改造工程，改造率达到三分之一。失能或半失能、高龄老年人的护理服务需求满足度达到50%以上，等等。

二是完善养老服务业顶层设计。

完善《老年人权益保障法》，制订《养老服务条例》等行政法规，增强可操作性与刚性约束。强化民政部门作为主管部门的权力和责任，强化各级老龄工作委员会及其办公室的综合协调职能，确保养老服务业规划布局、资源配置、监督管理的高效统一。成立养老服务行业组织，加强行业自我规划、自我管理。

分类分层构建养老服务体系。一是根据健康状况将老年人群体分类为失能、半失能老年人与健康老年人，重点确保失能、半失能老年人能够享受到公益性养老服务，发展供健康老年人自主选择的市场化养老服务。二是根据收入状况分为特困群体、普通群体，政府为特困老年群体提供救助性养老服务，其他则由经营性养老设施提供服务。三是根据老年人群体的现实需求调查，统筹规划居家养老服务与机构养老服务。

三是构建综合稳定的政策支持体系。

在经济政策支持方面，要导向明确、重点突出，如对利用闲置房屋兴建养老设施的应给予更有力的支持，对市场化的养老服务业投资行为出台长期金融政策等。合理规划养老用地，将用地指标与闲置房屋改造并重，统一纳入城乡发展规划、土地利用规划与社区改造规划。鼓励金融机构通过信贷、股权、债权等方式支持养老服务业发展，支持金融保险业开发有利于提高民众养老水平的金融保险产品。着力推进养老设施用地抵押贷款融资政策。加快制订出台用电、用水、税收等优惠政策的配套实施细则。

在社会政策支持方面，急需建立长期护理保险制度，落实高龄津贴政策与重度残疾老年人的专项补贴政策，提高这一群体的养老服务购买能力；以中长期的注册志愿者制度取代当前的运动式志愿服务活动；研究制订有效的家庭鼓励政策，为居家养老提供切实支持。

四是大力推进居家养老、医养结合。

立足社区并着力增加居家养老的服务供给。建立健全老年人管理数据库，摸清底数，鼓励发展“互联网+养老”的智慧养老新业态。按照老年人口集聚程度，强化居家养老服务平台建设；建设区域性居家养老服务照料中心。多扶持社区型养老服务机构，适当限制大规模的、老人过于集中的养老机构。

增强医疗机构在发展养老服务业中的融合度。鼓励更多医疗卫生、护理康复、社会工作等专业机构进入养老服务领域，打通医疗机构老年病床、养老机构床位和居家养老之间的衔接通道。推动基层公共卫生服务机构按照就近便利原则，开展“家庭医生”“老年病房”等服务。同时，鼓励养老机构设立和完善医务室，简化相关审批手续，适当放宽许可条件。逐步实现公办与民办、公益性与营利性养老机构同等享受医保定点政策。

五是鼓励民间资本进入养老服务业。

明确公益性养老服务设施与营利性养老服务设施的结构比例，全面打破现行政策界限，让两者均能够得到健康发展。

在加大财政投入的同时，积极探索养老服务业多元投入机制。探索公办养老机构改制途径和方法，推广公建民营、公办民助等模式，引入专业化、规范化、市场化的运行管理机制，调动民间资本投向养老服务领域。扩大政府购买养老服务的对象范围，将目前政府提供但水平效率不高的服务逐步转为政府购买。

大胆突破体制障碍，加快去行政化改革，梳理和去除相互抵触的行政法规，建立养老机构登记、评估、审批的“一站式”服务机制。对民办与公办养老机构在市场准入、资金扶助、政策倾斜等方面一视同仁，及时将各项税费优惠政策和补贴政策落实到位，切实降低民办养老机构的运营成本。

六是加快养老服务专业人才培养。

尽快制订养老服务专业人才培养专项规划，包括人才需求数量、层次、专业方向、教材研发及岗位设置等，为养老服务职业教育的发展提供明确的依据和指导。着力建设、扶持一批高质量的高等、中等养老服务专业职业学校，使其成为不同层次护理型人才的大本营。切实推进养老服务从业人员的职业资格认证和持证上岗制度，通过专业资格与社会地位提升、确保劳动报酬和相应福利，增强养老服务业的吸引力。

《关于“十三五”期间加快发展养老服务业的建议》的政策建议信，得到了国务院副总理张高丽同志的批示。在《中共中央关于制订国民经济和社会发展第十三个五年规划的建议》中，民盟中央提出的关于转变养老服务发展观念，构建多层次、综合型的养老服务体系等建议得到了体现。

陈亮　民盟中央参政议政部调研处主任科员

三、建言实施“中国野生东北虎和东北豹恢复与保护重大生态工程”

上个世纪末，中国野生东北虎和东北豹几乎在中国境内消失。随着国家天然林保护工程的长期实施，野生动物逐渐得到恢复，珍稀濒危物种东北虎和东北豹开始回归中国境内。北京师范大学生物多样性国家级创新团队和吉林省林业厅联合开展的长达数十年的监测和研究表明，在2012—2014年期间，吉林省东部地区至少生存着27只东北虎和42只东北豹。2015年“两会”期间，习近平总书记针对吉林境内出现野生东北虎豹做出重要指示：“这是好现象，关键是要遵循自然规律，把工作做扎实。”

为落实“努力建设美丽中国，实现中华民族永续发展”重大战略部署，民盟中央依据盟内外专家十余年的研究成果，开展了深入调研，与国家林业局、中共吉林省委等相关部门进行了多次专题座谈。2015 年 5 月 13 日至 17 日，全国政协副主席、民盟中央常务副主席陈晓光和北京市政协副主席、民盟中央副主席、北京师范大学副校长葛剑平率队赴吉林就“中国东北虎和东北豹恢复与保护重大生态工程”进行调研。

调研组抵达长春后，中共吉林省委书记、省人大常委会主任巴音朝鲁，省长蒋超良，省政协主席黄燕明等领导会见了陈晓光常务副主席一行，就中国东北虎和东北豹恢复与保护的重大意义交换意见，一致认为，当前正面临野生东北虎和东北豹重现中国故乡的重大机遇，有必要将东北虎和东北豹的保护上升为国家战略。13 日下午，调研组在长春召开座谈会，听取了吉林省政府关于中国东北虎和东北豹恢复与保护工作的情况介绍，吉林省副省长谷春立主持会议。陈晓光对吉林省在东北虎、东北豹恢复与保护方面做出的积极努力和取得的突出成绩给予了高度评价，对下一步相关工作提出了意见建议。14 日，调研组又在延吉召开座谈会，听取延边州有关部门介绍情况，中共吉林省委常委、延边州委书记张安顺主持会议。随后，调研组深入珲春、汪清实地考察，包括五家山哨所、曲绿沟人参种植地、四道沟牧场、管道沟村、春化林场等地，听取了普通农民、林场职工、边防哨所战士和基层干部在保护东北虎与东北豹的一线工作中所面临的困难与诉求。

经调研，我们了解到，目前正是野生东北虎和东北豹重返我国东北腹地的重大机遇期，但面临的危机也亟待解决，关键时机稍纵即逝。

监测数据表明，在中俄边境区域内，两国虎豹生境加起来不足 0.4 万平方公里，但生存着至少 35 只野生东北虎和 70 只野生东北豹，已超出资源承载力 3 倍；而且，该虎豹种群目前已进入繁殖高峰期和种群快速增长期，如没有足够的扩散空间，资源耗尽和种群崩溃的严重危机将很快出现。监测研究也发现，这些虎豹在俄罗斯境内无他路可去，向我国内陆扩散是唯一出路，并已呈现出强烈地向我国内陆迁移趋势。长达十年的系统观测发现，在整个东北林区，野生虎豹长期活动的，仅为吉林省珲春、汪清国家级自然保护区及其周边区域，绝大多数个体活动被严重挤压在我国吉林省珲春和与之接壤的俄罗斯滨海边疆区西南部的一条边境狭窄区域内。该虎豹种群“密集拥挤”、却不能进一步走入东北腹地的广阔林区，阻碍在于，在东北腹地林区与该虎豹种群现活动区域之间，横亘着大面积高强度、密集的牛群放养、人参养植等活动，截断了虎豹前进之路。密集的牛群放养严重挤占虎豹猎物的食料资源和生存空间，高强度的人参养植破坏了森林植被。同时，野生虎豹迁移、扩散是以雌性虎豹的生境选择为基础和主线，而雌性虎豹对生境选择相当“挑剔”，主要取决于其繁殖、育养后代时的环境是否足够安全和“宁静”；高强度和密集的牛群放养、人参养植等活动对雌性虎豹繁殖、育养后代形成巨大而严重的干扰，被其视为畏途。

为此，建议尽快将野生东北虎和东北豹保护上升为国家战略。由国家发改委会同吉林省及有关部门，实施“中国野生东北虎和东北豹恢复与保护重大生态工程”。重大生态工程应包括以下四个方面：

第一，积极探索和深化生态保护管理体制和运行机制改革。建立野生虎豹恢复和保护示范区，以虎豹和生物多样性自然发展规律为核心，进行行政区划、行政体制和政府职能综合改革措施的试验和示范。

第二，大力推进生态基础设施建设。通过优化土地利用格局等措施，如牛畜集约化饲养设施建设、农田和道路改造、野生动物扩散生态廊道建立、村镇和居住地围栏保护等，最大程度降低人类活动与野生动物之间的冲突，大力扩展虎豹生存空间、提高种群扩散能力。

第三，大力发展绿色生态型经济，解决民生福祉。以深化和完善生态系统增值服务功能为核心，加大生态补偿投入力度，控制发展与生态保护相冲突的产业，推动产业绿色升级和发展生态增值服务型产业，解决生态就业和生态移民问题，使当地居民成为野生动物保护的受益主体和建设主体。

第四，建立国家级中国虎豹科学研究协同创新中心，构建野生虎豹保护与管理科技支撑体系。通过机制体制改革，创新科研方式，联合国内外各类研究力量，集纳其科研创新经验和优势，建立具有国际一流水平、以虎豹研究为核心的“东北生物多样性形成与维持机制”协同平台，形成“多元、融合、动态、持续”的科研创新模式与机制；利用现代信息、卫星遥感和定位、无人飞机和红外线相机监测等技术，构建地空天一体化的生物多样性科学监控体系，利用云计算和大数据分析等手段对野生动物种群动态和生态系统状况进行实时监控，为野生动物生态保护管理信息化、保护和巡护执法能力精准化提供坚实支撑，并使之成为具有国际重大影响的学术高地和引领阵地。

重大生态工程应按以下三个步骤分期实施：

第一期：当前应急和抢救性保护行动。由于已面临承载超限、种群崩溃的严重危机，能否顺利渡过今年冬季，是目前活动于我国境内野生虎豹种群面前的第一道“关口”。需尽快开展三项工作：

1. 将目前能做的保护工作，即刻做起来；对正在实施的保护工作，加大力度，争取尽快取得实效。如：禁绝盗猎、清山清套，压减人参种植、严禁违规种养，迁移保护区核心区域居民，推动集中养牛等。对于这些工作，吉林省已经付出巨大努力；但由于当地政府财力资源有限，需要国家层面予以支持，特别是那些直接关系当地民生的工作，如生态移民、就业等。同时，以野生东北虎豹的恢复与保护为首要原则，审慎评估与此相涉的高速公路路线方案。

2. 在 2015 年内建立“野生东北虎豹生态保护示范区”。将吉林省珲春、汪清国家级自然保护区及周边区域连接成为一体，建成面积 0.8 万平方公里的景观连续的保护区。预计可承载野生东北虎 30 余只、野生东北豹 50 余只，形成一个最小的合理繁殖种群。同时，这一区域将成为野生虎豹向我国腹地扩散稳定和安全的种群“源泉地”，并为虎豹恢复与保护的下一步工作探索可复制、可推广的经验和模式。

建议吉林省政府成立示范区专门管理机构，科学划定示范区范围，整合地域区划，集聚政策资源，统筹管理区内林业、国土、水利、交通、牧业、旅游等行政事务，联合公安、边防、海关、工商等部门，进一步在生态敏感区和关键区域实施移民，扩展与优化目前破碎化的虎豹栖息地。同时，完善法律体系和配套政策体系，加快示范区立法进程，制订“示范区管理条例”，明确并赋予示范区行政职责和行政权力及相关执法权，实施有效管理。

3. 率先提出建立“中国—俄罗斯野生虎豹联合保护区”。以中国“野生虎豹生态保护示范区”为基础，与俄罗斯豹地公园联合建设面积拟达 1 万多平方公里的跨境保护区。

此措施意义在于形成一个连续生境区域，预计可承载野生东北虎60余只、野生东北豹100余只，形成更大、更稳定的虎豹种群，不仅可大大缓解俄罗斯境内豹地公园的虎豹生存压力，同时也将进一步夯实野生虎豹回归中国的种源基础。

开展生态外交，为树立负责任大国形象走“先手棋”。此议可由我国率先提出，予以推进，探索和建立跨国保护、联合执法等合作机制，消除人为物理隔离（例如俄方围栏区域），建设跨国生态廊道，实现生境的互联互通，使两国之间虎豹和其他野生动物能够自由扩散、迁移。

第二期：实施野生东北虎、东北豹健康稳定大种群恢复计划。在上述步骤的基础上，于2020年以前在我国境内建成一个面积超过2万多平方公里、食物链丰富和景观连续的野生虎豹分布区。

以“野生虎豹生态保护示范区”为核心，进一步将周边没有高速公路、铁路和大中城镇的天然林保护工程实施区域纳入分布区建设范围。使上述区域成为世界上最主要的野生虎豹自然保护区和避难所之一，可承载野生东北虎100只、野生东北豹200只，形成一个可长期存活的健康大种群，为未来在我国东北长白山和小兴安岭林区全面恢复野生虎豹种群奠定基础。

第三期：着手谋划野生虎豹回归长白山和小兴安岭行动。在第二期步骤的基础上，力争在2030年左右实现野生虎豹种群在东北腹地长白山和小兴安岭林区成功迁移、繁殖和定居。这将从根本上促进野生虎豹重现中国，引领和促进东北林区生态环境和生物多样性得到根本改善。

以上建议得到中共中央、国务院领导同志的高度重视和重要批示。

建议获得批示后，民盟中央继续通过召开研讨会等形式，征集一线专家的意见、建议，助推该项工程落地开花。

目前，吉林省已经将野生东北虎豹保护这项中央重视、国际关注的重大生态保护工程纳入吉林省“十三五”规划，并制订了《吉林省野生东北虎、东北豹重大生态保护工程规划》。

严瑾　民盟中央参政议政部信息处副主任科员

四、建言旅游投资引导　促进旅游经济健康发展

改革开放以来，我国旅游业快速发展，产业规模不断扩大，产业体系日趋完善，已经成为世界旅游大国，正在向世界旅游强国迈进。随着经济社会转型持续加快和旅游需求迅猛发展，我国旅游发展还面临一些比较突出的瓶颈。

民盟中央对旅游业发展高度重视，在2014年即与中国旅游研究院建立战略合作关系。2015年，民盟中央与中国旅游研究院采取分组考察和共同探讨相结合的灵活调研方式，开展“破解资源与体制双重约束，促进旅游改革和创新发展”联合调研。

2015年5月24日至27日，全国政协常委、副秘书长，民盟中央副主席徐辉率调研

组在四川省甘孜州进行实地调研，考察了藏区稻城县旅游建设整体规划、香格里拉镇旅游基础设施建设现场和亚丁自然保护区等地，并召开座谈会听取政府、相关部门和企事业单位对旅游改革发展的意见建议。同时，民盟北京、吉林、辽宁、江西、四川、内蒙古、云南、广西、海南等省级盟组织也在本省内开展调研，并多次召开座谈会。中国旅游研究院调研组先后走访西藏、内蒙古、浙江省等地开展相关调研工作。期间，民盟中央调研组与研究院调研组不定期就调研结果进行交流，并商讨后继调研主题有关事宜。

在综合民盟中央、中国旅游研究院和民盟各省级组织调研成果的基础上，调研组对旅游投资的问题进行了重点关注。调研发现，近年来，我国旅游市场持续火爆、发展迅猛。市场热，必带来投资热。2014 年旅游投资 7053 亿元，比 2013 年增长 32%；2015 年旅游投资 10072 亿元，首次突破万亿元大关，同比增长 42%；明显呈现资本大规模进入和集团化发展趋势。但与此同时，旅游投资原已存在的隐患也开始凸显。

问题主要体现在以下几个方面：一是急功近利，追逐短期高回报，只考虑经济效益，漠视生态效益、社会效益。忽视开发建设项目与原有资源环境的和谐相容，甚至对原有生态和人文蕴涵造成破坏；已成熟景点趋之若骛，但对旅游经济具有基础性、综合性、拓展性作用的项目，因其投资额大、周期长、短期难以见效，几乎无人问津；与旅游相关的公共服务体系、品质保障体系更是明显滞后。二是供需结构矛盾加剧，产品层次明显不合理，与市场需求不匹配。开发投资集中于高端化、大型化项目现象愈加突出，主要服务于普通民众消费的中低端项目和一些旅游新领域、新业态，不受重视，甚至仍是冷门。三是投资项目和开发内容单调。热衷于住宿、门票、昂贵商品收入，人文内涵、旅游商品的开发始终薄弱。四是旅游扶贫支持政策不足，旅游扶贫作用未得到充分发挥。

在 2015 年底的经济形势高层协商座谈会上，全国人大常委会副委员长、民盟中央主席张宝文专门就旅游投资引导提出建议，受到中共中央和国务院的高度重视。此后，民盟中央向中共中央、国务院提交了题为“关于加强投资引导，促进旅游经济健康发展”的政策建议信，提出以下建议：

（一）加强对旅游投资的引导、监管。国家应考虑出台旅游业投资管理法规，统筹协调投资政策，完善规范投资机制，从宏观上保证资金的合理利用。通过制订统一的旅游投资规划，设立旅游项目资金库，保证重点项目的优先开发。财政投资应主要针对旅游基础设施建设，为社会资本跟进投资创造条件。建立适应市场经济特点的投资引导机制，引导和约束社会资金流向合理区域和项目，实现旅游投资的地区、项目间平衡。对旅游企业投资行为加强监管，避免企业一味追求利润最大化的短期行为。

（二）推动旅游行政部门转变职能，做好服务工作。减少行政审批项目和管理干预，推动旅游部门从行政管理向行业服务转变，努力为有关各方提供相关的公共事务服务。建立重点城市、重点旅游区、重点投资机构的定点监测体系和国家、省市及重点区县旅游经济运行预警体系与信息平台，对与旅游业相关的宏观政策、市场状况、合作项目、投融资情况等信息进行重点采集、分析和规范发布，完善投资风险警示制度，提高投资针对性、合理性。组织建立专业化的中介组织，为投资者提供投融资、资产重组等方面服务。

（三）鼓励和扶持旅游资源与专项旅游产品的深层次开发，引导旅游投资延伸产业链。

从国家层面出台促进休闲农业与乡村旅游发展的意见；适应民众生活质量和品位需求，开发与旅游相结合的休闲度假、养生养老、研学旅游、科普旅游等项目和产品；近期可结合新型城镇化建设，发展旅游主题小镇和特色旅游城镇，与新型工业化相结合，发展邮轮游艇、低空飞机、游乐设施等大型旅游装备制造业。同时，注重增加旅游商品的开发投资，扶持从事旅游商品、工艺品和人文纪念品的研究设计、生产组织和市场开发。

（四）扶持中小微旅游企业发展。完善相关政策和法律法规，协调有关部门在旅游项目审批、税收、土地等方面为中小微企业制订优惠政策。鼓励地方建立中小微旅游企业库，对入库企业在项目资金、融资担保、税费减免、培训辅导等方面实行重点组合式扶持。积极扶持中小型旅游设施制造企业、乡村旅游经营户等满足大众需求的中小微旅游企业。

（五）推进旅游投资服务于精准扶贫。我国 70% 的优质旅游资源分布在中西部地区、边境地区和革命老区等经济欠发达地方。这些地方贫困人口相对集中，扶贫任务十分艰巨。需加大对旅游发展潜力大的贫困地区的财政投入，设立旅游扶贫专项资金，着力改善与旅游经济发展直接相关的基础设施，如水电路和排污、通信等，推动公共服务均等化。对贫困地区进行旅游经营和从业技能方面的人员培训，帮助规划、营销和推广旅游项目。设立贫困人口旅游创业基金，加强投资辅导，鼓励通过资金、人力、土地参与乡村旅游经营获取入股分红，促进贫困人群就业增收。

这一政策建议信得到国务院领导同志的批示，并批转国家旅游局研究落实。

衣雪　民盟中央参政议政部调研处干部

五、深入调研　广聚智慧　就“我国高等教育改革与发展”建言献策

中共十一届三中全会以来，我国高等教育在中共中央、国务院的正确领导下，通过理论创新、制度创新和实践创新，初步构建起适应国民经济和社会发展需要的多种层次、多种形式、学科门类基本齐全的高等教育体系，基本确立了中国特色社会主义高等教育体制，走出了一条中国特色社会主义高等教育发展道路。但在当前我国经济发展进入新常态的背景下，如何解决发展瓶颈、进一步提升整体水平、应对越发激烈的国际竞争、进一步提升国家软实力，依然是高等教育发展面对的严峻挑战。

2015 年 8 月，受国务院领导同志委托，民盟中央组织力量对“我国高等教育改革与发展”课题进行了专题研究。民盟中央主席张宝文亲自率调研组赴北京、江苏、陕西、河南、重庆等地考察，并主持召开教育专家、高校负责同志座谈会；民盟中央常务副主席陈晓光以及副主席张平、丁仲礼、徐辉、龙庄伟、王光谦等，分别主持或参加调研座谈会。来自清华大学、南京大学、中国科学院大学、华东师范大学、重庆大学、西南大学、青海大学等 39 所高校的负责同志及来自中国高等教育学会、中国教育学会、北京大学等单位的 14 名教育专家参加了座谈，围绕当前我国高等教育改革与发展发表看法，商讨对策。

在充分吸收各方意见的基础上，调研组结合近些年来民盟中央系列调研成果，起草并向国务院提交了《深化改革 创新机制 加快推进高等教育强国建设》，就我国高等教育

发展的十个重大问题提出了意见建议：

（一）关于高等教育规模。从现实情况看，强劲的国内需求为我国高等教育的适度增长奠定了坚实的基础。从发展规律看，我国高等教育从大众化向普及化发展仍将长期处于量与质共同提升的阶段。从国际视角看，我国高等教育发展水平需要保持适度的增长率作为支撑。为此，今后一个时期我国高等教育发展仍需保持适度增长，这对加快经济转型升级，提升我国人口综合素质、优化我国人力资源结构十分重要。

（二）关于高等教育布局。由于历史、政治、文化等方面的原因，我国高等教育在地域及人口分布上的布局明显不均衡。为此，应继续有力支持西部和人口大省加快发展高等教育，以尽快解决高等教育机会相对不公的问题；逐步提高西部地区和人口大省高考招生比例，加快高等教育人才培养步伐；设立“国家高等教育西部人才岗”，推动高等教育和科研人才资源向西部适度集聚。

（三）关于分层分类办学。长期以来存在的教育资源配置和绩效导向的行政性倾向，使得我国高校分层分类的“等级制”和“行政化”色彩浓厚，导致更名成风、升格冲动、盲目并校、专业设置同质化等一些教育乱象。为此，应厘清教育主管部门在高校分层分类中的作用机制，改革调控和管理方式；改革高校财政拨款体制，推动高等教育投资主体和来源多元化；建立科学的评价体制，完善高校分层分类的技术支持。

（四）关于现代大学制度建设。现代大学制度建设的核心问题之一是处理好政府、大学与社会的关系问题，其焦点是大学自主权问题。但总体上看，大学自主权在我国高校明显不足。其主要原因在于缺乏制度保障与政策引导，从而加重了高校行政化倾向，反过来又挤压了大学自主权的落实，形成恶性循环。为此，要创新当前高等教育宏观管理方式方法，逐步消除束缚高校、教师、学生及社会创新发展高等教育的各种体制机制问题；行政主管部门要从微观管理逐步转向宏观调控，科学界定大学与主管部门的权力关系，建立科学的绩效评估机制，通过第三方评估，按绩效分配资源；大学要遵循法人治理结构办学，集中精力在完善内部治理结构上下功夫，夯实现代大学制度的基石。

（五）关于一流本科人才培养。一流大学和一流学科建设是建设高等教育强国的基础性工程。目前我国对如何培养一流本科学生仍重视不够，措施不到位。高等教育管理重短期效益，轻视本科人才培养；本科教学一流教师稀缺；大学“严进宽出”的本科人才培养机制对学生缺乏约束。为此，要结合一流大学和一流学科发展战略，全面提升一流本科人才培养水平；加强本科师资队伍建设，实施发展性教学评价，完善名教授本科教学制度，夯实本科教学人才基础；借鉴国际先进经验，适度引入本科竞争性评价机制和淘汰机制。

（六）关于博士研究生教育。与美国一流大学相比，目前我国博士生教育的质量有不小的差距，再加上博士生的生活资助较低以及国内各地一流大学的高层次人才政策倾向于“非海归不要”等因素，在不同程度上导致优秀本科生选择到美国等发达国家留学，一流大学更是占到四分之一多。为此，要放宽对一流大学和一流学科博士生招生计划的严格控制，以适应经济转型对高层次人才的需求；推动高校健全完善博士生培养与科研任务相结合的培养机制；加大跨学科人才培养力度。

（七）关于大学创业教育。“大众创业、万众创新”，是我国进入经济发展新常态、全面建设小康社会关键时期提出的重大战略，高等院校理应积极响应，有所作为。但目前，我国大学生创业教育还处于起步阶段，存在着创业率低、创业层次低和创业成功率低的问题。高等学校普遍缺乏创业教育理念，缺乏创业课程设置，缺乏创业实习场地，缺乏创业教师指导。为此，要提升创业教育地位，调整人才培养模式；深化教学改革，拓宽高校创业教育覆盖面；创新创业教育组织模式，积极创建“创业型”大学。

（八）关于产学研协同创新。我国经济增长方式的转变迫切需要产学研合作的转型，要从技术成果交易式合作、“短平快”的项目式合作为主的模式，转向以长期合作、共建联合研发平台为主的模式，即走向协同创新。为此，要依托高校创办新型研发组织；推动新型研发组织构建从基础研究到技术推广的创新链；鼓励企业真正参与新型研发组织的研发工作。

（九）关于科教资源优化整合。国际经验表明，大学教学唯有跟一流研究相结合，才有望建成一流大学，培养出一流人才。但当前，受基础研究的教学功能开发不够、大学和研究院所相互独立、大学和研究所体制改革缺乏整体协调等因素影响，我国大学教学和一流研究没有很好地整合在一起。为此，要以促进资源开放和全面竞争为突破口，优化整合科教资源；以基础研究为着力点，推动科教深度融合；以促进中科院与高水平大学优势互补为契机，激发科教创新活力。

（十）关于“一带一路”与国际大学合作。“一带一路”战略所着眼的不仅是经济布局，也包括文化影响力的扩展，而加强沿线地区国际大学合作，既有利于经济、文化建设，也有利于软实力的输出。但目前我国大学国际化水平普遍较低，国际化人才培养严重不足，这使我国在国际交往和建设“一带一路”过程中举步维艰。为此，要制订规划和政策，鼓励支持与“一带一路”国家合作办学；扩大“一带一路”国家来华留学生的规模，设立“一带一路”国家青年奖学金；与“一带一路”国家的大学互认学历学分，资助联合培养学生。

政策建议信递交后，国务院有关领导给予了高度评价，为文中多处内容划出标记，并作长篇重要批示。

姚远　民盟中央参政议政部办公室主任科员

六、建言“一带一路”消费品工业产能国际合作

“一带一路”是新时期我国对外开放的重大战略。加快“一带一路”消费品工业国际产能合作，不仅契合“一带一路”沿线国家工业化进程的需要，而且有利于缓解我国消费品工业产能过剩局面，有利于巩固和提升我国消费品国际市场份额，有利于推动我国消费品工业向价值链高端跃升。但我国消费品工业“走出去”时间较短，仍存在较多问题，亟须给予政策引导和扶持。

2015 年 11 月 18—20 日，全国人大常委会副委员长、民盟中央主席张宝文，全国政协常委、副秘书长，民盟中央副主席徐辉率队在四川成都就“一带一路”消费品工业产能国际合作问题进行调研。调研组考察了四川非意欧国际皮革制品有限公司、通威集团

有限公司等企业，并召开座谈会。9 月 14 日至 18 日，全国政协副主席、民盟中央常务副主席陈晓光率调研组到浙江、广东两地，调研我国“消费品工业产能国际合作”问题。调研组一行先后到浙江温州，广东潮州、汕头三地实地考察，走访了服装、制鞋、医药、珠宝制造、陶瓷等行业。在走访企业时，陈晓光与企业负责人亲切座谈，详细了解企业的生产经营情况，仔细询问企业产品进入国际市场遇到的困难。调研结果最终形成了《关于借力“一带一路”战略、推进消费品工业产能国际合作的建议》，具体内容如下：

目前我国消费品工业产能国际合作存在以下主要问题：

一是“走出去”的总体层次仍偏低。多集中在纺织、服装、食品等劳动密集型行业，附加值较低，在日用化工、生物制药、医疗器械、智能家电等高附加值新兴领域的极少；且以个体投资为主，集群效应不足。同时，大多集中于生产制造环节，形成研发、制造、包装、物流等各环节为一体的整体产业链极为有限。

二是“走出去”企业的本土化、植根性能力弱。投资规模较小，且对“走出去”的地区选择往往是以成本和市场因素为主，易受地区环境条件变化影响，长期化的战略性发展还未成为主导因素；与东道国企业之间的联系松散或根本无联系，没有形成产业链上的横向和纵向合作关系；融入当地社会关系、制度结构和文化土壤的能力比较弱。

三是体制机制有待进一步理顺。对外投资、境外合作的审批部门过多，投资与合作项目用汇、项目人员进出境等方面的审批复杂繁琐，涉及金额、投资地点、投资主体所有制等方面的审批条件设置不尽合理，制约着对外投资、境外合作的规模壮大和多元化发展。

四是服务体系不健全。金融服务存在瓶颈，政策性信贷支持少、利率偏高并与出口信贷保险捆绑；专业信息服务缺位，对东道国引资政策、投资机会和政治、经济、法律及社会人文环境等方面缺乏了解；国际化人才体系缺乏，缺少深谙国际通行规则及东道国经济社会法律背景，具备涉外谈判、交易、知识产权保护等方面的专业人才。

具体建议：

第一，加大产能国际合作政策扶持力度。整合完善已有的境外投资相关规定，尽快研究制定《境外投资法》等专项立法，明确相关投资主体的法律地位和规定；加强对当前全球贸易领域新问题以及国际规则制订（如反假冒协定、知识产权规则）等的研究和立法，以帮助企业规避贸易摩擦。加强财税扶持，落实中国—东盟投资合作基金、中非发展基金等对境外投资的支持性措施；实施结构性减税，进一步落实国外纳税额免抵政策，借鉴发达国家做法，实行海外投资损失准备金制度。

第二，完善对产能国际合作的制度支持。大力开展与“一带一路”沿线各国的双边投资协定谈判，确保最惠国待遇，充分争取资金、技术交流的便利化条件，对境外投资、合作可能遇到的政治和社会环境变化风险提供最大保护，同时加强对外税收磋商与合作，加快签订和落实避免双重征税协定。加快审批制度改革，减少审批部门和简化审批程序，将审批功能和事后监管、监测分析结合起来，由直接管理逐渐过渡到间接监控、监测和引导；简化民营企业境外投资审批流程，切实贯彻《关于鼓励和引导民营企业积极开展境外投资的实施意见》中提出的简化审核程序，从易于着手项目开始探索由审批制度向登记制度的转变。

第三，健全产能国际合作服务体系。提升金融服务水平，引导和支持金融机构“走出去”，为企业提供境外服务；充分发挥政策性银行的作用，为企业跨境投资、收购并购等提供优惠的信贷支持；积极推进人民币资本项目可兑换工作，提升境外投融资便利化水平。建立信息服务体系，相关政府部门、驻外机构与行业协会合作，研究重点国家和地区的市场、文化、法律法规、消费行为，并系统性地设立信息采集点，负责消费品行业动态监控，建立贸易壁垒跟踪系统，构筑权威信息发布平台，为企业对外投资、境外合作提供重要信息支持；搭建展览展示平台，扩大在美国和欧洲的“中国消费品贸易展览会”规模，同时积极开拓和搭建南美洲、大洋洲等其他区域的平台，为企业创造更多深入了解海外投资环境的机会。从国家层面应分期分批组织有关党政领导培训，提高其服务企业“走出去”的能力和水平；创新人才培养机制，采取政府资助和企业自我培养相结合的方法，强化对“走出去”重点企业跨国经营人才的培训，努力弥补国际化人才短板。

第四，加强对产能国际合作的分类指导。以中亚地区和俄罗斯为重点，大力推进大宗食品制造以及其他轻工产品制造的产能合作；以东南亚各国为重点，利用其劳动力资源和市场需求优势，推进纺织、服装、家电等行业的产能合作；以学习欧盟、日本和韩国医药工业及装备工业先进技术和管理经验为目标，重点推进生物医药、高性能医疗诊断设备、汉方药的产能合作。

第五，提高产能国际合作效率。以共建园区为载体，大力推进全产业链、集群化发展，提高产能国际合作的整体协作配套水平。对境外消费品工业园区、研发设计机构投资、消费品品牌营销渠道建设重点项目给予资金支持。以“人员本土化、市场本土化、品牌本土化”为着眼点，不断提高国际合作的根植度，同时以互利互惠为导向，完善与东道国政府、企业、民众的利益分配，构建产能国际合作的长效机制。

国务院领导同志对民盟中央建议做出重要批示。在此基础上，民盟中央在政协十二届四次会议上提交了大会发言《借力“一带一路”建设，重构消费品工业发展新格局》，入选大会口头发言，引起舆论广泛关注，产生良好社会影响。

王璇　民盟中央参政议政部办公室副主任

中国民主建国会

一、建议加强经济合作，推动长江经济带健康发展

2015 年是我国全面实施“一带一路”、京津冀协同发展、长江经济带三大战略的开局之年。长江经济带横跨我国东中西三大区域，覆盖上海、江苏、浙江、安徽、江西、湖北、湖南、重庆、四川、云南、贵州等 11 省市，面积约 205 万平方公里，人口和生产总值均超过全国的 40%，具有独特优势和巨大发展潜力，已发展成为我国综合实力最强、战略支撑作用最大的区域之一。在国际环境发生深刻变化、国内经济社会发展进入新常态的背景下，依托黄金水道推动长江经济带健康发展，对于全面建成小康社会、实现中华民族伟大复兴具有重要现实意义和深远战略意义。

2015 年，民建中央把“加强经济合作，推动长江经济带健康发展”作为重点调研专题，全国人大常委会副委员长、民建中央主席陈昌智担任专题负责人，副主席辜胜阻、吴晓青参加了有关调研活动。3 月 20 日，专题组召开开题座谈会，国家发展改革委、交通运输部有关同志和民建会员专家参加座谈，讨论长江经济带发展的基本情况，制订调研方案。同时，民进中央向长江经济带 11 省市民建组织下发通知，要求各地配合会中央，结合当地实际情况，认真开展调研，形成专题研究成果。3 月 23 日至 27 日，专题组赴长江上游地区四川省、重庆市调研考察。在川期间，专题组召开了两场座谈会，分别听取了四川省政府、成都市、攀枝花市、泸州市、宜宾市、凉山州五个市州政府的情况介绍，实地考察了成都吉利高原汽车工业有限公司、中嘉汽车制造（成都）有限公司、民生物流四川有限公司等企业。在渝期间，专题组考察了寸滩保税港区、重庆航运交易所和果园港码头等，召开了两场座谈会，听取了重庆市政府、万州区政府、涪陵区政府的情况介绍，16 位重庆各相关公司代表和民建会员、企业家在座谈会上结合实际发表了有关看法和建议。调研结束前，专题组召开了内部讨论会议。

4 月 13 日至 17 日，专题组赴长江中游地区湖北省和下游地区上海市调研考察。在鄂期间，专题组分别在宜昌、武汉两地调研，召开了三场座谈会，听取了湖北省政府、武汉市政府、中国三峡集团公司、交通部长江航务管理局、水利部长江水利委员会的情况介绍，实地考察了宜昌三峡大坝五级船闸、升船机、坝顶、左岸电厂和武汉新港阳逻集装箱港区二期、三期工程建设情况。在沪期间，专题组召开了三场座谈会，听取了上海市政府、上海自由贸易试验区管委会、交通部长江口航道管理局情况介绍，19 位上海各

公司代表和民建会员专家、企业家在座谈会上发言。调研结束前，专题组召开总结讨论会议,要求参与专题的同志结合调研考察情况和各自专业领域形成文字材料。4月28日,“加强经济合作，推动长江经济带健康发展”专题研讨会在京举行，来自11个民建省级组织的主要负责人就各地在长江经济带发展战略中的地位、优势、存在的困难问题和经济带发展的意见建议等交流发言。5月至6月，调研组部分成员继续深入江苏、浙江、安徽、江西、湖南、云南、贵州等地进行基层一线调研。

结合实际调研情况，专题组最终形成了《加强经济合作，推动长江经济带健康发展》专题调研报告。

报告分析了当前长江经济带发展存在的主要困难和问题：一是合作意愿缺乏制度保障，协调机制尚未建立。如协调的内容、规则、权限不清晰，地方多种协调机制并存，协调机制不健全不成熟。二是交通不畅，尚未建立高效快捷集疏运体系。包括航道不畅，三峡枢纽能力“瓶颈”问题突出,铁路网络建设不能满足需要,未完全实现“铁水”“公水”联运，港口码头发展无序，船舶技术性能和营运组织水平落后。三是长江流域生态环境保护形势严峻、压力大。上游地区环保积极性不高，生态环境保护建设任务艰巨，节能降耗和主要污染物减排压力大，承担危化品运输风险隐患高。

为加强经济合作、推动长江经济带健康发展，报告建议：

（一）坚持用改革思维和法治思维推动长江经济带健康发展。一是坚持依法治国，依法推动长江经济带发展。当前改革遇到一些法律约束，应抓紧研究相关问题，考虑出台涵盖经济发展、环境保护等多方内容的《长江法》，使长江经济带发展有法可依。二是简化审批流程。结合上海自贸区经验的复制推广，扩大“负面清单”试点，对开发区（园区）开展优化审批流程试点，将环评、地震、防雷、防洪、防空、文物等具有公共属性的审批事项，以开发区（园区）为单位，进行整体打包审批评价，减少环节和费用，提高发展效率。港口码头制订标准后，下放审批权限，减少审批流程。三是合理统筹长江水资源开发利用与水资源保护的关系。组建统一、权威的长江流域水资源管理机构，全面负责长江流域水行政管理、水资源利用、水环境保护、水科学研究。妥善处理好航运发展与水生态保护的关系。随着经济的发展，长江运量呈逐步增长趋势，为做好生态保护，河道中划定了不少保护区，但是航运船舶在保护区核心区、缓冲区中航行已是既成事实，要想取得航运发展及生态保护的双赢目标，必须依靠科技进步，创新工作思路，在充分调查研究的基础上，对部分河段的支汊及长江故道实行禁航。

（二）建立完善高效有序分层次的协调机制。一是借鉴京津冀协同发展战略经验，做好顶层设计，确定中央长江经济带工作领导小组运转机制，沿江11省市和国务院有关部委参加，定期召开联席会议，主要领导参加，同时各参加单位都要明确负责长江经济带发展的机构和人员，保证重大问题在联席会议上研究讨论，具体问题随时可以沟通联系。二是涉及跨部门研究解决的问题建立部际联系机制，协同推进长江防洪、航运、发电、生态环境保护等工作。河流协调以国家层面为主，地方配合。三是建立全流域省际协调机制，决策层由11省市书记和省长市长出席的联席会议承担；协调层由分管发改委的副省市长出席的协调会议承担，各省市发改委内常设协调机构；执行层由各省市设立的项目组承担，项目组设在由各省市相关职能部门，落实决策层和协调层的意图，具体工作由常设协调机构下达。四是依照区位分别建立长江上、中、下游联系机制，通过上中下游区域一体化逐步推进整个长江经济带一体化发展。上游协调机制由重庆、四川、云南和贵州共同参与；中游协调机制由湖北、湖南、江西、安徽共同参与；下游协调机制由江苏、浙江、安徽和上海共同参与。五是完善沿岸中心城市协调机制。推广长沙、合肥、南昌、武汉等长江中游城市群合作经验，加强沿岸中心城市合作，补充云南、贵州中心城市加入现有协调会，将每两年一次会议改为年度会议，各城市均设立常设协调机构和专项组。六是建立专项问题协调联系机制，各层级有关部门、专项组及该行业领域的专家学者、从业人员均应参加，多方利益主体共同商议解决有关问题。

（三）共建共享综合立体交通走廊。一是系统治理长江干线航道。上游实施长河段的系统疏浚整治，提高水富至宜宾、宜宾至重庆段的航道通航条件；中游重点解决荆江航道水深不足问题，适应大型内河船舶直达运输需要；下游要重点实施南京以下 12.5 米深水航道建设工程，研究桥梁高度不同的解决办法，尽快论证南京长江大桥改造问题，进一步适应大型海船进江需要。长江干支流新建水利工程充分考虑航运需求，长江航道新建桥梁要充分考虑到大桥锁江问题，科学论证通航高度。二是有效扩大三峡枢纽的通过能力。长远看，建设三峡水运新通道势在必行，要加快推进三峡水运新通道建设的项目前期工作，充分考虑未来发展的多种可能，综合衡量各方利益，科学决策，保证运能与未来市场需求相匹配。近期要通过综合应对措施，有效扩大三峡枢纽通过能力，满足三峡水运新通道的论证期和建设期的持续增长的过坝运输需求。重视现有设施挖潜、推广标准化船型、加强船闸调度管理、翻坝转运及其他分流措施等工作。三是大力发展以港口为枢纽的多式联运、江海联运。加快推进上海国际航运中心，武汉长江中游、重庆长江上游航运中心，南京区域性航运物流中心建设，着力打造一批具有示范和带动作用的现代化港区。强化长江沿线主要枢纽港区与国家铁路网、高速公路网的联通，消除“最后一公里”不衔接问题，大力发展铁水联运、公水联运。加快海船航道和江海联运节点建设，研发推广适合长江航道条件的江海直达船型，优化长江煤炭、铁矿石、集装箱等主要货类的江海运输体系。加强政府对长江经济带运输市场的行业引导，清理、破除地区之间、交通运输方式之间的各种政策壁垒，逐步建立竞争有序、物畅其流的统一开放的长江流域综合运输市场。协调完善沿江港口布局与口岸合作，大力发展多式联运，增强开放口岸对内陆腹地的辐射、服务和带动能力。四是加强支流航道建设，合理开发长江流域支流航道资源，加快形成干支连通、区域成网的水系航道网络，提高干支运输比重，扩大平均运距，打造全流域黄金水道。将金沙江攀枝花至水富段纳入长江干线航道规划，将金沙江水运资源的利用列入国家战略。重点加强岷江、嘉陵江、乌江、汉江、湘江、赣江等高等级航道建设，抓紧实施京杭运河扩能工程，系统建设长江三角洲高等级航道网，加快形成通江达海、干支衔接的长江经济带航道网络。五是打造综合立体交通走廊。以黄金水道为主轴，充分发挥各种运输方式的组合优势。加快建设以沪蓉、沪渝、沪昆、杭瑞高速公路为重点的高速公路网络；改扩建沿江大能力普通铁路，加快建设长江三角洲、长江中游、成渝等城市群城际铁路。加强对外通道建设和跨境运输发展。大力培育和发展渝新欧、汉新欧等中欧铁路班列。加强上海、宁波—舟山等“一带一路”海上战略支点建设，消除江海转运瓶颈。

（四）加强生态环境联防联治，保证一江清水永续利用。一是健全长江流域环境保护联防联控机制。制订出台长江经济带环境保护合作实施办法及生态环保规划，建立跨区域流域环境执法合作机制和部门联动执法机制。加快构建长江经济带水污染联防联控物联网，建立生态保护应急机制，形成跨行政区河流污染等生态灾难事件的联防联控。将次级河流污染治理上升为国家战略，建立健全省级联动机制，建立部门协作和群众广泛参与的河流污染综合治理和管理模式。二是研究建立长江流域生态保护基金。基金主要由几大来源形成：第一部分为中央财政投入环境保护建设资金。加快推进环境保护费改税工作，尽快完成环境保护税的立法工作。从环境报税（费）中按一定比例每年划拨进入长江生态保护基金，专门用于长江流域生态环境保护与治理。第二部分为中下游地区的补偿资金。根据受益者补偿原则，长江上游地区对生态环境的保护，一方面要限制一些产业发展，另一方面也要投入资金进行污染防控和整治，受益的下游地区应该对上游地区进行补偿，进入长江生态保护基金。第三部分为惩罚式资金。在11省市长江流域量化环境容量，制订综合科学的指标评价体系。对长江流域环境容量的占用是通过向水体排放污染物实现的，核定各省市对辖区内流域环境容量的占用，以其境内生产生活排入水体的污染物总量作为衡量标准。依照国家环境监测规范对辖区内所有流域的出入境断面取样监测，计算污染物总量，用出境断面的污染物输出总量减去入境断面的污染物输入总量，即为该行政区内水环境容量占用量。依法合理确定价格，按流域污染量化指标向环保基金缴纳费用。第四部分为民间资本。随着社会经济的发展，人们的环境保护意识不断增强，参与积极性不断提高，长江生态保护基金可以加大宣传力度，广泛筹集社会各方面捐款。适时研究建立环境容量交易平台和机制。建立奖惩分明的激励机制，严格控制和治理各类污染，使长江黄金水道的黄金价值不止体现在经济效益上，也体现在其江湖关系和谐、流域水质优良、生态流量充足、水土保持有效、生物种类多样的社会效益和生态效益上，使长江经济带成为水清地绿天蓝的生态廊道。三是建立统一完善的水系规划。实施江湖连通工程，修复湖泊自然水文节律。根据生态修复目标，评估泛滥平原湖泊的江湖水文连通需求和水位波动需求。综合考虑供水、防洪、灌溉等方面的需要，建立拦湖闸的多目标水文调度机制和构建多塘多渠的水文调蓄系统以涵养雨水调控长江水系，修复江湖天然水文联系。恢复阻隔湖泊春季低水位，促进植物萌发；控制春夏水位上涨率，保证水生植物正常生长。如条件许可，在春夏季适时开闸以恢复江湖洄游鱼类幼鱼的入湖通道，在秋冬季适时开闸以恢复成鱼入江的通道。强化实施中水回用，明确中水利用范围、建设标准和要求，制订奖惩办法，加大宣传力度，引导和调动社会使用中水的积极性与主动性。四是加强对长江危化品生产和运输的监管力度。建立长江海事局牵头，地方政府主导，协调工商、公安、港务、船检、安检、消防等部门共同参与的危化品联合监管机制，加强危化品全过程监管和安全风险防范。进一步提高长江危化品运输准入门槛，鼓励中小型危化品运输企业通过兼并重组实现规模化、专业化经营。研究沿长江干流北岸建设铁路货运专线，配合沪渝高速公路和管道运输网络，实现长江经济带物流“宜水则水、宜铁则铁、宜公则公”，保障长江干流的生态质量。

（五）发挥金融助推长江经济带健康发展的关键作用。一是中央财政给予资金支持。中央财政向长江经济带11省市提供一定数额的专项资金，由地方财政按照1∶1比例配套，按照一定比例（如 1 ∶ 3）引入社会资本，设立各地长江经济带建设基金，或作为资本金补充，专项用于各省市相关基础设施建设、产业升级等重大项目。如中央财政拿出 550 亿元,各省市配套550亿元则可形成1100亿元资金,吸收社会资本形成约4000亿元资本金，可能撬动约 16000 亿元投资。二是增加 1000 亿元企业债券发行额度，专项支持长江经济带建设重大项目，引导社会资金投资长江经济带相关保障房和棚户区改造项目、城市基础设施建设项目和江河湖泊治理、污水处理、节能减排等“重点”“难点”项目。增加长江经济带地方政府债额度 1000 亿元，支持地方政府推动区域内基础设施建设。三是地方财政充分发挥资金投放的引导性作用。例如，根据自身财政收入水平，地方平均每年拿出 50 亿元资金(共约 550 亿元)对当地 PPP 项目社会投资人进行收益专项补贴。初步测算，如按照平均收益差额每年 6% 的补偿率估算，可拉动社会投资约 10000 亿元。投资产生的税收和收益完全能对冲政府补贴。四是成立长江发展银行。借鉴亚洲基础设施投资银行的做法，由中央和长江经济带 11 省市出资设立“长江发展投资银行”，按照政策性银行改革的目标模式运作，专门负责为长江经济带重大项目提供资金支持和信用支持，以及投资银行业务服务等，逐步建成现代专业投资银行。如果 11 省市募集资本金 1100 亿元，根据国开行贷款投放规模与资本金的比例粗略推算，长江发展投资银行可为经济带建设投放约 10000 亿的长期建设资金。综合使用金融工具和银行信用，可发挥更为有力的推动作用。

报告得到了中共中央和国务院领导批示。6 月份召开的全国政协常委会上，民建中央提交了推动长江经济带健康发展的大会发言材料。在 7 月份召开的通报半年经济形势的党外人士座谈会上，民建中央在发言中提出了推动长江经济带发展的具体建议。8 月 21 日，中共中央与各民主党派中央召开调研协商座谈会。陈昌智代表民建发言，重点介绍了此专题调研的有关情况，与出席会议的国务院有关部委交换了意见。会后，国家发改委、国土资源部、环境保护部、交通运输部、水利部等部门对专题调研报告进行了书面反馈，各单位均充分肯定了民建中央的调研成果，认可报告所提建议。国家发改委专门组织开展实地调研，就重点问题召开专题会议，将情况形成书面报告呈送中共中央有关领导。发改委称，“我们对民建中央提出的 5 个方面 21 条具体意见建议逐条进行了梳理，经与各部门充分研究，有 13 条与有关部门目前开展的工作相一致并已取得进展，有 6 条有关部门正在抓紧推进，还有 2 条有关部门表示将作进一步深入研究。”我们建议考虑出台涵盖经济发展、环境保护等多方内容的《长江法》，使长江经济带发展有法可依。发改委回复“全国人大环资委于 2014 年提出继续开展长江立法论证，努力将《长江法》纳入全国人大常委会立法规划。我委正配合相关部门，推动做好《长江法》的立法前期工作。”在发挥金融助推作用方面，我们提出增加企业债发行额度，发改委同意“将长江经济带企业发行债券作为重点支持事项。”在生态环境联防联治方面，我们建议研究建立长江流域生态保护基金，并初步设想了资金构成，发改委表示“正在研究设立长江水环境基金方案，提出了基金定位、模式、来源、投向、决策机制、风险管控等初步方案。”交通运输部向中央统战部专门回函，介绍有关情况。如报告建议有效扩大三峡枢纽的通过能力，加快推进三峡水运新通道建设的项目前期工作，近期通过综合应对措施，有效扩大三峡枢纽通过能力。交通运输部表示为缓解三峡船闸通航能力紧张局面，采取推广标准船型、挖掘现有设施潜力、加强调度管理等综合措施，尽可能提高现有船闸通过能力。将积极配合国家发改委和国务院三峡办做好三峡水运新通道的前期工作。环保部在回复意见中明确表示，“民建中央在调研报告提出的长江流域生态环境保护形势严峻、压力大，存在的上游地区环保积极性不高、部分河流水质受到污染、主要污染物减排压力大、长江航道承担危险化学品运输风险隐患高等问题与《长江经济带生态环境保护规划》拟突出的重点相吻合，提出的健全长江流域环境保护联防联控机制、研究建立长江流域生态保护基金、加强对长江危化品生产和运输的监管能力等建议，我部《规划》编制组进行了认真学习，觉得很实也很有可操作性，我们将在编制《规划》过程中充分借鉴吸收。”在11月26日国务院召开的推动长江经济带发展工作会议上，张高丽同志强调要强化规划引导，深入推进航道畅通、枢纽畅通、江海联运和关检直通，切实把控制和治理长江水污染摆在突出位置，抓紧建立沿江11省市政府协商合作机制等。民建的建议与中央的发展方向相契合。

二、建议加快科技成果转化和技术转移，促进创新驱动发展战略实施

我国已进入全面建成小康社会的关键时期，实施创新驱动发展战略，把创新摆在国家发展全局的核心位置，让创新成为驱动发展新引擎，是主动适应和引领经济发展新常态，实现我国经济提质增效升级的必由之路。当前，科技成果转化和技术转移不畅，自主创新能力不足已成为制约创新驱动发展战略实施的重要瓶颈。为了解我国创新驱动发展战略实施以来，科技成果转化和技术转移工作情况，2015年民建中央精心组织了会内有关科技成果转化职能部门、知识产权、科研院所、科技企业、创投企业、高等学校等方面的专家，成立了以全国政协副主席、民建中央常务副主席马培华为组长的专题调研组，就“加快科技成果转化和技术转移，促进创新驱动发展战略实施”问题开展调研。

4月中旬，专题调研组赴江苏调研，先后在苏州、南京等地与相关政府部门、高等学校、科研院所和企业代表座谈，深入了解当地促进科技成果转化和技术转移，实施创新驱动发展战略所采取的政策和措施，并考察了相关企业、产业园区和产业技术研究院。4月下旬，专题调研组赴河南调研，先后在郑州、洛阳等地调研，听取了政府有关部门、高等学校、科研院所及企业注重科技创新，提高技术水平的经验和做法，并深入考察了相关企业、产业园区和科研院所，与当地干部群众深入交流，认真听取意见和建议。5月初，专题调研组赴湖北调研，听取了湖北省和武汉市政府有关部门关于促进创新驱动战略实施的情况介绍，实地考察了相关高科技企业、高等学校及科研院所，详细了解有关科技体制机制创新以及科技成果转化和技术转移中的瓶颈和难点问题、高校科技成果转化形式及利益分配机制以及激发科技创新动力的具体举措。5月中旬，专题调研组在北京调研，先后与中关村管委会负责人，高等院校、科研院所、高科技企业、科技成果转化机构和研究部门负责人；清华大学有关科研部门负责同志、科技成果转化企业代表进行深入交流座谈，听取大家对科技创新政策法规保障、科技成果处置和收益管理改革、完善科技成果转化法律制度等方面的意见建议，并实地考察了汽车安全与节能国家重点实验室，详细了解科技成果转化和技术转移方面的有关情况。

通过调研，调研组深切感受到在党中央、国务院的高度重视和大力支持下，各级党委、政府和有关部门高度重视科技成果转化和技术转移工作，注重发挥市场作用，积极破除制约科技成果转化的体制机制障碍，相关工作取得了积极进展，为促进创新驱动战略实施积累了有益经验。同时，民建地方组织还对天津、河北、内蒙古、黑龙江、广东、青海等地加快科技成果转化和技术转移，促进创新驱动战略实施情况进行调研，为本报告提供了有力的支撑材料。6 月，专题调研组在全面总结和消化调研过程中了解到的实际情况和问题的基础上，经过反复讨论修改，撰写完成了《加快科技成果转化和技术转移，促进创新驱动发展战略实施》专题调研报告。

报告认为现阶段科技成果转化和技术转移工作取得积极进展，具体表现为：逐步破除制约科技成果转化的体制机制障碍；加快构建企业为主体、产学研合作的技术创新体系；提高科研研发经费投入效益；重视科技人才培养和集聚；推动金融与科技成果转化相结合；大力提高科技服务水平。报告同时指出加快科技成果转化和技术转移亟须解决六方面问题：科技成果转化体制机制改革有待进一步突破；企业在科技成果转化中的主体地位有待进一步强化；科技成果转化资金投入力度有待进一步加大；知识产权保护力度有待进一步加强；科技服务市场化程度有待进一步提高；科技成果转化人才队伍建设有待进一步加强。

为加快科技成果转化和技术转移，支撑企业技术创新，培育有核心竞争力的企业，使我国尽早进入创新型国家行列，报告提出如下建议：

（一）尽快出台国有科技成果无形资产管理办法。借鉴美国《贝尔—多尔法案》（The Bayh-Dole Act）允许高等学校、中小企业和非营利组织对政府资助所得的研发成果拥有专利权的做法，一是改革国有科技成果无形资产管理体制，对技术类无形资产处置等的相关配套文件出台明确的授权、实施细则及流程指导，赋予单位、研发团队、科技人员对科技成果使用、处置和收益管理的自主权，简化行政审批、备案程序。二是改革国有科技成果类无形资产定价机制，允许通过协议定价、挂牌交易、拍卖等市场机制方式确定科技成果价格。

（二）改革高等学校和科研院所评价体系。高等学校和科研院所要以国家发展战略为己任，加快科技成果转化和技术转移。对高等学校、科研院所的科研成果进行分类评价。对基础性科研成果，注重学术和技术上的前瞻性和领先性；对应用型科研成果注重评估其市场应用价值。除了少数研究型高等学校从事重大基础研究之外，大多数高等学校应服务于社会、服务于产业、服务于企业。应规定进行技术转移活动是一种责任，要求高等学校、科研院所尽快实施科技成果转化活动。将科技成果市场贴近度、转化率、产学研合作的项目数量、项目带动产业发展的产值等纳入高等学校、科研院所科研水平评价体系,作为立项和验收的重要内容和依据。调整和完善相关科技成果转化工作的人事聘用、绩效考核等政策。

（三）重点鼓励研发团队直接转化科技成果和进行技术转移。一是继续加大科技成果使用权、处置权及收益分配制度改革力度。建立科研人员成果转化收益分配机制，进一步提高科技成果转化所获收益用于对科技成果完成人和为科技成果转化做出重要贡献的人员进行奖励的比例；科技成果转化所获收益用于人员激励支出的部分，经批准可一次性计入当年高等学校、科研院所工资总额，但不纳入工资总额基数；研发团队将个人收益直接用于创办企业或者投入受让企业所形成的股权收入，在形成现金收入后，按国家有关政策缴纳个人所得税。二是调整和完善相关人事管理和评价机制。高等学校、科研院所在职称评聘和相关考核工作中，科技人员创办科技型企业所缴纳的税收和创业所得捐赠给原单位的金额，等同于纵向项目经费，并将科技成果转化作为重要指标纳入科技人员考评体系，对在科技成果转化和技术转移中贡献突出的，可破格评定相应专业技术职称；高等学校、科研院所高级技术职称评聘，参与科技成果转化和技术转移的科技人员必须占有一定比例；在应用学科的职称评定、岗位聘用和科技成果评审中，加入专利发明、技术成果转化等评价因素；支持高等学校、科研院所拥有科技成果的科技人员离岗创业，可在一定期限内保留其原有身份和职称，科技人员在兼职中进行的科技成果研发和转化工作，作为其职称评定的依据之一。

（四）培育有核心竞争力的创新型企业。一是支持创新型中小企业发展，鼓励创投机构在企业初创期介入。二是鼓励企业建立技术中心。该技术中心应真正由本行业、本领域的优秀人才组成；打通科技成果产业化的瓶颈，把中试环节放在企业，院校和企业建立转化机制，最终授权团队转化。三是加速以企业为主体的科技成果转化和技术转移。国家应加大力度，支持企业联合高等学校、科研院所组建产业技术研究院和产业技术创新战略联盟等新型产学研合作组织。四是支持创新型企业家发展，提高企业核心竞争力。

（五）完善创新投融资体系。设立中小企业科技创新基金，通过税收政策提高社会资金进入早期技术研发的积极性，建立多渠道的高技术产业投融资体系，解决企业研发资金不足问题，鼓励企业敢于创新。鼓励公益性或社会资本进入成果转化和创新创业环节。统筹考虑降低投资风险，建立针对各个环节的投资渠道，保障科技成果从研发、策划、孵化、产业化的资金供给。

（六）推进知识产权司法体制改革。一是扩大知识产权法院和巡回法庭的设立，培养具有专业性和国际视野的高素质知识产权法官队伍，统一知识产权审判标准，整合知识产权司法资源，突破地方保护主义壁垒，缩短知识产权案件审判周期，提高审理结案率，提高法庭判决执行率，通过知识产权司法保护促进科技创新和科技成果转化。二是改革知识产权确权程序。赋予知识产权法院认定知识产权有效性的权力，即，实行知识产权权利认定的“双轨制”：在行政确权领域，依旧保留现在的审查与复审模式；但在司法确权领域，由知识产权法院享有知识产权权利判定的司法确认权。以后如果成立了专门的知识产权上诉审法院，那么知识产权上诉审法院享有知识产权司法判定的终局判定权。而如果行政领域和司法领域的确权结果发生冲突，应以司法裁判结果为准。

（七）提高科技成果转化服务业水平。一是国家建立科技资源共享、科技成果转化、科技企业孵化、科技投融资、技术交易等公共平台。二是加强中央与地方联动，搭建不同层次科技成果转化和技术转移平台。三是以信息化网络构建全国性的技术信息发布、服务、交易市场服务体系，改革国家科技成果登记管理和发布制度。建立科技成果定期发布机制，建立分层次、分行业技术信息和技术交易网络，实时动态地发布行业、企业关键共性技术攻关难题信息和技术市场供需信息。四是加快培育一批熟悉科技政策和行业发展，社会化、市场化、专业化的科技中介服务机构，加强对科技服务咨询和中介机构的指导、管理和监督。五是大力支持科技服务业发展，通过后补助或政府购买服务等方式，支持其向经营专业化、功能投行化、收益股份化、信誉品牌化方向发展。

（八）支持创新型人才发展。一是支持高等学校、科研院所的技术人员服务企业。高等学校、科研院所具有党政领导干部和科技人员“双重身份”的科技成果发明持有人，在履行岗位职责的前提下，采取适当形式在岗兼职或技术入股从事科技成果转化推广。有关个人技术入股、获取报酬情况按党政领导干部个人重大事项报告制度管理。二是加快培育技术经纪市场，面向高等学校、科研院所、企业培养复合型技术转移服务咨询人才，建设一支懂专业、懂管理、懂市场的技术经纪人队伍。三是推动在有条件的高等学校设立科技成果转化、技术转移、技术评估专业，培养科技成果转化所需专业人才。

民建中央向中共中央、国务院报送了专题调研报告《加快科技成果转化和技术转移，促进创新驱动发展战略实施》，国务院领导作了重要批示。专题调研报告还为民建中央参加全国政协常委会提供了书面发言参考。

三、建议加强社会征信体系建设，构筑诚实守信的经济社会环境

建立国家层面的社会征信体系，对深入贯彻习近平总书记“四个全面”战略布局，推进社会治理创新、提高国家治理能力，倡导文明新风和社会公德，构筑诚实、守信、公平、正义的经济社会环境具有十分重要的意义。为此，2015 年，民建中央成立“加强社会征信体系建设，构筑诚实守信的经济社会环境”重点专题调研组，由民建中央副主席张少琴担任组长。调研组一行先后赴广东深圳、天津、北京、内蒙古等地深入调研，召开了一系列座谈会，与中国人民银行、部分地方发改委、市场监督局、人民银行分行等部门交流座谈，并实地考察了深圳信用协会、内蒙古信用建设服务中心等征信机构，深入了解当前我国征信体系建设战略部署、数据库建设等相关情况及存在问题，最终形成《加强社会征信体系建设，构筑诚实守信的经济社会环境》的专题调研报告。

报告首先对我国征信体系建设的现状及国外情况进行了详细介绍，并指出了我国征信体系建设存在的突出问题：一是信用信息法律不健全，信息采集和使用缺乏法律支撑。我国还没有一部规范征信市场行为方面的法律，缺乏向市场开放征信数据的法律，致使有些部门把征信数据作为“内部数据”，常以保密和加强管理为由控制了原本可以公开的征信数据，从而使宝贵的征信数据无法与征信市场接轨，制约了征信业市场的快速发展。二是各地区信用中心低水平重复建设，技术标准各有差异。我国征信体系建设各自为政，各地区、各部门、各行业独立开展信用体系建设工作，没有实现统一标准、互联互通。工商、税务、公安、法院、民政等部门技术标准各有差异，宝贵资源相互壁垒，无法统一共享，造成了信用信息资源的浪费，十分可惜。三是信用等级评价标准不统一，无法给出全国通用的客观公正评价。各地区、各部门、各行业分别自创体系，四等十级、二等五级等参差不齐，国家标准“三等九级制”没有得到落实。四是守信奖励不足，失信惩罚机制缺位。失信惩戒机制缺位，商业欺骗、造假制假、毁约失信等行为时有发生。这既有诚信意识淡薄、道德法制观念的问题，也有守信激励不足，失信成本偏低的原因。

借鉴市场经济发达国家征信建设的经验，结合我国国情，报告建议应由国家统一主导，

建立面向全社会的国家现代征信体系，其基本思路为："法制建设、政府主导、市场运作、面向未来"。

（一）建立和完善社会征信体系法律制度。研究制订《信用法》《信用信息法》，加快制订《隐私法》。使个人隐私权和商业秘密的保护有法可依，对个人信用管理从过去的行政执法过渡到司法执法。尽快出台征信业务的管理办法，依法规范信息提供者、信息使用者及征信机构的行为，推动部际联席会议各成员单位不断完善本部门内部信用建设相关的规章制度。人民银行应会同相关部门研究制订统一的评级市场管理办法，制订评级机构业务和评级程序的规范，提高评级质量和评级的透明度，促进评级产品的应用。

（二）建立信用信息标准体系。研究层级清晰、结构完善的征信业总体标准和基础类标准体系。建立统一的信息标识规范、征信基本术语规范，提供统一的信用技术标准，统一的信用采集和使用平台，各类标准要面向市场、面向用户、面向世界、面向未来。

（三）在现有部际联席会议的基础上成立国家征信中心。从体制上切实理顺对国家现代征信体系的管理。基本设想是：在现有的人民银行和各省区征信中心的基础上，通过"两级法人、四级运营"的公司化组织形式，自上而下设立各级征信中心。全国性的征信中心由国家出资建立，赋予独立法人资格。各省区征信分中心也作为独立法人，由国家征信中心和各地政府共同出资、联合组建，原则上由国家征信中心参股、控股。征信中心采取收费制，实行自负盈亏，但不以盈利最大化为目标，其收费以自身可持续发展为原则。市、县征信中心为非独立法人，作为各省区征信分中心的分支机构，负责运行和管理。通过采用公司化市场运作的组织形式，有效解决征信发展的动力机制，最终形成上下左右一体化的征信组织格局。

（四）构建全国统一的信用信息平台和技术规范。这些规范是：信用信息采集、加工、整理、分析规范；公民、法人信用档案规范；设计失信投诉、调查、失信惩戒措施规范；统一信用分类标准规范，建议采纳 A、B、C 三等九级国际惯例规范。形成全国从上到下统一平台、统一标准、统一监管的国家征信体系。

（五）以政府为主导，扶植民营征信机构做强做大。具体建议是：国家征信中心负责制订社会信用信息标准；制订征信业管理办法，负责征信业的监管；负责协调各部门，采集分散在各部门、各行业的原始信用信息，形成社会各主体（法人和自然人）信用档案，并负责对信用信息档案的管理。大力发展专业民营征信机构，培育功能完善的征信市场体系。按照"依法准入、特许经营、商业运作、专业服务"要求，积极发展民营专业征信机构。引导征信机构以职责清晰、权责分明为目标，强化公司治理和内控机制建设。对一批实力较强、规模较大的民营征信机构给予扶持指导，帮助其做大做强，成为征信龙头企业。鼓励中小型征信机构重组并购，提高征信市场的整体水平。鼓励信用消费者向专业征信机构购买服务，明确在招投标、政府采购、银行贷款等公共资源配置中使用信用报告制度。信用评价公司依法与各级社会信用管理中心签订协议，经过法定授权，有偿使用信用管理中心的法人、自然人的信用信息，在遵守信用信息相关法律的前提下，整理、加工成征信产品，按照国家制订的信用评级标准，承担对信用主体的信用评级并提供给需要者。

（六）切实加强征信业的监管，有效保护信息主体合法权益。全面落实《征信管理条例》

和《征信机构管理办法》，遵照相关法律，重点加强个人征信机构管理，充分体现对信息主体权益和个人隐私的保护。对从事个人征信业务的机构实行许可制，对从事企业征信的机构实行备案制。健全市场准入、退出机制。开展现场和非现场征信检查，重点是防范个人征信信息泄露风险，确保信息采集的合法性，确保信息系统的绝对安全。

（七）建立健全覆盖全社会的守信激励和失信惩戒机制。在新的立法或现有的规章中嵌入信用审查制度。在政府采购、工程招投标、政府资金扶持、人才招聘、项目审批、评优评先、保障性住房申请等活动中实施信用审查和信用淘汰制度。建立严重失信黑名单信息征信和信息共享披露制度，加强法院民事案件执行、保障房申请、工程建设领域、商业贿赂治理、安全生产管理等重大失信信息录入征信系统的工作力度，通过网络推进信息共享和信息披露，健全失信制裁和社会联防机制。对征信从业人员和机构恶意篡改征信数据，或提供虚假信用报告等行为进行严厉制裁。

本次调研取得了较好的成效，在中共中央 12 月上旬召开的党外人士高层协商会议上，该报告的相关建议被吸纳进民建中央的发言。报告以民建中央名义呈送国务院，并得到国务院领导的批示。同时，报告经浓缩整编后于 12 月 14 日发表在《光明日报》上。

四、建议培育多元创业生态，营造良好创新环境

中共中央“十三五”规划建议提出，要培育发展新动力，激发创业创新活力，推动大众创业、万众创新。推动大众创业、万众创新是释放民智民力、保持经济稳定增长、避免经济出现“硬着陆”的重要举措，是经济发展新的引擎。当前，随着简政放权和商事制度改革推动新的市场主体井喷式增长，新一代互联网技术与互联网金融发展引领新一轮互联网创业浪潮，中关村和深圳等高新区与科技园区引领新一轮聚合创业创新浪潮，企业并购热刺激了“职业创业人”崛起，我国新一轮创业创新浪潮正在兴起。为了对新一轮创业创新浪潮进行深入研究，今年民建中央成立由副主席辜胜阻任组长的专题调研组，调研组先后到北京、深圳、上海、天津、重庆、武汉、杭州、福州、青岛、西宁等 20 多个城市进行了调查研究，召开了 40 多场座谈会，听取了三百多名企业家、专家和职能部门业内人士的意见，实地考察了小米、猪八戒网、36 氪、百融金服、京东、金融客咖啡、一号店、红领、中金在线、新三板市场、中关村创业大街、武汉和天津股权交易市场等百余家创业创新企业、众创空间和市场交易平台。为了进行比较研究，调研组成员还在美国硅谷进行了实地考察。在以上广泛调研基础上，形成了调研报告。

调研发现，新一轮创业创新浪潮具有六大特征。第一，随着“双创”新政的提出，商事制度改革不断深化，支持小微企业的多项政策陆续出台，政府自上而下主动作为，改革成为推动新一轮创业浪潮的主要动力。第二，金融危机使大量“洋海归”回国创业，大科技公司管理和技术精英离职创业，返乡农民工掀起“农海归”草根创业潮，大学生积极创业，新一轮创业创新浪潮呈现主体多元化。第三，新一轮创业创新浪潮涌现了一大批“互联网 +”的新业态和新商业模式，互联网与传统行业的融合创新不断显现，创业创新的形式呈现高度的互联网化。第四，新一轮创业创新浪潮由创业、创新和创投“铁三角”联合驱动，“众创”“众包”“众筹”等新的商业模式、投资模式、管理机制等多方

面创新相互交织。第五，创业创新要素向“软”“硬”环境好的高新区与科技园区集聚，创业创新载体呈现区域分化格局，深圳和北京成为创业环境最好的城市。第六，创业创新的体系呈现生态化，具有产、学、研、用、金、介（中介）、政齐备的协同创业创新体系出现，一些地方成为创业创新人才的“栖息地”。

当前促进“双创”健康发展，亟须避免误导，防止误区。“双创”是经济活力之源，也是转型升级之道。但要防“好事办歪”,要避免以下六大误区。一要避免“双创”“浮躁化”，创业创新是一种长期行为，是比拼恒心和耐力的“长跑”，需要脚踏实地的深耕细作，甚嚣尘上的浮躁心态，只会留下后患，没有足够阅历和社会资源的年轻人盲目创业会带来自我成长的风险；二要防止创新“运动化”，避免众创“一哄而起”，盲目跟风，走入“全民炼钢”式的大跃进误区，一些创业陷入“一热就进，一进就死”的怪圈，一些地方受强烈的“政绩冲动”影响，浮夸盛行，为了争抢优秀的创业项目，竞相用扶持政策“倾销”，恶性竞争，相互攀比，重复同质地筑巢“引凤”；三要避免投资和创业“泡沫化”，一些人想通过创业“借一把巧力，实现一夜暴富”，利用各种“故事”进行炒作，项目估值一再被吹高，大量创业空心化，结果“火得快，衰落也快”，最终是“轰轰烈烈一场空”；四要避免对“双创”理解上的“全民化”，创业创新是“成三败七、九死一生”的高风险的创造性活动，不是每一个人都能成功创业，不是所有地方都适合发展高科技创业，我们需要的是全社会有一种支持创业、鼓励冒险、宽容失败的社会风气，而不是所有人都适合创业；五要避免“互联网 +”创业的过度“网络虚拟化”，实体经济是网络新经济的基石，脱离现实、背离实体经济的盲目去“+”，过度“神化”互联网，不是健康的创业，创业者想法可以天马行空，但做事一定要接地气，网络经济虚拟一定要与实体经济现实对接；六要避免创业教育“功利化”，大学创业教育不仅仅限于帮助学生开办公司缓解就业压力，“以创促就”，大学也不能以学生办公司多少来“论英雄”，创业教育是一种通识教育，其精髓重在培养学生创造能力、创业精神、创新意识、冒险精神、独立意识，使其未来能在各行各业工作中创造性地解决职业发展中的问题。

推进“大众创业、万众创新”健康发展，需要构建政府、企业和个人多方联动的协同创业创新体系，营造良好的创业创新环境，加快金融创新步伐，发挥大企业和互联网平台的“龙头”作用，培育创业文化，加强创业创新教育，完善创业创新服务，降低创业成本，激发“双创”者的积极性和主动性。为此，报告提出进一步推进“双创”健康发展的十条调研建议：

（一）进一步深化改革，加快简政放权步伐，营造“实业能致富，创新致大富”的创业创新环境，打造良好创业创新生态，形成创业创新“栖息地”，坚持分类指导原则，统筹推进高端人才“精英”创业与农民工返乡“草根”创业共同发展。

（二）探索发展以股权众筹为主的互联网金融，通过互联网平台实现“众筹、众创、众包、众扶”的有机结合，实现人才、技术、资本、市场、信息多种创业资源的有效整合。

（三）发挥天使投资在创业创新初期的关键作用，大力支持 VC/PE 等股权投资，鼓励创业投资关注创业早期，让更多“闲钱”流入实体经济，为创业创新注入“血液”，打造创业、创新和创投的“铁三角”，实现“三创”联动。

（四）充分发挥“新三板”作为中小微企业重要融资平台的作用，把场外多层次资本市场打造成培育创业创新企业的基地；鼓励资本市场的主板、中小板、创业板上市企业面向创业项目并购重组，在壮大上市公司的同时，扶持小型创业项目，培育“职业创业人”。

（五）鼓励技术创新、商业模式创新、产品创新、组织创新、市场创新，加大创新成果应用示范，利用互联网推进大众协作创新，建立创新激励机制，推进科技人才向企业“下沉”，使创业与创新联动。

（六）充分发挥科技大企业、互联网平台企业的“龙头”带动作用，促进科技大企业衍生、“裂变”创业，鼓励有实践经验的体制内精英和科技企业高管通过创办自己的企业实现创业创新，支持大企业内部创新，化解创业缺少成功“人才”的瓶颈问题。

（七）文化是创业者的精神动力和发动机，良好创业文化是初创企业成长的精神支柱。要培育宽容失败，鼓励冒险的创业文化，倡导诚实守信的商业价值观，实施以停薪留职和高校弹性学制等举措，推进包容失败的创业创新制度建设。

（八）构建“多形式、多渠道、广覆盖”高效的创业培训体系，推广运用国际创业培训项目，推进创业教育与创业实践相结合，把创业教育纳入国民教育体系，培养大学生的创业意识和创新思维，营造良好的“双创”社会氛围。

（九）推进公共创业服务和市场化的创业服务业的发展，完善创业服务体系，推进创客空间建设，为创业创新者提供服务良好的生活空间、工作空间、网络空间和资源共享空间，降低创业门槛，提高创业成功概率。

（十）加大对“双创”的财税和金融扶持力度，减轻初创企业负担，降低创业成本，用市场化方式使用政府创业创新的基金，推动“放”与“扶”相结合，改变初创企业“快生快死”问题，提高初创企业存活率。

相关调研成果通过专项建议、协商会议、讲座论坛等多种方式向有关部门进行了反映，得到有关方面的重视和肯定。12 月初调研报告报送国务院领导后，得到了重要批示。在中共中央 12 月上旬召开的党外人士高层协商会议上，该报告中的相关建议被吸纳进民建中央的发言。同时，辜胜阻还代表调研组就推动“大众创业、万众创新”，引领经济发展新常态等问题在《人民日报》《经济日报》《人民政协报》《学习时报》《求是》《新华文摘》《中国人大》等报刊杂志发表文章，接受中央电视台、新华网、人民网、中国新闻网等主流媒体采访共 50 多篇次。

五、建议深化金融体制改革，促进民营银行健康发展

《中共中央关于制订国民经济和社会发展第十三个五年规划的建议》提出“构建多层次、广覆盖、有差异的银行机构体系，扩大民间资本进入银行业，发展普惠金融，着力加强对中小微企业、农村特别是贫困地区金融服务”。2015 年 3 月全国人大会议上李克强总理代表国务院作政府工作报告，提出推动具备条件的民间资本依法发起设立中小型银行等金融机构，成熟一家，发展一家，不设限额。2013 年 7 月国务院办公厅颁布《关于金融支持经济结构调整和转型升级的指导意见》，规定“扩大民间资本进入金融业”，“尝试由民间资本发起设立自担风险的民营银行”。可以说，大力发展民营银行是新常态下党中央和国务院制订的进一步深化我国金融体制改革的方向，也是新时期我国金融体制改

革的重点和深入发展的重要举措。目前，中国银行业监督管理委员会首批已经批准5家民营银行在天津、上海、浙江和广东开展试点，国家工商行政管理总局也已经预先核名100多家“民营银行”，我国各地出现了“民营银行热”的局面。但是，什么是民营银行？我国到底需要什么样的民营银行？如何促进我国民营银行健康发展？民建中央在年初成立了一个由宋海副主席为组长的专题调研组，经过充分准备，4月份对新疆和田地区、6月份对深圳前海微众银行、广州华兴银行、天津金城银行等开展实地考察，与新疆、广东、深圳、天津金融部门进行座谈，与部分主要领导交流和沟通看法，听取了有关金融界专业人士的意见和建议，经过长达半年时间的调研和探索，专题调研组厘清了相关问题，形成了《深化金融体制改革，促进民营银行健康发展》调研报告。

报告分析了发展民营银行受到一些因素制约，以及民营银行自身还存在一些问题。共性的问题是：一是国有资本大量参与其中，行政行为左右银行的经营方向；二是内部人控制，银行发展基本上由管理层主导；三是监管部门过界监管，往往以监管名义施行行政干预。新设立的6家民营银行还面临更多的问题；四是银行业高风险运营与金融经验缺失的问题，我们发现这几家民营银行的发起股东均缺乏金融从业经验；五是银行业高资本消耗与资金总体短缺难题，在目前严格的资本充足率的监管要求下，新银行至少需要持续5年进行资本补充却几乎没有利润，能否坚持下去，需要长期观察；六是银行业高资源投入与资源相对不足难题，持续的科技和人才投入意味着巨额财物支出，勉力为之会加剧成立初期薄弱的财务状况，能省则省又会陷入村镇银行面临的困境；七是发起人资质要求过高也是一个问题，目前银监会规定主发起人净资产不能少于100亿元人民币并有行业限制，但是国内能达到这个标准的发起人不多，其中一部分人所属行业还为“两高一限”等；八是银监会对开户和产品模式的硬性要求也是一个制约因素，对于腾讯公司为主发起人的深圳前海微众银行，它有强大的互联网平台、没有物理网点，按照现行不允许远程人脸识别开户、必须人脸面对面开户的规定，它就存在政策和制度障碍，等等。

报告对发展民营银行进行了国际（地区）借鉴和模式探讨。在充分了解及比较美国、德国、英国、俄罗斯、印尼、韩国、我国台湾地区民营银行发展及其经验、教训的基础上，并且从我国地区之间存在极大不平衡的实际情况出发，报告建议民营银行的发展模式分为三类：第一类是老少边穷地区民营银行发展模式，第二类是农村信用社提升为民营银行发展模式，第三类是中东部地区民营银行发展模式。

报告提出发展我国民营银行的八条政策建议：

（一）总体规划，逐步推进，未来重点放在老少边穷地区。发展民营银行不能搞运动式发展，应分步到位，成熟一个发展一个，在东部地区试点完成以后，重点发展老少边穷地区。据中国银行业监督管理委员会统计，截至2013年底，我国银行业法人数量大约4000家，在世界范围内仅低于美国；银行网点数量大约20万个，从业人员超过300万人，两项均为世界之最。在这种背景下，过多、过快地新设立民营银行，不仅在激烈竞争中很难生存，还可能挑战现有银行业的安全监管。从国际经验看，俄罗斯、巴西、印度尼西亚、韩国以及我国台湾地区都曾经发生民营银行过度发展进而导致银行业危机的经历。我们认为，目前6家新设立的民营银行试点应主要为我国民营银行探索发展的路径，而下一步发展民营银行的重点应放到老少边穷地区，给予老少边穷地区特殊的设立民营银行的政策，扶持其发展，解决“十三五”全面建成小康社会的短板。

（二）特色经营，加快改革，引导民营银行健康发展。民营银行的市场定位应符合当前支持实体经济的导向，体现错位竞争的思路，不与大银行争市场、争客户。民营银行要想在竞争中获得一席之地，须立足各自股东资源、区域经济特点等，实施差异化、个性化的经营策略。对新设立的民营银行采取激励机制，引导其服务小微企业，如限定企业规模、经营区域、经营行业。加快存量银行的改革，对全国100多家城市商业银行以及数量众多的农村信用社实施混合所有制和民营资本的改革，通过引入民间资本甚至让民间资本控股的方式，从根本上改变银行体系的股权结构、推动公司治理变革和经营模式调整。

（三）法律约束，制订法律法规或在现有法律中添加条款。制订具体法律法规，或者在现有法律法规中添加具体条款，明确民间资本自担风险、享有公平行业竞争地位。制订合理标准的市场“准入”和“退出”机制，贯彻落实共同发起人制度，重视对民间发起人的资质、实力、信誉等的全面审查，同时特别重视民营银行经营管理的风险控制和全过程监管，强制要求其资本充足率低于某一具体标准时退出，防止出现金融不稳定现象。实行“无限责任”，民营银行产权组织形式只能是“无限公司”或者“两合公司”，至少董事长及担任董事、高管的股东必须对“未能清偿债务”承担无限民事责任乃至刑事责任，只有如此才能够有效地保障“自我约束”。坚决防止“脚踏两条船”，民营小银行的“话语权”凭股权决定，不要“大股东控制”是不现实的，关键在于由什么样的大股东控制，必须反对与防止的是由民营工商企业主为自己的经营活动和提取资金而控制银行。

（四）在行政许可资质和存款准备金政策方面给予支持。在部分行政许可资质如资产证券化、离岸金融牌照方面给予政策支持，在债券发行及承销、中小企业私募债券发行等方面取消行政许可，采取备案审核制度。在发行债券方面，民营银行因网点少、客户基础薄弱，急需通过主动负债方式拓宽资金来源，建议在发行大额存单、小微企业专项金融债券、以及同业存款方面给予政策支持。在异地开户方面，尤其是互联网金融模式的民营银行，急需给予政策支持。在存款准备金政策方面，目前的民营银行按照城市商业银行进行存款准备金管理，由于二者实力不能相提并论，因此二者不适用同一法定标准存款准备金管理，需要给予政策支持。

（五）民营银行制订差异性的发展战略，提高自身竞争力。大力创新产品和服务，推出适合中小微企业、社区居民、农村地区的贷款理财产品。制订差异性的公司战略，掌握客户金融需求特点实行差别化对待，量身定制具有个性化特色的信贷理财产品，推出丰富多样的小额信贷产品和抵押担保模式。疏通民营银行清算与结算渠道，推出方便客户的结算工具，可与其他银行发展战略伙伴关系，或者在条件具备的情况下加入中央银行的清算系统。大力发展互联网金融，创建方便快捷的手机银行、网上银行等互联网服务系统，打破时间和空间的限制，提高市场竞争力。树立良好的信誉，提高社会的认知度，如采取多种形式广泛宣传自身和金融产品，利用民营企业内在的亲和性，让广大中小微企业和居民认识并真正认可。

（六）大胆创新，完善公司治理结构，提高从业人员素质。首先要在管理结构和产权制度上进行创新，不断完善公司治理结构，明确规定管理机构各自的权限，既要避免某个股东权力过分集中，又要防止权力过度分散，造成不必要的混乱。应使之相互制约，相互约束，增强权力的约束力和决策的科学性，进一步保证在激烈的市场竞争中能够取胜。还要引进高素质的专业人才，民营银行可以采取从各大高校招聘应届毕业生与招募社会有银行业从业经验人士相结合的方式，做好人才培养并建立有效的激励机制，使员工的整体素质、业务能力尽快提升。

（七）加强股东监管，把握好自身定位，立足当地做好服务。加强股东监管主要防止出现股权过于集中，造成少数股东控制民营银行，利用大股东身份圈钱；或者股权过于分散，股东人数太多，造成经理人控制。为此，一是科学设定发起股东门槛，在拟设的银行章程中以契约的方式体现股东监管的条款，发起人、受益人和最终风险承担人承诺接受监管部门的延伸监管，承诺定期报告业务经营、资产负债、特别是净资产变动情况；二是把握差异化市场定位的要求，明确立足当地、小微、社区、三农、以及大众创业万众创新进行普惠金融服务，业务限于传统的存、贷、汇，为实体经济提供有效、高效的服务。还要准确把握市场定位，运用互联网的技术和发起股东的优势，结合地区或者行业实际，开展小存小贷、大存小贷、公存公贷业务，在此基础上，设计有特色的个性化的高效率金融产品。

（八）参照国际通行做法，加强风险管控，防止风险外溢。国际上通行民营银行应对危机的必备工具：一是建立双重制度安排，在目前国家存款保险制度基础上增加股东承担剩余风险的双重制度安排，这样做可以明显增强存款人的安全感，增强对客户的吸引力；二是设定恢复与处置计划，也就是我们通常所说的“生前遗嘱”，即民营银行在正常经营的时候，就要明确做出风险安排，以便万一出现危机以后现有股东的自我救助，全力恢复正常经营，如果恢复无望，应通过业务模块拆分等方式，确保主要功能得以持续，这一制度安排的核心在于，民营银行的股东在银行从生到死的全过程中承担风险责任。

本次调研取得了很好的成效，调研报告得到了国务院有关领导同志批示，并已经转送到中国银监会阅研。报告中部分建议得到及时采纳，2015 年 12 月 25 日，央行正式下发《关于改进个人银行账户服务，加强账户管理的通知》，规定银行建立账户分类管理机制，并有条件允许远程“刷脸”开户。

张皎　民建中央宣传部部长
许谨　民建中央宣传部新闻处副处长

中国民主促进会

一、建言现代公共文化服务体系建设

中共十八大以来，以习近平同志为总书记的党中央将加快构建现代公共文化服务体系纳入全面深化改革全局。2015 年初，中办、国办印发《关于加快构建现代公共文化服务体系的意见》和《国家基本公共文化服务指导标准》，对构建现代公共文化服务体系做出全面部署。如何进一步深化改革、切实落实《意见》，如何发挥公共文化服务体系在建设全面小康社会和传播社会主义核心价值观中的作用，依然任重道远。

为此，民进中央将 2015 年的专题调研主题确定为“在‘十三五’期间完善现代公共文化服务体系建设”。严隽琪主席、罗富和常务副主席分别率民进中央调研组赴河北、陕西两省进行了重点调研，并在北京、江苏等地进行了预调研。中央统战部、文化部、新闻出版广电总局的有关负责人，国家行政学院、上海社科院、北京大学、首都师范大学，以及北京、江苏、河北、陕西的有关专家参与了考察调研。

围绕主题调研组先后召开座谈会 16 场，委托专家学者进行社会调查 23 次。北京、上海、江苏、浙江、天津、河北、辽宁、山东、河南、陕西、宁夏、四川等 12 个民进省级组织在本省（市）范围内开展了 16 次调研，并向民进中央提交了调研报告。民进中央还组织专家针对城市和农村设计了两份调查问卷并选择五个省（自治区和直辖市）发放了 5000 份，针对结果进行了统计分析。

在调研中，民进中央看到了各地在公共文化服务体系建设中做出的努力和取得的成绩，发现了一些值得研究和推广的做法与经验：一是尊重规律，体现人民群众的文化主体地位。各地更加突出人民群众是文化的创造主体、享有主体和表现主体。在文化设施建设类型和布局、文化活动的策划和开展、文化产品的生产和文化服务的供给等方面，都更加尊重人民群众的文化需求。同时，重视培育志愿者文化，鼓励、引导文化志愿者广泛参与到公共文化服务中。二是坚持文化传承和文化创新并重。尤其是群众自办文化具有鲜明的地域特色，根植于地方的民俗土壤和文化传统，使地方的文化传承和文化创新具有独特的生命力。“非遗”以现代青年喜闻乐见的方式进校园，在非物质文化遗产传承和民间文化艺术创建的背后，就是爱国爱乡情怀的养成。三是探索文化协同建设机制。有的地方通过整合文化、体育、教育、宣传等各项资源，成功打造“15 分钟文化服务圈”；有的地方出资购买伤害险，保障学校体育设施全部对社会开放，有效解决文化设施布局不平衡、公共文化设施管理条块分割问题；有的采用“公有民办”“民办公助”等方式引入社会力量参与公共文化服务体系的投资、建设或管理，加速推进了公共文化服务体系的发展与改革。四是数字化服务更贴近群众。数字图书馆、数字博物馆、数字文化馆，文化信息资源共享工程在多地实现了全覆盖。基于银行服务系统和金融资本的文化惠民卡开拓了融资渠道和方便了普通百姓，移动互联网中微信、微博等新型数字媒体的广泛应用,为加强公共文化服务的交互性和广泛可及性提供了新机遇。五是村级集体经济越强，公共文化服务就越落实。有一定集体收入、相对富裕的村级经济，加上有威信的村级组织，其公共文化服务无论是设施建设还是活动开展，都更有保障，也更有实效。

同时,也发现了存在的问题。一是“给予”和“接受”的关系。公共文化有很大的自生性、多样性、动态性和主观性，群众既是获得者，又是创造者，即使属于“基本”范畴的文化需求也是如此，“基本”也需要“服务—需求”的针对性。公共文化服务不能只考虑由上而下的“施给”，群众也不会满足于被动地“接受”，群众希望并且应该能够主动参与全过程。公共文化服务的标准和质量要体现“因地域制宜、因人群制宜、与时俱进”，并由群众一起来把握。

二是服务人群的覆盖面。公共文化服务应针对公众普遍的文化需求，不少地方把公共文化等同于业余文化生活、把业余文化主体等同于退休老人。对于在职人群和在校学生来说，存在公共文化服务内容的吸引力低、设施开放时间较为局限等问题，青年人群、农民工人群和特殊困难人群还需重点关注。

三是公共服务与“市场”的关系。服务的“公共性”并不等于服务主体限于政府，而应体现于服务的结果上，体现于对公众的开放、服务半径的全覆盖、核心价值观的引领、群众的参与度及“获得”感。所以，公共服务与投入主体多元化并不矛盾，公益性与市场化完全可以互相补充。目前政府管理部门从办文化向管文化转变得不彻底，混淆责任主体与实施主体的区别，采取“包办一切”的发展模式，导致“管办不分”。

四是政府部门的管理分割和资源“碎片化”。公共文化空间不等于文化部门的专属文化设施、公共文化服务不限于文化部的现有职能范围。目前各级各类公共文化服务资源（财政资金、设施建设项目和重大文化惠民工程）分散在文广新、工青妇、教科体等数十个单位和部门，且建设标准不一、内容交叉，靠文化部门协调统筹与整合困难重重，投入不足与资源闲置并存的矛盾突出。例如，截至 2013 年底，全国体育场地面积为 19.92 亿平方米，其中属于教育系统的占 53.01%。如果教育系统的场地能向社会开放，就能极大地拓展公共文化服务空间。但是，由于分属不同部门，再加上安全、成本等方面因素，校园文体设施的开放难度很大。

五是基层自主权不够。表现一是各条线习惯自上而下地提要求、布置“项目”，地方各政府部门都执行各自上级的部署，有时甚至“文件打架”，“碎片化”的要求让基层穷于应付；表现二是社会转型和变化之快，暴露由上而下的“计划”或“项目”之惰性，如在电视和互联网普及度很高的今天，农村电影放映工程并不适合所有地方的群众需求，但这个“项目”的配套资金却不能由地方因地制宜改作其他公共文化活动资金；表现三是地域风俗和人群的差异更需要基层在上级基本原则指导下有更大的灵活性；表现四是任何“项目”都需要制度环境的土壤，需要基层组织的主观能动性去完整地落实，否则就容易出现“有了硬件缺软件，或有了软件缺管理，或有了管理缺辅导”等问题。

六是人才队伍建设有待加强。我国还远未形成门类齐全、结构合理、规模适当、素质优良的基层文化服务队伍，而靠增编、培训等传统方式解决“人”的问题并不现实。

在实地调研与专家学者充分研讨论证的基础上，民进中央形成了《关于在“十三五”期间完善现代公共文化服务体系建设的建议》，提出了构建长效机制的一系列举措：

（一）进一步解放思想，加大改革力度

公共文化服务在服务理念、方式、手段和管理模式上应该更具有现代意识，体现“公共性”原则，达到培养现代公民、培育现代文化、传播现代价值观，激发全民族的文化创造活力的目的。努力做到“人的现代化”和“国家治理现代化”的同步推进。

公共文化服务要与各社会阶层人群的社会秩序、言行举止、利害关系等日常学习生产生活紧密相连，最大限度地注意到各种人群需要的“人文关怀”和“主体感受”。要通过因地制宜、分类设计、多主体参与、多种技术手段，让公共文化服务网络遍及全部的人群和城乡。政府应将公共文化服务的服务半径及便利性作为底线标准，注意开放共享各类公共文化空间和设施，有效打通公共文化服务“最后一公里”。

在“十三五”期间，建议改革的重点放在在统筹协调“分割”的资源中发现“增量”；在完善配套措施中盘活“存量”，提高使用率；在主体（服务对象）参与中激发活力；在开放宽容中扩大多元投入。

（二）公共文化服务经费的重点投向

设施建设：首先应重视已有设施的开放和利用，而不是不问条件地兴起又一轮的设施新建热潮。如提倡把经费投入到鼓励开放各种公共空间、设施利用与维护、开放的管理与保险、“文化惠民卡”等。新建设施应向经济困难地区倾斜；鼓励利用“互联网 +”；以及鼓励社会力量参与。要在工业化、城镇化的大背景下科学布局，动态考量公共文化服务设施的建设，力争既满足现实需求又具有前瞻性，避免新的公共资源浪费和“失效”。

服务人员队伍建设：考虑专业人员与志愿人员队伍建设的实际困难，提供“公益服务”的优惠政策。鼓励创新用人机制，借助人才派遣、委托管理、服务外包、大力发展志愿者文化解决公共文化服务人员专业化问题。

文化内容：以传播社会主义核心价值观为首要标准，鼓励创作符合基层群众的文化需求，同时与地方特色紧密结合的公共文化产品；免费或优惠地提供给人民群众。通过资金支持富有特色的公共文化活动，探索公共文化服务体系投入新模式。

（三）实施“五个计划”

第一，公共文化服务体系建设和新农村基层建设结合计划。

“自下而上”的需求反馈机制和因地制宜的“就地整合机制”。一是加强对村级经济的扶助力度，使基层组织在文化建设中发挥支柱作用。在我国六级行政架构中，中央、省、地市、区县对公共文化服务极为重视，但其政策执行层面的街道镇、社区村的主体作用发挥不足。没有村的参与，公共服务很难落实。特别是村有可支配财力的条件下，能够

有效地弥补政府提供公共文化服务的不足。建议中共中央将加强对农村村级集体经济的支持政策作为新农村建设的首要问题。二是上面各条“线”的文化相关建设资金或“项目”要给基层因地制宜决定实施方案的空间，即权力下移，给予基层公共文化具体活动的决策权。三是文化服务人员与“农村教师特岗”“大学生村官”“农技特岗”等农村基层人才计划相结合，鼓励“新乡贤”还乡，不仅要有致富带头人，更要有乡村文明带头人。四是鼓励基层统筹“农家书屋”、农村中小学和各类“中心”的资源，建设“村民文化高地”。

第二，“文、体、教、科普”公共文化服务联合行动计划。

从文化系统“内循环”扩大为无“藩篱”的“大循环”。一是首先可从文化、教育、体育、科普部门做起，在中央层面统筹相关部委职能，成立融公共文化服务体系的规划、协调、改革于一体的推进小组，确定几个项目，实施“联合行动计划”，破除资源共享的行政体制障碍，制订优惠鼓励政策，实现自上而下的资源优化配置。同时容许在基层统筹各类资源，实现基层公共文化资源的优化配置。二是落实学校资源和社会资源的“双向开放”。如实施“学校文体设施社会共享工程”，通过政策引导、制度保障、改革学校管理制度，将学校体育场地、图书馆和剧场等逐步向社会开放，鼓励学校开设向社会开放的课程，鼓励学校组织文化志愿服务。又如以在校学生作为主要对象，与图书馆、博物馆、美术馆等公共文化资源对接，开发有地方特色和校本特色的“中小学生博物馆课程”“非遗”校园课程等，推进教育改革，促进素质教育。三是充分挖掘社会资源，鼓励各级公共文化设施、各种所有制、存量与增量的联动开放。如阅读场所就可以采用小剧场白天的开放、政府机关办公场地（闲置）的腾挪、专业图书馆的扩大开放、商业开放空间等，造就丰富的书香天地。四是共建综合文化中心。各地新建的文化中心要提倡融文、体、教、科普等于一体的体制创新，通过组织协同、设施互联、资源共享与能力互通实现整合。

第三，全民阅读提升计划。

一是“农家书屋提升计划”。将文化部门主管的图书馆、新闻出版广电部门主管的农家书屋、教育部门主管的学校图书馆等的阅读资源联通共享。纵向可将农家书屋纳入县级图书馆服务体系；横向可与村文化中心、办学点整合联办；开展农业科技、卫生保健和家庭教育、课外阅读等适宜农村当下群众需求的“导读”活动；还可探索“流动书亭”服务。二是城市“网上借阅社区投递”服务，通过 APP 应用软件，让“读者选书，政府买单，社会投递，信用记录”成为服务常态。三是重视“导读”。国家定期在电视、广播、权威网络和期刊等公众平台推荐优秀书目或发表书评，发挥名家名师的作用；鼓励学校、书店（吧）、社区、社交网络组织各类读书会。四是关注特殊群体的阅读需求，鼓励和支持如“为盲童读书”等公益项目。

第四，农民工共享城市公共文化计划。

一是以居住证为载体，设计和推行财政转移支付、文化投入、城市规划、文化惠民政策。二是在农民工集中的企业或居住地，要提供特别的文化公益活动、上网或阅读的便利。了解和尊重农民工的文化需求、消费习惯，组织安排适合农民工参加的群众性文化活动。三是在工会组织中设立“农民工分会”，专门研究农民工的各项权益保障问题，努力纠正忽视农民工文化需求的现象，确保农民工享有与市民相同的公共文化服务权益。四是鼓励学校向农民工提供“终身教育”，尤其是职业教育。制订中等职业教育资源向农民工全面免费开放的计划和相应政策，破除农民工入学的各种障碍，使农民工入学不受年龄、地域、身份等限制。教育培训的课程设计和时间安排更符合农民工特点、内容更有针对性，如增加夜间课程等。这是为“中国制造 2025”大开劳动力培训之门，为普通农民工的中国梦提供希望，也破解目前中职教育遭遇的生源危机。

第五，公共文化志愿者行动计划。

一是加强宣传和表彰，大力弘扬志愿者文化，如定期表彰服务时长多、质量高、评价高的优秀志愿者。促使文化志愿者从少到多、从响应到自觉、从应急到常态的转变。二是有计划地在退休知识分子、文艺工作者和政府干部中组织一大批公共文化服务的热心人、领头人；以白领青年、大中学生为主开展网络与多媒体等现代手段的文化活动，并发展一大批公共文化志愿者。三是让志愿者服务的组织管理适应互联网时代,用“众创”思维解决服务和需求对接难题。建议建立文化服务志愿者网站和手机 APP，志愿者实名注册、通过图片视频等资料介绍本人特长和服务意愿；需求者在线浏览，提交活动或项目预约申请，志愿服务结束后对志愿者进行评价；管理者通过网站对志愿者进行管理和大数据分析，全面展示志愿者服务项目，使之成为宣传和营造志愿者文化、吸引更多人参与的窗口。

该建议得到了国务院领导同志的重视和批示，文化部、发改委、新闻出版广电总局等部委就建议内容的落实专程来民进中央走访座谈。

二、助力“一带一路”战略实施

“一带一路”是以习近平同志为总书记的中共中央统筹国内国际两个大局，着眼实现“两个一百年”奋斗目标和中华民族伟大复兴的中国梦，提出的具有划时代意义的重大战略，是一项需要团结各方面力量共同参与的宏伟工程，也是统一战线围绕中心、服务大局的重要职责所在。中央统战部印发《关于统一战线服务“一带一路”战略的意见》后，民进中央高度重视，号召全会积极响应并深入开展调研。

2015 年 8 月，民进中央召开了围绕“一带一路”战略实施专题研讨会。民进中央主席严隽琪、常务副主席罗富和出席会议并讲话，副主席刘新成、朱永新、卫小春出席会议。国家发改委西部开发司巡视员欧晓理介绍“一带一路”战略实施情况，29 个民进省级组织提交调研报告，来自 24 个省的 33 位会内外专家学者参与研讨交流，其中有政府官员，有国研中心、国家行政学院、中科院、社科院，以及北京大学、清华大学、中国人民大学、北京师范大学等高校和科研院所的研究人员，还有多年在海外经营企业、实践经验丰富的企业家。

经过深入的研讨,与会人员认为,“一带一路”战略的实施是一个循序渐进的长期过程，这一过程无疑将对整个中国经济乃至世界经济产生重要的影响。然而，作为实施初期的战略，从政策引领到风险防范、从基础设施到贸易投资、从环境保护到人文交流、从人才培养到地方优势等等，还有诸多值得探讨的重大问题。

（一）审慎思考的四个宏观问题

第一，如何考虑“一带一路”战略的政治利益与经济利益。对外经济合作若不考虑经济利益，没有引入市场机制，其结果是经济项目演变为对外援助项目，若只考虑经济利益，又会导致合作中出现“近而不亲”的局面，在找到商业伙伴的同时失去了战略伙伴。在理论上只要寻找平衡点即可，但在现实中却是极具挑战。第二，如何协调“一带一路”战略与“走出去”战略。“一带一路”沿线国家是中国对外投资的一个重要的但却不是主要的目的地，倚重发达国家和资源丰裕国的局面短期内不会改变。中国经济的转型升级固然需要产业转移，但同样需要、甚至更需要发展战略性新兴产业。“一带一路”可以引领“走出去”，但要避免对“走出去”更为广泛的战略方向和目标产生限制。第三，如何把握我国与地区大国之间的关系。“一带一路”战略实施的进程中，我国必然会与地区大国相遇，竞争也会更为激烈。第四，如何发挥中央政府与地方政府的积极性。全国几乎所有省份都积极谋划对接“一带一路”建设，并提出各自的建设方案，这些方案在一定程度上存在着定位重合、项目投入重复、盲目竞争等现象。既需要中央政府的顶层设计和合理引导，也需要地方政府的充分理解和找准定位。

（二）防范对外投资风险

第一，改进我国对外投资数据的统计方法。目前我国官方的数据（由商务部、国家外汇管理局和国家统计局联合发布）只显示我国对外投资资金的最初投放地，没有提供最终目的地。实际上，我国对外直接投资资金的60%以上是通过香港、维尔京群岛、开曼群岛等离岸金融中心或避税港转投第三国。因此，官方统计数据在反映投资区域分布上存在偏差。以2013年我国对65个“一带一路”沿线国家的投资为例，我国官方数据显示是134亿美元，占我国对外直接投资总额的12.4%。而美国传统基金会的数据却提供了中国规模为1亿美元以上的对外投资项目的最终去向信息，表示同一年中国对“一带一路”沿线国家大型项目的投资规模达249.2亿美元，占对外直接投资总额的23.1%。两种统计数据相差甚大。建议改革我国对外投资数据的统计方法，真实地反映我国对外投资资金的最终目的地，以准确的数据为科学决策和风险防控提供依据。第二，加速推进我国对外投资的风险评估工作。官方统计截至2014年底，共有107家中央企业在境外设立了8515家分支机构，分布在全球150多个国家和地区。而我国的对外投资风险评估仍处于起步阶段。驻外使馆和国内政策银行（如进出口银行）虽然可以提供有关目的国的风险评级资料，但其客观性和科学性亟待提高，国内智库总体来说能力也还有待加强。建议围绕“一带一路”沿线各国投资或项目综合风险的研判、量化评估和对策的研究，切实加大我国“域外研究中心”的建设力度，有关部门（社科基金、商务部、外交部和教育部等）应秉持“不求所属、只求所用”的理念，在研究资金、人才政策、信息资料等方面打好改革“组合拳”。构建中国对外投资国家风险评级、预警和管理体系。还建议对大规模的对外投资项目，强制推进由第三方机构进行可行性论证。第三，建立我国对外投资保护体系。一方面，加快《对外直接投资保险法》的立法。同时，为适应企业强劲增长的海外投资保险服务需求，建议政府大幅提高中国出口信用保险公司的注册资金规模，显著强化其海外投资保险业务，甚至考虑建立专门的对外直接投资保险机构。另一方面，修改和签订相关的双边投资协定，因为过去我们是以投资输入国的角度为主，现在需要考虑有效保护中国作为投资输出国的权益。再一方面，对中国企业在海外依法维权给以有力的和有效的支持。

（三）共建绿色丝绸之路

第一，加强水资源科学调度和高效利用技术的合作研究。咸海流域各国利益与环境保护矛盾突出、情况复杂，主要原因是区域水资源利用开发协调不足，现有的区域水资源利用协定基本为苏联计划经济时代制订，已经不符合区域发展的需求。建议，在中亚地区，就水资源信息监测、流域水量调度管理模式、农业高效节水、农田水利设施工程建设等，开展合作研究，推进跨界河流水资源的分配和协调。第二，加强受损流域生态系统恢复与综合整治技术的合作研究。针对中亚风沙、盐碱和植被衰退等严重的生态问题，开展沿线生态修复技术研发和试验示范，推广我国在流域综合整治、盐渍化改造、荒漠化治理等方面的成功技术，促进区域环境保护。在南亚区域合作中，重点开展跨境洪水管理和跨境生物多样性维护工作，在跨境河流合作中，推广我国鱼类人工增殖技术，逐步减少和恢复受人类活动干扰的鱼类种群数量，增进上下游生态恢复、区域合作。第三，建立政府层面的生态安全合作框架，开展跨境生物多样性和冰川资源保护。南亚地区印缅地区和西高止山区是国际生物多样性热点区，天山和帕米尔高原是我国与中亚国家间共同的水源地，这些地区有着丰富多样的生物资源、矿产资源和冰川资源，是人类涉足最少的“人间净土”。建议各国间在政府层面成立生物多样性和冰川资源保护工作委员会，可以通过签署跨境生态安全合作框架，重点开展气候变化影响下的水资源和生态环境跨区域联合研究，制订互惠互利的资源开发与生态环境保护规划。第四，设立地缘科技合作研究基金。苏联解体后，大批科学家移民欧美，科研投入很少，仪器、设备和设施陈旧，很多野外观测站面临废弃，在国际先进监测技术发面设备和资源匮乏。建议国家层面设置地缘科技合作研究基金，积极推进沿线国家间的科技合作、学术交流和民间交往，重点推广国产高分辨率卫星数据在生态环境领域技术应用，使我国资源卫星应用走向国际化。另外，建议联合中亚国家开展中亚地区自然资源、生态环境等数据的综合调查，联合建立资源共享的网络信息平台，全面掌握丝绸之路经济带各国资源禀赋和环境状况，利用信息化技术推动丝绸之路经济带资源与环境建设。

（四）发挥人才支撑作用

第一，充分发挥政府在高层次人才的培养、开发上的主导地位和作用。加快编制“一带一路”人才队伍建设的战略规划，同时制定配套的人才开发专项规划。建立建设人才数据库和信息服务平台。加大对“一带一路”人才培养的投入，设立人才教育专项基金。第二，建立“一带一路”人才培养的教育体系，转变我国现行的人才培养的模式。一方面，加强非通用语（小语种）建设及人才培养，完善学科布局，合理地进行学科课程设计，培养和造就具有中国情怀、世界视野、跨文化、沟通能力强、通晓国际惯例的小语种复合型人才。对高校非外语专业学生的外语教学进行调整与改革，更加注重培养学生使用外语进行专业学习、研究与实际操作的能力。另一方面，支持高校与企业共建“人才培养基地”和继续教育基地，或共同承担项目的开发或课题的研究，促进企业的人才培养和科技进步。第三，就当前而言，可以尽快从两方面着手。一是转化社会资源，将各级政府、军队系统、国有企业和高等院校等相关领域的人才聚集起来，专门就“一带一路”战略进行系统的培训。二是挖掘境外资源,推进国外人才开发和“国际人才”的吸引力度。长期以来，中国对外开放更多强调学习国外先进技术和管理经验，在直接吸纳境外人才资源上还存在明显不足，因此，要在吸纳外国留学生、专业技术人才、管理人才，甚至领导人才上多下功夫，培养懂华、亲华的国际力量，实施项目建设的人才本土化。

在深入研讨的基础上，民进中央向中央统战部报送了《民进中央围绕“一带一路”战略实施专题研讨会综述》。在中共中央召开的关于经济形势的党外人士座谈会上，民进中央专门就“一带一路”建设中的风险防控问题提出建议，报送了《“一带一路”与高校智库建设》的建议书，得到中央领导的重视和肯定。形成了提交全国政协会议的《关于加强“走出去”战略及“一带一路”建设中风险防控的提案》和《关于加强“丝绸之路经济带”区域生态环境安全合作研究的提案》。同时，部分民进省级组织就地方或区域如何融入“一带一路”战略也提出了有关建议。

民进宁夏区委会提出，根据国家的定位和宁夏的优势，应将宁夏建设成为中国和阿拉伯互容性人文外交的新窗口、互惠性经贸合作的新平台、互信性政治往来的新途径等等。一是加强对阿拉伯伊斯兰文明体系的研究，如果我们从新疆往外走，都是信仰伊斯兰教，免不了国家之间的交流。二是加强对阿拉伯伊斯兰世界的家族和部落的研究，因为他们首先是部落认同。三是加强语言人才、外交人才的培养。

民进福建省委会提出，福建已经制订了《福建融入国家“一带一路”战略行动计划》，但是比较原则，其规划项目多为本省建设项目。建议制订具体的实施计划，做好谋篇布局，将东南亚作为近期战略重点，重视拓展伊斯兰市场，实施以贸易为先导带动投资拓展非洲市场。设立扶持专项发展资金及专项扶持资金。

民进云南省委会提出，将桥头堡建设作为云南参与“一带一路”建设的关键性抓手。注重把桥头堡建设与长江经济带、泛亚三角区域合作、“一带一路”战略部署进行对接，形成政策叠加效应和工作推动合力。自觉服务孟中印缅经济走廊建设，当前，应针对走廊建设启动阶段面临的突发困难和问题，包括政治文化差异较大，铁路、公路等交通基础设施不对接，对走廊线路选择有分歧，合作协议框架尚未形成等，提出破解之策。对水电、矿产、橡胶等一些战略性资源，要加强资源把控，提高云南在产业发展规划和产品市场中的主动权、话语权，确保优势资源能够转化为经济优势、竞争优势。

民进内蒙古区委会提出，内蒙古的对外开放很大程度上是对俄蒙开放，关键点是要建设好“中俄蒙经济走廊”。建议构建多层次的政府间关联政策沟通交流机制，加强政府间的合作与高层互访，不能只停留在例行联络的层面上，还要在大规模的产业合作、资源开发、基础设施建设以及其他跨境区域合作等领域。做好与俄蒙在人文领域的交流与合作，通过智库联盟促进精英合作，推动中俄蒙经济走廊建设。

民进广东省委会提出，将发展广东海洋产业的目标定位为“提升我国海洋经济国际竞争力的核心区”。强化海洋产业发展的科技支撑，推进与沿线国家的海洋合作平台建设，继续实施科技兴海战略，加快建设省级海洋科研机构，加大海洋高新技术人才培养和引进力度。建设世界级航运中心。培育形成具有较强国际竞争力和现代化技术水平的海洋装备制造业集群。提升远洋渔业装备水平。

民进广西区委会提出，依据中国广西东兴万尾京岛（海岛）与越南芒街万柱岛（茶古）地理地域相邻优势和京族同源的民族文化基础，建设中国东兴万尾和越南芒街万柱国际旅游岛先行试验区，不仅可以充分发挥中越双边旅游资源的优势，也是深化中国—东盟文化交流合作的有效途径，是加快中国广西旅游业与越南旅游业对接的重要渠道。

民进海南省委会提出，开发海南海上丝绸之路旅游，做好海上丝绸之路旅游资源调查，包括海南海上之路遗址和遗迹调查，制订海南沿海古港口保护和振兴计划，修建海南海上丝绸之路博物馆。开发“重走海上丝绸之路”旅游线路。拓展海南与东南亚华侨之间的修学旅游。

民进四川省委会提出，四川地处丝绸之路经济带、长江经济带和中巴经济走廊、中印缅孟经济走廊的腹心地带，发挥着承南接北、通东达西的重要作用，在丝绸之路经济带建设中具有重要的战略地位。抓住机遇，将四川自身的地理优势与产业优势辐射到周边沿线国家，转移自身优势产业、富余产能、领先技术。在实施产业“走出去”的同时，也要积极引进优势产业和资本，着眼“一带一路”产业融合。

民进湖南省委会提出，湖南地处东部沿海地区和中西部地区过渡带、长江开放经济带和沿海开放经济带结合部，完全有能力在“一带一路”战略中有所作为。建议尽快成立“一带一路”工作领导小组，做好顶层设计和工作规划，起草融入“一带一路”战略行动计划。发挥湖南产业优势，开展国际产能和装备制造合作，引导企业集中优势力量，选择“一带一路”沿线国家中与湖南产业契合度较高的东盟、俄罗斯及中亚五国作为重点开发国别。

三、破解海水淡化产业困局

水资源短缺已经成为制约我国经济社会可持续发展的重要因素。我国正常年份缺水500亿立方米，枯水年份缺口更大。即使南水北调全面建成之后，由于覆盖区域有限，沿海省份仍有缺口214亿立方米，且有不菲的隐性成本。如何寻找新的水源？世界上常用的淡水取用方式主要有地下取水、远程调水和海水淡化三种，而前两种方式并没有从根本上增加淡水资源的总量，海水淡化是解决水资源短缺最重要的开源之道，是我们始终绕不过去的一道坎儿。

2015年12月，民进中央调研组赴河北省沧州市就“海水淡化”问题开展专题调研。调研组实地考察了国华沧东电厂、上海巴安水务公司、正元化肥有限公司等涉及海水淡化的项目，以及黄骅港规划建设情况；召开了“海水淡化”专题研讨会，听取河北省及沧州市海水淡化工作情况介绍，与海水淡化企业负责人就企业自身发展进行了座谈交流。

调研组了解到，海水淡化产业目前正面临着重大战略机遇期。大规模发展的技术条件已经成熟，海水淡化装置单机规模不断扩大，成本不断降低，最低成本已达0.52美元/吨（以色列2005年33万吨/日Ashkelon反渗透海水淡化工程）。大规模海水淡化还入选了美国

《技术评论》2015年十大技术突破。并且，海水淡化产业在全球具有潜在的巨大市场规模，仅北欧、南美和东亚地区每年海水淡化设备进口和工程安装市场就有近百亿美元的需求。对我国而言，海水淡化技术已接近国际水平，目前进行技术追赶和切入市场的成本相对较低，系统性风险相对较小。海水淡化涉及多个工业领域，契合我国“中国制造2025”战略；除中东这一传统的海水淡化市场之外，北非、环印度洋联盟、东盟、拉美等国对海水淡化的需求也很大，而这又与我国“一带一路”战略相契合。

但客观来说，我国要想抓住上述重大战略机遇期，还需要突破“三重制约”。第一，在产业规划上，未纳入水资源规划束缚发展。海水淡化由于规模偏小等多方原因，没有作为资源纳入水法，也没有纳入全国水资源规划，使得我国的海水淡化主要为工业供水，市政用水占比较低，与国际惯例差别较大。现有市政水价既未包括政府对水资源开发利用的投入成本，也未反映这一稀缺资源的自然禀性，造成价值与价格的严重背离。与明显偏低的自来水水价相比，完全市场行为、全成本核算的海水淡化水成本（5—6元/吨）仍然偏高，难以公平竞争。第二，在政策环境上，财政政策支持力度比较欠缺。海水淡化基本依靠市场自主推动。而海水淡化的投资成本高昂，单纯依靠市场难有大的作为。海水淡化的投资成本主要集中在基础建设和设备投资两大方面，前者占据主要部分。目前，以日产1万吨/天的海水淡化系统为例，采用反渗透工艺的系统设备投资为3500—5000万元，低温多效工艺系统设备投资为5000—7000万元。第三，在产业基础上，大型项目设备过于依赖进口。目前我国的海水淡化大型项目多为地方政府和国有大企业主导，且在设备招标采购的过程中国内技术和装备难以入门，造成淡化设备依赖进口且重复引进的现象严重。

为此，调研组建议我国在“十三五”期间，充分抓住战略机遇，因势利导，推动海水淡化产业快速发展。

（一）修订水资源规划，实现淡化水的统筹配置。加强海水淡化水的宏观管理和统一调配。从国家水资源安全的战略高度对海水资源进行科学定位，加强海水资源管理，促进海水淡化工程布局与国家水资源规划紧密结合，抓紧修订《全国水资源综合规划》（2010—2030年），实现淡化水在水资源中的统筹配置。在地方层面，将海水利用纳入城市市政建设规划，鼓励地方将其作为市政用水的重要组成部分来规划、建设和运营。由海洋主管部门与水利部门，根据沿海地区淡水需求，加快研究海水淡化配额制，并加强落实。

（二）加强财政政策支持。海水淡化作为民生工程（用于市政给水），国家和地方财政要参照公益性水利工程对海水淡化工程建设给予投资补助或贷款贴息等优惠政策。对海水淡化制水成本高于当地供水水价的地区，地方财政可以对水价差额进行补贴，确保海水淡化经营企业不亏损。对工业自用型海水淡化工程建设，鼓励采用国产化技术和装备，对采用国产化技术和装备的工程项目按国产化投资额度进行适当比例的财政补助，促进民族企业的发展和自主产品的推广应用。

（三）加强海水淡化投入模式创新。研究设立海水淡化金融产品，设立海水淡化产业发展基金，积极探索海水淡化产业的投入和管理模式创新，实现海水淡化产业投入的多元化、社会化，形成政府资金和市场资金的有效对接。海水淡化产业发展基金可分成基础设施投资基金和股权投资基金两支子基金。基础设施投资基金专项投资于前述领域的示范工程和重点项目建设，通过相关项目的运营分成或分红获取有一定浮动的稳健性收益。股权投资基金专项投资于海水淡化领域的新技术和早中期创新型企业，通过在资本市场上市或行业整合退出，获取股权溢价回报。

（四）形成完整的产业链集群。加强引导整合现有资源，形成一批能够引领海水淡化产业发展的龙头企业集团，在海水淡化大型单体装置设计、制造、自动控制、安装等核心技术上，提升企业的综合经营能力；延伸产业链条，培育大型海水淡化与综合利用专业化工程公司、专业的海水淡化部件、关键技术核心材料生产企业，形成完整的产业链条。

（五）实施创新工程，提升技术创新对海水淡化技术和产业的引领力度。在中央财政科技计划中，加大对海水淡化科技创新的倾斜，支持海水淡化领域的基础研究和科学前沿探索，突破重大科学问题、重大共性关键技术和产品，引导、支持、促进科技成果转移转化，支持海水利用科技创新基地建设和能力提升等。创新工程不仅要解决技术进步对产业竞争力的提升作用，更要致力于新一轮技术制高点的占领。

（六）结合“走出去”和“一带一路”战略，推动海水淡化装备出口。将海水淡化纳入国家领导人出访推介、援外的重要内容进行重点推介，加快海水利用技术和装备走出去的步伐；设立海水淡化技术装备出口补贴，对于大型的国际海水淡化工程建设项目，提供一定的政府贷款、出口信贷；引导企业配合国家海上丝绸之路战略，以东盟、环印度洋、拉美等地区为重点开展海水利用技术国际合作和装备出口，实现国际市场的重点突破；用政府力量鼓励国内企业强强联合，集中优势力量争取国际重大科研项目和工程项目，用国家意志培养和提升海水利用产业的国际市场竞争能力。

在此基础上，民进中央形成了提交全国政协会议的《关于支持海水淡化产业长远发展的提案》，以及《海水淡化，我们始终绕不过去的一道坎儿》的发言。在李克强总理主持召开的听取各民主党派全国工商联负责人和无党派人士代表对政府工作报告和“十三五”规划纲要意见的座谈会上，民进中央就“发展海水淡化产业”提出了政策建议。

四、保护非物质文化遗产，守护我们的精神家园

在经济高速发展、科技日新月异的今天，如何更好地开展非遗保护，留住精神“胎记”，在传承基础上更好创新？如何让非遗与现代社会相互融合？ 2015 年 11 月 19 日，由民进中央与全国政协文史和学习委员会共同承办的全国政协“非物质文化遗产传承与保护”双周协商座谈会举行。政协委员和专家学者们介绍情况、坦诚建言，与文化部、教育部、财政部等国务院有关部委负责同志坐在一起对话、交流，共同为“非物质文化遗产传承与保护”献计献策。

为筹备本次双周协商座谈会，民进中央发动了相关省级组织和民进中央文化艺术委员会开展调研和研讨。民进中央主席严隽琪、常务副主席罗富和还亲自带队前往江苏、河北、陕西及北京故宫博物院进行了专题调研。民进北京、河北、江苏、陕西、黑龙江五个省级组织也在调研基础上提交了调研报告。9 月 22 日，民进中央在京组织召开了“非物质文化遗产传承与保护”专题研讨会，特邀专家和非遗传承人，共同为非遗的传承与

保护把脉开方。

通过深入调研和研讨，民进中央认为，"非遗"保护，说到底是对传承人的抢救和保护。传承人是民间文化遗产存续发展的主体和主要动力。尽管我们做了很多工作，但是"非遗"传承人的生存困境与发展问题依然值得重视。

一是传承人严重老化，面临普遍断层、后继无人困境。首先，老艺人相继离世，民间传统技艺失传。目前，已公布的四批国家级"非遗"传承人共有 1986 人。截至今年 8 月，已有 250 位去世。另据统计，1979 年至 2006 年，我国共评出 365 位中国工艺美术大师，目前已有 73 位去世。其次，在世艺人老龄化，民间艺术后继无人。在对 9 项被列为嘉兴市第一批"非遗"保护名录项目的调查显示，32 名民间艺人中，除 6 名已经过世外，在世的 26 名艺人中，年龄在 60 岁以上的有 24 人，占 92%；80 岁以上的 6 人，占 23%；有 12 位民间艺人无传承人，其技艺濒临失传，占 46%。在黄冈市公布的首批 36 项非物质文化遗产名录中，黄冈善书、蕲腔锣鼓、戏子架、黄梅小调、丝弦锣鼓等皆因后继无人濒临失传。第三，民间工艺类的"非遗"也因不具有较大的经济价值无法形成广阔市场，导致从业人员减少且少有学徒。目前，我国共有 3025 名高级工艺美术师，仍从事传统工艺美术的仅有 20%。我国 764 个传统工艺美术品种中，52.49% 的品种陷入濒危状态。

二是传承人生存发展环境不容乐观。首先是外部环境被破坏。随着文化改制、城镇化建设推进，传统村落日渐消失，传统文化和传统生活方式悄然改变，"非遗"传承人离开文化原生地，一部分"非遗"开始发生"遗传变异"，一部分则面临最终失传的可能性。新郑的耿氏发旺香坊，正面临村子的整体拆迁，70 多岁的老艺人耿发旺试过换个地方，但做出来的香就不是那个味道。有"泥人赵"之称的泥塑大师赵恩民，现在已没有了制作泥塑的原料——红泥。他先后在巩义、新郑两地找到的制作原料，都因为当地房地产开发而被毁于一旦。其次是制度支撑不足。其一是没有普遍被认同的社会地位；其二财政支撑不够。目前，由财政划拨，对"非遗"传承人施行补贴，国家级传承人每人每年 1 万元，地方级传承人每人每年从 4000 元到 1500 元不等。但要拿到这笔钱，需要正规的发票，才符合财务规定。相当一部分传承人因此拿不到这笔补助。这里凸显的不仅是补助数额的问题，更是一个制度设计的问题。可以说，除了有经济效益的传承项目，传承人生活普遍艰难，连活着都成问题，更谈不上活得有尊严。

三是传承人认定工作有待完善。第一，45 号令第 4 条规定，成为传承人的方式应是自行申请或被推荐，以申请为主。但"非遗"传承人有的生活闭塞、有的文化较低，无从了解相关制度，造成"信息不对等"，自愿申请无法实现。"非遗"保护意识的淡薄也使得一般民众和组织不会为其偶然发现的"非遗"传承人去充当"认定"的推荐人。第二，政府的乱作为、专家意见的缺位，导致认定工作程序和方法出现混乱、错位，出现谁出钱多谁就获评现象，甚至出现过不少官员挤占传承人名额的恶性事件。比如，江西景德镇被处理官员许爱民就曾违规获评"中国陶瓷艺术大师"称号。

为此，民进中央形成了《呵护传承人，防止"广陵散"绝》的双周座谈会发言，提出如下建议：

一是构建完善的传承人认定机制。只有完善的认定，才能更好地保护。首先要科学设置认定标准。建议将"从事非物质文化遗产资料收集、整理和研究的人员"也列入可供参选名单中；代表性项目代表性传承人和非代表性传承人两类主体分别予以不同认定标准和资助标准，前者标准从严，如应具备技艺熟练精湛、具有权威性和影响力、传承谱系清晰等条件，后者仅需技艺熟练精湛即可。其次要完善多渠道的认定启动机制。规定政府有发现和认定“非遗”传承人的责任和义务，变被动为主动；构建发现、推荐“非遗”传承人的个人和单位激励机制；评定传承人采取两条腿走路的方式，即除政府组织申报外，还采取由传承人直接“登记”方式，作为现行认定制度的补充程序；发挥专家在认定程序中的主导地位，可逐渐承认民协等社会组织的认定结果。

二是着力抢救性保护传承人的影像资料。为防止“人走技失”，在关注传承人健康的前提下，应尽快组织力量用口述历史、原生态记录、制作全程影像的方式，全面保存“非遗”项目的完整影像资料。并力求达到根据影像资料可以复原“非遗”项目的要求。

三是促进职业传承与人人传承的融合。针对职业传承，一方面提高“非遗”传承人的社会地位并增加补贴幅度，促进师徒传承。借鉴韩国的“人间国宝”体系。为确保那些具有重大历史、学术、艺术价值，以及显著体现地方特色的“非遗”项目得以传承，将该方面拥有最高技能的人认定为“人间国宝”。在韩国，“人间国宝”每月有1100美元的额外补贴，享受免费医疗和其他特权。文化遗产体系不仅给这些表演者带来了经济补贴，还带来了社会声誉和个人自尊。当然，国家也要求“人间国宝”每年进行一次公开表演，以及公开的免费技艺培训。另一方面，加强与高等教育、专业研究机构的融合。增设各级“非遗”艺术研究机构，依托高端专业人士开展专业研究；相关高等院校中的艺术学科中增设“非遗”学科，授予文化学位，或者更进一步建立“非遗”艺术学院；设立“非遗”保护专职机构，建立懂业务的专职工作队伍，同时以此解决传承人和专业人才的就业问题。针对人人传承，在幼儿、青少年教育中，增设“非遗”手工课程及社会实践，提高其对“非遗”项目的兴趣、情感；在社区活动、公共文化服务供给中，以切合的形式，增加“非遗”内容，形成“非遗”生存的良性社会大环境。

五、持续关注乡村教师队伍建设

教师强则教育兴。然而在当下，280万乡村教师的职业状况乃至其背后所凸显的乡村教育，离他们本应享有的地位和应得到的关注，仍有着极大的差距。对于乡村教师的支持，就是对乡村教育和无数乡村孩子梦想的支持。

国务院办公厅2015年6月8日正式发布了《乡村教师支持计划（2015—2020）》（以下简称《计划》），以五年为期，从八个方面支持乡村教师安心从教，中国数百万乡村教师的待遇有望由此得到大幅提高。从2012年教育部出台《关于大力推进农村义务教育教师队伍建设的意见》，到2013年教育部、财政部联合印发通知，决定对连片特困地区教师给予生活补助，再到如今国务院专门出台《计划》，乡村教师的待遇和处境一直在改善。

民进作为以教育为主要界别的参政党，一直非常关注农村的义务教育，关注农村教师的现状和诉求。民进中央及其与北师大联合成立的中国教育政策研究院多年来坚持就教师发展中的各项问题进行调研并提出建议。近一年来，民进中央通过在全国两会上提交大会发言和提案、组织开展专题调研、报送社情民意信息等方式提出多项意见建议，其中不少得到了党和政府的重视、采纳。

（一）大会发言：让乡村教师安心从教

“我国有农村义务教育学校 158798 所，在校学生 4031 万——这背后是近 280 万普通农村教师。”“提高乡村教育质量，就必须牢牢抓住乡村教师这个根本。”民进中央将对乡村教师的深切关怀和多年的调研成果都融入 2015 年全国两会上的两份大会发言。

当前，几百万乡村教师坚守在边远贫困地区的乡中心校和村小、教学点。民进中央多次组织会员、专家到老少边穷岛地区考察调研。在调研中，专家为广大乡村教师不计名利的付出和默默无闻的奉献感动落泪，更为广大乡村孩子落后的受教育状况焦急忧虑。乡村教师工资水平低，住房公积金、医疗保险等缴纳问题不同程度存在，重大疾病救助更是无从谈起。同时，安置房、周转房等配套设施建设难以满足需求，住房困难成为普遍问题。此外，职称评定的种种限制又让年龄大、教龄长的教师失去晋升资格，伤害了大批默默奉献的农村教师。发言指出，今日农村教师较之以往的年代，经受着更大的冲击、诱惑、艰难和挑战。“甘于清贫，乐于奉献”的精神境界已不足以支撑他们留在农村安心从教。要改变农村教师严重流失的现状，亟须国家政策的关注。建议各级政府把加强乡村教师队伍建设作为教育优先发展的突破口，从最薄弱的老少边穷岛地区入手，切实支持乡村教师队伍“下得去、留得住、教得好”。其中“专门培养具有本地户籍的本土化乡村教师”“专门制订乡村教师职称评审办法”等建议在《计划》中已得到直接体现。

（二）党派提案：破解小规模学校的编制困境

乡村教师编制“标准上超编、现实中不足”的尴尬处境普遍存在。2001 年发布的《关于制订中小学教职工编制标准意见的通知》规定，农村学校的学生与教职工之比为 23 ：1。中国教育政策研究院提供的数据显示，人数少于 240 人的学校几乎全部严重超编配置教师，但农村学校周课时超过 20 节的教师比例超过 14.31%，农村教师特别是农村小规模学校的教师工作量过大。在 2015 年全国两会上，民进中央提交《关于进一步调整我国农村教师编制的提案》，指出这种基于学生数量的核算方式忽略了学生的年级跨度和班级跨度，导致小规模学校教师数量少，有些科目无人上课或别科教师兼职上课。而在城镇化进程中，小规模学校将在农村大量存在，编制问题亟须改革。在提案中，民进中央建议采用“基本编 + 机动编”的方式来配置农村教师编制。其中“基本编”依据课程设置、学生数量的年级和班级分布等参数测算核定，“机动编”则用于保证农村教师有充足的培训时间，可依据轮训周期和轮训时间测算核定。

《计划》特别提出，村小学、教学点编制按照生师比和班师比相结合的方式核定，并要求通过调剂编制、加强人员配备等方式进一步向人口稀少的教学点、村小学倾斜。按此计划，小规模的乡村学校师资将得到编制补充，“超编缺人”的尴尬局面将得到缓解。

（三）专题调研：呼吁提升乡村教师待遇

针对少数地区中小学教师罢课现象，民进中央开展了对基层教师待遇问题的专题调研。该调研采集了全国 10 个省市 100 个县的基层教师待遇状况，对教师的工资、补贴、住房公积金等多项待遇情况进行了全面调查。中国教育政策研究院召开专题研讨会，与全国 20 多位县市教育局长就基层教师待遇问题进行深入探讨。调研和研讨了解到，在基础教育经费“以县为主”制度下，各地基层教师的待遇差异较大，许多乡村教师的待遇不高。乡村教师这个本应是最伟大、最美丽的职业群体，并没有获得属于自己的耀眼光环，甚至出现优秀教师大量流失、教学质量不高等一系列亟待解决的问题。调研组还看到，乡村留守儿童多，乡村教师上课是教师，开饭是厨师，课外是心理辅导员，晚上是寝室管理员，教师成了留守儿童的“全职保姆”，对学生承担着近乎无限的责任，每天疲于奔命，身心压力很大。为此，调研组建议提升乡村教师待遇，并依法保障教师工资按时、足额发放，职称（职务）评聘向乡村学校倾斜，这些建议在《计划》中都得到了充分体现。

（四）举办论坛：助推乡村“好教师”建设

为推动《计划》的落地实施，在民进中央“2015·中国教师发展论坛”上，来自全国各地的教育界别专家、学者围绕“助推乡村‘好教师’发展”这一主题，结合实际情况，深入研讨了当前农村教育和乡村教师队伍建设的现状、存在的问题以及对策建议。与会人员还围绕“拓宽乡村教师培养渠道，让乡村教师下得去；提高乡村教师地位待遇，让乡村教师留得住；提升乡村教师能力素质，让乡村教师教得好；完善校长教师交流机制，让乡村教师流得动”四个分议题进行了专题研讨，再次持续为乡村教师队伍建设献计出力。

我国有一半以上的学龄儿童在农村，农村基础教育的发展质量，很大程度上关系着国家整体教育质量和发展水平。可喜的是，乡村教师已走进国家改革议程，乡村教师的实际需要得到直接回应，其待遇和权益将得到更好保障。乡村教师安心从教，农村孩子也将得到更优质的基础教育。民进中央将积极配合国家《计划》的落实，继续助推乡村教师队伍建设，让中国农村的教育跨上新台阶，使中国梦成为每个中国农村孩子的梦。

马宪　民进中央参政议政部干部

中国农工民主党

一、建言保障我国水安全

受中共中央委托，2015 年 5 月至 6 月，农工党中央以“水污染防治与水资源利用”为主题开展了大范围、多层次的考察调研活动。农工党中央主席陈竺、常务副主席刘晓峰率调研组在江苏、河北、青海、重庆、四川等地调研，并集全党之智，组织全国 30 个省级组织同步开展调研。从调研和研讨情况来看，水资源利用与水污染治理尚缺乏统筹有力的体制保障，是造成“九龙用水”和“九龙治水”局面的根本原因。主要表现为：水资源科学利用的顶层设计不足，中央和地方涉水事权划分不清，流域管理体制尚未建立，横向流域补偿机制难以落地，流域水资源保护和水环境监管力量较弱，涉水法律、政策和规划等难以得到有效实施，造成水资源无序过度使用和水生态环境不断恶化的恶性循环。

水污染呈现在江河湖海，但根子在陆地上，主要成因与我国产业结构不合理、发展方式欠科学密切相关。构筑国家水安全战略保障体系，关键还在于规划引导和制度建设。应发挥规划与制度的刚性约束作用，科学规划水资源合理有效利用，构筑权责清晰统一高效的水资源管理和水污染防治的行政法治一体化治理体制，依制管水，依法治水，并抓好若干重点工作，确保在“十三五”规划实施期间，实现我国水资源合理利用、水污染防治有力的奋斗目标。调研结束后，农工党以中央名义向李克强总理提出了以下工作建议：

（一）建立健全水生态文明一体化管理体制

将全面构筑水安全战略保障体系作为“十三五”期间我国生态文明建设的一项重要任务。通过建立健全水生态文明一体化管理体制，使水环境保护目标指标既成为转方式调结构的约束条件，也成为国民经济可持续发展的推动力。重点处理好五个关系：水资源资产管理与水环境治理的关系、政府与市场的关系、中央与地方的关系、行政治理与法治的关系、立法与执法的关系。

一是进一步统筹水权管理，强化水资源利用与保护的规划引导。按照中共十八届三中全会要求，健全国家自然资源资产管理体制，强化国土资源部门规划、资产核算、使用许可等职能，统一行使全民所有自然资源资产所有者职责。二是厘清水环境治理中政府与市场边界。在加强政府监管，加大财政投入和政策支持力度的同时，培育和维护环保市场发展，改变过去单纯的行政手段管理，借鉴先进管理模式，如设立负面清单、设置排放税、排放指标等。三是合理划分中央和地方在水环境治理方面的事权。严格按照“党政同责、一岗双责、终身追责”的思路，建立水资源和水环境治理地方党委书记负责制。按照中央和地方税收比例，划分环保投入责任；根据中央和地方出台和实施政策造成的影响,划分污染治理责任。四是健全管水用水治水的相关法律体系。在《水法》和《水污染防治法》的基础上，催生制订《清洁水法》，将现有行动计划工程性治水模式逐步向体制管理与法治保障过渡。从法律上不断完善管水、用水、治水统筹协调机制，建立政府、企业、公众一体化的多元治理体系。五是建立高效的环境执法机制。加强执法队伍建设，加大执法力度，使环境违法行为的司法裁定和惩罚常态化，更有效地遏制环境犯罪和保护社会公众利益。

（二）力争在若干重点薄弱环节取得突破

1. 加快推进跨行政区流域治理体制改革。一是重组流域管理体制。在水利部七大流域管理机构的基础上，组建由中央有关部门、地方政府及各利益相关方组成的跨行政区域的流域管理委员会，直属国务院管理。担负流域规划和重大问题的决策、协调和监督职能，将水资源管理和水环境治理统一起来，通过跨部门和跨地区的协调管理，充分利用生态系统功能，实现流域经济、社会和生态环境可持续发展。二是依托环保部六大督查中心，建立以督查地方政府以及相关部门履职情况为主要职责的重点流域生态环境督查机构。在《水污染防治法》的修订案中，进一步明确流域督查机构的法律地位，并对该机构设置条件、程序、职责范围等进行规定。三是建立健全治水第三方评价制度。设立国务院直属的生态环境质量监测评估局或者委托社会科研机构，全面负责生态环境的监测、独立调查评估、应急保障、发布国家重大环境信息与综合环境评估报告等，对我国治水情况进行客观评价。四是探索建立重点流域横向生态补偿机制。在长江等重点流域先行试点开展跨省断面的水生态环境考核与补偿，建立基于水量和水质的流域横向生态补偿制度。

2. 将治水与结构调整、产业转型密切结合，推进生产生活方式的绿色化。一是建立完善的水资源环境要素市场调节机制。实施水污染物排放许可证制度，逐步减少行政审批和行政指标分配，有序推进水资源资产核算，积极试点和推行水资源使用权交易、排污权交易等市场补偿模式，充分发挥市场在资源环境要素配置中的作用。二是推动水务基础设施建设。“十三五”期间，国家应加大对各类水处理设施和地下管网建设改造力度，改变水务基础设施建设滞后状况。三是建立合理的产业发展格局。如京津冀等水资源严重匮乏地区，在工业上要提高制造业准入门槛，以水污染排放的高排放标准倒逼高污染、高排放项目转型升级；在农业上要发展精准农业和设施农业，适当调整农业结构，并引进先进灌溉技术。四是建立透明规范的涉水环保产业投融资机制。结合国家财税体制改革和绿色金融推进，加快建立国家级综合性环保基金，发挥政府资金引导、率先示范作用，促进水环保产业新工艺、新设备、新材料的研发、应用和推广。结合 PPP 和第三方治理模式创新，积极推动融资担保基金开展环保设备融资租赁业务，推广股权、项目收益权、特许经营权等质押融资担保办法和政策。

3. 以全面建成小康社会为契机，逐步解决农村水安全问题。一是要优先保护农村饮用水源。目前我国农村地区饮用水质不达标现象仍十分严重。亟待加强相关规划，优先保护好农村饮用水水源地，有条件的地区可推广江苏无锡等地的城乡统筹供水模式。二是深化农业水价综合改革。在缺水地区加快推进农业水价、农业水权、小型农田水利工程产权等制度改革试点，完善水利基层服务体系和农民用水合作组织，对农业用水实行严格的定额管理、计量收费，切实提高农业用水效率和效益。三是积极推广有机肥商品化，加大农业面源污染治理力度。在畜禽养殖集中、规模较大的地区，推广以地定养、种养结合的生态循环模式，建立规模化有机肥生产企业，由政府给予一定优惠政策和资金补助，积极推广商品有机肥。四是加大农村水资源利用和水环境保护的公共投入。中央财政应增加“以奖促治”及连片整治资金额度，将补助范畴扩大到乡镇的环境保护基础设施建设，将排污费资金使用范围延伸到农业源污染治理，实现工业反哺农业。

4. 全面公开水环境保护信息，让公众和媒体成为水污染防治的“同盟军”和“主力军”。一是对地方落实企业排污信息和水环境质量监测信息公开以及公众参与环境保护、公益诉讼进行督查，制订落实可操作的公众参与污染违法举报奖励规定。二是设立水环境信息公开负面清单制度，全面建立政府和企业的环境信息公开常态化制度。三是支持民间机构参与水污染防治监督，鼓励第三方参与水环境质量监测和评估工作，特别是对污染源和政府监管的监督。四是加大对水资源现状和保护的宣传教育力度，把环境保护纳入国民教育体系，特别是对幼儿园和中小学设立环境国情课程，增强国民的环境危机和环境保护意识。

该建议上报后，得到了李克强总理高度重视，并做出重要批示。与此同时，刘晓峰还以个人专报方式向张高丽副总理报送《关于加强我国水资源利用和水污染防治的几点建议》，提出了“要加强优质水源的优先保护，坚决避免再走‘先污染、后治理’的老路；加强水量调度管理，高度重视生态流量问题；控制填埋式垃圾对地下水的污染，加快推进城市垃圾综合利用；紧抓城市地下综合管廊建设机遇，积极推进各类地下管网的建设和改造；积极推行商品化有机肥，加大农业面源污染防治力度”等建议，得到了国务院领导的高度重视，并做出重要批示。

二、建言医疗卫生机构核心用药制度及药品集中采购工作

2009年开始实行的省级药品招标采购制度，虽然在降低基层卫生机构用药成本方面取得了若干进展，但群众反映强烈的实际药品支出不降反升；一些临床必需的廉价药消失，药品短缺现象时有发生；医药工业发展增速放缓，创新热情受到抑制。究其深层原因，一是公立医院改革尚未完全到位，二是医保的杠杆调整作用未能有效发挥，三是目前的省级药品集中招采未能做到量价挂钩。因此建立核心用药制度，有利于收集掌握省或地市级层面医疗卫生机构最需药品的实际需求品种、数量。在这样的大数据基础上，建立采购委员会负责决策和执行，采取量价挂钩等关键措施，并组织专家委员会负责技术咨询，提升药品集中采购制度的可操作性及其谈判能力。此举可在不增加费用的前提下，明显

提升临床科学合理用药水平，优化用药结构，产生有效控费、规范医疗服务行为、鼓励自主创新等多重效果，对公立医院改革和医保支付制度改革产生倒逼作用，让人民群众切实感受到改革红利，推动我国医药产业转型升级。

受刘延东副总理委托，农工党中央对推进公立医院药品集中采购工作进行了专题研究，并联合中国药学会、中国医药创新促进会等单位的专家，按照“三医联动”的改革思路，遵循“建机制、广覆盖、保质量、挤水分”的原则，历经2个月认真研究论证，提出建立医疗机构核心用药制度并在此基础上进行药品集中采购工作的建议。调研结束后，农工党中央主席陈竺以个人名义向刘延东副总理提出了以下工作建议：

（一）建立医疗卫生机构核心用药制度

1. 引入核心用药概念，制订核心用药目录

核心用药是指针对我国常见病和多发病，主要供二级以上医院以及专业公共卫生机构使用的必需药品。引入核心用药概念并研究制订相关目录，是为公立医院药品集中采购提供合理的采购对象。核心用药目录是在基本药物目录和城乡居民基本医保报销目录基础上，与中华医学会专报的大病医保临床路径相衔接，剔除不合理用药并兼顾医药技术进步因素（新药重大专项上市品种），由专家论证精选而成，包括化学药品和生物制品14个大类、中成药22个类别共918种（详见附件）。

此外，专家团队也在研究制订规范的核心用药目录的进入和退出机制，计划每3年调整一次，使其能够适应医药科技进步和我国经济社会发展水平。由于核心用药目录具有一定前瞻性，还可作为未来修订国家城镇医保、新农合、基本药物目录的参考。

2. 建立核心用药制度，让群众有更多改革带来的获得感

核心用药目录包括一批原来价格较高但疗效确切、群众迫切期待获得的专利药，体现我国自主创新成果和医药工业水平的创新药、仿制药，也包括一部分被同类高价药取代的廉价特效药和用量小但却是临床必需的短缺药，以及保障公共健康所需的重要疫苗。

建立核心用药相关制度是关键。一是卫生行政部门应把对核心用药依从性列入公立医院考核体系；二是医保机构将核心用药使用情况作为工作抓手，使医保通过医药更充分地发挥对医疗的杠杆作用；三是发挥政府作用，通过定点生产解决核心用药中的临床必需短缺药和廉价特效药的供应保障问题。四是以核心用药为重点开展公立医院药品集中采购，并通过基本医保制度改革，实现习总书记要求的“让人民群众有更多获得感”。

（二）建立量价挂钩下的价格谈判机制，分步实施公立医院药品集中采购

1. 统一采购方和支付方，真正实现量价挂钩

要实现量价挂钩、带量采购，必须将药品采购方和支付方统一起来，即“一个买方”（One Buyer）。境外国家和地区的有效实践模式是组建医院药品集团采购组织（Group purchasing organizations，GPO），作为第三方非营利性中介，汇总掌握各医院的药品采购量，与供应商谈判，获得比单一医院采购更低的价格。香港公立医院药价比内地低、用药水平却比内地高，就得益于这套行之有效的做法。我国福建省三明市也借鉴了有关理念和做法，取得了很好效果。当前，我国公立医院改革正在进行中，一些地区建有医院管理局或类

似机构，已形成 GPO 雏形，应充分发挥其作用，使其成为我国公立医院药品集中采购的实施者和推动者。建议在一些已成立医管局或类似机构的特大城市（如北京、上海），建立由属地化药品集中采购管理机制，覆盖当地所有公立医疗机构。在 100 个公立医院改革试点城市，可参照上述模式建立覆盖辖区内所有公立医院的药品集中采购管理机制。

2. 组建采购委员会和技术专家组

GPO 受医疗机构联合委托，为医药企业和医疗机构间的药品交易提供集中采购、物流信息、支付结算等服务，确保有效控制供应链成本，形成利益共享机制。此外，还需建立由政府主导、各医疗机构代表参加的 GPO 采购委员会和技术专家组，协调相关利益，参与和监督 GPO 采购目录制订、GPO 合同谈判（包括价格、采购量、配送商的选定等）和执行。由于医院代表参与采购谈判过程，对采购价格认可并执行，真正实现量价挂钩。为降低物流成本，采购委员会可通过谈判遴选配送商并制订配送商名录，公立医院可在名录内选择合适的配送商签订配送协议，通过量价挂钩原则，降低配送价格。

3. 分步实施，试点先行

公立医院药品集中采购是一项系统工程，涉及利益调整，应分步骤推进，减少改革阻力。现阶段先以核心用药作为集中采购对象，待 2017 年公立医院改革全部推开后再扩大品种。2015 年 100 个地级市的公立医院取消以药补医，如在这 100 个地级市同时开展公立医院药品集中采购试点，将进一步发挥其改革先导作用。为加强试点改革力度，还可再选择几个公立医院改革走在前面、经济社会发展水平相近且地理相邻的省（直辖市）组成试验区，试验区内实行统一的集中采购政策，避免出现政策洼地。建议将长三角三省一市（江苏、浙江、安徽、上海）加福建组成一个试验区，以北京为龙头将京津冀组成一个试验区开展试点。

（三）几个重要问题

1. 通过支付方式改革使医院主动控费。集中采购是挤掉药品流通环节的水分，此外还须结合支付方式改革管住公立医院的趋利冲动。在明确临床路径的基础上，实行医保总额预付制、按病种付费，超支不补、节余归己，使药价对医院而言不再是利润而是成本，医院会将药价作为运营成本的一部分加以考虑，从而产生控费的内生动力。

2. 加快改革以药补医进程。要规范医务人员的处方行为，必须彻底破除以药补医，建立适合医疗行业特点的人事薪酬制度，同时适当调整医疗服务价格，使之能够反映医疗服务的应有价值。

3. 推动我国医药产业创新驱动发展。 随着国家“重大新药创制”专项等鼓励政策的实施，涌现出一批以国产盐酸埃克替尼等为代表的具有自主知识产权的临床急需、疗效明确的创新药，其推广和使用具有极大的社会和经济效益。据专家初步推算，纳入本报告核心用药目录的一批创新药和高仿药如纳入城乡居民医保体系而得到广泛使用，则可创造 1300 亿产值，仅此一项就能提高 GDP0.2 个百分点。创新驱动增长作用十分明显。如果将优秀国产创新药列为核心用药集中采购，既能让患者享受创新成果的同时节约医药费用支出，又能为自主创新提供动力，帮助化解经济下行压力，夯实增长基础。建议一是在核心用药目录制修订和集中采购环节优先选用质量好、价格合理的创新药和仿制药；二是通过量价挂钩、集中采购进一步降低创新药的价格；三是对一部分价格较高、但疗效明确的创新高值药品，通过建立谈判机制，采取医保承担一部分、企业让利一部分、个人自付一小部分的共担方式，引入医保；四是破除地方保护主义，让创新药进入各省医保目录。

该建议上报后，得到了国务院领导的高度重视，并做出重要批示。

三、建言延安革命老区脱贫致富

2015年春节前夕，习近平总书记专程回到延安看望慰问老区群众，并主持召开陕甘宁革命老区脱贫致富座谈会，做出了“加快老区发展步伐，做好老区扶贫开发工作，让老区农村贫困人口尽快脱贫致富，确保老区人民同全国人民一道进入全面小康社会”的重要指示。为贯彻落实总书记重要指示精神，2015年5月下旬，农工党中央主席陈竺率调研组赴延安进行了实地调研，全面了解延安革命老区近年来经济社会发展变化情况，深入分析老区经济社会发展中的主要矛盾和突出问题，积极帮助延安探索加快脱贫致富步伐、全面建成小康社会的发展之路。调研发现，多年来，在中共中央、国务院的亲切关怀和全国人民的大力支持下，延安各项社会事业全面进步，生态环境和基础设施持续改善，人民群众生活水平稳步提高，城乡面貌发生巨大变化，贫穷落后状况得到了有效改变。然而，受历史、自然、社会、经济等多方面因素制约，延安经济结构单一、发展方式粗放、贫困面大、基础设施落后、生态环境脆弱等结构性矛盾和问题尚未从根本上得以解决，加快老区脱贫致富、与全国人民同步进入小康社会的任务仍十分艰巨，具体表现在以下几方面：

一是产业结构不合理，以石油为支撑的经济发展难以为继。多年来，延安形成了石油工业“一枝独大”的局面，石油工业对GDP和财政收入的贡献率一度高达70%以上。这种过度依赖能源开发的资源型经济，给延安的可持续发展带来严重的不利影响。

二是城乡居民收入不平衡，绝对贫困人口数量仍较大。2014年延安城乡居民收入比为3.13：1，高于全国、全省收入比水平，城乡差距依然较大，并且其与东部发达地区差距也在不断拉大。目前，延安绝对贫困人口数量仍较大，贫困面依然很大，在13个县区中，仍有3个国家重点贫困县，6个省级贫困片区县，共有20.52万贫困人口，占全市总人口的十分之一，大部分都集中在自然条件恶劣、基础设施薄弱的白于山区、黄河沿岸和洛河峡谷地带，是扶贫开发难啃的“硬骨头”，也成为制约延安经济社会发展的最大瓶颈。

三是财政增收不增财力，收支矛盾日益突出。延安属于典型的“油经济、油财政”，财政运行存在很大风险。石油工业提供的财政收入主要是增值税、消费税、所得税，大部分上缴财政，留归市县的仅有8.7%，财政增收不增财力的问题十分突出。

四是基础条件差，发展保障能力不强。延安的基础设施建设欠账多、条件差、成本高，其总体水平远远落后于东部地区。延安属典型的黄土高原丘陵沟壑区，资源环境刚性制约突出，生态环境整体上依然脆弱。其水土流失严重，水资源匮乏，资源性、工程性、污染性缺水并存。土地资源紧缺，地理地形条件差，荒山荒坡多，可利用土地少，开发难度大，建设成本高，建设用地不足。经过多年大规模石油煤炭资源开发，引发的各类环境问题日益加剧，原油泄漏、水体污染、地表沉陷等环境安全问题时有发生。

五是城乡基本公共服务滞后，与人民群众需求还有较大差距。与全面建成小康社会指标体系要求相比，延安小康社会总指数比陕西省低 1.56 个百分点，与发达地区的差距更大。延安城镇承载服务能力较弱，市、县还有大量居民居住生活在山体以上，基础设施和公共服务难以配套。全市城镇居民人均住房建筑面积、市区人均道路占有率、县城污水处理率、自来水普及率、生活垃圾无害化处理率、燃气普及率等均低于全省或全国平均水平。教育、医疗、文化、体育、科技、养老等社会事业发展也相对滞后。千人医疗卫生机构床位数、医生和护士人数等均低于全国平均水平；科技对经济发展的贡献率低于全省 10 个百分点以上；千名老人拥有养老床位数比国定标准低 2.7 张。

调研结束后，农工党以中央名义向汪洋副总理提出了以下工作建议：

一是将延安列为全国扶贫开发改革试验区,使延安等革命老区成为“十三五”贯彻“四个全面”战略布局、实现脱贫的主战场。建议财政部加大对延安革命老区财政补贴政策倾斜力度。“十三五”期间，可将延安上划中央的各项税费以等额专项补助方式返回延安，用于支持其加快扶贫开发、结构调整、转型发展、基础设施建设和提升公共服务保障水平。建议国务院扶贫办加大对延安革命老区扶贫开发支持力度，设立延安革命老区扶贫开发专项，使延安享受国家集中连片特困地区扶持政策，对其扶贫避灾移民搬迁工程给予重点支持，尽快改变其贫困落后面貌。确保延安在建党 100 周年时与全国一起全面步入小康社会，并为全国其他革命老区脱贫致富形成可复制、可推广的经验。

二是主动调整延安资源依赖型发展方式，实施资源就地转化战略，提高资源加工深度和综合利用程度，将资源优势转化为产业优势和发展优势。建议国家发改委参照大别山革命老区振兴发展规划，研究制订延安老区振兴发展规划，支持深加工产业发展，引导延安发展资源深加工、延伸产业链、优化产业结构、提高产品的科技含量和附加值。同时，加大对延安产业项目布局支持力度，实施有利于培育、完善市场要素的政策，助推其完成产业结构调整，实现资源型城市的发展转型升级。可协调有关部门和发达地区地方政府，在延安布局、建设一批重大产业项目，安排一批科技成果转化项目。可发挥革命老区在军民结合型产业方面的潜力，扩大军品市场准入，促进军工技术和民用技术双向转移，走出一条军民融合式发展的新路子。新疆地区和汶川的经验证明，对口产业援助也是推动产业转移的有效方式，可将其与产业转移有机结合，探索跨地区产业转移的有效机制，充分发挥政府和市场的双重作用，培育对口支援工作的长效机制。在严格执行环保标准的基础上，支持把劳动密集型产业由沿海向内陆转移，促进农村剩余劳动力转移。

三是加大对延安民生事业发展的支持力度。建议国家发改委在前述规划中加大对延安基础设施建设支持力度。对延安的高速公路、干线公路、铁路、机场、水利、电力、生态保护等基础设施建设加大投入，加快改善老区的发展条件，全面提升发展保障能力。建议国家卫计委通过医改对延安予以专项支持，重点支持其乡村一体化卫生管理体系建设，支持基层医疗卫生机构提升服务能力。完善医疗救助制度，健全基本医保体系，逐步扩大医疗救助和大病保障范围。培育基层慈善组织，推动慈善公益事业发展。大力发展民生事业，避免出现“因病返贫”现象，筑牢延安革命老区脱贫致富基础。

该建议上报后，得到了国务院有关领导的高度重视，并做出重要批示。

四、建言土壤污染防治

土壤是构成生态系统的基本环境要素，是人类赖以生存的物质基础，也是经济社会发展不可或缺的重要资源。土壤环境保护事关广大人民群众“菜篮子”“米袋子”和“水缸子”的安全，事关农产品质量和人体健康，事关子孙后代生存安全，是重大的民生问题。作为以医药卫生、人口资源和生态环境为主要界别特色的参政党，农工党中央对此十分关注，并组织专家团队开展了长期深入调研。调研发现，我国土壤环境保护总体还处于基础性调查及研究阶段，其整体状况不容乐观，部分地区的土壤污染较重，耕地土壤环境质量堪忧，工矿业废弃地土壤环境问题尤其突出。目前，国务院正在抓紧制订和择机实施《土壤污染防治行动计划》（简称“土十条”）。农工党中央在广泛深入调研和专家研讨的基础上，以中央名义向张高丽副总理提出了以下工作建议：

一是提高公众对土壤污染防治的认识和参与度。无论是“气十条”“水十条”还是“土十条”，都是与老百姓环境民生密切相关的污染治理行动计划。在此类重大公共政策制订过程中，应充分体现简政放权、职能转变的改革要求，改变“气十条”“水十条”那样关门编制行动计划的做法，对“土十条”草案（不涉密部分），通过网络等多种渠道公开征求意见，让公众、研究机构、社会团体乃至民主党派参与到“土十条”的制订过程中，并在新闻媒体上回应征求意见情况，提高“土十条”的社会认可度和可操作性。“土十条”要突出公众对土壤污染的知情权、监督权和参与权。

二是尽快推动开展重点区域土壤污染状况加密调查，夯实土壤环境保护管理基础能力。目前，从环保部、国土资源部和农业部等部委对土壤环境的监测情况看，环保部每64平方公里布设一个点位，国土资源部每1平方公里布设一个点位，农业部每1250亩布设一个点位，都只能从宏观上反映我国耕地土壤环境状况。建议综合现有监测数据，选择典型地区按照不同的土壤污染类型和适当的土地利用方式，进行重点地区的加密调查，更加明确地界定土壤污染物种类、污染程度及范围、污染途径等；在此基础上，开展区域土壤污染风险评估和土壤环境安全性等级划分，明确土壤环境功能区划，为土壤污染防治和土地的合理开发利用奠定基础；推动建立国家土壤质量信息数据库和区域土壤污染档案，实现在现有管理体制下的各类土壤调查数据的相互共享和信息公开，切实有效地推进在信息数据库基础上的土壤环境评价、保护和防治工作。

三是尽快建立健全土壤污染防治法规标准体系，让土壤污染防治建立在法治的轨道上。大气污染、水污染、土壤污染防治是环境污染治理的“三大战役”。但是关于土壤污染防治，我国目前没有专门性的法律法规，仅仅散见在有关的环境污染防治、农业环境保护、自然资源保护等方面的法律法规规定中。为确保土壤污染防治工作能够有法可依，应尽快建立健全土壤污染防治法律法规体系，出台土壤污染防治法、污染场地土壤环境管理办法、农用地土壤环境监管办法等。针对我国现阶段土壤环境质量标准，存在适用范围小、项目指标少、定值欠合理等突出问题，应加快土壤环境质量标准修订工作，完善指标体系。如果正在制订的“土十条”主要是针对耕地和污染场地修复的有限示范，建议出台《土壤污染防治法》和相关标准后，再出台“土十条”，真正依法治理土壤污染。

四是突出保护优先，科学管理，分类防控，建立良好土壤环境保护示范区。发达国家土壤环境管理经验表明，土壤环境保护、土壤污染风险管控、土壤污染治理与修复的费用比例为 1 ∶ 10 ∶ 100，加强土壤环境保护是土壤环境管理费用最低的方式。与大气、水环境污染特点不同，土壤污染具有隐蔽性和滞后性，土壤从产生污染到其危害被发现通常会滞后较长的时间；具有累积性和地域性，污染物在土壤环境中并不像在水体和大气中那样容易扩散和稀释，因此容易不断积累而达到很高的浓度，从而使土壤环境污染具有很强的地域性特点；具有不可逆转性，难降解污染物对生物体的危害和对土壤生态系统结构与功能的影响不容易恢复；具有治理难而周期长的特点。土壤环境一旦被污染，仅仅依靠切断污染源的方法往往很难自我修复，必须采取各种有效的治理技术才能消除现实污染。从目前现有的治理方法来看，仍然存在治理成本较高或周期较长的矛盾。基于以上考虑，土壤环境管理中应突出保护优先，建议在东北区、西北区、晋豫区等建设 3 至 5 个良好土壤环境保护示范区，试点土地轮作与休耕，开展土壤生态补偿，建立严格的农产品质量追溯体系，大力发展有机农业，减少农药化肥使用量。

五是从土地出让收益金中提取 5% 建立基金，建立健全土壤污染防治资金投入机制。据环境保护部环境规划院初步匡算，现阶段我国耕地土壤污染治理与修复总费用需求约为 4 万亿。与水、大气等环境问题治理相比，土壤治理的资金需求量大，土壤环境保护和污染治理历史投入严重不足，尚未建立稳定的投资渠道。现有中央环境保护专项资金、主要污染物减排专项资金、中央农村环保专项资金、重金属污染防治专项资金等涉及环境保护与污染治理固有资金渠道，资金总量较小，支持的环境保护与污染治理范围较广，难以满足土壤环境保护和污染治理资金需求。因此，亟待建立土壤污染防治资金投入机制，建议资金来源主要包括中央和地方财政投入、提取不低于 5% 比例的土地出让收益等，主要支持农用地土壤环境保护，建设用地土壤环境监管，土壤污染治理试点，责任主体灭失的污染地块治理与修复，土壤环境基础调查和监管能力建设等。同时，在当前财力有限的条件下，提取一定比例的土地出让收益用于土壤环境保护和污染治理，能够真正体现“取之于土，用之于土”，是有效解决土壤环境保护和污染治理投入不足的重要财政措施。

六是开展土壤修复示范工程，积极推动土壤修复的产业化和市场化。我国土壤修复产业潜力巨大，但面临技术实用性不强、工程规范化不够和资金短缺等瓶颈问题，应按照“谁投资、谁受益”的原则，引导和鼓励社会资金进入污染土壤的修复、有机肥商品化生产和使用、废旧农膜回收加工利用等领域，加快培育土壤环保产业。在土壤污染较重地区和重金属超标范围较大地区，选择若干市、县开展土壤修复示范工程，通过植物修复等成本较低的方式开展土壤修复，探索适合我国现阶段条件的治理模式、修复技术路线。加快制订有利于土壤环境保护和综合治理产业发展的税收、信贷和补贴等经济政策。

该建议上报后，得到了国务院领导的高度重视，并做出重要批示。

五、建言曹妃甸协同发展示范区建设

2015 年 6 月，农工党中央同中共河北省委、省政府在唐山签订了战略合作框架协议。在唐山考察调研时发现，唐山在转型升级中面临较大挑战。京津冀协同发展国家战略的实施，使唐山再次迎来千载难逢的重大机遇。但由于协同发展的一些重大改革措施还处于起步阶段，尚未形成可复制的制度规则，唐山在产业转型和转移的实践中遇到了操作层面政策不够明确、不够配套等一系列制约性难题。

鉴于对创建协同发展体制机制，统筹相关产业布局，培育和发展生产要素市场等的迫切需求，应进一步发挥唐山在京津冀协同发展中的重要作用，积极推动京冀共建曹妃甸协同发展示范区，努力探索出一些有利于京津冀产业转型升级、区域优势互补、各方合作共赢的宝贵经验，并在协同发展实践过程中予以推广。经过调研，农工党以中央名义向张高丽副总理提出了以下工作建议：

一是统筹考虑京津冀重大产业布局，以中核冀东核电项目为牵引，扭转唐山能源消耗高、污染物排放总量大、转型升级压力大的不利局面。目前，唐山的能源消费量已占河北的三分之一，二氧化硫和氮氧化物排放量均居河北首位，治理大气污染、加快转型升级的任务异常艰巨。按照国家和河北省有关要求，唐山还将大幅压缩钢铁产能，到 2017 年将减少燃煤量 2560 万吨。为了主动调整唐山，乃至整个京津冀地区的能源格局，中共唐山市委市政府正在与中核集团共同谋划中核冀东核电项目。该项目规划装机容量 4×100 万千瓦级 AP1000 核电机组，年发电量 330 亿千瓦时，利税 60 亿元。不仅可以有效缓解唐山转型的“阵痛”，还可以增强冀北电网网内电源支撑，并能够为北京削减燃煤电厂、治理大气污染提供有力保障。2014 年 10 月，河北省发改委同意开展项目前期工作，岩土勘察、专题报告编制已经完成；2015 年 2 月，电力规划设计总院组织召开初可研审查会，确认唐山选址符合核电建设条件，并于 4 月 2 日出具了初可研审查报告。目前，项目建议书已由河北省发改委上报国家发改委。建议国家将该项目列入“十三五”发展规划，并责成国家发改委尽快批复项目建议书，促成项目在确保核电安全的前提下早日开工建设。同时，建议国家考虑唐山化解过剩产能的压力和推进转型升级的需要，在“十三五”规划重大产业项目布局中，继续对唐山市给予倾斜，着力打造京津冀传统产业城市转型升级的示范样板。

二是继续加大力度促进京津冀基本公共服务均等化，统筹推动北京教育、医疗等公共资源向唐山转移。北京教育、医疗等公共资源向外转移是京津冀协同发展的本质要求，也是产业升级转移的有力支撑，更是促进区域基本公共服务均等化的重要手段，同时也有利于北京疏解人口，缓解大城市病。目前，曹妃甸协同发展示范区第一批项目正在谋划推进，首钢二期已于 8 月份开工建设，北京到唐山曹妃甸的人员也将快速聚集。对此，唐山正积极布局教育、医疗资源，也非常迫切需要北京的教育、医疗等公共资源向唐山曹妃甸转移。唐山湾生态城是曹妃甸规划的集教育、科研、医疗、居住一体的功能区，谋划了承接教育、医疗等非首都功能的承载区，首期规划 3.5 平方公里。其交通便利、环境优美、土地富集、空间较大，已经具备了成为北京教育、医疗等公共资源向外疏解承接地的各种条件。前期，唐山市工业职业技术学院已经入驻，华北理工大学新校园正加速建设，唐山湾生态城的人气正在迅速聚集。不久前，北京科技大学、北京化工大学、北京工业大学耿丹学院等多所院校也纷纷到唐山曹妃甸考察，表达了合作办学的意愿；北京卫计委也与唐山、曹妃甸签署医疗卫生协同发展合作框架协议。但这些都处于意向阶段，或者说是多个疏解比选方案之一，要实现项目真正落地还需多方努力，特别是疏解地的推动和支持。建议国家责成卫计委、教育部和北京市政府抓紧研究制订教育医疗资源疏解的顶层设计、时间表和路线图，以及疏解北京教育医疗资源的政策意见，明确整体搬迁、办分校（分院）、联合办学、组建医疗联合体等各种疏解方式，以及在疏解投入上的政策支持等等。

三是研究出台北京疏解非首都功能，升级转移一般制造业的相关政策实施细则，促进北汽福田重卡等项目尽快在唐山曹妃甸落地。北京一般制造业向外升级转移，对于疏解北京非首都功能，缓解空气污染压力，实现区域优势互补、合作共赢具有重要意义。2014 年 7 月 31 日，京冀两地签署了"6+1"合作协议，提出共同打造曹妃甸协同发展示范区。在京津冀协同发展规划中，已经明确将打造曹妃甸协同发展示范区作为重要试点工程。曹妃甸有充足的发展用地、广阔的生态空间、完善的基础设施，有承接首钢搬迁转移的成功经验，是北京一般制造业升级转移的理想目的地、京津冀地区产业转型升级发展带的重要节点。前期，唐山与北京进行了深入沟通洽谈，谋划了一些产业升级转移合作项目。如，北汽福田公司有意将汽车生产存量调整和增量扩张部分放在曹妃甸，在曹妃甸建设 10 万辆重卡汽车和 1 万辆新能源汽车项目。但由于缺乏产业升级转移的具体政策设计，可操作的细则不清晰，搬迁后土地利用和支持优惠政策不明确，企业迟迟未做出转移决定。建议国家发展改革委、工信部等部委和北京市，按照政府引导、市场主导的原则，尽快研究出台支持北京一般制造业升级转移的相关政策实施细则。比如，在转移后空闲土地厂房处置、升级转移费用筹措、税收分享、职工安置等方面制订政策意见。由于政策调研、起草、出台需要一定的时间，建议将北汽福田项目作为升级转移试点，边实施、边探索经验，为政策的制订提供借鉴。

该建议上报后，得到了国务院领导的高度重视，并做出重要批示。

六、建言黑土资源保护

我国东北黑土区是世界三大黑土区之一，面积约 103 万平方公里，是我国最大的商品粮供给基地。由于长期重用轻养，造成东北黑土资源量在减少、质在退化，主要表现为黑土侵蚀沟不断扩张、水土流失加剧，有机质含量降低、土地肥力下降，土层逐年变薄、结构变差，土壤板结酸化、面源污染显现。研究证明，大自然形成 1cm 黑土需要 200—400 年，现在东北的黑土层平均每年流失 0.3—0.7cm。近 50 年来，黑土表层有机质含量下降了 1/3—1/2，加强黑土地保护已刻不容缓。为此，2015 年 9 月下旬，农工党调研组赴黑龙江省就"保护黑土资源 确保国家粮食安全"进行了专题调研。

中共十八届五中全会提出，要大力推进农业现代化，加快转变农业发展方式，走产出高效、产品安全、资源节约、环境友好的农业现代化道路。黑土地是确保我国粮食产量与质量的重要基础，在推进农业现代化、保障国家粮食安全和生态文明建设中，具有举足轻重的战略地位。加强黑土资源保护，亦要牢固树立并切实贯彻中共十八届五中全会提出的"创新、协调、绿色、开放、共享"的发展理念，发挥规划与制度的刚性约束作用，加快解决缺乏专门性黑土保护法律法规、土地分散经营与集约化程度不高、农业农机科技成果推广难、农田水利设施老化失修、非农占用黑土地逐年增多等主要问题。

调研结束后，农工党以中央名义向张高丽副总理提出了以下工作建议：

一是从保障国家粮食安全的战略高度，搞好黑土资源保护制度的顶层设计。要发挥好法律、制度和规划对黑土资源保护的刚性约束作用，尽快制订《土壤污染防治法》和《耕地质量保护条例》《黑土耕地保护条例》等法律法规，建立健全土壤保护的法律体系，明确土地所有者、承包者和经营者的责任、权利和义务，使农民树立耕地质量保护的意识，解决好重用轻养的问题。同时，要规范黑土质量建设与管理工作，重点解决执法不严、司法不足、监管薄弱等问题，对黑土资源实施刚性保护。调研中了解到，黑龙江省正在制订《亿亩生态高产标准农田建设规划（2013—2020年）》，积极推进黑土地的依法保护与生态高产标准农田建设工作，以保证更高水平、更加稳定的粮食综合生产能力。建议国家在制订“十三五”规划的过程中，进一步加大政策和资金定向支持力度，在东北黑土区率先开展农业补贴改革试点，将现行的农作物良种补贴、种粮直补、农资综合补贴合并为农业支持保护补贴，加快东北黑土地高标准农田建设，早日建成集中连片、旱涝保收的高标准农田。

二是从东北黑土区适宜大规模耕种的特点出发，深化农业综合改革，大力推进农业现代化。目前东北地区大量耕地还是一家一户分散经营模式，集约化程度不高，不仅制约了农业现代化发展和农民持续增收，也严重制约了黑土地保护，如作物轮作、侵蚀沟治理、坡耕地治理、秸秆量化还田等技术都无法大规模推广。要加快改革传统耕作制度和生产方式，让市场发挥作用，通过土地“三权”（所有权、承包权、经营权）分离，加快推进土地流转，通过土地经营权入股、托管等方式，鼓励集中连片的适度规模经营。以提高土地产出率、资源利用率、劳动生产率为核心，加快培育家庭农场、专业大户、农民合作社、农业产业化龙头企业等新型农业经营主体，加强农民专业合作社和土地股份合作社规范化建设，深入推进示范社建设行动，提高农业经营集约化、规模化、组织化、社会化、产业化水平。

三是以治理侵蚀沟的水土流失为突破口，遏制黑土地面积快速消减势头。目前东北黑土区水土流失总面积25.87万平方公里，占黑土总面积的23.86%。调研了解到，黑龙江省拜泉县通过林草果畜粮综合发展、畜禽鱼稻鹅良性循环、粮牧企经庭立体开发、坡水田林路综合治理、贸科工农一体化和建设资源节约型生态农业，探索出一条治理水土流失的新路。建议积极推广拜泉经验，加快侵蚀沟治理，将其与坡面水土流失防治相结合，实现侵蚀沟的稳定和生态恢复。加大黑土区生态环境的综合整治力度，努力营建农田防护林，提高农田土壤涵养水分的能力，严格控制滥砍乱伐和开荒种地，促进区域生态环境协调可持续发展。在加强农田基本水利设施建设方面，鼓励社会资金多渠道投入，继续支持小型农田水利重点县建设，积极推进农业水价综合改革，扩大高效节水灌溉农田面积，特别是对原有老旧失修的水利设施应由相关部门限期修复完善，提高土地综合产能。此外，亦可考虑选择侵蚀沟危害严重的地区，探索试点黑土地息耕政策。

四是综合运用各种科技手段，确保黑土土层不变薄、肥力不下降。鼓励农民全面推行保护性耕作制度，通过科技创新来提升农业综合生产能力和保护黑土质量。上世纪90年代，黑龙江省农垦北安管理局耕地的有机质含量不足5%，20年来，通过坚持秸秆还田、合理轮作和深松作业，目前土壤有机质含量回升到7%—8%，因此推行高效农业技术措施、科学调整种植结构，合理实施作物轮作势在必行。同时可在畜禽养殖集中、规模较大的地区，建立规模化商品有机肥生产企业，参照江苏等地购买一吨精制有机肥补贴200元的办法，建立黑土质量建设补贴机制，大力发展有机农业。要积极借鉴国际先进经验，在加大农产品和农机补贴力度的同时，将农机具及配套装备的研发列入国家重大科技专项，提高我国农业的科技竞争力。

五是积极推广“互联网+农业”模式，促进东北农业由以量求生向以质取胜转变。在全球新一轮科技革命和产业变革中，互联网与各领域的融合发展具有广阔前景和无限潜力。农业是东北地区的优势产业，但由于目前国内外粮食价格下行，粮食库存量较大，单纯以量求生已不能适应农业发展和农民增收的新形势，应借助“互联网+农业”，推动东北地区农业由“种得好”向“卖得好”转变，再靠“卖得好”倒逼“种得更好”，变“存粮于库”为“藏粮于土”，使更多农产品实现绿色、有机，从而促进农民持续增收和农业产业化发展。通过互联网把农产品生产环节特别是种植、养殖环节全面展示给消费者，充分接受消费者的评价和监督，解决农产品营销中关于产品种植信用的实质性问题，提供技术保障。农产品要与互联网营销相结合，扩大物流的规模和单位面积内的物流需求和供给密度，运用互联网和大数据技术，提高物流配送整体效率，降低物流成本，建立具有强大竞争力的绿色有机农业。

该建议上报后，得到了国务院领导的高度重视，并做出重要批示。

王善学　农工党中央参政议政部调研处处长
熊　凤　农工党中央参政议政部调研处副处长

中国致公党

一、建言发展西江航运，促进流域经济发展

西江干流发源于云南省沾益县乌蒙山脉的马雄山，自西向东流经滇、黔、桂、粤四省（自治区），至磨刀门汇入南海，是南方最大的天然河流，全长2197公里，是华南地区的水上大动脉和西南地区东向出海大通道，也是仅次于长江的第二条黄金水道。为深入了解西江航运发展情况和《航道法》贯彻落实情况，了解西江航运发展对国家“一带一路”和珠江—西江经济带建设的影响，研究提出促进西江航运发展的意见与建议，助推“一带一路”、珠江—西江经济带国家战略实施，致公党中央副主席杨邦杰、严以新率队于2015年3月16日至20日赴广西龙滩、百色、那吉、桂平、大藤峡、贵港等枢纽实地考察调研，并与贵州、云南、广西、广东等省（自治区）交通运输主管部门、交通部珠江航务管理局以及相关市、县政府相关部门座谈，听取情况汇报和交流。

调研组发现，西江流域初步形成了以西江航运干线、右江、红水河、柳黔江等高等级航道为骨干，其他航道为基础的航道架构；航运发展改善了沿江地区的投资环境和交通运输条件，带动了大批企业沿江布局，推动了沿江产业带的形成，增加了就业和地方财政收入，改善了沿江地区的生产生活条件，为西部地区扶贫开发和西南中南开放发展战略提供了重要支撑；航运需求逐年增加，2014年西江干线航运货物通过量突破2.0亿吨，促进了西江流域上下游之间、东部和西部之间经济互补。据预测，到2020年广西内河年货运量将达到10000万吨，年客运量1000万人次，内河港口货物年吞吐量达12000万吨。随着“一带一路”和珠江—西江经济带国家战略的实施，西江将成为国家“一带一路”战略区间主要联络通道和西南欠发达地区融入海上丝绸之路的主通道，有力支撑着海上丝绸之路和珠江—西江经济带的建设。

调研组同时了解到西江流域内河航运对流域经济发展支撑不够，主要原因是航运自身发展存在一些问题：一是西江航运统一协调管理机制不完善，航运功能定位不合理，存在重发电、轻航运问题，如长洲水利枢纽；二是部分关键节点断航，严重制约区域经济发展，如西江上游龙滩、百色枢纽未同步建设通航设施，致使西江上游红水河持续断航40年，右江上游断航近15年，据估算造成沿江省区GDP损失9343亿元、居民收入损失6131亿元、就业岗位损失5174万个；三是港口布局不合理，港口规模小，工艺设施落后，集疏运体系能力不足，货物中转能力差，效率低；四是拦河桥梁、闸坝碍航问题

突出，如西津、红花枢纽、大化船闸、岩滩升船机、田阳那坡公路大桥等过航能力不足形成航运瓶颈；五是航运建设不均衡，不协调，航道管养资金投入不足。

为促进流域经济建设，加快西江航运发展，调研组建议：

（一）认真贯彻落实《航道法》，依法治航，促进经济发展

一是结合国家“四个全面”战略部署和国家扶贫攻坚战略的要求，依据《航道法》规定，加快建设龙滩水电枢纽和百色水电枢纽过船设施，恢复红水河和右江上游通航，打通云贵出海通道，推动云贵革命老区沿江少数民族地区社会和经济发展，促进滇黔桂石漠化集中连片贫困地区脱贫致富奔小康。二是提高龙滩和百色枢纽过船设施建设标准，龙滩枢纽过船设施按通航1000吨级船舶建设，百色枢纽过船设施通航规模按通航2×500吨级兼顾1000吨级单船建设，提高航运能力。三是在大藤峡水利枢纽规划建设中严格执行《航道法》中航道规划符合性审查和立项审查制度，严格执行同步规划、同步设计、同步建设、同步验收、同步投入使用的“五同步”制度，大藤峡水利枢纽的船闸建设一期和二期工程合并规划。四是未建或拟建的涉航建筑物在设计阶段应依照《航道法》的相关规定综合考虑，对航道资源进行事前有效保护。五是推进航运交通执法改革，加快《航道法》执法机制建设，建立航运综合执法机制。六是加强《航道法》宣传力度，积极营造航运法治环境。

（二）建立流域统一航运协调机制

一是建立西江航运发展高层协调机制，协调珠江—西江水运发展战略规划的制订、重大工程项目的决策、关键节点通航设施的建设、跨省区航道建设时序的衔接、制约发展瓶颈问题的解决等等。二是在充分发挥目前航运派出机构作用的基础上，建立统一、权威、高效、协调的管理机构，承担珠江—西江经济带航运综合管理与领导职能，负责全流域航运顶层设计、统筹规划、组织实施和指导监督。三是成立流域枢纽通航管理协调部门，改善过船设施建设和管理体制，建立通航设施统一调度机制。

（三）优化实施方案，提高航道通行能力

一是扩大延伸高等级航道网，加快高等级航道扩能建设，增强西江水运对经济带建设的服务和保障能力。二是完善西江内河港口功能布局，加大港口建设投资，提高工艺水平，加快港口集疏运体系建设，提升货物中转能力和效率。三是统筹水利、水电、环保、渔业、旅游、航运等各方的意见与建议，优化西津、红花等枢纽船闸建设方案，提高通过能力。四是开展大化船闸改造及安全配套设施建设、红水河岩滩升船机提级扩能工程并纳入国家“十三五”规划。五是加快实施下游出海通道拓宽工程和锚地建设工程。六是加快航道维护和管理系统、水运综合信息服务系统和船闸联合调度系统等支持保障系统建设。

（四）加大珠江—西江经济带航运建设的支持力度

一是国家加大对珠江—西江经济带航运的支持力度，对航运、港口、造船、港口物

流园区企业实行优惠的税率政策，在财税、土地、贴息等方面制订针对性强的扶持措施。二是加大对广西、云南、贵州等省份老少边穷地区航运项目的补助标准，扩宽项目补助范围，特别是对支流航道、关键水利枢纽通航设施建设的政策和资金支持。三是加大西江流域航道养护资金的转移支付力度，解决航道管养资金不足问题。四是对需要实施过船设施扩建的枢纽电站，结合枢纽总体公益性效益特征，提高其上网电价，支持解决扩建过船设施工程建设、维护管理资金问题。五是引入多元化的投资方式，进一步完善“政府投资、地方筹资、社会融资、利用外资”机制，拓宽投融资渠道，探索建立水运投融资平台和投资回报机制。六是通过开展通航设施收费的政策研究，总结试点收费的经验，探索建立通航设施收费模式，促进航运建设良性循环。

该建议上报后，得到了国务院领导同志的高度重视与批示。

二、促进淮河流域经济与生态环境协同发展

淮河连接我国东部与中部，干流全长约1000公里，流经河南、安徽、江苏三省，流域面积27万平方公里，人口1.7亿。淮河流域是我国南方与北方的过渡区域，土地肥沃，资源丰富，是我国重要的粮食、能源矿产和制造业基地，淮河流域的经济社会发展对于我国全面建成小康社会具有重要的战略意义。

为了解淮河流域经济社会发展和生态建设的基本情况，总结淮河流域推进转型发展方面所取得的经验，分析淮河流域发展的优势所在和制约因素，探寻更高层次发展的有效途径，提出加快淮河流域经济和生态环境协同发展的政策建议，2015年4月致公党中央调研组分别赴河南、安徽、江苏开展调研，先后考察淮河流域产业、生态建设和污染治理、农业现代化、水利工程和防洪设施、淮河航运和港口码头建设以及出海通道等共计45个项目，并召开了10场座谈会。

在调研过程中，调研组发现，淮河流域水利设施建设稳步推进，防洪除涝减灾体系基本形成；污染治理力度加大，生态文明建设成效显著；创新驱动亮点纷呈；产业发展层次不断提高，二三产业比重增加，形成一批竞争力较强的特色产业；农业基础设施、机械化水平、农业组织化程度和农业产业化水平明显提高，流域内种养大户、家庭农场、农民专业合作社、农业企业等新型农业经营主体发展迅速；内河水运发展步伐加快，航运通过能力加强；文化保护传承成绩显著，文化旅游产业发展取得突出成效。

但是因为历史原因，淮河流域经济发展水平相对落后，还存在制约经济社会发展的诸多问题：水资源分配不均，水资源配置工程体系尚不健全，水资源调蓄和水系互联互通不足；水利设施防洪能力相对不足，排涝体系不够完善；农业面源污染严重，水污染形势严峻；淮河出海航道未能全线贯通，航道等级低、通航设施规模小、碍航桥梁多，航运对经济发展支撑不足；现代农业基础薄弱，耕地质量偏低，职业农民、农业人才缺乏，农村金融保险服务滞后等制约着农业现代化发展；产业结构层次偏低，二三产业发展相对落后。为加快淮河流域发展，调研组建议：

（一）将“淮河流域区域经济发展”上升为国家战略

一是协调沿淮各地政府，科学制订区域发展规划，并给予政策扶持，特别是在重大项目安排上予以支持，将淮河流域建设成为我国第三条出海“黄金水道”和新的经济增长极；二是建立流域合作协调发展机制，建立推动淮河经济与生态协同发展的部际、省际联席会议制度，协同规划与推进淮河流域的经济社会发展、防洪、航运、生态环境保护等工作；三是坚持治理与利用、保护与开发、中央与地方、输血与造血相结合，以生态安全为生命线，依托淮河“黄金水道”，带动流域以及周边地区经济社会发展。

（二）从战略和全局高度，重视淮河流域的生态环境保护

一是从国家层面确立跨省生态补偿机制，建立出省断面水质考核标准，并实施严格的上下游生态补偿机制；二是加大对淮河治理、淮河流域生态保护项目的支持力度，将其列入相关部门的“十三五”规划。包括：1. 加强重点工业污染源治理、加快城乡污水处理厂及配套管网建设和升级改造工作；2. 加大对淮河流域农村环境连片整治的投入力度，实施农业面源污染治理工程，推动农村生态文明建设；3. 实施小流域系统综合治理，强化流域生态系统保护与修复，实施最严格的水资源管理制度，持续改善淮河流域水质；4. 加快淮河干支流湿地保护，淮河沿岸无序占用整治，提升淮河流域的生态承载能力。

（三）科学规划沿淮重大水利控制性工程和基础设施项目，提高淮河防洪、灌溉、航运等水资源综合利用水平

一是支持淮河流域重大水利基础设施工程建设，并纳入国家相关部门的“十三五”规划。包括：1. 开展洪泽湖生态清淤扩容工程，扩大洪泽湖库容能力，提高洪泽湖的防洪能力和通航等级，为二级航道上溯至安徽创造条件；2. 尽快开展引江济淮工程等跨区域调水工程建设，加快推进淮水北调工程，开展集水、节水工程，保障皖北地区城市生活与工农业用水；3. 开展淮河行蓄洪区调整改造、淮河下游主要行洪通道堤防达标及河道治理、重点平原洼地排涝等治淮新三项工程；4. 结合采煤沉陷区综合治理，规划建设平原水库或生态湖泊，推进两淮采煤沉陷区综合治理与利用，切实解决居民搬迁、生态修复和水系统疏通问题；5. 支持灌区建设，将怀洪新河大型灌区建设、周口枢纽灌区改造、新建项城灌区等列入国家治理或建设规划。二是综合考虑协同发展效益，加大国家对上游水利建设的投入，减少上游地方配套，建立全流域配套机制。

（四）打通淮河出海通道，发展淮河航运，建立立体交通走廊

一是在 2013 年国务院批准的淮河入海水道二期水利工程中，同步进行淮河出海航道建设，按二级航道等级规划，现阶段实施三级航道建设，并与沿海港口尤其是地理位置最近的滨海港疏港内河航道衔接，实现河海通达联运；二是开展淮河航道网络规划建设，推进淮河干线航道与支线航道系统治理，进行闸坝、桥梁等碍航设施升级改造工程；三是加强港口及港口物流园区的规划和建设，拓展港口服务功能；四是规划建设沿淮高速公路和铁路，构建干支衔接、内联外畅的现代化公路和铁路运输网络，增强公路、铁路、

水运线路的连接能力和路网整体服务功能；五是开展蚌（埠）淮（南）一体化城际轨道、皖北国际机场等项目前期研究论证工作，研究建设沿淮盐卤、成品油、LNG（液化天然气）、碱液管道运输网络。

（五）加大对淮河流域农业支持力度，大力发展现代农业

一是重点支持淮河农业基础设施建设，加快推进淮河流域低洼地改造和农田水利建设，实施耕地质量提升工程，开展淮河流域小麦中低产变中高产建设工程，建设跨区域重大病虫害应急防控体系；二是推进农业生产生态化，加强农产品生产基地环境安全的监测与监管，加强对农用化学品施用规范管理，大力推广使用节地、节水、节肥等新技术、新措施，加快构建适应高产优质高效生态安全农业发展要求的技术体系；三是加快涉农金融改革创新，出台相关政策，完善农业投资融资体制，拓宽农业融资渠道，以财政资金带动更多社会资金投入现代农业建设。

（六）创新驱动，推动产业结构转型升级

一是充分发挥合芜蚌自主创新试验区的平台作用，大力发展智能终端、智能语音、云计算和软件、新能源汽车、节能环保设备、新材料、生物医药、绿色有机食品加工等高新技术产业，打造若干高新技术产业发展基地；二是利用淮河流域丰富的优势资源，发展新型绿色煤制油（气）等煤电化产业、盐化工产业，非石油路线烯烃产业，打造金属、煤化工、凹土、硅基等新材料产业集群；三是推动传统农业向现代农业转移，大力发展观光农业、设施农业、休闲农业和农产品加工业；四是创新旅游业态，利用淮河大湿地，大力发展以文化、旅游业为主的第三产业，实施文化创意战略，推动文化产业发展。

该建议上报后，得到了国务院领导同志的高度重视与批示。

（该调研是 2015 年受中共中央委托的重点调研）

三、建言促进边境经济合作区建设

沿边地区的经济发展与社会稳定，是国家经济繁荣与社会安定的重要组成部分。边境经济合作区作为新形势下沿边开放的重要载体和平台，在提升沿边开放水平、增进与周边国家经济合作交流、打造边疆经济增长点、促进边境地区民族团结与社会稳定等方面发挥了重要作用。为深入了解边境经济合作区建设的有关情况及面临的问题，探索如何在新形势下进一步推进边境经济合作区建设，2015 年 6 月 1 日至 5 日，致公党中央常务副主席蒋作君率致公党中央调研组在云南就“促进边境经济合作区建设”进行了调研。

调研组认为，推动边境经济合作区建设，是加快沿边地区开发开放和实现兴边富民的重要途径，应从大环境、大背景充分认识边境经济合作区在我国发展中的地位。边境经济合作区是我国新一轮高水平对外开放战略中的重要布局，是“一带一路”战略中的重要节点，是我国总体外交战略中周边外交的重要支点，是我国沿边地区经济发展的重

要增长点，是促进我国边境地区系列问题解决的突破点。

目前，云南省的边境经济合作区在发展中仍存在发展模式比较单一、基础设施相对薄弱、发展空间不足、管理体制机制有待规范等方面的问题。具体表现在：

一是政策优势基本消失，专项建设资金紧缺。边境经济合作区的一系列优惠政策主要集中在“八五”期间实施，执行时间短、弱化快，且没有形成多级配套的政策体系，在部门条块分割的管理体制下难以有效落实。目前边境经济合作区建设仅靠省、市、县三级投入，缺乏国家专项建设资金，并且受现行土地政策和边境经济合作区扩区条件限制，边境经济合作区可利用土地匮乏，扩区移位难度较大。

二是基础设施建设落后，一方面市内公路等级低、路网结构单一；另一方面各口岸、通道基础设施建设严重滞后，通关服务水平较弱，通关通行不畅问题突出。

三是沿边金融发展滞后，跨境资金流通困难。目前人民币结算地位未得到缅甸政府认可，人民币跨境结算范围难以拓展，金融合作层级难以提升。中缅银行间清算体系不畅，人民币现钞结算占比高，而由于跨境人民币现钞出入境额度最高仅为 2 万元人民币，该问题已成为阻碍中缅双边经贸发展的重要因素。四是中缅口岸政策不对等，会商会谈机制不健全。两国口岸开放政策不同，导致人员通行不畅。中国公民在缅境内持边境通行证活动范围仅限于边境地区一带，制约了双方经贸往来和边境地区经济的发展。双边地方政府间除了在警务、卫生、农业等方面建立起了会商会谈机制外，其他交流合作中碰到的困难和问题，多采取一事一议的办法协商，没有建立稳固的定期会商会谈机制。随着中缅双边交流合作深度和广度的拓展以及边境经济合作区建设向纵深推进，单靠一事一议已经不能满足开发开放的需要。

为此，建议：

（一）提高国家政策扶持力度，加大专项建设资金投入

1. 加快新设国家级边境经济合作区的审批以及探索原有边境经济合作区扩容工作

1992 以来，国家一直没有成规模地批准新设边境经济合作区，仅在 2011 年批准成立了新疆吉木乃边境经济合作区、2013 年批准成立了云南临沧边境经济合作区、2015 年批准成立了吉林和龙边境经济合作区，与大力推动沿边开放的形势和要求不相符合，应相应增加国家级边境经济合作区。首批国家级边境经济合作区经过 20 多年的发展，土地开发空间受限，急需扩区移位承接项目落地。目前亟须出台针对原有边境经济合作区扩区、移位的标准和程序，在土地指标等方面支持其合理扩大区域范围，加快其发展。

2. 充分结合国家“一带一路”战略和沿边开放战略，加大对边境经济合作区的政策、资金和项目的支持扶持力度

2012 年出台的《关于规范和促进边境经济合作区发展的意见》较为宽泛，大多数没有配套的具体实施细则，政策操作性不强。建议将边境经济合作区建设纳入国家“一带一路”基金、亚投行重点扶持项目，给予税收优惠政策支持；给予对入驻的新办企业除国家禁止和限制的产业外，享受国家自贸区同等的优惠政策；边贸企业进口原产于我国毗邻国家的产品，除国家规定必须照章征税的特殊商品外，进口关税（东盟自贸区零关税商品除外）和进口环节增值税实行“先征后返”或“即征即返”政策。

（二）加快基础设施建设，加强边境处突应急能力

1. 加大支持道路等基础设施建设

对与边境经济合作区相连接的铁路、高速公路、机场以及国边防公路项目建设给予支持。

2. 加大口岸基础设施建设

国家相关部委应加强协调，对沿边口岸、通道、特殊开放区域在口岸基础设施、设备等方面予以资金支持，纳入地方财政预算，统一解决，适当增加公安、边防、海关、检验检疫等单位人员编制，加快边境口岸信息化互联互通和口岸信息化设施建设。在提升我方口岸建设的基础上，将对方口岸的基础设施建设、通关能力提升及通道对接等作为国际合作会商会谈的重点事项加以推动。

（三）推进金融互联互通建设，提高跨境资本流通效率

积极推动我国与邻国央行建立战略合作关系，设立有利于双边开放的金融制度，签署双边货币清算协议、互换协议等，畅通人民币结算、清算渠道，加快确立人民币在周边国家合法地位的步伐。

鼓励各类金融机构将边境经济合作区列为业务发展重点区域，设立相关机构，尝试由民间资本发起设立民营银行、金融租赁公司和消费金融公司等金融机构，针对不同地区实行因地制宜的差异化政策。允许企业在区内银行设立基本账户，账户本外币资金可自由兑换。鼓励区内企业与境外机构经济往来，并使用人民币计价结算，在真实贸易投资背景下，满足企业人民币现钞出入境支付需求。

（四）促成双边口岸政策对等，建立长期会谈会商机制

1. 推动口岸开放和升格

可以升格为一类口岸的升格为一类口岸并扩大开放，同时推动对口口岸升格，成为协议口岸：对双方持有效护照及签证的公民开放；对持有效护照及签证或有效国际旅行证件的第三国人员开放。

2. 支持跨境经济合作区建设

加强国际沟通协调，开通货运专用通道，推动设立跨境经济合作区，建立协调机制。推动经济合作区核心区实现封闭管理，探索实行“一线放开，二线管住，人货分离，分类管理”的管理模式。深化海关分类通关改革，研究设立海关特殊监管区域和海关保税监管场所。扩大免税商店销售商品品种。推进运输便利化。对进出口、替代种植进口配额的给予倾斜支持。

3. 充分发挥公共外交优势，将公共外交纳入“一带一路”战略规划，进行顶层设计

充分发挥民间活力，充分调动非政府组织（机构）、企业和个人等社会力量，推动公共外交发展。在华文学校的硬件设施建设方面给予资金支持，在邻国华裔学生到中国求学学籍注册与学历认证方面给予政策支持；加大边境乡镇卫生院投入，推动沿边地区国门医院建设，满足两国边民和边境经济合作区开发人才的就医需求。

（五）建立健全人才帮扶引进机制和国家机关、省级机关、企事业单位等对口帮扶边境经济合作区的机制

推动中央国家机关、重点院校、科研院所、大型企业选派人才对边境经济合作区进行对口帮扶；建立干部挂职锻炼、培训学习等机制；大学生志愿服务西部计划、大学生村官计划、三支一扶及选调生计划等优先向边境经济合作区安排；出台相关政策，招揽高端人才，鼓励大学生赴边境经济合作区创业。

该建议上报后，得到了国务院领导同志的高度重视与批示。

（该调研是全国政协 2015 年 9 月 1 日双周协商会调研）

四、建言博物馆馆藏保护与展示

博物馆馆藏是一个国家和民族长久积淀的文化瑰宝，具有不可估量的历史价值、文化价值、科学价值。出于保护及管理因素的考虑，很多馆藏必须在博物馆的保护下才能与公众见面。为了能够使更多的人了解和认识历史，从中获得更多的知识，就必须做好这些馆藏的保护和管理；而为了能够最大程度的发挥这些馆藏的价值和作用，还需要通过一定的手段和方法对其加以利用。为深入了解我国博物馆馆藏的保护现状，研究如何进一步做好现有馆藏的保护，以及如何采用多种方式，提高藏品的利用，向公众展示，为学术研究提供方便，使其充分发挥应有的作用，2015 年 5 月，致公党中央副主席杨邦杰率致公党中央文化委员会调研组，在北京就“博物馆馆藏的保护与展示”问题进行了调研。

调研发现，尽管近年来博物馆建设发展迅速，初步解决了博物馆设施严重不足的问题，但随之而来的藏品保护不当、展陈单一、专业人才匮乏等新问题较为明显，尤其是受多种因素影响，博物馆馆藏“只藏不展”现象突出。主要表现在：

第一，部分博物馆馆藏没有得到有效保护，存在安全及损坏的隐患。据了解，国内 50.66% 的馆藏文物存在着不同程度的腐蚀情况，其中受重度腐蚀的达到 230 万件，占馆藏文物总量的 16.5%。藏品受腐蚀损害是不可抗拒的自然趋势，但还是可以采取多种保护措施予以延缓，但即便是在一些省级博物馆，馆藏环境也不容乐观，大多数馆藏需要在恒温恒湿环境下存放，但现有的达标库房却远不能满足馆藏需求。

第二，绝大多数馆藏“只藏不展”，不能充分发挥藏品的有效价值和作用。由于受专业人才欠缺、场地限制、担心承担损坏责任等原因，不少“镇馆之宝”常年不能展出，藏在库房人未识。作为国家级博物馆的故宫博物院，180 多万件（套）文物藏品中也仅对外展出了 1 万多件。

第三，博物馆本身定位不清晰，不能突显自身馆藏特点。在各地博物馆建设热潮中，也存在着重数量增长、轻质量提升的倾向，包括了重新奇造型、轻地方特色；重硬件投入、轻管理支撑；重场馆建设，轻藏品收集等方面的问题，造成千馆一面和重复建设，严重影响了博物馆社会作用的有效发挥。

第四，专业人才不足制约博物馆行业发展。人员专业化技能偏低是各大博物馆普遍存在的现象，大型博物馆因为编制问题，很多专业人才进不去，而地方博物馆因为待遇低，现有的专业人才流失严重。专业人才队伍匮乏，成为博物馆质量提升的软肋。

为此，我们建议：

（一）进一步加大对博物馆馆藏保护的重视

1. 对现存馆藏进行规范化分类与描述

科学、规范、准确的藏品分类与描述是评估藏品价值和保护藏品的科学依据。它贯穿于藏品管理、利用的各个环节。对保护藏品的完整性具有法律效力。 藏品分类是藏品科学管理、整理研究和提供的中心环节。现在博物馆的藏品种类繁多，有必要按照博物馆藏品分类体系制订统一的博物馆藏品分类法作为藏品分类的依据，以便使藏品能分门别类的各就其位，处于相对稳定的状态，提升保护水平。

2. 完善馆藏保护环境

由“被动的抢救性保护”向“主动的预防性保护转变”，对展览环境和保管环境实施有效的监测和控制，发现相关指数超标立即干预，抑制各种环境因素的危害作用，努力使藏品处于一个“稳定、洁净”的安全生存环境，尽可能阻止或延缓其物理和化学性质改变，达到长久保护和保存的目的。

（二）明确博物馆定位，提高博物馆馆藏品的有效利用，改变部分博物馆对馆藏以保为本，只藏不展的现状

1. 提升博物馆馆藏利用水平，差异化、精细化策展

除基本陈列展览外，从本地本馆特色着手，创出特点和特色，将专业性、学术性、趣味性和观赏性有机结合，使陈列展览更具吸引力、感染力，打造公众喜闻乐见的文化品牌。追求多样化的主题，注重内容的学术和文化含量，采取富有表现力和感染力的展览形式，注重与观众实现有效互动与交流，为观众提供差异性服务，根据不同观众需求差异化策展，精细化服务。同时加强博物馆间的横向联系与合作，引进有特色的陈列展览，发掘自身潜力，完善纵深发展。

2. 理性看待博物馆馆藏展示过程中的正常损耗，使其真正在科学研究和文化传播中发挥作用

历史唯物主义辩证法认为，世界上任何事物有产生就有消亡，没有永恒不变的东西，这是事物新陈代谢不可更改的自然规律。藏品也一样，都是处于不断消失又不断新生之中。因此，其消失进程始终是继续着的。藏品开放的最终目的是为了更好地为科研服务，通过对藏品的研究，揭示自然历史，社会历史的本质和发展规律。如果常年将藏品束之高阁，秘不示人，就无法发挥藏品的自身价值。在博物馆全球化的今天，更应该打破藏品相互封锁的局面，变藏品使用的封闭式为开放式，变保藏型为利用型，让藏品在利用中生存，充分发挥藏品的作用，这也是时代赋予我们的责任和要求。

3. 加强国际交流与合作，推动博物馆馆藏“走出去”

博物馆展览不仅要展现本国的文化，也要更多展现世界的文化，让观众对各种不同

的文化和视点有所了解。只注重收藏的博物馆属于古典时代，现代博物馆不仅承载了越来越多的各类教育功能，而且是一个与电视、网络等媒体进行竞争的媒体平台。应该加强国际交流与合作，充分发挥馆藏特色，塑造文化品牌。通过合作办展等方式增进与世界博物馆之间的交流，不仅可以向世界展示悠久璀璨的中华文明，让世界了解中国，而且能增进两国友谊，增进国际文化交流。

（三）进一步转变博物馆运营机制，促进博物馆业可持续性发展

在博物馆管理中“去行政化”，由政府管理逐步过渡到公共管理，加强博物馆“公益事业”属性，激活行业管理的作用。完善博物馆经营范围的制度建设，加强博物馆的自身造血机能。树立现代公共服务理念，致力于扭转在公共服务、教育培训、专业咨询，特别是学术研究方面的薄弱局面，多方开辟藏品征集渠道，扩充馆藏、改善展品结构，提升吸引力，全面发掘博物馆事业的巨大发展潜力。

（四）涵养使用专业人才，推动馆藏专业化管理与展示

人才是博物馆事业发展的关键所在。从专业知识来看，博物馆不仅需要传统的文物、历史、考古、文化、民俗等与博物馆相关的人文学科领域的人才，还需要经营、策划、管理、产品研发等复合型人才。一方面要加强对现有职工的培训，提高博物馆从业人员的知识水平和专业技能，为人才的成长创建良好的人文环境，培养视野宽、懂策划、有创意、善经营、会管理的“复合型”文化专门人才，以及有广泛影响的学科带头人、文化领军人物和掌握现代信息技术手段的高科技型人才。另一方面要充分给予博物馆人才招录自主权，使博物馆能够招聘到真正符合自身需求的人员，对于那些高学历的研究型和复合型人才，要设立绿色通道，以优惠便利的条件引进人才。

（五）完善法律法规，加强监管，支持民营博物馆发展，保护和利用好民间馆藏

民办博物馆是为了教育、研究、欣赏的目的，由社会力量利用非公办文物、标本、资料等资产依法设立并取得法人资格，向公众开放的非营利性社会服务机构，是中华文化的宝贵财富，是我国文化遗产事业发展的重要力量。建议通过进一步落实相关法规，加强监管，明确民办博物馆的性质，确立其法律地位，切实保护其合法权益。依法建立并完善激励机制，对具有门类特点、行业个性或地域文化、民族唯一性的民营博物馆，以及致力于抢救濒危文化遗产、填补某领域文化空白或稀缺的新建民营博物馆，给予必要和适当的倾斜性扶持。

该建议上报后，得到了国务院领导同志的高度重视与批示。

五、建言促进少年儿童综合素质发展

少年儿童是中华民族的未来，第二个百年目标、中华民族伟大复兴的中国梦，将来要在他们手中实现。为实现这个目标做好人才准备，致公党中央常务副主席、致公党中央医药卫生委员会主任蒋作君率领由致公党中央医药卫生委员会组成的调研组，并邀请

教育部、国家卫计委、团中央、全国妇联、中国社区卫生协会有关部门负责人和专家，于2015年10月12日、19日至23日分别赴北京市、重庆市和江西省，就“促进我国少年儿童综合素质发展”课题进行专题调研。

调研组通过采取实地考察、走访座谈、研讨总结等多种形式了解到，新中国成立以来我国少年儿童综合素质发展取得了巨大成就，生存环境日益优化，健康水平不断提高，综合素质明显提升，基本权利得到保障，少儿事业发展也不断取得新的成绩。但仍然存在着一些不容忽视、亟待解决的问题，主要有：1. 我国少年儿童创新能力整体不足，缺乏创新环境，缺乏创新欲望，缺乏创新思维和创新能力；2. 大多数少年儿童缺乏动手能力，缺乏劳动技能，缺乏生存本领；3. 思想道德建设相对滞后，一些少年儿童缺乏团队合作精神、缺乏艰苦奋斗精神、缺乏拼搏进取精神，有的甚至走上违法犯罪的道路；4. 部分少年儿童身体素质堪忧，体质健康问题突出。之所以产生以上问题，原因主要有：1. 幼儿教育和医疗资源供不应求，“儿科荒、医生荒”现象凸显，儿科、幼师人才紧缺，远远满足不了家长和社会的需求；2. 儿童工作政出多门，法制体系不够健全，工作机制不够完善；3. 认识观念有偏差，存在重智育、轻体育、轻德育和重视智商培养、忽视情商锻炼的倾向；4. 文化产品尤其是互联网产品、成年人不良习惯对少年儿童造成不良影响。

调研组认为，培养好少年儿童是一项重大战略任务。从现在起，就必须刻不容缓地从提高少年儿童创新能力、动手能力、社会主义核心价值观践行能力及人文素养和身心健康素质等方面加强教育，要早抓、紧抓、全面抓、全社会一起抓，促进少年儿童综合素质全面发展，使他们真正承担起未来主力军、生力军的重任。为此，建议：

（一）高度重视提高少年儿童综合素质的重要性并在全社会形成共识

一是要明确提高少年儿童的综合素质是实现“中国梦”的当务之重。我国今后二三十年的发展，取决于现在的成年人，而要实现“第二个一百年”目标，则主要取决于现在的未成年人。少年强则中国强，现在孩子的综合素质是民族复兴的保障。在中国特色社会主义建设的伟大进程中，少年儿童注定要拿起历史的接力棒，为实现美好未来接力奋斗。只有培养好“接班人”，才能把中共中央勾画的宏伟蓝图落到实处。

二是与美国的差距决定了提高我国少年儿童综合素质是当务之急。当今世界是竞争的世界，落后就要挨打。而这种竞争，说到底是国家综合实力的竞争，也是整体创新能力的竞争，更是创新人才的竞争。“十年树木，百年树人”，人才问题必须提前抓，不能临时抱佛脚。与美国相比，现在我国少年儿童在创新能力、动手能力上存在的整体不足等问题，若不早日改善，今后就会严重影响我国的综合竞争力，就会拉大我国与世界上先进国家发展的距离，就会影响“中国梦”的实现。

三是刚推行的二孩政策决定了我们必须狠抓提高少年儿童综合素质的工作是当务之要。二孩政策放开以后，随之而来的问题将会陆续显现，如有些大龄妇女生育二孩容易造成出生缺陷，致使人口素质下降。统计数据表明，唐氏综合征发生率在妇女35岁生育时为1/350，而在40岁以上生育时则上升为1/100。二孩政策推行后，现在就已人满为患的优质儿童医疗资源将会更加紧俏；现有的幼儿园、学校、少年宫等场所和相应师资将会更加短缺等等。在新的政策形势下，如何培养出身心健康的新一代，我们要有应对的预见，要有充足的思想准备和实际举措。

（二）改革现行教育制度和教育方式，使少年儿童成为有创新意识、动手能力、合作精神、人文素养和健康素质的优秀人才

一是要着力培养少年儿童的创新能力，使创新型国家建设和“大众创业、万众创新”具备浩荡的后备军。人的创新能力是在长期的学习和训练中逐步形成的，创新教育应从幼儿时期开始。学校肩负着培养创新人才的时代重任，要彻底转变教育理念和教学模式，要让学生读《十万个为什么》丛书，要给学生讲科学家的故事，从启迪思维和想象力、刺激创新兴趣、激发创新动机、培养创造欲望、尊重个性发展、注重参与等方面入手，着力培养少年儿童的创新意识、创新精神、创新思维和创新能力。建议国家举办更多数量、更多层次（中学、小学）、更多形式、更多专业的少年儿童科技创新竞赛活动，营造有利于创新人才成长的环境氛围。建立更多的创客空间并支持学生进入,鼓励学生争做“创客”，把自己培养成为未来的创新型人才。

二是要着力培养少年儿童的动手能力，让“大国工匠”成为技术强国的生力军。要实现“中国梦”，不仅需要一大批创新型人才，而且需要更多的具有高水准的应用型人才、技艺型人才。要学习德国的经验，举办“二元化教育”，着力培养应用型高端人才。在对学生的评价方法上，要以人的全面发展为基础，不仅要看笔试成绩，而且要看动手能力；在教学方法上，要重视实训教学，教给少年儿童学习和做家务活的方法以及生活常识，锻炼其动手和实际操作的能力。结合社会实践和生活体验，为他们创造更多的锻炼机会和环境，培养更多现在擅长“小制作”、将来挥动“大手笔”的“大国工匠”。

三是要着力教育少年儿童牢固树立社会主义核心价值观，培养新一代共产主义事业接班人。家庭、学校、少先队组织和全社会都要负起责任，营造良好的社会综合环境；学校要加强校风、师德建设，根据不同年龄学生的心理特点，开展有针对性、可契合的价值观和人生观教育；各级妇联组织要广泛开展宣传活动，帮助和引导家长进行正确的家庭教育；各级领导干部和名人应发挥好表率和带头作用，做好榜样和示范；共青团和少先队要开展好组织教育和主题教育。通过各方面的共同努力，使社会主义核心价值观的种子在少年儿童心中生根发芽，并逐渐根深蒂固。

四是要着力培养少年儿童的健康素质，造就身心健康的“负重之材”。少年儿童身体健康是其全面和谐发展的基本条件。要加强儿童医疗机构建设和儿童医疗保健工作，促进少年儿童身体的正常生长发育。加强少年儿童的体育工作和体能训练，培养其吃苦耐劳、勇敢顽强、坚忍不拔的精神和毅力，在“文明其精神”的同时“野蛮其体魄”。要注重培养少年儿童的情商，情商对于成功至关重要，要根据不同阶段的生理、心理发展特点和规律，培养好习惯，养成乐观向上的心理品质和良好健康的心理素质，增强调控自我、承受挫折、适应环境的能力，使其具备健全完善的人格。

（三）从国家层面入手，解决体制、机制、规划等问题

一是建议制订一个国家层面的促进少年儿童综合素质发展的中长期规划。目前我国对妇女工作、共青团工作、医疗卫生事业和教育事业的发展等都制订有专项规划，这些

规划都涉及少年儿童教育的内容，国务院颁布的《中国儿童发展纲要》主要是从儿童健康、教育、法律保护和环境四个领域提出了我国 10 年间儿童发展的主要目标和策略措施，并要求制订各地方儿童发展规划和部门实施方案。从国家层面上看，还应制订一个面向第二个百年目标的更加全面、长远的促进少年儿童综合素质发展的中长期综合性规划，明确这个期间分为几个阶段，以及相关部门每个阶段的工作目标和主要任务，在妇女婚前婚后阶段、孕期阶段、产前产后阶段、孩子 0 —3 岁阶段、幼儿园阶段、小学阶段、中学阶段，有关方面各应抓什么。有些问题建议立法，如家庭教育；有些问题应制订规范，如少年儿童营养标准。规划要明确各相关部门和各省市的职责，并按照规划的总体要求，结合本地区和部门实际制订细则和切实可行的实施方案。

二是建议建立一个国家层面的协调机制，形成齐抓共管的格局。建议国家成立部门联席会议制度（或协调议事机构），建立工作协调机制，将分散在各部门的儿童工作职能进行协调整合，建立由各级中共党委牵头负责，妇联、共青团、教育、网信办、司法、文明办、卫生、民政、人口计生、体育、关工委等有关部门共同参与的协调机制，形成齐抓共管的工作格局，为促进少年儿童综合素质的发展提供制度保障。

三是建议建立更加科学、符合培养目标的评价体系。重中之重是要改革高考制度，使该制度能选拔符合培养目标的人才。高考指挥棒具有导向作用，要把培养有创新意识、动手能力、道德情操、合作精神、人文素养、知识底蕴、健康素质人才的培养目标融进高考指挥棒。

（四）当前需要重点解决的几个问题和要开展的工作

一是建议积极应对二孩政策放开问题。二孩政策放开后带来的“链式反应”问题，应当做好预测，尽早采取一步步的应对措施。

二是建议加强出生缺陷筛查工作。大龄孕妇生育使出生缺陷率升高。新生儿的质量，决定着少年儿童一生的发展。建议加强婚检、孕检工作，降低新生儿出生缺陷率。

三是建议进一步加快幼儿园、少年宫、中小学校、儿童医院等硬件建设。新生人口即将大量出现，培养场所的扩建扩容需要早做准备。

四是建议加紧建立中小学创客空间。提升少年儿童的创新能力需要从小培养，建立创客空间，可以更好地培养少年儿童创新意识和动手能力。

五是建议国家设立优秀少儿影视作品奖。激励文艺工作者为少年儿童提供充满正能量，影响人一生的精神食粮，以丰富少年儿童的精神世界，引导他们健康成长。

六是建议进一步加强互联网管理，净化网络市场。少年儿童是社会的晴雨表，容易受社会不良事物的影响，尤其是来自网络的不良影响。要下大力气净化网络空间，使网络成为引导和滋养少年儿童健康成长的“环保世界”。

七是建议进一步加强农村“留守儿童”和进城务工人员子女的培养教育。这部分儿童是全国少年儿童的一部分，而且数量还会不断增加，应当使他们在教育、健康方面受到平等待遇。

八是建议切实加强儿科医生和幼儿园教师的培养。应当重视儿科学的发展，扩大招生比例，以解决儿科医生不足的问题。适当提高幼儿教师的入学门槛并加强师德教育，使之成为能够承担起培育下一代重任的合格人才。同时建议考虑适当提高儿科医生和幼儿园教师的待遇，使他们能够在工作岗位上留得住并充分发挥作用。

九是建议加强中小学体育工作，并加大体育成绩在升学分数中的比重。中小学生体质不仅关系到其个人一生的健康，而且关系到中华民族的体质，而中华民族整体体质水平关系到中国梦的实现。中小学生处在生长发育的旺盛时期，体育锻炼是促进少年儿童生长发育的最积极的因素，且能促进其智力的发展。建议加大体育成绩在中小学生升学分数中的比重，进一步加强中小学体育工作，促进中小学生健康生长发育，养成坐、立、行的正确姿势，促进中小学生力量、速度、灵敏性、耐力等身体素质的发展，为实现人生梦想乃至中国梦打下坚实的健康基础。

该建议上报后，得到了国务院领导同志的高度重视与批示。

汤玮晨　致公党中央参政议政部主任科员

九三学社

一、关注长江中上游水利水电工程对全流域生态环境影响

长江是我国东、中、西部国土空间最重要的通道轴线，在我国经济社会发展中具有极其重要的战略地位。然而，近些年来，经济高速发展给长江流域生态环境带来了巨大压力和严峻挑战：水利水电开发对流域生态影响明显，中下游水环境污染严重，气候变化尤其是极端灾害天气频发对流域生态系统干扰很大，流域内生物多样性丧失加快。九三学社中央长期关注生态环境问题。2008 年以后，九三学社中央确定将“全球气候变化对我国经济社会的影响”作为一项战略性课题长期跟踪。2014 年又对“水生态资源安全”进行了调研。在中共中央提出建设“长江经济带”重大战略的背景下，如何统筹长江流域的经济社会发展与生态保护？

正是着眼于解决这一问题，2015 年，九三学社中央开展了以“长江上游水利水电工程对全流域生态环境影响”为主题的党派大调研。年初，九三学社在全社范围内遴选了 10 余位水利、水电、生态与环境领域的高层次专家组成课题专家组，部署 14 个相关省级组织成立省级专家组结合各自省情分别开展调研。4 月，九三学社中央人口资源环境专门委员会组织课题专家组在南京河海大学召开专题会议，就长江上游水利水电工程对全流域生态环境影响问题进行研讨。5 月，九三学社中央与中央统战部联合，九三学社中央主席韩启德率社内外专家与国务院相关部委组成的调研组，在长江下游的安徽开展专题调研，期间专门召开了以此为主题的第十届九三论坛，听取各方各地意见。7 月，调研组赴长江中游的湖北和上游的重庆进行专题调研。与此同时，九三学社中央创新工作思路和方法，努力整合力量、多方听取意见建议。调研组先后走访相关单位 10 余家，召开各类座谈会、研讨会 10 余次，参与讨论的专家近百人次。

九三学社中央在调研中发现，伴随着众多水利水电工程投入运营，尤其是自三峡水库 2003 年蓄水以来，长江流域的水文情势、生态环境、河湖生境和其他自然条件出现了一些不容忽视的改变甚至是趋势性变化，主要表现在以下几个方面：

第一，河川径流量减少，过程改变。近年来，由于上游系列水利水电工程蓄水拦截；上游蓄水水域面积增大使蒸发量增加；流域降雨量有所减少；再加之上游地区经济社会快速发展使生产生活用水量增加，导致长江中下游水量减少，径流过程也发生较大改变。中下游河川径流枯水季节提前、干旱年份明显增加、秋旱已经成为常态。

第二，河流泥沙锐减，中下游河道冲刷明显。河道冲刷增加了崩岸风险，也威胁到防洪安全。河口三角洲冲淤状态改变，长江口已开始发生侵蚀。

第三，温滞效应明显，影响河流生境、生态和生产。由于长江流经滇东干热河谷，河流水温与中游气温差别较大，在三峡等水库蓄水惯性作用下，2003年后，长江宜昌断面下泄水温发生了很大变化，主要表现为水温季节滞后30—40天。温滞效应改变了下游鱼类繁殖和生长条件，改变了三峡库区和下游水体饱和溶解氧水平，增加了枯水期库区和下游蒸发损失，春季低温水还导致引江灌区夏收作物出苗慢、颗粒少、产量低。上游水库也有类似效应，其综合影响将进一步加大水温改变程度。

第四，江湖关系改变，两湖（洞庭湖和鄱阳湖）水量减少。径流减少、过程改变和河道冲刷使中下游河道汛后和枯水期水位降低、河岸崩塌、江湖关系改变。两湖水面缩减、持水量减少，汛期水面平均分别减少300平方公里和800平方公里。河湖生态功能降低。

第五，水生生物种类和数量急剧减少，影响生物多样性。水情变化幅度缩窄和过程均匀化使得长江中下游水域连通性降低，滩地和流域缓冲区作用减弱，河流生物赖以生存的自然环境趋于单一，水生生物种类和数量均急剧减少，影响到生物多样性。

第六，河流水域形态转变，环境容量降低。长江上游大量梯级水库替代了河流自然江段，湍急的河流向湖库型转变，环境容量降低。在污染背景值很高的长江，上游梯级水库对下游水库和河流环境影响更值得高度关注，尤其是营养盐和污染物长期随泥沙淤积，水库淤泥将逐步成为流域生态的安全隐患。

第七，长江中游防洪风险仍然很大。三峡水库蓄水前，长期河道淤积等已使实测的1998年城陵矶同流量水位比1954年抬高了1.8米。目前，河道冲刷虽然降低了枯水位，然而实测的同流量洪水水位还有所抬高，相同洪水下荆江的流量反而增大。此外，库区岸坡稳定、通航数量和保证率提高等因素又严重限制了三峡水库防洪调度的灵活性，上中游规划分蓄洪区规模长期不落实、建设严重滞后。长江中游防御1954年标准大洪水的风险仍然很大。

九三学社中央认为，上述长江流域生态环境的新态势对流域水资源保护、开发和国家治理能力提升都提出了重要挑战。河流建坝的长期生态作用和环境影响是公认的世界性科学难题，水利水电工程仍是“两害取轻”的权宜之计。当前长江流域出现的生态问题，有工程性的、也有科学性的、更有全局性的管理问题；有已经取得共识、亟待解决的问题，也有尚无定论、亟须研究的问题。因此，应深化改革、理顺体制、健全机制、加强研究，有的放矢地加以应对和治理。

2015年9月，九三学社中央向中共中央、国务院报送了《关于长江上游水利水电工程对全流域生态环境影响的调研报告》，提出以下几个方面的建议：

第一，实施河流生态修复。当前长江流域生态环境面临的一些工程性问题，可以通过管理措施、调度和技术手段等进行修复，降低水利水电工程的不利影响。建议：一是用“水资源工程”重新定位上游的水利水电工程。大中型水库10天以上运行要以流域水资源优先的目标进行管理，权限属国家所有，电力企业运行必须遵从这一原则。在上述原则下，金沙江中上游、雅砻江和大渡河水库汛期以蓄水蓄能为主，金沙江下游主汛期要降低汛限水位、相机拦洪和提前蓄水，三峡工程应严格执行既定防洪职责、采取优化措施努力提高防洪能力。二是加强中下游河道维护和落实分蓄洪区建设，保证中下游河道按设计标准泄洪，避免河道萎缩、保护泄洪能力。三是研究采取机械措施等在水库挖泥用于修复下游河流基本泥沙通量，将各级水库淤积粗沙和近坝段细泥浆尽量转移到下游，努力抑制河流冲刷下切和恢复自然河流浑浊状态，保护河流自然环境容量和生境，提高水库的可持续性。四是扩大荆江松滋口分流并建闸控制，形成调节机制，即中小水期更多引清水入洞庭湖增加湖区水量和环境容量、抑制清水对荆江主河道的冲刷下切；洪水期根据江湖水情实时调控，最大限度有利于发挥荆江和洞庭湖区防洪功能。从而维护江湖关系的相对稳定性，更好利用三峡和洞庭湖调控长江中游洪水和水资源。五是严禁在三峡库区围占水域、加强消落带治理和环境保护。

第二，调整流域综合规划。《长江流域综合规划》（以下简称《长流规》）是开发、治理和保护长江的重要依据。2012 年国务院批复的《长流规》突出了流域生态环境、河流健康与水安全的重要性，但随着发展和情况变化也逐步暴露出一些不足。为此建议：一是全面开展长江流域水生态承载能力评估和水利水电工程生态环境影响后评价，以此为基础和问题导向，在“十三五”规划中加强《长流规》与主体功能区、产业发展方式及布局等经济社会发展规划的衔接和协调，确保长江经济带战略顺利实施与生态环境保护双赢。二是研究制订保障长江流域一体化管理的法律规章，统筹协调资源开发、流域保护和区域发展的关系。三是落实“蓄泄兼筹、以泄为主”方针，调整长江上游水库群的蓄泄原则，改变当前规划过分依赖上游水库为中下游防洪的做法，切实依靠三峡工程等关键防洪设施保护中下游安全，缓解上游水库汛后蓄水造成的中下游河湖秋旱。四是干流和大型水利水电梯级工程规划要突出安全管控，强化对极端突发事件的应对措施。

第三，改革流域管理体制。通过流域综合管理实现长江干支流水资源科学合理调度是充分发挥工程综合效益、减轻不利影响、平衡经济社会发展与生态环境保护的关键。但是，目前权责不匹配、管理条块分割的体制仍是主要阻碍。长江上游控制性工程仅在防洪抗旱期间由国家防总调度，国家防总没有统筹水量和生态环境需水的能力和职责，各大水库蓄泄主要由极其分散的电力企业管理。水电企业往往过于重视直接利益而忽视生态效益。水利水电行业重建轻管、重电轻水、重直接效益轻综合效益、重枢纽轻流域、重当前轻长远等现象十分普遍。此外，沿江各地区各自为政的现象也较为突出。目前实行的特殊情况统一调度与一般情况分散调度相结合的干支流控制性水库调度管理模式，造成权限和目标分散，不能实现高效和优化的水资源管理。为此建议：一是重构流域综合管理机构，赋予其流域统一管理职能，确保权力与责任匹配，体现国家意志；改变过去“以用为主”的理念，将“水利”与“利水”并重，把河流综合效益作为水利水电工程管理的主要目标，将水利水电开发与区域经济社会发展和生态环境保护有机结合起来。二是使相关政府部门、流域管理机构的职能回归到流域规划和河流保护上，与工程利益彻底脱钩，将其所属的勘测、设计与研究机构转变为独立的第三方机构。三是在水利行业率先构建投资、设计咨询与决策三方独立和相互制约的建管体制。四是推动建立绿色水利水电工程认证制度，转变行业发展模式。

第四，健全流域协调与工程利益分配机制。在流域统一管理体制下，需要一系列科学合理的跨部门和地区的协调机制、稳定的投入机制和统一的信息平台作为保障。但目前相关机制亟待建立健全。为此建议：一是完善联合调度与协调机制，按照“兴利服从防洪、电调服从水调、局部服从整体”原则加强统一调度、提高生态调度的地位。二是调整水电工程的地区利税分配机制，更大程度体现流域利益相关方的权利、义务和责任。改革水电直接利益分配机制，加大生态保护投入；除水电工程建设、维护、企业正常运转和常规发展等必须支出外，水电直接收入应主要用于流域发展和生态环境保护，包括上游水源区和库区的产业结构优化、移民生活条件改善、污水处理、上下游生态补偿、流域生态修复与物种保护等。三是整合建立公益性的国家河流资源环境监测和信息机构，全面布局流域资源、环境与生态监测体系，建立权威的国家基础数据平台，加强数据公开和共享。

第五，改革水利科研体制，加大研究力度。目前，水利水电基础研究薄弱，对很多重大科学问题缺乏共识。工程科研与工程直接挂钩，立项和成果的应用受业主和设计单位控制，研究的独立性、问题导向性和公益性不足，创新成果少。基础研究很难涉足工程问题，不同的观点、方案和意见难以得到工程采纳。对社会十分关注的水利水电工程建设与区域气候、生态环境变化的相关性等缺乏研究，大坝影响河川径流的机理还不清楚，对流域建坝与区域经济社会相互作用缺乏科学认识，对水利工程和河流资源价值认识还停留在计划经济和技术经济水平很低时代的水平。为此建议：一是建立由第三方管理和评估的工程科研立项与评估体系，对国家负责，协调和开展工程可行性与环境影响等研究评估，经费仍由工程投入按比例划拨但独立使用。二是组建类似美国地球物理协会的研究联合体负责协调开展流域开发与保护的基础科学研究。三是设立重大科技计划，对当前各流域（包括黄河等其他流域）已建水利工程与河流变化的相互关系、水利工程与流域环境之间的相互关系、河流资源与水利工程的经济社会价值、水电的长远角色与流域可持续利用，流域大数据技术和数值化管理等重大科学、技术与社会问题开展长期跟踪和系统研究。

调研报告报送中共中央、国务院后，得到中共中央和国务院领导同志的肯定和批示。

二、助推黄土高原“固沟保塬”综合生态治理

黄土高原沟壑区涉及甘肃省庆阳、平凉，陕西省延安、铜川、渭南、咸阳，以及山西省吕梁、临汾、运城等 9 个地市 48 个县市区，总面积 3.56 万平方公里（包括塬面和沟壑）。陇东地区属于典型的黄土高原沟壑梁卯区，面积在 1 万亩以上的塬区超过 40 个，总面积在 1 万平方公里以上，其中水土流失面积达到 90%，直接威胁区域内人民群众的生存安全和城市的健康发展，阻碍国民经济发展。因此，实施固沟保塬具有十分重要的紧迫性和可行性，事关人民生命财产安全、扶贫开发的有效实施、粮食安全、能源安全保障和黄土高原及黄河流域生态建设。为此，九三学社甘肃省委、庆阳支社就固沟保塬问题进行了深入调研，并将其作为与九三学社中央 2015 年的合作调研课题上报社中央，希望共同推动这项艰巨的水土保持、生态建设工程。这一课题得到了九三学社中央的高度重视。

2015 年 6 月 10 日至 12 日，全国政协常委、提案委副主任、九三学社中央副主席赖

明率九三学社中央调研组到甘肃省庆阳市围绕“黄土高原固沟保塬，建设黄土高原生态文明示范区”开展调研。赖明一行先后到镇原县屯字塬莱子沟、西峰区南小河沟、董志塬驿马镇驿马大沟和北胡同沟实地考察塬面侵蚀情况及综合治理现状，并与庆阳市委、市政府及扶贫办、林业、水利、黄委会等部门进行了深入座谈交流。赖明指出，黄土高原固沟保塬是事关黄土高原区生态建设、粮食安全、能源建设的全局性问题，事关人民群众的生命财产安全。推动实施固沟保塬综合治理意义非常重大和深远。他表示，相信只要算清经济账、政治账、生态账及技术账，树立尊重生态、顺应生态、保护生态的文明理念，通过方方面面的不懈努力，扎实推进固沟保塬综合治理，“天蓝、水碧、山青、地绿”的美丽愿景就一定能实现。

综合调研情况，九三学社中央认为，新中国成立以来，党中央、国务院高度重视高原沟壑区治理，各地因地制宜大胆探索和实践，成效显著。但目前塬区因自然和人类活动受到破坏的状况仍在加剧，亟须固沟保塬、沟坡兼治。固沟保塬综合治理的紧迫性体现在以下几个方面：

第一，固沟保塬事关人民生命财产安全。塬区降雨集中在7、8、9三个月，暴雨强度大、持续时间长，灾害频发。据统计，目前庆阳市118条抢救性沟道周边共有居民32373人，学校27所、学生10837名，其中沟道沿线50米以内有学校13所、学生4551名。每遇降雨来临，村干部都要敲锣打鼓紧急动员在塬边居住的村民转移。

第二，固沟保塬事关扶贫开发的有效实施。黄土高原沟壑区48个县市区中有20多个国家级贫困县或特困片区县。到2014年底，仅庆阳市就有贫困人口31.82万人，贫困发生率19.8%。支离破碎的沟塬地形不断变化，影响了居民安居、基础设施建设和产业发展。西部地区扶贫开发最大的制约因素是交通，而塬区道路修建和维护常常遭受水土流失之困。例如，上里塬南沟20多年来塌陷50—60米、长100多米,2013年雨季时，洪水将沟口推进10多米，导致主要道路长距离蹋陷。类似例子很多。

第三，固沟保塬事关粮食安全。塬区光热条件好，适宜种植冬小麦、玉米、高粱、糜谷、豆类、马铃薯等粮食作物，是全国重要的小杂粮产地和现代旱作农业示范区。严重的水土流失，一是造成塬面萎缩耕地减少；二是沟头前进、沟道加宽破坏耕作区基础设施，比如宁县太昌乡上肖村村民反映，由于沟道阻隔，塬区有六七百亩土地已无法耕种；三是使土壤肥力下降和有机质降低，比如董志塬区每年流失氮磷钾总量达225万吨。保住塬面、保护耕地资源，对保持和增强粮食生产能力至关重要。

第四，固沟保塬事关能源安全。塬区能源资源丰富。仅庆阳市石油、煤炭、天然气等矿产资源，就折合油当量约1230亿吨。董志塬是长庆油田的发源地和主产区之一，40年来累计生产原油4300多万吨。《陕甘宁革命老区振兴规划》提出，以庆阳、平凉为龙头建设煤碳化工基地和西电东送基地。已有中石油、中石化、延长、华能、中铝、中电投等央企进驻开发。能源资源开发给当地发展带来了新机遇，也对生态环境保护提出了新课题。

第五，固沟保塬事关黄土高原及黄河流域生态建设。目前，黄河流域水功能区废污水入河量33.76亿立方米，主要污染物化学需氧量（COD）100万吨、氨氮9.44万吨（主要是水土流失造成），Ⅲ类以上水质河段仅占40%。黄土高原沟壑区的径流量主要来自塬面，占总量的 67.4%—78.1%，泥沙主要来自沟谷，占总量的 66.7%—97%。实施固沟保塬可改善黄土高原生态环境，同时减少入黄泥沙量。

九三学社中央认为，固沟保塬综合治理的可行性体现在：一是固沟保塬已有一些行之有效的办法。比如，庆阳市采取了兴修梯（条）田、营造水保林（草）、实施生态修复封禁治理、修建各类小型水保拦蓄工程，等等。特别是，黄委会历经 60 多年在南小河沟探索出了“塬面径流调控、坡面植被恢复、沟道水沙集蓄”三道防线治理模式，即在塬面扎胡同、改道路、沟头修建蓄排水工程，控导径流下沟；在坡面造林种草修梯田减少水土流失；在沟道修建谷坊、淤地坝，抬高侵蚀基点，拦泥造地。这套治理模式对控制水土流失、保护和修复生态效果非常显著。国内外专家认为，南小河治理的研究数据、对比案例、结论都是科学可靠的，形成的固沟保塬科研成果非常成熟，可以大规模推广。

二是实施固沟保塬可以产生良好经济社会效益。据第二次全国土地调查，仅庆阳市废弃旧村庄就有 123.75 万亩，可结合固沟保塬开展废旧宅基地复垦、村庄改造和闲散地整理；该市沟道有整治潜力的 415 万亩，可开发利用的 285 万亩，开发后可增加耕地 45 万亩。

调研结束后，在广泛征求相关单位部门意见和建议的基础上，九三学社中央完成了《关于黄土高原“固沟保塬”综合治理的建议》，提出：

一是鉴于黄土高原固沟保塬涉及范围广、任务重、投入大，将其列入国家“十三五”规划统一实施。

二是尽快组织专门力量将黄土高原沟壑区的塬区分布、各沟塬现状等基本情况全面摸排，实事求是确定治理的规模、目标和阶段性安排。

三是对塬区各地的治理经验进行梳理和总结，优化治理模式和措施。由于塬区地形地貌极其复杂、不同区域差异很大，应强化有关部门和地方政府的协作，特别重视发挥地方政府的主观能动性。

四是加强科技支撑。深入开展固沟保塬科技创新专项研究，如沟壑区土地资源退化控制与地力恢复研究，沟头治理模式研究，阳坡造林技术优化研究，水土保持与土地人口承载力的适应性研究，塬面雨水资源调控、配置和优化利用研究，等等。

2015 年 7 月 14 日，九三学社中央将建议报送中共中央、国务院，得到了中共中央和国务院领导同志的高度重视并做出批示，有力推动了相关项目的实施。

三、建言进一步完善中央财政科技计划管理

科技体制改革是九三学社中央长期关注的重点课题。自 2008 年起，为了落实九三学社中央主席韩启德提出的“全社上下都要充分发挥自身特色，将‘促进科技发展和自主创新’作为一项长期的战略性调研任务”的要求，九三学社中央成立了以时任全国政协副主席、九三学社中央副主席王志珍为组长、另外五位九三学社中央副主席为副组长的“促进科技发展和自主创新”课题组，持续就相关问题开展调研。多年来，调研组赴各地进行调研，开展了近万份“我国科技和高等教育发展情况与对策”的问卷调查，并先后

赴德国、芬兰、爱尔兰、美国和加拿大等国考察科技管理体制，分别形成专题调研报告、提案，并通过高层协商等渠道积极建言献策。

2009 年，九三学社中央在《我国科技创新与科技管理体制改革》的研究报告中，提出建立科技政策执行和协调委员会；建立科技项目的决策、执行、监督、评估相分离的管理和运行机制。2011 年，韩启德致信时任国务委员刘延东同志，建议进一步强化国家科技宏观决策实施中的统筹与协调管理；建立涵盖国家全部科技项目的统一管理平台；通过重组、联合等方式促进科研机构整合。2013 年全国“两会”期间，九三学社中央副主席马大龙代表九三学社中央作了题为《优化科技资源配置　提高科技投入效率》的大会发言，指出官员和行政部门不应过度干预具体科技课题的立项和资源配置，提出充分发挥市场在科技资源分配中的主导作用、加强对科技项目立项第三方监督和建立问责制度等建议。2014 年 9 月，韩启德在《求是》杂志刊登署名文章《充分发挥市场在配置科技资源中的作用》，再次提出加强科技资源配置的统筹协调和公开透明，用好政府这只看得见的手等具体建议。

2014 年以后，中共中央、国务院在科技体制改革方面出台了许多重大举措，很多内容涉及科技界和社会各界长期呼吁解决的重大问题。2015 年 1 月 7 日，国务院印发《关于深化中央财政科技计划（专项、基金等）管理改革的方案》（以下简称《方案》）。《方案》提出，政府不再直接管理具体项目，而是通过公开统一的国家科技管理平台宏观统筹，依托专业机构来具体管理。九三学社中央近年来就科技体制改革的调研成果在《方案》中多有体现。

然而，科技管理体制机制的完善不可能一蹴而就。长期以来科技管理体制机制存在的一些问题，仍需加以重视。2015 年 3 月，在前期持续调研的基础上，九三学社中央形成了《关于进一步完善中央财政科技计划管理的建议》，并提交全国政协十二届三次会议。《建议》提出，为了进一步完善中央财政科技计划（专项、基金等）管理，针对《方案》提出如下建议：

第一，优化联席会议制度。《方案》提出了建立由科技部牵头，财政部、发展改革委等相关部门参加的科技计划（专项、基金等）管理部际联席会议（以下简称联席会议）制度。在此基础上，财政部按照预算管理的有关规定统筹配置科技计划（专项、基金等）预算。各相关部门做好产业和行业政策、规划、标准与科研工作的衔接。鉴于以往科技部门的科技口会商制度、部门协调机制等统筹力度不足、协调效果有限等客观现实，在联席会议制度中应着力强化科技行政管理部门的主导地位，防止形成新的部门分割和各自为政，切实起到资源整合的作用。

第二，设立更高层次战略咨询委员会。《方案》设立了从属于联席会议的战略咨询与综合评审委员会，主要任务是对科技发展战略规划、科技计划（专项、基金等）布局、重点专项设置和任务分解等提出咨询意见，为联席会议提供决策参考；对制订统一的项目评审规则、建设国家科技项目评审专家库、规范专业机构的项目评审等工作，提出意见和建议；接受联席会议委托，对特别重大的科技项目组织开展评审等。此外，还应该设立直属于国家科教领导小组、地位与联席会议平行、超脱部门利益的更高层次战略咨询委员会，这是当前我国科技管理体制中的薄弱环节，也是发达国家通行的做法。该战略咨询委员会的主要职责是分析重要领域的科技发展趋势，确定科技发展战略规划方向。

第三，加快培育社会化的第三方项目管理专业机构。关于项目管理专业机构，《方案》提出将现有具备条件的科研管理类事业单位等改造成规范化的项目管理专业机构，由专业机构通过统一的国家科技管理信息系统受理各方面提出的项目申请，组织项目评审、立项、过程管理和结题验收等，对实现任务目标负责。同时，《方案》提出将鼓励具备条件的社会化科技服务机构参与竞争，推进专业机构的市场化和社会化。这为项目管理专业机构的发展指明了发展方向。应加快改革探索的步伐，下力气扶助发展真正独立于政府部门的、市场化和社会化的第三方项目管理专业机构，并建立对专业机构的评估和监督机制。防止形成一批新的“二政府”和新形式的“跑部钱进”。

第四，完善对整合后的计划（专项、基金）的支持方式。针对《方案》布局的新五类科技计划（专项、基金等），我们认为，关于国家重点研发计划中的“社会公益性研究”，其中的生态环境、健康、能源等领域的研究既有公益属性也有市场化属性，因此，应根据项目的不同属性，选择政府直接支持的方式或是引导市场投入的间接支持方式；关于技术创新引导专项（基金），应更加强调发挥市场对科技成果的评价和筛选作用，注重采用引导基金、后补助、风险补偿等政策手段，使那些做出业绩的企业、特别是那些创新业绩好但处在成长期的小微企业能够得到政府的支持。

第五，加强军口与民口的科技计划管理部门的统筹协调。习近平总书记指出，“要坚定不移走军民融合式创新之路，在更广范围、更高层次、更深程度上把军事创新体系纳入国家创新体系之中，实现两个体系相互兼容同步发展，使军事创新得到强力支持和持续推动。”目前的《方案》仅涉及民口科技计划管理相关部门之间的统筹协调，从长远来看，还应加强军口与民口的科技计划管理部门的统筹协调，完善相关工作机制，着力破除制约军民融合的体制机制障碍，切实推动军民融合深度发展。

在全国政协十二届三次会议上，《关于进一步完善中央财政科技计划管理的建议》列入重点办理提案。2015 年 9 月 5 日，科技部副部长侯建国一行专程到九三学社中央，就该提案的办理工作进行会商。九三学社中央赖明副主席出席会议。赖明充分肯定了科技部和财政部在认真贯彻落实中共中央国务院有关的要求、大力推进工作开展所付出的努力及取得的成效。赖明表示，任何改革都是利益格局的重新调整，会遇到来自方方面面的阻力，这次改革科技部承担了更多的责任和任务，但是为了国家和民族的利益，希望科技部要有担当的精神，与各部门通力协作，做好科技计划优化整合工作。侯建国表示，此次来访九三学社中央，一方面是结合科技部当前正在做的科技计划改革工作进行通报，另一方面是结合该提案的办理工作做答复和说明，并针对九三学社中央提出的意见，进一步完善提案办理工作。他指出，科技部很多工作的改进，得益于政协提案提出的建议，并对九三学社多年来对科技领域做出的工作表示感谢。

四、建言构建农业规模经营条件下耕地保护机制

中共十八届三中全会强调“加快构建新型农业经营体系”。2014 年 11 月中央出台了《关于引导农村土地承包经营权有序流转，发展农业适度规模经营的意见》。九三学社

中央调研发现，从长远看，农村土地适度规模经营必然带来农村生产关系的深度调整和变革。我国的耕地保护压力很大，现有耕地保护机制是基于“家庭经营、统分结合”双层经营体制设计、并更多地通过行政措施实施的。土地适度规模经营要“坚持家庭经营在农业中的基础性地位”，将会形成土地所有权、承包权和经营权“三权分置”，对落实最严格耕地保护制度既是机遇又是挑战。因此，探索与农业适度规模经营相适应的耕地保护机制势在必行。实践证明，对事关某项改革发展的权责关系先行确定比搁置一段时间后加以校正或重构成本低、难度小、效果好。

2015 年 3 月，九三学社中央形成了《关于构建农业规模经营条件下耕地保护机制的建议》，提交全国政协十二届三次会议。《建议》认为，基于耕地保护和粮食安全的角度，应从以下几方面着手构建农业适度规模经营条件下的耕地保护机制。

第一，禁止流转土地“非农化”，遏制流转土地“非粮化”。十八届三中全会后，一些地方表现出流转农地的强烈冲动，允许或默许改变流转农用地的性质来获取超额收入。对此，必须约法三章，设置“高压线”，通过民事、行政、司法等手段保障流转土地不被“变性”。应切实防止“为了流转而流转”，端正流转土地经营权的动机。在今后较长时期内，推进土地适度规模经营都不可遍地开花，应把重点放在耕地富集区、粮食主产区和主要经济作物产区。即便是在这些地区，对土地流转的速度、节奏也应有控有调，不可“一哄而放”。应合理调整农业产业结构，科学规划粮经比、粮食作物比重和口粮作物比重。

第二，把握好土地经营规模的“度”。农村土地承包权由家庭享有的重要社会价值之一是维护稳定。集约经营土地的规模如果过大，会给农村社会带来新的不公正；如果过小，经营者获利少，积极性会受挫。多大的土地经营规模才算“适度”，应组织有关专业机构进行深入研究，尤其要重点研究与我国国情基本类似的日本、韩国的相关做法。既要研究确定分户经营的规模水平，又要研究确定集约经营的规模水平。对此，需要从国情、地情和发展阶段出发，充分考虑当地城市务工者和务农者的收入水平及其变化趋势、地理条件、耕作效益、土地流转期限等因素的影响。

第三，支持适当改造、扩大耕地面积。应通过相关项目资金倾斜，支持新型农业经营主体对流转土地进行基础设施改造、荒地改农田、小田改大田、旱田改水田，扩大耕地面积。应对经营主体的投入、土地整治增加的耕地在流转期满后如何处分提前约定，防止日后出现权益纠纷。

第四，鼓励经营主体向上下游延伸产业链。土地规模经营主体需支付土地流转费和大量生产投资，倘若单纯从事一般种植业则增值空间有限。而产业链条在一定限度内越延长、多产业越紧密联系，经营主体抗风险的能力就越强，弱势的农业产业就有可能强起来，市场竞争力也会提升。产业市场竞争力的提升、经营者效益的增加是保护农业的有效途径，耕地也会因此得到保护。除鼓励新型农业经营主体发展传统的种植、养殖、加工和产供销经营模式外，还应重点支持发展农村电子商务和农产品物流业。

第五，谨防新的粗放式和掠夺式生产。虽然规模经营能够产生规模效益，但规模经营也可能导致一味向规模要效益。因此有人认为，规模经营不如小户经营精细，不利于增加粮食供给目标的实现。同时，经营者为了追求短期利益最大化，也极易对土地掠夺式生产。对可能出现的这些问题都要明文规定加以防范，比如可实行耕地质量的合同管理等。

第六，对土壤进行约束性修复。虽然我国法律对“培肥地力，提高农业生产能力”规定了鼓励性条款，但效果并不理想。由于一家一户经营小规模土地，很多农民必然向“种满种足”“高产多产”要效益，无暇顾及土地的休耕和“补养”。土地适度规模经营从客观上提供了采取技术性、环节性措施涵养耕地的条件。同时，有调研表明，一些地方农村土地重现季节性抛荒，这说明如果按现有种植规模是可以保证粮食产量的。应抓住构建新型农业经营体系的契机，出台政策，由国家给予补偿，约束和激励经营主体对规模经营的土地有计划、分轮次地进行土壤修复、地力培育，补偿标准可依经营者的额外花销、实际损失和农田地力效益等因素确定。

2015 年 3 月 8 日下午，全国政协十二届三次会议在全国政协礼堂举行提案办理协商会，主题为“加大耕地保护工作力度，为人民群众提供优质安全的农产品”。九三学社中央提案《关于构建农业规模经营条件下耕地保护机制的建议》作为交办的提案之一入选相关提案汇编。九三学社中央副主席赖明作为提案单位代表在会上发言。

五、关注转基因农产品的风险和机遇

近年来，转基因农产品一直是个热点话题。“挺转”和“反转”人士各执一词，争议很大，难以达成共识。为做好有关转基因技术研究与应用方面的建言献策工作，2015 年，九三学社中央决定将转基因农产品作为重点调研课题。3 月 2 日，九三学社中央农林专委会与中央参政议政部共同邀请社内外专家学者在中国农业科学院作物研究所召开“转基因工程及相关产业发展研究”课题座谈会，该项课题正式启动。九三学社中央副主席赖明出席座谈会。赖明在座谈会上对调研方向和路径作了明确。赖明表示，做好这个课题研究意义十分重要。一是要突出议政实效，不在技术性问题上纠缠，技术问题要封闭在专家范围内进行。二是要坚持问题导向，梳理出“反转”和“挺转”的问题症结。三是要在科学决策和战略对策上下功夫，有针对性的解决困扰我国转基因重大专项工程发展的经济战略问题、社会伦理问题、环境和食品安全问题，以及做好科普宣传工作。全国政协委员、社中央农林专委会主任、中国农科院作物研究所所长万建民代表课题组介绍了课题背景、目的意义及国家重大专项的实施情况。其他与会专家学者分别从我国转基因工程发展的现状、存在问题、社会舆论走向及原因、国家战略及政府行为、转基因与营养安全的相关性等方面进行了全面、系统、有针对性的探讨，为后期调研座谈打下基础。3 月 20 日，九三学社江苏省委邀请社内外专家就转基因问题进行专题座谈。4 月 2 日和 5 月初，九三学社中央又分别召开了两次调研座谈会。全国政协副主席、九三学社中央主席韩启德在座谈会上指出，九三学社是以科技为特色和优势的参政党，在转基因技术应用这个具有战略意义的重大问题上要努力发挥自己的作用，社员们要更加积极参与到这个问题的研究和讨论中来。

2015 年 10 月 8 日，全国政协主席俞正声在京主持召开双周协商座谈会，围绕“转基因农产品的机遇与风险”建言献策。全国政协副主席、九三学社中央主席韩启德出席会议。九三学社中央副主席、农业部副部长张桃林介绍有关情况。

张桃林说，自1996年世界转基因农作物商业化应用以来，转基因安全问题一直受到社会广泛关注，尤其在我国，争论更是不绝于耳。张桃林从六个方面介绍了有关情况。一是转基因技术是农业科技发展前沿。20世纪以来，遗传理论的突破实现了基因资源种内转移，以矮秆、杂种优势利用为代表的作物育种技术掀起一场绿色革命。目前以基因组学、合成生物学、分子生物学为代表包括转基因育种在内的现代农业生物技术快速发展,正在推动新一轮农业科技和产业绿色革命。作为现代生物工程技术前沿的转基因育种，就是通过从生物体中提取结构明确、功能清楚的基因转移到另一个生物体，以获得新性状，培育新品种。转基因育种与传统育种都是对基因进行转移和重组，不同的是传统育种一般为种内基因转移，而转基因育种则打破物种界限实现基因转移，拓宽遗传资源利用范围，更为精准、高效和可控。因此，转基因育种技术是传统育种技术的延伸、发展和新突破。二是农业转基因研究与应用发展迅猛。2014年全球种植面积达1.8亿公顷，主要农作物种植面积中82%大豆、68%棉花、30%玉米、25%油菜是转基因品种；种植转基因作物国家28个，加上批准进口的37个国家，商业化应用国家达65个；全球批准商业化种植转基因作物达28种。目前,全球转基因技术研发呈现研究领域不断拓展、技术更加准确高效、投入大幅度提升的态势。三是农业转基因生物安全风险可控。转基因产品是否安全关键看转入基因、表达产物以及转入过程是否增加风险，需要个案分析，逐个开展安全评价以确保安全。农业转基因技术安全性主要包括食用安全和环境安全。国际食品法典委员会（CAC）联合国粮农组织（FAO）与世界卫生组织（WHO）等制订了一系列转基因生物安全评价标准，是全球公认的评价准则。包括对转基因产品食用毒性、致敏性、致畸性，以及对基因漂移、遗传稳定性、生存竞争能力、生物多样性等环境生态影响安全性评价。获得安全证书的转基因生物及其产品就是安全的。事实上，全球商业化种植转基因作物已有20年，迄今未发生一例被科学证实的安全问题。四是我国农业转基因安全管理科学规范。我国遵循国际通行指南，建立健全适合国情并与国际接轨涵盖转基因研究、试验、生产、加工、经营、进口许可审批和产品强制标识等各环节法律法规、技术规程和管理体系；加强技术支撑体系建设，组建由农业、医药、卫生、食品、环境、检测检验相关领域专家组成的国家农业转基因生物安全委员会、全国农业转基因生物安全管理标准化技术委员会，建立由农业、科技、环保、卫生、食药、检验检疫等12个部门组成的农业转基因生物安全管理部际联席会议制度，并在农业部设立农业转基因生物安全管理办公室，县级以上地方政府农业行政主管部门负责本行政区域内农业转基因生物安全的监督管理工作；加强转基因标识的管理，发布了《农业转基因生物标签的标识》国家标准，对转基因大豆、玉米、油菜、棉花、番茄等5类作物17种产品实行按目录强制标识。我国对农业转基因生物实行分级分阶段安全评价管理制度，转基因生物安全评价按照风险高低分成4个等级，按实验研究、中间试验、环境释放、生产性试验和申请安全证书5个阶段，在任何一个阶段发现任何一个对健康和环境不安全的问题，都将立即终止。五是我国农业转基因发展机遇与挑战并存。从全球看，转基因技术发展日新月异，抢占科技制高点的竞争异常激烈。发达国家都把转基因技术作为新一轮农业科技革命的重要方面，纳入国家战略重点。转基因作物商业化应用在更大规模、更大范围快速扩大并不断向多功能、多领域拓展，正改变着世界农产品贸易格局，我国农业产业发展面临新挑战。从国内看，推动转基因研究与应用是我国既定战略决策，特别是作为我国农业领域唯一的国家科技重大专项，“转基因生物新品种培育重大专项”实施以来，以水稻、小麦、玉米、大豆、棉花五大作物为重点，以抗病虫、耐除草剂、养分高效利用、高附加值、功能性等转基因作物新品种培育为目标，取得一系列重大进展，初步建成独具特色的转基因育种科技创新体系，整体研发水平在发展中国家居领先地位。另一方面，农产品刚性需求增长与资源环境约束趋紧并存，依靠常规技术提高单产越来越难，急需加快培育一批抗虫、耐除草剂、抗旱、耐盐碱等抗逆农作物重大品种，保障农产品的数量安全和质量安全；急需加强研究，找到与产量、品质相关的基因，提高单产水平，改善品质结构，实现农业从传统的资源消耗型向环境友好、优质高效型现代农业转变。同时对转基因的争议在我国一定程度上已变成了一个被反复炒作、过度放大，甚至妖魔化的话题，影响到转基因的健康发展。关于转基因的争论，既有公众科学认知问题，也有一些虚假报道与谣言被反复炒作的误导。当然，应该清醒认识到目前我国转基因监管机构、队伍、手段仍显薄弱，亟待加强，违规种植转基因作物的现象也偶有发生。此外，在转基因产品标识及管理方面，我国实行的是更加严格的按目录强制订性标识制度，无疑增加了标识的成本和监管的难度。六是我国农业转基因发展战略与重点任务。针对干旱、盐碱、病虫多发、气候变化等农业发展重大问题，实施抢占制高点战略、技术储备战略、产业应用战略，优先攻克抗旱、抗虫及耐除草剂等性状在主要农作物应用上的技术难关，培育转基因优质棉、抗虫及抗旱玉米、耐除草剂大豆等重大品种，带动现代种业发展加强技术研究，占领制高点；研究制订转基因品种审定办法，建立健全相关制度，强化转基因生物安全属地管理制度和研发者“第一责任人”责任，加强监督管理，确保安全；依靠宣传主渠道，积极运用新媒体，加强与公众沟通交流，扩大科普宣传覆盖面。

在前期调研基础上，九三学社中央副主席、中国农业大学植物生理与生化国家重点实验室主任武维华，九三学社中央委员、中国农业科学院作物科学研究所所长万建民，九三学社社员、中国食品药品检定研究院标准物质与标准化研究所所长肖新月在座谈会上建言。

武维华说，党中央国务院对转基因技术发展战略的态度是明确的，这在相关文件中都有明确表述。国家同意设立“农业生物转基因研究重大科技专项”也表明对转基因技术研究发展的支持。2001 年，国务院颁布《农业转基因生物安全管理条例》以及一系列配套规章，但在实施过程中尚有许多不到位的现象。例如，我国目前已种植近 6000 万亩转基因抗虫棉，但种植地区政府部门并不承认其存在。政府部门在监管工作上总是“慢半拍”，经常是在媒体不一定准确的“曝光”之后再被动跟进，无疑加剧公众对转基因技术的质疑。又如，目前转基因生物安全试验申请报批及日常安全监管由地方政府相关部门负责，而执行标准和具体办法各地不尽相同，有的地方明令辖区内不准有任何转基因作物种植包括严格监管下的试验。这一方面在监管及公众认识上可能造成混乱，另一方面也不利于转基因技术研发工作的推进。武维华就此提出四点建议。一是尽快推进转基因生物安全管理立法，同时重点建设科学评估体系、有效审批体系和负责任的监管体系。二是积极推进我国有自主知识产权的饲用粮食作物转基因品种，如玉米和大豆的种植。三是依法、科学、主动积极对转基因生物研发和应用进行严格有效监管并及时公开透明地公布相关信息。四是积极开展有公信力的转基因科普宣传，媒体报道应科学准确，树立公众对转基因的科学认知，营造良好科学氛围。

万建民说，2008 年，我国启动“转基因生物新品种培育”重大专项。经过 7 年不懈努力，建成了独立完整的转基因育种研发体系，获得一批具有自主知识产权和重大育种价值的基因，培育一批突破性转基因生物新品种，为保障国家食品安全提供科技支撑，明显缩短了与发达国家差距、提升了国际竞争力。目前，以美国为首的跨国公司在转基因研发和产业化方面进一步加大了投入强度，国际垄断倾向越发明显。万建民针对我国转基因技术研发与产业化面临的问题，提出三点建议。一是进一步完善转基因生物产业化政策，以抗虫转基因玉米为突破口，加快转基因作物产业化步伐。二是强化基因克隆、基因操作、安全评价等核心技术自主创新，抢占国际制高点，提高转基因生物新品种研发整体竞争力。三是继续加强转基因水稻研发，保持国际领先地位，加强转基因小麦研发，为保障国家口粮安全提供战略储备。

肖新月认为，转基因农产品及其加工衍生品生产链条长，涉及多个行业监管部门。由于终端产品用途不同，“安全”风险等级及其监管职责不同，应该区别对待。肖新月就加强转基因上市产品监管提出三点建议。一是尽快形成转基因上市流通农产品质量控制标准。按照先有产品后有标准，先有企业标准后有国家标准，强制标准和推荐性标准并举，科学合理、公正有效的技术质量标准形成过程和管理特点，实现依标准检验、依法律监管。二是按食品及各类产品用途制订“安全”评价标准，按级别标注管理。“安全”评价标准包括上市许可审评技术规范和上市后监管检测标准。当务之急是评价标准和独立第三方评价机构，按产品中转基因成分，划分风险等级并分类，规定各类别阈值范围及其检测方法。评价标准发布后，由生产者按规定标识转基因产品，不是转基因产品免予标注或自愿标注“非转基因产品”。三是加强对转基因食品标识宣传与管理。信息公开发布，产品公开标识，让公众有知情权，自由选择权；加强转基因食品检验检测技术能力建设，为监管提供技术支撑。

九三学社中央关于转基因农产品的调研和发言，引起了较大的社会反响。

乔发进　九三学社中央研究室理论研究处调研员

台湾民主自治同盟

一、以台创园为切入点　助推两岸农业合作与基层民众交流

2015年4月上旬至5月下旬，台盟中央围绕落实习近平总书记“四个坚定不移”的讲话精神，以两岸基层民众交流与农业合作为主题，以进一步发挥台湾农民创业园独特作用为切入点，开展了民主党派大调研。

调研活动由全国政协副主席、台盟中央主席林文漪同志带队，全国人大常委、台盟中央副主席、广东省政协副主席陈蔚文，全国政协常委、台盟中央副主席杨健，全国政协常委、副秘书长、台盟中央副主席黄志贤，全国人大常委、台盟中央副主席苏辉以及台盟中央参政议政专委会和部分地方组织负责同志参加。中央统战部、国台办、农业部等部委的同志也参加了大调研活动，并给予指导和帮助。

在具体调研过程中，一是集全盟之智，举全盟之力。调研组先后走访了全国10个省市，实地调查了解了祖国大陆29个台创园中的24个，是大调研工作开展以来覆盖面最广的一次。在台盟人员力量有限的情况下，调研组探索由主席带队调研、副主席带队调研与相关地方组织自主调研三个层次相结合的方法。台盟在全国18个省市建有地方组织，今年有14个地方组织的主要负责同志参加大调研，参与率达到八成。台盟中央参事室以及9个专委会中，有6个参加调研，参与率达到七成。同时，各相关地方组织还广泛调动基层盟员干部的力量，超过一半的调研分报告由基层盟员执笔。

二是规范调研流程，科学谋划实施。针对基层组织广泛参与的新情况，实施了“三个一”：在调研正式开始前，预先制订了一个规范性的《调研流程安排》，明确调研的各环节、时点，明确解剖典型案例的调研方法，确保各路调研活动都能统一有序开展；在调研起始阶段，赴福建漳平台创园，组织了一次各地参政议政骨干力量共同参与的实地考察，将预调研了解情况与培训调研队伍有机地结合起来；在整体调研结束后，组织召开了一次全盟大调研工作研讨会，各组参与调研的同志及时进行交流总结，互相借鉴、互相启发，取得了很好的效果。

三是在两岸共同开展，贴近台湾乡亲。一方面坚持走向田间地头，与台湾企业家、农场主面对面地沟通交流，了解他们的真实想法，获得了大量第一手资料。另一方面，首次实现大调研在祖国大陆和在岛内同时进行，结合对台联络工作，组织精干队伍赴岛内，了解台湾基层农民、农会及乡镇公所相关人士的看法与建议，更加全面准确地掌握情况。

通过深入实地的调查研究，调研组了解到，台创园自2006年启动，在农业部、国台办等主管部门的指导和扶持下，经过近十年打基础、建园区、搞发展、美环境的努力，从无到有，不断发展壮大。目前，各地台创园目前发展势头良好，在引进台湾优良农业品种和技术，促进当地现代生态高效农业发展，培训新型农民等方面，都发挥了重要作用。同时，台创园已成为台湾基层民众来大陆创业的重要平台，有力地促进了两岸基层民众的交流往来与相互了解。许多台农原本在岛内属于小农经济水平，由于祖国大陆台创园的事业平台，成为数百亩甚至千亩农场的企业家。如福建龙岩漳平台创园以高山茶为特色产业，有的台湾农民来园区创业已近20年，大陆广阔的市场、丰富的土地资源和巨大的消费需求，不仅让他们迎来了事业的新春天，也吸引其子女从台湾来到园区，子承父业，从事台湾高山茶生产研发，致力深耕大陆现代农业。

调研组也在实地考察与座谈中了解到，经过十年发展的台湾农民创业园在取得显著成效的同时，目前还存在一些困难和问题：

一是台创园发展偏重经济效益，忽视政治功能。台创园对台工作的定位和“台”字特色没能得到足够重视和充分彰显，这不仅偏离了台创园的出发点和落脚点，更影响了台创园的长远健康发展。

二是台创园发展缺少国家层面有力的扶持政策。29个台创园虽为国家级农业园区，但缺乏中央层面的顶层规划设计与具体扶持政策，“分灶吃饭”的财政体制使得地方政府更加偏重台创园的经济发展与招商引资。

三是台创园中台农台商持续健康发展的产业环境有待优化。如在土地方面，台创园目前引进的大多为比较先进的设施农业、休闲农业等现代农业产业形式，在建设用地指标趋紧，台创园土地多以基本农田为主的情况下，用地指标调整难度不断加大；在融资方面，贷款难、贷款贵是台胞普遍反映的一个问题；在产业配套方面，与台资农企配套的产业链条和产业中介组织发育不足，使得产品内销渠道不畅；在管理模式方面，台创园往往出现机构层级不高、协调力度不大，编制人员有限、工作力度不强，职能转变不到位、事中事后服务不优等问题。

四是台创园在吸引两岸青年创业、挖掘文化内涵等方面的多元功能有待进一步拓展。目前在台创园投资的大多是在台湾有一定资本积累的“创一代”，类似福建漳平创业园内，“子承父业”、致力深耕大陆农业的“创二代”还为数不多。此外，目前台创园对两岸农业产业中蕴含的农本文化、农耕文化、同根文化等传统文化元素挖掘、宣传、利用不够，仅停留在休闲观光等一些浅层次解读上，台创园在两岸民众体悟传统文化，加深民族认同中的作用还可以进一步发挥。

针对存在的这些问题，调研组提出了如下政策建议：

一是进一步明晰台创园在推动两岸农业交流、促进两岸基层民众往来中的功能定位。从祖国大陆来看，需进一步强化台创园对台工作抓手的功能定位，将台创园作为吸引台湾同胞特别是基层民众来大陆发展、创业的独特品牌，作为展示祖国大陆广阔发展前景与对台惠民政策的缩影和窗口。为此建议，加强台创园发展的顶层设计，尽快从中央层面制订全国台创园的发展规划，明确发展思路、发展方向、产业特色、保障措施等内容。同时，由农业部、国台办牵头，尽快制订在全国台创园都具有指导意义的评估考核指标体系，引导各地由侧重台创园的投资规模、企业数量，转向更多关注台创园对当地现代农业发展的溢出效益以及产生的政治效益。同时，结合当前台创园发展的迫切需要，可考虑适时召开中央相关部委参与的联席会议，共同商讨推动台创园发展的政策措施，以真正形成工作合力。

从台湾岛内来看，和当年设置台创园的形势相比，两岸经济力量发生了此消彼长的重大变化，台湾农民和农业企业的资金、技术优势在下降，有能力和意愿来大陆发展的台湾农民数量有限。且岛内一部分人对两岸农业合作，尤其是大陆引进台湾的良种、技术还存在保守封闭的心态。因此，未来一个时期，要增强台创园对岛内的吸引力，需更加突出祖国大陆规模化的土地、广阔的市场空间以及强农惠农富农政策扶持等利好与优势。同时，需向岛内宣传台创园的定位，即台湾农业企业的拓展和延伸、发展空间的拓展和延伸、市场的拓展和延伸。

二是进一步推动台创园先行先试，助力大陆现代农业发展。台创园作为国家对台工作的重要平台，需从中央层面给予强有力的扶持政策。同时，台创园中台资农企遇到的问题，一定程度上也折射出大陆现代农业发展中遇到的共性问题。推动台湾农民创业园先行先试，也可助力大陆现代农业发展。具体来说：在用地政策方面，可进行对比研究，结合本地特点，借鉴台湾发展现代农业的一些用地政策，在设施农业和休闲农业用地方面，适当增加建设用地指标，严格审批和监管，或支持相关地方政府在台创园探索实行一些先行先试的土地政策；在财政支持方面，梳理、整合现有的各类农业开发园区的财政扶持资金，将台创园纳入资金支持范围，将支农政策覆盖到台创园；在金融支持方面，针对台资农企的实际情况，引导银行通过实物担保、企业联保等多种形式开展低息贷款业务，并根据不同农产品的周期特点，采用3—5年中长期贷款等方法缓解还贷压力，对青年创业还可给予更多政策倾斜；在产业配套方面，协助台农进一步拓宽销售渠道，允许台湾农民和农业企业成为大陆农民专业合作社成员，享受农机购置补贴、农业专业合作组织发展资金等政策扶持；在管理模式方面，创新现代农业产业管理方式，可采取政府购买服务方式委托管理经营，吸引台湾管理团队经营台创园，或创新园区人事管理，让台湾同胞参与园区管理工作，营造台湾农民熟悉的营商创业氛围。

三是进一步拓展台创园在传承中华文化、吸引两岸青年就业创业等方面的多元功能。一方面是可将台创园建设成为两岸共同传承中华农耕文化，加深民族和国家认同的心灵家园。台创园优质农业要素富集，可以挖掘其在农事与乡土生活文化体验、审美与传统道德教育等方面的多元功能，利用农耕文化这一纽带，进一步激活两岸同属中华民族的心理基因。另一方面是可将台创园打造成为两岸青年施展才华、创业就业的众创空间。可在台创园内专门设立青年创业项目，有条件的也可设“青年创业园”，建立专项的培训、推广资金以及科技项目等，让两岸青年在共同奋斗、扶持打拼中增进了解认同。

在深入实地调查研究的基础上，台盟中央将相关情况及政策建议形成专题报告《进一步发挥台湾农民创业园平台作用，深化两岸农业合作与基层民众交流》报送中共中央、国务院，得到李克强总理、汪洋副总理等中央领导同志的高度肯定，认为言之有理、论之有据，并交有关部门落实办理。农业部、国台办等国家主管部门落实中央领导同志的批示精神，几次邀请台盟中央召开座谈会，共商推动台创园建设发展的意见建议，同时还征求了发展改革委、财政部等21个国家部委意见，形成了进一步支持台创园发展，推动两岸基层民众往来的工作方案。在具体政策层面，台盟中央的报告中提出了台农普遍关心的贷款利率问题，目前在国家有关部门的支持下，已在福建省6个台创园开展了台资农业企业贷款贴息试点，专项安排500万元用于贷款贴息，使台创园台资农企贷款利率低于台湾水平，有效缓解了一直困扰台资农企的贷款难、贷款贵问题。

二、助推台资参与西部开发开放　打造“一带一路”重要战略支点

发展西部地区开放型经济，是推进“一带一路”建设的重要战略支点，这方面的课题一直是台盟参政议政的关注重点。几年前，台盟结合实现大陆台资企业转型升级，提出了《关于推进“台资西进，IT先行”战略，促进西部地区经济快速发展的几点建议》，得到中共中央的高度重视。经过几年努力，在中央大力支持和地方政府的努力下，目前在西部地区的重庆、成都等地已形成一个具有全球影响力的台资IT产业集群。

以重庆为例，已成为全球最大的笔记本电脑制造基地，全世界每3台电脑就有1台重庆制造，且台资企业在当地IT产业集群中占比达80%。笔电产品大量销往欧洲、中亚市场，带动了国际物流通道建设，开通了全国首列中欧班列——“渝新欧”，为我国中西部地区融入“一带一路”起到了重要的示范作用。

在“一带一路”加快建设的战略背景下，为巩固和扩大台资西进的作用和影响，进一步提升西部地区开发开放水平，2015年，台盟中央与相关地方组织结合两岸经贸合作的现状，对在西部设立海峡两岸经济合作内陆试验区相关问题进行了专题调研。

此次调研工作自6月开始至9月完成，历时3个月，报告先后修改十几稿。在具体调研过程中，首先是台盟中央与相关地方组织密切配合，台盟中央从服务国家“一带一路”战略的大局角度引导调研方向，相关地方组织结合本地实际，围绕产业布局、金融开放、铁路大通道建设等情况开展具体调研。其次是与地方党委政府密切配合，先后多次深入走访相关省市经信委、发改委、外经贸委、台办等部门，面对面了解情况，开展调研。第三是借助社科院及高校专家学者的力量，共同探讨在西部设立海峡两岸经济合作内陆试验区的可行性，发挥专家学者的专业理论优势。第四是多次深入台商协会和台资企业，包括与台资IT品牌或代工企业高级主管、在西部发展实体经济多年的老台商以及从事现代服务业的中青年台商座谈交流，有针对性地倾听他们的意见和建议。

通过深入实地的调研考察、座谈交流，调研组了解到，2008年金融危机后，按照中央调结构，促转型，谋发展的要求，西部地区抓住大陆台资企业由沿海向西部转移的机遇顺势而为，实施“台资西进，IT先行”战略，通过创新招商引资模式，优化政策环境等措施大力引进电子信息产业。在短短几年内，重庆形成了“5家品牌商+6家代工厂+860家配套厂”的产业集聚，产品由最初单一的笔记本电脑向打印机、路由器、交换机等智能终端产品发展，形成多元化发展的格局。台资西进重庆和IT产业的迅速聚集，对重庆产业结构调整产生了极大的促进作用。台资西进过程中，还通过创新加工贸易模式带动了产业链整合，将原来“两头在外”的加工贸易模式，变为“一头在内，一头在外”模式，80%以上的零配件本地制造，形成IT产业上、中、下游产业集群发展。同时，核

心研发、离岸结算、高端咨询服务与IT制造齐头并进。台资IT产业集群的大力发展带来了加工贸易量大幅提升，有力地推动了西部内陆开放型经济的快速发展。

“台资西进，IT先行”为两岸经济合作开辟了新路径，探索了新经验。为主动适应经济新常态，落实国家“一带一路”和“长江经济带”战略，提升西部地区开发开放水平，进一步巩固和扩大台资西进的作用和影响，调研组感到，可以通过在西部设立海峡两岸经济合作内陆试验区，推进两岸交流合作空间由东部地区向西部广大内陆地区拓展，开创对台工作新格局，同时也进一步带动外资、内资、民间资本等向西部地区集聚，加快西部信息化、工业化进程，建设西部内陆开放高地，为新常态下我国经济提供新的增长点。

为此，调研组提出，可以新形势下中央对台工作的总体要求为指导，以两岸经贸融合为主线，参照海峡西岸经济区的做法，结合西部地区实际情况进行体制机制创新，在两岸合作方面先行先试，将海峡两岸经济合作内陆试验区打造成为两岸经贸合作基地，推动海峡两岸在基础设施建设、高新技术合作、现代农业建设等方面加强合作，将两岸经贸合作向更高层面推；打造成为两岸人文交流中心，推动海峡两岸在文化创意、旅游文化交流、教育培训以及就业创业等方面加强合作，将两岸人文交流向更广领域拓展；打造为台资参与“一带一路”和长江经济带建设的载体，为台资企业参与“一带一路”和长江经济带交通、通信、能源等基础设施建设提供条件、创造机会，充分发挥台资企业的比较优势，融入相关的产业链和价值链。

调研组还围绕进一步放宽台资准入，开展对台金融开放创新试点，进一步推动贸易便利化。，赋予内陆口岸与沿海同等的开放政策环境，统筹协调国内中欧铁路集装箱班列的开行，支持对台文化旅游交流，在两岸客机直航航班数量上加大对西部配额等方面，提出了具体的政策建议。

在深入实地调研的基础上，台盟中央形成了《关于在西部设立海峡两岸经济合作内陆试验区，为新常态下我国经济提供新增长点的建议》及相关调研报告，以专报的形式报送中共中央，得到李克强总理、张高丽副总理等中央领导同志的高度重视，要求发改委会同有关部门认真研究。交通运输部专门就涉及交通运输领域放宽台资准入的相关细则，征求台盟中央的意见。在7月习近平总书记主持召开的党外人士经济工作座谈会上，林文漪主席代表台盟中央，就以台资IT产业集聚为良好开端，进一步加快吸引外资，全面提升西部开放型经济水平，打造“一带一路”战略支点相关问题，提出了政策建议。在全国政协十二届十三次常委会上，台盟中央还做了大会口头发言《关于推进“一带一路”建设的两点建议》，强调“十三五”期间可对渝新欧国际铁路联运大通道项目给予重点扶持，提升中欧大通道的综合竞争力，以进一步推动内陆开放型经济快速发展，进一步发挥交通基础设施在“一带一路”建设中的战略支撑作用。发言提出的政策建议务实且针对性强，为更好地落实“一带一路”整体战略规划提供了重要政策参考。

三、关注地下综合管廊建设，建言城市地下空间开发利用

“发展地下综合管廊，统筹建设城市地下管网”是2015年台盟中央重点调研课题，由台盟中央青年工作委员会牵头开展。选择这个课题可以说是“正逢其时”。目前，我国

正处在城镇化快速发展时期，但地下基础设施建设比较滞后。推进城市地下综合管廊建设，统筹各类市政管线的建设和管理，能够解决反复开挖地面的所谓“马路拉链”以及架空线网密集、管线事故频发等问题，既有利于提高城市综合承载能力和城镇化发展质量，也是一项增加公共产品投资、拉动经济发展的新动力。李克强总理在2015年7月召开的国务院常务会议上，专门研究部署了推进城市地下综合管廊建设问题，国务院办公厅于8月正式印发《关于推进城市地下综合管廊建设的指导意见》，将地下综合管廊作为国家重点支持的民生工程。

借国家大力推动、各地政府高度重视的势头，台盟中央调研组就这个课题开展了深入调研，以综合管廊、轨道交通建设为切入点，重点了解我国城市尤其是大型城市地下空间开发所面临的困难，分析其原因及背后根源所在，进而针对未来发展趋势提出参考性建议。调研组在北京、上海、湖北、大连、南京、广东、福建、海南、天津等地开展了广泛调研，并带动当地青年盟员积极参与，锻炼提高调查研究、参政议政能力。

调研组了解到，目前我国城镇化进程的加快，进一步带动人口向城市大量集聚，随之而来的设施不足、交通拥堵、环境恶化、防灾薄弱等问题，尤其是大规模的轨道交通建设对城市空间集约节约利用的诉求日重，有“第二空间”之称的地下空间利用进入到前所未有的快速增长阶段。如何更加合理开发利用地下空间资源，已经成为城市建设亟须解决的重要课题。

调研组在各地实地考察了代表性综合管廊建设工程，对座谈交流中发现的相关问题进行了归纳梳理，发现各地实践过程中基本都存在法规制度缺失、规划引导滞后、管理体系混乱、市场活力不足等问题，也反映出我国城市地下空间开发利用所普遍面临的发展困局及制约因素。具体包括：

一是法规缺失，政策导向不足。相较地面，地下空间形态的整体性和交错性更复杂，对空间权属厘清和认定、管理权责划分和协调的要求也更为迫切，这是有序开发地下空间的重要保障。发达国家（地区）通常都已建立起较为完备的法律法规体系。但我国的相关政策法规尤其是上位法仍然缺失，导向不足。目前地下空间定位不明，除人防工程的规划、标准和设计施工规范以外，关于地下空间所有权、使用权、管理权到开发战略、方针、政策、管理体制、建设标准、技术标准、设计施工规程等一系列问题基本都处于无法可依的状态，缺乏必要、系统的法规引导、制约和保障，在很大程度上影响了地下空间的发展。

二是规划失衡，统筹能力较弱。地下空间因其特殊性及开发的不可逆性，建造、改造的难度都很大，故而要求必须一次成型。这就需要强调前期规划的引导与统筹能力。但实践中往往出现现行规划机制不适应地下空间特殊性的问题，这也是造成我国城市地下空间开发水平总体不高的重要原因。包括规划编制未能形成系统性。目前绝大多数城市都还缺乏地下空间开发的整体发展战略和全面规划，未能做出地上地下相协调、深层浅层相结合的长远安排；规划与城市发展需求脱节，导致地下空间开发的孤立与分散，除个别重点区域相对集中外，绝大部分地下空间为点状分布，彼此横向连接少、关联性差，不能有机组织，无法实现区域人流最大化、充分发挥边际效应，地下空间整体效率和综合效益亟待提高；规划不统一加剧了空间分隔，现代城市错综密布的地下管网及大规模的轨道交通建设，已经对地下空间整体资源造成事实上的分隔，如果前期规划不统一，未能充分考虑条件预留，将导致以后开发成本的大幅增加。

三是管理混乱，协调约束性弱。首先是多头管理问题突出。由于管理体制不健全，存在着大量部门间职责不清、审批困难、沟通协调难等问题。其次是协调机构约束不足。目前从中央到地方都没有设置专门的管理机构，各地为解决上述问题，在实践中也尝试成立领导小组、设置协调机构等办法，但多是由各部门组成的临时性、松散型的协调组织，要么专业性不足、指导能力弱；要么因非常设机构没有专项法定职权、专职人员及完备的工作制度，对相关单位约束性不足；要么因多元化利益诉求难以整合，导致运转效率低下。其三是信息平台建设滞后。国内各大城市的地面信息化系统平台建设已经较为成熟，地下空间信息建设及管理则相对滞后，主要受制于对地下空间资源的系统评估不足，加之既有地下空间建设项目，尤其是各类地下管网的信息搜集与管理始终缺失严重，使得地下三维空间信息系统开发难度大。同时，各部门基础信息共享不足，规划整合不够、系统性差，直接导致地下空间利用的综合效益不明显。

四是激励不足，市场活力不显。地下空间开发较地面投资更大，建设成本一般为地面工程的 3—4 倍甚至更高，投资主体责任大、风险大，不仅不同主管单位形成的利益主体界定困难，而且在资金来源、税费政策、征收体系等方面都难以完全沿用传统的地上基础设施建设模式。随着开发规模的不断扩大，巨大的建设投资和滚动增长的运维费用，将使政府财政难以持续。在上位法律不完善的状况下，要在符合政府财政能力及保障运营主体正当利益之间找到平衡点，政府的行政主导作用变得极为关键，市场机制未能确立，自身活力不足，其发展推广始终存在不确定性。

调研组还对比调查研究了台湾地区的有关情况。台湾地区随着地下捷运沿线地下空间的开发，地下停车场、地下街、共同沟（综合管廊）等也发展迅速。可供参考的经验在于建立了较为完备的管理机制：一是法规制度的完善性，涉及地下空间开发的民事基本法律、专项立法和配套立法三方比较健全，内容也涵盖了规划建设中的几乎所有重大问题，包括工程设计制度、建设与管理经费制度和管理制度。二是规划建设系统性较好，比如台湾的综合管廊建设非常重视与地铁、高架道路、道路拓宽等大型城市基础设施的整合建设相结合，以达到有序发展，极大地降低了建设成本，在规划建设、运营管理及相关法制建设方面提供了很好的样板。

针对调研中归纳梳理出来的突出问题，调研组有针对性地提出了若干政策建议，具体包括：

一是重视正视，规范发展思路。首先，国家尽快出台分类开发指导意见，充分发挥政策导向作用。一方面鼓励支持有条件的城市抓住发展的黄金时期，将地下空间开发列为攻坚任务，强调建设与管理并重、布局与规划先行、常态与应急结合、地上与地下统筹的系统性思路，确保地上地下同步发展；另一方面，自上而下建立完善地下空间开发综合评估机制，针对不同城市和城市不同区域，充分分析自身发展水平及未来预期，科学评估地下空间开发条件、规模、方向等，坚决制止“一哄而上”“大干快上”式的盲目跟进。其次，系统抓好各项试点工作，建立两级长效跟踪反馈机制，严把试点质量，深入总结分析，适时推广普及。因地制宜，长远统筹，有计划、有目标地稳步推进我国城市地下空间综合开发利用。

二是加快立法，实施法制管理。可先在民事基本法中纳入相关内容，明确地下空间基本地位、性质，完善现行民事法律基本制度，进行有效探索后，择机推动出台地下空间基本法。在国家立法出台前，鼓励地方充分利用地方立法权，边实践边探索，制订和完善相关立法，实施法制化管理。

三是科学规划，统筹推进实施。地下空间开发需坚持规划先行，统筹兼顾，结合城市未来发展需求，注意近期与长远相结合、地上与地下相统一，专项与综合相衔接，把地下空间建设作为缩小区域发展差距的重要杠杆。首先是抓紧编制地下空间开发利用总体规划，明确分类规划管理的指导思路，既包括大、中、小城市分类发展的不同原则，也包括地下空间资源、项目分类规划管理的不同原则，并制订不同的制度程序。其次是完善规划体系，编制相关地下空间各专项规划，如地铁、综合管廊、地下停车场规划等，实现与现有城市规划的衔接，包括与其他专项规划如交通、市政、防灾、生态环境保护、历史遗产保护、土地整备、城市更新等专项规划相协调。再次是整合资源，统筹推进综合开发，可鼓励有条件的城市借鉴相关模式，建设规模适当的大型地下综合体。

四是加强管理，提高协调能力。设定较为完善的管理体制，提高管理水平，实现地下空间开发利用的统一管理、集中协调、同步实施。确定统一归口管理部门；建立多方协商机制，加强动态评估和调整；完善平台建设，实现信息化管理。

五是大胆创新，吸引社会资本。地下空间有一定的特殊性，需要进一步发挥政策优势，按照“谁投资、谁使用、谁受益”原则，遵循市场规律，大胆实践，探索创新投资、建设和运营机制，建立起政府主导下的市场导向型地下空间投融资模式，鼓励引导社会资本参与开发建设。确定地下空间有偿使用基本原则，鼓励地方研究制订长期稳定的财税扶持政策，建立与收费机制相协调的多元化投融资模式。

六是平战结合，保证安全质量。在规划建设尤其是引入社会资本的项目中，必须建立起必要的约束机制，不能只看重投资效益而忽视安全要求。在建立完善地下空间规划管理机制时，引入人防、消防、公安等安全部门，并赋予其权限及执行能力，使其发挥更多更大的作用。

在此次调研推进过程中，调研组两次召开课题研讨会。一次是在课题正式启动的阶段，于6月份在大连召开会议，明确课题的调研方向、侧重点，确保各地的调研都能统一有序开展。第二次是在课题结题阶段，于9月在广东省深圳市召开专题研讨会，台盟中央青委会成员以及各地参与课题的青年盟员都参加了会议。这次会议采用实地调研+会议研讨的形式，首先在深圳市实地考察了两个地下综合管廊建设运营的典型案例，课题组成员进行了热烈的现场交流。在随后召开的课题研讨会上，台盟中央青委会成员以及参与课题的青年盟员，分别介绍了本地的调研情况以及形成的报告初稿，并就各自了解到的情况与问题进行了交流研讨。在深入调研、研讨的基础上，于11月正式形成了课题总报告《我国大型城市地下空间发展现状分析及对策建议——以城市地下综合管廊建设为例》以及各地的调研分报告。在李克强总理主持的政府工作报告党外人士征求意见座谈会上，台盟中央围绕地下综合管廊建设以及城市地下空间开发问题，提出了相关建议，为国家进一步推动相关工作提供政策参考。

四、聚焦妈祖文化　打造21世纪海上丝绸之路时代文化符号

推进“一带一路”建设是“十三五”时期的重大战略任务。其中，文化的交流与传播应发挥引领作用。为此，台盟中央将“两岸同胞共同推动妈祖文化成为21世纪海上丝绸之路文化符号相关问题”列为2015年重点调研课题，由台盟中央两岸文化交流委员会牵头开展。

通过在闽、台等地的实地考察，调研组了解到，妈祖林默羽化后以其祈福护航、扶危救困的品格，赢得了广大信众的顶礼膜拜。伴随中国航海史的发展与海外移民的脚步，通过“分灵”与“分香”的方式把妈祖信仰传播到世界各地的不同社会阶层和社会空间，衍生出的文化形式和文化空间博大精深、历久弥新。

妈祖文化作为中国海洋文化的旗帜，兼具民族性和世界性。随着中华文化在海外的传播发展，沿线国家民众对妈祖文化的心理认同不断加深。早在2009年，妈祖信俗便被列入世界非物质文化遗产名录。目前，世界各地有5000余座妈祖宫庙等信俗场所，除祖国大陆和台湾外，还分布在日本、马来西亚、新加坡、菲律宾、泰国、越南、南非等国家，海上丝绸之路沿线已形成了妈祖文化圈。

21世纪在南海等地巩固和拓展“南海妈祖文化圈”，有利于以妈祖文化为内容，向世界传播“和谐海洋”文化理念，以妈祖文化为抓手凝聚海外华人华侨，共同致力于“一带一路”建设。为此，调研组建议：

一是以妈祖文化为先导，促进民心相通，打造21世纪海上丝绸之路命运共同体。妈祖文化和平、合作、开放、包容的精神内核，代表着人类的共同价值取向。在公共外交和文化交流中，可结合海上丝绸之路建设需要以及沿线国家的历史文化传统，诠释妈祖文化内涵，发挥妈祖文化的时代正能量。例如，妈祖丰富的庙际网络，是拓展与沿线国家交流合作的难得资源，可以作为开展民间外交的重要舞台，通过庙际间的交流带动沿线国家人民的交流交往与认识认同，从而以文化相亲带动经济相融、政治相和，为构建命运共同体打下良好的文化基础、社会基础。

二是以妈祖文化为酵素，加强经济合作，打造21世纪海上丝绸之路利益共同体。妈祖作为文化符号，可以成为沿线国家间文化产业合作发展的先机。例如，依托妈祖阁、妈祖信俗活动等，深化妈祖文化资源开发利用，与沿线国家共同开发文学、影视、网络等妈祖文化产品，打造“印象妈祖”文化品牌，创造沿线国家文化产业合作新领域、新需求。

另一方面，过去10年，我国与海上丝绸之路沿线国家贸易额年均增长18.2%，占我国对外贸易总额的比重从14.6%提高到20%；我国企业对海上丝绸之路沿线国家的直接投资额年均增长44%。日益热络的经贸合作，极大增加了我国与沿线国家的利益“黏性”，但由此产生的同质产业竞争、经济纠纷等贸易冲突也给区域合作，乃至利益共同体建设带来不可忽视的影响。妈祖文化近千年来一直与郑和七下西洋等我国诸多海上交通贸易、和平外交活动密切联系，具有开放、包容的海洋性格和合作、共赢的重商倾向，可以发挥其“维信”“维和”等价值元素对沿线国家间合作观、利益观的引导作用，传递共建共享、

互助互利、互惠共赢的“海上丝绸之路”理念。

三是将妈祖文化打造成为时代文化符号，需要两岸携手共为，同心努力。妈祖文化是海峡两岸共同的文化记忆。作为妈祖文化的发祥地和妈祖信俗的主源地，海峡两岸需以高度的文化自觉、文化自信，推进妈祖文化的传承与创新，增强妈祖文化乃至中华文化的影响力和感召力。两岸可发挥各自比较优势，共享妈祖文化研究资源和学术成果，并在协力做强妈祖文化中进一步强化两岸的民族认同。例如，通过开展两岸联合研究等方式，围绕古代和21世纪“两条”海上丝绸之路，拓展妈祖文化研究领域，共建妈祖文化大数据和妈祖学文献库，使其在更宽领域、更高平台发扬光大，努力建设21世纪海上丝绸之路沿线国家的共有精神家园。

在深入考察调研的基础上，台盟中央将相关情况及政策建议形成专题报告《关于将妈祖文化打造成为21世纪海上丝绸之路时代文化符号的建议》。在全国政协十二届十三次常委会上，台盟中央作了大会口头发言《关于推进“一带一路”建设的两点建议》，以妈祖文化为例，就强化文化支撑，以文化相亲带动海上丝绸之路沿线国家经济相融、政治相和提出了政策建议，得到与会中央领导同志的高度重视。

五、贯彻落实长江经济带发展战略，建言流域地区协同发展

依托黄金水道，建设长江经济带，打造中国经济新支撑，是中共中央、国务院根据国内外政治经济总体形势所做出的重大战略决策。为了进一步贯彻落实长江经济带发展战略，2015年，台盟中央由参政议政工作委员会牵头，联合上海、成都、重庆、江西、云南、湖北、南京等相关省市地方盟组织，重点围绕着长江经济带区域协同发展问题开展了调研。

通过深入实地的考察调研，课题组了解到，长江经济带流域地区覆盖面广、区域经济与自然条件差异明显。从流域空间经济条件看，长江经济带横跨我国东中西三大区域，各地区在资源禀赋、发展阶段等方面存在较大差异，但也为跨区域协同发展创造了巨大潜能。在东部沿海地区的带动下，长江经济带已发展成为我国综合实力最强、战略支撑作用最大的区域之一，区域经济社会协同发展的机制也在中央的统一协调下不断形成。

但在调研中也发现，目前长江经济带建设的地方化、行政化现象较为突出，发展中遇到的各种体制机制问题也成为下一步长江经济带协同建设和可持续发展的瓶颈制约。主要体现为：

一是沿江各省市规划存在不平衡，导致长江经济带发展存在“短板”，整体发展优势有待提升。区域发展，规划先行，是国内外区域经济长期发展中的重要经验。当前，各级政府延续了以往加强长江流域建设、推动东中西部协同发展对规划思路，进一步加强了区域的规划编制工作。但仍有部分省市处于规划的“洼地”，如上游的云贵地位较为尴尬，仍处于规划空缺状态等。这会对长江经济带的整体协同建设带来影响，部分地区规划滞后，可能影响到长江经济带整体建设进程。

二是受制于“行政区划经济”的严重羁绊，影响了资源要素的优化配置，生态环境的协同建设有待加强。目前，对长江经济带的研究大都偏重于其经济的发展，而对创建长

江经济带协调机制的研究较为零散，这也导致在协调机制方面建设相对滞后。就水资源保护而言，在水功能区和入河排污口等管理方面的分类分级管理制度中，流域与区域事权划分不够明晰。同时由于地方水资源保护力量较为薄弱，与事权不匹配，造成流域机构和地方水行政主管部门管理上的不协调，流域与区域相结合的管理体制运转不畅。流域管理弱于区域管理，且生态工程建设受行政区划制约。

三是长江经济带沿线省市产业协同不足，产业结构趋同情况日渐严重，产业空间布局有待优化。从总体上看，长江经济带经济产业发展梯度特征明显，大体呈现东、中、西部渐次发展的格局，而且经过多年来东部产业持续向中西部转移，使得经济带总体产业结构与空间布局得到了优化。但在发展过程中，却存在跨区域产业规划协同不足、产业空间存在同质化竞争等突出问题。

四是黄金水道基础设施功能与保障能力存在不足，特别是在中上游地区存在通行瓶颈，跨区域基础设施协调建设能力有待强化。如中上游航道存在通行能力不足。在上游地区，目前三峡船闸通过量已远远超过设计能力，平均每艘上行船舶要等 60 个小时，下行平均待闸时间达 30 个小时左右，船舶过闸等待时间过长。在中游地区，目前荆沙段枯水期水深不够、航道不稳定等问题已经对黄金水道整体通行能力产生影响。此外，支流航运能力缺乏协调。流域范围内一些地方政府对支流航运能力提升重视不够，影响了干流作用的发挥。

就调研中发现的这些问题，课题组形成了具有针对性的政策建议：

一是创建跨省市的行政协调机制，稳步推进长江经济带建设。努力创造协调发展的良好舆论氛围，树立共荣共赢的发展理念；由国家发改委或副总理牵头，创建多层次的行政协调机制；充分发挥理念引领、战略导向、政策法规、行政协调和行业协会等的巨大作用，打造更具活力的体制机制，不断释放改革开放红利，为科学发展长江经济带提供源源不断的生机和活力。

二是顶层设计、整体规划上实现“四个协同”。首先是沿江区域基础设施建设要协同发展。沿长江各省市中，云南、贵州历来受到交通制约，发展滞后，迫切需要与其他省市同步发展。南京、南昌等区域性枢纽城市的规划能级也有待提升，并侧重加强基础设施领域的规划、建设。建议在中央的统一领导与协调下，各省市联手加以推进。其次是沿江区域产业要协同发展。上游地区侧重发展西部特色农业产业、劳动力密集型制造业、新能源、新材料产业等；中部地区注重挖掘传统产业潜能，强化提升金融、会计、法律等专业服务业的功能；东部地区积极构建工业 4.0、互联网 + 等重大战略体系，构建智慧型产业体系，为中上游地区发展提供新时期的战略借鉴。其三是沿江区域社会事业要协同发展。作为示范区构建和谐社会，达成共同实现小康的战略目标。其四是沿江区域生态环境要协同保护。比如，协同解决多年来提到的生态补偿问题，云贵川这些长江上游地区有很多限制开发区，这些地区的保护与发展不仅是各省市自身问题，更需要整个流域一起来协同解决。建议从国家层面统筹长江经济带实现合理、互利的生态补偿机制。

三是构建新型流域管理体制。首先是在国家层面成立流域管理决策、执行机构，成立“国家流域管理委员会”，由中央领导如分管副总理担任主任。其次是在七个一类流域层面，将现有 7 大流域管理机构改组成综合性、独立性、权威性的流域管理局，统辖流域内水利、发展、环保等全部流域管理职能，在流域管理方面对流域内省级政府及其水行政、环保、发改等行政管理部门有指导、考核职能，省级环保、水利、发改等部门对口设置工作处室。其三是在二、三类流域层面，研拟成立相应管理机构。其四是建立“下游反哺上游”的跨区域补偿、考核机制。其五是进一步理顺流域管理和行政区域管理的关系。建议至少在七大一类流域的管理上宜推行流域管理为主导起支配作用，区域管理为辅助支配。

四是规范发展产业集群，推动长江经济带整体产业空间布局优化。首先是在国家层面，侧重从总体战略布局方面，对各省市的主导产业、重点区域做出明确规划，使各地方政府能够遵循产业发展规律，结合区域资源禀赋特征，引导相关产业向重点区域加快集聚，从而形成更为突出的集群效应。其次是在地方层面，根据本地资源禀赋特性选择一些合适的产业，引入或培育出一批具有较强发展能力或具有一定示范性的龙头企业，通过该企业的成功发展，逐步吸引越来越多相同、相近与相关企业聚集该地，推动形成完整的产业链。其三是在跨区域层面，往往涉及到东部地区一些传统企业搬迁问题，可从中央到地方层面加大对企业搬迁的政策扶持，在土地利用、融资、税收、财政补贴等方面给以一定的优惠政策。

五是吸取西方发达国家在河流经济带发展过程中的经验教训，加强河流综合整治与环境保护与空间规划，推动长江经济带可持续发展。深入调研、比较、分析传统航道建设与生态航道建设的利与弊，如投入资金、生态建设、检测维护等，科学合理地做好生态航道建设的系统规划；构建长江流域生态保护长效机制，增强发展的可持续能力；健全完善生态环境考核评估体系，切实落实《长江经济带生态环保专项规划》；创新体制机制，加强长江经济带生态保护区域合作；切实加强流域港口危险货物安全工作。

六是大力推动黄金水道基础设施的联合共建，切实提升长江通航能力与经济辐射能力。沿江重大交通基础设施建设尽早列入国家十三五规划，黄金水道建设重大基础设施建设项目需要通过前瞻性的规划来加以保障；加快长江中上游的航道整治，制订统一通航高度标准，提高长江航道通行能力；大力改善支流通航条件，发展内河航运，加大投入，不断扩展、改进内河航运的容量和设施。

在深入调查研究的基础上，课题组形成了专题报告《贯彻落实长江经济带发展战略，推动流域地区协同发展问题研究》以及10篇分报告。在全国政协十二届四次会议上，台盟中央将相关政策建议转化为党派提案提交，被全国政协列为大会2号提案。

郭婷　台盟中央研究室综合处副处长

附录

附录一：台湾政党制度研究

2015 年是岛内的又一个选举年，以即将到来的台湾地区领导人选举及“立委”选举两条主线贯穿始终，国、民两大党及其他各党派围绕两大选举明争暗斗，相互间展开激烈较量，故此，可以说选举活动牵动着 2015 年岛内政党政治版图的走向。2015 年的台湾政局，由于国民党当局施政不彰、绩效欠佳，加之民进党、绿营刻意唱衰，民众不满情绪高涨，蓝绿形势呈现一面倒之势，国民党处境艰困，选情堪忧；民进党坐享其成，气势高涨；第三势力跃跃欲试，力争在蓝绿夹缝中争取自己的一片天。台湾各政党都在 2015 年对其自身进行了积极主动地改革与开拓，力求赢得即将到来的“大选”。学者们对台湾政党制度的研究也在一定程度上顺应了“选举”的趋势，研究重心主要放在对台湾各政党的党务改革、选举，以及两岸关系等问题上。

一、研究论文概要

2015 年学者们在各大期刊上发表的关于台湾政党制度的文章，主要集中在对国民党、民进党、亲民党党务改革的评析，对选举及政党治理的论析，以及政党政治变迁的研究上。总体上看，研究内容涉及范围广且颇具深度。

（一）国民党研究

经过 2014 年底“九合一”选举的惨败，国民党遭受重创，2015 年面对不佳的执政状况，国民党是未蒙其利反受其累，背负沉重的执政包袱，受之所累，两项选举选情低迷。由此，2015 年国民党研究的主轴就是探究国民党党务改革问题与分析和总结国民党在“九合一”选举中失利的原因。学者们或是整体上检视了这些问题，又或者是从党产、组织、派系等方面分别加以考察，并对国民党的未来党务及政策走向做出了预测。学者们大都认为，国民党在“九合一”选举中的惨败表明，国民党发展道路不清晰、党务改革力度不够、成效不佳，使得国民党当局持续的政绩不彰，这也直接导致了岛内民意强烈不满后并集中爆发，选举失败。但我们同时也注意到，学者们都一致表明在两岸关系上，国民党在选举中的失败，并不代表着其两岸政策的失败，并在研究中对国民党关于两岸关系的政策方针提出了种种建议。

刘丽华在《国民党败选不能视为其两岸政策失败》（《两岸关系》2015 年第 1 期）一文中指出，大陆海协会会长陈德铭，于国民党“九合一”选举大败后的第 10 天（12 月 9 日）

率团抵台访问8天，陈德铭的如期访台，这表示大陆对台政策主轴，并没有因为国民党败选而有所改变，两岸货贸协商也继续举行，这更显示两岸协商也不会因为台湾政情而受影响。国民党"九合一"选举虽属地方选举，但由于"九合一"的属性，其重要性被认为不下于台湾地区领导人选举，而这次国民党惨败，被不少人解读为是民众对国民党大陆政策投下反对票，算是国民党大陆政策的失败。作者指出，从此次陈德铭刻意到中南部东部的访台行程，便可以看出，大陆对台仍在继续强化其"三中一青"政策，从而也想告诉台湾民众，国民党错就错在没有扩大民众分享两岸关系发展利益的深度和广度。台当局"内阁"刚刚改组，新组成"内阁"必须剑及履及地增强惠民意识，务必力求让两岸关系大陆政策的红利，能够广披民众，重新让民众对两岸关系大陆政策有感。或至少在内部施政上，使民众不会因为对当局施政的反感，而把不满情绪更加反应在两岸关系领域上。国民党这几年大陆政策，基本上反映经济全球化在区域经济发展的形势，方向是对的。因此，作者认为，国民党这次的失败，并不能视为其大陆政策的失败，新的"内阁"亡羊补牢，也许尚未为晚，多一点惠民意识，让民众有感，民众就会重新认识或肯定其大陆政策。

刘红在《国民党"新帅"路在何方》(《两岸关系》2015年第2期）一文中对朱立伦补选为中国国民党主席后的台湾政党政局进行了说明与分析。文章在开头指出，从朱立伦宣布参选国民党主席以来，特别是在国民党内举办的11场政见会上，共提出了三类政治主张：第一类是有关国民党的。主张国民党要推动党的改造，重新确立党的核心价值，要重视基层智库，培养和重用基层人才，积极迎战2016年"总统"选举，承诺做满新北市长的4年任期，故而不参与2016年"总统"选举。第二类是有关社会民生的。主张国民党要维护社会公平正义，改变财富分配不均现象，改变两岸经贸交流仅少数人获利的现象，安定民心，解决高房价、食安等突出问题。第三类是进行"修宪"，变"总统制"为"内阁制"。朱立伦的三类主张，有见地、连民心、接地气，为马英九执政以来存在的低闷无趣、被动挨批的国民党舆情，敲起一波波响锣。文章的第二部分主要介绍分析了朱立伦"逆袭"的难点。一是朱立伦如何让国民党走出失败阴影，让泛蓝支持者恢复斗志和信心？对朱立伦来说，首要任务是重新确立国民党的核心价值，树立敢于斗争、善于选举、勇于胜利的信心。二是朱立伦如何利用"后马（英九）时期"的有利条件，克服党政之间的不利因素？利用正面作用，减少消极作用，联手推进国民党的复兴。三是朱立伦如何应对蔡英文的进逼，打赢未来一系列选举？四是朱立伦如何继承和发扬两岸关系和平发展的红利，推动两岸关系继续前进？作者在最后指出：诸多问题表明朱立伦能否带领国民党重整旗鼓、卷土重来，仍有待观察。国民党最后到底会怎么样，答案在未来的路上。

陈星在《国民党大选候选人为何还在观望》(《法制日报》2015年4月14日第12版）一文中对国民党大选候选人中的几位热门人选进行了评析，并对国民党的内部局势进行了说明。文章指出，2015年4月8日，台湾地区国民党中常会通过2016年"大选"候选人提名作业时程暨作业要点。不过，这次党内初选的领表时间长达27天，主要的初选流程要推迟到五六月份才能展开。目前只有"立法院副院长"洪秀柱表态领表参加初选，其他几个比较热门的人选均在观望。作者认为，领表和联署环节时程的拉长反映出这次"总统”选举候选人产生的艰难。自去年“九合一”选举以来，国民党的气势跌到了谷底，这是国民党自 1949 年以来在台湾政治博弈中少有的低潮。国民党需要解决的关键问题是如何拉抬支持者低迷的气势，并全面革新、重建基层动员系统，逐步获取新情势下与民进党抗衡的筹码。可以预见，在这时代表国民党出战 2016 年大选事实上需要非常大的勇气与决心。作者还指出，朱立伦是目前国民党内人气最高的不二人选。王金平、吴敦义、洪秀柱的人气又比朱立伦差了很多。但现在除了洪秀柱以外，其他可能的参选人意向并不明确。朱立伦目前不表态既有可能是感觉到 2016 年的不可为而心存犹豫，更有可能是通过等待激起支持者的危机感。吴敦义则已经表现出不愿再选的倾向，能否参加初选还要看时机和情势的发展。王金平以其较低的民意支持度来看，如果参加初选更多应该是主要着眼于拉抬国民党的声势，而不会设想真的能代表国民党出战 2016 年大选。洪秀柱的积极表态可能出于两个方面的考量，一是逼迫其他参选人表态。二是尽快炒热初选议题，拉抬支持者气势，防止民气进一步流失。不过，台湾选举从来都是变幻莫测，如果其他人都不选，洪秀柱成为国民党候选人的可能性并不是没有。

郑振清在《朱立伦与国民党的“改革开放”》（《法制日报》2015 年 4 月 14 日第 12 版）一文中指出，对国民党来说，改革，意味着旧的党务运行体制、机制需要进行有方向、有步骤的调整；开放，意味着改变党内权力结构的封闭格局，增强民意吸纳能力，扩大社会参与。国民党的“改革开放”，是台湾社会变迁形势和选举压力对一个百年老大政党的新要求，也是国民党重新焕发组织活力的契机。作者指出，“内造化”是朱立伦改革国民党的重要内容，在政党类型学上，所谓“内造化”政党，是指按照西方议会内阁制的传统，“党在议会之中”，政党管理层主要由该党籍的议员构成，而尽量减少专职的党务人员。朱立伦提出国民党改革要彻底“内造化”，最关键的就是要把更多的“立委”吸纳进中央党部核心决策机构之中，改善党权、“行政权”与“立法权”三者的互动关系。因此朱立伦疾呼建立“开放型政党”，这切中了国民党的一大弊端。作者认为，除了党政经精英的利益一体化问题必须得到纠正，国民党的党务体系和党部机构需要开放创新，吐故纳新，扩大基层参与，吸收新鲜血液，并在文章最后指出，给国民党的时间不多了，朱立伦只能与时间赛跑，勤奋果决，高效施政，才能尽快推动国民党的改革与开放，力争在明年地区领导人选举前取得一定的改革效果，刷新国民党的老旧形象。

张文生在《“九合一”选举后的国民党》（《两岸关系》2015 年第 4 期）一文中，对“九合一”选举后，朱立伦上任国民党主席后的国民党能否浴火重生，开创新局面进行了探究。文章首先介绍了朱立伦上任的选举经过，2014 年 11 月 29 日，在台湾“九合一”选举中，国民党遭遇重大挫败，在“六都”市长选举中只保有新北市长一席，在全台 22 席县市长中国民党只剩下 6 席。败选之后，各界纷纷把批评矛头指向国民党主席马英九，12 月 2 日马英九辞去党主席职务。12 月 12 日，刚当选连任的新北市长朱立伦宣布参选国民党主席。2015 年 1 月 18 日，经过党员直选，朱立伦以 99.61% 的超高得票率当选国民党主席。1 月 19 日，朱立伦正式上任国民党主席。然后文章分别从朱立伦“能否找回国民党创党精神？”“能否维护国民党团结？”“能否开创两岸关系新局面？”三方面对选举后的国民党处境进行了说明。文章指出：第一，在创党精神上朱立伦准备清理国民党党产，朱还抛出“修宪”议题，强调台湾需要权责相符的“内阁制”，才能让政治进步。第二，对于国民党团结问题，朱立伦接任国民党主席后，首先对党务人事进行了大幅调整，更多体现出“任务”取向，其次，朱立伦迅速改组国民党智库“国家政策基金会董事会”，并由朱立伦本人兼任董事长。第三，在开创两岸关系新局面方面，朱立伦除宣示国民党对“九二共识”是相延续的，更进一步表态愿意访问大陆、出席两岸经贸文化论坛等活动，这是朱立伦首度针对两岸关系提出明确立场。文章最后还指出朱立伦此次是在风雨飘摇中接下了国民党主席的重要位置，“九二共识”、两岸关系和平发展，对国民党、对朱立伦都是重要的政治资产。朱立伦能否树立个人的政治风格，开创具有个人色彩的国民党政治新时代，进而谋求新的发展空间，各界都在观望。

陈文在《“柱下朱上”后的国民党态势》（《统一论坛》2015 年第 6 期）一文中，对国民党主席朱立伦替代洪秀柱为新的 2016 年大选参选人后的国民党态势进行了分析与说明。2015 年 10 月 17 日国民党举行临时全党代表大会，讨论废止洪秀柱 2016 大选候选人提名的提案。表决中，812 名党代表举手赞成，正式通过“换柱案”。接着，国民党正式征召党主席朱立伦为新的 2016 年大选参选人。文章指出：朱立伦获提名后随即召集党部、新北市政府和智库等重要幕僚开会，确立了“少输为赢”的选战目标，争取民意代表席次最大化，将着力固守北台湾、中台湾。朱立伦的主要行动为：首先是迅速敲定竞选团队，确立 6 大任务编组，组织和行程由国民党组发会负责，新闻文稿和议题由文传会主导，文宣网络交给“国发院”，政策则由智库总筹。并尽速动员各种辅选资源。二是强化蓝营团结。与王金平结盟冲立法机构席次，积极安抚洪秀柱，并重提国亲合作，以“尊宋楚瑜”为基调。接着，朱立伦跳脱传统跑摊拼场的选战思维，重视媒体宣传，掌握议题主动权。其选战议题主要为：一是主打“两岸牌”，二是打“改革牌”，三是打“制衡牌”，四是打“青年牌”。针对朱立伦的出线，绿营方面竭力干扰，骤然拉起选情警报，集中火力批朱立伦，主要集中在：一是批朱立伦“带职参选”，二是利用罢免、弹劾等干扰朱立伦。作者在文章的最后还提出了自己的几点观察：一是，洪秀柱优雅退场及民进党躁进批朱立伦，在很大程度上消解了国民党内“柱下朱上”的不满情绪。二是，选战将围绕两岸政策辩论激烈展开。三是，民意代表席次争夺将趋于白热化。四是，朱立伦仍需处理好团结问题。五是，朱立伦要让国民党接地气，让支持者感到希望。

党朝胜在《国民党在两岸政策上对民进党“亮剑”——马英九“4·29 讲话”评析》（《两岸关系》2015 年第 6 期）一文中指出，2015 年 4 月 29 日马英九就两岸关系发表的讲话全文约 4600 字，依据台湾政治与法律及其个人理念，主要对“九二共识”与两岸关系和平发展进行了论述。马英九称，所谓“九二共识”就是两岸两会在 1992 年通过求同存异达成的“各自采用口头声明方式表达一个中国原则”的共识。这个共识并不是由大陆提出，强迫台湾接受，而是由台湾提出，大陆同意接受，是两厢情愿。“九二共识”意义重大，两岸关系的发展，与“九二共识”相合则旺，相离则伤、相反则荡。作者认为：马英九如此高调肯定“九二共识”和两岸关系和平发展，与当前台海局势发展密切相关。一是两岸关系和平发展长期受到民进党等“台独”势力的抵制、歪曲。二是民进党通过否定“九二共识”和两岸关系和平发展，为蔡英文参加 2016 年台湾地区领导人选举摄取政治利益的意图愈加明显。作者在文章最后对此次马英九讲话的影响进行了评析。作者认为，影响之一是国民党、马英九开始在对大陆政策上向民进党密集“亮剑”，马英九接连五问蔡英文到底要如何“维持两岸现状”，如果是维持7年来两岸关系和平发展的现状，蔡英文是否也算“亲中卖台”？影响之二是两岸关系议题将在2016年台湾“大选”中的分量空前加重。

（二）民进党研究

自2014年年底“九合一”选举民进党大胜后，民进党绿色执政虽差强人意，不少县市施政满意度排名靠后，但由于国民党执政大环境不佳，民进党地方执政的不良表现未被突显，蔡英文及民进党在政治氛围、选战布局、政治行情、政治实力、内部团结等各方面均较朱立伦及国民党占优，“立法院”拿下过半甚至更多席次、形成“一党独大”局面可能性大。故此，2015年学者们关于民进党的研究，主要集中在对民进党两岸政策的评析、对“九合一”选举后民进党“新政”的探究、以及对民进党对于“大选”的准备进行观察。总括2015年相关研究的成果，它们都直接或间接地指向这样一个事实：长期以来的民进党迷失了自身的政治方向，在选举和政策层面上显然缺乏明确的定位，仍然沉溺于想“独”“独”不得、不“独”心不甘的纠结，而且深陷非“左”非“右”、左右难堪和动辄得咎的尴尬境地。就学者们所推及的结论来看，未来民进党若要成功地实现政治转型，似乎只有一个努力的方向：承认现实，充分把握当下台湾政治变迁中正在集结的左翼和右翼潮流，积极回归政策层面，逐步将自己改造成一个意识形态实用型的政党。

林劲在《“九合一”选举对民进党发展的深层影响》（《台湾研究》2015年第1期）一文中从四方面阐释了“九合一”选举及其结果对民进党未来发展的深刻影响。影响之一是民进党实力增长，得到了真实的检验。此次选举结果表明，台湾政治格局发生了很大变化，社会支持基础的变动值得重新探讨和评估，蓝绿割据的传统政治生态似乎已经被打破，台湾将不再是“北蓝南绿”，也不再是“蓝大于绿”，似乎已经发生逆转。影响之二是选举获胜对民进党内政治生态造成相当程度的影响，其一，在此次选举中，民进党获得大多数县市的执政权，地方执政版图迅猛扩大，人口和面积都远超过国民党。其二，由于选举获胜，蔡英文继续担任党主席，其地位进一步稳固，成为2016年“总统”候选人已成定局。其三，一批民进党内新生代人物走上县市长岗位，成为党内实力派，其四，此次选举结果，民进党资源得以进一步扩增，实力得以进一步壮大，是蔡英文获取2016年“大选”候选人乃至问鼎大位必须依靠的重要力量。此次选举对民进党发展的影响之三是民进党党内务实派势力进一步扩大。民进党籍县市长是该党的实力派，拥有雄厚的社会基础，掌握丰富的行政资源，在党内占有重要的地位，是党内务实派的组成部分。在“九合一”选举之后，一批党内新生代人物走上县市长岗位，将使党内务实派的势力进一步扩大，影响力得到进一步提升。影响之四是选举大胜对民进党路线及两岸政策的调整具有双重影响。一方面，因为选举获胜，党内调整两岸政策的压力大幅度减小，另一方面，民进党高层应当清醒地认识到，此次为地方性选举，与两岸关系没有直接联系，没有理由一厢情愿地与两岸关系挂上钩，以为选举获胜是民众认可其现行的两岸政策。

朱卫东在《民进党“台独”路线转型的轨迹与规律之探讨——兼论蔡英文两岸政策的变与不变》（《台湾研究》2015年第1期）一文中指出，民进党路线转型是“台湾化”与“中国化”两股力量和趋势较量的产物和缩影，伴随着岛内社会和两岸关系两大变革工程的演进而发展，是多种因素综合作用的结果。作者认为，转型是必然的、自然的，也是渐进的、有限的，不同的阶段会呈现相同的反复。在大的环境结构没有质变的背景下，民进党仍然摆脱不了“台独”神主牌，但从发展趋势和应对2016年“大选”的需要考虑，民进党路线转型势在必行，其调整的时机、内容和幅度，将取决于党内“大选”参选人的意愿与意志。蔡英文一旦拿到“大选"入场券，从过去的经验和蔡英文的做法看，民进党转型的基本方向和大致内容似可描述为：在继续坚持“主权”和“主体性”、坚持“人权”和“民主”程序不变的大原则下，因应新格局、新形势，探索一条既与传统“台独”路线不同，又与马英九的两岸开放路线有所区隔的“新型台独”之路。在具体调整内容的优先顺序、路径选择和时机上，会带有明显的蔡英文个人色彩，既不可能迈大步又不能不迈步。会探索一条“新型台独”之路，更加注重策略和包装技巧。届时外界将会看到一个“姿态百变、本质不变”的蔡氏“笑脸台独”。

王建民在《民进党“九合一”胜选探源》(《两岸关系》2015年第1期）一文中分析并说明了民进党在“九合一”选举中胜选的原因。作者认为其原因主要分为三个方面，一是国际大背景下的反政府、反体制与反贫富差距扩大等社会浪潮，在全球范围内普遍存在而且日益突出，进而波及到台湾，出现各种抗议活动等公民运动。这一形势非常不利执政的国民党，而有利在野的民进党。二是大陆迅速崛起，台湾与大陆的经济差距迅速扩大，台湾的优势、台湾民众的优越感不复存在，反而产生了强烈的“惧中”“恐中”甚至“反中”意识情绪，而执政的国民党积极发展与大陆的关系，加强两岸合作，被绿营与亲绿媒体扭曲为“亲中卖台”，扭曲为造成两岸交流的失衡与利益分配不均，两岸红利为财团垄断，普通民众未获其利。台湾民众的这一认知与社会舆论非常不利国民党，而且让国民党原本认为的“两岸牌”成为负面效果，转而有利对国民党大陆政策进行批判的民进党。三是台湾社会意识发生很大变化，“台湾主体意识”甚至“台湾国家化意识”高涨，主张与支持台湾独立的民众持续在增加，而赞成与支持统一的民众在减少，在台湾政界敢于公开承认自己是中国人者少，台湾人的政治身份认同成为时代的主流。这种政治认同的变化与民进党的政治认同基本是一致的，与国民党是有显著差别的。这样的政治认同当然非常不利所谓“亲中卖台”的国民党，而有利标榜本土政党主张“台独”的民进党。这才是民进党胜选背后的最重要原因。

陈先才在《民进党的两岸关系发展之责》(《台声》2015年第1期）一文中指出,“九合一”选举结果所呈现的国民党大输、民进党大赢的局面，从表面上看似乎是世代问题，实质上还是经济问题。过去十几年来岛内经济发展一直无法走出转型困境，加之经济发展中暴露出来的阶层分化、分配不公、贫富差距等因素，都使得岛内年轻世代产生了强烈的不公不义的心理，选举结果可以说是年轻世代对台湾岛内当前经济社会发展现实的强烈反应。国民党和民进党对两岸关系的认知存在差异，但就两岸关系发展而言，随着民进党在岛内政治实力的不断积累与显著增强，岛内民众对民进党所肩负的两岸关系发展之责也更为期待。一则是两岸关系和平和解的责任，二则是岛内经济发展的责任。作者认为，对于民进党而言，即便对于国民党的两岸政策路线有所不满，但对于国民党开创与大陆联手的两岸关系和平发展的局面，恐无法全面反对与扭转，其所肩负的两岸关和平发展之责也并未丝毫减少。文章最后指出：陈水扁执政8年都未能成功的事情，在当前两岸经济关系更为密切以及经济全球化加速发展的大背景之下，台湾是否有实力去开创这样一条道路，抛开大陆自行其是，这恐怕是民进党政治领袖们需要认真思考之处。

郭健青在《强势回归的民进党主席蔡英文》(《现代台湾研究》2015 年第 1 期）一文中介绍了蔡英文重新当选民进党主席后的各项策略。文章写道，民进党主席蔡英文 2012 年与国民党候选人马英九竞选台湾地区领导人，以 78 万票落败后辞去党主席，另组“小英教育基金会”，与时任民进党主席苏贞昌被称为民进党的“两个太阳”。时隔两年，蔡英文挟“太阳花”学运蔡系青年军的高人气、民进党内的高支持率，在几乎没有竞争对手的情况下当选党主席，成为民进党自 1998 年以来得票率最高、也是民进党内首位三任党主席之人。强势回归的蔡英文在两岸关系、台湾的对外政策、中央党部人员的组成上都以夺回政权为首要目标。马英九当局的失误使蔡英文改变两岸政策的必要性、紧迫性都降低,上任后蔡英文认为不修改两岸政策也可执政。作者认为蔡英文重新担任党主席后，蔡英文认为的的执政关键有如下几项：首先是 2014 年底“九合一”选举的胜选，其次是认为只要胜选，取得政权，大陆就会跟着民进党转，第三是认为青年选民倾向民进党是获胜的关键，第四是认为美国的支持是 2016 年执政的关键因素，第五是留任苏贞昌的对美关系重要成员，第六是“以拖待变”的大陆政策，蔡英文虽然主观认为对美关系位阶排在两岸关系之上，重返执政之路的首要关键是获得美方的认可和支持，但她也清楚认识到她绕不过、躲不开两岸关系的事实，无论她和民进党愿不愿意，都得面对。

曾润梅在《蔡英文“维持两岸现状”主张评析》(《台海研究》2015 年第 3 期）一文中对民进党主席兼 2016 年台湾地区领导人选举参选人蔡英文所提出的“维持两岸现状”主张进行了分析与说明。作者认为：为应 2016 年台湾地区领导人选举，降低美国及岛内民众对民进党重新上台后两岸关系将重陷紧张对立的疑虑，蔡英文抛出所谓“维持两岸现状”主张。蔡英文拒不接受一个中国、“九二共识”，回避两岸政治定位等关键问题，意图在坚持“台湾主权独立”的立场上，利用“遵循中华民国现行宪政体制”“珍惜与维护两岸过去 20 多年交流互动所累积成果”等模糊说辞，达致维系台海和平以及两岸关系持续稳定发展的目标，具有极大的欺骗性与蒙蔽性。作者指出：“维持两岸现状”主张不足以维系两岸关系和平发展。其表现为：第一,其主张充斥浓厚的“两岸一边一国”思维，坚持“台湾是一个主权独立国家”的立场强硬；第二，蔡英文拒不接受“九二共识”，并欲以“过去 20 年多年来两岸交流互动的成果”取代“九二共识”；第三,其主张指出，“中华民国现行宪政体制”的内涵是“中华民国 = 台湾 = 台湾主权独立”。文章最后指出，坚持“九二共识”、反对“台独”，核心是认同大陆和台湾同属一个中国，是大陆推动两岸关系和平发展的基本原则与一贯立场。在这一大是大非问题，绝不允许有任何闪躲或模糊空间，蔡英文若不能明确回到接受“九二共识”的立场，民进党若重新上台，大陆不可能与其打交道，两岸关系和平发展也将得而复失，面临中断、逆转的风险。

李仕燕在《民进党与台湾新世代互动模式评析》(《台湾研究集刊》2015 年第 3 期）一文中指出，世代政治学强调不同的社会变迁都会影响不同世代的政治取向、政党认同和政策诉求。在“太阳花学运”爆发后，民进党致力于与新世代保持积极互动，一方面获取政治资本，另一方面催化新世代力量的崛起，形成独特的互动模式。互动模式主要表现为，一是结合“公民力量”，诉诸普世价值观；二是有步骤地选拔培养“新世代”政治精英；三是提出追求“世代正义”的青年政策；四是运用全媒体技术，与“新世代”实现网络串联。文章还指出，民进党与台湾新世代互动模式带来了显著的成效，其主要表现为：其一，互动模式适应政治社会化与政党转型的需要；其二，这种互动模式辅助民进党实现“赢回台湾”的目标，从“九合一”选举的结果上就可以看出，“新世代”的政治认同已被民进党抢得先机，并将直接影响2016年“大选”的政治走向；其三，“新世代”崛起对台湾政治的正反效应，对民进党而言，首要任务是借助反“马”势力实现2016年“赢回台湾”执政目标。但“新世代”绝不简单诉求于蓝绿两党再次轮替，让民进党再“做做看”，而是需要一个明确的发展前景。作者认为：若是这种真正的政策诉求得不到被他们投票支持而顺利当选的候选人未来的政策回馈，这股冲击力同样会产生新的“余波”，出现民意的再度“钟摆”。这对于正处在政治民主化巩固期的台湾社会而言，将会是另一个需要关注与思考的难题。

严安林在《蔡英文再任党主席后的两岸政策评析》(《台海研究》2015年第4期）一文中对蔡英文两岸政策的新变化进行了说明与评析。文章指出，第三度出任党主席以后，蔡英文在两岸关系政策论述上的新变化主要表现在：其一，在对待“中华民国”体制问题立场上，由原先不承认发展到“概括承受”。其二，由追求“台独”的“改变现状”到“维持现状”。其三，对“九二共识”的立场，由以往不承认发展到“求同存异”。其四，对待两岸交流的态度，由过去的反对到如今的不反对甚至支持与鼓励。其五，主张两岸和平发展。但作者还指出，蔡英文在两岸关系政策主张的论述上虽有若干新的调整与变化，但其政策本质却是没有调整与变化。可从以下几方面得到印证，其一，蔡英文没有放弃也没有“冻结”“台独党纲”。其二，蔡英文没有也不敢做“不独”的公开表态。其三，蔡英文在事关两岸关系能否稳定的核心问题——两岸关系的性质定位上依然采取模糊立场，甚至坚持民进党一贯的“一边一国”的“台独”分裂立场。其四，蔡英文污蔑两岸关系是“国共关系”，声称财团垄断了两岸交流的全部红利。其五，蔡英文与民进党事实上在不断地在阻碍两岸交流。由此可总结出，其两岸政策论述呈现出“台独性”“矛盾性”“权宜性”与“空洞性”特征。文章的最后部分对蔡英文领导的民进党势将难以放弃“台独”立场的主要原因进行了剖析：其主要在于“台独”是民进党的基本价值；是蔡英文的基本理念；是对国际形势的误判；坚持“台独”尚有现实政治利益，并且蔡英文缺乏调整或放弃“台独”的动力。作者最后表明：如果蔡英文在2016年5月20日上台，两岸关系和平发展势将面临严峻挑战。

萧衡锺在《从台湾选举政治迷思看民进党两岸政策的变与不变》(《统一论坛》2015年第5期）一文中指出，民进党的问题在于，不放弃独立，大陆的压力让他们在国际社会上受制严重；而放弃独立，又与国民党没有区别，民进党的所谓“台独”主张，其实是在顺应一种台湾从上世纪90年代开始兴起的本土化意识，也就是“台湾主体意识”，既能认为这并不等于“台独”，但也认为这是“台独”主张的根源。作者还指出对于台湾民主的真假认识，有所谓的“民主政治未来”，有所谓的“选举操作乱象”，但台湾民主制度的初衷原本就不是要选出在绝对意义上最优秀的人才，而在于给与民众一个选择和被选择的权利和机会，以及给与民众一个循正常合法途径更换不合格的领导人的程序。任何政治系统都会受到内外社会环境的包围与影响，所以政治系统必须具有对环境的变动反应、并适应种种形势的能力才能生存，也就是说政治系统应该有能力处理来自环境的种种影响才是，且任何政治系统都在变，没有不变的政治系统。作者认为，“和平与发展”战略观可以说是海峡两岸各界在两岸关系上所共同向往的愿景，和平稳定为发展提供了相对必需的具体环境、而有了发展也为和平稳定提供了基础共识。作者希望，未来民进党与蔡英文可以寻找、认清并发展出一个适合于两岸关系和平发展的两岸政策论述。

黄嘉树在《两岸政治“关系”解析——兼析蔡英文“维持现状”说》（《统一论坛》2015 年第 5 期）一文中指出，两岸政治关系包括政治定位、政治对抗、政治合作、政治互信等四个基本面。文章从这“四个基本面”对两岸政治关系的现状加以考察，兼带对民进党主席蔡英文的“维持现状”主张予以辨析。作者认为，“九二共识”是两岸关系现状的一部分，推翻“九二共识”决不是“维持现状”，而是挑战现状和破坏现状。“敌对状态未结束”也是两岸关系现状的一部分，对此最好的办法绝非“维持现状”，而是“聚同化异”。蔡英文提出“维持现状”是玩了个偷换概念的手法，台湾历次民调中的“维持现状”是指不统不“独”，而蔡却把现状定义成“已独”，所以她要的“维持现状”同台湾多数民意希望的“维持现状”根本就是两个不同的主张。两岸当局携手共创和平发展稳定框架，这是两岸关系现状中最灿烂夺目的新篇章，其精神动力绝不是“维持现状”，而恰恰是要“改变现状”，首先是对陈水扁“逢中必反”的激进“台独”路线的“拨乱反正”。七年来一贯反对这些创举的人要“维护现状”，其真正的意图存在巨大的陷阱。作者在文章最后借用习总在会见朱立伦时所说的话结尾，“否认‘九二共识’，挑战两岸同属一个中国的法理基础，搞‘一边一国’、‘一中一台’，就会损害民族、国家、人民的根本利益，动摇两岸关系发展的基石，就不可能有和平，也不可能有发展”。

陈桂清在《浅析民进党社会基础的变迁与新特点》（《台湾研究》2015 年第 5 期）一文中指出，近年来，台湾政经结构的变迁对民进党的社会基础产生了深远影响。目前，统“独”、族群认同维度中的统“独”因素虽仍是构成民进党社会基础的主要因素，但经过政治民主化发展及族群融合，族群认同因素在民进党社会基础中的地位及影响逐渐下降。而随着台湾经济结构的变化，民进党社会基础中经济、阶级维度的影响日益增大。民进党以“三中”（中下阶层、中南部、中小企业主）群体以及全球化、两岸经贸整合过程中的利益受损者为主要阶级基础的特征越来越明显。总体来看，在发展过程中，经过多次选举洗礼，民进党以中小企业主、中南部农渔民等中下阶层，尤其是中产阶级中的“中小企业主、民营企业中的管理人员、民主意识和本土意识较强的本省籍知识分子、一些下层公务员”为主要阶级基础的特征逐渐固化，但扮演“受难阶级守护者”的民进党，虽然赢得了全球化及两岸经贸利益受损者的支持，但也失去了能够通过全球化及两岸经贸获利阶层的支持。作者在文章结语处总结道：通过综合考察民进党社会基础中统“独”、族群与经济、阶级两大维度的因素可以看出，民进党的社会基础随着台湾经济、社会、政治的变迁发生相应变化。一方面，统“独”认同仍是区别蓝绿政党属性的主要因素，也是民进党巩固其社会基础的重要手段。但另一方面，台湾进入民主巩固阶段，新兴民主的经济分配等与阶级利益相关的议题浮现出来，成为影响台湾选民投票行为的重要因素之一。

刘相平在《蔡英文“新南向政策”评析》（《台湾研究》2015 年第 6 期）一文中对民

进党主席蔡文英的新南向政策进行了评析。文章指出 2015 年 9 月 22 日，蔡英文正式宣布了其“新南向政策”，宣称“民进党将强化对东协（东盟）和印度的整体关系”，其本质上乃是台湾旧“南向政策”的翻版。这反映出蔡英文希望带领台湾继续走“经济全球化”的道路，但也折射出她及民进党对中国大陆具有浓重的防备心理。东南亚及印度在经济全球化和区域经济一体化进程中的亮眼表现，固然是蔡英文等人推动“新南向政策”的重要原因，但台湾必须处理好岛内经济转型与对外发展、民进党与台湾企业之间、两岸关系和平发展等几组关系，蔡英文等人尤其不能将“新南向政策”，“泛政治化”冲击两岸关系和平发展。首先,“新南向政策”不应冲击两岸关系的和平发展。其次,蔡英文必须处理好“新南向政策”与大陆推行的“一带一路”战略的关系。蔡英文不能用“南海权益”换取其在东南亚地区、印度的利益。作者在文章最后指出，蔡英文提出的“新南向政策”是台湾历年来“南向政策”的延续，折射出其享受两岸经贸“红利”、分解两岸经贸“风险”的旧思维。但蔡英文若想成功推动“新南向政策”，必须在促进岛内经济升级转型、增加台湾经济竞争力的同时，处理好两岸关系。否则，“新南向政策”将不可能取得成功。

张顺在《蔡英文当前两岸政策的特点、调整方向与影响》(《两岸关系》2015 年第 6 期）一文中介绍并分析了民进党主席蔡英文当前两岸政策的新特点、调整方向与影响。文章指出，2014 年底“九合一”选举之后，蔡英文在两岸政策上有许多新提法，例如“维持两岸现状原则”“中华民国现行宪政体制”、对“1992 年事实”的诠释和名词使用“求同存异”等，初看来令人眼前一亮，但究其内涵，在两岸关系“是什么”“未来前途”等根本问题上，没有任何实质表态。其新的特点主要表现为：一是“台独”欺骗性更强，二是全面“依美抗中”，三是以“民粹”阻碍两岸关系发展，四是突出的“经济台独”意图。其调整方向大致分为五点。一是进一步延伸“中华民国现行宪政体制”下的两岸定位，二是用负面表述给自己划线，让各界放心，三是以承认“两岸一个中华民族”换取两岸继续交流，四是不排除统一作为未来选项,五是选前不可能触碰“台独”基本立场的调整。文章第三部分指出，蔡英文当前两岸政策的影响包括：揭露“台独”危害性的难度加大；加深两岸民众的隔阂和认同危机；为两岸关系发展埋下隐患；增加未来两岸在国际、区域出现摩擦的危险。作者在文章最后表明：蔡英文当前的两岸论述，主要是为骗取美国及岛内民众信任而进行策略性调整，并非尝试与大陆处理根本分歧。总体上，蔡英文的两岸政策实质仍是“柔性台独”和“渐进式台独”，其“隐蔽性”和“策略性”对两岸关系更具危害。

陈星在《民进党的“草根性格”及其影响》(《统一论坛》2015 年第 6 期）一文中认为，在台湾草根社会对政治的影响力越来越大，民进党作为带“有外造政党”特征的政党，草根性格是其重要特征，这种特征对其内部政治生态及台湾政党政治生态都产生了巨大影响。台湾社会的草根文化有着强大的生命力,究其原因主要有以下两个方面。首先，是草根社会本身就具有一定的秩序再生和理念结构调整能力，这种能力在很多时候表现为对外来冲击及内部结构调整的改造与适应能力，正是因为这种能力的存在，使草根社会的发展保持了连续性，同时又具有一定的可塑性。其次，是在台湾社会的语境中，草根性格在大多数情况下都是专指台湾南部为代表的传统俗文化，但是在更宽泛的意义上，只要是底层社会、与政治系统上层联系比较少的政治组织以及群体都可以称为“草根社会”。作者认为，民进党的草根背景对该党的政治性格影响非常大。其中最为典型的一个特征就是善于利用媒体炒作议题，并能通过各种手段将议题效用发挥到最大。另一重要表征是暴力偏好。当然，民进党草莽性格之使用也分场合，其最主要依据是暴力行为政治动员效果的最大化。受草根性格影响，民进党尤其强调基层服务和加强与公民团体联结的重要性。文章最后还指出，民进党平时对草根社会的渗透方式主要以基层服务为主，总体上看属于情感动员范畴，即通过长期互动拉近与选民的距离，并因此取得他们的支持。

（三）亲民党研究

2015年，学者们对亲民党研究并不多，而且并未涉及亲民党的党务改革问题。学者们仅对亲民党的近况进行了总结。并从亲民党主席宋楚瑜参选入手，对亲民党未来的党务及政策走向做出了预测。学者们的这些声音反映了亲民党境况与对其未来的希冀。

高杨在《稳两岸，亲民党须在未来“立法院”做文章》（《人民政协报》2015年1月17日）一文中指出，由于政治制度原因，在台湾政治生态中，一个政党的地位并非由其党员人数的多少来定的，而是要看该党在“立法院”占有多少席位来确定，因为“立委”人数越多，就越能在岛内政治生活中发挥越多的作用，左右更多的事情。由于亲民党近10位“立委”都是以国民党身份参选的，从实质上来说，虽然这些人内壳依旧属于亲民党，但从名义上来讲，他们却是国民党的。这样一来，亲民党给外界观感实质上是本届“立委”数是“0”。因此，这几年亲民党的声望被逐渐弱化。作者指出，对于未来亲民党如何发挥在两岸问题上的作用，中国国民党原中央委员、台“国民大会”原主席团首席主席林渊熙认为，主要是主攻“立法院”的“立委”席次。林渊熙说，根据目前亲民党的实际情况，只要在台“立法院”113个席次中占据8到10个席位，未来就可以在“立法院”形成力量，通过“立法院”党团力量监督牵制可能再次取得“执政权”的民进党当局在两岸关系上的冒进和“台独”动向。文章最后还写道，要得到8到10席“立委”席位，林渊熙和岛内部分政治观察人士认为，除了亲民党要审时度势积极布局外，经济支持可能是影响成败的主要因素，毕竟选举拼的除了才能，更主要的还有经济实力，而经济实力恰恰是亲民党的弱项。

陈桂清在《宋楚瑜参选，“保送蔡英文上台”？》（《世界知识》2015年第18期）一文中指出，台湾2016年“大选”正如火如荼展开，原本国民党候选人洪秀柱与民进党候选人蔡英文之间“两个女人的战争”，在亲民党主席宋楚瑜8月6日正式宣布参选后，演变为“一个老男人与两个女人的战斗”。宋楚瑜的参选宣告国亲整合破局，让国民党原本相当不利2016选情雪上加霜，甚至可能造成“保送蔡英文上台”的不良后果。宋楚瑜参选后，岛内各界对其参选意图议论纷纷，有人认为他是为报国民党当年害他与“大位”擦肩而过之仇，也有人认为他是为了增加与民进党谈判的筹码，以换取民进党上台后的“行政院长”或海基会董事长等官位，但综合目前政治情势判断，宋楚瑜参选的主要目的还是为了亲民党及其个人的政治前途。作者同时指出，宋楚瑜加入2016战局，将给国、民两党选情带来新的变数。客观而言，宋楚瑜的参选既可能瓜分国民党的泛蓝选票，也可能吸走民进党的部分浅绿及中间选票。但综合评估之下，宋楚瑜参选最大的受害者恐怕是国民党，而不是民进党和蔡英文。文章的最后部分主要分析了大陆方面对宋楚瑜参选的立场，对于宋楚瑜的参选，大陆目前官方的态度正如国台办发言人范丽青所指“我们不介入台湾选举"，这与大陆一直以来强调的"不介入台湾选举"政策一贯相符。但从民间学者的态度看，宋楚瑜的参选显然不是大陆所乐见的。宋楚瑜作为岛内政治人物，其参选与否属于岛内具体政治运作，大陆抱持的一贯态度是"不介入"。不过"不介入"并不等于没有亲疏远近、没有好恶之分。由于宋楚瑜主张近来已发生消极变化，"橘子似乎变绿了"，加上其参选导致泛蓝分裂，客观上可能造成"保送台独政权上台"的后果，大陆自然不会愿意看到这样的局面。

（四）选举与政党治理研究

选举所以引人注目，往往是因为人们可能更加关注选出谁来做官。但选举的作用却并非选出人来做官这么简单。它起码还包括如下几方面的作用：完成赋权过程，实现合乎现代合法性要求的统治；组织政府、确立责任政治，实现对公权力的有效控制；意见表达、凝聚共识，形成公众政治议程并且对政府议程形成潜在或直接的影响和控制；实现权力的平稳交接，化解分歧和冲突。此外，还包括作为公民教育重要手段和途径等其他功能。由此，尽管民主政治并非一选就灵，但选举对于有效地治理来说确实是不可或缺的。在竞争性的政党体制下，政党作为连结社会与公权力系统的桥梁和纽带，自然成为选举的主体，它们也因此而自然成为治理的重要主体。由此，选举与治理自然构成政党政治、政党制度的关键内容。一般来说，在竞争性的政党体制下，选举塑造政党体制，选举决定治理目标和治理形式。反之，治理的绩效决定选举的结果，同时决定每个政党未来的政治前途。2015 年正逢台湾"九合一"大选结束，并即将迎来 2016 年台湾领导人"大选"及"立委"选举，故此，2015 年有关台湾选举与政党治理的研究基本上比较均匀地覆盖了选民与政党、政党与政党、政党与公权力系统等基本领域，并将重心集中放在了选举上面。

顾扬在《观察"九合一"选举的三个视角》（《台海研究》2015 年第 1 期）一文中指出，在台湾地区"九合一"选举中国民党惨败，民进党赢得 2016 年"大选"的概率大增。而通过对此次"九合一"选举内部各项选举之间、与往届选举及与选前预期纵横比较分析可以看出，这次选举存在分裂投票"六都"与县市投票率变动反常两种现象。相应地，这次选举呈现出以下几个特点：国民党的基层实力虽大幅削弱，但选民在行政、民意代表层面的分裂投票使得其相对优势仍然在一定程度上存在；蓝营选民存在不投票情形；岛内第三势力的"重现"存在一定社会基础；青年新媒体世代"绿化"严重，影响深远。基于这几个特点，加之"中央"选举与地方选举差异、两岸关系因素的存在，只要进行必要的党政改革，2016 年"大选"国民党也不是完全不能一搏。文章最后指出，岛内选民在未来的"大选"中投票，取决于国民党未来一年半的表现，也取决于民意对两岸关系的理性选择，选民是否会考虑进一步采取分裂投票制衡民进党一党独大及其危险的两岸政策，也取决于岛内第三势力是否开始进一步形成，其选择结盟对象是否考虑两岸因素，取决于民进党面对岛内两岸关系民意对两岸关系思考的理性程度，是否能做到吃一堑长一智，放弃与大陆的对抗。

黄伟峰在《解读"九合一"选举结果的三项意涵》（《台海研究》2015 年第 1 期）一文中指出，2014 年台湾"九合一"选举国民党遭逢严重挫败，"北蓝南绿"的基本盘似乎一夕崩溃。民进党执政县市从原来 6 席跃升至 13 席，全台选票一致性摆向民进党约 6%—10%，因此民进党极有可能赢得 2016 年台湾地区领导人选举。然而细究“九合一”选举结果及选后民调资料，本文发现蓝绿基本盘在 2014 年仍各占三成三，而且绝大多数选民仍未决定如何在 2016 年投票。此外，民调显示国民党县市长的挫败可以归因于其支持者投票率低于预期。特别是泛蓝比泛绿认同者的投票率低 5%。而且年轻较年长者较不愿投票给国民党候选人。虽然台湾“九合一”选举不是对总体两岸政策的否决，但民调显示台湾选民似乎想抗议马英九当局“倾中”“倾财团”的两岸交流现状。最后,“柯文哲现象”似乎扩展台湾第三势力空间，但民调亦发现 60% 的那些宣称未来会转投两大党之外的受访者仍会在 2016 年“大选”投票给国、民两党候选人。

肖扬在《台湾“九合一”选举述评》(《台海研究》2015 年第 1 期）一文中主要从选举结果及特点、影响因素，选举影响三方面对台湾 2014 年的“九合一”选举进行了说明与分析。作者将“九合一”选举的特点总结为：一是选举规模空前，参选人登记爆表；二是选民参与热情低，但投票率不低；三是决战“中台湾”，蓝绿皆打集体战。在影响此次选举结果的因素方面，作者指出，纵观整个选举，民众对现状不满、青年选民参与投票热情高、国民党选举政策失败是造成此次选举结果的主要原因。而后，作者从此次选举对台湾政局的影响及对两岸关系的影响，两方面对选举的影响进行了分析。作者认为，在台湾政局方面，第一，马英九遭受党内和绿营的两面夹击，内忧外患不断，丧失岛内政局和两岸关系主导权，执政步入跛脚困境。第二，蔡英文凭借选举战功，成为民进党“共主”，离 2016 年“大位”又进了一步。第三，新世代对岛内政局影响加大，冲击传统蓝绿政治板块，青年领袖借助网络传播力量逐渐步入政治舞台。在两岸关系方面：第一，国民党当局的两岸政策会转趋消极，原有的两岸关系发展模式面临挑战，未来两岸关系的发展方式将由过去重视规模、数量转为重视落实、质量，重中之重是重分配。第二，民进党缺乏调整两岸政策的动力，两岸路线将死守“反中”、对抗思维。

张顺在《台湾青年世代政治参与的动向与影响》(《台湾研究》2015 年第 2 期）一文中从台湾青年世代政治参与的形式、影响因素、特点及社会变迁导致青年世代政治参与出现新动向等方面对台湾青年世代政治参与的动向与影响进行了述评。作者依据选举相关或非选举相关以及团体的或个别的行为，将台湾青年世代的政治参与分为三类：一是选举活动，包括投票，竞选，以及拉票、造势、捐献等辅选活动。二是合作活动，包括加入政治性团体并从事团体的政治性活动，以及从事游行、抗议等群体性活动。三是个别活动，包括主动接触，以及个人在新媒体上表达政治诉求等行为。并将影响台湾青年世代政治参与的各项因素归纳为：社会经济发展、政治制度、政治文化传统、政治精英的行为、社会地位及政治心理六方面。作者认为以往青年世代政治参与的特点主要为，参与度低、组织性差，一旦参与到政治活动中，往往表现出明显的激进性、理想性。随着社会的变迁，青年世代政治参与也出现了新动向，第一，“个别活动”以网络“政治表达”的方式爆炸式发展。第二,“合作活动”的热情、组织性显著提高。第三,参与“选举活动”的热情大幅提升。第四，表现出前所未有的“恐中”“反中”情绪。第五，去政治化倾向突出。作者表示对于台湾青年世代政治参与的新动向，应当从各个角度辩证看待，青年世代积极的政治参与对政治现代化是把双刃剑，这将对政府效能带来负面影响，并将促使岛内政党做出相应调整，改变岛内传统选举方式，也对两岸关系提出新挑战。

徐小庆在《台湾地区中间选民结构和特征探析》(《台湾研究集刊》2015 年第 3 期)一文中指出，中间选民理论认为，在选举政治体系中存有一定数量的中间选民，其投票行为相对理性务实，在特定情境下可以决定选举结果。台湾地区的中间选民在其领导人选举中具有举足轻重的影响力。文章在概述中间选民理论的基础上，深入分析了台湾地区中间选民的结构和特征，作者将台湾地区中间选民的标准界定为三个方面：第一，在选举过程中不持有坚定支持蓝或绿政党的立场，没有明确的政党倾向；第二，在投票过程中能够保持理性思维和冷静行为，既不持有极端的政治立场和观点，也不会轻易改变政治主张；第三，对政治漠不关心、知之甚少，对选举和投票没有兴趣，很少或几乎不参与选举活动。而后，作者又通过对调查数据进行分析，得出除 2011 年不及偏好国民党的比重以外，其始终高于偏好任一政党的选民所占的比重，说明台湾地区持中立态度的民众数量相当庞大。换言之，中间选民确实是广泛存在的。作者将台湾地区选民的特征概括为四个方面：一为中间选民对政策主张的重视度强于政党倾向；二为中间选民倾向于维持两岸现状；三为中间选民的政治态度和投票行为理性务实；四为中间选民的投票意愿容易受到外力影响。最后，作者在结语部分指出，中间选民在台湾地区领导人选举中具有举足轻重的影响力，他们不持有明显的政党倾向，也不支持激进极端的政策主张，而是以更加理性务实的政治态度来行使选民权利。这一基本判断在历次选举的纵向脉络中清晰可见。

张华在《近 20 年台湾“大选”中的两岸因素》(《台海研究》2015 年第 4 期)一文中分别从三方面对近 20 年台湾“大选”中的两岸因素进行了分析与说明。第一部分，文章介绍了两岸因素影响台湾“大选”的背景原因。作者认为，影响台“大选”的两岸因素主要包括参选人的两岸政策或竞选政见、两岸关系的发展态势、大陆对台政策及两岸间的偶发事件等。但由于所涉及层面、内容和表现形式极其广泛，两岸因素影响台“大选”的方式、程度、效果差异较大。第二部分，作者对过去五次台湾“大选”中的两岸因素进行了分析。作者认为，1996—2012 年五次“大选”中，无论是分裂与反分裂、“台独”与反“台独”斗争，还是双方在达成“九二共识”基本政治互信基础上形成的两岸关系和平发展局面，两岸因素都扮演了重要角色。不同的是，1996—2004 年三次“大选”，两岸关系的紧张对峙以及大陆的涉台言论，甚至大陆的内部事务都被台湾政治人物作为炒热选情、骗取选票的重要工具。2005 年国共两党关系融冰，尤其是 2008 年“台独”政权终结、“统独牌”失灵，两岸关系对“大选”的影响开始转趋积极、正面，并成为 2012 年“大选”的选战主轴，影响了大量中间选民，尤其是两岸经济选民的投票行为，为马英九的成功连任发挥了不可替代的重要作用。第三部分，作者对两岸议题在 2016“大选”中的角色进行了观察与推测，作者认为，两岸议题仍将持续发挥重大、积极作用，但 2016 年“大选”的社会背景，包括政党政治实力、岛内社情民意、美国因素等都出现了有利于民进党的新变化，两岸因素对此次选举的影响更趋复杂。

海峡卫视台海节目部在《2016 台“大选”三组搭档就位》(《两岸关系》2015 年第 12 期)一文中分为五部分，介绍了国民党，民进党及亲民党参加 2016 年台湾“大选”的参选人及其副手。第一部分主要概括了三组参选人搭档的组成，在 2015 年 11 月 18 日召开的国民党中常会上，国名党主席朱立伦提名前台“劳委会”主委王如玄担任副手，“朱玄配”

代表国民党迎战2016年1月台湾地区领导人选举。同日,亲民党主席宋楚瑜也宣布搭档“民国党”主席徐欣莹形成“宋莹配”。民进党主席蔡英文宣布搭档台“中研院”副院长陈建仁,形成“英仁配”。至此,台湾选举史上最迟来的副手人选全部到位。文章的第二部分介绍了国民党的“朱玄配”组合,国民党主席朱立伦在受访时表示,他是财经出身,未来可以全心全意拼经济,推动两岸和平发展;而王如玄担任副手,则可以重视社会弱势、妇女、劳工关怀等公平正义议题,相信两人将“相辅相成”。文章第三部分介绍了民进党“英仁配”组合,民进党主席蔡英文副手人选最终“花落陈家”,确定邀请台“中研院”副院长陈建仁作为搭档参加2016年“大选”。文章的第三部分介绍了亲民党的“宋莹配”。亲民党主席宋楚瑜公布其副手,人选为民国党主席徐欣莹,这是台湾选举史上第一次不同政党领导人联手参选。徐欣莹也是台湾第一位卫星测量女博士,2005年投身政坛,首次参与选举就以第二高票当选新竹县第一选区县议员,2007年再以第一高票连任新竹县议员成功,获得时任国民党秘书长金溥聪的青睐,并代表国民党参加2012年“立委”选举,以全台最高票当选。介绍完三组搭档的概况,作者在文章的最后,列举并评析了台湾诸多学者,分析人士及台湾媒体对这三组搭档的比较分析。

(五)政党、政局与政治变迁研究

如前所述,政党的存在和发展总是同特定的政治生态相联系。政党总是在受限的条件下尝试塑造和改变既有的政治环境。但在这一过程中,政党也不可避免的会发生相应的变化。现代社会中,政党透过自身变化及其与其他相关政治主体关系的变化,在理念、行为和制度等诸多方面推动政治发展或政治变迁。与此同时,政党往往还是直接推动政治变迁进程、决定政治变迁内容和节奏的首要力量。政党也以此充分体现出其作为民主政治工具和手段的基本价值与功能。这一点在当前台湾地区政治生活中就非常明显。由此,同政党及其所处政治、经济、社会和文化生态相关联的政党与政治发展研究,自然深受学者们的青睐。其中,台湾政党力量的时空分布和变化、台湾政党同社会结构和社会矛盾之关系、台湾政党同两岸关系及岛内政治认同之关系等相对具体的问题,更是相关研究的热点、焦点。需要特别指出的是,由于适逢选举休整年的关系,关于台湾意识与台湾认同的讨论更加热络。与以往相比,这方面问题研究的成果更加客观、平实,这当然是因为如下缘故:由于各自所处的社会情境皆有所变化,海峡两岸学者都已分别能够在一定程度上摆脱理念上意识形态的束缚、方法上预设结论的偏颇,大胆突破且努力还原问题的本来面目。其实,唯有客观的、合乎科学规范的研究才能够有益于经验实践中矛盾和问题的解决。一定意义上讲,关于政党与政治变迁问题,它原本是个什么样子、政党在思维中将其重构为什么样子,都可能深刻地影响到经验层面的政治过程。所不同的是,客观、规范的研究能够促进政治变迁,对政党及其所致力的事业形成长远利益,主观、杜撰的研究则会扰乱和阻碍政治变迁,给政党及其所追寻的目标形成潜在的或严重的危害。总的来看,2015年学者们在台湾政党与台湾政治变迁领域中的相关研究无疑是非常深入的,迈上了一个新的台阶,不仅有利于正确地解读、促进台湾政治变迁,也有利于相关方面形成正确的政治判断并做出审慎、及时的政策和策略调整,从而从根本上有利于中国的统一事业和民族的伟大复兴。

李家泉在《“九合一”选后的台湾政局和政党走向》（《统一论坛》2015 年第 1 期）一文中指出，台湾“九合一”选举暴露了很多问题，民进党的大胜和国民党的惨败，都是选前双方未曾预料到的。对于选后台湾政局和政党走向作者认为：一、根本问题是国家认同。在国家认同这个问题上必须拨乱反正，正本清源，还原真相。台湾人就是中国人，但愿民进党和绿营，早日认清和正确对待这个问题，切莫为眼前一时的胜利更加模糊了视线和方向，从而走向歧路。二、绿色浪潮正漫溢台湾。目前台湾社会，不仅有绿色政党，而且有众多绿色政党之外的绿色人士，台湾正被卷入激进或比较激进的绿色浪潮中，设如 2016 年民进党再获得执政权，那么整个台湾将变成绿色海洋。三、国民党失败的远近因。远因，是从国民党接管台湾开始，就一直没有解决好台湾同胞的思想“回归”问题，从而在国家认同问题上留下了祸根。近因，国民党当局的“不统、不独、不武”政策，实际上是把“防共、防统”置于“防独、防分裂”之上，把政党利益置于国家民族利益之上。四、下一步民进党怎么走。有三种可能：一是被胜利冲昏了头脑，不但不冻结“台独党纲”，而且想进一步谋求实践；二是被胜利吓晕了头脑，因为如此大胜，完全出乎意料，不知如何是好，大有手忙脚乱之势；三是既不宣布冻结“台独党纲”，也不谋求其实践，不但不去强调或强化“台独”，而且适当调缓现行政策，以求暂时维持两岸关系现状。五、国民党能否东山再起。目前国民党新遭惨败，元气大伤，士气低落，存在的问题更多。作者认为，国民党内部若不彻底弄清方向问题，并采取有力措施加以纠正，要想东山再起、浴火重生，那是不可能的。

刘国深在《“九合一”选后台湾政党政治发展的未来趋势》（《台湾研究》2015 年第 1 期）一文中指出，2014 年底的台湾“九合一”选举，国民党惨败、民进党大胜，无党无派的“独行侠”柯文哲先是击败民进党候选人姚文智，接着又在正式的选举中击败国民党候选人连胜文，引发人们对台湾政党政治未来走向的关注，作者认为：一、台湾的政党政治生态环境出现明显变化，台湾政党政治的形态将出现新的变化。随着新媒体的出现，人们参与政治过程的渠道、利益表达的方式、利益综合的主体、政策执行的路径和政治反馈等行为模式都将出现新的变化，这是影响未来台湾政党政治发展形态和走向的重要因素。二、面对快速变化的台湾政治生态，国民党和民进党的政党结构和体质都必须及时调整，以适应政治环境提出的新要求。必须在政策诉求、群众基础、行销策略等方面进行体质和结构的调整，如果成功，国民党东山再起的可能性是存在的。三、台湾的政党政治环境具有典型的东方政治文化特性，未来很长时期内难以真正达到美国式的政党政治品质要求。四、两岸关系和平发展对台湾政党政治也带来新的变量，“统独”激情终将淡出，国民党和民进党都必须审慎处理好两岸政策立场和主张，以趋利避害。随着海峡两岸综合实力的消长，中国大陆对两岸关系的主导权已经从强化走向固化，台湾任何政党执政都难以单方面改变两岸同属一个国家的法理和政治现实。

林冈、曹军强、姚奕在《台湾“九合一”选举结果及其对岛内政党政治的影响》（《台湾研究》2015 年第 1 期）一文中分析了 2014 年台湾“九合一”选举的结果、性质、原因和对岛内政党政治的影响。作者指出，在这次选举中，基于宏观和微观因素，国民党无论是在实际得票数，还是在执政县市数目和人口数上，都明显落后于民进党，难免辐射到一年后就要举行的台湾地区领导人和立法机构的“二合一”选举，台湾面临政党再次轮替的极大可能。民进党在大获全胜前提下是否会调整大陆政策，是观察台湾 2016 年台湾地区领导人选举的可能结果的重要指标之一，也是台湾政党体系是继续趋异还是趋同的一个重要观察点。作者认为国民党在“九合一”选举中失败的原因在于：从宏观的视角来看，全球性政府治理失效对台湾“九合一”选举产生重要的影响。从中观层面来说，国民党隐性分裂与公共政策政治化成为国民党“九合一”选举失败的重要因素。从微观层面来说,国民党提名不当与选举策略失误是“九合一”选举大败的直接而又重要的原因。对于“九合一”选举结果对岛内政局的影响，作者认为，对国民党而言，“九合一”选举大败一方面导致国民党高层重新洗牌，另一方面也必将对马政府未来施政带来重大困扰。面临即将到来的选战,国民党更难以调整“不统、不独、不武”的政策论述。对民进党而言，“九合一”选举大获全胜，尤其是林佳龙、郑文灿、林右昌、林智坚等新世代在选举中胜出，将加速党内世代交替的步伐，也奠定了蔡英文在 2016 年参选地区领导人的坚实基础。

翁之光、潘林峰在《“九合一”选举后的台湾政局及两岸关系走向》(《现代台海研究》2015 年第 1 期）一文中分析指出，2014 年台湾“九合一”选举，国民党遭遇重大挫败，对于未来台湾政局及两岸关系走向将产生深刻影响。作者通过对各县市的得票率进行分析，认为蓝绿传统基本盘并未发生根本的结构性变化，台湾出现第三势力亦言之过早，但新媒体的作用不容小觑，这次柯文哲的网络动员非常成功，新媒体发挥了关键的作用。无论在线捐款、理念传播、活动募集，都是一场网络主导的选战，特别是“年轻世代”成为柯阵营的“网军”，在网络上“打连拉柯”操作得相当成功。作者认为，未来岛内无论哪个政党上台执政，都难以改变两岸关系和平发展的大趋势，“九二共识”仍是两岸交流的基础，两岸关系的和平发展是大势所趋，符合台湾民众的根本利益，也不因台湾岛内的政治生态而改变。但选举前后出现的一系列新情况值得我们深思，两岸之间的问题并没有真正化解，突出表现在：一是民间互信仍薄弱；二是经济红利被质疑；三是政治互信未提升。由此，作者在文章最后提出以下建议：一是政治互信要以民间互信为基础；二是对台工作真正做到向下沉；三是尤其应将重点放在做好台湾青少年工作上。总之，此次国民党惨败，也给我们的对台工作提出了新的课题，要求我们改变思路，顺应台湾民众所思所想，提出切合台湾实际的对台政策。

吴师在《台湾政情变数重重》(《两岸关系》2015 年第 1 期）一文中指出，2014 年 11 月台湾“九合一”选举后，蓝绿执政版图发生重大变化，台湾政情走向成为关注热点，牵动台湾社会各界。对此，作者作为大陆学者做出解读，此次“九合一”选举或将成为台湾政局逆转分水岭，“九合一”骨牌效应可能显现，台湾政局陷入蓝绿焦土对抗状态。一方面，民进党为巩固胜选局面，不会给国民党喘息机会。另一方面，在民进党攻势面前，国民党不会拱手相让，将在“内阁制”、公投等议题上主动进攻，对民进党施以颜色。民进党迎来重返执政机遇，但仍面临四大挑战：一是绿营整合问题；二是能否拿出政绩；三是两岸政策问题；四是能否取得美国信任。对于此次“九合一”选举的结果，作者认为这是偶然性与必然性交织的选举结果，这一必然性结果的成因大致有以下五个方面：其一，马英九当局施政绩效不佳，弊案多发，处理问题的手法拙劣，引发台湾民众怨气。其二，国民党接班梯队“发育不良”。其三，国民党低估了以全球化为背景的社会运动能量，也不善于运用互联网等新兴动员工具，且缺乏与青年族群对话沟通的有效方式。其四，国民党内部不够团结，各自盘算、各自为战情结浓厚。其五，国民党过度迷信传统估票方法，过度迷信蓝大于绿的“板块论”“经济牌”及所谓“派系整合”。作者最后指出，面对此次国民党选举失利，国民党须反省改革，今后台湾选民投票自主性将更高，任何一个政党或候选人如果过于依赖政党力量，不思改变，提不出有效政见，都将难以获取选民认同。

熊玠在《由“九合一”选举看台湾政治制度的缺失》(《台海研究》2015年第1期）一文中认为，台湾“九合一”选举结果最大的输家是台湾“民主制度”与大众福祉，由此彰显台湾地区政治制度的多种缺失。民进党出于自私的政治算计，不惜以损害台湾经济拖垮马英九当局。而马英九不懂“多数决”原理，迷信“全民总统”，改革得罪泛蓝支持者，却无法终结李扁政权的“去中国化”政策，弄得离心离德。作者还指出，台湾的“民主政治”有一个“不忠实”的反对党民进党，与美国的私心有关。美国虽然不支持“台独”，但“以台制华”政策依然作祟。这个政策的下一半，就是要“以民（进党）制国（民党）”。因此，马英九的手无形中被绑住了。不但不敢在“三通”之后与大陆进入政治对话与谈判，甚至对“太阳花学运”一类的闹剧，明明知道它有害台湾社会与经济的福祉，却不敢采取霹雳手段应付制止。因此，酿成极不利于台湾经济繁荣与社会稳定的恶果，更给马所领导的国民党带来执政满意度民调的惨跌。并最终导致国民党“九合一”选举的惨败。这不仅是台湾“民主制度”的悲哀，而且是台湾的悲哀。

陈星在《国民党与民进党的发展模式差异及对台湾政党政治的影响》(《台海研究》2015年第2期）一文中认为，国民党与民进党是台湾政坛上两个主要政党，这两个政党的发展及互动模式对台湾政党政治的基本样态具有深刻影响。两个政党均在追求发展模式的优化，不过由于受到台湾社会政治文化结构、政治制度结构以及政党各自内部结构等方面因素制约，两党的发展模式出现了较为显著的差异。其差异主要表现为：一、两党的政党类型区隔及动员模式差异；二、国民党与民进党的社会联结方式差异，国民党坚持以“二元侍从主义”为核心的社会联结和控制机制，可以称为“控制型模式”，而民进党的联结方式可以称为“渗透型模式”，在不拒斥基层组织的情况下，重在强调理念的建构以及形象的塑造。并且在加强社会联结方式上的差异在青年选民的争取上也表现得比较明显，民进党在这方面的政策成效要超过国民党。作者还指出，两党在内部凝聚力方面存在的差异，民进党的内部凝聚力显然要大于国民党，其中最主要的标志就是国民党历经数次分裂已经元气大伤，但是民进党虽然经历过分裂，却没有受到太大冲击，其整体支持度反而不断上升，而出走的政治势力却一蹶不振，很快就被边缘化。作者认为，民进党内部凝聚力能够维系的一个重要原因在于支持者对党的忠诚度要高于对政治人物的忠诚度，这与民进党重视议题动员的政党发展模式有关。作者在文章结语部分指出，台湾两个主要政党均存在着这个问题，国民党的组织动员模式已经被证明需要进行调整，但马英九与地方派系切割的努力被证明是不成功的。民进党的“台独”路线是未来发展的最大瓶颈，但该党却一直无法进行调整。因此，台湾两个主要政党发展模式的调整及互动模式的变化是值得长期关注的问题。

杨立宪在《“柯文哲现象”探讨——兼论对台湾政党政治的影响》(《台海研究》2015年第3期）一文中系统分析了“柯文哲现象”形成的内外部原因及其对台湾政治的影响，

提出特殊的台湾、特殊的台北造就了特殊的“柯文哲现象”。作者认为“柯文哲现象”形成的外在原因：首先是台北市民特别是泛蓝选民对马英九“施政无能”和郝龙斌第二任期的表现感到不满。其次，民进党基于台北市参选胜算不高，采取不提名本党候选人而支持柯参选的策略，对国民党候选人连胜文形成双面夹击，为柯的胜出创造了条件。再次，台湾社会公民意识空前高涨，公民运动蔚然成风，为柯文哲参选提供了社会氛围。最后，对手连胜文的权贵背景为柯参选提供了有利的竞争支点。作者认为“柯文哲现象”形成的内在原因：首先，柯出身于本土平民家庭，靠个人奋斗出人头地，其经历得到社会尊敬。其次，柯“非典型政治人物”特质易获得普通人的信任。再次，柯的选举政见迎合了公民社会及第三势力的愿望。最后文章指出，“柯文哲现象”表明，台北市民讨厌蓝绿恶斗，不满贫富差距，对台湾经济状况感到失望，期待通过选举改变现实，非典型的政治素人柯文哲因此被推上政治舞台。“柯文哲现象”还表明，台湾的第三势力存在着一定的生存空间，但柯的获胜毋宁说是以民进党为代表的泛绿阵营与第三势力达成妥协的结果，很难批量复制。“柯文哲现象”对国、民两党都有很大的鞭策，在某种意义上推动了台湾政治的发展，开创了政治发展的新模式，意味着政党已不再是政治竞争的充分必要条件，政党的某些功能可以由移动新媒体所取代。

王建民在《台湾政局发展新态势》(《今日中国》2015 年第 5 期）一文中认为，经历“太阳花学运”与“九合一”选举，台湾政治与政局正在发生新的重大变化：一是绿色政治势力迅速壮大，将成为未来台湾政坛一股难以遏制的最大政治力量，“九合一”选举结果是台湾政治结构力量对比的转折性变化，民进党不仅在地方执政版图上一举彻底超越国民党，取得约 2/3 的地主执政权，而且在得票数与得票率方面首次大幅领先国民党，台湾政治结构从此由“蓝大绿小”变为“绿大蓝小”。二是“蓝色忧郁症”蔓延，国民党衰落之势仍在延续，看不到转机的希望，如今在“九合一”选举后，“蓝衰绿兴”态势更为显著，蓝投绿现象显著增多，多个地方基层出现蓝营人士投靠绿营的现象，尤其以新竹县前县长郑永金已正式投绿更具指标意义。三是复杂多元、力量分散的第三势力成为台湾政治发展新变量，正在改变台湾政治文化。呈现左、中、右不同政党、政团与组织的纷纷兴起与集结，对国民党、民进党两大政党的发展与力量对比将产生新的影响，形成复杂的纵横交错的态势，会不会打破既有的蓝绿二元政治结构，仍待观察。不可否认的是，台湾政治与政局正在呈现一个新的发展态势。

李家泉在《台湾局势与两岸关系》(《统一论坛》2015 年第 6 期）一文中认为，首先，台湾当前的局势可概括为三句话：国民党呈颓势；民进党渐得势；两岸关系存在变数。其次，要继续保持两岸关系和平发展势头，必须承认并坚持“九二共识”这一基础，舍此，必然导致两岸关系倒退和恶化。而后，作者分别从这三个反面概括分析了目前台湾的政治局势和两岸关系。作者认为，国民党在“九合一”选举中溃败的真正根源，是国民党长期没有解决好方向问题。一个没有方向、没有中心思想的政党，无法具有号召力、凝聚力、团结和带领广大党内外群众去拼搏，而国民党真正的方向，作者认为，是立足台湾，面向全中国，抛除一党之私，力争两岸合作，共同振兴中华。对于民进党，作者认为其现行的“亲美、媚日、反中”政治路线不会改变，“台独”本质不会改变，其具体战略和战术，大体会是“四不一暗”：所谓“四不”，一是不宣布独立；二是“不改变国号”；三是不会推动两岸“和解”；四是不承认“九二共识”。对于两岸关系，作者认为，2016年即使民进党上台，也不敢采取过于激进做法，但却仍然存在某种变法。文章最后，用三个“新”来归纳目前台海局势，第一个“新”是指台湾政治形势已出现“新特点”。一是民进党势力大膨胀；二是国民党势力衰退；三是政治板块大变动。第二个“新”是指岛内大选对阵形势有“新变动”。过去是“洪秀柱对阵蔡英文”,现在为“朱立伦对阵蔡英文”。第三个“新”是指两岸关系上出现一种反常“新现象”。过去祖国大陆在经济上落后于台湾，现在反之。

林冈在《台湾政党政治的演变：趋同还是趋异？》(《台湾研究》2015年第6期）一文中假定了政党政治趋同发展的重要前提是两党权力关系的均衡性，而后从两个面向探讨了台湾政党政治的变化趋势。其一是两党体系从非均衡状态向均衡状态演进的历史脉络，其二是政党政治的性质从冲突型到共识型的发展方向。如果反对党没有执政机会，就只能被边缘化或诉诸体制外的抗争手段，而无法接受政治妥协。然而，执政党和反对党之间的均衡权力关系，未必能保证政党趋同的实现。这是因为导致趋异型政党体系的还有其他因素，包括社会分歧、政党的意识形态传统、既定政策纲领的限制等。作者指出，台湾政党政治是趋同还是趋异，取决于不同因素的作用，影响台湾政党政治走向的主要因素在于：一、社会分歧与民意。二、意识形态与政策议题。作者认为，2014年“九合一”选举结果改变了台湾县市的蓝绿版图，加上民众对民进党认同度高于国民党，民进党很可能重新执政，并获得立法机构的多数席次。从制度上看，相对多数当选制将导致第三党的边缘化，也有利于通过政党轮替形成均衡的两党体系，并诱导两大政党走中间路线。但从社会分歧看，政党趋同又将受到离心力的牵制。累积性的社会分歧与两党的意识形态和政策立场分歧密切相关，归根到底是台湾的未来归宿问题。随着民进党执政基础由南向北、由县域向都市拓展，台湾政党体系是否将最终呈现趋同性，值得审慎观察。

廖中武在《台湾政党轮替后的选举与政治生态》(《中共福建省委党校学报》2015年第11期）一文中指出，台湾几乎每年都有选举，选举成了观察和检验其政治发展成熟的风向标。从2000年到2014年台湾“九合一”选举的状况和结果看，台湾的政治态势主要表现出蓝绿二元对峙的格局，这不仅体现在蓝绿两大政治势力的对抗上，也表现在对权力中枢的争夺方面，还体现在地方执政版图的分布上。这种对峙，使得台湾的政党政治对立尤为凸显，统独对立也成了台湾政治的最基本政治矛盾。从选举的结果看，国民党的实力略大于民进党的实力，然而这并不意味着民进党就不可能获得在台湾的执政权。从陈水扁下台后民进党的地方选举和“大选”结果看，国民党未能取得压倒性的胜利，民进党的基本盘不仅没有缩小反而出现反弹。同时，台湾的“第三势力”依然无法成长起来。作者认为，在台湾，以国民党为中心的泛蓝阵营和以民进党为核心的泛绿阵营的对峙，可谓是台湾政党轮替后最显著的政治生态。

冷波在《对台湾社会两岸认同异化问题的思考》(《理论视野》2015年第11期）一文中指出，当前岛内两岸认同最大问题是承认一中、支持统一的比例非常低，其主要表现为：一是身份认同上的“中国人认同”创下新低，目前不足5%，“双重认同”稳中有降，目前约为三成，“台湾人认同”持续升高，目前接近六成，且两岸被当作“异己”关系。二是统独认同上倾向统一的比例跌至谷底，主张统一的比例不断下降，目前不足一成，且岛内“拒统”声音显著增强,主张“独立”比例目前超过二成,主张维持现状比例持续升高,目前超过六成。三是青年群体两岸认同异化尤为严重。同时，作者认为岛内两岸认同难以改善的主要障碍有以下六点：一是两岸社会缺乏共同经历、共同利益；二是两岸的社会和制度差异不易消除；三是李扁“台独教化”塑造的两岸认同不易改变；四是国民党缺乏推动两岸认同向一中、统一方向发展的魄力与意愿；五是两岸尚未通过政治协商就两岸定位、台当局政治地位、国际空间等核心问题达成共识；六是岛内媒体绿化、社会民粹化的倾向持续加深。作者认为岛内两岸认同异化对未来尤其是2016年后两岸关系、政党政策的可能影响有：民进党实质调整两岸政策的压力不足；国民党存在两岸立场后退的危险；大陆对台工作面临较大阻力，两岸关系不易向更高层次迈进；国民党若败选，东山再起的难度加大。最后，作者认为要继续推进两岸关系，首先，应遵循“实力原则”，进一步增强大陆的实力和吸引力；其次，应遵循“融合原则”，坚定不移地促进两岸融合；第三，应遵循“利益原则”，正视尊重台民众的利益诉求。

邵俭福、宫捷在《对“九合一”选举后台湾统派发展战略的思考》(《中央社会主义学院学报》2015年第12期）一文中指出，统派是台湾地区维系两岸关系最重要的一个派别，事关祖国统一大业和中华民族的长远利益。作者认为，2014年，台湾地区“九合一”选举以国民党惨败告终，这将给2016年台湾地区领导人的选举带来巨大的变数，从而影响统派的发展，危及中国的统一。故此，作者提出，台湾统派必须立足选后岛内政治生态和中美战略博弈格局，整合全台统派力量，协调岛内外两大关系，解决两个重大理论问题，破除岛内两种迷思，从而主导台湾地区两岸关系话语权。其中，统派力量整合需要在两个方向上努力。在横面上进行左、中、右各种光谱的整合：左翼力量主要包括新党、新同盟会、国民党忠实派以及以李敖为代表的“红统派”人士，他们是统派中的促统派。中间力量主要指亲民党、以连战为首的“联合派”人士，他们是统派中的反独派。右翼力量主要是指以马英九为代表的国民党传统派。在纵轴上，实现老、中、青三代的整合：老一代主要包括国民党时代的老官僚、退休公务员、外省籍老人。中生代主要包括国民党籍官员下一代，亲国民党知识分子和中产阶级。青年人主要包括在校大中学生和刚入职不久的工人、职员。协调岛内外两大关系是指，岛内：再造与国民党的关系；岛外：协调与美国、与祖国大陆的关系。解决两个重大理论问题是指：一、为什么台湾人需要统一？——两岸命运共同体；二、两岸如何统一？——和平统一、一国两制。破除岛内两种迷思是指：一、教育、引导中间群众，破除“西方价值观”的迷思；二、揭露、斗争独派组织，破除“当家作主”的迷思。

二、研究性著作简介

2015年学者们在台湾政党制度领域的研究性著作不多。研究内容聚焦在台湾的民主及台湾“一国两制”模式上。与此同时，海峡两岸的关系也一直备受学者们的青睐。

潘佳瑭在《两岸关系视角下的台湾民主，我们该相信谁》(九州出版社2015年版）一书中以通俗的文字诠释两岸政经现象，从战略角度定位两岸关系，以期更好地把握现实，谋划未来,而不是继续被岛内一些政党或政客的谎言所误导。本书注重对台湾政治的研究，却不拘泥于理论探讨或实证研究，而是从多个角度观察和分析，不仅谈台湾，而且谈大陆，探求共同的历史记忆，政治认知和发展愿景。超越意识形态，以全新的视角阐述对台湾民主的思辨，已在透过纷繁复杂的政治现象看清问题的实质。本书共分为上篇台湾民主的背景、中篇台湾民主的感性、下篇台湾民主的理性三篇，主要分为六个章节，主要内容包括：台湾问题事关中国核心利益、台湾民主的演进、荒谬的“台独”言论、民主的感性诉求、透视政党政治、政治人物及感性看大陆等。

李义虎的《“一国两制”台湾模式》（人民出版社 2015 年版）一书共分为七章，绪论部分主要介绍了作为新命题的台湾模式“一国两制”是思想解放的直接产物，阐明了台湾模式的成因及与港澳模式间有着重大的区隔，作者还在此部分论述了自己研究“一国两制”台湾模式的意义。本书第一章主要围绕“一国两制”台湾模式的界定及理论，第二章主要介绍了“一国两制”香港澳门模式的构想与实践，第三章阐释的台湾政治转型的两岸关系，第四章主要介绍了“一国两制”与国际反应，其中主要介绍了美国及日本对于台湾问题的态度，第五章介绍了“非一国两制”统一模式，第六章介绍了“一国两制”台湾模式的理论容量，并从多个视角进行了探析，第七章介绍了“一国两制”台湾模式的构建途径及发展演变。

三、重要的学术会议概况

2015 年两岸举办的重要会议主要有两岸关系和平发展回顾与展望”学术研讨会、第四届云台会、第七届和谐海峡论坛、第十二届两岸关系研讨会、“交流与共享”研讨会、两岸领导人会面。两岸间的学术交流象征着两岸将循序渐进地推动两岸和平制度化框架。

（一）“两岸关系和平发展回顾与展望”学术研讨会

2015 年 4 月 25 日至 29 日，中共中央台办海峡两岸关系研究中心与中国国民党国政研究基金会共同举办、南京大学台湾研究所协办的“两岸和平发展共同愿景”发布 10 周年纪念活动在南京举行。活动包括“两岸和平发展共同愿景”发布 10 周年图片展和“两岸关系和平发展回顾与展望”学术研讨会。中共中央台办主任张志军、中共江苏省委书记罗志军、中国国民党副主席郝龙斌以及国共两党代表、两岸专家学者近百人出席。中共中央台办主任张志军、中共江苏省委书记罗志军、海协会顾问陈云林、中国国民党副主席郝龙斌、连战先生代表、中国国民党中评会主席团主席张荣恭致开幕词。

（二）第四届云台会

2015 年 6 月 10 日，由云南省人民政府主办的第四届云台会在昆明开幕。本届云台会着眼两岸关系和平发展大局，结合云南省主动融入“一带一路”战略，建成面向南亚东南亚辐射中心的目标，继续突出“台企入滇、西进东盟、开拓南亚，优势互补、资源共享、产业对接”的主题，深化云台两地在中医药材、园区和中小企业、旅游（观光）产业、林产业的交流合作。来自台湾岛内政商界知名人士、企业家、相关行业协会负责人以及泰国、越南、缅甸、香港等国家和地区台商代表、大陆台商、相关各界人士 700 余人共聚一堂，分析云台交流合作资源优势，研究云台产业合作发展方向，签约合作新项目，探讨云南融入“一带一路”发展战略，建设面向南亚东南亚辐射中心给云台合作发展带来的新机遇，促进“台企入滇、西进东盟、开拓南亚”战略实施。第四届云台会 6 月 10 在昆明启幕，先后在云南昆明、玉溪、大理、红河 4 个州市就云台中医药材、园区和中小企业、旅游（观光）产业、林产业方面举办了四场产业对接会，达成了诸多共识，取得丰硕成果。会间，云台两地企业代表进行了经贸合作项目签约仪式，共签约合作项目 26 个，协议金额 70 亿人民币，涉及新能源、电子商务、特色农业、生物医药、健康医美、旅游观光等领域。中共中央台办、国务院台办主任张志军，中共云南省委书记李纪恒，台湾两岸共同市场基金会荣誉董事长萧万长分别在开幕式上致辞。云南省省长陈豪，台湾两岸共同市场基金会董事长詹火生分别作了主旨演讲。云南省副省长高树勋主持会议。中共中央台办、国务院台办主任张志军致辞。中共云南省委书记李纪恒致辞。

（三）第七届和谐海峡论坛

2015 年 6 月 14 日，伴随着中共中央政治局常委、全国政协主席俞正声的致辞，论坛大会正式举行，第七届海峡论坛各项活动全面展开。本届论坛以“关注青年、服务基层”为主题，由大会活动、青年交流、基层交流、经贸交流共四大板块 17 项活动组成。在为期一周的时间里，这场由两岸嘉宾参与的规模最大的民间交流大戏以各种形式在福建各设区市、平潭综合实验区热闹上演。俞正声在致辞中首先受习近平总书记的委托，向参加论坛的两岸同胞特别是来自台湾的乡亲们致以诚挚问候。俞正声说，本届论坛以“关注青年、服务基层”为主题，充分体现了论坛面向两岸基层民众的方向，彰显了“两岸一家亲”的理念。“台独”分裂势力及其活动破坏两岸关系发展，是阻扰两岸同胞交流、实现心灵契合的最大障碍。我们将始终如一地支持两岸同胞交流，坚决维护两岸关系和平发展进程，坚决反对“台独”分裂势力的阻扰破坏。继续推动两岸同胞扩大交往，让更多台湾同胞参与到两岸交流的大潮中来。俞正声表示，两岸同胞是一家人，两岸关系的前途掌握在大家手中，两岸关系的未来需要大家共同开创。只要两岸同胞齐心协力，两岸关系和平发展的前景就会更加光明，中华民族伟大复兴的梦想就会早日实现。中国国民党副主席郝龙斌以及两岸青年代表、台湾基层代表在发言中表示，两岸关系和平发展是大势所趋，也是两岸民众的共同心愿。两岸民众是两岸关系发展的最有力推动者，两岸民众对两岸关系和平发展的期待和追求，必能使两岸关系行稳致远。全国人大常委会副委员长沈跃跃，全国政协副主席马培华，第十届全国人大副委员长、中国关心下一代工作委员会主任顾秀莲，中共中央台办、国务院台办主任张志军，副主任龚清概、龙明彪，海协会会长陈德铭，福建省委书记尤权，省长苏树林，中国国民党副主席郝龙斌，亲民党秘书长秦金生，新党主席郁慕明，台湾 22 个县市代表以及来自台湾相关党派、工会、青少年、妇女、宗教、农业、科技、金融、体育、医药、新闻出版、影视等界别和民间社会团体的台胞代表出席论坛。

（四）第十二届两岸关系研讨会

2015 年 8 月 6 日，第十二届两岸关系研讨会在吉林长春举行，来自两岸各界的 80 余名专家学者围绕“两岸关系和平发展的实践与前景”这一主题展开深入交流，并就两岸关系和平发展未来方向等问题交换意见。开幕式上，中共中央台办、国务院台办主任张志军首先就“两岸关系路应该如何走”这一重大问题发表主旨演讲。两岸专家学者在研讨中结合张志军的讲话进行了深入分析，就当前两岸政治、经济、文化、社会等方面交流存在的问题进行了分组讨论。在张志军的讲话中，“和平”与“稳定”被频繁提及，成为全篇关键词。张志军围绕“和平发展道路意味着什么？”“和平发展道路要怎么走？”“和平发展道路的前景怎么样？”等两岸同胞关心的问题清楚地指出：两岸关系和平发展要行稳致远，最重要的一点，就是要坚持“九二共识”、反对“台独”的共同政治基础。两岸同属一个中国既是历史也是现实，未来也必定如此。坚持两岸同属一个中国这一核心意涵，两岸关系就可破浪前行，不会迷航。否则，两岸关系难免偏离航向，风雨飘摇，甚至触礁搁浅。中国社科院台研所副所长朱卫东指出，2008 年以来的实践表明，两岸关系和平发展卓有成效，是一条不应改变，也不可逆转的道路。它符合历史潮流，符合两岸发展大势，是两岸人民在不断总结过往经验教训的基础上创造出来的。“台独”与两岸关系和平发展背道而驰，是一条走不通的死路。从历史来看，岛内无论哪个政党或团体，走“台独”道路只会是死路一条。“台独”仍是对两岸关系和平发展最大的现实威胁。大陆不会允许任何形式的“台独”，对“台独”是坚决反对和“零容忍”的。在这个问题上，大陆的立场毫不含糊，不会妥协。台北论坛基金会董事长苏起表示，“九二共识”在过去 7 年成为两岸恢复沟通，两岸关系保持稳定的重要基础。两岸关系和平发展要行稳致远，最重要的一点，就是要坚持“九二共识”、反对“台独”的共同政治基础。1992 年，两岸双方都反对“台独”，在此前提下才达成“九二共识”。“九二共识”是两岸受权民间团体达成的共识，是把抽象原则用具体名词表达出来。与会专家学者一致认为，继续推进两岸关系和平发展，维护台海和平稳定，增进两岸同胞福祉，符合中华民族整体利益。对于两岸关系的路应该如何走的重大命题，两岸同胞应毫不含糊、旗帜鲜明地表明立场和态度，携手维护来之不易的和平发展成果，确保两岸关系沿着和平发展道路继续前进。

（五）“交流与共享”研讨会

2015 年 9 月 9 日，台盟北京市委 2015 年“交流与共享”研讨会在京举行。台盟中央、全国台联、中共北京市委统战部等单位代表及来自台湾的部分政党、社团负责人与在京台湾问题专家、学者和台盟盟员共 150 多人出席研讨会。北京市政协副主席、台盟北京市委主委蔡国雄致开幕词，台盟中央副主席苏辉、台湾中华两岸和平发展联合会主席蓝博洲分别致词。本次研讨会围绕推进两岸关系和平发展和“党派合作与两岸关系”“抗战胜利与历史传承”等议题展开专题研讨。

（六）两岸领导人会面

2015 年 11 月 7 日，举世瞩目的两岸领导人会面在新加坡举行，这是 1949 年以来两岸领导人的首次会面。习近平、马英九的手紧紧握在一起，不但影响两岸关系长远发展，也将影响亚太格局，必将载入中华民族乃至人类和平发展史册。两岸领导人不仅打开了直接会面的大门，翻开了两岸关系历史性的新一页，而且对体现一个中国原则的“九二共识”再确认，开辟了两岸关系和平发展新时期，具有里程碑意义。两岸领导人会面既展现了习近平的大气，也体现了马英九的勇气，两岸双方共同发出振兴中华、民族复兴的强烈呼声，向世人表明，两岸中国人完全有能力、有智慧解决好自己的问题。两岸领导人站在民族的高度、人民的高度、历史的高度，共商两岸发展大计，擘画两岸关系新前景，为区域和世界稳定和平做出贡献，赢得了来自两岸和世界的掌声。

杨绪盟　中国政党制度研究中心副教授

附录二：国外政党制度研究

2015 年，国内学界基于评介与借鉴的出发点，对国外政党建设与执政经验、国外政党政治与政党制度新发展等问题进行了深入研究，形成了大量成果，丰富了国内学术研究，部分成果对中国共产党加强自身建设具有重要参考价值。

一、国外政党建设与执政经验研究

（一）国外政党建设的主要举措及经验研究

2015 年，国内学界对国外政党建设的关注重点契合了国内从严治党的形势与要求，主要从思想建设、作风建设、反腐倡廉、强化党纪等方面对国外政党从严治党做法与经验进行研究。

1. 国外政党加强思想理论建设研究

有从加强思想理论建设角度对国外政党从严治党进行的研究。向文华在《巴基斯坦人民党的意识形态及其演变》（《当代世界与社会主义》2015 年第 3 期）一文中梳理了巴基斯坦人民党的意识形态的演变过程：阿里・布托时期从成立之初的科学社会主义，转向伊斯兰社会主义，执政后期再转向伊斯兰主义；贝・布托时期，从布托主义、左翼自由主义转向社会民主主义；扎尔达里时期，继续坚持布托主义和社会民主主义，同时辅之以实用主义。文章认为，这个演变经历充分展示了发展中国家社会党意识形态的发展规律。朱传忠在《土耳其正义与发展党的保守民主理念与政治改革探析》（《西亚非洲》2015 年第 4 期）一文中认为，保守民主理念作为土耳其正义与发展党的主要政治指导理念，涉及了国家观、政府观、政治观、民主观、世俗主义观、宗教观、社会观、经济观等多个方面。以此为指导，正义与发展党政府实施了修宪与制宪、普通法改革、行政机构改革、司法机构改革、文军关系的调整与变化等方面的政治改革实践。改革使土耳其民主得到巩固，但困扰该国民主发展的长期问题并未得到彻底解决，改革中的一些做法也颇受非议。正义与发展党的保守民主理念和政治改革实践体现了文明交往自觉论的“交往互变”的基本状态。

2. 国外政党纯洁党员队伍研究

有从纯洁党员队伍角度对国外政党从严治党进行的研究。张大伟在《新加坡人民行动党纯洁党员队伍的经验与启示》（《岭南学刊》2015 年第 3 期）一文中分析了人民行动党在保持党员队伍纯洁方面的实践经验，主要有：注重加强对党员的亲民情怀和忧患意识的教育，奉行党员“质量比数量更重要”的精英治国路线，加强对党员腐败行为的惩治和监督，充分调动最高决策机构的权威性以及基层党组织的号召力。

3. 国外政党廉政建设研究

有从廉政建设角度对国外政党从严治党进行的研究。周敬青在《新加坡人民行动党“法治反腐”的实践经验和现实启示》（《东南学术》2015 年第 6 期）一文中梳理分析了新加坡人民行动党在“法治反腐”方面的先进实践经验，包括周密立法，建立严密的权力监督制度；严格执法，切实做到有罪必惩，并切断其经济后盾；人人畏法，在全社会形成对腐败“零容忍”的制度文化；带头遵法，高层领导成为严格遵守各项制度的清廉表率等。吕元礼在《新加坡从严治党的廉政举措》（《特区实践与理论》2015 年第 3 期）一文中梳理了新加坡的廉政举措：其一，自证清白，政府领导人面对他人对自己的品质质疑，要主动要求通过国会辩论清除疑虑；其二，自清门户，采取公开、迅速、果断的措施将道德不良和出现腐败的本党干部清除出党，依法处理；其三，诉讼止谤，针对国外媒体或反对党有关贪腐问题的“诽谤”，政府领导人往往通过法庭判决证明清白。

4. 国外政党加强党规党纪研究

有从政党党规党纪建设角度对国外政党从严治党进行的研究。柴尚金主持的《国外政党从严治党经验专题研究》（《党政研究》2015 年第 5 期）栏目，刊发了三篇文章，分别从政治纪律、党内监督、党群关系三个角度梳理了外国一些政党的做法与启示。其中，柴尚金在《国外共产党加强政治纪律的主要做法及启示》一文中认为，共产党是靠共产主义理想和严明纪律组织起来的马克思主义政党。国外共产党加强政治纪律的主要做法有：自觉履行党章规定，坚持党的政治路线不动摇；坚持集体领导，维护党的集中统一；遵循优良传统和工作惯例。国外共产党加强政治纪律做法的主要启示有：维护党章和党的政治路线的权威性，在政治上同党中央保持一致，保持中央的政令畅通；民主集中制必须长期坚持；政治纪律和大是大非问题不能含糊，对违犯者要依纪严惩。石晓虎在《国外政党党内监督的重点及面临的难题》一文中认为，党内监督是国外政党保持党内团结、参与政治竞争、争取实现政治意图的一个重要工具。国外一些政党党内监督重点主要包括政治纪律、政治规矩是否得到贯彻落实，党内高官是否守德清廉，党的内部运作和活动是否依规合法，党的决策是否实现预期目标，党内财务规章制度是否得到遵守等。国外一些政党党内监督面临的难题主要表现为：其一，多党选举体制下的权钱交易、非法敛财等；其二，对上层的监督流于形式；其三，监督机构缺乏独立性和权威，工作易受到较大干扰。因此，党内监督要突出重点，兼顾一般，要与党的其他领域建设同步推进，形成党政社会一体化监督格局。

拉美地区的政党在严明党规党纪方面颇有其特色，出现了多篇研究成果。袁倩、刘朋在《古巴共产党严明党纪的经验及其对中国共产党从严治党的启示》（《求知》2015 年第 12 期）一文中指出，古巴共产党非常注重党的纪律和规章制度建设，以严明的党纪规范和约束党组织及党员的行为，强调党章在规范和约束党组织中的基础性作用；将道德软约束纳入国家法律体系之中；发挥思想政治工作的传统优势；健全党纪监督机构，构筑约束权力的严密网络等措施，提高党的凝聚力和战斗力，有效地保障了古巴共产党长期执政。朱玲、聂平平在《巴西劳工党党纪制度的特色与价值》(《廉政文化研究》2015 年第 5 期)一文中指出，巴西劳工党凭借制订的两阶段代表会议、核心小组、派别活动规范以及“多数联盟”等党纪制度形成了优于国内其他政党的鲜明特色。这不仅有力地促进了党内民主，还极大地提升了政党形象和党的凝聚力、执行力，获得民众的坚定拥护。

也有对日本自民党这样的大党的自律问题的研究。储建国、栾欣超在《日本自民党的政党自律》(《日本问题研究》2015 年第 1 期)一文中认为，自民党的政党自律使其能够占据绝大多数执政时间并带领它的国家跻身发达国家行列。其自律的养成有以下三个原因：首先，日本式集团主义、等级观念和“间人主义”的政治文化，培育了自民党的政党自律意识。其次，自民党通过一些正式的和非正式的组织结构，在保持自身纪律性、提高政治统合能力的同时实现了某种自律。再次，在政策制订和利益诱导等政策过程中，自民党建立了自律机制。文章同时指出，日本自民党增强党内自律的精神因素在国际政治中强化了一种狭隘的国家主义，为地区和国际和平带来威胁。

5. 国外政党增强与民众联系研究

有从国外政党增强与民众联系的角度对国外政党从严治党进行的研究。张思萌在《国外政党密切党群关系的主要做法与经验教训》(《党政研究》2015 年第 5 期)一文中认为，大部分国外政党均从战略高度重视党群关系，将密切党群关系作为党的重要纲领和指导思想；把保障民众利益、回应民众最关切的问题作为党的核心目标，争取民众支持与认同；加强制度设计与机构设置，促进党群工作机制化、常态化、专业化；借助党的外围组织与非政府组织发展党群关系，不断拓展与群众双向交流的渠道；充分利用网络信息与新媒体技术加强与群众的沟通联系，提高党群工作的针对性与有效性。通过以上做法积极回应民众利益关切，采取多种手段加强与群众的联系。孙嘉星在《新加坡人民行动党落实群众路线的经验借鉴》(《河北省社会主义学院学报》2015 年第 4 期)一文中认为，新加坡人民行动党在长期的执政过程中，逐渐形成了立党为民、服务群众、坚持走群众路线的执政理念与施政方略，其居者有其屋制度、议员接待日制度、人民行动党社区基金制度等能够实际操作的制度，将立党为民理念贯穿于每一个党员的日常行为当中。这也启示我们，落实群众路线需要有一定的制度和载体。吴浩在《新加坡人民行动党青年族群融合的政策与启示》(《青年探索》2015 年第 3 期)一文中分析了新加坡人民行动党青年族群政策的背景与历史必然，认为新加坡人民行动党以青年族群为关注焦点，健全基层社会组织，促进青年族群融合；体验不同族群文化习俗，引导青年族群融合；强化法律执行手段，营造青年族群融合氛围，为塑造多元族群、宗教、文化和谐共处的新加坡，提供了坚实的基础。新加坡的族群政策呈现出尊重与包容的特点，有利于统一的国民文化的建立，也有利于政策的实施。

6. 国外政党从严治党经验教训研究

有从整体上对国外政党从严治党进行的研究。祝灵君、郭玥的《美国政党政治中的党建问题》(《经济社会体制比较》2015 年第 3 期)一文指出，并非只有马克思主义政党才重视“党的建设”，以资本主义国家的代表美国为例，其执政党也重视党的建设。文章认为，当前，美国政党中党的建设面临来自人口结构变化、中产阶级萎缩、政治家和政治阶层的分裂、选举欺诈、“财政悬崖”等方面的挑战。美国政党需要在政策制订和自身建设上采取措施，具体包括：第一，增强政治责任，引导而非诱导；第二，重塑思想价值，平衡现实与信仰；第三，实施人才战略，培训而非猎寻；第四，关注中产阶级，整合而非分化；第五，构建组织基础，建设而非捕获；第六，警惕金钱政治，效率更高而非花费更多；第七，加强两党沟通，形成基本共识。郑传贵在《新加坡人民行动党"全面从严治党"的实践经验与启示》（《领导科学》2015年9月中）一文中认为，新加坡人民行动党从严加强党的思想建设、队伍建设、组织建设、作风建设、制度建设、反腐倡廉建设，其"全面从严治党"实践经验的核心就是始终坚持"为民服务"的思想，始终保持党和人民的血肉联系。张多的《国外政党关于"从严治党"的成功经验和失败教训》（《知行铜仁》2015年第6期）一文总结了部分长期执政的国外政党关于"从严治党"的成功经验，主要有：积极引导思想政治教育，统一全党思想；加强党的自身建设、夯实群众基础；注重干部队伍建设、大力提高党员、公务员素质；完善监督体制，加强廉政建设和反腐工作等。通过对部分国外政党执政失败的分析，总结了其忽视"从严治党"的失败教训，主要有：背叛党原有的指导思想；党内派系林立，破坏了党的团结统一；忽视党的自身建设，党内官僚主义盛行；奉行专制主义，使党内外监督形同虚设。

（二）不同类型政党执政的经验教训与启示研究

2015年学界对国外执政党的研究主要关注了长期执政的执政党的执政经验、得失政权经验教训、治国理政经验、面临的执政挑战等问题。

1. 长期执政的执政党的执政经验研究

相关研究以对新加坡人民行动党的研究居多，关注的点也多。有的关注了人民行动党的执政理念，秦德占在《新加坡人民行动党和谐理念的践行与启示》（《新视野》2015年第5期）一文中认为，新加坡人民行动党坚持以促进全体国民幸福为宗旨，将共存共生的和谐理念贯彻于政策实践中。人民行动党和谐理念及其具体做法包括：始终坚持让人民分享经济发展成果，搭建完善的为民服务平台，构筑制度化的沟通与协商机制以保持民情沟通畅通，打倒贪污、抵御腐败、清正廉洁，党依法治国而不凌驾于国家与法律之上，树立共存共生理念、确保种族平等。

有的关注了人民行动党的领导层更新与选人用人之道，孙景峰、于保军在《2011年新加坡大选与人民行动党的自我更新》（《四川师范大学学报・社会科学版》2015年第2期）一文中认为进入21世纪以来，人民行动党加快了自我更新的步伐，每次大选都推出众多的候选人。2011年大选，新加坡人民行动党又蝉联执政。这届大选带有新加坡和人民行动党最高领导人的选拔性质。此次大选中，人民行动党自我更新表现出显著特点：一是沿袭行动党以前的传统，在议员和部长层面先后自我更新；二是以唯才是用原则选拔优秀人才；三是新候选人具有代表性，更注重基层工作。郑海兵在《人民行动党的领导人才选拔之道及启示》（《行政与法》2015年第5期）一文中认为，人民行动党独具特色的选拔之道是其在新加坡取得骄人政绩的关键所在。人民行动党始终坚持开放选才、主动请才、功绩晋才三个领导人才选拔理念，坚持明确的标准和复杂的程序，在选拔领导人才的工作过程中坚持薪酬与选拔相配合、考核与选拔相配合、培养与选拔相配合。这些经验和做法，可以给其他执政党以有益启示：一要拓宽选拔视野和渠道，优化配置资源；

二要开展全方位综合评价，提高考察实效；三要加强制度衔接与配合，发挥制度体系的整体合力作用。

有的考察了人民行动党组织架构的影响，牛小波在《政党内部组织架构对执政地位的影响——基于日本自民党与新加坡人民行动党之间的比较分析》(《改革与开放》2015年第7期）一文中对比了日本自民党和新加坡人民行动党，通过对两党内部组织架构的分析，得出以下结论：政党的执政地位与政党的组织架构有直接的联系，稳定的政党组织架构为政党提供源源不断的内部助力。新加坡人民行动党通过政党内部组织架构的设计,保持着政党内部的团结与统一,保证了政党的权威。该党在过往的50多年里实施了“半竞争性的政党制度”，强化了政府的行政功能，严格掌控新闻媒体，视人民群众为执政的基础和合法性根源，有效地加强和巩固了自身的执政党地位。

有的研究了人民行动党如何获取民众认同，曹琼在《新加坡人民行动党获取民众政治认同的探析》(《上海党史与党建》2015年11月号）一文中认为，人民行动党从巩固执政地位的角度出发，通过以提升自身的领导力和更新人才为前提、以发展经济为物质保障、以关注民生为社会保障、以完善法律体系为法制保障、以倡导共同价值观为思想保障等路径，获取了民众长期的政治认同。王利雪在《刍议新加坡人民行动党对大众传媒的管制与共同价值观的推行》(《宁波广播电视大学学报》2015年第2期）一文中认为，新加坡人民行动党对大众传媒进行有力的管制，其态度坚定开放，标准明确具体，手段丰富有效。人民行动党颁布共同价值观以来，共同价值观使对传媒的管制更加明确，对大众传媒的管制又增加了共同价值观践行的广度与深度。文章认为，实现传媒管制的法治化、传媒传播的多样化、传媒监管的科学化长远化是有益选择。

2. 国外执政党得失政权经验教训研究

关于国外政党取得政权的经验，往往从政党自身和外部政治环境两个层面考察。英国保守党在2015年大选中胜出。王燕要《英国保守党胜选探源》(《中国党政干部论坛》2015年第8期）一文中认为，保守党的胜选从根本上缘自政党自身的能力和政绩。其一是自身建设意识形态、组织建设等方面更加“现代化”。其二，保守党在2010年大选后与自民党组建战后英国第一个联合政府，执政业绩夯实胜选基础。其三，竞选操作十分科学：将竞选集中于最大席位集中地英格兰；在大选中大打“经济牌”，强调民众只有继续支持保守党才能确保政策连续性；采取措施瓦解英国独立党和工党的威胁。其四，欧洲近来经济整体不景气，英国却表现上升态势；竞争对手表现不佳，小党崛起带来政党竞争格局变化，这些外部原因也对保守党有利。杨芳在《英国保守党政府经济治理新政》(《欧洲研究》2015年第4期）一文中分析了新一届保守党政府经济政策的调整：首先，继续紧缩，但削减财政赤字的步伐放缓；其次，大力提升英国经济的竞争力；第三，加速金融创新，带动出口和投资增长；此外，在开拓新兴市场上更趋积极。文章认为，保守党经济治理新政务实而“充实”，基本上属于“问题”导向型的综合治理，反映了新一届保守党领导人经济治理理念与风格上的实用主义与灵活性。姚亿博在《加拿大自由党赢得大选，“特鲁多王朝”重现》(《当代世界》2015年第12期）一文中认为，2015年加拿大联邦大选中自由党得以强势胜选，主要原因在于：其一，顺应人心，高举“变革大旗”；其二，党的领袖小特鲁多个人魅力出众；其三，党内团结一致、动员能力强；其四，两大竞争对手保守党、新民主党积弊丛生、状况频出。文章认为，自由党历来对华积极友好，中加关系有望迎来暖春。

分析国外政党失去政权的教训，一度失去执政地位、2012 年重新执政的墨西哥革命制度党是很好的案例。夏敏在《政治衰败与国家社团主义的瓦解——革命制度党的案例》（《学习与探索》2015 年第 11 期）一文中认为墨西哥革命制度党长期以来贯彻执行的国家社团主义结构在新自由主义经济改革和政治民主化过程中逐渐瓦解造成了墨西哥的政治衰败。革命制度党执政以来利用国家社团主义的结构维持了稳定的国家治理，获得了墨西哥民众的信任与认同。但是，自 20 世纪 80 年代开始的新自由主义改革对国家社团主义的结构造成了很大的冲击，传统的政治制度化安排已经无法适应墨西哥新的社会经济状况。为此，革命制度党进行了一系列的政策调整，包括进行内部民主化改革，与反对党合作巩固执政基础，新当选的革命制度党总统希望摆脱社团主义政党的形象、将革命制度党改变为代表全民利益的政治组织等。这些重新制度化的新尝试能否取得成功，需要时间加以检验。

3. 执政党面临的挑战及其应对研究

对执政党而言，面临的挑战是多方面、多层次的，涵盖政治、经济、社会多个领域，其中，发展经济不力对执政党而言是首要困境。徐世澄在《拉美左翼政权面临严峻挑战》（《当代世界》2015 年第 12 期）一文中认为，拉美左翼政府执政后，在政治、经济、社会和对外政策方面进行了成功的改革和探索，得到民众认同和支持，其执政地位逐渐巩固。目前，拉美国家的左翼政府面临不少困难和挑战：一是经济下行压力增大；二是党和政府内部腐败严重引起民众不满；三是国内保守势力和反对派的进攻；四是左翼政党和执政联盟各政党之间，左翼政党内部以及左翼政党与新社会运动之间存在分歧；五是美国明里暗里干涉拉美左翼国家的内政。徐世澄在另一篇文章《委内瑞拉统一社会主义党的发展及面临的主要挑战》（《当代世界与社会主义》2015 年第 1 期）中分析了委统社党的主要执政经验：第一，牢牢控制石油业这一国家经济命脉，捍卫民族利益；第二，构建参与式人民民主，使政府治理与人民自治紧密结合；第三，实施强有力的社会政策，减少贫困，造福人民。文章认为该党面临来自党内外的严峻挑战。就党内来看：组织方面，“三大”没能通过选举产生一个领导集体，党的领导机构还不够完善、运作不够顺畅；指导思想较庞杂，实用主义色彩较重；作风方面，党内官僚主义和腐败习气不断滋生；执政能力方面，面对反对派力量不断攀升和抗议不断，以及社会安全形势恶化等执政难题，执政压力不断增大。就党外来看，面临改善经济形势，调整对外政策、改善与美国关系等挑战。贺钦在《危机、共识与行动——执政风险考验下的委内瑞拉统一社会主义党》（《拉丁美洲研究》2015 年第 1 期）和《查韦斯道路何以为继？——委内瑞拉统一社会主义党三大述评》（《当代世界社会主义问题》2015 年第 1 期）两篇文章中，也分析了委内瑞拉统一社会主义党的发展及其面临的形势，指出，自 2014 年初爆发抗议浪潮以来，委内瑞拉时局不容乐观。经济恶化引发社会危机、阶级矛盾引发政治危机和官僚腐败引发信任危机，这些使委内瑞拉统一社会主义党面临空前严峻的执政风险。当前，委内瑞拉统一社会主义党面临的主要问题包括如何进一步统一思想、消除官僚腐败现象、解决党政不分问题和加强执政能力建设等，而统一社会主义党的经济治理水平将成为决定玻利瓦尔革命前途的首要因素。

徐世澄在《厄瓜多尔科雷亚“公民革命”的成就及其挑战》(《当代世界》2015年第7期)一文中认为厄瓜多尔“公民革命”实施以来取得了显著成就：政局相对稳定，经济增长高于拉美平均增长率，社会贫困率不断下降，基础教育入学率得到提高，外交政策重点从美国转向拉美国家，特别是左派执政的拉美国家以及中国、俄罗斯等国家，但仍与美国保持正常的外交和经贸关系。但“公民革命”也面临着不少挑战，主要表现在：政治方面，曾发生过未遂政变；经济方面，由于主要出口商品石油等初级产品在国际市场的价格大幅度下降，政府财政收入减少，社会开支削减，公共债务增加。文章认为，只要科雷亚在厄瓜多尔继续执政，他领导的“公民革命”会继续进行下去，但所面临的挑战和困难也将增加。

陈晓玲在《险关当头的巴西劳工党》(《当代世界》2015年第5期)一文中分析了巴西劳工党执政12年来的成就，认为其推行的“有质量增长”模式推动了经济社会协调发展。但因近年内外形势的变化，执政困难增加：经济深陷滞胀，巴油腐败案震动朝野，激烈党争加大执政掣肘，新兴中产阶级变革诉求未得到满足。为应对危机，罗塞夫政府通过节流开源、加强内部团结、加大反腐力度，力挽狂澜。总体来看，巴西劳工党依旧面临严峻挑战：首先，巴社会不稳定因素确有增多；其次，经济调节空间有限，短期内难有起色；第三，拉美左翼执政遭遇瓶颈。

彭姝祎在《法国社会党的执政困境》(《当代世界》2015年第9期)一文中分析了法国社会党面临的执政困境：政治方面，面临着党外反对派和党内激进派的双重压力；经济社会政策方面，面临市场还是国家、公平还是效率的选择；移民问题上，如何平衡人道主义和现实的国家利益存在困难。文章认为，法国社会党的执政困境不是个别现象，而是摆在西欧社会民主党面前的普遍难题。在全球化和欧洲一体化背景下，如何兼顾公平和效率、如何调和理想和现实、如何平衡普世的人道主义和眼下的国家利益，是西欧左翼面临的普遍挑战。

赵旭在《南非非国大在经济困境中艰难前行》(《当代世界》2015年第2期)一文中认为南非经济在2008年受国际金融危机影响较大。作为执政党，剔除金融危机等外部因素，非国大对南非经济颓势有不可推卸的责任，因此采取了以下举措力挽狂澜：第一，继承曼德拉的“政治遗产”，夯实民意基础；第二，巩固执政联盟，尽快弥合裂隙；第三，积极调整经济政策，直面教育、就业等民生问题。曼德拉逝世后，非国大能否在“后曼德拉”时代延续其影响、提高治理能力并巩固执政地位，很大程度上要看其在经济领域能否有所作为。

王新刚、于晓冬在《叙利亚复兴社会党的历史与现实困境》(《当代世界》2015年第11期)一文中认为，复兴党得以在叙利亚长期执政主要得益于复兴党具有鲜明完整的思想纲领、健全的党组织、比较广泛的社会基础和较强的政治动员能力，在宪法中被规定为社会和国家的领导党，以及与军队的结盟。复兴党之所以陷入困境，主要原因在于2000年巴沙尔·阿萨德继任总统后，在政治上推行有限的民主化未能持续，其权力也并不稳固，加之后来的自然灾害、政策调整引发民众不满以及“阿拉伯之春”吹袭等。叙利亚冲突已经演变为地缘政治博弈。叙利亚的未来将取决于其能否产生适合国情的制度文明和实现民族和解，复兴党的命运也将取决于新的政治生态与环境变迁。

二、中外政党政治与政党制度比较研究

有的从整体上对中西政党政治进行了比较。施雪华、禄琼在《中西政党政治功能比较研究》(《中共福建省委党校学报》2015 年第 10 期）一文中指出，西方政党尤其是执政党与政治体系发生交互关系后形成的政党政治主要具有政治沟通、政治动员、政治选举、政治转换、政治管理、政治有序（政治稳定）、社会服务、特殊利益代表和维护等 8 项功能；而在中国，中国共产党领导的多党合作和政治协商制度这种中国特色的社会主义政党政治形式具有很多西方国家不具备或不突出的政治社会功能，包括超强的全方位领导功能、政治管理功能、社会（政治）动员功能、政治控制和稳定功能、政治协商和合作功能、意识形态塑造功能、社会服务功能和超大的社会组织功能。中西政党政治功能的异同是由国情造成的，是政党和政党政治在中西政治体系中的法律和政治地位和作用的不同、政党与政治体系关系的不同等因素造成的。

有的从特定角度对中外政党制度进行了比较。侯斌在《从中西方党军关系角度看坚持党对军队的绝对领导》(《改革与开放》2015 年第 12 期）一文中认为，西方国家一直标榜和推行“军队非党化、军队国家化”等政治标签。西方军队与国内各个资产阶级政党之所以“保持中立”，军队不介入党派斗争中，这是由西方国家政党政治体制所决定和要求的，其本质特征就是维护资产阶级的统治。共产党领导广大人民通过武装斗争推翻了旧制度，建立了新政权，人民军队从开始就是共产党创建新的国家政权和民主制度的重要工具。共产党对人民军队的绝对领导这一根本原则是“历史的必然选择”。马克思主义关于坚持共产党对军队绝对领导的根本建军原则在任何时候和任何条件下都决不能动摇。

三、国外政党政治及政党制度发展研究

（一）国外政党发展研究

1. 国外政党发展面临的挑战及应对研究

在 2014 年美国中期选举中，代表保守主义阵营利益的共和党在国会和州长层面上都赢得了历史性重大胜利。基于美国中期选举背景，形成了关于美国两党的研究成果。宋伟在《奥巴马外交政策与美国民主党中期选举败局》(《理论视野》2015 年第 2 期）一文中考察了中期选举前后美国国内围绕着奥巴马外交政策的争议，文章认为，奥巴马的不负责任和不够有力，使关于其外交政策的争论影响到了美国的大多数选民。当然，基于美国的政治体制、选民的真实意愿、当前国际关系的基本结构等原因，中期选举后美国的外交政策不会发生巨大的变化，在接下来的两年中，奥巴马外交政策仍然可以有所作为。刁大明在《驾驭了“浪潮”的美国共和党将何去何从？》(《当代世界》2015 年第 1 期）一文中认为，胜选的美国共和党要面对众多的挑战和不确定性：茶党势力的宗教保守化，驱动整个共和党在意识形态光谱上快速右移；共和党阵营传统上代表的利益群体出现一

定裂痕，加剧整合难度；持续保守化促使拉美裔选民和年轻选民远离，共和党面临着严峻的选民结构难题。文章认为，内部持续重组与不断右倾化趋势导致共和党只会反对现状、却无法为国家内外事务提出行之有效的替代政策议程，陷入了“破而不立”的执政窘况。

2. 某种类型政党的发展变化研究

（1）左翼政党研究

关于左翼政党的研究向来较多。2015 年的相关研究成果，从地域范围来看，以对欧洲左翼政党、美洲左翼政党的研究居多，也有对部分亚洲左翼政党的研究；从研究主题来看，有对左翼政党发展前景的预测，有对左翼政党价值观念的分析，以及对历史问题的研究；从政党类型看，既有社会党，也有共产党。

左翼政党总体发展态势及前景研究方面，林德山在《欧洲左翼政党的现状与前景》（《当代世界》2015 年第 8 期）一文中将欧洲左翼政党按照其在左右政治光谱中的位置归为三类：中间偏左的社会民主党，更为激进的激进左翼和极左力量。社会民主党的执政形势有所好转，但执政前景不容乐观：此前改革中积累的一些问题依然存在，未能提供被普遍认可的替代性政治议程，左翼联盟问题并未解决。激进左翼相对活跃，但总体发展空间有限：首先，激进左翼力量的表现本身不稳定、不均衡；其次，近期的活跃带有明显的特殊性，未必能成为常态；第三，其构成复杂，在不同程度上存在分化乃至分裂的危险。极左力量的政治影响力有限，除希腊共产党依然保持了一定的选举能力外，大多数持革命立场的共产党组织在国内政治中的影响力十分微弱，但却是欧洲政治中的一个持久性因素。

左翼政党强化价值观念、思想理论、政策主张等方面建设的研究方面，薛新国在《欧洲社会党的自由观评析》（《科学社会主义》2015 年第 5 期）一文中指出，自由是欧洲社会党追求的基本价值之一。欧洲社会党的自由观与自由主义的自由观的核心精神是一致的，不同于马克思主义自由观，本质上是为资产阶级利益服务的，是资本主义国家文化软实力的表现之一，既具有合理因素，又具有局限性，没有超出资产阶级自由观的历史和阶级的局限性。王建在《21 世纪巴尔干地区共产党和工人党的政治主张与实践活动》（《当代世界与社会主义》2015 年第 4 期）一文中分析了苏东剧变后尤其是步入 21 世纪以来，巴尔干地区共产党和工人党表现出面临的形势复杂、数量多、规模小、政治影响力较弱等特征。在此背景下，巴尔干地区共产党和工人党提出鲜明政治主张：第一，剖析世界经济危机的根源，坚持社会主义发展总趋势；第二，揭露帝国主义侵略、扩张、掠夺的本质，批判新殖民主义的罪恶行径；第三，总结苏东剧变的经验教训，明确前行的目标任务。21 世纪以来，巴尔干地区共产党和工人党更加关注世界社会主义运动的基本态势和最新动态，通过不断组织和参加地区的实践活动，加强地区内共产党和工人党的团结与合作，拓宽地区间同一性质政党的交流平台，倡议联合开展反对帝国主义的斗争，积极参与世界社会主义运动，不断推进该地区的社会主义运动向前发展。刘春元在《伊朗人民党关于资本主义形势的分析及其应对策略》（《当代世界与社会主义》2015 年第 5 期）一文中指出，国际金融危机爆发后，伊朗人民党积极行动，提出各国共产党应抓住当前资本主义国家内外矛盾不断、人民群众的不满情绪不断加剧等有利时机，适时宣传党的方针政策，扩大党的影响，建立反帝联盟，为争取和平、民主和社会主义的斗争作好准备。伊朗人民党认为，当前资本主义实行反人民的政策、继续推行霸权主义和强权政治，金融自由化肆虐全球，由此造成的复杂严峻的形势对党自身发展带来了挑战和机遇；反观国内，伊朗的神权政权已经没有能力对国家的经济、社会和政治问题提供可行的解决方案。人民党既要适应工人阶级新变化，又要抓住机遇建立广泛的阶级联盟。禚明亮、张欢欢在《金融危机背景下世界各国共产党和工人党的理论探索及启示》(《上海党史与党建》2015 年 2 月号）一文中认为，自国际资本主义金融危机爆发以来，各国共产党和工人党在各种场合纷纷对金融危机的表现、本质和危害进行了揭示、对社会主义的未来及生命力进行了重新确认、对本党的主要工作及任务进行了梳理，这是世界各国共产党和工人党的最新探索成果，是世界社会主义运动的最新理论结晶。

国别研究方面，焦佩的在《变迁中的韩国左翼政党研究：环境、理念、结构及功能》(山东大学出版社 2015 年版）一书中分析了韩国左翼政党面临的国际环境和国内社会、制度、选民环境，韩国左翼政党的政治、社会和外交理念，政党内部结构和体系结构，韩国左翼政党的一般功能和特殊功能，并从这四个变量的因果关系入手，分析韩国左翼政党发展滞后的原因。易小明在《转型时期的埃及左翼政党：2011—2014》(《当代世界与社会主义》2015 年第 3 期）一文中认为，中东革命之后，频繁的分化组合是埃及左翼政党最主要的特征之一，与此相对应的是左翼政党的涣散以及在国家政治生活中的边缘化。之所以如此，主要原因是：首先，政党制度不够完善，普遍存在领导人专权、政党工具化等问题，未能解决政治基础日渐侵蚀的状况；其次，左翼政党在埃及关键议题和主张上前后矛盾的做法使之无法取信民众；再次，左翼政党对穆兄会等政治伊斯兰的错误态度不符合埃及的社会实际；最后，左翼政党的政治和经济理论也未能跟上埃及形势的变化。当前埃及左翼政党尚未能及时解决上述问题，未来发展仍然困难重重。

社会党研究方面，赵旭在《英国左派的崛起及其面临的挑战——浅析科尔宾的从政历程和抉择》(《当代世界》2015 年第 12 期）一文中研究分析了英国工党素有“左翼激进议员”之称的杰雷米·科尔宾如何得以当选党首，以及其当选后面临的党内外挑战。文章认为，科尔宾当选是英国“民意”如此，具体来看，一是英保守党现行经济政策不得民心；二是工党群龙无首，亟须一个“耳目一新”的新党魁提振士气。科尔宾在国内政策，主要是经济政策方面属于典型的激进左派，反对财政紧缩政策；关于教育问题，认为国家应该实施大学教育免费，以减轻社会底层的教育支出占比过高问题；其外交理念也与英国现行的外交政策背道而驰，主张英国不应该追随美国出兵进行所谓的反恐战争。科尔宾的这些主张在党内外疑遭到了保守力量的激烈反对。对科尔宾来说，如何实现其政治理想，落实民众期望，让工党左派真正崛起，将是巨大的挑战。

共产党研究方面，梁炳猛的《革新开放后的越南共产党（1986—2010 年）：以全国党代表大会为视角》(社会科学文献出版社 2015 年版）一书在大量引述第一手材料的基础上，以 1986 年越共六大确立革新开放路线以来主导国家经济革新发展与党的建设的历史为线索，探讨了越共在社会主义过渡时期的国家建设纲领、越南社会主义定向的市场经济、胡志明思想、越南政治体制改革和越南未来发展等问题，在越南问题研究中具有重大学术意义和深刻现实意义。于向东在《近期越共十二大准备工作的若干动向》(《当代世界》2015 年第 10 期）一文中认为，从越共十一届九中至十一中全会，越共十二大准备工作稳步推进。从越共十一届九中和十中全会的基调和反复强调的内容看，越共中央主导，坚持社会主义方向仍是基本的政治选择；人事安排工作着手进行，越共内部政治势力的角逐也会非常激烈；新一届中央委员中，重要岗位上的委员数量有可能会有所增加；越南内政和外交的总体发展趋势不会有大的改变。王璐瑶在《老挝人民革命党对社会主义的认识与实践》(《当代世界》2015 年第 8 期）一文中总结了老挝建设社会主义的具体实践，主要包括：一是以经济建设为中心，推进革新开放，努力实现从自然经济向商品经济转变；二是重视加强党的自身建设、巩固执政地位，推进依法治国；三是弘扬民族传统文化，利用佛教积极因素为社会主义建设服务。即使面临困难与挑战，老挝领导人对坚持走符合本国国情的社会主义道路有高度共识和决心。

汪亭友的《尼泊尔共产党（毛主义者）的历史、执政及其嬗变探究》(社会科学文献出版社 2015 年版）一书把尼泊尔共产党（毛主义者）产生、发展、演变作为冷战之后新的历史条件下出现的新情况、提出的新问题，从该党的指导思想、基本纲领、路线、方针与政策，尼泊尔复杂多变的局势，印度、美国等西方国家如何插手尼泊尔内政及应对之策，如何发展中尼两国关系和两国党际交往等方面进行了全面、详细的考察和分析。

杜宝玲的《摩尔多瓦共产党人党研究》(《俄罗斯学刊》2015 年第 1 期）一文历数了 2001—2008 年执政期间，摩尔多瓦共产党人党带领摩尔多瓦人民在经济、政治、社会、外交等方面取得的成绩：经济获得发展，人民生活得到改善；推行民主化改造，营造较宽松的政治环境；均衡外交关系，创造有利的外部环境；加强党的建设，党员素质有所提高。2009 年摩共在议会选举中失利，成为议会第一大反对党。若想重新崛起，摩共面临着解决国家统一、应对经济社会难题、处理国际关系、加强党内团结等诸多问题。

刘淑春在《俄罗斯联邦共产党二十年》(社会科学文献出版社 2015 年版）一书中指出，作为当前俄罗斯乃至整个前苏联东欧地区最大的共产党，俄共从纲领目标上坚持和发展马克思列宁主义，以建设“更新的、21 世纪社会主义”为战略目标。俄共为巩固和壮大党的组织采取了一系列举措：明确党的性质，扩大群众基础，做劳动人民的党；吸收新生力量，遏制组织老龄化；坚持党的组织原则。通过积极参加各级权力机构的竞选、积极开展议会内的工作、开展各种形式的议会外工作等探索实现社会主义的新途径。

王建礼的《巴西共产党探索“走向社会主义的巴西式道路”研究》(中国社会科学出版社 2015 年版）一书指出，巴西共产党积极探索走向社会主义的巴西式道路，制订了向社会主义过渡的预备性阶段的基本纲领和变革计划，这是马克思主义基本原理与巴西具体实际相结合的产物。巴西共产党为争取民主和社会主义进行了斗争实践：其一，积极参与和领导群众性社会运动；其二，积极参政；其三，支持并积极参与拉美一体化进程；其四，多举措加强党的建设，积极开展党际交流和国际活动。巴西共产党不断发展壮大有以下基本经验：一是以科学的态度对待马克思主义；二是加强党的领导体制的制度化建设；三是坚持和发展马克思主义的民主集中制。

国际组织方面，王韶兴在《第一国际的共产主义活动与社会主义政党政治逻辑》(《中国社会科学》2015 年第 11 期）一文中指出，在 19 世纪时代背景下，第一国际以马克思主义为指导，以早期“社会主义国际联合组织”为载体，以夺取政权为工人阶级的伟大使命，积极展开对资产阶级统治的斗争，有力地回应了无产阶级理论自觉与组织化斗争的时代诉求，并对 20 世纪以来国际共产主义运动的生动展开和民族化发展产生了深远的历史影响。第一国际具有无产阶级政党属性并以“国际联合”和“跨国发展”的实践形态登上政治舞台，为社会主义政党政治开展提供了新的组织载体和活动空间；第一国际的组织原则体现了社会主义政党政治组织架构和组织运行的内在要求，第一国际的理论探索与实践尝试，践行了社会主义政党政治的价值诉求。尽管第一国际社会主义政党政治实践具有明显的“地域性”以及发展阶段上的“初级性”和实践中的“尝试性”，但无论在组织载体、价值指向、活动内容，还是在思想指导、实践模式以及策略原则等方面，都对社会主义政党政治的深入发展具有奠基意义和开创价值。郭芷材在《第一国际处理党际关系的原则及现实意义》(《上海市社会主义学院学报》2015 年第 4 期）一文中认为，第一国际在处理同各国工人组织的关系时坚持了国际合作上的联合统一与各国工人运动中独立自主相结合的原则。在统一联合的基础上恰当地处理了第一国际内部不同工人组织和各种流派之间的关系，承认彼此之间有分歧，先团结后引导；以理论斗争代替组织制裁。文章认为，积极总结和吸取国际共运史上党际关系的经验教训，对于做好共产党自身党建工作、维护党的团结统一具有重要价值。

聂运麟在《当代共产党和工人党国际团结合作的几个问题》(《当代世界与社会主义》2015 年第 1 期）一文中认为，近年来，围绕共产党和工人党国际会议的性质和形式问题出现了不同的看法。有观点主张共产党和工人党国际会议进一步发展成为世界各国共产党的一个联合“组织”，也有观点认为共产党和工人党国际会议的“最重要目的是推动建立一种国际主义的合作”。从历史发展来看，世界社会主义运动的发展有赖于各国社会主义革命条件的成熟，共产党和工人党国际团结合作的形式——各国共产党之间的双边交往、共产党和工人党国际会议、区域性、次区域性和跨区域性的共产党和工人党会议、国际学术会议——是历史形成的，构建“同质化”理论和“单一革命战略”是不切实际的。

（2）右翼政党研究

相较于对左翼政党的研究而言，关于右翼政党的研究较少。德国民族民主党是联邦德国众多极右派政党中最大和最具影响力的，孙立新的《联邦德国极右派政党探研——以“德国民族民主党”为中心》(《武汉大学学报·人文科学版》2015 年第 2 期）一文对该党进行了研究，指出该党主要由民族保守主义者和右翼极端主义者组成，其思想基础是“族民集体主义”，所追求的目标则是颠覆联邦德国现行自由民主制度，建立一个强大的、自给自足的新帝国。该党质疑自由的价值，否定政党政治和民主制的多数决定原则；特别推崇德意志家庭；反对、厌恶移居德国的外国人；强调“经济必须为德意志族民服务”；坚决抵制外国资本对于德国的经济渗透；强调农业经济的重要性；坚决反对大国帝国主义和美国霸权主义；坚持复仇主义和历史修正主义。德国选择党也是德国一支不可忽视的右翼力量。伍慧萍、姜域在《德国选择党——疑欧势力的崛起与前景》(《国际论坛》2015 年第 2 期）一文中指出，德国选择党在很大程度上源自从黑黄阵营内部分裂出的国家保守主义和市场自由主义势力。该党拥有较为广泛的社会基础，在移民问题、能源政策、民主与公民权问题等多个政策领域提出自己的鲜明观点，拥有极强的专业组织管理能力、高效的工作方式和媒体沟通能力。该党的崛起使得德国政党格局进一步碎片化，对现有小党的冲击也非常大。文章认为，该党难以融入现有的政党体制并与其他政党开展合作，内部权力斗争激烈。作为疑欧主义的政党，该党未来的发展很大程度上取决于欧洲一体化的走向。

（3）草根政党、新型政党研究

2015年，国内学界对草根政党、新型政党的研究以对欧洲绿党和美国茶党的研究居多。

欧洲绿党研究方面，郇庆治在《2014年欧洲议会选举中的欧洲绿党：以中东欧国家为中心》（《国外理论动态》2015年第1期）一文中认为，单纯从选举结果来看，欧洲绿党是2014年欧洲议会选举中表现最为“稳定”的主要政党。克罗地亚和匈牙利绿党的成功入选，使中东欧国家绿党政治达到了过去10年来渐进复兴进程中的一个标志性高点，欧洲绿党也因此呈现为一个更加欧洲化的欧洲党。未来5年中，欧洲绿党要面对现有组织与权力架构的适当调整、新老议员之间的磨合，以及政治意识形态定位和提升大众动员能力。

胡芬芬在《探析德国绿党的“变脸”》（《湖南工业大学学报·社会科学版》2015年第5期）一文中认为，德国绿党从坚持以生态优先为核心的政治原则和政策主张到对自身的纲领和政策不断做出调整和完善，展现了对权力的诉求。德国绿党的这种变换在本国以及欧洲甚至整个世界引起了一系列效应：首先，绿党如今成为德国第三大政党，打破了旧的政治格局，注入了新的力量；其次，德国绿党从以绿色政治理念起家到通往权力道路带来了社会秩序的调整，具有维护政治稳定的价值；最后，德国绿党的生态价值观和政治理念促进了社会文明的进步。宋昌伟的《德国绿党增强民众环保自觉性的做法及启示》（《上海党史与党建》2015年10月号）一文梳理了德国绿党增强民众环保自觉性的做法，包括秉持明确的生态价值理念，增强民众参与环保的意识；推动制订相关法律和制度，克服民众参与环保的现实障碍；畅通参与渠道，保证民众参与环保的实效。

茶党研究方面，学界从茶党运动特点、前景等角度进行了研究，倪峰在《美国“茶党”现象辨析》（《人民论坛》2015年第31期）一文中认为，2008年金融危机爆发后，保守主义在与自由主义的竞争中显露颓势。2009年茶党的兴起为保守主义注入了强心剂，有效地阻击了自由主义的快速回潮。但从茶党六年多来的发展轨迹来看，它无法为保守主义提供整合力，因而也难以逆转美国自由主义回潮的基本趋势。纵观茶党的发展轨迹，有两个趋势性特征相当明显：一是其从社会力量向参政力量转变，由采取社会抗争式的民意施压转向通过参政影响政策；二是反建制困境，对长期在任的、具有一定政治资源的所谓“圈内人”持强烈敌对态度。武巍、高兴伟在《美国茶党运动特点与走势》（《人民论坛》2015年第2期）一文中认为，茶党运动具备拥有凝聚力的组织机构、统一的运动诉求、右翼社会运动、鲜明的活动策略等特点。基于茶党诉求的局限性和组织的松散性，以及美国的政治体制决定了两党制是美国政治体制的最佳选择等背景原因，茶党很难成为美国社会的第三方势力。付随鑫在《从右翼平民主义的视角看美国茶党运动》（《美国研究》2015年第5期）一文中认为，2009年兴起的茶党运动具有其他平民主义运动所共有的反精英特征。由于美国社会和政治制度对历史上的平民主义运动有良好的控制和吸纳作用，所以茶党运动不会对既有体制产生重大冲击。文章同时认为，与先前的平民主义运动相比，茶党与富人和精英媒体的结合更紧密，更容易施加政治影响力，而且他们能够熟练地运用既有的选举和司法制度来谋取自身利益。茶党所处的环境与过去的平民主义运动并不完全相同，因此可能产生另一些危险。最近20年间，美国政治极化非常严重，两党长期处于势均力敌的对立之中，而且它们对民众的吸引力逐渐下降。在这种情况下，政党体制外的平民主义运动就很可能导致更多的政治冲突和动荡。

（4）宗教性政党研究

关于宗教性政党的研究，既有个案研究，也有比较研究。个案研究方面，张琨、郭长刚在《智利基督教民主党与"第三条道路"》（《拉丁美洲研究》2015 年第 3 期）一文中指出，基督教民主主义在 20 世纪后半期的拉丁美洲已不仅作为一种思潮存在，还通过组建政党、参与竞选、制订并实施相关的政策来诠释自身所秉承的天主教理念。智利基督教民主党就是如此，其"第三条道路"植根于基督教思想中"社群主义""和谐"与"爱"等概念中，因而能给予广大教徒政治身份上的归属感。它所具有的异于"左右之争"、带有调和性和包容性的"第三条道路"特征，改变了智利的政治格局，并成功充当了左右两派之间的缓冲器。

比较研究方面，陈天社、彭超在《试析哈马斯、真主党、"基地"组织的异同及其关系》（《西亚非洲》2015 年第 1 期）一文中认为，哈马斯、真主党、"基地"组织三者在意识形态和理念上有一些共同点：均以伊斯兰教为根本指导原则，以建立伊斯兰政权为最终目标，强烈反对西方和以色列，推崇圣战和武装斗争，反对中东和平进程等。但三者在现阶段目标、战略重心、对圣战的理解和武力的使用、成员、活动、对外关系、教派基础等方面有显著不同。文章认为，从近期发展态势来看，哈马斯与真主党依然会继续相互支持，但发展实质性密切关系的可能性不大，哈马斯不大可能和"基地"组织发展直接关系。

（二）世界政党制度研究

1. 世界政党制度综合性研究

有的对西方政党制度的某一方面进行了研究，朱孟光的《西方议会党鞭制度探析——基于英、美、加三国的考察》（《当代世界与社会主义》2015 年第 1 期）一文对西方议会党鞭制度进行了研究，指出议会党鞭主要有议会事务管理、意见沟通、督导说服议员三个功能。党鞭的选定要考虑多重因素：个人的知识、能力和品格等质素是首要条件；党领袖的意图和策略考量是重要条件；议员的价值观念、选区地域、社会背景等因素是获选的重要考量。从总体上说，西方议会党鞭制度在不同程度上加强了党纪，维持了政党的团结一致与凝聚力，保障了西方议会制的有效运转。

王燕、谢峰在《西方政党议员候选人性别配额制的实施及意义》（《科学社会主义》2015 年第 3 期）一文中指出，在政党议员候选人选拔领域为女性党员设立性别配额制，是近年来西方政党发展党内民主、提高政党代表性的新举措。推动政党实行配额制的动力是多重的，包括西方社会女权运动的发展、政党吸引女性选民的需要以及党际间的相互影响等。配额制实施提高了女性参与党内政治的热情，增强了政党对女性选民的吸引力，其直接后果是导致女性议员候选人以及女性议员人数明显增加。

2. 某一类型政党制度研究

一党独大制研究方面，胡荣荣的《一党独大制及其适应性：西方研究述评》（《党政干部学刊》2015 年第 11 期）一文认为，在世界政党舞台上，一党独大制是一种普遍现象。文章归纳了不同学者对一党独大制的定义和测量标准。关于一党独大制适应性的强弱，西方的研究从政党的历史起源、一国经济社会结构等因素、政党的战略选择和政党内部组织等路径做出了解释。

两党制研究方面，郝诗楠的《试析英国两党制向“两个半党制”的转变》（《国际论坛》2015 年第 6 期）一文认为，近两届的英国大选结果显示，英国的两党制正在向“两个半党制”转变，第三党的崛起与两大主流政党的相对衰落以及英国议会“有效政党数”的变化都是有力证明。“两个半党制”之所以出现，是因为英国特定的制度配置、两大主流政党与社会关系的改变以及苏格兰的强地区／族裔民族主义等的影响。“两个半党制”若持续存在，可能会对两大政党的转型、政治效率以及政权稳定性产生一定的挑战。兰江的《冷战时期美巴关系中的美国两党制因素》（《东南亚南亚研究》2015 年第 2 期）一文分析了巴基斯坦与美国两个主要政党相互的认知和政策取向，认为，在影响冷战时期美巴关系的美国国内因素中，美国的两党制度是极为重要的因素。文章对于冷战时期美巴关系中的美国两党制因素做出一个较为准确的评估，认为两党政治是影响美巴关系的重要因素，共和党执政有利于美巴关系发展，民主党执政对美巴关系挑战较大。

某国政党制度研究方面，那传林的《当代俄罗斯国家治理过程中的“政权党”现象探析》（《社会主义研究》2015 年第 5 期）一文认为，当代俄罗斯的政党制度是一种“无执政党的多党政治制度”。俄罗斯存在“政权党”，也就是支持总统和政府的党，但没有执政党。俄罗斯的超级总统制和没有执政党决定了俄罗斯“政权党”的形成，从“政权党”向“执政党”的转变在俄罗斯的国家治理中还需要时间。

3. 政党规章制度研究

俞可平主编的《世界主要政党规章制度文献》（中央编译出版社 2015 年版）丛书译介了国外政党规章制度文献。孙林主编的《世界主要政党规章制度文献：美国》分册将目光聚焦在当今世界最先进的资本主义国家——美国身上，将美国涉及政党政治的主要法律和制度成果翻译整理成书，共包括宪法和全国性涉党法律、美国国内主要政党内部规章制度。孙培军主编的《世界主要政党规章制度文献：新加坡》分册指出新加坡政党制度的特点：威权主义、一党独大，并指出了新加坡制度建设的挑战和未来。该书主要包括新加坡宪法和全国性涉党法律：总统选举法、议会选举法、政治捐赠法、新加坡社团法，以及两部政党内部规章制度：人民行动党章程和工人党章程。宋微主编的《世界主要政党规章制度文献：肯尼亚》分册主要包括肯尼亚宪法和全国性涉党法律：宪法审查法、选举法、政党法、竞选筹资法，主要政党内部规章制度：全国彩虹联盟、联合民主论坛党、肯尼亚民主党、新民主党、社会民主党、大国民联盟党、人民民主党及其他政党的党内规章制度。刘光毅主编的《世界主要政党规章制度文献：意大利》分册译介了意大利宪法以及全国性涉党法律，并重点选取了意大利民主党、自由人民党、绿党、北方联盟等四个在意大利政坛具有重要影响力的政党，详细介绍了它们内部的各项制度规定，通过宏观与微观、整体与个体、历史与现在相结合的方式，呈现出意大利主流政党的制度环境。项佐涛、姬文刚主编的《世界主要政党规章制度文献：中东欧》分册编译了中东欧部分国家宪法和大部分国家的各种类型政党，包括社会党、共产党、民主党、新民粹主义政党、民族主义政党的内部规章制度。丛书既能够比较全面地展示各国或各地区政党政治的面貌，又可以为研究该国或该地区政党政治提供文献支撑。

靳呈伟的《墨西哥政党法规初探》（《江汉大学学报·社会科学版》2015 年第 1 期）

一文认为，政党法规是从严治党所依据的法度。规制政党的政党法规既包括国家涉党法律，也包括政党内部规章。文章以墨西哥政党法规为研究对象，指出除了宪法、选举法等国家法律，墨西哥政党还受自身内部规章的规制，尤其是在处理涉及政党内部事务或者政党组织运行的问题时，主要依据内部规章。墨西哥三大政党在内部规章建设方面有共同点：构建了涵盖范围较为全面的内部规章体系，内部规章包含的原则与规范具有约束力，内部规章合乎国家法律。文章认为，加强政党法规建设，需要认真思考以下几个问题：第一，如何构建健全的党内规章体系；第二，如何提高党内规章执行力，切实发挥党内规章的作用；第三，如何恰当处理党内规章与国家法律的关系。

（三）世界政党政治发展过程与趋势研究

1. 世界政党政治发展的形势研究

有基于全球视角对政党政治发展进行的研究。昭阳的《2014 年世界政党形势和政党政治新变化》（《当代世界》2015 年第 1 期）一文基于对全球 50 个国家的选举情况的研究认为，2014 年世界政党形势和政党政治的几个突出动向：第一，全球选情呈现一些不容忽视的特点，主要表现为选举投票率低、两轮决胜情况增多、部分地区左右博弈态势发生变化；第二，传统大党老党社会凝聚力下降，极端政治势力崛起；第三，大国执政党面临执政困境，破局困难；第四，发展中国家"强人政治"继续回潮，政治强人着力控局维稳，并力争在发展经济、稳定社会、遏制党争和推进政治重建等方面有所建树，同时强人政治风险犹存；第五，街头政治、恶性党争在一些国家有起有伏，凸显了政党政治的多面性；第六，越朝老古四国党继续深化改革，探索符合国情的发展道路。文章认为，总体看，全球范围内选举政治危机与治理能力危机并存，社会思潮趋于保守、社会分裂有所加剧。

有关于地区政党政治的研究。任军锋的《超越左与右？——北欧五国政党政治比较研究》（上海三联书店 2015 年版）一书研究了北欧五个高福利资本主义国家的政党及其制度的缘起、发展，尤其注重这五个国家政党制度之间的异同的比较研究，揭露了各国政党制度与其国家制度和制度环境之间的相互关系。该书指出，政党支持者在阶级构成上已经发生了重要转变，政党赖以生存的政治基础已经并正在改变，这一基础不再如传统政党那样都有自己相对稳定的核心阶级群体，而是在阶级来源上呈现出较为明显的异质性和多元性。如今，选民投票支持哪个政党时，较少关注该党传统的意识形态，而是将更多的注意力集中在该党在相关政治议题上的立场与自己主张的符合程度。政党分野由当初以阶级为基础的分野开始向以议题为基础的分野转变。李艳枝的《中东政党政治的演变》（中国社会科学出版社 2015 年版）一书通过分析中东诸国世俗政党和宗教政党的组织形式、思想纲领和政治实践，揭示了中东诸国政治转型与政党政治变迁的逻辑关系，阐释了中东诸国从一党制到多党制的演变轨迹，证明了政党政治的完善与民主化进程的同步态势。

2. 某国政党政治的新变化研究

有关于欧美发达国家政党政治的研究。刘红凛的《信息网络化对美国政党政治的影响》（《政治学研究》2015 年第 4 期）一文分析了信息网络化对政党乃至政党政治的影响。

文章认为，信息网络化对美国政党政治的影响具有典型意义。信息网络化使美国选举政治个人化与政党空心化现象加剧，具体表现为“互联网总统”的胜出、领袖个人与选民关系的强化、政党与选民关系的弱化等。另外，信息网络化容易助长“肮脏政治”与“网络暴政”，甚至使虚拟政党具有超越传统政党的趋势。就当今世界政党政治发展而言，政党信息网络化、开放化、个人化和空心化等似乎具有一定趋势性。樊鹏在《德国海盗党兴衰与政党政治的困境》(《文化纵横》2015 年第 1 期）一文中认为，德国政治体系的核心是“选党”体制。近 20 余年以来，德国政党体制面临着困境与挑战，主要包括公民参选率持续下降、政党组织呈现分散化与碎片化趋势、选民的“政党”认同偏好下降等。传统的政党体制陷入上述困境的根源在于，随着社会的发展变迁，政党“凝聚公民意志”的功能正在衰退。文章认为，西方政党衰落的原因之一是，进入后工业社会，传统阶级结构被打破，社会观念领域多元化，以分散的个体或小众为基础的“政策偏好”或“价值偏好”盖过以阶级为基础的“整体偏好”。能否迅速回应社会议题、广泛吸纳公民意见，并将不同的政策倡议进行协调整合，将成为衡量政治体制合法性和有效性的重要尺度。徐万胜在《战后日本选举改革与自民党支配体系变迁》(《日本学刊》2015 年第 5 期）一文中认为，选举改革是影响自民党支配体系变迁的关键因素。冷战时期，众议院中选区制对自民党权力结构的维持提供了制度支撑。冷战后，新引入的小选区制导致自民党内派阀政治发生嬗变。在众议院之外，自民党的政权运营还受到参议院及党总裁选举制度的制约。21 世纪初期，各党提出的“政权公约”并未能强化广大选民对“政策本位”的选择力度。包含选举改革在内的“政治改革”，促使自民党政权的保守集权倾向不断增强。张伯玉在《从第 47 届大选看自民党“一党独大”》(《日本学刊》2015 年第 1 期）一文中指出，在日本第 47 届众议院选举中，自公两党执政联盟获得三分之二绝对多数议席，自民党继续“一党独大”，这是安倍成功的选举战略和日本政治生态环境相互作用的结果。从选举战略上看，安倍及其团队选择最佳时机解散众议院，以“安倍经济学”为争论议题，以民主党重要政治家为“攻击”对象，为自民党获胜创造了有利条件。从政治生态环境上看，最大在野党民主党的弱化、公明党与自民党的合作、在野党的“碎片化”，是自民党大选获胜的重要基础。吕耀东、姜红在《日本自民党一党优位制的成因及特征》(《黑龙江社会科学》2015 年第 1 期）一文中认为，日本之所以形成自民党一党优位制，原因主要有多党制度发展的大背景、政治结构上出现保守—革新的政党竞争、自民党动员主要势力以形成固定形态以及不断获得新的支持基础等。自民党一党优位制表现出诸多特征：就内部结构而言，党本部组织庞大，内部设置很多机关，地方党组织弱化；就与政官关系而言，在自民党一党优位制下，政府和执政党的二元分立关系一直持续，自民党和行政官僚形成了相互依存关系。

有关于拉美、亚洲等地区发展中国家政党政治的研究。拉美国家的政党政治研究方面，周志伟在《巴西大选后的政党格局及政治生态》(《当代世界》2015 年第 1 期）一文中认为，2014 年巴西大选中总统选举结果的微弱差距反映出了劳工党在本党自身建设和政府执政方面存在的问题和困难。罗塞芙新任期面临包括政权稳固、经济增速回升、提升民众信任度等方面的执政挑战。如应对得当，劳工党有可能扭转民意走低的颓势，反之，罗塞芙总统和劳工党则均将面临更大的信任危机。周相萌在《阿根廷反对党大选获胜——

从大选看阿根廷政党政治特点》(《当代世界》2015年第12期)一文中认为，当前阿根廷政党政治主要特点是：竞选联盟超越传统政党成为政治生活的主角；领袖魅力超越政党影响，"政党政治个人化"成为常态；"左强右不弱"，阿根廷政坛各派力量对比持续变化。阿根廷当前政治生态在一定程度上体现了拉美地区左翼执政国家普遍特点：一是政府未及时进行经济结构改革、转变发展方式，保证经济持续健康发展的内生动力不足；二是执政党自身建设薄弱，过分倚重领袖个人威望，缺少能够实现政权平稳过渡的接班人梯队。三是右翼媒体在拉美传媒中占主导地位，抹黑、唱衰、抨击左翼政府之声不绝于耳，在民众中形成负面影响。

亚洲国家的政党政治研究方面，檀培培在《论越南一党制革新发展的主要向度》(《山东社会科学》2015年第12期)一文中指出，越共在党对国家政权的领导方式革新上，以民主化和法制化为目标，将明确党领导国家政权的职能、原则与健全民主制度运行机制相结合；在党对社会的领导方式革新上，以整合社会为目标，将引导和促进公民社会的发展与加强党联系人民群众制度化建设相结合；在党自身制度完善上，以提高党的领导能力为目标，将党的意识形态包容性的扩大、党员成分的多元化和组织运行机制的民主化相结合。庄晨燕在《科特迪瓦的多党民主与族群冲突》(《西亚非洲》2015年第5期)一文在指出，科特迪瓦各派政治力量争夺权力的政治斗争是该国在1993年博瓦尼去世后经历的近20年的国内动荡的主要原因。在多党代议制民主体制下，该国各派政治力量利用历史造成的南北方差异，通过操纵地域、族群概念来获取选民支持和执政合法性。南北方族群冲突的爆发与选举时间表的完全吻合，进一步证明了科特迪瓦族群冲突的建构性和工具性特点。肖文超《叙利亚库尔德民主联盟党与"西库尔德斯坦"自治的前景》(《世界民族》2015年第2期)一文指出，叙利亚库尔德民主联盟党利用2011年叙利亚内战带来的机遇，先后通过执行务实平衡策略、扩大群众基础、主导政治话语权、完善组织网络、重塑政党自身形象和反对外部势力干预等措施，在西库尔德斯坦取得了一党独大的政治优势，并于2013年11月12日成立了临时过渡政府。叙利亚库尔德临时过渡政府主导的西库尔德斯坦民主自治进程面临内部矛盾与分歧严重，巴沙尔政府对库尔德自治的态度不明，外部势力的干预，地理位置割裂、经济基础脆弱、基础设施建设严重落后，缺少国际社会和西方大国的支持等重大挑战。叙利亚库尔德问题的最终解决要依赖于未来叙利亚全国的政治和解、国家政治民主化进程的推进以及各民族之间的文明互动、包容和理解。

3. 关于历史问题的研究

工人阶级政党及其建设方面，高放在《特型社会主义政党俄国布尔什维克党异军突起》(《中国延安干部学院学报》2015年第2期)一文中认为，俄国国情民情的特点使得俄国布尔什维克党在19世纪末20世纪初产生。俄国建立社会主义政党一波三折：1883年成立劳动解放社，1898年建立俄国社会民主党，1903年创建布尔什维克党，其党纲党章都有新特点，也有欠缺与差错。党内布尔什维克与孟什维克两派的出现预示着党内斗争的长期性、复杂性与艰巨性。列宁主张建设以职业革命家为核心、以集中制为组织原则的党是适合俄国国情民情的特殊类型的社会主义政党。布尔什维克党的异军突起在20世纪俄国和世界政治舞台上扮演了重要的角色，发挥了重大的作用。房广顺等著的《列宁工人阶级执政党建设思想研究》(辽宁人民出版社2015年版)一书从加强工人阶级执政党执政能力建设、思想理论建设、党员理想信念教育、保持工人阶级执政党的纯洁性、党内民主监督建设、作风建设等方面对列宁工人阶级执政党建设思想进行论述。该书认为，马克思列宁主义是不断发展的科学理论，列宁执政党建设思想需要在工人阶级执政党建设实践中不断丰富和完善，使列宁的科学思想在新的实践中发挥更大作用。

国外政党处理与中国关系问题的研究方面，彭建辉的《澳大利亚朝野两党在新中国成立问题上的不同策略分析》(《历史教学问题》2015 年第 1 期）一文回顾了澳大利亚两个主要政党在新中国成立这一重大历史事件上的不同反应，以及双方在之后的 20 余年间如何与中国打交道这一问题上的分歧。这些分歧的深层次根源在于工党与其主要政敌——自由党—乡村党联盟在理念和外交策略上的不同。与自由党—乡村党片面的仇华反共策略不同，工党更加强调与中国保持接触、进行合作的重要性。这为工党日后执政、并进一步发展中澳双边关系创造了有利条件。马文敏在《冷战后美国两党对华政策述评》(外交学院，硕士学位论文，2015 年）一文中认为美国民主党与共和党在不同执政时期对华政策侧重点不同，凸显了政党在对华政策中的基调。如，在台湾问题上，共和党的传统决定了其强硬的角色定位；人权问题上，民主党历来对自由、民主的向往又决定了其不断利用人权问题对中国发难；在对华经贸问题上，两党出发点虽不同，但都要求中国放开市场，保护美国经济。两党在对华问题上的不同态度是为了迎合选民，争夺执政党地位，而两党争夺执政权的实质是国内保守主义与自由主义的发展与较量。美国两党对华关系中的较量，凸显了中国国际地位的上升及对美国的影响，同时也彰显了合理应对两党对华政策的重要性。

某国政党历史问题研究方面，崔戈的《从推行多党民主制到合作反恐：后冷战时期美国对肯尼亚政策（1990—2005)》(《国际论坛》2015 年第 1 期）一文认为，后冷战时期和反恐初期，美国对肯尼亚的政策经历了三次变化。冷战结束后，肯尼亚的战略重要性下降，又因老布什政府在非洲推行多党民主制，美肯关系曾一度紧张。克林顿政府上台后，美在非洲经济利益的凸显和恐怖主义威胁的日趋严峻，使得美再度重视美肯关系。“9·11”后，美国调整其国家安全战略，将反恐列为首要任务，肯尼亚成为美在非反恐战略的三个支柱性区域大国之一，美肯关系全面提升。贺喜在《智利阿连德政府时期党争研究》(《江苏师范大学学报·哲学社会科学版》2015 年第 6 期）一文中认为，党派纷争是智利阿连德政府改革失败最重要的内因。阿连德上台前，智利共产党和社会党先后就与苏联外交关系、资产阶级民主、冷战格局、“社会主义道路”的实现途径等议题展开了四次论战。阿连德执政后，政府内部分裂为“温和派”和“激进派”，双方就如何通往“社会主义道路”、军队的政治角色、基督教民主党的地位、经济改革的实施方式等议题展开激辩，并由观点之争上升为党派间的政治斗争。激烈的党争使阿连德政府始终难以形成基本的决策能力和有效的行政能力，政府凝聚力不断下降，“人民团结阵线”政府动荡不稳，内阁部长频繁更迭。党争给美国干涉造成了可乘之机，加速了智利“社会主义道路”失败的步伐。石建国在《论新韩民主党的创立与韩国独立运动的发展》(《韩国研究论丛》2015 年第 1 期）一文中认为新韩民主党的创立是各方面因素共同作用的结果：一是重庆的韩国独立运动左右翼党派斗争；二是韩国独立运动的发展；三是中国国民政府的扶持。新韩民主党创立对韩国独立运动发展产生了影响：首先，牵动了左右翼韩国独立运动党派关系发展的格局；其次，在推动韩国独立运动发展的诸多议题上独树一帜，影响了韩国临时政府名义下的团结统一局面，是造成韩国临时政府效率低下、工作乏善可陈的因素之一。

四、政党理论和观点的引介与评析

2015年，国内学界对国外政党研究成果的引介主要关注了有关欧亚国家政党的研究。

《德国政党国家：解释、发展与表现形式》([德]埃弗哈德·霍尔特曼著，程迈译，中国政法大学出版社2015年版）一书考察了德国政党国家的各种结构和文化解释模型、运作逻辑、历史烙印。指出了这些批评意见是否公正，或者在多大程度上是公正的，深入探讨了各种错误的发展趋势和不正确的理解，并提出了消弭政党与公民社会之间裂痕的可能性。

《在传统和新自由主义之间——德国和欧洲的社会党走在通往欧洲“美好社会”的“第三条道路”上？》([德]安雅·克鲁克、克里斯蒂安·科雷尔著，张文红译，《当代世界与社会主义》2015年第2期）一文以德国社民党、英国工党和法国社会党三个大党为代表，分析了历史上社会党对欧洲的态度，认为它们基本上都支持欧洲一体化，但三个政党在欧洲政策上的目标都不尽一致。之所以如此，主要是基于政治文化和政体的、历史经验的、地理位置以及不同政治形势下的不同利益考虑，以及媒体的舆论导向等。文章认为自20世纪80年代以来，欧洲各社会党经历了一场深刻的身份认同危机，造成这场危机的首要原因被认为是20世纪70年代开始的经济技术变革导致的全部欧洲社会的深刻变化。与此同时，社会福利国家继续发展导致了明显的社会变化及阶级结构的解体，新自由主义推行。欧洲各社会党最终顺从了这一思想。

《现代俄罗斯多党制：形成与发展的阶段》([俄]安·尤·舒托夫著，徐家林编译，《国外社会科学》2015年第2期）一文认为，现代俄罗斯多党制的形成与发展可以分为几个主要阶段：苏联“政治多元化”阶段、俄罗斯“混乱的多党制”阶段、努力建立多党制阶段、建立“政党国家”阶段和政党建设的民主化阶段。每个阶段都与相应的选举周期有关，并表现为政治力量平衡、政党和政党制度定位的特定变化。今天俄罗斯政治和政党发展面临的主要挑战是，必须把那些“新的政治活动”纳入其中，并把公民无序的政治活动导入政治制度框架之内。为此，国家已经为大规模的政党建设创造了政治和法律条件。俄罗斯的政治和政党发展还需要考虑改善俄罗斯政治体制和提高政府应对政党建设领域立法修订的灵活性。

《新加坡特色的选举制度：人民行动党每选必胜的奥秘》([新加坡]林金圣著，民主与建设出版社2015年版）一书认为，新加坡独立迄今，在政治上一直保持一党独大的地位，这在实行民主选举的国家中，是一种非常罕见的现象。该书从历史与现实政治出发分析了人民行动党能够连续长期执政，并且一直占有国会中九成以上的议席的原因。从新加坡历届大选的选举操作与所施行政策的变化中解读人民行动党的与时俱进。

朱昔群　中央编译局世界发展战略研究部副研究员

靳呈伟　中央编译局世界发展战略研究部副研究员

附录三：中国政党制度年鉴文献目录

本目录共收录论文 1300 篇，分为政党制度、执政党建设、参政党建设、国外政党研究和比较研究四部分。收录图书 90 种。

一、论文

1. 政党制度

王树臣 . 社会主义协商民主与选举民主的关系探究 . 重庆社会主义学院学报，2015，(1).

张晓宁 . 中国协商民主思想历史发展及启示 . 陕西社会主义学院学报，2015，(1).

陈立平 . 浅议中国政党制度的民主建设 . 新西部（理论版），2015，(1).

赵士红 . 社会转型期坚持和完善多党合作与政治协商制度的思考 . 协商论坛，2015，(1).

降瑞峰，袁野 . "当代中国政党制度与国家治理学术研讨会" 综述 . 教学与研究，2015，(1).

袁侠 . 创新 "协作共建" 破解基层多党合作难题北仑区统战工作实践创新之路回眸 . 宁波通讯，2015，(1).

戴安林 . 抗日战争时期中国共产党的多党合作 . 湖南省社会主义学院学报，2015，(1).

赵吉光 . 多党合作唱响主旋律携手并进共谱和谐音 [N]. 协商新报，2015-01-02002.

王佃利，马学强，亓胜林，葛丽，戴思厚 . 增强中国特色社会主义政治制度自信 . 山东社会科学，2015，(1).

于潇 . 纵向比较下浅论中国特色社会主义政党制度的优越性 . 改革与开放，2015，(4).

陈立平 . 浅议中国特色政党制度及其独特性优势 . 黑龙江史志，2015，(1).

王晓丽 . "中国梦" 视野下中国政党制度的功能探析 . 重庆与世界（学术版），2015，(1).

姜丽华 . 彰显中国政党文化底蕴完善与发展多党合作制度 . 中共济南市委党校学报，2015，(1).

杜楠楠 . 中国特色政党制度的民主政治价值与实现 . 云南社会主义学院学报，2015，(1).

石媛 . 人民政协与社会主义协商民主 . 中共银川市委党校学报，2015，(1).

康莲英 . 完善协商民主制度推进协商民主发展 [N]. 四川政协报，2015-02-14003.

方刘松，卢继元 . 当代中国党际协商民主：逻辑关系与理论思考 . 江西师范大学学报（哲学社会科学版），2015，(2).

杨绪强．论中国特色社会主义参政党与多党合作制度建设．上海市社会主义学院学报，2015，(1)．

马润凡．互联网对我国政党制度安全的挑战及应对——基于制度认同的视角．郑州大学学报（哲学社会科学版），2015，(2)．

唐华生．学习践行邓小平同志多党合作思想开创新时期多党合作事业的新局面．四川统一战线，2015，(3)．

汲惠忠，吁帅彪．新时期坚持和完善多党合作制的思考．求知，2015，(4)．

孙迎辉，周西蓓．论公共管理视角下中国政党制度的特征和优势．天津大学学报（社会科学版），2015，(2)．

龙兵．中国特色社会主义政党制度自信的三重维度．思想理论教育导刊，2015，(3)．

苏晓伟，秦柯，周雯琪．结构功能视域下的中国政党制度分析．湖北文理学院学报，2015，(4)．

程云庆，刘诚．构建和谐党际关系与中国政党制度的发展．广西社会科学，2015，(3)．

周余云．多维视野下的中国政党制度．求是，2015，(5)．

贺良林．中国政党制度研究述论——以学术专著为视角．湖北省社会主义学院学报，2015，(2)．

李金河．论中国特色政党制度的理论基础．中央社会主义学院学报，2015，(2)．

龚津仪．论政治文明建设中的政党制度建设．东方企业文化，2015，(7)．

李成实．推进社会主义协商民主广泛多层制度化发展．广东省社会主义学院学报，2015，(2)．

颜世磊．浅论和谐党际关系的构建．新西部（理论版），2015，(6)．

石媛．谈社会主义协商民主的中国属性．陕西社会主义学院学报，2015，(2)．

温小勇．健全协商民主视阈下持续完善多党合作制度的路径．黑龙江省社会主义学院学报，2015，(1)．

陈玉凤．政治协商、民主协商、协商民主的联系与区别．前进论坛，2015，(3)．

彭雪莲．多党合作服务毕节试验区改革发展的实践与启示．贵州社会主义学院学报，2015，(1)．

李海平．社会主义协商民主制度在社会治理实践中的重大作用．四川省社会主义学院学报，2015，(1)．

龙翔鹰．论社会主义协商民主的比较优势．四川省社会主义学院学报，2015，(1)．

牛君．多党合作的制度效能及其提升路径研究．当代世界与社会主义，2015，(2)．

陈淑玲．推进党际协商民主的多层制度化建设．鸭绿江（下半月版），2015，(3)．

龚建明．多党合作道路越走越宽广 [N]. 团结报，2015-03-24008.

周相国．风雨同舟创伟业多党合作谱新篇 [N]. 联合日报，2015-04-30003.

晏永和．准确把握协商民主四大基础 [N]. 人民政协报，2015-04-22004.

周韬．以人民政协为载体的社会主义协商民主的价值取向．湖南科技大学学报（社会科学版），2015，(3)．

晏永和．认识协商民主独特独有独到优势——以“四大基础”为视角．毛泽东思想研究，

2015,（3）.

王正波 . 试论我国政党制度的先进性和优越性 . 黑龙江省社会主义学院学报,2015,(2).

蔡达峰 . 协商是多党合作的应有之义 [N]. 团结报，2015-04-04001.

王婷 . 论中国政党制度的发展历程 . 湘潮（下半月），2015,（6）.

杜楠楠 . 当代中国政党制度的民主政治价值研究 . 广西社会主义学院学报,2015,(2）.

孙乃有，韩丽丽 . 实现中国梦独特强大的政党制度优势 . 承德石油高等专科学校学报，2015,（3）.

邝子文 . 抗日战争时期周恩来多党合作思想及其当代价值 . 湖南省社会主义学院学报，2015,（3）.

石媛 . 强化政党力量推进政治发展 . 中共银川市委党校学报，2015,（3）.

刘如梅 . 试论中国特色政党制度的历史发展轨迹 . 贵州社会主义学院学报,2015,(2).

杜晓晖 . 全球化视角下我国政党制度的特色研究 . 商，2015,（21）.

龚建明 . 新形势下推进多党合作事业不断前进 [N]. 人民政协报，2015-05-20004.

王奕 . 政协“三大职能”履职之探讨 . 科学咨询（科技 · 管理），2015,（6）.

董树彬，刘秀玲 . 国际金融危机背景下中国多党合作制度的优越性 . 科学经济社会，2015,（2）.

王焕平 . 抗日战争时期多党合作实践对坚持和发展中国多党合作制度的启示 . 山西社会主义学院学报，2015,（2）.

王彩玲 . 抗战时期共产党与民主党派合作的思想基础及其启示 [N]. 光明日报，2015-05-27013.

毕丽芹 . 提升多党合作制度效能 [N]. 楚雄日报（汉），2015-05-28001.

朱虹，王琰 . 坚持多党合作制度推进协商民主建设 [N]. 人民政协报，2015-05-13008.

中共北京市委统战部 . 切实提高政党协商质量和水平 [N]. 人民政协报，2015-05-27003.

民盟成都市委学习文史工委主任许晓光 . 推动“多党合作”事业蓬勃发展 [N]. 四川政协报，2015-06-11003.

严隽琪 . 共创多党合作新局面 [N]. 团结报，2015-06-11001.

吴伟 . 邓小平推动多党合作方案 . 炎黄春秋，2015,（7）.

任世红 . 参政党与社会主义协商民主：政党协商的视角 . 上海市社会主义学院学报，2015,（3）.

高体健 . 新形势下多党合作事业发展的重要遵循——深入学习贯彻中央统战工作会议精神 . 前进论坛，2015,（7）.

于佳任 . 加强党与党外人士合作共事的思考 . 产业与科技论坛，2015,（14）.

姜丽华 . 发挥政党文化功能完善与发展多党合作制度 . 湖北省社会主义学院学报，2015,（4）.

陆聂海 . 发挥多党合作优势服务“四个全面”战略布局 . 陕西社会主义学院学报，2015,（3）.

刘玲灵 . 当代中国政党协商民主的内在规定性研究 . 中共济南市委党校学报,2015,(4).

李玲 . 多党合作制度运行中的困境及对策研究——以社会主义协商民主为视角 . 广东省社会主义学院学报，2015，(3).

朱程清 . 多党合作是我国政治格局稳定的重要制度保证 [N]. 大连日报，2015-07-27005.

李莉 . 费孝通的多党合作和参政党建设思想及其现实启示 . 青春岁月，2015，(15).

王寅平 . 多党合作与构建协商民主体系研究 . 云南社会主义学院学报，2015，(3).

王硕 . 中国特色政党制度下党际民主监督问题探析——基于参政党对执政党监督的视角 . 学理论，2015，(19).

秦前红，苏绍龙 . 中国政党法治的逻辑建构与现实困境 . 人民论坛，2015，(20).

齐春雷 . 坚定中国特色社会主义制度自信研究——基于政党制度的视角 . 上海市社会主义学院学报，2015，(3).

王亚妮 . 延安时期刘少奇政党伦理思想述论 . 理论导刊，2015，(7).

张博 . 政党的制度化——从大众动员到制度建设 . 陕西行政学院学报，2015，(3).

齐春雷 . 协商民主视域下的中国政党制度 . 湖北省社会主义学院学报，2015，(4).

任亚平 . 充分发挥政协平台作用积极推动社会主义协商民主建设 . 理论研究，2015，(4).

张献生 . 正确认识我国政党制度民主性质，增强制度自信 . 团结，2015，(4).

陈惠丰 . 我国协商民主的含义、由来、制度理论文化基础及政协协商的性质作用 . 中国政协理论研究，2015，(3).

柴宝勇 . 理性与功利：当今中国政党认同的现状、特征与构建途径——基于北京某高校的数据 . 理论月刊，2015，(9).

陈宇翔，余清 . 国家治理能力现代化视域下政治协商有效性的价值与路径 . 湖湘论坛，2015，(5).

王红，王彦红 . 西柏坡对新中国政党制度形成的重要历史贡献 . 河北经贸大学学报（综合版），2015，(3).

张宏伟 . 加强协商民主建设与提升民主监督质量研究 . 河北师范大学学报（哲学社会科学版），2015，(5).

石媛 . “全面从严治党”与多党合作政治生态的历史考察 . 河北省社会主义学院学报，2015，(4).

徐军 . 由民主监督形式的新变化看加强民主监督的新路径 . 河北省社会主义学院学报，2015，(4).

盛林 . 人民政协政治角色的制度变迁 . 党史研究与教学，2015，(5).

蔡文森 . 人民政协在国家治理体系中的地位和作用 . 铜仁职业技术学院学术论坛，2015，(3).

解永强，张玮，王晓琎 . 陕甘宁边区“三三制”政策与我国多党合作制度 . 陕西社会主义学院学报，2015，(4).

许雅莉 . 多党合作制度形成的历史浅析 . 吉林省社会主义学院学报，2015，(3).

任世红 . 多党合作在国家治理现代化中的作用机制 . 贵州社会主义学院学报，2015，(3).

朱虹 . 充分发挥多党合作制度在推进“四个全面”战略布局中的重要作用——2015

年全国社会主义学院系统理论研讨会暨中央社会主义学院中国政党制度研究中心第13届年会综述．中央社会主义学院学报，2015，（5）．

王振娟．中国政党协商民主的研究现状．山西社会主义学院学报，2015，（3）．

朱艳莉．多党合作制度的发展与完善研究．传承，2015，（9）．

陈建坡．建国初期我国多党合作制度存废问题探析．山东青年政治学院学报，2015，（5）．

石媛．"全面从严治党"对多党合作政治生态的现实影响．内蒙古统战理论研究，2015，（5）．

王焕平．抗日战争时期多党合作历史对坚持和发展中国多党合作制度的启示[N]．团结报，2015-09-01008．

许道权．毛泽东抗日民族统一战线思想对多党合作制度的贡献．福建省社会主义学院学报，2015，（5）．

林国华．完善多党合作制度服务全面从严治党．人民论坛，2015，（35）．

孙津，封哲学．中国多党合作的政治哲学基础．重庆社会主义学院学报，2015，（6）．

欧明华．再议多党合作制功能发挥．学理论，2015，（34）．

何敏．同心同向谱写多党合作事业新篇章[N]．青海日报，2015-12-06002．

钱文华．政党制度自信的社会凝聚力探析．学习与实践，2015，（11）．

杨绪盟．我国政党协商的先进性及其思考．中央社会主义学院学报，2015，（6）．

路爱林．五四运动前后中国政党与政党制度转型的原因．郑州航空工业管理学院学报（社会科学版），2015，（6）．

徐烁．中国政治现代化之政党制度改革浅议．商，2015，（41）．

刘金峰．评判中国特色政党制度的三个维度．中共石家庄市委党校学报，2015，（12）．

张艳梅．多党合作在全面推进依法治国中的重要意义及现实路径．山西社会主义学院学报，2015，（4）．

黄其洪，郑人杰．当代中国政治模式的独特性及比较优势．中共山西省委党校学报，2015，（6）．

杜楠楠．关于中国政党制度优越性的研究综述．重庆社会主义学院学报，2015，（6）．

徐宗侍．协商民主与民主监督：互通、互促的几点思考．贵州社会主义学院学报，2015，（4）．

陈钰业．"中国模式"政党制度形成与发展的历史轨迹．广西社会主义学院学报，2015，（5）．

范会勋．论社会主义协商民主的基本内涵．湖北省社会主义学院学报，2015，（6）．

孙宝林．协商民主是我国政治建设的民主形式和制度优势．湖北省社会主义学院学报，2015，（6）．

钱文华，韩超，李沁怡．政党制度自信的三大优势．教育现代化，2015，（17）．

2. 执政党建设

毛蒋楠，吴凡．论加强与完善党的执政体制——基于国外执政党执政体制建设的启示．传承，2015，（2）．

王吉春．从严治党要素如何系统整合——以苏共失政教训为鉴．人民论坛，2015，(36)．

彭晓燕．党的群众路线与高校机关效能建设的耦合性及其实践．学校党建与思想教育，2015，(1)．

李锡炎．党的建设制度改革的五维目标体系与实现路径．党政研究，2015，(1)．

王洪树．试论中国参政党理论建设的主要特征和思想资源．党政研究，2015，(1)．

商志晓．党建"十论"及其内在逻辑与鲜明风格——学习习近平总书记关于党的建设的新论述．学习论坛，2015，(1)．

曹桂清，罗米娜．习近平加强党的基层组织建设的实践和理论探索．湖南行政学院学报，2015，(1)．

孙占胜．严格落实从严治党要求进一步提高党的建设科学化水平．政工学刊，2015，(2)．

谢海燕，邓深．井冈山斗争时期加强党的纯洁性建设的历史启示．湖湘论坛，2015，(1)．

刘家贺．改革开放以来党的建设的历史进程与阶段划分．学理论，2015，(1)．

祝福恩，刘迪．论党的建设制度改革的内涵及价值．理论探讨，2015，(1)．

李磊．国家治理现代化视域下加强党的执政能力建设的思考．宁夏党校学报，2015，(1)．

邓纯东．党的领导是建设法治国家的根本保证．前线，2015，(1)．

黄远固．党的领导是法治建设的核心．唯实，2015，(1)．

张树林，江敏．论习近平党的作风建设思想．求实，2015，(2)．

张会娜．坚持从严治党切实加强党的作风建设．求知，2015，(1)．

中共天津市委党校课题组，杨升祥．加强党规建设依规管党治党．求知，2015，(2)．

刘红凛．信息化时代的党务公开与党的建设"改革开放"．上海行政学院学报，2015，(1)．

孙迪亮．第三代中央领导集体对党的思想建设五大理论创新．实事求是，2015，(1)．

黄峰．党的建设制度改革的内涵、意义和具体途径．中共山西省直机关党校学报，2015，(1)．

王梅，麻红霞．十八大以来有关党的建设的新思想和新观点．山西高等学校社会科学学报，2015，(2)．

谢忠平．大力加强党内法规制度建设——学习党的十八届四中全会精神．中共天津市委党校学报，2015，(1)．

江里程．以作风建设为切入点落实全面从严治党新要求．唯实，2015，(1)．

崔保华．切实加强高校党外代表人士队伍建设不断夯实多党合作事业的人才基础．四川统一战线，2015，(1)．

习近平在十八届中央纪委五次全会上发表重要讲话强调坚持思想建党和制度治党，严明政治纪律和政治规矩、加强纪律建设．党建，2015，(2)．

陈毓述．陈独秀与大革命时期党的组织建设．安徽师范大学学报（人文社会科学版），2015，(1)．

杨正军．论"中国梦"理念下加强党的先进性建设的重要意义．四川文理学院学报，2015，(1)．

艾春明，金龙云．社会主义核心价值体系与高校党的建设工作关系初探．长春师范大学学报，2015，(1)．

蒋国栋，吴学凡．深化反腐倡廉与加强党的建设——兼论习近平反腐倡廉思想．大连干部学刊，2015，（1）．

刘冀瑗．对保持党的纯洁性与建设“三型”政党关系的思考．中央社会主义学院学报，2015，（1）．

黄冠．党的领导是建设法治中国最根本的保证．南京政治学院学报，2015，（1）．

谭建．新时期党的作风建设着力点．理论学刊，2015，（2）．

石莎．论新时期加强党的纯洁性建设的重要性及现实路径．世纪桥，2015，（2）．

刘明辉．中央苏区对党的建设科学化的探索——以党的群众路线为探索视角．中共南昌市委党校学报，2015，（1）．

蒋成会．论党的作风建设“新常态”．胜利油田党校学报，2015，（1）．

杨宁江．历次“整党整风”对加强党的纯洁性建设的启示．西安政治学院学报，2015，（1）．

邱浩航．深化党的建设制度改革与国家治理现代化．特区实践与理论，2015，（1）．

丁俊萍．党的制度建设和党的建设制度改革之关联．探索，2015，（1）．

冯银虎．论当前形势下统一战线与党的执政能力建设．北方民族大学学报（哲学社会科学版），2015，（1）．

聂继红．新形势下加强党的纯洁性建设的思路探究．三峡大学学报（人文社会科学版），2015，（1）．

蒋成会．论党的反腐倡廉建设“新常态”．长春市委党校学报，2015，（1）．

李璐．加强党的建设是全面深化改革的关键——习近平总书记关于党建理论的新思想新观点．传承，2015，（2）．

刘维刚．刍议新时期如何加强党的建设．中外企业家，2015，（6）．

李朝阳．新中国成立前夕党对纯洁性建设的探索与启示．广西社会科学，2015，（2）．

郑超凡．毛泽东党的作风建设思想对当前党风建设的启示．重庆与世界（学术版），2015，（2）．

周明月．改革开放以来党的制度建设的历程及其经验．党史文苑，2015，（2）．

杨宏．从党史看当今党的反腐倡廉建设．湘潮（下半月），2015，（1）．

舒文娟．加强党的建设中不合格党员处置的探讨．湘潮（下半月），2015，（1）．

吴克辉．新阶段党的纯洁性建设的路径选择——以广东农村基层党组织建设为视角．桂海论丛，2015，（1）．

许维勤．“四下基层”与加强党的作风建设．福建论坛（人文社会科学版），2015，（2）．

肖俊奇．党的建设制度改革的重点分析．领导科学，2015，（5）．

鲁彩荣．对“建设什么样的党”的历史考察及启示意义．党史博采（理论），2015，（1）．

杨宏．坚持“两个巩固”加强党的思想建设．党史博采（理论），2015，（1）．

吕健丞．浅谈新时期加强党的纪律建设．学习月刊，2015，（4）．

颜杰峰．党内民主建设必须坚持党的团结统一．学术论坛，2015，（2）．

于海会．关于当前中国共产党党的建设方向之探索．党史博采（理论），2015，（2）．

杨宏．浅析党的制度建设．党史博采（理论），2015，（2）．

深化党的建设制度改革与推进国家治理现代化．求是，2015，（2）．

刘小花．遵义会议精神对新时期加强党的作风建设的历史启示——纪念遵义会议召开80周年．福建党史月刊，2015，（3）．

李彦明．加强和改进新常态下党的基层组织建设．新长征（党建版），2015，（1）．

李敬煊，邹谨．论建设法治型马克思主义执政党．学校党建与思想教育，2015，（1）．

李北方．党的纯洁性建设．领导文萃，2015，（2）．

战秋艳．关于加强和改进基层党支部书记队伍建设的调查与思考．求知，2015，（1）．

张荣臣．中国共产党制度建设的历程、经验和启示．理论学刊，2015，（1）．

吴怡，刘亚平．论党的作风建设在中国政党模式发展中的重要作用．湘潮（下半月），2015，（2）．

刘明远．党执政伦理建设中民族价值诉求的强化研究．贵州民族研究，2015，（2）．

陈雁洁．践行党的群众路线推行党风廉政建设．法制博览，2015，（4）．

张冰．科层困境与国家建设的中国出路——以延安时期党的一元化领导体制为中心．广东社会科学，2015，（1）．

陶厚勇．习近平忧党管党治党思想探析．长江论坛，2015，（1）．

侯亮亮．浅析新常态下如何加强党的自身建设兼论紧迫性与必要性．商，2015，（8）．

王岐山．依法治国　依规治党　坚定不移推进党风廉政建设和反腐败斗争 [N]. 人民日报，2015-01-30003.

王国生，刘睿．坚持马克思主义利益观与加强党的先进性纯洁性建设．党政干部论坛，2015，（1）．

周明月．以改革精神和法治思维建设高素质党政干部队伍．中国党政干部论坛，2015，（1）．

王希鹏．认识党风廉政建设党委主体责任的三重维度．中央社会主义学院学报，2015，（1）．

杨宝明．当前农村基层党风廉政建设存在的突出问题及对策．辽宁行政学院学报，2015，（2）．

卜万红，赵蒙蒙．延安时期廉政文化建设要论．廉政文化研究，2015，（1）．

本刊评论员．坚定不移推进党风廉政建设和反腐败斗争．求是，2015，（3）．

郑雁雄．抓好作风建设这个主题．求是，2015，（3）．

本报记者杨必刚，刘超凡，徐梅．全面落实党风廉政建设主体责任 [N]. 贵州日报，2015-01-07004.

黄建国．从严治党依规治党坚定不移推进党风廉政建设和反腐败斗争 [N]. 湖南日报，2015-02-11004.

张雨东．坚持党的领导建设法治中国．民主，2015，（2）．

周利生，王钰鑫．严肃党内政治生活与党风廉政建设．廉政文化研究，2015，（1）．

李文慧．党内基层民主建设存在问题及对策．才智，2015，（6）．

湖南省直机关工委常务副书记徐晨光．全面把握党的建设新常态 [N]. 光明日报，2015-02-25013.

闫璐．农村基层服务型党组织建设探析．湘潮（下半月），2015，（1）．

李宋．探索基层服务型党组织建设．党政论坛，2015，（2）．

尹奎杰．正确处理党的领导与依法治国的关系是全面推进依法治国的关键．长白学刊，2015，（1）．

燕传林．中国共产党执政党建设的新趋势：执政品行建设——基于执政党建设规律的视角．世纪桥，2015，（2）．

盛若蔚．加速形成全面从严治党新常态．人民日报，2014，12．30．

郝云玲．学习型、服务型、创新型基层党组织建设研究．学理论，2015，（1）．

张荣臣．把依法治国和从严治党结合起来．求知，2015，（1）．

刘涛．作风建设永远没有休止符．党建，2015，（2）．

田静．培养三种思维建设学习型政党．改革与开放，2015，（4）．

孙大麟．完善党员队伍建设制度，提高学生党员发展质量．中国浦东干部学院学报，2015，（1）．

房晓军．毛泽东保持党的纯洁性思想的主要内涵和现实启示．理论学刊，2015，（2）．

王林霞．作风建设“制度约束”当先行．辽宁行政学院学报，2015，（1）．

张欣．服务型党组织建设的现实意义论析．学理论，2015，（6）．

刘国胜．加强基层服务型党组织建设的五个基本问题．党政论坛，2015，（2）．

陈家付．坚持党的领导与依法治国的有机统一．理论学习，2015，（2）．

潘立魁．增强党章意识维护党章权威．学习论坛，2015，（1）．

史淑娟．浅析新时期党的群众路线．学理论，2015，（1）．

钱光杰．创新农村基层党风廉政建设．群众，2015，（1）．

薛秋生．找准党风廉政建设“两个责任”的着力点．发展，2015，（1）．

蔡治廷．浅析当前的党风建设．法制与社会，2015，（1）．

李莹．坚持从严治党依规治党做好案件审理工作．政策，2015，（2）．

刘汉峰．全面从严治党的思考．中国特色社会主义研究，2015，（1）．

佟朋．着力破解基层党组织建设难题．奋斗，2015，（2）．

陈绪国．2015年党风廉政建设和反腐败主要任务．共产党人，2015，（4）．

史春雨．创新基层组织工作促进和谐社会建设．新长征（党建版），2015，（2）．

强世功．“法治中国”更要重视党规党法．领导文萃，2015，（1）．

杨红．中国共产党加强执政党建设的理论与实践．求知导刊，2015，（1）．

袁红．建党初期陈独秀的党建思想及其历史贡献．社科纵横，2015，（1）．

方涛．坚持思想建党和制度治党紧密结合——学习习近平同志关于从严治党的重要论述．中共福建省委党校学报，2015，（1）．

孙贵飞．加强基层服务型党组织建设研究．才智，2015，（1）．

王正宇．努力交出合格的作风建设时代考卷．唯实，2015，（2）．

蒯正明，任秀娟．新形势下加强党内法规制度建设的路径探析．探索，2015，（1）．

朱亮高．致力践行党的群众路线的新常态．党政论坛，2015，（2）．

赖立钦．古田会议孕育党的群众路线．福建党史月刊，2015，（2）．

王海峰．机遇、挑战与责任：中国共产党与国家治理体系现代化．中国延安干部学院学报，2015，（1）.

赵晓呼，王伟华.正确认识党的领导与依法治国的关系.领导科学论坛，2015，（2）.

卢岳华.依法治国重在从严治党.领导科学论坛，2015，（2）.

彭安玉.坚持思想建党和制度治党紧密结合.群众，2015，（1）.

石仲泉.整个改革开放过程都要抓党建.党政干部学刊，2015，（1）.

杨攀，何克祥.近十年来党的执政方略研究综述.攀登，2015，（1）.

谢建平."四个自我"与党的纯洁性的辩证思考.思想政治教育研究，2015，（1）.

李海洋.新媒体时代执政党意识形态建设刍议.学理论，2015，（2）.

姜郸.中国共产党政党文化建设途径探析.理论观察，2015，（1）.

胥元山.践行依法治国理念深化党风廉政建设.理论学习与探索，2015，（1）.

赵雪芬，闫慧杰.借鉴历史经验加强作风建设.世纪桥，2015，（1）.

司有柱.坚持党的领导是社会主义法治的根本要求.世纪桥，2015，（2）.

朱利.以创新理念加强和改进基层党支部建设的思考.决策探索（下半月），2015，（2）.

王璇.试论实现党建工作科学化的路径.学理论，2015，（4）.

刘计娜.加强学习型党组织建设的思考.管理观察，2015，（3）.

滕明政.党建科学化：一个新阐释.重庆社会科学，2015，（2）.

成宾.着力推进作风建设常态长效.唯实（现代管理），2015，（1）.

梁代生，高清.试论习近平党建战略思想的基本特征.攀登，2015，（1）.

王维艳.对党的领导与依法治国关系的再认识——在全面推进依法治国视角下.党政干部学刊，2015，（1）.

王曼青.邓小平注重制度建党保持党的纯洁性.才智，2015，（1）.

朱光兆.中国共产党对党的群众路线的坚持与发展.改革与开放，2015，（2）.

周书俊.马克思主义与党的理论自信.桂海论丛，2015，（1）.

麻雨欣.略论中国共产党反腐倡廉思想的历史发展.改革与开放，2015，（1）.

刘涛.作风建设永远没有休止符.党建，2015，（2）.

石仲泉.整个改革开放过程都要抓党建.党政干部学刊，2015，（1）.

孙春鹏.延安时期中国共产党纪律建党的经验及启示.安徽师范大学学报（人文社会科学版），2015，（1）.

蔡杰.关于加强基层党建工作的思考.才智，2015，（3）.

刘芳.农村基层党建工作存在的问题及对策.才智，2015，（2）.

孙贵飞.加强基层服务型党组织建设研究.才智，2015，（1）.

郭壮.简析新时期党建工作任务与方法的创新.才智，2015，（1）.

李明亮.创建学习型党组织的理论与实践研究.赤子（上中旬），2015，（3）.

吴克辉.新阶段党的纯洁性建设的路径选择——以广东农村基层党组织建设为视角.桂海论丛，2015，（1）.

孔坤杰.对加强领导干部思想作风建设必要性的几点认识.才智，2015，（3）.

落实党风廉政建设主体责任　把作风建设不断引向深入.发展，2015，（2）.

刘艳梅.浅谈基层服务型党组织建设的创新.经营管理者，2015，（3）.

陈静，曹化江．健全党领导依法治国的制度和工作机制论析．奋斗，2015，（1）．
许维勤．“四下基层”与加强党的作风建设．福建论坛（人文社会科学版），2015，（2）．
黄丽喜．试论党建科学化的三个维度．党史文苑，2015，（4）．
徐学庆．论依法治国关键在党．中州学刊，2015，（2）．
王建婷．刍议建立健全党的作风制度建设．新西部（理论版），2015，（4）．
梁妍慧．新时期从严治党的主体、对象与路径．学习论坛，2015，（2）．
张晓燕．进一步完善党内法规制订体制机制．中国党政干部论坛，2015，（2）．
回味．学习习近平党建思想的创新点．中国浦东干部学院学报，2015，（1）．
方世南．提升五大能力与推进法治型党组织建设．中共云南省委党校学报，2015，（1）．
文斌．构建全面从严治党新常态的动力机制与法治路径．中共云南省委党校学报，2015，（1）．
张颖，姜晶晶．习近平党建思想的理论渊源及创新发展．中共云南省委党校学报，2015，（1）．
刘冀瑗．对保持党的纯洁性与建设“三型”政党关系的思考．中央社会主义学院学报，2015，（1）．
王希鹏．认识党风廉政建设党委主体责任的三重维度．中央社会主义学院学报，2015，（1）．
房晓军．毛泽东保持党的纯洁性思想的主要内涵和现实启示．理论学刊，2015，（2）．
车辚．政治生态学视野下中国共产党执政能力的重塑．湖北行政学院学报，2015，（1）．
黄冠．党的领导是建设法治中国最根本的保证．南京政治学院学报，2015，（1）．
樊金山．新形势下中国共产党抵御执政风险问题研究．攀登，2015，（1）．
张雨东．坚持党的领导建设法治中国．民主，2015，（2）．
钟亚辉．党的群众路线是宣传思想文化工作的生命线．学理论，2015，（4）．
司有柱．坚持党的领导是社会主义法治的根本要求．世纪桥，2015，（2）．
燕传林．中国共产党执政党建设的新趋势：执政品行建设——基于执政党建设规律的视角．世纪桥，2015，（2）．
梁代生，高清．试论习近平党建战略思想的基本特征．攀登，2015，（1）．
谭建．新时期党的作风建设着力点．理论学刊，2015，（2）．
杨宝明．当前农村基层党风廉政建设存在的突出问题及对策．辽宁行政学院学报，2015，（2）．
肖俊奇．党的建设制度改革的重点分析．领导科学，2015，（5）．
杨群红．落实党风廉政建设主体责任应把握的六个着力点．领导科学，2015，（5）．
朱利．以创新理念加强和改进基层党支部建设的思考．决策探索（下半月），2015，（2）．
石莎．论新时期加强党的纯洁性建设的重要性及现实路径．世纪桥，2015，（2）．
张晓燕．构建维护党章权威机制的思考和建议．理论学刊，2015，（2）．
胥元山．践行依法治国理念　深化党风廉政建设．理论学习与探索，2015，（1）．
张欣．服务型党组织建设的现实意义论析．学理论，2015，（6）．
张荣臣．中国共产党制度建设的历程、经验和启示．理论学刊，2015，（1）．
王璇．试论实现党建工作科学化的路径．学理论，2015，（4）．

胡凯，杨竞雄．党内法治建设须规避制度供给过剩陷阱．领导科学，2015，(2)．

陈兰芝．论毛泽东对保持党的纯洁性的理论贡献．中共贵州省委党校学报，2015，(1)．

郑向东．党的群众路线与中国特色社会主义民主政治．社科纵横，2015，(2)．

邹开明．中国共产党执政以来对社会公平的接力探索．陕西行政学院学报，2015，(1)．

刘汉峰．全面从严治党的思考．中国特色社会主义研究，2015，(1)．

杨宁江．历次“整党整风”对加强党的纯洁性建设的启示．西安政治学院学报，2015，(1)．

许静波，赵宏玉．社会主义核心价值体系下党的制度自觉与制度自信．人民论坛，2015，(5)．

康培培，周星亮，韩冰曦．区域化党建协同创新推进基层善治．人民论坛，2015，(4)．

辛鸣．全面始能从严，从严更要全面 “全面从严治党”思想的深刻内涵．人民论坛，2015，(6)．

戴立兴．习近平党建思想四大特点．人民论坛，2015，(6)．

戴焰军．向全面从严治党发力．唯实（现代管理），2015，(2)．

蒯正明，任秀娟．新形势下加强党内法规制度建设的路径探析．探索，2015，(1)．

葛作民．推进党建工作从严从实新常态．前进，2015，(2)．

田改伟．新形势下基层党建工作创新研究．中国特色社会主义研究，2015，(1)．

邱浩航．深化党的建设制度改革与国家治理现代化．特区实践与理论，2015，(1)．

丁俊萍．党的制度建设和党的建设制度改革之关联．探索，2015，(1)．

吴怡，刘亚平．论党的作风建设在中国政党模式发展中的重要作用．湘潮（下半月），2015，(2)．

冯银虎．论当前形势下统一战线与党的执政能力建设．北方民族大学学报（哲学社会科学版），2015，(1)．

朱亮高．致力践行党的群众路线的新常态．党政论坛，2015，(2)．

陈雁洁．践行党的群众路线推行党风廉政建设．法制博览，2015，(4)．

刘计娜．加强学习型党组织建设的思考．管理观察，2015，(3)．

刘刚．以健康的党内政治生活推动形成良好政治生态．奋斗，2015，(2)．

赵荣国．落实党建责任提升党建水平．奋斗，2015，(2)．

刘国胜．加强基层服务型党组织建设的五个基本问题．党政论坛，2015，(2)．

李宋．探索基层服务型党组织建设．党政论坛，2015，(2)．

佟朋．着力破解基层党组织建设难题．奋斗，2015，(2)．

滕明政．党建科学化：一个新阐释．重庆社会科学，2015，(2)．

郭红波．新形势下农村基层党建面临的问题与对策思考．传承，2015，(1)．

李文慧．党内基层民主建设存在问题及对策．才智，2015，(6)．

杨薇．创新思路推进非公有制经济组织党建．广东省社会主义学院学报，2015，(1)．

杨宏．坚持“两个巩固”加强党的思想建设．党史博采（理论），2015，(1)．

谢建平．“四个自我”与党的纯洁性的辩证思考．思想政治教育研究，2015，(1)．

吕健丞．浅谈新时期加强党的纪律建设．学习月刊，2015，(4)．

向继．党建科学化的内涵探析．学习月刊，2015，(4)．

颜杰峰 . 党内民主建设必须坚持党的团结统一 . 学术论坛，2015，（2）.

李朝阳 . 新中国成立前夕党对纯洁性建设的探索与启示 . 广西社会科学，2015，（2）.

陶厚勇 . 习近平忧党管党治党思想探析 . 长江论坛，2015，（1）.

张占军 . 论“赶考”精神在党员干部作风建设中的作用 . 党史博采（理论），2015，（2）.

于海会 . 关于当前中国共产党党的建设方向之探索 . 党史博采（理论），2015，（2）.

杨宏 . 浅析党的制度建设 . 党史博采（理论），2015，（2）.

肖小华 . 增强理性认同提升党性教育效果 . 党政论坛，2015，（1）.

王厚富，顾骏，翁德玮，包蕾萍 . 增强干部党性教育针对性实效性 . 党政论坛，2015，（1）.

洪萍 . 服务“三力”提升推动党校转型发展 . 党政论坛，2015，（1）.

车辚 . 政治生态学视野下中国共产党执政能力的重塑 . 湖北行政学院学报，2015，（1）.

康培培，周星亮，韩冰曦 . 区域化党建协同创新推进基层善治 . 人民论坛，2015，（4）.

郭红波 . 新形势下农村基层党建面临的问题与对策思考 . 传承，2015，（1）.

刘芳 . 农村基层党建工作存在的问题及对策 . 才智，2015，（2）.

樊金山 . 新形势下中国共产党抵御执政风险问题研究 . 攀登，2015，（1）.

薛小荣，陆旸 . 网络空间领域执政党的组织特征——以中国共产党为中心 . 观察与思考，2015，（1）.

高吉平 . 党性修养与干部作风的关系探究 . 河北省社会主义学院学报，2015，（1）.

蔡杰 . 关于加强基层党建工作的思考 . 才智，2015，（3）.

刘芳 . 农村基层党建工作存在的问题及对策 . 才智，2015，（2）.

黄丽喜 . 试论党建科学化的三个维度 . 党史文苑，2015，（4）.

樊金山 . 新形势下中国共产党抵御执政风险问题研究 . 攀登，2015，（1）.

魏忠明 . 有限主体性视角下党内“特权”的表现、原因及其消解 . 湖北社会科学，2015，（2）.

缪峰 . 推进基层党建工作要谨防四个误区 . 领导科学，2015，（3）.

张大勇 .“四个三”建强基层服务型党组织 . 领导科学论坛，2015，（2）.

魏莉莉 . 对加强新社会组织党建工作的对策探讨 . 才智，2015，（3）.

庄伟，朱清峰 . 新形势下提升基层党支部服务能力的探索与思考 . 经营管理者，2015，（3）.

郑凯旋 . 中央苏区时期毛泽东建党思想与实践 . 党史文苑，2015，（4）.

侯昕彤 . 对创新社区党建工作的探索 . 新长征（党建版），2015，（1）.

刘曼抒 . 中国共产党探索依法治国的历史轨迹 . 新长征（党建版），2015，（1）.

马哲军 . 充分激活原动力全面提高党建科学化水平 . 党政干部论坛，2015，（2）.

张美玲 . 十八大以来党的执政能力建设研究 . 东北师大学报（哲学社会科学版），2015，（2）.

程增俊，卢少求 . 试析执政生态环境变迁对党的执政文化建设的影响 . 江淮论坛，2015，（2）.

张希贤 . 论党的建设新阶段：全面从严治党 . 理论探索，2015，（2）.

杨新红 . 推进党的作风建设常态化的现实路径探析 . 理论导刊，2015，（3）.

龚上华，沈妮．论党的领导是中国特色社会主义法治建设的本质特征．观察与思考，2015，（4）．

储霞，牟广东，金业钦．党的建设制度改革的理论与实践．中共中央党校学报，2015，(2)．

徐晨光．全面把握党的建设新常态．学习月刊，2015，（5）．

张珊．网络时代党的执政能力建设探析．怀化学院学报，2015，（3）．

赵明晨．农村经济建设中党的领导方式与合法性资源的建构．山东行政学院学报，2015，（2）．

李桂秋．新媒体环境下党的执政公信力建设．中共天津市委党校学报，2015，（2）．

邵玉彩．邓小平经常化思想与党的思想建设．中共贵州省委党校学报，2015，（2）．

许耀桐．服务型党组织建设践行全面从严治党．人民论坛，2015，（10）．

刘伶俐，吴江龙．构建党的作风建设长效机制的思考．中共山西省直机关党校学报，2015，（2）．

张荣臣．习近平党风廉政建设和反腐工作思想梳理——兼论中国共产党从严治党历史经验．人民论坛，2015，（11）．

高国民．党的作风建设历史经验对新时期的启示．人民论坛，2015，（11）．

王学俭，王锐．论国家治理现代化视野下党的建设制度改革．中国特色社会主义研究，2015，（2）．

刘诗贵．井冈山精神在新时期党的执政伦理建设中的体现．重庆社会科学，2015，(3)．

孙艳春．党的建设新常态："从严治党"到"全面从严治党"．奋斗，2015，（3）．

汪玉奇，龚剑飞，陈刚俊．党的建设制度体系在国家治理体系中的地位与作用．江西社会科学，2015，（4）．

郑长忠．国家治理体系和治理能力现代化与党的建设制度发展．江西社会科学，2015，（4）．

纪中强．推进党的建设科学化三题．理论导刊，2015，（4）．

山东省习近平总书记系列重要讲话精神学习研究课题组，高兴成．十八大以来党的作风建设的新发展．理论学刊，2015，（4）．

蒋斌，陈金龙，程京武．全面从严治党是全党的共同任务——学习习近平总书记关于党的建设的重要论述．求是，2015，（6）．

杨宏．严守党的纪律加强党的自身建设．湘潮（下半月），2015，（4）．

张希贤，杨云成．论党的建设的新起点．桂海论丛，2015，（2）．

张晓宁．严明党的组织纪律与落实党风廉政建设责任制．中共云南省委党校学报，2015，（2）．

王小鹏．新时期中国共产党提高党内法规建设科学化水平研究 [D]. 兰州大学，2015.

闫群力．依法依纪依规管党治党建设党．求知，2015，（3）．

潘立魁．党章就是最根本的党规党法——邓小平执政党党章建设理论探析．观察与思考，2015，（4）．

胡荣芳．从严治党的关键在于加强党员干部队伍建设．党史文苑，2015，（6）．

张明亮．依法治国新形势下的党基层组织建设．现代交际，2015，（3）．

李丁.思想建党是党的建设的根本原则.前线，2015，(4).

孙乐艳.加强党内民主能力建设：增强党的创造活力的生命工程.唯实(现代管理)，2015，(4).

吴刚强.从严管党从严治党加强自身建设.求知，2015，(4).

刘涛.全面贯彻从严治党要求持续深入推进作风建设.才智，2015，(11).

江雪铭，包毅.党的群众工作制度化建设探析.中共南昌市委党校学报，2015，(2).

张雄伟.新形势下高校党的思想建设路径探析.青海师范大学学报(哲学社会科学版)，2015，(2).

申德成.论古田会议在党的建设方面做出的有益探索及时代价值.传承，2015，(3).

吕朝颖，刘芳芳.新时期党基层的协商民主建设研究.传承，2015，(3).

叶旭.以服务型党组织建设为引领推动机关党的建设工作.共产党人，2015，(5).

熊媛.毛泽东关于党的思想建设理论研究.黑龙江史志，2015，(5).

黄小军，朱勇.习近平全面从严治党思想的内在逻辑.学术探索，2015，(3).

许军振.蔡和森党的作风建设思想及其启示.湘潮(下半月)，2015，(3).

王海娥，王萍.习近平总书记党的建设思想探析.新西部(理论版)，2015，(7).

刘涛.关于深化党的建设制度改革的思考.东方企业文化，2015，(5).

礼闻.必须把思想建党放在党的建设首位.共产党员，2015，(5).

唐永军.落实从严治党、依规治党要求推进党风廉政建设和反腐败工作.新长征(党建版)，2015，(4).

张书林.习近平执政党建设思想：基础、架构和特点.理论探索，2015，(2).

国家社科重大课题“党的纯洁性研究”课题组，唐莲英，孙会岩.党的十八大以来党员思想纯洁性建设的调查与思考.上海党史与党建，2015，(3).

黄新初.着力构建党风廉政建设责任体系.四川党的建设(城市版)，2015，(3).

廖先明.略论蔡和森对党的建设的重要贡献.湘潮(下半月)，2015，(3).

佟会来.实现中国梦必须加强党的建设.赤子(上中旬)，2015，(8).

王峰，张新强.我党对纯洁性建设的探索及启示——大革命时期的一个建党经验.理论探索，2015，(2).

吴毅君.中国共产党执政基础建设与改善民生的理论与实践.当代教育理论与实践，2015，(3).

雷厚礼，雷蕾.习近平对管党治党理论基本问题的时代性贡献.贵州社会科学，2015，(3).

张志芳.全面从严治党是协调推进“四个全面”的关键——学习“四个全面”战略布局的体会.前进，2015，(4).

彭文龙，陈世润.思想建党与制度治党相结合：中国共产党党建规律的伟大探索.探索，2015，(2).

王林霞.加强作风建设制度约束当先行.理论学习，2015，(3).

邵景均.伟大的战略擘画强大的思想武器——深入学习习近平总书记关于党风廉政建设和反腐败斗争重要论述.求是，2015，(5).

刘生杰 . 党风廉政建设和反腐败是一场输不起的斗争——深入学习贯彻习近平总书记系列重要讲话精神 . 求是，2015，（5）.

陶厚勇 . 我党执政形象建设的历史考察 . 重庆社会科学，2015，（4）.

彭新明 . 新常态下党的思想政治工作探析 . 经营管理者，2015，（12）.

徐品奕，张妍，曲韵畅 . 从毛泽东三大作风思想看新时期党的群众路线教育实践活动 . 重庆与世界（学术版），2015，（3）.

方世南 . 以法治型党组织建设推动基层治理法治化 . 学习论坛，2015，（4）.

丁忠毅 . 让党委担负党风廉政建设主体责任走向常态化 . 人民论坛，2015，（11）.

常莉 . 贯彻八项规定转变党的作风 . 党史博采（理论），2015，（3）.

黄书进 . 群众路线是永葆党的青春活力和战斗力的重要传家宝 . 马克思主义哲学论丛，2015，（1）.

陈晓英 . 从严治党不能只见“树木”不见“森林”[N]. 法制日报，2015-03-25004.

国家开发银行研究室主任李小涛 . 依规治党与加强党内法规制度建设 [N]. 学习时报，2015-04-20008.

黄红平 . 马克思主义廉洁型执政党：内涵、特征及其建设价值 . 廉政文化研究，2015，（2）.

张湄玲 . 浅论服务型政党建设 . 湘潮（下半月），2015，（4）.

鲍雪松，岳蓓蓓 . 新形势下不断提高党的意识形态领导能力 . 辽宁师范大学学报（社会科学版），2015，（2）.

许瑞 . 新时期基层党建工作刍议 . 唯实，2015，（3）.

胡洪彬 . 中国共产党廉政能力建设的评价标准和创新机制 . 长白学刊，2015，（2）.

陆鸣 . 全面从严治党步入“新常态”. 科技智囊，2015，（4）.

王琦 . 加强干部作风建设锤炼廉洁干部队伍 . 才智，2015，（10）.

刘毅 . 依规治党中存在的问题及对策建议 . 长江论坛，2015，（2）.

鲍雪松，岳蓓蓓 . 新形势下不断提高党的意识形态领导能力 . 辽宁师范大学学报（社会科学版），2015，（2）.

中共如皋市委党校课题组，高佳 . 基层服务型党组织建设的问题与对策 . 唯实（现代管理），2015，（3）.

许瑞 . 新时期基层党建工作刍议 . 唯实，2015，（3）.

张哲 . 基层服务型党组织建设几个基本理论问题 . 党政论坛，2015，（3）.

胡洪彬 . 中国共产党廉政能力建设的评价标准和创新机制 . 长白学刊，2015，（2）.

陆鸣 . 全面从严治党步入“新常态”. 科技智囊，2015，（4）.

王焕成，夏东民 . 习近平全面从严治党方略探析 . 中共贵州省委党校学报，2015，（2）.

蒯正明 . 习近平关于全面从严治党思想研究 . 中国特色社会主义研究，2015，（2）.

王晓荣，许建华 . 中共四大后党组织建设观察 . 重庆社会科学，2015，（3）.

程鹏 . 把“党要管党从严治党”落到实处 . 奋斗，2015，（3）.

陈祖济 . 作风建设常态化探析 . 清江论坛，2015，（1）.

王琦 . 加强干部作风建设锤炼廉洁干部队伍 . 才智，2015，（10）.

王海龙 . 推进依法治国必须加强和改善党的领导 . 中共郑州市委党校学报，2015，（2）.

刘毅．依规治党中存在的问题及对策建议．长江论坛，2015,（2）．

单松．党建在政治文明建设中所起作用——以常州市为例．商，2015,（12）．

刘金平．形成从严治党“新常态”．中国领导科学，2015,（3）．

朱世坤．农村党风廉政建设存在的问题及对策．党政干部论坛，2015,（4）．

宁志一．论邓小平与执政党党风建设．毛泽东思想研究，2015,（2）．

周训超．依法治国要加强党风廉政建设．理论与当代，2015,（3）．

李国俊．在新常态下如何加强基层党组织建设．企业改革与管理，2015,（3）．

焦富民．依法依规从严管党治党的制度化与科学化．南京社会科学，2015,（4）．

韩志杰．延安整风运动对新时期党风建设的启示．学理论，2015,（12）．

李勇．论党的群众路线的与时俱进．吉林省社会主义学院学报，2015,（1）．

李丁．深入把握思想建党的七个特性．理论探索，2015,（2）．

陈战线．完善党内法规体系：社会主义法治道路的必然选择．唯实，2015,（3）．

黄金辉．新世纪以来中国共产党执政能力建设的新举措及其成效——以推进国家治理体系与治理能力现代化为视角．四川大学学报（哲学社会科学版），2015,（2）．

马曼，张加华．党章执行过程中的问题、成因及化解路径．党政研究，2015,（2）．

肖贵清，杨万山．完善党的制度与密切联系群众常态化．中共中央党校学报，2015,（2）．

石仲泉．论思想建党与制度治党．中国井冈山干部学院学报，2015,（2）．

徐雅芬，樊东光．当前党内监督问题及对策分析．人民论坛，2015,（11）．

杨志超．法治中国视域中的依法治党：科学内涵、时代价值、实现路径．社会科学论坛，2015,（4）．

许剑波．全面推进“从严治党”的理论轨迹．特区实践与理论，2015,（2）．

戚莉．加强党员队伍建设夯实党建工作基础．东方企业文化，2015,（7）．

黄苇町．从严治党重在从严管理监督领导干部．中国党政干部论坛，2015,（3）．

刘德萍．党的十八大以来反腐倡廉的特点和成就．社科纵横，2015,（3）．

高庆林．全面从严治党要把加强思想建党放在首位．前进，2015,（3）．

李斌雄，余楚风．加强基层服务型党组织建设问题的理论探讨．学校党建与思想教育，2015,（7）．

郭建，李美娟．对基层党组织执行力建设的几个重要“逻辑点”的认识．探索，2015,（2）．

邹庆国．党领导依法治国的推进路向与制度构建．新视野，2015,（2）．

戴安林．论习近平的党风廉政建设思想．中共四川省委党校学报，2015,（1）．

刘启春．论党的领导与依法治国的有机统一．桂海论丛，2015,（2）．

赵曜．坚持和发展中国特色社会主义关键在党和从严治党．党政干部学刊，2015,（4）．

文建龙，丁晓强．党风建设与共产党员的修养．观察与思考，2015,（3）．

宋福范．用“四个全面”统领党的工作全局．中国党政干部论坛，2015,（4）．

丁俊萍，胡永干．遵义会议对中国共产党建设的历史贡献及启示．湖湘论坛，2015,（2）．

李文管，文雯．简论中国共产党自身建设和依法治国的关系．山西高等学校社会科学学报，2015,（4）．

李生敏 . 多措并举推进法治政府建设 . 中共山西省委党校学报，2015，(2).

左宪民 . 加强和改进党对法治工作的领导 . 新视野，2015，(2).

汪连天 . 浅论中国共产党的基本历史经验和启示 . 湖北省社会主义学院学报,2015,(2).

赵晓呼，王伟华 . 正确认识党的领导与依法治国的关系切实加强和改进党对法治工作的领导 . 中国领导科学，2015，(4).

付洪涛 . 新媒体视域下加强党的执政能力，提高党建科学化水平 . 科教导刊（下旬），2015，(3).

金琪 . “融入式”服务型党组织建设 . 上海党史与党建，2015，(3).

向秀珍 . 加强基层组织建设要在服务上下功夫 . 领导科学，2015，(9).

谢彦波 . 市场经济背景下党风廉政建设挑战及应对 . 人民论坛，2015，(8).

陈国清 . 略论延安时期坚持党的宗旨践行群众路线的基本经验 . 中国延安干部学院学报，2015，(2).

王金霞 . 党的领导是依法治国的最根本保证 . 决策探索（下半月），2015，(4).

冯小安 . 法治视野下提高党的治国理政能力论略 . 理论导刊，2015，(4).

李军银 . 城市社区服务型党组织建设的“汉阳路径”. 中国领导科学，2015，(4).

张超闽 . 建设学习型党组织的实践与思考 . 学习月刊，2015，(6).

高小平 . 挂钩服务型政府建设的党建经验 . 人民论坛，2015，(10).

林洁 . 培养选拔党和人民需要的好干部 . 求知，2015，(4).

富立波 . 探索新常态下履行管党责任制的新模式 . 奋斗，2015，(4).

孙卓 . 推进先进文化发展提高党的执政能力 . 吉林省社会主义学院学报，2015，(1).

叶鹏 . 积极营造和维护党内政治生活新常态 . 学理论，2015，(7).

闪晶 . 任弼时对执政党建设的思考与探索 . 领导科学论坛，2015，(5).

牛汝极 . 坚持党的领导与依法治国的有机统一 . 民主，2015，(4).

李世春 . 抓好党风廉政建设是协调推进“四个全面”的必然要求 . 决策探索（下半月），2015，(4).

鲁彩荣 . 论“三严三实”的主要思想内涵 . 中共云南省委党校学报，2015，(2).

孔宪峰 . 习近平同志论共产党人的理想信念观 . 毛泽东思想研究，2015，(2).

吴桂韩 . 政党治理与全面从严治党思考 . 中国特色社会主义研究，2015，(2).

孙桂珍 . 对完善反腐败制度的思考 . 求知，2015，(4).

李文慧 . 新时期领导干部党性修养问题初探 . 赤子（上中旬），2015，(7).

曲青山 . 党的十八大与“四个全面”提出和形成的历史过程 . 中共党史研究,2015,(3).

石平 . 打赢反腐败斗争的攻坚战、持久战 . 求是，2015，(5).

肖湘 . 依规治党与健全改进作风常态化制度 . 中国井冈山干部学院学报，2015，(2).

张荣臣 . 十八大以来习近平治国治党方略探析 . 湖湘论坛，2015，(2).

邓如辛,董一潼 . 理论与构建 : 中国共产党“从严治党”的理性思考 . 黑龙江社会科学，2015，(2).

纪光欣，刘小利 . 政党建设与道德要求——领导干部道德规范体系的构建 . 马克思主义与现实，2015，(2).

许尔君 . 马克思主义群众观与党的群众路线 . 观察与思考，2015，(3).

石学峰 . 从严治党实践中的领导干部“为官不为”问题及其规制 . 云南社会科学，2015，(2).

盛克勤 . 全面从严治党要在关键环节上下功夫 . 群众，2015，(3).

李俊伟 . 执政党意识形态建设基本规律探析 . 中共中央党校学报，2015，(2).

王淑华 . 党的群众路线教育实践活动经验和健全改进作风常态化制度研究 . 辽宁省社会主义学院学报，2015，(1).

齐卫平，姜裕富 . 论执政党宗旨意识与服务型政党建设 . 湖湘论坛，2015，(2).

周志平 . 忠诚、干净、担当：对当代党员干部的新要求——学习习近平总书记关于治党先治吏的讲话精神 . 领导科学论坛，2015，(8).

潘道津 . 全面从严治党推进机关党建走前头 . 唯实（现代管理），2015，(4).

纪亚光 . 党委与纪委在党风廉政建设中的关系和作用评析 . 人民论坛，2015，(11).

文斌 . 运用法治方式从严治党的多维动因和实现路径 . 攀登，2015，(2).

程文浩，杨诗哲 . 权力制约和协调机制建设需注意的四个实践问题 . 中国党政干部论坛，2015，(3).

陈荣武 . 构建践行党的群众路线长效机制 . 党政论坛，2015，(3).

刘辉 . 努力提高党密切联系群众的制度化水平 . 中州学刊，2015，(4).

何强，郭耀珅，阴玥 . 党的领导与依法治国关系的具体体现 . 中国党政干部论坛，2015，(4).

邓联繁 . 全面从严治党呼唤全面严明纪律 . 领导科学论坛，2015，(6).

全家悦 . 党的群众路线的双重理论内涵及其统一 . 实事求是，2015，(2).

李冰 . 依法治国视域下基层党组织建设的问题与对策 . 河北省社会主义学院学报，2015，(2).

杨宏 . 落实“两个责任”推进反腐倡廉建设 . 党史博采（理论），2015，(3).

陈红烨 . 党内民主生活会制度的研究综述 . 赤子（上中旬），2015，(5).

肖勇，魏维 . 建立健全党员干部密切联系群众长效机制探析 . 思想理论教育导刊，2015，(4).

罗星 . 切实加强党对中国特色社会主义法治的领导 . 求知，2015，(4).

万亨东 . 着力落实党风廉政建设“两个责任”. 学习月刊，2015，(8).

刘晓潇 . 传统民本思想：党的群众路线的重要思想源泉 . 山西社会主义学院学报，2015，(1).

朱幼棣 . 服务基层：现代政党转型的必然 . 人民论坛，2015，(10).

李星，孙永胜，岳森卉 . 党的群众路线——克敌制胜的法宝 . 党史博采（理论），2015，(3).

白雁 . 从党建党史中看反腐倡廉建设 . 党史博采（理论），2015，(4).

赵强 . 坚持党依法执政的若干思考 . 中国领导科学，2015，(3).

甄小英 . 提高党内政治生活质量的四个着力点 . 中国党政干部论坛，2015，(3).

张荣臣 . 从严治党需要大气候，也需要小气候 . 求是，2015，(8).

邹庆国 . 党领导依法治国的推进路向与制度构建 . 新视野，2015，(2).

曲青山．党的十八大与“四个全面”提出和形成的历史过程．中共党史研究，2015，(3)．

陈国清．略论延安时期坚持党的宗旨践行群众路线的基本经验．中国延安干部学院学报，2015，(2)．

高建生．“四个全面”是党中央治国理政方略的全新展示．中国党政干部论坛，2015，(3)．

李文静，谢佳奇．中央苏区时期中国共产党反腐监督机制的构建与现实启示．理论导刊，2015，(4)．

陆璐．新时期创建农村服务型基层党组织的困境及其化解．理论与改革，2015，(2)．

姚桓．中国共产党依法治国的历程及思考．新视野，2015，(2)．

张振．“四个全面”论述是我党在当前形势下提出的治国理政总纲．内蒙古统战理论研究，2015，(2)．

薛小荣，陆旸．积极提升执政党的网络舆情引导能力．中国井冈山干部学院学报，2015，(2)．

吕健丞．适应新常态严格党内政治生活的思考．党史文苑，2015，(8)．

樊金山．新形势下中国共产党抵御执政风险问题研究．广西社会科学，2015，(4)．

刘忠和．新形势下党的作风建设的特点探究．政工学刊，2015，(5)．

侯长安．坚持全面从严治党、依规治党推动党风廉政建设和反腐败工作再上新台阶．政策，2015，(5)．

岳海峰．民主革命时期陈云党的制度建设思想与当代价值．毛泽东思想研究，2015，(3)．

聂丽．对提高党的建设科学化水平若干问题的思考．学理论，2015，(13)．

郭玥．全面从严治党与新形势下党的建设．理论与改革，2015，(3)．

杨秀琴．从制度建设落实从严治党的路径探析．法制博览，2015，(13)．

杨小云，李永杰．十八大以来党的作风建设研究评述．湖南师范大学社会科学学报，2015，(3)．

朱启丽．试论“三严三实”对新时期加强党的作风建设的指导意义．南方论刊，2015，(6)．

阚莹莹，徐彬．试论国家现代化与党的建设科学化的关系．求实，2015，(6)．

顾小平．适应党的建设新常态全面从严治党上水平．群众，2015，(6)．

黄亦君，吴欣．习近平党的作风建设思想述论．党政论坛，2015，(6)．

李虎．全面深化改革视阈下党的群团工作建设．湖南省社会主义学院学报，2015，(3)．

张书林．党的政治建设：历史演进与存废博弈．攀登，2015，(3)．

张美兰．以服务型党组织为引领加强基层党的建设．新长征，2015，(6)．

李喆．党的纪律建设的文化认同和文化路径．宁夏党校学报，2015，(3)．

李天明．全面把握深化党的建设制度改革的总体要求．奋斗，2015，(5)．

蒿艾莉，张正敏．改革开放以来党的建设制度改革的历程、成就与启示．观察与思考，2015，(6)．

韩久根．中国特色社会主义党建理论的重大发展——学习领会习近平总书记关于全面从严治党的重要论述．新视野，2015，(3)．

梁瑞英，李聚光．科学发展观视阈下党的建设科学化．中共石家庄市委党校学报，2015，(6)．

丁国浩．以法治精神深入推进党的建设．社科纵横，2015，（6）．

晁燕华．保持党的纯洁性建设的路径思考．传承，2015，（5）．

曲青山．“三严三实”专题教育与党的建设．中共党史研究，2015，（6）．

李君如．七大党章对中国革命和党的建设的创造性贡献．中共党史研究，2015，（6）．

王洪树．中国特色社会主义参政党理论建设的具体开展．领导科学，2015，（17）．

昌恺婷．新媒体对党的思想建设影响探究．现代经济信息，2015，（12）．

王晓芬，孙迪亮．第三代中央领导集体推进党的思想建设的三大特征．马克思主义学刊，2015，（2）．

刘红凛．十八大以来“党要管党、从严治党”的战略思路与显著特征．求实，2015，（5）．

梁贞堂．加强党的建设的调查与思考．奋斗，2015，（5）．

韩久根．中国特色社会主义党建理论的重大发展——学习领会习近平总书记关于全面从严治党的重要论述．新视野，2015，（3）．

齐卫平．法治思维与执政党建设关系思考．中共中央党校学报，2015，（3）．

唐淑楠．深入学习马列经典著作提高党的建设水平．学理论，2015，（16）．

姜帆．关于加强党的纯洁性建设的几点研究．学理论，2015，（18）．

韩宏亮．中国革命精神与党的建设关系论析．攀登，2015，（3）．

崔艳璐．“三严三实”：党的作风建设新视野新标杆．商，2015，（22）．

肖光文．思想建党和制度治党辩证关系思考．学习论坛，2015，（5）．

陈之昌．党的建设理论的新境界．前线，2015，（5）．

邝丽敏，盘贤．新高度新境界新前景——十八大以来党在法治建设上的重要创新．世纪桥，2015，（5）．

龙翔．强化“两个责任”深化巩固从严治党新常态．唯实，2015，（6）．

祝小茗．抗日民族统一战线与党的建设——纪念抗日战争胜利 70 周年．中共四川省委党校学报，2015，（2）．

冯书泉，郇雷．全面从严治党的理论内涵与实践要求．科学社会主义，2015，（3）．

祝小茗，姜杰．论抗日民族统一战线与党的建设．山西社会主义学院学报，2015，（2）．

蒋积伟．坚持治理理念推进党的基层组织建设制度改革 [N]. 南方日报，2015-06-29F02.

唐耀华．领导干部作风建设是党风建设中的重中之重．赤子（上中旬），2015，（10）．

姚桓．论思想建党与制度治党相结合．中共福建省委党校学报，2015，（5）．

赵湘雯．中国共产党党内政治生态建设研究．才智，2015，（18）．

王昊巍．党的十八大以来反腐倡廉特点浅析．湖南行政学院学报，2015，（3）．

尹德慈．形成推进党的建设制度改革的整体合力 [N]. 南方日报，2015-06-29F02.

耿洪彬．深刻领会全面从严治党战略思想．新长征，2015，（6）．

史家亮．习近平对马克思主义学习型政党建设的探索与贡献．理论探讨，2015，（3）．

赵键森，周辉．机关党建助推服务型政府建设的研究与实践．求知，2015，（5）．

鞠华．延安时期中国共产党先进性建设再探．延安大学学报（社会科学版），2015，（3）．

刘红凛．党的规矩及其时代要求．中共中央党校学报，2015，（3）．

朱群永. 践行"三严三实"把全面从严治党不断引向深入. 决策探索(下半月),2015,(5).

任建军. 习近平党建思想的科学体系与创新价值. 兰州大学学报(社会科学版),2015,(3).

朱勇. 建立党的组织纪律刚性约束机制. 群众,2015,(6).

李蓉. 中共七大与党内民主建设. 中国延安干部学院学报,2015,(3).

徐颖. 简析新形势下从严治党的途径. 决策探索(下半月),2015,(6).

倪作富. "新常态"下基层组织建设的基本思路探析. 学理论,2015,(18).

王格,唐莲英. 新中国成立以来中国共产党保持纯洁性的实践探索. 党政干部学刊,2015,(5).

孙琦,赵晓呼. 从三个维度把握党的纯洁性的内涵. 中共云南省委党校学报,2015,(3).

徐冀宁,朱孟光. 延安时期中国共产党党风廉政建设的历史经验探析. 理论研究,2015,(3).

于国良,许春龙. 以"三严三实"要求抓好党员队伍作风建设. 求知,2015,(5).

胡洪彬. 党风廉政建设问责制探究. 中国特色社会主义研究,2015,(3).

丛松日. 习近平的从严治党思想. 中共云南省委党校学报,2015,(3).

郭伟男. 中国共产党预防腐败机制创新研究 [D]. 中共吉林省委党校,2015.

廖奠坤. 从严治党要求下创新党委巡视工作的路径. 领导科学,2015,(13).4–7.

郑吉贵,杨正伟. 正视农村基层党组织存在的"五化"问题. 理论与当代,2015,(5).

王双梅. 刘少奇对中国共产党执政党建设的贡献和探索. 毛泽东研究,2015,(3).

李庚香. 坚持"三严三实"推进"全面从严治党". 领导科学,2015,(18).

韩丽丽. "三严三实"是全面从严治党的重要举措. 党史博采(理论),2015,(6).

杨天宗. 处理好依法治国与依规治党的关系. 求是,2015,(11).

狄刘银. 改革开放以来党内基层选举制度研究 [D]. 中共吉林省委党校,2015.

蒋兴旺,李淑云. 制度建设:践行群众路线的保障. 党政论坛,2015,(5).

张世敏. 践行"三严三实"推进作风建设. 学习月刊,2015,(11).

王琳. 新时期加强和改进党的群众工作研究. 学理论,2015,(16).

吴红仙. 群众路线视域下的党风廉政建设. 传承,2015,(5).

中共天津市委党校课题组,钟龙彪. 提高党内法规制订质量和执行力. 求知,2015,(5).

张慧芝. 浅析中国共产党依法治国的历史经验和几点思考. 党史博采(理论),2015,(5).

陈亮,王彩波. 国家治理现代化进程中提高党的决策民主化的有效路径研究. 理论探讨,2015,(3).

钟龙彪. 提高党内法规制订质量和执行力. 求知,2015,(5).

肖志远,郭凡良. 增强党的领导能力是协调推进"四个全面"的根本保证. 中国党政干部论坛,2015,(6).

邓义昌. 新起点视域下改进作风长效机制探讨. 桂海论丛,2015,(3).

齐卫平. 全面从严治党:续写"进京赶考"的新答案. 江西社会科学,2015,(6).

颜杰峰. 改革开放以来党内选举制度建设的主要成就及其经验. 马克思主义研究,2015,(6).

何志恩．论党的领导与依法治国的关系．传承，2015，（5）．

冯秀洪，关敏兰．进一步加强基层服务型党组织建设的实践与思考．赤子（上中旬），2015，（12）．

武圣强．中国共产党党风廉政建设需要发挥法治理念的关键核心作用．传承，2015，（5）．

晁燕华．保持党的纯洁性建设的路径思考．传承，2015，（5）．

封媛．实现中国梦，建设“三型”执政党．法制与社会，2015，（16）．

胡亚军，屈兴建．“南方谈话”对全面提高党建科学化水平的启示．赤子（上中旬），2015，（11）．

宋慧．认识和适应全面从严治党的新特点．才智，2015，（16）．

刘宇赤，杜艳艳．习近平党建战略思想述要．大连干部学刊，2015，（6）．

周伟．论全面依规治党的重大意义．经济导刊，2015，（5）．

李庚香．坚持“三严三实”推进“全面从严治党”．领导科学，2015，（18）．

张尚兵．习近平党建思想内涵缕析．河海大学学报（哲学社会科学版），2015，（3）．

韩宏亮．中国革命精神与党的建设关系论析．攀登，2015，（3）．

颜杰峰．改革开放以来党内选举制度建设的主要成就及其经验．马克思主义研究，2015，（6）．

张楠．中国共产党依法执政存在的问题及对策．改革与开放，2015，（12）．

赵湘雯．中国共产党党内政治生态建设研究．才智，2015，（18）．

高文英．我国农村基层党组织建设浅析．党史博采（理论），2015，（6）．

韩丽丽．“三严三实”是全面从严治党的重要举措．党史博采（理论），2015，（6）．

杨青．基于党史党建的角度分析反腐倡廉的建设．法制博览，2015，（18）．

杨施晋．反腐倡廉建设新思路的创新与发展．法制博览，2015，（18）．

张希贤．“三严三实”：党对执政规律的新探索．重庆社会科学，2015，（6）．

王格，唐莲英．新中国成立以来中国共产党保持纯洁性的实践探索．党政干部学刊，2015，（5）．

张淑萍，马立顺．网络时代语境下提升党的网络执政能力探析．中共南京市委党校学报，2015，（3）．

欧阳淞．试论党的七大对从严从实优良作风的弘扬．中共党史研究，2015，（6）．

李治勇．发展党内民主视角下推进高校党内和谐建设研究．商，2015，（17）．

刘建武．处理好党的领导与社会主义法治的关系．求是，2015，（11）．

张风华，龙秀雄．邓小平与党的群众路线理论的发展．中共云南省委党校学报，2015，（3）．

丛松日．习近平的从严治党思想．中共云南省委党校学报，2015，（3）．

孔川．法治型党组织：基层党建科学化的新命题．中共云南省委党校学报，2015，（3）．

王怀强．十八大以来中国共产党腐败治理体系的战略建构．中共云南省委党校学报，2015，（3）．

陶厚勇，高晓林．改革开放初期党应对执政考验、化解执政风险的经验与启示．理论导刊，2015，（6）.

褚娟 . 陈云党风廉政建设思想研究综述 . 福建党史月刊，2015，（10）.

杨玉玲 . 全面从严治党：新形势下管党治党的新战略 . 西安政治学院学报，2015，（3）.

张国臣 . 群众路线是保持党的纯洁性的重要保障 . 中国领导科学，2015，（5）.

毛辉 . 新时期进一步加强党的纪律建设的思考 . 赤子（上中旬），2015，（20）.

董朝霞 . 习近平党的建设制度改革思想简论 . 理论与改革，2015，（5）.

杨弘，董潇韩，管文行 . 论"全面从严治党"新常态下党内民主建设的方向和着力点 . 理论探讨，2015，（5）.

李磊 . 实现国家治理现代化与加强党的执政能力建设探析 . 实事求是，2015，（5）.

刘柯薇 . 从制度建设看党的思想理论建设 . 吉林省经济管理干部学院学报，2015，（5）.

徐文震 . 从"三严三实"看党的作风建设永远在路上 . 上海党史与党建，2015，（10）.

张德艳 . 习近平"全面从严治党"思想及其对党的建设创新 . 哈尔滨市委党校学报，2015，（5）.

曾小锋，高旭 . 党的建设主线：历史考察与现实指向 . 辽宁行政学院学报，2015，（10）.

陈燕楠，王亚妮 . 党的建设科学化是国企发展重要保证 . 唯实，2015，（10）.

韩晓 . 制度建设是全面从严治党的治本之策 . 学习月刊，2015，（20）.

彭江龙，许益 . 健全党的作风建设防控监督机制的调查与思考 . 中国井冈山干部学院学报，2015，（5）.

李鸿忠 . 加强党的纪律建设落实全面从严治党要求 . 求是，2015，（17）.

马丽 . 构建党的基层组织建设的长效动力机制 . 党政干部学刊，2015，（9）.

纪中强 . 提高党的建设科学化水平 . 党政干部学刊，2015，（10）.

发挥优势　改革创新　加强社会组织党的建设 [N]. 人民日报，2015-10-22015.

董励华，林亚兴 . 国家治理现代化视野下的党的建设制度改革 . 福建省社会主义学院学报，2015，（5）.

周利英 . 党的建设新的伟大创举——浅谈习近平总书记对党的建设的新贡献 . 福建省社会主义学院学报，2015，（5）.

张庆荣 . 探析网络虚拟社会对党的建设的影响 . 才智，2015，（26）.

魏建华 . 以践行党的群众路线助推高校机关作风建设探析 . 才智，2015，（25）.

程慧 . "赶考"精神与当前党的执政能力建设 . 南京政治学院学报，2015，（5）.

赵天宝 . 基层党的作风建设现状分析及对策建议 . 理论观察，2015，（9）.

社会主义法治建设怎样坚持党的领导 . 上海人大月刊，2015，（9）.

李建明 . 从"三严三实"看党的建设 . 求知导刊，2015，（17）.

巨澜 . 深刻领会"三严三实"稳扎稳打作风建设——新形势下党的先进性建设的探析 . 法制与社会，2015，（28）.

韩颖 . 全面从严治党视阈下党的作风建设探析 . 特区实践与理论，2015，（5）.

耿丽珍 . 习近平"全面从严治党"思想探析 . 福州党校学报，2015，（5）.

李磊 . 实现国家治理现代化与加强党的执政能力建设 . 攀登，2015，（5）.

宋琳琳 . 法治是党的建设道路上的基石 . 法制博览，2015，（30）.

顾训宝．国家治理视域下人民参与服务型政党建设研究．中共天津市委党校学报，2015，（5）．

汤涛．党在创建时期和大革命时期加强纪律建设的启示．上海党史与党建，2015，（10）．

邵佳．国家治理现代化视阈下全面从严治党探析．宁夏党校学报，2015，（5）．

梁晓宇．习近平对服务型执政党建设的重要贡献．求知，2015，（10）．

关进礼．现阶段加强党的建设的四点思考．辽宁行政学院学报，2015，（9）．

吴佳佳．加强中国共产党执政形象建设的思考．赤子（上中旬），2015，（17）．

龙秀雄．正确把握全面从严治党战略思想的三个重要维度．求实，2015，（10）．

张福建．“三严三实”：马克思主义政党建设规律的新探索．党史博采（理论），2015，（10）．

王忠军．论党在抗日根据地的民生建设．攀登，2015，（5）．

黄鹏程，韦春北．意识形态视域下中国共产党纪律建设的历史经验探析．传承，2015，（9）．

李成林．全面从严治党的历史考察与当代新发展．创造，2015，（9）．

张凤．践行群众路线创新高校基层党组织建设．辽宁教育行政学院学报，2015，（5）．

宋辉，张素云．国家治理体系和治理能力现代化趋势下提升党的执政能力的方略选择．领导科学，2015，（26）．

徐冀宁．略论发展党内民主与永葆党的活力．中共云南省委党校学报，2015，（5）．

国防大学中国特色社会主义理论体系研究中心杨永利．抗战时期党的纯洁性建设及其启示 [N]. 光明日报，2015-10-03008.

本报记者罗旭王昊魁．党的建设：只有进行时永远在路上 [N]. 光明日报，2015-10-12003.

本报记者赵兵．加强党建引领社会组织发展 [N]. 人民日报，2015-09-30023.

颜杰峰．论党内民主建设的突破口．社会科学研究，2015，（5）．

王瑞超．从严治党关键在从严治吏．才智，2015，（27）．

姜山清，李曼．完善贯彻落实党的群众路线的保障机制．学习论坛，2015，（10）．

陈宇宙．中国共产党“三型”建设的维度性及其内在关联．长白学刊，2015，（5）．

龙秀雄．全面从严治党思想的科学内涵和精神实质．理论导刊，2015，（9）．

修长昆．运用党内法规把全面从严治党落到实处．理论学习与探索，2015，（5）．

陈贤滨．从中国共产党政党文化视角解读全面从严治党．中共福建省委党校学报，2015，（10）．

王若磊．全面从严治党首先要加强纪律建设 [N]. 学习时报，2015-10-26001.

许兰菊．习近平全面从严治党思想之“全面”刍议．中共云南省委党校学报，2015，（5）．

竹立家．转型难题与治理困境——新形势下基层党组织建设存在的主要问题．人民论坛，2015，（25）．

郑晶晶．习近平建党思想科学体系初探．学术探索，2015，（9）．

青连斌．服务型党组织建设的根本标准是服务群众．人民论坛，2015，（30）．

梁文学．学习习近平总书记讲话精神进一步促进党风廉政建设．党史博采（理论），2015，（10）．

闫德民．论全面从严治党对邓小平从严治党思想的继承和发展．中国浦东干部学院学报，2015，(5)．

章临婧，梅辉和．国家治理现代化视域下的执政党建设．世纪桥，2015，(10)．

齐卫平．全面从严治党纳入“四个全面”战略布局的意义及实践要求．中国井冈山干部学院学报，2015，(5)．

王淼．建国初期习仲勋的执政党建设思想初探．广东省社会主义学院学报，2015，(4)．

夏春涛．“关键是我们共产党内部要搞好，不出事”——重温邓小平关于党风廉政建设和反腐败斗争的重要论述．邓小平研究，2015，(1)．

周义程，马曼．中共主要领导人制度治党思想演进历程的文本学考察．党政研究，2015，(5)．

孙中伦．在全面从严治党中营造良好政治生态．理论学习，2015，(9)．

张利珍．全面从严治党的三维特征探析．中共山西省委党校学报，2015，(5)．

孙兰英．创新服务型基层党组织建设的价值理念和方法．人民论坛，2015，(30)．

何序哲．讲政治规矩是中国共产党纪律建设的宝贵经验．商，2014(50)．

王立平．建立健全问责机制推动全面从严治党落地生根．唯实，2015，(9)．

李鸣．把党的“根本大法”权威立起来．人民政坛，2015，(10)．

冯俊．“三严三实”的理论内涵和重大现实意义．中国浦东干部学院学报，2015，(5)．

雷青松．加强基层服务型党组织建设的现实困境及路径选择．甘肃理论学刊，2015，(5)．

丁晓强，艾鹤．邓小平关于党的群众路线的阐述和理论贡献．理论建设，2015，(5)．

郑方云．“四个全面”与中国共产党执政规律．理论学习，2015，(10)．

陈建民．固本强基，让党成为全社会的最大公约数——关于巩固党的执政基础的几点思考．中国领导科学，2015，(9)．

刘根成．延安整风运动对党的群众路线教育实践活动的启示．党史博采(理论)，2015，(9)．

陈燕．党员主体地位视域下高校党内民主建设的研究．学理论，2015，(28)．

李彩霞．基层党组织和党员干部作风建设研究．传承，2015，(9)．

张伯里．全面推进依法治国与党的领导方式变革．中国领导科学，2015，(10)．

蒙云龙．抗日战争时期中国共产党意识形态建设及其启示．广西社会科学，2015，(10)．

任艳霞．网络环境下中国共产党公信力研究．新西部(理论版)，2015，(17)．

张若昕．“三严三实”是党员领导干部的基本遵循．理论学习，2015，(9)．

王利．发展党内民主的探索与启示．中共山西省委党校学报，2015，(5)．

王传利．论全面从严治党视野下的系统性反腐倡廉方略．思想理论教育导刊，2015，(9)．

唐鹏祥．新形势下党风廉政教育实效性研究．理论学习与探索，2015，(5)．

丁慧．全面从严加强基层党建工作．河北省社会主义学院学报，2015，(4)．

张世飞，陈顺伟．全面从严治党重要思想研究评述．中国特色社会主义研究，2015，(5)．

史成虎．国家治理现代化与中国共产党的执政转型．中共天津市委党校学报，2016，(1)．

王长江．以党内民主改变政治生态．领导文萃，2015，(17)．

严琳君．我国城市社区党建现状研究．才智，2015，(26)．

谭文翰．论中国共产党执政道德建设的特征．伦理学研究，2015，(5)．

姜裕富．落实从严治党与坚持法治思维关系的思考．广西社会科学，2015，(9)．

黄大熹，郑浩，张浩舟．政治学视阈下党风廉政建设责任制考评指标功能探析．广西社会科学，2015，(9)．

许慧，吴宁．从马克思主义政党思想解读"全面从严治党"．党政论坛，2015，(9)．

赖雄麟，高晶华．全面推进依法治国必须坚持党的领导的三重逻辑．理论导刊，2015，(9)．

中共上海市崇明县委组织部课题组，顾建舟，吕方鸿．农村基层服务型党组织建设的实践与思考．上海党史与党建，2015，(9)．

黄建军．全面从严治党背景下的制度反腐．群众，2015，(9)．

尚海涛，丁毅．从哲学视角看基层服务型党组织建设．人民论坛，2015，(26)．

刘飞．刍论正确认识和把握党与法治的辩证关系．理论导刊，2015，(9)．

徐迪，赵连章．社区治理中基层党组织建设的功能、挑战与对策．社会科学战线，2015，(9)．

何毅，石立春，熊茜．试论抗日战争时期中国共产党民主建设的理论与实践．文史杂志，2015，(5)．

徐颖．毛泽东反腐败思想及当今启示．学理论，2015，(25)．

朱文伟．社会组织中服务型基层党组织建设的思考．法制与社会，2015，(30)．

李燮．新形势下基层党组织创新活动建设的探索实践．改革与开放，2015，(20)．

仲祖一．发挥党的基层组织战斗堡垒作用．求是，2015，(20)．

苏文奕．新常态下推进执政党诚信建设的思考．南方论刊，2015，(10)．

曹洪峰．论述我国在党建建设的未来发展趋势和方向．才智，2015，(28)．

赵绪生．以严明纪律规范党内政治生活．中国党政干部论坛，2015，(9)．

刘益飞．高度重视党内生活中存在的严重问题．理论视野，2015，(9)．

戴安林．毛泽东的党内批评思想及其现实意义．中国井冈山干部学院学报，2015，(5)．

段翔．坚持"四个全面"把握基层党建大局．学理论，2015，(29)．

贺先平．论中国共产党保持纯洁性的历史进程与基本经验．广西社会主义学院学报，2015，(4)．

莫纪宏．建立和完善党内法规的监督机制．学习与探索，2015，(10)．

丁彬．党建新思想的发展历程．新长征（党建版），2015，(10)．

姚春林．当前党内民主理论新发展．人民论坛，2015，(26)．

曹政．新时期互动型党群关系构建战略思考．人民论坛，2015，(29)．

王振江．党内民主及发展趋势分析．法制博览，2015，(28)．

柳宇．以"五注重"提升党建发展水平．思想政治工作研究，2015，(10)．

竹立家．基层党建面临的转型难题与治理困境．理论学习，2015，(10)．

青连斌．牢牢把握"三严三实"创建新型党建模式．人民论坛，2015，(25)．

张志强，郝琦．延安时期中国共产党理论创新的主要历史经验．社科纵横，2015，(10)．

张文．对发展党建信息化与实现党建科学化的分析．科技创新导报，2015，(21)．

赵学梅．关于强化和完善城市社区基层党组织功能的思考．才智，2015，（29）．

丁晓强．"三严三实"对党的作风建设的创新．中国党政干部论坛，2015，（11）．

刘先春，王小鹏．思想教育与制度建设相结合：全面从严治党的根本保障．中共浙江省委党校学报，2015，（6）．

余斌．加强党的领导能力建设推进国家治理体系和治理能力现代化．求实，2015,（11）．

潘立魁．全面从严治党：基层党务工作者队伍建设存在的突出问题与对策思考．学习论坛，2015，（12）．

曾小锋．党的建设主线：历史考察与现实指向．中共南京市委党校学报，2015，（6）．

赵罡，杨斌．论习近平党的建设思想的创新品格．世纪桥，2015，（11）．

刘枫．践行"三严三实"夯实党的思想政治教育建设．学理论，2015，（34）．

孙祺祺．提高党的建设科学化水平的内涵及其意义．新西部（理论版），2015，（24）．

蒋仁勇．全面从严治党与党的建设目标关系探析．理论探讨，2015，（6）．

许耀桐．全面从严治党开创了党的建设新阶段．中国浦东干部学院学报，2015，（6）．

李琳．习近平党的建设思想的鲜明特点．中共济南市委党校学报，2015，（6）．

刘艳，徐玉生．党作风建设的现实困境及破解理路．人民论坛，2015，（36）．

罗朝晖．中国共产党制度建设科学化研究 [D]. 湖南师范大学，2015.

中共中央文献研究室《中国共产党自身建设道路》课题组，周淇隽，许先春．十八大以来党中央关于全面从严治党的理论与实践．党的文献，2015，（6）．

周发源．深入探究网络文化与加强党的执政能力建设关系的力作．湖南省社会主义学院学报，2015，（6）．

张士海，王国龙．习近平"全面从严治党"思想研究．社会主义研究，2015，（6）．

欧健．习近平全面从严治党思想对中国特色社会主义党建理论的创新与发展．社会主义研究，2015，（6）．

许志功．围绕"四个全面"加强党的建设 [N]. 学习时报，2015-12-17008.

梁小虹．党的建设科学化重在实践 [N]. 学习时报，2015-12-17008.

马国祥．十八大以来党内民主建设制度的实践与启示．理论与改革，2015，（6）．

余思新．党的建设科学化视域下党员身份自我认同及其评估研究．毛泽东思想研究，2015，（6）．

李磊．实现国家治理现代化与加强党的执政能力建设探析．上海党史与党建，2015，（11）．

陈茉莉．浅谈党的建设以群众路线和群众观点为根本．党史博采（理论），2015,（11）．

段吉勇．浅析延安整风对新时期党的建设启示．新西部（理论版），2015，（23）．

郑永丰．从党章修改看党的思想理论建设．学理论，2015，（35）．

艾鹤．党的作风建设长效机制有效途径分析．世纪桥，2015，（12）．

杨徽财．全面从严治党必须加强思想建设．世纪桥，2015，（12）．

沙存友．从讲政治的高度抓实党的作风建设．前线，2015，（12）．

徐文林，王晓梅．全面从严治党视阈中的作风建设．发展，2015，（12）．

章勇．西部地区基层党的组织纪律建设探讨．新西部（理论版），2015，（24）．

张玲．新常态下党风廉政建设的新路径．学习月刊，2015，（22）．

马艳春．在全面从严治党中践行“三严三实”．社科纵横，2015，（11）．

黄海光．落实主体责任推进从严治党．当代广西，2015，（21）．

周淇隽，许先春．十八大以来党中央关于全面从严治党的理论与实践．党的文献，2015，（6）．

高敏．关于加强基层服务型党组织建设问题探究．才智，2015，（36）．

麻秀荣．全面从严治党新常态下的反腐败新思考．学习与探索，2015，（12）．

孙成豪．试论毛泽东的党建思想及其现实价值．理论探讨，2015，（6）．

彭庆红，潘春玲．毛泽东从严治党思想及其重大意义．红旗文稿，2015，（24）．

崔芳．推进“三心”工程建设提升党建思想文化水平．山东社会科学，2015，（S2）．

许志功．围绕“四个全面”加强党的建设 [N]. 学习时报，2015-12-17008.

梁小虹．党的建设科学化重在实践 [N]. 学习时报，2015-12-17008.

孙士云．后危机时代：中共执政党加强自身建设需要注意的几个问题．文史博览（理论），2015，（12）．

梅黎明．全面从严治党务必抓好思想教育．求是，2015，（21）．

倪红燕，徐星．习近平的党建主张对马克思主义的不懈坚持与创新发展．理论界，2015，（12）．

王政堂．十八大以来反腐倡廉建设的新特点新举措．党史文苑，2015，（22）．

马乙玉．理念与实践：服务型党组织建设．毛泽东思想研究，2015，（6）．

庞琨．“六抓六强”助推基层党员干部队伍建设．党建，2015，（12）．

韩冰．把思想建党和制度治党紧密结合起来．理论导报，2015，（11）．

李春耕．领导干部在端正党风中要做表率——陈云关于党风建设的一个重要思想．中国井冈山干部学院学报，2015，（6）．

梅黎明．全面从严治党务必抓好思想教育．求是，2015，（21）．

李博．对历代党中央领导人关于党的作风问题论述的研究．才智，2015，（34）．

夏宝龙．从严落实管党治党责任全面提升农村党建水平．政策瞭望，2015，（12）．

吴家骥，李曼琳．全面从严治党的历史反思与现实考量．学术探索，2015，（12）．

祁冰，唐淑楠．习近平全面从严治党思想的哲学基础．理论界，2015，（12）．

李亚敏．从严治党环境下基层党建工作研究．领导科学论坛，2015，（23）．

马太建．强化党的领导的法治诠释．唯实，2015，（12）．

姜建成，常青伟．全面从严治党：坚持目标、主体、任务、过程的整体性．探索，2015，（6）．

陈绍义．握紧全面从严治党的有力抓手．奋斗，2015，（12）．

庞琨．“六抓六强”助推基层党员干部队伍建设．党建，2015，（12）．

林国华．完善多党合作制度服务全面从严治党．人民论坛，2015，（35）．

甘玲．机关党务干部队伍建设探析．创造，2015，（11）．

薛文杰．新媒体时代与执政党建设．理论视野，2015，（12）．

余华，杨渝君．抓好党内法规的宣传教育为全面从严治党夯实基础．山东青年政治学院学报，2015，（6）．

林宝敏．批评和自我批评作风的形成及对当前党建的启示．传承，2015，（12）．
李斯倩．关于“全面从严治党”的几点认识．传承，2015，（12）．
季良琴．制度反腐：全面从严治党的根本保证．传承，2015，（11）．
莫飞平．党的群众路线教育实践活动的基本经验及启示．学理论，2015，（32）．
周玉清，王少安．论中国共产党的党性系统．红旗文稿，2015，（22）．
蔡文华．中共“二大”对制度建党的探索及启示．党政干部学刊，2015，（12.
李广智．新一届党中央关于反腐倡廉的战略布局．奋斗，2015，（12）．
李勇．对加强基层党建工作的调查与建议．政工学刊，2015，（12）．
马冰．创新基层党建工作机制、提升基层组织能力的探索．领导科学，2015，（34）．
张书林．思想建党与制度治党：目标任务与耦合生态．学习与实践，2015，（11）．
梁瑞英．提高党内法规制度执行力的几点思考．领导科学，2015，（32）．
姜裕富，齐卫平．坚持党的领导三个相关概念的辨析．理论探讨，2015，（6）．
刘星星．全面从严治党对思想政治教育的新要求．党史文苑，2015，（22）．
王懂棋．全面从严治党的重要制度节点．中国党政干部论坛，2015，（11）．
许耀桐．全面从严治党论析．毛泽东思想研究，2015，（6）．
邓纯东．习近平执政党建设理论的基本特点．观察与思考，2015，（11）．
王庭大．全面从严治党要在“严”字上狠下功夫．观察与思考，2015，（11）．
于晓雷．习近平全面从严治党思想的理论渊源．观察与思考，2015，（11）．
姜增伟．准确把握“三严三实”的理论内涵和实践要求．党建，2015，（12）．
包心鉴．论严守党的政治规矩．廉政文化研究，2015，（6）．
张书林．实现“十三五”规划关键在党．党政研究，2016，（1）．
刘鑫．党在全面推进依法治国中的历史责任．求知，2015，（11）．
王禄．扎实推进服务型基层党组织建设．领导科学论坛，2015，（24）．
邱泉．党的群众路线的形成及其最初实践．前沿，2015，（12）．
韩杰．对贯彻落实党风廉政建设责任制的思考．南京政治学院学报，2015，（6）．
王岐山．坚持高标准守住底线推进全面从严治党制度创新．中国领导科学，2015，（12）．
于琳，徐鑫．“三型”马克思主义执政党建设研究述评．山东行政学院学报，2015，（6）．
赵璐．农村基层服务型党组织建设面临的问题及应对策略．中共云南省委党校学报，2015，（6）．
花文潇．着力推进党的创新理论大众化．求知，2015，（12）．
吴新平，牛少轩．十八大以来反腐工作特点及意义探析．人民论坛，2015，（32）．
杨新红，苏青场．中国共产党党群沟通的形成、价值及运行动力．党政干部论坛，2015，（11）．
任锴荣．“四个全面”视野下党性内涵研究．上海党史与党建，2015，（11）．
罗宗毅．践行“三严三实”增强党性修养．中国党政干部论坛，2015，（11）．
张士海．中国共产党坚持群众路线基本问题探讨．山东社会科学，2015，（11）．
徐小庆．论“特别权力关系理论”视角下执政党组织与党员关系．政治学研究，2015，（6）．
曾勤．从严落实“责任”提高党建工作水平．领导科学论坛，2015，（24）．

薛澜．五大发展理念对执政能力提出更高要求．人民论坛，2015，(34)．

何克祥．党内生活几个基本理论问题论析．党政论坛，2015，(12)．

彭春宇．群众路线：激活“三严三实”的政治密码．党政干部论坛，2015，(11)．

3. 参政党建设

王洪树．试论中国参政党理论建设的主要特征和思想资源．党政研究，2015，(1)．

张玲，刘慧琴．参政党在协商民主制度中的作用．民主，2015，(1)．

严隽琪．参政议政要适应新常态．四川统一战线，2015，(1)．

李晓霞，李琼．协商民主视阈下参政党参与社会治理的限度分析．中央社会主义学院学报，2015，(1)．

袁树平．参政党在社会主义协商民主中的整合功能及路径选择．江苏省社会主义学院学报，2015，(1)．

荆小庆．参政党机关建设科学化的实现途径．四川统一战线，2015，(2)．

李飞．浅析参政党民主监督建设的成就与问题．沈阳干部学刊，2015，(1)．

万鄂湘．参政党要做社会主义协商民主的全力推动者．团结，2015，(1)．

安立峰，宁锦歌．依托网络构建参政党民主监督机制．人民论坛，2015，(5)．

郑国沁．党派工作重在一个“实”字．前进论坛，2015，(2)．

罗星．参政党参政能力建设：国家治理能力现代化的新视角．广西社会主义学院学报，2015，(1)．

李建霞．民主党派履行民主监督职能的思考．协商论坛，2015，(1)．

马雅静．西宁市民主党派参政议政有效性研究．黑河学刊，2015，(1)．

吴树新，赵迎辉，田雄峰．民主党派政治协商实效性问题研究．河北省社会主义学院学报，2015，(1)．

陈晶璞，邢克余．网络时代民主党派民主监督的思考．河北省社会主义学院学报，2015，(1)．

杨明．谈新形势下高校民主党派思想政治教育．学理论，2015，(1)．

齐鹏飞，李桂华．中共对民主党派性质认识的历史演进．前线，2015，(1)．

毛蔚兰．充分发挥民主党派在反腐倡廉中的作用．学习论坛，2015，(2)．

潘伟春．切实加强基层民主党派档案管理工作．浙江档案，2015，(2)．

姜丽华．发挥民主党派作用推动协商民主发展．江苏省社会主义学院学报，2015，(1)．

周洪宇．民主党派提高协商能力先在“五真”上下功夫．民主，2015，(2)．

邓文淼．民主党派参与协商民主的工作机制建设建议．团结，2015，(1)．

朱祖才．民主党派在培育和践行社会主义核心价值观中的优势．四川统一战线，2015，(2)．

彭红俊．加强基层组织建设提升民主党派履职水平．湖北省社会主义学院学报，2015，(1)．

王继岷．协商民主要注重发挥民主党派在政协中的作用．广州社会主义学院学报，2015，(1)．

贺俊春 . 我国民主党派政治参与组织化过程中存在的问题及对策 . 广州社会主义学院学报，2015，(1).

吴晓兵 . 加强民主党派基层组织建设推进多党合作事业更好发展 . 湖北省社会主义学院学报，2015，(1).

陈大明，刘合奇，李艳玲，曾昭富 . 加强市级民主党派能力建设促进国家治理体系和治理能力现代化——对湖北省咸宁市民主党派思想和组织建设的调研报告 . 湖北省社会主义学院学报，2015，(1).

周长城，居灿 . 中国梦战略下的民主党派建设 . 湖北省社会主义学院学报，2015，(1).

温巍 . 新时期高校民主党派思想政治工作探索与实践 . 科教导刊（下旬），2015，(2).

牛广明 . 认真学习习近平总书记重要讲话精神　发挥民主党派在社会主义协商民主中的重要作用 . 内蒙古统战理论研究，2015，(1).

徐玉芳，曹开英 . 新媒体环境下如何提高民主党派民主监督的实效性 . 淮海工学院学报（人文社会科学版），2015，(1).

练莲 . 民主党派应对网络民主的对策思考 . 广西社会主义学院学报，2015，(1).

童凤华 . 民主党派参政议政能力建设探析 . 云南社会主义学院学报，2015，(1).

贺良林 . 教育实践活动视域下民主党派自身建设问题思考 . 云南社会主义学院学报，2015，(1).

牛广明 . 充分发挥民主党派在全面推进依法治国进程中的作用 . 前进论坛，2015，(2).

韩金伟，栾絮洁 . 民主党派如何强基固本 [N]. 团结报，2015-01-06001.

邓文淼 . 浅谈民主党派在协商民主中的参与形式 [N]. 团结报，2015-01-13008.

民进上海市委 . 建设和谐社区民主党派基层组织大有可为 [N]. 联合时报，2015-01-20003.

廉维亮 . 为“四个全面”凝聚最广泛的人心和力量 [N]. 人民政协报，2015-01-20001.

廉维亮 . 扎实推进民主党派工作创新发展 [N]. 人民政协报，2015-02-11003.

孙远良 . 把握好民主党派性质提高多党合作水平 [N]. 人民政协报，2015-02-11003.

周福志 . 民主党派人士说了啥 [N]. 团结报，2015-02-03006.

胡英明 . 民主党派的思想宣传工作要与时代同频共振 [N]. 贵州政协报，2015-02-26A03.

刘子烨 . 推进协商民主党派大有作为 [N]. 联合时报，2015-02-27001.

王海宁，张嘉良 . 民主党派在民主法制建设中的作用 . 知识文库，2015，(2).

喻晓钢 . 发挥民主党派作用推进协商民主发展 [N]. 四川政协报，2015-01-20003.

闪希 .“中国特色社会主义参政党”的理论与实践价值 . 前进论坛，2015，(1).

何延政 . 发挥互联网优势履行参政议政职责的思考 . 前进论坛，2015，(1).

贺旻 . 以学习实践活动为引领推进中国特色社会主义参政党建设 . 民主，2015，(2).

刘先华 . 发挥党派三大优势提高参政议政实效 . 团结，2015，(1).

王永魁 .1960 年的两次“神仙会”. 百年潮，2015，(2).

仝双印 . 参政党参政的外部条件分析及对策建议 . 山西社会主义学院学报，2015，(1).

刘良军 . 国家治理能力现代化进程中的参政党 . 中共太原市委党校学报，2015，(2).

郭一宁．参政党在协商民主中的优势初探．胜利油田党校学报，2015，（2）．

张俊明．全面推进依法治国视野下的参政党依法参政．天津市社会主义学院学报，2015，（1）．

王翔．中国特色社会主义参政党伦理建设问题研究．湖南省社会主义学院学报，2015，（2）．

罗星．参政党能力建设：推进国家治理能力现代化的新思路．四川省社会主义学院学报，2015，（1）．

刘晖．以改革创新精神克服参政党风险积极参与国家治理现代化进程．湖北省社会主义学院学报，2015，（2）．

李弦．参政党利益表达与我国民主政治建设．湖北省社会主义学院学报，2015，（2）．

黄天柱．努力开发参政党民主监督的政治资源——基于问卷调查的统计分析与思考．中央社会主义学院学报，2015，（2）．

朱琳琳．中国参政党民主价值研究 [D]. 大连理工大学，2015.

刘晓琳．新时期九三学社自身建设问题研究 [D]. 山东大学，2015.

刘鑫．完善我国参政党民主监督的路径研究 [D]. 山东大学，2015.

朱银燕．当前民主党派参与公共政策制订的路径优化研究 [D]. 兰州大学，2015.

孙常麟．群体创造力量提升民主党派参政议政的能力．上海市社会主义学院学报，2015，（1）．

韩建敏．论提升民主党派基层组织建设科学化水平．重庆社会主义学院学报，2015，（2）．

薛硕华，王儒年．历史上民主党派知识分子接受中国共产党政治主张原因探析．新西部（理论版），2015，（6）．

姚东元．完善民主党派基层组织建设问题研究．辽宁省社会主义学院学报，2015，（1）．

刘长青，高珊．新形势下提高民主党派反映社情民意能力的思考．黑龙江省社会主义学院学报，2015，（1）．

梁书宏．智库建设．提升民主党派咨政建言能力水平的重要途径．山西社会主义学院学报，2015，（1）．

闫柏良．关于加强民主党派思想建设的思考．山西社会主义学院学报，2015，（1）．

耿兆麟．再议民主党派与民主监督．前进论坛，2015，（3）．

喻晓钢．新时期民主党派后备干部队伍建设的思考——纪念《中共中央关于进一步加强中国共产党领导的多党合作和政治协商制度建设的意见》颁发 10 周年．前进论坛，2015，（3）．

陈志娟．新时期民主党派代表人士队伍建设问题与对策．人民论坛，2015，（8）．

高会洪．关于民主党派在立法协商中作用问题的思考．天津市社会主义学院学报，2015，（1）．

薛硕华，王儒年．抗战时期民主党派知识分子的贡献．才智，2015，（9）．

孙洪波．民主党派网络意见领袖培育和践行社会主义核心价值观的路径选择．长春大学学报，2015，（3）．

应宇芳．充分发挥民主党派在构建和谐社会中的作用．江苏政协，2015，（3）．

杨明．影响民主党派成员在高职院校发挥作用的因素及对策．大学教育，2015，（4）．

徐宗俦．中国"特色"条件下，民主党派"转型"势在必行．贵州社会主义学院学报，2015，（1）．

刘刚，王芳．高校党的建设与民主党派建设的相互促进机制研究——以石家庄学院为例．河北省社会主义学院学报，2015，（2）．

鲁平．民主党派在基层民主协商中的作用．河北省社会主义学院学报，2015，（2）．

刘晴晴．民主党派在提案办理协商中的作用探究．河北省社会主义学院学报，2015，（2）．

德杰．关于民主党派工作的调研与思考——以赤峰市为例．内蒙古统战理论研究，2015，（2）．

黄天柱．民主党派社会基础的现状调查．主客观维度的偏差分析与思考——基于政党代表性的考察视角．上海市社会主义学院学报，2015，（2）．

郭文亮，廖皇珠．民主党派参与权力监督制约研究综述．特区实践与理论，2015，（2）．

杨君武．提升民主党派民主监督实效探讨．湖南省社会主义学院学报，2015，（2）．

罗海丰．民主党派民主监督的 SWOT 分析与发展策略．韶关学院学报，2015，（3）．

李斐，胡建兰．加强民主党派的法治建设．湖北省社会主义学院学报，2015，（2）．

黄德斌．浅谈民主党派社会服务活动的属性定位与多因素困惑．湖北民族学院学报（哲学社会科学版），2015，（2）．

黄津．民主党派参与社区服务管理的思考——以民建广州市海珠区基层委员会为例．广州社会主义学院学报，2015，（2）．

丁艳丽．共筑人才发展大格局——我国民主党派、社会团体积极参与人才工作．中国人才，2015，（3）．

许书颖．基于统战工作活跃度的高校青年民主党派教师的数字化成长档案管理系统设计．人才资源开发，2015，（8）．

李金宵．高校民主党派思想建设问题及对策研究 [D]. 辽宁工业大学，2015.

罗怡．浅议当前民主党派基层组织建设 [N]. 贵州政协报，2015-03-05A03.

吴棉国．发挥民主党派独特优势推进全面依法治国 [N]. 团结报，2015-04-07008.

赖明．适应政党协商新要求保障民主党派知情权 [N]. 团结报，2015-04-18001.

昌静．浅谈民主党派的社会服务工作 [N]. 贵州政协报，2015-03-19A03.

罗晓霞．浅谈新形势下民主党派如何进一步发挥民主监督作用 [N]. 贵州政协报，2015-03-26A03.

边发吉．民主党派要努力推进政党协商和政协协商 [N]. 河北日报，2015-04-01012.

景世刚．创新机制提升民主党派参政议政水平 [N]. 四川政协报，2015-03-24003.

民建巴中市委．发挥民主党派在协商民主中的作用 [N]. 四川政协报，2015-04-04003.

殷贤华．新时期民主党派履行民主监督职能问题研究 [N]. 团结报，2015-04-07008.

许秀柏．对民主党派参政议政形式的思考 [N]. 光华时报，2015-04-07003.

郑长埠．发挥民主党派地方组织监督作用 [N]. 联合时报，2015-03-31006.

同轩．推动基层民主党派健康有序发展 [N]. 青岛日报，2015-03-21006.

孙晓青．为民主党派参与协商搭建平台 [N]. 团结报，2015-04-14001.

左定超 . 奋力开创民主党派工作新局面 [N]. 团结报，2015-04-21008.

卢晓光 . 发挥民主党派作用推进协商民主进程 [N]. 河北日报，2015-04-01012.

商玉泉 . 参政党服务法治建设的路径 . 重庆社会主义学院学报，2015，(3).

董瑞 . 关于参政党在意识形态领域发挥正能量问题的思考 . 重庆社会主义学院学报，2015，(3).

张国祥 . 提升参政党地方组织的履职能力 . 学习月刊，2015，(12).

王鲁彬 . 新常态下的参政党社会服务工作要落地生根——对新形势下参政党社会服务工作实践的反思 . 江苏省社会主义学院学报，2015，(3).

周海峰 . 关于建设中国特色社会主义参政党的思考 . 天津市社会主义学院学报，2015，(2).

陆聂海 . 全面深化改革中的参政党作用 . 湖北省社会主义学院学报，2015，(3).

胡芬芳 . 准确理解“参政党是国家治理能力现代化的重要主体” . 湖北省社会主义学院学报，2015，(3).

张宏伟 . 论我国协商民主视角下的参政党民主监督 . 学术论坛，2015，(6).

郝彦 . 民主党派践行社会主义核心价值体系方法研究 [D]. 内蒙古科技大学，2015.

范学纯一 . 历史视角下民主党派的职能与作用 [D]. 天津师范大学，2015.

任晓宇 . 社会主义协商民主视域下民主党派协商能力建设研究 [D]. 淮北师范大学，2015.

温巍 . 高校民主党派基层组织作用发挥的思考 . 科技视界，2015，(14).

左定超 . 奋力开创民主党派工作新局面 . 民主，2015，(5).

吴鸿飞，刘轶 . 以法治思维引领和推动民主党派工作——学习中共十八届四中全会精神心得体会 . 前进论坛，2015，(5).

周慧超 . 民主党派民主监督多维特性刍议 . 协商论坛，2015，(5).

赵桂英 . 提升民主党派组织建设科学化水平的对策 . 黑龙江省社会主义学院学报，2015，(2).

魏芝红 . 全面推进民主党派队伍建设的三个关键环节 . 黑龙江省社会主义学院学报，2015，(2).

吴棉国 . 发挥民主党派独特优势在服务全面依法治国中彰显作为 . 广西社会主义学院学报，2015，(2).

孟犟 . 民主党派参与公共政策制订研究 . 辽宁省社会主义学院学报，2015，(2).

郑永丰，郭美辰 . 民主党派政治资源的合理配置问题刍议 . 辽宁省社会主义学院学报，2015，(2).

张家伟 . 民主党派参与农村基层治理的生动实践——致公党四川省委定点帮扶合江县法王寺村纪实 . 四川统一战线，2015，(6).

朱书刚 . 试论民主党派在政党协商和政协协商中的角色定位 . 世纪行，2015，(6).

巩富文 . 民主党派干部：不缺位不错位 . 前进论坛，2015，(6).

王照华 . 高校民主党派基层组织建设的研究 . 管理观察，2015，(16).

陈奇文 . 民主党派成员学习“两会”精神必须解决好的重要关系 . 湖北省社会主义学

院学报，2015，（3）.

郭秀丽 . 影响民主党派民主监督实效的因素及对策研究——以大连市为例 . 湖北省社会主义学院学报，2015，（3）.

王可卿 . 社会主义核心价值观在民主党派思想建设中的运用 . 云南社会主义学院学报，2015，（2）.

马艳 . 当前民主党派参政议政面临的困境及对策思考 . 内蒙古统战理论研究，2015，（3）.

于速，刘丽利 . 民主党派社会服务工作浅析 . 吉林省社会主义学院学报，2015，（2）.

孟翚，高杨 . 完善民主党派参与公共政策制订的思考与路径探析 . 吉林省社会主义学院学报，2015，（2）.

田艳华 . 民主党派在当代中国协商民主建设中的作用研究 [D]. 辽宁大学，2015.

左建英 . 政治发展理论视野下民主党派民主监督问题研究 [D]. 南华大学，2015.

刘庆 . 高校民主党派成员激励机制研究 [D]. 宁波大学，2015.

姚林强 . 社会服务中的民主党派与非政府组织合作研究 [D]. 南昌大学，2015.

王元丰 . 制度化是民主党派参与协商民主的重点 [N]. 光明日报，2015–05–04011.

董鹏，张二妹 . 完善民主党派组织发展的思考建议 [N]. 贵州政协报，2015–05–28A03.

陈宗祥 . 切实加强民主党派民主监督实效 [N]. 光华时报，2015–05–05003.

旺国兴 . 从民建会员的角度谈民主党派的存在意义 [N]. 贵州政协报，2015–05–28A03.

马国跃 . 民主党派成员要在推进“四个全面”中发挥重要作用 [N]. 山西政协报，2015–06–0300B.

欧成中 . 论民主党派的调查研究 [N]. 团结报，2015–05–19008.

张修占 . 发挥民主党派民主监督作用的思考 [N]. 联合日报，2015–06–11003.

鲜成军，陈定湘 . 民主党派领导班子能力素质建设刍议 [N]. 团结报，2015–06–16008.

郑志辉 . 充分发挥民主党派在政协中的重要作用 [N]. 云南政协报，2015–06–15007.

陈辉 . 中国民主建国会政治主张的转变研究（1945—1949）[D]. 大连理工大学，2015.

朱晓露 . 中国民主同盟和中国共产党合作关系研究（1941—1949）[D]. 江西师范大学，2015.

刘中威 . 台盟与中共“五一口号”. 中央社会主义学院学报，2015，（3）.

刘梦然 . 中共十七大以来参政党监督职能研究综述 . 党史文苑，2015，（14）.

王硕 . 中国特色政党制度下党际民主监督问题探析——基于参政党对执政党监督的视角 . 学理论，2015，（19）.

王洪树，虞崇胜 . 新时期中国参政党党内民主建设的内涵探索 . 社会科学研究，2015，（4）.

任世红 . 参政党与社会主义协商民主：政党协商的视角 . 上海市社会主义学院学报，2015，（3）.

孙瑞华，王锡玲 . 对参政党推进国家治理现代化的几点认识——以典型案例为分析视角 . 河北省社会主义学院学报，2015，（3）.

中共徐州市委统战部徐州工学院联合课题组 . 现代国家治理中参政党的政治价值及其实现——以中国特色社会主义民主政治为视阈 . 江苏省社会主义学院学报，2015，（4）.

李广良．民主党派内部监督问题研究．团结，2015,（4）．

鲁开垠，肖承罡，徐晓迪．参政党协商能力建设的困境与破解路径研究．广东省社会主义学院学报，2015,（3）．

崔北军．加强民主党派参政议政能力建设——以蚌埠市为例．辽宁行政学院学报，2015,（8）．

孙信．民主党派能力建设理论的创新与发展．群言，2015,（7）．

熊列林．民主党派新成员组织融入的有效路径研究——以上海市普陀区为例．上海市社会主义学院学报，2015,（3）．

王淑华，张鹏，陈洪超．民主党派政治地位演进的历史考察与现实启示．中央社会主义学院学报，2015,（4）．

杨明．群众路线对提高民主党派基层组织进步性的分析．河北省社会主义学院学报，2015,（3）．

杨莉．浅析民主党派社会服务品牌化与社工机构公益创投项目建设．前进论坛，2015,（7）．

姚树．勇于实践探索民主党派党内监督新机制．前进论坛，2015,（7）．

高飞．民主党派基层支部建设的思考．东方企业文化，2015,（13）．

张颖，林沛勋，刘素燕，杨松才．中国现代化治理体系构建中民主党派的参政机制研究．广州社会主义学院学报，2015,（3）．

黄大熹，莫桑梓，李晓静．建国初期民主党派监督价值探析．马克思主义与现实，2015,（4）．

蔡之国．民主党派党内监督的概念、内涵及实现途径．前进论坛，2015,（8）．

孙信．关于民主党派解决自身问题能力的思考．湖南省社会主义学院学报，2015,（4）．

中共深圳市龙岗区委统战部课题组．以“三个自信”引领民主党派核心价值观建设．改革与开放，2015,（16）．

吴平魁．论民主党派履行参政党职能的基本经验和规律．湖北省社会主义学院学报，2015,（4）．

李震雷，丁科．浅析建国初期民主党派的主要工作及贡献．湖北省社会主义学院学报，2015,（4）．

吴晓兵．做好民主党派提案工作不断提高参政议政能力——民建荆州区总支委员会提案工作的研究．湖北省社会主义学院学报，2015,（4）．

仝双印．影响民主党派基层组织建设的若干突出问题及建议——以厦门市翔安区为例．陕西社会主义学院学报，2015,（3）．

刘振和．当前形势下民主党派做好参政议政工作的几点思考．陕西社会主义学院学报，2015,（3）．

刘小蒙．我国民主党派参与公共决策问题探析．中共云南省委党校学报，2015,（4）．

巢乃鹏．新媒体时代民主党派宣传工作的开展．团结，2015,（4）．

魏晓芬，陈国创．解放战争时期民主党派的历史性选择及其启示．传承，2015,（8）．

翟伟达．关于民主党派的“民主自觉”．福建省社会主义学院学报，2015,（4）．

邱永文 . 谈民主党派的民主监督 . 云南社会主义学院学报，2015,（3）.

闫社喜，郭清梅，段君 . 民主党派在美丽乡村建设中的功能优势和现实路径 . 云南社会主义学院学报，2015,（3）.

韩金伟 . 民主党派要提升解决自身问题能力 [N]. 团结报，2015-07-02001.

秦博勇 . 民主党派提高协商能力要做到“四个坚持”[N]. 团结报，2015-07-04001.

郭福基 . 民主党派在抗日战争中的历史性贡献 [N]. 贵州政协报，2015-07-09A03.

曾国强 . 解放思想开拓创新克服新常态下民主党派基层工作的不适应 [N]. 贵州政协报，2015-07-16A03.

段青英 . 民主党派要做政党协商的全力推动者 [N]. 联合日报，2015-07-09003.

张芳 . 论民族地区党派地方组织参政议政特点 [N]. 团结报，2015-07-20003.

赵蔷 . 浅析民主党派在中国政治生态中所发挥的作用 [N]. 贵州政协报，2015-08-06A03.

黄雁鸿 . 提升民主党派参政能力的思考 [N]. 连云港日报，2015-08-20B04.

袁廷华 . 民主党派基本职能的新拓展 [N]. 人民日报，2015-08-14016.

郑建邦 . 做好新形势下民主党派机关工作 [N]. 团结报，2015-08-18008.

曹卫星 . 加强党派自身建设提升政党协商水平 [N]. 新华日报，2015-08-31004.

刘建强，陈源玲 . 不断提升民主党派民主监督水平 [N]. 湘潭日报，2015-08-12001.

冒蕞 . 推动民主党派民主监督上水平见实效 [N]. 湖南日报，2015-08-08002.

陈竺 . 发挥参政党特点和优势助力全面建成小康社会 . 前进论坛，2015,（8）.

张宏伟 . 加强参政党监督建设与推进国家治理体系现代化 . 湖北民族学院学报（哲学社会科学版），2015,（4）.

贺俊春，邓方国 . 国家治理现代化对参政党的要求 . 湖北省社会主义学院学报，2015,（5）.

严隽琪 . 认清历史使命　履行政党职能　加强自身建设 . 中央社会主义学院学报，2015,（5）.

高曙东 . 对参政党在全面推进依法治国进程中履行职能的几点思考 . 中央社会主义学院学报，2015,（5）.

么新鹤 . 浅议协商民主与参政党内部监督制度建设 . 中央社会主义学院学报,2015,（5）.

肖阳，吕方舟 . 充分发挥参政党智库优势　推进国家治理能力现代化 . 山西社会主义学院学报，2015,（3）.

王宝生 . 充分发挥参政党在全面建成小康社会战略布局中的地位和作用 . 山西社会主义学院学报，2015,（3）.

黄梅 . 法治视域下的参政党参政议政——基于中央统战工作会议精神的解读 . 江苏省社会主义学院学报，2015,（5）.

杨雪燕 . 参政党在依法治国方略中大有可为 . 福建省社会主义学院学报，2015,（5）.

盛佩琰 . 协商民主视野下民主党派基层组织思想建设新路径的探索——以九三学社黄浦区委会为例 . 上海市社会主义学院学报，2015,（4）.

刘斌志，刘婷婷 . 近 10 年来民主党派能力建设研究的回顾与前瞻 . 重庆社会主义学院学报，2015，(5).

冀开运.民主党派在中国特色新型智库建设中的优势和作用.重庆社会主义学院学报，2015，(5).

袁廷华，成琳.走向进步、走向合作、走向发展——抗日战争与中国的民主党派.群言，2015，(9).

商爱华，杨航征，王根明，王军超.陕西高校民主党派基层组织加强自身建设问题浅析.陕西社会主义学院学报，2015，(4).

高体健.民主党派领导干部也要自觉践行"三严三实".前进论坛，2015，(10).

闫湛效.民主党派干部的政治纪律和政治规矩.前进论坛，2015，(10).

朱剑锋.弘扬民主党派优良传统强化政治交接长效机制.天津市社会主义学院学报，2015，(3).

孙洪波.民主党派理论自信培育路径探析.天津市社会主义学院学报，2015，(3).

曾仁端.民主党派参政议政方法谈.湖北省社会主义学院学报，2015，(5).

马艳.建立民主党派参政议政履职机制的思考.湖北省社会主义学院学报，2015，(5).

杨松禄.民主党派参与社会治理的现状、问题及对策.湖北省社会主义学院学报，2015，(5).

李娜.民主党派在抗日民族统一战线中的历史贡献.山西社会主义学院学报，2015，(3).

崔北军.关于加强民主党派参政议政能力建设的调查与思考.山西社会主义学院学报，2015，(3).

华南，蔡之国.论民主党派进步性建设的意义和价值.山西社会主义学院学报，2015，(3).

王彩玲.加强党派成员政治引导值得关注的几个问题.广州社会主义学院学报，2015，(4).

刘进贤.试析民主党派基层组织与街道党工委挂钩联系制度.广州社会主义学院学报，2015，(4).

闫湛效.民主党派领导干部必须讲政治纪律和政治规矩.协商论坛，2015，(10).

陈延武.抗日民族统一战线中民主党派不可磨灭的功绩.协商论坛，2015，(9).

张金胜，刘德娥，岳建玲.新时期民主党派民主监督地位与作用研究.河北省社会主义学院学报，2015，(4).

梁晓宇.民主党派参与社会治理创新研究.江汉大学学报(社会科学版)，2015，(5).

民盟湖北省委员会课题组.社会主义协商民主中民主党派能力建设的五个维度.世纪行，2015，(10).

叶胜春.现阶段民主党派基层组织自身建设初探——以龙湾民革为例.党政视野，2015，(10).

刘菊香.民主党派参与我国行政体制改革的思考.领导科学，2015，(29).

李洁.民主党派在人民政协更好发挥作用的五个关键点.团结，2015，(5).

陈定湘.民主党派应加强七方面能力素质建设.团结，2015，(5).

高嵩.发挥党派优势助力"十三五"[N].协商新报，2015-10-16001.

陈延武 . 不可磨灭的功绩 [N]. 人民日报，2015-09-10020.

张宏伟 . 加强协商民主建设与提升民主监督质量研究 . 河北师范大学学报（哲学社会科学版），2015，（5）.

李淑萍 . 全面从严治党对参政党建设的影响和要求 . 湖南省社会主义学院学报，2015，（5）.

张金榜 . 践行“三严三实”提高民主党派履职能力 [N]. 孝感日报，2015-09-12004.

刘勇 . 以法治思维引领民主党派机关工作 [N]. 团结报，2015-09-15008.

刘洋 . 杨荧 . 从制度层面保障发挥民主党派民主监督作用 [N]. 人民政协报，2015-10-29001.

康永恒 . 发挥民主党派协商主体作用 [N]. 团结报，2015-10-20001.

孙基志，吴凤友，鲁昌宏，陈大明 . 民主党派要做政党协商的有力推动者 [N]. 团结报，2015-10-20008.

滕树红 . 用统战思维谋划民主党派工作 [N]. 团结报，2015-10-20008.

尹瑞峰 . 充分发挥民主党派在协商民主建设中的作用 [N]. 云南日报，2015-09-22003.

胡楠 . 民主党派要树立法治思维参与依法治国 [N]. 贵州政协报，2015-10-22A03.

隗斌贤 . 参政党助力“四个全面”战略布局的几点思考 . 重庆社会主义学院学报，2015，（6）.

贵滕树红 . 用统战思维谋划民主党派工作 [N]. 团结报，2015-10-20008.

杨成英 . 参政党作用发挥要铸坚四个支撑点 . 湖南省社会主义学院学报，2015，（6）.

魏晓文，郭一宁 . 参政党在协商民主中的作用和制度建设探析 . 探索，2015，（6）.

王云 . 民建如何在推进“四个全面”中发挥作用 . 贵州社会主义学院学报，2015，（4）.

沈艳 . 政党——社会关系理论下参政党社会认同问题研究 . 辽宁省社会主义学院学报，2015，（4）.

陈大明，孙基志，鲁昌宏，吴凤友 . 论政党协商与参政党自身能力建设 . 湖北省社会主义学院学报，2015，（6）.

陈张铭 . 从基本政治制度视角审视和加强参政党自身建设 . 四川省社会主义学院学报，2015，（4）.

鲍跃华 . 增强参政党民主监督有效性的集体行动逻辑 . 江苏省社会主义学院学报，2015，（6）.

司马红 . 以马克思主义为指导加强民主党派建设的思考 . 前线，2015，（11）.

曹伟，陈云亮 . 民主党派民主监督的薄弱环节及其完善进路的实证研究 . 重庆社会主义学院学报，2015，（6）.

郑又贤 . 民主党派在推进协商民主发展中的角色升级研究 . 东南学术，2015，（6）.

丛斌 . 准确理解民主党派性质是参政党建设的政治基础 [N]. 团结报，2015-11-03008.

梁超，陈国生 . 增强湖南民主党派民主监督实效的路径分析和对策研究 . 文史博览（理论），2015，（11）.

王伟达 . 国家治理能力现代化视域下的民主党派参政能力建设问题探究 . 商，2015，（45）.

李娜．加强民主党派组织建设问题研究——如何保持民主党派特色．天津市社会主义学院学报，2015，(4)．

马艳．宁夏民主党派参政议政的特点及主要成效．中共银川市委党校学报，2015，(6)．

李仲先．新媒体视域下高校民主党派参政议政路径研究．攀枝花学院学报，2015，(6)．

王勒懿，王佳玲．民主党派进步性的历史考察——以农工党为例．黑龙江省社会主义学院学报，2015，(4)．

王彩玲．论多党合作的思想基础——以抗战时期中国共产党与民主党派的合作为例．广西社会主义学院学报，2015，(5)．

刘素英．新常态下民主党派社会服务转型思考．四川统一战线，2015，(12)．

王相红，李卓垚．以章治党．法治视野下的民主党派建设之路探析．湖北省社会主义学院学报，2015，(6)．

严炳洲，池雄，宋乐乐．民主党派提高解决自身问题能力之管见．湖北省社会主义学院学报，2015，(6)．

朱小宝，潘慧春，刘蓉宝．新媒体环境下加强民主党派思想建设研究．湖北省社会主义学院学报，2015，(6)．

蒋连华．民主党派培育和践行社会主义核心价值观的路径方式研究．上海市社会主义学院学报，2015，(6)．

米文艳．非营利组织内部管理视角下的民主党派基层组织建设的思考．上海市社会主义学院学报，2015，(6)．

马艳．新常态下民主党派发挥参政议政职能的必要性思考．江苏省社会主义学院学报，2015，(6)．

盛日多．民主党派参政议政工作面临的问题．团结，2015，(6)．

陈楠楠，张奇．民主党派民主监督与高校治理现代化．中国乡镇企业会计，2015，(12)．

黄国耀，高少传．完善社会主义协商民主制度和工作机制的路径探析——以民主党派实践协商民主为视角．山东工会论坛，2015，(6)．

华正学．民主党派章程演进的历史特点与基本规律．中央社会主义学院学报，2015，(6)．

刘琨．基于规则意识的执政党建设对民主党派的启示．世纪桥，2015，(11)．

魏晓文，苏杭．国家治理视域下民主党派民主监督问题探析．中国特色社会主义研究，2015，(6)．

王艳娟．加强民主党派市级组织建设的几点思考．前进论坛，2015，(12)．

张勇刚，李二军．加强和完善民主党派内部监督机制的思考．前进论坛，2015，(12)．

张晓彬．关于加强高校民主党派成员思想政治工作的思考．山西社会主义学院学报，2015，(4)．

刘相菊，邓怀勇，侯新．坚持群众路线　加强高校民主党派思想建设——以重庆高职院校为例．改革与开放，2015，(22)．

邱耀峰．充分发挥民主党派在实现中国梦的作用．东方企业文化，2015，(21)．

杨安娣．中国特色社会主义参政党“特”在哪里[N]. 协商新报，2015-12-11002.

黄宗洪．发挥民主党派优势在新时期体现新作为[N]. 贵州政协报，2015-12-10A03.

张守志 . 做实政治整合的根基激发民主党派应有的组织功能 [N]. 宁夏日报，2015-11-26004.

李芳 . 在政党协商中展示履职成果 [N]. 云南政协报，2015-12-30002.

杨孝平 . 统战工作和民主党派建设浅议 [N]. 贵州政协报，2015-11-19A03.

杨秀爱 . 增强“五种意识”提高党派机关工作科学化水平 [N]. 贵州政协报，2015-11-19A03.

范笑天 . 推进民主党派智库建设 [N]. 人民政协报，2015-11-25003.

赵蔷 . 浅析民主党派在中国政治生态中发挥的作用 [N]. 团结报，2015-12-15008.

肖世勇，潘高耸，黄小华，王丹 . 完善民主党派参与机制推动协商民主制度建设 [N]. 惠州日报，2015-12-04A06.

王磊 .“代表性”视域下的民主党派代表人士队伍建设 [N]. 长江日报，2015-12-17006.

杨献忠 . 党派干部践行“三严三实”应把握“四要” [N]. 团结报，2015-12-01008.

付小飞 . 浅谈如何提高民主党派参政议政水平 [N]. 光华时报，2015-11-17003.

曹建林 . 践行“三严三实”搞好民主党派基层工作 [N]. 贵州政协报，2015-11-26A03.

赖明 . 民主党派做好政党协商的四个要领 [N]. 人民政协报，2015-11-04008.

白雪 . 如何发挥民主党派在中心工作中的作用 [N]. 团结报，2015-11-17008.

程小成 . 扶贫攻坚　民主党派大有可为 [N]. 团结报，2015-12-01001.

记祝越，童舟 . 进一步促进参政党作用有效发挥 [N]. 文汇报，2015-12-02006.

郭层城 . 传承弘扬传统文化民主党派应做推动者 [N]. 人民政协报，2015-12-24003.

杨秀爱 . 着力提高党派机关工作科学化水平 [N]. 贵州日报，2015-12-24010.

4. 国外政党研究和比较研究

朱孟光 . 西方议会党鞭制度探析——基于英、美、加三国的考察 . 当代世界与社会主义，2015,（1）.

徐世澄 . 委内瑞拉统一社会主义党的发展及面临的主要挑战 . 当代世界与社会主义，2015,（1）.

郇庆治 .2014 年欧洲议会选举中的欧洲绿党——以中东欧国家为中心 . 国外理论动态，2015,（1）.

蔡亚志 . 列宁关于党的纯洁性思想及其当代价值 . 马克思主义研究，2015,（2）.

张伯玉 . 从第 47 届大选看自民党“一党独大”. 日本学刊，2015,（1）.

储建国，栾欣超 . 日本自民党的政党自律 . 日本问题研究，2015,（1）.

贺钦 . 危机、共识与行动——执政风险考验下的委内瑞拉统一社会主义党 . 拉丁美洲研究，2015,（1）.

王建民 . 民进党“九合一”胜选探源 . 两岸关系，2015,（1）.

樊鹏 . 德国海盗党兴衰与政党政治的困境 . 文化纵横，2015,（1）.

林冈，曹军强，姚奕 . 台湾“九合一”选举结果及其对岛内政党政治的影响 . 台湾研究，2015,（1）.

熊丰 . 中国共产党和日本共产党关系的演变 . 上海党史与党建，2015，(1).

刘卫卫 . 新时期加拿大共产党走向社会主义的理论主张 . 上海党史与党建，2015，(1).

陈先才 . 民进党的错觉与迷思 . 台声，2015，(4).

杜宝玲 . 摩尔多瓦共产党人党研究 . 俄罗斯学刊，2015，(1).

董拔萃 . 期待国民党重塑党魂浴火重生 . 统一论坛，2015，(1).

伍慧萍，姜域 . 西方小规模政党的生存现状与成功条件）以德国为例 . 当代世界与社会主义，2015，(1).

昭阳 .2014 年世界政党形势和政党政治新变化 . 当代世界，2015，(1).

周志伟 . 巴西大选后的政党格局及政治生态 . 当代世界，2015，(1).

吕耀东，姜红 . 日本自民党一党优位制的成因及特征 . 黑龙江社会科学，2015，(1).

胡鹏刚 . 印度政党族际政治整合探析 . 统计与管理，2015，(2).

王传兴 . 论人口迁移对美国政党体系演变的影响 . 美国研究，2015，(1).

江赛德 . 论十月革命后列宁关于执政党要善于学习的思想 [D]. 南京师范大学，2015.

李宝国 . 列宁执政党建设理论研究 [D]. 南京师范大学，2015.

冯洁 . 中西方政党体制差异性文化探讨 . 牡丹江教育学院学报，2015，(1).

于洪君 . 社会主义国家政党制度的不同成因与历史命运 . 当代世界，2015，(1).

余科杰 . 中外政党制度比较研究的若干启示 . 新视野，2015，(1).

方雷 .20 世纪以来东欧国家的政党与政治思潮研究成果展示 . 思想政治教育研究，2015，(1).

诺姆·卢普，瑞秋·B. 里德尔，张君 . 发展中民主国家的政党和政治不确定性 . 国外社会科学，2015，(1).

赵婷 . 西方政党政治的理论演进 [N]. 中国社会科学报，2015-01-28B03.

刘帆 . 马克思主义政党在新时期面临的挑战及解决办法 . 商业故事，2015，(6).

祁霄 . 政党结盟视域下发展中国家的共产党转型探析——以尼联共（毛）为例 . 河北省社会主义学院学报，2015，(1).

丁建军，党梓予 . 巴基斯坦政治危机及走向分析 . 国际论坛，2015，(1).

赵刚印 .2013 年大选后德国政党政治生态新变化 [N]. 中国社会科学报，2015-01-28B03.

王衡 . 印度现代化进程中的“政党中心主义”. 亚非纵横，2015，(2).

尹业香 . 民心流失与政党衰败的逻辑探析——中国国民党与苏联共产党政权更迭的历史镜鉴 . 江汉论坛，2015，(3).

靳呈伟 . 墨西哥政党法规初探 . 江汉大学学报（社会科学版），2015，(1).

朱林，凡欣，胡文根 . 传媒背景下美国政党政治透析 . 山西高等学校社会科学学报，2015，(4).

史志钦，刘力达 . 民族主义、政治危机与选民分野——2014 年欧洲议会选举中极右翼政党的崛起 . 当代世界与社会主义，2015，(2).

雷钰 . 以色列宗教政党具有超常影响力的根源 . 世界宗教文化，2015，(2).

马赛 . 执政条件下苏共政党改革的历史考察及其当代启示 . 嘉兴学院学报，2015，(3).

高放．特型社会主义政党俄国布尔什维克党异军突起．中国延安干部学院学报，2015，（2）．

杨恕，宛程．阿富汗政党政治：历史、现状及其在后撤军时代的前景．兰州大学学报（社会科学版），2015，（2）．

林圣爱．日本政党政治右倾化的双重结构分析．南京政治学院学报，2015，（2）．

刘长发．新加坡人民行动党建设服务型政党的动力机制．中共南昌市委党校学报，2015，（2）．

闫月．浅谈如何正确认识中西方政党制度．辽宁师专学报（社会科学版），2015，（2）．

林来梵，黎沛文．防卫型民主理念下香港政党行为的规范．法学，2015，（4）．

高奇琦．韩国政党模式变迁对民主巩固的影响．韩国研究论丛，2015，（1）．

周建勇．欧洲左翼政党的非典型复苏 [N]. 中国社会科学报，2015-03-25B03.

孙立新．联邦德国极右派政党探研——以“德国民族民主党”为中心．武汉大学学报（人文科学版），2015，（2）．

苏振东，邹焕梅．当代国外社会主义国家执政党政党学习的经验及启示．山东行政学院学报，2015，（1）．

刘春元．建设一个现代、成熟、富有战斗性的群众性政党——美国共产党三十大述评．上海党史与党建，2015，（3）．

徐国栋．共和罗马的阶级分权与政党政治——保民官 v. 执政官．河南工业大学学报（社会科学版），2015，（1）．

宋晓敏．从希腊大选看危机对希腊以及欧洲政党生态的影响．当代世界，2015，（3）．

李雯．拉美的政党与多党联合政府．天津市社会主义学院学报，2015，（1）．

张怡晞．从默克尔连任来看德国的选举制度及对政党政治的影响．品牌（下半月），2015，（1）．

王德华．论恩格斯关于无产阶级政党建设的理论．党史博采（理论），2015，（3）．

牛小波．政党内部组织架构对执政地位的影响——基于日本自民党与新加坡人民行动党之间的比较分析．改革与开放，2015，（7）．

于海青．从边缘崛起的西欧替代左翼政党及其发展走向．当代世界社会主义问题，2015，（1）．

徐剑锋．试析意大利的政党制度．广州社会主义学院学报，2015，（2）．

王晓丽．20 世纪 40 年代后期东欧政党制度演变的隐患与启示．哈尔滨师范大学社会科学学报，2015，（2）．

许晨．俄罗斯政党制度简析．长春教育学院学报，2015，（6）．

王广禄．揭开西方政党制度“看上去很美”的面纱 [N]. 中国社会科学报，2015-04-15A04.

那传林．俄罗斯政党制度的政治文化源流 [N]. 中国社会科学报，2015-04-29B03.

范丁梁．立场与态度：联邦德国政党的历史与政治选择 [N]. 中国社会科学报，2015-04-29B03.

齐本荣．米利班德时期英国工党基层组织建设研究 [D]. 聊城大学，2015.

董沐夕．二战后澳大利亚工党的组织变革及其现实启示．山东大学学报（哲学社会科学版），2015，（2）.

伍慧萍，姜域．德国选择党——疑欧势力的崛起与前景．国际论坛，2015，（2）.

安雅·克鲁克，克里斯蒂安·科雷尔，张文红．在传统和新自由主义之间——德国和欧洲的社会党走在通往欧洲“美好社会”的“第三条道路”上 ?. 当代世界与社会主义，2015，（2）.

易承志．瑞典社会民主党培育与开发价值性资源的启示．理论视野，2015，（3）.

吕耀东．试论日本“总体保守化”的选举制度要因．日本学刊，2015，（2）.

安·尤·舒托夫，徐家林．现代俄罗斯多党制形成与发展的阶段．国外社会科学，2015，（2）.

叶·鲍·舍斯托帕尔，伊·谢·帕利泰，严宇鸣．当代俄罗斯民众对于政治党派的形象认知———项关于心理学特质的研究．国外社会科学，2015，（2）.

和满秀．巴南：政党协商走向常态化 [N]. 重庆政协报，2015-03-17002.

吴正龙．美国政党恶斗新演义 [N]. 北京日报，2015-03-25015.

曾灿．冷战后瑞典社会民主党的革新演变 [D]. 上海社会科学院，2015.

赵强．新加坡人民行动党处理“党社关系”问题研究 [D]. 山东大学，2015.

干小瑞．论斯大林时期高度集中的政治体制对党内民主的破坏 [D]. 中央民族大学，2015.

孙永艳．米利班德时期英国工党的工会政策研究 [D]. 聊城大学，2015.

李晓伟．泰国当代政治发展的困境及其出路 [D]. 上海师范大学，2015.

刘国强．新加坡人民行动党与社会基层组织关系研究 [D]. 天津师范大学，2015.

肖文超．叙利亚库尔德民主联盟党与“西库尔德斯坦”自治的前景．世界民族，2015，（2）.

吕本瑞．冷战时期英国工党的欧洲一体化政策研究（1945—1992）[D]. 聊城大学，2015.

张钦．德国绿党生态主张演变与影响探析 [D]. 北京外国语大学，2015.

陈文，孔德勇，黄卫平．新加坡权力制约与监督的做法和经验．中国党政干部论坛，2015，（3）.

张文化．葡萄牙共产党构建社会联合体系思想评析．社会主义研究，2015，（2）.

李东明．苏共垮台的历史教训．新乡学院学报，2015，（1）.

高颖．列宁党内民主监督思想及现实启示．商，2015，（16）.

石建国．论新韩民主党的创立与韩国独立运动的发展．韩国研究论丛，2015，（1）.

周晓霞．叙利亚威权政治及其转型探析 [D]. 上海社会科学院，2015.

王世恒．西方左翼政党民生理论的批判及启示 [D]. 吉林大学，2015.

姜红．日本政党体制的结构转换及其对中日关系的影响 [D]. 吉林大学，2015.

程广．当代美国政党趋同化及其启示研究 [D]. 外交学院，2015.

吕桂萍．国外政党运用新媒体研究 [D]. 中共上海市委党校，2015.

聂大伟．英国政党补助制度研究 [D]. 中共中央党校，2015.

施新州．国外政党党内法规的特征与借鉴．学习论坛，2015，（5）.

王峰，黄大庆．西方主要政党调适内部冲突的探索与启示．中共杭州市委党校学报，2015，（3）．

孙会岩．互联网时代的海外政党认同：挑战与应对．理论导刊，2015，（5）．

吴成林．从中西政党差异看“党要管党，从严治党”．前沿，2015，（5）．

贾德忠．中国对东南亚国家政党外交：历史得失与政策启示．国际论坛，2015，（3）．

米广弘．国外政党与宗教关系略析．西北民族研究，2015，（2）．

张毅．各国政党制度差异溯源比较研究．学理论，2015，（16）．

陈文，黄卫平．长期执政与政党适应能力建设——新加坡与马来西亚政局发展的比较分析．经济社会体制比较，2015，（3）．

祝灵君，郭玥．美国政党政治中的党建问题．经济社会体制比较，2015，（3）．

张垚．“端管云”时代的移动互联网与西方政党变革．社会主义研究，2015，（3）．

陈星．国民党与民进党的发展模式差异及对台湾政党政治的影响．台海研究，2015，（2）．

杜伟男．试析当代西方资本主义国家政党制度的走势．赤子（上中旬），2015，（11）．

李艳枝．20 世纪中东政党政治的历史演进、制约因素及发展趋势．当代世界与社会主义，2015，（3）．

易小明．转型时期的埃及左翼政党（2011—2014）．当代世界与社会主义，2015，（3）．

张书林．国外政党联系民众的主要做法及模式．理论视野，2015，（6）．

朱孟光．当代西方政党与民主悖论的公共选择理论分析．攀登，2015，（3）．

王燕，谢峰．西方政党党内民主历史发展多维透视．中共天津市委党校学报，2015，（4）．

徐万胜．论日本“一强多弱”的政党格局．日本学刊，2015，（3）．

张毅．国家政党制度差异溯源比较研究——以部分国家为视角．云南社会主义学院学报，2015，（2）．

张榕．宪政民主化道路上的马来西亚政党制度．东南亚纵横，2015，（5）．

邓珊虹．前苏联政党建设的经验与教训对中共建设学习型政党的启示 [D]. 广东外语外贸大学，2015.

王美静．韩国政党政治的转型研究 [D]. 燕山大学，2015.

孙立昕．当前中东政党政治的新走向．当代世界，2015，（6）．

叶国玲．管中窥豹，从大选看当前英国政党政治特点及其走向．当代世界，2015，（6）．

柯弘毅，李家莉．苏格兰的“小国情怀”与政党博弈．人民论坛，2015，（17）．

吴清．欧美政治现代化理论与实践误区．学术月刊，2015，（6）．

李智育．正发党执政期间土耳其民主巩固研究（2002—2014）[D]. 北京外国语大学，2015.

王新磊．新加坡人民行动党自我更新思想与实践 [D]. 河南师范大学，2015.

曹汉魂．现代化进程中政党调试方式比较研究——以新加坡人民行动党历史和事实为鉴．智富时代，2015，（5）．

牛彦欢．美国政党制度简述．智富时代，2015，（6）．

白龙．美国政党政治的诞生与宪法．政治法学研究，2015，（1）．

孙会岩．海外政党借助互联网塑造政党认同 [N]. 学习时报，2015-05-04002.

袁峰．政治基金会——德国政府与政党的公共智库．理论学习，2015，（6）．

张弘．政党政治与乌克兰政治稳定 [N]. 中国社会科学报，2015-05-27B03.

高歌．中东欧国家政治舞台上的左翼政党 [N]. 中国社会科学报，2015-06-24B03.

杨艳．新时期加拿大政治局势与共产党的应对．人民论坛，2015，（17）．

鞠华．新加坡人民行动党经济建设思想及启示．求实，2015，（6）．

张琨，郭长刚．智利基督教民主党与"第三条道路"．拉丁美洲研究，2015，（3）．

李仕燕．民进党与台湾新世代互动模式评析．台湾研究集刊，2015，（3）．

王子凤，王喜满．帝国主义双重危机与爱尔兰共产党的新战略．江西师范大学学报（哲学社会科学版），2015，（3）．

姚富宽．列宁党的团结统一思想及其重要启示．哈尔滨市委党校学报，2015，（3）．

张永庆，孙平．马克思的"浓缩版共产党宣言"——《法国工人党纲领导言》（草案）解析．前线，2015，（6）．

兰江．冷战时期美巴关系中的美国两党制因素．东南亚南亚研究，2015，（2）．

周明明，张岩．后危机时代发达国家共产党的理论变革与实践转型探析．学术论坛，2015，（6）．

蒋颖．德国左翼党的问题与出路．当代国外马克思主义评论，2015，（00）．

张莉．国外政党意识形态建设研究综述．中共宁波市委党校学报，2015，（4）．

卓泽渊．世界政党法治化的制度建构与实践．人民论坛，2015，（20）．

罗星．政党制度中的俄罗斯特色：基于俄罗斯政党制度变迁的分析．上海市社会主义学院学报，2015，（3）．

王春英．中国与美国政党制度的比较分析．胜利油田党校学报，2015，（4）．

贺撒文．马克思主义政党观论析．学校党建与思想教育，2015，（15）．

马宝成，谭学良．政党转型国际观察与思考．人民论坛，2015，（23）．

彭韬，付建军．社会变迁、技术更新与政党行动策略——国民党失利"九合一"选举的政党社会学分析．社会主义研究，2015，（4）．

龚少情．政党精英主义的贫困——对政党寡头统治铁律否定党内民主的一种批判性考察．科学社会主义，2015，（4）．

刘红凛．信息网络化对美国政党政治的影响．政治学研究，2015，（4）．

吴桂韩．中外"政党—政府"关系模式研究——兼论治理现代化视角下的中国党政关系发展趋向．理论研究，2015，（4）．

高梓淳，赵洪武．中国与新加坡政党关系的异同比较分析．中共济南市委党校学报，2015，（4）．

王明进．欧洲议会疑欧主义政党的崛起及其对欧盟政治的影响．国际论坛，2015，（4）．

叶国玲．英国政党政治新变化背后的思潮和理念因素．欧洲研究，2015，（4）．

王展鹏．从米利班德到卡梅伦的"全民国家政党"．欧洲研究，2015，（4）．

王行坤．党国体制与后政党政治——基于中国社会主义经验的讨论．开放时代，2015，（4）．

杨杰．二战后西方社会变迁与政党嬗变 [D]. 中共中央党校，2015.

蔡东伟 . 香港区议会选举对政党发展的影响研究 [D]. 中共中央党校，2015.

李骥 . 无限竞争和有限竞争：台湾和新加坡政党制度变迁比较 [D]. 中共中央党校，2015.

马卿 . 一党独大政党体制与有限政治竞争新加坡政治模式分析 [D]. 中共中央党校，2015.

熊辉，谭诗杰 . 论学习型政党视角下苏共理论学习的教训及启示 . 观察与思考，2015，（7）.

王会民，姚小飞 . 社会民主主义政党凝练基本价值的实践及其启示 . 湖北经济学院学报，2015，（4）.

康乐 . 日本政党政治研究及思考 . 现代交际，2015，（7）.

林德山 . 欧洲左翼政党的现状与前景 . 当代世界，2015，（8）.

李凯旋 . 西欧极右翼政党核心意识形态探析 . 中国社会科学院研究生院学报，2015，（4）.

宋倩 . 中西政党制度比较分析 . 企业导报，2015，（14）.

孙豫宁 . 党员不可“任性”——国外政党严明党纪的若干做法 . 秘书工作，2015，（7）.

高放 . 第一次社会主义政党特异领导的俄国民主革命败中有成 . 中国延安干部学院学报，2015，（4）.

刘璐婵 . 福利制度中的政党政治干预——基于英美社会救助制度的比较研究 . 学术论坛，2015，（8）.

中共上海市委党校党史党建教研部、政党研究所赵刚印 . 经济困局形塑德国政党新生态 [N]. 中国社会科学报，2015-07-30005.

土耳其海峡大学亚洲研究中心访问学者杨晨 . 当代土耳其政党格局演变 [N]. 中国社会科学报，2015-08-13005.

冯琳 . 当代台湾政党史与政治史研究概况 . 兰州学刊，2015，（7）.

徐世澄 . 金融危机以来拉美左翼运动和共产党的新动向 . 求实，2015，（7）.

祝奉明 . 新世纪以来越共法治建设的举措和经验 . 理论视野，2015，（7）.

王燕 . 英国保守党胜选探源 . 中国党政干部论坛，2015，（8）.

郑志芳 . 苏共党内民主集中制：原则还是制度 [D]. 中共中央党校，2015.

吴国富 . 当代南亚地区毛主义及其发展态势 . 中国矿业大学学报（社会科学版），2015，（4）.

葛凤，唐莲英 . 丹麦执政党廉政建设的经验启示 . 新疆社会科学，2015，（4）.

王继停，杨柳 . 当前英国工党与工会关系的重构及其影响 . 当代世界与社会主义，2015，（4）.

陈元中 . 越南共产党党内民主与纪律关系的几个理论问题 . 当代世界与社会主义，2015，（4）.

张万杰 . 印共（马）对社会主义公正观的实践及启示 . 学术论坛，2015，（7）.

王建民 . 从新政纲看国民党两岸政策变化 . 今日中国，2015，（8）.

石晓虎 . 国外政党党内监督的重点及面临的难题 . 党政研究，2015，（5）.

柴尚金 . 国外政党从严治党经验专题研究 . 党政研究，2015，（5）.

张思萌．国外政党密切党群关系的主要做法与经验教训．党政研究，2015，（5）．

张建伟．民主与威权的政党起源：一个替代性理论框架．天府新论，2015，（5）．

陈跃，贺敬垒．冷战后资本主义国家左翼政党发展特征及影响．西南大学学报（社会科学版），2015，（5）．

郭长刚．土耳其“民族观念运动”与伊斯兰政党的发展．阿拉伯世界研究，2015，（5）．

方雷，李宸．中西政党概念的演变与比较．理论学刊，2015，（9）．

常辉．新加坡人民行动党推动政党治理现代化的探索及其启示．岭南学刊，2015，（5）．

仰义方．西方政党应对网络时代的举措及启示．中共天津市委党校学报，2015，（5）．

徐成芳，顾林．信息社会西方政党“去意识形态化”趋向初探．社会主义研究，2015，（5）．

焦佩．韩国左翼政党式微原因之探析．国际论坛，2015，（5）．

林志彬．列宁晚年对俄共（布）政党文化建设的探索及其启示．理论导刊，2015，（10）．

施雪华，禄琼．中西政党政治功能比较研究．中共福建省委党校学报，2015，（10）．

詹姆斯·德鲁克曼，埃里克·佩特森，卢恩·斯劳瑟斯，张丽琴，陈平．极化精英政党如何影响公众意见的形成？．国外理论动态，2015，（10）．

韩超．地区民族主义政党与英国地方分权改革关系探究．学习月刊，2015，（18）．

姬文刚．欧盟对中东欧政党政治的塑造作用评估．当代世界与社会主义，2015，（5）．

李明明，陈志忠．欧盟激进左翼政党的兴起与欧洲一体化．当代世界社会主义问题，2015，（3）．

山小琪，杨博．试析葛兰西早期政党思想的探索之路．西北人文科学评论，2015，（00）．

刘小芳，杨晓雨．中国与世界马克思主义政党关系研究——以1956年以前苏联与世界马克思主义政党关系研究为线索．读书文摘，2015，（20）．

田改伟．中国共产党具有与西方政党根本不同的性质．法治与社会，2015，（9）．

喻中．两党制或多党制易导致国家的衰败．中国领导科学，2015，（10）．

张东．近代日本的两党制构想与实践．史学集刊，2015，（5）8.

柴尚金．国外共产党加强政治纪律的主要做法及启示．党政研究，2015，（5）．

兰华，蒋薇．新权威主义视角下新加坡公共权力监督制约机制研究．山东社会科学，2015，（9）．

王晨．马克思主义经典作家廉政思想简述．湖北经济学院学报（人文社会科学版），2015，（9）．

韩超．西欧绿党政治理念的社会主义性质辨析．党史博采（理论），2015，（9）．

仇文利．列宁批评与自我批评常态化制度化理路探析．人民论坛，2015，（26）．

那传林．当代俄罗斯国家治理过程中的“政权党”现象探析．社会主义研究，2015，（5）．

李瑞琴．当代俄罗斯社会主义党派的多样化特征．社会主义研究，2015，（5）．

官进胜．政治嬗变中的拉美社会主义与特质解构．青海社会科学，2015，（5）．

韩超．撒切尔政府时期英国社会福利改革中的政党政治因素探析．法制与社会，2015，（26）．

黎兆萍．葛兰西文化领导权理论对党的廉政文化建设的启示．淮北职业技术学院学报，2015，（5）．

朱玲，聂平平．巴西劳工党党纪制度的特色与价值．廉政文化研究，2015，（5）．

魏芦华,张良．原苏联地区的社会主义国际性组织——“共产党联盟—苏共”介绍．理论视野，2015，（10）．

王进芬．托洛茨基的党内民主思想评析．党政研究，2015，（6）．

张莉，徐家林，单超．欧洲联合左翼联盟/北欧绿色左翼的政治主张及其凝聚力．当代世界与社会主义，2015，（5）．

张小溪．从政党与社会运动结盟读懂美国政治 [N]. 中国社会科学报，2015-09-11003.

范剑青．拉美中左翼政党面临执政挑战 [N]. 人民日报，2015-10-29021.

廖成梅，杨航．吉尔吉斯斯坦政党制度研究．新疆大学学报（哲学·人文社会科学版），2015，（6）．

林冈．台湾政党政治的演变：趋同还是趋异？. 台湾研究，2015，（6）．

吴凡，张扣林．西欧主要政党尊重和保障党员话语权的主要做法及启示．江苏科技大学学报（社会科学版），2015，（4）．

高奇琦，张佳威．试论政党制度化与政治发展的关系）以泰国为例．南洋问题研究，2015，（4）．

程迈．德国政党党内候选人推选法律制度研究——以联邦议院的选举为例．德国研究，2015，（4）．

王韶兴．第一国际的共产主义活动与社会主义政党政治逻辑．中国社会科学，2015，（11）．

张芯瑜．政治转型后政党演变路径研究——以墨西哥政党为例．当代世界与社会主义，2015，（6）．

王琳琳．从中外政党制度对比看中国政党制度的优势．商，2015，（48）．

陈文胜．国外政党微博问政的实践及启示．国外社会科学，2015，（6）．

左琳琳．论中外政党制度的异同．河北民族师范学院学报，2015，（4）．

涂炯，吴少龙．政党意识形态与卫生政策：英国国民健康服务体系变迁的政治学．甘肃行政学院学报，2015，（6）．

廖中武．台湾政党轮替后的选举与政治生态．中共福建省委党校学报，2015，（11）．

温良谦，李洪波．马英九上任以来台湾泛蓝政党间关系探析．台海研究，2015，（4）．

郝诗楠．试析英国两党制向“两个半党制”的转变．国际论坛，2015，（6）．

贾瑞霞．当前中东欧国家政局探析．当代世界，2015，（12）．

周相萌．阿根廷反对党大选获胜——从大选看阿根廷政党政治特点．当代世界，2015，（12）．

叶子全．国外政党党内监督路径探析及其启示．上海党史与党建，2015，（12）．

张多．国外政党关于“从严治党”的成功经验和失败教训．知行铜仁，2015，（6）．

刘迪瑞．日本临调型改革对政党权力关系的影响——以三公社的改革为例．南昌航空大学学报（社会科学版），2015，（4）．

李永群．法国极右翼政党大区议会选举受挫 [N]. 人民日报，2015-12-15021.

张东．日本法西斯统治与大政翼赞体制．四川师范大学学报（社会科学版），2015，（6）．

官进胜 . 拉美新左翼类属、缘起与未来 . 上海行政学院学报，2015，(6).

胡荣荣 . 一党独大制及其适应性——西方研究述评 . 党政干部学刊，2015，(11).

廖中武 . 政党轮替后台湾民众“国家认同”的变化及原因分析——政治社会化视域下的解读 . 东南学术，2015，(6).

李银娥 . 列宁的党法关系理论及其现实启示 . 长沙航空职业技术学院学报，2015，(4).

陈尧 . 西方民主制度的结构性张力将动摇西方社会的根基 . 红旗文稿，2015，(22).

李雪，杨川 . 试论亨廷顿现代化理论与执政党变革之间的内在关系 . 改革与开放，2015，(22).

樊静 . 试论列宁的党建思想 . 铜仁职业技术学院学术论坛，2015，(4).

胡芬芬 . 探析德国绿党的“变脸”. 湖南工业大学学报（社会科学版），2015，(5).

徐世澄 . 拉美左翼政权面临严峻挑战 . 当代世界，2015，(12).

仇文利，吴远 . 马克思主义权威观及其对依法治国的启示 . 求实，2015，(12).

倪峰 . 美国“茶党”现象辨析 . 人民论坛，2015，(31).

潘爱国 . 论德国宪政体制中的“防卫性民主”. 云南行政学院学报，2015，(6).

刘中民 . 伊扎布特宗教极端主义的发展及其防范 . 国际关系研究，2015，(6).

陈力丹 . 马克思和恩格斯确立的党内自由交换意见的原则 . 新闻界，2015，(21).

黄红平 . 中国共产党建设廉洁型执政党的两面镜鉴——苏联共产党与新加坡人民行动党为鉴 . 理论月刊，2015，(12).

檀培培 . 论越南一党制革新发展的主要向度 . 山东社会科学，2015，(12).

王晶雄 . 列宁对“恩格斯命题”的探索及其当代意义 . 南京政治学院学报，2015，(6).

林红 . 被党团政治绑架——台湾“立法院”党团协商的制度困境 . 现代台湾研究，2015，(6).

王小龙 . 论青年卢卡奇的党建思想——透视《历史与阶级意识》中“党”的概念 . 观察与思考，2015，(12).

张洋 . 浅析冷战结束后的拉美左翼运动 . 社科纵横，2015，(12).

王浩，王莹 . 论马克思主义经典作家的领导理论在当代中国的实践 . 湖北经济学院学报（人文社会科学版），2015，(12).

姜冬阳 . 苏联解体后俄共发展探究 [A]. 中国武汉决策信息研究开发中心、决策与信息杂志社、北京大学经济管理学院 .“决策论坛——企业精细化管理与决策研究学术研讨会”论文集（上、下）[C]. 中国武汉决策信息研究开发中心、决策与信息杂志社、北京大学经济管理学院，2015，2.

袁倩，刘朋 . 古巴共产党严明党纪的做法与启示 . 求知，2015，(12).

乔林生 . 日本政权更替机制析论 . 南开日本研究，2015，(00).

二、著作

林尚立等 . 新中国政党制度研究 . 上海：上海人民出版社，2015.

李燕奇 . 当代中国特色政党制度新发展研究 . 北京：中国社会科学出版社，2015.

钟德涛 . 中国政党制度发展史论 . 北京：高等教育出版社，2015.

中央社会主义学院中国政党制度研究中心编 . 中国政党制度年鉴 .2014. 北京 ：中央文献出版社，2015.

刘晓辉，吴祖刚 . 当代中国政党关系和政党制度研究 . 北京：人民出版社，2015.

严爱云 . 陈云与中国共产党的制度建设 . 北京：人民出版社，2015.

任军锋 . 超越左与右？ ：北欧五国政党政治比较研究 . 上海：上海三联书店，2015.

任立亚，罗克祥主编 . 把党性原则牢固立起来 . 北京：国防大学出版社，2015.

何祥林主编 . 依法治国与执政党建设 . 武汉：华中师范大学出版社，2015.

何祥林等 . 建设马克思主义学习型政党研究 . 北京：人民出版社，2015.

李军，朱昔群主编 . 世界主要政党规章制度文献，葡萄牙、西班牙 . 北京：中央编译出版社，2015.

俞可平,[德] 托马斯 · 海贝勒,[德] 安晓波主编 . 中共的治理与适应 ：比较的视野 . 北京：中央编译出版社，2015.

赵婷主编 . 世界主要政党规章制度文献，澳大利亚 . 北京：中央编译出版社，2015.

倪海东等 . 绩效管理视角下的首都基层党组织建设 . 北京：中国社会科学出版社，2015.

储霞，张明主编 . 中国共产党党的建设经典著作选编导读 ：毛泽东刘少奇邓小平江泽民胡锦涛习近平 . 沈阳：东北大学出版社，2015.

刘国华 . 苏共组织制度的衍变 . 广州：世界图书出版广东有限公司，2015.

史志钦，张玉宝主编 . 政党政治与党的建设 . 北京：中国社会科学出版社，2015.

向文华 . 巴基斯坦人民党研究 . 北京：人民出版社，2015.

吕薇洲主编 . 变动世界中的国外激进左翼 . 桂林：广西师范大学出版社，2015.

吴寒斌 . 永生的生命线 ：党的群众路线教育实践活动长效机制研究 . 北京：光明日报出版社，2015.

中国统一战线理论研究会政党理论北京研究基地编著 . 政党制度与国家治理论文集 . 北京：中国友谊出版公司，2015.

周竞风 . 新中国成立初期中共干部队伍建设的历史考察 ：以 1949—1956 年江苏省为中心 . 南京：南京大学出版社，2015.

北京社会主义学院编著 . 中国参政党建设简明读本 . 北京：学苑出版社，2015.

孙甘霖主编；中共上海市社会工作委员会，上海市社会建设委员会办公室编 . 探索实践破解难题：上海社会建设和“两新”组织党建工作调研文选（2014）. 上海：上海三联书店，2015.

孙艺兵主编 . 苏州学习型、服务型、创新型党组织建设研究 . 苏州：苏州大学出版社，2015.

宋功德 . 党规之治 . 北京：法律出版社，2015.

宋吉玲 . 中国共产党现代化理论体系研究 . 北京：中国社会科学出版社，2015.

尹德慈 . 中国民间组织发展与党的执政方式研究 . 广州：广东经济出版社，2015.

崔克锐 . 中国共产党建设马克思主义学习型政党的历史回顾与思考 . 哈尔滨：黑龙江

人民出版社，2015.

全国党的建设研究会非公有制经济组织党建研究专业委员会编 . 非公有制企业党建研究年度报告 .2014 年 . 北京 : 红旗出版社，2015.

张哲 . 利益多元化格局中的党群关系问题研究 . 天津 : 天津人民出版社，2015.

张富田，令小雄 . 党的地方领导制度改革研究 . 兰州 : 甘肃文化出版社，2015.

操家齐 . 构建城乡统筹基层党建新格局的基本模式与创新路径研究 . 北京 : 中国原子能出版社，2015.

李东朗 . 中流砥柱 ：中国共产党在抗日战争中的地位和作用 . 武汉 : 湖北人民出版社，2015.

李和中主编 . 地方政府党风廉政建设评价案例研究 .2013—2014. 北京 : 中国社会科学出版社，2015.

李治勇 [等]. 发展党内民主视角下推进党内和谐建设研究 . 成都 : 电子科技大学出版社，2015.

李浓 . 党的理论创新与高校思想政治教育 . 北京 : 中国财政经济出版社，2015.

李燕 . 苏联共产党基层党组织建设研究 ：兼析苏共基层党组织建设与苏联解体关系 . 北京 : 社会科学文献出版社，2015.

李艳枝 . 中东政党政治的演变 . 北京 : 中国社会科学出版社，2015.

杨昕 . 中国共产党意识形态话语权研究 . 北京 : 社会科学文献出版社，2015.

杨绪盟主编 . 民主党派与依法治国 . 北京 : 人民出版社，2015.

杨英杰等 . 中共反腐为什么能 . 北京 : 中共中央党校出版社，2015.

武巍 . 高校党建与思想教育实践 . 沈阳 : 辽宁大学出版社，2015.

段功伟 . 权力的辩护 ：执政党公共形象传播研究 . 广州 : 广东人民出版社，2015.

焦佩 . 变迁中的韩国左翼政党研究 ：环境、理念、结构及功能 . 济南 : 山东大学出版社，2015.

王军主编 . 全面从严治党迈上新台阶 . 南京 : 江苏人民出版社，2015.

王娟 . 城乡一体化背景下创新农村基层党组织建设 . 沈阳 : 辽宁大学出版社，2015.

王绍祯，李文川主编 . 党建理论创新与实践 . 郑州 : 中原农民出版社，2015.

王耀东，杨立蛟，王建志 . 思维的力量 . 北京 : 红旗出版社，2015.

王诚安，王健主编 . 中国共产党理论建设的延安经验及启示研究 . 北京 : 党建读物出版社，2015.

童立群 . 中国共产党国家统一理论研究 . 北京 : 九州出版社，2015.

肖剑忠 . 浙江基层党建 : 实践创新与理论思考 . 杭州 : 浙江大学出版社，2015.

虞云耀 . 党的建设研究 .2009—2014. 北京 : 党建读物出版社，2015.

谢冠富 . 依法治国 ：党的建设科学化之道 . 上海 : 东方出版中心，2015.

贾孔会，张永红主编 . 新时期民主党派基层组织建设研究 . 武汉 : 湖北人民出版社，2015.

郑伟明 . 从严治党规律再认识 . 武汉 : 湖北人民出版社，2015.

郭业洲，丁孝文主编 . 当代世界政党情势 .2014. 北京 : 党建读物出版社，2015.

郭亚丁等 . 全面从严治党 : 学习习近平党的建设思想论述 . 北京 : 中共中央党校出版社，2015.

郭迪润，唐铁军 . 中国共产党纪律建设 : 历史 · 现实 · 要求 . 成都 : 西南交通大学出版社，2015.

全国干部培训教材编审指导委员会组织编写 . 提高党的建设科学化水平 . 北京 : 人民出版社，党建读物出版社，2015.

陈明明 . 在革命与现代化之间 : 关于党治国家的一个观察与讨论 . 上海 : 复旦大学出版社，2015.

高兴国，张彩萍 . 全面从严治党简论 . 西宁 : 青海民族出版社，2015.

高波 . 十八大以来正风反腐新观察 : 大党的担当　大国的成长 . 北京 : 中国方正出版社，2015.

高翔莲 . 中国共产党执政理念教育研究 . 北京 : 人民出版社，2015.

齐卫平主编 . 兴党之责 : 聚焦全面从严治党 . 上海 : 上海人民出版社，2015.

本书编写组编著 . 作风建设永远在路上 : 践行"三严三实"党员干部学习读本 . 北京 : 红旗出版社，2015.

中国当代世界研究中心，中国和平发展基金会编 . 中国改革 : 执政党的角色 : "2014 中国共产党与世界对话会"文集 . 北京 : 中央编译出版社，2015.

本书编写组编著 . 聚焦作风建设新常态 . 北京 : 光明日报出版社，2015.

韩艳娥，习亚莉，张媛媛 . 基层党建工作理论与实践 . 长春 : 东北师范大学出版社，2015.

全国党的建设研究会，山东省党的建设研究会编 . 坚持和健全民主集中制与加强领导班子思想政治建设研究 . 北京 : 党建读物出版社，2015.

中央党校本书课题组编 . 引擎 : 党的建设科学化铸就航天梦 . 北京 : 中共中央党校出版社，2015.

全国党的建设研究会，河南省党的建设研究会编 . 建设高素质执政骨干队伍研究 . 北京 : 党建读物出版社，2015.

本书编写组编著 . 加强作风建设全面从严治党 . 北京 : 光明日报出版社，2015.

段红红主编 . 学习服务创新 : 基层党组织建设研究 . 延吉 : 延边大学出版社，2015.

孙庆民 . 巩固党的执政基础研究 : 从思想政治教育的角度分析 . 苏州 : 苏州大学出版社，2015.

广东省党的建设研究会编 . 党建工作研究报告 .2014. 广州 : 广东人民出版社，2015.

余科杰 . 政党学概论 . 北京 : 世界知识出版社，2015.

吴辉等 . 西方政党学说史 . 北京 : 时事出版社，2015.

周敬青主编 . 国家治理视角下的中外政党比较研究 . 上海 : 上海人民出版社，2015.

中国统一战线理论研究会政党理论北京研究基地编著 . 政党制度与国家治理论文集 . 北京 : 中国友谊出版公司，2015.

尤元文主编 . 新媒体时代与执政党建设 . 北京 : 中共中央党校出版社，2015.

徐锋 . 比较政党政治的基本逻辑 . 北京 : 中共中央党校出版社，2015.

[美]杰克·A. 戈德斯通(JackA.Goldstone)主编;章延杰译.. 国家、政党与社会运动. 上海:上海人民出版社,2015.

朱昔群. 政党科学与政党政治科学化. 北京:中央编译出版社,2015.

李艳枝. 中东政党政治的演变. 北京:中国社会科学出版社,2015.

杨德山编. 中国政党学说文献汇编. 第二卷,本土化与相续性(1914.1—1929.12). 北京:中国人民大学出版社,2015.

王长江主编.2015 执政党建设研究年度报告. 南京:江苏人民出版社,2015.

[德] 埃弗哈德·霍尔特曼(EverhardHoltmann);程迈译. 德国政党国家 :解释、发展与表现形式. 北京:中国政法大学出版社,2015.

黄利鸣主编. 参政党理论研究论文集. 第九辑. 武汉:湖北人民出版社,2015.

张成明主编. 重庆抗战时期民主党派史. 重庆:重庆大学出版社,2015.

范谊,郑瑜主编;宁波市政协文史委员会,九三学社宁波市委员会编. 在团结和民主的旗帜下,九三学社卷. 宁波:宁波出版社,2015.

朱 虹 中央社会主义学院中国政党制度研究中心编辑